Große-Suchsdorf
Niedersächsische Bauordnung

Große-Suchsdorf

Niedersächsische Bauordnung

Kommentar

Begründet von

Ulrich Große-Suchsdorf †
Ltd. Baudirektor a.D., vormals Honorarprofessor
an der Universität Hannover

Herausgegeben von

Dr. Thomas Mann
Universitätsprofessor, Göttingen

10. Auflage 2020

C.H.BECK

Zitiervorschlag:
Mann in Große-Suchsdorf NBauO § 1 Rn. 1

www.beck.de

ISBN 978 3 406 72930 0

Wilhelmstraße 9, 80801 München

Druck: Beltz Grafische Betriebe GmbH
Am Fliegerhorst 8, 99947 Bad Langensalza

Satz: ottomedien GmbH
Heimstättenweg 52, 64295 Darmstadt

Gedruckt auf säurefreiem, alterungsbeständigem Papier
(hergestellt aus chlorfrei gebleichtem Zellstoff)

Vorwort zur zehnten Auflage

Sechs Jahre nach der letzten großen Reform der Niedersächsischen Bauordnung (NBauO) sind durch das Änderungsgesetz vom 12.9.2018 (GVBl. S. 190) wieder umfangreiche Veränderungen im Textkorpus der NBauO vorgenommen worden. Diese Änderungen, die zum 1.1.2019 in Kraft traten, lassen es angezeigt sein, eine Neuauflage unseres bewährten Kommentars vorzulegen, die selbstverständlich auch neue Rechtsprechung und Literatur verwertet sowie die Rechtsentwicklungen im Baunebenrecht berücksichtigt. Allen, die mit dem niedersächsischen Bauordnungsrecht umgehen müssen, soll damit wieder ein brauchbares Arbeitsmittel an die Hand gegeben werden.

Ganz zentral wurden durch das Änderungsgesetz die Vorschriften über die Bauarten und Bauprodukte berührt. Sie wurden entsprechend den Modifikationen in der Musterbauordnung an das europäische Bauproduktenrecht angepasst, wobei auch die zwischenzeitlich in Kraft getretene Bauproduktenverordnung (EU) Nr. 305/2011, welche die Bauproduktenrichtlinie abgelöst hat, berücksichtigt wurde. Darüber hinaus erfolgten weitere Angleichungen des Landesrechts an die MBauO 2012, etwa durch Ergänzungen und Präzisierungen im Bereich des Sonderbautenkatalogs in § 2 Abs. 5, zu notwendigen Treppenräumen (§ 35) sowie zu verfahrensfreien Baumaßnahmen (Neuformulierung bzw. Ergänzung des Katalogs im Anhang zu § 60 Abs. 1). Eine Verbesserung des Klimaschutzes erhofft sich der Änderungsgesetzgeber davon, dass die Möglichkeiten zum sparsamen Umgang mit Boden, Wasser und Energie sowie zur Gewinnung erneuerbarer Energien nun als eine allgemeine Anforderung an bauliche Anlagen (§ 3 Abs. 2) zu berücksichtigen sind. Als weiterer Schwerpunkt der NBauO-Änderungen zum 1.1.2019 wurde die bauliche Barrierefreiheit einer umfassenden Neuregelung zugeführt, indem z.B. nun erstmalig eine Legaldefinition der Barrierefreiheit baulicher Anlagen normiert (§ 2 Abs. 16) und in einem inhaltlich neu gefassten § 49 Abs. 1 detailliertere Vorgaben, insbesondere zur stufenlosen Erreichbarkeit von Wohnungen, aufgenommen wurden. Zudem wurde der Katalog der barrierefrei zu gestaltenden baulichen Anlagen in § 49 Abs. 2 erweitert, was insbesondere für Büro- und Verwaltungsgebäude von Bedeutung ist. Erwähnenswert ist letztlich auch die mit § 83 geschaffene Ermächtigungsgrundlage, die detailliert festschreibt, welche Regelungen die Behörden durch Technische Baubestimmungen zur Konkretisierung der Bauwerksanforderungen und der sich daraus für die Verwendung von Bauprodukten ergebenden Konsequenzen treffen dürfen.

Größere Änderungen haben sich auch im Bereich der Bearbeiter ergeben. Der heutige Namensgeber des Kommentars, Prof. Ulrich Große-Suchsdorf, ist 2015 im Alter von 92 Jahren verstorben. Gemeinsam mit Dietger Lindorf, Reinald Wiechert und Hans Karsten Schmaltz hatte er über acht Auflagen hinweg den – bundesweit – sehr guten Ruf dieses Werkes als Gemeinschaftswerk in der Verantwortung aller vier Autoren begründet. Nach dem erstmaligen Hinzutritt weiterer Autoren in der 9. Auflage und dem altersbedingten Rückzug von Reinald Wiechert aus dem aktiven Autorenkreis der 10. Auflage ist der Kommentar nun gänzlich in neue Hände übergegangen. Das Werk im Sinne der „Fab Four" in gleicher Akribie und Qualität fortführen zu wollen, ist für das neue Team Herausforderung und Ansporn zugleich.

Herausgeber und Autoren danken allen Personen, die auf unterschiedliche Weise – Materialsammlung, Anregungen oder Hinweise zur Kommentierung, Lesen der Korrekturen – zum Gelingen dieses Kommentars beigetragen haben. Unter Ihnen hervorzuheben ist Frau Rechtsanwältin *Karin Schwentek*, Justiziarin der Niedersächsischen Ingenieurkammer, die darüber hinaus durch ihre kontinuierliche Information über laufende Gesetzgebungsvorhaben die Entstehung des Kommentars in besonderer Weise gefördert hat.

Prof. Dr. Thomas Mann

Aktuelle Bearbeiter

Dr.-Ing. Erich Breyer, Ltd. Baudirektor a.D., Hannover
§§ 4–9, 46, 66

Dr.-Ing. Thomas Dorn, Öffentlich bestellter Sachverständiger für vorbeugenden Brandschutz, Braunschweig
§§ 14, 26–37 (mit Hans-Ulrich Kammeyer)

Dr. Sina Fontana, Akademische Rätin a. Z., Universität Göttingen
§§ 67–69

Prof. Gerd Kaellander, Öffentlich bestellter Sachverständiger für Lüftungs- und Klimaanlagen, Hannover, Professor an der HAWK Hildesheim
§§ 38–42

Hans-Ullrich Kammeyer, Beratender Ingenieur, Hannover
Präsident der Bundesingenieurkammer und der Nds. Ingenieurkammer
§§ 11–13, 15, 16; §§ 14, 26–37 (mit Dr.-Ing. Thomas Dorn)

Heiko Leitsch, Richter am Niedersächsischen Oberverwaltungsgericht Lüneburg
§§ 49, 51

Dr. Sebastian Lenz, Vorsitzender Richter am Niedersächsischen Oberverwaltungsgericht Lüneburg
§§ 63–65, 82, 84–88

Dr. Thomas Mann, Universitätsprofessor, Göttingen
Vorbemerkungen, §§ 1–3, 57, 58, 70–81

Martin Sander, Richter am Hessischen Verwaltungsgerichtshof, Kassel
§§ 10, 50, 52–56

Florian van Schewick, Rechtsanwalt, Bonn
§§ 16a–25, 83

Dr. Joachim Tepperwien, Richter am Niedersächsischen Oberverwaltungsgericht Lüneburg
§§ 43–45, 47, 48, 59–62

Frühere Bearbeiter

Manfred Burzynska, Richter am Verwaltungsgericht Oldenburg

Prof. Ulrich Große-Suchsdorf †, Ltd. Baudirektor a.D., vormals Honorarprofessor an der Universität Hannover

Dietger Lindorf, Baudirektor a.D., Lehrbeauftragter an der Universität Hannover

Hans Karsten Schmaltz, Vizepräsident des Niedersächsischen Oberverwaltungsgerichts a.D.

Dr. Arnd Stiel, Rechtsanwalt, Hannover

Reinald Wiechert, Ministerialdirigent a.D., Rechtsanwalt, Hannover

Inhaltsverzeichnis

Achter Teil – Behörden

Neunter Teil – Genehmigungserfordernisse

Zehnter Teil – Genehmigungsverfahren

Elfter Teil – Sonstige Vorschriften über die Bauaufsicht

Zwölfter Teil – Ausführungsvorschriften, Übergangs- und Schlussvorschriften

Anhang – Verzeichnis der verfahrensfreien Baumaßnahmen
(abgedruckt bei § 60)

Inhaltsverzeichnis

Abkürzungsverzeichnis

aA	anderer Ansicht
aaO	am angegebenen Ort
abgedr.	abgedruckt
Abs.	Absatz
AcP	Zeitschrift „Archiv für die zivilistische Praxis“
AEG	Allgemeines Eisenbahngesetz v. 27.12.1993 (BGBl. I S. 2378), zul. geänd.durch G v. 26.6.2013 (BGBl. I S. 1738)
aF	alte(r) Fassung
AgrR	Zeitschrift „Agrarrecht“
AllGO	Verordnung über die Gebühren und Auslagen für Amtshandlungen und Leistungen (Allgemeine Gebührenordnung) v. 5.6. 1997 (Nds. GVBl. S. 171), zul. geänd. durch VO v. 15.7.2019 (Nds. GVBl. S. 188)
ALR	Allgemeines Landrecht für die Preußischen Staaten v. 5.2.1794
AMEV	Arbeitskreis Maschinen- und Elektrotechnik staatlicher und kommunaler Verwaltungen
AöR	Zeitschrift „Archiv des öffentlichen Rechts“
ArbSchG	Arbeitsschutzgesetz v. 7.8.1996 (BGBl. I S. 1246), zul. geänd. durch G v. 31.8.2015 (BGBl. I S. 1474),
ArbStättV	Verordnung über Arbeitsstätten (Arbeitsstättenverordnung) v. 12.8.2004 (BGBl. I S. 2179), zul. geänd. durch VO v. 18.10 2017 (BGBl. I S. 3584)
Archiv PF	Zeitschrift „Archiv für das Post- und Fernmeldewesen“
ARGEBAU	Arbeitsgemeinschaft der für das Bau-, Wohnungs- und Siedlungswesen zuständigen Minister und Senatoren der Länder und des Bundes
Art.	Artikel
AufzV	Verordnung über Aufzugsanlagen idF v. 19.6.1998 (BGBl. I S. 1410; außer Kraft, abgelöst durch BetrSichV v. 3.2.2015, BGBl. I S. 49), zul. geänd. durch VO v. 30.4.2019 (BGBl. I S. 554)
AusschBer NBauO 1973	Bericht über die Beratung der NBauO 1973 in den Ausschüssen des Nds. Landtags, erstattet in der Landtagssitzung am 4.7.1973 (StenBer. Sp. 7533 ff.)
AusschBer NBauO 1986	Schriftlicher Bericht über die Beratung des Fünften Gesetzes zur Änderung der NBauO in den Ausschüssen des Nds. Landtages (LT-Drs. 10/5715)
AusschBer NBauO 1995	Schriftlicher Bericht über die Beratung des Siebenten Gesetzes zur Änderung der NBauO in den Ausschüssen des Nds. Landtages (LT-Drs. 13/1301)
B.	Beschluss
BAnz.	Bundesanzeiger
BauAB	Bauaufsichtsbehörde
BauGB	Baugesetzbuch idF d. Bek. v. 3.11.2017 (BGBl. I S. 3634) zul. geänd. d. G. v. 30.6.2017 (BGBl. I S. 2193)
BauGO	Verordnung über die Gebühren und Auslagen für Amtshandlungen der Bauaufsicht (Baugebührenordnung) v. 13.1.1998 (Nds. GVBl. S. 3), zul. geänd. durch VO v. 19.2.2019 (Nds. GVBl. S. 17)

BauNVO	Verordnung über die bauliche Nutzung der Grundstücke (Baunutzungsverordnung) idF d. Bek. v. 21.11.2017 (BGBl. I S. 3786)
BauO	Bauordnung
BauPG	Bauproduktengesetz idF v. 5.12.2012 (BGBl. I S. 2449) geänd. d. VO v. 31.8.2015 (BGBl. I S. 1474)
BauPR	Bauproduktenrichtlinie – Richtlinie 89/106 EWG des Rates vom 21.12.1988 zur Angleichung der Rechts- und Verwaltungsvorschriften der Mitgliedstaaten über Bauprodukte (ABl. Nr. L 40, S. 12), gültig bis 30.6.2013; abgelöst durch Bauproducktenverordnung (EU) v. 9.3.2011 (ABl. EU Nr. L 88, S. 5).
BauPrüfVO	Verordnung über die bautechnische Prüfung von Baumaßnahmen (Bauprüfverordnung, → Vorb. Rn. 14)
BauPVO	Verordnung (EU) Nr. 305/2011 des Europäischen Parlaments und des Rates v. 9.3.2011 zur Festlegung harmonisierter Bedingungen für die Vermarktung von Bauprodukten (ABl. EU Nr. L 88, S. 5), zul. geänd. d. VO 2019/1020 v. 20.6.2019 (ABl. EU Nr. L 169, S. 1)
BauR	Zeitschrift „Baurecht"
BauROG	Gesetz zur Änderung des Baugesetzbuchs und zur Neuregelung des Rechts der Raumordnung (Bau- und Raumordnungsgesetz) v. 18.8.1997 (BGBl. I S. 2081)
BaustellV	Verordnung über Sicherheit und Gesundheitsschutz auf Baustellen (Baustellenverordnung) v. 10.6.1998 (BGBl. I S. 1283), zul. geänd. durch VO v. 27.6.2017 (BGBl. I S. 1966)
BauSVO	Verordnung über anerkannte Sachverständige für die Prüfung technischer Anlagen nach Bauordnungsrecht (Bauordnungsrechtliche Sachverständigenverordnung) v. 4.9.1989 (Nds. GVBl. S. 325), zul. geänd. d. VO v. 13.11.2012 (Nds. GVBl. S. 438)
BauVorlVO	Verordnung über Bauantrag und Bauvorlagen im bauaufsichtlichen Verfahren (Bauvorlagenverordnung) v. 7.11.2012 (GVBl. S. 419)
Bay.	Bayern
BayObLG	Bayerisches Oberstes Landesgericht
BayVBl.	Zeitschrift „Bayerische Verwaltungsblätter"
VGH München	Bayerischer Verwaltungsgerichtshof
BB	Zeitschrift „Der Betriebsberater"
BBauBl.	Zeitschrift „Bundesbaublatt"
BBauG	Bundesbaugesetz v. 23.6.1960 (BGBl. I S. 341) m. späteren Änderungen, jetzt BauGB
BBergG	Bundesberggesetz v. 13.8.1980 (BGBl. I S. 1310), zul. geänd. durch G v. 20.7.2017 (BGBl. I S. 2808)
Bbg.	Brandenburg
BBodSchG	Gesetz zum Schutz vor schädlichen Bodenveränderungen und zur Sanierung von Altlasten (Bundes-Bodenschutzgesetz) v. 17.3.1998 (BGBl. I S. 502), zul. geänd. durch G v. 27.9.2017 (BGBl. I S. 3465)
BegrE NBauO 1995	Begründung zum Entwurf des Siebenten Gesetzes zur Änderung der NBauO (v. 29.11.1994, Drs. 13/550, eingebracht von der LT-Fraktion der SPD)
BegrRegE NBauO 1973	Begründung zum Regierungsentwurf der NBauO 1973 (v. 21.8.1970, Drs. 7/50)
BegrRegE NBauO 1986	Begründung zum Regierungsentwurf des Fünften Gesetzes zur Änderung der NBauO (v. 23.11.1984, Drs. 10/3480)

BegrRegE NBauO 2012	Begründung zum Regierungsentwurf einer Niedersächsischen Bauordnung (v. 21.12.2010, Drs. 16/3195)
BegrRegE NBauO 2018	Begründung zum Fraktionsentwurf (SPD/CDU) eines Gesetzes zur Änderung der NBauO (v. 19.6.2018, Drs. 18/1136)
Bek.	Bekanntmachung
BetrSichV	Betriebssicherheitsverordnung v. 3.2.2015 (BGBl. I S. 49), zul. geänd. durch VO v. 30.4.2019 (BGBl. I S. 554)
BGB	Bürgerliches Gesetzbuch
BGBl.	Bundesgesetzblatt
BGH	Bundesgerichtshof
BGHZ	Entscheidungen des Bundesgerichtshofs in Zivilsachen
BImSchG	Bundes-Immissionsschutzgesetz idF v. 17.5.2013 (BGBl. I S. 1274), zul. geänd. durch G v. 8.4.2019 (BGBl. I S. 432)
1. BImSchV	Erste Verordnung zur Durchführung des Bundes-Immissionsschutzgesetzes (Verordnung über kleine und mittlere Feuerungsanlagen) idF v. 26.1.2010 (BGBl. I S. 38), zul. geänd. durch VO v. 13.6.2019 (BGBl. I S. 804)
4. BImSchV	Vierte Verordnung zur Durchführung des Bundes-Immissionsschutzgesetzes (Verordnung über genehmigungsbedürftige Anlagen) idF v. 4.1.2017
13. BImSchV	Dreizehnte Verordnung zur Durchführung des Bundes-Immissionsschutzgesetzes (Verordnung über Großfeuerungs-, Gasturbinen- und Verbrennungsmotoranlagen) v. 2.5.2013 (BGBl. I S. 1021), zul. geänd. durch VO v. 9.12.2017 (BGBl. I S. 4007)
16. BImSchV	Sechzehnte Verordnung zur Durchführung des Bundes-Immissionsschutzgesetzes (Verkehrslärmschutzverordnung) v. 12.6.1990 (BGBl. I S. 1036), zul. geänd. durch VO v. 18.12.2019 (BGBl. I S. 2269)
24. BImSchV	Vierundzwanzigste Verordnung zur Durchführung des Bundes-Immissionsschutzgesetzes (Verkehrswege-Schallschutzmaßnahmenverordnung) v. 4.2.1997 (BGBl. I S. 172), geänd. durch VO v. 23.9.1997 (BGBl. I S. 2329)
32. BImSchV	32. Verordnung zur Durchführung des Bundes-Immissionsschutzgesetzes (Geräte- und Maschinenlärmschutzverordnung) v. 29.8.2002 (BGBl. I S. 3478), zul. geänd. durch VO v. 31.8.2015 (BGBl. I S. 1474)
BKleingG	Bundeskleingartengesetz v. 28.2.1983 (BGBl. I S. 210), zul. geänd. durch G v. 19.9.2006 (BGBl. I S. 2146)
BlGBW	Zeitschrift „Blätter für Grundstücks-, Bau- und Wohnungsrecht“
Bln.	Berlin
BMBau	Bundesminister für Raumordnung, Bauwesen und Städtebau
B-Plan	Bebauungsplan
BR	Bundesrat
BReg	Bundesregierung
Brem.	Bremen
BRS	„Baurechtsammlung“ (Sammlung von Gerichtsentscheidungen zum Baurecht, hrsg. von Thiel, Gelzer und Upmeier)
BStBl.	Bundessteuerblatt
BT	Bundestag
Buchholz	Sammel- und Nachschlagewerke der Rechtsprechung des BVerwG
BVerfG	Bundesverfassungsgericht
BVerfGE	Entscheidungen des Bundesverfassungsgerichts
BVerwGE	Entscheidungen des Bundesverwaltungsgerichts

BVerwG	Bundesverwaltungsgericht
BW	Baden-Württemberg
CPl-Woch-VO	Verordnung über Campingplätze, Wochenendplätze und Wochenendhäuser v. 12.4.1984 (Nds. GVBl. S. 109), zul. geänd. durch VO v. 13.11.2012 (Nds. GVBl. S. 438)
DampfkV	Verordnung über Dampfkesselanlagen (Dampfkesselverordnung) v. 27.2.1980 (außer Kraft, abgel. durch BetrSichV)
DIBt	Deutsches Institut für Bautechnik
DIN	„Deutsche Normen“, herausgegeben vom Deutschen Institut für Normung eV
dng	Zeitschrift „Die niedersächsische Gemeinde“
DÖV	Zeitschrift „Die öffentliche Verwaltung“
Drs.	Drucksache (des BT oder des Nds. LT); die Zahl vor dem Schrägstrich gibt die Wahlperiode, die Zahl nach dem Schrägstrich die Drucksachennummer an.
DV	Zeitschrift „Die Verwaltung“
DVBl	Zeitschrift „Deutsches Verwaltungsblatt“
DVGW	Deutscher Verein des Gas- und Wasserfaches
DVO-NBauO	Allgemeine Durchführungsverordnung zur Niedersächsischen Bauordnung 26.9.2012 (Nds. GVBl. S. 382), zul. geänd. durch VO v. 13.11.2012 (Nds. GVBl. S. 438)
DWW	Zeitschrift „Deutsche Wohnungswirtschaft“
E	amtliche Entscheidungssammlung des davor zitierten Gerichts
EAG Bau	Gesetz zur Anpassung des Baugesetzbuchs an EU-Richtlinien (Europarechtsanpassungsgesetz Bau) v. 24.6.2004 (BGBl. I S. 1359)
EGV	Vertrag zur Gründung der Europäischen Gemeinschaft
EltBauV	Verordnung über den Bau von Betriebsräumen für elektrische Anlagen v. 25.1.2011 (Nds. GVBl. S. 19)
EltBauVO	Verordnung über den Bau von elektrischen Betriebsräumen
EnEG	Gesetz zur Einsparung von Energie in Gebäuden (Energieeinsparungsgesetz) idF v. 1.9.2005 (BGBl. I S. 2684), zul. geänd. durch G v. 4.7.2013 (BGBl. I S. 2197)
EnEV	Verordnung über energiesparenden Wärmeschutz und energiesparende Anlagentechnik bei Gebäuden (Energieeinsparverordnung) idF v. 24.7.2007 (BGBl. I S. 1519), zul. geänd. durch VO v. 24.10.2015 (BGBl. I S. 1789)
EnWG	Gesetz über die Elektrizitäts- und Gasversorgung (Energiewirtschaftsgesetz) v. 7.7.2005 (BGBl. I S. 1970), zul. geänd. durch G v. 13.5.2019 (BGBl. I S. 706)
Erl.	Erlass
EU	Europäische Union
FeuV	Feuerungsverordnung v. 27.3.2008 (Nds. GVBl. S. 96), zul. geänd. durch VO v. 13.11.2012 (Nds. GVBl. S. 438)
FG	Festgabe
2. FlugLSV	Zweite Flugplatz-Schallschutzmaßnahmenverordnung v. 8.9. 2009 (BGBl. I S. 2992)
FlurbG	Flurbereinigungsgesetz idF v. 16.3.1976 (BGBl. I S. 546), zul. geänd. durch G v. 19.12.2008 (BGBl. I S. 2794)
F-Plan	Flächennutzungsplan
FS	Festschrift für … (Name des Jubilars)
FStrG	Bundesfernstraßengesetz
G	Gesetz
GaStplV	Verordnung über den Bau und Betrieb von Garagen und Stellplätzen (Garagen- und Stellplatzverordnung) v. 4.9.1989

	(Nds. GVBl. S. 327), zul. geänd. durch VO v. 11.10.2012 (Nds. GVBl. S. 401)
GaVO	Verordnung über den Bau und Betrieb von Garagen (Garagenverordnung v. 4.9.2019 (Nds. GVBl. S. 327), 2012 umbenannt in GaStplVO
GBO	Grundbuchordnung
GefStoffV	Verordnung zum Schutz vor Gefahrstoffen (Gefahrstoffverordnung) idF v. 26.11.2010 (BGBl. I S. 1643), zul. geänd. durch G v. 29.7.2017 (BGBl. I S. 626)
GewArch	Zeitschrift „Gewerbearchiv"
GewO	Gewerbeordnung
GFZ	Geschossflächenzahl (§ 20 BauNVO)
GG	Grundgesetz für die Bundesrepublik Deutschland
GMBl.	Gemeinsames Ministerialblatt, hrsg. v. Bundesmin. d. Innern
GRegH	Gesetz über die Region Hannover vom 5.6.2001 (Nds. GVBl. S. 348), abgelöst durch Nds. KommunalverfassungsG v. 17.12.2010 (Nds. GVBl. S. 576), zul. geänd. durch G v. 27.3. 2019 (Nds. GVBl. S. 70)
GRZ	Grundflächenzahl (§ 19 BauNVO)
GPSG	Gesetz über technische Arbeitsmittel und Verbraucherprodukte (Geräte- und Produktsicherheitsgesetz) v. 6.1.2004 (BGBl. I S. 2), abgelöst durch Produktsicherheitsgesetz (ProdSG) v. 8.11.2011 (BGBl. I S. 2178)
GS	Gedächtnisschrift
GVBl., GV	Gesetz- und Verordnungsblatt
Hmb.	Hamburg
Hess.	Hessen
hM	(vor)herrschende Meinung in Rechtsprechung und Schrifttum
HOAI	Verordnung über die Honorare für Leistungen der Architekten und Ingenieure (Honorarordnung für Architekten und Ingenieure) idF v. 10.6.2013 (BGBl. I S. 2276)
Hs.	Halbsatz
HwO	Gesetz zur Ordnung des Handwerks (Handwerksordnung) idF v. 24.9.1998 (BGBl. I S. 3074), zul. geänd. durch G v. 30.6.2017 (BGBl. I S. 2143)
idF v.	in der Fassung (der Bekanntmachung) vom
iVm	in Verbindung mit
JuS	Zeitschrift „Juristische Schulung"
Kfz	Kraftfahrzeug(e)
KommJur	Zeitschrift „Kommunaljurist"
KrWG	Gesetz zur Förderung der Kreislaufwirtschaft und Sicherung der umweltverträglichen Beseitigung von Abfällen (Kreislaufwirtschaftsgesetz – KrWG) v. 24.2.2012 (BGBl. I S. 212), zul. geänd. durch G v. 20.7.2017 (BGBl. I S. 2808)
KStZ	Kommunale Steuer-Zeitschrift
KÜO	Kehr- und Überprüfungsverordnung (KÜO) v. 16.6.2005 (BGBl. I S. 1292), zul. geänd. durch VO v. 8.4.2013 (BGBl. I S. 760)
Landkreis	Zeitschrift „Der Landkreis"
LAR	Richtlinie über brandschutztechnische Anforderungen an Leitungsanlagen (Leitungsanlagen-Richtlinie) v. 24.1.2019 (Nds. MBl. Nr. 3e S. 199)
LBauO, LBO	Landesbauordnung
LHO	Nds. Landeshaushaltsordnung
LSA	Land Sachsen-Anhalt

LT	Landtag
LuftVG	Luftverkehrsgesetz idF v. 10.5.2007 (BGBl. I S. 698), zul. geänd. durch G. v. 20.7.2017 (BGBl. I S. 2808)
LüAR	Richtlinie über brandschutztechnische Anforderungen an Lüftungsanlagen (Lüftungsanlagen-Richtlinie) v. 24.1.2019 (Nds. MBl. Nr. 3e S. 207)
MBauO 1959	Musterbauordnung für die Länder der Bundesrepublik einschließlich des Landes Berlin (Schriftenreihe des Bundesmin. f. Wohnungsbau Bd. 16–18, 1960)
MBauO 1981	Musterbauordnung, Fassung vom Dezember 1981
MBauO 1990	Musterbauordnung, Fassung vom Mai 1990
MBauO 1996	Musterbauordnung, Fassung vom Juni 1996
MBauO 2002	Musterbauordnung, Fassung vom Oktober 2002
MBl.	Ministerialblatt
MDR	Zeitschrift „Monatsschrift für Deutsches Recht“
MF	Nds. Ministerium der Finanzen
MI	Nds. Ministerium des Innern
MK	Nds. Kultusministerium
ML	Nds. Ministerium für Ernährung, Landwirtschaft und Forsten
MRVerbG	Gesetz zur Verbesserung des Mietrechts und zur Begrenzung des Mietanstiegs usw (sog. Artikelgesetz) v. 4.11.1971 BVBl. S. 1745), zul. geänd. durch G v. 19.4.2006 (Nds. GVBl. S. 866)
MS	Nds. Sozialministerium
MV	Mecklenburg-Vorpommern
MW	Nds. Ministerium für Wirtschaft, Technologie und Verkehr
MWK	Nds. Ministerium für Wissenschaft und Kultur
mwN	mit weiteren Nachweisen
NAbfG	Nds. Abfallgesetz idF v. 14.7.2003 (Nds. GVBl. S. 273), zul. geänd. durch G v. 20.5.2019 (Nds. GVBl. S. 88)
NArchtG	Nds. Architektengesetz idF v. 25.9.2017 (Nds. GVBl. S. 356), zul. geänd. durch G v. 16.5.2018 (Nds. GVBl. S. 66)
NBauO	Niedersächsische Bauordnung
NBG	Nds. Beamtengesetz idF v. 25.3.2009 (Nds. GVBl. S. 72), zul. geänd. durch G v. 13.12.2018 (Nds. GVBl. S. 317)
NBodSchG	Nds. Bodenschutzgesetz v. 19.2.1999 (Nds. GVBl. S. 46), zul. geänd. durch G v. 16.5.2018 (Nds. GVBl. S. 66)
NBrandSchG	Nds. Gesetz über den Brandschutz und die Hilfeleistung der Feuerwehren (Nds. Brandschutzgesetz) idF v. 18.7.2012 (Nds. GVBl. S. 269), zul. geänd. durch G v. 20.5.2019 (Nds. GVBl. S. 88)
NDG	Nds. Deichgesetz idF v. 23.2.2004 (Nds. GVBl. S. 83), geänd. durch G v. 13.10.2011 (Nds. GVBl. S. 353)
Nds.	Niedersachsen
NDSchG	Nds. Denkmalschutzgesetz v. 30.5.1978 (Nds. GVBl. S. 517), zul. geänd. durch G v. 26.5.2011 (Nds. GVBl. S. 135)
Nds.Rpfl.	Zeitschrift „Niedersächsische Rechtspflege“
NdsVBl.	Zeitschrift „Niedersächsische Verwaltungsblätter“
NEG	Nds. Enteignungsgesetz idF v. 6.4.1981 (Nds. GVBl. S. 83), zul. geänd. durch G v. 5.11.2004 (Nds. GVBl. S. 394)
NESG	Nds. Gesetz über Eisenbahnen und Seilbahnen v. 16.12.2004 (Nds. GVBl. S. 658), zul. geänd. durch G v. 20.5.2019 (Nds. GVBl. S. 88)
nF	neue(r) Fassung
NGefAG	Nds. Gefahrenabwehrgesetz idF v. 20.2.1998, jetzt Nds. NPOG

NGO	Nds. Gemeindeordnung
NIngG	Nds. Ingenieurgesetz idF v. 25.9.2017 (Nds. GVBl. S. 322), zul. geänd. durch G v. 16.5.2018 (Nds. GVBl. S. 66)
NJW	Zeitschrift „Neue Juristische Wochenschrift“
NJW-RR	Zeitschrift „NJW-Rechtsprechungs-Report Zivilrecht“
NKAG	Nds. Kommunalabgabengesetz idF v. 20.4.2017 (Nds. GVBl. S. 121)
NKomZG	Nds. Gesetz über die kommunale Zusammenarbeit idF v. 21.12.2011 (Nds. GVBl. S. 493), geänd. durch G v. 26.10. 2016 (Nds. GVBl. S. 226)
NLO	Nds. Landkreisordnung idF v. 22.8.1996 (Nds. GVBl. S. 365), abgelöst durch Nds. KommunalverfassungsG v. 17.12.2010 (Nds. GVBl. S. 576), zul. geänd. durch G v. 27.3.2019 (Nds. GVBl. S. 70)
NLStBW	Nds. Landesbehörde für Straßenbau und Verkehr
NN	„Normal Null“ als Höhenbezug
NNatG	Nds. Naturschutzgesetz idF v. 11.4.1994 (Nds. GVBl. S. 155), abgelöst durch Nds. AusführungsG zum Bundesnaturschutzgesetz v. 19.2.2010 (Nds. GVBl. S. 104), zul. geänd. durch G v. 20.5.2019 (Nds. GVBl. S. 88)
NordÖR	Zeitschrift für öffentliches Recht in Norddeutschland
NPOG	Niedersächsisches Polizei- und Ordnungsgesetz idF v. 19.1. 2019 (Nds. GVBl. S. 9), zul. geänd. durch G v. 20.5.2019 (Nds. GVBl. S. 88)
NRW	Nordrhein-Westfalen
NST-N	Zeitschrift „Niedersächsischer Städtetag, Nachrichten für kreisfreie und kreisangehörige Städte, Gemeinden und Samtgemeinden“
NStrG	Nds. Straßengesetz idF v. 24.9.1980 (Nds. GVBl. S. 359), zul. geänd. durch G v. 20.6.2018 (Nds. GVBl. S. 112)
NuR	Zeitschrift „Natur und Recht“
NUVPG	Nds. Gesetz über die Umweltverträglichkeitsprüfung idF v. 30.4.2007 (Nds. GVBl. S. 179), zul. geänd. durch G v. 19.2 .2010 (Nds. GVBl. S. 122)
NV	Niedersächsische Verfassung
nv	nicht veröffentlicht
NVermG	Nds. Gesetz über das amtliche Vermessungswesen v. 12.2. 2002 (Nds. GVBl. 2003 S. 5), zul. geänd. durch G v. 16.5. 2018 (Nds. GVBl. S. 66)
NVStättVO	Niedersächsische Versammlungsstättenverordnung v. 8.11. 2004 (Nds. GVBl. S. 426), zul. geänd. durch VO v. 13.11. 2012 (Nds. GVBl. S. 438)
NVwKostG	Nds. Verwaltungskostengesetz idF v. 25.4.2007 (Nds. GVBl. S. 173), zul. geänd. durch G v. 13.12.2016 (Nds. GVBl. S. 301)
NVwVfG	Nds. Verwaltungsverfahrensgesetz v. 3.12.1976 (Nds. GVBl. S. 311), zul. geänd. durch G v. 24.9.2009 (Nds. GVBl. S. 361)
NVwVG	Nds. Verwaltungsvollstreckungsgesetz idF v. 4.7.2011 (Nds. GVBl. S. 238), zul. geänd. durch G v. 20.5.2019 (Nds. GVBl. S. 88)
NVwZ	„Neue Zeitschrift für Verwaltungsrecht“
NVwZ-RR	Zeitschrift „NVwZ-Rechtsprechungs-Report Verwaltungsrecht“
NWaldLG	Nds. Gesetz über den Wald und die Landschaftsordnung v. 21.3.2002 (Nds. GVBl. S. 112), zul. geänd. durch G v. 20.5. 2019 (Nds. GVBl. S. 88)

NWG	Nds. Wassergesetz idF v. 19.2.2010 (Nds. GVBl. S. 64), zul. geänd. durch BauO Nds. v. 20.5.2019 (Nds. GVBl. S. 88)
OKF	Oberkante des (fertigen) Fußbodens
OLG	Oberlandesgericht
OVG	Oberverwaltungsgericht
OVGE	Entscheidungen der Oberverwaltungsgerichte für das Land Nordrhein-Westfalen in Münster – bis Band 42: sowie für die Länder Niedersachsen und Schleswig-Holstein in Lüneburg – ab Band 43: und für das Land Niedersachsen in Lüneburg – ab Band 15: mit Entscheidungen des Verfassungsgerichtshofes Nordrhein-Westfalen und des Niedersächsischen Staatsgerichtshofes
OWiG	Gesetz über Ordnungswidrigkeiten (OWiG) idF der Bek. v. 19.2.1987 (BGBl. I S. 602), zul. geänd. durch G v. 21.7.2019 (BGBl. I S. 846)
Pa	Pascal, Einheit des Druckes
PlanzV 90	Verordnung über die Ausarbeitung der Bauleitpläne und die Darstellung des Planinhalts (Planzeichenverordnung 1990) v. 18.12.1990 (BGBl. 1991 I S. 58), zul. geänd. durch G v. 4.5.2017 (BGBl. I S. 1057)
ProdSG	Gesetz über die Bereitstellung von Produkten auf dem Markt (Produktsicherungsgesetz – ProdSG) v. 8.11.2011. Zul. geänd. durch VO v. 31.8.2015 (BGBl. I S. 1474)
PrOVG	Preußisches Oberverwaltungsgericht
PrOVGE	Amtliche Sammlung der Entscheidungen des Preußischen Oberverwaltungsgerichts
pr. EBO	preußische Einheitsbauordnung v. 1919
PrüfeVO	Verordnung über die Einschränkung von Prüfungen im Baugenehmigungsverfahren – (Prüfeinschränkungs-Verordnung (aufgehoben, → Vorb. Rn. 12)
PrüfzVO	Prüfzeichenverordnung (aufgehoben und überführt in NBauO 2003
RArbBl.	Reichsarbeitsblatt
RdErl.	Runderlass
RdL	Zeitschrift „Recht der Landwirtschaft“
Rn.	Randnummer
RegE NBauO 1973	Regierungsentwurf der NBauO 1973 (v. 21.8.1970, Drs. 7/50)
RegE NBauO 1986	Regierungsentwurf des Fünften Gesetzes zur Änderung der NBauO (v. 23.11.1984, Drs. 10/3480)
RegE NBauO 2012	Regierungsentwurf der NBauO 2012 (LT-Drs. 16/3195)
RG	Reichsgericht
RGBl.	Reichsgesetzblatt
RGSt	Entscheidungen des Reichsgerichts in Strafsachen
RGZ	Entscheidungen des Reichsgerichts in Zivilsachen
RhPf.	Rheinland-Pfalz
ROG	Raumordnungsgesetz idF v. 22.12.2008 (BGBl. I S. 2986), zul. geänd. durch Art. 2 des G v. 20.7.2017 (BGBl. I S. 2808)
Rspr.	Rechtsprechung
Saarl.	Saarland
Sachs.	Sachsen
SchlH	Schleswig-Holstein
SGB VII	Sozialgesetzbuch – Siebtes Buch Gesetzliche Unfallversicherung v. 7.8.1996 (BGBl. I S. 1254), zul. geänd. durch G v. 6.5.2019 (BGBl. I S. 646)

SchulbauR	Richtlinie über bauaufsichtliche Anforderungen an Schulen, RdErl. durch MFAS v. 11.8.2000 (Nds. MBl. S. 519), zul. geänd. d. RdErl. v. 17.11.2012 (Nds. MBl. S. 997)
Sp.	Spalte (in stenograph. Berichten)
Städtetag	Zeitschrift „Der Städtetag"
StBauFG	Städtebauförderungsgesetz v. 27.7.1971, jetzt BauGB
StenBer.	stenographischer Bericht (über Sitzungen des Landtages)
StGB	Strafgesetzbuch
StVG	Straßenverkehrsgesetz
StVO	Straßenverkehrsordnung
TB	Technische Baubestimmung
Thür.	Thüringen
TKG	Telekommunikationsgesetz v. 22.6.2004 (BGBl. I S. 1190), zul. geänd. durch G v. 11.7.2019 (BGBl. I S. 1066)
TRGI	Technische Regeln für Gasinstallation 1986 (DVGW-TRGI '86)
ÜZVO	Verordnung über das Übereinstimmungszeichen
UIG	Umweltinformationsgesetz v. 22.12.2004 (BGBl. I S. 3704)
UI-RL	Richtlinie 2003/4/EG v. 28.1.2003 über den Zugang der Öffentlichkeit zu Umweltinformationen ... (ABl. EG Nr. L 41, S. 26)
UPR	Zeitschrift „Umwelt- und Planungsrecht"
UVP	Umweltverträglichkeitsprüfung
UVPG	Gesetz über die Umweltverträglichkeitsprüfung idF v. 24.2. 2010 (BGBl. I S. 94), zul. geänd. durch G v. 13.5.2019 (BGBl. I S. 706)
UVP-RL	Richtlinie 85/337/EWG v. 27.6.1995 über die Umweltverträglichkeitsprüfung bei bestimmten öffentlichen und privaten Projekten (ABl. EWG Nr. L 175, S. 40), s. auch UVP-ÄndRL
UVP-ÄndRL	Richtlinie 97/11/EG v. 3.3.1997 zur Änderung der vorgenannten Richtlinie (ABl. EG Nr. 73, S. 5)
VA	Verwaltungsakt
VAwS	Verordnung über Anlagen zum Umgang mit wassergefährdenden Stoffen und über Fachbetriebe (Anlagenverordnung) v. 17.12.1997 (Nds. GVBl. S. 549), aufgeh. durch VO v. 14.11. 2017 (Nds. GVBl. S. 439)
V/VO	Verordnung
VbF	Verordnung über brennbare Flüssigkeiten idF v. 13.12.1996 (BGBl. I S. 1937), zul. geänd. durch VO v. 2.6.2016 (BGBl. I S. 1257)
VBlBW	Zeitschrift „Verwaltungsblätter für Baden-Württemberg"
VDI	Verein Deutscher Ingenieure
VersR	Zeitschrift „Versicherungsrecht"
VerwArch.	Zeitschrift „Verwaltungsarchiv"
VerwRspr.	Entscheidungssammlung „Verwaltungsrechtsprechung in Deutschland"
VG	Verwaltungsgericht
VGH	Verwaltungsgerichtshof
VKV	Verordnung über den Bau und Betrieb von Verkaufsstätten v. 17.1.1997 (Nds. GVBl. S. 31), zul. geänd. durch VO v. 13.11. 2012 (Nds. GVBl. S. 438)
VOB	Verdingungsordnung für Bauleistungen
VollzBeaVO	Verordnung über Verwaltungsvollzugsbeamtinnen und Verwaltungsvollzugsbeamte v. 13.3.1995 (Nds. GVBl. S. 60), zul. geänd. durch VO v. 11.12.2012 (Nds. GVBl. S. 599)
VORIS	(niedersächsisches) Vorschrifteninformationssystem

VSG	Verbundsicherheitsglas
VStättVO	Verordnung über den Bau und Betrieb von Versammlungsstätten
VVDStRL	Veröffentlichungen der Vereinigung der Deutschen Staatsrechtslehrer
VwGO	Verwaltungsgerichtsordnung
VwVfG	Verwaltungsverfahrensgesetz idF v. 23.1.2003 (BGBl. I S. 102), zul. geänd. durch G v. 21.6.2019 (BGBl. I S. 846), für die Landesverwaltung gültig nach Maßgabe des NVwVfG
VV	Verwaltungsvorschrift(en)
WasBauPVO	Verordnung zur Feststellung der wasserrechtlichen Eignung von Bauprodukten und Bauarten durch Nachweise nach der Nds. Bauordnung vom 25.2.1999 (Nds. GVBl. S. 69), zul. geänd. durch G v. 13.12.2012 (Nds. GVBl. S. 438)
WaStrG	Bundeswasserstraßengesetz idF v. 23.5.2007 (BGBl. I S. 962), zul. geänd. durch VO v. 29.11.2018 (BGBl. I S. 2237),
WEG	Gesetz über das Wohnungseigentum und das Dauerwohnrecht v. 15.3.1951 (BGBl. I S. 175), zul. geänd. durch G v. 5.12.2014 (BGBl. I S. 1962)
WertV	Verordnung über Grundsätze für die Ermittlung der Verkehrswerte von Grundstücken (Wertermittlungsverordnung) v. 6.12.1988 (BGBl. I S. 2209), abgelöst durch ImmobilienwertermittlungsVO v. 19.5.2010 (BGBl. I S. 639)
WHG	Gesetz zur Ordnung des Wasserhaushalts (Wasserhaushaltsgesetz) idF v. 31.7.2009 (BGBl. I S. 2585), zul. geänd. durch G v. 4.12.2008 (BGBl. I S. 2254)
WiVerw	Zeitschrift „Wirtschaft und Verwaltung“ (Beilage zum Gewerbearchiv)
WiZustVO	Verordnung über Zuständigkeiten auf dem Gebiet des Wirtschaftsrechts sowie in anderen Rechtsgebieten (ZustVO-Wirtschaft) v. 18.11.2004 (Nds. GVBl. S. 482), zul. geänd. durch G v. 19.7.2018 (Nds. GVBl. S. 160)
WoFG	Gesetz über die soziale Wohnraumförderung (Wohnraumförderungsgesetz) v. 13.9.2001 (BGBl. I S. 2376), zul. geänd. durch G v. 4.8.2019 (BGBl. I S. 1147)
WP	Wahlperiode (des Nds. Landtags)
ZfBR	„Zeitschrift für deutsches und internationales Baurecht“
ZMR	„Zeitschrift für Miet- und Raumrecht“
ZRP	„Zeitschrift für Rechtspolitik“
ZustVO-OWi	Verordnung über sachliche Zuständigkeiten für die Verfolgung und Ahndung von Ordnungswidrigkeiten idF v. 17.11. 2014 (Nds. GVBl. S. 311), zul. geänd. durch VO v. 6.6.2018 (Nds. GVBl. S. 128)
ZustVO-UAS	Verordnung über Zuständigkeiten auf den Gebieten des Arbeitsschutz- Immissionsschutz-, Sprengstoff- Gentechnik- und Strahlenschutzrechts sowie in anderen Rechtsgebieten v. 27.10.2009 (Nds. GVBl. S. 374), geänd. durch VO v. 26.2.2019 (Nds. GVBl. S. 33)
ZVG	Gesetz über die Zwangsversteigerung und Zwangsverwaltung idF v. 20.5.1898 (RGBl. S. 713), zul. geänd. durch G v. 24.5.2016 (BGBl. I S. 1217)

Verzeichnis der abgekürzt zitierten Literatur

Baltz/Fischer PreußBaupolizei	Baltz/Fischer, Preußisches Baupolizeirecht, 6. Aufl. 1934, unv. Nachdruck 1954
Barth/Mühler NBauO	Barth/Mühler, Abstandsvorschriften der Niedersächsischen Bauordnung, Kommentar, 4. Aufl., 2012
Battran/Mayr Brandschutz	Battran/Mayr, Brandschutzatlas, Loseblatt (zit.: *Bearbeiter* in Battran/Mayr Brandschutz)
BBHKPSV NBauO	Breyer/Bültemann/Himstedt/Köpper/Plankemann/Schwentek/Voges, Praxishandbuch zur Niedersächsischen Bauordnung für Architekten und Ingenieure, Loseblatt
BeckOK BauGB	Spannowsky/Uechtritz, Beck´scher Online-Kommentar BauGB (zit.: *Bearbeiter* in BeckOK BauGB)
BeckOK BauordnungsR BW ...	Spannowsky/Uechtritz, Beck´scher Online-Kommentar Bauordnungsrecht Baden-Württemberg (zit.: *Bearbeiter* in BeckOK BauordnungsR BW BWLBO)
BeckOK BauordnungsR Bayern	Spannowsky/Manssen, Beck´scher Online-Kommentar Bauordnungsrecht Bayern (zit.: *Bearbeiter* in BeckOK BauordnungsR Bayern BayBO)
BeckOK BauordnungsR Hessen	Spannowsky/Eiding, Beck´scher Online-Kommentar Bauordnungsrecht Hessen (zit.: *Bearbeiter* in BeckOK BauordnungsR Hessen HBO)
BeckOK BauordnungsR Nds ..	Spannowsky/Otto, Beck´scher Online-Kommentar Bauordnungsrecht Niedersachsen (zit.: *Bearbeiter* in BeckOK BauordnungsR Nds NBauO)
BeckOK VwGO	Posser/Wolff, Beck´scher Online-Kommentar Verwaltungsgerichtsordnung (zit.: *Bearbeiter* in BeckOK VwGO)
BeckOK VwVfG	Bader/Ronellenfitsch, Beck´scher Online-Kommentar Verwaltungsverfahrensgesetz (zit.: *Bearbeiter* in BeckOK VwVfG)
Berkemann/Halama	Berkemann/Halama, Erstkommentierung zum BauGB 2004, 2005
BerlKomm BauGB	Schlichter/Stich/Driehaus/Paetow, Berliner Kommentar zum Baugesetzbuch (BauGB), Loseblatt (zit.: *Bearbeiter* in BerlKommBauGB)
v. Bernstorff MBO	v. Bernstorff, Musterbauordnung – Bauprodukte, 1994
BKL	Battis/Krautzberger/Löhr, Baugesetzbuch, 14. Aufl. 2019 (zit.: *Bearbeiter* in BKL BauGB)
Blum/Agena	Blum/Agena, Niedersächsisches Naturschutzgesetz, Kommentar, Loseblatt (zit: *Bearbeiter* in NNatG)
Blumenbach/Groschupf NBauO	Blumenbach/Groschupf, Kommentar zur Niedersächsischen Bauordnung, 1977 (zit.: *Bearbeiter in* Blumenbach/Groschupf NBauO)
Boeddinghaus/Hahn/Schulte ..	Boeddinghaus/Hahn/Schulte, Bauordnung für das Land Nordrhein-Westfalen, Loseblatt (zit.: *Bearbeiter* in BHS BauO NRW
Breuer Bodennutzung	Breuer, Die Bodennutzung im Konflikt zwischen Städtebau und Eigentumsgarantie, 1976
Brügelmann	Brügelmann, Baugesetzbuch, Kommentar, Loseblatt (zit.: *Bearbeiter* in Brügelmann BauGB)
Büge/Zinkahn Rechtsschutz ...	Büge/Zinkahn, Der Rechtsschutz gegen Verunstaltungen, 1952
Czychowski/Reinhardt	Czychowski/Reinhardt, Wasserhaushaltsgesetz, 12. Aufl. 2019

Verzeichnis der abgekürzt zitierten Literatur

DWVM	Drews/Wacke/Vogel/Martens, Gefahrenabwehr, 9. Aufl. 1986 (zit.. *Bearbeiter* in DWVM)
EMS	Erbguth/Mann/Schubert, Besonderes Verwaltungsrecht, 12. Aufl. 2019
EZBK	Ernst/Zinkahn/Bielenberg/Krautzberger, Baugesetzbuch, Kommentar, Loseblatt (zit.: *Bearbeiter* in EZBK BauGB)
FDK VorlRS	Finkelnburg/Dombert/Külpmann, Vorläufiger Rechtsschutz im Verwaltungsstreitverfahren, 7. Aufl. 2017 (zit.: *Bearbeiter* in FDK VorlRS)
Fickert/Fieseler	Fickert/Fieseler, Baunutzungsverordnung, Kommentar, 12. Aufl. 2014
FOK ÖffBauR	Finkelnburg/Ortloff/Kment, Öffentliches Baurecht, Band I: Bauplanungsrecht, 7. Aufl. 2017 (zit.: *Bearbeiter* in FOK ÖffBauR)
FOO	Finkelnburg/Ortloff/Otto, Öffentliches Baurecht, Band II: Bauordnungsrecht, Nachbarschutz, Rechtsschutz, 7. Aufl. 2018 (zit: *Bearbeiter* in FOO ÖffBauR)
GCJPW	Gädtke/Czepuck/Johlen/Plietz/Wenzel, BauO NRW, Kommentar, 12. Aufl. 2011 (zit: *Bearbeiter* in GCJPW BauO NRW)
Götz/Geis PolR	Götz/Geis, Allgemeines Polizei- und Ordnungsrecht, 16. Aufl. 2017
HBG ÖffBauR	Hoppe/Bönker/Grotefels, Öffentliches Baurecht, 4. Aufl. 2010 (zit.: *Bearbeiter* in HBG ÖffBauR)
Hornmann HBO	Hornmann, Hessische Bauordnung, Kommentar, 2. Aufl. 2011
Jäde/Dirnberger BauO LSA....	Jäde/Dirnberger, Bauordnungsrecht Sachsen-Anhalt, Kommentar, Loseblatt
Knack/Henneke	Knack/Henneke, VwVfG, Kommentar, 10. Aufl. 2014 (zit.: *Bearbeiter* in Knack/Henneke VwVfG)
Kodal StraßenR	Kodal, Straßenrecht, 7. Aufl. 2010
Kopp/Ramsauer	Kopp/Ramsauer, Verwaltungsverfahrensgesetz, Kommentar, 20. Aufl. 2019 (zit.: *Bearbeiter* in Kopp/Ramsauer VwVfG)
Kopp/Schenke	Kopp/Schenke, Verwaltungsgerichtsordnung, Kommentar, 25. Aufl. 2019 (zit.: *Bearbeiter* in Kopp/Schenke VwGO)
Korte/Rebe	Korte/Rebe, Verfassung und Verwaltung des Landes Niedersachsen, 2. Aufl. 1986
KRS	König/Roeser/Stock, Baunutzungsverordnung – BauNVO, Kommentar, 4. Aufl. 2019 (zit.: *Bearbeiter* in KRS BauNVO)
Muckel/Ogorek ÖffBauR	Muckel/Ogorek, Öffentliches Baurecht, 2. Aufl. 2014
MüKoBGB	Münchener Kommentar zum BGB in 11. Bänden, 7. Aufl. 2015 ff *(zit: Bearbeiter* in MüKOBGB*)*
MSU	Mann/Sennekamp/Uechtritz, Verwaltungsverfahrensgesetz, 2. Aufl. 2019
Ossenbühl/Cornils StaatsHaftR	Ossenbühl/Cornils, Staatshaftungsrecht, 6. Aufl. 2013
Palandt	Palandt, Bürgerliches Gesetzbuch, bearb. v. Bassenge u.a., 77. Aufl. 2018
Peine ÖffBauR	Peine, Öffentliches Baurecht, 4. Aufl. 2003
Reichel/Schulte BauordnungsR-HdB	Reichel/Schulte, Handbuch Bauordnungsrecht, 2004 (zit.: *Bearbeiter* in Reichel/Schulte BauordnungsR-HdB
Saipa Nds. GefahrenabwehrG .	Saipa, Niedersächsisches Gefahrenabwehrgesetz, Kommentar, Loseblatt
Sauter/Vamos	Sauter/Vamos, Landesbauordnung für Baden-Württemberg, Kommentar, 20. Aufl. 2015
SBS	Stelkens/Bonk/Sachs, Verwaltungsverfahrensgesetz, Kommentar, 9. Aufl. 2018 (zit.: *Bearbeiter* in SBS VwVfG)

Scheerbarth AllgBauordnungsR	Scheerbarth, Das allgemeine Bauordnungsrecht, 2. Aufl. 1966
Schmaltz/Wiechert	Schmaltz/Wiechert, Niedersächisches Denkmalschutzgesetz (NDSchG), 2. Aufl. 2012
Schmidt-Aßmann StädtebauR .	Schmidt-Aßmann, Grundfragen des Städtebaurechts, 1972
Schoch BesVerwR	Schoch, Besonderes Verwaltungsrecht, 2018
Schönenbroicher/Kamp	Schönenbroicher/Kamp, Bauordnung Nordrhein-Westfalen (BauO NRW), Kommentar, 2012 *(zit.: Bearbeiter* in Schönenbroicher/Kamp BauO NRW)
Schrödter	Schrödter, Baugesetzbuch, Kommentar, 9. Aufl. 2019 (zit.: *Bearbeiter* in Schrödter BauGB)
Schwarz Baulasten	Schwarz, Baulasten im öffentlichen Recht und im Privatrecht, 1995
SIH	Sauter/Imig/Hornung, Landesbauordnung für Baden-Württemberg, 30. Aufl. 2018
Simon/Busse	Simon/Busse, Bayerische Bauordnung, Kommentar, Loseblatt
Stollmann/Beaucamp ÖffBauR	Stollmann/Beaucamp, Öffentliches Baurecht, 11. Aufl. 2017
WBSK I	Wolff/Bachof/Stober/Kluth, Verwaltungsrecht Band 1, 13. Aufl. 2017
WBSK II	Wolff/Bachof/Stober/Kluth, Verwaltungsrecht Band 2, 7. Aufl. 2010
Weyreuther Bauen	Weyreuther, Bauen im Außenbereich, 1979

Niedersächsische Bauordnung

Gesetzesänderungen seit der Fassung vom 23.7.1973 (Nds. GVBl. S. 259)

Lfd. Nr.	änderndes Gesetz	Datum	Seite im GVBl.	betroffene §§ der NBauO	Art der Änderung
1.	G z. Änd. d. NBauO	7.12.1973	507	§ 2 Abs. 6 S. 3	aufgeh.
2.	Zweites AnpassungsG, Art. 24	2.12.1974	535	§ 91 Abs. 6 S. 2	geänd.
3.	Zweites G z. Änd. d. NBauO	12.12.1975	420	§ 101 Abs. 3 S. 1	geänd.
4.	Drittes G z. Änd. d. NBauO	10.12.1976	318	§ 4 Abs. 3 S. 3	neugef.
5.	Achtes G z. Verw.- u. Gebietsreform, Art. VIII § 1 Nr. 8	28.6.1977	233	§ 63 Abs. 1 S. 1	geänd.
6.	Nds. DenkmalschutzG, § 38	30.5.1978	517	§§ 1 Abs. 4, 2 Abs. 2, 55, 69 Abs. 2, 73 Abs. 3, 94	aufgeh.
				§§ 13 Abs. 1 S. 1, Überschr. Teil VII, 69 Abs. 1 u. 3, 89 Abs. 1 S. 2 Nr. 1	geänd.
7.	Zweites G z. Änd. d. Nds. StraßenG, Art. II	29.7.1980	283	§ 4 Abs. 3 S. 4 u. 5	eingef.
8.	Nds. G ü. d. öfftl. Sicherheit u. Ordnung, § 91	17.11.1981	347	§§ 62, 67 Abs. 2, 88 S. 2, 89 Abs. 2 S. 2	geänd.
				§ 89 Abs. 4 S. 1	neugef.
9.	Achtes G z. Änd. d. NGO u. NLO, Art. V	18.2.1982	53	§ 4 Abs. 3 S. 3, 97 Abs. 1 S. 2	neugef.
10.	Viertes G z. Änd. d. NBauO	16.2.1983	63	§ 36 Abs. 2	neugef.
11.	G z. Bereinigg. d. nds. Straf- u. OWi-Rechts, Art. 8	5.12.1983	281	§ 91 Abs. 5	neugef.
12.	Fünftes G z. Änd. d. NBauO	11.4.1986	103	§§ 1–20, 23–28, 30–34, 36, 37, 39, 40, 42–59, 63–66, 68–71, 73–88, 91–93, 95, 96, 98–100	geänd. bzw. neugef.
				§§ 22, 29, 38, 41, 60, 67, 90, 101	aufgeh.
				§§ 7a, 7b, 12a, 27a, 34a, 94, Anhang	eingef.
13.	Nds. RechtsvereinfachgsG 1989, Art. 17	19.9.1989	345	§ 94 Abs. 1 S. 3 u. Abs. 2 Nr. 1, § 97 Abs. 1, Anh. Nr. 13	geänd.
14.	Sechstes G z. Änd. d. NBauO	21.3.1990	80	§ 47 Abs. 7	geänd.
15.	Nds. RechtsvereinfachgsG 1990, Art. 23	22.3.1990	101	§ 97 Abs. 7	aufgeh.
16.	G z. Änd. d. Nds. AbfG	7.11.1991	295	§ 68 Abs. 2 S. 1 Nr. 2	aufgeh.

Lfd. Nr.	änderndes Gesetz	Datum	Seite im GVBl.	betroffene §§ der NBauO	Art der Änderung
17.	Siebentes G z. Änd. d. NBauO	15.6.1995	158	§§ 1–5, 7, 13, 14, 17, 19, 20, 24–27, 28, 40, 42–47, 48, 50–52, Überschr. Teil VII, 56–58, 66, 68, 69, 72–74, 77, 79, 80, 82–84, 88, 89, 91, 92, 95, 96, 98, Anhang	geänd. bzw. neugef.
				§§ 27a, 100	aufgeh.
				§§ 25a, 28a–28c, 47a, 47b, 69a	eingef.
18.	G z. Änd. d. NArchtG, d. NBauO u. d. NIngG	28.5.1996	252	§§ 27, 58, 66, 69a, 91	geänd.
19.	Achtes G z. Änd. d. NBauO	6.10.1997	422	§§ 24, 28, 28c, 42, 49, 51	geänd.
				§ 33	aufgeh.
				Anhang Nr. 11.11, 11.12, 14.12	eingef.
20.	Nds. Euro-AnpassungsG, Artikel 18	20.11.2001	701	§ 91 Abs. 5	geänd.
21.	G z. Umsetzung europarechtl. Vorschr. z. Umweltschutz, Artikel 7	5.9.2002	378	§ 75 Abs. 1 S. 2	eingef.
22.	G z. Änd. d. Baurechts	11.12.2002	796	§§ 3, 17, 44, 47, 47a, 48, 51, 64, 68, 69a, 70, 72, 75, 79, 82, 91, 92, 94, 95, 97, 98, Anhang	geänd. bzw. neugef.
				§§ 63a, 75a, 95a	eingef.
23.	G z. Umsetzung d. Verwaltungsmodernisierung im GeschBer. d. Min. f. Soziales, Frauen, Familie u. Gesundheit, Artikel 1	5.11.2004	404	§§ 62, 63, 65, 66, 82, 85, 89	geänd.
24.	G z. Änd. d. NBauO u. and. Rechtsvorschr.	23.6.2005	208	§§ 58, 68, 69, 69a, 75a, 92, 94, 95,	geänd.
				§§ 75b, 100 (neu)	eingef.
				Anhang. Nr. 4.2, 14.9	neugef.
25.	Modellkommunen-Gesetz	8.12.2005	386	§§ 49 Abs. 3, 69 Abs. 4, 92 Abs. 2, 94 in den Modellkommunen v. 1.1.2006 bis 31.12.2008	geänd. bzw. nicht anzuwenden
26.	G z. Abkommen z. Änd. d. Abkommens über das Dt. Institut für Bautechnik u. z. Änd. d. NBauO	14.11.2006	530	§§ 91, 95 und Anhang	geänd.
27.	G z. Änd. d. Nds. ArchitektenG u. z. Neufassung d. Nds. IngenieurG	12.7.2007	324	§§ 69a, 75a	geänd.
28.	G z. Änd. d. Nds. ArchitektenG, d. Nds. IngenieurG u. and. G	10.12.2008	370	Überschrift, §§ 58, 69a, 75a, 79, 100	geänd.
29.	G z. Änd. d. ModellkommunenG u. and. G	10.12.2008	381	§§ 85 und 92, § 94	geänd. aufgeh.

Lfd. Nr.	änderndes Gesetz	Datum	Seite im GVBl.	betroffene §§ der NBauO	Art der Änderung
30.	Nds. G z. landesweiten Umsetzung der mit dem ModKG erprobten Erweiterung kommunaler Handlungsspielräume	28.10.2009	366	§§ 49, 69a, 72, 73, 92, 100 u. Anhang	geänd.
31.	G z. Änd. d. Nds. ArchitektenG, d. Nds. IngenieurG u. d. NBauO	11.10.2010	475	§§ 26, 28c, 58, 69a, 75a, 100	geänd.
32.	Kommunalverfassung-AnpassungsG	13.10.2011	353	§ 63	geänd.
33.	NGastG	10.11.2011	415	§ 48	geänd.
34.	Nds. Bauordnung	3.4.2012	46	§§ 7–13 und 16 §§ 5–7, 9 Abs. 3, 17 Abs. 8, 44 Abs. 5 S. 1 u. 2, 82 u. 84 nF am 13.4.2012	aufgeh. eingef.
				Neufassung d. NBauO mWz 1.11.2012	neugef.
35.	G z. Änd. des Nds. NachbarrechtsG und d. NBauO	23.7.2014	206	§ 4	geänd.
36.	Nds. Bauprodukten-MarktüberwachungsG	6.4.2017	116	§ 17	geänd.
37.	G zur Neuordnung des Berufsrechts der Ingenieurinnen und Ingenieure sowie zur Änd. d. NBauO	25.9.2017	322	§§ 53, 62, 65, 66, 86	geänd.
38.	G zur Änd. d. NBauO	25.9.2017	338	§§ 62, 68, 74, Anh.	geänd.
39.	G zur Änd. d. NBauO	12.9.2018	190 bez. 2018 253	§§ 2, 3, 5,16a, Teil 4 Überschrift, §§ 16b, 16c, 17, 18, 19, 20, 21, 22, 23, 24, 25, 35, 40, 41, 47, 49, 51, 52, 54, 56, 58, 62, 63, 65, 66, 67, 68, 76, 77, 79, 80, 82, 83, 84, 86, Anh.	geänd. bzw. eingef.
40.	G z. Änd. d. Niedersächsischen Gesetze über die öffentliche Sicherheit und Ordnung und anderer Gesetze	20.5.2019	88	§ 79	geänd.

Vorbemerkungen

Übersicht

A. Entwicklung des öffentlichen Baurechts, insbesondere in Niedersachsen

a) Vor- und Entstehungsgeschichte der NBauO

Mit der Verabschiedung der Niedersächsischen Bauordnung (NBauO) im Juli 1973 hatten die Bemühungen der Nachkriegszeit um eine systematische Neuordnung und Vereinheitlichung des öffentlichen Baurechts vorerst einen Abschluss gefunden. Als nach dem zweiten Weltkrieg der Wiederaufbau einsetzte, war das öffentliche Baurecht sehr unübersichtlich und zersplittert. Es war nicht nur in den Ländern und Landesteilen unterschiedlich, sondern auch sachlich auf eine Vielzahl einzelner Gesetze und Verordnungen verstreut. Das galt in besonderem Maße für Niedersachsen: Im **ehemals preußischen Gebiet** war der überwiegende Teil des öffentlichen Baurechts in Rechtsverordnungen enthalten, die jeweils für einen Regierungsbezirk oder für eine größere Stadt ergangen waren. Rechtsgrundlage dieser **„Baupolizeiverordnungen“** oder „Bauordnungen“ war die polizeirechtliche Generalermächtigung in § 14 des preußischen Polizeiverwaltungsgesetzes vom 1.6.1931, später § 1 des nds. Gesetzes über die öffentliche Sicherheit und Ordnung vom 21.3.1951. Inhaltlich gingen sie auf ein vom Land Preußen herausgegebenes Muster zurück, die sog. Einheitsbauordnung, die in einer Fassung für die Städte (1919) und einer für das „platte Land“ (1931) erschienen war (mit eingehenden Erläuterungen abgedr. bei Baltz/Fischer PreußBaupolizei). Preußen hatte aus Rücksicht auf klima- und landschaftsbedingte Unterschiede in den Baugewohnheiten auf eine weitergehende Vereinheitlichung verzichtet. Inhalt der Bauordnungen war überwiegend das, was heute als Bauordnungsrecht bezeichnet wird. Sie regelten das Baugenehmigungs- oder -anzeigeverfahren und stellten an die Bauwerke materiell-rechtliche Anforderungen im Interesse von Standsicherheit, Brandschutz und Gesundheit. Darüber hinaus enthielten sie, insoweit zusätzlich gestützt auf das preuß. Wohnungsgesetz vom 28.3.1918 und die (reichsrechtliche) Bauregelungsverordnung vom 15.2.1936, Vorschriften über die bauliche Ausnutzbarkeit von Grundstücken, also Bauplanungsrecht im heutigen Sinne. Neben den Bauordnungen waren einige weitere preußische Gesetze über Einzelheiten des Bauwesens in Kraft, ua die sog. Verunstaltungsgesetze von 1902 und 1907 (dazu →§ 3 Rn. 51) und das sog. 1

Fluchtliniengesetz vom 2.7.1875 als Rechtsgrundlage für die Erhebung von Anliegerbeiträgen für neue Straßen.

2 Im ehemaligen Land **Oldenburg** war die Rechtslage ähnlich. Im Land **Braunschweig** galt noch eine als Gesetz ergangene Bauordnung vom 13.3.1899 mit Ausführungsanweisung vom 7.9.1899. Daneben bestanden ehemals **reichsrechtliche Vorschriften**, insbesondere das Gesetz über die Aufschließung von Wohnsiedlungsgebieten vom 22.9.1933, die BauregelungsVO vom 15.2.1936 (s.o.), die Verordnung über die allgemeine baupolizeiliche Zulassung neuer Baustoffe und Bauarten vom 8.11.1937, die Reichsgaragenordnung vom 17.2.1939 (dazu → § 5 Rn. 254, § 47 Rn. 4) und die Verordnung über Grundstückseinrichtungsgegenstände vom 27.1.1942 (mit Vorschriften über Prüfzeichen).

3 In der ersten **Nachkriegszeit** ergingen in Niedersachsen das Gesetz über die Räumung von Trümmergrundstücken vom 21.3.1949 und das Aufbaugesetz vom 9.5.1949 mit Vorschriften über die städtebauliche Planung und die Bodenordnung (vgl. die umfangreichen Kataloge aufgehobener Vorschriften in § 186 BBauG und § 101 NBauO 2003; eingehende Darstellung der Baurechtsentwicklung: Krautzberger in EZBK, Einl. Rn. 1 ff.; Schmidt-Aßmann StädtebauR, S. 7 ff.).

4 Nach Entstehen der Bundesrepublik kam es bald zu **Bestrebungen**, das **ganze Baurecht in einem Bundesgesetz** zusammenzufassen. Im Herbst 1950 veröffentlichte das Bundesministerium für Wohnungsbau den „Entwurf zu einem Baugesetz für die Bundesrepublik Deutschland". Auch der Bundestag forderte die Bundesregierung in einer Entschließung vom 13.9.1951 auf, ein einheitliches Baugesetz vorzulegen (Krautzberger in EZBK, Einl. Rn. 51 ff.). Da Zweifel über die Gesetzgebungskompetenz des Bundes auf dem Gebiet des Bauwesens bestanden, holten Bund und Länder hierüber (aufgrund des inzwischen aufgehobenen § 97 BVerfGG) ein **Gutachten des BVerfG** ein, das am 16.6.1954 erstattet wurde (BVerfGE 3, 407). Wie das Gericht in dem Gutachten klarstellte, hat der Bund nach Art. 74 Nr. 18 GG die sog. konkurrierende Kompetenz für das Recht der städtebaulichen Planung, der Baulandumlegung, des Bodenverkehrs und der Erschließung, außerdem für Bauvorschriften, die besondere Fragen des Wohnungsbaus regeln. Für das übrige Baurecht, insbesondere das herkömmliche Baupolizeirecht, hat der Bund dagegen keine Gesetzgebungskompetenz, so dass hierfür die Länder ausschließlich zuständig sind.

5 In der folgenden Zeit erließ der Bund das Bundesbaugesetz (**BBauG**) von 1960 (Novellen von 1976 und 1979) mit Baunutzungsverordnung (BauNVO, Fassungen von 1962, 1968, 1977 und 1990), Planzeichenverordnung und Wertermittlungsverordnung (Neufassung von 1988, geänd. 1997) sowie das Städtebauförderungsgesetz (StBauFG) von 1971 und schöpfte damit seinen Kompetenzbereich weitgehend aus; verzichtet hat er auf Bauvorschriften über Wohnungen. Durch Gesetz vom 8.12.1986 (BGBl. I S. 2191) vereinigte er BBauG und StBauFG zu einem „Baugesetzbuch" (**BauGB**), das am 1.7.1987 in Kraft trat (BGBl. I S. 2253). Das BauGB ist entgegen seiner irreführenden Bezeichnung jedoch keine Kodifikation des gesamten öffentlichen Baurechts; nach wie vor kann es nur das Planungsrecht enthalten. Das MaßnahmenG zum BauGB vom 17.5.1990 (BGBl. I S. 926) traf für vorübergehende Zeit planungsrechtliche Regelungen neben dem BauGB, die den Wohnungsbau und andere Investitionen beschleunigen und von hemmenden Vorschriften befreien sollten. Durch das Bau- und RaumordnungsG 1998 (**BauROG** v. 18.8.1997, BGBl. I S. 2081) wurde das Planungsrecht wieder in einem Gesetz vereinigt und zugleich an vielen Stellen geändert (BauGB idF v. 27.8.1997, BGBl. I S. 214). Nach weiteren Änderungen des BauGB durch die UVPG-Novelle vom 27.7.2001 (BGBl. I S. 1950) führte schließlich das „Europarechtsanpassungsgesetz Bau" (EAG Bau v. 24.6.2004, BGBl. I S. 1359) zu zahlreichen Neuerungen und brachte eine Neuverkündung des BauGB in der Fassung v. 24.9.2004 (BGBl. I S. 2414) mit sich. Nachfolgend wurde das BauGB mehrfach geändert. Zu nennen sind insbesondere die Neuerung durch das Gesetz zur Erleichterung von Planungsvorhaben für die Innenentwicklung der Städte v. 21.12.2006 (BGBl. I S. 3316) sowie das Europaanpassungsge-

setz Erneuerbare Energien (EAG EE v. 12.11.2011, BGBl. I S. 619). Eine weitere Änderung folgte durch das Gesetz zur Förderung des Klimaschutzes bei der Entwicklung in den Städten und Gemeinden v. 22.7.2011 (BGBl. I S. 1509) und in jüngerer Vergangenheit insbesondere durch das Asylverfahrensbeschleunigungsgesetz v. 20.10.2015 (BGBl. I S. 1722). Ausführlich zu diesen Neuerungen vgl. *Krautzberger* in EZBK Einl. Rn. 298 ff., 393 ff.

Um auch für das nicht von der Bundesgesetzgebung erfasste Bauordnungswesen eine möglichst einheitliche Regelung zu erreichen, setzten die für die Bauaufsicht zuständigen Minister der Länder und der Bundesminister für Wohnungsbau in der sog. Dürkheimer Vereinbarung vom 21.1.1955 eine Kommission zur Erarbeitung eines Mustergesetzentwurfs ein. Dieser Entwurf, die sog. **Musterbauordnung** (MBauO 1959), wurde am 30.10.1959 von der Kommission verabschiedet und 1960 mit einer Einführung veröffentlicht (Schriftenreihe des Bundesministeriums für Wohnungsbau, Bd. 16/17 und 18). In der folgenden Zeit erließen die Bundesländer auf der Grundlage der Musterbauordnung neue Landesbauordnungen. Zu späteren Fassungen der MBauO s. → Rn. 9 (MBauO 1981), → Rn. 12 (MBauO 1996), → Rn. 15, 45 (MBauO 2002) 6

Als letzte neue BauO der westdeutschen Länder erging die **Niedersächsische Bauordnung von 1973**. Die Landesregierung legte den Entwurf am 27.12.1968 dem Landtag vor (LT-Drs. 6/664 mit Berichtigung LT-Drs. 6/710). Nach der ersten Lesung im Landtagsplenum (StenBer. Sp. 4157 ff.) endete die weitere Beratung des Gesetzentwurfs wegen der vorzeitigen Landtagsauflösung am 18.3.1970 aus Gründen der Diskontinuität. Zu Beginn der 7. Wahlperiode brachte die neue Landesregierung denselben Entwurf wieder in den Landtag ein (Drs. 7/50, erste Lesung StenBer. Sp. 146). Die überaus gründlichen Ausschussberatungen führten neben vielen gesetzestechnischen Änderungen insbesondere dazu, dass die Vorschriften zugunsten von Behinderten, alten Menschen, Kindern und Müttern mit Kleinkindern (vgl. besonders die damaligen § 1 Abs. 2, §§ 36 und 48; jetzt § 3 Abs. 2, §§ 38 und 49) und über das sog. Planvorlagerecht (§ 58; jetzt § 53) eingefügt wurden (vgl. d. Ausschussempfehlungen LT-Drs. 7/2040, 7/2064). Nach 2. und 3. Lesung im Plenum am 4.7.1973 (StenBer. Sp. 7533 ff.) wurde das Gesetz einstimmig verabschiedet und unter dem 23.7.1973 verkündet (Nds. GVBl. S. 259). 7

b) Änderungen der NBauO bis zum ÄnderungsG von 1986

Die NBauO ist seit ihrer Verabschiedung vierzig Mal geändert worden (tabellarische Übersicht vor diesen Vorbemerkungen). Die ersten elf Änderungen betrafen jeweils nur einzelne Vorschriften der NBauO. Im Einzelnen: 8

Noch vor Inkrafttreten der NBauO (am 1.1.1974) erging das Gesetz zur Änderung der Niedersächsischen Bauordnung vom 17.12.1973 (Nds. GVBl. S. 507), das einen redaktionellen Fehler in § 2 Abs. 6 (jetzt § 2 Abs. 14) beseitigte (Entwurf LT-Drs. 7/2263, verabschiedet am 11.12.1973, StenBer. Sp. 8518).

Durch Art. 24 des Zweiten Anpassungsgesetzes vom 2.12.1974 (Nds. GVBl. S. 535) wurde in § 91 Abs. 6 (jetzt § 80 Abs. 6) die Verweisung auf das OWiG geändert (Entwurf LT-Drs. 8/75, verabschiedet am 13.11.1974, StenBer. Sp. 407 ff.).

Das Zweite Gesetz zur Änderung der NBauO vom 12.12.1975 (Nds. GVBl. S. 420) verlängerte in § 101 Abs. 3 S. 1 aF die Geltungsdauer der aufgrund alten Baurechts erlassenen Vorschriften bis 31.12.1976 (Entwurf LT-Drs. 8/1213, verabschiedet am 26.11.1975, StenBer. Sp. 2970).

Durch das Dritte Gesetz zur Änderung der NBauO vom 10.12.1976 (Nds. GVBl. S. 318) wurden § 4 Abs. 3 S. 3 (danach § 94 Abs. 1 S. 3, seit 1.1.2009 aufgehoben) an die geänderte Fassung des BBauG angepasst und in § 101 Abs. 3 S. 1 aF die Geltungsdauer der genannten Vorschriften nochmals bis 31.12.1978 verlängert (Entwurf LT-Drs. 8/1889, verabschiedet am 24.11.1976, StenBer. Sp. 4928 f.).

Durch Art. VIII § 1 Nr. 8 des Achten Gesetzes zur Verwaltungs- und Gebietsreform vom 28.6.1977 (Nds. GVBl. S. 233) wurde § 63 Abs. 1 aF (jetzt § 57 Abs. 1) betr. Bauaufsichtsbehörden geändert (Entwurf LT-Drs. 8/1000, verabschiedet am 9.6.1977, StenBer. Sp. 6842 ff.).

Das Niedersächsische Denkmalschutzgesetz (NDSchG) vom 30.5.1978 (Nds. GVBl. S. 517) löste mit Wirkung ab 1.4.1979 die Regelung des Baudenkmalschutzes in der NBauO ab; durch das NDSchG wurden die damaligen § 1 Abs. 4, § 2 Abs. 2, § 55, § 69 Abs. 2, § 73 Abs. 3 und § 94 gestrichen, § 13 Abs. 1 (heute entfallen), § 54, § 69 Abs. 1 und 3 und § 89 Abs. 1 (heute § 79 Abs. 3, 60 Abs. 1 und 2 und § 79 Abs. 1) geändert (Entwürfe Drs. 8/2154 und 8/2420, verabschiedet am 12.5.1978, StenBer. Sp. 9163 ff.).

Art. II des Zweiten Gesetzes zur Änderung des Nds. Straßengesetzes vom 29.7.1980 (Nds. GVBl. S. 283) erweiterte § 4 Abs. 3 NBauO (Genehmigungsvorbehalt für Grundstücksteilungen; danach § 94; heute aufgehoben) um zwei Verordnungsermächtigungen (Sätze 4 und 5, Entwurf LT-Drs. 9/892, Beschlussempfehlung LT-Drs. 9/1671, verabschiedet am 2.7.1980, StenBer. Sp. 5526 ff.; Näheres bei → § 94 Rn. 1 in der 8. Aufl.).

Durch § 91 des Nds. Gesetzes über die öffentliche Sicherheit und Ordnung vom 17.11.1981 (Nds. GVBl. S. 347) wurden die §§ 62, 67 (heute entfallen), 88 und 89 (jetzt §§ 58 Abs. 9 und 79) redaktionell geändert (Entwurf LT-Drs. 9/1090, Beschlussempfehlung LT-Drs. 9/2865, Ausschussbericht LT-Drs. 9/2908, verabschiedet am 22.10.1981, StenBer. Sp. 9269 ff.).

Durch Art. V des Achten Gesetzes zur Änderung der NGO und der NLO vom 18.2.1982 (Nds. GVBl. S. 53) wurde § 4 Abs. 3 S. 3 aF (danach § 94 Abs. 1 S. 3, heute aufgehoben) zur Anpassung an die Änderung des BBauG von 1979 noch einmal geändert und die Verweisung in § 97 Abs. 1 S. 2 (heute § 84 Abs. 4) erweitert (erst vorgesehen mit Beschlussempfehlung BT-Drs. 9/3110, verabschiedet am 21.1.1982, StenBer. Sp. 9963).

Das Vierte Gesetz zur Änderung der NBauO vom 16.2.1983 (Nds. GVBl. S. 63) fasste § 36 Abs. 2 (jetzt § 38 Abs. 2) neu; die Anforderungen an die Ausstattung von Gebäuden mit Aufzügen wurden herabgesetzt (Entwurf LT-Drs. 10/245, Beschlussempfehlung LT-Drs. 10/643, verabschiedet am 25.1.1983, StenBer. S. 967 ff.).

Durch Art. 8 des Gesetzes zur Bereinigung des nds. Straf- und Ordnungswidrigkeitenrechts vom 5.12.1983 (Nds. GVBl. S. 281) wurde der Bußgeldrahmen des § 91 Abs. 5 (jetzt § 80 Abs. 5) neu gefasst (Entwurf LT-Drs. 10/500, Beschlussempfehlung LT-Drs. 10/1764, verabschiedet am 9.11.1983, StenBer. S. 3056 ff.).

c) NBauO 1986 und weitere Änderungen

9 Die NBauO von 1973 bildete, wie oben (→ Rn. 1 ff.) dargestellt, einen gewissen Schlusspunkt in der Entwicklung des öffentlichen Baurechts der Nachkriegszeit. Diese blieb jedoch weiter im Fluss. Nicht zuletzt wurde sie durch die NBauO gefördert, die eine Reihe von Neuerungen einführte. Zu diesen gehören die verbesserte Abstandsregelung (statt der früheren Bauwiche und Fensterabstände gilt nur noch e i n höhenabhängiges Maß für die Abstände bzw. „Abstandsflächen"), die Vorschriften zugunsten Behinderter und anderer benachteiligter Personenkreise, die ausdrückliche Ermächtigung zu „positiver Baupflege" in § 56 (heute § 84 Abs. 3), der Wegfall des Bauanzeigeverfahrens, die verbesserte Beteiligung der Nachbarn im Baugenehmigungsverfahren, die flexiblere Regelung der Bauabnahmen usw. Ein wesentlicher Teil dieser Neuerungen wurde auch in eine Neufassung der Musterbauordnung übernommen, die von der Konferenz der für das Bauwesen zuständigen Minister („ARGEBAU") im Dezember 1981 beschlossen wurde (**„MBauO 1981"**, dazu Ley NVwZ 1983, 599). Anliegen der MBauO 1981 waren im Übrigen eine „Kürzung und Straffung" des Textes, Vereinfachung und Beschleunigung des Baugenehmigungsverfahrens, Erleichterungen bei den materiell-rechtlichen Anforderungen, besonders bei der Schaffung zusätzlichen Wohnraums, sowie ein flächen- und kostensparendes Bauen. Dies kam verbreiteter Kritik entgegen, der das öf-

fentliche Baurecht der Bundesrepublik seit etwa Ende der siebziger Jahre ausgesetzt war. Von interessierten Kreisen wie auch in der Wissenschaft wurde bemängelt, dass es zu unübersichtlich sei, die materiellen Vorschriften zu sehr ins Einzelne gingen und übertriebene Anforderungen stellten und dass die Verfahren zu lange dauerten und die Investitionstätigkeit unerträglich behinderten (dies veranlasste den Bund zu der **BBauG-(Beschleunigungs)Novelle von 1979**; s. auch die Entschließung, die der BT zugleich mit dem Gesetzesbeschluss an die Länder und Gemeinden richtete, BT-Drs. 8/2885; aus der Literatur: Süß BayVBl. 1979, 257 ff.; Stich DVBl 1981, 354 ff.; Lenz ZRP 1983, 300 f.; Müller-Ibold Deutsches Architektenblatt 1982 Beil. Nds., 182 ff.).

Nachdem mehrere andere Länder ihre BauOen der neugefassten MBauO entsprechend geändert hatten, folgte Niedersachsen mit dem **Fünften Gesetz zur Änderung der NBauO** vom 11.4.**1986** (Nds. GVBl. S. 103). Auch mit diesem sollte der Gesetzestext durch Streichung entbehrlich erscheinender Vorschriften gekürzt werden. Außerdem reduzierte die Novelle materiell-rechtliche Anforderungen, namentlich in den Vorschriften über Abstände, Aufenthaltsräume, Wohnungen und Kfz-Einstellplätze, um dadurch Baukosten zu senken und die Schaffung von Wohnungen in Altbauten zu erleichtern. Weiter änderte sie verfahrensrechtliche Vorschriften, um das Baugenehmigungsverfahren zu beschleunigen und die verfahrensrechtliche Stellung des Bauherrn zu stärken. Den Katalog genehmigungsfreier Bauten, den vorher die sog. BaufreistellungsVO enthielt, übernahm sie in die NBauO selbst (§ 69 mit Anhang; jetzt § 60 („verfahrensfreie Baumaßnahmen") mit Anhang, → § 60 Rn. 8.). Zahlreiche sonstige Änderungen sollten aufgrund praktischer Erfahrungen Mängel der bisherigen Regelung beheben oder auch nur den Text gesetzestechnisch verbessern. Das Änderungsgesetz griff in den Vorschriftenbestand und die Systematik der bisherigen NBauO stark ein; von den bisher 101 Paragraphen der NBauO blieben nur neun unverändert. Der Regierungsentwurf des Fünften Änderungsgesetzes datiert vom 23.11.1984 (LT-Drs. 10/3480); die Beschlussempfehlung vom 14.2.1986 (LT-Drs. 10/5620; schriftl. Ausschussbericht LT-Drs. 10/5715), der Gesetzesbeschluss vom 19.3.1986 (StenBer. S. 10137 ff.). Die Fassung, die die NBauO durch das Fünfte ÄnderungsG erhielt (in diesem Kommentar **„NBauO 1986"** bezeichnet), wurde unter d. 6.6.1986 neu bekannt gemacht (Nds. GVBl. S. 157). **10**

Auf die 5. Novelle von 1986 folgten alsbald **weitere Änderungen:** **11**

Durch Art. 17 des Nds. RechtsvereinfachungsG 1989 vom 19.9.1989 (Nds. GVBl. S. 345) wurden die §§ 94 (heute aufgehoben) und 97 (jetzt § 84 Abs. 4) und Nr. 13 des Anhangs, die auf das BBauG und das StBauFG Bezug nahmen, dem an deren Stelle getretenen BauGB angepasst (Entwurf LT-Drs. 11/2575, Beschlussempfehlung LT-Drs. 11/4232, verabschiedet am 6.9.1989, StenBer. S. 8343 ff.).

Das Sechste Gesetz zur Änderung der NBauO vom 21.3.1990 (Nds. GVBl. S. 80) dehnte die mit der NBauO 1986 eingefügte Regelung des § 47 Abs. 7 (jetzt § 47 Abs. 2) über die Befreiung bestimmter Wohnbaumaßnahmen von der Einstellplatzpflicht weiter aus (Entwurf LT-Drs. 11/4734, Beschlussempfehlung LT-Drs. 11/5069, verabschiedet am 7.3.1990, StenBer. S. 9848 ff.).

Durch Art. 23 des Nds. RechtsvereinfachungsG 1990 vom 22.3.1990 (Nds. GVBl. S. 101) wurde § 91 Abs. 7 aF, der bis dahin die Zuständigkeit für die Ahndung von Ordnungswidrigkeiten regelte, gestrichen → § 80 Rn. 2 (Entwurf LT-Drs. 11/4440, Beschlussempfehlung LT-Drs. 11/5050, verabschiedet am 7.3.1990, StenBer. S. 9816 ff.).

Das G zur Änderung des Nds. AbfallG vom 7.11.1991 (Nds. GVBl. S. 295) strich § 68 Abs. 2 S. 1 Nr. 2 aF NBauO (Entwurf LT-Drs. 12/1210, Beschlussempfehlung LT-Drs. 12/2084, verabschiedet am 23.10.1991, StenBer. S. 3255 ff.).

d) NBauO 1995 und weitere Änderungen

12 Geändert wurde seit 1986 auch die Musterbauordnung, und zwar mehrfach in kurzer Folge: So beschloss die ARGEBAU (→ Rn. 9) neue Fassungen im Mai 1990, im April und Dezember 1992, im Dezember 1993 und im Juni 1996 (in diesem Kommentar als **„MBauO 1996"** zitiert). Einige weitere Änderungen, die überwiegend die barrierefreie Zugänglichkeit von Gebäuden bezwecken, erfuhr die MBauO im Dezember 1997. Anlass für die nähere Überarbeitungen der MBauO und in der Folge auch für die Änderung aller LBauOen gab vor allem die sog. **Bauproduktenrichtlinie** der EU vom 21.12.1988 (89/106 EWG, ABl. Nr L 40 v. 11.2.1989, S. 12 – gültig bis 30.6.2013), die für den Handel mit Baustoffen und Bauteilen (den sog. Bauprodukten) und für die Kontrolle ihrer Qualität ein europaweit einheitliches Regelsystem schaffen sollte (Näheres → § 2 Rn. 163; § 16 Rn. 23 f.). Zu deren Umsetzung in nationales Recht erließ der Bund das erste**BauproduktenG** v. 10.8.1992. Weitere Umsetzungsvorschriften waren aber auch im Bereich der Landesgesetzgebung erforderlich, und im Übrigen kam die ARGEBAU überein, auch die bisherigen bauordnungsrechtlichen Vorschriften über die Verwendung von Baustoffen und Bauteilen (in der NBauO die §§ 24 ff. aF), die vorerst weitergelten konnten, weitgehend dem neuen Europarecht anzugleichen.

13 Dieses war einer der Zwecke, zu dem das **Siebente Gesetz zur Änderung der NBauO** vom 15.6.1995 (Nds. GVBl. S. 158) ergangen ist. Zugleich verfolgte es mit einer Reihe neuer Vorschriften umweltpolitische Zwecke. Mit dem eingefügten neuen § 69a (jetzt § 62) stellte es Ein- und Zweifamilienhäuser unter bestimmten Voraussetzungen vom Baugenehmigungsvorbehalt frei. Mit einer ähnlichen Regelung war BW vorausgegangen (sog. Kenntnisgabeverfahren, eingeführt 1990); andere Länder hatten sich dem angeschlossen. Schließlich erweiterte es den Katalog genehmigungsfreier Baumaßnahmen, insbesondere schaffte es für alle Abbrüche baulicher Anlagen, ausgenommen nur noch Hochhäuser, den Baugenehmigungsvorbehalt ab. Beratungsgrundlage im LT war der Gesetzentwurf der SPD-Fraktion (LT-Drs. 13/550; Beschlussempfehlung LT-Drs. 13/1043, Ausschussbericht LT-Drs. 13/1301), verabschiedet wurde das G im LT am 17.5.1995 (StenBer. S. 2137 ff.). Zugleich mit dem 7. ÄnderungsG fasste der LT eine von der SPD-Fraktion beantragte Entschließung betr. „Mehr Qualität und mehr Eigenverantwortung beim Bauen in Niedersachsen" (Text in der Beschlussempfehlung LT-Drs. 13/1053). Eine Neufassung der NBauO mit den Änderungen durch das 7. ÄnderungsG – hier **„NBauO 1995"** genannt – wurde unter dem 13.7.1995 bekannt gemacht (Nds. GVBl. S. 199).

14 **Weitere Änderungen:** Durch das G zur Änderung des NArchtG, der NBauO und des NIngG v. 28.5.1996 (Nds. GVBl. S. 252) wurde die NBauO von neuem an einigen Stellen geändert (Gesetzesvorlagen der SPD und der CDU LT-Drs. 13/1791 und 13/1792, Beschlussempfehlung LT-Drs. 13/1924, verabschiedet am 8.5.1996, StenBer. S. 5672 ff.).

Das Achte Gesetz zur Änderung der NBauO vom 6.10.1997 (Nds. GVBl. S. 422) änderte die NBauO wiederum an verschiedenen Stellen und erweiterte den Anhang (Gesetzentwurf der Fraktion der SPD LT-Drs. 13/304, verabschiedet am 17.9.1997, StenBer. S. 8952 ff.).

Durch das Niedersächsische Euro-Anpassungsgesetz vom 20.11.2001 (Nds. GVBl. S. 701) wurden die in § 91 Abs. 5 (jetzt § 80 Abs. 5) genannten Bußgeldbeträge von DM auf Euro umgestellt.

Das Gesetz zur Umsetzung europarechtlicher Vorschriften zum Umweltschutz vom 5.9.2002 (Nds. GVBl. S. 378) fügte in § 75 Abs. 1 (heute § 70 Abs. 1) einen neuen Satz 2 ein, der die Berücksichtigung des Ergebnisses von Umweltverträglichkeitsprüfungen bei der Entscheidung über Baugenehmigungen regelt (Entwurf der SPD-Fraktion vom 29.11.2001, LT-Drs. 14/2960; Beschlussempfehlung LT-Drs. 14/3581; Ausschussbericht LT-Drs. 14/4128).

e) NBauO 2003 und weitere Änderungen

Zu umfangreichen Änderungen der NBauO kam es erst wieder mit dem **Gesetz zur Änderung des Baurechts** vom 11.12.2002 (Nds. GVBl. S. 796). Insbesondere wurden die Vorschrift des § 69a (jetzt § 62) über die genehmigungsfreie Errichtung von Wohngebäuden neu gestaltet und die bisher in der PrüfeinschränkungsVO enthaltene Regelung des vereinfachten Baugenehmigungsverfahrens mit Erweiterungen in die NBauO übernommen (neuer § 75a, heute § 63). Gesetzentwurf der SPD-Fraktion LT-Drs. 14/3330; Beschlussempfehlung BT-Drs. 14/3900; Ausschussbericht LT-Drs. 14/4144; verabschiedet am 20.11.2002, StenBer. S. 12209. Kurz vorher, am 8.11.2002, hatte die ARGEBAU eine neue Fassung der Musterbauordnung – **MBauO 2002** – verabschiedet; näher dazu → Rn. 45. Wie diese regelte die NBauO fortan vier Stufen der bauaufsichtlichen Kontrolle: das herkömmliche Genehmigungsverfahren, das vereinfachte Genehmigungsverfahren, die Genehmigungsfreistellung mit Einschaltung der Gemeinde und die völlige Genehmigungsfreiheit. Andere wesentliche Neuerungen in der MBauO 2002 hat die NBauO dagegen bis dahin nicht übernommen. Nach den in → Rn. 14 f. genannten Änderungen wurde am 10.2.2003 wieder eine Neufassung der NBauO bekanntgemacht (Nds. GVBl. S. 89). Diese Fassung wird im Kommentar als **„NBauO 2003"** zitiert. 15

Weitere Änderungsgesetze ergingen in der **15. WP** des LT nach Übernahme der Regierung durch CDU und FDP: Das Gesetz zur Umsetzung der Verwaltungsmodernisierung im Geschäftsbereich des Ministeriums für Soziales, Frauen, Familie und Gesundheit vom 5.11.2004 (Nds. GVBl. S. 404) strich, der **Abschaffung der Bezirksregierungen** entsprechend, die Vorschriften über die oberen Bauaufsichtsbehörden, vgl. Entwurf LT-Drs. 15/1123; Beschlussempfehlung LT-Drs. 15/1360; Verabschiedung am 27.10.2004, StenBer. S. 4749 ff. 16

Sodann wurde durch das Gesetz zur Änderung der Niedersächsischen Bauordnung und anderer Rechtsvorschriften vom 23.6.2005 (Nds. GVBl. S. 208) noch einmal eine Anzahl von Vorschriften der NBauO geändert. Mit diesen wurden die Bemühungen um Verfahrensvereinfachung und Abbau der präventiven bauaufsichtlichen Kontrolle weiter fortgesetzt – Entwurf LT-Drs. 15/1110; Beschlussempfehlung LT-Drs. 15/1974; Ausschussbericht LT-Drs. 15/2123; verabschiedet am 22.6.2005 (StenBer. S. 7258 ff.). Gleichzeitig lehnte der Landtag einen Gesetzentwurf der SPD-Fraktion ab, der für Wohnungen Rauchmelder vorschreiben sollte (Drs. 15/1615).

Danach erging das Gesetz zur Erprobung erweiterter Handlungsspielräume in **Modellkommunen** (ModKG) v. 8.12.2005. Nach diesem Gesetz waren in den Landkreisen Cuxhaven, Emsland und Osnabrück mit ihren kreisangehörigen Gemeinden und in den Städten Lüneburg und Oldenburg in den Jahren 2006, 2007 und 2008 ua die §§ 49 Abs. 3, 69 Abs. 4 und 92 Abs. 2 NBauO (heute §§ 50 Abs. 3, 60 Abs. 2 und 81 Abs. 2) mit bestimmten erleichternden Änderungen, ferner § 94 NBauO aF sowie das damalige NSpielPlG v. 6.2.1973 (Nds. GVBl. S. 29) überhaupt nicht anzuwenden. Zum NSpielPlG s. die Voraufl. unter § 14 Rn. 25. – Entwurf LT-Drs. 15/2011; Beschlussempfehlung LT-Drs. 15/2429; verabschiedet am 7.12.2005, StenBer. S. 8663.

Durch das Gesetz zu dem Abkommen zur Änderung des Abkommens über das Deutsche Institut für Bautechnik und zur Änderung der Nds. BauO vom 14.11.2006 (Nds. GVBl. S. 530) wurden § 91 aF geändert, § 95 Abs. 5 (heute § 82 Abs. 2 Nr. 7) um die Verordnungsermächtigung über Umfang, Inhalt und Form der nach § 69a Abs. 3 aF (heute § 62 Abs. 3) einzureichenden Unterlagen erweitert und im Anhang die Nr. 10.8 (jetzt Nr. 10.5, Werbeanlagen bis 10 m Höhe) und 11.3 (jetzt Nr. 11.11, Imbiss- und Verkaufswagen an öffentlichen Verkehrsflächen) angefügt – Entwurf LT-Drs. 15/3091; Beschlussempfehlung LT-Drs. 15/3248; Ausschussbericht LT-Drs. 15/3301; verabschiedet am 8.11.2006, StenBer. S. 12087; Bekanntmachung über den Zeitpunkt des Inkrafttretens des Abkommens vom 17.3.2008 (Nds. GVBl. S. 90).

Durch Art. 3 d. G v. 12.7.2007 (Nds. GVBl. S. 324, 335) wurden die in §§ 69a und 75a bisher bei der Architektenkammer und der Ingenieurkammer separat gehaltenen Listen der Tragwerksplanerinnen und Tragwerksplaner zu einer einzigen, bei der Ingenieurskammer geführten Liste zusammengefasst. Entwurf der CDU- und FDP-Fraktion LT-Drs. 15/3550; Beschlussempfehlung LT-Drs. 15/3932; Ausschussbericht LT-Drs. 15/3956; verabschiedet am 11.7.2007, StenBer. S. 14626; Berichtigung des niedersächsischen Ingenieurgesetzes v. 21.8.2007 (Nds. GVBl. S. 434).

17 Auch in der **16. WP** kam es zu weiteren Änderungsgesetzen:

Im Gesetz zur Änderung des Niedersächsischen Architektengesetzes, des Niedersächsischen Ingenieurgesetzes und anderer Gesetze v. 10.12.2008 (Nds. GVBl. S. 370) hat sich die Überschrift sowie die §§ 58, 69a, 75a, 79 und 100 (jetzt §§ 53, 62, 63, 76 und 86) geändert. Die Änderungen waren erforderlich, um die NBauO an die Vorgaben der Richtlinie 2005/36/EG des Europäischen Parlaments und des Rates v. 7.9.2005 über die **Anerkennung von Berufsqualifikationen** (ABl. EU L 255, S. 22; 2007 L 271, S. 18; 2008 L 93, S. 28) anzupassen. Zu diesem Zweck sind im Rahmen des § 58 die neuen Abs. 5–7 (heute § 53 Abs. 4 ff.) eingeführt worden, welche die Bauvorlageberechtigung der Entwurfsverfasser und Entwurfsverfasserinnen aus anderen EU Staaten, der Staaten des EWR sowie der Staatsangehörigen aus Drittstaaten regeln. Im Rahmen des § 69a Abs. 1 Nr. 3 aF wurde in Umsetzung der Richtlinie das Erfordernis der Haftpflichtversicherung für Entwurfsverfasser und Entwurfsverfasserinnen gestrichen. Entwurf LT-Drs. 16/380; Beschlussempfehlung LT-Drs. 16/667; Ausschussbericht LT-Drs. 16/740; verabschiedet am 9.12.2008, StenBer. S. 2738.

Das Änderungsgesetz zum ModKG v. 10.12.2008 (Nds. GVBl. S. 381) hat § 94 ganz gestrichen, was dazu führte, dass ab dem 1.1.2009 in ganz Niedersachsen keine Teilungsgenehmigung mehr notwendig war. § 85 Abs. 2 (heute entfallen) wurde redaktionell geändert und in § 92 Abs. 2 aF (jetzt § 81 Abs. 2) die Möglichkeit der öffentlichen Beglaubigung der Baulastenerklärung durch die Gemeinde vorgesehen. Darüber hinaus wurden durch Art. 2 dieses Gesetzes das niedersächsische SpielplG v. 6.2.1973 (Nds. GVBl. S. 29) aufgehoben sowie Änderungen in der damaligen NGO und der NLO vorgenommen – Entwurf LT-Drs. 16/605; Beschlussempfehlung LT-Drs. 16/709; Ausschussbericht LT-Drs. 16/742; verabschiedet am 10.12.2008, StenBer. S. 2825.

Durch das Gesetz zur landesweiten Umsetzung der mit dem ModKG erprobten Erweiterung kommunaler Handlungsspielräume v. 28.10.2009 (Nds. GVBl. S. 366) wurden die §§ 49, 69a, 72, 73, 92, 100 (heute §§ 50, 62, 68, 69, 81, 86) und der Anhang modifiziert. Vor dem Hintergrund des mit dem ModKG verfolgten Ziels der Verfahrensbeschleunigung wurden dabei insbesondere Fristen verkürzt bzw. zugunsten des Bürgers neu festgelegt. Entwurf der CDU- und FDP-Fraktion LT-Drs. 16/1497; Beschlussempfehlung LT-Drs. 16/1762; Ausschussbericht LT-Drs. 16/1787; verabschiedet am 28.10.2009, StenBer. S. 6128; Bekanntmachung über weiter geltende Zuständigkeitsvereinbarungen nach dem ModKG v. 21.12.2009 (Nds. GVBl. S. 514).

Das Gesetz zur Änderung des Nds. Architektengesetzes, des Nds. Ingenieurgesetzes und der Nds. Bauordnung vom 11.10.2010 (Nds. GVBl. S. 475) diente der Umsetzung der Richtlinie 2006/123/EG des Europäischen Parlaments und des Rates v. 12.12.2006 über Dienstleistungen im Binnenmarkt (ABl. EU Nr. L 376 v. 27.12.2006, S. 36) und änderte insoweit die §§ 26, 28c, 58, 69a, 75a und 100 (jetzt §§ 20, 25, 53, 62, 63 und 86). Die **EU-Dienstleistungsrichtlinie** wurde erlassen, um rechtliche und administrative Hindernisse zu beseitigen, die die grenzüberschreitende Dienstleistungserbringung natürlicher und juristischer Personen behindern. Zu diesem Zwecke sollten Verfahren vereinfacht sowie Doppelanforderungen vermieden werden. In § 58 Abs. 3 Nr. 3 (heute § 53 Abs. 3 Nr. 3) wurde daher der Grundsatz eingeführt, dass Eintragungen der Entwurfsverfasserinnen und Entwurfsverfasser in ein entsprechendes Verzeichnis in einem anderen Bundesland auch in Nds. gelten, ohne dass eine erneute Eintragung oder Anzeige erforderlich ist. Die bislang in § 10 Abs. 3 und 4 NIngG enthaltene Regelung des

§ 58 Abs. 4 (jetzt § 53 Abs. 5 u. 6) bestimmte nunmehr, dass Staatsangehörige eines Mitgliedstaates der EU bzw. eines EWR Staates bei einer grenzüberschreitenden Dienstleistungserbringung als Entwurfsverfasserin und Entwurfsverfasser nicht mehr in Listen eingetragen werden, sondern allein das erstmalige Erbringen der Dienstleistung in Nds. der Ingenieurkammer melden müssen. In Übereinstimmung zu der Regelung des § 58 Abs. 3 Nr. 3 (heute § 53 Abs. 3 Nr. 3) wurden auch die §§ 69a, 75a (jetzt §§ 62, 63) entsprechend modifiziert – Entwurf LT-Drs. 16/2495; Beschlussempfehlung LT-Drs. 16/2885; Ausschussbericht LT-Drs. 16/2910; verabschiedet am 5.10.2010, StenBer. S. 10444.

Durch Art. 26 d. Gesetzes v. 13.10.2011 (Nds. GVBl. S. 353) wurden die in § 63 (jetzt § 57) enthaltenen Verweisungen auf die NGO und die NLO an das neue Niedersächsische Kommunalverfassungsgesetz v. 17.12.2010 (Nds. GVBl. S. 576) angepasst – Entwurf LT-Drs. 16/4000; Beschlussempfehlung LT-Drs. 16/4058; Ausschussbericht LT-Drs. 16/4076; verabschiedet am 12.10.2011, StenBer. S. 14993.

Durch § 13 des Niedersächsischen GastG v. 10.11.2011 (Nds. GVBl. S. 415) wurde in § 48 Abs. 1 Nr. 4 (jetzt § 49 Abs. 2 Nr. 4) das Erfordernis der Barrierefreiheit auf Verkaufs- und Gaststätten ausgedehnt. Entwurf LT-Drs. 16/2654; Beschlussempfehlung LT-Drs. 16/4109; Ausschussbericht LT-Drs. 16/4163; verabschiedet am 9.11.2011, StenBer. S. 15224.

f) NBauO 2012 und weitere Änderungen

Mit Wirkung zum 1.11.2012 ist die NBauO 2003 durch die NBauO v. 3.4.2012 (Nds. **18**
GVBl. S. 46) – in diesem Kommentar **NBauO 2012** – abgelöst worden. Die Vorschriften der §§ 7–13 und 16 aF sind bereits am 13.4.2012 außer Kraft getreten. Gleichzeitig sind neugefasste §§ 5–7 (Abstandsvorschriften), 9 Abs. 3 (Kinderspielplätze), 17 Abs. 8 (Zuständigkeit der Marktüberwachung von harmonisierten Bauprodukten), 44 Abs. 5 S. 1 und 2 (Verpflichtung zur Ausstattung von Wohnungen mit Rauchmeldern) und §§ 82 und 84 (Verordnungen und örtliche Bauvorschriften) in Kraft getreten. Die NBauO 2012 brachte eine umfangreiche **Gesamtnovellierung** der Niedersächsischen Bauordnung mit sich. Beabsichtigt war, die NBauO deutlich näher an die MBauO 2002 und die LBauOen anderer Länder anzupassen und gleichzeitig die Bauordnungsnovellen von 1995, 2002 und 2005 sinnvoll fortzusetzen. Die NBauO 2012 verfolgte das Ziel, die Deregulierung von Vorschriften sowie die Verfahrensvereinfachung voranzutreiben und auf diese Weise Erleichterungen für das Bauen zu erreichen. Durch den Verzicht auf präventive bauaufsichtliche Prüfungen sowie die Straffung von materiellen Anforderungen sollten das Bauen einfacher, schneller und kostengünstiger gemacht und die BauABen entlastet werden (BegrRegE LT-Drs. 16/3195, 58). Bislang bewährte Besonderheiten der NBauO sollten im Rahmen der Novellierung jedoch weiterhin beibehalten werden. Gesetzesentwurf Landesregierung LT-Drs. 16/3195; Beschlussempfehlung LT-Drs. 16/4587; Ausschussbericht LT-Drs. 16/4621; verabschiedet am 20.3.2012, StenBer. S. 16997.

Im Hinblick auf das **Verfahrensrecht** wurde durch die NBauO 2012 der Katalog der ver- **19**
fahrensfreien Baumaßnahmen (§ 60) erweitert. Die Genehmigungsfreistellung nach § 62 wurde in Anlehnung an die MBauO über die bislang in § 69a aF enthaltenen Wohngebäude hinaus auch auf Wohnungen mit Räumen für freie Berufe erstreckt. Das bis dahin in § 75a aF enthaltene vereinfachte Baugenehmigungsverfahren wurde auf alle Bauten ausgedehnt, die keine Sonderbauten iSd § 2 Abs. 5 sind (§ 63). Weil somit das herkömmliche Baugenehmigungsverfahren (§ 64) nur noch im Fall von Sonderbauten zur Anwendung kommt, wurde das **vereinfachte Baugenehmigungsverfahren** nach § 63 durch die NBauO 2012 **faktisch zum Regelverfahren**. Bei der Prüfung der bautechnischen Nachweise verblieb es bei der hoheitlichen Prüfung, wobei diese allgemein und verfahrensunabhängig in § 65 geregelt wurde.

20 Um den angestrebten Abbau von Verfahren und Prüfungen nicht durch Ermessensentscheidungen der BauAB zu unterlaufen, sind durch die NBauO 2012 in **materieller Hinsicht** bisherige „Kann"- und „Soll"-Vorschriften in gesetzesabhängige Zulässigkeitstatbestände umformuliert worden (BegrRegE LT-Drs. 16/3195, 59). So enthält seitdem der neue § 66 eine flexible Regelung über Abweichungen, die schutzzielbezogen die bisherigen §§ 85 und 86 über Ausnahmen und Befreiungen ersetzt. Eine wichtige Neuerung erfolgte auch durch das nach dem Vorbild der MBauO eingeführte System der **Gebäudeklassen** (vgl. § 2 Abs. 3), welches die Grundlage für das novellierte Brandschutzkonzept der NBauO bildet und Anforderungen an die Feuerwiderstandsfähigkeit nicht mehr allein von der Gebäudehöhe, sondern zusätzlich von der Größe und Anzahl der Nutzungseinheiten abhängig macht. Von wesentlicher Bedeutung waren ebenso die Änderungen im Abstandsrecht (§§ 5–7). Der **Regelabstand** wurde von 1,0 H auf **0,5 H** unter gleichzeitiger Beibehaltung des bauordnungsrechtlichen Mindestabstandes von 3 m reduziert und dadurch auf bauordnungsrechtliche Zielsetzungen zurückgeführt. Die Abstandsflächen sind jedoch weiterhin als Grenz- und nicht als Gebäudeabstände konzipiert (vgl. auch Jäde ZfBR 2011, 427). In Anlehnung an die MBauO wurde § 26 eingeführt, um das System der allgemeinen Anforderungen an das **Brandverhalten** von Baustoffen und die Feuerbeständigkeit von Bauteilen transparenter zu machen. Anforderungen an Bauteile sind ab der NBauO 2012 den §§ 27 ff. sowie der DVO-NBauO (abgedr. im Anhang) zu entnehmen. Als Neuerung wurde außerdem mit § 44 Abs. 5 eine Verpflichtung zur Ausstattung von Wohnungen mit **Rauchwarnmeldern** festgeschrieben. Auch wurde die Regelung zur **Stellplatzpflicht** in § 47 gestrafft und (entgegen der Regelung in der MBauO) grundsätzlich landesweit einheitlich geregelt. Gemeinden können durch örtliche Bauvorschrift nach § 84 Abs. 1 Nr. 2 Abweichendes vorsehen. Die neue allgemeine Vorschrift des § 49 über die barrierefreie Zugänglichkeit und Benutzbarkeit baulicher Anlagen übernahm die bisherige Regelung über das barrierefreie Bauen des § 44 Abs. 3 aF und mit § 2 Abs. 16 wurde eine Definition der **Barrierefreiheit** in das Gesetz aufgenommen. Erwähnung verdient auch die wieder eingeführte verantwortliche Person der **Bauleiterin bzw. des Bauleiters** nach § 55, die insbesondere vor dem Hintergrund des Abbaus von Prüfpflichten und der in das Ermessen der BauAB gestellten Bauüberwachung (§ 76) dafür zu sorgen hat, dass die jeweilige Baumaßnahme entsprechend den öffentlich-rechtlichen Anforderungen durchgeführt wird. Die §§ 17 ff. über Bauprodukte wurden an die Änderungen des EU-Rechts – Ablösung der Bauproduktenrichtlinie (→ Rn. 12) durch die **BauproduktenVO** (EU) Nr. 305/2011 v. 9.3.2011, ABl. EU Nr. L 88 v. 4.4.2011, S. 5) – sowie des Bundesrechts in Form des ProduktsicherheitsG v. 8.11.2011 und des BauproduktenG vom 5.12.2012 (BGBl. I S. 2449) angeglichen.

21 Der Gesetzestext der NBauO 2012 ist bis zur umfassenden Novellierung im Jahr 2018 durch **vier Änderungsgesetze** modifiziert worden:

Zunächst wurde durch das Gesetz zur Änderung des Nds. Nachbarrechtsgesetzes und der NBauO v. 23.7.2014 (Nds. GVBl. S. 206) eine Ausnahme für den Grenzüberbau in § 4 Abs. 4 S. 2 eingefügt.

Mit dem Gesetz zur Durchführung der Marktüberwachung von harmonisierten Bauprodukten (NBauPMÜG) v. 6.4.2017 (Nds. GVBl. S. 116) ist die Zuständigkeitsregelung zur Marktüberwachung in § 17 Abs. 8 NBauO gestrichen worden.

Gleich mehrere Bestimmungen waren berührt durch das Gesetz zur Neuordnung des Berufsrechts der Ingenieurinnen und Ingenieure sowie zur Änderung der Niedersächsischen Bauordnung v. 25.7.2017 (Nds. GVBl. S. 322). Die §§ 53, 62, 65, 66, 86 NBauO wurden modifiziert, um die durch die Richtlinie 2013/55/EU (ABl. EU 2014 Nr. L 305 S. 115) geänderte europäische Berufsanerkennungsrichtline 2005/36/EG (ABl. EU Nr. L 255 S. 22) parallel zum neuen **Nds. Ingenieurgesetz** auch in der NBauO umzusetzen. Davon betroffen waren insbesondere die Frage der Bauvorlageberechtigung, die in § 53 Abs. 3 bis 8 eine Neuregelung erfahren hat, sowie Veränderungen im Recht der Typenprüfung (§ 65 Abs. 7 bis 9). Entwurf LT-Drs. 17/8174; Beschlussempfehlung LT-Drs. 17/

8699; Ausschussbericht LT-Drs. 17/8746; verabschiedet am 20.9.2017, Plenarprotokoll 17/138 S. 13724–13728.

Das Änderungsgesetz v. 25.9.2017 (Nds. GVBl. S. 338) hat schließlich die §§ 62, 68, 74 NBauO und den Anhang über die verfahrensfreien Baumaßnahmen geändert, wodurch u.a. die Vorgaben der sog. **Seveso-III-Richtlinie** (RL 2012/18/EU, ABl. EU Nr. L 197 S. 1) umgesetzt werden sollten. Das hat vor allem zu sachlichen Änderungen im Zustimmungsverfahren (§ 74 Abs. 3 bis 6) und zur Verfahrensfreistellung von mobilen Geflügelställen (Anhang Nr. 11.15) geführt. Entwurf LT-Drs. 17/7278; Beschlussempfehlung LT-Drs. 17/8695; Ausschussbericht LT-Drs. 17/8717; verabschiedet am 20.09.2017, Plenarprotokoll 17/138, S. 13728-13748.

g) NBauO 2018 und weitere Änderungen

Das fünfte Änderungsgesetz seit der NBauO 2012 ist das **Gesetz zur Änderung der Niedersächsischen Bauordnung vom 12.9.2018** (Nds. GVBl. S. 190, ber. 253), das erneut einen so umfangreichen Änderungskatalog beinhaltet, dass es als weitere Novelle (**NBauO 2019**) begriffen werden kann. Es enthält insbesondere Gesetzesänderungen, die in gleicher oder ähnlicher Form bereits im Regierungsentwurf zum Änderungsgesetz von 2017 (LT-Drs. 17/7278) vorgesehen waren, im Laufe des Gesetzgebungsverfahrens als Folge einer Veränderung der Mehrheitsverhältnisse im Landtag Anfang August 2017 aber nicht mehr weiterverfolgt worden und somit der Diskontinuität anheimgefallen sind. Als Parlamentaria zur NBauO 2018 sei verwiesen auf: Entwurf (SPD/CDU) LT-Drs. 18/1136; Beschlussempfehlung LT-Drs. 18/1546; Ausschussbericht LT-Drs. 18/1583; verabschiedet am 12.9.2018, Plenarprotokoll 18/24, S. 2110-2117. 22

Im Schwerpunkt werden durch die Novelle die **Vorschriften über die Bauarten und Bauprodukte** sowie die Technischen Baubestimmungen (§ 83 n.F.) berührt. Grund ihrer Änderung ist die Rechtsprechung des EuGH. Der EuGH hatte in seinem Urteil vom 16.10.2014 (Rs. C-100/13, EuZW 2014, 957) einen **Verstoß der Bundesrepublik gegen die Europäische Bauproduktenrichtlinie** (→ Rn. 12) festgestellt, was einen Anpassungsbedarf der NBauO an das europäische Bauproduktenrecht ausgelöst hat. Prüfungsmaßstab des **EuGH** war das in Artikel 6 Abs. 1 S. 1 der Bauproduktenrichtlinie enthaltene Marktbehinderungsverbot, welches mittlerweile in Artikel 8 Abs. 4 der BauproduktenVO (→ Rn. 20) normiert ist. Danach darf ein Mitgliedstaat die Bereitstellung auf dem Markt oder die Verwendung von Bauprodukten, die die CE-Kennzeichnung tragen, weder untersagen noch behindern, wenn die erklärten Leistungen den Anforderungen für diese Verwendung in dem betreffenden Mitgliedstaat entsprechen. Die BauOen der deutschen Länder hatten bisher aber auf die Bauregellisten verwiesen und damit zusätzliche Anforderungen an den wirksamen Marktzugang und die Verwendung von solchen Bauprodukten in Deutschland aufgestellt, die von harmonisierten Normen (u.a. für Wärmedämmstoffe für Gebäude) erfasst wurden und mit der CE-Kennzeichnung versehen waren. Nach Ansicht des EuGH dürfen die Mitgliedstaaten gemäß Artikel 6 Abs. 1 Satz 1 der Bauproduktenrichtlinie den freien Verkehr, das Inverkehrbringen und die Verwendung von Produkten, die dieser Richtlinie entsprechen, auf ihrem Gebiet nicht behindern. Bei Zweifeln an der Übereinstimmung von harmonisierten Normen mit der Bauproduktenrichtlinie seien die in dieser vorgesehenen Verfahren – das Verfahren des formalen Einwandes (Artikel 5 Abs. 2) und das Schutzklauselverfahren (Art. 21) – zu ergreifen; andere einseitige Maßnahmen seien den Mitgliedstaaten hingegen nicht erlaubt. 23

Entsprechend den Änderungen in der MBauO passt die NBauO 2018 nun die Rechtsnormen den Grundaussagen dieses Urteils an, wobei jedoch auch die zwischenzeitlich in Kraft getretene BauproduktenVO (→ Rn. 20), welche die Bauproduktenrichtlinie abgelöst hat, berücksichtigt wird. Das vorstehend erläuterte Marktbehinderungsverbot des Artikel 8 Abs. 4 der BauproduktenVO wird in einen neuen **§ 16c** in die NBauO aufgenommen, wodurch urteilskonform klargestellt wird, dass produktunmittelbare Anforderungen an **CE-gekennzeichnete Bauprodukte** unzulässig sind. Um vor diesem Hintergrund zu 24 gewährleisten, dass das Niveau der Bauwerkssicherheit gehalten werden kann, hat es der Gesetzgeber für erforderlich gehalten, die Bauwerksanforderungen zu konkretisieren. Die am Bau Beteiligten sollen aus den Regelungen der NBauO und den auf ihrer Grundlage erlassenen Verordnungen und Verwaltungsvorschriften auf rechtssichere Weise ableiten können, welche Leistungen ein Produkt erbringen muss, um im konkreten Verwendungszusammenhang die Bauwerksanforderungen zu erfüllen. Hierzu wurden die produktunmittelbaren Anforderungen und die Anforderungen an die Verwendung der Bauprodukte, die die NBauO als **Bauarten** bezeichnet (§ 2 Abs. 15), klarer voneinander abgegrenzt (§ 2 Abs. 14), da die Anforderungen an Bauarten weiter in die ausschließliche mitgliedstaatliche Kompetenz fallen und auch mit Blick auf harmonisierte Bauprodukte erforderlich sind (vgl. die neuen **§§ 16a, 16b**). Zudem erfolgte eine Reform des Systems der Verwendbarkeits- und Übereinstimmungsnachweise, die deutlich macht, dass es diese Nachweise für CE-gekennzeichnete Bauprodukte nicht mehr gibt (**§§ 17 bis 25** i.V.m. § 16c S. 2). Schließlich wurde mit **§ 83** eine Ermächtigungsgrundlage geschaffen, die detailliert festschreibt, welche Regelungen die Behörden durch Technische Baubestimmungen zur Konkretisierung der Bauwerksanforderungen und der sich daraus für die Verwendung von Bauprodukten ergebenden Konsequenzen treffen dürfen. Dadurch wird die demokratische Legitimation der behördlichen Regelungen gestärkt und die Transparenz für die Rechtsanwender erhöht.

25 Das zum 1.1.2013 vollständig in Kraft getretene **Schornsteinfeger-Handwerksgesetz** (SchfHwG) vom 26.11.2008 (BGBl. I S. 2242) erforderte eine terminologische Anpassung der Regelungen in § 40 Abs. 6, § 58 Abs. 3 und § 77 Abs. 4. Nach § 16 Satz 1 SchfHwG obliegt die Ausstellung von Bescheinigungen über die Tauglichkeit und sichere Benutzbarkeit von Abgasanlagen und von Leitungen zur Abführung von Verbrennungsgasen in ihren jeweiligen Bezirken nicht mehr den Bezirksschornsteinfegermeisterinnen und Bezirksschornsteinfegermeistern, sondern den bevollmächtigten Bezirksschornsteinfegerinnen und Bezirksschornsteinfegern, soweit dies durch Landesrecht vorgesehen ist. Mit dem neuen Änderungsgesetz erfolgt auch eine weitere **Angleichung des Landesrechts an die MBauO 2012**. Zu diesem Zweck werden Ergänzungen und Präzisierungen im Bereich des Sonderbautenkatalogs in § 2 Abs. 5 vorgenommen (zu Pflegeeinrichtungen, Tagesstätten), aber auch zu notwendigen Treppenräumen (§ 35), zur Barrierefreiheit (§ 49) sowie zu verfahrensfreien Baumaßnahmen (im Anhang zu § 60 Abs. 1). In diesem Kontext bildet die bauliche **Barrierefreiheit** einen weiteren Schwerpunkt der NBauO 2018, weil sie einer umfassenden Neuregelung zugeführt wird (Legaldefinition der Barrierefreiheit in § 2 Abs. 16, Neufassung des § 49 Abs. 1; Erweiterung des Katalogs in § 49 Abs. 2). Die Novelle erstreckt sich auch auf den **Katalog der verfahrensfreien Baumaßnahmen** im Anhang zu § 60 Abs. 1, der an einzelnen Stellen neu formuliert (Nrn. 1.2, 3, 9.1, 13.4) oder ergänzt (Nrn. 2.3, 2.4, 10.7, 10.8, 11.4 wird. So wird künftig auch eine mit der Errichtung von Solarenergieanlagen eventuell verbundene Änderung der Nutzung oder der äußeren Gestalt eines Gebäudes verfahrensfrei gestellt (Nr. 2.3). Schließlich wird durch die Novelle auch eine Verbesserung des **Klimaschutzes** angestrebt, indem zukünftig die Möglichkeiten zum sparsamen Umgang mit Boden, Wasser und Energie sowie zur Gewinnung erneuerbarer Energien als eine allgemeine Anforderung an bauliche Anlagen (§ 3 Abs. 2) zu berücksichtigen sind.

26 Wenige Monate nach dem Inkrafttreten der NBauO 2018 zum 1.1.2019 erfolgte bereits eine erste Änderung durch das Gesetz zur Änderung des NSOG und anderer Gesetze vom 20.5.2019 (Nds. GVBl. S. 88), das in seinem Art. 3 § 18 allerdings nur die in § 79 Abs. 4 enthaltene Gesetzesbezeichnung durch den neuen Gesetzestitel (NPOG) ersetzt.

h) Verordnungen aufgrund der NBauO

27 Die NBauO regelt das Bauordnungswesen zum großen Teil nur in seinen Grundzügen und ermächtigt die oberste Bauaufsichtsbehörde, das Nähere durch Rechtsverordnungen bzw. nach Maßgabe des § 83 durch Technische Baubestimmungen festzulegen.

Aufgrund der Ermächtigungen in der NBauO sind folgende heute gültige Verordnungen ergangen:

Allgemeine Durchführungsverordnung zur Niedersächsischen Bauordnung (DVO-NBauO) v. 26.9.2012 (Nds. GVBl. S. 382), zul. geänd. d. VO vom 13.11.2012 (Nds. GVBl. S. 438). Diese Fassung der DVNBauO wurde durch die Novellierung der NBauO 2012 veranlasst und ersetzt die bis dahin geltende DVNBauO v. 11.3.1987 (Nds. GVBl. S. 29), zul. geänd. d. VO v. 22.7.2004 (Nds. GVBl. S. 263). Die einzelnen Vorschriften der DVNBauO sind in diesem Kommentar jeweils bei den Paragraphen der NBauO, auf die sie sich beziehen, abgedruckt.

Verordnung zur Feststellung der wasserrechtlichen Eignung von Bauprodukten und Bauarten durch Nachweise nach der Niedersächsischen Bauordnung (WasBauPVO) v. 25.2.1999 (Nds. GVBl. S. 69), zul. geänd. d. VO v. 13.11.2012 (Nds. GVBl. S. 438).

Verordnung über das Übereinstimmungszeichen (ÜZVO) v. 12.9.2002 (Nds. GVBl. S. 392), zul. geänd. d. VO v. 13.11.2012 (Nds. GVBl. S. 438); abgedruckt bei § 22.

Verordnung über die Anerkennung als Prüf-, Überwachungs- oder Zertifizierungsstelle nach Bauordnungsrecht (PÜZ-Anerkennungsverordnung – PÜZAVO) v. 14.2.1997 (Nds. GVBl. S. 58), zul. geänd. d. VO v. 13.11.2012 (Nds. GVBl. S. 438); abgedruckt bei § 25.

Feuerungsverordnung (FeuVO) v. 27.3.2008 (Nds. GVBl. S. 96), zul. geänd. d. VO v. 13.11.2012 (Nds. GVBl. S. 438).

Verordnung über den Bau und Betrieb von Garagen und Stellplätzen (Garagen- und Stellplatzverordnung – GaStplVO) v. 4.9.1989 (Nds. GVBl. S. 327), zul. geänd. d. VO v. 11.10.2012 (Nds. GVBl. S. 401).

Verordnung über Einstellplätze für Hochschulen (HSEinPlVO) v. 12.11.1987 (Nds. GVBl. S. 208).

Verordnung über die bautechnische Prüfung von Baumaßnahmen (Bautechnische Prüfungsverordnung – BauPrüfVO) v. 24.7.1987 (Nds. GVBl. S. 129), zul. geänd. d. VO v. 16.09.2013 (Nds. GVBl. S.239).

Verordnung über anerkannte Sachverständige für die Prüfung technischer Anlagen und Einrichtungen nach Bauordnungsrecht (Bauordnungsrechtliche Sachverständigenverordnung – BauSVO) v. 4.9.1989 (Nds. GVBl. S. 325), zul. geänd. d. VO v. 13.11.2012 (Nds. GVBl. S. 438).

Verordnung über Bauvorlagen und die Einrichtung von automatisierten Abrufverfahren für Aufgaben der Bauaufsichtsbehörden (Bauvorlagenverordnung – BauVorlVO) v. 7.11.2012 (Nds. GVBl. S. 419), abgedruckt bei § 67.

Verordnung über den Bau von Betriebsräumen für elektrische Anlagen (EltBauVO) v. 25.1.2011 (Nds. GVBl. S. 19).

Verordnung über Campingplätze, Wochenendplätze und Wochenendhäuser (CPl-WochVO) v. 12.4.1984 (Nds. GVBl. S. 109), geänd. d. VO v. 13.11.2012 (Nds. GVBl. S. 438).

Verordnung über den Bau und Betrieb von Verkaufsstätten (Verkaufsstättenverordnung – VKVO) v. 17.1.1997 (Nds. GVBl. S. 31), zul. geänd. d. VO v. 13.11.2012 (Nds. GVBl. S. 438).

Niedersächsische Versammlungsstättenverordnung (NVStättVO) v. 8.11.2004 (Nds. GVBl. S. 426), zul. geänd. d. VO v. 13.11.2012 (Nds. GVBl. S. 438).

i) Bauordnungen anderer Länder

In den anderen Bundesländern gelten zzt. die BauOen, die im Folgenden mit dazu er- **28**
schienenen Kommentaren (Auswahl) aufgeführt werden:

Landesbauordnung für Baden-Württemberg v.15.3.2010 (GBl. S. 357), zul. geänd. d. VO 21.11.2017 (GBl. S. 612, 613) – Sauter, LBauO für BW, bearb. v. Imig, Kiess, Hornung und Keßler, Losebl.; Schlotterbeck/v.Arnim, LBauO für BW, 149. Akt. 2018.

Bayerische Bauordnung idF v. 14.8.2007 (GVBl. S. 588), zul. geänd. d. G v. 26.3.2019 (GVBl. S. 98) – Simon/Busse, BayBO bearb. v. Bauer, Decker ua, Losebl.; Koch/Molodovsky/Famers, BayBO, Losebl.; Jäde/Dirnberger/Bauer/Weiß, Die neue Bayer. Bauordnung, Losebl.

Bauordnung für Berlin v. 29.9.2005 (GVBl. S. 495), zul. geänd. d. G v. 09.04.2018 (GVBl. S. 205, 381) – Wilke/Dageförde/Knuth/Meyer, BauO f. Bln., 6. Aufl. 2008.

Brandenburgische Bauordnung v. 15.11.2018 (GVBl. I/18, [Nr.39]) – Jäde/Dirnberger/Reimus, Bauordnungsrecht Brandenburg, Losebl.

Bremische Landesbauordnung v. 6.10.2009 (GBl. S. 401), zul. geänd. d. Gesetz v. 14.5.2019 (Brem. GBl. S. 360).

Hamburgische Bauordnung v. 14.12.2005 (GVBl. S. 525), zul. geänd. d. G v. 26.11. 2018 (HmbGVBl. S. 371) – Alexejew/Haase/Grossmann/Möhl, Hmb. Bauordnungsrecht, Losebl.

Hessische Bauordnung v. 28.5.2018 (GVBl. S. 198) – Rasch/Schaetzell, bearb. v. Pfaff, Griebeling ua, Hess. BauO, Losebl.; Hornmann, Hess. BauO, 2. Aufl., 2011.

Landesbauordnung Mecklenburg-Vorpommern idF v. 15.10.2015 (GVOBl. S. 344), zul. geänd. d. G v. 5.7.2018(GVOBl. M-V S. 221).

Bauordnung für das Land Nordrhein-Westfalen idF v. 21.7.2018 (GV NRW S. 421), zul. geänd. d. G v. 26.3.2019 (GV NRW S. 193) – Gädtke/Czepuck/Johlen/Plietz/Wenzel, BauO NRW, 12. Aufl. 2011; Boeddinghaus/Hahn/Schulte, BauO für das Land NRW, Losebl.; Schönenbroicher/Kamp (Hrsg.), BauO NRW, 2012.

Landesbauordnung Rheinland-Pfalz v. 24.11.1998 (GVBl. S. 365), zul. geänd. d. G v. 15.6.2015 (GVBl. S. 77) – Porger/Messer/Derichsweiler (vorher Stich/Gabelmann/Porger), LBauO RhPf., Losebl.; Jeromin/Schmidt/Lang, Kommentar zur LBauO RhPf., Losebl.

Landesbauordnung für das Saarland v. 18.2.2004 (ABl. S. 822), geänd. d. G v. 13.6. 2018 (ABl. I S. 632).

Sächsische Bauordnung v. 11.05.2016 (SächsGVBl. S. 186), zul. geänd. d. G v. 11.12. 2018 (SächsGVBl. S. 706) – Jäde/Dirnberger/Böhme, Bauordnungsrecht Sachsen, Losebl.

Bauordnung des Landes Sachsen-Anhalt v. 10.09.2013 (GVBl. LSA 2013, S. 440, 441), zul. geänd. d. G v. 26.06.2018 (GVBl. LSA S. 187) – Jäde/Dirnberger, Bauordnungsrecht LSA, Losebl.

Landesbauordnung für das Land Schleswig-Holstein idF v. 22.1.2009 (GVOBl. S. 6), zul. geänd. d. G v. 16.01.2019 (GVOBl. S. 30) – Domning/Möller/Suttkus, Bauordnungsrecht SchlH., Losebl.

Thüringer Bauordnung idF v. 13.03.2014 (GVBl. S. 49), zul. geänd. d. G v. 18.12.2018 (GVBl. S.731) – Jäde/Dirnberger/Michel, Bauordnungsrecht Thür., Losebl.

Zusammenfassende Darstellung des Bauordnungsrechts der Bundesländer mit synoptischen Tabellen: Reichel/Schulte (Hrsg.), Handbuch Bauordnungsrecht, 2004.

B. Die NBauO im Gefüge des Baurechts

a) NBauO und städtebauliches Planungsrecht

29 Das Bauwesen in Niedersachsen wird nicht allein durch die NBauO geregelt. Sie ist nur Teil eines dichten und komplizierten Netzes von Vorschriften, die Bauwerke und das Bauen betreffen. Die Bemühungen der Nachkriegszeit um eine Zusammenfassung und Vereinheitlichung des öffentlichen Baurechts haben, wie oben (→ Rn. 4) dargestellt, zu einer gespaltenen Rechtslage geführt. Sie besteht heute einerseits im städtebaulichen Planungsrecht des Bundes, das im BauGB und den darauf gestützten Verordnungen

(insbes. BauNVO, PlanzeichenVO) enthalten ist, andererseits in den Bauordnungen der Länder. Das **Planungsrecht** bezweckt vor allem, dass die Bebauung und die sonstigen Bodennutzungen sich im Gemeindegebiet optimal verteilen. Insbesondere will es erreichen, dass die unterschiedlichen Nutzungen Standorte erhalten, an denen sie einander nicht zwangsläufig beeinträchtigen, dass die Verkehrswege möglichst günstig geführt werden, der Boden ökonomisch genutzt wird, Landschaft und Umwelt geschont werden und alle in Betracht kommenden Nutzungsinteressen einen gerechten Anteil erhalten. Zu diesem Zweck regelt das BauGB die Aufstellung und den Inhalt gemeindlicher Bauleitpläne (**Flächennutzungs- und Bebauungspläne**). Diese sollen – im Rahmen der übergeordneten Raumordnung und Landesplanung – die genannten Ziele auf örtlicher Ebene durch Abgrenzung der Bereiche für die verschiedenen Nutzungen und durch Regelung ihrer Art und Intensität verwirklichen (§§ 1 ff. BauGB). Zum Kern des BauGB gehören ferner Bestimmungen, die im Interesse dieser erwünschten Bodenordnung die **Zulässigkeit der** einzelnen **Bauvorhaben** regeln (§§ 29 ff. BauGB). Ergänzend enthält das BauGB Vorschriften zur Sicherung der Bauleitplanung (insbesondere über Veränderungssperren und die Zurückstellung einzelner Baugesuche bzw. die vorläufige Untersagung von Vorhaben und über Vorkaufsrechte der Gemeinden, §§ 14 ff. BauGB), über die Entschädigung für Vermögensverluste infolge der Bauleitplanung, über die Enteignung für städtebauliche Zwecke, die Baulandumlegung, die Erschließung der Baugrundstücke und über Erschließungsbeiträge für die Herstellung von Erschließungsstraßen. Die Gemeinden sind auch ermächtigt, aus städtebaulichen Gründen Bau-, Modernisierungs- und Instandsetzungs-, Pflanz- und Rückbaugebote zu verfügen (§§ 175 ff. BauGB) und die Erhaltung baulicher Anlagen zu verlangen (§§ 172 ff. BauGB). Weiterhin regelt das BauGB die Sanierung von Ortsteilen, in denen städtebauliche Missstände herrschen, die Entwicklung von Ortsteilen (§§ 136–171 BauGB, ursprünglich StBauFG), sowie schließlich „Stadtumbaumaßnahmen" in Ortsteilen, die unter dem Leerstand von Gebäuden leiden und „Maßnahmen der sozialen Stadt" in Quartieren mit sozialen Missständen (§§ 171a–171e BauGB).

Landesrechtliche Ausführungsbestimmungen zum Bundesrecht enthält die Nds. 30
VO zur Durchführung des BauGB (DVO-BauGB), nach mehreren Änderungen neu bekannt gemacht am 24.5.2005 (Nds. GVBl. S. 183), zul. geänd. d. G v. 12.11.2015 (Nds. GVBl. S. 311). Das Nds. Gesetz zur Durchführung des BauGB v. 13.5.2009 (Nds. GVBl. S. 169), erklärt (entsprechend der Übergangsregelung in § 245b BauGB) die Frist, innerhalb derer § 35 Abs. 4 S. 1 Nr. 1 Buchst. c BauGB die Umnutzung aufgegebener landwirtschaftlicher Betriebsgebäude begünstigt, für nicht anwendbar. Die frühere Nds. VO zur Sicherung von Gebieten mit Fremdenverkehrsfunktionen v. 28.10.1987 (Nds. GVBl. S. 181) ist durch VO v. 10.11.2004 (Nds. GVBl. S. 453) aufgehoben worden. **Verwaltungsvorschriften** zum BauGB enthält der RdErl. d. MS v. 2.5.1988 (Nds. MBl. S. 547), zul. geänd. d. RdErl. v. 18.4.1996 (Nds. MBl. S. 835).

Im Gegensatz zum Bauplanungsrecht will das **Bauordnungsrecht** – gewöhnlich 31
NBauO bzw. andere LBauOen – in erster Linie dafür sorgen, dass nicht durch unsachgemäßes Bauen oder mangelhafte Bauunterhaltung Menschenleben, Gesundheit oder Sachwerte gefährdet werden, soziale Missstände entstehen oder die Umwelt des Menschen verunstaltet wird. Zu diesem Zweck enthalten die LBauOen **materiell-rechtliche Vorschriften**, die wie das Planungsrecht auch den Standort von Bauwerken auf den Grundstücken regeln, vor allem aber technische und gestalterische Anforderungen an die Ausführung der Bauten stellen. Charakteristisch für das materielle Bauordnungsrecht ist, dass es sich gegen ein Verhalten richtet, das von vornherein mit einem Unwerturteil behaftet ist und als gemeinschaftsschädlich angesehen wird. Die materiellen Anforderungen des Bauordnungsrechts werden in der NBauO durch die Grundsatzvorschrift des § 3 zusammengefasst. Außerdem enthalten die LBauOen **Verfahrensrecht** und sehen vor allem ein Baugenehmigungsverfahren zur präventiven Kontrolle wesentlicher Bauvorhaben sowie Sanktionen gegen rechtswidriges Bauen vor. Diese Verfahrensregelungen sollen nicht nur die Einhaltung des materiellen Bauordnungsrechts sicherstel-

len, sondern auch – hier besteht eine wichtige Verknüpfung zwischen Bauordnungs- und Bauplanungsrecht – die Einhaltung der planungsrechtlichen Vorschriften. Ursprünglich galten nach § 29 BBauG/BauGB die Vorschriften über die planungsrechtliche Zulässigkeit von Vorhaben (§§ 30 ff. BauGB) nur für bauliche Anlagen, die nach Landesbaurecht genehmigungspflichtig waren. Diese weitere Verknüpfung von Bauplanungsrecht und Bauordnungsrecht entfiel mit dem BauROG 1998 (→ Rn. 5; vgl. auch → § 59 Rn. 9).

32 Für das **Verhältnis** von materiellem **Bauordnungs-** und **Planungsrecht** gilt folgendes: Jedes Bauvorhaben ist nur dann rechtmäßig und darf grundsätzlich nur dann genehmigt werden, wenn es sowohl dem Bauplanungs- als auch dem Bauordnungsrecht entspricht. Die Anforderungen des Bauordnungsrechts sind der NBauO, den ergänzenden Gesetzen und Verordnungen und den Technischen Baubestimmungen zu entnehmen; die Forderungen des Bauplanungsrechts ergeben sich aus den §§ 29 ff. BauGB (zB aus § 30 iVm Bebauungsplan und BauNVO). Das Zusammenwirken dieser beiden Vorschriftenkomplexe lässt sich durch das **Bild zweier sich überschneidender Kreise** anschaulich machen. Der eine Kreis umschreibt die Möglichkeiten der Verwirklichung von Bauwünschen, die das Planungsrecht zulässt, der andere diejenigen, die das Bauordnungsrecht gestattet. Verwirklicht werden darf dann nur das, was sich zugleich innerhalb beider Kreisflächen befindet. Wenn ein Vorhaben demgemäß nach Planungsrecht zulässig, nach Bauordnungsrecht aber unzulässig sein sollte (Beispiel: nach Bebauungsplan oder nach § 34 BauGB wäre viergeschossige Bebauung zulässig, die bauordnungsrechtlichen Abstandsvorschriften, §§ 5 ff. NBauO, erlauben im konkreten Fall wegen der nahen Grundstücksgrenze aber nur die Höhe eines zweigeschossigen Hauses), so kann der Bauherr nicht etwa geltend machen, er brauche nur die planungsrechtlichen Anforderungen einzuhalten, da sie als Bundesrecht Vorrang hätten. Dies ist schon deshalb nicht richtig, weil § 29 Abs. 2 BauGB ausdrücklich bestimmt, dass die Vorschriften des Bauordnungsrechts unberührt bleiben. Auch ohne diese Vorschrift wäre die Rechtslage nicht anders, denn der Staatsbürger muss nun einmal jedes Verbot beachten, das der Bundes- oder Landesgesetzgeber im Rahmen ihrer jeweiligen Kompetenz an ihn richten (Überblick über die zahlreichen Überschneidungen von Bauplanungs- und Bauordnungsrecht bei Ortloff NVwZ 1993, 713).

33 Anderes gilt, wenn das Bauplanungsrecht etwas nach Bauordnungsrecht Verbotenes nicht nur zulässt, sondern zwingend fordert oder umgekehrt, zB (vgl. BVerwG 11.3.1994 – 4 B 53/94, BauR 1994, 494) wenn sich aus § 34 Abs. 1 BauGB ergeben sollte, dass ein Gebäude an der Grenze errichtet werden muss, während die LBauO (nicht so die NBauO, vgl. § 5 Abs. 5) ausnahmslos Grenzabstände fordert. Dann hätte nach **Art. 31 GG** das **Landesrecht zurückzutreten**. Wenn dagegen ein B-Plan etwas nach Bauordnungsrecht Unzulässiges fordert (in dem bei → Rn. 32 erwähnten Fall könnte der B-Plan die viergeschossige Bebauung zwingend festgesetzt und zugleich die grenznahe Lage des Hauses durch Baugrenzen oder Baulinien erzwungen haben) hat der B-Plan keinen Vorrang. Die NBauO hätte ihm (wie etwa § 6 Abs. 17 aF BauO NRW) Vorrang einräumen können, hat es aber nicht getan und musste es auch nicht; vgl. dazu OVG Lüneburg 29.8.1996 – 1 K 3875/95, BRS 58 Nr. 18). Der **B-Plan ist kein Bundesrecht**, sondern beruht nur auf Bundesrecht. In solchen Konfliktfällen kann in Niedersachsen das Bauvorhaben nur verwirklicht werden, wenn entweder vom B-Plan oder vom Bauordnungsrecht eine Abweichung erteilt wird. Steht schon bei Planaufstellung von vornherein fest, dass eine solche Abweichung nicht in Betracht kommt, so ist der Bebauungsplan insoweit undurchführbar und damit ungültig.

b) NBauO und sonstiges öffentliches Baurecht („Baunebenrecht")

34 Die ursprünglichen Überlegungen und Bemühungen, das gesamte öffentliche Baurecht in einem Baugesetzbuch – bzw. mit Rücksicht auf die verfassungsrechtliche Kompetenzverteilung wenigstens in jeweils zwei Gesetzen – zusammenzufassen (→ Rn. 4), sind nur Stückwerk geblieben. Schon aus naheliegenden praktischen Gründen war es nicht möglich, etwa alle planungsrechtlichen und bauordnungsrechtlichen Vorschriften in die beiden Gesetze selbst aufzunehmen; vielmehr musste eine Vielzahl von Verordnungen zur näheren Ausführung dieser Gesetze erlassen werden (zu VOen aufgrund der NBauO →Rn. 27). Davon abgesehen sind viele Vorschriften über Bauwerke und Baumaßnahmen in anderen Gesetzen bestehen geblieben oder neu erlassen worden. Die Bautätigkeit hat daher zusätzlich ein sehr umfangreiches „**Baunebenrecht**" (allgemein dazu Schmidt-Eichstaedt/Löhr DÖV 2004, 282) einzuhalten. Damit gemeint sind Fachgesetze, aus denen sich weitere Vorgaben für die Errichtung, das Betreiben oder die Beseitigung einer baulichen Anlage ergeben können. Beispielhaft erwähnt seien insoweit nur die Vorschriften des Denkmalschutz-, des Umwelt-, des Gewerbe- oder auch des Arbeitsschutzrechts. Deren Einhaltung wird als **„öffentliches Baurecht" gem. § 2 Abs. 17 NBauO** zum Teil durch die Bauaufsicht, insbesondere auch im Baugenehmigungsverfahren, überwacht. Mitunter sind dafür aber auch andere Behörden (z.B. die Gewerbeaufsichtsämter) zuständig, vor allem, soweit besondere Zulassungsverfahren erforderlich sind, bei denen, wie etwa im Falle immissionsschutzrechtliche Genehmigungen, infolge einer Konzentrationswirkung auch die Einhaltung des materiellen öffentlichen Baurechts geprüft wird (vgl. § 13 BImSchG).

Außerhalb des städtebaulichen Planungsrechts finden sich auch in verschiedenen anderen Gesetzen Vorschriften, die – im Interesse des jeweils geregelten Gegenstandes – **Baubeschränkungen** für bestimmte Flächen vorsehen. Zu nennen sind insbesondere folgende Gesetze (soweit die Fundstellen hier nicht angegeben werden, sind sie aus dem Abkürzungsverzeichnis ersichtlich): **35**

Bundesfernstraßengesetz (FStrG), §§ 9 f.,

Nds. Straßengesetz (NStrG), §§ 24 ff.,

Luftverkehrsgesetz (LuftVG), §§ 12 ff.,

Straßenverkehrsordnung (StVO), § 33 (Verbot von Werbeanlagen),

Gesetz zum Schutz gegen Fluglärm v. 31.10.2007 (BGBl. I S. 2550),

Bundeswasserstraßengesetz (WaStrG), §§ 31 ff.,

Bundesberggesetz (BBergG), §§ 107 ff.,

Zollverwaltungsgesetz v. 21.12.1992 (BGBl. I S. 2125, ber. 2493), zul. geänd. d. G v. 23.6.2017 (BGBl. I S. 1822), § 22 (betr. Bauten in Freizonen),

Nds. Wassergesetz (NWG), §§ 48 ff., 91 ff.,

Nds. Deichgesetz (NDG) idF v. 23.2.2004 (Nds. GVBl. S. 83), zul. geänd. d. G v. 13.10.2011 (Nds. GVBl. S. 353), §§ 15 f.,

Nds. Ausführungsgesetz zum Bundesnaturschutzgesetz (NAGBNatSchG) v. 19.2.2010 (Nds. GVBl. S. 104), zul. geänd. d. G. v. 20.05.2019 (Nds. GVBl. S. 88), §§ 8 ff., 14 ff.

Nds. Denkmalschutzgesetz (NDSchG), §§ 8, 16.

Im Zusammenhang mit dem Städtebaurecht standen auch die Vorschriften über das Verbot der **Zweckentfremdung von Wohnraum**: Art. 6 des Gesetzes zur Verbesserung des Mietrechts und zur Begrenzung des Mietanstiegs usw (MRVerbG) v. 4.11.1971 (BGBl. I S. 1745), zul. geänd. d. G v. 19.4.2006 (BGBl. I S. 866). Die auf dieses Gesetz gestützte nds. VO ist durch VO v. 17.11.2003 (Nds. GVBl. S. 382) aufgehoben worden. Das Zweckentfremdungsverbot gilt demnach in keinem Teil Niedersachsens mehr, obgleich 2017 ein Entwurf eines Gesetzes über das Verbot der Zweckentfremdung von Wohnraum (ZwEWG) (LT-Drs. 17/8117) in den Landtag eingebracht wurde, dann aber der Diskontinuität (§ 21 GeschO Nds. LT) anheimgefallen ist (vgl. Unterrichtung durch den LT-Präs. v. 26.9.2018, LT-Drs. 17/8858, S. 13).

Vielfältige Zusammenhänge bestehen zwischen dem Bauordnungsrecht und dem Recht des Denkmalschutzes, das im Nds. **Denkmalschutzgesetz** v. 30.5.1978 (Nds. GVBl. S. 517) zul. geänd. d. G. vom 26.5.2011 (Nds. GVBl. S. 135) zusammengefasst worden **36** ist. Eine kaum noch übersehbare Vielzahl von Vorschriften aus dem **Gewerbe- und Arbeitsschutzrecht**, dem **Wirtschaftsrecht** und dem **Umweltschutzrecht** stellt an bestimmte Bauwerke und Bauteile besondere Anforderungen, die wie das Bauordnungsrecht Gefahren iSv § 3 Abs. 1 NBauO abwehren sollen oder soziale Anliegen verfolgen. Hinzuweisen ist vor allem auf folgende Vorschriften:

Arbeitsschutzgesetz (ArbSchG) v. 7.8.1996 (BGBl. I S. 1246), zul. geänd. d. G v. 31.8. 2015 (BGBl. I S. 1474),

ArbeitsstättenVO (ArbStättV) v. 12.8.2004 (BGBl. I S. 2179), zul. geänd. d. VO v. 18.10. 2017 (BGBl. I S. 3584),

Produktsicherheitsgesetz (ProdSG) v. 8.11.2011 (BGBl. I S. 2179; 2012 I S. 131), zul. geänd. d. VO v. 31.8.2015 (BGBl. I S. 1474),

Betriebssicherheitsverordnung (BetrSichV) v. 3.2.2015 (BGBl. I S. 49), zul. geänd. d. VO v. 30.4.2019 (BGBl. I S. 554),

RohrfernleitungsVO v. 27.9.2002 (BGBl. I S. 3777 (3809)), geänd. d. G v. 20.7.2017 (BGBl. I S. 2808),

GashochdruckleitungsVO (GasHDrLtgV) v. 18.5.2011 (BGBl. I S. 928), zuletzt geändert d. G. v. 13.5.2019 (BGBl. I S. 706),

VO über Spielgeräte und andere Spiele mit Gewinnmöglichkeit (SpielV) idF v. 27.1.2006 (BGBl. I S. 280), zul. geänd. d. G v. 18.7.2016 (BGBl. I S. 1666),

Gaststättengesetz (GastG) idF v. 20.11.1998 (BGBl. I S. 3418), zul. geänd. d. G v. 10.3. 2017 (BGBl. I S. 420),

Lebensmittelhygiene-Verordnung (LMHV) idF. v. 21.6.2016 (BGBl. I S. 1469), geänd. d. VO v. 3.1.2018 (BGBl. I S. 99),

Apothekenbetriebsordnung idF v. 26.9.1995 (BGBl. I S. 1195), zul. geänd. d. VO v. 2.7.2018 (BGBl. I S.1080); zu ihrer Berücksichtigung im Baugenehmigungsverfahren vgl. VG Ansbach 15.3.1988 – 3 K 87.01625, NVwZ 1990, 593 u. Grooterhorst NVwZ 1990, 539),

VO über die Erlaubnisvoraussetzungen für den Betrieb von Drogenkonsumräumen (DrogKVO) v. 6.3.2002 (Nds. GVBl. S. 82),

Heimgesetz idF v. 5.11.2001 (BGBl. I S. 2970), zul. geänd. d. G v. 29.7.2009 (BGBl. I S. 2319),

VO über bauliche Mindestanforderungen für Altenheime usw (HeimMindBauV) idF v. 3.5.1983 (BGBl. I S. 550), zul. geänd. d. VO v. 25.11.2003 (BGBl. I S. 2346 (2351)),

Gesetz über Tageseinrichtungen für Kinder (KiTaG) idF v. 7.2.2002 (Nds. GVBl. S. 57), zul. geänd. d. G v. 18.12.2018 (Nds. GVBl. S. 317),

VO über Mindestanforderungen an Kindertagesstätten (1. DVO-KiTaG) v. 28.6.2002 (Nds. GVBl. S. 323), geänd. d. VO v. 15.11.2004 (Nds. GVBl. S. 457),

VO über Mindestanforderungen an besondere Tageseinrichtungen für Kinder sowie über die Durchführung der Finanzhilfe (2. DVO-KiTaG) v. 16.7.2002 (Nds. GVBl. S. 353), zul. geänd. d. VO v. 9.1.2019 (Nds. GVBl. S. 2),

Energiewirtschaftsgesetz (EnWG) idF v. 7.7.2005 (BGBl. I S. 3621), zul. geänd. d. G v. 13.5.2019 (BGBl. I S. 706),

Atomgesetz idF v. 15.7.1985 (BGBl. I S. 1565), zul. geänd. d. G v. 10.7.2018 (BGBl. I S. 1124),

StrahlenschutzVO (StrlSchV) v. 29.11.2018 (BGBl. I S. 2034, 2036),

Energieeinsparungsgesetz (EnEG) idF v. 1.9.2005 (BGBl. I S. 2684), zul. geänd. d. G v. 4.7.2013 (BGBl. I S. 2197),

EnergieeinsparVO (EnEV) idF v. 24.7.2007 (BGBl. I S. 3146), zul. geänd. d. VO v. 24.10.2015 (BGBl. I S. 1789),

VO zur Durchführung der Energieeinsparverordnung (DVO-EnEV) v. 18.8.2008 (Nds. GVBl. S. 269), zul. geänd. d. VO v. 2.3.2018 (Nds. GVBl. S. 40),

VO über Heizkostenabrechnung (Heizkosten-V) idF v. 5.10.2009 (BGBl. I S. 3250),

Sprengstoffgesetz (SprengG) idF v. 10.9.2002 (BGBl. I S. 3518), zul. geänd. d. G v. 11.6.2017 (BGBl. I S. 1586),

Erste VO zum SprengG (1. SprengV) idF v. 31.1.1991 (BGBl. S. 169), zul. geänd. d. G v. 11.06.2017 (BGBl. I S. 1586),

Zweite VO zum SprengG (2. SprengV) idF v. 10.9.2002 (BGBl. S. 3543), zul. geänd. d. G. v. 29.3.2017 (BGBl. I S. 626),

Waffengesetz v. 11.10.2002 (BGBl. I S. 3970), zul. geänd. d. G v. 30.6.2017 (BGBl. I S. 2133), s. dort § 27 über Schießstätten,

Bundes-Immissionsschutzgesetz (BImSchG) idF v. 17.5.2013 (BGBl. I S. 1274), zul. geänd. d. G v. 8.4.2019 (BGBl. I S. 432),

VO über kleine und mittlere Feuerungsanlagen (1. BImSchV) idF v. 26.1.2010 (BGBl. I S. 38), zul. geänd. d. G v. 10.3.2017 (BGBl. I S. 420),

VO zur Emissionsbegrenzung von leichtflüchtigen Halogenkohlenwasserstoffen (2. BImSchV) v. 10.12.1990 (BGBl. I S. 2694), zul. geänd. d. VO v. 24.3.2017 (BGBl. I S. 656),

VO über genehmigungsbedürftige Anlagen (4. BImSchV) idF v. 31.5.2017 (BGBl. I S. 1440),

VO zur Auswurfbegrenzung von Holzstaub (7. BImSchV) v. 18.12.1975 (BGBl. I S. 3133),

VO über Großfeuerungs-, Gasturbinen- und Verbrennungsmotoranlagen (13. BImSchV) idF v. 2.5.2013 (BGBl. I S. 1021, 1023, ber. S. 3754), zul. geänd. d. VO v. 19.12.2017 (BGBl. I S. 4007),

VO über die Verbrennung und Mitverbrennung von Abfällen (17. BImSchV) idF v. 2.5.2013 (BGBl. I S. 1021, 1044, ber. S. 3754),

SportanlagenlärmschutzVO (18. BImSchV) v. 18.7.1991 (BGBl. I S. 1588, ber. 1790), geänd. d. VO v. 1.6.2017 (BGBl. I S. 1468),

Verkehrswege-SchallschutzmaßnahmenVO (24. BImSchV) v. 4.2.1997 (BGBl. I S. 172, ber. 1253), geänd. d. VO v. 23.9.1997 (BGBl. I S. 2329 (2344)),

VO über elektromagnetische Felder (26. BImSchV) idF v. 14.8.2013 (BGBl. I S. 3266, ber. S. 3942), betr. Sende- und Hochspannungsanlagen,

VO über Anlagen zur Feuerbestattung (27. BImSchV) v. 19.3.1997 (BGBl. I S. 545), geänd. d. G v. 2.5.2013 (BGBl. I S. 973),

VO über Anlagen zur biologischen Behandlung von Abfällen (30. BImSchV) v. 20.2.2001 (BGBl. I S. 317), zul. geänd. d. VO v. 27.9.2017 (BGBl. I S. 3465).

Gesetz zum Schutz gegen Fluglärm v. 31.10.2007 (BGBl. I S. 2550),

Erste VO zur Durchführung des Gesetzes zum Schutz gegen Fluglärm (1. FlugLSV) v. 27.12.2008 (BGBl. I S. 2980), zul. geänd. d. G v. 18.7.2017 (BGBl. I S. 2745).

Zweite VO zur Durchführung des Gesetzes zum Schutz gegen Fluglärm (2. FlugLSV) v. 8.9.2009 (BGBl. I S. 2992),

Gesetz zur Förderung der Kreislaufwirtschaft und Sicherung der umweltverträglichen Bewirtschaftung von Abfällen (Kreislaufwirtschaftsgesetz – KrWG) idF v. 24.2.2012 (BGBl. I S. 212), zul. geänd. d. G v. 20.7.2017 (BGBl. I S. 2808).

Gesetz zum Schutz vor schädlichen Bodenveränderungen und zur Sanierung von Altlasten (Bundes-BodenschutzG – BBodSchG) v. 17.3.1998 (BGBl. I S. 502), zul. geänd. d. G v. 27.9.2017 (BGBl. I S. 3465),

Tierische Nebenprodukte-Beseitigungsgesetz (TierNebG) v. 25.1.2004 (BGBl. I S. 82), zul. geänd. d. G v. 4.8.2016 (BGBl. I S. 1966),

Bundeskleingartengesetz (BKleingG) v. 28.2.1983 (BGBl. I S. 210), zul. geänd. d. G v. 19.9.2006 (BGBl. I S. 2146),

Nds. Wassergesetz (NWG) idF v. 19.2.2010 (Nds. GVBl. S. 64), zul. geänd. d. G v. 20.5.2019 (Nds. GVBl. S. 88) iVm dem Wasserhaushaltsgesetz (WHG) idF v. 31.7.2009 (BGBl. I S. 2585), zul. geänd. d. G v. 4.12.2018 (BGBl. I S. 2254),

Nds. Ausübungsgesetz zum Naturschutzgesetz (NAGBNatSchG) idF v. 19.2.2010 (Nds. GVBl. S. 104) iVm dem Bundesnaturschutzgesetz (BNatSchG) idF v. 29.7.2009 (BGBl. I S. 2542), zul. geänd. d. G v. 13.5.2019 (BGBl. I S. 706),

Gesetz über die Umweltverträglichkeitsprüfung (UVPG) idF v. 24.2.2010 (BGBl. S. 94), zul. geänd. d. G v. 13.5.2019 (BGBl. I S. 706),

Nds. Gesetz über den Wald und die Landschaftsordnung (NWaldLG) v. 21.3.2002 (Nds. GVBl. S. 112), zul. geänd. d. G v. 20.5.2019 (Nds. GVBl. S. 88),

Nds. Gesetz über Eisenbahnen und Seilbahnen (NESG) v. 16.12.2004 (Nds. GVBl. S. 658), geänd. d. G v. 20.5.2019 (Nds. GVBl. S. 88)

37 Weitere Vorschriften außerhalb der NBauO regeln (neben § 3 Abs. 4 und § 11 NBauO) auch die Durchführung von Baumaßnahmen einschl. der Instandhaltung von Bauten:

Arbeitsschutzgesetz (→ Rn. 36),

Verordnung über Sicherheit und Gesundheitsschutz auf Baustellen (Baustellenverordnung – BaustellV) v. 10.6.1998 (BGBl. I S. 1283), zul. geänd. d. G v. 27.6.2017 (BGBl. I S. 1966),

Betriebssicherheitsverordnung (→ Rn. 36),

VO über Arbeiten in Druckluft (Druckluftverodnung – DruckluftV) v. 4.10.1972 (BGBl. I S. 1909), zul. geänd. d. G v. 29.3.2017 (BGBl. I S. 626),

LastenhandhabungsVO (LasthandhabV) v. 4.12.1996 (BGBl. I S. 1842), zul. geänd. d. VO v. 18.10.2017 (BGBl. I S. 3584),

GefahrstoffVO (GefStoffV) v. 26.11.2010 (BGBl. I S. 1643 (1644)), zul. geänd. d. G v. 29.3.2017 (BGBl. I S. 626) mit Vorschriften über den Umgang mit gefährlichen Stoffen (zB Asbest) bei Bauarbeiten (auch → § 11 Rn. 13, 17),

Unfallverhütungsvorschriften der Berufsgenossenschaften nach § 15 SGB VII (früher §§ 708 ff. RVO),

Geräte- und MaschinenlärmschutzVO (32. BImSchV) v. 29.8.2002 (BGBl. I S. 3478), zul. geänd. d. VO v. 31.8.2015 (BGBl. I S. 1474), vgl. → § 11 Rn. 11.1 f.,

Vorschriften des Abfallrechts über den Umgang mit Bau- und Baustellenabfällen (Näheres bei → § 11 Rn. 14 ff.),

Schornsteinfeger-Handwerksgesetz (SchfHwG) idF v. 26.11.2008 (BGBl. I S. 2242), zul. geänd. d. G v. 17.7.2017 (BGBl. I S. 2495), vgl. → § 77 Rn. 8,

VO über die Ausführung von Schornsteinfegerarbeiten (Niedersächsische Überprüfungsordnung) v. 29.3.2011 (Nds. GVBl. S. 96).

38 Wie Bauordnungs- und Bauplanungsrecht, so greifen auch die unter → Rn. 35 ff. aufgeführten Vorschriften und das Bauordnungsrecht vielfältig ineinander. Die materiellen Anforderungen der genannten Vorschriften überdecken sich oft mit den materiellen Forderungen des Bauordnungsrechts (s. insbesondere die ArbeitsstättenVO und die Vorschriften über die Energieeinsparung). Die Einhaltung der aufgeführten Vorschriften wird teilweise durch die Bauaufsicht, insbesondere auch im Baugenehmigungsverfahren, überwacht; teilweise sind dafür aber auch andere Behörden (zB die Gewerbeaufsichtsämter) zuständig, und es sind besondere Kontrollverfahren (Genehmigungen, Planfeststellungen) vorgesehen (vgl. → § 70 Rn. 51 ff.). In diesen besonderen Verfahren wird dann teilweise auch die Einhaltung des materiellen Bauordnungs- und Bauplanungsrechts geprüft, so dass daneben keine Baugenehmigung mehr erforderlich ist (so zB im Genehmigungsverfahren nach §§ 4 ff. BImSchG; s. auch § 59 Abs. 2 NBauO und → § 59 Rn. 19 ff.). Die unter → Rn. 35 ff. genannten Vorschriften bilden neben Bauplanungs- und Bauordnungsrecht das **„öffentliche Baurecht" iSd Definition des § 2 Abs. 17**.

c) NBauO und privates Baurecht

Die NBauO enthält öffentliches Recht, weil sie Pflichten und Ansprüche des Einzelnen im Verhältnis zum Gemeinwesen begründet und Verwaltungsbehörden mit hoheitlichen Mitteln für die Erfüllung dieser Pflichten und Ansprüche sorgen lässt. Das öffentliche Baurecht ist grundsätzlich vom privaten Baurecht zu unterscheiden, das die **Rechtsbeziehungen der am Bau beteiligten Personen** (Bauherren, Architekten, Unternehmer, Lieferanten usw) **untereinander und zu Dritten** (Nachbarn, Passanten usw) regelt (näher U. Locher, Das private Baurecht, Lehrbuch, 8. Aufl. 2012). Seine Beachtung ist ggf. vor dem Zivilgericht zu erstreiten. Das private Baurecht ist vor allem dem Bürgerlichen Gesetzbuch zu entnehmen. Von Bedeutung ist auch der Teil B der Verdingungsordnung für Bauleistungen (VOB). Er hat keine Gesetzeskraft, ist aber für die Partner eines Bauvertrages verbindlich, wenn sie ihn ihrem Vertrag zugrunde gelegt haben (näher Vygen/Joussen, Bauvertragsrecht nach VOB und BGB, 6. Aufl. 2018). Für das Verhältnis zwischen Bauherrn und Gebäudeeigentümer zu Nachbarn ist neben den nachbarrechtlichen Vorschriften des BGB das Niedersächsische Nachbarrechtsgesetz (vom 31.3. 1967, Nds. GVBl. S. 91, zul. geänd. d. G v. 23.7.2014, Nds. GVBl. S. 206) von Bedeutung (dazu Hoof/Keil, Nachbarrecht Nds., 11. Aufl. 2006; Pardey, Nds. NachbarrechtsG, 4. Aufl. 2017). 39

Die Normen des **öffentlichen und** des **privaten Baurechts** gelten grundsätzlich **unabhängig voneinander**. Insbesondere wird ein Vorhaben im Baugenehmigungsverfahren nur daraufhin überprüft, ob es mit dem öffentlichen Baurecht vereinbar ist (vgl. § 70 Abs. 1 NBauO). Ob es daneben gegen Zivilrecht verstößt (etwa gegen nachbarrechtliche Vorschriften oder gegen einen bürgerlich-rechtlichen Vertrag), ist im Baugenehmigungsverfahren grundsätzlich ohne Bedeutung (vgl. → § 70 Rn. 152 f.). 40

Die **NBauO nimmt** nur **vereinzelt** auf die Rechtslage nach **Privatrecht Bezug**: so knüpft der Begriff des Baugrundstücks an den bürgerlich-rechtlichen Grundstücksbegriff an (vgl. → § 2 Rn. 133 f.). Bei der Regelung der Frage, wer für die Einhaltung des öffentlichen Baurechts verantwortlich ist, geht die NBauO zwar überwiegend von der rein tatsächlichen Situation aus, indem sie etwa den Bauherrn, Entwurfsverfasser usw für verantwortlich erklärt (§§ 52 ff.). Neben anderen ist hier aber auch der Eigentümer verantwortlich (§ 56); insofern wird auch auf die Lage nach bürgerlichem Recht Bezug genommen. Schließlich knüpfen die Vorschriften über die Beteiligung der Nachbarn im Baugenehmigungsverfahren (§§ 68, 70 Abs. 5 u. 6) an die zivilrechtliche Rechtslage an. 41

Umgekehrt kann eine **Verletzung** von Vorschriften des öffentlichen Baurechts privatrechtliche Folgen haben: Verstoßen Bauwerke, Bauteile oder Entwürfe gegen das öffentliche Baurecht, so kann das eine **Sachmängelhaftung** nach Werk- oder Kaufvertragsrecht auslösen. Dies ist allerdings weniger eine Folge davon, dass hier das öffentliche Recht in das Privatrecht hineinwirkt, als vielmehr die faktische Auswirkung des Umstandes, dass der Besteller oder Auftraggeber mit Beanstandungen durch die Bauaufsicht rechnen muss. Eine unmittelbare rechtliche Verknüpfung zeigt sich aber, wenn gegen bauordnungsrechtliche Vorschriften mit drittschützender, insbesondere auch nachbarschützender, Funktion verstoßen wird. Sie sind Schutzgesetze iSv § 823 Abs. 2 BGB. Verstöße können also Schadensersatzansprüche nach dieser Vorschrift auslösen. Gegen fortdauernde Verstöße kann sich der Betroffene auch durch die zivilrechtliche Abwehrklage nach § 1004 BGB zur Wehr setzen (vgl. BGH 26.2.1993 – V ZR 74/92, 42

BGHZ 122, 1), allerdings nicht mehr, wenn der beeinträchtigende Bau unanfechtbar genehmigt ist (dazu → § 68 Rn. 141 ff.).

43 Eine **Überlagerung** von gleichgerichteten, aber teilweise unterschiedlichen Vorschriften des öffentlichen und des privaten Rechts hat sich auf dem Gebiet des **Nachbarrechts** ergeben. Rechtsprechung und Literatur haben den Vorschriften des öffentlichen Baurechts in zunehmendem Umfange eine nachbarschützende Wirkung zuerkannt und den Nachbarn das Recht eingeräumt, die Einhaltung dieser Vorschriften durch verwaltungsgerichtliche Klage gegen die Baugenehmigung oder auf Einschreiten der BauAB zu erzwingen (Näheres bei → § 68 Rn. 1 f., 184 ff.). Im Vergleich zum herkömmlichen privaten Nachbarrecht (§§ 906 ff., 1004 BGB, Nds. NachbarrechtsG) kann das öffentliche Baurecht einen wirksameren und praktikableren Schutz bieten, weil seine Einhaltung von einer sachverständigen Behörde überwacht wird und, sofern ein Baugenehmigungsverfahren stattfindet, die präventive Kontrolle dafür sorgt, dass Bauten, die Nachbarrechte verletzen, idR erst gar nicht entstehen. Wenn die BauAB regelmäßig und von vornherein als neutrale Stelle zwischen dem Bauherrn und dem Nachbarn tätig wird, wirkt dies auch in Fällen ausgleichend, in denen einer von ihnen der wirtschaftlich Stärkere ist oder seine Interessen gewandter und nachdrücklicher als der andere vertreten kann. Je mehr allerdings diese präventive Kontrolle durch Freistellungen vom Baugenehmigungsvorbehalt oder durch Einschränkung des Prüfumfanges im Baugenehmigungsverfahren beseitigt wird, umso mehr verliert das öffentliche Baurecht an praktischem Wert für die Ordnung des nachbarlichen Verhältnisses. Über das Verhältnis von privatem zu öffentlichem Nachbarrecht s. prägnant Dolderer DVBl 1998, 19 ff. Verletzt ein Bau nachbarschützende Vorschriften des öffentlichen Baurechts, kann für betroffene Nachbarn neben dem Verwaltungsrechtsweg auch zivilgerichtlicher Rechtsschutz in Betracht kommen; Näheres darüber bei Seidel NVwZ 2004, 139.

C. Ausblick, Kritik

44 **Tendenzen im öffentlichen Baurecht**: Als in der Nachkriegszeit bis in die 70er Jahre hinein das neue öffentliche Baurecht des Bundes und der Länder entstand, waren alle daran Beteiligten in erster Linie bemüht, dessen spezifische Zwecke – bauliche Sicherheit, geordneter Städtebau, Gewährleistung oder Wiederherstellung gesunder Wohn- und Arbeitsverhältnisse, gute Baugestaltung – möglichst vollkommen zu verwirklichen. Bauaufsicht und planende Gemeinden sollten dafür ein perfektes rechtliches Instrumentarium an der Hand haben. Die weitere Entwicklung dieser Rechtsmaterie in jüngerer Zeit war dagegen – abgesehen von der Befriedigung einiger neuer umweltpolitischer und sozialer Anliegen – mehr und mehr von dem Wunsch geprägt, das **Bauen zu erleichtern, zu beschleunigen** und zu verbilligen und deshalb materiell-rechtliche Schranken und Anforderungen sowie präventive Kontrollen, insbesondere **Genehmigungsvorbehalte, zu reduzieren**. Hinzu gekommen ist unter dem Schlagwort „Schlanker Staat" das Bestreben, Aufgaben von Behörden und möglichst auch diese selbst abzubauen und, soweit Kontrolltätigkeiten weiterhin noch als unentbehrlich erscheinen, diese auf Private zu verlagern (zu den Gründen s. Sauter BayVBl. 1998, 2 ff.). Dieser Tendenz entsprachen im Bauplanungsrecht des Bundes das BauGB-MaßnahmenG von 1990, das Investitionserleichterungs- und WohnbaulandG von 1993, das BauROG 1998 und schließlich auch das EAG Bau 2004 (zu allen → Rn. 5). Sie führte ua dazu, dass die präventive aufsichtsbehördliche Kontrolle der gemeindlichen Bebauungspläne und der planungsrechtliche Genehmigungsvorbehalt für Grundstücksteilungen (vgl. → § 94 Rn. 4 f. in der 8. Aufl.) heute gänzlich weggefallen sind. Im Bauordnungsrecht der Länder führte dieses Bestreben vor allem zu vielfältigen neuen Vorschriften über die „Vereinfachung" oder den Wegfall des Baugenehmigungsverfahrens bzw. dessen Ersetzung durch Anzeige- oder „Kenntnisgabe"verfahren.

45 Aufgegriffen wurde diese Entwicklung durch die **MBauO 2002** (→ Rn. 15), die zuletzt durch Beschluss der Bauministerkonferenz von Mai 2016 geändert worden ist. Sie sollte

das Bauordnungsrecht der Länder, das sich infolge der Bemühungen um Verfahrenserleichterung, Privatisierung technischer Kontrollen und materiell-rechtliche „Deregulierung" immer mehr auseinander entwickelt hatte, wieder zu einer möglichst weitgehenden Einheitlichkeit führen (Textausgabe mit ergänzenden Bestimmungen und Erläuterungen von Ammon, 5. Aufl. 2006; einen Überblick über die MBauO 2002 gibt Jäde in NVwZ 2003, 668; kritisch Schulte DVBl 2004, 925; s. auch Reichel/Schulte Kap. 1 Rn. 406 ff.). Die MBauO 2002 enthält viele gesetzestechnische wie inhaltliche Neuerungen: Sie bildet je nach Gebäudehöhe und nach Zahl und Ausdehnung der Nutzungseinheiten im Gebäude fünf „Gebäudeklassen", auf die sie insbesondere in den Brandschutz- und den Verfahrensvorschriften abstellt. Für das normale Baugenehmigungsverfahren gibt sie die „Schlusspunkttheorie" (vgl. → § 70 Rn. 53 f.) auf; Genehmigungsvoraussetzung ist somit nicht mehr die Einhaltung des öffentlichen Baurechts insgesamt, sondern nur noch bestimmter Vorschriftenkomplexe. Weiter stellt die MBauO 2002 den Ländern zur Wahl, Wärme-, Schall- und Erschütterungsschutz sowie Standsicherheit und Brandschutz nicht mehr von der BauAB prüfen zu lassen, sondern die Prüfung zu „privatisieren". Im sog. vereinfachten Baugenehmigungsverfahren soll idR nur noch die Vereinbarkeit mit Planungsrecht geprüft werden. Ausnahme und Befreiung ersetzt die MBauO 2002 durch ein neues einheitliches Institut der (Zulassung einer) „Abweichung". Die bauordnungsrechtliche Teilungsgenehmigung (vgl. § 94 aF) wird abgeschafft. Auch materielle bauordnungsrechtliche Anforderungen sollen in wesentlichen Teilen wegfallen: Insbesondere soll der Abstand eines Gebäudes von der Grenze (in anderen LBauOen als „Tiefe der Abstandsfläche" geregelt) grundsätzlich nur noch 0,4 H betragen müssen. Wenn Planungsrecht einen Grenzanbau nicht fordert, sondern nur gestattet, erlaubt ihn auch die Bauordnung ohne Rücksicht darauf, ob ein entsprechender Anbau auf dem Nachbargrundstück gesichert ist. Die Anforderungen an Aufenthaltsräume und Wohnungen werden reduziert. Ob und in welchem Umfang Gebäude mit Kfz-Einstellplätze auszustatten sind, sollen die Gemeinden durch örtliche Bauvorschrift regeln, ebenso die Zulässigkeit einer Ablösung. Diese Neuerungen sind durch das niedersächsische Bauordnungsrecht **mit der Novelle 2012 weitgehend übernommen** worden (s. bereits → Rn. 18 ff.). Nach letzten Änderungen durch Beschluss der Bauministerkonferenz im Mai 2016 (betr. Bauprodukte) wird an einer grundsätzlichen Novellierung der MBauO gearbeitet, die sie u.a. auch an die 2008 in Kraft getretene UN-Behindertenrechtskonvention anpassen soll.

Ein Teil der in der MBO 2002 und der NBauO vorgesehenen **Neuerungen** ist jedoch **kritisch zu sehen**. So geht insbesondere der Abbau des herkömmlichen Baugenehmigungsverfahrens zu weit. Vor allem das Genehmigungsfreistellungsverfahren ist ein Missgriff und für Architekten und Bauherren ein wahres Danaergeschenk (Oeter DVBl 1999, 189; Schulte DVBl 2004, 925; Mann FS Götz, 2005, 465; vgl. auch → § 62 Rn. 1 ff.). Vernünftigerweise sollte auch bei allen Wohngebäuden die BauAB vor Baubeginn deren Vereinbarkeit mit dem öffentlichen Baurecht, insbesondere im Verhältnis zu den Nachbarn, abklären. Mit dem Verzicht darauf, geht man ein zu großes Risiko ein, dass es zu wesentlichen Rechtsverstößen kommt und Bauwerke dann unter Vernichtung großer Werte wieder abgebrochen werden müssen oder, wenn es nicht zum Abbruch kommt (zB weil die verletzte Vorschrift nicht als nachbarschützend angesehen wird), die Rechtsverletzung fortbesteht und demoralisierend auf die Rechtstreue anderer wirkt. Als Schlussakt einer solchen Tragödie ist dann zwar vorgesehen, dass die BauAB dem Architekten, der den Fehler begangen, zB eine Gesetzesvorschrift oder eine Festsetzung des B-Plans missverstanden hat, noch ein Bußgeld nach § 80 Abs. 1 Nr. 9 auferlegt, aber wem ist damit geholfen? Muss dagegen der Bauwillige, bevor er seinen Bauwunsch verwirklicht, eine Genehmigung einholen (auf die er im Normalfall Anspruch hat), so ist das für ihn zwar unbequem. Entspricht sein Bau aber dem öffentlichen Baurecht und hat er zeitlich vernünftig disponiert, so muss das Genehmigungsverfahren sein Vorhaben nicht verzögern. Der Aufwand für das Genehmigungsverfahren ist im Verhältnis zu den Gesamtkosten des Vorhabens geringfügig. Zudem wird der Verzicht auf die 46

Baugenehmigung und die damit beabsichtigte Entlastung der BauAB durch den gleichermaßen erhöhten Beratungsbedarf vor Baubeginn kompensiert (Mann FS Götz, 2005, 465 (471)). Darüber hinaus hat die Genehmigung für den Bauherrn den entscheidenden Vorteil, dass sie die Rechtmäßigkeit seines Baues – auch gegenüber Nachbarn, denen sie zugestellt wird – verbindlich feststellt. Das Baugenehmigungsverfahren kann selbstverständlich nicht jeden Verstoß gegen das materielle Baurecht verhüten, insbesondere natürlich keine Fehler bei der Ausführung des genehmigten Vorhabens. Wird aber der Entwurf – im Sinne des „Vier-Augen-Prinzips" – außer dem Entwurfsverfasser noch von einer auf diese Aufgabe spezialisierten, vom Bauherrn unabhängigen Stelle durchgesehen, so mindert das doch unbestreitbar die Gefahr von Rechtsverletzungen, vor allem in den Fällen, in denen der Entwurfsverfasser Vorschriften des öffentlichen Baurechts, auch B-Plan-Festsetzungen, nicht beachtet oder missversteht.

47 Sicherlich kann die **präventive** bauaufsichtliche **Kontrolle** bei Vorschriften des materiellen Baurechts **entfallen**, die selbst schon entbehrlich sind, weil davon ausgegangen werden kann, dass der Bauherr das Gewünschte im eigenen Interesse tut. Dann sollten schon die materiellen Vorschriften gestrichen werden. So könnten Vorschriften über Wärme-, Schall- und Erschütterungsschutz sowie über Aufenthaltsräume und Wohnungen bei Ein- und Zweifamilienhäusern in der Tat wohl entfallen, nicht dagegen im Geschosswohnungsbau. Soweit es um Standsicherheit und Brandschutz geht, die zum Kern des materiellen Bauordnungsrechts gehören, wird die behördliche Kontrolle nicht schon dadurch kompensiert, dass der Bauherr einen qualifizierten Ingenieur mit der Tragwerksplanung beauftragt. Diese bedarf, sollen verhängnisvolle Fehler einigermaßen sicher verhütet werden, einer Überprüfung nach dem **Vier-Augen-Prinzip**. Wird diese Überprüfung von den BauABen und den in ihrem Auftrag als sog. Beliehene tätigen Prüfingenieuren (vgl. →§ 82 Rn. 14) auf fachkundige Private verlagert, so kann wohl der gleiche Grad an Sicherheit erreicht werden, wenn durch Berufszulassungsschranken und laufende persönliche Kontrollen dafür gesorgt wird, dass diese fachkundig, zuverlässig und dem Bauherrn gegenüber unabhängig sind. Man nimmt damit aber in Kauf, dass in den BauABen selbst keine Statiker mehr mit Prüfaufgaben beschäftigt sind und sich dabei mit neuen Entwicklungen in der Bautechnik vertraut machen. Wie sollen die BauABen dann aber in Situationen, in denen möglicherweise Baugefahren drohen und repressive Maßnahmen in Frage stehen, deren Notwendigkeit beurteilen und ihr Entschließungs- und Auswahlermessen sachgerecht ausüben können? Immerhin hat es der Gesetzgeber bei der verfahrensunabhängigen Prüfung der bautechnischen Nachweise nach § 65 aus Sicherheitsgründen bei einer hoheitlichen Überprüfung belassen (BegrRegE NBauO 2012 LT-Drs. 16/3195, 99).

48 Unter den **Neuerungen im materiellen Bauordnungsrecht** ist vor allem die radikale Verminderung der vorgeschriebenen **Grenzabstände** (Abstandsflächen) auf grundsätzlich nur noch **0,5 H** (von der MBauO sogar auf 0,4 H reduziert) abzulehnen (ebenso Boeddinghaus BauR 2004, 763 zu der Vorschrift in der MBauO 2002), auch wenn sie zu einer Rechtsvereinfachung führt, weil sich dann das problematische Schmalseitenprivileg (vgl. § 7a aF) erübrigt. Auch die Forderung nach einem Grenzabstand von 1,0 H konkretisiert die Grundsatznorm in § 3 NBauO bzw. § 3 MBauO und gehört damit dem Bauordnungsrecht an; ohne sie könnten breite Gebäudefronten so nahe an die Grundstücksgrenze heranrücken, dass Nachbarn sich unzumutbar bedrängt und eingeengt fühlen müssen und der Wohnfriede empfindlich gestört werden kann. Man kann nicht davon ausgehen, dass sich die Grenzabstände regelmäßig zu einem Gebäudeabstand von 1,0 H addieren (so aber RegBegrE NBauO 2012, LT-Drs. 16/3195, 72). Es könnten sich zB auch eine viergeschossige Häuserzeile mit 12 m Traufhöhe und demgemäß nur noch 6 m Grenzabstand und auf dem Nachbargrundstück ein Einfamilienhaus mit nur 3 m Traufhöhe und 3 m Grenzabstand gegenüberliegen. Dessen Bewohner würden dann in nur 9 m Abstand die 12 m hohe Front vor Augen haben. Hinzu käme die Entwertung der Freifläche vor dem Hause. Trotzdem hat sich der Gesetzgeber in Anlehnung an die Regelung der MBauO und anderer LBauOen für eine Reduzierung des Regelgrenzabstandes entschieden, da es nicht Aufgabe des Bauordnungsrechts sei, bauplanerische Konflikte zu lösen (vgl. Ausschussbericht, LT-Drs. 16/4621, 7). Leistet aber die bauordnungsrechtliche Abstandsregelung nicht mehr das Erforderliche, wird die Rechtsprechung vermutlich **verstärkt mit dem Rücksichtnahmegebot als Bauordnungsrechtsersatz** aushelfen wollen. Jenes böte jedoch weit weniger Vorhersehbarkeit und damit weniger Rechtssicherheit als die zwar komplizierte, aber präzise und durch die Rechtsprechung inzwischen weitgehend geklärte bauordnungsrechtliche Abstandsregelung.

Der Vorschlag von Schulte (DVBl 2004, 925 (931)), sich nach einer „schöpferischen **49**
Pause" noch einmal ohne hektischen und oberflächlichen Aktionismus eine **gründliche Reform des gesamten öffentlichen Baurechts** (Bauordnungsrecht, Planungsrecht und Baunebenrecht) vorzunehmen, verdient daher Unterstützung. Zu überdenken wäre dabei auch die derzeitige Aufteilung des öffentlichen Baurechts auf die bestehenden Gesetzeswerke des Bundes- und Landesrechts. Die Aufteilung entspricht zwar der **Verfassungsrechtslage**, wie sie das GG schon 1949 geschaffen hatte, bereitet jedoch, ua infolge vieler Überschneidungen der Rechtsgebiete, der Praxis Schwierigkeiten und Probleme, die eigentlich nicht auf die Dauer fortbestehen müssen. Es geht also darum, welche Teile dieser Rechtsmaterie im Interesse des großräumigen Handels und Dienstleistungsverkehrs vom Bund geregelt werden müssen und welche den Ländern zu überlassen sind, damit sich die spezifischen Vorzüge einer Landesgesetzgebung entfalten können: größere Nähe zu den Problemen, Entwicklung und Erprobung fortschrittlicher Regelungen im Wettbewerb der Länder, bessere Pflege der kulturellen und naturgegebenen Eigenheiten ihrer Städte, Dörfer und Landschaften. Diese Überlegungen könnten dazu führen, die **bautechnischen Sicherheitsanforderungen dem Bund** zu überantworten, dagegen den Ländern Freiheit in der Ausgestaltung des Städtebaurechts zu gewähren. Die Föderalismusreform (BT-Drs. 16/813) änderte die Regelung des GG für die Gesetzgebungskompetenzen vielfach, ließ aber grundsätzliche Erwägungen darüber, wie in einem föderativen Staatswesen die Zuständigkeiten – vor allem doch wohl unter Beachtung des Subsidiaritätsprinzips – verteilt werden sollten, vermissen und brachte daher für das öffentliche Baurecht keine Verbesserung. Hier muss die entscheidende Arbeit noch geleistet werden.

Niedersächsische Bauordnung (NBauO)

vom 3. April 2012

(Nds. GVBl. S. 46)

VORIS 21072

Zuletzt geändert durch Art. 3 § 18 G zur Änd. des Niedersächsischen G über die öffentliche Sicherheit und Ordnung und anderer Gesetze vom 20.5.2019 (Nds. GVBl S. 88)

Erster Teil Allgemeine Vorschriften

§ 1 Geltungsbereich

(1) [1]Dieses Gesetz gilt für bauliche Anlagen, Bauprodukte und Baumaßnahmen. [2]Es gilt auch für andere Anlagen und Einrichtungen sowie für Grundstücke, an die in diesem Gesetz oder in aufgrund dieses Gesetzes erlassenen Vorschriften Anforderungen gestellt werden.

(2) Dieses Gesetz gilt nicht für

1. **Betriebsanlagen von nichtöffentlichen Eisenbahnen sowie öffentliche Verkehrsanlagen, jeweils einschließlich des Zubehörs, der Nebenanlagen und der Nebenbetriebe, ausgenommen Gebäude,**
2. **Anlagen und Einrichtungen unter der Aufsicht der Bergbehörden, ausgenommen Gebäude,**
3. **Leitungen, die dem Ferntransport von Stoffen, der öffentlichen Versorgung mit Wasser, Gas, Elektrizität oder Wärme, der öffentlichen Abwasserbeseitigung, der Telekommunikation oder dem Rundfunk dienen, sowie**
4. **Kräne und Krananlagen.**

Übersicht

A. Allgemeines

Durch § 1 wird der **sachliche Geltungsbereich der NBauO** definiert. Danach gilt die NBauO für bauliche Anlagen, Bauprodukte und Baumaßnahmen, nach Satz 2 auch für Grundstücke sowie für andere Anlagen und Einrichtungen, an die in der NBauO oder aufgrund der NBauO Anforderungen gestellt werden. Entsprechende Vorschriften finden sich in der MBauO 2002 und auch in den LBauOen anderer Länder (jeweils § 1). Früher wurde der Geltungsbereich der Niedersächsischen Bauordnung allein negativ umschrieben, indem bestimmte Anlagen, die keiner Vorschrift der NBauO unterworfen waren, aus dem Geltungsbereich ausgenommen waren (vgl. § 3 aF). Diese finden sich heute in dem neuen Ausnahmetatbestand des Absatzes 2 (vgl. hierzu → Rn. 9 ff.). Der Grund für die Umwandlung in eine Positivformulierung ist in der mit der NBauO 2012 eingeführten neuen Reihenfolge der Vorschriften und in dem üblichen Aufbau von Gesetzestexten zu sehen, denen auch die Bauordnungen der anderen Länder folgen und an den die NBauO angeglichen werden sollte (BegrRegE NBauO 2012 LT-Drs. 16/3195, 65). Allerdings hat die nunmehr ausdrückliche Normierung des Geltungsbereichs nur klarstellenden Charakter. Denn damit wird letztlich nur das festgeschrieben, was auch schon vor der NBauO 2012 galt. Stellt die NBauO Anforderungen an Anlagen (vgl. § 3) und andere Gegenstände (zB an Baugrundstücke in § 4), so „gilt" sie selbstverständlich auch für diese Regelungsgegenstände. Eine Erweiterung des Geltungsbereichs der NBauO ist mit der Positivfomulierung in S. 1 nicht beabsichtigt gewesen. 1

Nach **Abs. 2** sind bestimmte Anlagen von der Regelung der NBauO ausgenommen. Die in Abs. 2 genannten Anlagen sind keiner Vorschrift der NBauO unterworfen: Sie sind nicht nur baugenehmigungsfrei wie bauliche Anlagen in den Fällen der §§ 60 und 61, sondern die **NBauO stellt an sie auch keine materiellen Anforderungen**. Gebäude, für die die NBauO jedoch weiterhin gelten soll, sind in den Nrn. 1 und 2 jeweils als Rückausnahmen genannt (vgl. hierzu → Rn. 35). Sie waren vor 2012 in § 3 Abs. 2 aF gesondert aufgeführt. 2

Gesetzesänderungen: Das 5. ÄnderungsG von **1986** erweiterte den Katalog der von der NBauO ausgenommenen Anlagen in Abs. 2 (zuvor Abs. 1) um die Nr. 3 (dazu → Rn. 28 f.) und fügte unter die „Rückausnahmen" in Abs. 2 aF eine neue Nr. 2 (Bahnsteige) ein (dazu → Rn. 39); die ursprünglichen Nrn. 2 und 3 des Abs. 2 aF wurden Nrn. 3 und 4. Das 7. ÄnderungsG von **1995** hat in Abs. 2 Nr. 1 (öffentliche Verkehrsanlagen) die „Nebenbetriebe" aufgenommen (→ Rn. 18). Aus Abs. 2 aF hat es die Nr. 3 (betr. Brücken usw) gestrichen; Nr. 4 (Schachtfördergerüste) wurde, wie ursprünglich, wieder Nr. 3. Das G z. Änderung des Baurechts vom 11.12.**2002** hat, der MBauO folgend, in Abs. 2 Nr. 3 die Beschränkung auf „im Erdboden verlegte" Leitungen gestrichen und eine neue Nr. 4 (Kräne und Krananlagen) eingefügt. Die **NBauO 2012** hat den sachlichen Geltungsbereich der NBauO erstmals positivrechtlich normiert und die bisher in § 3 Abs. 1 aF enthaltenen ausgenommenen Bereiche in den neuen § 1 Abs. 2 integriert. Zusätzlich wurden Eisenbahnen, die nicht dem öffentlichen Verkehr dienen, vom Anwendungsbereich der NBauO ausgeschlossen (vgl. hierzu → Rn. 14). In der neuen Nr. 3 wurden in Anlehnung an das Telekommunikationsgesetz (TKG) mehrere Nutzungszwecke unter dem neuen Begriff der Telekommunikation zusammengefasst. Die bisherigen Rückausnahmen der Bahnsteige (§ 3 Abs. 2 Nr. 2 aF) und Schachtfördergerüste (§ 3 Abs. 2 Nr. 3 aF) sind mit der NBauO 2012 entfallen, da hierfür kein Bedürfnis mehr bestand (vgl. → Rn. 39). Mit der **NBauO 2018** sind keine Veränderungen an § 1 einher gegangen. 3

B. Der sachliche Geltungsbereich (Abs. 1)

Mit der Bestimmung des Anwendungsbereichs wird festgelegt, für welche Gegenstände die NBauO gelten soll. Abs. 1 **Satz 1** nennt zunächst bauliche Anlagen, Bauprodukte und Baumaßnahmen. In den Anwendungsbereich einbezogen sind nach S. 2 ferner 4

Grundstücke sowie bestimmte andere Anlagen und Einrichtungen, an die das Bauordnungsrecht Anforderungen stellt. Nach der Legaldefinition des § 2 Abs. 1 handelt es sich bei **baulichen Anlagen** um mit dem Erdboden verbundene oder auf ihm ruhende, aus Bauprodukten hergestellte Anlagen. Die NBauO gilt für sämtliche baulichen Anlagen. Der sachliche Geltungsbereich des Gesetzes unterscheidet nicht zwischen Genehmigungsfreiheit und Genehmigungsbedürftigkeit. Genauso wenig kommt es auf die Art der baulichen Anlage an, oder darauf, welchem Zweck und welcher Nutzung sie dient oder wie die Eigentumsverhältnisse an ihr beschaffen sind (Reichel/Schulte, Kap. 2, Rn. 9). Die Anwendbarkeit besteht sowohl in verfahrensrechtlicher als auch materiellrechtlicher Hinsicht. Handelt es sich um genehmigungsfreie Anlagen, so haben diese die materiellen Anforderungen des Bauordnungsrechts einzuhalten.

5 In den Anwendungsbereich einbezogen sind ebenso **Bauprodukte**. Der Begriff des Bauproduktes wird in § 2 Abs. 14 definiert. Vorschriften über die Verwendung von Bauprodukten finden sich in § 16b ff., während die Vermarktung von Bauprodukten im Bauproduktengesetz (BauPG) vom 5.12.2012 (BGBl. I S. 2450), zul. geänd. d. VO v. 31.8.2015 (BGBl. I S. 1474), geregelt sind (vgl. § 1 BauPG). Näher → Vorbem. vor §§ 16b bis 25.

6 Der sachliche Geltungsbereich der NBauO erstreckt sich ferner auf **Baumaßnahmen.** Weder in der MBauO noch in den Bauordnungen der anderen Länder wird dieser Begriff verwendet, allerdings werden die Maßnahmen einzeln aufgeführt und die einzuhaltenden Anforderungen für bauliche Anlagen für entsprechend anwendbar erklärt (vgl. etwa § 3 Abs. 4 MBauO 2002). Hiervon abweichend hält die NBauO an diesem Begriff, der schon in § 1 Abs. 5 aF als Gegenstand von Anforderungen benannt war, weiterhin fest. Nach § 2 Abs. 13 sind darunter die Errichtung, Änderung, der Abbruch, Beseitigung, die Nutzungsänderung oder die Instandhaltung einer baulichen Anlage oder eines Teils einer baulichen Anlage zu verstehen. Zur Konkretisierung der zu stellenden Anforderungen wird zwischen diesen Tätigkeiten als prozesshaften, zeitlich begrenzten Anforderungsgegenständen und der baulichen Anlage als dauerhaftem, statischen Anforderungsgegenstand unterschieden, vgl. insoweit § 3 Abs. 5 einerseits und Abs. 1-4 andererseits (BegrRegE NBauO 2012 LT-Drs. 16/3195, 65). Auch an Baumaßnahmen sind materielle Anforderungen zu stellen, damit die bauliche Anlage in den von der NBauO geforderten Zustand gebracht und darin erhalten werden kann (vgl. § 3 Abs. 5).

7 Nach Abs. 1 **Satz 2** erfasst der Anwendungsbereich der NBauO auch **Grundstücke**, soweit die NBauO oder die auf ihrer Grundlage erlassenen Vorschriften (Verordnungen, Satzungen, vgl. §§ 82 ff.) Anforderungen an diese stellen. Grundstücke stehen oftmals in engem Zusammenhang mit baulichen Anlagen, weshalb es angebracht erscheint, den Anwendungsbereich der NBauO auf sie zu erstrecken. Zahlreiche Vorschriften setzen das Vorliegen eines Grundstücks voraus und knüpfen Rechtsfolgen an ein solches (vgl. zB § 4 Abs. 2). Dabei ist grundsätzlich von dem Grundstück im Sinne des Bürgerlichen Rechts, dem Buchgrundstück, auszugehen (vgl. § 2 Abs. 12), also einem gegen andere Teile räumlich abgegrenzten Teil der Erdoberfläche, der auf einem besonderen Grundbuchblatt unter einer besonderen Nummer im Verzeichnis der Grundstücke (Grundbuch) eingetragen ist (vgl. § 3 GBO). Gegen ein Verständnis des Grundstücks im wirtschaftlichen Sinn sprechen Gründe einer Rechtsanwendung auf nur vager und damit ungeeigneter Grundlage (Reichel/Schulte, Kap. 2, Rn. 15). Bedeutung erlangt das Grundstück insbesondere hinsichtlich der Beschaffenheit und Lage an einer öffentlichen Verkehrsfläche (§ 4), den Grenzabständen (§ 5) sowie bei der Verkehrssicherheit (§ 16).

8 In Abs. 1 S. 2 werden neben Grundstücken ausdrücklich auch **andere Anlagen und Einrichtungen** benannt, die keine baulichen Anlagen sind, aber aufgrund ihres Sachzusammenhangs dennoch in den Anwendungsbereich fallen, soweit die NBauO oder auf ihr beruhende Vorschriften Anforderungen an sie stellen. Dies war auch schon bisher der Fall, sodass mit der ausdrücklichen Normierung durch die NBauO 2012 keine Erweiterung des Geltungsbereichs der NBauO beabsichtigt gewesen ist (BegrRegE NBauO 2012, LT-Drs. 16/3195, 65). Dabei darf es sich bei den sonstigen Anlagen weder um bauliche Anlagen noch um Teile baulicher Anlagen, also Bauprodukte (vgl. § 2 Abs. 14), handeln. „Anforderungen" finden sich insbesondere in den bauordnungsrechtlichen Vorschriften über die technische Gebäudeausrüstung (vgl. auch Reichel/Schulte, Kap. 2, Rn. 25 ff.). Zu den anderen Anlagen und Einrichtungen zählen ua Aufzüge (§ 38), Feuerungsanlagen bzw. die sonstigen Anlagen zur Energieerzeugung und Brennstofflagerung (§ 40), Abwasser- und Abfallanlagen (§ 41), Blitzschutzanlagen (§ 42), Kleingartenanlagen (§ 1 Abs. 1 Nr. 2 Bundeskleingartengesetz) usw.

C. Die von der NBauO ausgenommenen Anlagen (Abs. 2)

Abs. 2 enthält **nicht vom Geltungsbereich der NBauO erfasste Anlagen** und ent- 9
spricht damit § 3 aF. Bei den in Nrn. 1–4 genannten Objekten handelt es sich um bauliche Anlagen iSd § 2 Abs. 1, so dass die NBauO auf diese an sich anzuwenden wäre. Jedoch wird bei diesen Anlagen durch andere Bau- und Betriebsvorschriften und eine anders geregelte Aufsicht, vielfach auch durch Planfeststellungs- oder Plangenehmigungsverfahren, oder zumindest dadurch, dass sie von der öffentlichen Hand gebaut und unterhalten werden, schon weitgehend sichergestellt, dass sie auch denjenigen öffentlichen Interessen nicht zuwiderlaufen, die das Bauordnungsrecht wahrt. Zugleich entfällt hier auch die Aufgabe der NBauO, mit ihren Vorschriften über Bauaufsicht und Baugenehmigung die Einhaltung des städtebaulichen Planungsrechts zu sichern (vgl. → Vorb. Rn. 31), denn diesem geht hier idR das Fachplanungsrecht vor. Insoweit besteht kein Bedürfnis, diese Anlagen dem materiellen Bauordnungsrecht, der Bauaufsicht und dem Baugenehmigungsverfahren zu unterwerfen. Fehlte Abs. 2, so wäre die NBauO auf diese Anlagen ebenfalls überwiegend nicht anwendbar, weil die anderen Vorschriften als Sondergesetze die allgemeine Regelung der NBauO verdrängen würden. Dem kommt Abs. 2 zuvor und räumt zugleich Zweifel darüber aus, wieweit die Anwendung der NBauO hier ausgeschlossen ist.

a) Die öffentlichen Verkehrsanlagen und deren anderweitige Regelung

Nach **Abs. 2 Nr. 1** sind **öffentliche Verkehrsanlagen** sowie **Eisenbahnbetriebsanla- 10
gen, die nicht dem öffentlichen Verkehr dienen**, jeweils einschließlich Zubehör, Nebenanlagen und Nebenbetrieben von der NBauO ausgenommen (soweit es sich nicht um Gebäude handelt, → Rn. 35 ff.). Öffentliche Verkehrsanlagen sind zunächst die **öffentlichen Straßen, Wege und Plätze**, unabhängig davon, ob sie dem fließenden oder als öffentliche Parkplätze dem ruhenden Verkehr dienen. Es muss sich um öffentliche Straßen im Sinne des Straßen-(bau-)rechts handeln, dh um Bundesautobahnen, Bundes-, Landes-, Kreis- oder Gemeindestraßen oder sonstige öffentliche Straßen (§ 1 FStrG, §§ 2 f. NStrG). Straßen erhalten diese Eigenschaften grundsätzlich durch die **Widmung** nach § 2 FStrG bzw. § 6 NStrG. Bundesautobahnen und -straßen sind auch die Straßen, die unter die Übergangsregelung nach § 24 Abs. 4 FStrG (Reichsautobahnen) fallen. Alle alten öffentlichen Straßen und Wege, die bis zum 31.12.1983 nicht in die Bestandsverzeichnisse aufgenommen wurden, gelten seit diesem Stichtag als entwidmet (§ 63 Abs. 5 S. 2 NStrG idF v. 24.9.1980). Es ist jedoch davon auszugehen, dass die älteren, fristgemäß erfassten Straßen ihre Eigenschaft als öffentliche Straße dadurch nicht verloren haben (so auch Wendrich, Nds. StraßenG, 4. Aufl. 2000, § 62 Rn. 1). Die Anwendung der NBauO entfällt selbstverständlich auch schon in der Zeit, in der eine Straße mit dem Ziel der Widmung zu einer der genannten Straßenarten gebaut wird. Bestimmungen über die bauliche Sicherheit und die Planung der öffentlichen Straßen sowie über die Straßenaufsicht finden sich im FStrG und im NStrG, im Übrigen in Verwaltungsvorschriften (näher Mann, Die Verantwortlichkeit des Trägers der Straßenbaulast für die Anforderungen der Sicherheit und Ordnung bei Bau und Unterhaltung von öffentlichen Verkehrsanlagen in Niedersachsen, Rechtsgutachten 2015, passim).

In anderen als den hier aufgeführten Fällen handelt es sich um **private Straßen** oder 11
Wege; diese unterliegen der NBauO. Daran ändert sich auch nichts, wenn auf einer pri-

vaten Verkehrsfläche (zB auf dem Stellplatz eines großen Einzelhandelsbetriebes) tatsächlich öffentlicher Verkehr herrscht, denn es fehlt hier an der anderweitigen Regelung, der Abs. 2 den Vorrang einräumen soll (vgl. → Rn. 9).

12 Weiter gehören zu den öffentlichen Verkehrsanlagen iSv Abs. 2 Nr. 1 NBauO die **Betriebsanlagen der öffentlichen Eisenbahnen**. Bei den Bahnen ist zu unterscheiden zwischen Eisenbahnen, Straßenbahnen und den nach ihrer Bau- und Betriebsweise ähnlichen Bahnen, Bergbahnen, Magnetschwebebahnen und sonstigen Bahnen besonderer Bauart, denn für schienengebundene und spurgeführte Bahnen gelten verschiedene Vorschriften. Das im Zuge der Privatisierung der Deutschen Bundesbahn am 27.12.1993 ergangene, seitdem vielfach geänderte und ergänzte Allg. EisenbahnG (AEG) vom 27.12. 1993 (BGBl. I S. 2378 (2396)), zul. geänd. d. G v. 20.3.2019 (BGBl. I S. 347), bezeichnet in seinem § 3 als „öffentliche Eisenbahnen" die Eisenbahnen, die dem öffentlichen Verkehr dienen. Zu diesen zählt § 3 Abs. 1 AEG die „öffentlichen Eisenbahnverkehrsunternehmen" (Nr. 1; ihre Bahnen kann jedermann zur Personen- oder Güterbeförderung benutzen), die „öffentlichen Eisenbahninfrastrukturunternehmen" (Nr. 2) und die „öffentlichen Betreiber der Schienenwege" (Nr. 3; s. auch die Begriffsbestimmungen in § 2 Abs. 1 AEG). Unternehmen nach den Nr. 2 und 3 sind „öffentlich", wenn sie Zugang zu ihrer Infrastruktur bzw. ihren Schienenwegen gewähren müssen. Auch die Betriebsanlagen der in § 3 Abs. 1 AEG genannten Unternehmen sind iSv § 1 Abs. 2 NBauO als „öffentlich" anzusehen. Für die Betriebsanlagen bestehen Bauvorschriften außerhalb der NBauO: § 4 Abs. 3 AEG verpflichtet alle Eisenbahnen, „ihren Betrieb sicher zu führen" (S. 1 Nr. 1), an Maßnahmen des Brandschutzes und der Technischen Hilfeleistung mitzuwirken (S. 1 Nr. 2) sowie „die Eisenbahninfrastruktur sicher zu bauen und in betriebssicherem Zustand zu halten" (S. 2). Nähere materiellrechtliche Anforderungen enthalten die Eisenbahn-Bau- und Betriebsordnung (EBO) v. 8.5.1967 (BGBl. II S. 1563), zul. geänd. d. VO v. 5.4.2019 (BGBl. I S. 479), und die Eisenbahn-Bau- und Betriebsordnung für Schmalspurbahnen – ESBO – v. 25.2.1972 (BGBl. I S. 269), zul. geänd. d. VO v. 31.8.2015 (BGBl. I S. 1474). Die §§ 18 ff. AEG sehen für Bau und Änderung von Betriebsanlagen der Eisenbahnen ein Planfeststellungs- bzw. Plangenehmigungsverfahren vor. Nach § 5 AEG unterliegen die Eisenbahnen der behördlichen „Eisenbahnaufsicht", die nach § 5a Abs. 1 AEG ua die Aufgabe hat, Gefahren abzuwehren, die beim Betrieb entstehen oder von den Betriebsanlagen ausgehen. Einige ergänzende Vorschriften für Eisenbahninfrastrukturen enthält das Nds. G über Eisenbahnen und Seilbahnen (NESG) v. 16.12.2004 (Nds. GVBl. S. 658), zul. geänd. d. G v. 20.5.2019 (Nds. GVBl. S. 88).

13 Die **Aufsicht** über die „Eisenbahnen des Bundes" (s. Art. 87e GG), zu der auch die Bauaufsicht über die Betriebsanlagen dieser Eisenbahnen gehört, führt nach § 5 Abs. 1a AEG iVm § 3 des Bundeseisenbahnverkehrsverwaltungsgesetzes (BEVVG) v. 27.12. 1993 (BGBl. I S. 2378 (2394)), zul. geänd. d. G v. 29.11.2018 (BGBl. I S. 2237), das **Eisenbahn-Bundesamt**, die Aufsicht über nicht bundeseigene Eisenbahnen nach näherer Regelung in § 5 AEG die von der jeweiligen Landesregierung bestimmte Behörde. In Nds. führt das MW die technische Eisenbahnaufsicht und bedient sich dafür der **Gesellschaft für Landeseisenbahnaufsicht** mbH (LEA) als sachverständige Stelle.

14 **Eisenbahnen, die nicht dem öffentlichen Verkehr dienen**, wie Werksbahnen, Anschlussbahnen usw, werden nach Abs. 2 Nr. 1 ebenfalls ausdrücklich vom Anwendungsbereich der NBauO ausgeschlossen. Diese Ausnahme ist durch die NBauO 2012 eingefügt worden. Sie hat allerdings nur klarstellenden Charakter, denn bei diesen Bahnen werden die (allgemeinen) Vorschriften der NBauO, wie schon bisher, weitgehend durch Sondervorschriften verdrängt: § 4 Abs. 1, §§ 5 und 5a und §§ 18 ff. AEG gelten auch für diese Bahnen. Die EBO gilt in ihrer derzeitigen Fassung nicht für Bau, Betrieb und Benutzung der Bahnanlagen nichtöffentlicher Eisenbahninfrastrukturunternehmen (vgl. § 1 Abs. 1 S. 2 EBO). In Nds. ist noch die VO über den Bau und Betrieb von Anschlussbahnen v. 14.12.1955 (Nds. GVBl. Sb. I S. 756) anzuwenden.

15 Öffentliche Verkehrsanlagen sind ferner die dem öffentlichen Verkehr dienenden **Seilbahnen** (Kabinen- und Sesselbahnen, Ski-Schlepplifte). Vorschriften darüber enthalten

die §§ 10 ff. des Niedersächsichen Gesetzes über Eisenbahnen und Seilbahnen – NESG – v. 16.12.2004 (Nds. GVBl. S. 658), zul. geänd. d. G v. 20.5.2019 (Nds. GVBl. S. 88), und die Niedersächsiche Seilbahnverordnung vom 14.11.2006 (Nds. GVBl. S. 533). Weiter gehören dazu die **Straßenbahnen und U-Bahnen**. Für diese gelten das Personenbeförderungsgesetz – (PBefG – idF v. 8.8.1990 (BGBl. I S. 1690), zul. geänd. d. G v. 20.7.2017 (BGBl. I S. 2808) und die VO über den Bau und den Betrieb von Straßenbahnen – BOStrab – v. 11.12.1987 (BGBl. I S. 2648), zul. geänd. d. VO v. 16.12.2016 (BGBl. I S. 2938). Unter Nr. 1 fallen, soweit sie über niedersächsisches Gebiet geführt werden sollten, auch dem öffentlichen Verkehr dienende **Magnetschwebebahnen**. Für diese gelten das G zur Regelung des Planungsverfahrens für Magnetschwebebahnen – MBPlG – v. 23.11.1994 (BGBl. I S. 3486), zul. geänd. d. G v. 20.7.2017 (BGBl. I S. 2808, ber. 2018 S. 472) und das Allg. Magnetschwebebahngesetz – AMbG – v. 19.7.1996 (BGBl. I S. 1019, zul. geänd. d. G v. 18.7.2016 (BGBl. I S. 1666), sowie die VO über den Bau und Betrieb der Magnetschwebebahnen – MbBO – v. 23.9.1997 (BGBl. I S. 2329) und die Magnetschwebebahn-LärmschutzVO – MsbLärm SchV – v. 23.9.1997 (BGBl. I S. 2329). Nicht dem öffentlichen Verkehr dient die im Emsland versuchsweise betriebene Magnetschwebebahn; aber auch diese ist weitgehend durch Sondervorschriften, die der NBauO vorgehen, geregelt (G über den Bau und Betrieb von Versuchsanlagen zur Erprobung von Techniken für den spurgeführten Verkehr – SpurVerkErprG – v. 29.1.1976 (BGBl. I S. 241), zul. geänd. d. VO vom 31.8.2015 (BGBl. I S. 1474).

Öffentliche Verkehrsanlagen sind auch die **Anlagen** für den öffentlichen **Verkehr zu** 16
Wasser (Kanäle, Häfen, Schleusen), also „[...] solche Anlagen an dem allgemeinen Schiffsverkehr dienenden Binnenwasserstraßen, die im Rahmen der Widmung des Verkehrsweges jedermann offenstehen" (BVerwG 19.12.2017 – 7 A10/17 – UPR 2018, 302, Rn. 36). Vorschriften über ihre Herstellung und Unterhaltung finden sich im Niedersächsischen Wassergesetz – NWG – v. 19.2.2010 (Nds. GVBl. S. 64), zul. geänd. d. G v. 20.5.2019 (Nds. GVBl. S. 88), und im Bundeswasserstraßengesetz – WaStrG – idF v. 23.5.2007 (BGBl. I S. 962; 2008 I S. 1980), zul. geänd. d. G. v. 29.11.2018 (BGBl. I S. 2237). Landungsbrücken und -stege an Gewässern, die nicht zu den Bundeswasserstraßen gehören, sind öffentl. Verkehrsanlagen nur, wenn sie für den öffentlichen Verkehr gewidmet worden sind. Stege, die keine öffentlichen Verkehrsanlagen sind und deshalb unter die NBauO fallen, bedürfen aber nach Nr. 9.9 des Anhanges zu § 60 keiner Baugenehmigung.

Schließlich gehören hierher die **Anlagen** für den öffentlichen **Luftverkehr** (Verkehrs- 17
flughäfen und -landeplätze); für diese gilt das Luftverkehrsgesetz (LuftVG) v. 10.5.2007 (BGBl. I S. 698), zul. geänd. d. G v. 20.7.2017 (BGBl. I S. 2808, ber. 2018 S. 472) mit seinen DurchführungsVOen. Auf Häfen und Flugplätze, die nur einem bestimmten Benutzerkreis (etwa einem Unternehmen oder einem Verein) dienen, bleibt die NBauO (ggf. neben den genannten anderen Vorschriften) anwendbar, ebenso auf Plätze zum Steigenlassen von Modellflugzeugen (vgl. → § 2 Rn. 35), da diese schon nicht dem „Verkehr" dienen.

b) Abgrenzungsfragen bei öffentlichen Verkehrsanlagen

Die öffentlichen Verkehrsanlagen sind mit allen ihren **Bestandteilen** von der NBauO 18
ausgenommen. Das gilt, wie Abs. 2 Nr. 1 bestimmt, auch **„einschließlich des Zubehörs, der Nebenanlagen und der Nebenbetriebe"**. Die Straßengesetze (§ 1 Abs. 4 FStrG und § 2 Abs. 2 NStrG) sehen als „Zubehör" die Verkehrszeichen, alle Einrichtungen, die der Sicherheit und Leichtigkeit des Verkehrs und dem Schutz der Anlieger dienen, und die Bepflanzungen an. Das FStrG nennt zudem auch Einrichtungen zur Mauterhebung und -kontrolle, das NStrG ergänzt als Beispiel für Zubehör noch „die der gemeindlichen Straßenreinigung dienenden Abfallbehälter". Als „Nebenanlagen" gehören zur öffentlichen Straße darüber hinaus nach den genannten Vorschriften auch Straßenmeistereien,

Gerätehöfe, Lager und weitere innerbetriebliche Hilfseinrichtungen. Auch für sie gilt mithin nicht die NBauO, sondern das Straßenrecht. Nach § 1 Abs. 4 Nr. 5 FStrG gehören zu den Bundesfernstraßen auch die „Nebenbetriebe an den Bundesautobahnen". Dies sind nach § 15 Abs. 1 FStrG Betriebe, „die den Belangen der Verkehrsteilnehmer der Bundesautobahnen dienen", wie zB Tankstellen, bewachte Parkplätze, Werkstätten, Verlade- und Umschlagsanlagen und Raststätten. Durch die Übernahme dieser straßenrechtlichen Bezeichnungen gibt die NBauO zu erkennen, dass hier die gleiche oder – bei anderen Verkehrsanlagen – eine ähnliche Abgrenzung beabsichtigt ist. Im Zweifel ist dem Zweck des § 1 NBauO entsprechend davon auszugehen, dass die Objekte von der Geltung der NBauO ausgenommen sein sollen, die vom Sonderrecht der jeweiligen Verkehrsanlage bereits vollständig geregelt werden.

19 Bei den öffentlichen **Eisenbahnen** dürften alle **„Betriebsanlagen"** iSv § 2 Abs. 6, § 4 Abs. 6 und § 18 Abs. 1 AEG (einschließlich der Bahnstromfernleitungen) von der NBauO ausgenommen sein. Zur Auslegung dieses Begriffs der Betriebsanlagen iSd AEG greift die Rspr. (grundlegend BVerwG 27.11.1996 – 11 A 2/96, BVerwGE 102, 269 = NVwZ 1997, 920; BVerwG 23.9.2014 – 7 C 14/13, NVwZ 2015, 445 (446 Rn. 10)). auf die Definition der „Bahnanlagen" in § 4 Abs. 1 EBO (→ Rn. 12) zurück, der bestimmt: „Bahnanlagen sind alle Grundstücke, Bauwerke und sonstigen Einrichtungen einer Eisenbahn, die unter Berücksichtigung der örtlichen Verhältnisse zur Abwicklung oder Sicherung des Reise- oder Güterverkehrs auf der Schiene erforderlich sind. Dazu gehören auch Nebenbetriebsanlagen sowie sonstige Anlagen einer Eisenbahn, die das Be- und Entladen sowie den Zu- und Abgang ermöglichen oder fördern". Entscheidende Kriterien zur Zuordnung sind dabei die Verkehrsbezogenheit und der räumliche Zusammenhang der Betriebsanlage mit dem Eisenbahnbetrieb (statt vieler BVerwG 23.9.2014 – 7 C 14/13, NVwZ 2015, 445 (446 Rn. 10) m.w.N.). Zwar erscheint es grundsätzlich bedenklich, eine untergesetzliche Norm zur Auslegung eines Gesetzesbegriffs heranzuziehen (Grigoleit/Otto DÖV 2000, 182 (184); ebenso schon OVG Lüneburg 31.5.1996 – 6 L 3564/93, NVwZ 1997, 602), doch dürfte § 4 Abs. 1 EBO in der vorliegenden Fassung letztlich nur das umschreiben, was auch dem Sinn des § 18 Abs. 1 AEG zu entnehmen ist.

20 **Im Einzelnen gehören** nach den vorstehend (→ Rn. 18 f.) wieder gegebenen Begriffsdefinitionen **zu den öffentlichen Verkehrsanlagen** iSd § 1 die Straßen- und Gleiskörper, die Kanäle und Hafenbecken sowie die Start- und Landebahnen einschließlich der zugehörigen Signalanlagen, Beleuchtungseinrichtungen, Oberleitungen, Brücken, Tunnel, Durchlässe, Dämme, Böschungen, Stützmauern, Gräben, Schleusen, Entwässerungs- und Abwasserreinigungsanlagen (BVerwG 20.9.1989 – 7 B 135/89, BVerwGE 82, 117 = NVwZ 1990, 563), Randstreifen und Lärmschutzwälle und -wände (nicht die von Anliegern selbst auf eigenem Grund geschaffenen Anlagen), Werkstätten, Kraftstoff- und Ersatzteillager der Verkehrsträger ua. Neben diesen für Bestand und Betrieb der Verkehrsanlagen technisch erforderlichen Einrichtungen, gehören hierher auch die Anlagen und Einrichtungen, die für die Benutzung der Verkehrsanlagen notwendig sind. Das sind insbesondere die Einrichtungen für den Umschlag (Be-, Ent- und Umladen und das dafür erforderliche Lagern) der Transportgüter; zu den Personenbahnhöfen → Rn. 23.

21 In aktueller Entwicklung sind als Zubehör einer öffentlichen Straße und damit als Verkehrsanlage ebenfalls auf öffentlichen Straßen zu errichtende, öffentlich zugängliche **Ladesäulen für Elektromobile** zu qualifizieren, da diese der Sicherheit und Leichtigkeit des Verkehrs dienen, indem durch ihre Verfügbarkeit vor dem Hintergrund der begrenzten Reichweite solcher Mobile „[...] der Aufbau eines flächendeckenden Ladenetzes [...]" als „[...] Voraussetzung für die Gewährleistung eines ungehinderten Verkehrsflusses und eines gefahrlosen Verkehrsablaufs [...]" ermöglicht wird (VGH München 13.07.2018 – 8 CE 18.1071, NVwZ-RR 2018, 879, Rn. 10, 15 f.). Dabei seien weitere Beurteilungskriterien das Maß des baulichen Umfangs, also die geringe Größe und die einfache Erricht- sowie Beseitigbarkeit der Ladesäulen, sowie damit zusammenhängend deren Nutzung der bereits vorhandenen Strom-Infrastruktur (VGH München, a.a.O., Rn. 17). Spezielle Anforderungen an solche Ladesäulen ergeben sich insbesondere aus der

Ladesäulenverordnung (LSV) v. 9.3.2016 (BGBl. I S. 457), zul. geänd. d. VO v. 1.6.2017 (BGBl. I S. 1520), die insoweit in § 3 Abs. 4 auf § 49 Abs. 1 und Abs. 2 EnWG verweist.

Bereits mangels Verkehrsbezogenheit (zur Gegenausnahme „außer Gebäude" → Rn. 35 ff.) **nicht zu den öffentlichen Verkehrsanlagen** gehören Verwaltungsgebäude der Verkehrsträger mit ihren Nebenanlagen, Wohnhäuser für Bedienstete usw. Das gilt auch für Gebäude, von denen aus der Bahnbetrieb zwar elektronisch gesteuert wird, die aber räumlich weitab von den Bahnstrecken gelegen sind. Keine öffentlichen Verkehrsanlagen sind ferner **bauliche Anlagen, die** nur räumlich mit der öffentlichen Verkehrsanlage verbunden, dh an dem Verkehrsbauwerk angebracht oder auf der Verkehrsanlage errichtet sind, aber **verkehrsfremden Zwecken dienen**, zB ein Kiosk, eine Litfaßsäule (OVG Hamburg 20.2.1997 – Bf II 13/98, BRS 59 Nr. 133) oder ein Altglascontainer auf einer öffentlichen Straße, eine Werbeanlage an einer Eisenbahnbrücke oder auf Eisenbahngelände (VGH Kassel 27.7.1962 – OS IV 23/59, DÖV 63, 848; OVG Münster 3.7.1997 – 11 A 1566/94, NVwZ-RR 1999, 12; OVG Saarlouis 24.9.2002 – 2 R 12/01, BRS 65 Nr. 155). Um keine öffentliche Verkehrsanlage und damit auch um keine Betriebsanlage iSd Bahnrechts handelt es sich auch, wenn auf dem Bahngelände ein Schrotthandel betrieben oder Schrott zu Verwertungszwecken behandelt wird (BVerwG 7.6.1977 – I C 21.75, DÖV 1978, 49; OVG Münster 27.4.1998 – 7 A 3818/96, BRS 60 Nr. 165; VGH Mannheim 10.12.2001 – 5 S 2274/01, BRS 64 Nr. 176) oder wenn dort an jedem Wochenende ein Flohmarkt oÄ (bauliche Anlage iSv § 2 Abs. 1 S. 2 Nr. 8 und 13) abgehalten wird (aM OVG Münster 9.9.1994 – 11 B 1447/94, BauR 1995, 371; wie hier Gruber BauR 2000, 499 (504)). 22

Bahnhöfe für den Personenverkehr können zum einen Teil Betriebsanlagen sein, zum anderen Teil aber nicht (mehr), nämlich soweit sie **bahnfremd genutzt** werden (v. Heyl/Steinfort DVBl 1999, 1311 (1319); Gruber BauR 2000, 499 (504); aM VGH München 20.10.1998 – 20 A, BayVBl. 1999, 147 m. krit. Anm. Jäde). Bahnfremde Nutzungen sind Läden, Kioske, Imbiss-Stände, Gaststätten, Dienstleistungsbetriebe, Spielhallen usw, wie sie heute vornehmlich in größeren Bahnhofsgebäuden vielfach eingerichtet worden sind, jedenfalls dann, wenn sie ihre Angebote nicht nur an Reisende richten (VG Hannover 17.12.1990 – 8 B 202/90, Städtetag 1990, 565 m. zust. Anm. Kiepe/Wenzel; OVG Lüneburg 31.5.1996 – 6 L 3564/93, BRS 58 Nr. 198 = NVwZ 1997, 602; OLG Schleswig 9.11.2017 – 2 SsOwi 126/17, BeckRS 2017, 137209, Rn. 22). Auch bei Geschäften, die sich auf Reisebedarf beschränken (sie kommen praktisch kaum noch vor) und selbst bei den Einrichtungen für Fahrkartenverkauf und Auskunft, Warte- und Sanitärräumen usw ist zweifelhaft, ob sie noch zu den Betriebsanlagen zählen (Brohm FS Blümel, 1999, 79 (90); Grigoleit/Otto DÖV 2000, 182 ff.; OVG Lüneburg 31.5.1996 – 6 L 3564/93, NVwZ 1997, 602; kritisch zu Geschäften des Reisebedarfs auch Pietrzyk UPR 2015, 470 (472)). 23

Parkplätze an Bahnhöfen sind als Betriebsanlagen anzusehen, wenn sie einen Betriebskonnex aufweisen, wie es der Fall ist, wenn sie von der Bahn betrieben werden und Reisenden oder Bahnbediensteten vorbehalten sind (VGH Mannheim 24.2.1989 – 5 S 958/88, NVwZ 1990, 585; OVG Saarlouis 24.9.2002, zit. → Rn. 22; weitergehend Schirmer BayVBl. 1992, 512 (515)). Andererseits gehören solche Plätze zu der Tatbestandsalternative der öffentlichen Verkehrsanlagen, wenn sie nach Straßenrecht für den öffentlichen Verkehr gewidmet worden sind. Liegen keine der vorstehend genannten Voraussetzungen vor, ist die NBauO auf die Parkplätze anzuwenden. 24

Rechtslage bei verkehrsfremden Nutzungen von öffentlichen Verkehrsanlagen: Anlagen und Nutzungen, die nach dem Vorstehenden verkehrsfremd sind, insbesondere weil sie keine Betriebsanlage (mehr) darstellen, fallen uneingeschränkt unter die materiellen und verfahrensrechtlichen Vorschriften der NBauO (OVG Lüneburg 31.5.1996 – 6 L 3564/93, BRS 58 Nr. 198, NVwZ 1997, 602; vgl. OLG Schleswig 9.11.2017 – 2 SsOwi 126/17, BeckRS 2017, 137209, Rn. 17). Daneben kommt es auf ihre **Verträglichkeit mit der Zweckbestimmung** der jeweiligen **Verkehrsanlage** an (v. Heyl/Steinfort DVBl 1999, 1311 (1317) und Gruber BauR 2000, 499 (504); aM Kuschnerus ZfBR 2000, 300): Ist diese zu bejahen, so greift statt des Fachplanungsrechts auch das allgemeine 25

Bauplanungsrecht ein. Soll also eine verkehrsfremde, aber mit der Bahnanlage verträgliche Nutzung aufgenommen werden und ist die Nutzung einschließlich der damit verbundenen baulichen Änderungen mit Bauplanungsrecht und materiellem Bauordnungsrecht vereinbar, so ist dafür die Baugenehmigung (falls erforderlich) zu erteilen. Verträglich ist zB eine an einer Eisenbahnbrücke angebrachte Werbeanlage (OVG Münster 3.7.1997 – 11 A 1566/94, NVwZ-RR 1999, 12; s. auch OVG Koblenz 29.6. 2000 – 1 A 10262/00, BRS 63 Nr. 171). In einem Bahnhofsgebäude sind die in → Rn. 23 aufgeführten Läden usw dann bahnverträglich, wenn der Eisenbahnverkehr in diesem Bahnhof daneben uneingeschränkt weitergeführt werden kann (Gruber BauR 2000, 499 (506)).

26 Häufig hat die Bahn ein wirtschaftliches Interesse daran, von ihr nicht mehr genutzte Eisenbahnanlagen und -flächen an Private für eine bahnfremde Nutzung, zB einen Einkaufsmarkt, zu verkaufen oder zu verpachten. Eine solche Nutzung wird aber im Grundsatz meist als **bahnunverträglich** anzusehen sein, weil sie die Wiederaufnahme des Bahnbetriebs auf der betr. Fläche verhindern würde. Hierzu hat das BVerwG (16.12.1988 – 4 C 48.86, DVBl 1989, 458), auch nach der Privatisierung der Bahn (s. zB BVerwG 27.4.1998 – 4 B 33.98, NVwZ-RR 1998, 542), die Auffassung vertreten, dass keine Baugenehmigung erteilt werden dürfe, bevor das Eisenbahn-Bundesamt die Bahnanlage bzw. die Fläche durch eine ausdrückliche, insbesondere auch der Gemeinde bekannt gegebene, Verfügung „entwidmet" hat. § 23 AEG sieht zudem eine „Freistellung von den Bahnbetriebszwecken" durch die jeweils zuständige Planfeststellungsbehörde vor, wenn das Verkehrsbedürfnis auf Dauer weggefallen ist. Vor dieser Entwidmung bzw. Freistellung ist eine bahnunverträgliche Nutzung in jedem Fall rechtswidrig; auch die Bahnaufsicht darf sie nicht genehmigen (VGH Mannheim 10.12.2001 – 5 S 2274/01, ZfBR 2002, 504), und die BauAB kann nach § 79 NBauO gegen solche Nutzungen vorgehen (vgl. auch OVG Münster 27.4.1998 – 7 A 3818/96, BRS 60 Nr. 165). Nach der Entwidmung bzw. Freistellung unterliegt die Fläche der kommunalen Planungszuständigkeit und den Vorschriften des BauGB über die Zulässigkeit von Vorhaben; ist die Nutzung hiernach zulässig und mit Bauordnungsrecht vereinbar, so hat die BauAB sie nun zu genehmigen. Näheres zur bahnfremden Nutzung aufgegebener Bahnanlagen ua bei Steenhoff UPR 1998, 182 ff.; Degenhart/Krüger SächsVBl. 1997, 25 ff.; Ronellenfitsch VerwArch. 1997, 175 ff.; Kraft DVBl 2000, 1326 ff.

c) Bergbau

27 Nach **Abs. 2 Nr. 2** gilt die NBauO ferner nicht für **Anlagen und Einrichtungen unter der Aufsicht der Bergbehörden**. Dies sind die Anlagen zur Gewinnung der vom Bergrecht erfassten Mineralien (Kohle, Erdöl, Erdgas, Kalisalz, Erze usw), sei es unter Tage, im Tagebau oder durch Tiefbohrungen. Die Bergaufsicht erstreckt sich auch auf oberirdische Aufbereitungs-, Weiterverarbeitungs- und Nebenanlagen der Bergbaubetriebe sowie auf unterirdische Tiefspeicher und sonstige Tiefbohrungen. Rechtsgrundlage hierfür ist das Bundesberggesetz v. 13.8.1980 (BGBl. I S. 1310), zul. geänd. d. G v. 20.7.2017 (BGBl. I S. 2808). Sicherheitsvorschriften sowie Regelungen zum Gesundheits- und Umweltschutz bei bergbaulichen Tätigkeiten enthält die Allgemeine Bundesbergverordnung (ABBergV) v. 23.10.1995 (BGBl. I S. 1466), zul. geänd. d. VO v. 18.10.2017 (BGBl. I S. 3584), dazu Mann in Boldt/Weller/Kühne/v.Mäßenhausen, BBergG, 2. Aufl. 2016, vor § 65 ff. Rn. 24 ff. Hinsichtlich der Gebäude, die nicht der Bergaufsicht nach § 69 BBergG unterliegen und deshalb von Abs. 2 Nr. 2 als Gegenausnahme nicht erfasst sind, ist etwa an ein Bergbaumuseum zu denken.

d) Leitungen

28 Mit der 1986 eingefügten **Nr. 3** nimmt die NBauO auch bestimmte **Leitungen** aus ihrem Geltungsbereich aus. In der Ursprungsfassung bezog sich die Vorschrift nur auf **im Erdboden verlegte** Leitungen, erfasste also (abgesehen von den schon nach Nr. 1 ausge-

nommenen Bahnstromleitungen) keine Freileitungen. Diese Einschränkung ist durch die Novelle von 2002 gestrichen worden: Nunmehr sind **auch Freileitungen** ausgenommen, wenn sie einem der in Nr. 3 genannten Zwecke dienen.

Vom Geltungsbereich der NBauO nimmt Nr. 3 allerdings nur die Leitungen als solche aus. Hierzu zählen etwa Kabel, Rohre und Kanalrohre. Es hätte wohl nahe gelegen, die **Masten und Unterstützungen** der betr. Freileitungen einzubeziehen (so § 1 Abs. 2 Nr. 3 BauO NRW). Allerdings kann für Masten elektrischer Versorgungsleitungen eine Ausnahme von den Abstandsvorschriften über den Abweichungstatbestand des § 66 relevant werden. Darüber hinaus erklärt Nr. 4.1 des Anhangs nach wie vor „Masten und Unterstützungen für Freileitungen und für Fernsprechleitungen" für baugenehmigungsfrei. Beide Vorschriften haben nur Sinn, wenn die NBauO (mit ihren materiellen Vorschriften) für die Leitungsmasten grundsätzlich noch gilt (Im Ländervergleich ebenso Sauter/Imig/Hornung LBauO BW § 1 Rn. 25; ähnlich Simon/Busse BayBO Art. 1 Rn. 107–113). Einem zuvor bestehenden Normwiderspruch zu § 56 Abs. 1 Nr. 4 aF ist die NBauO 2012 mit einer Neufassung des § 84 Abs. 3 Nr. 4 entgegengetreten. Danach kann die Verwendung nur noch für solche Freileitungen ausgeschlossen werden, die nicht bereits durch die Nr. 3 vom Geltungsbereich der NBauO ausgenommen sind (vgl. hierzu → § 84 Rn. 74). Aus dem engen Begriff der „Leitungen" ergibt sich ferner, dass Gebäude als Teil der entsprechenden Versorgungs- oder Entsorgungsanlage nicht vom Anwendungsbereich der NBauO ausgenommen sind. Eine diesbezügliche Rückausnahme ist hier daher im Gegensatz zu den Nrn. 1 und 2 gerade nicht vorgesehen. **29**

Leitungen sind von der NBauO nur ausgenommen, wenn sie einem der in Nr. 3 aufgeführten Zwecke dienen. Leitungen für den **Ferntransport von Stoffen** sind die sog. Pipelines für Flüssigkeiten, zB Öle oder Gase. Dabei ist unerheblich, ob sie der öffentlichen Versorgung dienen oder nicht (Jäde/Dirnberger § 1 Rn. 50). Als Leitungen für den „Ferntransport" werden sie hier schon dann angesehen, wenn sie nur das Betriebsgelände eines Unternehmens verlassen (die unten aufgeführten Vorschriften machen insoweit aber noch Unterschiede). Nr. 3 nimmt ebenso Leitungen aus, die der **öffentlichen Versorgung mit Wasser, Gas, Elektrizität oder Wärme** dienen. Öffentliche Versorgung ist die Versorgung der Allgemeinheit, einerlei, ob durch eine staatliche oder kommunale Einrichtung oder ein privatwirtschaftliches Unternehmen. Ausgeschlossen sind auch Leitungen der **öffentlichen Abwasserbeseitigung**. Nach § 54 Abs. 1 WHG ist unter Abwasser sowohl das Schmutzwasser als auch das Niederschlagswasser zu verstehen. Abwasserbeseitigung umfasst nach § 54 Abs. 2 WHG das Sammeln, Fortleiten, Behandeln, Einleiten, Versickern, Verregnen und Verrieseln von Abwasser sowie das Entwässern von Klärschlamm in Zusammenhang mit der Abwasserbeseitigung (vgl. insoweit auch §§ 95 ff. NWG). Die von der öffentlichen Versorgungsleitung abzweigenden Stichleitungen zu den Anschlussnehmern fallen dagegen unter die NBauO. **30**

Spezielle Vorschriften in Bezug auf die genannten Ferntransport- sowie Elektrizitäts- und Gasversorgungsleitungen enthalten das Energiewirtschaftsgesetz (EnWG) v. 7.7.2005 (BGBl. I S. 1970, ber. 3621), zul. geänd. d. G v. 13.5.2019 (BGBl. I S. 706) und das Gesetz über die Umweltverträglichkeitsprüfung – UVPG – i.d. Fass. v. 24.2.2010 (BGBl. I S. 94), zul. geänd. d. G v. 13.5.2019 (BGBl. I S. 706). Insoweit schreiben die §§ 65 ff. UVPG und § 43 EnWG iVm Nr. 19.3–19.9 der Anlage 1 zum UVPG Planfeststellungs- oder Plangenehmigungsverfahren für bestimmte Rohrleitungen, für Hochspannungsfreileitungen ab 110 kV Nennspannung und für Gasversorgungsleitungen über 30 cm Durchmesser vor. Sicherheitstechnische Anforderungen stellen die RohrfernleitungsVO v. 27.9.2002 (BGBl. I S. 3777, 3809, zul. geänd. d. G v. 20.7.2017 (BGBl. I S. 2808), die GashochdruckleitungsVO v. 18.5.2011 (BGBl. I S. 928), zul. geänd. d. G v. 13.5.2019 (BGBl. I S. 706) sowie § 49 EnWG; s. auch §§ 101 ff. NWG (sie entsprechen §§ 62, 63 WHG). An Fernwärmeleitungen werden soweit ersichtlich keine öffentlich-rechtlichen Anforderungen gestellt. **31**

Ausgeschlossen sind schließlich Leitungen, die der **Telekommunikation** oder dem **Rundfunk** dienen. Unter dem Begriff der „Telekommunikation" sind durch die NBauO **32**

2012 die früher tatbestandlich benannten Nutzungszwecke des „Fernmeldewesens" und des „Fernsehens" zusammengefasst worden. Nach § 3 Nr. 22 des TKG ist unter Telekommunikation der technische Vorgang des Aussendens, Übermittelns und Empfangens von Signalen mittels Telekommunikationsanlagen zu verstehen. Dass hiermit nur der Individualaustausch von Signalen gemeint ist, wird durch den kontrastierenden Begriff des „Rundfunks", der in der Nr. 3 gesondert aufgeführt wird und die Massenkommunikation betrifft, deutlich (BegrRegE NBauO 2012 LT-Drs. 16/3195, 66). Nach § 2 Abs. 1 des Niedersächsischen Mediengesetzes iVm § 2 Abs. 1 S. 1 2. Halbs. des Rundfunkstaatsvertrags ist Rundfunk die für die Allgemeinheit und zum zeitgleichen Empfang bestimmte Veranstaltung und Verbreitung von Angeboten in Bewegtbild oder Ton entlang eines Sendeplans unter Benutzung elektromagnetischer Schwingungen.

33 Sondergesetzliche Anforderungen für die Telekommunikation finden sich im Telekommunikationsgesetz (**TKG**) v. 22.6.2004 (BGBl. I S. 1190), zul. geänd. d. G v. 29.11.2018 (BGBl. I S. 2230). Das TKG enthält in den §§ 68–77 Vorschriften über die Benutzung öffentlicher Straßen und Gewässer für öffentlichen Zwecken dienende „**Telekommunikationslinien**". Dies sind nach § 3 Nr. 26 TKG „unter- oder oberirdisch geführte Telekommunikationskabelanlagen einschließlich ihrer zugehörigen Schalt- und Verzweigungseinrichtungen, Masten und Unterstützungen, Kabelschächte und Kabelkanalrohre." Nach § 68 Abs. 2 S. 1 TKG sind diese Telekommunikationslinien „so zu errichten und zu unterhalten, dass sie den Anforderungen der öffentlichen Sicherheit und Ordnung sowie den anerkannten Regeln der Technik genügen". Nach § 68 Abs. 3 S. 1 bedürfen Verlegung und Änderung der Telekommunikationslinien der schriftlichen Zustimmung des Wegebaulastträgers. Nach Abs. 3 S. 5 sind bei oberirdischen Leitungen ua „die städtebaulichen Belange abzuwägen". Abs. 3 S. 7 gibt der unterirdischen Verlegung Vorrang, wenn sie mit anderen zeitnahen Tiefbauarbeiten verbunden werden kann. An Telekommunikationsleitungen, die nicht über öffentliche Straßen und Gewässer, sondern zB über Privatgrundstücke geführt werden, stellt das TKG keine Anforderungen (Gädtke/Temme/Heintz § 1 Rn. 153).

e) Kräne und Krananlagen

34 Durch die Novelle von 2002 (→ Rn. 3) ist in Abs. 2 die neue Nr. 4 eingefügt worden, die nunmehr auch Kräne und Krananlagen – einschließlich der Baukräne – vom Geltungsbereich der NBauO ausnimmt. Kräne wie auch Bahnen, auf denen sich Kräne bewegen, fallen unter das Produktsicherheitsgesetz (ProdSG) v. 8.11.2011 (BGBl. I S. 2179), zul. geänd. d. VO v. 31.8.2015 (BGBl. I S. 1474), und die Maschinenverordnung (9. ProdSV) v. 12.5.1993 (BGBl. I S. 704), zul. geänd. d. G v. 8.11.2011 (BGBl. I S. 2178). Diese stellen Anforderungen an das Inverkehrbringen von – vorgefertigten – Kränen und Krananlagen. Für deren Verwendung in der Industrie, beim Güterumschlag und beim Bau gelten Arbeitsschutz- und Unfallverhütungsvorschriften. Gefährdet jedoch ein aufgestellter Kran Passanten (zB ein Baukran nach einem Sturm oder infolge fehlerhafter Aufstellung), hat, von der Zuständigkeit der Polizei für Sofortmaßnahmen (§ 1 Abs. 2 NPOG) abgesehen, anstelle der BauAB die Gemeinde als Ordnungsbehörde für die Sicherung zu sorgen (§§ 11, 97 Abs. 1 NPOG). Für die Unterbauten, auf denen Kräne oder Kranbahnen montiert werden (Konsolen, ggf. Gebäude), gilt das Bauordnungsrecht (GCJPW § 1 Rn. 160).

D. Die abweichend von Abs. 2 nicht ausgenommenen Gebäude

35 **Absatz 2** macht eine „Ausnahme von der Ausnahme": Abweichend von den in den Nrn. 1 und 2 genannten Anlagen sollen **Gebäude** „ausgenommen", also der NBauO weiterhin unterworfen sein. Gleiches sehen auch die MBauO und die meisten anderen LBauOen vor. Zum Begriff des Gebäudes vgl. → § 2 Rn. 36 ff. Diese Rückausnahme hat ihren Grund darin, dass Gebäude zum Kernbereich des Bauordnungsrechts gehören

und die Gesetze über die Verkehrsanlagen und den Bergbau insoweit auch die vom Bauordnungsrecht gewahrten Belange nicht genügend berücksichtigen, namentlich die spezifischen Anforderungen an Gebäude wie Standsicherheit, Schutz vor schädlichen Einflüssen und Brandschutz (s. GCJPW § 1 Rn. 117, die auf den Brand im Empfangsgebäude des Düsseldorfer Flughafens hinweisen), die Grenz- und Gebäudeabstände, die Deckung des Kfz-Einstellplatzbedarfs, die sozialen Anforderungen an Gebäude und ihre Einfügung in das Orts- und Landschaftsbild. Aus § 4 FStrG, § 10 Abs. 2 NStrG und § 4 AEG ergibt sich demgegenüber nur, dass die Verkehrsträger für die Sicherheit ihrer Anlagen verantwortlich sind und dass die Straßenbaulastträger sowie die Eisenbahnen des Bundes nicht der Bauaufsicht und dem Baugenehmigungsverfahren unterliegen. Da gleichzeitig der Straßenbaulastträger aber dafür einzustehen hat, dass seine Bauten allen Anforderungen der Sicherheit und Ordnung genügen, ist eine Verminderung der Sicherheitsstandards damit nicht verbunden (dazu ausführl. Mann, Die Verantwortlichkeit des Trägers der Straßenbaulast für die Anforderungen der Sicherheit und Ordnung bei Bau und Unterhaltung von öffentlichen Verkehrsanlagen in Niedersachsen, Rechtsgutachten 2015, S. 20 ff.). Materielle bauordnungsrechtliche Regelungen der Länder an Gebäude sind dagegen noch möglich und erforderlich (aM Marschall, Bundesfernstraßengesetz, 6. Aufl. 2012, § 4 Rn. 5; Küchler DÖV 1977, 187). Demnach muss zB ein Autobahnrasthaus, ein Flughafen- oder ein Bahnhofsgebäude, auch insoweit, als es (noch) Betriebsanlage ist, die materiellen Vorschriften der NBauO einhalten. Gleiches gilt zB für Bahnsteigüberdachungen und U-Bahn-Stationen. Entsprechend sind auch Bergbauanlagen dem materiellen Bauordnungsrecht unterworfen, und die bergrechtliche Betriebsplanzulassung (§§ 51 ff. BBergG) ersetzt hier auch nicht eine nach Bauordnungsrecht erforderliche Baugenehmigung (BVerwG 4.7.1986 – 4 C 31.84, DVBl 1986, 1273 m Anm. Seibert).

Soweit die öffentlichen Verkehrsanlagen noch vom Bund selbst oder in seinem Auftrag **36**
(Art. 85 GG) verwaltet werden (wie nach Art. 89 f. GG die Bundeswasserstraßen und die Bundesfernstraßen), ist der **Bund** als Bauherr der in Abs. 2 Nr. 1 genannten Gebäude **an** das **Landesrecht** grundsätzlich **gebunden**. Sollte allerdings die Einhaltung von Vorschriften der NBauO in einem Einzelfall den Zwecken der Verkehrsanlage zuwiderlaufen, so sind nach der Rechtsprechung des BVerwG die kollidierenden öffentlichen Interessen gegeneinander abzuwägen (vgl. BVerwG 16.1.1968 – I A 1.67, DVBl 1968, 749; 28.6.1968 – IV C 11.65, DÖV 1969, 206; 8.2.1974 – VII C 16.71, DVBl 1974, 522; s. auch BegrRegE NBauO 1973, S. 53; vgl. auch Hecker DVBl 2006, 1416 ff.). Private Eisenbahnunternehmen sind ohne Einschränkungen an das sie betreffende Landesrecht gebunden.

Der Landesgesetzgeber verletzt durch die Rückausnahmen des Abs. 2 NBauO auch **37**
nicht die ausschließliche **Gesetzgebungskompetenz** des Bundes nach Art. 73 Nr. 6 und 6a GG, denn wenn das grundsätzlich für alle Bauten geltende Bauordnungsrecht zur Wahrung der spezifischen Belange, denen es dient, unter vielen anderen auch Bauten für Luftverkehr und für bundeseigene Bahnen betrifft, wird es allein dadurch nicht zu Teilen der Rechtsgebiete, die Art. 73 GG dem Bundesgesetzgeber vorbehält. Nach der Kommentarliteratur zum GG (vgl. M. Heintzen in v. Mangoldt/Klein/Starck GG Art. 73 Rn. 64; Uhle in Maunz/Dürig GG Art. 73 Rn. 146; vgl. auch Becker in BK-GG Art. 73 Rn. 27 f., 191. EL 2018) muss die Gesetzgebungskompetenz der Länder für Baurecht, Denkmal- und Naturschutz grundsätzlich nur so weit hinter die Bundeskompetenz nach Art. 73 Nr. 6a GG zurücktreten, als es für deren Ausübung, also zur sachgerechten Regelung des Bahnverkehrs, erforderlich ist. Selbstverständlich würde, wenn es in bestimmten Fallgestaltungen zu einem Normwiderspruch von Bundesverkehrsrecht und Bauordnungsrecht kommen sollte, das Bundesrecht nach Art. 31 GG vorgehen.

Die Rückausnahmen in Abs. 2 Nrn. 1 und 2 besagen nur, dass die NBauO die dort ge- **38**
nannten Gebäude nicht aus ihrem Geltungsbereich ausnehmen will. Es ist aber in jedem Fall noch zu prüfen, ob eine Vorschrift der **NBauO** nicht doch **durch** eine **Sonderregelung** des Bundes- oder Landesrechts **verdrängt** wird. Insbesondere wird bei den

in Abs. 2 genannten Objekten das Baugenehmigungsverfahren vielfach durch das Planfeststellungs- oder Plangenehmigungsverfahren für die jeweilige Verkehrsanlage ersetzt (Näheres → § 59 Rn. 26). Meist bleiben nur die materiellen Vorschriften des Bauordnungsrechts anwendbar, soweit nicht auch diese durch Sondervorschriften über die Verkehrsanlage verdrängt werden. In der **Planfeststellung** sind die anwendbaren Vorschriften aber als verbindliches Recht einzuhalten; sie formulieren nicht etwa nur Interessen, die in der planerischen Abwägung hintangesetzt werden dürfen (aM v. Heyl/Steinfort DVBl 1999, 1311 (1313): jedenfalls der „Regelungskern" des BauordnungsR sei zu wahren).

39 **Gesetzesänderungen bei den Rückausnahmen:** Bis 2012 unterfielen auch die in § 3 Abs. 2 Nr. 2 und 3 aF genannten Anlagen der Bahnsteige und Schachtfördergerüste, früher auch als sog. **Kunstbauten** bezeichnet, als ausdrücklich genannte Rückausnahmen dem Anwendungsbereich der NBauO. Diese Tatbestände sind jedoch mit der NBauO 2012 entfallen. Als öffentliche Verkehrsanlagen waren **Bahnsteige** (ebenso wie deren Zugänge) in den Geltungsbereich der Niedersächsischen Bauordnung einbezogen, um an diese landesrechtliche Anforderungen nach behindertengerechter Zugänglichkeit stellen zu können (BegrRegE NBauO 2012, LT-Drs. 16/3195, 66). Allerdings wurden infolge des Behindertengleichstellungsgesetzes des Bundes vom 27.4.2002 (BGBl. I S. 1468, zul. geänd. d. G v. 10.7.2018, BGBl. I S. 1117), spezialgesetzliche Anforderungen zugunsten Behinderter an öffentlichen Verkehrsanlagen getroffen, die der NBauO insoweit als Sondervorschriften vorgehen. Für die Rückausnahme der Bahnsteige besteht somit kein Bedarf mehr. Ebensowenig war es erforderlich **Schachtfördergerüste**, für die nach Abs. 2 Nr. 2 die Bergämter zuständig sind, weiterhin als Rückausnahme anzuführen. Die Bergaufsicht kann die Gefahrenabwehr in vollem Umfang sicherstellen. Schachtfördergerüste, die zB für museale Zwecke aus der Bergaufsicht entlassen werden, fallen hingegen auch ohne besondere Regelung in den Anwendungsbereich der NBauO und müssen daher nicht als Rückausnahme gesondert aufgeführt werden (BegrRegE NBauO 2012, LT-Drs. 16/3195, 66).

§ 2 Begriffe

(1) [1]Bauliche Anlagen sind mit dem Erdboden verbundene oder auf ihm ruhende, aus Bauprodukten hergestellte Anlagen. [2]Bauliche Anlagen sind auch

1. **ortsfeste Feuerstätten,**
2. **Werbeanlagen (§ 50),**
3. **Warenautomaten, die von einer allgemein zugänglichen Verkehrs- oder Grünfläche aus sichtbar sind,**
4. **Aufschüttungen, Abgrabungen und künstliche Hohlräume unterhalb der Erdoberfläche,**
5. **Anlagen, die auf ortsfesten Bahnen begrenzt beweglich sind oder dazu bestimmt sind, vorwiegend ortsfest benutzt zu werden,**
6. **Gerüste,**
7. **Fahrradabstellanlagen (§ 48),**
8. **Lagerplätze, Abstell- und Ausstellungsplätze,**
9. **Stellplätze,**
10. **Camping- und Wochenendplätze,**
11. **Spiel- und Sportplätze,**
12. **Freizeit- und Vergnügungsparks und**
13. **sonstige Anlagen, die einen Zu- und Abgangsverkehr mit Kraftfahrzeugen erwarten lassen.**

(2) Gebäude sind selbständig benutzbare, überdeckte bauliche Anlagen, die von Menschen betreten werden können und geeignet oder bestimmt sind, dem Schutz von Menschen, Tieren oder Sachen zu dienen.

(3) [1]Gebäude sind in folgende Gebäudeklassen eingeteilt:

1. Gebäudeklasse 1:
   a) freistehende Gebäude mit einer Höhe bis zu 7 m und nicht mehr als zwei Nutzungseinheiten von insgesamt nicht mehr als 400 m² Grundfläche und
   b) freistehende land- oder forstwirtschaftlich genutzte Gebäude,
2. Gebäudeklasse 2:
   nicht freistehende Gebäude mit einer Höhe bis zu 7 m und nicht mehr als zwei Nutzungseinheiten von insgesamt nicht mehr als 400 m² Grundfläche,
3. Gebäudeklasse 3:
   sonstige Gebäude mit einer Höhe bis zu 7 m,
4. Gebäudeklasse 4:
   Gebäude mit einer Höhe bis zu 13 m und Nutzungseinheiten mit jeweils nicht mehr als 400 m² Grundfläche,
5. Gebäudeklasse 5:
   von den Nummern 1 bis 4 nicht erfasste sowie unterirdische Gebäude mit Aufenthaltsräumen.

[2]Gebäude ohne Aufenthaltsräume, die nicht unter Satz 1 Nr. 1 Buchst. b fallen, werden nach der Gesamtgrundfläche aller Geschosse entsprechend Satz 1 der Gebäudeklasse 1, 2 oder 3 zugeordnet. [3]Höhe im Sinne des Satzes 1 ist die Höhe der Fußbodenoberkante des höchstgelegenen Aufenthaltsraumes über der Geländeoberfläche im Mittel. [4]Führt ein Rettungsweg für das Gebäude über Rettungsgeräte der Feuerwehr, so ist die Höhe abweichend von Satz 3 die Höhe der Fußbodenoberkante des höchstgelegenen Aufenthaltsraumes über der Stelle der Geländeoberfläche, von der aus der Aufenthaltsraum über die Rettungsgeräte der Feuerwehr erreichbar ist. [5]Die Grundfläche im Sinne dieses Gesetzes ist die Brutto-Grundfläche; bei der Berechnung der Grundfläche nach den Sätzen 1 und 2 bleiben Flächen in Kellergeschossen außer Betracht.

(4) Wohngebäude sind Gebäude, die nur Wohnungen oder deren Nebenzwecken dienende Räume, wie Garagen, enthalten.

(5) [1]Sonderbauten sind

1. Gebäude mit einer Höhe nach Absatz 3 Satz 3 von mehr als 22 m (Hochhäuser),
2. bauliche Anlagen mit einer Höhe von mehr als 30 m,
3. Gebäude mit mindestens einem Geschoss mit mehr als 1 600 m² Grundfläche, ausgenommen Wohngebäude und Garagen,
4. Verkaufsstätten, deren Verkaufsräume und Ladenstraßen eine Grundfläche von insgesamt mehr als 800 m² haben,
5. Gebäude mit mindestens einem Geschoss, das mit mehr als 400 m² seiner Grundfläche Büro- oder Verwaltungszwecken dient,
6. Gebäude mit mindestens einem Raum, der der Nutzung durch mehr als 100 Personen dient,
7. Versammlungsstätten
   a) mit einem Versammlungsraum, der mehr als 200 Besucherinnen und Besucher fasst, oder mit mehreren Versammlungsräumen, die insgesamt mehr als 200 Besucherinnen und Besucher fassen, wenn die Versammlungsräume einen gemeinsamen Rettungsweg haben,
   b) im Freien mit mindestens einer Fläche für Aufführungen oder mit einer Freisportanlage, deren Besucherbereich jeweils mehr als 1000 Besucherinnen und Besucher fasst und ganz oder teilweise aus baulichen Anlagen besteht,

8. Schank- und Speisegaststätten mit mehr als 40 Plätzen für Gäste, Beherbergungsstätten mit mehr als 12 Betten und Spielhallen mit mehr als 150 m^2 Grundfläche,
9. Krankenhäuser,
10. Gebäude mit mindestens einer Nutzungseinheit, die für die Pflege oder Betreuung von Menschen mit Behinderungen oder Pflegebedarf und mit eingeschränkter Selbstrettungsfähigkeit bestimmt ist, wenn
    a) eine solche Nutzungseinheit für die Pflege oder Betreuung von mehr als sechs solcher Menschen bestimmt ist,
    b) mehrere solcher Nutzungseinheiten einen gemeinsamen Rettungsweg haben und für die Pflege oder Betreuung von insgesamt mehr als zwölf solcher Menschen bestimmt sind oder
    c) eine solche Nutzungseinheit für die Pflege oder Betreuung von Menschen mit Intensivpflegebedarf bestimmt ist, ausgenommen die Pflege oder Betreuung in familiärer Gemeinschaft,
11. sonstige Einrichtungen zur Unterbringung von Personen, wie Gemeinschaftsunterkünfte oder Wohnheime,
12. Tagesstätten für Menschen mit Behinderungen oder alte Menschen,
13. Tageseinrichtungen für Kinder und Nutzungseinheiten mit Räumen für die Kindertagespflege mit Ausnahme von Tageseinrichtungen und Nutzungseinheiten, die zur Nutzung durch nicht mehr als zehn Kinder bestimmt sind,
14. Schulen, Hochschulen und ähnliche Einrichtungen,
15. Justizvollzugsanstalten und bauliche Anlagen für den Maßregelvollzug,
16. Camping- und Wochenendplätze,
17. Freizeit- und Vergnügungsparks,
18. fliegende Bauten, soweit sie einer Ausführungsgenehmigung bedürfen,
19. Regallager mit einer zulässigen Höhe der Oberkante des Lagergutes von mehr als 7,50 m,
20. bauliche Anlagen, deren Nutzung mit erhöhter Verkehrsgefahr oder wegen des Umgangs mit Stoffen oder der Lagerung von Stoffen mit Explosions- oder Gesundheitsgefahr oder erhöhter Strahlen- oder Brandgefahr verbunden ist,
21. bauliche Anlagen und Räume, von denen wegen ihrer Art oder ihrer Nutzung Gefahren ausgehen, die den Gefahren ähnlich sind, die von den in den Nummern 1 bis 20 genannten baulichen Anlagen und Räumen ausgehen.

[2]Sonderbauten sind auch die nach dem Bundes-Immissionsschutzgesetz genehmigungsbedürftigen Anlagen, soweit sie bauliche Anlagen sind.

(6) [1]Ein oberirdisches Geschoss ist ein Geschoss, dessen Deckenoberkante im Mittel mehr als 1,40 m über die Geländeoberfläche hinausragt. [2]Ein Kellergeschoss ist ein Geschoss, das die Anforderungen nach Satz 1 nicht erfüllt.

(7) [1]Vollgeschoss ist ein oberirdisches Geschoss, das über mindestens der Hälfte seiner Grundfläche eine lichte Höhe von 2,20 m oder mehr hat. [2]Ein oberstes Geschoss ist nur dann ein Vollgeschoss, wenn es die in Satz 1 genannte lichte Höhe über mehr als zwei Dritteln der Grundfläche des darunter liegenden Geschosses hat. [3]Zwischendecken oder Zwischenböden, die unbegehbare Hohlräume von einem Geschoss abtrennen, bleiben bei Anwendung der Sätze 1 und 2 unberücksichtigt. [4]Hohlräume zwischen der obersten Decke und der Dachhaut, in denen Aufenthaltsräume wegen der erforderlichen lichten Höhe nicht möglich sind, gelten nicht als oberste Geschosse.

(8) Aufenthaltsraum ist ein Raum, der zum nicht nur vorübergehenden Aufenthalt von Menschen bestimmt oder geeignet ist.

(9) [1]Ein Stellplatz ist eine im Freien außerhalb der öffentlichen Verkehrsflächen gelegene Fläche zum Abstellen von Kraftfahrzeugen. [2]Ein Einstellplatz ist eine Fläche zum Abstellen eines Kraftfahrzeuges auf einem Stellplatz oder in einer Garage.

(10) [1]Garagen sind Gebäude oder Gebäudeteile zum Abstellen von Kraftfahrzeugen. [2]Garagen sind auch Parkhäuser. [3]Ausstellungs-, Verkaufs-, Werk- und Lagerräume für Kraftfahrzeuge sind keine Garagen.

(11) [1]Eine Feuerstätte ist eine ortsfeste oder ortsfest benutzte Anlage oder Einrichtung in oder an einem Gebäude, die dazu bestimmt ist, durch Verbrennung Wärme zu erzeugen.

(12) [1]Baugrundstück ist das Grundstück im Sinne des Bürgerlichen Rechts, auf dem eine Baumaßnahme durchgeführt wird oder auf dem sich eine bauliche Anlage befindet. [2]Das Baugrundstück kann auch aus mehreren aneinander grenzenden Grundstücken bestehen, wenn und solange durch Baulast gesichert ist, dass alle baulichen Anlagen auf den Grundstücken das öffentliche Baurecht so einhalten, als wären die Grundstücke ein Grundstück.

(13) Baumaßnahme ist die Errichtung, die Änderung, der Abbruch, die Beseitigung, die Nutzungsänderung oder die Instandhaltung einer baulichen Anlage oder eines Teils einer baulichen Anlage.

(14) Bauprodukte sind

1. Produkte, Baustoffe, Bauteile und Anlagen sowie Bausätze gemäß Artikel 2 Nr. 2 der Verordnung (EU) Nr. 305/2011 des Europäischen Parlaments und des Rates vom 9. März 2011 zur Festlegung harmonisierter Bedingungen für die Vermarktung von Bauprodukten und zur Aufhebung der Richtlinie 89/106/EWG des Rates (ABl. EU Nr. L 88 S. 5; 2013 Nr. L 103 S. 10), zuletzt geändert durch die Delegierte Verordnung (EU) Nr. 574/2014 der Kommission vom 21. Februar 2014 (ABl. EU Nr. L 159 S. 41), die hergestellt werden, um dauerhaft in bauliche Anlagen eingebaut zu werden,
2. aus Produkten, Baustoffen und Bauteilen sowie Bausätzen gemäß Artikel 2 Nr. 2 der Verordnung (EU) Nr. 305/2011 vorgefertigte Anlagen, die hergestellt werden, um mit dem Erdboden verbunden zu werden,

und deren Verwendung sich auf die Anforderungen nach § 3 Abs. 1 bis 3 auswirken kann.

(15) Bauart ist das Zusammenfügen von Bauprodukten zu baulichen Anlagen oder Teilen von baulichen Anlagen.

(16) [1]Barrierefrei sind bauliche Anlagen, soweit sie für Menschen mit Behinderungen in der allgemein üblichen Weise, ohne besondere Erschwernis und grundsätzlich ohne fremde Hilfe auffindbar, zugänglich und nutzbar sind. [2]Hierbei ist die Nutzung behinderungsbedingt notwendiger Hilfsmittel zulässig.

(17) Öffentliches Baurecht sind die Vorschriften dieses Gesetzes, die Vorschriften aufgrund dieses Gesetzes, das städtebauliche Planungsrecht und die sonstigen Vorschriften des öffentlichen Rechts, die Anforderungen an bauliche Anlagen, Bauprodukte oder Baumaßnahmen stellen oder die Bebaubarkeit von Grundstücken regeln.

Übersicht

A. Allgemeines

1 § 2 definiert – entsprechend § 2 MBauO – eine Reihe von Begriffen, die in der NBauO häufig wiederkehren. Weitere Begriffe werden in den folgenden Vorschriften der NBauO bestimmt, wenn sie Hauptgegenstand eines Paragraphen sind oder jeweils nur in einzelnen Paragraphen vorkommen, zB der Begriff des Bauschildes in § 11, der notwendigen Flure in § 36, der Feuerungsanlagen in § 40, der Werbeanlagen in § 50 usw.

2 **Bedeutung der Begriffsbestimmungen:** Die sog. Legaldefinitionen, wie sie hier in der NBauO und auch in vielen anderen Gesetzen erscheinen, sind nicht etwa Gebote, diese in der Umgangs- oder Fachsprache als Bezeichnungen zu gebrauchen; sie erklären nur, was die NBauO bzw. die DVNBauO selbst meint, wenn sie von „baulichen Anlagen“, „notwendigen Fluren“ usw spricht. Solche Kurzbezeichnungen zu verwenden und deren Bedeutung an einer Gesetzesstelle eindeutig festzulegen, ist ein rechtstechnisches Mittel zur Vereinfachung des Gesetzestextes. Demgemäß ist eine Begriffsbestimmung, die ein Gesetz, zB die NBauO, enthält, **grds. nur** maßgeblich, soweit der Begriff **in diesem Gesetz** verwendet wird, und nicht etwa auch dann, wenn dieselben Worte in einem anderen Gesetz erscheinen; dort können sie eine andere Bedeutung haben. Jedoch gilt eine Definition zB der NBauO auch für ein anderes Gesetz, wenn jenes erkennen lässt, dass es den Begriff der NBauO für seinen Bereich übernehmen will (so zB § 20 Abs. 1 BauNVO 2017, vgl. → Rn. 96). Bei den auf der Basis der NBauO ergangenen **Verordnungen** ist allerdings idR anzunehmen, dass sie die gleichen Begriffe wie die NBauO verwenden.

3 **Gesetzesänderungen:** § 2 ist gegenüber der ursprünglichen Fassung der NBauO 1973 vielfach geändert worden. Schon durch G v. 17.12.1973 wurde die Begriffsbestimmung für das Vollgeschoss (damals Abs. 6, jetzt Abs. 7) korrigiert (dazu → Rn. 95). Das NDSchG von 1978 hob den früheren Abs. 2, der den Begriff des Baudenkmals definierte, auf und ersetzte ihn durch § 3 NDSchG. Das ÄnderungsG von **1986** strich in der Aufzählung der Objekte, die als bauliche Anlagen galten (Abs. 1 S. 2 aF), die frühere Nr. 7 („Standplätze für Camping-, Verkaufs- und Wohnwagen“, → Rn. 30 f.), fügte die „ortsfesten Feuerstätten“ (neue Nr. 1) und die „Kleingartenanlagen“ (Nr. 8, zuletzt Nr. 10) ein und änderte zwei weitere Nummern (jetzt sind es die Nr. 10 und 13). Ferner ließ es die früheren Absätze 3 („Gebäude“) und 4 („Hochhäuser“) als Absätze 2 und 3 (jetzt Abs. 2 und 5

Nr. 1) aufrücken, hob den alten Abs. 5 (Begriff des Dachraumes, dazu → Rn. 180 ff.) auf und änderte die Definition des Vollgeschosses (früher Abs. 6, jetzt Abs. 7; Näheres → Rn. 97). Den früheren Abs. 7 (Begriff der Baumaßnahme) ließ es – mit einer redaktionellen Änderung – als neuen Abs. 5 (jetzt Abs. 13) und den alten Abs. 8 („öffentliches Baurecht") als Abs. 6 (jetzt Abs. 17) folgen. Die Novelle von **1995** hat in Abs. 1 S. 1 die Worte „Baustoffe und Bauteile" durch „Bauprodukte" ersetzt. Den Katalog in Abs. 1 S. 2 hat sie nochmals um zwei Objekte („Gerüste" und „Fahrradabstellanlagen", neue Nr. 6 und 7) erweitert; die bisherigen Nr. 6-11 sind nunmehr Nr. 8-11 und 13. In Abs. 7 (Begriff des Vollgeschosses) hat Satz 3 den Zusatz „oder Zwischenböden" erhalten. Außerdem hat sie neue Begriffsbestimmungen für „Bauprodukte", „Bauart", „Wohngebäude" und „Gebäude geringer Höhe" (Absätze 6-9 aF, jetzt Abs. 4, 14 und 15) eingefügt. Der frühere Abs. 6 („öffentliches Baurecht") folgte nunmehr als Abs. 10 (jetzt Abs. 17); er ist zudem geändert worden (dazu → Rn. 178).

Die **NBauO 2012** hat § 2 um weitere wichtige Begriffsbestimmungen ergänzt, die bislang 4
in anderen Vorschriften des Gesetzes oder in Verordnungen aufgrund des Gesetzes, wie der DVNBauO, enthalten waren und die mit dem Ziel der Angleichung an die MBauO und an die Bauordnungen anderer Länder vervollständigt werden sollten (BegrRegE NBauO 2012, LT-Drs. 16/3195, 66). Die einzelnen Absätze wurden zudem neu geordnet. Bei der Aufzählung der zusätzlichen Tatbestände in Abs. 1 S. 2 strich die Novelle die frühere Nr. 10 (Kleingartenanlagen, → Rn. 32) und fügte eine neue Nr. 12 (Freizeit- und Vergnügungsparks) hinzu (vgl. → Rn. 34). Der frühere Abs. 9 (Gebäude geringer Höhe) ist entfallen und durch einen neuen Abs. 3 ersetzt worden, der eine Gliederung der Gebäude in Gebäudeklassen vorsieht (vgl. hierzu → Rn. 42 ff.). Neu eingefügt wurden ferner die Begriffe der „Sonderbauten", dessen Katalog gleichzeitig um weitere Anlagen ergänzt worden ist (Abs. 5, früher § 51 Abs. 2; vgl. → Rn. 57 ff.), des „oberirdischen Geschosses" sowie des „Kellergeschosses" (Abs. 6, ehemals § 43 Abs. 6), des Aufenthaltsraumes (Abs. 8, früher § 43 Abs. 1), der „Stellplätze" sowie „Einstellplätze" (Abs. 9, früher §§ 46 Abs. 1 S. 1 und 47 Abs. 1 S. 1), der „Garagen" (Abs. 10, früher § 1 Abs. 1 GaVO), der „Feuerstätte" (Abs. 11) und des „Baugrundstücks" (Abs. 12, ehemals § 4 Abs. 1). Die früheren Begriffsbestimmungen der „Baumaßnahmen", der „Bauprodukte" und der „Bauart" sind in die neuen Abs. 13-15 verlagert worden (Abs. 5-7 aF). Der bisherige Abs. 4 („Vollgeschoss") ergibt sich aus dem neuen Abs. 7 und der Abs. 10 aF („Öffentliches Baurecht") folgte aus dem Abs. 16. Die **NBauO 2018** hat innerhalb der Sonderbauten (Abs. 5) vor allem die ehemalige Nr. 9 auf „Krankenhäuser" reduziert. Die anderen Bestandteile der Nr. 9 wurden, soweit Einrichtungen zur Pflege und Betreuung von Menschen mit Behinderung oder Pflegebedarf betroffen sind, in einer neuen Nr. 10 weiter ausdifferenziert (vgl. → Rn. 73 ff.) und, soweit es um „sonstige Einrichtungen" geht, in einer neuen Nr. 11 geregelt, die nun als Beispiele Gemeinschaftsunterkünfte oder Wohnheime nennt (→ Rn. 74). Tageseinrichtungen für Kinder sind aus Nr. 10 entfernt und in eine sachlich erweiterte, eigenständige Nr. 13 überführt worden. Dadurch hat sich die Nummernzählung von zuvor 18 auf nunmehr 21 Unterpunkte verlängert. Darüber hinaus hat die Definition der Bauprodukte in Abs. 14 eine Neufassung erfahren. Neu aufgenommen wurde eine Definition der Barrierefreiheit in Abs. 16 (→ Rn. 175 ff.), durch die sich die sachlich unveränderte Begriffsdefinition des Öffentlichen Baurechts nunmehr nach Abs. 17 verschoben hat.

B. Bauliche Anlagen (Abs. 1)

Die bauliche Anlage ist der Gegenstand, mit dem sich die NBauO hauptsächlich befasst 5
(vgl. § 3). Die Bezeichnung „bauliche Anlage" wird auch in der MBauO und in den BauOen anderer Länder verwendet. Sie hat die früher gebräuchliche Bezeichnung „Bauwerk" verdrängt.

Auch das **städtebauliche Planungsrecht** (zB §§ 9 Abs. 1 Nr. 2, 14 Abs. 1 Nr. 1, 29 Abs. 1 6
BauGB, § 15 Abs. 1 BauNVO) gebraucht den Ausdruck „bauliche Anlagen". Es bestimmt

aber nicht, dass damit bauliche Anlagen iSd jeweiligen Landesbauordnung gemeint sind (vgl. → Rn. 2). Der planungsrechtliche Begriff ist daher für sich, unter Berücksichtigung des Zusammenhanges, in dem er steht, auszulegen. Nach Auffassung des BVerwG (31.8.1973 – IV C 33.71, BVerwGE 44, 59 = BRS 72 Nr. 122) ist ein Gegenstand bauliche Anlage iSd Planungsrechts, wenn er etwas im weitesten Sinn „Gebautes" darstellt, dh „in einer auf Dauer gedachten Weise künstlich mit dem Erdboden verbunden" wird und zugleich „planungsrechtlich relevant" ist, dh die in § 1 Abs. 5 und 6 BauGB genannten Belange so berühren kann, dass ein Bedürfnis entsteht, seine Zulässigkeit durch Bebauungsplan zu regeln (zur Frage, was hier „auf Dauer" bedeutet, s. auch BVerwG 17.12.1976 – IV C 6.75, BRS 30 Nr. 117 = NJW 1977, 2090). Der planungsrechtliche und der bauordnungsrechtliche Begriff der baulichen Anlage decken sich in den meisten Fällen. Der Begriff der NBauO ist jedoch umfassender. Wenn ein Objekt die Merkmale des planungsrechtlichen Begriffs erfüllt, also ua etwas „Gebautes" (s.o.) ist, so fällt es damit auch stets unter den Begriff der NBauO. Nur umgekehrt kommt es vor, dass ein Gegenstand allein iSd NBauO (und nicht zugleich des Planungsrechts) eine bauliche Anlage darstellt. So fallen zB die – nicht auf Dauer mit dem Boden verbundenen – fliegenden Bauten (§ 75) nur unter den bauordnungsrechtlichen Begriff. Gleiches dürfte für die Anlagen gelten, die, ohne im eigentlichen Sinne „gebaut" zu sein, nach § 2 Abs. 1 S. 2 NBauO als bauliche Anlagen iSd Bauordnungsrechts definiert werden, zB unbefestigte Stellplätze oder Modellflugplätze (OVG Lüneburg 16.2.1995 – 1 L 6044/92, BRS 57 Nr. 182). Allerdings unterwirft § 29 Abs. 1 BauGB „Aufschüttungen und Abgrabungen größeren Umfangs" sowie „Ausschachtungen" und „Ablagerungen einschließlich Lagerstätten" wie bauliche Anlagen den §§ 30 ff. BauGB.

7 Die Vorschriften des **Straßenrechts** über Baubeschränkungen längs der klassifizierten Straßen sprechen ebenfalls von „baulichen Anlagen" (§ 9 Abs. 1 Nr. 2 und Abs. 2 FStrG, § 24 Abs. 1 Nr. 2 und Abs. 2 NStrG). Das NStrG stellt ausdrücklich klar, dass es bauliche Anlagen iSd NBauO meint. Das FStrG verwendet nach Ansicht des BVerwG (7.10.1977 – IV C 47.75, BVerwGE 54, 338 ff.; 10.12.1979 – 4 B 254.79, BRS 35 Nr. 148) einen eigenen Begriff der baulichen Anlage. Nach § 9 Abs. 5a FStrG gelten jedoch als bauliche Anlagen iSd FStrG „auch die im Landesbaurecht den baulichen Anlagen gleichgestellten Anlagen". Damit fällt alles, was von § 2 Abs. 1 NBauO erfasst wird, zugleich unter den fernstraßenrechtlichen Begriff. Der im Straßenrecht verwendete Begriff der „Hochbauten" (§ 9 Abs. 1 Nr. 1 FStrG und § 24 Abs. 1 Nr. 1 NStrG) ist enger; damit sind bauliche Anlagen gemeint, die sich über die „Erdgleiche" (Geländeoberfläche) erheben (Aust in Kodal S. 855).

a) Der allgemeine Begriff (Satz 1)

8 Abs. 1 bringt für den Begriff der baulichen Anlage zunächst in S. 1 eine **allgemeine Definition**. Ergänzend erklärt S. 2 bestimmte Gegenstände ausdrücklich zu baulichen Anlagen (→ Rn. 18 ff.). Der allgemeine **Begriff** ist **weit auszulegen**. Er soll alle Anlagen einschließen, von welchen die für Bauwerke typischen Gefahren ausgehen können, die soziale oder baukulturelle Auswirkungen haben, die das Bauordnungsrecht steuern soll (vgl. § 3 Abs. 1-3) oder die Einfluss auf die städtebauliche Entwicklung haben. Dieses Bestreben, alles zu erfassen, was für die Zwecke des öffentlichen Baurechts bedeutsam sein kann, ist auch bei der Klärung offen gebliebener Zweifelsfragen zu berücksichtigen (vgl. OVG Münster 10.2.1966 – VII A 421/65, BRS 17 Nr. 99).

9 Für eine bauliche Anlage wird in S. 1 zunächst vorausgesetzt, dass sie „**mit dem Erdboden verbunden**" ist oder „**auf ihm ruht**". Mit dem Erdboden verbunden ist eine Anlage, wenn sie ein Fundament hat (Gebäude in konventioneller Bauart, Einfriedungsmauer), wenn sie sonst im Erdboden verankert ist (Mast, Zelt) oder wenn sie ganz oder teilweise in den Erdboden versenkt worden ist (Tiefgarage, Rohrleitung, Badebecken). Die Anlage kann unter Wasser mit dem Boden verbunden sein (Leuchtturm, Offshore-Windenergieanlage, vgl. Erbguth/Stollmann DVBl 1995, 1270). Sie kann auch auf dem Wasser

schwimmen, wenn sie nur fest mit dem Ufer verbunden ist (Landungsbrücke auf Schwimmkörpern). Wie die Worte „auf ihm ruht" klarstellen, genügt es, wenn die Anlage nur kraft ihrer Schwere mit dem Boden verbunden ist, selbst wenn sie sich unzerlegt abheben oder fortbewegen lässt (Baracke, Kiosk, Silo ohne Fundament, Sammelbehälter für Altglas); dazu aber auch → Rn. 11.

Fraglich ist, ob eine bauliche Anlage **unmittelbar mit dem Erdboden verbunden** sein 10
muss (so OVG Münster 19.5.1981 – 11 A 2414/79, BRS 38 Nr. 145) oder ob auch eine andere als „Unterbau" dienende bauliche Anlage die Verbindung zum Boden schaffen darf (VGH Mannheim 27.6.1990 – 3 S 2655/89, BRS 50 Nr. 189 hat eine 10 m hohe Funkantenne auf einem eingeschossigen Flachdachhaus als bauliche Anlage iSd BauGB angesehen (s. auch die bei → Rn. 20 zitierte Rspr. zu Werbeanlagen an oder auf Gebäuden). Der Gesetzeswortlaut verlangt zwar keine unmittelbare Verbindung, jedoch werden nach allgemeiner Anschauung solche Gegenstände, die auf eine bauliche Anlage gesetzt oder an ihr angebracht werden, idR nur als deren Teil, aber nicht als zweite selbständige bauliche Anlage zu betrachten sein. Anders verhält es sich aber, wenn Baulichkeiten, die ohne weiteres auch unmittelbar auf den Erdboden gesetzt werden könnten, auf einem flachen, wie der Erdboden selbst wirkenden Bauwerk stehen (zB ein Bierzelt auf einem befestigten Platz, eine Wartehalle auf einem Bahnsteig, ein Haus auf einer Tiefgarage oder ein Altglasbehälter auf einer dafür gebauten Plattform). Diese sind dann selbständige bauliche Anlagen (aA Simon/Busse BayBO Art. 2 Rn. 37 f. sowie Reichel/Schulte, Kap. 2, Rn. 65, der die Selbständigkeit der baulichen Anlage bejaht, wenn eine gewisse Verbindung und Festigkeit mit der unmittelbar auf dem Erdboden ruhenden Anlage besteht, zB bei der Anbringung einer Parabolantenne auf einem Garagendach).

Der Begriff der baulichen Anlage iSd NBauO erfordert im Gegensatz zum Planungsrecht 11
(→ Rn. 6) **nicht**, dass die Anlage **dauernd an ihrem Platz bleiben** soll. Wie aus § 75 zu entnehmen ist, rechnet die NBauO auch die sog. fliegenden Bauten zu den baulichen Anlagen. Dasselbe gilt für Baustelleneinrichtungen wie Baubuden, Bauzäune und Gerüste. Andererseits setzt auch der bauordnungsrechtliche Begriff eine **gewisse Schwere** und **Unbeweglichkeit** voraus. Kleinere Gegenstände, die sich von einem oder zwei Menschen wegtragen lassen wie Tische, Stühle, Bänke und andere Möbel, leichte Maschinen, Geräte und Behälter sind nach üblichem Sprachgebrauch keine „Anlagen", die auf dem Erdboden „ruhen". Sie sind daher auch nach Bauordnungsrecht keine baulichen Anlagen, einerlei, ob sie in Gebäuden oder im Freien aufgestellt sind. Anderes gilt nur, wenn sie im Freien am Boden befestigt werden wie zB eine Parkbank mit Fundament (ebenso Sauter § 2 Rn. 8). Aus demselben Grunde sind Fahrzeuge aller Art, solange sie fahrbar bleiben, keine baulichen Anlagen iSv Abs. 1 S. 1 (s. aber S. 2 Nr. 5 und → Rn. 23).

Zweitens müssen bauliche Anlagen nach Abs. 1 S. 1 „aus Bauprodukten hergestellt" 12
sein. Wie dem Wort „**hergestellt**" zu entnehmen ist, muss die Anlage künstlich von Menschen geschaffen sein. Etwas Gewachsenes wie eine lebende Hecke ist keine bauliche Anlage (OVG Koblenz 15.6.2004 – 8 A 10464/04, BauR 2004, 1600). Ebenso kann eine naturbelassene oder nur mit Rasen besäte Fläche nicht unter S. 1 fallen, sondern nur nach einer der Nummern des S. 2 eine bauliche Anlage sein.

Die Wendung „**aus Bauprodukten**" hat die NBauO 1995 (der MBauO 1993 folgend) an 13
die Stelle der Worte „aus Baustoffen und Bauteilen" gesetzt. „Baustoffe" und „Bauteile" (über diese → Rn. 165) erscheinen jetzt allein noch in Abs. 14 als Bestandteile des neuen Bauproduktbegriffs. Wie dort (→ Rn. 166 f.) ausgeführt wird, sind Baustoffe und Bauteile nur dann Bauprodukte, wenn sie „hergestellt werden um dauerhaft in bauliche Anlagen eingebaut zu werden". So hat der Gesetzgeber dadurch, dass er hier „Baustoffe und Bauteile" durch „Bauprodukte" ersetzt hat, den Begriff der baulichen Anlage iSv Abs. 1 S. 1 wohl ungewollt eingeengt. Nicht mehr erfasst werden nun Anlagen, wenn diese aus Gegenständen bestehen, die zu anderen Zwecken als zum Bauen hergestellt wurden und erst mit ihrer Verwendung für das Bauwerk die Zweckbestimmung eines Bauteils erhalten haben. So sind auf dem Boden ruhende Objekte, die aus Fahrzeugteilen, Bauwagen, Transportcontainern, Wohnbooten oÄ bestehen, heute nicht mehr

bauliche Anlagen iSv Abs. 1 S. 1. Es wäre sehr misslich, wenn diese, besonders im Außenbereich, nicht mehr vom Baurecht erfasst würden. Die Gesetzeslücke kann wohl geschlossen werden, indem man Abs. 1 S. 2 Nr. 5 heranzieht (→ Rn. 25). Besser wäre freilich, wenn der Gesetzgeber die alte Fassung des Abs. 1 S. 1 wiederherstellte; die BauPR verbietet das nicht.

14 **Einzelfälle:** Von der vorstehend erwähnten Einengung abgesehen, hat der Begriff der baulichen Anlage iSd Abs. 1 S. 1 seinen bisherigen weiten Umfang behalten. Eine bauliche Anlage ist danach zB auch ein ortsfester Kunststoffbehälter, eine Traglufthalle, die nur durch wassergefüllte Kammern am Boden gehalten wird (OVG Münster 12.11.1974 – X A 303/73, BRS 28 Nr. 20), ebenso ein Raum, der aus einer mit Markisenstoff überspannten Rahmenkonstruktion geschaffen wird (OVG Lüneburg 26.2.1980 – 6 A 86/79, BRS 36 Nr. 151) oder ein ähnlich konstruierter Verkaufsstand (VGH Mannheim 10.4.1973 – III 2/72, BRS 27 Nr. 124). Die bauliche Anlage braucht kein irgendwie gebäudeähnlicher Baukörper zu sein. So entsteht zB auch dann eine bauliche Anlage, wenn auf dem gewachsenen Boden ein Sand- und Kiesgemisch aufgebracht und einplaniert wird, um auf dieser Fläche Containerpflanzen aufzuziehen (VGH Mannheim 25.10.1988 – 8 S 2639/88, BRS 49 Nr. 155). Der Gesetzestext darf auch nicht so verstanden werden, dass jede einzelne bauliche Anlage aus mehreren Baustoffen und mehreren unterscheidbaren Bauteilen bestehen müsste. Demnach ist zB auch ein nur mit einer Materialart, zB einer Lage Kies, befestigter Weg eine bauliche Anlage (so zum früheren Recht, aber auch heute noch zutreffend OVG Lüneburg 10.6.1977 – I A 101/76, BRS 32 Nr. 120; s. auch OVG Lüneburg 6.2.1984 – 6 A 40/83, BRS 42 Nr. 154 und VGH Mannheim 19.12.1984 – 8 S 2036/84, BRS 44 Nr. 140). Ein Findling, der, etwa als Gedenkstein oder zur Einfriedung, auf ein Grundstück verbracht wird, dürfte aber keine bauliche Anlage iSv Abs. 1 S. 1 mehr ergeben, da er wohl kein „Bauprodukt" ist.

15 Der Gesetzeswortlaut schließt nicht aus, dass Teile der baulichen Anlage sich bewegen; also können auch **freistehende Maschinen** – eine Legaldefinition der Maschine enthält § 2 Neunte Verordnung zum Geräte- und Produktsicherheitsgesetz (Maschinenverordnung) v. 12.5.1993 (BGBl. I S. 704), zul. geänd. d. G v. 8.11.2011 (BGBl. I S. 2178) –, zB Förderanlagen, Windenergieanlagen, Pumpen, im Freien stehende Zapfsäulen usw bauliche Anlagen sein (anders zB Jäde/Dirnberger § 2 Rn. 12; Molodovsky/Famers/Waldmann Art. 2 Rn. 13), jedoch können auch Maschinen Auswirkungen haben (Gefahren, Verunstaltung des Orts- und Landschaftsbildes), die das Bauordnungsrecht erfassen soll. Im Übrigen könnten dann viele fliegende Bauten (§ 75), zB Karussells, Riesenräder, keine baulichen Anlagen sein. Dass die NBauO Windkraftanlagen ohne weiteres zu den baulichen Anlagen rechnet, ergibt sich aus Abs. 5 Nr. 2, der jede bauliche Anlage mit einer Höhe von mehr als 30 m zu den Sonderbauten erklärt (vgl. hierzu auch → Rn. 61). Das BVerwG (16.6.1994 – 4 C 20.93, BVerwGE 96, 95) hat die bauplanungsrechtliche Relevanz von Windkraftanlagen anerkannt. Unter den Begriff der Maschine fallen zwar die wesentlichen Teile der Windenergieanlagen, wie der energieerzeugende Rotor mit Mechanik und Stromerzeugungsaggregat. Der Rotor ist jedoch auf einem Mast angebracht, welcher eine bauliche Anlage darstellt. Da der Rotor mit dem Mast verbunden ist, ist die Anlage insgesamt als bauliche Anlage zu werten. Indem sie Kräne in § 1 Abs. 2 Nr. 4 ausdrücklich aus ihrem Anwendungsbereich ausnimmt, zeigt die NBauO, dass sie auch diese Maschinen als bauliche Anlagen betrachtet (aA Simon/Busse BayBO Art. 2 Rn. 47: Ausnahme der Kräne und Krananlagen gem. § 1 Abs. 2 BayBauO als Ausnahme aller Maschinen vom Anwendungsbereich der BayBauO).

16 **Keine baulichen Anlagen** iSv S. 1 sind aber solche Gegenstände, die nach allgemeiner Anschauung **nur Bauteile** sind. Als Bauteile sehen wir die Gebilde an, die in einen Baukörper eingefügt (Außen- und Innenwände, Treppen, Räume, Geschosse usw) oder an einem Baukörper angebracht sind wie Antennen, Photovoltaikanlagen, Markisen (anders OVG Lüneburg 26.2.1980 – 6 A 86/79, BRS 36 Nr. 151) oder ein Glockenspiel an einem Hausgiebel (OVG Münster 11.2.1982 – 11 B 874/81, BauR 82, 353). Angebaute (dh selbst auf dem Boden ruhende und an eine bauliche Anlage angefügte, aber nicht

in sie einbezogene) Objekte sind, wenn sie selbständig genutzt werden können, bauliche Anlagen, sonst Bauteile (teilw. anders VGH Mannheim 25.11.1982 – 3 S 2138/82, BRS 39 Nr. 144, der stets auf Selbständigkeit oder Unselbständigkeit der Funktion abstellt; auch → Rn. 38 zum Gebäudebegriff). Nach den Sonderregelungen in S. 2 Nr. 1-3 gelten aber auch Feuerstätten, die in einem Gebäude aufgestellt sind, sowie Werbeanlagen und Warenautomaten, die an einem Bauwerk angebracht sind (hierzu OVG Hamburg 31.5.2001 – 2 Bf 323/98, NVwZ-RR 2002, 562), als selbständige bauliche Anlagen. Einbau und Anbringung von Gegenständen, die zwar nur Bauteile sind, fallen aber als Änderung der baulichen Anlage, zu der sie gehören, unter die NBauO (s. Abs. 13 und § 3 Abs. 5 S. 3).

Keine baulichen Anlagen, sondern auch nur gewissermaßen deren Teile sind ferner die **Einrichtungsgegenstände** von Gebäuden, auch wenn es sich dabei um große, nicht leicht zu bewegende Stücke handelt wie Maschinen in einer Werkhalle, so dass sie an sich unter den Begriff des S. 1 fallen könnten. Ihre Aufstellung ist allerdings Benutzung des Gebäudes, für die es nach § 3 geeignet sein muss. Anderes muss jedoch gelten, wenn es sich um **Gebäude in Gebäuden** handelt. Werden in Messe-, Ausstellungs- oder Markthallen, Passagen usw überdeckte Stände, Musterhäuser oder ähnliche Bauwerke, auch fliegende Bauten wie Karussells, Autoscooter oÄ aufgestellt, so entstehen damit bauliche Anlagen. Hier ist auch praktisch notwendig, dass jedenfalls die materiellen Sicherheitsanforderungen des Bauordnungsrechts grundsätzlich eingreifen; allerdings kommen Abweichungen nach § 66 in Betracht. Bauliche Anlagen iSd Planungsrechts sind solche Bauten nicht; auch die bauordnungsrechtlichen Gestaltungsvorschriften betreffen nur, was vom Freien aus sichtbar ist. Die Bauten bedürfen grds. jeweils einer Baugenehmigung (für fliegende Bauten gilt § 75). 17

b) Fiktion für besondere Fälle (Satz 2)

S. 2 führt eine Reihe von Gegenständen auf, die als bauliche Anlagen zu qualifizieren sind, auch wenn sie nicht die allgemeinen Begriffsmerkmale nach S. 1 aufweisen. Bislang enthielt S. 2 eine unwiderlegbare Vermutung, die durch das Wort „gelten" zum Ausdruck gebracht wurde. Rechtsfolge dieser Vermutung war, dass die Vorschriften der NBauO über die baulichen Anlagen die aufgeführten Anlagen miterfassten. Die NBauO 2012 hat diese Vermutung in eine ausdrückliche **Fiktion** umgewandelt („sind auch") und die aufgeführten Gegenstände damit den „echten" baulichen Anlagen iSd Definition in S. 1 gleichgestellt (zum Unterschied s. Tettinger/Mann, Einführung in die juristische Arbeitstechnik, 5. Aufl. 2015, Rn. 269). Eine andere Rechtsfolge ist mit dieser Veränderung indes nicht beabsichtigt. Sowohl die bisherige Vermutung als auch die nunmehr ausdrückliche Fiktion beruhen auf der Erwägung, dass die erfassten Anlagen die Rechtsgüter des Bauordnungsrechts in gleicher Weise berühren wie reguläre bauliche Anlagen (Reichel/Schulte, Kap. 2, Rn. 80). Obwohl die aufgeführten Anlagen zu baulichen Anlagen im Sinne der NBauO erklärt werden, sind sie damit nicht ohne weiteres bauliche Anlagen iSd BauGB, vgl. → Rn. 2. Im Einzelnen handelt es sich um folgende Anlagen: 18

Ortsfeste Feuerstätten (Nr. 1): Feuerstätten sind im Allgemeinen nur Bauteile, so dass sie keine baulichen Anlagen iSd Abs. 1 S. 1 sind; allerdings fällt ihre Aufstellung, Beseitigung oder Änderung noch als Änderung der baulichen Anlage, zu der sie gehören, unter die NBauO (→ Rn. 16). Auch das kann allerdings zweifelhaft sein, wenn es sich zB um kleinere Öfen oder ähnliche Feuerstätten handelt, die mit wenigen Handgriffen aufgestellt und angeschlossen werden können und deshalb wohl nur noch als Möbel oder Einrichtungsgegenstände (→ Rn. 11 u. 17) anzusehen sind. Da aber auch von ihnen Gefahren ausgehen können, hielt der Gesetzgeber es für erforderlich, sie ebenfalls der NBauO zu unterwerfen. Zu diesem Zweck bestimmt Nr. 1, dass Feuerstätten unabhängig von Größe und Aufstellungsort stets schon selbst bauliche Anlagen sind. Zum Begriff der Feuerstätte → Rn. 130. „**Ortsfest**" ist eine Feuerstätte, wenn sie dazu bestimmt ist, an ein und derselben Stelle genutzt zu werden; es kommt nicht darauf an, ob es leicht 19 oder nur schwer möglich ist, sie vom Aufstellungsort zu entfernen. Nicht erfasst werden Geräte, die an wechselnden Stellen benutzt werden, zB fahrbare Öfen zum Erhitzen von Teer oder Bitumen, tragbare Grillgeräte usw.

20 **Werbeanlagen und Warenautomaten (Nr. 2 und 3):** Im Geltungsbereich anderer LBauOen war streitig, ob Werbeanlagen und Warenautomaten auch dann bauliche Anlagen sind, wenn sie nicht selbst auf dem Erdboden stehen, sondern an Gebäuden angebracht, also nur mittelbar mit dem Boden verbunden sind (verneint von OVG Münster 10.2.1966 – VII A 421/65, BRS 17 Nr. 99; bejaht von OVG Berlin 2.2.1968 – II B 29.67, BRS 20 Nr. 136; OVG Hamburg 31.5.2001 – 2 Bf 323/98, NVwZ-RR 2002, 562 und 21.5.2003 – 2 Bf 100/99, BRS 66 Nr. 151). Die Nr. 2 und 3 klären die Streitfrage für die NBauO im Wege der Fiktion. Werbeanlagen – dieser Begriff wird in § 50 Abs. 1 definiert – und Warenautomaten, die von allgemein zugänglichen Verkehrs- oder Grünflächen aus sichtbar sind, sind danach in jedem Fall bauliche Anlagen iSd NBauO. Zur Frage, ob Werbeanlagen auch bauliche Anlagen iSd BauGB sind, vgl. → § 50 Rn. 11.

21 **Aufschüttungen, Abgrabungen und künstliche Hohlräume unter der Erdoberfläche (Nr. 4):** Hierzu gehören alle künstlichen Veränderungen der Geländeoberfläche wie Dämme, Halden, das Höherlegen von Flächen (OVG Koblenz 12.12.2001 – 8 A 10806/01, BRS 64 Nr. 154 zu einer 10 cm hohen Aufschüttung auf 900 m² Agrarfläche), Gruben (OVG Lüneburg 15.5.1992 – 6 L 52/90, BRS 54 Nr. 221 zu einem Erdbecken für Flüssigmist), Gräben, Terrassierungen und das Einebnen von Gelände (OVG Saarlouis 9.3.1984 – 2 R 175/82, BRS 42 Nr. 150), ferner Stollen, Tunnel usw. Sie werden zumindest teilweise nicht von der Definition des S. 1 erfasst, nämlich wenn sie nicht aus Bauprodukten hergestellt sind. Da auch sie Gefahren verursachen und verunstaltend wirken können, sollen sie im Wege der Fiktion wie bauliche Anlagen den Vorschriften der NBauO unterworfen sein. Im Schrifttum wird die Auffassung vertreten, dass eine „Aufschüttung" oder „Abgrabung" nur vorliege, wenn die Geländeoberfläche damit **auf Dauer verändert** werden soll, also nicht, wenn nur für vorübergehende Zeit zB Baumaterialien oder Boden aufgehäuft oder Gruben ausgehoben werden (Molodovsky/Famers/Waldmann Art. 2 Rn. 37; Jäde/Dirnberger § 2 Rn. 22 f.; Reichel/Schulte, Kap. 2, Rn. 81). Für den planungsrechtlichen Begriff der Aufschüttung (§ 29 Abs. 1 BauGB) trifft das sicher zu. Der bauordnungsrechtliche Begriff erfasst jedoch auch nur **vorübergehende Aufhäufungen und Bodenvertiefungen**, wenn sie nicht geringfügig sind. Dies ist auch sinnvoll, weil sie unabhängig von ihrer Dauerhaftigkeit Gefahrenquellen sein können.

22 Wenn Aufschüttungen oder Abgrabungen allerdings **Teile öffentlicher Verkehrsanlagen** sind oder unter das Bergrecht fallen, werden sie nach § 1 Abs. 2 von der NBauO ausgenommen (→ § 1 Rn. 14, 23 ff., 38). Für sonstige Abgrabungen zur **Gewinnung von Bodenschätzen** (Kiesgruben, Torfabbau usw) gelten uU besondere Vorschriften des Naturschutzrechts, für Gewässerausbauten und Deiche solche des NWG (§§ 107 ff.) und des NDG. Daneben bleibt aber die NBauO, insbes. mit ihren materiellrechtlichen Vorschriften zur Gefahren- und Verunstaltungsabwehr, anwendbar. Für Aufschüttungen von **Abfällen** gelten das Abfallrecht des Bundes (KrWG) und das NAbfG, für die Sanierung von Altablagerungen gilt das BBodSchG. Daneben kann auch noch Bauordnungsrecht anwendbar sein, insbes. als Grundlage für Maßnahmen gegen illegale Müllaufschüttungen (vgl. BVerwG 10.11.1993 – 4 B 185.93, BRS 55 Nr. 197). Mit einer Deponie zusammenhängende Baulichkeiten wie Einfriedungen, Betriebsgebäude, Anlagen zum Sortieren oder Behandeln von Abfällen usw fallen selbstverständlich auch unter die NBauO, soweit Abfall- und Immissionsschutzrecht nichts Besonderes bestimmen (vgl. näher Mann in Versteyl/Mann/Schomerus, KrWG, 4. Aufl. 2019, § 35 Rn. 44 f., 87 ff.).

23 Die **Nr. 5** soll zwei Grenzfälle erfassen, in denen zweifelhaft ist, ob die Anlage iSd S. 1 mit dem Erdboden verbunden ist oder auf ihm ruht (→ Rn. 9). Die erste Variante – **Anlagen, die auf ortsfesten Bahnen begrenzt beweglich sind** – erfasste ursprünglich in erster Linie **Kräne** (Drehkräne, Portalkräne), die sich auf begrenzten Gleisstrecken bewegen. Seit dem ÄnderungsG von 2002 sind Kräne und Krananlagen jedoch aus dem Geltungsbereich der NBauO ausgenommen (§ 1 Abs. 2 Nr. 4, vgl. hierzu → § 1 Rn. 34).

Hiernach wird es nur noch wenige Objekte geben, die unter die erste Alternative der Nr. 5 fallen, wie etwa verschiebbare Hallen oder Waschanlagen (Jäde/Dirnberger § 2 Rn. 16). Die zweite Variante – **Anlagen, die dazu bestimmt sind, vorwiegend ortsfest benutzt zu werden** – gilt **vor allem** für **Fahrzeuge**, die wie Gebäude oder dgl. benutzt werden. Sie soll diejenigen Fahrzeuge den planungs- und bauordnungsrechtlichen Vorschriften über bauliche Anlagen unterwerfen, die zwar zeitweise noch zum Fahren benutzt werden, andererseits aber schon für lange Zeit oder oft oder sonst unter solchen Umständen (als Wochenendquartier, Verkaufs- oder Imbissstand usw) an einem Platz aufgestellt und benutzt werden, dass sie dort wie eine bauliche Anlage wirken. Der Gesetzestext stellt darauf ab, ob das Fahrzeug **„vorwiegend" ortsfest genutzt** wird. Das kann aber nicht heißen, dass die Zeiten der ortsfesten Nutzung länger als die Fahrzeiten sein müssen. Das wäre schon deshalb nicht richtig, weil in den Fällen, um die es geht, das Fahrzeug während der Fahrt zum Aufstellungsort eigentlich nicht Beförderungsmittel, sondern beförderter Gegenstand ist. Statt eines solchen rechnerischen Vergleichs hält die Rspr. vielmehr eine „wertende Betrachtungsweise" für angebracht. Als entscheidend sieht sie an, ob eine „erkennbar verfestigte Beziehung" zwischen Fahrzeug und Grundstück entstanden ist (OVG Lüneburg 30.11.1992 – 1 M 4620/92, BRS 54 Nr. 142; ebenso OVG Weimar 10.11.1999 – 1 KO 519/98, BRS 62 Nr. 160). Maßgeblich ist daher nicht die Dauer der ortsfesten Nutzung, sondern ob die Anlage als Ersatz für ein Gebäude dient (OVG Lüneburg 18.10.2004 – 1 ME 205/04, BRS 67 Nr. 102).

Beispiele: Die Rspr. hat abgestellte Fahrzeuge in folgenden Fällen als bauliche Anlagen angesehen: **Wohnwagen**, wenn sie nicht dem „Wohnwandern" dienen, dh nicht an wechselnden Orten, sondern auf die Dauer oder wiederkehrend auf einem bestimmten Grundstück als Ersatz für ein Wochenend- oder Ferienhaus aufgestellt werden (VGH Mannheim 20.11.1970 – VIII 745/67, BRS 23 Nr. 69; vgl. auch BVerwG 26.6.1970 – IV C 116.68, BRS 23 Nr. 129 und VGH Kassel 8.2.1985 – 3 OE 26/83, BRS 44 Nr. 135); einen Bienenwagen, der jährlich über sieben Monate am selben Platz aufgestellt wird (OVG Münster 5.12.1974 – XI A 700/73, BRS 28 Nr. 30); in vielen Fällen **Verkaufswagen**, die als Ladenersatz dienen, so einen Wagen, in dem einmal wöchentlich ganztägig auf demselben Platz Hähnchen gegrillt und verkauft werden (OVG Saarlouis 22.9.1992 – 2 R 8/92, BRS 54 Nr. 141), einen Fischverkaufswagen, der einmal wöchentlich für nur vier Stunden auf demselben Grundstück aufgestellt wird (OVG Lüneburg 30.11.1992 – 1 M 4620/92, BRS 54 Nr. 142); fahrbare Imbiss-Stände (OVG Saarlouis 15.11.1985 – 2 R 135/84, BRS 44 Nr. 137; OVG Lüneburg 4.9.1986 – 6 A 49/86, BRS 46 Nr. 57); eine werktäglich von 11 bis 14 Uhr am selben Platz aufgestellte Feldküche (VG Dessau 12.12.2001 – 1 A 85/00, BRS 65 Nr. 156). Fahrzeuge, besonders **Anhänger**, werden nicht selten mit auffallenden Aufschriften oÄ **zu Werbezwecken** an Straßen abgestellt. Sie sind dann in den meisten Fällen Werbeanlagen iSv § 50 (näher dazu → § 50 Rn. 15) und sind dann, wenn nicht schon die Voraussetzungen der Nr. 5 vorliegen (so OVG Weimar 10.11.1999 – 1 KO 519/98, BRS 62 Nr. 160), jedenfalls nach Nr. 2 (→ Rn. 20) bauliche Anlagen. Von Nr. 5 erfasst sind auch **Wasserfahrzeuge**. Ein Schiff, Boot oder Floß ist auch dann, wenn es noch fahren kann, nach S. 2 Nr. 5 eine bauliche Anlage, wenn es „vorwiegend" (s. oben) ortsfest genutzt wird, etwa als schwimmende Fischerhütte (VGH München 16.10.1975 – 40 VIII 74, BayVBl. 1978, 180), als schwimmendes Restaurant (VGH Kassel 14.4.1986 – 4 TH 449/86, BRS 46 Nr. 130), als Verkaufsstätte oder Wochenendhaus (so OVG Lüneburg 14.9.1978 – VI B 48/78, BRS 33 Nr. 131 zu einem Wohnboot auf einem nur 2500 m^2 großen Fischteich; anders beurteilt hat OVG Koblenz 9.7.1970 – 1 A 112/68, VerwRspr. 22 Nr. 135 ein in einem Rheinhafen liegendes Wohn- und Lagerschiff und BVerwG 5.7.1974 – IV 76.71, VerwRspr 1975, Nr. 159, da die Beplanbarkeit nach §§ 9 Abs. 1 Nr. 16, 29 Abs. 1 BauGB ausgeschlossen ist). Bauliche Anlagen im bauordnungsrechtlichen (aber nicht planungsrechtlichen) Sinne sind auch Fahrzeuge, die als **Baubuden** oder auf wechselnden Märkten als Verkaufsstände benutzt werden, mag es hier auch an der „verfestigten Beziehung" fehlen. Nicht als bauliche Anlagen gelten jedoch Fahrzeuge, die nur **Ausstellungs- oder Verkaufsobjekte** 24 oder auf einem Platz **einfach nur abgestellt** sind; sie werden dann nicht, wie Nr. 5 voraussetzt, „ortsfest benutzt“ (aM VGH Kassel 20.3.1987 – 4 TH 2828/86, NVwZ 1988, 165 für einen abgestellten Wohnwagen). In diesen Fällen kann aber der Platz, auf dem Gegenstände abgestellt sind, nach Nr. 8 eine bauliche Anlage sein (dazu → Rn. 28).

25 Ist ein **Fahrzeug** seinem Beförderungszweck gänzlich entfremdet und wird es **nur noch ortsfest benutzt**, so war es früher iSv Abs. 1 S. 1 eine bauliche Anlage. Seit der Fassung der NBauO 1995 setzt jene Vorschrift aber voraus, dass die bauliche Anlage aus „Bauprodukten“ hergestellt ist. Da Fahrzeugteile nicht dazu gehören (→ Rn. 13) ist Abs. 1 S. 1 auf diese Fahrzeuge nicht mehr anwendbar. Jedoch wird man sie weiter als bauliche Anlagen ansehen können, denn wenn nach Abs. 1 S. 2 Nr. 5 schon „vorwiegend“ ortsfest genutzte Fahrzeuge als bauliche Anlagen gelten, muss dies wohl erst recht zutreffen, wenn sie auf Dauer ortsfest genutzt werden.

26 **Gerüste (Nr. 6):** Seit der NBauO 1995 werden gem. Nr. 6 auch Gerüste zu baulichen Anlagen erklärt. Gemeint sind hier die für Bauarbeiten vorübergehend aufgestellten oder angebrachten Baugerüste. Nach S. 1 sind Gerüste grundsätzlich nur dann bauliche Anlagen, wenn sie auf dem Erdboden stehen. Die Regelung in Nr. 6 bewirkt nun, dass auch andere (zB an dem entstehenden Bau angebrachte oder in seinem Inneren aufgestellte) Gerüste unter den Begriff der baulichen Anlage fallen. Um überhaupt von der NBauO erfasst zu werden, brauchten Baugerüste keine baulichen Anlagen zu sein. Da deren Aufbau, Gebrauch und Abbau zur Baumaßnahme gehören, können Sicherheitsanforderungen an Baugerüste auf § 3 Abs. 5 S. 1 gestützt werden. Wenn nunmehr alle Gerüste bauliche Anlagen sind, hat dies insoweit Auswirkungen, als vorgefertigte Gerüstteile hierdurch zu Bauprodukten iSd Abs. 14 werden und damit unter die §§ 17 ff. fallen. Anders als die MBauO und andere LBauOen bestimmt die NBauO nicht, dass „**Hilfseinrichtungen zur statischen Sicherung von Bauzuständen**“ zu den baulichen Anlagen zählen. Soweit solche Einrichtungen nicht auch schon in Gerüsten (Traggerüste für Betonschalungen uä) bestehen und damit unter Nr. 6 fallen, können auch an diese nach § 3 Abs. 5 S. 1 Sicherheitsanforderungen gestellt werden.

27 **Fahrradabstellanlagen (Nr. 7):** Seit der Novelle von 1995 schreibt die NBauO für bestimmte bauliche Anlagen auch Fahrradabstellanlagen vor (vgl. § 48). Die Nr. 7 soll bewirken, dass Fahrradabstellanlagen auch dann den Anforderungen der NBauO unterliegen (und als solche nach § 48 Abs. 1 auch baugenehmigungspflichtig sein können, vgl. Anhang Nr. 14.8), wenn sie nicht schon nach S. 1 bauliche Anlagen sind (etwa wenn sie nur in einer Abstellfläche mit nicht fest im Boden verankerten Fahrradständern bestehen).

28 **Lagerplätze, Abstell- und Ausstellungsplätze (Nr. 8)** werden oft nicht „aus Bauprodukten hergestellt“ sein, so dass sie nicht unter die allgemeine Begriffsbestimmung in S. 1 fallen. Jedoch können diese Flächen, auch wenn sie ohne bauliche Vorkehrungen für einen der genannten Zwecke genutzt werden, gefährlich, verunstaltend oder städtebaulich bedenklich sein (vgl. → Rn. 8); sie sollen deshalb in jedem Fall, einerlei, ob sie eingefriedet, befestigt oder sonst baulich hergerichtet sind, als bauliche Anlagen iSd NBauO definiert werden. Zu der Frage, ob sie bauliche Anlagen iSd BauGB sind, → Rn. 6; nach BVerwG 7.9.1979 – 4 C 45.77, BRS 35 Nr. 157 und 29.6.1999 – 4 B 44.99, UPR 1999, 357, sind Lager-, Abstell- und Ausstellungsflächen als „Lagerstätten“ iSd § 29 Abs. 1 BauGB anzusehen. Der **Begriff „Lagerplätze“** ist weit auszulegen und umfasst Grundstücksflächen, auf denen dauerhaft Gegenstände gelagert, abgelegt oder abgestellt werden, unabhängig zu welchem Zweck dies geschieht (BVerwG 29.6.1999 – 4 B 44/99, BauR 1999, 1133). Ein Platz der hier genannten Art kann schon dadurch entstehen, dass jemand eine im Freien gelegene Fläche, über die er verfügt, zum Lagern, Abstellen oder Ausstellen irgendwelcher Sachen in Gebrauch nimmt. Auch deshalb ist die Fläche für die Anzucht von Containerpflanzen, mit der sich der VGH Mannheim (25.10.1988 – 8 S 2639/88, BRS 49 Nr. 155) befasst hat, als bauliche Anlage anzusehen. Es genügt allerdings nicht, dass ein Gegenstand nur gelegentlich (also nicht wie-

derholt) für kurze Zeit an einem Ort abgestellt wird. Von einem „Lagerplatz“ usw ist üblicherweise erst die Rede, wenn sich diese Zweckbestimmung erkennbar „verfestigt“ hat (ähnlich Sauter §2 Rn. 23). Plätze zum **vorübergehenden Lagern von Abfällen**, auch zum Lagern und Ausschlachten von Altautos, fallen nur unter die NBauO, soweit Abfall- und Immissionsschutzrecht keine besonderen Regelungen treffen (→ Rn. 22).

Stellplätze (Nr. 9): Wie die unter Nr. 8 genannten Lagerplätze usw werden aus denselben Gründen (→ Rn. 28) auch Stellplätze zu baulichen Anlagen erklärt: Nach der Begriffsbestimmung in Abs. 9 S. 1 sind Stellplätze die im Freien außerhalb der öffentlichen Verkehrsflächen gelegenen Flächen zum Abstellen von Kraftfahrzeugen (vgl. hierzu → Rn. 122). Zu den Anforderungen an Stellplätze und Einstellplätze vgl. §§ 46 und 47. 29

Camping- und Wochenendplätze (Nr. 10) werden durch Nr. 10 zu baulichen Anlagen erklärt. Der Begriff der Campingplätze schließt – wie schon in der eindeutigeren Gesetzesfassung bis 1986 („Camping- und Zeltplätze“) – Zeltplätze ein. Die Fiktion als bauliche Anlage in Nr. 10 beruht zunächst auf denselben Gründen wie die der Nr. 8 und 9 (vgl. → Rn. 28). Weiter dient sie der Verfahrenserleichterung, und zwar in Verbindung mit den **Nrn. 8.1 und 8.2 des Anhanges zu § 60 NBauO**. Danach bedürfen Wohnwagen und Zelte auf Campingplätzen, Wochenendhäuser auf Wochenendplätzen und bauliche Anlagen, die keine Gebäude sind, auf beiden Arten von Plätzen keiner Baugenehmigung. Auch hier soll die erforderliche präventive Kontrolle solcher Bauten schon im Voraus bei der Entscheidung über die Genehmigung des Camping- oder Wochenendplatzes stattfinden. 30

Die NBauO bestimmt nicht näher, was sie unter Camping- oder Wochenendplätzen versteht. Jedoch enthält die **CPl-Woch-VO** vom 12.4.1984 (Nds. GVBl. S. 109), geänd. d. VO v. 13.11.2012 (Nds. GVBl. S. 438), in § 1 Abs. 1 und 2 folgende **Begriffsbestimmungen:** 31

(1) [1]Campingplätze sind Plätze, die während des ganzen Jahres oder wiederkehrend während bestimmter Zeiten des Jahres betrieben werden und die zum Aufstellen und zum vorübergehenden Bewohnen von mehr als drei Wohnwagen oder Zelten bestimmt sind. [2]Als Wohnwagen gelten nur Wohnanhänger, Klappanhänger und motorisierte Wohnfahrzeuge, die jederzeit ortsveränderlich und so beschaffen sind, daß sie jederzeit zum Verkehr auf öffentlichen Straßen zugelassen werden können.

(2) [1]Wochenendplätze sind Baugrundstücke, die zum Aufstellen oder Errichten von Wochenendhäusern bestimmt sind und deren Erschließung ganz oder teilweise durch Anlagen und Einrichtungen sichergestellt ist, die der Betreiber unterhält und zur Verfügung stellt. [2]Die Grundfläche der Wochenendhäuser darf nicht mehr als 40 m^2 und ihre größte Höhe nicht mehr als 3,20 m betragen. [3]Bei der Ermittlung der Grundfläche bleibt ein überdachter Freisitz bis zu 10 m^2 Grundfläche oder ein Vorzelt unberücksichtigt. [4]Bei der Bemessung der Höhe bleiben Giebeldreiecke außer Betracht, soweit sie, waagerecht gemessen, nicht breiter als 3 m sind.

Diese Definitionen besagen zunächst nur, was die CPl-Woch-VO selbst unter Camping- und Wochenendplätzen versteht (vgl. → Rn. 2). Mangels spezieller Ermächtigung kann sie nicht auch die Begriffe der NBauO verbindlich abgrenzen. Jedoch kann sie, insbes. soweit sie auch mit entsprechenden VOen anderer Länder übereinstimmt (vgl. § 2 Abs. 1 u. 4 der CW VO NRW v. 24.3.2011, GV NW S. 197), einen Anhaltspunkt dafür geben, was nach üblichem Sprachgebrauch unter Camping- und Wochenendplätzen verstanden wird. Mit diesem Vorbehalt kann sie auch **zur Auslegung der NBauO herangezogen** werden. Danach werden die Definitionen in § 1 Abs. 1 u. 2 CPl-Woch-VO sachlich für die NBauO zu übernehmen sein. Die Größenbegrenzungen in Abs. 2 S. 2–4 sind wohl nicht als materiellrechtliche Anforderung, sondern (ähnlich Abs. 1 S. 2) als Teil der Definition des Wochenendplatzes gemeint (so deutlicher die VO in NRW). Beabsichtigt ist offenbar, dass nur Objekte, die den Rahmen des Abs. 1 S. 1 bzw. des Abs. 2 S. 2–4 einhalten, nach Nrn. 8.1. und 8.2. des Anhangs zur NBauO genehmigungsfrei, dh von der Baugenehmigung für den Camping- oder Wochenendplatz schon eingeschlossen sind. Zur Klarstellung dürfte sich empfehlen, die Baugenehmigung für einen Camping- oder Wochenendplatz ausdrücklich mit diesen Einschränkungen zu versehen.

32 Von 1986 bis 2012 enthielt Nr. 10 zusätzlich den Begriff der „**Kleingartenanlagen**" iSd BKleingG. Mit der NBauO **2012** ist die Begriffserweiterung der Nr. 10 **entfallen**, da kein Bedürfnis mehr bestand, Kleingartenanlagen als bauliche Anlagen zu definieren. Kleingartenanlagen sind auch als sonstige Anlagen vom Anwendungsbereich der NBauO erfasst, soweit Anforderungen an sie gestellt werden (vgl. § 1 Abs. 1 S. 2). Sie fallen darüber hinaus auch unter den Begriff des Baugrundstücks, wenn dort bauliche Anlagen, zB Gartenlauben, errichtet werden (BegrRegE NBauO 2012, LT-Drs. 16/3195, 66). Die Errichtung einer Gartenlaube in einer Kleingartenanlage iSd BKleingG ist ihrerseits gemäß § 60 iVm Nr. 1.5 des Anhangs zu § 60 eine verfahrensfreie Baumaßnahme.

33 **Spiel- und Sportplätze (Nr. 11):** Aus den unter → Rn. 28 dargelegten Gründen gelten nach Nr. 11 auch Spiel- und Sportplätze als bauliche Anlage. Dazu gehören die Spielplätze, die aufgrund des § 9 Abs. 3 zu schaffen sind, aber auch „freiwillige" Spielplätze, ferner Sportplätze aller Art, also ua Golfplätze (VGH Kassel 19.2.1991 – 4 TH 1130/89, BRS 52 Nr. 132; s. auch Schulze-Hagen BauR 1986, 6 ff.) sowie Tennis- und Minigolfplätze. Flächen, die für den Betrieb von Modellflugzeugen hergerichtet werden, gehören gleichfalls zu den Spiel- und Sportplätzen (so OVG Münster 27.4.1999 – 10 B 687/99, BauR 1999, 1444); s. aber auch → Rn. 35.

34 **Freizeit- und Vergnügungsparks (Nr. 12):** Dieser Tatbestand wurde durch die **NBauO 2012** neu eingeführt. Aufgrund des mit diesen Anlagen verbundenen Gefahrenpotentials sollten diese ausdrücklich als bauliche Anlagen benannt und damit der NBauO unterworfen werden. In der NBauO mangelt es an einer näheren Definition des **Freizeitparks**. Nach allgemeinem Sprachgebrauch handelt es sich hierbei um größere Ausflugs- und Vergnügungsstätten mit in der Regel kommerziellen Freizeitangeboten (vgl. insoweit den Entwurf eines Gesetzes zur Umsetzung der UVP-Änderungsrichtlinie, BT-Drs. 14/4599, 121). Erforderlich ist allerdings eine gewisse organisatorische Verbindung. Das OVG Lüneburg hat eine bloße Ansammlung verschiedener Sportstätten an einem Ort, ohne dass eine organisatorische Zusammenfassung sowie ein in sich geschlossenes bestimmtes Vergnügungskonzept für den Besuch erkennbar wäre, nicht als Freizeitpark angesehen (OVG Lüneburg 22.5.2006 – 9 ME 155/06, NVwZ-RR 2006, 782). Der **Vergnügungspark** stellt einen Unterfall des Freizeitparks dar und umschreibt die Freizeitgestaltung durch Vergnügungen. Freizeit- und Vergnügungsparks können nach einem übergreifenden Thema konzipiert sein. Man spricht dann von einem „**Themenpark**". Ebenso werden **Zoos** von Nr. 12 mitumfasst (BegrRegE NBauO 2012, LT-Drs. 16/3195, 66). Durch § 2 Abs. 1 Nr. 12 wird der Freizeitpark als Gesamtanlage zu einer baulichen Anlage erklärt. Aufgrund der erheblichen Größe handelt es sich bei dem Freizeitpark um einen Sonderbau (vgl. Abs. 5 Nr. 17) mit der Folge, dass das normale Baugenehmigungsverfahren einzuhalten ist (vgl. § 60), vgl. → Rn. 80.

35 **Sonstige Anlagen, die einen Zu- und Abgangsverkehr mit Kraftfahrzeugen erwarten lassen (Nr. 13):** Diese Auffangvorschrift soll Anlagen erfassen, die nicht schon nach den vorangehenden Vorschriften bauliche Anlagen sind, aber wegen ihrer Auswirkungen auf den Verkehr dem Baurecht, besonders den Vorschriften über Einstellplätze (§ 47), unterliegen müssen. Auch in den Fällen der Nr. 13 muss es sich immerhin um eine „Anlage" handeln, dh es muss von Menschen etwas Ortsfestes geschaffen oder eingerichtet worden sein. Das kann durch eine Anpflanzung, das Entfernen von Vegetation oder eine andere Herrichtung des Geländes geschehen (vgl. OVG Lüneburg 16.2.1995 – 1 L 6044/92, BRS 57 Nr. 182), aber auch nur einfach dadurch, dass eine Fläche auf längere Zeit oder wiederkehrend für einen bestimmten Zweck genutzt wird. Hierher gehören, falls sie Kfz-Verkehr anziehen, **Festplätze**, Liegewiesen, Gartenanlagen, Friedhöfe, die als solche sonst keine baulichen Anlagen wären (vgl. VGH Kassel 21.2.1979 – IV TG 1/79, BRS 35 Nr. 146), Flugplätze für Modellflugzeuge (OVG Lüneburg 21.12.1987 – 1 B 78/87, BRS 47 Nr. 136; 6.12.1991 – 1 M 307/91, BRS 52 Nr. 135 u. 16.2.1995 – 1 L 6044/92, BRS 57 Nr. 182; sie können auch unter Nr. 11 fallen, → Rn. 33) sowie **Floh- und Trö-**

delmärkte (OVG Lüneburg 27.8.1998 – 6 M 3948/98, nv; Letztere sind zwar bauliche Anlagen, aber keine Vorhaben iSv § 11 Abs. 3 BauNVO, vgl. OVG Münster 21.7.1995 – 10 B 1978/95, BRS 57 Nr. 77).

C. Gebäude (Abs. 2)

Allgemeines: Abs. 2 bestimmt, was die NBauO unter Gebäuden versteht. Aus dem Kreis der baulichen Anlagen bilden die Gebäude den wichtigsten Ausschnitt. Viele Anforderungen, die der Sicherheit oder dem gesunden Wohnen und Arbeiten dienen, lassen sich idR sinnvollerweise nur an Gebäude stellen. Die NBauO verwendet daher häufig den Begriff des Gebäudes anstelle des allgemeinen Begriffs der baulichen Anlage, so zB in den Vorschriften über Grenz- und Gebäudeabstände (§§ 5 ff.); ebenso stellt die DVO-NBauO oft auf den Begriff des Gebäudes ab. 36

Auch im **Planungsrecht** beziehen sich einige Vorschriften auf „Gebäude", so die §§ 13 und 20-23 BauNVO. Für diese Vorschriften ist die bauordnungsrechtliche Definition ebenfalls grds. verwendbar, weil sie einen allgemein anerkannten Begriff umschreibt (so OVG Münster 30.4.1975 – X A 289/74, BRS 29 Nr. 113; OVG Lüneburg 26.2.1980 – 6 A 86/79, BRS 36 Nr. 151 und 20.5.1987 – 1 A 125/86, BRS 47 Nr. 61; dagegen Reichel/Schulte, Kap. 2, Rn. 94; Fickert/Fieseler § 22 Rn. 6.1). Im Planungsrecht ist der Gebäudebegriff zB von Bedeutung, soweit nach § 13 BauNVO nur „Räume", aber keine „Gebäude" für Freiberufler zulässig sind (dazu OVG Lüneburg 20.5.1987– 1 A 125/86, BRS 47 Nr. 61; BVerwG 13.12.1995 – 4 B 245.95, BRS 57 Nr. 79; 18.5.2001 – 4 C 8.00, NVwZ 01, 1284) und wenn ein Bebauungsplan nach § 9 Abs. 1 Nr. 6 BauGB die Zahl der Wohnungen je Wohngebäude begrenzt. Dagegen lässt sich die Frage, ob es sich um ein „Einzelhaus", ein „Doppelhaus" oder eine „Hausgruppe" iSv § 22 Abs. 2 BauNVO handelt, nach heute hM nicht einfach danach beantworten, ob ein Gebäude iSd Bauordnungsrechts für sich steht oder ob zwei oder mehr Gebäude aneinander gebaut sind. Vielmehr ist hier die Lage der Baukörper zu den seitlichen Grundstücksgrenzen gemeint: **Einzelhaus** ist demnach ein Baukörper, der Abstand zu beiden seitlichen Grenzen des Baugrundstücks hält, auch wenn er sich aus mehreren Gebäuden iSv § 2 Abs. 2 NBauO zusammensetzt. Ein **Doppelhaus** liegt vor, wenn die Bebauung zweier seitlich aneinander grenzender Grundstücke auf der gemeinsamen Grundstücksgrenze – zwar nicht unbedingt deckungsgleich, aber mit nicht allzu großem Versatz – aneinander stößt, während sie zu den beiden äußeren Seitengrenzen Abstand hält (BVerwG 24.2.2000 – 4 C 12.98, BauR 2000, 1168; 17.8.2011 – 4 B 25.11; König/Roeser/Stock BauNVO § 22 Rn. 19 ff.). 37

Ein Gebäude iSd NBauO ist eine Anlage, die alle folgenden vier **Begriffsmerkmale** aufweist: 38

Es muss sich zunächst um eine **bauliche Anlage** iSd Abs. 1 handeln (vgl. → Rn. 5 ff.). Darüber hinaus muss die bauliche Anlage – zweitens – **selbständig benutzbar** sein, also unabhängig von anderen baulichen Anlagen genutzt werden können (BVerwG 13.12.1995 – 4 B 245.95, BRS 57 Nr. 79; Reichel/Schulte, Kap. 2, Rn. 98). Sie braucht nicht für sich allein zu stehen, sondern kann an eine andere unmittelbar angebaut sein. So ist zB bei geschlossener Bauweise, Hausgruppen oder Doppelhäusern jede für sich nutzbare Hauseinheit, insbes. jedes Einfamilienreihenhaus, ein selbständiges Gebäude (vgl. BegrRegE NBauO 1973 S. 54; VGH Mannheim 8.3.1988 – 8 S 1021/88, BRS 48 Nr. 169). Erforderlich ist nur, dass die Anlage ohne Mitbenutzung eines Bauteils (Hauseingang, Flur, Treppe usw) benutzt werden kann, der auch der Nutzung einer anderen Baulichkeit dient (Sauter § 2 Rn. 34). Keine Gebäude sind demnach **Gebäudeflügel oder Anbauten**, die keinen eigenen Zugang vom Freien haben. Anders verhält es sich wohl, wenn die Teile, die gemeinsam benutzt werden müssen, nur untergeordnete Bedeutung haben; so hat das OVG Lüneburg (21.4.1986 – 1 A 56/85, BRS 46 Nr. 98) drei Hauseinheiten, die vor ihren Eingängen einen gemeinsamen Windfang hatten, dennoch als drei Gebäude angesehen. Eine gemeinsame Trennwand zweier Bauten hindert in keinem Fall daran, sie als zwei selbständige Gebäude anzusehen (OVG Lüneburg 26.2.1980 – 6 A 86/79, BRS 36 Nr. 151). Die selbständige Benutzbarkeit hängt allein von den tatsächlichen Verhältnissen ab; eine rechtliche Selbständigkeit wird hier nicht vorausgesetzt (OVG Lüneburg 21.4.1986 u. 20.5.1987 – 1 A 125/86, BRS 47 Nr. 61). Einem Vordach oder einer Hauseingangsüberdachung fehlt das Merkmal der selbständigen Benutzbarkeit, dies sind lediglich unselbständige Gebäudeteile (BVerwG 13.6.2005 – 4 B 27.05, BauR 2005, 1755).

39 Räume und Raumgruppen bilden, selbst wenn sie selbständig benutzbar sind, insbes. einen eigenen Zugang vom Freien haben, dann **keine Gebäude**, wenn sie **nur Teil einer baulichen Anlage** sind. Das ist insbes. der Fall, wenn ihnen die eigene Verbindung zum Erdboden fehlt. So sind einzelne Geschosse, Wohnungen oder Räume innerhalb mehrgeschossiger Bauten auch dann keine Gebäude, wenn sie (zB über Außentreppen oder bei Hanglage) einen eigenen Zugang haben und daher selbständig nutzbar sind. Auch ebenerdige Räume ergeben trotz eigenen Einganges dann kein (selbständiges) Gebäude, wenn sie zusammen mit anderen Räumen in einen Baukörper (konstruktiv) einbezogen sind, sich also unter einem gemeinsamen Dach befinden (so OVG Lüneburg 19.4.1999 – 1 L 805/99, BRS 62 Nr 139 (1999) zu einem Heizraum mit eigenem Eingang). Dagegen sind konstruktiv selbständige Anbauten an einen „Hauptbau" (zB Garagen-, Büro- oder Werkstattanbauten an Wohnhäuser) als Gebäude anzusehen, wenn sie eigene Eingänge haben und auch im Übrigen selbständig nutzbar sind, so dass sie an andere Personen als an den Wohnhauseigentümer vermietet werden könnten. Dies gilt auch, wenn zwischen Anbau und Hauptbau eine innere Verbindung besteht (Sauter § 2 Rn. 35 f.; BVerwG 13.12.1995 – 4 B 245.95, BRS 57 Nr. 79). An der selbständigen Benutzbarkeit eines Büro- oder Werkstattanbaus fehlt es allerdings, wenn die notwendigen Sanitärräume (vgl. § 45 Abs. 1 S. 2) nur im Haupthaus vorhanden sind.

40 Drittens muss die Anlage **überdeckt** sein und, was hiermit eng zusammenhängt, **geeignet oder bestimmt sein, dem Schutz von Menschen, Tieren oder Sachen zu dienen**. Danach muss die Anlage wenigstens ein Dach zum Schutz vor Regen und Schnee haben. Umfassungswände sind nicht erforderlich; es genügt, wenn das Dach nur auf Stützen ruht (ebenso zB Molodovsky/Famers/Waldmann BayBO Art. 2 Anm. 3.3; aM Sauter § 2 Rn. 40). Gebäude ist also auch eine Bahnsteigüberdachung, ein Tankstellendach, ein überdeckter Autoabstellplatz („Carport"), nicht dagegen eine Pergola. Die Überdachung kann aber (zeitweise) zu öffnen oder abzunehmen sein (so VGH München 9.10.1986 – 26 B 84 A.2610, BRS 46 Nr. 133 zu einer „Holzlege"). Gebäude können auch unter der Geländeoberfläche liegen wie zB Tiefgaragen oder **U-Bahn-Stationen**. Um dies klarzustellen, ist hier seit der NBauO 1995 von **„überdeckten"** statt „überdachten" Anlagen die Rede.

41 Viertens muss die Anlage, um Gebäude iSd Abs. 2 zu sein, **von Menschen betreten werden können**. Ein erwachsener Mensch normaler Größe muss also aufrecht hineingehen können (vgl. VGH München 9.10.1986 – 26 B 84 A.2610, BRS 46 Nr. 133). Keine Gebäude sind danach Anlagen, die für Menschen keine normale Eintrittsmöglichkeit bieten (Silos, Behälter) oder die zum Betreten zu klein sind (Transformatorenkästen, Kleintierställe).

D. Gebäudeklassen (Abs. 3)

42 **Allgemeines:** Je höher sich Bauten über das Gelände erheben, desto größer können Gefahren, besonders Brandgefahren, Erschwernisse und Nachteile für Bewohner, Benutzer und Umgebung werden. Das Bauordnungsrecht steigert deshalb verschiedene seiner Anforderungen mit zunehmender Höhe der Bauten. Das geschieht entweder gleitend, so zB in § 5, oder stufenweise, so etwa in § 38 Abs. 2, wo die ausschlaggebende Höhe in Metern angegeben wird. Zunächst war es im Bauordnungsrecht sehr gebräuchlich, Anforderungen nach der Zahl der „Vollgeschosse" abzustufen. Es hat sich jedoch ergeben, dass der (in Abs. 7 definierte) Vollgeschossbegriff in bauordnungsrechtlichen Vorschriften, für die es auf die wirkliche Gebäudehöhe ankommt, als Maßstab wenig brauchbar ist (u. → Rn. 98). Daher bildete sich im Bauordnungsrecht eine eigens auf dessen Zwecke, besonders den Brandschutz, zugeschnittene Abstufung heraus, und zwar mit Hilfe des Begriffs des „Gebäudes geringer Höhe". Dieser wurde in Nds. zunächst in der DVNBauO (Fassung von 1987, § 1 Abs. 1) eingeführt und mit Änderungen in die NBauO 1995 übernommen (ebenso § 2 Abs. 3 MBauO 1996). Auf bauordnungsrechtliche Zwecke abgestimmt wurde außerdem der Begriff des Hochhauses, den die NBauO seit 1973 kennt (heute in Abs. 5 Nr. 1). So ergaben sich bis zum Inkrafttreten der NBauO 2012 folgende Höhenstufen:

1. Gebäude geringer Höhe (Abs. 9 aF),
2. höhere Gebäude, die noch keine Hochhäuser sind,
3. Hochhäuser (Abs. 3 aF).

Die **NBauO 2012** hat darauf aufbauend eine bereits in der MBauO weiterentwickelte neue Abstufung eingeführt, die die systematische Grundlage für das neue bauordnungsrechtliche Brandschutzkonzept bildet. Die Gebäude werden nunmehr in **fünf Gebäudeklassen** eingeteilt, wobei die bislang maßgebliche Klassizifierung der Gebäudehöhe mit der Zahl und der Größe der Nutzungseinheiten verbunden wird. Diese Unterscheidung ist für die verfahrens- und materiellrechtlichen Anforderungen von Bedeutung, die an die einzelnen Gebäudeklassen anknüpfen und in den Vorschriften der NBauO sowie den Rechtsverordnungen aufgrund der NBauO, insbes. der DVO-NBauO, enthalten sind.

Absatz 3 enthält daher die Begriffsbestimmungen dieser fünf Gebäudeklassen, welche 43
sich **abgestuft an** deren **Gefahrenpotenzial** orientieren. Unbedenkliche Gebäude gehören zur untersten Gebäudeklasse, gefährliche Gebäude zur höchsten Gebäudeklasse (Reichel/Schulte, Kap. 2, Rn. 111). Dabei wird nicht nur auf die Höhe der Gebäude, sondern auch auf die Anzahl und Größe der in dem jeweiligen Gebäude enthaltenen Nutzungseinheiten abgestellt. Unter einer **Nutzungseinheit** ist die Summe der Räume zu verstehen, die einer bestimmten Nutzung zu dienen bestimmt sind und welche eine gewisse Abgeschlossenheit gegenüber anderen Nutzungseinheiten bzw. allgemein zugänglichen Bereichen aufweist (Ausschussbericht NBauO 2012, LT-Drs. 16/4621, 3; Reichel/Schulte, Kap. 2, Rn. 158; vgl. hierzu auch → § 33 Rn. 3). Gebäude mit Nutzungseinheiten, die deutlich kleiner sind als Brandabschnitte, die über ein eigenes Rettungssystem verfügen, wie zB Wohnungen, kleine Verwaltungseinheiten, Praxen, kleine Läden, stellen für die Brandausbreitung und die Brandbekämpfung durch die Feuerwehr ein geringeres Risiko dar als Gebäude mit ausgedehnten Nutzungseinheiten. Daher sind für Gebäude mit kleineren Nutzungseinheiten auch geringere Brandschutzanforderungen vertretbar (BegrRegE NBauO 2012, LT-Drs. 16/3195, 67). Allgemein lassen sich die Gebäudeklassen zunächst in drei Kategorien anhand der bislang auch maßgeblichen Gebäudehöhe einteilen. Wegen der Aufnahme ausformulierter Maße wird insoweit allerdings auf die bisher in § 2 Abs. 9 S. 1 aF enthaltene Legaldefinition des Gebäudes geringer Höhe verzichtet (BegrRegE NBauO 2012, LT-Drs. 16/3195, S. 67), vgl. insoweit → § 2 Rn. 41 in der 8. Auflage. Die Gebäudeklassen 1-3 erfassen eine maximale Gebäudehöhe von 7 m, die Gebäudeklasse 4 maximal 13 m und die Gebäudeklasse 5 alle Gebäude, die die Höhe von 13 m überschreiten. Zur Höhenberechnung vgl. → Rn. 50. Voraussetzung aller Gebäudeklassen ist das Vorliegen eines **Gebäudes iSd Abs. 2**, nicht anderer baulicher Anlagen oder sonstiger Anlagen und Einrichtungen, an die in der NBauO oder in Vorschriften aufgrund der NBauO Anforderungen gestellt werden (§ 1 Abs. 1 S. 2). Die Einstufung in Gebäudeklassen ist allerdings unabhängig von der Einstufung als Sonderbau iSd Abs. 5 (BegrRegE, NBauO 2012, LT-Drs. 16/3195, S. 67).

Gebäudeklasse 1 umfasst zunächst **freistehende Gebäude** mit einer Höhe **bis zu 7 m** 44
(zu dem Begriff der Höhe vgl. Abs. 3 Satz 3; → Rn. 50) und nicht mehr als zwei Nutzungseinheiten von insgesamt nicht mehr als 400 m² Grundfläche. Hierzu zählen insbes.

freistehende Ein- und Zweifamilienhäuser, für die bisher schon eine Reihe von vereinfachten Anforderungen galt. Die Nutzung wird insoweit jedoch nicht mehr nur auf Wohnen beschränkt (BegrRegE NBauO 2012, LT-Drs. 16/3195, 67). Daher sind hiervon auch Gebäude erfasst, die zur Ausübung eines Gewerbes oder als Verwaltungsgebäude genutzt werden. **Freistehend** ist ein Gebäude, wenn es nicht ganz oder teilweise an ein anderes Gebäude oder eine andere bauliche Anlage angebaut ist (Simon/Busse BayBO Art. 2 Rn. 286). Das **Höhenmaß von 7 m** erklärt sich aus dem Umstand, dass Menschen aus dieser Höhe bei einem Brand noch mit einer üblichen Feuerwehrleiter gerettet werden können. Mit der tragbaren Feuerwehrleiter ist ein Fenster noch erreichbar, wenn seine Unterkante bis etwa 8 m über Gelände liegt. Rechnet man eine Brüstungshöhe von 1 m ab, so ergibt sich die Fußbodenhöhe von 7 m über dem Ausgangspunkt des Rettungsweges (s. Abb. 1). Zur Gebäudeklasse 1 gehören nach Abs. 3 Satz 1 Nr. 1b ebenso freistehende **land- oder forstwirtschaftlich genutzte Gebäude**, und zwar unabhängig von ihrer Größe. Unter diesen Gebäudebegriff fallen allerdings nur landwirtschaftliche Betriebsgebäude ohne Wohnungen (BegrRegE, NBauO 2012, LT-Drs. 16/3195, S. 67). An die Gebäudeklasse 1 knüpfen die den Fünften Teil der NBauO „Der Bau und seine Teile" (§§ 26 ff.) ausführenden Vorschriften der §§ 5 ff. DVO-NBauO (Wände, Trennwände, Brandwände), § 17 DVO-NBauO (notwendige Flure) usw an. Daneben ist diese Gebäudeklasse im Rahmen der technischen Gebäudeausrüstung (vgl. §§ 38 ff.), wie für Aufzüge (§ 21 DVO-NBauO) und Lüftungsanlagen (§ 23 Abs. 5 DVO-NBauO) von Bedeutung. Erleichterte Anforderungen an Wohngebäude der Gebäudeklasse 1 befinden sich in §§ 4 Abs. 4 (Umwehrungen) und 7 Abs. 4 DVO-NBauO (Trennwände) usw. Verfahrensrechtliche Erleichterungen finden sich in § 62 Abs. 1 Nr. 1 und 2 (Sonstige genehmigungsfreie Baumaßnahmen).

45 **Gebäudeklasse 2** umfasst die gleichen Gebäude wie die Gebäudeklasse 1, also Gebäude bis zu 7 m Höhe mit nicht mehr als zwei Nutzungseinheiten von insgesamt nicht mehr als 400 m², wenn sie **nicht freistehend** sind (zum Begriff vgl. → Rn. 44). Landwirtschaftlich und forstwirtschaftlich genutzte Gebäude sind hier im Gegensatz zur Gebäudeklasse 1 nicht erfasst. Brandschutzrechtliche Anforderungen finden sich in den §§ 5 ff. DVO-NBauO. Auch die Gebäudeklasse 2 ist im Rahmen der technischen Gebäudeausrüstung bedeutsam (Aufzüge, § 21 DVO-NBauO), Lüftungsanlagen (§ 23 Abs. 5 DVO-NBauO). Anforderungen an Wohngebäude der Gebäudeklasse 2 befinden sich in §§ 4, 7 usw DVO-NBauO. Verfahrensrechtliche Erleichterungen sind in § 62 Abs. 1 Nrn. 1 und 2 zu finden.

46 In **Gebäudeklasse 3** werden alle übrigen Gebäude mit einer Höhe bis zu 7 m eingeordnet, also diejenigen Gebäude, die nicht unter die Gebäudeklasse 1 oder 2 fallen. Anforderungen im Hinblick auf den Brandschutz sind wie in den Gebäudeklassen 1 und 2 in den §§ 5 ff. DVO-NBauO enthalten. § 14 Abs. 2 S. 1 Nr. 3 DVO-NBauO stellt insoweit spezielle Anforderungen an die Feuerbeständigkeit notwendiger Treppen. Die Gebäudeklasse 3 ist auch im Rahmen der technischen Gebäudeausrüstung von Bedeutung (vgl. § 21 Abs. 2 S. 1 Nr. 3 DVO-NBauO). Darüber hinaus ist an die Gebäudeklasse 3 der Nachweis des Brandschutzes geknüpft (vgl. §§ 65 Abs. 3 S. 2 Nr. 2). Verfahrensrechtliche Erleichterungen finden sich in § 62 Abs. 1 Nr. 1 und 2.

47 Zur **Gebäudeklasse 4** gehören Gebäude bis zu 13 m Höhe und Nutzungseinheiten mit jeweils nicht mehr als 400 m². Brandschutzrechtliche Anforderungen sind wie bei den Gebäudeklassen 1 bis 3 in der DVO-NBauO (§§ 5 ff.) zu finden. Gem. § 65 Abs. 3 S. 2 Nr. 2 ist bei der Gebäudeklasse 4 ein Nachweis des Brandschutzes zu erbringen. Darüber hinaus sind Wohngebäude der Gebäudeklasse 4 an den Nachweis der Standsicherheit geknüpft (§ 65 Abs. 3 S. 1 Nr. 1).

48 **Gebäudeklasse 5** erfasst alle sonstigen Gebäude, die sich in keine der vorgenannten Kategorien einteilen lassen, etwa die **Hochhäuser** (vgl. deren Definition in Abs. 5 Nr. 1), sowie **unterirdische Gebäude** mit Aufenthaltsräumen. Es handelt sich um einen Auffangtatbestand. Unterirdische Gebäude ohne Aufenthaltsräume sollen der Gebäudeklasse 3 unterfallen (Beschlussempfehlung NBauO 2012, LT-Drs. 16/4621, 3), vgl.

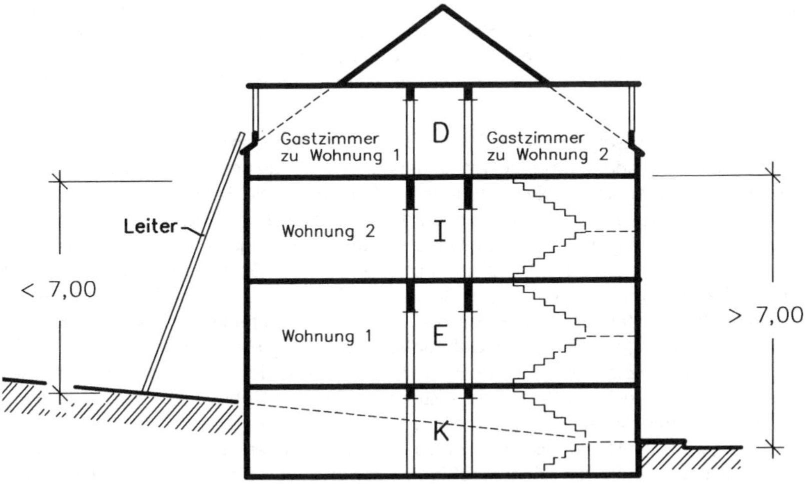

Abb. 1:
Dieses Haus ist nach § 2 Abs. 3 S. 1 Nr. 1 ein Gebäude der Gebäudeklasse 1. Es ist freistehend und verfügt über zwei Nutzungseinheiten, die insgesamt nicht mehr als 400 m² Grundfläche ausmachen. Der Fußboden der Dachgeschosswohnung liegt zudem weniger als 7 m über der Stelle, an der die Feuerwehrleiter aufgerichtet werden kann (vgl. § 2 Abs. 3 S. 4). Auch der jeweilige Wohnraum an der Talseite ist über diese Leiter „erreichbar" (Rn. 44, 50 f.).

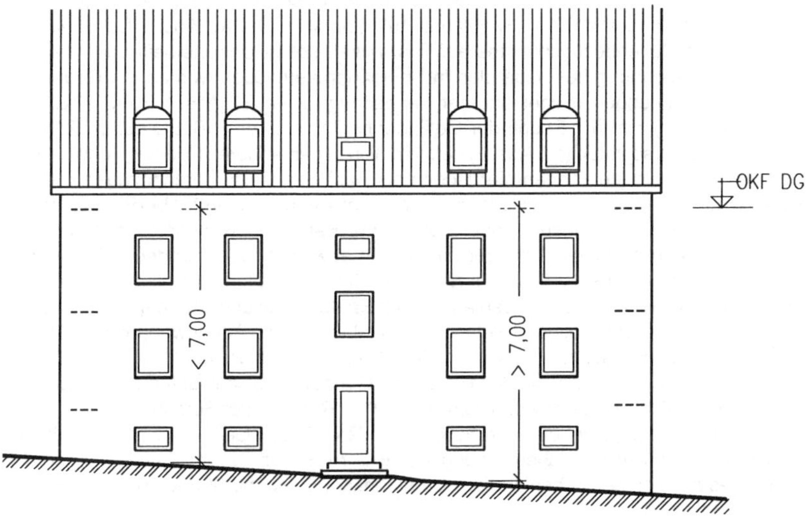

Abb. 2:
Dieser „Zweispänner" ist der Gebäudeklasse 4 zuzuordnen, denn die rechte Dachgeschosswohnung liegt mit ihrem Fußboden mehr als 7 m über Gelände und ist auch über eine an das Fenster der linken Wohnung gestellte Leiter nicht „erreichbar". Die Nutzungseinheiten haben jeweils weniger als 400 m² Grundfläche (Rn. 47, 50 f.).

hierzu auch S. 2 (→ Rn. 49). Brandschutzrechtliche Anforderungen an die Gebäudeklasse 5 finden sich in der DVO-NBauO (§§ 5 ff.). Darüber hinaus sind bei dieser Gebäudeklasse Nachweise des Brandschutzes (§§ 65 Abs. 3 S. 2 Nr. 2) und bei Wohngebäuden der Gebäudeklasse 5 der Nachweis der Standsicherheit (§ 65 Abs. 3 S. 1 Nr. 1) zu erbringen.

49 **Satz 2** ordnet den Gebäudeklassen 1 bis 3 die **Gebäude ohne Aufenthaltsräume** zu, die nicht als land- oder forstwirtschaftlich genutzte Gebäude nach S. 1 Nr. 1b zur Gebäudeklasse 1 gehören. Da Gebäude ohne Aufenthaltsräume nicht nach dem Merkmal ihrer Höhe im Sinne des S. 3 (→ Rn. 50) eingeordnet werden können, wird auf sie nur die Flächenbegrenzung von 400 m² Grundfläche entsprechend angewendet, und zwar in Bezug auf die Gesamtgrundfläche allein ihrer oberirdischen Geschosse (vgl. S. 5). Somit sind Gebäude mit einer Gesamtgrundfläche von bis zu 400 m² der Gebäudeklasse 1 (als freistehend) oder der Gebäudeklasse 2 (als nicht freistehend) zuzuordnen, mit einer größeren Gesamtgrundfläche der Gebäudeklasse 3 (BegrRegE NBauO 2012, LT-Drs. 16/3195, 67/68). Zwar scheint die Formulierung „nach der Gesamtgrundfläche aller Geschosse entsprechend Satz 1“ eine Zuordnung zu der Gebäudeklasse 3 nicht ohne Weiteres zu ermöglichen, da im Rahmen der Nr. 3 gerade auf keine Gesamtgrundfläche abgestellt wird. Die Regelung wird allerdings so zu verstehen sein, dass Gebäude ohne Aufenthaltsräume, die die flächenmäßigen Begrenzungen nach Nr. 1a und Nr. 2 nicht einhalten, stets in Gebäudeklasse 3 fallen, und zwar unabhängig von ihrer Höhe, weil diese bei Gebäuden ohne Aufenthaltsräume gerade nicht nach S. 3 bestimmbar ist. Bei Gebäuden ohne Aufenthaltsräume wird daher die Nr. 3 nur als „sonstige Gebäude“ zu lesen und insoweit als Auffangstatbestand zu qualifizieren sein (vgl. Beschlussempfehlung NBauO 2012, LT-Drs. 16/4621, 4).

50 **Satz 3** enthält eine Legaldefinition der **Höhe der Gebäude** im Rahmen der einzelnen Gebäudeklassen nach S. 1. Dabei wird nicht auf die absolute Höhe, sondern auf die Fußbodenoberkante des höchstgelegenen **Aufenthaltsraumes** über der Geländeoberfläche im Mittel abgestellt. Zum Begriff des Aufenthaltsraumes vgl. Abs. 8. Durch die Einordnung des Höhenbezugspunktes auf das „Mittel“ sollen Unsicherheiten im Rahmen der Höhenberechnung bei Gebäuden in Hanglagen vermieden werden. Im Gegensatz zu den Bauordnungen einiger anderer Länder (vgl. etwa § 2 Abs. 4 BauO NRW, § 2 Abs. 12 BbgBO) wird der Begriff der Geländeoberfläche in der NBauO nur im Rahmen der Abstandsvorschriften (§ 5 Abs. 9) definiert. Die in den anderen LBauOen enthaltenen Begriffsbestimmungen können hier jedoch als Auslegungshilfe herangezogen werden. Danach ist die Geländeoberfläche grds. die **natürliche Geländeoberfläche**, soweit nicht in einem Bebauungsplan oder durch eine Bauaufsichtsbehörde, insbes. durch eine Baugenehmigung, eine von der natürlichen abweichende Geländeoberfläche festgelegt wird (so § 2 Abs. 12 BbgBO). Bei der natürlichen Geländeoberfläche handelt es sich um die Höhe der Geländeoberfläche nach Baufertigstellung. Maßgeblicher Bezugspunkt ist die Schnittlinie, die das Gelände unmittelbar mit den Außenwänden des Gebäudes bildet (VGH Kassel 1.12.1982 – IV TG 81/82, BRS 39 Nr. 103; Simon/Busse Art. 2 Rn. 322). Für die Berechnung der Höhe des Gebäudes ist der unterirdische Bereich (Keller) somit nicht von Bedeutung. Gleiches gilt im Rahmen der Berechnung der Grundfläche einer Nutzungseinheit nach S. 5, vgl. → Rn. 52. Zur Geländeoberfläche als Bezugshöhe für die Abstandsbemessung vgl. Erl. zu § 5 Abs. 9. Zur bauplanungsrechtlichen Festsetzung der Höhenlage vgl. Ernst/Zinkahn/Bielenberg/Krautzberger BauNVO § 18 Rn. 3 ff.

51 In **Satz 4** ist für den Fall, dass ein Rettungsweg für das Gebäude über Rettungsgeräte der Feuerwehr führt, eine **Sonderregelung** für die Höhenbestimmung der Gebäude enthalten. Hierbei wird auf die Stelle der Geländeoberfläche, von der aus der Aufenthaltsraum über die Rettungsgeräte der Feuerwehr erreichbar ist, abgestellt (vgl. Abb. 1). Auf diese Weise soll verhindert werden, dass ein Rettungsweg wegen der Hanglage eines Gebäudes mit dem zur Verfügung stehenden Rettungsgerät uU nicht herstellbar ist. Insoweit sind die allgemeinen Anforderungen der Feuerwehr, nicht hingegen diejenigen

der jeweiligen örtlichen Feuerwehr entscheidend (BegrRegE NBauO 2012, LT-Drs. 16/3195, 67).

Satz 5 enthält die Begriffsbestimmung für die **Grundflächen der Nutzungseinheiten**. Diese werden einheitlich als Brutto-Grundflächen definiert. Dieser Begriff ist den Entwurfsverfassern geläufig und wird durch die DIN 277 unterlegt (BegrRegE NBauO 2012, LT-Drs. 16/3195, 68). Nach HS 2 werden bei der Flächenberechnung die Flächen in Kellergeschossen ausgenommen. Entsprechend der Höhenberechnung (vgl. → Rn. 50) wird damit auch hier allein auf die oberirdischen Teile eines Gebäudes abgestellt, da das Brandschutzkonzept der NBauO für Räume in Kellergeschossen eigene Regelungen enthält, die sich sowohl auf die Bauteilanforderungen als auch auf die Zugänglichkeit und die Rettungswege beziehen (vgl. §§ 5 ff. DVO-NBauO). Selbständige unterirdische Gebäude mit Aufenthaltsräumen werden nicht von den Gebäudeklassen 1 bis 4, sondern von der Gebäudeklasse 5 erfasst (vgl. → Rn. 48). Auf die Flächengröße kommt es dabei nicht an (BegrRegE NBauO 2012, LT-Drs. 16/3195, S. 68). 52

E. Wohngebäude (Abs. 4)

Bedeutung des Begriffs: Einige Vorschriften des Bauordnungsrechts sehen für Wohngebäude oder Teile von Wohngebäuden Vergünstigungen vor, und zwar sowohl geringere materiellrechtliche Anforderungen als auch Verfahrenserleichterungen (wie die Freistellung vom Baugenehmigungsvorbehalt in § 62). Die Begriffsdefinition in Abs. 4 soll den Geltungsbereich dieser Vergünstigungen klarstellen. Der hier definierte Begriff deckt sich nicht mit dem des Wohngebäudes iSd §§ 2-6 BauNVO, denn jener umfasst auch Wohnheime (KRS BauNVO § 3 Rn. 22 ff.). 53

Zum Begriffsinhalt: Wohngebäude iSd NBauO ist nach Abs. 4 ein Gebäude (zum Gebäudebegriff s. Abs. 2 → Rn. 36 ff.) immer dann, wenn es ausschließlich eine oder mehrere Wohnungen (in beliebiger Zahl) enthält, also „reines" Wohngebäude ist. Zusätzlich zu den Wohnungen kann es Räume enthalten, die Nebenzwecken der Wohnungen dienen. Ein Gebäude, das keine Wohnungen, sondern nur solche Nebenräume enthält, zB ein Garagengebäude, das den Einstellplatzbedarf eines Wohngebäudes deckt, ist selbst kein Wohngebäude iSd Abs. 4; es kann aber unter § 62 fallen, der auch solche Gebäude begünstigt (vgl. → § 44 Rn. 4). 54

Eine **Wohnung** iSd NBauO ist eine Einheit von Räumen, die zum dauernden Wohnen bestimmt ist, wobei bereits „Wohnen" als eine auf gewisse **Dauer angelegte, eigenständige Gestaltung des häuslichen Lebens** auf der Grundlage eines freiwilligen Aufenthalts angesehen wird (BVerwG 25.3.1996 – 4 B 302/95, NVwZ 1996, 893 (894); 25.3.2004 – 4 B 15/04, BeckRS 2004, 21844; 17.12.2007 – 4 B 54/07, BeckRS 2008, 30158 Rn. 3; OVG Lüneburg 18.9.2014 – 1 KN 123/12, ZfBR 2014, 767 (768); 11.5.2015 – 1 ME 31/15, NdsVBl. 2015, 304 (305); 18.9.2015 – 1 ME 126/15, NdsVBl. 2016, 56; Biederbeck NdsVBl. 2015, 292 (293); Mann/Kian NVwZ 2016, 1443 (1444); Stock in EZBK BauGB, Stand 2/2019, § 3 BauNVO Rn. 36). Die in § 44 Abs. 1 geforderte Abgeschlossenheit ist nicht Voraussetzung für das begriffliche Vorhandensein einer Wohnung. Die Zahl der Wohnräume ist ebenfalls ohne Bedeutung. Wohnung ist auch ein **Einzimmerappartement** oder ein **Zimmer in einem Studentenwohnheim**, das mit Koch- und Waschmöglichkeit und Toilette ausgestattet ist (OVG Lüneburg 20.8.1987 – 6 OVG A 166/85, BeckRS 2015, 55061). Weil der Bereich des Wohnens in Abgrenzung zu anderen Nutzungsformen (Beherbergung, Heimunterbringung, Formen der sozialen Betreuung und Pflege) einen **Kernbestandteil der privaten Lebensgestaltung** kennzeichnen soll, handelt es sich um keine Wohnungen, wenn Bewohner noch nicht einmal einen Raum als Schlafplatz im Sinne eines Rückzugraumes für sich allein haben (OVG Lüneburg 24.10.2008 – 1 ME 199/08, BeckRS 2015, 55062; teilw. großzügiger OVG Lüneburg 18.9.2015 – 1 ME 126/15, NdsVBl 2016, 56 (57); speziell zu – temporären – **Arbeitnehmerunterkünften** vgl. Biederbeck NdsVBl. 2015, 292 ff.), Hausbewohner ihr 55

Leben zwar teils in Räumen, die nur ihnen allein zur Verfügung stehen, ansonsten aber in Gemeinschaftsräumen (Küchen, Speiseräumen, Waschräumen usw) führen müssen (**Gemeinschaftsunterkünfte**, vgl. Abs. 5 S. 1 Nr. 11) oder wenn die Unterkunft nicht freiwillig aufgesucht wurde (**Haft**, Zwangsunterbringung). Zweck der Wohnung ist es, „Heimstatt im Alltag" (König/Roeser/Stock BauNVO § 3 Rn. 17) zu sein; demnach sind **Ferienwohnungen** keine Wohnungen iSd NBauO (OVG Lüneburg 18.9.2015 – 1 ME 126/15, NdsVBl. 2016, 56 (57); 22.11.2013 – 1 LA 49/13, NVwZ-RR 2014, 255 (256); 18.7.2008 – 1 LA 203/07, BauR 2008, 2022; Mann/Kian NVwZ 2016, 1443 (1444)), ebenso wenig Suiten in Hotels (vgl. → § 44 Rn. 4). Anknüpfungspunkt der Dauerhaftigkeit der Häuslichkeit ist das Nutzungskonzept (BVerwG 25.3.1996 – 4 B 302/95, NVwZ 1996, 893 (894)), sodass die bauplanungsrechtliche Beurteilung, dass Zweitwohnungen ein Wohnen iSd BauNVO ermöglichen (OVG Lüneburg 18.9.2014 – 1 KN 123/12, ZfBR 2014, 767 (770)), je nach Intensität und Regelhaftigkeit der Benutzung auch auf die NBauO übertragbar erscheint. **Nebenzwecke der Wohnungen** erfüllen die im Gesetz genannten Garagen; sie müssen für die Kraftfahrzeuge der Bewohner und Besucher der Wohnungen bestimmt sein. Außerdem gehören dazu Abstellräume (auch für Fahrräder), Hobbyräume, Wasch- und Trockenräume usw, wenn diese Räume den Bewohnern der Wohnungen dienen.

56 Kein Wohngebäude iSd § 2 Abs. 4 NBauO ist vorhanden, wenn das Gebäude **Räume für andere als Wohnzwecke** (und sei es auch nur einen solchen Raum) enthält, zB einen Laden, eine gewerbliche Werkstatt, eine freiberufliche Praxis, einen Büroraum oÄ. Ein Gebäude bleibt aber Wohngebäude iSd § 2 Abs. 4, wenn in den Wohnungen berufliche Tätigkeiten ausgeübt werden, die üblicherweise dort stattfinden, wie schriftstellerische Tätigkeit, Heimarbeit, privater Musikunterricht usw. Die Grenze wird aber überschritten, wenn ein nicht nur geringfügiger Publikumsverkehr entsteht; Anzeichen dafür wäre ein Wartezimmer. Unschädlich ist es, wenn Räume in den Wohnungen zu Wohnzwecken untervermietet werden. Um Wohngebäude zu sein, braucht ein Gebäude nur für sich die Voraussetzungen des Abs. 4 erfüllen. Ein Wohngebäude und ein weiteres Gebäude mit Räumen, die anderen Zwecken dienen, können unmittelbar aneinandergebaut sein. Es muss sich nur um je ein selbständiges Gebäude handeln. Wegen der dafür maßgeblichen Kriterien s. die Erl. zu Abs. 2 (→ Rn. 38).

F. Sonderbauten (Abs. 5)

57 **Allgemeines:** Abs. 5 zählt eine Reihe baulicher Anlagen und Räume auf, an die wegen ihrer besonderen Art und Nutzung und der von ihnen ausgehenden **besonderen Gefahren** oder **Beeinträchtigungen der öffentlichen Sicherheit** im Einzelfall auch **besondere Anforderungen** gestellt, aber auch Erleichterungen gestattet werden können (vgl. § 51 S. 2). Diese Aufzählung ist wie die entsprechende Vorschrift in der Musterbauordnung (§ 2 Abs. 4 MBauO) abschließend. Dadurch soll sowohl den am Bau Beteiligten als auch den BauABen eine zuverlässige und rechtssichere Orientierung ermöglicht werden (BegrRegE NBauO 2012, LT-Drs. 16/3195, 68). Durch die NBauO 2012 sind der ursprünglich in § 51 Abs. 2 aF enthaltenen Aufzählung solche Anlagen zusätzlich hinzugefügt worden, bei denen wegen ihrer Größe, wegen der Zahl oder der Schutzbedürftigkeit der sich in ihnen aufhaltenden Personen oder aus anderen Gründen ein besonderes Gefahrenpotential zu erwarten ist (BegrRegE NBauO 2012, LT-Drs. 16/3195, 68). Die **NBauO 2018** hat Abs. 5 weiter ausdifferenziert und die Nr. 10 bis Nr. 13 eingefügt, um den besonderen Bedürfnissen von Menschen mit Behinderungen oder Pflegebedarf Rechnung zu tragen.

58 Die Einordnung als Sonderbau ist sowohl in verfahrens- als auch materiellrechtlicher Hinsicht von Bedeutung. Sonderbauten unterfallen weder der Genehmigungsfreistellung (§ 62) noch dem vereinfachten Baugenehmigungsverfahren (§ 63) und sind somit im normalen **Baugenehmigungsverfahren nach § 64** abzuhandeln, in dessen Rahmen

alle bauordnungsrechtlichen Anforderungen geprüft werden. Darüber hinaus können spezielle Anforderungen oder Erleichterungen nach §51 zugelassen werden (→§51 Rn. 26 ff.). Für die Eigenschaft als Sonderbau reicht es aus, wenn ein Bauvorhaben von einem der in dem Katalog aufgezählten Fälle erfasst wird. Die einzelnen Nummern des Katalogs gehen untereinander nicht spezialgesetzlich vor.

Nr. 1 – Hochhäuser: Seit der NBauO 2012 ergibt sich die Legaldefinition für Hochhäuser aus §2 Abs. 5 Nr. 1. Die DVO-NBauO befasst sich nicht mehr mit Hochhäusern. An die Stelle der weggefallenen Einzelvorschriften sollte eine besondere VO, die HochhausVO, treten, die aber in Nds. (anders saarl. HochhVO v. 26.1.2011, ABl. I S. 24, und §§ 92 ff. SonderbauVO NRW v. 2.12.2016, GV NW 2017 S. 2) bisher nicht ergangen ist. Der Begriff des Hochhauses ist aus den früheren „Hochhausrichtlinien" (Nds. MBl. 1958 S. 168) übernommen worden. Die **Höhe von 22 m** wurde mit Rücksicht auf die Lösch- und Rettungsgeräte der Feuerwehr gewählt (BegrRegE NBauO 1973 S. 55); etwa diese Höhe wird im Allgemeinen mit Hubrettungsfahrzeugen oder Kraftfahrdrehleitern erreicht. Zur Rechtfertigung besonderer Anforderungen an Hochhäuser s. VGH Kassel 13.2.1981 – IV OE 68/77, BRS 38 Nr. 118. 59

Begriffsmerkmale: Hochhäuser iSd NBauO sind nur Gebäude (Abs. 2 u. →Rn. 36 ff.). 60
Wesentlich ist über den Verweis auf Abs. 3 S. 3 ferner, dass sie **mindestens einen hoch gelegenen Aufenthaltsraum** (Abs. 8) haben und der Aufenthaltsraum mit seinem Fußboden (Oberkante des fertigen Fußbodens) mehr als 22 m über der Geländeoberfläche im Mittel liegt. Durch den Verweis auf Abs. 3 S. 3 ist auch hier auf die natürliche Geländeoberfläche abzustellen (→Rn. 50). Veränderungen der Geländeoberfläche durch Abgraben oder Aufschütten sind zu berücksichtigen; die Fiktion des §5 Abs. 9 gilt hier nicht. Entscheidend ist die wirkliche Höhe der Geländeoberfläche an den Stellen, an denen im Brandfall die Feuerwehrfahrzeuge aufgestellt werden müssen (so ausdrücklich §2 Abs. 4 LBO BW – in Nds. kann nichts anderes gelten). In Zweifelsfällen sollte die BauAB die maßgebliche Höhe der Geländeoberfläche nach §5 Abs. 9 S. 3 festsetzen. Die Regelung der NBauO bewirkt, dass Wohngebäude in der Regel **ab neun Geschossen** zu den Hochhäusern gehören. Hohe Gebäude ohne Aufenthaltsräume in der festgelegten Höhe, zB **Lagerhäuser**, sind **keine „Hochhäuser"**; jedoch können, soweit notwendig, auch an sie besondere Anforderungen nach §51 und §82 gestellt werden. Zwar werden diese Gebäude im Sonderbautenkatalog nicht ausdrücklich erwähnt, sie können allerdings als bauliche Anlage (Abs. 1 S. 1) der Nr. 2 unterfallen.

Nr. 2 – bauliche Anlagen mit einer Höhe von mehr als 30 m: Einziges Kriterium für diese Art Sonderbauten ist die Höhe der baulichen Anlage. Erfasst sind folglich alle baulichen Anlagen (Abs. 1 Satz 1) mit über 30 m Höhe **unabhängig von ihrer Nutzungsart oder Gesamtgrundfläche**. Unter die Nr. 2 können insbes. Antennen, Mobilfunk-, Windenergieanlagen, Türme usw fallen. Höhe im Sinne der Nr. 2 meint die Höhe der baulichen Anlage über der Geländeoberfläche (zum Begriff der Geländeoberfläche vgl. bereits →Rn. 50). Zu messen ist die Höhe vom tiefsten Punkt der – natürlichen oder festgelegten – Geländeoberfläche bis Oberkante Fußboden der baulichen Anlage (Simon/Busse Art. 2 Rn. 382). Nicht abzustellen ist hingegen auf die Lage des höchstgelegenen Aufenthaltsraumes im Mittel. Ein Umkehrschluss aus Nr. 1 zeigt, dass die Bestimmung der Höhe nach Abs. 3 S. 3 keine Anwendung findet. 61

Nr. 3 – Gebäude mit mindestens einem Geschoss mit mehr als 1600 m² Grundfläche werden durch Nr. 3 zu Sonderbauten erklärt, ausgenommen bleiben allerdings Wohngebäude und Garagen. Von der Nr. 3 sind mithin Gebäude unabhängig von ihrer Höhe erfasst; sie werden allein aufgrund ihrer Flächenausdehnung als Sonderbauten eingeordnet. Die insoweit maßgebliche Schwelle von 1600 m² Grundfläche folgt aus der Systematik der Brandabschnittsbildung sowie der Rettungswege, die nur bei Gebäuden (Abs. 2) bedeutsam sein kann (Gesetzesbegründung zur entspr. Vorschrift in §2 Abs. 4 Nr. 3 BayBO, Bay. LT-Drs. 15/7161, 39). Zu dem Begriff des Geschosses vgl. →Rn. 87. 62

63 Auf die Nutzungsart des Gebäudes kommt es grds. nicht an, ausgenommen sind jedoch **Wohngebäude** (Abs. 4) sowie **Garagen** (Abs. 10). Weisen sie in ihren Geschossen weniger als 1600 m^2 Grundfläche auf, fallen sie schon deshalb nicht unter den Tatbestand der Nr. 3. Beträgt in mindestens einem Geschoss die Grundfläche mehr als 1600 m^2, so sind sie gleichwohl kraft ausdrücklicher Ausnahme keine Sonderbauten. Anders als Garagen können Wohngebäude immerhin noch dann zu den Sonderbauten zählen, wenn sie als Hochhäuser einzustufen sind (vgl. Abs. 5 Nr. 1, → Rn. 59 f.). In Ansehung der baulichen Anlagen für Kraftfahrzeuge gilt die Garagen- und Stellplatzverordnung – **GaStplVO** – vom 4.9.1989 (Nds. GVBl. S. 327, zul. geänd. d. VO v. 11.10.2012 (Nds. GVBl. S. 401)). Daneben kommen Anforderungen nach § 51 regelmäßig nicht in Betracht. Soweit Garagen als Gebäudeteile von sonst anders genutzten Gebäuden hinsichtlich der Standsicherheit und des Brandschutzes geprüft werden sollen, werden sie in § 65 Abs. 3 gesondert aufgeführt. Bauliche Anlagen für Kraftfahrzeuge unterliegen allerdings auch weiterhin den Vorschriften über Barrierefreiheit (vgl. § 49 Abs. 2 Nr. 12). Hinzuweisen ist auf § 30 DVO-NBauO hinsichtlich der erstmaligen und wiederkehrenden Prüfungen technischer Anlagen und Sicherheitseinrichtungen in Mittel- und Großgaragen durch anerkannte Sachverständige.

64 **Nr. 4 – Verkaufsstätten, deren Verkaufsräume und Ladenstraßen eine Grundfläche von insgesamt mehr als 800 m^2 haben**. Verkaufsstätten werden aufgrund ihrer Nutzungsart in Kombination mit einer größeren Zahl von Personen zu Sonderbauten erklärt. Der Begriff „**Verkaufsstätten**" findet eine Legaldefinition in § 2 Abs. 1 der Verordnung über den Bau und Betrieb von Verkaufsstätten (Verkaufsstättenverordnung – VKVO) vom 17.1.1997 (Nds. GVBl. S. 31), zul. geänd. d. VO v. 13.11.2012 (Nds. GVBl. S. 438), er hat den früheren Begriff „Waren- und Geschäftshäuser" ersetzt. Erfasst werden in erster Linie Kaufhäuser, also Häuser oder Räume, in denen Waren zum Verkauf oder sonstige Leistungen angeboten werden, einschließlich der Ausstellungs- und Erfrischungsräume sowie sonstiger, dem Kundenverkehr dienender Räume. Dazu gehören aber auch – unabhängig von ihrer Größe – Einzelhandelsbetriebe aller Art mit Verkaufsräumen wie kleinere Läden und SB-Märkte sowie größere Fachmärkte oder Einkaufszentren, an die ebenfalls Mehr- oder Minderanforderungen gestellt werden können, wenn dies zur Wahrung der Belange des § 3 notwendig ist (OVG Lüneburg 18.9.2002 – 1 LB 2855/01, BRS 65 Nr. 138). Für Verkaufsstätten, deren Verkaufsräume und Ladenstraßen einschließlich ihrer Bauteile eine Fläche von insgesamt mehr als 2000 m^2 haben (vgl. § 1 VKVO), gelten die Sonderbestimmungen der VKVO, welche das besondere Gefahrenpotential stark besuchter größerer Verkaufsstätten berücksichtigt, so dass darüber hinausgehende Anforderungen zB an den Brandschutz nach § 51 nicht in Frage kommen.

65 Für Räume, in denen Lebensmittel gewerbsmäßig behandelt und in den Verkehr gebracht werden – darunter fällt insbes. **Frischfleisch- und Fischverkauf in SB-Märkten** – gilt als Sondervorschrift die Lebensmittelhygiene-Verordnung (LMHV) vom 8.8.2007 (BGBl. I S. 1816), zul. geänd. d. VO v. 3.1.2018 (BGBl. I S. 99, 114). Sie enthält insbes. in ihrer Anlage 3 Anforderungen an die bauliche Ausstattung der Betriebsstätten und ist insoweit als Vorschrift des öffentlichen Baurechts (§ 2 Abs. 17 NBauO) zu beachten. Aus Gründen der Lebensmittelhygiene erübrigen sich daher weitergehende Anforderungen nach § 51.

66 **Nr. 5 – Gebäude mit mindestens einem Geschoss, das mit mehr als 400 m^2 seiner Grundfläche Büro- und Verwaltungszwecken dient**. Die Einordnung dieser baulichen Anlagen als Sonderbauten in Nr. 5 folgt einer Anregung des Landesfeuerwehrverbandes. Die Begrenzung der Nutzungseinheiten pro Geschoss auf 400 m^2 ergibt sich daraus, dass man bei dieser Größe noch einen zweiten Rettungsweg baulich sicherstellen kann (BegrRegE NBauO 2012, LT-Drs. 16/3195, 69). Für kleinere Bürogebäude reichen im Allgemeinen die „normalen" Anforderungen aus, die auch für Wohngebäude gelten. Besondere Anforderungen nach § 51 werden sich jeweils an der Zahl der Benutzer und Besucher solcher Gebäude orientieren müssen. Besondere Bedeutung kommt

hier Bürohochhäusern zu. Die Sondervorschriften der ArbStättV für Arbeitsstätten im Rahmen eines Gewerbebetriebes (vgl. →§43 Rn.7ff.; →§45 Rn.6ff.) sind zu berücksichtigen.

Nr. 6 – Gebäude mit mindestens einem Raum, der der Nutzung durch mehr als 100 Personen dient. Dieser Kategorie von Sonderbauten liegt der Gedanke zugrunde, dass bei Gebäuden, die durch eine größere Zahl von Personen genutzt werden, besondere Sicherheitsvorkehrungen getroffen werden müssen. Um das gesamte Gebäude als Sonderbau einzustufen, reicht es aus, wenn mindestens ein Raum der Nutzung durch mehr als 100 Personen dient. Der Raum „**dient**" der Nutzung durch mehr als 100 Personen, wenn er hierzu, idR durch Bauantrag, bestimmt worden ist. Das tatsächliche Fassungsvermögen ist dagegen nicht entscheidend (BegrRegE NBauO 2012, LT-Drs. 16/3195, 69). Den im Verlauf des Gesetzgebungsverfahrens durch den Landesfeuerwehrverband ausgesprochenen Bedenken, die Personenzahl von 100 sei zu hoch angesetzt, wurde durch eine Änderung des §33 Abs.2 S.3 Genüge getan. Danach ist ein Rettungsweg für Sonderbauten über eine von der Feuerwehr erreichbare Stelle der Nutzungseinheit nur dann geeignet, wenn keine Bedenken im Bezug auf die Eignung des Rettungsweges für die Rettung der Menschen bestehen. Die Eignung ist stets bauaufsichtlich zu prüfen, wenn das Geschoss einer Nutzungseinheit zur Nutzung von 10 Personen bestimmt ist (vgl. §33 Abs.2 S.). 67

Nr. 7 – Versammlungsstätten werden ab einer bestimmten Größe als Sonderbauten eingestuft. Die NBauO differenziert zwischen zwei Fällen, die in Kombination mit einer größeren Anzahl von Personen als Sonderbau qualifiziert werden. Zu den Sonderbauten zählen danach zum einen Versammlungsstätten mit einem oder mehreren Versammlungsräumen, die insgesamt mehr als 200 Besucherinnen oder Besucher fassen, wenn die Versammlungsräume einen gemeinsamen Rettungsweg haben (Nr.7a). Zum anderen sind hiervon Versammlungsstätten im Freien mit mindestens einer Fläche für Aufführungen oder mit einer Freisportanlage erfasst, deren Besucherbereich jeweils mehr als 1.000 Besucherinnen und Besucher fasst und ganz oder teilweise aus baulichen Anlagen besteht (Nr.7b). Zu solchen Versammlungsstätten zählen **Theater, Kinos, Zirkusanlagen, Konzertsäle, Kongresszentren, große Gaststättenräume, Mehrzweckhallen**, Vortragssäle, Hörsäle, Aulen u. dgl. mehr, aber auch offene oder nicht überdachte Anlagen wie **Freilichttheater** oder **Sportstätten mit Tribünen**. Entscheidend für die Einstufung baulicher Anlagen oder Räume als Versammlungsstätten ist die gleichzeitige Anwesenheit vieler Menschen bei Veranstaltungen in diesen Anlagen oder Räumen. Auf die **Verordnung über Versammlungsstätten** – NVStättVO – vom 8.11.2004 (Nds. GVBl. S.426), zul. geänd. d. VO v. 13.11.2012 (Nds. GVBl. S.438) wird verwiesen, ebenso auf §30 DVO-NBauO hinsichtlich der erstmaligen und wiederkehrenden Prüfungen technischer Anlagen und Sicherheitseinrichtungen durch anerkannte Sachverständige. Die NVStättVO berücksichtigt alle Sicherheitsrisiken derartiger baulicher Anlagen, sodass weitergehende Anforderungen (§51) zur Wahrung der Belange des §3 nicht notwendig sind. 68

Problematisch ist die **vorübergehende Nutzung von Räumen** großer Ausdehnung wie Messehallen, Industriehallen, Tennis- und Schulsporthallen für Musik- oder Sportveranstaltungen mit großer Besucherzahl, wenn diese **Räume nicht für diesen Zweck konzipiert** sind und daher idR nicht den Anforderungen der NVStättVO entsprechen. §47 NVStättVO sieht in diesem Fall Erleichterungen in Form von Ausnahmen von den Regelanforderungen der NVStättVO vor, die auf Antrag für eine derartige Veranstaltung durch besondere schriftliche Entscheidung zugelassen werden können, wenn der Brandschutz und die Sicherheit der Teilnehmer auf andere Weise gewährleistet ist (zB durch überdimensionale Fluchtwege, zusätzliche Brandwachen, mobile Notstromversorgung und dgl. mehr). 69

Sportstätten mit Tribünen sind idR den Versammlungsstätten zuzuordnen, sodass für sie ab einer bestimmten Größe die speziellen Vorschriften der NVStättVO gelten (vgl. §2 Abs.17 VStättVO). Für **Schießsportanlagen** bedarf es neben der Baugenehmigung 70 einer Genehmigung nach § 27 WaffG v. 11.10.2002 (BGBl. I S. 3970) zul. gеänd. d. G v. 30.6.2017 (BGBl. I S. 2133). Hinzuweisen ist auf die vom Deutschen Schützenbund e.V. (DSB) entwickelten und vom BMI bekanntgemachten Richtlinien für die Errichtung, die Abnahme und das Betreiben von Schießständen vom 23.7.2012 (BAnz AT 23.10.2012 B2). Diese Richtlinien sind als bloße Verwaltungsvorschriften keine Vorschriften des öffentlichen Rechts iSv § 2 Abs. 17 (→ Rn. 179). Sie bilden jedoch den derzeitigen Erkenntnisstand bezüglich sicherheitstechnischer Anforderungen an die bauliche Ausbildung von Schießständen ab. Daher kann davon ausgegangen werden, dass Schießstände, die den Schießstandrichtlinien entsprechen, auch den Anforderungen des § 3 Abs. 1 S. 1 und 2 genügen. Schießstände für Handfeuerwaffen außerhalb von geschlossenen Räumen und Schießplätzen bedürfen an Stelle einer Baugenehmigung einer Genehmigung im vereinfachten Verfahren gem. § 19 BImSchG (4. BImSchV Anhang Nr. 10.18). Das Gleiche gilt für **Motorsport**anlagen, wenn sie an mehr als 5 Tagen im Jahr benutzt werden (4. BImSchV Anhang Nr. 10.17.2). Bei **Kegelbahnen** wird man besondere Anforderungen an den Schallschutz stellen müssen.

71 **Nr. 8 – Schank- und Speisegaststätten, Beherbergungsstätten, Spielhallen** können Sonderbauten gem. Nr. 8 sein, wenn sie die dort genannten qualifizierenden Angaben erfüllen. Die Einordnung als Sonderbau knüpft an den sich in diesen Anlagen aufhaltenden Personenkreis sowie das damit verbundene Gefahrenpotenzial an und soll besondere Anforderungen im Hinblick auf den Brandschutz ermöglichen. In nicht zwingender, aber sinnvoller Anlehnung an den gewerberechtlichen **Gaststättenbegriff des § 1 Abs. 3 NGastG** sind Gaststätten bauordnungsrechtlich als bauliche Anlagen oder Teile von baulichen Anlagen zu verstehen, die zum gewerbsmäßigen Verzehr von Getränken oder Speisen an Ort und Stelle bestimmt und jedermann oder einem bestimmten Personenkreis zugänglich sind. Hierzu zählen zB Biergärten, Bier- und Weinstuben, Restaurants, Cafés, Eisdielen usw. **Beherbergungsstätten** sind Gebäude oder Gebäudeteile, die der Beherbergung von Gästen dienen, wie etwa Hotels, Pensionen, Gästehäuser usw. Wenn sie über mehr als 12 Betten verfügen, sind sie von Nr. 8 erfast. Ebenso zählen Spielhallen mit mehr als 150 m^2 Grundfläche zu den Sonderbauten. **Spielhalle** ist ein oder sind mehrere Räume, die ausschließlich oder überwiegend der Aufstellung der in § 33i Abs. 1 S. 1 GewO genannten Spielgeräte oder der Veranstaltung der dort genannten Spiele dienen (Landmann/Rohmer GewO § 33i Rn. 5). Zum raum- oder betriebsbezogenen Verständnis des Spielhallenbegriffs vgl. Tettinger/Wank/Ennuschat GewO § 33i Rn. 10 ff.

72 **Nr. 9 – Krankenhäuser**. In Nr. 9 werden seit der NBauO 2018 in bewusster Anlehnung an die Gliederung der MBauO (vgl. Gesetzesbegründung, LT-Drs. 18/1136, 26) nur noch Krankenhäuser aufgeführt. Die sonstigen bislang unter Nr. 9 genannten Sonderbauten finden sich fortan näher ausdifferenziert in Nrn. 10 und 11. Durch die Aufnahme von Krankenhäusern in den Sonderbautenkatalog sollen **besondere Anforderungen im Hinblick auf die Personenrettung** ermöglicht werden. So muss bei der Anordnung und Ausbildung der Rettungswege bedacht werden, dass ein Großteil der Kranken nicht gehfähig ist und mittels Krankentragen transportiert werden muss. Das Sicherheitskonzept solcher Einrichtungen muss daher im Falle eines Brandes ohne Räumung des Gebäudes auskommen und den Rückzug in benachbarte Rauch- und Brandabschnitte ermöglichen. Für Behandlungsräume gelten verschärfte VDE-Bestimmungen für die elektrischen Anlagen. Besondere Anforderungen sind ua an die Ersatzstromversorgung, den Strahlenschutz (vgl. → § 13 Rn. 16 ff.) und an die Behandlung der Abwässer (Infektionsabteilung, Pathologie) zu stellen (vgl. → § 41 Rn. 40 ff.). Für Krankenanstalten, Altenpflegeheime, Entbindungs- und Säuglingsheime sind außerdem Gesichtspunkte der Hygiene in noch größerem Umfang zu beachten als in anderen Bauten. Das gilt vor allem für die medizinisch genutzten Räume. Von der Ermächtigung des § 82 Abs. 1 Nr. 4, eine spezielle KrankenhausbauVO zu erlassen, hat der nds. Gesetzgeber bisher keinen Gebrauch gemacht. Hilfsweise kann zur Orientierung auf die Muster-Krankenhausbauverordnung MKhBauVO v. Dez. 1976 zurückgegriffen werden bzw. auf die entsprechenden VOen anderer Länder.

Nr. 10 – Gebäude mit mindestens einer Nutzungseinheit, die für die Pflege oder Betreuung von Menschen mit Behinderungen oder Pflegebedarf und mit eingeschränkter Selbstrettungsfähigkeit bestimmt ist, werden seit der NBauO 2018 als Sonderbauten aus Nr. 9 herausgelöst in einem eigenen Tatbestand aufgeführt, um der Sicherheit von Menschen mit Behinderung oder Pflegebedarf und mit eingeschränkter Selbstrettungsfähigkeit durch die verfahrenssteuernde Wirkung der Sonderbauten-Definition besser Rechnung tragen zu können. Mit der Notwendigkeit eines Baugenehmigungsverfahrens nach § 64 bei Errichtung und Umnutzung entsprechender Gebäude soll die Sicherheit dieser Menschen, die mindestens auf ambulante Pflege und Betreuungsdienstleistungen angewiesen sind, im Brandfall garantiert werden (vgl. Gesetzesbegründung, LT-Drs.18/1136, S. 26). Ziel der Regelung ist es, die Anzahl der im Gefahrenfall hilfsbedürftigen Personen in einem genehmigungsfreien Gebäude zu begrenzen. Die genaueren numerischen Voraussetzungen, ab denen ein Sonderbau anzunehmen ist, finden sich unter Nr. 10 lit. a bis c.: Die Begrenzung erfolgt durch einen Schwellenwert pro Nutzungseinheit (lit. a) oder durch einen Schwellenwert bei einem gemeinsamen Rettungsweg (lit. b) oder bei Menschen mit Intensivpflegebedarf (lit. c). Ein solcher Intensivpflegebedarf besteht ua bei Menschen mit Beatmungsbedarf oder im sog. Wachkoma. Eine Nutzungseinheit wird nicht durch ihre Organisationsform, sondern durch ihre bauliche Unabhängigkeit bestimmt. Die **Pflege von Angehörigen in familiärer Gemeinschaft** wird allerdings nicht erfasst, denn tatbestandlich entscheidend ist, dass die Nutzungseinheiten ausdrücklich zur Pflege oder Betreuung „bestimmt" sind. Somit wird eine Wohnung, in die lediglich pflegebedürftige Angehörige aufgenommen werden, nicht zum Sonderbau (vgl. auch die ausdrückliche Ausnahme in Nr. 10 lit c). 73

Nr. 11 – Sonstige Einrichtungen zur Unterbringung von Personen, wie Gemeinschaftsunterkünfte oder Wohnheime. Unter diese Fallgruppe, die gewissermaßen einen Auffangtatbestand bildet, fallen ua Gemeinschaftsunterkünfte für Asylbewerber oder Saisonbeschäftigte (ausführl. dazu Biederbeck NdsVBl. 2015, 292 ff.) sowie Studentenwohnheime. Die räumliche Nähe der jeweiligen Zimmer setzt besondere Anforderungen an den Brandschutz voraus und damit eine Prüfung der bauordnungsrechtlichen Anforderungen, welche mit der Einstufung als Sonderbau einhergeht. 74

Nr. 12 – Tagesstätten für Menschen mit Behinderungen oder alte Menschen. Wie bei Nr. 9 bis 11 handelt es sich hier um Nutzungsarten, bei denen stets mit einer größeren Anzahl von Personen zu rechnen ist, die hilfs-, betreuungs- und besonders schutzbedürftig sind. Das gilt insbesondere auch bei alten Menschen, die dement sind. Durch die Einordnung als Sonderbau sollen besondere Sicherheitsvorkehrungen im Hinblick auf die Personenrettung sichergestellt werden. Im Gegensatz zu den Nrn. 9 bis 11 sind hiervon allerdings Fälle erfasst, in denen die Einrichtung Menschen mit Behinderungen und alten Menschen nur für einen begrenzten Tageszeitraum zur Verfügung steht. Für Altenheime, Altenwohnheime und Pflegeheime für Volljährige gelten das Heimgesetz idF v. 5.11.2001 (BGBl. I S. 2970), zul. geänd. d. G v. 29.7.2009 (BGBl. I S. 2319), und die VO über bauliche Mindestanforderungen an derartige Heime (HeimMindBauV) idF v. 3.5.1983 (BGBl. I S. 550), zul. geänd. d. VO v. 25.11.2003 (BGBl. I S. 2346). 75

Nr. 13 – Tageseinrichtungen für Kinder und Nutzungseinheiten mit Räumen für die Kindertagespflege Nach dem niedersächsischen Gesetz über Tageseinrichtungen für Kinder (KiTaG) v. 7.2.2002 (Nds. GVBl. 2002 S. 57), zul. geänd. d. G v. 18.12.2018 (Nds. GVBl. S. 317), sind Tageseinrichtungen für Kinder als Tagesstätten anzusehen, die der Erziehung, Bildung und Betreuung von Kindern von der Geburt bis zur Vollendung des 14. Lebensjahres dienen. Hierzu zählen insbes. Kinderkrippen, Kindergärten und Horte. Zu beachten ist jedoch, dass Nr. 10 darüber hinaus eine quantitative Schwelle enthält: Tageseinrichtungen und Nutzungseinheiten, die zur Nutzung durch nicht mehr als zehn Kinder bestimmt sind, fallen ausdrücklich nicht unter die Fallgruppe, begründen also keinen Sonderbau. Ebenfalls nicht von der Nr. 10 umfasst sind Räume für Kindertagespflege in Wohnungen oder wohnungsähnlichen Nutzungseinheiten, eine 76 derartige Nutzung macht ein Wohngebäude also nicht zu einem Sonderbau (BegrRegE NBauO 2012, LT-Drs. 16/3195, 69).

77 **Nr. 14 – Schulen, Hochschulen und ähnliche Einrichtungen** werden durch Nr. 14 als Sonderbauten eingestuft. Diese Einrichtungen sind Teil des Sonderbautenkatalogs, da sich in ihnen eine große Anzahl schutzbedürftiger Personen aufhält und die Gewährleistung entsprechender Sicherheitsvorkehrungen im normalen Baugenehmigungsverfahren ermöglicht werden sollte. Für Schulen hat die oberste BauAB darauf verzichtet, besondere Anforderungen durch Verordnung gem. § 82 Abs. 1 Nr. 3 festzusetzen, sondern sich darauf beschränkt, eine Richtlinie über bauaufsichtliche Anforderungen an Schulen (**SchulbauR**) zu erlassen (RdErl. d. MFAS v. 11.8.2000, Nds. MBl. S. 519, zul. geänd. d. RdErl. v. 12.11.2012 (Nds. MBl. S. 997)). Soweit deren Anforderungen an Schulbauten über die Anforderungen der DVO-NBauO hinausgehen, sind sie in der Baugenehmigung auf § 51 zu stützen, hinsichtlich regelmäßiger Überprüfung auf § 78. Es handelt sich bei der SchulbauR nicht um eine gesetzliche Vorschrift, sondern um Innenrecht mit Weisungscharakter an die BauABen. Die SchulbauR berücksichtigt die besonderen Gefahren in Schulen mit vielen Kindern und Jugendlichen auf relativ engem Raum. Weitergehende Anforderungen aus Gründen der Sicherheit sind daher nicht notwendig. Von den **ähnlichen Einrichtungen** sind solche erfasst, an denen ähnlich wie an Schulen und Hochschulen eine Aus- oder Fortbildung ermöglicht wird, wie etwa Volkshochschulen, Verwaltungsschulen oder Verwaltungs- und Wirtschaftsakademien. Hingegen sind Sportstätten nunmehr entweder in der Nr. 7 als Versammlungsstätten (vgl. → Rn. 68 ff.) oder in der Nr. 14 als Sportstätten in Schulen oder Hochschulen enthalten (BegrRegE NBauO 2012, LT-Drs. 16/3195, 69).

78 **Nr. 15 – Justizvollzugsanstalten und bauliche Anlagen für den Maßregelvollzug** sind durch die NBauO 2012 in den Sonderbautenkatalog aufgenommen worden, um wegen der großen Anzahl der sich darin aufhaltenden Personen und des damit verbundenen Gefahrenpotenzials besondere Anforderungen an die Sicherheitsvorkehrungen stellen zu können. Justizvollzugsanstalten sind nach § 139 StVollzG Anstalten der Landesjustizverwaltungen, in denen die Freiheitsstrafe sowie die Unterbringung in der Sicherungsverwahrung vollzogen werden. Hierzu zählen zB Untersuchungshaftanstalten (§ 119 StPO), Jugendarrestanstalten (§ 90 Abs. 2 JGG) usw. Maßregeln der Besserung und Sicherung sind gem. § 61 StGB ua die Unterbringung in einem psychiatrischen Krankenhaus, die Unterbringung in einer Entziehungsanstalt sowie die Unterbringung in der Sicherungsverwahrung nach § 66 StGB.

79 **Nr. 16 – Campingplätze und Wochenendplätze** werden deshalb als Sonderbauten qualifiziert, weil es nach den bauaufsichtlichen Erfahrungen mit diesen Anlagen unumgänglich ist, auch an Camping- und Wochenendplätze besondere Anforderungen stellen zu können. Die allgemeinen Anforderungen an Campingplätze und Wochenendplätze ergeben sich aus der CPl-Woch-VO v. 12.4.1984 (Nds. GVBl. S. 109) zul. geänd. d. VO v. 13.11.2012 (Nds. GVBl. S. 438). Die Gemeinden können darüber hinaus durch örtliche Bauvorschriften Anforderungen an die Gestaltung von Camping- und Zeltplätzen stellen (vgl. § 84 Abs. 3 Nr. 5). Besondere Anforderungen iSv § 51 können sich aus den Ausführungsbestimmungen ergeben, die jeweils im Einzelfall in der Baugenehmigung als Nebenbestimmungen festgelegt werden müssen.

80 **Nr. 17 – Freizeit- und Vergnügungsparks** sind nach der Nr. 17 als Sonderbauten einzustufen. Die Nr. 16-21 erfassen bauliche Anlagen, die wegen ihrer Atypik im Baugenehmigungsverfahren (§ 64) oder im Verfahren nach § 75 behandelt werden sollen (BegrRegE NBauO 2012, LT-Drs. 16/3195, 69). Zum Begriff des Freizeitparks und des Vergnügungsparks vgl. bereits → Rn. 34. Freizeit- und Vergnügungsparks werden gem. Abs. 1 S. 2 Nr. 12 zu baulichen Anlagen erklärt, um sie der NBauO unterfallen zu lassen. Abs. 5 Nr. 17 stuft sie darüber hinaus als Sonderbauten ein, so dass sie im „normalen" Baugenehmigungsverfahren nach § 64 abzuhandeln sind und besondere Anforderungen im Hinblick auf die Sicherheit und den Brandschutz an sie gestellt werden können.

Nr. 18 – fliegende Bauten, soweit sie einer Ausführungsgenehmigung bedürfen. 81
Nach § 75 sind fliegende Bauten bauliche Anlagen, die geeignet und bestimmt sind, an verschiedenen Orten wiederholt und befristet aufgestellt und wieder abgebaut zu werden. Fliegende Bauten, die der Ausführungsgenehmigung bedürfen, werden wegen ihrer Atypik und der Sicherheitsrisiken als Sonderbauten eingestuft. Zu den besonderen Anforderungen an fliegende Bauten siehe die „Richtlinie über den Bau und Betrieb fliegender Bauten – FlBauR" v. 25.9.2012 (Nds.MBl. S. 742), zum Genehmigungsverfahren siehe die Ausführungen zu § 75. Im Übrigen wird auf die als Technische Baubestimmung bekannt gemachte DIN 4112 und die dazu ergangenen Richtlinien verwiesen. In **Freizeitparks** permanent aufgestellte Fahrgastgeschäfte (Achterbahnen, Riesenräder, Schaukeln, Karussells, Skooter, Minizüge usw) sowie Zelte, Hallen, Bühnen, Tribünen sind auch dann keine fliegenden Bauten, wenn für sie ein geltendes Prüfbuch vorliegt. Sie bedürfen ungeachtet dessen einer Baugenehmigung, in der weitergehende Anforderungen an die Standsicherheit (Fundamente) und die Dauerhaftigkeit (wiederkehrende Abnahmen) zu stellen sind, die über die Anforderungen an fliegende Bauten hinausgehen, weil die ständigen Kontrollen bei Auf- und Abbau als wesentliches Sicherheitsmoment entfallen. Zur Sonderbauteneigenschaft des Freizeitparks an sich vgl. → Rn. 80. Fliegende Bauten, die nach § 75 Abs. 2 S. 3 keiner Ausführungsgenehmigung bedürfen, sind nicht als Sonderbauten einzustufen.

Nr. 19 – Regallager mit einer zulässigen Höhe der Oberkante des Lagergutes von 82
mehr als 7,50 m zählen seit der NBauO 2012 zu den Sonderbauten. Bei der Überschreitung dieser Lagerguthöhe bringen Regallager besondere Risiken mit sich und sollen deswegen im ordentlilchen Baugenehmigungsverfahren (§ 64) behandelt werden. So sind insbesondere Nachweise der Standsicherheit (§ 65 Abs. 2, 3 S. 1 Nr. 8) und des Brandschutzes (§ 65 Abs. 2, 3 S. 2 Nr. 4) zu erbringen. Regallager sind bauliche Anlagen, die der Lagerung von Produkten oder Gütern dienen. Es handelt sich hierbei um selbstständige bauliche Anlagen iSd Abs. 1 S. 1. Bei den Regallagern der Nr. 19 handelt es sich meist um solche im gewerberechtlichen und industriellen Bereich. Insofern kann auf die **Industriebaurichtlinie** (RdErl. d. MS. v. 29.12.2003, Nds. MBl. 2004 S. 29, in der Fassung vom 28.9.2012, Nds. MBl. S. 751) verwiesen werden, die spezielle Anforderungen an den baulichen Brandschutz im Industriebau enthält. Daneben findet die **Kunststofflager-Richtlinie** v. 21.1.1998 (Nds. MBl. S. 431, zul. geänd. d. RdErl. v. 28.9.2012 (Nds. MBl. 2012 S. 831) Anwendung, die besondere Anforderungen an den Brandschutz im Fall der Lagerung von Kunststoffen stellt. Regallager mit einer zulässigen Höhe der Oberkante des Lagerguts von **nicht mehr als 7,50 m** sind keine Sonderbauten und als solche **verfahrensfrei**, vgl. § 60 Abs. 1 iVm Nr. 14.4. des Anhanges.

Nr. 20 – Bauliche Anlagen mit erhöhter Brand-, Explosions-, Strahlen- oder Verkehrsgefahr. Zu den Sonderbauten zählen auch bauliche Anlagen, deren Nutzung mit erhöhter Verkehrsgefahr oder wegen des Umgangs mit Stoffen oder der Lagerung von Stoffen mit Explosions- oder Gesundheitsgefahr oder erhöhter Strahlen- oder Brandgefahr verbunden ist. Durch die Einordnung als Sonderbau sollen die Abhandlung im Baugenehmigungsverfahren nach § 64 und damit auch erhöhte Sicherheitsanforderungen ermöglicht werden können. Im Rahmen der Nr. 20 sind allein die von der Nutzung der baulichen Anlage ausgehenden Gefahren maßgeblich. Bauliche Anlagen und Räume mit erhöhter Brand-, Explosions-, Strahlen- oder Verkehrsgefahr sind solche, in denen eine Lagerung und Abfüllung brennbarer Flüssigkeiten erfolgt (vgl. → § 40 Rn. 22 ff.), in denen brennbare Stoffe gelagert oder verarbeitet werden (Holzbearbeitung, Spritzlackierung usw), in denen Gase abgefüllt und gelagert werden oder sich unbeabsichtigt bilden können (Batterieräume für Notstromversorgung), in denen mit Sprengstoffen umgegangen wird (Munitionsfabriken, pyrotechnische Betriebe) oder in denen mit Strahlungsgefahren zu rechnen ist (Röntgenanlagen, Radiumtherapie) bzw. in denen Kernenergie erzeugt wird (Reaktoranlagen). Zumeist unterliegen derartige Anlagen schon Sondervorschriften außerhalb des Bauaufsichtsrechts (GewO, BImSchG, AtomG, StrahlenschutzVO), auf die hier lediglich hingewiesen werden kann. Bei solchen Anlagen ist 83 immer die Beteiligung der Gewerbeaufsicht, der Feuerwehr und ggf. des Brandschutzprüfers notwendig. **Anlagen mit erhöhter Verkehrsgefahr** sind ua Tankstellen, bei deren Errichtung den Erfordernissen an die Sicherheit und Leichtigkeit des Verkehrs besonders Rechnung zu tragen ist (vgl. → § 3 Rn. 33 ff.). Auch Mittel- und Großgaragen sind Anlagen mit erhöhter Verkehrsgefahr. Sondervorschriften für diese enthält die Garagen- und Stellplatzverordnung – **GaStplVO** – vom 4.9.1989 (Nds. GVBl. S. 327, zul. geänd. d. VO v. 11.10.2012 (Nds. GVBl. S. 401), abgedr. bei § 46. Schließlich gehören hierzu die Anlagen des schienengebundenen Verkehrs wie private Werksbahnen aber auch die Hochbauten und Bahnsteige der Fernbahnen oder für den ÖPNV, Schiffsabfertigungsanlagen sowie Fluggastabfertigungsanlagen einschließlich der Flugsteige. An letztere sind auch Anforderungen unter Gesichtspunkten des Schallschutzes zu stellen.

84 **Nr. 21 – Auffangtatbestand:** Die Nr. 21 erfasst bauliche Anlagen und Räume, die wegen ihrer Art oder ihrer Nutzung mit Gefahren verbunden sind, die den Gefahren ähnlich sind, die von den in Nrn. 1-20 genannten baulichen Anlagen und Räumen ausgehen. Es handelt sich um einen Auffangstatbestand, mit dessen Hilfe auch Sonderfälle erfasst werden sollen, an die bei der Erstellung des Sonderbautenkatalogs nicht gedacht worden ist. Da die Aufzählung der Nrn. 1-20 abschließend ist (vgl. → Rn. 57), darf die Nr. 21 allerdings nicht dazu verwendet werden, die in den übrigen Nummern enthaltenen Schwellenwerte zu erweitern (BegrRegE NBauO 2012, LT-Drs. 16/3195, 69). Angesichts des erschöpfenden Charakters der Sonderbautentatbestände ist die Nr. 21 daher eng auszulegen. Erfasst sind bauliche Anlagen sowie Räume. Mit Gefahren, die den Nrn. 1-20 ähneln, ist das Gefahrenpotenzial gemeint. Erst wenn das Gefahrenpotenzial einer baulichen Anlage mit demjenigen in den Nr. 1-20 enthaltenem zu vergleichen ist, greift die Nr. 21 ein. Dies kann selbst dann der Fall sein, wenn die in den Nrn. 1-20 genannten Schwellenwerte im konkreten Einzelfall unterschritten sind (aA Simon/Busse BayBO Art. 2 Rn. 492). Entscheidend ist allein die Vergleichbarkeit der von den baulichen Anlagen ausgehenden Gefahr. Ein den Verkaufsstätten nach Nr. 4 vergleichbares Gefahrenpotenzial weisen zB Messe- und Ausstellungsbauten auf, da sie sich sowohl hinsichtlich ihrer Nutzungsart als auch im Hinblick auf ihre Sicherheitsrisiken ähneln.

85 Nach dem **Satz 2** sind auch **genehmigungsbedürftige Anlagen nach der 4. BImSchV** Sonderbauten. Es handelt sich hierbei um Anlagen, die auf Grund ihrer Beschaffenheit oder ihres Betriebs in besonderem Maße geeignet sind, schädliche Umwelteinwirkungen hervorzurufen oder in anderer Weise die Allgemeinheit oder die Nachbarschaft zu gefährden, erheblich zu benachteiligen oder erheblich zu belästigen (vgl. § 4 BImSchG). Als Genehmigungsvoraussetzung verlangt § 6 Abs. 1 Nr. 2 BImSchG, dass andere öffentlich-rechtliche Vorschriften der Errichtung und dem Betrieb der Anlage nicht entgegenstehen dürfen. Durch die Einordnung als Sonderbau soll gewährleistet werden, dass im Rahmen der Genehmigungsverfahren nach dem BImSchG auch diejenigen bauordnungsrechtlichen Anforderungen überprüft werden, die sonst bei nicht als Sonderbau zu qualifizierenden baulichen Anlagen nach der NBauO nicht geprüft werden müssten (Ausschussbericht NBauO 2012, LT-Drs. 16/4621, 5). Auf diese Weise bleiben die materiellen Vorschriften des Baurechts in vollem Umfang als im Genehmigungsverfahren durch die zuständige Behörde zu prüfende Voraussetzungen erhalten (BegrRegE NBauO 2012, LT-Drs. 16/3195, 69). Die Einordnung als Sonderbau gilt nur für die in der 4. BImSchV genannten Anlagen. Der Gesetzgeber sah kein Bedürfnis, die Sonderbauteneigenschaft auch auf andere behördliche Entscheidungen, die wie die Genehmigung nach dem BImSchG eine Baugenehmigung einschließen (vgl. insoweit § 59 Abs. 2), zu erweitern (Ausschussbericht, NBauO 2012, LT-Drs. 16/4621, S. 5).

G. Geschosse (Abs. 6 und 7)

Allgemeines: In den Abs. 6 und 7 finden sich die Begriffsbestimmungen der einzelnen Geschosse, deren Unterscheidung für das Brandschutzkonzept der NBauO erforderlich ist. Differenziert wird zwischen dem oberirdischen Geschoss, dem Kellergeschoss und dem Vollgeschoss. Vormals verzichtete die NBauO auf die Definition des oberirdischen Geschosses sowie des Kellergeschosses. Beide Begriffe sind durch die NBauO 2012 in Anlehnung an die MBauO neu eingeführt worden. Dagegen war eine Definition des Kellergeschosses bereits in § 1 DVNBauO aF enthalten. 86

Der **Begriff des Geschosses** wird in der NBauO nicht legaldefiniert, sondern von ihr vorausgesetzt. Allgemein wird ein Geschoss als die Summe der auf gleicher Ebene liegenden Räume eines Gebäudes bezeichnet, die ihren Abschluss nach oben in einer Decke und nach unten im Boden oder in einer Decke finden (so zB Sauter § 2 Rn. 68, Reichel/Schulte Kap. 2 Rn. 120). Das Geschoss besteht dabei nicht nur aus den Hohlräumen; üblicherweise werden auch die Umfassungswände und die Innenwände zwischen den Räumen als Teile eines Geschosses betrachtet (vgl. auch in § 20 Abs. 3 S. 1 BauNVO 2017). Wenn die **Fußbodenhöhen** der Räume um wenige (etwa zwei bis drei) Stufen **differieren**, wird man die Räume noch als Teile desselben Geschosses ansehen dürfen. Sind die Fußbodenhöhen aber noch stärker (das Maximum ist eine halbe Geschosshöhe) gegeneinander versetzt, so muss man sich das Gebäude senkrecht gespalten in mehrere Teile mit jeweils einheitlichen Geschossebenen denken und die Geschosse für jeden dieser Gebäudeteile gesondert zählen (vgl. Abb. 11), anderenfalls wäre ein klarer Geschossbegriff nicht mehr vorhanden (ebenso OVG Lüneburg 25.3.1980 – 1 A 29/79, BRS 36 Nr. 123; VGH Kassel 1.12.1982 – IV TG 81/82, BRS 39 Nr. 103; OVG Münster 18.4. 1991 – 11 A 696/87, BRS 52 Nr. 180; Molodovsky/Famers/Waldmann BayBauO Art. 2 Anm. 8.2; Reichel/Schulte BauordnungsR-Hdb Kap. 2, Rn. 121; abw. Blumenbach/Groschupf NBauO § 2 Rn. 97). Die Räume in einem Gebäude, deren Fußböden auf (zumindest annähernd) gleicher Ebene liegen, bilden auch dann ein Geschoss, wenn sie **unterschiedliche** lichte **Raumhöhen** haben, sogar dann, wenn ein Raum so hoch ist wie zwei übereinander liegende benachbarte Räume (vgl. Abb. 10). Zum Zählen der Geschosse muss man sich aber auch in diesen Fällen das Gebäude vertikal gespalten denken. 87

Für ein Geschoss ist nicht erforderlich, dass es von Wänden umschlossen wird; es kann ganz oder teilweise **seitlich offen** sein wie zB ein Deck in einem Parkhaus, der Raum unter einem Gebäude, das auf Stützen ruht (Molodovsky/Famers/Waldmann BayBauO Art. 2 Anm. 8.2) oder eine Galerie innerhalb eines hohen Raumes, jedenfalls wenn sie eine nennenswerte Nutzfläche bietet und nicht nur der Gestaltung dient (so für Galerien mit mehr als 12 m^2 Grundfläche VGH Mannheim 12.5.1982 – 3 S 1689/81, BRS 39 Nr. 145). Begriffsnotwendig ist aber eine **Überdeckung**. Eine Dachterrasse kann demnach kein Geschoss oder Teil eines Geschosses sein (VGH Kassel 12.12.1978 – IV TG 97/78, BRS 33 Nr. 92). Die Überdeckung braucht jedoch nicht in einer (Zwischen-)Decke zu bestehen, sondern kann auch das Dach selbst sein. So ist zB auch der Dachraum eines Hauses mit Satteldach, einerlei ob ausgebaut oder nicht, und sogar der Spitzboden über seinem Dachgeschoss grds. ein Geschoss. Hiervon geht Abs. 7 S. 4 ersichtlich aus: Nur solche Spitzböden, die für Aufenthaltsräume zu niedrig sind, „gelten" nach S. 4 nicht als Geschosse. 88

a) Oberirdisches Geschoss (Abs. 6 S. 1)

Abs. 6 S. 1 definiert das oberirdische Geschoss als Geschoss, dessen **Deckenoberkante im Mittel mehr als 1,40 m über die Geländeoberfläche** hinausragt. Mit der Deckenoberkante als Bezugsebene wird auf die Gesamtkonstruktionshöhe des Geschosses abgestellt (BegrRegE NBauO 2012, LT-Drs. 16/3195, 69). Zum Begriff des Kellergeschosses, das diese Voraussetzungen nicht erfüllt, vgl. → Rn. 94. An das oberirdische Geschoss werden insbes. Anforderungen hinsichtlich der Belüftung und des Brandschutzes gestellt. So verlangt zB § 15 Abs. 2 Nr. 1 DVO-NBauO (zu § 35 NBauO, 89 notwendige Treppenräume), dass in jedem über dem zu ebener Erde gelegenen Geschoss mindestens ein Fenster zum Freien, das geöffnet werden kann, mit einem Querschnitt von mindestens 0,5 m vorhanden sein muss. Zum besonderen Fall des Vollgeschosses vgl. → Rn. 95.

90 **Deckenoberkante** meint dabei die Oberkante der Rohdecke (Simon/Busse BayBO Art. 2 Rn. 577). Unterer Bezugspunkt ist die Geländeoberfläche. Zur Höhe der Geländeoberfläche vgl. die Erläuterungen zu Abs. 3 S. 3 (→ Rn. 50) sowie § 5 Abs. 9 (→ § 5 Rn. 266). § 5 Abs. 9 S. 1 gilt hier nicht. Maßgeblich ist die **wirkliche Geländehöhe nach Fertigstellung** des Bauwerks (→ § 5 Rn. 268); auch Aufschüttungen sind also zu berücksichtigen. Die BauAB kann aber nach § 5 Abs. 9 S. 3 eine fiktive Geländeoberfläche auch für die Berechnung der Geschosszahl festsetzen. Welche Höhe die Deckenoberkante eines in den Boden teilweise versenkten Geschosses „**im Mittel**" hat, muss berechnet werden, wenn das Gelände hängig ist und die BauAB nicht nach § 5 Abs. 9 S. 3 eine waagerechte Bezugsebene festgesetzt hat. Nach einer teilweise in der Rspr. vertretenen Auffassung (VGH Kassel 14.6.1982 – III TG 1/82, BRS 39 Nr. 101; VGH München 23.6.1987 – 1 B 85 A.160, BayVBl. 88, 723), ist auf die Höhe der Deckenoberkante über der Geländeoberkante ringsum an den Außenwänden abzustellen und deren arithmetisches Mittel zu errechnen (Summe der Außenflächen zwischen Deckenunter- und Geländeoberkante, geteilt durch den Gebäudeumfang). Dieses Verfahren ist jedoch nur brauchbar, wenn das (Keller-)Geschoss die Form eines schlichten Quaders hat; bei Grundrissen mit (nicht nur unwesentlichen) Vor- und Rücksprüngen und bei unterschiedlichen Deckenhöhen gelangt man zu verzerrten Ergebnissen.

91 Diese werden vermieden, wenn man bei der Höhenberechnung davon ausgeht, dass die Geländeoberfläche das (Keller)Geschoss durchdringt, und das Volumen des Geschosses, soweit es sich oberhalb der genannten Fläche befindet, durch die Grundfläche des Geschosses teilt. Diese Berechnungsweise ist auch bei stark gegliederten Kellergeschossen verwendbar. Sie versagt jedoch, wenn die Geländeoberfläche vor den Außenwänden unregelmäßig abgeböscht, gewellt oder terrassiert ist, so dass sich nicht feststellen lässt, welche der unterschiedlichen Geländeprofile wie weit das Geschoss durchdringen.

92 Eine weiterentwickelte und zugleich sehr einfache Methode, die in den meisten Fällen jedenfalls zu annähernd richtigen Ergebnissen führt, findet sich in § 2 Abs. 6 S. 2 LBO BW. Danach ist die Höhe der Geländeoberfläche bzw. die Höhe der Deckenoberkante über der Geländeoberkante nur an den vier Gebäudeecken (Gebäudekanten) zu messen und das arithmetische Mittel aus diesen vier Höhenmaßen zu bilden. Sie kann auch für die NBauO übernommen werden. Allerdings eignet sie sich ohne weiteres auch nur für (Keller-)Geschosse mit einfacher Quaderform. Bei gegliederten Grundrissen muss man sich das Kellergeschoss in Quader aufgeteilt denken, die seitlich aneinander stoßen (Abb. 3). Für jeden Quader ist das arithmetische Mittel der Deckenhöhe an seinen vier Ecken (Kanten) zu errechnen und dieses Mittel ist mit der Fläche des Quaders zu multiplizieren. Die sich daraus ergebenden Produkte (Volumina) sind zu addieren. Die dadurch entstehende Summe ist durch die Grundfläche des gesamten Geschosses zu teilen. Kleinere Vor- und Rücksprünge der Außenwände kann man bei diesem Verfahren vernachlässigen, ebenso kleinere Einsenkungen und Erhebungen in der Geländeoberfläche zwischen den Gebäudeecken.

93 Wenn die Bodenunebenheiten allerdings, besonders bei langen Außenwänden, so groß sind, dass die Maße an den Ecken nicht mehr repräsentativ sind, muss man (wenn nicht die BauAB eine ebene Fläche nach § 5 Abs. 9 S. 3 festsetzt) zu der unter → Rn. 87 f. dargestellten Berechnung der durchschnittlichen Höhe an den Außenwänden zurückkehren. Handelt es sich dabei auch noch um gegliederte Baukörper, so können die Mängel jenes Verfahrens wie folgt eliminiert werden: Man teilt das Geschoss wieder in Quader auf und rechnet an deren Berührungsflächen mit einer fiktiven Geländeoberkante, die man sich als geradlinige Verbindung zwischen den Punkten denkt, an denen die wirkliche Geländeoberkante auf die Berührungsfläche stößt (in Abb. 3 die Gerade HF).

b) Kellergeschoss (Abs. 6 S. 2)

In Umkehrung zu S. 1 ist ein Kellergeschoss ein Geschoss, das kein oberirdisches Geschoss ist. Erfasst sind also alle Geschosse (vgl. → Rn. 87), deren **Deckenoberkante weniger als 1,40 m über der Geländeoberfläche** liegt. Durch diese Begriffsbestimmung wurde der Gesetzestext 2012 vereinheitlicht und an die MBauO 2002 angepasst. Anforderungen an Kellergeschosse finden sich insbes. in den Regelungen, die an das Brandschutzkonzept der NBauO anknüpfen, wie etwa §§ 26 ff. sowie die diese Regelungen ausführenden Vorschriften der §§ 5 ff. DVO-NBauO. Dabei ist vor allem auch auf die Anforderungen im Rahmen der Belichtung und Belüftung hinzuweisen (vgl. § 37 Abs. 4). Zu der Zulässigkeit von Räumen in Kellergeschossen als Aufenthaltsräume vgl. § 43 Abs. 4. 94

c) Vollgeschoss (Abs. 7)

Ein Vollgeschoss ist ein **oberirdisches Geschoss**, das über mindestens der Hälfte seiner Grundfläche eine **lichte Höhe von 2,20 m oder mehr** hat. Typische Vollgeschosse sind in Gebäuden herkömmlicher Art die zwischen Keller- und Dachgeschoss gelegenen Geschosse, die senkrechte Außenwände haben und üblicherweise Wohnungen oder andere Aufenthaltsräume enthalten. Mit der Legaldefinition in Abs. 7 wird eine präzise Abgrenzung des Begriffs angestrebt, die auch in Grenzfällen zu sachgerechten Ergebnissen führen soll. Der Begriff des Vollgeschosses wurde im früheren Bauordnungsrecht vielfach verwendet; vor allem dann, wenn Anforderungen erst von einer gewissen Gebäudehöhe an einsetzen oder mit zunehmender Gebäudehöhe gesteigert werden sollten, wurde oft auf die Zahl der Vollgeschosse abgestellt. Jedoch war dies ein verhältnismäßig grober Höhenmaßstab, der bei neuartigen Gebäudeformen, ungewöhnlich hohen Geschossen oder Kellersockeln, bei Hangbebauung oder in ähnlichen Fällen zu unerwünschten Ergebnissen führen konnte. Außerdem ist er wegen seiner Bedeutung für das Planungsrecht so durch Vergünstigungen für Sockel-, Dach- und Staffelgeschosse abgewandelt worden, dass er **als Maßstab für bauordnungsrechtliche Anforderungen kaum noch** geeignet ist. Seit der NBauO 2012 wird bei der Berechnung der Höhe daher nur noch auf die Einordnung in die jeweilige Gebäudeklasse (vgl. → Rn. 42 ff.) und nicht mehr auf den Vollgeschossbegriff abgestellt. Dagegen ist häufig von „Geschossen" die Rede; zum Begriff des Geschosses → Rn. 87. 95

Seine hauptsächliche Bedeutung hat der Begriff des Vollgeschosses heute **im städtebaulichen Planungsrecht** (§§ 16, 20-21a BauNVO); insbes. ist die Festsetzung der Zahl der Vollgeschosse eines der Mittel, mit denen der Bebauungsplan das Maß der baulichen Nutzung von Grundstücken regelt (§ 16 Abs. 2 Nr. 2 BauNVO). § 20 Abs. 1 BauNVO erklärt ausdrücklich den landesrechtlichen Begriff des Vollgeschosses für maßgeblich (vgl. → Rn. 2). Diese „Verweisung" (richtiger wohl „Vorbehalt" zugunsten des Landesrechts) hat in allen bisherigen Fassungen der BauNVO denselben Wortlaut. Sie ist „dynamisch" (so auch VGH Kassel 26.7.1984 – 4 TG 1669/84, BRS 42 Nr. 113; Uechtritz BauR 1986, 172, m. eingehender Begründung; König/Roeser/Stock § 20 Rn. 5 ff.; Jäde/Dirnberger/Weiß BauNVO § 20 Rn. 5; offen gelassen bei Fickert/Fieseler in der 11. Aufl., § 20 Rn. 2 ff.; aM VGH Mannheim 27.10.1999 – 8 S 19/99, DVBl 2000, 201; OVG Saarlouis 28.7.1986 – 2 R 191/86, BRS 46 Nr. 100; über die praktischen Auswirkungen der unterschiedlichen Auffassungen Boeddinghaus BauR 1990, 435 ff.), denn die Bestimmung der BauNVO erklärt nicht etwa dasjenige Landesrecht für maßgeblich, das beim In-Kraft-Treten der BauNVO bzw. einer ihrer Änderungen oder bei der öffentlichen Auslegung des jeweiligen Bebauungsplans in Kraft war, sondern enthält keine derartige zeitliche Fixierung. Soweit also Bebauungspläne unter Geltung der BauNVO (einerlei, welcher Fassung) Vollgeschosszahlen festgesetzt haben, ist in Nds. für alle Vorhaben, die nach dem 1.11.2012 (In-Kraft-Treten der NBauO 2012) genehmigt wurden bzw. werden, einheitlich der Vollgeschossbegriff des § 2 Abs. 7 NBauO 2012 maßgeb- 96 lich. Anderes gilt nur für Vorhaben im Gebiet älterer, noch nicht von der BauNVO erfasster Bebauungspläne; dies sind die Pläne, die durch den früheren § 173 Abs. 3 BBauG als Bebauungspläne „übergeleitet" wurden, und die bis zum 31.7.1962 als Entwürfe ausgelegten Bebauungspläne (vgl. § 25 BauNVO 1962). Ist dort von „Vollgeschossen" die Rede, so ist im Allgemeinen anzunehmen, dass damit Vollgeschosse iSd damaligen Bauordnungen gemeint sind (vgl. BVerwG 3.6.1971 – IV C 64.69, Buchholz 406.11, § 173 BBauG Nr. 8).

97 **Gesetzesänderungen:** Die Legaldefinition für das Vollgeschoss war erstmals durch die – noch vor In-Kraft-Treten der NBauO ergangene – Novelle vom 17.12.1973 (Nds. GVBl. S. 507) geändert worden. Näheres darüber in der LT-Drs. 7/2263. Die **Novelle von 1986** hat die Begriffsbestimmung, die vorher den Abs. 6 bildete, nach Wegfall der alten Absätze 4 und 5 als neuen Abs. 4 aufrücken lassen und sie auch inhaltlich geändert. So hat sie in S. 1 die maßgebliche lichte Höhe von 2,30 m auf 2,20 m vermindert. Durch das verhältnismäßig große Maß von 2,30 m wollte die NBauO 1973 ua ebenerdige Sockelgeschosse mit Abstellräumen, Garagen, Hauseingang und Fahrstuhlhaltestelle, die Behinderten den Zugang zum Gebäude erleichtern, mit möglichst günstiger lichter Höhe, aber ohne Anrechnung auf die Zahl der Vollgeschosse ermöglichen. Solche Eingangsgeschosse können seit der Novelle von 1986 nur noch mit einer lichten Höhe von weniger als 2,20 m vorgesehen werden. Diese ungünstigere Regelung wurde erforderlich, weil die NBauO 1986 **in Dachgeschossen** Aufenthaltsräume schon mit einer lichten Höhe von nur 2,20 m zuließ (jetzt § 43 Abs. 2) und im Ausnahmewege auch in anderen Geschossen Aufenthaltsräume mit einer lichten Höhe von weniger als 2,30 m ermöglichte. Damit musste der Gesetzgeber, als Kehrseite dieser „Wohltat", auch die für das Vollgeschoss maßgebliche Höhe herabsetzen; anderenfalls könnte durch Geschosse, die im gleichen Maß wie Vollgeschosse genutzt werden, aber nicht als Vollgeschosse zählen, die ortsplanerische Begrenzung der Vollgeschosse unterlaufen werden.

98 Seit 1986 wird in S. 1 auch nicht mehr vorausgesetzt, dass ein Geschoss die maßgebliche lichte Höhe „im Mittel" erreicht oder überschreitet, sondern **„über mindestens der Hälfte seiner Grundfläche"**. Nach dem früheren Wortlaut waren im Dachraum Geschosse möglich, deren lichte Höhe infolge Einrechnung der Dachschrägen im Mittel knapp unter 2,30 m blieb und damit keine Vollgeschosse waren, jedoch Aufenthaltsräume nach § 43 Abs. 2 NBauO 1973 enthalten durften. Dadurch konnte ein Bauherr die Begrenzung des Privilegs in S. 2 auf das oberste Geschoss unterlaufen und in hohen Dächern oder sog. Nurdachhäusern mehrere Wohngeschosse ohne Anrechnung auf die Zahl der Vollgeschosse schaffen. Bei der **Höhenbemessung** führte die Novelle von 1986 die Deckenunterseite als oberen Bezugspunkt ein, und setzte gleichzeitig das Höhenmaß etwa um eine Deckenstärke von 1,60 m auf 1,40 m herab. Damit kam es für beide in S. 1 genannten Maße auf die Deckenunterseite an, was die Verständlichkeit der Regelung etwas verbesserte. Die NBauO 1986 ist, abweichend von anderen LBauOen, nicht dazu übergegangen, die Höhe eines Geschosses von dessen Fußbodenoberkante bis zur Fußbodenoberkante des darüber liegenden Geschosses (Deckenoberkante) bzw. bis zur Dachhaut zu messen, sondern sie ist bei dem lichten Höhenmaß geblieben. Um möglichen Umgehungen der Vollgeschosseigenschaft, etwa durch abhängende Decken, vorzubeugen, wurde in der NBauO 1986 der **Satz 3** über **„Zwischendecken"** eingefügt. In S. 2, der die Vergünstigung für das **oberste Geschoss** enthält, ist die maßgebliche lichte Höhe entsprechend S. 1 herabgesetzt worden. Schließlich sind in dem die **„Hohlräume"** betreffenden S. 4 die Worte „wegen der erforderlichen lichten Höhe" ebenfalls 1996 eingefügt worden. Dieser Zusatz soll klarstellen, dass ein Spitzboden nur dann nicht als Geschoss zählt, wenn Aufenthaltsräume dort wegen seiner unzureichenden Abmessungen unmöglich sind, aber nicht schon aus Mangel an einem Fenster oder einer Treppe (die uU leicht nachträglich eingebaut werden können).

99 **Die NBauO 1995** hat in S. 3 zur Klarstellung angefügt, dass außer „Zwischendecken" auch „Zwischenböden" unberücksichtigt bleiben, wenn sie unbegehbare Hohlräume abtrennen. Die **NBauO 2012** hat den Begriff des Vollgeschosses in den neuen Abs. 7 ver-

lagert und die Bezugsebene für die Lage des Vollgeschosses über der Geländeoberfläche der Regelung in Abs. 6 angepasst: Bei der Berechnung kommt es seitdem (Vollgeschoss ist ein „oberirdisches Geschoss") auch hier auf die **Deckenoberkante** an (BegrRegE NBauO 2012, LT-Drs. 16/3195, 70). Die Messung von Fußboden zu Fußboden verhindert, dass einem Geschoss, das an sich für Aufenthaltsräume geeignet ist, durch willkürliche Einbauten wie abgehängte Decken die Eigenschaft des Vollgeschosses genommen wird. Durch die NBauO 2018 sind die Abs. 6 und 7 nicht geändert worden.

Satz 1 bestimmt im Grundsatz, wann ein Vollgeschoss vorliegt, und nennt dafür zwei Voraussetzungen, die kumulativ gegeben sein müssen: **Erste Voraussetzung** ist, dass es sich um ein **oberirdisches Geschoss** handelt (vgl. Abs. 6). Erforderlich ist somit, dass die Deckenoberkante im Mittel mindestens 1,40 m über der Geländeoberfläche liegt. Auf die zu dem oberirdischen Geschoss gemachten Ausführungen kann insoweit verwiesen werden (→ Rn. 89 ff.). So ist etwa ein Parkdeck nicht als Vollgeschoss einzustufen, solange es nicht überdacht ist (OVG Lüneburg 14.6.2004 – 1 ME 101/04, BeckRS 2004, 22992; vgl. → Rn. 88). Daraus folgt auch, dass tiefer gelegene Kellergeschosse dann keine Vollgeschosse sind, wenn ihre lichte Höhe 2,20 m erreicht oder übersteigt (s. Abb. 8). Die Deckenoberkante ist allerdings nicht dieselbe Fläche, von der auch die lichte Höhe des Geschosses abhängt (vgl. hierzu → Rn. 101). 100

Als **zweite Voraussetzung** muss das Geschoss über mindestens der Hälfte seiner Grundfläche eine **lichte Höhe von 2,20 m oder mehr** haben (s. Abb. 4). Lichte Höhe ist das Maß zwischen der Oberkante (-seite) des fertigen Fußbodens und der Unterkante (-seite) der fertigen Decke des Geschosses. Anders als bei der Definition des oberirdischen Geschosses (→ Rn. 89 ff., 100) ist für die lichte Höhe also nicht die Deckenoberkante, sondern die tatsächliche Raumhöhe maßgeblich. Demgemäß sind die Schichten, die auf der Rohdecke unterhalb des Geschosses auflagern (Dämm-Matten, Estrich, Fußbodenbelag) und mit denen die obere Rohdecke von unten verkleidet ist (Putz, Gipskartonplatten, auch noch die Stärke eines Lattenrostes) von der lichten Höhe abzurechnen. Jedoch ist **Satz 3** zu beachten. Danach bleiben „Zwischendecken oder Zwischenböden, die unbegehbare Hohlräume von einem Geschoss abtrennen", unberücksichtigt. Über den Zweck dieser Regelung → Rn. 97 f. Eine **Zwischendecke** kann eine „abgehängte" oder von Wand zu Wand gespannte Decke sein, die einen Hohlraum unterhalb der Decke bildet, die das darüber liegende Geschoss trägt oder das Dach darstellt (s. Abb. 5). **Zwischenboden** (bisher vom Begriff der Zwischendecke miterfasst) ist zB eine mittels Stützen auf der unteren Decke ruhende Plattform, die den Fußboden des Geschosses erhöht und einen darunter liegenden Hohlraum überdeckt. Der obere oder untere Hohlraum ist nicht begehbar, wenn ein Erwachsener durchschnittlicher Körpergröße sich darin nur noch gebückt fortbewegen kann; dies dürfte der Fall sein, wenn die lichte Höhe kleiner als 1,80 m ist. Der obere Hohlraum ist auch dann nicht begehbar, wenn die Zwischendecke nicht genügend tragfähig ist; entsprechend DIN 1055 Teil 3 Tabelle 1 wird dies bei einer Belastbarkeit mit weniger als 1 kN/m² anzunehmen sein. Im Falle des S. 3 sind die Stärke der Zwischendecke und selbstverständlich auch die Höhe des Hohlraums der lichten Höhe des Geschosses hinzuzurechnen. 101

Um Vollgeschoss zu sein, muss ein Geschoss die lichte Höhe von mindestens 2,20 m zudem über **mindestens der Hälfte seiner Grundfläche** haben. Diese weitere Voraussetzung wirft keine Fragen auf, wenn das Geschoss, wie im Normalfall, senkrechte Außenwände hat und wenn Fußboden und Decke horizontale Ebenen bilden. Dann genügt es, wenn die lichte Höhe von 2,20 m überhaupt vorhanden ist. Besonders zu prüfen ist das Vorliegen dieser Voraussetzung nur, wenn das Geschoss an Dachschrägen grenzt oder Balkenunterzüge unter der Decke, Gewölbe, Stufen im Fußboden oÄ (ausgenommen die nach S. 3 unbeachtlichen Einbauten) vorhanden sind und wenn infolgedessen Teile des Geschosses nicht die lichte Höhe von 2,20 m erreichen. Ob ein Geschoss in solchen Fällen Vollgeschoss ist, ergibt sich aus dem Größenverhältnis zweier Flächen. 102

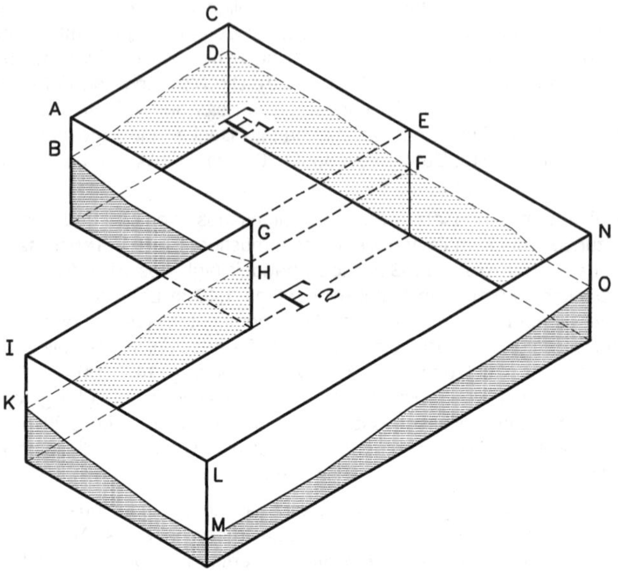

Abb. 3:
Vereinfachte Berechnung der mittleren Höhe (Hm) einer Kellerdecke über der Geländeoberfläche nach Rn. 92:
$H_m = ((AB + CD + EF + GH) : 4 \times F1 + (IK + EF + NO + LM) : 4 \times F2) : (F_1 + F_2)$
$F_1 = AC \times AG$,
$F_2 = IE \times IL$
Die unregelmäßige Geländeoberfläche gibt schon Anlass, nach Rn. 93 zu verfahren.

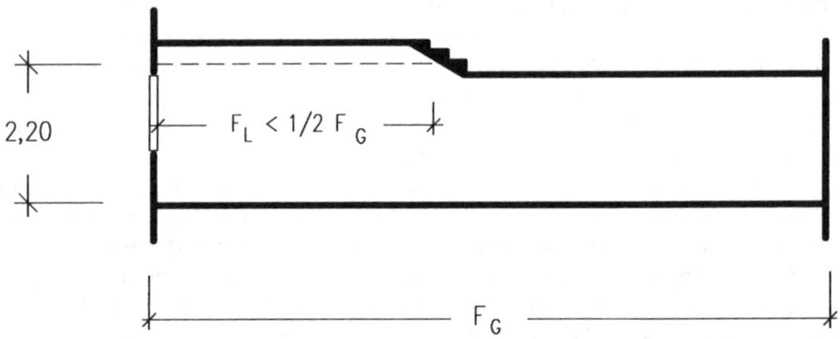

Abb. 4:
Das Geschoss ist kein Vollgeschoss nach Abs. 7 S. 1, da es eine lichte Höhe von 2,20 m oder mehr über weniger als 1/2 der Grundfläche hat.

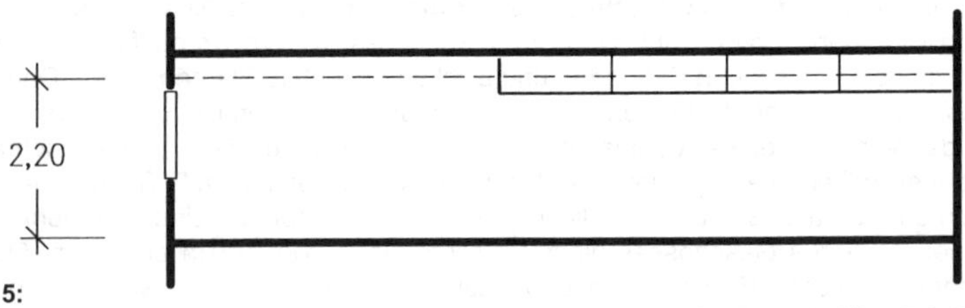

Abb. 5:
Das Geschoss ist ein Vollgeschoss; die abgehängte Decke bleibt außer Betracht (Abs. 7 S. 3).

Die eine ist die **Grundfläche des Geschosses**. Diese bestimmt sich (ähnlich der Geschossfläche iSv § 20 Abs. 3 S. 1 BauNVO) nach dessen Außenmaßen. Die Flächen von (überdachten) Loggien und von überdachten Vorbauten wie Erkern, Wintergärten, Veranden oder Windfängen, auch von überdachten Balkonen, sind einzurechnen, da sie Teile des Geschosses sind (§ 20 Abs. 4 BauNVO kann hier nicht herangezogen werden, es kommt allein auf den bauordnungsrechtlichen Geschossbegriff an, vgl. (→ Rn. 2), nicht dagegen die Flächen von (nach oben offenen) Terrassen und Balkonen sowie von nur konstruktiv oder gestalterisch bedingten Gesimsen oder Dachvorsprüngen. Näher dazu: Nds. OVG 22.1.2014 – 1 ME 220/13, NdsVBl 2014, 225 (227)). Die andere Fläche ist, soweit das Geschoss eine lichte Höhe von genau 2,20 m hat, mit der **Deckenunterseite** identisch. Soweit die Decke (oder das Dach) höher ist, muss man sich die Fläche als eine horizontale Ebene in 2,20 m Höhe über dem Fußboden denken. Sie wird seitlich durch die Innenseite der Dachschrägen, ggf. der Gauben (soweit diese innen mindestens 2,20 m hoch sind), der Giebelwände oder sonstigen Außenwände, oder auch durch sonstige Schrägen, Abstufungen oder Wölbungen begrenzt. Auf die **Innenseiten der Bauteile**, die das Geschoss umfassen, ist abzustellen, weil es nur insoweit eine „lichte" Höhe hat (ebenso OVG Lüneburg 11.12.1981 – 6 B 74/81, nv; VGH Mannheim 15.2.1984 – 3 S 1279/83, BRS 42 Nr. 114). Soweit das Geschoss seitlich nicht durch Außenwände oder Dachschrägen begrenzt ist (→ Rn. 88), zB im Bereich eines überdachten Freisitzes, ist die Außenkante der Überdachung maßgeblich (s. Abb. 7). **103**

Die Grundflächen von Innenwänden, Kaminen, Pfeilern usw sind von der gedachten Ebene nicht abzurechnen. Solche in das Geschoss „eingebauten" Teile verkleinern nicht dessen lichten Raum, sondern sie füllen ihn aus und sind schon als Nutzung des Geschosses zu betrachten. Gegen die Annahme, dass der Gesetzgeber darauf abstellen wollte, ob ein Geschoss mehr oder weniger Innenwände hat, spricht auch, dass er deren Änderung oder Beseitigung für genehmigungsfrei erklärt hat (Nr. 12.1 und 12.2 der Anlage zur NBauO). Er hätte die Vollgeschosseigenschaft dann leicht manipulierbar gemacht, was er an anderer Stelle, nämlich mit dem 1986 eingefügten S. 3, gerade verhindern wollte. Ist die nach Vorstehendem abgegrenzte Fläche mindestens **halb so groß wie die Grundfläche des Geschosses**, so ist die erste Voraussetzung (→ Rn. 100) erfüllt; anderenfalls kann es sich um kein Vollgeschoss handeln (Abb. 4). **104**

Satz 2 trifft, abweichend von der Grundsatzvorschrift des S. 1, eine **Sonderregelung** für das **oberste Geschoss**: Ein solches Geschoss soll, auch wenn es die Voraussetzungen des S. 1 für ein Vollgeschoss erfüllt, nur dann Vollgeschoss sein, wenn es die in S. 1 genannte lichte Höhe von 2,20 m „über **mehr als zwei Dritteln der Grundfläche** des darunter liegenden Geschosses hat". Diese Regelung soll in erster Linie bewirken, dass ausgebaute Dachgeschosse üblicher Art (namentlich in Einfamilienhäusern) nicht als Vollgeschosse zählen. Sie soll dem Bauherrn aber auch dann zugute kommen, wenn das oberste Geschoss eines Gebäudes ein zurückgesetztes sog. **Staffelgeschoss** ist und wenn dies keine größere nutzbare Fläche hat als diejenige, die ein ausgebautes Dachgeschoss in einem Satteldach über demselben Gebäude haben würde (s. Abb. 7). Zu beachten ist, dass auch dann, wenn das oberste Geschoss kein Vollgeschoss ist, **Aufenthaltsräume** in diesem Geschoss nach Maßgabe von § 20 Abs. 2 BauNVO (ältere Fassungen) auf die Geschossfläche anzurechnen sind; nach § 20 Abs. 3 S. 2 BauNVO 2017 kann dies im B-Plan festgesetzt werden (→ Rn. 117). **105**

Ob das oberste Geschoss nach S. 2 als Vollgeschoss rechnet, wird hier, wie schon in S. 1, nochmals von einem Größenverhältnis zweier Flächen abhängig gemacht. Die eine dieser Flächen ist hier die **Grundfläche des darunter liegenden Geschosses**. Diese ist ebenso zu ermitteln wie nach S. 1 die Fläche des betreffenden Geschosses selbst; dazu → Rn. 103 f. Die andere Fläche ist, wie nach S. 1, wiederum die **in 2,20 m Höhe über dem Fußboden gedachte Ebene** (→ Rn. 105). Abweichend von S. 1 ist das oberste Geschoss erst dann Vollgeschoss, wenn die Fläche der gedachten Ebene zwei Drittel der Bezugsfläche (hier der Fläche des darunter liegenden Geschosses) ausmacht (s. Abb. 8). Die Vergünstigung in S. 2 kann nur jeweils für das oberste Geschoss eines **106**

Gebäudes in Anspruch genommen werden. Damit sie aber nicht schon durch kleine Spitzböden oÄ verbraucht wird, bestimmt **Satz 4**, dass „**Hohlräume** zwischen der obersten Decke und der Dachhaut, in denen Aufenthaltsräume wegen der erforderlichen lichten Höhe nicht möglich sind", nicht als oberste Geschosse gelten (s. Abb. 8).

107 In **Spitzböden**, also im Dachraum, erfordert § 43 Abs. 2 für Aufenthaltsräume eine lichte Höhe von mindestens 2,20 m über mindestens der halben Grundfläche des Raums. Dabei rechnet der Teil der Grundfläche nicht mit, über dem (wegen der Dachschräge) die lichte Raumhöhe weniger als 1,50 m beträgt (§ 43 Abs. 2 S. 2 iVm Abs. 1 S. 2). Die hiernach verbleibende Grundfläche darf aber nicht beliebig schmal sein. Nach § 43 Abs. 1 S. 1 müssen Aufenthaltsräume nämlich „eine für ihre Benutzung ausreichende" Grundfläche haben. Dazu gehört nicht nur ein ausreichendes Produkt aus Länge X Breite (nach § 28 Abs. 1 DVO-NBauO: 6 m^2), sondern auch die Form der Grundfläche muss den Anforderungen nach § 3 Abs. 2 entsprechen. Auch in einem kleinen Schlaf- oder Spielzimmer im Dachraum wird die Grundfläche, über der sich ein mindestens 1,50 m hoher Luftraum befindet, mindestens etwa 2,00 m breit sein müssen. Dann aber muss die lichte Höhe von mindestens 2,20 m in einer Breite von mindestens 1,00 m vorhanden sein. Hieraus ergibt sich: Ein Spitzboden ist bspw. nicht mehr nur „**Hohlraum**" iSd S. 4, sondern oberstes Geschoss, wenn sich darin ein Raum mit einer lichten Höhe von mindestens 2,20 m unterbringen lässt, der in Höhe von 2,20 m mindestens 1,00 m und iHv. 1,50 m mindestens 2,00 m breit ist. Im Übrigen wird dem Spitzboden auch dann die erforderliche lichte Höhe fehlen, wenn notwendige Teile der Dachkonstruktion (Zangen, Kopfbänder usw) die „Kopffreiheit" so beeinträchtigen, dass kein mit § 3 Abs. 2 NBauO vereinbarer Aufenthaltsraum möglich ist.

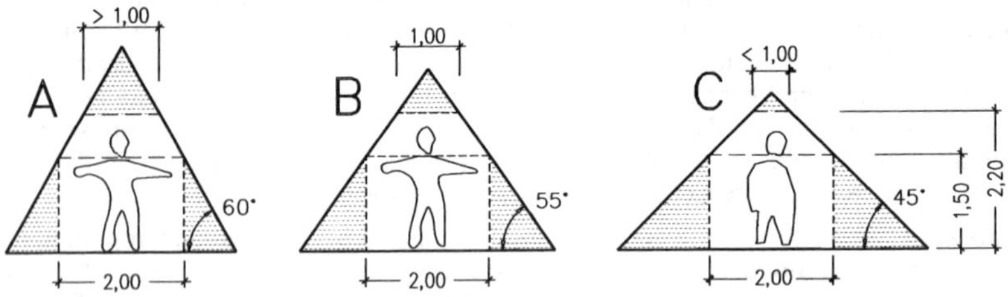

Abb. 6:
Mit den Abmessungen im Fall „A" und „B" ist der Spitzboden jeweils das oberste Geschoss, weil die gedachte Fläche in 2,20 m Höhe mindestens die Hälfte der 2,00 m breiten „Grundfläche" erreicht. Mit den Abmessungen im Fall „C" ist der Spitzboden dagegen nur „Hohlraum". Sobald die Dachneigung – bei gleichbleibender Grundfläche des Spitzbodens in 1,50 m Höhe – weniger als 55° beträgt, erreicht die gedachte Fläche in 2,20 m Höhe nicht mehr die Hälfte der 2,00 m breiten „Grundfläche".

108 Wenn ein „Hohlraum" nach **Satz 4** nicht als Geschoss gelten soll, darf sich, wie aus dem Gesetzeswortlaut auch hervorgeht, über ihm nur die Dachhaut befinden, nicht aber eine Zwischendecke, über der noch einmal ein Raum gelegen ist; dann ist jene nämlich die „**oberste Decke**", und der Raum unter ihr zählt als (oberstes) Geschoss (OVG Lüneburg 29.12.1999 – 1 L 2612/99, BauR 2000, 1176); s. dazu Abb. 9. Bei Flachdächern kommt als „Hohlraum zwischen der obersten Decke und der Dachhaut" wohl nur der (über der tragenden Decke angeordnete) Luftraum eines sog. Kaltdachs in Betracht. Räume unterhalb der Kaltdachkonstruktion liegen nicht mehr „zwischen der obersten Decke und der Dachhaut". Anderes wird jedoch für kleine Aufbauten auf Flachdächern gelten, die im Volumen den in S. 4 gemeinten Spitzböden entsprechen, etwa kleine Maschinenräume für Aufzüge. Auf diese wird S. 4 entsprechend anzuwenden sein (so auch Molodovsky/Famers/Waldmann Art. 2 Anm. 8.2; ausdrücklich § 2 Abs. 6 S. 3 Nr. 1 LBO BW).

Die folgenden Abbildungen sind weitere Beispiele für die Anwendung des Abs. 7: 109

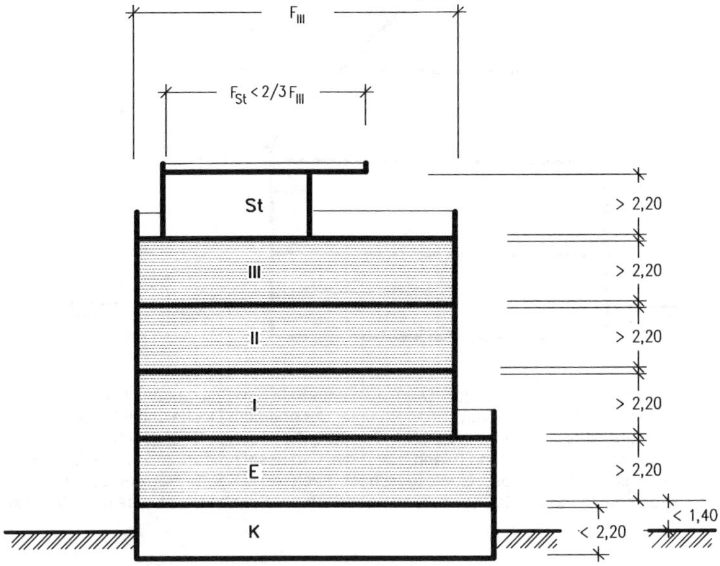

Abb. 7:
Gebäude mit vier Vollgeschossen.

Das oberste Geschoss (Staffelgeschoss) ist nach Abs. 7 S. 2 kein Vollgeschoss. Der überdachte Freisitz rechts oben ist der ⅔-Fläche hinzuzurechnen (Rn. 103).

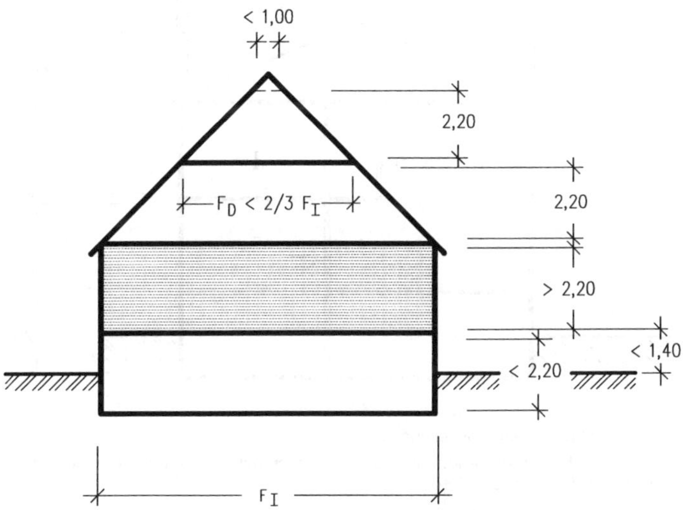

Abb. 8:
Einfamilienhaus mit einem Vollgeschoss. Der Spitzboden ist nur „Hohlraum" nach Abs. 7 S. 4 (s. Rn. 106 f.). Das Dachgeschoss ist als oberstes Geschoss nach Abs. 7 S. 2 kein Vollgeschoss (s. Rn. 105 f.). Der Keller ist kein Vollgeschoss, da die Deckenoberkante dafür nicht hoch genug über der Geländeoberfläche liegt (s. Rn. 100).

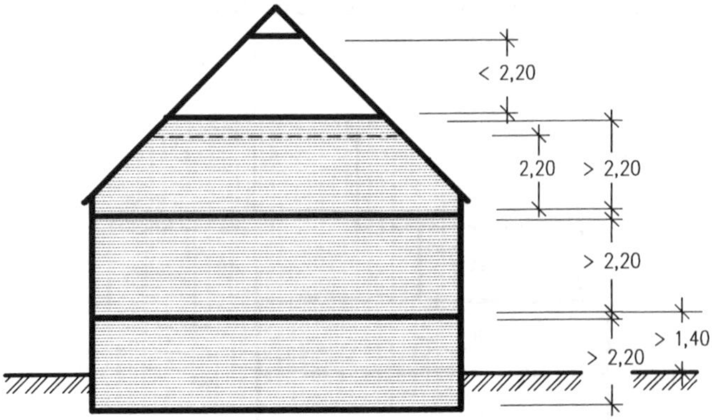

Abb. 9:
Einfamilienhaus mit drei Vollgeschossen. Der Raum unterhalb des Spitzbodens liegt nicht „zwischen der obersten Decke und der Dachhaut", sondern unter der obersten Decke und ist daher nicht „Hohlraum", sondern „oberstes Geschoss" (Rn. 108). Das darunter liegende Dachgeschoss ist mithin nicht oberstes Geschoss, also auch dann, wenn sonst die Voraussetzungen des Abs. 7 S. 2 vorliegen, Vollgeschoss. Das Kellergeschoss ist Vollgeschoss nach Abs. 7 S. 1. Hat der Spitzboden keine Decke, so ist entsprechend Rn. 107 (Abb. 6) zu prüfen, ob der Spitzboden als das oberste Geschoss gilt.

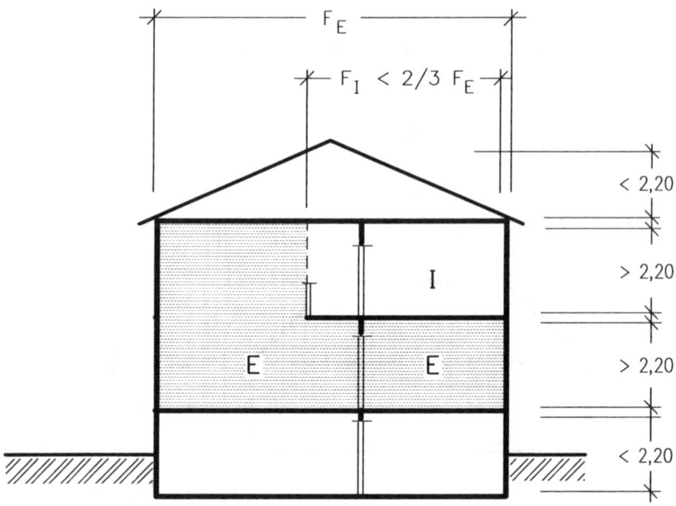

Abb. 10:
Einfamilienhaus mit nur einem Vollgeschoss.

Das über zwei Geschosse reichende Zimmer gehört auch mit seinem Luftraum, ausgenommen die Galerie, nur zum Erdgeschoss (vgl. Rn. 87).

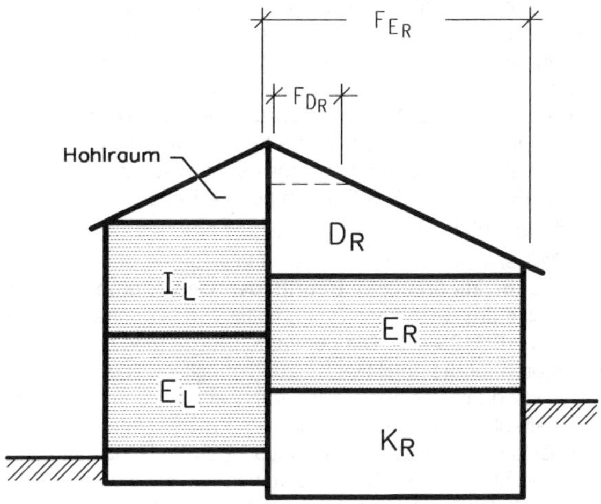

Abb. 11:
Gebäude mit „versetzten" Geschossebenen. Es sind zwei Vollgeschosse anzurechnen (Rn. 87).

H. Aufenthaltsraum (Abs. 8)

110 Abs. 8 enthält die Begriffsbestimmung des Aufenthaltsraumes, die vor der NBauO 2012 in §43 Abs. 1 aF enthalten war. Gegenüber der damaligen Version wurde der Begriff gestrafft, indem die Einzelmerkmale der Lage, Größe und Beschaffenheit zum Merkmal der Eignung zusammengefasst wurden (→ Rn. 113). Zu den bauordnungsrechtlichen Anforderungen an Aufenthaltsräume s. §43. Bedeutsam ist der Begriff des Aufenthaltsraumes insbes. im Hinblick auf das Brandschutzkonzept der NBauO und die Einteilung in Gebäudeklassen (vgl. → Rn. 43 ff.).

111 Die Legaldefinition umschreibt den Aufenthaltsraum als Raum, der **zum nicht nur vorübergehenden Aufenthalt** von Menschen bestimmt oder geeignet ist. Mit dieser Begriffsbestimmung wurde der früher verwendete Begriff „zum dauernden Aufenthalt von Menschen" zugunsten einer bundeseinheitlichen Ausdrucksweise (vgl. §62 Abs. 1 MBauO 1959) aufgegeben, ohne allerdings die bisher schon bestehenden Abgrenzungsschwierigkeiten zu beseitigen. Die MBauOen 1996 u. 2002 (§2 Abs. 5) verwenden den gleichen Begriff wie die NBauO. Ungeachtet dieser vagen Begriffsbestimmung dürfte für die inhaltliche Präzisierung des „nicht nur vorübergehenden Aufenthalts" nach wie vor die Kommentierung von Baltz/Fischer PreußBaupolizei (S. 367) sachlich zutreffen, wonach als Aufenthaltsraum „... ein Raum zu gelten hat, der in einer Weise benutzt werden soll, die den Aufenthalt der darin verkehrenden Personen als einen nicht bloß vorübergehenden erscheinen lässt, und wenn diese Benutzung nicht nur vereinzelt in großen Zwischenräumen, sondern im Wesentlichen fortgesetzt und stetig je nach dem Bedürfnis bald längere, bald kürzere Zeit, zum mindesten in einer durch die konkreten Verhältnisse bedingten regelmäßigen Wiederholung erfolgt".

112 **Aufenthaltsräume** sind danach Räume, in denen sich Menschen **regelmäßig mehrere Stunden** lang täglich aufhalten. Dabei kommt es nicht darauf an, dass diese Räume die Qualität von Wohnräumen aufweisen. Die Arbeitsräume einer Fabrik zB sind sicherlich Aufenthaltsräume, aber keine Wohnräume. Entscheidend für die Einstufung eines Raumes als Aufenthaltsraum ist im Zweifelsfall die Frage, ob bezogen auf den Nutzungszweck des Raumes an diesen Anforderungen nicht nur im gesundheitlichen Interesse, sondern zur Erfüllung gesunder Wohn- und Arbeitsverhältnisse überhaupt gestellt wer-

den müssen. Es handelt sich nur dann um einen Aufenthaltsraum, wenn dieser zum nicht nur vorübergehenden Aufenthalt von Menschen **bestimmt** oder **geeignet** ist. Damit ist nicht allein von Belang, welchem Nutzungszweck der Raum nach dem subjektiven Willen des Bauherrn dienen soll. Es genügt schon, dass der **Raum objektiv** zum Aufenthalt **geeignet** ist, also **als Aufenthaltsraum genutzt werden kann**. Die Gleichstellung der Räume, die wie Aufenthaltsräume benutzt werden können, auch wenn sie zunächst nicht dazu bestimmt worden sind, soll deren missbräuchliche Benutzung verhindern (BegrRegE NBauO 1973 S. 97). Auch auf die Bezeichnung der Räume kommt es für die objektive Eignung nicht an.

113 Mit der **NBauO 2012** sind die objektiven Nutzungskriterien der Lage, Größe und Beschaffenheit **unter dem allgemeinen Begriff der Geeignetheit zusammengefasst worden**. Dadurch sollte der Begriff des Aufenthaltsraumes gestrafft werden (BegrRegE NBauO 2012, LT-Drs. 16/3195, 70). Die genannten Einzelmerkmale können zwar auch weiterhin als Indikatoren für die objektive Nutzungsmöglichkeit eines Raumes angeführt werden, doch hat sich durch die Rechtsänderung ein mit dem früheren Tatbestandsmerkmal der Beschaffenheit zusammenhängendes Problem erledigt: Weil sich an Hand der zumeist im Maßstab 1:100 gefertigten Bauvorlagen im Baugenehmigungsverfahren nicht mit Sicherheit feststellen ließ, ob ein Raum verputzt ist und ob er einen Fußbodenbelag oder Heizkörper hat, brauchte ein Bauherr nach alter Rechtslage nur zu behaupten, dass der für eine Nutzung als Aufenthaltsraum erforderliche Grad der Beschaffenheit eines Raumes hinsichtlich des Ausbaustandards nicht beabsichtigt und demzufolge der Raum auch nicht auf die Geschossfläche anzurechnen sei. Obwohl es uU klar auf der Hand lag, dass der Raum nach objektiven Kriterien ein potenzieller Aufenthaltsraum ist, konnte er wegen fehlender Beschaffenheit nicht als solcher behandelt werden. Diese Unsicherheiten sind nun beseitigt, weil die Definition tatbestandlich allein auf die objektive Eignung abstellt.

114 Als Beurteilungskriterium maßgebend ist daher, ob ein Raum „**aufenthaltsraumverdächtig**" ist oder nicht. Entscheidend ist insoweit etwa, ob der Raum ua die für einen Aufenthaltsraum erforderlichen (notwendigen) Fenster hat, ob er über eine Treppe erreichbar ist, ob die Decke unter dem Raum statisch so ausgelegt ist, wie dies für eine Nutzung als Aufenthaltsraum (Verkehrslast) erforderlich ist, ob der Raum innerhalb der nach den Regeln der EnEV wärmegedämmten Gebäudehülle liegt (vgl. → § 15 Rn. 11 f.). Ein Raum ist maW nach seiner Beschaffenheit immer dann ein Aufenthaltsraum, wenn die vorgenannten Kriterien vorliegen und es im Übrigen nur eines geringen baulichen Aufwandes bedarf, um ihn endgültig als Aufenthaltsraum nutzbar zu machen (Putz, Fußbodenbelag, Deckenverkleidung, Heizkörper usw).

115 Da die NBauO keine Beispiele dafür aufzählt, welche Räume als Aufenthaltsräume einzustufen sind und welche nicht, soll hier nach den vorstehenden Kriterien (→ Rn. 111 ff.) eine Abgrenzung versucht werden, die allerdings keinen Anspruch auf Vollständigkeit oder Ausschließlichkeit erheben kann. Als **Aufenthaltsräume** sind ua anzusehen: Wohn- und Schlafräume, Wohndielen, Küchen, Hausarbeitsräume, Arbeitsräume aller Art, Versammlungsräume, Gaststättenräume, Unterrichtsräume, Krankenräume, Warteräume, Geschäftsräume, Verkaufsräume, Sport- und Spielräume sowie Werkstätten. **Keine Aufenthaltsräume** sind hingegen: Flure (außer Wohndielen), Toilettenräume, Bäder, Waschräume, Treppenräume, Vorrats- oder Abstellräume, Trockenräume, Wasch- und Futterküchen, Garagen, Heizräume, Kesselräume, Maschinenräume sowie Lagerräume, auch wenn in ihnen die mit der Lagerung notwendig verbundenen Arbeiten verrichtet werden.

116 **Kleinstküchen**, zB in Junggesellenappartements oder in Altenheimen (sog. Teeküchen) wird man nicht unter die Aufenthaltsräume einordnen können, da diese Räume – schon ihrer Größe wegen – allenfalls zum vorübergehenden Aufenthalt dienen können (aA Blumenbach/Groschupf NBauO § 43 Rn. 6). Diese Räume müssen aber mit einer funktionsfähigen selbständigen Lüftungseinrichtung (§ 39) versehen sein. (vgl. im Übrigen → § 44 Rn. 14 f.). **Bastelräume** (Hobby-Räume) sind ebenfalls keine Aufenthaltsräume, soweit sie nur für einen kurzzeitigen Aufenthalt bestimmt und geeignet sind, zB Hobby-Räume im unbeheizten Keller oder im nicht ausgebauten Dachgeschoss. Auch der Gesetzgeber hat Bastelräume als Räume angesehen, die nur vorübergehend genutzt werden (vgl. Ausschussbericht NBauO 1973 Sp. 7544).

Es bleibt der Planungshoheit der Gemeinde überlassen, ob und in welchem Umfang sie die **Nutzung von Dachräumen als Aufenthaltsräume** in neuen Bebauungsplangebieten zulassen will oder nicht. Nach § 20 Abs. 3 S. 2 BauNVO 2017 kann sie im B-Plan festsetzen, dass die Flächen von Aufenthaltsräumen in Nicht-Vollgeschossen einschließlich der zu ihnen gehörenden Treppenräume und einschließlich ihrer Umfassungswände ganz oder teilweise (bei der **Ermittlung der Geschossfläche**) mitzurechnen oder ausnahmsweise nicht mitzurechnen sind. Trifft sie solche Festsetzungen nicht, dann bleiben Aufenthaltsräume im Dachraum oder im Kellergeschoss bei der Berechnung der Geschossfläche außer Betracht, wie dies generell in unbeplanten Gebieten (§ 34 BauGB) der Fall ist. Diese Regelung gilt seit der BauNVO 1990, sodass für ältere B-Pläne noch § 20 Abs. 2 BauNVO in der vor 1990 geltenden Fassung anzuwenden ist und die Flächen „aufenthaltsverdächtiger" Räume auf die GFZ anzurechnen sind (vgl. auch → § 60 Rn. 111), sofern die Gemeinde die B-Pläne nicht an die Neuregelung der BauNVO angepasst hat. 117

I. Stellplätze und Einstellplätze (Abs. 9)

a) Allgemeines

Da der Landesgesetzgeber die in Abs. 9 enthaltenen Definitionen des Stellplatzes und des Einstellplatzes als bauordnungsrechtliche Begriffe unabhängig von den entsprechenden Begriffsinhalten des Bauplanungsrechts aufstellen darf (BVerwG 19.10.2003 – 4 B 81.03, BauR 2004, 1266), gelten sie nur innerhalb des sachlichen Anwendungsbereichs der NBauO (→ Rn. 2). Die hier vorgegebenen Definitionen sind für das Bundesrecht, etwa für § 12 BauNVO, nicht verbindlich (Otto in BeckOK-BauNVO, § 11 Rn. 21.1). Bauordnungsrechtliche Anforderungen an Stellplätze und Einstellplätze ergeben sich weiterhin aus den §§ 46 und 47. Während § 46 die Sicherheits- sowie Brandschutzanforderungen zusammenfasst, die an die bauliche Anlage für Kraftfahrzeuge zu stellen sind, befasst sich § 47 mit der Frage, ob und in welchem Umfang Einstellplätze geschaffen werden müssen. 118

Die **NBauO 2012** hat die zuvor in § 46 Abs. 1 und § 47 Abs. 1 enthaltenen Definitionen der Stellplätze und Einstellplätze in Abs. 9 verlagert. Dadurch sollten diese wichtigen Begriffe des Bauordnungsrechts, die häufiger in der NBauO und den aufgrund der NBauO erlassenen Vorschriften (wie der GaStplVO) verwendet werden, zusammengeführt und einheitlich geregelt werden. Inhaltlich hat sich dadurch nichts geändert. Die Definitionen der Garage bzw. des Parkhauses finden sich seitdem in Abs. 10 (→ Rn. 125). Durch die **NBauO 2018** hat Abs. 9 keine Textänderungen erfahren. 119

b) Begriffe

Die NBauO definiert in Abs. 9 und 10 die verschiedenen Formen baulicher Anlagen für Kraftfahrzeuge. Zunächst wird in Abs. 9 unterschieden nach baulichen Anlagen zum Abstellen von Kraftfahrzeugen außerhalb öffentlicher Verkehrsflächen im Freien (Stellplätze) und der Fläche im Sinne einer Einheit zum Abstellen eines Kraftfahrzeuges auf einem Stellplatz oder in einer Garage (Einstellplatz). Das **Bauplanungsrecht** enthält sich einer eigenen Definition der Begriffe Stellplätze bzw. Garagen, weil aus Sicht des Bodenrechts eine Unterscheidung zwischen Stellplätzen und Garagen im Hinblick auf die Nutzung des Bodens bedeutungslos ist; zur Einordnung dieser baulichen Anlagen im planungsrechtlichen Sinne vgl. → § 46 Rn. 22 ff. 120

121 **Kraftfahrzeuge** – Kfz – sind nach der Definition in § 1 Abs. 2 StVG, die hier herangezogen werden kann, Landfahrzeuge, die durch Maschinenkraft bewegt werden, ohne an Bahngleise gebunden zu sein. Kraftfahrzeuge sind daher, unabhängig von Antriebsart und Treibstoff, alle mit Motorkraft angetriebenen Fahrzeuge wie ua Pkw, Lkw, Omnibusse, Motorräder, Mopeds, Traktoren, Schlepper, selbstfahrende Arbeitsmaschinen und auch (batteriebetriebene) Fahrzeuge für Menschen mit Behinderungen.

122 Soweit S. 1 den **Stellplatz** als „eine im Freien außerhalb der öffentlichen Verkehrsflächen gelegene Fläche zum Abstellen von Kraftfahrzeugen" definiert, wird deutlich, dass Stellplätze demzufolge auf privat genutzten Flächen bestehen, die zum Abstellen von Kfz bestimmt und geeignet sein müssen. Sie stehen zu diesem Zweck den ständigen Benutzern und den Besuchern bestimmter baulicher Anlagen zur Verfügung. Zur Lage von nicht auf dem Baugrundstück untergebrachten Stellplätzen vgl. → § 47 Rn. 45 ff. Ein Stellplatz kann bereits aufgrund seiner Beschaffenheit eine bauliche Anlage sein (Abs. 1 S. 1). Ist dies nicht der Fall, so wird der Stellplatz jedenfalls gem. Abs. 1 S. 2 Nr. 9 zu einer baulichen Anlage erklärt (vgl. bereits → Rn. 29). Zum Stellplatz in einem Gebäude oder Gebäudeteil (Garage bzw. Parkhaus) vgl. Abs. 10.

123 Als **Einstellplatz** (S. 2) versteht die NBauO eine Fläche zum Abstellen jeweils eines Kfz außerhalb der öffentlichen Verkehrsfläche, gleichgültig, ob die Fläche auf einem Stellplatz im Freien oder in einer Garage liegt (vgl. → § 47 Rn. 3). Da im Übrigen die Begriffsmerkmale für den Einstellplatz denen des S. 1 oder Abs. 10 entsprechen, ist ein Einstellplatz zugleich auch immer Stellplatz oder Garage iSd NBauO. Gleichwohl dürfen beide Begriffe nicht verwechselt werden. Während S. 1 bzw. § 46 sich mit der Sicherheit von Garagen und Stellplätzen für Kraftfahrzeuge und deren Auswirkungen auf den Straßenverkehr befasst, legt S. 2 bzw. § 47 fest, in welchem Ausmaß und in welcher Weise bauliche Anlagen mit Garagen oder Stellplätzen – sog. notwendigen Einstellplätzen – auszustatten sind. Der Einstellplatz ist folglich die **Einheit, in der das geforderte Quantum an Abstellmöglichkeiten ausgedrückt wird**. Dem Einstellplatz auf Stellplätzen oder in Garagen korrespondiert auf Dächern der Dacheinstellplatz (vgl. § 1 Abs. 7 S. 3 GaStplVO).

124 „**Notwendige Einstellplätze**" sind die Einstellplätze, mit denen bauliche Anlagen nach § 47 Abs. 1 S. 1 ausgestattet sein müssen. Die Vorschrift des § 47 soll einer Überlastung des öffentlichen Straßennetzes durch abgestellte Kraftfahrzeuge, dem sog. „ruhenden Verkehr", vorbeugen. Sie geht davon aus, dass die öffentlichen Straßen in erster Linie dem „fließenden Verkehr" dienen sollen und dass der ruhende Verkehr grds. außerhalb des öffentlichen Straßenraums auf privaten Grundstücken unterzubringen ist (OVG Lüneburg 29.6.1979 – I A 37/78, BRS 35 Nr. 125; BVerwG 16.9.2004 – 4 C 5.03, BRS 67 Nr. 158). Für die Unterbringung nimmt sie, dem Verursacherprinzip entsprechend, die Bauherren oder Eigentümer (§§ 52, 56) der Bauwerke in Anspruch, deren Nutzung den ruhenden Verkehr erzeugt. Diese Belastung des Grundeigentums liegt im Rahmen der Sozialpflichtigkeit des Eigentums nach Art. 14 Abs. 1 S. 2 und Abs. 2 GG (BVerwG 26.5.1955 – I C 86.54, BRS 4 S. 325; 28.7.1992 – 4 B 57.92, BRS 54 Nr. 108). Die Vorschrift konkretisiert die allgemeine Regelung in § 3 Abs. 1, nach der Bauwerke die öffentliche Sicherheit und Ordnung, mithin die Sicherheit und Leichtigkeit des Verkehrs, nicht beeinträchtigen dürfen. Zur Einstellplatzpflicht im Allgemeinen und den weiteren Anforderungen an Einstellplätze vgl. die Kommentierung zu § 47.

K. Garagen (Abs. 10)

125 Abs. 10 ist durch die NBauO 2012 eingefügt worden. **Satz 1** übernimmt dabei die Definition der Garagen, die zuvor in § 1 Abs. 1 der GaV aF enthalten war; danach wurden **Garagen** als Gebäude oder Gebäudeteile zum Abstellen von Kraftfahrzeugen definiert. Die GaStplVO verzichtet hingegen auf eine abstrakte Definition und definiert nur Unterformen der Garage (→ Rn. 126). Da es sich im weitesten Sinne um überdachte Stell-

plätze handelt, treffen die Ausführungen zu → Rn. 118 insoweit sinngemäß zu. Garagen können Gebäude sein, gleichgültig, ob sie mehr oder weniger durch Wände umschlossen sind. Auch ein nur auf Stützen ruhendes Dach, ein sogenannter **Carport**, ist ein Gebäude (vgl. → Rn. 40) und somit, wenn es dem Schutz eines Kfz dient, eine Garage. Aber auch Gebäudeteile zum Abstellen von Kfz können Garagen sein. Garagen sind damit auch Räume innerhalb eines sonst anders genutzten Gebäudes, wenn diese Räume zum Abstellen von Kfz genutzt werden.

Ergänzend zur Grunddefinition in Abs. 10 enthält die GaStplVO in § 1 Abs. 1-6 weitere **126**
Begriffsbestimmungen zu Garagen:

Kleingaragen sind Garagen bis zu 100 m^2 Nutzfläche.

Mittelgaragen sind Garagen über 100 m^2 und bis 1000 m^2 Nutzfläche.

Großgaragen sind Garagen über 1000 m^2 Nutzfläche.

Als **Nutzfläche** in diesem Sinne zählt die Fläche des Garageninnern, also die Summe aller miteinander verbundenen Flächen der Garagenstellplätze und der Verkehrsflächen (§ 1 Abs. 7 GastplVO). Dachstellplätze werden der Nutzfläche idR nicht zugerechnet (§ 1 Abs. 7 S. 3 GaStplVO). Als **oberirdische Garagen** gelten solche, deren Fußboden in einem Geschoss im Mittel nicht mehr als 1,50 m unter der Geländeoberfläche liegt (§ 1 Abs. 5 GaStPlVO). **Offene** Garagen haben unmittelbar ins Freie führende unverschließbare Öffnungen von mindestens einem Drittel der Gesamtfläche ihrer Umfassungswände und eine ständige Querlüftung (näher § 1 Abs. 2 u. 3 GaStplVO).

In Abgrenzung von Garagen sind **Parkplätze** im Freien innerhalb der öffentlichen Ver- **127**
kehrsfläche gelegene Flächen zum Abstellen von Kfz für Teilnehmer am öffentlichen Verkehr. Sie sind Bestandteil der öffentlichen Verkehrsfläche. Die Pflicht zur Schaffung öffentlicher Parkplätze obliegt den Gemeinden im Rahmen des § 123 BauGB. § 127 BauGB sieht dafür die Erhebung von Erschließungsbeiträgen vor; ggf. kommen dafür auch Beiträge nach dem NKAG in Betracht.

Nach **Satz 2** sind auch **Parkhäuser** Garagen. Parkhäuser sind Gebäude oder Gebäude- **128**
teile zum Abstellen von Kfz innerhalb der öffentlichen Verkehrsflächen. Garagen müssen von jedem Teilnehmer am öffentlichen Verkehr zu diesem Zweck benutzt werden können. Parkhäuser werden – wie Parkplätze – von den Gemeinden errichtet, gelegentlich aber auch von privaten Unternehmern auf dafür besonders festgesetzten Flächen (§ 9 Abs. 1 Nr. 9 BauGB). Auch solche privat betriebenen Garagen sind dennoch Parkhäuser iSd NBauO; vorausgesetzt, sie sind der Allgemeinheit – wenn auch gegen Entgelt – zugänglich.

Satz 3 enthält eine **Ausschlussdefinition**. Danach sind **Ausstellungs-, Verkaufs-, 129**
Werk- und Lagerräume für Kraftfahrzeuge keine Garagen. Hierunter fallen insbes. Gebäude bzw. Gebäudeteile der Kraftfahrzeugindustrie (zB Autohäuser), aber auch Kfz-Reparaturwerkstätten. Der Ausschluss bewirkt, dass weder die bauordnungsrechtlichen Spezialvorschriften über Stellplätze (§§ 46 f.) noch die GaStplVO auf die genannten Räume unmittelbar anwendbar sind (Reichel/Schulte BauordnungsR-Hdb Kap. 2, Rn. 149). § 46 S. 2 bestimmt allerdings, dass die Anforderungen, die an Stellplätze und Garagen anknüpfen, sinngemäß auch auf diese Räume zu übertragen sind.

L. Feuerstätte (Abs. 11)

Abs. 11 enthält die Definition des bauordnungsrechtlich relevanten Begriffs der **Feuer- 130**
stätte. Dadurch wurde die NBauO an die MBauO (vgl. § 2 Abs. 8 MBauO) und die LBauOen einiger anderer Länder angeglichen. Eine Feuerstätte ist eine ortsfeste oder ortsfest benutzte Anlage oder Einrichtung in oder an einem Gebäude, die dazu bestimmt ist, **durch Verbrennung** Wärme zu erzeugen. Wird Wärme durch elektrischen Strom oder auf sonstige Weise erzeugt, handelt es sich demgemäß nicht um eine Feuerstätte

(Reichel/Schulte BauordnungsR-Hdb Kap. 2, Rn. 150). **Ortsfest** ist eine Feuerstätte, wenn sie dazu bestimmt ist, an ein und derselben Stelle genutzt zu werden. Dementsprechend sind transportable Öfen oder Grillplätze nicht zu den Feuerstätten zu zählen. Dagegen fallen ein eingebauter Kamin bzw. Grill unter den Begriff der Feuerstätte. Dies gilt selbst dann, wenn er außen an dem Gebäude angebracht ist. Denn die Anlage muss sich nicht unbedingt **in** sondern kann sich auch **an einem Gebäude** befinden. Der Gesetzgeber geht davon aus, dass gerade wegen dieser Gebäudeverbundenheit besondere Gefahren von den Anlagen ausgehen, die spezielle Anforderungen an die Sicherheit und den Brandschutz rechtfertigen.

131 Ortsfeste Feuerstätten sind streng genommen Bauteile und damit keine baulichen Anlagen iSd Abs. 1 S. 1. Sie werden jedoch durch Abs. 1 S. 2 Nr. 1 ausdrücklich zu baulichen Anlagen erklärt und auf diese Weise der NBauO unterworfen (vgl. bereits → Rn. 19). Feuerstätten sind grds. genehmigungsfrei (vgl. § 60 Abs. 1 iVm Nr. 2.1 des Anhanges). Spezielle materiellrechtliche Anforderungen an Feuerstätten ergeben sich aus § 40 sowie aus der Feuerungsverordnung (FeuVO) v. 27.3.2008 (Nds. GVBl. S. 96), geänd. d. VO v. 13.11.2012 (Nds. GVBl. S. 438). Auf die Energieeinsparverordnung v. 24.7.2007 (BGBl. I S. 1519), zul. geänd. d. VO v. 24.10.2015 (BGBl. I S. 1789) wird ebenso verwiesen. Anforderungen, die zur Vorsorge gegen schädliche Umwelteinwirkungen nach § 5 BImSchG zu erfüllen sind, folgen aus der 1. BImSchV (Verordnung über kleine und mittlere Feuerungsanlagen) sowie der 13. BImSchV (Verordnung über Großfeuerungsanlagen).

M. Baugrundstück (Abs. 12)

a) Allgemeines

132 Abs. 12 definiert den von der NBauO häufig gebrauchten Begriff des Baugrundstücks. Ursprünglich war die Vorschrift in § 4 aF enthalten und regelte in ihrem Abs. 2 (heute § 4 Abs. 4) die Zulässigkeit einer baulichen Anlage auf mehreren Grundstücken. Die NBauO 2012 hat die Definition des Baugrundstücks aus § 4 Abs. 1 aF in den neuen § 2 Abs. 12 verlagert, die NBauO 2018 hat insoweit keine Änderung bewirkt.

b) Begriff und Grenzen des Baugrundstücks

aa) Das Baugrundstück im Regelfall (Abs. 12 Satz 1)

133 Die NBauO verwendet in einer Reihe von Vorschriften einen besonderen bauordnungsrechtlichen Begriff des Baugrundstücks. So müssen zB nach den §§ 5 ff. die Gebäude bestimmte Abstände von den Grenzen des „Baugrundstücks“ halten. Nach § 47 Abs. 4 sind notwendige Einstellplätze für Kfz in erster Linie auf dem „Baugrundstück“ unterzubringen, durch Verweisung ebenso jetzt § 48 Abs. 1 S. 3 für Fahrradabstellanlagen. Weiter erscheint der Begriff in § 3 Abs. 6, §§ 4, 9, 11, 13, 15, 16, 44 und 84; vgl. auch §§ 1, 4, 8, 11 und 24 DVO-NBauO. Ebenso wie die anderen Legaldefinitionen in der NBauO ist auch diese Begriffsbestimmung grundsätzlich nur für die NBauO sowie ggf. für die Vorschriften zu ihrer Durchführung maßgeblich (vgl. → Rn. 2). Sie gilt nicht ohne weiteres auch für andere Gesetze, in denen von „Baugrundstücken“ die Rede ist, zB nicht für die planungsrechtlichen Vorschriften wie § 9 Abs. 1 Nr. 3, § 32 BauGB, §§ 19, 21a BauNVO. Das Bauplanungsrecht definiert den dort verwendeten Begriff des Baugrundstücks nicht; es ist aber davon auszugehen, dass es, ebenso wie die NBauO, unter „Baugrundstück“ und „Grundstück“ das bürgerlich-rechtliche Buchgrundstück versteht (zum planungsrechtlichen Begriff des Baugrundstücks s. BVerwG 26.6.1970 – IV C 73.68, BRS 23 Nr. 45; 14.12.1973 – IV C 48.72, BVerwGE 44, 250; 14.2.1991 – 4 C 51.87, NJW 1991, 2783 (2784); 30.11.2000 – 4 BN 57.00, ZfBR 2001, 421; Kalb/Külpmann in EZBK § 200 Rn. 5 ff.; Battis in BKL § 200 Rn. 5; auch → Rn. 152).

Entwicklung des Begriffs: Die MBauO 1959 verwendete auch den Begriff des Baugrundstücks, jedoch mit anderem Inhalt. Er bezeichnete das Baugrundstück als ein Grundstück, das „nach den öffentlich-rechtlichen Vorschriften mit Gebäuden bebaubar oder bebaut ist". Ein solcher Begriff des Baugrundstücks ist jedoch für das Bauordnungsrecht kaum verwendbar (er würde nur für § 9 Abs. 1 S. 2 NBauO passen). Die bauordnungsrechtlichen Vorschriften, die sich in irgendeiner Weise auf Grundstücke beziehen, stellen ihre Anforderungen nämlich unabhängig davon, ob die Grundstücke nach Planungsrecht, Straßenrecht usw mit Gebäuden bebaubar sind oder nicht. Außerdem beziehen sich diese Vorschriften nicht auf irgendein bebaubares oder bebautes Grundstück, sondern jeweils auf dasjenige Grundstück, auf dem die bauliche Anlage steht oder errichtet wird, um deren Sicherheit, Gestaltung usw es geht. Die Definition durch § 2 Abs. 12 S. 1 NBauO berücksichtigt diese Gesichtspunkte; sie geht auf einen Vorschlag von Graf v. Schack (Schack DVBl 1970, 40) zurück. Demgegenüber verzichtet die MBauO in ihren neueren Fassungen auf einen besonders definierten Begriff des Baugrundstücks und stellt statt dessen auf das „Grundstück" (wohl im bürgerlich-rechtlichen Sinne) ab. 134

Nach Satz 1 ist Baugrundstück **das** – jeweilige – **Grundstück, auf dem eine Baumaßnahme durchgeführt wird oder auf dem sich eine bauliche Anlage befindet**. Was unter „Baumaßnahme" und „bauliche Anlage" zu verstehen ist, ergibt sich aus Abs. 13 und Abs. 1. Solange auf einem Grundstück noch keine bauliche Anlage steht und dort noch nicht gebaut wird, ist es auch noch nicht Baugrundstück iSd NBauO. Bei der Genehmigung eines geplanten Neubaus ist es als künftiges Baugrundstück aber schon Prüfungsgegenstand – ebenso wie der auch noch nicht real vorhandene Bau. 135

Baugrundstück ist nach S. 1 grundsätzlich das **Grundstück iSd Bürgerlichen Rechts**, auf dem das Bauwerk steht oder die Baumaßnahme durchgeführt wird. Grundstück im bürgerlich-rechtlichen Sinne ist im Regelfall das „**Buchgrundstück**", dh der räumlich abgegrenzte Teil der Erdoberfläche, der im Bestandsverzeichnis eines Grundbuchblattes unter einer besonderen Nummer eingetragen oder nach § 3 Abs. 4 ff. GBO gebucht ist (Palandt/Bassenge Überbl. vor § 873 Rn. 1). Daneben gibt es – in Ausnahmefällen – aber Grundstücke im bürgerlich-rechtlichen Sinne, die nicht im Grundbuch eingetragen sind (§ 3 Abs. 2 GBO). Ihre Grenzen sind uU schwer festzustellen. Eindeutig enden diese Grundstücke dort, wo sie an eingetragene Grundstücke oder nicht eingetragene Grundstücke anderer Eigentümer anstoßen. Ob und wie die nicht eingetragene Fläche eines Eigentümers in selbständige Grundstücke unterteilt ist, wird sich nach dem geäußerten Willen des Eigentümers richten. 136

Das Grundstück im bürgerlich-rechtlichen Sinne ist vom **Flurstück** (Katasterparzelle) im vermessungstechnischen Sinne zu unterscheiden. Flurstücke sind nach § 2 Nr. 2 des Nds. Gesetzes über das amtliche Vermessungswesen (NVermG) v. 12.12.2002 (Nds. GVBl. 2003 S. 5), zul. geänd. d. G v. 16.5.2018 (Nds. GVBl. S. 66), „Teile der Erdoberfläche, die durch das amtliche Vermessungswesen geometrisch festgelegt und bezeichnet werden". § 2 Nr. 2 NVermG fasst „Flurstücke" und „Gebäude" (dort eine besondere, von § 2 Abs. 2 NBauO abweichende Definition des Gebäudebegriffs!) unter dem Oberbegriff der „**Liegenschaften**" zusammen; diese sind nach der näheren Regelung des § 3 NVermG im „Liegenschaftskataster" nachzuweisen. Ein Grundstück im bürgerlich-rechtlichen Sinne kann aus mehreren Flurstücken bestehen, nicht aber ein Flurstück aus mehreren solcher Grundstücke. Die Flurstücke, die zusammen ein Grundstück bilden, brauchen räumlich nicht zusammenzuhängen. 137

Das Grundstück im bürgerlich-rechtlichen Sinne unterscheidet sich auch vom **Grundstück im wirtschaftlichen Sinne**, dh der Bodenfläche, die – unabhängig von den rechtlichen Grenzen – nach der Verkehrsanschauung eine wirtschaftliche Einheit bildet (vgl. auch §§ 2, Abs. 1, 70 Abs. 1 des Bewertungsgesetzes (BewG) v. 1.2.1991 (BGBl. I S. 230), zul. geänd. d. G v. 4.11.2016 (BGBl. I S. 2464). Das Preußische OVG und verschiedentlich auch das Schrifttum gingen bei der Bestimmung des Baugrundstücks noch von diesem wirtschaftlichen Grundstücksbegriff aus (PrOVGE 32, 354; Baltz/Fischer PreußBaupolizei S. 288; vgl. auch Graf v. Schack DVBl 1970, 40). Der Gesetzgeber der 138

NBauO hat sich dagegen im Grundsatz für den bürgerlich-rechtlichen Begriff entschieden, um klare Rechtsverhältnisse zu schaffen und die unten (→ Rn. 140) dargelegten nachteiligen Folgen zu vermeiden (ebenso für das Planungsrecht BVerwG 14.2.1991 – 4 C 51.87, NJW 1991, 2783 (2784)). Allerdings kann nach dem folgenden Satz 2 unter bestimmten Voraussetzungen auch eine wirtschaftliche Flächeneinheit zum Baugrundstück gemacht werden.

bb) Das zusammengesetzte Baugrundstück (Abs. 12 Satz 2)

139 **Bedürfnis für die Zusammenfassung mehrerer Buchgrundstücke zu einem Baugrundstück:** Wie die Praxis zeigt, ist es oft nicht möglich, auf dem Buchgrundstück, auf dem ein Bauwerk errichtet werden soll, die nach §§ 5 ff. vorgeschriebenen Grenzabstände einzuhalten, die gem. § 47 notwendigen Kfz-Einstellplätze unterzubringen oder andere gesetzliche Anforderungen zu erfüllen, die sich auf das Grundstück oder die Grundstücksgrenze beziehen, weil das **Grundstück** dafür **zu klein** ist. Auch wenn dies zwar möglich ist, kann es für den Bauherrn doch mit unerwünschten Abstrichen an der Erfüllung seiner Bauwünsche verbunden sein. Solche Hindernisse und Nachteile entfallen selbstverständlich, wenn das Buchgrundstück um die fehlenden Flächen im Wege der Vereinigung oder Zuschreibung (§ 890 BGB, §§ 5 f. GBO) vergrößert wird. Daran ist der Bauherr jedoch gehindert, wenn ihm die fehlenden Flächen nicht gehören und deren Eigentümer sie nicht veräußern wollen. Aber auch wenn er selbst Eigentümer aller Flächen ist, kann er daran interessiert sein, dass sie je besondere Buchgrundstücke bleiben, etwa weil er sie getrennt veräußern oder belasten will. In solchen Fällen kommen ihm schon Regelungen zu Hilfe, wie sie in § 6 NBauO (Erstreckung der Grenzabstände auf das Nachbargrundstück) oder § 47 Abs. 4, § 48 Abs. 2 S. 3 NBauO (Unterbringung notwendiger Kfz-Einstellplätze, Fahrradabstellanlagen auf einem anderen Grundstück) enthalten sind. Einen weiteren für den Bauherrn uU vorteilhaften und einfachen Weg ermöglicht Abs. 12 S. 2, indem mehrere – bürgerlich-rechtlich weiter getrennt bleibende – Buchgrundstücke zu einem „Baugrundstück" iSd Vorschriften über Grenzabstände, Einstellplätze (aber → Rn. 143) usw vereinigt werden können. Die Vereinigung nach Abs. 12 S. 2 kann sich **auch als vorläufige Maßnahme für einen Bauträger** empfehlen, wenn er eine aus mehreren Grundstücken bestehende Fläche überbauen will und der Bau auf den bisherigen Grundstücken nicht mit dem Bauordnungsrecht vereinbar ist, eine beabsichtigte, dem Bauordnungsrecht entsprechende Neuparzellierung sich aber erst später verwirklichen lässt.

140 Die Zusammenfassung mehrerer Buchgrundstücke zu einem Baugrundstück birgt aber die **Gefahr** in sich, **dass** die erwähnten **grundstücksbezogenen Vorschriften des Baurechts unterlaufen** werden. Sie besteht nicht, wenn und solange dieselbe Person als Eigentümer (oder aufgrund eines anderen Nutzungsrechts) über Baumaßnahmen auf allen zusammengeschlossenen Grundstücken entscheidet. Haben die Teilgrundstücke aber **verschiedene Eigentümer** (Verfügungsberechtigte), so kann sich der Eigentümer eines dieser Grundstücke so verhalten, dass zwar nicht auf seinem Grundstück, aber auf anderen Teilgrundstücken baurechtswidrige Zustände entstehen. So könnte zB ein Teilgrundstück, das als Freifläche in das Baugrundstück einbezogen wurde, um dem Bauwerk die nötigen Grenzabstände zu verschaffen, nun von seinem Eigentümer bebaut werden. Selbst wenn der neue Bau seinerseits den vorgeschriebenen Abstand von den Grenzen des Teilgrundstücks hält, stehen der alte und der neue Bau doch zu nahe beieinander. Ferner könnte der Eigentümer auf seinem Teilgrundstück die Herstellung von Nebenanlagen oder Einrichtungen wie Einstellplätze, Spielplätze, Zuwegungen, Schutzpflanzungen, notwendige Treppen usw, die für Gebäude oder Gebäudeteile zwar nicht auf seinem, aber auf anderen Teilgrundstücken notwendig sind, verhindern oder die Einrichtungen nachträglich entfernen, verkleinern oder für die Bewohner der anderen Grundstücke sperren. Die BauAB könnte dieses dem Eigentümer (oder sonstigen Berechtigten) nicht ohne weiteres verbieten. Er kann nämlich geltend machen, dass er selbst sich rechtmäßig verhalte und für das Nachbargrundstück nicht verantwortlich sei (vgl. → § 3 Rn. 17).

Um dies zu verhindern, macht die NBauO die Zusammenfassung mehrerer Buchgrundstücke zu einem Baugrundstück davon abhängig, dass auf jedem dieser Buchgrundstücke eine **Baulast** nach Abs. 12 S. 2 bestellt wird. Soweit die Teilgrundstücke dem Bauherrn nicht gehören, muss er deren Eigentümer zur Übernahme der Baulast bewegen. Diese Baulast (**„Vereinigungsbaulast“**) hindert die Eigentümer nicht schlechthin an Baumaßnahmen auf ihrem Teilgrundstück. Nur gilt es dafür jetzt nicht als selbständiges Baugrundstück, sondern als Teil des zusammengesetzten Baugrundstücks. Wird auf einem der vereinigten Buchgrundstücke ein Gebäude errichtet, so braucht es von den „Innengrenzen“, dh den Grenzen zu den anderen der vereinigten Buchgrundstücke, keinen Grenzabstand nach §5 zu halten. Es muss stattdessen zu Gebäuden auf den anderen Teilgrundstücken **Abstand nach §7** halten. Nach §7 Abs. 1 S. 1 kann das neue Gebäude (wenn Planungsrecht nicht entgegensteht) auch an das vorhandene angebaut werden. Weiter bewirkt die Vereinigungsbaulast, dass der Eigentümer eines Teilgrundstücks dort solche Einrichtungen, von denen die Rechtmäßigkeit baulicher Anlagen oder von Teilen baulicher Anlagen auf einem anderen Teilgrundstück abhängt (Spielplätze, Brandwände, notwendige Treppen, Fahrradabstellanlagen, eigentlich auch Zuwegungen und notwendige Einstellplätze, dazu aber → Rn. 143), zumindest **dulden muss**. Er darf deren Herstellung, Unterhaltung und Benutzung nicht mehr verhindern und sie nicht ersatzlos beseitigen, denn er kann sich jetzt nicht mehr darauf berufen, dass er für den dadurch verursachten rechtswidrigen Zustand auf dem anderen Grundstück nicht verantwortlich sei; er muss sich auf seinem Teilgrundstück so verhalten, als ob er (verantwortlicher) Eigentümer auch der anderen Grundstücke wäre. Zu dem Fall, dass die Eigentümer der zu einem Baugrundstück vereinigten Buchgrundstücke Bauanträge stellen, die miteinander unvereinbar sind, vgl. → §70 Rn. 27. 141

Die MBauO und die meisten **anderen LBauOen** sehen die Vereinigungsbaulast nicht ausdrücklich vor; sie wird aber als zulässige Hilfe in den dargestellten Situationen angesehen. Eine dem Abs. 12 S. 2 NBauO entsprechende Regelung findet sich in §4 Abs. 2 LBauO NRW. 142

Seit 1986 ist das **Anwendungsgebiet der Vereinigungsbaulast** mehr und mehr **eingeschränkt** worden: Das geschah erstmals im 5. ÄnderungsG von 1986 durch die Einfügung des neuen Satzes 2 in den heutigen §4 Abs. 2. Die Vorschrift betrifft den Fall, dass auf einem der durch Baulast nach Abs. 12 vereinigten Buchgrundstücke ein Gebäude (oder sonstiges Bauwerk mit Zu- und Abgangsverkehr) steht und über ein anderes Teilgrundstück die erforderliche **Zuwegung** zur öffentlichen Verkehrsfläche verläuft, und fordert seitdem – trotz Bestehens der Vereinigungsbaulast – auch noch eines der in §4 Abs. 2 S. 1 genannten Mittel zur Sicherung der Zuwegung (Wegebaulast, Miteigentum, Grunddienstbarkeit). Der Gesetzgeber ging hier irrtümlich davon aus, dass die Vereinigungsbaulast die Zuwegung nicht sichere (vgl. BegrRegE NBauO 1986 S. 47). Eine weitere Einschränkung hat die NBauO 1995 in dem heutigen §47 Abs. 4 S. 2 gemacht: Wenn eine bauliche Anlage auf einem und die für sie notwendigen **Kfz-Einstellplätze** auf einem anderen Buchgrundstück gelegen sind, wird die „Garagenbaulast“ nach §47 Abs. 4 S. 1 nunmehr auch dann (zusätzlich) gefordert, wenn diese beiden Buchgrundstücke durch Vereinigungsbaulast zu einem Baugrundstück verbunden worden sind. Auch hierin wird eine Klarstellung des schon bestehenden Rechtszustandes gesehen (BegrE NBauO 1995 S. 55). Dagegen sichert an sich schon die Vereinigungsbaulast den Bestand der Einstellplätze, denn ohne diese würden entgegen Abs. 12 S. 2 nicht alle baulichen Anlagen auf den vereinigten Grundstücken das öffentliche Baurecht einhalten. 143

Wenn wirklich Zweifel an der rechtlichen Tragweite der Vereinigungsbaulast bestanden haben sollten, wäre es richtiger gewesen, diese durch eine bessere Formulierung des Baulastinhalts in Abs. 12 S. 2 zu beheben. Die Praxis wird sich künftig damit behelfen können, dass die **Vereinigungsbaulast um einen Zusatz** mit dem Inhalt der Baulasten nach §4 Abs. 2 bzw. §47 Abs. 4 **ergänzt** wird. Eine solche „qualifizierte“ Vereinigungsbaulast würde dann wie bisher als umfassendes Sicherungsmittel eingesetzt werden können (zu deren Formulierung → Rn. 148). 144

145 **Ältere Vereinigungsbaulasten:** Wurden in der Zeit vom 1.1.1974 (Inkrafttreten der NBauO) bis zum 1.5.1986 (Inkrafttreten der 5. Novelle) bauliche Anlagen mit notwendiger Zuwegung über ein anderes Grundstück errichtet oder genehmigt, das durch Vereinigungsbaulast zum Teil des Baugrundstücks gemacht worden war, so dürften diese Bestandsschutz in entsprechender Anwendung des § 85 genießen. Für diese muss also nicht etwa nachträglich auch noch eine Wegebaulast bestellt oder eine andere Sicherung nach § 4 Abs. 2 geschaffen werden. Entsprechendes gilt, wenn bis zum 1.7.1995 (Inkrafttreten der NBauO 1995) bauliche Anlagen mit notwendigen Kfz-Einstellplätzen auf anderen, aber durch Vereinigungsbaulast angebundenen Grundstücken errichtet oder genehmigt wurden (vgl. Ausschussbericht NBauO 1995 S. 3). In diesen Fällen behalten die alten Vereinigungsbaulasten auch ihre sichernde Wirkung; dh die Eigentümer der Buchgrundstücke, auf denen sich die Zuwegung bzw. die Einstellplätze befinden, dürfen diese, solange die Rechtmäßigkeit der baulichen Anlagen von ihnen abhängt, nicht etwa unter Berufung auf die Neuregelung beseitigen oder sperren. **Anderes gilt** aber für Bauten, die erst nach dem 1.5.1986 bzw. dem 1.7.1995 auf den durch alte Vereinigungsbaulasten verbundenen Grundstücken errichtet wurden oder werden: Auch dann würde sich aus den Vereinigungsbaulasten zwar weiterhin ergeben, dass diesen Bauten notwendige Zuwegungen und Einstellplätze nicht entzogen werden dürfen; jedoch bestimmt die NBauO seitdem ausdrücklich, dass Zuwegungen über andere Buchgrundstücke nur noch gem. § 4 Abs. 2 und Einstellplätze auf anderen Grundstücken nur noch durch Baulast nach § 47 Abs. 4 gesichert werden dürfen (ebenso im Ergebnis OVG Lüneburg 19.9.1996 – 1 L 7891/94, BRS 58 Nr. 101; vgl. auch OVG Lüneburg 2.7.1999 – 1 L 5277/96, BRS 62 Nr. 147).

146 Für wirkungslos erklärt wird die Vereinigungsbaulast auch in § 8 Abs. 1 S. 3 DVO-NBauO gegenüber der Forderung in § 8 Abs. 1 S. 1 Nr. 1 DVO-NBauO, grenznahe Gebäudeabschlusswände als **Brandwände** (bzw. nach den Anforderungen des § 8 Abs. 2 DVO-NBauO) auszubilden. Die Brandwand ist also auch dann erforderlich, wenn das Grundstück, auf dem das Gebäude errichtet wird, und das Nachbargrundstück durch Baulast nach Abs. 12 Satz 2 zu einem Baugrundstück vereinigt sind und die Grenze eigentlich als nicht vorhanden gilt. Diese weitere Abweichung von der Regelung des Abs. 12 soll verhindern, dass Bauträger von Reihenhäusern die Brandwandregelung unterlaufen, indem sie vor dem Verkauf eine Vereinigungsbaulast bestellen. Richtiger wäre es gewesen, Brandwände auch jeweils zwischen nahe aneinandergebauten Wohngebäuden auf demselben Baugrundstück zu fordern, und zwar unabhängig davon, ob dieses ein nach Abs. 12 S. 2 zusammengesetztes Baugrundstück oder ein einziges Grundstück im bürgerlich-rechtlichen Sinne ist. Auch in letzterem Fall, in dem jetzt keine Brandwand verlangt wird, sind die Bewohner des Nachbarhauses nicht weniger schutzbedürftig.

147 Die Zusammenfassung mehrerer Grundstücke zu einem Baugrundstück hängt vom **Entschluss des Bauherrn** bzw. Eigentümers, nicht vom Ermessen der BauAB ab. Wenn der Bauherr einen entsprechenden Willen zu erkennen gegeben hat und die Baulasten auf den Teilgrundstücken wirksam begründet worden sind, dann ist das zusammengesetzte Baugrundstück entstanden. Dabei darf die Vereinigungsbaulast inhaltlich nicht auf eine bestimmte bauliche Anlage beschränkt werden (OVG Lüneburg 4.3.2015 – 1 LA 177/14, NVwZ-RR 2015, 565 (565); 26.09.1991 – 1 L 74/91, 1 L 75/91, BeckRS 1991, 08348, Rn. 72).

148 Die **Bestellung der (Vereinigungs-)Baulast** richtet sich nach § 81. Sie muss bei jedem der Grundstücke bestellt werden, die zu einem Baugrundstück zusammengefasst werden sollen. Die Baulasterklärung könnte wie folgt formuliert werden:

> „Ich bin Eigentümer des im Grundbuch von … Bd. … Bl. … unter Nr. … des Bestandsverzeichnisses eingetragenen Grundstücks … -straße Nr. … – Gemarkung … Flur … Flurstück … Ich übernehme, auch zu Lasten meiner Rechtsnachfolger, als Baulast die Verpflichtung, mit baulichen Anlagen und Baumaßnahmen auf dem genannten Grundstück das öffentliche Baurecht so einzuhalten, wie wenn dieses

Grundstück zusammen mit dem angrenzenden im Grundbuch von ... Bd. ... Bl. ... unter Nr. ... des Bestandsverzeichnisses eingetragenen Grundstück ...-straße Nr. ... – Gemarkung ... Flur ... Flurstück ... – ein einziges Grundstück bildete.

Eingeschlossen ist die Verpflichtung, auf dem erstgenannten Grundstück die Herstellung, Unterhaltung und Benutzung von Zuwegungen, Einstellplätzen und anderen Einrichtungen zu dulden, die erforderlich sind, damit bauliche Anlagen auf dem zweitgenannten Grundstück dem öffentlichen Baurecht entsprechen."

Der zweite Absatz empfiehlt sich, wenn eine „qualifizierte" Vereinigungsbaulast gewünscht ist, die auch Zuwegungen und Einstellplätze sichert (→ Rn. 144).

Mit der Übernahme einer **Vereinigungsbaulast** auf sein Grundstück geht der Eigentü- 149
mer ein uU großes **Risiko** ein, denn er muss nun mit seinem Grundstück auch für die Baurechtmäßigkeit von Bauten auf dem (bzw. den) anderen der vereinigten Buchgrundstücke einstehen: Wird dort etwas gebaut oder abgebrochen, so kann das zur Folge haben, dass er auf seinem Grundstück etwas dulden (zB eine breite Zufahrt für ein Haus auf dem anderen Grundstück) oder unterlassen muss, was ihn in der Nutzung seines Grundstücks stark beeinträchtigt. Auch brauchen Gebäude von den Grenzen zwischen den zu einem Baugrundstück vereinigten Buchgrundstücken nicht mehr die in den §§ 5 ff. vorgeschriebenen Abstände zu halten (→ Rn. 141), können also dem jeweils anderen Buchgrundstück unerwartet nahe rücken; vgl. den vom OVG Lüneburg am 21.1.1999 (1 L 5580/96, BRS 62 Nr. 146) entschiedenen Fall. Die „Vereinigungspartner" tun also gut daran, wenn sie, um keine bösen Überraschungen zu erleben, untereinander vertraglich regeln, welche Baumaßnahmen auf den vereinigten Grundstücken erlaubt sein sollen.

Es können nur **aneinandergrenzende** und nur **ganze Grundstücke** im bürgerlich-recht- 150
lichen Sinne zu einem Baugrundstück zusammengeschlossen werden. Die NBauO gestattet auch nicht, einen **Teil eines** einheitlich bleibenden **Grundstücks** zum Baugrundstück zu erklären. Soll ein Teil eines Grundstücks für sich Baugrundstück werden oder mit einer anderen Fläche zu einem Baugrundstück vereinigt werden, so muss es zuvor von dem Grundstück abgeschrieben und als selbständiges Grundstück im Grundbuch eingetragen werden. Das gilt auch, wenn der Grundstücksteil mit dem Rest des Grundstücks räumlich nicht zusammenhängt (→ Rn. 137). Die strenge, aber nicht unzumutbare Regelung dient der Rechtsklarheit.

Solange ein Grundstück mit anderen zu einem Baugrundstück zusammengeschlossen 151
ist, kann es nicht einem weiteren zusammengesetzten Baugrundstück angehören, denn ein **„Überlappen"** von Baugrundstücken wäre mit dem Zweck des Abs. 12 nicht vereinbar. Eine Vereinigungsbaulast darf nicht eingetragen werden, wenn sie auf einem der vereinigten Grundstücke **bauordnungswidrige Zustände** schaffen würde. Das kann der Fall sein, wenn die Vereinigung dazu führt, dass auf dem zusammengesetzten Baugrundstück dann entgegen § 5 Abs. 8 zwei Garagen an seinen äußeren Grenzen stehen.

Oft besteht ein Interesse daran, ein (Buch-)Grundstück über das im B-Plan festgesetzte 152
Maß hinaus zu überbauen und dafür ein anderes Grundstück (oder mehrere) entsprechend weniger zu nutzen. Das ließe sich ermöglichen, wenn durch Vereinigungsbaulast nach Abs. 12 S. 2 NBauO aus zwei oder mehr Buchgrundstücken ein **einheitliches Baugrundstück** nicht nur **iSd** NBauO, sondern auch **des Planungsrechts** gebildet werden könnte, namentlich iSd § 19 Abs. 3 BauNVO, so dass sich die zulässige Grundfläche, Geschossfläche oder Baumasse von Bauten auf diesen Grundstücken nach der Gesamtfläche der Grundstücke errechnet. Dies wird durch Abs. 12 Satz 2 NBauO aber nicht angeordnet (vgl. → Rn. 139), und der Landesgesetzgeber könnte es auch nicht von sich aus anordnen, da er nach Art. 72 Abs. 1 GG dafür nicht zuständig ist. Die gewünschte Rechtsfolge kann sich nur aus dem Planungsrecht des Bundes ergeben. Sie ergäbe sich eindeutig, wenn BauGB oder BauNVO eine Abs. 12 Satz 2 NBauO entsprechende Vorschrift enthielten oder, ähnlich wie § 20 Abs. 1 BauNVO 2017, auf den landesrechtlichen Begriff des Baugrundstücks verwiesen. Daran fehlt es aber. Mit Blick auf den

Zweck des Bauplanungsrechts bestünden jedoch keine Bedenken, wenn zwei aneinandergrenzende Buchgrundstücke, die durch eine Vereinigungsbaulast gemäß Abs. 12 S. 2 NBauO zusammengeschlossen sind, als ein Grundstück iSd Planungsrechts behandelt würden. Eine Baulast dieses Inhalts sichert nämlich die Einhaltung des ganzen öffentlichen Baurechts, also auch des Planungsrechts. Kraft der Baulast können die Teilgrundstücke baulich nicht mehr so ausgenutzt werden, dass die Gesamtfläche über das planungsrechtlich zulässige Maß hinaus bebaut ist. Ihr Ziel, die Bebauungsdichte zu begrenzen, erreichte die Bauleitplanung mithin auch so ohne Abstriche. Daher hatte dieser Kommentar es bereits in früheren Auflagen als zulässig angesehen, dass jedenfalls wenige eng beieinanderliegende Grundstücke durch Baulast nach Abs. 12 S. 2 NBauO zu einem Baugrundstück auch iSd §§ 19 ff. BauNVO zusammengeschlossen werden (ebenso OVG Lüneburg 4.10.1984 – 6 A 131/82, BRS 42 Nr. 178; Praml DVBl 1980, 221).

153 Das **BVerwG** hat dies jedoch nicht gebilligt. Ausgehend von seinem mehrfach bekräftigten Standpunkt, dass „Ausnahmen" von dem Grundstücksbegriff im grundbuchrechtlichen Sinne „nur dort vertretbar, dann allerdings auch geboten" seien, „wo bei Verwendung dieses Begriffs die Gefahr entstünde, dass der Sinn einer bestimmten bodenrechtlichen Regelung handgreiflich verfehlt würde", hat es in seinem **Urteil vom 14.2.1991** – 4 C 51.87, NJW 1991, 2783 (2784) die Auffassung vertreten, dass für die Anwendung der planungsrechtlichen Vorschriften über das Maß der baulichen Nutzung und die Größe der Baugrundstücke eine andere Fläche als das Buchgrundstück **nur über eine Befreiung** nach § 31 Abs. 2 BauGB zugrunde gelegt werden dürfe. Diese sei (auch im Falle des § 31 Abs. 2 Nr. 2 BauGB – „städtebauliche Vertretbarkeit" der Abweichung) nur zulässig, wenn infolge von Besonderheiten der örtlichen Situation ein **atypischer Sachverhalt** vorliege. Ein solcher werde aber durch eine Baulast allein noch nicht geschaffen, denn diese könne auch für jedes andere Grundstück im Plangebiet bestellt werden mit der Folge, dass die in der Festsetzung des Maßes der baulichen Nutzung liegende Planungskonzeption beseitigt werde. Die Vereinigungsbaulast sei nur ggf. zusätzlich nötig, um die Abweichung vom Planungsrecht vertretbar zu machen. Als **Beispiel** für einen atypischen Sachverhalt hat das BVerwG den vom OVG Lüneburg am 4.10.1984 – 6 A 131/82, BRS 42 Nr. 178 entschiedenen Fall bezeichnet, in dem ein mit einem Hochhaus zu stark überbautes Grundstück und ein angrenzendes nicht voll ausgenutztes Tankstellengrundstück durch Baulast vereinigt werden sollten. In solchen und ähnlichen Fällen wird es also auch künftig auf dem Weg über eine Befreiung nach § 31 Abs. 2 BauGB möglich sein, jedenfalls zwei aneinandergrenzende Buchgrundstücke, die durch Vereinigungsbaulast zusammengeschlossen sind, als ein Baugrundstück der Anwendung des Planungsrechts zu Grunde zu legen. Als atypisch in dem vom BVerwG gemeinten Sinne darf man vielleicht auch die Situation der Eckhäuser einer (geschlossenen) Blockrandbebauung ansehen. Eine Befreiung könnte dann ermöglichen, dass sie das festgesetzte Maß der baulichen Nutzung überschreiten, wenn eine Vereinigungsbaulast sicherstellt, dass das Flächendefizit der Eckgrundstücke durch entsprechend größere Freiflächen im Blockinneren ausgeglichen wird.

154 Wohl ausgeschlossen erscheint es aber, dass auf diesem Wege auch noch in weiterem Umfange aus einer größeren Zahl selbständig genutzter Grundstücke eine **„städtebauliche Einheit"** (dazu Söfker in EZBK § 19 BauNVO Rn. 12) gebildet wird, in der die vorgeschriebenen Maße der baulichen Nutzung nur im Durchschnitt eingehalten werden, insbesondere dann, wenn die Grundstücke einer ganzen Reihenhauszeile vereinigt werden, um die zu dichte Bebauung der Mittelhausgrundstücke durch größere Parzellen der Endhäuser zu kompensieren. Denn die Vorstellungen, die den Vorschriften über das Maß der baulichen Nutzung zu Grunde liegen, würden idR deutlich schlechter verwirklicht, wenn das geforderte Quantum an unverbauter Fläche und freiem Luftraum nicht unmittelbar am Haus, sondern entfernt davon geboten wird. Allerdings sind Reihenhauszeilen mit Mittelhäusern ohne den mit der Planung an sich erstrebten hausnahen Freiraum in der Weise möglich, dass die ganze Zeile auf einem ungeteilten Buchgrundstück errichtet wird und die einzelnen Hauserwerber nur Wohnungseigentum und ideelles Miteigentum an der Fläche erhalten (vgl. auch → §81 Rn. 61). Soll auch dem begegnet werden, müsste die Gemeinde sich die Mühe machen, die gewünschte städtebauliche Struktur durch Baulinien oder Baugrenzen genauer vorzugeben, und vielleicht auch noch für die Grundstücksgrößen zugleich Höchst- und Mindestwerte festsetzen.

Die **Eigentümer** der durch eine Vereinigungsbaulast zusammengeschlossenen Grundstücke **verlieren** im Verhältnis zueinander den **Nachbarschutz**, den sonst Vorschriften der NBauO gegen Bauten auf Nachbargrundstücken gewähren: Das ergibt sich für die Abstandsvorschriften daraus, dass der für die „inneren" Abstände geltende §7 (→ Rn. 141) nicht nachbarschützend ist (OVG Lüneburg 1.8.1996 – 1 M 3898/96, BRS 58 Nr. 179; vgl. auch OVG Lüneburg 4.3.2015 – 1 LA 177/14, NVwZ-RR 2015, 565 (565 f.)). Wie das OVG in seinem Urteil vom 2.7.1999 – 1 L 5277/96, BRS 62 Nr. 147 ausgeführt hat, wurde der Eigentümer eines der vereinigten Grundstücke auch nicht durch aF §46 Abs. 1 S. 2 NBauO a.F. (vgl. jetzt §3 Abs. 1, s. → §46 Rn. 3) vor belästigenden Kfz-Einstellplätzen auf einem der anderen Grundstücke geschützt. Auf den Nachbarschutz, der sich aus Vorschriften des Planungsrechts ergibt, wirkt sich die Vereinigungsbaulast nicht aus. 155

N. Baumaßnahme (Abs. 13)

Allgemeines: Seit der NBauO 2012 befindet sich die zuvor in §2 Abs. 5 aF geregelte Definition der Baumaßnahme in Abs. 13. Unter der Sammelbezeichnung „Baumaßnahme" fasst die NBauO die im Bauwesen vorkommenden Tätigkeiten zusammen, an die sie materielle Anforderungen (vgl. §3 Abs. 4 und 5) stellt, die grundsätzlich der Baugenehmigung bedürfen (§59) und die Gegenstand von Anordnungen der BauAB nach §79 sein können: Errichtung, Änderung, Abbruch bzw. Beseitigung, Nutzungsänderung und Instandhaltung von baulichen Anlagen oder Teilen baulicher Anlagen. Der Betrieb an sich ist dagegen keine Baumaßnahme (BegrRegE LT-Drs. 16/3195, 70). §29 BauGB verwendet – anders als die NBauO – den Ausdruck „Vorhaben", was stärker zum Ausdruck bringt, dass das Bauplanungsrecht die Errichtung, Änderung oder Nutzungsänderung baulicher Anlagen aus städtebaulicher Sicht betrachtet (Reidt in BKL, §29 Rn. 1). 156

Errichtung ist der Neubau einer baulichen Anlage oder das Aufstellen einer (anderswo vorgefertigten) Anlage auf dem Baugrundstück. Dazu gehören auch der Wiederaufbau eines zerstörten Bauwerks (vgl. OVG Berlin 18.12.1953 – II B 18.53, BRS 3 S. 234) und das Wiederaufstellen einer von einem anderen Platz entfernten Anlage (zB eines Verkaufsstandes). Zur Abgrenzung der Errichtung von der Instandhaltung → Rn. 162. Bei den Gegenständen, die nach Abs. 1 S. 2 zu baulichen Anlagen erklärt werden, ist das Wort „Errichtung" in weiterem Sinne zu verstehen: Es schließt auch Fälle ein, in denen uU überhaupt nichts „gebaut" wird, zB die bloße Zweckbestimmung einer Grundstücksfläche als Kraftfahrzeugstellplatz, oder das Anbringen von Werbeanlagen und das Anlegen von Campingplätzen usw (vgl. Dirnberger in Simon/Busse BayBO, Art. 3 Rn. 39). 157

Eine **Änderung** umfasst jedes Umbauen, Vergrößern (zB durch Anbauen oder Aufstocken) und Verkleinern einer baulichen Anlage, ferner das Anbringen oder Einbauen von Teilen, einerlei ob außen oder innen (zB Anbringen einer Außenantenne, Einbau einer Heizungsanlage), schließlich jede sonstige Änderung des äußeren Bildes (zB Wechsel der Farbe oder der Putzart, Bemalungen, Aufschriften). Keine Änderung, sondern Instandhaltung (→ Rn. 162) ist es, wenn nur der ursprüngliche Zustand wiederhergestellt wird, zB wenn schadhafter Außenputz durch Putz gleicher Art ersetzt oder eine verblasste Fassadenfarbe aufgefrischt wird. Werden hingegen zB Dachziegel aus Ton durch Betondachsteine ausgewechselt, stellt dies eine Änderung dar. 158

159 **Abbruch** und **Beseitigung** bedeuten dasselbe. Hierher gehört auch der Fall, dass jemand eine bauliche Anlage nur von ihrem Platz entfernt in der Absicht, sie anderswo wieder aufzustellen. Das Bauordnungsrecht erfasst mit seinen Vorschriften auch den Abbruch, da sich während der Abbrucharbeiten Gefahren oder Belästigungen ergeben können und nach dem Abbruch der Zustand des Grundstücks oder stehen gebliebener Bauteile gefährlich oder verunstaltend sein kann.

160 Die **Nutzungsänderung** ist jede „Vollziehung einer mindestens teilweise neuen Zweckbestimmung" (Evers DVBl 1967, 252). Sie ist ohne jede Veränderung an der Bausubstanz möglich und braucht der baulichen Anlage auch nicht von außen anzusehen sein. Sie ist für das Baurecht von Bedeutung, denn wenn die neue Nutzung den bestehenden Bau übermäßig beansprucht, zB die Decken zu stark belastet, so können sich daraus Gefahren oder andere Folgen ergeben, die das Bauordnungsrecht verhindern soll (vgl. → § 3 Rn. 12). Außerdem kann die neue Nutzung städtebaulich unerwünscht sein, daher gelten die Vorschriften des BauGB über die (planungsrechtliche) Zulässigkeit von Vorhaben (§§ 30 ff.) auch für eine Nutzungsänderung, vgl. § 29 BauGB. Die Nutzungsänderung iSv § 29 BauGB ist zugleich Nutzungsänderung iSd NBauO; es war gerade die Absicht des Gesetzgebers der NBauO, alle planungsrechtlich bedeutsamen Nutzungsänderungen zu erfassen, um sie dem bauaufsichtlichen Genehmigungsverfahren zu unterwerfen (BegrRegE NBauO 1973, S. 114 f.).

161 **Beispiele** für Nutzungsänderungen: Ein Wohnhaus wird – nicht nur vorübergehend – zur Prostitution benutzt (OLG Celle 8.4.1986 – 2 Ss (OWi) 33/86, Nds.Rpfl. 1986, 234); ein als „Relaxzentrum" genehmigtes Gebäude wird als Bordell genutzt (VGH Kassel 14.10.2002 – 4 TG 2028/02, BRS 65 Nr. 160); ein Billardcafé erhält durch Aufstellen von Geldspielgeräten den Charakter einer Spielhalle (VGH Mannheim 18.9.1991 – 3 S 1644/91, BRS 52 Nr. 139); Erhöhung der Bettenzahl eines Ferienhauses von sechs auf zehn Betten (OVG Lüneburg 22.11.2013 – 1 LA 49/13, ZfBR 2014, 160 (161)). Andererseits kann Doppelbelegung von Schlafräumen weiterhin eine unveränderte Wohnnutzung und damit keine Nutzungsänderung sein, sofern persönliche Beziehungen zwischen den Bewohnern bestehen (OVG Lüneburg 18.9.2015 – 1 ME 126/15, NZM 2016, 482; 24.10.2008 – 1 ME 199/08, BeckRS 2015, 55062; – bei Saisonarbeiterunterkünften nicht anzunehmen, vgl. Biederbeck NdsVBl. 2015, 292 (295 f.)). Die Errichtung einer Mobilfunkstation auf dem Dach eines Wohnhauses ist eine Nutzungsänderung dieses Hauses (VGH Mannheim 8.2.2002 – 8 S 2748/01, BRS 65 Nr. 157; OVG Münster 2.7.2002 – 7 B 924/02, BRS 65 Nr. 158), welche aber gem. Nr. 4.6 des Anhanges zu § 60 bis zur Höhe von 10 m genehmigungsfrei ist. **Keine Nutzungsänderung** liegt vor, wenn nur der Eigentümer wechselt oder Mietwohnungen in Eigentumswohnungen umgewandelt werden (vgl. Hamburg OVG 10.4.2003 – 2 Bf 432/99, BRS 66 Nr. 142) oder wenn nur ein Wechsel zwischen Varianten stattfindet, die sich nach allgemeiner Anschauung im Rahmen derselben Zweckbestimmung halten (zB wenn sich in einer Schlosserwerkstatt nur die Art der dort angefertigten oder reparierten Gegenstände ändert). Zur Frage, ob auch die Intensivierung einer bestehenden Nutzung eine Nutzungsänderung darstellt, → § 60 Rn. 108 mwN. Dass die Nutzungsänderung baurechtlich bedeutsam ist, gehört nicht zu ihren Begriffsmerkmalen; jedoch hängt davon ab, ob sie einer Baugenehmigung bedarf (§ 60 Abs. 2 Nr. 1). Begriffswesentlich ist auch nicht, dass die alte und die neue Nutzung unmittelbar aufeinander folgen; eine Nutzungsänderung liegt auch vor, wenn ein Gebäude jahrelang leer gestanden hat und erst danach die neue Nutzung begonnen wird. Näheres zum Begriff der Nutzungsänderung auch bei → § 60 Rn. 97 ff.; zum Erlöschen der Baugenehmigung nach langem Leerstand → § 71 Rn. 24 ff.

162 Zur Erläuterung des 1995 eingefügten Begriffs der **Instandhaltung** bezog sich die BegrE NBauO 1995, S. 42, auf die DIN 31 051, Ausgabe Januar 1985. Danach gehören zur Instandhaltung die „Wartung" („Maßnahmen zur Bewahrung des Sollzustandes"), die „Inspektion" („Maßnahmen zur Feststellung und Beurteilung des Istzustandes") und die „Instandsetzung" („Wiederherstellung des Sollzustandes"). Die Ausgabe September 2012 der DIN 31 051 enthält zT verfeinerte Begriffsbestimmungen. Wartung besteht jetzt

in „Maßnahmen zur Verzögerung des Abbaus des vorhandenen Abnutzungsvorrats"; Instandsetzung sind „Maßnahmen zur Rückführung … in den funktionsfähigen Zustand". Die Instandsetzung, die bisher allein als Baumaßnahme galt, umfasst alle Arbeiten, die Bauwerke oder Teile von Bauwerken, die unter der Benutzung, der Witterung oder anderen Einflüssen gelitten haben, wieder herstellen sollen. Sie ist von der Änderung zu unterscheiden (→ Rn. 158). Wird eine Ruine, deren ursprüngliche Bausubstanz schon größtenteils untergegangen ist, erneut aufgebaut, so ist das nicht mehr Instandsetzung, sondern Errichtung oder Änderung (vgl. hierzu auch OVG Lüneburg, 6.9.2017 – 1 ME 112/17, BeckRS 2017, 125890 sowie → Rn. 157 f.).

O. Bauprodukte (Abs. 14)

Die NBauO 1995 verwendete (der MBauO 1993 folgend) erstmals den Begriff des Bau- 163
produktes, heute findet er sich vor allem in den §§ 16b – 25, aber auch in § 2 Abs. 1 S. 1 und Abs. 17 und den §§ 52, 54, 76, 79 und 80. Der Begriff ist an die Stelle der vorher verwendeten Begriffe der „Baustoffe" und „Bauteile" getreten. Anlass zu dieser Änderung gab die sog. **Bauproduktenrichtlinie 89/106/EWG** (BauPR) der EU, die in deutsches (innerstaatliches) Recht umzusetzen war. Am 16.10.2014 stellte jedoch der EuGH in der Rechtssache C 100/131 (Vertragsverletzungsklage nach Art. 258 AEUV) fest, die Bundesrepublik Deutschland habe gegen ihre Verpflichtungen aus Art. 4 Abs. 2 und Art. 6 Abs. 1 der BauPR verstoßen, indem sie zusätzliche Anforderungen für den wirksamen Marktzugang und die Verwendung von Bauprodukten in Deutschland gestellt habe, die von harmonisierten Normen erfasst wurden und mit der CE-Kennzeichnung versehen waren. Dies veranlasste die Angleichung der Definition in Abs. 14 sowie ua zur Neuregelung bzgl. der Anforderungen an Bauprodukte und Bauarten in §§ 16a und 16b im Rahmen der NBauO 2018, vgl. näher → § 16a Rn. 3 f.; Vorbem. vor §§ 16b Rn. 2 ff.

Da am 1.7.2013 die europäische **Bauproduktenverordnung** (Verordnung EU Nr. 305/ 164
2011, ABl. 2011 Nr. L 88, S. 5; im Folgenden „BauPVO") die BauPR vollständig abgelöst hat, verweist die neue Regelung auch auf ebendiese BauPVO. Danach ist ein Bauprodukt ein Produkt, welches hergestellt und in Verkehr gebracht wird, um dauerhaft in Bauwerke oder Teile davon eingebaut zu werden und dessen Leistung sich auf die Leistung des Bauwerks im Hinblick auf die Grundanforderungen an Bauwerke auswirkt (vgl. Art. 2 Nr. 1 BauPVO). Zu den mit dem Erlass der BauPVO verbundenen Neuerungen, insbesondere dem gleichzeitigen Außerkrafttreten des BauPG am 1.7.2013 vgl. → Vorbem. vor §§ 16b Rn. 3 f.

Zum Begriffsinhalt: Nach der Definition des Abs. 14 ist ein Gegenstand dann „Baupro- 165
dukt", wenn er entweder die Merkmale der Nr. 1 oder die der Nr. 2 aufweist. Nach **Nr. 1** können „Produkte", „Baustoffe", „Bauteile" und „Anlagen" sowie Bausätze gemäß Artikel 2 Nr. 2 der BauPVO Bauprodukte sein. Von Baustoffen und Bauteilen war schon im bisherigen Bauordnungsrecht die Rede (so in der Definition der baulichen Anlage in § 2 Abs. 1 S. 1 aF und in den §§ 24 ff. aF). Das Gesetz übernahm damit den Begriffsgebrauch der Umgangssprache, und dabei dürfte es insoweit auch jetzt geblieben sein. **Baustoffe** sind danach alle Stoffe, aus denen bauliche Anlagen bestehen oder hergestellt werden sollen, zB natürlicher oder künstlicher Stein, Sand, Zement, Kalk, Lehm, Holz, Stahl, Glas, Dämmstoffe usw. **Bauteile** sind alle aus Baustoffen hergestellten und geformten Gegenstände, die Bestandteile baulicher Anlagen sind oder werden sollen, zB Wände, aber auch jeder einzelne Ziegel oder zurechtgehauene Naturstein, Fenster, Türen, Treppen, Heizkörper usw. Unter **Anlagen** (gemeint sind hier nicht die „baulichen Anlagen" iSv Abs. 1) werden haustechnische Anlagen zu verstehen sein, wie Wasserversorgungs-, Abwasser-, Feuerungs-, Heiz-, und Lüftungsanlagen, Aufzüge usw. Diese wurden im bisherigen Bauordnungsrecht (so in der MBauO 1990) zT „Einrichtungen" genannt. Im Sinne der NBauO waren sie bisher auch „Bauteile", soweit sie nicht als selb-

ständige bauliche Anlagen galten (wie zB ortsfeste Feuerstätten nach § 2 Abs. 1 Nr. 1). Die **NBauO 2018** erweiterte aus Gründen der Vollständigkeit die Liste um die Begriffe **Produkte** und **Bausätze**, da nach Art. 2 Nr. 1 BauPVO auch ein Bausatz ein Bauprodukt ist. Nach Art. 2 Nr. 2 ist ein „Bausatz" ein Bauprodukt, das von einem einzigen Hersteller als Satz von mindestens zwei getrennten Komponenten in Verkehr gebracht wird, die zusammengefügt werden müssen, um in das Bauwerk eingefügt zu werden.

166 Ein weiteres Begriffsmerkmal des Bauproduktes nennt Nr. 1 in dem Relativsatz: **„die hergestellt werden, um dauerhaft in bauliche Anlagen eingebaut zu werden"**. Leider ist (wie fast immer, wenn ein Gesetzestext einen Relativsatz an eine Aufzählung hängt) unklar, ob dieser sich allein auf das unmittelbar vorangehende Substantiv „Anlagen" bezieht oder auf alle drei Glieder der Aufzählung. Das Letztere ist hier wohl anzunehmen (so auch v. Bernstorff MBO § 2 Abs. 9 Rn. 10; Johlen in GCJPW § 2 Rn. 255). Dafür spricht, dass die NBauO sicherlich nicht in der Sache von dem Begriff der BauPR abweichen wollte, die in Art. 1 Abs. 2 nicht zwischen Baustoffen, Bauteilen und Anlagen unterschied, sondern nur von „Produkten" sprach und den o.g. Relativsatz an dieses Wort anknüpfte.

167 So wird man davon auszugehen haben, dass ein jeder Gegenstand, also auch ein Baustoff oder Bauteil nur dann Bauprodukt ist, wenn er „hergestellt" wurde, „um dauerhaft in bauliche Anlagen eingebaut zu werden". Die **Herstellung muss** demnach **dem Einbau** (= Verwendung) zeitlich **vorangehen**. Diese Voraussetzung erfüllt zB ein in einem Industrie- oder Handwerksbetrieb hergestelltes Fenster oder ein vorgefertigter Fenstersturz. Dagegen ist ein an Ort und Stelle gemauerter oder betonierter Sturz – hier sind Herstellung und Einbau derselbe Vorgang – zwar ein Bauteil, aber kein „Bauprodukt". Begriffswesentlich ist also die „Vorfertigung". Die Bauteile oder Anlagen brauchen aber nicht von der Fabrik in einem Stück ausgeliefert worden zu sein. Sie sind auch dann „Bauprodukte", wenn sie in Teilen auf die Baustelle kommen und dort nach den Angaben des Herstellers zusammenzusetzen sind (vgl. v. Bernstorff MBO § 2 Abs. 9 Rn. 8).

168 Der Begriff des Bauproduktes ist für eine handelspolitische Regelung, wie sie die BauPR darstellt, gewählt worden. Sie will Industrieprodukten einen europaweiten freien Markt sichern. Die Begriffsbildung ist dagegen im Bauordnungsrecht, für das auch **natürliche Baustoffe** wie Kies, Sand, Holz, Naturstein usw wichtig sind, weniger geeignet. Über diese Stoffe kann, genau genommen, nicht ausgesagt werden, dass sie „hergestellt werden, um … eingebaut zu werden". Aber auch sie können vor dem Einbau auf den Markt gelangen, so dass es nicht sinnlos ist, auch sie den Regeln für Bauprodukte zu unterwerfen. Man wird sich damit behelfen müssen, dass man hier das Gewinnen und Aufbereiten als „Herstellen" ansieht (zustimmend Johlen in GGCJPW BauO NRW § 2 Rn. 255).

169 Wie dem Relativsatz auch zu entnehmen ist, muss der Gegenstand **zum Zweck des Einbaus** in eine bauliche Anlage **hergestellt** worden sein. Ist der Gegenstand zu einem anderen Zweck (zB als Fahrzeugteil) hergestellt worden, und bedeutet der Einbau in ein Bauwerk daher eine Zweckentfremdung, so handelt es sich um kein Bauprodukt.

170 Nach dem Gesetzeswortlaut sind Baustoffe, Bauteile und Anlagen schließlich nur dann Bauprodukte, wenn sie **„dauerhaft"** in bauliche Anlagen **eingebaut** werden sollen. Dieses Merkmal dürfte aufweisen, was für die Lebensdauer der baulichen Anlage oder jedenfalls für die eigene Lebensdauer (wie zB eine Heizanlage) eingebaut werden soll; dass eine vorzeitige Auswechselung möglich bleibt, steht dem nicht entgegen. An der Dauerhaftigkeit fehlt es bei Gegenständen, die ein Mieter einzubauen, beim Auszug aber wieder mitzunehmen pflegt, und bei Baugerüsten, Schallungen uä (v. Bernstorff MBO § 2 Abs. 9 Rn. 19). Demgegenüber dürften vorgefertigte Teile für den Gerüstbau Bauprodukte sein.

171 Nach **Nr. 2** können ferner auch **Anlagen** Bauprodukte sein. Vorausgesetzt wird auch hier, dass sie (aus Produkten, Baustoffen und Bauteilen sowie Bausätzen gemäß Artikel 2 Nr. 2 der BauPVO, → Rn. 165) **vorgefertigt** werden, also auch hier sind Herstel-

lung und Verwendung zwei getrennte, aufeinander folgende Vorgänge. Die Verwendung, die mit der Herstellung bezweckt sein muss, besteht hier darin, dass der vorgefertigte Gegenstand **„mit dem Erdboden verbunden“** wird. Gemeint ist das oben in Abs. 1 S. 1 genannte Begriffsmerkmal der baulichen Anlage. Auch hier dürfte wie in Abs. 1 S. 2 genügen, dass der Gegenstand „auf dem Boden ruht“, die Verbindung mit dem Boden also allein durch die Schwere des Gegenstandes hergestellt wird (vgl. → Rn. 9).

Die **NBauO 2018** erweiterte die Definition des Bauproduktes im lt. Halbsatz um die 172
Anforderung, dass sich ihre „Verwendung [...] auf die **Anforderungen nach § 3 Abs. 1 bis 3** auswirken kann“. Da § 3 als materielle Generalklausel die grundsätzlichen Anforderungen an Bauwerke, Bauprodukte, Grundstücke sowie an das Bauen als solches aufstellt, dürfte diese weitere Voraussetzung des § 2 Abs. 14 den Anwendungsbereich jedoch nicht einschränken.

P. Bauart (Abs. 15)

Eine Legaldefinition für den Begriff der Bauart ist erstmals durch die NBauO 1995 er- 173
folgt. Die NBauO hat diesen Begriff jedoch von Anfang an verwendet, und zwar in den §§ 25–28 aF, die eine präventive Kontrolle für „neue“ Baustoffe, Bauteile und Bauarten regelten. Während die Begriffe des Baustoffs und des Bauteils durch den neuen Begriff des „Bauproduktes“ ersetzt worden sind (vgl. → Rn. 163), verwendet die NBauO den Begriff der Bauart auch weiterhin, und zwar ohne wesentliche Änderung seines bisherigen Inhalts. Maßgaben über Bauarten enthält ab der NBauO 2018 nun **§ 16a**.

Bauart ist nach Abs. 15 „das Zusammenfügen (genauer: die **Art und Weise des Zusam-** 174
menfügens) von Bauprodukten zu baulichen Anlagen und Teilen baulicher Anlagen“. Bauart ist zB der konventionelle Mauerwerksbau oder die Herstellung eines Daches aus geleimten Bindern. Die „Bauart“ ist von dem planungsrechtlichen Begriff der (offenen oder geschlossenen) „Bauweise“ zu unterscheiden. Da unter den Begriff des Bauproduktes nur Gegenstände fallen, die zum Zweck des Einbaus in Bauwerke hergestellt worden sind (→ Rn. 169), ist das Bauen mit zweckentfremdeten Bauteilen keine „Bauart“. Auch das Zusammenfügen von Komponenten eines Bausatzes im Sinne des Absatzes 14 gilt nicht als Bauart (Begr. zur NBauO 2018, LT-Drs. 18/1136 S. 29).

Q. Barrierefreiheit (Abs. 16)

Die Definition der Barrierefreiheit wurde durch die NBauO 2018 gänzlich neu in Abs. 16 175
eingefügt. Durch die Festlegung, bauliche Anlagen seien barrierefrei, „soweit sie für Menschen mit Behinderungen in der allgemein üblichen Weise, ohne besondere Erschwernis und grundsätzlich ohne fremde Hilfe auffindbar, zugänglich und nutzbar sind“, orientiert sich am Wortlaut der Begriffsbestimmung in **§ 4 S. 1** des **Behindertengleichstellungsgesetzes** (BGG) vom 27.4.2002 (BGBl. I S. 1468), zul. geänd. d. G v. 10.7.2018 (BGBl. I S. 1117). Sie nimmt damit auf Barrieren in einem umfassenden Sinne Bezug. Es geht also nicht nur um die Beseitigung räumlicher Barrieren für Menschen mit Behinderungen, also zB gegenständlicher Hindernisse für Rollstuhlfahrer, wie Treppen, Stolperstufen, schmale Türen oder enge Gänge. Umfasst sind vielmehr auch die Beseitigung von Schranken für die Kommunikation seh- und hörbehinderter Menschen oder auch die kontrastreiche Gestaltung der Umwelt für Menschen mit Sehbehinderung (Winkler in Neumann/Pahlen/Winkler/Jabben SGB IX, 13. Aufl. 2018, § 4 BBG Rn. 4).

Nach diesem Konzept der Barrierefreiheit soll behinderten Menschen ihre Umwelt nicht 176
durch „behindertengerechte“ oder „behindertenfreundliche“ Sonderlösungen erschlossen werden, sondern es sollen von vornherein die Kontextfaktoren im Lebensumfeld so gestaltet werden, dass sie Menschen mit Behinderung nicht beeinträchtigen. Damit wird die in der UN-Behindertenrechtskonvention vom 13. Dezember 2006 vereinbarte Teilha-

bemöglichkeit für Menschen mit Behinderungen in allen Lebensbereichen verbessert (Dau in Dau/Düwell/Joussen SGBIX, 5. Aufl. 2019, § 4 BBG Rn. 3). Der Ansatz berücksichtigt damit die internationale Diskussion, „die auf **Einbeziehung in die allgemeine soziale Umgebung („inclusion")** statt auf spezielle Rehabilitations- und Integrationsbemühungen setzt, die bereits begrifflich die vorherige Ausgliederung und besondere Behandlung voraussetzen" (Ritz in Kossens/von der Heide/Maaß SGB IX, 4. Aufl. 2015, § 4 BGG Rn. 2 mwN). Demnach ist z.B. ein erst über besondere Rampen oder Treppenlifte ermöglichter, durch Hinter- oder Nebeneingänge führender Zugang nicht barrierefrei, da er nicht „allgemein üblich" im Sinne der Definition ist (Dau in Dau/Düwell/Joussen SGBIX, 5. Aufl. 2019, § 4 Rn. 3).

177 Nach **S. 2** ist hierbei die Nutzung **behinderungsbedingt notwendiger Hilfsmittel** zulässig. Auch diese Vorschrift folgt dem textlichen Vorbild in § 4 S. 2 BGG. Dies soll klarstellen, dass Menschen mit Behinderungen im gesamten barrierefrei zu gestaltenden Bereich behinderungsbedingt notwendige Hilfsmittel mitführen und nutzen dürfen, insbesondere auch Blindenführ- und Assistenzhunde (BT-Drs. 18/8428, S. 14). Ebenfalls im Zuge der NBauO 2018 wurde durch eine Ergänzung des § 49 Abs. 2 Satz 1 klargestellt, dass bauliche Anlagen und Teile baulicher Anlagen nur in einem **dem Bedarf entsprechenden Umfang barrierefrei** sein müssen (LT-Drs. 18/1136 S. 18; → § 49 Rn. 42 ff.). Gleichzeitig wurde aber auch mit Blick auf die Barrierefreiheit von Büro-, Verwaltungs- und Gerichtsgebäuden (§ 49 Abs. 2 S. 1 Nr. 1) die Einschränkung „soweit sie für den Publikumsverkehr bestimmt sind" aufgehoben.

R. Öffentliches Baurecht (Abs. 17)

178 **Allgemeines:** Die NBauO ist, wie in den Vorbemerkungen dieses Kommentars näher dargelegt, Teil eines dichten Netzes öffentlich-rechtlicher Vorschriften, die Bauwerke oder das Bauen betreffen. Die NBauO und die anderen Gesetze greifen vielfach ineinander. So wird zB die Einhaltung anderer baurechtlicher Vorschriften wie insbesondere des Bauplanungsrechts nach den Verfahrensvorschriften der NBauO überwacht. Viele Vorschriften der NBauO knüpfen deshalb an die Gesamtheit aller öffentlich-rechtlichen Bauvorschriften an. Die NBauO fasst diese – zur Vereinfachung des Gesetzestextes – unter der Sammelbezeichnung „öffentliches Baurecht" zusammen.

179 „Öffentliches Baurecht" sind nach Abs. 17 zunächst die NBauO selbst und alle Rechtsvorschriften (Verordnungen und örtliche Bauvorschriften, nicht jedoch interne Verwaltungsvorschriften) aufgrund der NBauO, ferner das städtebauliche Planungsrecht, zu dem insbesondere das BauGB und die BauNVO gehören (bestätigt durch OVG Lüneburg, 10.9.2015 – 1 LA 90/15, NVwZ-RR 2016, 328 (329)). Sodann gehören nach Abs. 17 alle sonstigen Rechtsvorschriften zum öffentlichen Baurecht, „die Anforderungen an bauliche Anlagen, Bauprodukte oder Baumaßnahmen stellen oder die Bebaubarkeit von Grundstücken regeln". Einen Überblick über die Vorschriften mit dem hier abstrakt umschriebenen Inhalt geben die Vorbemerkungen, → Rn. 34 ff.

S. Dachraum (§ 2 Abs. 5 NBauO 1973)

180 **Allgemeines:** Das Bauordnungsrecht beschäftigt sich seit längerem in besonderen Vorschriften mit dem Dachraum. Das hat seinen Anlass vor allem darin, dass die Dachschräge und die herkömmliche Holzkonstruktion des Daches die Beleuchtung mit Tageslicht, die Lüftung und die Brandbekämpfung, besonders auch den Einsatz von Feuerwehrleitern, erschweren und Wohn- und Arbeitsräume im Dach oft nur mit ungünstigen Zuschnitten möglich sind. Die MBauO 1959 (§ 65) und, ihr folgend, der RegE NBauO 1973 wollten den Dachausbau daher noch erheblich beschränken. Die verabschiedete Fassung der NBauO 1973 enthielt solche Einschränkungen jedoch nicht mehr. Heute

bezwecken NBauO und DVO-NBauO sogar, den Ausbau von Wohnraum im Dachgeschoss zu erleichtern (s. BegrRegE NBauO 1986 S. 64, 66).

Um zu klären, was in den Vorschriften über den Dachraum mit dieser Bezeichnung gemeint war, hatte die NBauO 1973 in § 2 Abs. 5 den Begriff wie folgt definiert: *„Dachraum ist bei Satteldächern der Raum oberhalb der Ebene zwischen den äußeren Schnittlinien der Außenwände und der Dachhaut an den Traufseiten. Bei anderen Dachformen bestimmt sich der Dachraum sinngemäß."* Diese Begriffsbestimmung ist in der NBauO 1986 mit der Begründung gestrichen worden, dass dafür kein Bedürfnis bestehe (vgl. BegrRegE NBauO 1986 S. 45). Jedoch wird **der Begriff des Dachraums auch heute noch in § 34 Abs. 2 und § 43 Abs. 2 NBauO und mehrfach in der DVO-NBauO** (zB § 5 Abs. 2 Nr. 1, § 7 Abs. 2 usw) verwendet. Das Bedürfnis, den Begriff des Dachraums zu klären, ist also bestehen geblieben. Einzuräumen ist allerdings, dass der aufgehobene Abs. 5 in seinem Satz 1 nur den ohnehin eindeutigen Fall des normalen Satteldachs erfasste, aber schon für das Dach mit Drempel und noch mehr bei Pultdächern, schiefhüftigen Dächern usw keine wirkliche Klärung brachte. 181

Nach dem Wegfall der bisherigen Legaldefinition fragt es sich, welcher Begriff des Dachraums heute bei Anwendung der NBauO und der DVO-NBauO zugrunde zu legen ist. Die Rechtsprechung zu anderen LBauOen hat als Dachraum den Raum bezeichnet, der vom Dach, bestehend aus Tragwerk und Dachhaut, und der Decke des obersten Geschosses gebildet wird (OVG Bremen 8.9.1981 – 1 BA 17/81, BRS 38 Nr. 117 mwN). Diese Definition geht jedoch davon aus, dass ein Geschoss immer eine (horizontale) Decke hat und der Raum unmittelbar unter einem geneigten Dach daher kein Geschoss ist, während die NBauO auch einen solchen Raum grundsätzlich als Geschoss ansieht (vgl. → Rn. 87). Eine **Definition**, die für NBauO und DVO-NBauO in den meisten Fällen zutrifft, dürfte etwa wie folgt lauten: Dachraum ist der Raum zwischen einem geneigten Dach und der Decke des obersten Geschosses, das keine – oder nur zu einem geringfügigen Teil – geneigte Außenflächen hat (s. **Abb. 12**). Bei ungewöhnlichen Gebäude- und Dachformen wird diese Formel möglicherweise zu modifizieren sein. Liegt bei **„schiefhüftigen" Dächern** die Traufe auf der einen Seite um so viel höher, dass hier praktisch ein zusätzliches Geschoss mit senkrechten Außenwänden entsteht, so wird man die Räume, die an diese (unter der höheren Traufe befindlichen) senkrechten Außenwände stoßen, nicht zum Dachraum rechnen dürfen (**Abb. 13**). Zum Dachraum gehört auch der Raum im unteren, steilen Teil eines sog. Mansarddachs, nicht aber der Raum hinter einer senkrecht nach oben geführten Außenwand, der nur eine Dachhaut vorgeblendet ist (vgl. auch Nolte in Simon/Busse Art. 45 Rn. 19 f.). 182

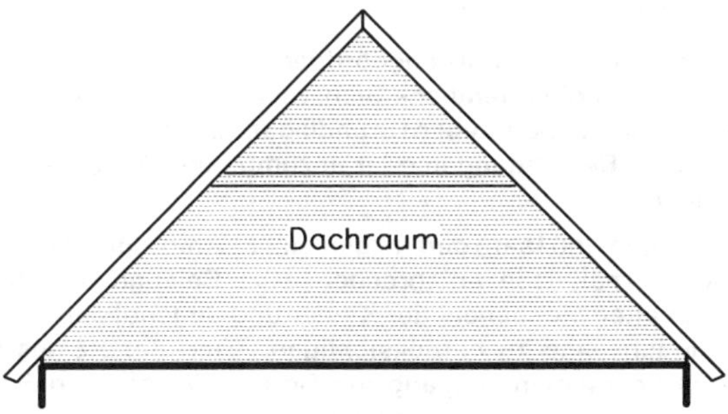

Abb. 12:
Dachraum bei gewöhnlichem Satteldach.

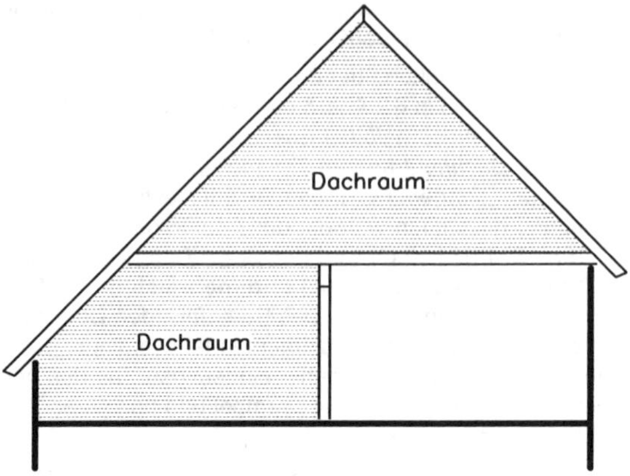

Abb. 13:
Dachraum bei „schiefhüftigem" Satteldach.

T. Begriffsbestimmungen in § 1 DVNBauO aF

183 § 1 Abs. 1 DVNBauO führte früher Begriffsbestimmungen auf, die in den Vorschriften der DVNBauO mehrfach verwendet wurden, so insbesondere auch die Definition des Gebäudes geringer Höhe (bis 1996) oder des Kellergeschosses (bis 2012). Die NBauO 2012 hat eine Neufassung der DVNBauO veranlasst, die nun als DVO-NBauO firmiert. Die Zusammenführung aller wichtigen Begriffsbestimmungen in der neuen Vorschrift des § 2 NBauO, die sowohl für die NBauO als auch für DVO-NBauO maßgeblich sind, hat in der Neufassung zu einer Streichung der bisherigen untergesetzlichen Begriffsbestimmungen geführt. Gleichzeitig wurden die übrigen Vorschriften der DVO-NBauO an die neue Abstufung in Gebäudeklassen in § 2 Abs. 3 und damit auch an das neue Brandschutzkonzept der NBauO angepasst. Zu Einzelheiten des § 1 Abs. 1–5 DVNBauO aF vgl. S. 47 (Text) und § 2 Rn. 84 (Erläuterung) in der 8. Aufl. dieses Kommentars.

§ 3 Allgemeine Anforderungen

(1) [1]Bauliche Anlagen müssen so angeordnet, beschaffen und für ihre Benutzung geeignet sein, dass die öffentliche Sicherheit, insbesondere Leben und Gesundheit, sowie die natürlichen Lebensgrundlagen und die Tiere nicht gefährdet werden. [2]Unzumutbare Belästigungen oder unzumutbare Verkehrsbehinderungen dürfen nicht entstehen.

(2) [1]Bauliche Anlagen müssen den allgemeinen Anforderungen an gesunde Wohn- und Arbeitsverhältnisse entsprechen. [2]Die Belange der Menschen mit Behinderungen, der alten Menschen, der Kinder und Jugendlichen sowie der Personen mit Kleinkindern sind zu berücksichtigen. [3]Zum Schutz des Klimas sind Möglichkeiten zum sparsamen Umgang mit Boden, Wasser und Energie sowie zur Gewinnung erneuerbarer Energien zu berücksichtigen.

(3) Bauliche Anlagen dürfen nicht verunstaltet wirken und dürfen auch das Gesamtbild ihrer Umgebung nicht verunstalten.

(4) [1]Bauliche Anlagen dürfen erst in Gebrauch genommen werden, wenn sie sicher benutzbar sind. [2]Sie sind so instand zu halten, dass die Anforderungen nach den Absätzen 1 bis 3 gewahrt bleiben.

(5) [1]Für die Durchführung von Baumaßnahmen gilt Absatz 1 entsprechend. [2]Baumaßnahmen dürfen keine Verhältnisse schaffen, die den Anforderungen nach den Absätzen 1 bis 3 widersprechen.

(6) Nicht bebaute Flächen von Baugrundstücken sind so herzurichten und zu unterhalten, dass die Erfüllung der Anforderungen nach den Absätzen 1 bis 3 nicht beeinträchtigt wird.

Übersicht

A. Allgemeines

Entstehungsgeschichte, Änderungen: § 3, die materiellrechtliche Grundsatzvorschrift 1 der NBauO, entspricht im Wesentlichen § 3 MBauO. Der RegE der **NBauO 1973** hatte hier den Text der MBauO 1959 kaum verändert übernehmen wollen, doch wurde die Vorschrift vom LT umgestaltet, inhaltlich erweitert und an den Anfang des Gesetzes gestellt (§ 1 aF). In dieser Fassung folgte auf die Absätze 1–3 ursprünglich ein vierter Absatz mit der allgemeinen Forderung, dass Baudenkmale im Rahmen der Sozialgebundenheit des Eigentums zu erhalten sind. Dieser Absatz wurde mit Erlass des NDSchG 1978 aufgehoben, wodurch die Absätze 5–7 in der Nummerierung als Absätze 4–6 aufrückten. Das **ÄnderungsG 1986** erweiterte den damaligen Abs. 6 um einen Satz 3 über die Ingebrauchnahme baulicher Anlagen (jetzt Abs. 4 S. 1, dazu → Rn. 54) und strich den seinerzeitigen Abs. 8, der bestimmte, dass grundsätzlich die allgemein anerkannten Regeln der Baukunst und der Technik einzuhalten sind (vgl. näher → Rn. 62 ff.). Das **ÄnderungsG 1995** hat in Abs. 1 S. 1 und Abs. 7 S. 1 (jetzt Abs. 5) die „öffentliche Ordnung" gestrichen (dazu → Rn. 15 f.), die „natürlichen Lebensgrundlagen" als weiteres besonders hervorgehobenes Schutzgut aufgenommen (→ Rn. 24 f.) und in Abs. 2 S. 2 die Worte „Mütter mit Kleinkindern" durch „Personen mit Kleinkindern" ersetzt. Weiter hat es einen neuen Absatz 4 über Bauprodukte eingefügt, wodurch die folgenden Absätze in der Zählung wieder numerisch aufgerückt sind.

Die **NBauO 2012** hat die Vorschrift entsprechend der Regelung der MBauO und der 2 Bauordnungen anderer Länder in den neuen § 3 verlagert. Die Absätze wurden dabei teilweise neu gegliedert und in der Reihenfolge verändert, um die Lesbarkeit der Vorschrift zu verbessern. So sind die vorherigen Abs. 7 S. 3 und Abs. 5 S. 2 zu einer Vorschrift über die sichere Benutzbarkeit und Instandhaltung baulicher Anlagen in einem neuen Abs. 4 zusammengeführt worden (dazu → Rn. 53 ff.). Dadurch sollte zugleich eine Abgrenzung zum neu eingefügten Abs. 5 (zuvor Abs. 5 S. 1 und Abs. 7 S. 2 und 3) über Baumaßnahmen erfolgen (→ Rn. 56 ff.). Neu eingeführt wurde zudem eine allgemeine Gleichwertigkeitsklausel in Abs. 8, die unterschiedliche technische Anforderungen an Bauprodukte in den Staaten der EU sowie des EWR angleichen sollte (jetzt § 16b Abs. 2, dazu → § 16b Rn. 4 ff.). Dieser Abs. 8 wurde durch die **NBauO 2018** ebenso wie Abs. 7 wieder gestrichen, da deren Inhalte durch die Novelle in § 16a Abs. 1 (für Bauarten) und § 16b Abs. 1 (für Bauprodukte) sowie § 16b Abs. 2 (Gleichwertigkeitsklausel) verlagert worden sind. Zudem wurden die früheren Abs. 1 S. 1 und S. 2 in einem Satz zusammengefasst (wodurch S. 3 zu S. 2 wurde), wobei das Merkmal der „Bedrohung" nunmehr als „Gefährdung" der dort genannten Rechtsgüter formuliert ist, um die Generalklausel sprachlich an die übliche Definition des Begriffs „öffentliche Sicherheit" anzupassen (Begr. des RegE, LT-Drs. 18/1136, S. 29). Durch den „insbesondere"-Relativsatz, der nun den ersten Teil (Leben und Gesundheit) des ehemaligen S. 2 als Schutzgüter der öffentlichen Sicherheit exemplifiziert, werden die „natürlichen Lebensgrundlagen und die Tiere" sprachlich stärker in ihrer Eigenständigkeit betont und damit deutlicher als zuvor als eigenständige Schutzgüter neben die öffentliche Sicherheit gestellt (→ Rn. 24). Mit der Ergänzung des Abs. 2 um eine Berücksichtigungsklausel in Satz 3 sollte der Klimaschutz als politisches Ziel gestärkt werden, ohne ihn als zusätzliches Verbot neben die in § 3 Abs. 1 genannten Generalklauseln aufzuwerten (Begr. des RegE LT-Drs. 18/1136), S. 29). Schließlich erfolgte mit der Novelle 2018 auch eine sprachliche Veränderung des Abs. 5, welche die ehemals eigenständige Regelung in eine Verweisungsnorm umgewandelt hat, ohne dass hiermit zugleich eine inhaltliche Änderung einher gegangen ist.

3 § 3 ist zunächst – deklaratorische – Kundmachung des politischen Programms, das die NBauO verwirklichen soll, doch enthält die Norm zugleich auch verbindliche Rechtsnormen: Es werden die Anforderungen, welche die NBauO an bauliche Anlagen, Baumaßnahmen und Grundstücke und an das Bauen als solches stellt, in Form von Generalklauseln zusammengefasst. Die hierin enthaltenen **Ge- und Verbote gelten unmittelbar**, sind also von den gemäß §§ 52–56 verantwortlichen Personen **auch ohne behördliche Aufforderung** einzuhalten. Gleiches gilt für die meisten Vorschriften zu ihrer Durchführung (→ Rn. 4). Diese unmittelbare Bindungswirkung der Ge- und Verbote unterscheidet § 3 von der Generalklausel des allg. Polizeirechts, § 11 NPOG, (→ Rn. 13), die heute nicht als Ausdruck einer allgemeinen materiellen Polizeipflicht, sondern nur als Ermächtigungsnorm für Behörden verstanden wird (vgl. Selmer FS Götz, 2005, 391 ff.). Daneben sind die in § 3 enthaltenen Regelungen iVm den §§ 58, 59 ff. und 79 auch Rechtsgrundlage für behördliche Maßnahmen.

4 Die **Anforderungen**, die § 3 in grundsätzlicher Form aufstellt, werden zunächst in den materiellrechtlichen **Einzelvorschriften der NBauO** (§§ 4–16a, 26–51) **näher bestimmt** und sodann, noch mehr ins Einzelne gehend, in Verordnungen (vor allem aufgrund des § 82) und in den sog. Technischen Baubestimmungen (s. § 83) detaillierter ausgeführt. Solche konkreteren Vorschriften ersparen der Bauwirtschaft und der Bauaufsicht die oft schwierige und mit vielen Zweifeln verbundene Handhabung der der in der NBauO enthaltenen Generalklauseln und unbestimmten Rechtsbegriffe. Nicht alle materiellrechtlichen Vorschriften der NBauO beschränken sich darauf, die Generalklauseln des § 3 auszufüllen; zT überschreiten sie auch deren Rahmen (→ Rn. 52, 60). Die **konkretisierenden materiellrechtlichen Vorschriften gehen** als konkretisierende Ausgestaltungen der staatlichen Schutzpflicht der allgemeinen Regelung des **§ 3 vor**; dh, soweit sie eingreifen, ist § 3 nicht anzuwenden. Insbesondere können begrenzte Anforderungen, die von Spezialvorschriften aufgestellt werden, nicht aufgrund eines Rückgriffes auf § 3 verschärft werden (vgl. Dirnberger in Simon/Busse BayBO, 132. EL Dezember 2018, Art. 3 Rn. 10; a.A. Spannowsky in BeckOK BauordnungsR Nds., 11. Edition, Stand: 30.11. 2018, § 3 Rn. 10), es sei denn, eine solche Vorschrift lässt ausdrücklich, wie zB § 51, weitergehende Anforderungen zu. Auch darf die Anwendung einer Spezialvorschrift nicht mit der Begründung unterbleiben, es liege im konkreten Fall keine Gefahr usw iSd

§ 3 vor; allerdings ist in derartigen Fällen zu prüfen, ob vielleicht eine Vorschrift eingreift, die eine Ausnahme vorsieht, oder ob wegen einer „offenbar nicht beabsichtigten Härte" eine Befreiung in Betracht kommt (vgl. § 66). Da für fast alle Fragen Spezialvorschriften ergangen sind, wird in der täglichen Praxis die Rechtslage nur selten unmittelbar den Generalklauseln des § 3 zu entnehmen sein. Zeigen sich in den Spezialvorschriften allerdings Lücken, so ist § 3 heranzuziehen (Beispiele bei → Rn. 32, 35 ff.).

Soweit **Bundesrecht** auf Teilgebieten der Gefahrenabwehr, für die der Bund die Gesetz- 5
gebungskompetenz hat (zB Immissionsschutz, Strahlenschutz), Anforderungen an bauliche Anlagen regelt, ist § 3 NBauO selbstverständlich nicht anzuwenden.

In vielen Fällen **greift § 3 mittelbar ein,** insbes. wenn Vorschriften der NBauO auf § 3 6
zurückverweisen (vgl. §§ 66, 77, 78, 82 usw). Ferner gibt § 3 **Hinweise für die Auslegung** der Vorschriften der NBauO und der Durchführungsvorschriften, denn idR ist anzunehmen, dass diese den Zweck haben, die allgemeinen Grundsätze des § 3 auf Teilgebieten zu verwirklichen. Besonders wenn die Einzelvorschriften ihrerseits unbestimmte Begriffe verwenden wie zB „ordnungsgemäß" (§ 4 Abs. 1), „verkehrssicher" (§ 16 Abs. 1), „erforderlich" oder „ausreichend" (§ 30), ist für deren Auslegung auf § 3 zurückzugreifen. Räumen bauordnungsrechtliche Einzelvorschriften, auch ohne § 3 ausdrücklich zu erwähnen, ein Ermessen ein, so kann § 3 als lückenfüllende Grundsatzvorschrift ebenfalls von Bedeutung sein; soweit nicht Sondervorschriften den **Rahmen des Ermessens** („Zweck der Ermächtigung" gem. § 40 VwVfG) bestimmen, ist dieser aus § 3 zu entnehmen.

Die NBauO drückt die Anforderungen, die sie in den Generalklauseln des § 3 aufstellt 7
und später in verschiedenen Einzelvorschriften wieder aufgreift, durch sog. **unbestimmte Rechtsbegriffe** aus. Deren Anwendung setzt teils Prognosen oder Risikoabschätzungen (so im Falle des Abs. 1 die Vorausbeurteilung, welche Schäden mit welcher Wahrscheinlichkeit eintreten können), teils Werturteile voraus (zB darüber, ob eine Schadenswahrscheinlichkeit ein noch hinzunehmendes Risiko oder schon eine abzuwehrende Gefahr ist, ob eine Belästigung unzumutbar ist, ob Wohnverhältnisse „gesund" sind oder ob ein Bau verunstaltend wirkt). Seit Jahrzehnten wird erörtert, ob und wieweit der Verwaltung bei der Handhabung dieser unbestimmten Rechtsbegriffe, deren Anwendung ein Werturteil oder eine Prognose erfordert, ein sog. **Beurteilungsspielraum** einzuräumen ist. Eine solche „Einschätzungsprärogative" der Verwaltung hätte zur Folge, dass im Streitfall das Verwaltungsgericht die Entscheidung der Behörde nur eingeschränkt nachprüfen könnte. Diskutiert wird insbesondere, ob dies mit den Grundsätzen des demokratischen, gewaltenteilenden Rechtsstaates vereinbar ist (zum heutigen Stand der Dogmatik Kluth, in Wolff/Bachof/Stober/Kluth § 31 Rn. 15 ff.). In Übereinstimmung mit der sonstigen verwaltungsgerichtlichen Rechtsprechung, die unbestimmte Rechtsbegriffe grds. vollständig überprüft (vgl. nur BVerfG 20.2.2001 – 2 BvR 1444/00, NJW 2001, 1121 (1123); BVerwG 21.12.1995 – 3 C 24/94, NVwZ 1997, 179 (180); 6.10.1998 – 6 C 11–98, NVwZ-RR 1999, 254 (256); im Überblick, Maurer/Waldhoff, Allg. VerwR, 19. Aufl. 2017, § 7 Rn. 35 ff.) haben die Gerichte, soweit ersichtlich, auch bei Anwendung der Begriffe des § 3 bisher keinen Beurteilungsspielraum der Exekutive anerkannt (ausdrücklich ablehnend OVG Münster 7.7.1976 – VII A 1804/75, DVBl 1976, 793). In seinem Urteil zur Nds. GefahrtierVO (3.7.2003 – 6 CN 5.01, NdsVBl. 2003, 52) hat das BVerwG auch zu einer auf die gefahrenabwehrrechtliche Generalklausel gestützten VO einen Beurteilungsspielraum der Exekutive bei der Gefahrbeurteilung verneint. Entsprechend strikt muss dies dann auch regelmäßig für die oberste BauAB bei Verordnungen nach § 82 und bei Technischen Baubestimmungen nach § 83 gelten. Sofern **technische Baubestimmungen den Charakter einer normenkonkretisierenden Verwaltungsvorschrift** haben, billigt das OVG Lüneburg (4.12.2015 – 1 LC 178/14, BeckRS 2015, 55773, Rn. 61 ff.) der Behörde jedoch einen Beurteilungsspielraum zu, der sich nicht nur auf die im engeren Sinne technischen Fragen, sondern auch auf die Einschätzung der Verhältnismäßigkeit (Geeignetheit, Erforderlichkeit und Angemessenheit) bezieht.

B. Anordnung, Beschaffenheit, Eignung für die Benutzung (Abs. 1–3)

8 Innerhalb des § 3 bilden die Absätze 1–3 eine Gruppe. Sie enthalten die Grundanforderungen der NBauO an bauliche Anlagen (zum Begriff s. § 2 Abs. 1). Einleitend nennt Abs. 1 drei Zustände oder Eigenschaften baulicher Anlagen: Anordnung, Beschaffenheit und Eignung. Von ihnen hängt es ab, ob die baulichen Anlagen den Anforderungen der NBauO entsprechen. Nach dem Wortlaut scheinen diese drei Eigenschaften nur für die Anforderungen des Abs. 1 (öffentliche Sicherheit) bedeutsam zu sein. Jedoch sind Anordnung, Beschaffenheit und Eignung eines Bauwerks auch dafür entscheidend, ob die sozial- und umweltpolitischen Anforderungen des Abs. 2 und die ästhetischen des Abs. 3 gewahrt sind. Die Einleitungsworte des Abs. 1 sind also bei den folgenden Absätzen mitzulesen.

9 **Anordnung** einer baulichen Anlage **bedeutet** ihre **Lage in der Umwelt**. Die Anordnung einer baulichen Anlage wird sowohl durch die Wahl des Baugrundstücks als auch ihres Standortes auf diesem Baugrundstück bestimmt, ferner durch ihre Höhenlage und ihre Stellung zu den Himmelsrichtungen. In erster Linie regelt das **Bauplanungsrecht** die Anordnung baulicher Anlagen, und zwar zu den in den → Vorb. Rn. 29 genannten Zwecken. Weitere Gesetze greifen mit Baubeschränkungen für bestimmte Flächen (→ Vorb. Rn. 35) in die Anordnung baulicher Anlagen ein. Jedoch muss sich auch das Bauordnungsrecht zum Zweck der Gefahrenabwehr oder zu den anderen in § 3 genannten Zwecken mit der Anordnung baulicher Anlagen befassen.

10 Die **verfehlte Anordnung baulicher Anlagen** kann deren Umgebung gefährden, zB die Brandübertragung auf Nachbargebäude oder Wald ermöglichen (dazu → § 14 Rn. 18) oder den Verkehr stören. Sie kann auch Gefahren für die Bewohner und Benutzer der baulichen Anlage selbst verursachen, nämlich ebenfalls Feuergefahr, ferner Gefahr von Überschwemmungen, Steinschlag, Berg- oder Erdrutschen. Das OVG Lüneburg (17.7. 1980 – 6 A 164/77, nv) hat die Anordnung eines eingeschossigen Wohnhauses unmittelbar an einem Hochwald wegen möglicherweise umstürzender Bäume als gefährlich angesehen; hier handelt es sich aber um ein hinzunehmendes Risiko, → Rn. 18 (ebenso VG Potsdam 31.5.2002 – 4 K 503/99, LKV 2003, 242). Gefährlich kann die Anordnung in der Nähe von Ferngas- oder Hochspannungsleitungen sein; über die erforderlichen Abstände von letzteren s. DIN VDE 0210 (2013) Abschn. 5.9. Die NBauO (§§ 12 u. 13) verbietet auch die Anordnung von Bauwerken an Stellen, wo der Baugrund nicht genügend tragfähig (→ § 12 Rn. 9) oder der Boden mit gefährlichen Stoffen („Altlasten") verseucht ist, solange diese Gefahren nicht behoben sind (→ § 13 Rn. 51 ff.). Die Anordnung baulicher Anlagen ist weiterhin für den Zutritt von Licht und Luft und für den Schutz vor gegenseitiger Belästigung von Bedeutung und kann auch die Ortsgestaltung beeinflussen. Nähere Anforderungen an die Anordnung baulicher Anlagen stellen auch die §§ 4 ff., besonders die Abstandsvorschriften der §§ 5–8.

11 **Beschaffenheit** (der baulichen Anlage) umfasst als weiter Sammelbegriff alle **Eigenschaften des Bauwerks selbst** wie Volumen, äußere Gliederung, innere Aufteilung, Konstruktionsweise, verwendete Baustoffe und Bauteile, Qualität der Verarbeitung, Ausstattung mit Einrichtungsstücken und Nebenanlagen, baulicher Zustand usw. Gemeint ist nicht nur der durch die Errichtung – erstmals – geschaffene, sondern auch der danach durch bauliche Änderungen, durch die Benutzung, das Klima und sonstige Einflüsse herbeigeführte Zustand. Das Bauwerk muss ständig den Anforderungen der NBauO genügen. Um dies deutlich zu machen, verwendet die NBauO hier die Worte „… müssen so beschaffen sein", während es in der MBauO (§ 3) weniger treffend heißt: „… sind so … zu errichten".

12 Gefahren und Verstöße gegen die Grundsätze in Abs. 2 und 3 können auch erst durch eine **Art der Benutzung** ausgelöst werden, **für die das Bauwerk** – nach seiner Anord-

nung oder Beschaffenheit – **nicht geeignet** ist. Beispiele: In einem Gebäude mit Geschossdecken, die nur für Wohnzwecke bemessen sind, werden schwere Güter gelagert; eine Vorgartenfläche wird als Ausstellungsplatz für Gartenplastiken verwendet, so dass der Verkehr auf der angrenzenden Straße gestört wird (vgl. OVG Münster 17.7.1969 – X A 120/68, BRS 22 Nr. 207). Deshalb wird hier gefordert, dass bauliche Anlagen auch für ihre Benutzung so geeignet sein müssen, dass die Anforderungen des Abs. 1 – und der Abs. 2 und 3 (→ Rn. 8) – gewahrt bleiben. Die vom Gesetzgeber gewählte Fassung stellt klar, dass hier kein höheres Maß an Eignung gemeint ist, als zur Wahrung der Anforderungen in Abs. 1 ff. nötig ist. Die NBauO verlangt also nicht, dass eine bauliche Anlage schlechthin ihren Zweck erfüllt (dh „ihrem Zweck entsprechend ohne Missstände benutzbar" sein muss, so noch der RegE NBauO 1973). Wenn ein Bauwerk **unzweckmäßig oder unwirtschaftlich** ist (zB wegen hoher Reparaturanfälligkeit seines Flachdachs, dazu VGH Mannheim 2.8.1989 – 8 S 3875/88, BRS 49 Nr. 122), so verletzt es nicht schon deshalb das Bauordnungsrecht. Die NBauO greift ferner nicht ein, wenn die Benutzung eines Bauwerks schon als solche gefährlich ist, also nicht erst deshalb, weil das Bauwerk dafür ungeeignet ist, beispielsweise, wenn in einem Gebäude ätzende Chemikalien ausgelaufen sind. Diese Fälle regeln sich nach allgemeinem Polizeirecht oder nach Spezialvorschriften.

C. Öffentliche Sicherheit (Abs. 1)

a) Die Generalklausel in Satz 1

Abs. 1 S. 1 verbietet, dass bauliche Anlagen – durch ihre Anordnung, Beschaffenheit oder mangelnde Eignung – die öffentliche Sicherheit gefährden. Die NBauO knüpft damit an die traditionelle Generalklausel des allgemeinen Polizei- und Ordnungsrechts (**Gefahrenabwehrrechts**) an, die sich in Niedersachsen in § 11 NPOG findet, und übernimmt deren **Terminologie**. Mit den Begriffen „öffentliche Sicherheit" und „Gefahr" haben sich Rechtsprechung und polizeirechtliche Literatur seit langem eingehend befasst. Näheres darüber ua bei Götz/Geis §§ 4 und 6; Mann in Erbguth/Mann/Schubert Rn. 437 ff., 461 ff.; Saipa § 1 Rn. 5, § 2 Rn. 1 ff. 13

Unter **öffentlicher Sicherheit** versteht man im allgemeinen Gefahrenabwehrrecht einerseits die Unversehrtheit „kollektiver Rechtsgüter", insbesondere die Integrität der Rechtsordnung und das ungestörte Funktionieren des Staates und aller öffentlichen Einrichtungen. Andererseits gehört zur öffentlichen Sicherheit, dass individuelle Rechte und Rechtsgüter wie Leben, Gesundheit, Persönlichkeit, Freiheit, Eigentum, Besitz und sonstige Vermögensrechte nicht verletzt werden. Die sprachliche Neufassung des S. 1 durch die NBauO 2018 (→ Rn. 2) stellt klar, dass „Leben und Gesundheit" nur beispielhaft („insbesondere") genannte Unterfälle der durch die öffentliche Sicherheit geschützten Rechtsgüter sind. In Entsprechung zu diesem polizeirechtlichen Verständnis ist die Unversehrtheit der Rechtsordnung auch von dem Begriff der öffentlichen Sicherheit im bauordnungsrechtlichen Sinne umfasst (ebenso Dirnberger in Simon/Busse BayBO Art. 3 Rn. 115; Johlen in GCJPW § 3 Rn. 44). Dementsprechend ist die öffentliche Sicherheit gestört, wenn gegen materielles und/oder formelles Baurecht verstoßen wird (VGH Kassel 6.5.1958 – OS IV 26/55, BRS 8, 66; 19.2.1991 – 4 TH 1130/89, BauR 1991, 444). Zu der Versagung einer Baugenehmigung für eine Paintball-Anlage auf der Grundlage der bauordnungsrechtlichen Generalklausel wegen eines Verstoßes gegen die Menschenwürde vgl. OVG Lüneburg 18.2.2010 – 1 LC 244/07, BauR 2010, 1066 ff.; BayVGH 27.11.2012 – 15 BV 09.2719, ZfBR 2013, 271). 14

Bis zur NBauO-Novelle von 1995 hieß es in § 3 Abs. 1, dass bauliche Anlagen „die öffentliche Sicherheit oder Ordnung" nicht gefährden dürfen. Die NBauO folgte damit dem allgemeinen Gefahrenabwehrrecht, das herkömmlicherweise auch die **„öffentliche Ordnung"** schützt. Mit dieser ist die Gesamtheit der Regeln gemeint, die nach den jeweils herrschenden sozialen und ethischen Anschauungen unerlässliche Voraussetzung für 15 ein gedeihliches Zusammenleben der Menschen sind. Dabei handelt es sich nicht um Normen des positiven Rechts (deren Verletzung berührt die öffentliche Sicherheit), sondern um Regeln oder Wertvorstellungen, die ohne Gesetzesgebot von der Gesellschaft (jedenfalls einer deutlichen Mehrheit) anerkannt werden. Als Störungen der öffentlichen Ordnung wurden vor allem Anstandsverletzungen angesehen (Missachtung der geschlechtlichen Moral, der Totenruhe, des religiösen Empfindens), ferner die Beeinträchtigung der Leichtigkeit des Verkehrs und Störungen durch Lärm, Gerüche usw. Der Anwendungsbereich für den Begriff der öffentlichen Ordnung ist mit der Zeit jedoch immer geringer geworden, da die Moralvorstellungen liberaler wurden und immer mehr Rechtsvorschriften das Zusammenleben der Menschen regeln, so dass es nur selten noch Situationen gibt, in denen allein außerrechtliche Sozialnormen eingreifen. Im neueren jur. Schrifttum wird der Schutz der „öffentlichen Ordnung" im Sinne dieser klassischen Definition daher vielfach als überholt, bisweilen auch als rechtsstaatswidrig angesehen (zum Diskussionsstand s. etwa Götz/Geis § 5 Rn. 10 ff.; Mann in Erbguth/Mann/Schubert Rn. 455 ff.; Denninger in Lisken/Denninger, HdB des Polizeirechts, 6. Aufl. 2018, Abschn. D Rn. 36 ff.). Nach zwischenzeitlicher Entfernung der öffentlichen Ordnung als Schutzgut aus dem niedersächsischen Gefahrenabwehrgesetz (durch G v. 18.2.1994, Nds. GVBl. S. 71) und 1995 auch aus § 1 NBauO (→ Rn. 1), hat der niedersächsische Gesetzgeber die öffentliche Ordnung als polizeiliches Schutzgut 2003 wiedereingeführt (mit dem NSOG vom 11.12.2003, Nds. GVBl. S. 414) und auch nach der Umgestaltung in das NPOG durch Änderungsgesetz vom 20.5.2019 (Nds. GVBl. S. 88) weiterhin beibehalten.

16 **In der NBauO** ist es jedoch **beim Wegfall der „öffentlichen Ordnung"** in § 3 **geblieben**. Hier reißt die Streichung der „öffentlichen Ordnung" jedoch keine sachliche Lücke, da das in Abs. 1 S. 2 ausgesprochene und bestehen gebliebene **Verbot unzumutbarer Belästigungen und Verkehrsbehinderungen** im Wesentlichen diejenigen Fälle erfasst, die im Bauwesen als Störungen der öffentlichen Ordnung in Betracht gekommen wären. Was früher als Störung der öffentlichen Ordnung gegen die NBauO verstoßen hätte, wird zT auch durch das Bauplanungsrecht verhindert. So werden zB Dirnenwohnheime in Schulnähe, in denen die Rechtsprechung eine Störung der öffentlichen Ordnung gesehen hat (VGH Mannheim 6.10.1982 – 3 S 26/86, BRS 39 Nr. 216; VG Sigmaringen 18.12.1996 – 6 K 1243/96, zit. bei Stühler NVwZ 2000, 990), entweder nach § 34 BauGB (so OVG Koblenz 4.4.1974 – 1 A 1/73, BRS 28 Nr. 29) oder nach den Festsetzungen des B-Plans bzw. nach § 15 BauNVO unzulässig sein. Die „öffentliche Ordnung" wird so durch den „Gebietscharakter" ersetzt (ausführlich zur planungsrechtlichen Zulässigkeit von bordellartigen Betrieben und **Wohnungsprostitution**: BVerwG 25.11.1983 – 4 C 21/83, NJW 1984, 1574; OVG Koblenz 15.1.2004 – 8 B 11983/03, BauR 2004, 644; 27.8.2009 – 8 A 10480/09, ZfBR 2010, 158; OVG Hamburg, 6.5.2015 – 2 Bf 2/12, NJOZ 2016, 154; VGH München, 13.12.2017 – 2 B 17.1741, BeckRS 2017, 142853; Stühler NVwZ 2000, 990 ff.; Schröer NZBau 2009, 166; zum planerischen Ausschluss von Bordellbetrieben Janning BauR 2005, 958; Rhein/Zitzen NJOZ 2009, 267).

17 Die **„öffentliche"** Sicherheit ist nicht nur in den Fällen beeinträchtigt, in denen die Allgemeinheit oder eine Vielzahl von Personen betroffen ist, sondern grundsätzlich auch dann, wenn nur ein einzelner Mensch in seinen Rechten oder Rechtsgütern verletzt ist. Das allg. Gefahrenabwehrrecht schützt auch den Einzelnen, und es ist nicht anzunehmen, dass das Bauordnungsrecht insoweit zurückbleiben will. Die früher herrschende Auffassung, die öffentliche Sicherheit sei bei Gefährdung nur eines Einzelnen erst dann bedroht, wenn an seinem Schutz ein – zusätzlich festzustellendes – öffentliches Interesse bestehe, ist nach heutiger Staatsauffassung überholt (dazu Knemeyer VVDStRL 35, 268). Es sind allerdings die folgenden Einschränkungen zu machen:

– Werden ausschließlich Rechtspositionen des Privatrechts gefährdet oder verletzt (also nicht zugleich auch öffentlich-rechtliche Normen), so ist zwar die öffentliche Sicherheit berührt. Aber schon für den Bereich des allg. Gefahrenabwehrrechts gilt, dass der Schutz privater Rechte Aufgabe der Justiz ist und die Polizei nur in Notfällen tätig zu werden hat, in denen gerichtlicher Schutz nicht rechtzeitig zu erlangen ist (sog. Subsidiaritätsgrundsatz, vgl. § 1 Abs. 3 NPOG). Auch im Rahmen des Bauordnungsrechts ergeben sich insoweit **Einschränkungen**. Der Schutz der privaten Rechte ist traditionell keine Aufgabe des Bauordnungsrechts, sondern der Zivilrechtsordnung (Johlen in GCJPW BauO NRW § 3 Rn. 53). Daher erfasst die Generalklausel des § 3 Abs. 1 NBauO von vornherein nicht solche Fälle, in denen Bauwerke ausschließlich Privatrecht, insbesondere zivilrechtliche Verträge, verletzen. Die Bauaufsicht hat dann nicht einmal subsidiär einzugreifen.

– Ferner ist die öffentliche Sicherheit grundsätzlich nicht berührt, wenn jemand **ausschließlich sich selbst gefährdet** (Näheres s. Götz/Geis § 4 Rn. 28 ff.; Mann in Erbguth/Mann/Schubert Rn. 448 f.). Im Bauwesen wird dieser Fall allerdings kaum vorkommen, da wohl nie sicher ist, dass Gefahren nur den Besitzer eines Bauwerks treffen und nicht auch unverhoffte Besucher oder Passanten (so auch OVG Lüneburg 29.7.1985 – 6 A 73/85, nv).

Gefährdet ist die öffentliche Sicherheit, wenn es „hinreichend wahrscheinlich" ist, dass Rechtsgüter oder Normen, die zur öffentlichen Sicherheit gehören, „in absehbarer Zeit" geschädigt bzw. verletzt werden (vgl. § 2 Nr. 1 NPOG). Nicht jede noch so geringe Schadenswahrscheinlichkeit ist bereits eine Gefahr. Auch § 3 Abs. 1 NBauO bezweckt keine „Vorsorge" im Vorfeld der eigentlichen Gefahrenabwehr. Die nicht auf festgestellte Tatsachen, sondern nur auf Hypothesen gestützte Besorgnis, dass ein Schaden eintreten kann, ist noch keine Gefahr (VGH Mannheim 19.4.2002 – 3 S 590/02, BRS 65 Nr. 196 zur Sorge um Gesundheitsgefährdung durch Mobilfunkstationen; grundsätzlich zum Gefahrbegriff auch BVerwG 3.7.2002 – 6 CN 5.01, BVerwGE 116, 347 (351 ff.) = NdsVBl. 2003, 52). Aber auch eine **auf Erfahrungen gegründete Schadenswahrscheinlichkeit** überschreitet möglicherweise noch nicht die Schwelle zur „Gefahr". Denn alles menschliche Tun – die Nutzung der modernen Technik, Teilnahme am Verkehr, Freizeitbetätigungen, aber auch das Bauen – ist mit dem Risiko verbunden, dass es unter ungünstigen Umständen zu einem Schaden kommen kann. Wir erachten zwar Vorkehrungen für nötig, um diese Risiken möglichst klein zu halten, jedoch sollen die damit verbundenen Unbequemlichkeiten, Erschwernisse und Kosten die Wirtschaft und das Leben nicht weitgehend lähmen. Ein geringes Risiko nehmen wir hin (sog. **sozialadäquates Risiko**). Erst wenn es ein kritisches Maß überschreitet, wird es zur rechtlich missbilligten Gefahr, und zwar geschieht dies bei einem umso geringeren Grad der Schadenswahrscheinlichkeit, je wertvoller das möglicherweise geschädigte Rechtsgut und je größer der mögliche Schadensumfang sind (BVerwG in ständiger Rspr., BVerwG 26.6.1970 – IV C 99.67, NJW 1970, 1890; vgl. zur abstrakten Gefahr auch BVerwG 3.7.2002 – 6 CN 8/01, BVerwGE 116, 347 (351 ff.) = NVwZ 2003, 95). Der Wahrscheinlichkeitsgrad ist exakt eigentlich nur anhand von Schadensstatistiken feststellbar, die aber bei der Entscheidung über die jeweilige Maßnahme meist nicht zur Verfügung stehen (kritisch insoweit A. Leisner DÖV 2002, 326). Dies wird man hinnehmen müssen. Wegen des Verhältnismäßigkeitsprinzips wird man die – weitere – Verminderung eines Schadensrisikos auch insoweit nicht verlangen können, als sie dem Verantwortlichen unverhältnismäßige Schwierigkeiten oder Kosten bereiten würde; das Verhältnismäßigkeitsprinzip muss bereits hier in den baurechtlichen Gefahrenbegriff einfließen, weil es im Baugenehmigungsverfahren, das der BauAB grundsätzlich kein Ermessen einräumt, sonst nicht mehr berücksichtigt werden könnte. Darüber hinaus hängt das geforderte Maß an Sicherheit aber nicht davon ab, ob der Bauherr, Unternehmer oder Fabrikant diese Sicherheit schaffen kann; lassen sich bestimmte Bauten oder Bauarten nicht gefahrlos ausführen, so sind sie verboten. 18

Die NBauO übernimmt nicht ausdrücklich die im allgemeinen Polizeirecht gebräuchliche Unterscheidung zwischen konkreter und abstrakter Gefahr (vgl. § 2 Nr. 1 und Nr. 6 Nds. NPOG). Das führt aber zu keinerlei Zweifeln. In den (seltenen) Fällen, in denen die BauAB unmittelbar aufgrund von § 3 Abs. 1 NBauO eine Baugenehmigung versagt oder eine Verfügung nach § 79 erlässt, ist Voraussetzung dafür eine **„konkrete Gefahr"**, 19 dh es muss ein konkreter Sachverhalt vorliegen, der befürchten lässt, dass ein zur öffentlichen Sicherheit oder Ordnung gehörendes Rechtsgut in absehbarer Zeit geschädigt wird (auch → § 79 Rn. 2). Demgegenüber liegt eine **„abstrakte Gefahr"** vor, wenn ein in diesem Sinne gefährlicher Sachverhalt zwar nicht konkret vorliegt, aber wenn solche Sachverhalte erfahrungsgemäß möglich sind. Das Mittel zur Abwendung einer abstrakten Gefahr ist ein Rechtssatz, dessen Tatbestand die idR gefährliche Situation (abstrakt) beschreibt und als Rechtsfolge (für den Fall der Verwirklichung des Tatbestandes) die Gegenmaßnahme anordnet (näher Mann in Erbguth/Mann/Schubert Rn. 467). Solche Rechtssätze enthalten im Bauordnungsrecht die VOen nach § 82, aber auch die Technischen Baubestimmungen nach § 83 NBauO.

20 In Fällen, in denen möglicherweise eine Gefahr droht, die Gefahr aber noch nicht festgestellt ist (sog. **Gefahrverdacht**), sind nur Maßnahmen zur Klärung, ob wirklich eine Gefahr droht, (sog. Gefahrerforschungseingriffe) und vorläufige Sicherungsmaßnahmen rechtmäßig (Näheres → § 79 Rn. 41).

21 Es gibt Fälle, in denen eine bauliche Anlage für einen gefährlichen oder sonst baurechtswidrigen Zustand zwar ursächlich ist, die Anlage selbst jedoch recht- und ordnungsmäßig und allenfalls Mitursache neben dem rechtswidrigen oder sonst vom Normalen abweichenden Verhalten eines anderen ist, das sich als eigentliche Störungsursache erweist. Hier sind die für das allgemeine Polizeirecht geltenden Regeln über die **„unmittelbare"**, „sozialinadäquate" oder „pflicht-bzw. rechtswidrige" **Gefahrverursachung** (näher Götz/Geis § 9 Rn. 10 ff.) folgerichtig auf das Teilgebiet des Bauordnungsrechts zu übertragen. § 3 Abs. 1–3 sind also einschränkend dahin auszulegen, dass bauliche Anlagen, die gefährliche oder sonst baurechtswidrige Zustände nur „mittelbar" verursachen, grundsätzlich nicht verboten sind. Beispiele:

- Eine Tankstelle, die in baurechtlicher Hinsicht selbst recht- und ordnungsmäßig ist, verursacht nur dadurch „mittelbar" eine Gefahr für den Betrieb einer unmittelbar benachbarten Tankstelle, weil sich Verkehrsteilnehmer bei der Zu- und Abfahrt zur Tankstelle verkehrsgefährdend verhalten. In einem solchen Fall ist die Verkehrsgefährdung nicht der baulichen Anlage zuzurechnen (OVG Lüneburg 7.3.2000 – 1 M 416/00, BeckRS 2013, 58255).
- Hält ein bestehendes weichgedecktes Haus nicht den erforderlichen größeren Grenzabstand (vgl. § 11 Abs. 2 DVO-NBauO) ein, so braucht der Nachbar mit einem hartgedeckten Neubau seinerseits doch nur den gewöhnlichen Grenzabstand (§ 5) einzuhalten. Sein Neubau verursacht zwar eine Brandgefahr; die „eigentliche" Gefahrenursache ist aber der weichgedeckte und zu nahe an der Grenze stehende Altbau. Die BauAB muss die Gefahr durch Verfügung gegen dessen Besitzer abwehren (vgl. OVG Lüneburg 12.11.1974 – I A 124/74, BRS 29 Nr. 82).

22 Da die Generalklausel in Abs. 1 S. 1, wie bei → Rn. 17 dargelegt, auch den Einzelnen schützt, kann, wenn ein Bauwerk ihn zu verletzen droht, der dadurch Gefährdete Klage gegen die Baugenehmigung erheben; die Vorschrift kann also (soweit sie überhaupt eingreift) in besonderen Fällen als eine gesetzliche Ausprägung des Gebotes der Rücksichtnahme im Bauordnungsrecht auch nachbarschützend sein (vgl. OVG Lüneburg 7.3.2000 – 1 M 416/00, BeckRS 2013, 58255; s. auch → § 68 Rn. 68; diff. Spannowsky in BeckOK BauordnungsR Nds., Stand 30.11.2018, § 3 Rn. 54 ff.).

23 Seit der NBauO 2018 werden **Leben** und **Gesundheit** – des Menschen – als die wichtigsten der zur öffentlichen Sicherheit gehörenden Rechtsgüter ausdrücklich in S. 1 (zuvor in S. 2) genannt (→ Rn. 14). Der Schutz der NBauO beschränkt sich aber nicht hierauf, wie schon das Wort „insbesondere" erkennen lässt. Geschützt sind auch alle anderen Rechte und Rechtsgüter, die durch mangelhafte Bauten oder unsachgemäßes Bauen gefährdet werden können. Über die Gefahren für Leben und Gesundheit, die von baulichen Anlagen ausgehen können, und deren Abwehr s. im Einzelnen die Erl. zu den §§ 12–16.

b) Natürliche Lebensgrundlagen, Tiere (Satz 1)

Neben Leben und Gesundheit als Rechtsgüter der öffentlichen Sicherheit nennt S. 1 **„die natürlichen Lebensgrundlagen“**. Sie sind nicht Bestandteil der öffentlichen Sicherheit, wie die neue sprachliche Fassung seit der NBauO 2018 deutlicher als ihre Vorversion im damaligen Satz 2 erkennen lässt (→ Rn. 2). Denn durch den „insbesondere“-Relativsatz, der nun den ersten Teil (Leben und Gesundheit) des ehemaligen S. 2 als Schutzgüter der öffentlichen Sicherheit exemplifiziert, werden die „natürlichen Lebensgrundlagen und die Tiere“ sprachlich stärker in ihrer Eigenständigkeit betont und damit deutlicher als zuvor als eigenständige Schutzgüter neben die öffentliche Sicherheit gestellt (→ Rn. 2). Damit entspricht Abs. 1 nun der Dogmatik im allgemeinen Polizei- und Ordnungsrecht, das Natur und Umwelt als solche nicht zu den Schutzgütern der öffentlichen Sicherheit zählt. Für das Schutzgut **„Tiere“** gilt die gleiche dogmatische Verortung als selbständiges Schutzgut der NBauO neben der öffentlichen Sicherheit. Es wurde erst durch die NBauO 2012 in den Gesetzestext eingefügt, um sicherzustellen, dass auch die Anforderungen an den Tierschutz aus Art. 20a GG und Art. 6b der Niedersächsischen Verfassung eingehalten werden. Sämtliche Vorschriften, die auf die Anforderungen nach § 3 Bezug nehmen, so etwa die Ermächtigung in § 51 zur Stellung besonderer Anforderungen an Sonderbauten, um sicherzustellen, dass sie die Anforderungen des § 3 erfüllen, rekurrieren damit auch auf die Verpflichtung zur Nichtgefährdung von Tieren. 24

Fraglich ist, welche rechtliche Bedeutung der Aufnahme der „natürlichen Lebensgrundlagen“ und der „Tiere“ als Schutzgüter der NBauO zukommt. Wie bei der öffentlichen Sicherheit auch ist die Bezugnahme auf diese Schutzgüter zunächst einmal Programmsatz (→ Rn. 3) und Bekenntnis des Gesetzgebers. Ob sich darüber hinaus auch zusätzliche rechtliche Anforderungen ergeben, also etwa im Einzelfall die Versagung oder Einschränkung einer Baugenehmigung oder eine Verfügung nach § 79 allein darauf gestützt werden kann, dass eine bauliche Anlage entgegen Abs. 1 S. 1 die natürlichen Lebensgrundlagen gefährde, hatte der Gesetzgeber 1995 noch ausdrücklich verneint, weil die Formulierung „natürliche Lebensgrundlagen“ nicht mit dem rechtsstaatlichen Bestimmtheitsgebot vereinbar sei (BegrE NBauO 1995, LT-Dr. 13/550, S. 40). Jedoch ist sie nicht weniger unbestimmt als die anderen Begriffe des § 3. Sie wird freilich **einschränkend auszulegen** sein. Die Beeinträchtigungen der Landschaft und der Pflanzen- und Tierwelt, die mit jedem normalen Bauvorhaben, besonders auf bisher unbebautem Gelände, zwangsläufig verbunden sind, können vernünftigerweise noch nicht als „Gefährdung der natürlichen Lebensgrundlagen“ verboten sein. Mit der sprachlichen Veränderung im Zuge der NBauO 2018, seit der statt der früher ausreichenden „Bedrohung“ nunmehr eine „**Gefährdung**„ verlangt wird, ist deutlich geworden, dass hier ein erhöhter Intensitätsgrad der Beeinträchtigung indiziert ist. Damit bietet die Vorschrift eine ausreichende **Rechtsgrundlage für ein Eingreifen der BauAB gegen erhebliche oder vermeidbare Umweltschädigungen**. Die Bezugnahme auf die „natürlichen Lebensgrundlagen“ und die „Tiere“ hat entgegen der BegrE NBauO 1995 **nicht nur deklaratorische Bedeutung**, sondern es werden der öffentlichen Sicherheit damit gleichwertige Schutzgüter zur Seite gestellt (→ Rn. 24). Keine Bedenken bestehen auch, wenn Verordnungen oder Technische Baubestimmungen das Verbot, die natürlichen Lebensgrundlagen oder die Tiere zu gefährden, durch nähere Schutzanforderungen konkretisieren, soweit dazu ein Anlass besteht. 25

Selbstverständlich ist die Generalklausel nicht auf Fälle anzuwenden, in denen **Spezialvorschriften** eingreifen, seien es Vorschriften der NBauO selbst (zB § 9) oder andere Gesetze des Umweltschutzrechts, insbesondere Wasser-, Immissionsschutz- und Abfallrecht sowie das Naturschutzrecht mit seinen Vorschriften über Eingriffe in Natur und Landschaft (§ 14 ff. BNatSchG, § 5 ff. NAGBNatSchG). 26

c) Unzumutbare Belästigungen (Satz 2)

27 **Allgemeines**: Abs. 1 S. 2 verbietet ausdrücklich „unzumutbare Belästigungen“. Es handelt sich hier um die Verletzung von Regeln für das menschliche Zusammenleben, die **früher zur „öffentlichen Ordnung“** (→ Rn. 15) gehörten. In der herkömmlichen polizeirechtlichen Praxis wurde allerdings bei „bloßen Belästigungen“, die noch keine Gesundheitsgefahr darstellten, ein Einschreiten nicht für gerechtfertigt gehalten (so zB BVerwG 25.2.1969 – I C 7.68, DVBl 1969, 586). Mit dem (auch noch in der BremLBO und der HBauO aber nicht in der MBauO enthaltenen) allgemeinen Verbot unzumutbarer Belästigungen geht die NBauO ausdrücklich weiter. Der Rahmen der polizeirechtlichen Generalklausel wird damit konsequent ausgefüllt, aber nicht überschritten (Scheerbarth S. 160 f.; aM Schulte, Rechtsgüterschutz durch Bauordnungsrecht, 1982, S. 93 ff.). „Unzumutbare Belästigungen“ werden auch in verschiedenen **Einzelvorschriften** der NBauO (§§ 13, 15 Abs. 2, 40 Abs. 3–4, 44 Abs. 1 u. 2) verboten; diese verwenden denselben Begriff wie § 3. Ebenso spricht § 15 BauNVO von unzumutbaren Belästigungen, jedoch sind dort solche Belästigungen gemeint, die nach städtebaulichen Gesichtspunkten mit dem jeweiligen Charakter des Baugebiets unvereinbar sind (König/Roeser/Stock BauNVO § 15 Rn. 28 ff.). Ein nach § 15 BauNVO zulässiges Vorhaben kann dennoch gegen § 3 Abs. 1 verstoßen, wenn die von ihm ausgehenden Belästigungen zwar gebietstypisch sind, aber vom Bauherrn durch bauliche Vorkehrungen leicht vermieden werden können.

28 Das zur Begründung von Nachbarschutz im Planungsrecht entwickelte richterrechtliche **„Gebot der Rücksichtnahme“** (ursprünglich Weyreuther BauR 1975, 1 ff.; BVerwG 25.2.1977 – IV C 22.75, BVerwGE 52, 122 = BauR 1977, 244 = DVBl 1977, 723 mAnm Schrödter) deckt sich mit dem bauordnungsrechtlichen Verbot unzumutbarer Belästigungen. Dies führte zu Unklarheiten, da in vielen Fällen, in denen man mit dem „Gebot der Rücksichtnahme“ argumentierte, die Anwendung der einschlägigen bauordnungsrechtlichen Vorschriften gegen unzumutbare Belästigungen passender gewesen wäre (vgl. Sarnighausen NVwZ 1993, 1054 ff.). Wie heute aber geklärt sein dürfte, werden die bauordnungsrechtlichen Vorschriften durch das „Gebot der Rücksichtnahme“ nicht modifiziert; zu deren Auslegung ist es nicht heranzuziehen. Im Bauplanungsrecht wird es heute als Bestandteil der Regelungen in § 34 Abs. 1 und § 35 Abs. 3 BauGB sowie § 15 BauNVO verstanden. Ein Bau kann durch unzumutbare Belästigung gegen Bauordnungsrecht verstoßen und zugleich durch seine planungsrechtlich erheblichen Eigenschaften (Art oder Maß der baulichen Nutzung, überbaute Grundstücksfläche usw) das planungsrechtliche „Gebot der Rücksichtnahme“ verletzen (näher dazu → § 68 Rn. 40 ff.).

29 Unter **Belästigungen** sind vor allem Störungen durch Geräusche, Gerüche, Wärme, optische Reize, Schmutz, Staub oder Ungeziefer zu verstehen, aber auch andere Einwirkungen auf den Menschen, die Wohlbefinden, Leistungsfähigkeit oder Lebensfreude beeinträchtigen, ohne schon gesundheitsschädigend zu sein (vgl. zu dem entsprechenden Begriff der „erheblichen Belästigungen“ im BImSchG BVerwG 2.8.2005 – 4 B 41/05, BauR 2005, 1900 und Thiel in Landmann/Rohmer UmwR BImSchG § 3 Rn. 11 f. und 42 ff.).

30 Als **unzumutbar** wird man solche Belästigungen anzusehen haben, die nach der in der Bevölkerung vorherrschenden Auffassung nicht hinzunehmen sind. Wesentlich sind im Einzelfall die (absolute) Stärke und Dauer der Störung, ferner das Maß des jeweils Ortsüblichen, insbesondere dem Gebietscharakter (OVG Magdeburg 6.3.2018 – 2 M 88/17, NVwZ-RR 2018, 683 Rn. 23). Einen Anhalt gibt auch die Frage, was ein normal empfindender, verständiger Mensch hinnehmen würde (ähnlich Thiel in: Landmann/Rohmer UmwR BImSchG § 3 Rn. 48: „Durchschnittsmensch“). Stets wird eine Belästigung umso eher als unzumutbar anzusehen sein, je leichter der Verursacher sie vermeiden kann (vgl. auch BVerwG 25.2.1977 – IV C 22.75, BVerwGE 52, 122 = BauR 1977, 244 =

DVBl 1977, 723). Andererseits spricht es für die Zumutbarkeit einer belästigenden Wirkung, wenn der Betroffene sie durch eigene bauliche oder andere Vorkehrungen leicht abwenden kann oder sogar muss (s. BVerwG 24.9.1992 – 7 C 6.92, BVerwGE, 91, 92 = BauR 1993, 325: der Belästigte konnte sich vor Lärm vom Nachbargrundstück durch Zumauern eines baurechtswidrigen Fensters in der Außenwand seines Hauses schützen).

Beispiele: Unzumutbare Belästigungen können entstehen, wenn eine Wohnungstrennwand nicht genügend Schallschutz bietet, wenn ein Gartenkamin, eine erhöhte Terrasse, eine Tischtennisplatte auf einem Spielplatz (vgl. OVG Münster 10.9.1982 – 15 A 654/79, NVwZ 1983, 356), ein (offener) Kfz-Stellplatz, eine Garage (vgl. VG Göttingen 7.8.2006 – 2 B 267/06, BRS 2006, 25647) oder ein Zwinger, in dem mehrere Hunde gehalten werden (OVG Lüneburg 30.9.1992 – 6 L 129/90, BauR 1993, 54) ausgerechnet dort auf dem Baugrundstück **errichtet** werden, **wo es den Nachbarn besonders empfindlich stört**, oder wenn sonst von Vergünstigungen, die die Abstandsvorschriften, besonders § 5 Abs. 8, bieten, in rücksichtsloser Weise Gebrauch gemacht wird. So werden **Balkone**, die nach § 5 Abs. 7 seitlich an die Grundstücksgrenze gebaut werden dürfen, nach § 3 Abs. 1 S. 2 mit einer Sichtschutzwand zu versehen sein, wenn sie sonst einen Einblick in Fenster des Nachbarn ermöglichten. Ferner → § 15 Rn. 22 ff. zum Schallschutz. Geräuscheinwirkungen, die von einer **Kindertagesstätte** in einem allgemeinen Wohngebiet durch Kinder hervorgerufen werden, sind im Regelfall keine unzumutbare Belästigung (VGH Mannheim 27.11.2013 – 8 S 1813/13, KommJur 2014, 74), die von einem **Sandreitplatz** ausgehenden Staub- und Sandverwehungen hingegen schon (OVG Magdeburg 6.3.2018 – 2 M 88/17, BeckRS 2018, 4317). Auf das Verbot unzumutbarer Belästigungen stützen sich (nach Streichung der „öffentlichen Ordnung" aus § 3) auch die Vorschriften, die nach Geschlechtern getrennte Toiletten fordern (§ 27 Abs. 2 DVO-NBauO, § 12 NVStättVO). 31

Wenn ein **hohes Bauwerk** (Hochhaus, Windenergieanlage) den **Fernsehempfang** in der Nachbarschaft durch Abschattung oder Spiegelung der Radiowellen wesentlich **beeinträchtigt**, ist auch das als unzumutbare Belästigung anzusehen, denn das Fernsehen wird heute weithin als unentbehrliches Mittel empfunden, sich Informationen, Teilnahme am öffentlichen Leben, Unterhaltung und Entspannung zu verschaffen. Daher erscheint es grob rücksichtslos, Nachbarn hiervon einfach abzuschneiden. Der Bauherr bzw. Eigentümer des hohen Bauwerks ist deshalb bei solchen Empfangsstörungen bauordnungsrechtlich verpflichtet, technische Vorkehrungen (zB eine Gemeinschaftsantenne und Verbindungskabel) zur Versorgung der gestörten Nachbarn auf seine Kosten zu schaffen und zu unterhalten. Heute hat sich das Problem dort, wo Kabelfernsehen möglich ist, wohl erledigt, kann aber noch bei gestörtem Satellitenempfang Bedeutung haben. Im Fall einer Fernsehstörung durch eine Windkraftanlage sah das OVG Koblenz (24.6.2004 – 8 A 10809/04, NVwZ-RR 2004, 734) darin keine Verletzung der bauordnungsrechtlichen Generalklausel in § 3 LBauO RhPf. Diese verbietet allerdings nicht ausdrücklich unzumutbare Belästigungen, schützt aber die „öffentliche Ordnung". Dass diese gestört sei, verneinte das OVG ohne nähere Begründung – wohl zu Unrecht. 32

d) Unzumutbare Verkehrsbehinderungen (Satz 2)

Selbstverständlich dürfen bauliche Anlagen auch die Sicherheit des öffentlichen Verkehrs nicht beeinträchtigen. Dieses Verbot war bereits in der NBauO 1973 in dem die Verkehrssicherheit betreffenden § 23 Abs. 2 aF enthalten, ist jedoch durch die Novelle 1986 gestrichen worden. Seitdem war es aus Satz 1 abzuleiten, bis die NBauO 2012 das Verbot, die Sicherheit und Leichtigkeit des öffentlichen Verkehrs zu gefährden, wieder aufgegriffen und in **§ 16 Abs. 2** eingeführt hat (vgl. → § 16 Rn. 14). Dieses allgemeine Verbot der NBauO, mit baulichen Anlagen Sicherheit und Leichtigkeit des Verkehrs zu beeinträchtigen, tritt neben **andere Vorschriften** des Bundes- und Landesrechts, die demselben Zweck dienen (zB §§ 9 ff. FStrG, § 24 NStrG, § 33 StVO, §§ 12 ff. LuftVG). 33

Soweit jene Vorschriften eingreifen, ist die NBauO nicht anwendbar. Die Vorschriften, insbesondere auch § 33 StVO, regeln den Schutz des öffentlichen Verkehrs vor Beeinträchtigungen durch Bauten aber nicht abschließend (BVerfG 9.2.1972 – 1 BvR 111/68, BVerfGE, 32, 319 = NJW 1972, 859). Näheres über die Werbeverbote in § 33 StVO und ihr Verhältnis zur NBauO bei → § 50 Rn. 10.

34 Abs. 1 S. 2 verbietet, dass bauliche Anlagen – durch ihre Anordnung, Beschaffenheit oder mangelnde Eignung für ihre Benutzung (→ Rn. 8 ff.) – unzumutbare Verkehrsbehinderungen verursachen. Gemeint sind damit in erster Linie Störungen der „Leichtigkeit" des öffentlichen Verkehrs. S. 2 erfasst aber auch Behinderungen der Ausfahrt aus Privatgrundstücken auf die öffentliche Straße und der Zufahrt zu diesen Grundstücken, darüber hinaus sogar des Fahrzeugverkehrs, der gänzlich auf privatem Grund stattfindet. S. 2 stellt nämlich **nicht** ausdrücklich auf den **„öffentlichen" Verkehr** ab. Will man dem nicht folgen, wird man solche Beeinträchtigungen der Grundstücksnutzung aber zu den „Belästigungen" iS desselben Satzes rechnen müssen. Für die Frage, wann Verkehrsbehinderungen **unzumutbar** sind, gilt das unter → Rn. 30 Gesagte.

35 **Einzelfälle:** Abs. 1 S. 2 ist heranzuziehen, wenn zB Markisen mit zu geringer Durchgangshöhe **in** öffentliche oder private **Verkehrsflächen hineinragen** oder Passanten sich an scharfen oder spitzen Bauteilen (etwa einer Einfriedung mit Stacheldraht) verletzen oder dort mit der Kleidung hängen bleiben können. Verkehrsgefahren und -behinderungen können besonders von **baulichen Anlagen für Großveranstaltungen** (Messegelände, Stadion, Großsporthalle, Kongresszentrum) ausgehen, deren Nutzung zu starkem **Ziel- und Quellverkehr** führt. Hier ist darauf zu achten, dass vor den Eingängen genügend Stauraum für eine Vielzahl von Personen vorhanden ist und dass auch nach Schluss einer Veranstaltung die das Bauwerk verlassenden Menschenströme nicht direkt in den Straßenraum gelangen. Bei Anlagen dieser Art hat idR schon die Bauleitplanung den Auswirkungen auf den öffentlichen Verkehr Rechnung zu tragen. Finden Großveranstaltungen nur hin und wieder statt, kann es genügen, dass bedarfsweise verkehrslenkende Maßnahmen getroffen werden. **Tankstellen** und ihre Zufahrten sind, besonders an verkehrsreichen Straßen, so anzuordnen und auszugestalten, dass kritische Verkehrssituationen beim Ein- und Ausfahren vermieden werden (vgl. OVG Lüneburg 7.3.2000 – 1 M 416/00, BeckRS 2013, 58255), jedoch muss, worauf das BVerwG (4.4.1975 – IV C 55.74, BVerwGE 48, 123 = BRS 29 Nr. 164) hingewiesen hat, im Hinblick auf ihre Funktion für den Verkehr hier ein gewisses Risiko hingenommen werden (vgl. auch → Rn. 18 zum Gefahrbegriff).

36 **Werbeanlagen** können gegen § 3 Abs. 1 verstoßen, wenn sie zB einen schon bedenklich schmalen Bürgersteig zusätzlich verengen (OVG Münster 13.11.1975 – XI A 1018/74, BRS 29 Nr. 111; VGH Kassel 30.5.1975 – IV OE 59/73, BRS 29 Nr. 112). Darüber hinaus können sie den Verkehr behindern und gefährden, wenn sie in einem über das in Stadtstraßen übliche Maß, an das man sich gewöhnt hat, hinaus auf den Beschauer einwirken und deshalb **Kraftfahrer irritieren**, ablenken oder zu Fehlreaktionen veranlassen können (OVG Koblenz 22.7.1987 – 1 A 128/85, BRS 48 Nr. 120 = BauR 1988, 582). Das gilt insbesondere für Werbeanlagen mit wechselnden Bildern, weil sie den Beschauer überraschen und auf das jeweils folgende Bild neugierig machen und dadurch die Aufmerksamkeit von Kraftfahrern verstärkt in Anspruch nehmen, wie etwa **Prismenwendeanlagen** (dazu OVG Lüneburg 22.1.1992 – 1 L 265/91, BRS 54 Nr. 133; OVG Münster 18.2.1992 – 11 A 149/91 u. 420/91, BRS 54 Nr. 132 und 134), „Mega-Light"-Anlagen mit hinterleuchteten wechselnden Plakaten (OVG Münster 17.4.2002 – 10 A 4188/01, BRS 65 Nr. 147), Anlagen, mit denen wechselnde Bilder auf Wände projiziert werden (vgl. OVG Lüneburg 7.1.2000 – 1 L 4615/99, BRS 2005, 20343; 11.11.2000 – 1 L 4588/99, BRS 63 Nr. 167; OVG Münster 6.2.2003 – 10 A 3464/01, BRS 66 Nr. 150) und „**Videowalls**", also große Anzeigeflächen zur Darstellung bewegter Bilder (hierzu Guckelberger ZfBR 2013, 425 ff.). Allerdings kommt es stets auf die konkreten örtlichen Verhältnisse an. Verkehrsbehindernd und auch -gefährdend sind die Anlagen idR an Stellen, an denen der Kraftfahrer zugleich auf mehrere Informationen und wechselnde Verkehrs-

situationen (Ampeln, Querverkehr, Fußgänger usw) schnell und richtig reagieren muss; eher unbedenklich sind sie an gut übersichtlichen und relativ ruhigen Straßen. Gegen Verkehrsbeeinträchtigungen durch den Zu- und Abfahrtsverkehr der **Garagen**, **Parkhäuser** und Stellplätze richtet sich die Sondervorschrift des §46 Abs. 1 (vgl. Erläuterungen dort).

Gebäude, die an der Grundstücksgrenze stehen, oder hohe Einfriedungen können an **Straßenecken die Sicht** in einmündende und kreuzende Straßen erheblich **behindern**. Die gleiche Situation kann sich ergeben, wenn solche Bauwerke zugleich an die Straße und an eine benachbarte Grundstücksausfahrt angrenzen (s. dazu OVG Saarlouis 28.10.1992 – 2R 6/89, BauR 1993, 71; OVG Lüneburg 15.4.1994 – 6L 4246/92, nv). Dennoch ist der Bauherr bzw. Grundstückseigentümer nach §3 Abs. 1 S. 2 idR nicht verpflichtet, ein sog. **Sichtdreieck** freizuhalten oder frei zu machen. Zwar kann das Bauwerk dann eine Behinderung oder Gefährdung des Verkehrs verursachen, jedoch ist diese Verursachung nicht „unmittelbar" in dem oben, → Rn. 21, dargestellten Sinne. Für die Behinderung oder Gefährdung sind nämlich nicht nur die Eckbebauung, sondern auch die Straßenführung bzw. die Lage der Ausfahrt und das mehr oder weniger vorhandene Verantwortungsbewusstsein der Straßenbenutzer ursächlich. Würdigt man das Verhalten der beteiligten Verursacher, so muss man dem Bauherrn bzw. dem Eigentümer der (legalen) **Eckbebauung** zugutehalten, dass er sich in den Grenzen seines Eigentums hält und ihm kein „Übergriff" in den Bereich des Verkehrs (wie etwa bei irritierender Reklame) vorzuwerfen ist. Daher hatten Rechtsprechung und Lehre schon zum früheren Polizeirecht die Auffassung vertreten, dass der Wegebaupflichtige und nicht der Eigentümer des angrenzenden Grundstücks für die Übersichtlichkeit der Kreuzung zu sorgen habe (so ua PrOVGE 106, 37). Aufgrund von Abs. 1 S. 2 wird daher die Freihaltung oder Freimachung von Sichtdreiecken allenfalls verlangt werden können, soweit die Sicht auf besonders rücksichtslose Weise verbaut wird, etwa wenn es an einem anerkennenswerten Interesse des Eigentümers fehlt. Das kann etwa der Fall sein, wenn ein Bauherr seine Garage ohne nennenswerte Beeinträchtigung seiner Nutzerinteressen an anderer Stelle des Baugrundstücks unterbringen kann. 37

Sichtdreiecke können jedoch nach Planungsrecht gefordert werden, wenn ein Bebauungsplan entsprechende **Festsetzungen nach §23 BauNVO bzw. §9 Abs. 1 Nr. 10 BauGB** enthält. Für den unbeplanten Innenbereich hatte das OVG Lüneburg (2.12.1965 – I A 244/65, BRS 16 Nr. 22) entschieden, dass ein Sichtdreieck aufgrund des §34 BBauG aF nur verlangt werden könne, wenn ein Bebauungsplan eine solche Beschränkung nach §1 BauGB hätte vorsehen müssen, um den Belangen des öffentlichen Verkehrs zu genügen. Aber selbst dann wird ein Sichtdreieck nicht nach §34 BauGB gefordert werden dürfen, wenn die Festsetzung eines solchen Sichtdreiecks durch Bebauungsplan entschädigungspflichtig (§40 BauGB) wäre. Das **FStrG** und das **NStrG** enthalten keine Vorschriften mehr über die Freihaltung von Sichtdreiecken an Kreuzungen und Einmündungen, doch wird deren Freihaltung mindestens außerhalb der Ortsdurchfahrten mittelbar durch die Anbauverbote der einschlägigen Paragraphen beider Gesetze bewirkt. 38

D. Soziale Anforderungen und Umweltanforderungen (Abs. 2)

a) Allgemeine Anforderungen an gesunde Wohn- und Arbeitsverhältnisse (Satz 1)

Nach Abs. 2 S. 1 müssen bauliche Anlagen den „allgemeinen Anforderungen an gesunde Wohn- und Arbeitsverhältnisse" entsprechen. Hiermit sollen – ebenso wie in Abs. 1 der Schutz der öffentlichen Sicherheit – **die sozialen Anforderungen der NBauO** in einer Grundsatzvorschrift ausgedrückt werden (AusschussBer NBauO 1973 Sp. 7537). Die MBauO und die meisten anderen LBauOen (s. aber §4 LBauO RhPf.) enthalten diese Generalklausel nicht; sie fehlte auch noch im RegE NBauO 1973. In frü- 39 heren Fassungen der MBauO wurde allerdings gefordert, dass bauliche Anlagen „ohne Missstände" benutzbar sein müssen (so heute noch Art. 3 S. 2 BayBO und § 3 Abs. 1 S. 1 LBO BW). Nach der BegrRegE NBauO 1973, S. 56, sollte darin die soziale Zielsetzung zum Ausdruck kommen, doch ist wegen der Mehrdeutigkeit des Wortes „Missstände" diese Wendung in der verabschiedeten Fassung der NBauO 1973 gestrichen worden (vgl. → Rn. 12).

40 Die NBauO hat den Ausdruck **„allgemeine Anforderungen an gesunde Wohn- und Arbeitsverhältnisse"** aus dem Bundesrecht übernommen (§§ 1 Abs. 6 Nr. 1, 34 Abs. 1 S. 2, 43 Abs. 4 Nr. 1, 177 Abs. 2 BauGB; ferner § 17 Abs. 2 Nr. 2 BauNVO). Zur Bedeutung dieses Ausdrucks s. besonders das Gutachten „Allgemeine Anforderungen an gesunde Wohnverhältnisse", Schriftenreihe der Gesellschaft für Wohnungs- und Siedlungswesen e.V. (Gewos), 1968; über die Bedeutung dieses Begriffs im Planungsrecht eingehend Gierke in Kohlhammer-Kommentar BauGB § 1 Rn. 557 ff. mwN. Für den Bereich der NBauO dürfte der Begriff wie folgt abzugrenzen sein: Zweifellos sind die allgemeinen Anforderungen an **gesunde** Wohn- und Arbeitsverhältnisse nicht erfüllt, wenn Gesundheitsschädigungen im medizinischen Sinn zu befürchten sind. Dann liegt darin allerdings auch schon eine Gefahr für die öffentliche Sicherheit im Sinne des Abs. 1 S. 1 vor. Wenn in Abs. 2 nur die Gesundheitsschädigung gemeint sein sollte, hätte dieser Absatz gegenüber Abs. 1 S. 1 keinen eigenständigen Inhalt und wäre überflüssig. Es wird jedoch schon für das Bundesrecht angenommen, dass die allgemeinen Anforderungen an gesunde Wohn- und Arbeitsverhältnisse über die polizeiliche Gefahrenabwehr hinausgehen (Gewos-Gutachten S. 22). Das Wort „gesund" ist hier also in einem weiteren, übertragenen Sinne zu verstehen. Es wird nicht nur Schutz vor Krankheiten gefordert, sondern darüber hinaus auch ein **Mindestmaß an Wohlbefinden, Lebenserleichterung und Erfüllung von Wohnbedürfnissen** (Gewos-Gutachten S. 26; s. auch Boeddinghaus ZfBR 1985, 264 ff.; Gierke in Kohlhammer-Kommentar BauGB § 1 Rn. 559 ff.).

41 Dieses Mindestmaß dürfte gleich dem Standard sein, der heute allgemein als selbstverständlich angesehen wird und für dessen Einhaltung die Bauaufsicht sorgen muss, wenn das **Sozialstaatsprinzip** (Art. 20 GG) gewahrt bleiben soll. Bauten, die diesen Standard nicht bieten, würden, wie es der BGH (13.7.1967 – III ZR 1/65, BGHZ 48, 193 = DÖV 1967, 716, „Hinterhof-Urteil") formuliert hat, gegen die „heutige allgemeine Baugesinnung" verstoßen. Die allgemeinen Anforderungen an gesunde Wohn- und Arbeitsverhältnisse können sich mit der technischen, wirtschaftlichen und sozialen Entwicklung ändern (BGH 13.7.1967 – III ZR 1/65, BGHZ 48, 193). Insbesondere können Wohnvorteile, die vorher nur wenigen vergönnt waren, mit dem Fortschreiten der Technik so leicht realisierbar werden, dass sie nunmehr zum allgemein als selbstverständlich angesehenen Mindeststandard gehören. Die Anforderungen des Abs. 2 gehen jedoch über diesen Mindeststandard auch nicht hinaus. Es wird **nicht das Optimale** oder das an sich Erwünschte verlangt. Selbstverständlich können Fördermittel für den Wohnungsbau unter der Voraussetzung gewährt werden, dass der Empfänger weitergehende Forderungen erfüllt.

42 **Beispiele:** Aus Abs. 2 S. 1 ergibt sich, dass Wohnungen und grundsätzlich auch andere Aufenthaltsräume **beheizbar sein** müssen und dass es in höheren Wohngebäuden heutzutage nicht nötig sein darf, Brennstoffe aus dem Keller in die Wohnungen zu tragen. In der NBauO 1973 schrieben § 22 und § 40 Abs. 7 aF dies, die Generalklausel insoweit konkretisierend, sogar noch ausdrücklich vor. Eine weitere Regelung iSd Abs. 2 S. 1 traf die NBauO 1973, indem sie verlangte, dass alle Wohnungen eine Querlüftung oder eine Lüftung über Eck haben und nicht auf eine Lüftung über Treppenräume oder andere gemeinsame Vorräume angewiesen sein dürfen (§ 44 Abs. 4 aF). Diese ebenfalls 1986 aufgehobene Forderung wird so konkret wohl nicht unmittelbar aus Abs. 2 S. 1 hergeleitet werden können, jedoch müssen Wohnungen einschließlich ihrer Flure und Nebenräume so gut **belüftbar sein**, dass bei einer der Wohnungsart und -größe entsprechenden Belegung dort gesund und unbelästigt gewohnt werden kann. Aus der Ge-

neralklausel des Abs. 2 S. 1 ergibt sich auch die Forderung, dass in Wohngebäuden **Waschmaschinen** aufgestellt und angeschlossen werden können. Ferner müssen nach § 3 Abs. 2 (wenn nicht schon nach § 3 Abs. 1) Eingänge, Treppenhäuser, Flure und Garagen von Großwohnanlagen so gestaltet und unterhalten werden, dass sie nicht kriminalitätsfördernd (Überfälle, Vandalismus) wirken, und zwar dürften die Verhältnisse schon dann „ungesund" sein, wenn sie den Bewohnern und Besuchern Anlass zu (subjektiver) **Angst vor Kriminalität** geben (vgl. dazu Fangohr/Hermann, Gebäudekonzeption und Kriminalität, Schriftenreihe 04 des BMBau, 1987). Andererseits kann aufgrund des Abs. 2 nicht gefordert werden, dass Mehrfamilienhäuser mit gemeinschaftlichen Hobby- und Jugendräumen oder gemeinschaftlichen Waschmaschinen und Mangeln ausgestattet werden.

Dieser allgemeine Grundsatz des Abs. 2 S. 1 wird in zahlreichen **Einzelvorschriften** der NBauO näher ausgeführt, namentlich in den Vorschriften über die Abstände (§§ 5 ff.), die Begrünung von Freiflächen (§ 9), über Aufzüge (§ 38), Sanitäranlagen und -räume (§§ 41, 45), Aufenthaltsräume und Wohnungen (§§ 43, 44); diese Vorschriften beschränken sich nicht auf die Abwehr von Gefahren, sondern sie sollen, darüber hinausgehend, auch den beschriebenen „gesunden" baulichen Standard sichern. Soweit diese Vorschriften Lücken lassen, können (in Verordnungen oder Technischen Baubestimmungen nach §§ 82 und 83 oder im Einzelfall) Anforderungen auch unmittelbar auf Abs. 2 gestützt werden. Angesichts der bei → Rn. 40 dargestellten begrenzten Reichweite des Abs. 2 bestehen dagegen keine rechtsstaatlichen Bedenken. 43

Soweit es um gesunde Arbeitsverhältnisse geht, ist zu beachten, dass **Arbeitsstätten** neben den genannten bauordnungsrechtlichen Vorschriften die zT weitergehenden Anforderungen der Verordnung über Arbeitsstätten (**ArbStättV**) v. 12.8.2004 (BGBl. I S. 2179, zul. geänd. d. G. vom 18.10.2017 (BGBl. I S. 3584)) erfüllen müssen. 44

b) Berücksichtigung der Belange benachteiligter Personen (Satz 2)

Nach Abs. 2 S. 2 sind die Belange der Menschen mit Behinderungen, der alten Menschen, der Kinder und Jugendlichen sowie der Personen mit Kleinkindern zu berücksichtigen. Hiermit wird der Generalklausel des S. 1 eine weitere Generalklausel angefügt, und zwar in der Weise, dass sie ein **besonderes Anwendungsgebiet für S. 1** festlegt (was bis zur NBauO 2012 durch die Worte „dazu gehört auch" in § 1 Abs. 2 S. 2 aF besser zum Ausdruck kam). Abs. 2 S. 2 drückt das Anliegen des Gesetzgebers zunächst in einer allgemeinen Vorschrift aus. Nähere Bestimmungen folgen dann in den §§ 16, 34, 38, 49, 51; soweit diese nicht eingreifen, ist Abs. 2 S. 2 unmittelbar heranzuziehen. Ebenso wie S. 1 wurde S. 2 erst während der Landtagsberatungen der NBauO 1973 in das Gesetz eingefügt. Damals wurde in der öffentlichen Diskussion vielfach darauf hingewiesen, dass die bisherige Architektur die Situation der Körperbehinderten und anderer Personen, die in ähnlicher Lage sind, zu wenig berücksichtigt. Es zeigte sich, dass diesem Personenkreis oft – mehr oder weniger nur aus Gedankenlosigkeit – bauliche Hindernisse bereitet wurden, die sich bei überlegter Planung ohne wesentliche Mehrkosten hätten vermeiden lassen (vgl. AusschussBer NBauO 1973 Sp. 7537, 7542 ff.). Dem Beispiel Niedersachsens folgend, haben inzwischen auch andere Länder Vorschriften in ihre BauOen übernommen (seit 1981 auch die MBauO; s. jetzt § 50 MBauO 2002), die – in moderner Diktion – dem Anliegen der „**Barrierefreiheit**" dienen. Seit der **NBauO 2016** ist der Begriff „barrierefrei" sogar in § 2 Abs. 16 legaldefiniert (→ § 2 Rn. 175), und der Katalog der barrierefreien baulichen Anlagen in § 49 Abs. 2 erweitert worden (→ § 49 Rn. 47 ff.). 45

Zu dem Personenkreis, dessen Belange die Vorschrift wahren soll, gehören nach dem Gesetzeswortlaut zunächst **„Menschen mit Behinderungen"**. In den Landtagsberatungen wurde hier vor allem an diejenigen gedacht, die in ihrer körperlichen Beweglichkeit eingeschränkt sind, namentlich an Rollstuhlfahrer. Sollte sich jedoch herausstellen, dass auch Personen mit anderen Behinderungen unter bestimmten baulichen Verhältnissen 46 besonders zu leiden haben und dass ihnen durch zweckmäßigere Gestaltung von Bauten ohne wesentlichen Mehraufwand geholfen werden kann, so wären auch diese Personen einzubeziehen. Auch der Kreis der **„alten Menschen, Kinder, Jugendlichen und Personen mit Kleinkindern“** ist nicht starr abzugrenzen. Gemeint sind alle diejenigen, die infolge ihres Alters oder ihrer sonstigen konkreten Lebenssituation Schwierigkeiten haben können, sich in der „gebauten Umwelt“ zu bewegen oder zurechtzufinden.

47 Abs. 2 S. 2 gebietet es, die **„Belange“** des genannten Personenkreises zu **berücksichtigen**, dh, Bauherr und Eigentümer sollen neben ihren eigenen Interessen auch das Interesse dieser Personen an einer möglichst ungehinderten Benutzung baulicher Anlagen wahren. Zu klären ist, wie weit diese Verpflichtung geht: Die sehr allgemein gefasste Klausel kann schon wegen des Rechtsstaatsprinzips nicht extensiv ausgelegt werden und aus grundrechtlicher Perspektive nicht Rechtsgrundlage für unverhältnismäßig einschneidende Eigentumsbeeinträchtigungen sein. Aufgrund der Generalklausel des Abs. 2 S. 2 werden daher nur solche baulichen Vorkehrungen zugunsten der Menschen mit Behinderungen verlangt werden können, die für einsichtige, ihrer sozialen Verantwortung bewusste Bauherren selbstverständlich sein müssten. Hiernach dürfte Satz 2 sicherlich solche **Erschwernisse** verbieten, **die sich vermeiden lassen**, ohne dass die Baukosten wesentlich steigen, die Benutzbarkeit oder Wirtschaftlichkeit des Gebäudes erheblich beeinträchtigt wird oder andere nennenswerte Nachteile für den Bauherrn oder Eigentümer entstehen. Keine Rechtsgrundlage würde Abs. 2 S. 2 dagegen bieten, um etwa von einzelnen privaten Bauherren die Errichtung behindertengerechter Wohnungen mit Sondereinrichtungen zu verlangen, die erhebliche Mehrkosten verursachen. Die Forderung des § 44 Abs. 3 aF nach barrierefreien bzw. rollstuhlgerechten Wohnungen, die in die NBauO 2003 aufgenommen, durch Art. 2 der Novelle von 2005 aber vorerst ausgesetzt worden ist, lässt sich nicht schon auf § 3 Abs. 2 stützen. Vgl. im Übrigen auch die Erl. zu § 49.

48 Es fragt sich, ob die Generalklausel des Abs. 2 S. 2 und die Vorschriften zu ihrer Konkretisierung **drittschützend** in dem Sinne sind, dass Menschen mit Behinderungen und andere hier genannte Personen Baugenehmigungen wegen Verstoßes gegen diese Vorschriften anfechten und uU auch verlangen können, dass die BauAB nach § 79 gegen Verletzung der Vorschriften einschreitet. Während ein Drittschutz in der Literatur **bisher verneint** wird (so grundsätzlich Würfel bei Simon/Busse BayBO Art. 48 Rn. 1), hat die 1994 eingefügte Verfassungsnorm des Art. 3 Abs. 3 S. 2 GG, nach der niemand „wegen seiner Behinderung benachteiligt“ werden darf (was im Vergleich zur Formulierung in **Art. 3 Abs. 3 S. 1 GG** – „benachteiligt oder bevorzugt“ – eine Bevorzugung von Behinderten möglich macht), einige Autoren zu der Erwägung veranlasst, ob diese Vorschriften nunmehr „verfassungskonform“ als anspruchsbegründende Schutzvorschriften zu betrachten sind, etwa in dem Sinne, dass Menschen mit Behinderungen ieS (also nicht auch alte Menschen, Kinder iSd zweiten Variante) einen einklagbaren Rechtsanspruch auf Zugang zu öffentlichen Einrichtungen haben (so Grams BauR 1995, 195 ff., s. auch → § 68 Rn. 123). Eine solche Sichtweise würdigt jedoch nicht hinreichend genug, dass die Grundrechte primär Abwehrrechte, aber keine Leistungsrechte formulieren und Rspr. und h.M. es demzufolge auch ablehnen, aus Art. 3 Abs. 3 S. 2 GG unmittelbare verfassungsrechtliche Leistungsansprüche bestimmten Inhalts abzuleiten (vgl. nur OVG Lüneburg 10.7.2008 – 2 ME 309/08, NVwZ-RR 2009, 68 (69); OVG Münster 16.11.2007 – 6 A 2171/05, NVwZ-RR 2008, 271); Nussberger in Sachs, GG, 8. Aufl. 2018, Art. 3 Rn. 305 mwN). Etwas anderes ergibt sich auch nicht aus der Anerkennung eines Anspruchs von Menschen mit Behinderung auf Teilhabe am Leben der Gemeinschaft durch **Art. 26 der Europäischen Grundrechtecharta** vom 12.12.2007 (ABl. Nr. C 303 S. 1; BGBl. 2008 II S. 1165), da auch diese Vorschrift dem Einzelnen kein subjektives Recht verleiht (EuGH 22.05.2014 – C-356/12, BeckRS 2014, 80909 Rn. 78; Ennuschat/Mann in Stern/Sachs GRCh Art. 26 Rn. 14 mwN aus der Lit.). Eventuelle Anspruchspositionen müssen daher einfachgesetzlich begründet werden, wobei sich Abs. 2 S. 2 dann anspruchsverstärkend auswirken kann. Zu der Abs. 2 S. 2 in diesem

Sinne konkretisierenden Vorschrift des §49 und dem sich ggf. aus dem Allgemeinen Gleichbehandlungsgesetz (AGG) v. 14.8.2006 (BGBl. I S. 1897), zul. geänd. d. G v. 3.4.2013 (BGBl. I S. 610) ergebenden Anspruch auf behindertengerechten Zugang vgl. → §49 Rn. 7.

c) Schutz des Klimas (Satz 3)

Mit der NBauO 2018 neu eingefügt wurde Abs. 2 S. 3, der „zum Schutz des Klimas" anordnet, dass die Möglichkeiten zum sparsamen Umgang mit Boden, Wasser und Energie sowie zur Gewinnung erneuerbarer Energien „zu berücksichtigen" sind. Von dieser Regelung erhofft sich der Gesetzgeber eine Stärkung des Klimaschutzes als politischem Ziel, „ohne als zusätzliches Verbot neben die in §3 Abs. 1 genannten Generalklauseln zu treten" (RegE LT-Drs. 18/1136 S. 30). Auch wenn keine Adressaten der Berücksichtigungspflicht genannt sind, erschließt sich aus dem systematischen Kontext der Bestimmung, dass hierdurch im Kern vor allem ein **ökologisches Bewusstsein** bei den am Bau Beteiligten **gefördert** werden soll. Die gesetzgebungstechnisch weich formulierte Pflicht zur bloßen Berücksichtigung entspricht der ebenso formulierten Maßgabe in S. 2 und zeigt bereits, dass hier keine strikte Befolgungspflicht wie in S. 1 oder Abs. 1 („müssen", „dürfen nicht") normiert worden ist. Vielmehr gewinnen die ökologischen Anforderungen an Bedeutung, wenn es darum geht, unterschiedliche Alternativen zur Anordnung, Beschaffenheit oder Nutzungseignung einer baulichen Anlage gegeneinander abzuwägen. Sollten also verschiedene gleich geeignete Möglichkeiten zur Anordnung, Beschaffenheit oder Benutzung baulicher Anlagen bestehen, wäre diejenige Variante zu wählen, die im Sinne eines ressourcenschonenden Umgangs mit Boden, Wasser und Energie aus Gründen des Klimaschutzes vorzugswürdig erscheint. 49

E. Gestaltung baulicher Anlagen (Abs. 3)

Neben der Gefahrenabwehr und der Verwirklichung sozialer Forderungen besteht das dritte wesentliche Ziel der Bauordnung in der Pflege der Baukultur. Dieses Ziel findet zunächst in der Generalklausel des Abs. 3 Ausdruck. Nach dessen Alternativen dürfen bauliche Anlagen weder **selbst verunstaltet** wirken noch das Gesamtbild ihrer **Umgebung verunstalten**. Eine entsprechende Klausel findet sich auch in BauOen anderer Länder und in den Grundsatzparagraphen der MBauO 1959, wurde in den späteren Fassungen der MBauO aber weggelassen. 50

Geschichtlicher Überblick: Vorschriften gegen eine Verunstaltung des Straßen- und Ortsbildes durch Bauwerke sind seit längerem Bestandteil des Bauordnungsrechts. Sie finden sich schon im Preuß. Allg. Landrecht von 1794 (ALR I 8 §§ 66, 71), das freilich nur „grobe" Verunstaltungen des Straßenbildes verbot und keine Grundlage für weitergehende gestalterische Forderungen bot (vgl. das sog. Kreuzberg-Urteil des Preuß. OVG 14.6.1882 – Rep. II B. 23/82, OVGE 9, 353). Als dringend wurde das Bedürfnis, von Staats wegen in die Gestaltung der Bauten einzugreifen, gegen Ende des 19. Jahrhunderts empfunden. Die neuen technischen Möglichkeiten, die gestiegene Wirtschaftskraft und der viel größer gewordene Umfang der Bautätigkeit (Gründerjahre) hatten zur Folge, dass sich das Bauwesen von den überkommenen handwerklich-künstlerischen Regeln weitgehend löste. Ästhetischer Individualismus und rücksichtsloses Nützlichkeitsdenken drohten nun, die bis dahin noch bestehende Schönheit der Städte und Landschaften nachhaltig zu beseitigen. Eine von breiten Bevölkerungskreisen getragene Heimatschutzbewegung und konkrete Anlässe wie die Verunstaltung des Rheintals durch Reklame führten nun zu den sog. Verunstaltungsgesetzen, die der Baupolizei die bisher fehlenden Eingriffsbefugnisse im Interesse der Baugestaltung verleihen sollten (in Preußen Gesetze v. 1902 und 1907, in Oldenburg G. v. 1910, in Braunschweig G. v. 1911; diese sind durch §101 Abs. 1 Nr. 16, 17, 28 und 29 NBauO 1973 aufgehoben worden). Während aber auch diese Gesetze sich hauptsächlich auf die Abwehr von Verunstaltun- 51 gen beschränkten, ging die – aufgrund des Reichsgesetzes über einstweilige Maßnahmen zur Ordnung des deutschen Siedlungswesens vom 3.7.1934 (RGBl. I S. 568) erlassene – Verordnung über Baugestaltung vom 10.11.1936 (RGBl. I S. 938) weiter und stellte allgemein positive Gestaltungsanforderungen an Bauwerke. In der Nachkriegszeit ist sie von der Rechtsprechung jedoch einschränkend ausgelegt und auf die Verunstaltungsabwehr reduziert worden (Näheres → § 10 Rn. 13 f.), bevor sie durch die NBauO 1973 endgültig aufgehoben wurde (vgl. die Erläuterungen der 8. Aufl. zu § 101 Abs. 1 Nr. 1 aF; eingehende Darstellung des älteren Baugestaltungsrechts bei Büge/Zinkahn, Der Rechtsschutz gegen Verunstaltungen, 1952).

52 **Näher ausgeführt und ergänzt** werden die Grundsätze des § 3 Abs. 3 in den §§ 5 Abs. 5, 9, 10, 50, 79 Abs. 3 und 84 Abs. 3, außerhalb der NBauO auch durch § 8 NDSchG. Dabei gehen die §§ 79 Abs. 3 und 84 Abs. 3 ebenso wie § 8 NDSchG über den Rahmen der Verunstaltungsabwehr hinaus. Demgegenüber nimmt **§ 10** fast den gesamten Inhalt des § 3 Abs. 3 – ergänzt um verschiedene Einzelheiten – noch einmal auf. Allerdings dürfte § 10 in der seit der NBauO 1986 geänderten Fassung einer baulichen Anlage, die ihre Umgebung verunstaltet, nur noch dann entgegenstehen, wenn die Verunstaltung auf einer mangelhaften Durchbildung der Anlage beruht. Sollte eine bauliche Anlage einwandfrei gestaltet und allein infolge ihrer Anordnung an einer unpassenden Stelle verunstaltend wirken, wäre nun auf § 3 Abs. 3 zurückzugreifen (so OVG Lüneburg 3.7.1987 – 6 A 157/85, BRS 47 Nr. 118). Wie dabei aber zu beachten ist, fordert § 10 eine Durchbildung, die nicht nur bei isolierter Betrachtung des Bauwerks einwandfrei ist, sondern auch Rücksicht auf die Umgebung nimmt. Nur wenn es für die Gestaltung des Bauwerks praktisch keine Alternative gibt und die Verunstaltung allein durch Errichtung an anderer Stelle vermieden werden kann, dürfte § 10 unanwendbar sein (diese Sachlage war in dem vom OVG Lüneburg entschiedenen Fall, in dem es um eine Fertiggarage mit Flachdach ging, nicht gegeben, denn als Alternative wäre eine gemauerte Garage mit geneigtem Dach möglich gewesen). Auf § 3 Abs. 3 wird auch zurückzugreifen sein, wenn die Örtlichkeit dadurch verunstaltet wird, dass eine bauliche Anlage nach Anordnung oder Beschaffenheit nicht für die gewählte Nutzung geeignet ist (so in dem vom OVG Münster am 17.7.1969 entschiedenen Fall, → Rn. 12), und wohl auch dann, wenn die Verunstaltung nur auf mangelhafter Unterhaltung eines Bauwerks beruht. Daneben kann § 3 Abs. 3 in den Fällen der Zurückverweisung auf § 3 (→ Rn. 6) anzuwenden sein. Der in § 3 Abs. 3 verwendete Verunstaltungsbegriff deckt sich mit dem des § 10; insoweit sei daher auf → § 10 Rn. 30 verwiesen.

F. Ingebrauchnahme und Instandhaltung baulicher Anlagen (Abs. 4)

53 **Allgemeines**: Abs. 4 enthält Anforderungen, die an die Benutzbarkeit einer baulichen Anlage zu stellen sind. Die NBauO 2012 hat diesen Absatz aus dem § 1 Abs. 7 S. 3 und Abs. 5 S. 2 NBauO aF zu einem eigenen Absatz zusammengefasst, um eine bessere Übersichtlichkeit sicherzustellen und die darin enthaltenen Anforderungen gleichzeitig von denjenigen der nachfolgenden Baumaßnahmen im Abs. 5 abzugrenzen (BegrRegE NBauO 2012, LT-Drs. 16/3195, 70). Inhaltlich hat die Vorschrift durch die Zusammenfügung jedoch keine Veränderungen erfahren.

54 Nach **Abs. 4 S. 1** dürfen bauliche Anlagen erst in **Gebrauch genommen** werden, wenn sie sicher (dh ohne Gefahren für die öffentliche Sicherheit iSd Abs. 1, → Rn. 14, 17 ff.) benutzbar sind. Die Vorschrift spricht ein wenig konkreter aus, was sich eigentlich schon aus Abs. 1 ergibt, wonach Bauwerke für ihre Benutzung so geeignet sein müssen, dass keine Gefahren entstehen. Satz 1 ist erst durch ÄnderungsG von 1986 eingefügt worden. Schon nach der früheren Regelung der NBauO (§ 80 aF, jetzt § 77) hatte bei genehmigungsbedürftigen Bauten eine Schluss- oder Gebrauchsabnahme nicht grundsätzlich (so als sog. „Bauzustandsbesichtigung" noch immer § 84 Abs. 1 LBauO NRW), sondern

nur auf besondere Anordnung der BauAB stattzufinden. Während früher aber ein Bau grundsätzlich erst nach der angeordneten Schlussabnahme in Gebrauch genommen werden durfte, gilt auch das seit der Novelle von 1986 nur noch, wenn es die BauAB ausdrücklich bestimmt (§ 77 Abs. 6 S. 2, dazu → § 77 Rn. 12). Hinzu kommt, dass Baumaßnahmen in großem Ausmaß (nach § 60 iVm dem Anhang und § 62) genehmigungsfrei geworden sind und damit praktisch überhaupt nicht mehr von der BauAB präventiv überwacht werden. An die Stelle dieser weggefallenen behördlichen Aufsicht ist mit dem 1986 eingefügten Satz 1 in § 3 Abs. 4 gewissermaßen ein **Appell an das Verantwortungsbewusstsein des Bauherrn** getreten. Dies entspricht auch dem von der NBauO 2012 allgemein verfolgten Ziel, durch die Beschränkung der bauaufsichtlichen Prüfungen die Verantwortung der am Bau Beteiligten zu stärken (BegrRegE NBauO 2012 LT-Drs. 16/3195, 58). Ob es angesichts der verfassungsmäßigen Aufgabe des Staates, gefährliche und sonst sozialwidrige Bauten zu unterbinden, vertretbar ist, in solchem Maße Kontrolle durch Vertrauen zu ersetzen, bleibt nach wie vor fraglich (hierzu auch die → Vorb. Rn. 46 f.).

Nach **Satz 2** sind bauliche Anlagen ferner so **instand zu halten**, dass die genannten An- 55
forderungen gewahrt bleiben. Zum Begriff der Instandhaltung s. → § 2 Rn. 162. Während die MBauO und andere BauOen Errichtung, Änderung und Instandhaltung in einem Satz abhandeln und gemeinsam den gleichen Anforderungen unterwerfen, wird die Instandhaltung hier von den genannten Baumaßnahmen getrennt und in einem besonderen Satz geregelt. Dadurch wird Folgendes verdeutlicht: Das Bauordnungsrecht greift, anders als bei Errichtung oder Änderung, nicht erst dann ein, wenn sich jemand zu Instandhaltungsmaßnahmen entschließt, sondern es **verpflichtet die Verantwortlichen** (vgl. § 56) auch **positiv zur Instandhaltung**. Abs. 4 S. 2 verpflichtet allerdings nur soweit zur Instandhaltung, wie sie notwendig ist, das Bauwerk im gesetzmäßigen Zustand zu erhalten. Besondere Anforderungen an die Instandhaltung können sich auch aus Verordnungen und Technischen Baubestimmungen nach den §§ 82 und 83 ergeben. Im Interesse einer ordnungsgemäßen Instandhaltung kann ferner nach § 78 die regelmäßige Überprüfung von baulichen Anlagen oder Teilen davon vorgeschrieben werden. Unterbleibt eine nach Satz 2 gebotene „Instandsetzung", so kann (bzw. muss, → § 58 Rn. 3) die BauAB gegen die Verantwortlichen (§§ 52–56) nach § 79 vorgehen. Daneben sieht § 177 BauGB ein **Instandsetzungsgebot** der Gemeinde vor; über sein Verhältnis zu den Maßnahmen nach § 79 → § 79 Rn. 38.

G. Baumaßnahmen und ihre Auswirkungen auf bauliche Anlagen (Abs. 5)

Die NBauO ist gesetzestechnisch so gestaltet, dass die grundsätzlichen Vorschriften in 56
§ 3 Abs. 1–3 und auch die Einzelvorschriften des materiellen Teils sich mit ihren Anforderungen meist unmittelbar an die bauliche Anlage als solche wenden. Da Rechtsnormen aber allein menschliches Verhalten regeln können, müssen ergänzend Verhaltensregelungen getroffen werden, damit bauliche Anlagen in den geforderten Zustand gebracht und darin erhalten werden.

Zu diesem Zweck stellt Abs. 5 Anforderungen an „Baumaßnahmen" und deren Durch- 57
führung. Hiermit sind nach der Definition in § 2 Abs. 13 NBauO Errichtung, Änderung, Abbruch bzw. Beseitigung, Nutzungsänderung und Instandhaltung von baulichen Anlagen oder Teilen baulicher Anlagen gemeint. Die MBauO verwendet diese Sammelbezeichnung nicht und führt in § 3 Abs. 1 und 4 die Maßnahmen einzeln auf. Mit der NBauO 2018 wurde S. 1 in einen schlichten Verweis geändert, der für die Durchführung von Baumaßnahmen die entsprechende Anwendung des Abs. 1 anordnet (→ Rn. 2). Damit wird deutlich, dass nicht nur von fertigen Bauwerken, sondern gerade auch von dem Vorgang des Bauens an sich keine Gefahren für die öffentliche Sicherheit und die beiden anderen in Abs. 1 genannten Schutzgüter (→ Rn. 24) ausgehen dürfen. Einzelvorschriften zur

Durchführung dieses Grundsatzes finden sich in den §§ 11 und 12. Im Übrigen greift hier in weitem Umfange Bundesrecht (Gewerbe- und Arbeitsschutz-, Immissionsschutz- und Straßenverkehrsrecht) ein. Näheres dazu → § 11 Rn. 8 ff. Zum Begriff der Gefährdung der öffentlichen Sicherheit und zum Inhalt von Abs. 1 S. 2 → Rn. 13 ff., 27 ff. Verstößt eine Baumaßnahme gegen S. 1 oder 2, kann die BauAB gegen den Verantwortlichen nach § 79 vorgehen.

58 Nach **Satz 2** dürfen Baumaßnahmen keine Verhältnisse schaffen, die den grundsätzlichen Anforderungen der Abs. 1–3 widersprechen. Eingeschlossen sind aber auch alle Anforderungen in den Einzelvorschriften der NBauO und den Vorschriften aufgrund der NBauO, soweit sie die allgemeinen Grundsätze des § 3 Abs. 1–3 näher bestimmen. Änderungen und Nutzungsänderungen von Bauwerken dürfen diese nach Satz 2 nicht in einen Zustand versetzen, der Bauordnungsrecht verletzt. So ist zB die Aufstockung eines Gebäudes unzulässig, wenn die vorhandene Bausubstanz dafür nicht genügend tragfähig und infolgedessen der gesamte Bau entgegen § 12 nicht mehr standsicher ist oder wenn das durch die Aufstockung höher gewordene Gebäude nicht mehr den vorgeschriebenen Grenzabstand von 0,5 H (vgl. § 5 Abs. 2) einhält. Jedoch steht Satz 2 nicht entgegen, wenn ein altes Gebäude, das zB zur westlichen Grundstücksgrenze nicht den heute vorgeschriebenen Abstand einhält, an seiner Ostseite so erweitert wird, dass dort der Abstand gewahrt bleibt. Satz 2 verbietet nur Änderungen und Nutzungsänderungen, die – neue – Rechtsverstöße verursachen, verlangt aber nicht, dass der in Gestalt oder Nutzung geänderte Bau dann insgesamt dem aktuellen Bauordnungsrecht entspricht, also an dieses auch insoweit angepasst wird, als er schon vorher davon abwich. Dies kann die BauAB nur nach Maßgabe des § 85 Abs. 3 (20 %-Klausel) verlangen (insoweit gegen die ausdrückliche Regelung der NBauO argumentierend Mampel ZfBR 2000, 10 ff.).

59 Wie für die baulichen Anlagen, so gilt auch für Baumaßnahmen, dass sie nur verboten sind, wenn sie einen gefährlichen oder sonst baurechtswidrigen Zustand im Sinne der Rechtsprechung und Literatur zum allgemeinen Polizeirecht **„unmittelbar" verursachen**. Auf das oben, → Rn. 21, Ausgeführte ist zu verweisen. So ist zB der Abbruch eines Gebäudes nicht deshalb rechtswidrig, weil durch ihn auf dem Nachbargrundstück eine verunstaltende Giebelwand freigelegt wird (PrOVGE 40, 391). Die BauAB hat sich hier an den Nachbarn als den „eigentlichen" Verursacher der Verunstaltung zu halten.

H. Nicht bebaute Flächen (Abs. 6)

60 **Allgemeines:** Um seinen Zweck zu erfüllen, kann sich das Bauordnungsrecht nicht auf Anforderungen an die Bauwerke selbst beschränken, sondern muss auch zum Teil die umliegenden unbebauten Flächen in seine Regelung einbeziehen. Der Zustand solcher Flächen kann dazu führen, dass ein für sich betrachtet einwandfreies Bauwerk den Anforderungen der NBauO nicht entspricht. Verschiedene **Einzelvorschriften** der NBauO sehen deshalb Anforderungen an Grundstücke vor, so die §§ 4, 5 Abs. 9, 9, 16 und 84 Abs. 3 Nr. 6, mittelbar (wegen der Zugänglichkeit von Gebäuden für Behinderte) auch § 38 Abs. 3 S. 2 und § 49. Diesen Vorschriften wird, ähnlich wie dies hinsichtlich der Bauwerke in Abs. 1–3 geschehen ist, in Abs. 6 wiederum ein allgemeiner Grundsatz vorangestellt. Einige Einzelvorschriften gehen allerdings über den Rahmen des § 3 Abs. 6 hinaus: So soll § 9 Abs. 1 auch eine Verunstaltung der Freifläche als solcher, nicht nur des Bauwerks auf dem Baugrundstück (→ Rn. 61), verhindern; § 9 Abs. 1 S. 2 betrifft unbebaute Grundstücke. § 84 Abs. 3 Nr. 6 bezweckt, über die Verunstaltungsabwehr hinausgehend, sog. positive Baupflege (zB durch Maßgaben zur Einfriedung von Vorgärten).

61 Der in Abs. 6 verwendete Begriff des **Baugrundstücks** wird in § 2 Abs. 12 definiert. Nicht bebaute Flächen der Baugrundstücke sind nach Abs. 6 so herzurichten und zu erhalten, dass die **Erfüllung der Anforderungen in Abs. 1–3 nicht beeinträchtigt** wird. Jene Anforderungen richten sich an bauliche Anlagen. Abs. 6 will also nur verhüten, dass infolge mangelhafter Herrichtung oder Unterhaltung der Freifläche die auf dem Baugrundstück oder auf Nachbargrundstücken vorhandenen Bauwerke nicht den Anforderungen des Abs. 1–3 entsprechen (aA Blumenbach/Groschupf NBauO § 1 Rn. 21). Die Vorschrift bestimmt (abweichend von früheren Fassungen der MBauO) dagegen nicht, dass die **Baugrundstücke als solche keine Gefahren** für die öffentliche Sicherheit verursachen dürfen. Die Abwehr von Gefahren, an deren Entstehung kein Bauwerk beteiligt ist (Beispiel: auf einem bebauten Grundstück, jedoch von Gebäuden weit entfernt, gefährdet ein entwurzelter Baum den Verkehr), ist nicht Aufgabe der Bauaufsicht, sondern der allgemeinen Gefahrenabwehr.

I. Regeln der Baukunst und Technik (früherer § 1 Abs. 8)

In der NBauO 1973 bestimmte § 1 Abs. 8: *„Die allgemein anerkannten Regeln der Baukunst und Technik sind einzuhalten. Von ihnen darf abgewichen werden, wenn den vorstehenden Anforderungen ebenso wirksam entsprochen wird."* Dies stand im Zusammenhang mit der in § 96 aF (jetzt § 83) ausgesprochenen Ermächtigung der obersten BauAB, Regeln der Baukunst und Technik als sog. Technische Baubestimmungen bekannt zu machen. Diese galten dann nach § 96 aF als allgemein anerkannte Regeln der Baukunst und Technik. Die **Novelle von 1986 strich § 1 Abs. 8** aF und änderte § 96 aF. Seitdem verlangt die NBauO (heute in § 83 Abs. 1 S. 2) nur noch, dass die von der obersten Bauaufsichtsbehörde im Nds. MBl. als Technische Baubestimmungen bekannt gemachten Regeln einzuhalten sind (wie bisher mit der Maßgabe, dass andere gleichwertige Lösungen zulässig sind, § 83 Abs. 1 S. 3). Diese Änderung ist inzwischen in § 3 Abs. 3 MBauO übernommen worden. 62

Der nds. Gesetzgeber hat in der Streichung des § 1 Abs. 8 aF eine besonders wünschenswerte Erleichterung für Bauherren und Bauwirtschaft gesehen. Die BegrRegE NBauO 1986 führte an (S. 44), dass sich die Zahl der im öffentlichen Baurecht zu beachtenden technischen Regelwerke hierdurch von ca. 2000 auf etwa 200 verringert habe. Als Beispiele für **Regelwerke, die nicht als Technische Baubestimmungen bekannt gemacht** sind und deren Beachtung die NBauO nun nicht mehr ausdrücklich fordert, seien die bei → § 40 Rn. 25 genannten DVGW-Vorschriften betr. Gas-Installationen und Flüssiggas herausgegriffen. 63

Die **allgemein anerkannten Regeln der Technik** sind damit aber für das Bauwesen **nicht bedeutungslos geworden**. Zivilrechtlich bleiben in Nds., soweit Bauverträge nach der **VOB Teil B** – Allgemeine Vertragsbedingungen (Ausgabe 2016, BAnz AT 19.01.2016 B3, ber. BAnz AT 1.4.2016 B1; vgl. den Anwendungserlass vom 7.4.2016, GMBl S. 400) – abgeschlossen werden, die Auftragnehmer verpflichtet, ihre Bauleistungen nach den „anerkannten Regeln der Technik" zu erbringen (§ 4 Abs. 2 Nr. 1 u. § 13 Abs. 1 VOB Teil B). Ferner macht sich weiterhin nach **§ 319 StGB** wegen **Baugefährdung** strafbar, wer bei der Planung, Leitung oder Ausführung eines Baues usw gegen die „allgemein anerkannten Regeln der Technik" verstößt und dadurch Leib oder Leben eines anderen Menschen gefährdet. Für die Errichtung von **Anlagen** zur Erzeugung, Fortleitung und Abgabe von **Elektrizität und Gas** bestimmt § 49 Abs. 1 S. 2 EnWG ausdrücklich, dass „vorbehaltlich sonstiger Rechtsvorschriften die allgemein anerkannten Regeln der Technik zu beachten" sind. Auch das **Wasserrecht** verweist in seinen Vorschriften über Wasserversorgungs- und Abwasseranlagen und über Anlagen zum Lagern, Abfüllen und Umschlagen wassergefährdender Stoffe auf die allgemein anerkannten Regeln der Technik (§§ 50 Abs. 4, 51 Abs. 2, 60 Abs. 1 S. 2 und 62 Abs. 2 WHG). 64

Sogar die NBauO selbst verwendet wieder den Begriff: Nach **§ 17 NBauO** ist dafür, ob ein Bauprodukt der präventiven Kontrolle („Verwendbarkeitsnachweis") nach §§ 18–20 (Zulassung, Prüfzeugnis oder Zustimmung im Einzelfall) unterliegt (§ 17 Abs. 1) oder hiervon befreit ist (§ 17 Abs. 2 und 3), ua entscheidend, ob es für das Produkt „allgemein 65 anerkannte Regeln der Technik" gibt. Entsprechendes bestimmt § 16a NBauO für Bauarten.

66 Darüber hinaus zeigt sich bei näherem Hinsehen, dass die allgemein anerkannten Regeln der Baukunst bzw. der Technik im Ergebnis auch die **Bedeutung beibehalten** haben, die ihnen nach dem früheren § 1 Abs. 8 zukam. Denn die bestehen gebliebenen Grundsatzanforderungen der vorangehenden Absätze, insbesondere die Forderung der Absätze 1, 4 und 5, ohne Gefährdung der öffentlichen Sicherheit zu bauen, lassen die Frage offen, wie die Erfüllung dieser Anforderungen zu bewerkstelligen ist. Hierauf können zwar die konkreteren Gesetzesvorschriften (→ Rn. 4), oder die Verordnungen oder Technischen Baubestimmungen die nötigen Antworten geben. Soweit das aber nicht geschehen ist, bleibt den Verantwortlichen nur Folgendes: Entweder entwickeln sie zur Erfüllung der gesetzlichen Anforderungen eigene Lösungen oder (wenn sie diesen umständlichen und kostspieligen Weg nicht gehen wollen oder können) übernehmen sie das, **was in der Fachwelt schon als brauchbare Lösung anerkannt ist**. Das aber sind die allgemein anerkannten Regeln der Baukunst oder Technik. Im Ergebnis zwingen die gesetzlichen Grundanforderungen des § 3 also nach wie vor dazu oder legen es jedenfalls dringend nahe, diese Regeln grundsätzlich zu beachten (vgl. auch Johlen in GCJPW BauO NRW § 3 Rn. 57 ff. und → § 40 Rn. 25).

67 Es handelt sich dabei um eine materiellrechtliche Verpflichtung der Verantwortlichen (§§ 52–56); sie besteht unabhängig davon, ob die BauAB die Einhaltung der Regeln kontrolliert. Daran wird es heute fehlen, wenn die Regeln die Bauausführung oder planerische Einzelheiten, die in den Bauvorlagen (§ 67 und BauVorlVO) nicht dargestellt werden, betreffen. Vollends ist das der Fall bei den **genehmigungsfreien Bauten**. Hat die BauAB aber Anhaltspunkte dafür, dass es infolge Missachtung allgemein anerkannter Regeln zu Gefahren oder anderen Rechtsverletzungen kommt, so muss sie nach wie vor, auch und gerade im Falle genehmigungsfreien Bauens nach § 79 das Erforderliche anordnen. Verantwortliche, die allgemein anerkannte Regeln nicht einhalten, können sich nach wie vor auch nach § 823 Abs. 2 BGB iVm § 3 Abs. 1, 4 und 5 NBauO schadensersatzpflichtig machen.

68 Es bleibt also wie bisher erforderlich, auf **Wesen und Inhalt der allgemein anerkannten Regeln der Baukunst und Technik** einzugehen: Aus der umfangreichen Literatur hierüber s. insbesondere Breuer AöR 101 (1976), 46; Marburger, Die Regeln der Technik im Recht, 1979; Czajka DÖV 1982, 99; Nicklisch NJW 1982, 2633 und NJW 1983, 841; H. J. Koch, Grenzen der Rechtsverbindlichkeit technischer Regeln im öffentlichen Baurecht, 1986; Battis/Gusy, Technische Normen im Baurecht, 1988; Mohr, Technische Normen und freier Warenverkehr in der EWG, 1990; Dolderer VBlBW 1998, 448 ff.; aus der Rechtsprechung s. insbesondere BVerfG 8.8.1978 – 2 BvL 8/77, BVerfGE 49, 89 (132 ff.); BVerwG 17.2.1978 – 1 C 102.76, BVerwG 55, 250 = DVBl 1978, 591 und 30.9.1996 – 4 B 175.96, DÖV 1997, 303 = BauR 1997, 290.

69 Die allgemein anerkannten Regeln der Baukunst und Technik werden nicht von staatlichen Organen erlassen. Sie sind **keine Rechtsnormen**, sondern auf praktische Erfahrungen und wissenschaftliche Erkenntnisse gestützte Anleitungen und Informationen. Sie können für den Entwurf, die Berechnung, die Ausführung oder die Instandhaltung baulicher Anlagen oder ihrer Teile Bedeutung haben. Die Regeln geben insbesondere an, auf welche Weise erreicht wird, dass Bauten den gesetzlichen Anforderungen, vor allem der Gefahrenabwehr (§ 3 Abs. 1), entsprechen. Sie machen auch Aussagen über das erforderliche Ausmaß an Sicherheitsvorkehrungen und damit über die Grenze zwischen vertretbarem Risiko und Gefahr (→ Rn. 18), womit sie nicht nur Naturgesetze aufzeigen, sondern zugleich Wertungen enthalten. Die Regeln können sich zB auch auf die Gestaltung beziehen (Scheerbarth S. 159; BVerwG 6.12.1999 – 4 B 75:99, BRS 62 Nr. 131; anders die hM, zB Marburger Die Regeln der Technik im Recht, 1979, S. 84). Es kann sich – im (Bau)handwerk – um Regeln handeln, die **mündlich** oder durch **praktische Unterweisung** weitergegeben werden. Meist sind die Regeln schriftlich niedergelegt. Sie finden sich, von Lehrbüchern und anderer Fachliteratur abgesehen, **in tech-**

nischen Regelwerken, vor allem den DIN-Vorschriften des Normenausschusses Bauwesen im Deutschen Institut für Normung e.V. (**DIN**). Ein großer Teil dieser Vorschriften dient allerdings nicht der Sicherheit oder sonstigen Gesetzmäßigkeit von Bauten, sondern er hat den Zweck, durch die Festlegung einheitlicher Maßsysteme und Qualitätsstandards den Geschäftsverkehr zu erleichtern und die Produktion zu rationalisieren. Solche Regeln sind hier ohne Bedeutung. Allgemein anerkannte Regeln der Technik finden sich ferner in Bestimmungen bzw. Richtlinien des Verbandes deutscher Elektrotechniker e.V. (**VDE**), des Deutschen Vereins des Gas- und Wasserfaches e.V. (**DVGW**), des Vereins Deutscher Ingenieure e.V. (**VDI**) und in den Unfallverhütungsvorschriften der **Berufsgenossenschaften** (dazu → Rn. 73).

Die Regeln der Baukunst und Technik sind für die Frage, ob die gesetzlichen Anforde- **70**
rungen, besonders die des § 3 Abs. 1, eingehalten werden, nur dann maßgeblich, wenn sie **„allgemein anerkannt"** sind. In der Auslegung des strafrechtlichen Begriffs (→ Rn. 64) durch das RG (RGSt 44, 76 ff.), die zunächst allgemein für den bauordnungsrechtlichen Begriff übernommen wurde, hat dies zur Voraussetzung, dass alle planend und ausführend in der Bauwirtschaft Tätigen oder jedenfalls ihre große Mehrheit die Regeln kennen und anwenden. Wenn man jedoch abwartet, bis technische Regeln erst einmal so weit verbreitet sind, können sie inzwischen von der technischen Entwicklung schon so sehr überholt worden sein, dass ihre Aussagen nicht mehr geeignet sind, die Einhaltung der gesetzlichen Anforderungen sicherzustellen (vgl. Plischka, Technisches Sicherheitsrecht. Die Probleme des technischen Sicherheitsrechts dargestellt am Recht der überwachungsbedürftigen Anlagen (§ 24 GewO), 1969, S. 52 ff.; Marburger Die Regeln der Technik im Recht, 1979, S. 154 ff.). Stattdessen wird es darauf ankommen, ob eine Regel von den **kompetenten Fachleuten** anerkannt wird, die ihre Richtigkeit und Notwendigkeit beurteilen können. Diese brauchen (so eng darf das Wort „allgemein" nicht verstanden werden) nicht sämtlich die Regel zu billigen. Es muss genügen, wenn sich unter ihnen aufgrund praktischer Erprobung und ggf. nach gründlicher Diskussion abweichender Meinungen **eine Auffassung als herrschend** durchgesetzt hat und als gesicherte Erkenntnis gilt (Nicklisch NJW 1982, 2639 f.).

Die bauordnungsrechtlich erheblichen Aussagen in den oben genannten technischen **71**
Regelwerken (DIN-Vorschriften usw) sind nicht unter allen Umständen als allgemein anerkannte Regeln anzusehen. Jedoch spricht dafür eine „tatsächliche Vermutung" (Koch/Molodovsky/Famers Art. 3 Anm. 4.3.3.; Johlen in GCJPW BauO NRW § 3 Rn. 65; so auch § 49 Abs. 2 EnWG). Sie werden von Gremien ausgewiesener Fachleute in einem Verfahren aufgestellt, das eine gründliche Erörterung auch mit Außenstehenden sichert (vgl. die DIN 820, die das Zustandekommen der DIN-Vorschriften regelt). Daher kann erwartet werden, dass die Regelwerke im Zeitpunkt ihrer Entstehung die gesicherten Erkenntnisse auf dem jeweiligen Fachgebiet wieder geben. Andererseits **muss aber der Gegenbeweis möglich bleiben**, dass eine Festlegung nicht (noch nicht oder nicht mehr) der herrschenden Ansicht unter den Fachleuten entspricht (s. dazu Jansen BauR 1990, 555; BGHZ 139, 16 – 14.5.1998 – VII ZR 184/97, BauR 1998, 872).

Wird eine **allgemein anerkannte Regel der Baukunst und Technik eingehalten**, so ist **72**
idR **anzunehmen, dass der Bau**, soweit die Regel einschlägig ist, den **gesetzlichen Anforderungen**, namentlich des § 3, an die bauliche Sicherheit, **genügt**. Etwas anderes gilt, wenn es sich um einen atypischen Fall handeln sollte, an den bei Aufstellung der Regel nicht gedacht wurde. Auch kann eine allgemein anerkannte Regel durch anders lautende positive Rechtsvorschriften, insbesondere auch durch Technische Baubestimmungen, verdrängt worden sein. Weiterhin ist Folgendes zu bedenken: Wie schon gesagt (→ Rn. 69), enthalten die Regeln häufig, insbesondere soweit sie sich über den zur Gefahrenabwehr erforderlichen Grad von Sicherheit äußern, Werturteile. Wollte man annehmen, dass die Regeln mit ihren Wertungen von der Verwaltung und im Streitfall von den Verwaltungsgerichten unüberprüft übernommen werden müssten (so im Ergebnis Nicklisch NJW 1982, 2633 und NJW 1983, 841), so wirkten sie sich letztlich doch wie Rechtsnormen aus. Es wäre aber mit dem **Prinzip des demokratischen Rechts-**

staates nicht vereinbar, privaten Kreisen von Fachleuten, zB den Normenausschüssen des DIN, das Setzen von Recht zu überlassen. Das wäre umso bedenklicher, als hier trotz aller Bemühungen um die Ausgestaltung des Normungsverfahrens nicht auszuschließen ist, dass sich gerade in den wertenden Aussagen der Regelwerke eine einseitige Sichtweise, zB vom Standpunkt des Herstellers oder Verarbeiters bestimmter Baustoffe, zu stark durchsetzt (vgl. Rittstieg NJW 1983, 1098; Battis/Gusy, Technische Normen im Baurecht, 1988, S. 166 ff.; BVerwG 22.5.1987 – 4 C 33–35.83, BVerwGE 77, 285 = DÖV 1987, 913). Daher muss es schon aus verfassungsrechtlichen Gründen der Bauaufsicht möglich bleiben, Regeln der Baukunst und Technik, insbesondere soweit sie Wertungen enthalten, auf ihre Vereinbarkeit mit den gesetzlichen Anforderungen, hier also vor allem des § 3, zu überprüfen.

73 Die **Unfallverhütungsvorschriften** der Berufsgenossenschaften (§ 15 SGB VII) sind für ihre Mitglieder und Versicherten als Rechtsnormen verbindlich; § 209 Abs. 1 Nr. 1 SGB VII bedroht Verstöße gegen diese Vorschriften mit Bußgeld.

Zweiter Teil
Das Grundstück und seine Bebauung

§ 4 Zugänglichkeit des Baugrundstücks, Anordnung und Zugänglichkeit der baulichen Anlagen

(1) Das Baugrundstück muss so an einer mit Kraftfahrzeugen befahrbaren öffentlichen Verkehrsfläche liegen oder einen solchen Zugang zu ihr haben, dass der von der baulichen Anlage ausgehende Zu- und Abgangsverkehr und der für den Brandschutz erforderliche Einsatz von Feuerlösch- und Rettungsgeräten jederzeit ordnungsgemäß und ungehindert möglich sind.

(2) [1]Ist das Baugrundstück nur über Flächen zugänglich, die nicht dem öffentlichen Verkehr gewidmet sind, so muss ihre Benutzung für diesen Zweck durch Baulast oder Miteigentum gesichert sein; bei Wohngebäuden der Gebäudeklassen 1 und 2 genügt eine Sicherung durch Grunddienstbarkeit. [2]Dies gilt auch, wenn der erforderliche Zugang zu einem Grundstück über ein anderes Grundstück führt, das mit ihm zusammen nach § 2 Abs. 12 Satz 2 ein Baugrundstück bildet.

(3) [1]Bauliche Anlagen müssen auf dem Baugrundstück so angeordnet sein, dass sie sicher zugänglich sind, das erforderliche Tageslicht erhalten und zweckentsprechend gelüftet werden können. [2]Für den Einsatz der Feuerlösch- und Rettungsgeräte muss die erforderliche Bewegungsfreiheit und Sicherheit gewährleistet sein.

(4) Eine bauliche Anlage darf nicht auf mehreren Baugrundstücken gelegen sein. [2]Dies gilt nicht für einen Überbau, der nach § 21a Abs. 1 des Niedersächsischen Nachbarrechtsgesetzes zu dulden ist.

Niedersächsisches Nachbarrechtsgesetz (NNachbG)
vom 31. März 1967

(Nds. GVBl. S. 91)

zuletzt geändert durch Art. 1 zur Änd. des Nds. NachbarrechtsG und der Nds. Bauordnung vom 23.7.2014 (Nds. GVBl. S.206)

(Auszug)

§ 21a Nachträgliche Wärmedämmung einer Grenzwand

(1) [1] Der Eigentümer und der Nutzungsberechtigte eines Grundstücks haben einen Überbau auf das Grundstück durch eine nachträglich auf eine Grenzwand aufgebrachte Außenwandbekleidung, die die Grenze um nicht mehr als 0,25 m überschreitet und der Wärmedämmung eines Gebäudes dient, zu dulden, soweit und solange

1. *der Überbau die zulässige Benutzung des Grundstücks nicht oder nur geringfügig beeinträchtigt und eine zulässige beabsichtigte Benutzung des Grundstücks nicht oder nur geringfügig behindert,*
2. *der Überbau dem öffentlichen Baurecht nicht widerspricht und*
3. *eine ebenso wirksame Wärmedämmung auf andere Weise mit vertretbarem Aufwand nicht möglich ist.*

[2] § 912 Abs. 2 sowie die §§ 913 und 914 des Bürgerlichen Gesetzbuchs gelten entsprechend.

(2) [1] Der Bauherr hat dem Eigentümer und dem Nutzungsberechtigten des Nachbargrundstücks eine Baumaßnahme nach Absatz 1 Satz 1 spätestens einen Monat vor

Beginn der Arbeiten anzuzeigen. [2] Aus der Anzeige müssen Art und Umfang der Baumaßnahme hervorgehen. [3] § 8 Abs. 1 Satz 2 und Abs. 2 und 3 ist entsprechend anzuwenden.

(3) Jeder Eigentümer und jeder Nutzungsberechtigte des überbauten Grundstücks kann verlangen, dass der durch den Überbau begünstigte Nachbar die Außenwandbekleidung in einem ordnungsgemäßen Zustand erhält.

(4) Der Bauherr hat dem Eigentümer und dem Nutzungsberechtigten des überbauten Grundstücks auch ohne Verschulden den Schaden zu ersetzen, der durch einen Überbau nach Absatz 1 Satz 1 oder die mit seiner Errichtung verbundenen Arbeiten entsteht.

Technische Baubestimmungen (TB)
bzw. Verwaltungsvorschriften (VV) zu § 4 Stand: Januar 2019

Lfd. Nr.	Gegenstand	Datum	Nds. MBl. Seite
7.4	Richtlinien über Flächen für die Feuerwehr	28.9.2012	159

Übersicht

A. Allgemeines

1 Im § 4 der NBauO 2012 sind die bisherigen §§ 5 und 6 sowie der Abs. 2 des § 4 NBauO 2003 fast wortgleich zusammengefasst worden. Die Definition des Baugrundstücks, bisher § 4 Abs. 1 NBauO 2003, findet sich im § 2 Abs. 12 NBauO wieder, der die Begriffsbestimmungen enthält. Abweichungen zur bisherigen Fassung sind eher redaktioneller Art, wenn die Sicherung der Erschließung über Grunddienstbarkeit Wohngebäuden der Gebäudeklassen 1 und 2 zugestanden wird.

2 Grundsätzlich neu formuliert wurden 2012 die in der DVO-NBauO niedergelegten Bestimmungen, soweit sie dem Brandschutz dienen. Bemessungen und andere Detailanforderungen, wie sie bislang der § 2 DVNBauO enthielt, werden nun in der Technischen Baubestimmung *„Richtlinie über Flächen für die Feuerwehr“*. An ihrer Stelle beschränkt sich die gesetzliche Forderung auf die Notwendigkeit von Zu- und Durchfahrten, sollte ein Zu- und Durchgang nicht mehr den Sicherheitsanforderungen genügen.

3 Während § 5 Abs. 1 NBauO 1973 noch bestimmte, dass Baugrundstücke nach Lage, Form, Größe und Beschaffenheit für die (darauf zu errichtenden) baulichen Anlagen geeignet sein müssen, ist dieser Absatz seit der NBauO 1986 entfallen. Die Vorschrift sollte verhüten, dass mangelnde Eignung des Baugrundstücks zu Verstößen gegen die Grundanforderungen des § 3, insbesondere zu Gefahrenzuständen, führt; sie meinte also keine weitergehende Eignung. Damit stellte sie keine über § 3 hinausgehenden Anforderungen. Im Übrigen erfassen die §§ 12 und 13 auch solche nachteiligen Auswirkungen auf die Standsicherheit und solche schädlichen Einflüsse, die vom Baugrundstück ausgehen. Im Hinblick darauf hielt der Gesetzgeber den früheren Abs. 1 für entbehrlich

(BegrRegE NBauO 1986 S. 47). Die ursprünglichen Anforderungen des § 5 Abs. 1 NBauO 1973 sind also nicht entfallen; sie ergeben sich heute zwangsläufig aus den §§ 3, 12, und 13. Im Hinblick auf die Altlastenproblematik hat der Gesetzgeber dies mit Satz 2 in § 13 (er wurde durch die Novelle von 1995 in den damaligen § 19 eingefügt) besonders klargestellt (vgl. § 13, s. → Rn. 48 ff.). § 4 (bislang § 5) stellt seit der NBauO 1986 nur noch Anforderungen an die Zugänglichkeit des Baugrundstücks (vgl. → Rn. 9).

§ 4 hat auch Bedeutung für das Erschließungs- und Ausbaubeitragsrecht. So hat das OVG Lüneburg in einer Entscheidung zum Erschließungsaufwand und der Beitragspflicht (§§ 131 Abs. 1 und 133 Abs. 1 BauGB) eine **Zugangsmöglichkeit** von mindestens 1,25 m vorausgesetzt (§ 1 Abs. 1 Satz 1 DVO-NBauO), um die Bedingungen an die Erschließung zu erfüllen (OVG Lüneburg Beschluss 13.9.2017 – 9 ME 62/17 – NVwZ-RR 2017, 1006). Die Erschließung des Grundstücks knüpft an das geltende Baurecht an und setzt voraus, dass das Grundstück sowohl nach Bauplanungsrecht als auch nach Bauordnungsrecht bebaut (oder gewerblich genutzt) werden darf (BVerwG 14.1.1983 – 8 C 81.81, BRS 43 Nr. 109; Driehaus in Berliner Komm. zum BauGB, Stand Nov. 2012, § 131, s. → Rn. 15). Der Erschließungsbeitrag für Anbaustraßen nach § 127 Abs. 2 Nr. 1 BauGB wird nämlich für den Vorteil erhoben, den eine Straße für die bauliche oder gewerbliche Nutzung bietet (BVerwG 18.4.1986 – 8 C 51, 52.85, DVBl 86, 774). Die Anforderungen des § 4 gelten auch für Hinterliegergrundstücke, die durch ein baulich genutztes oder nutzbares Anliegergrundstück von der abzurechnenden Anbaustraße getrennt sind. Dementsprechend scheidet ein Hinterliegergrundstück aus der Verteilung des beitragsfähigen Erschließungsaufwands nach § 131 Abs. 1 BauGB grundsätzlich aus, wenn seine Zufahrt nicht rechtlich gesichert ist, es sei denn Anlieger- und Hinterliegergrundstück stehen im Eigentum derselben Person (dazu Driehaus, aaO, s. Rn. 35 ff.). Dann hat es der Eigentümer nämlich in der Hand die rechtliche Sicherung zu schaffen oder Anlieger- und Hinterliegergrundstück zu vereinen. Im Gegensatz zum Erschließungsbeitragsrecht beschränkt sich im Ausbaubeitragsrecht nach § 6 NKAG der Kreis der bei der Verteilung des Ausbauaufwands zu berücksichtigenden Grundstücke nicht auf baulich und gewerblich nutzbare Grundstücke, vielmehr sind alle Grundstücke einzubeziehen, die aufgrund der räumlichen Beziehung zur ausgebauten Straße diese in Anspruch nehmen können (Driehaus, Erschließungs- und Ausbaubeiträge, 9. Aufl. 2012, § 35 Rn. 10 ff.). Dementsprechend hängt die „vorteilsrelevante Inanspruchnahmemöglichkeit" nicht in jedem Fall von der Erfüllung der Anforderungen des § 4 ab (vgl. Driehaus, aaO § 35, s. Rn. 15 ff.). Bei Hinterliegergrundstücken (auch solchen, die noch an eine weitere als die abgerechnete Straße grenzen) liegt in den Fällen einer Eigentümeridentität ein beitragsrelevanter Vorteil iSv § 6 Abs. 1 NKAG vor, wenn die abgerechnete Straße vom Hinterliegergrundstück aus dergestalt erreichbar ist, dass dessen bestimmungsgemäße Nutzung unter Inanspruchnahme des Anliegergrundstücks über die abgerechnete Straße realisiert werden kann (OVG Lüneburg 26.4.2007 – 9 LA 92/06 – NStN 2007, 186). Die bauordnungsrechtliche Zugänglichkeit eines Grundstücks kann auch für den Beitragsmaßstab eine wichtige Rolle spielen (vgl. Driehaus, aaO § 36, s. Rn. 3 ff.). 4

Im § 4 Abs. 2 der NBauO 1995 hat der jetzige Abs. 4 eine redaktionell veränderte Fassung erhalten. Die Ergänzung des Abs. 4 erfolgte 2014 mit dem Gesetz zur Änderung des Niedersächsischen **Nachbarrechtsgesetzes** und der Niedersächsischen Bauordnung. Das Erfordernis wurde durch die Einführung des § 21 a NNachG hervorgerufen, um den Widerspruch zwischen dem privaten und dem öffentlichen Recht auszuschließen. 5

B. Verhältnis der bundes- und landesrechtlichen Anforderungen an die Erschließung

6 Voraussetzung für die Bebaubarkeit eines Grundstücks ist vor allem seine verkehrliche Erreichbarkeit, die sowohl das planungsrechtliche Erfordernis hinreichender verkehrlicher Erschließung (§§ 30 ff. BauGB) als auch das bauordnungsrechtliche Erfordernis ausreichender Zugänglichkeit (§ 4 NBauO) umfasst. Es stellt sich daher die Frage nach dem Verhältnis der bundesrechtlichen (BauGB) und der landesrechtlichen (NBauO) Anforderungen an die Erschließung. Das BVerwG hat schon im Urteil vom 6.9.1968 – IV C 12.66 (BRS 20 Nr. 84) betont, dass die planungsrechtlich gesicherte Erschließung nicht mit der bauordnungsrechtlichen ausreichenden Zugänglichkeit gleichzusetzen ist. Immerhin bestehe ein Sachzusammenhang dergestalt, dass bei der bauordnungsrechtlichen Beurteilung die ihr gleichsam vorgegebene planungsrechtliche Erschließungssituation angemessen in Rechnung gestellt werden müsse. Ließen sich diese Formulierungen noch iS einer Konkretisierung der bundesrechtlichen Anforderungen durch das Landesrecht verstehen, so hat das BVerwG mit dem Urteil vom 3.5.1988 – 4 C 54.85 (BRS 48 Nr. 92) einer solchen Auslegung eine Absage erteilt: Danach wird der Begriff der gesicherten Erschließung in den §§ 30–35 BauGB nicht durch Landesrecht konkretisiert oder ausgefüllt, weil sonst der bundesrechtliche Begriff unterschiedliche Inhalte je nach anzuwendendem Landesrecht hätte. Die landesrechtlichen Anforderungen über die Zugänglichkeit von Baugrundstücken können das bundesrechtliche Erfordernis der gesicherten Erschließung aber ergänzen, weil § 29 S. 4 (jetzt Abs. 2) BauGB Vorschriften des Bauordnungsrechts unberührt lässt.

7 Der für das Erschließungsrecht früher zuständige 8. Senat des BVerwG hat die zulässigen landesrechtlichen Anforderungen an die Erschließung stärker eingeschränkt (BVerwG 29.11.1991 – 8 C 105.89, DVBl 1992, 374). In einem Fall, in dem das OVG ein im B-Plan festgesetztes Zu- und Abfahrtsverbot als Hindernis einer Erschließung angesehen hatte, weil die notwendigen Stellplätze grundsätzlich auf dem Baugrundstück bereitgestellt werden müssen, hat das BVerwG diese Auslegung der landesrechtlichen Anforderungen an die Erschließung als bundesrechtswidrig erachtet. Nach Ansicht des BVerwG ist es dem Bauordnungsrecht unbenommen, mit seinen Anforderungen an die Zugänglichkeit der Baugrundstücke im Interesse des Brandschutzes, der Verkehrssicherheit und anderer bauordnungsrechtlicher Belange weiter zu gehen als das Bundesrecht; es darf jedoch das Bundesrecht nicht derart unterlaufen, „dass es ohne überzeugende Gründe die vom Bundesrecht gestellten Anforderungen – genauer die vom Bundesrecht im Interesse der Bebaubarkeit von Grundstücken geübte Zurückhaltung – leer laufen lässt".

8 Geht man von diesen Grundsätzen aus, dann können die **landesrechtlichen Anforderungen** an die Erschließung, soweit sie über die bundesrechtlichen Anforderungen hinaus gehen, nur zur Anwendung kommen, wenn sie Belangen des Landesrechts dienen, wie etwa der **Verkehrssicherheit**, dem **Brandschutz** oder **dem Rettungswesen** (unzutreffend daher Sarnighausen NVwZ 1993, 424 (426), der in erster Linie die landesrechtlichen Maßstäbe anwenden will). In diese Richtung wird man auch eine Bemerkung des BVerwG (30.8.1985 – 4 C 48.81, DVBl 1986, 186) deuten müssen, das die Anwendung einer landesrechtlichen Vorschrift (§ 1 BauDVO SchlH. 1975), die die Länge von zulässigen Privatwegen begrenzte und die Mindestbreite vorschrieb, mit einem Fragezeichen versehen und betont hat, dass dabei die für die Sicherung einer ausreichenden Erschließung (im Außenbereich) geltenden bundesrechtlichen Grundsätze beachtet werden müssen. Das macht es erforderlich, die bundesrechtlichen Voraussetzungen kurz zu beleuchten.

9 Die bundesrechtlichen Mindestanforderungen an die Erschließung iSd §§ 30 ff. BauGB lassen sich nach der Rspr. des BVerwG weder allgemein noch für die einzelnen Baugebiete (§§ 30, 34, 35 BauGB) generell bestimmen. Weil die Sicherung der Erschließung

gewährleisten soll, dass Baugrundstücke insbesondere für Kfz erreichbar sind (vgl. BVerwG 2.9.1999 – 4 B 47.99, BRS 62 Nr. 103), macht es einen Unterschied, welchen Zu- und Abgangsverkehr ein Vorhaben auslöst und in welchem Baugebiet iSd §§ 30 ff. BauGB das Vorhaben errichtet werden soll (BVerwG 30.8.1985 – 4 C 48.81, DVBl 1986, 186). Die Mindestanforderungen an die Erschließung bestimmen sich jeweils nach dem zu errichtenden Vorhaben und der Lage des Baugrundstücks. Während an die Sicherung der Erschließung im Außenbereich nur geringe Anforderungen zu stellen sind (BVerwG 4.6.1993 – 8 C 33.91, NVwZ 1994, 299; 20.5.2010 – 4 B 20.10, ZfBR 2010, 584) und uU auch eine gemeindeeigene, aber nicht dem öffentlichen Verkehr gewidmete Zuwegung ausreicht, wenn die Gemeinde aus anderen Rechtsgründen die Anliegernutzung dauernd dulden muss (BVerwG 3.5.1988 – 4 C 54.85, BRS 48 Nr. 92; 31.10.1990 – 4 C 45.88, BRS 50 Nr. 86), sind im unbeplanten Innenbereich und in Bebauungsplangebieten höhere Anforderungen zu stellen. Muss sich der Bauherr im unbeplanten Innenbereich mit dem abfinden, was als Erschließungsanlage vorhanden ist, trifft die Gemeinde mit dem B-Plan auch eine Entscheidung über die Erschließung, die sie selbst bindet. Die Festsetzung der Erschließungsanlage im B-Plan stellt den Maßstab für die Beurteilung dar, ob die Erschließung gesichert ist. Erschließungsalternativen, die vom Plan abweichen, sichern die Erschließung nicht (BVerwG 21.2.1986 – 4 C 10.83, BRS 46 Nr. 106; 17.6.1993 – 4 C 7.91, NVwZ 1994, 281).

Berücksichtigt man die bundesrechtlichen Anforderungen an die Erschließung, erscheint 10
es ausgeschlossen, die landesrechtlichen Maßstäbe vorrangig deshalb anzuwenden, weil sie konkreter und deshalb einfacher zu handhaben sind (so aber Sarnighausen aaO (426)). Vielmehr muss im Einzelnen geprüft werden, ob die landesrechtlichen Anforderungen an die Zugänglichkeit der Gewährleistung landesrechtlich zu schützender Belange dienen. Die Grundsatzforderung des § 4 erscheint vereinbar mit Bundesrecht, weil sie auch von landesrechtlich relevanten Belangen, wie Verkehrssicherheit, Brandschutz und Rettungswesen, getragen wird. Zweifelhaft kann nur sein, ob und wieweit § 4 Abs. 2 NBauO noch mit Bundesrecht vereinbar ist, soweit das BVerwG bei Außenbereichsgrundstücken angenommen hat, dass zur Sicherung der Erschließung schon eine dauernde Duldungsverpflichtung der Gemeinde ausreicht. Jedoch muss der Landesgesetzgeber, soweit er in Verfolgung „seiner" Belange Anforderungen an die tatsächliche Zugänglichkeit der Baugrundstücke stellen darf, vernünftigerweise auch bestimmen können, wie der Fortbestand der von ihm für nötig gehaltenen tatsächlichen Situation rechtlich abgesichert sein soll. Wenn er die Besorgnis hat, dass eine privatrechtliche Verpflichtung zur Freihaltung eines Wegegrundstücks zu leicht untergehen kann, und deshalb eine öffentlich-rechtliche Sicherung durch Baulast fordert, so bleibt er auch insoweit im Rahmen seiner Kompetenz. Daher wird davon auszugehen sein, dass jedenfalls in dem „Normalfall", in dem ein Hinterliegergrundstück bebaut werden soll, das einen verkehrssicheren und für die Feuerwehr geeigneten Zuweg nur über ein privates Nachbargrundstück erhält, § 4 Abs. 2 weiterhin anzuwenden ist. Auch wenn die Erreichbarkeit eines Grundstücks tatsächlich über das Nachbargrundstück im Einverständnis mit dessen Eigentümer erfolge und das Wegerecht Gegenstand eines notariellen Vertrages vom 15. Februar 2008 sei, reicht es zur Absicherung der Zugänglichkeit nicht aus. Aus der Notwendigkeit, die Erschließung auf Dauer zu sichern, folgt, dass eine rein schuldrechtliche Vereinbarung des Bauherrn mit einem privaten Nachbarn nicht genüg (zitiert OVG BBg Beschluss 1.6.2010 – 2 N 40.10 –, so auch noch VGH Hess Beschluss 16.7.2018 – 3 A 1444/16 –).

C. Die Zugänglichkeit des Baugrundstücks (Abs. 1)

Abs. 1 beschreibt die bauaufsichtlichen Anforderungen an die Zugänglichkeit des Bau- 11
grundstücks vor dem Hintergrund der bereits planungsrechtlich erforderlichen Erschließung. Die in der MBauO 2002 enthaltene Forderung, dass ein Grundstück „ in angemes-

sener Breite" an einer befahrbaren öffentlichen Verkehrsfläche liegen müsse, wird von der NBauO nicht erhoben, weil dies missverständlich ist. Ein Grundstück kann zB in erheblicher Breite an eine öffentliche Straße grenzen, ohne dass es zu dieser einen Zugang haben darf, weil es sich um eine „klassifizierte" Straße handelt und die Vorschriften der Straßengesetze in diesem Fall die Möglichkeit einer Zufahrt erheblich einschränken (§ 9 FStrG und §§ 18–20 NStrG). Auch das städtebauliche Planungsrecht erlaubt, im B-Plan Ein- bzw. Ausfahrten und Anschluss anderer Flächen an Verkehrsflächen einzuschränken. Andererseits zeigt der moderne Städtebau, dass häufig Baugrundstücke selbst nicht mehr an befahrbare öffentliche Straßen grenzen. Die NBauO lässt – um dieser Entwicklung Rechnung zu tragen – auch Wohnwege als Verbindung zwischen den Baugrundstücken und befahrbaren öffentlichen Straßen zu (zur Mindestbreite eines Standortes für ein Feuerwehrfahrzeug im Zusammenhang mit der Erschließungswirkung unbefahrbarer Wohnwege siehe OVG Lüneburg Urteil 7.5.2009 – 9 LB 329/06 –).

12 Die **Verkehrsfläche,** an der das Baugrundstück liegt oder von der es einen Zugang hat, **muss** mit Kraftfahrzeugen **befahrbar sein**. Sie ist dies, wenn sie die für den aufzunehmenden Verkehr erforderliche Breite und Befestigung hat. Breite und Befestigung müssen mindestens ein Befahren auch mit schwereren Fahrzeugen (Müllabfuhr, Feuerwehr s. → Rn. 14) und deren Begegnung gestatten.

13 Die **Verkehrsfläche muss** ferner **öffentlich sein**. Sie ist es, wenn sie dem öffentlichen Verkehr (als Gemeinde-, Kreis- oder Landesstraße, Bundesfernstraße oder sonstige öffentliche Straße) gewidmet worden ist (§ 2 Abs. 1 NStrG, § 2 Abs. 1 FStrG). Die Verfahren, die zur Widmung führen, ergeben sich aus § 6 NStrG und § 2 Abs. 2 ff. FStrG. Wegen der Übergangsregelungen für ältere nicht nach den vorstehenden Vorschriften gewidmete Straßen s. → § 1 Rn. 9.

14 Das Baugrundstück muss so an der öffentlichen Verkehrsfläche liegen oder einen solchen Zugang zu ihr haben, dass der von der baulichen Anlage ausgehende Zu- oder Abgangsverkehr und der für den Brandschutz erforderliche **Einsatz von Feuerlösch- und Rettungsgeräten** jederzeit ordnungsgemäß und ungehindert möglich ist (s. → § 3 Rn. 3). Das dürfte bei Baugrundstücken bzw. Gebäuden, die mit ihrer vollen Frontbreite an der befahrbaren öffentlichen Straße liegen, idR gegeben sein.

Es genügt aber auch, wenn das Baugrundstück nur mit einem kurzen Grenzabschnitt an der öffentlichen Straße liegt, vorausgesetzt, es kann dort eine Grundstückseinfahrt erhalten, die für die genannten Zwecke ausreicht. Das dabei zu berücksichtigende Verkehrsvolumen ergibt sich aus Art und Maß der baulichen Nutzung, also nach dem Zweck und dem Umfang des Bauvorhabens. Am **Zu- und Abgangsverkehr der baulichen Anlage** nehmen teil: die vorhandenen oder zu erwartenden Kraftfahrzeuge der ständigen Benutzer und der Besucher (§ 47 Abs. 1), Fahrzeuge der Müllabfuhr, der Post, des Krankentransports, Möbelwagen, Brennstofftransporter u. dgl. mehr. Ausdrücklich wird gefordert, dass auch der Einsatz von Feuerlösch- und Rettungsgeräten – das sind idR Fahrzeuge – möglich sein muss. Häufig vorgetragene Bedenken der Feuerwehren zur Anleiterfähigkeit der Straßenrandbebauung zB wegen hinderlicher Straßenbäume berühren allerdings nicht die Qualität der Erschließung. Hier geht es nur um das erforderliche Angebot **baulicher Rettungswege** (§ 33 Abs. 2).

15 Liegt ein mit einem **Gebäude der Gebäudeklassen 4 oder 5** (nicht geringer Höhe = Fußboden > 7 m über Gelände) bebautes Grundstück nicht unmittelbar an einer mit Kraftfahrzeugen befahrbaren öffentlichen Straße, so muss es zu ihr einen **(befahrbaren) „Zugang"** haben, der den beschriebenen Anforderungen genügt. Einen solchen Zugang bietet eine über private Flächen führende Wegeverbindung zwischen Baugrundstück und öffentlicher Straße, wenn sie (abgesehen von der rechtlichen Sicherung nach Abs. 2) so bemessen und trassiert ist, dass sie bei Bedarf auch von Fahrzeugen der Feuerwehr oder der Müllabfuhr ungehindert benutzt werden kann (genügende Breite, ausreichende Radien in Kurven bzw. „um die Ecke", ggf. auch Wendeplatte am Ende).

Das Erfordernis von Zu- und Durchfahrten für die Feuerwehr wird erweitert auf Gebäude niedriger Höhe, bei denen die Wandöffnung oder sonstige Stelle, die zum anleitern bestimmt sind, mehr als 8 m über der Geländeoberfläche liegt (§ 1 Abs. 2 DVO-NBauO, siehe auch Abs. 3 Satz 2, s. → Rn. 45) IdR wird eine Mindestbreite von 3,00 m zu fordern sein. Bei besucherintensiver Gebäudenutzung muss auch auf kurzen Privatwegen Gegenverkehr möglich sein. Der befahrbare Zugang darf nicht durch Einbauten (zB Müllboxen, Masten für Straßenleuchten) unter die Mindestbreite eingeengt sein und muss als Feuerwehrzufahrt *(§ 1 Abs. 3 DVO-NBauO)* ständig freigehalten werden (kein Abstellen von PKW in der Verkehrsfläche). Erforderlichenfalls ist die Feuerwehrzufahrt durch umklappbare oder herausziehbare Pfosten abzusperren. Zu Anforderungen an Privatwege hinsichtlich Verkehrssicherheit s. → § 16 Rn. 15 ff. Die Forderung nach einer Linksabbiegespur in der öffentlichen Verkehrsfläche der Anliegerstraße aus Gründen der Sicherheit u. Leichtigkeit des fließenden Verkehrs wird man auch bei starkem Zu- u. Abgangsverkehr nicht aus § 4 Abs. 1 ableiten können; sie könnte sich aber aus dem planungsrechtlichem Gebot der gesicherten Erschließung ergeben. 16

Zu Baugrundstücken, auf denen sich nur **Gebäude der Gebäudeklassen 1 bis 3** (geringer Höhe, § 2 Abs. 3 Nr. 1–3) befinden, genügen als Zugang grundsätzlich auch **Gehwege (Wohnwege)**. Sie können entweder für den öffentlichen Verkehr gewidmet oder Privatwege mit rechtlicher Sicherung nach Abs. 2 sein. Die Annahme wird auch durch den bisherigen § 2 Abs. 2 DVNBauO gestützt, dessen Regelungen leicht modifiziert in die technische Baubestimmung übertragen wurde. Bei einer Wegelänge von mehr als 50 m (das Wegestück auf dem Baugrundstück und das zwischen Baugrundstück und Straße sind zusammenzurechnen) konnte die BauAB gem. § 2 Abs. 2 S. 2 DVNBauO aF einen befahrbaren Weg mit den Abmessungen nach § 2 Abs. 1 DVNBauO verlangen oder, wenn dieser nicht hergestellt werden kann, die Baugenehmigung versagen. Das ist jetzt gem. § 1 Abs. 2 S. 2 DVO-NBauO als zwingendes Erfordernis formuliert, sobald Gründe des Feuerwehreinsatzes es verlangen (weiter siehe Abs. 3 Satz 2 → Rn. 52 ff.). 17

Für verkehrsintensive oder sicherheitssensible **bauliche Anlagen besonderer Art und Nutzung** wie Versammlungs-, Verkaufs- oder Sportstätten, Krankenhäuser und Altenpflegeheime können über § 4 NBauO und § 1 DVO-NBauO hinaus im Einzelfall an die Zu- und Abfahrten besondere Anforderungen gestellt werden (§ 51 Abs. 1 Nr. 14). In Zweifelsfällen sollten die örtliche Verkehrsbehörde sowie die (Berufs-)Feuerwehr bzw. der Brandschutzprüfer des Kreises gutachtlich eingeschaltet werden. Anforderungen an Zu- u. Abfahrten sind teilweise auch in den speziellen VOen (§ 82) enthalten, die zu baulichen Anlagen mit besonderem Gefahrenpotential ergangen sind wie zB in § 2 GaStplVO (Verordnung über den Bau und Betrieb von Garagen und Stellplätzen). 18

Setzt die Gemeinde gem. § 9 Abs. 1 Nr. 21 BauGB mit **Geh-, Fahr- und Leitungsrechten** zu belastende Flächen als Zugang fest, dann müssen auch diese Flächen so bemessen sein, dass den vorstehenden Anforderungen genügt wird. Fehlt es an einer hinreichenden Konkretisierung der Geh-, Fahr- und Leitungsrechte im B-Plan, so kann dies zur Unwirksamkeit dieser Festsetzungen führen (OVG Lüneburg 18.3.1985 – 1 C 22/82, BRS 44 Nr. 7; BVerwG 18.12.1987 – 4 NB 2.87, BRS 47 Nr. 4). 19

D. Rechtliche Sicherung des Zugangs über private Verkehrsflächen (Abs. 2)

Zweck der Regelung: Der nach Abs. 1 zulässige „Zugang" von der mit Kfz befahrbaren öffentlichen Verkehrsfläche zum Baugrundstück kann in einem Wohnweg bestehen, der seinerseits die rechtliche Eigenschaft einer öffentlichen Straße hat. Nach Satz 1 kann aber grundsätzlich auch eine private Verkehrsfläche als Zugang dienen. Wenn das Bauordnungsrecht allerdings Privatgrundstücke ohne weiteres als Zugang genügen ließe, müsste damit gerechnet werden, dass sie eines Tages ihrem Zweck, das Baugrundstück mit der öffentlichen Straße zu verbinden, entzogen werden (zB durch Sper- 20 rung oder Überbauung des Weges) und dass dann das – inzwischen bebaute – Baugrundstück ohne ausreichende Verkehrserschließung ist. Die Bauaufsicht könnte in diesem Falle nicht gegen den Wegeeigentümer vorgehen, da dieser für den ordnungsgemäßen Zustand des Bauwerks auf dem Baugrundstück nicht verantwortlich ist (vgl. → § 3 Rn. 17). Ein ordnungsgemäßer Zustand ließe sich dann uU nur durch Abbruch des Bauwerks auf dem „abgeschnittenen" Hinterliegergrundstück erreichen.

21 Um derartige Konsequenzen von vornherein zu vermeiden, verlangt Abs. 2, dass die Benutzung der privaten Verkehrsflächen als Zugang zum Baugrundstück durch Baulast oder durch Miteigentum gesichert wird. Die NBauO 1995 hat in gewissem Umfang auch eine Sicherung durch Grunddienstbarkeit zugelassen, die § 4 Abs. 2 Hs. 2 nunmehr auf Wohngebäude der Gebäudeklassen 1 und 2 beschränkt. Darunter fallen Wohngebäude geringer Höhe mit nicht mehr als zwei Wohnungen von insgesamt nicht mehr als 400 m^2 Nutzfläche (wegen des Verhältnisses zum Bundesrecht vgl. → Rn. 9 f.). Diese dauerhafte Sicherung der Zugänglichkeit dient ausschließlich dem öffentlichen Interesse (OVG Lüneburg 12.3.1997 – 1 M 1023/97, BRS 59 Nr. 108). Zur Frage der nachbarschützenden Wirkung von Vorschriften über die Zugänglichkeit s. § 68 Rn. 48, 70 (zB VG Göttingen Beschluss 4.4.2016 – 2 B 41/16 –).

22 **Anwendungsbereich:** Abs. 2 greift in allen Fällen ein, in denen Baugrundstücke von den mit Kfz befahrbaren öffentlichen Verkehrsflächen nur über andere Flächen zugänglich sind, die nicht dem öffentlichen Verkehr gewidmet sind (s. → Rn. 12). Zu diesen Flächen gehören Überfahrten über Nachbargrundstücke (Abb. 1), private Wohnwege, innere Erschließungsstraßen größerer Siedlungen, die vom Bauträger bereitgestellt werden, Werksstraßen, Interessentenwege, insbesondere der Realverbände, usw.

23 **Sonderfall:** Eine Zuwegung über ein fremdes, nicht dem öffentlichen Verkehr gewidmetes Vorderliegergrundstück braucht nicht durch Baulast oder Miteigentum gesichert zu werden, wenn das Hinterliegergrundstück an eine öffentliche Straße angrenzt, von der aus erforderlichenfalls eine Zuwegung geschaffen werden könnte.

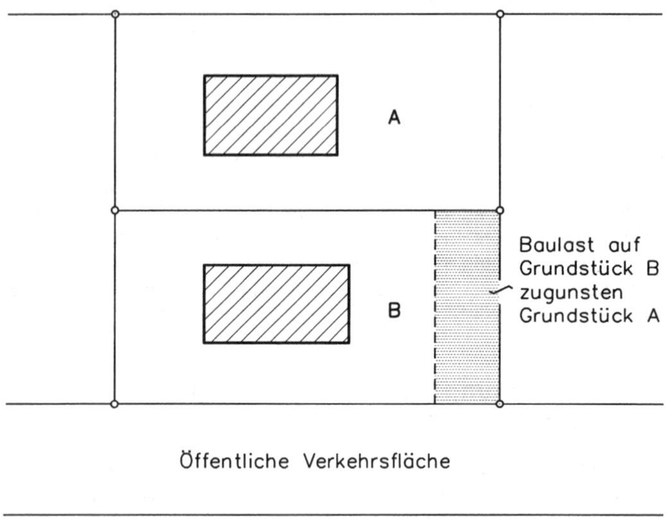

Abb. 1:
Sicherung der Zugänglichkeit für Grundstück „A" durch Eintragung einer Baulast oder Miteigentum nach § 4 Abs. 2 NBauO („Wegebaulast") auf Grundstück „B".

Private Grundstückszugänge, die von mehreren Bauherren als Gemeinschaftsanlage geschaffen werden, sind nicht mehr als Gemeinschaftsanlage in der Bauordnung geregelt (§ 52 NBauO aF). War bisher das Verlangen der Sicherung durch Baulast nach § 52 Abs. 1 S. 2 aF in das Ermessen der BauAB gestellt, geht der Abs. 2 vom zwingenden Erfordernis der Baulastsicherung aus, soweit kein Miteigentum begründet ist oder nicht auf die Variante der Grunddienstbarkeit zurückgegriffen werden darf (s. → Rn. 21 ff.). 24

Als rechtliches Mittel, mit dem das Vorhandensein der Zuwegung gesichert werden kann, nennt Abs. 2 an erster Stelle die **Baulast** (s. → § 81 Rn. 7 ff.). Diese sog. Zuwegungsbaulast kann nur vom Eigentümer der Wegefläche eingeräumt werden (s. → § 81 Rn. 41). Ob er dies tut, steht grundsätzlich in seinem Belieben. Es ist Sache des Bauherrn, sich darum zu bemühen; ggf. muss er dem Eigentümer dafür ein Entgelt zahlen. Die Baulasterklärung könnte wie folgt lauten: 25

> „Als Eigentümer des im Grundbuch von … Bd. … Bl. … unter Nr. … des Bestandsverzeichnisses eingetragenen Grundstücks … -straße Nr. … – Gemarkung … Flur … Flurstück … – (Bezeichnung des Wegegrundstücks) übernehme ich, auch zu Lasten meiner Rechtsnachfolger, als Baulast die Verpflichtung zu dulden, dass auf dem im anliegenden Lageplan vermaßten und gelb schraffierten Teil des o.g. Grundstücks ein Weg zum vorschriftsmäßigen Anschluss des im Grundbuch von … Bd. … Bl. … unter Nr. … des Bestandsverzeichnisses eingetragenen Grundstücks … -straße Nr. … – Gemarkung … Flur … Flurstück … – (Bezeichnung des Baugrundstücks) an das öffentliche Straßennetz angelegt, unterhalten und benutzt wird."

In dem vorstehenden Beispiel verpflichtet sich der Baulastübernehmer (Eigentümer der Wegefläche) uneingeschränkt, jeglichen Zu- u. Abgangsverkehr über sein Grundstück zu dulden, der durch die zulässige Nutzung des begünstigten Baugrundstücks verursacht wird. Es könnte jedoch in seinem Interesse liegen, die Verpflichtung aus der Baulast zu begrenzen, zB auf den Zu- u. Abgangsverkehr, den ein 1-Familienhaus verursacht, um einer Nutzungsänderung auf dem begünstigten Grundstück vorzubeugen, die zu stärkeren Zu- u. Abgangsverkehr führen würde. Der Zusatz zur oa Baulasterklärung könnte lauten:

> „Diese Wegebaulast dient der Errichtung eines 1-Familienwohnhauses mit ca. 140 m^2 Wohnfläche und ist auf diese Nutzung und Größe beschränkt."

Auch derartig eingeschränkte Wegebaulasten sichern die Zugänglichkeit iSv § 4 Abs. 2, allerdings nur für das bestimmte Bauvorhaben. Zur Wirkung einer Baulast s. § 81 Rn. 48 ff.

Ist eine Grunddienstbarkeit für ein Wegerecht – als privatrechtlicher Titel zur Benutzung der Zuwegung – durch eine **Zuwegungsbaulast** nach oa Muster ergänzt worden, dann bleibt **im Fall der Zwangsversteigerung** des Wegegrundstücks die Zuwegungsbaulast bestehen, während die Grunddienstbarkeit untergehen kann. Die BauAB ist auch nach der Zwangsversteigerung und dem Erlöschen der Grunddienstbarkeit nicht gehindert, die davon nicht betroffene Zuwegungsbaulast durchzusetzen (OVG Lüneburg 8.12.1995 – 1 M 7201/95, BRS 57 Nr. 129); → Rn. 28. 26

Ersatz der Baulast durch andere Sicherungsmittel: Nach der NBauO 1973 konnte die Zuwegung nur durch Baulast gesichert werden; privatrechtliche Sicherungsmittel wie insbesondere eine Grunddienstbarkeit waren nicht zugelassen. Grund für diese strenge Regelung war die Besorgnis, dass der Eigentümer des Baugrundstücks sich die – für ihn frei verfügbare – Dienstbarkeit eines Tages vom Wegeeigentümer ganz oder teilweise abhandeln lassen könnte mit der Folge, dass dann ein rechtlich ausreichend gesicherter Zugang zur öffentlichen Straße fehlt (vgl. Rn. 16). Demnach ist auch die Zugänglichkeit eines Grundstücks im Außenbereich (hier Modellflugplatz) nur über Wege, die sich im Besitz eines Realverbandes befinden, ohne entsprechende Baulastsicherung wohl unzulässig (VG Göttingen Urteil 30.1.2014 – 2 A 425/12 –); die Entscheidung wurde aber von der Berufungsinstanz aufgehoben, weil dem (klagenden) Realverband kein Abwehrrecht zugestanden wurde (OVG Lüneburg Urteil 21.1.2016 – 1 LB 57/15 –). 27

28 Seit der NBauO 1986 ist auch ausdrücklich **Miteigentum** an dem für die Zuwegung erforderlichen Grundstück als hinreichende Sicherung zugelassen. Das gilt sowohl für eine Bebauung mit Wohngebäuden geringer Höhe als auch mit höheren Gebäuden – aller Art. Hierbei ist an Fälle gedacht, in denen zwei oder mehrere Grundstücke durch ein Wegegrundstück erschlossen werden, das den Eigentümern der erschlossenen Grundstücke gemeinschaftlich gehört (Abb. 2). In einer solchen Situation werden idR alle Miteigentümer am Fortbestand der Wegeparzelle interessiert sein, so dass deren Zweckentfremdung wenig wahrscheinlich ist. In der bauaufsichtlichen Praxis ist aber darauf zu achten, dass diese Situation auch wirklich vorliegt. Daher muss es sich idR um eine Parzelle handeln, die nach Lage und Zuschnitt deutlich die Funktion eines Wegegrundstücks hat. Zur Eigentümerverschiedenheit bei Eheleuten und zur rechtlichen Gestaltungsmöglichkeit siehe OVG Lüneburg, Urteil vom 7.6.2004 – 9 LB 184/03 – openJur 2012, 41580.

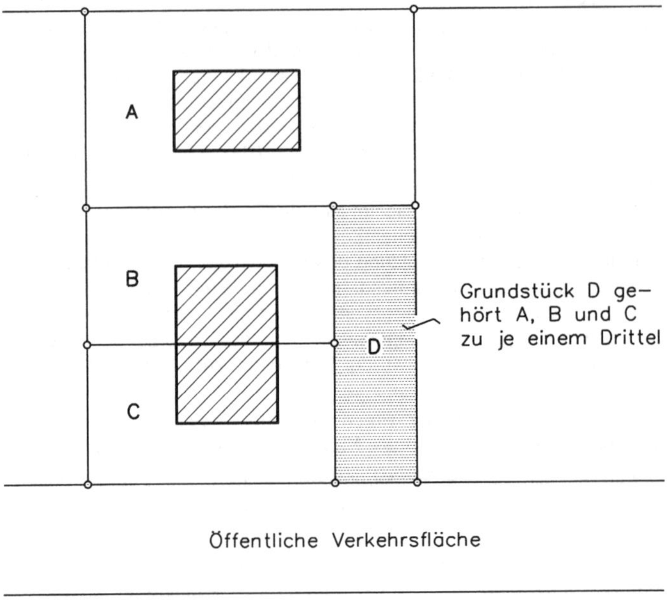

Abb. 2:
Sicherung der Zugänglichkeit für die angeschlossenen Grundstücke „A", „B" und „C" durch Miteigentum am Grundstück „D" gemäß § 4 Abs. 2 NBauO.

29 Auch wird idR zu fordern sein, dass die Miteigentümer ihr Recht nach § 749 BGB, jederzeit die Aufhebung der Gemeinschaft verlangen zu können, für die Zeit des Bestehens einer auf die Zuwegung angewiesenen baulichen Anlage ausschließen und diesen Ausschluss im Grundbuch eintragen lassen (§ 1010 BGB), damit er auch für Rechtsnachfolger verbindlich ist. Nur so kann die Forderung des Satzes 1 nach Sicherung der Zugänglichkeit als erfüllt angesehen werden. Dagegen gibt sich die bauaufsichtliche Praxis bereits mit dem Miteigentumsnachweis an der Zuwegungsfläche zufrieden.

30 Auf die Größe des Miteigentumsanteils an der Zuwegungsfläche kommt es nicht an. Auch ein geringer Anteil sichert öffentlich-rechtlich die Zugänglichkeit des Baugrundstücks für ein größeres Vorhaben unabhängig von den Vorschriften des BGB §§ 741 ff.

31 Wenn die Wegeparzelle die notwendige Erschließung mehrerer Baugrundstücke darstellt, ist sie eine Gemeinschaftsanlage. Da der § 52 NBauO aF entfallen ist, lassen

sich die in §4 Abs. 2 vorgesehenen Instrumente zur bauordnungsrechtlichen Sicherung der Zugänglichkeit nicht mehr umgehen.

Wenn mehrere Baugrundstücke durch ein Wegegrundstück erschlossen werden, und alle diese Grundstücke zunächst im Eigentum eines Bauträgers stehen, gibt es, streng genommen, bis zur Veräußerung der Bauten noch kein Miteigentum am Wegegrundstück. Es bestehen aber keine Bedenken, in dieser Situation auch schon das künftige Miteigentum als Sicherung ausreichen zu lassen. Sonst reicht es zur Sicherung aber grundsätzlich nicht aus, dass Baugrundstück und Wegegrundstück denselben Eigentümer haben. Die Bauaufsichtsbehörde sollte allerdings Einblick in die Grundstücksverträge nehmen, um zu prüfen, ob sie eine entsprechende Sicherheit vermittelnde Klausel enthalten. 32

Seit der Neufassung des Abs. 2 in der NBauO 1995 reicht auch die privatrechtliche **Grunddienstbarkeit** als Sicherungsmittel für die Zugänglichkeit eines Baugrundstücks aus, vorausgesetzt dieses soll nur mit Wohngebäuden geringer Höhe und nicht mehr als zwei Wohnungen bebaut werden. Die damalige Begründung des Gesetzentwurfs, es werde mit der Beschränkung auf diese Gebäude den geringen Risiken, die mit Grunddienstbarkeiten verbunden sind, Rechnung getragen, da für Wohngebäude dieser geringen Höhe idR weder Zufahrten nach §2 DVNBauO noch Aufstell- und Bewegungsflächen für die Feuerwehr nach §3 DVNBauO erforderlich seien, vermag noch immer nicht zu überzeugen. Das betrifft nur die technische Anlage solcher Zuwegungen, vermag aber die unter → Rn. 26 beschriebenen Risiken bezüglich der freien Verfügbarkeit der Dienstbarkeit nicht zu beseitigen. Trotzdem ist diese Vergünstigung beibehalten worden, denn die Eingrenzung auf Wohngebäude der Gebäudeklassen 1 und 2 trifft die gleiche Gebäudetypologie. 33

Eine Grunddienstbarkeit ist weit weniger als eine Baulast geeignet, die Zuwegung zum Baugrundstück zu sichern, weil sie bei einer Zwangsversteigerung des Grundstücks, über das die Zuwegung führt, im Gegensatz zur Baulast untergehen kann. Damit ist aber zu rechnen, wenn dieses Grundstück mit Grundpfandrechten belastet ist, die der Grunddienstbarkeit im Range vorgehen (vgl. §§44, 52 ZVG). Daher ist die Zuwegung durch Grunddienstbarkeit nur dann iSv §4 Abs. 2 „gesichert“, wenn die Grunddienstbarkeit Vorrang vor allen in Abt. III des Grundbuchs eingetragenen Rechten hat. Sind bei Bestellung der Grunddienstbarkeit solche Rechte schon eingetragen, genügt diese zur Sicherung erst dann, wenn die Inhaber dieser Rechte (Gläubiger) der Grunddienstbarkeit den Vorrang eingeräumt haben (§ 880 BGB). 34

Die Frage, ob ein **Notwegrecht** nach §917 BGB als Sicherung ausreicht (vgl. OVG Münster 13.5.1976 – X A 509/75, BRS 30 Nr. 100; 15.4.1999 – 3 B 68/99, DÖV 2000, 41), ist für Niedersachsen durch die eindeutige Fassung des Abs. 2 Satz 1 geklärt: nur die Baulast, Miteigentum am „Wegegrundstück“ oder Grunddienstbarkeit genügen hier als Sicherung. Dafür sprechen auch gute Gründe, denn die Inanspruchnahme des Notwegrechts kann für den betroffenen Nachbarn eine Härte bedeuten, vgl. die vom BVerwG 26.3.1976 – IV C 7.74, BRS 30 Nr. 140 und vom VGH Mannheim 28.5.1975 – VIII 312/74, BRS 29 Nr. 95, entschiedenen Fälle. Das BVerwG hat bisher ein Notwegrecht noch nicht als bundesrechtliche Erschließung ausreichen lassen. Weil Umfang und Ausübung des Notwegerechts mit Unsicherheiten belastet sind, wird man es auch bundesrechtlich nicht als Sicherung der Erschließung genügen lassen können. 35

Die auf §9 Abs. 1 Nr. 21 BauGB gestützte Festsetzung in einem B-Plan, dass eine Fläche mit einem Geh- und Fahrrecht zu Gunsten der Allgemeinheit (BVerwG 2.11.1998 – 4 BN 49.98, BRS 60 Nr. 23) oder zu Gunsten der darüber zu erschließenden Baugrundstücke zu belasten ist, begründet ein solches Recht noch nicht (Söfker in Ernst/Zinkahn/Bielenberg/Krautzberger BauGB §9 Rn. 170; Schrödter BauGB§9 Rn. 108). Der B-Plan bezeichnet nur die Fläche, die mit den Rechten zu belasten ist. Das Recht selbst entsteht erst durch entsprechende Baulasten bzw. Grunddienstbarkeiten. 36

Eine **Abweichung von der Sicherung durch Baulast**, dort wo sie erforderlich ist, kommt nur unter engen Voraussetzungen des §66 in Betracht. In der inzwischen außer 37

Kraft getretenen Bek. vom 3.2.1975 (Nds. MBl. S. 222) hielt die oberste BauAB die seinerzeit erforderliche Befreiung (§ 86 NBauO aF) für vertretbar und geboten, wenn die Benutzung der Wegefläche schon privatrechtlich durch Miteigentum oder Grunddienstbarkeit gesichert ist und die anderen Miteigentümer oder der Eigentümer der mit der Grunddienstbarkeit belasteten Wegefläche trotz nachhaltiger Bemühungen des Bauherrn nicht bereit sind, zusätzlich eine Baulast zu übernehmen. Diese Befreiungsfälle kamen wegen der Gesetzesänderungen von 1986 und 1995 in der Praxis nicht mehr vor, so dass kaum noch Fallgestaltungen vorstellbar waren, die über eine Befreiung hätten gelöst werden können. Auch das neue Instrument der Abweichung gem. § 66 bietet keinen erkennbaren Ansatz, der den Verzicht auf das Sicherungserfordernis rechtfertigen könnte. Wenn überhaupt, käme er hier nur bei einer atypischen Ausgangslage in Betracht. Gar nicht selten ist der Fall, in dem der Eigentümer dem Bauherrn die Benutzung der Wegefläche zwar gestattet, aber nicht bereit ist, dieses in Form einer Baulast gem. § 92 zu tun. Eine Abweichung ließe sich uU nur dann begründen, wenn nach Rücknahme der Zusage ein Rückbau der baulichen Anlage bzw. die Aufgabe einer baulichen Nutzung sicher gestellt wäre. Diese Sicherheit müsste die Bauaufsichtsbehörde mindestens über eine auflösende Bedingung, besser noch über öffentlich-rechtlichen Vertrag herbeiführen. Nur unter diesen Voraussetzungen wäre auch Entgegenkommen bei einem Notwegerecht denkbar (vgl. → Rn. 32).

37a Allerdings wäre die BauAB nicht zum Einschreiten verpflichtet, wenn eine widerrechtlich errichtete bauliche Anlage nur über eine mit dem Notwegerecht belastete Grundstücksfläche erreichbar ist (so mit Verweis auf den Zivilrechtsweg VG Stade Urteil 13.5.2004 – 1 A 1424/01 –). Es kann sogar eine Beseitigungsanordnung gegen den Grundsatz der Verhältnismäßigkeit verstoßen, solange es nur an der öffentlich-rechtlichen Sicherung der Zugänglichkeit fehlt, sie aber in tatsächlicher Hinsicht nicht konkret in Frage gestellt ist. Eine hinsichtlich der materiellen Illegalität nur auf das Fehlen einer dauerhaften rechtlichen Sicherung der Zuwegung gestützte Beseitigungsanordnung könnte nach der Rechtsprechung des Bundesverwaltungsgerichts (vgl. BVerwG Urteil 3.5.1988 – 4 C 54.85 – BauR 1988, 576) nicht mehr verhältnismäßig sein. So sollte immer geprüft werden, ob es noch gelingen kann, in absehbarer Zeit doch noch eine Zufahrt öffentlich-rechtlich zu sichern. Mindestens solange die Benutzung des Weges seitens der Eigentümer geduldet wird, sollte eine Beseitigungsanordnung aufgeschoben werden (so OVG NW Beschluss 25.4.2016 – 7 A 184/14 – NVwZ-RR 2016, 6).

38 Der seit der NBauO 1986 bestehende Satz 2 soll eine Zweifelsfrage klären: Nach § 2 Abs. 12 S. 2 können mehrere Grundstücke im bürgerlich-rechtlichen Sinn durch die so genannte **Vereinigungsbaulast** zu einem Baugrundstück zusammengeschlossen werden. Es war, wenn auch zu Unrecht, bezweifelt worden, ob dann, wenn eine bauliche Anlage auf einem, die Zuwegung dagegen auf einem anderen der zusammengeschlossenen Grundstücke liegt, die Vereinigungsbaulast ausreicht, um den Bestand und die Benutzbarkeit der Zuwegung zu sichern (AusschBer NBauO 1986, LT-Drs. 10/5715, 3 f.). Durch Satz 2 wird die Frage weiterhin ausdrücklich verneint. Es muss also, wenn Grundstücke durch Baulast nach § 2 Abs. 12 S. 2 vereinigt werden sollen, und ein Bauwerk auf einem der vereinigten Grundstücke über ein anderes dieser Grundstücke erschlossen werden soll, **zusätzlich zur Vereinigungsbaulast** nach § 2 **eine Wegebaulast** nach § 4 bestellt werden, oder Miteigentum unter den → Rn. 24 ff. dargestellten Voraussetzungen bestehen bzw. eine Grunddienstbarkeit bestellt sein; dazu → § 2 Rn. 143.

39 Eine vor dem 1.5.1986 eingetragene **Vereinigungsbaulast sichert** dem Hinterliegergrundstück **nicht (mehr) die Zugänglichkeit**. Vielmehr ist zusätzlich eine Zuwegungsbaulast erforderlich (OVG Lüneburg 19.9.1996 – 1 L 7891/94-, BRS 58 Nr. 101). Bei bebauten Hinterliegergrundstücken kann jedoch davon ausgegangen werden, dass bauliche Veränderungen und Erweiterungen, aus denen sich keine weitergehenden Anforderungen an die Zuwegungsqualität ergeben, keine zusätzliche Zuwegungsbaulast erfordern. So jedenfalls dürfte die Aussage im oa Urteil zu verstehen sein, nach welcher die zusätzliche Wegebaulast nach Satz 2 für erforderlich gehalten wird, sofern das fragliche Hinterliegergrundstück nicht bereits zu diesem Zeitpunkt (1.5.1986) bebaut gewesen ist (vgl. §2 Abs. 12 S. 2, → Rn. 145).

Abs. 2 hat auch Bedeutung für **Grundstücke, die bereits vor Inkrafttreten der NBauO bebaut worden sind** und die über private Straßen oder Wege erschlossen werden. Beruht das Benutzungsrecht an der privaten Verkehrsfläche ausschließlich auf zivilrechtlichen Abmachungen, Gewohnheits- oder Notwegerechten, dann steht das weiterer Bebauung auf diesen Grundstücken Abs. 2 entgegen. Auch (neue) Stellplätze, Garagen und Nebenanlagen zu vorhandener (bestandsgeschützter) Bebauung sind nicht aufgrund überwirkenden Bestandsschutzes zulässig (OVG Lüneburg 26.1.1998 – 6 L 3005/96, Urteil OVG Lüneburg nv zu einem Stellplatz als Ergänzung eines bestandsgeschützten Ferienhauses auf einem Grundstück, dessen Zugänglichkeit nicht nach Abs. 2 Satz 1 gesichert war; 2.7.1999 – 1 L 5277/96, BRS 62 Nr. 147). **40**

Zum Verfahren der BauAB: Ist eine Sicherung des Zugangs durch Baulast, Miteigentum oder ggf. Grunddienstbarkeit erforderlich, so darf die BauAB eine Baugenehmigung erst erteilen, wenn entweder die Baulast in das Baulastenverzeichnis eingetragen, die Sicherung durch Miteigentum hergestellt oder die Grunddienstbarkeit bestellt und ihr ggf. der Vorrang (vgl. → Rn. 34) eingeräumt worden ist. Jedenfalls dann, wenn eine Baulast auf einem fremden, nicht auch dem Bauherrn gehörenden, Grundstück bestellt werden muss, darf die BauAB die Baugenehmigung nicht schon vorher erteilen und die Baulastbestellung nur durch Auflage fordern (VGH Kassel 19.7.1988 – 4 UE 1943/86, BRS 48 Nr. 95). Die Baugenehmigung ist dann zwar nicht, wie der VGH Kassel meint, nichtig (vgl. §70 Rn. 70); aber es kann geschehen, dass der Bau zwar errichtet wird, die Baulast aber nicht zustande kommt, weil der Nachbar sie nicht bestellen will. **41**

In begründeten Einzelfällen mag es aber statthaft sein, die Baugenehmigung mit einer aufschiebenden Bedingung zu erteilen, welche die Baufreigabe von der Eintragung der Zuwegungsbaulast in das Baulastenverzeichnis abhängig macht. Das kann dann denkbar sein, wenn der Baubescheid angefochten wird und der Ausgang des Verfahrens ungewiss ist. **42**

Nur bei einigen verfahrensfrei gestellten baulichen Anlagen (z.B §60, Anhang Ziff. 1.) sind Veranlasser der baulichen Maßnahme gehalten, von sich aus die Rechtmäßigkeit auch der Erschließung und der Zugänglichkeit festzustellen. Bei genehmigungsfreien Baumaßnahmen hat immerhin die Gemeinde die Pflicht, die als eine Voraussetzung der Baufreigabe gesicherte Erschließung (§30 Abs. 1 und 2 BauGB) zu bestätigen (§62 Abs. 2 Ziff. 3). auch im prüfeingeschränkten Verfahren erfasst die präventive Kontrolle der BauAB nur die Erschließung nach dem städtebaulichen Planungsrecht (§63 Abs. 1 Ziff. 1). Zusätzlich vom Bauordnungsrecht erfasste Tatbestände, wie sie die Zugänglichkeit regeln, sind nur beim Vollverfahren zu prüfen, das nur noch Sonderbauten zur Anwendung kommt (§64). Immerhin ist bei den im §§33 Abs. 2 und 65 Abs. 3 S. 2 aufgeführten baulichen Anlagen und ihrer Nutzung die Funktionsfähigkeit des 2. Rettungsweges bzw. der Nachweis des Brandschutzes behördlicherseits zu prüfen, was eben auch die Zugänglichkeit und Erreichbarkeit für Rettungsgeräte und Einsatzfahrzeuge einschließt (§ 11 Abs. 1 Ziff. 5 und 6 BauVorlVO). **42a**

E. Anordnung der baulichen Anlagen auf dem Grundstück (Abs. 3)

Allgemeine Anforderungen: Der §4 Abs. 3 entspricht dem Wortlaut des §6 NBauO aF. Er enthält die allgemeinen Anforderungen bezüglich der „Belegenheit“ baulicher Anlagen auf dem Baugrundstück in bauaufsichtlicher Hinsicht, dh unter dem Gesichtspunkt der Gefahrenabwehr, der Wohn- und Arbeitshygiene und der Zugänglichkeit. Er wurde bisher nur unwesentlich gegenüber der Fassung der NBauO 1973 geändert; in der NBauO 1986 ist aus sprachlichen Gründen Begriff „belichtet“ durch das „erforderliche Tageslicht“ ersetzt worden. **43**

44 Die Vorschrift soll im Interesse der Bewohner, Nutzer und Besucher des Baugrundstücks für Verkehrs- und Brandsicherheit sowie für gesunde Wohn- und Arbeitsverhältnisse sorgen; sie dient im Regelfall nicht dem Nachbarschutz (vgl. § 68 Rn. 70). Nur wenn unmittelbare Rechtsverschlechterung für den Nachbarn zu erwarten ist, weil ihm als Folge der fehlenden Erschließung die Duldung eines Notwege- oder Notleitungsrechts nach § 917 Abs. 1 BGB droht, könnte er seine Abwehrrechte mit Erfolg beanspruchen zu (VGH München Beschluss 27.7.2018 – 1 CS 18.1265 – BeckRS 2018, 17170, hier verneint). Ggf. mittelbar ließe sich einer Erschließungsanlage entgegenhalten, es werde das Gebot der Rücksichtnahme missachtet, weil das Nachbargrundstücke unzumutbaren Lärm- und Abgasimmissionen ausgesetzt sei (VGH München Beschluss 2.3.2018 – 9 CS 17.2597 – JurionRS 2018, 16131, hier verneint).

45 Während § 4 Abs. 1 einen ordnungsgemäßen Zugang zum Baugrundstück fordert, verlangt Abs. 3 die sichere Zugänglichkeit der baulichen Anlagen – durch eine entsprechende Anordnung – auf dem Baugrundstück selbst. § 1 DVO-NBauO bringt dazu Regelungen im Hinblick auf die **Belange der Feuerwehr und Rettungsdienste**, die durch die „Richtlinien über Flächen für die Feuerwehr" ergänzt werden → Rn. 56). Die allgemeinen Anforderungen hinsichtlich ausreichend Licht, Luft und Sonne konkretisieren die Bestimmungen der §§ 5–6 über Abstände, die bauliche Anlagen, insbesondere Gebäude, von den Grenzen und untereinander halten müssen. Ob den Anforderungen des Abs. 3 bezüglich **Tageslicht und Belüftung** noch uneingeschränkt genügt wird, wenn die Abstandsvorschriften eingehalten werden, darauf darf nach der Verringerung des gesetzlichen Mindestabstands nicht uneingeschränkt vertraut werden (§ 5 Rn. 22, → Rn. 40). Und doch sollte sich die BauAB zurückhalten, die präventive oder repressive Kontrolle über die bestimmt formulierten Regelungen auszudehnen. Da ist es zunächst dem Entwurfsverfasser auferlegt, über eine geschickte Planung die erforderlichen Qualitäten zu sichern.

46 Die Anordnung baulicher Anlagen auf dem Baugrundstück wird primär von planungsrechtlichen Vorschriften (§ 9 Abs. 1 Nr. 2 und §§ 29 ff. BauGB sowie §§ 22 f. BauNVO) beeinflusst. Auch dem Planer von Bebauungsplänen ist durchaus zuzumuten, durch entsprechende Anordnung der überbaubaren Flächen dem Entwurfsverfasser anzubieten, die baulichen Anlagen so auszurichten, dass angemessene Freiräume zur Besonnung und Belichtung sowie angenehme Ausblicke verbleiben. Zu dem Verhältnis planungsrechtlicher zu bauordnungsrechtlichen Vorschriften vgl. → § 5 Rn. 38 ff.

47 Entgegen teilweise in früheren BauOen enthaltenen Regelungen bringt die NBauO keine einschränkenden Vorschriften mehr über **„Hintergebäude"**, weil derartige Vorschriften überwiegend planungsrechtlicher Natur sind. Rückwärtige Gebäude – dh solche, die im Hintergelände eines Baugrundstücks liegen – müssen aber ungeachtet -einer planungsrechtlichen Zulässigkeit die allgemeinen Anforderungen des Abs. 3 wie „Vordergebäude" voll erfüllen, zB für Rettungseinsätze der Feuerwehr von der öffentlichen Straße her schnell und sicher erreichbar sein (vgl. § 1 Abs. 1 DVO-NBauO).

48 Eine schnelle Rettung und ein wirksamer Löschangriff setzen voraus, dass die dafür benötigten **Feuerlösch- und Rettungsgeräte** ungehindert bis dicht an die in Not geratene bauliche Anlage herangebracht werden können, wenn diese nicht unmittelbar an der öffentlichen Verkehrsfläche liegt. Und auch dort kann die Einsatzfähigkeit von Einsatzfahrzeugen durch im Straßenraum befindliche Hindernisse eingeschränkt sein. Verkehrsbedingte Blockaden wie Parkierungsflächen lassen sich umorganisieren und können kaum der ansonsten rechtmäßigen Bebauungsmöglichkeit eines Grundstücks entgegengehalten werden. Straßenbäume dagegen verstellen häufig die Möglichkeit, den 2. Rettungsweg über eine anleiterbare Stelle sicherzustellen. Bleibt bei Neubauten immerhin noch die Möglichkeit, die zwei notwendigen Rettungswege baulich zu sichern, ist dieser Weg bei Änderungen im Bestand oft wegen des damit verbundenen Aufwandes verstellt.

Zum Einsatz kommen tragbare Leitern, Schlauchleitungen, Be- und Entlüftungsgeräte, Werkzeug zum Aufbrechen und Einreißen, Atemschutzgeräte, Krankentragen etc. Die bei Gebäuden geringer Höhe (§ 2 Abs. 9) funktions- und gebrauchsfähigen Geräte können vom Feuerwehrfahrzeug zur Einsatzstelle getragen werden, bei höheren Gebäuden müssen die Feuerwehrfahrzeuge bis an die Einsatzstelle heranfahren können.

Die Lage der Einsatzstelle mit der Bewegungs- bzw. Entwicklungsfläche für die Feuerwehrfahrzeuge (Rn. 51) ist ua abhängig von der Ausrichtung des Gebäudes, seiner Größe und Höhe und der Anordnung der inneren und äußeren Rettungswege, die gleichzeitig die Angriffswege für die Rettungskräfte bilden können. Steht das Gebäude mit seiner Längsseite und dem Eingang direkt an der öffentlichen Straße, dann wird die Feuerwehr den Lösch- und Rettungsangriff idR von dort aus durchführen können. Ist ein Angriff von der Straße her – konstruktionsbedingt zB durch eine vorgehängte Schallschutzverglasung oder weil die Fenster eines klimatisierten Gebäudes zur Straße hin nicht zu öffnen sind – nicht möglich, müssen für die Feuerwehrfahrzeuge andere Gebäudeseiten, meistens die Gebäuderückseite, auf entsprechenden Zuwegungen schnell und sicher erreichbar sein. Führt der zweite Rettungsweg (s. §33 Abs. 2 S. 2, → Rn. 7) über Geräte der Feuerwehr, dann müssen die Gebäudeseiten mit den zum Anleitern bestimmten Stellen (zB das anleiterbare Fenster, Rettungsbalkone, siehe auch → §37 Abs. 3 NBauO, §19 Abs. 2 DVO-NBauO, §37 Rn. 12 ff.) für die Geräte erreichbar sein. Das setzt auf dem Baugrundstück ausreichend Bewegungsfreiheit für Gerät und Mannschaften voraus. 49

Bei **Gebäuden geringer Höhe** (§2 Abs. 9 aF), also den der Gebäudeklassen 1–3, wird idR der (fußläufige) Zu- und Durchgang nach §1 Abs. 1 DVO-NBauO von der öffentlichen Straße her sichergestellt. Allerdings ist darauf zu achten, dass über die geforderte Mindestbreite von 1,25 m hinaus Durchgänge zur Gebäuderückseite bzw. zu rückwärtigen Gebäuden, wegen der Länge der Leitern (4-teilige Steckleiter ca. 3 m, 3-teilige Schiebeleiter bis zu 5 m), die durch diese Zu- u. Durchgänge getragen werden müssen, möglichst gradlinig geführt werden; bei Gebäuden ohne baulichen zweiten Rettungsweg gilt dies bis zu den zum Anleitern bestimmten Stellen (§1 Abs. 1 S. 2 DVO-NBauO). 50

Die Notwendigkeit des Einsatzes von Hubrettungsfahrzeugen wird davon abhängig gemacht, dass die zum Anleitern bestimmten Stellen mehr als 8,00 m oberhalb der Geländeoberfläche liegen. Das Erfordernis wird von der Gebäudehöhe entkoppelt. So können unter diesen Bedingungen auch bei Gebäuden geringer Höhe Zu- und Durchfahrten gefordert sein (§1 Abs. 2 S. 2 DVO-NBauO). Dass kann insbesondere Fensterbrüstungen oder Umwehrungen von Balkonen und anderen betretbaren Flächen betreffen. So ist bei einem Gebäude, dessen Fußbodenoberkante des höchstgelegenen Aufenthaltsraums die möglichen 7,00 m oberhalb der Geländeoberfläche erreicht (§1 Abs. 3 S. 3) maximal eine Brüstungshöhe von 1,00 m am anleiterfähigen Fenster denkbar. Darüber hinaus ließe sich im Bedarfsfall die Rettung von Menschen nicht mehr über den Gebrauch von Steckleitern durchführen. Dann müssten Hubrettungsfahrzeuge zum Einsatz kommen, die entsprechend dimensionierte Zu- und Durchfahrten verlangen. 51

Andererseits wäre es auch möglich, dass bei Gebäuden nicht mehr geringer Höhe die anleiterbare Öffnung so weit heruntergezogen wird, dass sie unterhalb die kritischen 8,00 m liegt. Zu beachten ist aber weiterhin, ob die Erfordernisse des Feuerwehreinsatzes (Löschangriff) trotzdem die Anlage von Zu- und Durchfahrten verlangen Abb. 3 und 4).

Die max. Länge, die ein **Zu- oder Durchgang** von der öffentlichen Verkehrsfläche bis zum Gebäude haben darf, ist in Niedersachsen nicht zwingend festgesetzt. Allerdings gilt die Vermutungsregel, dass bei mehr als 50 m Länge es einer besonderen Beachtung der brandschutztechnischen Unbedenklichkeit bedarf (§1 Abs. 2 S. 2 DVO-NBauO). Wenn der Feuerwehreinsatz es erfordert, müssen Zu- und Durchfahrten zu den vor und hinter den Gebäuden gelegenen Grundstücksflächen vorhanden sein. Grundsätzlich gilt: Je näher Feuerwehrfahrzeuge an den Brandort heranfahren können und dort ausreichend Bewegungs- bzw. Entwicklungsfläche finden, desto kürzer ist die Rüstzeit bis zum ersten Rettungs- und Löschangriff, weil insoweit das Herantragen des Feuerlösch- und Rettungsgeräts entfällt. 52

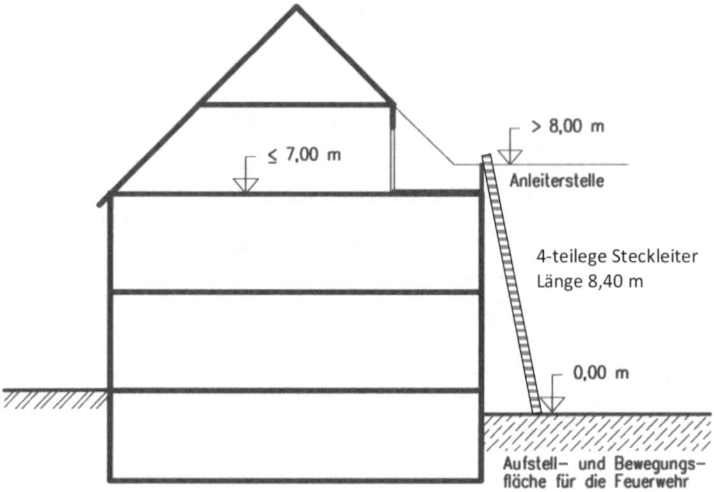

Abb. 3:
Liegt bei einem Gebäude geringer Höhe die zum Anleitern bestimmte Stelle mehr als 8,00 m über der Geländeoberfläche – wie hier als Beispiel die Umwehrung einer Dachterrasse –, muss die Erreichbarkeit der zum Anleitern bestimmten Stelle des Grundstücks für Hubrettungsgeräte sicher gestellt werden.

Anstelle der sonst nur erforderlichen Zu- und Durchgänge müssen dann Zu- und Durchfahrten angelegt werden (§ 1 Abs. 2 DVO-NBauO).

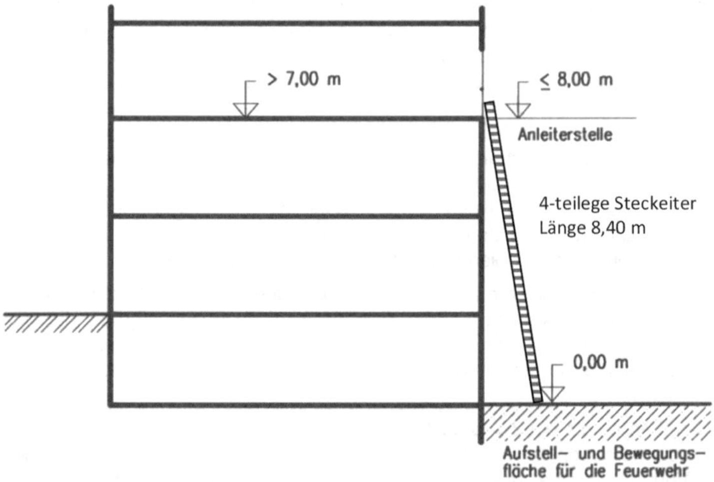

Abb. 4:
Ausschlaggebend für das Erfordernis von Zu- und Durchfahrten ist, dass die zum Anleitern bestimmten Stelle mehr als 8,00 m über der Geländeoberfläche liegt. Liegt sie selbst bei einem Gebäude nicht mehr geringer Höhe unterhalb dieser Höhenmarke, kann es bei den Zu- und Durchgängen bleiben (§ 1 Abs. 2 DVO-NBauO). Das (u.U.) Erfordernis zur Sicherstellung der Feuerwehreinsätze bleibt unberührt.

Anstelle der sonst nur erforderlichen Zu- und Durchgänge müssen dann Zu- und Durchfahrten angelegt werden (§ 1 Abs. 2 DVO-NBauO).

Wesentlich ist dabei vor allem, ob infolge der größeren Fußweglänge die Rettung von Menschen zu schwierig wird. Davon ist auszugehen bei unbefahrbaren **Wohnwegen von mehr als 50 m Länge**, die selbst von Einsatzfahrzeugen der Feuerwehr nicht mehr befahren werden können (OVG Lüneburg 21.7.2000 – 9 M 566/99, Nds.Rpfl. 2001, 93). Entgegen der Annahme des Gerichts werden Feuerwehrfahrzeuge üblicher Größe auch in einen befahrbaren Wohnweg kaum einfahren, wenn dort die erforderlichen Bewegungsflächen (DIN 14090) fehlen, so dass beispielsweise die seitliche Entnahme der Geräte aus den Feuerwehrfahrzeugen wegen vorhandener Grundstückseinfriedungen nicht oder nur erschwert möglich ist und sich Fahrzeuge und Mannschaften bei der Vorbereitung des Löschangriffs auf dem schmalen Wohnweg behindern. Anderes mag gelten für leichtere Rettungs- bzw. Notarztfahrzeuge, wenn sie auf entsprechend ausgebauten Wohnwegen direkt bis vor die Haustür fahren können. Der Zeitgewinn ist gering, so dass er die Forderung nach Befahrbarkeit eines 50 m langen Wohnwegs zumindest in Einfamilienhausgebieten wohl selten rechtfertigen kann. Leider wird der mit Befahrbarkeit der Wohnwege erreichbare Zeitgewinn für Rettungsfahrzeuge oftmals durch Suchfahrten wegen schlechter Ausschilderung der Hausnummern am Abzweig des Wohnweges von der öffentlichen Straße wieder zunichte gemacht. 53

Da es bei der Rettung von Menschen aus einem brennenden Gebäude auch auf wenige Minuten ankommt, wird man einen nicht befahrbaren Zugang von mehr als 50 m Länge zB zu einem rückwärtigen Wohngebäude eher selten akzeptieren können (vgl. auch OVG Lüneburg 21.7.2000 – 9 M 566/99, Nds.RPM. 2001, 93), sondern stattdessen eine Zu- oder Durchfahrt für die Fahrzeuge fordern müssen. Anderes mag gelten für rückwärtige Nebengebäude ohne Aufenthaltsräume (→ § 43 Rn. 4 ff.). Das Erfordernis, dessen Umsetzung nun nicht mehr in das Ermessen der Behörde gestellt ist, lässt sich über eine präventive Kontrolle der Bauaufsicht nur noch eingeschränkt durchsetzen. Zwar muss der Nachweis bei allen nicht verfahrensfrei gestellten baulichen Anlagen und Maßnahmen immer geführt werden, doch die Prüfung von Bauvorlagen mit entsprechenden Darstellungen ist nur noch bei Vorhaben möglich, zu denen gem. → § 65 Abs. 3 S. 2 den Nachweis des Brandschutzes vorgelegt werden muss (§ 65 Rn. 19 ff.). Einen weiteren Einblick ließen Unterlagen zu, bei denen ausschließlich die Eignung des zweiten Rettungsweges gem. § 33 Abs. 2 S. 3 Hs. 2 zur Prüfung einzureichen ist (→ § 33 Rn. 9). Insbesondere bei Wohngebäuden niedriger Höhe, sonstigen Gebäuden der Gebäudeklassen 1 und 2, für die ein Geschoss mit einer Nutzungseinheit für die Nutzung durch nicht mehr als 10 Personen bestimmt ist, ist der Entwurfsverfasser auf sich allein gestellt. Er müsste eigenverantwortlich ggf. im Kontakt mit der örtlichen Feuerwehr klären, ob Gründe des Feuerwehreinsatzes erfordern, Zu- oder Durchfahrten für Gebäude anzulegen, die mehr als 50 m Distanz zu den öffentlichen Verkehrsflächen haben. Anders ist die Schwelle von 10 Personen nur eine formelle Grenze. Mit dieser in Nds einzigartigen Regelung soll durch die hoheitliche Kontrolle gesichert werden, dass die Kapazitäten der örtlichen Feuerwehr und die baulichen Voraussetzungen ausreichen, um im Bedarfsfall die Rettung der Personen über die anleiterbare Stelle zu ermöglichen. 54

Gebäude nicht geringer Höhe (Geschossbauten, deren oberste Aufenthaltsräume mehr als 7 m über Gelände liegen) müssen für Feuerwehrfahrzeuge anfahrbar sein (§ 2 S. 2 DVO-NBauO). Das setzt voraus, dass dafür geeignete Feuerwehrzufahrten von der öffentlichen Straße aus angelegt werden. Für rückwärtige Gebäude gilt diese Forderung gleichermaßen. Vergünstigungen sind für die GK 4 nicht vorgesehen, obwohl der Höhensprung bis zu 13,0 m auf den Einsatz der dreiteiligen Schiebeleiter zurückzuführen ist. Ihre Gebrauchsfähigkeit zur Menschrettung wird von den Feuerwehren abgelehnt, da die Leiter nur für den Löschangriff geeignet sei. 55

Muss die Feuerwehr den 2. Rettungsweg aus einem Gebäude heraus mit ihren Drehleitern und Hubsteigern sicherstellen (s. § 33 Abs. 2 S. 2 und 4 → Rn. 7), dann sind dafür von der öffentlichen Straße bis zu dem Gebäude geeignete **Zu- und Durchfahrten** herzustellen (§ 2 DVO-NBauO) und zum Anleitern bestimmten Aufstellflächen für die Rettungsfahrzeuge zu schaffen. Die DVO-NBauO enthält keine Bemessungsanforderungen 56 mehr, da diese Eingang in die die eingeführte Technische Baubestimmung „Richt-linien über Flächen für die Feuerwehr“ vom 28.9.2012 (Nds. MBl. Nr. 37q S. 159) gefunden haben (Nds. MBl. Nr. 37/2012 S. 831). Die dort niedergelegten Anforderungen wie Breitenmaße für die Zuwegungen, die Abstands- Neigungs- und Flächenmaße für die Aufstell- und Bewegungsflächen sind gegenüber den §§ 2 und 3 DVNBauO aF zum Teil modifiziert worden. Sie besitzen zudem nicht mehr die Verbindlichkeit der früheren gesetzlichen Vorschrift, da von ihnen abgewichen werden darf, wenn den Anforderungen des § 3 gleichwertig entsprochen wird (§ 83 Abs. 2). Der entscheidenden Bauaufsichtsbehörde wird anders als bei den Abweichungsbestimmungen des § 66 kein Ermessensspielraum zugestanden.

57 In ihrer neuen Fassung hat die DVO-NBauO in § 1 Abs. 3 S. 1 die Forderung des § 2 Abs. 5 aF aufgenommen, dass die Zu- und Durchfahrten für die Feuerwehr ständig freizuhalten sind und nicht durch Einbauten verengt werden dürfen. In Satz 2 wird nun nicht nur eine ausreichende Befestigung, sondern – praxisnah – auch die ausreichende Tragfähigkeit der Zufahrt und deren Kennzeichnung verlangt.

58 Auf den **Aufstellflächen** werden die Hubrettungsfahrzeuge der örtlichen Feuerwehr aufgestellt, die den 2. Rettungsweg bilden. Aufstellflächen müssen daher nach oben offen sein und so angeordnet werden, dass alle Fenster und Fluchtbalkone, über die der 2. Rettungsweg geführt wird, von den Drehleitern und Hubsteigern erreicht werden können. Zwischen Aufstellflächen und Anleiterstellen dürfen keine Hindernisse wie zB Bäume stehen. Auf den **Bewegungsflächen** (auch Entwicklungsflächen genannt) werden Feuerwehrfahrzeuge aufgestellt, Geräte bereitgestellt, Rettungs- und Löscheinsätze vorbereitet. Bewegungsflächen sind so zu bemessen, dass alle nach dem Alarmplan vorgesehenen Feuerwehrfahrzeuge Platz finden. Um die nötige Sicherheit zu gewährleisten, sind sie so anzuordnen, dass sie außerhalb des Trümmerschattens liegen, dh außerhalb des Bereichs, in dem mit herabfallendem Brandgut oder umstürzenden Gebäudeteilen gerechnet werden muss.

59 Aufstell- und Bewegungsflächen sowie deren Zufahrten von der öffentlichen Verkehrsfläche müssen die notwendige Tragfähigkeit für die schweren Fahrzeuge besitzen und ausreichend zu befestigt sein (§ 1 Abs. 3 DVO-NBauO). Das ist gegeben, wenn diese Flächen zu jeder Jahreszeit mit einer **Achslast** von 10 t und einem Gesamtgewicht von bis zu 16 t befahren werden können, mindestens jedoch entsprechend der Straßen-Bauklasse VI, wie sie die Richtlinie für Standardisierung des Oberbaus von Verkehrsflächen – RStO 01 für Feuerwehrwege vorsieht. Zur Tragfähigkeit von Decken, die im Brandfall von Feuerwehrfahrzeugen befahren werden, wird auf DIN EN 1991-1-1:2010-12 in Verbindung mit DIN EN 1991-1-1/NA:2010-12 verwiesen. Liegen unter diesen Flächen Hohlräume, wie zB Hofkeller, Güllegruben, Tiefgaragen, so muss die Tragfähigkeit dieser Anlagen nach Brückenklasse 30 (DIN 1072) bemessen werden.

60 **Feuerwehrzufahrten** müssen von der öffentlichen Verkehrsfläche für jeden Verkehrsteilnehmer sichtbar sein. Die **erkennbare Beschilderung** erfolgt durch Hinweistafeln nach DIN 4066 Teil 2. Das widerrechtliche Abstellen von Fahrzeugen fällt unter das Verbot des § 12 Abs. 1 Ziffer 8 StVO. Der Verlauf der Zufahrten und befestigten Aufstell- und Bewegungsflächen muss auch im Winter erkennbar sein, zB durch Begrenzungspflöcke (50 cm hoch, weiß/schwarz), um die erforderliche Sicherheit beim Befahren und bei der Aufstellung der Hubrettungsfahrzeuge auf dem Baugrundstück zu gewährleisten.

61 Die Anforderungen des § 4 Abs. 3 richten sich nicht nur an Gebäude, sondern grundsätzlich an alle baulichen Anlagen (§ 2 Abs. 1), also auch an solche, die nur als **(fiktive) bauliche Anlagen** gelten (→ § 2 Rn. 13) wie zB Lagerplätze, Kleingartenanlagen, Wochenendplätze unabhängig davon, ob sie einer Genehmigungspflicht unterliegen oder nicht.

62 Die Anforderungen des § 4 Abs. 3 S. 2 bezüglich Erreichbarkeit durch die Feuerwehr und Bewegungsfreiheit für die Feuerwehrfahrzeuge richten sich auch an **Baustellen**, deren Einrichtungen und an die Gebäude selbst, die sich noch im Bau befinden. Denn zu keiner Zeit ist ein Bauwerk brandgefährdeter als in der Bauphase. Das gilt besonders für

Um- und Erweiterungsbauten, Sanierungen, Modernisierungen etc bei „laufendem Betrieb" (→ § 11 Rn. 10). Weitere Anforderungen zum Schutz der Bauarbeiter enthalten die Unfallverhütungsvorschriften der Bauberufsgenossenschaften. Der **Brandschutz auf Baustellen** gehört auch zu den Sicherheitsaspekten, die von der BaustellenVO (v. 10.6.1998 – BGBl. I S. 1283) mit erfasst werden (s. → § 11 Rn. 9).

G. Überbauung mehrerer Grundstücke (Abs. 4)

Allgemeines: Die Definition des Baugrundstücks in § 2 Abs. 12 wird in § 4 Abs. 4 durch eine Vorschrift ergänzt, die ebenfalls einerseits für Rechtsklarheit sorgen und sicherstellen soll, dass materielle Anforderungen des öffentlichen Baurechts gewahrt bleiben, andererseits aber auch den Interessen des Bauherrn flexibel entgegenkommt. **63**

Nach Abs. 4 darf eine bauliche Anlage „nicht auf mehreren Baugrundstücken gelegen" sein. Die Vorschrift hat diesen Wortlaut durch die Novelle von 1995 erhalten. Vorher hieß es, dass eine bauliche Anlage, „von den Fällen des Absatzes 1 Satz 2 abgesehen, nicht auf mehreren Grundstücken gelegen" sein darf." Diese Änderung ist nur redaktioneller Art (BegrE NBauO 1995 S. 43). Es bleibt also dabei, dass ein Bauwerk zugleich auf zwei oder mehr Buchgrundstücken (sie würden durch die Bebauung zu „Baugrundstücken") nur dann stehen darf, wenn diese durch Vereinigungsbaulast nach § 2 Abs. 12 S. 2 zu einem Baugrundstück zusammengefasst worden sind. Zweck der Regelung ist es nach wie vor, die oben, § 2 Rn. 140, aufgezeigten Folgen zu verhüten. **64**

Nach der MBauO 1959 sollte die Errichtung eines Gebäudes auf mehreren Grundstücken gänzlich verboten sein. Demgegenüber hat die MBauO 1981 (§ 4 Abs. 2, ebenso die neueren Fassungen der MBauO) eine zuerst von der LBauO BW eingeführte flexiblere Regelung übernommen, nach der ein Gebäude dann auf mehreren Grundstücken stehen darf, wenn „durch Baulast" oder „öffentlich-rechtlich" gesichert ist, „dass keine Verhältnisse eintreten können, die den Vorschriften dieses Gesetzes oder den aufgrund dieses Gesetzes erlassenen Vorschriften zuwiderlaufen". Die NBauO schreibt in § 2 der Sache nach dasselbe vor, bestimmt aber näher, welchen Inhalt die zur Sicherung erforderliche Baulast haben muss (ähnlich § 4 Abs. 2 BauO NW). **65**

Abweichend von MBauO und anderen LBauOen trifft die NBauO diese Regelung auch für **bauliche Anlagen, die keine Gebäude sind**, so zB auch für Privatstraßen, Abstellplätze, Bier- und Kaffeegärten, Aufschüttungen, Abgrabungen, Einfriedungen, Stützmauern, Leitungen, Windenergieanlagen, Silos, Werbeanlagen usw. Dies erscheint im Prinzip auch als konsequent. Jedoch ist dann, wenn sich bauliche Anlagen, die keine Gebäude sind, über mehrere Buchgrundstücke erstrecken, in vielen Fällen gar nicht zu befürchten, dass grundstücksbezogene Vorschriften des öffentlichen Baurechts unterlaufen werden. Sinnvoll erscheint die Forderung nach Bestellung einer Vereinigungsbaulast, wenn „Nichtgebäude", die nach § 5 Abs. 1 S. 2 Grenzabstand halten müssen oder nach § 47 mit Kfz-Einstellplätzen auszustatten sind, die Grundstücksgrenzen überschreiten. Im zweiten Fall wird allerdings die Vereinigungsbaulast von der NBauO selbst nicht als ausreichendes Mittel zur Sicherung der Einstellplätze anerkannt (s. § 47 Abs. 4 S. 2 u. dort → Rn. 54). Ist aber nichts von dem, was eine Vereinigungsbaulast verhüten soll, zu befürchten, so bedeutet es für den Bauherrn eine unnötige Erschwernis, wenn er dennoch eine solche Baulast beibringen muss. Es fragt sich dann, ob die Regelung noch dem Verhältnismäßigkeitsgrundsatz entspricht. Beispiele dafür sind ua ein gem. § 30 Nds. NachbarrechtsG unmittelbar auf die Grenze gesetzter nicht nach § 5 Abs. 8 S. 1 Nr. 1 abstandspflichtiger Zaun, eine Werbeanlage, bestehend aus einer Hauswand, auf die Bilder von einem auf einem anderen Grundstück aufgestellten Projektor geworfen werden. In diesen Fällen ist zumindest eine Abweichung gem. § 66 angebracht, wenn man, besonders im letztgenannten Fall, nicht sogar im Wege der sog. teleologischen Reduktion zu dem Ergebnis gelangen muss, dass § 4 Abs. 2 aF hier von vornherein nicht eingreift (vgl. OVG Lüneburg 11.1.2000 – 1 L 4588/99, BauR 2000, 1179 und 29.9.2000 **66**

– 1 L 96/00, BauR 2001, 379; das Urteil vom 29.9.2000 sagt ausdrücklich, dass § 4 Abs. 2 auf die Projektorwerbung gar nicht anwendbar sei).

67 **Eine** (einheitliche) **bauliche Anlage** liegt grundsätzlich dann vor, wenn es sich um einen zusammenhängenden Baukörper handelt. Aneinandergebaute Gebäude (vgl. → § 2 Rn. 138) sind jedoch je für sich eine bauliche Anlage, ebenso aneinanderstoßende Einfriedungen verschiedener Grundstücke und, wovon auch Nr. 4.1 des Anhangs zur NBauO ausgeht, die Masten einer Freileitung.

68 **„Baugrundstücke"** sind hier wie in § 2 Abs. 12 die Grundstücke im bürgerlich-rechtlichen Sinne (Buchgrundstücke), auf denen die betr. baulichen Anlagen errichtet werden.

69 Wie die Worte **„darf nicht gelegen sein"** klarstellen, ist es – ohne Baulast nach § 2 Abs. 12 S. 2 – nicht nur unzulässig, ein Bauwerk auf mehreren Buchgrundstücken (bzw. Baugrundstücken) zu errichten. Ein Grundstück darf dann auch nicht so geteilt werden, dass die Grenze durch ein bestehendes Bauwerk verläuft. Nach Fortfall der Genehmigungspflicht nach § 94 aF gilt nur noch die materiell-rechtliche Forderung des § 8. Die Korrektur der rechtsfehlerhaften Teilung kann dann nur noch repressiv nach Eintritt des baurechtswidrigen Zustands über § 79 verfolgt werden.

70 **Auf mehreren Baugrundstücken gelegen** ist ein Bauwerk, wenn es mit seinen Fundamenten in den Boden mehrerer Grundstücke eingreift oder auf dem Boden mehrerer Grundstücke „ruht" (dazu → § 2 Rn. 158), außerdem aber auch, wenn es in den Luftraum über anderen Grundstücken hineinragt, zB wenn ein Gebäude mit seinem Dachüberstand (so OVG Lüneburg 21.1.1999 – 1 L 5580/96 –, BRS 62 Nr. 146) oder eine Windkraftanlage mit dem Kreis, den ihre Rotorblätter umschreiben, die Lotrechte über der Grundstücksgrenze durchstoßen.

70a Bei Bestandsgebäuden ist die **Verstärkung einer Außenwand** oft die einzige verbleibende Möglichkeit, um die Wärmedämmung zu verbessern. Die Maßnahme dient sowohl dem **Wärmeschutz** (§ 15 Abs. 1) und der **Energieeinsparung** (§ 3 Abs. 2 S.3 nF). Während der Wärmeschutz das Wohlbefinden der Nutzer fördert, dient die Energieeinsparung dem gesellschaftspolitischen Anliegen des Klimaschutzes. Solch öffentlicher Belang hat bereits mit der NBauO 2012 betroffenen Nachbarn ein „Opfer" zugemutet, wenn infolge der Verstärkung der Außenwand oder der Dachhaut der gesetzlich geforderte Grenzabstand um bis zu 0,25 unterschritten werden darf (§ 5 Abs. 4 S. 2). Mit der Ergänzung 2014 wurde die „Schmerzgrenze" weiter erhöht, weil der Nachbar nunmehr die Inanspruchnahme seines Grundeigentums zu dulden hat, indem ihm das Überbauen der Grundstücksgrenze um 0,25 m zugemutet wird. Auslöser ist die eigentliche Regelung im NNachG, wenn die NBauO das Verbot der Grenzüberschreitung durch bauliche Anlagen bei der Anwendung des § 21 a NNachbG aufhebt, somit einen sonst denkbaren Widerspruch zum zivilen Nachbarrecht auflöst bzw. das Erfordernis einer Vereinigungsbaulast (§ 3 Abs. 12 S.2) oder der Zulassung einer Abweichung (§ 66) umgeht (siehe auch OVG NW Beschluss 17.1.2017 – 2 A 917/15 –).

70b In den meisten Fällen wird sich die Kontrollfunktion der BauAB auf bereits durchgeführte Maßnahmen richten, da **Außenwandbekleidungen** einschl. von Wärmedämmung verfahrensfrei gestellt sind, Hochhäuser und Anlagen mit sichtbarem Holzfachwerk ausgenommen (§ 60 Abs. 1 Anh. 13.4). Die BauAB ist gut beraten, nur dann (repressiv) einzuschreiten, wenn eine Korrektur der Maßnahme im öffentlichen Interesse geboten ist. Die Vermutung könnte sich insb. dann aufdrängen, wenn das Rücksichtnahmegebot verletzt scheint oder gar ungesunde Wohn- oder Arbeitsverhältnisse zu befürchten sind. Sollte die Zugänglichkeit für Einsatzfahrzeuge der Feuerwehr oder sonstige Rettungskräfte durch Verengung der Zuwegung beeinträchtigt sein, lassen derartige Sicherheitsbelange der BauAB kaum eine andere Wahl als unverzüglich die Beseitigung der Gefahrenstellen durchzusetzen. Sind lediglich funktionale Einschränkungen zu erkennen wie z.B. bei der Einengung von Garagenzufahrten, bleibt es der BauAB unbenommen, auf den zivilen Rechtsweg zu verweisen. Das gilt dann umso mehr, wenn lediglich die Berechtigung der Duldungspflicht angezweifelt wird (BHG Urteil 2.6.2017 – V ZR 196/16 – BauR 2017,

1744 zur nachträglichen Legalisierung einer bereits beim Entstehen gegen die Bestimmungen der EnEV verstoßenden baulichen Anlage). Nicht von der Hand zuweisenden verfassungsrechtlichen Zweifeln an der Norm ist der BGH nicht nachgegangen.

§ 5 Grenzabstände

(1) [1]Gebäude müssen mit allen auf ihren Außenflächen oberhalb der Geländeoberfläche gelegenen Punkten von den Grenzen des Baugrundstücks Abstand halten. [2]Satz 1 gilt entsprechend für andere bauliche Anlagen, von denen Wirkungen wie von Gebäuden ausgehen, und Terrassen, soweit sie jeweils höher als 1 m über der Geländeoberfläche sind. [3]Der Abstand ist zur nächsten Lotrechten über der Grenzlinie zu messen. [4]Er richtet sich jeweils nach der Höhe des Punktes über der Geländeoberfläche (H). [5]Der Abstand darf auf volle 10 cm abgerundet werden.

(2) [1]Der Abstand beträgt 0,5 H, mindestens jedoch 3 m. [2]In Gewerbe- und Industriegebieten sowie in Gebieten, die nach ihrer Bebauung diesen Baugebieten entsprechen, beträgt der Abstand 0,25 H, mindestens jedoch 3 m. [3]Satz 2 gilt nicht für den Abstand von den Grenzen solcher Nachbargrundstücke, die ganz oder überwiegend außerhalb der genannten Gebiete liegen.

(3) Der Abstand nach den Absätzen 1 und 2 darf unterschritten werden von

1. Dachüberständen und Gesimsen um nicht mehr als 0,50 m,

2. Eingangsüberdachungen, Hauseingangstreppen, Balkonen, sonstigen Vorbauten und anderen vortretenden Gebäudeteilen, wenn die Gebäudeteile insgesamt nicht mehr als ein Drittel der Breite der jeweiligen Außenwand in Anspruch nehmen, um nicht mehr als 1,50 m, höchstens jedoch um ein Drittel, und

3. Gebäudeteilen, die ausschließlich der Aufnahme von Aufzügen zur nachträglichen Herstellung der Barrierefreiheit einer vor dem 1. Januar 2019 rechtmäßig errichteten oder genehmigten baulichen Anlage oder eines Teils einer baulichen Anlage dienen und höchstens 2,50 m vor die Außenwand vortreten und von der Grenze des Baugrundstücks mindestens 1,50 m Abstand halten.

(4) [1]Bei der Bemessung des erforderlichen Abstands bleiben folgende Gebäudeteile außer Betracht:

1. Schornsteine, wenn sie untergeordnet sind, Antennen, Geländer, Abgas- und Abluftleitungen,

2. Giebeldreiecke und entsprechende andere Giebelformen soweit sie, waagerecht gemessen, nicht mehr als 6 m breit sind.

[2]Außer Betracht bleiben ferner

1. Außenwandbekleidungen, soweit sie den Abstand um nicht mehr als 0,25 m unterschreiten, und

2. Bedachungen, soweit sie um nicht mehr als 0,25 m angehoben werden,

wenn der Abstand infolge einer Baumaßnahme zum Zweck des Wärmeschutzes oder der Energieeinsparung bei einem vorhandenen Gebäude unterschritten wird.

(5) [1]Soweit ein Gebäude nach städtebaulichem Planungsrecht ohne Grenzabstand errichtet werden muss, ist Absatz 1 Satz 1 nicht anzuwenden. [2]Soweit ein Gebäude nach städtebaulichem Planungsrecht ohne Grenzabstand errichtet werden darf, ist es abweichend von Absatz 1 Satz 1 an der Grenze zulässig, wenn durch Baulast gesichert ist, dass auf dem Nachbargrundstück entsprechend an diese Grenze gebaut wird, oder wenn auf dem Nachbargrundstück ein Gebäude ohne Abstand an der Grenze vorhanden ist und die neue Grenzbebauung der vorhandenen, auch in der Nutzung, entspricht.

(6) Erhebt sich über einen nach Absatz 5 an eine Grenze gebauten Gebäudeteil ein nicht an diese Grenze gebauter Gebäudeteil, so ist für dessen Abstand von dieser Grenze abweichend von Absatz 1 Satz 4 die Höhe des Punktes über der Oberfläche des niedrigeren Gebäudeteils an der Grenze maßgebend.

(7) [1]Ist ein Gebäude nach Absatz 5 Satz 1 an eine Grenze gebaut, so sind nicht an diese Grenze gebaute Teile des Gebäudes, die unter Absatz 3 fallen, in beliebigem Abstand von dieser Grenze zulässig. [2]Ist ein Gebäude nach Absatz 5 Satz 2 an eine Grenze gebaut, so darf der nach Absatz 3 einzuhaltende Abstand der dort genannten Gebäudeteile von dieser Grenze weiter verringert werden, wenn der Nachbar zugestimmt hat. [3]Sind im Fall des Satzes 2 auf dem Nachbargrundstück entsprechende Gebäudeteile mit verringertem Abstand vorhanden, so darf der Abstand in gleichem Maß verringert werden.

(8) [1]Abstand brauchen nicht zu halten

1. Stützmauern, Aufschüttungen und Einfriedungen

a) in Gewerbe- und Industriegebieten, jedoch von den Grenzen eines Nachbargrundstücks, das ganz oder teilweise außerhalb eines solchen Gebiets liegt, nur solche mit einer Höhe von nicht mehr als 2 m, und

b) außerhalb von Gewerbe- und Industriegebieten mit einer Höhe von nicht mehr als 2 m

und

2. Gebäude und Einfriedungen in Baugebieten, in denen nach dem Bebauungsplan nur Gebäude mit einem fremder Sicht entzogenen Gartenhof zulässig sind, soweit sie nicht höher als 3,50 m sind.

[2]Ohne Abstand oder mit einem bis auf 1 m verringerten Abstand von der Grenze sind zulässig

1. Garagen und Gebäude ohne Aufenthaltsräume und Feuerstätten mit einer Höhe bis zu 3 m und

2. Solaranlagen, die nicht Teil eines Gebäudes sind, mit einer Höhe bis zu 3 m.

[3]Bauliche Anlagen nach Satz 2 dürfen den Abstand nach Absatz 2 auf einer Gesamtlänge von 9 m je Grundstücksgrenze, auf einem Baugrundstück insgesamt jedoch nur auf einer Länge von 15 m unterschreiten. [4]Bei Anwendung der Sätze 2 und 3 sind nach Absatz 5 Satz 2 ohne Abstand an eine Grenze gebaute Gebäude der in Satz 2 Nr. 1 genannten Art anzurechnen. [5]Bei Anwendung des Satzes 1 Nr. 2 gilt Absatz 2 Satz 3 entsprechend.

(9) [1]Die nach den Absätzen 1 bis 8 und den §§ 6 und 7 maßgebliche Höhe der Geländeoberfläche ist die der gewachsenen Geländeoberfläche. [2]Eine Veränderung dieser Geländeoberfläche durch Abgrabung ist zu berücksichtigen, eine Veränderung durch Aufschüttung dagegen nur, wenn die Geländeoberfläche dadurch an die vorhandene oder genehmigte Geländeoberfläche des Nachbargrundstücks angeglichen wird. [3]Die Bauaufsichtsbehörde setzt die Höhe der Geländeoberfläche fest, soweit dies erforderlich ist. [4]Dabei kann sie unter Würdigung nachbarlicher Belange den Anschluss an die Verkehrsflächen und die Abwasserbeseitigungsanlagen sowie Aufschüttungen berücksichtigen, die wegen des vorhandenen Geländeverlaufs gerechtfertigt sind.

Übersicht

A. Überblick über die Änderungen der Grenzabstandsvorschriften durch die NBauO 1986, 1995, 2003, 2012 und 2019

In ihrer ursprünglichen Fassung von 1973 regelte die NBauO die Grenz- und Gebäudeabstände in den §§ 7–13. Der RegE NBauO 1986 sah zwar für die §§ 7–13 umfangreiche Neufassungen vor, sie waren aber durch die damit verbundenen Zusätze nur schwer lesbar geworden. Aus diesem Grunde wurden in den damaligen Gesetzesberatungen der § 7 in drei – §§ 7, 7a und 7b – sowie der § 12 in zwei neue Paragraphen – §§ 12 und 12a – aufgeteilt. Gleichzeitig wurde der bisherige Abs. 7 aus § 7 in den neuen § 12a verlagert. Die Bauordnung 2012 konzentrierte wieder die Bestimmungen auf drei Paragrafen und ändert das Ordnungsprinzip. Mit Fortfall der Sondervorschriften, die einen 1 umfassenden Anteil des bisherigen Regelwerks ausmachten, sind die Inhalte merkbar gestrafft worden.

1a Die im Sept. 2018 veröffentlichte Änderung ergänzt im Abs. 3 begünstigten Gebäudeteile, um das Anfügen von Aufzugsanlagen bei Bestandsgebäuden zu erleichtern, sofern sie nachträglich die barrierefreie Erreichbarkeit ermöglichen. Ferner wurde im Abs. 8 S. 1 Nr. 1 eine Gesetzeslücke gefüllt, wenn nun innerhalb von Industrie- oder Gewerbegebieten die zulässige Höhe für Einfriedungen, Aufschüttungen auf 2,0 m beschränkt wird, sofern Grenzen von Nachbargrundstücken betroffen sind, die ganz oder teilweise außerhalb solcher Baugebiete liegen.

2 Abs. 5 stimmt die Abstandsvorschriften mit dem städtebaulichen Planungsrecht ab und übernimmt die wichtigsten Regelungen des § 8 aF, formuliert dabei aber gesetzesabhängige Zulässigkeitstatbestände und schließt Ermessensentscheidungen aus. Das findet noch seine Ergänzung durch die Koordinierung mit dem Planungsrecht, beschränkt sich aber auf die Bevorzugung der Bauweise, soweit sie Grenzbebauung erzwingt oder erlaubt.

3 Der § 5 Abs. 1 enthält die grundsätzlichen Vorschriften über die Abstandsermittlung und bezieht neben den Gebäuden auch sonstige bauliche Anlagen und Terrassen ein. Damit wird die bisherige Trennung (§§ 7 und 12a NBauO aF) aufgehoben. Das System der punktuellen Abstandsbetrachtung bleibt unverändert, das Muster der Abstandsflächen gem. MBO ist nicht übernommen worden. Als Ableitungsmaß wird weiterhin die Höhe über der Geländeoberfläche (H) herangezogen.

4 Mit Abs. 2 wird der **Grenzabstand** drastisch **reduziert**. Der Mindestabstand vor den Grundstücksgrenzen von 3,00 m bleibt erhalten, sonst wird in durch Bebauungsplan festgesetzten (§ 30 BauGB) oder durch ihre Typologie im Innenbereich geprägten (§ 34 Abs. 2 BauGB) Gewerbe- oder Industriegebieten der vorgeschriebene Abstand auf 0,25 H verringert, in allen anderen Fällen reduziert er sich auf 0,5 H. Damit bleibt es wie bislang (§ 7 Abs. 3 Nr. 1 und Nr. 2 aF) in festgesetzten Kerngebieten und andere Baugebieten, in denen nach dem Bebauungsplan Wohnungen nicht allgemein zulässig sind, beim Abstandserfordernis von 0,5 H. Niedersachsen folgt damit nicht vollständig dem § 6 Abs. 4 MBO, der eine Reduzierung der Abstandsfläche bis zu 0,4 H bzw. 0,2 H anbietet.

5 Der Abs. 3 konzentriert die die bislang durch § 7b in den Abs. 1 und 2 aF begünstigte Gebäudeteile, die den Regelabstand um ein bestimmtes Maß unterschreiten dürfen. Diese Bevorzugung wird erweitert auf die im Abs. 4 zusammen gefassten Gebäudeteile, die vollständig von der Abstandsverpflichtung ausgenommen sind. Abs. 3 gibt den Begriff des „untergeordneten Bauteils" auf und präzisiert die zulässigen Abstandsunterschreitungen durch das Verhältnis der Außenmaße zur Länge der Außenwand. Damit werden die Anwendungsmöglichkeiten erheblich erweitert, während sich Einschränkungen in Grenzen halten. Die Auswirkungen gehen weit über die vom Gesetzgeber verfolgte Absicht hinaus. Der Entwurf zur Änderung der NBauO sah daher noch umfassende Einschränkungen vor, die dann aber keinen Eingang in den Gesetzestext fanden.

6 In den **Abs. 5** sind die bisherigen städtebaulichen Verknüpfungen des § 8 aF hinübergezogen worden, betreffend die Vorrangstellung der Bauweise nach § 22 BauNVO. Herausgefallen sind nicht nur die Kann-Bestimmungen, welche die Bauherrschaft begünstigte. Durch den Verzicht auf Ermessens- und Sollvorschriften soll vermieden werden, dass der Abbau von Verfahren unterlaufen wird (BegrRegE S. 59). Ob die neuen Abweichungsregeln (§ 66 NBauO) geeignet sind, bisherige über Ausnahme- oder Kann-Bestimmung geregelte Ermessensentscheidungen aufzufangen, bleibt der Einzelfallprüfung überlassen. Nicht mehr aufgeführt ist auch die Ermächtigung der Behörde, in begründeten Einzelfällen Grenzbebauung oder Grenzabstand zu erzwingen. Auch dies soll zum Abbau von Verfahren beitragen. In enger Beziehung zum Abs. 5 steht der **§ 5 Abs. 6.** Er erfasst die Fälle, in denen sich Gebäudeteile über einen an der Grenze errichteten niedrigeren Gebäudeteil erheben. Nahtlos schließt sich der **§ 5 Abs. 7** an, der den seitlichen Grenzabstand begünstigter Vorbauten und Gebäudeteile erfasst, soweit die Hauptgebäude nach Abs. 5 an die Grenze errichtet sind. Die Regelungen haben allerdings Interpretationsspielträume geöffnet, die zu einigen, teils noch ungeklärten, Unsicherheiten bei der Rechtsanwendung geführt haben.

Der § 5 Abs. 8 erfasst die ganz oder teilweise nach §§ 12, 12a Abs. 2 NBauO aF von der Abstandspflicht befreiten Stützmauern, Aufschüttungen und Einfriedungen, Gartenhofhäuser, Gebäude besonderer Art. Hinzugetreten sind selbständige Solaranlagen. § 5 Abs. 8 strafft die auf §§ 12, 12a NBauO aF verteilten Regelungen, wobei allerdings die materiellen Anforderungen modifiziert worden und die vielfältigen Ausnahme- und Kann-Bestimmungen gestrichen worden sind. Zur Rechtssicherheit beitragen und Spannungen im nachbarlichen Austauschverhältnis vermeiden soll der mit der Änderung 2018 erfolgte Entzug der Besserstellung in bestimmten Baugebieten (GE, GI, siehe Rn. 1a). 7

Lediglich redaktionell geändert findet sich die im § 16 Abs. 1 und 2 NBauO 2003 aF enthaltene Definition der Geländeoberfläche im § 5 Abs. 9 wieder. 8

Nach § 5 muss Abstand von den Grenzen des Baugrundstücks gehalten werden. Der § 6 gestattet, von diesem Grundsatz unter bestimmten Voraussetzungen in der Weise abzuweichen, dass der Abstand zu einer auf dem Nachbargrundstück verlaufenden gedachten Grenze gemessen wird. Die ursprüngliche Fassung des § 9 ging teilweise zu Lasten der Nachbarn zu weit und mit der Novelle 1986 korrigiert. 9

Grund der Regelung in § 6: Wie unten (→ Rn. 18) dargelegt wird, bezweckt die Abstandsregelung des § 5 in erster Linie, genügend freien Raum zwischen Gebäuden zu sichern. (vgl. auch BegrRegE NBauO 1973, S. 60 und 74). Wenn dennoch nicht Gebäude-, sondern Grenzabstände gefordert werden, so geschieht das, um die für den Gebäudeabstand nötige Beschränkung der baulichen Ausnutzbarkeit der Grundstücke gerecht auf die Nachbarn zu verteilen: Jeder soll von dem erforderlichen Freiraum so viel auf sein Grundstück übernehmen, wie der Höhe seines Gebäudes und damit dem Maß der davon ausgehenden Beeinträchtigungen (Schatten usw) entspricht (Verursacherprinzip). An dieser Lastenverteilung braucht aber nicht festgehalten zu werden, wenn einer der Nachbarn sein Grundstück in größerer als der an sich auf ihn entfallenden Tiefe oder gänzlich von abstandspflichtigen Hochbauten freihält. Ist gesichert, dass diese Situation auch fortdauert, so ist es vom Zweck der Abstandsregelung her unbedenklich, wenn der andere Nachbar mit seinem Bau entsprechend näher an die Grenze rückt. Dem soll § 6 Rechnung tragen. 10

Die Forderung des § 5, einen nach der Höhe seines Gebäudes bemessenen Grenzabstand zu halten, schützt den Nachbarn aber auch vor Störungen bei der Nutzung der Freiflächen auf seinem Grundstück. Die Regelung des § 6 muss auch diese Schutzwirkung der Abstandsregelung berücksichtigen, was in der ursprünglichen Fassung des § 9 NBauO 1973 noch nicht genügend bedacht worden war. Denn eine fiktive Verlagerung der maßgeblichen Grenze auf das Grundstück des Nachbarn ist diesem idR nur zuzumuten, wenn er sich damit einverstanden erklärt hat. 11

Unverändert gilt weiterhin der Rechtsanspruch (jetzt in § 6 Abs. 1 S. 1), benachbarte Verkehrsflächen öffentlicher Straßen bis zu ihrer Mittellinie zur Bemessung des Grenzabstandes hinzuzurechnen. Das Privileg darf bei öffentliche Grün- und Wasserflächen weiter nur mit Zustimmung der Eigentümerseite wahrgenommen werden, allerdings jetzt als bindende Bestimmung ohne Ausnahmevorbehalt. 12

Der Wortlaut des **§ 6 Abs. 2** ist identisch mit dem des § 9 Abs. 2 NBauO aF (1986). Er bietet weiterhin die Möglichkeit, benachbarte Grundstücksflächen für die Bemessung der Abstände zuzurechnen. 13

Die früheren Regelungen der §§ 10 und 11 aF sind im neuen § 7 zusammengefasst, wobei die sonstigen baulichen Anlagen des § 1 Abs. 1 S. 2 nun expressis verbis in den Abs. 2 übernommen wurden. So sind neben den Gebäuden nun auch bauliche Anlagen und Terrassen des § 5 Abs. 1 S. 2 hinzukommen, wie sie von der gedachten Grenze Abstand halten müssen. Die Begünstigung, unter bestimmten Voraussetzungen eine Unter- 14 schreitung der Regelabstände zwischen Gebäuden auf demselben Baugrundstück beanspruchen zu dürfen, trifft neben den Gebäuden in Gewerbe- und Industriegebieten sowie den landwirtschaftlichen Betriebsgebäuden ohne Aufenthaltsräume nun auch die Gebäude besonderer Art gem. § 5 Abs. 8. Und doch sollte man bei weiterer Überarbeitung des Gesetzes dem Gedanken nachgehen, ob bei der Bebauung ein und desselben Grundstücks die Abstandsforderung zu einer fiktiven Grenze nicht gänzlich aufgegeben werden sollte. Da sich der Gesetzgeber vom städtebaulichen Impetus lösen willl, lassen sich die mit den Grenzabständen verfolgten sozialen und hyghienischen Belange kreativer umsetzen als es die konventionellen Abstandsmodelle zulassen.

15 Der ehemalige § 10 Abs. 3 aF ist identisch mit dem aktuellen § 7 Abs. 3. Der Satz 3 bevorzugt weiterhin nur Teile desselben Gebäudes oder aneinander gebaute Gebäude. Deshalb bietet es sich durchaus an, die Begünstigung auch auf freistehende Gebäude oder bauliche Anlagen auszudehnen, um städtebaulich attraktive Lösungen durch die Erprobung neuer Bauformen zu erleichtern (siehe z.B. § 56 Abs. 2 Ziff. 4 BauO BW).

16 Die aus § 11 aF in den § 7 Abs. 4 nur redaktionell umgestellte, aber inhaltlich unverändert übertragene Abstandsforderung für Fensteröffnungen dient weiterhin als Sozialabstand dem Schutz vor unerwünschtem Einblick in fremde Wohnräume. Die aus Gründen des Brandschutzes erforderlichen Abstände von Öffnungen ergeben sich damit nur noch indirekt aus den Brandwandvorschriften der DVO-NBauO (§ 8).

17 Neben den einzelnen Paragrafen zugeordneten Ausnahme- und Kann-Vorschriften sind auch die des bisherigen § 13 aF mit seiner Reihe von Fallkonstellationen entfallen. Abgesehen von wenigen Einzeltatbeständen, die als zwingendes Recht fortbestehen, muss geprüft werden, ob sie durch das neu geschaffene Instrument der Abweichung ersetzt werden können, soweit über die schon weitreichende Reduzierung der Grenzabstände hinaus ein Bedürfnis für ein zusätzliches Unterschreiten des Abstands besteht.

B. Die Regelungen des § 5

a) Allgemeines

18 Über die allgemeinen Anforderungen des § 3 Abs. 1 und 2 hinsichtlich der Anordnung baulicher Anlagen auf dem Baugrundstück hinaus enthält der **§ 5** die konkreten Bestimmungen über die Abstände von Gebäuden zu den Grenzen des Baugrundstücks. Die Abstandsregeln für sonstige bauliche Anlagen, von denen Wirkungen wie von Gebäuden ausgehen, bislang gesondert im § 12a aF behandelt, sind im Satz 2 des § 5 Abs. 1 unmittelbar angefügt.

19 Mit der Formulierung **„Gebäude müssen** … von den Grenzen des Baugrundstücks **Abstand halten"** hat der Gesetzgeber die traditionelle Regelung aufgegriffen, nach der ein Gebäude von den Grundstücksgrenzen „weichen" muss. Die früher gebräuchliche Bezeichnung „Bauwich" für die Fläche zwischen Gebäude und Grenze vermeidet die NBauO deshalb, weil unter Bauwich idR der seitliche Grenzabstand verstanden wird (vgl. § 7 MBauO 1959, § 6 MBauO 2002, §§ 19 (4), 22 (2) und 23 (5) BauNVOen bis 1977). In der BauNVO 1990 kommt der Begriff „Bauwich" nicht mehr vor. Im Sinne der NBauO ist der „Bauwich" jedenfalls „rundherum" zu allen Grenzen des Baugrundstücks und in den jeweiligen Abmessungen zu verstehen, wie sich diese aus den diesbezüglichen Einzelvorschriften über die Grenzabstände ergeben.

20 Wenn in den §§ 19 Abs. 4 und 23 Abs. 5 BauNVO bis 1977 von baulichen Anlagen, „soweit sie nach Landesrecht im Bauwich oder in den Abstandsflächen zulässig sind oder zugelassen werden können" bzw. in den §§ 20 Abs. 4 und 23 Abs. 5 BauNVO 1990 von baulichen Anlagen, „soweit sie nach Landesrecht in den Abstandsflächen zulässig sind oder zugelassen werden können", die Rede ist, dann kann es sich dabei in Niedersachsen idR nur um solche baulichen Anlagen handeln, für die § 5 Abs. 3, 4 und 8 keine oder nur geringere Grenzabstände fordern.

Die durch das BauGBÄndG 2007 in den §9 Abs. 1 Ziff. 2a aufgenommene Ermächtigung, „vom Bauordnungsrecht abweichende Maße der Tiefe der Abstandsflächen“ im Bebauungsplan festzusetzen, hebt das Abstandsgebot der NBauO nicht auf. Im Regelfall wird es um das städtebauliche Anliegen gehen, einer unerwünschten Dichte von Siedlungsteilen entgegenzusteuern. Vom Wortlaut nicht ausdrücklich ausgeschlossen ist, geringere als die landesrechtlich geforderten Grenzabstände zu rechtfertigen (Zweifel: Gierke in Kohlhammer-Komm. BauGB, Sept. 2012, §9 Rn. 113ac; wohl aA Söfker in Ernst/Zinkahn/Bielenberg/Krautzberger §9 Rn. 42 ff.). Anfängliche Zweifel hat das OVG Lüneburg inzwischen relativiert und die Tauglichkeit für einen vorhabenbezogenen Bebauungsplan bestätigt (Beschluss 22.12.2014 – 1 MN 118/14 – openJur 2015, 2077). Da nur besondere städtebauliche Gründe rechtfertigen, geringere Grenzabstände festzusetzen, ist der Anwendungsbereich für Angebotspläne stark eingeschränkt (OVG NW Urteil 20.11.2009 – 7 D 124/08 – openJur 2011, 70185). Hierzu wird man weiterhin auf die gebräuchlichen Festsetzungen der Baulinie und der zwingenden Höhe zurückgreifen müssen. Das Erfordernis der Abweichung nach §66 bleibt dann unberührt (→ §66 Rn. 73). 21

Hauptsächlicher **Zweck der Abstandsregelungen** war es bisher, die allgemeinen Anforderungen an **gesunde Wohn- und Arbeitsverhältnisse** (§ 1 Abs. 2) zu verwirklichen, indem sie eine ausreichende Belüftung, Besonnung und Tageslichtbeleuchtung der Gebäude gewährleisten und die Freiräume sicherstellen, die für ein störungsfreies Wohnen und einen angemessenen **Schutz der Privatsphäre** erforderlich sind (Barth/Mühler Einführung Rn. 1 f.). Sie schaffen die nötige Distanz iS eines „Sozialabstands“ für den Wohnfrieden (Boeddinghaus BauR 2004, 763, aA VGH Mannheim 10.9.1998 – 8 S 2137/98, BRS 60 Nr. 103; Jeromin BauR 2000, 510). Diese Absicht ist allerdings mit der Halbierung der früheren Abstände von 1 H (§7 Abs. 3 aF) und 1/2 H (§7 Abs. 4 aF) fragwürdig geworden, kann doch der Lichteinfallswinkel (abhängig vom Einzelfall) durchaus erheblich eingeschränkt werden (s. → Rn. 40, → Rn. 92)). 22

Die Abstandsregelung hat nicht den Zweck, **fremde Einsicht** in Wohnhäuser und -grundstücke zu verhindern. Das ergibt sich schon aus der Tatsache, dass die Abstandsmaße einen so weit gehenden Schutz nicht bieten können. Bei Mindestabständen von 2 × 3 m zwischen benachbarten Wohnhäusern in offener Bauweise, also einer horizontalen Entfernung von 6 m zwischen gegenüberliegenden Fenstern bleibt die Einsicht möglich; die Nachbarn müssen sich ggf. durch Gardinen, Jalousien usw schützen (OVG Lüneburg 14.6.2004 – 1 ME 101/04, www.rechtsprechung.niedersachsen.de). Das gilt auch bezüglich Einsicht von „schräg oben“, zB aus OG-Fenstern, Dachgaubenfenstern oder von Dachterrassen in benachbarte Wohngärten und Wohnfenster. Einen gewissen Schutz der nachbarlichen Privatsphäre und des Wohnfriedens vor Störungen durch fremde Einsicht aus zu nahe an die Grenze gerückten Gebäuden wie auch durch Lebensäußerungen, die von solchen Gebäuden hinüber dringen, bietet die Abstandsregelung allerdings schon (OVG Saarlouis 28.11.2000 – 2 R 2/00, BRS 63 Nr. 135; in diesem Sinne auch BVerwG 10.12.1997 – 4 B 204.97, BRS 59 Nr. 188). Der Schutz ist freilich begrenzt, weil sie das Interesse des Nachbarn an einer ungestörten Privatsphäre mit dem des Bauherrn an einer optimalen baulichen Ausnutzung seines Grundstücks in Einklang bringen muss, also einen Kompromiss darstellt (kürzlich VGH München Beschluss 03.05.2018 -9 CS 18.543- BeckRS 2018, 08662). Der Schutzzweck erhält zB Bedeutung, wenn in alten Außenwänden, die den heute vorgeschriebenen Grenzabstand nicht einhalten, Fenster oder Balkone eingebaut oder vergrößert werden. Solche Änderungen sind nicht zulässig, wenn sie die nachteiligen Auswirkungen auf die durch die Abstandsregelung geschützten Belange verschärfen (OVG Greifswald 27.8.1998 – 3 M 65/98, BauR 1999, 624). 23

Bei Gartenhofhäusern (§ 17 Abs. 2 BauNVO 1962 bis 1977, Abs. 8 Abs. 1 Nr. 2) kann ein Grundstückseigentümer beanspruchen, dass von fremden Grundstücken nicht in seinen Gartenhof Einsicht genommen werden kann. Hier ergibt sich der Schutz vor fremder Einsicht nicht aus den bauordnungsrechtlichen Abstandsregeln (§ 12 Abs. 5), sondern aus 24 der planungsrechtlichen Festsetzung des B-plans als „Gebäude mit fremder Sicht entzogenem Gartenhof“ (Fickert/Fieseler BauNVO § 17 Rn. 5; Stock in Ernst/Zinkahn/Bielenberg/Krautzberger BauNVO § 17 Rn. 13).

25 Die Sicherung der **freien Aussicht** ist nicht Aufgabe der Abstandsvorschriften. Freie Aussicht mag sich wegen der Einhaltung der Abstandsvorschriften zufällig ergeben. Auch ein Anspruch auf Erhalt der ungestörten freien Aussicht kann aus dem bauordnungsrechtlichen Abstandsrecht nicht hergeleitet werden (so auch VGH Mannheim 1.6.1978 – III 2190/77, BRS 33 Nr. 159). Im Gegensatz dazu gewährleisten die Abstandsregelungen nur den Ausblick auf die (nahe) Umgebung (OVG Lüneburg 10.3.1986 – 6 A 133/84, BRS 46 Nr. 153; 2.7.1986 – 6 B 65/86, BRS 46 Nr. 146). Auch das **Rücksichtnahmegebot** lässt sich nur sehr bedingt heranziehen, um gewohnte Aussichtsmöglichkeiten von einem Grundstück einfordern zu können, noch begründet es i.d.R. einen Anspruch, eine bisherige Situation unverändert zu erhalten (OVG SH Beschluss 01.02.2017 – 1 LA 49/16 – NJW-Spezial 2017, 462).

26 Die Abstandsvorschriften dienen nicht dem **Brandschutz**. Sie tragen allerdings indirekt dazu bei, dass ein Übergreifen von Feuer von einem Gebäude zum anderen in der offenen Bauweise verhindert wird und dass der Feuerwehr die nötigen Zugänge und Einsatzflächen für die Brandbekämpfung erhalten bleiben. Diesem Anliegen dienen in erster Linie die Brandschutzanforderungen der DVO-NBauO. Die Regelungen zu Brandwänden (§ 8 DVNBauO) unterstützen allerdings nicht den Sozialabstand, da grenznahe Abschlusswände (< 2,5 m) lediglich besonderen brandschutztechnischen Ansprüchen genügen müssen.

27 Für die Zwecke der Abstandsregelung kommt es in erster Linie darauf an, dass zwischen den Gebäuden ausreichende Abstände gehalten werden (§ 7); wo zwischen den Gebäuden jeweils die Grundstücksgrenzen verlaufen, ist an sich für die Belichtung, Belüftung, Besonnung uÄ gleichgültig. Dennoch schreibt die NBauO übereinstimmend mit den anderen BauOen im Grundsatz vor, dass die Gebäude **Abstand von den Grundstücksgrenzen** halten müssen. Würde das Gesetz nur Gebäudeabstände vorschreiben, so bliebe es dem Windhundprinzip überlassen, wer von zwei Nachbarn für die nötigen Gebäudeabstände zu sorgen hat. Derjenige, der zuerst baut, könnte dann unmittelbar an die Grenze rücken und es dem Nachbarn überlassen, den freizuhaltenden Raum ganz auf sein Grundstück zu übernehmen. Dies wäre unzumutbar. Der Gesetzgeber muss also in gerechter Weise bestimmen, in welchem Verhältnis die beiden Nachbarn dazu beitragen sollen, dass sich die gewünschten Gebäudeabstände ergeben. Zur Regelung dieses Verhältnisses ist es notwendig, dass der Gesetzgeber jedem Nachbarn zunächst die Einhaltung eines bestimmten Grenzabstandes vorschreibt. Dabei folgt der Gesetzgeber dem **Verursacherprinzip:** Der Grenzabstand, den jeder der beiden Nachbarn einhalten muss, ist umso größer, je höher sein Gebäude und je größer damit dessen beeinträchtigende Wirkung ist. Die Summe beider Grenzabstände ergibt sodann den gewünschten Gebäudeabstand.

28 Über die Sicherung der erforderlichen Gebäudeabstände hinaus dürfte es aber auch Zweck der Abstandsregelung sein, die ungestörte **Nutzung von Freiflächen** zu sichern, indem sie eine unzumutbare Beschattung und Störung durch zu nahe an die Grenze gerückte Nachbargebäude verhindert. Als Nebeneffekt wird ein für gesunde Wohnverhältnisse günstiges **Kleinklima** gefördert. Auch dazu sind jetzt Zweifel angebracht, ob dieser Zweck mit den reduzierten Abstandsmaßen noch uneingeschränkt erreicht wird.

29 Schon die NBauO 1973 wich in den Abstandsbestimmungen – sowohl in der Systematik als auch im Aufbau – von der MBauO 1959 und den anderen LBauOen ab, weil sich die dort zu findende Differenzierung nach generellem Grenzabstand der Gebäude einerseits und nach besonderen Abstandsflächen vor Wänden mit notwendigen Fenstern von Aufenthaltsräumen andererseits in der Praxis wenig bewährt hatte. Die NBauO enthält demgegenüber eine leicht anwendbare allgemeine Abstandsregel, die für die Mehrzahl der vorkommenden Fälle ausreichend sein dürfte. Die NBauOs 1986, 1995 und 2012 haben an der grundsätzlichen Systematik nichts geändert. Die bisherigen Sonderfälle, als Ausnahmeregelungen in den §§ 7a, 7b, 12, 12a und 50 Abs. 1, 13, enthalten, sind gestrichen worden, um die Rechtsanwendung zu erleichtern BegrRegE S. 59). Wann die neue Abweichungsregel des § 66 NBauO geeignet ist, derartige Fälle aufzufangen, bleibt der Einzelfallprüfung überlassen (s. → § 66 Rn. 71 ff.).

Alte grenznahe Gebäude genießen im Rahmen des § 85 Bestandsschutz (dazu → § 85 Rn. 22 ff.). Sie dürfen weiter genutzt werden, auch wenn sie mit dem neuen Recht nicht vereinbar sind. Da ihr nach heutigem Recht unzureichender Grenzabstand idR keine konkrete Gefahr darstellt, scheidet ein Anpassungsverlangen gem. § 85 Abs. 2 aus (vgl. → § 85 Rn. 45 ff.). Dieser „Bestandsschutz" deckt die Durchführung von Reparaturen und auch gewisse Anpassungen an die gewandelten Lebensumstände, nicht aber den Ersatz abgängiger Bausubstanz durch einen Neubau, bei dem nur (noch) einige Bauteile wieder verwendet werden (BVerwG 16.5.1991 – IV C 17/90, BRS 52 Nr. 157). Auch mit der Zerlegung eines Fachwerkhauses endet dessen Bestandsschutz. Beim Wiederaufbau derartiger Gebäude müssen daher die Grenzabstandsvorschriften der NBauO bzw. die Brandschutzabstände der DVNBauO eingehalten werden. Das gilt auch für Gebäude, deren Wiederaufbau planungsrechtlich an der gleichen Stelle zulässig wäre, zB bei Gebäuden gem. § 35 Abs. 4 Nr. 2 und 3 BauGB (vgl. → Rn. 38 f.). Das Anpassungserfordernis nach § 85 Abs. 2 scheidet in der Regel aus, da von verringerten Grenzabständen keine konkrete dauerhafte Gefahr ausgeht. In Betracht käme durchaus das Anpassungsverlangen nach Abs. 3, wird aber allein schon wegen der Kostenfolge nur geringfügige Bauteile oder kleine Anbauten betreffen. 30

Änderungen bestehender Gebäude (auch → § 85 Rn. 7 ff.), welche die heute vorgeschriebenen Grenzabstände nicht einhalten, sind insoweit unzulässig, als sie den Widerspruch zur Abstandsregelung der NBauO verstärken. Das ist vor allem dann der Fall, wenn Gebäudeteile (An- oder Aufbauten) hinzukommen, die wie der Altbau ebenfalls nicht den vorgeschriebenen Abstand einhalten, also in das bei → Rn. 79 dargestellte Freiraumprofil hineinragen. Dazu kann es bei der **Dachsanierung** von Flachdachbauten kommen, die zu nahe an der Grenze stehen, kommen, wenn sie ein geneigtes Dach erhalten. Wird wegen einer zusätzlichen Dämmung des Daches die Oberkante bis zu 25 cm angehoben, bleibt die damit einhergehende Verringerung des Grenzabstandes unberücksichtigt (siehe Abs. 4 S. 2 Nr. 2, → Rn. 136). Gleiche Begünstigung gilt bei für Außenwandbekleidungen, die zur energetischen Ertüchtigung des Bestandsgebäudes angebracht werden. Sie dürfen den gesetzlichen Grenzabstand um 25 cm unterschreiten. Bei weiterer Verringerung als Folge einer Verstärkung der Außenwand muss geprüft werden, ob das Instrument der Abweichung (§ 66) herangezogen werden kann, nachdem die Ausnahmemöglichkeit des § 13 Abs. 1 Nr. 5 NBauO aF entfallen ist. Gleiches gilt für Fallgestaltungen, für die bislang über das Instrument der früheren Befreiung nach § 86 aF herangezogen werden konnte. Unzulässig sind im Regelfall aber solche baulichen Änderungen eines zu nahe an der Grenze stehenden Gebäudes, die zwar sein Volumen nicht vergrößern, aber seine störende Wirkung auf die Nachbarschaft verstärken (s. → Rn. 30). 31

Nutzungsänderungen alter grenznaher Gebäude sind idR nur in engen Grenzen vom Bestandsschutz gedeckt (→ § 85 Rn. 11 ff.). Wesentliche Nutzungsänderungen gehen über den Bestandsschutz hinaus und führen daher zu einer von Grund auf neuen baurechtlichen Prüfung mit der Folge, dass die neuen Abstandsvorschriften grundsätzlich zu berücksichtigen sind (s. → § 85 Rn. 13 f.). Die engen Grenzen des Bestandsschutzes sollen eine Anpassung auch alter Bausubstanz an das neue Baurecht bewirken. Freilich bleibt bei wesentlichen Nutzungsänderungen ggf. die Möglichkeit einer der Abweichung in Anlehnung an die frühere Ausnahme nach § 13 Abs. 1 Ziffer 4 aF etwa dann, wenn die Nutzungsänderung nur einen Teil der Bausubstanz betrifft oder die abstandsrecht-lichen Auswirkungen der Nutzungsänderung im Verhältnis zum Bestand gering sind (s. → § 85 Rn. 8 ff.). Die Rechtfertigung der Abweichung kann sich im Einzelfall auch auf eine „unbeabsichtigte Härte" iSd früheren § 86 Abs. 1 Nr. 1 aF stützen, wenn die heutigen Abstands- 32 vorschriften die Nutzungsänderung – und damit die Erhaltung – eines in früherer Zeit legal errichteten Gebäudes verhindern (BVerwG 16.5.1991 – 4 C 17.90, BRS 52 Nr. 157; OVG Lüneburg 28.2.1995 – 1 M 753/95, BRS 57 Nr. 157).

32a Es wäre allerdings wünschenswert, bei derartigen baulichen Maßnahmen im Bestand Vergünstigungen zuzugestehen, deren Rechtsfolge kraft Gesetzes eintritt, wie es bereits beim § 49 Abs. 3 erfolgt ist. Dazu kannn durchaus auf Regelungen anderer Bundesländer zurückgegriffen werden (§§ 56 Abs. 2 Ziff. 1 BauO BW, § 6 Abs. 15 BauO NRW).

b) Grenzabstände und Nachbarschutz

33 Grenzabstandsbestimmungen dienen grundsätzlich auch dem Schutz des Nachbarn und räumen diesem ein subjektiv-öffentliches Abwehrrecht gegen die rechtswidrige Zulassung eines Bauvorhabens durch die Behörde ein (→ § 68 Rn. 5, 38, 41 ff.). Ein Nachbar kann sich daher auch gegen ein genehmigungsfreies Bauwerk wehren, das nicht die Abstandsregelungen einhält. Die Grenzabstandsvorschriften gehören zu den abstrakt-generellen Regelungen, die bereits nachbarliche Schutzansprüche eröffnen, wenn die Rechtsanwendung von Grund auf fehlerhaft ist. Dazu muss der Nachbar keine konkrete Benachteiligung geltend machen. Weiter sind Fälle denkbar, die das Gebot der Rücksichtnahme verletzen und dem Nachbarn wegen konkret-partieller Betroffenheit Abwehrrechte zugebilligt werden können, auch wenn kein unmittelbarer Verstoß gegen die Abstandsbestimmungen vorliegt (OVG NW Beschl. v. 10.08.2016, Az.: 7 A 2584/15, hier verneint). Verwirkt hat ein Nachbar seine Abwehrrechte, der selbst die Grenzabstandsbestimmungen in vergleichbarer Weise unterschreitet (OVG Lüneburg Beschluss 12.4.2017 – 1 ME 34/17 –). Der Vorwurf der unzulässigen Rechtsausübung trifft nur dann nicht, wenn ungesunde Wohn- oder Arbeitsverhältnisse zu befürchten sind bzw. in sonstiger gefahrenrechtlicher Hinsicht untragbaren Verhältniss entstehen (VGH BW Urteil 18.11.2002 – 3 S 882/02 – BauR 2003, 1203–1205). Bei der Betrachtung der nachbarlichen Abwehrrechte und dem „gebotenen wertenden Vergleich der jeweiligen Abstandsunterschreitungen sind nicht nur Gebäude einzubeziehen, die sich gegenüber liegen“ (OVG Lüneburg Beschluss 20.10.2014 – 1 LA 103/14 – openJur 2014, 22910). Zum **Begriff des Nachbarn** → § 68 Rn. 3 ff.

34 Grundstücke, welche im Wesentlichen nur den Zweck von Verkehrsflächen erfüllen, genießen nicht den Nachbarschutz der Grenzabstandsvorschriften (s. → § 68 Rn. 83). Dasselbe kann für private Wasserflächen gelten, die nicht im Eigentum eines bestimmten Anliegers stehen (OVG Lüneburg 9.9.2004 – 1 ME 194/04, BauR 2005, 372 mit Bezug auf OVG Münster 30.9.1996 – 10 B 2276/96, BRS 58 Nr. 180).

35 Bauordnungsrechtliche Abstandsvorschriften finden auch im Außenbereich und damit auch beim Übergang vom Innen- in den Außenbereich Anwendung (VGH Mannheim 13.6.2003 – 3 S 938/03, BauR 2003, 1549). Ein Landwirt als Nachbar hat daher einen Abwehranspruch gegen Baumaßnahmen, die den vorgeschriebenen Grenzabstand zu seinen landwirtschaftlich genutzten Flächen unterschreiten (zum sog. Anwende- oder Schwengelrecht s. Abs. 8 S. 2 → Rn. 235).

36 Das **Baugrundstück**, von dessen Grenzen Abstand gehalten werden muss, ist das Grundstück nach § 2, auf dem die Baumaßnahme durchgeführt werden soll oder auf dem sich eine bauliche Anlage befindet (s. § 2 Abs. 12 → Rn. 133 ff.). Besteht das Baugrundstück aus mehreren (Buch-)Grundstücken, die nach § 2 Abs. 12 S. 2 durch eine Baulast vereinigt sind (§ 2 Abs. 12 → Rn. 139), dann bezieht sich die Forderung, Abstand zu halten, nur auf die äußeren Grenzen des zusammengesetzten Baugrundstücks. Die inneren Grenzen sind durch die Vereinigungsbaulast quasi ausgeblendet. Von diesen braucht kein Abstand gehalten zu werden. Das kann zu dem idR unerwünschten Ergebnis führen, dass zB der zuerst entschlossene Grundstückseigentümer die Bebauung auf seinem Grundstück zu Lasten des Nachbarn bis an die Eigentumsgrenze heran erweitert, ohne von den „inneren“ Grenzen des zusammengesetzten Baugrundstücks Abstand halten zu müssen. Der betroffene Nachbar, der nun nach § 7 Ab-

stand halten muss, könnte sich in diesem Fall nicht auf eine Verletzung der Grenzabstandsvorschriften berufen (OVG Lüneburg 1.8.1996 – 1 M 3898/96, BRS 58 Nr. 179). Die an der Vereinigungsbaulast beteiligten Grundstückseigentümer können dieses Ergebnis nur durch einen privatrechtlichen Vertrag verhindern, in dem die Ausnutzung der öffentlich-rechtlichen Baulast zivilrechtlich eingeschränkt wird (Barth/Mühler zu §5 Rn. 90). Jedoch beschränkt sich der Umfang des Nachbarschutzes auf bauordnungsrechtliche Tatbestände, während Abwehransprüche z.B. aus dem Bauplanungsrecht oder aus Gründen des Immissionsschutzes unberührt bleiben (BVerwG Urteil 7.12. 2000 – 4 C 3/00 – BauR 2001, 914).

Für die Einhaltung der Abstände sind die Grenzen des Buchgrundstücks maßgeblich, 37
wie sie katastermäßig ausgewiesen sind. Es ist unerheblich, ob der amtlich festgestellte Grenzverlauf mit den Eigentumsverhältnissen übereinstimmt (OVG Weimar 15.5.1996 – 1 EO 423/95, DÖV 1997, 38).

c) Verhältnis zum Planungsrecht

Die Abstandsvorschriften sind Bauordnungsrecht und gelten selbständig neben dem 38
Bauplanungsrecht (Vorb. → Rn. 29 ff.). Daraus folgt, dass ein planungsrechtlich zulässiges Vorhaben bauordnungsrechtlich unzulässig sein kann und umgekehrt (BVerwG 6.1.1970 – IV B 57.69, DVBl 1970, 830). So dürfen zB planungsrechtlich überbaubare Grundstücksflächen insoweit nicht bebaut werden, als dadurch die bauordnungsrechtlich notwendigen Grenzabstände unterschritten werden. Andererseits können Grundstücksflächen trotz Einhaltung des notwendigen Grenzabstands nicht bebaut werden, wenn sie planungsrechtlich nicht bebaut werden dürfen.

Die Einhaltung der Abstandsvorschriften der NBauO aF ließ erwarten, dass es im Hin- 39
blick auf Belichtung, Belüftung und Besonnung idR auch für den Nachbarn zumutbar war. Wurden sie eingehalten, kam idR eine Anwendung des allgemeinen, planungsrechtlich begründeten Gebots zur Rücksichtnahme im Hinblick auf die erforderliche Belichtung und Belüftung nicht in Betracht (OVG Lüneburg 26.1.1998 – 6 L 5342/95, NdsVBl. 1998, 214 mit Hinweis auf BVerwG 16.9.1993 – 4 C 28.91, BVerwGE 94, 151 (159 f.)). So konnten auch die früheren Beschlüsse (BVerwG 22.11.1984 – 4 B 244.84, BRS 42 Nr. 206 sowie 18.12.1985 – 4 CB 49 u. 50.85, BBauBl. 1986, 251, zuletzt noch Beschluss 27.03.2018 – 4 B 50.17 – BauR 2018, 1096-1097, hier verneint) mit Recht so verstanden werden, dass für das bauplanungsrechtliche Gebot der Rücksichtnahme grundsätzlich kein Raum war, wenn ein Vorhaben die nach Landesrecht zur Sicherung hinreichender Belichtung, Besonnung oder Belüftung und damit auch zur Verhinderung des „Einmauerns" eines Grundstücks gebotene Abstandsfläche einhielt. In seiner Entscheidung vom 11.1.1999 – 4 B 128.98, BauR 1999, 615 hat das BVerwG jedoch klargestellt, dass das **Planungsrecht** im Hinblick auf das in ihm (hier: §34 Abs. 1) enthaltene Rücksichtnahmegebot **auch dann verletzt** sein kann, **wenn die landesrechtlichen Abstandsvorschriften** eingehalten sind. Das gilt nun für die neue Abstandsregelung der NBauO 2012, die nur noch die Hälfte des bisherigen Normalabstandes fordert, in noch wesentlich stärkerem Maße. Vgl. auch → §68 Rn. 35 ff.

Durch die Verringerung der Abstandsflächen kann sich der Konflikt verschärfen. Einer- 40
seits ist es denkbar, dass bei rigoroser Ausnutzung der Abstände von nur noch 1/2 H oder (im Industrie- oder Gewerbegebiet 1/4 H) eine städtebauliche Verdichtung eingeleitet wird, die dem Einfügungsgebot des §34 Abs. 1 BauGB widerspricht. Nicht mehr grundsätzlich auszuschließen ist aber auch, dass sich nun häufiger die Belichtung – oder Belüftung so verschlechtert, dass die Anforderungen an gesunde Wohn- und Arbeitsverhältnisse in Frage gestellt werden. Mit der Halbierung der Normalabstände hat sich der Gesetzgeber der von ihm bisher wahrgenommenen Aufgabe, durch eine Regelung der Gebäudeabstände für gesunde Wohn- und Arbeitsverhältnisse zu sorgen, weitgehend entzogen. Damit ist der Gemeinde bei der Ortsplanung, in der sie den Belang „gesunde Wohn- und Arbeitsverhältnisse" (§1 Abs. 6 Nr. 1 BauGB) auch zu berücksich-

tigen hat, eine dementsprechend größere Verantwortung zugewachsen. Sie wird künftig verstärkt darauf zu achten haben, dass sie durch die Festsetzung von Baugrenzen ausreichend tiefe Freiflächen vor den für die Besonnung und Belichtung wichtigeren Wohnräumen ermöglicht. Für diese Tiefe wird die alte Abstandsregelung weiterhin eine Faustregel abgeben: Der Abstand zwischen den einander gegenüber liegenden Gebäudefronten sollte mindestens so groß sein wie die Summe ihrer beiden Höhen. Die Gemeinden sollten auch prüfen, ob alte Bebauungspläne, die im Vertrauen auf die früheren Abstandsbestimmungen als Festsetzung die „offene Bauweise" enthalten, geändert werden sollten.

40a Eine zusätzliche Verantwortung ist aber dem Entwurfsverfasser aufgetragen, denn über die Beachtung des Status-quo hinaus sollte ermittelt werden, welche weitergehende Bebauungsmöglichkeiten das Baurecht für die benachbarten Grundstücke anbietet. Selbst in Gebieten mit der 1/2 H-Forderung kannn sich der Lichteinfallswinkel von 45° für zur Belichtung von Aufenthaltsräumen notwendigen Fenstern verengen. Die deutliche Einschränkung des Lichteinfalls in GE- oder GI-Gebieten mag für Arbeitsräume noch hinnehmbar sein. Die Wohnraumqualität (Ausnahmen §§ 8 und 9, Absätze 3 Ziff. 1 BauNVO) wäre bei denkbarer schluchtähnlicher Bebauung, kombiniert mit der uneingeschränkten Höhe von Einfriedungen, nicht mehr verhältnismäßig vermindert. Und doch ist solche Folge vom Willlen des Gesetzes gedeckt, so dass nur eine vorausschauende Planung unliebsame Szenarien ausblenden kann.

41 In bestimmten Fällen kann es allerdings zu einem Widerspruch zwischen Bauordnungs- und Bauplanungsrecht kommen, nämlich wenn das Planungsrecht etwas ausschließlich zulässt oder fordert, was die bauordnungsrechtlichen Abstandsvorschriften gerade verbieten, oder umgekehrt. Besteht ein solcher Widerspruch im Verhältnis zwischen Rechtsvorschriften des Bundes (Bauplanungsrecht: BauGB, BauNVO) und des Landes (Bauordnungsrecht: NBauO), so muss nach Art. 31 GG das Bauordnungsrecht zurückweichen. Das zeigt sich an folgendem Beispiel: Nach § 22 Abs. 3 BauNVO sind in der geschlossenen Bauweise die Gebäude ohne seitlichen Grenzabstand zu errichten, es sei denn, „dass die vorhandene Bebauung eine Abweichung erfordert". Gegen diese Regelung kann sich eine landesrechtliche Abstandsregelung nicht durchsetzen, nach der in der geschlossenen Bauweise Abstände auch dann gefordert werden können, wenn die vorhandene Bebauung dies nicht iSd § 22 BauNVO „erfordert" (BVerwG 12.1.1995 – 4 B 197.94, BRS 57 Nr. 131). Die NBauO aF (§ 8 Abs. 4) vermied noch (anders als § 6 Abs. 1 S. 4 MBauO 1996 und die Regelung der LBauO RhPf., zu der sich das BVerwG in seiner Entscheidung geäußert hat) einen solchen Widerspruch, indem sie insoweit nicht über § 22 Abs. 3 BauNVO hinausging. Diese Kann-Bestimmung ist nunmehr entfallen; die nur den Bauherrn begünstigende Abweichungsregelung des § 66 ersetzt sie nicht. Lediglich zur Abwehr ungesunder Wohn- oder Arbeitsverhältnisse oder gestützt auf das Rücksichtnahmegebot kannn die BauAB einen wenn auch angemessen reduzierten Grenzabstand durchsetzen (vergl. OVG Lüneburg Beschluss 29.1.2014 – 1 ME 222/13 – NVwZ-RR 2014, 461). Das auf § 22 Abs. 3 BauNVO gestützte städtebaulich begründetes Abstandserfordernis wird davon allerdings nicht berührt (auch → Rn. 152).

42 Anderes gilt, wenn nur eine Bebauungsplanfestsetzung im Widerspruch zu bauordnungsrechtlichen Abstandsvorschriften steht. Dann geht, wenn diese Festsetzung durch Bundesbaurecht nicht zwingend vorgegeben ist, sondern die Gemeinde auch andere Lösungen wählen darf oder hätte wählen können, das Bauordnungsrecht vor (Vorb. → Rn. 23 f.) mit der Folge, dass uU Bebauungsplanfestsetzungen insoweit nicht ausgenutzt werden können (BVerwG 5.10.1965 – IV C 3.65, BRS 16 Nr. 97; Fickert/Fieseler BauNVO § 23 Rn. 8). Denn nach § 29 Abs. 2 BauGB bleiben bei der Zulassung von Vorhaben die Vorschriften des Bauordnungsrechts unberührt, dh sie sind zu beachten. Stehen Festsetzungen eines Bebauungsplans und Abstandsrecht im Widerspruch, dann kann idR ein Ausgleich über die Abweichung nach § 66 NBauO in Anlehnung an § 13 Abs. 1 Nr. 1 NBauO aF erreicht werden. Vorrang genießt allerdings ein über § 9 Abs. 1 Ziff. 2a BauGB vom Bauordnungsrecht abweichendes Maß der Grenzabstände, ohne dass bei einer Verringerung auf das Instrument der Abweichung zurückgegriffen werden muss (OVG Lüneburg 22.12.2014. a.a.O.)

Den Gemeinden bzw. den Planern ist zusätzlich zu empfehlen, im Zuge der Bauleitplanung zu prüfen, ob die Ausnutzungsmöglichkeiten des Baugrundstücks unter Beachtung der Abstandsvorschriften und unter Ausnutzen des vorgesehenen Maßes der Nutzung in einem groben Missverhältnis zueinander stehen. Damit nicht beim Eigentümer bzw. Bauherrn falsche Vorstellungen geweckt werden, sollten durch ergänzende engere Ausweisung überbaubarer Flächen und entsprechend reduzierte Geschossflächenzahl, evt. auch durch Festsetzen höherer Abstände das städtebauliche Leitbild deutlich werden. Demgegenüber sollte die geschlossene Bauweise oder eine „abweichende Bauweise" (zB Gartenhofhäuser) festgesetzt werden, wenn eine hohe Ausnutzung angestrebt wird. 43

C. Die allgemeinen Abstandsregeln

a) Die höhenbezogenen Abstandsregelungen der Abs. 1 und 2

Der Nds. Gesetzgeber ist bezüglich der Abstandsbemessung nicht der MBauO gefolgt mit ihrem für moderne Bauformen oft als zu starr empfundenen Abstandsflächensystem. Stattdessen wurde bereits 1973 der so genannte **Punktabstand** eingeführt, der auch bei stark gegliederten oder gerundeten, gekrümmten, terrassenförmig ansteigenden oder aus dem Lot laufenden Außenflächen ohne Probleme „punktgenau" anwendbar ist. Diese Bemessungsweise trägt den Gestaltungsvorstellungen zeitgemäßer Architektur angemessen Rechnung, indem der Abstand nicht für „Außenwände", sondern für jeden Punkt auf den Außenflächen eines Gebäudes gefordert wird. Je höher ein Punkt auf einer Außenfläche des Gebäudes über der Geländeoberfläche liegt, desto größer hat sein Abstand von der lotrechten Fläche über der Grenzlinie zu sein. Wenn wie in der MBauO und den anderen LBauOen gefordert wird, „Abstandsflächen … freizuhalten" so wird auch weniger deutlich, dass die Abstandsregelung nicht wie das Planungsrecht die Nutzbarkeit von Grundstücksflächen festlegen will, sondern eine bauordnungsrechtliche, am Verursacherprinzip orientierte Schutzvorschrift darstellt. Für die praktische Anwendung ist allerdings entscheidend, welche Punkte der Grundstückgrenze so nahe liegen, dass es für die Bemessung des gesetzlich geforderten Abstands bedeutend sein kannn (kritische Punkte). 44

Nach der Grundregel des Abs. 1 Satz 1 müssen Gebäude mit allen auf ihren Außenflächen oberhalb der Geländeoberfläche gelegenen Punkten von den Grenzen des Baugrundstücks Abstand halten (Abb. 1). Der **Abstand** ist nach Satz 2 **zur nächsten Lotrechten** über der Grenzlinie zu messen. Die nächste Lotrechte ist jeweils die, deren Abstand zu dem Punkt am kürzesten ist. Daraus folgt, dass der Abstand – im Grundriss – rechtwinklig zur Grenzlinie zu messen ist (Abb. 2). Ist die Grenze gekrümmt und bildet beispielsweise einen Kreisabschnitt, dann ist zur entsprechenden Tangente zu messen (Abb. 3). Die Formulierung „… zur nächsten Lotrechten über der Grenzlinie …" macht deutlich, dass auch im „Luftraum" Abstand zu halten ist, zB bei Windkraftanlagen mit ihren weitausladenden Flügelenden (s. § 2 Abs. 1 S. 2 → Rn. 14.). Der Begriff „Lotrechte" hat den in der NBauO 1973 (falsch gewählten) Begriff der „Senkrechten" ersetzt, der bei hängigem Gelände zu Missverständnissen hätte Anlass geben können. Entsprechend Satz 3 richtet sich der Abstand jeweils nach der Höhe des Punktes über der Geländeoberfläche (s. → Rn. 47). Der Abstand wird anteilig zur Höhe = H über Gelände ermittelt. 45

Außenflächen sind die von außen sichtbaren Flächen eines Gebäudes. Das müssen nicht nur Wände sein. Auch Pfeiler, Säulen, Dachblenden usw haben Außenflächen. Daher muss auch ein Gebäude ohne raumabschließende Wände (zB eine nur aus Stützen und Dach bestehende offene Garage oder die offenen Seiten eines Parkhauses) Abstand halten; vgl. auch → Rn. 119. Auch mit den auf einer schrägen Dachfläche gelegenen Punkten muss Abstand gehalten werden. Allerdings bewirkt das aus dem Abstands- 46

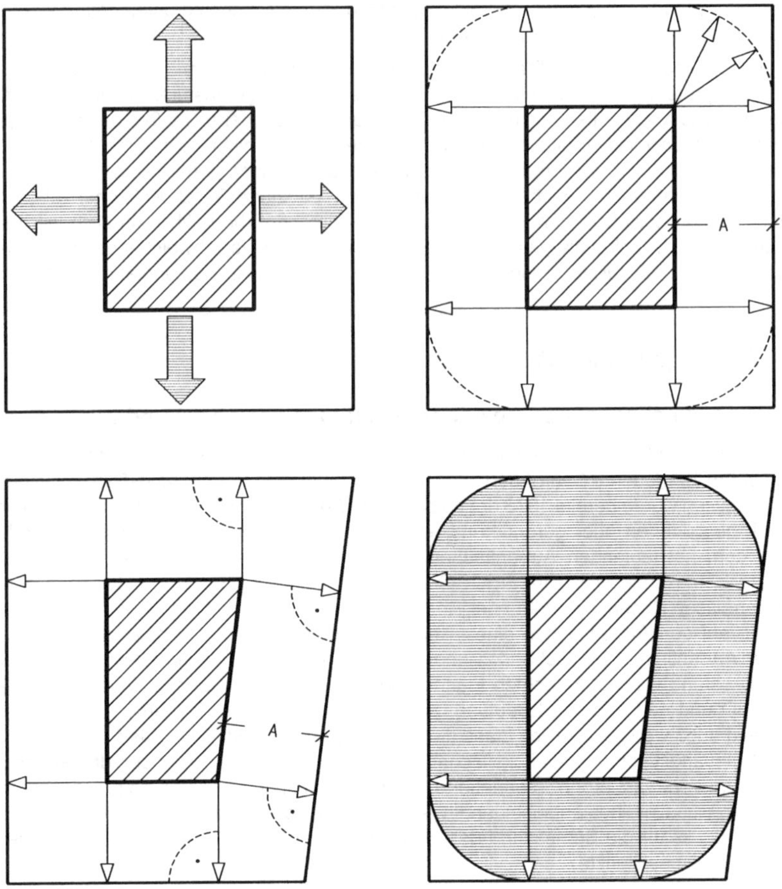

Abb. 1:
Gebäude müssen von den Grenzen der Baugrundstücks Abstand halten (oben links).
Jeder Punkt auf den Außenflächen oberhalb der Geländeoberfläche eines Gebäudes hat Abstand (A) zur Lotrechten über der Grenzlinie zu halten (oben rechts).
Der Abstand (A) ist rechtwinklig zur Grenzelinie zu messen (unten links).
Der „Rundum"-Abstand ergibt eine (schattiert dargestellte) „Abstandszone" mit ausgerundeten Ecken (unten rechts).

maß folgende „Freiraumprofil" (s. → Rn. 79, dass es bei Dächern mit weniger Neigung als rd. 63° (vorgeschriebener Abstand 0,5 H) bzw. rd. 76° (vorgeschriebener Abstand 0,25 H) und unter Berücksichtigung der Vorschrift des § 5 Abs. 3 S. 1 Nr. 3 idR nur auf die Höhe und damit den Abstand der Schnittlinie der Außenflächen von Wand und Dachhaut ankommt. Bei einem Dachüberstand von mehr als 0,5 m (§ 5 Abs. 3 Nr. 1) ist für die Bemessung des Abstands die Höhe des Punktes auf der Dachhaut maßgebend, der waagerecht gemessen um 0,50 m hinter der Lotrechten über der Dachrinnenaußenkante liegt (siehe Abb. 4).

Die Formulierung „... müssen mit allen auf ihren Außenflächen ... gelegenen Punkten ... Abstand halten" gestattet nicht, den erforderlichen Grenzabstand nur in der Erdge-

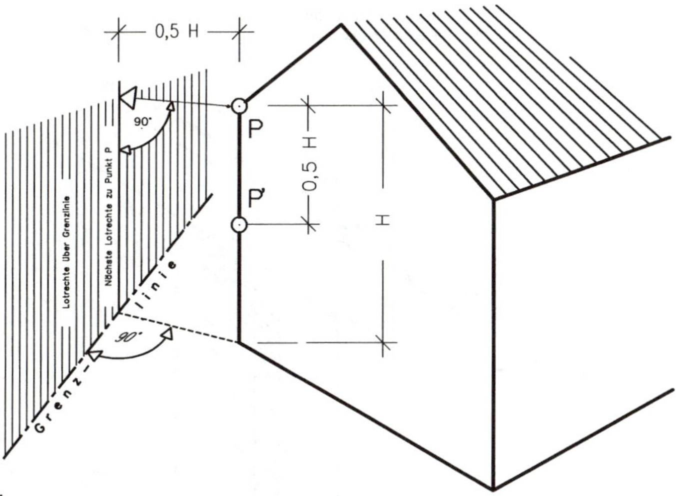

Abb. 2:
Nach § 5 Abs. 1 Satz 2 ist der Abstand (hier von Punkt P) waagerecht zur nächsten Lotrechten über der Grenze zu messen. Die nächste Lotrechte über der Grenzlinie ist die, zu der der Abstand am kürzesten ist (90°)

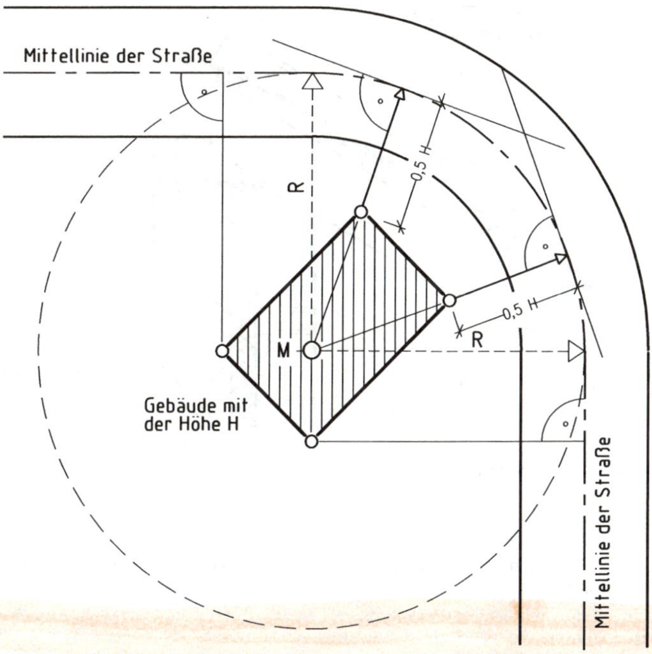

Abb. 3:
Der Abstand eines Punktes ist (im Grundriss) rechtwinklig zur Grenze zu messen. Ist die „Grenze" gekrümmt oder bildet sie einen Kreisabschnitt (z.B. die Mittellinie einer Straße, so dass sich der Abstand nach § 6 Abs. 1 bestimmt) dann ist der Abstand rechtwinklig zur entsprechenden Tangente zu messen.

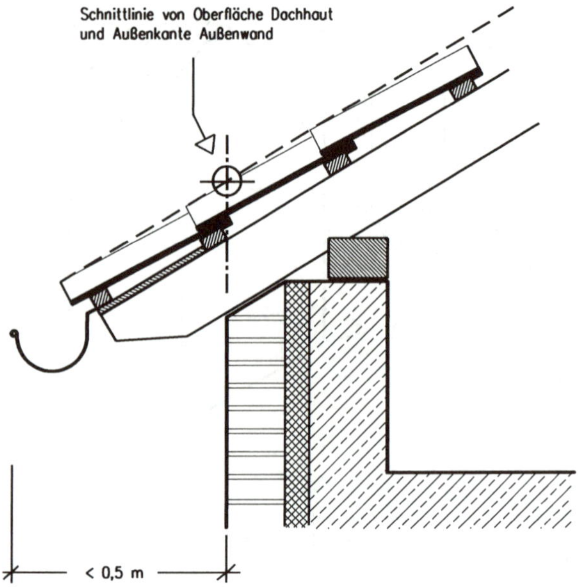

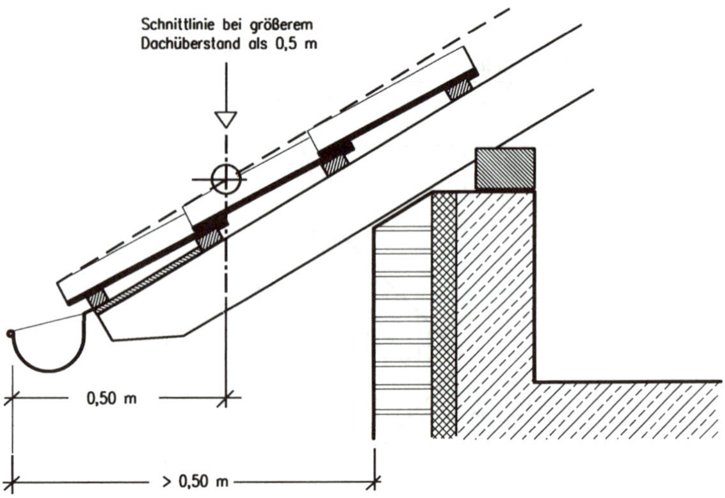

Abb. 4:
Nach § 5 Abs. 1 Nr. 3 darf der Abstand von Dachüberständen um nicht mehr als 0,50 m unterschritten werden (oberes Bild).

Bei Dächern mit weniger als 63° (0,5 H) bzw. 76° (0,25 H) Dachneigung kommt es für die Ermittlung des Abstands auf der Traufseite eines Gebäudes i.d.R. auf die Höhe der Schnittlinie der Außenflächen von Wand und Dachhaut an. Bei steileren Dachneigungen ist u.U. der First des Gebäudes abstandsrelevant.

Ist der Dachüberstand größer als 0,50 m (unteres Bild) so ist für die Ermittlung des zulässigen Grenzabstands die Höhe des Punktes auf der Dachhaut maßgebend, der – waagerecht gemessen – um 0,50 m hinter der Lotrechten über der Dachrinnenaußenkante liegt.

schossebene abzutragen, während das Obergeschoss über die Außenfläche des Erdgeschosses vorkragt, also in das Freiraumprofil hineinragt.

Die **Geländeoberfläche** als Bezug für das Höhenmaß (H) eines Punktes ist grundsätzlich die Höhe der gewachsenen Geländeoberfläche. Dies ergibt sich jetzt eindeutig aus §5 Abs. 9, sofern nicht die dort genannten Modifizierungen Platz greifen. In der NBauO 1973 war dies nur ungenügend definiert. Die „gewachsene" Geländeoberfläche ist regelmäßig die natürliche; dieser Begriff schließt jedoch nicht Aufschüttungen „durch Menschenhand" in lange vergangener Zeit aus (OVG Lüneburg 21.11.1985 – 6 A 92/83, nv, VG Göttingen Urteil 8.9.2015 – 2 A 282/14 –). In Sonderfällen muss die BauAB die maßgebende Geländeoberfläche festsetzen (Abs. 9 S. 3 und 4, Rn. 268 f.). Eine enge Betrachtungsweise mag für die Auffassung sprechen, den Bodenaushub für unterhalb der Geländekante liegende Teile des Gebäudes als Abgrabung zu betrachten (vergl. Rn. 52). Das würde jedoch zu irregulären Ergebnissen führen, müsste doch der Bezugspunkt zur maßgebenden Höhenermittlung unterhalb der Kellersohle liegen (siehe auch Abs. 9, → Rn. 276). 47

Bei Grundstücken in Hanglage kann die (Bezugs-)Höhenlage der Geländeoberfläche abhängig vom Geländeprofil für jede Außenfläche verschieden sein (Abb. 6), sie kann sogar für ein und dieselbe Außenfläche verschieden sein. Die **Höhenlage (H)** eines Punktes auf der Außenfläche über der Geländeoberfläche ist von dessen lotrechtem Projektionspunkt auf der Geländeoberfläche zu messen (zB H_2 in Abb. 5 u. 6), sofern nicht eine andere Bezugsebene maßgebend ist (Abs. 6). Vgl. auch §5 Abs. 9, → Rn. 262 ff. 48

Nach Abs. 1 Satz 5 darf der **Abstand auf volle 10 cm abgerundet** werden. Das Privileg bezieht sich auf das zu errechnende Abstandsmaß, nicht auf das Höhenmaß. Wenn zB ein Punkt auf der Außenfläche eines Gebäudes eine Höhe über der Geländeoberfläche (H) von 8,98 m hat, braucht er in Fällen des Absatzes 2 nicht einen Abstand von $^1/_2$ H = 4,49 m zu halten, sondern als Abstand genügen schon 4,40 m. Nicht richtig wäre es also das Höhenmaß abzurunden und dann von dem abgerundeten Betrag (8,90 m) die Hälfte (4,45 m) als Abstand zu nehmen. Das Gesetz will die effektiven Abstände in Stufen von je 0,10 m ansteigen lassen. 49

Die Abrundungsregel des Satz 5 darf nicht zu der irrigen Annahme verleiten, der Abstand müsse nicht so genau genommen werden. §5 räumt neben der Abrundungsregel keine Spielräume oder Maßtoleranzen ein. Die sich danach ergebenden **Abstandsmaße sind strikt einzuhalten** (OVG Lüneburg 10.7.1980 – 6 B 60/80, Nds.Rpfl. 1980, 289). Die eindeutige Fassung der Vorschriften über den Grenzabstand und seine Messbarkeit nach den im Gesetz festgelegten Größen verbieten auch nur geringfügige Unterschreitungen (OVG Lüneburg aaO sowie 22.3.1962 – I A 96/61, DVBl 1962, 418 und 18.2.1985 – 1 A 44.84, Nds.Rpfl. 1985, 152). Die Grenzabstandsvorschriften sind „millimeterscharf" einzuhalten (OVG Bautzen 6.12.1996 – 1 S 618/96, Sächs.OVG-Jahrbuch 4, 328). Derartige Maßabweichungen dürfen also nicht dazu verleiten, sie bei der Baufreigabe zu tolerieren. Geht es allerdings um die Vertretbarkeit von Maßnahmen gegenüber einer illegal errichteten Anlage, sind die tatsächlichen Auswirkungen und Beeinträchtigungen in die Entscheidung einzubeziehen (OVG Lüneburg Urteil 16.2.2012 – 1 LB 19/10 – openJur 2012, 52617) 50

Die Grenzabstandsvorschriften gelten in erster Linie für **Gebäude** (zum Begriff s. §2 Abs. 2, → Rn. 36–41). Unter welchen Voraussetzungen sie auch auf sonstige bauliche Anlagen anzuwenden sind, ergibt sich aus Abs. 1 Satz 2. 51

Unterirdische Gebäude (Tiefgaragen, Hofunterkellerungen usw), die planungsrechtlich außerhalb der überbaubaren Grundstücksflächen im Allgemeinen unzulässig sind (Blechschmidt in Ernst/Zinkahn/Bielenberg BauNVO §23 Rn. 25; Fickert/Fieseler BauNVO §23 Rn. 12; VGH München 30.11.1979 – 26 II 78, BRS 36 Nr. 129), unterliegen den Grenzabstandsvorschriften nicht, denn sie haben keine Außenflächen oberhalb der Geländeoberfläche. Das gilt auch für eine nach unten führende Rampe zu einer Tiefgarage (VGH Mannheim 19.3.1975 – III 1250/74, BRS 29 Nr. 89). Ragen jedoch Teile unter- 52

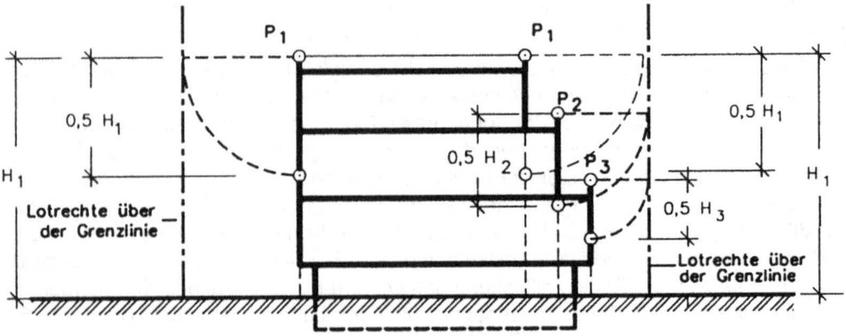

Abb. 5:
Abstände nach § 5 Abs. 1 Satz 1 und 2.
Linksseitig ergibt sich der Abstand aus der Höhe von Punkt P_1 rechtsseitig ist die Höhe von Punkt P_1 für den Abstand nicht relevant, wohl aber sind die Höhen der Punkte P_2 und P_3 (zufällig gleichermaßen) für den jeweiligen Abstand maßgebend.

irdischer Gebäude auch nur geringfügig über die Geländeoberfläche hinaus, so müssen diese Abstand halten (so auch OVG Lüneburg 16.10.1980 – 6 A 32/79, nv – zu einer 0,50 m aus dem Gelände herausragenden Terrassenunterkellerung – vor Einfügung des § 12a aF); § 5 Abs. 1 S. 2 befreit nur bauliche Anlagen bis 1,00 m Höhe davon, Abstand zu halten, nicht jedoch Gebäudeteile (Barth/Mühler § 5 Rn. 27. Eine unmittelbar an der Grenze errichtete Betonbrüstung zur Absicherung der Rampe einer Tiefgarage ist in diesem Sinn zwar keine (selbständige) bauliche Anlage, sondern Gebäudeteil, sie ist aber in diesem Fall gleichzeitig Einfriedung und braucht damit nach § 5 Abs. 8 S. 1 Nr. 1 nicht Abstand zu halten (zu Tiefgaragen einschl. Zufahrtsrampen siehe auch OVG NW Beschluss 10.9.2014 – 2 B 918/14 – DÖV 2015, 533).

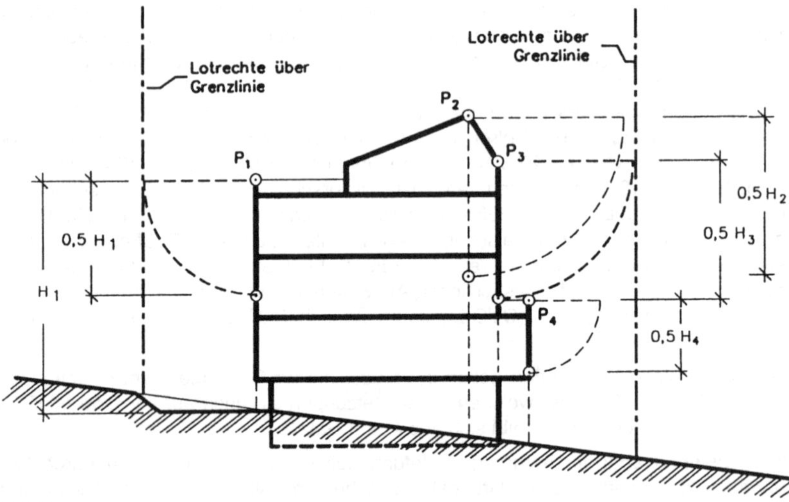

Abb. 6:
Abstände nach § 5 Abs. 1 Satz 1 und 2 bei Gebäude in Hanglage.
Linksseitig bestimmt sich der Abstand aus der Höhenlage von Punkt P_1. Rechtsseitig ist nicht die Höhenlage von Punkt P_2 und P_4, sondern die von Punkt P_3 maßgebend.

b) Die sonstigen baulichen Anlagen (Abs. 1 Satz 2)

Der bisherige § 12a Abs. 1 NBauO aF ist nun unmittelbar dem **§ 5 Abs. 1 als Satz 2** angehängt worden. Er enthält die Abstandsvorschriften für alle baulichen Anlagen, die keine Gebäude sind. 53

Entsprechend Abs. 1 Satz 1 sind die an sich (nur) für Gebäude geltenden Abstandsvorschriften der §§ 5 auf alle sonstigen baulichen Anlagen, also auch auf diejenigen, die nach § 2 Abs. 1 S. 2 nur fiktiv als solche gelten, anzuwenden, soweit diese höher als 1,00 m sind und soweit von diesen Wirkungen wie von Gebäuden ausgehen. **Zweck der Regelung** ist es, für alle übrigen baulichen Anlagen, die nicht von den §§ 5 ff. erfasst werden, Grenzabstände vorzuschreiben, soweit das zur Wahrung der Abstandsbelange (s. → Rn. 22 ff.) erforderlich ist. Es liegt auf der Hand, dass zB ein hoher Futtersilo, eine Sichtschutzwand, eine Stützmauer o. dgl. – obwohl nicht Gebäude – auf das Nachbargrundstück ebensolche Wirkungen ausüben können wie gleich große Gebäude. Daher unterwirft Abs. 1 Satz 2 derartige bauliche Anlagen, von denen Wirkungen wie von Gebäuden ausgehen, denselben Abstandsvorschriften, die für Gebäude gelten. Optisch mag von 1,0 m aus dem Gelände ragenden Gebäuden die gleiche Wirkung ausgehen wie von in der Kubatur entsprechenden baulichen Anlagen, die keine Gebäude sind. Üblicherweise ist die Nutzungsintensität von Gebäuden und die damit verbundenen Auswirkungen höher einzuschätzen, was den Gesetzgeber zu dieser Differenzierung veranlasst haben wird. 54

Wirkungen wie von Gebäuden sind: die Sicht versperren, den Lichteinfall behindern, Schatten werfen, erdrückend wirken, die Durchlüftung behindern uam (OVG Lüneburg 10.5.1978 – VI A 37/76, BRS 33 Nr. 124). Es handelt sich um negative Wirkungen auf das Nachbargrundstück, die durch Gebäudeaußenflächen erzeugt werden und vor denen die Abstandsregeln schützen sollen. Sie können von baulichen Anlagen ausgehen, die ihrer Bausubstanz nach, also körperlich, einem Gebäude vergleichbar sind (OVG Lüneburg 15.10.1975 – VI A 76/74, dng 78, 24). Emissionen, wie sie bei bestimmungsgemäßer Nutzung von Gebäuden ausgehen können, wie auch eine psychische Bealstungen (hier Stacheldrahtrollen) haben keine Wirkungen wie von Gebäuden iSv Satz 1 (OVG Lüneburg 12.7.1999 – 1 L 4258/98, *dbovg.niedersachsen.de*). Entscheidend für die Identifizierung der gebäudegleichen Wirkung ist, ob die Ausführung geeignet ist, Belichtung, Besonnung und Belüftung des Nachbargrundstücks zu beeinträchtigen (OVG Lüneburg Urteil 30.05.2016 – 1 LB 7/16 – openJur 2016, 6688). Die Beantwortung der Frage, ob von einer baul. Anlage Wirkungen wie von Gebäuden ausgehen, hängt nicht davon ab, von welcher Art das Baugebiet ist, in dem das betroffene Baugrundstück gelegen ist (OVG Münster 2.12.2003 – 10 B 1249/03, BRS 66 Nr. 135). Setzt sich eine bauliche Anlage aus mehreren Teilen zusammen, beschränkt sich die Abstandsanforderungen auf die Teile ab mehr als 1,0 m über der Geländeoberfläche, von denen die gebäudegleiche Wirkung ausgeht (vergl. OVG Lüneburg Beschluss 3.9.2015 – 1 LA 58/15 – openJur 2015, 14403, noch zu § 12a NbauO 2003). 55

Bauliche Anlagen bis 1 m Höhe, die keine Gebäude sind, brauchen **generell keinen Abstand** zu halten. Das ergibt sich im Umkehrschluss aus der Formulierung in Satz 2. Damit hat der Gesetzgeber unwiderlegbar bestimmt, dass von baulichen Anlagen bis 1 m Höhe keine Wirkungen wie von Gebäuden ausgehen, die eine Forderung nach Abstand rechtfertigen. Das gilt auch für einem **Wohnweg an der Nachbargrenze** 0,5 m über Terrain (vgl. OVG Lüneburg 12.7.1999 aaO). 56

Die Formulierung „bauliche Anlagen, die keine Gebäude sind", macht deutlich, dass die bauliche Anlage auch nicht **Teil eines Gebäudes** sein darf, wenn sie die Vergünstigung des Abs. 1 Satz 2 in Anspruch nehmen will. Beispielsweise ist eine Unterkellerung, die vor die Fassade tritt, Teil des Gebäudes selbst. Sie kann die Vergünstigung des Abs. 1 auch dann nicht beanspruchen, wenn sie weniger als 1 m über Gelände hoch ist und muss daher Abstand nach § 5 ff. halten. Das Gleiche gilt für Parabolspiegelantennen 57 auch unter 1 m Bauhöhe auf dem Dach einer Grenzgarage (Abs. 8 Rn. 232 ff.). Als Teil des Garagengebäudes unterliegen sie den Beschränkungen des Abs. 8 Satz 2 Nr. 1 (vgl. VGH Kassel 16.7.1998 – 4 UE 1706/94, BRS 60 Nr. 102).

58 Die **Höhe von baulichen Anlagen** wird gemessen ab der gewachsenen bzw. festgesetzten Geländeoberfläche. Es kommt nicht darauf an, wie hoch sich beispielsweise eine Terrasse über die gartenarchitektonisch gestaltete fertige Geländeoberfläche erhebt oder ob die optisch wirksame Höhe einer baulichen Anlage durch Geländeangleichungen auf weniger als 1 m reduziert wurde. Dabei darf nicht übersehen werden, dass alle Teile der baulichen Anlage abstandsrelevant sind, die sich innerhalb des Bereichs mit dem Mindestabstand von 3,0 m mehr als 1,0 m oberhalb der Geländeoberfläche erheben. Das kann durchaus optisch unauffällig sein, wenn das Gelände von der Nachbargrenze abfällt und die der Nachbargrenze zugekehrten Teile der baulichen Anlage sich unterhalb der Höhenlinie von 1,0 m befinden.

59 **Bauliche Anlagen über 1 m Höhe**, die keine Gebäude sind, müssen **Abstand** halten. Wie sich aus der Einschränkung „soweit" ergibt allerdings nur die Anlagenteile, die höher als 1 m sind und das auch nur soweit, wie von den höheren Teilen der baulichen Anlagen Wirkungen wie von Gebäuden ausgehen. Eigentlich müsste eine bauliche Anlage, um die gebäudetypische Wirkung zu entfalten, eine Größenordnung haben wie sie von Menschen betreten werden könnte (VGH München Beschluss 23.08.2016 – 15 ZB 15.2668 –). Dann jedoch liefe die Beschränkung der Höhe von 1,0 m ins Leere. Also wird entscheidungserheblich die vom Nachbargrundstück sichtbare Ansichtsfläche sein (Umfang ca. 1,10 m, ebd, zur Werbetafel siehe OVG Thüringen Urteil 26.10.2005 – 1 KO 1180/03 – NJ 2006, 188 (amtl. Leitsatz).

60 **Die Einschränkung „soweit … höher als 1 m"** ist nicht so zu verstehen, dass der Abstand, den eine bauliche Anlage halten muss, erst ab 1 m Höhe über der Geländeoberfläche zu messen ist. Vielmehr wird mit dieser Formulierung bestimmt, dass nur die Teile einer baulichen Anlage, die höher als 1 m sind, Abstand halten müssen, während die niedrigen Teile keinen Abstand zu halten brauchen. Damit wird erreicht, dass nicht die gesamte bauliche Anlage Abstand halten muss, obwohl nur von den höheren Teilen über 1 m Höhe Wirkungen wie von Gebäuden ausgehen können. Beispiele: Schwimmbecken mit Sprungturm, Lagerplatz mit Containerstapel.

61 **Die Einschränkung „soweit … Wirkungen wie von Gebäuden ausgehen"** reduziert die Forderung nach Abstand auf solche baulichen Anlagen über 1 m Höhe, von denen Wirkungen, vor denen die Abstandsflächen schützen sollen, ausgehen. Bauliche Anlagen, die diese Wirkungen nicht entfalten, brauchen keinen Abstand zu halten, auch wenn sie höher als 1 m sind. Besteht eine bauliche Anlage aus mehreren Teilen, die für sich beurteilt werden können, dann beschränkt der Begriff „soweit" die Abstandsanforderung auf die Teile, von denen die gebäudegleiche Wirkung ausgeht. Bei einem nach oben schlanker werdenden Antennenmast oder Richtfunkturm führt der Begriff „soweit" nicht zu einer Beschränkung der Abstandsanforderung auf einen Teilabschnitt des Mastes oder Turms (aA Barth/Mühler § 12a aF Rn. 24). Der Begriff „soweit" bietet keine Möglichkeit, im Wege der Auslegung zu einer Reduzierung der für die Abstandsbemessung zugrunde zu legende Höhe der baulichen Anlage zu gelangen (OVG Lüneburg 2.7.1984 – VI 81/84, Nds.Rpfl. 1984, 246). Man muss die Formulierung „soweit" – auf Masten und Türme angewandt – so verstehen, dass die Abstandsregeln auf die volle Mast- bzw. Turmhöhe anzuwenden sind, „wenn" von den Masten und Türmen Wirkungen wie von Gebäuden ausgehen. Bauteile, die Masten und Türme erhöhen und die wegen ihrer Schlankheit, Körperlosigkeit oder auch nur wegen ihrer geringen Größe (insoweit) keine gebäudegleichen Wirkungen entfalten, müssen keinen Abstand halten und bleiben daher bei der Abstandsbemessung unberücksichtigt. Nach dieser Auslegung bleiben beispielsweise bei einem Richtfunkturm zusätzliche schlanke, peitschenartige Antennenbauteile oberhalb der Parabolspiegelplattform unberücksichtigt, weil von ihnen, im Gegensatz zum Turm selbst, keine Wirkungen wie von Gebäuden ausgehen. Unter den folgenden Rn. 62–73 werden **Beispiele** für Baukörper mit gebäudegleicher Wirkung aufgeführt.

Von einem 40 m hohen **Stahlgittermast** für den Mobilfunk mit einer quadratischen Grundfläche **von 2,50 × 2,50 m** gehen Wirkungen wie von einem Gebäude aus (OVG Münster 10.2.1999 – 7 B 974/98, BauR 1999, 1172 zu § 6 Abs. 10 BauO NRW). Die gebäudegleiche Wirkung wurde in der optischen Auswirkung des flächig wirkenden Gitterwerks auf die Nachbargrenze gesehen und dabei dem Aspekt der Masthöhe besondere Bedeutung zugemessen. Nach Ansicht des OVG Lüneburg (15.9.1982 – 6 B 46/82, Nds.Rpfl. 1982, 255 und 23.11.1982 – 6 A 44/81, BRS 39 Nr. 122) müssen Gittermaste (für Antennen oder Windkraftanlagen) Abstand zu den Grundstücksgrenzen halten, weil sie ungeachtet ihrer filigranhaft wirkenden Stahlfachwerkkonstruktion dennoch ein beachtliches Bauvolumen aufweisen, von dem erdrückende Wirkungen auf Nachbargrundstücke ausgehen (zu einem dreieckigen **Mast mit 3,5 m Seitenlänge** am Mastfuß). Die in diesem Urteil allerdings als Merkmal gebäudegleicher Wirkungen herausgestellte (Schein-)Gefahr, ein solcher Mast könne – zum Schaden der Nachbarn – umfallen bzw. es könnten Bauteile herabfallen (zB bei einer Unwetterkatastrophe), würde für sich allein genommen die Anwendung der Abstandsvorschriften noch nicht rechtfertigen, weil das wohl eine Überbewertung latent vorhandener Gefahren wäre, wie sie nun einmal jedem Bauwerk innewohnen. Darüber hinaus ginge vom auf 1/2 H reduzierten Abstandsmaß nur eine begrenzte Schutzwirkung aus. Demgegenüber ist die Eisschlaggefahr, die bei hohen Antennenmasten im Winter regelmäßig droht, eine für einen Sicherheitsabstand sprechende relevante Gefahr, die aber schon bei einem auf 1/2 H reduzierten Abstand nicht mehr gegeben sein dürfte. Im Gegensatz zu Masten mit größerem Bauvolumen gehen von einem schlanken, dreieckigen **Stahlgittermast mit** nur **41 cm Seitenlänge** keine Wirkungen wie von Gebäuden aus (OVG Münster 27.7.2000 – 7 A 3558/96, BauR 2001, 232). Der aus mehreren Segmenten bestehende, auf 18 m Höhe ausfahrbare Mast mit Amateurfunkantenne, muss im ausgefahrenen Zustand beurteilt werden und kann trotz seiner abstandsrechtlichen Unbedenklichkeit gegen das planungsrechtliche Rücksichtnahmegebot verstoßen (hier bejaht für einen Standort in einem nur 11 m breiten Hausgarten). **62**

Von **runden Masten** als Antennenträger für Mobilfunk dürften selten Wirkungen wie von Gebäuden ausgehen, weil es ihnen idR an der dafür notwendigen Körperlichkeit fehlen wird. Jedenfalls kann das zumindest für schlanke Masten mit weniger als 50 cm Durchmesser angenommen werden, die sich nach oben verjüngen, keine Plattform oder horizontal ausladende Antennenteile tragen und an ihrem Standort vom optischen Erscheinungsbild her nicht den Eindruck einer dominierenden baulichen Anlage vermitteln (vgl. OVG Lüneburg 6.12.2004 – 1 ME 256/04, BauR 2005, 975 mit Hinweis auf OVG Münster 9.1.2004 – 7 B 2482/03, BauR 2004, 792). **63**

Für die Auslegung des § 5 Abs. 1 S. 2 sind Sinn und Zweck der Grenzabstandsvorschriften maßgeblich. Folglich kommt es darauf an, ob ein solcher Mast die Schutzgüter der Abstandsvorschriften berührt (s. Rn. 10 ff.). Diese müssen mehr als nur unerheblich berührt werden, um zur Annahme gebäudegleicher Wirkung gelangen zu können (OVG Lüneburg 6.12.2004 aaO). Ob das bereits zutrifft auf einen 31 m hohen runden Antennenträger, der sich von 1 m am Mastfuß auf 0,12 m verjüngt, wie es das OVG Bautzen (17.12.1997 – 1 S 746/96, BRS 59 Nr. 118) unter dem Eindruck einer allein durch ihre Höhe dominierenden baulichen Anlage angenommen hat, darf bezweifelt werden. Etwas anderes mag gelten für einen runden Mobilfunkmast von 40,60 m Höhe, der sich (von 1,40 m Durchmesser am Mastfuß) zwar auch nach oben verjüngt (auf ca. 0,70 m), dort aber zusätzlich mit einem Kopf aus zwei mit einander verbundenen Plattformen von 3,40 m Durchmesser ausgestattet ist. Von diesem Mast, der eher als „turmartig" mit „dominierender Wirkung" zu beschreiben ist, und mit dem zwar nicht die für Gebäude typischen Auswirkungen verbunden sind, die diesen aber abgestuft angenähert sind, gehen Wirkungen wie von Gebäuden aus (OVG Lüneburg 25.8.2004 – 9 ME 206/04, Nds.Rpfl. 2004, 324). **64**

Neben der optischen Wirkung verbergen solche baulichen Anlagen bisweilen ein nicht zu unterschätzendes Gefahrenpotenzial. Sicher kann nicht ausgeschlossen werden, dass **64a** sich bei extremen Wetterlagen Bauteile lösen oder die ganze Anlage umstürzen kann. Trotzdem wäre es unstatthaft, die Grenzabstandsbelange mit den Sicherheitsaspekten zu verknüpfen. Die Zweifel sind auch angebracht, wenn der Gefahrenbereich öffentlich genutzte Flächen mit einbezieht. Derartige Risiken gehen auch von Gebäuden aus, so dass ggf. die Bauordnung im dritten bis fünften Teil diesbezüglich auf Vollständigkeit überprüft werden müsste. Doch darf die auf das Jahr 1982 zurückgehende Rechtssprechung des OVg Lüneburg (Urteil 23.11.1982 -6 44/81- BRS 39, 122) als unberechtigt verworfen werden (so auch Barth/Mühler a.a.O. Rn. 14).

65 Im Einzelfall kann die Zulassung derartiger Masten – vor allem in dicht bebauten Wohngebieten – in bauplanungsrechtlicher Hinsicht als Nebenanlage unzulässig sein bzw. gegen das Gebot der Rücksichtnahme verstoßen (vgl. dazu BVerwG 18.2.1983 – 4 C 18.81, DVBl 1983, 886; 1.11.1999 – 4 B 3.99, BRS 62 Nr. 82).

66 **Richtfunktürme** und **Windkraftanlagen** auf turmartigen Masten unterliegen den Grenzabstandsvorschriften. Die Ausnahmemöglichkeiten nach § 13 Abs. 1 aF sind entfallen, so dass in jedem Einzelfall geprüft werden müsste, ob die Abweichungsvoraussetzungen des § 66 vorliegen (bejaht nur im Einzelfall OVG Lüneburg Beschluss 13.2.2014 – 12 ME 221/13 – BauR 2014, 976-978). Die Voraussetzungen dürften jedoch kaum jemals vorliegen, weil das Schutzziel der Abstandsvorschriften bei turmartigen Masten nur durch Einhalten des Grenzabstands erreicht werden könnte. Eine gesellschaftspolitisch motivierte Bevorzugung wie bisher kann der Gesetzgeber in gewissen Grenzen anordnen, aber sie kann idR nicht im Wege der Abweichung ausgesprochen werden. Sie gehören zu den baulichen Anlagen, von denen Wirkungen wie von Gebäuden ausgehen, wenn nicht bereits ihre begehbaren Türme als Gebäude den Abstandsregelungen unterfallen. Bei Windkraftanlagen spricht man zwar noch von Masten, aber auch diese sind bei größeren Anlagen über innenliegende Treppen besteigbar und die Rotorgondel ist als begehbares Maschinenhaus ausgebildet, so dass Großanlagen die vier Gebäudevoraussetzungen des § 2 Abs. 2 erfüllen. Bei Richtfunktürmen ist es die ausladende mit Parabolspiegel bestückte Plattform, die eine gebäudegleiche Wirkung hervorrufen kann; bei Windkraftanlagen ist es die flächig wirkende Scheibe, die von den rotierenden Flügeln erzeugt wird und größenmäßig mit einer Gebäudewand vergleichbar ist (OVG Münster 29.8.1997 – 7 A 629/95, BRS 59 Nr. 110 zu einer Anlage mit 28,5 m Nabenhöhe und 17,2 m Rotordurchmesser).

67 Bei Windkraftanlagen müssen die Rotorblätter bei der Bemessung des Grenzabstandes berücksichtigt werden. Die Frage, ob sie als „untergeordnete Gebäudeteile" die Abstände unterschreiten dürfen oder ganz außer Betracht bleiben, stellt sich nach der neuen Abstandsregelung nicht mehr. Sie sind aber weder vortretende Gebäudeteile noch als Vorbauten zu betrachten (OVG Lüneburg 13.8.2001 – 1 L 4089/00, Nds. Rpfl. 2001, 431 noch zu den untergeordneten Gebäudeteilen). Abstandspflichtig ist danach wohl ein **Rotationskörper**, der durch die „Scheibe" der Rotorflügel gebildet wird, wenn sich die Rotorgondel unter Berücksichtigung ihrer Exzentrizität um die vertikale Mastachse dreht. Alle Punkte auf der Oberfläche dieses gedachten Körpers müssen Abstand entsprechend ihrer Höhe über Gelände halten. Bei den bisher üblichen Exzentrizitäten liegt der abstandsrelevante Punkt P auf dem Kreis, den die Enden der Rotorflügel beschreiben, wenn die Rotorachse parallel zur Grundstücksgrenze steht. Der Punkt P kann mit hinreichender Genauigkeit **zeichnerisch ermittelt** werden, indem man eine Tangente unter 63,43 zur Horizontalen an den Kreis legt (vgl. Freiraumprofil 79 f.). Die Höhe von P über Grund ergibt den Abstand, den dieser Punkt zur Hälfte, im Industrie- oder Gewerbegebiet von einem Viertel, von der Grenze halten muss (vgl. Abb. 1). Den Abstand, den die Mastachse von der Grenze halten muss, damit alle Punkte auf dem Rotationskörper den erforderlichen Abstand $^1/_2$ oder $^1/_4$ H von der Grenze einhalten, erhält man durch Abgreifen der Höhe des Punktes P über der maßgeblichen Geländeoberfläche plus seiner Entfernung von der Mastachse. Zusätzlich erweitert sich geringfügig das erforderliche Abstandsmaß infolge der vor dem Drehpunkt liegenden Rotationsscheibe der Rotorblätter. Bei ebenem Gelände ergibt sich dieses

Maß direkt aus dem Abstand Mastachse – Schnittpunkt aus der Frontalansicht verdrehten Tangente/Geländeoberfläche. Ein Kreis mit diesem Abstand als Radius um die Mastachse beschreibt die allseitig erforderliche Abstandsfläche des Rotationskörpers (Abb. 7).

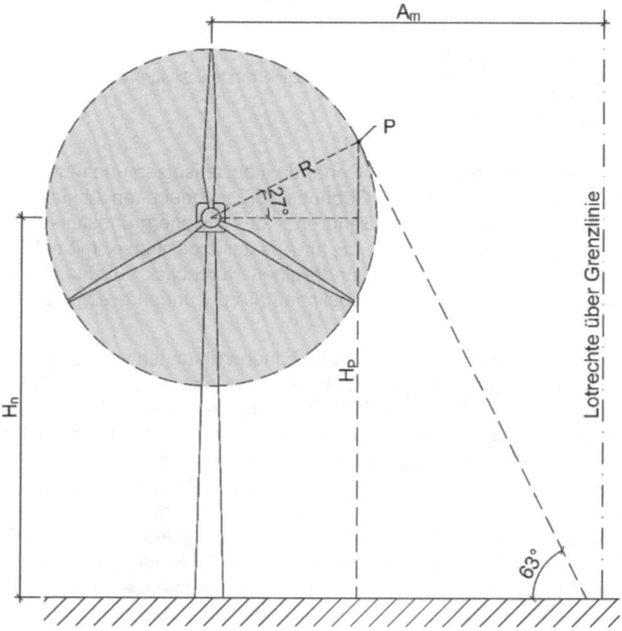

A_m : erforderliches Abstandsmaß vom Drehpunkt (bei ½ H, ≥ 3,0m)
R : Rotorradius
H_N : Höhe der Nabe
P : maßgebender Höhenpunkt
H_P : Höhe des maßgebenden Höhenunkt
e : Abstand der Rotorblätter zum Drehpunkt

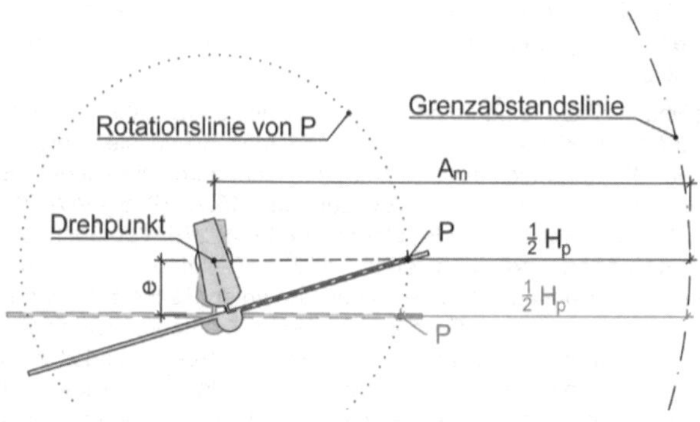

Abb. 7:
Beim Abstandserfordernis von Windkraftanlagen ist von einer imaginären Kugelform auszugehen (an den Polen geringfügig abgeflacht), gebildet durch die Kreisbewegungen der Rotorblätter (vertikal) und der horizontalen Drehbewegung.

68 Die von der früheren Bezirksregierung Hannover aufgestellte Formel zur rechnerischen Ermittlung des Grenzabstandes bezieht sich auf die Abstandserfordernisse der Bauordnung 2003. Die Berechnung für den Abstand von 1/2 H zur Mastachse könnte auch weiterhin übernommen werden. Empfehlenswert ist die grafische Ermittlung, da ohnehin ideale ebene Geländeformationen, wie sie die formelhafte Ableitung voraussetzen, kaum anzutreffen sind.

$\mathbf{A_M = e^2 + (0{,}895 \times R)^2 + 0{,}5\,(H_N + 0{,}446 \times R)}$

A_M: Mindestabstand des Drehpunktes (Mastachse) zur Grundstückssgrenze
e: Exentrizität der Rotorebene
H_N: Höhe der Nabe über Gelände
R: Rotorradius

69 Eine **Litfaßsäule** ist körperlich einem Gebäude gleichzusetzen und muss – auch wenn sie im Straßenraum steht – den für Gebäude vorgeschriebenen Abstand zur Grenze der öffentlichen Verkehrsfläche (Straßengrenze des Anliegergrundstücks) halten. Gleiches gilt für größere „Straßenmöbel", zB für Ausstellungsvitrinen, mit entsprechenden Abmessungen, auch wenn die Glaswände einen Durchblick auf das Geschehen auf der (jeweils) anderen Vitrinenseite ermöglichen (OVG Lüneburg 22.9.1982 – 6 OVG B 36/82, nv).

70 Von freistehenden **Plakatanschlagrahmen** können Wirkungen wie von Gebäuden ausgehen, so dass der (erforderliche) Grenzabstand einzuhalten ist (OVG Lüneburg 10.5.1978 – VI A 37/76, BRS 33 Nr. 124; OVG Bautzen 16.4.1999 – 1 S 39/99, BauR 1999, 893). Das gilt zumindest für großflächige Werbetafeln, die parallel zur Grundstücksgrenze errichtet werden. Für Werbetafeln im sog. Euroformat (ca. 3,75 × 2,75 m) hat das OVG Lüneburg seine damalige (s.o.) Auffassung bestätigt und zusätzlich festgestellt, dass die Forderung des Abs. 1 S. 2 auch hinsichtlich des Abstands zwischen freistehender Werbetafel und Gebäude auf demselben Baugrundstück gilt (OVG Lüneburg 18.2.1999 – 1 L 4263/98, Nds.Rpfl. 1999, 328; aA VGH München 13.8.1997 – 2 B 93.4024, BRS 59 Nr. 136). Von rechtwinklig zur Nachbargrenze gestellten Plakattafeln gehen zwar ebenfalls Wirkungen wie von Gebäuden aus, aber nicht von ihrer schmalen Seite in Bezug auf die Grenze, so dass sie vom Schutzzweck her gesehen zur Nachbargrenze keinen Abstand nach Abs. 1 zu halten brauchen. Denn ihnen wird es mangels abdeckender Fläche zu dieser Grenze an der in Satz 2 vorausgesetzten Körperlichkeit fehlen, die erst die Wirkungen wie von Gebäuden auslöst (anders OVG Thüringen 26.1.2005 a.a.O.). Strittig mag sein, ob Ballfangzäune aufgrund ihrer flächenhaften Wirkung auch bei offenmaschiger Ausführung gebäudegleiche Wirkung entfalten können (so OVG NW Beschluss 25.8.2016 – 7 A 2281/13 –). Üblicherweise wird sich der Streit an den Lärmeinwirkungen entzünden, wobei die optische Beeinträchtigung eher eine Nebenrolle spielt.

71 **Stellplätze** (Einstellplätze) sind keine baulichen Anlagen iSd Abs. 1 S. 2, weil es ihnen an der vorgenannten Körperlichkeit auch dann fehlt, wenn sie „hergestellt" iSv § 2 Abs. 1 S. 1 sind. Die Körperlichkeit wird hier auch nicht durch die auf dem Stellplatz stehenden Kfz vermittelt. (sinngemäß so OVG Lüneburg 15.10.1975 – VI A 76/74, Nds. Gemeinde 1978, 24 und Schmaltz Nds. Gemeinde 1974, 276; vgl. auch OVG Lüneburg 10.5.1978 – aaO; anders OVG Münster 11.2.1982 – 7 A 2415/81, BRS 39 Nr. 113, allerdings für eine über Terrain ausfahrbare, ansonsten unterirdische Stapelparkanlage). Solange auf einem Stellplatz an der Grundstücksgrenze Kraftfahrzeuge eingestellt werden, die für den Straßenverkehr zugelassen und benutzt werden, handelt es sich um eine funktionsgerechte Stellplatznutzung. Wird jedoch die Fläche zweckentfremdet und als Abstellplatz für nicht mehr zugelassene, verkehrsuntaugliche Fahrzeuge genutzt, dann können von dem dort ständig abgestellten „Lagergut" wegen seiner Körperlichkeit Wirkungen wie von Gebäuden iSv Abs. 1 ausgehen. Man wird diese Abstellfläche daher bezüglich des Grenzabstands wie einen Lagerplatz behandeln müssen (Rn. 60, 74). Doch werden sich Auseinandersetzungen eher am Rücksichtnahmegebot entzünden, sei es wegen der Lärmentwicklung, sei es durch das Abgasproblem.

Von **Wohnwagenabstellplätzen** gehen nach ihrer bestimmungsgemäßen Nutzung Wirkungen wie von Gebäuden aus (OVG Lüneburg 18.2.1985 – 1 A 44/84, Nds.Rpfl. 1985, 152 – zu §7 Abs. NBauO 1973). Wohnwagen sind keine Kraftfahrzeuge, so dass deren Abstellplätze keine Stellplätze iS §46 Abs. 9 sind, sondern Anlagen iS §2 Abs. 1 Nr. 8, die als bauliche Anlagen gelten. Sie müssen Abstand nach §5 halten. Die Ausführungen des OVG im angeführten Urteil bezüglich eines größeren Abstands aus Gründen erhöhter Brandgefahr für das Nachbargrundstück sind durch die Neufassung des §6 DVNBauO 1987, jetzt §6 DVO-NBauO, obsolet geworden. 72

Nicht anders zu bewerten sind auch **Wohnmobile** (OVG Lüneburg 18.2.1985 – aaO). Als Kraftfahrzeuge dürfen sie zwar auf einem Stellplatz ohne Abstand zur Nachbargrenze aufgestellt werden, wenn sie für den Straßenverkehr zugelassen sind und die Aufstellung nur vorübergehend erfolgt. Wird aber ein solches für den Straßenverkehr zugelassenes Wohnmobil nur zu Urlaubszwecken benutzt, für die längste Zeit des Jahres aber permanent auf einem Einstellplatz abgestellt, dann gehen von diesem Einstellplatz in seiner tatsächlichen Funktion als Abstellplatz die typischen Wirkungen wie von Gebäuden (s. → Rn. 53f.) aus. Ein derartiger Einstellplatz darf nur dann als (Dauer-)Abstellplatz genutzt werden, wenn er Abstand von der Grenze entsprechend einem dem Wohnmobil vergleichbaren Gebäude hält. Das gilt insbesondere für abgemeldete Wohnmobile (zum Rücksichtnahmegebot und „Trading-Down-Effekt" siehe OVG Bln Beschluss 22.1. 2003 – 2 S 45/02 – UPR 2003, 154–156). 73

Auch von **Lagerplätzen** (§2 Abs. 1 Nr. 8) können durch das darauf gelagerte Gut (zB palettierte Getränkekästen, Bretterstapel, Autowracks, Container u. dgl.) Wirkungen wie von Gebäuden ausgehen, so dass sie den Abstandsbestimmungen unterliegen. Die gebäudegleiche Wirkung geht allerdings nicht von dem Platz selbst aus, sondern von dem darauf befindlichen Lagergut. Es reicht also aus, wenn das Lagergut auf dem Lagerplatz den erforderlichen Grenzabstand einhält, was durch geeignete Maßnahmen sicherzustellen wäre (siehe auch OVG Saar Beschluss 9.1.2013 – 2 B 299/12 –). 74

Satz 2 Hs. 2 enthält die Klarstellung, dass **Terrassen** (als selbständige bauliche Anlagen) beispielsweise als erhöhter Freisitz im Garten im Anschluss an das Wohnhaus oder abgesetzt davon, soweit sie höher als 1,00 m über der Geländeoberfläche sind, grundsätzlich Abstand wie Gebäude zu halten haben, also mindestens 3,00 m. Bei ihnen wird damit unwiderleglich vermutet, dass sie – wegen ihrer Nutzung – gebäudeähnliche Wirkungen haben (AusschBer NBauO 1986 S. 6). Für Terrassen, die Gebäudeteile sind (über Kellern oder auf Dächern), oder für überdachte Terrassen, die selbst Gebäude sind, gilt der §5 Abs. 1 und 2 (ebenso Barth/Mühler §5 Rn. 27). So verlieren z.B. Garagen nicht ihr Abstandsprivileg, wenn auf ihrem Dach eine vom Hauptgebäude erreichbare Terrasse angelegt wird (OVG Lüneburg 1. Senat, Beschluss vom 08.05.2018, 1 ME 55/18). Nur muss sie eben den gesetzlich vorgeschriebenen Grenzabstand einhalten und dürfte dabei sogar die Begünstigung des Abs. 3 Ziff. 2 beanspruchen. 75

Die Rechtsfolge aus Abs. 1 Satz 2 und Abs. 8 Ziffer 1, wonach eine 1,5 m hohe Terrasse 3 m Grenzabstand halten muss, während die 1,5 m hohe Aufschüttung, auf der die Terrasse liegt, keinen Abstand zu halten braucht, ist nicht widersinnig. Denn aus Sicht des Nachbarn gehen von einer über 1 m hohen Terrasse, so unterstellt es der Gesetzgeber, wegen ihrer wohnartigen Nutzung störende gebäudeähnliche Wirkungen aus, während das bei einer Aufschüttung zur Gartengestaltung nicht der Fall ist. Deshalb muss auch die Terrasse auf der 1,5 m hohen Aufschüttung 3 m Abstand von der Grenze halten. Ohne Grenzabstand sind höhere Terrassen nur unter den Voraussetzungen des §5 Abs. 5 erlaubt, dass das Planungsrecht deren Errichtung an der Grenze also „fordert" oder gestattet. Sonst wären zB Reihenhäuser mit höheren Terrassen nicht möglich, obwohl demgegenüber Balkone in Grenznähe zulässig sind (§5 Abs. 7). In diesen Fällen muss durch zweckentsprechende Bauteile wie Mauern u. dgl. für eine gegenseitige Abschirmung der Terrassen gesorgt werden. Mit Rücksicht auf §5 Abs. 8 S. 1 Ziffer 1 sollten die Gemeinden in solchen Fällen möglichst die Höhe der gemeinsamen Trennwände zwischen den Terrassen in entsprechenden (ggf. in den B-plan integrierten) örtlichen Bauvorschriften über Gestaltung festsetzen. 75a

76 Wie auch zu Abs. 3 Ziffer 2 (dort → Rn. 119 ff.) bemängelt wird, ist zu kritisieren, dass dem Gesetzgeber eine **Abstimmung der Vorschriften über Terrassen** einerseits **und Balkone** andererseits nicht gelungen ist. Auch eine weniger als 1,00 m hohe Terrasse unmittelbar an der Nachbargrenze kann für den Nachbarn ein erheblicher Störfaktor sein; sie sollte daher ggf. von der BauAB unter Rückgriff auf das aus § 3 Abs. 1 folgende Verbot unzumutbarer Belästigungen (§ 3 Rn. 22 ff.) abgelehnt werden. Wäre eine solche Terrasse zB ein vergleichbarer unterkellerter Gebäudeteil, dann müsste sie trotz ihrer geringen Höhe Abstand nach § 5 Abs. 3 Ziffer 2 halten. Überschritte sie als Gebäudeteil die nunmehr einzuhaltenden Maßgrenzen (vergl. Rn. 107), wäre der Mindestabstand von 3,00 m entsprechend § 5 Abs. 2 erforderlich.

c) Der Regelabstand nach Abs. 2

77 Nach Abs. 3 beträgt der Abstand (im Normalfall) 1/2 H, jedoch mindestens 3,00 m. Auch die MBauO und die anderen LBauOen schrieben früher einen Abstand (dort als „Tiefe der Abstandsfläche" bezeichnet) von normalerweise 1 H, mindestens 3 m vor. Die MBauO 2002 sieht nur noch 0,4 H als Regelabstand vor. Dem haben sich die meisten Bundesländer nach Novellierung ihrer Bauordnungen angeschlossen (u. a BW, HB, HH, HE), NRW fordert differenziet max. 0,8 H. Nur in Bay. gilt noch die Forderung nach 1 H Abstand, allerdings ist wie auch in NRW den Gemeinden freigestellt, abweichende Regelungen über örtliche Bauvorschrift zu beschließen. Für einen Grenzabstand von 1 H sprachen nachvollziehbare Gründe. Wohl handelte sich um ein vernünftig gewähltes Maß, das idR gesunde Wohnverhältnisse sichert, war aber auch städtebaulich motiviert. Bei einem Abstand von nur 0,4 H mögen Aufenthaltsräume eine gerade noch ausreichende Menge an Tageslicht erhalten Boeddinghaus (BauR 2004, 763 (767) bezweifelt dies). Sonnenschein, wie er in § 43 Abs. 4 noch für mindestens einen Aufenthaltsraum in mehrräumigen Wohnungen gefordert wird, dürfte im Geschosswohnungsbau das unterste Geschoss dann nur noch in den wenigsten Monaten des Jahres erreichen (auch → Rn. 91).

78 Niedersachsen hat sich für die Reduzierung des Regelabstandes auf 1/2 H ausgesprochen. Die frühere Regelung des § 7a aF mit ihrem Schmalseitenprivileg litt unter der Ungereimtheit, dass der Bauherr nach Belieben darüber entscheiden konnte, welchen seiner Nachbarn er mit der Inanspruchnahme des Privilegs „beglücken" wollte. 1/2 H hätte nur an den (von der Straße aus gesehen) seitlichen Grundstücksgrenzen zulässig sein dürfen (an anderen Grenzen nur mit Zustimmung der betroffenen Nachbarn). Nach der Begründung soll jetzt nur noch der bauordnungsrechtlich erforderliche Abstand ohne Berücksichtigung der städtebaulichen Nebenzwecke verfolgt werden(BegrRegE S. 71). Das sei kein Systembruch, denn auch das nun abgeschaffte Schmalseitenprivileg bedeutete für die betroffenen Nachbarn eine entsprechende Einschränkung. Das bisherige abstandrechtliche Anforderungsniveau werde nicht unverhältnismäßig vermindert. Beibehalten wurde der Mindestabstand von 3,00 m.

79 Aus Grundlage dieser Bestimmungen lässt sich – geometrisch in einer Schnittzeichnung aufgetragen – eine Art **„Freiraumprofil"** (Abb. 8 und 9) über der Grenzlinie konstruieren, in das kein Gebäude und keine Gebäudeteile (ausgenommen solche nach § 5 Abs. 3 und 4) hineinragen dürfen. Diese Hilfskonstruktion ist aber uneingeschränkt nur für ebenes Gelände brauchbar.

80 Bei Gelände in **Hanglage** würde das in gleicher Weise über der Grenzlinie konstruierte **„Freiraumprofil"** (Abb. 10) zu nicht mehr durch Abs. 2 gedeckten Abständen der Gebäude zur Grenze führen, obwohl der Abstand der Gebäude untereinander von 2 × 1/2 H gewahrt bleibt. Die Hilfskonstruktion des „Freiraumprofils" würde dazu führen, dass der Oberlieger einen Teil des Abstands des Unterliegers übernehmen müsste (Abb. 10 oben). Das am Hang korrekt nach den Regeln des Abs. 1 und Abs. 2 konstruierte „Freiraumprofil" (Abb. 10) macht deutlich, dass zwar ein Profil mit einem Gesamtwinkel von 54 entsteht, nur kippt die Winkelhalbierende sich aus der Lotrechten über der Grenzlinie

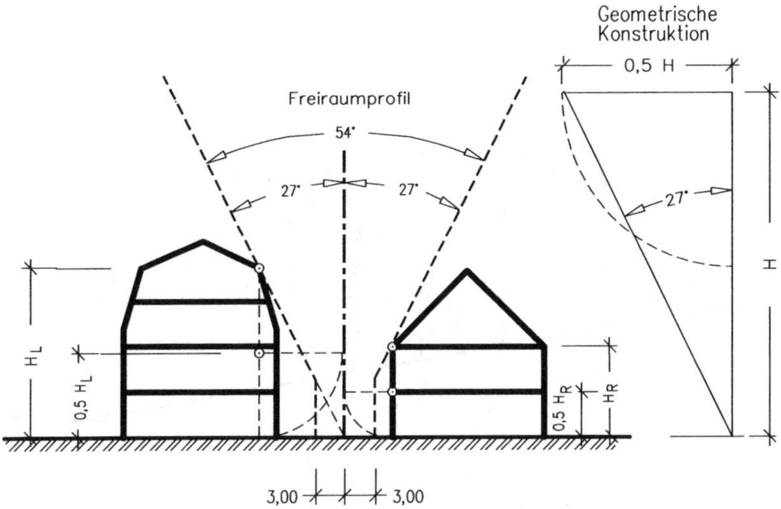

Abb. 8:
Das „Freiraumprofil" über der Grenze nach § 5 Abs. 2 Satz 1.

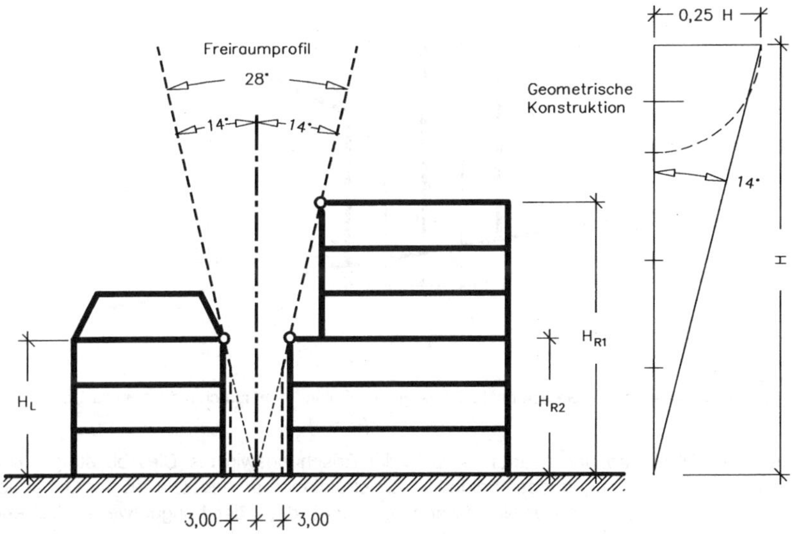

Abb. 9:
Das „Freiraumprofil" nach § 5 Abs. 2 Satz 2 in Gewerbe und Industriegebieten.

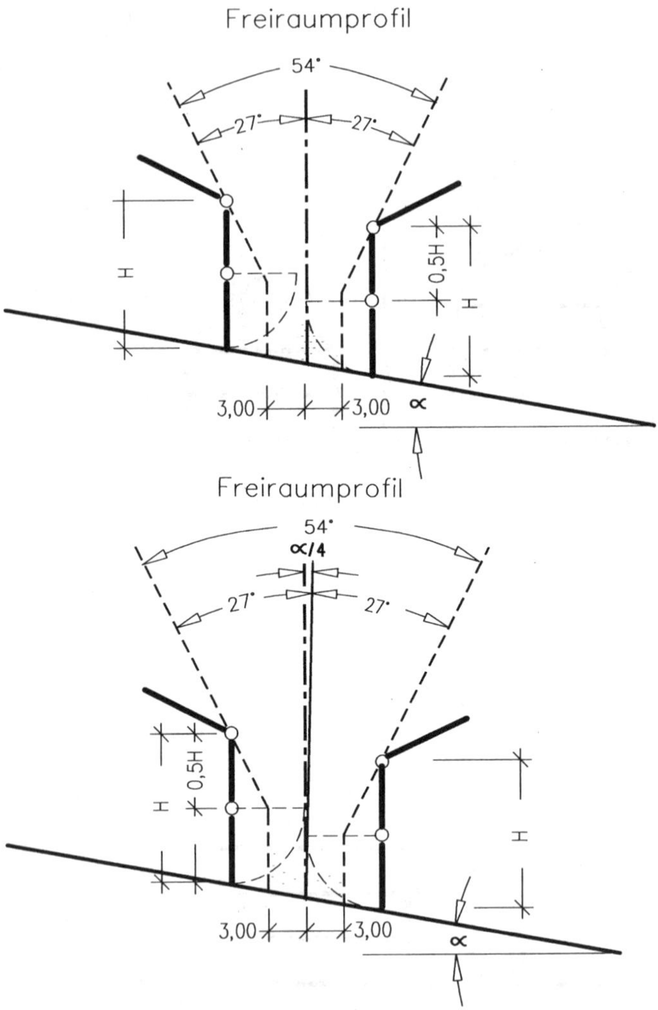

Abb. 10:
„Freiraumprofile" über der Grenze bei leicht hängigem Gelände entsprechend Rn 80 zu § 5

deckt zur Talseite ab, und zwar um etwa 1/4 des Böschungswinkels. Die Abbildungen lassen im Übrigen erkennen, dass beide Hilfskonstruktionen an der Relation der Gebäudehöhen nichts ändern. In der Natur der Sache liegt, dass der hangaufwärts gelegene Baukörper für den Unterlieger immer höher erscheint. Jedoch würde er darüber hinaus dadurch benachteiligt, dass für den Oberlieger der Neigungswinkel des Freiflächenprofils gemäß seinem Konstruktionsprinzip steiler ausfällt als im flachen Gelände.

81 Die seinerzeit von Blumenbach/Groschupf (§ 7 aF Rn. 10) vertretene Auffassung, die Höhe (der Baukörper) über der Geländeroberfläche sei (bei Hanglagen) über der Grenze zu messen, erscheint gerechter, steht aber im Widerspruch zu der eindeutigen Regelung in Abs. 1 Satz 3 (… jeweils nach der Höhe des Punktes über der Geländeoberfläche); so auch OVG Lüneburg 21.2.1984 6 B 151/83. Vgl. aber die kritische Betrachtung des geltenden Systems der Abstandsregeln in zu § 5 Abs. 9 Rn. 270.

Führt die Regel-Anwendung der Abstandsvorschriften bei Hanglagen aber einmal für den Unterlieger zu einer erheblichen Härte, dann muss die BauAB ggf. vom Abs. 9 Gebrauch machen und eine den örtlichen Gegebenheiten gerecht werdende fiktive Geländeoberfläche als Bemessungsebene für die Baukörperhöhen und damit die maßgebenden Grenzabstände festlegen (Rn. 267 ff.). Der Apell an den Gesetzgeber wäre, drüber nachzudenken den Bezugspunkt zur Höhenermittlung auf die Geländehöhe an der Grundstücksgrenze zu verschieben. 82

d) Die Sonderregelung für bestimmte Baugebiete (Abs. 2 Satz 2 und 3)

In bestimmten Baugebieten beträgt das Abstandsmaß nicht 1/2 H wie nach Abs. 2 Satz 1, sondern nur 1/4 H, jedoch auch hier mindestens 3,00 m. Dieser Verringerung des Abstands liegt die Überlegung zu Grunde, dass dort geringere Abstände ausreichen, wo gesundes Wohnen (Licht, Luft u. Sonne) und der Schutz der Privatsphäre nicht durch Grenzabstände von 1/2 H gewährleistet werden müssen. Daher lässt Abs. 2 Satz 2 in Industrie- und Gewerbegebieten das geringere Abstandsmaß von 1/4 H zu. Nach dem Wortlaut gilt dies für Gewerbe- (§ 8 BauNVO) und Industriegebiete (§ 9 BauNVO) sowie in Gebieten, die nach ihrer Bebauung diesen Baugebieten entsprechen (§ 34 Abs. 2 BauGB). So darf die Begünstigung weiterhin **auch in unbeplanten Gebieten** beansprucht werden, die ihrer Bebauung nach den genannten Baugebieten entsprechen. Also gilt die Bestimmung auch im Rahmen des § 34 Abs. 2 BauGB iVm §§ 8 und 9 BauNVO. Der Abstand 1/4 H gilt auch für und gegenüber Wohnhäusern für Betriebsinhaber, Betriebsleiter, Aufsichts- und Bereitschaftspersonal in diesen Gebieten. Zur Anwendung im Geltungsbereich planreifer B-Pläne (§ 33 BauGB) Rn. 87. 83

Unter Satz 2 fallen nicht mehr sonstige Sondergebiete (§ 11 BauNVO 1977 und 1990), auch wenn nach dem B-Plan Wohnungen im Plangebiet nicht allgemein zulässig sind. Auch andere denkbare Gebietsfestsetzungen, die Wohnungen allgemein ausschließen, lassen den Rückgriff auf das geringere Abstandsmaß nicht mehr zu. Unter dem Gesichtpunkt, dass diese Differenzierung das Wohnen vor zu verdichteter Bebauung bewahren soll, erscheint die Einengung des 1/4 H-Prinzips auf die beiden Gebietskategorien zu kleinmütig. Gemessen an den Schutzzielen der Grenzabstandsbestimmungen und auch unter Einbeziehen städtebaulicher Grundsätze lässt sich die Beschränkung der 1/2H-Forderung nicht ohne Weiteres rechtfertigen. 84

Es wäre allerdings somit denkbar, insbesondere im Rahmen des § 7 aber nicht nur, über die Abweichung des § 66 die Vergünstigung des Abs. 2 Satz 2 auch auf bestimmte im B-Plan ausgewiesene **Gemeinbedarfsflächen** anzuwenden, auf denen Wohnungen ebenfalls nicht allgemein zulässig sind wie Verwaltungsgebäude, Schulen, Krankenhäuser, Kirchen usw; nicht jedoch Altenheime (OVG Lüneburg 24.4.1997 – 6 K 2888/96, Nds.Rpfl. 1998, 136). Zu den Grenzen der umgebenden Grundstücke ist zunächst der volle Abstand maßgeblich (s. Rn. 89), sofern es sich um Gebiete gem. Abs. 2 Satz 2 handelt, für die Abs. 2 Satz 2 generell anwendbar ist. Da jedoch der § 66 nicht mehr zwingend die einzelfallbezogene Atypik voraussetzt, sondern die angemessene Berücksichtigung der Schutzziele fordert, wäre es auch in anderen insbesondere gewerblich strukturierten vergleichbaren Baugebieten, die nicht in die Typologie der Gewerbe- oder Industriegebiete passen, möglich, über die Zulassung einer Abweichung zu einer analogen Anwendung des § 5 Abs. 2 S. 2 zu gelangen (vergl. § 66 → Rn. 25). Das betrifft auch die nicht mehr begünstigten Kerngebiete, wenn Bebauungsebenen betroffen sind, in denen Wohnnutzungen ausgeschlossen wären. 85

Das auf 1/4 H verringerte Abstandsmaß gilt aber, von den Gewerbe- und Industriegebieten abgesehen, zunächst nicht in unbeplanten Gebieten, die einem der vorgenannten Plangebiete nach der vorhandenen Bebauung nur gleichkommen. Wollen die Gemeinden nicht, die weitere Entwicklung ungesteuert dem unsicheren Instrument der Abweichung überlassen, bleibt ihnen die Möglichkeit, B-Pläne mit entsprechenden Festsetzungen aufzustellen, wollen sie die durch das reduzierte Abstandsmaß ermöglichte 86 intensivere bauliche Nutzung zulassen. Denkbar ist zunächst auf den § 9 Abs. 1 Ziff. 2a BauGB zurückzugreifen. Wenden sie die klassischen Instrumente der Kombination von Baulinie und zwingender Höhenfestsetzung an, wird damit kein Rechtsanspruch auf geringes Abstandsmaß vermittelt. Denn auch nach Fortfall des § 13 Abs. 1 Nr. 1 aF ist die Abweichung unter Abwägungsgesichtspunkten der früheren Ausnahmevoraussetzungen zugelassen (siehe Anhang an → § 66 Rn. 56ff).

87 Abs. 2 Satz 2 ist bereits im Stand der Planreife nach **§ 33 Abs. 1 BauGB anwendbar**, weil das Planungsrecht den Begriff der Festsetzung auch im Sinne von „künftiger Festsetzung" verwendet und eine damit nicht korrespondierende Auslegung des Bauordnungsrechts die Vorteile des § 33 BauGB mit seinem frühzeitigem Baubeginn wieder einschränken würde (VG Hannover 29.1.2002 – 4 A 1256/01, dbovg.niedersachsen.de.) In § 33 BauGB wird der Bauherr so gestellt, als ob der B-plan schon in Kraft getreten wäre (Roeser in Berliner Kommentar, Stand Nov. 2012, § 33 Rn. 14). Die im § 33 Abs. 2 und 3 BauGB angebotenen Ermessensspielräume dürften auch bei Entscheidungen über die „vorgezogene Planreife" beansprucht werden, was gerade bei B-Plänen der Innenentwicklung eine frühzeitige Baufreigabe ermöglichen hilft.

88 Die bereits in Rn. 79 skizzierte Hilfskonstruktion ergibt im Falle des Abs. 2 Satz 2 ein **Freiraumprofil** von ca. 54° über der Grenzlinie (Abb. 10). Ein „Abtreppen" der Gebäude kann eine optimale Ausnutzung der Grenzabstandsvorschriften bewirken, soweit dies nicht durch die Festsetzung des Bebauungsplanes eingeschränkt ist.

89 Nicht expressis verbis geregelt war in der NBauO 1973 die Frage, ob der verminderte Grenzabstand von 1/2 H auch gegenüber Grundstücksgrenzen anwendbar ist, die zugleich Baugebietsgrenzen zu Baugebieten mit einer zulässigen Wohnnutzung sind. Das OVG Lüneburg hatte diese Frage verneint (19.8.1981 – 6 B 50/81, nv). § 5 Abs. **2** S. **3** bestimmt weiterhin, dass die begünstigende Regelung des Satzes 2 nicht für den Grenzabstand von Gebäuden in den unter Rn. 83 aufgeführten Gebieten gegenüber den Grenzen solcher Nachbargrundstücke gilt, die ganz oder überwiegend außerhalb der genannten Gebiete liegen. Entscheidend ist also, ob das Nachbargrundstück zu mehr als 50 vH seiner Grundstücksfläche im angrenzenden Baugebiet liegt. Ist das der Fall, muss der Abstand auf dem im Kern-, Gewerbe- oder Industriegebiet liegenden Grundstück auf 1/2 H anstelle von 1/4 H errechnet werden (Abb. 11). Dieser Abstand ist einzuhalten unabhängig davon, ob das angrenzende Baugrundstück bebaut ist oder nicht bzw. Wohnnutzung vorhanden ist oder nicht. Das kann auch zu paradoxen Ergebnissen führen, so wenn die Bebauung auf einem mit weniger als 50 vH im Industrie- oder Gewerbegebiet gelegenen Grundstücke zur dortigen Nachbargrenze nur den Abstand von 1/4 H einhalten muss, umgekehrt aber das höhere Maß von 1/2 H beanspruchen könnte. Eine derartige Forderung dürfte aber nach dem Grundsatz von Treu und Glauben nicht einklagbar sein. Zweifel sind jedoch berechtigt, ob ein Nachbar dessen Teilfläche des Grundstücks im gemeinsamen GE- oder GI-Gebiet liegt, den 1/2 H-Abstand noch einfordern darf, wenn er selbst das Zugeständnis des 1/4 H-Abstands verwirklicht hat.

89a Die NBauO 2012 hatte zwar unabhängig von der Höhe Einfriedungen ua in GE- und GI-Gebieten von der Abstandspflicht freigestellt, jedoch die Konflikte zu benachbarten Grundstücken außerhalb der Kategorien nicht einbezogen. Mit der Änderung 2019 wurde das Versäumnis korrigiert (§ 5 Abs. 8 S. 1 Ziff. 1a). Jedoch gilt die Beschränkung auf max. 2,00 m Höhe allgemein gegenüber Grundstücken die ganz oder teilweise, also nicht nur überwiegend, außerhalb der bevorzugten Gebiete liegen.

90 Ob trotz des bereits auf 1/4 H verminderten Abstands eine weitere Verringerung zugelassen werden kann, kann nicht mit ausreichender Sicherheit prognostiziert werden. Das OVG Lüneburg hielt in seinem Beschluss vom 3.9.2003 – 1 ME 193/03, BauR 2004, 464) im Kerngebiet eine Reduzierung der seinerzeit bereits bereits halbierten Grenzabstände für zulässig. In Anlehnung an § 13 aF unter Berufung auf die Abweichungsregel des § 66 die schon erhebliche Verdichtung noch weiter zu erhöhen, dürfte nur bei Vorliegen besonderer Umstände gerichtsfest durchsetzbar sein. Neben der ganz besonderen

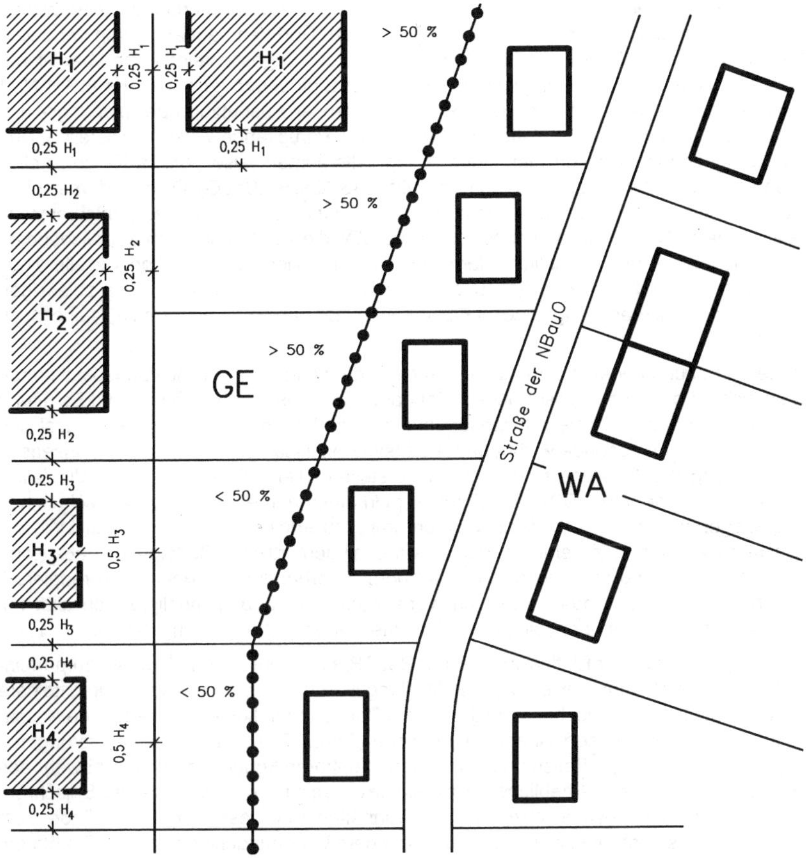

Abb. 11:
Fallbeispiel für § 5 Abs. 2 Satz 3:
Die unteren zwei Grundstücke im WA-Gebiet (links der Straße) liegend überwiegend außerhalb des GE-Gebiets; die Anrainer“ links haben also den Abstand von 0,5 H (hier H3 bzw. H4)zu halten. Demgegenüber liegen die anderen „WA-Grundstücke“ links der Straße überwiegend im GE-Gebiet; die gewerblichen Anrainer brauchen hier nur den Abstand von 0,25 H zu halten

städtebaulichen Begründung haben das nachbarliche Austauschverhältnis und die Abwehr ungesunder Wohn- und Arbeitsverhältnisse ein ganz entscheidendes Gewicht. (§ 66 Rn. 52 ff., zur Verschattung auch OVG Lüneburg Urteil 26.7.2017 – 1 KN 171/16 –).

Gewähr gesunder Wohn- und Arbeitsverhältnisse: 91

Zu einem „gesunden“, gedeihlichen Wohnen gehört ein Mindestmaß an freiem Raum vor den Fenstern, auf den man hinausblicken kann und der einen gewissen Schutz des Wohnfriedens vor Störungen durch Bewohner und Nutzer gegenüberliegender Gebäude bietet. Darüber hinaus galt bislang die Faustformel, dass der angemessene Lichteinfall dann noch ausreichende Belichtung eines notwendigen Fensters zulässt, wenn ein Winkel von 45, unter Umständen von 50 eingehalten wird. Das wird bereits beim Ausnutzen des Grenzabstands von 1/2 H nur bedingt sicher gestellt. Würde auf dem Nachbargrundstück grenzseitig eine dreigeschossige Bebauungsmöglichkeit beansprucht, wäre der Lichteinfall für das gegenüber gelegene Erdgeschoss nicht mehr nur unerheblich reduziert. Noch gravierender sind die Auswirkungen in den Gewerbe- und Industriegebieten, in denen sich der Grenzabstand auf 1/4 H reduziert. Dort kann abhängig von der zulässigen Geschosszahl bis zum 4. Obergeschoss der Tageslichteinfall merkbar eingeschränkt sein. Hinzu kommt, dass die Höhe einer Einfriedung gem. § 5 Abs. 8 S. 1 Nr. 1 nicht eingeschränkt wird. Hier kann sich bei rigoroser Ausnutzung der planungs- und bauordnungsrechtlich vermittelten Freiräume eine erdrückende Wirkung einstellen. Nun ist in nicht Wohnzwecken dienenden Aufenthaltsräumen, also gerade für gewerblich genutzte, der Schutzanspruch eingeschränkt (§ 43 Abs. 5 NBauO). Ob die erforderlichen Kompensationsmaßnahmen ausreichen, wäre über die Gewerbeaufsichtsämter zu klären, da in Nr. 3.4 des Anhanges zur ArbStättV die Forderung nach ausreichendem Tageslichteinfall nur unbestimmt formuliert ist. Erheblich betroffen können allerdings die nach Abs. 3 Nr. 1 in den §§ 8 und 9 BauNVO über den Ausnahmeweg zulässigen Wohnungen für begünstigte Aufsichtspersonen, Betriebsinhaber ua sein, siehe auch → Rn. 40a).

92 Eine Vermutungsregel, das Einhalten der bauordnungsrechtlichen Abstandsbestimmungen sichere per se den gesetzlichen Standard ausreichender Belichtung und Belüftung gibt es erkennbar nicht mehr. Insbesondere in Gewerbe- und Industriegebeiten lässt sich der Anspruch an gesunde Wohn- und Arbeitsverhältnisse (§ 3 Abs. 2 S. 1) bei unsensibler Planung des Entwurfs nicht mehr sicherstellen. Hier müsste ergänzend die (allerdings nicht eingeführte) DIN 5034 „Tageslicht in Innenräume“ als Stand der Technik hinzugezogen werden, um die Mindestanforderung zu erfüllen. Hier ist in erster Linie die Entwurfsverfasserseite gefordert, die Entwürfe mit den örtlichen Bedingungen abzustimmen. Denn es wird nicht ausreichen, auf bereits vorhandene Bebauung zu reagieren. Auch auf Nachbargrundstücken nicht verwirklichte Bebauungsmöglichkeiten sind mit einzubeziehen, um später keine unerwünschten Überraschungen zu erleben.

93 Die Möglichkeiten der Einflussnahme der BauAB sind eingeschränkt, da sie im prüfeingeschränkten Verfahren wie auch im Mitteilungsverfahren nach § 62 keine unmittelbare präventive Kontrolle ausübt – zumal auch die Bauverlagen keine entsprechende Aussagekraft enthalten müssen. Aber auch bei erkennbaren Schwächen, wie sie die ungünstige Lage notwendiger Belichtungsöffnungen offenbaren können, dürfte die Abwehr des Vorhabens mit einem erheblichen Prozessrisiko begleitet sein. Gerade die Einschränkung der Bebauungsmöglichkeiten trotz Einhalten der gesetzlichen Abstände zum Schutz bereits vorhandener Bebauung würde dem Windhundprinzip Tor und Tür öffnen, eine bedenkliche Herangehensweise, zumal der § 8 Abs. 4 aF ersatzlos gestrichen wurde.

94 Bei dem begünstigten Wohnen im Gewerbe- und Industriegebietet bietet sich zwar über den erforderlichen Ausnahmeantrag der Einstieg in die präventive Kontrolle durch die BauAB an. Ob aber die Ablehnung eines Bauvorhabens unter Berufung auf bauordnungsrechtlich definierte Anforderungen durchsetzbar ist, muss angesichts der eigentlich greifenden städtebaulicher Tatbestände bezweifelt werden. Mindestens ist ungewiss, ob anstelle der Abstandsregelung die gemeindliche Bauleitplanung und im Übrigen die Bauaufsicht und die VGe durch Rückgriff auf ein außergesetzliches „Rücksichtnahmegebot“ für ausreichende Abstände sorgen werden (vgl. Boeddinghaus BauR 2004, 770 ff.). Immerhin lässt sich die frühere Gleichung nicht mehr uneingeschränkt heranziehen, dass mit Einhalten der bauordnungsrechtlichen Mindestabstände das planungsrechtliche Rücksichtnahmegebot ausreichend beachtet wurde (OVG Münster 9.2.2009 – 10 – B 1713/08, BauR 2009, 775). Die Erwartung, hier träte ein ausreichendes Korrektiv ein, wäre mit großem Rechtsrisiko verbunden. Wenn das Bauordnungsrecht keinen genügend großen Regelabstand mehr vorsieht, der auch mittelbar als Richtschnur für die städtebauliche Planung bewohnter Gebiete wirkt, ist eine schleichende Verschlechterung der Wohnverhältnisse bis hin zur Wiederkehr von Zuständen, wie sie in der Gründerzeit entstanden und danach mit Recht beklagt wurden, nicht mehr eo ipso ausgeschlossen. Deshalb sollten sich die Gemeinden mit dem Angebot anfreunden, welches ihnen der § 9 Abs. 1 Nr. 2a BauGB bietet.

Nicht ganz einfach zu trennen von der Identifikation der gesunden Wohn- und Arbeitsverhältnisse ist das Gebot der Rücksichtnahme. wie es zur Begründung von Nachbarschutz im Planungsrecht richterrechtlich entwickelt worden ist. Zwar liegt seine Bedeutung bei der Beurteilung der Zulässigkeit von Vorhaben (§§ 29 bis 35 BauGB). Jedoch kannn die Grenze der Zulässigkeit auch bei bauordnungsrechtlichen Tatbeständen erreicht sein, wenn im konkreten Einzelfall unzumutbare Beeinträchtigungen zu erwarten sind und die gebotene Rücksichtnahme nicht eingehalten wird. Belästigungen oder Störungen können z.B. durch Lage und Umfang einer grenzständigen baulichen Anlage hervorgerufen werden, welche die Belichtung eines grenznahen bestandsgeschützten Aufenthaltsraumes unangemessen einschränkt. Bei einer zu befürchtenden Beeinträchtigung des Gesundheitschutzes bliebe der BauAB keine Wahl und sie müsste eine Baumaßnahme zwingend ablehnen, selbst wenn der betroffene Nachbar zustimmen sollte. Reduziert sich der Schutzanspruch auf das Rücksichtnahmegebot, „kommt es für die sachgerechte Beurteilung des Einzelfalles wesentlich auf eine Abwägung zwischen dem an, was einerseits dem Rücksichtnahmebegünstigten und andererseits dem Rücksichtnahmepflichtigen nach Lage der Dinge zuzumuten ist“ (VG Lüneburg Beschluss 19.12. 2014 2 B 82/14). 94a

Beim Gebot der Rücksichtnahme handelt es sich nicht um eine Modifizierung der Vorschriften des Bauordnungsrechts, dabei ist abzugrenzen gegen das Abwehrrecht unzumutbarer Belästigungen (§ 3 Abs. 1 S. 3 NBauO). 95b

e) Abstandsvorschriften für besondere Gebäudearten

§ 5 regelt die Abstände für Gebäude allgemein und enthält keine weiter gehenden Abstandsregeln für Gebäude besonderer Bauart, zB für Gebäude mit nichtfeuerbeständigen Außenwänden. Derartige **dem Brandschutz dienende Abstandsvorschriften** sind nicht in der NBauO, sondern in der DVO-NBauO enthalten. Auf sie soll hier der Vollständigkeit halber hingewiesen werden. 95

Bei Gebäuden mit „weicher Bedachung“, dh mit einer Dachhaut aus brennbaren Baustoffen (zB mit Reetdach) muss die Dachhaut gem. § 11 Abs. 2 Ziff. 1 DVO-NBauO zu den Grenzen des Baugrundstücks einen Abstand von mindestens 12 m haben, bei Wohngebäuden von mind. 6 m. Dadurch soll die Gefahr des Feuerübersprungs durch Funkenflug verhindert werden, die bei reet- oder strohgedeckten Dächern besonders groß ist. Wortlaut und Schutzzweck dieser Vorschrift schließen daher die Vergünstigung des § 5 Abs. 3 Nr. 1 für Dachvorsprünge mit weicher Bedachung aus (OVG Lüneburg 28.6.1988 – I A 151/85, BRS 48 Nr. 89 zur LBO SH und zu § 7b Abs. 1 S. 2 aF). Gebäude mit weicher Bedachung müssen nicht nur mit ihren Außenwänden, sondern grundsätzlich auch mit allen Dachüberständen einen Abstand von 12 m zur Grundstücksgrenze einhalten. 96

Größeren Abstand aus Brandschutzgründen fordert die DVO-NBauO nur zur eigenen Grundstücksgrenze; sie schränkt die Bebauung auf dem Nachbargrundstück nicht ein (vgl. aber § 3 Rn. 19 und OVG Lüneburg 12.11.1974 – I A 124/74, BRS 29 Nr. 82). Für die (freiwillige) Übernahme entsprechend größerer Brandschutzabstände im Wege einer Baulast gilt § 6 Abs. 2 NBauO entsprechend (siehe auch § 8 Abs. 1 S. 4 DVO-NBauO). 97

Maßgebend für den Grenzabstand ist immer die weiter gehende Forderung, gleichgültig, ob diese sich aus den §§ 5 ff., einer Verordnung auf Grund der NBauO oder aus der DVO-NBauO ergibt. Nach § 51 Abs. 1 können an Sonderbauten im Einzelfall auch bezüglich der Abstände besondere Anforderungen gestellt oder Erleichterungen gestattet werden. 98

D. Die zulässige Unterschreitung der Abstände durch Vorbauten und Gebäudeteile (Abs. 3 Nr. 1 u. 2)

99 Nach Abs. 3 dürfen Vorbauten und vortretende Gebäudeteile den erforderlichen Abstand eines Gebäudes unter bestimmten Voraussetzungen unterschreiten. Den bisher verwendeten Begriff der „untergeordneten Gebäudeteile" hat der Gesetzgeber – außer für Schornsteine (Abs. 4 S. 1 Nr. 1) – aufgegeben, weil er in der Praxis ein häufiger Streitgegenstand war. Er wurde ersetzt durch die bestimmten Maßangaben in Nr. 1 und 2. Mit der Änderung 2019 wurden Aufzüge eigenständig begünstigt, wenn sie bei Gebäuden im Bestand die barrierefreie Zugänglichkeit (Abs. 3 Ziff. 3) ermöglichen.

100 Die in § 7b Abs. 1 S. 2 aF durften den Regelabstand nur unterschreiten, wenn sie untergeordnet waren. Der § 5 Abs. 3 differenziert jetzt zwischen den Dachüberständen und Gesimsen, die bis zu 0,50 m in den Grenzabstand hineinragen dürfen (Nr. 1) und den Gebäudeteilen, die den Abstand um maximal 1,50 m und maximal um ein Drittel unterschreiten dürfen. Beispielhaft aufgelistet sind nur noch Eingangsüberdachungen, Hauseingangstreppen und Balkone. Sie und weitere Vorbauten oder vortretende Gebäudeteile müssen Bestandteile des Gebäudes sein, also nicht selbständige untergeordnete bauliche Anlagen. So werden Terrassenüberdachungen nur dann die Begünstigung in Anspruch nehmen dürfen, wenn sie unmittelbar an den Hauptbaukörper anschließen, nicht aber freistehend errichtet sind.

101 Das **Planungsrecht** des Bundes macht die Zulässigkeit von baulichen Anlagen geringer städtebaulicher Bedeutung teilweise vom Bauordnungsrecht des jeweiligen Landes abhängig. So werden in B-Plänen, denen die Fassungen 1962, 1968 und 1977 der BauNVO zugrunde liegen, Balkone, Loggien und Terrassen auf die zulässige Grundfläche nicht angerechnet, soweit sie nach Landesrecht (in Niedersachsen: § 5 Abs. 3) im „Bauwich" oder in den „Abstandsflächen" zugelassen werden können (§ 19 Abs. 4 S. 2 BauNVO 1962, 1968 (1977)). Unter den gleichen Voraussetzungen (zulässig nach Landesrecht in den „Abstandsflächen") werden sie auch auf die Geschossfläche nicht angerechnet (§ 20 Abs. 4 BauNVO Fassungen bis 1990). Die BauNVO 2017 erfasst bez. der GRZ nur bestimmte bauliche Anlagen (§ 19 Abs. 4), die zur GFZ zusätzlich Balkone und andere Gebäudeteile. Des Weiteren können bauliche Anlagen, soweit sie nach Landesrecht in den Abstandsflächen zulässig sind oder zugelassen werden können, auf den nicht überbaubaren Grundstücksflächen zugelassen werden (§ 22 Abs. 5 S.2). Das hat zur Folge, dass Gebäudeteile, soweit sie nach § 5 Abs. 3 die Abstände unterschreiten dürfen, weder auf die Grundfläche noch auf die Geschossfläche angerechnet werden und sie des Weiteren auf den nicht überbaubaren Flächen zugelassen werden können, wenn der B-Plan nichts anderes festsetzt. Diese Verknüpfung von Bauplanungs- und Bauordnungsrecht kann in der Praxis in eher seltenen Einzelfällen bedeutsam sein (z.B. bei einer städtebaulich unerwünschten Inanspruchnahme einer nicht überbaubaren Fläche mit einem vortretenden Gebäudeteil). Planungsrechtliche Erleichterungen in nennenswertem Umfang sind nicht ausgeschlossen, weil § 5 Abs. 3 erleichternde Abstandsbestimmungen für Gebäudeteile enthält, die sich in ihrer Ausdehnung gegenüber dem Hauptbaukörper weniger zurücknehmen müssen, als es die NBauOen a.F. zugestanden haben.

102 Nach Abs. 1 Satz 1 dürfen (nur) die Abstände nach § 5 Abs. 1 und 2 unterschritten werden. **Bei geringeren Abständen**, wie sie zB bei Altbebauung des Öfteren anzutreffen sind, können demzufolge die Erleichterungen des § 5 Abs. 3 nicht in Anspruch genommen werden. So hält das OVG Greifswald die vergleichbare Regelung (§ 6 LBauO MV) nur dann für anwendbar, wenn der Teil der Außenwand, vor den das begünstigte Gebäudeteil vortreten soll, seinerseits den erforderlichen Grenzabstand einhält (OVG Greifswald 27.8.1998 – 3 M 65/98, BRS 60 Nr. 115; OVG Münster 20.6.2000 – 10 B 853/00, BauR 2001, 767). Ebenso sieht das OVG Lüneburg (24.2.2004 – 1 LA 74/03, NdsVBl. 2004, 243), keine „nicht beabsichtigte Härte" darin, dass ein Bauherr auf den

Anbau von Balkonen verzichten muss, weil der Altbau bisher schon die Grenzabstände der NBauO unterschreitet und es durch den Anbau zur weiteren Unterschreitung des „seitlichen" Grenzabstandes kommen würde (anders das OVG Lüneburg 16.8.2004 – 9 LB 131/04, Nds.Rpfl. 2004, 325 zu rückwärtigen Balkonen, die zwar den ursprünglich ausreichenden, aber heute zu geringen Abstand zur seitlichen Grenze nicht weiter verengen, dafür aber die Abstandsunterschreitung des Altbaus zur rückwärtigen Grenze verstärken).

Wird **Abstand zu einer fiktiven Grenze** gehalten, die durch eine Abstandsbaulast (§ 6 **103**
Abs. 2) gebildet wurde, dann gelten die Regelungen des § 5 Abs. 3 zu dieser Grenze. Wird **Abstand zu Verkehrsflächen** öffentlicher Straßen gehalten, dann gelten diese Regelungen bis zur Mittellinie (§ 6 Abs. 1 S. 1). Für Abstände nach § 6 Abs. 1 S. 2 ist § 5 Abs. 3 gleichermaßen anwendbar. Für alle Fallgestaltungen gilt: vortretende Gebäudeteile dürfen den Abstand nach Maßgabe des Abs. 3 nur soweit unterschreiten, wie sie die tatsächliche Grenze nicht überschreiten. Denn § 7b aF erlaubte nur, dass Gebäudeteile den Abstand unterschreiten und nicht, dass sie unter fortdauerndem Verstoß gegen § 4 Abs. 2 die Grenze überschreiten (OVG Lüneburg 21.1.1999 – 1 L 5580/96, BauR 1999, 894).

Begünstigt sind nach der nunmehr anzuwendenden Regelung Dachvorsprünge, soweit **104**
sie bis zu 0,50 m den Abstand zur Grenze unterschreiten, also auch dann wenn durch einen größeren Dachüberstand das Gebäude gewissermaßen seitlich, dh parallel zur Grenze „verlängert" wird (deshalb nicht mehr aktuell, weil auf die frühere Rechtslage bezogen, das OVG Lüneburg 5.10.1994 – 1 M 5589/94, Nds.Rpfl. 1995, 74). Der Abs. 3 Nr. 1 begünstigt nicht nur Dachüberstände, soweit sie bis zu 0,50 m vor die Außenwand treten. Vielmehr können sie beliebig weit vortreten, sie dürfen nur nicht um mehr als 0,50 m in den Freiraum hineinragen.

Nach Nr. 1 darf der für ein Gebäude geltende Abstand durch **Dachüberstände und Ge- 105**
simse von nicht mehr 0,50 m Ausladung in unbegrenzter Länge unterschritten werden. Dabei ist die Dachrinne als Teil des vor die Außenwand springenden Daches mit zu messen (oben Abb. 4). Auf Dachüberstände bei weicher Bedachung ist die Vergünstigung der Nr. 1 aus Brandschutzgründen nicht anwendbar (auch →Rn. 96). Die zusätzliche Inanspruchnahme der weitergehenden Vergünstigung als anderer Gebäudeteil nach Abs. 3 Nr. 2 ist nicht möglich. Die spezielle Regelung der Nr. 1 geht mit ihrem weitergehenden Begriff der Regelung der Nr. 2 vor.

Wie auch unter Rn. 108 aufgeführt, fallen Dachüberstände und Gesimse nicht unter die **106**
nach Abs. 3 Nr. 2 begünstigten Gebäudeteile. So dürfte etwa ein Erker mit vorspringendem Dachüberstand nicht noch die Vergünstigung nach Nr. 1 in Anspruch nehmen. Das ergibt sich daraus, dass nach Nr. 1 nur der volle Abstand „nach den Absätzen 1 und 2" um 0,50 m unterschritten werden darf.

Die neue Regelung hat die Voraussetzung der Unterordnung durch das (lineare) Verhält- **107**
nis der bevorzugten Gebäudeteile zur Breite der betroffenen Außenwand ersetzt. Sie dürfen insgesamt nicht mehr als ein Drittel der Breite der jeweiligen Gebäudewand in Anspruch nehmen. Damit löste sich der Gesetzgeber von der bisherigen ganzheitlichen Betrachtung, welche die Grenze der Unterordnung bestimmt. Als **untergeordnet** waren **Gebäudeteile** anzusehen, wenn sie den Umfang des Gebäudes als Ganzes nicht wesentlich größer erscheinen lassen und wenn sie die nachteiligen Wirkungen, die von einem Gebäude auf Nachbargrundstücke ausgehen, nicht wesentlich verstärken. Als Elemente der architektonischen Gestaltung durften sie in ihrer optischen Wirkung nicht derart in den Vordergrund treten, dass die zurückbleibende Abstand haltende Fassade nur noch als Träger oder Rahmen für die vortretenden Gebäudeteile wahrgenommen wird (OVG Hamburg 21.5.2003 – 2 Bf 80/99, BauR 2004, 1133). Untergeordnet waren vortretende Gebäudeteile dann nicht mehr, wenn ihre Aufgabe darin bestand, die Kubatur eines Gebäudes optisch so zu verändern oder zu verfremden, dass die sichtbare Fassade in den Hintergrund tritt.

108 Die in Nr. 2 aufgeführten **Vorbauten und andere vortretende Gebäudeteile** dürfen in den Abstand des zugehörigen Gebäudes um nicht mehr, als ein Drittel unterschreiten, höchstens jedoch nicht mehr als 1,50 m in den Abstandsbereich hineinragen. Daraus ergibt sich, dass sie sich bis zu einer Höhe von 6,0 m auf bis zu 2,0 m der Nachbargrenze nähern dürfen und in 9,0 m Höhe Abstand von 3,0 m einhalten müssen. Zwischen der Höhe von 6,0 m und 9,0 m erhöht sich der Abstand linear, während ab 9,0 m Höhe er kontinuierlich sich um bis zu 1,5 m verringert. Soweit er das Maß von 2,5 m unterschreitet, bleiben die Ansprüche an das Brandwanderfordernis gem. § 8 Abs. 1 Nr. 1 DVO-NBauO erhalten, es sein denn es handelt sich um Windfänge, Dachgauben oder ähnliche Dachaufbauten.

108a Dabei darf ein vortretendes Gebäudeteil nicht mehr als ein Drittel der Breite der jeweiligen Außenwand in Anspruch nehmen. Deutungsbedürftig ist nun die Frage, wann bei versetzten oder abknickenden Wandscheiben das Breitenmaß der jeweiligen Wandscheibe herangezogen werden muss. Da hierzu keine gesetzliche Regelung vorliegt, wird man annehmen müssen, dass nur bei bis zu 1,0 m versetzten Wandscheiben und geringfügigen Abknickungen von einer durchgehenden Wand ausgegangen werden darf. Gegenüber den in Nr. 1 aufgeführten Dachüberständen und Gesimsen, die in unbegrenzter Breite zulässig sind, gilt hier die vorstehende Beschränkung. Zunächst darf also der grenznahe Mindestabstand von 3,00 m um maximal 1,00 m unterschritten werden, ab 9,00 m Höhe oberhalb der Geländeoberfläche ist das Hineinreichen in die höhenabhängigen vorgegebenen Abstände (bei $^1/_2$ H) bis zu 1,50 m möglich. Zwischen der Höhe von 6,00 m und 9,00 m muss linear vermittelt werden. Dadurch kann bei großen Wandbreiten die Belastung für Nachbargrundstücke so erheblich werden, dass unter Berufung auf § 3 Abs. 2 S. 1 weitere Beschränkungen gefordert werden müssen (oder Rücksichtnahmegebot).

108b Der Gesetzgeber, dem solche Schwachpunkte durchaus präsent sind, hatte zunächst die Absicht eine Korrektur vorzunehmen. Der Entwurf zur Änderung der NBauO sah noch vor, die Breite der vorttretenden Gebäudeteile absolut zu begrenzen und sie gegenüber benachbarten Grundstücken abhängig von deren Grenzlänge weiter einzuschränken. Nach im Anhörungsverfahren dagegen vorgetragenen Bedenken wurde die Absicht zunächst fallen gelassen.

108c Statthaft ist jedoch nicht, die zulässige Breite der vortretenden Gebäudeteile von der Breite einer nur fiktiven Außenwand zu ermitteln, wie sie unter Ausnutzen der baurechtlich zulässigen Gegenheiten errichtet werden dürfte. Entscheidend ist, ob bei der konkret vorhandenen Außenwand noch eine „Restbreite" von zwei Dritteln nach Abzug der Breite der vortretenden Gebäudeteile verbleibt (OVG Lüneburg Urteil 22.04.2015 – 1 LB 63/14 – openJur 2015, 8742). Der Ansatz der „Restbreite" greift allerdings nicht bei über die seitliche Gebäudeecke hinaustretenden Gebäudeteilen, bei Gebäudeteilen, die sich vom Wandaustritt in Richtung Nachbargrenze verbreitern, bei nach außen gewölbten Wandflächen oder anderen eher unkonventionellen Gestaltungsansätzen. Da wird man nicht umhinkommen, die Projektion der jeweiligen Flächen auf die Grundstücksgrenze in Anrechnung zu bringen, um dem Sinn der Rechtslage nachzukommen (siehe Abb. 12a).

109 Bei wortgetreuer Auslegung der heutigen Regelung in § 5 Abs. 3 Nr. 2 müssten die Breiten jedes einzelnen Gebäudeteils addiert und ihre Summe in das Verhältnis zur Breite der Außenwand gesetzt werden. Im Ergebnis wäre das gegenüber der bisherigen Inanspruchnahme der Bevorzugung ein ganz erheblicher Rückschritt. Das Ziel der rechtssicheren Unterstützung des bisherigen unbestimmten Rechtsbegriffs „untergeordnet" wird erreicht, verständigt man sich auf die horizontale Ermittlung des Verhältnismaßes. Eine derartige praxisnahe Auslegung erlaubt beispielsweise, Balkone vertikal in den einzelnen Geschossen anzuordnen, wenn nur in der vertikalen Überlagerung die Höchstbreite im Verhältnis zur Außenwand das einzuhaltende ein Drittel nicht übersteigt. Damit ist die bisherige flächenbezogene Interpretation der Unterordnung in die neue Formulierung übertragen. Wird diese Begrenzung nicht ausgeschöpft, wären noch andere seitlich

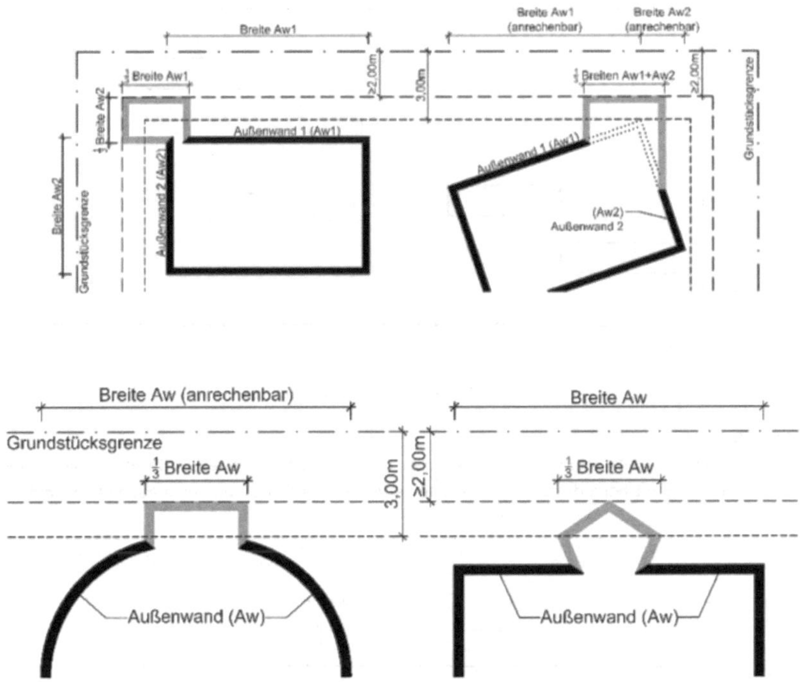

Abb. 12a:
Beispiele bei denen denen die Breite des Austritts vortretender Gebäudeteile an der Außenwand zur Ermittlung des Breitenverhältnisses (2/3 Restbreite der Außenwand) zu irregulären Ergebnissen führen würde. Daher wird das Breitenverhältnis auf die Projektion zur Grundstücksgrenze bezogen.

verlagerte Gebäudeteile zulässig (Abb. 12 und 13). Verringert sich die Breite der Wand innerhalb von Geschossebenen, bemisst sich die zulässige Breite des vortretenden Gebäudeteils nach der Breite der Wand in der jeweiligen Geschossebene.

Aus der nicht abschließenden Aufzählung der bevorzugten Gebäudeteile folgt nun, dass diese in diese Kategorie fallen, wenn sie das Tiefenmaß und das Breitenverhältnis einhalten. So war nach früherer Rechtslage noch ein **Dachvorsprung** nur dann ein (untergeordneter) Gebäudeteil iS dieser Vorschrift, wenn sich seine Funktion im Wesentlichen darin erschöpft, die unter ihm befindlichen Bauteile gegen Tropfwasser zu schützen. In Anlehnung an die Regelung der DIN 277 idF vom November 1950 lag die Grenze noch bei etwa 0,50 m Ausladung (OVG Lüneburg 9.2.1981 – 6 A 226/79, BRS 38 Nr. 120). Nach dem oa Urteil durften größere Dachüberstände (= Dachvorsprünge) grundsätzlich nicht bis zu 50 cm in die Abstandsfläche hineinragen. Nun sind Dachvorsprünge abschließend über die Nr. 1 geregelt (→ Rn. 105 f.). **110**

Neben den ausdrücklich genannten Gebäudeteilen Eingangsüberdachungen, Hauseingangstreppen, Balkonen und sonstigen Vorbauten sind nunmehr auch andere vortretende Gebäudeteile zulässig, die bisher am Kriterium „untergeordnet“ scheiterten, wie zB in den „Bauwich“ vortretende Treppenräume, Fluchttreppen, Erker usw, allerdings auch hier nur im vorstehenden begrenzten Rahmen. Bei den § 7b Abs. 1 S. 1 NBauO 2003 entnommeneren Gebäudeteilen war eo ipso die Annahme gerechtfertigt, dass sie aufgrund ihrer Typologie als untergeordenet in Erscheinung treten. Das OVG Lüneburg sah bei Balkonen die Bautiefe auf 1,50 m bis 2,00 m beschränkt (OVG Lüneburg Urteil **111**

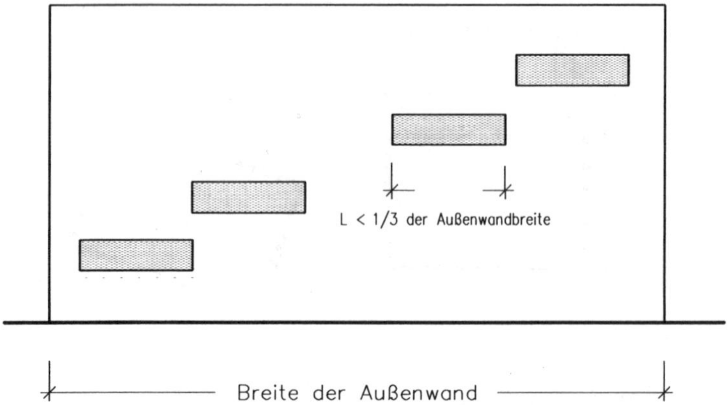

Abb. 12:
Die bisher schon bereits untergeordnet wirkenden, über die Fassade verteilten Balkone unterschreiten in der jeweiligen Ebene das Drittel der Breite der Außenwand und sind daher auch nach § 5 Abs. 3 zulässig

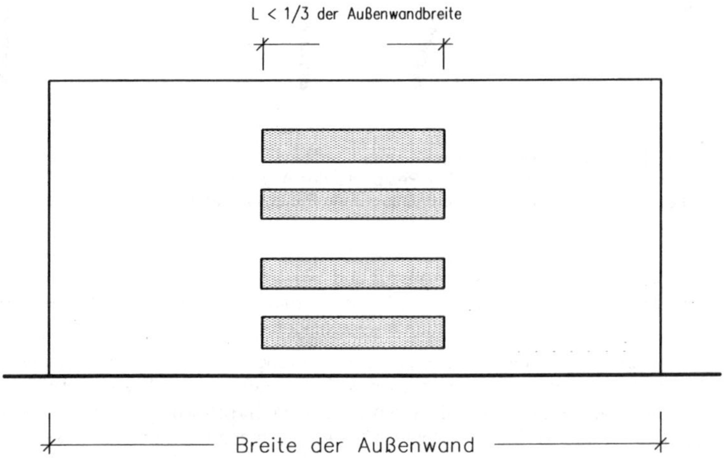

Abb. 13:
Auch bei übereinander angeordneten Gebäudeteilen nach § 5 Abs. 3 Nr. 2 (hier am Beispiel von Balkonen) ist das Maßverhältnis von einem Drittel zur Breite der Außenwand eingehalten.

18.9.2014 – 1 LC 5813 – openJur 2015, 371). Derartige Abgrenzung hat uU seine Bedeutung hinsichtlich des seitlichen Grenzabstandes bei bestehenden grenzständigen Gebäuden (Rn. 198). Entscheidend sind jetzt nur noch die angegebenen Maße. War das Hereinziehen zusätzliche Wohn- oder Nutzfläche in den Abstandsbereich bislang am Erfordernis der „Unterordnung" gescheitert, kannn dieser Effekt der Bauabsicht nicht mehr entgegengehalten werden (OVG Lüneburg 22.4.2015 a.a.O.). Damit hat sich die Entscheidung des OVG Lüneburg (19.6.2012 – 1 LB 169/11) diesbzüglich überlebt (siehe → Rn. 131). Bei größeren betretbaren Außenflächen wird es sich nicht mehr um Balkone im engeren Sinne handeln, sondern um Dachterrassen, die unter den Maß-

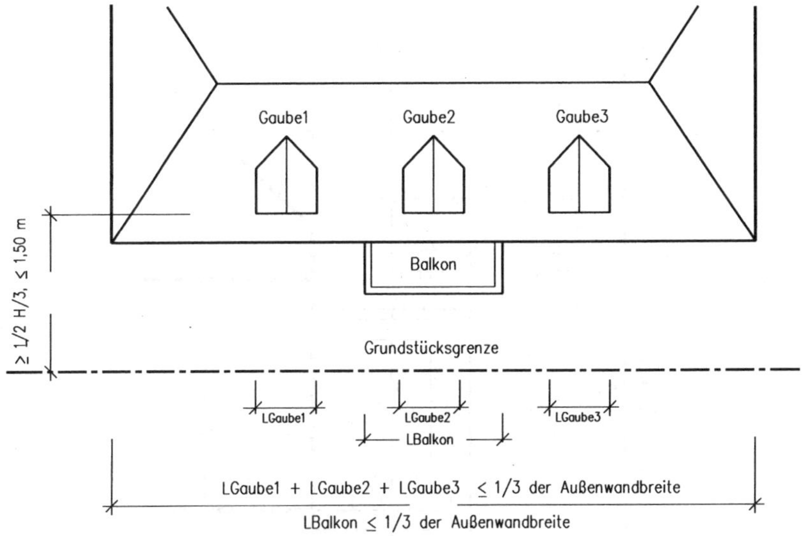

Abb. 14:
Der aus der Wandfläche heraustretende Balkon und die aus der Dachfläche heraustretenden Gauben werden für sich betrachtet. Da als Bezugspunkt die Wandbreite herangezogen wird, darf die Summe der Breite der Gauben nicht mehr als ein Drittel der Breite der unter ihnen liegenden Wand betragen.

beschränkungen des Abs. 3 Ziff. 2 nicht von vorneherein ausgeschlossen sind. Jedoch können von ihnen Störungen ausgehen, die schnell die Grenzen der Zumutbarkeit überschreiten.

Eingangsüberdachungen sind Schutzdächer über Eingängen, uU mit Stützen oder **112** seitlichen Wandscheiben, aber keine allseits umschlossene Anbauten, es sei denn es handelt sich um Windfänge.

Wenn auch im Gesetz nicht mehr ausdrücklich genannt, fallen **Windfänge** unter die Vor- **113** bauten oder vortretenden Gebäudeteile (Abb. 15). Es sind kleine Durchgangsräume vor oder hinter Eingangstüren zum Abhalten der Zugluft (Fromholdt/Gareiß, Bauwörterbuch, 2. Aufl. 1978) Es handelt sich idR um allseits umschlossene, eingeschossige Vorbauten, oft auch unter Einbeziehung etwa von Toilette und Garderobe, was im Rahmen der Abmessungsbeschränkungen möglich ist. Die Vergünstigung von **Hauseingangstreppen** muss auf diese ihre Funktion beschränkt bleiben und darf nicht etwa noch zur Terrasse ausgeweitet werden. Eine Kombination von Hauseingangstreppe und Eingangsüberdachung ist denkbar. Unter den Begriff der Hauseingangstreppe fallen auch Treppen, die zum Nebeneingang eines Hauses führen (OVG Münster 25.1.1967 – XA 1555/65, BRS 18 Nr. 76). Hauseingangstreppe soll nach Ansicht des OVG Saarlouis auch eine Treppe sein, die als **Außentreppe** von der Geländeoberfläche **zum Obergeschoss** eines Gebäudes führt (OVG Saarlouis 30.7.1991 – 2 R 451/88, BRS 52 Nr. 99), wie sie in südlichen Ländern in Verbindung mit Stockwerkseigentum nicht unüblich ist.

Soweit die Erleichterungen des Abs. 3 Nr. 2 **Balkone** betrifft ist festzustellen, dass es **114** nicht davon abhängt, dass es sich dabei um statisch „auskragende" Balkone handelt. Entscheidend ist hier nur, dass die Balkone vortreten. Bei der Sanierung älterer Wohngebäude lassen sich Balkone idR nur mittels Stützen vor die Fassade setzen. Auch auf diese Art von Balkonen, die nicht im technischen Sinne auskragen, sind die erleichtern-

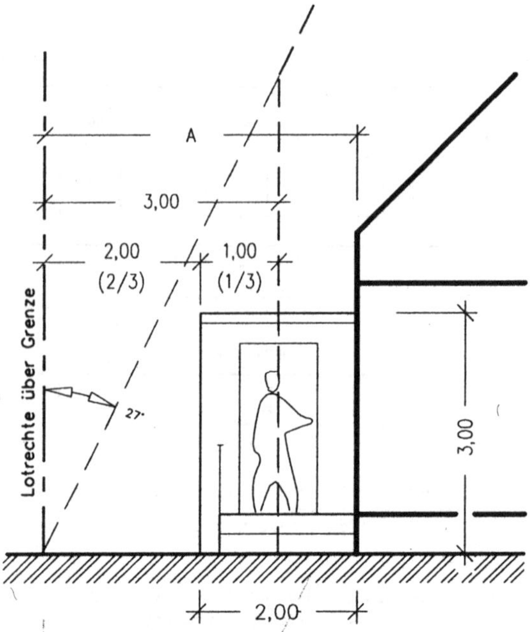

Abb. 15:
Fallbeispiel für die Anwendung von § 5 Abs. 3 Nr. 2 bei einem 3,00 m hohen Windfang. Der Mindestabstand von 3,00 m wird hier um 1 Drittel = 1,00 m unterschritten. In der Tiefe darf dieser Windfang 1 Drittel der Hausbreite nicht überschreiten.

den Bestimmungen der Nr. 2 anwendbar (sinngemäß OVG Lüneburg 29.12.2000 – 1 M 4235/00, BauR 2001, 937). Sowohl für den auskragenden als auch für den **auf Stützen gestellten Balkon** gilt, dass er den erforderlichen Abstand des Gebäudes um nicht mehr als 1,5 m und höchstens jedoch um 1 Drittel unterschreiten darf (Abb. 16). Die Breitenbeschränkung auf maximal 1 Drittel der Breite der Außenwand gilt auch hier, und zwar bei mehreren Balkonen für die Summe derselben, wie sich aus der Einschränkung „insgesamt" ergibt. Für den Anspruch der Begünstigung des Abs. 3 Ziff. 2 kommt es nicht zwingend darauf an, ob es sich um einen „Balkon" im engeren Sinne handelt, da auch untypisch große Aufenthaltsflächen den Kriterien des vortrtetenden Gebäudeteils entsprechen können. Einen Grund zur weitergehenden Einschränkung der Nutzfläche könnte aber das Gebot der Rücksichtnahme geben.

115 Streitig könnte sein, ob **Balkonumwehrungen** Abstand halten müssen, zumal zwischen geschlossenen Balkonbrüstungen und offenen Balkongeländern unterschieden werden kann. Umwehrungen gehören aus Sicherheitsgründen zu den Balkonen und müssen daher die Abstände einhalten, die für Balkone maßgebend sind (VG Saarlouis Beschluss 4.2.2013 – 5 L 15/13 – BauR 2013, 996). Das gilt insbesondere für geschlossene Balkonbrüstungen oder Brüstungen von Dachterrassen (OVG Münster Beschluss 1.6.2007 – 7 A 3852/06 – BauR 2007, 1615). Hinsichtlich der offenen Balkon**geländer** steht sie im Widerspruch zu Abs. 4 Satz 1 Nr. 1, nach dem Geländer ganz allgemein, wo auch immer sie angebracht sein mögen, bezüglich des Grenzabstands außer Betracht bleiben (vgl. → Rn. 119). Verliert ein Balkongeländer durch Beplankung oder Stoffbespannung seine Leichtigkeit und Durchsichtigkeit, die den Gesetzgeber dazu veranlasst hat, Geländer nicht den Abstandsregeln zu unterwerfen, dann sind sie allerdings wie körperhafte Brüstungen zu behandeln, die Abstand halten müssen.

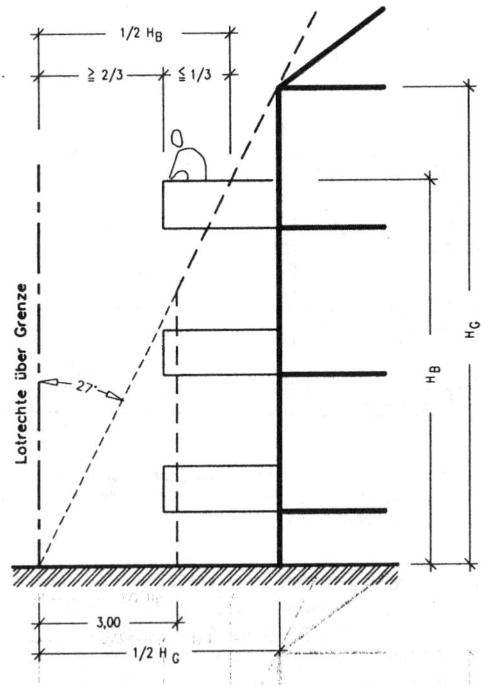

Abb. 16:
Fallbeispiel zu § 5 Abs. 2 Nr. 2 für extrem gegenüber der Fassade vortretende Balkone. Während die zwei unteren Balkone nur geringfügig in den Mindestabstand ragen tritt der obere Balkon um 1 Drittel mit seiner massiven Brüstung vor. Auch hier gilt die Breitenbeschränkung von 1 Drittel der Fassadenbreite. Ggf. auch bei mehreren Balkonen insgesamt.

Flächig wirkende, uU mehrgeschossig über die ganze Gebäudeseite verlaufende **balkonartige Vorbauten** sind keine Balkone iSv Abs. 3 Nr. 2. Sie können nun aber als sonstiger Vorbau die Vergünstigung des Abs. 3 in Anspruch nehmen, wenn sie innerhalb der Maßgrenzen vor die ihrerseits Abstand haltende Fassade treten also nicht über die ganze Gebäudeseite reichen (Abb. 17). 116

Ein **oberster Balkon**, der die Fläche einer Dachterrasse über die Abstand haltende Außenwand hinaus in die Abstandsfläche hinein vergrößert, kann die Vergünstigung von Abs. 3 Nr. 2 nur in Anspruch nehmen, wenn die Verlängerung der Dachterrasse (die kein Balkon ist) als anderer vortretender Gebäudeteil zu den in Nr. 2 aufgezählten begünstigten Anlagen zählt. Auch ein balkonartiger Vorbau, der eine Dachterrasse in den freizuhaltenden Luftraum vorspringen lässt, ist nach Abs. 3 Nr. 2 begünstigt, wenn er die hier genannten Maße einhält.“ 117

Auch zum Betreten bestimmte Flächen, die wie Balkone der Außenwand vorgestellt sind, fallen nun unter die Gruppe der bevorzugten Gebäudeteile, auch wenn sie eine Größe erreichen, die nicht mehr der Typologie von Balkonen entspricht. Entscheidend ist nur noch, ob ihre Breite zur Außenwand das geforderte Maximalverhältnis von einem Drittel einhält. Aufgeständerte Balkone vor der Außenwand, dürfen die Ausdehnung eines üblichen auskragenden Deckenvorsprungs übersteigen, wenn sieansonsten die Maße des Abs. 3 Nr. 2 einhalten. 118

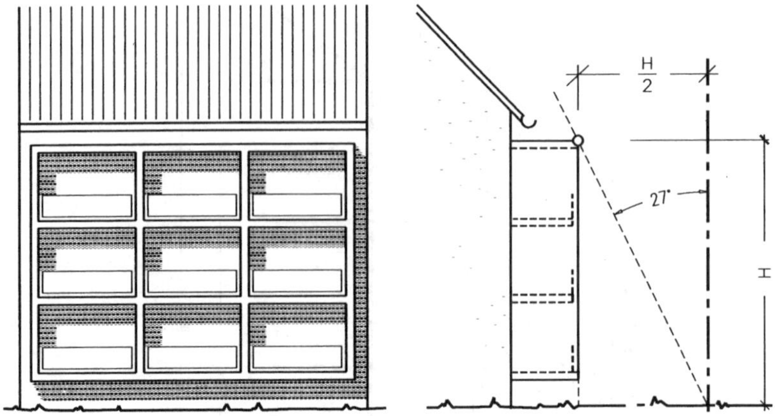

Abb. 17:
Flächig wirkende, mehrgeschossig über die ganze Fassadenbreite verlaufende balkonartige Vorbauten sind keine vortretenden Gebäudeteile i.S. von § 5 Abs. 3 Nr. 2, da sie nicht vor die Fassade vortreten, sondern selbst die Frontfassade bilden.

119 Die bisher **Laubengänge** genannten **offenen Gänge** als Zugänge zu Nutzungseinheiten an den Außenwänden von Gebäuden sind idR keine „privilegierten" Gebäudeteile iS Abs. 3 Nr. 2, zumal sie i.a.R. das Breitenmaß von maximal einem Drittel der Breite der Außenwand überschreiten. Sie vergrößern ähnlich wie in Abb. 17 das Gebäude und verstärken die beeinträchtigende Wirkung einer Gebäudefront durch ihre geschlossenen Brüstungen nicht nur unerheblich.

120 Auch **Dachaufbauten** (Gauben, Dach-Erker) sind vortretende Gebäudeteile, wenn diese in das Freiraumprofil (s. → Rn. 100 f.) hineinragen. Im Übrigen gelten für die Dachaufbauten die Einschränkungen: 1,50 m höchstens vortreten, aber nicht mehr als ein Drittel und nicht breiter als 1 Drittel der Fassadenbreite. (auch unten Abb. 24). Da sie idR hinter die Außenwandfläche zurückbleiben, unterscheiden sie sich von den ebenfalls bevorzugten sog. Zwerchhäusern, die als Gebäudeteil aus der Wandfläche aufsteigen Der Vergünstigung des Abs. 3 Nr. 2 steht nicht mehr wie nach § 7b Abs.: 1 S. 2 aF entgegen, dass die Gauben oder Zwerchhäuser der ausschließlichen oder wesentlichen Belichtung von Räumen dienten. Konnten Räume im Ober- oder Dachgeschoss ohne die Dachaufbauten nicht genutzt werden, handelte es sich nach der früheren Rechtslage um nicht mehr untergeordnete Gebäudeteile (OVG Lüneburg 19.6.2012 – 1 LB 169/11 –). Da die Unterordnung jetzt nicht mehr vorausgesetzt wird, ist es nun entscheidend, ob es sich um einen Vorbau oder einen anderen vortretenden Gebäudeteil handelt, der die Maße des Abs. 3 S. 1 Nr. 2 einhält. Das Hineinziehen von in den Hauptbaukörper integrierten Hauptnutzungen in den Abstandsbereich (zB zur Vergrößerung der Fläche von Aufenthaltsräumen) ist nunmehr von der Vergünstigung erfasst (auch Rn. 113).

121 Ein **Erker** ist ein vor die Fassade springender Ausbau (Frommhold/Gareiß), der zur Verbesserung des Ausblicks, der Belichtung des dahinter liegenden Raumes und als künstlerisches Gestaltungsmotiv der Fassade dient (Brockhaus 1968, OVG NW Beschluss 18.12.2012 – 7 A 2755/11 – BauR 2013, 932-933). Die in der 8. VorAuflage zitierten Auffassungen, ein Erker dürfe nicht bis auf die Erdoberfläche reichen (Utlucht, siehe auch OVG Münster 17.12.1992 – 10 A 2055/89, BRS 54 Nr. 85) oder, ein Vorbau, der auf der Geländeroberfläche beginne und bis unter das Dach reiche, sei kein Erker (VGH Mannheim 3.5.1983 – 3 S 689/83, nv), sind im Hinblick auf die Einbeziehung der „vortretenden Gebäudeteile" in Abs. 3 S. 1 Nr. 2 nicht mehr entscheidend (Abb. 18). Hält sich ein Erker oder auch ein nur erkerähnlicher Bauteil im Rahmen der aufgezeigten Maßbeschränkun-

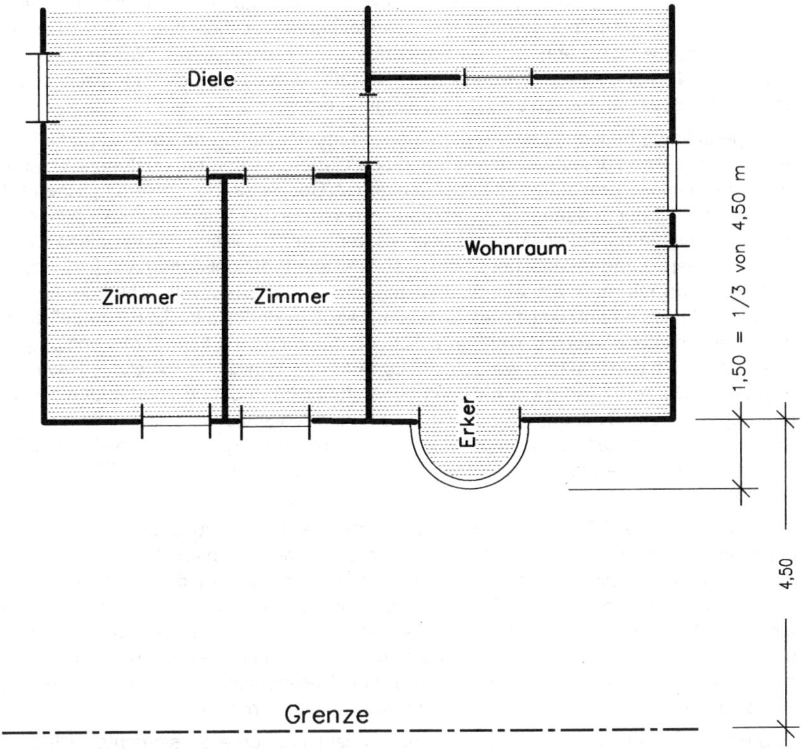

Abb. 18:
Fallbeispiel für § 5 Abs. 3 Nr. 2:
Der Erker unterschreitet den Abstand des Gebäudes nur um 1 Drittel und ist erkenn¬bar weniger breit als 1 Drittel der Hausfront.

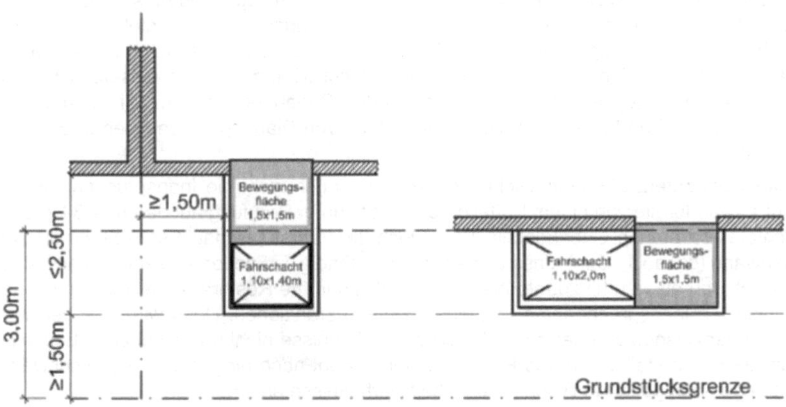

Abb. 18a:
Beispiele für das Ausnutzen der Vergünstigungen für das nachträgliche Anbringen von Aufzugsanlagen, die zur Herstellung der Barrierefreiheit dienen

gen dann ist er hier zulässig (OVG RhPf Beschluss 4.03.2016 -8 A 10056/16-). Allerdings ist bei der Anordnung grenznaher Wandöffnungen zu beachten, dass innerhalb des Abstandsbereichs von 2,50 m das Erfordernis brandsicherer Wände gem. § 8 Abs. 1 S. 1 Nr. 1 und Abs. 2 S. 1 und 2 DVO-NBauO geregelt ist. Denn nur Dachgauben und ähnliche Dachaufbauten sind davon ausgenommen.

121a Als eigenständig begünstigte hinzugetreten sind mit der Änderung 2018 Gebäudeteile, die ausschließlich zur Aufnahme von Aufzügen dienen, welche bei bestehenden Anlagen die stufenlose Erreichbarkeit höher gelegener (Geschoss-)ebenen ermöglichen sollen. Stichtag ist der 1. Januar 2019, so dass alle vor diesem Datum verwirklichten oder nur genehmigten baulichen Anlagen oder als Teil einer baulichen Anlage diese Gunst beanspruchen können. Zunächst einbezogen sind alle Wohngebäude nach § 49 Abs. 1, also Gebäude mit mehr als vier Wohnungen, bei denen das zweite oberirdische Geschoss stufenlos erreichbar sein sollte. Weiter betroffen sind alle im Abs. 2 aufgelisteten baulichen Anlagen. Dabei ist nicht erheblich, ob das rechtliche Erfordernis entspr. § 49 Abs. 3 gar nicht durchgesetzt werden könnte. Auch muss nicht der objektive Nachweis angetreten werden, dass die Ergänzung der stufenlosen Zugänge überhaupt einer darauf angewiesenen Nutzergruppe zu Gute kommt. Auch sollten Anlagen nicht aus dem Kreis der begünstigten ausgegrenzt werden, weil der Gesetzgeber kein rechtliches Erfordernis von barrierefreier Erreichbarkeit vorsieht, es aber nachvollziehbar sinnvoll sein kann.

121b Anders als der Abs. 3 Ziff. 2 müssen die Gebäudeteile nicht mit zunehmender Höhe von der Grenze gestaffelt zurückweichen, sondern es reicht der Abstand von 1,50 m aus. Zusätzlich müssen sie sich darauf beschränken, nicht mehr als 2,50 m vor die vorhandene Außenwand vorzutreten, gleich welchen Abstand sie von der Grundstücksgrenze einnimmt. Nicht von Belang ist daher, ob die betroffene Außenwand bereits bestandsgeschützt den gesetzlich geforderten Grenzabstand unterschreitet, da die Inanspruchnahme des 1,50 m-Abstandes die Intensität der Beeinträchtigung kaum mehr als vom Gesetzgeber ohnehin als hinnehmbar veranschlagt steigern dürfte.

121c Die eigentliche Abmessung der Aufzugsanlage ist nicht begrenzt, sie richtet sich demnach nach den funktionalen und bautechnischen Erfordernissen. Unabdingbar wäre die Aufnahmefähigkeit des Fahrkorbs für Rollstühle, also mindestens 1,10 x 1,40 m. Als höchstmögliche Inanspruchnahme sollte die Fahrkorbgrundfläche von 1,10 x 2,00 m gem. § 21 Abs. Abs. 4 S. 2. Hs DVO-NBauO zugestanden sein, da auch die Notwendigkeit des Krankentransports zum Grundprinzip der Barrierefreiheit zählt. Ergänzt um eine vorgelagerte Bewegungsfläche von 1,50 x 1,50 m ergibt sich als größtmögliche Zumutung für den Nachbarn eine ca 4,00 m breite Wandfläche, Ummantelung inkl. Fahrstuhlschacht einbezogen (Abb. 18a). Es ist nachvollziehbar, dass nicht nur in vereinzelten Fällen die Grenze der Zumutbarkeit erreicht wird, zumal das Gesetz nicht ausschließt, die Aufzugsanlage mit den vortretenden Gebäudeteilen gem. Ziff. 2 zu kombinieren. In solchen Fällen wird die Notwendigkeit von Planungsalternativen in Betracht kommen.

121d Der hinzutretende Fahrstuhlschacht verbraucht auch nicht die Inanspruchnahme der Außenwandbreite von einem Drittel durch bereits unter Berufung auf den Abs. 3 Nr. 2.errichtete vortretende Gebäudeteile Tritt jedoch der Fahrstuhlschacht so weit vor die Außenwand (ca. ab 1,00 m), dass von einer eigenständig wirkenden Außenwand auszugehen ist, darf ein neu hinzutretendes Gebäudeteil nur ihre Restbreite zur Bemessung der zulässigen Inanspruchnahme von einem Drittel heranziehen. Doch wird sich bei weitgehender Ausnutzung der gesetzlichen Zugeständnisse nicht nur in seltenen Einzelfällen die Frage stellen, ob das Rücksichtnahmegebot noch eingehalten ist, geschweige denn ab noch gesunde Wohn- oder Arbeitsverhältnisse anzunehmen sind.

E. Die bei der Bemessung des Abstands außer Betracht bleibenden Gebäudeteile (Abs. 4)

Nach Abs. 4 Satz 1 Nr. 1 bleiben **Antennen** (nicht aber Stahlgittermaste als Antennenträger), **Geländer** und untergeordnete (Haus-)**Schornsteine** wie die gegenüber der früheren Fassung (§ 7b Abs. 2 aF) hinzugenommenen **Abgas- und Abluftleitungen** bei der Bemessung des Grenzabstandes eines Gebäudes außer Betracht. Die Aufzählung ist abschließend. Offensichtlich ist der Gesetzgeber davon ausgegangen, dass herkömmliche Hausantennen mit ihren leichten filigranen Strukturen ebenso wie Stab- oder Gittergeländer keine geschlossene Oberfläche haben und Hausschornsteine wie auch Abgas-und Abluftleitungen ohnehin silhouettenartig schmal sind, so dass von diesen Gebäudeteilen keine nachteiligen Wirkungen für den Nachbarn ausgehen können. Entsprechend sind die aufgezählten Begriffe zu interpretieren. 122

Unter den Begriffen der **Schornsteine, Abgas- und Abluftleitungen** fallen zum einen alle Arten von Abgasanlagen, die in § 40 geregelt werden. Zum anderen gehören dazu auch sog. „Abluft"-Schornsteine, die zwar keine heißen Verbrennungsgase abführen, wohl aber bezüglich des Grenzabstands genau so wenig Bedeutung haben wie echte Schornsteine. Im Gegensatz zu diesen Hausschornsteinen, die nur Teil eines Gebäudes sind, fallen hohe und idR freistehende Fabrikschornsteine nicht hierunter, weil sie weder optisch noch funktionell in einem untergeordneten Verhältnis zu einem Gebäude stehen; ihr Abstand bestimmt sich nach § 5 Abs. 1 S. 2. 123

Entsprechendes gilt für **Antennen**. Unter diesem Begriff sind Hausantennen einschließlich der notwendigen Antennenträger zu verstehen Die heute üblichen Parabolantennen wirken zwar flächig, haben aber selten mehr als 1 m² Fläche, so dass sie in der Abstandsfläche vor der Hauswand angebracht unberücksichtigt bleiben. Nur als Extremfall wäre denkbar, dass von der Größe die Wirkung eines Gebäudes ausgeht. Erst dann wäre die Grenze der (fiktiv wirkenden) Unterordnung überschritten, da derartige Antennen auch als eigenständige bauliche Anlage den gesetzlichen Regelabstand einhalten müssten. So fallen folgerichtig nicht unter diese Regelung Stahlgittermasten als Antennenträger, weil sie freistehend nicht Teil der Antenne selbst sind. Ihr Abstand bestimmt sich nach § 5 Abs. 1 S. 2. Das gilt ebenso für teleskopartig ausfahrbare Antennenträger im ausgefahrenen Zustand, wie sie von Funkamateuren genutzt werden. Trotz mancher deutlichen Massierung gehen für sich betrachtet von UMTS-Antennen der Mobilfunk-Bassistationen keine abstandsrelevanten Einwirkungen aus. Wenn bei der Installation ein bestehendes Gebäude in seiner genehmigten Funktion tangiert wird und insb. keine Notwendigkeit besteht, seine statische Eignung zu prüfen, beschränkt sich die bau- und gerade die abstandsrechtliche Betrachtung nur auf Aufstellung von Antenne und evt Technikschränken (OVG Lüneburg Urteil 10.11.2009 – 1 LC 236/05 – openJur 2012, 49793). 124

Im Gegensatz zum **Geländer**, das Fommhold/Gareiß) als senkrechte Schutzeinrichtung in durchbrochener Konstruktion beschreiben, ist die Brüstung als halbhohe äußere Abschlusswand von Balkonen und Terrassen geschlossen. Hinsichtlich ihrer abstandsrelevanten Wirkung ist die massive **geschlossene Balkonbrüstung** nicht vergleichbar mit dem leichten licht- und luftdurchlässigen Balkongeländer, so dass für sie nicht die Vergünstigung des Satzes 1 gelten kann. 125

Entsprechend Abs. 4 Satz 1 Nr. 2 bleiben ferner bei der Bemessung des Abstands einer Giebelfront die Teile des **Giebeldreieck**s außer Betracht, die über einer waagerecht gemessenen Breite von 6,00 m liegen (Abstand H_2 in Abb. 19). Die Nichtanrechenbarkeit eines Giebeldreiecks führt nicht zu einer nennenswerten Belastung des Nachbarn. Dabei hat sich der Gesetzgeber davon leiten lassen, dass die Spitze eines Dreiecks bei weitem nicht die Wirkungen auf das Nachbargrundstück hat, wie eine gleich hohe breite Wandfläche. 126

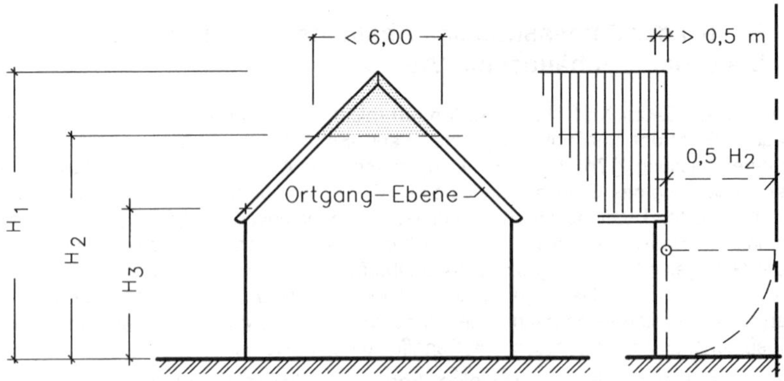

Abb. 19:
Abstände bei Gebäuden mit Giebelwänden nach § 5 Abs. 4 Satz 1 Nr. 2.
Vor der Giebelwand ist nicht die Höhe H_1 sondern die Höhe H_2 für den Grenzabstand des Gebäudes maßgebend.
Hat das Dach des Hauses wie hier einen Ortgangüberstand von mehr als 0,5 m, so ist die für die Abstandsbemessung maßgebende Ebene des Giebeldreiecks die Ortgang-Ebene und nicht die die Ebene der Giebelwand. Das gilt auch für den Fall, dass zum Teil real keine Giebelwand vorhanden ist z.B. bei einem „eingezogenen" Balkon über die ganze Breite des Gebäudes.
Für den seitlichen Abstand des Gebäudes ist die Höhe H3 bestimmend, also 0,5 H_3.

127 Die Frage, wo das Giebeldreieck zu messen ist, muss nach dem Sinn und Zweck der Regelung beantwortet werden. Der Bauherr soll die Vergünstigung der Nr. 2 für solche Bauteile erfahren, deren Abstand zur Grenze aus Sicht des Nachbarn vernachlässigt werden kann, weil sie die Schutzgüter der Abstandsregelung (Licht, Luft, Sonne) nicht im nennenswerten Umfang beeinträchtigen. Unter diesem Gesichtspunkt kommt es auf die Konturen des Giebels an, so dass nicht nur auf die dreieckige Wandfläche unter dem Ortgangsbrett abzustellen ist, sondern der Ortgang selbst mit allen Kanten und Verzierungen mit zu messen ist. Ausgehend vom so genannten Punktabstand, dem Abstand, den jeder Punkt auf der Giebelfläche, also auch auf der Ortgangfläche als Teil des Giebels halten muss, kommt man zum gleichen Ergebnis".

128 Nach Satz 2 soll die Regelung auch für **andere Giebelformen** gelten wie zB für Treppengiebel, Rundbogengiebel o. dgl. (Abb. 20). Es ist hier ggf. ein umschreibendes Hilfsdreieck mit der Basis von max. 6,00 m zu konstruieren. Bei Giebelwänden, die weniger als 6,00 m breit sind (Beispiel „B" in Abb. 20), kann nur das wirkliche Dreieck bzw. Hilfsdreieck außer Betracht bleiben und nicht etwa die ganze Wand.

129 Es stellt sich die Frage, ob die Vergünstigung des Abs. 4 Satz 1 Nr. 2 für einen gemeinsamen **Doppelhausgiebel** zweier an einer Grenze in der Firstlinie aneinander gebauter Doppelhaushälften gegenüber dem Nachbarn nur einheitlich 1 × oder getrennt für jede Doppelhausgiebelhälfte (also 2 ×) in Anspruch genommen werden darf. Es liegt auf der Hand, dass ein Nachbar von einem Giebeldreieck mit 2 × 6 m Basisbreite ungleich schwerer getroffen würde als bei 6 m Breite. Nach Auffassung des BVerwG entsteht ein Doppelhaus (planungsrechtlich) nur dann, wenn zwei Gebäude an der gemeinsamen Grenze derart zusammengebaut werden, dass sie einen Gesamtbaukörper bilden (BVerwG 24.2.2000 – 4 C 12.98, BauR 2000, 1168). Der klare Wortlaut, Giebeldreiecke … waagerecht gemessen … weniger als 6 m … macht deutlich, dass die Breite des Giebels und nicht die Breite zweier „halben" Giebel zu messen ist. Auch macht die Grenze aus einem Giebel nicht zwei Giebel. Schließlich lässt der Wortlaut und der Sinn der Regelung es nicht zu, einen Giebel in mehrere Giebeldreiecke aufzuteilen. Die Schicksals-

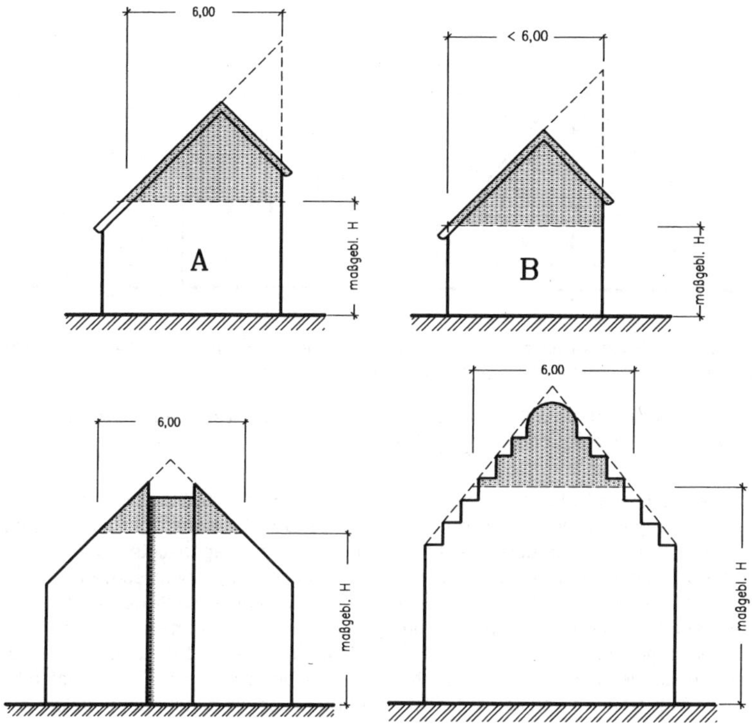

Abb. 20:
Fallbeispiele für eine „entsprechende“ Anwendung der „Dreiecks-Regelung“ auf andere Giebelformen.

gemeinschaft, die zwei Doppelhauseigentümer in mehrfacher Hinsicht eingehen, bringt es mit sich, dass der gemeinsame Giebel abstandsrechtlich einheitlich bewertet wird. Daraus folgt, dass sowohl beim Doppelhaus im planungsrechtlichen Sinn (Grenzgebäude gem. §5 Abs.5 wie auch bei zwei entsprechend aneinandergebauten Gebäuden auf einem Baugrundstück (die ein Einzelhaus im planungsrechtlichen Sinne wären) der gemeinsame Giebel die Vergünstigung des Abs.4 S.1 Nr.2 nur einmal mit der Basisbreite von 6 m genießt (VG Hannover Beschluss 5.11.2010 – 12 B 3883/10 – BauR 2011, 303; Abb. 21).

Die Erleichterung des Abs.4 Satz1 Nr.2 bezüglich der Giebeldreiecke gilt auch für 130
Zwerchhäuser als Teil der Außenwand (OVG NW Urteil 22.3.2018 – 7 A 1388/15 – BauR 2018, 1389–1391), also für all die „über zwerch“, dh quer zur Firstrichtung des (Haupt-)Daches liegenden Dachteile, die zur Traufseite einen Giebel in der Ebene der Außenwand aufweisen (OVG Lüneburg 31.5.1995 – 1M 1920/95- BRS57 Nr.158).

Dass **Dachgaubendreiecke** nicht an den Vergünstigungen des Abs.4 Satz1 Nr.2 teil- 131
haben sollen, wie Barth/Mühler (→§5 Rn.63) meinen, ist auf dem ersten Blick nicht überzeugend. Diese Auffassung bezieht sich auf die Giebel*wand*. Regelungsziel der Vorschrift ist es, solche Gebäudeteile zu begünstigen, die durch ihre Form u. Größe den Nachbarn nicht nennenswert dadurch beeinträchtigen können, dass sie ihm Licht, Luft und Sonne nehmen. Das müsste dann eigentlich für alle derartigen Dreiecke gelten, also auch für dreieckige Gauben. Das OVG Lüneburg (19.6.2012 a.a.O.) schließt sich allerdings der restriktiven Auffassung an, wenn es zwischen Giebelwand und Gauben

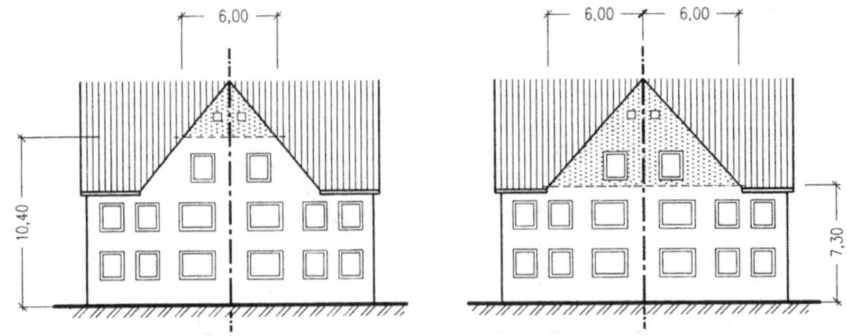

Abb. 21:
Es ist dem betroffenen Nachbarn nicht zuzumuten, bei einem Doppelhausgiebel – wie im rechten Beispiel dargestellt – eine zweimalige Inanspruchnahme der Giebeldreieck-Regel links und recht hinnehmen zu müssen.

Die 6 m-Breite kann sich nur auf die einmale Anwendung für den Gesamtgiebel erstrecken (linkes Beispiel) und nicht auf zwei Giebelhälften zu je 6 m.

unterscheidet. Diese Haltung auf ein mit einen kleinen Satteldach versehenes (von der Außenwand zurückspringendes) nicht begünstigtes Dachhäuschen gegenüber einem aus der Außenwandfläche bündig aufsteigenden und dann begünstigten Dacherker zu übertragen, wäre wegen der geringen Außenwirkung sachlich zwar schwer nachvollziehbar, ist aber rechtlich nicht zu widerlegen. Die Annahme, dass dann die verbleibende Wandflächen der Gauben den verringerten Grenzabstand nach § 7b Abs. 1 S. 2 aF beanspruchen konnten, war wegen des Merkmals ihrer Unterordnung berechtigt. Nach der geltenden Regelung des § 5 Abs. 3 Nr. 2 würde beim in Abb. 22 gezeigten Beispiel das Maßverhältnis von einem Drittel zur Außenwand nicht mehr eingehalten.

132 Die Vergünstigung gilt aber auch für **offene Giebeldreiecke**, also für Giebel ohne eine Giebelwand im eigentlichen Sinne, die zur Grenze hin offen sind, wie bei „eingezogenen" Balkonen oder auch für **„Nur-Dach-Häuser"**, deren Vorder- und Rückfront nur aus einem Giebeldreieck ohne darunter befindlicher Wand besteht (Abb. 20).

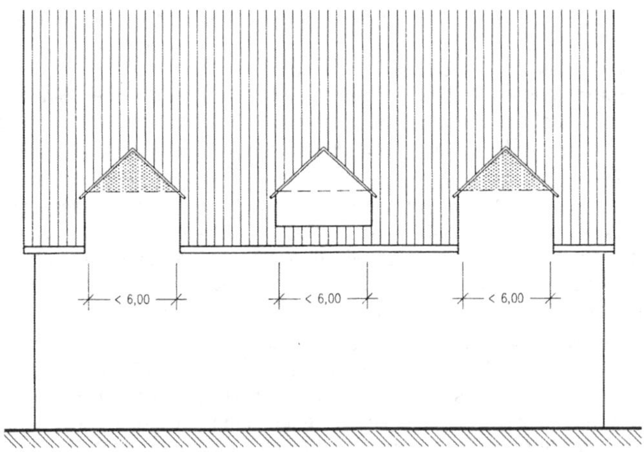

Abb. 22:
Die Vergünstigung des § 5 Abs. 4 Satz 1 Nr. 2 erstreck sich nicht nur auf die Zwerchgiebel, son¬dern auch auf die Dachgaube, da diese hier ebenso einen Giebel hat wie die Zwerchhäuser.

Auch wenn die **Giebeldreiecke** nicht in einer Fassadenfront liegen, sondern hintereinander **in die Tiefe gestaffelt** sind, können sie die Vergünstigung in Anspruch nehmen (Abb. 23), was allerdings voraussetzt, dass der abstandsrelevante Teil der jeweils zurückliegenden Giebelwand seinerseits den erforderlichen Abstand nach § 5 hält. Vor die Giebelwand gesetzte erkerartige Vorbauten, die zur Grenze hin nach oben waagerecht mit einem Flachdach, einem zur Giebelwand hin geneigtem Dach oder einer Dachterrasse abschließen, also selber keinen Giebel haben, können die Vergünstigung für andere Giebelformen nicht in Anspruch nehmen, selbst wenn sie schmaler als 6 m sind und ihr oberer Abschluss sich von dem Hilfsdreieck umfahren lässt. Der Sinn der Regelung lässt es nicht zu, die Vergünstigung auf Gebäudeteile anzuwenden, die keine Giebel sind. 133

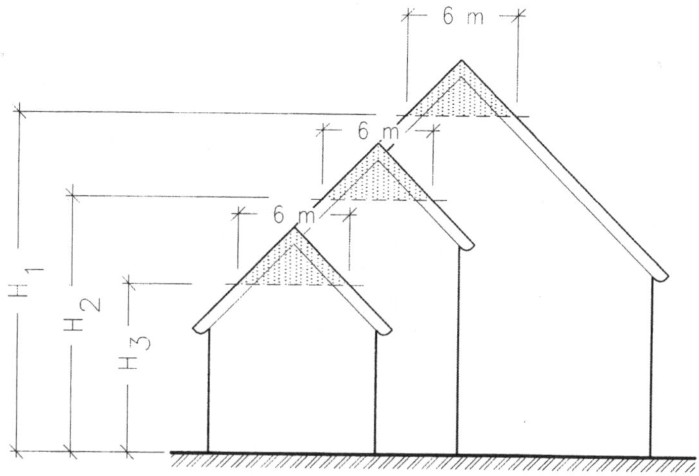

Abb. 23:
Anwendung der „Dreiecks-Regelung" auf in der Tiefe gestaffelte Gebäudeteile.

Bei einem steilen Dach ist die Firstlinie maßgeblich zur Ermittlung des erforderlichen Grenzabstandes, dabei wirkt sich das Abstandserfordernis nur zur seitlichen Grenze aus und nicht bereits zur Grenze, auf die das Giebeldreieck bezogen ist (Abb. 20a). 133a

Dem Wortlaut nach ist die Vergünstigung des Abs. 4 Satz 1 Nr. 2 nicht für Dächer vorgesehen. Trotzdem bestehen keine Bedenken, die Regelung auch auf sehr steile **giebelähnliche Dachformen** anzuwenden (Abb. 24 und 25). So wirkt zB ein 70° Walm, der an der schmalen Seite eines Satteldaches an die Stelle des dreieckigen Giebels getreten ist (Walmdach), vom Nachbarn aus wie ein um 20 nach hinten gekippter Giebel, der die Schutzgüter der Abstandsvorschriften (Licht, Luft und Sonne) weit weniger tangiert als ein entsprechend großer senkrecht stehender Giebel. Das zuvor Gesagte gilt auch für Krüppelwalme, soweit sie sich mit dem Hilfsdreieck als „andere Giebelform" iSd Nr. 2 umschreiben lassen. 134

Befindet sich in der Giebelfront ein **„eingezogener Balkon"**, so sind die diesen überdeckenden Teile des Gebäudedaches kein Dachvorsprung iS Abs. 3 Nr. 1 sondern die so gebildete Loggia ist ein überdachter Raum, der besonderen Nutzungen zugänglich ist. Von ihm gehen wegen seiner räumlichen Ausdehnung erheblich größere Wirkungen auf das Nachbargrundstück aus, als etwa von einem nicht überdachten Balkon üblicher Größe (OVG Lüneburg 9.2.1981 – 6 A 226/79, BRS 38 Nr. 120). Für den oa eingezogenen Balkon in der Giebelfront sind dann die zum Nachbargrundstück gerichteten Ortgang-Außenflächen des Daches die für den Grenzabstand maßgebende Außenfläche 135

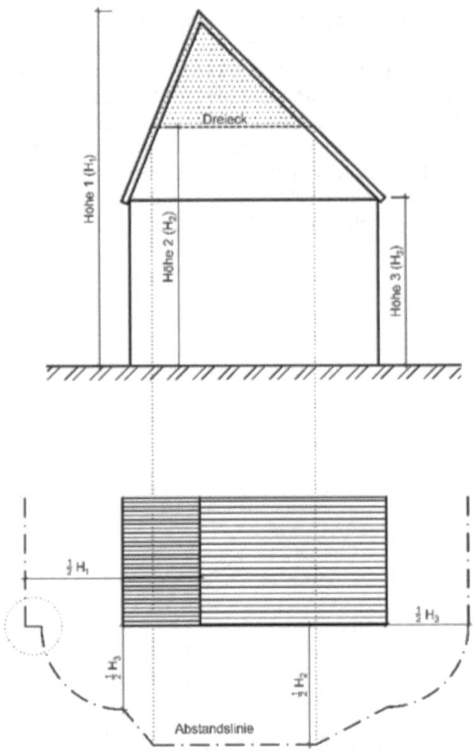

Abb. 20a:
Ist bei sehr steilen Dachneigungen wie hier bei einem schiefhüftigen Dach ist die Firsthöhe für den Grenzabstand maßgebend. Dabei wird dieses Abstandsmaß erst jenseits der (gedachten) Verlängerung der Giebelwand herangezogen.

des Gebäudes. Auf diese „Außenfläche" ist die Vergünstigung nach Abs. 4 Satz 1 Nr. 2 (in der Ortgangebene) anwendbar, denn es handelt sich auch hier um ein Giebeldreieck. Es kann insoweit nicht darauf ankommen, ob diese durch die Ortgänge gebildete Dreiecksspitze offen bleibt oder mittels einer in der Ortgangebene liegenden Verbretterung über der Loggia geschlossen wird.

135a Überdecken sich in der Ansicht durch vor- bzw. Rücksprünge der Außenwand die Giebeldreiecke, so ist zur Bestimmung der Grundlinie von 6,0 m des überdeckten Teils die gesamte Wandfläche einzubeziehen, wie sie sich ohne das vortretende Gebäudeteil darbieten würde (Abb. 23a).

136 Nach Abs. 4 Satz 2 Nr. 1 bleiben nachträglich erfolgende **Außenwandbekleidungen** an vorhandenen Gebäuden außer Betracht, wenn sie den erforderlichen Grenzabstand um nicht mehr als 0,25 m unterschreiten. Voraussetzung ist, dass die Bekleidung dem Zweck des Wärmeschutzes oder der Energieeinsparung dient. Es dürfen dagegen außerdem keine Bedenken wegen des Brandschutzes bestehen. Dem Nachbarn wird demnach zugemutet, dass beim Ausnutzen der gesetzlichen Abstandsbestimmungen sich der Abstand der Außenwandfläche zur Grenze bis auf 2,75 m verringern darf. Ausgeschlossen ist, dass der nach Abs. 3 Nr. 1 mögliche Dachüberstand

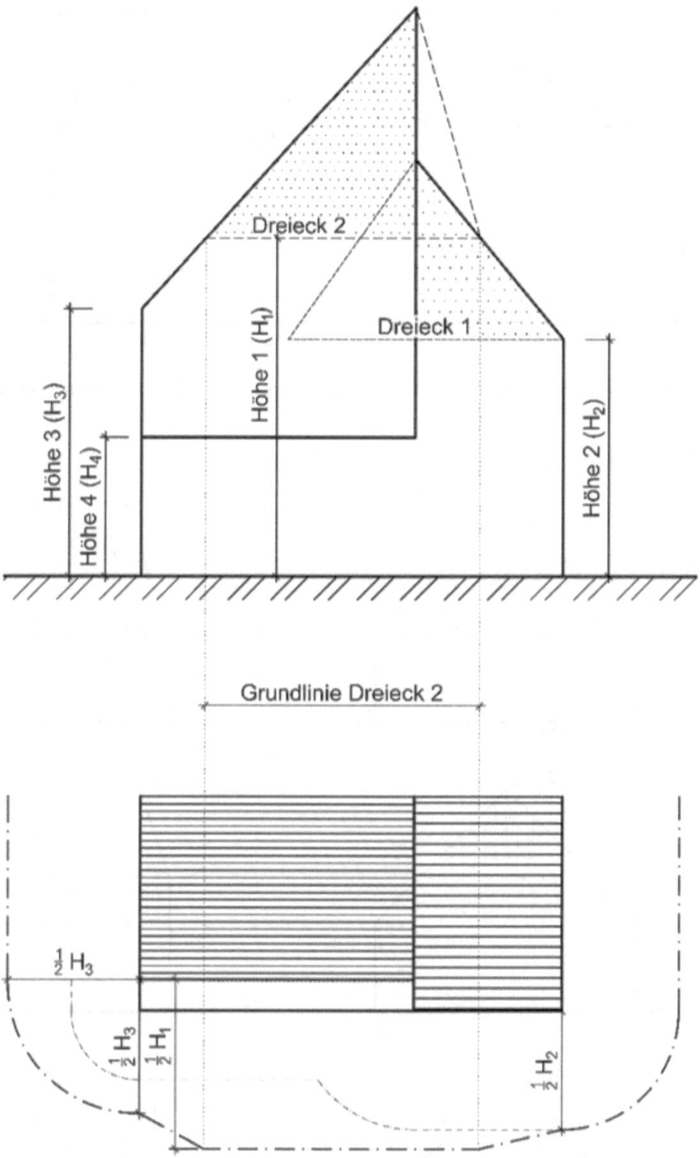

Abb. 23a:
Sich teilweise überdeckende Giebeldreiecke bei Vor- zw. zurücktretenden Gebäudeteilen. Zur Giebelseite wird hier die Grenzabstandslinie im Wesentlichen durch das zurückgesetzte Gebäudeteil bestimmt.

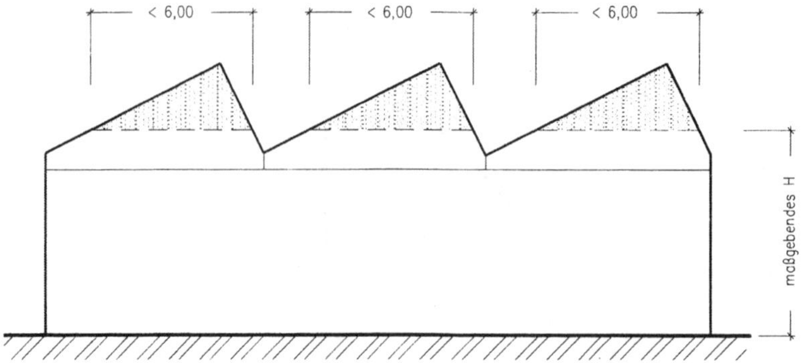

Abb. 24:
Die Vergünstigung nach § 5 Abs. 4 Satz 1 Nr. 2 kann für jedes „Giebeldreieck" eines solchen Gebäudes in Anspruch genommen werden

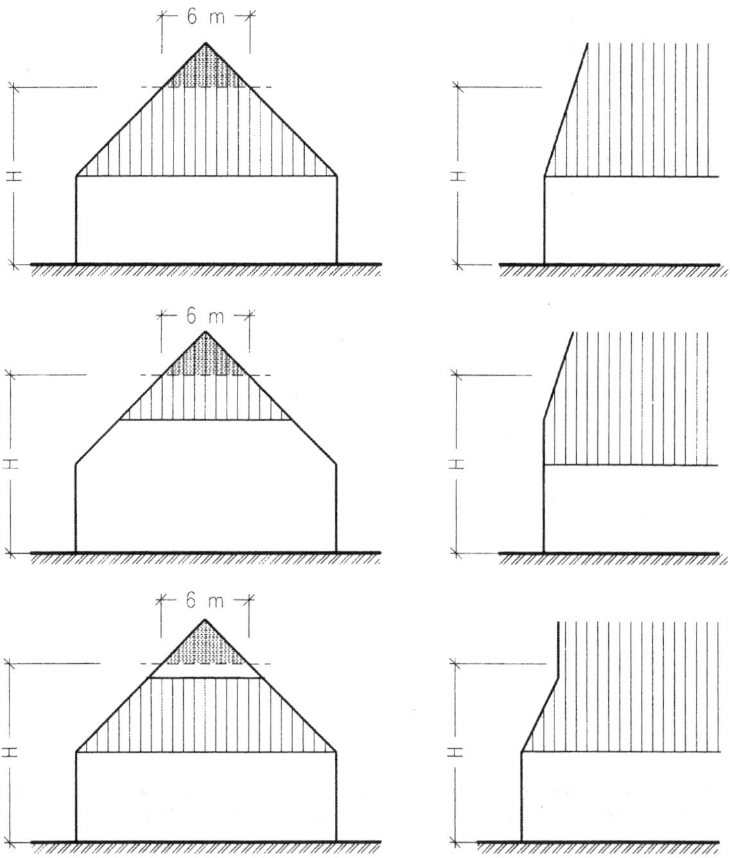

Abb. 25:
Fallbeispiele für die entsprechende Anwendung der „Dreiecks-Regelung" auf geneigte Flächen (Walme oder Krüppelwalme) oberhalb von Giebelwänden.

von 0,5 m nunmehr von der hinzugetretenen Wandseite beansprucht wird, da sich das Privileg ausdrücklich auf den gesetzlich vorgegebenen Abstand bezieht (s. → Rn. 46, → Rn. 119 f.).

Unter den gleichen Kriterien bleibt nach Nr. 2 auch eine **Anhebung der Bedachung** vorhandener Gebäude um 0,25 m außer Betracht (vgl. → Rn. 102). Die Höhe wird senkrecht zur Dachlinie gemessen. Hier wird die mögliche Einschränkung für den Nachbarn eher gering ausfallen, da die in den Grenzabstand reichende Fläche erst bei einer steilen Dachneigung (ca. ab 70°) als zusätzliche Einschränkung bemerkbar sein wird. 137

F. Die Regeln für die Grenzbebauung (Abs. 5)

a) Allgemeines

Mit den Bestimmungen des § 5 Abs. 5 soll – wie bisher in § 8 NBauO aF – eine weit gehende **Koordinierung zwischen Planungs- und Bauordnungsrecht** bezüglich der Abstandsbestimmungen hergestellt werden. Die Ausnahme- und Ermessensregelungen im bisherigen § 8 wurden allerdings nicht übernommen. In die neue Abweichungsregel des § 66 lassen sich allerdings ggf. nur die Bauherrenseite begünstigenden Bestimmungen übertragen. Soweit den Bauaufsichtsbehörden das Recht eingeräumt wurde, Forderungen zu stellen, die von den allgemein geltenden Regelungen abwichen, ist dieses Instrument entfallen. 138

Soweit planungsrechtlich an die Grenze gebaut werden muss oder darf, entfällt für diese Grenze die Pflicht, nach Abs. 1 Grenzabstand zu halten. Das betrifft im Wesentlichen die seitlichen Grundstücksgrenzen. Für die Straßengrenze ist dies idR nicht relevant, da nach § 6 Abs. 1 S. 1 hier nicht die Straßengrenze, sondern für die Bemessung des Grenzabstands die Mittellinie der Straßenverkehrsfläche maßgebend ist. Eine „Grenzbebauung" der Straßengrenze ist gleichwohl dann erzwingbar, wenn eine Baulinie nach Planungsrecht mit der Straßengrenze zusammenfällt. Das aber ist im engeren Sinne keine Bebauung „ohne Grenzabstand" iSv Abs. 5 Satz 1. Da zu einer rückwärtigen Grundstücksgrenze Abstand gehalten werden muss, bleibt offen, ob bereits eine nur geringfügig in das Baugrundstück abknickende Grenze die Abstandspflicht auslöst. Der Entwurf 2018 sah noch vor, erst bei einem Abknickwinkel von mehr als 120° von zwei unterschiedlichen Grenzen auszugehen. Der Vorsatz wurde nicht in den Gesetzestext der Fassung 2019 übernommen, sollte aber dem Sinngehalt der Regelung folgend als Begründung einer Abweichung überzeugen (OVG Münster Beschluss 14.8.2017 – 2 B 1388/18) und so angewendet werden. 139

Die **Vorschriften des Abs. 5 gelten** dem Wortlaut nach **für Gebäude**. Sie gelten auch für Nebengebäude. Darüber hinaus gelten sie auch für solche Anlagen, die zwar keine Gebäude sind, aber wie Gebäude Abstand halten müssen (Abs. 1 Satz 2). 140

Abs. 5 setzt voraus, dass nach städtebaulichem Planungsrecht Gebäude „ohne Grenzabstand errichtet" werden müssen/dürfen. Damit werden auch andere städtebauliche Formen der Grenzbebauung ohne ein unbedingtes Aneinanderbauen nach Abs. 5 erfasst, wie zB eine **„halboffene" Bauweise** im Rahmen einer abweichenden Bauweise gem. § 22 Abs. 4 BauNVO (alle Fassungen), bei der idR nur an einer Grundstücksgrenze Grenzbebauung, auf dem Nachbargrundstück aber kein korrespondierender Anbau erfolgt. Ähnlich verhält es sich bei der **Kettenbauweise**. Im Übrigen erfolgt eine Grenzbebauung auch im Rahmen der geschlossenen Bauweise heute nicht immer -„deckungsgleich", zB bei so genannten Stadthäusern. 141

Insgesamt gesehen stellen die Regelungen in Abs. 5 eine Erweiterung der unterschiedlichen Möglichkeiten der Grenzbebauung im Rahmen des städtebaulichen Planungsrechts dar. 142

b) Die zwingende Grenzbebauung (Abs. 5 Satz 1)

143 Ohne Grenzabstand müssen nach Abs. 5 Satz 1 Gebäude nach städtebaulichem Planungsrecht errichtet werden, wenn

1. im B-Plan die **geschlossene Bauweise, nur Doppelhäuser, nur Hausgruppen** oder eine andere zur Grenzbebauung führende Bauweise zwingend festgesetzt ist (§ 22 Abs. 2–4 BauNVO),
2. sich aus der vorhandenen Bebauung (**§ 34 Abs. 1 BauGB**) eine der vorgenannten Bauweisen (zwingend) ergibt; zB wenn die vorhandene Bebauung eindeutig von der **geschlossenen Bauweise** geprägt ist (zum „Wahlrecht" siehe VGH München Urteil 4.5.2017 – Az.: 2 B 16.2432 –, ebd. Beschluss 26.3.2018 – 2 ZB 15.2670 – BeckRS 2018, 07008).

144 Ebenfalls ohne Grenzabstand muss in der sog. **halboffenen Bauweise** – als einer Variante der abweichenden Bauweise (§ 22 Abs. 4 BauNVO) – gebaut werden. Für sie ist die einseitige Grenzbebauung typisch. Schreibt das Planungsrecht diese Bauweise zwingend vor (§ 30 BauGB) oder ergibt sich der Zwang zur einseitigen Grenzbebauung aus § 34 BauGB (VGH Mannheim 13.2.1998 – 5 S 3202/96, BRS 60 Nr. 86), dann koordiniert Abs. 5 die planungs- und bauordnungsrechtlichen Anforderungen wie folgt: Zu der seitlichen Grenze, an die ohne Abstand gebaut werden muss, ist Abs. 1 nicht anzuwenden; zu der anderen seitlichen Grenze ist Abstand nach Abs. 1 zu halten. Dabei wird zwar der Regelabstand (0,5 H_1 + 0,5 H_2) zwischen dem freien Gebäudeende und dem darauf folgenden grenzständigen Nachbargebäude nicht erreicht. Dieses ist aber als bewusste Folge der flächensparenden halboffenen Bauweise vertretbar und begegnet keinen bauordnungsrechtlichen Bedenken: Mindestens zwei Gebäudeseiten erhalten in der halboffenen Bauweise ausreichend Licht, Luft und Sonne.

145 Eine **grenznahe Bebauung** ist der geschlossenen Bauweise zuzurechnen, wenn trotz Einhaltung des Grenzabstandes auf dem Nachbargrundstück dies noch nicht zu einem – dem Schutzzweck der Abstandsvorschriften gerecht werdenden – ausreichenden Gebäudeabstand führt (OVG Lüneburg 25.1.1978 – I A 103/76, BRS 33 Nr. 53; VGH Kassel 23.12.1980 – IV TG 99/80, BRS 36 Nr. 126). Der VGH München will eine grenznahe Bebauung nur dann als geschlossene Bauweise gelten lassen, wenn sie höchstens 0,50 m Abstand hat (13.11.1985 – 14 B 84 A 1679, BRS 44 Nr. 166). Ob das OVG Lüneburg dem folgt, bleibt abzuwarten. Ein typisches Beispiel für grenznahe Bebauung ist die **Traufgassen-Bebauung** in einer historischen Altstadt.

146 Eine **Baulinie** bewirkt keine zwingende Festsetzung einer Grenzbebauung iSv Abs. 5, wenn sie deckungsgleich mit einer Grundstücksgrenze verläuft. Da ein B-Plan keine Grundstücksgrenzen festsetzen kann, ist eine derartige Deckungsgleichheit rein zufällig (OVG Lüneburg 10.10.1995 – 1 M 5103/95, nv). Auch das Instrument des § 9 Abs. 1 Nr. 2a BauGB ist nicht geeignet, Grenzbebauung zu erzwingen. Dann müsste die Tiefe der Abstandsfläche auf „Null" reduziert werden, was den Sinn der Regelung verlässt.

147 Es könnte sich die Frage stellen, ob iSv Abs. 5 bereits ohne Grenzabstand gebaut werden „muss", wenn sich die zwingende Grenzbebauung aus einem B-Plan ergibt, der sich noch im Aufstellungsverfahren befindet. In diesem Fall sind die zukünftigen Festsetzungen zwar noch kein geltendes Recht, wohl aber nach **§ 33 BauGB** beachtlich. Der Bauherr wird in diesem Verfahren so gestellt, als ob der Bebauungsplan schon in Kraft getreten wäre (vgl. zB Roeser in Berliner Kommentar § 33 Rn. 14) und muss daher ohne Grenzabstand bauen. Folgerichtig muss dann auch die Anwendung der Grenzabstandsvorschrift des Abs. 1 entfallen.

148 Abs. 5 Satz 1 bestimmt, dass Abs. 1 Satz 1 nicht anzuwenden ist, „soweit" planungsrechtlich ein Gebäude ohne Grenzabstand errichtet werden muss. Die Einschränkung „soweit" besagt zweierlei: Zum einen entfällt die Pflicht, Abstand nach Abs. 1 zu halten, nur gegenüber den Grenzen des Baugrundstücks, für die das Planungsrecht die Grenzbebauung fordert. Gegenüber den anderen Grenzen ist Abstand zu halten (OVG Lüneburg 11.12.1975 – I A 20/75, OVGE 31, 473). Zum anderen ist für die Gebäudeteile, die in „soweit" nicht an die Grenze gebaut werden müssen, Abs. 1 anzuwenden. **Staffelgeschosse** „müssen" zB nicht iSv Abs. 5 ohne Grenzabstand errichtet werden, wenn im B-Plan nach §9 Abs. 3 BauGB „geschlossene" Bauweise nur für die unteren Geschosse und „offene" oder „halboffene" Bauweise für das darüber liegenden Staffelgeschosse festgesetzt wurde. Auf die Staffelgeschosse ist gem. Abs. 6 folglich Abs. 1 anzuwenden; sie müssen daher den erforderlichen Abstand halten (vgl. aber → Rn. 120 ff.).

Die **Geschlossenheit der Bauweise** gilt bei Vorliegen eines B-Planes (§ 30 BauGB) **nur im Bereich der** durch Baulinien bzw. Baugrenzen bestimmten **überbaubaren Grundstücksfläche**. Sie kann in diesem Rahmen idR aber auch in der Tiefe voll ausgeschöpft werden, selbst wenn das Nachbargebäude diese Tiefe seinerseits nicht voll ausgenutzt haben sollte (OVG Lüneburg 29.7.1977 – I B 60/77, dng 1978, 87; vgl. aber BVerwG 24.2.2000 – 4 C 12.98, BauR 2000, 1168), es sei denn, das Bauvorhaben würde grundsätzlichen Anforderungen des Bauordnungsrechts nicht gerecht (vgl. → Rn. 152 f.). Im nicht beplanten Innenbereich (§ 34 BauGB) strahlt die **Geschlossenheit der Bauweise nicht** auf die unbebauten Freiflächen **vor oder hinter den Gebäudefronten** aus. Lässt das Planungsrecht über die vorgenannten engen Grenzen hinaus Vorbauten oder Anbauten zu, dann müssen diese seitlich Abstand halten, soweit sie nicht unter die „privilegierten" Gebäudeteile gem. Abs. 4 fallen und die erleichternden Regelungen nach Abs. 3 Platz greifen. **149**

Abs. 5 Satz 1 fordert keinen „entsprechenden" Anbau wie Satz 2, sondern stellt nur fest, dass Abs. 1 nicht anzuwenden ist. Daraus folgt, dass die Stellung der zwingend an die Grenze zu bauenden Gebäude zueinander sich ausschließlich aus den planungsrechtlichen Festsetzungen eines B-Plans ergibt oder aus dem Einfügungsgebot des § 34 Abs. 1 BauGB. Daher dürfen die Gebäude – anders als bei der nicht zwingenden Grenzbebauung des Satzes 2 – gegeneinander soweit horizontal oder vertikal versetzt sein, wie es das Planungsrecht zulässt (BVerwG 24.2.2000 – 4 C 12.98, BauR 2000, 1168). Weisen in Altbaugebieten (§ 34 BauGB) die an den Grenzen aneinander gebauten Gebäude bereits Vor- und Rücksprünge auf, dann sind derartige Vor- und Rücksprünge auch bei entsprechenden Neubauten in Baulücken sowohl planungsrechtlich als auch bauordnungsrechtlich unbedenklich. Setzt der Bebauungsplan keine Höhen fest, lassen sich grundsätzlich alle Geschosse grenzständig errichten und auch Höhenversprünge sind möglich (OVG Münster Beschluss 30.10.2015 – 7 B 1031/15 –). **150**

Die Festsetzung der geschlossenen Bauweise ist städtebauliche begründet und verfolgt keine nachbarschützenden Ambitionen (OVG Münster Beschluss 10.8.2016 – 7 A 2584/15 –, zur evt. erdrückenden Wirkung und eingeschränkter Belichtung siehe OVG Hamburg Beschluss 11.7.2017 – 2 Bs 114/17 – DÖV 2017, 968). § 22 Abs. 3 BauNVO sieht gleichfall die Möglichkeit der Abweichung vor, wenn die vorhandene Bebauung es erfordert. Auch hier sind zunächst städtebauliche Gesichtspunkte ausschlaggebend. Der § 8 Abs. 4 aF stellte gleichfalls in das Ermessen der Behörde, den Regelabstand durchzusetzen, wenn die vorhandene Bebauung es erfordert. Ausschlaggebend waren hier sozialhygienische Kriterien. War zu erkennen, dass angemessene Belichtung oder Belüftung der vorhandenen grenznahen Bebauung durch die hinzutretende Grenzbebauung unangemessen beeinträchtigt wird, reduzierte sich der Ermessenspielraum häufig auf „Null". Über § 22 Abs. 3 BauNVO wurde der Konflikt mit dem Planungsrecht dann aufgehoben. **151**

Nach Wegfall dieser bauordnungsrechtlichen Ermächtigung ist der Nachbar nicht schutzlos gestellt, er kann unter Berufung auf die Generalklausel des § 3 Abs. 2 S. 1 verlangen, dass beispielsweise vor einer für die Belichtung und Belüftung von notwendigen Aufenthaltsräumen unverzichtbaren Wandöffnung ausreichender Freiraum verbleibt (siehe auch OVG Lüneburg 29.1.2014 a.a.O). Zur Gewährleistung eines Lichteinfalls von 45° bis 50° an die Oberkante zur tatsächlichen oder gedachten Brüstung und Gewährleistung des vorgegebenen Abstands von $^1/_2$ H wird man diesem Anspruch im Regelfall ge- **152** recht werden. Allerdings sind strenge Anforderungen zu stellen. Hat das Fenster des Nachbarn eine Brandwand zum Grundstück des Bauherrn durchbrochen, hat der Nachbar auch die Verdunklung eines (nicht lebenswichtigen) Aufenthaltsraums hinzunehmen (BVerwG 14.12.1973 – IV C 71.71, BRS 27 Nr. 157; VGH München 20.5.1985 – 14 B 84 A593, BRS 44 Nr. 104; VGH Mannheim 20.1.1997 – 5 S 3088/96, BRS 59 Nr. 74).

153 Vorrang gegenüber den bauordnungsrechtlichen Abstandsforderung genießen auch Festsetzungen gem. § 9 Abs. 1 2a BBauG, die geringeren Grenzabstand erfordern oder zulassen (OVG Lüneburg 22.12.2014 a.a.O.). Allerdings bedarf ein derartiger Bebauungsplan einer ausgewogenen und überzeugenden städtebaulichen Begründung. Sind die nachbarschützenden Belange nicht ausreichend in die Abwägung eingestellt worden, wird schon die städtebauliche Satzung der gerichtlichen Kontrolle nicht standhalten.

c) Die mögliche Grenzbebauung (Abs. 5 Satz 2)

154 Gebäude dürfen nach Planungsrecht ohne Grenzabstand errichtet werden, wenn

1. der B-Plan zwar überbaubare Grundstücksflächen festsetzt (§ 23 BauNVO), nicht aber die Bauweise (§ 22 BauNVO) oder aber die Errichtung von Doppelhäusern oder Hausgruppen im Rahmen offener Bauweise zwar zulässt, sie aber nicht zwingend fordert, sondern der Wahl der Bauherren überlässt,
2. sich im unbeplanten Innenbereich die Grenzbebauung in die Eigenart der näheren Umgebung einfügt (§ 34 Abs. 1 BauGB).

Erweist sich ein Bauvorhaben demzufolge nach den Festsetzungen eines B-Plans oder im Rahmen des § 34 Abs. 1 BauGB auf der Grenze als zulässig, dann treten bauordnungsrechtliche Grenzabstandsvorschriften zurück (VGH Mannheim 16.7.1971 – VII 285/70, BRS 24 Nr. 104 zu § 34 BBauG aF; Lenz BauR 1972, 261 ff.). In diesem Fall dürfen Gebäude auf die Grenze gebaut werden (so auch der VGH München, wenn nach § 34 BauGB die vorhandene Bebauung der sog. halboffenen Bauweise als örtlicher Bausitte entspricht, in der jeweils einseitig an die Grenze gebaut werden darf, VGH München 19.11.1976 – 298 I 74, BRS 32 Nr. 46).

155 Für Abs. 5 Satz 2 gilt sinngemäß das in Rn. 148 Gesagte: Die Einschränkung im Wortlaut von Satz 2 „soweit … errichtet werden darf“ macht deutlich, dass die Aussage „ist … an der Grenze zulässig“ sich nur auf die Grenze bezieht, an der das Gebäude errichtet wird. Anders als Satz 1 für die zwingende Grenzbebauung, lässt Satz 2 die Anwendung von Satz 1 nicht gänzlich entfallen, so dass die Grenzabstandsvorschriften auch gegenüber dieser „Anbau“-Grenze anzuwenden sind. Das hat Bedeutung für den Abstand der Gebäudeteile, die nicht an die Grenze gebaut werden. Sie müssen den gesetzlich geforderten Abstand einhalten (VGH München Beschluss 11.11.2015 – 2 CS 15.1251 –) und dürften ihn nur beim Vorliegen einer „atypischen“ Situation unterschreiten (OVG BlnBrg Beschluss 19.12.2012 – 2 S 44.12 –).

156 § 22 Abs. 2 BauNVO beschränkt die Typologie der bei offener Bauweise grenzständig möglichen Gebäude auf Doppelhäuser und Hausgruppen. Sie erfordern ein „harmonisches“ Miteinander und damit eine gewisse Gleichartigkeit der Bauformen. Zwar ist die BauNVO im unbeplanten Innenbereich nicht unmittelbar anzuwenden, kannn aber beim Einfügungsgebot hilfsweise herangezogen werden. Ist also die bestimmende Umgebung des Baugrundstücks durch Einzelhäuser, Doppelhäuser und ggf. auch Hausgruppen geprägt, beschränkt sich die Zulässigkeit der Bauformen auf diese Eigenschaften (BVerwG Urteil 19.03.2015 – 4 C 12.14 BauR 15, 1309 – 1311). Nur wenn sich die für den Einfügungsmaßstab heranzuziehende Bebauung derartiger Eingruppierung entzieht, beschränken sich die rechtlichen Ansprüche bez. der Grenzbebauung auf die Regelungen der NBauO (enstspr. OVG Münster Beschluss 9.8.2016 – 7 A 2893/15 –, auch VGH München Beschluss 24.8.2016 – 9 CS 15.1695 –). Die städtebauliche Definition des Doppelhauses erfasst ein wechselseitig an eine gemeinsame Grundstück-

grenze errichtetes Gebäudepaar, die Hausgurppe setzt sich aus mindestens drei Gebäuden zusammen, von denen die eingebundenen Gebäude von Grenze zu Grenze reichen (OVG Koblenz Beschluss 28.1.2016 – 8 B 11201/15). Die Gesamtlänge beschränkt sich auf 50 m, ansonsten handelt es sich um in geschlossener Bauweise zu errichtende Reihenhäuser (zu den Kriterien einer Hausgruppe VG Gelsenkirchen Urteil 21.10.2015 – 10 K 3210/14 –).

Mit der Forderung nach einem **„entsprechenden"** Anbau, den die NBauO sowohl für den möglichen, also nicht zwingenden Grenzanbau (Satz 2) wie auch bei vorhandener Grenzbebauung auf dem Nachbargrundstück erhebt, weicht sie von der MBO 2002 sowie von einer Reihe LBOen (zB Sächs. BauO, BauO NRW) ab und betont so die nachbarschützende Funktion und die Zielrichtung dieser Regelung, nämlich einer gleichgewichtigen Belastung der beteiligten Grundstücke. Dem Nachbarn soll nicht mehr zugemutet werden als er selbst seinem Nachbarn zumutet. Aber auch ohne diese landesrechtliche Besonderheit fordert das städtebauliche Planungsrecht Zurückhaltung, denn gem. der Doppelhausrechtsprechung des BVerwG wird von den Doppelhaushälften ein Mindestmaß an Übereinstimmung verlangt (BverG Urteil 24.02.2000 -4 C 12.98- NVwZ 2000, 1055). **157**

Der Beschränkung auf einen „entsprechenden" Grenzanbau liegt die Überlegung zugrunde, dass von gleich großen Baukörpern, die in der an sich freizuhaltenden seitlichen Abstandsfläche (Bauwich) an der Grenze aneinander gebaut werden, wechselseitig keine nachteiligen Wirkungen ausgehen können, vor denen die Abstandsvorschriften schützen sollen. Insoweit stimmen die landesrechtlichen Beschränkungen mit denen des Planungsrechts im Regelfall überein, soweit es auf quantative Kriterien ankommt. Der qualitative Gesichtspunkt tritt bei der Identitätsbestimmung des Doppelhauses hinzu, also bei der planungsrechtlichen Komponente. Nur können beide Gesichtpunkte, die landes- und die bundesrechtlichen, in ihrer Kombination die Zulässigkeit eines Vorhabens rechtfertigen. Und die Entscheidung ist weder mathematisch-prozentual noch abstraktgenerell ableitbar, sondern orientiert an den Besonderheiten des Einzelfalls (BVerwG 19.3.2015 a.a.O.). **158**

Daher greifen die Beschränkung nicht nur so weit, wie kein Grenzabstand gehalten wird. Zwar werden die **Gebäudeteile, die nicht an die Grenze gebaut werden** und folglich Abstand halten müssen, von der Forderung nach entsprechender Grenzbebauung nicht mehr erfasst und unterliegen daher hinsichtlich ihrer Größe und ihrer Anordnung auf dem Grundstück nicht den Regelungen des Satzes 1. Doch reicht die Anforderung des städtebaulichen Planungsrecht über den grenznahen Bereich hinaus. Wohl geht es auch da zunächst um ein Mindestmaß an Übereinstimmung, was auch eine begrenzte Staffelung in Höhe und Tiefer erlaubt, wenn nur wesentliche Teile aneinandergebaut sind.

Die Forderung nach „entsprechender" Grenzbebauung bezieht sich zunächst auf die Grenze, an die angebaut werden soll, dann auf den **Grenzabschnitt**, an dem die Grenzgebäude beiderseits der Grenze zu stehen kommen sollen und schließlich auf die **äußeren Abmessungen** der beiden Grenzgebäude. Sie bezieht sich nicht auf grenzferne Teile des Baugrundstücks, sondern nur auf einen „Korridor" beiderseits der Grenze, der dem maßgeblichen Abstand, mindestens 3 m, entspricht (OVG Lüneburg 26.1.1998 – 6 L 5342, NdsVBl. 1998, 214). Auf die jenseits davon liegendenTeile der Bebauung sind die übrigen Grenzabstandsvorschriften uneingeschränkt anzuwenden. Das Recht an die Grenze bauen zu dürfen rechtfertigt nicht, den Abstand ohne Weiteres unterschreiten zu dürfen (VGH Mannheim Beschluss 29.4.2009 – S 569/09 – DÖV 2009/870). Denkbar wäre nur der Weg über die Abweichung bei Vorliegen einer besonderen (atypischen) Fallgestaltung (OVG Berlin-Brandenburg Beschluss 18.12.2012 – 2 S 44.12). **159**

Die Formulierung „entsprechend" unterschägt, dass das vorhandene und das hinzutretende Gebäude aus planungsrechtlichen Gründen gleichsam ein Doppel- oder Zwillingshaus bilden müssen (OVG Lüneburg 26.1.1998 – aaO). Mit diesem offenkundig veralteten Urteil wendet sich das OVG Lüneburg gegen die seinerzeit irrige Auffassung, die mit **160** dem Begriff „entsprechend“ eine spiegelbildliche Bebauung zweier gleich großer Gebäude beiderseits der Grenze verbindet. Doch nach der Entscheidung des BVerwG muss der Eindruck vermieden werden, dass Doppelhaushäften sich „vereinzeln“, weil die Proportionen und die Gestalt baulicher Elemente den Eindruck einseitiger Grenzgebäude hervorrufen und einen Bodennutzungskonflikt hervorrufen (OVG NW Beschluss 18.1.2016 – 10 A 2574/14). Er trifft unmittelbar das Gebot der Rücksichtnahme und eröffnet nachbarliche Abwehransprüche (OVG NW Beschluss 18.1.2016 –10 A 2574/14 – JurionRS 2016, 22391)

161 Die Formulierung „entsprechend“ bezieht sich nicht auf **Baukonstruktion, Baumaterial und Farbgebung**. Sie erfasst auch nicht die gestalterische Durchbildung der an der Grenze aneinander gebauten Gebäude; diese beurteilt sich nach § 10. Lediglich die Gebäudeteile, die sich an der Grenze „berühren“, müssen so aufeinander abgestimmt sein, dass die Nahtstelle nicht verunstaltet wirkt. Das könnte beispielsweise eintreten, wenn zwei Dachflächen unterschiedlicher Neigung – ohne ein zwischengestelltes trennendes Bauelement – direkt aneinander stoßen. Wohl erfasst das „Harmonieprinzip“ des städtebaulichen Planungsrecht keine ästhetischen Ansprüche im Sinne angenehmer Architektur, geht aber mit der Absicht Zufälligkeiten zu unterbinden, die das Erscheinungsbild zusammengefügter Einzelhäuser hervorrufen kannn, über die Verunstaltungsabwehr des Landesrechts hinaus.

d) Sicherung der Grenzbebauung (Abs. 5 Satz 2)

162 Die NBauO macht das „Dürfen“ der Grenzbebauung für die unter Rn. 153 ff. genannten Fälle allerdings von einer Voraussetzung abhängig, nämlich einer diesbezüglichen Einigung der benachbarten Grundstückseigentümer, damit auch auf dem Nachbargrundstück später (nur) entsprechend an diese Grenze gebaut wird. Dies muss **durch Baulast** (§ 81) gesichert sein. Damit ist keine wirtschaftliche Sicherung iSv tatsächlicher Sicherstellung des Anbauens in absehbarer Zeit gemeint (so auch OVG Lüneburg 9.2.1981 – 6 A 30/80, nv und Barth/Mühler § 5 Rn. 84; aA Blumenbach/Groschupf § 8 Rn. 4). Dies würde (obwohl nur eine „ersatzweise Regelung“) weiter gehen als im Falle der planungsrechtlichen Festsetzung der Grenzbebauung. Auch diese enthält keine Verpflichtung zum Bauen, sondern nur die Pflicht, im Falle des Bauens so und nicht anders, nämlich an diese Grenze zu bauen. Die Ermächtigung fußt auf Landesrecht, daher hätte eine weitergehende Verpflichtung keine Rechtsgrundlage, die auch die Beschränkung aufnimmt, den Charakter des Doppelhauses zu wahren. Es empfielt sich aber, eine entsprechende Information oder Protokollnotiz in das Baulastenverzeichnis aufzunehmen.

163 Die Anbauverpflichtung, die der Grenznachbar mit der **Baulast** eingeht, **muss realisierbar sein**. Das setzt voraus, dass sie mit dem öffentlichen Baurecht vereinbar ist, aber auch die tatsächlichen Verhältnisse einen Grenzanbau zulassen. Hindernisse, die der zum Anbau verpflichtete Nachbar selbst ausräumen kann, stehen der Übernahme einer Anbauverpflichtung durch Baulast nicht entgegen. Die Baulasterklärung sollte im Regelfall auf ein konkretes Bauvorhaben oder zumindest auf einen konkreten Anlass oder ein konkretes Vorhaben bezogen sein. Sie begrenzt weiterhin den Nachbarschutz auf die disponiblen Abwehrrechte, während insbesondere die Anforderungen des Brandschutzes und des Schallschutzes erfüllt werden müssen (VGH Kassel Beschluss 1.12.2015 – 3 A 55/15 –).

164 Der Sicherung durch Baulast bedarf es auch in den Fällen, in denen die **Bauten genehmigungsfrei nach § 62** errichtet werden. Ungeachtet der nicht erforderlichen Baugenehmigung müssen ggf. gleichwohl die erforderlichen Baulasten gegenüber der BauAB erklärt und in das Baulastenverzeichnis eingetragen sein; anderenfalls verstoßen errichtete Bauten gegen das öffentlichen Baurecht.

Die **Baulasterklärung** könnte wie folgt formuliert werden: 165

„Als Eigentümer des im Grundbuch von ... Bd. ... Bl. ... unter Nr. ... des Bestandsverzeichnisses eingetragenen Grundstücks, ... straße Nr. ... Gemarkung ... Flur ... Flurstück Nr. ... übernehme ich als Baulast die Verpflichtung, im Falle der Errichtung eines Gebäudes dieses in einer dem Nachbargebäude entsprechenden Weise an die Grenze zum Nachbargrundstück ... straße Nr. ... Flurstück Nr. ... der Flur ... Gemarkung ... zu bauen, und zwar im Abstand von ... m von der öffentlichen Verkehrsfläche beginnend an einem Grenzabschnitt von ... m Länge. Das Gebäude wird giebelständig an die Grenze gesetzt und ein gleichseitiges Satteldach mit einer Dachneigung von ... ° erhalten; die Traufhöhe (Höhe der Schnittlinie von Außenwand und Dachfläche) wird ... m betragen."

Die vorstehende Anbauverpflichtung stellt nicht auf ein bestimmtes Bauwerk ab, sie legt nur die Lage des Grenzgebäudes fest sowie dessen Abmessungen an der Grenze. Diese Baulast verpflichtet den Nachbarn zu zweierlei: zum einen, den in der Baulast festgelegten Grenzabschnitt ohne Abstand zu bebauen und zum anderen, so zu bauen, dass sein Grenzbau dem auf dem Nachbargrundstück an der Grenze vorhandenen Gebäude entspricht. Gleichzeitig nimmt die Baulast nach Abs. 5 Satz 2 dem Nachbarn die Möglichkeit, gegen eine Baugenehmigung für einen Grenzbau, der dem Inhalt der Baulast entspricht, einen Nachbarwiderspruch mit der Begründung zu führen, das Vorhaben verletze Grenzabstandsvorschriften, weil mit ihr ein **Verzicht auf Nachbareinwendungen** verbunden ist. Daher sind nach Auffassung des OVG Lüneburg (27.9.2001 – 1 LB 1137/01, BRS 64 Nr. 130) Angaben über Lage, Höhe und Tiefe der Grenzbebauung erforderlich, um die Tragweite der Anbauverpflichtung und des damit verbundenen Verzichts auf Nachbareinwendungen objektiv hinreichend ermitteln zu können.

Das gilt auch, wenn in einem neu erschlossenen Wohngebiet **Doppelhausgrundstücke** 166 zum Verkauf herausparzelliert werden sollen. Zu diesem Zeitpunkt sind idR weder der Käufer bekannt noch liegt eine Objektplanung vor, die Bestandteil der Baulasterklärung werden könnte. Folglich kann die bei der Grundstücksbildung einzutragende Baulast auch nur die Verpflichtung zum entsprechenden Anbau mit Maßangaben zur Lage, Höhe und Tiefe der Grenzbebauung enthalten, was für den Vollzug der Baulast auch hinreichend bestimmt ist, zumal sich der spätere Bau bereits planungsrechtlich an der Grenzstellung des früheren orientieren und in eine harmonische Beziehung zu diesem treten muss. Der frühere Grenzbau wirkt daher für den späteren als maßstabsbildende „Vorbelastung" (BVerwG zu § 22 BauNVO 24.2.2000, aaO.

Es empfiehlt sich, die Anbauverpflichtung auf den **Entwurf der Grenzbebauung** zu be- 167 ziehen, auf den sich die Grenznachbarn geeinigt haben und diesen zum Bestandteil der Baulastenerklärung zu machen (→ § 81 Rn. 13) Auch ein Bauantrag (mit seinem Inhalt) kann zur Grundlage einer Anbaubaulast gemacht werden (aA Barth/Mühler zu § 8 aF Rn. 23). Die Baulastenerklärung des Nachbarn könnte lauten:

„Als Eigentümer des ... (s. o) übernehme ich als Baulast die Verpflichtung, im Falle der Bebauung dieses Grundstücks an die gemeinsame Grenze zum Grundstück ... straße, Nr. ..., Flurstück ..., Flur ..., Gemarkung ... zu bauen, und zwar so, wie es die Pläne vorsehen, die Bestandteil dieser Baulasterklärung sind."

Ohne **gegenseitige Anbauverpflichtung** kann zwar der Baulastbegünstigte (hier der 168 Bauherr) jederzeit bauen, wohingegen der Baulastübernehmer (hier der zum Anbauen Verpflichtete) erst anbauen kann, wenn der Baulastbegünstigte den Grenzbau errichtet hat. Wenn diese Situation vermieden werden soll, empfiehlt es sich, die Anbaubaulast gegenseitig eintragen zu lassen. Dann sind beide Nachbarn in ihren zeitlichen Baudispositionen unabhängig voneinander. Die Baulasterklärung könnte wie folgt lauten:

„Als Eigentümer des Grundstücks (A) ... (s.o.) und des Grundstücks (B) ... (s.o.) übernehmen wir als Baulast die Verpflichtung, bei Bebauung unserer aneinander grenzenden Grundstücke die Gebäude an der gemeinsamen Grenze zu errichten und zwar so wie es in dem Plan dargestellt ist, der Bestandteil dieser Baulasterklärung ist".

oder

„Wir sind Eigentümer des Grundstücks (A) … (s.o.) und des Grundstücks (B) … (s.o.). Wir beabsichtigen eine Doppelhausbebauung auf der gemeinsamen Grenze. Dazu übernehmen wir als Baulast die Verpflichtung, die jeweilige Doppelhaushälfte an der gemeinsamen Grenze zu errichten, und zwar so, wie es der Entwurf vom … (Datum) des Architekten … (Name) vorsieht, den wir zum Bestandteil dieser Baulasterklärung machen".

169 Die Baulasterklärung kann gemeinsam abgegeben werden; es kann sie auch jeder Eigentümer gesondert abgeben. Der Text kann auf die jeweilige Situation abgestimmt frei formuliert werden. Je genauer die Verpflichtung beschrieben wird, je geringer ist die Gefahr eines Streites um die Auslegung des Baulasteninhalts. Fehlt der Baulast die notwendige Bestimmtheit, ist sie nicht rechtsverbindlich und als Grundlage für eine Baugenehmigung ungeeignet (OVG Lüneburg 27.9.2001 – 1 LB 1137/01, BRS 64 Nr. 130).

170 Eine Anbau-Baulast verpflichtet nicht zum **zeitgleichen oder zeitnahen Anbau**, sondern überlässt es dem Grundstückseigentümer, ob und wann er die Verpflichtung erfüllt. Er muss sie nur erfüllen, wenn er im Bereich der Anbaugrenze baut; baut er nicht, braucht er sie auch nicht zu erfüllen.

171 Ist nicht sichergestellt, dass beide Doppelhaushälften gleichzeitig errichtet werden, sollte neben der Baulast in einer **privatrechtlichen Vereinbarung** geregelt sein, welche Partei den in diesem Fall erforderlichen Wärme- und Feuchtigkeitsschutz für den auf der Grenze freistehenden Doppelhausgiebel herzustellen und zu unterhalten hat, der bei gleichzeitiger Errichtung beider Doppelhaushälften entfällt. Unterbleibt der Wärme- und Feuchtigkeitsschutz, dann ist nicht nur mit gravierenden Bauschäden bis hin zur Unbewohnbarkeit zu rechnen sondern auch ein baurechtswidriger Zustand entstanden, der die BauAB zum Einschreiten zwingen kann. Verantwortlich dafür ist der Eigentümer der ersten Doppelhaushälfte, nicht jedoch der Bauherr, der seine Doppelhaushälfte noch nicht errichtet hat, obwohl erst dadurch der rechtswidrige Zustand entsteht.

172 Mit der Baulastverpflichtung, an die Grenze zu bauen, ist das Verbot verbunden, zu dieser Grenze mit Abstand zu bauen. Die einseitige Missachtung dieser Verpflichtung bewirkt idR baurechtswidrige Zustände wie zu geringe Gebäudeabstände (→ Rn. 11 f.) oder freistehende Brandgiebel. Fraglich ist, ob die Grenzanbauverpflichtung wie eine Baubeschränkung auf den übrigen Grundstücksflächen wirkt und der Grundstückseigentümer zunächst der Baulastverpflichtung nachkommen muss, bevor er andere Grundstücksflächen bebauen darf. Dafür könnte sprechen, dass ohne den Druck der oa Baubeschränkung die Erfüllung der Anbau-Verpflichtung nicht sichergestellt ist. Dagegen spricht vor allem der Umstand, dass eine **Baumaßnahme weit ab von der Anbau-Grenze** die Baulastverpflichtung nicht berührt, und dass Abs. 5 hinsichtlich der Umsetzung der Verpflichtung auch keine zeitliche Komponente enthält oder Reihenfolge vorsieht. Ziel der Baulast ist die Vermeidung eines baurechtswidrigen Zustandes durch einseitige Grenzbebauung. Dieses Ziel wird nicht in Frage gestellt, wenn zuvor an anderer Stelle auf dem Grundstück ein Gebäude baurechtskonform, d.h. mit einem Abstand von 2 x 3,0 m und 2 x $^1/_2$ H errichtet wird und die Grenzanbauverpflichtung danach auch planungsrechtlich erfüllbar bleibt.

173 Etwas anderes gilt, wenn **im Bereich zur Anbau-Grenze** gebaut werden soll. Der durch eine Anbau-Baulast Verpflichtete muss der Verpflichtung nachkommen und sein Gebäude nach Maßgabe der in der Baulast getroffenen Festlegungen an die Nachbargrenze setzen (→ Rn. 162). Fraglich könnte sein, ob er dazu schon dann verpflichtet ist, wenn er nicht grenznah, sondern mit mehr als 2 x $^1/_2$ H Abstand bauen will, so dass der angestrebte Abstand zwischen 2 Gebäuden eingehalten wird. In diesem Fall würde zumindest ein Ziel der Abstandsregelung (ausreichend Licht, Luft u. Sonne) durch Abstand entsprechend den Gebäudehöhen (0,5 H_1 + 0,5 H_2) - wenn auch auf eigenem Grundstück erreicht. Nicht erfüllt wird jedoch die städtebaulich-gestalterische Absicht, nämlich die Vermeidung von fensterlosen Brandwänden an der Grenze. Der Einwand überzeugt jedoch nicht, da es sich um ein ästhetisches Anliegen handelt und dem Nachbarn ohnhin die Ausbildung der Außenwand freigestellt wäre. Übernimmt der Bauherr die Abstandsfläche des Nachbarhauses mit auf sein Baugrundstück, dann ist das ein Fall des § 81 Abs. 1, der eine Abstands-Baulast voraussetzt und nicht über eine großzügige Auslegung der Anbau-Verpflichtung geregelt werden kann.

Die **Reihenfolge der Bauten** wird durch die Baulastverpflichtung nicht bestimmt. Die 174
von der Baulast nicht betroffenen Gebäude dürfen trotz bisher nicht erfüllter Grenzanbauverpflichtung vorgezogen werden. Betrifft die Grenzanbauverpflichtung das Hauptgebäude, so dürfen Garagen und Nebengebäude, die nicht von der Anbauverpflichtung betroffen sind, auf den übrigen Grundstücksflächen errichtet werden. Betrifft die Anbauverpflichtung Nebengebäude, dann gilt sinngemäß das Gleiche.

Abs. 5 S. 2 geht davon aus, dass nur die Grenzbebauung auf dem Nachbargrundstück 175
gesichert sein muss. Er unterstellt offenbar dabei, dass die geplante und zu genehmigende Grenzbebauung auf dem Baugrundstück zuerst verwirklicht wird, obwohl die Baugenehmigung nicht zum Bauen verpflichtet. Nimmt der Bauherr – aus welchen Gründen auch immer – Abstand von seinem Projekt, ist sein Baugrundstück baulastenfrei für eine Abstand haltende Bauweise, wohingegen das Nachbargrundstück weiterhin mit der Verpflichtung zur Grenzbebauung belastet ist. Zwar können in diesem Fall durch Löschung der Baulast baurechtswidrige Zustände vermieden werden. Jedoch kann, um allen Unwägbarkeiten durch Projektaufgabe, Bauherrenwechsel und Grundstücksverkauf aus dem Wege zu gehen, nur die **beiderseitige Baulastenverpflichtung** als sachgerechte Sicherung der Grenzbebauung empfohlen werden, in der sich sowohl der Eigentümer des Baugrundstücks als auch der Eigentümer des Nachbargrundstücks zur Grenzbebauung verpflichten. Aus Gründen hinreichender Bestimmtheit (Rn. 163 aE) müssen Standorte und Abmessungen der Baukörper an der Grenze durch Pläne festgelegt werden, die als Bestandteil der Baulasterklärung deren Inhalt präzisieren (→ Rn. 165 f.).

Auf einen Verstoß gegen eine durch Baulast übernommene Verpflichtung kann sich der 176
Nachbar berufen, wenn sich der Inhalt der Baulast auf eine Regelung bezieht, die nachbarschützenden Charakter hat (VGH Mannheim 9.12.1997 – 5 S 2568/97, BauR 1998, 772). Regelungen des Abs. 5 Satz 2 zur Sicherung des Grenzanbaues durch Baulast haben die im vorstehenden Beschluss angesprochene nachbarschützende Funktion (→ § 68 Rn. 86), so dass der Nachbar einen öffentlich-rechtlichen Anspruch auf Durchsetzung der übernommenen Baulastverpflichtung hat.

Unter der Voraussetzung, dass den bauordnungsrechtlichen Schutzzielen der gesunden 177
Wohn- und Arbeitsverhältnisse mindestens gleichwertig entsprochen wird und auch über das Verunstaltungsverbot hinausgehende baugestalterische Ansprüche gewahrt bleiben, war es der BauAB nach § 8 Abs. 2 S. 2 NBauO 2003 möglich, über die Baulasterklärung eine andere als entsprechende Grenzbebauung festzulegen. Die in das Ermessen gestellte Berechtigung wurde nicht in die NBauO 2012 übernommen und könnte nur unter engen Voraussetzungen über das Instrument der Abweichung aufgegriffen werden. Denn auch hierzu stellt sich das städtebauliche Planungsrecht mit seiner Forderung nach der Doppelhauseigenschaft als zu würdigender öffentlicher Belang solcher Absicht regelmäßig in den Weg (OVG NW Beschluss 16.3.2017 – 7 B 26/17).

Mit Vorsicht zu genießen ist auch das entfallende Angebot des § 8 Abs. 2 S. 3 NBauO 178
2003, auf die Baulasterklärung verzichten zu dürfen, wenn für die beiden Grundstücke jeweils Bauanträge vorliegen und die beiden Eigentümer der Grenzbebauung zugestimmt haben. Öffentlich-rechtliche Gesichtspunkte allein reichen als Bedenken nicht aus, diese Möglichkeit über den Abweichungstatbestand zu verweigern. Die Bedenken sind eher taktischer Natur, um Konflikten vorzubeugen. Weil die Baugenehmigung nicht zum Bauen verpflichtet, wäre bei einem spätem Bauherrenwechsel der Nachfolger an eine einseitig realisierte Grenzbebauung gebunden.

e) Grenzbebauung bei vorhandenen Nachbargebäuden an der Grenze (Abs. 5 Satz 2)

179 Nach Abs. 5 Satz 2 – 2. Alternative – ist es allgemein zulässig, an ein auf dem Nachbargrundstück ohne Abstand an der Grenze vorhandenes Grenzgebäude anzubauen, wenn die neue Grenzbebauung der vorhandenen, auch in der Nutzung, entspricht. Dem liegt der Gedanke zugrunde, dass ein Nachbar, auf dessen Grundstück ein Gebäude an der Grenze vorhanden ist, durch eine **entsprechende Bebauung** auf dem angrenzenden Grundstück in der Regel nicht in seinen Belangen beeinträchtigt wird (BegrRegE NBauO 1986 S. 49). Zum Begriff „entsprechend" → Rn. 155 f. Damit eröffnet die NBauO den Rechtsanspruch, an ein grenzständiges Nachbargebäude anbauen zu dürfen und bietet mehr Rechtsklarheit als Bundesländer, die der Formulierung der MBO folgen und den Verzicht auf die öffentlich-rechtliche Sicherung nur ausnahmsweise zugestehen (VHG Mannheim Urteil 2.6.2015 – 8 S 1914/14 – BauR 2015, 1885 – 1886).

180 Diese Regelung des Bauordnungsrecht verpflichtet nicht zum Anbau, so dass Bauherr zwischen (entsprechender) Grenzbebauung und Grenzabstand frei wählen darf. Das im § 8 Abs. 3 S. 3 NBauO aF in das Ermessen der BauAB gestellte Verlangen der Grenzbebauung ist ersatzlos entfallen. Nur in eher seltenen Einzelfällen wäre es noch durchsetzbar, um durch Grenzabstandsbauten zu befürchtende untragbare Verhältnisse abzuwehren (unter Rückgriff auf OVG Lüneburg 14.9.1979 – VI B 57/79, BRS 35 Nr. 95, noch zum zwingenden Anbauverlangen). Bauordnungen anderer Länder bieten den BauAB mehr Handlungsspielraum, indem sie ihnen das Instrument der Anbauverpflichtung oder des Abstandserfordernisses in die Hand geben (so § 6 Abs. 1 S. 3 und 4 HBO). Es ist allerding umstritten, ob das infolge der Doppelhausrechtsprechung des BVerwGs verbindliche Verbot der Disharmonie die BauAB berechtigt oder sogar verpflichtet, eine angeglichene Grenzbebauung durchzusetzen. Bisherige Rechtsprechung billigte Nachbarn den Abwehranspruch zu, wenn die hinzutretende grenzständige Haushälfte in unverträglicher und unabgestimmter Weise das Gesamtbild störte (OVG Münster Beschluss12.5.2011 – 10 A 2026/09 –). Verzichtet jedoch der Bauherr auf das Recht der Grenzbebauung und liegt keine Baulastverpflichtung vor, dürfte eine Bauabsicht, welche den gesetzlich geforderten Abstand einhält, nicht regelwidrig sein (entsprechend OVG NW Beschluss 20.1.2000 – 7 B 2103/99). Auch das Verletzen des Rücksichtnahmegebots dürfte i.d.R. nicht durchdringen (VGH Bay Beschluss 21.12.2016 – 9 CS 16. 2082 –) Das VG Hannover hat in einem Streitfall die Forderung der BauAB nach Grenzanbau zurückgewiesen (Urteil 25.1.2018 – 4 A 2160/17 n.v.) und auch in selbiger Angelegenheit Nachbarschutz verworfen. Der Antrag auf Zulassen der Berufung scheiterte vor dem Oberverwaltungsgericht (Beschluss 13.3.2019 – 1 LA 44/18 –).

181 Dem Wortlaut nach stellt der Gesetzgeber nur darauf ab, dass an der Grenze ein Gebäude vorhanden ist und macht die Anwendung des Satzes 2 nicht davon abhängig, ob das **Gebäude rechtmäßig vorhanden** ist. Trotzdem ist aus dem Sinn der Regelung heraus zu fordern, dass das Gebäude, an das angebaut werden soll, auch in Zukunft Bestand hat, also Bestandsschutz genießen muss (zum Bestandschutz → § 85 Rn. 7 ff. Vorübergehend aufgestellte oder genutzte bauliche Anlagen (Behelfsbauten) rechtfertigen wegen ihrer begrenzten Standzeiten dagegen keinen Grenzanbau.

182 Von **Bauart, Material und Instandhaltungszustand** des vorhandenen Grenzgebäudes hängt die Anwendbarkeit der Regelung des Satzes 2 (2. Alternative) nicht ab, wohl aber davon, dass es überhaupt ein Gebäude gibt, an welches angebaut werden kann. Ist kein Gebäude mehr vorhanden, sondern nur noch dessen rudimentärer Rest, dann fehlt es an der wesentlichen Voraussetzung. Das könnte uU gegeben sein für eine Ruine. Die unverbindliche Absichtserklärung des Eigentümers zum Wiederaufbau rechtfertigt keinen Grenzanbau nach Satz 2, sondern setzt dafür eine Baulast voraus.

183 **„Ohne Abstand" an der Grenze** vorhanden ist ein Gebäude, wenn es entweder direkt auf der Grenze steht oder in einem solch geringen Abstand zu ihr, dass – planungsrechtlich gesehen – geschlossene Bauweise gegeben ist, denn nur dann soll die bauordnungsrechtliche Grenzabstandsforderung gegenüber dem Planungsrecht zurücktreten. Im Sinne des Planungsrechts steht auch ein grenznahes Gebäude „ohne Abstand" an der Grenze und erfüllt damit noch die Voraussetzungen des Satzes 2. Daher hat der Eigentümer eines Grenzbaues grundsätzlich auch bei eigener bloß grenznaher Bebauung das Anbauen seines Grundstücksnachbarn hinzunehmen. **Grenznahe Bebauung** ist im Allgemeinen nur eine Bebauung mit einem Grenzabstand von weniger als 50 cm (VGH München 8.12.1975 – 246 I 72, BRS 29 Nr. 78). Nicht so eng sahen es dagegen Barth/Mühler (noch zu §8 aF Rn. 43); sie sehen die Voraussetzung „ohne Abstand an der Grenze" als erfüllt an bei einem Abstand von nicht mehr als 1 m. Bei höheren Gebäuden kommt es nicht auf ein absolutes Maß an sondern wohl eher auf das Verhältnis zwischen dem an sich erforderlichen und dem tatsächlich vorhandenen Grenzabstand; bei H = 10 m wird man ein Gebäude mit 1,5 m Abstand wohl auch noch als „ohne Abstand an der Grenze" ansehen können.

Das neue Gebäude muss dem an der Grenze vorhandenen Nachbargebäude in der **Lage** und in den **Abmessungen entsprechen** (OVG Koblenz 9.1.1989 – I B 69/88, BRS 49 Nr. 127). Diesbezüglich gelten die gleichen Kriterien wie zu Satz 1, vgl. insoweit → Rn. 172 ff. Im Gegensatz zu dem Begriff „deckungsgleich" lässt der in Satz 2 verwendete Begriff „entsprechend" Gestaltungsspielraum für verträgliche Vor- und Rücksprünge. Nach Barth/Mühler (→ §5 Rn. 86) soll es sich bei Abweichungen bis 0,5 m idR um solchen geringen Umfang handeln. Größeren Gebäuden wird dieses absolute Maß jedoch nicht gerecht. Es liegt näher, das Wort „entsprechend" in Relation zur jeweiligen Grenzwandgröße zu interpretieren, also wie auch im planungsrechtlichen Sinne Grenzbebauung noch als „gleichgewichtig" und „im richtigen Verhältnis zueinander" und daher als harmonisches Ganzes wahrzunehmen (OVG Münster Urteil 28.2.2012 – 7 A 2444/09 – DÖV 2012, 531). Das heißt: Je höher und tiefer eine Grenzwand ist, je größer dürfen die Abweichungen sein, ohne dass die Bandbreite eines entsprechenden Anbaues verlassen wird. Entscheidend kommt es darauf an, dass der Gesamteindruck beider Haushälften den Eindruck eines sich in die offene Bauweise einfügenden Gesamtbaukörpers vermittelt (OVG Münster Beschluss 18.1.2016 – 10 A 2574/14 –). Nicht grundsätzlich ausgeschlossen ist ein Anbau, der nur teilweise die Tiefe der vorhandenen Bebauung in Anspruch nimmt, dann aber unter Beachtung des erforderlichen Grenzabstandes zurückweicht. Für den flexiblen, an die Voraussetzungen des Einzelfalls gebunden Umgang spricht auch der planungsrechtliche Anspruch des Rücksichtnahmegebots (BVerwG 19.3.2015 a.a.O.). Ist ein unbeplanter Innenbereich nicht durch grenzständige Anlagen geprägt, die nicht im engeren Sinne den Charakter von Doppelhäusern oder Haugruppen aufweisen, vermittelt das Planungsrecht u.U. eine größere Wahlfreiheit als sie durch die Forderung nach entsprechender Grenzbebauung bauordnungsrechtlich zugestanden wird. Nur bei einer solchen Diskrepanz wäre es denkbar, über das Instrument der Abweichung auf das frühere Angebot des §8 Abs. 3 S. 2 aF zurückzugreifen und eine andere als entsprechende Grenzbebauung zulassen. Da das Recht der BauAB entfallen ist, Grenzbebauung zu erzwingen, müssten schon unerträgliche Verhältnisse abgewehrt werden müssen, um weitergehenden Grenzanbau durchsetzen zu können (auch → Rn. 177). 184

Allerdings können einzelne **Abweichungen von der vorhandenen Grenzbebauung**, die jede isoliert für sich betrachtet nicht so bedeutungsvoll ist, dass sie eine entsprechende Grenzbebauung in Frage stellt, in der Summe so schwer wiegen, dass von einer entsprechenden Grenzbebauung nicht mehr die Rede sein kann (OVG Lüneburg 17.12.1996 – 1 M 5481/96, BRS 58 Nr. 183 zu einer nicht deckungsgleichen Grenzbebauung, deren einzelne Flächenabweichungen in der Summe die Fläche der vorhandenen Grenzwand um mehr als 10 % überschritten). 185

Beispiel: Bei einer einseitigen Flachdachaufstockung einer Doppelhaushälfte mit einem mehr als nur leicht geneigtem Satteldach (Grenzgiebelhöhe: 2,40 m) ist **keine** hinreichende **Gleichartigkeit** der gegenseitigen Grenzbebauung iSv Satz 2 mehr gegeben 186 (sinngemäß OVG Lüneburg 25.3.1991 – 6 L 61/89, nv). Wegen der nachteiligen Wirkung, die jede Grenzbebauung für den Nachbarn mit sich bringt, ist ein Anbau mit dem Grundsatz der offenen Bauweise nur dann zu vereinbaren, wenn das an der Grenze vorgesehene neue Vorhaben nicht nur nach seiner Nutzung, sondern auch in seinen Ausmaßen und seiner Gestaltung in etwa dem bestehenden Grenzgebäude entspricht. Verlässt der vorgesehene Anbau mit seinen äußeren Abmessungen die zumutbaren Toleranzen, lässt sich der Bauwunsch nur über die entsprechende Sicherung mittels Anbaubaulast realisieren. Tangiert sind allerdings nur die Grenzabstandsvorschriften des Bauordnungsrechts, wie sie den Mindestabstand von 3,00 m betreffen. Die planungsrechtliche Fixierung auf ein verträgliches Bauvolumes ist davon nicht berührt. Sie kannn zu Missstimmigkeiten führen, wenn der Grenzanbau die planungsrechtlichen Vorgaben wie das Maß der Nutzung nicht ausnutzen kann (vergl. VGH München Beschluss 14.2.2018 – 15 CS 17.2549 – hier zum nachbarschaftlichen Austauschverhältnis).

187 Zusätzlich muss das neue Grenzgebäude dem vorhandenen **auch in der Nutzung entsprechen**. Der Entwurf der Novelle 1986 wollte durch letzteres eine stärkere „Verfestigung der Grenzbebauung“, als sie schon das vorhandene Gebäude darstellt, verhüten (BegrRegE NBauO 1986 S. 49). Dazu hat das OVG Lüneburg (26.1.1998 – 6 L 5342/95, Nds. VBl. 1998, 214) Folgendes ausgeführt: „Sinn dieser Vorschrift ist es, unter spezifisch bauordnungs-, d.h. abstandsrechtlichen Aspekten zu verhindern, dass die (vorhandene) Grenzbebauung über das dem Nachbarn zumutbare Maß hinaus verfestigt wird. Entscheidend ist also nicht, ob sich die unmittelbar nebeneinander stehenden Nutzungen ihrer Art nach miteinander vertragen; das ist Sache des Bauplanungsrechts. Maßgeblich ist vielmehr, ob die Art der an der Grenze hinzutretenden Nutzung mit der dort schon vorhandenen so harmoniert, dass der hinzutretende Bau eine dem Nachbarn noch zuzumutende Verfestigung der Grenzbebauung darstellt. Das ist schon dann gegeben, wenn ein Wohnhaus mit einem Gebäude zusammentrifft, das nur Räume zum gelegentlichen Aufenthalt von Menschen aufweist.“ Damit ist keine Gleichartigkeit der Nutzung gefordert (VGH Kassel Urteil 14.6.2011 – 3 B 992/11 –).

188 Die Forderung nach einer „entsprechenden“ Nutzung ist wie folgt zu verstehen: Die Nutzung des hinzutretenden Grenzbaues muss derjenigen des vorhandenen so „ähnlich“ sein, dass der Nachbar billigerweise mit ihr rechnen musste, als er selbst sein Gebäude an die Grenze setzte, maW, dass sie dem Nachbarn ohne weiteres zugemutet werden kann. Dabei kommt es nicht zuletzt auch auf die Qualität der vorhandenen Bebauung an. Eine höhere Intensität der Nutzung wird sich nur über das Gebot der Rücksichtnahme angreifen lassen. Das Berufen auf den Charakter des Doppelhauses auch in Verbindung mit der Beschränkung auf eine eingeschränkte Geschosszahl ist kein Indiz, dass auf einem Grundstück nur eine entsprechend geringe Zahl von Wohneinheiten zulässig sei (OVG Nds Beschluss 18.7.2014 – 1 LA 168/13 – DÖV 2014, 894–895). Die Unterbringung von 17 Flüchtlingen in zwei in sich abgeschlossenen Wohnungen in einer Doppelhaushälfte stellt nach den konkreten Umständen des Falles immer noch eine Wohnnutzung dar (VGH Kassel Beschluss 3.3.2016 – 4 B 403/16 –).

189 Ein auf dem Nachbargrundstück vorhandener einfacher Schuppen, der eine nur geringe Lebensdauer hat, rechtfertigt auch nur das Hinzufügen eines eben solchen auf der anderen Grenzseite. Andererseits erfordert die Vorschrift nicht, dass einem Wohnhaus unbedingt auch ein Wohnhaus auf der anderen Seite entsprechen muss; hier entspricht auch eine andere Nutzung mit Aufenthaltsräumen zB für freie Berufe, Verwaltung oder Läden wohl durchaus noch den Intentionen des Gesetzgebers. Die Bandbreite dessen, was als „entsprechende Nutzung“ angesehen werden kann, richtet sich also nicht nach den Auswirkungen der Nutzung oder ihrer gegenseitigen Verträglichkeit. Es kommt vielmehr darauf an, ob sich die Grenzgebäude in ihrer Wertigkeit entsprechen, was bei Gebäuden mit Aufenthaltsräumen eher der Fall sein wird als bei einem Zusammentreffen von Wohn- oder Büronutzung mit einem Stallgebäude, Lagerhaus oder Wohnwagenunterstand (Barth/Mühler § 5 Rn. 99). Demzufolge ist die Nutzung eines überdachten Einstellplatzes sowie eines der Freizeitgestaltung dienenden überdachten Freisitzes nicht vergleichbar mit der eines Scheunengebäudes, so dass es an einer „entsprechenden" Bebauung fehlt (OVG Lüneburg 4.6.1998 – 1 L 2504/98, nv).

Die Aussage des OVG Lüneburg (26.1.1998 aaO), nach welcher sich die Forderung nach einer „entsprechenden" Grenzbebauung nur auf einen beidseits der Grenze verlaufenden Korridor bezieht (s. → Rn. 157), muss logischerweise auch auf die Forderung nach entsprechender Nutzung übertragen werden. Das heißt, nur innerhalb des Abstandskorridors beidseits der Grenze müssen sich die Grenzgebäude auch in der Nutzung entsprechen und insoweit gleichwertig sein. Dabei entsteht nur dann ein Widerspruch zur Doppelhausrechtsprechung, wenn sich die andersartige Nutzung auch im äußeren Erscheinungsbild spiegelt, also zu einer optischen „Vereinzelung" der Baukörper führt. 190

Auf einen Verstoß gegen eine durch Baulast übernommene Verpflichtung kann sich der Nachbar berufen, wenn sich der Inhalt der Baulast auf eine Regelung bezieht, die nachbarschützenden Charakter hat (VGH Mannheim 9.12.1997 – 5 S 2568/97, BauR 1998, 772). Regelungen des Abs. 2 Satz 1 und 2 zur Sicherung des Grenzanbaues durch Baulast haben die im vorstehenden Beschluss angesprochene nachbarschützende Funktion (→ § 68 Rn. 86), so dass der Nachbar einen öffentlich-rechtlichen Anspruch auf Einhaltung der übernommenen Baulastverpflichtung hat. 191

Der frühere § 8 sah in den Absätzen 1 und 2 Begünstigungen vor, die in das Ermessen der Bauaufsichtsbehörde gestellt waren. Sie konnte nach Abs. 2 Satz 2 aF zulassen, dass die Baulast eine andere als eine entsprechende Grenzbebauung festlegt. Mit dieser Regelung soll eine an den Grenzen zueinander **versetzte Bebauung**, insbesondere Hausgruppen oder eine atypische Bauweise iS § 22 Abs. 4 BauNVO, im Rahmen der offenen Bauweise ermöglicht werden (BegrRegE NBauO 1986 S. 49). Bei Doppelhäusern begrenzt das Planungsrecht die Größe eines möglichen Gebäudeversatzes, indem es fordert, dass die beiden Doppelhaushälften eine bauliche Einheit bilden und an der gemeinsamen Grenze in wechselseitig verträglicher und abgestimmter Weise aneinander gebaut werden (BVerwG 24.2.2000 a.a.O.). Voraussetzung für die Vergünstigung nach § 8 Abs. 2 S. 2 aF war, dass den allgemeinen Anforderungen an gesunde Wohn- u. Arbeitsverhältnisse mindestens gleichwertig entsprochen wird und baugestalterische Bedenken nicht bestehen. 192

Der Wortlaut des § 66 gibt her, diese Begünstigung künftig über das Instrument der Abweichung nach § 66 NBauO unter Heranziehen gleicher Kriterien zu gewähren. Denn die BauAB wäre weiterhin nicht daran gehindert, die Eintragung der Baulast abzulehnen, wenn die früheren Voraussetzungen des § 8 Abs. 2 S. 2 aF nicht erfüllt sind. Das setzt eine selbständige **Prüfung des Baulastinhalts** auf seine Vereinbarkeit mit dem öffentlichen Baurecht voraus, denn eine öffentlich-rechtliche Verpflichtung (Baulast), die bei ihrer Erfüllung mit dem öffentlichen Baurecht kollidieren würde, ist nicht eintragungsfähig. Die Ablehnung der Eintragung einer Baulast nach Abs. 2 Satz 2 ist ein Verwaltungsakt, auf den die Vorschriften des VwVfG anzuwenden sind und gegen den der Baulastbegünstigte mit Verpflichtungsklage vorgehen könnte (→ § 81 Rn. 73). 193

Soll eine andere als eine entsprechende Grenzbebauung baugenehmigungsfrei nach § 62 verwirklicht werden, dann kann der Entwurfsverfasser die Mitteilung nach § 62 Abs. 3 an die Gemeinde erst abgeben, wenn die Abweichung zugelassen und die Baulast mit Aufnahme der nicht entsprechenden Grenzbebauung in das Baulastenverzeichnis eingetragen ist. In der Baulast muss exakt und unmissverständlich beschrieben werden, wo und wie an die gemeinsame Grenze gebaut werden soll. Das erfordert idR Bauvorlagen, in denen mindestens der Anbaubereich und die Höhenentwicklung der Grenzbebauung vermaßt sind, und die Bestandteil der Baulasterklärung werden (→ § 81 Rn. 43). 194

Nicht ratsam wäre, eine Abweichung in Anlehnung an § 8 Abs. 2 S. 3 aF in Gestalt eines Verzichts auf die Baulast zu gewähren. Denn die Baugenehmigung verpflichtet nicht zum Baubeginn und die Baufreigabe ist auch nicht an die Antragstellerseite gebunden. 195

Über das frühere Instrument der Anbauverpflichtung nach § 8 Abs. 3 S. 3 aF war der BauAB ein Instrument an die Hand gegeben, Fehlentwicklungen zu vermeiden. Dieser Weg ist jedoch ersatzlos verbaut.

196 Die Zulassung einer abweichenden Bebauung an ein vorhandenes Grenzgebäude lässt sich bedenkenlos nun über die Abweichung nach § 66 erreichen, wenn die bisherigen drei Grundvoraussetzungen des § 8 Abs. 3 S. 2 gleichwertig herangezogen werden. Die nachbarliche Zustimmung sollte die BauAB nicht dazu verleiten, die Ansprüche der gesunden Wohn- und Arbeitsverhältnisse und die baugestalterischen Belange bei ihrer Prüfung zu vernachlässigen.

G. Die Sonderregelung nach Abs. 6

197 Absatz 6 begünstigt **Gebäudeteile** (Aufbauten, Staffelgeschosse u. dgl.), die sich **über einen an der Grenze** (zulässigerweise) nach Abs. 5 **errichteten niedrigeren Gebäudeteil** erheben. Abweichend von Abs. 1 Satz 4 sind die für den Grenzabstand dieser Gebäudeteile maßgebenden Höhen nicht von der Geländeoberfläche aus zu messen, sondern die Bezugsebene ist hier die Höhe der Oberfläche des niedrigeren Gebäudeteils. Es versteht sich damit von selbst, dass bei einem nicht an der Grenze errichteten Gebäude die Wandhöhe eines Staffelgeschosses für die Ermittlung Grenzabstand bestimmend ist. Sie ergibt sich aus der nach unten bis zum Schnitt mit der fiktiven Geländeoberfläche verlängerten Außenwand des Staffelgeschosses (VGH München Beschluss 11.11.2015 – Az.: 2 CS 15.1251 –). Die Sonderregelung des Abs. 6 orientiert sich nicht an der Bebauung auf dem Nachbargrundstück. Denn die Frage, ob und wie beidseits an die gemeinsame Grenze gebaut werden darf, bestimmt sich allein nach dem Planungsrecht iVm Abs. 5. Dabei stellt bereits Abs. 5 sicher, dass nur eine unter abstandsrechtlichen Gesichtspunkten nachbarverträgliche Grenzbebauung zustande kommt. Abs. 6 regelt nur noch, wie das Abstandsmaß für den höheren, nicht an die Grenze gebauten Gebäudeteil zu ermitteln ist. Die Anwendung dieser Regel setzt daher keine Grenzbebauung auf dem Nachbargrundstück voraus.

198 Abweichend von der Grundsatzregelung ist hier die Höhe des niedrigeren Gebäudeteils an der Grenze maßgeblich, also seine Oberkante an der Grenze und nicht seine sonstige Oberfläche (Abb. 26). Sie ist auch bestimmend bei mehrfach gestaffelten Baukörpern. Damit wird berücksichtigt, dass die Beeinträchtigungen, die von einem „aufgesetzten" Baukörper auf das Nachbargrundstück ausgehen, in dem Maße wachsen, in dem sie sich über die an das Nachbargrundstück anstoßende Oberkante des „Unterbaus" erheben. Es kommt also jeweils auf diese Oberkante an, einerlei, ob das Dach des „Unterbaus" Gefälle zum Nachbarn oder „nach innen" hat oder ganz flach ist. Hat es an der Grenze zum Nachbarn eine Aufkantung, so ist folgerichtig deren Oberseite die Bezugsebene (so auch Barth/Mühler § 5 Rn. 104 ff.).

199 Auch für Dachaufbauten auf schrägen Dachflächen im Grenzbereich von Stadt- oder Reihenhäusern ist Absatz 2 anzuwenden. Die maßgebende Oberkante des „niedrigeren Gebäudeteils" an der Grenze ist dann die geneigte Dachfläche selbst (Abb. 27).

200 Aus der Formulierung „Erhebt sich über einen nach Abs. 5 an der Grenze gebauten Gebäudeteil …", ergibt sich einerseits, dass die **Vergünstigung nur für Gebäudeteile** gilt, die sich über den niedrigeren, an der Grenze nach Abs. 5 errichteten Gebäudeteil erheben, andererseits aber auch, dass damit andere Grenzbauten nicht zu einer Verkürzung des Grenzabstands der Hauptbaukörper führen. So verkürzt eine nach Abs. 8 zwischen der Grenze und dem Hauptgebäude errichtete Garage nicht dessen Abstand. Auch kann der unzureichende Grenzabstand einer höheren Halle nicht dadurch legalisiert werden, dass in den Zwischenraum zur Grenze (seitliche Abstandsfläche) ein niedrigeres Gebäude gestellt wird, weil die Regelung des Abs. 6 ihrem Wortlaut nach nur für **Teile desselben Gebäudes** gilt und nicht für „in die Lücke" gestellte selbständige Gebäude (OVG Lüneburg 17.5.1995 – 1 L 4212/93, BRS 57 Nr. 235).

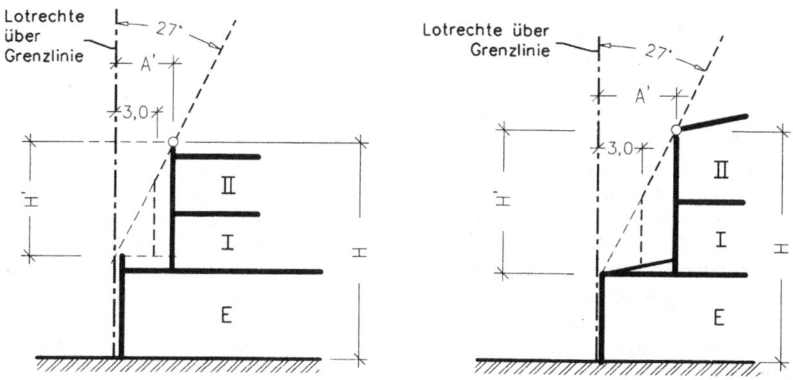

Abb. 26:
Abstände nach §5 Abs. 6, wenn sich über einem nach Abs. 5 an die Grenze gebauten Gebäudeteil ein nicht an die Grenze gebauter Gebäudeteil erhebt. Der Abstand (A´) wird hier über eine halbseitige Hilfskonstruktion der

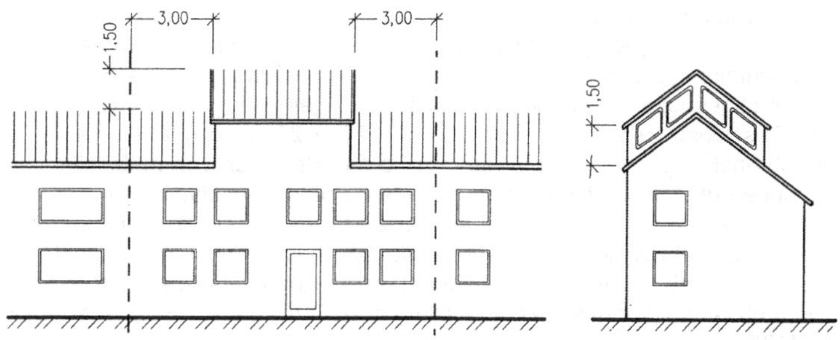

Abb. 27:
Abs. 6 gilt auch für Dachaufbauten im Bereich der Grenzen. Die „Oberkante" des niedrigeren Gebäudeteils an der Grenze ist in diesem Fall die schräge Dachfläche. Wegen der zumeist geringen Höhe der Dachaufbauten wird der Mindestabstand von 3,00 m wohl selten überschritten.

Es ist nicht überzeugend, dass der Gesetzgeber die Vergünstigung auf Teile desselben Gebäudes beschränkt hat. Ziel der Regelung ist es, die Bezugsebene für die Abstandsbemessung von der Geländeoberfläche auf die Oberfläche der an der Grenze aneinander gebauten Gebäude zu verlegen, um bei Gebäudeabtreppungen von der Grenze weg übergroße Abstände zu vermeiden. Das ist auch sinnvoll, denn es liegt auf der Hand, dass den Schutzgütern der Abstandsregelung (Licht, Luft und Sonne) dort erst oberhalb der Grenzlinie entsprochen werden muss, wo die Gebäude nicht mehr aneinander gebaut sind, sondern von der Grenze zurückbleiben. Das wird erreicht, indem das „Freiraumprofil" (s. → Rn. 46) quasi auf der Dachfläche über der Grenzlinie angesetzt wird. Für die Einhaltung des Freiraumprofils (und aus Sicht des betroffenen Nachbarn) ist es daher völlig ohne Belang, ob sich ein Gebäudeteil über einen anderen Teil desselben Gebäudes erhebt oder ob es sich um zwei unterschiedlich hohe Gebäude auf demselben Grundstück handelt, von denen das niedrigere ohne Abstand an der Grenze steht und daran anschließend sich das höhere Gebäude über das niedrigere erhebt. 201

H. Seitenabstand von Gebäudeteilen bei vorhandener Grenzbebauung (Abs. 7)

202 Abs. 7 entspricht § 7b Abs. 3 aF. Die Vorschrift wurde auch materiell überarbeitet, außerdem sind die bisher enthaltenen Ausnahmen gestrichen.

Abs. 7 Sätze 1 lässt Gebäudeteile, die – bei zwingender Grenzbebauung des Hauptbaukörpers – ihrerseits nicht an die Grenze gebaut sind, mit beliebigem Abstand zur seitlichen Grenze des Baugrundstücks zu. Damit können zB **Balkone** an höheren Gebäuden **nahe zur seitlichen Grenze** errichtet werden. Das Planungsrecht hat nicht nur bei entsprechender Festsetzung oder entsprechender Prägung (Innenbereich) zur Grenzbebauung zwingen können, sondern auch über öffentlich-rechtlich verbindliche Vereinbarung von Grundstücksnachbarn, meist mittels Baulasterklärung (OVG Magdeburg Beschluss 24.2.2016 – 2 M 159/15 – NVwZ-RR 2016, 5-6 zum Charakter des Doppelhauses).

203 Die Beschränkung auf das Drittelmaß gegenüber der Außenwand ist unerheblich, entscheidend ist die Typologie des vortretetenden Gebäudeteils (Bart/Mühler a.a.O. Rn. 109; OVG Lüneburg Beschluss 22.01.2014 -1 ME 220/13- ZfBR 2014, 277 zu Balkonen). Innerhalb der überbaubaren Fläche ist die Zumutung für den Nachbarn ohnehin zweitrangig, da dort für nicht begünstigte Teile des Gebäudes entweder die Pflicht zur Grenzbebauung oder zur Wahrung des Grenzabstands besteht. Zweifelhaft ist der Verzicht auf die „Drittelregelung" bei (Eck-)Balkone, die nicht nur als Vorbau eines grenzständig errichteten Gebäudeteils dienen, sondern in ihrer Funktion zugleich dem von der Grenze zurückgesetzten Gebäudeteil (mit eigener Zugangsmöglichkeit) dienen (verneint OVG HH Beschluss 19.5.2015 – 2 Bs 255/14 – ZfBR 2016, 288). Auch bei der Errichtung verfahrensfrei gestellter kannn das Risiko das Verletzen von materiell-rechtlicher Bestimmungen unterschätzt werden, zumal die bisherige Beschränkung auf 3 m Tiele entfallen ist. Gerade bei geringer Gebäudebreite lässt sich die Beschränkung auf ein Drittel der Gebäudebreite schwer umsetzen, so dass beim Anbau an seitliche Grenze(n) außerhalb von überbaubarer Fläche nicht auf das Angebot des Abs. 3 Ziff. 2 zurückgegriffen werden kannn (zur Auseinandersetzung dazu OVG Münster Beschluss 13.3.2009 – 10 A 1118/08 –).

204 Die Einschränkung „soweit" in Abs. 5, auf die Satz 1 als Voraussetzung für die Abstanderleichterung Bezug nimmt, beschränkt die Anwendung nicht auf Gebäudeteile in der überbaubaren Fläche, da Abs. 5 hier nur eine koordinierende Funktion hat. Auch **Gebäudeteile, die** nach § 23 Abs. 2 u. 3 BauNVO zulässigerweise **eine Baugrenze oder -linie überschreiten**, was in der Praxis bei Balkonen im Geschosswohnungsbau häufig vorkommt, können die Erleichterung des beliebigen Abstands zur seitlichen Grenze in Anspruch nehmen (OVG Lüneburg 29.12.2000 – 1 M 4235/00, BauR 2001, 937 zu § 7 B aF). Da der Anspruch der Unterordnung entfallen ist (Rn. 111), könnte der vortretende Gebäudeteil parallel zur seitlichen Grundtsücksgrenze so weit an die hintere Grundstückgrenze herangeführt werden, wie es die Anforderungen des Abs. 3 Ziff. 2 zulassen. Um mögliche Auswüchse zu vermeiden, empfielt es sich die Kannn-Bestimmung des § 23 Abs. 5 BauNVO restriktiv anzuwenden. Der Rückgriff auf das Gebot der Rücksichtnahme ist wegen der unbestimmten Rechtslage zweite Wahl, aber ein durchaus brauchbares Instrument, um unverträgliche Störungen oder eine unzumutbare Verschattung abwehren zu können.

205 Unklar bleibt allerdings, warum der Gesetzgeber hier nach den verschiedenen Möglichkeiten des Zustandekommens der Grenzbebauung nach Abs. 5 differenziert hat, denn in jedem Fall ist eine **Grenzbebauung** des eigentlichen Gebäudes **Voraussetzung für die Anwendbarkeit** des Abs. 7. Es ist nicht erkennbar, aus welchen Gründen der Nachbar bei einer Grenzbebauung nach Abs. 5 Satz 1 (geschlossene Bauweise) weniger schutzbedürftig ist als bei einer Grenzbebauung nach Abs. 5 Satz 2, dh bei Doppelhäusern oder Hausgruppen. Im Übrigen dürfen ja in allen Fällen des Abs. 5 Balkone, Erker usw unmittelbar an die Grenze gebaut werden. Diese Art der Anordnung dürfte den Nachbarn am meisten stören, und dennoch muss er es auch in den Fällen des Abs. 5 hinnehmen. Die bisherige Beschränkung nach § 7b Abs. 3 aF auf einen seitlichen Grenzabstand von 2,00 m ist entfallen. Es gelten hier jetzt die Beschränkung nach Abs. 3 Nr. 2 auf 1,50 m, höchstens jedoch 1 Drittel. Das schränkt die Variabilität der Bebauungsmöglichkeit ein. So darf innerhalb des Mindestabstandes von 3,00 m zur Grundstücksgrenze bis auf 2,00 m an sie herangerückt werden. Ab 6,00 m Höhe oberhalb des Geländes müssen solche Anbauten von der Nachbargrenze sukzessiver zurückweichen, bis sie ab 9,00 m Höhe den Regelabstand um 1,50 m unterschreiten dürfen (auch → Rn. 108). Das OVG Lüneburg hat bei seiner Entscheidung (22.1.2014 a.a.O.) offengelassen, ob sich die Kriterien, die das Heranrücken des Balkons bis an die seitliche Grenze erlauben, auch für den Fall fakultativer Bauweise herangezogen werden können. Das muss aber gelten, wenn wie Balkone auch andere typologisch fassbare Gebäudeteile die Abstände des Abs. 3 Ziff. 2 einhalten. Nachbarschutz zur seitlichen Grenze vermittelt nur das Maß von 2,00 m. Der Gesetzgeber wäre ohnehin gut beraten, die entsprechende bisherige Regelung des § 7 b Abs. 3 Satz 2 NBauO 2003 wieder aufzugreifen.

Abs. 7 Satz 2 erlaubt das das **Heranrücken** der in Abs. 3 Nr. 2 genannten Gebäudeteile **206**
an die seitliche Grenze um nicht mehr als 1,50 m, höchstens jedoch um ein Drittel, wenn die Grenzbebauung des zugehörigen Gebäudes auf dem Weg über Abs. 5 Satz 2 zustande kam, dh wenn die Grenzbebauung nach städtebaulichem Planungsrecht „nur" vorgenommen werden *durfte*. Die Abstandsunterschreitung von 1,50 m bzw. 1 Drittel, also bis auf 1,00 m bei der Inanspruchnahme innerhalb des 3,00 m Mindestabstandes, darf in diesem Fall nur dann weiter verringert werden, wenn der davon **betroffene Nachbar dem (schriftlich) zugestimmt hat** (Abb. 28). Zum Begriff des Nachbarn → § 68 Rn. 5. Auch hierzu erschließt sich nicht die Motivation des Gesetzgebers, zwischen sich der Grenze nähernden Gebäudeteile in der offenen und geschlossenen Bauweise zu differenzieren, weil die Möglichkeit der nachbarlichen Vereinbarung evt. städtebauliche Motivation ausschließt.

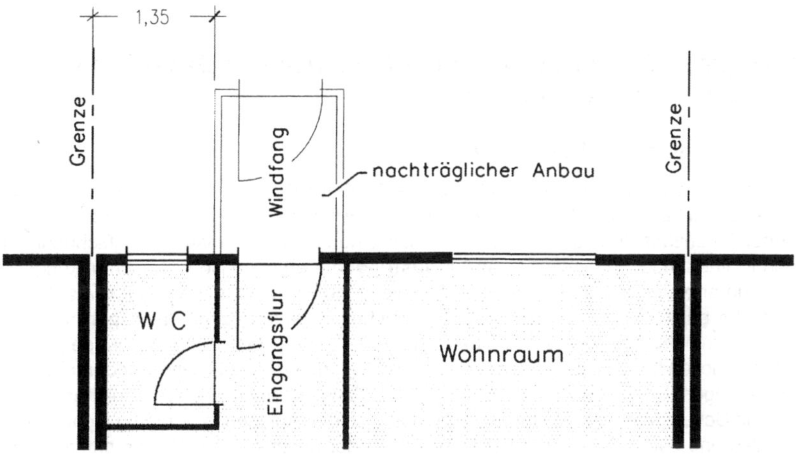

Abb. 28:
Bei dem vorhandenen Reihenhaus mit seinem grenznahen Eingang hat der linkseitige Nachbar nach § 5 Abs. 7 Satz 2 der Verringerung des Mindestabstands von 1,50 m auf 1,35 m (Abs. 3 Nr. 2) schriftlich zugestimmt.

Die hinzugetretene Vergünstigung für Aufzugsanlagen (Abs. 3 Ziff.3) trifft ohnehin nur **207**
Bestandsgebäude und ist anwendbar auch bei Anlagen mit seitlichem Grenzabstand. Während die maximal denkbare Breite von der funktionalen Notwendigkeit abhängt, dürfen sie nicht mehr als 2,50 m vor die Außenwand vortreten und müssen mindestens

einen Abstand von 1,50 m zur Grenze einhalten. Dadurch kannn sich bei grenzständigen Gebäuden eine in der Höhe nicht eingeschränkte Seitenansicht bieten, die eine Breite von 2,50 m einnimmt und bis 1,50 m an die seitliche Grenze heranreicht (Abb. 13a). Darüber hinaus darf bei vohandener zwingender Grenzbebauung der Abstand frei gewählt werden.

208 Auch **ohne Zustimmung des betroffenen Nachbarn** darf der Abstand nach Abs. 7 Satz 3 weiter verringert werden, wenn auf dem Nachbargrundstück bereits entsprechende Gebäudeteile vorhanden sind. Entsprechend i.d.S. sind Gebäudeteile, die in den Abmessungen, dem Grenzabstand und in der Funktion den geplanten im Wesentlichen entsprechen. Die bisher im § 7b Abs. 3 S. 3 aF verankerte Ausnahmemöglichkeit, bei grundstückbedingten Schwierigkeiten ohne diese Voraussetzungen den Abstand unterschreiten zu dürfen, ist entfallen. So verbleibt, im Einzelfall zu prüfen, ob in solchen Härtefällen das Instrument der Abweichung herangezogen werden kann. Diese Situation kann zB beim nachträglichen Anbau von Windfängen oder Eingangs-Vordächern bei Hausgruppen oder Reihenhäusern gegeben sein, weil die Eingänge dieser Häuser zumeist einen geringeren Seitenabstand haben als 2,00 m.

209 Ein Grenzfall stellt es dar, verläuft die Grundstücksgrenze an der Trennlinie zwischen geschlossener und offener Bebauung. Weil im Bereich der geschlossenen Bebauung jederzeit auf das Privileg des Satzes 1 zurückgegriffen werden dürfte, müsste dem Nachbarn ebenfalls ohne weitere Vorbehalte zugestanden werden, bei den Anbauten den Grenzabstand frei wählen zu dürfen. Weitere Unsicherheit kannn insb. bei der geschlossenen Bauweise die Wirkung einer in das Baugrundstück abknickenden Grundstücksgrenze auslösen. Wird ihr auch bei einem geringfügigen Knickwinkel die Wirkung einer rückwärtigen Grenze unterstellt, entfällt das Angebot des Abs. 7 S.1 und es müsste mindestens der Abstand nach Abs. 3 Ziff. 2 eingehalten werden. Das erscheint gemessen an den Schutzzielen der Grenzabstandsbestimmungen schwer nachvollziehbar, so dass abknickende Grenzen mit einem Winkel von mehr als 120° als eine Grenze betrachtet werden sollten (siehe auch → Rn. 139.

I. Wegfall oder Verringerung der Abstände von Gebäuden und anderen Anlagen (Abs. 8)

a) Allgemeines zu Abs. 8 Satz 1

210 Abs. 8 nimmt die Regelungen des § 12a Abs. 2 aF auf. Die Vorschrift befasst sich mit der Zulässigkeit bestimmter baulicher Anlagen mit verringertem Grenzabstand oder ohne eigenen Grenzabstand. Satz 1 Nr. 1 begünstigt nunmehr Stützmauern, Aufschüttungen und Einfriedungen in **Gewerbe- und Industriegebieten** ohne Höhenbeschränkung. Mit der nun erfolgten Änderung wird die Vergünstigung gegenüber Grundstücken aufgehoben, die ganz oder teilweise außerhalb solcher Gebiete liegen. Damit geht die Einschränkung über den Abs. 2 S. 2 hinaus, der vollständigen Grenzabstand nur gegenüber Grundstücken fordert, die ganz oder nur überwiegend nicht im Gewerbe- oder Industriegebiet liegen. Der Gesetzgeber begründet dies damit, dass ansonsten in solchen Gebieten die Schutzgüter des Abstandsrechts durch solche Anlagen regelmäßig nicht berührt werden und ggf. im Wege der Bauleitplanung oder durch örtliche Bauvorschriften (§ 84 Abs. 3 Nr. 3) Regelungen getroffen werden können (BegrRegE S. 73). Satz 2 befreit die dort genannten baulichen Anlagen oder Gebäude von der Pflicht, Abstand zu den Grundstücksgrenzen zu halten.

211 Abs. 8 nimmt die Regelungen des § 12 Abs. 1 aF auf. Die Vorschrift befasst sich mit der Zulässigkeit bestimmter baulichen Anlagen mit keinem oder mit einem bis zu 1 m verringertem Abstand. Begünstigt werden, wie bisher, Garagen und Gebäude ohne Aufenthaltsräume und Feuerstätten mit einer Höhe an der Grenze bis 3,00 m, fasst sie aber unter einem einheitlichen Tatbestand zusammen und verzichtet auf die Beschränkung der Grundfläche. Satz 2 Nummer 2 enthält – neu – eine Begünstigung für gebäudeunabhängige Solaranlagen in den dort genannten Abmessungen, um abstandsrechtliche Hindernisse für die Nutzung regenerativer Energien zu beseitigen (BegrRegE S. 73).

b) Stützmauern und andere bauliche Anlagen nach Nr. 1

Außerhalb der vorgenannten Baugebiete wird die bisher geltende abstandsfreie Höhe 212
von **Stützmauern, Aufschüttungen und Einfriedungen nach Abs. 8 S. 1 Nr. 1 von** 1,50 bzw. 1,80 auf nunmehr bis zu 2,00 m angehoben. Es wird dabei nicht mehr zwischen durchsichtigen oder nicht durchsichtigen Einfriedungen unterschieden. Auch die in bestimmten Fällen bisher erforderliche Zustimmung des Nachbarn hat der Gesetzgeber nicht übernommen. Es steht zu befürchten, dass sich Grundstückseigentümer und auch Nachbarn durch dementsprechend hohe Einfriedungen förmlich „einmauern", zumal diese Einfriedungen auch noch zu den verfahrensfreien. Baumaßnahmen nach dem Anhang zu §60 Abs. 1 entsprechend der Nummer 6.1 zählen. Hier muss ggf. die Gemeinde mit örtlichen Bauvorschriften gegensteuern (§84 Abs. 3 Nr. 3). Die Abwehrpositon des Nachbarn ist geschwächt. Sind einmal vollendete Tatsachen geschaffen, müsste er Bauaufsicht zum Einschreiten auffordern, die sich durchaus mit Verweis auf das zivilrechtliche Verfahren verweigern könnte (OVG Lüneburg Beschluss 22.10.2008 – 1 ME 134/08 – BauR 2009, 1527).

Auch bei abgestuften Grundstücken wird bei direkt an der Grenze errichteten Anlagen 213
die Höhe auf das natürliche Gelände des Baugrundstücks bezogen sein (OVG Koblenz beschluss 6.6.2011 – 8 A 10377/11 – DÖV 2011, 782). Liegt die Geländehöhe beim Nachbargrundstück niedriger als auf dem Baugrundstück, ist dieser Nachteil hinzunehmen. Denn bei umgekehrter Ausgangslage darf sich der Bauherr nicht darauf berufen, sich auf das Höhenmaß auf das Grundstück des Nachbarn berufen zu dürfen.

Gerade bei durchsichtigen Einfriedungen stellt sich die Frage der gebäudegleichen Wir- 214
kung (→ Rn. 55), die erst dann eintritt, wenn insbesondere aufgrund ihrer Ausführung die Belichtung, Besonnung und Belüftung das Nachbargrundstücks beeinträchtigt wird (OVG 03.09.2015 a.a.O.). Das OVG schließt solche Wirkung bei einem Metallgitterzaun mit einer lichten Weite der einzelnen Gitter von 4,5 x 19 cm aus (ebd.). Doch lässt es dabei offen, ob bei zusammengesetzten Teilen des Baukörpers, z.B. Metallgitterzaun auf einer Stützmauer, auch der Wortlaut des Abs. 1 S. 2 eine derartiges differenziertes Herangehen zulässt. Trotz berechtigter Zweifel wird an der Auffassung festgehalten, da der Gesetzgeber mit der Textfassung keine inhaltliche Änderung beabsichtigte (LT-Drs. 16/3195, S. 71). Die Höhe der Stützmauer ist dann auf 1,10 m beschränkt, wenn das höhengleich anschließende Gelände Verkehrsfläche ist und die Einfriedung auch als Umwehrung dient, mit der Mindesthöhe von 0,90 cm (§4 Abs. 2 DVO-NBauO).

Die bisher an die Ausnahme des §12a Abs. 3 aF gebundene Möglichkeit, die Höhe von 215
Einfriedungen, Stützmauern und Aufschüttungen bis zu 3,00 m zu erhöhen, kann nunmehr durch eine Abweichung nach §66 aufgefangen werden, wobei die Entscheidung nicht zwingend an die Voraussetzung der Atypik gebunden ist (siehe → §66 Rn. 18 ff.). Die Nachbarzustimmung dürfte angesichts der erheblichen Beeinträchtigungen weiter unverzichtbar sein, so dass die weitere Entscheidung insbesondere von ortsgestalterischen Gesichtspunkten abhängt. Die Begrenzung auf 3,00 m ist nicht mehr zwingend, entscheidend bleiben ästhetische Belange im öffentlichen Interesse. Wenn allerdings Wohngärten von Reihenhäusern durch eine erheblich über 2 m hohe seitliche Einfriedung verschattet werden, wird – selbst bei Zustimmung des Nachbarn – eine Abweichung auch mit Rücksicht auf §3 Abs. 2 S. 1 NBauO kaum mehr zugelassen werden dürfen.

Ähnlich wie Stützmauern sind **Aufschüttungen** zu beachten, die nicht bereits bei einer 216
Höhe von mehr als 1,00 m als gebäudeähnliche bauliche Anlage Abstand halten müssen, sondern auf 2,00 m erhöht werden dürfen. Sie werden ohnehin mit einem Neigungswinkel von der Grenze zurücktreten müssen und nicht wie Stützmauern senkrecht

hervortreten. Welche Funktion bzw. welche Nutzung die aufgeschüttete Fläche aufnehmen soll, kann u.U. von planungsrechtlicher Bedeutung sein, wenn es sich um eine nur untergeordnet zulässige Nebenanlage handeln darf (OVG Münster Beschluss 18.12. 2017 – 2 B 1369/17 –). Selbst auf einer durch Abstandsbaulast belasteten Fläche anerkannte das OVG Lüneburg eine Aufschüttung von maximal 1,50 m Höhe zum Zwecke einer Zufahrt zu einem rückwärtigen Parkdeck als rechtmäßig (Beschluss 4.3.2008 – 1 ME 351/07 – openJur 2012, 47142).

c) Die Begünstigung für Gartenhofhäuser (Abs. 8 Satz 1 Nr. 2)

217 Die Vergünstigung des Abs. 8 Satz 1 Nr. 2 steht in der Tradition des § 12 Abs. 5 aF und setzt voraus, dass in einem B-Plan eine abweichende Bauweise (§ 22 Abs. 4 BauNVO) festgesetzt ist, nämlich für **„Wohnhäuser mit einem fremder Sicht entzogenen Gartenhof"**, also Gartenhof- oder Atriumhäuser. Weder die NBauO (auch nicht aF) noch § 17 Abs. 2 BauNVO (Fassungen bis 1977) liefern eine Begriffsbestimmung, was darunter zu verstehen ist. In der BauNVO 1990 kommt dieser Begriff nicht mehr vor, weil bei der Neufassung die oa Regelung in § 17 gestrichen wurde. Gleichwohl können die Gemeinden in (neuen) B-Plänen eine solche atypische Bauweise („Wohnhäuser mit einem fremder Sicht entzogenen Gartenhof") festsetzen. Sie müssen dazu im B-Plan ggf. die erforderliche höhere GRZ – unter Ausschöpfung der ihnen mit Abs. 2 des § 17 BauNVO 1990 gebotenen Möglichkeit der Überschreitung der Obergrenzen des § 17 Abs. 1 BauNVO 1990 – festsetzen. Zusätzlich sollte die Höhe der Gebäude auf max. 3,50 m begrenzt werden, um sicherzustellen, dass die Gartenhöfe fremder Sicht entzogen sind. Eventuelle Ausnahmen (§ 16 Abs. 6 BauNVO 1990) müssten an die Voraussetzung geknüpft werden, dass die höheren Bauteile keinen Einblick in benachbarte Gartenhöfe ermöglichen.

218 Der **Begriff „Gartenhofhaus"** kann nur aus dem Zusammenhang der einschlägigen Vorschrift iVm der städtebaulichen Praxis umschrieben werden. Das Wortteil „Hof" lässt erkennen, dass es sich bei diesem Grundstücksteil um eine im Allgemeinen nicht überdachte, ebenerdige Fläche handelt, die im Wesentlichen allseits von Gebäude- oder Bauteilen umgeben wird. Ein Gartenhofhaus ist danach ein Wohngebäude, das einen Gartenhof teilweise, meist winkelförmig oder dreiseitig umschließt, häufig in Form eines Winkel- bzw. L- oder U-Typs, und dessen Gartenhof an den übrigen Seiten ebenfalls von Bauteilen (zB Mauer, undurchsichtiger Palisadenzaun) umschlossen ist, wie dies Abb. 29 beispielhaft zeigt (ähnlich VGH Mannheim Urteil 30.7.1992 – Az.: 3 S 1199/92 – IBR 1992, 509). Wesensmerkmal dieser Bauweise ist weiterhin, dass auf verhältnismäßig kleinen Baugrundstücken ein nach außen hin abgeschlossenes und damit fremder Sicht entzogenes Wohnen mit einem „grünen Zimmer" ermöglicht werden soll. Dieser Zweck wird im Wesentlichen durch die Umbauung der Freiflächen erzielt (OVG Münster 11.7.1980 – 10 B 240/80, BRS 36 Nr. 51 mwN).

209 Diese typische Bauweise wird abzugrenzen sein gegen die Fälle, in denen die Grundstücke für Reihenhäuser statt durch einfache Einfriedungen durch Mauern eingefriedet sind. Bei solchen Anordnungen handelt es sich nicht um Gartenhofhäuser iSd Vorschrift (BegrRegE NBauO 1973 S. 67); das gilt erst recht für Grundstücke mit freistehenden Häusern, die nur von hohen Mauern umschlossen sind.

220 Nach Satz 1 brauchen **Gartenhofhäuser** zu sämtlichen Grundstücksgrenzen **keine Abstände** zu halten, soweit die Gebäude nicht höher als 3,50 m sind; sind sie höher, so müssen sie Abstand nach §§ 5 ff. halten. Die Vergünstigung des Satzes 1 Nr. 2 erstreckt sich nicht nur auf die Gebäude selbst sondern auch auf die gegebenenfalls den Gartenhof umschließenden Einfriedungen, wie zB Mauern. Satz 1 Nr. 2 beschränkt damit die Vergünstigung, keinen Abstand halten zu brauchen, auf Baugrundstücksgrenzen innerhalb des Plangebietes für Gartenhofhäuser (vergl. VG Göttingen Urteil 28.6.2007 – 2 A 362/05 – zur Aufstockung eines Gartenhofhauses). Gegenüber den Grenzen von solchen (Nachbar-)Grundstücken, die ganz oder überwiegend außerhalb dieses Gebietes liegen, zB in einem Gebiet mit offener Bauweise, soll die Vergünstigung nicht gelten.

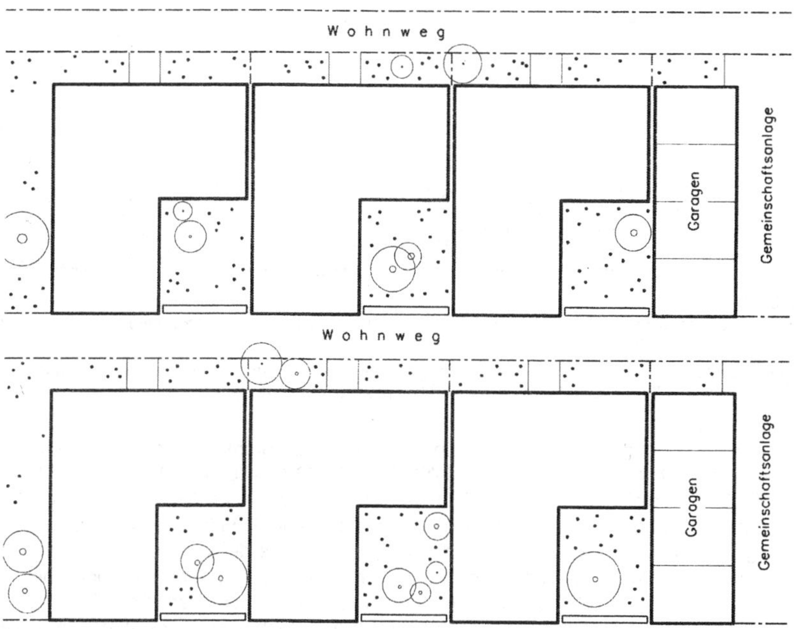

Abb. 29:
Fallbeispiel für „abweichende Bauweise" i.S. § 22 Abs. 2 BauNVO: Gartenhofhäuser

Die planungsrechtlich begründete Forderung, dass der Gartenhof fremder Sicht entzogen sein muss, setzt – wegen der wechselbezüglichen Abhängigkeit der Planbetroffenen – im Prinzip eine **eingeschossige Bauweise** dieser Haustypen voraus. Es dürfte kein Zufall sein, dass die Wortwahl „eingeschossig" in § 17 Abs. 2 BauNVO (frühere Fassungen) eindeutiger war, als die sonst übliche Formulierung „1 Vollgeschoss". Die eingeschossige Bauweise, die § 17 Abs. 2 BauNVO (aF) für die Anhebung der GRZ und GFZ im B-Plan voraussetzte, schließt einen Dachgeschossausbau, wie er bei der Festsetzung eines Vollgeschosses (nach der NBauO) zulässig wäre, (planungsrechtlich) aus, wenn dadurch Einblick in fremde Gartenhöfe ermöglicht wird. B-Planfestsetzungen dieser Art haben nachbarschützenden Charakter hinsichtlich des Schutzes vor fremder Einsicht (BVerwG 20.9.1984 – 4 B 202.84, BRS 42 Nr. 123). Die Nachbarn innerhalb des (festgesetzten) Baugebiets haben einen Abwehranspruch (vgl. OVG Lüneburg 27.6.1984 – 6 A 68/82, BRS 42 Nr. 122), auch wenn die Einsehbarkeit nur gering ist. 221

Teile eines Gartenhofhauses dürfen durchaus auch höher als 3,50 m sein, nur müssen sie dann Abstand nach den §§ 5–7 halten (Abb. 30). Damit sind **Aufbauten** oder – bei entsprechend großen Baugrundstücken – gar Staffelgeschosse **über eingeschossigen Gartenhofhäusern** bauordnungsrechtlich zulässig. Es darf aber von ihnen gleichwohl kein Einblick in den oder die nachbarlichen Gartenhöfe möglich sein, denn sonst tritt uU ein Verstoß gegen das Planungsrecht ein (siehe oben). 222

Zu fragen bleibt in diesem Zusammenhang, ob mit dem Begriff **„fremder Sicht entzogen"** überhaupt nur eine horizontale Einsichtnahme in den Gartenhof gemeint ist oder auch eine von schräg oben, zB von Gebäuden in der Nachbarschaft. Der VGH Mannheim hat es früher für eine rechtserhebliche Beeinträchtigung privater Belange gehalten, wenn Nachbargrundstücke verstärkt fremder Sicht ausgesetzt sind (22.7.1966 – I 131/65, BRS 17 Nr. 6), hat aber seine Ansicht später dahingehend geändert, dass er es, soweit Gärten und Balkone benachbarter Wohnhäuser eingesehen werden können, als 223

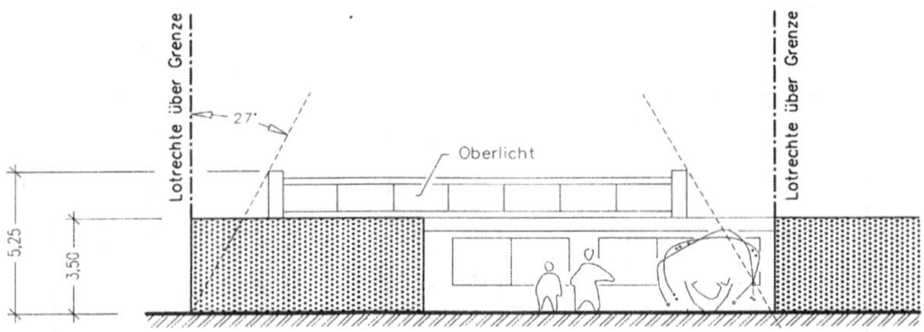

Abb. 30:
Nach § 5 Abs. 8 Satz 1 Nr. 2 brauchen Gartenhofhäuser keinen Abstand zu halten, s o w e i t sie nicht höher als 3,50 m sind.

Das Oberlicht kann als Abweichung (§ 66) zugelassen werden, wenn es den Abstand entsprechend § 5 Abs. 2 einhält und keine Einsicht in einen Nachbarhof gewährt.

eine Beeinträchtigung ansieht, wie sie das heutige Zusammenleben in Wohngebieten häufig mit sich bringt (12.11.1968 – I 703/67, BRS 20 Nr. 4 und 29.10.1969 – I 313/68, BRS 22 Nr. 2; gleicher Ansicht OVG Lüneburg 14.9.1971 – C 1/70, BRS 24 Nr. 4). Dies betrifft aber lediglich die Nutzbarkeit der Grundstücke im Randbereich der Planfestsetzung „Gartenhofhäuser“, nicht aber das Rechtsverhältnis der von demselben Plan erfassten Grundstücke im Verhältnis zueinander. Jedoch sollten die Gemeinden bei der Planung solcher Gebiete auch im Randbereich von „Gartenhofhäusern“ auf die Wahrung der Wohnintimität der Gartenhöfe achten, also Einsichtnahmemöglichkeiten „von schräg oben“ aus der Nachbarbebauung ausschließen. Das VG Hannover hat noch im Jahr 1999 in einem nicht entschiedenen Rechtstreit die Auffassung vertreten, dass auch der Einblick von außerhalb des Plangebietes gelegenen Gebäuden in den geschützen Binnenhof unzulässig sei. Auf alle Fälle geht der Schutz der Privatsphäre vor unerwünschten Einblickmöglichkeiten und dem Mithören sozialer Lebensäußerungen in der Nachbarschaft über die Anforderungen der allgemeinen Grenzabstandsvorschriften hinaus (VGH München Urteil 3.12.2014 – 1 B 14.819 –).

224 Die Vergünstigung nach Satz 1 Nr. 2 betrifft nicht nur den Abstand zur Grundstücksgrenze. Auch untereinander auf demselben Baugrundstück brauchen **Gartenhofhäuser keinen Abstand nach § 5** zu halten. Das Gleiche gilt für den Abstand, den Gebäudeflügel sonst nach § 7 Abs. 3 untereinander halten müssten.

225 **Mindestabmessungen für den Gartenhof**, wie noch in § 12 Abs. 5 NBauO aF, nämlich mindestens 36 m^2 Fläche und Seitenlängen von mindestens 5,00 m, sieht die NBauO 2012 nicht mehr vor. Sie ergeben sich auch nicht aus § 7 Abs. 3 S. 1: Abs. 8 Satz 1 Nr. 2 entbindet die Gebäude von jeglicher Abstandspflicht, bezieht also auch die Abstände auf demselben Baugrundstück des § 7 mit ein. Daher kann sich der Bauherr frei entscheiden, welche Dimensionen des Gartenhofs für die die individuellen qualitativen Ansprüche als angemessen betrachtet werden.

226 Ausnahmen für **Gebäudeteile mit mehr als 3,50 m Höhe**, wie noch in § 12 Abs. 5 S. 4 aF, sieht die neue Bauordnung nicht mehr vor. Ggf. muss auf § 66 zurück gegriffen werden. Im Übrigen können Flachdach-Lichtkuppeln die etwa notwendigen senkrecht stehenden Fenster (siehe § 37 Abs. 3) sowohl bezüglich des Tageslichts als auch hinsichtlich der Belüftung ergänzen. Gebäudeteile, die höher als 3,5 m sind entstehen idR dann, wenn **Gartenhofhäuser mit geneigten Dächern** konzipiert werden. Dagegen dürften aus Sicht der Ortsbildgestaltung keine grundsätzlichen Bedenken bestehen. Etwas anderes kann sich ergeben, wenn in einer einheitlich gestalteten Flachdachsiedlung nachträglich auf eines der Gartenhofhäuser ein steiles Satteldach aufgesetzt werden soll, das wegen seiner Höhe aus dem Rahmen fällt und durch seine unangemessene Auffälligkeit das Ortsbild beeinträchtigen kann.

Ob Gemeinden aus gestalterischen Gründen für Gartenhofhäuser generell **geneigte Dächer durch örtl. Bauvorschrift** über Gestaltung (§84 Abs. 3 Nr. 1) vorschreiben können, erscheint wegen des gesetzlich festgeschriebenen Erfordernisses der Nachbarbeteiligung und der erforderlichen Berücksichtigung der schützenswerten nachbarlichen Belange (§68 Abs. 2) äußerst fragwürdig. Verneint werden muss dies, wenn dadurch Grenzabstände unterschritten werden. Die Satzung würde dem Bauherrn uU etwas Unmögliches aufgeben, weil er – bei Weigerung des Nachbarn – nicht in der Lage wäre, entsprechend den Festsetzungen der Satzung zu realisieren. 227

d) Zulässigkeit von Gebäuden oder Anlagen ohne oder mit einem bis auf 1 m verringertem Abstand (Abs. 8 S. 2)

Für die in Abs. 8 Satz 2 im Einzelnen aufgeführten Anlagen werden ausdrücklich Abweichungen von den allgemeinen Abstandsbestimmungen zugelassen. Es versteht sich von selbst, dass sich die Abweichungen des Abs. 8 nur auf die Abstände der Gebäude bzw. Anlagen erstrecken; sie müssen im Übrigen anderen Anforderungen entsprechen, wie zB denen über die Gestaltung (§ 10), über die Ausführung baulicher Anlagen für Kfz (§46) uam. 228

Die genannten Gebäude in Abs. 8 Satz 2 sind solche bauliche Anlagen, die entsprechend §19 Abs. 4 BauNVO (Fassungen 1962 bis 77), §20 Abs. 4 BauNVO 1990 und §23 Abs. 5 BauNVO (alle Fassungen) „nach Landesrecht in den Abstandsflächen (seitlicher Grenzabstand oder sonstige Abstandsflächen) zulässig sind oder zugelassen werden können". Für das Bauplanungsrecht folgt daraus, dass diese Gebäude (zB **Garagen** in den Grenzen des Abs. 8) auch **in den nicht überbaubaren Flächen** zugelassen werden können, wenn im B-Plan nichts anderes festgesetzt ist. Dabei erfasst das planungsrechtliche Entgegenkommen auch Nebenanlagen, die sich nicht an die Beschränkungen des Abs. 8 S.2 halten. Garagen mit einer Höhe von mehr als 3,00 m werden jedoch im § 12 BauNVO gesondert behandelt und so müsste man auf das Instrument der Befreiung gem. §31 Abs. 2 BauGB zurückgreifen, sollen sie außerhalb der überbaubaren Fläche angeordnet werden. 229

Die Regelungen des Abs. 8, die eine recht weit reichende Grenzbebauung zulassen, stellen eine **zulässige Inhaltsbestimmung des Eigentums** dar, weil sie nicht nur die Baufreiheit des Bauherrn, sondern auch die des Nachbarn erweitern (BVerwG 14.6. 1968 – IV C 13.66, BRS 20 Nr. 9). Das BVerwG hat früher eine enteignende Wirkung einer Baugenehmigung für einen Grenzbau für möglich gehalten, wenn die Genehmigung für den Nachbarn schwer wiegende und unzumutbare Nachteile mit sich bringt, weil er sich in der baulichen Gestaltung seines Grundstücks aufgrund älterer, ihn stärker einengender Rechtsvorschriften auf die Beibehaltung eines Grenzabstands eingerichtet hat und selbst von der Neuregelung keinen Vorteil mehr hat (BVerwG aaO). Da nach der Rechtsprechung des BVerfG (12.6.1979 – 1 BvL 19/76, DVBl 1980, 158; sowie 15.7. 1981 – 1 BvL 77/78, DVBl 1982, 340) die Enteignung nach Art. 14 Abs. 3 GG auf Vorgänge der Güterbeschaffung beschränkt ist, scheitern gleichheitswidrige und unzumutbare Auswirkungen von Normen, die im Regelfall eine zulässige Inhaltsbestimmung des Eigentums darstellen, nicht an Art. 14 Abs. 3 GG, sondern an Art. 14 Abs. 1 GG: eine im Einzelfall unzumutbare Belastung des Nachbargrundstücks durch eine Grenzbebauung könnte nur durch eine Geldleistung kompensiert werden, die die Entwertung des Nachbargrundstücks ausgleicht (vgl. dazu auch → Rn. 232). 230

Da die NBauO in §5 Abs. 8 generell eine Aussage darüber enthält, in welchem Umfang der Gesetzgeber bei Gebäuden dieser Art eine Grenzbebauung in der offenen Bauweise für vertretbar hält, kann davon ausgegangen werden, dass die Errichtung eines solches Gebäudes, sei es verfahrens-, genehmigungsfrei oder über Baugennehmigung, rechtmäßig ist, wenn es materiell sowohl dem Bauplanungsrecht als auch dem Bauordnungsrecht entspricht, und es die Rechte des Nachbarn in aller Regel nicht unzumutbar einschränkt. Denn für alle in Abs. 8 zugelassenen Grenzbebauungen bestimmt die NBauO, 231 welches Ausmaß diese haben dürfen. Sie begrenzt das Ausmaß auch so, dass die Grenzbebauung in aller Regel die betroffenen Nachbarn nicht unzumutbar belastet.

232 Die Übereinstimmung einer Grenzgarage mit den Abstandsvorschriften schließt einen Widerspruch zu planungsrechtlichen Vorschriften im Einzelfall nicht aus. Eine Grenzgarage, die den kleinen Garten- und Terrassenbereich eines benachbarten schmalen Reihenhausgrundstücks abriegelt, kann unzulässig sein, obgleich die Grenzgarage die Maße des Abs. 8 (maximal an einer Grenze von 9,0 m) nicht überschreitet. Die Tatsache, dass eine Grenzgarage nach Abs. 8 zulässig ist, schließt nicht aus, dass sie sich nach den in § 34 Abs. 1 BauGB genannten Kriterien – insbesondere dem Maß der baulichen Nutzung, der Bauweise und der Grundstücksfläche, die überbaut werden soll – nicht in die vorhandene Bebauung einfügt (BVerwG 23.5.1986 – 4 C 34.85, DVBl 1986, 1271). Im Übrigen ergibt sich aus der mit § 34 Abs. 2 BauGB bewirkten Gleichstellung geplanter und faktischer Baugebiete iSd BauNVO auch hinsichtlich der Art der baulichen Nutzung ein identischer Nachbarschutz wie in den ausgewiesenen Baugebieten (BVerwG 16.9.1993 – 4 C 28.91, BauR 1994, 224).

233 In einem Baugebiet kann eine solche Garage in besonderen Fällen gegen das **Verbot unzumutbarer Belästigungen** nach § 3 Abs. 1 S. 2 verstoßen (→ § 3 Rn. 27 ff.). Die Annahme, dass hier ein Verstoß gegen das Rücksichtnahmegebot entsprechend § 15 BauNVO gegeben sein könnte, wie das OVG Lüneburg (13.12.1985 – 6 A 106/85, nv) meinte, dürfte nach der neueren Entscheidung des BVerwG (16.3.1995 – 4 C 3.94, BRS 57 Nr. 175), wonach § 15 Abs. 1 S. 1 BauNVO nur die Art der baulichen Nutzung betrifft und nicht auf Bauweise und überbaubare Fläche anwendbar ist, wohl nicht mehr zutreffen.

234 § 3 enthält **kein generelles Gebot der Rücksichtnahme** etwa des Inhalts, Grenzgaragen so zu platzieren, dass sie den Nachbarn am wenigsten stören. Mit Abs. 8 Satz 2 Nr. 1 hat der Gesetzgeber entschieden, dass Garagen auf der Grenze errichtet werden dürfen. Dem kann nicht entgegengehalten werden, es sei rücksichtslos, dieses vom Gesetzgeber eingeräumte Privileg auszunutzen, wenn an anderer Stelle auf dem Grundstück ein besser geeigneter **Alternativstandort** vorhanden ist. Abs. 8 stellt es dem Bauherrn grundsätzlich frei, an welcher Grenze er das Privileg in Anspruch nehmen will. Entsprechendes gilt im wechselseitigen Verhältnis für den Nachbarn. Abs. 8 macht die Grenzbebauung nicht von der Größe des Nachbargrundstücks abhängig (OVG Lüneburg 23.12.1998 – 1 M 5527/98, nv). Aus dem planungsrechtlich begründeten Gebot nachbarlicher Rücksichtnahme kann keine Pflicht zur Prüfung von Alternativstandorten hergeleitet werden (BVerwG 13.10.1998 – 4 B 93.98, BRS 60 Nr. 69). Ergibt die Prüfung, dass die Belastungen an dem vom Bauherrn gewählten Standort für den Nachbarn zumutbar sind, dann muss er die bauliche Anlage auch dann hinnehmen, wenn es einen besseren Alternativstandort gibt. Allerdings verbietet es § 3, von der Vergünstigung in einer Weise Gebrauch zu machen, die sich in Bezug auf das Nachbargrundstück als besonders schikanös erweist (→ § 3 Rn. 30 ff.). So erweist sich selbst bei einer offenkundig unter fehlerhafter Befreiung zugelassenen Grenzgarage das Berufen auf den Nachbarschutz nur dann erfolgreich, wenn eine nachbarschützende Vorschrift betroffen ist oder das Gebot der Rücksichtnahme verletzt wurde (OVG Münster Beschluss 20.4.2017 – Az.: 7 A 697/16 –).

e) Die bevorzugten Anlagen nach Abs. 8 Satz 2 Nr. 1

235 Die Vorschriften des Abs. 8 Satz 2 Nr. 1 und 2 gelten **nur für die** dort **ausdrücklich genannten Anlagen** (also Garagen und Gebäude ohne Aufenthaltsräume und Feuerstätten sowie Solaranlagen) und nur dann, **wenn** ihnen n**icht andere öffentlich-rechtliche Bauvorschriften entgegenstehen** (vgl. OVG Münster 22.1.1998 – 11 A 509/96, BauR 1998, 1008, zu einer Grenzgarage im nicht überbaubaren Vorgarten).

f) Verhältnis zu anderen Bauvorschriften

Die **Zulässigkeit von Garagen** – gleichgültig, ob mit oder ohne Grenzabstand – ist zunächst eine **planungsrechtliche Frage**. Maßgebend sind insoweit die diesbezüglichen Vorschriften des BauGB und der BauNVO, die die städtebaulichen Vorschriften der RGaO abgelöst haben. Schließen die Festsetzungen eines B-Planes ausdrücklich Nebenanlagen oder Garagen an der Grenze aus oder sind auf dem Baugrundstück Garagen zugunsten einer Gemeinschaftsanlage ausgeschlossen, so sind die Bestimmungen des Abs. 8 Satz 2 nicht anwendbar. **236**

Garagen sind bauplanungsrechtlich nach § 12 Abs. 1 BauNVO (alle Fassungen) **in allen Baugebieten zulässig**, allerdings in Kleinsiedlungsgebieten, reinen Wohngebieten, allgemeinen Wohngebieten und in Sondergebieten, die der Erholung dienen (Wochenendgebiete, Ferienhausgebiete und Campingplatzgebiete), nur für den durch die zugelassene Nutzung des Baugrundstücks verursachten Bedarf, also nur Garagen mit notwendigen Einstellplätzen iSv § 47. Die in § 12 Abs. 3 BauNVO (alle Fassungen) für bestimmte Baugebiete als unzulässig erklärten Typen von Kfz (Lastkraftwagen, Kraftomnibusse und Kfz über 3,5 Tonnen) dürften, in Anbetracht ihrer Größe, im Rahmen des Abs. § 5 Abs. 8 NBauO ohnehin keine Rolle spielen. **237**

Gebäude ohne Aufenthaltsräume und Feuerstätten nach Abs. 8 Satz 2 Nr. 1 sind zB kleine technische Gebäude wie Schalt-, Verteiler- oder Pumpenhäuschen, die nach **§ 14 Abs. 2 BauNVO** als **Nebenanlagen** ausnahmsweise zugelassen werden können. Gebäude nach Abs. 8 Satz 2 Nr. 1 sind zB auch kleine Schuppen für Gartengeräte, Tee- oder Gartenhäuschen, überdachte Terrassen, Hobbygewächshäuser, Kleintierställe, Bienenhäuschen etc, die als Nebenanlagen zB zu Wohnhäusern nach § 14 Abs. 1 BauNVO allgemein zulässig sind, sofern ein B-Plan nichts anderes festsetzt. **238**

Bei den Gebäuden nach Abs. 8 handelt es sich um solche, die nach **§ 23 Abs. 5 BauNVO** auf den **nicht überbaubaren Grundstücksflächen**, also auch in den seitlichen Abstandsflächen der offenen Bauweise nach § 22 Abs. 2 BauNVO, zugelassen werden können. Daher geraten Garagen und sonstige Gebäude ohne Feuerstätten und Aufenthaltsräume nicht in Widerspruch zur offenen Bauweise, wenn sie zwischen einem Abstand haltenden Gebäude und der Grenze im seitlichen Freiraum früher: Bauwich) errichtet werden. **239**

§ 23 Abs. 5 BauNVO überlässt die Zulassung von Nebenanlagen und von nach Landesrecht in den Abstandsflächen zulässigen baulichen Anlagen außerhalb der überbaubaren Grundstücksflächen der planerischen Entscheidung der Gemeinde (BVerwG 16.2.1998 – 4 B 2.98, BRS 60 Nr. 122). Hat die Gemeinde davon in einem B-Plan Gebrauch gemacht und Gebäude nach Abs. 8 Satz 2 Nr. 1 NBauO nicht ausgeschlossen, dann können diese nicht nur in den Abstandsflächen (ohne oder bis auf 1 m verringerten Grenzabstand), sondern auch in der übrigen nach Planungsrecht nicht überbaubaren Grundstücksfläche (mit Grenzabstand) zugelassen werden. Dabei beschränkt der Wortlaut des § 23 Abs. 5 S. 2 BauNVO („... **soweit ... nach Landesrecht ... zulässig ...**“) diese Gebäude ihrer Art nach und wohl auch nach ihrer Größe und Anzahl auf solche, die nach Abs. 8 ohne Abstand an der Grenze zulässig sind. Über diese Beschränkung erreicht das Planungsrecht, dass in der nicht überbaubaren Fläche außer den Nebenanlagen nur solche Gebäude zugelassen werden, die hinsichtlich ihrer Funktion und Anordnung auf dem Baugrundstück von geringerer städtebaulicher Bedeutung sind. Betroffen sind alle Nebenanlagen, auch wenn sie nicht unter das Privileg des Abs. 8 S. 2 fallen, Garagen dagegen nur, wenn sie sich an die Höhenbeschränkung von 3,00 m halten. **240**

§ 5 Abs. 8 regelt nur den Grenzabstand, die **Zulässigkeit des Garagenstandorts** auf dem Baugrundstück richtet sich im Übrigen nach § 3 (Allgemeine Anforderungen) § 4 (Erreichbarkeit von der öffentlichen Straße) und nach § 46. Zur Frage, was der Nachbar an Belästigungen durch Kfz-Verkehr von und zur Garage hinnehmen muss s. § 46 Rn. 56 ff. Die neue Garagen- und Stellplatzverordnung (GaStplVO) stellt an den Standort der hier **241** behandelten Kleingaragen keine weiteren Anforderungen (ausgenommen § 2 Abs. 1 S. 1 GaStplVO hinsichtlich 3 m Zu- und Abfahrtslänge vor Garagen).

242 Die Regelungen des Abs. 5 beziehen sich auf die **Grenzen des Baugrundstücks** iSv § 2 Abs. 12. Ist das Baugrundstück aus mehreren Grundstücken durch eine Vereinigungsbaulast zusammengesetzt, so beziehen sich die Regelungen nur noch auf die äußeren Grenzen des (zusammengesetzten) Baugrundstücks. Das hat zur Folge, dass die Vergünstigung des Abs. 8 für die zu einem Baugrundstück zusammengeschlossenen Grundstücke insgesamt nur einmal in Anspruch genommen werden kann. Daher können Grundstücke mit Grenzgebäuden nach Abs. 8 nicht durch eine Baulast nach § 4 zu einem Baugrundstück vereinigt werden, wenn dadurch ein baurechtswidriger Zustand dadurch eintreten würde, dass als Folge die Maßbeschränkung entsprechend § 5 Abs. 8 S. 2 und 3 überschritten würde. Auf die „inneren" Grenzen der vereinigten Grundstücke finden die Grenzabstandsvorschriften keine Anwendung, weil sie durch die Rechtswirkung der Vereinigungsbaulast öffentlich-rechtlich keine Bedeutung mehr haben.

243 Die Regelungen des Abs. 8 beziehen sich auch auf **gedachte (fiktive) Grenzen** iSv § 6 Abs. 2. Hat sich ein Grundstückseigentümer im Rahmen einer Abstandsbaulast zu Gunsten des Nachbarn ohne Einschränkung verpflichtet, mit seinen baulichen Anlagen Abstand von der gedachten Grenze zu halten, dann darf sein Grenzgebäude nach Abs. 8 nur bis an die gedachte Grenze heranrücken, nicht jedoch darüber hinaus bis an die Eigentumsgrenze seines Buchgrundstücks, im Übrigen → § 4 Rn. 43 ff. Der Begünstigte ist dagegen meist schon aus privatrechtlichen Gründen daran gehindert, an die auf die eine fremde Liegenschaft verschobene fiktive Grenze anzubauen. Läge das Gebäude auch noch über der der Grenze verschiedener Buchgrundstücke, die nicht durch eine Vereinigungsbaulast zu einem Baugrundstück vereinigt worden sind, käme der Verstoß gegen § 4 Abs. 4 hinzu. Daher ist es empfehlenswert, die Baulasterklärung mit einer Ergänzung zu versehen, die solche Unstimmigkeiten auszuschließt. Soll bei einem die Grenzlänge von 9,00 m überschreitende Gebäude die Überlänge durch eine Abstandsbaulast ausgeglichen werden, ist der Verlauf der fiktiven Grenze entspr. Abs. 1 S. 1 durch Abrundungen seitlich der Abstandsfläche zu ergänzen (→ § 6 Rn. 28, Abb. 2a).

244 Die Abstandsvergünstigung des Abs. 8 kann auch für ein Gebäude an der **Grenze zur Verkehrsfläche** einer öffentlichen Straße in Anspruch genommen werden. „Bezugsgrenze" ist dann nicht die Baugrundstücksgrenze zur Straße sondern die Mittellinie der (Straßen-)Verkehrsfläche nach § 6 Abs. 1. Beträgt der Abstand des Grenzgebäudes zur Mittellinie mehr als 3 m und hält es damit den Regelabstand nach § 5 Abs. 2 ein, dann ist die auf Grenzgebäude beschränkte Abstandsvergünstigung des Abs. 8 nicht verbraucht und kann an anderer Stelle (auch für ein Grenzgebäude gleicher Art) in Anspruch genommen werden.

245 Liegt das Grundstück, auf dem ein Gebäude nach Abs. 8 an die Grenze gesetzt werden soll, im unbeplanten Außenbereich, dann muss der Bauherr das so genannte Anwende- oder **Schwengelrecht** beachten, das dem benachbarten Landwirt ermöglichen soll, seinen an das Baugrundstück angrenzenden Acker direkt bis an die Grenze zu bearbeiten, wobei die Überhänge der Arbeitsmaschinen (früher der Schwengel des Pferdegespannes) über die Grenze ragen dürfen. Nach dem **Nds. Nachbarrechtsgesetz** (§ 61 Abs. 1) müssen daher Gebäude im Außenbereich von landwirtschaftlich oder erwerbsgärtnerisch genutzten Grundstücken einen Abstand von mindestens 2 m einhalten. Das gilt auch für Gebäude nach Abs. 8. Lediglich Gebäudeteile dürfen in diesen Abstandsbereich hineinragen, wenn der Nachbar zugestimmt hat (§ 61 Abs. 2 NachbarrechtsG. Diese Forderung nach Grenzabstand ist nicht öffentlich-rechtlicher Natur, weil das Nds. Nachbarrechtsgesetz keine Vorschrift des öffentlichen Rechts iSv § 2 Abs. 16 ist, sondern als Privatrecht unberücksichtigt bleibt. Ist der Bauherr privatrechtlich daran gehindert, ein Gebäude nach Abs. 8 ohne Abstand an die Grenze zu bauen, kann die BauAB die beantragte Genehmigung mangels Sachbescheidungsinteresses versagen (s. → § 70 Rn. 32 ff., → Rn. 53). Denn auf eine Baugenehmigung könnte sich der Bauherr gegenüber seinem Grenznachbarn nicht berufen, weil sie unbeschadet privater Rechte erteilt wird. Umgekehrt kann aus demselben Grunde der betroffene Grenznachbar mit seinem auf § 61 NachbarrechtsG gestützten Abwehranspruch gegen die Grenzbebauung nicht die Baugenehmigung zu Fall bringen, die zwar im Widerspruch zum NachbarrechtsG steht, nicht aber zum öffentlichen Baurecht (§ 2 Abs. 16).

g) Die Anlagen nach Abs. 8 Satz 2 Nr. 1

Abs. 8 Satz 2 Nr. 1 nennt hier in erster Linie **Garagen,** schließt aber **Gebäude ohne Aufenthaltsräume und Feuerstätten** mit ein. Gegenüber § 12 Abs. 1 aF ist die dort expressis verbis enthaltene numerische Begrenzung auf jeweils *eine* Garage oder *ein* aus mehreren aneinander gebauten Garagen bestehendes Garagengebäude entfallen. Entfallen ist auch die Größenbeschränkung der Grundfläche von „Grenz"-Garagen auf höchstens 36 m^2. Das darf aber nicht den Schluss zulassen, es gäbe keine Begrenzung der Grundfläche der Garagen mehr. Die nachstehenden Begrenzungs-Regelungen dürften eine festgeschriebene Größe der „Grenz"-Garagen überflüssig gemacht haben. Daher ist weiterhin die „Kombination" einer Garage mit anderen Räumen zulässig, die nicht Aufenthaltszwecken dienen (wie OVG Lüneburg Beschluss 10.5.2000 – 1 M 1634/00). Dabei muss das Gebäude insgesamt nicht von der Garagennutzung dominiert sein (anders aber bezogen auf das Landesrecht eingeschränkt OVG Schleswig Urteil 21.4.2016 – 1 LB 10/15 –). Entscheidend ist, dass (Neben-)Räume keine Feuerstätte enthalten und nicht zum dauernden Aufenthalt von Menschen bestimmt und geeignet sind (OVG Koblenz Beschluss 26.10.2016 – 1 A 10530/16 – BauR 2017, 920). 246

Das Privileg kannn nicht in Anspruch genommen werden, wenn Zugang zu weitern Räumen desselben Gebäudes oder zu angebauten Gebäuden mit Feuerstätten geschaffen wird. Das Abstandsprivileg entfällt, sobald zwischen einer Garage und angebundenem Wohnhaus eine Verbindungstür geschaffen ist (OVG Lüneburg Beschluss 4.1.1989 1 M 116/89 nv; OVG Koblenz Urteil 25.6.2009 – 1 A 10050/09 – GV/RP 2009, 657–662). Das gilt jedoch nicht, wenn auf dem Dach der Garage eine vom Hauptgebäude aus zugängliche Terrasse angelegt wird. Anders als der VGH Mannheim (Urteil 20.9.2016 – 11 S 2017/14VBlBW 2017, 284–288) hat das OVG Lüneburg verdeutlicht, es allein darauf ankommt, ob die Garage für sich und die Terrasse als Teil des Wohnhauses die Abstandsvorschriften einhalten (8.5.2018 a.a.O.). 247

Geblieben ist die Vorschrift – nunmehr Abs. 8 Satz 3 –, dass bauliche Anlagen nach Satz 2 den Abstand auf eine **Gesamtlänge von 9 m je Grundstücksgrenze** und ergänzend **auf einem Baugrundstück insgesamt nun nur auf eine Länge von 15 m** unterschreiten dürfen. Diese Beschränkungen pro Baugrundstück gewährleisten, dass die planungsrechtliche Regelung der offenen Bauweise nicht durch eine Vielzahl von Nebengebäuden ohne Grenzabstand in Frage gestellt wird. Sie dient auch dem Schutz des Nachbarn vor übermäßiger Grenzbebauung. „Die Beschränkungen sollen den – auch bauordnungsrechtlich relevanten – ‚Einmauerungseffekten' vorbeugen. Unterschreitet eine bauliche Anlage den Abstand an mehreren Grundstücksgrenzen, gehen alle diese Grenzen in die Berechnung der Gesamtlänge ein" (BegrRegE S. 73). Dabei erfasst die Länge alle zugehörigen Bauteile einschl. von Dachüberständen, die ansonsten bei der Ermittlung von Grenzabständen unbeachtlich blieben (Abs. 3 Ziff. 1). 248

Die **Höhenbegrenzung** auf 3 m ist beibehalten worden, wobei die Maximalhöhe gemessen von der Grundstückoberfläche und nicht wie in anderen Bundesländern der Mittelwert entscheidend ist. Bezug ist hierbei auf die gewachsene Geländeoberfläche innerhalb des 3,0 m-Abstandsbereichs zu nehmen und nicht auf die Geländeverhältnisse des direkt an die Gragenwand anschließenden Nachbargrundstücks (VGH Mannheim Beschluss 30.06.2016 – 3 S 968/1 – NVwZ-RR 2017, 6). Aufschüttung können Abs. 8 NBauO nur berücksichtigt werden, wenn durch sie Geländeoberfläche dadurch an die vorhandene oder genehmigte Geländeoberfläche des Nachbargrundstücks angeglichen wird. In einem vom VG Hannover entschiedenen Streitfall war nicht die gewachsene Geländeoberfläche auf dem Grundstück des Bauherrn unterhalb einer Betonplatte, sondern 249 vielmehr die Geländeoberfläche in Höhe der Oberkante des Fundaments der Garage des klagenden Nachbarn maßgeblicher Bezugspunkt für die Bestimmung der zulässigen Höhe (Urteil 12.5.2010 – 12 A 4053 –). Bei hängigem Gelände darf sogar unter Anwendung des § 66 eine größere Höhe auch ohne nachbarliche Zustimmung beansprucht werden, wenn sich eine Garage zum Nachweis des notwendigen Einstellplatzes nur unter Schwierigkeiten verwirklichen ließe (OVG Lüneburg Beschluss 10.3.2008 – 1 LA 38/07). Baugestalterische Absichten schließen wohl das Zulassen einer Abweichung nicht aus, das Ermessen der BauAB wäre jedoch nur bei Vorliegen zwingender Forderungen beispielsweise durch eine „Gestaltungssatzung" auf Null reduziert (vergl. OVG Lüneburg 27.6.2018 a.a.O.).

250 Die Beschränkung der Gesamtlänge von maximal 9,00 m, bei Inanspruchnahme mehrerer Grundstücksgrenzen auf 15,0 m ist von den Privilegierungsvoraussetzungen hinsichtlich der Höhe und Art der Nutzung abgekoppelt worden. Die nicht ganz eindeutige Formulierung meint nicht die Berechtigung, den Grenzabstand auf einer Länge bis zu 9,0 m unterschreiten zu dürfen und erfasst auch nicht die Länge des Gebäudes. Gemeint ist vielmehr die Projektion der maximalen Länge der sich innerhalb des Grenzabstandsbereichs von 3,0 m befindlichen Grundfläche auf den Verlauf der Grundstücksgrenze (Abb. 30a). Von einer derartigen Projektion kannn nicht ausgegangen werden, stößt ein privilegiertes Gebäude nur mit seiner Ecke an die Winkelspitze zweier ab 270° in das Grundstück hineinragenden Grundstückgrenzen. Das Urteil des VG Braunschweig (12.10.2015 – 2 A 10/15 – nv ist daher angreifbar; Abb. 30b).

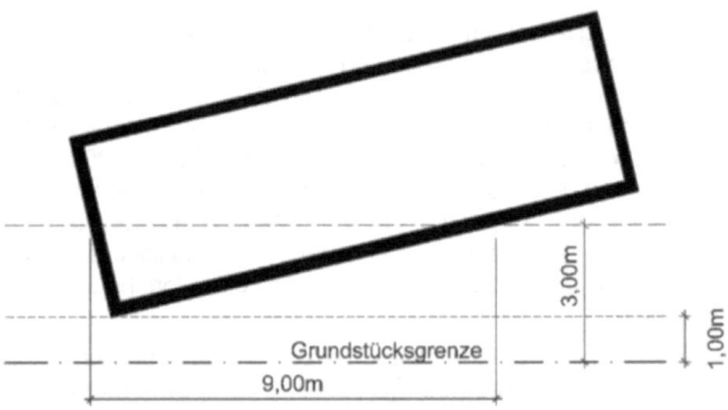

Abb. 30a:
Das Gebäude entspricht den Anforderungen des § 5 Abs. 8 Satz 3, da es die Gesamtlänge von 9,0 m zur Grundstücksgrenze nicht überschreitet.

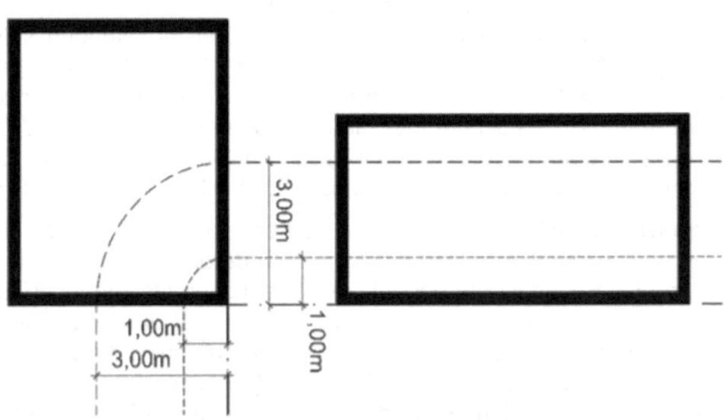

Abb. 30b:
Das Gebäude 2 darf unter der Voraussetzung des § 5 Abs. 8 Satz 2 den Grenzabstand von 3,0 m unterschreiten. Es verbraucht allerdings nicht die zulässige Gesamtlänge von 9,0 m an einer Grundstücksgrenze (§ 5 Abs. 8 S. 3).

Die Einschränkung der Grenzbebauung gilt auch für die „Außengrenzen" eines **durch Baulast zusammengelegten Baugrundstücks** nach §2 Abs. 12 S. 2, weil im bauordnungsrechtlichen Sinn die inneren Grenzen nicht mehr vorhanden sind (OVG Lüneburg Urteil 26.08.200 -1 LB 298/03- openJur 2012, 41842). Nicht ausgeschlossen wäre allerdings, über die Baulasterklärung das Privileg der baulichen Anlagen des Abs. 8 S. 2 aufzunehmen. Käme es allerdings dadurch wegen möglicher Bebauungsdichte zu einer nicht mehr hinnehmbaren Einschränkung nachbarlicher Schutzansprüche, müsste die BauAB die Eintragung der Baulast zurückweisen. 251

Umgehung der Beschränkung? Wird ein wirtschaftlich einheitlich genutztes Grundstück allein deshalb in zwei Buchgrundstücke geteilt, um die vorstehenden Beschränkungen zu unterlaufen, ist die Baugenehmigung für ein Nebengebäude auf dem abgeteilten Flurstück wegen missbräuchlicher Inanspruchnahme der Grenzabstandsvorschriften rechtswidrig (OVG Lüneburg 26.2.2004 – 1 L 210/03, BauR 2004, 1274). Allerdings ist nicht jede Grundstücksteilung, die mit dem Zwecke vorgenommen wird, der in Abs. 8 Satz 2 enthaltene Beschränkungen zu entgehen, rechtsmissbräuchlich und daher dem Nachbarn gegenüber unwirksam. Dafür kommt es vielmehr auf die Umstände des Einzelfalls, namentlich darauf an, ob die Interessen des Nachbarn an ausreichender Besonnung, Belichtung, Belüftung und Wahrung des Wohnfriedens nach den konkreten Verhältnissen unangemessen hintangestellt werden (OVG Lüneburg 7.3.2005 – LB 174/04 –, hier verneinend zu einer Abtrennung und Verselbständigung eines ca. 350 m^2 großen Grundstücksteils). 252

Zunächst würde ein von drei Grundstückgrenzen eingeschlossenes Garagengebäude in den Abmessungen von 3,0 x 6,0 m den Forderungen des Abs. 8 S. 2 genügen und das Bilden einer Garagenzeile aus zusammengesetzten Grundstücken nicht von vorneherein regelwidrig (OVG Nds Urteil 7.3.2005 – 1 LB 174/04 – BauR 2006, 572). Die Folgen missbräuchlicher Anwendung werden besonders deutlich, wenn zur Umgehung der Beschränkungen **„isolierte" Baugrundstücke in Garagengröße** an der Nachbargrenze gebildet werden, um sie anschließend ohne Grenzabstand bebauen zu können. Daher muss die weit verbreitete Praxis, Abs. 8 auch auf Garagengrundstücke anzuwenden, die nicht größer sind als die Grundfläche der Garage selbst, in Frage gestellt werden. Für diese Auffassung spricht allein der Umstand, dass Garagen in den Abmessungen nach Abs. 8 auf Grundstücken so groß wie die Garage selbst nicht in Widerspruch zu der längen- und größenmäßigen Beschränkung an der Grenze geraten können (so Barth/Mühler §5 Rn. 158). 253

Gegen diese Auffassung sprechen der **Sinn und Zweck dieser Regelung**, die ihren Ursprung in der Reichsgaragenordnung hat (RGaO v. 17.2.1939 RGBl. I S. 219). Deren Ziel war es, den ruhenden Verkehr von der Straße – dem Verursacherprinzip folgend – auf das Baugrundstück der Hauptnutzung zu verlegen. Dazu konnte die BauAB Kleingaragen als Zubehör (§11 RGaO) zur Wohnnutzung an der Nachbargrenze (§13 Abs. 4a RGaO) bzw. in den seitlichen Abstandsflächen (Bauwich) zwischen Grenze und Hauptgebäude auch gegen den Willen des Nachbarn (§13 Abs. 5 RGaO) zulassen. Dieser Verzicht auf Grenzabstand sollte auch bei beengten Grundstücksverhältnissen noch die Errichtung einer Garage ermöglichen und wurde aus eben diesen Gründen in die heutigen Landesbauordnungen übernommen. Dabei wurde nie in Zweifel gezogen, dass es sich bei diesen privilegierten Grenzgaragen analog zur RGaO nur um solche handeln kann, die als Zubehör zur Hauptnutzung zusätzlich auf dem jeweiligen Baugrundstück errichtet werden. So hat das wohl auch der 6. Senat des OVG Lüneburg in seiner Entscheidung vom 7.5.1980 (– 6 A 171/78, nv) gesehen, der u.A. darauf abstellt, ob durch die Teilung ein selbständiges Baugrundstück entsteht, auf dem eine Grenzgarage nach §12 Abs. 1 aF zulässig wäre; denn als einer Verselbständigung zugängliches Grundstück iSd (jetzt) §2 Abs. 12 könne nur ein solches angesehen werden, dessen Ausnutzung den Anforderungen des Gesetzes entspreche und das daher Raum für ein Haupt- sowie für ein Nebengebäude biete. Der 1. Senat des OVG Lüneburg 27.12.1996 – 1 M 6717/96, BRS 58 Nr. 121 hat die Begründung in Frage gestellt und zur Miss- 254 brauchsproblematik auf die weiteren planungsrechtlichen Zulässigkeitsschranken verwiesen. Diese greifen jedoch idR (noch) nicht, wenn „isolierte“ Garagengrundstücke abgeteilt werden, um den Beschränkungen zu entgehen.

255 Anders verhielte es sich, wenn der Bebauungsplan besondere Flächen für Sammelgaragen festsetzt, die dann auf Einzelgrundstücken über Baulastverpflichtung den zugehörigen Baugrundstücken zugeordnet werden. Die Einwirkungen einer möglichen Grenzbebauung durch eine sich bildende Garagenzeile sind im Abwägungsvorgang einzuschätzen und zu gewichten. Die maximalen Bebauungsmöglichkeiten würden die Abmessungen der Garagen auf 6,00 × 3,00 m beschränken.

256 **Anwendung des Abs. 1 auf Grundstücke in Garagengröße?** Eine Anwendung, bei der die Schutzfunktion der Beschränkung wirkungslos bleibt, ist systemwidrig, wie überhaupt in dem Grenzabstandssystem der NBauO mit seiner grundsätzlichen Abstandspflicht eine Gesetzesauslegung systemwidrig erscheint, die die Anwendung einer Abstandsregelung auf Grundstücke für zulässig erachtet, die von vornherein so klein geschnitten sind, dass auf ihnen kein Abstand gehalten werden kann. Daher wird man die Vergünstigung des § 5 Abs. 8 idR zumindest für Garagen und sonstige Gebäude auf solchen Grundstücken ausschließen müssen, die nicht größer sind als die Gebäude selbst. Nicht ganz eindeutig ist der Widerspruch zum Bauordnungsrecht, beschränkt sich die Abmessung auf Gragengebäude einschl. erforderlicher Vorfläche. Wird jedoch ein Grundstück mit der Absicht geteilt, um die Beschränkungen des Abs. 8 S. 2 zu unterlaufen, ist eine Baufreigabe für eine privilegiertes Vorhaben, sei es über Baugenehmigung sei es über das Anzeigeverfahren (§ 62), zweifelhaft (OVG Lüneburg Beschluss vom 26.02.2004 – 1 LA 210/03 – openJur 2012, 41044, siehe aber auch ders. 7.3.2005 a.a.O.).

257 Alle Gebäude der in Absatz 8 Satz 2 Nr. 1 genannten Art, also Garagen und sonstige Gebäude ohne Feuerstätten und Aufenthaltsräume, können auch ohne Inanspruchnahme des Abs. 8 Satz 2 Nr. 1 auf der Grenze errichtet werden, nämlich dann, wenn es sich um **Fallgestaltungen des § 5 Abs. 5** handelt. Der Gesetzgeber hat aber ausschließen wollen, dass – wie nach der NBauO 1973 noch möglich – in diesen Fällen mit der Vergünstigung des § 5 Abs. 8 S. 2 weitere Grenzbebauungen stattfinden. Daher bestimmt Abs. 8 Satz 4, dass Grenzgebäude nach § 5 Abs. 5 S. 2 bei der Anwendung der Sätze 2 und 3 anzurechnen sind. Nach der Formulierung des Gesetzestextes gilt dies umgekehrt nicht. Wenn also zuerst eine Garage nach Absatz 8 Satz 2 an einer Grenze errichtet wird, könnte danach später eine zweite Garage an einer anderen Grundstücksgrenze nach Abs. 5 Satz 2 (mit entsprechender Baulast) gebaut werden (vgl. Abb. 31). Dem lässt sich als Einwand entgegenhalten, dass die NBauO nicht, wie das BauGB, nur für „Vorhaben“ gilt. Sie fordert einen bestimmten andauernden Zustand baulicher Anlagen. Die Grenzgarage nach Abs. 8 wäre danach nur solange rechtmäßig, wie die Längenmaße nach Abs. 8 S. 3 und 4 nicht durch Grenzgaragen nach Abs. 5 überschritten werden. Da sich jedoch der Wille des Gesetzgebers, wie er in die Fassung des § 12 Abs. 1 S. 3 aF Eingang gefunden hatte, nicht geändert hat, wird die og, auch schon im Kommentar zur 8. Auflage (§ 12 Abs. 1 S. 3 aF) so niedergelegte Rechtsauffassung beibehalten. Fraglich ist ohnehin, ob sich ein Nachbar, der eine privilegierte Anlage an seiner Grenze hinnehmen muss, sich erfolgreich gegen das Hinzutreten eines weiteren Gebäudes wehren kann, welches an der Grenze eines anderen Nachbarn errichtet wird (vergl. VG Göttingen Urteil 28.6.2007 – 2 A 362/05 –).

258 Abs. 8 Satz 4 macht die Forderung nach **Anrechnung vorhandener Grenzgebäude** nicht von ihrer Länge abhängig. Daraus folgt, dass zB auch nach Absatz 8 ohne Abstand an die Grenze gebaute Garagen bzw. Gebäude ohne Aufenthaltsräume anzurechnen sind, wenn sie die Längenmaße nach Satz 3 überschreiten. Nicht einbezogen sind die schon nach § 12 Abs. 1 S. 3 aF in den Hauptbaukörper integrierte Anlagen wie auch diejenigen mit mehr als 3,00 m Höhe (siehe Anm. zu → Rn. 257). Dann entfällt nicht das Privileg zur Errichtung weiterer Grenzgebäude.

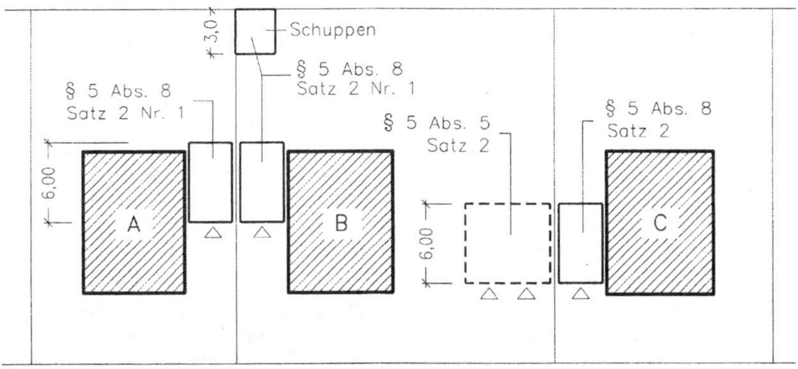

Abb. 31:
Die Nachbarn A und B haben eine gemeinsame Grenzbebauung der Garagen nach § 5 Abs. 8 Satz 1 vereinbart und dies durch eine Baulast gesichert und realisiert.

B hat darüber hinaus an derselben Grenze einen Schuppen nach § 5 Abs. 8 Satz 1 errichtet; sich dabei aber im Rahmen der Gesamtlängenbeschränkung von 9,00 m je Grundstücksgrenze gehalten.

B kann nach § 5 Abs. 5 Satz 2 eine weitere Garage an der Grenze zu C errichten weil auf dem Nachbargrundstück eine Garage ohne Abstand von der Grenze vorhanden ist. Die Gesamtlänge an Grenzbebauungen überschreitet hier nicht die insgesamt zulässige Länge von 15,00 m auf dem Baugrundstück.

Abs. 8 Satz 3 betrifft nur Gebäude, die nach Abs. 5 S. 2 bzw. einer vergleichbaren früheren Regelung ohne Abstand an eine Grenze gebaut sind. Daher sind (nur) **grenznahe Gebäude der in Satz 1 genannten Art**, die zwar nach früherem Recht zulässigerweise einen geringeren Abstand zur Grenze halten, als es die heutigen Abstandsregeln zulassen, aber eben nicht an die Grenze gebaut sind, nicht iSv Satz 3 anzurechnen, sodass zusätzlich Gebäude gleicher Art nach Maßgabe der Sätze 1 und 2 zugelassen werden können. 259

Ein an der Grenze zulässiges **Gebäude** darf auch **in einer Grundstücksecke** so errichtet werden, dass es zwei Grenzen berührt. Abs. 8 Satz 2 Nr. 1 bestimmt ausdrücklich, dass nicht nur ein einzelnes privilegiertes Gebäude wie eine Garagen oder ein anderes Gebäude ohne Aufenthaltsräume und Feuerstätten ohne Grenzabstand oder mit einem bis auf 1,00 m verringerten Abstand errichtet werden darf, sondern auch Anlagen die aus mehreren aneinander gebauten derartigen Gebäuden bestehten. 260

Dabei kann durchaus von Bedeutung sein, ob eine bereits geringfügig abknickende Grenzlinie als zwei Grenzen zu betrachten ist. Das kann optisch aus der Sicht des Nachbarn den Eindruck einer 15,0 m langen Grenzwand erwecken. Auch wenn die Definition des § 7a Abs. 1 S. 3 aF mit Wegfall des Schmalseitenprivilegs entfallen ist, sollte in solchen Fällen die Regelung vom Sinngehalt übernommen werden. Danach würden zwei benachbarte Grenzen bei der Anwendung des Abs. 8 S. 3 dann als eine Grenze gelten, wenn sie in einem stumpfen Winkel von mehr als 120 aneinander stoßen. Intensiv wären auch die Auswirkungen, wenn zwei Grenzen einen stumpfen Winkel (vom Baugrundstück betrachtet) bilden (aA Barth/Mühler zu § 5 Rn. 152). Dann können die bevorzugten Grenzgebäude das angrenzende Baugrundstück mit einer Längenausdehnung von bis zu 15 m quasi „einmauern". Ein Abwehrrecht könnte unter Berufung auf das Gebot der Rücksichtnahme erfolgreich eingefordert werden, wenn durch derartig extensives Ausnutzen der Regelung des Abs. 8 Satz 2 Nr. 2 sich die Belichtungsverhältnisse für ein grenznahes Hauptgebäude schwer und unerträglich verschlechtern. Leider hat der Gesetzgeber es unterlassen, die noch im Entwurf vorgesehene Regelung in die Änderung der NBauO 2018 aufzunehmen, nach der mit einem Winkel von mehr 120° abkickende Grenzen als eine Grenze zu betrachten sind. 261

g) Solaranlagen nach Abs. 8 Satz 2 Nr. 2

262 **Neu eingeführt** hat der Gesetzgeber die Zulässigkeit von Solaranlagen im Grenzbereich. Damit soll eine Begünstigung für gebäudeunabhängige Solaranlagen in den dort genannten Abmessungen bewirkt werden, um abstandsrechtliche Hindernisse für die Nutzung regenerativer Energien zu beseitigen (BegrRegE S. 73). Solaranlagen sind danach ohne Abstand oder mit einem bis auf 1 m verringerten Abstand von der Grenze und mit nicht mehr als 3 m Höhe zulässig. Entscheidend ist aber, dass die Solaranlagen nicht Teil eines Gebäudes sind. Die Längenbegrenzung gilt für alle Ansichtsseiten und ist mit Anlagen unter Nr. 1 zusammenzurechnen.

263 Aus lichttechnischen Gründen wird es überwiegend erforderlich sein, derartige Module in einem **schrägen Winkel zum Sonneneinfall** aufzustellen. Das zwingt im Regelfall zu einem Abstand von der Grenze ab 1,00 m der Teile der Anlage, die sich oberhalb von 1,00 m der Geländeoberfläche befinden (Abs. 1 S. 2). Konflikte sind aber vorprogrammiert, wenn solch eine Solaranlage in ihrer Wirksamkeit eingeschränkt wird, sollte sie durch eine in unmittelbarerer Nähe eine ebenfalls rechtskonforme bauliche Anlage verschattet werden. Derartige Beeinträchtigung dürfte wohl kaum mit dem Vorwurf der Rücksichtslosigkeit abgeweht werden können (so VG Köln Beschluss 10.1.2011 – 23 L 1863/10 –).

264 Viele der in Abs. S. 1 Nr. 1 und S. 2 Nr. 2 genannten Anlagen korrespondieren mit im Anhang zu § 60 Abs. 1 aufgeführten Anlagen, die verfahrensfrei sind. Zu nennen wären die Einfriedungen bis zur Höhe von 2,00 m (Nr. 6.1), Stützmauern dagegen nur bis zu einer Höhe von 1,50 m; frei stehende Solarenergieanlagen und Sonnenkollektoren nach Nr. 2.3 sind den Solaranlagen nach Abs. 8 S. 2 Nr. 2 zuzuordnen. Bei Garagen würde ein volles Ausnutzen der Grenzbebauung aufgrund der Flächenbeschränkung nach Nr. 1.2 (30 m^2) immer ein von den jeweiligen Voraussetzungen abhängiges Freigabeverfahren nach sich ziehen, da die maximalmögliche Inanspruchnahme der Grundstücksgrenzen bis zu 15 m Länge eine Grundfläche von 54 m^2 ermöglicht.

265 Die bislang in den Abs. 2 und 3 des § 12 aF verankerten Ausnahmen waren differenziert auf Garagen, Gewächshäuser für den landwirtschaftlichen Betrieb und sonstige der privilegierten baulichen Anlagen bezogen. Die jetzt global formulierte Abweichungsregel des § 66 ermöglicht nur im Rahmen der Einzelfallprüfung, in Anlehnung an die bisherigen Kriterien der Ausnahmebestimmungen eine über die Grenzen des § 5 Abs. 8 S. 3 hinausgehende Bebauung zuzulassen.

K. Höhe der Geländeoberfläche (Abs. 9)

a) Vorbemerkungen

266 Der Abs. 9 übernimmt die Vorschrift des § 16 aF, wie sie gegenüber der Urfassung von 1973 im Jahre 1986 geändert wurde. Mit der Ermächtigung, bei Erfordernis die Höhe der Geländeoberfläche festzusetzen, wird der BauAB ein Ermessensspielraum eingeräumt, soweit sie dabei den Anschluss an die Verkehrsflächen u.a. berücksichtigt und nachbarliche Belange nicht unterschlägt. Die Ermächtigung im S. 3 ist im Gegensatz zur Regelung im Satz 1 nicht auf „die nach den § 5 Abs. 1 bis 8 und den §§ 6 und 7 maßgebliche Höhe der Geländeoberfläche“ beschränkt (vgl. → Rn. 201). Des Benehmens mit der Gemeinde bedarf es nicht.

267 **Festsetzung der Höhenlage im B-Plan:** Nach § 9 Abs. 3 BauGB kann für die in § 9 Abs. 1 aufgeführten Festsetzungsmöglichkeiten, soweit städtebaulich begründbar, auch die Höhenlage (der jeweils festgesetzten Bodennutzung) festgesetzt werden, zB für Gebäude oder Verkehrsflächen. Davon zu unterscheiden ist die (bauordnungsrechtliche) Festsetzung der Höhe der Geländeoberfläche nach Abs. 9 S. 3 durch die BauAB. Sie

kann als solche nicht im B-Plan festgesetzt werden (OVG Lüneburg 21.11.1985 – 6 A 92/83, nv); weil dies das BauGB, das die Festsetzungsmöglichkeiten in §9 abschließend aufzählt (vgl. BVerwG 24.4.1970 – IV C 53.67, BRS 23 Nr. 6), nicht vorsieht. Mit den (bauordnungsrechtlichen) Instrumenten der Regelung des Abs. 9 S. 3 kann die BauAB weder die Höhenlage einer baulichen Anlage selbst festsetzen, noch darf sie diese verändern, wenn sie in einem B-Plan (planungsrechtlich) festgesetzt worden ist (Schrödter §9 Rn. 172). Doch kann die natürliche Geländeoberfläche in einem Bebauungsplan Bezugspunkt bei der Festsetzung der Höhe baulicher Anlagen sein (VGH Kassel Urteil 6.3.2003 – 3 N 1891/01 –).

Die **Höhe der Geländeoberfläche** des Baugrundstückes ist bedeutsam für den Anschluss an die öffentliche Verkehrsfläche, den Abfluss des Oberflächenwassers, den Anschluss an das öffentliche Versorgungs- und Abwassernetz, das Orts- und Straßenbild und uU auch für die Standfestigkeit von Nachbargebäuden. Ferner ist die Geländeoberfläche für verschiedene Vorschriften der NBauO und der DVNBauO, mittelbar auch für die Anwendung des Bauplanungsrechts, **wichtige Bezugshöhe**; so in §2 Abs. 3 sowie in §2 Abs. 5 bezüglich der Einstufung eines Gebäudes in die Gebäudeklasse oder als Hochhaus (vgl. aber →§2 Rn. 42f.), in §2 Abs. 6 S. 2 NBauO zur Bestimmung des Kellergeschosses und des oberirdischen Geschosse. Die Geländeoberfläche ist insbesondere aber von Bedeutung im Rahmen des §5 Abs. 1 S. 1 und 2. Für die den Grenzabstand bestimmende Höhe H eines auf der Gebäudeaußenfläche gelegenen Punktes stellt die Geländeoberfläche die „Null"-Höhe dar, von der aus die Höhe des Punktes zu messen ist (vgl. → Rn. 47). Soweit sich andere Regelungen der NBauO auf die Geländeoberfläche beziehen, handelt es sich um die nach Vollendung der Baumaßnahme vorhandene Geländeoberfläche, dort ist Bezugshöhe die Oberfläche nach Baufertigstellung. Anders als z.B. §5 Abs. 4 Satz 1 BauO-BW ist zur Ermittlung des Grenzabstands nicht die tatsächliche, sondern die natürlich gewachsene Geländeoberfläche heranzuziehen, es sei denn sie wird durch Abgrabung tiefer gelegt. 268

Die Geländeoberfläche ist als Bezugshöhe nur bedingt geeignet, weil sie veränderbar ist. Daher bestimmt Abs. 9 Satz 1 die **gewachsene Geländeoberfläche,** das ist idR die Oberfläche vor Baubeginn, als die für die Abstandsbemessung maßgebliche Geländehöhe. Denn der „natürliche" Entstehungsprozess schließt kulturell bedingte Umformungen mit ein, die sich substanziell unwiderruflich verfestigt haben. 269

De lege ferenda: Die seit 1986 bestehende Regelung des Abs. 9 kann noch nicht befriedigen. Sie ist nicht konsequent, der Gesetzgeber hat sich nicht genügend Klarheit über das der Regelung zugrunde liegende Prinzip verschafft. Es ist sicher gerecht, wenn derjenige, der sein Grundstück durch eine Aufschüttung erhöht, dennoch mit seinem Gebäude Abstand so halten muss, als wenn es auf dem bisherigen gewachsenen Boden stünde. Sinn dieser Regelung ist es aber nicht, den Bauherrn gewissermaßen für einen listigen Umgehungsversuch zu „bestrafen", sondern sie trägt dem Umstand Rechnung, dass aus der Sicht des Nachbarn, zu dessen Schutz die Abstände ja auch vorgeschrieben werden, die ihn beeinträchtigende „eigentliche" Höhe des Gebäudes nach wie vor die Höhe über der gewachsenen Geländeoberfläche geblieben ist. Nur sie ist für den Winkel, in dem das Licht auf das Nachbargrundstück einfällt (nach dem §5 Abs. 2 S. 1 zugrunde liegenden Prinzip des „Freiraumprofils" muss er, an der Grenze gemessen, 63°, 43° betragen; vgl. → Rn. 79), maßgeblich. Dann aber wäre es nur folgerichtig, wenn Abgrabungen auf dem Baugrundstück (zB solche, die einem Kellergeschoss Licht verschaffen sollen) ebenfalls für die Abstände unbeachtlich wären, denn auch in diesem Fall bleibt die „eigentliche", für den Nachbarn „effektive", Gebäudehöhe die Höhe über der gewachsenen Geländeoberfläche. Weiter muss man sich fragen, warum der Bauherr, dessen Baugrundstück von Natur aus tiefer als das Nachbargrundstück gelegen ist, sein Grundstück erst auf dessen Höhe aufschütten muss, um nach Abs. 9 Satz 2 Abstand so halten zu dürfen, wie sich dies aus der Gebäudehöhe über der Geländeoberfläche auf dem Nachbargrundstück ergibt. Ob diese Aufschüttung vorhanden ist oder nicht, ist für die Wirkung des Gebäudes auf den Nachbarn ohne Bedeutung! 270

271 Nicht einbezogen ist auch das maßgebende Geländeprofil der Punkte des Gebäudes, die sich innerhalb seiner Grundfläche befinden. Den Aushub für den unterhalb der früheren Geländekante gelegenen Teil des Gebäudes (Keller, Fundamente uä) als Abgrabung zu definieren, würde zu absurden Resultaten führen, die mit dem Schutzziel der Sicherung insbes. ausreichender Belichtung und Belüftung nichts mehr gemein haben. Abgesehen von der Sonderregelung des Abs. 6 muss als maßgebliche Geländeoberfläche die historische, vor Baubeginn vorhandene, herangezogen werden (VGH München Beschluss 11.11.2015 – 2 CS 15.1251 –). Lässt sich der fiktive Bezugspunkt z.B. wegen unregelmäßigen Geländeprofils nicht plausibel ermitteln, wäre auf das Instrument der Höhenfestsetzung zurückzugreifen.

272 Gerechtfertigt wäre es nach alledem, wenn § 5 von vornherein bestimmen würde, dass für den Abstand die Höhe über der Geländeoberfläche „an der Grenze" maßgeblich ist (dies haben, allerdings de lege lata unrichtig, Blumenbach/Groschupf § 7 aF Rn. 10, angenommen). Dann wäre konsequent dafür gesorgt, dass dem Nachbarn stets der vom Gesetzgeber noch berücksichtigte Lichteinfallwinkel des „Freiraumprofils" erhalten bleibt, und zwar sowohl bei der Bebauung natürlicher Hänge (vgl. Abb. 11, 12) als auch bei künstlichen Aufschüttungen oder Abgrabungen. Sätze 1 und 2 wären dann insgesamt überflüssig, was auch zu einer erwünschten Rechtsvereinfachung führen würde. Durch willkürliche Geländeaufschüttungen könnte die „Geländeoberfläche an der Grenze" nicht manipuliert werden, denn wenn die gewünschte höhere Oberfläche auch an der Grenze erreicht werden soll, muss sich die Aufschüttung auch auf das Nachbargrundstück erstrecken; der Nachbar hat es dann in der Hand, ob er dies geschehen lassen will oder nicht. Errichtet der Bauherr in diesem Zusammenhang eine Stützmauer an der Grenze, so ist deren Fuß die „Geländeoberfläche an der Grenze", was ggf. im Gesetzestext klarzustellen wäre.

273 Abs. 9 muss durch **Verfahrensvorschriften** ergänzt werden: § 7 Abs. 3 Nr. 2c) und d), Abs. 4 Nr. 3, 4, 6, 9, 11 sowie § 8 Abs. 2 Nr. 2 BauVorlVO sollen sicherstellen, dass die Bauvorlagen durch korrekte zeichnerische Darstellungen (insbesondere Schnitte und Ansichten mit auf NN bezogenen Höhen) der BauAB eine einwandfreie Prüfung der Geländeanschnitte gestatten. § 67 Abs. 2 kann auch hilfreich sein, wenn in einem sehr bewegten Gelände die Höhe der geplanten Außenanlagen gleichzeitig als maßgebliche Geländeoberfläche festgesetzt werden soll. § 72 Abs. 2 bezweckt die Einhaltung der richtigen Höhenlage einer baulichen Anlage bei der Baudurchführung, allerdings beschränkt auf baugenehmigungsbedürftige bauliche Anlagen.

274 In den Fällen, in denen baurechtliche Vorschriften auf die Höhe der Geländeoberfläche abstellen (s. → Rn. 255), kann es sein, dass der Bauherr die Geländehöhe ändern will, um zu einer für ihn günstigeren Rechtslage zu gelangen. Derartige Veränderungen sind als solche nicht von vornherein unzulässig. Jede **Höhenänderung (Aufschüttung oder Abgrabung)** gilt aber nach § 2 Abs. 1 Nr. 4 als bauliche Anlage iSd NBauO und muss ihren Anforderungen genügen, darf also insbesondere weder Gefahren verursachen, noch das Orts- oder Landschaftsbild verunstalten. Die Höhenänderung darf auch das auf dem Grundstück befindliche Bauwerk nicht baurechtswidrig machen. Wird zB das Gelände um ein Gebäude herum abgegraben, so kann uU ein dem B-Plan widersprechendes zusätzliches Vollgeschoss entstehen (vgl. VGH Mannheim 10.4.1975 – III 750/74, BRS 29 Nr. 86 und OVG Saarlouis 17.9.1979 – II W 1.2047/79, BauR 1980, 158). Auch wird es im Regelfall nicht statthaft sein, unter Berufung auf Abs. 9 Satz 2 Hs. 2 im gewachsenen hängigen Gelände ab der hangoberseitig gelegenen Grundstücksgrenze durch Aufschüttung das Geländeprofil eben zu ziehen, um an der Gebäudeaußenwand von einem verringerten Höhemaß zu profitieren.

b) Die materiellen Bestimmungen der Sätze 1 und 2

275 Satz 1 legt nunmehr fest, dass für die Bemessung der für den Abstand eines Gebäudes maßgeblichen Höhe die **gewachsene Geländeoberfläche** die Bezugsebene ist. Die ge-

wachsene Geländeoberfläche ist regelmäßig die natürlich entstandene Geländeoberfläche, üblicherweise die Geländeoberfläche, wie sie in der Landschaft vor der Bebauung vorgefunden wird (OVG Lüneburg 16.02.2012 a.a.O.). Jedoch schließt dieser Begriff erkennbar „durch Menschenhand“ in lange vergangener Zeit geschaffene Aufschüttungen nicht aus (OVG Lüneburg 21.11.1985 – 6 A 92/83, nv – zu einer mittelalterlichen Wallanlage). Das Dach einer nicht vollständig abgesenkten Tiefgarage wird durch Erdabdeckung und Begrünung nicht zur maßgeblichen Geländeoberfläche (VGH Mannheim 20.2.2004 – 8 S 336/04, BauR 2004, 1918). Es könnte jedoch im Rahmen einer Festsetzung nach Satz 3 und 4 dazu bestimmt werden. Für vollständig erdüberdeckte Gebäude bzw. Gebäudeteile hat Abs. 9 idR keine Bedeutung, wenn sie insgesamt unterhalb der gewachsenen Geländeoberfläche liegen.

Auch bei der **Wiederbebauung von abgeräumten Baugrundstücken** ist auf die gewachsene Geländeoberfläche abzustellen. Frühere, im Zusammenhang mit der vorangegangenen Bebauung durchgeführte Geländeveränderungen müssen unberücksichtigt bleiben, weil sie für den Nachbarn zu einer „schleichenden“ Verschlechterung der Grenzabstandssituation führen können. Etwas anderes gilt, wenn der Nachbar sein Grundstück inzwischen höhenmäßig angepasst hat (Satz 2 Hs. 2). In diesem Fall ist die heute vorhandene Geländeoberfläche maßgeblich für die Abstandsbemessung. **276**

Bei unebenem Gelände empfiehlt es sich aus Gründen der Beweissicherung, die **Höhenlage** der gewachsenen Geländeoberfläche vor Beginn der Erdarbeiten durch einen öffentlich bestellten Vermessungsingenieur (ÖbVI) **vermessen** zu lassen. Lässt sich die gewachsene Geländeoberfläche bei stark verändertem Gelände nicht mehr zweifelsfrei feststellen, dann können die an den Grundstücksgrenzen vorhandenen Höhen einen Anhalt für die Rekonstruktion der maßgeblichen Geländeoberfläche geben (OVG Saarlouis 30.9.1997 – 2 R 30/96, BRS 59 Nr. 121). **277**

Veränderungen der natürlichen Geländeoberfläche sind nach den vorstehenden Ausführungen nicht schlechthin unzulässig, doch bestimmt Satz 2 ausdrücklich, dass bei einer **Geländeveränderung durch Abgrabung** diese bei der Abstandsbemessung zu berücksichtigen ist (Abb. 32). Mit anderen Worten: Die für den Abstand maßgebliche Höhe wird um das Maß der Abgrabung vergrößert. **278**

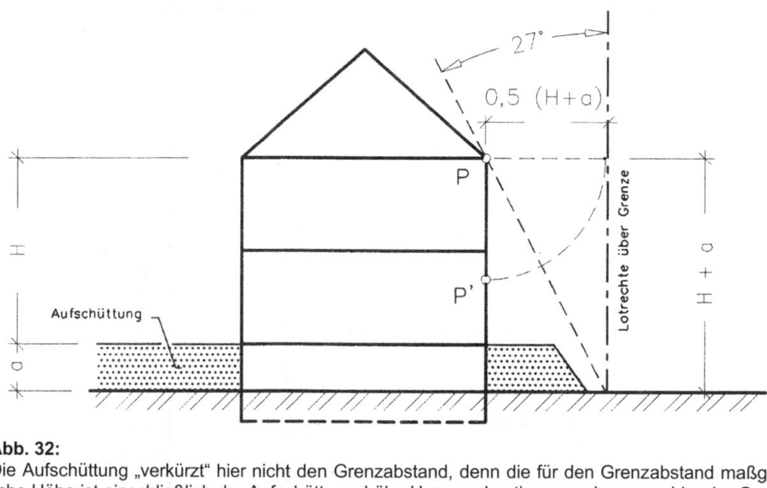

Abb. 32:
Die Aufschüttung „verkürzt“ hier nicht den Grenzabstand, denn die für den Grenzabstand maßgebliche Höhe ist einschließlich der Aufschüttungshöhe H + a zu bestimmen, also muss hier der Grenzabstand 0,5 (H+a) betragen.

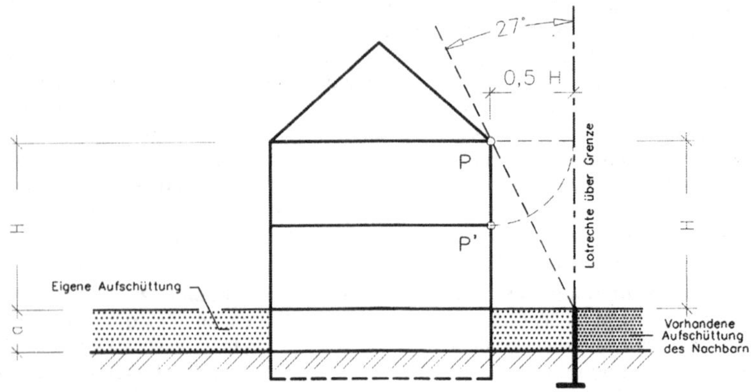

Abb. 33:
Die Aufschüttung „verkürzt" hier nicht den Grenzabstand, denn die für den Grenzabstand maßgebliche Höhe ist einschließlich der Aufschüttungshöhe H + a zu bestimmen, also muss hier der Grenzabstand 0,5 (H+a) betragen.

279 Etwas anderes gilt für eine **Geländeveränderung durch Aufschüttung** (Abb. 33), denn es würde den Zweck der Abstandsvorschriften vereiteln, wenn der Bauherr durch willkürliche Bodenerhöhungen das Maß von $^1/_2$ H (§ 5 Abs. 2) und damit den Grenzabstand seines Gebäudes zum Nachteil des Nachbarn verringern könnte. Daher sind Aufschüttungen nicht zu berücksichtigen, dh die Bemessung der Höhe $^1/_2$ H für den Abstand erfolgt von der ursprünglichen (gewachsenen) Geländeoberfläche aus. Wird allerdings durch die Aufschüttung die Geländeoberfläche nicht mehr erhöht, als die bereits auf dem Nachbargrundstück vorhandene oder – falls noch nicht vorhanden – so genehmigte, findet also nur eine Anpassung an die Höhe der Geländeoberfläche des Nachbargrundstücks statt, dann wird diese Veränderung durch Aufschüttung „berücksichtigt", dh die Bemessung der Höhe H erfolgt nun von der neuen Geländeoberfläche aus.

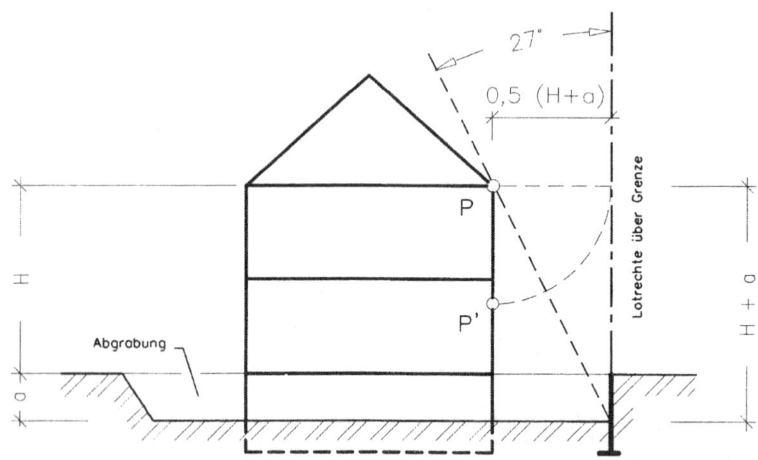

Abb. 34:
Die Abgrabung ist nach § 5 Abs. 9 Satz 2 bei der Bemessung des Grenzabstands zu berücksichtigen.

280 Erreicht die Aufschüttung nicht die Höhe einer illegal auf dem Nachbargrundstücke erfolgten Geländeerhöhung, kann sich der Veranlasser trotzdem nicht auf die Legalität seiner Maßnahme berufen. Allerdings ist es dem Nachbarn verwehrt, Abwehrrechte zu beanspruchen, solange er nicht rechtskräftig zur Rückabwicklung seiner rechtwidrigen Maßnahme gezwungen ist. Übersteigt eine Aufschüttung das Geländeniveau mehr als es zur Anpassung an dortige Geländeverhältnisse gerechtfertigt wäre, darf die zur Höhenermittlung maßgebliche Geländehöhe fiktiv auf das Niveau des Nachbargrundstücks bezogen werden.

c) Festsetzung durch die BauAB nach Satz 3 und 4

281 Aus dem Wortlaut des Satz 1 ergibt sich, dass seine Aussagen allein auf die Geländeoberfläche beschränkt bleiben, die für die Bemessung der Grenzabstände maßgeblich ist; er lässt die für andere Vorschriften maßgebliche Geländeoberfläche unberührt, wie zB bei §2 Abs. 3 (Gebäudeklassen), §2 Abs. 5 S. 1 Nr. 1 (Hochhäuser), §2 Abs. 6 (oberirdisches Geschoss, Kellergeschoss) §2 Abs. 7 (Vollgeschosse) und §43 Abs. 4 (Kellerräume). In diesen Fällen wird es sich idR um die Geländeoberfläche handeln, die nach Fertigstellung der Baumaßnahme vorhanden ist, die also entweder so genehmigt oder nach Satz 3 vorher so festgesetzt wurde, wenn dafür im Einzelfall ein Erfordernis bestand (VGH Kassel 17.4.1979 – IV TG 31/79, BRS 35 Nr. 98). Für alle in Abs. 8 zugelassenen Grenzbebauungen bestimmt die NBauO, welches Ausmaß diese haben dürfen. Sie begrenzt das Ausmaß auch so, dass die Grenzbebauung in aller Regel die betroffenen Nachbarn nicht unzumutbar belastet.

282 Nach Satz 3 hat die BauAB die Höhe der Geländeoberfläche festzusetzen, soweit dies erforderlich ist. Der Wortlaut schließt willkürliche Höhenfestsetzungen durch die BauAB aus. **Erforderlich ist eine Höhenfestsetzung** ua, wenn Zweifel über die maßgebliche Höhe bestehen, zB bei hängigem, unebenem oder schon künstlich verändertem Gelände, aber auch wenn Geländeveränderungen vorgenommen werden sollen oder zu erwarten sind und eine Umgehung von Vorschriften zu befürchten ist, die auf die Höhe der Geländeoberfläche abstellen, insbesondere der Abstandsvorschriften (vgl. → Rn. 255, oder wenn der vorhandene Geländeverlauf so gestaltet ist, dass die Anwendung der Grenzabstandsregeln auf die gewachsene Geländeoberfläche zu nicht brauchbaren oder gar widersinnigen Ergebnissen führen würde wie zB in einem Baugebiet, dessen zukünftige Geländeoberfläche höher liegt als die gewachsene Geländeoberfläche (vgl. → Rn. 227). Auch weil der Geländeverlauf einer sinnvollen Bebauung entgegensteht oder um den Sicherheits- oder Gestaltungsvorschriften widersprechende Zustände zu vermeiden, kann die Höhenfestsetzung erforderlich sein. Das gilt auch für eine notwendige Abgrabung, zB einer Tiefgaragenzufahrt, die bei der Bemessung des Grenzabstands unberücksichtigt bleiben soll. Die Anforderungen an die Erforderlichkeit sind nicht hoch: Sinnvoll und damit erforderlich kann eine Höhenfestsetzung bereits dann sein, wenn mehrere Nachbarn sich über die Auffüllung ihrer aneinander grenzenden Baugrundstücke verständigt haben und beantragen, die vereinbarte Höhenlage der zukünftigen Geländeoberfläche verbindlich festzulegen. Dennoch ergeht der Appell an den Gesetzgeber, die Anwendungsmöglichkeiten zu erweitern und die Höhenfestsetzung auch ohne nachbarliches Einverständnis bereitst zuzulassen, wenn öffentliche oder private Belange es rechtfertigen.

283 Nicht erforderlich und uU geradezu **unzulässig ist eine Höhenfestsetzung**, wenn ihr alleiniger Zweck darin besteht, einen Abstandsverstoß zum Nachteil des Nachbarn auszuräumen (VG Düsseldorf Urteil 8.12.2016 – 9 K 4202/15 – zur eingeschränkten Befugnis der BauAB). Davon zu unterscheiden ist die gerechtfertigte und erforderliche Höhenfestsetzung, die jedoch unterblieben ist und zur Ausräumung eines Rechtsverstoßes nachträglich durchgeführt werden soll.

284 **Höhenfestsetzung zur Klarstellung:** Satz 3 erfasst nicht nur Fälle, in denen die Geländehöhe abweichend von der gewachsenen Geländeoberfläche festgesetzt wird. Sie ist vielmehr auch dann anzuwenden, wenn es zur Beachtung der Abstandsvorschriften ge-

boten ist um klarzustellen, dass die gewachsene Geländeoberfläche maßgeblich bleibt und wie sie verläuft (OVG Lüneburg 28.2.1994 – 1 M 120/94, nv). Auch wenn Eigentümer aneinander grenzender Grundstücke bereits durch Baulasten verpflichtet sind, ihre Geländeoberflächen auf ein festgelegtes gemeinsames Niveau zu bringen, das an die Stelle der gewachsenen Geländeoberfläche treten soll, bedarf es zusätzlich einer förmlichen Höhenfestsetzung zur Klarstellung, weil von der allgemeinen Regel (gewachsene Geländeoberfläche) abgewichen werden soll.

285 Die Festsetzung nach Satz 3 kann (vgl. OVG Saarlouis 27.2.1974 – II R 88/7, BRS 28 Nr. 65 und 17.9.1979 – II W 1.2047/79, BRS 35 Nr. 99) zweierlei Inhalt haben: Einmal kann sie ein Gebot an den Bauherrn enthalten, die **Geländeoberfläche real** auf die festgesetzte Höhe zu bringen. Das wird dort der Fall sein, wo die Anforderungen auf die tatsächliche Höhe abstellen wie zB die Anleiterhöhe für den zweiten Rettungsweg bei Gebäuden geringer Höhe (vgl. Rn. 268). Erforderlich ist dafür eine real zu befolgende Festsetzung, wenn anderenfalls zu befürchten ist, dass sonst – nach Fertigstellung des Bauvorhabens – das Gelände eine Höhenlage hat, die das Vorhaben unzulässig machen würde oder wenn dieser Zustand schon eingetreten ist. Zum anderen kann sie die Höhe der **Geländeoberfläche** rein **fiktiv**, nur als Bezugsgröße für die Anwendung der Abs. 1–8 bestimmen, wenn die gewachsene Geländeoberfläche als Bezugshöhe ungeeignet ist oder von ihr abgewichen werden soll (vgl. → Rn. 282). Die BauAB muss jeweils klarstellen, was sie will.

286 Satz 4 nennt **die wesentlichen Kriterien**, welche die BauAB bei ihrer Ermessensentscheidung über die Festsetzung der Geländeoberfläche zugrunde legen kann. Sie hat dabei in erster Linie die Belange des (betroffenen) Nachbarn im Auge zu behalten, denn zumeist wirkt sich die Festsetzung der Geländeoberfläche in irgendeiner Weise auch auf das Nachbargrundstück aus (→ § 68 Rn. 82). Bei der Entscheidung hat die BauAB zwischen den unterschiedlichen Anforderungen und Interessen abzuwägen und dabei die **Belange des Nachbarn** zu würdigen. Das setzt dessen Beteiligung gem. § 68 Abs. 2 voraus (vgl. → § 68 Rn. 153 f.).

287 Die Festsetzung sollte sowohl eine ordnungsgemäße Zugänglichkeit (§ 4 Abs. 1) des Grundstückes und der baulichen Anlage gewährleisten (**Grundstückszufahrt**), als auch einen ordnungsgemäßen Anschluss der Grundleitungen der baulichen Anlage an die (zentrale) Abwasserbeseitigungsanlage (**Kanalhöhe**) ermöglichen. Würde der im freien Gefälle erfolgende Anschluss der Grundleitungen an die Kanalisation im Einzelfall allerdings zu einer das Straßen- oder Ortsbild verunstaltenden Höhenlage eines Bauwerks führen, dann kann dieses nicht im freien Gefälle entwässert werden, sondern nur über eine Abwasserhebeanlage. Aufschüttungen, die wegen des (ungünstigen) Geländeverlaufs gerechtfertigt sind, kann die BauAB bei der Höhenfestsetzung ebenfalls berücksichtigen. Obwohl im Wortlaut nicht vorgesehen (weil bereits in Satz 2 geregelt), gilt das auch für Abgrabungen. Gemeint sind hier solche Geländeveränderungen, die notwendig sind, um das Grundstück sinnvoll bebauen zu können.

288 Satz 3 ermächtigt die BauAB dazu, abweichend von Satz 1, eine andere als die gewachsene Geländeoberfläche als maßgeblich für Abs. 1–8, also für die Abstandsvorschriften, festzusetzen. Dies wird zB dann erforderlich sein, wenn eine **Angleichung des Niveaus** der Baugrundstücke durch Aufschüttung oder Absenkung an die Verkehrsfläche oder die angrenzenden Grundstücke erfolgen muss, was in Satz 4 ausdrücklich als eines der dort genannten möglichen Kriterien aufgeführt ist. Das kann uU in Neubaugebieten der Fall sein, wo immer häufiger der Straßenunterbau aus Kostengründen nicht mehr niveaugleich hergestellt wird sondern direkt auf den gewachsenen Boden aufgeschüttet wird, so dass die Fahrbahnkrone erheblich über der gewachsenen Oberfläche des Baugeländes zu liegen kommt. Ist die BauAB nicht mit der Gemeinde identisch, so sollte die Gemeinde die BauAB rechtzeitig auf diesen Umstand hinweisen, damit letztere die maßgebliche Höhe der Geländeoberfläche in der Baugenehmigung bzw. in dem Bauvorbescheid festsetzt oder im Falle eines genehmigungsfreien Vorhabens nach § 62 auf besonderen Antrag die erforderliche Festsetzung vornimmt.

Satz 4 hebt im Übrigen nur einen Teil der Kriterien hervor, denen die Höhe der Geländeoberfläche genügen soll. Daneben können durchaus auch **andere bauordnungsrechtliche Gesichtspunkte** die Entscheidung der BauAB beeinflussen (§3 Abs. 1–3, Abs. 6, örtl. Bauvorschriften nach §84 Abs. 3); zB darf das Gebäude nicht in einer Weise, die das Straßen- oder Landschaftsbild verunstaltet, auf einem Hügel oder in einer Kuhle errichtet werden. **289**

Welches Höhenmaß die BauAB erforderlichenfalls festsetzt, steht nur sehr begrenzt in ihrem **Ermessen**, das die Bewertung der Belange betrifft, die bei der Festsetzung der Geländeoberfläche zu berücksichtigen sind Sie hat ihre Entscheidung so zu treffen, dass die oben, Rn. 272–275, aufgeführten Anforderungen gewahrt werden und Vorschriften, die auf die Höhe der Geländeoberfläche abstellen, zweckentsprechend angewendet werden können. **290**

Die BauAB muss darauf achten, dass die Festsetzung der Geländehöhe als Bezugsgröße (s. → Rn. 225) eindeutig ist und sich ohne Zweifel **vermessungstechnisch einwandfrei** umsetzen lässt. Denn eine Baugenehmigung verstößt gegen die Vorschriften über die Einhaltung des Grenzabstands bereits dann, wenn sie so unbestimmt ist, dass sich aus ihr nicht zweifelsfrei ergibt, dass der erforderliche Abstand eingehalten wird (OVG Lüneburg 28.2.1994 – 1 M 120/94, nv). Für die Bestimmtheit der Festsetzung reicht es daher nicht aus, wenn die BauAB lediglich eine grüne Linie in die Bauzeichnungen einträgt (OVG Lüneburg 12.2.1990 – 6 A 77/87, nv). Das wird man auch für den Fall annehmen müssen, dass die Grüneintragung zwar maßstabsgetreu aber ohne Vermaßung vorgenommen wurde. **291**

Sind auf dem Baugrundstück Veränderungen der Erdoberfläche geplant, so darf sich die BauAB nach Ansicht des OVG Lüneburg (28.2.1994 – 1 M 120/94, nv) auch nicht damit zufrieden geben, dass die gewachsene Geländeoberfläche trotz der geplanten Aufschüttungen ohne besondere Festlegung maßgebliche Bezugshöhe bleibt. Sie muss in einer solchen Situation zur Vermeidung von Missverständnissen die **Maßgeblichkeit der gewachsenen Geländeoberfläche** und ihren Verlauf in den Bauvorlagen eindeutig **klarstellen** zB durch „Grüneintragungen" in Ansichts- und Schnittzeichnungen mit Höhenangaben über NN oder zumindest mit Vermaßung der Differenz zwischen gewachsener und geplanter Geländeoberfläche. **292**

Eine fiktive (s. → Rn. 285) Höhe der Geländeoberfläche kann **bei hängigem Gelände** auch als **„schiefe Ebene"** in der Weise festgesetzt werden, dass ihre Anschlusshöhen – in Korrespondenz mit der natürlichen Geländeoberfläche – an der Straßengrenze und den Nachbargrenzen fixiert werden (vgl. OVG Saarlouis 30.9.1997 – 2 R 30/96, BRS 59 Nr. 121). Auch ist es mit dem Zweck der Regelung zu vereinbaren, die Höhe der zukünftigen Geländeoberfläche in Bezug auf jede einzelne Nachbargrenze (unterschiedlich) festzusetzen, was den Interessenausgleich zwischen Bauherrn und Nachbarn erleichtert. **293**

Die **Festsetzung** der Höhenlage der Geländeoberfläche **berührt nachbarliche Belange (**OVG Koblenz Urteil 18.6.2015 – 1 A 10776/14 – ZfBR 2016, 289, hier verneint), soweit die darin liegende Abweichung von der natürlichen Geländeoberfläche in ihren Auswirkungen einer Unterschreitung des Grenzabstandes gleichkommt (OVG Lüneburg 25.3.1980 – 1 A 29/79, BRS 36 Nr. 123). Ist die Festsetzung für die Grenzabstände wesentlich, dann sind die Nachbarn gem. §68 Abs. 2 zu beteiligen (vgl. → §68 Rn. 153 ff.). Die Festsetzung der Höhenlage bei einem hügeligen Baugrundstück ist eine wertende Entscheidung der BauAB, die nachbarliche Belange zu berücksichtigen hat (OVG Greifswald 23.6.1998 – 3 L 227/97, BRS 60 Nr. 117; vgl. auch §68 Rn. 82). **294**

Die **Festsetzung** ist ein **Verwaltungsakt**, der idR Teil der Baugenehmigung ist, aber gesondert ergeht (VG Neustadt an der Weinstraße Beschluss 7.8.2014 – 3 L 644/14 –) und für sich angefochten werden kann (siehe unten). Denn es handelt sich um eine rechtsetzende hoheitliche Tätigkeit und nicht um eine das Recht bestätigende wie die Baugenehmigung. Bei Zweifeln über die richtige Höhe sollten sich Bauherren und Entwurfsver- **295** fasser möglichst frühzeitig um eine Klärung durch die BauAB bemühen; dadurch vermeiden sie spätere Streitigkeiten, auch mit Nachbarn.

296 Eine **Festsetzung** der maßgebenden Höhe der Geländeoberfläche durch die BauAB ist ggf. auch **in den Fällen des § 62** und in Einzelfällen sogar bei verfahrensfrei gestellten baulichen Anlagen und Maßnahmen erforderlich und insoweit dann – trotz der Genehmigungsfreistellung – besonders zu beantragen. Nicht der Bauherr oder der Entwurfsverfasser können eine solche Festsetzung vornehmen, sondern nur die BauAB (OVG Münster 10.3.1997 – 7 B 192/97, BRS 59 Nr. 201; 2.10.1998 – 11 B 845/98, BRS 60 Nr. 207).

297 Die noch in der NBauO 1973 vorgeschriebene **Benehmensherstellung mit der Gemeinde** bei der Festsetzung der Geländeoberfläche hat der Gesetzgeber für entbehrlich gehalten (BegrRegE NBauO 1986 S. 55) und daher mit der NBauO 1986 gestrichen. Ungeachtet dessen bleibt es der BauAB unbenommen, die Gemeinde zu einer beabsichtigten Festsetzung zu hören, weil deren Belange (Bereitstellung der Infrastruktur) berührt sein können. Wie schon bisher bei der Benehmensherstellung bindet die Stellungnahme der Gemeinde die BauAB aber nicht bei ihrer Entscheidung.

§ 6 Hinzurechnung benachbarter Grundstücke

(1) [1]Benachbarte Verkehrsflächen öffentlicher Straßen dürfen für die Bemessung des Grenzabstandes bis zu ihrer Mittellinie dem Baugrundstück zugerechnet werden, unter den Voraussetzungen des Absatzes 2 auch über die Mittellinie hinaus. [2]Mit Zustimmung der Eigentümer dürfen öffentliche Grün- und Wasserflächen sowie Betriebsflächen öffentlicher Eisenbahnen und Straßenbahnen entsprechend Satz 1 zugerechnet werden.

(2) Andere benachbarte Grundstücke dürfen für die Bemessung des Grenzabstandes dem Baugrundstück bis zu einer gedachten Grenze zugerechnet werden, wenn durch Baulast gesichert ist, dass auch bauliche Anlagen auf dem benachbarten Grundstück den vorgeschriebenen Abstand von dieser Grenze halten.

Übersicht

A. Allgemeines

1 **Gesetzesänderungen:** § 6 entspricht § 9 der bisherigen NBauO. Dort waren durch die Novelle **1986** die Voraussetzungen für eine fiktive Grenzverlagerung neu geregelt worden. Die jetzige Fassung macht die Inanspruchnahme des Privilegs bei öffentlichen Grün- und Wasserflächen nicht mehr als Ausnahmebestimmung von der Ermessensentscheidung der BauAB abhängig, sondern setzt nur noch die Zustimmung der Eigentümerseite voraus.

2 **Grund der Regelung in § 6:** Wie schon zu § 5 (dort → Rn. 10 f.) dargelegt, bezweckt die Abstandsregelung des § 7 in erster Linie, genügend freien Raum zwischen Gebäuden zu sichern (vgl. auch BegrRegE NBauO 1973, S. 60 und 74). Wenn dennoch nicht Gebäude-, sondern Grenzabstände gefordert werden, so geschieht das, um die für den Gebäudeabstand nötige Beschränkung der baulichen Ausnutzbarkeit der Grundstücke gerecht auf die Nachbarn zu verteilen: Jeder soll von dem erforderlichen Freiraum so viel auf sein Grundstück übernehmen, wie der Höhe seines Gebäudes und damit dem

Maß der davon ausgehenden Beeinträchtigungen (Schatten usw) entspricht (Verursacherprinzip). An dieser Lastenverteilung braucht aber nicht festgehalten zu werden, wenn einer der Nachbarn sein Grundstück in größerer als der an sich auf ihn entfallenden Tiefe oder gänzlich von abstandspflichtigen Hochbauten freihält. Ist sicher, dass diese Situation auch fortdauert, so ist es vom Zweck der Abstandsregelung her unbedenklich, wenn der andere Nachbar mit seinem Bau entsprechend näher an die Grenze rückt. Dem soll § 6 Abs. 2 Rechnung tragen. Die soziale Belange sind ebenso angemessen berücksichtigt, wenn grundsätzlich Straßenflächen und mit Zustimmung der Eigentümer andere i.d.R. unbebaubare Flächen wie Grün- und Wasserflächen zur Ermittlung des Grenzabstands in Anspruch genommen werden dürfen.

Die Forderung des § 5, einen nach der Bauwerkshöhe bemessenen Grenzabstand zu halten, schützt den Nachbarn aber auch vor Störungen bei der Nutzung der Freiflächen auf seinem Grundstück. Die Regelung des § 6 muss auch diese Schutzwirkung der Abstandsregelung berücksichtigen. Eine fiktive Verlagerung der maßgeblichen Grenze auf das Grundstück des Nachbarn ist diesem idR nur zuzumuten, wenn er sich damit einverstanden erklärt hat. Dem trägt die Fassung der Vorschrift seit 1986 ausreichend Rechnung, die inhaltlich mit den Absätzen 1 und 2 beibehalten wurde. 3

Nach beiden Absätzen des § 6 **„dürfen"** bestimmte Nachbarflächen „für die Bemessung des Grenzabstandes **dem Baugrundstück zugerechnet werden**". Das bedeutet, der vorgeschriebene Abstand braucht nicht von der Grenze zwischen Baugrundstück und Nachbargrundstück eingehalten zu werden, sondern es genügt, wenn er von einer jenseits der Grenze auf dem Nachbargrundstück verlaufenden Linie („Mittellinie" nach Abs. 1, „gedachte Grenze" nach Abs. 2, vgl. Abb. 1–2) eingehalten wird. Diese Zurechnung bzw. fiktive Grenzverlagerung ist eine Gestaltungsmöglichkeit, die der Bauherr – unter den in Abs. 1 und 2 festgelegten Voraussetzungen – unmittelbar kraft Gesetzes hat. Nach Änderung des Abs. 1 S. 2 ist die Entscheidung nicht mehr vom Ermessen der BauAB abhängig und braucht von ihr auch sonst nicht besonders gestattet zu werden. 4

„Benachbart" iSd Absätze 1 und 2 sind nicht nur die Verkehrsflächen und sonstigen Grundstücke, die an das Baugrundstück angrenzen. Dazu gehören auch jenseits dieser Flächen gelegene weitere Flächen, wenn sie ebenfalls dem Baugrundstück zugerechnet werden sollen, damit – etwa bei einem besonders hohen Gebäude – der Abstand eingehalten wird. Das Wort „benachbart" enthält also keine einschränkende Voraussetzung für die Anwendung der Absätze 1 und 2. Soll eine weiter entfernte Fläche dem Baugrundstück zugerechnet werden, müssen selbstverständlich auch die dazwischen liegenden Flächen nach Abs. 1 oder 2 zugerechnet werden können (vgl. Rn. 23). 5

Anwendung auf Abstände nach DVO-NBauO: Die Regelung des § 6 modifiziert nicht nur die Abstände nach § 5; auch einige Vorschriften der DVO-NBauO (§§ 8 Abs. 1 S. 4, § 11 Abs. 2 S. 2) erklären § 6 NBauO für entsprechend anwendbar. Diese Vorschriften der DVO-NBauO wollen sicherstellen, dass Bauteile wie Außen- bzw. Abschlusswände und Dächer entweder ihrer Bauart nach ein bestimmtes Maß an Brandschutz bieten oder aber zu benachbarten Gebäuden bestimmte Mindestabstände halten. Aus den Erwägungen, die der Regelung des § 5 zu Grunde liegen (s. → Rn. 2), stellen aber auch sie nicht auf Gebäude-, sondern auf Grenzabstände ab. Deshalb bleibt auch ihr Zweck bei geringeren als den vorgeschriebenen Grenzabständen gewahrt, wenn gesichert ist, dass das Nachbargrundstück in entsprechend größerer Tiefe von Gebäuden freigehalten wird. Nur bei besonders gelagerten Einzelfällen ist es denkbar, die zur Sicherheit bei Brandüberschlag festgesetzten Abstände durch Baulast auf Nachbargrundstücke zu übertragen, ohne die Anforderungen des Grenzabstands einbeziehen zu müssen. 6

Einen Grenzabstand von 2 m verlangt die DVO-NBauO ferner in § 24 Abs. 3 für Dungstätten. Dort wird § 6 NBauO nicht für anwendbar erklärt, so dass dieser Abstand nicht etwa nach § 6 Abs. 1 fiktiv auf eine öffentliche Straße verlagert werden darf. Derartiges widerspräche dem Zweck der Regelung, ua auch Straßenpassanten vor Belästigungen zu schützen und ästhetische Beeinträchtigungen zu vermeiden. Nicht von vorneherein 7 untersagt ist aber die Möglichkeit, mittels eigen formulierter Baulasterklärung (§ 81 Abs. 1) den Mindestabstand für Dungstätten auf ein benachbartes Grundstück zu übertragen. Zu erwarten ist aber eher, dass sich Streit an den zu erwartenden Immissionen und ggf. auch am Abstandserfordernis als bauliche Anlage entzündet (VGH Bay Urteil 16.11.1989 – 2 B 88.1113 – BRS 1990, 462–464, ders. Urteil 22.1.1993 – 2 B 91.3575 –).

8 **Nachbarschutz:** § 6 gestattet dem Bauherrn, von den nachbarschützenden Vorschriften des § 5 abzuweichen, und zwar unter Voraussetzungen und in Grenzen, die § 6 ebenfalls mit Rücksicht auf die Interessen der Nachbarn festlegt. Dabei kommen drei Konstellationen zur Anwendung: Die Näherung an die Grundstückgrenze ist bedingungslos hinzunehmen, sie bedarf der auch formlos denkbaren Zustimmung oder der aktiven Mitwirkung bei der Baulasterklärung. Gegen Unterschreitungen der in § 5 vorgeschriebenen Abstände, die durch § 6 nicht erlaubt werden bzw. über das nach § 6 Erlaubte hinausgehen, können sich betroffene Nachbarn folglich mit der verwaltungsgerichtlichen Klage wehren. Steht zB ein Gebäude abweichend von Abs. 1 so nahe an einer öffentlichen Straße, dass es das Abstandsmaß von $^1/_2$ H bzw. $^1/_4$ H zur Mittellinie der Straße nicht einhält, so ist auch der Anlieger auf der anderen Straßenseite klagebefugt (OVG Lüneburg 30.3.2000 – 1 M 897/99, NdsVBl. 2000, 10). Näheres über den Nachbarschutz in den Fällen der Abs. 1 und 2 bei § 68 Rn. 83 ff.

B. Hinzurechnung öffentlicher Verkehrsflächen (Abs. 1)

9 Nach **Abs. 1 Satz 1** dürfen für die Abstandsbemessung **Verkehrsflächen öffentlicher Straßen** dem Baugrundstück teilweise zugerechnet werden. Demgegenüber war in § 9 Abs. 1 NBauO aF ursprünglich von „öffentlichen Verkehrsflächen" die Rede, was auch Bahnanlagen und Gewässer einzuschließen schien. Die Vorschrift ist in der NBauO 1986 klarer und enger gefasst worden. Die öffentlichen Straßen, auf die sich die Regelung in Satz 1 erstreckt, sind idR von der Gemeinde oder dem sonstigen Träger dazu bestimmt worden, die angrenzenden Baugrundstücke zu erschließen. Sie lassen deshalb erwarten, dass sie unbebaut bleiben und dem Gebäude den nötigen Luftraum bieten, solange dieses besteht. Auch entspricht es dann idR dem Willen des Straßeneigentümers, wenn das Gebäude nahe an die Straße rückt.

Aus Abs. 1 Satz 1 kann sich nicht nur ergeben, dass zwischen Gebäude und Straße ein kleinerer Abstand als $^1/_2$ H bzw. $^1/_4$ H genügt, sondern bei ausreichender Straßenbreite kann das Gebäude auch unmittelbar an die Straßengrenze rücken, wenn sich nicht aus dem Planungsrecht (Bebauungsplan oder § 34 BauGB) oder dem Straßenrecht etwas anderes ergibt. Im Einzelfall kann allerdings ein Abstand von der Straße auch nach § 3 Abs. 1 S. 3, §§ 4, 15 Abs. 1 oder 16 (aus Gründen des Brandschutzes, des Lärm- und Erschütterungsschutzes oder des Verkehrs) geboten sein.

10 **Öffentliche Straßen** sind die (nach NStrG oder FStrG) für den öffentlichen Verkehr gewidmeten Straßen, Parkflächen, Wege und Plätze (Näheres → § 1 Rn. 10, 32), nicht dagegen nur tatsächlich öffentliche Verkehrsflächen, zB eine von jedermann als Parkplatz genutzte, aber nicht dafür gewidmete Freifläche (vgl. OVG Lüneburg 10.7.1980 – 6 B 60/80, Nds.Rpfl. 1980, 289). Stehen Wege nur tatsächlich der Benutzung durch jedermann offen, so ist nicht gesichert, dass sie eines Tages doch für die Öffentlichkeit gesperrt und bebaut werden. Jedoch gehören zu den öffentlichen Straßen auch das Zubehör und Nebenanlagen, die den Aufgaben der Verwaltung dienen wie Straßenmeistereien, Gerätehöfe und Lagerplätze (Bart/Mühler a.a.O. § 6 Rn. 4). Die Inanspruchnahme zur Ermittlung des Grenzabstandes beschränkt sich auf die **Verkehrsflächen.**

11 Andererseits fragt sich aber, ob nicht auch **private Erschließungswege** dann bis zu ihrer Mittellinie dem Baugrundstück zugerechnet werden dürfen, wenn ihr Fortbestand rechtlich gesichert ist, denn auch dann würde im Ergebnis dafür gesorgt, dass die Gebäude beiderseits des Weges untereinander den vom Gesetzgeber gewünschten Abstand ($H_1/2 + H_2/2$) halten (in diesem Sinne Dhom/Franz/Rauscher in Simon/Busse

BayBO Art. 6 Rn. 78;). Man wird dem näher treten können, wenn der private Weg mit seiner Lage und Breite durch Wegebaulast nach § 4 Abs. 2 S. 1 gesichert ist. Die Wegebaulast schließt die Verpflichtung ein, auf dem Weg keine Hochbauten zu errichten, denn sonst könnte er seinen Erschließungszweck nicht erfüllen (bejahend zur Befreiung nach § 86 aF OVG Lüneburg Beschluss 09.09.2004 -1ME 194/04-openJur 2012, 41956). Ob Miteigentum oder Grunddienstbarkeit (vgl. § 4 Abs. 2) als Sicherung auch der Abstände ausreichen, ist dagegen fraglich. Ein gesicherter Privatweg wird allerdings nicht durch schlichte analoge Anwendung des § 6 Abs. 1 S. 1, sondern nur aufgrund einer Abweichung nach § 66 in die Abstandsberechnung einbezogen werden dürfen, da die BauAB Gelegenheit zur Prüfung haben muss, ob im konkreten Fall gewichtige Interessen eines der anderen Anlieger oder sonstige Bedenken entgegenstehen.

Verkehrsflächen öffentlicher Straßen sind die Fahrbahnen, Parkstreifen, Rad- und Fuß- 12
wege. Man wird aber auch Trennstreifen zwischen diesen Flächen und schmale Randstreifen beiderseits der Straßen, einerlei ob befestigt oder begrünt, den Verkehrsflächen zurechnen dürfen, ebenso Mittelstreifen mit Straßenbahngleisen und den Bahnsteigen an Haltestellen. Tiefere die Straße begleitende Grünflächen und deutlich außerhalb der Straße geführte Bahnkörper der Straßen- oder Stadtbahn gehören dagegen nicht mehr dazu (s. aber Satz 2, → Rn. 16 ff.), weiter auch nicht die Flächen, die nach den Straßengesetzen als „Zubehör", „Nebenanlagen" oder „Nebenbetriebe" zu den öffentlichen Straßen gehören (vgl. § 1 Abs. 2 → Rn. 8). Einen Grenzfall stellen Gleisanlagen öffentlicher Straßenbahnen dar, die neben den Sraßen in einem eigenen Gleisbett verlaufen. Sind sie noch als integrativer Bestandteil der Verkehrsfläche wahrzunehmen, können sie zusammengenommen mit der Fahrbahnfläche zur Abstandsbemessung herangezogen werden (einschränkender Barth/Mühler. a.a.O. Rn. 5). Ist jedoch die Fläche für die Straßenbahn und ggf. auch eine Eisenbahnfläche gesondert nach Abs. 1 S. 2 zu betrachten, grenzt aber direkt an eine Straßenverkehrsfläche, drängt sich das Instrument der Abweichung gem. § 66 auf, um eine gemeinsame Mittellinie zur Bemessung des Grenzabstandes zu rechtfertigen (auch → Rn. 23).

Abs. 1 erlaubt ohne weitere Voraussetzungen, die Verkehrsflächen **bis zu ihrer Mittel- 13
linie** dem Baugrundstück zuzurechnen. Liegen mehrere verschiedenartige Verkehrsflächen (Fußweg, Radweg, Fahrbahn, Parkstreifen usw) nebeneinander, kommt es auf die Mittellinie der Gesamtfläche an. Die Fläche jenseits der Mittellinie „steht" dem Anlieger auf der anderen Straßenseite „zu". Dies gilt (anders zB § 5 Abs. 2 LBO BW) auch bei nur einseitig anbaubaren Straßen, denn die andere Seite könnte nur deshalb nicht anbaubar sein, weil sie im Außenbereich (§ 35 BauGB) liegt. Dann ist aber nicht ausgeschlossen, dass sie einmal anbaubar wird. Unumstritten ist inzwischen, dass die Verlagerung des Grenzabstandes bis zur Mittellinie den Nachbarn vor Zuwiderhandlungen schützt, auch wenn er kein Angrenzer im eigentlichen Sinne ist (Nds. OVG Beschluss 30.03.1999 -1 M 897/99- BRS 62 Nr.190). Damit ist auch die Rechtsauffassung obsolet, die als nachbarschützend erst die Grundstückgrenze unmittelbar zur Verkehrsfläche heranzog. Das trifft aber nur die Bebauung gegenüberliegender Grundstücke, nicht bauliche Anlagen auf der Straßenverkehrsfläche. Ebenso müssen in die Straßenverkehrsfläche hineinragende Gebäudeteile Abstand nach Abs. 2 halten.

Der Nachsatz in § 6 Abs. 1 S. 1 erlaubt dem Bauherrn, die Straßenfläche **über die Mittel- 14
linie hinaus** dem Baugrundstück zuzurechnen, wenn die **Voraussetzungen des Abs. 2** erfüllt sind. Dies bedeutet: Der Eigentümer des Grundstücks auf der gegenüberliegenden Straßenseite muss sich durch eine Baulast gem. § 9 Abs. 2 verpflichtet haben, bei der Abstandsberechnung für Gebäude auf seinem Grundstück die auf seiner Seite liegende Straßenhälfte entsprechend weniger (nötigenfalls gar nicht mehr) in Anspruch zu nehmen (vgl. OVG Lüneburg 05.09.2002 – 1 ME 182/02, BRS 65 Nr. 129). Auch wenn dieses gegenüberliegende Grundstück baulich nicht genutzt werden kann, ist diese Möglichkeit nicht ausgeschlosssen. Der Eigentümer des getrennt von der öffentlichen Verkehrsfläche anschließenden Grundstücks kannn sich nicht unter Verweis auf § 6 Abs. 1 Satz 2 NBauO dagegen erfolgreich wehren. Aus der Baulast muss sich also eine fiktive

Grenze ergeben, die an die Stelle der Mittellinie tritt und je nach der Höhe des geplanten Gebäudes auf der gegenüberliegenden Straßenhälfte verläuft oder mit der Grenze zwischen der Straße und dem gegenüberliegenden Grundstück identisch ist oder sogar auf jenem Grundstück liegt (im übrigen → Rn. 24 ff., Vorschlag zur Formulierung der Verpflichtung bei Rn. 30).

15 Die Vorschrift des § 6 Abs. 1 S. 1 geht zwar davon aus, dass die Verkehrsfläche idR von Hochbauten frei ist, macht dies aber nicht zur Voraussetzung für ihre Anwendung. Die Zurechnung bleibt also auch dann möglich, wenn **Gebäude** oder Bauten mit ähnlicher Wirkung (§ 5 Abs. 1) **auf der Verkehrsfläche** stehen, zB Kioske, Pavillons, Bus-Wartehäuser, Litfaßsäulen, große Vitrinen (dazu VG Hannover 14.2.1974 – IV A 53/73, Nds. Gemeinde 1974, 130). Auch verbietet § 6 Abs. 1 S. 1 nicht, solche Bauten auf einer dem angrenzenden Grundstück schon einmal zugerechneten Verkehrsfläche neu zu errichten (VG Hannover aaO; OVG Lüneburg 5.6.1992 – 1 M 1327/92, nv). Selbstverständlich müssen sie ihrerseits zum Rand der Verkehrsfläche den in § 5 vorgeschriebenen Grenzabstand einhalten. Auch die Festsetzung einer Straßenverkehrsfläche vermittelt den Eigentümern der anliegenden Grundstücke keinen Nachbarschutz, der diese berechtigte, zulässige Bauvorhaben auf der Straßenverkehrsfläche unabhängig von der Schwere der konkreten Beeinträchtigungen abzuwehren (OVG Lüneburg Beschluss 03.09.2003 -1 ME 193/03- NJW 2004, 382-385). Der Gebäudeabstand zur Bebauung längs der Straße wäre dann allerdings nicht so groß, wie ihn die NBauO grundsätzlich anstrebt. Jedoch wird man das im Allgemeinen hinnehmen können, da es sich regelmäßig um kleine Bauten handelt, die ihre Umgebung nur unwesentlich beeinträchtigen und auch selbst keine oder nur geringe Ansprüche an Licht und Luft stellen. Bei ernsten Missständen wäre auf den § 3 Abs. 1 zurückzugreifen. Ragt allerdings das Gebäude jenseits der Verkehrsfläche mit Teilen des Gebäudes in die Verkehrsfläche hinein, greift § 7 Abs. 1. Dann muss wie bei einem gemeinsamen Grundstück zwischen den Gebäuden bzw. baulichen Anlagen Abstand gehalten werden, der so zu bemessen ist, als verliefe zwischen ihnen eine gemeinsame Grenze (Abb. 1). Hinsichtlich des Nachbarschutzes ist allerdings zu bedenken, dass denkbare Konfliktparteien Teil einer Schicksalsgemeinschaft sind, weil sich ihre Bauten ganz oder teilweise auf einer Liegenschaft befinden.

16 **Absatz 1 Satz 2** ermöglicht es, außer Straßenflächen auch andere öffentlich genutzte Freiflächen (seit der NBauO 1986 nicht mehr nur Verkehrsflächen) dem Baugrundstück fiktiv zuzurechnen. Das ist gerechtfertigt, weil auch diese Flächen im Allgemeinen von Bebauung frei bleiben werden. Allerdings kann das von diesen Anlagen nicht gewissermaßen unbesehen angenommen werden wie von den (Erschließungs-)Straßen. Nun ist die Zurechnung hier (wie § 9 Abs. 1 NBauO 1973 und auch § 6 Abs. 2 S. 2 MBauO 2002) dem Bauherrn ohne weiteres kraft Gesetzes gestattet.

17 Es wird nicht mehr vorausgesetzt, dass die BauAB dies im Einzelfall als **Ausnahme** nach wie nach § 85 aF zulässt, auch wenn der (meist öffentliche) Eigentümer der Fläche dem Bauvorhaben zugestimmt hatte. Damit kannn der Bauherr sich auf den Rechtsanspruch berufen, wenn die Zustimmung des Nachbarn vorliegt. Da die Flächen sich überwiegend im Besitz der öffentlichen Hand befinden, ist der entscheidenden Dienststelle anzuraten, eine behördeninterne Abstimmung zu veranlassen, um evt. städtebauliche oder gestalterische Missstände auszuschließen.

18 Dadurch dass anders als § 6 Abs. 2 MBO weiterhin die **Zustimmung des Eigentümers** der öffentlichen Fläche gefordert wird, erhält dieser die Möglichkeit zu verhindern, dass ein zu nahe heranrückendes Gebäude die Nutzung der Fläche beeinträchtigt. Die Zustimmung ist, auch wenn die Fläche in öffentlicher Hand ist, kein Verwaltungsakt; sie dürfte vielmehr Verfügungen über das Grundstück wie zB der Einräumung einer Baulast oder einer Dienstbarkeit gleichstehen. Dennoch darf ein öffentlicher Eigentümer seine Zustimmung nicht willkürlich versagen, wie ihm auch sonst bei „fiskalischem“ Handeln keine Willkür erlaubt ist (vgl. Ehlers, Verwaltung in Privatrechtsform, 1984, S. 212 ff.). Die Zustimmung muss ausdrücklich erklärt worden sein; keine Fiktion der Zustimmung nach § 69 Abs. 4; vgl. → § 69 Rn. 19)

Öffentliche Grünflächen sind Parks, Waldstücke, Spiel- und Sportplätze, die von der zuständigen Kommunal- oder Staatsbehörde für die Benutzung durch die Allgemeinheit gewidmet wurden: Die Anlagen müssen also sog. öffentliche Sachen sein, (allgemein zum Recht öffentlicher Sachen siehe Papier in Erichsen/Ehlers S. 855 ff., S. 589 ff.), die im Gemeingebrauch stehen. Wenn eine Anlage durch B-Plan als öffentliche Grünfläche festgesetzt ist, der Gemeinde gehört und der Allgemeinheit offensteht, wird man vom Vorhandensein der Widmung auszugehen haben. Statt des Gemeingebrauchs genügt auch eine sog. anstaltliche Nutzung (evtl. gegen Gebühr wie zB ein kommunaler Kurpark oder Zoo), wenn nur grundsätzlich jeder zur Benutzung zugelassen wird. Nicht hier-her gehören dagegen Anlagen der öffentlichen Hand, die nur für die Verwaltung selbst oder für einen begrenzten Nutzerkreis bestimmt sind (Garten einer Kurklinik, Schulhof), auch nicht solche Grünflächen, die nur im Eigentum der Gemeinde oder sonst der öffentlichen Hand stehen, aber für keinen bestimmten Zweck gewidmet worden sind, -einerlei, ob sie von der Allgemeinheit tatsächlich benutzt werden oder nicht (vgl. OVG Lüneburg 5.9.2002, zit. Rn. 14), ferner nicht Anlagen Privater, die diese (gratis oder -gegen Eintrittsgeld) vom Publikum benutzen lassen (siehe auch Dhom ua in Simon/Busse § 6 Rn. 76 ff.). Ob auch solche Flächen unbebaut bleiben, ist zu ungewiss; sie dürfen daher nur gem. Abs. 2 aufgrund einer Abstandsbaulast hinzugerechnet werden. **19**

Öffentliche Wasserflächen sind die Gewässer, auf denen der Gemeingebrauch, insbesondere der öffentliche Schiffs- oder Bootsverkehr zugelassen ist (§ 5 WaStrG, § 25 WHG iVm § 34 NWG) oder die Teile öffentlicher Grün- und Erholungsanlagen sind. Es werden also nicht (wie Barth/Mühler § 9 Rn. 16 ff. meinen) alle unter das Wasserrecht fallenden Gewässer wie zB Gräben, die nur einige Grundstücke entwässern, oder wassergefüllte Kiesgruben auf Privatgelände einbezogen. Zwar sind alle diese Gewässer „öffentliche Sachen"; wenn hier jedoch die „öffentlichen Wasserflächen", in einer Reihe mit den öffentlichen Straßen, Grünanlagen und Eisenbahnen genannt werden, ist anzunehmen, dass auch nur solche Wasserflächen gemeint sind, die der Benutzung durch das Publikum offen stehen. **20**

Was **Betriebsanlagen der öffentlichen Eisen- und Straßenbahnen** sind, wird bei → § 1 Rn. 10 ff. erläutert. Selbstverständlich sind hier keine Betriebsanlagen gemeint, die in Gebäuden (Bahnhöfe usw) bestehen. **21**

Die in Satz 2 genannten Anlagen können **„entsprechend Satz 1"** zugerechnet werden, dh (wenn keine Baulast nach Abs. 2 bestellt wird) ebenfalls nur bis zu ihrer Mittellinie. Hängen Flächen nach Satz 2 mit denen nach Satz 1 zusammen, kommt es auf die Mittellinie der Gesamtfläche an. **22**

Eine problematische Situation kann bei nebeneinander verlaufenden Verkehrs- und Bahnflächen entstehen, wie sie in Städten nicht selten anzutreffen sind. Hat der Eigentümer der Inanspruchnahme seiner Fläche zur Bemessung des Grenzabstandes zugestimmt, würde sich gegenüber der gesetzlich vorgegebenen Bemaßung bis zur jeweiligen Mittellinie ein Missverhältnis für die betroffenen Anlieger ergeben. Hier kann auf die Abweichungsregel des § 66 zurückgegriffen werden, da bereits die Befreiungstatbestände des § 86 Abs. 1 Nr. 1 aF herangezogen werden durften. Entsprechend darf der straßenseitig gelegenen Anlieger bevorzugt werden, wird die Zustimmung vom Eigentümer der öffentlichen Fläche verweigert. Da es sich um eine Ermessensentscheidung handelt, lassen sich städtebauliche oder andere Missstände ohne Prozessrisiko abwehren (OVG Sachsen Beschluss 12.7.2010 -1 B 111/10- zum Rücksichtnahmegebot). **23**

C. Hinzurechnung anderer Grundstücke (Abs. 2)

24 Nach **Abs. 2** dürfen – außer der halben Breite der Straße und anderer öffentlicher Flächen nach Abs. 1 – auch andere benachbarte Grundstücke dem Baugrundstück „bis zu einer gedachten Grenze zugerechnet werden" (vgl. Rn. 2). Jedoch muss dann **durch Baulast gesichert** sein, **dass auch bauliche Anlagen auf dem Nachbargrundstück den vorgeschriebenen Abstand von dieser Grenze halten**. Der Nachbar und seine Rechtsnachfolger müssen also – kraft der Baulast – verpflichtet sein, mit eigenen Bauten so weit jenseits der fiktiven Grenze zu bleiben, wie es § 5 für diese Bauten vorschreibt (Abb. 1–2). Der Verlauf dieser gedachten Grenze kann beliebig gewählt werden; sie kann gerade oder gebogen sein. Es müssen nur zwischen ihr und dem geplanten Bau die vorgeschriebenen Abstände erreicht werden, was bei kleinen Nachbargrundstücken allerdings dazu führen kann, dass sie dann unbebaubar sind. Ist das unmittelbar angrenzende Nachbargrundstück so schmal, dass die zur Einhaltung der Abstände erforderliche fiktive Grenze noch jenseits dieses Grundstücks verlaufen muss, so muss sie durch Baulast auf dem dahinter liegenden Grundstück festgelegt werden. Der Eigentümer des Zwischengrundstücks muss dann durch Baulast die Verpflichtung übernehmen, auf diesem keine abstandspflichtigen Bauten zu errichten. Die Baulast hat konstitutive Wirkung. Versäumt der belastete Nachbar bei Bedenken rechtzeitig Widerspruch einzulegen, sind seine Möglichkeiten begrenzt, die Löschung gem § 81 Abs. 3 zu erzwingen (OVG Lüneburg Urteil vom 8.7.2004 – 1 LB 48/04 – BauR 2004, 1924–1932).

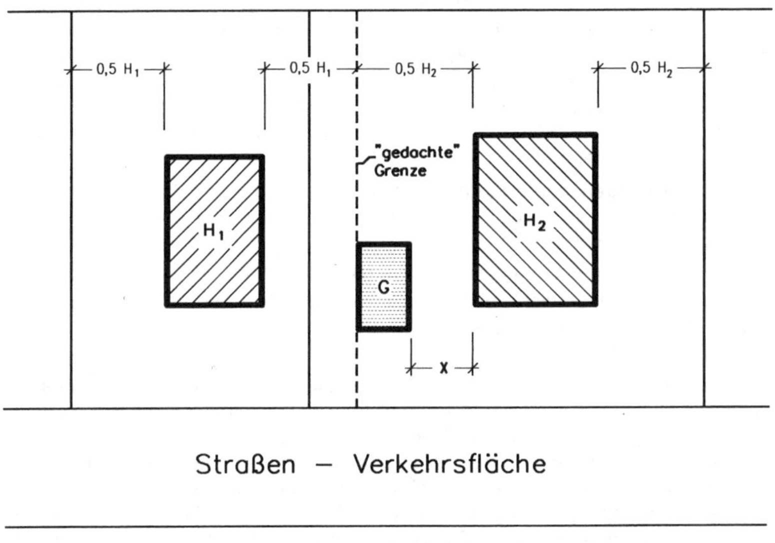

Abb. 1:
Die Gebäude 1 und 2 halten Abstand nach § 6 Abs. 2 von einer gedachten Grenze. Nach dieser richtet sich auch die Garage.
Der Abstand X darf unter der Voraussetzungen des § 7 Abs. 2 Nr. 3 das an sich nach § 7 Abs. 1 erforderliche Maß (0,5 H1 + 0,5 H2) unterschreiten.

25 Die Baulast muss sichern, dass bauliche Anlagen auf dem Nachbargrundstück **den „vorgeschriebenen" Abstand** zu der fiktiven Grenze halten. Diese braucht also nur für die Anordnung derjenigen Bauten und nur für die Punkte auf ihren Außenflächen (vgl. § 5 Abs. 1) maßgeblich zu sein, für die in der NBauO ein Grenzabstand vorgeschrieben ist. Demnach können bauliche Anlagen, die keine Gebäude sind und weder nach

§ 5 Abs. 1 S. 2 noch (als Einfriedungen) nach § 5 Abs. 8 S. 1 Nr. 1 Abstand halten müssen, beliebig beiderseits der gedachten Grenze liegen, sofern nur die allgemeinen Anforderungen des § 4 Abs. 3 gewahrt bleiben. Für die Anordnung dieser Bauten braucht die Baulast keine Beschränkungen zu enthalten. Die Baulast bezieht sich eindeutig auf den „Grenzabstand", jedoch dürfen unter entsprechender Anwendung die gem. §§ 8 Abs. 1 S.1 Nr.1 und 11 Abs. 2 Nr. 1 DVO-NBauO geforderten Abstände zur Abwehr der Brandübertragung mit einbezogen werden. Da der Abstand von 2,50 m zum Umgehen des Brandwanderfordernisses geringer als der Mindestabstand von 3,00 m ist, dürfte nur bei weicher Bedachung der Abstand von 3,00 m nicht ausreichen.

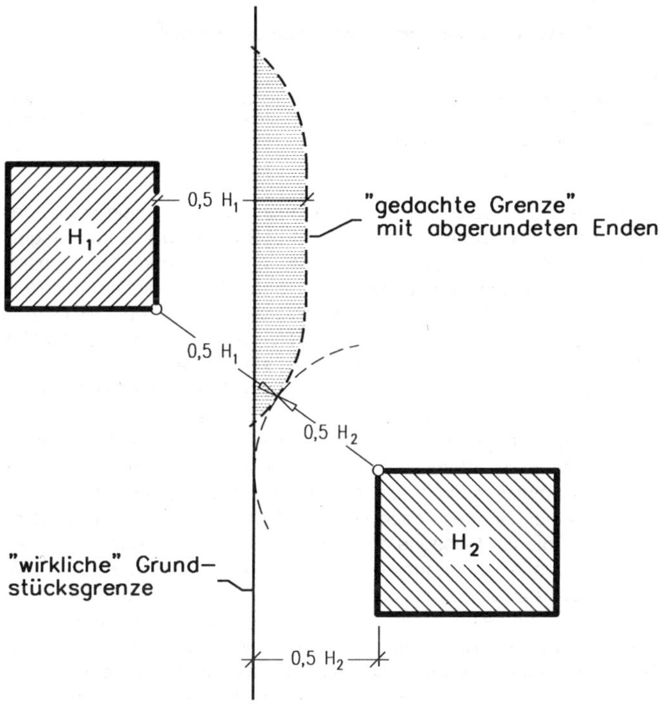

Abb. 2:
Wenn ein Interesse daran besteht, die von der Baulast betroffene Fläche so klein wie möglich zu halten, bietet es sich an, die „gedachte Grenze", wie hier dargestellt, an ihren Enden abzurunden.

Ist ein Gebäude aufgrund einer vom Nachbarn übernommenen Abstandsbaulast nach § 6 Abs. 2 genau an die wirkliche Grenze gesetzt worden, so könnte es sich fragen, ob der Nachbar dann trotz der Baulast seinerseits zu einer **Grenzbebauung nach § 5 Abs. 5 S. 2**, wenn die Voraussetzungen dieser Vorschrift vorliegen, berechtigt bleibt; dafür könnte sprechen, dass dann kein Abstand iSv § 6 Abs. 2 „vorgeschrieben" ist. Jedoch dürfte dies zu verneinen sein (ebenso Barth/Mühler § 6 Rn. 42), weil aufgrund der Baulast nach § 6 Abs. 2 nicht, wie es § 5 Abs. 5 S. 2 voraussetzt, „ohne Abstand", sondern mit einem „verlagerten" Abstand an die Grenze gebaut worden ist. Die BauAB wird dann aber nach § 81 Abs. 3 auf die Abstandsbaulast verzichten können, wenn der Baulastbegünstigte kein Interesse an einer weitergehenden Ausnutzung der Abstandsbaulast hat, § 8 DVO-NBauO auch ohne die Abstandsbaulast eingehalten wird und der Nachbar zuvor eine „Anbaubaulast" nach § 5 Abs. 5 S. 2 übernommen hat. **26**

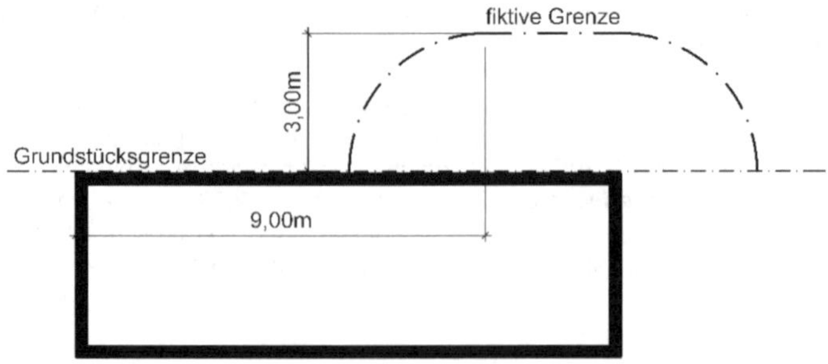

Abb. 2a:
Bei dem Gebäude nach § 5 Abs. 8 Satz 2, welches die zulässige Länge je Grenze von 9,0 m überschreitet, kann durch Grenzabstandsbaulast der die Länge übersteigende Teil legalisiert werden. Dabei ist allerdings die Abrundung der fiktiven Grenze zu beachten.

27 Fraglich ist weiter, ob durch die Abstandsbaulast gesichert sein muss, dass auf dem Nachbargrundstück **Garagen und andere Gebäude sowie Solaranlagen**, die **nach § 5 Abs. 8 S. 2** ohne oder mit einem bis auf 1 m verringerten Grenzabstand zulässig sind, jenseits der gedachten Grenze bleiben, oder ob der Nachbar das Recht behalten darf, mit diesen Gebäuden an die wirkliche Grenze vorzurücken. Das Letztere gestatten andere LBauOen ausdrücklich (zB BauO NRW § 6 Abs. 2 und LBO BW, § 7), auch die MBauO 2002 (§ 6 Abs. 7) erlaubt dies, indem sie solche Bauten „in den Abstandsflächen" unabhängig davon zulässt, ob diese auf dem Baugrundstück liegen oder sich auf das Nachbargrundstück erstrecken. Wenn in Fällen des § 6 Abs. 2 der Nachbar seine Garage nicht an die fiktive, sondern an die wirkliche Grenze baut, ist das oft unbedenklich und kann sogar im Interesse beider Nachbarn die bessere Lösung sein (zB wenn dadurch ein „Schmutzstreifen" zwischen Garage und Grenzzaun vermieden oder der Zusammenbau zweier Garagen ermöglicht wird). Denn der Begünstigte ist daran gehindert, mit einem privilegierten Gebäude an die fiktive Grenze zu bauen, nimmt er doch dazu widerrechtlich das Nachbargrundstück in Anspruch. Jedoch hat die NBauO in § 5 Abs. 8 S. 2 nicht gänzlich auf einen „vorgeschriebenen Abstand", wie ihn § 6 Abs. 2 meint, verzichtet und keine Bestimmung getroffen, wie sie die erwähnten BauOen enthalten. Auch wäre die NBauO inkonsequent, wenn sie uneingeschränkt erlaubte, dass der Bauherr ein Gebäude unter Ausnutzung des § 6 Abs. 2 nahe an die (wirkliche) Grenze rückt und der Nachbar eine Garage an dieselbe Grenze baut. Sie stellte es dann weitgehend ins Belieben der Beteiligten, die normalerweise geforderten Gebäudeabstände stark zu unterschreiten.

28 Daher ist durch die Abstandsbaulast zunächst gesichert ist, dass die fiktive Grenze nach § 6 Abs. 2 auch für Garagen und andere Gebäude iSd § 5 Abs. 8 S. 2 die maßgebliche Grenze darstellt. Die 7. Aufl. bezeichnete es zwar als möglich, **§ 12 Abs. 4** aF auf den Abstand zwischen dem Gebäude, dessen Errichtung durch die Baulast ermöglicht werden soll, und der Garage (oder dem anderen nach § 12 begünstigten Gebäude) auf dem Nachbargrundstück **entsprechend anzuwenden**, wenn das Gebäude, für das die Baulast erforderlich ist, so angeordnet und beschaffen ist, dass keine der in § 12 Abs. 4 aF genannten Bedenken entstehen können, falls der Nachbar irgendwann einmal eine Garage oder ein anderes Gebäude iSd § 12 aF unmittelbar oder mit einem bis auf 1 m verringerten Abstand an die wirkliche Grenze setzt. Dem ist die Rechtsprechung aber nicht gefolgt (s. OVG Lüneburg 26.8.2004 – 1 LB 298/03, NdsVBl. 2005, 103); nach Auffassung des OVG kam eine entsprechende Heranziehung des § 12 Abs. 4 aF nur in Betracht, wenn ein striktes Einhalten der durch die Baulast festgelegten fiktiven Grenze zu einer Sachlage führte, die dem Zweck der Abstandsregelung zuwiderläuft und/oder ein Fall für eine Befreiung nach § 86 aF vorlag. Der § 66 eröffnet da ein wenig mehr Handlungsspielraum, indem er jetzt unter angemessener Berücksichtigung der Schutzziele die Abweichung zulässt. Wenn es hiernach nicht möglich sein sollte, Garagen usw an der gewünschten Stelle zu errichten, die beteiligten Eigentümer darüber jedoch einig sind, kann die Vereinigung ihrer Grundstücke zu einem einheitlichen Baugrundstücks durch Baulast nach §2 Abs. 12 S. 2 weiterhelfen. Dann würde das Erfordernis der Grenzabstandsbaulast entfallen, sie sollte im gleichen Zuge gelöscht werden (§81 Abs. 3 S.1). Denkbar ist auch, die Baulasterklärung so zu formulieren, dass den privilegierten Gebäuden und Anlagen nach §5 Abs. 8 S. 2 das Recht der Bebauung an der Grenze des Buchgrundstücks zugestanden wird. Ansonsten aber lässt sich die durch die Baulast herbeigeführte eingeschränkte Bebaubarkeit eines Grundstücks nicht als Härtefall zur Begründung einer Abweichung anführen (VGH BW Beschluss 4.4.2013 – 8 S 304/13 – BauR 2013, 1110–1111). Liegen jedoch Voraussetzungen vor, die den Verzicht auf die Baulast rechtfertigen, ist dieser Gesichtspunkt geeignet in die Abwägung zum Abweichungsbegehren einbezogen zu werden (anders VGH Mannheim ebd).

Über die Baulast, die §6 Abs. 2 als Sicherungsmittel vorsieht, und deren Bestellung s. 29
§§92f. m. Erläuterungen. Formulierungsvorschlag für die **Baulasterklärung:**

> „Als Eigentümer des im Grundbuch von ... Bd. ... Bl. ... unter Nr. ... des Bestandsverzeichnisses eingetragenen Grundstücks ...-straße Nr. ... – Gemarkung ..., Flur ..., Flurstück ... übernehme ich, auch zu Lasten meiner Rechtsnachfolger, als Baulast die Verpflichtung, mit baulichen Anlagen auf dem genannten Grundstück die vorgeschriebenen Abstände von der ...-lichen Grenze des Grundstücks so einzuhalten, als wenn sie, wie im beigefügten Lageplan dargestellt, verliefe."

Die oben formulierte Baulasterklärung ist auch verwendbar, wenn die Grenze fiktiv auf das Nachbargrundstück verlagert werden soll, um die Grenzabstände zu wahren, welche die DVO-NBauO für Wände und Dächer mit geringerer Feuersicherheit vorschreibt (s. → Rn. 5).

Baulasterklärung im Fall von Abs. 1 S. 1, Nachsatz: Wenn eine Baulast dem Nach- 30
barn jenseits der Straße ermöglichen soll, für die Abstände von Gebäuden auf jenem Grundstück mehr als die halbe Straßenbreite in Anspruch zu nehmen (→ Rn. 14), so könnte die Baulastverpflichtung formuliert werden: „... die Verpflichtung, für die Bemessung der vorgeschriebenen Abstände von Gebäuden auf dem genannten Grundstück zu der ...-straße deren Verkehrsfläche nicht bis zu ihrer Mittellinie, sondern nur bis zu der im beigefügten Lageplan dargestellten Linie in Anspruch zu nehmen" oder: „deren Verkehrsfläche zu keinem Teil in Anspruch zu nehmen" oder: „deren Verkehrsfläche nicht in Anspruch zu nehmen und von einer auf dem genannten Grundstück verlaufenden gedachten Grenze auszugehen, die auf dem beigefügten Lageplan dargestellt ist".

Baulasterklärung für „Zwischengrundstücke": Bei (schmalen) Grundstücken, die zwi- 31
schen dem Baugrundstück und dem Grundstück liegen, über das die gedachte Grenze verlaufen muss (→ Rn. 4 und → Rn. 23), lautet die Verpflichtung: „... das genannte Grundstück nicht mit Gebäuden oder anderen baulichen Anlagen, die Grenzabstände halten müssen, zu bebauen." Grenzt dieses Grundstück an eine Straße an, so schließt die Baulastverpflichtung, das Grundstück unbebaut zu lassen, den Verzicht auf die Inanspruchnahme von Teilen der Straßenfläche für die Abstände von Gebäuden auf dem Grundstück selbstverständlich ein.

Baubeschränkungen für den Baulastbegünstigten? Der Nachbar, der eine Baulast 32
nach §6 Abs. 2 übernimmt, ermöglicht damit, dass ein Gebäude näher an sein Grundstück heranrückt, als dies sonst nach den Abstandsvorschriften zulässig wäre. Das kann für ihn nachteilige Auswirkungen haben. Um diese einzugrenzen, könnte er daran interessiert sein, dass das Gebäude nur in bestimmter Weise genutzt wird oder eine bestimmte Höhe nicht übersteigt. Zwar können durch die Baulast nur Baubeschränkungen auf dem Grundstück des Baulastübernehmers begründet werden. Jedoch lässt sich das Gewünschte wohl dadurch erreichen, dass der Nachbar die Baulast unter einer ent-

sprechenden Bedingung übernimmt. So könnte die Baulasterklärung etwa folgenden Zusatz erhalten: „Die Baulast wird unter der Bedingung übernommen, dass die im Lageplan dargestellte gedachte Grenze nicht für eine bauliche Anlage in Anspruch genommen wird, die …". Der Nachbar könnte die Baulastübernahme auch davon abhängig machen, dass der baulastbegünstigte Bauherr auf seinem Grundstück eine Grunddienstbarkeit eintragen lässt, durch die er sich und seine Rechtsnachfolger zu der gewünschten Baubeschränkung (zivilrechtlich) verpflichtet.

33 Zwar erlaubt der Wortlaut des Abs. 2, die Baulast vorausschauend ohne Bezug auf ein konkretes Bauvorhaben eintragen zu lassen. Jedoch schließt die Abstandsbaulast den Verzicht auf den Nachbarschutz ein (OVG Lüneburg 1 Urteil 27.9.2001 – 1 LB 1137/01 – BRS 64 Nr. 130), so dass sie auf ein eindeutig und unmissverständlich bstimmtes Vorhaben bezogen sein sollte (so auch VGH Hess Beschluss 1.12.2015 – 3 A 55/15/15.Z –). Sonst läuft man Gefahr, dass bei Änderungen der Rechtlage, die eine Verringerung der Grenzabstände ermöglichen, eine höhere bauliche Anlage entstehen darf als zum Zeitpunkt der Baulasterklärung vorstellbar war. Es sind allerdings Zeifel erlaubt, dass der Belastete sich mit Erfolg gegen eine Bebauung wehren kann, die sich auf eine inhaltlich offene, d.h. nicht eng auf ein Vorhaben beschränkte Erklärung beruft, die eben „über die Errichtung des ihren Anlass bildenden Vorhabens hinaus auch künftige Änderungen eben dieses Vorhabens deckt, wenn und soweit solche Änderungen mit dem Inhalt der übernommenen Verpflichtung vereinbar sind" (OVG Münster Beschluss 8.9.2004 – 7 B 1494/04 – NVwZ-RR 2005, 459–461). Doch reicht ein nur privates Interesse am Fortbestehen einer Abstandsbaulast nicht aus, die „baurechtliche Relevanz" muss schon fortbestehen (OVG Lüneburg Urteil 16.1.2012 – 1 LB 219/09 – DVBl 2012, 381).

34 Wenn auf dem Grundstück, auf das eine Abstandsbaulast nach § 6 Abs. 2 übernommen wird, schon ein Gebäude steht, das nach dem Inhalt der Baulast an seinem Standort nicht hätte errichtet werden dürfen, so macht das die Baulasterklärung wohl nicht ungültig (so auch OVG Lüneburg 25.3.2003 – 1 LB, BauR 2004, 1924). Allerdings darf dann das auf die Baulast angewiesene (grenznahe) Bauwerk des Baulastbegünstigten nur genehmigt bzw. errichtet werden, wenn der Baulastübernehmer sich durch die Baulast auch zum Abbruch dieses Gebäudes verpflichtet hat. Anderenfalls würde die Baulast ihren Zweck, den vom Gesetzgeber angestrebten Freiraum zwischen Gebäuden zu sichern (Rn. 2), verfehlen. Geht der Wille, sich auch zum Abbruch zu verpflichten, aus der Baulasterklärung nicht deutlich hervor, wird die BauAB klären müssen, was der Baulastübernehmer will; eine klarstellende Ergänzung seiner Erklärung bedarf der Form nach § 81 Abs. 2.

35 Nach § 9 Abs. 2 idF der NBauO 1973 durfte die für die Abstände maßgebliche Grenze auch dann fiktiv auf das Nachbargrundstück verlagert werden, wenn anstelle der Baulast „durch geeignete Festsetzungen in einem Bebauungsplan" gesichert war, dass bauliche Anlagen auf dem Nachbargrundstück den Abstand nach § 7 aF von dieser gedachten Grenze halten. Der B-Plan ist aber nur wenig geeignet, diese Sicherung herbeizuführen (vgl. die 3. Auflage dieses Kommentars, § 9 aF Rn. 12 ff.). Vor allem aber ermöglichte die frühere Regelung dem Bauherrn, den vorgeschriebenen Abstand zur wirklichen Grenze auch ohne Einverständnis des Nachbarn zu unterschreiten. Wenn dabei durch den B-Plan auch genügend große Abstände zwischen den Gebäuden gesichert werden, so beschattet das an die Grenze gerückte Gebäude doch die Freiflächen des Nachbargrundstücks und kann auch sonst dessen Nutzung stören. Dem Nachbarn eine solche Beeinträchtigung seines Eigentums zuzumuten, erscheint bedenklich. Daher ist zu begrüßen, dass die NBauO seit der Novelle von 1986 (abweichend von der MBauO und anderen LBauOen) auf den B-Plan als Sicherungsmittel iSd § 6 Abs. 2 verzichtet.

Soweit bis zum Inkrafttreten der Novelle von 1986 (1.5.1986) Gebäude nach der ursprünglichen Fassung des § 9 Abs. 2 in Grenznähe errichtet wurden und dem geänderten Baurecht nicht mehr entsprechen, genießen sie Bestandsschutz in entsprechender Anwendung des § 85.

§7 Abstände auf demselben Baugrundstück

(1) [1]Zwischen Gebäuden auf demselben Baugrundstück, die nicht unmittelbar aneinander gebaut sind, muss ein Abstand gehalten werden, der so zu bemessen ist, als verliefe zwischen ihnen eine Grenze. [2]Satz 1 gilt entsprechend für andere bauliche Anlagen, von denen Wirkungen wie von Gebäuden ausgehen, und Terrassen, soweit sie jeweils höher als 1 m über der Geländeoberfläche sind.

(2) Der Abstand nach Absatz 1 darf, soweit hinsichtlich des Brandschutzes, des Tageslichts und der Lüftung keine Bedenken bestehen, unterschritten werden

1. auf einem Baugrundstück, das in einem durch Bebauungsplan festgesetzten Gewerbe- oder Industriegebiet liegt oder entsprechend genutzt werden darf, zwischen Gebäuden, die in den genannten Gebieten allgemein zulässig sind,

2. zwischen land- oder forstwirtschaftlich genutzten Gebäuden ohne Aufenthaltsräume,

3. von baulichen Anlagen nach §5 Abs. 8 Satz 2.

(3) [1]Wenn Teile desselben Gebäudes oder aneinander gebauter Gebäude auf demselben Baugrundstück einander in einem Winkel von weniger als 75 Grad zugekehrt sind, muss zwischen ihnen Abstand nach Absatz 1 gehalten werden. [2]Dies gilt nicht für Dachgauben, Balkone und sonstige geringfügig vor- oder zurücktretende Teile desselben Gebäudes. [3]Die Abstände nach Satz 1 dürfen unterschritten werden, soweit die Teile des Gebäudes keine Öffnungen zu Aufenthaltsräumen haben und der Brandschutz und eine ausreichende Belüftung gewährleistet sind.

(4) Zwischen einander in einem Winkel von weniger als 120 Grad zugekehrten Fenstern von Aufenthaltsräumen eines Gebäudes oder aneinander gebauter Gebäude auf demselben Baugrundstück muss ein Abstand von mindestens 6 m gehalten werden, wenn die Aufenthaltsräume dem Wohnen dienen und nicht zu derselben Wohnung gehören.

(5) Die Absätze 1 bis 3 gelten nicht für fliegende Bauten.

Übersicht

A. Allgemeines

In den allgemeinen Ausführungen zu §5 wurde bereits deutlich gemacht, dass die vorgeschriebenen Grenzabstände in erster Linie bewirken sollen, dass zwischen Gebäuden (und Bauwerken mit ähnlicher Wirkung) die Abstände gehalten werden, die zur Verwirklichung der Grundsätze in §3 Abs. 1 und 2 erforderlich sind. Folgerichtig müssen diese eigentlich gewünschten Abstände grundsätzlich auch dann gesichert sein, wenn die Gebäude auf demselben Grundstück stehen. Deshalb sollen nach §7 auch diese Gebäude untereinander die Abstände nach §5 halten, die hier aber zu einer zwischen den Gebäuden verlaufenden fiktiven Grenze zu messen sind. Doch drängt sich dieser Ansatz nicht auf. Denn das Schutzziel der Grenzabstandsregelungen (insb. Belichtung, Belüftung, Privatheit) erfordert nicht zwingend den Abstand zwischen Gebäuden bzw. baulichen Anlagen, sondern ließe sich über entsprechende Anordnung von Fensteröffnungen, Ausblicke und andere Freiräume erreichen. Die Bestimmungen anderer Bundesländer **1** eröffnen dazu weitergehende Spielräume als die NBauO. Zwar wird auch hier zunächst verlangt, dass sich Abstandsflächen nicht überdecken dürfen. Doch dürfen allgemein die Abstände auf demselben Baugrundstück unterschritten werden, wenn insb. die Belichtung nicht beeinträchtigt wird (z.B. § 6 Abs. 13 BauO-NW).

2 Die Regelungen des Abs. 1 bewirken im Übrigen, dass es bei etwaigen späteren Grundstücksteilungen (§ 8 Abs. 1) keine bauaufsichtlichen Schwierigkeiten hinsichtlich unzureichender Grenzabstände gibt. Für unterschrittene Regelabstände nach Abs. 2 trifft das nicht zu (s. → Rn. 14).

§ 7 ersetzt § 10 der bisherigen NBauO. Dieser war seit 1986 nicht geändert worden. Die Neufassung hat – entsprechend § 12a Abs. 1 a.F.– die Abstandspflicht auf die in § 5 Abs. 1 S. 2 genannten baulichen Anlagen mit gebäudeähnlicher Wirkung und Terrassen über 1 m Höhe ausgedehnt. Die bisher im § 12 Abs. 4 a.F. enthaltene Begünstigung für Garagen und Gebäude ohne Feuerstätten und Aufenthaltsräume ist in § 7 Abs. 2 Nr. 3 n.F. mit der dortigen Verweisung auf § 5 Abs. 8 S. 2 übernommen und auf freistehende Solaranlagen bis 3 m Höhe ausgedehnt worden.

3 Die Forderung nach Abstand gilt für alle auf demselben Grundstück stehenden Gebäude und baulichen Anlagen, die nicht unmittelbar aneinander gebaut sind. Der Begriff „unmittelbar aneinander gebaut" erfasst den deckungsgleichen Anbau ebenso wie den entsprechenden; er ist quasi gleichzusetzen mit „sich berührend aneinander gebaut". Er macht deutlich, dass die Forderung nach Abstand für alle Gebäude gilt, zwischen denen ein Zwischenraum verbleiben würde und schließt damit beispielsweise einen traufgassenartigen Zwischenraum aus. Der Begriff „unmittelbar" macht weiter deutlich, dass im Gegensatz dazu zwischen „mittelbar" aneinander gebauten Gebäuden Abstand gehalten werden muss. Nicht unmittelbar, also nur mittelbar aneinander gebaut sind Gebäude, wenn sie lediglich durch Zwischenglieder wie Mauern, überdachte Terrassen, Pergolen etc. verbunden sind. Auch in den Zwischenraum gestellte Bauten nach § 5 Abs. 8, die ihrerseits ohne Abstand zur fiktiven Grenze in den seitlichen Abstandsflächen (Bauwich) errichtet werden dürfen, lassen nicht die Forderung des Abs. 1 nach Abstand entfallen. Allerdings greifen bei aneinander gebauten Gebäuden nicht die Ansprüche an den Typus des Doppelhauses oder des Reihenhauses, da auch ein aus mehreren Gebäuden zusammengesetzter Baukörper im planungsrechtlichen Sinne ein Einzelhaus bleibt, wenn es nur den seitlichen Grenzabstand einhält (OVG. Nds. Urteil 8.12.1995 – 1 L 3209/97 – BRS 57 Nr. 83).

4 Abs. 1 gilt ohne Ausnahme für Gebäude aller Art, also zunächst auch für Garagen und Nebengebäude nach § 5 Abs. 8 S. 2 ohne Feuerstätten und Aufenthaltsräume. Allerdings dürfen diese nach Abs. 2 Nr. 3 den in § 7 vorgeschriebenen Abstand von Gebäuden untereinander unterschreiten (siehe → Rn. 17). Die Regelungen des § 7 gelten für die fiktive Grenze gleichermaßen. Das heißt: unter den Voraussetzungen des § 5 Abs. 8 S. 2 brauchen Garagen und Gebäude ohne Feuerstätten und Aufenthaltsräume von der fiktiven Grenze keinen Abstand zu halten.

5 Die Vorschrift des § 7 über Abstände zwischen Gebäuden auf demselben Grundstück gilt, wie sich aus Abs. 1 S. 2 ergibt, entsprechend auch für sonstige bauliche Anlagen, von den Wirkungen wie von Gebäuden ausgehen, sowie für Terrassen, soweit sie höher als 1 m sind. Diese Regelung übernimmt § 12a Abs. 1 a.F., soweit jene Vorschrift für diese Bauwerke galt. Betroffen sind beispielsweise auch Werbetafeln im sog. Euroformat (OVG Lüneburg 18.2.1999 – 1 L 4263/98 – Nds.Rpfl. 1999, 328). Diese Tafeln von ca. 3,75 × 2,75 m Größe mit Rahmen müssen nicht nur von der Nachbargrenze, sondern auch zu Gebäuden auf demselben Baugrundstück Abstand halten (mind. 2 × 3 = 6 m), soweit von ihnen – bedingt durch ihre Anordnung zueinander – gebäudegleiche Wirkungen ausgehen (§ 5 Abs. 1 S. 2 und → Rn. 70).

6 Für die Bemessung des Abstandes gelten vollinhaltlich die Bestimmungen des § 5 einschließlich der dort eingeräumten Vergünstigungen (vgl. auch → Rn.13). Die fiktive Grenze kann im Übrigen vom Bauherrn frei gewählt werden (Abb. 1). Da in § 7 nicht aus-

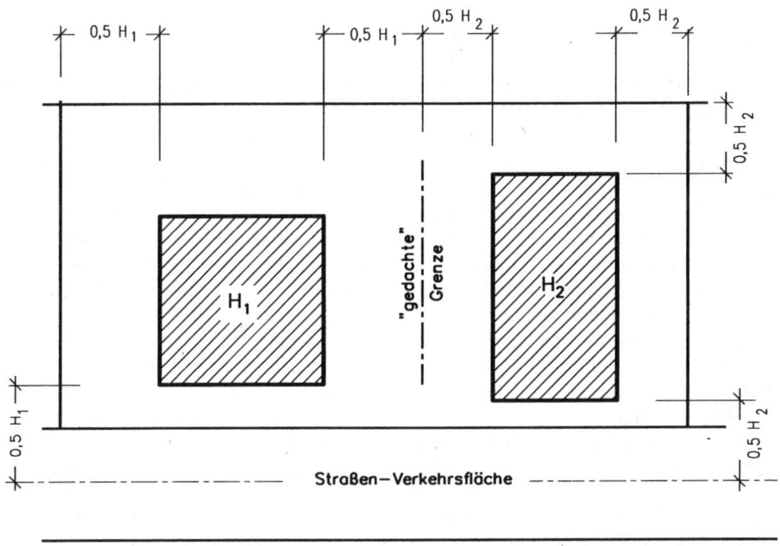

Abb. 1:
Fallbeispiel für die freie Wahl der Gebäudegruppierung und damit der Lage der „gedachten" Grenze zwischen den Gebäuden auf demselben Grundstück gemäß § 7 Abs. 1.

drücklich ausgeschlossen, sind auch für Abstände auf demselben Baugrundstück die Regelungen des § 5 Abs. 3 und 4 für untergeordnete Gebäudeteile anwendbar. Das gilt dann auch für einander zugekehrte Gebäudeteile aneinander gebauter Gebäude, soweit sie nicht von Abs. 3 S. 2 erfasst werden.

Ist für mehrere Grundstücke eine „Vereinigungsbaulast" (§ 2 Abs. 12. S. 2) wirksam bestellt, so gelten für die zusammengeschlossenen Grundstücke untereinander die Vorschriften über Grenzabstände nicht mehr. Dies führt auch zu einer Einschränkung von sonst gegebenen nachbarlichen Abwehrrechten. Denn die Reichweite der Vereinigungsbaulast lässt sich nicht auf bestimmte Bauvorhaben beschränken (OVG Lüneburg Beschluss 4.3.2015 – 1 LA 177/14 – openJur 2015, 5595). So kann sich ein Nachbar nicht auf eine Verletzung von Grenzabstandsvorschriften berufen, wenn sein Grundstück und das benachbarte Grundstück, auf dem gebaut wird, durch eine Baulast nach § 2 Abs. 12 zu einem Baugrundstück vereinigt sind. Zwar kommt dann grundsätzlich § 7 zum Tragen; auf diese Bestimmung kann sich aber nicht der Eigentümer eines der durch eine Vereinigungsbaulast zusammengeschlossenen Grundstücke berufen, weil sie nicht auf das Verhältnis von zwei benachbarten Grundstückseigentümern abstellt und ihr damit keine nachbarschützende Wirkung zukommt (OVG Lüneburg 1.8.1996 – 1 M 3898/96 – BRS 58 Nr. 179). Die „zusammengeschlossenen" Grundstücke gelten als ein Grundstück, mit der Folge, dass § 7 anzuwenden ist (OVG Lüneburg 26.9.1991 – 1 L 74/91 u. 1 L 75/91 – n.v.). Nachbarliche Abwehrrechte, die auf den Normen des städtebaulichen Planungsrechts beruhen, bleiben unberührt (zur erfolglosen Klage VGH München Beschluss 20.6.2018 – 1 ZB 18.695 – BeckRS 2018, 14516). 7

Nachbarschutz vermittelt der § 7 gegenüber angrenzenden Nachbarn nicht, soweit die Abstände zu deren Grenzen bewahrt bleiben. Selbst bei regelwidrigen Abweichungen von den Forderungen des § 7 kann Nachbarschutz nur in seltenen Fällen beansprucht werden, wenn z.B. das Gebot der Rücksichtnahme verletzt wird. 8

B. Verminderte Abstände für bestimmte Bauten (Abs. 2)

9 Während nach Abs. 1 Gebäude und bauliche Anlagen mit gebäudegleicher Wirkung auf demselben Baugrundstück untereinander die „Regelabstände" zu halten haben, im Minimum also einen Abstand von 6,00 m, können die in Abs. 2 Nr. 1, 2 und 3 aufgeführten baulichen Anlagen in den genannten Baugebieten diese Abstände unterschreiten, und zwar ohne Wahrung eines Mindestabstands, sofern dem nicht Bedenken aus Gründen des Brandschutzes, des Tageslichts und der Lüftung entgegenstehen. Ziel der Regelung ist es, dort abweichend von Abs. 1 geringere Gebäudeabstände zuzulassen, wo es nicht auf die Schutzgüter der Abstandsregelung ankommt und Grundstücksteilungen wie bei Fabrikanlagen und landwirtschaftlichen Hofstellen eher unwahrscheinlich sind. Der Abstand darf unterschritten werden, wenn die Voraussetzungen des Abs. 2 gegeben sind. Der Zulassung einer Abweichung durch die BauAB bedarf es dazu nicht; sie ist im Gesetz nicht vorgesehen. Generelle Richtlinien können hierzu nicht aufgestellt werden; maßgebend ist die jeweilige örtliche Situation, die Art der Nutzung der Gebäude und das davon ausgehende Gefahrenpotential. Ob das Übertragen städtebaulicher Gesichtspunkte durch das Einschränken auf den Gebietestypus und den dort nur allgemein zulässigen nach Art ihrer auf die bauordnungsrechtlich motivierten Abstände sachgerecht ist, darf durchaus bezweifelt werden. Angebracht wäre wohl eher die Vergünstigung allgemein anzubieten, da das Beachten brandschutztechnischer, hygienischer und sozialer Belange eine ausreichende Bremse vor missbräuchlicher Rechtsanwendung ist.

10 Belangen des Brandschutzes wird i.d.R. genügt, wenn die Abstandsvorschriften der DVO-NBauO eingehalten werden. Sie gelten neben den Grenzabstandsregeln der § 5–7. Mit Abs. 2 wird eine Unterschreitung der Brandschutzabstände nach der DVO-NBauO nicht zugelassen. Bedenken hinsichtlich Tageslicht bestehen in GE/GI-Gebieten i.d.R. nur, wenn das ohnehin meist nur als Ausnahme ermöglichtes begünstigtes Wohnen betroffen ist (§§ 8 und 9, jeweils Abs. 3 Nr. 1 BauNVO, siehe Rn. 9). Zwar müssen auch Arbeitsstätten möglichst ausreichend Tageslicht erhalten; sie müssen aber zusätzlich mit Einrichtungen für eine dem Gesundheitsschutz der Beschäftigten angemessenen künstlichen Beleuchtung ausgestattet sein (Nr. 3.4 des Anhangs zu § 3 Abs. 1 ArbStättV, sie auch → § 43 Abs. 5 Rn. 9 ff.). Das Gleiche gilt hinsichtlich der Lüftung. Auch hier kann für Aufenthaltsräume, die nicht dem Wohnen dienen, auf natürliche Belüftung verzichtet werden, wenn die Räume künstlich belüftet oder klimatisiert sind. Der als Beleg für einen ausreichenden Lichteinfall herangezogene Lichteinfallswinkel von 45°, bezogen auf die Brüstungsoberkante des betroffenen Fensters, taugt ggf. nur bei Garagen bzw. Nebengebäuden nach § 5 Abs. 8 S. 2, da er im GE- und GI-Gebiet bei Ausnutzen des Freiraumprofils ohnehin nicht einzuhalten ist (Barth/Mühler a.a.O. § 7 Rn. 17).

11 Die erleichternden Abstandsregeln nach Abs. 2 Nr. 1 gelten nur für Gewerbe- und Industriegebiete. Für andere Baugebiete, insbesondere Kern- oder Mischgebiete, gilt die Regelung somit nicht. Die Gebiete müssen als solche in einem B-Plan festgesetzt sein, oder der entsprechende Gebietscharakter muss sich nach den Kriterien des § 34 Abs. 2 BauGB eindeutig bestimmen lassen. Ob die Formulierung „oder entsprechend genutzt werden darf" noch weiter greift, wie Barth/Mühler (§ 10 a.F. Rn. 9) meinten, könnte zweifelhaft sein. Dann wären alle Grundstücke unabhängig von ihrer Belegenheit erfasst, wenn sie nur (durch Baugenehmigung oder Bestandsschutz gedeckt) so genutzt werden dürfen wie Baugrundstücke in einem festgesetzten GE-oder/GI-Gebiet. Die Formulierung des Gesetzes nimmt Bezug auf die vorangegangene Aussage zu Baugrundstücken in festgesetzten GE-/GI-Gebieten (§ 30 BauGB) und erweitert diese auf gewachsene, d.h. durch die Prägung der maßstabsbildenden Umgebung analog §§ 8 oder 9 BauNVO identifizierbare GE-oder/GI-Gebiete (§ 34 Abs. 2 BauGB). Ob sie auch solche Baugrundstücke erfasst, die nicht in einem festgesetzten oder gewachsenen GE-/GI-Gebiet liegen, kann dahinstehen. Es sind jedenfalls keine sachlichen Gründe erkennbar, die gegen eine Anwendung der begünstigenden Regelung des Abs. 2 auch auf solche

Grundstücke mit Werksanlagen sprechen, die nicht in einem GE-/GI-Gebiet liegen, beispielsweise auf eine standortgebundene solitäre Werksanlage im Außenbereich. Dann jedoch sollte auf das Instrument der Abweichung (§ 66) zurückgegriffen werden.

Die erleichternden Regelungen gelten auch nur zwischen Gebäuden, die dort allgemein zulässig sind (§ 8 Abs. 2 bzw. § 9 Abs. 2 BauNVO) und nicht für solche, die dort nur ausnahmsweise zugelassen werden können, wie Wohnungen für Aufsichts- und Bereitschaftspersonen, Anlagen für soziale Zwecke usw. (§ 8 Abs. 3 bzw. § 9 Abs. 3 BauNVO). Demzufolge gilt die Vergünstigung beispielsweise nicht zwischen einer Werkhalle und einem Betriebsleiterwohnhaus. Mit der Regelung ist es aber möglich, einer Fabrikhalle eine Zyklonanlage oder einem Kesselhaus einen hohen Fabrikschornstein zuzuordnen, wie auch betriebstechnisch einander zugeordnete Hallen näher zusammenrücken können, als dies nach den normalen Abstandsmaßen auf demselben Baugrundstück zulässig wäre. 12

Die gleichen Erleichterungen gelten nach Abs. 2 Nr. 2 für landwirtschaftliche Betriebsgebäude auf demselben Baugrundstück, sofern sich darin keine Aufenthaltsräume (§ 43) befinden. Hier kann z.B. der Abstand zwischen einem Stall und einem Futtersilo entsprechend geringer gehalten werden, als dies nach § 5 Abs. 1 S. 2 erforderlich wäre. 13

Für Schulen sieht § 7 keine verminderten Abstände auf demselben Grundstück vor. Nach Ziffer 2 des aufgehobenen RdErl. v. 26.9.77 zur Einführung der „Bauaufsichtlichen Richtlinien für Schulen – BASchulR – (Nds. MBl. 1361)“ wurde bei Schulgebäuden oder Teilen von Schulgebäuden untereinander für den Abstand nach § 10 a.F. stets 1/2 H, mindestens jedoch 3 m als ausreichend angesehen, ein Maß welches jetzt den Regelabstand prägt. Die neue „Richtlinie über bauaufsichtliche Anforderungen an Schulen (SchulbauR)“, RdErl. MS v. 12.11.2012, Nds.MBl. 997) konzentriert sich nur noch auf brandschutztechnische Ansprüche. GGf. lässt sich darüber hinaus bei Sonderbauten in Einzelfällen (§ 2 Abs. 5) auf § 51 S. 3 Nr. 1 zurückgreifen, um geringere Abstaände zu rechtfertigen. Sicher ist Auslöser der Regelung, zur Wahrung besonderer Sicherheitsanforderungen besondere, also weiterreichende Anforderungen zu stellen. Jedoch sind auch Erleichterungen denkbar, wenn das Gesamtkonzept der baulichen Anlage den Sicherheitsstandard der Bauordnung beibehält. Das kann gerade auf einem Baugrundstück u.U. erlauben, geringer Abstände zuzulassen. 14

Die Unterschreitung der Gebäudeabstände nach Abs. 2 führt zwangsläufig zu Schwierigkeiten bei einer Grundstücksteilung. Da die Gebäude die nach §§ 5 ff. erforderlichen Abstände zur neuen Grenze nicht einhalten können, wäre die Teilung nach § 8 Abs. 1 unzulässig (§ 8 Abs. 1 und dort → § 8 Rn. 4 ff.). Dieser Folge kann man nur entgehen, wenn die neu gebildeten Grundstücke durch eine Vereinigungsbaulast nach § 2 Abs. 12 (vgl. dort Rn. 132 ff.) wieder zu einem Baugrundstück zusammengeschlossen werden und die grundbuchliche Teilung somit bauordnungsrechtlich ohne Folgen bleibt. Bei der Grenzziehung ist zu beachten, dass die Brandschutzabstände nach § 8 Abs. 1 S. 3 DVN-BauO nicht durch die Vereinigungsbaulast entfallen. Ebenso ersetzt die Vereinigungsbaulast nicht eine durch die neue Grenzziehung möglicherweise verloren gegangene Verbindung zur öffentlichen Straße und muss ggf. durch eine Zuwegungsbaulast, ggf. Grunddienstbarkeit nach § 4 Abs. 2 ergänzt werden (→ § 4 Rn. 21). Die Möglichkeit der Abweichung insb. unter den Rückgriff auf § 8 Abs. 11 DVNBauO ist selbstverständlich nicht verwehrt (zu Erleichterungen bei Anlagen im Bestand siehe OVG Münster Beschluss 8.5.2009 – 7 B 91/09 – BauR 2009, 1431–1433). 15

Die im § 5 Abs. 8 S. 2 erfassten Garagen, Gebäude ohne Aufenthaltsräume und Feuerstätten sowie selbstständige Solaranlagen sind über § 7 Abs. 2 begünstigt. Wie im § 12 Abs. 4 a.F. ist die Forderung einer Maximalhöhe von 3,00 m beibehalten worden. Das wirkt sich außerhalb der GE- und GI-Gebieten aus, da Garagen u.a. Nebengebäude zu den allgemein zulässigen Anlagen zählen (§§ 12, 13 BauNVO). Ansonsten dürfen die Ansprüche an den Brandschutz, das Tageslichts und die Lüftung nicht beeinträchtigt werden. Mit anderen Worten: Der Abstand, den diese Gebäude zu anderen Gebäuden auf demselben Grundstück halten müssen, richtet sich lediglich nach den Anforderungen hinsichtlich Brandschutz, Tageslicht und Lüftung. Da Garagen dank heutiger Kraft- 16 fahrzeugtechnik nicht mehr als besonders brandgefährdet gelten und in den übrigen Gebäuden keine Feuerstätten und Aufenthaltsräume sein dürfen, von denen eine Brandgefahr ausgehen könnte, müssen schon besondere Umstände hinzutreten, um eine Forderung nach Abstand zu rechtfertigen. Ist allerdings die Belichtung von Wohn- und anderen sensiblen Aufenthaltsräumen beroffen, sollte ein Abstand beibehalten werden, der den Lichteinfallswinkel von mind. 45° ermöglicht.

17 Beispielweise könnten Bedenken hinsichtlich des Brandschutzes bestehen, wenn derartige Gebäude zwischen zwei Abstand haltenden Gebäuden bauartbedingt wie Feuerbrücken wirken würden. Hinsichtlich der Schutzgüter Licht, Luft und Sonne werden bei 3 m Gebäudehöhe, abgesehen von Einzelfallgestaltungen, i.d.R. keine Bedenken bestehen. Die Abstände der Gebäude nach § 7 Abs. 2 Nr. 3 zu Gebäuden auf demselben Grundstück können demzufolge i.d.R. beliebig gewählt werden. Das wirkt sich bei- spielsweise besonders vorteilhaft aus für den Abstand zwischen einem freistehenden Wohnhaus und der in der seitlichen Abstandsfläche (Bauwich) angeordneten Grenzgarage nach § 5 Abs. 2 S. 2 Nr. 1. Das Angebot des § 12 Abs. 4 S. 2 a.F., auch eine größere Höhe als 3,00 m auf dem Ausnahmeweg zuzulassen, wird vom Instrument der Abweichung nach § 66 abgelöst. Neben den voranstellten Standardanforderungen könnte die BauAB nur bei der Abweichung noch städtebauliche und architektonische Gesichtspunkte in die Entscheidung über die Zulassung einbeziehen.

C. Abstände zwischen Gebäudeteilen (Abs. 3)

18 Gegenüber Abs. 1 und 2, die selbständige freistehende Gebäude auf demselben Baugrundstück betreffen, enthält Abs. 3 Satz 1 Abstandsregelungen für Teile desselben Gebäudes oder aneinander gebauter Gebäude, wenn diese einander auf demselben Baugrundstück zugekehrt sind. Hier beschränkt sich die Forderung nur auf Gebäude, andere bauliche Anlagen sind nicht erfasst. Dieser Regelung liegt die Erkenntnis zugrunde, dass geringe Abstände nicht nur zwischen selbständigen freistehenden Gebäuden zu Problemen hinsichtlich Brandschutz, Licht, Luft und Sonne führen, sondern gleich geartete Probleme auch bei aneinander gebauten Gebäuden oder bei Gebäudeflügeln auf-

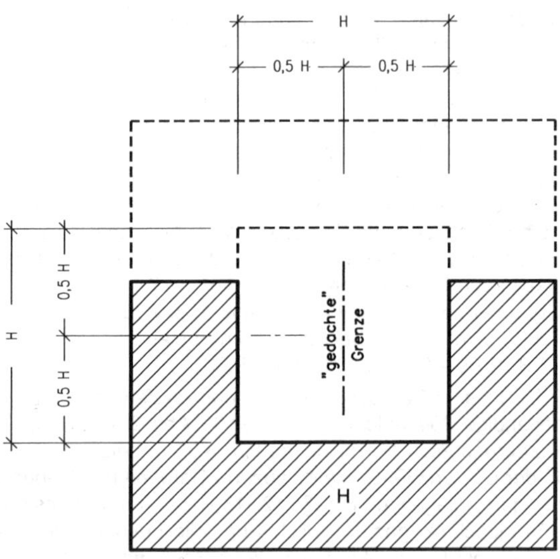

Abb. 2:
Abstände nach § 7 Abs. 3 für Teile desselben Gebäudes.

treten können, wenn sie sich ähnlich gegenüber stehen wie freistehende Gebäude nach Abs. 1. Es lag daher nahe, diese Gebäude und Gebäudeteile denselben Anforderungen zu unterwerfen wie sie für Grenzabstände gelten, obwohl zwischen ihnen keine Grenze verläuft. Das wird dadurch erreicht, dass Abs. 3 durch Verweis auf Abs. 1 ebenfalls auf eine gedachte „fiktive" Grenze abstellt. Allerdings ist die Regelung der Bauordnung enger gefasst als die anderer Bundesländer, bei denen die Forderung nach Abstand auch bei freistehenden Gebäuden entfällt, wenn sich Außenwände in einem Winkel von mehr 75° zueinander stehen (z.B. §5 Abs. 3 BauO-BW, ähnlich HH, Berlin, Sachsen u.a.). Damit müssen in Nds. Gebäude den vollen Grenzabstand einhalten, gleich in welchem Winkel sie sich gegenüber stehen. Werden sie z.B. durch einen Verbindungsbau zu einer Einheit zusammengefügt, entfällt die Abstandsforderung bei einem Zukehrungswinkel ab 75°, ansonsten bleibt immer noch die Möglichkeit auf das Angebot des S. 3 zurückzugreifen (→ Rn. 21).

Gebäudeteile sind Teile desselben Gebäudes, wie z.B. Gebäudeflügel in Kammform, in Hufeisenform oder solche, die einen Innenhof umschließen (Abb. 2). Auch mehrgeschossige Baukörper, die aus einem flächengrößeren niedrigeren Baukörper „herauswachsen", sind Teile desselben Gebäudes (Abb. 3). Als Bezugshöhe zur Ermittlung des Freiraumprofils ist dann die unter Anwendung des §5 Abs. 6 die Höhe des Punktes über der Oberfläche des niedrigen Gebäudeteils maßgebende, bezogen auf die gedachte Grenze. Bestandteile eines zusammenhängenden Gebäudekomplexes unterliegen den Regelungen des Abs. 3 gleichermaßen, wenn es sich um aneinander gebaute Gebäude auf demselben Baugrundstück handelt (Abb. 3 u. 4). Demgegenüber ist eine Reihenhaus-„Scheibe" zwar Teil der ganzen Bauzeile, fällt aber i.d.R. nicht unter §7 Abs. 3, weil sie auf einem eigenen Baugrundstück steht. 19

Beträgt der Winkel, in dem die Gebäudeteile oder die aneinander gebauten Gebäude einander zugekehrt sind, weniger als 75°, so ist an der engsten Stelle zwischen den zugekehrten Gebäudeteilen der nach Abs. 1 erforderliche Abstand zu halten, d.h. mindestens jeweils 3,00 m, so dass der geringst mögliche Abstand 6,00 m beträgt (vgl. Abb. 3). 20

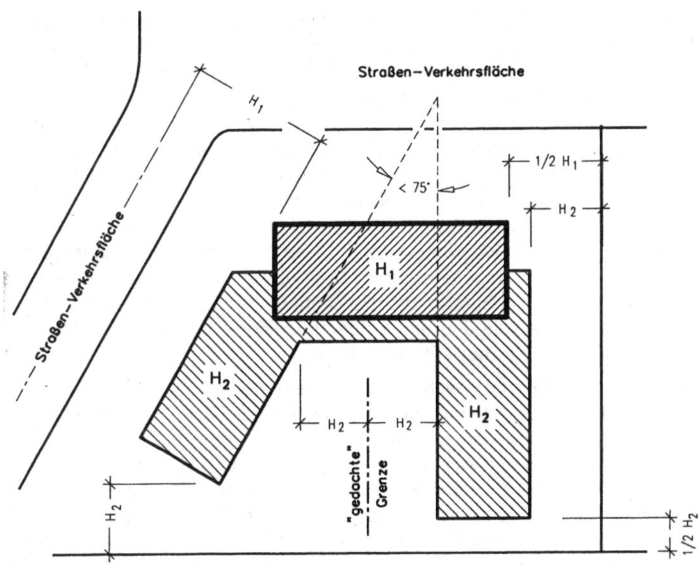

Abb. 3:
Fallbeispiel für die Abstandsregel gemäß § 7 Abs. 3 von Teilen desselben Gebäudes auf demselben Baugrundstück, wenn diese Gebäudeteile einander in einem geringeren Winkel als 75° zugekehrt sind.

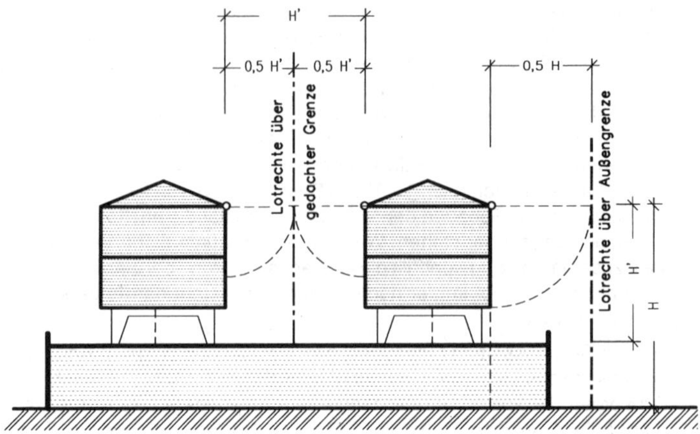

Abb. 4:
Fallbeispiel für Gebäudeteile, die sich über einem niedrigeren verbindenden Gebäudeteil erheben. Der Abstand zwischen den aufgesetzten Gebäudeteilen bestimmt sich nach § 7 Abs. 3 in Verbindung mit § 5 Abs. 6.

21 Der Abstand ist auch hier zu einer „gedachten" Grenze einzuhalten, wie sich dies aus der Verweisung auf Abs. 1 ergibt. Wenn sich Gebäudeteile (→ Rn. 6) über einen niedrigeren verbindenden Gebäudeteil erheben, so ist die für den Abstand der Gebäudeteile maßgebende Höhe über dem verbindenden niedrigeren Gebäudeteil, i.d.R. von dessen Oberfläche an der gedachten Grenze (Dach), zu messen, wie dies aus § 5 Abs. 2 folgt (dort Abb. 26, hier Abb. 4).

22 Dachgauben, Balkone und sonstige geringfügig vor- oder zurücktretende Teile desselben Gebäudes brauchen nach Abs. 3 Satz 2 untereinander und zu anderen Teilen desselben Gebäudes keinen Abstand entsprechend Abs. 1 zu halten. Diese Vergünstigung gilt für geringfügig vor- oder zurücktretende Dachgauben, Balkone oder sonstige Gebäudeteile unabhängig davon, ob diese innerhalb der Maßgrenzen des § 5 Abs. 3 liegen oder nicht. Hierbei nähert sich die Begünstigung an den Begriff der "Unterordnung" des 7b aF. Der Begriff „geringfügig" ist relativ und muss daher entsprechend dem Größenverhältnis von Gebäudeteil und Fassade definiert werden. Als Maßstab mindestens für die Größenordnung von Balkonen kann auf die Rechtsprechung des OVG Lüneburg zum § 5 Abs. 7 zurückgegriffen werden (18.09.2014 aaO). Es ist aber nachdrücklich darauf hinzuweisen, dass diese Regelung nur für Gebäudeteile desselben Gebäudes gilt und – insoweit abweichend von Satz 1 – nicht auch für Gebäudeteile anderer aneinander gebauter Gebäude (zur Ablehnung eines überdimensionierten Balkons OVG NW Urteil 30.11.2010 – 7 A 431/09 – BauR 2011, 652-654).

23 Nach Abs. 3 Satz 3 dürfen die sich aus Satz 1 ergebenden Abstände (→ Rn. 15 ff.) für die Gebäudeteile unterschritten werden, soweit diese Gebäudeteile keine Öffnungen zu Aufenthaltsräumen haben und der Brandschutz und eine ausreichende Lüftung gewährleistet bleiben. Dort, wo sich in den Gebäudeteilen Fenster zu Aufenthaltsräumen befinden, muss der Abstand dem Regelmaß entsprechen. Dies erlaubt eine größere Differenzierung in der Zuordnung der Gebäudeteile, z.B. kammartige Gebäudetypen mit einseitigen Erschließungsfluren, bringt aber die für den Bauherrn nachteilige Folge mit sich, dass eine spätere Teilung, wie sie bei der „normalen" Abstandsbemessung ohne Schwierigkeiten möglich ist, ausgeschlossen ist wird. Außerdem ist ein Ungleichgewicht zum Abs. 2 zu erkennen, der (allerdings nur in den betroffenen Baugebieten) eine Annäherung von Gebäuden erlaubt, ohne dass dem Öffnungen zu Aufenthaltsräumen unmittelbar entgegengehalten werden können. Die Einschränkung des Abs. 3 S. 3 wird aber nicht in GE- und GI-Gebieten relativiert.

Im Regelfall wird die Unterschreitung der Abstände nach Satz 1 nicht an den Belangen des Brandschutzes scheitern, da diesen durch die §§ 6 ff. DVO-NBauO, die neben den Abstandsvorschriften einzuhalten sind und für die Satz 3 keinerlei Erleichterung bringt, hinreichend Rechnung getragen wird. Ausreichende Belüftung dürfte auch bei Unterschreitung der Abstände nach Satz 1 i.d.R. gewährleistet bleiben, es sei denn, die Unterschreitung nach Satz 3 dient der Herstellung eines Lichtschachtes, der lüftungstechnisch immer problematisch ist. Satz 3 bezieht mit seiner Regelung auch den bisherigen aber seit der NBauO 1986 entfallenen § 38 Abs. 1 NBauO 1973 bezüglich der Zulässigkeit von Lichtschächten im Innern von Gebäuden ein. 24

Die Abstände nach Satz 1 dürfen unterschritten werden, wenn die Voraussetzungen, die hierzu Satz 3 nennt, gegeben sind. Hierzu bedarf es keiner Ermessensentscheidung der BauAB. Die Abstandsunterschreitung steht im Belieben des Bauherrn; er hat einen Rechtsanspruch auf die entsprechende Baugenehmigung. 25

Bezüglich der Abstände von Fenstern und der Ausbildung der Außenwände an den Stellen, an denen die Wände über Eck in geringerem Winkel als 120° zusammenstoßen vgl. Abs. 4 und → § 30 Rn. 8 f. 26

D. Mindestabstände für Öffnungen

Entgegen der Überschrift gelten die Bestimmungen des Abs. 4 nicht für Öffnungen schlechthin, sondern nur für Fenster(-Öffnungen), denen allerdings wohl Fenstertüren gleichzusetzen sind. Die getroffenen Regelungen über die Mindestabstände zwischen einander zugekehrten Fenstern eines, also desselben Gebäudes, sollen den seltenen Fällen gerecht werden, in denen ein näheres Aneinanderrücken von Fensteröffnungen trotz der allgemeinen Abstandsbestimmungen für Gebäude dennoch nicht auszuschließen ist. Bei „abknickenden" Bauzeilen oder differenzierten Baukörpern sind solche Situationen denkbar (Abb. 5). Diese Vorschrift hat keine nachbarschützende Wirkung (→ § 68 Rn. 106). Der Wortlaut, bislang im § 11 a.F. verankert, ist seit 1986 nicht verändert worden. 27

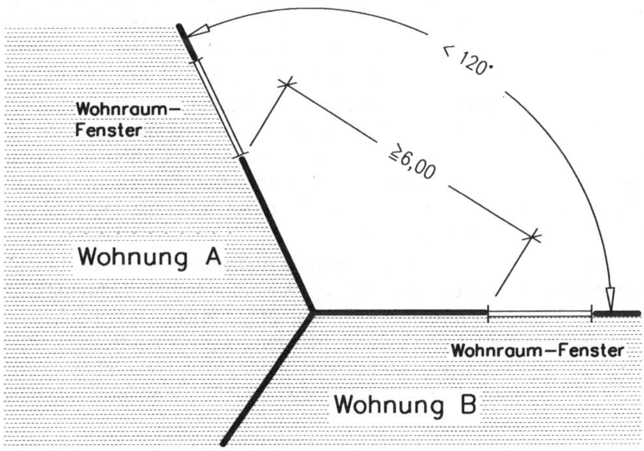

Abb. 5:
Abstand über Eck zwischen Fenstern von Wohnräumen verschiedener Wohnungen desselben Gebäudes nach § 7 Abs. 4 – z.B. bei „abknickender" Bauzeile.

28 Zweck der Regelung ist nicht etwa der Schutz vor Feuerüberschlag aus einem Fenster heraus in das nächstgelegene hinein; davor schützen die Brandschutzregeln des § 8 DVO-NBauO. Hier geht es dem Gesetzgeber um ein soziales Anliegen, nämlich den Schutz vor unzumutbaren Belästigungen (§ 3 Abs. 1 S.3). Es sollen mit Hilfe der Mindestabstände zwischen Fensteröffnungen gegenseitige Störungen von einer Wohnung zur anderen vermieden bzw. unvermeidbare Störungen auf ein verträgliches Maß reduziert werden. Dabei ist in erster Linie an akustische Störungen zu denken, die bei geöffneten Fenstern wahrzunehmen sind, aber auch an optische Störungen i.S. von Fenstereinsicht. Störungen durch Gerüche werden von dieser Abstandsregelung kaum erfasst, da Gerüche i.d.R. nicht horizontal, sondern eher vertikal, also von Geschoss zu Geschoss übertragen werden unabhängig davon, ob sich diese Fenster gegenüberliegen. Neben dem Schutz vor Störungen bewirkt der Mindestabstand zwischen Fenstern von Aufenthaltsräumen unterschiedlicher Wohnungen auch einen gewissen Schutz der Privatsphäre dadurch, dass Gespräche in normaler Lautstärke über diese Entfernung nicht mitgehört werden können. § 11 dient dem Wohnfrieden.

29 Die in der NBauO 73 noch enthaltene „grenzübergreifende" Regelung, nach der Öffnungen in einem bestimmten der Grenze zugekehrten Winkel einen Abstand von 2,50 m zu halten hatten, ist mit der NBauO 86 gestrichen worden, weil diese, dem Brandschutz dienende Regelung, den Abstandsvorschriften über Brandwände vorbehalten ist (vgl. § 8 DVO-NBauO und → § 30 Rn. 2 ff.).

30 Satz 1 gilt für einander im Winkel von weniger als 120° zugekehrte Fenster von Aufenthaltsräumen (§ 43), die dem Wohnen dienen, in demselben Gebäude, wenn die Fenster zu verschiedenen Wohnungen gehören und, wie sich aus Satz 2 ergibt, auch für Fenster von Wohnungen aneinander gebauter Gebäude auf demselben Grundstück. Satz 1 ist aber nicht anzuwenden auf Fenster von Aufenthaltsräumen derselben Wohnung oder desselben Einfamilienhauses.

31 Dem Wohnen dienen i.d.R. neben den eigentlichen Wohnzimmern vor allem noch Kinderzimmer und Schlafzimmer, aber auch Wohnküchen mit Essplatz, Hausarbeitsräume, Wohndielen, häusliche Arbeitszimmer. Fenster von Räumen, die nicht dem ständigen Aufenthalt, sondern nur dem zeitweiligen Aufenthalt ihrer Bewohner dienen, also keine Aufenthaltsräume sind, wie z.B. Flure, Bäder, Toiletten, Waschräume, werden von dieser Regelung nicht erfasst. Ob hier die Beschränkung der Vorschrift auf Fenster von Aufenthaltsräumen sinnvoll ist, muss vor dem Hintergrund von Fallkonstellationen wie sie Abb. 6 zeigt, bezweifelt werden. Von WC's, Bädern, Treppenräumen, als Nichtaufenthaltsräumen (→ § 43 Rn. 13) oder auch von Büro- und Praxisräumen als Nichtwohnräumen, können auf die benachbarten Wohnräume einer anderen Wohnung durchaus größere Störungen ausgehen als von Aufenthaltsräumen, die dem Wohnen dienen.

Trotzdem ist § 7 Abs. 4 nicht anwendbar auf die Fensterabstände zwischen Aufenthaltsräumen in Wohnungen und gewerblich genutzten Aufenthaltsräumen. Auch die Wohnartigkeit einer gewerblichen Nutzung, z.B. eines freien Berufes, kann die Forderung nach Mindestabstand nicht auslösen. Das Gleiche gilt für den Ruheraum einer Büroeinheit oder den Schlafraum des Nachtdiensthabenden einer Apotheke. Insoweit stellt der Gesetzestext eindeutig auf das Wohnen ab.

32 Die von Barth/Mühler (§ 11 a.F. Rn. 6) vertretene Auffassung, eine Zukehrung der Fenster sei nur gegeben, wenn diese auf etwa gleicher Höhe liegen, dürfte mit dem Sinn der Vorschrift (→ Rn. 27) kaum vereinbar sein; eine gegenseitige Beeinträchtigung ist auch bei Räumen nicht auszuschließen, deren Fenster um jeweils ihre volle Höhe versetzt sind. Gerade die Möglichkeit, aus einem etwas höher gelegenen Fenster in das der tiefer liegenden Wohnung blicken zu können, dürfte sich für die Betroffenen als erheblich störend auswirken.

33 Liegen die Voraussetzungen des § 7 Abs. 4 im Einzelfall vor, dann ist daneben zu prüfen, ob nicht auch die Vorschriften über Brandwände bzw. die feuerbeständige Ausführung der über Eck zusammenstoßenden Außenwände zu beachten sind. Vgl. → § 30 Rn. 9 f. sowie § 8 Abs. 1 Nr. 1 und Abs. 4 DVO-NBauO.

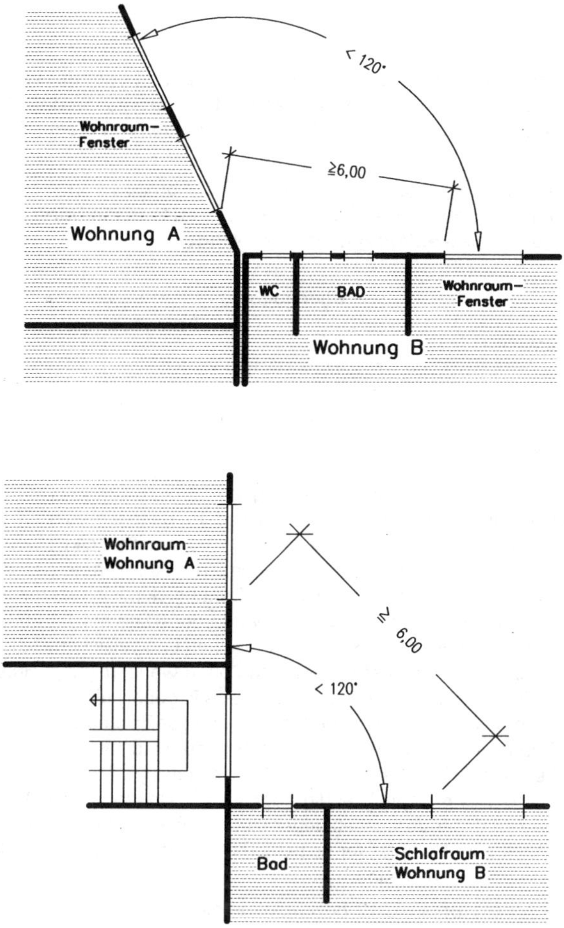

Abb. 6:
Mindestabstand über Eck nach § 7 Abs. 4 zwischen Fenstern von Räumen, die dem Wohnen dienen und die zu verschiedenen Wohnungen desselben Gebäudes oder aneinander gebauter Gebäude gehören.

Fenster von Räumen, die keine Aufenthaltsräume sind bzw. nicht dem Wohnen dienen, bleiben unberücksichtigt.

E. Fliegende Bauten auf demselben Baugrundstück (Abs. 4)

34 Abs. 5 stellt klar, dass die Abstandsbestimmungen des § 7 nicht für fliegende Bauten (§ 75 Abs. 1) gelten; anderenfalls wäre z.B. die übliche Aufstellungsweise von Zelten, Schaubuden, Achterbahnen usw. auf Festplätzen oder Vergnügungsparks undenkbar. Das Entgenkommen bezieht sich aber nur zu Abstandsforderungen auf demselben Grundstück, nicht zu den Grenzen von Nachbargrundstücken. Außerdem können sich aus dem Prüfbericht eigene Forderungen ergeben.

§ 8 Grundstücksteilungen

(1) Durch die Teilung eines Grundstücks, das bebaut ist oder dessen Bebauung genehmigt ist, dürfen keine Verhältnisse geschaffen werden, die den Vorschriften dieses Gesetzes oder aufgrund dieses Gesetzes erlassenen Vorschriften zuwiderlaufen.

(2) Soll bei einer Teilung eines Grundstücks nach Absatz 1 von Vorschriften dieses Gesetzes oder von aufgrund dieses Gesetzes erlassenen Vorschriften abgewichen werden, so ist § 66 entsprechend anzuwenden.

Übersicht

A. Allgemeines

1 Die NBauO aF sah 1973 die Teilungsgenehmigung zunächst im § 4 Abs. 3 zuletzt im § 94. Ziel war, durch präventive Kontrolle zu verhindern, dass ein auf dem Grundstück vorhandenes Bauwerk nicht in Widerspruch zu den Vorschriften des öffentlichen Baurechts gerät, die an Grundstücke oder deren Grenzen anknüpfen. In den sog. Modellkommunen (Landkreise Cuxhaven, Emsland und Osnabrück mit ihren kreisangehörigen Gemeinden, Städte Lüneburg und Oldenburg) wurde der § 94 vom 1.1.2006 bis 31.12. 2008 nicht anwendbar (§ 4 Nr. 4 ModKG). Im räumlichen und zeitlichen Geltungsbereich dieses Gesetzes waren alle Grundstücksteilungen ohne Genehmigung wirksam und im Grundbuch auch ohne Negativattest einzutragen. Das Ergebnis dieser Modellphase hat den Gesetzgeber veranlasst, die bisherige Genehmigungspflicht durch das ÄnderungsG vom 10.12.2008 landesweit aufzuheben. Dem Vorsatz sind nicht alle Bundesländer gefolgt, u.a. haben NRW (§ 8 Abs. 1 BauO-NW), Hessen (§ 7 Abs. 1 BauO-Hess) das Genehmigungserfordernis nicht vollständig abgeschafft. Daneben verzichtet auch § 19 BauGB auf formal-rechtliche Voraussetzungen zur Durchführung einer Grundstücksteilung, so dass in Nds. vom Veranlasser selbständig zu beachten ist, dass die materiellrechtlichen Anforderungen erfüllt sind.

2 Die Anforderungen der NBauO 2012 beschränken sich nur noch auf die Verpflichtung der Verantwortlichen, die materiellen Bestimmungen des Bauordnungsrechts nicht zu verletzen. Bei der Grenzziehung ist also beachtlich, dass kein Widerspruch zu den Vorschriften der NBauO und den auf ihrer Grundlage erlassenen Vorschriften (Verordnungen und örtlichen Bauvorschriften) eintritt. Ein etwaiger Widerspruch kann über eine Abweichung nach § 66 legalisiert werden, wenn dessen Voraussetzungen es zulassen.

Die Pflicht zur Rechtstreue bezieht sich auf alle materiellen Regelungen des Bauordnungsrechts. Dazu käme noch das städtebauliche Planungsrecht, dessen Forderungen sich allerdings darauf beschränken, die Festsetzungen eines Bebauungsplanes einzuhalten (§ 19 Abs. 2 BauGB). Da die BauAB in Folge der reduzierten präventiven Kontrollen zT erheblich Personal eingespart haben, ist zu befürchten, dass aus Unachtsamkeit, aus Unkenntnis oder sogar bewusst rechtswidrige Zustände geschaffen werden, die zum großen Teil unentdeckt bleiben. Oft werden sie nur dann auffällig, wenn bereits schwer umkehrbare Tatsachen geschaffen sind.

B. Vereinbarkeit mit den materiell-rechtlichen Vorschriften

3 Für die Entscheidung über die Rechtmäßigkeit der Teilungsabsicht kommt es zunächst darauf an, ob die Teilung Verhältnisse schaffen würde, die der NBauO und den Vorschriften aufgrund der NBauO (vgl. → Rn. 3) widersprechen. Besonderes Augenmerk ist insb. auf die Grenzabstandsregelungen (Sozialabstand, Brandschutz) und die gesicherte Zugänglichkeit zu legen, verknüpft mit der Erschließung nach dem städtebaulichen Planungsrecht (zur Amtshaftung infolge fehlerhafter Erschließung OLG Urteil 22.1.2008 – 2 U 1/06 –). Also darf die Grundstücksteilung nur erst dann rechtmäßig vollzogen werden, wenn die Abweichung zuvor beantragt und durch die BauAB durch Bescheid zugelassen worden ist. Teilungen, die keine Rechtsabweichung zur Folge haben, bedürfen keiner bauaufsichtlichen Abweichungsgenehmigung. Nach Auffassung des OVG Lüneburg wäre die Teilung weiterhin auch dann widerrechtlich, wenn der Eigentümer mit ihr die Regelung in § 12 Abs. 1 aF, jetzt § 5 Abs. 8 S. 2, nach der auf einem Baugrundstück Garagen oder ein kleinere Nebengebäude ohne Abstand an der Grenze zulässig sind, in einer Weise unterläuft, welche die durch die Abstandsregelung geschützten Interessen des Nachbarn erheblich beeinträchtigt und damit die Vergünstigung des § 5 Abs. 8 S. 2 missbraucht. In diesem Fall sah das OVG die seinerzeit noch genehmigungspflichtige Teilung schon dann als rechtswidrig an, wenn sie die missbräuchliche Grenzbebauung erst vorbereitet (26.2.2004 – 1 LA 210/03, NdsVBl. 2004, 188; 7.3.2005 – 1 LB 174/04, NVwZ-RR 2006, 166). Der Missbrauch rechtlicher Gestaltungsmöglichkeiten kannn auch eine Teilungsabsicht sein, mit der das Erfordernis von Erschließungsbeiträgen umgangen werden soll (VGH Mannheim Urteil 20.7.2017 – 2 S 620/16 – DVBl 2017, 1307–1312). Jedoch handelt es sich um Grenzfälle, denn in einer nachfolgenden Entscheidung hat die Berufungsinstanz deutlich gemacht, dass „nicht jede Grundstücksteilung, die mit dem Zwecke vorgenommen wird, die in § 12 Abs. 1 NBauO (a.F.) enthaltene Beschränkung auf ein einziges Grenzgebäude zu umgehen", rechtsmissbräuchlich ist und daher dem Nachbarn gegenüber unwirksam wäre. „Dafür kommt es vielmehr auf die Umstände des Einzelfalls, namentlich darauf an, ob die Interessen des Nachbarn an ausreichender Besonnung, Belichtung und Belüftung nach den konkreten Verhältnissen unangemessen hin angestellt werden" (OVG Lüneburg Urteil 7.3.2005 – 1 LB 174/04 – BauR 2005, 1060–106). Also können Grundstückseigentümer keinen bedingsungslosen Schutz beanspruchen, dass mehrere Nachbargrundstücke ihm gegenüber jeweils die Privilegien des Abstandsflächenrechts in Anspruch nehmen. Dabei vermittelt auch das Erfordernis der gesicherten Erschließung eines Grundstücks keinen Nachbarschutz (VGH München Beschluss 1.3.2016 – 1 ZB 15.1560 –).

4 Die Belange des Planungsrechts stehen neben denen des Bauordnungsrecht. So kann durch eine Grenzziehung unter Ausnutzen der Mindestforderungen an die Grenzabstände das in einem Bebauungsplan festgesetzte Maß der Nutzung, ggf. auch eine festgesetzte Mindestgröße (OVG Schleswig Beschluss 20.6.2014 – 1 LA 23/14 –) negativ betroffen sein. Auch wäre es unter Beachtung des materiellen Bauordnungsrecht denkbar, durch Teilung eines gewerblich oder industriell genutzen Grundstücks selbständige Wohngrundstücke zu schaffen, die bislang Betriebsinhabern oder anderen Begünstigte vorbehalten waren. Bei einem Verstoß gegen die Festsetzungen eines Bebauungsplans bestünde immerhin die Möglichkeit repressiv gegen die Teilungsabsicht vorzugehen. Im Falle eines unbeplanten Innenbereichs müsste die widerrechtliche Nutzung unmittelbar von der BauAB aufgegriffen werden, während die einer Teilung folgende neue Prägung zur Verdichtung des Baugebeites kaum abgewehrt werden kannn (zum Nachbarschutz OVG Schleswig Beschluss 11.4.2018 – 1 MB 2/18 – NordÖR 2018, 357, hier verneint). Die unmittelbare Berührung des Planungsrecht mit dem Bauordnungsrecht findet statt, wenn ein Bebauungsplan Grenzabstände festsetzt, die von den landesrechtlich festgelegten abweichen. Hier besitzt das Planungsrecht Vorrang, auch wenn geringere Grenzabstände zugelassen sind (OVG Lüneburg Beschluss 22.12.2014 – 1 MN 118/14 – openJur 2015, 2077). Das gilt aber nicht, wenn Festsetzungen wie Baulinie und zwin-

gende Höhe der Grenzabstand nicht eingehalten werden kannn, denn es ist kaum denkbar, dass während des Aufstellungsverfahrens bereits durch Teilung beabsichtigte Grundstücksgrenzen in die Abwägung einbezogen wurden. Da Teilungen nicht von den Auswirkungen einer Veränderungssperre erfasst werden, sind nachfolgend Spannungen mit den Festsetzungen des nachfolgenden Bebauungsplans nicht ausgeschlossen (VGH München Beschluss 24.5.2016 – 9 ZB 13.2459 –).

5 Widersprechen die Verhältnisse auf dem Grundstück schon vor der Teilung dem Bauordnungsrecht, so steht das der Zulässigkeit nur dann entgegen, wenn die Teilung den Widerspruch noch verschärft. Soll zwischen zwei Gebäuden, die auf einem Grundstück in zu geringem Abstand (vgl. § 7) nebeneinander stehen, eine neue Grenze gezogen werden, so wird die Teilung idR durchgeführt werden dürfen, denn sie vergrößert den Widerspruch zu dem Anliegen der §§ 5 ff., Abstände zwischen Gebäuden zu sichern (vergl. → § 5 Rn. 10 f.), wenn überhaupt im Allgemeinen nicht wesentlich. Allerdings ist nach der Teilung nicht mehr sichergestellt, dass der derzeitige Widerspruch zum Bauordnungsrecht beim Abbruch eines der Gebäude behoben wird. Solange das Grundstück nämlich einheitlich ist, muss der Ersatzbau vom bestehen bleibenden Gebäude den vollen (aus der Höhe beider Gebäude errechneten) Abstand nach § 7 halten, nach der Grenzziehung jedoch nur noch den Abstand gem. § 5 von dieser Grenze, während der Abstand zwischen der Grenze und dem bestehen bleibenden Haus möglicherweise weiterhin nicht ausreicht. Diese nachteilige Rechtswirkung der Grundstücksteilung lässt sich aber beheben, wenn für die Teilgrundstücke eine „Vereinigungsbaulast" nach § 2 Abs. 12 S. 2 übernommen wird oder auch eine andere Baulast, die sicherstellt, dass beim Abbruch eines der beiden Häuser der Ersatzbau den vollen Gebäudeabstand einhält (vgl. OVG Lüneburg 27.10.1983 – 6 A 72/82, BRS 40 Nr. 112). Wegen der entfallenen präventiven Kontrolle muss sich jetzt der Veranlasser der Teilung über die Rechtsfolge im Klaren sein und die erforderlichen Schritte von sich aus einleiten.

6 Kommen Maßnahmen in Betracht, mit denen sich vermeiden lässt, dass die Teilung zu einem Rechtsverstoß führt (zB Baulasten nach § 81 oder Abweichung nach § 66), so müssen diese Voraussetzungen erfüllt sein, bevor die Teilung erklärt wird. Ähnliches gilt auch, wenn der Teilung ein bisher nur genehmigter, aber noch nicht begonnener Bau entgegensteht. Dann kann der Weg zur Teilung dadurch freigemacht werden, dass der Eigentümer auf die Baugenehmigung verzichtet (vgl. → § 71 Rn. 19). Sind bestimmte Anforderungen nach der Teilung zwar nicht mehr gewahrt, wäre aber, wenn der Bau erst nach der Teilung errichtet würde, eine Abweichung von diesen Anforderungen möglich, so muss die BauAB sie unter Anwendung des § 66 eigenständig zulassen. Brandschutztechnische Anforderungen sind bei Grundstücksteilungen dann tangiert, wenn neue Grenzen das Erfordernis von Brandwänden gem § 8 DVO-NBauO auslösen oder Dächer mit weichen Bedachungen nicht mehr genügend Abstand zu den Grenzen einhalten (§ 11 Abs.2 Nr. 1 DVO-NBauO). Überlicherweise können die rechtlichen Ansprüche über eine Abstandsbaulast (§ 6) oder eine Zusammenlegungsbaulast (§ 2 Abs. 12 S.2) erfüllt werden. Während letztere das Erfordernis einer inneren Brandwand aufhebt, weil die neue Grundstückgrenze öffentlich-rechtlich „verschwindet", bleibt der Anspruch bei einer Gebäudeabschlusswand bestehen (§ 8 Abs. 1 S. 3 DVO-NBauO). Sah noch die DVNBauO 2003 eine Ausnahme für bebaute Grundstücke vor (§ 8 Abs. 11), muss nunmehr auf das Instrument der Abweichung (§ 66) zurückgegriffen werden. Ähnlich wie bei der Ausnahme dürfen ohnehin keine brandschutztechnischen Bedenken bestehen und darüber hinaus wird der besondere Härtefall überzeugen müssen.

7 Die Zulassung der Abweichung kann mit Bedingungen oder Auflagen verbunden werden (§ 36 Abs. 2 VwVfG), die sicherstellen, dass durch die Teilung keine Zustände geschaffen werden, die über die zugestandene Abweichung hinausgehen, oder dass die Grundanforderungen des § 3 Abs. 1–3 trotz der Abweichung gewahrt bleiben. Es besteht allerdings die Gefahr, dass derartige Nebenbestimmungen ins Leere laufen, weil ihre Umsetzung wenn überhaupt nur selten kontrolliert wird.

Hat die BauAB davon Kenntnis erhalten, dass eine Teilung zu einem bauordnungswidrigen Zustand geführt hat, so muss sie, wenn sie keine nachträgliche Abweichung (Bauordnungsrecht), Ausnahme oder Befreiung (Bauplanungsrecht) erteilen darf und erteilt, nach pflichtgemäßem Ermessen (vgl. §58 Abs. 1!) darüber entscheiden, ob sie nach §79 einschreitet. Solange der Eigentümer das abgetrennte Stück nicht an einen Dritten übereignet hat, kann sie noch anordnen, dass er die Teilung rückgängig macht, soweit dies zur Wiederherstellung rechtmäßiger Zustände erforderlich ist (vgl. OVG Berlin 4.4.2002 – 2 S 6.02, BRS 65 Nr. 204). Allerdings kannn ein gemeinsamer Eigentümer von im Rechtssinn unabhängig gewordener Grundstücke nicht mehr geltend machen, sie teilten ein gemeinsames Schicksal hinsichtlich des öffentlichen Baurechts zu (VGH München Beschluss 23.1.2018 – 2 ZB 16.2066 – BeckRS 2018, 1342). Ist das Teilstück aber schon in fremdes Eigentum übergegangen, so kann und muss sie idR den Rückbau des rechtswidrig gewordenen Bauwerks anordnen (bzw. die noch nicht vollzogene Baugenehmigung widerrufen). Ein Ausweg kann uU noch in der Bestellung einer den vorhandenen (oder genehmigten) Bau legalisierenden Baulast (vgl. → Rn. 5) bestehen. Damit unterwirft sich der Erwerber der abgeteilten Fläche uU starken Einschränkungen bei deren Bebauungsmöglichkeiten. Hat die BauAB die Rückgängigmachung der Teilung angeordnet und geht die abgeteilte Fläche danach in das Eigentum eines Dritten über, so bindet die Anordnung auch ihn (§79 Abs. 1 S. 3; vgl. OVG Berlin aaO). 8

§9 Nicht überbaute Flächen, Kinderspielplätze

(1) [1]Die nicht überbauten Flächen der Baugrundstücke sind so herzurichten und zu unterhalten, dass sie nicht verunstaltet wirken und auch ihre Umgebung nicht verunstalten. [2]Dies gilt auch für die nicht im Außenbereich gelegenen nach öffentlichem Baurecht bebaubaren Grundstücke.

(2) Die nicht überbauten Flächen der Baugrundstücke müssen Grünflächen sein, soweit sie nicht für eine andere zulässige Nutzung erforderlich sind.

(3) [1]Wird ein Gebäude mit mehr als fünf Wohnungen errichtet, so ist auf dem Baugrundstück oder in unmittelbarer Nähe auf einem anderen Grundstück, dessen dauerhafte Nutzung für diesen Zweck durch Baulast gesichert sein muss, ein ausreichend großer Spielplatz für Kinder im Alter bis zu sechs Jahren anzulegen. [2]Dies gilt nicht, wenn in unmittelbarer Nähe ein sonstiger für die Kinder nutzbarer Spielplatz geschaffen wird oder bereits vorhanden ist oder ein solcher Spielplatz wegen der Art und der Lage der Wohnungen nicht erforderlich ist. [3]Bei einem bestehenden Gebäude mit mehr als fünf Wohnungen kann die Herstellung eines Spielplatzes für Kinder im Alter bis zu sechs Jahren verlangt werden.

(4) [1]Stellplätze, deren Zu- und Abfahrten und Fahrgassen sowie die Zu- und Abfahrten von Garagen dürfen, wenn die Versickerung des Niederschlagswassers nicht auf andere Weise ermöglicht wird, nur eine Befestigung haben, durch die das Niederschlagswasser mindestens zum überwiegenden Teil versickern kann. [2]Satz 1 gilt nicht, soweit die Flächen für das Warten von Kraftfahrzeugen oder ähnliche Arbeiten, die das Grundwasser verunreinigen können, genutzt werden.

Niedersächsisches Gesetz zur Erleichterung der Schaffung von Unterkünften für Flüchtlinge oder Asylbegehrende (NEFUG)

vom 12. November 2015
(Nds. GVBl. S. 311)

(Auszug)

§2 Maßgaben für die Anwendung der Niedersächsischen Bauordnung

1. §9 Abs. 3 sowie die §§47 und 49 Abs. 1 und 2 sind nicht anzuwenden,

a) soweit und solange eine bauliche Anlage oder ein Teil einer baulichen Anlage, unabhängig von der Art der Anlage im Übrigen, als Unterkunft für Flüchtlinge oder Asylbegehrende errichtet oder genutzt wird und

b) wenn der Antrag auf Erteilung einer Baugenehmigung oder bauaufsichtliche Zustimmung bis zum 31. Dezember 2019 gestellt oder, soweit keine Baugenehmigung oder bauaufsichtliche Zustimmung erforderlich ist, mit der Baumaßnahme bis zum 31. Dezember 2019 begonnen wurde.

Übersicht

A. Überblick

1 **Zweck der Vorschrift:** § 9 regelt die Herrichtung, Bepflanzung und Unterhaltung nicht überbauter Grundstücksflächen. Die Vorschrift konkretisiert und ergänzt die Grundsatzregelung in § 3 Abs. 6 (dazu → § 3 Rn. 51 f.). So erstreckt sie in Abs. 1 die gestalterischen Grundanforderungen der NBauO (§ 3 Abs. 3, § 10) auf Freiflächen in der Umgebung baulicher Anlagen, weil diese Freiflächen die ästhetische Wirkung der Bauten und das Ortsbild als Ganzes stark beeinflussen. Mit der Forderung nach Begrünung und Anpflanzungen in Abs. 2 und dem Verbot wasserundurchlässiger Bodenbefestigungen im Abs. 4 soll § 9 die „Versteinerung der Stadt" auf das notwendige Ausmaß beschränken sowie Kleinklima und Wasserhaushalt verbessern. Die Vorschriften konkretisieren auch die grundsätzlichen Forderungen der NBauO, gesunde Wohn- und Arbeitsverhältnisse zu sichern (§ 3 Abs. 2, vgl. BegrRegE NBauO 1973 S. 75) und die natürlichen Lebensgrundlagen zu schützen (§ 3 Abs. 1 S. 2).

Nachbarschutz? Fraglich ist, wieweit die Vorschriften des § 9 nachbarschützend (→ § 68 Rn. 26 ff., → § 68 Rn. 89) sind. Bei den Verunstaltungsverboten in Abs. 1 wird dies, folgt man der herrschenden Auffassung, zu verneinen sein (vgl. § 10 Rn. 22). Auch Abs. 2 soll die Umwelt wohl nur allgemein verbessern, aber nicht konkrete Nachbarn schützen (vgl. VGH Kassel 4.1.1983 – III TG 57/82, BRS 40 Nr. 215). Der Abs. 3 enthält anders als noch der § 2 Abs. 3 S. 2 NSpielPlG keine Vorschrift, nach der auf das Ruhebedürfnis der Nachbarn Rücksicht zu nehmen ist. Nur in seltenen Fällen wird das Rücksichtnahmegebot des § 3 Abs. 1 S. 32 als Grundlage zur Unterstützung nachbarlicher Abwehransprüche ausreichen (VG Lüneburg Urteil 16.3.2005 – 2 A 27/04 – zum Lärmschutz, hier verneint) .

§ 9 bezweckt nicht, **Gefahren** abzuwehren, die von den Freiflächen ausgehen können (darüber → § 3 Rn. 60 f.).

2 § 9 Abs. 2 NBauO entspricht § 8 Abs. 1 **MBauO 2002**, der auch die Wasseraufnahmefähigkeit der unbebauten Grundstücksflächen vorschreibt. Der Abs. 2 behandelt das Erfordernis von Kinderspielplätzen. Die weiteren Vorschriften in § 9 NBauO wie das Verunstaltungsverbot für Freiflächen in Abs. 1 und die detaillierte Regelung für Garagenzufahrten in Abs. 4 – haben keine Entsprechung in der MBO 2002. Nur in Anlehnung an § 8 Abs. 2 MBauO 2002 sind im § 9 NBauO und im § 3 DVO-NBauO Vorschriften über das Anlegen von Kinderspielplätzen aufgenommen worden, wobei die NBauO das Recht, Nachbesserung im Bestand zu verlangen, nicht an besondere Voraussetzungen wie Gesundheit oder andere Schutzansprüche knüpft.

3 **Gesetzesänderungen:** Die NBauO 1973 forderte in § 14 Abs. 1 S. 2, die nicht für eine anderweitige Nutzung gebrauchten Freiflächen der Baugrundstücke „als Grünflächen oder gärtnerisch anzulegen und zu unterhalten". Seit der NBauO-Novelle von **1986** enthält diese Vorschrift die heutige Wendung: „müssen Grünflächen sein" (dazu Rn. 6 ff.). Änderungen in der NBauO 2012: Der alte Abs. 3 ist ersatzlos entfallen, das NSpielplG aufgehoben und in sehr knapper Form in Abs. 3 aufgenommen!

Weitere Vorschriften der NBauO über Begrünung und sonstige Herrichtung von Freiflächen: Nach **§ 51 Abs. 1 Nr. 15** können für „Sonderbauten" im Einzelfall oder iVm § 82 Abs. 1 Nr. 4 durch VO „Grünstreifen, die Baum- und andere Pflanzungen sowie die Begrünung oder Beseitigung von Halden und Gruben" verlangt werden, soweit die anderen Vorschriften des Bauordnungsrechts nicht ausreichen, um die Anforderungen des § 3 zu wahren. Nach **§ 84 Abs. 3 Nr. 6, 7 und 8** (diese Nr. hatte das ÄnderungsG von 1995 in den § 56 aF eingefügt) kann die Gemeinde durch **örtliche Bauvorschriften** die Gestaltung nicht überbauter Flächen bebauter Grundstücke regeln sowie die Begrünung baulicher Anlagen und die Versickerung, Verregnung oder Verrieselung von Niederschlagswasser auf den Baugrundstücken vorschreiben. **4**

Bauplanungsrecht: Sache des Bauplanungsrechts ist es in erster Linie, dafür zu sorgen, dass nicht überbaute Flächen überhaupt vorhanden und ausreichend groß sind und dass Gebäude sowie sonstige Bauten nicht mehr Boden überdecken, als erforderlich und vernünftig ist; in diese Richtung gehen die Vorschriften in § 1a Abs. 2 und § 35 Abs. 5 BauGB idF des EAG Bau 2004 sowie die Begrenzung der Grundflächenzahlen in § 17 einschl. der Anrechnungsregelung in § 19 Abs. 4 BauNVO 1990. Das Planungsrecht befasst sich aber auch mit der Begrünung von Freiflächen: Nach **§ 9 Abs. 1 Nr. 25 BauGB** können B-Pläne „das Anpflanzen von Bäumen, Sträuchern und sonstigen Bepflanzungen" (Buchst. a) und „Bindungen für Bepflanzungen und für die Erhaltung von Bäumen, Sträuchern und sonstigen Bepflanzungen sowie von Gewässern" (Buchst. b) festsetzen. Diese Festsetzungen können nach dem Wortlaut des § 9 Abs. 1 Nr. 25 „für einzelne Flächen oder für ein B-Plangebiet oder Teile davon sowie für Teile baulicher Anlagen mit Ausnahme der für landwirtschaftliche Nutzungen oder Wald festgesetzten Flächen" getroffen werden; sie können die Arten der anzupflanzenden Bäume und Sträucher festlegen. Die Festsetzungen können nach § 41 Abs. 2 BauGB einen Entschädigungsanspruch auslösen. Dass § 9 Abs. 1 Nr. 25 BauGB auch wirksam zur Festsetzung von Fassaden- und Dachbegrünungen ermächtigt (so Gierke in Brügelmann BauGB § 9 Rn. 474 ff.), ist allerdings auszuschließen; dies dürfte die Kompetenz des Bundesgesetzgebers für das Bodenrecht überschreiten (vgl. Vorb. Rn. 4, 31). Eine Rechtsgrundlage für solche Festsetzungen bietet aber § 84 Abs. 3 Nr. 7 NBauO (dort → Rn. 37). Um eine auf Buchst. a gestützte Festsetzung einer Anpflanzung durchzusetzen, kann nach § 178 BauGB die Gemeinde (!) unter den Voraussetzungen des § 175 BauGB ein Pflanzgebot an den Grundeigentümer richten. Eine Verfügung der BauAB nach § 79 NBauO ist daneben ausgeschlossen (aM Schrödter § 9 Rn. 164). Soweit die festgesetzte Anpflanzung jedoch einen durch ein Bauvorhaben bewirkten Eingriff in Natur und Landschaft auf dem Baugrundstück ausgleichen bzw. kompensieren soll (s. Rn. 6), ergibt sich eine gesetzliche Pflicht zur Anpflanzung aus § 135a Abs. 1 BauGB. In diesen Fällen ist eine entsprechende Auflage in der Baugenehmigung wie auch eine Verfügung nach § 89 NBauO statthaft. Festsetzungen nach Nr. 25 Buchst. b begründen, wie sich aus der Bußgeldvorschrift des § 213 Abs. 1 Nr. 3 BauGB ergibt, ein Verbot, Bäume, Sträucher usw zu beseitigen oder „wesentlich zu beeinträchtigen". Die planungsrechtliche Regelung des § 9 BauGB und die des § 9 NBauO gelten nebeneinander (vgl. § 175 Abs. 5 BauGB). **5**

Eine Herrichtung von Grundstücksflächen kann nach **Naturschutzrecht** geboten sein. Nach den §§ 15 ff. BNatSchG iVm § 5 NAGBNatSchG begründen sog. **Eingriffe in Natur und Landschaft**, wenn sie einer behördlichen Genehmigung bedürfen, grundsätzlich die Verpflichtung, eingetretene erhebliche Beeinträchtigungen der Leistungsfähigkeit des Naturhaushalts oder des Landschaftsbildes durch Ausgleichsmaßnahmen zu beheben, hilfsweise durch Ersatzmaßnahmen zu kompensieren. Die Errichtung eines Gebäudes auf einer bisher unbebauten Fläche ist in den meisten Fällen ein solcher Eingriff. Die naturschutzrechtliche Eingriffsregelung ist jedoch durch das Investitionserleichterungs- u. WohnbaulandG vom 22.4.1993 (BGBl. I S. 466) sowie auch durch das BauROG von 1998 und das EAG Bau von 2004 abgewandelt worden. Im Wesentlichen unverändert gilt sie noch für Bauten im Außenbereich (§ 35 BauGB). Für Eingriffe die durch die Bauleitplanung herbeigeführt werden, sind jetzt § 18 BNatSchG iVm § 1a Abs. 2 und 3, § 9 **6**

Abs. 1a, §§ 135a–135c und § 200a BauGB maßgeblich. Danach hat nun die gemeindliche Bauleitplanung Vermeidung und Ausgleich bzw. Kompensation der Eingriffe in der planerischen Interessenabwägung nach § 1 Abs. 6 BauGB zu berücksichtigen und dafür das ihr zur Verfügung stehende bauplanungsrechtliche Instrumentarium (insbesondere die Festsetzungsmöglichkeiten für Freiflächen in § 9 BauGB, s.o.) zu benutzen. Für Bauten nach § 34 BauGB im unbeplanten Innenbereich gilt die Eingriffsregelung nicht (§ 18 Abs. 2 BNatSchG).

Hinzuweisen ist auch auf den Schutz von Landschaftsbestandteilen nach § 29 BNatSchG iVm § 22 NAGBNatSchG, insbesondere die gemeindlichen **Baumschutzsatzungen**.

B. Anforderungen an die Freiflächen der Baugrundstücke (Abs. 1 Satz 1 und Abs. 2)

7 Abs. 1 S. 1 und Abs. 2 stellen Anforderungen an die **nicht überbauten Flächen der Baugrundstücke**. Die Anforderungen sind nicht auf bestimmte Baugebiete oder etwa nur auf Vorgärten beschränkt.

Nicht überbaute Flächen sind die Grundstücksteile, die von keinem Gebäude oder sonstigem Hochbau bedeckt sind. Andere Bauwerke, besonders die meisten nur fiktiven baulichen Anlagen nach § 2 Abs. 1 S. 2, sind keine „Überbauung“; zB sind also Aufschüttungs- oder Lagerflächen und die Flächen von Stellplätzen nicht überbaut. Auch das Planungsrecht scheint mit dem entsprechenden Ausdruck „überbaubare Grundstücksfläche“ nur Gebäude zu meinen (vgl. § 23 Abs. 2 und 3 BauNVO). Im Übrigen dürfen „überbaut“ und „überbaubar“ selbstverständlich nicht verwechselt werden; § 9 meint die tatsächlich nicht überbaute Fläche.

Baugrundstücke sind nach § 2 Abs. 12 die Grundstücke, auf denen eine bauliche Anlage, gleich welcher Art, errichtet wird oder vorhanden ist (Näheres s. § 2 Abs. 12 und dort die Rn. 133 ff.).

8 Nach **Abs. 1 Satz 1** sind die nicht überbauten Flächen der Baugrundstücke **so herzurichten und zu unterhalten, dass sie weder verunstaltet wirken noch ihre Umgebung verunstalten**. Auch sie sollen also den ästhetischen Grundanforderungen genügen, die § 3 Abs. 3 und § 10 an bauliche Anlagen stellen. Die Herrichtung, die zu diesem Zweck gefordert wird, besteht vor allem darin, dass von den Freiflächen Schutt und Gerümpel entfernt werden. In einer gepflegten Umgebung wirkt auch ein Grundstück mit wucherndem Kraut- und Grasbewuchs (sog. Ruderalflora) verunstaltend; in solchen Fällen ist durch Mähen oder in anderer Weise für ein einigermaßen gepflegtes Bild zu sorgen. Allerdings ist mit dem Begriff der **Verunstaltung** der hässliche, das ästhetische Empfinden des Beschauers verletzende Zustand gemeint (VGH Mannheim Beschluss 24.1.2017 – 3 S 1992/16 –). Wie sich an der Gegenüberstellung akkurat gepflegter Gärten und naturbelassener Flächen nachempfinden lässt, ist die Grenze der Zumutbarkeit äußerst schwer zu definieren. Der Konflikt um die „Deutungshoheit“ wird eine Behörde nur zum Einschreiten veranlassen, wenn neben der (angreifbaren) unästhetischen Anmutung Gefahren zu befürchten sind.

9 Soweit Freiflächen infolge Zerstörung ihrer natürlichen Oberfläche oder infolge ihrer von Nachbargrundstücken abweichenden Höhenlage verunstaltet oder verunstaltend wirken, sind sie einzuplanieren, aufzuschütten oder abzutragen. Dabei ist § 202 BauGB über den Schutz des Mutterbodens zu beachten. Das zur Aufschüttung verwendete Material muss selbstverständlich geeignet sein und darf insbesondere nicht zu schädlichen Bodenveränderungen iSd BBodSchG führen. Die Art und Weise der Herrichtung darf ihrerseits nicht verunstaltend wirken. Das kann etwa bei Anpflanzungen der Fall sein, die in krassem, extrem hässlichem Widerspruch zu ihrer Umgebung stehen. Zur Unterhaltung gehört insbesondere, dass die Flächen sauber gehalten werden.

Abs. 1 S. 1 gilt, wie das entsprechende Verunstaltungsverbot des § 10 (vgl. dort → Rn. 26) nur für **Flächen, die** von nicht dem Grundstück zugehörigen Personen, sei es vom öffentlichen Verkehrsraum oder von fremden Grundstücken aus, **einsehbar** sind. 10

Absatz 2 bestimmt, über das Verunstaltungsverbot nach Abs. 1 S. 1 hinausgehend, dass die nicht überbauten Flächen der Baugrundstücke (s. → Rn. 6) außerdem grundsätzlich Grünflächen sein müssen. Die Formulierung **„müssen Grünflächen sein"** (statt: „als Grünflächen oder gärtnerisch anzulegen und zu unterhalten", s. → Rn. 3) soll deutlich machen, dass der Forderung des Absatzes 2 nicht nur durch gepflegte Zier- oder Nutzgärten genügt wird, sondern auch durch Grünflächen, die sich weitgehend selbst überlassen bleiben. An solchen Flächen besteht heute ein öffentliches Interesse, weil sie Wildpflanzen, die durch die moderne Landwirtschaft aus der Feldflur vertrieben worden sind, eine Zuflucht bieten können. 11

Abs. 2 überlässt es demnach grundsätzlich dem Belieben des Verpflichteten, welcher **Art und Beschaffenheit die Grünflächen** sind. Die Freiflächen können mit Rasen oder Gras, Gehölzen, anderen Zier- oder Nutzpflanzen bedeckt sein, wenn sie nur überhaupt begrünt sind. Plattenbeläge, Pflasterungen u. dgl. wird man allenfalls dann zu den Grünflächen rechnen dürfen, wenn sie eine verhältnismäßig schmale Einfassung von Beeten usw darstellen. Nach Abs. 2 dürfen demnach Vorgärten nicht mehr nur aus Gründen der Gestaltung oder der leichteren Pflege überwiegend aus Steinflächen bestehen. Daher bietet das Bauordnungsrecht bereits die Möglichkeit, gegen die in die öffentliche Kritik geratenen Schottergärten vorzugehen. Doch zeigt sich an diesem Anspruch der Zwiespalt der Regelung, denn sie würde z.B. das Anlegen eines Zengartens (japanischer Steingarten) behindern. Unabhängig davon wären die die Kapazitäten der BauAB arg strapaziert, wollten sie mit dem Instrument des § 79 den Rückbau unrechtmäßig versiegelter Grundstücksflächen umfassend durchsetzen. 12

Die **freie Wahl der Begrünungsart**, die Abs. 2 dem Verpflichteten lässt, wird allerdings durch das Verunstaltungsverbot des Abs. 1 begrenzt (s. → Rn. 8); jedenfalls in gepflegter Umgebung dürfen die vom Straßenraum und von Nachbargrundstücken einsehbaren Flächen also nicht allzu ungepflegt wirken, wobei allerdings der Pflegezustand ästhetisch abstoßend sein muss, um den Widerspruch zum Baurecht auszulösen. Außerdem können die Gemeinden nach § 84 Abs. 3 Nr. 6 die Gestaltung der Grünflächen durch örtliche Bauvorschrift näher regeln. Auch kann ein B-Plan mit Festsetzungen nach § 9 Abs. 1 Nr. 25 BauGB (s. Rn. 5) den Verpflichteten in der Wahl der Gestaltungsmöglichkeiten beschränken. 13

Die Freiflächen brauchen nach Abs. 2 nicht begrünt zu werden, soweit sie **für eine andere zulässige Nutzung erforderlich** sind. Gemeint ist jede mit öffentlichem Recht, besonders mit dem Planungsrecht, vereinbare Grundstücksnutzung, die nicht in Hochbauten besteht (zB als Zugang oder Zufahrt, Gartenweg, Stellplatz, Lagerplatz oder Arbeitsfläche). Die nicht begrünte Fläche muss für die andere Nutzung „erforderlich" sein. Das Erforderliche ergibt sich aus den Dispositionen des Eigentümers; die unbegrünte Fläche darf aber nicht über den funktionalen Anspruch hinausgehend groß sein. 14

Abs. 2 erfasst nur die Grundstücksteile, die als anderweitig nicht genutzte Flächen übrig bleiben. Sollen von vornherein bestimmte Flächen für Bäume, Sträucher oder anderes Grün vorbehalten werden, so muss die Gemeinde Entsprechendes durch B-Plan festsetzen (§ 9 Abs. 1 Nr. 15, 25 BauGB) oder nach § 84 Abs. 3 Nr. 6 NBauO Vorgärten vorschreiben. B-Pläne können die Größe der – nach Abs. 2 zu begrünenden – Freiflächen ferner dadurch beeinflussen, dass sie nach § 14 BauNVO Nebenanlagen beschränken oder ausschließen. 15

Der **Zeitpunkt** der Herrichtung wird im Gesetz nicht ausdrücklich bestimmt. Vernünftigerweise kann sie im näheren Bereich des Bauwerks erst verlangt werden, wenn die Fläche nicht mehr für den Baubetrieb gebraucht wird. Wenn der Bau im Wesentlichen abgeschlossen ist, muss die Herrichtung aber unverzüglich folgen. 16

17 **Verpflichteter:** Grundsätzlich hat der Eigentümer oder Erbbauberechtigte dafür zu sorgen, dass den Anforderungen des Abs. 1 S. 1 und Abs. 2 entsprochen wird (vgl. § 56). Ist eine Fläche durch eine Baumaßnahme verunstaltet worden, so ist zumindest auch der Bauherr zur Herrichtung öffentlich-rechtlich verpflichtet (§ 52). Die BauAB kann Herrichtung, Begrünung und Unterhaltungsmaßnahmen erforderlichenfalls durch **Verfügung nach § 79** anordnen. Die Auflage in einer Baugenehmigung kann eher selten ein geeignetes Mittel sein, da die verfahrensfrei gestellten Gestaltungselemente in einem Bauantragsverfahren nicht geprüft werden.

18 Die Verpflichtung nach Abs. 1 S. 1 und Abs. 2 gilt grundsätzlich auch für die Freiflächen solcher Grundstücke, die schon **vor Inkrafttreten der NBauO** (1.1.1974) **bebaut** wurden; § 85 gewährt einen „Bestandsschutz" nur für bauliche Anlagen, nicht für Grundstücke. Soweit zur Herrichtung allerdings auch die Verkleinerung eines unverhältnismäßig großen Lagerplatzes, Stellplatzes, Hauszuganges usw gehört (vgl. → Rn. 9), kann sich der Eigentümer auf § 85 berufen.

C. Anforderungen an unbebaute Grundstücke (Abs. 1 Satz 2)

19 Abs. 1 S. 2 dehnt die Anforderungen des Satzes 1 an Freiflächen der Baugrundstücke auf bestimmte unbebaute Grundstücke aus. Die Vorschrift ist in die NBauO 1973 vom Landtag eingefügt worden und soll dem Missstand abhelfen, dass oft inmitten bebauter Parzellen unbebaute Grundstücke längere Zeit in verwahrlostem Zustand liegen bleiben.

20 Satz 2 gilt nur für Grundstücke, die **nicht im Außenbereich** gelegen sind. Gemeint ist der Begriff des BauGB (§ 35); die Grundstücke müssen also im Geltungsbereich eines sog. qualifizierten B-Plans (§ 30 Abs. 1 BauGB) oder innerhalb der im Zusammenhang bebauten Ortsteile (§ 34 BauGB) liegen. Weiter müssen die Grundstücke **nach öffentlichem Baurecht** (§ 2 Abs. 16) **bebaubar** sein. Das kann allerdings zur Folge haben, dass Grundstücke im Außenbereich, deren Bebaubarkeit sich nach einem einfachen Bebauungsplan regelt, von dem Verunstaltungsverbot ausgenommen sind. Entscheidend ist vor allem, ob die Bebauung nach dem qualifizierten B-Plan oder nach § 34 BauGB zulässig ist. Die Vorschrift setzt nicht voraus, dass das Grundstück gerade mit Gebäuden bebaubar ist; es können auch andere bauliche Anlagen (zB Stellplätze) sein.

21 Liegen diese Voraussetzungen vor, so muss das Grundstück entsprechend den Anforderungen des Abs. 1 S. 1 hergerichtet und unterhalten werden (s. → Rn. 7). Die Forderung des Abs. 2 nach Begrünung gilt hier dagegen nicht; jedoch kann zur ordnungsgemäßen Herstellung auch eine (provisorische) Begrünung gehören. Die Ausführungen unter → Rn. 17 über die Verpflichteten und die Befugnisse der BauAB gelten hier sinngemäß. Ein „Bestandsschutz" kommt nicht in Betracht.

22 Die im S. 14 Abs. 3 aF verankerte **Abschirmung durch Gehölze**, der auf Vorschlag des federführenden LT-Ausschusses in die NBauO 1973 eingefügt wurde, ist nicht in die NBauO 2012 übernommen worden. Die Ermächtigung des § 9 Abs. 1 Nr. 25 BauGB soll genügen ein derartiges Anliegen zu unterstützen.

D. Spielplätze für Kinder bis zu sechs Jahren (Abs. 3)

23 **Allgemeines:** Während die MBauO 1959/2002 und der RegE NBauO 1973 jeweils selbst einige Vorschriften über Kinderspielplätze enthielten, beschloss der LT statt dessen kurze Zeit vor der NBauO das Nds. Gesetz über Spielplätze (NSpielPlG v. 6.2.1973). Über die „jugendpolitischen" Motive der vorzeitigen Regelung durch besonderes Gesetz s. StenBer. 7. WP Sp. 5953 ff. Das NSpielPlG enthielt bauordnungsrechtliche Vorschriften über die Ausstattung von Wohngebäuden mit Spielplätzen für Kleinkinder bis zu 6 Jahren. Außerdem verpflichtete es die Gemeinden, öffentliche Spielplätze für Kinder von 6 bis 12 Jahren anzulegen und zu unterhalten. Ursprünglich ermächtigte es die Ge-

meinden auch, von den Eigentümern der Grundstücke im Einzugsbereich dieser Spielplätze Beiträge zu erheben (§§ 11–16 aF).

Nach einer Erprobungsphase über das ModellkommunenG v. 8.12.2005 in den Modellkommunen (Landkreise Cuxhaven, Emsland und Osnabrück mit ihren kreisangehörigen Gemeinden, Städte Lüneburg und Oldenburg) in der Zeit vom 1.1.2006 bis 31.12.2008 wurde das NSpielPlG durch das Gesetz vom 10.12.2008 (Nds. GVBl. S. 381) aufgehoben. Der Gesetzgeber hatte dabei wohl übersehen, dass die Gemeinden denen er (so die Gesetzesüberschrift) „erweiterte Handlungsspielräume" verschaffen wollte, nach dem NSpielPlG nur die Spielplätze für Kinder ab sechs Jahren bauen und unterhalten mussten. Spielplätze für Kleinkinder hatten dagegen die privaten Bauherren bzw. Grundeigentümer bereitzustellen. Nach öffentlicher Diskussion wurde diese Regelungslücke mit der NBauO 2012 geschlossen, indem die Reglungen aus dem Spielplatzgesetz, soweit sie die Verpflichtung Privater, für Kleinkinder auf Wohngrundstücken einen Spielplatz anzulegen, modifiziert übertragen wurden. 24

Die Verpflichtung, einen Spielplatz für Kleinkinder anzulegen und zu unterhalten, entsteht, wenn ein Gebäude mit mehr als fünf Wohnungen errichtet wird (Abs. 3 S. 1). Die Vorschrift ist leider nicht so formuliert, dass die Rechtmäßigkeit des Gebäudes selbst von seiner Ausstattung mit einem Spielplatz abhängt. Da die Anlegung eines Spielplatzes eine verfahrensfreie Baumaßnahme ist, sind die Überwachungsmöglichkeiten der BauAB auf die repressive Kontrolle beschränkt. Erst wenn einem solchen Gebäude der Kleinkinderspielplatz rechtswidrig fehlt oder der Spielplatz rechtswidrig beseitigt worden ist, kann die BauAB nach § 79 NBauO jederzeit die Herstellung eines vorschriftsmäßigen Kleinkinderspielplatzes anordnen. Auch wenn § 9 Abs. 3 nicht zum Prüfungsmaßstab im Verfahren nach §§ 62 oder 63 gehört, sollte die Gemeinde oder die BauAB darauf hinweisen, wenn bei Vorhaben mit 5 Wohnungen und mehr dem Entwurf zu entnehmen ist, dass der erforderliche Spielplatz fehlt (zur Verpflichtung einen Spielplatz anzulegen VG Karlsruhe Urteil 20.05.2010 -6 K 2666/09-). 25

Für bestehende **Gebäude** mit mehr als 5 Wohnungen kann die nachträgliche Ausstattung mit einem Kleinkinderspielplatz verlangt werden (Abs. 3 S. 3). Diese in das Ermessen der BauAB gestellte Befugnis wird nicht an die formelle oder materielle Illegalität geknüpft. Gesetzliche Voraussetzung für das Tätigwerden der BauAB ist nur, dass ein Gebäude mit mehr als fünf Wohnungen tatsächlich vorhanden ist. Für die Ausübung ihres Ermessens ist dann wesentlich, wie dringlich der Bedarf ist. IdR müssen Kleinkinder tatsächlich auf dem Grundstück wohnen (vgl. OVG Lüneburg 30.6.1978 – I A 140/77 –, BRS 33 Nr. 93). Das Erfordernis verlangt aber nicht den Nachweis, dass tagsüber eine regelmäßige mehrstündige Anwesenheit der Kinder die Inanspruchnahme eines Spielplatzes verlangt. Zu ihrem Schutz erforderlich ist die Maßnahme, wenn die Kleinkinder anderenfalls nur solche im Freien gelegenen Spielflächen erreichen können, die – einschließlich des Weges zwischen Wohnung und Spielfläche – nicht gegen den Kfz-Verkehr abgeschirmt oder sonst, zB aus gesundheitlichen Gründen, bedenklich sind (vgl. dazu OVG Berlin 6.4.1979 – II B 30.77, BRS 35 Nr. 115). 26

Bis zum 31.12.2019 wäre es möglich gewesen, sich von der Verpflichtung zum Anlegen eines Spielplatzes zu lösen, wenn die Wohnanlage als Unterkunft für Flüchtlinge oder Asylbegehrende errichtet werden sollte (§ 2 NEFUG). Damit ergänzt der Landesgesetzgeber die planungsrechtlichen Bestimmungen im BauGB, insb. über § 246 Abs. 12 bis17, die Unterbringung von Flüchtlingen und Asylbegehrenden und somit die Errichtung entsprechender Anlagen erleichtern und beschleunigen sollten. Für die von der Baugenehmigung oder der bauaufsichtlichen Zustimmung freigestellten Anlagen ist die Frist abgelaufen, wenn nicht mit der Baumaßnahme bis zum 31.12.2018 begonnen wurde; ansonsten reicht es aus, dass bis dahin der erforderliche Antrag gestellt wurde, unabhängig davon ob die Baufreigabe bereits erteilt wurde. Dahinter stand die Absicht angesichts des dringenden Handlungsbedarfs die Zeitspanne bis zur Verwirklichung der Baumaßnahmen zu verkürzen. Da die Herstellung von Kinderspielplätzen verfahrensfrei gestellt ist, kann der Verzicht bestenfalls wegen der finanziellen Ersparnis oder bei beengten 27

Grundstücksverhältnissen als Hindernis für die Errichtung bzw. Einrichtung solcher Unterkünfte beseitigen. Fragwürdig ist dennoch den Kindern von ohnehin physisch und psychisch hochbelasteten Bewohnern solch ein Angebot spielerischer Aktivitäten vorenthalten zu dürfen. Denn solange die besondere Art der Nutzung beibehalten wird, besteht auch nicht die Möglichkeit, eine Nachbesserung gem. Abs. 3 S. 3 zu verlangen.

28 Der **„Bescheid"** nach Abs. 3 S. 3 muss ebenso dem Bestimmtheitsgebot genügen wie eine Anordnung nach § 79 NBauO (vgl. dort → Rn. 42 f.); er muss deshalb Lage, Größe und Beschaffenheit (dazu → Rn. 29) des geforderten Spielplatzes genau bezeichnen. Der oder die Verpflichtete kann aber als Austauschmittel (vgl. § 79 Rn. 49) eine andere dem gesetzlichen Erfordernis entsprechende Lösung anbieten (OVG Lüneburg 30.06.1978 aaO). Für das Verfahren beim Erlass des Bescheides und der Durchsetzung gilt das zu § 79 NBauO Gesagte sinngemäß (→ § 79 Rn. 90 ff.). Jedoch wird man, um den Eigentümern einen verfassungsmäßigen Bestandsschutz zu gewähren, auch hier fordern müssen, dass das Grundstück Platz für einen Spielplatz in den Maßen des § 3 DVO-NBauO bietet. Davon wird auch abhängig sein, ob die BauAB im Rahmen ihres Ermessens den Eigentümer im konkreten Fall wirklich heranziehen darf.

29 Der **§ 84 Abs. 1 Nr. 1** ermächtigt die Gemeinden, die Größe, Beschaffenheit, Ausstattung und Unterhaltung von Kleinkinderspielplätzen durch **örtliche Bauvorschrift** vorzuschreiben. Sie wird als Satzung im eigenen Wirkungskreis erlassen, so dass Abweichungen nach § 66 an das Einvernehmen der Gemeinde gebunden sind (§ 66 Abs. 5). Eine solche Satzung kann nicht die Verpflichtung zum Anlegen eines Spielplatzes aufheben oder wesentlich reduzieren oder verschärfen, sondern nur die qualitativen Anforderungen eigenständig bestimmen. Der Spielraum zur Ausgestaltung dieser Ermächtigung dürfte für die Gemeinden als Träger der Ortsplanung eingeschränkt sein. Weder wird es ihre Planungskompetenz erlauben, die bauordnungsrechtliche Forderung zu verwässern, indem sie den Standard der Spielplätze erheblich vermindert, noch darf sie Ansprüche formulieren, die die Zumutbarkeitsgrenzen übersteigen. Hat sie aber eine derartige örtliche Bauvorschrift erlassen, genießt sie Vorrang vor den bauordnungsrechtlichen Regelungen (§ 3 S. 5 DVO-NBauO).

30 **Verpflichtet**, einen Kleinkinderspielplatz anzulegen und zu unterhalten, sind nach Maßgabe des § 56 Eigentümer, bzw. Erbbauberechtigte. Ausgenommen sind auch nicht Wohnungseigentümergemeinschaften nach § 3 WEG, selbst wenn die Teilungserklärung den Freiraum des Grundstücks nur einzelnen Eigentümern zur Verfügung stellt (OLG Koblenz Beschluss 30.01.2012 -5 W 760/11- JurBüro 2012, 497-498- zur Vollstreckung eines Titels auf Zustimmung zur Herstellung und Unterhaltung eines Kinderspielplatzes in einer Wohnungseigentumsanlage).

31 Vorrangig sollen die Spielplätze für Kinder bis zu sechs Jahren auf dem Baugrundstück angelegt werden (Zum Begriff des Baugrundstücks § 2 Abs. 12). Die „rechtliche Sicherung", die bei Spielplätzen auf benachbarten, in der Nähe gelegenen Grundstücken erforderlich ist, ist auf die Baulast (§ 81 NBauO) beschränkt, eine bürgerlich-rechtliche Dienstbarkeit zugunsten des Bauherrn genügt nicht. Die höchstzulässige Entfernung ist die Wegstrecke, nicht die Luftlinie. Die NBauO sieht nicht mehr wie das ehem. Spielplatzgesetz eine konkrete Entfernung vor, jedoch kann die damalige maximal zugelassene Distanz von 100 m weiter als Anhalt dienen, ergänzt durch das Erfordernis des Augen- und Rufkontakts (OVG Münster 10.8.2006 – 7 A 3176, JurionRS 2006, 39977). Grundsatz war wohl, dass Kleinkinder (jedenfalls 4–6jährige) ihren Spielplatz allein, ohne Begleitung eines Erwachsenen von der Wohnung aus gefahrlos erreichen sollen. Eine mit Kfz befahrbare Straße darf also nicht dazwischen liegen, eine Garagenzufahrt nur, wenn sie nicht stark benutzt wird.

32 Bei den Lärm, der von Kinderspielplätzen ausgeht, handelt es sich um natürliche Lebensäußerungen. Ihn hat die Nachbarschaft, selbstverständlich auch in Wohngebieten, grundsätzlich hinzunehmen (vgl. OVG Münster 5.1.2001 – 7 B 6/01, BRS 64 Nr. 183). Von Spielplätzen für Kleinkinder geht idR weniger Lärm aus als von denen für größere

Kinder und selbst die von ihnen ausgehende Lärmentwicklung ist sozialverträglich (BVerwG Beschluss 5.6.2013 – 7 B 1.13 – zur bestimmungsmäßigen Nutzung eines Spielplatzes mit Seilbahn). Somit erfasst die Privilegierung des Kinderspielplatzlärms (§ 22 Abs. 1a BImSchG) sowohl die von den Kindern unmittelbar ausgehenden Lautäußerungen als auch die von den Spielgeräten herrührenden Geräusche (OVG RhPf Urteil 24.10.2012 – 8 A 10301/12 – BauR 2013, 132). Trotzdem ist nach dem Gebot der Rücksichtnahme auch die Lage der Kleinkinderspielplätze so zu wählen, dass Anwohner nicht mehr als unumgänglich gestört werden (dazu OVG Lüneburg 17.11.1983 – 6 A 16/83, NJW 85, 217); der erwünschte Sicht- und Rufkontakt mit der Mutter hat jedoch Vorrang.

Die erforderliche **Größe** der Kleinkinderspielplätze ergibt sich aus **§ 3 DVO-NBauO**. 33
„Nutzbare" Fläche ist die Gesamtfläche abzüglich Einfriedung, Umpflanzung usw. Zunächst darf die Mindestgröße von 30,0 m² nicht unterschritten werden. Ergibt sich als Gegenrechnung, ob 3,0 m² je Wohnung, auf die der Spielplatz bezogen ist, zuzüglich weitere 2,0 m² ab jedem vierten Aufenthaltsraum der Wohnung, eine Fläche über 30,0 m², so ist das Maß ausschlaggebend. Wohnungen, die aufgrund ihrer Zweckbestimmung und Größe für Kinder ungeeignet sind (s. → Rn. 36), werden nicht in die Berechnung einbezogen.

Die **Beschaffenheit** der Spielplätze orientiert sich nur noch nach dem Spiel- und Be- 34
wegungsbedürfnis der Kinder (§ 3 S. 4 DVO-NBauO). Die noch in § 4 Abs. 1 NSpPlG enthaltene Forderung nach gefahrloser Benutzbarkeit werden durch die Sicherheitsanforderungen in den Regelungen der NBauO aufgefangen. Zur gefahrlosen Benutzbarkeit gehört, dass Baulichkeiten, Einrichtungen, Geräte und Anpflanzungen (keine giftigen Früchte!) die Kleinkinder nicht mehr als sozialadäquat zumutbar gefährden und diese nicht auf eine Kfz-Fahrbahn laufen können. Spielplatzbetreiber müssen laut dem Vorschriften- und Regelwerk der Deutschen Gesetzlichen Unfallversicherung (DGUV) sicherstellen, dass zu jeder Zeit die Sicherheit des Spielgerätes gewährleistet ist. Somit ist eine regelmäßige Wartung und Inspektion von Spielplätzen, Spielgeräten und Spielplatzböden nach DIN EN 1176 unerlässlich. Die regelmäßigen Inspektionen sind durch sachkundige Personen durchzuführen (Information TÜV-Nord). Im Übrigen ist nach § 3 Abs. 2 dafür zu sorgen, dass der Spielplatz gegen Immissionen, sonstige Störungen und kalten Wind geschützt liegt (Einfriedung, Umpflanzung) und möglichst Sonne erhält, aber auch Schatten bietet. Näheres in DIN 18034.

Eine bestimmte Ausstattung fordert das Bauordnungsrecht nicht. Spielgeräte sind nicht 35
vorgeschrieben. Frühere inzwischen außer Kraft getretene Ausführungsbestimmungen hielten eine Sandspielfläche von 15 % der Mindestfläche des Spielplatzes, mindestens aber 10 m², für erforderlich. Sand befriedigt das Spielbedürfnis von Kleinkindern sicher besonders gut, ist aber wegen der großen Verschmutzungsgefahr mit erheblichem Unterhaltungsaufwand verbunden. Mit Rücksicht auf den Verhältnismäßigkeitsgrundsatz wird eine Sandspielfläche nur für einen Spielplatz gefordert werden können, der eine größere Zahl von Wohnungen versorgt und daher ständig von Kleinkindern benutzt wird. Ist der Spielplatz nur für wenige Wohnungen bestimmt, muss man es idR genügen lassen, wenn eine Spielfläche aus Gras vorhanden ist und Mieter mit Kleinkindern ggf. eine transportable Sandkiste aufstellen können. In jedem Fall muss aber zum Beaufsichtigen der Kinder eine ausreichende Sitzgelegenheit vorhanden oder leicht herbeizuschaffen sein.

Ein Spielplatz für Kleinkinder darf nach dem Sinngehalt der Vorschrift auch zugleich für 36
mehrere Wohngebäude auf verschiedenen Baugrundstücken als **Gemeinschaftsanlage** hergestellt werden, auch wenn das Bauordnungsrecht keinen Regelungsbedarf wie § 52 aF mehr erkennt. Die Benutzung der Gemeinschaftsfläche muss aber nach Abs. 3 S. 1 durch Baulast gesichert sein.

Die Entbindung von der Verpflichtung, Kleinkinderspielplätze anzulegen und zu unterhal- 37
ten, sieht **Abs. 3 S. 2** vor, wenn in unmittelbarer Nähe ein sonstiger für die Kinder nutzbarer Spielplatz geschaffen oder bereits vorhanden ist bzw. ein solcher Spielplatz wegen

der Art und der Lage der Wohnungen nicht erforderlich ist. Damit wurden die Ausnahmeanforderungen des ehem. § 5 Abs. 1 Nr. 1 und 2 NSpielPIG sinngemäß übernommen und in zwingendes Recht überführt. Die Begünstigung ist in dem Umfang vorgesehen, in dem dies nach dem Verhältnismäßigkeitsgrundsatz erforderlich ist. Dem Anspruch ist nicht schon dann genüge getan, wenn tatsächlich keine Kleinkinder im Gebäude wohnen. Der Gesetzgeber des NSpielPIG hat die Pflicht zum Anlegen des Spielplatzes bewusst nicht erst mit dem Einzug von Kleinkindern entstehen lassen, um zu vermeiden, dass sich ein Hauswirt dadurch abhalten lässt, seine Wohnung an eine junge Familie zu vermieten (StenBer. 7. WP. Sp. 5958); dies gilt auch für die NBauO 2012. Die „Art der Wohnungen" macht iSv Abs. 3 S. 2 nur dann einen Spielplatz entbehrlich, wenn entweder der Zuschnitt der Wohnungen (zB Einzimmerappartements) oder ihre Zweckbestimmung, die aber „objektiviert und von einer gewissen Nachhaltigkeit" sein muss (OVG Lüneburg 12.5.1977 – I A 17/76, OVGE 33, 398 = DWW 77, 213; zB Appartement in Altenwohnanlage) die Benutzung durch Familien (auch alleinstehende Mütter) mit Kleinkindern nicht erwarten lässt.

E. Verbot wasserundurchlässiger Bodenbefestigung (Abs. 4)

38 **Allgemeines, Zweck der Regelung:** Die seit der Novelle von 1995 bestehende Regelung in Absatz 4 stellt an bestimmte nicht überbaute Flächen auf den Baugrundstücken zusätzliche Anforderungen im Interesse des Wasserhaushalts: Die Regelung soll bewirken, dass das auf diese Flächen fallende Niederschlagswasser möglichst weitgehend versickert und damit nicht in die Regenwasserkanalisation gelangt, sondern das Grundwasser vermehrt. Die Vorschrift ergänzt Abs. 2, aus dem sich schon ergibt, dass unbegrünte Freiflächen nicht größer sein dürfen, als es ihr Zweck erfordert (s. → Rn. 11). Darüber hinaus schränkt § 19 Abs. 4 BauNVO 1990 bis 2017) den Versiegelungseffekt ein, indem Garagen mit ihren Zufahrten auf die zulässige Grundfläche angerechnet werden. Unabhängig von den nicht nachbarschützenden Auswirkungen einer rechtsfehlerhaften Ausführung dürfte ein Drittwiderspruch gegen eine Baugenehmigung oder der Zulassung einer Abweichung (bei verfahrensfrei gestellten Anlagen) keine aufschiebende Wirkung haben (§ 212a BauGB), da es sich bei betroffenen Anlagen um Vorhaben im Sinne des § 29 Abs. 1 BauGB handelt (VG Düsseldorf Urteil 19.5.1981 – 3 L 622/81 – GewArch 1981, 265 allgemein zu Bodenbefestigungen). Ist infolge der Versiegelung von Grundstücksteilen ein Wasserschaden auf dem Nachbargrundstück zu befürchten, dürfte der zivile Rechtsstreit das geeignete Mittel sein, technisch unzureichende Baumaßnahmen abzuwehren (vergl. OVG Münster Beschluss 18.4.2018 – 7 A 331/18 – IBR 2018, 537). War allerdings im Bebauungsplanverfahren die Berücksichtigung der Beseitigung des anfallenden Niederschlagswassers unzureichend behandelt worden, kann auf das Instrument der Normkontrolle (§ 47 VwGO) zurückgegriffen werden (VGH München Beschluss 13.4.2018 – 9 NE 17.1222 – BeckRS 2018, 07001).

39 Abs. 4 **gilt nur für bestimmte Verkehrsflächen**, nämlich für Stellplätze (was ein Stellplatz ist, besagt § 2 Abs. 9), für deren Zu- und Abfahrten und Fahrgassen und für die Zu- und Abfahrten von Garagen. Hiermit wird aber schon ein verhältnismäßig großer Teil der überhaupt für eine solche Regelung in Betracht kommenden Flächen erfasst; man denke besonders an die Großparkplätze für Supermärkte, Sportanlagen, Vergnügungsstätten, Messen usw. Es handelt sich hier um Flächen, auf denen eine wasserdurchlässige Befestigung idR auch keine großen praktischen Probleme bereitet und für Eigentümer und Benutzer zumutbar ist. Nicht erfasst werden demnach zB Lager-, Abstell- Ausstellungs- oder Spielflächen und Fußwege; diese dürfen also wasserundurchlässig befestigt werden. Abs. 4 gilt auch nicht für Fahrwege, wenn diese nicht nur zu Garagen oder Stellplätzen führen, sondern zB die Zufahrt zu einem Hoteleingang oder einer Verladestelle sind.

40 Die unter Abs. 4 fallenden Verkehrsflächen dürfen nach Abs. 4 Satz 1 grundsätzlich nur eine **Befestigung** haben, **durch die das Niederschlagswasser versickern kann**. Das

braucht aber nur **zum überwiegenden Teil** zu geschehen. Der Gesetzgeber nimmt also in Kauf, dass, besonders bei starkem Regen, ein Teil des Wassers doch in die Kanalisation gelangt. Es genügt, wenn über einen längeren Zeitraum betrachtet mehr Wasser versickert als in den Kanal läuft. Wie aus Satz 1 ferner hervorgeht, darf die Befestigung weniger durchlässig oder sogar ganz wasserdicht sein, wenn eine **Versickerung** des Niederschlagswassers **auf andere Weise ermöglicht** wird. In Deutschland sind die Anforderungen an Versickerungsanlagen im DWA-Arbeitsblatt-A 138 Planung, Bau und Betrieb von Anlagen zur Versickerung von Niederschlagswasser der Deutschen Vereinigung für Wasserwirtschaft, Abwasser und Abfall e. V. (DWA) festgelegt. Dies geschieht vor allem dann, wenn das Wasser von der befestigten Verkehrsfläche auf (idR wohl seitlich gelegene) wasserdurchlässige Flächen abfließen und dort versickern kann (zB Mulden-Rigolensystem). Auch auf diesem Wege braucht im Durchschnitt nur der überwiegende Teil des Niederschlagswassers von der Kanalisation ferngehalten zu werden. Einen Anhalt dafür, welche Befestigungsarten in Betracht kommen, mag die Tabelle 16 in DIN 1986 Teil 2, Ausgabe März 1995, geben. Die Forderung dürften alle Befestigungsarten erfüllen, denen dort ein Abflussbeiwert von weniger als 0,5 zugeordnet wird, zB Rasengittersteine und ähnliche besonders wasserdurchlässige Spezialpflaster. Die gewöhnlichen wassergebundenen Decken, für die Tabelle 16 einen Abflussbeiwert von genau 0,5 angibt, werden jedenfalls dann als ausreichend anzusehen sein, wenn ein Teil des Wassers noch seitlich versickern kann. Das Gesetz benachteiligt nur scheinbar die wasserdurchlässige Oberflächenbefestigung als nachrangige Alternative. Tatsächlich ist es dem Veranlasser überlassen, welche Maßnahme er bevorzugt, um den Versiegelungseffekt zu kompensieren.

Nach **Satz 2** gilt die Forderung des Satzes 1 nicht für Flächen, auf denen Kraftfahrzeuge **41**
gewartet oder ähnliche grundwassergefährdende Arbeiten ausgeführt werden. In diesen Fällen wäre eine wasserdurchlässige Bodenbefestigung mit mehr Nachteilen als Vorteilen für den Wasserhaushalt verbunden. Statt von der Forderung des Satz 2 nur abzusehen hätte der Gesetzgeber durchaus ein präventives Verbot zur Oberflächenversiegelung (Schutz des Grundwassers) formulieren dürfen, um einen Schadstoffeintrag auszuschließen (zur Abgrenzung zwischen Bundes-Bodenschutzgesetz und Wasserrecht siehe ua Bund/Länder-Arbeitsgemeinschaft Bodenschutz (LABO) und Länderarbeitsgemeinschaft Wasser (LAWA) vom September 2000).

Die bisher nach § 14 Abs. 4 S. 3 aF vorgesehenen **Ausnahmen** von Satz 1 können Ab- **42**
weichungen nach § 66 rechtfertigen. Wenn die Forderung des Satzes 1 entweder wegen der örtlichen Bodenverhältnisse nicht oder nur unter Schwierigkeiten erfüllt werden kann (das kann insbesondere bei sehr bindigem Boden oder bei Gefälle in Betracht kommen) oder die Nutzung der Fläche unzumutbar erschweren würde (zB wenn dem Verkehr nur eine stärker befestigte Zufahrt standhält), lassen sich wegen des Verhältnismäßigkeitsgrundsatzes geringere Anforderungen gegenüber S. 1 oder bei besonderen Erschwernissen der gänzliche Verzicht begründen.

Dritter Teil
Allgemeine Anforderungen an Baumaßnahmen und bauliche Anlagen

§ 10 Gestaltung baulicher Anlagen

Bauliche Anlagen sind in der Form, im Maßstab, im Verhältnis der Baumassen und Bauteile zueinander, im Werkstoff einschließlich der Art seiner Verarbeitung und in der Farbe so durchzubilden, dass sie weder verunstaltet wirken noch das bestehende oder geplante Straßen-, Orts- oder Landschaftsbild verunstalten.

Übersicht

A. Gestaltungsvorschriften der NBauO, Überblick

1 **Allgemeines:** Mit dem vorstehenden § 10 spricht die NBauO 2012 das traditionelle Verunstaltungsverbot aus, das sich auch in den anderen LBauOen findet. Es entspricht weitgehend § 9 MBauO; in § 10 wird darüber hinaus die Art der Verarbeitung von Werkstoffen explizit hervorgehoben und der Schutzbereich der Vorschrift erstreckt sich auch auf das geplante Straßen-, Orts- und Landschaftsbild (→ Rn. 37). Als einer der allgemeinen bauordnungsrechtlichen Grundsätze hat das Verunstaltungsverbot bereits in die Generalklausel des § 3 Eingang gefunden (§ 3 Abs. 3); hier in § 10 wird es wiederholt und ausgestaltet. In Abgrenzung zu § 3 Abs. 3 greift § 10 als speziellere Norm allerdings nur dann, wenn die Verunstaltung der Umgebung allein aus der Art der Gestaltung der baulichen Anlage, ihrer „Durchbildung" herrührt (OVG Lüneburg 3.7.1987 – 6 A 157/85 – BRS 47 Nr. 118; → Rn. 38 und § 3 Rn. 52). Verunstaltungen der Umgebung durch in baugestalterischer Hinsicht einwandfrei durchgebildete, in ihrer räumlichen Anordnung gleichwohl nicht hinnehmbare baulicher Anlagen kann dagegen allein mit § 3 Abs. 3 entgegengewirkt werden. § 10 ist wortgleich mit der Vorgängernorm § 53 NBauO 2003; allein aus systematischen Gründen wurde das Verunstaltungsverbot nunmehr im Teil III geregelt (LT-Drs 16/3195, 75). Die NBauO 2003 begann mit § 53 ihren Teil VII, der die materiellen Vorschriften zur Baugestaltung und ursprünglich (bis zum Inkrafttreten des NDSchG am 1.4.1978) auch über den Baudenkmalschutz umfasste. Im früheren Teil VII verblieben waren noch § 54, der in seiner letzten Fassung den Abbruch verfallender Bauten geregelt hat, und § 56 mit der Ermächtigung zum Erlass örtlicher Bauvorschriften. § 54 NBauO 2003 ist im Wesentlichen in § 79 Abs. 3, § 56 Abs. 1 NBauO 2003 mit kleinen redaktionellen Änderungen in § 84 Abs. 3 überführt worden (LT-Drs 16/3195, 107, 110). Die früher in § 56 Abs. 2 vorgesehene Möglichkeit der Zulassung einer Ausnahme entfällt im Hinblick auf § 66.

Ergänzende Vorschriften der NBauO: § 9 Abs. 1 verbietet die Verunstaltung bestimmter nicht überbebauter Flächen und fordert in Abs. 2 darüber hinaus deren Begrünung. Das Verbot belästigender Werbeanlagen in § 50 Abs. 2 und die in § 50 Abs. 3–5 angeordneten Beschränkungen für Werbeanlagen dienen zu einem wesentlichen Teil auch der Baupflege und Baukultur. Bei dem Verbot des § 50 Abs. 2 handelt es sich allerdings **nicht** um einen gesetzlich geregelten **Unterfall des allgemeinen Verunstaltungsverbots** (OVG Lüneburg 29.9.2015 – 1 LB 51/15 – Rn. 11, BeckRS 2015, 53695; → § 50 Rn. 28). An Sonderbauten können nach § 51 S. 1 im Einzelfall und nach § 82 Abs. 1 Nr. 4 durch VO besondere Anforderungen ua auch zur Vermeidung von Verunstaltungen gestellt werden. Auf dieser Ermächtigung beruht die CPl-Woch-VO → § 82 Rn. 11; die dort in § 3 Abs. 1 S. 2 und Abs. 2 geregelte Befugnis zur Anordnung der Errichtung von Schutzanlagen und zur Bepflanzung dient der Abwehr von Verunstaltungen des Orts- oder Landschaftsbilds. Nach § 79 Abs. 3 kann die BauAB den Abbruch verfallender Bauten verlangen; hier wird die verunstaltende Wirkung verfallener baulicher Anlagen gewissermaßen unwiderleglich vermutet → § 79 Rn. 31. Es spricht einiges dafür, dass § 79 Abs. 3 schon im Vorfeld einer Verunstaltung zum Eingreifen berechtigt (OVG Lüneburg 6.9.2017 – 1 ME 112/17 – Rn. 15, BeckRS 2017, 125890); ein verfallenes und daher verunstaltend wirkendes Gebäude unterfällt sowohl § 79 Abs. 3 als auch § 10 (→ Rn. 27). Für Einfriedungen, den Anbau an eine Grenzbebauung auf dem Nachbargrundstück, für Gartenhofhäuser und Außentreppen enthält die NBauO 2012 keine besonderen der Baugestaltung dienenden Vorschriften mehr. Die wichtigste Ergänzung ist **§ 84 Abs. 3** mit der Ermächtigung der Gemeinden, über das Verunstaltungsverbot hinausgehend konkrete gestalterische Anforderungen in **örtlichen Bauvorschriften** zu stellen. 2

B. Gestaltungsvorschriften außerhalb der NBauO

Da das bauordnungsrechtliche Verunstaltungsverbot aufgrund der restriktiven Rechtsprechung (→ Rn. 13 ff.) nur geringe praktische Wirkung hat, ist von größerem Interesse, inwieweit sich bauästhetische und baukulturelle Anforderungen an Bauwerke aus anderen Rechtsbereichen ergeben. 3

Vorschriften, die sich auf die Baugestaltung erstrecken, enthält das **Naturschutzrecht**. Nach § 1 Abs. 1 Nr. 3 BNatSchG gehört es zu den Zielen des Naturschutzes und der Landschaftspflege auch, dass die „Vielfalt, Eigenart und Schönheit sowie der Erholungswert von Natur und Landschaft“ gesichert werden. Zu diesem Zweck sind nach § 1 Abs. 4 Nr. 1 BNatSchG „Naturlandschaften und historisch gewachsene Kulturlandschaften, auch mit ihren Kultur-, Bau- und Bodendenkmälern vor Verunstaltung, Zersiedelung und sonstigen Beeinträchtigungen zu bewahren“.

Konkretere Anforderungen an die Gestaltung von Bauten können sich aus VOen (Satzungen) über die **unter** einen **besonderen Schutz gestellten Teile von Natur und Landschaft** (Naturschutzgebiete usw) aufgrund der §§ 20 ff. BNatSchG und der §§ 14 ff. NAGBNatSchG ergeben. Insbesondere können nach § 26 BNatSchG iVm § 19 NAGBNatSchG durch VO der unteren Naturschutzbehörde **Landschaftsschutzgebiete** ua „wegen der Vielfalt, Eigenart und Schönheit oder der besonderen kulturhistorischen Bedeutung der Landschaft“ ausgewiesen werden. In diesen Gebieten kann die VO „alle Handlungen“, also auch Baumaßnahmen, verbieten, „die den Charakter des Gebiets verändern oder dem besonderen Schutzzweck zuwiderlaufen“. Hiernach kann die VO, über die bloße Abwehr von Verunstaltungen hinausgehend, gestalterische Anforderungen an Bauwerke stellen, um zu verhüten, dass der Gebietscharakter verändert oder die besonderen Werte der Landschaft beeinträchtigt werden. Die VO kann Bauten, die im Widerspruch zu dem Ziel der Gebietsausweisung stehen, auch überhaupt untersagen (Heugel in Lütkes/Ewer, BNatSchG, 2. Auflage 2018, § 26 Rn. 11 mwN). Beispiele für in einem Landschaftsschutzgebiet unzulässige bauliche Anlagen können Aufschüttungen und Abgrabungen (VG Köln 25.8.2009 – 14 K 5285/07, BeckRS 2009, 39501), Einfriedungen 4 zum Schutz von Anpflanzungen vor Verbiss (VGH München 14.11.2005 – 9 ZB 04.1834, BeckRS 2005, 17625) und **Windenergieanlagen** (OVG Lüneburg 22.11.2012 – 12 LB 64/11, BeckRS 2012, 60507; VGH Mannheim 13.10.2005 – 3 S 2521/04 – Rn. 38, BeckRS 2005, 32611) sein; zu Befreiungsmöglichkeiten bei Windenergieanlagen siehe Gatz, Windenergieanlagen in der Verwaltungs- und Gerichtspraxis, 3. Auflage 2019, Rn. 304 ff. Zum Verbot der Errichtung einer Reithalle in einem **Naturschutzgebiet** siehe VG Schleswig 8.2.2013 – 1 A 287/11, BeckRS 2013, 47878.

5 Weiterhin kann die Errichtung oder Vergrößerung baulicher Anlagen ein **Eingriff in Natur und Landschaft** iSd §§ 14 ff. BNatSchG sein. Dies gilt nach § 5 NAGBNatSchG (zu verfassungsrechtlichen Bedenken an einem solchen landesrechtlichen Ausschluss bestimmter bagatellartiger Veränderungen aus dem Eingriffsbegriff VG Oldenburg 30.8.2017 – 5 A 2892/14 – Rn. 25 ff. mwN, BeckRS 2017, 124303) allerdings nicht für Veränderungen der Gestaltung oder Nutzung von Grundflächen und Veränderungen des mit der belebten Bodenschicht in Verbindung stehenden Grundwasserspiegels, die nicht von einer Behörde durchgeführt werden und die keiner behördlichen Zulassung oder Anzeige nach anderen Rechtsvorschriften als der des § 17 Abs. 3 BNatSchG bedürfen (zB Aufschüttungen und Abgrabungen). Gemäß § 15 Abs. 1 BNatSchG dürfen Eingriffe ua auch das Landschaftsbild nicht über das Unvermeidbare hinaus beeinträchtigen. Daraus folgt für Bauten, die Eingriffe darstellen, dass ihre Gestaltung sich möglichst schonend in die umgebende Landschaft einzufügen hat. Beeinträchtigt ein Bau unvermeidbar das Landschaftsbild iSd § 14 Abs. 1 BNatSchG, wie zB vielfach bei **Windkraftanlagen** (BVerwG 13.12.2001 – 4 C 3/01, BeckRS 2002, 20840; näher dazu Gatz, Windenergieanlagen in der Verwaltungs- und Gerichtspraxis, 3. Auflage 2019, Rn. 313 ff.) und Sendetürmen (VGH Mannheim 19.7.2010 – 8 S 77/09, BeckRS 2010, 50893), so ist der Verursacher nach § 15 Abs. 2 BNatSchG zu Ausgleichs- oder Ersatzmaßnahmen verpflichtet. Er hat das Landschaftsbild landschaftsgerecht wiederherzustellen oder so neu zu gestalten, dass es dem bisherigen gleichwertig ist. Ist dies nicht möglich, so darf nach § 15 Abs. 5 BNatSchG der Eingriff nicht zugelassen werden, wenn die entgegenstehenden Naturschutzbelange überwiegen; ebenso wenn das Fachrecht einem Vorhaben generell entgegensteht (so zu einer Einfriedung im Außenbereich VG Kassel 7.3.2012 – 3 K 1533/10.KS, BeckRS 2012, 48794). Wird der Eingriff zugelassen, hat der Verursacher nach § 15 Abs. 6 Ersatz in Geld zu leisten. Wie sich allerdings aus § 18 Abs. 2 S. 1 BNatSchG ergibt, gilt diese Eingriffsregelung nur noch für Bauten im planungsrechtlichen Außenbereich (§ 35 BauGB). Demgegenüber hat die gemeindliche Bauleitplanung nach § 1a Abs. 2 und 3 BauGB die Vermeidung und den Ausgleich von Eingriffen ua in das Landschaftsbild in der planerischen Interessenabwägung nach § 1 Abs. 7 BauGB und mit den ihr an die Hand gegebenen Festsetzungsmöglichkeiten zu berücksichtigen.

6 Das **Denkmalschutzrecht** stellt in **§ 8 NDSchG** besondere gestalterische Anforderungen an Baumaßnahmen in der Umgebung von Baudenkmalen. Die Vorschrift schützt das Erscheinungsbild eines Baudenkmals, also die Wirkung des Baudenkmals in seiner Umgebung und die Bezüge zwischen dem Baudenkmal und seiner Umgebung. Eine Beeinträchtigung iSd § 8 S. 1 NDSchG liegt schon vor, wenn die jeweilige besondere Wirkung des Baudenkmals, die es als Kunstwerk, als Zeuge der Geschichte oder als bestimmendes städtebauliches Element auf den Beschauer ausübt, geschmälert wird. Hinzutretende bauliche Anlagen müssen sich an dem Maßstab messen lassen, den das Denkmal gesetzt hat, und dürfen es nicht gleichsam erdrücken, verdrängen, übertönen oder die gebotene Achtung gegenüber den Werten außer Acht lassen, welche dieses Denkmal verkörpert. Das Beeinträchtigungsverbot des § 8 S. 1 NDSchG vermittelt daher einen weitergehenden Schutz als das bauordnungsrechtliche Verunstaltungsverbot. **Beeinträchtigungen des Erscheinungsbilds** eines Baudenkmals können insbesondere dadurch eintreten, dass ein notwendiger Abstand zwischen dem Denkmal und der baulichen Anlage nicht vorhanden ist, eine oder mehrere bauliche Anlagen ständig innerhalb des Bau-/ Gartendenkmals wahrnehmbar sind und die Erlebbarkeit des Denk-

malwerts beeinflussen, die Dimensionen einer oder mehrerer baulicher Anlagen das Erscheinungsbild der Umgebung dergestalt verändern, dass eine das Denkmal konstituierende Einbindung des Objekts in die Landschaft nicht mehr erkannt werden kann, eine oder mehrere bauliche Anlagen zu einer verfälschten Wahrnehmung der Dimensionen des Baudenkmals führen oder – speziell bei Windenergieanlagen – der Schlagschatten der Rotorblätter dieser Anlagen das Denkmal berührt (OVG Lüneburg 16.2.2017 – 12 LC 54/15 – Rn. 84 ff., BeckRS 2017, 107687; siehe auch Gatz, Windenergieanlagen in der Verwaltungs- und Gerichtspraxis, 3. Auflage 2019, Rn. 340 ff). Ob der Denkmalwert beeinträchtigt wird, ist nach dem Urteil eines sachverständigen Betrachters, dessen Maßstab von einem breiten Kreis von Sachverständigen getragen wird, festzustellen. Anders als bei § 10 kommt es bei § 8 S. 1 NDSchG nicht auf den sogenannten gebildeten Durchschnittsmenschen an, also auf das Empfinden jedes für ästhetische Eindrücke offenen Betrachters, da die Beurteilung ein Vertrautsein mit dem zu schützenden Baudenkmal und seiner Epoche voraussetzt (OVG Lüneburg 25.7.1997 – 1 L 6544/95, BeckRS 1997, 22494). Dieses Fachwissen vermittelt in Niedersachsen vornehmlich das Niedersächsische Landesamt für Denkmalpflege, das als staatliche Denkmalfachbehörde bei der Ausführung des Niedersächsische Denkmalschutzgesetzes beratend mitwirkt und dessen Stellungnahmen im Verfahren für die richterliche Überzeugungsbildung wesentlich sind, ohne dass die Verwaltungsgerichte hieran gebunden wären (OVG Lüneburg 16.2.2017 – 12 LC 54/15 – Rn. 92, BeckRS 2017, 107687). Näher zu Beeinträchtigungen des Erscheinungsbildes von Baudenkmalen nebst Beispielen Schmaltz/Wiechert § 8 Rn. 7 ff.).

Die wohl größte Bedeutung für die Baupflege hat das **Bauplanungsrecht:** Die Gemeinden können durch **Bebauungsplan** die überbaubaren Grundstücksflächen (durch Baugrenzen und -linien) und die Stellung der baulichen Anlagen, die Zahl der Vollgeschosse oder die Höhe der baulichen Anlagen, die (offene, geschlossene oder abweichende) Bauweise, die Verkehrsflächen (also die Breite, Länge und Ausrichtung der Straßen und die Bildung von Plätzen) und die Frei- und Grünflächen festsetzen (§ 9 Abs. 1 Nr. 2, 10, 11 und 15 BauGB, §§ 16, 22 und 23 BauNVO). Damit liegen die wichtigsten Elemente für die Gestaltung des Orts- und Landschaftsbildes in ihrer Hand. Von den genannten planungsrechtlichen Festsetzungen hängt es ab, ob neue Baukörper den Maßstab der umliegenden Bebauung wahren, wohnliche Straßenräume entstehen, die Bebauung geordnet wirkt, Menschen sich leicht orientieren können und Siedlungen sich harmonisch in die Landschaft einfügen (instruktive Hinweise bei Boeddinghaus, Stadterhaltung, Stadtgestaltung, 1982; s. auch Mick, Instrumentarium und Grenzen öffentlicher Bau- und Stadtgestaltung, 1990, S. 229 ff.; Schneider, Die Freiheit der Baukunst, 2002, S. 200 ff.). Dass die Bauleitplanung ua die „Gestaltung des Orts- und Landschaftsbildes" zu berücksichtigen hat, wurde und wird in allen bisherigen Fassungen des § 1 BBauG/BauGB ausgesprochen; s. jetzt § 1 Abs. 5 S. 2 und Abs. 6 Nr. 5 BauGB idF der Bekanntmachung vom 3.11.2017 (BGBl. I S. 3634). Das EAG Bau vom 24.6.2004 (BGBl. I S. 1359) hat in § 1 Abs. 6 Nr. 5 BauGB noch die „Belange der Baukultur" hinzugefügt (BT-Drs. 15/2250, 38). Zwar handelt es sich hierbei nur um einige unter vielen Belangen, die in die planerische Abwägung einzugehen haben, jedoch wird eine gute städtebauliche Planung die in Betracht kommenden sozialen, wirtschaftlichen, verkehrlichen und sonstigen Interessen meist so befriedigen können, dass die der Gestaltung dabei nicht zurückzustehen brauchen. 7

Hingewiesen sei hier noch auf § 9 Abs. 4 BauGB iVm § 84 Abs. 6 NBauO. Danach können die Gemeinden **örtliche Bauvorschriften** mit konkreten Anforderungen an die Gestaltung baulicher Anlagen nach Maßgabe des § 84 Abs. 3 (→ § 84 Rn. 28 ff.) **in** ihre **Bebauungspläne** als Festsetzungen **aufnehmen** (zum Charakter derartiger Gestaltungsvorschriften als Landesbauordnungsrecht OVG Lüneburg 28.1.2014 – 1 ME 176/13, BeckRS 2014, 46757). Nach Maßgabe des § 11 Abs. 1 S. 2 Nr. 2 BauGB dürfen Gemeinden die Ausweisung von Baugebieten durch B-Plan davon abhängig machen, dass Investoren sich in **städtebaulichen Verträgen** zu einer bestimmten Gestaltung der im 8

Plan zugelassenen Bauten, zur Ausschreibung eines Architektenwettbewerbs oder zur Einschaltung einer „städtebaulich-gestalterischen Oberleitung“ verpflichten, soweit solche Anforderungen angemessen und zumutbar sind (Bunzel/Coulmas/Schmidt-Eichstaedt, Städtebauliche Verträge, 4. Aufl. 2013, S. 152 ff.).

9 Über das Gebot, Gestaltung und „Baukultur“ in die planerische Abwägung einzubeziehen, hinaus bindet das BauGB die planenden Gemeinden an **keine konkreten Regeln und Vorgaben für die Ortsgestaltung**. Das ältere Baupolizeirecht sah derartiges vor, indem es zB auf dem „platten Land“ nur Gebäude mit höchstens zwei Vollgeschossen erlaubte, womit das Bild der umliegenden Landschaft wirksam geschützt wurde. Solche Vorgaben hat das BBauG beseitigt. Mit der den Gemeinden heute eingeräumten großen Entscheidungsfreiheit haben sie ein Maß an Verantwortung für die Gestalt unserer Städte, Dörfer und Landschaften erhalten, vor dem sie vielfach mangels qualifizierter Planer, aus zu geringem Interesse an der Ortsgestaltung oder auf Druck von Investoren versagt haben. Die beklagte schleichende Verunstaltung (→ Rn. 16) unserer Städte, Dörfer und Landschaften hat wohl zum größeren Teil ihre Ursache darin, dass es nur unter besonders glücklichen Umständen zu einer Bauleitplanung kam, die auch auf ihre ästhetischen Auswirkungen achtete und die Siedlungstätigkeit so lenkte, dass ein harmonisches, geordnetes Gesamtbild entstand und die Landschaft möglichst geschont wurde.

10 Im **unbeplanten Innenbereich** ist ein Bauvorhaben nach § 34 Abs. 1 S. 2 Hs. 2 BauGB ua dann unzulässig, wenn es „das Ortsbild … beeinträchtigt“. Unter Ortsbild ist die bauliche Ansicht eines Orts oder Ortsteils bei einer Betrachtung sowohl von innen als auch von außen her unter Einschließung der Fernwirkung des Ortsumrisses zu verstehen. Um schützenswert zu sein, muss es eine Wertigkeit für die Allgemeinheit besitzen, dh einen besonderen Charakter und eine Eigenheit haben, die dem Ort eine aus dem Üblichen herausragende Prägung verleihen (*Söfker* in EZBK BauGB, § 34 Rn. 68 mwN). Da die Vorschrift dem Bodenrecht angehört, betrifft sie nur Beeinträchtigungen von „städtebaulicher Dimension“. Sie greift nur ein, wenn das Ortsbild über die nähere Umgebung hinaus durch Eigenschaften eines Bauwerks gestört wird, mit denen sich das Bodenrecht befasst, die also durch B-Plan festgesetzt werden können (BVerwG 11.5.2000 – 4 C 14/98, BeckRS 9998, 51031). Zu diesen Eigenschaften gehören Größe und Höhe (OVG Lüneburg 16.9.1987 – 1 A 19/86, dng 1988, 157 zu einem 85 m hohen Richtfunktypenturm im Kern einer Kleinstadt mit im Zentrum ausschließlich ein- und zweigeschossiger Bebauung; VGH München 11.12.1991 – 14 B 91.167, BRS 52 Nr. 120 zu einem die einsehbare Dachlandschaft überragenden Aufzugsturm als Dachaufbau und 18.11.2010 – 2 B 09.1497, BRS 76 Nr. 137 zur befristeten Errichtung einer 13 x 9,5 m großen Gerüstwerbung durch wechselnde „Riesenposter“), außerdem Breite und Tiefe, Stellung zur Straße und Seitenabstand zum Nachbargebäude, ggf. auch die Nutzungsart, jedoch keine Einzelheiten der Architektur wie Gliederung, Material oder Farbe der Fassade oder Dachform (VGH München 18.7.2013 – 14 B 11.1238 – Rn. 28, BeckRS 2013, 53648 auch zur fehlenden Beeinträchtigung eines Ensembles am Marktplatz als schützenswertes Ortsbild bei 60 m rückversetzter Errichtung eines Gebäudes ohne Ober- und Dachgeschoss; vgl. auch Boeddinghaus ZfBR 1980, 9 ff.; Mick DÖV 1991, 623 ff.). § 34 Abs. 1 BauGB ermöglicht nicht, zum Schutz des Ortsbildes zu verlangen, dass ein Baugrundstück im Innenbereich (entschädigungslos) gänzlich unbebaut bleibt (BVerwG 23.5.1980 – IV C 79.77, NJW 1981, 474); Anderes kann sich aber aus § 8 NDSchG ergeben (VG München 19.10.2017 – M 11 K 16.1981 – Rn. 19 einerseits und Rn. 26 ff. andererseits, BeckRS 2017, 138283). „Beeinträchtigt“ ist das Ortsbild nach der Rechtsprechung, wenn „das ästhetische Empfinden eines für Fragen der Ortsbildgestaltung aufgeschlossenen Betrachters verletzt“ wird (BVerwG 18.2.1983 – 4 C 18.81, BeckRS 9998, 44848).

11 Ein Vorhaben im **Außenbereich** kann neben den Belangen des Naturschutzes und der Landschaftspflege (→ Rn. 5) auch dann öffentliche Belange iSv § 35 Abs. 3 BauGB beeinträchtigen, wenn es „das Orts- und Landschaftsbild verunstaltet“ (s. dort Abs. 3 S. 1

Nr. 5 Alt. 5). Damit wird nicht nur die durch förmlichen Natur- und Landschaftsschutz unter Schutz gestellte Landschaft vor ästhetischen Beeinträchtigungen bewahrt, sondern es soll unabhängig hiervon auch jede andere schutzwürdige Landschaft vor Verunstaltungen durch bauliche Anlagen geschützt werden. Dieses **städtebauliche Verunstaltungsverbot** beruht auf der Erkenntnis, dass auch eine naturschutzrechtlich nicht besonders geschützte Landschaft empfindlich gegen ästhetische Beeinträchtigungen sein kann. Im Unterschied zu förmlich unter Natur- oder Landschaftsschutz gestellten Landschaftsteilen, bei denen schon eine Beeinträchtigung des Naturschutzes oder der Landschaftspflege zur Unzulässigkeit eines nicht privilegierten Vorhabens im Außenbereich führt, begründet jedoch eine Beeinträchtigung des Orts- oder Landschaftsbildes außerhalb von Schutzgebieten allein noch nicht die Unzulässigkeit des Vorhabens. Erforderlich ist vielmehr eine Verunstaltung. Unter Verunstaltung wird hier dasselbe wie im Bauordnungsrecht verstanden; das bauplanungsrechtliche Verunstaltungsverbot unterscheidet sich zwar nach seinem Schutzgegenstand, nicht aber in seiner allgemeinen Zielrichtung von den entsprechenden Verboten des Bauordnungsrechts der Länder (BVerwG 13.4.1995 – 4 B 70/95, BeckRS 9998, 49570). Sie liegt nur vor, wenn das Bauvorhaben dem Orts- oder Landschaftsbild **in ästhetischer Hinsicht grob unangemessen** ist und auch von einem für ästhetische Eindrücke offenen Betrachter als belastend empfunden wird (BVerwG 15.5.1997 – 4 C 23/95, BeckRS 9998, 50746). Das Verunstaltungsverbot kann auch privilegierten Vorhaben iSv § 35 Abs. 1 entgegenstehen, zB einer Windenergieanlage in schöner Landschaft. Wann dies der Fall ist, hängt jedoch von einer wertenden Betrachtung des jeweiligen Gebiets ab (BVerwG 18.3.2003 – 4 B 7/03, BeckRS 2003, 31352663). In der Regel werden **Windenergieanlagen** das Orts- oder Landschaftsbild nicht verunstalten, da sie seit geraumer Zeit zur üblichen Möblierung des Außenbereichs gehören und den Gewöhnungseffekt auf ihrer Seite haben; es muss daher eine wegen ihrer Schönheit und Funktion besonders schutzwürdige Umgebung betroffen sein oder ein besonders grober Eingriff in das Landschaftsbild vorliegen (Gatz, Windenergieanlagen in der Verwaltungs- und Gerichtspraxis, 3. Auflage 2019, Rn. 345). Eine Vorbelastung des Gebiets durch vorhandene unschöne Bebauung ist zudem zu berücksichtigen, wenn die von ihr ausgehende Beeinträchtigung des Orts- oder Landschaftsbilds mit den erwarteten Auswirkungen des Bauvorhabens vergleichbar oder ähnlich ist (*Söfker* in EZBK BauGB, § 35 Rn. 99). Es kommt jedoch, wie nach § 34 BauGB, auch hier nur auf die planungsrechtlich erheblichen Eigenschaften des Bauvorhabens an (→ Rn. 10). Maßgeblich ist aber die jeweilige bauliche Anlage in ihrer durch die Nutzung bestimmten baulichen Funktion; bauliche Anlage und Nutzungszweck bilden eine Einheit. Für Windenergieanlagen müssen daher die Rotoren und die von ihrem Betrieb ausgehenden Wirkungen auf das Orts- und Landschaftsbild mit berücksichtigt werden (BVerwG 15.10.2001 – 4 B 69.01, BeckRS 2001, 31010253). Eine Verunstaltung des Landschaftsbildes kann daher bei Windenergieanlagen mit exponierten Standorten im oberen Bereich eines Höhenzugs vorliegen, der eine weite Tallandschaft um die darin gelegene Ortschaft abgrenzt (OVG Münster 18.11.2004 – 7 A 3329/01, BeckRS 2005, 20204).

Nach § 177 Abs. 3 S. 1 Nr. 2 BauGB weist eine bauliche Anlage ua dann „Mängel" auf, **12**
wenn sie durch Abnutzung, Alterung, Witterungseinflüsse oder Einwirkungen Dritter nach ihrer äußeren Beschaffenheit das Straßen- oder Ortsbild nicht nur unerheblich beeinträchtigt. Die Behebung solcher Mängel kann die Gemeinde durch ein **Instandsetzungsgebot** fordern; ggf. kommt auch ein **Rückbaugebot** nach § 179 BauGB in Betracht. Tatbestandlich setzt das Instandsetzungsgebot voraus, dass eine bauliche Anlage einen verwahrlosten und heruntergekommenen Eindruck vermittelt. Hinzukommen muss eine städtebaulich nachteilige Ausstrahlung von erheblichem Gewicht auch auf die nähere Umgebung. Die städtebauliche Eingriffsschwelle liegt damit allerdings nicht so hoch wie sie für das Verunstaltungsverbot des § 10 besteht (*Stock* in EZBK BauGB, § 177 Rn. 47); es kommt hinzu, dass § 177 Abs. 4 S. 2 BauGB dem Eigentümer der baulichen Anlage unter bestimmten Voraussetzungen einen Kostenerstattungsanspruch ver-

mittelt. Das gemeindliche Instandsetzungs- bzw. Rückbaugebot tritt damit neben die Handhaben, die der BauAB nach Bauordnungsrecht bei verunstaltender Verwahrlosung eines Bauwerks zur Verfügung stehen (→ Rn. 27 und § 79 Abs. 3), und lässt diese unberührt (§ 175 Abs. 5 BauGB). Wegen der weiteren Voraussetzungen solcher Gebote s. auch § 175 BauGB, wegen der Instandsetzungskosten § 177 Abs. 4 f. BauGB. Zur Schließung hässlicher Baulücken können die Gemeinden ein **Baugebot** nach § 176 BauGB erlassen.

Auch die sog. **Erhaltungssatzungen** nach §§ 172 ff. BauGB sollen ua der Erhaltung der städtebaulichen Eigenart eines Gebietes „aufgrund seiner städtebaulichen Gestalt" dienen (§ 172 Abs. 1 Nr. 1 BauGB); eine erforderliche Änderungsgenehmigung kann versagt werden, wenn die bauliche Anlage allein oder im Zusammenhang mit anderen baulichen Anlagen das Ortsbild, die Stadtgestalt oder das Landschaftsbild prägt (§ 172 Abs. 3 S. 1 BauGB). Um unerwünschte **Werbeanlagen** durch eine Erhaltungssatzung verhindern zu können, muss deren Anbringung an ein Gebäude allerdings eine städtebauliche Dimension erreichen, dh die städtebauliche Wirkung der Werbeanlage – ihr Einfluss auf den auch optischen Gebietscharakter – muss klar erkennbar sein (OVG Lüneburg 10.12.1982 – 1 A 13/82, BeckRS 9998, 44792).

C. Allgemeines zu § 10

13 Für das Verständnis der Regelung in § 10 ist deren **Vorgeschichte** (dazu auch → § 3 Rn. 51) wichtig: Das Verunstaltungsverbot in den LBauOen hat § 1 S. 1 der **BaugestaltungsVO** von 1936 abgelöst. Danach mussten Bauwerke „Ausdruck anständiger Baugesinnung und werkgerechter Durchbildung" sein und „sich der Umgebung einwandfrei einfügen" (eingehend darüber Büge/Zinkahn, Der Rechtsschutz gegen Verunstaltungen, 1952 S. 65 ff.; zur Forderung nach „Werkgerechtigkeit" s. Gruber, Vom rechten Bauen, 1947, S. 91 ff.). Das **BVerwG** hatte zu dieser Vorschrift schon früh den Standpunkt eingenommen, dass ihr Inhalt nur dann die nach dem Rechtsstaatsprinzip erforderliche Bestimmtheit habe, wenn man sie einschränkend auslege (28.6.1955 – I C 146.53, BVerwGE 2, 172, BeckRS 9998, 121696). Danach könne nicht bereits jede Störung der architektonischen Harmonie, nicht die bloße Unschönheit, sondern nur die **Verunstaltung** verboten sein, also ein hässlicher, das ästhetische Empfinden des Beschauers nicht bloß beeinträchtigender, sondern verletzender Zustand. Einfügung in die Umgebung sei nur soweit geboten, dass der Gegensatz zwischen Bauwerk und Umgebung nicht als belastend oder Unlust erregend empfunden werde. Bei der Beurteilung dieser Merkmale könne nicht auf den ästhetisch besonders empfindsamen oder geschulten Betrachter abgestellt werden, weil sich die Auswahl dieses Personenkreises jeder zuverlässigen Beurteilung entziehe, andererseits auch nicht auf die Ansicht von Menschen, die ästhetischen Eindrücken gegenüber gleichgültig und unempfindlich seien. Maßgebend sei vielmehr das Empfinden jedes für ästhetische Eindrücke offenen Betrachters, also „des sogenannten **gebildeten Durchschnittsmenschen**", der zwischen diesen beiden Personenkreisen stehe.

14 Das BVerwG hat an seiner Auffassung auch später festgehalten (vgl. Urteile vom 19.12.1963 – I C 71.61, BeckRS 1963, 373, und vom 16.2.1968 – IV C 190.65, BeckRS 1968, 31316714). Das Bundesverfassungsgericht hat hierin keinen Verstoß gegen die verfassungsrechtlichen Gebote der Rechtsklarheit und Rechtssicherheit erblicken können (BVerfG (Vorprüfungsausschuss) 26.6.1985 – 1 BvR 588/84, BeckRS 9998, 90764). Das OVG Lüneburg (3.7.1987 – 6 A 157/85 – BRS 47 Nr. 118, und 30.9.1992 – 6 L 107/90, BeckRS 2004, 27586 mwN) und andere Oberverwaltungsgerichte sind ihr in ständiger Rechtsprechung gefolgt (aus jüngerer Zeit etwa VGH Mannheim 26.7.2016 – 3 S 1241/15 – Rn. 20, BeckRS 2016, 50521, und VGH München 12.5.2014 – 2 ZB 12.2498 – Rn. 3, BeckRS 2014, 52183). Im **Schrifttum** fand sie Zustimmung (Moench/Schmidt, Die Freiheit der Baugestaltung, 1989, S. 11 ff., weitere

Nachweise in der Vorauflage) und Kritik (Müller, Das bauordnungsrechtliche Verunstaltungsverbot, 2012, S. 8ff. mwN). Die restriktive Rechtsprechung stimmte durchaus mit dem „Zeitgeist“ überein: Angesichts der Aufgabe, zunächst einmal die Wohnungsnot zu beheben und der Wirtschaft Arbeitsstätten zu verschaffen, traten bauästhetische Anliegen in den Hintergrund (OVG Berlin 13.1.1984 – 2 B 98.82, BeckRS 9998, 45130). Auch wären damals weitergehende Anforderungen an die Baugestaltung, die dem Experimentieren mit neuen Bauformen und Materialien, der Erfüllung individueller oder auch der Mode folgender Bauwünsche und dem Streben nach rationalisiertem oder sonst preisgünstigem Bauen und intensiver Grundstücksnutzung hemmend entgegenstanden, weithin als unangebrachte Einengung aufgefasst worden.

In der **MBauO 1959** (§ 14) wurde versucht, zu den höheren Anforderungen der BaugestaltungsVO halbwegs zurückzukehren und auch einen strengeren Beurteilungsmaßstab – das Empfinden des „sachkundigen und erfahrenen Betrachters“ – festzulegen. Inzwischen hat sie sich auf ein Verunstaltungsverbot wie hier in § 10 beschränkt (vgl § 9 MBO 2002). Die frühere Bremer Landesbauordnung hatte den strengeren Maßstab übernommen (vgl § 12 Abs. 3 BremLBO 1995); in ihrer aktuellen Fassung gibt auch sie keinen Maßstab mehr vor (vgl § 9 BremLBO 2018). 15

Die **bauaufsichtliche Praxis** hielt sich jahrzehntelang in den von der Rechtsprechung gezogenen engen Grenzen, bekämpfte Reklameauswüchse noch verhältnismäßig aktiv, resignierte aber im Übrigen und nahm auf die Gestaltung von Gebäuden nur selten Einfluss. So ist es weithin – vor allem dort, wo sich in der Nachkriegszeit die Bau- und Siedlungstätigkeit über die umliegende Landschaft ausgebreitet hat, und (jedenfalls in Niedersachsen) in den vom landwirtschaftlichen Strukturwandel betroffenen Dörfern – zu einer „schleichenden Verunstaltung“ gekommen. Eine Vielzahl – je für sich nicht besonders evidenter – gestalterischer Fehlleistungen summierte sich zu der bisweilen beklagten „Verhässlichung“, die das, was die Verunstaltungsgesetze zu Anfang des 20. Jahrhunderts abwehren wollten, weit übertrifft (vgl die in der Vorauflage zitierten Nachweise). 16

Dieser Zustand wird auch künftig zu beklagen sein. Das Verunstaltungsverbot in seiner nun seit Jahrzehnten gebräuchlichen Ausgestaltung wird daran nichts ändern. Es verwendet einen sehr unbestimmten Rechtsbegriff und kann daher nur von einer qualifiziert besetzten BauAB sachgerecht gehandhabt werden. Wenn es ausreichende praktische Wirkung haben soll, muss seine Beachtung bei allen Baumaßnahmen mit Auswirkung auf das Ortsbild in einem **Baugenehmigungsverfahren** geprüft werden. Wie sich aus § 63 Abs. 1 S. 2 Nr. 2 ergibt, ist das Verunstaltungsverbot des § 10 mit Inkrafttreten der NBauO 2012 nicht mehr Prüfungsgegenstand im vereinfachten Baugenehmigungsverfahren und daher nur noch bei Sonderbauten im Verfahren nach § 64 präventiv zu prüfen. Nur Verunstaltungen, die gegen die §§ 34 und 35 BauGB verstoßen (→ Rn. 10f.), sind nach § 63 Abs. 1 S. 2 Nr. 1 auch im vereinfachten Baugenehmigungsverfahren entscheidungserheblich. Die BauAB kann allerdings bei nach § 63 zu genehmigenden Baumaßnahmen gegen die Verletzung des § 10 mit Verfügungen nach § 79 vorgehen (vgl § 59 Abs. 3 S. 1), und zwar auch parallel zu diesem Genehmigungsverfahren. In vielen Fällen wird sie allerdings erst nach Fertigstellung des Baues die Verunstaltung entdecken. Wenn sie erst dann einschreitet, kann dies für den Betroffenen eine große Härte bedeuten, und die Forderung, eine Baulichkeit „nur“ aus Gründen der Gestaltung umzubauen oder abzubrechen, wird oft auf Verständnislosigkeit treffen und nur mit großem Aufwand durchsetzbar sein. Die aus baugestalterischer Sicht wünschenswerte Aufnahme einer bauordnungsrechtlichen Prüfung der Verunstaltung im vereinfachten Genehmigungsverfahren, ist derzeit nicht zu erwarten; entsprechende Forderungen wurden in den Gesetzgebungsverfahren der 17. und 18. Wahlperiode nicht erhoben (vgl. LT-Drs 17/7278, 50, LT-Drs 18/1136, 42). **Resümee:** So, wie das Verunstaltungsverbot heute in der NBauO geregelt ist, verhilft es unter günstigen Umständen dazu, krasse gestalterische Fehlleistungen und auffallende Schädigungen des Ortsbildes, wenn nicht im Genehmigungsverfahren, dann wenigstens repressiv nach § 79 zu unterbinden, und ist da- 17 her noch von Wert. Sein Beitrag zur Entwicklung, Pflege und zum Schutz einer „Baukultur“ ist allerdings nur sehr gering.

18 Gegen die gestalterischen Anforderungen des § 10 bestehen nach höchstrichterlicher Rechtsprechung **keine verfassungsrechtlichen Bedenken**. Sie sind insbesondere mit **Art. 14 GG** vereinbar, denn sie bestimmen nach Art. 14 Abs. 1 S. 2 GG Inhalt und Schranken des Eigentums, ohne dabei den Eigentümer unzumutbar zu belasten (BVerwG 29.8.1961 – I C 167.59, BeckRS 9998, 115322, und vom 11.4.1989 – 4 B 65.89, NJW 1989, 2638).

19 Das Verunstaltungsverbot verletzt auch nicht die Freiheit der Kunst nach **Art. 5 Abs. 3 GG.** Die Verunstaltung, die § 10 abwehren will (→ Rn. 29 ff.), folgt meist aus mangelndem Interesse an der Gestaltung, schlichtem Streben nach Kostenersparnis, Bequemlichkeit oder handwerklichem Unvermögen. Dass Baukunst einen (iSd ersten Alternative des § 10) selbst, in sich verunstalteten Bau hervorbringt, dürfte praktisch nicht vorkommen. Möglich ist allerdings, dass Baukunstwerke am gewählten Standort infolge krassen oder grellen Kontrastes ihrer Formen oder Farben zur umgebenden Bebauung oder Landschaft auf diese verunstaltend wirken; nur in diesen wenigen Fällen kommt es auf die Vereinbarkeit des Verunstaltungsverbots mit Art. 5 Abs. 3 GG an (näher dazu Maunz/Dürig/Scholz, 84. EL August 2018, GG Art. 5 Abs. 3 Rn. 72, Voßkuhle BayVBl 1995, 613, sowie die weiteren in der Vorauflage zitierten Nachweise).

20 Das **BVerwG** sieht im Verunstaltungsverbot einen Eingriff in das Grundrecht der Kunstfreiheit, der zwar, weil Art. 5 Abs. 3 GG Einschränkungen durch einfaches Gesetz nicht ausdrücklich gestattet, nur zulässig ist, um andere Grundrechte oder Rechtsgüter mit Verfassungsrang zu wahren. Es entnimmt aber der Grundrechtsbestimmung des Art. 2 Abs. 2 GG, dass der Staat „zum allseitigen psychischen Wohlbefinden der Bürger sowie zum sozialen Frieden in der Gemeinschaft“ beizutragen habe und aus diesem Grunde auch eine dem zuwiderlaufende verunstaltende Wirkung von Baukunst abwehren dürfe, eine verfassungsimmanente Schranke (BVerwG 27.6.1991 – 4 B 138/90, BeckRS 9998, 48179, und vom 13.4.1995 – 4 B 70/95, BeckRS 9998, 49570). Wie insbesondere der zweiten Entscheidung zu entnehmen sein dürfte, ist das Verunstaltungsverbot aber „im Lichte“ des Grundrechts der Kunstfreiheit auszulegen, was dazu führt, dass im konkreten Fall abzuwägen ist, welches der widerstreitenden Interessen überwiegt (eine solche Abwägung hält ausdrücklich auch das OVG Koblenz 24.7.1997 – 8 A 12820/96, BeckRS 9998, 50768, bei einem die Fassadenbemalung mit Graffiti betreffenden Beseitigungsverlangen für erforderlich). Dabei ist jedoch, wie das BVerwG in seinem Beschluss aus dem Jahre 1995 auch bemerkt, zu berücksichtigen, dass gerade Baukunstwerke infolge ihrer Größe, Dauerhaftigkeit und Unverrückbarkeit eine im Vergleich zu anderen Kunsterzeugnissen ungleich stärkere Wirkung auf Passanten und Nachbarschaft haben, der sich „keiner, der mit ihnen konfrontiert wird, entziehen kann“ (weitere Nachweise siehe Vorauflage).

21 Diese Rechtsprechung dürfte in den (seltenen) Fällen, in denen baukünstlerisches Schaffen sich verunstaltend auswirken sollte, zu einer vernünftigen Lösung führen. Allerdings wirken die Bemühungen, Schranken für die Freiheit der Baukunst aus kollidierenden Grundrechten oder Gütern mit Verfassungsrang herzuleiten, nicht recht überzeugend (vgl Vesting NJW 1996, 1111 (1114), Voßkuhle BayVBl 1995, 613). *Müller* (Das bauordnungsrechtliche Verunstaltungsverbot, 2012, S. 109) hält einzig das gemeindliche Selbstverwaltungsrecht, das in Art. 28 Abs. 2 S. 1 GG wurzelt, für eine taugliche verfassungsimmanente Schranke, welches allerdings unter dem strikten Vorbehalt der Restriktion stehe. *Schneider* (Die Freiheit der Baukunst, 2002, S. 145 ff.) setzt demgegenüber beim Schutzbereich der Kunstfreiheit selbst an, indem er die Freiheit der Baukunst als „offen“ gegenüber einer ausgestaltenden Tätigkeit des Gesetzgebers ansieht; diese müsse sich allerdings gegenüber der Kunstfreiheit „rechtfertigen“, insbesondere das Verhältnismäßigkeitsgebot beachten (S. 175 ff.). Eingehend zu den sich aus dem Grundgesetz ergebenden Ansatzpunkten, der baukulturellen Verantwortung Verfassungsrang beizumessen *Volkert*, Baukultur, 2012, S. 182 ff., unter anderem zu einem in Art. 74 Abs. 1 Nr. 18 GG angelegten „Verfassungsgut Baukulturpflege“.

Die Frage, ob das bauordnungsrechtliche Verunstaltungsverbot **dritt- oder nachbarschützende Wirkung** entfaltet, ist mit der verwaltungsgerichtlichen Rechtsprechung grundsätzlich zu verneinen (OVG Lüneburg 5.9.1985 – 6 A 104/83, BRS 44 Nr. 118; VG Oldenburg 11.12.2008 – 5 A 2653/08, BeckRS 2009, 31412, vgl für Art 8 BayBO VGH München 14.9.2018 – 9 B 15.1278 – Rn. 45, BeckRS 2018, 23416, sowie 3.3.2016 – 9 ZB 15.779 – Rn. 11, BeckRS 2016, 43 653). Bauordnungsrechtliche Bestimmungen zum Verunstaltungsschutz dienen vom Ansatz her nicht Individualinteressen, sondern dem öffentlichen Interesse an der Wahrung bestimmter Mindestanforderungen an das Straßen- und Ortsbild (OVG Berlin 29.10.1991 – 2 S 23.91, BeckRS 9998, 41200); für einen situationsgebundenen Nachbarschutz des umgebungsbezogenen Verunstaltungsverbots dagegen *Müller*, Das bauordnungsrechtliche Verunstaltungsverbot, 2012, S. 152 f.). Allenfalls bei besonders rücksichtsloser Verunstaltung kann dem unmittelbaren und besonders intensiv betroffenen Nachbarn ein Abwehrrecht aufgrund des nachbarschützenden Rücksichtnahmegebots zustehen; das baurechtliche **Gebot der Rücksichtnahme** kann insoweit auch auf das Bauordnungsrecht einwirken (vgl BVerwG 22.11.1984 – 4 B 244/84, BeckRS 9998, 45447, und vom 11.1.1999 – 4 B 128/98, BeckRS 1999, 30041374). Nur wenige Fälle sind unter diesen engen Voraussetzungen vorstellbar, etwa wenn eine Grenzwand, die der Nachbar ständig vor Augen hat, verunstaltend bemalt (VGH Kassel 17.1.1985 – 3 UE 2592/84, HessVGRspr. 1985, 49 für einen schwarzen Farbanstrich) oder die hälftige Fassade eines Doppelhauses so verändert wurde, dass sie das Gesamtbild dieses Hauses grob entstellt (für den in Höhe und Tiefe abweichenden Anbau an ein Doppelhaus offengelassen von OVG Saarlouis 26.6.1985 – 2 W 1331/85, BRS 44 Nr. 162). **Örtliche Bauvorschriften** über die Gestaltung von baulichen Anlagen sind nach zutreffender Auffassung in der Regel ebenfalls nicht nachbarschützend (OVG Lüneburg 18.7.2003 – 1 ME 170/03 – Rn. 10, BeckRS 2003, 22811 und vom 18.12.1998 – 1 M 5489/98, BeckRS 2005, 20388, VG Göttingen 25.11.2009 – 2 B 174/09, BeckRS 2011, 51321). Dagegen entfaltet § 8 S. 1 NDSchG zugunsten des Eigentümers eines **Baudenkmals** drittschützende Wirkung, sodass dieser sich gegen erhebliche Beeinträchtigungen des Erscheinungsbilds seines Baudenkmals etwa im Zuge der Errichtung oder den Betrieb von Windenergieanlagen zur Wehr setzen kann (OVG Lüneburg 16.2.2017 – 12 LC 54/15 – Rn. 74 ff., BeckRS 2017, 107687). Nachbarschutz gegen eine Verunstaltung sprach das VG Berlin (26.5.1995 – 19 A 831/95, BeckRS 9998, 94987) dem Künstler Christo unmittelbar aus der verfassungsrechtlichen Garantie der **Kunstfreiheit** und in Anlehnung an den Umgebungsschutz für Baudenkmale zu, als die von ihm seit langem vorbereitete Verhüllung des Reichstagsgebäudes durch ein Bauvorhaben in der Nachbarschaft in ihrer Wirkung beeinträchtigt werden sollte (dagegen *Uechtritz* NJW 1995, 2606, der in solchen Fällen für eine verfassungskonforme Auslegung des einfachgesetzlichen Verunstaltungsverbots plädiert). 22

Ob eine **Gemeinde** die Genehmigung eines Bauvorhabens mit der Begründung anfechten kann, es verunstalte ihr Ortsbild, kann unter Zugrundelegung der jüngeren Rechtsprechung des OVG Lüneburg nicht mehr als streitig angesehen werden (anders noch die Vorauflage mwN). Zu örtlichen Gestaltungsvorschriften aufgrund § 84 Abs. 3 ist entschieden, dass diese auch für die sie erlassenden Gemeinden kein eigenes Anfechtungsrecht gegen eine Baugenehmigung vermitteln, welche im Widerspruch zur gemeindlichen Gestaltungssatzung steht (OVG Lüneburg 28.1.2014 – 1 ME 176/13, BeckRS 2014, 46757). 23

D. Geltungsbereich des § 10

Den Anforderungen des § 10 müssen grundsätzlich **alle baulichen Anlagen** (iSd § 2 Abs. 1) genügen. Dazu gehören auch Werbeanlagen (§ 2 Abs. 1 S. 2 Nr. 2, § 50) und Warenautomaten (§ 2 Abs. 1 S. 2 Nr. 3), Abgrabungen und Aufschüttungen (§ 2 Abs. 1 S. 2 Nr. 4), mit denen zB die Höhenlage des Baugrundstücks verändert werden soll, Lager- und Abstellplätze (§ 2 Abs. 1 S. 2 Nr. 8) und Stellplätze (§ 2 Abs. 1 S. 2 Nr. 9). Über das 24 für **Freiflächen** geltende Verunstaltungsverbot s. § 9 Abs. 1 S. 1 (→ § 9 Rn. 1, 7 ff.). Zu **Einfriedungen** von Grundstücken, die früher (§ 15 NBauO 2003) auch bauordnungsrechtlich gefordert werden konnten → Rn. 43; § 15 NBauO 2003 ist im Zuge der gewollten Angleichung an die MBO 2002 (LT-Drs 16/3195, 58) ersatzlos entfallen, da für die Erreichung der mit dieser Vorschrift verfolgten Zwecke die übrigen Vorschriften genügen (vgl die Begründung zur MBO Fassung November 2002, abrufbar unter https://www.is-argebau.de/Dokumente/4231757.pdf).

25 Objekte wie Gerüste (dazu § 2 Abs. 1 S. 2 Nr. 6 → § 2 Rn. 26), Kräne (beachte § 1 Abs. 2 Nr. 4 → § 1 Rn. 34 und § 2 Rn. 2), andere Maschinen, Rohre, Kabel, **Zelte** (soweit überwiegend ortsfest genutzt, gilt § 2 Abs. 1 S. 2 Nr. 5, vgl VGH München 7.5.2007 – 14 ZB 07.76 – Rn. 13, BeckRS 2007, 29755, etwa in Protestcamps, vgl OVG Münster 7.12.2016 – 7 A 1668/15 – Rn. 32, BeckRS 2016, 111231; anders soweit das Privileg des § 2 Abs. 1 S. 2 Nr. 10 greift → § 2 Rn. 30 ff.), Baracken können entweder schon selbst hässlich aussehen oder einen hässlichen, Unlust erregenden Kontrast zu ihrer Umgebung bilden. In das Äußere von Gebäuden oder anderen Bauwerken kann etwa durch Vermauern, Verbrettern oder Zukleben von Tür- oder Fensteröffnungen, Aufreißen von Außenwandteilen, provisorische Abdeckungen, Abstützungen eingegriffen werden, dass ein hässlicher Anblick entsteht. Dasselbe Ärgernis können Abgrabungen oder Aufschüttungen bereiten. Werden derartige Maßnahmen **nur für vorübergehende Zeit** und aus vernünftigen Gründen, etwa im Zusammenhang mit einer Baumaßnahme, getroffen, so wird das Verunstaltungsverbot nicht verletzt (zu Werbeanlagen → Rn. 45). Anders verhält es sich, wenn ein solcher Zustand länger anhält und kein Ende absehbar ist. So darf eine angefangene Baumaßnahme nicht jahrelang unvollendet bleiben; einen Gebäudetorso in Form eines weiß-grau-schwärzlichen und fensterlosen Rohbaus ab Oberkante Kellerdecke hat der VGH Kassel (11.6.2008 – 3 A 880/08.Z, BeckRS 2008, 36761) deshalb für verunstaltend gehalten.

26 § 10 gilt grundsätzlich für Bauten an jedem **Standort**. Die erste Forderung des § 10 (keine Verunstaltung der baulichen Anlage selbst) ist auch in einer schon verunstalteten Umgebung stets einzuhalten, sonst könnte es dort nie zu einer Besserung kommen. Die zweite Forderung (keine Verunstaltung des Orts- und Landschaftsbildes) geht dagegen je nach der Umgebung unterschiedlich weit (→ Rn. 37). Die Gestaltungsvorschriften betreffen solche Teile baulicher Anlagen, die von normal zugänglichen Stellen aus sichtbar sind, jedoch nicht nur vom öffentlichen Straßenraum her, sondern zB auch von der Hoffläche des Baugrundstücks, von Nachbargrundstücken, aus den Fenstern anderer Gebäude oder von der freien Landschaft. Es reicht mithin aus, wenn die bauliche Anlage nicht nur aus einem ganz bestimmten, ungewöhnlichen **Blickwinkel** im Zusammenhang mit dem zu schützenden Bereich sichtbar ist, sondern regelmäßig – mindestens in Teilen – ohne weiteres in den Blick gerät (OVG Lüneburg 3.7.1987 – 6 A 157/85 –, BRS 47 Nr. 118), wenn der Betrachter – wie etwa ein durchschnittlicher Verkehrsteilnehmer oder Tourist – seinen Standort verändert. Es scheiden nur solche Sachverhalte aus, in denen man als Betrachter erst einen Standort finden muss, der überhaupt ein optisches Erfassen der zu schützenden Objekte und der baulichen Anlage ermöglicht (OVG Berlin-Brandenburg 10.12.2005 – OVG 2 B 21.04, BRS 69 Nr 145).

27 Bauliche Anlagen haben den Anforderungen des § 10 nicht nur unmittelbar nach ihrer Errichtung zu genügen. Sie müssen, solange sie bestehen, in dem geforderten Zustand bleiben. Zu diesem Zweck sind sie entsprechend **dauerhaft** zu bauen und im erforderlichen Maß **instand** zu **halten**, wie sich aus § 3 Abs. 4 S. 2 ergibt. Natürlich dürfen herkömmliche Baustoffe wie Stein, Holz oder Kupfer altern oder Patina ansetzen. Der Verantwortliche (§ 56) darf sein Bauwerk aber nicht so verwahrlosen lassen, dass es zu einer Verunstaltung kommt (OVG Münster 12.2.1968 – VII A 1284/67, BeckRS 9998, 110677; → Rn. 2); zur Abbruchanordnung → § 79 Rn. 31 ff. sowie zum Instandsetzungsgebot → Rn. 53.

Änderungen dürfen bauliche Anlagen nicht in einen Zustand versetzen, der dem § 10 widerspricht (§ 3 Abs. 5 S. 2). Nach **Abbrucharbeiten** dürfen keine hässlichen, in ihrer

Umgebung als Schandfleck erscheinenden, weil mit Bauschutt beladenen und Gestrüpp überwucherten Ruinen zurückbleiben (VGH Mannheim 18.3.1976 – III 556/75, BRS 30 Nr. 115); verunstaltend wirkender Abbruchschutt auf einer Freifläche ist wegen § 9 Abs. 1 S. 1 zu entsorgen; eine Einebnung kommt nur unter Beachtung der Vorgaben des Abfall- und Bodenschutzrechts in Betracht und ist bei der Belastung mit Gefahrstoffen regelmäßig ausgeschlossen.

Entsprechen **Altbauten** aus der Zeit vor Inkrafttreten der NBauO nicht den Anforderungen des § 10, so kann eine **Anpassung** nur nach Maßgabe des § 85 Abs. 3 verlangt werden. Soweit die Verunstaltung allerdings aus der Verwahrlosung eines Bauwerks herrührt, ist der Verantwortliche ohne die Beschränkungen des § 85 verpflichtet, die Verunstaltung zu beseitigen. **28**

E. Die Anforderungen des § 10

a) Keine Verunstaltung des Bauwerks selbst

Nach der ersten Forderung des § 10 sind bauliche Anlagen so durchzubilden, dass sie (selbst) nicht verunstaltet wirken (**anlagenbezogenes Verunstaltungsverbot**). Die Vorschrift nennt hierzu die wesentlichen **„Gestaltungsfaktoren“**, die so beschaffen sein müssen, dass keine Verunstaltung eintritt: Form, Maßstab, Verhältnis der Baumassen und Bauteile zueinander, Werkstoff und Art seiner Verarbeitung und schließlich die Farbe. „Maßstab“ bedeutet hier die (relative) Größe von Bauten oder Bauteilen (zB Fenstern oder Geschossen) im Verhältnis zu anderen Größen (zB zur Größe umliegender Bauten oder Naturgebilde oder zur Körpergröße des Menschen). Die Gestaltungselemente sind, wie sich gerade am Element „Maßstab“ zeigt, nicht nur für die Gestaltung des Bauwerks selbst, sondern auch für seine Einfügung in die Umgebung wesentlich. **29**

Verunstaltet wirken Bauten oder Bauteile nach der Rechtsprechung (→ Rn. 13 f.), wenn ihre Proportionen, Werkstoffe oder Farben so disharmonisch geraten sind, dass sie das ästhetische Empfinden des Betrachters verletzen. Als verunstaltet wird man Gebäude oder Gebäudegruppen aber auch dann anzusehen haben, wenn sie zwar keine misslungenen Details, jedoch überhaupt so wenig an Gestaltmerkmalen aufweisen oder diese so schematisch wiederholen, dass sie durch ihre Öde oder Monotonie verstimmen und deprimieren. Bauliche Änderungen können ein älteres Bauwerk leicht verunstalten, wenn keine Rücksicht auf die architektonische Gliederung und die Schmuckelemente des Altbaues genommen wird. Besonders störend sind oft Eingriffe in die vorhandenen Fenster; zum Einbau eines abweichend gegliederten Fensters aus Kunststoff in ein Jugendstilgebäude mit einer durch 120 einheitliche Fenster geprägten Fassade OVG Hamburg 22.12.1983 – Bf II 80/82, BRS 42 Nr. 134. Schließlich können Verfall und Verwahrlosung einen Bau verunstalten (→ Rn. 27). Die Rechtsprechung hat zT eine Neigung zu einer **strengeren Handhabung** des Verunstaltungsverbots erkennen lassen. So hat sie – mit Recht – darauf hingewiesen, dass die Notzeit, in der Ansprüche an die Gestaltung zurückzustehen hatten, vorbei ist und dass die Gestaltung der Bauten auf das sensibler gewordene Umweltbewusstsein des heutigen Menschen Rücksicht zu nehmen hat (OVG Berlin 13.1.1984 – 2 B 98.82, BeckRS 9998, 45130; OVG Hamburg 22.12.1983 – Bf II 80/82, BRS 42 Nr. 134; ablehnend Moench/Schmidt, Die Freiheit der Baugestaltung, 1989, S. 21 ff.). **30**

Allerdings ist ein Bauwerk, auch aus heutiger Sicht, nur dann als verunstaltet zu betrachten, wenn es einen **Mangel an gestalterischem Können oder an Bemühen** um ein erfreuliches Äußeres (Dilettantismus, Pfusch, Rücksichtslosigkeit) zeigt. So wird man aus Sicht der Baukultur Hässliches hinzunehmen haben, wenn es unvermeidlich ist, etwa technische Einrichtungen, die zwar unansehnlich sind, aber einem vernünftigen Zweck dienen und, sollen sie ihn erfüllen, nicht anders gestaltet werden können. Das gilt zB für **Photovoltaikanlagen** auf Dächern, es sei denn, sie sind auf Gebäuden mit **31** ansprechender Architektur so ungeschickt angebracht, dass sie diese erheblich stören; daneben können Belange des Denkmalschutzes (OVG Lüneburg 3.5.2006 – 1 LB 16/05, BeckRS 2006, 23154) oder örtliche Bauvorschriften zum Erhalt einer einheitlichen Dachlandschaft (VGH München 11.9.2014 – 1 B 14.169, BeckRS 2014, 57056) der Anbringung entgegenstehen. Auch sind moderne und **ungewohnte Schöpfungen der Baukunst** (Häuser des Künstlers Hundertwasser, selbst Bauformen des „Dekonstruktivismus") nicht schon deshalb verunstaltet, weil sich (noch) viele an ihnen stoßen (OVG Münster 12.9.1960 – VII A 157/59, DÖV 1961, 629; zu Gebäuden aus Betonfertigteilen ohne jegliche Kaschierung der konstruktiven Bauelemente VGH München 30.11.1976 – 269 I 73, BRS 30 Nr. 110; zur **bunten Gestaltung von Gebäudefassaden** unter Verwendung teilweise greller Farbtöne, etwa durch den Hirschberger Künstler Carsten Kruse eingehend *Müller,* Das bauordnungsrechtliche Verunstaltungsverbot, 2012, S. 121 ff.). Allerdings können sie die zweite Forderung des § 10 (keine Verunstaltung des Ortsbildes) verletzen, wenn keine Rücksicht auf herkömmlich gestaltete Bauten in der Nachbarschaft genommen wird.

32 Im Folgenden werden **Einzelfälle** aufgeführt, in denen die Rechtsprechung eine Verunstaltung baulicher Anlagen angenommen hat. Die Beispiele bieten allerdings nur ein lückenhaftes Bild. Es kommt jeweils auf die Umstände des konkreten Falles an, die sich oft mit Worten nicht vollständig wiedergeben lassen. Die Entscheidungen sind überwiegend älteren Datums. Vermutlich hat der Abbau des Genehmigungsvorbehalts dazu geführt, dass in jüngerer Zeit, von Werbeanlagen abgesehen, Verletzungen des Verunstaltungsverbots nur noch selten die BauABen und Gerichte beschäftigten.

33 **Dächer:** Dacheindeckung teils mit Ziegeln, teils mit Aluminiumblech oder wahllos teils mit neuen, teils mit alten, dunkel verfärbten Asbestzementplatten (VGH München 11.6.1969 – 157 II 68, BayVBl. 1970, 259) oder ein mit verschieden farbigen Wellasbestzementplatten gedecktes Dach (OVG Münster 29.7.1971 – XA 1068/69, BRS 24 Nr. 120). **Dachgauben**, wenn sie auf ein sehr flach geneigtes Dach gesetzt werden und dieses aufreißen, die Funktion des Daches zerstören und seine Abdeckungsaufgabe aufheben, zu nahe an den Giebel gesetzt werden, im Verhältnis zum Dach oder zum ganzen Hauskörper unförmig groß oder klobig wirken oder an einer grob unpassenden Stelle des Daches angeordnet sind (OVG Lüneburg 28.2.1977 – VI OVG A 323/75, OVGE 32, 471(473); VGH Mannheim 31.10.1979 – III 54/79, BRS 35 Nr. 134; VGH München 8.11.1991 – 26 B 90.3380, BeckRS 9998, 91561; VGH Kassel 24.11.1995 – 4 UE 1290/92 – Rn. 38, BeckRS 1995, 122443). Zu einem vor der Dachgaube über die Dachfläche hinaus ragenden **Dachbalkon** VGH München 9.6.2000 – 2 B 97.616, BeckRS 2000, 28438.

34 **Einfriedungen, Fassaden, Fenster:** Näher zu Einfriedungen, die insbesondere aufgrund ihrer farblichen Gestaltung („schwarze Wände") auch anlagenbezogen verunstaltend wirken können → 43. Auswechseln eines Teils der Sprossenfenster in einer (noch) einheitlich gestalteten Fassade eines historisch wertvollen Gebäudes durch Einscheibenfenster (VGH München 30.7.1979 – 89 XIV 78, BeckRS 1979, 108311) oder Einbau von Fenstern in ein Jugendstilgebäude, deren Gliederung von der bisherigen, die Fassade prägenden Fenstergliederung abweicht (OVG Hamburg 22.12.1983 – Bf II 80/82, BRS 42 Nr. 134). Weitere Fälle verunstaltender Fassadengestaltung → *Müller,* Das bauordnungsrechtliche Verunstaltungsverbot, 2012, S. 67 ff.

35 **Werbeanlagen** können anlagenbezogen verunstaltend wirken, sofern sie überproportionale Formen, farblichen Missklang, einen Stilbruch oder auffallende Materialabweichungen aufweisen (*Müller,* Das bauordnungsrechtliche Verunstaltungsverbot, 2012, S. 62). Verunstaltende **Werbung an Gebäuden**: Ein eingeschossiger Flachbau mit darauf gestellten Werbegroßtafeln, die wie ein zweites Geschoss wirkten und den Bau als „überdimensionale Jahrmarktsbude" erscheinen ließen (OVG Hamburg 4.3.1971 – Bf II 78/70, VerwRspr 1972, 817); eine Werbetafel, die an einem Bauwerk ohne Rücksicht auf dessen Gestalt so angebracht wird, dass sich die Kanten der Werbetafel und die Konturen des Bauwerks überschneiden (VGH Kassel 14.4.1982 – VI OE 11/80, BRS 39 Nr. 140 zu einer höhenungleichen Werbetafel auf einer Einfriedungsmauer; OVG Bremen 26.8. 1986 – 1 BA 28/86, BRS 46 Nr. 119 zu einem Fall der Beeinträchtigung der Gliederung der Giebelwand).

Giebelreklame kann häufig schon anlagenbezogen verunstaltend wirken (zu einer 210 m² großen Werbeplane an einem denkmalgeschützten Hochhaus OVG Berlin 11.2.2002 – 2 SN 29.01, BeckRS 2002, 31059469; für ein Superposter OVG Münster 25.9.1996 – 11 A 3650/95, BeckRS 2015, 48661; bei isolierter Betrachtung einer ungegliederten fensterlosen Brandwand dagegen zweifelnd OVG Berlin-Brandenburg 13.6.2008 – OVG 2 S 45.08, BeckRS 2008, 37155); zum umgebungsbezogenen Verunstaltungsverbot bei Giebelreklame → Rn. 45. Dagegen soll für eine mit einer Stahltragekonstruktion in einem Abstand von etwa 50 cm vor der Hausfassade angebrachte ca. 4 m x 2 m große LED-Wechselwerbeanlage („Videowall") nach Auffassung des OVG Saarlouis 12.5.2016 – 2 A 202/15 – Rn. 19, BeckRS 2016, 46298, noch keine anlagenbezogene Verunstaltung anzunehmen sein. Zu weiteren Fällen anlagenbezogener Verunstaltung sowie der Verunstaltung von baulichen Anlagen, an die die Werbeanlage angebracht ist, *Kollmann*, Die Behandlung von Anlagen der Außenwerbung im öffentlichen Baurecht, 2018, S. 435 ff., und *Müller*, Das bauordnungsrechtliche Verunstaltungsverbot, 2012, S. 61 ff. 36

b) Keine Verunstaltung der Umgebung

Als zweites bestimmt § 10, dass bauliche Anlagen das bestehende oder geplante **Straßen-, Orts- oder Landschaftsbild** nicht verunstalten dürfen (**umgebungsbezogenes Verunstaltungsverbot**). Umgebung ist der örtliche Bereich, der von der baulichen Anlage optisch beeinflusst werden kann und dessen ästhetische Beeinträchtigung vermieden werden soll (OVG Berlin 7.5.1999 – 2 B 2.96, BeckRS 9998, 41534). Die Vorschrift gilt damit für die gesamte nähere und weitere Umgebung einer baulichen Anlage, zB für den Anblick benachbarter Bauten, Straßen, Plätze, Gärten und Gewässer, die Silhouette von Ortschaften, Wäldern und Höhenzügen, die Fernsicht von Türmen und Anhöhen, selbstverständlich jedoch nur so weit, wie der Wirkungsbereich der baulichen Anlage reicht. Für Bereiche, die das menschliche Auge nicht ohne weiteres mit einem Blick erfassen kann, fehlt es an der erforderlichen optischen Verbindung und dem Wirkzusammenhang zwischen den zu schützenden Objekten und der baulichen Anlage (→ Rn. 26). Geschützt ist in Niedersachsen nicht nur das **bestehende**, sondern auch das **„geplante"** Straßen-, Orts- und Landschaftsbild (→ Rn. 1). Der künftigen tatsächlichen Beschaffenheit der Umgebung am Standort eines geplanten Vorhabens wird damit eine gestalterische Vorwirkung eingeräumt. Der Bauherr kann sich also nicht auf ein vorhandenes schlechtes Straßenbild berufen, wenn sein Bau das geplante bessere Bild verunstalten würde. Allerdings muss sich die beabsichtigte Gestaltung des Straßen- oder Ortsbildes rechtlich verfestigt haben und auf eine alsbaldige Verwirklichung angelegt sein (OVG Hamburg 19.10.1989 – Bf II 1/89, HJVBl. 1990, 30); es muss das Geplante für den Bauherrn erkennbar sein, etwa dadurch, dass die künftige Entwicklung eines Baugebiets aus den Festsetzungen eines B-Plans für jedermann ersichtlich ist (OVG Berlin 23.9.1988 – 2 B 39.87, BRS 48 Nr. 122). Ein durch Rechtssatz konkretisierter Gestaltungswille der Gemeinde kann sich daneben aus einer Erhaltungssatzung, örtlichen Bauvorschriften nach § 84 Abs. 3 oder einer LandschaftsschutzVO ergeben, während ein FN-Plan in der Regel nicht hinreichend konkret sein wird (Schulte in Reichel/Schulte, BauordnungsR-HdB, § 4 Rn. 59 mwN). Eine möglicherweise künftig störende bauliche Anlage kann dagegen für vorübergehende Zeit, nämlich bis zur konkret geplanten und alsbald erfolgenden Verbesserung des Ortsbildes, errichtet werden; sie wäre befristet oder widerruflich zu genehmigen (§ 70 Abs. 2). 37

Die **„Gestaltungsfaktoren"**, von denen die Wirkung der baulichen Anlage auf die Umgebung abhängt, sind dieselben, von denen auch abhängt, ob das Bauwerk selbst verunstaltet ist oder nicht, also Form, Maßstab (→ Rn. 29), Verhältnis der Baumassen und Bauteile, Werkstoff, Art der Verarbeitung und Farbe. Wenn eine bauliche Anlage nicht infolge dieser Faktoren und damit nicht infolge ungenügend auf die Umgebung abge- 38 stimmter „Durchbildung“ verunstaltend wirkt, sondern einfach durch ihre Anordnung an unpassender Stelle oder dadurch, dass sie für eine die Umgebung **verunstaltende Benutzung** bestimmt ist, so greift nicht § 10 ein, sondern die Rechtswidrigkeit des Bauwerks ergibt sich dann aus § 3 Abs. 3. Das zu § 10 Ausgeführte gilt auch für diese Fälle, da § 3 Abs. 3 und § 10 denselben Verunstaltungsbegriff verwenden (OVG Lüneburg 3.7.1987 – 6 A 157/85, BRS 47 Nr. 118, dort verneint für eine kleine Fertiggarage mit Flachdach in einer durch Satteldächer geprägten Umgebung).

39 Eine bauliche Anlage **verunstaltet die Umgebung** insbesondere dann, wenn es sich nicht in sie einfügt, sondern in einem „belastenden“, „Unlust erregenden“ Gegensatz zu ihr steht (OVG Lüneburg 3.7.1987 – 6 A 157/85, BRS 47 Nr. 118, → Rn. 13 f.). Sofern diese schon in sich verunstaltend wirkt (anlagenbezogene Betrachtung), verunstaltet sie in der Regel auch ihre Umgebung, denn die umgebungsbezogenen Gestaltungsanforderungen verschärfen die Anforderungen an die Durchbildung der baulichen Anlage (exemplarisch VGH Kassel 24.11.1995 – 4 UE 1290/92 – Rn. 38, BeckRS 1995, 122443, zu einem Fall des Dachgeschossausbaus mit zahlreichen Gauben). Verunstaltung kann etwa angenommen werden, wenn die Farben der Anlage einen hässlichen Kontrast zu ihrer Umgebung bilden, wenn diese durch ihre unmaßstäbliche Größe benachbarte Bauten „erschlägt“ oder wenn diese von einer Auffälligkeit ist, die im Verhältnis zu ihrer Bedeutung grob unangemessen ist und aufdringlich wirkt. Je schöner, architektonisch wertvoller oder empfindlicher die Umgebung ist (etwa aufgrund des einheitlichen Baustils einer Gegend), umso sorgfältiger und rücksichtsvoller sind die Bauwerke zu gestalten. Ein Landschaftsbild, das seine Schönheit zB den Bergen verdankt, die seinen Hintergrund darstellen, kann in Einzelfällen durch ein hohes Gebäude verunstaltet werden, das den Blick auf die Berge verstellt und größer als diese wirkt. Verunstaltend wirkt ein Bau aber auch in einer Umgebung, die ohne ansprechende Wirkung oder sogar schon weitgehend verdorben ist, wenn er dazu beiträgt, dass ein öder, monotoner oder auch wirrer, chaotischer oder auf andere Weise psychisch belastender, verstimmender Gesamteindruck entsteht oder verstärkt wird. Zum sensibler gewordenen Umweltbewusstsein → Rn. 30 und zu Fällen rücksichtsloser Verunstaltung → Rn. 22.

40 **Einzelfälle** (zur Verwertbarkeit von Entscheidungen → Rn. 32): Als verunstaltend angesehen hat die Rechtsprechung zB eine Feldscheune mit **Dach** und Wänden aus Wellaluminiumblech in einer Umgebung mit landwirtschaftlichem Gepräge und bodenständiger Bauweise (VGH München 8.5.1972 – 218 II 68, BRS 25 Nr. 124; anders für ein uneinheitlich bebautes Dorf VGH Mannheim 17.3.1966 – I 9/65, BRS 17 Nr. 87), einen Dachgeschossausbau mit **Gauben** bei mehreren Gebäuden mit Satteldächern geringer Neigung (VGH Kassel 24.11.1995 – 4 UE 1290/92 – Rn. 38, BeckRS 1995, 122443; nach OVG Lüneburg 28.2.1977 – VI OVG A 323/75, OVGE 32, 471 (476), reicht allein die Veränderung eines optisch einheitlich mit glatten Dachflächen dastehenden Straßenzugs durch den Anbau einer werkgerecht durchgebildeten Dachgaube nicht aus) sowie die **Dacheindeckung** mit blauen Ziegeln witterungsfester Oberfläche, wenn in der Umgebung eine andere Dacheindeckungsfarbe vorherrscht (VGH München 22.1.2002 – 14 ZB 01.3170, BeckRS 2002, 31806; anders für die Verwendung schieferfarbener Ziegel bei vorherrschender Dacheindeckung aus Schiefer in Orten an der Mosel OVG Koblenz 28.12.1961 – 1 A 81/60, AS RP-SL 8, 341). Ferner das Ersetzen von Sprossenfenstern aus einer schlichten **Fassade** in „anspruchsvoller“ Nachbarschaft reich gegliederter Bauten durch Einscheibenfenster (VGH München 30.7.1979 – 89 XIV 78, BeckRS 1979, 108311) sowie das Ersetzen der Stuckornamente an einer klassizistischen Fassade von 1889 durch Glattputz in der Nachbarschaft gut erhaltener und restaurierter Gebäude (OVG Berlin 13.1.1984 – 2 B 98.82, BeckRS 9998, 45130). Daneben ein die Nachbarhäuser um zwei Geschosse überragendes Gebäude (VGH München 16.10.1978 – 55 XIV 74, BRS 33 Nr. 153) oder ein seit Jahren unfertig liegen gebliebener **Rohbau** als weiß-grau-schwärzlicher fensterloser Rohbau ab Oberkante Kellerdecke (VGH Kassel 11.6.2008 – 3 A 880.08.Z, BeckRS 2008, 36761). Eine Verunstaltung kann auch eintreten, wenn ein Gebäude einen wesentlich höheren Kellersockel als seine Nachbargebäude erhält oder wenn das Gelände um das Gebäude abgegraben oder aufgeschüttet wird (etwa um Aufenthaltsräume im Kellergeschoss zu ermöglichen → § 43 Abs. 4 oder um den Grenzabstand zu beeinflussen → § 5).

41 Wenn eine bauliche Anlage in ihrer „nackten" hässlichen Gestalt das Orts- oder Landschaftsbild verunstalten würde, kann in geeigneten Fällen die Verunstaltung dadurch vermieden werden, dass die Anlage **mit Bäumen oder Sträuchern umpflanzt** und dadurch den Blicken von Nachbarn und Straßenbenutzern weitestgehend entzogen wird (OVG Münster 12.11.1974 – X A 303/73, BRS 28 Nr. 20 zur Umpflanzung einer Traglufts-Schwimmhalle im Wohngebiet).

42 **Dachformen:** Ob ein Flachdach in der Nachbarschaft von Häusern mit Satteldach oder ein Satteldach inmitten von Flachdächern verunstaltend wirkt, ist in der Vergangenheit unterschiedlich beurteilt worden (bejaht für eingeschossige Umgebungsbebauung mit Flachdach durch OVG Saarlouis 26.5.1975– II R 8/75, BRS 29 Nr. 108; verneinend in einer Umgebung mit Satteldächern unterschiedlicher Neigung OVG Lüneburg 29.3. 1979 – I A 135/77, BRS 35 Nr. 131 und 3.7.1987 – 6 A 157/85, BRS 47 Nr. 118, für eine kleine unauffällige Garage). Eine von der Umgebung abstechende Dachform wird umso eher verunstaltend wirken, je geschlossener oder wertvoller das vorhandene Straßen- oder Ortsbild ist (OVG Lüneburg 29.3.1979, aaO). Besonders empfindlich gegen ein Durcheinander von Dachformen sind Orts- oder Landschaftsbilder, die man von umliegenden Anhöhen aus überblicken kann. Tendenziell wird man heutzutage eher zurückhaltend mit der Annahme einer verunstaltenden Wirkung bei von der Umgebung abweichender Dachform sein (vgl VGH München 21.7.2005 – 2 B 02.2148, BeckRS 2005, 16924, der ein quer zur Straßenseite verlaufendes Tonnendach, das in der Dachlandschaft der Umgebung kein Vorbild findet, für nicht verunstaltend angesehen hat). Den ortsgestalterischen Bedürfnissen nach ästhetisch aufeinander abgestimmten oder den Blick in die Landschaft möglichst wenig verstellenden Dachformen muss in der Regel durch entsprechende örtliche Bauvorschriften Rechnung getragen werden (zur Zulässigkeit OVG Lüneburg 27.8.1991 – 1 L 254/89, BeckRS 2004, 27514 → § 84 Rn. 66 f.).

43 **Einfriedungen** sind bauliche oder sonstige Anlagen, die nach ihrem wesentlichen Zweck der vollständigen oder teilweisen Sicherung eines Grundstücks gegen Betreten und Verlassen, gegen Witterungs- und Immissionseinflüsse oder gegen Einsicht dienen und die das Grundstück von der öffen.tlichen Verkehrsfläche oder von Nachbargrundstücken abgrenzen. Insoweit deckt sich der ordnungsrechtliche Begriff der Einfriedung im Wesentlichen mit dem zivilrechtlichen Begriffsverständnis, das den §§ 27 ff. NNachbG zugrunde liegt (VG Hannover 14.6.2017 – 7 A 4022/16 – Rn. 29, BeckRS 2017, 126510 mwN). Ob eine Anlage diese funktionalen Eigenschaften einer Einfriedung erfüllt, richtet sich nicht nach den subjektiven Absichten des Bauherrn, sondern allein nach objektiven Kriterien. Maßgeblich ist das Urteil eines verständigen Durchschnittsbetrachters. Es kommt bei einer Anlage mit mehreren Funktionen auch nicht entscheidend darauf an, wie sie im allgemeinen Sprachgebrauch bezeichnet wird. Deshalb kann einer **Stützmauer** zugleich die Funktion einer Einfriedung zukommen; sie hat sich dann an deren Anforderungen messen zu lassen (VGH Mannheim 1.8.2018 – 5 S 272/18 – Rn. 32, BeckRS 2018, 17861). Um soziale Distanz zwischen Grundstücksnachbarn vornehmlich bei subjektiv als eng empfundener Bebauung zu schaffen, erfreut sich die **blickdichte Einfriedung**, häufig aus günstigen Materialien wie Kunststoff und Metall hergestellt, zunehmender Beliebtheit. Zur Beantwortung der Frage, ob ein Verstoß gegen § 10 vorliegt, muss die mit Einführung der NBauO 2012 getroffene gesetzgeberische Grundentscheidung hinreichend Berücksichtigung finden, wonach sich die Privilegierung von Einfriedungen mit einer Höhe von nicht mehr als 2 m im Rahmen der Grenzabstände (§ 5 Abs. 8 S. 1 Nr. 1, → § 5 Rn. 212) und der Verfahrensfreiheit (Anhang Nr. 6.1 → § 60 Rn. 52) gleichermaßen auf blickdichte wie auf durchsichtige Einfriedungen erstrecken soll. Ein Verstoß gegen § 10 kann somit nicht allein unter Verweis auf die blickdichte Ausführung einer Einfriedung angenommen werden (VG Berlin 20.10.2016 – 13 K 122.16 – Rn. 21, BeckRS 2016, 125128). Vielmehr kommt es auf die konkrete bauliche Gestaltung

der blickdichten Einfriedung selbst (z.B. bei den vermehrt anzutreffenden handelsüblichen Stabmattenzäunen aus Metall die Farbe der dort eingebrachten Sichtschutzstreifen aus PVC; zur Vermeidung von schwarzen Wänden VGH Kassel 17.1.1985 – 3 UE 2592/84, HessVGRspr. 1985, 49) und ihre verunstaltende Wirkung auf die Umgebung an, die situativ auch den bauplanungsrechtlichen Gegebenheiten geschuldet sein kann. So hat das VG Berlin in seinem Urteil vom 20.10.2016 (BeckRS 2016, 125128) einen 9,90 m langen und etwa 1,60 bis 1,70 m hohen Metallzaun mit Kunststofflamellen hingenommen, der entlang der Grundstücksgrenze zur Nachbarin den Hofbereich zwischen dem straßenseitig gelegenen Doppelhaus und der im rückwärtigen Bereich befindlichen Remise geteilt hat. Demgegenüber hat das OVG Berlin in der Errichtung eines 30 bis 32 m langen und etwa 1,80 m hohen undurchsichtigen Holzflechtzauns entlang der Grenze zum Nachbargrundstück, das aufgrund bauplanungsrechtlich vorgegebener offener Bauweise Abstandsflächen einhält, einen Verstoß gegen das umgebungsbezogene Verunstaltungsverbot erblickt (OVG Berlin 31.7.1992 – 2 B 14.90, BeckRS 1992, 09636). Ebenso hat es bei bauplanungsrechtlich festgesetzter offener Bauweise und Baugrenze einen straßenseitig errichteten 30 m langen und 1,90 m hohen Sichtschutz aus schwarzen Metallplatten für bauordnungsrechtlich unzulässig erklärt, weil dieser den für das Straßen- und Ortsbild angestrebten Eindruck der Offenheit der baulichen Nutzung der Grundstücke dadurch beeinträchtige, dass er aufgrund seiner Dimension und technischen Ausstattung das betreffende Grundstück von straßenseitig anschließenden Freiflächen intransparent wandartig abriegele und insoweit Elemente einer für die geschlossene Bauweise kennzeichnenden unmittelbaren Grenzbebauung aufweise (OVG Berlin 29.1.2015 – OVG 10 N 49.14, BeckRS 2015, 41788). Dagegen soll aus der Errichtung einer 2 m hohen **Einfriedungsmauer** aus grauem Beton an der Grundstücksgrenze kein Verstoß gegen das Verunstaltungsverbot folgen, auch wenn diese als unschön empfunden werde und hinsichtlich der Bauart und des Materials in der näheren Umgebung kein Vorbild finde; der Nachbar könne der grauen Mauer durch gestalterische Maßnahmen auf dem eigenen Grundstück begegnen (OVG Magdeburg 3.2.2015 – 2 M 152/14, BeckRS 2015, 44929). Eine Verunstaltung der Umgebung liegt auch nicht vor, wenn eine 1,20 m hohe Einfriedungsmauer verputzt ist, obgleich sie wegen des verwendeten Baustoffs das durch niedrige Holzzäune geprägte sehr einheitliche Orts- und Straßenbild stört (VGH München 29.9.2003 – 1 B 01.2425 – Rn. 26, BeckRS 2004, 20017), sowie ein **Jägerzaun** an einer Straße, an der zur Einfriedung sonst überwiegend Bohlen verwendet wurden (OVG Berlin 12.9.1980 – 2 B 55.80, BRS 36 Nr. 145). In der älteren Rechtsprechung als verunstaltend angesehen wurde dagegen ein Tor mit gemauerten Pfeilern in einer Vorgarteneinfriedung, die in der ganzen Straße einheitlich nur aus niedrigen Hecken bestand (OVG Münster 12.11.1969 – VII A 998/68, BRS 22 Nr. 127) sowie eine Einfriedung mit Sichtschutzmatten aus Schilfrohr in schöner parkartiger Umgebung (VGH Kassel 3.10.1962 – OS IV 34/62, BBauBl. 1963, 496). Zur wirksamen Durchsetzung gestalterischer Mindestanforderungen an die Höhe und die Durchlässigkeit von Einfriedungen sind in der Regel nur **örtliche Bauvorschriften** in der Lage (VGH München 9.5.2018 – 1 B 14.2215 – Rn. 36, BeckRS 2018, 10007). In der freien Landschaft können Einfriedungen von Weideflächen, namentlich Pferdekoppeln, das bauordnungsrechtliche Verunstaltungsverbot verletzen, wenn sie ein wertvolles Landschaftsbild mehr, als es ihr Zweck erfordert, durch auffallende und unnatürlich wirkende Materialien stören, zB wenn als Pfosten ausgediente Eisenbahnschwellen oder (zum Schutz der Tiere vor Verletzungen) statt hölzerner Planken über Drähte gezogene weiße Kunststoffschläuche verwendet werden. In der Regel wird in diesen Fällen zudem eine bauplanungsrechtliche Unzulässigkeit der Einfriedung vorliegen, da Gartenzäune und andere Grundstückseinfriedungen der **Außenbereichslandschaft** grundsätzlich wesensfremd sind (OVG Lüneburg 9.3.2012 – 1 LA 231/09, BeckRS 2012, 48429). In Naturschutz- oder Landschaftsschutzgebieten sind Einfriedungen ebenfalls regelmäßig unzulässig (→ 4); zum regelmäßig gegebenen Eingriff in die Natur und Landschaft (→ Rn. 5).

Windenergieanlagen bieten in der Landschaft heute kein ungewohntes Bild mehr. In den üblichen fabrikmäßigen Ausführungen können sie anlagenbezogen nicht als verunstaltend angesehen werden; umgebungsbezogen ist § 10 für Windenergieanlagen im Außenbereich nicht relevant, da etwaige Verunstaltungen des Landschaftsbilds auf die Existenz der Anlagen am vorgesehenen Standort und nicht auf ihre Durchbildung zurückzuführen sein werden. Ausnahmen sind in beiden Fällen etwa bei individualisierter „hässlicher" Farbgebung denkbar (Gatz, Windenergieanlagen in der Verwaltungs- und Gerichtspraxis, 3. Auflage 2019, Rn. 444 ff. mwN). Im Innenbereich hat der VGH Kassel (28.4.1988 – 4 OE 1089/85, BRS 48 Nr. 53) ein Windrad auf dem Dach eines fünfgeschossigen Wohn- und Geschäftshauses in der Innenstadt einer Großstadt für zulässig angesehen; anders dürfte dies in besonders schutzwürdiger Umgebung (etwa bei einem Straßenensemble im Jugendstil → Rn. 39) zu beurteilen sein. 44

Einen 24 m hohen **Antennengittermast** in einem allgemeinen Wohngebiet hat OVG Berlin 7.9.1984 – 2 B 164.83, BRS 42 Nr. 44) als nicht verunstaltend angesehen. Eine im Rahmen der Anwendung von § 10 gegebenenfalls erforderliche Abwägung zwischen dem Grundrecht auf Informationsfreiheit einerseits, das auch die Errichtung eines Funkantennenmastens zum Empfang ausländischer Sender schützt, und dem Interesse am Schutz des Straßen-, Orts- und Landschaftsbilds vor ästhetischen Beeinträchtigungen ist im Einzelfall nach Maßgabe von Größe und Anzahl der Antennenanlagen im Verhältnis zu dem jeweiligen örtlichen Umfeld vorzunehmen (BVerfG 11.12.1991 – 1 BvR 1541/91 ua, BeckRS 9998, 48377; vorgehend BVerwG 23.8.1991 – 4 B 144/91, BeckRS 9998, 48387).

Bei **Werbeanlagen** (§ 2 Abs. 1 S. 2 Nr. 2, § 50) ist nach dem Gesagten (→ Rn. 1) zu differenzieren, ob die Verunstaltung der Umgebung allein aus der Art der Gestaltung der Werbeanlage (ihrer „Durchbildung") oder aus dem gewählten Standort der an sich einwandfrei durchgebildeten Werbeanlage herrührt; letzteres führt zu einem **Verstoß gegen § 3 Abs. 3** (zutreffend OVG Lüneburg 21.8.1987 – 6 A 148/86, BeckRS 9998, 46669; VG Braunschweig 24.10.2012 – 2 A 1159/12, n.v.); viele Judikate halten die gebotene Unterscheidung leider nicht durch (exemplarisch OVG Lüneburg 30.9.1992 – 6 L 107/90, BeckRS 2004, 27586). Der umfassenden Kasuistik lässt sich abstrakt folgendes entnehmen: Ob das Straßen- oder Ortsbild durch eine Werbeanlage verunstaltet wird, ist einzelfallbezogen (in der Regel durch Inaugenscheinnahme) zu beurteilen und hängt einerseits von den gestalterischen Eigenheiten und Gegebenheiten der zu schützenden Objekte ab und andererseits von den gestalterischen Merkmalen dieser Werbeanlage (OVG Münster 11.9.1997 – 11 A 5797/95, BeckRS 1997, 23197). Allein der Umstand, dass eine Werbeanlage neu oder ungewohnt ist, reicht danach für die Annahme einer umgebungsbezogenen Verunstaltung ebenso wenig aus wie der Umstand, dass die Werbeanlage aus ihrer Umgebung hervorsticht; Werbeanlagen sollen ihrer Funktion entsprechend auffallen. In der Regel kann davon ausgegangen werden, dass Werbeanlagen in innerstädtischen Gebieten, insbesondere in durch Ladengeschäfte geprägten und pulsierenden Straßenzügen, grundsätzlich zum Straßenbild gehören, während sie in repräsentativen, architektonisch anspruchsvollen oder durch historische Bausubstanz geprägten Lagen deutlich höheren Anforderungen an ihre Durchbildung genügen müssen (vgl *Guckelberger*, ZfBR 2013, 425 (429)). Weiterführend hierzu *Kollmann*, Die Behandlung von Anlagen der Außenwerbung im öffentlichen Baurecht, 2018, S. 404 ff. 45

Beispiele: 27,5 m breite und 2,7 m hohe **Leuchtwerbeschriften**, die über einer durch Burg und Kirche geprägten Dorfsilhouette innerhalb einer Mittelgebirgslandschaft oder am Ortsrand hinter landwirtschaftlich genutzten Flächen zwischen Baumkronen über den Dächern von Einfamilienhäusern erscheinen (VGH Kassel 7.7.1972 – IV OE 73/70 und 59/71, BRS 25 Nr. 134 und 135); ein 34 m langes und 80 cm breites, auf Metallpfosten aufgeständertes **Werbeband** entlang der Straße in einer ruhigen, von älteren Wohnhäusern und gepflegten Vorgärten geprägten Umgebung (VGH Mannheim 6.9.1979 – III 1082/79, BRS 35 Nr. 141); ein 14 m x 6 m großes **Riesenposter** aus Textilgewebe, das im vierten und fünften Obergeschoss eines Wohn- und Bürogebäudes angebracht wurde und 12 Fenster verdeckt (OVG Berlin 7.1.2002 – 2 SN 30.01, BeckRS 9998, 44233). Großflächige **Giebelwerbung** bewirkt in aller Regel eine Verstärkung der ohnehin vorhandenen unbefriedigenden gestalterischen Situation; sie wirkt vor allem in Gebieten mit überwiegender Wohnnutzung aufdringlich und kann nur nach sorgfältiger Prüfung im Einzelfall in einer Form geschehen, welche die ästhetischen mit den technischen Anforderungen zu einem ausgewogenen Ausgleich bringt (VGH München 11.8.2006 – 26 B 05.3024, BeckRS 2009, 40659, dort eine Verunstaltung durch eine **Mega-Light-Werbeanlage** an einer fensterlosen Giebelwand neben einer Tankstelle verneint; dagegen bejaht für ein Spannposter (Planen) mit 80 bis 100 m² Fläche in der Nachbarschaft von Wohnungen durch VGH München 16.7.2002 – 2 B 01.1642, BeckRS 2002, 12793; ebenso bejaht bei Anbringung in Höhe des zweiten und dritten Obergeschosses bei Prägung des Straßenzugs durch dort vorhandene Wohnnutzung durch OVG Berlin-Brandenburg 12.8.2015 – OVG 2 N 33.13 – Rn. 2, BeckRS 2015, 52487). So hat das OVG Berlin-Brandenburg 13.6.2008 – 2 S 45.08, BeckRS 2008, 37155, ein 10 x 12 m **großes Plakat** mit Werbung für ein Sportwagenmodell, das **an einem Baugerüst** im Giebelbereich eines fünfgeschossigen Gründerzeitgebäudes angebracht wurde, auch umgebungsbezogen als verunstaltend angesehen; für eine großflächige Giebelbemalung mit Firmenname und -logo in einer Straße mit villenartiger Bebauung und Alleebäumen ebenso VGH Kassel 10.5.1989 – 3 UE 1462/85, BRS 49 Nr. 152. Dagegen wäre in dem vom OVG Münster 8.1.1970 – X A 1347/68, BRS 23 Nr. 126, entschiedenen Fall eines 1,27 x 0,65 m großen beleuchteten Fassadentransparents oberhalb des Erdgeschosses in einer kleinstädtischen Geschäftsstraße, in der die Obergeschosse nur dem Wohnen dienen, wohl ein Verstoß gegen § 3 Abs. 3 zu erblicken.

§ 10 gilt grundsätzlich nicht nur für dauerhaft, sondern auch für von vorn herein nur vorübergehend angebrachte Werbeanlagen, etwa an **Bauzäunen** oder an **Baugerüsten**, sofern diese für konkrete Bauarbeiten genutzt werden und nicht ausschließlich als Werbeträger fungieren. Bei der Beurteilung deren verunstaltender Wirkung ist jedoch der vorübergehende Charakter der Werbeanlage hinreichend und einzelfallbezogen zu berücksichtigen, da das Straßen- oder Ortsbild durch die vorübergehende Baumaßnahme (etwa durch die vollständige Einrüstung von Gebäuden) ohnehin beeinträchtigt sein wird (OVG Hamburg 18.7.1994 – Bs II 27/94, BeckRS 1994, 14072) und die gesetzgeberische Entscheidung einer Verfahrensfreistellung vorübergehender Werbung (→ Anhang Nrn. 10.2 und 10.3) hierbei durchaus in den Blick zu nehmen ist (die Werbung an Bauzäunen in einer Wohnstraße hält dagegen das OVG Berlin 26.6.1970 – II B 32.69, BRS 23 Nr 127 generell für verunstaltend); in zeitlicher Hinsicht mag eine Orientierung an der Höchstfrist von sechs Monaten gem § 10 Abs. 2 S. 4 BauO Bln hilfreich sein. So hat der VGH München 3.8.2001 – 2 ZB 01.1917, BeckRS 2001, 25681, ein 16 x 16 m großes, an einem Baugerüst eines Hochhauses angebrachtes **Riesenwerbeposter** nicht als das Ortsbild verunstaltend angesehen. Das VG Düsseldorf (19.7.2005 – 4 L 593/05, BeckRS 2005, 28006) hat ein im Eingangsbereich mit Schnüren angebrachtes **Spanntuch**, das im Abstand von 6 Monaten je für 3 Wochen teilweise den gläsernen Rundbau eines Einkaufszentrums verdeckt, nicht als verunstaltend angesehen, sondern einem pulsierenden Großstadtleben zugeschrieben. Auch die nach § 11 Abs. 3 erforderliche **Baustellenbeschilderung** kann als Werbeanlage zu beurteilen sein (OVG Münster 28.9.1988 – 11 B 849/88, BRS 49 Nr. 150; zu digitalen Baustelleninformationsvorrichtungen näher *Schulte/Schulte*, BauR 2017, 1281). Dagegen unterfällt **Wahlwerbung** gem § 50 Abs. 6 Nr. 4 generell nicht den Anforderungen des § 10 (→ § 50 Rn. 23 und § 60 Rn. 70, anders in Zeiten des Vorwahlkampfs vgl OVG Berlin 7.1.2002 – 2 SN 30.01, BeckRS 9998, 44233 → § 50 Rn. 27). Verkehrsübliche **Mastenschilder einer Tankstelle** wirken grundsätzlich nicht umgebungsbezogen verunstaltend (VGH München 28.10.1965 – Nr. 136 VI 64, BeckRS 9998, 112261).

46 Häufig Gegenstand gerichtlicher Entscheidungen sind serienmäßig gefertigte Werbetafeln für wechselnde **Großflächenplakate** (quer 2,52 m x 3,56 m; Plakatformat gemäß DIN 683, auch als Euroformat bezeichnet), die sowohl freistehend als auch an Wände

montiert anzutreffen sind. Hierbei handelt es sich um einen besonders intensiv einwirkenden und relativ günstigen (ca. 16 Euro pro Tag und Fläche), daher weit verbreiteten (über 145.000 im Jahr 2016) Werbeträger, der zudem einzeln gebucht werden kann (vgl die Nachweise bei *Kollmann*, Die Behandlung von Anlagen der Außenwerbung im öffentlichen Baurecht, 2018, S. 131). Da sowohl Werbeträger als auch Plakate serienweise ohne gestalterische Anpassung an den jeweiligen Aufstellungsort gefertigt werden, ist ihre verunstaltende Wirkung in der Regel dem jeweiligen Standort und nicht ihrer Durchbildung geschuldet (vgl VGH Mannheim 12.7.1966 – II 35/66, BRS 17 Nr. 92); in diesen Fällen liegt ein Verstoß gegen §3 Abs. 3 NBauO vor (→ Rn. 45). Großflächige Werbung ist häufig symptomatische Begleiterscheinung vernachlässigter Liegenschaften und heruntergekommener Ortsteile, insbesondere an bzw. mit Durchgangsstraßen. Neben den Großflächenplakaten (rund 9 Quadratmeter Werbefläche) existieren zwei weitere, noch größere Standardformate der Werbeindustrie: die **Panoramafläche** (2,52 m x 7,12 m) und das **Superposter** (3,72 m x 5,26 m).

Nach der bisherigen **Rechtsprechung** wirken die Großtafeln verunstaltend in der Umgebung von Bauten mit besonderem Rang (Kirchen, Rathäuser), in harmonischen, gepflegten Straßenbildern, in Bereichen, in denen landwirtschaftliche Hofstellen oder Wohngebäude vorherrschen, an Gedenkstätten, Grünanlagen oder Erholungsgebieten und am Rand der freien Landschaft. Dagegen kann derart großflächige Werbung idR in einer Umgebung hingenommen werden, die durch Großräumigkeit, laute Geschäftigkeit und baugestalterische Anspruchslosigkeit gekennzeichnet ist (vgl VGH München 16.7. 2002 – 2 B 01.1642, BeckRS 2002, 12793); ebenso in Kerngebieten diffuser Prägung (vgl OVG Münster 22.6.2017 – 10 A 167/16 – Rn. 22, BeckRS 2017, 116341), auf dem Gelände von Einkaufszentren (VGH Mannheim 18.5.1990 – 3 S 1779/89, BRS 50 Nr. 141) oder im Umfeld städtischer Bahnhöfe, die an einer lebhaft befahrenen Durchgangsstraße liegen und nicht durch Baudenkmale oder Grünanlagen erhöhten Schutz genießen (OVG Lüneburg 30.9.1992 – 6 L107/90, BeckRS 2004, 27586). **Verunstaltung bejaht**: Großtafel an einem 1,70 m hohen Gartenzaun gegenüber zweigeschossigen Wohnhäusern mit gepflegten Vorgärten (VGH Mannheim 12.7.1966 – II 35/66, BRS 17 Nr. 92); vor einer modernen in „ruhiger Sachlichkeit" gestalteten mehrgeschossigen Wohnanlage im Mischgebiet (OVG Berlin 17.6.1992 – 2B 17.90, BRS 54 Nr. 130); in der Nähe eines begrünten Gedenkplatzes, an dem an eine 1938 zerstörte Synagoge erinnert wird (OVG Lüneburg 21.8.1987 – 6 A 148/86, BeckRS 9998, 46669); Großtafel, die den Blick auf Felder und Wiesen verstellt (OVG Lüneburg 21.6.1968 – VII A 79/67, Leitsatz abgedruckt in BB Beil. 5 zu Heft 24/69, 5 f.). Verunstaltende Wirkung können Großtafeln auch in Mischgebieten und an verkehrsreichen Straßen haben, wenn in dem maßgeblichen Bereich eine einheitliche schutzwürdige Wohnbebauung weit überwiegt und die wenigen Geschäfte nur über unauffällige Eigenwerbung verfügen (OVG Berlin 14.10.1988 – 2 B 51.87, BRS 48 Nr. 121) oder wenn dieser Bereich etwa durch Bäume einen ruhigen Eindruck vermittelt und dadurch das Straßenbild verhältnismäßig harmonisch wirkt (OVG Berlin 22.7.1994 – 2 B 36.92, BRS 56 Nr. 131) oder der vermittelte Eindruck einer naturnahen grünen optischen Ruhezone zerstört wird (VGH Mannheim 9.2.2009 – 3 S 2290/07, BeckRS 2009, 31757); ebenso bei Aufstellung am Beginn einer 20 m großen Verkehrsinsel, wenn dadurch der Blick auf die Bepflanzung verstellt wird (OVG Berlin 16.5.2003 – 2 B 1.01 – Rn. 14, BeckRS 2003, 18224); sogar auch in einem Industriegebiet, wenn die nicht überbaubaren Grundstücksflächen gärtnerisch unterhalten werden (OVG Berlin 23.9.1988 – 2 B 39.87, BRS 48 Nr. 122). Wirkt eine Werbetafel nach dem Gesagten verunstaltend, so wird sie nicht schon dadurch gerechtfertigt, dass sie einen anderen hässlichen oder störenden Zustand verdeckt oder den Blick von ihm ablenkt (OVG Berlin 2.2.1968 – II B 24.67, BRS 20 Nr. 122; anders VGH Mannheim 12.7.1966 – II 35/66, BRS 17 Nr. 92).

In ähnlicher Weise wie die Großtafeln für wechselnde Plakatanschläge, wenn nicht noch stärker, können sich sog. **Prismenwendeanlagen** auswirken. Das sind zumeist beleuchtete Anlagen von etwa gleicher Größe, die in einem bestimmten Zeittakt abwechselnd 47 verschiedene Werbebilder zeigen. Gegenstand der obergerichtlichen Rechtsprechung waren sie in erster Linie im Hinblick auf das Belästigungsverbot des § 50 Abs. 2 sowie das Verbot unzumutbarer Verkehrsbehinderungen nach § 3 Abs. 1 S. 2 (→ § 3 Rn. 36), während die Frage eines Verstoßes gegen das Verunstaltungsverbot zumeist offengelassen wurde (exemplarisch VGH Kassel 19.3.1996 – 4 UE 2461/94, BRS 58 Nr. 126, für den Fall einer an der Fassade eines fünfgeschossigen Büro- und Geschäftshauses in Höhe des 2. Obergeschosses angebrachten Anlage mit drei Werbemotiven, die im 8-Sekunden-Takt wechseln). Das OVG Lüneburg (22.10.1992 – 1 L 265/91, BRS 54 Nr. 133) hat eine 11 m² große Prismenwendeanlage an einem Wohn-und Geschäftshaus, das an einem verkehrsintensiven Platz im städtischen Zentrum gelegen war, nicht als verunstaltend angesehen; anders OVG Münster (11.9.1997 – 11 A 5797/95, BeckRS 1997, 23197) für eine solche Anlage an einem Geschäftshaus in der Haupteinkaufsstraße einer Großstadt, welches sich in der Nachbarschaft einer diesen Straßenzug mitprägenden gotischen Kirche befand.

Entsprechendes gilt für **CLB-Anlagen** („City-Light-Board"), einer mit durchschnittlich 66 Euro pro Tag und Fläche vergleichsweise teuren Anlage der Außenwerbung, bei der sich die häufig wechselnden Großplakate in hinterleuchteten Vitrinen befinden und die entweder auf einem erhöhten Monofuß aufstehen oder an Hauswänden fixiert sind (*Kollmann*, Die Behandlung von Anlagen der Außenwerbung im öffentlichen Baurecht, 2018, S. 132 f. m.w.N.). Werbeanlagen vergleichbarer Bauart und Betriebsweise werden in der Rechtsprechung auch unter dem Begriff **Mega-Light-Werbeanlage** abgehandelt. Anders als bei Prismenwendeanlagen erfolgt hierbei der Bildwechsel nicht in einem kurzen Moment, sondern durch Einziehen des einen und Aufziehen des nächsten Plakats, sodass kurzzeitig diese beiden Plakate teilweise sichtbar sind (vgl OVG Münster 17.4.2002 – 10 A 4188/01, BeckRS 2002, 22542). Durch diesen Plakatwechsel wird die Aufmerksamkeit des Betrachters noch intensiver auf die Anlage gelenkt, was im Hinblick auf § 3 Abs. 1 S. 2 zu würdigen ist. Eine Verunstaltung ist jedenfalls bei Aufstellung in Umgebung zahlreicher gewerblich genutzter Grundstücke auf beiden Seiten einer städtischen Ein- und Ausfallstraße (VGH München 22.8.2001 – 2 B 01.74, BeckRS 2001, 25630) sowie bei Anbringung an eine fensterlose Giebelwand neben einer Tankstelle (VGH München 11.8.2006 – 26 B 05.3024, BeckRS 2009, 40659) nicht gegeben; umgebungsbezogen verunstaltend dagegen bei Errichtung auf einem in einem Mischgebiet gelegenen unbebauten Grundstück in einem durch Wohngebäude geprägten Straßenzug (VGH München 11.8.2006 – 26 B 05.3023, BeckRS 2009, 40660).

Videowalls sind große Anzeigeflächen zur Darstellung bewegter Bilder (überdimensionale digitale Anzeigetafeln, wie sie etwa in Stadien zum Einsatz kommen); eine relativ neue Form der Außenwerbung, die bevorzugt an fensterlosen Gebäudewänden zum Einsatz kommt und noch aus mehreren hundert Metern Entfernung gut sichtbar ist. Bei diesen Anlagen wirken aufgrund der besonderen Betriebsweise vorrangig zum Verunstaltungsverbot neben den Verboten aus § 50 Abs. 2 und § 3 Abs. 1 S. 2 das Immissionsschutzrecht sowie das Gebot der Rücksichtnahme einer extensiven Verbreitung entgegen (näher hierzu *Guckelberger*, ZfBR 2013, 425 ff.). In einer mit zahlreichen Werbeanlagen vorbelastenden Umgebung eines Mischgebiets in der Nähe einer Autobahnzufahrt hat das OVG Saarlouis (12.5.2016 – 2 A 202/15 – Rn. 18, BeckRS 2016, 46298) eine umgebungsbezogene Verunstaltung verneint.

Bei **Himmelsstrahlern** („Skybeamer") handelt es sich um mehrere tausend Watt starke Scheinwerfer, die durch gebündelte und rotierende Lichtstrahlen am nächtlichen Horizont Werbung (vornehmlich für Vergnügungsstätten) erzeugen; sie sind in Einzelfällen über mehrere Kilometer Entfernung sichtbar. Sie erzielen ihre Wirkung überwiegend außerorts und können daher im Einzelfall auch die Landschaft verunstalten (*Dietlein*, BauR 2000, 1682 (1684)). Zumeist ergibt sich ihre Unzulässigkeit schon aus § 50 Abs. 3 S. 1 oder § 33 Abs. 1 S. 2 StVO (→ § 50 Rn. 19).

48 Für serienmäßig gefertigte **Warenautomaten** (§ 2 Abs. 1 S. 2 Nr. 3) gilt → Rn. 45 entsprechend; sie werden in aller Regel nur standortbezogen verunstalten, so auch in den von der älteren Rechtsprechung entschiedenen Fällen: Zigarettenautomat in einem allgemeinen Wohngebiet (OVG Berlin 20.1.1967 – OVG II B 91.65, BeckRS 9998, 111753) oder in einem reinen Wohngebiet (OVG Münster 6.4.1967 – VII A 325/66, BRS 18 Nr. 106).

F. Beurteilung der Gestaltung, Verfahrensfragen

§ 10 bestimmt nicht, nach welchem Maßstab zu beurteilen ist, ob ein Bau den gestalterischen Anforderungen dieser Vorschrift genügt. Nach ständiger Rechtsprechung kommt es dafür auf das **„Empfinden des gebildeten Durchschnittsmenschen"** an, der weder besonders hohe Ansprüche stellt, noch für ästhetische Eindrücke ganz unempfindlich ist (→ Rn. 13 f.). Diese Formel darf nicht allzu wörtlich genommen werden. Wie das BVerwG selbst betont hat, ist der „gebildete Durchschnittsmensch" nur ein „in der Vorstellung gedachter Typus" (vom 16.2.1968 – IV C 190.65, BeckRS 1968, 31316714). Es ist nicht gemeint, dass BauAB oder Gericht zur Gestaltung eines konkreten Bauwerks etwa Meinungsumfragen abhalten sollen; sie müssen über die Gestaltungsfrage selbst entscheiden (vgl VGH München 2.5.2002 – 2 B 99.2590 – Rn. 14, BeckRS 2002, 27126; *Kollmann*, Die Behandlung von Anlagen der Außenwerbung im öffentlichen Baurecht, 2018, S. 384 ff. mwN). Um den Maßstab des gebildeten Durchschnittsbetrachters richtig anlegen zu können, bedarf nach Auffassung des VGH München (vom 9.6.2000 – 2 B 97.616, BeckRS 2000, 28438) weder die BauAB noch das VG eines **Sachverständigen**. Die BauAB muss jedoch über ausreichenden Fachverstand verfügen und diesen einsetzen, wenn zu beurteilen ist, ob ein zunächst nur auf dem Plan vorliegendes Bauwerk das Verunstaltungsverbot einhält. Nur unter dieser Voraussetzung können auch die Auswirkungen eines Bauvorhabens auf einen noch in der Entwicklung begriffenen Ortsteil und die Anfänge einer „schleichenden" Verunstaltung (→ Rn. 16) richtig eingeschätzt werden. Es ist daher auch nicht ausgeschlossen, dass die BauAB oder das VG in besonders gelagerten Fällen unterstützend einen Sachverständigen hinzuziehen, welcher die für die ästhetische Beurteilung maßgeblichen Kriterien aufzeigt; der BauAB und dem VG bleibt es gleichwohl überlassen, unter Berücksichtigung der vom Fachmann dargelegten Kriterien den Maßstab des Durchschnittsbetrachters auf den Einzelfall anzuwenden und diesen nach eigener Anschauung zu entscheiden (vgl *Kollmann*, Die Behandlung von Anlagen der Außenwerbung im öffentlichen Baurecht, 2018, S. 373 und 388 f. mwN). **49**

Im **Baugenehmigungsverfahren** wird die Einhaltung des § 10 nur noch geprüft, wenn die Baugenehmigung für einen der in § 2 Abs. 5 aufgeführten Sonderbauten beantragt wird. Soweit andere Baumaßnahmen noch einer Baugenehmigung bedürfen, findet das **vereinfachte Baugenehmigungsverfahren** nach § 63 statt, in dem es für die Entscheidung nicht mehr auf die Vereinbarkeit mit § 10 ankommt. Stellt die BauAB in einem solchen Verfahren fest, dass die bauliche Anlage nach dem vorgelegten Entwurf voraussichtlich verunstaltend wirken wird, lässt sich die beabsichtigte Durchbildung der baulichen Anlage jedoch noch zum Positiven ändern, ohne dass der Genehmigungsgegenstand hierdurch in Wegfall gerät (zur Abgrenzung OVG Lüneburg 16.6.2014 – 1 ME 70/14, BeckRS 2014, 53226 mwN.), hat sie die Baugenehmigung mit einem entsprechenden **Hinweis** auf die voraussichtliche Unvereinbarkeit mit § 10 zu versehen. Mit dem Einsetzen der verunstaltenden Wirkung im Zuge der Ausführung der genehmigten Baumaßnahme kann sie zum Erlass einer **Anordnung nach § 79** übergehen, denn aufgrund § 59 Abs. 3 S. 1 ist § 10 bei der Verwirklichung der Baumaßnahme zu beachten; lediglich die präventive Kontrolle entfällt aufgrund des § 63 Abs. 1 S. 2 Nr. 2. Allein in den Fällen, in denen der zur Verunstaltung führende Gestaltungsmangel eindeutig nicht behebbar ist, kann die BauAB den Bauantrag mangels Sachbescheidungsinteresses ablehnen (näher zum Ganzen → § 63 Rn. 14). **50**

Ist zweifelhaft, wie sich ein geplantes Bauwerk in die Umgebung einfügt, kann die BauAB nach § 67 Abs. 2 verlangen, dass das **Vorhaben auf dem Baugrundstück dargestellt** wird (durch Stangen, Gerüste usw). Um die Einhaltung des § 10 zu prüfen, kann sie dies aber nur noch im Verfahren über die Genehmigung eines Sonderbaus gem § 64 anord- **51** nen. Geht es um die Vereinbarkeit mit § 8 NDSchG oder mit Bauplanungsrecht (→ Rn. 6, 10 ff.), wozu auch die Vorschriften des besonderen Städtebaurechts (§§ 172 ff. BauGB) gehören (OVG Lüneburg 10.9.2015 – 1 LA 90/15 – Rn. 10 f., BeckRS 2015, 52644), kann sie die Darstellung auf dem Baugrundstück auch im vereinfachten Genehmigungsverfahren gem § 63 verlangen. Die BauAB hat, soweit sie dazu noch Gelegenheit hat, nach § 58 Abs. 1 S. 2 **die Verantwortlichen** auch in Gestaltungsfragen zu **beraten**.

52 **Verstößt ein fertig gestellter Bau gegen § 10**, so entscheidet die BauAB wie bei anderen Verletzungen des öffentlichen Baurechts nach pflichtgemäßem Ermessen darüber, ob sie aufgrund des § 79 gegen die Verunstaltung einschreitet (für eine Beseitigungsanordnung vgl VGH München 21.8.2000 – 2 B 96.2456, BeckRS 2000, 24705). An eine erteilte Baugenehmigung ist sie dabei nur gebunden, wenn diese in einem Verfahren erteilt wurde, in dem auch die Einhaltung des § 10 bzw. des § 53 NBauO aF geprüft wurde (→ Rn. 50).

53 Wirkt eine **bauliche Anlage** durch ihren **verwahrlosten Zustand** verunstaltet oder verunstaltend und wird diese noch genutzt oder besteht ein öffentliches oder schutzwürdiges privates Interesse an deren Erhaltung, sodass der Erlass einer Abbruchanordnung gem § 79 Abs. 3 ausscheidet (→ § 79 Rn. 31 f.), so kann die BauAB den Verantwortlichen (§ 56) durch Verfügung nach § 79 auffordern, den Bau so weit instand zu setzen, wie dies zur Behebung der Verunstaltung erforderlich ist, und zwar (im Gegensatz zum Instandsetzungsgebot nach § 177 BauGB → Rn. 12) gänzlich auf seine Kosten.

54 Der Begriff der Verunstaltung ist ein sog. **unbestimmter Rechtsbegriff** bewertenden Inhalts, dessen Anwendung auf den konkreten Sachverhalt von den Verwaltungsgerichten uneingeschränkt nachgeprüft wird; ein gerichtlich nur beschränkt überprüfbarer Beurteilungsspielraum oder eine Einschätzungsprärogative kommt der BauAB nicht zu (vgl. die Rspr. → Rn. 14; weiterführend hierzu *Kollmann*, Die Behandlung von Anlagen der Außenwerbung im öffentlichen Baurecht, 2018, S. 356 ff. m.w.N., auch zu der in der Literatur hieran geäußerten Kritik auf S. 363 ff. m.w.N.).

G. Gestaltungsbeiräte

55 Während der Landtagsberatungen wurde ein Antrag der Fraktion Bündnis 90/Die Grünen, in die NBauO 2012 mit § 10a eine spezielle **Rechtsgrundlage** für die Berufung ehrenamtlicher Gestaltungsbeiräte aufzunehmen (LT-Drs. 16/4619, 2), mehrheitlich abgelehnt (LT-Drs. 16/4621, 1). Gleichwohl sind die niedersächsische Kommunen wegen der verfassungsrechtlichen Garantie kommunaler Selbstverwaltung (vgl. *Volkert*, Baukultur, 2012, S. 214 mwN), namentlich der kommunalen Organisationshoheit, auf Grundlage des § 71 Abs. 1 NKomVG berechtigt, durch ihre Vertretung **beratende Ausschüsse** bilden zu lassen und dabei auch externen Sachverstand zur fachlichen Beratung einzubeziehen. Sie sind de lege lata daher nicht daran gehindert, durch einen gesonderten Beschluss oder den Erlass einer Geschäftsordnung Gestaltungsbeiräte zu bilden (vgl *Menzel* in Kommunalverfassungsrecht Niedersachsen, NKomVG, 48. Erg.lfg. Dezember 2018, § 71 Rn. 13). Gestaltungsbeiräte existieren in Niedersachsen derzeit in Göttingen, Oldenburg, Wolfenbüttel und Wolfsburg (www.bundesstiftung-baukultur.de/netzwerk/akteure, abgerufen am 12.9.2019). Der Rat der Stadt Oldenburg hat eine Geschäftsordnung für ihren Gestaltungsbeirat verabschiedet, die Zusammensetzung und Verfahren regelt (abrufbar unter www.oldenburg.de/fileadmin/oldenburg/Benutzer/PDF/40/401/Staedtebau_Stadtgestaltung/Gestaltungsbeirat/Geschaeftsordnung.pdf, abgerufen am 12.9.2019). Zudem unterstützen das Land Niedersachsen, die Architektenkammer Niedersachsen und das Netzwerk Baukultur die Einrichtung von „**mobilen**„ oder „temporären" **Gestaltungsbeiräten** in kleineren Kommunen, denen die finanziellen Mittel zur dauerhaften Berufung eines eigenen Gestaltungsbeirats fehlen. Ziel ist die Unterstützung dieser Kommunen in konzeptionellen und grundsätzlichen Fragen städtebaulicher Planungen und stadträumlicher Gestaltungen im Vorfeld konkreter Bauvorhaben (vgl Leube/Tabery, DNG 2018, S. 26).

Gestaltungsbeiräte, deren Mitglieder mit Fragen der Baugestaltung vertraut und ausreichend urteilsfähig sind, können die Bemühungen um ein harmonisches Ortsbild und die Schonung der Landschaft sowie die Entwicklung und Pflege einer örtlichen oder regionalen Baukultur wesentlich fördern. Bauherren und Entwurfsverfasser können die Gestaltung ihrer Vorhaben mit diesen Beiräten erörtern und sich mit deren Kritik und Alternativvorschlägen auseinandersetzen. Dadurch wird bei denjenigen, die mit ihren Bauten in die Umwelt ihrer Mitmenschen eingreifen, das Bewusstsein ihrer Verantwortung für eine harmonische städtebauliche Entwicklung gestärkt. Eine Übersicht über die in einzelnen Städten und Regionen bestehenden Gestaltungsbeiräte kann im Internet über den Auftritt der **Bundesstiftung Baukultur** abgerufen werden.

Gestaltungsbeiräte können mit einigem Erfolg beratend tätig werden, wenn sie etwa 56
nach folgendem **Regelungsmodell** gebildet werden: Sie müssten sich, als Instrument zur Objektivierung von architektonisch und für das Stadtbild bedeutsamen Vorhaben jedenfalls mehrheitlich, aus **anerkannten Fachleuten** zusammensetzen; in einzelnen Kommunen wird von diesen die Qualifikation zum Preisrichter gefordert (vgl. *Müller*, Das bauordnungsrechtliche Verunstaltungsverbot, 2012, S. 180). Dem steht die **punktuelle Einbindung** von interessierten und bürgerschaftlich **engagierten Laien** nicht entgegen, etwa von Vertretern aus Heimat- und Umweltverbänden. Bisweilen gehören den Gestaltungsbeiräten zusätzlich fachkundige ehrenamtliche Mandatsträger aus den kommunalen Gremien (Rat, Bauausschuss) sowie Experten aus der (Bau-)Verwaltung der Kommune an. Im Interesse einer angemessenen fachtechnisch-wissenschaftlichen Bedeutung des Gestaltungsbeirats wird überwiegend jedoch davon abgeraten, ihm partizipatorische Bedeutung im Sinne bürgerschaftlicher Mitwirkung beizumessen (vgl. *Volkert*, Baukultur, 2012, S. 214 f. mwN). Die **Neutralität und die Unabhängigkeit** des Gremiums sollten in jedem Fall für dessen Zusammensetzung leitend sein. In der Regel werden dessen Mitglieder ehrenamtlich tätig sein. Damit sie ausreichend legitimiert und damit anerkannt sind, empfiehlt es sich, die Mitglieder des Gestaltungsbeirats vom Rat der Kommune, die Träger der BauAB ist, auf Zeit zu wählen und dem Beirat eine **satzungsmäßige Grundlage** oder zumindest eine (vom Rat gebilligte) **Geschäftsordnung** zu geben. Dem Beirat sollten danach alle Entwürfe für Neubauten und Änderungen an bestehenden baulichen Anlagen vorgelegt werden, die das Orts- und Landschaftsbild nicht nur unwesentlich beeinflussen.

Mit Blick auf den Bestimmtheitsgrundsatz und im Interesse der Vermeidung einer missbräuchlichen Einschaltung wird zum Teil kritisch gesehen, dass der Satzungsgeber oft in das Ermessen der Beiräte stellt, mit welchen Entwürfen sie sich näher beschäftigen wollen (vgl. *Volkert*, Baukultur, 2012, S. 215 f. mwN). Gestaltungsbeiräte sollten inhaltlich nicht nur auf die Prüfung einer Verunstaltung beschränkt sein, sondern sich auch mit der Frage beschäftigen dürfen, ob und wie die jeweilige Bauaufgabe architektonisch oder sonst gestalterisch noch besser gelöst werden kann. Häufig wird gefordert, die Beiräte müssten **vor den Augen der Öffentlichkeit** tätig werden, insbesondere öffentlich tagen (so *Volkert*, Baukultur, 2012, S. 214). Bei der Bewertung der Forderung nach öffentlichen Sitzungen des Gestaltungsbeirats darf jedoch die Gefahr, dass er als Blockadeinstrument für kommunalpolitisch unerwünschte oder unbequeme Vorhaben missbraucht wird (etwa um Zeit zu gewinnen oder Bürgerprotest zu organisieren), nicht gänzlich aus den Augen verloren werden (vgl. *Müller*, Das bauordnungsrechtliche Verunstaltungsverbot, 2012, S. 178 und 180, dort die zeitliche Verzögerung durch Einbindung des Beirats für unbedenklich haltend). Zutreffend erscheint – jedenfalls nach Abschluss des Genehmigungsverfahrens und unter Wahrung datenschutzrechtlicher Belange – die Forderung, die Öffentlichkeit müsse über die Bauentwürfe, mit denen sich der Beirat im Zuge des Verfahrens beschäftigt hat (jedenfalls soweit sie von außen sichtbare Gebäudeteile betreffen), über die von ihm unterbreiteten Verbesserungsvorschläge und über die Reaktion der Bauherren oder Entwurfsverfasser in Kenntnis gesetzt werden.

Die Bauherren und Entwurfsverfasser können vom Gestaltungsbeirat **nicht verpflichtet werden**, **ihren Entwurf** an dessen Stellungnahme (vollständig) **anzupassen**. Anderes gilt nur, soweit die Entwürfe gegen das Verunstaltungsverbot oder das übrige öffentliche Baurecht verstoßen und die zuständige BauAB dieser Einschätzung des Beirats im weiteren Genehmigungsverfahren folgt. Davon abgesehen wird von einem klug beratenen und besonnen reagierenden Bauherrn, der dem Votum des Beirats nicht folgen will, zu erwarten sein, dass er sich mit diesem noch einmal ins Benehmen setzt und seine Entscheidung, ggf auch der Öffentlichkeit gegenüber, nachvollziehbar begründet.

57 Bei jeder Einbindung eines Gestaltungsbeirats ist zu beachten, dass es sich bei dem Anspruch auf Erteilung einer Baugenehmigung um eine gebundene Entscheidung der BauAB handelt. Die BauAB verletzt daher den Rechtsanspruch des Bauherrn auf **zügige Genehmigung seines Bauvorhabens** (zum § 69 innewohnenden Beschleunigungsgrundsatz, dessen Verletzung in eine kostenrechtlich relevante unrichtige Sachbehandlung münden kann, vgl etwa VG Göttingen 10.6.2013 – 2 B 649/12, BeckRS 2013, 52403), wenn sie Zeit für die Untersuchung von Fragen aufwendet, auf die es für die Genehmigung gar nicht ankommt. Demnach darf die BauAB im vereinfachten Baugenehmigungsverfahren nach § 63 NBauO, in dem sie die Beachtung des § 10 NBauO nicht zu prüfen hat, einen Gestaltungsbeirat allenfalls beteiligen, wenn die Einhaltung der §§ 34 oder 35 BauGB oder des § 8 NDSchG in Rede steht. Selbst gegen seine Beteiligung bei der Genehmigung von Sonderbauten im „klassischen" Genehmigungsverfahren (§ 64) könnte eingewendet werden, dass es für die Verunstaltung nach der dargestellten Rechtsprechung (→ Rn. 13) nur auf das Empfinden des „gebildeten Durchschnittsmenschen" ankomme, so dass es der Begutachtung durch ein Fachgremium nicht bedürfe. Bei der hier interessierenden Einbindung von Sachverständigen geht es jedoch nicht allein um die Aufgabe, über das schlichte Vorliegen einer Verunstaltung zu entscheiden, sondern vielmehr um die sachverständige Darlegung aller Umstände und Kriterien, die für die ästhetische Beurteilung eines Vorhabens von Entscheidungsrelevanz sind. Mit **§ 26 Abs. 1 S. 2 Nr. 2 VwVfG** bietet sich der BauAB auch ohne ausdrückliche Ermächtigung in der NBauO (den früheren § 73 Abs. 5 NBauO 1973 hielt der Landesgesetzgeber für entbehrlich → § 69 Rn. 6; andere Landesbauordnungen enthalten dagegen noch eine spezielle Rechtsgrundlage, vgl etwa § 61 Abs. 3 BauO NRW) eine **Rechtsgrundlage für die Einbindung des Gestaltungsbeirats** als sachverständiges Gremium in das Genehmigungsverfahren (vgl. *Müller*, Das bauordnungsrechtliche Verunstaltungsverbot, 2012, S. 181 f.; *Kollmann*, Die Behandlung von Anlagen der Außenwerbung im öffentlichen Baurecht, 2018, S. 392). Ein dahingehendes ausdrückliches Einverständnis des Bauherrn ist daher nicht zwingend erforderlich, zumal der BauAB die alleinige Entscheidung darüber verbleibt, ob nach dem Empfinden des „gebildeten Durchschnittsmenschen" eine Verunstaltung gegeben ist; der Gestaltungsbeirat gibt hierzu lediglich eine die BauAB nicht bindende Einschätzung ab.

58 Wenn die BauAB den Beirat als Sachverständigen hinzuzieht, darf dieser seine Kenntnisse von dem Bauvorhaben aus datenschutzrechtlichen Gründen in der Regel **nicht ohne Einverständnis des Bauherrn** an die Öffentlichkeit weitergeben. Im Einzelfall kann die BauAB zur Wahrnehmung einer Aufgabe, die im öffentlichen Interesse liegt, die Bewertungen des Gestaltungsbeirats der Öffentlichkeit auf der Grundlage des Art. 6 Abs. 1 e) DSGVO zugänglich machen. Eine dem Planaufstellungsverfahren immanente Informationspflicht gegenüber der Öffentlichkeit ergibt sich ferner dann, wenn ein Bauvorhaben erst noch durch einen – normalen oder vorhabenbezogenen – Bebauungsplan planungsrechtlich zulässig gemacht werden muss. Grundsätzlich kann eine Gemeinde die Verschaffung von Baurecht davon abhängig machen, dass der Investor sich durch einen **städtebaulichen Vertrag** (→ Rn. 8) verpflichtet, das Äußere seines Bauwerks mit dem kommunalen Gestaltungsbeirat abzustimmen.

59 Im Übrigen bietet sich ein gutes Betätigungsfeld für Gestaltungsbeiräte auch darin, dass sie grundsätzlich zu allen **Entwürfen für Bebauungspläne** und örtliche Bauvorschriften oder zu sonstigen städtebaulichen Plänen Stellung nehmen.

§ 11 Einrichtung der Baustelle

(1) [1]Bei Baumaßnahmen müssen die Teile der Baustellen, auf denen unbeteiligte Personen gefährdet werden können, abgegrenzt oder durch Warnzeichen gekennzeichnet sein. [2]Soweit es aus Sicherheitsgründen erforderlich ist, müssen Baustellen ganz oder teilweise mit Bauzäunen abgegrenzt, mit Schutzvorrichtungen gegen herabfallende Gegenstände versehen und beleuchtet sein.

(2) [1]Öffentliche Verkehrsflächen, Versorgungs-, Abwasserbeseitigungs-, Telekommunikations- und Rundfunkanlagen sowie Grundwassermessstellen, Grenz- und Vermessungsmale sind während der Bauausführung zu schützen und, soweit erforderlich, unter den notwendigen Sicherungsvorkehrungen zugänglich zu halten. [2]Bäume, Hecken und sonstige Bepflanzungen, die aufgrund anderer Rechtsvorschriften zu erhalten sind, müssen während der Bauausführung geschützt werden.

(3) [1]Vor der Durchführung nicht verfahrensfreier Baumaßnahmen hat die Bauherrin oder der Bauherr auf dem Baugrundstück ein von der öffentlichen Verkehrsfläche (§ 4 Abs. 1) aus lesbares Schild dauerhaft anzubringen, das die Bezeichnung der Baumaßnahme und die Namen und Anschriften der Bauherrin oder des Bauherrn, der Entwurfsverfasserin oder des Entwurfsverfassers, der Bauleiterin oder des Bauleiters und der Unternehmerinnen und Unternehmer enthält (Bauschild). [2]Liegt das Baugrundstück nicht an einer öffentlichen Verkehrsfläche, so genügt es, wenn das Bauschild von dem Zugang zum Baugrundstück aus lesbar ist. [3]Unternehmerinnen und Unternehmer für geringfügige Bauarbeiten brauchen auf dem Bauschild nicht angegeben zu werden.

Durch Runderlass des MU vom 21.1.2019, veröffentlicht am 24.1.2019 (Nds. MBl. 2019, S. 169 ff) wurde die Verwaltungsvorschrift Technische Baubestimmungen (VV TB) bekannt gemacht. Die VV TB ersetzt die „Liste der technischen Baubestimmungen – Fassung Dezember 2015 –" und alle vom die DIBt veröffentlichten Bauregelliste A und B und Listen C. Die VV TB sind am 28.1.2019 in Kraft getreten.

Hinzuweisen ist insbesondere auf folgende Technische Baubestimmungen:

Lfd. Nr.	Gegenstand	Datum	Nds. MBl.Seite
1	DIN 4123: 2013 – 04 Ausschachtungen, Gründungen und Unterfangungen im Bereich bestehender Gebäude	24.01.2019	2019, S. 169; S. 172
2	DIN EN 12811-1:2004-03 Arbeitsgerüste DIN 4420-1:2004-03 Schutzgerüste	24.01.2019	2019. S. 169; S. 176
3	ETB-Richtlinie – Bauteile, die gegen Absturz sichern – mit Hinweis A1.1/8 VV TB	24.1.2019	2019, 169,118
4	Richtlinie für die Bewertung und Sanierung schwach gebundener Asbestprodukte in Gebäuden (Asbest-Richtlinie) – Fassung 1997-01 mit Hinweis Anlage A 3. 2/2 VV TB	24.01.2019	2019,196

Übersicht

A. Allgemeines

1 Gesetzesänderungen:

In der ursprünglichen Fassung des Abs. 1 wurde gefordert, die Baustelle so zu errichten, dass die Baumaßnahme entsprechend § 1 durchgeführt werden konnte. Diese sehr allgemein gehaltene Anforderung wurde in der NBauO 1986 durch § 17 aF abgelöst, der präziser beschreibt, wie die Baustelle zum Schutz unbeteiligter Personen zu sichern ist. Gleichzeitig wurde Abs. 3 dahingehend ergänzt, dass das Bauschild nicht nur sichtbar, sondern auch *lesbar* sein muss. Die BauAB kann auf das Bauschild bei geringfügigen Arbeiten verzichten. Die NBauO 1995 hat die Regelung in Abs. 2 zugunsten der Bäume auch auf Hecken und Sträucher ausgedehnt, weil auch deren Erhaltung in anderen Rechtsvorschriften vorgeschrieben sein kann. Die letzte Gesetzesänderung 2002 hat Abs. 3 dahingehend ergänzt, dass nun ein Bauschild nicht nur bei genehmigungspflichtigen Baumaßnahmen, sondern auch bei solchen vorgeschrieben ist, die nach § 69a aF (jetzt § 62) freigestellt sind. Die NBauO 2012 hat neben der redaktionellen Änderung (insbesondere zusätzliche weibliche Form) lediglich systematische Ergänzungen erfahren. Aus Abs. 3 ergibt sich jetzt eindeutig, dass der Bauherr vor Beginn auch von verfahrensfreien Maßnahmen (§§ 60 ff) das Bauschild zu errichten hat. § 11 entspricht der Musterbauordnung und umfasst nunmehr auch die Bauleiterin oder den Bauleiter nach § 55.

2 Von Baustellen, insbesondere solchen größeren Umfanges, können erhebliche Gefahren und Belästigungen ausgehen. Vor diesen müssen nicht nur die auf der Baustelle Beschäftigten, sondern auch die Allgemeinheit geschützt werden. Zu diesem Schutzzweck sind Baustellen so einzurichten, dass die Baumaßnahmen ohne Gefährdung der Allgemeinheit oder der auf der Baustellen Beschäftigten ausgeführt werden können. Letzteres ist – von der Standsicherheit der Gerüste und Hilfskonstruktionen abgesehen – zwar kein vorrangig bauordnungsrechtlicher Belang, sondern fällt in das Gebiet der Gewerbeaufsicht und unterliegt den Unfallverhütungsvorschriften der Bauberufsgenossenschaften, aber die Sicherheit auf der Baustelle fällt in den Verantwortungsbereich des Bauherrn (→ Rn. 9).

3 **Baustelle** ist der Ort, an dem eine Baumaßnahme (§ 2 Abs. 13) durchgeführt wird, also idR das Baugrundstück (§ 2 Abs. 12). Der Begriff der Baustelle ist aber nicht beschränkt auf das Baugrundstück selbst, auf dem später das fertige Bauwerk steht, sondern umfasst darüber hinaus alle Flächen, die zur Durchführung der Baumaßnahme in Anspruch genommen werden. Das können sowohl Flächen angrenzender Grundstücke sein als auch nicht angrenzende Flächen, zB auf der gegenüberliegenden Straßenseite, wenn das Baugrundstück sehr beengt ist.

Bauhöfe, auf denen Maschinen, Gerät und Baumaterial zur Verwendung auf Baustellen gelagert werden, oder Werkhöfe, auf denen Bauteile gefertigt, aber nicht eingebaut werden, sind keine Baustellen, sondern Betriebsstätten. Findet dagegen eine Fertigung von Bauteilen in so genannten Feldfabriken auf einer Baustelle selbst statt, dann ist diese Produktionsstätte Bestandteil der Baustelle.

Schließlich gehört zur Baustelle auch die provisorisch angelegte, nicht dem öffentlichen Verkehr gewidmete **Baustraße**, die ebenso wie alle anderen zur Durchführung der Baumaßnahme in Anspruch genommenen Baustellenflächen den materiellen Anforderungen der NBauO unterliegt. Davon zu unterscheiden ist die temporär angelegte Behelfsstraße zu einem Neubaugebiet, deren Zweck es ist, den Baustellenverkehr während der Bauphase aus den bewohnten Gebieten herauszuhalten. Diese Straße gehört nicht zur Baustelleneinrichtung und ist ohne Widmung baugenehmigungspflichtig.

Die Forderungen des §4 gelten nicht für die vorübergehende Einrichtung einer Baustelle.

Zur **Baustelleneinrichtung** gehören beispielsweise die maschinellen und elektrischen 4
Anlagen wie Kräne, Aufzüge, Mischanlagen, Silos und dgl. Ebenso gehören dazu: Bauwagen, Baubuden und Sanitärcontainer als Umkleide-, Wasch- und Pausenräume für Arbeitnehmer, Bürocontainer für die örtliche Bauleitung, Wohncontainer und Wohnwagen als Unterkünfte für auswärtige Arbeitnehmer, die auf der Baustelle tätig sind, Lagerhallen zur Unterbringung von Baumaterial und Arbeitsgeräten, Wetterschutzhallen zB für Winterbaumaßnahmen.

Nicht zur Baustelleneinrichtung gehört die Lagerhalle, die als Lkw-Werkstatt zur Wartung des sonstigen Fuhrparks der auf der Baustelle tätigen Baufirma zweckentfremdet wird. Das Gleiche gilt für die Arbeitnehmerunterkünfte, wenn die Arbeitnehmer auf anderen Baustellen tätig sind. In beiden Fällen fehlt es an der funktionellen Zuordnung zur Baustelle. Anders beurteilen wird man einen Steg oder eine Behelfsbrücke über eine Verkehrsfläche hinweg zur Verbindung zweier Baustellenteilflächen. Hier ist eine räumliche und funktionelle Zuordnung zur Baustelle gegeben, so dass der Verbindungssteg als wesentlicher Bestandteil der Baustelleneinrichtung angesehen werden kann. Als Baustelleneinrichtung ist diese Brücke unabhängig von ihrer lichten Weite baugenehmigungsfrei.

Führt die Brücke über öffentliche Verkehrsflächen hinweg, bedarf sie einer straßenrechtlichen Sondernutzungserlaubnis (vgl. → Rn. 6).

Mit der Einrichtung der Baustelle wird ein Bauvorhaben noch nicht iSv §72 begonnen, sondern sein Beginn erst vorbereitet. Daher liegt bei den vorbereitenden Arbeiten der Einrichtung der Baustelle kein Verstoß gegen §72 vor, dh es kann mit den Vorbereitungen bereits vor Erteilung der Baugenehmigung begonnen werden. Obwohl diese Arbeiten erheblichen Umfang einnehmen können, sind sie baugenehmigungsfrei (Anhang Ziffer 11.14).

B. Anforderungen an die Baustelleneinrichtung (Abs. 1)

a) Bauaufsichtliche Anforderungen

Zum Schutz der Allgemeinheit sind **Baustellen gegen unbefugtes Betreten abzu- 5
sichern**. Abs. 1 verlangt insoweit eine Abgrenzung der Gefahrenzone oder deren Kennzeichnung durch Warnzeichen. Bedarfsweise sind ein Bauzaun zu errichten, Schutzvorkehrungen (zB Schutzdächer) gegen herabfallende Gegenstände zu treffen und Beleuchtung anzubringen. Alle diese Maßnahmen müssen sich an der jeweils vorgegebenen Situation orientieren, wobei es auf die Größe, insbesondere auf die Höhe der Baumaßnahme ankommt und darauf, ob wesentliche Betriebsvorgänge der Baustelle, wie Auf- oder Abladen von Material, etwa „über Kopf" von Passanten auf der öffentlichen Verkehrsfläche, stattfinden.

Abzustellen ist stets auf das konkrete Bauvorhaben. So wird man in einem **Neubaugebiet**, in dem die Bebauung auf den einzelnen Baugrundstücken mehr oder weniger gleichzeitig begonnen wird und das zunächst praktisch nur aus Baustellen besteht, auf **Bauzäune** weitgehend verzichten können. Etwas anderes gilt hingegen in einem bewohnten Gebiet, in dem noch einige Baulücken zu füllen sind. Dort wird man aus Sicherheitsgründen entlang der öffentlichen Verkehrsfläche Bauzäune aufstellen müssen, wenn die Gefahr besteht, dass Passanten auf das angrenzende Baustellengelände abirren und dort zu Schaden kommen können.

Bezüglich der Bewertung dieses Gefahrenpotentials macht es einen Unterschied, ob die Baugrube direkt am Fußwegrand ausgehoben wird oder davon abgesetzt im hinteren Obstgarten liegt. In belebten Einkaufsstraßen wird man Baustellen zu allgemein zugänglichen Verkehrsflächen hin aus Sicherheitsgründen mit einem Bauzaun so lückenlos und dicht abschließen müssen, dass auch mitgeführte Kleinkinder nicht unbemerkt hindurchschlüpfen können.

Dagegen ist die immer wieder erhobene Forderung besorgter Eltern, Baustellen so abzusichern, dass auch **unbeaufsichtigt spielende Kinder** nicht auf Baustellen zu Schaden kommen können, durch Abs. 1 nicht gedeckt und im Übrigen tatsächlich nicht zu verwirklichen. Spielende Kinder und Jugendliche überwinden erfahrungsgemäß jeden Bauzaun, wie er auch ausgebildet sein mag. Ein Bauherr ist seiner Verpflichtung aus Abs. 1 S. 2 ausreichend nachgekommen, wenn er eine dreiseitig mit Gartenzäunen eingefriedete Baustelle zur Straßenseite hin mit üblichen Bauzaunelementen zustellt und damit den Gefahrenbereich abgrenzt. Abs. 1 soll und kann nicht Mängel in der elterlichen Aufsicht kompensieren.

Der Nachbar kann gemäß §§ 906 ff., 1004 BGB gegen unzumutbare Störung durch die Baustelleneinrichtung, etwa durch Baustraßen oder Gerüste, vorgehen. Das Überschwenken durch einen Baukran hat er jedoch uU zu dulden, wenn dem Bauherrn ansonsten Nachteile drohen (Verteuerung der Baumaßnahme um den Faktor 3-5, LG München I, Urteil vom 13. Juli 2018 – 11 O 2717/17 –, juris).

Die Unterlassung gebotener Abgrenzungen oder das Nichtanbringen notwendiger Warnzeichen, Schutzvorrichtungen oder Schutzmaßnahmen kann eine Ordnungswidrigkeit (§ 80 Abs. 1 Nr. 1) darstellen und mit einem Bußgeld von bis zu 500.000 Euro geahndet werden. Die Verkehrssicherungspflicht trifft zunächst den Bauunternehmer gemäß § 823 BGB und kann Schadensersatzansprüche nach sich ziehen.

Verantwortlich für die Einhaltung sind die nach NBauO verantwortlichen Personen gemäß §§ 52 ff., insbesondere aber der mit der Baustelleinrichtung betraute Unternehmer. Die Vornahme der Durchführung einer bestimmten Baustelleinrichtung kann Gegenstand der Baugenehmigung sein.

6 Auf den **öffentlichen Verkehrsflächen** dürfen idR keine Baustoffe, Bauteile, Bauschutt oder andere Baumaterialien gelagert werden. Geschieht dies dennoch, dann dürfen dadurch keine Gefahren und Behinderungen für den Straßenverkehr eintreten (§ 32 Abs. 1 StVO). Hinsichtlich Ausnahmeregelungen wird auf § 46 Abs. 1 StVO verwiesen. Zu beachten sind auch örtliche Verordnungen nach § 54 ff. Nds. SOG iVm § 52 NStrG (Straßenreinigung).

Die Inanspruchnahme öffentlicher Verkehrsflächen für die Baustelleneinrichtung ist eine über den Gemeingebrauch hinausgehende **Sondernutzung** und erfordert die Erlaubnis des Trägers der Straßenbaulast (§ 8 FStrG und §§ 18 ff. NStrG).

Im Übrigen müssen Baustellen verkehrssichere Zu- und Abfahrten haben.

7 **Gerüste**, gleich welcher Art, sind nach Nr. 11.14 des Anhangs zu § 60 baugenehmigungsfrei. Mit der Freistellung von der Genehmigungspflicht sind Gerüste aber nicht von der Einhaltung der materiellen Anforderungen der NBauO befreit. Nach § 2 Abs. 1 Nr. 6 gehören sie zu den baulichen Anlagen (vgl. → § 2 Rn. 26). Gerüstbauteile wie Stahlrohre, Kupplungen, Gerüstspindeln, Zentrierbolzen, Fußplatten sind Bauprodukte, die den Anforderungen der §§ 16b ff. und den TT VB entsprechen müssen.

Der allgemeine Grundsatz, dass nur solche Inhalte in die Verwaltungsvorschrift Technische Baubestimmungen (VV TB) aufgenommen werden, die zur Erfüllung der Anforderungen des § 3 NBauO unerlässlich sind, gilt auch hier. Die Bauaufsichtsbehörden können jedoch im Rahmen ihrer Entscheidungen zur Ausfüllung unbestimmter Rechtsbegriffe auch auf allgemein anerkannte Regeln der Technik zurück- greifen, die keine

Technischen Baubestimmungen sind. Das Deutsche Institut für Bautechnik macht nach Anhörung der beteiligten Kreise im Einvernehmen mit den obersten Bauaufsichtsbehörden die Technischen Baubestimmungen als Muster-Verwaltungsvorschrift bekannt. Die Teile C und D der Muster-Verwaltungsvorschrift gelten nach § 83 Abs. 6 S. 2 NBauO unmittelbar, die Teile A und B erst nach Bekanntmachung (s. RdErl. des MU vom 21.1.2019, Nds. MBl. 2019, S.169 ff, Hinweis s.o.).

Verantwortlich für den Auf- und Abbau von Gerüsten ist der Gerüstbauunternehmer; verantwortlich für die Vorhaltung und Benutzung der Gerüste ist der Unternehmer, der sich der Gerüste bedient (§ 54 NBauO).

b) Sonstige Anforderungen

Neben dem Schutz der Allgemeinheit sind zum Schutz der auf der Baustelle Beschäftigten und Besucher bestimmte **Sicherheitsvorkehrungen** zu treffen. Allerdings ist hinsichtlich der **Betriebssicherheit** von Baustelleneinrichtungen § 11 nicht einschlägig, wohl aber die Grundsatzanforderungen des § 3 Abs. 4, soweit nicht Sonderrecht greift (vgl. → § 3 Rn. 53 ff.). Zivilrechtlich und strafrechtlich bedeutsam sind in diesem Zusammenhang auch die anerkannten Regeln der Technik. 8

Zu der Frage, wie ein über die Straße verlegter Wasserschlauch zu sichern ist, vgl. OLG Saarbrücken, Urteil vom 5.6.2014 – 4 U 118/13, IBR 2014, 481.

Darüber, welche Vorkehrungen zum **Schutz der Bauarbeiter** zu treffen sind, enthalten die Unfallverhütungsvorschriften der zuständigen Berufsgenossenschaften die einschlägigen Bestimmungen. Die Nichtbeachtung dieser Bestimmungen stellt im Allgemeinen einen Verstoß gegen die anerkannten Regeln der Technik dar. Neben diese deutschen Unfallverhütungsvorschriften ist die EU-Richtlinie 92/57/EWG des Rates vom 24.6. 1992, genannt EU-Baustellensicherheitsrichtlinie (ABl. L 245, S. 6 ff.), getreten, die eine vergleichbare Zielsetzung hat. Sie wurde inzwischen durch die Baustellenverordnung (→ Rn. 9) in nationales Recht umgesetzt und ergänzt das deutsche Arbeitsschutzrecht um die Verantwortung und Pflichten des Bauherrn für die Sicherheit und den **Gesundheitsschutz** der Beschäftigten auf Baustellen.

Die **Baustellenverordnung (BaustellV)** vom 10.6.1998 (BGBl. I S. 1283), zuletzt geändert durch Artikel 27 des Gesetzes vom 27.6.2017 (BGBl. I S. 1966), will höhere Arbeitssicherheit auf Baustellen dadurch erreichen, dass baustellenspezifische Gefahren durch sorgfältige Vorausplanung des Bauablaufs erfasst und durch Koordination der Arbeitsabläufe minimiert bzw. vermieden werden. Sie regelt die Pflichten der am Bau Beteiligten für den Arbeitsschutz und verpflichtet insbesondere den Bauherrn, bei der Planung der Ausführung des Bauvorhabens die allgemeinen Grundsätze des § 4 **ArbSchG** zu berücksichtigen (§ 2 Abs. 1 BaustellV). 9

Aus der BaustellV ergibt sich, dass bei größeren Baustellen besondere Vorkehrungen zu treffen sind. Größere Baustellen sind nach § 2 BaustellenV wie folgt definiert: Die voraussichtliche Dauer der Arbeiten beträgt mehr als 30 Arbeitstage und auf der mehr als 20 Beschäftigte gleichzeitig tätig werden, *oder* der Umfang der Arbeiten überschreitet voraussichtlich 500 Personentage. In diesen Fällen ist Umfang zuständigen Arbeitsschutzbehörde (Gewerbeaufsichtsamt) mindestens 14 Tage vorher anzukündigen. Diese Vorankündigung ist sichtbar auf der Baustelle aufzuhängen. Die Vorgaben zum Inhalt der Ankündigung finden sich im Anhang I der BaustellV:

1. Ort der Baustelle,
2. Name und Anschrift des Bauherrn,
3. Art des Bauvorhabens,
4. Name und Anschrift des anstelle des Bauherrn verantwortlichen Dritten,
5. Name und Anschrift des Koordinators,
6. voraussichtlicher Beginn und voraussichtliche Dauer der Arbeiten,
7. voraussichtliche Höchstzahl der Beschäftigten auf der Baustelle,

8. Zahl der Arbeitgeber und Unternehmer ohne Beschäftigte, die voraussichtlich auf der Baustelle tätig werden,
9. Angabe der bereits ausgewählten Arbeitgeber und Unternehmer ohne Beschäftigte.

Bei besonders gefährlichen Arbeiten ist unabhängig von der Größe der Baustelle ein Sicherheits- und **Gesundheitsschutzplan** aufzustellen. Zu den besonders gefährlichen Arbeiten zählen nach § 2 Abs. 3 BaustellV solche, bei denen ua die Beschäftigten der Gefahr des Versinkens oder des Verschüttetwerdens in Baugruben oder in Gräben mit einer Tiefe von mehr als 5 m oder des Absturzes aus einer Höhe von mehr als 7 m ausgesetzt sind oder biologischen Arbeitsstoffen, bestimmten Stoffen der Gefahrstoffverordnung, toxischen, krebserregenden oder entzündbaren Stoffen. Auch Arbeiten in einem geringeren Abstand als 5 m von Hochspannungsleitungen sind als gefährlich einzustufen. Gleiches gilt für Arbeiten, bei denen die unmittelbare Gefahr des Ertrinkens besteht, beim Brunnenbau, unterirdische Erdarbeiten und Tunnelbau, Arbeiten mit Tauchgeräten, oder solchen, bei denen Sprengstoff eingesetzt wird sowie der Aufbau oder Abbau von Massivbauelementen mit mehr als 10 t Einzelgewicht.

Für Baustellen, auf denen Arbeitnehmer mehrerer Firmen tätig sind, ist mindestens ein Koordinator zu bestellen, § 3 BaustellV. Diese Aufgabe kann der Bauherr selbst übernehmen, er kann aber auch geeignete Koordinatoren bestellen.

Diese Bestellung entlastet ihn nicht von der Mitverantwortung, § 3 Abs. 1a BaustellV. Der Bauherr bleibt als verantwortliche Person nach NBauO mitverantwortlich, insbesondere kann er bußgeldpflichtig werden (§ 80 Abs. 1 Nr. 1). Aufgrund der hohen Anforderungen, die Spezialwissen erfordern, sind Bauherrn gut beraten, wenn sie einen unabhängigen qualifizierten Baufachmann (auch **Sicherheits- und Gesundheitskoordinator** genannt) zu beauftragen. Gemäß § 4 BaustellV kann der Bauherr mit befreiender Wirkung einen qualifizierten Dritten beauftragen, die notwendigen Maßnahmen in eigener Verantwortung zu treffen.

10 Der **Brandschutz** auf einer Baustelle gehört mit zu den Sicherheitsaspekten, die von der BaustellenV erfasst werden. Aber auch unterhalb der Anwendungsschwelle der BaustellenV muss der **Brandschutz während der gesamten Bauarbeiten** gewährleistet sein. Diese Forderung ergibt sich nicht aus § 11, sondern aus § 3 Abs. 4, wonach Baumaßnahmen so durchzuführen sind, dass Leben und Gesundheit nicht bedroht werden.

Kleine Umbau-, Anbau- oder Sanierungsarbeiten bei „laufendem Betrieb" sind besonders gefährlich, weil einerseits das Brandschutz- und Rettungswegsystem wegen der Bauarbeiten außer Funktion sein kann und andererseits feuergefährliche Arbeiten zB mit Schweißgeräten, Lötlampen, Trennschleifern mit Funkenflug durchgeführt werden. Zu keiner Zeit ist ein Gebäude mehr brandgefährdet als während der Umbauphase, so dass nicht nur die Sicherheit der Bauarbeiter unmittelbar an der Baustelle selbst bedacht werden muss, sondern auch die der übrigen Personen, die sich in den nicht von den Bauarbeiten betroffenen Gebäudeteilen aufhalten. Die Einhaltung der Anforderungen aus § 3 Abs. 1 iVm Abs. 4 kann durch ein **Brandschutzkonzept** für die Umbauphase nachgewiesen werden.

11 Besondere Bedeutung kommt dem **Lärm einer Baustelle** zu. Nach § 3 Abs. 4 S. 2 dürfen (auch bei der Durchführung von Baumaßnahmen) keine unzumutbaren Belästigungen entstehen (vgl. → § 3 Rn. 22 ff., → § 3 Rn. 53).

§ 22 Abs. 1 BImSchG verpflichtet ua dazu, **Baumaschinen** so zu betreiben, dass

– schädliche Umwelteinwirkungen verhindert werden, die nach dem Stand der Technik vermeidbar sind,
– nach dem Stand der Technik unvermeidbare Umwelteinwirkungen auf ein Mindestmaß beschränkt werden,

soweit dies erforderlich ist, um die Allgemeinheit vor Gefahren, erheblichen Nachteilen oder erheblichen Belästigungen zu schützen. Die Überwachung dieser Pflichten obliegt den Landkreisen, den kreisfreien und großen selbständigen Städten (Nr. 8.1a ZustVO-Umwelt-Arbeitsschutz v. 4.11.2009 – Nds. GVBl. S. 374).

Die zuständige Behörde kann Anordnungen im Einzelfall treffen, um die Lärmauswirkungen von Baumaschinen und übrigen Baustellenlärm zu begrenzen, §§ 22 iVm 24 BImschG.

Die **Geräte- und MaschinenlärmschutzV (32. BImSchV** vom 29.8.2002 (BGBl. I S. 3478), zuletzt geändert durch Artikel 83 der Verordnung vom 31.8.2015 (BGBl. I S. 1474)**)** hat eine ganze Reihe von Vorschriften zum Schutz gegen Baulärm abgelöst. Zu nennen sind vor allem die zu dem früheren Gesetz zum Schutz gegen Baulärm erlassenen Verwaltungsvorschriften, die nach § 66 Abs. 2 BImSchG fortgalten und Regelungen zur Beurteilung und Minderung von Baulärm sowie Emissionsrichtwerte für Baumaschinen enthielten, die 2. und 3. Allgemeine Verwaltungsvorschrift zum BImSchG mit Emissionswerte für Krane und Drucklufthämmer, sowie die 15. BImSchV (Baumaschinenlärm-VO), nach der Baumaschinen nur in den Verkehr gebracht werden durften, wenn ihre Schallleistungspegel den EU-Richtlinien entsprachen. Die Verwaltungsvorschriften zu § 17 „Einsatz lärmarmer Baumaschinen“ v. 2.3.1994 und „Lärmschutz bei Baumaschinen“ v. 29.7.1976 sind im Hinblick auf diese VO außer Kraft gesetzt worden (RdErl. d. MU v. 26.8.2003 – Nds. MBl. S. 634). **11.1**

Die 32. BImschV dient der Umsetzung der europäischen Richtlinie 2000/14/EG v. 8.5.2000 in deutsches Recht und begrenzt die umweltbelastenden Geräuschemissionen von Geräten und Maschinen, die – wie Baumaschinen – im Freien verwendet werden, indem sie die Zulässigkeit des Inverkehrbringens und der Inbetriebnahme davon abhängig macht, dass die Geräte und Maschinen mit der CE-Kennzeichnung und der Angabe des garantierten Schallleistungspegels versehen sind, ihnen eine EG-Konformitätserklärung beigefügt ist und sie zulässige Schallleistungspegel nicht überschreiten. Nach dem Anhang zu § 3 Abs. 1 der 32. BImschV betrifft das ua **typische Baumaschinen** wie etwa Mischer, Förderbänder, Pumpen, Kompressoren, Ketten- u. Kreissägen, Fugenschneider, Bodenverdichter, Betonrüttler, Bohrgeräte, Wasserstrahler, Baggerlader, Kräne, also alle Lärm verursachenden Maschinen und Geräte, die auf Baustellen im Freien oder in offenen Rohbauten eingesetzt werden. Sie unterliegen in Wohngebieten tageszeitlichen Einsatzbeschränkungen, wenn sie nicht das gemeinschaftliche Umweltzeichen als lärmarm ausweist (§ 7 Abs. 1 der 32. BImschV). Damit soll dem besonderen Schutzbedürfnis der Bevölkerung in Wohngebieten Rechnung getragen werden. Die Kontrolle der geschützten Ruhezeiten obliegt den Gemeinden (Nr. 8.1.15.4 ZustVO-Umwelt-Arbeitsschutz v. 4.11.2009, neu gefasst durch Verordnung vom 26.2.2019, Nds. GVBl. S. 33). **11.2**

Abwehransprüche gegen Baulärm, insbesondere der Nachbarn, können sich auch aus den §§ 862, 906 und 1004 BGB ergeben.

Auf Baustellen eingesetzte Vibrationsgeräte, Rammen und Rüttler können **Erschütterungen** verursachen, die zu erheblichen Belästigungen und u.U. auch zu Gebäudeschäden führen können (vgl. → § 15 Rn. 39 ff.). Für die Bewertung derartiger Erschütterungsimmissionen bietet die Erschütterungs-Leitlinie der Bund/Länder-Arbeitsgemeinschaft für Immissionsschutz (Hinweise zur Messung, Beurteilung und Verminderung von Erschütterungsimmissionen, Stand 6.3.2018, abrufbar unter www.lai-immissionsschutz.de) einen Beurteilungsmaßstab und Hinweise zur Immissionsminderung. In Niedersachsen wurden die „Hinweise zur Messung, Beurteilung und Verminderung von Erschütterungsimmissionen“ als Erlass veröffentlicht (Erlass v. 26.3.2009, Nds. MBl. 2009 S. 437), sie gelten auch für Baustellen. **12**

Nach § 3 Abs. 4 NBauO sind Baumaßnahmen so durchzuführen, dass keine unzumutbaren Belästigungen entstehen. Unzumutbar und damit unzulässig sind zB Erschütterungen, die der Bauherr ohne großen zusätzlichen Aufwand vermeiden kann. Unvermeidbare Erschütterungen wirken weniger belästigend, wenn sie auf bestimmte Tageszeiten beschränkt werden.

13 Die Einrichtung von Baustellen zur **Sanierung von Asbestprodukten** bedarf besonderer Maßnahmen zum Schutz der Arbeitnehmer wie auch der Allgemeinheit vor Asbestfaserstäuben. Zur Gefährdung durch Asbestfasern → § 13 Rn. 44. Nach der Asbest-Richtlinie 1997 (siehe dazu Anlage A 3.2/2 der VV TB) dürfen keine Asbestfasern in die Umgebung gelangen. Luft aus dem Arbeitsbereich darf nur kontrolliert und über mechanische Lüftungsanlagen gefiltert an die Außenluft abgegeben werden. Beim Umgang mit schwach gebundenen Asbestprodukten (Rohdichte < 1.000 kg/m³) muss der unmittelbare Arbeitsbereich abgeschottet sein, die Verbindung zu ihm darf nur über Schleusen erfolgen. Ist das Austreten von Asbestfasern über Undichtigkeiten zu befürchten, muss der Arbeitsbereich ständig unter Unterdruck gehalten werden. Arbeiten zur Sanierung schwach gebundener Asbestprodukte fallen unter die Regelungen der Gefahrstoffverordnung (GefStoffV). Sie dürfen nur von dafür zugelassenen Fachbetrieben nach festgelegtem Arbeitsplan ausgeführt werden und sind sowohl dem Gewerbeaufsichtsamt, das für die Überwachung der Arbeiten zuständig ist, wie auch der Bauberufsgenossenschaft mitzuteilen.

14 **Bauabfälle** (Bauschutt, Erdaushub, Straßenaufbruch) und **Baustellenabfälle** unterliegen § 7 Abs. 2 KrWG, der der Abfallverwertung Vorrang vor der Abfallentsorgung einräumt. Nach dieser Regelung und den hierzu ergangenen Verordnungen ist die Entsorgung stofflich verwertbarer Abfälle auf Bauschuttdeponien ausgeschlossen. Die Aufbereitung von Bauabfall und Baustellenabfall als Sekundärbaustoff setzt weitgehende Sortenreinheit voraus. Daher müssen die wieder verwertbaren Bauabfälle und Baustellenabfälle voneinander und von anderen Abfällen getrennt gehalten werden. Das setzt ein baustellenspezifisches **Entsorgungskonzept** voraus, das die Rahmenbedingungen der jeweiligen Baustelle berücksichtigt, zB den Platzbedarf für Container, die im Übrigen gegen die missbräuchliche Benutzung durch Unbefugte gesichert sein müssen, um die Sortenreinheit der getrennten Abfälle zu erhalten.

15 Das Gesetz lässt offen, wer zur *Trennung* der **Baustellenabfälle** verpflichtet ist. Da aber Baustoffe erst nach dem Einbau und nach der Abnahme durch den Bauherrn in sein Eigentum und damit in seine Verfügungsgewalt übergehen, dürfte primär die Verantwortung für die Trennung beim jeweiligen Unternehmer liegen, der den Baustellenabfall erzeugt. Der Bauherr ist aber ergänzt durch den Bauleiter neben dem Unternehmer verantwortlich (§ 52 Abs. 2 S. 3). Zur Klarstellung sollte der Bauherr dann in den Bauvertrag eine entsprechende Verpflichtungsklausel oder zumindest einen Hinweis auf die gesetzliche Verpflichtung aufnehmen. Es empfiehlt sich weiter, in die Leistungsbeschreibung eine diesbezügliche Position unter „Baustelleneinrichtung" aufzunehmen, um vor unangenehmen Nachforderungen seitens der Unternehmer geschützt zu sein. Zwar ist idR die Beseitigung von Verunreinigungen (Abfälle, Bauschutt usw), die von Arbeiten des Unternehmers herrühren, den Nebenleistungen zuzurechnen, die auch ohne Erwähnung in der Leistungsbeschreibung zur vertraglichen Leistung gehören. Ob dies aber auch für die geforderte Trennung der Baustellenabfälle zutrifft, muss in Frage gestellt werden, da dies zweifelsohne gegenüber den bisherigen Gepflogenheiten einen erhöhten Arbeitsaufwand erfordert.

16 Auch beim **Abbruch baulicher Anlagen** müssen verwertbare Bauabfälle möglichst sortenrein separiert werden, um sie zu Sekundärrohstoffen aufarbeiten zu können. Der herkömmliche Abbruch mittels Fallbirne ist daher mit den Grundsätzen des § 6 KrWG nicht vereinbar. Diese zwingen dazu, den Gebäudeabbruch in Form selektiver Demontage durchzuführen. Dabei wird das Gebäude von allen Ausbau- und Fassadenteilen entkleidet, die Dacheindeckung abgenommen und der Dachstuhl demontiert, bevor die Mauerwerks- und Stahlbetonteile des „Rohbaus" zertrümmert werden. Ist die Baustellenfläche zur Aufnahme von Sortiermulden zu klein, muss das Abbruchmaterial direkt verladen und einer Sortieranlage zugeführt werden, bevor es zum Sekundärbaustoff aufgearbeitet werden kann.

Die Aufarbeitung von mineralischem Bauschutt auf größeren Baustellen in mobilen Brechanlagen direkt vor Ort ist Stand der Technik. In dicht bebauten Gebieten ist diese

Technik wegen der damit für die Nachbarschaft verbundenen Immissionen (Lärm, Staub, Erschütterungen) nur begrenzt einsetzbar (§3 Abs.4), aber wegen der Seltenheit des Ereignisses bei Beachtung der Grundsätze des §22 Abs.1 BImSchG (→Rn.11) für wenige Tage durchaus zumutbar (vgl. →§13 Rn.39).

Asbesthaltige Materialien sind beim Abbruch durch vorherigen Ausbau getrennt zu erfassen. Zu den erforderlichen Sicherheitsvorkehrungen siehe die Ausführungen in →Rn.13, die für Gebäudeabbrüche ebenfalls gelten. Im Hochbau wurden asbesthaltige Materialien verwandt zur Isolierung, zum Feuerschutz, als Dichtmaterial, als Füll- und Dämmstoff, als Asbestzementbaustoff für Rohrleitungen, Bedachungsmaterial und Fassadenverkleidungen. Asbesthaltige Abfälle sind nicht verwertbar. Ihre (Wieder-)Verwendung – auch als Wegebaumaterial – ist verboten (GefStoffV). Sie dürfen weder verbrannt noch wiederaufbereitet werden, sondern müssen nach vorheriger Behandlung auf geeigneten Sonderdeponien entsorgt werden. Schwach gebundene Asbestabfälle wie zB Isoliermaterial sind besonders überwachungspflichtig und müssen der Nds. Gesellschaft zur Endablagerung von Sonderabfall mbH (NGS) angedient werden (§16 NAbfG). 17

Nach der NBauO 1986 waren Gebäudeabbrüche bis auf wenige Ausnahmen baugenehmigungspflichtig. Im Genehmigungsverfahren musste der Bauherr nach §9 der BauVorlVO i.d. Fassung vom 9.6.1992 eine Bescheinigung eines Sachkundigen darüber vorlegen, ob Bauteile des Abbruchgebäudes Asbest oder asbesthaltige Materialien enthalten. Mit der NBauO 1995 ist die Genehmigungspflicht für Abbrüche (ausgenommen Hochhäuser) entfallen und damit die Nachweispflicht des Bauherrn gegenüber der BauAB. Es liegt nun in der Eigenverantwortung der am Bau Beteiligten, sich vor Abbruchbeginn von der Asbestfreiheit durch Sachverständigengutachten zu überzeugen. Wer dies außer Acht lässt und dadurch Andere gesundheitlichen Gefahren durch Asbestfaserstaub leichtfertig aussetzt, macht sich nach §26 Ziff.9 GefahrstoffVO strafbar. Nach §27 ChemikalienG droht eine Freiheitsstrafe bis zu 5 Jahren. 18

C. Schutz öffentlicher Anlagen (Abs. 2)

Die in §11 Abs.2 aufgeführten öffentlichen Anlagen und Einrichtungen sind während der Bauausführung zu schützen und zugänglich zu halten. Diese Forderung schließt die Pflicht ein, sich vor Inangriffnahme von Arbeiten durch Anfrage bei den zuständigen Stellen (Versorgungsunternehmen, Tiefbauamt, Deutsche Telekom AG, Katasteramt) darüber zu vergewissern, ob und wo derartige Anlagen im Baustellenbereich oder in dessen Nähe vorhanden sind. Diese Pflicht obliegt vornehmlich dem Unternehmer, der Bauherr bleibt daneben verantwortlich (§52). Die zu treffenden Schutz- und Sicherheitsvorkehrungen sollten mit dem zuständigen Träger der jeweiligen Anlage abgestimmt werden. 19

Die Vorschrift des Abs.2 ist kein Schutzgesetz iSv §823 Abs.2 BGB zugunsten von Stromabnehmern, die bei Beschädigung eines Versorgungskabels durch Stromausfall Vermögensschäden erleiden (BGH 8.6.1976 – VI ZR 50/75, NJW 1976, 1740). Die Nichtbeachtung der Forderungen des §11 Abs.2 ist eine Ordnungswidrigkeit (§80 Abs.1 Nr.1) und kann mit einer Geldbuße geahndet werden. Darüber hinaus ist auch die fahrlässige Beschädigung einer für die Bevölkerung lebenswichtigen Versorgungsleitung strafbar (§§316b Abs.1, 317 StGB). 20

Hinsichtlich der Verpflichtung, **Grenz- und Vermessungsmale** zu schützen, wird auf §9 NVermG verwiesen. Wer unbefugt Punkte des Landesbezugssystems oder Grenzpunkte kennzeichnet, Kennzeichen verändert, beseitigt oder deren Standsicherheit gefährdet, oder Schutzflächen nach §7 Abs.2 Satz 1 Nr.2 überbaut, abträgt oder sonst verändert, begeht eine Ordnungswidrigkeit. Die ordnungswidrig mit Angaben des amtlichen Vermessungswesens hergestellte Erzeugnisse können eingezogen werden. 21

Schützenswert können auch **Bodenfunde** sein, wenn sie unter das nds. Denkmalschutzgesetz fallen, §6 NDSchG. Dazu gehören archäologische Bodenfunde, **Boden-** 22

denkmale und **Kulturdenkmale**. Werden bei Bauarbeiten Spuren oder Gegenstände gefunden, die darunterfallen, so hat der Finder, der Bauleiter, der Unternehmer oder der Bauherr dies unverzüglich der **Denkmalschutzbehörde**, der Gemeinde oder der BauAB anzuzeigen, die Bauarbeiten insoweit einzustellen, die Fundstelle unverändert zu lassen und den Bodenfund vor Gefahren zu schützen (§ 14 NDSchG). Zuwiderhandlungen können mit Geldbußen bis zu 250.000 EUR geahndet werden (§ 35 NDSchG). Im Übrigen bedarf, wer eine Baustelle einrichten und Erdarbeiten vornehmen will an einer Stelle, an der Kulturdenkmale im Boden zu vermuten sind, einer Genehmigung der Denkmalschutzbehörde (§ 13 NDSchG). Diese Genehmigung muss bei baugenehmigungsfreien Vorhaben (zB nach § 62) zuvor ausdrücklich beantragt werden. Der Antrag entfällt bei baugenehmigungspflichtigen Vorhaben, da die Konzentrationswirkung der Baugenehmigung die für die Erdarbeiten erforderliche denkmalrechtliche Genehmigung bereits einschließt (vgl. Schmaltz/Wiechert NDSchG § 24 Rn. 1).

D. Schutz der Bäume und Sträucher (Abs. 2 Satz 2)

23 Nach der NBauO 1986 waren nur **Bäume**, die aufgrund anderer Rechtsvorschriften zu erhalten sind, während der Bauausführung zu schützen. Die NBauO 1995 hat diesen Schutz auch auf Hecken und Sträucher erweitert. Das ist nur folgerichtig, weil nicht nur Bäume, sondern auch Hecken und Sträucher in Rechtsvorschriften geschützt sein können. Die Pflicht, Bäume zu erhalten, kann sich aus den Bestimmungen des Naturschutzes ergeben, insbesondere aus der Tatsache, dass sie **Naturdenkmale** oder geschützte **Landschaftsbestandteile** (§§ 27 ff. NNatG) sind, zB von **Baumschutzsatzungen** erfasst werden, oder daraus, dass im B-Plan ihre Erhaltung festgesetzt ist (§ 9 Abs. 1 Nr. 25b BauGB).

24 Die zu erhaltenden **Bäume, Sträucher, Hecken und sonstige Bepflanzungen** müssen während der Bauausführung geschützt werden. Der übrige Bewuchs der Baustelle fällt nicht unter den Schutz des Abs. 2 S. 2. Diese Regelung enthält kein selbständiges Gebot, den auf Baustellen vorhandenen Bewuchs zu schützen und trägt daher auch nicht entsprechende, oftmals an die planungsrechtliche Einvernehmensherstellung geknüpfte Forderungen der Gemeinden. Wenn der auf der Baustelle vorhandene Bewuchs während der Bauausführung wirksam geschützt werden soll, dann muss die Gemeinde das ihr dafür zur Verfügung stehende rechtliche Instrumentarium nutzen und damit die Voraussetzungen für die Anwendung der Schutzvorschrift des Abs. 2 S. 2 schaffen. Dessen ungeachtet wird der ökologisch verantwortungsbewusste Bauherr Schutzvorkehrungen nicht nur für den rechtlich geschützten Baustellenbewuchs treffen lassen, sondern auch für alle erhaltenswerten Bäume oder Sträucher, die nicht unbedingt einer baulichen Anlage weichen müssen.

25 Bereits vor Beginn der Entwurfsarbeiten muss sich der Entwurfsverfasser genehmigungspflichtiger wie auch genehmigungsfreier Baumaßnahmen darüber vergewissern, ob **öffentlich-rechtliche Erhaltungspflichten** für Bäume, Hecken, Sträucher im Bereich der Baustelle bestehen, um diese sowohl bei der Gebäudeplanung wie auch bei der späteren Baustellenorganisation berücksichtigen zu können. Auskünfte darüber können die örtlich zuständigen unteren Naturschutzbehörden, das sind idR die Landkreise, die Region Hannover und die kreisfreien Städte, und auch die Gemeinden erteilen (§ 31 NNatG) sowie der Niedersächsische Landesbetrieb für Wasserwirtschaft, Küsten- und Naturschutz (NLWKN).

26 Zu den **typischen Gefahren**, denen zu erhaltende Bäume oder Sträucher auf Baustellen ausgesetzt sind, gehören insbesondere mechanische Verletzungen durch Fahrzeuge, Kräne, Baumaschinen, Wurzelschäden durch Erdarbeiten, Trockenschäden durch Grundwasserabsenkung, Sauerstoffmangel infolge von Bodenverdichtung durch Schwerlastverkehr und infolge von Bodenversiegelung durch Baumateriallagerung, Hitzeschäden durch Baustellenheizungen.

Diesen Gefahren kann zB durch Einfriedung der Baumkronenbereiche und, wo das nicht möglich ist, durch Bohlenummantelung der Stämme, durch Bewässerung, Belüftung und lastverteilenden Überfahrschutz für die Wurzelbereiche, durch Begrenzung des Schwenkbereiches der Baukräne in Baumkronenhöhe entgegengewirkt werden.

E. Das Bauschild (Abs. 3)

Das Bauschild dient vornehmlich den an der Bauüberwachung beteiligten Behörden – **27**
Bauaufsicht, Gewerbeaufsicht, Bauberufsgenossenschaften – bei der Wahrnehmung ihrer Aufgaben. Daneben hat das Bauschild den Sinn, Auskunft über die jeweils für die Baumaßnahme Verantwortlichen zu geben, damit diese ermittelt und verständigt werden können, wenn sich auf der Baustelle ein Gefahrenzustand bilden sollte oder eine Gefahr bereits eingetreten ist, die Maßnahmen erfordert. Auch außerhalb der Arbeitszeit können auf einer Baustelle Gefahren entstehen (Schwelbrand, Sturmschaden usw). Schließlich hat das Bauschild einen praktischen Nebeneffekt: Es informiert Nachbarn über bevorstehende Bauvorhaben (Sächsisches Oberverwaltungsgericht, Beschluss vom 25. Januar 2012 – 1 B 231/11 –, juris)

Die Forderung des Abs. 3 war schon in § 4 des Gesetzes über die Sicherung der Bauforderungen vom 1.6.1909 (RGBl. I S. 449) idF des Ersten Gesetzes zur Reform des Strafrechts vom 25.6.1969 (BGBl. I S. 645) enthalten, hatte aber dort keine auf die Gefahrenabwehr gerichtete Zielsetzung.

§ 11 Abs. 3 verpflichtet den Bauherrn zur Anbringung des Bauschildes. Die Nichtbeach- **28**
tung dieser Pflicht stellt eine Ordnungswidrigkeit dar (§ 80 Abs. 1 Nr. 2). Die Forderung betrifft *nicht* verfahrensfreie Baumaßnahmen. Für verfahrensfreie Baumaßnahmen wie z.B: Abbrucharbeiten (§ 60 Abs. 2), Instandhaltungsarbeiten (§ 60 Abs. 2) oder für die im Anhang zu § 60 aufgeführten Baumaßnahmen besteht nach wie vor keine Pflicht zur Anbringung eines Bauschildes. Das ist umso ärgerlicher, als gerade auf Baustellen genehmigungsfreier Baumaßnahmen die Information über die Verantwortlichen von erhöhter Bedeutung für die Nachbarn, aber auch für die überwachenden Behörden ist. Daher sollte de lege ferenda das Bauschild zumindest für Gebäudeabbrüche und Baustellen mit Außengerüsten zur Pflicht werden.

Während die NBauO 1973 nur forderte, dass das Bauschild von der öffentlichen Ver- **29**
kehrsfläche aus „sichtbar" zu sein hatte, ist die Forderung seit 1986 darauf erweitert worden, dass das Schild von gefahrlos zugänglicher Stelle der öffentlichen Verkehrsfläche aus **lesbar** und im Übrigen auch **dauerhaft** zu sein hat. Das bedeutet nun allerdings nicht, dass grundsätzlich auf der Baustelle großformatige Schilder – etwa aus Hartfaserplatten mit Acrylfarbenbeschichtung – aufzustellen sind, wie dies bei Baumaßnahmen der öffentlichen Hand üblich ist. Zumindest dann, wenn das Schild unmittelbar an der Grenze zur öffentlichen Verkehrsfläche angebracht ist, wird auch ein DIN-A 4-Blatt mit Schreibmaschinentext in einer wetterfesten Plastikhülle dem Zweck der Vorschrift (→ Rn. 27) gerecht. Das Blatt ist allerdings zu erneuern, wenn es vergilbt sein sollte, denn die Lesbarkeit muss über die Dauer der Bauausführung gewährleistet sein. Zu erneuern ist das Schild darum auch, wenn es etwa einmal vom Sturm verweht oder zerstört sein sollte.

Bei „Hinterlieger"-Grundstücken muss nach S. 2 das Schild nicht von der öffentlichen Verkehrsfläche aus lesbar sein (es sollte aber von dieser aus in jedem Fall erkennbar sein), sondern es genügt die Lesbarkeit von dem erforderlichen Zugang zum Baugrundstück aus. Entscheidend ist in jedem Fall, dass das Bauschild so erkennbar und beschaffen ist, dass jederzeit eine Benachrichtigung der dort aufgeführten Verantwortlichen möglich ist.

Die **Verantwortlichen**, die **auf dem Bauschild** genannt werden müssen, ergeben sich **30**
aus Satz 1. Dem Wortlaut nach brauchen nur Namen und Anschriften auf dem Bauschild aufgeführt zu sein. Dass dazu auch Telefonnummern (u. ggf. Faxnummern) gehören, ist

selbstverständlich und bedurfte keiner besonderen Erwähnung im Gesetz. Der Zweck des Bauschildes, nämlich die Verantwortlichen im Falle drohender Gefahr auch nach Feierabend und an Wochenenden alarmieren zu können, wird allerdings nur erreicht, wenn ständig besetzte Rufnummern, zB Mobilfunknummern, angegeben werden.

Die oftmals anzutreffenden großflächigen Werbetafeln des Bauträgers mit Verkaufsinformationen über das Bauprojekt sind keine Bauschilder iS Abs. 3, wenn die oa Angaben über die Verantwortlichen fehlen. Das Gleiche gilt für Schilder mit Firmen- und Produktwerbung an der Baustelle.

31 Satz 3 lässt allgemein zu, dass die Namen und Anschriften von Unternehmern, die nur **geringfügige Bauarbeiten** auf der Baustelle ausführen, auf dem Bauschild nicht aufgeführt zu werden brauchen. Was in diesem Zusammenhang jeweils als geringfügig anzusehen ist, muss sich am Schutzzweck der Vorschrift orientieren.

32 Um die Erreichbarkeit des Bauherrn zu gewährleisten, ist der bisher in § 17 Abs. 3 S. 4 aF normierte Verzicht auf das Bauschild gestrichen worden.

33 Ebenso wie die Baustelleneinrichtung selbst ist das Bauschild mit den Namen und Anschriften der Verantwortlichen – unabhängig von seiner Größe – als Bestandteil der Baustelleneinrichtung baugenehmigungsfrei (Ziffer 11.15 des Anhangs). **Bauschilder** können zugleich **Werbeanlagen** sein. Ist dies der Fall, so müssen sie den Vorschriften über Werbeanlagen genügen (OVG Münster 28.9.1988 – 11 B 849/88, BRS 49 Nr. 150), insbesondere sind sie genehmigungspflichtig, wenn sie nicht mehr von der Genehmigungsfreiheit der Baustelleneinrichtung mitgezogen werden. Dieses ist wohl dann anzunehmen, wenn die Werbung einem unbefangenen Betrachter als Hauptsache erscheint und die eigentliche Bauschildinformation kaum oder nicht wahrgenommen wird. Ebenso ist die Genehmigungspflicht als Werbeanlage gegeben, wenn es sich um Erinnerungswerbung (zu Werbeanlagen allgemein vgl. → § 50) handelt, die nichts mit dem Bauvorhaben zu tun hat. Auch das Schild, das lange vor Baubeginn auf dem Baugrundstück aufgestellt wird und für das Projekt werben soll, ist als Werbeanlage genehmigungspflichtig.

34 **Werbeanlagen** sind nach § 50 im Außenbereich und in bestimmten Wohngebieten nur in sehr beschränktem Umfang materiell zulässig. Trotzdem bestehen wohl keine Bedenken, ein mit Werbung kombiniertes Bauschild, insbesondere in Neubaugebieten, zeitlich auf die Dauer der Baustelle befristet zu genehmigen, wenn die Werbung im Zusammenhang mit der Errichtung des Bauvorhabens steht. Es mag fraglich sein, ob bei einer Baustelle Werbung an der Stätte der Leistung iSv § 50 Abs. 4 Ziffer 1 vorliegt, wenn auf dem Schild Vermietungs- oder Verkaufswerbung für das im Bau befindliche Projekt betrieben wird (verneinend OVG Weimar 11.11.2003 – 1 KO 271/01, UPR 2004, 154) oder für auf der Baustelle tätige Firmen bzw. für dort verwendete Bauprodukte geworben wird. Jedenfalls haben die Einschränkungen des § 50 Abs. 4 bezüglich Werbung in Wohngebieten, vom Schutzzweck der Regelung hergesehen, in typischen Neubaugebieten während ihrer Bauphase noch keine Bedeutung.

§ 12 Standsicherheit

(1) [1]Jede bauliche Anlage muss im Ganzen, in ihren einzelnen Teilen und für sich allein dem Zweck entsprechend dauerhaft standsicher sein. [2]Die Standsicherheit anderer baulicher Anlagen und die Tragfähigkeit des Baugrundes der Nachbargrundstücke dürfen nicht gefährdet werden.

(2) Gemeinsame Bauteile für mehrere bauliche Anlagen sind zulässig, wenn technisch gesichert ist, dass die gemeinsamen Bauteile beim Abbruch einer der baulichen Anlagen stehen bleiben können.

Durch Runderlass des MU vom 21.1.2019, veröffentlicht am 24.1.2019 (Nds. MBl. 2019, S. 169 ff.) wurde die Verwaltungsvorschrift Technische Baubestimmungen (VV TB) bekannt gemacht. Die VV TB ersetzt die „Liste der technischen Baubestimmungen – Fassung Dezember 2015 –“ und alle vom die DIBt veröffentlichten Bauregelliste A und B und Listen C. Sie ist am 28.1.2019 in Kraft getreten.

Verwaltungsvorschrift
Technische Baubestimmungen (VV TB) Stand: Januar 2019

Lfd. Nr.	Gegenstand	Datum	Nds. MBl. Seite
1	DIN 1045–2: 2008-08 Tragwerke aus Beton, Stahlbeton und Spannbeton DIN 1045-3: 2012-03, Berichtigung 12013:07, DIN EN 2011-03 Ausführung von Tragwerken aus Beton	24.01.2019	173
2	DIN EN 1992 Bemessung und Konstruktion von Stahlbeton- und Spannbetontragwerken DIN EN 1992-1-2:2010-12, DIN EN 1992-1-2/NA: 2010-12, DIN EN 1992-1-2/NA/A1:2015-09 Tragwerksbemessung für den Brandfall	24.01.2019	173
3	DIN EN 1994s. Anlagen A 1.2.3/2 und A 1.2.4/1	24.01.2019	174
4	DAfStb-Richtlinie – Schutz und Instandsetzung von Betonbauteilen:2001-10Berichtigung 2:2005-12, Berichtigung 3:2014-09Hinweis Nds. MBl. S. 181	24.01.2019	181
5	DIN 1052-10:2012-05 – Holzbauwerke Hinweis Nds. MBl. 2019 S. 182	24.01.2019	182
5	Bauliche Anlagen im Holzbau, Nds. MBl.2019 S. 175, 180, 182	24.01.2019	
7	Bauliche Anlagen im Mauerwerksbau DIN 1053-4:2013-04Nds. MBl.2019 S. 175, 183 DIN EN 1996	24.01.2019	2019 S. 175, 183, 194,196
8	Bauliche Anlagen im Erd- und Grundbau DIN 1054	24.01.2019	S. 172, 180
9	DIN 1056:2009-01 Freistehende Schornsteine	24.01.2019	176
10	Richtlinie Fliegende Bauten DIN EN 13782:2015-06 DIN EN 13814:2005-06 Nds. MBl.2019 S. 190, 202, 204	24.01.2019	202
11	Bauliche Anlagen im Metall- und Verbundbau DIN EN 1993, s. Nds. MBl.2019 S. 174, 180, 181, 194, 205	26.9.2005	853
12	DIN 4123:2013-04 – Ausschachtungen, Gründungen und Unterfangungen im Bereich bestehender GebäudeNds. MBl. 2019 S. 172	24.01.2019	172
13	DIN 4178:2005-04 – Glockentürme	24.01.2019	176
14	DIN 4223 – Anwendung von vorgefertigten bewehrten Bauteilen aus dampfgehärtetem Porenbeton	24.01.2019	173
15	DIN 4420 –1:2004-03 Schutzgerüste	24.01.2019	176
16	DIN V 11535-1:1998-2	24.01.2019	176
17	DIN 11622 Gärfuttersilos und Güllebehälter	24.01.2019	176

Lfd. Nr.	Gegenstand	Datum	Nds. MBl. Seite
18	DIN 18168-1:2007-04 Gipsplatten-Decken bekleidungen und Unterdecken	24.01.2019	202
19	DIN 18516 Außenbekleidungen, hinterlüftet	24.01.2019	202, 205
20	SpritzbetonDIN EN 14487-1:2006-03 DIN EN 14487-2:2007-01DIN 18551:2014-08	24.01.2019	173
21	DIN 18807 Teile 1, 2 und 3 – Trapezprofile im Hochbau; Stahltrapezprofile Hinweis Nds. MBl.2019 S. 181	30.10.2012	831
22	Glaskonstruktionen DIN 18008-1:2010-12DIN 18008-2:2010-12 Berichtigung 1:2011-04 DIN 18008-3:2013-07 DIN 18008-3:2013-07 DIN 18008-5:2013-07 Nds. MBl.2019 S. 176, 181	24.01.2019	176, 181
23	Richtlinien zum Schweißen von tragenden Bauteilen aus Aluminium Anlage A 1.2.4/1	24.01.2019	181
24	Richtlinie für Windenergieanlagen; Einwirkungen und Standsicherheitsnachweise für Turm und Gründung, März 2015 Nds. MBl.2019 S. 176, 184, 185	10.5.2005 7.11.2005	441 881
25	ETB-Richtlinie – Bauteile, die gegen Absturz sichern Juni 1985 Anlage A 1.2.1.3	24.01.2019	172

Übersicht

A. Allgemeines

1 Die Forderung nach Standsicherheit und der für ihren Zweck erforderlichen Dauerhaftigkeit einer baulichen Anlage ist seit jeher eine der wesentlichen Vorschriften des Bauordnungsrechts. Von ihr kann weder eine Ausnahme zugelassen noch eine Befreiung erteilt werden, denn die Nichtbeachtung dieser Forderung kann Einsturzgefahren und damit unmittelbar Gefahren für Leib und Leben sowie Sachschäden hervorrufen. Es ist eine der wichtigsten Aufgaben der BauAB, darüber zu wachen, dass Bauten standsicher und dauerhaft sind.

Standsicherheit wird gefordert zum Schutz der baulichen Anlage selbst und darüber hinaus zum Schutze derjenigen, die sie errichten und benutzen und derer, die sich dort auch nur gelegentlich aufhalten. Sie dient gleichermaßen dem Schutz der Allgemeinheit und der Nachbarn, die durch eine nicht standsichere Anlage gefährdet werden können.

§ 12 konkretisiert hinsichtlich Standsicherheit die grundsätzlichen Anforderungen des § 3 Abs. 1 und 5. Die zusätzliche Aufnahme der **Tragfähigkeit** des **Baugrundes** der **Nachbargrundstücke** weist noch einmal auf die besondere Einsturzgefahr von Nachbargebäuden insbesondere durch Bodenanschub hin. Hierzu besonders → Rn. 4, → Rn. 13 und → Rn. 14 sowie → Rn. 17.

Standsicherheitsmängel können zum Einsturz einer baulichen Anlage führen und stellen damit eine erhebliche Gefahr für Leben und Gesundheit dar (VG Aachen Beschluss vom 15.6.2007 – 3 L 158/07 – juris; OVG Münster 26.10.2000 – 10 A 4113/0, BRS 63 Nr. 151). Ist die Standsicherheit einer baulichen Anlage nicht gewährleistet, kann die BauAB auch dann Maßnahmen zur Wiederherstellung der Standsicherheit anordnen, wenn keine akute Gefahr eines Einsturzes besteht (VGH Mannheim 12.5.1999 – 8 S 963/99, BRS 62 Nr. 201). Denn Standsicherheit bedeutet dem Wortsinn nach mehr, als dass im Einzelfall nicht die Besorgnis besteht, die bauliche Anlage könnte einstürzen. Durch die Verwendung des Begriffs „Standsicherheit" geht S. 1 über die Abwehr akuter Gefahren hinaus, indem er die Erhaltung eines baulichen Zustandes vorschreibt, der dem Eintritt einer solchen Gefahr vorbeugt. 2

Bedenken gegen die Standsicherheit einer ungenehmigten baulichen Anlage rechtfertigen die sofortige Vollziehung einer Abbruchverfügung, soweit diese zur Abwendung der Gefahren, die sich aus der zweifelhaften Standsicherheit ergeben können, notwendig ist (VGH Kassel 25.1.1972 – IV TH 3/72, BRS 25 Nr. 213).

§ 12 entspricht – von geringen redaktionellen Änderungen abgesehen – § 18 aF NBauO 2012. Es wird ferner klargestellt, dass bauliche Anlagen auf dem Nachbargrundstück auch durch Beeinträchtigung der Tragfähigkeit des Baugrunds der Nachbargrundstücke nicht gefährdet werden dürfen. Die Vorschrift hat somit unmittelbar nachbarschützende Wirkung. Ein Anspruch auf bauaufsichtliches Einschreiten fordert zusätzlich, dass spürbare Beeinträchtigungen hervorgerufen werden, so OVG Lüneburg, Urteil vom 16.2.2012 – 1 LB 19/10, NVwZ-RR 2015, 427.

Der Wortlaut „*Jede* bauliche Anlage …", gleichgültig, ob genehmigungspflichtig oder nicht, macht deutlich, dass die Forderung nach Standsicherheit nicht nur für Gebäude gilt, sondern ohne Einschränkung auch für alle sonstigen baulichen Anlagen. Es liegt auf der Hand, dass eine nicht standsichere Aufschüttung (Lärmschutzwall) oder Abgrabung (Kiesgrubenböschung), ein nicht standsicheres Lehrgerüst auf einer Baustelle oder ein nicht standsicherer Werbeturm ein großes Gefahrenpotential in sich bergen kann, dem § 12 entgegenwirken soll. Über den Wortlaut hinaus werden nicht nur bauliche Anlagen, die umfallen, zusammenfallen oder einbrechen können, von Satz 1 erfasst, sondern auch solche Anlagen, die unter bestimmungsgemäßer Belastung nachgeben können und dadurch Gefahren verursachen, wie beispielsweise Privatwege und Feuerwehrzufahrten mit unzureichendem Unterbau, der dem Achsdruck der Fahrzeuge nicht gewachsen ist. 3

Die Forderung nach Standsicherheit gilt nicht nur für die fertiggestellten baulichen Anlagen, sondern gleichermaßen für die im Aufbau wie auch im Abbruch befindlichen. Die Gefahr unzureichender Standsicherheit ist während der Bauphase besonders groß. Daher fordert Satz 1 iVm § 1 Abs. 1 und 5, dass die Standsicherheit in allen Bauzuständen gegeben sein muss (vgl. → Rn. 8). 4

B. Die Standsicherheit

Die Standsicherheit einer baulichen Anlage erfordert, dass alle an ihr wirkenden Kräfte (Eigengewicht, Nutzlasten, Windlasten, Schneelasten, Verkehrslasten, Stoßkräfte usw.) aufgenommen und sicher in den Baugrund abgeleitet werden können. 5

Jede bauliche Anlage muss im Ganzen, in ihren einzelnen Teilen und für sich allein standsicher sein. Das bedingt, dass die einzelnen Teile eines Bauwerks (Wände, Pfeiler, Stützen, Decken, Dach) geeignet sein müssen, die zu erwartenden Belastungen für sich allein aufnehmen zu können, dass sie aber auch „im ganzen" konstruktiven Gefüge standsicher sein müssen (Windscheiben, Zugbänder, Streben, usw.). Auch Stützmauern und Metallgitterzäune können gebäudegleiche Wirkung haben (OVG Lüneburg Beschluss vom 3.9.2015 – 1 LA 58/15, NVwZ–RR 2015,924 zu Grenzabstände), ebenso eine aus Stacheldraht gebildete Sperranlage auf einer Begrenzungsmauer, OVG Lüneburg, Urteil vom 30.5.2016 – 1 LB 7/16.

„Für sich allein" sind bauliche Anlagen standsicher, wenn sie zur Aufnahme der Lasten nicht auf andere Bauten angewiesen sind. Sie dürfen – vorbehaltlich S. 2 – ihre Standsicherheit nicht aus dem statischen oder konstruktiven Verbund mit Nachbarbauten beziehen. So muss ein Reihenhaus für sich allein standsicher sein (vgl. aber → Rn. 6 f.).

Die Forderung, dass jede bauliche Anlage für sich allein standsicher sein muss, dient dem **Nachbarschutz** (OVG SA Urteil vom 18.2.2015, juris; OVG Berlin 2.6.1998 – 2 S 4.98, BRS 60 Nr. 118).

6 Nach **Abs. 2** ist **die Verwendung gemeinsamer Bauteile** für mehrere bauliche Anlagen zulässig, wenn technisch gesichert ist, dass im Falle des Abbruchs einer der baulichen Anlagen die gemeinsamen Bauteile bestehen bleiben können. Ein Nachbar hat ein subjektiv-öffentliches Recht darauf, dass beim Abbruch einer baulichen Anlage der Bestand gemeinsamer Bauteile und die Standsicherheit seiner baulichen Anlage nicht gefährdet werden (→ § 68 Rn. 68). Gemeinsame Bauteile können zB Brandwände, Trennwände oder dgl. sein. Die Verwendung gemeinsamer Bauteile sollte nicht die Regel, sondern die Ausnahme sein. Werden sie aber ausgeführt, dann muss technisch die Möglichkeit des Abbruchs einer der baulichen Anlagen statisch „berücksichtigt" werden. Die Forderung der NBauO 1993, dass die Verwendung gemeinsamer Bauteile auch rechtlich gesichert sein muss, ist gestrichen worden. Der Gesetzgeber hält hier die Regelungen der §§ 3–15 des Niedersächsischen Nachbarrechtsgesetzes für ausreichend (BegrRegE NBauO 1986 S. 55).

7 Die Formulierung in Abs. 2 „Gemeinsame Bauteile für mehrere bauliche Anlagen sind zulässig, wenn technisch gesichert ist …" setzt eine Prüfung und eine Entscheidung der BauAB voraus. Während diese bei genehmigungspflichtigen Baumaßnahmen im Rahmen des Genehmigungsverfahrens erfolgen, bedarf bei genehmigungsfreien Baumaßnahmen nach § 62 die Verwendung gemeinsamer Bauteile, analog einer Ausnahme, auf Antrag der gesonderten Zulassung durch die BauAB.

Das Gleiche gilt im vereinfachten Genehmigungsverfahren nach § 63, wenn der Standsicherheitsnachweis nicht zu prüfen ist.

8 Die **Standsicherheit** muss, auch wenn diese Forderung seit der NBauO 1986 nicht mehr ausdrücklich erhoben wird, gleichwohl **während der Errichtung, der Änderung oder des Abbruchs** baulicher Anlagen gesichert sein (vgl. → Rn. 4). Dazu gehört, dass auch alle Hilfskonstruktionen (Lehrgerüste, Schalung, Absteifungen und dgl.) in sich selbst standsicher hergestellt werden und auch, dass zB Betondecken erst ausgeschalt werden dürfen, wenn eine ausreichende Betonfestigkeit erreicht ist. Bei Abbruch oder Änderung muss jeder verbleibende Bauteil für sich standsicher sein, und es dürfen keine die Standsicherheit gefährdenden Kräfteverlagerungen auftreten (Auflast von Kragteilen, Teile durchlaufender Decken, aussteifende Wände).

9 Nicht nur das Gebäude selbst muss in sich standsicher sein, sondern auch der **Baugrund** muss ausreichend tragfähig sein für die Aufnahme der Gebäudeauflasten. Bei größeren Bauvorhaben und im Zweifelsfall auch bei kleineren, insbesondere bei aufgeschütteten oder aufgespülten Flächen, muss zuvor die Tragfähigkeit des Baugrunds untersucht werden, um die Gründungsart bestimmen zu können. Nach Empfehlung des DIBt sollen derartige Baugrundgutachten von Personen aufgestellt sein, die über besondere Fachkenntnisse verfügen. Teilweise sind in den Bundesländern Prüfingenieure für Erd- und Grundbau bauordnungsrechtlich vorgesehen. In Niedersachsen führt die Ingenieurkammer Anerkennungen für Sachverständige für Erd- und Grundbau durch. Die Liste der anerkannten Sachverständigen (nicht zu verwechseln mit den öffentlich bestellten Sachverständigen nach § 36 Gewerbeordnung) führt die Bundesingenieurkammer, die auch Informationen über die Verfahren in den einzelnen Bundesländern bereithält (www.bingk.de).

Hohlräume unter dem Baugrundstück können die Standsicherheit aufstehender baulicher Anlagen gefährden. Künstliche Hohlräume können vorhanden sein in Bereichen stillgelegter Bergwerksanlagen wie Schächten, oberflächennahen Stollen und Grubenräumen sowie aufgelassener Erdöl- und Erdgasfeldern. Die Beteiligung des Landesamtes für Bergbau, Energie und Geologie (LBEG) empfiehlt sich auch bei Vorhaben in Nähe von historischen Bergwerken, da deren künstliche Hohlräume oft oberflächennah angelegt sind. Das LBEG ist als Bergbehörde zuständig für die Länder Niedersachsen und Schleswig-Holstein sowie die Freie Hansestadt Bremen und die Freie und Hansestadt Hamburg. Weiterhin bestehen Zuständigkeiten für die Küstengewässer sowie die „Ausschließlichen Wirtschaftszone (AWZ)“ Deutschlands in der Nordsee und die AWZ in der Ostsee vor der Küste Schleswig-Holsteins. 10

Natürliche Hohlräume entstehen zB über Salzstöcken geologisch bedingt durch Ablaugung des Salzes. Sie können beim Einsturz Bodensenkungen hervorrufen oder als so genannte Erdfälle bis zur Erdoberfläche durchbrechen. In Gebieten mit Bergsenkungs- oder Erdfallgefahr kann durch statisch-konstruktive Maßnahmen größeren Gebäudeschäden vorgebeugt werden. Dazu kann eine geotechnische Untersuchung nach DIN 4020:2010 - 12 bereits im Vorfeld der Gebäudeplanung darüber Aufschluss geben, ob und welche zusätzlichen Sicherheitsanforderungen an die Konstruktion, besonders an die **Gebäudegründung**, zu stellen sind. Beispielsweise kann es sich empfehlen, möglichst wenig gegliederte Hausformen auf monolithisch wirkenden Stahlbetonunterbauten (Keller) zu wählen bzw. bei **Flachgründungen** die Stahlbetonplatte mit ausreichender Zugbewehrung zur Aufnahme von Längskräften aus Zerrungen oder Pressungen zu versehen und in der Ebene sämtlicher Geschossdecken auf allen Umfassungswänden, deckentragenden Innen- und aussteifenden Querwänden Stahlbetonringbalken anzuordnen, die an den Schnittpunkten zug- und druckfest miteinander zu verbinden und mit den Geschossdecken zu verankern sind. Auf die Notwendigkeit einer geotechnischen Untersuchung hat der **Entwurfsverfasser** den Bauherrn rechtzeitig hinzuweisen. Unterlässt er dieses, so kann darin einerseits Verstoß gegen die Verpflichtung des Entwurfsverfassers liegen, wonach sein Entwurf dem öffentlichen Baurecht entsprechen muss (§ 53), anderseits aber auch ein Verstoß gegen Vertragspflichten, was zivilrechtlich Schadensersatzansprüche nach sich ziehen kann. 11

Norddeutschland wird nach der DIN EN 1998-1:2010-12 (vormals DIN 4149) den **Erdbebenzonen** A und 0 zugeordnet mit Ausnahme der Gemeinden Bramsche, Bersenbrück und Neuenkirchen (Zone 1). In diesen Gebieten geringer seismischer Gefährdung sind bisher lediglich Rissschäden im Verputz aufgetreten. In Niedersachsen sind daher für Bauten mit normalem Gefährdungspotenzial keine besonderen statisch-konstruktiven Vorsorgemaßnahmen bezüglich Standsicherheit für den Erdbebenfall erforderlich. 12

Nach **Abs. 1 Satz 2** darf die **Standsicherheit anderer baulicher Anlagen** (durch eine Baumaßnahme) nicht gefährdet werden. Die Gefahr der Beeinträchtigung anderer, insbesondere benachbarter baulicher Anlagen, besteht vor allen Dingen bei Gründungsarbeiten. Abs. 1 Satz 2 begründet daher über den zivilrechtlichen Nachbarschutz hinaus (§§ 906 ff. BGB) auch **subjektiv-öffentliche Rechte des Nachbarn** und verpflichtet die BauAB bei Verstößen gegen Abs. 1 S. 2 zum Schutze des Nachbarn einzuschreiten (s. oben → Rn. 5, OVG Lüneburg Beschluss vom 9.12.2015 – LA 184/14 – juris). Das Verbot, die Standsicherheit anderer baulicher Anlagen zu gefährden, greift nicht erst dann ein, wenn mit einer Einsturzgefahr zu rechnen ist. 13

Dazu gehört auch der Schutz vor geringeren Beeinträchtigungen wie Schwingungen, Erschütterungen oder Windturbulenzen, die zB bei Windkraftanlagen (OVG Münster 1.2.2000 – 10 B 1831/99, BRS 63 Nr. 150; 9.7.2003 – 7 B 949/03, BauR 2003, 1712) oder Hochspannungsleitungen auf Dauer zur vorzeitigen Materialermüdung führen und damit die Standsicherheit gefährden können (s. RL für Windenergieanlagen, VV TB A 1.1.8.7). Auch Grundwasserveränderungen (OVG Lüneburg OVG, Entscheidung vom 18.5.1999 – 6 B 6385/98 BeckRS 2005, 21144 zu Setzrissen als Folge eines benachbarten Baubeginns) können die Tragfähigkeit des Baugrundes negativ beeinflussen und damit die Standsicherheit anderer Bauten gefährden. Abs. 1 Satz 2 meint die Gefährdung sowohl durch den Bauvorgang selbst oder durch die Wahl einer ungeeigneten Baukonstruktion als auch durch die Auswirkungen der späteren Nutzung des Bauwerks auf die Standsicherheit anderer.

14 Wird in der geschlossenen Bauweise die Gründungssohle eines Neubaus tiefer gelegt als die eines benachbarten Gebäudes oder Gebäudeteiles, so ist eine sorgfältige **Unterfangung der Fundamente** des bestehenden Bauwerks erforderlich. Bezüglich technischer Einzelheiten wird insbesondere auf die eingangs als VV TB ua aufgeführten DIN 4123 verwiesen.

Die Tragfähigkeit des Baugrunds von Nachbargrundstücken kann zB durch eine **Grundwasserabsenkung** nachteilig beeinträchtigt werden oder auch durch eine besonders tiefe Baugrube in Grenznähe (seitliches Ausweichen des stehenden Bodens). Gegebenenfalls ist in solchen Fällen eine Sicherung der Baugrube selbst und der Nachbarbebauung durch Spundwände, Schlitzwände, Bohrpfähle, Stützverbau ohne oder mit Erdankern erforderlich.

Bei Bauten in geschlossener Bauweise (§ 22 Abs. 3 BauNVO) müssen die erwarteten Lasten der erst später geplanten angrenzenden Bauwerke des Nachbargrundstücks bei der Bemessung der Gründung (Fundamente als gemeinsamer Bauteil; vgl. → Rn. 5 f.), in jedem Fall aber bezüglich der Tragfähigkeit des Baugrunds, schon bei der Errichtung des Erstbaus berücksichtigt werden.

15 Welche konkreten Anforderungen an die Standsicherheit baulicher Anlagen zu stellen sind, ergibt sich jeweils aus den anerkannten Regeln der Technik (vgl. → § 3 Rn. 55 ff.). Es sind dies vornehmlich die eingangs erwähnten Regelungen der Verwaltungsvorschrift Technische Baubestimmungen (VV TB).

16 Nach § 53 Abs. 2 S. 3 Hs. 2 ist der Entwurfsverfasser dafür verantwortlich, dass die Beiträge der Sachverständigen aufeinander abgestimmt und im Entwurf berücksichtigt werden, wozu auch die Pläne zur Bauausführung gehören (§ 10 Abs. 2 BauVorlVO). Es ist also auch die **Pflicht des Entwurfsverfassers**, die Vorgaben des Standsicherheitsnachweises und ggf. die seitens der BauAB oder des Prüfingenieurs vorgenommenen Korrekturen der statischen Berechnung bzw. die Ergebnisse des Prüfberichts in den Einzelzeichnungen und Anweisungen zur Ausführung der Baumaßnahme zu berücksichtigen. Unabhängig davon sollte die BauAB die statischen Prüfergebnisse in Form von Auflagen oder Bedingungen als Bestandteile der Baugenehmigung kenntlich machen.

C. Nachweis- und Prüfungspflicht

17 Wenn nichts anderes bestimmt ist (dazu → Rn. 19 ff.), muss die Standsicherheit einer baulichen Anlage gegenüber der BauAB nachgewiesen werden (§ 67 Abs. 1 S. 2 iVm § 10 BauVorlVO).

Im Regelfall kann sich die statische Berechnung darauf beschränken, die Standsicherheit für die fertig gestellte bauliche Anlage nachzuweisen. Im Einzelfall kann es jedoch wegen kritischer Bauzustände während der Bauphase erforderlich werden, die Standsicherheit einzelner Teile, Bauabschnitte oder Baustufen nachzuweisen. Die Nachweispflicht kann sich auch auf die **Standsicherheit der Nachbarbebauung** erstrecken, wenn sich die Bauarbeiten auf ihre Standsicherheit auswirken können. § 10 BauVorlVO darf daher nicht einengend ausgelegt werden. Bei unklaren Bodenverhältnissen oder schwierigen Gründungen gehört auch ein **Baugrundgutachten** eines Sachverständigen für Erd- und Grundbau zum Standsicherheitsnachweis (vgl. → Rn. 9).

18 Standsicherheitsnachweise für statisch-konstruktiv nicht schwierige Baumaßnahmen muss die BauAB im Baugenehmigungsverfahren selbst prüfen und dafür qualifiziertes Personal vorhalten. Kriterien für die Interpretation des Begriffs „statisch nicht schwierig" wurden in dem früheren RdErl. d. MS v. 8.9.1975 (Nds. MBl. S. 1501) wie folgt beschrie-

ben: statisch bestimmte Systeme, gebräuchliche Baustoffe ohne Vorspannung, vorwiegend ruhende Belastung, Flachgründungen bei einfachen Baugrundverhältnissen. Liegt ein Kriterium nicht vor, dann handelt es sich um eine statisch-konstruktiv schwierige Baumaßnahme.

Die **Prüfung von Standsicherheitsnachweisen** für statisch-konstruktiv schwierige Baumaßnahmen darf die BauAB an Prüfingenieure für Baustatik vergeben. Die Voraussetzungen sind in der Verordnung über die bautechnische Prüfung von Baumaßnahmen (Bautechnische Prüfungsverordnung – BauPrüfVO – vom 24.7.1987, zuletzt geändert durch VO vom 16.9.2013, Nds. GVBl. S. 239) festgelegt, die auch die Anerkennungsvoraussetzungen für Prüfingenieure enthält. Die BauAB kann die Standsicherheit aber auch mit dafür qualifiziertem Personal selbst prüfen.

Im Zustimmungsverfahren bei Baumaßnahmen des Bundes und der Länder findet keine technische Prüfung statt, so dass sich dort auch eine Vorlage des Standsicherheitsnachweises erübrigt, wenn der öffentliche Bauherr die Leitung der Entwurfsarbeiten und die Bauüberwachung Personen übertragen hat, die die Anforderungen nach § 57 Abs. 4 S. 2 NBauO erfüllt, § 74 Abs. 1 NBauO. 19

Nach § 63 und § 62 Abs. 2 Nr. 4 sind Nachweise über die Standsicherheit bestimmter Gebäude (s. § 65 Abs. 2) **im vereinfachten Baugenehmigungsverfahren** nicht zu prüfen, wenn sie von einer fachlich qualifizierten Person aufgestellt wurden, die den Anforderungen des § 65 Abs. 4 genügt. 20

Der Fortfall der Standsicherheitsprüfung hat uU zur Folge, dass ein Nachbar eine im vereinfachten Genehmigungsverfahren erteilte Baugenehmigung nicht mit der Begründung angreifen kann, das genehmigte Vorhaben gefährde die Standsicherheit seiner baulichen Anlage (VGH München 27.10.1999 – 2 CS 99.2387, BRS 62 Nr. 166). Dem Nachbarn bleibt nur die Möglichkeit, einen Antrag auf baubehördliches Einschreiten zu stellen, der die BauAB zur Überprüfung des behaupteten Sachverhalts zwingt (s.o. → Rn. 2).

Für **genehmigungsfreie Bauten nach § 62** gelten die Ausführungen in → Rn. 20 gleichermaßen. Auch für diese Gebäude reicht es aus, wenn der Standsicherheitsnachweis von einer fachlich qualifizierten Person aufgestellt worden ist, die den Anforderungen des § 65 Abs. 4 genügt. Die Anforderungen an die Qualifikation sind in beiden Fällen identisch: Architekt oder Bauingenieur mit Eintragung in die „Liste der Tragwerksplanerinnen und Tragwerksplaner", die in Niedersachsen von der Ingenieurkammer geführt wird. Der von diesen Personen aufgestellte Standsicherheitsnachweis wird weder geprüft noch zur Bauakte genommen. 21

Darüber hinaus braucht die Standsicherheit gegenüber der BauAB nicht nachgewiesen zu werden für alle **Baumaßnahmen, die nach dem Anhang zu § 60 Abs. 1 baugenehmigungsfrei sind**. Darunter fallen Kleinbauten wie Gerätehäuschen, Gartenlauben, Fahrgastunterstände, Schutzhütten sowie diverse land- und forstwirtschaftlich genutzte Unterstände, Feldscheunen, Gewächshäuser, Futter- und Vorratsbehälter bis zu einer bestimmten Größe. Aber auch der Umbau mehrgeschossiger Wohnhäuser bis zur Hochhausgrenze bei vollständiger Entkernung aller statisch tragenden inneren Bauteile darf nach Ziff. 12.1 baugenehmigungsfrei und ohne Prüfung des Standsicherheitsnachweises vorgenommen werden, sofern die Außenwände und Gebäudetrennwände erhalten bleiben und die neue Dachkonstruktion keine Änderung der bisherigen äußeren Abmessungen erfährt (Ziff. 13.6). Dieser außerordentlich weit gehende Verzicht auf jegliche Kontrolle ist bedenklich. 22

Kritik: Es war bisher eine wichtige Aufgabe der BauABen, Standsicherheitsnachweise zu prüfen bzw. prüfen zu lassen. Durch das Vereinfachte Baugenehmigungsverfahren nach § 63 sowie durch die Freistellung vom Baugenehmigungsvorbehalt nach § 60 Abs. 1 (Anhang) und nach § 62 ist die Pflicht zur Vorlage des Standsicherheitsnachweises als auch zur Prüfung des Standsicherheitsnachweises durch die Bauaufsicht entfallen. 23

Die in den Fällen an die Stelle der statischen Prüfung getretene Erklärung des Entwurfsverfassers vermag jedoch den Fortfall behördlicher Kontrolle nicht auszugleichen, zumal damit auch die Kontrolle der Bauausführung statisch tragender Teile entfallen ist. Das ist umso bedenklicher, als die Qualifikation der auf den Baustellen Tätigen (mangels Ausbildung) ständig im Sinken begriffen ist. Seit der Änderung der Bauvorlagenverordnung 2012 wird lediglich die Unterschrift des Entwurfsverfassers verlangt, und nicht wie zuvor auch die eigenhändige Unterschrift des eingeschalteten Tragwerksplaners. Hierdurch kam es in der Praxis zu unschönen Fallgestaltungen, in denen lediglich der Name eines Tragwerksplaners genannt wird, der aber tatsächlich nicht beauftragt wurde und demgemäß keine Standsicherheitsnachweise aufgestellt hat. Nach der NBauO mag der Verzicht auf die Unterschrift des Tragwerksplaners konsequent sein: Nach §§ 52 ff. gehört der Tragwerksplaner nicht zum Kreis der verantwortlichen Personen, vielmehr ist der Entwurfsverfasser dafür verantwortlich, dass der Entwurf dem öffentlichen Baurecht entspricht, § 53. Dazu gehört auch, dass der Standsicherheitsnachweis vollständig und von einer dafür zuständigen Person (§ 65) aufgestellt wurde. Verstößt der Entwurfsverfasser hiergegen, so kann dies nach § 80 Abs. 1 Nr. 9 mit einem Bußgeld in Höhe von bis zu 500.000 Euro geahndet werden.

Bei den Vordrucken zu den Antragsverfahren, die mit der Änderung der NBauO 2018 erforderlich sind und auf dem Erlasswege eingeführt werden sollen, wird die schriftliche Erklärung des Tragwerksplaners wieder eingefordert, sofern der Umsetzung wie in der Verbändeanhörung vorgesehen, umgesetzt wird (Stand: Febr. 2019).

24 Die Freistellung von der Pflicht, der BauAB die Standsicherheit einer Baumaßnahme nachweisen zu müssen, entbindet die Bauschaffenden nicht von der **Verantwortung für die Standsicherheit**. Dieser Verantwortung können sie nur gerecht werden durch einen fachmännisch aufgestellten Standsicherheitsnachweis, der für Baumaßnahmen zur Errichtung oder Änderung statisch tragender Bauteile – ob genehmigungspflichtig oder nicht – erforderlich ist und einer entsprechenden Überwachung der Bauausführung. Der Standsicherheitsnachweis wird idR durch eine statische Berechnung (Statik) geführt. Einer statischen Berechnung bedarf es nicht für Kleinstbauten wie zB für ein hölzernes Gartenhaus, das in handwerklicher Zimmermannskonstruktion oder handelsüblicher Blockhausbauweise ausgeführt wird.

25 Wer Baumaßnahmen durchführt, ohne dass die Standsicherheit der baulichen Anlage nachgewiesen ist, handelt unverantwortlich. Wer bauliche Anlagen nicht standsicher errichtet oder die Standsicherheit anderer baulicher Anlagen durch Baumaßnahmen gefährdet, macht sich strafbar wegen **Baugefährdung** nach § 319 StGB. Danach wird mit Freiheitsstrafe bis zu fünf Jahren oder mit einer Geldstrafe bestraft, wer bei der Planung, Leitung oder Ausführung eines Bauwerks gegen die allgemeinen anerkannten Regeln der Technik verstößt und dadurch Leib oder Leben anderer Menschen gefährdet. Verantwortlich ist neben dem Bauherrn auch der Entwurfsverfasser, uU auch der Bauleiter und der Unternehmer.

Die Bauaufsichtsbehörde kann bei bestehenden Bauwerken den Eigentümer durch bauaufsichtliche Verfügung bereits dann auffordern, einen rechnerischen Standsicherheitsnachweis vorzulegen, wenn ein **Gefahrenverdacht** vorliegt. Dabei reicht es aus, wenn die Standsicherheit möglicherweise nicht mehr gegeben ist und hierfür Indizien sprechen (OVG Nds. Beschluss vom 9.12.2015 – 1 LA 184/14, juris)

Die Standsicherheit der baulichen Anlage muss in ihrer Gesamtheit, für sich alleinstehend und dem Zweck entsprechend dauerhaft gegeben sein.

D. Die Dauerhaftigkeit

Die Standsicherheit einer baulichen Anlage hängt entscheidend von der Dauerhaftigkeit der verwendeten **Baustoffe** und **Bauteile** ab. Bauteile, die einer **Korrosion** unterliegen, Holzbauteile, die von **Schädlingen** befallen sind, haben nur eine (zeitlich) begrenzte Standsicherheit. Auch **Materialermüdung** (zB durch andauernde Überlastung oder wegen minderer Materialqualität) verkürzt die Dauerhaftigkeit von Bauteilen und damit die Lebenserwartung eines Bauwerks. Das Tragwerk einer baulichen Anlage ist daher so zu bemessen, dass zeitabhängige Eigenschaftsveränderungen des Baumaterials die Dauerhaftigkeit und das Verhalten des Tragwerks während der geplanten Nutzungsdauer nicht unvorhergesehen beeinträchtigen. 26

Für die Dauerhaftigkeit einer baulichen Anlage ist wesentlich, dass ihre Bauteile vorbeugend gegen schädliche (dh zerstörende) Einflüsse geschützt und ordnungsgemäß unterhalten werden (Rostschutz der Stahlteile, Imprägnierung von Holzteilen, Isolierung des Mauerwerks, Wetterschutz der Außenwände usw.). Der Sicherung und Erhaltung der Dauerhaftigkeit baulicher Anlagen dienen vor allem die Anforderungen der §§ 13, 14 und 26 ff. NBauO sowie die darauf bezogenen Bestimmungen der **DVO-NBauO**.

Die Dauerhaftigkeit einer baulichen Anlage muss ihrem Zweck entsprechend sichergestellt sein. Nach den in Deutschland geltenden Vorstellungen muss die **technische Lebenserwartung** eines Wohnhauses 50 bis 100 Jahre betragen; bei gewerblich genutzten Gebäuden könnte sie geringer sein, zumal ihre wirtschaftliche Lebenserwartung oftmals sehr viel kürzer ist. Trotzdem kann das Anforderungsniveau bezüglich Dauerhaftigkeit nicht gesenkt werden, weil die BauABen nicht sicherstellen können, dass Gebäude geringerer Lebensdauer rechtzeitig vor dem Versagen einzelner Bauteile auch tatsächlich aus der Nutzung genommen und abgebrochen werden. So kann es gerechtfertigt sein, die Beseitigung eines Nebengebäudes unter Anordnung des Sofortvollzuges anzuordnen, wenn dieses mittlerweile zur Ruine geworden ist und Personen durch herabfallende Bauteile gefährdet werden können, so OVG Niedersachsen, Beschluss vom 6.9.2017 – 1 ME 112/17 – BeckRS 125890. 27

S. 1 fordert nur eine **am Zweck der baulichen Anlage orientierte Dauerhaftigkeit**, dh die Baustoffe und Bauteile eines Behelfshauses beispielsweise brauchen nicht unbedingt den gleichen Ansprüchen an die Dauerhaftigkeit zu genügen wie die eines Wohnhauses. Das gilt auch für Fahrgastunterstände, Kioske, Schutzhütten, Heuschober, Gartenlauben, offene Weideunterstände und ähnliche Bauten, die idR in nicht dauerhafter Bauart errichtet werden. 28

Eine zweckentsprechend geringere Dauerhaftigkeit wird man beispielsweise annehmen können für eine **Leichtkonstruktion**, die aus Anlass eines Kaufhausbrandes für 2 Jahre aufgestellt wird, um den Verkauf während der Wiederaufbauarbeiten fortführen zu können. Grundsätzlich kommt eine geringere Dauerhaftigkeit für solche Gebäude in Frage, die für eine spezielle Nutzung errichtet werden, deren Dauer absehbar ist und die für eine allgemeine Nachnutzung ungeeignet sind. 29

Fliegende Bauten (Zelte) sind als preiswerte Alternative zu konventionellen Hallen nicht geeignet. Ihnen fehlt (neben dem Wärmeschutz) die zweckentsprechende Dauerhaftigkeit, um in ihnen Arbeitsstätten unterbringen zu können. Gegen eine vorübergehende Nutzung als Lagerhalle sprechen nur dann keine Bedenken hinsichtlich der Standsicherheit, wenn, jahreszeitlich bedingt, nicht mit Schneelasten zu rechnen ist.

Aus der Formulierung „zweckentsprechend" kann der Bauherr nicht den Anspruch herleiten, selbst bestimmen zu können, für wie viel Jahre Lebensdauer eine bauliche Anlage konzipiert wird, um möglichst preiswert bauen zu können. 30

§ 13 Schutz gegen schädliche Einflüsse

[1]Bauliche Anlagen müssen so angeordnet, beschaffen und gebrauchstauglich sein, dass durch chemische, physikalische oder biologische Einflüsse, insbesondere Wasser, Feuchtigkeit, pflanzliche oder tierische Schädlinge, Gefahren oder unzumutbare Belästigungen nicht entstehen. [2]Das Baugrundstück muss für die bauliche Anlage entsprechend geeignet sein.

Durch Runderlass des MU vom 21.1.2019, veröffentlicht am 24.1.2019 (Nds. MBl. 2019, S. 169 ff) wurde die Verwaltungsvorschrift Technische Baubestimmungen (VV TB) bekannt gemacht. Die VV TB ersetzt die „Liste der technischen Baubestimmungen – Fassung Dezember 2015 –“ und alle vom die DIBt veröffentlichten Bauregelliste A und B und Listen C. Sie ist am 28.1.2019 in Kraft getreten.

Technische Baubestimmungen (TB)
bzw. Verwaltungsvorschriften (VV) zu § 13 Stand: Januar 2013

Lfd. Nr.	Gegenstand	Datum	Nds. MBl. Seite
1	Richtlinie für die Bewertung und Sanierung PCB-belasteter Baustoffe und Bauteile in Gebäuden (PCB-Richtlinie) – Anlage A 3.2/1	24.01.2019	196
2	Richtlinie für die Bewertung und Sanierung schwach gebundener Asbestprodukte in Gebäuden (Asbest-Richtlinie): 1997-01 Nds. MBl. 2019, S. 196, 197	28.7.1997	1574
3	Richtlinie zur Bemessung von Löschwasser-Rückhalteanlagen beim Lagern wassergefährdender Stoffe	30.10.2012	831
4	ETB-Richtlinie zur Begrenzung der Formaldehydemission in der Raumluft bei Verwendung von Harnstoff – Formaldehydharz-Ortschaum: 1985-04	24.01.2019	196

Übersicht

A. Allgemeines

1 Seit jeher gehört der **Schutz von Bauten gegen schädliche Einflüsse** zu den Regeln der Baukunst und der Technik. Schädliche Einflüsse können die **Dauerhaftigkeit**, die **Standfestigkeit** oder die **Benutzbarkeit** erheblich beeinträchtigen oder sogar zu deren Zerstörung führen. Daraus können Gefahren für die Sicherheit und Gesundheit der Benutzer und Besucher baulicher Anlagen entstehen. § 13 bestimmt daher, dass bauliche Anlagen so angeordnet, beschaffen und für ihre Benutzung geeignet sein müssen, dass derartige Gefahren oder unzumutbare Belästigungen nicht entstehen können. Zum Begriff der **unzumutbaren Belästigung** vgl. → § 3 Rn. 22 ff.

2 § 13 beinhaltet aber nicht nur den Schutz der baulichen Anlage vor schädlichen Einflüssen, sondern auch den **Schutz ihrer Benutzer** vor schädlichen Einflüssen, die von der baulichen Anlage selbst ausgehen können oder denen die bauliche Anlage zusammen mit ihren Benutzern ausgesetzt wird. Zu den schädlichen Einflüssen, die von einer baulichen Anlage für ihre Benutzer ausgehen können, sind in erster Linie Giftstoffe zu nennen, die in Baustoffen enthalten sein können. Sie werden über die Oberfläche der Bauprodukte in Form von Abrieb oder Ausgasung abgegeben und von den Benutzern durch Hautkontakt oder über die Atemluft aufgenommen. Zu den einatembaren Gefahrstoffen gehören auch karzinogene Schwebstoffe wie Asbeststaub (s. dazu DIN EN 481, ISO 7708, DIN EN ISO 10882-1, DIN EN 14031 und DIN EN ISO 16000. An die früher übliche Installation von Trinkwasserleitungen aus Bleirohren sei in diesem Zusammenhang ebenso erinnert wie an den weit verbreiteten Gebrauch von arsenhaltigen Wandfarben, deren Verwendung heute wegen der damit verbundenen Gesundheitsgefahren nach S. 1 unzulässig ist.

3 Zu den schädlichen Einflüssen, denen eine bauliche Anlage einschließlich ihrer Benutzer ausgesetzt sein kann, gehören vorrangig Luftverunreinigungen durch Gerüche, Gase und Stäube sowie Verkehrslärm und Erschütterungen. Erfolgversprechende passive bauliche „Vorkehrungen" lassen sich nur gegen Verkehrslärm treffen. Den übrigen schädlichen Einwirkungen sind die bauliche Anlage und ihre Benutzer dennoch nicht hilflos ausgesetzt. Soweit nicht bereits spezialgesetzliche Schutzvorschriften greifen, schützt § 13 auch vor schädlichen Einflüssen von benachbarten baulichen Anlagen. § 13 verpflichtet nämlich alle Bauherrn, ihre bauliche Anlage so auszubilden, dass die in Satz 1 beschriebenen schädlichen Einflüsse auch für die Nachbarschaft nicht entstehen können.

4 § 13 bietet Schutz gegen die in S. 1 genannten schädlichen Einflüsse. Darunter wurde bisher schon der **Schutz des Bodens** gegen chemische Verunreinigungen durch bauliche Anlagen bzw. durch deren Nutzung verstanden. Mit dem In-Kraft-Treten des Bundes-Bodenschutzgesetzes (BBodSchG- vom 17.3.1998 (BGBl. I S. 502, zuletzt geändert durch Artikel 3 Absatz 3 der Verordnung vom 27.9.2017, BGBl. I S. 3465) findet auf schädliche Bodenveränderungen dieses Gesetz Anwendung, soweit Vorschriften des Bauplanungs- und des Bauordnungsrechts Einwirkungen auf den Boden nicht regeln (§ 3 Abs. 1 Ziff. 9 BBodSchG). Das BBodSchG findet also subsidiär in den Fällen Anwendung, in denen § 13 keinen ausreichenden Bodenschutz vermittelt.

5 **Gesetzesänderungen:** Gegenüber der NBauO 1973 wurde die Fassung des § 13 in der NBauO 1996 erheblich gestrafft. Gestrichen wurde ua die Formulierung „auch für die Umgebung", um § 13 deutlicher als bisher gegenüber dem Regelungsbereich des Bundes-Immissionsschutzgesetzes (BImSchG) abzugrenzen (BegrRegE NBauO 1986 S. 56). Der Austausch der Formulierung „für ihre Benutzung geeignet" durch den Begriff „gebrauchstauglich" brachte keine inhaltliche Änderung. Hier wurde lediglich der Gesetzestext an die Formulierung der Grundsatzanforderungen des § 1 Abs. 4 aF angepasst sowie an die seinerzeit geltende Bauproduktenrichtlinie und das Bauproduktengesetz (Bauproduktengesetz vom 5.12.2012, BGBl. I S. 2449, 2450, geändert durch Artikel 119 der Verordnung vom 31.8.2015, BGBl. I S. 1474), die den Begriff „gebrauchstaug-

lich" ebenfalls verwenden. Der eingefügte S. 2, nach dem das Baugrundstück für die bauliche Anlage entsprechend geeignet sein muss, stellt nur die bisherige Rechtslage klar im Hinblick auf die gesteigerte Bedeutung der Altlastenproblematik (AusschussBer NBauO 1995 Nr. 11). Der Paragraph hat durch die **NBauO 2012** nur redaktionelle Änderungen erfahren.

6 Trotz der Streichung der Worte „auch für die Umgebung" erstreckt sich die Forderung des § 13 aber nicht nur auf den Schutz der Benutzer einer baulichen Anlage, sondern nach wie vor in einer Vielzahl von Fällen auch auf den **Schutz der Nachbarschaft** der baulichen Anlage. § 13 überschneidet sich damit teilweise mit den Vorschriften des BImSchG und den dazu ergangenen VOen, die – über § 13 hinaus – für die Errichtung und den Betrieb bestimmter Anlagen besondere Anforderungen stellen (→ Rn. 9).

7 Die in § 19 Abs. 2 der NBauO 1973 getroffene Regelung, nach der Baustoffe so zu wählen und zusammenzufügen sind, dass sie sich nicht gegenseitig chemisch oder physikalisch schädlich beeinflussen können, wurde gestrichen, weil sich diese Forderung schon aus § 13 insgesamt ergibt. Auch die in Abs. 3 NBauO 1973 noch enthaltene Verpflichtung, den Befall von Holz und anderen organischen Stoffen mit **Hausbock, Termiten oder Hausschwamm** der BauAB anzuzeigen, hat der Gesetzgeber für entbehrlich gehalten, weil er in der Praxis keine Bedeutung erlangt hat und bezüglich der Zuständigkeit zur Beseitigung des Befalls zu Missverständnissen Anlass gegeben hat. Das entbindet die BauAB jedoch nicht von der grundsätzlichen Verpflichtung nach § 58 Abs. 1, dann, wenn ihr ein Schädlingsbefall angezeigt oder bekannt wird, tätig zu werden und auf ordnungsgemäße Zustände iSv § 13 hinzuwirken.

8 § 13 **NBauO** und das **BImSchG:** Das Verhältnis der dem Immissionsschutz dienenden Vorschriften der LBauOen zum BImSchG, insbesondere zu § 22, ist umstritten. Feldhaus (BImSchG, Stand Nov. 2005, § 22 Rn. 19) sieht § 22 als abschließende Regelung des Anlagen bezogenen Immissionsschutzes an und sieht landesrechtliche Regelungen nur insoweit als zulässig an, als sie schädliche Umwelteinwirkungen betreffen, die keine Luftverunreinigungen und kein Lärm sind und von Anlagen verursacht werden, die nicht gewerblichen Zwecken dienen und nicht im Rahmen wirtschaftlicher Unternehmungen Verwendung finden. Die wohl überwiegende Meinung (Roßnagel GK-BImSchG, Stand Mai 2005, § 22 Rn. 185 ff.; Hansmann in Landmann/Rohmer, UmweltR, Stand 1.9.2005, vor § 22 Rn. 33; Jarass BImSchG, 6. Aufl. 2005, § 22 Rn. 17) sieht in den Vorschriften der LBauOen, die dem Immissionsschutz dienen, spezielle Vorschriften, die als weitergehende Regelungen iSd § 22 Abs. 2 BImSchG einzustufen sind. Das hat Bedeutung, weil § 13 einen höheren Schutzstandard gewährleistet.

Im Rahmen der **genehmigungspflichtigen Anlagen nach §§ 4 ff. BImSchG** erwähnt die Kommentarliteratur zum BImSchG die bauordnungsrechtlichen Regelungen, die dem Immissionsschutz dienen, überhaupt nicht. Als spezielle Vorschriften für Immissionen von baulichen Anlagen ist ihre Einhaltung Genehmigungsvoraussetzung nach § 6 Abs. 1 Nr. 2 BImSchG.

In der Praxis spielt § 13 bei Anlagen, deren immissionsschutzrechtliche Genehmigungen Baugenehmigungen einschließen (→ § 68 Rn. 12), wegen des hohen Schutzstandards der Betreiberpflichten nach § 5 Abs. 1 BImSchG keine Rolle.

9 Für Anlagen, die **nicht nach dem BImSchG genehmigungspflichtig** sind (s. 4. BImSchV), ergeben sich die Anforderungen zum Schutz gegen schädliche Einflüsse sowohl aus den Bestimmungen des § 22 BImSchG als auch aus § 13 NBauO. Denn § 22 BImSchG verpflichtet die Betreiber, auch diese Anlagen so zu errichten und zu betreiben, dass vermeidbare schädliche Umwelteinwirkungen verhindert und unvermeidbare auf ein Mindestmaß beschränkt werden. Diese Bestimmungen sind **nachbarschützend** (BVerwG 30.9.1983 – 4 C 74.78, BRS 40 Nr. 206, 29.4.1988 – 7 C 33.87, BRS 48 Nr. 99). Sie gelten für privat genutzte Anlagen nur, soweit sie auf die Verhinderung von Immissionen durch Luftverunreinigungen oder Geräusche gerichtet sind (§ 22 Abs. 1 S. 3 BImSchG). Bleiben die Anforderungen des § 22 BImSchG hinter

denen des § 13 NBauO zurück, gelten die weitergehenden der NBauO (§ 22 Abs. 2 BImSchG).

Dem Entstehen von Gefahren oder unzumutbaren Belästigungen muss vorbeugend und dauerhaft durch Schutzmaßnahmen begegnet werden. Die Pflicht, dies zu tun, obliegt den in §§ 52 ff. genannten Personen jeweils im Rahmen ihrer Verantwortung. 10

B. Schutz vor Wasser

Wasser kann in unterschiedlichen Erscheinungsformen schädlich auf bauliche Anlagen einwirken (Niederschlagswasser, Grundwasser, Bodenfeuchtigkeit, Luftfeuchtigkeit, aber uU auch Hochwasser, Schnee und Eis). Der Schutz baulicher Anlagen gegen **Niederschlagswasser** erfolgt im Allgemeinen durch eine zweckentsprechende Bedachung. **Dächer** müssen die Niederschläge sicher ableiten, wozu auch die Fortleitung des Wassers vom Dach (Regenrinnen, Dacheinläufe, Fallrohre) gehört. Aber auch nicht bedachte Bauteile müssen gegen Niederschlagswasser geschützt werden (Abdeckung von Mauern, Abdichtung von Balkonen). **Fassaden** müssen so ausgebildet werden, dass sie gegen Schlagregen unempfindlich sind. 11

Gegen **Grund- und Druckwasser** sowie aufsteigende und seitlich eindringende **Bodenfeuchtigkeit** sind bauliche Anlagen und Bauteile durch Sperrschichten und Schutzanstriche zu schützen. Aufsteigende und eindringende Feuchtigkeit kann die Widerstandsfähigkeit der Baustoffe und Bauteile mindern oder sogar zu deren Zerstörung führen und die Gesundheit der Bewohner oder der sonstigen Nutzer einer baulichen Anlage erheblich beeinträchtigen. Bauteile, die der Feuchtigkeit ausgesetzt sind, müssen daher entsprechend geschützt werden. 12

Hinsichtlich der Gefahren durch Wasser vermittelt § 13 S. 1 dann **Nachbarschutz**, wenn nachteilige Auswirkungen zu einer unzumutbaren Behinderung führen, OVG Lüneburg Urteil vom 12.7.1994 - 6 M 3522/94, juris.

§ 13 ist in diesem Fall die baurechtliche Grundlage, für einen ordnungsgemäßen Abfluss des **Oberflächenwassers** zu sorgen. Dies ergibt sich bereits aus dem bebauungsrechtlichen Gebot der Rücksichtnahme des § 34 BauGB. Bauliche Anlagen sind so anzuordnen, dass durch Wasser Gefahren oder unzumutbare Belästigungen nicht entstehen, es darf auch in Form von Niederschlag, Schmelzwasser und Abflussstau nicht schädlich auf das Nachbargrundstück einwirken (OVG Lüneburg, aaO).

C. Schutz vor pflanzlichen und tierischen Schädlingen

Pflanzliche und tierische Schädlinge können besonders organischen Baustoffen gefährlich werden. Hier gilt es, einen vorbeugenden Schutz und Maßnahmen nach dem Befall zu treffen. Zu den pflanzlichen Schädlingen zählt vor allem der echte Hausschwamm, der in feuchtem, ungenügend belüftetem Holz entsteht und Mauerwerk und Beton durchwachsen kann. Aber auch das Wurzelwerk von Kletterpflanzen und Bäumen kann zu erheblichen Zerstörungen von Bauteilen und Baustoffen führen. Tierische Schädlinge sind vornehmlich Insekten, wie zB der holzzerstörende Hausbock. 13

Während in früherer Zeit der vorbeugende **chemische Holzschutz** als unverzichtbar galt, steht nun der vorbeugende **baulich-konstruktive Holzschutz** im Vordergrund. Dieser beruht darauf, Feuchtigkeit soweit wie möglich von Holzbauteilen fern zu halten, um den Pilzbefall begünstigenden Anstieg der Holzfeuchte zu verhindern (DIN 68800 Teil 2, Anlage VV TB A 1.2.5/2). Lediglich tragende oder aussteifende Holzbauteile, die der Gefahr von Bauschäden durch Insekten oder der Gefährdung durch Pilze ausgesetzt sind, müssen zusätzlich durch chemische Maßnahmen geschützt werden. Diese Gefahr ist zB bei innen verbautem, ständig trockenem Holz nicht gegeben (DIN 68800 Teil 3). Ist 14 verbautes Holz von Pilzen befallen oder Lebendbefall durch holzzerstörende Insekten festzustellen, dann müssen aus Gründen der Standsicherheit und des Gesundheitsschutzes geeignete Bekämpfungsmaßnahmen durchgeführt werden. Dazu gehören die chemische Bekämpfung des Pilzbefalls, die Heißluftbehandlung oder chemische Begasung gegen den Insektenbefall und die chemische Nachbehandlung gegen beide Schädlingsarten.

15 Die bei der **Schädlingsbekämpfung** zu beachtenden technischen Regeln sind in der DIN 68800 Teil 4 niedergelegt. Sie stellen Anforderungen an die Vorbereitung und Durchführung der Bekämpfungsmaßnahmen, regeln die Verwendung gütegesicherter Bekämpfungsmittel, die im Holzschutzmittelverzeichnis des DIBt aufgeführt sind und schreiben eine dauerhafte Kennzeichnung der behandelten Gebäudebereiche nach Art und Umfang sowie der eingesetzten Mittel und Wirkstoffe vor. Neben diesen Regeln der Technik sind für den Gesundheits-, Umwelt-, Arbeits- und Unfallschutz die Vorschriften der GefStoffVO „(Gefahrstoffverordnung vom 26. November 2010 (BGBl. I S. 1643, 1644), zuletzt geändert durch Artikel 148 des Gesetzes vom 29. März 2017 (BGBl. I S 626)) und der Chemikalien-Verbotsverordnung vom 20. Januar 2017 (BGBl. I S. 94; 2018 I S. 1389), zuletzt geändert durch Artikel 5 des Gesetzes vom 18. Juli 2017 (BGBl. I S. 2774) beachtlich.

Es kann davon ausgegangen werden, dass bei Einhaltung der DIN 68800 auch den Anforderungen des § 13 sowohl bezüglich vorbeugendem Gebäudeschutz gegen pflanzliche und tierische Schädlinge als auch hinsichtlich dem Schutz der Bewohner, Besucher und Benutzer vor chemischen Gefahren genügt wird, vgl. Anlage VV TB A 1.2.5/2, Nds. MBl. 2019, S. 163).

D. Schutz vor chemischen, physikalischen oder mikrobiologischen Einflüssen

16 Die übrigen nachstehend genannten Einflüsse sind im Allgemeinen Ausfluss der Entwicklung der Technik und des Verkehrs.

a) Strahlen

17 Schutzmaßnahmen gegen Strahlen sind besonders in baulichen Anlagen erforderlich, in denen **Röntgenanlagen** betrieben oder in denen **radioaktive Stoffe** verwendet werden (Krankenhäuser, Arztpraxen, Hochschulen, Forschungsinstitute). Schutzmaßnahmen sind ua die Verkleidung von Wänden und Decken mittels Bleifolien oder deren Ausführung in Barytbeton. Zu beachtende Vorschriften:

Atomgesetz in der Fassung der Bekanntmachung vom 15.7.1985 (BGBl. I S. 1565), zuletzt geändert durch Artikel 1 des Gesetzes vom 10.7.2018 (BGBl. I S. 1122, 1124)

Strahlenschutzverordnung vom 29.11.2018 (BGBl. I S. 2034, 2036); in diese ist die bis zum 31.12.2018 geltende Röntgenverordnung aufgenommen worden.

Die Durchführung dieser Gesetze und Verordnungen fällt nicht in den Zuständigkeitsbereich der BauAB, sondern in den der Gewerbeaufsicht.

18 Mit dem Begriff **„Elektrosmog“** verbindet sich das allgemeine Unbehagen gegenüber elektromagnetischer Strahlung, die von einer Vielzahl technischer Anlagen wie Hochspannungsleitungen, Rundfunk- und Mobilfunksendern, aber auch von Haushaltsgeräten wie Mikrowellenherden ausgesandt wird. Bauliche Anlagen, die derartige elektromagnetische Strahlungen emittieren, müssen nach S. 1 so angeordnet und beschaffen sein, dass Gefahren und unzumutbare Belästigungen nicht entstehen. Die „Verordnung über elektromagnetische Felder - 26. **BImschVO**“ in der Fassung der Bekanntmachung vom 14.8.2013 (BGBl. I S. 3266) enthält Anforderungen und **Grenzwerte** zum Schutz vor und zur Vorsorge gegen schädliche Einwirkungen durch **elektromagnetische Fel-**

der, die von Hochfrequenzanlagen (zB Mobilfunksendern) und Niederfrequenzanlagen (zB Trafostationen und Freileitungen) ausgehen. Halten die emittierenden Anlagen diese Grenzwerte ein und genügen damit den Anforderungen des BImSchG, dann ist daneben für weitergehende Anforderungen nach § 13 S. 1 NBauO kein Raum.

Bei Einhaltung der Grenzwerte der 26. BImSchV können nach dem derzeitigen Stand wissenschaftlicher Erkenntnis schädliche Umwelteinwirkungen durch athermische Auswirkungen von Sendeanlagen für den Mobilfunk nicht festgestellt werden (OVG Lüneburg 19.1.2001 – 1 O 2761/0, BRS 64, Nr. 136; 6.12.2004 – 1 ME 256/04, BauR 2005, 975; BVerwG 10.12.2003 – 9 A 73.02, NVwZ 2004, 613; BGH 13.2.2004 – V ZR 217/03, NVwZ 04, 1019). Werden die Grenzwerte eingehalten, so ist regelmäßig die Annahme gerechtfertigt, dass gesundheitliche Gefährdungen durch elektromagnetische Felder nicht gegeben sind (OVG Lüneburg 4.2.2005 – 9 LA 360/04, NdsVBl. 2005, 271). Zum Thema „Mobilfunk und Baurecht" s. Steinmetz (DNG 2001, 54); Reimer (Reimer NVwZ 2004, 146). 19

Erdstrahlung bzw. Strahlung von im Untergrund verborgenen **Wasseradern** ist durch Wünschelrutengänger nachweisbar – zumindest nach Ansicht vieler Menschen. Sie kann im Einzelfall subjektiv als erhebliche Belästigung empfunden werden. Trotzdem wird man aus § 13 S. 1 keinen Schutz vor derartiger Strahlung ableiten können, da ihre Wirkung nicht allgemein, sondern nur subjektiv von wenigen Einzelpersonen als Belästigung empfunden wird. Ein Wohnhaus, das standortbedingt zufällig derartiger Strahlung ausgesetzt ist, widerspricht demnach nicht § 13. 20

Etwas anderes gilt für die Strahlung des in der Bodenluft natürlich vorkommenden **radioaktiven Edelgases Radon.** Durch das Einatmen seiner Zerfallsprodukte erhöht sich das Lungenkrebsrisiko erheblich. Das Gas kann in „undichten" Gebäuden hohe Konzentrationen erreichen. Die durchschnittliche Radonkonzentration beträgt in Wohnräumen 50 bis 100 Bq/m^3. Sie kann im Mittelgebirge und im Bergvorland (besonders in Bergbaugebieten) bis auf 1.000 Bq/m^3 und mehr ansteigen. Das damit verbundene Risiko, an Lungenkrebs zu erkranken, steigt um 16 % je 100 Bq/m^3 Erhöhung der Radonkonzentration. Das Bundesamt für Strahlenschutz(www.bfs.de/ion/radon) empfiehlt daher, in Gegenden mit hoher Radonkonzentration geeignete bauliche Schutzmaßnahmen zu treffen und weist dazu auf das Radon-Handbuch Deutschland (Verlag für neue Wissenschaft GmbH) hin. Den Anforderungen des § 13 S. 1 wird im Hinblick auf das erhöhte Gesundheitsrisiko durch Radon Genüge getan, wenn die erdberührenden Gebäudeteile gasdicht hergestellt und gegenüber der Bodenluft fugenlos abgedichtet werden (vgl. → § 30 Rn. 4). 21

Zu den physikalischen Einflüssen iSv Satz 1 gehören auch die **Geräusch- und Lichteffekte in Diskotheken**, die gesundheitliche Gefahren für Beschäftigte und Besucher hervorrufen können. Insbesondere sind bleibende Hörschäden durch überdimensionierte Verstärker-Lautsprecher-Kombinationen sowie Augenschäden durch **Laserstrahlen** zu besorgen. Diskotheken einschließlich ihrer technischen Ausstattung müssen daher besonders sorgfältig geplant und verantwortungsbewusst betrieben werden. Siehe hierzu die Verwaltungsvorschrift zum „Schutz vor Gesundheitsgefährdungen und schädlichen Umwelteinwirkungen durch Diskotheken" (s. Liste der TB/VV lfd. Nr. 9). § 37 **NVStättVO** verbietet Laseranlagen in Versammlungsstätten, dazu gehören auch Diskotheken, die die Gesundheit der Besucher beinträchtigen können. Gemeint sind hier wohl Augenverletzungen, die vermeidbar sind, wenn der Abstrahlungswinkel der Laseranlage so festgelegt wird, dass Besucher von den Strahlen nicht getroffen werden können. Verantwortlich für die Einhaltung des § 37 NVStättVO ist der Betreiber der Versammlungsstätte (§ 38 NVStättVO) oder der von ihm beauftragte **Verantwortliche für Veranstaltungstechnik** (§ 39 NVStättVO). 22

b) Licht

23 Zu den physikalischen Einflüssen iSv S. 1 gehören auch Lichtimmissionen, die wohl weniger gesundheitliche Gefahren (ausgenommen Laserlicht → Rn. 22) als vielmehr unzumutbare Belästigungen verursachen können. **Licht emittierende Anlagen** sind vor allem Scheinwerfer zur Beleuchtung von Sportstätten, Lager- und Güterumschlagplätzen, zur Anstrahlung von Gebäudefassaden, aber auch beleuchtete Werbeanlagen (→ § 50 Rn. 24 ff), Lichtreklamen und Straßenlaternen gehören dazu. Diese Anlagen können unzumutbar belästigen durch Helligkeit, Farbe, Blendwirkung, Betriebsweise und Betriebszeiten, insbesondere aber durch indirekte Aufhellung benachbarter Aufenthaltsräume, zB Schlafräume. Licht emittierende bauliche Anlagen müssen daher so angeordnet und beschaffen sein, dass derartige Belästigungen nicht entstehen.

24 **Licht** gehört gem. § 3 Abs. 2 BImSchG zu den Immissionen, die schädliche Umwelteinwirkungen hervorrufen können. Lichtimmissionen unterliegen daher den Regelungen des BImSchG. Licht emittierende genehmigungspflichtige Anlagen müssen § 5 BImSchG entsprechen, nicht genehmigungspflichtige Anlagen – das sind idR die oa baulichen Anlagen – sind entsprechend § 22 BImSchG so zu betreiben, dass vermeidbare Belästigungen unterbleiben und unvermeidbare nach dem Stand der Technik auf ein Mindestmaß beschränkt werden. Einen Anhalt für die Beurteilung der Lästigkeit sowie für Maßnahmen zur Minderung der Störwirkung können die „Hinweise zur Messung und Beurteilung von **Lichtimmissionen**" (Stand: 2000) des Länderausschusses für Immissionsschutz (LAI) geben (abgedruckt bei Ule/Laubinger, BImSchG; Bek. d. MU v. 25.8.2000 – 305-40503/1, nv). Die Zumutbarkeit von Lichtimmissionen hängt auch von der Eigenart des Baugebietes ab: Wohnungen in Kerngebieten müssen zB in größerem Umfang Lichtimmissionen von Werbeanlagen hinnehmen, die nachts beleuchtet sind (OVG Lüneburg 26.2.2003 – 1 LC 75/02, NVwZ-RR 03, 820). Zudem müssen Bewohner die Möglichkeiten der „architektonischen Selbsthilfe" nutzen (OVG Lüneburg aaO; zu Beeinträchtigungen durch das Licht einer Straßenlaterne vgl. OVG Lüneburg 13.9.1993 – 12 L 68/90, UPR 1994, 115). Genügen die Licht emittierenden Anlagen den Anforderungen des BImSchG, dann kann in aller Regel davon ausgegangen werden, dass unzumutbare Belästigungen iSv S. 1 nicht gegeben sind. § 13 NBauO stellt insoweit keine weitergehenden Anforderungen als das BImSchG.

c) Gerüche

25 Die Beurteilung von **Geruchsbelästigungen** bereitet große Schwierigkeiten. Die Frage, ob eine Belästigung objektiv unzumutbar ist, hängt nicht nur von der **Immissionskonzentration** ab, sondern auch von der Geruchsart, -qualität und -intensität, der tages- und jahreszeitlichen Verteilung der Einwirkungen, dem Rhythmus, in dem die Belästigungen auftreten, der Nutzung des beeinträchtigten Grundstücks uam (zur Problematik der Geruchsbewertungen in der Landwirtschaft siehe Peschau UPR 1998, 248 und VG Oldenburg Urteil vom 13.9.2017 – 5 A 654/15 – juris. Die **TA Luft** (v. 24.7.2002 BMBl. S. 511) enthält keine Angaben darüber, wie bei Geruchsemissionen aus Anlagen, die dem BImSchG unterliegen, zu prüfen ist, ab wann eine erhebliche Belästigung iSv § 3 Abs. 1 BImSchG gegeben ist. Es wird dazu auf die **Geruchsimmissions-Richtlinie** Rd. Erl. v. 23.7.2009 **(GIRL)** idF des Länderausschusses für Immissionsschutz (LAI) vom 29.2.2008 zurückgegriffen.

26 Besonders problematisch sind bauliche Anlagen, deren Nutzungsart zu Geruchsemissionen für die Umgebung führen kann (Schweinemästereien, Intensiv-Geflügelhaltung, Tierkörperbeseitigungsanstalten, Fischmehlfabriken). Solche Anlagen gehören ihrer Natur nach – eben wegen ihrer Emissionen – in den Außenbereich (§ 35 Abs. 1 Nr. 5 BauGB) bzw. in ein speziell dafür ausgewiesenes Sondergebiet.

Aber selbst solche im Außenbereich privilegierten Vorhaben müssen auf die **Interessen Dritter** (zB angrenzender Wohnbauten) genügend Rücksicht nehmen. Welche Anforderungen das Gebot der Rücksichtnahme (objektiv-rechtlich) begründet, hängt wesentlich von den jeweiligen Umständen ab (BVerwG 25.2.1977 – IV C 22.75, BRS 32 Nr. 155). Das gilt nicht nur für den Außenbereich, sondern erst recht im Innenbereich. Auch in einem Gebiet mit dörflichem Charakter kann ein Schweinestall unter Berücksichtigung seiner Größe und der Wohnbebauung in der Umgebung zu erheblichen und nicht zumutbaren (Geruchs-)Belästigungen führen (VGH Mannheim 27.10.1979 – VIII 2289/77, BRS 35 Nr. 58 und OVG Lüneburg 13.7.1979 – 1 A 31/78, BRS 35 Nr. 197 mwN). Erweist sich nach diesen Kriterien ein Standort für eine solche Anlage als bodenrechtlich zulässig, dann kann der Standort der Anlage nicht wegen der Emissionen der bauordnungsrechtlichen Vorschrift des § 19 widersprechen. Der Bundesgesetzgeber hat mit den §§ 30 ff. BauGB eine erschöpfende Regelung getroffen, die den Landesgesetzgeber hindert, weitere einschränkende bodenrechtliche Regelungen hinzuzufügen (OVG Lüneburg 2.8.1982 – 1 B 43/82, nv – unter Bezugnahme auf BVerwG 24.2.1978 – 4 C 12.76, DVBl 1978, 610). § 13 ist jedoch anzuwenden, soweit es um die Ausführung und Ausrüstung des Bauwerks sowie seine Anordnung auf dem Baugrundstück geht (OVG Lüneburg aaO).

Lassen sich die Belästigungen nicht durch größeren Abstand zwischen der emittieren- **27**
den und der schutzbedürftigen Anlage auf ein zumutbares Maß reduzieren, dann kann dieses uU durch **technische Maßnahmen** erreicht werden. Solche Maßnahmen können ua sein:

- Installation wirksamer Lüftungssysteme mit hochgeführten Abluftschächten und Schachtaufsätzen zur Abluftverdünnung mittels Frischluft (Bypassverfahren, Weitwurfdüsen);
- Reinigung der Abluft in Füllkörperwäschern, Erdfiltern, mehrstufigen Gaswäschern oder in Anlagen mit regenerierbaren Aktivkohle- oder Biofiltern;
- Bei Schweinehaltung: Sammlung der anfallenden Gülle in ausreichend großen (mind. 1/2-Jahres-Bedarf) geschlossenen (abflusslosen) Gruben (→ § 41 Rn. 65).

Gemäß § 2 Abs. 5 können hier im Einzelfall besondere Anforderungen gestellt werden. Bei allen Anlagen, die Geruchsemissionen hervorrufen, sollten schon in der Planungsphase Sachverständige eingeschaltet werden.

Für größere (nach der 4. BImSchV) genehmigungspflichtige Anlagen zum Halten von **28**
Schweinen und Geflügel enthält die TA Luft v. 24.7.2002 (GMBl. S. 511) technische Anforderungen zur Emissionsbegrenzung und **Regeln über den Mindestabstand** (Nr. 5.4.7.1). Diese Werte haben, wie die TA Luft selbst, normative Funktion (BVerwG 21.3.1996 – 7 B 164.95, UPR 1996, 306). Die **Abstandswerte** berücksichtigen sowohl die Schutz- wie auch die Vorsorgeanforderungen, so dass sie als Mindestwert zu weit greifen und auf kleinere, nicht (nach dem BImSchG) genehmigungspflichtige Anlagen nur bedingt übertragbar sind. Werden diese Werte eingehalten, dann sind unzumutbare Geruchsbelästigungen iSv § 13 S. 1 idR nicht zu erwarten.

Hinzuweisen ist auf die Richtlinien VDI 3471 Emissionsminderung: Tierhaltung – Schweine VDI 3472 Emissionsminderung: Tierhaltung – Hühner (beide in der Fassung Juni 1986) und VDI 3473 Bl. 1 E Emissionsminderung: Tierhaltung – Rinder (Nov. 1994) sowie auf die dazu ergangene Rechtsprechung:

OVG Lüneburg 9.5.1980 – 1 A 63/79, BRS 36 Nr. 61,
25.3.1994 – 1 K 6147/92, BRS 56 Nr. 15,
11.4.1997 – 1 L 1648/95, NdsVBl. 1997, 259,
6.12.2001 – 1 MA 3356/01, AgrarR 2002, 363,
17.10.2002 – 1 KN 2406/01, Nds.Rpfl. 2003, 231,
15.10.2004 – 1 KN 128/03, AgrarR 2004, 328,
21.10.2004 – 1 LA 287/03, BauR 2005, 68,
30.8.2004 – 1 LA 277/03, NVwZ-RR 2005, 455,
4.3.2005 – 7 LA 275/04, NVwZ-RR 2005, 401.

OVG BVerwG	2.8.2005 – 4 B 41.05, BauR 2005, 1900
OVG Lüneburg	Beschluss vom 28.03.2006 - 7 ME 159/04, IBR 2006, 362
OVG Lüneburg	Urteil vom 15. Juni 2017 – 1 LC 17/16 –, juris
OVG Lüneburg	Urteil vom 14.03.2017 - 1 LB 58/16 - juris // BauR2018, 1691 ff
VG Oldenburg	(Oldenburg), Urteil vom 18. März 2015 – 5 A 2516/11 –, juris

d) Geräusche

29 **Geräusche** gehören zu den physikalischen Einflüssen, gegen die § 13 schützen soll. Es kann sich dabei um Geräusche handeln, die auf eine bauliche Anlage einwirken als auch um solche, die von einer baulichen Anlage ausgehen. S. 1 fordert, bauliche Anlagen so anzuordnen, dass sie sich zB nicht gegenseitig durch Geräusche unzumutbar beeinträchtigen. Weiter müssen bauliche Anlagen bautechnisch so ausgebildet sein, dass Geräusche nicht auf andere bauliche Anlagen übertragen werden und dort zu unzumutbaren Belästigungen führen. Diese Forderung überschneidet sich teilweise mit § 15, der unzumutbare Geräusche von betriebstechnischen Anlagen auch für die Nachbarschaft verbietet. Schließlich müssen bauliche Anlagen hinsichtlich der Geräusche gebrauchstauglich sein. Das ist gegeben, wenn bei bestimmungsgemäßer Nutzung weder Emissionen noch Immissionen zu Gefahren oder unzumutbaren Belästigungen führen. Der in S. 1 verwendete Begriff der unzumutbaren Belästigung entspricht dem in § 3 Abs. 1 S. 3, hierzu → § 3 Rn. 22 ff.

30 Unzumutbare Geräusche von (gewerblichen) Betriebsanlagen werden als schädliche Umwelteinwirkungen bereits von § 3 Abs. 2 **BImSchG** erfasst. Für **bauliche Anlagen, die keinen gewerblichen Zwecken dienen** und nicht der Genehmigungspflicht des BImSchG unterliegen, gilt § 22 BImSchG hinsichtlich Lärmschutz gleichermaßen (OVG Münster 26.2.2003 – 7 B 2434/02, BauR 2003, 1362). Danach sind diese Anlagen so zu errichten und zu betreiben, dass schädliche Geräuschimmissionen verhindert werden, die nach dem Stand der Technik vermeidbar sind, und unvermeidbare Geräuschimmissionen auf ein Mindestmaß beschränkt werden. Rühren Geräuschbelästigungen daher, dass die vorstehenden immissionsschutzrechtlichen Grundsätze nicht beachtet wurden, dann sind diese Belästigungen (weil vermeidbar bzw. reduzierbar) idR auch unzumutbar und damit unzulässig iSv § 13.

Konflikte der Bodennutzung (Hundezucht, Bolzplatz, Biergarten im Wohngebiet) müssen bauplanungsrechtlich gelöst werden (§ 15 BauNVO). Erweist sich danach eine Nutzung als zulässig, dann kann § 13 die Zulässigkeit der Nutzung selbst nicht mehr in Frage stellen, sondern nur noch Anforderungen an die bauliche Anlage selbst stellen.

31 Zur Beurteilung der Geräuschimmissionen muss auf Verordnungen, Richtlinien und technische Regelwerke zurückgegriffen werden wie zB:

- **6. Allgem. VV zum BImSchG** (Technische Anleitung zum Schutz gegen Lärm – TA Lärm) v. 24.7.2002 (GMBl. S. 503). Die Vorschriften dieser Anleitung gelten sowohl für genehmigungspflichtige Anlagen nach § 4 BImSchG als auch für nicht genehmigungsbedürftige Anlagen nach § 22 BImSchG.
- **Sportanlagenlärmschutzverordnung** vom 18.7.1991 (BGBl. I S. 1588, 1790), zuletzt geändert durch Artikel 1 der Verordnung vom 1. Juni 2017 (BGBl. I S. 1468), diese VO enthält Immissionsrichtwerte, bei deren Einhaltung für weitergehende Anforderungen aufgrund von § 13 NBauO kein Raum ist, da diese Werte normativen Charakter haben (BVerwG 8.11.1994 – 7 B 73/94, NVwZ 1995, 393).
- Die immissionsschutzrechtliche Bewertung von Freizeitanlagen wird in Niedersachsen in einem Erlass geregelt, der „**Freizeitlärm-Richtlinie**“, der sich an der TA Lärm orientiert (Gem. RdErl. d. MU, d. MI, d. ML, d. MS u. d. MW vom 20.11.2017 – 40502/7.0 – VORIS 28500)

Nach dieser VV sind Freizeitanlagen immissionsmäßig (mit wenigen Abweichungen) nach der TA Lärm wie nicht genehmigungsbedürftige gewerbliche Anlagen zu beurteilen.

Geräusche von **Windenergieanlagen** (WEA) können je nach Abstand, Bauart und Leistung der Anlage erheblich belästigend und damit unzumutbar sein. Ab 50 m Gesamthöhe unterliegen sie den Regelungen des BImSchG (Nr. 1.6 des Anhangs zur 4. **BImSchV**). Nicht nach dem BImSchG genehmigungsbedürftige Anlagen, das sind die selteneren Anlagen bis 50 m Gesamthöhe, unterliegen den Regelungen der NBauO. Hinsichtlich ihrer Geräuschemissionen müssen sie sowohl den Anforderungen des § 22 BImSchG entsprechen als auch denen des § 13 S. 1 genügen. Der dort geforderte Immissionsschutz ist bei der Prüfung der Zulässigkeit nicht nach abstrakten Mindestabständen zu beurteilen, sondern nach den *konkret im Einzelfall zu ermittelnden Immissionen* (OVG Lüneburg 18.12.1998 – 1 M 4727/98, BRS 60 Nr. 196). Dazu kann auf die TA Lärm (→ Rn. 31) zurückgegriffen werden (OVG Greifswald 8.3.1999 – 3 M 85/98, BRS 62 Nr. 109). 32

Der Schutz vor unzumutbaren Geräuschen iSv § 13 S. 1 wird idR sichergestellt, wenn die Belastung (bei mehreren Anlagen die Gesamtbelastung) am Immissionsort die Immissionswerte der TA Lärm (Ziff. 6) nicht überschreitet. Der Nachweis kann über eine Geräuschprognose nach TA Lärm (Anhang A 2) iVm einer Ausbreitungsberechnung nach dem alternativen Verfahren gemäß DIN ISO 9613-2 Abschnitt 7.3.2 geführt werden (OVG Münster 2.4.2003 – 10 B 1572/02, BauR 04, 475; 7.1.2004 – 22 B 1288/03, NVwZ-RR 2004, 408). Zwar können die Richtwerte der TA Lärm nicht schematisch angewandt werden, ihre sichere Einhaltung kann jedoch ein hinreichendes Indiz dafür sein, dass unzumutbare Lärmbeeinträchtigungen nicht verursacht werden.

Die vorstehende Rechtsprechung zu Geräuschimmissionen von Windenergieanlagen lässt sich auch übertragen auf **andere Geräuschquellen**, sofern für diese die TA Lärm einschlägig ist. 33

Lärm von Sportstätten kann Anwohner empfindlich stören, weil sportliche Aktivitäten vornehmlich in der Freizeit oder an Wochenenden stattfinden, wenn das Ruhebedürfnis besonders groß ist (zum Thema Sportlärm s. Stüer/Middelbeck BauR 03, 38). Zum Schutz der Anwohner legt die **SportanlagenlärmschutzV** (→ Rn. 31) für die unterschiedlichen Baugebiete und Ruhezeiten Immissionsrichtwerte fest und regelt im Anhang, wie die Immissionen zu ermitteln und zu bewerten sind. Mit Ausnahme offener Schießstände und Motorsportanlagen, die einer immissionsschutzrechtlichen Genehmigung bedürfen, gilt die oa VO für alle baugenehmigungspflichtigen Sportanlagen, die der körperlichen Ertüchtigung dienen wie zB Sportplätze aller Art für Schul-, Vereins-, Wettkampf- oder Freizeitsport, Schwimm- u. Freibäder oder auch Bolzplätze. Auf Bolz- und Kinderspielplätze sind die Richtwerte der VO nicht unmittelbar anwendbar (BVerwG 11.2.2003 – 7 B 88.02, NVwZ 2003, 751). Halten sich die von Sportanlagen verursachten Immissionen im Rahmen der Werte der VO, dann kann davon ausgegangen werden, dass unzumutbaren Belästigungen iSd § 13 S. 1 nicht entstehen. Da die VO keine Grenzwerte, sondern Richtwerte nennt, ist deren Überschreitung im atypischen Fall möglich (BVerwG 8.11.1994 – 7 B 73.94, BauR 1995, 377), ohne in Konflikt mit den Anforderungen des § 13 S. 1 zu geraten. 34

Lärm von Freizeitanlagen wird oft als störend empfunden, insbesondere dann, wenn er von Flächen ausgeht, die sonst nicht oder anders genutzt werden. Die Nds. Freizeitlärm-Richtlinie (→ Rn. 31) definiert (als landesspezifische Fassung der Muster-Richt-linie des LAI) **Freizeitanlagen** als Einrichtungen iSd § 3 Abs. 5 Nr. 1 oder 3 BImSchG. Dazu gehören ua bauliche Anlagen wie Erlebnisbäder, Freizeit- u. Vergnügungsparks, Freilichtbühnen, Hundedressurplätze, Minigolfanlagen, aber auch Grundstücke, Plätze und Flächen, auf denen im Freien Livemusikdarbietungen, Schützen- u. Volksfeste, Rockkonzerte, Feuerwerke uam abgehalten werden. Die Messung und Beurteilung der davon ausgehenden Immissionen soll (mit einigen Abweichungen) nach der TA Lärm (→ Rn. 31) durchgeführt werden. Nicht zu den Freizeitanlagen gehören Kinderspielplätze und Sportanlagen. Bilden jedoch mehrere Freizeit- und Sportanlagen eine konzeptionelle Einheit iS eines „Freizeitbereichs", so ist eine summative Beurteilung der Immissionen nach der Freizeitlärm-Richtlinie zulässig (BVerwG 16.5.2001 – 7 C 16, BRS 64 35

Nr. 181 zur Muster-Freizeitlärm-Richtlinie des LAI). Die (nds.) Freizeitlärm-Richtlinie stellt eine den Anforderungen des BImSchG entsprechende Entscheidungshilfe zur Beurteilung der von Freizeitanlagen ausgehenden Geräuscheinwirkungen dar (OVG Lüneburg 18.12.1996 – 7 L 1488/95, NdsVBl. 97, 255 zur Richtlinie 1996; 17.11.2005 – 1 KN 127/04, dbovg.niedersachsen.de). Genügt eine (baugenehmigungspflichtige) Freizeitanlage hinsichtlich ihrer Immis-sionen den Anforderungen der Freizeitlärm-Richtlinie und damit dem BImSchG, kann davon ausgegangen werden, dass sie auch den Anforderungen des § 13 S. 1 entspricht.

e) Rauch

36 Da weder die NBauO noch die DVNBauO spezielle Anforderungen an Schornsteine zur Verhinderung von Rauchbelästigungen stellen, ist insoweit nur der Rückgriff auf die Allgemeinforderung des § 13 möglich. Wann eine **Rauchbelästigung** unzumutbar ist, kann jeweils nur im Einzelfall unter Berücksichtigung der besonderen Grundstückssituation beurteilt werden (vgl. VGH Mannheim 19.10.1982 – 8 S 1051/82, BRS 39 Nr. 121) und erfordert idR ein Sachverständigengutachten. Zur Ausbildung von Hausschornsteinen und anderen Abgasanlagen → § 40 Rn. 47 ff.

37 Zur Rauchbelästigung aus **offenen Kaminen** wird auf die 1. BImSchV verwiesen. Nach § 4 Abs. 3 dieser VO dürfen offene Kamine nur gelegentlich betrieben werden und nur mit naturbelassenem stückigem Holz in Form von Scheitholz, Hackschnitzel sowie Reisig und Zapfen oder mit Holzpresslingen befeuert werden. Das Verbrennen von gestrichenem, lackiertem oder beschichtetem Holz, was regelmäßig zu Rauch- und Geruchsbelästigungen führt, ist unzulässig und kann nach § 22 Nr. 1 oa VO als Ordnungswidrigkeit geahndet werden. Im Übrigen sollte in offenen Kaminen zur Vermeidung von Rauchbelästigungen nur trockenes, mindestens 2 Jahre abgelagertes Holz verfeuert werden.

38 **Kleine Feuerungsanlagen**, die den Anforderungen der 1. BImSchV entsprechen, sind grundsätzlich nicht mit schädlichen Umwelteinwirkungen durch Luftverunreinigungen verbunden. Das gilt allerdings nur für den Regelfall, weil die Verordnung zwar die von Feuerungsanlagen ausgehenden Emissionen begrenzt, aber die Zumutbarkeit von Immissionen jedoch davon abhängt, in welcher Konzentration sie in der Nachbarschaft ankommen. Es sind daher Fallgestaltungen denkbar, in denen auf einem Nachbargrundstück trotz Einhaltung der Grenzwerte der 1. BImSchV schädliche Umwelteinwirkungen auftreten können (BVerwG 28.7.1999 – 4 B 38.99, BauR 1999, 1439). Für kleine Feuerstätten unter 15 kW Nennwärmeleistung (zB Einzelöfen) enthält auch die 1. BImSchV keine Grenzwerte für Abgasbelastungen. Sie stellt keine abschließende Regelung zum Schutz der Nachbarschaft dar, so dass gegebenenfalls auf § 13 zurückgegriffen werden kann.

39 Für Rauchbelästigung aus **gewerblichen Feuerungsanlagen**, die dem BImSchG unterliegen, gilt die Technische Anleitung zur Reinhaltung der Luft – TA Luft v. 24.7.2002 (GMBl. S. 511), die dem Schutz der Allgemeinheit und der Nachbarschaft vor schädlichen Umwelteinwirkungen durch Luftverunreinigungen dient. Neben dieser immissionsschutzrechtlichen allgemeinen Verwaltungsvorschrift, deren Vollzug den Gewerbeaufsichtsämtern obliegt, bleibt für die Anwendung des § 13 NBauO kein Raum.

f) Staub

40 **Staubemissionen** gehören zu den **Luftverunreinigungen**, die erheblich belästigen können. Während starke Emittenten den Regelungen des BImSchG unterliegen, kommt bei den übrigen Anlagen § 13 NBauO als auch § 22 BImSchG zum Tragen. Beide Vorschriften verbieten Gefahren und erhebliche (BImSchG) bzw. unzumutbare (NBauO) Belästigungen (vgl. → § 3 Rn. 21 ff.). Die Anforderungen, die § 13 NBauO und § 22 BImSchG an Staub emittierende Anlagen stellen, werden sich im Ergebnis decken.

Von Holz verarbeitenden Betrieben (Tischlerei, Zimmerei, Möbelwerkstätten) werden idR keine unzumutbaren Belästigungen iSv Satz 1 durch **Holzstaub** ausgehen, wenn sie die Emissionswerte der Verordnung zur Auswurfbegrenzung von Holzstaub (7. BImSchV – Verordnung zur Auswurfbegrenzung von Holzstaub vom 18. Dezember 1975, BGBl. I S. 3133) einhalten.

Von Getreideannahmestellen, Siloanlagen oder bäuerlichen Getreidetrocknungsanlagen können unzumutbare Belästigungen durch **Getreidestaub** ausgehen. Soweit diese Anlagen nicht Nr. 9.11 der 4. BImSchV unterfallen, müssen sie sowohl den Anforderungen des §13 NBauO als auch denen des §22 BImSchG genügen. Zur Beantwortung der Frage, ob die Belästigung unzumutbar ist, wie auch zur Entscheidungsfindung im Baugenehmigungsverfahren können mangels spezialgesetzlicher Regelungen, die Anforderungen der Technische Anleitung zur Reinhaltung der Luft – TA Luft – v. 24.7.2002 (GMBl. S. 511) herangezogen werden (vgl. Abschn. VI der zum 10.12.2003 außer Kraft getretenen VV zum Stand der Technik zur Begrenzung der Staubemissionen bei Getreideannahmestellen v. 9.2.1989 Nds. MBl. S. 298). Sind die Staubemissionen nach dem heutigen Stand der Technik vermeidbar, dann kann die Belästigung unzumutbar iSv §13 S. 1 sein mit der Folge, dass sich die emittierende Anlage als unzulässig erweist. 41

Wetterbedingte Staubaufwirbelungen von Baustellen, die durch Wind oder Fahrzeuge verursacht werden, sind wohl keine **Staubimmissionen** iSd BImSchG, für die §22 BImSchG oder §13 NBauO einschlägig sind. Gegebenenfalls muss auf §3 Abs. 1 S. 3 iVm Abs. 5 zurückgegriffen werden. Etwas anderes gilt für Staubimmissionen, die durch Tätigkeiten auf der Baustelle bzw. durch Baumaschinen wie zB **mobile Schredder- und Brechanlagen** verursacht werden, die bei Gebäudeabbrüchen zur Aufarbeitung des Abbruchmaterials immer häufiger direkt auf der Abbruchbaustelle selbst kurzzeitig eingesetzt werden. Als Anlagen iSd §3 Abs. 5 Nr. 2 BImSchG müssen sie den Anforderungen des §22 genügen. Die mit ihrem Betrieb unvermeidbar verbundenen Staubimmissionen sind dann unzumutbar iSv §3 Abs. 1 S. 3 NBauO, wenn sie durch geeignetere Maschinen oder Betriebsweisen vermindert werden können. Zuständig für die Abwehr derartiger unzumutbarer Baustellenimmissionen sind die unteren Immissionsschutzbehörden, das sind die Landkreise und großen selbständigen Städte sowie die Region Hannover (Ziff. 8.1a ZustVO-UA v. 27.10.2009, GVBl. 2009 S. 374). 42

g) Sonstige Luftverunreinigungen

Sonstige Einflüsse, wie Abgase, saurer Regen usw können sich besonders in Konzentration schädlich auf die Gesundheit und das Wohlbefinden der Bevölkerung auswirken und auch die Dauerhaftigkeit baulicher Anlagen beeinträchtigen. Besondere Bedeutung kommt hier dem **Korrosionsschutz** von Stahl und Aluminium zu. Hinzuweisen ist auf 43

- DIN EN 22063 - Metallische und andere anorganische Schichten – thermisches Spritzen – Zink, Aluminium und ihre Legierungen
- DIN EN ISO 1461 – Korrosionsschutz Feuerverzinken,
- DIN EN ISO 12944 – Korrosionsschutz von Stahlbauten durch Beschichtungen,
- DIN EN ISO 12944-1:1998-07, DIN EN ISO 12944-2:1998-07
- Korrosionsschutz von Stahlbauten durch Beschichtungen und Überzüge,
- DIN EN 12487:2007-07 – Chromatieren von Aluminium

Satz 1 fordert, dass bauliche Anlagen so beschaffen sein müssen, dass (Gesundheits-) **Gefahren durch chemische Einflüsse** nicht entstehen. Diese Forderung richtet sich vor allem gegen den Einsatz früher gebräuchlicher giftiger Zusatzstoffe, die Bauprodukten bestimmte Schutz- und Verarbeitungseigenschaften geben sollten. Auch wenn diese Stoffe seit langem verboten sind (ChemVerbotsV idF der Bek. v. 13.6.2003 BGBl. I S. 867), besteht heute die Gefahr darin, dass die eingesetzten Bauprodukte mitunter noch jahrelang Gifte abgeben und diese über die Atemluft aufgenommen werden. Für die Bewertung und Sanierung derartiger Schadensfälle sind folgende Richtlinien zu beachten: 44

- **PCB-Richtlinie** v. 4.7.1995 (Nds. MBl. 1996 S. 40) s. vorn VV Nr. 2. Zwischen 1950 und 1975 wurden polychlorierte Biphenyle (PCB) vor allem als **Weichmacher in Fugendichtmassen**, Anstrichen und Beschichtungen, Klebstoffen, Kunststoffen, Kabelummantelungen eingesetzt.
- PCP-Richtlinie v. 4.2.1997 (Nds. MBl. S. 1152) s. vorn VV Nr. 3. Zwischen 1945 und 1980 wurde Pentachlorphenol (PCP) in weitem Umfang als Fungizid zur Konservierung von Materialien aller Art eingesetzt und in Verbindung mit dem Insektizid Lindan auch als **Holzschutzmittel** in Form deckender und lasierender Farben.

Ergibt die Bewertung nach den vorstehenden Richtlinien Handlungsbedarf, weil die Schadstoffkonzentrationen in der Raumluft gesundheitsgefährdende Werte erreichen, dann verpflichtet § 13 S. 1 den Eigentümer zur Sanierung nach Maßgabe der Richtlinien, die als technische Baubestimmungen eingeführt sind.

45 Bis in die 70er Jahre wurden **teerhaltige Parkettkleber** eingesetzt, die polyzyklische aromatische Kohlenwasserstoffe (PAK) enthalten und diese vornehmlich bei schadhaften Parkettböden über den Abriebstaub an die Atemluft abgeben. Empfehlungen für die Bewertung und Maßnahmen zur Verminderung der PAK-Belastung enthalten die PAK-Hinweise Hinweise für die Bewertung und Maßnahmen zur Verminderung der PAK-Belastung durch Parkettböden mit Teerklebstoffen in Gebäuden (PAK-Hinweise); Fassung 2000-04 Ausgabe 2000-04. Die PAK-Hinweise haben im Gegensatz zu oa Richtlinien (→ Rn. 41, 43 ff.) keinen zwingenden Regelungscharakter. Zwar widersprechen PAK-belastete Parkettböden § 13 S. 1, da aber nach Expertenmeinung (Ziffer 3 der PAK-Hinweise) keine Gefahrenschwelle festgelegt werden kann, von der über Vorsorgemaßnahmen hinaus Sanierungsmaßnahmen zwingend geboten sind, besteht kein bauordnungsrechtlicher Handlungsbedarf.

46 Bestimmte Arten von im Bauwesen verwendeten Spanplatten können **Formaldehyd** an die Raumluft abgeben, insbesondere, wenn sie in größeren Flächen als Bekleidung von Decken oder Wänden in Aufenthaltsräumen eingebaut sind. In bestimmter Schadstoffkonzentration kann die Formaldehydabgabe zu unzumutbaren Geruchsbelästigungen führen. Dies macht sich bei den Raumnutzern zumeist durch Kopfschmerzen, Hustenreiz, Übelkeit, zuweilen auch durch Hautausschlag bemerkbar. Durch Gutachten (Sachverständige, Gesundheitsbehörde) kann in solchen Fällen die Höhe der **Schadstoffkonzentration** festgestellt werden; ggf. müssen die Spanplatten ersetzt werden, um S. 1 zu genügen. Eine normative Regel, ab welcher Konzentration das der Fall ist, besteht nicht. Der Erl. des MS v. 29.6.1981 (Nd. MBl. S. 649), mit dem die „Richtlinie über die Verwendung von Spanplatten hinsichtlich der Vermeidung unzumutbarer Formaldehydkonzentrationen in der Raumluft“ als TB bekannt gemacht wurde, ist mit Bek. d. MS v. 23.11. 2005 (Nds. MBl. S. 967) ersatzlos aufgehoben worden; als Orientierungshilfe kommt sie jedoch weiter in Betracht.

47 Als sehr gefährlich hat sich **Asbestfaserstaub** in der Luft erwiesen. Asbest ist aufgrund seiner physikalischen und chemischen Eigenschaften (Hitzebeständigkeit, Unbrennbarkeit, chemische Beständigkeit, hohe Elastizität) in der Vergangenheit vielfältig im Bauwesen verarbeitet worden. In bestehenden Gebäuden können von Asbestprodukten durch Alterung, Erschütterungen, Luftbewegungen oder Beschädigungen in erheblichem Umfang Asbestfasern in atembarer Form freigesetzt werden. Das Einatmen von Asbestfasern kann zu Asbestose und weiteren schwersten Erkrankungen führen. Die **GefahrstoffV** stuft daher nunmehr Asbest in die Gruppe I (sehr stark gefährdende krebserzeugende Gefahrstoffe) ein, was praktisch einem Herstellungs- und Verwendungsverbot gleichkommt und die Asbest-Sanierung schwierig macht (vgl. → § 11 Rn. 13).

48 Bei den Asbestprodukten wird unterschieden nach zwei grundsätzlich verschiedenen Gruppen:

- Asbestprodukte mit **schwach gebundenen Asbestfasern**, wie zB Spritzasbest, bei denen die Asbestfasern leicht freigesetzt und an die Luft abgegeben werden können,

– Asbestprodukte, bei denen **Asbestfasern durch Zement fest gebundenen** sind und daher nur bei starkem mechanischem Abrieb durch Bearbeitung (zB Bohren, Schleifen, Sägen) freigesetzt werden können.

Schwach gebundene Asbestprodukte – insbesondere **Spritzasbest** – wurden vorwiegend für den Brandschutz von Stahlbauteilen, aber auch für Wärme- und Schallschutz eingesetzt. Von ihnen geht eine erhebliche Gesundheitsgefährdung aus, wenn sie ungeschützt vorhanden sind und durch äußere Einwirkungen wie Erschütterungen, mechanische Beschädigungen oder stärkere Luftbewegungen Asbeststaub freigesetzt werden kann. Ist das der Fall, dann ist ein baurechtswidriger Zustand iS einer Gefahr nach § 13 S. 1 gegeben, die den Eigentümer (§ 56) verpflichtet, eine Bewertung der Sanierungsdringlichkeit nach Maßgabe der Asbest-Richtlinien vornehmen zu lassen sowie die nach dem Bewertungsergebnis erforderlichen Sanierungsmaßnahmen durchzuführen.

Demgegenüber stellen zementgebundene Asbestprodukte nach hM (DIBt Jahresbericht 1989) kein vergleichbares Risiko dar. Von normengerecht hergestellten und verwendeten **Asbestzementprodukten** geht im eingebauten Zustand keine konkrete Gesundheitsgefährdung iSv § 13 S. 1 aus. Das gilt auch für die Abwitterung bei Asbestzement-Dacheindeckungen und -Fassadenbekleidungen.

Bei der Sanierung von Gebäuden mit schwach gebundenen Asbestprodukten müssen **49**
Schutzmaßnahmen für die mit der Sanierung befassten Personen sowie auch solchen außerhalb des Arbeitsbereichs getroffen werden. Oberster Grundsatz bei der Sanierung ist die Vermeidung von Faserfreisetzungen am Abbauort, soweit dies technisch möglich ist. Die im Bundesarbeitsblatt bekannt gemachten „Technischen Regeln für Gefahrstoffe – Asbest – TRGS 519“ (BArbl. 9/2001, 64) enthalten dazu detaillierte Anweisungen. Für Aufgaben der Überwachung im Umgang mit Gefahrstoffen ist das Gewerbeaufsichtsamt zuständig. Zur Asbest-Sanierung auch → § 11 Rn. 13, → § 11 Rn. 17 f.

h) Miteinander unverträgliche Baustoffe

Verschiedene Baustoffe vertragen sich nicht miteinander. Werden sie zusammengefügt **50**
oder in Verbindung gebracht, so kann dies zu einer gegenseitigen schädlichen chemischen oder physikalischen Beeinflussung führen. So dürfen wegen der Gefahr der Elektrolyse Kupfer und Zink nicht nebeneinander verwendet werden und wegen der gegenseitigen chemischen Zersetzung nicht Gips und Zement sowie Aluminium und Zement. Auch Eisen und Kupfer müssen getrennt werden. Zink wird durch Mörtel angefressen. Chlormagnesium enthaltende Baustoffe (Steinholzestrich) dürfen nicht mit Eisen und Stahl in Verbindung kommen (Bitumenschutzanstrich).

E. Altlasten (Anforderungen an das Baugrundstück, Satz 2)

Dem Wortlaut nach scheint S. 1 Anforderungen nur an bauliche Anlagen zu stellen. Tat- **51**
sächlich erstrecken sich diese Anforderungen darüber hinaus auch auf Baugrundstücke, weil eine bauliche Anlage darauf so angeordnet werden muss, dass keine Gefahren oder unzumutbare Belästigungen entstehen, und sie diesen Anforderungen nur genügen kann, wenn das Baugrundstück dafür geeignet ist. Der mit der Änderung 1995 hinzugefügte Satz 2 ist daher eigentlich entbehrlich, weil mit ihm keine anderen oder weitergehenden Anforderungen an Baugrundstücke gestellt werden als bisher. Er verdeutlicht lediglich das, was sich bisher schon aus dem Kontext ergab, nämlich dass das jeweilige Baugrundstück für die jeweilige bauliche Anlage mit der ihr zugedachten Nutzung geeignet sein muss.

Die Anforderungen an die Eignung des Baugrundstücks betreffen die Altlastenproblematik und die damit verbundenen Gefahren für die Benutzer baulicher Anlagen auf Altlastenstandorten.

52 Schädliche Einflüsse überwiegend (bio-)chemischer Art, deren Gefährlichkeit erst in den letzten Jahren hinreichend erkannt worden ist, können von Stoffen ausgehen, mit denen der Boden des Baugrundstücks verunreinigt („kontaminiert") wurde. Soweit sie aus einer früheren, inzwischen aufgegebenen Grundstücksnutzung stammen, hat sich dafür die Bezeichnung **„Altlasten"** eingebürgert. Die Stoffe können daraus herrühren, dass auf dem Grundstück früher Abfälle abgelagert wurden **(„Altablagerungen")**. Es können andererseits auch bei einer früheren gewerblichen, militärischen oder anderen Nutzung von Grundstücken **(„Altstandorte")** feste, flüssige oder gasförmige Stoffe mehr oder weniger unbeabsichtigt in den Boden eingedrungen sein oder sich mit ihm vermischt haben (vgl. die Begriffsbestimmungen in § 2 BBodSchG). Schließlich können Böden auch durch andere Ursachen wie Unfälle, Abschwemmungen oder Verwehungen mit gefährlichen Stoffen kontaminiert worden sein. Aus § 13 (der auch insoweit den Grundsatz des § 3 Abs. 1 u. 2 konkretisiert) ergibt sich hier das **Verbot, Gebäude** und andere bauliche Anlagen (zB Spielplätze) **an Stellen zu errichten, wo Bodenverunreinigungen die Gesundheit** der Bewohner oder Benutzer der Bauwerke **gefährden** oder sie unzumutbar belästigen können. Das Baugrundstück ist in dem Fall nicht geeignet (Satz 2). Die Errichtung baulicher Anlagen auf kontaminierten Flächen ist also nur dann mit § 13 vereinbar, wenn entweder festgestellt ist, dass die abgelagerten oder in den Boden gelangten Stoffe für die Bewohner oder Benutzer unschädlich sind, oder wenn die Flächen vorher ausreichend saniert wurden. Darüber hinaus verbietet § 13 das Bauen auch dann, wenn die Stoffe im Baugrund das Grundwasser zu verunreinigen drohen oder sonst die Umgebung gefährden und der Neubau die Sanierungsmaßnahmen, die zur Abwehr dieser Gefahr notwendig sind, verhindert; der Bau würde sonst für die Gefahr mitursächlich (Schink BauR 1987, 397 (406 f.).

53 § 13 schließt eine Nutzung von Altablagerungsflächen und Altstandorten nicht grundsätzlich aus, sondern macht sie abhängig von der Art der baulichen Nutzung und der mit ihr möglicherweise verbundenen Gefährdung der Benutzer der baulichen Anlagen (vgl. § 4 Abs. 4 BBodSchG). Unter diesen Gesichtspunkten wird man den Altstandort eines Metall verarbeitenden Betriebes idR auch künftig als Baugrundstück für vergleichbare Gewerbebetriebe fortnutzen können, während die Umnutzung des Werksgeländes einer chemischen Fabrik in Wohnbaufläche ohne vorausgegangene Sanierung daran scheitern wird, dass die Baugrundstücke wegen des noch vorhandenen Gefahrenpotentials für die Wohnnutzung nicht geeignet sind (S. 2).

Altablagerungen mit organischen Inhaltsstoffen **(Hausmülldeponien) sind** grundsätzlich **keiner Bebauung zugänglich** wegen der damit verbundenen Gefahren durch explosive Deponiegasansammlungen in Hohlräumen, Grundleitungen und Drainagen (S. 1). Dennoch sind bauliche und sonstige baugenehmigungspflichtige Nutzungen im Einzelfall vorstellbar, die den Anforderungen des § 13 genügen, so zB der Bogenschießplatz auf der begrünten Rekultivierungsfläche oder der P + R Parkplatz mit offenen Entwässerungsgräben.

54 **Zum Verfahren:** Die BauAB darf nach § 70 iVm § 13 für einen Bau auf kontaminiertem Grund keine Baugenehmigung erteilen, wenn von den Stoffen im Boden (noch) Gefahren für Bewohner und Benutzer ausgehen oder der Bau eine zur Gefahrenabwehr notwendige Maßnahme verhindert. War das Grundstück noch nicht bebaut und wurde es bisher als Acker-, Weide- oder Gartenland genutzt, dann gilt das Grundstück als „altlastunverdächtig" und kann ohne weiteres der Bebauung zugeführt werden. Etwas anderes gilt, wenn das Grundstück bereits bebaut war, die Geländeoberfläche künstlich verändert ist oder Ablagerungen auf ihm vorgenommen wurden. In diesem Fall muss zunächst geprüft werden, ob es Anhaltspunkte für einen Altlastenverdacht gibt. Zu diesem Zweck muss die BauAB das **Altlastenverzeichnis** (§ 6 NBodSchG) der unteren Bodenschutzbehörde (nach § 9 Abs. 2 NBodSchG die Landkreise, die kreisfreien Städte und die Städte Celle, Cuxhaven, Göttingen, Hildesheim und Lüneburg sowie die Region Hannover) zuziehen. Bei gewerblicher Vornutzung muss zusätzlich die Historie des Baugrundstücks durch Einsicht in archivierte Altakten und ggf. durch Zeitzeugenbefragung erkundet werden hinsichtlich der möglichen Verwendung schädlicher Produktionsstoffe

und Betriebsmittel, die in den Untergrund gelangt sein könnten. Besteht Verdacht auf schädliche Bodenverunreinigungen, dann muss die Verdachtsfläche (§2 Abs.4 BBodSchG) nach Maßgabe der BBodSchV untersucht (§3), die Ergebnisse bewertet (§4) und gegebenenfalls der Altstandort erst saniert (§5) werden, bevor eine Baugenehmigung erteilt werden kann.

Wenn feststeht, dass das Baugrundstück kontaminiert ist und der Sachverhalt nicht schon in einem vorausgegangenen B-Planverfahren oder einer Sanierungsuntersuchung nach §6 BBodSchV genügend aufgeklärt wurde, dann muss die BauAB vom Bauherrn nach §67 Abs. 1 NBauO iVm §1 Abs.4 BauVorlVO den Nachweis verlangen, dass das Baugrundstück für die bauliche Anlage geeignet ist (S. 2), weil entweder die Stoffe im Boden unbedenklich sind oder das Baugrundstück ausreichend saniert worden ist. Der Bauherr wird idR (auf seine Kosten) ein Sachverständigengutachten beibringen müssen (vgl. Dombert BauR 1991, 1 ff.). 55

Verhältnis zur Bauleitplanung: Seit dem 1.3.1999 findet das BBodSchG Anwendung, im Verhältnis zur Bauleitplanung allerdings nur subsidiär. Das BBodSchG tritt zurück, wenn die Einwirkungen auf den Boden in einem B-Plan geregelt worden sind (§3 Abs. 1 Ziffer 9 BBodSchG). Schon bisher ist die Bebauung altlastverseuchter Flächen vorwiegend als planungsrechtliches Problem betrachtet worden (Stich DVBl 2001, 409). Die Rechtsprechung hat in Amtshaftungsprozessen angenommen, dass Gemeinden, die solche Flächen durch B-Plan zu Bauland erklärten, entgegen §1 Abs. 6 BauGB bzw. der entsprechenden Vorschrift des BBauG das Interesse an gesunden Wohn- und Arbeitsverhältnissen bzw. an der Sicherheit der Wohn- und Arbeitsbevölkerung nicht berücksichtigt und damit gegen das planungsrechtliche Abwägungsgebot verstoßen haben (so insbesondere BGH 26.1.1989 – III ZR 194/87, DVBl 1989, 504 mAnm Papier = JZ 89, 1122 mAnm Ossenbühl; 6.7.1989 – III ZR 251/87, BRS 53 Nr. 18; 21.12.1989 – III ZR 118/88, DVBl 1990, 358; ausführlich Gierke, Kohlhammer-Kommentar, §9 Rn. 635f. mwN; Koch/Schütte DVBl 1997, 1415). 56

Zu verhindern, dass **Bauten auf ungeeignetem Grund** errichtet werden (sei es, dass er nicht tragfähig oder kontaminiert ist) und dadurch die Gesundheit von Bewohnern oder Benutzern oder anderen Personen geschädigt wird, ist in erster Linie Aufgabe der Bauaufsicht. Die Bauleitplanung kann davon ausgehen, dass die Bauaufsicht ihre gesetzliche Aufgabe auch insoweit erfüllt (vgl. Schrödter in Schrödter BauGB §2 Rn. 113ff.). So handelt die Gemeinde nicht pflichtwidrig, und ihr B-Plan ist nicht wegen Abwägungsmangels nichtig, wenn sie eine Fläche als Bauland ausweist, die derzeit zwar wegen gefährlicher Stoffe im Boden nicht bebaubar ist, aber saniert werden kann (so auch Schink BauR 1987, 397 (404) und ders. NJW 1990, 351 (354f.); Broß VerwArch 91 (1990), 301); selbstverständlich bedarf es im B-Plan der warnenden Kennzeichnung nach §9 Abs. 5 Nr. 3 BauGB. Ein solches Vorgehen muss der Gemeinde vernünftigerweise möglich sein; so kann sie nämlich Investoren, die bereit sind, Mittel für die Sanierung aufzuwenden, die Gewissheit verschaffen, dass sie nach der Sanierung auch bauen können. Die Möglichkeit, einen städtebaulichen Vertrag zur Bodensanierung abzuschließen (§11 Abs. 1 Nr. 1 BauGB), ist ein Instrument zur Umsetzung solcher Vorhaben. Dass ohne Sanierung nicht gebaut wird, soll §13 S. 2 sichern, allerdings ist eine wirksame präventive Kontrolle durch die BauAB bei Genehmigungsfreistellung und vereinfachtem Genehmigungsverfahren nicht gegeben. Nichtig wird ein B-Plan nur dann sein, wenn eine Sanierung nicht oder nur mit unvernünftig hohem Aufwand möglich ist. 57

Auch im Boden verborgene **Kampfmittel** machen ein Baugrundstück ungeeignet iSv §13 S. 2. Das gilt sowohl für Fundmunition (Bomben, Minen, Raketen, Granaten), als auch für Rückstände aus der Kampfmittel- und Waffenproduktion (Rüstungsaltlasten). Sind aufgrund von Hinweisen auf das Vorhandensein von Kampfmitteln Sondierungsmaßnahmen geboten, dann hat die Gemeinde die notwendigen Maßnahmen zur Gefahrenerforschung durchzuführen. Für die Bergung von Fundmunition ist der Kampfmittelbeseitigungsdienst Niedersachsen zuständig, im Übrigen die Gemeinde als Gefahrenabwehrbehörde. 58

§ 14 Brandschutz

[1]Bauliche Anlagen müssen so errichtet, geändert und instand gehalten werden und so angeordnet, beschaffen und für ihre Benutzung geeignet sein, dass der Entstehung eines Brandes sowie der Ausbreitung von Feuer und Rauch (Brandausbreitung) vorgebeugt wird und bei einem Brand die Rettung von Menschen und Tieren sowie wirksame Löscharbeiten möglich sind. [2]Soweit die Mittel der Feuerwehr zur Rettung von Menschen nicht ausreichen, sind stattdessen geeignete bauliche Vorkehrungen zu treffen.

Durch Runderlass des MU vom 21.1.2019, veröffentlicht am 24.1.2019 (Nds. MBl. 2019, S. 169 ff.) wurde die Verwaltungsvorschrift Technische Baubestimmungen (VV TB) bekannt gemacht. Die VV TB ersetzt die „Liste der technischen Baubestimmungen – Fassung Dezember 2015 –" und alle vom DIBt veröffentlichten Bauregellisten A und B und Listen C. Sie ist am 28.1.2019 in Kraft getreten.

Technische Baubestimmungen (TB)
bzw. Verwaltungsvorschriften (VV) zu § 14 (Stand: Januar 2019)

Lfd. Nr.	Gegenstand	Datum	Nds. MBl. Seite
1	Richtlinie zur Bemessung von Löschwasser-Rückhalteanlagen beim Lagern wassergefährdender Stoffe (Löschwasser-Rückhalte-Richtlinie – LöRüRL) (VV TB A 2.2.11, zus. Anlage A/2.2.11/1)	März 1993	441
2	Richtlinie über den Brandschutz bei der Lagerung von sekundären Rohstoffen aus Kunststoff (Kunststofflager-Richtlinie – KLR) (VV TB A 2.2.12, zus. Anlage A 2.2.12/1)	Juni 1996	431
3	Verordnung über den Bau und Betrieb von Garagen und Stellplätzen (Garagen- und Stellplatzverordnung GaStplVO) vom 04.09.1989, zuletzt geändert am 11.10.2012 (vgl. VV TB A 2.2.19)	GVBl. 2012 S. 401	
4	Richtlinie über den baulichen Brandschutz im Industriebau (IndBauRL) (vgl. VV TB A 2.1.20)	29.12.2003	2004/29
5	Richtlinien über bauaufsichtliche Anforderungen an Schulen (SchulbauR) vom 11.08.2000, zuletzt geändert am 12.11.2012 (vgl. VV TB A 2.1.20)	12.11.2012	519 33
6	Verordnung über den Bau und Betrieb von Verkaufsstätten (Verkaufsstättenverordnung – VKVO) vom 17.01.1997, zuletzt geändert am 13.11.2012 (vgl. VV TB A 2.1.20)	GVBl. 1997 S. 31 2012, S. 438	
7	Niedersächsische Versammlungsstättenverordnung (NVStättVO) vom 08.11.2004, zuletzt geändert am 13.11.2012 (vgl. VV TB A 2.1.20)	GVBl. 2004, S. 426; 2012, S. 438	
8	Feuerungsverordnung (FeuVO) vom 27.03.2008, zuletzt geändert am 13.11.2012	GVBl. 2012, S. 438	
9	Verordnung über den Bau von Betriebsräumen für elektrische Anlagen (EltBauVO) vom 10.02.2003, zuletzt geändert 11.10.2003	GVBl. 2003, S. 89	

Übersicht

A. Allgemeines

1 Es ist seit jeher ein Hauptanliegen des Bauordnungsrechts gewesen, Entstehen und Ausbreitung von Schadenfeuer zu verhindern, eine wirkungsvolle Brandbekämpfung sicherzustellen und Vorsorge für die Rettung von Menschen und Tieren zu treffen. Schon im „Sachsenspiegel" (um 1220) finden sich Bestimmungen, die dem Brandschutz dienten, und in allen seitdem erlassenen Bauordnungen nahmen die Brandschutzbestimmungen breiten Raum ein. Dabei dienten und dienen Brandschutzbestimmungen nicht nur dem Schutz der Bauwerke selbst und der Sicherheit ihrer Bewohner, sondern darüber hinaus auch dem Schutz der umliegenden Bauwerke, ja ganzer Stadtteile.

Während in überkommenen BauOen zum Teil sehr detaillierte Brandschutzvorschriften enthalten waren, beschränkt sich die NBauO darauf, in § 14 eine Rahmenvorschrift zu geben. Diese wird durch Einzelan-forderungen an verschiedenen Stellen in der NBauO selbst (§§ 26 ff.), überwiegend aber in den Spezial-bestimmungen der aufgrund der NBauO erlassenen Verordnungen präzisiert (zB in der DVO-NBauO, NVStättVO, VKVO, GaStplVO, FeuVO, EltBauVO ua).

2 Im Einzelfall kann die BauAB über § 14 und die Spezialvorschriften der VOen hinaus besondere Anforderungen hinsichtlich des Brandschutzes stellen (§ 51 Abs. 1), wenn das zur Wahrung der Ziele des § 3 notwendig ist. Sie kann auch berechtigte Erleichterungen zulassen, soweit es der Einhaltung der Vorschriften wegen der besonderen Art und Nutzung der baulichen Anlage nicht bedarf.

3 Die allgemeine Brandschutzbestimmung des **§ 14 hat nachbarschützenden Inhalt** (vgl. → § 68 Rn. 94 und OVG Greifswald 1.10.1904 – 3 M 268/04, NordÖR 2005, 27; zweifelnd OVG Lüneburg 13.11.1980 – 6 A 99/79 - nv).

4 **Gesetzesänderungen:** Durch die Novelle von **2012** sind die vormaligen Abs. 2 und 3 entfallen. Die darin enthaltene Forderung nach zwei voneinander unabhängigen Rettungswegen je Nutzungseinheit, sofern kein Sicherheitstreppenraum möglich ist, wurde in den § 33 Rettungswege verlagert. Die Forderung der Ausstattung baulicher Anlagen mit Blitzschutzanlagen wurde als eigener § 42 aufgenommen.

B. Die allgemeinen Anforderungen (Abs. 1)

5 Nach Abs. 1 Satz 1 müssen für den Brandschutz baulicher Anlagen folgende Forderungen (Schutzziele des Brandschutzes) erfüllt sein:

- Der Entstehung eines Brandes muss vorgebeugt werden.
- Im Falle eines Brandes muss die Ausbreitung von Feuer und Rauch verhindert werden.
- Bei einem Brand muss die Rettung von Menschen und Tieren möglich sein.
- Im Brandfall müssen wirksame Löscharbeiten möglich sein.

Diese Forderungen dienen sowohl dem **vorbeugenden Brandschutz** (bauliche Maßnahmen gegen Entstehung und Ausbreitung von Feuer und Rauch) als auch dem **abwehrenden Brandschutz** (bauliche Maßnahmen für die Hilfeleistung und Brandbekämpfung).

6 Es handelt sich um unabdingbare Forderungen, von denen nicht abgewichen werden darf und die einer Befreiung nicht zugängig sind (→ § 66 Rn. 2). Etwas anderes mag gelten, wenn es wegen der besonderen Art oder Nutzung der baulichen Anlage der Einhaltung der Vorschrift nicht bedarf, um die Anforderungen des § 3 zu wahren. In diesem Fall lässt § 51 Abs. 1 Erleichterungen zu, die sich auch auf den Brandschutz erstrecken können.

7 Der **Entstehung eines Brandes** wird ua dadurch vorgebeugt, dass leicht entflammbare Baustoffe (B3 nach DIN 4102-1:1998-05) nicht verwendet werden, es sei denn, sie sind durch die Art der Verarbeitung oder des Einbaues ausreichend gegen Entflammen geschützt (vgl. § 26 NBauO). Der **Ausbreitung von Bränden** wird vorgebeugt, wenn die einzelnen Bauprodukte einer baulichen Anlage mindestens die für den jeweiligen Zweck geforderte Widerstandsfähigkeit gegen Feuer und strahlende Wärme aufweisen (vgl. ua → § 32 Rn. 5). In besonderen Fällen muss der Entstehung und der Ausbreitung von Feuer und Rauch begegnet werden durch den Einbau automatischer Brandmeldeanlagen, selbsttätiger Löschvorrichtungen (zB Sprinkleranlagen, Sprühwasser- u. Wassernebellöschanlagen oÄ) sowie selbsttätiger Sicherheitseinrichtungen (zB Feuerschutz- und Rauchschutzabschlüsse, Rauch- und Wärmeabzugsanlagen oÄ).

8 Dem Sicherheitskonzept der NBauO liegt das Abschottungsprinzip zugrunde. Der Ausbreitung von Feuer und Rauch wirkt dabei insbesondere die Unterteilung baulicher Anlagen in **Brandabschnitte** entgegen. Brandabschnitte werden durch feuerbeständige, nichtbrennbare und gegen mechanische Beanspruchung widerstandsfähige Brandwände als Abschottung gegenüber angrenzenden Abschnitten gebildet. Innerhalb der Brandabschnitte erfolgen weitere Abschottungen durch die Geschossdecken, Treppenraumwände und die Trennwände von Nutzungseinheiten, vgl. §§ 29, 31 und 35 NBauO. Über die Bildung von Brandabschnitten und über die Anordnung und Beschaffenheit von Brandwänden siehe § 8 DVO-NBauO und die diesbzgl. Angaben in den Sonderbauvorschriften (GaStplVO, NVStättVO, VKVO, IndBauRL, SchulBauR, Eltbau VO). Der Ausbreitung von Rauch wird vorgebeugt durch Rauchschutztüren bzw. dichtschließende Türen (Rauchschutztüren, vgl. → § 35 Rn. 8) in Treppenräumen (§ 15 Abs. 4, § 16 Abs. 3 DVO-NBauO) und Fluren (§ 17 Abs. 3 DVO-NBauO) sowie durch Brandschutzabschlüsse in Durchdringungen feuerwiderstandsfähiger Wände und Decken mit Kabeln, Lüftungsleitungen, Installationsschächten und -kanälen (§ 23 Abs. 3 DVO-NBauO; LüAR und LAR).

9 Wirksame **Löscharbeiten** sind möglich, wenn die Feuerwehr ungehindert an die bauliche Anlage herankommt vgl. § 1 DVO-NBauO, dort in ausreichender Menge Löschwasser zur Verfügung hat und innerhalb des Gebäudes einen noch rauchfreien, gesicherten Brandangriffsweg vorfindet. Das setzt in Treppenräumen und notwendigen Fluren mindestens dichtschließende Türen voraus als auch wirksame Rauch- und Wärmeabzugseinrichtungen (§ 15 Abs. 4, § 16 Abs. 3, § 19 Abs. 3 DVO-BauO).

10 Das bei der Brandbekämpfung anfallende Löschwasser muss aufgefangen und schadlos entsorgt werden können, wenn es durch wassergefährdende Stoffe verunreinigt ist. Diese Forderung ergibt sich aus dem Wasserrecht (§ 19g Abs. 1 WHG) und soll die Verunreinigung des Grundwassers durch kontaminiertes Löschwasser verhindern. Daher sind für Gebäude, in denen wassergefährdende Stoffe gelagert werden, bauliche Vorkehrungen in Form von Auffangwannen für die Löschwasserrückhaltung zu treffen. Näheres dazu bestimmt die **Löschwasser-Rückhalte-Richtlinie (LöRüRL)**, die als technische Baubestimmung eingeführt ist.

11 Größere Kunststoffmengen können im Brandfall wegen ihrer starken Rauchentwicklung und der Abgabe sehr giftiger Brandgase zu einer Gefahr auch für die Umgebung werden. Dem soll die Richtlinie über den Brandschutz bei der Lagerung von sekundären Rohstoffen aus Kunststoff begegnen. Ziel der **Kunststofflager-Richtlinie (KLR)** es ist, der Ausbreitung von Feuer vorzubeugen und wirksame Löscharbeiten zu ermöglichen. Die Richtlinie präzisiert insoweit die allgemeinen Anforderungen des Satzes 1 unter Berücksichtigung des besonderen Gefahrenpotentials des Lagergutes.

Die **Rettung von Menschen** und Tieren bedingt, dass bauliche Anlagen auch im Brandfall über passierbare Rettungswege verfügen (Ausgänge, Treppenräume, notwendige Treppen, notwendige Flure). Die Anforderungen der §§ 13–19 DVO-NBauO sollen dies sicherstellen. Sie berücksichtigen allerdings nur das „normale" Risiko, das mit der Benutzung eines Wohnhauses oder einer damit vergleichbaren Nutzung verbunden ist. Spezielle Risiken, die sich für die Rettung von Menschen durch die Art der Gebäudenutzung ergeben, werden in den darauf abgestimmten Spezialvorschriften und Richtlinien berücksichtigt, zB NVStättVO, VKVO, GaStplVO, IndBauRL, SchulbauR. Bei Mischnutzung ist bezüglich der Fluchtwege das größere Gefahrenpotential zu berücksichtigen (zB Nutzung von Schulzentren als Versammlungsstätten). Fehlen Spezialvorschriften, dann muss im Einzelfall ein Konzept von baulichen und organisatorischen Maßnahmen entwickelt werden, mit dem die Einhaltung der Anforderungen des Satzes 1 nachgewiesen werden kann - unter Berücksichtigung der nutzungsbedingten Besonderheiten wie zB keine Selbstrettung der Patienten in Krankenhäusern oder Pflegeheimen, abgeschlossene Rettungswege in Sicherheitsbereichen oder geschlossenen Anstalten. Soll der zweite Rettungsweg über Rettungsgeräte der Feuerwehr geführt werden, dann müssen Lage und Höhe der Gebäude auf die verfügbaren Rettungsgeräte und die tatsächlichen Möglichkeiten der örtlichen Feuerwehr abgestimmt werden (→§ 33 Rn. 6 u. 7). Zusätzlich müssen bauseits die dazu erforderlichen Voraussetzungen geschaffen werden, zB Anleiterungsmöglichkeiten an dafür ausreichend groß bemessenen Fenstern (§ 20 Abs. 2 DVO-NBauO, → § 37 Rn. 12 ff.). **12**

Die **Rettung von Tieren**, die nach Satz 1 ebenfalls möglich sein muss, bereitet Probleme, weil verängstigte Tiere vielfach panisch reagieren. Sie müssen idR aus dem Stall getrieben werden, was den Rettern nur gelingen wird, wenn genügend viele Türen vorhanden sind, die ins Freie führen und diese ausreichend breit sind. Die Rettungsweglänge darf daher nicht mehr als 35 m betragen (vgl. § 12 DVO-NBauO). Die Türen sollten nach außen aufschlagen. **13**

Die **Beschaffenheit** einer baulichen Anlage genügt dem Brandschutz idR, wenn die Gesichtspunkte nach → Rn. 1–13 beachtet werden. Jedoch ist aus den Worten „müssen so errichtet, geändert und instand gehalten werden …" abzulesen, dass die Anforderungen nicht nur für die Errichtung einer baulichen Anlage gelten, sondern dass der Brandschutz dauerhaft gesichert sein muss. Auch bei Änderung einer baulichen Anlage dürfen keine Verhältnisse geschaffen werden, die den Brandschutz mindern oder gar zu einer Brandgefährdung führen. Zum gesicherten Brandschutz gehört auch die ordnungsgemäße Unterhaltung baulicher Anlagen (zB die Überprüfung und ggf. Erneuerung von Feuerschutzanstrichen) und insbesondere die regelmäßige Wartung der brandschutztechnischen Sicherheitseinrichtungen sowie deren Funktionsprüfung. Ständiger Kontrolle bedürfen zB Feuerlöscher, Sicherheitsbeleuchtungen und Ersatzstromquellen, Feuermelde- und Alarmierungseinrichtungen, selbsttätige Feuerlöscheinrichtungen, Rauch- und Wärmeabzugseinrichtungen sowie Vorrichtungen, die bei Rauchentwicklung Brandschutz- und Rauchschutzabschlüsse schließen und Türen in Rettungswegen freigeben, Löschwasserleitungen und Schlauchanschlüsse, Feuerwehraufzüge. **14**

Verantwortlich für die **Funktionstüchtigkeit der Sicherheitseinrichtungen** wie auch für die Benutzbarkeit der Rettungswege ist der Eigentümer und daneben der Betreiber, der die tatsächliche Gewalt über eine bauliche Anlage ausübt (§ 56). Soweit regelmäßige Überprüfungen in § 30 DVO-NBauO vorgeschrieben sind oder im Einzelfall in der Baugenehmigung angeordnet werden (§ 78), haben die nach § 56 Verantwortlichen die Bescheinigung des Sachverständigen über das Ergebnis der Überprüfung der BauAB vorzulegen. Ergibt sich daraus, dass die Beschaffenheit der baulichen Anlage nicht den Sicherheitsanforderungen des Abs. 1 genügt, muss die BauAB nach § 79 einschreiten und, schlimmstenfalls, die Nutzung der baulichen Anlage bis auf weiteres unterbinden. **15**

16 Bauliche Anlagen müssen weiter in Bezug auf den Brandschutz **für ihre Benutzung geeignet** sein. So verbietet sich zB eine im Wesentlichen aus brennbaren Baustoffen bestehende Bauanlage für eine Benutzung zwecks Herstellung oder Lagerung brennbarer Flüssigkeiten. Andererseits ist beispielsweise ein mehrgeschossiges ausgedehntes Gebäude wenig dazu geeignet, Räume aufzunehmen, in denen mit explosiven Stoffen gearbeitet wird.

Bezüglich der Eignung baulicher Anlagen für ihre Benutzung bilden Nutzungsansprüche und Brandschutzanforderungen keine unauflöslichen Gegensätze, sondern können über **Brandschutzkonzepte** in Einklang gebracht werden. Für Industrie- und Gewerbebauten bildet dazu die **Industriebaurichtlinie – IndBauRL** die Grundlage. Sie ist ein in sich geschlossenes Regelwerk, mit welchem seit ihrer Einführung als Verwaltungsvorschrift (1/2004) nachgewiesen werden muss, dass die Anforderungen des § 3 iVm § 14 gewahrt sind. Entspricht das Bauwerk der IndBauRL, dann bedarf es idR keiner zusätzlichen Anforderungen zum baulichen Brandschutz.

17 Nach Abs. 1 Satz 2 sind – soweit die Mittel der Feuerwehr zur Rettung von Menschen nicht ausreichen – stattdessen **geeignete bauliche Vorkehrungen** zu treffen. Hat die örtliche Feuerwehr beispielsweise nicht die notwendigen hochreichenden Leitern, um noch an ein hohes Gebäude heranzukommen, dann muss dieses Gebäude entweder mit einem Sicherheitstreppenraum oder mit zwei voneinander unabhängigen Treppenräumen versehen werden (vgl. §§ 13–16 DVO-NBauO), die von allen Räumen ohne Gefährdung durch Feuer und Rauch erreichbar sein müssen (OVG Münster 22.7.2002 – 7 B 508/1, BRS 65 Nr. 140). Dabei kann ein Treppenraum durch eine Feuertreppe ersetzt werden (vgl. → Rn. zu §§ 33 und 35).

C. Schutz von Wäldern

18 Die Forderung des Abs. 1 Satz 1, dass bauliche Anlagen so anzuordnen sind und so beschaffen sein müssen, dass der Entstehung und Ausbreitung von Bränden vorgebeugt wird, gilt natürlich auch für Brandereignisse, die von baulichen Anlagen auf Wälder, Moor- und Heideflächen ausgehen können.

Bauten mit Feuerstätten müssen daher von solchen Flächen hinreichende Abstände -halten und mit Einrichtungen versehen werden, die – jedenfalls dann, wenn feste Brennstoffe verfeuert werden – einen Funkenflug verhindern (zB Funkenfänger am Schornstein). Eine genaue Entfernungsangabe fehlt in der NBauO. Die durch das Landeswaldgesetz vom 12.7.1973 (Nds. GVBl. S. 233), idF v. 19.7.1978 (Nds. GVBl. S. 596), aufgehobene VO zum Schutze der Wälder, Moore und Heiden v. 25.6.1938 definierte als „gefährliche Nähe" eine Entfernung von weniger als 100 m. Dabei wurde aber wohl noch davon ausgegangen, dass vorwiegend feste Brennstoffe in den Feuerstätten Verwendung fanden. Die Frage eines hinreichenden Abstandes baulicher Anlagen zu Waldrändern dürfte uU bei so genannten privilegierten Bauten (§ 35 Abs. 1 BauGB) akut werden. In Zweifelsfällen sollte das Beratungsforstamt der Landesforstverwaltung, bei Privatwald die Landwirtschaftskammer (§ 5 NwaldLG) gutachtlich gehört werden.

§ 15 Schall-, Wärme- und Erschütterungsschutz

(1) Bauliche Anlagen müssen einen für ihre Benutzung ausreichenden Schall- und Wärmeschutz bieten.

(2) Von technischen Bauteilen und ortsfesten Einrichtungen in baulichen Anlagen oder auf Baugrundstücken wie von Anlagen für Wasserversorgung, Abwässer oder Abfallstoffe, von Heizungs- oder Lüftungsanlagen und von Aufzügen dürfen, auch für Nachbarn, keine Gefahren oder unzumutbare Belästigungen durch Geräusche, Erschütterungen oder Schwingungen ausgehen.

Verwaltungsvorschrift
Technischen Baubestimmungen (VV TB) Stand: Januar 2019

Durch Runderlass des MU vom 21.1.2019, veröffentlicht am 24.1.2019 (Nds. MBl. 2019, S. 169 ff.) wurde die Verwaltungsvorschrift Technische Baubestimmungen (VV TB) bekannt gemacht. Die VV TB ersetzt die „Liste der technischen Baubestimmungen – Fassung Dezember 2015 –" und alle vom die DIBt veröffentlichten Bauregelliste A und B und Listen C. Sie ist am 28.1.2019 in Kraft getreten.

Lfd. Nr.	Gegenstand	Datum	Nds. MBl. Seite
1	DIN 4108 – Wärmeschutz in Gebäuden DIN 4108-2:2013-02 DIN 4108-3:2014-11 DIN 4108-4:2017-03 DIN 4108-10:2015-12 s. Anlage 6.2.1 VV TB	24.01.2019	199
2	DIN 4109 – Schallschutz im Hochbau; DIN 4109-1:2016-07 (Anm.) DIN 4109-2:2016-07 s. Anlage 5.2 VVTB	24.01.2019	198, 199
3	DIN 18159 – 2:1978-06 – Harnstoff-Formaldehydharz-Ortschaum in der Wärmedämmung	24.01.2019	199

Übersicht

A. Allgemeines

Die Forderung des Abs. 1, wonach bauliche Anlagen einen für ihre Benutzung ausreichenden Schall- und Wärmeschutz bieten müssen, dient der Gewährleistung gesunder Wohn- und Arbeitsverhältnisse (§ 3 Abs. 2). Sie ist eine generelle Mindestanforderung im Rahmen der sozialen Anforderungen, die die NBauO stellt (vgl. → § 3 Rn. 33 ff.) sowie die Energieeinsparverordnung und die DVO-EnEV Verordnung zur Durchführung der Energieeinsparverordnung (DVO-EnEV) vom 18.08.2008, zuletzt geändert durch Verordnung vom 02.03.2018 (Nds. GVbl. S. 40). Die konkretisierten Anforderungen liefert die Verwaltungsvorschrift Technische Baubestimmung (VV TB). 1

Abs. 1 verlangt einen an der Benutzung der baulichen Anlage orientierten ausreichenden Schall- und Wärmeschutz. Die zu stellenden Anforderungen können demzufolge bei einem reinen Lagergebäude geringer sein als bei einem Wohngebäude.

Abs. 2 fordert, dass von technischen Bauteilen der Gebäude keine Gefahren oder unzumutbaren Belästigungen (zum Begriff vgl. → § 3 Rn. 22 ff.) durch Geräusche, Erschütterungen oder Schwingungen ausgehen dürfen. Diese Forderung dient neben der Gewährleistung gesunder Wohn- und Arbeitsverhältnisse auch dem Schutz der öffentlichen Sicherheit. 2

Der ausdrückliche Hinweis „auch für Nachbarn" macht deutlich, dass Abs. 2 **nachbarschützenden Charakter** hat. Demgegenüber schützt Abs. 1 nur die Benutzer der baulichen Anlage, nicht deren Nachbarn. Soweit Abs. 2 die Nachbarn nicht genügend schützt, zB wenn Lärm nicht nur von technischen Bauteilen ausgeht, muss auf andere 3

Vorschriften, beispielsweise § 13 oder § 3 zurückgegriffen werden. Auch wenn die NBauO dies in § 15 nicht ausdrücklich erwähnt, so bleiben andere Vorschriften über schädliche Einwirkungen, insbesondere des BImSchG unberührt.

Die zusätzliche Aufnahme potenzieller Störquellen, von denen Gefahren und/oder unzumutbare Belästigungen ausgehen, können durch Ergänzung ortsfester Einrichtungen in baulichen Anlagen oder auf Baugrundstücken und entsprechenden technischen Bauteilen insbesondere den Nachbarschutz verbessern.

In Abs. 2 wird verdeutlicht, dass zu den potentiellen Störquellen, von denen weder Gefahren noch unzumutbare Belästigungen ausgehen dürfen, auch ortsfeste Einrichtungen in baulichen Anlagen oder auf Baugrundstücken gehören. Die Einschränkung der Anforderung auf Gebäudeteile wäre insbesondere im Hinblick auf den Nachbarschutz nicht sachgerecht.

Die Vorschrift fand sich bis zur Fassung der NBauO in § 21 und wurde von dort als § 15 weitestgehend unverändert übernommen.

B. Wärmeschutz nach Abs. 1

4 Wärmeschutz umfasst alle **Maßnahmen zur Verringerung der Wärmeübertragung** durch die Umfassungsflächen eines Gebäudes und durch die Trennflächen von Räumen unterschiedlicher Temperaturen. Wärmeschutz ist von Bedeutung für das Raumklima, den Schutz der Baukonstruktion, den Energieverbrauch und für die Bewirtschaftungskosten eines Gebäudes. Daher sollte schon die Entwurfsplanung dem Wärmeschutz und der Energieeinsparung Rechnung tragen, zB durch eine zweckmäßige Anordnung der Gebäude, eine Wärmeverluste mindernde Grundrissgestaltung oder eine vorteilhafte Ausrichtung der Räume zur Himmelsrichtung.

5 § 15 Abs. 1 stellt die Forderung nach einem ausreichenden **Wärmeschutz aus Gründen der Wohnhygiene** und des **Gesundheitsschutzes**. Daneben gilt die Energieeinsparverordnung (EnEV), mit der die Ziele der Energie- und Klimaschutzpolitik umgesetzt werden. Dabei steht die Verringerung des Primärenergiebedarfs im Vordergrund. Dies soll durch den baulichen Wärmeschutz der Gebäudehülle erreicht werden. Die Energieeffizienz der eingesetzten Anlagentechnik ist ebenfalls zu berücksichtigen, so dass Heizung, Lüftung, Kühlung und Beleuchtung in die Berechnung einfließen. Dadurch entsteht zwischen beiden Vorschriften unterschiedlicher Zielrichtungen ein innerer Sachzusammenhang, weil die geforderte Energieeinsparung zzt. nur über einen erhöhten baulichen Wärmeschutz (= Wärmedämmung) zu erreichen ist. In der Praxis wird die Forderung des § 15 Abs. 1 nach einem ausreichenden Wärmeschutz bei Neubauten regelmäßig überlagert von den Anforderungen der EnEV, die zwar selbst keinen höheren Wärmeschutz als § 15 Abs. 1 vorschreibt, aber durch ihre Begrenzung des Energieverbrauchs indirekt zu einem höheren Wärmeschutz zwingt.

Seit 2009 ist das Gesetz zur Förderung Erneuerbarer Energien im Wärmebereich zur Ermittlung der energiebezogenen Anforderung heranzuziehen (Erneuerbare-Energien-Wärmegesetz – EEWärmeG vom 7.8.2008 (BGBl. I S. 1658, zuletzt geändert durch Artikel 9 des Gesetzes vom 20.10.2015, BGBl. I S. 1722). Der Anteil Erneuerbarer Energien am Energiebedarf von Gebäuden soll erhöht werden.

Zwar kann der Eigentümer frei entscheiden, welche Form der Energiegewinnung herangezogen wird. Er hat aber darauf zu achten, dass ein bestimmter Prozentsatz durch Erneuerbare Energien gewonnen wird. Seit der Novelle vom Mai 2011 gilt dies nicht nur für Neubauten, sondern auch für bestehende öffentliche Gebäude. Bei Gebäuden der öffentlichen Hand ist besonders zu beachten, dass diese eine Vorbildfunktion ausüben sollen. Aus der Neufassung der europäischen Richtlinie über die Gesamtenergieeffizienz von Gebäuden vom 19.5.2010 – (Gesamtenergieeffizienz-Richtlinie 2010/31/EU, die neue, überarbeitete Richtlinie über die Gesamtenergieeffizienz von Gebäuden (EU)

2018/844/75 wurde am 19.6.2018 im Amtsblatt der EU (L155) veröffentlicht und trat am 9.7.2018 in Kraft) ist weiterer Änderungsbedarf zu entnehmen.

Der **Mindestwärmeschutz** iSv § 15 Abs. 1 ist bei Gebäuden mit Aufenthaltsräumen von besonderer Bedeutung **für ein hygienisches Raumklima** und damit für die Gesundheit und das Wohlbefinden der Bewohner. Die Mindestanforderungen an den Wärmeschutz der Bauteile im Winter, die in der DIN 4108-2 Nr. 4.2 enthalten sind, stellen das für Aufenthaltsräume notwendige gesunde Raumklima sicher – ausreichende Beheizung und Belüftung vorausgesetzt. Mit ihrer Einhaltung wird insoweit den Anforderungen des § 15 Abs. 1 NBauO genügt. 6

Wärmeschutz ist weiter von Bedeutung für den Schutz der Baukonstruktion selbst vor klimabedingten Feuchte-Einwirkungen wie **Tauwasserbildung** aus der Raumluft bei winterlichen Bedingungen und deren Folgeschäden wie Minderung der Wärmedämmfähigkeit, Schimmelbildung und Korrosion. Die Anforderungen der DIN 4108-3 Nr. 4 stellen sicher, dass bei ihrer Einhaltung Tauwasser nicht innerhalb der Konstruktion ausfällt. 7

Auch durch **Schlagregen** verursachte Durchfeuchtung verringert die Wärmedämmfähigkeit und damit den Wärmeschutz. Daher ist unter den Gesichtspunkten Wärmeschutz und Energieeinsparung auch ein ausreichender Schlagregenschutz unverzichtbar, für den in der DIN 4108-3 Nr. 5 in den Küstenbereichen und den küstennahen Bereichen sowie im Harz – in Abhängigkeit von den dort zu verzeichnenden Jahresniederschlagsmengen von über 800 mm – höhere Anforderungen gelten als in den übrigen Gebieten. 8

Ebenso wichtig für ein angenehmes u. hygienisches Raumklima ist der Schutz vor unkontrollierter **Wärmezufuhr durch Sonneneinstrahlung**. § 15 Abs. 1 beinhaltet insoweit die Forderung nach einem ausreichenden sommerlichen Wärmeschutz. Dazu genügt es idR, nach Süden gerichtete Fenster mit wirksamem Sonnenschutz wie zB Blenden, Lamellen oder Jalousien zu versehen. Bewährt hat sich der zusätzliche Einsatz von Mehrfachverglasungen mit Schall-, Wärme- und Sonnenschutzfunktion. 9

Unter dem Gesichtspunkt der Energieeinsparung (durch Verzicht auf energieintensive Kühlung im Sommer) sind in der DIN 4108-2 Abschn. 8 Mindestanforderungen an den sommerlichen Wärmeschutz festgelegt.

C. Energieeinsparung nach Abs. 1

Ein erhöhter **Wärmeschutz**, der über die Mindestanforderungen der DIN 4108 hinausgeht, ist nicht nur aus wirtschaftlichen Gründen zweckmäßig, sondern auch aus ökologischer Sicht geboten. Ein höherer Aufwand für Wärmedämmung senkt den Energieverbrauch, verringert die Betriebskosten für Heizung und Kühlung und reduziert den durch Hausbrand verursachten CO^2-Ausstoß iSd Klimaschutzes. Insbesondere um Energieeinsparungen zu erzielen, hat der Bund das EnEG erlassen und darauf gestützt 1977 die Wärmeschutzverordnung (WärmeschutzV), die 1992 von der Energieeinsparverordnung abgelöst wurde. 10

Während frühere Fassungen der WärmeschutzV noch die Transmissionswärmeverluste durch Vorgabe maximal zulässiger k-Werte begrenzten und die Lüftungswärmeverluste durch Fugendurchlasskoeffizienten einschränkten, orientiert sich die WärmeschutzV 95 bereits an dem Jahres-Heizwärmebedarf in kWh als Zielgröße. Die Energieeinsparverordnung (Energieeinsparverordnung vom 24.7.2007 (BGBl. I S. 1519), zuletzt geändert durch Artikel 3 der Verordnung vom 24.10.2015 (BGBl. I S. 1789), hat sowohl die WärmeschutzV als auch die HeizunsanlagenV abgelöst. Für Neubauten hat sie den Niedrigenergiehaus-Standard zur Regel gemacht und für Altbauten schreibt sie den Austausch alter Heizkessel und eine Nachrüstung von Anlagen und Gebäuden vor (§§ 8–10 EnEV).

Die **Energieeinsparungsverordnung** (EnEV) setzt ebenso wie die frühere VO einen Mindestwärmeschutz (vgl. → Rn. 6 ff.) nach den Regeln der Technik voraus (§ 7 Abs. 1 11

EnEV) und begrenzt den auf Umfassungsflächen bezogenen Transmissionswärmeverlust. Im Unterschied zu ihrer Vorgängerin stellt sie nicht auf den Jahres-Heizwärmebedarf eines Gebäudes als vorgegebene Zielgröße ab, sondern auf den **Jahres-Primärenergiebedarf**, der auch den sonstigen Energiebedarf für Warmwasserbereitung, Lüftung u. Kühlung sowie ggf. solare Energiegewinne berücksichtigt. Dabei wird die gesamte Gebäudekonstruktion und Anlagentechnik in allen ihren energetischen Auswirkungen in die Energiebilanz einbezogen. Es bleibt freigestellt, mit welchen Mitteln der vorgegebene Standard erreicht wird; eine bestimmte Ausführung des Gebäudes wird nicht vorgeschrieben.

Zum Redaktionsschluss war das Vorhaben der Bundesregierung, das Energieeinsparungsgesetz, die Energieeinsparverordnung und das Erneuerbare-Energien-Wärmegesetz zusammenzuführen bekannt; Es lag ein Referentenentwurf des Bundesministeriums für Wirtschaft und Energie und des Bundesministeriums für Umwelt, Naturschutz, Bau und Reaktorsicherheit vor (Gesetz zur Einsparung von Energie und zur Nutzung Erneuerbarer Energien zur Wärme- und Kälteerzeugung in Gebäuden). Neben dem Bestreben nach Vereinfachung ergab sich die Notwendigkeit der Umsetzung der EU-Gebäuderichtlinie (s.o. → Rn. 5). Die Umsetzung wird für 2019 erwartet.

12 **Anforderungen an neu zu errichtende Gebäude:** Um Energieverluste gering zu halten schreibt die EnEV in § 6 Abs. 1 vor, die Wärme übertragende Umfassungsfläche einschließlich ihrer Fugen dauerhaft luftundurchlässig dem Stand der Technik entsprechend abzudichten. Zusätzlich wird die Fugendurchlässigkeit außen liegender Fenster begrenzt. Die Luftdichtheit kann nach DIN EN 13 829 bestimmt werden (Anlage 4 zu § 6 EnEV). Außenbauteile müssen den Anforderungen des Mindestwärmeschutzes genügen, in diesem Punkt decken sich die Anforderungen des § 15 Abs. 1 NBauO und des § 7 Abs. 1 EnEV (vgl. → Rn. 5 f.). Der Einfluss konstruktiver Wärmebrücken auf den Heizwärmebedarf muss so gering wie möglich gehalten und bei der Ermittlung des Transmissionswärmeverlustes und des Jahres-Primärenergiebedarfs berücksichtigt werden (§ 7 Abs. 3 EnEV).

13 **Anforderungen an bestehende Gebäude:** Sowohl die WärmeschutzV als auch die Heizungsanlagenverordnung stellten bereits Anforderungen an bestehende Anlagen und Gebäude im Zusammenhang mit baulichen Veränderungen. Die EnEV hat beide VOen abgelöst und dabei dieses Prinzip beibehalten (§ 9 EnEV). Zusätzlich fordert sie die **Nachrüstung** von Heizungsanlagen und Gebäuden (§ 10 EnEV), zB Austausch alter (vor Okt. 1978 eingebauter) Heizkessel, Dämmung von Wärmeverteilungs- u. Warmwasserleitungen in unbeheizten Räumen, Dämmung oberster Geschossdecken beheizter Räume. Für Mehrfamilienhäuser lief die Frist am 31.12.2006 ab; für selbst bewohnte 1- bis 2-Familienhäuser entsteht die Pflicht zur Nachrüstung nur im Falle eines Eigentümerwechsels (Erbschaft), Frist ab Eigentumsübergang: 2 Jahre (§ 10 Abs. 5 EnEV).

14 **Energieausweise:** Die Einführung von Energieausweisen wurde durch die Umsetzung der ersten europäischen Gesamtenergieeffizienzrichtlinie (Richtlinie 2002/91/EG) verbindlich. Energiebedarfsausweise waren in Deutschland bereits vorher eingeführt. Der Energieausweis ist nach Maßgabe des § 16 EnEV als Energiebedarfsausweis für neu zu errichtende Gebäude zu erstellen. § 19 EnEV regelt die Anforderungen für den Verbrauchsausweis.

In Anlage 6 (zu § 16) der EnEV ist der Energieausweis in Aufbau und Inhalt für Wohngebäude vorgegeben; in Anlage 7 EnEV entsprechend für Nichtwohngebäude. Gemäß § 17 Abs. 4 EnEV müssen die Energieausweise den vorgegebenen Mustern entsprechen.

15 § 21 EnEV regelt die Anforderungen an die Aufsteller von Energieausweisen. Die Entwurfsverfasser, die die Anforderungen nach § 53 4 oder § 53 Abs. 3 S. 2 Nr. 1, 2 oder 3 NBauO erfüllen, sind zur Unterzeichnung von bautechnischen Nachweisen des Wärmeschutzes gemäß § 65 Abs. 6 NBauO befugt. Damit sind jedenfalls sowohl Architekten als auch Bauingenieure, soweit sie in die Entwurfsverfasserliste der Ingenieurkammer Nie-

dersachsen eingetragen sind, ausstellungsberechtigt. Für Personen, die nicht danach erfasst sind, gelten weitere Voraussetzungen, siehe §65 Abs 6 NBauO.

Der bautechnische Wärmeschutznachweis, wie er allgemein verstanden wird, beinhaltet alle rechnerischen (und zeichnerischen) Nachweise über die Einhaltung der Anforderungen, die das öffentliche Baurecht (§2 Abs. 17) in diesem Zusammenhang an das geplante Gebäude stellt. Dazu gehören auch die Anforderungen der EnEV, die diese über die Begrenzung des Energiebedarfs (→Rn. 5) an den Wärmeschutz umhüllender Außenflächen beheizter Gebäuden stellt. 16

Der Wärmeschutznachweis ist wie die übrigen bautechnischen Nachweise losgelöst von der Verfahrensart in §65 angesprochen. Die Einhaltung der Anforderungen ist durch bautechnische Nachweise nachzuweisen, also durch eine entsprechende Beschreibung, Berechnung oder zeichnerische Darstellung zu dokumentieren. 17

Der Wärmeschutznachweis ist in Folge der Deregulierung von Genehmigungsvorbehalten nicht mehr mit den Bauvorlagen (§1 Abs. 1 BauvorlVO) einzureichen, sie sind aber selbstverständlich zu erstellen und müssen die formellen Anforderungen der EnEV und des EEWärmG einhalten. Auf Verlangen der Bauaufsichtsbehörde muss der Bauherr die Nachweise vorlegen, §1 Abs. 4 DVO-EnEV.

Die bauaufsichtliche Prüfung des Wärmeschutznachweises entfällt bei den Verfahren nach §§62–64. Nach §65 Abs. 2 werden bei Baumaßnahmen nach den §§62–64 nur die Nachweise der Standsicherheit, soweit Anlagen nach §65 Abs. 3 S. 1 betroffen sind, geprüft, sowie die Nachweise des Brandschutzes für bauliche Anlagen nach §65 Abs. 3 S. 2. Im Übrigen findet eine Prüfung durch die Bauaufsichtsbehörde nicht statt, allerdings dürfen die bautechnischen Nachweise nur von Personen erstellt werden, die die Voraussetzungen nach §65 Abs. 4-7 erfüllen. 18

Die Erfüllung der Anforderungen des Wärmeschutzes wird nur erreicht, wenn das Gebäude auch tatsächlich nach den Vorgaben des Wärmeschutznachweises ausgeführt wird. Das lässt sich nur über wirksame Kontrollen erreichen. Da eine Überwachung durch die BauAB allein aus personellen Gründen nicht möglich ist (BegrE NBauO 1995 S. 65) begnügt sich der Gesetzgeber mit einer **Kontrolle durch sachverständige Personen**, die der Bauherr entsprechend zu beauftragen hat (§1 Abs. 3 DVO-EnEV). Die erforderliche Qualifikation ist in §1 Abs. 1 DVO-EnEV vorgegeben: Danach kommen als Sachverständige für diese Aufgabe Entwurfsverfasser nach §53 Abs. 3 Nr. 1, 2 oder 3 oder Abs. 4, Abs. 4 Nr. 2, 3 oder 4 oder Abs. 5 oder §65 Abs. 4 d in Betracht. Der Entwurfsverfasser nach §53 Abs. 5 (Innenarchitekt) und der Unternehmer, dessen Leistung zu begutachten ist, scheiden aus. 19

§3a DVO EnEV gibt vor, dass Stichprobenkontrollen auch über Energieausweise durchgeführt werden. Zuständig in Bezug auf die Gebäude des Landes sind die Dienststellen des staatlichen Baumanagements Niedersachsen und in Bezug auf andere Gebäude die Landeshauptstadt Hannover im gesamten Landesgebiet.

Die Kontrolle soll über eine **Bescheinigung des Sachverständigen** erreicht werden, in der dieser bestätigen muss, dass die baulichen Anlagen und deren energetische Ausrüstungen auch tatsächlich entsprechend den Vorgaben des Wärmeschutznachweises errichtet oder geändert wurden. Die Sachverständigen werden in §1 Abs. 3 S. 2 DVO-EnEV dazu verpflichtet, sich während der Bauarbeiten durch stichprobenartige Kontrollen davon zu überzeugen, dass die baulichen Anlagen entsprechend den Nachweisen ausgeführt werden. Kontrollen während der Bauphase sind notwendig, weil Wärmeschutzmaßnahmen nach Fertigstellung einer Baumaßnahme idR nicht mehr sichtbar sind. 20

§1 Abs. 4 DVO-EnEV schreibt vor, dass der Bauherr die vom Sachverständigen auszustellende Bescheinigung der BauAB auf Verlangen vorzulegen hat. Damit ist bei allen Baumaßnahmen eine Kontrolle über die Einhaltung der Vorgaben des Wärmeschutznachweises möglich. 21

D. Schallschutz nach Abs. 1

22 Neben dem Wärmeschutz dient auch der **Schallschutz** dazu, gesunde Wohn- und Arbeitsverhältnisse zu verwirklichen. Zu diesem Zweck müssen Gebäude einen für ihre Benutzung ausreichenden Schallschutz bieten. Das Anforderungsniveau ist also nicht für alle Aufenthaltsräume gleich, sondern hat sich nach dem Schutzbedürfnis der jeweiligen Gebäudenutzung zu richten. So muss der Schallschutz für Krankenzimmer oder Wohnräume höher sein als für weniger schutzbedürftige Räume wie Unterrichts- oder Büroräume bzw. noch weniger schutzbedürftige Räume wie Verkaufs- oder Gasträume.

23 Unter dem **Begriff des bautechnischen Schallschutzes** sind einerseits (Primär-)Maßnahmen gegen die Schallentstehung zu verstehen (zB gegen Körperschall von haustechnischen Anlagen, Maschinen, Sanitärobjekten etc oder gegen Trittschall aus anderen Nutzungseinheiten), und andererseits (Sekundär-)Maßnahmen, die die Schallübertragung von einer Schallquelle zum Hörer vermindern (zB Luftschalldämmung der Außenbauteile gegen Verkehrslärm). Sind bei Sekundär-Maßnahmen Schallquelle und Hörer in verschiedenen Räumen oder ist Außenlärm abzuwehren, so geschieht dies hauptsächlich durch **Schalldämmung**; ist die Schallquelle in demselben Raum durch **Schallabsorption** (zB in Kegelbahnen durch gelochte Akustikplatten).

Bei der Schalldämmung wird unterschieden nach der Art des Störschalles zwischen Luftschalldämmung und Körperschalldämmung (zB gegen Trittschall). **Luftschall** ist der sich in der Luft ausbreitende Schall, **Körperschall** der sich in festen Stoffen ausbreitende Schall (zB angeregt durch Sanitärgegenstände). **Trittschall** ist der beim Begehen oder ähnlicher Anregung einer Decke oder Treppe entstehende Körperschall. Körperschall wird idR teilweise wiederum als Luftschall abgestrahlt.

24 **Schallschutz** hat im Wohnungsbau große Bedeutung für das Zusammenleben der Bewohner untereinander. Ausreichender Schallschutz iSv § 15 soll sowohl die eigene Wohnung **gegen Geräusche aus fremden Räumen** abschirmen als auch umgekehrt die eigene Privatsphäre sicherstellen. Besondere Beachtung kommt dem Schallschutz zu, wenn es unvermeidlich ist, Räume mit hohem Schallpegel gegen Räume abzugrenzen, in denen Menschen wohnen oder arbeiten (Bsp.: Gaststätte im Erdgeschoss eines Mehrfamilienhauses). § 15 fordert ausreichenden Schallschutz **gegen Geräusche von haustechnischen Anlagen** wie zB Heizungen, Sanitärobjekten, Klima- u. Lüftungsanlagen, Aufzügen oder gegen Maschinengeräusche aus Betrieben im selben Gebäude. Schließlich soll § 15 ausreichend Schallschutz gewährleisten **gegen Geräusche von außen** wie Verkehrslärm.

25 **Wärme- und Schalldämmung:** Bestimmte Wände, nämlich die von Wohnungen und die von Aufenthaltsräumen, müssen wärme- und schalldämmend sein. Die Anforderungen sind davon abhängig, ob Lage oder Benutzung der Wohnungen, Aufenthaltsräume oder der Gebäude selbst dies erfordern. Das dürfte bezüglich des Schallschutzes bei Trennwänden, die Wohnungen oder Aufenthaltsräume von Treppenräumen, Aufzugsschächten oder Betriebsräumen trennen, der Fall sein.

26 Wie ausreichender **Schallschutz** zu erreichen ist, muss der DIN 4109 – **Schallschutz im Hochbau** entnommen werden, die als Verwaltungsvorschrift Technischen Baubestimmungen eingeführt worden ist, siehe oben. Sie enthält Anforderungen und Nachweise differenziert nach der Schutzbedürftigkeit der Nutzungsart des Gebäudes bzw. seiner einzelnen Räume. Das Beiblatt 1 zur DIN 4109 enthält Ausführungsbeispiele für Bauteile, die ohne bauakustische Eignungsprüfungen als geeignet gelten, die jeweiligen Anforderungen an den Schallschutz nach der Norm zu erfüllen. Es enthält weiter Rechenwerte u. -verfahren für den Nachweis der Luft- und Trittschalldämmung sowie Beispiele für schallschutztechnisch ausreichende Außenbauteile.

27 Die **DIN 4109** gilt zum Schutz von Aufenthaltsräumen gegen Geräusche aus fremden Räumen und von haustechnischen Anlagen sowie gegen Außenlärm. Werden die Vor-

gaben der Norm eingehalten, dann wird auch den Anforderungen genügt, die § 15 Abs. 1 an bauliche Anlagen hinsichtlich des Schallschutzes stellt. Für die Frage, ob der vertraglich vereinbarte Schallschutz vorliegt, ist die Prüfung im Einzelfall nach zivilrechtlichen Grundsätzen erforderlich.

Die Norm gilt nicht zum Schutz von Aufenthaltsräumen gegen Fluglärm, soweit dieser im „Gesetz zum Schutz gegen Fluglärm" geregelt ist (→ Rn. 33).

Wenn die Lage (stark befahrene Verkehrsstraße, Flughafennähe, Eisenbahn) oder die Benutzung (Wohnräume, Krankenzimmer, Hörsäle) von Aufenthaltsräumen dies erfordern, oder wenn passiver Schallschutz in einem B-Plan vorgeschrieben ist, müssen auch Fenster und Türen schallgedämmt ausgeführt werden. Die DIN 4109 trägt gerade diesem Problem besonders Rechnung (Beibl. 1 Nr. 11). **28**

Darüber hinaus können nach § 51 Abs. 1 Nr. 5 bei baulichen Anlagen oder Räumen besonderer Art und Nutzung im Einzelfall an die Bauart und die Anordnung von Bauteilen auch bezüglich des Schallschutzes besondere Anforderungen gestellt werden.

Zu verweisen ist (ergänzend) auch auf folgende Richtlinien:

VDI 2566 – Lärmminderung von Aufzugsanlagen,
VDI 2081 – Geräuscherzeugung und Lärmminderung in raumlufttechnischen Anlagen,
VDI 2715 – Schallschutz an heiztechnischen Anlagen,
VDI 2719 – Schalldämmung von Fenstern und deren Zusatzeinrichtungen,
VDI 3726 – Schallschutz bei Gaststätten und Kegelbahnen,
VDI 3728 – Schalldämmung beweglicher Raumabschlüsse; Türen, Mobilwände,
VDI 3733 – Geräusche bei Rohrleitungen.

Der **Nachweis des Schallschutzes** ist zwar nicht mit den Bauvorlagen entsprechend BauVorlVO vorzulegen. Er ist aber entsprechend den Vorgaben in Übereinstimmung mit dem öffentlichen Baurecht zu erstellen. **29**

Die Aufstellung eines Schallschutznachweises ist weiterhin erforderlich, auch wenn er nicht zu den Bauvorlagen gemäß BauvorlagenVO zählt. Für die Erstellung ist der Entwurfsverfasser verantwortlich. Nach § 53 Abs. 1 muss er den Entwurf so erstellen, dass er dem öffentlichen Baurecht entspricht. Zum Entwurf gehören nicht nur die Bauvorlagen, sondern auch die Unterlagen, die nicht vorgelegt werden müssen. Es entfällt lediglich die Prüfung des Nachweises durch die BauAB, weil der Nachweis von einer dafür qualifizierten Person (§ 65 Abs. 6) aufgestellt wurde. **30**

Maßnahmen zum Schallschutz sind aber nicht erst für die bauliche Anlage selbst zu treffen, sondern dem **Schallschutz** muss bereits **bei der Bauleitplanung** Rechnung getragen werden. Dies ergibt sich aus § 1 Abs. 5 BauGB, der ua fordert, dass bei der Aufstellung der Bauleitpläne insbesondere die allgemeinen Anforderungen an gesunde Wohn- und Arbeitsverhältnisse und die Sicherheit der Wohn- und Arbeitsbevölkerung zu berücksichtigen sind. Außerdem fordert § 50 **BImSchG**, dass bei raumbedeutsamen Planungen und Maßnahmen die für eine bestimmte Nutzung vorgesehenen Flächen einander so zuzuordnen sind, dass schädliche Umwelteinwirkungen auf die ausschließlich dem Wohnen dienenden Gebiete sowie auf sonstige schutzbedürftige Gebiete soweit wie möglich vermieden werden. **31**

Im Hinblick auf den Schallschutz bedeutet dies, dass beispielsweise Baugebiete mit Ruhebedürfnis (**Wohngebiete**) nicht unmittelbar an lärmintensive Baugebiete (GE- bzw. GI-Gebiete) angrenzen dürfen (vgl. OVG Lüneburg 25.6.2001 – 1 K 1850/0, BRS 64 Nr. 15) und dass innerhalb eines Wohngebietes keine Lärm erzeugenden Betriebe zugelassen werden. Das Rücksichtnahmegebot des § 15 Abs. 1 Satz 2 Alt. 2 BauNVO eröffnet im Anwendungsbereich der TA Lärm nicht die Möglichkeit, der durch einen Gewerbebetrieb verursachten Überschreitung der Außen-Immissionsrichtwerte bei einem Wohnbauvorhaben durch Anordnung von passivem Lärmschutz zu begegnen, BVerwG, Urteil vom 29.11.2012 – 4 C 8.11; juris. Zur Abwehr von **Windkraftanlagen** OVG Saarland, Beschluss vom 11.9.2012 – 3 B 103/12 und OVG Lüneburg, Beschluss vom 16.7.2012 – 12 LA 105/11.

32 Den Schutz der Arbeitnehmer vor **Lärm in Arbeitsräumen** eines gewerblichen Betriebes gewährleistet die **Arbeitsstättenverordnung** (ArbStättV). So ist nach Nr. 3.7 des Anhangs zur ArbStättV der Schalldruckpegel so niedrig zu halten, wie es nach der Art des Betriebes möglich ist. Der Beurteilungspegel am Arbeitsplatz in Arbeitsräumen darf auch unter Berücksichtigung der von außen einwirkenden Geräuschen höchstens 85 dB(A) betragen. Genügt der Schallschutz einer Betriebsstätte den Anforderungen der ArbStättV, dann können aus § 15 keine höheren Anforderungen zugunsten der Arbeitnehmer abgeleitet werden.

Heranzuziehen ist die Lärm- und Vibrations-Arbeitsschutzverordnung vom 6.3.2007 (BGBl. I S. 261), zuletzt geändert durch Artikel 5 Absatz 5 der Verordnung vom 18.10. 2017 (BGBl. I S. 3584).

Der Schutz der Nachbarn vor unzumutbarem Lärm aus einer gewerblichen Betriebsstätte ergibt sich aus dem BImSchG iVm der TA Lärm (→ § 13 Rn. 29 ff.).

33 Der **Schallschutz gegen Fluglärm** ergibt sich aus § 7 des Gesetzes zum Schutz gegen Fluglärm idF der Bek. v. 31.10.2007 (BGBl. I S. 2550, FluLärmG) iVm der dazu ergangenen zweiten Verordnung zur Durchführung des Gesetzes zum Schutz gegen Fluglärm (2. FlugLSV) vom 8.9.2009 (BGBl. I S. 2992). Die Erstattung von Aufwendungen für Schallschutzmaßnahmen an baulichen Anlagen regelt § 9 FluLärmG.

Zivilrechtliche Nachbaransprüche iSv § 906 Abs. 2 S. 2 BGB (gegen den Flughafenunternehmer) werden durch die planungsrechtlichen Regelungen des Fluglärmgesetzes nicht unmittelbar berührt (BGH 15.6.1977 – V ZR 44/75, DVBl 1977, 762), siehe grundsätzlich zu Entschädigungsansprüchen OLG Schleswig, Urteil vom 13.5.2016-17 U 83/ 15, Beck RS 20 16, 12407.

34 **Schallschutz gegen Verkehrslärm:** In § 41 BImSchG ist festgelegt, dass beim Bau oder der wesentlichen Änderung von öffentlichen Straßen und Schienenwegen sicherzustellen ist, dass durch diese keine schädlichen Umwelteinwirkungen durch Verkehrsgeräusche hervorgerufen werden können, die nach dem Stand der Technik vermeidbar sind (aktiver Schallschutz). § 2 der VerkehrslärmschutzVO (16. BImSchV) legt die zum Schutz der Nachbarschaft einzuhaltenden Immissionsgrenzwerte gestaffelt nach Baugebieten als Tag- und Nachtwerte fest.

Nach § 42 BImSchG hat derjenige, der **passive Schallschutzmaßnahmen** (entsprechend DIN 4109) an seiner baulichen Anlage trifft, weil dem Träger der Baulast von Straßen oder Schienenwegen der an sich **beim Bau neuer Straßen** oder Schienenwege gebotene aktive Schallschutz nach dem Stand der Technik nicht möglich oder unverhältnismäßig kostenträchtig ist und die in der 16. BImSchV festgelegten Immissionsgrenzwerte überschritten werden, gegen den Baulastträger Anspruch auf angemessene Entschädigung in Geld in Höhe der Aufwendungen, die nach der 24. BImSchV für Schallschutzmaßnahmen erforderlich sind (passiver Schallschutz).

35 **Schallschutz gegen Lärm von Sportanlagen** bietet die SportanlagenlärmschutzVO – 18. BImSchV v. 18.7.1991 (BGBl. I S. 1588), zuletzt geändert durch Artikel 1 der Verordnung vom 1.6.2017 (BGBl. I S. 1468). Diese Verordnung gilt für die Errichtung, die Beschaffenheit und den Betrieb von Sportanlagen. Sie sind so zu errichten und zu betreiben, dass die in § 2 der VO genannten Immissions-Richtwerte nicht überschritten werden (vgl. → § 13 Rn. 31).

E. Schall- und Erschütterungsschutz nach Abs. 2

36 **Geräusche**, **Erschütterungen** oder **Schwingungen**, die von technischen Bauteilen der Gebäude ausgehen, können nicht nur zu Belästigungen schlechthin, sondern über den Grad der Unzumutbarkeit hinaus auch zu schweren gesundheitlichen Störungen und

Schäden, insbesondere des vegetativen Nervensystems, führen. Sie können uU auch zu einer Beeinträchtigung oder Gefährdung der Gebäude führen. Über den Unterschied zwischen Belästigung, unzumutbarer Belästigung und Gesundheitsgefahr vgl. → § 3 Rn. 22 ff.

Die Formulierung **„technische Bauteile …** in baulichen Anlagen" und die anschließende beispielhafte Aufzählung einiger solcher Anlagen lässt vermuten, dass hiermit vorwiegend Betriebseinrichtungen gemeint sind, die zur Ausstattung der Gebäude gehören und als deren Bestandteile anzusehen sind. Das sind Gegenstände, Apparate und Maschinen innerhalb der Gebäude, die zur Benutzung und zum Betrieb derselben erforderlich sind oder zu ihrem Schutz dienen. Man wird generell derartige Anlagen den Anforderungen des Abs. 2 unterwerfen müssen, also neben den fest eingebauten haustechnischen Installationen für Wasser und Abwasser (zB Druckerhöhungs- und. Abwasserhebeanlagen), raumlufttechnische Anlagen, Förderanlagen (Rohrpost), Beschickungsanlagen (für Heizkessel mit festen Brennstoffen), Notstromaggregate, Müllabwurfanlagen, aber auch nicht fest eingebaute, relativ leicht demontierbare Anlagen wie verfahrbare Schrankanlagen in Archivräumen, größere Waschmaschinen in Krankenhäusern und Heimen, u. dgl. mehr. Der Begriff „technische Bauteile" ist extensiv auszulegen. 37

Geräusche dürfen von technischen Bauteilen nur in einer Stärke ausgehen, die im Rahmen des Zumutbaren liegt. Werte für die zulässigen Schalldruckpegel in schutzbedürftigen Räumen enthält die Tabelle 4 der DIN 4109. So darf zB in Wohn- und Schlafräumen der Schalldruckpegel von haustechnischen Anlagen einen Wert von 30 dB(A), von Wasserinstallationen einen Wert von 35 dB(A) nicht überschreiten. Werden diese Werte – abgesehen von kurzzeitigen Spitzen – eingehalten, dann wird auch idR den Anforderungen des Abs. 2 genügt. Besonders unangenehm sind Geräusche von Einrichtungen, bei denen sie unregelmäßig oder auf- und abschwellend auftreten (Aufzugsmaschinen, Gebläse von Heizkesseln) sowie Geräusche im mittleren und oberen Frequenzbereich. Derartige Störeffekte werden in der oa Tabelle nicht berücksichtigt und müssen in Einzelfall besonders bewertet werden. 38

Erschütterungen können von Einrichtungen ausgehen, die unregelmäßigen Belastungen ausgesetzt sind (Druckstöße beim Öffnen und Schließen von Armaturen, schwere Schaltschütze), oder von maschinellen Einrichtungen, die Stoß- und Schlagwirkungen erzeugen (Schmiedehämmer, Stanzvorrichtungen und andere Metall verformende Maschinen).

Schwingungen treten vorwiegend bei rotierenden oder oszillierenden Maschinen auf (Lüftungsventilatoren, Zentrifugen, Notstromaggregate, Blockheizkraftwerke) und führen meist zur Erzeugung von Luft- und Körperschall. Schwingungen im kritischen Frequenzbereich können die Standfestigkeit baulicher Anlagen gefährden.

Gegen nachteilige Auswirkung von Geräuschen, Erschütterungen oder Schwingungen technischer Einrichtungen ist es erforderlich, **bereits am Entstehungsherd geeignete Schutzmaßnahmen** zu treffen. So müssen solche Anlagen auf besonderen, von den übrigen Bauteilen durch federnde Zwischenschichten getrennten Fundamenten stehen oder eine dynamische Maschinengründung erhalten. Stark vibrierende Rohrleitungen dürfen nicht starr an Decken und Wänden befestigt werden, und Rohrdurchführungen müssen Körperschall dämmende Packungen erhalten. 39

Haustechnische Anlagen sollten von vornherein bezüglich ihres Standortes so angeordnet werden, dass sie möglichst nicht unmittelbar an „ruhige Räume" oder Nachbargebäude (bei geschlossener Bauweise) angrenzen. Ist dies dennoch unvermeidlich, dann müssen erhöhte Dämmmaßnahmen getroffen werden (Gebäudetrennfuge mit einem Dämmstoff, der keinen Körperschall überträgt).

Streitig diskutiert werden die Auswirkungen durch Schallemissionen von Windkraftanlagen. Dazu entschied der VGH Baden-Württemberg (Beschluss vom 19.6.2018 – 10 S 186/18, juris) dass tieffrequenter Schall oder Infraschall durch eine Windenergieanlage unterhalb der Wahrnehmungsschwelle des menschlichen Gehörs führt nicht zu Gesundheitsgefahren. Windenergieanlagen, die die in Nr. 5.6.1.1. des Windenergieerlasses Baden-Württemberg definierten Abstände einhalten, sollen für Menschen keine schädlichen Infraschallwirkungen auslösen. Die in § 35 Abs. 3 Nr. 5 BauGB benannten Belange des Tourismus und die Bedeutung der Freiflächen für Wanderwege, also die Belange der natürlichen Eigenart der Landschaft und deren Erholungswert, vermitteln überdies keine subjektive Rechtsposition.

40 Eine normative Aussage, ab wann Erschütterungsimmissionen auf bauliche Anlagen und Menschen als schädliche Umwelteinwirkungen anzusehen sind, gibt es zzt. nicht. Ebenso wenig gibt es ein taugliches Verfahren zur Vorhersage der Auswirkungen von Erschütterungsimmissionen. Wohl aber lassen sich derartige Immissionen messen und die Messergebnisse beurteilen. Eine Anleitung dazu bietet die vom Länderausschuss für Immissionsschutz (LAI) herausgegebene **„Erschütterungs-Leitlinie"**, jetzt „Hinweise zur Messung, Beurteilung und Verminderung von Erschütterungsimmissionen" (s. www.lai-immissionsschutz.de).

41 Die Erschütterungs-Leitlinie bzw. die oa Hinweise gelten für genehmigungsbedürftige und nicht genehmigungsbedürftige Anlagen nach dem BImSchG und für Baustellen. Sie enthalten Beurteilungsmaßstäbe zur Konkretisierung der Anforderungen aus den §§ 5 u. 22 BImSchG, ua Immissionswerte, bei deren Einhaltung davon auszugehen ist, dass **schädliche Umwelteinwirkungen** iSd BImSchG nicht vorliegen und damit wohl auch keine Gefahren iSv § 15 Abs. 2 NBauO. Die oa Hinweise geben keine Hilfe zur Beurteilung von erheblichen Belästigungen iSd BImSchG durch Erschütterungseinwirkungen auf Menschen in Gebäuden.

42 § 15 Abs. 2 NBauO verbietet darüber hinaus **unzumutbare Belästigungen**. Belästigungen, die das Wohlbefinden und die Leistungsfähigkeit von Menschen in Gebäuden negativ beeinflussen können, sind regelmäßig unzumutbar iSv Abs. 2. Das dürfte zB für Schwingungen und Erschütterungen von technischen Bauteilen und Anlagen gelten, die in Wohnräumen deutlich spürbar sind.

43 Zum **Schutz der Nachbarschaft** müssen die Gebäude oder Gebäudeteile, in denen sich technische Einrichtungen befinden, die Geräusche, Schwingungen oder Erschütterungen erzeugen, uU größere Abstände von Nachbargrundstücken einhalten als die Mindestabstände nach §§ 5 ff. (s. § 51 Abs. 1 S. 3 Nr. 1). So darf zB ein Maschinenhaus nicht in unmittelbarer Nähe der Grenze zur Wohnbebauung angeordnet werden oder die Abluftöffnung der Kühlanlage eines SB-Marktes nicht direkt auf das benachbarte Wohnhaus gerichtet sein. Das gilt besonders dann, wenn sich absehbare Immissionskonflikte durch wohl überlegte Planung vermeiden lassen. Geräuschimmissionen, die der Bauherr ohne Schwierigkeiten vermeiden kann, sind für den Nachbarn regelmäßig unzumutbar iSv § 15 Abs. 2 und führen zur Unzulässigkeit des Bauvorhabens (vgl. → § 13 Rn. 10).

Bei einer Schallprognose, die nach der TA Lärm iVm der DIN ISO 9613-2 erstellt worden ist und deren Vorgaben einhält, ist davon auszugehen, dass ausreichender Schallschutz gegeben ist, OVG Saarl Beschluss vom 3.11.2017 – 2 B 573/1744, BeckRS 2017, 130961).

Neben der oa Erschütterungs-Leitlinie ist auf folgende Regeln der Technik hinzuweisen:

DIN 4150	– Erschütterungsschutz im Bauwesen,
DIN 1946	– Raumlufttechnik,
DIN 52 221	– Bauakustische Prüfungen, Körperschallmessungen bei haustechnischen Anlagen,
VDI 2057	– Einwirkung mechanischer Schwingungen auf den Menschen
VDI 2081	– Geräuscherzeugung und Lärmminderung in RTL-Anlagen,
VDI 2715	– Lärmminderung an Warm- und Heißwasser-Heizungs-Anlagen.

§ 16 Verkehrssicherheit

(1) Bauliche Anlagen sowie Verkehrsflächen in baulichen Anlagen und auf dem Baugrundstück müssen verkehrssicher sein.

(2) Die Sicherheit und Leichtigkeit des öffentlichen Verkehrs darf durch bauliche Anlagen oder deren Nutzung nicht gefährdet werden.

Durch **Runderlass** des MU vom 21.1.2019, veröffentlicht am 24.1.2019 (Nds. MBl. 2019, S. 169 ff) wurde die Verwaltungsvorschrift Technische Baubestimmungen (VV TB) bekannt gemacht. Die VV TB ersetzt die „Liste der technischen Baubestimmungen – Fassung Dezember 2015 –" und alle vom die DIBt veröffentlichten Bauregelliste A und B und Listen C. Sie ist am 28.1.2019 in Kraft getreten.

Verwaltungsvorschrift
Technische Baubestimmungen (VV TB) zu § 16 Stand: Januar 2019

Lfd. Nr.	Gegenstand	Datum	Nds. MBl. Seite
1	ETB-Richtlinie – Bauteile, die gegen Absturz sichern, Juni 1989	24.01.2019	172

Übersicht

A. Allgemeines

§ 16 fordert die Verkehrssicherheit baulicher Anlagen selbst, der Verkehrsflächen in baulichen Anlagen und der Verkehrsflächen auf dem Baugrundstück. Er begründet damit neben der zivilrechtlichen (§ 823 BGB) eine **öffentlich-rechtliche Verkehrssicherungspflicht**. Die Vorschrift dient dem Schutz der Benutzer (Bewohner, Beschäftigte, Besucher) baulicher Anlagen sowie der Baugrundstücke und nicht dem Schutz der Nachbarn. 1

§ 23 aF ist mit der NBauO 1995 nur leicht geändert worden. Weil sich Kleinkinder nicht nur bei ihren Müttern, sondern auch bei anderen Personen aufhalten können (BegrGesE 7. ÄndG) wurde das Wort „Mütter" durch „Personen" ersetzt.

Anforderungen an die Verkehrssicherheit enthalten auch zahlreiche Vorschriften der DVO-NBauO, GaVO, VStättVO, VKVO und der ArbStättV.

B. Verkehrssicherheit

a) Anforderungen an Verkehrsflächen

Die allgemein zugänglichen **Verkehrsflächen** in baulichen Anlagen und auf Baugrundstücken müssen **sicher begehbar** bzw. befahrbar sein, um der Verkehrssicherheit zu genügen. Dazu gehört, dass insbesondere keine Rutsch- oder Stolpergefahren bestehen (keine Stolperstufen oder -absätze) und dass die Flächen bei Dunkelheit ausreichend beleuchtet oder beleuchtbar sind. Die lichte Höhe über den Verkehrsflächen, die sog. „Kopffreiheit", darf nicht durch hineinragende Bauteile, Werbeanlagen, Markisen beein- 2 trächtigt werden. Glastüren oder -wände müssen in Verkehrswegen wie Eingangshallen, Fluren usw deutlich erkennbar sein zB durch Ätzung, Klebefolien oder Holme.

3 Ungeschützt im Freien liegende Treppen müssen aus Gründen der Verkehrssicherheit einen Handlauf haben, der bei Vereisung etwas Sicherheit geben kann. Das gilt auch für Hauseingangstreppen mit einer Absturzhöhe von weniger als 1 m (vgl. § 4 Abs. 1 Nr. 1 DVO-NBauO), wenn sie ungeschützt im Freien liegen. Entlang der Gebäude müssen die Verkehrswege uU durch am Dachrand angebrachte Schneefanggitter gegen Dachlawinen gesichert sein (§ 32 Abs. 2). Dies dürfte in schneereichen Lagen (zB im Harz) oder bei steilen Dachneigungen (mehr als 45) regelmäßig geboten sein.

4 Die bisherige über die Regelungen der MBauO und die BauOen anderer Länder hinausgehende Forderung, dass Bauteile in den **Verkehrsflächen** – innen wie außen – auch für Behinderte, alte Menschen, Kinder und Personen mit Kleinkindern **leicht benutzbar** sein müssen, entfällt. Sie ist nunmehr in technischen Baubestimmungen hinreichend konkretisiert.

§ 16 übernimmt in Abs. 1 aus § 23 aF die Grundsatzanforderung, dass bauliche Anlagen selbst und Verkehrsflächen in baulichen Anlagen und auf dem Baugrundstück verkehrssicher sein müssen. Die bisherige Vorschrift über die Benutzbarkeit von Bauteilen für Behinderte, alte Menschen, Kinder und Personen mit Kleinkindern ist verzichtbar, da die Forderung „leicht benutzbarer" Bauteile keine wesentliche Konkretisierung der Verkehrssicherungspflicht darstellt und die Anforderungen der Barrierefreiheit inzwischen in Technischen Baubestimmungen hinreichend konkretisiert sind.

Die Forderung konnte ohnehin nicht dahingehend verstanden werden, dass etwa jede Treppe – um es überspitzt auszudrücken – auch für Rollstuhlfahrer benutzbar sein muss. Es dürfen für den genannten Personenkreis aber dort keine Hindernisse „aufgebaut" werden, wo dies nach den Umständen des Einzelfalles ohne weiteres vermeidbar ist. Wenn zB den Belangen Behinderter ohne Schwierigkeiten Rechnung getragen werden kann, dann muss dies geschehen (Anlage stufenloser Zugänge oder flacher Rampen, gleitsichere Gehbeläge, stützende Handläufe usw). Abdeckungen (Roste) von Schächten oder Kanälen müssen so engmaschige Gitter oder so geringe Stababstände erhalten, dass sich darin weder Damen- oder Kinderabsätze noch die Gehstöcke Behinderter einklemmen können. Vgl. im Übrigen die Ausführungen zu § 49.

b) Schutz vor dem Abstürzen

5 Die Forderung nach Verkehrssicherheit baulicher Anlagen ist nicht nur auf deren allgemein zugängliche Verkehrsflächen beschränkt, sondern sie ist auch dort zu erfüllen, wo sonst Gefahren für (auch nur gelegentliche) Benutzer entstehen können (Balkonbrüstungen, Umwehrungen für Bodenluken, Schutzvorkehrungen für Schornsteinfeger und Fensterputzer usw).

6 Flächen, von denen wegen ihrer Höhenlage gegenüber tieferliegenden Flächen **Absturzgefahren** bestehen, müssen ausreichend umwehrt sein (vgl. § 4 DVO-NBauO). Das gilt für alle zum Gehen bestimmte Flächen in Gebäuden, auf sonstigen baulichen Anlagen und auf Baugrundstücken wie zB Balkone, Galerien, Podeste, Rampen, Treppen, Stützmauern von Terrassen. Zwar wird in der DVO-NBauO erst ab 1 m Absturzhöhe eine Umwehrung gefordert. Daraus darf aber nicht gefolgert werden, dass begehbare Flächen mit geringerer Absturzhöhe grundsätzlich ohne Schutz als verkehrssicher gelten. Auch **geringere Absturzhöhen bilden eine große Gefahr**, wenn Niveauunterschiede zB dort angeordnet sind, wo sie nicht erwartet werden oder unaufmerksame Personen sie übersehen können. Verkehrssicher iSv § 16 Abs. 1 ist eine begehbare Fläche erst, wenn sie so gesichert ist, dass Personen nicht unbeabsichtigt über ihren Rand hinaus geraten und stürzen können.

7 **Der Schutz gegen Abstürzen** wird idR durch eine Umwehrung iSv § 4 DVO-NBauO in Form eines Gitters, Zaunes, Geländers oder Brüstung zu gewährleisten sein. Die Um-

wehrung muss so beschaffen sein, dass sie unter Belastung nicht nachgibt. Für den Normalfall reicht es aus, wenn im Standsicherheitsnachweis (vgl. → § 12) eine horizontale Verkehrslast von 0,5 kN/m in Holmhöhe angenommen wird. Sind größere Personenansammlungen bzw. starkes Gedränge vor der Umwehrung nicht auszuschließen (wie zB in Schulen, vor Kassenbereichen, auf Aktionsflächen oder in Versammlungsstätten), muss die Umwehrung entsprechend stärker ausgelegt werden, nach DIN EN 1991-1-1:2010-12, DIN EN 1991-1-1/NA:2010-12 mindestens für eine horizontale Verkehrslast von 1,0 kN/m.

Der Schutz gegen Abstürzen kann aber auch auf andere Weise erreicht werden, zB indem die Fläche vor der Absturzkante so gestaltet wird (durch Bepflanzung, Möblierung), dass Personen sie nicht unbeabsichtigt betreten und sich in Gefahr begeben können. Besonders bei **Außenanlagen** kommt es mehr darauf an, durch ihre Gestaltung auf Absturzkanten aufmerksam zu machen als durch Umwehrungen vor einem Absturz zu schützen.

Bis zu einer Absturzhöhe von 12 m müssen Umwehrungen nach § 4 Abs. 2 DVO-NBauO **8**
mindestens 90 cm und darüber hinaus mindestens 1,1 m hoch sein (Abb. 1). Brüstungen von Fahrtreppen müssen stets nur 0,9 m hoch sein. Die **Höhe der Umwehrung** ist zu messen ab Oberkante der Fläche, auf der die zu schützende Person steht. Mit der Einhaltung dieser Mindest-Maße wird zwar den Anforderungen des § 16 genügt. Sie reichen jedoch nicht in jedem Falle aus, weil sie großen Personen nur unzureichenden Schutz vor dem sog. „Verlieren des Gleichgewichtes" bieten. Umwehrungen von Galerien, Aussichtsterrassen und -türmen sollten daher zusätzlich zu der geforderten Mindesthöhe mit einem Brustholm (ca. 1,3 m hoch) versehen sein.

Schutz für Kleinkinder: Während für erwachsene Personen Geländer mit Knie- und **9**
Brustholm ausreichend Schutz gegen Abstürzen bieten, reicht dieser Schutz für Kleinkinder wegen der großen Zwischenräume nicht aus. Daher werden an Umwehrungen von Flächen, auf denen sich üblicherweise auch Kleinkinder aufhalten, in § 4 DVO-NBauO weitergehende Anforderungen gestellt. Das trifft ua zu auf Wohnhäuser, Kindergärten, Vor- und Grundschulen, Spielplätze. Aber auch alle übrigen öffentlich zugänglichen Einrichtungen des täglichen Lebens, wie ärztliche Praxen, Gaststätten, Läden, Verkaufs- und Versammlungsstätten, Schwimmbäder werden heutzutage von Personen mit Kleinkindern aufgesucht. Daher dürfen überall dort, wo mit Kleinkindern zu rechnen ist, Umwehrungen und Treppengeländer nur Öffnungen haben, die nicht höher bzw. nicht breiter als 12 cm sind (§ 4 Abs. 4 DVO-NBauO), damit Kleinkinder nicht hindurchkriechen oder hindurchfallen können (Abb. 4). Die Umwehrungen müssen so ausgebildet sein, dass Kleinkindern ein Überklettern nicht erleichtert wird (§ 4 Abs. 4 DVO-NBauO). Der Leitereffekt von horizontal ausgerichteten Balkongeländern kann zB durch innen liegende Verglasung aus Sicherheitsglas (ESG oder VSG) aufgehoben werden. Der seitliche Abstand zwischen Treppengeländer und Treppenlauf darf nach S. 3 nicht breiter als 6 cm sein. Kritische Gefahrenpunkte bei Treppen sind weiter das Treppenauge und die dreieckigen Öffnungen, die von Tritt- und Setzstufen mit dem darüber verlaufenden Geländer gebildet werden (vgl. Abb. Nr. 3 zu § 34).

Für **Umwehrungen aus Glas** sind die Anwendungsbedingungen der „Technischen Re- **10**
geln für die Verwendung von absturzsichernden Verglasungen (TRAV)" zu beachten, die das DIBT bekanntgegeben hat (Fassung 2003).

Keine Ablageflächen auf Brüstungen: Nicht aus Gründen der Verkehrssicherheit iSv **11**
§ 16, wohl aber aus Gründen der öffentlichen Sicherheit und des Gesundheitsschutzes iSv § 3 Abs. 1 muss der obere Abschluss von hoch gelegenen Umwehrungen grundsätzlich so ausgebildet sein, dass auf ihr keine Gegenstände abgelegt werden können, wenn diese, versehentlich herunter gestoßen, darunter befindliche Personen verletzen können. Das betrifft insbesondere Brüstungen in Rangtheatern und Veranstaltungshallen sowie Brüstungen von Aussichtsplattformen und -türmen.

c) Höhe von Fensterbrüstungen

12 Fensterbrüstungen müssen je nach Absturzhöhe bestimmte Mindesthöhen einhalten (Abb. 2), die gegenüber den Höhen von Umwehrungen niedriger sein dürfen. Dabei wird berücksichtigt, dass bei Fenstern die Tiefe der Brüstungsleibung, die bei konventionellen Außenwänden einschließlich Fensterbrett idR mehr als 0,4 m beträgt, zusätzliche Sicherheit gibt. Fehlt es den Fenstern an der (vorausgesetzten) Leibungstiefe, wie das bei leichten Außenwandkonstruktionen häufig der Fall ist, dann müssen die Abmessungen für Umwehrungen zugrunde gelegt werden, wie das auch in § 4 Abs. 3 S. 2 DVO-NBauO bei geringeren Brüstungshöhen vorgesehen ist (vgl. Abb. 3).

13 Die Höhe der Fensterbrüstung ist ab OKF zu messen. Befindet sich vor dem Fenster ein betretbarer Sockel, so ist die Brüstungshöhe ab dessen Oberkante zu messen (OVG Münster 30.11.2001 – 10 B 1465/1, BRS 64 Nr. 137). Beträgt die Brüstungshöhe weniger als das Mindestmaß nach § 4 Abs. 3 DVO-NBauO, dann muss in der Ebene der Fensterleibung oder vor dem Fenster eine Absturzsicherung eingebaut sein, die bezüglich Höhe, Öffnungen und Leitereffekt den Anforderungen des § 4 DVO-NBauO genügt. Fenstertüren (sog. Französische Fenster) ohne Brüstung sind zulässig, wenn sie durch Umwehrungen nach § 4 DVO-NBauO (Höhe, Öffnungen u. Leitereffekt) gesichert sind.

C. Absatz 2

14 Absatz 2 über die Vereinbarkeit mit der Sicherheit und Leichtigkeit des öffentlichen Verkehrs übernimmt zur Verdeutlichung der Belange der Benutzer der benachbarten öffentlichen Verkehrsflächen die entsprechende Regelung der Musterbauordnung und anderer Bauordnungen der Länder. Die Regelung erfasst die baulichen Anlagen an Verkehrsflächen, die nicht spezialgesetzlichen Vorschriften unterstehen. Die Anforderung war bisher schon aus § 1 Abs. 1 aF abzuleiten.

15 Die Forderung nach **Verkehrssicherheit** gilt nicht nur für die Verkehrsflächen auf dem Baugrundstück selbst, sondern auch **für die privaten**, nicht dem öffentlichen Verkehr gewidmeten **Verkehrsflächen**, die der Erschließung solcher Baugrundstücke dienen, die nicht direkt an einer mit Kraftfahrzeugen befahrbaren öffentlichen Verkehrsfläche liegen. Es handelt sich dabei um solche Verkehrsflächen, die als private Erschließungsanlagen nicht nach § 1 Abs. 2 Ziff. 1 von den Regelungen der NBauO ausgenommen sind. Diese privaten Verkehrsflächen unterfallen den Anforderungen des § 16, weil sie ebenfalls auf einem (Wege-)Baugrundstück iSd Abs. 1 errichtet werden. Sie müssen so ausgebaut sein, dass der von den baulichen Anlagen ausgehende Zu- und Abgangsverkehr aufgenommen werden kann und der für den Brandschutz erforderliche Einsatz von Feuerlösch- und Rettungsgerät jederzeit möglich ist. Daraus folgt, dass ihr Ausbaustandard sich an diesen Anforderungen orientieren muss und so zu erfolgen hat, dass die uneingeschränkte Verkehrssicherheit iSv § 16 zu jeder Jahreszeit gewährleistet ist.

16 Die Anforderungen, die aus Gründen der Verkehrssicherheit an private Verkehrsanlagen zu stellen sind, hängen ab von Art und Maß der Nutzung der durch sie erschlossenen Grundstücke: So wird man an **kurze Stichwege**, über die nur zwei hinterliegende Gebäude geringer Höhe mit nicht mehr als zwei Wohnungen erschlossen werden, aus Gründen der Verkehrssicherheit keine besonderen Anforderungen stellen außer, dass sie stolperfrei sein müssen.

17 Für private **befahrbare Stichwege bis zu 50 m Länge**, über die vier bis sechs Gebäude geringer Höhe mit nicht mehr als zwei Wohnungen erschlossen werden, dürfte es aus Gründen der Verkehrssicherheit ausreichen, wenn sie (nur) eine befestigte Oberfläche zB als wassergebundene Decke erhalten und der Weg von den Haus- bzw. Vorgartenleuchten beleuchtet werden kann. Allerdings müssen der Stichweg und die darüber erreichbaren Stellplätze so angeordnet sein, dass die Fahrzeuge ggf. unter

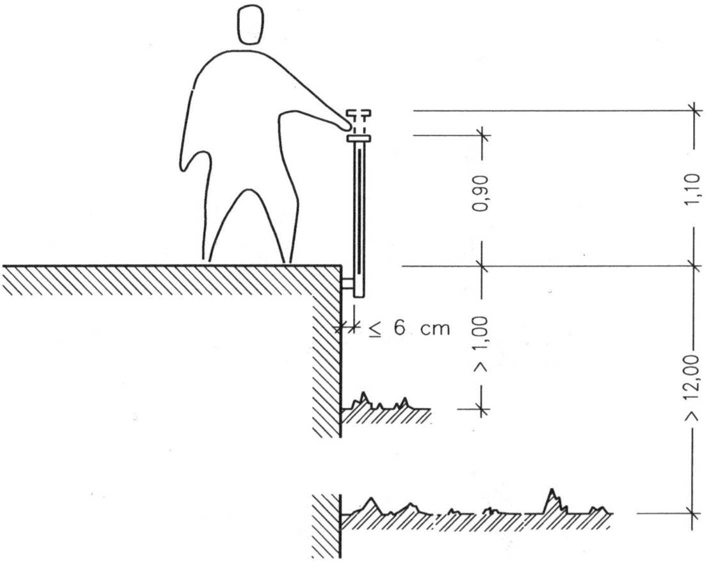

Abb. 1:
Die „Unwehrungs-Pflicht" nach § 4 Abs. 1 DVO-NBauO und die unterschiedlichen Anforderungen an die Höhe der Umwehrung nach § 4 Abs. 2 DVO-NBauO

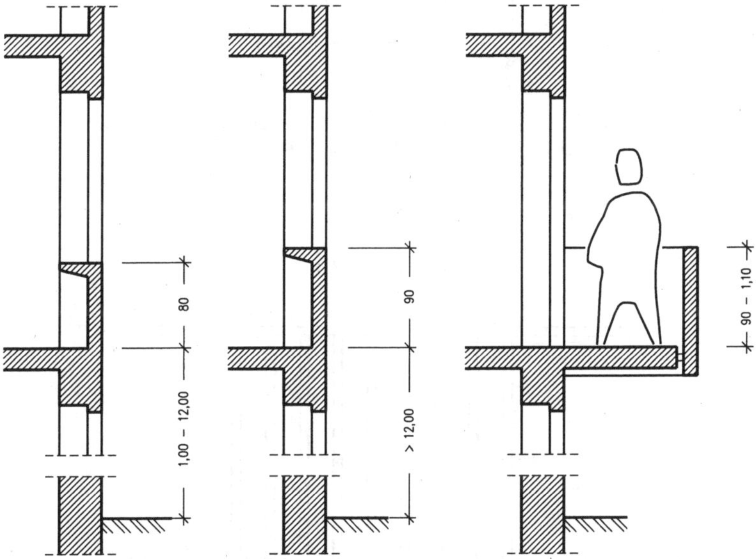

Abb. 2:
§ 4 Abs. 3 S. 1 DVO-NBauO fordert je nach Absturzhöhe unterschiedlich hohe Fenster-Brüstungen. Ausnahmsweise braucht eine Fensterbrüstung die Anforderungen des S. 1 nicht zu erfüllen, wenn ein Schutz durch andere Umwehrungen sichergestellt ist, die den Anforderungen nach Abs. 2 S. 1 entsprechen oder in dem selben Geschoss eine Fläche vorgelagert ist, die nach Abs. 2 S. 1 umwehrt ist.

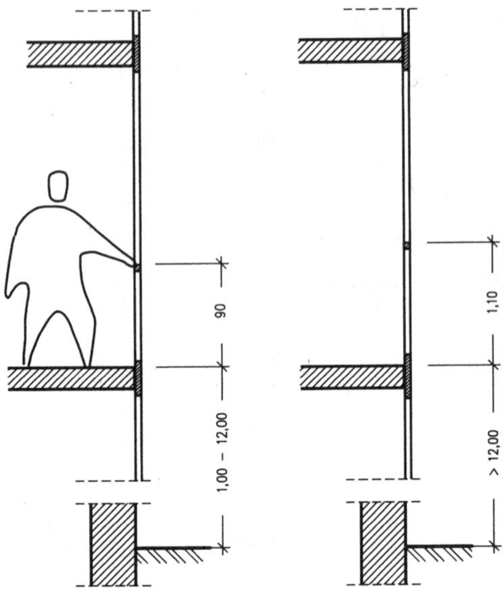

Abb. 3:
Bei Fassaden-(Fenster)-Elementen fehlt es idR an der „Brüstungstiefe", die eine geringere Brüstungshöhe rechtfertigen könnte. Daher sind hier die Höhen entsprechend § 4 Abs. 2 DVO-NBauO maßgebend, die für Umwehrungen gelten.

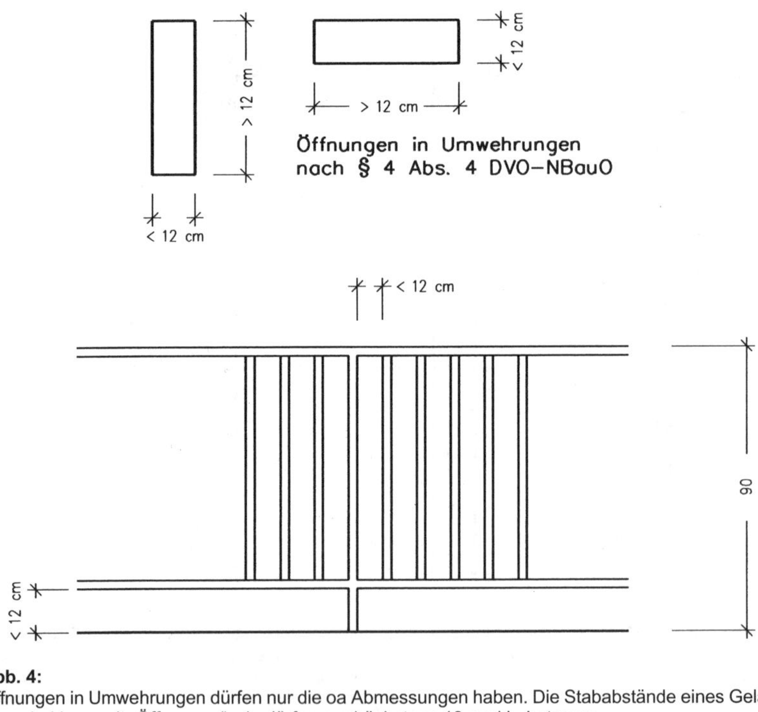

Abb. 4:
Öffnungen in Umwehrungen dürfen nur die oa Abmessungen haben. Die Stababstände eines Geländers sind insoweit „Öffnungen"; sie dürfen nur höchstens 12 cm i.L. betragen.

Mitbenutzung der Grundstückszufahrten (Sicherung durch Baulast!) wenden und den Stichweg vorwärts wieder verlassen können. Ein Zurückstoßen über den Stichweg bis in die öffentliche Verkehrsfläche hinein ist aus Gründen der Verkehrssicherheit abzulehnen und mit Abs. 1 nicht vereinbar. Für den sicheren Begegnungsverkehr von Fußgängern und Pkw reicht hier idR eine Wegebreite von mindestens 3 m aus (vgl. → § 5 Rn. 77).

Demgegenüber sind an private **befahrbare Stichwege von mehr als 50 m Länge**, so **18**
sie denn überhaupt zugelassen werden, weitergehende Anforderungen zu stellen, weil sie idR mehr Verkehr aufnehmen müssen als kürzere. Die Verkehrsflächen müssen daher dauerhaft befestigt sein und Begegnungsverkehr von Kraftfahrzeugen zulassen. Für die gefahrlose Begegnung eines PKW mit einem LKW bei Schrittgeschwindigkeit bzw. eines LKWs und einer Familie mit Kinderwagen muss eine nutzbare Breite zwischen den Grundstückseinfriedungen von mindestens 4,75 m vorhanden sein (Richtlinien für Verkehrsanlagen des Bundes, die nicht dem öffentlichem Verkehr gewidmet sind – RV 96, Nr. 2.2.4, Hrsg.: BM Bau) sowie eine Wendemöglichkeit am Ende des Stichweges. Eine Trennung der Verkehrsfläche in Fußweg und Fahrbahn ist idR nicht notwendig und auch nicht sinnvoll, um die gesamte Breite für den Begegnungsverkehr nutzen zu können. Der Stichweg muss weiter eine funktionsfähige Oberflächenentwässerung aufweisen (Vereisungsgefahr bei stehenden Pfützen) sowie eine Straßenbeleuchtung haben. Es sind also letztlich an die befahrbaren Privatstraßen aus Gründen der Verkehrssicherheit und der Gefahrenabwehr die gleichen Anforderungen zu stellen wie an entsprechende öffentliche Gemeindestraßen.

§ 16a Bauarten

(1) Bauarten dürfen nur angewendet werden, wenn bei ihrer Anwendung die baulichen Anlagen bei ordnungsgemäßer Instandhaltung während einer dem Zweck entsprechenden angemessenen Zeitdauer die Anforderungen dieses Gesetzes oder aufgrund dieses Gesetzes erlassener Vorschriften erfüllen und für ihren Anwendungszweck tauglich sind.

(2) [1]Bauarten, die von Technischen Baubestimmungen nach § 83 Abs. 2 Nr. 2 oder 3 Buchst. a wesentlich abweichen oder für die es allgemein anerkannte Regeln der Technik nicht gibt, dürfen bei der Errichtung, Änderung und Instandhaltung baulicher Anlagen nur angewendet werden, wenn für sie

1. eine allgemeine Bauartgenehmigung durch das Deutsche Institut für Bautechnik oder
2. eine vorhabenbezogene Bauartgenehmigung durch die oberste Bauaufsichtsbehörde

erteilt worden ist. [2]§ 18 Abs. 2 bis 7 gilt entsprechend.

(3) [1]Anstelle einer allgemeinen Bauartgenehmigung nach Absatz 2 Satz 1 Nr. 1 genügt ein allgemeines bauaufsichtliches Prüfzeugnis, wenn die Bauart nach allgemein anerkannten Prüfverfahren beurteilt werden kann. [2]Diese Bauarten werden mit der Angabe der maßgebenden technischen Regeln für diese Prüfverfahren in den Technischen Baubestimmungen nach § 83 bekannt gemacht. [3]§ 19 Abs. 2 gilt entsprechend.

(4) Wenn Gefahren im Sinne des § 3 Abs. 1 nicht zu erwarten sind, kann die oberste Bauaufsichtsbehörde im Einzelfall oder für genau begrenzte Fälle allgemein festlegen, dass eine Bauartgenehmigung nicht erforderlich ist.

(5) [1]Bauarten bedürfen einer Bestätigung ihrer Übereinstimmung mit den Technischen Baubestimmungen nach § 83 Abs. 2, den allgemeinen Bauartgenehmigungen, den allgemeinen bauaufsichtlichen Prüfzeugnissen für Bauarten oder den vorhabenbezogenen Bauartgenehmigungen; als Übereinstimmung gilt auch eine

Abweichung, die nicht wesentlich ist. [2]§ 21 Abs. 2 gilt für den Anwender der Bauart entsprechend.

(6) [1]Bei Bauarten, deren Anwendung in außergewöhnlichem Maß von der Sachkunde und Erfahrung der damit betrauten Personen oder von einer Ausstattung mit besonderen Vorrichtungen abhängt, kann in der Bauartgenehmigung oder durch Verordnung der obersten Bauaufsichtsbehörde vorgeschrieben werden, dass der Anwender über solche Fachkräfte und Vorrichtungen zu verfügen und den Nachweis hierüber gegenüber einer Prüfstelle nach § 24 Satz 1 Nr. 6 zu erbringen hat. [2]In der Verordnung können Mindestanforderungen an die Ausbildung, die durch Prüfung nachzuweisende Befähigung und die Ausbildungsstätten einschließlich der Anerkennungsvoraussetzungen gestellt werden.

(7) Für Bauarten, die einer außergewöhnlichen Sorgfalt bei der Ausführung oder der Instandhaltung bedürfen, kann in der Bauartgenehmigung oder durch Verordnung der obersten Bauaufsichtsbehörde die Überwachung dieser Tätigkeiten durch eine Überwachungsstelle nach § 24 Satz 1 Nr. 5 vorgeschrieben werden.

Übersicht

A. Allgemeines

1 Die Regelungen über die Anwendbarkeit von Bauarten wurden – wie in der geänderten Musterbauordnung (MBO) – aus dem Vierten Teil über die Verwendbarkeit von Bauprodukten in den Dritten Teil der NBauO verschoben, der Allgemeine Anforderungen an Baumaßnahmen und bauliche Anlagen regelt. § 16a NBauO ersetzt hierbei den alten § 21 und übernimmt hierbei einen großen Teil der Regelungen.

2 Bauarten sind gemäß § 2 Abs. 11 das **Zusammenfügen von Bauprodukten** zu baulichen Anlagen oder Teilen von baulichen Anlagen. Gemeint ist also die Tätigkeit des Zusammenfügens (vgl. die Begründung zur Änderung der Musterbauordnung, Stand: 4.3.2016 mit red. Korrekturen vom 20.4.2016, S. 5).

3 Der Gesetzgeber geht mit der Verschiebung davon aus, dass im Bereich der Bauarten die **Regelungskompetenz** ausschließlich bei den Mitgliedstaaten liegt (vgl. LT-Drucks. 18/1136, S. 17). Nicht berücksichtigt ist dabei, dass Art. 8 Abs. 4 der Verordnung (EU) Nr. 305/2011 bereits jede Behinderung der Verwendung von harmonisierten Bauprodukten mit CE-Kennzeichnung verbietet. Auch nach allgemeiner Dogmatik der **Warenverkehrsfreiheit** nach Art. 34 ff. AEUV genügt für eine – grundsätzlich verbotene – Behinderung eine mittelbare Auswirkung (vgl. nur EuGH, Urt. v. 11.7.1974, Rs. C-8/74 – Dassonville –, Slg 1974, 837; Urt. v. 12.7.2012, Rs. C-171/11 – *Fra.bo Spa v. Deutsche Vereinigung des Gas- und Wasserfaches e.V.* –, Rn. 22 f. m. w. N.). Darüber hinaus unterliegen auch Tätigkeiten im Bausektor grundsätzlich der **Dienstleistungsfreiheit** aus Art. 56 ff. AEUV.

4 Es wäre daher z. B. naheliegend gewesen, die Anerkennungsregelung, die sich nunmehr in § 16b Abs. 2 befindet und die § 3 Abs. 8 NBauO a. F. gleichermaßen für Bauprodukte und Bauarten aus dem EWR-Ausland vorsah, entsprechend auch hier zu übernehmen. Darüber hinaus darf § 16a nicht dazu missbraucht werden, harmonisierte Bauprodukte, die die CE-Kennzeichnung tragen, faktisch mit einem neuen Zulassungs- oder Genehmigungsverfahren zu belegen.

Gemäß § 80 Abs. 1 Nr. 4 handelt ordnungswidrig, wer vorsätzlich oder fahrlässig entgegen § 16 Bauarten ohne erforderliche Bauartgenehmigung oder ohne erforderliches allgemeines bauaufsichtliches Prüfzeugnis anwendet. 5

B. Grundsatz (Abs. 1)

Abs. 1 der Vorschrift stellt klar, dass sich die **Anwendbarkeit** einer Bauart immer nur **mit Bezug zur hergestellten baulichen Anlage** beurteilen lässt. Hierdurch wird die Grundregel aus § 3 Abs. 1 Satz 1, dass bauliche Anlagen so angeordnet, beschaffen und für ihre Benutzung geeignet sein müssen, dass die öffentliche Sicherheit, insbesondere Leben und Gesundheit, sowie die natürlichen Lebensgrundlagen und die Tiere nicht gefährdet werden, auf Bauarten übertragen. 6

Abs. 1 entspricht hierbei der Grundregel, die früher in § 3 Abs. 7 normiert war und dort gleichermaßen Bauprodukte und Bauarten galt. Die entsprechende Regelung findet sich nunmehr in § 16b Abs. 1. 7

Die **„angemessene Zeitdauer"**, während derer die gesetzlichen Anforderungen zu erfüllen sind, ergibt sich bereits dem Wortlaut nach aus der Zweckbestimmung der baulichen Anlage. Diese mag bei nur vorübergehend genutzten baulichen Anlagen kürzer sein als beispielsweise bei klassischen Wohnbauten. Welche **Instandhaltungsmaßnahmen** als ordnungsgemäß gelten können, ergibt sich insbesondere ebenfalls aus dieser Zweckbestimmung, den Anforderungen an die entsprechend verwendeten Bauprodukte (insbesondere deren Verwendbarkeitsnachweisen, Gebrauchsanweisungen etc.) sowie gegebenenfalls aus rechtlichen Vorschriften, wie z.B. § 30 der Allgemeine Durchführungsverordnung zur Niedersächsischen Bauordnung (DVO-NBauO). 8

Das geforderte **Schutzniveau** nach Abs. 1 entspricht gemäß Abs. 2 Satz 1 demjenigen der **„allgemein anerkannten Regeln der Technik"**. Dies bedeutet, dass die herrschende Auffassung unter den Praktikern in Wirtschaft und Gesellschaft den Standard (vgl. BVerfGE 49, 89, Juris-Rn. 106 ff.) bildet. Nicht erforderlich ist eine Einhaltung der höheren Schutzniveaus des „Stands der Technik" (Eintritt in die Meinungsstreitigkeiten der Techniker, um zu ermitteln, was technisch notwendig, geeignet, angemessen und vermeidbar ist) oder des „Stands der Wissenschaft" (neueste wissenschaftliche Erkenntnisse). 9

C. Anwendbarkeitsnachweis von Bauarten (Abs. 2 bis 4)

Bauarten dürfen zunächst angewendet werden, wenn sie den Regeln, die in der **Verwaltungsvorschrift Technische Baubestimmungen** (§ 83 Abs. 5 siehe die Kommentierung dort) bekannt gemacht worden sind, **oder allgemein anerkannten Regeln der Technik** entsprechen. Ein **Anwendbarkeitsnachweis** ist immer dann **erforderlich, wenn** eine konkrete Bauart von den Regeln der Verwaltungsvorschrift Technische Baubestimmungen nach § 83 Abs. 2 Nr. 2 (Planung, Bemessung und Ausführung baulicher Anlagen und ihrer Teile) oder Nr. 3 Buchst. a (Konkretisierungen der Leistung von Bauprodukten in Bezug auf Planung, Bemessung und Ausführung baulicher Anlagen bei Einbau eines Bauprodukts) **wesentlich abweicht bzw. es keine allgemein anerkannten Regeln der Technik gibt**. 10

Als Regelfälle eines Anwendbarkeitsnachweises für solche nicht geregelten Bauarten sieht Abs. 2 eine **allgemeine Bauartgenehmigung** durch das Deutsche Institut für Bautechnik (DIBt) oder eine **vorhabenbezogene Bauartgenehmigung** durch die oberste Bauaufsichtsbehörde (Niedersächsisches Ministerium für Umwelt, Energie, Bauen und Klimaschutz) vor. Hierbei entspricht die allgemeine Bauartgenehmigung der ehemaligen allgemeinen bauaufsichtlichen Zulassung, die vorhabenbezogene Bauartgenehmigung der Zustimmung im Einzelfall. Beide wurden früher auch für Bauarten erteilt. Die begriff- 11 liche Änderung soll eine bessere Trennung von bauartbezogenen und produktbezogenen Regelungen ermöglichen (vgl. LT-Drucks. 18/1136, S. 32). Hinsichtlich des Verfahrens wird gleichwohl weiterhin auf die Vorschriften für die Erteilung einer allgemeinen bauaufsichtlichen Zulassung (für Bauprodukte) in § 18 Abs. 2 bis 7 verwiesen. Anders als die Musterbauordnung und andere Landesbauordnungen sieht die NBauO keine (Sonder-)Zuständigkeit der Denkmalschutzbehörden für vorhabenbezogene Bauartgenehmigungen für die Anwendung von Bauarten in Baudenkmälern vor.

12 Das **Bauministerium kann** nach Abs. 4 im Einzelfall oder für genau begrenzte Fälle allgemein **festgelegen, dass eine Bauartgenehmigung nicht erforderlich** ist, weil Gefahren im Sinne von § 3 Abs. 1Satz 1 nicht zu erwarten sind.

13 Für nicht geregelte Bauarten, die nach allgemein anerkannten Prüfverfahren beurteilt werden können, genügt, wenn dies in der Verwaltungsvorschrift nach § 83 Abs. 5 unter Angabe der entsprechenden technischen Regeln bekannt gemacht wurde, ein **allgemeines bauaufsichtliches Prüfzeugnis für Bauarten**. Die von der niedersächsischen Verwaltungsvorschrift Technische Baubestimmungen (VV TB) insoweit Bezug genommene Muster-Verwaltungsvorschrift Technische Baubestimmungen (MVV TB, Ausgabe 2017/1) enthält eine entsprechende **Auflistung** in Abschnitt C 4.

D. Übereinstimmungsnachweis (Abs. 5)

14 Der **Anwender** einer Bauart **hat** ihre **Übereinstimmung** mit den Technischen Baubestimmungen nach § 83, den allgemeinen Bauartgenehmigungen, den allgemeinen bauaufsichtlichen Prüfzeugnissen für Bauarten oder den vorhabenbezogenen Bauartgenehmigungen **entsprechend § 21 Abs. 2 zu bestätigen**. Die entsprechenden Nachweise und Unterlagen sind gemäß § 54 Abs. 1 Satz 2 vom Unternehmer auf der Baustelle bereitzuhalten (siehe zu den Nachweispflichten des Bauherrn auch § 52 Abs. 2 Satz 3). Ein formaler Übereinstimmungsnachweis mit allgemein anerkannten Regeln der Technik, die nicht in den Technischen Baubestimmungen aufgeführt sind, ist nach dem Wortlaut von Abs. 5 nicht erforderlich, eine entsprechende Dokumentation mit Bestätigung des Anwenders dürfte aber in vielen Fällen empfehlenswert sein.

E. Sachkunde und Ausstattung (Abs. 6)

15 Gemäß Abs. 6 kann bei Bauarten, deren Anwendung in außergewöhnlichem Maße von der **Sachkunde und Erfahrung der damit betrauten Personen oder von einer Ausstattung mit besonderen Vorrichtungen** abhängt, in der **Bauartgenehmigung** (nicht aber im allgemeinen bauaufsichtlichen Prüfzeugnis) **oder** durch **Rechtsverordnung** (siehe § 82) festgelegt werden, dass der Anwender über entsprechende Fachkräfte und Vorrichtungen verfügen muss und gegenüber einer Prüfstelle nach § 24 Abs. 1 Satz 1 Nr. 6 (siehe die Kommentierung dort) **nachzuweisen** hat.

16 Der **Maßstab für die Anordnung** solcher Nachweisanforderungen liegt hoch („in außergewöhnlichem Maß"). Die Zulässigkeit hängt von der Schwierigkeit der Anwendung sowie den damit verbundenen Gefahren ab.

17 In der **Rechtsverordnung** können Mindestanforderungen an die Ausbildung, die durch Prüfung nachzuweisende Befähigung und die Ausbildungsstätten einschließlich der Anerkennungsvoraussetzungen gestellt werden. Von dieser Ermächtigung ist bisher nicht Gebrauch gemacht worden. Von der Muster-Hersteller und Anwenderverordnung (MHAVO) der Bauministerkonferenz betroffen sind insbesondere Tätigkeiten im Zusammenhang mit Schweiß- oder Leimarbeiten zur Herstellung bestimmter tragender Bauteile und von Betonstahlbewehrungen sowie die Herstellung bzw. Instandsetzung von bestimmten Betonbauteilen. Da die Verwaltungsvorschrift Technische Baubestimmungen (VV TB) teilweise einen entsprechenden Sachkundenachweis vorsieht, dürfte auch in Niedersachsen der baldige Erlass einer entsprechenden Vorschrift zu erwarten und erforderlich sein.

Die Vorschrift fand sich bisher in §21 Abs. 1 Satz 5 NBauO a.F. als Verweis auf den für Bauprodukte geltenden §17 Abs. 5 NBauO a.F. 18

Ein am Bau beteiligter **Unternehmer hat auf Verlangen** der Bauaufsichtsbehörde gemäß §54 Abs. 2 **nachzuweisen**, dass er für diese Bauarbeiten geeignet ist und über die erforderlichen Vorrichtungen verfügt. 19

Entsprechende Sachkunde- und Ausstattungsanforderungen müssen – auch ohne ausdrückliche Anordnung im Gesetz – das **Verbot der Marktbehinderung** für harmonisierte Bauprodukte beachten (vgl. die Kommentierung zu §25 Abs. 1 Rn. 1 f. sowie oben in Abschnitt A). 20

F. Überwachung (Abs. 7)

Durch die Bauartgenehmigung oder eine Rechtsverordnung kann ferner bestimmt werden, dass Bauarten, die einer **außergewöhnlichen Sorgfalt bei Ausführung oder Instandhaltung** bedürfen, durch eine **Überwachungsstelle** nach §24 Abs. 1 Nr. 5 (siehe die Kommentierung dort) bei ihrer Anwendung überwacht werden müssen. Der Maßstab für die Zulässigkeit einer solchen Anordnung („außergewöhnliche Sorgfalt") liegt besonders hoch. Auch hier fehlt es bisher an einer Festlegung durch eine entsprechende Rechtsverordnung. (Siehe bereits die Ausführungen in Abschnitt E.) 21

Entsprechende Überwachungsanforderungen müssen – auch ohne ausdrückliche Anordnung im Gesetz – das **Verbot der Marktbehinderung** für harmonisierte Bauprodukte beachten (vgl. die Kommentierung zu §25 Abs. 1 Rn. 1 f.sowie oben in Abschnitt A). 22

Vierter Teil
Bauprodukte

Vorbemerkung vor §§ 16b bis 25 NBauO

Übersicht

A. Allgemeines

1 Die Vorschriften zu Bauprodukten sollten bereits auf der Grundlage des Gesetzentwurfs vom 24.01.2017 (LT-Drucks. 17/7278) angepasst werden, der jedoch in der damaligen Legislaturperiode nur teilweise abgearbeitet wurde. Die nun erfolgte Anpassung folgt mit geringfügigen Änderungen dem Gesetzentwurf vom 19.6.2018 (LT-Drucks. 18/1136). Ähnlich wie der Vorgängervorschlag folgte dieser Entwurf im Wesentlichen der in der Bauministerkonferenz abgestimmten Musterbauordnung (MBO), die zuletzt durch Beschluss der Bauministerkonferenz vom 13.5.2016 geändert wurde.

2 Auslöser für die umfangreichen Anpassungen war das **Urteil des Gerichtshofs der Europäischen Union (EuGH) vom 16.10.2014 in der Rechtssache C-100/13 –** ***Kommission ./. Deutschland*** –. Der EuGH hat in einem Vertragsverletzungsverfahren der EU-Kommission gegen Deutschland festgestellt, dass **zusätzliche nationale Anforderungen an europäisch harmonisierte Bauprodukte mit CE-Kennzeichnung gegen das Marktbehinderungsverbot** von Art. 4 Abs. 2 und Art. 6 Abs. 1 der alten (Bauprodukten-) Richtlinie 89/106/EWG **verstießen**. Wenn ein EU-Mitgliedstaat der Auffassung sei, dass ein Bauprodukt mit CE-Kennzeichnung die Sicherheit von Bauwerken gefährdet, müsse er die **dafür vorgesehenen europäischen Verfahren** einhalten und dürfe **nicht ohne weiteres unilaterale Maßnahmen** ergreifen.

3 Die Richtlinie 89/106/EWG ist zwischenzeitlich durch die **(Bauprodukten-)Verordnung (EU) Nr. 305/2011** des Europäischen Parlaments und des Rates vom 9.3.2011 zur Festlegung harmonisierter Bedingungen für die Vermarktung von Bauprodukten und zur Aufhebung der **Richtlinie 89/106/EWG** des Rates **abgelöst** worden (abrufbar unter www.eur-lex.europa.eu), deren wesentliche Vorschriften zum 1.7.2013 in Kraft traten. Auch die Verordnung (EU) Nr. 305/2011 enthält in ihrem Art. 8 Abs. 4 eine Vorschrift, die es den Mitgliedstaaten verbietet, die Bereitstellung auf dem Markt oder die Verwendung von Bauprodukten, die die CE-Kennzeichnung tragen, zu untersagen oder zu behindern, wenn die erklärten Leistungen den Anforderungen für diese Verwendung in dem betreffenden Mitgliedstaat entsprechen.

4 **Produktunmittelbare Anforderungen an Bauprodukte mit CE-Kennzeichnung sollen** vor diesem Hintergrund durch die Neufassung der NBauO **vermieden werden**. Im Gegenzug sollen allerdings die **bauwerksbezogenen Anforderungen** näher konkretisiert werden, aus denen sich die Anforderungen an die zu verwendenden Bauprodukte ableiten lassen. Dieser Konkretisierung dienen zunächst die §§ 10 bis 16. Darüber hinaus soll die Verwaltungsvorschrift nach § 83 Abs. 5 weitere Konkretisierungen enthalten.

Die entsprechende **Muster-Verwaltungsvorschrift Technische Baubestimmungen (MVV TB)** wurde vom **Deutschen Institut für Bautechnik (DIBt)** nach Anhörung der betroffenen Kreise veröffentlicht (Ausgabe 2017/1 vom 31.8.2017, Druckfehlerkorrektur vom 11.12.2017). Den Entwurf der MVV TB hatte die Bundesrepublik Deutschland der Europäischen Kommission nach der Richtlinie (EU) 2015/1535 über ein Informationsverfahren auf dem Gebiet der technischen Vorschriften und der Vorschriften für die Dienste der Informationsgesellschaft notifiziert (Stand: 20.7.2016, Notifizierungsnummer: 2016/376/D). Sowohl die Europäische Kommission als auch einige Mitgliedstaaten haben Bedenken gegen die Vereinbarkeit dieser Muster-Verwaltungsvorschrift mit dem Marktbehinderungsverbot erhoben und sogenannte ausführliche Stellungnahmen abgegeben, die teilweise noch einmal zu Anpassungen des Entwurfs geführt haben. Siehe zu den Technischen Baubestimmungen im Einzelnen die Kommentierung zu § 83. 5

Die Länder gehen davon aus, dass Anforderungen an die Verwendung von Bauprodukten weiterhin zulässig sind, da diese in die ausschließliche **Kompetenz der Mitgliedstaaten** fielen (so z. B. LT-Drucks. 18/1136, S. 17). Der Gesetzentwurf versteht hierbei die Verwendung von Bauprodukten als Bauart, die gemäß § 2 Abs. 11 als das Zusammenfügen von Bauprodukten zu baulichen Anlagen oder Teilen von baulichen Anlagen definiert sind (siehe oben die Kommentierung zu § 16a Rn. 3 f.). 6

B. Einteilung der Bauprodukte

Abhängig vom Ursprung der jeweiligen Regelungen lassen sich Bauprodukte in eine nationale und eine europäische Gruppe einordnen. 7

Die **nationale Gruppe** gliedert sich wie folgt: 8

- **geregelte Bauprodukte**, für die **technische Baubestimmungen** bekannt gemacht wurden und die von diesen nicht wesentlich abweichen (vgl. § 17 Abs. 1 Nr. 1 Alt. 1 und die dortige Kommentierung sowie Abschnitt C 2 der MVV TB und die entsprechende Kommentierung zu § 83),
- **sonstige Bauprodukte**, für die **allgemein anerkannte Regeln der Technik** existieren, die nicht als Technische Baubestimmungen bekannt gemacht wurden (vgl. § 17 Abs. 1 Nr. 1 Alt. 2, Abs. 2 Nr. 1 sowie Abs. 3 und die dortige Kommentierung; siehe ferner Abschnitt D 2.1 der MVV TB und die entsprechende Kommentierung zu § 83),
- **Bauprodukte mit untergeordneter Bedeutung** für die Erfüllung der Anforderungen dieses Gesetzes oder aufgrund dieses Gesetzes erlassener Vorschriften (vgl. § 17 Abs. 2 Nr. 2 sowie Abs. 3 und die dortige Kommentierung; siehe ferner Abschnitt D 2.2 der MVV TB und die entsprechende Kommentierung zu § 83) und
- **nicht geregelte Bauprodukte**, für die allgemein anerkannte Regeln der Technik oder Technische Baubestimmungen nicht bestehen bzw. die von technischen Baubestimmungen wesentlich abweichen, (vgl. § 17 Abs. 1 und 2 und die dortige Kommentierung). Nicht geregelte Bauprodukte bedürfen eines **Verwendbarkeitsnachweises** in Form einer allgemeinen bauaufsichtlichen Zulassung (§ 18) eines allgemeinen bauaufsichtlichen Prüfzeugnisses anhand anerkannter und im Rahmen der Technischen Baubestimmungen bekanntgemachter Prüfverfahren oder einer Zustimmung im Einzelfall.

Die geregelten und die nicht geregelten Bauprodukte tragen das sog. Übereistimmungszeichen (**Ü-Zeichen**).

Auf **europäischer Ebene** wird nach den **harmonisierten und den nicht harmonisierten Bauprodukten** unterschieden. 9

- **Das wichtigste Harmonisierungsinstrument für Bauprodukte ist die (Bauprodukten-)Verordnung (EU) Nr. 305/2011**. Daneben bestehen **zahlreiche weitere Harmonisierungsrechtsakte**, z.B. für Maschinen, Druckgeräte etc., und eventuelle nationale Umsetzungsmaßnahmen. Europäisch harmonisierte Produkte tragen die **CE-Kennzeichnung**. (Siehe hierzu § 16c und die dortige Kommentierung.)

- **Ähnlich wie in Deutschland bestehen auch in anderen Mitgliedstaaten der Europäischen Union bzw. des Vertrages über den Europäischen Wirtschaftsraum (EWR)** national regulierte Produkte, die nach Deutschland importiert werden können. (Siehe hierzu § 16b Abs. 2 und die dortige Kommentierung.)

C. Anforderungen aus anderen Rechtsgebieten

10 An Bauprodukte zu stellende Anforderungen können auch aus anderen Bereichen stammen.

Größtenteils wird beispielsweise von der ergänzenden Anwendbarkeit des **allgemeinen Produktsicherheitsrechts**, namentlich des Produktsicherheitsgesetzes (ProdSG), ausgegangen (vgl. Schucht in Klindt (Hrsg.), Produktsicherheitsgesetz, 2. Auflage 2015, § 1 Rn. 94 ff.; vgl. § 5 Abs. 1 BauPG.

11 Bauproduktrechtliche Nachweise über die Erfüllung **wasserrechtlicher Anforderungen** finden auch bei der **Eignungsfeststellung** von Anlagen zum Lagern, Abfüllen oder Umschlagen wassergefährdender Stoffe nach **§ 63 WHG** Berücksichtigung (siehe auch § 43 Abs. 2 der Verordnung über Anlagen zum Umgang mit wassergefährdenden Stoffen – **AwSV** –, der eine Eignungsfeststellung ggf. sogar entbehrlich macht). § 1 der Verordnung zur Feststellung der wasserrechtlichen Eignung von Bauprodukten und Bauarten durch Nachweise nach der Niedersächsischen Bauordnung (**WasBauPVO**) ordnet an, dass für bestimmte Abwasserbehandlungsanlagen und Bauprodukte und Bauarten für ortsfest verwendete Anlagen zum Lagern, Abfüllen und Umschlagen von wassergefährdenden Stoffen die wasserrechtlichen Anforderungen im Rahmen der Anwendbarkeits-, Verwendbarkeits- und Übereinstimmungsnachweise zu berücksichtigen sind.

12 Die Landesbauordnungen regeln zudem nur die öffentlich-rechtliche Verwendbarkeit von Bauprodukten bzw. die Anwendbarkeit von Bauarten. Es ist daher nicht von vornherein ausgeschlossen, dass weitergehende Anforderungen beispielsweise aus dem **Zivil- oder Strafrecht** zu stellen sind (vgl. z.B. EuGH, Urt. v. 27.10.2016, Rs.: C-613/14 – *James Elliott Construction Limited ./. Irish Asphalt Limited*).

13 Das Fehlen der öffentlich-rechtlichen Verwendbarkeit eines Bauprodukts für den entsprechenden Verwendungszweck dürfte regelmäßig einen **kauf- oder werkvertraglichen Mangel** darstellen (vgl. aber unter Missachtung des § 16c bzw. deren Vorgängerregelung: OLG Oldenburg, Urt. v. 4.9.2018 – Az.: 2 U 58/18, Juris-Rn. 52–58; siehe beispielhaft zu den bauaufsichtlichen Befugnissen auch § 79 Abs. 1 Satz 2 Nr. 2).

14 Bei Kennzeichnungs- und Verwendbarkeitsvorschriften handelt es sich darüber hinaus größtenteils um gesetzliche Regelungen, die auch dazu bestimmt sind, das Interesse der Marktteilnehmer und das Marktverhalten i. S. v. § 3a UWG zu regeln (vgl. BGH, Beschl. v. 17.7.2008 – Az.: I ZR 133/07; BGH, Urt. v. 9.7.2009 – Az.: I ZR 193/06; OLG Frankfurt, Urt. v. 25.9.2014 – Az.: 6 U 99/14, juris-Rn. 22; BGH, Urt. v. 20.10.2005 – Az.: I ZR 10/03; BGH, Urt. v. 9.9.2010 – Az.: I ZR 26/08.). Diese Vorschriften sind daher auch **wettbewerbsrechtlich durchsetzbar.**

§ 16b Allgemeine Anforderungen für die Verwendung von Bauprodukten

(1) Bauprodukte dürfen nur verwendet werden, wenn bei ihrer Verwendung die baulichen Anlagen bei ordnungsgemäßer Instandhaltung während einer dem Zweck entsprechenden angemessenen Zeitdauer die Anforderungen dieses Gesetzes oder aufgrund dieses Gesetzes erlassener Vorschriften erfüllen und gebrauchstauglich sind.

(2) Bauprodukte, die in Vorschriften eines anderen Mitgliedstaates der Europäischen Union oder eines anderen Vertragsstaates des Abkommens über den Europäischen Wirtschaftsraum genannten technischen Anforderungen entsprechen, dürfen verwendet werden, wenn das geforderte Schutzniveau nach § 3 Abs. 1 gleichermaßen dauerhaft erreicht wird.

Übersicht

A. Grundsatz (Abs. 1)

1 Abs. 1 bricht die allgemeinen Bauwerksanforderungen aus § 3 Abs. 1 auf Bauprodukte herunter und entspricht § 3 Abs. 7 NBauO a.F.. Die Anforderungen werden insbesondere durch die Verwaltungsvorschrift Technische Baubestimmungen nach § 83 Abs. 5 näher konkretisiert (siehe Kommentierungen zu § 16a Abs. 1 sowie zu § 83).

2 Die Verwendbarkeit von Bauprodukten mit CE-Kennzeichnung richtet sich nach § 16c (vgl. LT-Drucks. 18/1136, S. 33).

3 Das geforderte **Schutzniveau** nach Abs. 1 entspricht gemäß § 17 Abs. 1 Nr. 1 demjenigen der **„allgemein anerkannten Regeln der Technik"**. Dies bedeutet, dass die herrschende Auffassung unter den Praktikern in Wirtschaft und Gesellschaft den Standard bildet (vgl. BVerfGE 49, 89, Juris-Rn. 106 ff.). Nicht erforderlich ist eine Einhaltung der höheren Schutzniveaus des „Stands der Technik" (Eintritt in die Meinungsstreitigkeiten der Techniker, um zu ermitteln, was technisch notwendig, geeignet, angemessen und vermeidbar ist) oder des „Stands der Wissenschaft" (neueste wissenschaftliche Erkenntnisse).

B. Anerkennung von technischen Anforderungen für Bauprodukte aus dem EWR-Ausland (Abs. 2)

4 Die **allgemeine Gleichwertigkeitsklausel**, die nunmehr in Abs. 2 aufgenommen wurde, befand sich zuvor in § 3 Abs. 8 NBauO a. F.

5 Nicht-harmonisierte Bauprodukte aus anderen **Mitgliedstaaten der Europäischen Union oder des Europäischen Wirtschaftsraums (EWR)** dürfen nach den jeweiligen Landesbauordnungen auch in allen deutschen Bundesländern **ohne gesonderten deutschen Verwendbarkeitsnachweis** verwendet werden. **Voraussetzung** ist, dass die Produkte den **technischen Anforderungen des anderen Mitgliedstaats** genügen **und** das geforderte **Schutzniveau in Bezug auf Sicherheit, Gesundheit und Gebrauchstauglichkeit gleichermaßen dauerhaft erreicht** wird.

6 Die Vorschrift trägt dem **Prinzip der gegenseitigen Anerkennung** im europäischen Binnenmarkt Rechnung. Eventuelle Eingriffe in den freien Warenverkehr sind gemäß Art. 34 und 36 AEUV rechtfertigungsbedürftig. Zur näheren Bestimmung der entsprechenden Grenzen ist auf die zur Warenverkehrsfreiheit ergangene Judikatur zurückzugreifen (siehe insb. EuGH, Urteil v. 11.7.1974, Rs. 8/74 – *StA/Dassonville u.a.* –; EuGH, Urteil v. 20.2.1979, Rs. 120/78 – *Rewe-Zentral-AG/Bundesmonopolverwaltung für Branntwein* –). Zur Rechtfertigung eines Eingriffs ist eine **belastbare Gefahrenanalyse und eine vertretbare Risikobewertung** durch den Mitgliedstaat erforderlich, die auch die Wahrscheinlichkeit und die Tragweite einer Gefährdung berücksichtigt (OLG Düsseldorf, Teilurteil vom 14.08.2013 – VI-2 U (Kart) 15/08). Auf beschränkende Maßnahmen findet die **Verordnung (EG) Nr. 764/2008 über das Verfahren der gegenseitigen Anerkennung** Anwendung (vgl. LT-Drucks. 18/1136, S. 30), die die europäische Warenverkehrsfreiheit durch konkrete Nachweis- (technische oder wissenschaftliche Belege) und Verfahrensanforderungen vor dem Zugriff der mitgliedstaatlichen Behörden absichert.

7 Die **Muster-Verwaltungsvorschrift Technische Baubestimmungen** (**MVV TB**, Ausgabe 2017/1), die insoweit von der niedersächsischen Verwaltungsvorschrift Technische Baubestimmungen (**VV TB**) in Bezug genommen wird, sieht in Abschnitt C 1 vor, dass bei der Bewertung der Gleichwertigkeit auch **Anforderungen an das Verfahren und die Stellen der Konformitätsbewertung** einzubeziehen sind. Da diese Vorgabe die gegenseitige Anerkennung in vielen Fällen ausschließen dürfte, wird zumindest im jeweiligen Einzelfall zu prüfen sein, ob die Anforderungen über das hinausgehen, was zur Erreichung des Schutzziels unter Berücksichtigung der Bedeutung der Warenverkehrsfreiheit zu rechtfertigen ist. Insbesondere Art. 4 der Verordnung (EU) Nr. 764/2008 dürfte übermäßigen Nachweisanforderungen regelmäßig entgegenstehen.

§ 16c Anforderungen für die Verwendung von CE-gekennzeichneten Bauprodukten

[1]Ein Bauprodukt, das die CE-Kennzeichnung trägt, darf verwendet werden, wenn die erklärten Leistungen den in diesem Gesetz oder in aufgrund dieses Gesetzes erlassenen Vorschriften festgelegten Anforderungen für diese Verwendung entsprechen. [2]Die §§ 17 bis 25 Abs. 1 gelten nicht für Bauprodukte, die die CE-Kennzeichnung aufgrund der Verordnung (EU) Nr. 305/11 tragen.

Übersicht

A. Grundsatz

1 § 16c Satz 1 bildet den Rahmen für die **Verwendung harmonisierter Bauprodukte**, die **nach der (Bauprodukten-)Verordnung (EU) Nr. 305/2011 oder aber auch nach anderen Harmonisierungsrechtsakten** die **CE-Kennzeichnung** tragen. Der Wortlaut ist an Art. 8 Abs. 4 der Verordnung (EU) Nr. 305/2011 angelehnt, wonach ein Mitgliedstaat in seinem Hoheitsgebiet oder in seinem Zuständigkeitsbereich die Bereitstellung auf dem Markt oder die Verwendung von Bauprodukten, die die CE-Kennzeichnung tragen, weder untersagen noch behindern darf, wenn die erklärten Leistungen den Anforderungen für diese Verwendung in dem betreffenden Mitgliedstaat entsprechen.

B. Grundlagen der (Bauprodukten-)Verordnung (EU) Nr. 305/2011

2 Nach dem System der Verordnung (EU) Nr. 305/2011 (siehe z. B. Art. 3 Abs. 2) werden die **Wesentlichen Merkmale** von Bauprodukten in **harmonisierten technischen Spezifikationen** in Bezug auf die **Grundanforderungen an Bauwerke** festgelegt. Solche harmonisierten technischen Spezifikationen enthalten Verfahren und Kriterien zur **Bewertung der Leistung eines Produkts** in Bezug auf dessen Wesentliche Merkmale, Art. 17 Abs. 3 Satz 1 und Art. 24 Abs. 1 der Verordnung (EU) Nr. 305/2011. Es bleibt aber Aufgabe der Mitgliedstaaten, die für den jeweiligen Verwendungszweck erforderliche Leistung festzulegen.

Mit anderen Worten: Die Ermittlung der Produktleistung wird harmonisiert, nicht aber die erforderliche Produktleistung selbst.

I. Grundanforderungen an Bauwerke und Wesentliche Merkmale

3 Die Grundanforderungen an Bauwerke sind in Anhang I der Verordnung (EU) Nr. 305/2011 festgelegt und näher beschrieben. Diese sind unter den folgenden **Überschriften** zusammengefasst:

1. Mechanische Festigkeit und Standsicherheit,
2. Brandschutz,
3. Hygiene, Gesundheit und Umweltschutz,
4. Sicherheit und Barrierefreiheit der Nutzung,
5. Schallschutz,
6. Energieeinsparung und Wärmeschutz,
7. Nachhaltige Nutzung der natürlichen Ressourcen.

4 Diese Grundanforderungen bilden gemäß § 83 Abs. 3 zugleich den Rahmen für die **Gliederung** (von Teil A) **der Verwaltungsvorschrift Technische Baubestimmungen (VV TB)**.

5 Als **Wesentliche Merkmale** geilten gemäß Art. 2 Nr. 4 der Verordnung diejenigen Merkmale des Bauprodukts, die sich auf die Grundanforderungen an Bauwerke beziehen.

II. Harmonisierte Technische Spezifikationen

6 Harmonisierte technische Spezifikationen, also harmonisierte Normen und Europäische Bewertungsdokumente, enthalten **Verfahren und Kriterien zur Bewertung der Leistung** eines Produkts in Bezug auf dessen Wesentliche Merkmale, Art. 17 Abs. 3 Satz 1 und Art. 24 Abs. 1 der Verordnung (EU) Nr. 305/2011.

7 **Harmonisierte Normen** werden gemäß Art. 17 Abs. 1 auf der Grundlage eines Normungsauftrags (Mandat) der Europäischen Kommission von den europäischen Normungsgremien (insbesondere CEN) erarbeitet. Die Europäische Kommission veröffentlicht ein Verzeichnis der Fundstellen harmonisierter Normen, die den zugehörigen

Mandaten entsprechen, im Amtsblatt der Europäischen Union, Art. 17 Abs. 5 der Verordnung (EU) Nr. 305/2011. Erst durch die Veröffentlichung werden EN-Normen zu harmonisierten Normen. Nach Ablauf einer entsprechend festgesetzten Koexistenzperiode ist die harmonisierte Norm – vorbehaltlich der vereinfachten Verfahren in den Artikeln 36 bis 38 – die einzige Grundlage für die Erstellung einer Leistungserklärung für ein von dieser Norm erfasstes Bauprodukt.

8 Der Gerichtshof der Europäischen Union hat harmonisierte Normen nach der Verordnung (EU) Nr. 305/2011 als **Teil des Unionsrechts** angesehen und sogar selbst ausgelegt. Zugleich hat der Gerichtshof aber klargestellt, dass die Verordnung (EU) Nr. 305/2011 die Anforderungen an das Inverkehrbringen harmonisiert, aber für die Beurteilung der Vertragsgemäßheit einer Leistung von den in harmonisierten Normen vorgesehenen Verfahren abgewichen werden kann. (EuGH, Urteil vom 27.10.2016, Rs.: C-613/14 – *James Elliott Construction Limited ./. Irish Asphalt Limited*, und Urteil vom 14.12.2017, Rs.: C-630/16 – *Anstar Oy.*)

9 Fällt ein Produkt nicht in den Anwendungsbereich einer bestehenden harmonisierten Norm, ist das in der harmonisierten Norm vorgesehene Bewertungsverfahren für mindestens ein wesentliches Merkmal dieses Produkts nicht geeignet oder sieht die harmonisierte Norm für mindestens ein wesentliches Merkmal dieses Produkts kein Bewertungsverfahren vor, kann der Hersteller eine **Europäische Technische Bewertung (*European Technical Assessment – ETA*;** unter der Richtlinie 89/106/EWG: Europäische Technische Zulassung) nach Art. 19 der Verordnung (EU) Nr. 305/2011 beantragen. Die **Organisation Technischer Bewertungsstellen (EOTA)** erarbeitet sodann ein **Europäisches Bewertungsdokument (*European Assessment Document – EAD*)** nach dem in Anhang II zur Verordnung (EU) Nr. 305/2011 geregelten Verfahren. Dieses Europäische Bewertungsdokument dient der zuständigen Technischen Bewertungsstelle als Grundlage für die Erstellung einer Europäischen Technischen Bewertung. Die deutsche Technische Bewertungsstelle ist gemäß § 1 Bauproduktengesetz (BauPG) das DIBt.

III. Leistungserklärung

10 Ist ein Bauprodukt von einer harmonisierten Norm erfasst oder entspricht ein Bauprodukt einer Europäischen Technischen Bewertung, die für dieses ausgestellt wurde, so erstellt der Hersteller eine Leistungserklärung für das Produkt, wenn es in Verkehr gebracht wird, Art. 4 Abs. 1 der Verordnung (EU) Nr. 305/2011. Hiermit übernimmt der Hersteller die **Verantwortung für die Konformität des Bauprodukts mit der erklärten Leistung**. Liegen keine objektiven Hinweise auf das Gegenteil vor, so haben die Mitgliedstaaten nach Abs. 3 der Vorschrift davon auszugehen, dass die erstellte Leistungserklärung genau und zuverlässig ist. Art. 5 der Verordnung (EU) Nr. 305/2011 sieht **begrenzte Ausnahmen** von der Pflicht zur Erstellung einer Leistungserklärung für insbesondere individuell oder traditionell gefertigte Bauprodukte vor.

11 Die **Bewertung und die Überprüfung der Leistungsbeständigkeit** von Bauprodukten werden nach einem der in Anhang V enthaltenen **Systeme** durchgeführt, Art. 28 Abs. 1 der Verordnung (EU) Nr. 305/2011. Hier kann eine **notifizierte Stelle** nach Art. 39 ff. der Verordnung (EU) Nr. 305/2011 zu beteiligen sein. Die Notifizierung erfolgt jeweils für bestimmte harmonisierte technische Spezifikationen. Ein Verzeichnis der notifizierten Stellen ist im Rahmen des „New Approach Notified and Designated Organisations Information System" (Nando) auf der Website http://ec.europa.eu/growth/tools-databases/nando/ abrufbar.

12 Der Inhalt der Leistungserklärung ist durch Art. 6 der Verordnung (EU) Nr. 305/2011 vorgegeben. Insbesondere ist zwingend das **Muster aus Anhang III** der Verordnung zu verwenden.

13 **Auf jeder Handelsstufe** bis zum Endverbraucher bzw. Verwender ist gemäß Art. 7 Abs. 1 der Verordnung (EU) Nr. 305/2011 eine **Abschrift der Leistungserklärung** eines

jeden Produkts in gedruckter oder elektronischer Weise zur Verfügung zu stellen, also zu übersenden bzw. zu übergeben.

Die Bereitstellung auf einer **Website** genügt nur unter den **erweiterten Voraussetzungen** der von der Kommission erlassenen Delegierten Verordnung (EU) Nr. 157/2014 diesen Anforderungen. Insbesondere muss sichergestellt sein, dass die Leistungserklärung dauerhaft und über einen Zeitraum von zehn Jahren ab dem Inverkehrbringen verfügbar und den Produkten eindeutig (ggf. einschließlich Charge) zuordenbar ist. Ferner müssen den Abnehmern Informationen und Anweisungen darüber zur Verfügung gestellt werden, wie sie auf diese Website und die dort verfügbaren Leistungserklärungen zugreifen können. 14

Gemäß § 6 Satz 1 Bauproduktengesetz (BauPG) ist die Leistungserklärung in Deutschland ebenso wie die Gebrauchsanleitung und die Sicherheitsinformationen **in deutscher Sprache** beizufügen. 15

IV. CE-Kennzeichnung

Die CE-Kennzeichnung ist **an allen Bauprodukten anzubringen, für die der Hersteller eine Leistungserklärung abgegeben hat**, Art. 8 Abs. 2 der Verordnung (EU) Nr. 305/ 2011. Sie ist die **einzige Kennzeichnung**, die die Konformität eines Bauprodukts mit der erklärten Leistung in Bezug auf die Wesentlichen Merkmale, die von dieser harmonisierten Norm oder der Europäischen Technischen Bewertung erfasst sind, bescheinigt. Mit der Anbringung übernimmt der Hersteller die **Verantwortung für die Konformität** des Bauprodukts **mit** dessen **erklärter Leistung sowie für die Einhaltung aller geltenden Anforderungen der Verordnung (EU) Nr. 305/2011 und anderer einschlägiger Harmonisierungsrechtsvorschriften** der EU, die die Anbringung vorsehen. 16

Die CE-Kennzeichnung ist gemäß Art. 9 Abs. 1 der Verordnung (EU) Nr. 305/2011 **gut sichtbar, leserlich und dauerhaft** auf dem Bauprodukt oder einem daran befestigten Etikett anzubringen. Nur falls die Art des Produkts dies nicht zulässt oder nicht rechtfertigt, kann die CE-Kennzeichnung auf der Verpackung oder den Begleitunterlagen angebracht werden. Dahinter sind spezielle, in Abs. 2 der Vorschrift aufgezählte Angaben zu machen. 17

Im Übrigen gelten die allgemeinen Grundsätze gemäß Art. 30 der Verordnung (EG) Nr. 765/2008, insbesondere das Muster in Anhang II dieser Verordnung: 18

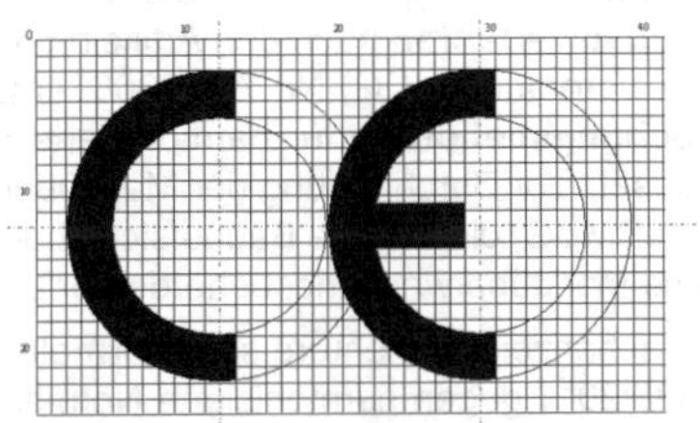

(Das Gittermuster dient lediglich der Maßstabsbildung.)

Bei fehlender oder unberechtigter CE-Kennzeichnung können die **Bauaufsichtsbehörden** einschreiten und beispielsweise gemäß § 79 Abs. 1 Satz 2 Nr. 2 die **Einstellung der Arbeiten anordnen**. 19

V. Festlegung der erforderlichen Leistung

Die Festlegung der bauwerksseitig für einen konkreten Verwendungszweck erforderlichen Produktleistung ist **Aufgabe der Mitgliedstaaten**. Sie erfolgt insbesondere durch die Bauordnung und die aufgrund der Bauordnung erlassenen Vorschriften, wie z. B. den Sonderbauvorschriften und den Technischen Baubestimmungen. 20

21 Die am **Bau Beteiligten müssen sicherstellen**, dass die entsprechende Produktleistung den bauwerksseitigen Anforderungen entspricht. Dies soll auch gelten, wenn nicht alle bauwerksseitigen Anforderungen anhand der Leistungserklärung beurteilt werden können oder von den in der harmonisierten technischen Spezifikation vorausgesetzten Rahmenbedingungen abgewichen wird (vgl. die nicht wesentliche Abweichung in § 21 Abs. 1 a.E.). (LT-Drucks. 18/1136, 34.)

C. Andere Harmonisierungsrechtsakte

22 Neben der (Bauprodukten-)Verordnung (EU) Nr. 3052011 kommen insbesondere die folgenden europäischen Harmonisierungsrechtsakte bzw. deren nationale Umsetzungsmaßnahmen **als Grundlage der CE-Kennzeichnung** in Betracht:

- (Maschinen-)Richtlinie 2006/42/EG,
- Richtlinie 2014/35/EU über elektrische Betriebsmittel,
- (EMV-)Richtlinie 2014/30/EU,
- Richtlinie 2009/125/EG über energieverbrauchsrelevante Produkte,
- (Druckgeräte-)Richtlinie 2014/68/EU,
- Verordnung (EU) 2016/426 über Geräte zur Verbrennung gasförmiger Brennstoffe,
- etc.

D. Keine Anwendung nationaler Verfahren (Satz 2) und anderweitige Nachweise

23 § 16c Satz 2 soll **ausschließen, dass nationale Zusatzanforderungen an harmonisierte Bauprodukte aufgestellt werden**, die nicht mit der Verordnung (EU) Nr. 305/2011 vereinbar sind (vgl. EuGH, Urt. v. 16.10.2014, Rs.: C-100/13 – *Kommission ./. Deutschland*). Zuvor hatte das Deutsche Institut für Bautechnik (DIBt) in der sog. Bauregelliste B Teil 1 häufig zusätzliche allgemeine bauaufsichtliche Zulassungen oder andere Nachweise für harmonisierte Bauprodukte gefordert.

24 Besteht bei harmonisierten Bauprodukten der Verdacht einer Nichtkonformität mit den Vorgaben der Verordnung (EU) Nr. 305/2011 oder der Gefährdung der Einhaltung der Grundanforderungen an Bauwerke, so sind hierfür die Verfahren der **Marktüberwachung bzw. das Schutzklauselverfahren** nach den Artikeln 56 ff. der Verordnung (EU) Nr. 305/2011 und nach der Verordnung (EG) Nr. 765/2008, ergänzt durch das BauPG einschlägig. **Marktüberwachungsbehörden** für harmonisierte Bauprodukte sind nach dem Niedersächsischen Gesetz zur Durchführung der Marktüberwachung von harmonisierten Bauprodukten (NBauPMÜG) die oberste Bauaufsichtsbehörde (Landesbauministerium) und als gemeinsame Marktüberwachungsbehörde der Länder das DIBt.

25 Die Bundesrepublik hat zwischenzeitlich mehrere sog. **Formale Einwände** nach Art. 18 der Verordnung (EU) Nr. 305/2011 gegen harmonisierte Normen eingereicht. Aus Sicht der Bundesrepublik sind hier jeweils Vorbehalte in die Veröffentlichung der Fundstellen der harmonisierten Normen im Amtsblatt der Europäischen Union aufzunehmen, die klarstellen, dass bestimmte Wesentliche Merkmale von den betreffenden harmonisierten Normen nicht erfasst sind, oder die Fundstellen komplett zu streichen. Bezüglich vier dieser Formalen Einwände hat die Europäische Kommission im Wesentlichen ablehnende Beschlüsse erlassen, die von der Bundesrepublik vor dem Gericht der Europäischen Union angegriffen werden (EuG, Rs. T-229/17 und T-53/18 – *Deutschland ./. Kommission* –). In der Rechtssache T-229/17 hat das EuG die beiden dort angegriffenen Beschlüsse der Kommission erstinstanzlich bestätigt. Die Bundesrepublik hat hiergegen **Rechtsmittel beim EuGH** eingelegt (Rs. C-475/19 P) und im Wesentlichen gerügt, dass einer ausdrücklich unvollständigen Norm keine vollständige Harmonisierungswirkung zugebilligt werden dürfe und zu prüfen sei, ob eine harmonisierte Norm dem zugehöri-

gen Normungsauftrag, dem sog. Mandat entspreche und ob es den Mitliedstaaten anhand der harmonisierten Normen möglich ist, die Einhaltung der Grundanforderungen an Bauwerke sicherzustellen. Das Urteil in der Rechtssache T-53/18 war zum Bearbeitungszeitpunkt ebenfalls noch nicht rechtskräftig.

Soweit nach harmonisierten technischen Spezifikationen der Nachweis der Leistung eines Bauprodukts in Bezug auf ein bestimmtes Wesentliches Merkmal nicht möglich ist, bleibt für den Hersteller zunächst die – freiwillige – Möglichkeit, eine Europäische Technische Bewertung nach Art. 19 der Verordnung (EU) Nr. 305/2011 zu beantragen. **26**

Das DIBt sieht nunmehr in Abschnitt D 3 der Muster-Verwaltungsvorschrift Technische Baubestimmungen (MVV TB, Ausgabe 2017/1), auf den die niedersächsische Verwaltungsvorschrift Technische Baubestimmungen (VV TB) Bezug nimmt, sog. **„Technische Dokumentationen" als „freiwillige Nachweise"** vor. Hierfür könne es insbesondere sinnvoll sein, eine Technische Bewertungsstelle (deutsche Technische Bewertungsstelle ist das DIBt) oder eine Notifizierte Stelle hinzuzuziehen. Hier besteht ein gewisses Spannungsverhältnis zum Verbot aus Art. 8 Abs. 4 der Verordnung (EU) Nr. 305/2011, das Inverkehrbringen und die Verwendung CE-gekennzeichneter Bauprodukte zu verbieten oder zu behindern. Die Regelung kann daher nur Wesentliche Merkmale betreffen, die von einer harmonisierten Norm bzw. einer Europäischen Technischen Bewertung tatsächlich nicht erfasst sind (vgl. Art. 8 Abs. 3 UAbs. 1 der Verordnung (EU) Nr. 305/2011). Wann ein **Wesentliches Merkmal nicht erfasst** ist, ist indes umstritten. **27**

Das DIBt geht hierbei teilweise davon aus, dass hierfür bereits fehlende Verfahren und Kriterien zur Leistungsbewertung ausreichen, obwohl das Merkmal beispielsweise in einer harmonisierten Norm ausdrücklich genannt ist. Vermittelnd sprechen gute Argumente dafür, dass ein Merkmal jedenfalls dann nicht erfasst ist, wenn die harmonisierte Norm dies ausdrücklich klarstellt. Dies gilt umso mehr, als harmonisierte Normen, wie dargestellt, selbst Teil des Unionsrechts sind. Diese Frage wird aktuell in mehreren Normenkontrollverfahren aufgeworfen, die sich gegen die in Anhang 8 der MVV TB bzw. der jeweiligen landesrechtlichen Regelungen befindlichen „Anforderungen an bauliche Anlagen bezüglich des Gesundheitsschutzes (ABG)" richten (vgl. Sächsisches OVG, Beschluss v. 11.02.2019, Az.: 1 B 454/18; VGH Baden-Württemberg, Beschlüsse v. 10.7. 2019, Az. 8 S 2962/18 und 8 S 3008/18). Jedenfalls aber ist ein Merkmal dann nicht erfasst, wenn die Europäische Kommission bei der Veröffentlichung der Fundstelle der harmonisierten Norm im Amtsblatt der EU einen entsprechenden **Vorbehalt** anbringt. Zulässigkeit und Wirkung solcher Vorbehalte sind aktuell auch Gegenstand der geschilderten Auseinandersetzungen vor den europäischen Gerichten. **28**

In einer vom DIBt veröffentlichten **„Prioritätenliste"** sind harmonisierte Normen aufgelistet, anhand derer der Nachweis der Leistung der betreffenden Bauprodukte bezüglich einzelner Wesentlicher Merkmale nicht erfolgen könne. Die Liste diente zunächst zur Konkretisierung der Bitte der Fachkommission Bautechnik der Bauministerkonferenz an das Deutsche Institut für Normung e.V., sich für eine Verbesserung der europäischen Normung einzusetzen. **29**

Diese Prioritätenliste weist hierbei teilweise zu Recht auf mögliche Lücken in harmonisierten Normen hin und hilft insoweit den am Bau Beteiligten und den Herstellern, damit verbundene Gefahren zu vermeiden. Im Einzelnen werden mehrere Einträge aber auch fachlich kritisiert und in Frage gestellt. Mit der (mittlerweile nochmals aktualisierten) Fassung vom 12.12.2017 wurde der Prioritätenliste zudem eine Spalte mit konkret benannten Nachweismöglichkeiten im Sinne des Abschnitts D 3 der MVV TB angefügt. Zumindest faktisch dürfte sich damit ein gewisser Druck auf Hersteller und am Bau Beteiligte aufbauen, eine der konkret benannten Nachweismöglichkeiten zu wählen. Nach allgemeiner Dogmatik der Warenverkehrsfreiheit gemäß Art. 34 ff. AEUV genügt für eine Behinderung bereits eine mittelbare und bloß potentielle Auswirkung (vgl. nur EuGH, Urt. v. 11.7.1974, Rs. C-8/74 – Dassonville –, Slg 1974, 837; Urt. v. 12.7.2012, Rs. C-171/11 – Fra.bo Spa v. Deutsche Vereinigung des Gas- und Wasserfaches e.V. –, **30**

Rn. 22 f. m. w. N.). Es spricht damit viel dafür, dass zumindest die entsprechende Spalte (gerade in ihrer Kombination mit Abschnitt D 3 der MVV TB) eine unzulässige Verwendungsbehinderung im Sinne von Art. 8 Abs. 4 der Verordnung (EU) Nr. 305/2011 darstellen kann.

31 Auf Produkte, die die **CE-Kennzeichnung nach anderen Harmonisierungsrechtsakten** als der (Bauprodukten-)Verordnung (EU) Nr. 305/2011 tragen (siehe oben Abschnitt C), sollen die Vorschriften der §§ 17 bis 25 Abs. 1 gleichwohl anwendbar sein. So soll insbesondere für technische Gebäudeausrüstungen und Teile von Anlagen zum Lagern, Abfüllen und Umschlagen von wassergefährdenden Stoffen (sog. LAU-Anlagen; vgl. § 63 WHG) ein Verwendbarkeitsnachweis erforderlich sein (siehe Abschnitt B 3 der Verwaltungsvorschrift Technische Baubestimmungen (VV TB). Hier können Konfliktlagen mit den Marktbehinderungsverboten dieser anderen Harmonisierungsrechtsakte nicht von vornherein ausgeschlossen werden.

§ 17 Verwendbarkeitsnachweis

(1) Ein Verwendbarkeitsnachweis (§§ 18 bis 20) ist für ein Bauprodukt erforderlich, wenn

1. es für das Bauprodukt keine Technische Baubestimmung und keine allgemein anerkannte Regel der Technik gibt,

2. das Bauprodukt von einer Technischen Baubestimmung (§ 83 Abs. 2 Nr. 3) wesentlich abweicht oder

3. eine Verordnung nach § 82 Abs. 5 dies für das Bauprodukt vorsieht.

(2) Ein Verwendbarkeitsnachweis ist nicht erforderlich für ein Bauprodukt,

1. das von einer allgemein anerkannten Regel der Technik abweicht oder

2. das für die Erfüllung der Anforderungen dieses Gesetzes oder aufgrund dieses Gesetzes erlassener Vorschriften nur eine untergeordnete Bedeutung hat.

(3) Die Technischen Baubestimmungen nach § 83 enthalten eine nicht abschließende Liste von Bauprodukten, die keines Verwendbarkeitsnachweises nach Absatz 1 bedürfen

Übersicht

A. Erforderlichkeit eines Verwendbarkeitsnachweises (Abs. 1)

1 § 17 legt fest, wann für ein Bauprodukt ein Verwendbarkeitsnachweis erforderlich ist (sog. **nicht geregeltes Bauprodukt**). Dies ist immer schon dann der Fall, wenn es **keine entsprechende Technische Baubestimmung oder allgemein anerkannte Regel der Technik** gibt (Abs. 1 Nr. 1). **Weicht** ein Bauprodukt von Technischen Baubestimmungen **wesentlich ab**, so ist ebenfalls ein Verwendbarkeitsnachweis erforderlich (Abs. 1 Nr. 2). Gleiches gilt, wenn eine **Verordnung** nach § 82 Abs. 5 dies anordnet (Abs. 1 Nr. 3).

2 Die Bekanntmachung der entsprechenden technischen Regeln für die sog. **geregelten Bauprodukte** nach Nr. 1 Alt. 1 fand sich früher in Bauregelliste A Teil 1. Heute sind die entsprechenden Vorgaben in **Abschnitt C 2** der Muster-Verwaltungsvorschrift Technische Baubestimmungen (**MVV TB**) enthalten, auf den die niedersächsische Verwaltungsvorschrift Technische Baubestimmungen (VV TB) Bezug nimmt.

3 Die Vorschrift findet auf harmonisierte **Bauprodukte mit CE-Kennzeichnung** nach der Verordnung (EU) Nr. 305/2011 gemäß § 16c Satz 2 keine Anwendung. Bauprodukte, die in anderen **Mitgliedstaaten des EWR-Abkommens** geltenden technischen Anforderun-

gen entsprechen, dürfen nach § 16b Abs. 2 ebenfalls ohne Verwendbarkeitsnachweis verwendet werden, wenn das geforderte Schutzniveau in Bezug auf Sicherheit, Gesundheit und Gebrauchstauglichkeit gleichermaßen dauerhaft erreicht wird. **Problematisch** kann die Anwendung der Vorschrift in Bezug auf Bauprodukte werden, die die **CE-Kennzeichnung auf der Grundlage anderer Harmonisierungsrechtsakte** als der Verordnung (EU) Nr. 305/2011 tragen. (Siehe Kommentierungen zu § 16b Abs. 2, § 16c Satz 2 und § 83).

Als **Verwendbarkeitsnachweis** kommen 4

- eine **allgemeine bauaufsichtliche Zulassung** durch das Deutsche Institut für Bautechnik **(§ 18)**,
- ein **allgemeines bauaufsichtliches Prüfzeugnis** durch eine anerkannte Prüfselle **(§ 19)** oder
- ein Nachweis der Verwendbarkeit im Einzelfall, die sog. **Zustimmung im Einzelfall**, durch die oberste Bauaufsichtsbehörde **(§ 20)**

in Betracht.

B. Entbehrlichkeit eines Verwendbarkeitsnachweises (Abs. 2)

Bauprodukte, die nach allgemein anerkannten Regeln der Technik beurteilt werden 5
(siehe Abs. 1 Nr. 1 Alt. 2), bedürfen nach Abs. 2 Nr. 1 auch dann keines Verwendbarkeitsnachweises, wenn sie von diesen allgemein anerkannten Regeln der Technik – auch wesentlich – abweichen. Bei dieser Gruppe von Bauprodukten, die früher als **„sonstige Bauprodukte"** (§ 17 Abs. 1 Satz 2 NBauO a.F.) bezeichnet wurden, ist die Einhaltung der Anforderungen regelmäßig bereits durch ein anderes Regelsetzungs- und (meist auch) Zertifizierungssystem (z. B. DVGW) abgedeckt. Auf die Bekanntmachung dieser allgemein anerkannten Regeln der Technik als Technische Baubestimmungen wird daher regelmäßig verzichtet. Naturgemäß ist damit auch keine Übereinstimmungsbestätigung nach § 21 erforderlich.

Für Bauprodukte, die für die Erfüllung der gesetzlichen Anforderungen nur von **untergeordneter Bedeutung** sind, entfällt ein Verwendbarkeitsnachweis nach Abs. 2 Nr. 2 6
ebenfalls.

Abschnitt D 2 der Muster-Verwaltungsvorschrift Technische Baubestimmungen (MVV 7
TB), auf den die niedersächsische Verwaltungsvorschrift Technische Baubestimmungen (VV TB) Bezug nimmt, enthält die von Abs. 3 vorgesehene, **nicht abschließende Liste derjenigen Bauprodukte, die keines Verwendbarkeitsnachweises bedürfen**. Die Liste dient der Klarstellung (vgl. LT-Drucks. 18/1136, S. 35) und gliedert sich in den Abschnitt D 2.1, der Bauprodukte nennt, für die allgemein anerkannte Regeln der Technik bestehen, sowie Abschnitt D 2.2, der Bauprodukte mit untergeordneter Bedeutung auflistet (ehemals „Liste C").

§ 18 Allgemeine bauaufsichtliche Zulassung

(1) Das Deutsche Institut für Bautechnik erteilt unter den Voraussetzungen des § 17 Abs. 1 eine allgemeine bauaufsichtliche Zulassung für Bauprodukte, wenn ihre Verwendbarkeit im Sinne des § 16b Abs. 1 nachgewiesen ist.

(2) [1]Die zur Begründung des Antrags erforderlichen Unterlagen sind beizufügen. [2]Soweit erforderlich, sind Probestücke von der Antragstellerin oder dem Antragsteller zur Verfügung zu stellen oder durch Sachverständige, die das Deutsche Institut für Bautechnik bestimmen kann, zu entnehmen oder Probeausführungen unter Aufsicht der Sachverständigen herzustellen. [3]§ 69 Abs. 2 gilt entsprechend.

(3) Das Deutsche Institut für Bautechnik kann für die Durchführung der Prüfung die sachverständige Stelle und für Probeausführungen die Ausführungsstelle und Ausführungszeit vorschreiben.

(4) [1]Die allgemeine bauaufsichtliche Zulassung wird widerruflich und für eine bestimmte Frist erteilt, die in der Regel fünf Jahre beträgt. [2]Die Zulassung kann mit Nebenbestimmungen erteilt werden. [3]Die Befristung kann auf schriftlichen Antrag in der Regel um fünf Jahre verlängert werden; § 71 Satz 4 gilt entsprechend.

(5) Die Zulassung wird unbeschadet der privaten Rechte Dritter erteilt.

(6) Das Deutsche Institut für Bautechnik macht die von ihm erteilten allgemeinen bauaufsichtlichen Zulassungen nach Gegenstand und wesentlichem Inhalt öffentlich bekannt.

(7) Allgemeine bauaufsichtliche Zulassungen nach dem Recht anderer Länder gelten auch in Niedersachsen.

Übersicht

A. Allgemeines

1 Die allgemeine bauaufsichtliche Zulassung (**abZ**) ist der nationale **Standard-Verwendbarkeitsnachweis für nicht geregelte Bauprodukte** (siehe § 17), wenn das Bauprodukt nicht nach allgemein anerkannten Prüfverfahren beurteilt werden kann und nicht nur im Einzelfall verwendet werden soll.

2 Bei der allgemeinen bauaufsichtlichen Zulassung handelt es sich nach allgemeiner Auffassung um einen **Verwaltungsakt**. Dieser gilt **zunächst gegenüber dem Antragsteller**, weist aber darüber hinaus **herstellerneutral die allgemeine Verwendbarkeit eines Bauprodukts** nach. Es soll sich insoweit um einen „dinglich-produktbezogenen Verwaltungsakt in Form einer Allgemeinverfügung" (VGH Baden-Württemberg, Urt. v. 12.11. 1993, Az. 3 S 1449/91; offen: BVerwG, Urt. v. 16.6.1997, Az. 4 C 8/95) handeln.

3 In vielen Fällen kommt als **Alternative** zur allgemeinen bauaufsichtlichen Zulassung auch ein Antrag auf Ausstellung einer **Europäischen Technischen Bewertung** nach Art. 19 der Verordnung (EU) Nr. 305/2011 in Betracht. Diese ermöglicht das europaweite Inverkehrbringen des Bauprodukts (siehe § 16c).

B. Voraussetzungen (Abs. 1)

4 **Zuständig** für die Erteilung von allgemein bauaufsichtlichen Zulassungen ist das **Deutsche Institut für Bautechnik (DIBt)**. Hierbei handelt es sich um eine gemeinsame Behörde des Bundes und der Länder, die nach dem Recht des Landes Berlin auf der Grundlage des DIBt-Abkommens errichtet wurde.

5 **Voraussetzung** für die Erteilung der allgemeinen bauaufsichtlichen Zulassung ist, dass die **Verwendbarkeit** des jeweiligen Bauprodukts im Sinne von § 16b Abs. 1 **nachgewiesen** ist. Das Bauprodukt muss also im Falle seines Einbaus ein Schutzniveau im Hinblick auf die Anforderungen an bauliche Anlagen gewährleisten können, das denjenigen der allgemein anerkannten Regeln der Technik entspricht (siehe Kommentierung zu § 16b Abs. 1).

6 Ist der Nachweis erbracht, dass dieses Schutzniveau erreicht wird, so hat das DIBt die Zulassung zu erteilen. Es handelt sich um eine **gebundene Entscheidung**, ein Ermessensspielraum des DIBt besteht nicht (vgl. noch zur parallelen Vorgängerregelung in

NRW z. B. Czepuck in Gädtke et al., BauO NRW, 12. Aufl., 2011, § 21, Rn. 10). Die beim DIBt gebildeten **Sachverständigenausschüsse** haben lediglich eine technisch beratende Funktion. Bei (ggf. auch teilweiser) Versagung ist die **Verpflichtungsklage**, eventuell in Form der Untätigkeitsklage gegeben.

C. Verfahren (Abs. 3 und 4)

7 Die Erteilung der allgemein bauaufsichtlichen Zulassung ist von einem – wohl schriftlichen (vgl. Abs. 4 Satz 3) – **Antrag** abhängig. Dem Antrag sind gemäß Abs. 2 die zur Begründung des Antrags **erforderlichen Unterlagen** beizufügen. Soweit erforderlich, können auch **Probestücke** gefordert werden. Diese sind ggf. nach Anforderung des DIBt durch Sachverständige zu entnehmen oder unter Aufsicht der Sachverständigen herzustellen.

8 Darüber hinaus **kann das DIBt** nach Abs. 3 für die Durchführung der Prüfung die **sachverständige Stelle und für Probeausführungen die Ausführungsstelle und Ausführungszeit vorschreiben**.

9 Die **Nachweislast** kann sich ggf. nach Maßgabe der Verordnung (EG) Nr. 764/2008 zulasten des DIBt verschieben, soweit es sich um Bauprodukte aus dem EU-Ausland handelt (siehe aber auch die Voraussetzungen der Zulassungsfreiheit von Bauprodukten aus dem EU-/EWR-Ausland in der Kommentierung zu § 16b Abs. 2).

10 Durch Verweis auf die entsprechende Anwendung von § 69 Abs. 2 **soll das DIBt den Antrag zurückweisen, wenn** die **Unterlagen unvollständig** sind **oder sonstige erhebliche Mängel** aufweisen und diese trotz entsprechender **Aufforderung nicht innerhalb** einer zu setzenden, **angemessenen Frist** behoben werden.

11 In allen nicht ganz einfach gelagerten Fällen sollte **vor einer förmlichen Antragstellung** der **formlose Kontakt mit dem DIBt** gesucht werden, um insbesondere die für den Antrag notwendigen Unterlagen und Prüfungen vorab abzustimmen und Reibungsverluste zu vermeiden. Das DIBt stellt auf seiner Homepage ein **(freiwilliges) Antragsformular** zur Verfügung. Der Antrag sollte neben dem Namen und der Adresse des Antragstellers auch eine Beschreibung des Zulassungsgegenstands, dessen Verwendungszweck sowie die Angabe, ob es sich um einen Neu-, Verlängerungs- oder Änderungsantrag handelt, enthalten.

Das DIBt erhebt für seine Tätigkeit vom Antragsteller **Gebühren** und Auslagen nach Maßgabe seiner Satzung.

D. Nebenbestimmungen (Abs. 4)

12 Mit der allgemeinen bauaufsichtlichen Zulassung wird eine Entscheidung darüber getroffen, ob ein Bauprodukt die Anforderungen von § 16b Abs. 1 im Zeitpunkt dieser Entscheidung erfüllt. Die Beurteilung dieser Frage kann sich aufgrund neuer Erkenntnisse ändern. Die allgemeine bauaufsichtliche Zulassung wird daher nur unter dem **Vorbehalt des Widerrufs** und **befristet** erteilt. Die Frist beträgt in der Regel fünf Jahre, kann aber bei Vorliegen besonderer Gründe kürzer ausfallen.

13 Die allgemeine bauaufsichtliche Zulassung kann gemäß Abs. 4 Satz 2 mit **weiteren Nebenbestimmungen** versehen werden. Hierbei handelt es sich regelmäßig um Auflagen im Sinne von § 36 Abs. 2 Nr. 4 VwVfG i.V.m. § 1 Abs. 1 NVwVfG.

14 Ein Anspruch auf Beschränkung einer allgemeinen bauaufsichtlichen Zulassung auf vom Antragsteller hergestellte Bauprodukte dürfte grundsätzlich nicht bestehen. Eine solche **Herstellerbeschränkung** dürfte aber zulässig sein, wenn im Ausnahmefall die Voraussetzungen von § 16b Abs. 1 nur auf diese Weise eingehalten werden können (vgl. BVerwG, Urt. v. 18.06.1997, Az. 4 C 8/95, NVwZ 1998, 614).

15 Ob ein **Widerruf** der allgemeinen bauaufsichtlichen Zulassung bei Verstoß gegen eine Auflage gemäß § 49 Abs. 2 Satz 1 Nr. 2 VwVfG möglich ist, dürfte zu bezweifeln sein, da die allgemeine bauaufsichtliche Zulassung nicht nur gegenüber dem Antragsteller, sondern gegenüber jedermann wirkt.

16 Abs. 4 Satz 3 ermöglicht eine – bei Antrag vor Ablauf der Gültigkeit auch rückwirkende (Abs. 4 Satz 3 a.E. i. V. § 71 Satz 4) – **Verlängerung** um regelmäßig fünf Jahre. Erforderlich ist ein schriftlicher Antrag, der vorsorglich mit einigem Vorlauf zum Ende der Gültigkeit einer allgemeinen baurechtlichen Zulassung gestellt werden sollte, um eine lückenlose Verwendbarkeit zu gewährleisten. Notfalls sollte vorsorglich hilfsweise beantragt werden, die Zulassung zunächst für die voraussichtliche Dauer des Verfahrens zu verlängern. Für die Verlängerung gelten die gleichen materiellen Anforderungen wie für eine Neuerteilung. Die Zulassung ist daher zu verlängern, wenn die Voraussetzungen von Abs. 1 zum Zeitpunkt der Verlängerungsentscheidung (weiterhin) gegeben sind.

E. Rechte Dritter, Bekanntmachung und Geltungsbereich (Abs. 5 bis 7)

17 Die allgemeine bauaufsichtliche Zulassung wird gemäß Abs. 5 **unbeschadet der privaten Rechte Dritter** (z. B. Patente, Gebrauchsmusterschutz, Urheberrecht) erteilt. Das DIBt prüft daher nicht, ob der Antragsteller die entsprechenden Produkte herstellen bzw. vertreiben darf. Es wird allerdings als berechtigt angesehen, einen Antrag zurückzuweisen, wenn wegen solcher Rechte das **Antragsinteresse** fehlt (vgl. Winkelmüller/van Schewick/Müller, Praxishandbuch Bauproduktrecht, 2015, Rn. 533, 572 f. m. w. N.).

18 Allgemeine bauaufsichtliche Zulassungen sind vom DIBt **ihrem wesentlichen Inhalt nach** gemäß Abs. 6 **bekannt zu machen** (vgl. § 41 Abs. 4 VwVfG). Das DIBt stellt auf seiner Homepage Listen der allgemeinen bauaufsichtlichen Zulassungen bereit. Die vollständigen Zulassungen werden kostenpflichtig zum Download angeboten. Ob das DIBt damit seiner Veröffentlichungspflicht Genüge tut, mag bezweifelt werden. Eine vollständige Veröffentlichung ist – mit Blick auf den Schutz eventueller Betriebs- und Geschäftsgeheimnisse des Antragstellers – gerade nicht vorgesehen. Demgegenüber muss für den Verwender eines Bauprodukts, die übrigen am Bau Beteiligten und die Bauaufsichtsbehörden erkennbar sein, für welchen Verwendungszweck und unter welchen wesentlichen Voraussetzungen ein Bauprodukt zugelassen ist. Die bloße Nennung des Gegenstandes der Zulassung dürfte daher nicht genügen.

19 Aufgrund gleichlautender Vorschriften in allen Landesbauordnungen (siehe Abs. 7) gelten die allgemeinen bauaufsichtlichen Zulassungen nach dem Recht eines Bundeslandes jeweils auch in den übrigen Bundesländern.

§ 19 Allgemeines bauaufsichtliches Prüfzeugnis

(1) [1]Bauprodukte, die nach allgemein anerkannten Prüfverfahren beurteilt werden, bedürfen anstelle einer allgemeinen bauaufsichtlichen Zulassung nach § 18 nur eines allgemeinen bauaufsichtlichen Prüfzeugnisses. [2]Die Bauprodukte, für die die Voraussetzungen des Satzes 1 vorliegen, werden mit der Angabe der für das jeweilige Prüfverfahren maßgebenden technischen Regeln in den Technischen Baubestimmungen nach § 83 bekannt gemacht.

(2) [1]Ein allgemeines bauaufsichtliches Prüfzeugnis wird von einer Prüfstelle nach § 24 Satz 1 Nr. 1 für Bauprodukte nach Absatz 1 erteilt, wenn ihre Verwendbarkeit im Sinne des § 16b Abs. 1 nachgewiesen ist. [2]§ 18 Abs. 2 und 4 bis 7 gilt entsprechend.

Übersicht

A. Anwendungsbereich

1 Als sozusagen „kleine Zulassung" sieht § 19 vor, dass Bauprodukte, die **nach allgemein anerkannten Prüfverfahren beurteilt werden können**, nicht das volle Verfahren einer allgemeinen bauaufsichtlichen Zulassung durchlaufen müssen.

2 Die technischen Regeln, die diese **Prüfverfahren** enthalten, werden **in den Technischen Baubestimmungen** nach § 83 Abs. 5 (siehe **Abschnitt C 3** der Muster-Verwaltungsvorschrift Technische Baubestimmungen – **MVV TB** –, auf die die niedersächsische VV TB verweist) **bekannt gemacht**. Die entsprechenden Eintragungen fanden sich bisher in Bauregelliste A Teil 2.

3 **Entfallen** ist die Regelung für **Bauprodukte von geringer Bedeutung** für die Anforderungen an die Sicherheit baulicher Anlagen (vgl. § 19 Abs. 1 Satz 1 Nr. 1 NBauO a.F.). Für diese ist nunmehr gemäß § 17 Abs. 2 Nr. 2 **kein Verwendbarkeitsnachweis mehr erforderlich**. Sie sind ggf. in der nicht abschließenden Liste nach § 17 Abs. 3 (siehe Abschnitt D 2.2 der Muster-Verwaltungsvorschrift Technische Baubestimmungen – MVV TB, Ausgabe 2017/1) enthalten (vgl. LT-Drucks. 18/1136, S. 35).

B. Erteilung des allgemeinen bauaufsichtlichen Prüfzeugnisses

4 Da lediglich vorgegebene Prüfverfahren abzuarbeiten sind, wird das allgemeine bauaufsichtliche Prüfzeugnis **von einer anerkannten Prüfstelle** im Sinne von § 24 Satz 1 Nr. 1 erteilt. Eine weitere Beteiligung des DIBt ist nicht erforderlich.

5 Ein allgemeines bauaufsichtliches Prüfzeugnis ist zu erteilen, wenn die Anforderungen gemäß § 18 Abs. 1 nachgewiesen sind. Es handelt sich damit um eine **gebundene Entscheidung** (vgl. § 17). Auch privatrechtlich organisierte anerkannte Prüfstellen werden bei der Erteilung des allgemeinen bauaufsichtlichen Prüfzeugnisses öffentlich-rechtlich als sogenannte **Beliehene** tätig (vgl. z. B. Abs. 2 Satz 1). Insoweit ist auch hier der Verwaltungsrechtsweg eröffnet.

6 Auf das **Verfahren** finden die Vorschriften von § 18 Abs. 2 und Abs. 4 bis 7 entsprechende Anwendung. Prüfstellen müssen gemäß § 24 Satz 1 in der Lage sein, die entsprechenden Prüfungen selbst durchzuführen. Eine Inbezugnahme von § 18 Abs. 3, wonach das DIBt sachverständige Stellen etc. vorschreiben kann, ist daher im Vergleich zur Vorgängerregelung gestrichen worden (vgl. LT-Drucks. 18/1136, S. 35).

7 Nicht übernommen wurde die in der Musterbauordnung bereits seit 2012 vorgesehene Regelung (§ 19 Abs. 2 Satz 3 MBO), dass die Anerkennungsbehörde für Prüfstellen nach § 24 Satz 1 Nr. 1 allgemeine bauaufsichtliche Prüfzeugnisse gemäß § 48 und § 49 VwVfG zurücknehmen kann. Sie dient dazu, der Anerkennungsbehörde eine weitere Eingriffs- und vor allem Durchgriffsmöglichkeit zu verschaffen, wenn die Prüfstelle ihren Aufgaben nicht ordnungsgemäß nachkommt. Es soll damit die Lücke zwischen Entzug der Anerkennung und fachaufsichtlicher Weisung geschlossen und eine Ersatzvornahme eröffnet werden (siehe die Begründung der Fassung der MBO vom September 2012, S. 6).

8 Die anerkannten Prüfstellen erheben für die Erteilung und Verlängerung von allgemeinen bauaufsichtlichen Prüfzeugnissen als Beliehene **Gebühren und Auslagen** nach der

Verordnung über die Gebühren und Auslagen für Amtshandlungen der Bauaufsicht (Baugebührenordnung – BauGO –; siehe Ziff. 4.1 und 4.2 des Gebührenverzeichnisses).

Siehe im Übrigen die Ausführungen zu § 18.

§ 20 Nachweis der Verwendbarkeit von Bauprodukten im Einzelfall

[1]Mit Zustimmung der obersten Bauaufsichtsbehörde dürfen unter den Voraussetzungen des § 17 Abs. 1 im Einzelfall Bauprodukte verwendet werden, wenn ihre Verwendbarkeit im Sinne des § 16b Abs. 1 nachgewiesen ist. [2]Wenn Gefahren im Sinne des § 3 Abs. 1 nicht zu erwarten sind, kann die oberste Bauaufsichtsbehörde im Einzelfall erklären, dass ihre Zustimmung nicht erforderlich ist.

Übersicht

A. Allgemeines

1 Als dritte Möglichkeit eines Verwendbarkeitsnachweises kommt für die Fälle des § 17 Abs. 1 die Zustimmung im Einzelfall durch die **oberste Bauaufsichtsbehörde** (Niedersächsisches Ministerium für Umwelt, Energie, Bauen und Klimaschutz) in Betracht.

2 Die Regelung gilt nur **für nicht geregelte Bauprodukte**, für die nach § 17 ein Verwendbarkeitsnachweis zu erbringen ist. Die frühere Einbeziehung von harmonisierten Bauprodukten nach der alten (Bauprodukten-)Richtlinie 89/106/EWG (umgesetzt durch das BauPG) sowie (teilweise) harmonisierten Produkten nach anderen, durch nationales Recht umgesetzten oder unmittelbar geltenden europäischen Rechtsakten ist entfallen.

3 Im Gegensatz zu einigen anderen Landesbauordnungen (z.B. § 23 BauO NRW) sieht § 20 NBauO nicht vor, dass bei der Verwendung von Bauprodukten in Baudenkmälern abweichend vom Normalfall die untere Bauaufsichtsbehörde für Zustimmungen im Einzelfall zuständig. Hierdurch beabsichtigen andere Bundesländer, die Berücksichtigung denkmalpflegerischer Aspekte zu erleichtern. (Vgl. für NRW LT-Drucks. 16/12119, S. 103 f.)

4 Eine Zustimmung im Einzelfall kommt insbesondere dann in Betracht, wenn das Produkt **nur in einem oder wenigen Einzelfällen in einer bestimmten Einbausituation** verwendet werden soll. Das Verfahren zur Erteilung einer allgemeinen bauaufsichtlichen Zulassung weist dagegen abstrakt für einen bestimmten Verwendungszweck und verschiedene denkbare Einbausituationen die Verwendbarkeit nach.

5 Für **besonders innovative Bauprodukte** kann die Zustimmung im Einzelfall ferner dazu dienen, zunächst anhand einzelner Bauvorhaben Praxiserfahrung im Umgang mit dem Produkt zu sammeln.

6 Der Wortlaut von Abs. 1 Satz 1 („dürfen […] verwendet werden“) spräche dafür, dass eine Zustimmung im Einzelfall nur vor der Verwendung erteilt werden kann. Dieses Ergebnis würde allerdings dazu führen, dass bestenfalls eine Duldung baurechtswidriger Zustände zu erreichen wäre, wenn sich im Nachhinein herausstellt, dass ein bestimmter Verwendungszweck z. B. von einer Technischen Baubestimmung nicht erfasst war. Die Erteilung einer Zustimmung im Einzelfall könnte hier die Erfüllung der Anforderungen aus § 16b Abs. 1 sicherstellen und den Zustand nachträglich legalisieren. Dies würde zudem die untere Bauaufsichtsbehörde, die über eine mögliche Ausbauverfügung zu entscheiden hätte, entlasten. Die **Möglichkeit einer nachträglichen Zustimmung im Einzelfall** sollte daher nicht von vornherein ausgeschlossen werden.

B. Erteilung und Verzicht

Voraussetzung ist auch hier, dass – allerdings nur im konkreten Einzelfall – die Anforderungen von § 16b Abs. 1 erfüllt sind. Ist dieser Nachweis erbracht, so handelt es sich auch hier um eine **gebundene Entscheidung**. Die Zustimmung im Einzelfall wird auf **Antrag** erteilt. Die entsprechenden **Nachweise** hat der Antragsteller z. B. durch Sachverständigengutachten zu erbringen. **7**

Sind Gefahren nach § 3 Abs. 1 nicht zu erwarten, kann die oberste Bauaufsichtsbehörde auch auf das Zustimmungserfordernis verzichten. Der **Verzicht** bedarf der ausdrücklichen Erklärung und darf auch **nur für den jeweiligen konkreten Einzelfall** erfolgen. **8**

Für die Amtshandlungen werden Gebühren und Auslagen nach der Baugebührenordnung (BauGO) erhoben (Ziff. 4.3 und 4.4 des Gebührenverzeichnisses). **9**

§ 21 Übereinstimmungsbestätigung

(1) Bauprodukte bedürfen einer Bestätigung ihrer Übereinstimmung mit den Technischen Baubestimmungen nach § 83 Abs. 2, den allgemeinen bauaufsichtlichen Zulassungen, den allgemeinen bauaufsichtlichen Prüfzeugnissen oder den Zustimmungen im Einzelfall; als Übereinstimmung gilt auch eine Abweichung, die nicht wesentlich ist.

(2) Die Bestätigung der Übereinstimmung erfolgt durch eine Übereinstimmungserklärung des Herstellers (§ 22).

(3) Die Übereinstimmungserklärung hat der Hersteller durch Kennzeichnung der Bauprodukte mit dem Übereinstimmungszeichen (Ü-Zeichen) unter Hinweis auf den Verwendungszweck abzugeben.

(4) Das Ü-Zeichen ist auf dem Bauprodukt, auf einem Beipackzettel oder auf seiner Verpackung oder, wenn dies Schwierigkeiten bereitet, auf dem Lieferschein oder auf einer Anlage zum Lieferschein anzubringen.

(5) Ü-Zeichen aus anderen Ländern und aus anderen Staaten gelten auch in Niedersachsen.

Übersicht

A. Allgemeines

Die **Technischen Baubestimmungen** nach § 83 **und die Verwendbarkeitsnachweise** nach §§ 21 bis 23 (allgemeine bauaufsichtliche Zulassung, allgemeines bauaufsichtliches Prüfzeugnis, Zustimmung im Einzelfall) **belegen** für sich genommen **nur abstrakt**, dass ein Bauprodukt, das nach diesen Vorgaben hergestellt ist, verwendbar ist. Nicht geklärt ist damit, ob ein konkretes Bauprodukt auch tatsächlich diesen Vorgaben entspricht. **1**

Aus diesem Grund ist eine **Bestätigung der Übereinstimmung** mit den Technischen Baubestimmungen, den allgemeinen bauaufsichtlichen Zulassungen, den allgemeinen bauaufsichtlichen Prüfzeugnissen oder den Zustimmungen im Einzelfall erforderlich. Die frühere Bezeichnung „Übereinstimmungsnachweis" wurde aus Klarstellungsgründen zur Abgrenzung vom Verwendbarkeitsnachweis (§ 17) angepasst (LT-Drucks. 18/1136, S. 36. **2**

3 Als Übereinstimmung gilt gemäß Abs. 1 Satz 2 auch eine **nicht wesentliche Abweichung**. Geringfügige Abweichungen, die sich auf die Erfüllung der Anforderungen gemäß § 18 Abs. 1 nicht oder nur minimal auswirken, sind daher hinnehmbar (vgl. BGH, Urt. v. 20.10.2005, Az. I ZR 10/03, GRUR 2006,82 f.).

4 Eine Bestätigung der Übereinstimmung ist damit **nicht erforderlich für Bauprodukte, die nicht nach Technischen Baubestimmungen oder den Verwendbarkeitsnachweisen** gemäß §§ 18 bis 20 **beurteilt werden**.

5 Dies sind gemäß § 16c Satz 2 insbesondere **harmonisierte Bauprodukte**, die nach der (Bauprodukten-)Verordnung (EU) Nr. 305/2011 die CE-Kennzeichnung tragen; eine Kombination mit dem Ü-Zeichen ist damit – insoweit – ausgeschlossen. **Problematisch** kann die Anwendung der Vorschrift in Bezug auf Bauprodukte werden, die die **CE-Kennzeichnung auf der Grundlage anderer Harmonisierungsrechtsakte** als der Verordnung (EU) Nr. 305/2011 tragen (siehe die Kommentierung zu § 16c Satz 2).

6 Ferner sind ausgenommen Bauprodukte, für die es allgemein anerkannte Regeln der Technik gibt, die nicht als Technische Baubestimmungen bekannt gemacht wurden (**„sonstige Bauprodukte“**; § 17 Abs. 1 Nr. 1 Alt. 2 und Abs. 2 Nr. 1), Bauprodukte, die für die Erfüllung der gesetzlichen Anforderungen nach § 3 Abs. 1 nur eine **untergeordnete Bedeutung** haben (§ 17 Abs. 2 Nr. 2) und nicht harmonisierte Bauprodukte aus dem **EU-/EWR-Ausland**, die nach § 16b Abs. 2 verwendbar sind. Ebenfalls nicht erfasst sind Bauprodukte, für die eine Zustimmung im Einzelfall für entbehrlich erklärt wurde (§ 20 Satz 2).

B. Übereinstimmungsbestätigung und Ü-Zeichen (Abs. 2 bis 5)

7 Die **Übereinstimmungsbestätigung** erfolgt nach Abs. 2 (ausschließlich) **durch Übereinstimmungserklärung des Herstellers** gemäß § 22 und unter den dort genannten Voraussetzungen. Im Vergleich zur Vorgängerregelung wird damit klargestellt, dass es maßgeblich auf die Erklärung des Herstellers und nicht beispielsweise auf ein entsprechendes Zertifikat, das lediglich eine Voraussetzung sein kann, ankommt (LT-Drucks. 18/1136, S. 36).

8 Die Übereinstimmungserklärung gibt der Hersteller ab, indem er das Bauprodukt gemäß Abs. 3 mit dem **Übereinstimmungszeichen (Ü-Zeichen)** unter Hinweis auf den Verwendungszweck kennzeichnet. Das Ü-Zeichen ist nach Abs. 4 **auf dem Bauprodukt, auf einem Beipackzettel oder auf seiner Verpackung oder**, wenn dies Schwierigkeiten bereitet, **auf dem Lieferschein bzw. einer Anlage zum Lieferschein** anzubringt. Die Anbringung auf dem Lieferschein bzw. einer Anlage hierzu bildet eine Ausnahme, die nur gewählt werden darf, wenn eine Anbringung auf dem Produkt selbst, dem Beipackzettel oder der Verpackung nicht ohne weiteres möglich ist. Die übrigen Varianten sind gleichrangig.

9 Das Ü-Zeichen löst die **widerlegliche Vermutung** aus, dass die **Übereinstimmung** des Bauprodukts mit den maßgeblichen Technischen Baubestimmungen oder Verwendbarkeitsnachweisen nach §§ 18 bis 20 gegeben ist.

10 Mit der **Verordnung über das Übereinstimmungszeichen (ÜZVO)** ist von der Ermächtigung Gebrauch gemacht worden, das Ü-Zeichen festzulegen und zu diesem Zeichen zusätzliche Angaben zu verlangen (siehe § 82 Abs. 2 Nr. 11). Die Verordnung bedarf noch der Anpassung der Verweisungen an die geänderte Bauordnung.

11 Gemäß § 1 Abs. 1 ÜZVO hat das Ü-Zeichen folgende **Angaben** zu enthalten:

1. der Name

   a) des Herstellers und, wenn der Name des Herstellers eine eindeutige Zuordnung des Bauprodukts zu dem Herstellungswerk nicht ermöglicht, zusätzlich des Herstellungswerks oder

b) des Vertreibers des Bauprodukts mit der Angabe des Herstellungswerks,

wobei die Angabe des Herstellungswerks verschlüsselt erfolgen darf, wenn sich beim Hersteller oder Vertreiber und, wenn ein Übereinstimmungszertifikat erforderlich ist, bei der Zertifizierungsstelle und Überwachungsstelle das Herstellungswerk jederzeit eindeutig ermitteln lässt,

2. als Grundlage der Übereinstimmungsbestätigung
   a) die Kurzbezeichnung der für das geregelte Bauprodukt im Wesentlichen maßgebenden technischen Regeln,
   b) die Bezeichnung „Z“ für eine allgemeine bauaufsichtliche Zulassung und deren Nummer,
   c) die Bezeichnung „P“ für ein allgemeines bauaufsichtliches Prüfzeugnis, dessen Nummer und die Bezeichnung der Prüfstelle oder
   b) die Bezeichnung „ZiE“ für eine Zustimmung im Einzelfall und die Angabe der Behörde, die die Zustimmung erteilt hat,
3. die für den Verwendungszweck wesentlichen Merkmale des Bauprodukts, wenn sie nicht schon durch die Angabe der Kurzbezeichnung nach Nummer 2 Buchst. a ausreichend erkennbar angegeben sind, und
4. das Bildzeichen oder die Bezeichnung der Zertifizierungsstelle, wenn die Einschaltung einer Zertifizierungsstelle vorgeschrieben ist.

Die vorgenannten Angaben sind gemäß § 1 Abs. 2 ÜZVO auf der von dem Buchstaben **12**
„Ü“ umschlossenen **Innenfläche oder in deren unmittelbarer Nähe** anzubringen. Sie müssen, genau wie der Buchstabe „Ü“, deutlich lesbar sein. Die Form des Ü-Zeichens ist in der Anlage zu § 1 Abs. 2 Satz 3 ÜZVO wie folgt festgelegt:

Wird das Ü-Zeichen nicht auf dem Produkt selbst angebracht, sondern auf dem Beipack- **13**
zettel, der Verpackung, dem Lieferschein oder einer Anlage zum Lieferschein, so darf gemäß § 1 Abs. 3 ÜZVO der Buchstabe „Ü“ ohne die Angaben nach § 1 Abs. 1 ÜZVO zusätzlich auf dem Produkt selbst angebracht werden.

Gemäß § 21 Abs. 5 gelten Ü-Zeichen aus anderen Ländern und aus anderen Staaten **14**
auch in Niedersachsen.

Die Kennzeichnung eines Bauprodukts mit dem Ü-Zeichen, ohne dass dafür die Voraus- **15**
setzungen nach § 21 Abs. 1 vorliegen, sowie die Verwendung eines Bauprodukts, das entgegen § 21 Abs. 3 nicht mit dem Ü-Zeichen versehen ist, stellen gemäß § 80 Abs. 1 Nr. 3 und Nr. 5 Ordnungswidrigkeiten dar. Die Verwendung unberechtigt mit dem Ü-Zeichen versehener Bauprodukte kann gemäß § 79 Abs. 1 Satz 2 Nr. 3 untersagt, die Kennzeichnung entwertet oder beseitigt werden. Weitere bauaufsichtliche Maßnahmen bis hin zur Anordnung der Einstellung der Arbeiten können bei fehlender oder unberechtigter Kennzeichnung mit dem Ü-Zeichen gemäß § 79 Abs. 1 Satz 2 Nr. 2 verfügt werden.

§ 22 Übereinstimmungserklärung des Herstellers

(1) Der Hersteller darf eine Übereinstimmungserklärung nur abgeben, wenn er durch werkseigene Produktionskontrolle sichergestellt hat, dass das von ihm hergestellte Bauprodukt den maßgebenden technischen Regeln, der allgemeinen bauaufsichtlichen Zulassung, dem allgemeinen bauaufsichtlichen Prüfzeugnis oder der Zustimmung im Einzelfall entspricht.

(2) [1]In den Technischen Baubestimmungen nach § 83, in den allgemeinen bauaufsichtlichen Zulassungen, in den allgemeinen bauaufsichtlichen Prüfzeugnissen oder in den Zustimmungen im Einzelfall kann eine Prüfung der Bauprodukte durch eine Prüfstelle vor Abgabe der Übereinstimmungserklärung vorgeschrieben werden, wenn dies zur Sicherung einer ordnungsgemäßen Herstellung erforderlich ist. [2]In diesen Fällen hat die Prüfstelle das Bauprodukt daraufhin zu überprüfen, ob es den maßgebenden technischen Regeln, der allgemeinen bauaufsichtlichen Zulassung, dem allgemeinen bauaufsichtlichen Prüfzeugnis oder der Zustimmung im Einzelfall entspricht.

(3) [1]In den Technischen Baubestimmungen nach § 83, in den allgemeinen bauaufsichtlichen Zulassungen, in allgemeinen bauaufsichtlichen Prüfzeugnissen oder in den Zustimmungen im Einzelfall kann eine Zertifizierung nach § 23 vor Abgabe der Übereinstimmungserklärung vorgeschrieben werden, wenn dies zum Nachweis einer ordnungsgemäßen Herstellung eines Bauprodukts erforderlich ist. [2]Die oberste Bauaufsichtsbehörde kann im Einzelfall die Verwendung eines Bauprodukts ohne Zertifizierung gestatten, wenn nachgewiesen ist, dass das Bauprodukt den maßgebenden technischen Regeln, der allgemeinen bauaufsichtlichen Zulassung, dem allgemeinen bauaufsichtlichen Prüfzeugnis oder der Zustimmung im Einzelfall entspricht.

(4) Bauprodukte, die nicht in Serie hergestellt werden, bedürfen nur einer Übereinstimmungserklärung nach Absatz 1, sofern nichts anderes bestimmt ist.

Übersicht

A. Allgemeines

1 § 22 konkretisiert die Voraussetzungen der Übereinstimmungserklärung durch den Hersteller nach § 21. Hierfür kommen anhand der ersten drei Absätze der Vorschrift drei Varianten in Betracht:

1. Der Hersteller hat **durch eine werkseigene Produktionskontrolle sichergestellt**, dass das von ihm hergestellte Bauprodukt den maßgebenden technischen Baubestimmungen bzw. dem Verwendbarkeitsnachweis nach §§ 18 bis 20 entspricht (**ÜH**).
2. Wenn dies zur Sicherung einer ordnungsgemäßen Herstellung erforderlich ist, kann in den Technischen Baubestimmungen oder den Verwendbarkeitsnachweisen nach §§ 18 bis 20 eine **Prüfung der Übereinstimmung der Bauprodukte durch eine anerkannte Prüfstelle** nach § 24 Satz 1 Nr. 2 vorgeschrieben werden (**ÜHP**).
3. Ähnlich der Nr. 2 kann vorgeschrieben werden, dass vor Abgabe der Übereinstimmungserklärung eine **Zertifizierung** zu erfolgen hat, wenn dies zum Nachweis einer

ordnungsgemäßen Herstellung erforderlich ist **(ÜZ)**. Hiervon kann die oberste Bauaufsichtsbehörde im Einzelfall Ausnahmen gestatten, wenn die Übereinstimmung anderweitig nachgewiesen ist.

Welche konkreten Maßnahmen in den drei genannten Varianten jeweils durchzuführen sind, ergibt sich primär aus den Technischen Baubestimmungen bzw. den Verwendbarkeitsnachweisen nach §§21 bis 23. 2

Um Einzelanfertigungen zu entlasten, genügt gemäß Abs. 2 Satz 2 für Bauprodukte, die **nicht in Serie hergestellt** werden, die Übereinstimmungserklärung des Herstellers auf der Grundlage einer werkseigenen Produktionskontrolle gemäß Abs. 2 Satz 1 Nr. 1, wenn nichts anderes angeordnet ist. 3

B. Übereinstimmungserklärung aufgrund werkseigener Produktionskontrolle (Abs. 1)

Die werkseigene Produktionskontrolle hat der Hersteller **in allen drei Varianten durchzuführen**. 4

Der **Begriff** der werkseigenen Produktionskontrolle wird von den Landesbauordnungen nicht näher bestimmt. Zur Annäherung kann allerdings auf die Definition von Art. 2 Nr. 25 der Verordnung (EU) Nr. 305/2011 zurückgegriffen werden. Hiernach ist die werkseigene Produktionskontrolle die dokumentierte, ständige und interne Kontrolle der Produktion in einem Werk im Einklang mit den einschlägigen (harmonisierten) technischen Spezifikationen. 5

Nach Abschnitt C 1 der Muster-Verwaltungsvorschrift Technische Baubestimmungen (MVV TB) ist die werkseigene Produktionskontrolle die vom Hersteller vorzunehmende kontinuierliche Überwachung der Produktion, die sicherstellen soll, dass die von ihm hergestellten Bauprodukte den maßgebenden technischen Regeln entsprechen. Sie erfolgt hiernach gemäß **DIN 18200:2000-05, Abschnitt 3**. Im Übrigen sind für die werkseigene Produktionskontrolle die in den technischen Regeln enthaltenen Bestimmungen maßgebend. Dabei gelten Bestimmungen für die Eigenüberwachung als Bestimmungen für die werkseigene Produktionskontrolle. 6

Für Bauprodukte, die nicht in **Nicht-Serienfertigung** von Betrieben hergestellt werden, deren Betreiber in die Handwerksrolle eingetragen sind, gelten nach Abschnitt C 1 der MVV TB die Anforderungen an die werkseigene Produktionskontrolle im Sinne von DIN 18200:2000-05, Abschnitt 3, bei **Einhaltung der handwerklichen Regeln** als erfüllt. 7

C. Übereinstimmungserklärung nach Beteiligung einer Prüfstelle (Abs. 2)

In der Variante 2 prüft die anerkannte Prüfstelle gemäß § 24 Nr. 2 lediglich das Produkt, überwacht aber nicht die werkseigene Produktionskontrolle, die in der Verantwortung des Herstellers gleichwohl durchgeführt werden muss. Es handelt sich, wie sich im Umkehrschluss aus Abs. 23 Abs. 2 Satz 2 ergibt, um eine **Erstprüfung**, nicht um eine wiederkehrende Überprüfung des Bauprodukts. Das Prüfprogramm ergibt sich aus den Technischen Baubestimmungen bzw. dem Verwendbarkeitsnachweis. 8

Die Prüfung darf nur angeordnet werden, wenn dies **zur Sicherung einer ordnungsgemäßen Herstellung erforderlich** ist. Die Anordnung ist damit nicht voraussetzungslos, doch liegt die Schwelle niedriger als bei Variante 3. 9

Die anerkannten Prüfstellen gemäß § 24 Nr. 2 werden nach herrschender Auffassung auf **zivilvertraglicher Grundlage** tätig. 10

D. Übereinstimmungserklärung nach Zertifizierung (Abs. 3)

11 In der dritten Variante können die Technischen Baubestimmungen oder der Verwendbarkeitsnachweis eine **Zertifizierung nach § 23** vorsehen. Voraussetzung ist, dass die Zertifizierung zum Nachweis (und damit nicht bloß zur Sicherung wie in Variante 2) einer ordnungsgemäßen Herstellung erforderlich ist.

Siehe die Kommentierung bei § 23.

12 Die **oberste Bauaufsichtsbehörde** kann **im Einzelfall** die Verwendung eines Bauprodukts **ohne Zertifizierung gestatten**, wenn nachgewiesen ist, dass das Bauprodukt den maßgebenden technischen Baubestimmungen oder dem Verwendbarkeitsnachweis entspricht. Die Entscheidung ist nach Ziff. 4.5 des Gebührenverzeichnisses zur Baugebührenordnung (BauGO) gebührenpflichtig.

§ 23 Zertifizierung

(1) Dem Hersteller ist ein Übereinstimmungszertifikat von einer Zertifizierungsstelle nach § 24 Satz 1 Nr. 3 zu erteilen, wenn das Bauprodukt

1. **den Technischen Baubestimmungen nach § 83 Abs. 2, der allgemeinen bauaufsichtlichen Zulassung, dem allgemeinen bauaufsichtlichen Prüfzeugnis oder der Zustimmung im Einzelfall entspricht und**
2. **einer werkseigenen Produktionskontrolle sowie einer Fremdüberwachung nach Maßgabe des Absatzes 2 unterliegt.**

(2) [1]Die Fremdüberwachung ist von Überwachungsstellen nach § 24 Satz 1 Nr. 4 durchzuführen. [2]Im Rahmen der Fremdüberwachung ist regelmäßig zu überprüfen, ob das Bauprodukt den Technischen Baubestimmungen nach § 83 Abs. 2, der allgemeinen bauaufsichtlichen Zulassung, dem allgemeinen bauaufsichtlichen Prüfzeugnis oder der Zustimmung im Einzelfall entspricht.

A. Allgemeines

1 Ist gemäß § 22 Abs. 3 durch eine Technische Baubestimmung (§ 83) oder einen Verwendbarkeitsnachweis (§§ 18 bis 20) angeordnet, dass der Hersteller die Übereinstimmungserklärung nur auf der Grundlage einer Zertifizierung abgeben darf, so folgt diese Zertifizierung den Vorgaben von §23. § 23 entspricht hierbei weitestgehend dem bisherigen § 24 NBauO a.F.

2 Wie bereits unter § 21 dargestellt, erfolgt die **Bestätigung der Übereinstimmung durch Erklärung des Herstellers** mittels Anbringung des Ü-Zeichens. Die **Zertifizierung** nach § 22 Abs. 3 i.V.m. § 23 ist – soweit angeordnet – **lediglich eine Voraussetzung** dieser Erklärung, ersetzt diese aber nicht. Zur Klarstellung heißt die Überschrift der Vorschrift nunmehr nicht mehr Übereinstimmungszertifikat, sondern Zertifizierung (LT-Drucks. 18/1136, S. 36).

B. Zertifizierung

3 Nach Abs. 1 hat eine **anerkannte Zertifizierungsstelle**, die nach § 24 Satz 1 Nr. 3 anerkannt ist, ein **Übereinstimmungszertifikat** zu erteilen, **wenn ein Bauprodukt den Vorgaben** der einschlägigen Technischen Baubestimmungen oder des Verwendbarkeitsnachweises nach §§ 18 bis 20 **entspricht und** die Produktion einer **werkseigenen Produktionskontrolle sowie** einer **Fremdüberwachung** unterliegt. Die Voraussetzungen sind damit entsprechend der Systematik von Abs. 1 sowohl produktbezogen (Nr. 1) als

auch produktionsbezogen (Nr. 2). Da aber auch im Rahmen der Fremdüberwachung die Übereinstimmung des Produkts zu prüfen ist, kann hier eine scharfe Trennung nicht erfolgen. Sind die Voraussetzungen erfüllt, hat der Hersteller einen **Anspruch auf Erteilung** des Zertifikats.

Die **Fremdüberwachung** ist gemäß Abs. 2 von einer **anerkannten Überwachungsstelle** nach § 24 Satz 1 Nr. 4 durchzuführen und hat regelmäßig zu überprüfen, ob das Bauprodukt den geltenden Anforderungen entspricht. Sie erfolgt gemäß Abschnitt C 1 der MVV TB nach **DIN 18200:2000-05, Abschnitte 4.1 und 4.3**. Im Übrigen sind die für die Fremdüberwachung in den technischen Regeln enthaltenen Bestimmungen maßgebend. 4

Nach herrschender Auffassung werden die Zertifizierungs- und Überwachungsstellen auf **zivilvertraglicher Grundlage** tätig (vgl. Winkelmüller/van Schewick/Müller, Praxishandbuch Bauproduktrecht, 2015, Rn. 630 m.w.N.). 5

§ 24 Prüf-, Zertifizierungs- und Überwachungsstellen

[1]Die oberste Bauaufsichtsbehörde kann eine natürliche oder juristische Person oder eine Stelle als
1. **Prüfstelle für die Erteilung allgemeiner bauaufsichtlicher Prüfzeugnisse (§ 19 Abs. 2),**
2. **Prüfstelle für die Überprüfung von Bauprodukten vor Abgabe der Übereinstimmungserklärung (§ 22 Abs. 2),**
3. **Zertifizierungsstelle (§ 23 Abs. 1),**
4. **Überwachungsstelle für die Fremdüberwachung (§ 23 Abs. 2),**
5. **Überwachungsstelle für die Überwachung nach § 16a Abs. 7 und § 25 Abs. 2 oder**
6. **Prüfstelle für die Überprüfung nach § 16a Abs. 6 und § 25 Abs. 1**

anerkennen, wenn sie oder die bei ihr Beschäftigten nach ihrer Ausbildung, Fachkenntnis, persönlichen Zuverlässigkeit, ihrer Unparteilichkeit und ihren fachlichen Leistungen die Gewähr dafür bieten, dass die Aufgaben den öffentlich-rechtlichen Vorschriften entsprechend wahrgenommen werden, und wenn sie über die erforderlichen Vorrichtungen verfügen. [2]Satz 1 ist entsprechend auf Behörden anzuwenden, wenn sie ausreichend mit geeigneten Fachkräften besetzt und mit den erforderlichen Vorrichtungen ausgestattet sind. [3]Die Anerkennung von Prüf-, Zertifizierungs- und Überwachungsstellen anderer Länder gilt auch in Niedersachsen.

A. Allgemeines

Gemäß Satz 1 der Vorschrift kann die oberste Bauaufsichtsbehörde als Prüf-, Zertifizierung-, oder Überwachungsstelle (zusammen sog. **PÜZ-Stellen**) nach den Nrn. 1 bis 6 anerkennen. 1

Anerkannt werden können zunächst **natürliche oder juristische Personen**. Anders als die Musterbauordnung der Bauministerkonferenz sieht die NBauO zusätzlich die Anerkennung von **„Stellen“**, wohl verstanden als Organisationseinheiten (Abteilungen, Institute) ohne eigene Rechtspersönlichkeit innerhalb einer juristischen Person, vor. 2

Voraussetzung der Anerkennung ist, dass die Personen oder Stellen selbst oder die bei ihr Beschäftigten nach ihrer Ausbildung, Fachkenntnis, persönlichen Zuverlässigkeit, ihrer Unparteilichkeit und ihren Leistungen die Gewähr dafür bieten, dass die jeweiligen Aufgaben entsprechend den öffentlich-rechtlichen Vorschriften wahrgenommen werden sowie gegebenenfalls die erforderlichen Vorrichtungen vorhanden sind. Behörden können gemäß Satz 2 ebenfalls als PÜZ-Stellen anerkannt werden, wenn sie entsprechend 3

Satz 1 ausreichend mit geeigneten Fachkräften besetzt und mit den erforderlichen Vorrichtungen ausgestattet sind. Die Voraussetzungen werden durch § 1 PÜZAVO näher konkretisiert (siehe unten).

4 Die Befugnis, die Tätigkeit als PÜZ-Stelle auszuüben, wird durch die **„Anerkennung"** erworben. Das gilt auch, wenn nach S. 2 eine Behörde Aufgaben nach S. 1 wahrnehmen soll. Soweit private Stellen als sog. Beliehene hoheitlich tätig werden (Nr. 1), ist die Anerkennung der Beleihungsakt.

5 Gemäß Satz 3 gilt die Anerkennung von **PÜZ-Stellen anderer Bundesländer** auch in Niedersachsen. Eine **Liste** der PÜZ-Stellen stellt das Deutsche Institut für Bautechnik (DIBt) auf seiner Homepage bereit.

6 Die PÜZ-Stellen nach den Landesbauordnungen sind **nicht zu verwechseln mit dem notifizierten Stellen** nach der (Bauprodukten-)Verordnung (EU) Nr. 305/2011 (siehe hierzu die Kommentierung zu § 16c).

B. Anerkennung und Pflichten

7 **Zuständig** für die Anerkennung ist nach Satz 1 die **oberste Bauaufsichtsbehörde**. Von der Möglichkeit, ihre Entscheidungsbefugnis gemäß § 58 Abs. 5 Satz 2 Nr. 1 NBauO i.V.m. Art. 2 Abs. 5 Nr. 2 des DIBt-Abkommens auf das DIBt zu übertragen, wurde bisher kein Gebrauch gemacht. Die Vorbereitung der Entscheidung obliegt gleichwohl nach Art. 2 Abs. 3 Nr. 2 des DIBt-Abkommens dem DIBt.

8 Nach Satz 1 liegt die Entscheidung im pflichtgemäßen Ermessen der Behörde. Bei der Entscheidung werden ggf. grundrechtliche Erwägungen, insbesondere die Berufsfreiheit aus Art. 12 Abs. 1 GG (vgl. BVerfGE 86, 28), sowie Fragen der europäischen Dienstleistungsfreiheit zu berücksichtigen sein.

9 Nähere Regelungen enthält die gemäß § 82 Abs. 2 Nr. 6 erlassene Verordnung über die Anerkennung als Prüf-, Überwachungs- oder Zertifizierungsstelle nach Bauordnungsrecht (PÜZ-Anerkennungsverordnung – **PÜZAVO**).

10 So konkretisiert § 1 PÜZAVO zunächst die **Anerkennungsvoraussetzungen**. Erforderlich ist gemäß dessen Abs. 1 Satz 1 eine ausreichende Zahl von Personen mit der für die Erfüllung ihrer Aufgaben erforderlichen Ausbildung und beruflichen Erfahrung beschäftigt wird und eine Person die Leitung oder die stellvertretende Leitung hauptberuflich wahrnimmt (**hauptberuflich leitende Person**). Die hauptberuflich leitende Person muss nach Satz 2 der Vorschrift über einen Abschluss in einem für den jeweiligen Tätigkeitsbereich geeignetes technisches oder naturwissenschaftliches **Studium** an einer Hochschule (vgl. OVG Niedersachsen, Beschluss vom 8.8.2002 – 1 LA 3471/01 –) verfügen sowie in Abhängigkeit von der Art der PÜZ-Stelle bestimmte **Vorerfahrungen** mitbringen. Die Sätze 3 und 4 sehen sodann Vorgaben für die Stellvertretung der hauptberuflich leitenden Person vor. Nach Satz 5 sind die für die Tätigkeit erforderlichen Deutschkenntnisse notwendig. Die weiteren persönlichen, sächlichen und organisatorischen Anforderungen regeln die Absätze 2 und 3 von § 1 PÜZAVO. Gemäß § 1 Abs. 4 PÜZAVO kann die Einrichtung eines Fachausschusses mit beratender Funktion verlangt werden.

11 § 2 PÜZAVO bestimmt in seinem Abs. 1 die erforderlichen **Antragsunterlagen** und in seinen Absätzen 4 bis 6 das weitere **Verfahren** einschließlich einer dreimonatigen **Entscheidungsfrist** nach Vorlage der vollständigen Unterlagen und Angaben sowie dem Abschluss der Überprüfungen und Vergleichsuntersuchungen.

12 Gemäß § 2 Abs. 2 PÜZAVO wird die Anerkennung **für einzelne oder mehrere Bauprodukte oder Bauarten** erteilt. Eine Anerkennung zugleich als Prüf-, Überwachungs- und Zertifizierungsstelle ist unter den jeweiligen Voraussetzungen möglich, § 2 Abs. 3 PÜZAVO. **Zweitniederlassungen** von Prüf- und Überwachungsstellen bedürfen der Anerkennung, solche von Zertifizierungsstellen lediglich der Anzeige, § 3 PÜZAVO.

Die allgemeinen und besonderen **Pflichten** der PÜZ-Stellen enthalten die §§4 und 5 PÜZAVO. Das **Erlöschen** und der **Widerruf** der Anerkennung sind in §6 PÜZAVO geregelt. 13

§25 Besondere Sachkunde- und Sorgfaltsanforderungen

(1) [1]Bei Bauprodukten, deren Herstellung in außergewöhnlichem Maß von der Sachkunde und Erfahrung der damit betrauten Personen oder von einer Ausstattung mit besonderen Vorrichtungen abhängt, kann in der allgemeinen bauaufsichtlichen Zulassung, in der Zustimmung im Einzelfall oder durch Verordnung der obersten Bauaufsichtsbehörde vorgeschrieben werden, dass der Hersteller über die erforderlichen Fachkräfte und Vorrichtungen zu verfügen und den Nachweis hierüber gegenüber einer Prüfstelle nach §24 Satz 1 Nr. 6 zu erbringen hat. [2]In der Verordnung können Mindestanforderungen an die Ausbildung, die durch Prüfung nachzuweisende Befähigung und die Ausbildungsstätten einschließlich der Anerkennungsvoraussetzungen gestellt werden.

(2) Für Bauprodukte, die wegen ihrer besonderen Eigenschaften oder ihres besonderen Verwendungszwecks einer außergewöhnlichen Sorgfalt bei Einbau, Transport, Instandhaltung oder Reinigung bedürfen, kann in der allgemeinen bauaufsichtlichen Zulassung, in der Zustimmung im Einzelfall oder durch Verordnung der obersten Bauaufsichtsbehörde die Überwachung dieser Tätigkeiten durch eine Überwachungsstelle nach §24 Satz 1 Nr. 5 vorgeschrieben werden, soweit diese Tätigkeiten nicht bereits durch die Verordnung (EU) Nr. 305/2011 erfasst sind.

A. Sachkunde und Ausstattung (Abs. 1)

Abs. 1 entspricht im Wesentlichen **§16a Abs. 6** (auf die dortige Kommentierung sei daher verwiesen). Die in der Vorgängerregelung §17 Abs. 5 NBauO a.F. enthaltene Beschränkung auf national regulierte Bauprodukte findet sich in Abs. 3 nicht mehr. Hierdurch ist allerdings keine Ausdehnung des Anwendungsbereichs auf harmonisierte Bauprodukte beabsichtigt. Vielmehr ordnet §16c Satz 2 die Unanwendbarkeit für Bauprodukte, die die CE-Kennzeichnung aufgrund der (Bauprodukten-)Verordnung (EU) Nr. 305/11 tragen, an. 1

Die Ausnahme lediglich für Bauprodukte, die die CE-Kennzeichnung aufgrund der (Bauprodukten-)Verordnung (EU) Nr. 305/11 tragen, bleibt indes hinter der bisherigen Regelung auch insoweit zurück, als Bauprodukte, die die CE-Kennzeichnung auf der Grundlage anderer Harmonisierungsrechtsakte tragen (z.B. Maschinen), nicht umfasst sind. Hier sowie bei nicht harmonisierten Bauprodukten aus dem EWR-Ausland dürfen die entsprechenden Regelungen nicht zu einer unzulässigen Einschränkung des freien Warenverkehrs führen (siehe die Kommentierungen zu §16a, Abschnitt A, §16b Abs. 2 und 16c). 2

B. Überwachung (Abs. 2)

Abs. 2 entspricht im Wesentlichen **§16a Abs. 7** (siehe Kommentierung dort). Inhaltlich ist die Vorschrift im Vergleich zur Vorgängerregelung in §17 Abs. 6 NBauO a.F. nahezu unverändert. Erfasst sind nur Bauprodukte, die wegen ihrer besonderen Eigenschaften oder ihres besonderen Verwendungszwecks einer außergewöhnlichen Sorgfalt bei Einbau, Transport, Instandhaltung oder Reinigung bedürfen. Nicht erfasst ist die Herstellung der Produkte selbst. 3

4 Neu hinzugekommen ist der letzte Halbsatz, der Tätigkeiten ausnimmt, soweit diese bereits von der (Bauprodukten-)Verordnung (EU) Nr. 305/2011 erfasst sind. Die Gesetzesbegründung (LT-Drucks. 18/1136, S. 37) verweist insoweit auf Art 14 Abs. 3 der (Bauprodukten-)Verordnung (EU) Nr. 305/2011, wonach Händler, solange sich das Bauprodukt in ihrem Verantwortungsbereich befindet, entsprechende Sorge zu tragen haben. (Siehe ferner zur Frage der Marktbehinderung oben Abschnitt A sowie die Kommentierungen zu § 16a, Abschnitt A, § 16b Abs. 2 und 16 c).

Fünfter Teil
Der Bau und seine Teile

§ 26 Brandverhalten von Baustoffen und Feuerwiderstandsfähigkeit von Bauteilen

(1) [1]Baustoffe werden nach ihrem Brandverhalten unterschieden in nichtbrennbare und brennbare Baustoffe. [2]Brennbare Baustoffe werden unterschieden in schwerentflammbare und normalentflammbare Baustoffe. [3]Baustoffe, die nicht mindestens normalentflammbar sind (leichtentflammbare Baustoffe), dürfen nur verwendet werden, wenn sie durch die Art der Verarbeitung oder des Einbaus ausreichend gegen Entflammen geschützt sind.

(2) [1]Bauteile werden nach ihrer Feuerwiderstandsfähigkeit unterschieden in

1. feuerbeständige Bauteile,

2. hochfeuerhemmende Bauteile und

3. feuerhemmende Bauteile.

[2]Die Feuerwiderstandsfähigkeit bezieht sich bei tragenden und aussteifenden Bauteilen auf deren Standsicherheit im Brandfall, bei raumabschließenden Bauteilen auf deren Widerstand gegen eine Brandausbreitung. [3]Bauteile werden zusätzlich nach dem Brandverhalten der verwendeten Baustoffe unterschieden in

1. Bauteile aus nichtbrennbaren Baustoffen,

2. Bauteile, deren tragende und aussteifende Teile aus nichtbrennbaren Baustoffen bestehen und die, wenn sie raumabschließende Bauteile sind, zusätzlich eine in Bauteilebene durchgehende Schicht aus nichtbrennbaren Baustoffen haben,

3. Bauteile, deren tragende und aussteifende Teile aus brennbaren Baustoffen bestehen und die Dämmstoffe aus nichtbrennbaren Baustoffen und allseitig eine brandschutztechnisch wirksame Bekleidung aus nichtbrennbaren Baustoffen (Brandschutzbekleidung) haben, und

4. Bauteile aus brennbaren Baustoffen.

(3) Soweit in diesem Gesetz oder in Vorschriften aufgrund dieses Gesetzes nichts anderes bestimmt ist, müssen in Bezug auf das Brandverhalten der verwendeten Baustoffe

1. Bauteile, die feuerbeständig sein müssen, mindestens Absatz 2 Satz 3 Nr. 2 und

2. Bauteile, die hochfeuerhemmend sein müssen, mindestens Absatz 2 Satz 3 Nr. 3

entsprechen.

Durch Runderlass des MU vom 21.1.2019, veröffentlicht am 24.1.2019 (Nds. MBl. 2019, S. 169 ff.) wurde die Verwaltungsvorschrift Technische Baubestimmungen (VV TB) bekannt gemacht. Die VV TB ersetzt die „Liste der technischen Baubestimmungen – Fassung Dezember 2015 –“ und alle vom DIBt veröffentlichten Bauregellisten A und B und Listen C. Sie ist am 28.1.2019 in Kraft getreten.

Technische Baubestimmungen (TB)
bzw. Verwaltungsvorschriften (VV) zu § 26 Stand: Januar 2019

Lfd. Nr.	Gegenstand	Datum	Nds. MBl. Seite
1	Bauaufsichtliche Anforderungen, Zuordnung der Klassen, Verwendung von Bauprodukten, Anwendung von Bauarten: 2016-06 (VV TB A.2.2.2 i. V. mit MVV TB, Anhang 4):	August 2017	MVV TB 184
	DIN 4101-1:1998-05 – Brandverhalten von Baustoffen und Bauteilen, Teil 1: Baustoffe – Begriffe, Anforderungen und Prüfungen		
	DIN 4102-2:1977-09 – Brandverhalten von Baustoffen und Bauteilen, Teil 2: Bauteile – Begriffe, Anforderungen und Prüfungen		
	DIN 4102-3:1977-09 – Brandverhalten von Baustoffen und Bauteilen, Teil 3: Brandwände und nichttragende Außenwände – Begriffe, Anforderungen und Prüfungen		
	DIN 4102-4:2016-05 – Brandverhalten von Baustoffen und Bauteilen – Teil 4: Zusammenstellung und Anwendung klassifizierter Baustoffe, Bauteile und Sonderbauteile		
	DIN 4102-5:1977-09 – Brandverhalten von Baustoffen und Bauteilen, Teil 5: Feuerschutzabschlüsse, Abschlüsse in Fahrschachtwänden und gegen feuerwiderstandsfähige Verglasungen – Begriffe, Anforderungen und Prüfungen		
	DIN 4102-7:1998-07 – Brandverhalten von Baustoffen und Bauteilen, Teil 7: Bedachungen – Begriffe, Anforderungen und Prüfungen		
	DIN 4102-9:1990-05 – Brandverhalten von Baustoffen und Bauteilen, Teil 9: Kabelabschottungen – Begriffe, Anforderungen und Prüfungen		
	DIN 4102-11:1885-12 – Brandverhalten von Baustoffen und Bauteilen, Teil 11 – Rohrummantelungen, Rohrabschottungen, Installationsschächte und -kanäle sowie Abschlüsse ihrer Revisionsöffnungen – Begriffe, Anforderungen und Prüfungen		
	DIN 4102-13:1990-05 – Brandverhalten von Baustoffen und Bauteilen, Teil 13: Brandschutzverglasungen – Begriffe, Anforderungen und Prüfungen		
	DIN EN 13501-2:2010-02: Klassifizierung von Bauprodukten zu ihrem Brandverhalten – Teil 2: Klassifizierung mit den Ergebnissen aus den Feuerwiderstandsprüfungen, mit Ausnahme von Lüftungsanlagen; Deutsche Fassung EN 13501-2:2007+A1:2009		
	DIN EN 13501-3:2010-02: Klassifizierung von Bauprodukten zu ihrem Brandverhalten – Teil 3: Klassifizierung mit den Ergebnissen aus den Feuerwiderstandsprüfungen an haustechnischen Anlagen: Feuerwiderstandsfähige Leitungen und Brandschutzklappen; Deutsche Fassung EN 13501-3:2007+A1:2009		
	DIN EN 13501-4: 2010-01: Klassifizierung von Bauprodukten zu ihrem Brandverhalten – Teil 4: Klassifizierung mit den Ergebnissen aus den Feuerwiderstandsprüfungen von Anlagen zur Rauchfreihaltung; Deutsche Fassung EN 13501-4:2007+A1:2009		

Lfd. Nr.	Gegenstand	Datum	Nds. MBl. Seite
	DIN EN 13501-5: 2010-01: Klassifizierung von Bauprodukten zu ihrem Brandverhalten – Teil 5: Klassifizierung mit den Ergebnissen aus Prüfungen mit Bedachungen bei Brandbeanspruchung durch Feuer von außen; Deutsche Fassung EN 13501-5:2007+A1:2009		
2	DIN EN 1991 Einwirkungen auf Tragwerke (VV TB, A 1.2.1.2):	24.01.2019	172
	DIN EN 1991-1-2:2010-12, Eurocode 1, Einwirkungen auf Tragwerke – Teil 1-2: Allgemeine Einwirkungen – Brandeinwirkungen auf Tragwerke, Deutsche Fassung EN 1991-1-2:2002,	2012	1. AB, 193
	Berichtigung 1: 2013-08 -Berichtigung zu DIN EN1991-1-1:2010-12; Deutsche Fassung EN 1991-1-2:2002/ AV:2010	2019	1. AB 17
	DIN EN 1991-1-2:2015-09 – Nationaler Anhang – National festgelegte Parameter – Eurocode 1: Einwirkungen auf Tragwerke – Teil 1–2: Allgemeine Einwirkungen – Brandeinwirkungen auf Tragwerke;	2019	1. AB 19
3	DIN EN 1992 Bemessung und Konstruktion von Stahlbeton- und Spannbetontragwerken (VV TB, A 1.2.3.1):	24.01.2019	173
	DIN EN 1992-1-2:2010-12 – Bemessung und Konstruktion von Stahlbeton- und Spannbetontragwerken, (zus.: VV TB Anlage A 1.2.3/3)	2012	6. AB 59
	DIN EN 1992-1-2/NA:2010-12 – Nationaler Anhang – National festgelegte Parameter – Eurocode 2: Bemessung und Konstruktion von Stahlbeton- und Spannbetontragwerken – Teil 1–2: Allgemeine Regeln – Tragwerksbemessung für den Brandfall	2012	6. AB 165
	DIN EN 1992-1-2/NA/A1:2015-09 – Nationaler Anhang – National festgelegte Parameter – Eurocode 2: Bemessung und Konstruktion von Stahlbeton- und Spannbetontragwerken – Teil 1–2: Allgemeine Regeln – Tragwerksbemessung für den Brandfall; Änderung	2019	1. AB 189
4	DIN EN 1993 Bemessung und Konstruktion von Stahlbauten (VV TB, A 1.2.4.1)	24.01.2019	174
	DIN EN 1993-1-2/NA:2010-12 – Bemessung und Konstruktion von Stahlbauten – Teil 1–2: Allgemeine Regeln – Tragwerksbemessung für den Brandfall (zus.: VV TB Anlage A 1.2.3/3)	2012	8. AB 121
	DIN EN 1993-1-2/NA:2010-12 – Nationaler Anhang – National festgelegte Parameter, – Eurocode 3: Bemessung und Konstruktion von Stahlbauten – Teil 1–2: Allgemeine Regeln – Tragwerksbemessung für den Brandfall (zus.: VV TB Anlage A 1.2.3/3)	2012	8. AB 365
5	DIN EN 1994 Bemessung und Konstruktion von Verbundtragwerken aus Stahl und Beton (VV TB, A 1.2.4.2)	24.01.2019	174
	DIN EN 1994-1: 2010-12 – Eurocode 4: Bemessung und Konstruktion von Verbundtragwerken aus Stahl und Beton – Teil 1–2: Allgemeine Regeln – Tragwerksbemessung für den Brandfall; (zus. VV TB Anlage A 1.2.3/3)	2012	12. AB 1
	DIN EN 1994-1-2/A1:2014-06 – Eurocode 4: Bemessung und Konstruktion von Verbundtragwerken aus Stahl und Beton – Teil 1–2: Allgemeine Regeln – Tragwerksbemessung für den Brandfall; Änderung A1)	2019	2. AB 125

Lfd. Nr.	Gegenstand	Datum	Nds. MBl. Seite
	DIN EN 1994-1-2/NA:2010-12 – Nationaler Anhang – National festgelegte Parameter – Eurocode 4: Bemessung und Konstruktion von Verbundtragwerken aus Stahl und Beton – Teil 1–2: Allgemeine Regeln – Tragwerksbemessung für den Brandfall	2012	12. AB 257
6	DIN EN 1995 Bemessung und Konstruktion im Holzbau (VV TB , A 1.2.5.1)	24.01.2019	175
	DIN EN 1995-1-2: 2010-12 – Eurocode 5 Bemessung und Konstruktion von Holzbauten – Teil 1–2: Allgemeine Regeln – Tragwerksbemessung für den Brandfall (zus. VV TB Anlage A 1.2.3/3)	2012	15. AB 257
	DIN EN 1995-1-2/NA:2010-12 – Nationaler Anhang – National festgelegte Parameter – Eurocode 5 Bemessung und Konstruktion von Holzbauten – Teil 1–2: Allgemeine Regeln – Tragwerksbemessung für den Brandfall	2012	15. AB 337
7	DIN EN 1996 Bemessung und Konstruktion von Mauerwerksbauten (VV TB A 1.2.6.1)	24.01.2019	175
	DIN EN 1996-1-2: 2011-04 Eurocode 6: Bemessung und Konstruktion von Mauerwerksbauten – Teil 1-2: Allgemeine Regeln – Tragwerksbemessung für den Brandfall (zus. VV TB, Anlage 1.2.6/2)	2015	1. AB 217
	DIN EN 1996-1-2/NA:2013-06 – Nationaler Anhang – National festgelegte Parameter – Eurocode 6: Bemessung und Konstruktion von Mauerwerksbauten – Teil 1-2: Allgemeine Regeln – Tragwerksbemessung für den Brandfall	2015	1. AB 303

Übersicht

A. Baustoffe

1 Nach DIN 4102-1:1998-05, Abschnitt 3 werden die Baustoffe nach ihrem Brandverhalten in folgende Klassen eingeteilt:

Klasse A – nichtbrennbare Baustoffe

Klasse B – brennbare Baustoffe.

Während die Unterteilung der Klasse A 1 und A 2 ohne bauaufsichtliche Benennung erfolgt und sich die Einordnung des Baustoffes nur nach dem Prüfergebnis bestimmt, wird die Klasse B untergliedert in:

Klasse B 1 – schwerentflammbare Baustoffe,
Klasse B 2 – normalentflammbare Baustoffe,
Klasse B 3 – leichtentflammbare Baustoffe.

Die in DIN 4102-4:2016-05, Abschnitt 4 genannten Baustoffe sind ohne weiteren Nachweis in die dort angegebenen Baustoffklassen einzureihen.

Zur **Klasse A 1** (nichtbrennbar) gehören danach zB Sand, Kies, Lehm, Ton, in der Natur vorkommende bautechnisch verwertbare Steine, Mineralien, Erden, Lavaschlacke, Naturbims, aus Steinen und Mineralien durch Brenn- und/oder Blähprozesse gewonnene

Baustoffe wie Zement, Kalk, Gips, Blähton usw sowie Mörtel, Beton, Steine und Bauplatten aus mineralischen Bestandteilen, Glas, desgleichen Metalle und Legierungen wie ua Gusseisen, Stahl und Aluminium.

Zur **Klasse A 2** (nichtbrennbar) gehören Gipskartonplatten GK bzw. GKF nach DIN 18 180 mit geschlossener Oberfläche.

Zur **Klasse B 1** (schwerentflammbar) rechnen ua Putze nach DIN 18850-1 und 18850-2, Gussasphaltestrich nach DIN 18 560-1, Kunstharzputze nach DIN 18 558 mit ausschließlich mineralischen Zuschlägen, Rohre und Formstücke aus PVC-U nach DIN 8061 mit Wanddicken ≤ 3,2 mm.

In **Klasse B 2** (normalentflammbar) sind eingeordnet ua Holz und Holzwerkstoff > 2 mm Dicke (Rohdichte ≥ 400 kg/m³) oder > 5 mm Dicke (Rohdichte ≥ 230 kg/m³). Kunstharzmörtel (Dispersions-Klebemörtel) d ≤ 3 mm, Rohre und Formstücke aus PVC-U (d > 3,2 mm) nach DIN 8061, PP nach DIN 8078, PE-HD nach DIN 8075,

Zur **Klasse B 3** (leichtentflammbar) gehören die brennbaren Bauprodukte, die weder in die Klasse B 1 noch in die Klasse B 2 einzuordnen sind wie zB Papier, Pappen, Holz geringerer Dicke und Rohdichte als in B 2, textile Gewebe.

Für die übrigen Bauprodukte muss die Baustoffklasse durch ein Prüfzeugnis auf der Grundlage von Brandversuchen nach DIN 4102-1:1998-05 nachgewiesen werden.

Die Anwendung von Baustoffen mit europäischen Klassifizierungen, die aufgrund der 2
Zuordnung zu nationalen Anforderungen an das Brandverhalten gleichwertig sind, ist entsprechend der jeweiligen Anforderung zulässig. Die Zuordnung der bauaufsichtlichen Benennung zu den nationalen Klassifizierungen nach DIN 4102-1:1998-05 bzw. den europäischen Klassen nach DIN EN 13501-1:2010-01 ist dem gemäß VV TB mitgeltenden Anhang 4 der M-VVTB („Bauaufsichtliche Anforderungen, Zuordnung der Klassen, Verwendung von Bauprodukten, Anwendung von Bauarten") zu entnehmen.

In der nachfolgenden Tabelle sind die Zuordnungen der bauaufsichtlichen Benennungen von Baustoffen den nationalen Baustoffklassen nach DIN 4102-1:1998-05 und den europäischen Klassen nach DIN EN 13501-1:2010-01 gegenübergestellt (vgl. M-VVTB, Anhang 4, Abschnitte 1.2 und 1.3):

Bauaufsichtliche Anforderung gemäß NBauO I. V. mit VVTB, A 2.1.2	**Mindestens geeignete Baustoffklassen nach DIN 4102-1:1998-05 und weitere Angaben**	**Mindestens geeignete Klassen nach DIN EN 13501-1:2010-01**		
		Bauprodukte, ausgenommen lineare Rohrdämmstoffe und Bodenbeläge	**lineare Rohrdämmstoffe**	**Bodenbeläge**
nichtbrennbar[1])	A2	A2 – s1,d0	$A2_{L}$ – s1,d0	$A2_{fl}$ – s1
Schwerentflammbar	B1 und begrenzte Rauchentwicklung(I ≤ 400 % x Min. bei Prüfung nach DIN 4102-15:1990-05)	C-s1,d0	C_{L} – s1,d0	–
Schwerentflammbar und nicht brennend abfallend oder abtropfend	B1 und nicht brennend abfallend oder abtropfend sowie begrenzte Rauchentwicklung(I ≤ 400 % x Min. bei Prüfung nach DIN 4102-15:1990-05)	C-s3,d0	C_{L} – s3,d0	–

Bauaufsichtliche Anforderung gemäß NBauO I. V. mit VVTB, A 2.1.2	Mindestens geeignete Baustoffklassen nach DIN 4102-1:1998-05 und weitere Angaben	Mindestens geeignete Klassen nach DIN EN 13501-1:2010-01		
		Bauprodukte, ausgenommen lineare Rohrdämmstoffe und Bodenbeläge	**lineare Rohrdämmstoffe**	**Bodenbeläge**
Schwerentflammbar und geringe Rauchentwicklung	B1 und geringe Rauchentwicklung (I ≤ 100 % x Min. bei Prüfung nach DIN 4102-15:1990-05)	C – s1,d2	C_L – s1,d2	C_{fl} – s1
Schwerentflammbar und nicht brennend abfallend oder abtropfend sowie geringe Rauchentwicklung	B1 und nicht brennend abfallend oder abtropfend sowie geringe Rauchentwicklung (I ≤ 100 % x Min. bei Prüfung nach DIN 4102-15:1990-05)	C – s3,d2	C_L – s3,d2	C_{fl} – s1
Normalentflammbar nicht brennend abfallend oder abtropfend	B2	E	E_L	–
Normalentflammbar	B2 (auch brennend abfallend oder abtropfend)	E – d2	E_L – d2	E_{fl}
[1]) ggf. zusätzlich Schmelzpunkt > 1000 °C	Angabe: Schmelzpunkt von mindestens 1000 °C nach DIN 4102-17:1990-12	–	–	–

Erläuterung der Abkürzungen:

Nach DIN 4102-1:1998-05: s. Rn. 1

I Restlänge bei der Brandschachtprüfung

Nach DIN EN 13501-1:2010-01:

A2 Bauprodukte, die keinen wesentlichen Beitrag zur Brandlast und zum Brandanstieg liefern.

C Wie D, aber mit strengeren Anforderungen. Zusätzlich zeigen diese Bauprodukte bei der Beanspruchung durch einen einzeln brennenden Gegenstand eine begrenzte seitliche Flammenausbreitung.

D Bauprodukte, die die Anforderungen an E erfüllen und in der Lage sind, für eine längere Zeit dem Angriff durch eine kleine Flamme ohne wesentliche Flammenausbreitung standzuhalten. Zusätzlich sind sie auch in der Lage, einer Beanspruchung durch einen einzeln brennenden Gegenstand mit ausreichend verzögerter und begrenzter Wärmefreisetzung standzuhalten.

E Bauprodukte, die in der Lage sind, für eine kurze Zeit dem Angriff durch eine kleine Flamme ohne wesentliche Flammenausbreitung standzuhalten.

s Smoke (Rauchentwicklung: s1: gering, s2, s3: begrenzt)

d Droplets (brennendes Abtropfen, d0: kein brennendes Abtropfen/Abfallen, d1, d2: brennendes Abtropfen / Abfallen)

$..._{fl}$ Floorings, Brandverhaltensklasse für Bodenbeläge

$..._{L}$ Linear Pipe Thermal Insulations Products, Brandverhaltensklasse für Produkte zur Wärmedämmung von linearen Rohren

3 Die in § 26 Abs. 1 enthaltene Forderung, dass leichtentflammbare Baustoffe nur verwendet werden dürfen, wenn sie durch die Art der Verarbeitung oder des Einbaues ausreichend gegen Entflammen geschützt sind, wird im Allgemeinen erfüllt sein, wenn der Baustoff durch eine geeignete Imprägnierung schwerentflammbar gemacht ist bzw. wenn er durch nichtbrennbare mineralische Baustoffe – auch auf den Schmalseiten – so umkleidet ist, dass ein Entflammen verhindert wird (zB Dämmstoff in Sandwichplatten oder unter schwimmendem Estrich).

Für Elektrische Kabel gilt folgende Zuordnung der bauaufsichtlichen Benennungen zu den Baustoffklassen nach DIN 4102-1:1998-05 und den europäischen Klassen nach DIN EN 13501-1:2010-01: 4

Bauaufsichtliche Anforderung gemäß NBauO I. V. mit VVTB A 2.1.14	**Mindestens geeignete Baustoffklasse nach DIN 4102-1:1998-05 und weitere**	**Mindestens geeignete Klassen nach DIN EN 13501-6:2014-07 und weitere Angaben**
nichtbrennbar	A2	A_{ca}
schwer entflammbar	B1 und begrenzte Rauchentwicklung (I ≤ 400 % x Min. bei Prüfung nach DIN 4102-15:1990-05)	$B1_{ca}$ –s3
schwerentflammbar und mit geringer Rauchentwicklung	B1 und geringe Rauchentwicklung (I ≤ 100 % x Min. bei Prüfung nach DIN 4102-15:1990-05)	$B1_{ca}$ -s1
normal entflammbar	B2 (auch brennend abfallend oder abtropfend)	E_{ca}

Erläuterung der Abkürzungen:
... $_{ca}$ cable (Kabel)
ansonsten s. Rn. 2

Für elektrische Kabelanlagen, an die gemäß LAR (s. VVTB, A 2.2.8) Anforderungen an den Funktionserhalt gestellt werden (z. B. bei der Verkabelung von Sicherheitsbeleuchtungsanlagen) gelten folgende Zurordnungen: 5

Funktionserhalt in Minuten konkretisiert durch VVTB, A 2.2.8	**Funktionserhaltsklasse nach DIN 4102-12:1998-11**
≥ 30	E 30
≥ 60	E 60
≥ 90	E 90

B. Bauteile

Bauteile, dh aus mehreren Baustoffen zusammengefügte Teile, im Sinne der Norm sind Wände, Decken, Stützen, Unterzüge, Treppen usw. Das Brandverhalten von Bauteilen wird durch die Feuerwiderstandsklasse gekennzeichnet. Klassifizierungskriterien sind dabei die Tragfähigkeit, der Raumabschluss (dh die Fähigkeit keine Flammen und Heissgase durchtreten zu lassen), die Wärmedämmung unter Brandeinwirkung (begrenzter Temperaturdurchtritt), Begrenzung der durchtretenden Wärmestrahlung und bei Wänden zusätzlich der Widerstand gegen eine mechanische Beanspruchung. Die Feuerwiderstandsklasse eines Bauteils bezeichnet die Mindestdauer in Minuten, während der ein Bauteil bei einer Prüfung mit definiertem einwirkenden Temperatur-Zeitverlauf (Einheitstemperaturzeitkurve, vgl. DIN 4102-2:1977-09 Abschn. 6.2.4) eines oder mehrere der og Kriterien erfüllt. Dabei dürfen zB tragende Bauteile während der Prüfdauer unter ihrer rechnerisch zulässigen Gebrauchslast und nichttragende Bauteile unter ihrer Eigenlast nicht zusammenbrechen. 6

Die NBauO und die sie ergänzenden VOen definieren nicht selbst die dort bezüglich der Brandschutzeigenschaften von Baustoffen und Bauteilen verwendeten Begriffe. Die bauaufsichtlichen Anforderungen an Bauteile zur Gewährung einer bestimmten Feuer- 7 widerstandsfähigkeit werden durch die Bezeichnungen „feuerhemmend“, „hochfeuerhemmend“ und „feuerbeständig“ i. V. mit zusätzlichen Anforderungen an die Baustoffe ausgedrückt. Zur Konkretisierung der brandschutztechnischen Begriffe sind die Klassifizierungen der DIN 4102-2:1977-09 sowie der DIN EN 13501-2:2010-02 alternativ anwendbar.

8 Die Verbindung der in der Norm DIN 4102-2:1977-09 / -3:1977-09 angegebenen Benennungen mit den bauaufsichtlichen Begriffen der NBauO und ihrer VOen wird in der VV TB A 2.1.3ff i. V. mit der M-VVTB, Anhang 4, für tragende Bauteile, Innenwände, Außenwände, selbstständige Unterdecken, Dächer, Treppen, Doppelböden und Brandwände wie folgt hergestellt:

Bauaufsichtliche Anforderungen	**Klassen nach DIN 4102-2:1977-09**	**Kurzbezeichnung nach DIN 4102-2:1977-09**
feuerhemmend	Feuerwiderstandsklasse F 30	F 30 – B[1]
feuerhemmend und aus nichtbrennbaren* Baustoffen	Feuerwiderstandsklasse F 30 und aus nichtbrennbaren Baustoffen	F 30 – A[1]
hochfeuerhemmend und in den wesentlichen Teilen aus nichtbrennbaren Baustoffen**	Feuerwiderstandsklasse F 60 und in den wesentlichen Teilen aus nichtbrennbaren Baustoffen	F 60 – AB[2,3]
hochfeuerhemmend (tragende Teile brennbar, Dammstoffe nichtbrennbar* mit brandschutztechnisch wirksamer Bekleidung)	–	–
hochfeuerhemmend und aus nichtbrennbaren* Baustoffen	Feuerwiderstandsklasse F 60 und aus nichtbrennbaren Baustoffen	F 60 – A[2,3]
feuerbeständig (tragende und aussteifende Teile nichtbrennbar*)	Feuerwiderstandsklasse F 90 und in den wesentlichen Teilen aus nichtbrennbaren Baustoffen	F 90 – AB [4,5]
feuerbeständig und aus nichtbrennbaren* Baustoffen	Feuerwiderstandsklasse F 90 und aus nichtbrennbaren Baustoffen	F 90 – A [4,5]
Brandwand (feuerbeständig und aus nichtbrennbaren* Baustoffen)	Brandwand	–
Wand anstelle einer Brandwand (hochfeuerhemmend und aus nichtbrennbaren* Baustoffen auch unter zusätzlicher mechanischer Beanspruchung standsicher)	hochfeuerhemmende Wand anstelle einer Brandwand und aus nichtbrennbaren Baustoffen auch unter zusätzlicher mechanischer Beanspruchung standsicher (Wand anstelle einer Brandwand)	–
Gebäudeabschlusswände, die jeweils von innen nach außen die Feuerwiderstandsfähigkeit der tragenden und aussteifenden Teile des Gebäudes, mindestens jedoch feuerhemmende Bauteile, und von außen nach innen die Feuerwiderstandsfähigkeit feuerbeständiger Bauteile haben	Gebäudeabschlusswände, die jeweils von innen nach außen die Feuerwiderstandsfähigkeit der tragenden und aussteifenden Teile des Gebäudes, mindestens jedoch feuerhemmende Bauteile, und von außen nach innen die Feuerwiderstandsfähigkeit feuerbeständiger-Bauteile haben	F 30 – B (von innen) und F90 – B (von außen)

1 Bei nichttragenden Außenwänden auch W 30 zulässig.
2 Der Nachweis und die Zuordnung erfolgen nach Tabelle 4.3.1 der M-VVTB, Anhang 4
3 Bei nichttragenden Außenwänden auch W 60 zulässig.
4 Bei nichttragenden Außenwänden auch W 90 zulässig.
5 Tragende Bauteile müssen nach DIN 4102-2:1977-09, Abschnitt 6.2.2.6, unter entsprechender Last geprüft sein.
* Hinsichtlich der Anforderungen gilt Tabelle 1.2.1 der M-VVTB, Anhang 4 (s. Tabelle in RN2, 2. Spalte).
** In Bauteilebene durchgehende Schicht aus nichtbrennbaren Baustoffen.

Daneben verwendet die DIN 4102 für bestimmte Sonderbauteile spezielle Bezeichnungen der Feuerwider-standsklassen wie zB:

W 30-180 für nichttragende Außenwandelemente, Ausfachungen, Brüstungen und Schürzen (DIN 4102-3:1977-09),

T 30-180 für Feuerschutzabschlüsse wie selbstschließende Türen, Klappen, Rollladen, Tore usw (DIN 4102-5:1977-05),

L 30-120 für Lüftungsleitungen (DIN 4102-6:1977-09 u. DIN V 4102-12:2002-08),

K 30-90 für Brandschutzklappen (DIN 4102-6:1977-09),

G 30-120 für Verglasungen (DIN 4102-5:1977-05),

F 30-120 für Verglasungen (DIN 4102-13:1190.05),

S 30-180 für Kabelabschottungen (DIN 4102-9:1990-05),

R 30-120 für Rohrummantelungen und Abschottungen (DIN 4102-11:1985-12),

I 30-120 für Installationsschächte und Kanäle und ihre Abschlüsse (DIN 4102-11:1985-12),

Die Zuordnung zu den bauaufsichtlichen Anforderungen ist entsprechend der Bezeichnungen bei tragenden/raumabschließenden Bauteilen:

W 30, T 30, L 30, K 30, F 30, G 30, S 30, R 30 und 130 feuerhemmend,

W 60, T 60, L 60, K 60, F 60, G 60, S 60, R 60 und 160 hochfeuerhemmend,

W 90, T 90, L 90, K 90, F 90, G 90, S 90, R 90 und 190 feuerbeständig.

Die nach DIN EN 13501–2:2010-02 klassifizierten Eigenschaften zum Feuerwiderstandsverhalten entsprechen folgenden Anforderungen in der NBauO und zugeordneten Vorschriften (vgl. M-VVTB, Anhang 4, Tabellen 4.3.1 – 4.3.3): **9**

Bauaufsichtliche Anforderungen zur Feuerwiderstandsfähigkeit einschließlich Brandverhalten; Angaben zu (erforderlichen) Leistungen von Bauprodukten und Bausätzen nach harmonisierten technischen Spezifikationen, Klassifizierung nach DIN EN 13501-2:2010-02, Erläuterung der Kurzzeichen s. übernächste Seite

Bauaufsichtliche Anforderung	Tragende Bauteile			Nichttragende Innenwände		Nichttragende Außenwände	
	ohne Raum-abschluss[1]	mit Raum-abschluss	Brandverhalten, mind. geeignete Klassen nach DIN EN 13501-2: 2010-02	mit Raum-abschluss	Brandverhalten, mind. geeignete Klassen nach DIN EN 13501-2: 2010-02	mit Raum-abschluss	Brandverhalten, mind. geeignete Klassen nach DIN EN 13501-2: 2010-02
Feuerhemmend	R 30	REI 30	E – d2	EI 30	E – d2	E 30 (i→o) und EI 30-ef (i←o)	E – d2
feuerhemmend und aus nichtbrennbaren* Baustoffen	R 30	REI 30	A2 – s1,d0**	EI 30	A2 – s1,d0**	EI 30	A2 – s1,d0**
hochfeuerhemmend (tragende Teile brennbar, Dämmstoffe nichtbrennbar* mit brandschutztechnisch wirksamer Bekleidung)[3]	R 60-K2 60	REI 60-K2 60	tragende und aussteifende Teile E, im Übrigen A2 – s1,d0**	EI 60-K2 60	Dämmstoff und brandschutztechnisch wirksame Bekleidung: A2–s1,d0**, im Übrigen: E	E 60 (i→o) und EI 60-K2 60ef (i←o)	Dämmstoff und brandschutztechnisch wirksame Bekleidung: A2–s1,d0**; im Übrigen: E
hochfeuerhemmend und in den wesentlichen Teilen aus nichtbrennbaren* Baustoffen (bei nichttragenden Wänden : tragende und aussteifende Teile nichtbrennbar*)[2,3]	R 60	REI 60[2]	A2 – s1,d0**	EI 60	Wesentliche Teile: A2 – s1,d0**, im Übrigen: E	E 60 (i→o) und EI 60-ef (i←o)	Wesentliche Teile: A2 – s1,d0**, im Übrigen: E
Wand anstelle einer Brandwand (hochfeuerhemmend und ausnichtbrennbaren* Baustoffen auch unter zusätzlicher mechanischer Beanspruchung standsicher)[3,4]	–	REI 60-M	A2 – s1,d0**	EI 60-M	A2 – s1,d0**	EI 60-M	A2 – s1,d0**
Wand anstelle einer Brandwand (hochfeuerhemmend (tragendeTeile brennbar, Dämmstoffe nichtbrennbar* mit brandschutztechnisch wirksamer Bekleidung) auch unter zusätzlicher mechanische Beanspruchung standsicher)	–	REI 60-M-K2 60	tragende und aussteifende Teile E, im Übrigen A2 – s1,d0**	–	–	–	–

Bauaufsichtliche Anforderung	Tragende Bauteile			Nichttragende Innenwände		Nichttragende Außenwände	
	ohne Raumabschluss[1]	mit Raumabschluss	Brandverhalten, mind. geeignete Klassen nach DIN EN 13501-2: 2010-02	mit Raumabschluss	Brandverhalten, mind. geeignete Klassen nach DIN EN 13501-2: 2010-02	mit Raumabschluss	Brandverhalten, mind. geeignete Klassen nach DIN EN 13501-2: 2010-02
feuerbeständig (tragende und aussteifende Teile nicht brennbar*)[2,3]	R 90	REI 90[2]	A2 – s1,d0**; im Übrigen E	EI 90	A2 – s1,d0**, im Übrigen E	E 90 (i→o) und EI 90-ef (i←o)	A2 – s1,d0**, im Übrigen: E
feuerbeständig und aus nichtbrennbaren* Baustoffen	R 90	REI 90	A2 – s1,d0**	EI 90	A2 – s1,d0**	EI 90	A2 – s1,d0**
Feuerwiderstandsfähigkeit 120 Min. und aus nichtbrennbaren* Baustoffen	R 120	REI 120	A2 – s1,d0**	EI 120	A2 – s1,d0**	EI 120	A2 – s1,d0**
Brandwand***	–	REI 90-M	A2 – s1,d0**	–	–	EI 90-M	A2 – s1,d0**

1 Für die mit reaktiven Brandschutzsystemen beschichteten Stahlbauteile ist die Angabe IncSlow gemäß DIN EN 13501-2:2010-02 in der Leistungserklärung zusätzlich zu nennen.
2 Eine in Bauteilebene durchgehende, nichtbrennbare Schicht: A2 — s1,d0**
3 Bei nichttragenden Wänden gilt: Teile innerhalb des Bauteils zur Gewährleistung der Standsicherheit (Eigengewicht) und Gebrauchstauglichkeit.
4 Bei nichttragenden Innenwänden gilt: Derzeit nur gemäß ETA nach ETAG 003 nachweisbar.
* Hinsichtlich der Anforderungen gilt Tabelle 1.2.1 der M-VVTB, Anhang 4 (s. Tabelle in RN2, Spalte 2)
** Hinsichtlich der Anforderungen gilt Tabelle 1.3.1 der M-VVTB, Anhang 4 (s. Tabelle in RN2, Spalte 3).
*** Die Brandwand muss aus nichtbrennbaren Baustoffen bestehen.

Bauaufsichtliche Anforderung	Feuer- und/oder Rauchschutzabschlüsse nach DIN EN 16034	Feuerschutzabschlüsse im Zuge bahngebundener Förderanlagen	Kabelabschottung	Rohrabschottung[4]	Lüftungsleitungen	Brandschutzklappen nach DIN EN 15650: 2010-09	Installationskanäle[6]
feuerhemmend	…und dichschließend, selbstschließend: EI$_2$ 30-S$_a$C..[1]	…und selbstschließend: EI$_2$ 30-C..[1]	EI 30	EI 30-U/U[2] EI 30-C/U[3]	EI 30 (v$_e$h$_o$ i↔o)S[5]	EI 30 (v$_e$h$_o$ i↔o)-S	…und aus nichtbrennbaren Baustoffen: EI 30(v$_e$h$_o$ i↔o)
hochfeuerhemmend	…und dichtschließend, selbstschließend: EI$_2$ 60-S$_a$C..[1]	…und selbstschließend: EI$_2$ 60-C..[1]	EI 60	EI 60-U/U[2] EI 60-C/U[3]	EI 60 (v$_e$h$_o$ i↔o)S[6]	EI 60 (v$_e$h$_o$ i↔o)-S	…und aus nichtbrennbaren Baustoffen: EI 60(v$_e$h$_o$ i↔o)
feuerbeständig	…und dichtschließend, selbstschließend: EI$_2$ 90-S$_a$C..[1]	…und selbstschließend: EI$_2$ 90-C..[1]	EI 90	EI 90-U/U[3] EI 90-C/U[3]	EI 90 (v$_e$h$_o$ i↔o)S[6]	EI 90 (v$_e$h$_o$ i↔o)-S	…und aus nichtbrennbaren Baustoffen: EI 90(v$_e$h$_o$ i↔o)
Feuerwiderstandsfähigkeit 120 Minuten	–	–	EI 120	EI 120-U/U[2] EI 120-C/U[3]	EI 120 (v$_e$h$_o$ i↔o) S[6]	EI 120 (v$_e$h$_o$ i↔o)-S	EI 120(v$_e$h$_o$ i↔o)
feuerhemmend	…und rauchdicht, selbstschließend: EI$_2$ 30-S$_{200}$C..[1]	–	–	–	–	–	–
hochfeuerhemmend	…und rauchdicht, selbstschließend: EI$_2$ 60-S$_{200}$C..[1]	–	–	–	–	–	–
feuerbeständig	…und rauchdicht, selbstschließend: EI$_2$ 90-S$_{200}$C..[1]	–	–	–	–	–	–
rauchdicht und selbstschließend	S$_{200}$C[1]	–	–	–	–	–	–
dicht- und selbstschließend	S$_a$C[1]	–	–	–	–	–	–

1 Festlegungen zur Prüfzyklenanzahl für die Dauerfunktionsprüfungen: C5 (200.000 Zyklen) für Feuerschutz-/Rauchschutztüren (Drehflügelabschlüsse), C2 (10.000 Zyklen) für sonstige Feuerschutz-/Rauchschutzabschlüsse (z. B. Klappen, Tore)
2 Für die Abschottung von brennbaren Rohren oder Rohren mit einem Schmelzpunkt < 1000 °C; für Trinkwasser-, Heiz-und Kälteleitungen mit Durchmessern ≤ 110 mm ist auch die Klasse EI ...-U/C zulässig.
3 Für die Abschottung von Rohrleitungen aus nichtbrennbaren Rohren mit einem Schmelzpunkt ≥ 1000 °C, Ausführung der Rohrleitung ohne Anschlüsse von brennbaren Rohren.
4 Brandverhalten, mind. geeignete Klassen nach DIN EN 13501-2: 2010-02: E
5 Brandverhalten, mind. geeignete Klassen nach DIN EN 13501-2: 2010-02: gemäß VVTB A 2.2.8, Abschn. 3.2 C-s3, d2, sonst A2 – s1,d0
6 Brandverhalten, mind. geeignete Klassen nach DIN EN 13501-2: 2010-02: A2 – s1,d0

Erläuterungen der Klassifizierungskriterien und der zusätzlichen Angaben zur Klassifizierung

Herleitung des Kurzzeichens	**Kriterium**	**Anwendungsbereich**
R (Résistance)	Tragfähigkeit	zur Beschreibung der Feuerwiderstandsfähigkeit
E (Étanchéité)	Raumabschluss	
I (Isolation)	Wärmedämmung (unter Brandeinwirkung)	
W (Radiation)	Begrenzung des Strahlungsdurchtritts	
M (Mechanical)	Mechanische Einwirkung auf Wände (Stoßbeanspruchung)	
S_a (Smoke)	Begrenzung der Rauchdurchlässigkeit (Dichtheit, Leckrate), erfüllt die Anforderungen bei Umgebungstemperatur	Dichtschließende Abschlüsse
S_a (Smoke$_{\text{max. leakage rate}}$)	Begrenzung der Rauchdurchlässigkeit (Dichtheit, Leckrate), erfüllt die Anforderungen sowohl bei Umgebungstemperatur als auch bei 200 C	Rauchschutztüren (als Zusatzanforderung auch bei Feuerschutzabschlüssen)
S (Smoke)	Rauchdichtheit (Begrenzung der Rauchdurchlässigkeit)	Entrauchungsleitungen, Entrauchungsklappen, Lüftungsleitungen, Brandschutzklappen
C… (Closing)	Selbstschließende Eigenschaft (ggf. mit Anzahl der Lastspiele) einschl. Dauerfunktion	Rauchschutztüren, Feuerschutzabschlüsse (einschließlich Abschlüsse für Förderanlagen)
C_{xx}	Dauerhaftigkeit der Betriebssicherheit (Anzahl der Öffnungs- und Schließzyk-len)	Entrauchungsklappen
P	Aufrechterhaltung der Energieversorgung und/oder Signalübermittlung	Elektrische Kabelanlagen allgemein
K_1, K_2	Brandschutzvermögen	Wand- und Deckenbekleidungen (Brandschutzbekleidungen)
I_1, I_2	unterschiedliche Wärmedämmungskriterien	Feuerschutzabschlüsse (einschließlich Abschlüsse für Förderanlagen)
i→o i←o i↔o (in – out)	Richtung der klassifizierten Feuerwiderstandsdauer	Nichttragende Außenwände, Installationsschächte/-kanäle, Lüftungsanlagen/Brandschutzklappen; Entrauchungsklappen
a↔b (above – below)	Richtung der klassifizierten Feuerwiderstandsdauer	Unterdecken
v_e, h_o (vertical, horizontal)	für vertikalen/horizontalen Einbau klassifiziert	Lüftungsleitungen/Brandschutzklappen
U/U (uncapped/ uncapped)	Rohrende offen innerhalb des Prüfofens/ Rohrende offen außerhalb des Prüfofens	Rohrabschottungen
C/U (capped/ uncapped)	Rohrende geschlossen innerhalb des Prüfofens/ Rohrende offen außerhalb des Prüfofens	Rohrabschottungen
U/C	Rohrende offen innerhalb des Prüfofens/ Rohrende geschlossen außerhalb des Prüfofens	Rohrabschottungen

10 Die jeweiligen Anforderungen an die Feuerwiderstandsfähigkeit von Bauteilen ergeben sich aus §§ 27–36 NBauO iVm §§ 5–19 DVO-NBauO. Zusätzlich werden Bauteile nach dem Brandverhalten ihrer Baustoffe unterschieden, vgl. § 26 Abs. 2 NBauO:

1. Bauteile aus nichtbrennbaren Baustoffen,
2. Bauteile, deren tragende und aussteifende Teile aus nichtbrennbaren Baustoffen bestehen und die bei raumabschließenden Bauteilen zusätzlich eine in Bauteilebene durchgehende Schicht aus nichtbrennbaren Baustoffen haben; diese Anforderung gilt für Bauteile, die nach NBauO/DVO-NBauO feuerbeständig sein müssen,
3. Bauteile, deren tragende und aussteifende Teile aus brennbaren Baustoffen bestehen und die Dämmstoffe aus nichtbrennbaren Baustoffen und allseitig eine brandschutztechnisch wirksame Bekleidung aus nichtbrennbaren Baustoffen haben (Brandschutzbekleidung); diese Anforderung gilt für Bauteile, die nach NBauO/DVO-NBauO hochfeuerhemmend sein müssen,
4. Bauteile aus brennbaren Baustoffen.

Das Brandverhalten der wesentlichen Baustoffe der Bauteile wird im Rahmen der Klassifizierung der Feuerwiderstandsfähigkeit nach DIN 4102-2 berücksichtigt und nach DIN 4102-1 oder DIN EN 13501-1 bestimmt. Die europäische Klassifizierung der Feuerwiderstandsfähigkeit von Bauteilen berücksichtigt dagegen das Brandverhalten der Baustoffe nicht und wird deshalb nach DIN EN 13501-1 zusätzlich bestimmt.

Die Feuerwiderstandsfähigkeit von hochfeuerhemmenden Bauteilen (§ 26 Abs. 2 Nr. 3) iVm den zusätzlichen Anforderungen an die Brandschutzbekleidung kann jedoch nicht nach DIN 4102-2 nachgewiesen werden, die Einstufung kann daher nur nach DIN 13501–2 erfolgen, → Rn. 8.

11 Eine Zusammenstellung klassifizierter Baustoffe und Bauteile fand sich bis 2016 in der DIN 4102-4:1993-04. Danach konnten im Zusammenhang mit den Standsicherheitsnachweisen die Feuerwiderstandsklassen tragender Bauteile nachgewiesen werden. Außerdem enthielt die Norm Angaben zur Klassifizierung nichttragender Bauteile in Feuerwiderstandsklassen, zur Zuordnung von Baustoffen zu Baustoffklassen und von Dachaufbauten bzgl. der Anforderung als „harte" Bedachung (widerstandsfähig gegen Flugfeuer und strahlende Wärme, s. Rn. zu § 32). Durch die Umstellung auf das System der Eurocodes, die baustoffbezogen aufgestellt sind, ist die Feuerwiderstandsfähigkeit tragender Bauteile nun durch die Tragwerksbemessung im Brandfall nach den Teilen 1-2 der Eurocodes unter Berücksichtigung der nationalen Anhänge 1-2 NA nachzuweisen. Dieses System wird ergänzt durch die „Restnorm" DIN 4102-4:2016-05. Diese enthält Konstruktionen, die in den Eurocodes nicht enthalten sind.

12 Im Unterschied zur alten DIN 4102-4:1993-04 sind in den Eurocodes rechnerische Nachweisverfahren zur Ermittlung der Feuerwiderstandsfähigkeit tragender Bauteile angegeben. Daneben finden sich darin weiterhin Bemessungstabellen, die nun jedoch auf die baustoffbezogen aufgestellten Eurocodes verteilt sind. In den nationalen Anhängen werden ergänzende Details beschrieben. Eine Ausnahme bildet der Eurocode DIN EN 1996-1-2: 2011-04 (Mauerwerksbauten), hier wurden die Bemessungstabellen für die Feuerwiderstandsklassen von tragenden und nichttragenden Wänden komplett in den nationalen Anhang DIN EN 1996-1-2/NA:2013-06 übernommen.

13 Nach alter DIN 4102-4:1993-04 beruhten die Einstufungen in Feuerwiderstandsklassen ausschließlich auf der Einwirkung der genormten Einheitstemperaturzeitkurve (ETK) nach DIN 4102-2:1997-09 bzw. der abgeminderten ETK nach DIN 4102-3:1997-09 (für Brüstungen und Schürzen). Im Rahmen der Eurocodes besteht nun auch die Möglichkeit, die Tragwerksbemessung für den Lastfall Brand auf der Grundlage von Naturbrandeinwirkungen zu führen. Dies erfordert eine begründete, nutzungsbasierte, d. h. auf den vorhandenen Brandlasten und deren Abbrandverhalten gestützte Herleitung des Brandverlaufs. Die VV TB enthält in ihrer Anlage A 1.2.1/3 umfangreiche Hinweise, die bei dieser Vorgehensweise zu beachten sind. Grundsätzlich gilt (Zitat): *„Das Ergebnis der Bemessung des Feuerwiderstands (Brandeinwirkung und Nachweis) tragender oder*

aussteifender Bauteile auf der Grundlage von Naturbrandmodellen (Abschnitt 3.3 DIN EN 1991-1-2:2010-12) bedarf der Zulassung einer Abweichung nach § 66 Abs. 1 NBauO; es kann auch im Rahmen von § 51 NBauO zugelassen werden.“ Die VV TB fordert zudem, dass für den Nachweis des Brandschutzes nach § 11 BauVorlVO in den Bauvorlagen darzustellen ist, wie die mit Naturbrandmodellen bemessenen Bauteile des Tragwerks mit den erforderlichen raumabschließenden Bauteilen (wie zB Brandwände) zu einem geeigneten Brandschutzkonzept zusammen-geführt werden soll. Aufgrund der festgelegten Brandbelastung besteht zudem eine Nutzungsbeschränkung, spätere Veränderungen machen uU neue Nachweise erforderlich. Die Einhaltung der Nutzungsbeschränkung ist zu überprüfen (laufend durch Brandschutzbeauftragte, innerhalb eines Jahres nach Nutzungsaufnahme und wiederkehrend in Abständen von drei bis fünf Jahren durch Brandschutzsachverständige, vgl. VV TB, Anlage A 1.2.1/3, Pkte. 3 und 5).

Die unterschiedlichen Brandschutzanforderungen an Bauteile und deren Funktion in Abhängigkeit vom Typ und der Höhe der Gebäude, wie sie sich insbesondere aus den Vorschriften der DVO-NBauO ergeben, sind nachfolgend zusammengestellt. **14**

Brandschutzanforderungen nach der DVO-NBauO

Bauteile	Gebäude-klasse 1	Gebäude-klasse 2	Gebäude-klasse 3	Gebäude-klasse 4	Gebäude-klasse 5
Tragende oder aussteifende Wände und Stützen	im KG **fh**)** oberhalb KG keine Anfordg.	**fh***) **)	im KG **fb** oberhalb KG **fh***)	im KG **fb** oberhalb KG **hfh**	**fb**
Nicht tragende Außenwände und Außenwandelemente	keine Anfordg.	keine Anfordg.	keine Anfordg.	**nbr** oder **fh**	**nbr** oder **fh**
Trennwände	keine Anfordg. bei Wohngeb., sonst: im KG **fh** oberhalb KG keine Anfordg.	keine Anfordg. bei Wohngeb., sonst: **fh**	im KG **fb** oberhalb KG **fh**	im KG **fb** oberhalb KG **hfh**	**fb**
innere Brandwände	**hfh**	**hfh**	**hfh**	**hfh M**	**fb nbr M**
Gebäudeabschlusswände	**fh (i-a) fb (a-i)**	**fh (i-a) fb (a-i)**	**fh (i-a) fb (a-i)**	**hfh M**	**fb nbr M**
Treppen	keine Anfordg.	keine Anfordg.	tragende Teile**nbr** oder **fh**	tragende Teile**nb**	tragende Teile **fh, nb**
Wände von notwendigen Treppenräumen	**fh**	**fh**	**fh**	**hfh M**	**fb nbr M**
Wände notwendiger Flure	keine Anfordg. bei Wohngeb. sonst: nur im KG **fh**	keine Anfordg. bei Wohngeb. sonst: nur im KG **fh**	im KG **fb** oberhalb KG **fh**	im KG **fb** oberhalb KG **fh**	im KG **fb** oberhalb KG **fh**
Wände von Aufzugsschächten	–	–	**fh**	**hfh**	**fb nbr**
Kellerdecken	**fh**)**	**fh****)	**fb**	**fb**	**fb**
Geschossdecken	–	**fh*****)	**fh*****)	**hfh*****) ****)	**fb***) ****)**

Bauteile	Gebäude-klasse 1	Gebäude-klasse 2	Gebäude-klasse 3	Gebäude-klasse 4	Gebäude-klasse 5
Decken über und unter Räumen mit erhöhter Explosions- oder Brandgefahr und zwischen Wohnteil und land- und forstwirtsch. genutzten Geb.teil.	keine Anfordg. bei Wohngeb. sonst: **fb**	keine Anfordg. bei Wohngeb. sonst: **fb**	**fb**	**fb**	**fb**
Außenwand-verkleidungen	keine Anfordg.	keine Anfordg.	keine Anfordg.	**br (B1)**	**br (B1)**
Putze, Bekleidungen, Unterdecken und Dämmstoffe in notwendigen Treppenräumen	**nbr**	**nbr**	**nbr**	**nbr**	**nbr**
Putze, Bekleidungen, Unterdecken und Dämmstoffe in notwendigen Fluren und offenen Gängen	**nbr**	**nbr**	**nbr**	**nbr**	**nbr**

*) keine Anforderungen im obersten Geschoss im Dachraum und bei eingeschossigen Gebäuden ohne Aufenthaltsräume und Feuerstätten

**) keine Anforderungen bei freistehenden land- oder forstwirtschaftlich genutzten Gebäuden ohne Aufenthaltsräume

***) nicht für oberste Decken in Gebäuden ohne Aufenthaltsräume

****) als oberste Decken über denen Aufenthaltsräume nicht liegen, mindestens feuerhemmend (fh)

Baustoffe: **nbr** = nichtbrennbar
br (B1) = brennbar (schwerentflammbar)

Bauteile: **fh** = feuerhemmend (mind. F 30)
fh (i-a) = feuerhemmend von innen nach außen (mind. F 30)
fb (a-i) = feuerbeständig von außen nach innen (mind. F 90)
hfh = hochfeuerhemmend (mind. F 60)
fb = feuerbeständig (mind. F 90)
M = auch unter zusätzlicher mechanischer Beanspruchung standsicher

§ 27 Wände und Stützen

(1) [1]Wände müssen die für ihre Standsicherheit und Belastung nötige Dicke, Festigkeit und Aussteifung haben und, soweit erforderlich, die bauliche Anlage aussteifen. [2]Sie müssen ausreichend sicher gegen Stoßkräfte sein.

(2) Wände müssen gegen aufsteigende und gegen eindringende Feuchtigkeit hinreichend geschützt sein.

(3) [1]Wände müssen, soweit es der Brandschutz unter Berücksichtigung ihrer Beschaffenheit, Anordnung und Funktion erfordert, nach ihrer Bauart und durch ihre Baustoffe widerstandsfähig gegen Feuer sein. [2]Dies gilt auch für Bekleidungen und Dämmschichten.

(4) Tragende Wände und aussteifende Wände müssen im Brandfall ausreichend lang standsicher sein.

(5) Für Stützen gelten die Absätze 1 bis 4 sinngemäß.

Durch Runderlass des MU vom 21.1.2019, veröffentlicht am 24.1.2019 (Nds. MBl. 2019, S. 169 ff) wurde die Verwaltungsvorschrift Technische Baubestimmungen (VV TB) bekannt gemacht. Die VV TB ersetzt die „Liste der technischen Baubestimmungen – Fassung Dezember 2015 –" und alle vom DIBt veröffentlichten Bauregellisten A und B und Listen C. Sie ist am 28.1.2019 in Kraft getreten.

Technische Baubestimmungen (TB)
bzw. Verwaltungsvorschriften (VV) zu § 27 (Stand: Januar 2019)

Lfd. Nr.	Gegenstand	Datum	Nds. MBl. Seite
	zu den einschlägigen TB/VV s. auch §§ 14 und 26:		
1	DIN EN 1992 Bemessung und Konstruktion von Stahlbeton- und Spannbetontragwerken (VV TB, A 1.2.3.1):	24.01.2019	173
	DIN 1045-3: 2012-03 Tragwerke aus Beton, Stahlbeton und Spannbeton – Teil 3: Bauausführung – Anwendungsregeln zu DIN EN 13670	2012	6. AB 1
	DIN 1045-3 Berichtigung 1: 2013-07: Tragwerke aus Beton, Stahlbeton und Spannbeton – Teil 3: Bauausführung – Anwendungsregeln zu DIN EN 13670, Berichtigung zu DIN 1045:2012-03	2019	1. AB 1
	DIN EN 13670: 2011-03 Ausführung von Tragwerken aus Beton	2012	6. AB 181
2	DIN EN 1993 Bemessung und Konstruktion von Stahlbauten (VV TB, A 1.2.4.1)	24.01.2019	174
3	DIN EN 1994 Bemessung und Konstruktion von Verbundtragwerken aus Stahl und Beton (VV TB A 1.2.4.2)	24.01.2019	174
	DIN EN 1090-2: 2011-10 Ausführung von Stahltragwerken (zus. VV TB Anlage 1.2.4/5)	2012	11. AB 1
4	DIN EN 1995 Bemessung und Konstruktion von Holzbauten (VV TB A 1.2.5.1)	24.01.2019	175
	Richtlinie über brandschutztechnische Anforderungen an hochfeuerhemmende Bauteile in Holzbauweise – HFHHolzR: 2004-07	2012	17. AB 113
5	DIN EN 1996 Bemessung und Konstruktion von Mauerwerksbauten (VV TB A 1.2.6.1)	24.01.2019	175
	DIN 1053-4: 2013-04 Mauerwerk – Teil 4: Fertigteile	2015	1. AB 1

Hinsichtlich Lastannahmen, Betonzusatzmitteln sowie Schutz von Betonbauteilen wird auf die einschlägigen TB/VV unter § 12, hinsichtlich der brandschutztechnischen Auslegung auch die TB/VV zu § 26 verwiesen.

Übersicht

A. Allgemeines

§ 27 enthält die grundsätzlichen Anforderungen, die an Wände und Stützen gestellt werden müssen; sie gelten für alle Arten dieser Konstruktionsteile. Die speziellen Anforderungen sind seit der NBauO 1986 – noch weitergehend als in § 30 NBauO 1973 – nicht im Gesetz selbst, sondern in den §§ 5–9 der DVNBauO (nun der DVO-NBauO) geregelt. **1**

Dabei sind die Einzelvorschriften auf die Zweckbestimmung, also auf die Art des Bauteiles abgestimmt.

B. Die Anforderungen an Wände

a) Standsicherheit (Abs. 1)

2 Wie jedes Bauteil müssen auch Wände standsicher und dem Zweck entsprechend dauerhaft sein (§ 12). Dafür ist die Festigkeit der verwendeten Baustoffe und Bauteile, ihr Aufbau, ihre Dicke und ihr Verbund mit anderen Bauteilen ausschlaggebend. Steifen die Wände die bauliche Anlage aus, so sind sie maßgebend für die Standsicherheit des Gesamtbauwerks. Wo horizontale Krafteinwirkungen (Anprall von Fahrzeugen, rollende Lasten) auftreten können, müssen die Wände ausreichende **Sicherheit gegen Stoßkräfte** aufweisen oder ausreichend dagegen gesichert sein (vgl. dazu → Rn. 23). Ausreichend bedeutet in diesem Zusammenhang, dass die Stoßkräfte sicher aufgefangen werden, mit denen nach den Umständen des Einzelfalles gerechnet werden muss. Tragende Wände dürfen auch unter Stoßeinwirkung nicht versagen. Brandwände dürfen unter Stoßeinwirkung nicht ihre Funktion verlieren. Maßgebend für die Ausführung von Wänden sind die DIN-Normen und Richtlinien, die nach § 83 im Nds. MBl. Verwaltungsvorschrift Technische Baubestimmungen (VV TB) eingeführt sind. Der Nachweis, mit welchen Stoßkräften zu rechnen ist, und dass die davon betroffenen Wände (Pfeiler u. Stützen) diese Stoßkräfte sicher aufnehmen können, ist im Standsicherheitsnachweis zu führen (vgl. → § 12 Rn. 17 ff.).

b) Schutz gegen Feuchtigkeit und Niederschläge (Abs. 2)

3 Aufsteigende und eindringende Feuchtigkeit kann die Widerstandsfähigkeit der Baustoffe der Wände mindern oder zu deren Zerstörung führen und die Gesundheit der Bewohner oder sonstigen Nutzer einer baulichen Anlage erheblich beeinträchtigen. Wände, die der Feuchtigkeit ausgesetzt sind, müssen daher geschützt werden (vgl. → § 13 Rn. 12 f.). Der Forderung des Abs. 2 Satz 1 kann genügt werden durch Isolierung der gefährdeten Bauteile nach den Regeln der Technik (ua DIN 18195 – Bauwerksabdichtungen – Teile 1 bis 10).

Wände, die im Erdreich liegen, insbesondere Kelleraußenwände oder Frostschürzen (nicht unterkellerter Gebäude), müssen gegen eindringende Feuchtigkeit isoliert sein. Aufgehende Wände müssen gegenüber Bauteilen mit Erdkontakt durch eine Horizontalisolierung gegen aufsteigende Feuchtigkeit geschützt werden. Außenwände müssen darüber hinaus einen hinreichenden Witterungsschutz bieten. Dazu müssen sie aus Baustoffen bestehen, die geeignet sind, Feuchtigkeit aus Niederschlägen abzustoßen oder, wenn sie eingedrungen ist, diese wieder an die Außenluft abzugeben. Das setzt voraus, dass die Baustoffe frostbeständig sind, denn sonst werden sie durch gefrierende oder tauende Feuchtigkeit zerstört. Erfüllen die Baustoffe der Wände diese Bedingungen nicht, dann müssen sie mit einer „Regenhaut“ (Plattenverkleidung, Vorhangfassade o.dgl.) versehen werden, die sie trocken hält.

c) Brandschutz (Abs. 3 und 4)

4 Auch bezüglich der Brandschutzanforderungen an Wände beschränkt sich die NBauO darauf, einen Rahmen zu setzen. Es werden hier keine Einzelanforderungen (zB feuerhemmende oder feuerbeständige Bauart) gestellt, sondern die allgemeine Forderung erhoben, dass Wände je nach ihrer Anordnung und Funktion widerstandsfähig gegen Feuer sein müssen. Die Brandschutzanforderungen werden also relativiert. Die Rahmenforderung bezieht sich nicht nur auf die Wände selbst, sondern auch auf deren Bekleidungen und Dämmschichten, ggf. auch Beschichtungen und Folien. Für tragende

und aussteifende Wände wird zudem eine ausreichend lange Standsicherheit im Brandfall gefordert.

Der in Abs. 3 und 4 gesetzte Rahmen wird ausgefüllt durch die konkreten Einzelanforderungen in §§5 und 9 der DVO-NBauO. Bezüglich der Widerstandsfähigkeit der Bauteile und Baustoffe gegen Feuer vgl. → §§14 und 26 Rn. 3ff. und die Tabelle auf Seite 403/404.

In §5 DVO-NBauO werden die Brandschutzanforderungen nach den Gebäudeklassen differenziert für oberirdische Geschosse und Kellergeschosse angegeben und Ausnahmen benannt. Für oberirdische Geschosse wird der Gebäudeklasse 4 die Anforderung hochfeuerhemmend zugeordnet. Dadurch ist es möglich, in dieser Gebäudeklasse auch Gebäude in Holzbauweise zu errichten. Die dazu erforderliche Ausbildung der Wände und Stützen ist in der „Richtlinie über brandschutztechnische Anforderungen an hochfeuerhemmende Bauteile in Holzbauweise – HFHHolzR", vgl. VV TB, A 2.2.4, geregelt, für die Bemessung gilt Eurocode 5.

C. Stützen (Abs. 5)

Nach Abs. 5 gelten die Vorschriften der Abs. 1–4 für Wände sinngemäß auch für Stützen. **5**
Besonders bei Bauten in Skelettbauweise sind Stützen oft in die Funktion von Außenwänden, Trennwänden und Brandwänden einbezogen, so dass sie die an diese Wände zu stellenden Anforderungen gleichermaßen erfüllen müssen. Dies fordert auch §9 DVO-NBauO. Bezüglich der besonderen Anforderungen bei Verwendung von Stahlstützen, Holzstützen usw vgl. §8 Abs. 7 DVO-NBauO.

Tragende Stützen sind, wie alle „stützenden Bauteile" (DIN 1055 Blatt 9 Abschnitt 6.3.1), besonders anfällig gegen Horizontalstöße. Das betrifft vorwiegend Stützen in Garagen, Werkstätten, Lagerhallen, Parkhäusern und dgl., aber auch stützende Bauteile von Tankstellenüberdachungen. Bei diesen sind entsprechend der vorgenannten DIN 1055 Horizontallasten in 1,20 m Höhe (LKW-Aufprall) bzw. in 0,5 m Höhe (PKW-Aufprall) statisch zu berücksichtigen. Können diese Horizontallasten von den stützenden Bauteilen nicht allein aufgenommen werden, so müssen besondere bauliche Maßnahmen zur Verhinderung des Anpralls von Kraftfahrzeugen, Gabelstaplern usw getroffen werden (ausreichend verformbare Schutzvorrichtungen aus Stahl, Bordschwellen von mind. 0,2 m Höhe als Radabweiser, vorgesetzte Riegel o. dgl. als Anprallschutz).

§28 Außenwände

(1) Außenwände müssen aus frostbeständigen und gegen Niederschläge widerstandsfähigen Baustoffen hergestellt oder mit einem Wetterschutz versehen sein.

(2) Außenwände und Außenwandteile wie Brüstungen und Schürzen müssen so ausgebildet sein, dass eine Brandausbreitung auf und in diesen Bauteilen ausreichend lang begrenzt ist.

Durch Runderlass des MU vom 21.1.2019, veröffentlicht am 24.1.2019 (Nds. MBl. 2019, S. 169 ff) wurde die Verwaltungsvorschrift Technische Baubestimmungen (VV TB) bekannt gemacht. Die VV TB ersetzt die „Liste der technischen Baubestimmungen – Fassung Dezember 2015 –" und alle vom DIBt veröffentlichten Bauregellisten A und B und Listen C. Sie ist am 28.1.2019 in Kraft getreten.

Technische Baubestimmungen (TB)
bzw. Verwaltungsvorschriften (VV) zu § 28 (Stand: Januar 2019)

Lfd. Nr.	Gegenstand	Datum	Nds. MBl. Seite
1	zu den einschlägigen TB/VV s. §§ 26, 27, ergänzend:		
1	DIN 18516-1:2010-06 Außenwandbekleidungen hinterlüftet, Teil 1: Anforderungen, Prüfgrundsätze (VV TB B 2.2.1.1)	2011	AB 25
	DIN 18516-3:2013-09 – Außenwandbekleidungen hinterlüftet – Teil 3: Naturwerkstein; Anforderungen, Bemessung (VV TB B 2.2.1.1)	2016	2. AB 1
	DIN 18516-5:2013-09 – Außenwandbekleidungen hinterlüftet – Teil 5: Betonwerkstein; Anforderungen, Prüfung (VV TB B 2.2.1.1)	2016	2. AB 51
2	Wärmedämmverbundsysteme WDVS mit EPS, Sockelbrandprüfverfahren:2016-06 (VV TB A 2.2.5 i.V. mit MVV TB Anhang 5)	Juni 2016	MVV TB Anhang 5
3	Hinterlüftete Außenwandverkleidungen 2016-06 (VV TB A 2.2.6 i.V. mit MVV TB, Anhang 6)	Juni 2016	MVV TB Anhang 6

Übersicht

A. Anmerkungen zum Wetterschutz

1 Hinsichtlich des Wetterschutzes wird auf die Kommentierung in § 13 verwiesen.

B. Brandschutz

2 Nach § 6 Abs. 1 DVO-NBauO werden zwei Alternativen für die Ausbildung von nichttragenden Außenwänden und nichttragenden Teilen tragender Außenwände zum Erreichen des in § 28 NBauO genannten Schutzziels angegeben:

– nichtbrennbar (mit Ausnahme von Dämmstoffen in nichtbrennbaren Profilen und Fugendichtungen) oder
– feuerhemmend im Sinne des Raumabschlusses.

Damit ist klar, dass die Anforderungen an tragende Außenwände/Außenwandbauteile unabhängig hiervon zu erfüllen sind.

3 Im Brandfall treten uU Flammen aus Wandöffnungen wie Fenster und Türen ins Freie, was dazu führen kann, dass sich Außenwände oder Außenwandteile sowie auch deren Bekleidungen entzünden können. Durch die Anforderung in § 6 Abs. 2 DVO-NBauO soll erreicht werden, dass eine Brandausbreitung in oder auf diesen Bauteilen in diesem Fall ausreichend lang begrenzt bleibt, um die Rettung von Personen und einen wirksamen Löschangriff zu ermöglichen. Daher wird für äußere Oberflächen und Bekleidungen von Außenwänden mindestens die Schwerentflammbarkeit gefordert.

4 Gleiches gilt für Solarenergieanlagen, die auf Außenwänden montiert sind und sich über eine Höhe von mehr als zwei Geschossen erstrecken. Sie dürfen außerdem Wandöffnungen nicht überdecken, da sich dadurch die Gefahr einer Brandübertragung und Weiterleitung wesentlich erhöhen würde.

Hinterlüftete Außenwandbekleidungen und Doppelfassaden stellen bzgl. der Brandausbreitung über die Geschossgrenzen ein erhöhtes Risko dar. Daher wird in §6 Abs. 4 DVO-NBauO gefordert, dass in den Luft- und Hohlräumen besondere Vorkehrungen gegen eine Brandweiterleitung getroffen werden müssen. In der VV TB A 2.1.5 wird diesbzgl. auf die Technische Regel A 2.2.6 „Hinterlüftete Außenwandbekleidungen: 2016-06" i. V. mit dem Anhang 6 der M-VV TB verwiesen. 5

Von vorstehenden Regelungen sind Gebäude der Gebäudeklasse 1–3 sowie Trassenvorbauten und Windfänge ausgenommen. Doppelfassaden sind nur bei Gebäuden der Gebäudeklassen 1 und 2 ausgenommen. 6

In der VVTB, A 2.1.5, werden zur Vorbeugung gegen ein uU erhöhtes Brandausbreitungsrisiko über die Außenwände bei Verwendung von Wärmedämmverbundsystemen (WDVS) mit EPS-Dämmstoffen ergänzende Anforderungen gestellt. Danach sind bei Gebäuden der Gebäudeklassen 4 und 5 an vorhandenen Außenwandöffnungen im Bereich der Stürze oberhalb der Öffnungen auch bei Brandeinwirkung standsichere und formstabile, nichtbrennbare konstruktive Maßnahmen anzuordnen, alternativ umlaufend angeordnete, auch bei Brandeinwirkung standsichere und formstabile, nichtbrennbare konstruktive Maßnahmen. Zusätzlich ist bei WDVS mit EPS-Dämmstoffen als Außenwandbekleidung eine Brandeinwirkung von außen, unmittelbar im unteren Fassadenbereich, zu berücksichtigen, d. h. es sind geeignete nichtbrennbare konstruktive Maßnahmen vorzusehen oder es ist die Technische Regel VV TB A 2.2.5 2 „WDVS mit EPS; Sockelbrandprüfverfahren : 2016-06" i. V. mit Anhang 5 M-VV TB einzuhalten. 7

§29 Trennwände

Trennwände müssen, wenn sie raumabschließende Bauteile von Räumen oder Nutzungseinheiten sind, ausreichend lang widerstandsfähig gegen eine Brandausbreitung sein, soweit dies erforderlich ist, um der Brandausbreitung innerhalb von Geschossen entgegenzuwirken.

Durch Runderlass des MU vom 21.1.2019, veröffentlicht am 24.1.2019 (Nds. MBl. 2019, S. 169 ff) wurde die Verwaltungsvorschrift Technische Baubestimmungen (VV TB) bekannt gemacht. Die VV TB ersetzt die „Liste der technischen Baubestimmungen – Fassung Dezember 2015 –" und alle vom DIBt veröffentlichten Bauregellisten A und B und Listen C. Sie ist am 28.1.2019 in Kraft getreten.

Technische Baubestimmungen (TB)
bzw. Verwaltungsvorschriften (VV) zu §29 (Stand: Januar 2019)

Lfd. Nr.	Gegenstand	Datum	Nds. MBl. Seite
	zu den einschlägigen TB/VV s. §§ 14, 26 und 27, ergänzend:		
1	Richtlinie über die brandschutztechnischen Anforderungen an Lüftungsanlagen (Lüftungsanlagen-Richtlinie – LüAR), (VV TB A 2.2.10)	24.01.2019	5. AB 207
2	Richtlinie über brandschutztechnische Anforderungen an Leitungsanlagen (Leitungsanlagenrichtlinie – LAR) (VV TB A 2.2.8)	24.01.2019	5. AB 199
3	Richtlinie für Feststellanlagen (VVTB A 2.2.7 i. V. mit M-VVTB, Anhang 7) (VV TB A 2.2.7 i.V. mit MVV TB, Anhang 7)	Juli 2017	MVV TB Anhang 7

Übersicht

A. Allgemeines

1 § 29 wurde in der Fassung 2012 neu aufgenommen und zielt ausschließlich auf die brandschutztechnische Wirksamkeit von Trennwänden ab, sofern sie raumabschließende Bauteile von Räumen oder Nutzungseinheiten sind. Damit wird das in § 14 → Rn. 8 angesprochene Abschottungsprinzip als dem der NBauO zugrunde liegenden Sicherheitskonzept weitergeführt, dh der Ausbreitung von Feuer und Rauch wird auch innerhalb der durch Brandwände gebildeten Unterteilungen durch Wände mit definiertem Feuerwiderstand entgegen gewirkt.

B. Anforderungen an Trennwände

2 In § 7 DVO-NBauO werden die Anforderungen an Trennwände spezifiziert. Abs. 1 regelt zunächst die Fälle, in denen Anforderungen als raumabschließende Bauteile gestellt werden. Die Forderung gilt allgemein für Wände zwischen Nutzungseinheiten (in früheren Fassungen: zwischen Wohnungen) und zwischen Nutzungseinheiten und anders genutzten Räumen. Gemäß dem Abschottungsprinzip (vgl. Rn. 1) sind demnach nutzungsunabhängig die gegeneinander abgegrenzten Einheiten in Gebäuden gegen eine Brandübertragung zu schützen.

3 Ausgenommen von der og Regelung sind ausdrücklich die Trennwände zwischen einer Nutzungseinheit und dem außerhalb liegenden notwendigen Flur. Für Flurwände ist die Anforderung nach § 17 Abs. 3 DVO-NBauO umzusetzen, dh als raumabschließende Wand mindestens feuerhemmend, in Kellergeschossen feuerbeständig. In oberirdischen Geschossen werden somit uU geringere Anforderungen an die Wände zum vorgelagerten Flur als an die Trennwände zu den angrenzenden Nutzungeinheiten gestellt. Dies ist dadurch begründet, dass notwendige Flure frei von Brandlasten zu halten sind, dh Putze, Bekleidungen, Unterdecken und Dämmstoffe müssen aus nichtbrennbaren Baustoffen bestehen, vgl. → § 36 Rn. 13, einer Brandfortleitung in den notwendigen Flur oder über den notwendigen Flur in die nächste angrenzende Nutzungseinheit wird somit auch bei einer geringeren Anforderung an den Feuerwiderstand der Flurwand ausreichend entgegengewirkt.

4 Einzelne Aufenthaltsräume in Kellergeschossen stellen zwar keine einzelnen Nutzungseinheiten dar, gehören jedoch zu einer Nutzungseinheit in einem anderen Geschoss des Gebäudes und sind somit gegenüber anders genutzten Räumen in Kellergeschossen ebenfalls abzutrennen, vgl. § 7 Abs. 1 Nr. 2 DVO-NBauO.

5 Die Trennwandanforderung für die Abtrennung von Aufenthaltsräumen im Dachraum zum nicht ausgebauten Dachraum entspricht der bisherigen Anforderung in § 7 DVO-NBauO.

6 Nach der DVO-NBauO besteht die Forderung der Abtrennung von Räumen mit erhöhter Explosions- oder Brandgefahr gemäß § 7 Abs. 1 Nr. 4. Dabei kann es sich zB um Technikräume, Müllräume, Lagerräume, Werkräume, Archivräume oder Laborräume handeln, in denen ua folgende Bedingungen vorliegen können:

- Vorhandensein hoher Brandlasten oder leicht entzündlicher Materialien (zB Lösungsmittel, brennbare Flüssigkeiten etc),
- Vorhandensein von Zündquellen,
- Durchführung feuergefährliche Arbeiten (zB Löten, Schweißen, Trennen etc).

Für Technikräume sind in jedem Fall auch die Regelungen der LüAR, FeuVO und der EltBauVO zu beachten.

Die Anforderung gilt für jeden einzelnen Raum auch innerhalb von Nutzungseinheiten. Damit wird erreicht, dass sonst anders genutzte Gebäude nicht insgesamt als Sonderbau (§ 51 NBauO) betrachtet werden müssen.

Die erforderliche Feuerwiderstandsdauer von Trennwänden orientiert sich an der erfor- **7**
derlichen Feuerwiderstandsfähigkeit für die Tragkonstruktion des Gebäudes. Sofern sich daraus keine Anforderung ergibt, müssen die Trennwände mindestens feuerhemmend sein. Trennwände im Dachraum müssen mindestens feuerhemmned sein, dies gilt auch für Decken im Dachraum, an die diese Trennwände anschließen (vgl. § 7 Abs. 2 DVO-NBauO), damit wird ein Überlaufen der Trennwand durch einen Brand verhindert. Trennwände von Räumen mit erhöhter Explosions- oder Brandgefahr müssen aufgrund der besonderen Gefährdung immer feuerbeständig sein.

Öffnungen in Trennwänden sind nur in einem für die Nutzung der Räume erforderlichen **8**
Umfang erlaubt. Die Öffnungen sind mit selbstschließenden und feuerhemmenden Abschlüssen zu versehen, die auch dichtschließend sein müssen, was durch eine dreiseitig umlaufende Dichtung erreicht wird. Geprüfte T 30-Feuerschutzabschlüsse bringen diese Eigenschaft mit. Sofern zB aus betrieblichen Gründen eine Offenhaltung des Feuerschutzabbschlusses erforderlich ist, muss eine Feststellanlage gemäß Technischer Regel (VVTB A 2.2.7 i.V. mit M-VVTB, Anhang 7), die im Brandfall bereits bei Raucheinwirkung dauerhaft das unverzügliche Schließen des Feuerschutzabschlusses bewirkt, eingebaut werden. Dagegen ist eine mechanische Blockade der Tür zB durch Keile unzulässig, da dies die selbstschließende Funktion des Feuerschutzabschlusses aufhebt.

Sofern Leitungen wie zB Kabeltrassen, Rohre oder Lüftungsleitungen durch Trenn- **9**
wände mit Feuerwider-standsanforderungen geführt werden, sind bzgl. der Ausführung der Durchdringungen die Anforderungen der LAR (VVTB A 2.2.8) bzw. der LüAR (VVTB A 2.2.10) zu beachten, dh im Regelfall sind Abschottungen der der Trennwand entsprechenden Feuerwiderstandsklasse einzubauen, vgl. → § 26 Rn. 8, → § 26 Rn. 9.

Die Anforderungen des § 7 DVO-NBauO Abs. 1 Nr. 1, 2 und 4 gelten nicht für Wohnge- **10**
bäude der Gebäudeklassen 1 und 2, in der alten Fassung (vor 2012) war diese Ausnahme auf Gebäude geringer Höhe mit nicht mehr als zwei Wohnungen beschränkt.

§ 30 Brandwände

[1]Brandwände müssen vorhanden sein, soweit dies, insbesondere bei geringen Gebäude- oder Grenzabständen, innerhalb ausgedehnter Gebäude oder bei baulichen Anlagen mit erhöhter Brandgefahr, erforderlich ist, um einer Brandausbreitung entgegenzuwirken. [2]Brandwände müssen als raumabschließende Bauteile zum Abschluss von Gebäuden oder zur Unterteilung von Gebäuden in Brandabschnitte so beschaffen und angeordnet sein, dass sie bei einem Brand ausreichend lang eine Brandausbreitung auf andere Gebäude oder Brandabschnitte verhindern.

Durch Runderlass des MU vom 21.1.2019, veröffentlicht am 24.1.2019 (Nds. MBl. 2019, S. 169 ff.) wurde die Verwaltungsvorschrift Technische Baubestimmungen (VV TB) bekannt gemacht. Die VV TB ersetzt die „Liste der technischen Baubestimmungen – Fassung Dezember 2015 –“ und alle vom DIBt veröffentlichten Bauregellisten A und B und Listen C. Sie ist am 28.1.2019 in Kraft getreten.

Technische Baubestimmungen (TB)
bzw. Verwaltungsvorschriften (VV) zu § 30 (Stand: Januar 2019)

Lfd. Nr.	Gegenstand	Datum	Nds. MBl. Seite
	zu den einschlägigen TB/VV s. §§ 26, 27 und 29, insbesondere:		
1	Bauaufsichtliche Anforderungen, Zuordnung der Klassen, Verwendung von Bauprodukten, Anwendung von Bauarten: 2016-06 (VV TB A.2.2.2 i. V. mit MVV TB, Anhang 4):	August 2017	MVV TB 184
	DIN 4102-3:1977-09 – Brandverhalten von Baustoffen und Bauteilen, Teil 3: Brandwände und nichttragende Außenwände – Begriffe, Anforderungen und Prüfungen		
	DIN 4102-5:1977-09 – Brandverhalten von Baustoffen und Bauteilen, Teil 5: Feuerschutzabschlüsse, Abschlüsse in Fahrschachtwänden und gegen feuerwiderstandsfähige Verglasungen – Begriffe, Anforderungen und Prüfungen		
	DIN 4102-13:1990-05 – Brandverhalten von Baustoffen und Bauteilen, Teil 13: Brandschutzverglasungen – Begriffe, Anforderungen und Prüfungen		
2	DIN 4102-4: 2016-05: – Brandverhalten von Baustoffen und Bauteilen, Teil 4: Zusammenstellung und Anwendung klassifizierter Baustoffe, Bauteile und Sonderbauteile (VV TB A.2.2.3, zus. Anlage A 2.2.3/1)	24.01.2019	5. AB 113
3	Richtlinie über die brandschutztechnischen Anforderungen an Lüftungsanlagen (Lüftungsanlagen-Richtlinie – LüAR), (VV TB A 2.2.10)	24.01.2019	5. AB 207
4	Richtlinie über brandschutztechnische Anforderungen an Leitungsanlagen (Leitungsanlagenrichtlinie – LAR) (VV TB A 2.2.8)		

Hinsichtlich Lastannahmen, Betonzusatzmitteln sowie Schutz von Betonbauteilen wird auf die einschlägigen TB/VV unter § 12 verwiesen.

Übersicht

A. Allgemeines

1 Brandwände dienen dazu, die Auswirkungen eines Feuers auf den Entstehungsort zu begrenzen, die Ausbreitung von Feuer u. Rauch auf andere Gebäudeabschnitte zu verhindern und das Überspringen des Feuers zum nächsten Gebäude auszuschließen.

§ 30 NBauO fordert daher die Errichtung von Brandwänden in den Fällen, in denen nicht bereits auf andere Weise der Ausbreitung von Bränden begegnet wird, zB durch die Art der Anordnung der baulichen Anlage auf dem Grundstück mit ausreichendem Abstand zur Grenze bzw. zum nächsten Gebäude. Halten Gebäude die nach §§ 5 ff. geforderten Abstände ein und haben sie nur eine geringe Ausdehnung, erübrigt sich die Anordnung von Brandwänden.

Die allgemeine Aufzählung der Fälle in § 30 NBauO, bei denen die Errichtung von Brandwänden gefordert wird, findet ihre Konkretisierung in den detaillierten Vorschriften des § 8 DVO-NBauO, auf die insoweit verwiesen wird.

Zur Unterscheidung zwischen Brandwänden zum Abschluss von Gebäuden und Brandwänden zur Unterteilung ausgedehnter Gebäude werden in § 8 Abs. 1 DVO-NBauO die Begriffe **„Gebäudeabschlusswand"** und **„innere Brandwand"** eingeführt.

Eine ergänzende Kommentierung ist erforderlich bezüglich § 8 Abs. 1 Nr. 1 und Abs. 4 DVO-NBauO (→ Rn. 7 ff.).

B. Anforderungen an Brandwände

2 Nach **§ 8 Abs. 1 Nr. 1 DVO-NBauO** sind zum **Abschluss von Gebäuden Brandwände (Gebäudeabschlusswände)** herzustellen, soweit der Abstand der Abschlusswände zu den Grenzen des Baugrundstücks weniger als 2,50 m beträgt und die Abschlusswände diesen Grenzen in einem Winkel von weniger als 45° zugekehrt sind. Hinsichtlich des Abstandes von 2,50 m kommt es auf die kürzeste Entfernung zur Grenze und nicht auf die senkrecht zur Abschlusswand gemessene an. MaW: jede Abschlusswand, die innerhalb eines 2,50 m breiten Streifens entlang der Grenze liegt, oder die Teile der Abschlusswand, die in diesen Streifen hineinragen, sind als Brandwände herzustellen, wenn die weitere Voraussetzung (Winkel < 45°) zutrifft (Abb. 1).

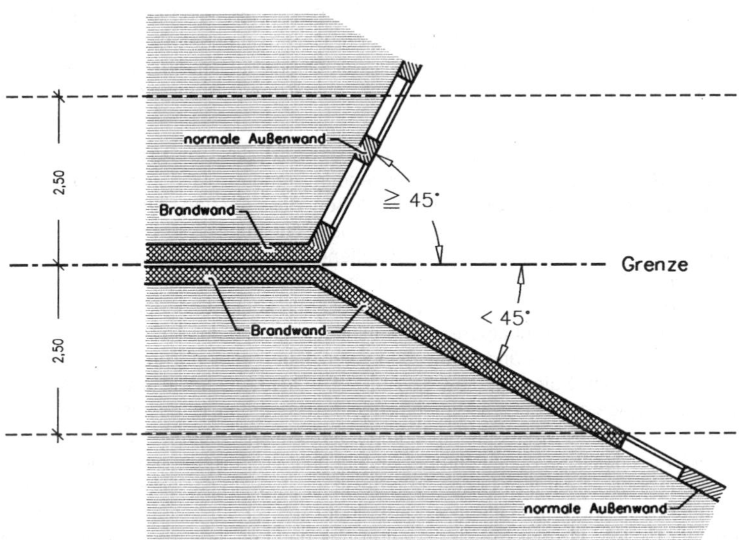

Abb. 1:
Die Abschlusswände innerhalb des 2,50 m breiten Streifens parallel der Grenze müssen als Brandwände ausgebildet werden, wenn sie der Grenze in einem geringeren Winkel als 45° zugekehrt sind (§ 8 Abs. 1 DVO-NBauO).

3 Die Anforderungen des § 8 Abs. 1 Nr. 1 DVO-NBauO sollen den Nachbarn davor schützen, dass im Falle eines Brandes das Feuer die Grenze überspringt und das benachbarte Gebäude in Brand setzt. Dieser Schutz wird dadurch erreicht, dass die Forderung nach einer Brandwand vom Abstand des Gebäudes zur Grundstücksgrenze abhängig gemacht wird, doch können auch hier für die Bemessung der Abstände benachbarte Grundstücke entsprechend § 6 hinzugerechnet werden (§ 8 Abs. 1 S. 4 DVO-NBauO).

4 Bei **zusammengesetzten Baugrundstücken** nach § 2 Abs. 12 S. 2 NBauO wird die Forderung nach einer Brandwand vom Abstand gegenüber den Grenzen jedes dieser Grundstücke abhängig gemacht, so als ob es die Vereinigungsbaulast nicht gäbe.

5 Diese weitergehende Forderung wurde 1987 in die DV NBauO eingefügt und ist von ihrem Regelungszweck her gesehen an dieser Stelle missglückt und aus Gründen des Nachbarschutzes überflüssig, weil die aneinander grenzenden Grundstücke durch die Schicksalsgemeinschaft der Vereinigungsbaulast öffentlich-rechtlich keine Nachbargrundstücke mehr sind, vgl. § 2 Rn. 146.

6 Der Pflicht des Bauherrn, seinerseits innerhalb des vorgenannten Streifens entlang der Grenze oder der „gedachten Grenze" ggf. Brandwände herzustellen, korrespondiert die gleiche Pflicht des Nachbarn. Die Vorschrift des **§ 8 Abs. 1 Nr. 1 DVO-NBauO** über Brandwände im Bereich der Grundstücksgrenze ist daher **nachbarschützend**.

7 Generell brauchen Abschlusswände von (Neben-)**Gebäuden bis 30 m²** Grundfläche ohne Aufenthaltsräume und ohne Feuerstätten sowie von Terrassenvorbauten, Windfängen, Dachgauben und ähnlichen Dachaufbauten nicht als Brandwände hergestellt zu werden (§ 8 Abs. 1 S. 2 DVO-NBauO).

In der geschlossene Bauweise, zB bei Reihenhäusern, ist jedoch zu beachten, dass die seitlichen Wangen von **Dachgauben** oder ähnlichen Dachaufbauten nach § 6 Abs. 1 DVO-NBauO mindestens aus nicht brennbaren Baustoffen bestehen müssen oder aber gemäß § 11 Abs. 6 Nr. 2 DVO-NBauO zu Brandwänden bzw. (Trenn-)Wänden nach § 8 Abs. 2 DVO-NBauO einen Mindestabstand von 1,25 m einhalten müssen. Dieser Abstand gilt auch für Oberlichte und Öffnungen im Dach, wenn die Brandwand nicht mind. 30 cm über Dach geführt ist, sondern unter der Dachhaut endet. Der Abstand, den § 11 Abs. 6 fordert, ist die seitliche Entfernung der Oberlicht-Öffnung zur Brandwand und nicht zu einer fiktiven Mitte (Grenzlinie) einer gemeinsamen Brandwand (OVG Lüneburg 14.5.1999 – 1 L 5705/98 – nv).

8 Die Bestimmung des § 8 Abs. 4 DVO-NBauO bezweckt, das **Übergreifen von Feuer an einer Brandwand vorbei** auf den angrenzenden Brandabschnitt zu **verhindern**, wenn **Gebäudeteile** derart **über Eck** zusammenstoßen, dass der von den Außenwänden gebildete Winkel weniger als 120° beträgt und der Schnittpunkt der beiden Außenwände weniger als 5,00 m Abstand von der betroffenen Brandwand (bzw. von deren Ende) hat. In diesen Fällen sind geeignete Maßnahmen gegen eine Brandübertragung erforderlich. Diese werden in § 8 Abs. 4 DVO-NBauO nun konkret angegeben: In einem Abstand von 5 m zu dem Schnittpunkt muss mindestens eine der Außenwände oder einer der Abschnitte der Außenwände ohne Öffnungen, feuerbeständig und aus nichtbrennbaren Baustoffen sein. Sofern gemäß § 8 Abs. 2 DVO-NBauO anstelle von Brandwänden Wände mit geringerem Feuerwiderstand zugelassen werden, ist es ausreichend, die Außenwände oder Außenwandabschnitte im Feuerüberschlagsbereich ebenfalls in dieser Feuerwiderstandsklasse auszuführen. Es steht aber im Belieben des Bauherrn, welche der Außenwände er auf 5 m Länge feuerbeständig bzw. in der erforderlichen Feuerwiderstandsklasse und ohne Öffnungen ausbildet (Abb. 2). Zu bedenken ist, dass Feuer von einem Geschoss über Fenster auch in das darüber liegende Geschoss springen kann. Daher müssen die schützenden 5 m-Außenwandabschnitte ggf. über alle Geschosse hochgezogen werden.

9 Anders verhält es sich, wenn **zwei Nachbargebäude**, die durch eine Brandwand getrennt werden, im Bereich der Grenze **über Eck** in geringerem Winkel als 120° zusammenstoßen. In diesen Fällen erhebt sich nämlich die Frage, welcher der beiden Nachbarn zu Maßnahmen gem. § 8 Abs. 4 DVO-NBauO verpflichtet ist. Die weitere Frage ist, ob die Vorschrift des § 8 Abs. 4 DVO-NBauO Vorrang gegenüber § 8 Abs. 1 Nr. 1 DVO-NBauO hat oder diesem gegenüber zurücktritt.

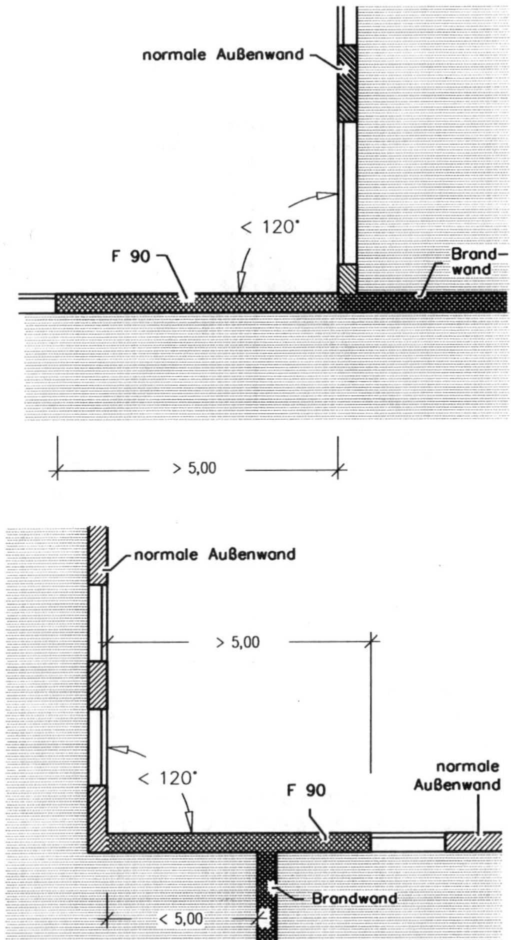

Abb. 2:
„Geeignete Maßnahmen" i.S. § 8 Abs. 4 DVO-NBauO können darin bestehen, feuerbeständige Außenwandabschnitte ohne Öffnungen von 5,00 m Länge im Bereich einer Brandwand zu bilden, um einen Brandüberschlag um die Brandwand herum zu verhindern.

Unter Beachtung des Schutzzwecks der Vorschrift des § 8 Abs. 4 DVO-NBauO und unter Abwägung der Belange der beteiligten Nachbarn muss man hier zwischen zwei Fallgruppen unterscheiden, um die aufgeworfenen Fragen beantworten zu können.

Fall 1: Die über Eck zusammenstoßenden Außenwände bilden jede für sich einen geringeren Winkel als 45° zur Grenze, was sicher nicht der Regelfall sein dürfte (Abb. 3). In diesem Fall tritt § 8 Abs. 4 DVO-NBauO hinter § 8 Abs. 1 Nr. 1 zurück, denn jeder der beiden Nachbarn muss seine Außenwand bereits entsprechend § 8 Abs. 1 Nr. 1 DVO-NBauO auf 2,50 m Abstand (vgl. → Rn. 2) als Brandwand herstellen, womit ein Mindestabstand der Öffnungen von 5,00 m sichergestellt ist. Der Schutzzweck des § 8 Abs. 4 DVO-NBauO ist damit bereits aufgrund der anderen Vorschrift erfüllt; und beide Nachbarn tragen dazu gleichermaßen bei.

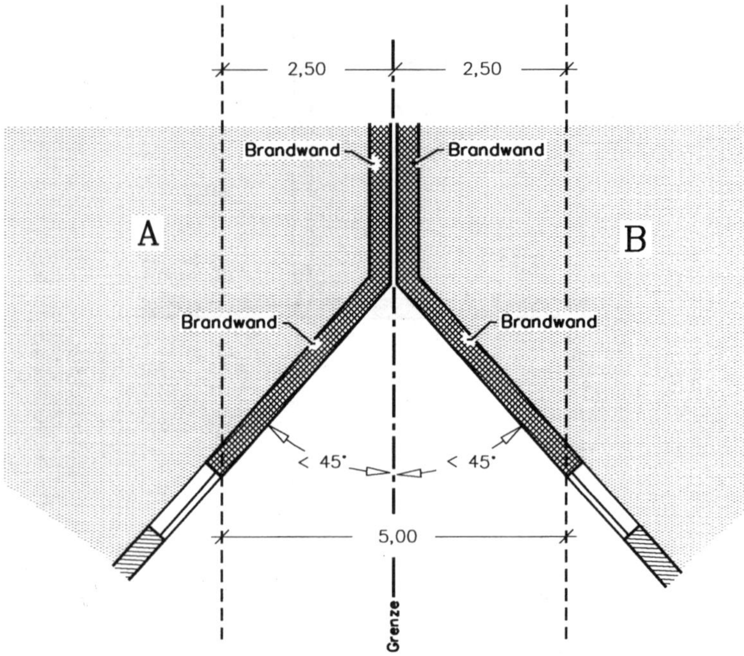

Abb. 3:
Anordnung von Brandwänden bei über Eck an der Grenze zusammenstoßenden Abschlusswänden, wenn beide Außenwände der Grenze in einen geringeren Winkel als 45° zugekehrt sind (§ 8 Abs. 1 Nr. 1 DVO-NBauO).

Fall 2: Die Außenwand des Nachbarn B bildet einen größeren Winkel als 45°, die des Nachbarn A einen geringeren Winkel als 45° zur Grenze, der Gesamtwinkel zwischen den Wänden beträgt aber < 120° (Abb. 4). Der Nachbar B unterliegt hier nicht der Bestimmung des § 8 Abs. 1 Nr. 1 (Winkel > 45°) und kann daher seine Fenster dicht an der Grenze anordnen. Der Nachbar A hingegen muss geeignete Maßnahmen iS § 8 Abs. 4 DVO-NBauO ergreifen, dh er muss seine Außenwand auf seinem Grundstück so herstellen, dass kein Feuerüberschlag auf das Nachbargebäude möglich wird (vgl. → Rn. 8), denn nur er unterschreitet gegenüber der Grenze den Winkel von 45°.

10 Nach § 30 NBauO müssen **Brandwände**, um ihre Funktion zu erfüllen, so beschaffen und angeordnet sein, dass sie bei einem Brand ausreichend lang eine Brandausbreitung auf andere Gebäude oder Brandabschnitte verhindern. Sie dürfen daher ihre Standsicherheit – auch bei zusätzlicher meachanischer Beanspruchung zB durch gegen die Wand fallende Einrichtungegenstände oder andere, nicht klassifizierte Bauteile – nicht verlieren, um der Verbreitung von Feuer entgegenwirken zu können. Dies bedingt ua, dass sie feuerbeständig sein und aus nichtbrennbaren Baustoffen bestehen müssen (vgl. → § 14 Rn. 8).

Feuerbeständig ist eine Brandwand, wenn sie je nach Material eine bestimmte Mindestwanddicke aufweist. ZB müssen Brandwände aus Mauerwerk nach DIN EN 771-1 (Voll-/ Hochlochziegel) oder DIN EN 771-2 (Kalksandstein), gemauert unter Verwendung von Normalmauermörtel bei einer Rohdichteklasse von gleich oder mehr als 1.4 in einschaliger -Ausführung mindestens 240 mm dick, in zweischaliger Ausführung mindestens 2 x 175 mm dick sein, vgl. DIN EN 1996-1-2, Eurocode 6, Tab. NA.B.2.5. Brandwände aus unbewehrtem Normal-Beton müssen mindestens 200 mm bzw. 2 × 180 mm dick sein, solche aus bewehrtem Normal-Beton (nichttragend) 120 mm oder 2 × 100 mm bzw. (tragend) 140 mm oder 2 × 120 mm, vgl. DIN EN 1992-1-2, Eurocode 2, Abschn. 5.4.3. Alle diese Ausführungen berücksichtigen den erforderlichen Widerstand gegen eine Stoßbeanspruchung, die bei den den og Klassifizierungen vorausgehenden Brandprüfungen nach DIN 4102-3:1977-09 in Form eines definierten Stoßes mit einem Bleischrotsack mit überprüft wurde. Bei Auslegung der Brandwände nach den og Normen sind somit im Hinblick auf die Widerstandsfähigkeit gegen mögliche Stoßbeanspruchungen keine weiteren Nachweise erforderlich.

Ihre **Standfestigkeit** verliert eine Brandwand im Falle eines Brandes nicht, wenn sie von den übrigen Bauteilen, die ggf. unter Brandbeanspruchung versagen können, statisch abgekoppelt ist und nicht mit ihnen im Verbund steht. Greifen tragende Bauteile in die Brandwand ein oder findet diese ihre Standsicherheit nur im Verbund mit anderen tragenden Teilen, dann müssen alle Teile des Verbundes der Feuerwiderstandsklasse der Brandwand entsprechen, also feuerbeständig sein (F 90). Nur wenn alle tragenden Teile, die der Brandwand ihre Standsicherheit geben, unter Brandbelastung nicht nachgeben und die Wand weder verformen noch aus ihrer Position drücken können (zB durch Wärme bedingte Materialausdehnung), kann die Brandwand ihre Abschottungsfunktion erfüllen und der Verbreitung von Feuer entgegenwirken. 11

Hochfeuerhemmende Wände, die **anstelle von Brandwänden** in der Gebäudeklasse 4 zulässig sind, müssen ebenfalls auch einer zusätzlichen mechanischen Beanspruchung widerstehen können. Dazu müssen sie auf der Grundlage der Ergebnisse 12

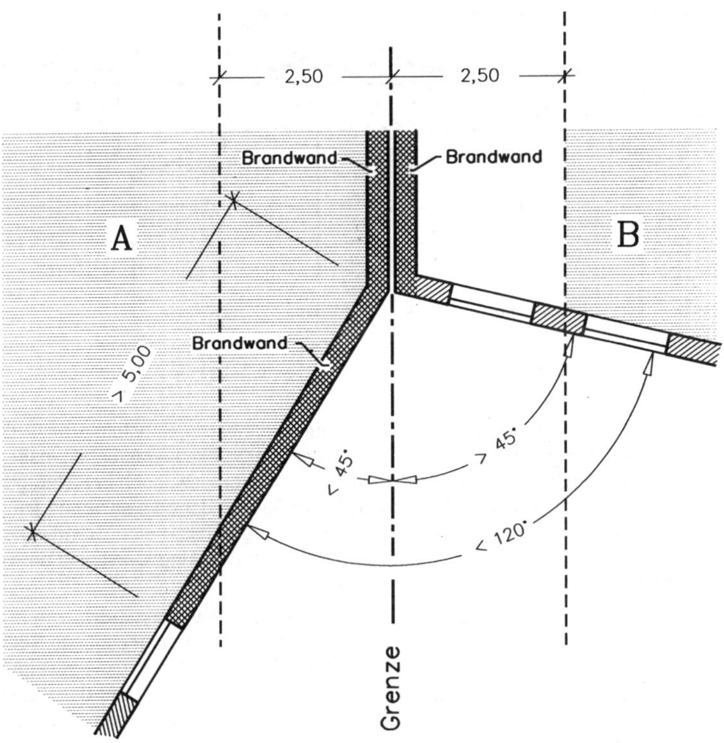

Abb. 4:
Brandwandherstellung bei über Eck an der Grenze zusammenstoßenden Abschlusswänden, wenn nur eine Außenwand einen geringeren Winkel als 45° zur Grenze bildet (§ 8 Abs. 1 DVO-NBauO) und beide Außenwände einen Winkel von < 120° bilden (§ 8 Abs. 4 DVO-NBauO).

aus Brandprüfungen als REI-M 60 bzw. EI-M 60 nach DIN EN 13501-2:210-02 klassifiziert sein.

13 Die Anforderungen an Brandwände können auch mit **Trockenbauwänden** im Ausbau erfüllt werden. Verschiedene auf dem Markt befindliche Systeme erreichen dabei die Widerstandsfähigkeit gegen eine Stoßbeanspruchung durch einen engeren Ständerabstand iVm flächigen Blechzwischenlagen oder durch das Einstellen von Trapezblechen in die Wandkonstruktion. Für diese Ausführungen ist ein Verwendbarkeitsnachweis in Form eines Allgemeinen Bauaufsichtlichen Prüfzeugnisses (AbP) erforderlich.

14 Nach § 8 Abs. 5 DVO-NBauO dürfen **Brandwände keine Öffnungen** haben. Öffnungen, die auf die für die Nutzung des Gebäudes erforderliche Zahl und Größe beschränkt sind, und dicht- und selbstschließende, feuerbeständige Abschlüsse haben, sind jedoch zugelassen. Die Notwendigkeit von Öffnungen kann sich aus der Nutzung des Gebäudes ergeben, zB für die Durchführung von Besuchergängen in Messehallen, betriebstechnische Durchgänge in Lagerhallen, Verkaufsräumen usw. Hier sind dann entsprechend der og Anforderung T 90-Feuerschutztüren bzw. -tore (europäische Klassifizierung: EI_2 90-C) als Öffnungsabschlüsse einzubauen. Leitungsdurchführungen durch Brandwände sind immer mit feuerbeständigen Abschottungen zu versehen, die Anforderungen gemäß LAR (VV TB A 2.2.8) und LüAR (VV TB A 2.2.10) sind umzusetzen.

15 Wegen der **Ausbildung der Brandwände** über oder unter der Dachhaut wird auf § 8 Abs. 6 DVO-NBauO und Abb. 5 verwiesen.

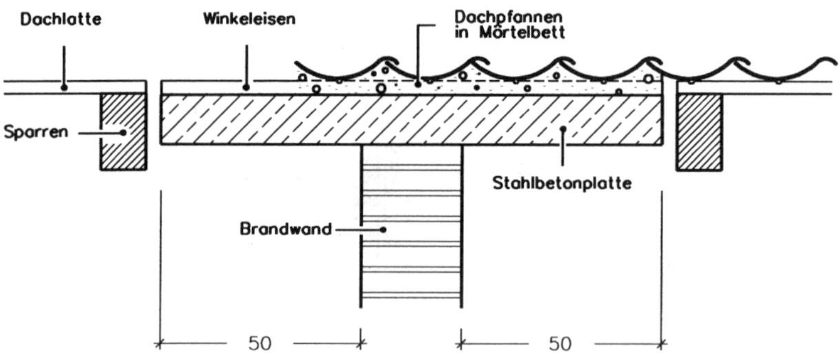

Abb. 5:
Brandwandabschluss im Bereich der Dachhaut nach § 8 Abs. 6 Satz 1 DVO-NBauO.

16 Nach § 8 Abs. 7 DVO-NBauO dürfen Bauteile aus brennbaren Baustoffen nicht durch Brandwände hindurch geführt werden und sie nicht überbrücken. Das betrifft insbesondere Holzteile der Dachkonstruktion wie Pfetten, Dachlatten usw, auch in Fällen giebelständiger Aneinanderreihung von Reihenhäusern im Bereich der gemeinsamen Traufrinnen (Abb. 6 und 7). Weiter dürfen Bauteile oder Leitungsschlitze eine Brandwand nur soweit schwächen (in sie eingreifen), dass der verbleibende Wandquerschnitt an dieser Stelle noch feuerbeständig und standsicher bleibt.

Brandwände durchdringende Stahlbauteile müssen eine feuerwiderstandsfähige (F 90-) Ummantelung/ Bekleidung haben. Sofern brandschutztechnisch ungeschützte Stahlträger auf Brandwänden aufliegen oder in sie eingreifen, sind die Anschlüsse zwängungsfrei auszubilden, dh durch die im Brandfall thermisch bedingte Längung der Stahlbauteile bzw. im Extremfall das Versagen des Stahlbauteils darf die Standsicherheit der Brandwand nicht beeinträchtigt werden. Dazu sind ggf. besondere Nachweise zu führen.

Nach § 8 Abs. 7 S. 4 DVO-NBauO müssen außenseitige Oberflächen und Bekleidungen einschließlich der Unterkonstruktionen und Dämmstoffe bei Gebäudeabschlusswänden nichtbrennbar sein. Diese Forderung gilt sinngemäß auch bei Außenwänden im 5 m-

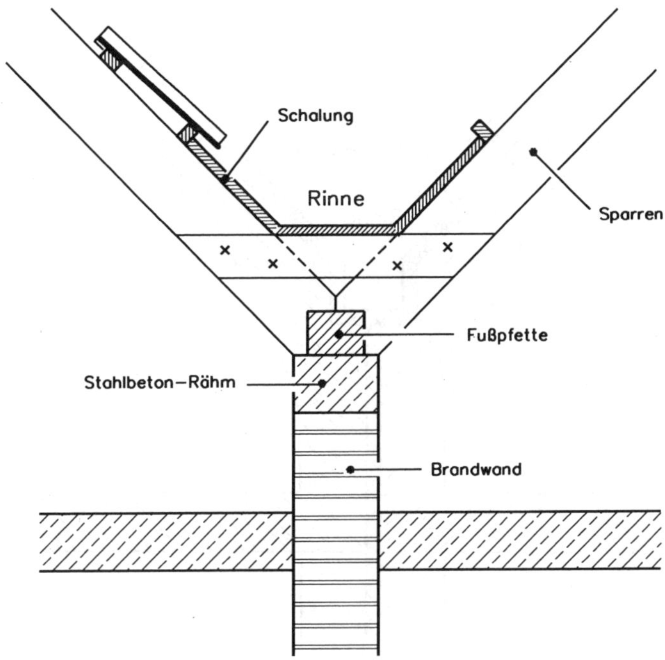

Abb. 6:
Unzulässige Lösung bei giebelständigen Häusern über der Brandwand, weil brennbare Baustoffe die Brandwand überbrücken (§ 8 Abs. 7 Satz 1 DVO-NBauO).

Feuerüberschlagsbereich des Schnittpunkts von Brandwänden mit Außenwänden, vgl. → Rn. 8, da ansonsten ein Brandfortleitungspfad besteht und die Wirkung der feuerbeständigen Fortführung der Außenwand uU wieder aufgehoben wird.

§ 8 Abs. 8 DVO-NBauO lässt in inneren Brandwänden auch **Teilflächen aus lichtdurchlässigem, nichtbrennbarem Material** zu, wenn diese Flächen feuerbeständig sind, was uU für die Raumwirkung von Wert ist. Dafür kommen nur F90-Brandschutzverglasungen (DIN 4102-13:1990-05) in Frage. Dabei handelt es sich um feststehende Rahmenkonstruktionen mit verglasten Flächen, die einschließlich der Halterungen, Dichtungen, Befestigungen und der umgebenden Bauteile in ihrer Gesamtheit bei Brandbeanspruchung als Raumabschluss entsprechend ihrer Feuerwiderstandsdauer wirksam bleiben. F-Verglasungen verhindern die Ausbreitung von Feuer und Rauch und zusätzlich den Durchtritt der Wärmestrahlung. G-Verglasungen, die nur die Ausbreitung von Feuer und Rauch verhindern können, aber nicht den Durchtritt der Wärmestrahlung, dürfen in Brandwänden nicht eingesetzt werden. 17

Glasbausteine sind idR in die Feuerwiderstandsklasse G 60 eingeordnet und daher ebenfalls nicht feuerbeständig. Da sie auch nicht den Durchtritt der Wärmestrahlung verhindern, besteht „Durchzündungsgefahr" (vgl. OVG Bremen 3.12.1985 – I BA 56/85, BRS 44 Nr. 105). Sie sind daher als lichtdurchlässige durchsichtige Teilflächen von inneren Brandwänden ebenfalls unzulässig. G-Verglasungen und Glasbausteine können nur dort eingesetzt werden, wo wegen der Durchzündungsgefahr keine Bedenken bestehen, zB als Lichtflächen in Flurwänden, wenn die Unterkante der G-Verglasung mindestens 1,80 m über Fußbodenoberkante angeordnet ist (§ 17 Abs. 3 DVO-NBauO).

Wenn die Nutzung eines Gebäudes dies erfordert, kann die BauAB nach § 8 Abs. 3 DVO-NBauO an Stelle einer inneren Brandwand auch Wände zulassen, die **nicht über** 18

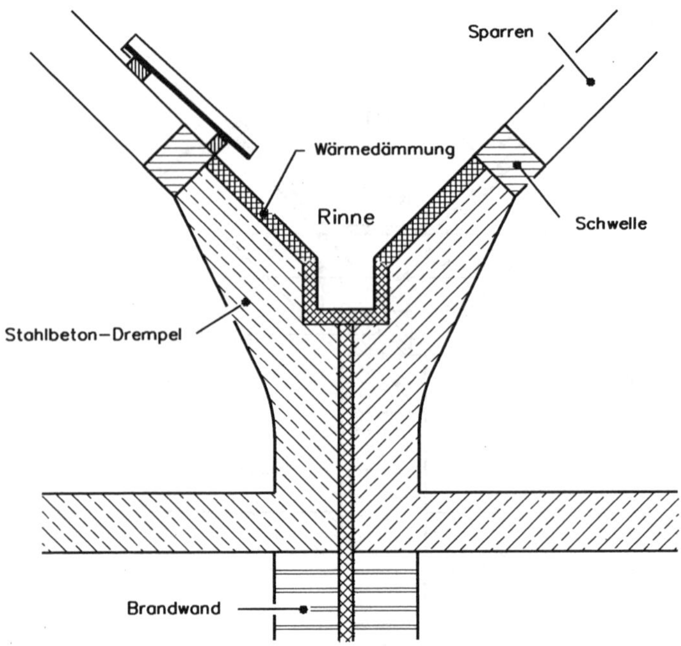

Abb. 7:
Denkbare Lösung bei giebelständigen Häusern über der Brandwand. Keine brennbaren Baustoffe überbrücken die Brandwand.

alle Geschosse (senkrecht) durchgehend sind, aber im Übrigen den Anforderungen an Brandwände entsprechen, wenn die dort genannten Bedingungen erfüllt sind.

19 Nach § 8 Abs. 2 S. 5 DVO-NBauO sind als **gemeinsame** Wände nur **Brandwände** oder feuerbeständige Wände zulässig; sie müssen dann aber so angeordnet und beschaffen sein, dass sie beim Abbruch eines der Gebäude stehen bleiben können (§ 12 S. 2).

§ 31 Decken und Böden

(1) Decken müssen den Belastungen sicher standhalten, die auftretenden Kräfte sicher auf ihre Auflager übertragen und, soweit erforderlich, die bauliche Anlage waagerecht aussteifen.

(2) [1]Böden nicht unterkellerter Aufenthaltsräume oder anderer Räume, deren Benutzung durch Feuchtigkeit beeinträchtigt werden kann, müssen gegen aufsteigende Feuchtigkeit geschützt sein. [2]Decken unter Räumen, die der Feuchtigkeit erheblich ausgesetzt sind, insbesondere unter Waschküchen, Toiletten, Waschräumen und Loggien, müssen wasserundurchlässig sein.

(3) [1]Decken müssen, soweit es der Brandschutz unter Berücksichtigung ihrer Beschaffenheit, Anordnung und Funktion erfordert, nach ihrer Bauart und in ihren Baustoffen widerstandsfähig gegen Feuer sein. [2]Sie müssen als tragende und raumabschließende Bauteile zwischen Geschossen im Brandfall ausreichend lang standsicher und widerstandsfähig gegen eine Brandausbreitung sein. [3]Satz 1 gilt auch für Bekleidungen und Dämmschichten.

Durch Runderlass des MU vom 21.1.2019, veröffentlicht am 24.1.2019 (Nds. MBl. 2019, S. 169 ff) wur-de die Verwaltungsvorschrift Technische Baubestimmungen (VV TB) bekannt gemacht. Die VV TB ersetzt die „Liste der technischen Baubestimmungen – Fassung Dezember 2015 –" und alle vom DIBt veröffentlichten Bauregelliste A und B und Listen C. Sie ist am 28.1.2019 in Kraft getreten.

Technische Baubestimmungen (TB)
bzw. Verwaltungsvorschriften (VV) zu § 31 (Stand: Januar 2019)

Lfd. Nr.	Gegenstand	Datum	Nds. MBl. Seite
	zu den einschlägigen TB/VV s. §§ 26, 27 und 29, ergänzend:		
1	DIN 4108: 2013-02 – Wärmeschutz und Energie-Einsparung in Gebäuden(VV TB A 6.2.1, zus. Anlagen A 6.2/1 – 6.2/5)		
	Teil 2: Mindestanforderungen an den Wärmeschutz	2014	AB 11
	Teil 3: Klimabedingter Feuchteschutz	2015	2. AB 101
	Teil 4: Wärme- und feuchteschutztechnische Bemessungswerte	24.01.2019	6. AB 1
	Teil 10: Anwendungsbezogene Anforderungen an Wärmedämmstoffe	24.01.2019	6. AB 49
2	DIN 4109–1: 2016-07 Schallschutz im Hochbau (VV TB A 5.2.1, zus. Anlage A 5.2/1 bis A5.2/4)	24.01.2019	6. AB 83
3	DIN 4223 – 101: 2014-12 Anwendung von vorgefertigten bewehrten Bauteilen aus dampfgehärtetem Porenbeton	24.01.2019	1. AB
	Teil 101: Entwurf und Bemessung		247
	Teil 102: Anwendung in Bauwerken		271
	Teil 103: Sicherheitskonzept (VV TB A 1.2.3.5, zus. Anlage A 1.2.3/1, Abschnitte 1, 2.2, 2.3, 4)		301
4	DIN 18159 – Harnstoff-Formaldehydharz-Ortschaum für die Wärmedämmung (VV TB A 6.2.2)	1980	1011
5	DIN 18168-1:2007-04 – Gipsplatten-Deckenbekleidungen und Unterdecken – Teil 1: Anforderungen an die Ausführung (VV TB, B 2.2.2.1)	2009	1. AB 407
6	DIN 1045-100: 2011-12 Bemessung und Konstruktion von Stahlbeton- und Spannbetontragwerken – Teil 100: Ziegeldecken (VV TB A 1.2.3.1)	2012	6. AB 43
7	Richtlinie über brandschutztechnische Anforderungen an Systemböden (Systembödenrichtlinie – SysBöR): 2005-09(VV TB A 2.2.9, zus. Anlage A 2.2.9/1)	2006	605

Hinsichtlich Lastannahmen, Betonzusatzmitteln sowie Schutz von Betonbauteilen wird auf die einschlägigen TB/VV unter § 12 verwiesen.

Übersicht

A. Allgemeines

1 § 31 enthält die allgemeinen Anforderungen, die an Decken und Böden hinsichtlich der Standsicherheit, des Brandschutzes sowie des Feuchtigkeitsschutzes zu stellen sind. Die speziellen Anforderungen in Abhängigkeit von dem jeweiligen Verwendungszweck werden in § 10 DVO-NBauO gestellt. Im Übrigen wird verwiesen auf die eingangs genannten Technischen Baubestimmungen.

Besondere Anforderungen können bedarfsweise nach § 51 Abs. 1 Nr. 5 gestellt werden.

§ 31 ist wurde seit 1986 nicht geändert. Ab der Fassung 2012 sind die vormaligen Anforderungen zum Schutz gegen Gase und Dämpfe (dies wird nun im § 13 Schutz gegen schädliche Einflüsse behandelt) Feuchtigkeit und zur Wärme- und Schalldämmung (nun in § 15) entfallen.

B. Die Anforderungen an Decken

a) Standsicherheit (Abs. 1)

2 Bezüglich Standsicherheit gelten die allgemeinen Ausführungen zu § 12. Für fast alle in der Praxis verwandten Deckenkonstruktionen sind die o.g. VV TB zu beachten. Besonders hingewiesen sei auf die einschlägigen Vorschriften der DVO-NBauO. Mit der Bemessung und Ausführung der Decken nach diesen Regelwerken wird den Anforderungen des Abs. 1 hinreichend genügt. Werden Deckensysteme verwendet, die von den in der Bauregelliste A bekannt gemachten Regeln wesentlich abweichen (→ § 17 Rn. 30 f.), und für die das DIBt eine allgemeine bauaufsichtliche Zulassung erteilt hat (→ § 18 Rn. 3 ff.), sind zusätzlich die Bestimmungen des Zulassungsbescheides zu beachten.

b) Schutz gegen Feuchtigkeit (Abs. 2)

3 Die Böden nicht unterkellerter Aufenthaltsräume, die also direkt über dem Erdboden liegen, müssen in den in Satz 1 genannten Fällen gegen aufsteigende Bodenfeuchtigkeit wirksam geschützt werden (→ § 13 Rn. 13).

4 Die Decken und Böden unter sog. Nassräumen, wie sie Satz 2 beispielhaft aufzählt, müssen aus Gründen der Standsicherheit und Dauerhaftigkeit wasserundurchlässig sein, dh gegen eindringende Feuchtigkeit durch den Einbau wirksamer Sperrschichten geschützt werden (→ § 45 Rn. 21). Decken unter Nassräumen sollten möglichst als Massivdecken ausgeführt werden.

c) Brandschutz (Abs. 3)

5 Auch hier wird – wie bei Wänden – eine auf die Beschaffenheit, Anordnung und Funktion der Decken abgestimmte Widerstandsfähigkeit der Decken gegen Feuer gefordert. Die Anforderung wird nach Abs. 3 Satz 2 dahingehend präzisiert, dass Decken **zwischen Geschossen** hinsichtlich der Tragfähigkeit und des Raumabschlusses standsicher und feuerwiderstandsfähig sein müssen. Damit ist klar, dass zB an die Dachdecke über dem obersten Geschoss mehrgeschossiger Gebäude mit Flachdächern keine Feuerwiderstandsanforderungen gestellt werden. Allerdings gilt dies nur dann, wenn der Dachdecke statisch keine aussteifende Funktion zugewiesen wird, in diesem Fall sind die Anforderungen der Feuerwiderstandsfähigkeit hinsichtlich der Tragfähigkeit maßgebend.

6 Welche Decken je nach Gebäudeklasse in feuerbeständiger oder feuerhemmender Bauart hergestellt werden müssen und welche aus nichtbrennbaren Baustoffen oder als Holzbalkendecken ohne feuerhemmende Verkleidung ausgeführt werden dürfen, ergibt

sich aus § 10 Abs. 1–3 DVO-NBauO, s. auch die Tabelle auf Seite 403/404 mit den Brandschutzanforderungen nach der DVO-NBauO. Von diesen Anforderungen, die auf das normale Gefahrenpotential im Regelfall abgestimmt sind, können nach § 10 Abs. 4 DVO-NBauO Ausnahmen bezüglich der geforderten Feuerwiderstandsklasse und des Verbots von Öffnungen in klassifizierten Decken zugelassen werden, vgl. → Rn. 8.

Nach § 10 Abs. 3 DVO-NBauO besteht die Anforderung der Feuerbeständigkeit von Decken über und unter Räumen mit Explosions- oder erhöhter Brandgefahr (ausgenommen bei Wohngebäuden der Gebäudeklassen 1 und 2). Diese Anforderung ergänzt die Anforderungen an Trennwände derartiger Räume, vgl. § 7 Abs. 1 DVO-NBauO, die somit allseitig feuerbeständig zu kapseln sind. Decken zwischen dem Wohnteil und dem land- oder forstwirtschaftlich genutzten Teil eines Gebäudes müssen ebenfalls feuerbeständig sein. **7**

C. Öffnungen in Decken

Decken, die in feuerbeständiger oder feuerhemmender Bauart auszuführen sind, haben Brandschutzfunktion. So, wie Brandwände in einem Gebäude vertikale Brandabschnitte bilden, begrenzen Decken und Böden Brandabschnitte horizontal nach oben und unten (Abschottungsprinzip gegen die Ausbreitung von Feuer und Rauch → § 14 Rn. 8). Damit sind **Öffnungen in Decken mit Brandschutzfunktion** nur bedingt vereinbar. Aus diesem Grunde lässt § 10 Abs. 4 DVO-NBauO Öffnungen nur zu **für notwendige Treppen**, Aufzugsanlagen sowie für Schächte, an die Anforderungen hinsichtlich des Brandschutzes gestellt werden (vgl. → § 39 Rn. 15 ff.). Die Treppenraumwände, die nach § 15 Abs. 1 DVO-NBauO als Brandwände bzw. je nach Gebäudeklasse mindestens feuerhemmend herzustellen sind, bzw. die Schachtwände, die nach § 21 Abs. 2 DVO-NBauO bzw. § 23 DVO-NBauO feuerwiderstandsfähig sein müssen, stellen in diesen Fällen sicher, dass sich Feuer und Rauch über die Deckenöffnung nicht von Geschoss zu Geschoss ausbreiten kann. Für andere Zwecke erforderliche Öffnungen in Decken sind nur zulässig, wenn die Öffnungen mit selbstschließenden Abschlüssen versehen sind, deren Feuerwiderstandsdauer der der Decken entspricht (§ 10 Abs. 4 S. 1 Nr. 2 DVO-NBauO). Sie müssen so angeordnet und ausgebildet sein, dass sie den Durchtritt von Feuer und Rauch wirksam verhindern. Die Festlegungen der LAR und der LüAR sind zu beachten und umzusetzen. In Schachtwänden können Feuerschutzabschlüsse nach DIN 4102-5:1977-09 eingebaut werden (ggf. zusätzlich mit vierseitig umlaufenden Dichtungen). In Decken von Gebäuden der Gebäudeklassen 1 und 2, innerhalb von Nutzungseinheiten mit nicht mehr als 400 m² und nicht mehr als zwei Geschossen sowie in Wohnungen sind Öffnungen ohne Einschränkungen zulässig (§ 10 Abs. 4 S. 4 DVO-NBauO). Nutzungseinheiten werden somit diesbgzl. Wohnungen gleichgestellt. **8**

Das mit der Zulässigkeit von Deckenöffnungen verbundene Minus an Sicherheit lässt sich eigentlich nur ausgleichen durch Einbau von Rauchwarnmeldern in allen Aufenthaltsräumen. Diesem Umstand wurde mit der Verplichtung zur Austattung von Wohnungen mit Rauchmeldern Rechnung getragen, vgl. § 44 Abs. 5 NBauO. Danach müssen Schlafräume, Kinderzimmer und Flure, über die Rettungswege von Aufenthaltsräumen führen, mit Rauchwarnmeldern versehen sein. Deren Aufgabe ist es, Brandrauch frühzeitigst zu detektieren und über die Warneinrichtung die sich in der Wohnung aufhaltenden Personen zu alarmieren, damit sie auf das Ereignis reagieren können. Die Verpflichtung besteht für neu entstehende Wohnungen seit Verkündung der NBauO 2012, bestehende Wohnungen waren nach Ablauf von vier Jahren in die Verpflichtung einbezogen. **9**

Der § 10 Abs. 4 S. 3 DVO-NBauO enthält die Forderung, dass der Anschluss feuerwiderstandsfähiger Decken an die Außenwände so erfolgen muss, dass sie als raumabschließende Bauteile zwischen Geschossen im Brandfall ausreichend lang widerstandsfähig gegen eine Brandausbreitung sind, vgl. § 31 Abs. 3 S. 2 NBauO. Der feuerwiderstandfähige Raumabschluss darf daher insbesondere durch Hohlräume in der Außenwandkonstruktion nicht aufgehoben oder beeinträchtigt werden. **10**

§ 32 Dächer

(1) [1]Bedachungen müssen gegen Flugfeuer und strahlende Wärme von außen ausreichend lang widerstandsfähig sein, soweit der Brandschutz nicht auf andere Weise gesichert ist. [2]Das Tragwerk der Dächer einschließlich des Trägers der Dachhaut muss, soweit es der Brandschutz erfordert, ausreichend lang widerstandsfähig gegen Feuer sein. [3]Die Dachhaut muss gegen die Einflüsse der Witterung genügend beständig sein.

(2) Soweit es die Verkehrssicherheit erfordert, müssen Dächer mit Schutzvorrichtungen gegen das Herabfallen von Schnee und Eis versehen sein.

(3) Dachüberstände, Dachgesimse, Dachaufbauten, Solarenergieanlagen, Sonnenkollektoren, lichtdurchlässige Bedachungen, Lichtkuppeln und Oberlichte müssen so angeordnet und hergestellt sein, dass Feuer nicht auf andere Gebäudeteile oder Nachbargebäude übertragen werden kann.

(4) Für vom Dach aus vorzunehmende Arbeiten sind sicher benutzbare Vorrichtungen anzubringen.

Durch Runderlass des MU vom 21.1.2019, veröffentlicht am 24.1.2019 (Nds. MBl. 2019, S. 169 ff) wurde die Verwaltungsvorschrift Technische Baubestimmungen (VV TB) bekannt gemacht. Die VV TB ersetzt die „Liste der technischen Baubestimmungen – Fassung Dezember 2015 –“ und alle vom DIBt veröffentlichten Bauregellisten A und B und Listen C. Sie ist am 28.1.2019 in Kraft getreten.

Technische Baubestimmungen (TB)
bzw. Verwaltungsvorschriften (VV) zu § 14 (Stand: Januar 2019)

Lfd. Nr.	Gegenstand	Datum	Nds. MBl. Seite
	zu den einschlägigen TB/VV s. §§ 26 – 31, ergänzend mitgeltende Normen:		
1	DIN 18234-1:2018-05 – Baulicher Brandschutz großflächiger Dächer – Brandbeanspruchung von unten – Teil 1: Geschlossene Dachflächen – Anforderungen und Prüfungen		
	DIN 18234-2:2018-05 – Baulicher Brandschutz großflächiger Dächer – Brandbeanspruchung von unten – Teil 2: Verzeichnis von Dächern, welche ohne Nachweis die Anforderungen nach DIN 18234-1 erfüllen – Dachflächen		
	DIN 18234-3:2018-05 – Baulicher Brandschutz großflächiger Dächer – Brandbeanspruchung von unten – Teil 3: Durchdringungen, Anschlüsse und Abschlüsse von Dachflächen – Anforderungen und Prüfungen		
	DIN 18234-4:2019-05 – Baulicher Brandschutz großflächiger Dächer – Brandbeanspruchung von unten – Teil 4: Verzeichnis von Durchdringungen, Anschlüssen und Abschlüssen von Dachflächen, welche ohne weiteren Nachweis die Anforderungen nach DIN 18234-3 erfüllen		

Lfd. Nr.	Gegenstand	Datum	Nds. MBl. Seite
2	DIN 18 807 Teil 3 – Trapezprofile im Hochbau (gemäß VV TB Anlage A 1.2.4/2; jedoch inzwischen zurückgezogen und ersetzt durch DIN EN 1090:2018/09 Ausführung von Stahltragwerken und Aluminiumtragwerken – Teil 4: Technische Anforderungen an tragende Kaltverformte Bauelemente aus Stahl und tragende, kaltverformte Bauteile für dach-, Decken-, Boden- und Wandanwendungen	24.01.2019	181

Hinsichtlich Lastannahmen, Betonzusatzmitteln sowie Schutz von Betonbauteilen wird auf die einschlägigen TB/VV unter § 12 verwiesen.

Übersicht

A. Allgemeines

Dächer bilden den oberen Abschluss von Bauwerken und sollen diese vor Niederschlägen schützen. Dächer sind aber auch ein wesentliches Element der Gestaltung der Gebäude sowie ganzer Ortschaften oder Stadtteile. Sie dürfen das bestehende oder vorgesehene Straßen- und Ortsbild nicht verunstalten und das Erscheinungsbild von Baudenkmalen nicht beeinträchtigen (§ 8 NDSchG). **1**

§ 32 enthält die allgemeinen Anforderungen an Dächer, die aus Gründen des Schutzes gegen Einflüsse der Witterung, des Feuerschutzes, der Verkehrssicherheit und – soweit ein Dach Aufenthaltsräume abschließt – aus Gründen des Schall- und Wärmeschutzes zu stellen sind. Diese Vorschriften werden in § 11 DVO-NBauO konkretisiert. **2**

Forderungen nach **Standsicherheit des Tragwerks der Dächer** werden seit der NBauO 1986 in § 32 nicht mehr erhoben. Dies aber nur deshalb nicht, weil sich das, auch ohne Erwähnung in § 32, bereits aus § 12 ergibt. Auf Dächer bezogen bedeutet dies, dass das Tragwerk der Dächer einschließlich des Trägers der Dachhaut die Belastungen aus Eigengewicht, Gewicht der Dachhaut, Windlast, Schnee- und Eislast, Verkehrslast (seinerzeit DIN 1055 Teile 4 u. 5) sicher aufnehmen und auf die Auflager ableiten muss. **3**

Zum Tragwerk gehören alle tragenden Konstruktionsglieder eines Daches, gleichgültig, ob es sich dabei um zimmermannsmäßig abgebundene Dachstühle, um ingenieurmäßige Binder oder um die Balken oder die Tragplatte eines Flachdaches handelt. Alle diese Teile müssen standsicher sein; dazu gehört eine ausreichende Steifigkeit der Konstruktion durch Windverbände und auch die Sicherung des Daches gegen Abheben (Sogkräfte) durch ausreichende Auflasten (Kiesschüttung) oder Verankerung. Blecheindeckungen müssen über die gesamte Dachfläche mit der Unterkonstruktion fest verbunden sein, die ihrerseits mit dem aufgehenden Mauerwerk sicher verankert sein muss. Bezüglich technischer Einzelheiten ist zu verweisen auf die einschlägigen Regeln der Technik sowie auf die VV TB, die zu § 12 zusammengestellt sind.

Bei der Zusammenstellung von **Lastannahmen für Flachdächer** von größeren Hallen mit Innenentwässerung ist das Gewicht des Niederschlagswassers zu berücksichtigen, **4** das sich bei einem außerordentlichen Starkregen oder auch nur wegen eines verstopften Ablaufs auf der Dachfläche bis zur Höhe der Attika – oder besser- bis zur definierten Höhe eines Notüberlaufs aufstauen kann.

Für flach geneigte Dächer von **Hallen größerer Spannweite** in schneehöffigen Lagen (s. Schneezonenkarte in DIN 1055 – Teil 5/A1, diese wurde ersetzt durch: DIN EN 1991-1-1:2010-12, DIN EN 1991-1-1/NA:2010-12.) empfiehlt es sich, neben den Schnee- und Eislasten nach DIN 1055 Teil 5 entweder einen gehörigen Zuschlag für außerordentliche Schneefallereignisse (Winter 2005/2006 i. Süddeutschland) zu berücksichtigen oder eine ausreichende Verkehrslast in Ansatz zu bringen, die im Notfall eine Entlastung der Dachfläche mit motorgetriebenen Räumgeräten zulässt. Weiter ist es ratsam, besonders an windreichen Standorten in höheren schneehöffigen Lagen bei stark geneigten **verschachtelten Satteldachformen** (Schneesackbildung) einseitige Schneebelastung zu berücksichtigen, die sich bei der Ausbildung von Schneewechten unter Windeinwirkung oder durch einseitiges schneebrettartiges Abrutschen einstellen kann, siehe hierzu Eurocode 1, DIN V ENV 1991–2-3 Grundlagen der Tragwerksplanung, Teil 2–3: Schneelasten. Diese Norm kennt Formbeiwerte für Schneelasten (Nr. 7.1), die die ungleiche Verteilung des Schnees durch Wind an Höhenversprüngen von Dächern, Aufbauten oder Wänden berücksichtigen.

Bei begrünten Dächern ist das Pflanzbett sowie dessen max. Wasserspeichervermögen gewichtsmäßig zu berücksichtigen.

B. Anforderungen an Dächer

a) Beschaffenheit von Bedachung und Tragwerk (Abs. 1)

5 Satz 1 bestimmt, dass Bedachungen **gegen Flugfeuer und strahlende Wärme von außen ausreichend lang widerstandsfähig** sein müssen, soweit der Brandschutz nicht auf andere Weise gesichert ist. Auch in dem zugeordneten § 11 DVO-NBauO wird durchgehend der Begriff „Bedachung" statt „Dachhaut" verwendet. Unter „Bedachung" ist die Tragschicht der Dachhaut einschließlich der ggf. vorhandenen Dämm- und Sperrschichten zu verstehen.

Gemäß VVTB A 2.2.1 i.V. mit der M-VVTB, Anhang 4, erfolgt die Zuordnung von Bedachungen aufgrund der Ergebnisse aus Prüfungen nach DIN 4102-7:1987-03 bzw. DIN EN 13501-5:2010-02. Es ergibt sich folgende Zuordnung der bauaufsichtlichen Anforderungen zu den Klassen:

Bauaufsichtliche Anforderung	**Klasse nach DIN 4102-07:1987-03**	**Klasse nach DIN EN 13501-5:2010-02**
Brandbeanspruchung von außen durch Flugfeuer und strahlende Wärme (harte Bedachung)	Widerstandsfähigkeit von Bedachungen gegen Flugfeuer und strahlende Wärme	BROOF (t1)*
* Wenn im Rahmen der CE-Kennzeichnung die Klasse BROOF(t1), Beanspruchung durch Feuer von außen gemäß DIN EN 13501-5, angegeben wird, gilt diese für die Bedachung nur, wenn die Ausführung der Bedachung den Ausührungen im zugehörigen Klassifizierungsdokument, in delegierten Rechtsakten oder in einer Entscheidung der Européischen Kommission hinsichtlich des Brandverhaltens entspricht. Ist dies nicht der Fall, bedarf es für die harte Bedachung als Bauart eines allgemeinen bauaufsichtlichen Prüfzeugnisses.		

Eine Zusammenstellung von gegen Flugfeuer und strahlende Wärme widerstandsfähigen Dachdeckungsprodukten oder -materialien, die ohne Prüfung unabhängig von der Dachneigung gegen Flugfeuer und strahlende Wärme widerstandsfähig sind, enthält Abschn. 11.4 der DIN 4102-4:2016-05 (VV TB A 2.2.3, i. V. mit VV TB A 2.2.3/1). Dazu gehören zB

- Bedachungen aus natürlichen oder künstlichen Decksteinen aus Schiefer oder anderem Naturstein, Stein, Beton, Ton oder Keramik,
- Bedachungen mit Dachplatten aus Stahl,
- Bedachungen mit Metallblech als oberster Lage wie zB Profilblech und ebenes Blech aus Aluminium, Aluminium-Legierung, Kupfer, Kupferlegierung, Zink, Zink-Legierung, verzinktem Stahl,
- Bedachungen mit Bitumendachbahnen (→ Rn. 6),
- Begrünte Dächer (→ Rn. 7),
- beliebige Bedachungen mit schwerem Oberflächenschutz, d. h. mit vollständig bedeckender mindestens 5 cm dicker Schüttung aus Kies 16/32 oder mit Bedeckung aus mindestens 4 cm dicken Betonwerksteinplatten oder anderen mineralischen Platten.

Die in DIN 4102-4:2016-05 angebenen Ausführungsrandbedigungen sind jeweils zu beachten.

Als widerstandsfähig gegen Flugfeuer und strahlende Wärme ohne Nachweis und ohne Rücksicht auf die Dachneigung und damit als **„harte" Bedachung** iSv § 11 Abs. 1 DVO-NBauO gelten nach DIN 4102-4:2016-05 auch Bedachungen mit fachgerecht auf tragender Konstruktion (auch auf Zwischenschichten aus Wärmedämmstoffen mindestens der Baustoffklasse B 2) in mindestens zweilagiger Ausführung verlegte Bitumen-Dachdichtungsbahnen nach DIN V 20000-201:2006-11, Tabelle 1, Zeile 1, Bitumendach-Schweißbahnen nach DIN 20000-201:2006-11, Tabelle 1 Zeile 2 und 3, Glasvlies-Bitumen-Dachbahnen nach DIN 20000-201:2006-11, Tabelle 1, Zeile11. Bei mit PS-Hartschaum gedämmten Dächern muss eine Bahn eine Trägereinlage aus Glasvlies oder Glasgewebe aufweisen, wobei Kaschierungen von Rolldämmbahnen mit Glasvlieseinlagen hierbei nicht zählen. 6

Gemäß § 11 Abs. 4 DVO-NBauO sind Bedachungen mit **Begrünungen** und **Teilflächen aus brennbaren** Baustoffen unter der Voraussetzung zulässig, wenn eine Brandentstehung durch Flugfeuer und strahlende Wärme von außen nicht befürchtet werden muss, bzw. Vorkehrungen gegen eine Brandentstehung getroffen sind. Die für die Erfüllung der og Anforderungen einzuhaltenden Bedingungen sind in der DIN 4102-4:2016-05 Abschnitt 11.4.7 aufgeführt. Intensive Dachbegrünungen erfüllen die Anforderungen ohne weitere Maßnahmen. Extensive Dachbegrünungen erfüllen die Anforderungen wenn sie folgende Bedingungen erfüllen: 7

- Mineralisch bestimmte Vegetationsschicht mit max. 20 % Massenanteil organischer Bestandteile,
- Vegetationstragschicht mit einer Schichtdicke ≥ 30 mm,
- Überdachführung von Brandwänden mindestens 30 cm über OK Vegetationstragschicht bzw. 0,3 m hohe nichtbrennbare Aufkantung bzw. 1 m breiter Streifen aus massiven Platten oder Grobkies,
- Abstände der Begrünung von 0,5 m zu Dachöffnungen und aufgehenden Wänden bzw. 1 m zur Traufe bei giebelständigen Gebäuden.

Im Industriebau werden über die vorstehende Anforderung der „harten" Bedachung hinaus bei Dachflächen mit mehr als 2.500 m² zusätzliche Anforderungen gestellt, um einer Brandausbreitung über das Dach bei einer Brandbeanspruchung von unten entgegenzuwirken, vgl. IndBauRL. DIN 18234-1 bis 4:2018-05 regelt die dafür entwickelten Prüfverfahren und enthält Kataloge mit Ausführungbeispielen für Dachaufbauten, die ohne weiteren Nachweis die gestellten Anforderungen erfüllen. 8

Nach § 11 Abs. 4 DVO-NBauO dürfen Bedachungen Teilflächen aus brennbaren Baustoffen haben. Gemäß VVTB A 2.1.9 werden die Teilflächen auf Werte begrenzt, für die keine Beeinträchtigung der Behinderung einer Brandentstehung oder Brandausbreitung insgesamt zu erwarten ist. Danach wird bei brennbaren lichtdurchlässigen Teilflächen deren Summe auf maximal 30 % der Dachfläche begrenzt, die Größe von Lichtbändern ist auf 2 m x 20 m, die von Lichtkuppeln auf 6 m² begrenzt, außerdem sind bestimmte 9

Abstände untereinander und zu Brandwänden und angrenzenden höheren Gebäuden einzuhalten.

10 Für andere Bedachungen ist der Brandschutz auf andere Weise zu sichern; so **bei „weicher“ Bedachung** aus brennbaren Baustoffen (zB Stroh- oder Reetdeckung) durch **größere Abstände** der „Dachhaut“ des so gedeckten Gebäudes von den Nachbargrenzen und anderen Gebäuden (vgl. → § 5 Rn. 45). Diese Regelung ist **nachbarschützend** (VGH Kassel 22.2.1980 – IV OE 58/78, BRS 36 Nr. 153).

§ 11 Abs. 2 DVO-NBauO gestattet die Verwendung von „weicher Bedachung“ aus brennbaren Baustoffen nur bei freistehenden Gebäuden der Gebäudeklassen 1 bis 3 und schreibt zum Schutz gegen Brandübertragung Mindestabstände vor. Dabei wird unterschieden zwischen Wohngebäuden (geringerer Mindestabstand) und sonstigen Gebäuden (größerer Mindestabstand). Sachliche Gründe für die unterschiedlichen Abstände sind nicht offensichtlich. Die Entflammbarkeit und das Abbrandverhalten des Bedachungsmaterials, dass die Gefahr der Brandübertragung und damit die Größe der Abstände im Wesentlichen bestimmt, kann jedenfalls die unterschiedlichen Abstände nicht rechtfertigen, die anscheinend aus § 32 Abs. 2 MBauO in § 11 DVO-NBauO übernommen wurden.

11 Gebäude mit **weicher Bedachung aus brennbarem Material** müssen nach § 11 Abs. 2 Nr. 1–4 DVO-NBauO mindestens folgende (Brandschutz-)Abstände halten:

Jeweilige Situation	Wohngebäude	sonstige Gebäude
von den Grenzen des Baugrundstücks	6 m	12 m
von Gebäuden mit harter Bedachung auf demselben Baugrundstück	9 m	15 m
von Gebäuden mit weicher, brennbarer Bedachung auf demselben Baugrundstück	12 m	24 m
von eingesch. Nebengebäuden bis 60 m^2 Grundfl. ohne Aufenthaltsräume u. Feuerstätten auf demselben Baugrundstück	5 m	5 m

Diese Abstände gelten nach § 11 Abs. 3 DVO-NBauO nicht für Bedachungen von Gebäuden mit nicht mehr als 50 m^3 Rauminhalt ohne Aufenthaltsräume und Feuerstätten, Dachflächenfenster, Lichtkuppeln und Oberlichter von Wohngebäuden, Vordächer und lichtdurchlässige Bedachungen mit gekapselten brennbaren und sonst aus nichtbrennbaren Baustoffen sowie Eingangsüberdachungen und Gewächshäuser, weil deren Bedachungen idR nicht aus Baustoffen bestehen, die leicht entflammbar sind und damit einen Feuerübersprung begünstigen.

Ein nach der oa Tabelle einzuhaltender Abstand von der Grenze kann gem. § 9 Abs. 2 durch eine Baulast auf das Nachbargrundstück verlagert werden. Darauf weist § 11 Abs. 2 S. 2 ausdrücklich hin.

12 Maßgebend für den **Brandschutz-Abstand** ist die Dachkante aus brennbarem Material, weil der Abstand das Überspringen des Feuers von einem Gebäude zum nächsten verhindern soll. Gebäude mit weicher, brennbarer Bedachung müssen daher nicht nur mit ihren Außenwänden, sondern grundsätzlich auch einschließlich ihrer Dachüberstände Abstand halten (OVG Lüneburg 28.6.1988 – I A 151/85, BRS 48 Nr. 89). § 11 Abs. 2 DVO-NBauO ist nachbarschützend (vgl. → § 72 Rn. 76 mN).

13 § 32 Abs. 1 S. 2 verlangt, dass das **Tragwerk der Dächer**, einschließlich des Trägers der Dachhaut selbst, **ausreichend lang widerstandsfähig gegen Feuer** ist, soweit es der Brandschutz erfordert. Dies bedeutet nun nicht, dass damit eine Verschärfung der Bestimmungen eingetreten ist, etwa mit der Folge, dass nunmehr Holz als Baustoff ausscheidet. Bei den meisten Bauten, bis hin zur Hochhausgrenze, sind nach wie vor Holzkonstruktionen möglich, weil der Brandschutz es in diesen Fällen eben idR nicht

erfordert, dass das Tragwerk widerstandsfähig gegen Feuer sein muss. **Im Geschoss-Wohnungsbau** könnte sich die Forderung nach einer feuerwiderstandsfähigen Dachkonstruktion ergeben, wenn hohe und niedrige Baukörper so zueinander gebaut werden, dass Feuer aus dem Dach des niedrigeren Teils auf den höheren Gebäudeteil überspringen kann, vgl. auch → Rn. 16. Das Tragwerk von Dächern über Räumen **von Versammlungsstätten** muss mind. feuerhemmend, von Dächern über Tribünen mind. feuerhemmend oder nichtbrennbar ausgebildet sein (§ 4 Abs. 1 NVStättVO). Das Tragwerk von Dächern über erdgeschossigen **Verkaufsstätten** ohne Sprinklerung muss mindestens feuerhemmend ausgeführt sein, über sonstigen Verkaufsstätten ohne Sprinklerung feuerbeständig (§ 8 VKVO).

§ 32 S. 1 fordert, dass die Bedachung genügend **beständig gegen Witterungseinflüsse** sein muss. Dazu gehört, dass die Dachhaut wasserundurchlässig, frostbeständig, UV-Licht verträglich und im Übrigen in der Lage ist, extreme Temperaturdifferenzen schadlos zu überstehen. 14

b) Verkehrssicherheit (Abs. 2)

Abs. 2 verlangt die Anbringung von Schutzvorrichtungen gegen das Herabfallen von Schnee und Eis, soweit dies aus Gründen der Verkehrssicherheit (vgl. § 23) erforderlich ist. Die Verkehrssicherheit wird Schutzvorrichtungen (Schneegitter o.dgl.) an den Dachtraufen immer dann erfordern, wenn es sich um Gebäude mit steiler Dachneigung oder solche in schneereichen Regionen (zB im Harz) handelt und wenn, eng an sie angelehnt, öffentliche Verkehrsflächen, Zugänge oder Zuwege verlaufen. Fehlt ein notwendiges Schneegitter und kommt infolgedessen ein Dritter durch herabfallende Schneemassen zu Schaden, so wird der Hauseigentümer dafür haften müssen. 15

c) Dachaufbauten, Oberlichte (Abs. 3)

Abs. 3 will verhindern, dass durch die Anordnung bzw. Herstellung von Dachaufbauten und Oberlichten sowie Dachüberstände, Dachgesimse, Solarenergieanlagen, Sonnenkollektoren, lichtdurchlässige Bedachungen und Lichtkuppeln die Gefahr des Übergreifens von Feuer auf andere Gebäudeteile oder Nachbargebäude entsteht. Wie die Anordnung der in Abs. 3 genannten Teile von Dächern zu geschehen hat, insbesondere welche Abstände sie zu Brandwänden einzuhalten haben, ergibt sich, auch für sonstige Öffnungen im Dach, aus § 11 Abs. 5 und 6 DVO-NBauO (vgl. Abb. 1). Der danach erforderliche Abstand ist bis zur Brandwand und nicht bis zur gedachten Mittellinie der Wand zu halten (OVG Lüneburg 14.5.1999 – 1 L 5705/98 – nv zu einer Doppelhaus-Brandwand auf der Grenze). 16

Die Forderung des Absatz 3 ist von Bedeutung beim Anschluss von Dächern niedriger Gebäude an höhere angrenzende, eigenständige Gebäude oder Dächern von Anbauten als niedrigere Gebäudeteile an einen höheren Gebäudeteil. Hier besteht die Gefahr einer Brandausbreitung über das Dach des niedrigeren auf die Außenwand mit Öffnungen oder eine Außenwand ohne Feuerwiderstand der anschließenden höheren Gebäudeteile. Neu eingefügt in § 11 Abs. 7 DVO-NBauO wurde daher die Anforderung, dass die Dächer der Anbauten in einem 5 m-Streifen vor der höheren Außenwand von innen nach außen einen Feuerwiderstand wie die Decken des höheren Gebäudes haben müssen. Dies gilt nicht bei Anbauten an Wohngebäuden der Gebäudeklassen 1 bis 3. 17

d) Schutzvorrichtungen für Dacharbeiten (Abs. 4)

Abs. 4 verlangt zum Schutze von auch nur gelegentlich auf dem Dach arbeitenden Personen (Dachdecker, Schornsteinfeger, Glasreiniger) die Anbringung sicher benutzbarer Vorkehrungen (Dachhaken, Laufbohlen usw). Hinzuweisen ist auf 18

DIN EN 517 – Sicherheitshaken,
DIN EN 516 – Einrichtungen zum Betreten des Daches,
DIN EN 12951 – vorgefertigte Zubehörteile für Dacheindeckungen, festinstallierte Dachleitern,
DIN 18160-5 – Abgasanlagen – Einrichtungen für Schornsteinfegearbeiten.

Zu den Vorrichtungen, die Abs. 4 für Arbeiten auf Dachflächen fordert, gehören auch Umwehrungen von verglasten Flächen in solchen Dächern, die bei außergewöhnlichem Schneefall aus Gründen der Standsicherheit von der nicht einkalkulierten Schneelast geräumt werden müssen. Die Umwehrungen sollen verhindern, dass Personen durch die vom Schnee überdeckten, nicht tragfähigen Verglasungen nach unten stürzen.

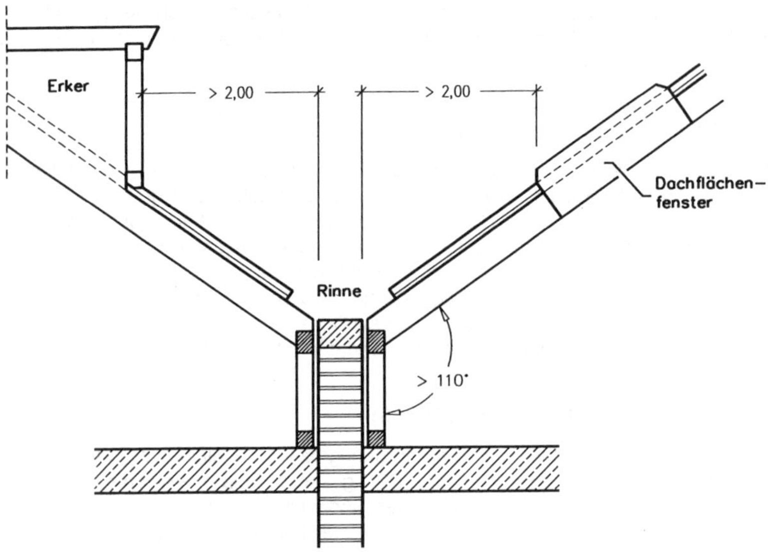

Abb. 1:
Mindestabstände von Öffnungen in Dächern zur Brandwand, wenn die Dachneigung steiler als 20° (Winkel zur Brandwand mehr als 110°) ist (§ 11 Abs. 6 DVO-NBauO).

C. Dächer aneinandergebauter Gebäude

19 Während es relativ unproblematisch ist, wie aneinandergebaute Gebäude, insbesondere Reihenhäuser, bei traufständiger Bebauung gegen von Haus zu Haus überspringendes Feuer geschützt werden können, nämlich durch die Anordnung von bis unter die Dachhaut oder darüber reichenden Brandwänden (vgl. → § 30 Rn. 6 ff.), blieb diese Frage bis zur DVNBauO 1987 weitgehend ungelöst bei aneinandergebauten Gebäuden in giebelständiger Bauweise, die also mit den Dachtraufen „aneinander stoßen". Für traufseitig aneinander gebaute Gebäude fordert nun § 11 Abs. 5 DVO-NBauO von innen nach außen wirkend raumabschließend feuerhemmende Dächer, wenn die Gebäude durch Brandwände oder Wände anstelle von Brandwänden (§ 8 As. 2 DVO-NBauO) getrennt sein müssen. Die Anforderung gilt ausdrücklich auch für die das Dach aussteifenden und tragenden Bauteile. Öffnungen in diesen Dachflächen müssen, waagerecht gemessen, mindestens 2,00 m von einer Gebäudetrennwand (Brandwand oder feuerbeständige Wand nach § 8 Abs. 2 DVO-NBauO) entfernt sein, wenn die Dächer mit dieser Trennwand einen Winkel von mehr als 110° bilden (§ 11 Abs. 5 DVO-NBauO). Das ist bei Dachneigungen der Fall, die steiler als 20° sind (vgl. Abb. 1).

§ 33 Rettungswege

(1) ¹Für jede Nutzungseinheit mit mindestens einem Aufenthaltsraum müssen in jedem Geschoss mindestens zwei voneinander unabhängige Rettungswege ins Freie vorhanden sein. ²Die Rettungswege dürfen innerhalb des Geschosses über denselben notwendigen Flur (§ 36) führen.

(2) ¹Der erste Rettungsweg für eine Nutzungseinheit nach Absatz 1 Satz 1, die nicht zu ebener Erde liegt, muss über eine notwendige Treppe (§ 34 Abs. 1 Satz 2) führen. ²Der zweite Rettungsweg kann über eine weitere notwendige Treppe oder eine mit den Rettungsgeräten der Feuerwehr erreichbare Stelle der Nutzungseinheit führen. ³Ein zweiter Rettungsweg über eine von der Feuerwehr erreichbare Stelle der Nutzungseinheit ist geeignet, wenn Bedenken in Bezug auf die Eignung des Rettungsweges für die Rettung der Menschen nicht bestehen; für ein Geschoss einer Nutzungseinheit nach Satz 1, ausgenommen Geschosse von Wohnungen, das für die Nutzung durch mehr als 10 Personen bestimmt ist, ist die Eignung des Rettungsweges zu prüfen. ⁴Ein zweiter Rettungsweg ist nicht erforderlich, wenn die Rettung über einen sicher erreichbaren und durch besondere Vorkehrungen gegen Feuer und Rauch geschützten Treppenraum möglich ist.

Durch Runderlass des MU vom 21.1.2019, veröffentlicht am 24.1.2019 (Nds. MBl. 2019, S. 169 ff.) wurde die Verwaltungsvorschrift Technische Baubestimmungen (VV TB) bekannt gemacht. Die VV TB ersetzt die „Liste der technischen Baubestimmungen – Fassung Dezember 2015 –" und alle vom DIBt veröffentlichten Bauregellisten A und B und Listen C. Sie ist am 28.1.2019 in Kraft getreten.

Technische Baubestimmungen (TB)
bzw. Verwaltungsvorschriften (VV) zu § 33 (Stand: Januar 2019)

Lfd. Nr.	Gegenstand	Datum	Nds. MBl. Seite
	zu den einschlägigen TB/VV s. §§ 14, 26 – 31, ergänzend:		
1	Richtlinien über Flächen für die Feuerwehr (VVTB A 2.2.1, zus. Anlage A 2.2.1/1)	2012	17. AB 159

Übersicht

A. Allgemeines

1 § 33 wurde in der Fassung 2012 der NBauO neu eingefügt. Die bis dahin in § 20 aF enthaltenen Anforderungen wurden mit aus der MBO übernommenen Anforderungen, die aus praktischer Sicht erforderlich sind, und Anforderungen aus § 13 DVNBauO aF zusammengefasst. Damit wurde erreicht, einen mit der MBO und anderen Landesbauordnungen einheitlichen Regelungszusammenhang herzustellen.

B. Voneinander unabhängige Rettungswege (Abs. 1)

2 Abs. 1 Satz 1 verlangt, dass jede Nutzungseinheit mit mindestens einem Aufenthaltsraum (vgl. → § 43 Rn. 10) in jedem Geschoss mindestens **zwei** voneinander unabhängige **Rettungswege ins Freie** haben muss. Damit soll der Gefahr begegnet werden, dass Personen von Feuer und Rauch eingeschlossen werden, weil ihnen der einzige Fluchtweg zum rettenden Ausgang durch den Brandherd selbst bzw. durch Rauch und heiße Brandgase versperrt ist. In Satz 2 wird weiterhin klargestellt, dass die beiden Rettungswege innerhalb des Geschosses über denselben notwendigen Flur führen dürfen, was somit der Forderung nach zwei unabhängigen Rettungswegen nicht widerspricht. Da Treppenräume so angeordnet werden müssen, dass sie möglichst entgegengesetzte Fluchtrichtungen bieten (vgl. § 35 Abs. 1 S. 2) ergeben sich bei Nutzung desselben Flurs zwei mögliche Fluchtwege aus dem Geschoss ins Freie, womit die Unabhängigkeit auch dann gegeben ist.

3 **Nutzungseinheit** iSv Abs. 1 ist eine Zusammenfassung von Räumen, die einer bestimmten Nutzung dienen, wie eine Wohnung, eine Arztpraxis, ein Anwaltsbüro o. dgl., und die gegenüber anderen Nutzungseinheiten sowie gegenüber dem notwendigen Flur durch feuerwiderstandsfähige Wände abgeschlossen ist (s. OVG Münster 7.7.1997 – 10 A 3367/94, BRS 59 Nr. 124 mN). Auch wenn eine solche Nutzungseinheit nur einen Aufenthaltsraum enthält, wie zB ein Einzimmerappartement mit Bad und Kleinküche, ist die Forderung nach zwei voneinander unabhängigen Rettungswegen zu erfüllen **(Ausnahme vgl. → Rn. 10)**. Erstreckt sich eine Nutzungseinheit über zwei oder mehr Geschosse, dann müssen in jeder Geschossebene zwei voneinander unabhängige Rettungswege vorhanden sein, beispielsweise in maisonetteartigen Wohnungen mit Räumen über zwei Geschosse verteilt. Das Erfordernis zweier Rettungswege in jedem Geschoss einer Nutzungseinheit gilt nicht nur für Vollgeschosse iSv § 2 Abs. 7 NBauO (OVG Lüneburg 20.12.1996 – 6 L 5512/94 – nv). Das ergibt sich aus dem insoweit eindeutigen Wortlaut des Abs. 1 Satz 1, der den Begriff des Vollgeschosses vermeidet. Das Erfordernis zweier Rettungswege gilt auch für Geschosse mit Räumen, die zwar nicht als Aufenthaltsräume vorgesehen sind, die aber als solche genutzt werden können (§ 2 Abs. 8). Das Erfordernis entsteht also nicht erst – wie oft irrtümlich angenommen – mit der entsprechenden Möblierung eines Raumes als Aufenthaltsraum bzw. seiner Nutzungsänderung, sondern bereits mit der Herstellung des Geschosses selbst. Auch wenn sich eine „Wohnlandschaft" über zwei Ebenen ohne einen (durch raumhohe Wände abgeschlossenen) Aufenthaltsraum erstreckt, ist für jede (Geschoss-)Ebene ein zweiter unabhängiger Rettungsweg notwendig. Das erschließt sich aus dem Zweck der Regelung des Abs. 1, nämlich keine sackgassenartige Situation ohne Rettungsmöglichkeit zuzulassen.

4 **Voneinander unabhängig** sind Rettungswege, wenn sie getrennt voneinander verlaufen und nicht in räumlicher Verbindung miteinander stehen. Entscheidend ist, dass dann, wenn der eine Fluchtweg wegen Verrauchung oder Feuer nicht passierbar ist, aus der Nutzungseinheit heraus ein zweiter anderer Fluchtweg zur Verfügung steht (so auch OVG Münster 7.7.1997 aaO). Das setzt idR voraus, dass die Rettungswege nicht nebeneinander liegen, sondern soweit wie möglich auseinander gezogen werden; sie sollten grundsätzlich in entgegengesetzte Richtungen geführt werden. Rettungswege sind erst dann als unabhängig iSv Abs. 1 Satz 1 anzusehen, wenn sie nicht gleichzeitig durch dasselbe Brandereignis blockiert werden können, so dass bei jeder Brandsituation immer ein „Umgehen" der von Feuer und Rauch unpassierbar gewordenen Räume, Flure, Treppenhäuser und Ausgänge möglich ist.

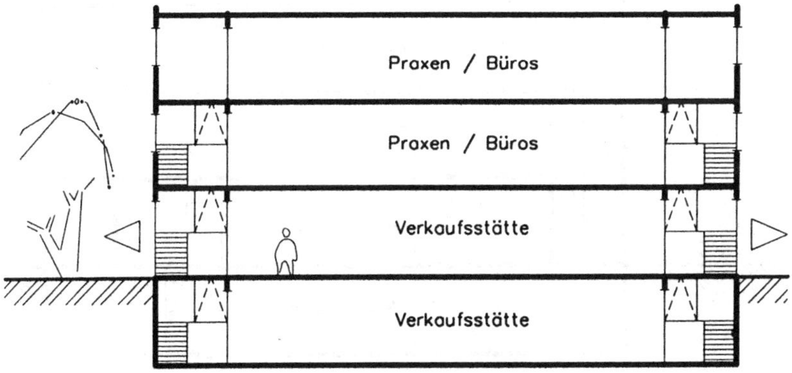

Abb. 1:
Gemeinsame Rettungswege für sämtliche Geschosse.

C. Erster und zweiter Rettungsweg (Abs. 2)

Nach Abs. 2 Satz 1 muss der erste Rettungsweg für Nutzungseinheiten, die nicht zu ebener Erde liegen, stets über eine notwendige Treppe führen, die nach § 35 Abs. 1 in einem notwendigen Treppenraum liegen muss. Der zweite Rettungsweg braucht nicht immer ein zweiter Treppenraum zu sein,. Das kann uU eine „Feuertreppe" an der Außenwand eines Gebäudes sein. Der Terminus „Feuertreppe" wird in der NBauO nicht verwendet, vielmehr handelt es sich um Außentreppen als notwendige Treppen, gegen die dann keine Bedenken bestehen, wenn dieser Rettungsweg im Brandfall auch tatsächlich funktionsfähig bleibt. Das setzt voraus, dass die Außentreppe an einem fensterlosen Bereich der Hauswand so angeordnet wird, dass der ungeschützte Treppenlauf nicht mehr von Flammen und heißen Brandgasen aus seitlich oder tiefer liegenden Fenster- und Türöffnungen erreicht werden kann (vgl. → § 35 Rn. 12 ff.). Notfalls müssen die tiefer liegenden Zugangstüren zur Außentreppe als Feuerschutztüren ausgebildet werden. Dazu müssen die Feuerschutztüren allerdings einen Leistungsnachweis für den Einbau als Außentüren besitzen. 5

Der **zweite Rettungsweg** kann an Stelle eines zweiten Treppenraumes oder einer Außentreppe auch **über eine mit den Rettungsgeräten der Feuerwehr erreichbare Stelle der Nutzungseinheit** geführt werden (Abs. 2 Satz 2). Die Feuerwehr muss also mit ihren Geräten (zB Steckleiter, Drehleiter oder Hubsteiger) an diese Stelle herankommen können (OVG Münster 15.12.2004 – 7 B 2142/4, BRS 67 Nr. 152). Bezüglich Aufstell- und Bewegungsflächen für die Feuerwehr sind die Richtlinien über Flächen für die Feuerwehr (VV TB A 2.2.1) maßgebend, hinsichtlich Fenster als zweiter Rettungsweg siehe § 37 und § 20 Abs. 2 DVO-NBauO. 6

Voraussetzung ist, dass die örtliche Feuerwehr über die erforderlichen Rettungsgeräte überhaupt verfügt (vgl. § 13 Abs. 1 DVO-NBauO). Bei Gebäuden bis zur Gebäudeklasse 3 (vgl. → § 2 Rn. 40 ff.) ist das die genormte 4-teilige Steckleiter, die an das Gebäude herangetragen werden kann, und die zur Grundausstattung eines jeden Löschzuges gehört. Bei Gebäuden mit Aufenthaltsräumen von mehr als 7 m Fußbodenhöhe über Gelände muss die Feuerwehr über eine Drehleiter oder ein Hubrettungsfahrzeug verfügen, mit dem Personen aus dem höchstgelegenen Aufenthaltsraum geborgen werden können (→ § 6 Rn. 10 ff.). Dieses Rettungsfahrzeug muss innerhalb einer **Hilfsfrist** (= Alarmierungszeit + Ausrückezeit + Anfahrzeit + Rüstzeit) von 15 Minuten den zweiten Rettungsweg bilden können (Erl. d. MS v. 23.6.1993 – 305.2-24000/2-13 – nv – über die Sicherstellung des zweiten Rettungsweges – VORIS 210720 200 400 30). 7

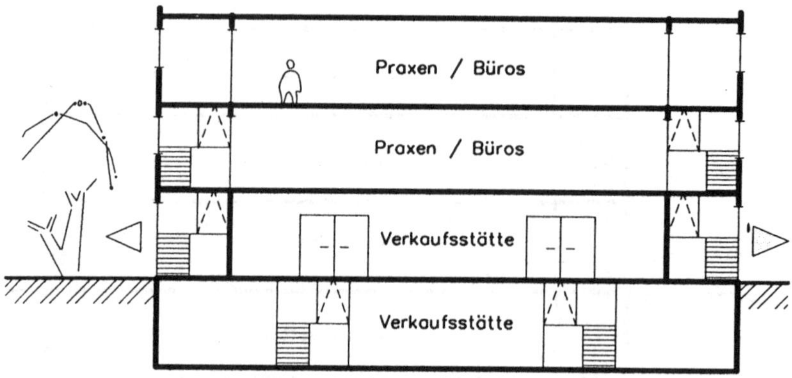

Abb. 2:
Die Rettungswege aus dem 1. und 2. OG (Praxen + Büros) führen gesondert ohne Querung der Rettungswege aus dem EG + UG (Verkaufsstätte) über die Treppenhäuser ins Freie.
Die Rettungswege aus dem UG + EG (Verkaufsstätte) führen zur hinteren Gebäudeseite.

Steht der Feuerwehr nicht innerhalb der Hilfsfrist das erforderliche Rettungsfahrzeug zur Verfügung – was im Zweifelsfall durch eine Einsatzübung überprüft werden sollte –, dann muss der Bauherr stattdessen geeignete bauliche Vorkehrungen wie einen Sicherheitstreppenraum, zweiten Treppenraum oder eine Außentreppe treffen (vgl. Abs. 1 Satz 2).

8 Der zweite Rettungsweg über Gerät der Feuerwehr bietet nicht die gleiche Sicherheit wie der erste Rettungsweg über eine notwendige Treppe. Der Hauptmangel ist der Zeitfaktor, denn es kann immer nur eine Person nach der anderen geborgen werden. Daher scheidet diese Alternative aus für Gebäude, bei denen eine größere Anzahl von Personen auf die Rettung über Gerät der Feuerwehr angewiesen wäre, zB für **Schulen** (vgl. Nr. 4 der Anlage zur SchulbauR), Verkaufsstätten und Versammlungsstätten, bei denen bauseits zwei Rettungswege gegeben sein müssen, weil die Bergung vieler Personen über Rettungsgerät nicht möglich ist. In Krankenhäusern, Alten- und Pflegeheimen, ist bei bettlägerigen Patienten oder greisen Menschen die Evakuierung sowohl über die Steckleiter (bei Gebäuden bis zur Gebäudeklasse 3) als auch über Hubgeräte außerordentlich schwierig und für alle gefährdeten Personen zu zeitaufwendig (vgl. Hölemann, Wolf, Kubon BBauBl. 99, 60). Dieser Personenkreis muss vorrangig durch Umquartierung in benachbarte Brandabschnitte in Sicherheit gebracht werden können, daher muss bei Gebäuden dieser Art durch das Abschottungsprinzip (vgl. → Rn. 9) ausreichende Sicherheit erreicht werden.

9 Diesem Umstand wurde durch die Formulierung im Abs. 2 Satz 3 Rechnung getragen, nach dem die Rettungswegführung über eine mit Rettungsgeräten erreichbare Stelle der Nutzungseinheit nur zugelassen wird, wenn wegen der Eignung des Rettungswegs für die Rettung der Menschen keine Bedenken bestehen. Außer in den in → Rn. 8 genannten Fällen ist dies immer dann der Fall, wenn wegen einer großen Zahl von Menschen, die zur Verfügung stehende Zeit für die Rettung nicht ausreicht. Die Eignung dieses Rettungswegs ist daher bauaufsichtlich zu prüfen. Dabei wird auf das Geschoss einer nicht zu ebener Erde liegenden Nutzungseinheit mit mindestens einem Aufenthaltsraum Bezug genommen. Festgelegt wurde dafür ein Grenzwert von 10 Personen, für die das Geschoss zur Nutzung bestimmt ist. Bei Überschreiten dieses Grenzwerts ist die Prüfung der Eignung erforderlich. Geschosse von Wohnungen sind davon ausgenommen.

10 Bei höheren Gebäuden oder in Hochhäusern erfordert die Sicherstellung des zweiten Rettungswegs einen zweiten, unabhängig erreichbaren Treppenraum, es sei denn, das

Gebäude verfügt über einen Sicherheitstreppenraum (vgl. →§ 35 Rn. 17 f.). Bei Vorhandensein eines Sicherheitstreppenraumes gilt nach Satz 4 die Forderung nach zwei voneinander unabhängigen Rettungswegen nicht, da der Sicherheits-treppenraum als einziger Rettungsweg so sicher vor Feuer und Rauch sein muss, dass er bei jeder Brandsituation benutzbar bleibt.

Nach § 13 Abs. 2 DVO-NBauO gilt die Begrenzung der Rettungsweglänge von höchstens 35 m bis zu einem Ausgang ins Freie oder zu einem notwendigen Treppenraum nun auch für Kellergeschosse. In Abs. 3 wird die Stichflurlänge nun auf 15 m begrenzt, wenn er zu einem Sicherheitstreppenraum führt.. **11**

§ 34 Treppen

(1) [1]Räume in Gebäuden müssen, soweit sie nicht zu ebener Erde liegen, über Treppen zugänglich sein. [2]Treppen müssen in solcher Zahl vorhanden und so angeordnet und ausgebildet sein, dass sie für den größten zu erwartenden Verkehr ausreichen und die erforderlichen Rettungswege bieten (notwendige Treppen). [3]Statt notwendiger Treppen sind Rampen mit flacher Neigung zulässig.

(2) [1]Einschiebbare Treppen und Rolltreppen sind als notwendige Treppen unzulässig. [2]Einschiebbare Treppen und Leitern sind zulässig als Zugang

1. zu einem Dachraum ohne Aufenthaltsräume in Wohngebäuden der Gebäudeklassen 1 und 2,

2. zu einem anderen Raum, der kein Aufenthaltsraum ist, wenn hinsichtlich des Brandschutzes und der Art seiner Benutzung keine Bedenken bestehen.

(3) [1]Treppen müssen mindestens einen Handlauf haben. [2]Notwendige Treppen müssen beiderseits Handläufe haben. [3]Die Handläufe müssen fest und griffsicher sein. [4]Satz 2 gilt nicht, wenn Menschen mit Behinderungen und alte Menschen die Treppe nicht zu benutzen brauchen, und nicht für Treppen von Wohngebäuden der Gebäudeklassen 1 und 2 sowie in Wohnungen.

Durch Runderlass des MU vom 21.1.2019, veröffentlicht am 24.1.2019 (Nds. MBl. 2019, S. 169 ff) wurde die Verwaltungsvorschrift Technische Baubestimmungen (VV TB) bekannt gemacht. Die VV TB ersetzt die „Liste der technischen Baubestimmungen – Fassung Dezember 2015 –“ und alle vom DIBt veröffentlichten Bauregellisten A und B und Listen C. Sie ist am 28.1.2019 in Kraft getreten.

Technische Baubestimmungen (TB)
bzw. Verwaltungsvorschriften (VV) zu § 34 (Stand: Januar 2019)

Lfd. Nr.	Gegenstand	Datum	Nds. MBl. Seite
	zu den einschlägigen TB/VV s. §§ 14, 26 und 27, ergänzend:		
1	DIN 18 065:2015-03 Gebäudetreppen – Begriffe, Messregeln, Hauptmaße (VVTB A 4.2.1)	24.01.2019	6. AB 115
2	DIN 18040-1:2010-10 – Barrierefreies Bauen – Planungsgrundlagen – Teil 1: Öffentlich zugängliche Gebäude (VVTB A.4.2.2, zus. Anlage A 4.2/1)	2012	17. AB 1
	DIN 18040-2:2011-09 – Barrierefreies Bauen – Planungsgrundlagen – Teil 2: Wohnungen (VTTB A 4.2.2, zus. Anlage A 4.2/3)	2012	17. AB 31

Übersicht

A. Allgemeines

1 Treppen sind neben Aufzügen und Rampen die vertikalen Verkehrswege von Gebäuden. Ihnen kommt besondere Bedeutung zu, da sie im Brandfall als Fluchtwege für die Bewohner bzw. Benutzer sowie als Rettungs- und Angriffswege für die Feuerwehr dienen müssen. Die allgemeinen Anforderungen des § 34 an Treppen werden deshalb aus Gründen der Verkehrssicherheit (§ 16) und des Rettungseinsatzes gestellt. Mindestanforderungen dazu enthalten § 14 und zT auch § 13 DVO-NBauO. Daneben müssen Treppen auch von alten Menschen, gesundheitlich beeinträchtigten oder behinderten Menschen, kleinen Kindern sicher und nach Möglichkeit ohne große Mühen benutzt werden können. Anforderungen an Treppen zugunsten dieses Personenkreises können sich aus § 49 iVm den TBen lfd. Nr. 1 u. 2 (s.o. Liste d. TB/VV) ergeben, Darüber hinaus können an Treppen in baulichen Anlagen besonderer Art und Nutzung hinsichtlich Anzahl, Anordnung und Beschaffenheit weitergehende Anforderungen gestellt bzw. auch Erleichterungen gestattet werden, wenn es der Einhaltung der Vorschriften im Einzelfall nicht bedarf (§ 51 Abs. 1 Nr. 7).

Die Anforderung, dass Treppen und Treppenabsätze gut begehbar und verkehrssicher sein müssen, ist seit der Fassung 2012 in den allgemeinen Anforderungen in § 16 über die Verrkehrssicherheit enthalten.

B. Allgemeine Anforderungen

a) Notwendige Treppen (Abs. 1)

2 Abs. 1 verlangt, dass Räume in Gebäuden, die nicht zu ebener Erde liegen, über Treppen zugänglich sein müssen. Alle Obergeschosse eines Gebäudes müssen also über eine ausreichende Zahl von Treppen erreichbar sein, die so angeordnet und ausgebildet sein müssen, dass sie **den größten zu erwartenden Verkehr** aufnehmen können und **die erforderlichen Rettungswege** bieten. Diese Treppen sind „notwendige Treppen" im Sinne der Bauordnung. Notwendige Treppen müssen immer in einem Treppenraum liegen (§ 35 Abs. 1), der die Treppe vor Feuer und Rauch schützt. Sonstige Treppen, die neben notwendigen Treppen in einem Gebäude zusätzlich vorhanden sind, unterliegen nicht den gleichen strengen (Brandschutz-)Anforderungen, müssen aber in jedem Fall verkehrssicher sein.

3 Die **Zahl notwendiger Treppen** bestimmt sich nach der Eigenart des Gebäudes und dessen Ausdehnung. Von jeder Stelle jeden Aufenthaltsraumes muss der Treppenraum mindestens einer notwendigen Treppe in demselben Geschoss in höchstens 35 m Entfernung erreichbar sein (§ 13 Abs. 2 DVO-NBauO), wobei nicht die gradlinige Entfernung maßgebend ist, sondern die Länge der tatsächlichen „Lauflinie" bis zur Tür des Treppenraumes (Abb. 1). Grundsätzlich gilt die Forderung, dass die Bewohner und Benutzer ein Gebäude im Gefahrenfall auf zwei Wegen verlassen können müssen. Als zweiter Fluchtweg genügt uU der Notbehelf eine Außentreppe vor der Außenwand oder Rettungsgeräte der Feuerwehr (Steckeiter, Drehleiter oder Hubsteiger), wenn diese örtlich verfügbar sind, und damit der höchstgelegene Aufenthaltsraum eines Gebäudes erreichbar ist (vgl.

§13 DVO-NBauO und → §33 Rn. 5–7). Die übrigen Vorschriften über die Zahl notwendiger Treppen und ihre Anordnung sind in §13 DVO-NBauO, die über ihre Beschaffenheit in §14 DVO-NBauO enthalten.

4 Der Sicherheit dient auch die Forderung, dass notwendige Treppen in höheren Gebäuden **zu allen Geschossen** mit Aufenthaltsräumen **in einem Zuge** führen sollen (§14 Abs. 1 DVO-NBauO). „In einem Zuge" bedeutet gleich bleibende Lauf- und Drehrichtung über alle Geschosse und Podeste ohne Treppenversprung oder -versatz. Dadurch soll im Falle eines Brandes die Orientierung in Dunkelheit und Rauch sowohl für flüchtende Personen als auch für die Einsatzkräfte der Feuerwehr erleichtert werden. Das Steigungsverhältnis soll bei mehrgeschossigen Gebäuden über alle Treppenläufe, die „in einem Zuge" (§14 Abs. 1 DVNBauO) verlaufen müssen, gleich bleiben (Abb. 2).

5 Zur **nutzbaren Laufbreite notwendiger Treppen**, das ist das lichte Maß zwischen den Handläufen oder – bei einseitigem Handlauf – zwischen Wand und Handlauf, enthält §34 und auch §14 DVO-NBauO keine Angaben mehr. Auch die in Fassungen vor 2012 enthaltenen Anforderungen an die **Stufenabmessungen** sind entfallen. Die Bemessung von Treppen ergibt sich ausschließlich aus der DIN 18065:2015-03 (vgl. Abb. 3 bzgl. Durchgangshöhe, Umwehrung und Stababstand der Umwehrung.

Bei **Versammlungsstätten** wird die erforderliche nutzbare Laufbreite der Rettungswege, dazu gehören notwendige Treppen, nach der Anzahl der Personen, die auf die notwendige Treppe angewiesen sind, bemessen und zwar 0,60 m je 100 Personen, mindestens jedoch 1,20 m (§7 Abs. 4 NVStättVO). Bei **Verkaufsstätten** (Kaufhäuser, großflächige Verbrauchermärkte) ergibt sich die erforderliche Gesamtbreite notwendiger Treppen aus den vorgeschriebenen Breiten der Ausgänge aus den Geschossen, die nach der Fläche der Verkaufsräume bemessen werden (§14 Abs. 3 VKVO). Treppen für Kunden müssen mindestens 2,00 m breit sein, dürfen aber 2,50 m Breite auch nicht überschreiten (§11 Abs. 2 VKVO). Sehr oft ergibt sich die Anzahl notwendiger Kundentreppen bei großen Verkaufsstätten bereits indirekt aus den maximal zulässigen Rettungsweglängen (s. §10 VKVO).

6 Die Anforderungen an die **tragenden Teile notwendiger Treppen in** §14 Abs. 2 DVO-NBauO wurden in der 2012er Fassung gegenüber den früheren Anforderungen vor 2012 reduziert. Damit wurde berücksichtigt, dass notwendige Treppen schon durch die Ausbildung des Treppenraums (feuerwiderstandsfähig und brandlastfrei) geschützt sind. Die tragenden Teile müssen nun bei Gebäuden in der Gebäudeklasse 5 mindestens feuerhemmend und nichtbrennbar, in der Gebäudeklasse 4 nichtbrennbar und in der Gebäudeklasse 3 feuerhemmend oder nichtbrennbar sein. An tragende Bauteile von Treppen in Gebäuden der Gebäudeklassen 1 und 2 werden keine Brandschutzanforderungen gestellt, sie können also auch aus Holz hergestellt sein. Soweit nach §35 Abs. 2 Nr. 3 Außentreppen als notwendige Treppen in Gebäudeklasse 3 bis 5 zulässig sind, müssen sie aus nichtbrennbaren Baustoffen bestehen.

7 Der Verkehrssicherheit dient die Forderung, dass vor einer Treppe, die hinter einer Tür mit Aufschlagrichtung zur Treppe beginnt, ein Treppenabsatz mit einer Länge in mindestrens Türebreite erforderlich ist (§14 Abs. 3 DVO-NBauO und Abb. 4).

Rampen statt notwendiger Treppen sind nach Abs. 1 Satz 3 mit flacher Neigung zulässig. In der Funktion als Rettungsweg darf die Neigung höchstens 10 % betragen (§14 Abs. 4 DVNBauO). Rampen zugunsten Behinderter müssen flacher geneigt sein. Für Rollstuhlbenutzer dürfen sie nach DIN 18025 (s. Liste der TB/VV lfd. Nr. 2) höchstens 6 % Neigung haben.

b) Leitern, einschiebbare Treppen (Abs. 2)

8 **Rolltreppen sind als notwendige Treppen unzulässig** (Abs. 2). Sie können (zB als Fahrtreppen in Kaufhäusern) weder auf die erforderliche Anzahl noch auf die zu fordernde Gesamtbreite notwendiger Treppen angerechnet werden. Sie sind ebenso wie Auf-

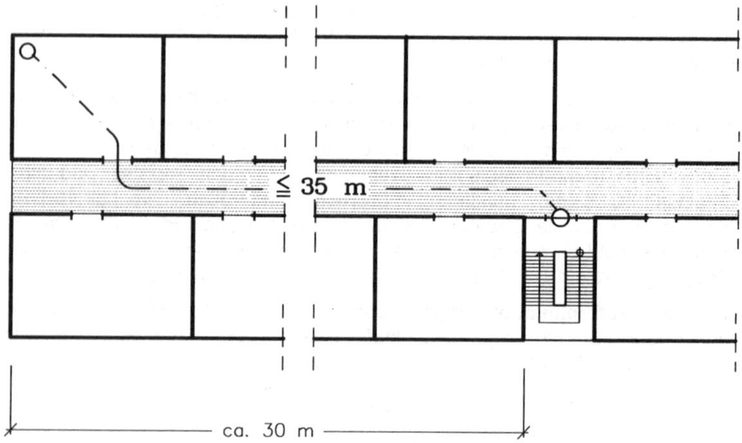

Abb. 1:
Von jeder Stelle jedes Aufenthaltsraumes muss in demselben Geschoss der Treppenraum einer notwendigen Treppe in höchstens 35 m Entfernung, gemessen in der „Lauflinie", erreichbar sein (§ 13 Abs. 2 DVO-NBauO).

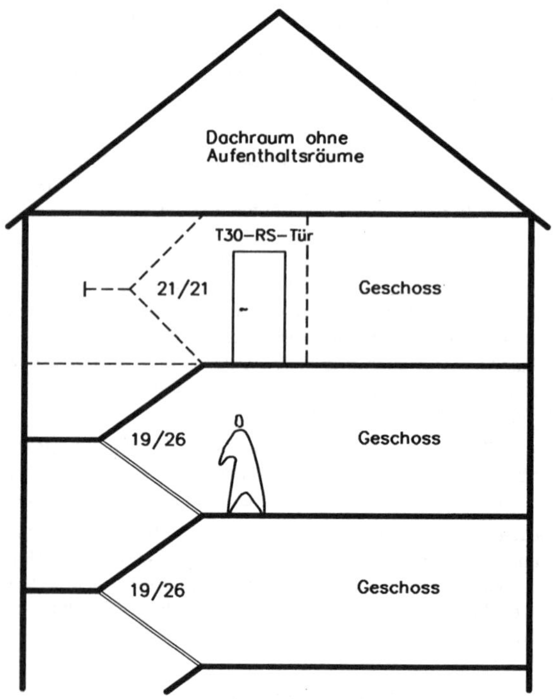

Abb. 2:
Notwendige Treppen müssen in einem Zuge zu allen angeschlossenen Geschossen führen (§ 14 Abs. 1 Satz 1 DVO-NBauO). Das gilt u.a. nicht für Treppen zum Dachraum ohne Aufenthaltsräume. Das Steigungsverhältnis sollte über alle Treppenläufe gleich bleibend sein.

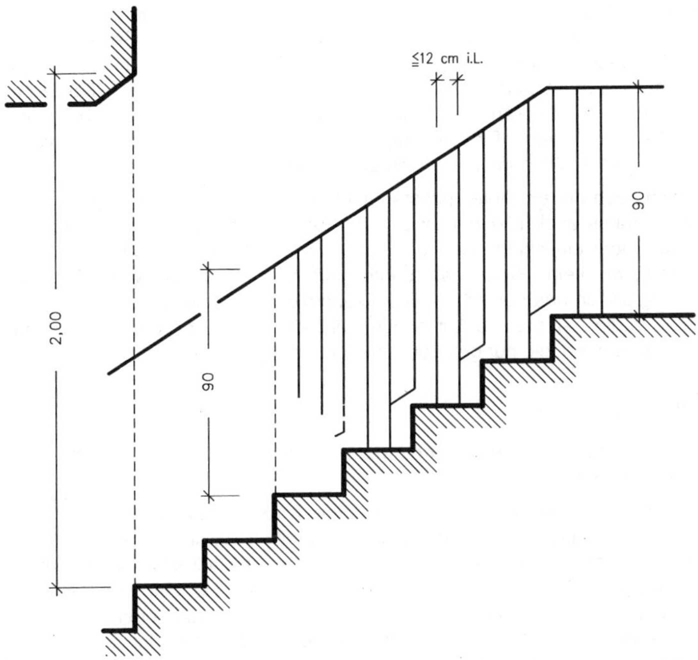

Abb. 3
Treppen müssen nach DIN 18 065 eine lichte Durchgangshöhe von mindestens 2,00 m haben und mittels Umwehrungen von mindestens 90 cm Höhe gegen Abstürzen gesichert sein (§ 4 Abs. 2 DVO-NBauO). Der Stababstand darf nicht mehr als 12 cm i.L. betragen (§ 4 Abs. 5 DVO-NBauO).

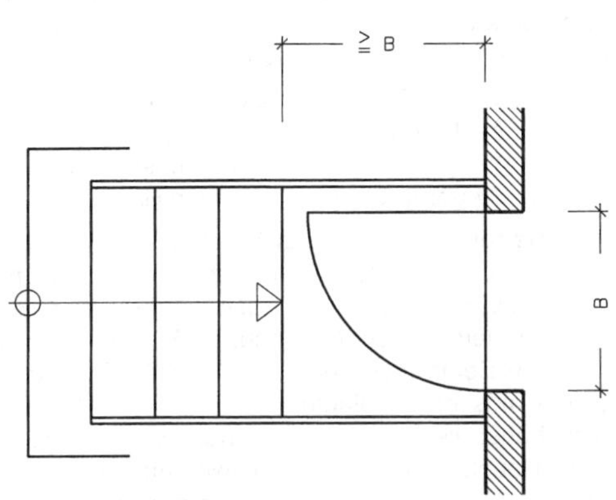

Abb. 4:
Fallbeispiel für § 14 Abs. 3 DVO-NBauO.

züge (Stromausfall) als Rettungswege ungeeignet (weil ungeschützt vor Feuer und Rauch). Die erforderliche Anzahl und die Anordnung notwendiger Treppen muss zusätzlich und unabhängig von Rolltreppen sichergestellt werden.

Einschiebbare Treppen (Bodentreppen u. dgl.) und **Leitern** sind **als notwendige Treppen unzulässig** (Abs. 2 Satz 2). Sie würden im Gefahrenfall (Panik) keinen sicheren Rettungsweg bieten. 9

Einschiebbare Treppen (DIN 4570) und Leitern sind nur als Zugang zum nicht ausgebauten Dachraum ohne Aufenthaltsräume in Wohngebäuden der Gebäudeklassen 1 und 2 statthaft (Abs. 2 Satz 2 Nr. 1). In anderen Gebäuden muss eine feste Treppe den Zugang zum Dachraum bilden (OVG Lüneburg 7.5.1974 – I A 169/73, BRS 28 Nr. 71). Nach dem gleichen Urteil kann die BauAB aber **nicht** anstelle einer festen Treppe zum Dachraum den Einbau einer Einschubtreppe fordern, um auf diese Weise die verbotene Nutzung von Aufenthaltsräumen im Dachraum zu verhindern.

Befindet sich auch nur ein Aufenthaltsraum im Dachraum eines der vorgenannten Gebäude, dann muss auch hier der Dachraum über eine feste Treppe erreichbar sein. Durch Leitern oder einschiebbare Treppen dürfen im Übrigen nur (andere) Räume zugänglich sein, die keine Aufenthaltsräume sind, und nur dann, wenn dagegen aus Brandschutzgründen und der Art der Benutzung dieser Räume keine Bedenken bestehen. Das kann der Fall sein bei Dachböden landwirtschaftlicher Betriebsgebäude oder bei Maschinenräumen, die nur gelegentlich zu Wartungsarbeiten betreten werden.

c) Handläufe (Abs. 3)

10 Zur sicheren Begehbarkeit einer **Treppe muss** diese nach Satz 1 grundsätzlich mindestens **einen Handlauf** haben.

Satz 2 fordert darüber hinaus, dass **notwendige Treppen beiderseits Handläufe** haben müssen; gleichgültig, ob der Treppenlauf beidseitig oder nur einseitig durch Wände begrenzt wird. Dem liegt der Gesichtspunkt zugrunde, dass einseitig Körperbehinderte, die ein Hilfsmittel zum Gehen (zB Stock) benötigen, einen Handlauf auf der von ihnen jeweils gleichen Seite benötigen, ob sie die Treppe nun aufwärts oder abwärts gehen. Diese Forderung wird in Satz 4 nur scheinbar relativiert, wenn dort ausgeführt wird, dass beiderseitige Handläufe dann entbehrlich sein sollen, wenn die Treppe nicht von Menschen mit Behinderungen oder alten Menschen benutzt zu werden braucht. In jedem normalen Mehrfamilienhaus wird man die Benutzung der Treppen durch diesen Personenkreis nicht ausschließen können. Darüber hinaus fordert § 49 für die dort genannten Gebäudearten die besondere Rücksichtnahme auf die Belange Behinderter und alter Menschen. Es dürften somit nur wenige Arten von Gebäuden verbleiben, bei denen ein Handlauf ausreichen dürfte, zB in Kasernen oder Lagergebäuden.

11 **Treppen von Wohngebäuden** der Gebäudeklassen 1 und sowie **Treppen innerhalb von Wohnungen** (zB Maisonettewohnungen) brauchen generell nur einen Handlauf aufzuweisen. Treppen „von“ Wohngebäuden bedeutet, dass auch die Treppen außerhalb dieser Gebäude, zB die **Eingangstreppen**, nur einen Handlauf zu haben brauchen.

12 Nach Satz 3 müssen die **Handläufe fest und griffsicher** sein. Die Griffsicherheit dient der Verkehrssicherheit, besonders für ältere Menschen. Der Handlauf muss im Profil so gestaltet sein, dass er mit den Fingern umschlossen werden kann. Eine einfache stehende Bohle erfüllt diese Forderung nicht (vgl. Abb. 5). Ein Seil als Handlauf reicht für die Sicherheit nicht aus (OVG Berlin 10.1.1975 – II B 78.74, BRS 29 Nr. 92). Um bequem benutzt werden zu können, müssen Handläufe nach Ziff. 6.9.1 DIN 18065:2015-03 nicht tiefer als 80 cm und nicht höher als 115 cm, lotrecht über Stufenvorderkante gemessen, angebracht werden. Bei Handläufen, die eine Umwehrung nach oben abschließen, muss der Handlauf nach § 4 Abs. 2 DVO-NBauO ohnehin mindestens 90 cm hoch sein. Die Vorschriften über **Handläufe** gelten **auch für Rampen**, wenn diese die Funktion notwendiger Treppen haben.

d) Einbau von Treppenliften

13 Seit längerem existiert die Möglichkeit, in **Einfamilienhäusern** nachträglich Treppenlifte einzubauen. Sie engen zwar die ohnehin schmale Laufbreite der notwendigen Treppe, idR nicht breiter als 80 cm, weiter ein, das dürfte aber bei der geringen Anzahl von Personen, die auf die Treppe als ersten Rettungsweg angewiesen ist, im Falle eines Bran-

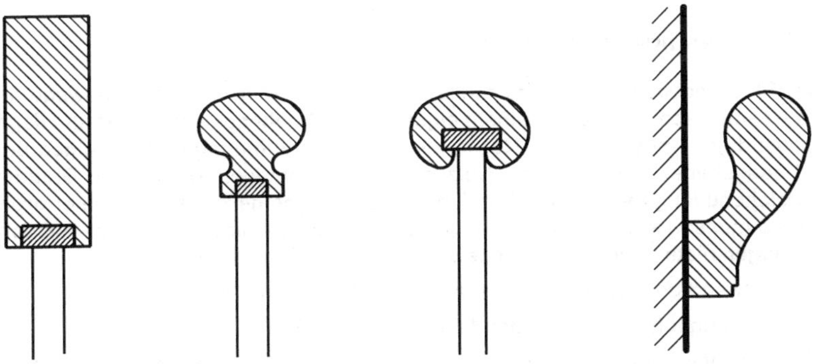

Abb. 5:
Handläufe müssen griffsicher (§ 34 Abs. 3 Satz 3), d.h. so geformt sein, dass die Finger den Handlauf umschließen können. Das linke Beispiel wir dem nicht gerecht.

des kein zu großes Risiko sein. Auch ist die verbleibende nutzbare Breite des Treppenlaufs für „Gegenverkehr" im Fahrbetrieb zu gering. Das ist hier wohl unbedenklich, wenn der Treppenlauf in voller Länge eingesehen werden kann. Gemäß VV TB, Anlage A 4.2/1 ist die Einführung der Anwendung der DIN 18065:2015-03 auf Treppen in Wohngebäuden der Gebäudeklassen 1 und 2 und in Wohnungen ausgenommen.

Etwas anderes gilt für Treppen von **Mehrfamilienhäusern**. Hier sind oftmals viele Per- 14
sonen auf die notwendige Treppe als ersten Rettungsweg angewiesen, der daher voll funktionsfähig und verkehrssicher bleiben muss. Die Verringerung der Laufbreite einer notwendigen Treppe durch Führungsschienen eines Treppenlifts auf weniger als 80 cm steht im Widerspruch zu DIN 18065:2015-03 Gebäudetreppen. Treppenlifte sind nach der BetrSichV überwachungsbedürftig; hierzu → § 38 Rn. 11.

In der VV TB, Anlage A 4.2/1 sind die baurechtlichen Anforderungen an den Einbau von Treppenliften in Treppenräumen notwendiger Treppen in bestehenden Gebäuden formuliert. Die Anforderungen betreffen folgende Punkte:

- Die Treppe darf nur Wohnungen und/oder vergleichbare Nutzungen erschließen.
- Die Mindestlaufbreite der Treppe von 100 cm darf durch die Führungskonstruktion nicht wesentlich unterschritten werden; eine untere Einschränkung des Lichtraumprofils von höchstens 20 cm Breite und höchstens 50 cm Höhe ist hinnehmbar, wenn die Treppenlauflinie (siehe Nummer 3.6) oder der Gehbereich nicht verändert wird. Ein Handlauf muss zweckentsprechend genutzt werden können.
- Wird ein Treppenlift über mehrere Geschosse geführt, muss mindestens in jedem Geschoss eine ausreichend große Wartefläche vorhanden sein, um das Abwarten einer begegnenden Person bei Betrieb des Treppenlifts zu ermöglichen. Das ist nicht erforderlich, wenn neben dem benutzten Lift eine Restlaufbreite der Treppe von 60 cm gesichert ist.
- Der nicht benutzte Lift muss sich in einer Parkposition befinden, die den Treppenlauf nicht einschränkt. Im Störfall muss sich der Treppenlift auch von Hand ohne größeren Aufwand in die Parkposition fahren lassen.
- Während der Leerfahrten in die bzw. aus der Parkposition muss der Sitz des Treppenlifts hochgeklappt sein. Neben dem hochgeklappten Sitz muss eine Restlaufbreite der Treppe von 60 cm verbleiben.
- Gegen die missbräuchliche Nutzung muss der Treppenlift gesichert sein.
- Der Treppenlift muss aus nichtbrennbaren Materialien bestehen, soweit das technisch möglich ist.

§ 35 Notwendige Treppenräume

(1) [1]Jede notwendige Treppe muss zur Sicherstellung der Rettungswege aus den Geschossen ins Freie in einem eigenen, durchgehenden Treppenraum liegen (notwendiger Treppenraum). [2]Notwendige Treppenräume müssen so angeordnet und ausgebildet sein, dass die Nutzung der notwendigen Treppen im Brandfall ausreichend lang möglich ist. [3]Sind mehrere notwendige Treppenräume erforderlich, so müssen sie so verteilt sein, dass sie möglichst entgegengesetzte Fluchtrichtungen bieten und die Rettungswege möglichst kurz sind.

(2) Notwendige Treppen sind ohne eigenen Treppenraum zulässig

1. in Wohngebäuden der Gebäudeklassen 1 und 2,

2. für die Verbindung von höchstens zwei Geschossen innerhalb derselben Nutzungseinheit von insgesamt nicht mehr als 200 m² Grundfläche, wenn in jedem Geschoss ein anderer Rettungsweg erreicht werden kann,

3. als Außentreppe, wenn ihre Nutzung auch im Brandfall ausreichend sicher ist.

(3) [1]Jeder notwendige Treppenraum muss an einer Außenwand liegen und einen unmittelbaren Ausgang ins Freie haben. [2]Innenliegende notwendige Treppenräume sind zulässig, wenn ihre Nutzung ausreichend lang durch Raucheintritt nicht gefährdet werden kann. [2]Ein mittelbarer Ausgang ist zulässig, wenn der zwischen dem notwendigen Treppenraum und dem Ausgang ins Freie liegende Raum

1. dem Verkehr dient,

2. mindestens so breit ist wie der breiteste Treppenlauf des Treppenraums,

3. Wände hat, die die Anforderungen an die Wände des Treppenraums erfüllen,

4. zu anderen Räumen, ausgenommen notwendige Flure, keine Öffnungen hat und

5. zu notwendigen Fluren nur Öffnungen mit rauchdichten und selbstschließenden Abschlüssen hat.

(4) Notwendige Treppenräume müssen zu belüften und zu beleuchten sein, und zur Rauchableitung ausreichende Fenster oder sonstige Öffnungen haben.

Durch Runderlass des MU vom 21.1.2019, veröffentlicht am 24.1.2019 (Nds. MBl. 2019, S. 169 ff) wurde die Verwaltungsvorschrift Technische Baubestimmungen (VV TB) bekannt gemacht. Die VV TB ersetzt die „Liste der technischen Baubestimmungen – Fassung Dezember 2015 –“ und alle vom DIBt veröffentlichten Bauregellisten A und B und Listen C. Sie ist am 28.1.2019 in Kraft getreten.

Technische Baubestimmungen (TB)
bzw. Verwaltungsvorschriften (VV) zu § 35 (Stand: Januar 2019)

Lfd. Nr.	Gegenstand	Datum	Nds. MBl. Seite
	zu den einschlägigen TB/VV s. §§ 14, 26 und 29, ergänzend:		
1	DIN 18095-1:1988-10 – Türen, Rauchschutztüren, Teil 1: Begriffe und Anforderungen (vgl. VV TB A 2.1.11)	24.01.2019	189
	DIN 18095-2:1991-03 – Türen, Rauchschutztüren; Teil 2: Bauartprüfung der Dauerfunktionstüchtigkeit und Dichtheit (vgl. VV TB A 2.1.11)		

Übersicht

A. Allgemeines

Mit der präzisen Überschrift des §35 wird klargestellt, dass nur notwendige Treppenräume erfasst werden. In Abs. 1 wird der Begriff des notwendigen Treppenraums und das Schutzziel definiert. Abs. 2 beschreibt die Fälle, in denen notwendige Treppen ohne eigenen Treppenraum zulässig sind. Abs. 3 enthält die Anforderungen bzgl. des Ausgangs ins Freie. Zur Vereinfachung und Konkretisierung der Regelungen der Anforderungen des §35 wurde in Angleichung an die MBauO die grundsätzliche, auch begriffliche Unterscheidung der notwendigen Treppenräume in „außenliegende" und „innenliegende" aufgegeben. Abs. 4 beschreibt die Anforderungen an die Belüftung, und Beleuchtung und die Rauchableitung. 1

B. Treppenräume (Abs. 1–3)

Damit **notwendige Treppen** im Brandfall möglichst lange als Fluchtweg und für die Feuerwehr als Rettungs- und Löschangriffsweg benutzbar bleiben, müssen diese Treppen **in eigenen Treppenräumen** liegen, die brandsicher umschlossen und durch alle Geschosse geführt sind. Sehr konkrete Einzelanforderungen dazu enthält § 15 DVO-NBauO. 2

Diese Forderung nach eigenen Treppenräumen für notwendige Treppen entfällt für Wohngebäude der Gebäudeklassen 1 und 2 und auch für die Verbindung von höchstens zwei Geschossen innerhalb derselben Nutzungseinheit von insgesamt nicht mehr als 200 m² Grundfläche, wenn in jedem der Geschosse ein anderer Rettungsweg erreichbar ist (Abs. 2). Das kann auch ein „indirekter Weg" über Rettungsgeräte der Feuerwehr sein (vgl. → §33 Rn. 5ff.).

Ebenso müssen Außentreppen als notwendige Treppen nicht in einem Treppenraum liegen, wenn ihre Benutzung im Brandfall aureichend sicher ist (vgl. → §33 Rn. 5).

Die **umschließenden Wände** von Treppenräumen notwendiger Treppen müssen feuerwiderstandsfähig sein, die Anforderungen sind abhängig von der Gebäudeklasse. Nur in der Gebäudeklasse 5 müssen Wände notwendiger Treppenräume jetzt „die Anforderungen an Brandwände erfüllen, dürfen jedoch Öffnungen haben" (§15 Abs. 1 Nr. 1 DVO-NBauO). In Gebäudeklasse 4 müssen die Treppenraumwände unter zusätzlicher mechanischer Beanspruchung hochfeuerhemmend, in den Gebäudeklassen 1 bis 3 mindestens feuerhemmend (früher: feuerbeständig) und in Kellergeschossen von Gebäuden der Gebäudeklassen 3 und 4 mindestens feuerbeständig sein. 3

Treppenraumabschluss zum Flur: Die vormals in den Fassungen vor 2012 enthaltene Erleichterung für Wände zu notwendigen Fluren (nur aus nichtbrennbaren Baustoffen) ist entfallen, da sie durch den Entfall der Anforderung eines bestimmten Abstands zwischen Türen zu Nutzungseinheiten und Treppenraumtüren (vormals §17 Abs. 4 S. 4 DVO-NBauO) nicht mehr vertretbar ist. 4

Liegt der **Treppenraum an einer Außenwand**, dann reicht es aus, wenn dieser Teil der Wand aus nichtbrennbaren Baustoffen besteht und nicht durch andere an diese Außenwand anschließende Gebäudeteile im Brandfall gefährdet wird (§15 Abs. 1 S. 3 DVO- 5

NBauO). Es muss also sichergestellt sein, dass die Treppenraumwand nicht von außen mit Feuer beaufschlagt werden kann zB aus Öffnungen von über Eck gestellten Gebäudeteilen. Anderenfalls muss auch die Außenwand des Treppenraumes die og Anforderungen erfüllen.

6 Der **obere Abschluss der Treppenräume** muss als raumabschließendes Bauteil so feuerwiderstandsfähig wie die Decken des Gebäudes sein (§ 15 Abs. 3 DVO-NBauO), sofern er nicht durch das Dach gebildet wird und die Wände bis unter die Dachhaut einer harten Bedachung reichen. Auch diese Anforderung soll davor schützen, dass Feuer und Rauch in den Treppenraum eindringen und ihn als Rettungs- und Angriffsweg der Feuerwehr unbrauchbar machen.

7 **Einbauten** und in Treppenräumen häufig vorkommende Bauteile oder Beschichtungen (Putze, Bekleidungen, Unterdecken, Dämmstoffe) aus brennbaren Baustoffen sind in Treppenräumen unzulässig (§ 15 Abs. 5 DVO-NBauO). Damit wird dem Grundsatz Rechnung getragen, nach dem sich in Rettungswegen wie notwendigen Fluren oder Treppenräumen kein brennbares Material befinden darf, das im Falle eines Brandes den Rettungsweg unpassierbar machen könnte. Für Wände und Decken, die aus brennbaren Baustoffen bestehen können, wie zB feuerhemmende Wände, wird eine ausreichend dicke Bekleidung aus nichtbrennbaren Baustoffeng gefordert (zB A1-klassifizierte Brandschutzplatten d ≥ 10 mm). Bei hochfeuerhemmenden Wänden in der Gebäudeklasse 4 ist dafür die ohnehin erforderliche Brandschutzbekleidung (§ 26 Abs. 2 Nr. 3) ausreichend.

8 **Türen in Treppenraumwänden** müssen, um eine möglichst sichere Benutzung der Treppenräume im Brandfall zu gewährleisten, vornehmlich um eine Verrauchung zu verhindern oder zu verzögern, nach § 15 Abs. 4 DVO-NBauO folgende Anforderungen erfüllen: Als Tür zum Kellergeschoss, zum Dachraum ohne Aufenthaltsräume, zu Werkstätten, Läden, Lagerräumen und ähnlich genutzten Räumen, zu sonstigen Räumen und Nutzungseinheiten mit einer Fläche von mehr als 200 m² (außer Wohnungen) muss sie **rauchdicht**, **selbstschließend und mindestens feuerhemmend** sein (Feuerschutztür T 30 nach DIN 4102-5:1977-05 und RS nach DIN 18095:1988-10 bzw. $EI_2$30-S_aC..nach DIN EN 13501-2:2010-02).

Als Tür zu notwendigen Fluren muss sie **rauchdicht und selbstschließend** sein (Rauchschutztür, RS nach DIN 18095:1988-10 bzw. S_{200}C nach DIN EN 13501-2:2010-02). Praxisgerecht ist es zugelassen, dass die Feuerschutzabschlüsse bis zu einer Breite von 2,5 m lichtdurchlässige Seitenteile und Oberlichter haben dürfen.

In § 15 Abs. 4 Nr. 3 DVO-NBauO werden auch Öffnungsabschlüsse zu sonstigen Räumen und Nutzungseinheiten (dh Nutzungseinheiten mit weniger als 200 m² und Wohnungen) geregelt, sie müssen dicht- und selbstschließend sein. Der in der DVO-NBauO wie auch in der MBauO an mehreren Stellen verwendete Begriff „dichtschließend" ist nun definiert in der VV TB, Abschn. 2.1.12. Danach wird diese Eigenschaft mit einer umlaufend dreiseitigen und dauerelastischen Dichtung erreicht, die aufgrund ihrer Form (Lippen- /Schlauchdichtung) und des Dichtungsweges bei der geschlossenen Tür sowohl an der Zarge als auch an der Tür anliegt. Ein formeller Nachweis ist dafür nicht erforderlich.

Nach dem Schutzziel der Vorschrift sollen dichtschließende Türen die Verrauchung der Rettungswege hinauszögern. Diese Forderung erfüllen Rauchschutztüren nach DIN 18095:1988-10 bzw. S_{200}C nach DIN EN 13501-2:2010-02, in Abhängigkeit von Höhe und Breite des zu schützenden Raumes zumindest über einen definierten Zeitraum von 10 min, während dessen der Rauchdurchtritt im Zuge einer genormten Brandprüfung auf eine geringe Leckrate begrenzt ist. Nur dichtschließende Türen unterliegen diesen Prüfkriterien nicht, daher kann es im Einzelfall sinnvoll sein, in diesem Sinne höherwertige RS-Türen einzusetzen.

An **Wohnungstüren** in Treppenraumwänden werden aus Brandschutzgründen deshalb keine besonderen Anforderungen gestellt, da sie aus Schallschutzgründen ohnehin dicht schließen und idR zur Erzielung der schalldämmenden Wirkung wesentlich schwerer gebaut und damit widerstandsfähiger als normale Zimmertüren sind.

Treppenräume notwendiger Treppen müssen einen **unmittelbaren Ausgang ins Freie** haben. Mittelbare Ausgänge sind nur unter den einschränkenden Bedingungen von § 35 Abs. 3 S. 3 zulässig. Danach darf zwischen Treppenraum und Ausgang nur ein Raum angeordnet sein, der dem Verkehr dient, der mindestens so breit ist wie der breiteste Treppenlauf des Treppenraums, dessen Wände den Anforderungen an Treppenraumwände entsprechen, der zu anderen Räumen außer notwendigen Fluren keine Öffnungen hat und und dessen Öffnungen zu notwendigen Fluren rauchdichte und selbstschließende Abschlüsse haben. Entscheidend ist, dass dieser Verkehrsraum als Rettungsweg so sicher ist wie ein Treppenraum. Diese Forderung kann beispielsweise eine Eingangshalle ohne Einbauten aus brennbaren Baustoffen (§ 15 Abs. 5 DVO-NBauO) erfüllen, die neben -ihrer Funktion als Verkehrsfläche auch repräsentative Aufgaben hat (vgl. Abb. 1). Ein abseits der Lauflinie angeordneter Informationstresen ohne wesentliche Brandlast stellt die Funktion der Halle als Rettungsweg nicht in Frage. **9**

In Abs. 2 Satz 1 wurde die Anforderung, dass jeder notwendige Treppenraum grundsätzlich an einer Außenwand liegen muss, wegen dem **Entfall der Unterscheidung** zwischen außen- und innenliegenden Treppenräumen gestrichen. Der bisherige Satz 2, der die Zulässigkeit und Voraussetzung für innenliegende notwendige Treppenräume regelte, ist dementsprechend entfallen. Der Regelungszweck wurde in Abs. 4 verlagert (→ Rn. 12). **10**

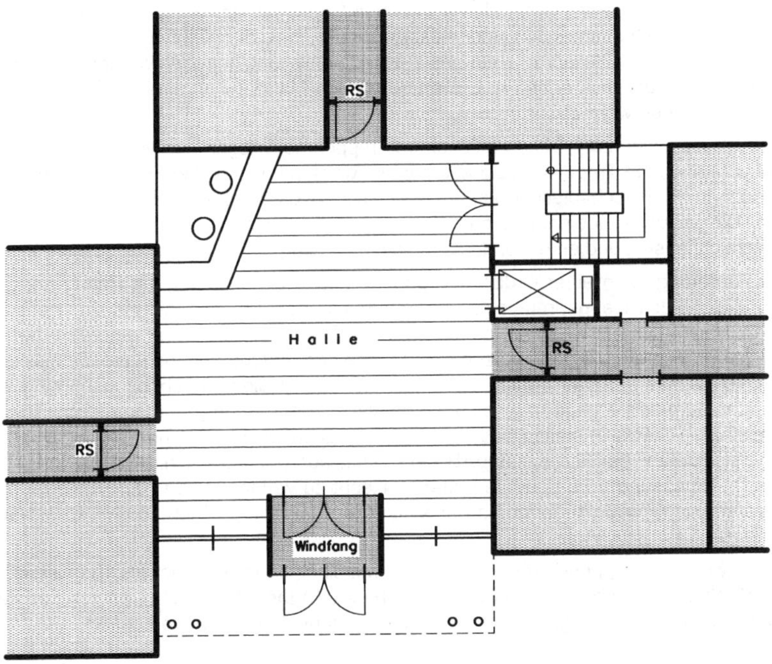

Abb. 1:
Nach § 35 Abs. 3 NBauO muss ein Treppenraum einen unmittelbaren Ausgang ins Freie haben. Ein mittelbarer Ausgang ist aber zulässig, wenn zwischen dem Treppenraum und dem Ausgang ein „reiner" Verkehrsraum liegt, dessen Wände den Anforderungen an Treppenraumwände entsprechen und der keine Öffnungen zu anderen Räumen hat.

Das gilt nicht für Windfänge.

11 Abs. 4 Satz 1 verlangt nun, dass Treppenräume zu belüften und zu beleuchten sein und zur Rauchableitung ausreichende Fenster oder sonstige Öffnungen haben müssen. § 15 Abs. 2 DVO-NBauO verlangt insoweit für jedes über der ebenen Erde gelegene Geschoss mindestens ein zu öffnendes Fenster von mindestens 0,5 m^2 Größe. Die Maße ergeben sich aus der Funktion des Fensters für die Feuerwehr (zB zur Kommunikation mit den außerhalb befindlichen Kräften). Hiermit unvereinbar sind abschließbare Fensterriegel, die im Brandfall erst mit einem Schlüssel (Zeitverlust) aufgeschlossen werden müssen (OVG Berlin 11.6.2002 – 2 S 20.02, BauR 03, 1356).

12 Die **Anforderungen zur Rauchableitung** in Treppenräumen sind in § 15 Abs. 2 DVO-NBauO konkretisiert. Eine Unterscheidung zwischen einem an einer Außenwand liegenden und einem innenliegenden Treppenraum wird dabei nicht mehr vorgenommen. Grundsätzlich alternative Möglichkeiten für die Rauchableitung sind Fenster zum Freien in den über EG gelegenen Geschossen mit jeweils 0,5 m^2 Öffnungsfläche oder eine Öffnung zur Rauchableitung an oberster Stelle. Der in früheren Fassungen verwendete Begriff „Rauchabzugsöffnung" wird nicht mehr verwendet, dh es ist **keine** Rauchabzugsanlage (zB nach DIN 18232-2:2007-11) erforderlich und auch keine automatische Auslösung. Das Öffnen erfolgt idR durch die Feuerwehr, in diesem Zuge kann auch für eine Zuluftnachströmung über die geöffnete Treppenraumtür gesorgt werden.

Bis zur Gebäudeklasse GK4 sind Fenster zur Erfüllung der Anforderungen bzgl. der Rauchausbreitung allein ausreichend.

Nach § 15 Abs. 2 S. 2 DVO-NBauO besteht in der Gebäudeklasse 5 keine Alternative, hier muss mindestens stets eine Öffnung zur Rauchableitung an oberster Stelle vorhanden sein. Falls in diesen Gebäuden als auch in Gebäuden der Gebäudeklasse 4 keine öffenbaren Fenster vorhanden sind, müssen zusätzlich zu den Öffnungen zur Rauchableitung an oberster Stelle Vorkehrungen zur Rauchableitung getroffen werden, wenn der Feuerwehreinsatz dies erfordert. Die erforderlichen Maßnahmen sind im Einzelfall mit der BauAB/Feuerwehr abzustimmen.

Die Auslösestellen zum Öffnen müssen im Treppenraum liegen und vom Erdgeschoss und vom obersten Treppenabsatz aus bedient werden können. Die Fernbedienung der Öffnungen zur Rauchableitung kann mechanisch, hydraulisch oder pneumatisch erfolgen. Die jeweilige Bedienungsvorrichtung muss mit der Aufschrift „Rauchabzug" gekennzeichnet sein und erkennen lassen, ob die Öffnung offen oder geschlossen ist.

Die Forderung nach einer Größe der Öffnung zur Rauchableitung mit Bezug auf die Grundfläche des Treppenraums (in früheren Fassungen 5 %, mindestens 1 m^2) ist entfallen. Vereinfachend wird nun immer ein freier Querschnitt von 1 m^2 gefordert, dabei handelt es sich um die geometrisch freie Fläche der Öffnung und nicht um die aerodynamisch wirksame. Das Fehlen einer ausreichend großen Rauchabzugsöffnung im Treppenraum sowie nicht rauchdichte, selbstschließende und feuerhemmende Türen zum Keller (→ Rn. 9) stellen besonders in mehrgeschossigen Wohnanlagen uU eine konkrete Gefahr dar, die die BauAB berechtigt, auch nachträglich, gestützt auf § 85 Abs. 2, Anpassung an das heute geltende Recht zu verlangen, weil dort Kellerräume in verstärktem Maße brandgefährdet sind (OVG Lüneburg 17.10.1986 – 6 B 1/86, BRS 46).

13 Für notwendige Treppenräume in Gebäuden mit einer Höhe von mehr als 13 m ist nach in § 15 Abs. 6 DVO-NBauO eine **Sicherheitsbeleuchtung** erforderlich. Dadurch wird der Treppenraum als Rettungsweg und Angriffsweg für die Feuerwehr verbessert.

C. Außentreppen

a) Außentreppen als Wohnungszugänge

Die frühere Festlegung, wonach Außentreppen ohne Treppenraum als Wohnungszugänge zugelassen waren, wenn die zu überwindende Höhe über der Geländeoberfläche nicht mehr als 7,00 m beträgt, ist bereits seit Einführung der aF entfallen. 14

Da jedoch nach §35 Abs. 2 S. 1 Nr. 1 und 3 notwendige Treppen ohne eigenen Treppenraum in Wohngebäuden der Gebäudeklassen 1 und 2 und als Außentreppen (wenn ihre Nutzung auch im Brandfall ausreichend sicher ist) zugelassen sind, ist diese Ausführung weiterhin möglich.

Dh, da der Fußboden einer so erschlossenen Wohnung nicht höher als 7,00 m über der Geländeoberfläche am Fuß der Treppe liegen darf, dass derartige Wohnungszugänge bis zum dritten Geschoss eines Gebäudes, also bis zum zweiten Obergeschoss möglich sind. Wegen der Problematik solcher Treppen hinsichtlich der Verkehrssicherheit bei Winterwetter und der Schwindelfreiheit sind höhere Treppen dieser Art nicht vertretbar.

Es dürfen aber im Einzelfall hinsichtlich des Brandschutzes keine Bedenken gegen die Anordnung solcher Treppen bestehen. Bedenklich wäre insoweit eine Treppe, die an Fenstern vorbeiführt, weil die Treppe unpassierbar wird, wenn aus diesen Fenstern Feuer schlägt, vgl. §33 Rn. 5.

Da es sich bei diesen Außentreppen um notwendige Treppen handelt, finden die Bestimmungen des §16 hinsichtlich der Verkehrssicherheit Anwendung. Das heißt, auch ohne schützenden Treppenraum müssen diese notwendigen Treppen zu jeder Jahreszeit gut und sicher begehbar sein. Diese Forderung lässt sich zB durch Beheizung der Stufen (gegen Schnee und Eis) erfüllen oder dadurch, dass die Treppenläufe durch ausreichend große Dachüberstände geschützt werden. 15

Außentreppen als Wohnungszugänge in obere Geschosse sind keine Hauseingangstreppen iSd §5 Abs. 3 Nr. 2 jedoch fallen sie unter „andere vortretende Gebäudeteile". Der erforderliche Grenzabstand nach §5 Abs. 1 und 2 darf um nicht mehr als 1,5 m aber nicht mehr als ein Drittel, nur unterschritten werden, wenn die Außentreppe nicht mehr als ein Drittel der Breite der Außenwand einnimmt. Überdachte Außentreppen werden dieser Voraussetzung wohl selten entsprechen.

b) Außentreppen als Rettungsweg

Nach §35 Abs. 2 Nr. 3 sind notwendige Treppen ohne eigenen Treppenraum als Rettungswege auch als Außentreppe zulässig, wenn ihre Nutzung auch im Brandfall ausreichend sicher ist (vgl. → §33 Rn. 5). Außer für die Zugänge zur Außentreppe darf die Außenwand im Bereich der Treppe keine (Fenster-)Öffnungen haben. Die Bemessung der Treppen richtet sich nach der DIN 18065:2015-03. 16

Derartige Außentreppen in leichter Metallkonstruktion können vortretende Gebäudeteile iS §5 Abs. 3 Nr. 2 sein (vgl. → Rn. 15).

D. Sicherheitstreppenräume

Wahlweise ist es nach §33 Abs. 2 S. 4 erlaubt, anstatt zweier unabhängiger Rettungswege nur einen Treppenraum auszubilden, der durch besondere Vorkehrungen gegen Feuer und Rauch geschützt ist (Sicherheitstreppenraum). Nach §16 Abs. 1 DVO-NBauO wird dies dadurch erreicht, dass 17

– der Sicherheitstreppenraum vom Gebäude abgesetzt oder an einer Außenwand angeordnet und nur über einen offenen Gang mit den Geschossen des Gebäudes verbunden wird **(außenliegender Sicherheitstreppenraum)** oder
– in jedem Geschoss Vorräume hat und mit einer Druckbelüftungsanlage für Treppenraum und Vorräume ausgestattet ist (**innenliegender Sicherheitstreppenraum**, → Rn. 19).

Die offenen Gänge müssen gemäß § 18 Abs. 2 DVO-NBauO so im Windstrom angeordnet sein, dass im Brandfall Rauch aus notwendigen Fluren ungehindert ins Freie entweichen kann, ohne in den Sicherheitstreppenraum zu gelangen. Die offenen Gänge dürfen daher nicht nur auf einer Schmalseite offen sein. Einzelheiten bezüglich Abmessungen, Mindestabstände und Ausführung der Gänge und des Sicherheitstreppenraums selbst sind in §§ 16 und 18 DVO-NBauO vorgeschrieben. Beispiele für die mögliche Anordnung offener Gänge vor Sicherheitstreppenräumen zeigen die nachstehenden Abbildungen 2 bis 4:

Gemäß § 13 Abs. 3 DVO-NBauO wird die Stichflurlänge von den Türen zu den Aufenthaltsräumen bis zum offenen Gang oder dem Vorraum von Sicherheitstreppenräumen begrenzt auf 15 m, vgl. Abb. 5.

18 **Innenliegende Sicherheitstreppenräume** sind zulässig, wenn sie und ihre Vorräume eine Druckbelüftungsanlage (§ 16 Abs. 1 Nr. 2 DVO-NBauO) haben. Bei dieser Anlage, die über Netz- und Notstromversorgung betrieben und über Rauchmelder aktiviert wird, werden Überdruckventilatoren und Entrauchungsklappen über eine zentrale Steuereinheit so geregelt, dass der ggf. im Treppenraum befindliche Rauch zunächst herausgeblasen wird und sich anschließend automatisch ein konstanter Überdruck aufbaut, der den Rettungsweg rauchfrei halten soll (Beispiel s. Abb. 6). Die Druckverhältnisse werden so geregelt, dass die Wohnungstüren bzw. die Türen zu notwendigen Fluren von flüchtenden Personen geöffnet werden können. Bei großen Treppenraumhöhen (Hochhäuser) muss die Luft uU in verschiedenern Höhen eingeblasen werden. Zur Problematik von Überdruck-Lüftungsanlagen innenliegender Treppenräume siehe Ostertag/Zitzelsberger BBauBl. 2001, 51.

In den Regelungen des § 16 DVO-NBauO wird berücksichtigt, dass Gebäude mit innenliegenden Sicherheitstreppenräumen wegen der Einschränkung des Katalogs der Sonderbauten nach § 2 Abs. 5 künftig häufiger keine Sonderbauten mehr sind. Diese Konkretisierung der Anforderungen dient auch der neue § 19 DVO-NBauO, der die Ausführung der Vorräume vor innenliegenden Sicherheitstreppenräumen regelt.

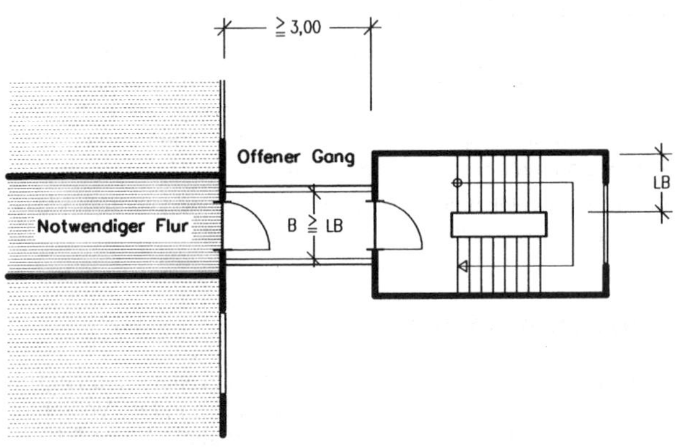

Abb. 2:
Vom Gebäude abgesetzter Sicherheitstreppenraum.

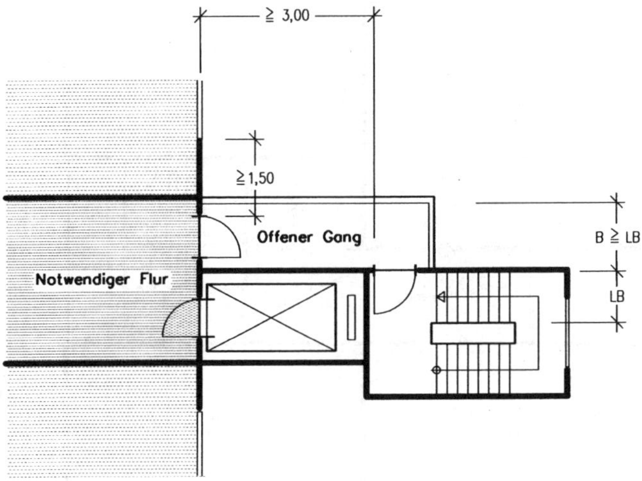

Abb. 3:
Vom Gebäude abgesetzter Sicherheitstreppenraum mit dazwischen angeordnetem Aufzugsschacht.

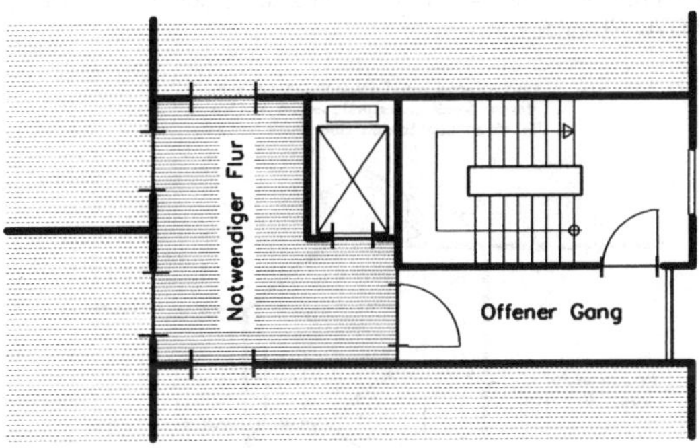

Abb. 4:
Unzulässige Version der Anordnung eines offenen Gangs. Der offene Gang ist hier nur an einer Schmalseite offen. Dies steht im Widerspruch zu § 18 Abs. 2 DVO-NBauO.

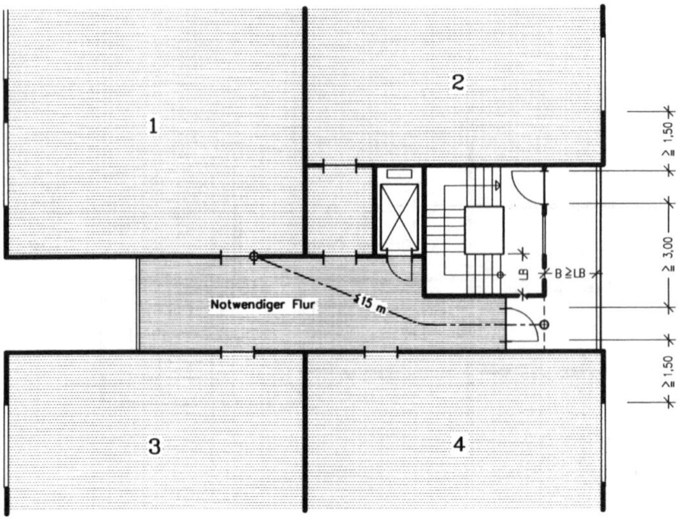

Abb. 5:
Ein in das Gebäude integrierter offener Gang ist zulässig, wenn er an einer Längsseite offen ist (§ 18 Abs. 2 DVO-NBauO). Die Entfernung zwischen dem offenen Gang zum Sicherheitstreppenraum und den in notwendigen Fluren angeordneten Türen zu Aufenthaltsräumen darf nicht mehr als 15 m betragen (§ 13 Abs. 3 DVO-NBauO).

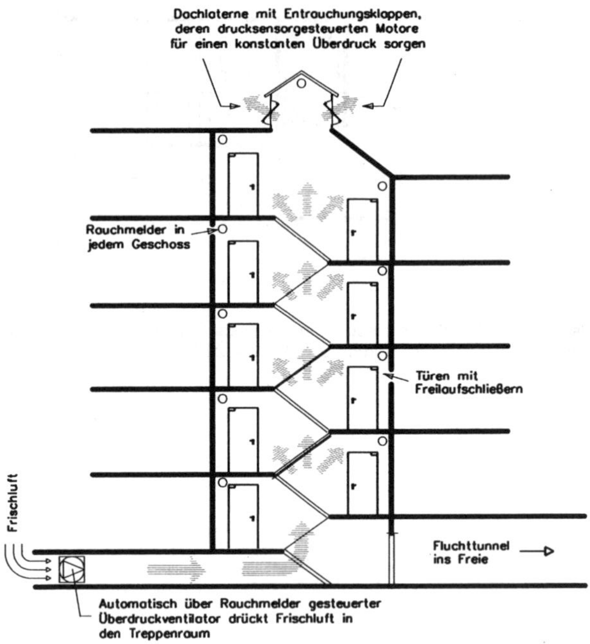

Abb. 6:
Schemazeichnung einer Sicherheits-Überdruck-Lüftungs-Anlage (Prinzip SÜLA der Firma Pafamax Brandschutztechnik). Bei Sicherheitstreppenräumen sind zusätzlich Vorräume erforderlich, die ebenfalls von der Druckbelüftungsanlage versorgt werden.

§ 36 Notwendige Flure, Ausgänge

Flure und Gänge, über die Rettungswege aus Aufenthaltsräumen oder aus Nutzungseinheiten mit Aufenthaltsräumen zu Ausgängen in notwendige Treppenräume oder, wenn ein Treppenraum nicht erforderlich ist, zu notwendigen Treppen oder ins Freie führen (notwendige Flure), sowie Ausgänge müssen in solcher Zahl vorhanden und so angeordnet und ausgebildet sein, dass sie für den größten zu erwartenden Verkehr ausreichen und ihre Nutzung im Brandfall ausreichend lang möglich ist.

Durch Runderlass des MU vom 21.1.2019, veröffentlicht am 24.1.2019 (Nds. MBl. 2019, S. 169 ff.) wurde die Verwaltungsvorschrift Technische Baubestimmungen (VV TB) bekannt gemacht. Die VV TB ersetzt die „Liste der technischen Baubestimmungen – Fassung Dezember 2015 –" und alle vom DIBt veröffentlichten Bauregellisten A und B und Listen C. Sie ist am 28.1.2019 in Kraft getreten.

Technische Baubestimmungen (TB)
bzw. Verwaltungsvorschriften (VV) zu § 36 (Stand: Januar 2019)

Lfd. Nr.	Gegenstand	Datum	Nds. MBl. Seite
	zu den einschlägigen TB/VV s. §§ 14, 26 und 29, ergänzend:		
1	Richtlinie über automatische Türen in Rettungswegen (AutSchR:1997-12) (MVV TB, C 2.6.10)	2017	MVV TB Anhang C
2	Richtlinie über elektrische Verriegelungssystem von Türen in Rettungswegen(EltVTR:1997-12) (MVV TB, C 2.6.11)	2017	MVV TB Anhang C

Übersicht

A. Allgemeines

Flure und Gänge stellen die notwendige verkehrliche Verbindung zwischen Nutzungseinheiten mit Aufenthaltsräumen in den Geschossen und den Ausgängen in Treppenräume bzw. den notwendigen Treppen oder ins Freie her. Sofern Rettungswege über diese Flure führen, handelt es sich um **notwendige Flure** (§ 36). Sie müssen so ausgebildet sein, dass sie ausreichend lange Schutz gegen Feuer, Rauch und strahlende Wärme bieten. 1

In § 17 DVO-NBauO Abs. 1 ist als Konkretisierung des § 36 aufgeführt, in welchen Gebäuden bzw. Nutzungseinheiten notwendige Flure nicht erforderlich sind.

Anforderungen an notwendige Flure werden nicht an Flure in Wohngebäude der Gebäudeklasse 1 und 2 (wie bisher in kleinen Wohngebäuden) und an Flure oberirdischer Geschosse sonstiger Gebäude der Gebäudeklassen 1 und 2 gestellt.

Ebenfalls keine Anforderungen bestehen an Flure innerhalb von Nutzungseinheiten bis 200 m^2 Grundfläche mit beliebiger Nutzung, sowie an Wohnungen im Allgemeinen, unabhängig von ihrer Größe und bei Nutzungseinheiten bis 400 m^2 Größe, die einer Büro-

oder Verwaltungsnutzung dienen. Dabei wird vorausgesetzt, dass die Nutzungseinheit mindestens feuerhemmend abgetrennt ist. Bei entspechender Abtrennung innerhalb größerer Nutzungseinheiten kann die Regelung auch auf Teilbereiche angewendet werden, jeder Teilbereich muss dann allerdings von den anderen Teilbereichen unabhängige Rettungswege haben.

Gebäude mit größeren Nutzungseinheiten als 400 m² (zB mit sog. Kombibüros) sind Sonderbauten (vgl. § 2 Abs. 5 Nr. 5) und unterliegen einer Beurteilung auf der Grundlage des § 51.

B. Verkehrssicherheit

2 Notwendige Flure und Ausgänge und offene (Lauben-)Gänge als vor der Außenwand angeordnete notwendige Flure (§ 17 Abs. 7 S. 2 DVO-NBauO) müssen für den größten zu erwartenden Verkehr ausreichen (§ 36) und verkehrssicher sein (§ 16). Diese Forderung bezieht sich auf den Zustand der Lauffläche, auf die Kopffreiheit, die Ausleuchtung, den Absturzschutz uam. Um dieser Anforderung zu genügen, muss der Fußboden eben und frei von Stolpergefahren sein sowie einen **gleitsicheren Belag** -haben, der besonders in Ein- und Ausgängen und in offenen Laubengängen auch bei Nässe rutschfest ist. Für die notwendige **Kopffreiheit** von Ein- und Ausgängen reicht eine lichte Mindestdurchgangshöhe von 2,00 m aus, wie sie in § 2 Abs. 2 DVNBauO für Zu- und Durchgänge mit Rettungswegfunktion gefordert wird. Seitlich in Flure und -Laubengänge hineinragende Bauteile dürfen die Kopffreiheit von 2,00 m ebenfalls nicht unterschreiten.

3 Um der Forderung nach Verkehrssicherheit zu genügen, müssen Flure und Laubengänge **bei Dunkelheit ausreichend beleuchtet** sein. Dazu reicht es aus, wenn die Beleuchtung über Bewegungsmelder aktiviert wird oder über sog. Treppenhaus-Lichtschalter eingeschaltet werden kann; Dauerlicht ist idR nicht erforderlich, ausgenommen in Verkaufsstätten (§ 21 VKVO) und Versammlungsstätten (§ 15 NVStättVO). Laubengänge müssen geschlossene Brüstungen haben, die sowohl **gegen Absturz sichern** als auch vor Feuer und Rauch aus den darunter liegenden Geschossen schützen sollen (→ Rn. 15). Ihre Höhe ist nach § 4 Abs. 2 DVNBauO zu bemessen und muss bis zu einer Absturzhöhe von 12 m mindestens 0,90 m betragen, darüber mindestens 1,10 m (besser: mit aufgesetztem Brustholm in 1,30 m Höhe, vgl. → § 16 Rn. 8).

4 In notwendigen Fluren und offenen (Lauben-)Gängen ist **eine Folge von weniger als 3 Stufen unzulässig** (§ 17 Abs. 2 S. 2 DVO-NBauO). Stufen bilden regelmäßig dort eine Stolpergefahr, wo sie nicht vermutet werden wie in Fluren. Das gilt besonders in notwendigen Fluren, die als Rettungswege im Falle eines Brandes auch bei Dunkelheit sicher begehbar sein müssen. In Gebäuden, für die § 38 Abs. 2 Aufzüge vorschreibt, dürfen Flure, die zu diesen Aufzügen führen, keine Stufen haben (§ 38 Abs. 3 S. 2).

C. Flure als Rettungswege

5 § 17 Abs. 2 DVO-NBauO schreibt für notwendige Flure eine **nutzbare Breite** von mindestens 1,25 m vor. Dies ist auch die Mindestbreite für Zu- und Durchgänge für die Feuerwehr nach Abschnitt 14 der Richtlinie über Flächen für die Feuerwehr (VV TB A 2.2.1). Danach genügt für Türöffnungen in diesen Zu- oder Durchgängen eine lichte Breite von 1 m. Diese Breiten sind im Wohnungsbau und für die Mehrzahl anderer Nutzungen ausreichend. In Gebäuden mit hohen Besucherzahlen wie Versammlungsstätten muss die Breite der Flure zu den Versammlungsräumen dem Verhältnis von 0,60 m je 100 auf den Rettungsweg angewiesenen Personen entsprechen (§ 7 Abs. 4 NVStättVO). Dieses Maßverhältnis kann auch in anderen Fällen herangezogen werden, um Flure, Ein- und Ausgänge „für den größten zu erwartenden Verkehr“ zu bemessen.

Ein- und Ausgänge müssen mindestens so breit sein wie die Treppen, Flure oder Laubengänge, die mit ihnen zusammen einen Rettungsweg bilden. Rettungswege in Gebäuden mit hoher Besucherzahl dürfen sich in ihrem gesamten Verlauf ins Freie grundsätzlich nicht verengen bzw. einzelne Engstellen aufweisen, vor denen sich im Falle einer Panik ein Rückstau bilden könnte. Das gilt auch dann, wenn an der Verengung die erforderliche Mindestbreite noch eingehalten wird. **6**

Notwendige Flure, die in einen Treppenraum einer notwendigen Treppe oder unmittelbar ins Freie führen, dürfen **nicht durch andere Räume unterbrochen** sein (§ 17 Abs. 5 DVO-NBauO). „Andere Räume" iS dieser Vorschrift sind Räume, die nicht den strengeren Anforderungen an Rettungswege genügen und idR Brandlasten enthalten, die, einmal in Brand geraten, den Rettungsweg blockieren können. Die Kette des ersten Rettungsweges muss von der Nutzungseinheit angefangen über notwendige Flure, Treppen und Ausgänge ins Freie durchgängig sein, um die Rettung von Menschen und wirksame Löscharbeiten zu ermöglichen (§ 14). Daher verbietet § 17 Abs. 5 die Unterbrechung des Rettungsweges durch Räume, die ein Sicherheitsrisiko darstellen und im Ernstfall den Rettungsweg durch Feuer und Rauch versperren können. **7**

Notwendige Flure von mehr als 30 m Länge müssen wegen der Verrauchungsgefahr in Rauchabschnitte unterteilt werden (vgl. Abb. 1), die nicht länger als 30 m sein dürfen (§ 17 Abs. 4 DVO-NBauO). Das ist die Strecke, von der man annimmt, dass sie eine Person mit Ortskenntnis im verrauchten Zustand gerade noch überwinden kann. Die Abschnittstrennwände müssen aus nichtbrennbaren Baustoffen bestehen, wobei gefordert wird, dass sie bis an die Rohdecke oder eine feuerhemmende Unterdecke reichen. Dadurch soll verhindert werden, dass die Rauchabschnittstrennung „überlaufen" wird. Ggf. über der Tür vorhandene Durchführungen von Installationsleitungen durch die bis an die Rohdecke geführte Rauchabschnittstrennung sind entsprechend rauchdicht zu schotten. Die Türen müssen nicht abschließbar, rauchdicht und selbstschließend sein (§ 17 Abs. 4 S. 4 DVO-NBauO). Rauchschutztüren RS nach DIN 18095-1:1988.10 bzw. S_{200}C nach DIN 13501-2), auch in Stahl-Glas- bzw. Alu-Glas-Konstruktion, erfüllen diese Anforderungen. **8**

Notwendige Flure dürfen mit dem Treppenraum nicht in offener Verbindung stehen, sondern müssen gegen diesen mit Türen abgeschlossen sein (vgl. → § 35 Rn. 8).

Die vormals in § 17 Abs. 4 S. 3 DVNO-BauO innerhalb notwendiger Flure geforderte Mindestentfernung von 2,50 m zwischen der Tür des Treppenraumes und Türen zu angeschlossenen Nutzungseinheiten ist seit der Einführung der Fassung 2012 entfallen. Dies ist begründet durch den gleichzeitigen Entfall der Erleichterung bzgl. der Feuerwiderstandsfähigkeit der Treppenraumwand zum notwendigen Flur, vgl. → § 35 Rn. 4. **9**

Türen in Rettungswegen dürfen diese grundsätzlich nicht versperren. Rettungswege, die vor verschlossenen Türen als Sackgasse enden, können im Falle eines Brandes zur Todesfalle werden. Daher bestimmt § 17 Abs. 4 DVO-NBauO, dass Rauchabschnittstüren im Verlaufe notwendiger Flure nicht abschließbar sein dürfen. Für andere Türen im Zuge von Rettungswegen, die verschlossen gehalten werden müssen, gibt es mechanische (sog. Panikbeschläge) und elektrische Verriegelungen, die sowohl Unbefugten den Zutritt von außen verwehren als auch den Rettungsweg (auch bei Stromausfall) freigeben. **10**

Schiebetüren und Drehtüren sind in Rettungswegen von Versammlungsstätten und Verkaufsstätten unzulässig. Das gilt nicht für automatische Schiebetüren, in Verkaufsstätten auch nicht für automatische Drehtüren, die die Rettungswege im Brandfall nicht beeinträchtigen. (§ 9 Abs. 4 NVStättVO, § 15 Abs. 5 VKVO). Hinzuweisen ist auf folgende geregelte Bauprodukte (vgl. M-VVTB, Teil C, C 2.6.10 und C 2.6.11):

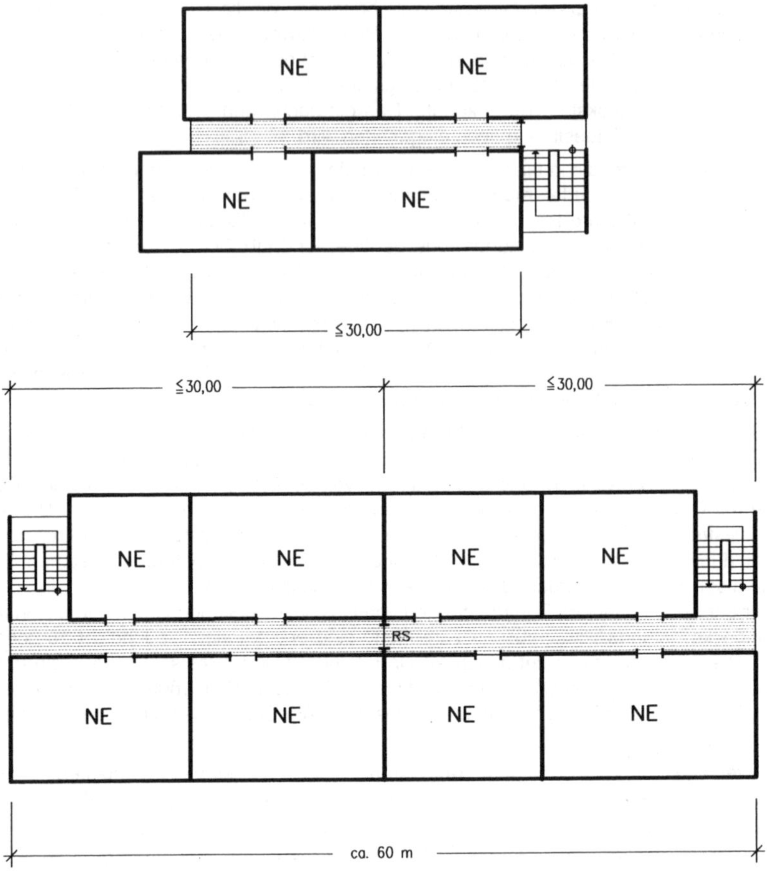

Abb. 1:
Notwendige Flure dürfen nicht länger als 30 m sein, es sei denn, sie sind in Rauchabschnitte von jeweils höchstens 30 m Länge unterteilt (§ 17 Abs. 4 Satz 2 DVO-NBauO, vgl. Rn. 8).

Bauprodukt	Technische Regel
Automatische Schiebetüren in Rettungswegen	Richtlinie über automatische Schiebetüren in Rettungswegen – AutSchR – (1997–12)
Elektrische Verriegelungssysteme für Türen in Rettungswegen	Richtlinie über elektrische Verriegelungssysteme von Türen in Rettungswegen – EltVTR – (1997–12)

11 **Türen müssen in Fluchtrichtung aufschlagen**. Diesem allgemeinen Grundsatz liegt die Erkenntnis zugrunde, dass im Notfall – es muss nicht gleich eine Panik sein – eine nach innen aufschlagende Tür nicht zu öffnen ist, wenn viele Personen gleichzeitig in Fluchtrichtung vorwärts drängen. Die Forderung gilt für alle Gebäude, in denen sich viele Personen gleichzeitig aufhalten, insbesondere für Versammlungsstätten (§ 9 Abs. 3 NVStättVO) und Verkaufsstätten (§ 15 Abs. 3 VKVO), für die zusätzlich gefordert wird, dass Türen in Rettungswegen keine Schwellen, geschweige denn Stufen haben dürfen (Stolpergefahr! gestürzte Personen könnten den Rettungsweg blockieren).

Durchsichtige **Glastüren in Ein- und Ausgängen** sowie im weiteren Verlauf von Fluren müssen so ausgebildet oder gekennzeichnet sein, dass sie bei jeder Beleuchtung leicht erkennbar sind. Das ist gegeben, wenn in Höhe des Türdrückers ein waagerecht angebrachter Holm, eine farbige Folie oder eine Ätzung dem Passanten signalisiert, dass die ansonsten durchsichtige Glastür geschlossen ist (vgl. → § 37 Rn. 10).

D. Brandschutz

Wände von notwendigen Fluren müssen **als raumabschließende Bauteile feuerhemmend** sein. Die Forderung bezieht sich konkret auf die raumabschließende Funktion. Mit dieser Anforderung, die § 17 Abs. 3 DVO-NBauO an Flurwände stellt, wird erreicht, dass der Flur im Falle eines Brandes mindestens für eine kurze Zeit feuer- und rauchfrei bleibt und damit für die angeschlossenen Räume und Nutzungseinheiten als (erster) Rettungsweg dienen kann. Zusammen mit der Flurdecke und dem Flurboden (idR F 90) bilden die Flurwände einen allseitig gegen offenes Feuer, Rauch und strahlende Wärme gesicherten Gang, der gefährdete Personen an dem Brandherd vorbei direkt zum Ausgang ins Freie geleiten soll bzw. in das nächste, stärker gesicherte (F 90) Treppenhaus und von dort über die notwendige Treppe zum Ausgang ins Freie. 12

Sofern an die Flurwände Feuerwiderstandsanforderungen hinsichtlich der Tragfähigkeit tragender Wände bestehen, gelten diese unabhängig von den og Anforderungen.

In Kellergeschossen müssen Flurwände analog zur Anforderung an Trennwände von Aufenthaltsräumen der Feuerwiderstandsfähigkeit der Tragkonstrukion entsprechen, also uU feuerbeständig sein. Damit wird den Erfordernissen der Brandbekämpfung in Kellergeschossen Rechnung getragen, da sich dort in zunehmendem Maße auch Aufenthaltsräume befinden.

Putze, Bekleidungen, Unterdecken und Dämmstoffe müssen in notwendigen Fluren und Laubengängen aus nichtbrennbaren Baustoffen bestehen (§ 17 Abs. 6 Nr. 1 DVO-NBauO). Das gilt auch für großflächige Bauteile wie Unterdecken, abgehängte Decken, Vorsatz- und Lichtblenden sowie Beschichtungen und Folien sowie für nicht verkleidete Oberflächen. Da wegen dem Entfall der früheren Forderung „und in den wesentlichen Teilen aus nichtbrennbaren Baustoffen" bei den Wänden auch brennbare Baustoffe zum Einsatz kommen können, wird für diesen Fall wiederum eine Bekleidung aus nichtbrennbaren Baustoffen in ausreichender Dicke gefordert. Mit dem Verbot brennbarer Oberflächen in Rettungswegen soll der Gefahr begegnet werden, dass der notwendige Flur selbst in Brand gerät und als Rettungsweg zum Treppenraum ausfällt. 13

Verglasungen in Wänden notwendiger Flure sind zulässig. Das ergibt sich aus § 17 Abs. 3 S. 4 DVO-NBauO. Die Glaskonstruktionen müssen die für Flurwände vorgeschriebene Feuerwiderstandsklasse einhalten. Das ist mit einer F 30-Feuerschutz-Verglasung nach DIN 4102-13:1990-05, möglich, die raumabschließend ist, dh keine Flammen und nur begrenzt Wärmestrahlung durchlässt. Soweit die Verglasung mindestens 1,80 m über dem Fußboden angeordnet wird, soll eine Feuerschutz-Verglasung der Widerstandsklasse G 30 nach DIN 4102-13:1990-05 ausreichen, die zwar Feuer und Rauch widersteht, aber keinen Schutz vor Strahlungswärme darstellt. Dabei wird davon ausgegangen, dass der mannshohe untere geschlossene Teil der Wand fliehenden Personen ausreichend Schutz gegen die abstrahlende Wärme (von einem Brandherd jenseits der Wand) gibt und die Durchzündungsgefahr im Bereich der G 30-Verglasung oberhalb der geschlossenen Wand vernachlässigbar ist, weil sich innerhalb des notwendigen Flures keine brennbaren Materialien befinden dürfen, die dadurch entzündet werden könnten. 14

Wände notwendiger Flure müssen wie bisher **bis unter die Rohdecke oder bis an die Dachhaut** reichen (§ 17 Abs. 3 S. 2 DVO-NBauO). Mit dieser Forderung soll verhindert werden, dass Feuer und Rauch die Wand zum Flur überlaufen und den Flur als Rettungsweg zum Treppenraum blockieren können. Die Flurwände müssen nur bis an eine Unter- 15 decke reichen müssen, wenn ein gleichwertiger Raumabschluss erreicht wird. Dies setzt idR ein Unterdecken/Wand-System mit entsprechendem Leistungsnachweis voraus.

Sinngemäß gilt die gleiche Forderung auch für aufgestelzte Fußböden. Die Flurwand muss auf dem Rohboden aufsitzen oder der aufgestelzte Fußboden muss so ausgebildet sein, das Feuer und Rauch nicht in den notwendigen Flur gelangen können, die entsprechenden Anforderungen sind der Richtlinie über brandschutztechnische Anforderungen an Systemböden, VV TB A 2.2.9, zu entnehmen.

16 **Türen in Wänden** notwendiger Flure müssen dichtschließend sein (§ 17 Abs. 3 S. 3 DVO-NBauO), was allerdings keines formellen Nachweises bedarf und durch das Vorhandensein einer umlaufend dreiseitigen und dauerelastischen Dichtung erreicht wird, die aufgrund ihrer Form (Lippen- /Schlauchdichtung) und des Dichtungsweges bei der geschlossenen Tür sowohl an der Zarge als auch an der Tür anliegt, vgl. VV TB, Abschn. 2.1.12. Der erhöhten Brandgefahr von Kellerräumen entsprechend werden für deren Türen zu notwendigen Fluren feuerhemmende Abschlüsse verlangt. Diese Anforderung deckt sich mit denen an Öffnungsabschlüsse in Trennwänden von Räumen mit erhöhter Brandgefahr in § 7 Abs. 3 DVO-NBauO.

17 **Anforderungen an offene (Lauben-)Gänge:** Sie bilden den ersten Rettungsweg zwischen Nutzungseinheiten und Treppenhaus (vg. → Rn. 1). Es handelt sich um notwendige Flure vor den Außenwänden, die mindestens an einer Längsseite offen sind. Um den darauf angewiesenen Personen ausreichend Sicherheit bieten zu können, müssen Laubengänge folgenden Anforderungen genügen: Sie müssen geschlossene Umwehrungen (= Brüstungen) ohne Öffnungen aus nicht brennbaren Baustoffen haben (§ 17 Abs. 7 S. 3 DVO-NBauO), die davor schützen, dass Flammen aus dem darunter liegenden Geschoss den Rettungsweg blockieren, dh sie verhindern den Brandüberschlag. Verglasungen in den Umwehrungen müssen mindestens 30 min widerstandsfähig gegen Feuer sein, dh es müssen mindestens G 30-Verglasungen nach DIN 4102-13:1990-05 sein. Die konstruktiv tragenden Teile von Laubengängen, das sind die Böden bzw. Decken mit ihren Unterstützungen, müssen denselben Feuerwiderstand wie die tragenden Bauteile des Gebäudes haben. Damit soll sichergestellt werden, dass die Tragfähigkeit der Laubengänge für die Dauer des Rettungseinsatzes und des Löschangriffs der Feuerwehr erhalten bleibt. Die Wände von Laubengängen mit nur einer Fluchtrichtung, gemeint ist die seitliche Haus- bzw. Außenwand der anliegenden Nutzungseinheit,– wie die Wände notwendiger Flure – als raumabschließende Bauteile mindestens feuerhemmend sein. Fenster sind in diesen Wänden bis zu einer Brüstungshöhe von 0,9 m nicht, darüber aber ohne Anforderung zulässig. Diese feuerhemmende Ausführung soll es Personen aus hinteren Nutzungseinheiten ermöglichen, an einer brennenden Nutzungseinheit vorbei das sichere Treppenhaus zu erreichen (notfalls kriechend). Schließlich müssen Putze, Bekleidungen, Unterdecken und Dämmstoffe aus nicht brennbaren Baustoffen bestehen. Diese Forderung soll verhindern, dass Teile des Laubenganges selbst in Brand geraten und dadurch der erste Rettungsweg zum Treppenhaus versperrt wird.

18 Die Anforderungen an die Ausbildung **offener Gänge zu außenliegenden Sicherheitstreppenräumen** sind in § 18 DVO-NBauO enthalten. Der freie Abzug von Rauch darf durch Bauteile nicht behindert werden. Daher werden die Sturzabmessungen an den offenen Seriten begrenzt. Der Einbau von Wetterschutzvorrichtungen an der offene Seite, ist gestattet (§ 18 Abs. 3 DVO-NBauO), das Abziehen von Rauch darf dadurch jedoch nicht behindert wirden. Dh geschlossene Wetterschutzvorrichtungen, die zB an den Sturz anschließen und dadurch dessen Höhe auf mehr als 20 cm vergrößern, sind unzulässig. Außerdem sind die jeweiligen Anforderungen an die Feuerwiderstandsfähigkeit der Bauteile offener Gänge so angepasst, dass sie den Anforderungen an die tragenden Bauteile des Gebäudes entsprechen.

19 Die Vorschriften bzgl. der Ausbildung der nach § 16 Abs. 1 Nr. 2 erforderlichen **Vorräume vor innenliegenden Sicherheitstreppenräumen** wurden als § 19 in die DVO-

NBauO aufgenommen. Dessen Abs. 2 enthält die zur Sicherung des Rettungswegs erforderlichen Abmessungen. Bei dem geforderten Abstand von 3 m zwischen den Türen des Vorraums können diese von einer Person nicht gleichzeitig geöffnet werden, zudem ist auch der Durchgang mit einer Krankentrage möglich, ohne gleichzeitig beide Türen öffnen zu müssen. In Abs. 3 werden ebenfalls im Sinne des Schutzziels der Verhinderung des Raucheintritts in den Sicherheitstreppenraum die Anforderungen an den Raumabschluss und die Feuerwiderstandsfähigkeit der Bauteile sowie die Beschränkung der Öffnungen geregelt. Das Verbot brennbarer Einbauten, Bekleidungen usw gilt wie bei Treppenräumen (Abs. 4 iVm § 16 Abs. 5 DVO-NBauO). Der Vorraum innenliegender Sicherheitstreppenräume ist ebenfalls mit einer Druckbelüftung zu versehen und mit einer Sicherheitsbeleuchtung auszustatten (Abs. 4 iVm § 16 Abs. 5 und 6 DVO-NBauO).

§ 37 Fenster, Türen und sonstige Öffnungen

(1) [1]Fenster und Fenstertüren müssen gefahrlos gereinigt werden können. [2]Fenster, die dem Lüften dienen, müssen gefahrlos zu öffnen sein.

(2) Für größere Glasflächen müssen, soweit erforderlich, Schutzmaßnahmen zur Sicherung des Verkehrs vorhanden sein.

(3) An Fenster und Türen, die bei Gefahr der Rettung von Menschen dienen, können wegen des Brandschutzes besondere Anforderungen gestellt werden.

(4) [1]Jedes Kellergeschoss ohne Fenster, die geöffnet werden können, muss mindestens eine Öffnung ins Freie haben, um eine Rauchableitung zu ermöglichen. [2]Gemeinsame Licht- oder Luftschächte für übereinander liegende Kellergeschosse sind unzulässig.

Durch Runderlass des MU vom 21.1.2019, veröffentlicht am 24.1.2019 (Nds. MBl. 2019, S. 169 ff) wurde die Verwaltungsvorschrift Technische Baubestimmungen (VV TB) bekannt gemacht. Die VV TB ersetzt die „Liste der technischen Baubestimmungen – Fassung Dezember 2015 –“ und alle vom DIBt veröffentlichten Bauregellisten A und B und Listen C. Sie ist am 28.1.2019 in Kraft getreten.

VV TB zu § 37 (Stand: Januar 2019)

Lfd. Nr.	Gegenstand	Datum	Nds. MBl. Seite
	zu den einschlägigen TB/VV s. §§ 14, 31 und 36, ergänzend:		
1	Gaskonstruktionen – DIN 18008 Anlage A 1.2.7Glas im Bauwesen – Bemessungs- und Konstruktionswesen Linienförmig gelagerte Verglasungen Punktförmig gelagerte Verglasungen Zusatzanforderungen an absturzsichere Verglasungen Zusatzanforderungen an begehbare Verglasungen	24.01.2019	176

Übersicht

A. Allgemeines

1 § 37 enthält die allgemeinen Anforderungen an Fenster und Türen aus Gründen der Sicherheit (Abs. 1), der Verkehrssicherheit (Abs. 2) und des Brandschutzes (Abs. 3 und 4). Anforderungen an Fenster und Fenstertüren finden ihre Ergänzung in § 20 DVO-NBauO, aus dem sich die erforderliche Größe der Öffnungen für notwendige Fenster von Aufenthaltsräumen ergibt (vgl. → § 43 Rn. 13 ff).

2 **Gesetzesänderung:** § 37 hat seine alte Fassung 1986 durch das 5. Gesetz zur Änd. d. NBauO erhalten. Ziel der Änderung war ua die Straffung des Gesetzestextes. So konnte auf Abs. 1 NBauO 1973 mit der Forderung nach Schall und Wärme dämmenden Fenstern und Außentüren verzichtet werden, weil sich diese Forderung bereits aus § 21 ergab. Die in Abs. 4 NBauO 1973 enthaltene und dort auf Hochhäuser beschränkte Ermächtigung, besondere Anforderungen an Fenster und Türen im Interesse der Personenrettung stellen zu können, wurde auf alle Gebäude ausgedehnt (Abs. 3) und bezüglich Hochhäuser nur folgerichtig nach § 51 übernommen. Hinzugekommen war lediglich das früher in § 38 Abs. 2 enthaltene Verbot gemeinsamer Lichtschächte für übereinander liegende Kellergeschosse, das im Zusammenhang mit der Aufhebung des alten § 38 seit der Fassung 2012 unverändert als neuer Abs. 4 hierher übernommen wurde. Ebenfalls seit 2012 besteht die Forderung nach einer Rauchabzugsmöglichkeit in fensterlosen Kellergeschossen (Abs. 3). Daher wurde In der Überschrift auch „Lichtschächte" durch „sonstige Öffnungen" ersetzt.

B. Sicherheit und Verkehrssicherheit (Abs. 1 und 2)

3 **Fenster** und Türen **müssen gefahrlos gereinigt werden können** (Abs. 1 Satz 1). Das ist sichergestellt, wenn sich die Fenster nach innen öffnen lassen und wenn feststehende Fensterteile in ihrer Breite der Reichweite des menschlichen Armes entsprechen. Lassen sich Fenster – außer von Balkonen oder Loggien – nur von außen (über Leitern) putzen, so müssen Vorrichtungen angebracht sein, an denen die Gebäudereiniger ihre Leitern und sich selbst nach den Vorschriften der Berufsgenossenschaft sichern können. Bei höheren Gebäuden ist die in Abs. 1 Satz 1 geforderte gefahrlose Reinigung von außen nur über Reinigungsbalkone oder Fassadenbefahranlagen, sog. Fassadenaufzüge, zu erreichen.

4 **Fenster**, die dem Lüften dienen, **müssen gefahrlos zu öffnen sein** (Abs. 1 Satz 2). Diese Forderung richtet sich gegen Oberlichtfenster allgemein und insbesondere gegen die im Geschosswohnungsbau übliche Anordnung der Badewanne quer vor der Außenwand unterhalb des Badezimmerfensters. Diese idR hoch liegenden Fenster sind nicht gefahrlos zu öffnen, wenn man dazu erst auf den Rand der Badewanne steigen oder ein Hilfsmittel wie eine Leiter o. dgl. benutzen muss. Hier sind geeignete Öffnungseinrichtungen wie Oberlichtöffner mit Gestänge- oder Wellenantrieb erforderlich, die ein Öffnen des Fensters aus normaler Standposition gestatten. Satz 2 trägt damit insbesondere auch den Belangen älterer oder behinderter Menschen Rechnung.

Fenstertüren, die nicht zu ebener Erde öffnen, müssen aus Gründen der Verkehrssicherheit eine Umwehrung nach Maßgabe von § 4 DVNBauO erhalten, die verhindert, dass Personen bei geöffneter Tür abstürzen (vgl. → § 23 Rn. 13).

5 Für **größere Glasflächen verlangt** Abs. 2 **Schutzmaßnahmen** zur Sicherung des Verkehrs, soweit das erforderlich ist. Diese Forderung berücksichtigt die Materialeigenschaften der früher im Hochbau üblichen Glassorten (spröde, empfindlich gegen Druck und Schlag, scharfkantig). Die Forderung des Abs. 2 nach Schutzmaßnahmen zur Sicherung des Verkehrs soll sicherstellen, dass bei Glasbruch – aus welchen Gründen auch immer – Passanten nicht zu Schaden kommen. Bei senkrechter Verglasung wie zB raumhoch verglasten Wandabschnitten, Schaufenstern uä besteht die Verletzungs-

gefahr hauptsächlich darin, dass größere Teile einer berstenden Scheibe sich aus ihrer Halterung lösen und beim Herabfallen dem Unfallopfer schlimme Schnittverletzungen zufügen können. Schutzmaßnahmen, die Abs. 2 gegen derartige Gefahren fordert, können einmal in baulichen Vorkehrungen bestehen, die verhindern, dass Personen in eine berstende Scheibe geraten können (klassische Lösung) oder zum anderen in der Verwendung von speziellen Glasarten, die den absehbaren Belastungen standhalten oder im Falle von Glasbruch nicht die gefürchteten Schnittverletzungen verursachen.

Klassische Schutzmaßnahmen bei großen vertikalen Verglasungen sind vorwiegend 6 **Geländer oder Querholme vor den Glasflächen**, die verhindern sollen, dass Glasscheiben zu Bruch gehen, weil Personen in die Glasfläche stürzen oder (durch andere Personen) hineingedrückt werden. Das Geländer muss in Holmhöhe eine waagerechte Verkehrslast von 0,5 kN/m aufnehmen können. Dort wo größere Personenansammlungen bzw. starkes Gedränge nicht auszuschließen ist, wie zB vor Kassenbereichen oder in Versammlungsräumen, Schulen, Kaufhäusern, aber auch in Ladenpassagen und Einkaufsgalerien, in denen gelegentlich Veranstaltungen mit großen Besucheraufkommen stattfinden, müssen die Schutzgeländer und Querholme nach mindestens für eine ausreichende horizontale Verkehrslast ausgelegt sein (vgl. → § 23 Rn. 7).

Sicherheitsverglasungen: Zusätzliche Schutzmaßnahmen wie Geländer oder Quer- 7 holme sind einmal dann nicht erforderlich iSv Abs. 2, wenn die Verglasung selbst allen denkbaren horizontalen Belastungsfällen standhalten kann, sie also weder durch Druck, Schwingung, Stoß oder Schlag zu Bruch geht. Das ist zB bei vertikalen Verglasungen gegeben, die den Technischen Regeln für die Verwendung Glaskonstruktionen DIN 18008 (s. O. Tabelle) entsprechen und als VV TB eingeführt sind.. Zum anderen sind besondere Schutzmaßnahmen für große Glasflächen nicht erforderlich, wenn eine Glassorte eingebaut wird, die unter Belastung zwar zu Bruch gehen kann, aber bei der die Scheiben nicht scharfkantig zersplittern oder zerfallen, so dass nur -geringe Verletzungsgefahr besteht. Das ist gegeben zB bei mehrschichtigem Verbundsicherheitsglas, bei dem die Fragmente der zu Bruch gegangenen Scheibe durch eine Folie zusammengehalten werden. Bei großflächigen Glaskonstruktionen, die aus kleineren Segmenten zusammengesetzt sind, kann durch die Verwendung von Einscheibensicherheitsglas das Verletzungsrisiko hinreichend ausgeschlossen werden.

In Abs. 2 eingeschlossen ist auch die Forderung nach **Schutzmaßnahmen bei** größeren 8 **Glasflächen in Dächern**. Bis zur NBauO 1986 war in § 32 Abs. 6 S. 2 noch die Forderung zu finden, dass unter den Glasflächen ein Schutz gegen herabfallende Glasstücke anzuordnen ist (zB ein Unterspannschutz in Form eines engmaschigen Drahtnetzes), wenn nicht die verwendete Glasart Sicherheit bietet. Die Forderung nach Schutz für Personen, die sich unter größeren Glasflächen (Glasdächer über Schalterhallen, Ladenpassagen, Galerien u.dgl.) aufhalten, ist nach wie vor berechtigt; sie lässt sich heute unschwer durch die Verwendung von bruchsicheren Glasarten (→ Rn. 9) erfüllen. Die Forderung gilt insbesondere für Verglasungen über allgemein zugänglichen Verkehrsflächen, aber auch für alle anderen Glasdächer (zB von sog. Wintergärten), unter denen Personen bei Glasbruch zu Schaden kommen können. Bei der Verglasung von Ateliers und Gewächshäusern für die Aufzucht von Pflanzen wird man auf Schutzmaßnahmen verzichten können, s. Hinweis VV TB Anlage A 1.2.7/3 zu DIN 18008-2, MBl 2019, S. 174. Für sog. Verkaufsgewächshäuser mit Kundenverkehr und Schaugewächshäuser mit Besucherverkehr sind dagegen die gleichen Schutzmaßnahmen zu fordern wie für überkopf verglaste Ladenpassagen.

Glasarten und -konstruktionen: Die Technischen Regeln für die Verwendung von li- 9 nienförmig gelagerten Verglasungen (TRLV) – Fassung 9/1998 – sind durch die DIN 18008 abgelöst worden und als VV TB eingeführt (s. O. Tabelle). Sie fassen die Regelungen für linienförmig gelagerte Vertikal- und Überkopf-Verglasungen zusammen.

Für andere Verglasungen, zB für punktförmig gelagerte Überkopfverglasungen, geklebte Fassadenverglasungen (structural glazing) oder begehbare Glasbauteile ist auf DIN 18008-3 zu verweisen.

10 **Glastüren und** andere **Glasflächen** an allgemein zugänglichen (Verkehrs-)Flächen müssen nach § 19 Abs. 3 DVNBauO so ausgebildet oder gekennzeichnet sein, dass sie **leicht erkennbar** sind. Das kann zB geschehen durch das Anbringen waagerechter breiter Türgriffholme, durch Beschriftung, Ätzung oder Aufkleben von gut erkennbaren Symbolen und Zeichen (vgl. → § 35 Rn. 11). Die Forderung nach leichter Erkennbarkeit der Glasflächen bezieht sich nur auf allgemein zugängliche Flächen und dient daher ausschließlich dem Schutz von Passanten. Anforderungen zum Schutz von Tieren, insbesondere von Vögeln können aus § 3 S. 1 NNatG abgeleitet werden.

C. Brandschutzanforderungen (Abs. 3 und 4)

11 Abs. 3 ermächtigt die BauAB, an Fenster und Türen, die bei Gefahr der Rettung von Menschen dienen, wegen des Brandschutzes besondere Anforderungen zu stellen. Diese Anforderungen betreffen in erster Linie die Anordnung und die Größe von Fenstern und Türen, die als Rettungswege und damit auch als Angriffswege der Feuerwehr vorgesehen sind. Sonstige Anforderungen, die aus Gründen des Brandschutzes an Türen und Fenster zu stellen sind, insbesondere an solche Türen, die der Ausbreitung von Feuer und Rauch entgegenwirken müssen, ergeben sich aus § 14 Abs. 1 und den Brandschutzvorschriften der DVO-NBauO (s. § 15 Abs. 4; § 16 Abs. 3; § 17 Abs. 3 und 4; § 21 Abs. 2).

12 **Fenster als Rettungswege:** Gebäude brauchen nicht grundsätzlich über zwei voneinander unabhängige notwendige Treppen als Rettungswege zu verfügen (vgl. → § 33 Rn. 6). Ist nur eine Treppe vorhanden, so muss nach § 33 Abs. 2 im Falle eines Brandes die Rettung von Menschen über Stellen möglich sein, die von der Feuerwehr mit ihren Rettungsgeräten erreichbar sind (vgl. → § 33 Rn. 7). Neben Rettungsbalkonen können das unter den Voraussetzungen des § 20 Abs. 2 DVO-NBauO auch (Rettungs-)Fenster oder Fenstertüren sein. Diese Fenster müssen so angeordnet und -beschaffen sein, dass durch sie hindurch Menschen geborgen werden können. Dazu müssen die Flügel dieser Fenster zum Öffnen eingerichtet sein und eine lichte Öffnung von mindestens 0,90 m Breite und 1,20 m Höhe freigeben (§ 20 Abs. 2 S. 1 DVO-NBauO). Eine Öffnung dieser Größe ist notwendig, damit ein voll ausgerüsteter Feuerwehrmann unter Atemschutz von der Leiter aus durch das Fenster in das Gebäude einsteigen kann. Die Brüstungshöhe von Fenstern, die als Rettungswege dienen, darf – innen gemessen – nicht mehr als 1,20 m betragen (§ 20 Abs. 2 S. 2 DVO-NBauO), damit ein Übersteigen auf die Leitern der Feuerwehr ohne zusätzliche Schwierigkeiten möglich ist.

13 **Rettungsfenster in Dachgeschossen:** Voraussetzung für die Rettung im Falle eines Brandes ist, dass sich in Gefahr befindliche Personen bemerkbar machen können. Das kann uU in ausgebauten Dachgeschossen von höheren Gebäuden schwierig sein. Deshalb wird in § 20 Abs. 2 S. 3 DVO-NBauO gefordert, die Unterkanten von Fenstern in Dachschrägen und Dachaufbauten, aus denen heraus die Rettung erfolgen muss, so nah an der Traufkante des Daches anzuordnen, dass sich Personen bemerkbar machen und von der Feuerwehr gerettet werden können. Das ist gegeben, wenn das Rettungsfenster selbst oder ein für diesen Zweck entsprechend ausgebildeter Austritt vor dem Fenster von unten (zumindest von der gegenüberliegenden Straßenseite aus) sichtbar ist. Der Abstand zwischen Traufkante und Fensterunterkante in Dachschrägen oder des Austritts wird nun in § 20 Abs. 2 S. 4 DVO-NBauO auf das maximal zulässige Maß von 1 m begrenzt.

14 **Geeignet als Rettungsfenster** sind Drehflügelfenster, bei denen Pfosten oder Kämpfer die erforderliche Mindestgröße der lichten Öffnung nicht einengen, Fensterflügel mit Dreh-Kipp-Funktion und Fenster mit horizontal oder vertikal verschiebbaren Elementen. Schwingflügelfenster, die sich um eine horizontale Achse drehen, sind zur Rettung von Menschen ungeeignet, weil die für den Durchstieg der Retter zu fordernde lichte Höhe bei geöffnetem Flügel idR nicht erreicht wird. Ebenfalls ungeeignet sind Wendeflügel-

fenster mit vertikaler Drehachse. Hier fehlt einseitig die Fensterleibung als unverzichtbarer Halt für Retter und zu Rettende. Flachdach-Lichtkuppeln kommen als zweiter Rettungsweg nicht in Frage, weil sie die Anforderungen des §20 Abs. 2 DVO-NBauO nicht erfüllen können.

Die frühere Ansicht, dass nur stehende Fenster als Rettungsfenster geeignet sind, ist überholt. Auch liegende **Dachflächenfenster** kommen als Rettungsfenster in Frage, sofern die Abmessungen bezüglich Brüstungshöhe und lichter Öffnung eingehalten werden. Geeignet sind Dachflächenfenster mit oben angeschlagenem arretierbarem Klappflügel, mit seitlich angeschlagenem Drehflügel oder (seitlich) verschiebbarem Flügel. Für Dachflächenfenster, die von unten nicht sichtbar sind, bietet der Markt herausklappbare Austritte mit Umwehrung, auf denen sich Personen bemerkbar machen können.

Fenster und Fenstertüren üblicher Bauart erfüllen Aufgaben der Belichtung, Belüftung 15
und des Wärmeschutzes. Sie bieten Einbrechern idR keinen nennenswerten Widerstand, sind aber aus diesem Grunde von der Feuerwehr im Brandfall bei Rettungsmaßnahmen von außen auch leicht zu überwinden. Dies lässt sie als „zweiten Rettungsweg" geeignet erscheinen. Anders verhält es sich dagegen bei **einbruchhemmenden Fenstern** und Türen mit durchbruchhemmender Verglasung. Da die Verglasung von der Feuerwehr im Brandfall von außen nicht überwunden werden kann, sind Fenster mit dieser Verglasung als Rettungsfenster nicht geeignet. In diesem Fall muss der zweite Rettungsweg auf andere Weise sichergestellt werden. Das gilt im Übrigen erst recht bei vergitterten Fenstern.

Schiebe-, Dreh-, Pendel- und Hebetüren sind in Rettungswegen von Versammlungs- 16
stätten (§9 Abs. 4 VStättVO) und Verkaufsstätten (§15 Abs. 5 VKVO) unzulässig. Dies galt zunächst auch für automatische Schiebetüren in Rettungswegen (vgl. §26 Abs. 3 VStättVO aF). Aufgrund der technischen Entwicklung sind inzwischen **automatische Schiebetüren** in ihrer Betriebssicherheit so verbessert worden, dass sie in Rettungswegen eingebaut werden dürfen, wenn sie der Richtlinie über automatische Schiebetüren in Rettungswegen (AutSchR) entsprechen, die als Techn. Baubestimmung in der M-VV TB, Anhang C, C 2.6.10, bekannt gemacht wurde (vgl. → §36 Rn. 10). **Pendeltüren** sind in Rettungswegen zulässig, wenn sie mit Schließvorrichtungen versehen sind, die ein Durchpendeln verhindern (§9 Abs. 4 VStättVO, §15 Abs. 5 VKVO).

Rauchabzugsöffnung zur Rauchableitung: Abs. 4 enthält die Anforderung (Satz 1), 17
dass in Kellergeschossen ohne öffenbare Fenster mindestens eine Öffnung ins Freie zur Rauchableitung angeordnet werden muss. Dies Forderung begründet sich mit dem Schutzziel, wirksame Löscharbeiten zu ermöglichen (§14), da ohne Öffnungen ins Freie der Rauchabzug nur über den als Feuerwehrangriffsweg genutzten notwendigen Treppenraum erfolgen kann, was den Feuerwehreinsatz erheblich erschwert. Bei Vorhandensein zumindest einer Öffnung ins Freie kann Rauch (ggf. unter Zuhilfenahme von mobilem Lüftungsgerät der Feuerwehr) aus dem Kellergeschoss ins Freie abgeleitet werden ohne das der Angriffsweg beeinträchtigt wird. Die gestellte Anforderung kann auch durch den Einbau einer maschinellen Rauchabzugseinrichtung erfüllt werden.

Kellerlichtschächte sind zur Tageslichtbeleuchtung und für die Lüftung von Kellerräu- 18
men üblich und zulässig. Besondere Probleme entstehen bei Lichtschächten auch dann nicht, wenn sie den zweiten Rettungsweg aus dem Kellergeschoss heraus bilden müssen. Etwas anderes gilt für den Sonderfall von übereinander liegenden Kellergeschossen, sog. **Tiefgeschossen**, wie sie in Stadtzentren mit knappen Bauland üblich sind. Abs. 4 gilt für alle Tiefgeschosse unabhängig von ihrer Nutzung, also auch für Tiefgeschosse von Kaufhäusern, Versammlungsstätten oder Tiefgaragen, sofern nicht die spezialgesetzlichen VOen wie die VKVO, NVStättVO oder GaStPlVO diesbezüglich Regelungen enthalten. Bei Bauwerken mit mehreren übereinander liegenden Kellergeschossen handelt es sich idR um Sonderbauten, an die nach §51 im Rahmen eines in sich schlüssigen Brandschutzkonzeptes von Abs. 4 abweichende Anforderungen gestellt werden können.

19 Der Anschluss übereinander liegender Kellergeschosse an einen gemeinsamen Schacht ist nach Abs. 4 unzulässig; weil der Schacht, der wie ein Kamin wirkt, die Brandübertragung von Kellergeschoss zu Kellergeschoss geradezu begünstigen würde. Ziel der Regelung ist es sicherzustellen, dass bei einem Brand im tieferliegendem Geschoss das darüberliegende Geschoss rauchfrei bleibt und Heissgase nicht übertragen werden. Bei übereinander liegenden Kellergeschossen muss daher jedes Kellergeschoss einen separaten Lichtschacht, oder besser gesagt einen separaten Luftschacht erhalten (Abschottung gegenüber anderen Tiefgeschossen). In diesem Zusammenhang ist auf § 13 Abs. 2 S. 2 DVO-NBauO zu verweisen, wonach bei übereinander liegenden Kellergeschossen mindestens ein Ausgang jedes Geschosses unmittelbar ins Freie führen muss, was über den jeweils eigenen Lichtschacht (in diesem Fall mit Außentreppe), den Abs. 4 fordert, denkbar ist. Wegen der Sicherung von Kellerlichtschächten durch Abdeckungen oder Umwehrungen vgl. → § 16 Rn. 5 ff. und § 4 Abs. 1 Nr. 3 DVO-NBauO (abgedr. nach § 16).

§ 38 Aufzüge

(1) [1]Aufzüge müssen betriebssicher und brandsicher sein. [2]Aufzüge im Inneren von Gebäuden müssen eigene Fahrschächte haben, wenn dies erforderlich ist, um eine Brandausbreitung in andere Geschosse ausreichend lang zu verhindern.

(2) [1]Gebäude mit Aufenthaltsräumen, deren Fußboden mehr als 12,25 m über der Eingangsebene liegt, müssen Aufzüge in ausreichender Zahl und Anordnung haben. [2]Satz 1 gilt nicht bei Nutzungsänderungen oberster Geschosse zu Wohnzwecken in Gebäuden, die am 31. Dezember 1992 errichtet oder genehmigt waren.

(3) [1]In den Fällen des Absatzes 2 Satz 1 muss mindestens ein Aufzug Kinderwagen, Rollstühle, Krankentragen und Lasten aufnehmen können und Haltestellen in allen Geschossen haben. [2]Dieser Aufzug muss von allen Wohnungen in dem Gebäude und von der öffentlichen Verkehrsfläche aus stufenlos erreichbar sein.

Verwaltungsvorschrift
Technische Baubestimmungen (VV TB) zu § 38 (Stand: Januar 2019)

Teil A: Technische Baubestimmungen, die bei der Erfüllung der Grundanforderungen an Bauwerke zu beachten sind.

A 2 Brandschutz

A 2.1.13 Fahrschächte, Aufzüge

Müssen gemäß § 21 Abs. 1 DVO-NBauO Aufzüge im Innern von Gebäuden eigene Fahrschächte haben, so soll damit eine Brandausbreitung in andere Geschosse ausreichend lang behindert werden. Die Fahrschachtwände müssen zur Gewährleistung der Schutzziele bei Brandeinwirkung ausreichend lang den Raumabschluss gewährleisten, soweit erforderlich standsicher sein und den Anforderungen der Abschnitte A 2.1.3.2 und A 2.1.3.3 entsprechen. Fahrschachtwände aus brennbaren Baustoffen müssen schachtseitig eine Bekleidung aus nichtbrennbaren Baustoffen in ausreichender Dicke haben, damit es bei offen stehenden Fahrschachttüren bzw. nach dem Durchbrand geschlossener Türen auf den Oberflächen der Fahrschachtwände nicht zu einer Brandausbreitung kommt.

Die Fahrschächte müssen so beschaffen sein, dass Feuer und Rauch nicht in andere Geschosse übertragen werden können. Diese Anforderung kann nur dann erfüllt werden, wenn die Fahrschächte ausreichend lang feuerwiderstandsfähig sind und

a) die Fahrschachttüren nachfolgenden Anforderungen genügen:
– sie sind nach DIN 4102-5:1977-09 nachgewiesen und als Fahrschachttür klassifiziert und
– sie werden in massive Wände aus Mauerwerk oder Beton eingebaut,

b) die Fahrkörbe überwiegend aus nichtbrennbaren Baustoffen hergestellt werden (Fahrkörbe gelten als überwiegend aus nichtbrennbaren Baustoffen hergestellt, wenn die tragenden und aussteifenden Teile des Fahrkorbs aus nichtbrennbaren Baustoffen bestehen und die übrigen Teile des Fahrkorbs (wie Wand- und Deckenbekleidungen, Fußbodenbeläge, Lüftungs- und Beleuchtungsabdeckungen) keinen höheren Anteil an brennbaren, mindestens normalentflammbaren Baustoffen aufweisen als 2,5 kg je m^2 Fahrkorbinnenfläche),

c) die Türen so gesteuert werden, dass sie nur so lange offen bleiben, wie es das Betreten oder Verlassen des Fahrkorbs erfordert; jeweils zwei übereinanderliegende Türen verhindern im geschlossenen Zustand eine Brandübertragung vom Brandgeschoss ins darüber liegende Geschoss,

d) die Türen, falls mehrere nebeneinander angeordnet werden, durch feuerbeständige Bauteile getrennt und an diesen befestigt werden, und

e) der Fahrschacht eine Öffnung zur Rauchableitung gemäß §21 Abs. 3 Satz 1 DVO-NBauO hat.

Zur Erfüllung dieser Anforderungen ist die Technische Regel A 2.2.1.2 zu beachten.

A 2.1.21.8 Feuerwehraufzüge

Feuerwehraufzüge dienen insbesondere bei baulichen Anlagen großer Höhe der Unterstützung wirksamer Löscharbeiten. Feuerwehraufzüge sollen im Brandfall durch die Feuerwehr nutzbar bleiben. Daher dürfen in Fahrschächten von Feuerwehraufzügen keine anderen Aufzüge angeordnet sein. Die Fahrschächte von Feuerwehraufzügen in Verbindung mit Fahrschachttüren müssen im Brandfall ausreichend lang sicher benutzbar bleiben. In den Fahrschächten dürfen nur die für den Betrieb des Feuerwehraufzuges notwendigen technischen Anlagen und Einrichtungen angeordnet sein. Feuerwehraufzüge dürfen jeweils nur über einen Vorraum zugänglich sein. Die Wände und Decken des Vorraumes müssen ausreichend lang im Brandfall raumabschließend und nichtbrennbar sein. Die Abschlüsse notwendiger Öffnungen in den Vorräumen müssen ausreichend lang raumabschließend und rauchdicht sein. Die Vorräume dürfen nur über notwendige Flure zugänglich sein. Damit die Fahrschächte nicht durch Rauch beeinträchtigt werden können, müssen die Vorräume und Fahrschächte durch Druckbelüftungsanlagen im Brandfall von Rauch freigehalten werden. Für Feuerwehraufzüge müssen automatische Branderkennungseinrichtungen vorhanden sein, damit diese so gesteuert werden können, dass im Brandfall die Aufzüge außerhalb des Brandbereiches außer Betrieb gehen (Brandfallsteuerung) und danach nur noch durch die Feuerwehr wieder in Betrieb genommen und genutzt (Feuerwehrschaltung) werden können. Die Auslösung der Brandfallsteuerung ist auch durch eine automatische Brandmeldeanlage zulässig.

Die Nutzung zur Personen- und Lastenbeförderung ist allgemein zulässig, soweit ein Brandfall nicht vorliegt.

A 2.1.21.14 Brandfallsteuerung von Aufzügen

Brandfallsteuerungen sollen bewirken, dass bei Erkennung eines Brandes der Aufzug mit darin befindlichen Personen nicht mehr das vom Brand betroffene Geschoss anfahren kann und die Personen den Aufzug in einem anderen Geschoss verlassen, um sich zu retten. Außerdem wird sichergestellt, dass danach der Aufzug außer Betrieb geht.

Brandfallsteuerungen bestehen mindestens aus automatischen Brandmeldern zur Branderkennung in jedem Geschoss mit Haltestelle, den automatischen Übertragungseinrichtungen der Brandmeldung und dem Auswerte- und Steuerungssystem für den Aufzug. Das Auslösen der Brandfallsteuerung ist auch durch eine automatische Brandmeldeanlage zulässig.

Für die Funktion von Personenaufzügen mit Brandfallsteuerung notwendige elektrische Leitungsanlagen müssen so beschaffen oder durch Bauteile abgetrennt sein, dass die Anlagen im Brandfall ausreichend lang funktionsfähig bleiben.

Feuerwehraufzüge müssen auch bei Ausfall der allgemeinen Stromversorgung ausreichend lang mit Strom versorgt werden und funktionsfähig bleiben (Sicherheitsstromversorgung).

Für die Funktion von Feuerwehraufzügen notwendige elektrische Leitungsanlagen müssen so beschaffen oder durch Bauteile abgetrennt sein, dass die Anlagen im Brandfall ausreichend lang funktionsfähig bleiben.

Alle notwendigen Angaben sind im Brandschutznachweis darzustellen.

Verwaltungsvorschrift
Technische Baubestimmungen (VV TB) (Stand: Januar 2019)

Lfd. Nr.	Gegenstand	Datum	Nds. MBl. Seite
1	DIN 4102 Teil 4 – Brandverhalten von Baustoffen und Bauteilen; Zusammenstellung und Anwendung klassifizierter Baustoffe, Bauteileund Sonderbauteile	Mai 2016	5. AB 2019 S. 1
4	DIN 4109 Teil 1 – Schallschutz im Hochbau Mindestanforderungen	Juli 2016	6. AB 2019; S.83
7	DIN 18 040 – Teil 1: Barrierefreies Bauen; Planungsgrundlagenöffentlich zugängige Gebäude	Oktober 2010	
8	DIN 18 040 – Teil 2: Barrierefreies Bauen; Planungsgrundlagen Wohnungen	September 2011	

Übersicht

A. Allgemeines

a) Bauaufsichtliche Anforderungen

1 § 38 enthält die allgemeinen bauaufsichtlichen Anforderungen an den baulichen Teil von Aufzugsanlagen und bestimmt, wann Gebäude Aufzüge erhalten müssen. In Abs. 1 wird die Brandausbreitung als Kriterium über die Notwendigkeiten von Schächten definiert. In Absatz 2 wird festgelegt, dass ab einer Höhe von 12,25 m über Eingangsebene Aufzüge in ausreichender Zahl vorhanden sein müssen. Diese allgemeinen Anforderungen werden in § 21 DVO-NBauO konkretisiert.

b) Betriebstechnische Anforderungen

2 Die **betriebstechnischen Anforderungen** an Aufzüge werden in der NBauO und der DVO-NBauO nicht geregelt. Entsprechende Vorschriften darüber enthält die **Betriebssicherheitsverordnung** (BetrSichV) v. 15.11.2016, die den Betrieb überwachungspflichti-

ger Anlagen, zu denen Personenaufzüge gehören, regelt und die Pflichten vorgibt, die die Betreiber einer Aufzugsanlage hinsichtlich Sicherheit, wiederkehrenden Prüfungen und Wartung zu erfüllen haben, um die Betriebssicherheit dauerhaft sicher zu stellen.

Damit nun alle Aufzüge, gleichgültig welchen Zwecken sie dienen, den Sicherheitsanforderungen der BetrSichV unterworfen sind, hat der Nds. Gesetzgeber in §21 Abs. 5 DVO-NBauO den Geltungsbereich der BetrSichV ausgedehnt auf Aufzüge, die weder gewerblichen noch wirtschaftlichen Zwecken dienen und in deren Gefahrenbereich auch keine Arbeitnehmer beschäftigt werden. Damit werden die bundesrechtlichen Vorschriften der BetrSichV zum Bestandteil des Bauordnungsrechts und erfassen so auch die (an sich) nicht von der Regelung betroffenen „privaten" Aufzüge.

c) 12. ProdSV

Die Zwölfte Verordnung zum **Produktsicherheitsgesetz** (12. ProdSV -Aufzugsverordnung) setzt in Deutschland die **europäische Richtlinie** 2014/33/EU in nationales Recht um. Sie regelt das Inverkehrbringen von neuen Aufzügen. Voraussetzung für das Inverkehrbringen ist, dass der Montagebetrieb 3

- den Aufzug mit der CE-Kennzeichnung versieht,
- eine Konformitätserklärung ausstellt,
- die grundlegenden Sicherheitsanforderungen eingehalten hat.
- wenn Bauherr und Aufzugs-Montagebetrieb geeignete Maßnahmen für einen einwandfreien Betrieb abgesprochen haben.

Die Aufzugsverordnung gründet auf §8 des **Produktsicherheitsgesetzes**.

d) Stand der Technik

Aufzugsanlagen müssen nach dem **Stand der Technik** montiert, installiert und betrieben werden. Dabei sind die Regeln und Erkenntnisse des Ausschusses für Betriebssicherheit zu berücksichtigen, die im Bundesarbeitsblatt veröffentlicht werden sollen. Bis dahin gelten für technisch-konstruktive Anforderungen die europäische Normen: 4

B. Normen und Richtlinien

DIN EN 81–20 (11. 2014) – Sicherheitsregeln für die Konstruktion und den Einbau von Aufzügen – Aufzüge für den Personen- und Gütertransport – Teil 20: Personen- und Lastenaufzüge 5

DIN EN 81–28 (2018-07) – Sicherheitsregeln für die Konstruktion und den Einbau von Aufzügen – Aufzüge für den Personen- und Gütertransport – Teil 28: Fernnotruf für Personen- und Lastenaufzüge

DIN EN 81–50 (02. 2015) – Sicherheitsregeln für die Konstruktion und den Einbau von Aufzügen – Prüfungen – Teil 50: Konstruktionsregeln, Berechnungen und Prüfungen von Aufzugskomponenten

DIN EN 81-80 (12. 2016) – Sicherheitsregeln für die Konstruktion und den Einbau von Aufzügen – Bestehende Aufzüge – Teil 80: Regeln für die Erhöhung der Sicherheit bestehender Personen- und Lastenaufzüge; 2004/02 (Entwurf).

DIN EN 81–3 (06. 2011) – Sicherheitsregeln für die Konstruktion und den Einbau von Aufzügen – Teil 3: Elektrisch und hydraulisch betriebene Kleingüteraufzüge

Aufzug 2017 (AMEV) – Für die Planung von Aufzugsanlagen in öffentlichen Gebäuden, die als technische Arbeitshilfe für den zivilen Bereich des Bundes, des Landes und seiner Dritten durch RdErl. des Landes Nds. bekannt gemacht wurden.

DIN 4102/4 (05. 2016) – Brandverhalten von Baustoffen und Bauteilen – Teil 4: Zusammenstellung und Anwendung klassifizierter Baustoffe, Bauteile und Sonderbauteile

VDI 4707 – Aufzüge – Energieeffizienz
VDI 4707 – Aufzüge – Energieeffizienz – Aufzüge nach Maschinenrichtlinie

Geltungsbereich der BetrSichV

6 Damit alle Aufzüge, gleichgültig welchen Zwecken sie dienen, den Sicherheitsanforderungen der BetrSichV unterworfen sind, hat der Nds. Gesetzgeber in § 21 Abs. 5 DVO-NBauO den Geltungsbereich der BetrSichV ausgedehnt auf Aufzüge, die weder gewerblichen noch wirtschaftlichen Zwecken dienen und in deren Gefahrenbereich auch keine Arbeitnehmer beschäftigt werden. Damit werden die bundesrechtlichen Vorschriften der BetrSichV zum Bestandteil des Bauordnungsrechts und erfassen so auch die nicht von der Regelung betroffenen „privaten" Aufzüge.

C. Genehmigungs- und Überwachungspflicht

7 Wie schon vorher die Erlaubnispflicht ist mit dem Außerkrafttreten der früheren AufzV auch die darin (§ 7) enthaltene Anzeigepflicht entfallen. Die BetrSichV, die an die Stelle der AufzV getreten ist, verzichtet auch auf die bis dahin vorgeschriebene Erstprüfung durch einen Sachverständigen vor der Inbetriebnahme der Aufzüge, die nach der 12. ProdSV in den Verkehr gebracht werden dürfen (§ 14 Abs. 7 BetrSichV). Das sind insbesondere Personenaufzüge, für die der Hersteller durch CE-Kennzeichnung und der Montagebetrieb durch Konformitätserklärung bestätigen, dass sie den europäischen Sicherheitsanforderungen genügen. Die 12. ProdSV bestimmt in § 3:

(1) Aufzüge dürfen nur in den Verkehr gebracht werden, wenn

1. sie die Anforderungen dieser Verordnung erfüllen sowie sachgemäß eingebaut, sachgemäß instand gehalten und bestimmungsgemäß betrieben werden,
2. die für die Errichtung des Gebäudes oder Bauwerks verantwortliche Person und der Montagebetrieb einander alle notwendigen Informationen zur Verfügung gestellt und die geeigneten Maßnahmen getroffen haben, um den einwandfreien Betrieb und die sichere Benutzung des Aufzugs zu gewährleisten, und
3. neben den für die Sicherheit und den Betrieb des Aufzugs erforderlichen Leitungen oder Einrichtungen keine weiteren Leitungen oder Einrichtungen im Aufzugsschacht verlegt oder installiert sind.

(2) Sicherheitsbauteile für Aufzüge dürfen nur dann auf dem Markt bereitgestellt werden, wenn sie die Anforderungen dieser Verordnung erfüllen sowie sachgemäß eingebaut, sachgemäß instand gehalten und bestimmungsgemäß betrieben werden. Für den Einbau und Betrieb dieser Aufzüge ist nach der BetrSichV keine Erlaubnis oder Anzeige mehr erforderlich, wohl aber nach der NBauO.

8 **Aufzugsanlagen sind baugenehmigungspflichtig**. Wer eine Aufzugsanlage errichten oder ändern will, muss daher eine Baugenehmigung erwirken, bevor er mit den Bauarbeiten an der Aufzugsanlage beginnen darf. Die Baugenehmigung beinhaltet den gebäudetechnischen Teil der Aufzugsanlage, zB den Schacht mit den Zugängen; für den anlagetechnischen Teil ist weder eine Erlaubnis erforderlich noch eine Anzeige zu tätigen. Bei Vorhaben nach § 62 erstreckt sich die Baugenehmigungsfreiheit auch auf die Aufzugsanlage. Soll ein Gebäude, das nach § 62 ohne Baugenehmigung errichtet werden durfte, nachträglich mit einem Aufzug ausgestattet werden, dann muss dafür entweder wiederum ein Verfahren nach § 62 durchgeführt werden oder eine entsprechende Baugenehmigung beantragt werden.

9 **Aufzugsanlagen sind** wegen ihres Gefahrenpotentials **überwachungsbedürftig** (ProdSG). Sie müssen im Betrieb alle zwei Jahre wiederkehrend geprüft werden (§ 15, BetrSichV). Diese Hauptprüfungen bestehen aus einer technischen Prüfung, die an der Aufzugsanlage selbst nach den Prüfregeln vorzunehmen ist, und einer Ordnungsprüfung. Über das Ergebnis der Prüfungen ist eine Prüfbescheinigung auszustellen, die am Betriebsort aufzubewahren und auf Verlangen der zuständigen Behörde vorzuzeigen

ist (§ 19 BetrSichV). Hat der Sachverständige Mängel festgestellt, hat er dies der zuständigen Behörde zu melden (§20 BetrSichV).

Verantwortlich für den ordnungsgemäßen Zustand einer Aufzugsanlage ist der Eigentümer bzw. neben ihm derjenige, der die tatsächliche Gewalt über die Aufzugsanlage ausübt (§56). Er hat ua die wiederkehrenden Prüfungen zu veranlassen wie auch die regelmäßige Wartung in Auftrag zu geben. In der DIN EN 13015:2008-12 – Instandhaltung von Aufzügen und Fahrtreppen – Regeln für Instandhaltungsanweisungen wird festgelegt, wie eine qualifizierte Instandhaltung von Aufzügen durchgeführt werden muss, und welche Anforderungen an das Wartungsunternehmen zu stellen sind. **10**

Treppenlifte (DIN EN 81-40 (04/2009) – Sicherheitsregeln für die Konstruktion und den Einbau von Aufzügen – Spezielle Aufzüge für den Personen- und Gütertransport – Teil 40: Treppenschrägaufzüge und Plattformaufzüge mit geneigter Fahrbahn für Personen mit Behinderungen – sind überwachungsbedürftige Maschinen (Richtlinie 98/37/EG), die wiederkehrend zu prüfen sind (§ 15, BetrSichV). Der Betreiber hat alternierend alle zwei Jahre eine Haupt- bzw. Zwischenprüfung zu veranlassen, erstmalig zwei Jahre nach der Inbetriebnahme des Treppenlifts (§ 15, BetrSichV). **11**

D. Bauliche Anforderungen

a) Brand- und Schallschutz

Ergänzend zu den betriebstechnischen Anforderungen der BetrSichV enthält §21 DVO-NBauO auch Vorschriften bezüglich der Betriebssicherheit von Aufzugsanlagen. So müssen Aufzüge ohne eigene Schächte in Treppenräumen unfallsicher umkleidet werden (§21 Abs. 1 DVO-NBauO). Zur Sicherheit gehört auch, dass die Fahrschächte entlüftet werden können (vgl. §21 Abs. 3 DVO-NBauO), damit etwa eindringender Rauch abziehen kann. **12**

Wände und Decken von Aufzugsschächten müssen **feuerbeständig** sein. Fahrschachtzugänge und sonstige Öffnungen in Schachtwänden sind so abzuschließen, dass Feuer und Rauch nicht in andere Geschosse übertragen werden können (§21 Abs. 2 DVO-NBauO). Bezüglich technischer Einzelheiten für Fahrschachttüren wird verwiesen auf: **13**

Aufzug im Treppenhaus: Dort, wo die Aufzugsanlage keine Geschossdecken durchstößt, beispielsweise in einem Treppenauge, entfällt die Forderung nach feuerbeständigen Schachtwänden, weil in diesem Fall bereits die Treppenraumwände die brandschutzmäßige Abschottung zu den Geschossen übernehmen. Nach §21 Abs. 1 DVO-NBauO gilt diese Erleichterung nicht in Hochhäusern. Die Aufzüge müssen dann jedoch innerhalb der Umfassungswände des Treppenraumes liegen und verkehrssicher umkleidet sein. Sonst siehe §21 Abs. 1 der DVO-NBauO. **14**

Verbot unzumutbarer Belästigungen: Der Anordnung der Aufzüge im Gebäude kommt große Bedeutung zu. Aufzugsschächte Wand an Wand mit ruhebedürftigen Aufenthaltsräumen sind unbedingt zu vermeiden. In ruhebedürftigen Gebäuden wie Wohnhäuser, Krankenhäuser, Hotels müssen die anlagetechnischen Bauteile, insbesondere der Antrieb, vom Gebäude schall- und schwingungstechnisch getrennt sein. Sind Gebäude an der Grenze aneinander gebaut, dann kann das Verbot unzumutbarer Belästigungen auch nachbarschützende Wirkung entfalten. In diesem Zusammenhang wird auf folgende Regel der Technik hingewiesen: **15**

VDI 4109 – 1 – Schallschutz im Hochbau
DIN 8989 – Schallschutz in Gebäuden – Aufzüge

b) Anordnung von Aufzugsschächten

16 Nach § 21 Abs. 1 DVO-NBauO wird differenziert zwischen den unterschiedlichen Gebäudeklassen. In Absatz 1 werden die Möglichkeiten aufgeführt, bei denen auf einen Fahrschacht verzichtet wird. In Absatz 2 werden die Anforderungen an Aufzüge mit Schachtwänden und Fahrschachtdecken und deren Anforderungen definiert.

Aufzüge im Innern von Gebäuden müssen eigene Fahrschächte haben, wenn dies erforderlich ist, um eine Brandausbreitung in andere Geschosse ausreichend lang zu verhindern (Abs. 1 Satz 2). Ergänzt wird dies durch § 21 Abs. 1 S. 2 der DVO-NBauO, der bestimmt, dass in einem Fahrschacht bis zu drei Aufzüge eingebaut sein dürfen.

Diese Forderung nach eigenen Schächten schließt aus, dass Aufzüge in anderen Schächten wie z.B. in Installations- oder Lüftungsschächten geführt werden oder dass Leitungen für Gas, Wasser, Elt etc. in Aufzugsschächten geführt werden. Die gleiche Forderung ergibt sich aus § 3 Abs. 1 Nr. 3 des 12. ProdSV. Danach darf ein Montagebetrieb einen Aufzug nicht in einen Schacht montieren, in dem neben den für die Sicherheit

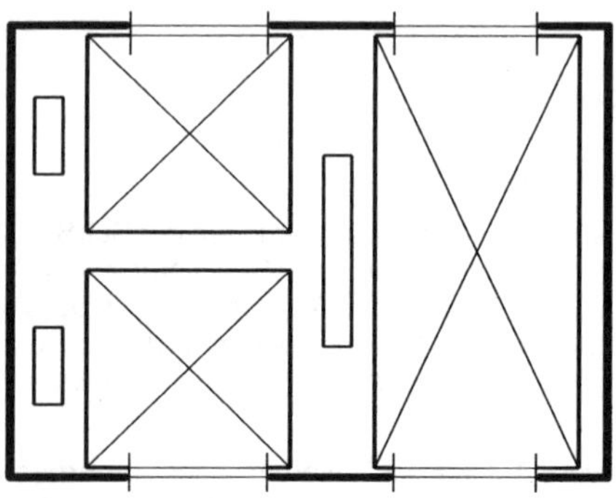

Abb. 1:
Aufzüge im Innern von Gebäuden müssen i.d.R. eigene Schächte haben, in denen nicht mehr als drei Aufzüge eingebaut werden dürfen (§ 21 Abs. 1 Satz 3) DVO-NBauO).

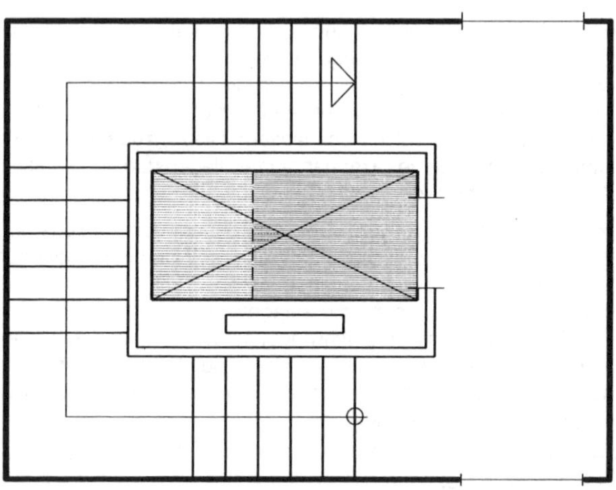

Abb. 2:
Fallbeispiel für einen Aufzug ohne eigenen Fahrschacht im „Treppenauge“ eines notwendigen Treppenraumes (ausgenommen Hochhäuser) nach § 21 Abs. 1 Satz 1 Nr. 1 DVO-NBauO.

und den Betrieb des Aufzugs erforderlichen Leitungen oder Einrichtungen weitere Leitungen oder Einrichtungen verlegt oder installiert sind. Diese Forderung berücksichtigt die damit verbundenen Gefahren, die im Falle eines Leitungsdefekts oder einer Havarie für die Benutzer der Aufzugsanlage entstehen können.

Die Forderung nach Schächten berücksichtigt auch, dass Geschossdecken Brandschutzfunktionen haben, die durch Deckenöffnungen verloren gehen würden, wenn die Öffnungen nicht durch Schachtwände abgeschottet würden. Die Forderung nach feuerbeständigen Schachtwänden innerhalb eines Gebäudes mit entsprechenden Schachttüren soll der Ausbreitung von Feuer und Rauch von Geschoss zu Geschoss entgegenwirken.

c) Belüftung der Schächte

Nach §21 Abs. 3 der DVO-NBauO müssen Fahrschächte gelüftet werden können und an ihrer obersten Stelle eine ins Freie führende Öffnung zur Rauchableitung haben. Die Öffnung darf einen Abschluss haben, wenn dieser sich bei Raucheintritt in den Fahrschacht selbsttätig öffnet und von außen von Hand geöffnet werden kann. Das bedeutet, dass der Aufzugsschacht über Rauchmelder überwacht wird. Bei Rauchentwicklung im Schacht wird die Entrauchungsöffnung automatisch geöffnet. Diese Ausführung führt zu Energiekosteneinsparungen. 17

E. Notwendige Aufzüge

Nach §38 Abs. 2 NBauO ist der Einbau von Aufzügen in ausreichender Anzahl erst dann vorgeschrieben, wenn Gebäude Aufenthaltsräume haben, deren Fußboden mehr als 12,25 m über der Eingangsebene liegt. Für die in §49 Abs. 1 genannten Wohnungen und die Gebäude nach §49 Abs. 2 ergibt sich die Pflicht zum Einbau von Aufzügen daraus, dass sie barrierefrei sein müssen. Nach Satz 2 gilt die Forderung des Satzes 1 nicht bei Nutzungsänderungen oberster Geschosse zu Wohnzwecken in Gebäuden, die am 31.12.1992 errichtet oder genehmigt waren. Damit soll der nachträgliche **Ausbau von Dachgeschossen** zu Wohnzwecken in bereits vor diesem Stichtag errichteten Gebäuden erleichtert werden. Unberührt davon bleibt die Frage, ob der Ausbau planungsrechtlich zulässig ist. 18

Nach §21 Abs. 4 DVO-NBauO muss in den notwendigen Aufzügen für **je 20** auf die auf Aufzüge angewiesene **Personen ein Fahrkorbplatz** zur Verfügung stehen. Bei Aufzügen nach §38 Abs. 3 der NBauO muss die Grundfläche 1,10 × 1,40 m betragen (wenn Rollstühle aufzunehmen sind). Bei Aufnahme von Krankentragen beträgt die Grundfläche mind. 1,10 × 2,10 m 19

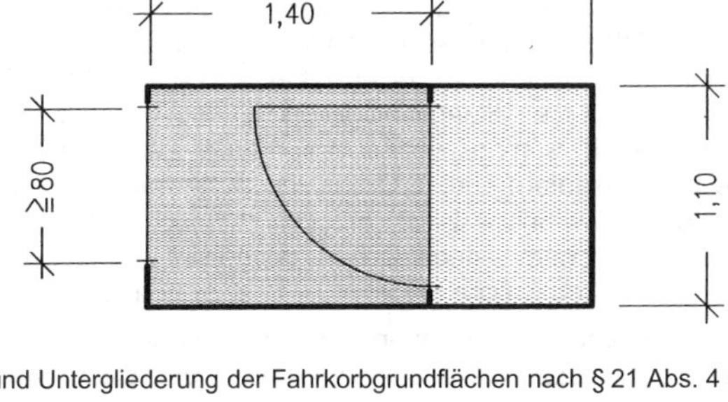

Abb. 2:
Abmessungen und Untergliederung der Fahrkorbgrundflächen nach § 21 Abs. 4 Satz 2 und 3 DVO-NBauO.

20 Um zu vermeiden, dass die Mindesttragfähigkeit der Aufzugsanlage nach der **Fahrkorbgrundfläche für den Krankentransport** bemessen werden muss, lässt es § 21 Abs. 4 DVO-NBauO zu, in Aufzügen für Rollstühle und Krankentragen den nicht für Rollstühle erforderlichen Teil der Farbkorbgrundfläche durch eine verschließbare Tür abzusperren. Es muss also eine Fahrkorbgrundfläche von 1,10 m × 1,40 m verbleiben (Abb. 3). In diesen Fällen braucht die Tragfähigkeit des Aufzuges für die Personenbeförderung nur nach dem nicht abgesperrten Teil bemessen zu werden.

21 Beim Öffnen der Trenntür müssen durch eine Steuerung weitere Fahrten des Aufzugs verhindert werden. Neue Fahrbefehle dürfen nur über eine schlüsselgesicherte Innensteuerung erfolgen. Die Zugänge zum Aufzug (Fahrschachttür, Fahrkorbtür) dürfen mit **Rücksicht auf Rollstuhlbenutzer** nicht weniger als 0,90 m lichte Durchgangsbreite aufweisen (DIN 18040 – Teil 1 und 2).

§ 39 Lüftungsanlagen, Leitungsanlagen, Installationsschächte und -kanäle

(1) [1]Lüftungsanlagen müssen betriebssicher und brandsicher sein. [2]Sie dürfen den ordnungsgemäßen Betrieb von Feuerungsanlagen nicht beeinträchtigen und müssen so angeordnet und ausgebildet sein, dass sie Gerüche und Staub nicht in andere Räume übertragen.

(2) Lüftungsanlagen müssen, soweit es der Brandschutz erfordert, so angeordnet und ausgebildet sein, dass Feuer und Rauch ausreichend lang nicht in andere Räume übertragen werden können.

(3) [1]Leitungsanlagen sind in notwendigen Treppenräumen, in Räumen nach § 35 Abs. 3 Satz 3 und in notwendigen Fluren nur zulässig, wenn die Nutzung dieser Treppenräume, Räume und Flure als Rettungsweg im Brandfall ausreichend lang möglich ist. [2]Absatz 1 Satz 1 und Absatz 2 gelten für Leitungsanlagen entsprechend.

(4) Für Installationsschächte und -kanäle, raumlufttechnische Anlagen und Warmluftheizungen gelten die Absätze 1 und 2 entsprechend.

Technische Baubestimmungen (TB)
bzw. Verwaltungsvorschriften (VV) zu § 39 (Stand: Januar 2019)

In der Verwaltungsvorschrift Technische Baubestimmungen (VV TB) heißt es unter

Teil A: Technische Baubestimmungen, die bei der Erfüllung der Grundanforderungen an Bauwerke zu beachten sind unter

A 2 Brandschutz

A 2.1.14 Leitungsanlagen, Installationsschächte und -kanäle

In baulichen Anlagen dürfen Leitungen, Installationsschächte und -kanäle gemäß § 23 Abs. 7 und 8 i.V. m. Abs. 2 DVO-NBauO durch raumabschließende Bauteile, für die eine Feuerwiderstandsfähigkeit vorgeschrieben ist, nur hindurchgeführt werden, wenn eine Brandausbreitung ausreichend lang nicht zu befürchten ist oder Vorkehrungen hiergegen getroffen werden. Für die Leitungsanlagen in Rettungswegen und für die Führung von Leitungsanlagen durch raumabschließende Bauteile gilt die Technische Regel A 2.2.8. Elektrische Leitungsanlagen für erforderliche sicherheitstechnische Anlagen in baulichen Anlagen nach Abschnitt A 2.1.21 müssen so beschaffen oder durch Bauteile abgetrennt sein, dass die sicherheitstechnischen Anlagen im Brandfall ausreichend lang funktionsfähig bleiben; die Technische Regel A 2.2.8 ist zu beachten.

Werden in baulichen Anlagen Installationen in Hohlräumen von Systemböden geführt, ist die Technische Regel A 2.2.9 zu beachten. Zur Erfüllung dieser Anforderungen ist die Technische Regel A 2.2.2 zu beachten.

Zum Schutz anderer Räume vor Bränden aus elektrischen Betriebsräumen für Transformatoren oder Schaltanlagen ist die Verordnung über den Bau von Betriebsräumen für elektrische Anlagen (Elt-BauVO) zu beachten. Die Einhaltung dieser Verordnung gewährleistet auch den Funktionserhalt von elektrischen Anlagen für erforderliche sicherheitstechnische Anlagen.

A 2.1.15 Lüftungsanlagen

Lüftungsanlagen in baulichen Anlagen müssen gemäß §39 Abs. 1 NBauO betriebs- und brandsicher sein und dürfen den ordnungsgemäßen Betrieb von Feuerungsanlagen nicht beeinträchtigen. Zur Konkretisierung dieser Anforderungen an Lüftungsanlagen sind die Anforderungen nach der Technischen Regel A 2.2.10 zu beachten. Zur Erfüllung dieser Anforderungen ist die Technische Regel A 2.2.2 zu beachten.

Lfd. Nr.	Gegenstand	Datum	Nds. MBl. Seite
1	DIN 4102 Teil 4 – Brandverhalten von Baustoffen und Bauteilen; Zusammenstellung undAnwendung klassifizierter Baustoffe, Bauteileund Sonderbauteile	Mai 2016	5. AB 2019 S. 1
4	DIN 4108 – Wärmeschutz u. Energieeinsparung in Gebäuden Teil 2: Mindestanforderungen	Februar 2013	
5	DIN 4108 – Teil 3: Klimabedingter Feuchteschutz	November 2014	
6	DIN 4108 – Teil 4: Bemessungswerte	März 2017	
7	DIN 4108 – Teil 10: Anforderungen an Dämmstoffe	Dezember 2015	
8	DIN 4109/Teil 1 – Schallschutz im Hochbau, Mindestanforderungen	Januar 2018	
9	Richtlinien über brandschutztechnische Anforderungen an Systemböden (SysBöR)	05/2005	
10	Richtlinien über brandschutztechnische Anforderungen an Leitungsanlagen (LAR)	01/2019	
11	Bauaufsichtliche Richtlinie über die brandschutztechnischen Anforderungen an Lüftungsanlagen (Lüftungsanlagen-Richtlinie – LüAR)	01/2019	

Übersicht

A. Allgemeines

Die allgemeinen Anforderungen des §39 werden hinsichtlich der Lüftungsanlagen, Leitungsanlagen, Installationsschächte und -kanäle für raumlufttechnische Anlagen (RLT-Anlagen) in §23 der DVO-NBauO konkretisiert. Hier werden Hinweise zu den brand- 1 schutztechnischen Anforderungen an Lüftungsleitungen und deren Bekleidungen gegeben. Ausdrücklich wird darauf hingewiesen, dass Einrichtungen, die nicht zur Lüftung gehören, nicht in Lüftungskanälen vorhanden sein dürfen.

In § 14 sind die Anforderungen zum Brandschutz und in § 15 der NBauO die Anforderungen zum Schall-, Wärme- und Erschütterungsschutz zu beachten.

An Aktualität hat § 39 durch die Energieeinsparverordnung (EnEV) gewonnen, nach deren Regeln Lüftungsanlagen zur Energieeinsparung beitragen können.

Auf Brandwände innerhalb von Gebäuden wird in § 30 (§ 8 DVO-NBauO), Decken und Böden § 31 (§ 10 DVO-NBauO), hingewiesen. In der LüAR und der LAR werden Aussagen zu Durchführungen von Leitungen getroffen.

2 In § 39 wurde auf die allgemeine Forderung, dass Lüftungsleitungen leicht und sicher zu reinigen sein müssen, vom Gesetzgeber verzichtet. Diese Forderung leitet sich nun aus Abs. 1 ab, wenn die Reinigung aus Gründen der Betriebssicherheit erforderlich wird.

a) Normen, Richtlinien

3 Neben den vorangestellten TB und VV siehe folgende Normen, Richtlinien, Arbeitsblätter:

DIN EN 12792	2004/01 – Lüftung von Gebäuden- Symbole, Terminologie und graphische Symbole,
DIN EN 15251	2012/12 – Eingangsparameter für das Raumklima zur Auslegung und Bewertung der Energieeffizienz von Gebäuden – Raumluftqualität, Temperatur, Licht und Akustik,
DIN EN 16798-1	2015/07 – Entwurf Gesamtenergieeffizienz von Gebäuden – Teil 1: Eingangsparameter für das Innenraumklima zur Auslegung und Bewertung der Energieeffizienz von Gebäuden bezüglich Raumluftqualität, Temperatur, Licht und Akustik,
BS EN 16798-1	2019-05-8 – Energetische Bewertung von Gebäuden – Eingangsparameter für das Innenraumklima zur Auslegung und Bewertung der Energieeffizienz von Gebäuden bezüglich Raumluftqualität, Temperatur, Licht und Akustik,
DIN EN 16798-5-1	2017/11 – Energetische Bewertung von Gebäuden – Lüftung von Gebäuden,
DIN EN 16798 / 3	Energetische Bewertung von Gebäuden – Lüftung von Gebäuden: Lüftung von Nichtwohngebäuden
DIN 1946, Teil 4	2018/09 – RLT-Anlagen in Gebäuden und Räumen des Gesundheitswesens,
DIN 1946, Teil 6	2009/05 – Lüftungen von Wohnungen, Allgemeine Anforderungen, Anforderung zur Bemessung, Ausführung und Kennzeichnung, Übergabe/Übernahme (Abnahme) und Instandhaltung,
DIN 1946, Teil 7	2009/07 – RLT- Anlagen in Laboratorien,
DIN 18017, Teil 3	2009/09 – Lüftung von Bädern und Toilettenräumen ohne Außenfenster mit Ventilatoren,
DIN 18379	2016/09 – VOB Teil C – ATV – Raumlufttechnische Anlagen,
VDI 2052	RLT-Anlagen für Küchen,
VDI 2053	Lüftung von Garagen,
VDI 2054	RLT-Anlagen für Datenverarbeitung,
VDI 2082	RLT-Anlagen von Verkaufsstätten,
VDI 2083	Bl. 1–12 Reinraumtechnik,
VDI 3802	RLT- Anlagen für Fertigungsstätten,

VDI 3804	RLT- Anlagen für Bürogebäude,
VDI 3810	Betreiben und Instandhalten von gebäudetechnischen Anlagen,Grundlagen
VDI 6022	Bl. 1–2 Raumlufttechnik-Hygieneanforderungen,
AMEV RLT	RLT-Anlagenbau 2018 – Planung und Ausführung von Raumlufttechnischen Anlagen für öffentliche Gebäude.

b) Planungshinweise

Zur Festlegung der **Basiswerte** für die Auslegung von Lüftungsanlagen sind ua die DIN EN 16798 und DIN EN 15251 anzuwenden. 4

Es handelt sich um eine Europäische Norm für die mechanische Lüftung und Klimatisierung von Nichtwohngebäuden, die für den Aufenthalt von Menschen bestimmt sind.

Die Norm klassifiziert die Luftqualität der Raumluft, der Zuluft, der Fortluft und der Außenluft in Abhängigkeit von verschiedenen Kriterien in zwei bis fünf Klassen. Die Ermittlung der Luftqualitätsdaten ist bei der Errichtung von Nichtwohngebäuden von Bedeutung. Basierend auf der EN ISO 7730 – Ergonomie der thermischen Umgebung – Analytische Bestimmung und Interpretation der thermischen Behaglichkeit durch Berechnung des PMV und des PPD-Indexes und Kriterien der lokalen thermischen Behaglichkeit werden Bereiche zur Auslegung der Raumtemperatur und zulässige Schalldruckpegel definiert.

Bei der Festlegung der Raumklimadaten sind die DIN EN 15251 und DIN EN 16798 für das Raumklima zur Auslegung und Bewertung der Energieeffizienz von Gebäuden – Raumluftqualität, Temperatur, Licht und Akustik – anzuwenden.

Der Leitfaden „Nachhaltiges Bauen" gibt Empfehlungen zum minimierten Energieverbrauch.

B. Betriebssicherheit

Nicht natürlich belüftete Räume sind nur dann ihrem Zweck entsprechend nutzbar, wenn die notwendigen Lüftungsanlagen funktionieren, d.h. betriebssicher sind. Die **Betriebssicherheit** bedingt eine ständige Wartung der Anlage, insbesondere ihrer wichtigen Aggregate und Steuereinrichtungen. Bauabnahmen sind in §77 und die regelmäßigen Überprüfungen sind in §78 der NBauO geregelt. In §30 DVO-NBauO wird die regelmäßige Überprüfung der technischen Anlagen präzisiert. 5

Zur Instandhaltung und Wartung siehe folgende Richtlinien:
VDMA 24186-1 – Wartung von RLT-Anlagen und Anwendungshinweise,
VDI 6022 – Hygieneanforderungen an raumlufttechnische Anlagen

C. Beeinträchtigung von Feuerungsanlagen

Lüftungsanlagen dürfen nach §39 Abs. 1 S. 2 NBauO den ordnungsgemäßen Betrieb von Feuerungsanlagen nicht beeinträchtigen. Feuerungsanlagen benötigen für den Verbrennungsprozess eine bestimmte Luft- bzw. Sauerstoffmenge, die konstant zur Verfügung stehen muss. Es bedarf darum einer hinreichenden Abstimmung zwischen Lüftungsanlage und Feuerungsanlage. Falsch installierte oder fehlerhaft arbeitende Lüftungsanlagen können den Lufthaushalt von Feuerstätten erheblich stören. Bei den heutigen gut gedichteten Fenstern vermag bereits der Betrieb einer Dunstabzugshaube die Abgase eines offenen Kamins aus dem Schornstein in den Raum zurückzuziehen, wenn zwischen der Küche und dem Kaminraum eine offene Verbindung besteht (vgl. §4 Abs. 2 FeuVO). Entlüftungsanlagen dürfen daher in Wohnungen, in denen Abgasanlagen wie Hausschornsteine angeordnet sind, keinen größeren Unterdruck erzeugen. Eine gegenseitige unzu- 6 lässige Beeinflussung zwischen raumluftabhängiger Feuerstätte und Entlüftungsanlage kann vermieden werden durch wechselweisen Betrieb von Feuerstätte und RLT-Anlage. Das setzt den Einbau von geeigneten Steuerungseinrichtungen zB nach Bauregelliste voraus. Siehe hierzu DVGW- Arbeitsblatt G 670.

D. Anordnung und Ausbildung

7 Nach Abs. 1 Satz 2 müssen Lüftungsanlagen so angeordnet und ausgebildet sein, dass sie Gerüche und Staub nicht in andere Räume übertragen. Dies setzt eine sorgfältige Planung der Anlagen bezüglich ihrer Anordnung und Ausbildung voraus. Räume mit starker Geruchsentwicklung sollten ein eigenes Lüftungssystem erhalten und nicht mit anderen Lüftungskreisläufen verbunden sein. Das gilt auch für die Lüftung von Räumen mit erhöhter Brand- und Explosionsgefahr. Außenluftansaugöffnungen dürfen nicht in Bereichen liegen, in denen mit belasteter Außenluft, z.B. durch Autoabgase, aus Schornsteinen oder aus Mündungen anderer RLT-Anlagen zu rechnen ist (siehe LüAR).

Außenluftansaugöffnungen sind so anzuordnen, dass im Brandfall Rauch nicht angesaugt werden kann. Wenn das nicht möglich ist, kann die Aufnahme von Rauch über den Außenluft-Ansaugkanal durch Absperrvorrichtungen, die bei Rauch selbsttätig schließen (Rauchschutzklappen), verhindert werden. Von Mündungen anderer RLT-Anlagen, Fenstern und sonstigen Außenwandöffnungen müssen Außenluftansaugöffnungen so weit entfernt sein, dass der im Brandfall aus den Fenstern und Mündungen austretende Rauch nicht angesaugt und auf andere Geschosse oder Brandabschnitte übertragen werden kann. Ebenso müssen Mündungen von RLT-Anlagen so angeordnet sein, dass der im Brandfall austretende Rauch nicht in Fenster anderer Geschosse oder Brandabschnitte gelangen kann. Die gleichen Grundsätze gelten auch für die gegenseitige Geruchsbeeinträchtigung unterschiedlicher Nutzungseinheiten.

8 Die Lüftungsanlagen sollten im Übrigen so angeordnet und ausgebildet sein, dass eine zweckmäßige Unterhaltung derselben möglich ist. Auf die bisherige Forderung nach leichter und sicherer Reinigung der Lüftungsleitungen und Kanäle wurde in der NBauO verzichtet. Dennoch ist auf Reinigungsöffnungen in Leitungen und Kanäle nicht zu verzichten. Siehe dazu die VDI 6022.

Besonders sorgfältige Planung ist bei Leitungen mit brennbarer (Stäube) oder fetthaltiger Luft (z. B. aus gewerblichen Küchen) geboten. Wenn sich derartige Stoffe an den Wandungen der Leitungen und Kanäle anlagern, vermindert das nicht nur die Funktionsfähigkeit der Anlage, sondern ist sowohl aus hygienischer Sicht als auch bezüglich Brand- und Explosionsgefahr bedenklich. Lüftungsleitungen und Kanäle mit erhöhter Verschmutzungsgefahr müssen daher aus Gründen der Betriebssicherheit glatte Innenflächen haben und so geführt werden, dass Ablagerungen vorgebeugt wird und eine regelmäßige Reinigung möglich ist.

9 Die Kennzeichnungspflicht zwischen Lüftungsschächten und Schornsteinen ist nicht mehr im Baurecht aufgenommen, ist jedoch aus Gründen der Verwechslungsgefahr sinnvoll.

10 § 23 DVO-NBauO verbietet den Anschluss von Lüftungsleitungen an Schornsteine wegen der damit verbundenen Vergiftungsgefahr. Wird die Abluft einer motorkraftbetriebenen Lüftungsanlage in einen Schornstein gedrückt, besteht die Gefahr, dass der dadurch bewirkte Überdruck die Verbrennungsgase aus dem Schornstein zurück in den Aufstellungsraum der Feuerstätte drückt. Wird eine Schwerkraft-Lüftungsanlage an einen Schornstein angeschlossen, dann kann es bei bestimmten Wind- und Luftdrucklagen dazu kommen, dass die Verbrennungsgase, statt über Dach schadlos abzuziehen, den Weg über die Lüftungsleitung in die angeschlossenen Räume nehmen.

E. Brandschutzanforderungen

Über die Forderung in §39 Abs. 1 S. 1 hinaus, wonach Lüftungsanlagen auch brandsicher sein müssen, verlangt Abs. 2 ausdrücklich, dass Lüftungsanlagen so angeordnet und ausgebildet sein müssen, dass Feuer und Rauch ausreichend lang nicht in andere Räume übertragen werden können. Das wird insbesondere durch eine zweckentsprechende Ausbildung der Lüftungsleitungen und raumabschließende Bauteile erreicht. So müssen nach §23 Abs. 2, DVO-NBauO Lüftungsleitungen so beschaffen oder mit Einrichtungen versehen sein, dass eine Brandausbreitung ausreichend lang nicht zu erwarten ist oder wenn andere Maßnahmen gegen eine Brandausbreitung getroffen werden. 11

Diese Anforderungen können einmal dadurch erfüllt werden, dass die Schächte und Kanäle in der gleichen Feuerwiderstandsklasse ausgeführt werden wie die Bauteile, durch die sie hindurchgeführt werden sollen. Dadurch entfällt die Gefahr, dass sie im Falle eines Brandes Feuer und Rauch durch Wand- und Deckendurchführungen hindurch in andere Räume übertragen. 12

Der Anforderung kann auch dadurch genügt werden, dass die Schächte und Kanäle in der Ebene ihrer Wand- und Deckendurchführungen Brand- und Rauchschutzklappen erhalten, die sich im Falle eines Brandes selbsttätig schließen und im geschlossenem Zustand Feuer und Rauch den gleichen Widerstand bieten wie die durchstoßenen Bauteile.

Lüftungsleitungen sowie deren Verkleidungen und Dämmschichten müssen – bis auf solche in Wohngebäuden mit nicht mehr als zwei Wohnungen und innerhalb von Wohnungen – nach §23 DVO-NBauO grundsätzlich aus nichtbrennbaren Baustoffen bestehen (z. B. Mauerwerk, Blech, Faserzement, Steinwolle u. dgl.); vgl. DIN 4102 Teil 6. Diese Forderung ergänzt §23 DVO-NBauO wonach Lüftungsleitungen so beschaffen sein müssen, dass sie Feuer und Rauch nicht übertragen können. Das setzt voraus, dass sie selbst nicht aus brennbarem Material hergestellt sind. 13

Neben den vorangestellten TB und VV siehe folgende Normen:

DIN 4102	– Baustoffe – Begriffe, Anforderungen und Prüfungen,
DIN 4102-2	– Bauteile – Begriffe, Anforderungen und Prüfungen,
DIN 4102-4	– klassifizierte Bauteile und Sonderbauteile,
DIN 4102-9	– Kabelabschottungen,
DIN 4102-11	– Rohrummantelungen und Abschottungen.

In der LüAR steht unter „6.4 Lüftungszentralen“ für Ventilatoren und Luftaufbereitungseinrichtungen: 14

Ventilatoren und Luftaufbereitungseinrichtungen in Gebäuden müssen in einem besonderen Raum (Lüftungszentrale) aufgestellt sein, wenn die in der Richtung des Luftstroms an sie anschließende Lüftungsleitungen in mehrere Geschosse (außer von Gebäuden der Gebäudeklassen 1, 2 und 3) oder Brandabschnitte führen.

Die Lüftungszentrale darf nicht anderweitig genutzt werden; sie kann jedoch selbst luftdurchströmt sein (Kammerbauweise).

F. Sonstige Anlagen oder Einrichtungen

Aus Zweckmäßigkeitsgesichtspunkten werden heute Installationsleitungen (z. B. für Wasser, Abwasser, Heizung, Elektrizität, Gas) häufig in besonderen Schächten oder Kanälen zusammengefasst. Im Einzelnen siehe hierzu die Richtlinie über brandschutztechnische Anforderungen an Leitungsanlagen (LAR) und die LüAR, die als TB bekannt gemacht worden ist. Diese Richtlinien befassen sich sowohl mit der Anordnung und Ausführung von Leitungen aller Art in Rettungswegen als auch mit Leitungen, die durch 15

Bauteile mit Brandschutzfunktionen hindurchgeführt werden müssen oder oberhalb von Unterdecken verlaufen.

16 Für Klimaanlagen oder Warmluftheizungen, die vergleichbare Schächte und Kanäle haben wie Lüftungsanlagen, gelten die Anforderungen der § 39 Abs. 1 und 2 (§ 23 DVO-NBauO Abs. 1–5) sinngemäß. Ihre Schächte und Kanäle bergen ebenfalls die Gefahr in sich, dass sie bei funktionsbedingten Wand- und Deckendurchführungen Feuer, Rauch, Gerüche und Schall übertragen. Daher müssen an diese Bauteile – unabhängig von ihrer Funktion – die gleichen Anforderungen wie an Lüftungsanlagen gestellt werden.

17 Aus Sicht des Brandschutzes kann von Hohlraum-Estrichen oder Doppelböden eine den Schächten und Kanälen vergleichbare Gefahr ausgehen, wenn raumabschließende Wände, insbesondere Wände notwendiger Flure, nicht direkt auf der Rohdecke stehen, sondern auf einen aufgestelzten Doppel-Boden aufgesetzt sind. Bei dieser Ausführung kann Feuer und Rauch die auf dem Doppelboden stehenden Wände unterlaufen und in andere Räume gelangen. Das ist unschädlich, wenn die unterlaufenen Wände keine Brandschutzfunktion haben. Handelt es sich jedoch z. B. um Wände eines notwendigen Flures (Rettungsweg), dann muss der Hohlraum-Estrich bzw. der Doppelboden die Brandschutzfunktion übernehmen. Er muss innerhalb der Umfassungswände des Flures so feuerwiderstandsfähig und rauchdicht ausgebildet sein, dass Feuer und Rauch nicht (von unten) in den Flur gelangen können. Im Einzelnen siehe dazu die Richtlinie über brandschutztechnische Anforderungen an Hohlraumestriche und Doppelböden, die als TB bekannt gemacht worden ist (Richtlinie über brandschutztechnische Anforderungen an Systemböden (Systembödenrichtlinie – SysBöR).

§ 40 Feuerungsanlagen, sonstige Anlagen zur Energieerzeugung, Brennstoffversorgungsanlagen und Brennstofflagerung

(1) Feuerstätten und Abgasanlagen wie Schornsteine, Abgasleitungen und Verbindungsstücke (Feuerungsanlagen) müssen betriebssicher und brandsicher sein.

(2) Feuerstätten dürfen in Räumen nur aufgestellt werden, wenn nach der Art der Feuerstätte und nach Lage, Größe, baulicher Beschaffenheit und Nutzung des Raumes Gefahren nicht entstehen.

(3) [1]Die Abgase der Feuerstätten sind, soweit dies erforderlich ist, durch Abgasanlagen abzuleiten, sodass Gefahren oder unzumutbare Belästigungen nicht entstehen. [2]Abgasanlagen müssen in solcher Zahl und Lage vorhanden und so beschaffen sein, dass alle Feuerstätten des Gebäudes ordnungsgemäß betrieben werden können. [3]Die Abgasanlagen müssen leicht und sicher zu reinigen sein.

(4) [1]Behälter und Rohrleitungen für brennbare Gase oder Flüssigkeiten müssen betriebssicher und brandsicher sein. [2]Behälter nach Satz 1 sind so aufzustellen, dass Gefahren oder unzumutbare Belästigungen nicht entstehen. [3]Satz 2 gilt für das Lagern von festen Brennstoffen entsprechend.

(5) Für die Aufstellung von ortsfesten Verbrennungsmotoren, Blockheizkraftwerken, Brennstoffzellen und Verdichtern sowie die Ableitung ihrer Verbrennungsgase gelten die Absätze 1 bis 3 entsprechend.

(6) Feuerungsanlagen, ortsfeste Verbrennungsmotoren und Blockheizkraftwerke dürfen, auch wenn sie geändert worden sind, erst in Betrieb genommen werden, wenn die bevollmächtigte Bezirksschornsteinfegerin oder der bevollmächtigte Bezirksschornsteinfeger ihre sichere Benutzbarkeit sowie die Tauglichkeit und sichere Benutzbarkeit der zugehörigen Schornsteine und Leitungen zur Abführung der Abgase oder Verbrennungsgase geprüft und bescheinigt hat.

Technische Baubestimmungen (TB)
bzw. Verwaltungsvorschriften (VV) zu §40 Stand Januar 2019

Teil A: Technische Baubestimmungen, die bei der Erfüllung der Grundanforderungen an Bauwerke zu beachten sind.

A 2 Brandschutz

A 2.1.16 Anforderungen an Feuerungsanlagen, sonstige Anlagen zur Wärmeversorgung, Brennstoffversorgung

Feuerstätten und Abgasanlagen (Feuerungsanlagen) sowie ortsfeste Verbrennungsmotoren, Blockheizkraftwerke, Brennstoffzellen und Verdichter in baulichen Anlagen müssen gemäß §40 NBauO betriebs- und brandsicher sein; sie dürfen nur dann in Räumen aufgestellt werden, wenn Gefahren nicht entstehen. Anlagen zur Ableitung von Verbrennungsgasen müssen gemäß §40 NBauO so ausgeführt werden, dass keine Gefahren oder unzumutbare Belästigungen entstehen. Zur Erfüllung dieser Anforderungen ist neben der Feuerungsverordnung (FeuVO) die Technische Regel A 2.2.2 zu beachten.

B 3 – Technische Gebäudeausrüstungen und Teile von Anlagen zum Lagern, Abfüllen und Umschlagen von wassergefährdenden Stoffen, die die CE-Kennzeichnung nicht nach der Bauproduktenverordnung tragen – B 3.2.1.11 bis B 3.2.1.31

Lfd. Nr.	Gegenstand	Datum	Nds. MBl. Seite
1	DIN EN 13084-1 Freistehende Schornsteine Teil 1, Allgemeine Anforderungen	Mai 2007	AB 2011 S. 73
2	DIN EN 13084-2 Freistehende Schornsteine Teil 2, Betonschornsteine	August 2007	AB 2011 S. 117
3	DIN EN 13084-4 Freistehende Schornsteine Teil 4, Innenrohre aus Mauerwerk	Dezember 2005	AB 2011 S. 143
6	DIN EN 13084-8 Freistehende Schornsteine Teil 8, Tragmastkonstruktionen mit angehängten Abgasanlagen	August 2005	AB 2011 S. 205
7	DIN 4108 Teil 2: Wärmeschutz und Energie-Einsparung in Gebäuden, Mindestanforderungen an den Wärmeschutz	Februar 2013	AB 20141 S. 11
8	DIN 4108 Teil 3: Wärmeschutz und Energie-Einsparung in Gebäuden – Teil 3: Klimabedingter Feuchteschutz – Anforderungen, Berechnungsverfahren und Hinweise für Planung und Ausführung	11/2014	2. AB 2015 S. 101
9	DIN 4108 Teil 4: Wärmeschutz und Energie-Einsparung in Gebäuden – Teil 4: Wärme- und feuchteschutztechnische Bemessungswerte	März 2017	6. AB 2019 S. 1
10	DIN 4108 Teil 10: Wärmeschutz und Energie-Einsparung in Gebäuden – Teil 10: Anwendungsbezogene Anforderungen an Wärmedämmstoffe – Werkmäßig hergestellte Wärmedämmstoffe	Dezember 2015	6. AB 2019 S. 49
11	DIN 4109 – Schallschutz im Hochbau – Teil 1: Mindestanforderungen	07/2016	6. AB 2019 S. 83
17	Richtlinie über brandschutztechnische Anforderungen an Leitungsanlagen (Leitungsanlagenrichtlinie – LAR)	01/2019	5. AB 2019 S. 199
18	Richtlinie zur Bemessung von Löschwasser-Rückhaltanlagen beim Lagern wassergefährdender Stoffe (Löschwasser-Rückhalte-Richtlinie – LöRüRL)	1993/03	1993 S. 431

Übersicht

A. Allgemeines

1 § 40 NBauO enthält die allgemeinen bauaufsichtlichen Anforderungen an ortsfeste Feuerungsanlagen einschließlich ihrer Aufstellräume, Brennstofflager, Anlagen zur Verteilung von Wärme, Anlagen zur Warmwasserversorgung und der Räume für ortsfeste Verbrennungsmotoren und Verdichter. Die allgemeinen Anforderungen des § 40 werden in der Feuerungsverordnung (FeuVO) vom März 2008 konkretisiert und durch die Energieein-sparverordnung (EnEV) ergänzt. Hingewiesen wird auf die 1. BImSchV (Verordnung über kleine und mittlere Feuerungsanlagen) sowie die 13. BImSchV (Verordnung über Großfeuerungsanlagen). Sie enthalten Anforderungen, die zur Vorsorge gegen schädliche Umwelteinwirkungen nach § 5 BImSchG zu erfüllen sind.

2 Feuerstätten und Abgasanlagen, Behälter und Rohrleitungen müssen betriebssicher und brandsicher sein.

B. Normen und Richtlinien

3 Außer auf die eingangs aufgeführten Technischen Baubestimmungen ist bezüglich zentraler Heizungsanlagen zu verweisen auf

DIN EN 12831-1	– Energetische Bewertung von Gebäuden – Verfahren zur Berechnung der Norm-Heizlast – Teil 1: Raumheizlast,
DIN EN 12831-B1	– Beiblatt 1, Heizungsanlagen in Gebäuden – Verfahren zur Berechnung der Norm-Heizlast – Beiblatt 2: Vereinfachtes Verfahren zur Ermittlung der Gebäude-Heizlast und der Wärmeerzeugerleistung Vereinfachtes Verfahren zur Ermittlung der Raum-Heizlast
DIN EN 12831-3	– Energetische Bewertung von Gebäuden – Verfahren zur Berechnung der Norm-Heizlast –

	Teil 3: Trinkwassererwärmungsanlagen, Heizlast und Bedarfsbestimmung
DIN EN 215	– Thermostatische Heizkörperventile – Anforderungen und Prüfung
DIN EN 267	– Automatische Brenner mit Gebläse für flüssige Brennstoffe
DIN EN 525	– Gasbefeuerte Warmlufterzeuger ohne Wärmetauscher mit erzwungener Konvektion zum Beheizen von Räumen für den nicht-häuslichen Gebrauch mit einer Nennwärmebelastung nicht über 300 kW
DIN EN 621	– Gasbefeuerte Warmlufterzeuger mit erzwungener Konvektion zum Beheizen von Räumen für den nicht-häuslichen Gebrauch mit einer Nennwärmebelastung nicht über 300 kW, ohne Gebläse zur Beförderung der Verbrennungsluft und/oder der Abgase
DIN EN 778	– Gasbefeuerte Warmlufterzeuger mit erzwungener Konvektion zum Beheizen von Räumen für den häuslichen Gebrauch mit einer Nennwärmebelastung nicht über 70 kW, ohne Gebläse zur Beförderung der Verbrennungsluft und/oder der Abgase
DIN EN 1020	– Gasbefeuerte Warmlufterzeuger mit verstärkter Konvektion für den nicht-häuslichen Gebrauch mit einer Nennwärmebelastung nicht über 300 kW, mit Gebläse zur Beförderung der Verbrennungsluft und/oder der Abgase
DIN EN 1264-1	– Raumflächenintegrierte Heiz- und Kühlsysteme mit Wasserdurchströmung – Teil 1: Definitionen und Symbole
DIN EN 1264-2	– Raumflächenintegrierte Heiz- und Kühlsysteme mit Wasserdurchströmung – Teil 2: Fußbodenheizung: Prüfverfahren für die Bestimmung der Wärmeleistung unter Benutzung von Berechnungsmethoden und experimentellen Methoden
DIN EN 1264-3	– Raumflächenintegrierte Heiz- und Kühlsysteme mit Wasserdurchströmung – Teil 3: Auslegung
DIN EN 1264-4	– Raumflächenintegrierte Heiz- und Kühlsysteme mit Wasserdurchströmung – Teil 4: Installation
DIN EN 1319	– Warmlufterzeuger mit erzwungener Konvektion zum Beheizen von Räumen für den häuslichen Gebrauch, mit gebläseunterstützten Gasbrennern mit einer Nennwärmebelastung gleich oder kleiner als 70 kW
DIN EN 12828	– Heizungsanlagen in Gebäuden – Planung von Warmwasser-Heizungsanlagen
	Berichtigung zu DIN EN 12831 Beiblatt 1:2008-07
DIN EN 13384-1	– Abgasanlagen – Wärme- und strömungstechnische Berechnungsverfahren – Teil 1: Abgasanlagen mit einer Feuerstätte
DIN EN 13384-2	– Abgasanlagen – Wärme- und strömungstechnische Berechnungsverfahren – Teil 2: Abgasanlagen mit mehreren Feuerstätten; Deutsche Fassung EN 13384-2:2015
DIN EN 14336	– Heizungsanlagen in Gebäuden – Installation und Abnahme der Warmwasser-Heizungsanlagen
DIN EN 15287-1	– Abgasanlagen – Planung, Montage und Abnahme von Abgasanlagen – Teil 1: Abgasanlagen für raumluftabhängige Feuerstätten
DIN EN 15316-1	– Heizungsanlagen in Gebäuden – Verfahren zur Berechnung der Energieanforderungen und Nutzungsgrade der Anlagen
DIN EN 15316-2	– Wärmeübergabesysteme für die Raumheizung
DIN EN 15316-3	– Wärmeverteilungssysteme
DIN EN 15316-	– Teil 4-1: Wärmeerzeugung für die Raumheizung, Verbrennungssysteme (Heizungskessel);
DIN EN 15316	– Teil 4-2: Wärmeerzeugung für die Raumheizung, Wärmepumpensysteme

DIN EN 15316	– Teil 4-3: Wärmeerzeugungssysteme, thermische Solaranlagen
DIN EN 15316	– Teil 4-4: Wärmeerzeugungssysteme, gebäudeintegrierte KWK-Anlagen
DIN EN 15316	– Teil 4-5: Wärmeerzeugung für die Raumheizung, Leistungsdaten und Effizienz von Nah- und Fernwärmesystemen; Deutsche Fassung EN 15316-4-5:2007
DIN EN 15450	– Heizungsanlagen in Gebäuden; Planung von Heizungsanlagen mit Wärmepumpen;
S EN 62282-5-1	– Brennstoffzellentechnologien; Teil 5-1: Portable Brennstoffzellen-Energiesysteme – Sicherheit
VDI 2036	– Gebäudetechnische Anlagen mit Fernwärme
VDI 3811	– Modernisierung heiztechnischer Anlagen
VDI 4656	– Planung und Dimensionierung von Mikro-KWK-Anlagen
VDI 2715	– Lärmminderung an Warm- und Heißwasser- Heizungsanlagen,
VDI 3753	– Emissionskennwerte technischer Schallquellen; stationäre Verbrennungsmotoren,
VDI 4100	– Schallschutz von Wohnungen,
DIN 18 160 T 1	– Abgasanlagen, Hausschornsteine, Planung u. Ausführung,
DIN 18 160 T 5	– Abgasanlagen, Einrichtungen für Schornsteinfegerarbeiten.

C. Begriffe

Die Übersicht zu den folgenden wichtigen Begriffen zusammengefasst:

4 Nach der **Energieeinsparverordnung** (EnEV), deren Ziel es ist, den Energieverbrauch ua durch die Vermeidung von Wärmeverlusten zu senken, müssen Anlagen zur Wärmeverteilung und Warmwasserversorgung wie Rohrleitungen und Armaturen in Räumen geringerer Temperatur wärmegedämmt sein. Umwälz- und Zirkulationspumpen sind so auszustatten, dass sich ihre elektrische Leistungsaufnahme dem betriebsbedingten Förderbedarf selbsttätig anpasst. Weiterhin ist das Erneuerbare-Energien-Wärmegesetz (EE-WärmeG) berücksichtigen.

Weiterhin ist der Entwurf der GEG zu beachten (Bearbeitungsstand 18.5.2019).

5 **Feuerungsanlage**, bei der durch Verfeuerung von Brennstoffen Wärme erzeugt wird. Nach der VO über kleine und mittlere Feuerungsanlagen (1. BImSchV) unterliegen Errichtung, Beschaffenheit und Betrieb von Feuerungsanlagen Beschränkungen im Interesse des Immissionsschutzes.

Verstöße werden als Ordnungswidrigkeit geahndet.

Der Betrieb und die Errichtung von Großfeuerungs- und Gasturbinenanlagen richtet sich nach der 13. BImSchV.

6 **Feuerstätte** ist eine aus Baustoffen oder Bauteilen hergestellte ortsfeste Anlage, die durch Verbrennen fester, flüssiger oder gasförmiger Stoffe Wärme erzeugt. Es ist zu unterscheiden zwischen offenen Feuerstätten (Kamine, Schmiedeessen und dgl.) und geschlossenen Feuerstätten (Öfen, Herde, Waschkessel, Heizkessel) sowie nach der Art der Verwendung, ihrer Leistung und der Art des Brennstoffes.

7 **Heizräume** sind Räume, in denen nur Feuerstätten für die zentrale Beheizung, Warmwasserbereitung oder zur Erzeugung von Betriebs- oder Wirtschaftswärme aufgestellt sind. Feuerstätten für feste Brennstoffe mit mehr als 50 kW Gesamtnennwärmeleistung dürfen nach § 6 Abs. 1 FeuVO nur in solchen besonderen Räumen aufgestellt werden, die bezüglich Lage, Größe, Feuerwiderstand, Fluchtwege etc. weitergehenden Anforderungen entsprechen.

8 **Brennstoffbehälter** sind ortsfeste Behälter zur Aufnahme von flüssigen Brennstoffen, verflüssigten oder nicht verflüssigten Gasen, gleichgültig ob diese oberirdisch, unterirdisch oder in Gebäuden aufgestellt sind.

Brennstofflagerräume sind Räume zur Lagerung fester Brennstoffe, zur Lagerung von Heizöl in Behältern oder zur Lagerung von Flüssiggas in ortsfesten Behältern. 9

Ortsfeste Verbrennungsmotoren in Gebäuden sind vorwiegend Antriebsmittel von Stromerzeugungsaggregaten in Blockheizkraftwerken oder für die Notstromerzeugung. 10

Blockheizkraftwerke sind kleine Einheiten zur Elektrizitäts- und Wärmeerzeugung. Sie bestehen aus einem Verbrennungsmotor, einem Generator zur Stromerzeugung, Wärmetauschern zur Gewinnung von Heizwärme (aus Kühlluft bzw. Kühlwasser und Abgas des Verbrennungsmotors) und der Anlage zur Abführung der Verbrennungsgase über Dach. 11

D. Genehmigungspflicht

Feuerungsanlagen sind nach Ziff. 2.1 des Anhangs „verfahrensfrei". Das heißt: Sie dürfen ohne Baugenehmigung errichtet, genutzt und abgebrochen werden. Dies gilt für alle in §40 Abs. 1 unter dem Begriff der Feuerungsanlagen zusammengefassten Anlagen und Bauteile, also abweichend von der alten NBauO nunmehr grundsätzlich auch für Schornsteine. Nicht verfahrensfrei sind nur noch freistehende Schornsteine und andere freistehende Abgasanlagen, wenn sie höher als 10 m sind. 12

Die Feuerungsanlagen dürfen aber, auch wenn sie verfahrensfrei sind, nach Abs. 6 der NBauO erst in Betrieb genommen werden, wenn die Bezirksschornsteinfegermeisterin oder der Bezirksschornsteinfegermeister die Tauglichkeit der Abgasanlagen und die sichere Benutzbarkeit der Feuerungsanlagen bescheinigt hat. Das gilt auch, wenn Feuerstätten gegen solche etwa gleicher Leistung ausgewechselt werden. 13

Brennstoffbehälter für Heizöl sind als Anlagen zur Lagerung wassergefährdender Stoffe bis 10 m^3 Behälterinhalt verfahrensfrei (Ziff. 5.1 des Anhangs). Gleiches gilt für Behälter für verflüssigte Gase mit einem Fassungsvermögen von weniger als 3 t und für nicht verflüssigte Gase bis 6 m^3 Behälterinhalt (Ziff. 5.3 und 5.4 des Anhangs). Für Brennstoffbehälter zur Lagerung von mehr als 3 t brennbarer Gase ist nach näherer Regelung in Ziff. 9.1 des Anhangs 1 zur 4. BImSchV eine Genehmigung nach BImSchG erforderlich. Diese Genehmigung schließt die Baugenehmigung ein (§ 13 BImSchG). 14

Nach Ziff. 3.2 des Anhangs sind ua Leitungen für Wärme, nach Ziff. 3.4 Warmwasserversorgungsanlagen in Gebäuden sowie nach Ziff. 3.7 des Anhangs Anlagen zur Verteilung von Wärme bei Warmwasser- und Niederdruckdampfheizungen genehmigungsfrei. 15

Bei Genehmigungspflichtigen und nach §62 genehmigungsfreien baulichen Anlagen sind gem. §8 Abs. 2 Nr. 1d–f **BauVorlVO** in den Bauzeichnungen die Feuerstätten, die Schornsteine und die Räume für die Brennstofflagerung oder mit Behältern für wassergefährende Stoffe, brennbare Flüssigkeiten oder Gase unter Angabe der vorgesehenen Art und Menge des Lagerguts darzustellen. 16

Große Feuerungsanlagen unterliegen der **Genehmigungspflicht nach dem BImSchG.** Das ergibt sich aus §2 der 4. BImSchV iVm Nr. 1 des Anhangs 1). Danach sind Anlagen zur Erzeugung von Strom, Dampf, Warmwasser, Prozess-wärme oder erhitztem Abgas durch Einsatz von Brennstoffen in einer Verbrennungseinrichtung (Kraftwerk, Heizkraftwerk, Heizwerk, Gasturbinenanlage, Verbrennungsmotorenanlage oder sonstiger Feuerungsanlage) in Abhängigkeit von der Brennstoffart und der Feuerungswärmeleistung genehmigungspflichtig. Beim Einsatz von Heizöl EL und Gasen der öffentlichen Gasversorgung beginnt die Genehmigungspflicht ab 20 Megawatt Feuerungswärmeleistung, beim Einsatz fester Brennstoffe ab 1 Megawatt. Beim Einsatz von anderen Brennstoffen beginnt die Genehmigungspflicht bereits ab 100 kW Feuerungswärmeleistung. Im Einzelnen siehe Nr. 1 des Anhangs zur 4. BImSchV. 17

Nach §13 BImSchG schließt die Genehmigung nach §4 BImSchG andere öffentlich-rechtliche Genehmigungen – also auch die Baugenehmigung zB für ein Fernheizwerksgebäude – ein. Dies gilt auch für Genehmigungen im vereinfachten Verfahren nach § 19 BImSchG.

Feuerungsanlagen, die nicht der Genehmigungspflicht nach § 4 BImSchG unterliegen, müssen hinsichtlich der Auswurfbegrenzung den Bestimmungen des § 1 Abs. 1 der 1. BImSchV entsprechen.

18 **Blockheizkraftwerke** innerhalb von Gebäuden sind nach Ziff. 2.4 des Anhangs zur NBauO verfahrensfrei (Das Gebäude bleibt nach wie vor genehmigungspflichtig). Wenn aber der Verbrennungsmotor mit Deponiegas oder Altöl betrieben wird, ist die Anlage ab 100 kW Feuerungswärmeleistung nach dem BImSchG genehmigungspflichtig. Das gilt auch für erdgasbetriebene oder dieselbetriebene Verbrennungsmotoranlagen mit einer Gesamtleistung über 1 Megawatt Feuerungswärmeleistung. Die Genehmigungspflicht nach dem BImSchG richtet sich für Blockheizkraftwerke nach den gleichen Kriterien (Brennstoffart und Feuerungswärmeleistung), die für große Feuerungsanlagen gelten.

E. Anforderungen an Feuerungsanlagen, Brennstoffbehälter und -leitungen

a) Betriebs- und Brandsicherheit von Feuerungsanlagen

19 Um den Anforderungen des Abs. 1 nach Betriebs- und Brandsicherheit zu genügen, müssen Feuerstätten so beschaffen sein, dass sie den beim Betrieb auftretenden mechanischen, chemischen und physikalischen Beanspruchungen standhalten. Dazu müssen sie insbesondere aus ausreichend form- und temperaturbeständigen, nichtbrennbaren Baustoffen bestehen. Die Anforderungen an Feuerstätten hängen im Übrigen von der Art des Brennstoffes ab, mit dem sie betrieben werden. Betriebs- und brandsicher sind Feuerstätten, die mit den in der Bauregelliste A Teil 1 bekannt gemachten technischen Regeln übereinstimmen, die als Technische Baubestimmungen gelten.

20 Zur Betriebs- und Brandsicherheit **offener Kamine** siehe DIN EN 13229 und OL 2006. Für die Beheizung haben **Kaminöfen** und **offene Kamine** kaum noch Bedeutung, wohl aber für das Wohnambiente. Daher ist zu verweisen auf folgende Technische Regeln, die in der Bauregelliste A Teil 1 bekannt gemacht sind und als Technische Baubestimmungen gelten.

Für die Aufstellung und den Betrieb beider Bauprodukte gilt § 4 der FeuVO, wonach Fußböden aus brennbaren Baustoffen zu sichern sind und Feuerraumöffnungen Abstand von brennbaren Bauteilen halten müssen. Damit soll der Feuergefahr durch Funkenflug und Flammenüberschlag vorgebeugt werden, die bei derartigen Einzelfeuerstätten bei falscher oder unachtsamer Brennstoffbeschickung besonders groß ist.

21 Hinsichtlich energiesparender Anforderungen an Heizkessel wird auf die Energieeinsparverordnung EnEV verwiesen. Diese VO dient der Umsetzung europäischer Richtlinien in deutsches Recht und zur Begrenzung der Kohlendioxidemissionen durch eine effizientere Energienutzung.

Die EnEV stellt energiesparende Anforderungen nicht nur an die Gebäudehülle, sondern auch an heizungstechnische Anlagen wie Warmwasserzentralheizungen und Anlagen zur zentralen Warmwasserversorgung. Ziel der EnEV ist, den Energieverbrauch ua durch die Optimierung der Heizkessel zu senken. Daher dürfen nach § 13 Abs. 1 EnEV nur noch solche Heizkessel aufgestellt werden, die das CE-Kennzeichen tragen nach § 5 der VO über das Inverkehrbringen von Heizkesseln und Geräten nach dem Bauproduktengesetz oder nach Art. 7, Abs. 1 und Satz 2 der Richtlinie 92/42/EWG versehen sind. Das sind Heizkessel, die einen vorgegebenen Wirkungsgrad erreichen müssen. Die EnEV gilt sowohl für Neubauten als auch für die Änderung von Gebäuden (§ 1 und Abschnitt 3 der EnEV). Die Verordnung begründet die Pflicht zum Austausch alter Heizkessel (§ 10 Abs. 1 EnEV) zur Nachrüstung der Steuer- und Regelungseinrichtungen und setzt hierzu unterschiedliche Fristen.

Energieeinsparung ist auch das Anliegen der aktuellen AMEV-Ausarbeitung „Heizanlagenbau 2016", die als technische Arbeitshilfe für die Planung und Ausführung von Heizungsanlagen in öffentlichen Gebäuden dient.

b) Brennstoffbehälter und Leitungen für flüssigen Brennstoff

Behälter und Rohrleitungen für **flüssige Brennstoffe** unterliegen den Vorschriften der 22
Verordnung über Anlagen zum Umgang mit wassergefährdenden Stoffen (Anlagenverordnung – AwSV). Die AwSV gilt neben der Verordnung über brennbare Flüssigkeiten (VbF). Die VbF dient der Abwehr von Brand- und Explosionsgefahren sowie dem Arbeitsschutz, während die AwSV primär dem Gewässerschutz dient.

Nach § 62 Abs. 1 WHG müssen Anlagen zum Lagern und Abfüllen wassergefährdender 23
Stoffe, wozu auch Flüssigkeiten wie Heizöl gehören, so beschaffen sein und so eingebaut, aufgestellt, unterhalten und betrieben werden, dass eine Verunreinigung der Gewässer oder eine sonstige nachteilige Veränderung ihrer Eigenschaften nicht zu besorgen ist. Gleiches gilt für die dazu gehörigen Rohrleitungen.

Nach § 63 Abs. 1 WHG dürfen Anlagen zum Lagern und Abfüllen wassergefährdender Stoffe, zu denen auch Flüssigkeiten wie Heizöl gehören, grundsätzlich nur errichtet und betrieben werden, wenn ihre Eignung durch die zuständige Behörde festgestellt worden ist. Diese Eignungsfeststellung entfällt nach § 63 WHG, wenn die Anlage entweder die bauordnungsrechtlichen Voraussetzungen für die Verwendung von Bauprodukten (§§ 17 ff. NBauO) erfüllt oder nach den europarechtlichen Vorschriften über Bauprodukte mit CE-Kennzeichen in Verkehr gebracht werden darf und wenn die Kontrolle nach Bauordnungs- bzw. Europarecht auch die Einhaltung des Wasserrechts sicherstellt.

Nach § 7 AwSV hat, wer Anlagen zum Umgang mit wassergefährdenden Stoffen ein- 24
bauen, aufstellen, betreiben, wieder in Betrieb nehmen oder wesentlich ändern will, dies unter Verwendung eines Formblattes der unteren Wasserbehörde anzuzeigen:

§ 7 (AwSV) Änderung bestehender Einstufungen; Mitteilungspflicht

(1) Liegen dem Umweltbundesamt Erkenntnisse vor, die die Änderung einer Einstufung nach § 6 Absatz 1 oder Absatz 2 notwendig machen können, nimmt es eine Neubewertung und erforderlichenfalls eine Änderung der Einstufung vor. § 6 Absatz 3 und 4 entsprechend.

(2) Liegen dem Betreiber Erkenntnisse vor, die zu einer Änderung der veröffentlichten Einstufung eines Stoffes oder einer Stoffgruppe führen können, muss er diese Erkenntnisse unverzüglich schriftlich dem Umweltbundesamt mitteilen.

Die **Anzeigepflicht nach AwSV** ist zu beachten. Zuständig für die Entgegennahme der Anzeige sind die Landkreise und kreisfreien Städte sowie die Region Hannover als untere Wasserbehörden.

c) Behälter und Rohrleitungen für brennbare Gase

Diese gelten als sicher, wenn sie nach den Regelwerken des DVGW ausgeführt und be- 25
trieben werden. Das sind ua

- DVGW-Arbeitsblatt G 600 „Technische Regel für Gasinstallationen" DVGW-TRGI 2018.
- Technische Regeln Flüssiggas, DVGW-TRF 2012.

Beide Regelwerke sind zwar nicht als Technische Baubestimmungen eingeführt. Sie sind aber als anerkannte Regeln der Technik gleichwohl zu beachten.

d) Ortsfeste Druckbehälter für Gase

26 Ortsfeste Druckbehälter, die gewerblichen oder wirtschaftlichen Zwecken dienen oder durch die Beschäftigte gefährdet werden können (§ 1 Abs. 2 ProdSG), unterliegen den Sicherheitsanforderungen der BetrSichV. Zuständig dafür sind die Gewerbeaufsichtsämter. Die übrigen Behälter, die nicht von der BetrSichV erfasst werden, das sind insbesondere nicht wirtschaftlichen Zwecken dienende **Flüssiggas-Behälter** für gasbeheizte Privathäuser ohne Gasleitungsanschluss, werden in § 31 DVO-NBauO ebenfalls der BetrSichV unterstellt. Zuständig dafür sind die BauABen.

e) Schalldämmung

27 Die Weiterleitung von Schall, der von Feuerungsanlagen und Auspuffanlagen ortsfester Verbrennungsmotore ausgeht, in fremde Räume, muss ausreichend gesichert (gedämmt) sein. Insoweit wird verwiesen auf DIN 4109-1. Bei größeren Heizungsanlagen ab ca. 100 kW Heizkessel-Nennleistung sind in der Regel neben den luftschalldämmenden Maßnahmen gegen Kessel- und Brennergeräusche zusätzlich Maßnahmen gegen die Übertragung von Körperschall erforderlich. Luftschallübertragungen über die Abgasanlage in andere Geschosse können durch Schalldämpfer zwischen Feuerstätte und Schornstein vermindert werden. Zu berücksichtigen ist auch die Geräuschausbreitung über Zu- und Abluftöffnungen des Heizraumes ins Freie.

Für den Einbau von Blockheizkraftwerken in Gebäude mit Aufenthaltsräumen gilt das Vorhergesagte gleichermaßen.

f) Reinigung

28 Abgasanlagen sind leicht und sicher zu reinigen. Das bedingt die Anordnung von Reinigungsöffnungen in der erforderlichen Anzahl und an den notwendigen Stellen. Die Pflicht zur Herstellung und Unterhaltung dieser Prüf- und Reinigungsöffnungen obliegt dem Eigentümer. Weder die FeuVO noch die DVO-NBauO oder die KÜO – Kehr- u. Überprüfungsverordnung schreiben vor, wo die Reinigungsöffnungen anzubringen sind. Handelt es sich um eine Abgasanlage, die mit flüssigen oder festen Brennstoffen betrieben wird, die Rußablagerungen verursachen, dann wird man den Schornsteinzug von seiner Mündung her reinigen müssen und die dafür erforderlichen Schutzvorrichtungen anzubringen haben. Auf die DIN 18160 Teil 5 – Einrichtungen für Schornsteinfegerarbeiten – wird verwiesen. Im Übrigen können in diesem Zusammenhang auch diesbezügliche Unfallverhütungsvorschriften bedeutsam sein. Abgasanlagen für Gasfeuerstätten, die keine Rußablagerungen erwarten lassen und die über Revisionsöffnungen im Dachraum kontrolliert und notfalls auch gereinigt werden können, lassen die Forderung nach Schutzvorkehrungen auf dem Dach entfallen. Die zur Steigerung der Effizienz einer Brennwert-Gasfeuerstätte nachgeschaltete Heizungsschlange in Form des mäandrierend ausgeführten Abgasrohrs ist nicht mehr Teil der Feuerstätte, sondern iSd Kehr- und Überprüfungsverordnung bereits ein Teil der Abgasanlage. Das hat zur Folge, dass der Eigentümer Prüf- und Reinigungsöffnungen an den Rohrkrümmungen herstellen lassen muss. Die Pflicht zur Reinigung der Abgasanlagen ergibt sich aus dem Schornsteinfeger-Handwerksgesetz (SchfHwG) und der 1. BImSchV.

F. Aufstellräume

29 Nach Abs. 2, 4 und 5 der FeuV dürfen Feuerstätten, ortsfeste Verbrennungsmotoren und Verdichter sowie Behälter für brennbare Gase und Flüssigkeiten nur in Räumen aufgestellt werden, bei denen nach Lage, Größe, baulicher Beschaffenheit und Benutzungsart Gefahren nicht entstehen. Diese allgemeinen Anforderungen werden in der

FeuV konkretisiert. Die dort genannten Bedingungen sind bei Einzelfeuerstätten (Öfen) üblicher Größe und Leistung idR durch die Größe und Beschaffenheit der Aufenthaltsräume, in denen sie aufgestellt sind, erfüllt. Detaillierte Anforderungen dazu hinsichtlich der Beschaffenheit, zT auch der zulässigen Nennwärmeleistung, der Abstände zu brennbaren Baustoffen sowie der Verbrennungsluftversorgung enthalten die §§ 4–6 FeuVO.

Die Aufstellung von Feuerstätten in Wohnungen oder ähnlichen Nutzungseinheiten ist 30 möglich, wenn deren Nennwärmeleistung nicht mehr als 50 kW beträgt (§ 5 der FeuVO). Unzulässig ist die Aufstellung von Feuerstätten in notwendigen Treppenräumen, in Räumen zwischen einem notwendigen Treppenraum und dem Ausgang ins Freie sowie in notwendigen Fluren (§ 4 der FeuVO). Auch wenn das Verbot in der FeuVO nicht mehr enthalten ist, dürfen in Räumen, in denen leicht entzündliche Stoffe in solcher Menge verarbeitet, gelagert oder hergestellt werden, dass durch eine Entzündung Gefahren entstehen, sowie in Räumen, in denen explosionsfähige Stoffe verarbeitet, gelagert oder hergestellt werden oder in denen solche Stoffe entstehen können, Feuerstätten generell nicht aufgestellt werden.

Feuerstätten mit einer Gesamtnennwärmeleistung von mehr als 50 kW müssen grund- 31 sätzlich in besonderen Räumen aufgestellt werden. Die FeuVO unterscheidet dabei **Aufstellräume für Feuerstätten** (§ 5 FeuVO) und Heizräume (§ 6 FeuVO). Erstere sind Räume, die nicht anderweitig genutzt werden als für die Aufstellung von Feuerstätten, Wärmepumpen, Blockheizkraftwerke, ortsfeste Verbrennungsmotore sowie für die Lagerung von Brennstoffen. Sie dürfen außer dicht- und selbstschließenden Türen keine Öffnungen zu anderen Räumen haben und müssen gelüftet werden können. An Decken, Wände, Böden werden keine Anforderungen über die DVO-NBauO hinaus gestellt.

Heizräume müssen zusätzlich feuerbeständige Decken, Wände und Böden haben, dür- 32 fen nicht in unmittelbarer Verbindung mit Aufenthaltsräumen stehen und müssen einen Ausgang ins Freie oder in einen notwendigen Flur haben. Hinsichtlich der Lage, Größe und Beschaffenheit von Heizräumen, ihrer Bauteile, Rettungswege, Lüftung und Verbrennungsluftversorgung, siehe § 6 der FeuVO.

Heizräume sind nur erforderlich für Feuerstätten, die mit festen Brennstoffen betrieben werden und eine Gesamtwärmeleistung von mehr als 50 kW haben. Für alle anderen Feuerstätten reichen Aufstellräume für Feuerstätten nach FeuVO aus, um die Anforderungen aus § 40 der NBauO zu erfüllen.

Die Anforderungen an Aufstellräume gelten, um Brand- und Gesundheitsgefahren zu 33 vermeiden, auch für Räume, in denen ortsfeste Verbrennungsmotoren oder Verdichter aufgestellt werden. Jedoch gehen die spezialgesetzlichen Regelungen der **EltBauV** vor, wenn **ortsfeste Verbrennungsmotoren zur Stromerzeugung** in elektrischen Betriebsräumen (§ 1 EltBauVO) aufgestellt werden. Die Bauvorlagen müssen Angaben über die Lage des Aufstellraumes (elektrischer Betriebsraum) und die Art der elektrischen Anlage enthalten (EltBauVO).

G. Abgasableitung

a) Ableitung der Abgase

Nach Abs. 3 und Abs. 5 der FeuV sind sowohl die Abgase der Feuerstätten wie auch die 34 Verbrennungsgase ortsfester Verbrennungsmotoren so abzuleiten, dass Gefahren oder unzumutbare Belästigungen nicht entstehen.

Nach § 9 FeuVO müssen die **Mündungen von Schornsteinen und anderen Abgasanlagen** den Dachfirst um mindestens 40 cm überragen und von der Dachfläche mindes- 35 tens 1 m Abstand halten. Ein Abstand von 40 cm genügt jedoch, wenn nur raumluftunabhängige Feuerstätten für flüssige oder gasförmige Brennstoffe mit insgesamt höchstens 50 kW Leistung angeschlossen sind und das Abgas durch Ventilatoren abgeführt wird. Bei Feuerstätten für feste Brennstoffe in Gebäuden mit überwiegend weicher Bedachung (vgl. § 32 der NBauO) muss nach § 9 der FeuVO die Mündung am Dachfirst liegen und diesen um mindestens 80 cm übertragen.

36 Zu **Dachaufbauten, höheren Gebäudeteilen**, Öffnungen von Räumen und ungeschützten Bauteilen aus brennbaren Baustoffen, ausgenommen Bedachtungen, müssen die Mündungen von Abgasanlagen nach § 9 der FeuVO mindestens 1,5 m Abstand halten oder diese diese mindestens 1 m überragen. Mündungen von Abgasanlagen dürfen über schwach geneigten oder waagerechten Dachflächen mit allseitig geschlossener Brüstung von mehr als 50 cm Höhe nur liegen, wenn die Brüstung Öffnungen hat, die ein gefährliches Ansammeln von Abgasen verhindern. Bezüglich schadloser Abgasableitung und Schornsteinhöhen siehe auch:

- VDI 3781-4 – 2017/07 – Ableitbedingungen für Abgase – Kleine und mittlere Feuerungsanlagen sowie andere als Feuerungsanlagen
- VDI 3781 Bl. 2.8.1981 Schornsteinhöhen unter Berücksichtigung unebener Geländeformen,
- Technische Anleitung zur Reinhaltung der Luft – TA Luft.

b) Abgasleitungen

37 Abgase mit niedrigen Temperaturen, insbesondere solche aus Brennwertfeuerstätten, müssen (anstatt in Schornsteine) in Abgasleitungen abgeleitet werden. Bei diesen Anlagen muss durch geeignete Einrichtungen an den Feuerstätten sichergestellt sein, dass die höchstmögliche Abgastemperatur mindestens um 30 Kelvin unter der Grenztemperatur für die Form- und Wärmebeständigkeit der für die Abgasleitungen verwendeten Baustoffe liegt.

In Abgasleitungen darf die bei ständigem Betrieb mit Innenwandtemperaturen unterhalb des Wasserdampftaupunktes des Abgases auskondensierende Abgasfeuchte nicht zu Gefahren oder Schäden führen. Die Abgasleitung muss besonders korrosionsbeständig sein und Vorrichtungen zur schadlosen Beseitigung des Kondensats haben. Rohre für Abgasleitungen sind als geregelte Bauprodukt oder eine allgemeine bauaufsichtliche Zulassung, ein allgemeines bauaufsichtliches Prüfzeugnis oder eine Zustimmung im Einzelfall haben.

c) Schornsteine

38 Nach Abs. 3 Satz 2 müssen Abgasanlagen in solcher Zahl und Lage vorhanden und so beschaffen sein, dass alle anzuschließenden Feuerstätten ordnungsgemäß betrieben werden können. Die Allgemeinforderung des Abs. 3 Satz 2 wird für Schornsteine in § 7 FeuVO konkretisiert. Auf sie wird insoweit Bezug genommen. Im Übrigen wird auf die eingangs aufgeführten diesbezüglichen Technischen Baubestimmungen verwiesen und die entsprechenden Normen, Richtlinien.

d) Abgase von Verbrennungsmotoren

39 Abgase (Auspuffgase) von ortsfesten Verbrennungsmotoren müssen ebenfalls so abgeleitet werden, dass keine Gefahren oder unzumutbare Belästigungen entstehen. Diese Forderung hat entscheidenden Einfluss auf den Aufstellungsort von Verbrennungsmotoren innerhalb von Gebäuden, denn sowohl der Aufstellungsort wie auch die Führung der Abgasleitungen durch das Gebäude können erhebliche schalltechnische und schwingungstechnische Probleme aufwerfen. Während diese bei einem Notstromaggregat nachrangig sind, kommt dem Schall- und Schwingungsschutz bei einem auf Dauerbetrieb angelegten Blockheizkraftwerk große Bedeutung zu. Zur Vermeidung der Probleme sollte zunächst immer versucht werden, das Blockheizkraftwerk gebäudemäßig von der sonstigen (Wohn-)Nutzung zu trennen. Die Anlage darf erst in Betrieb genommen wer-

den, wenn die/der Bezirksschornsteinfeger/in ihre sichere Benutzbarkeit sowie die Tauglichkeit und die sichere Benutzbarkeit der dazugehörigen Schornsteine und Leitungen zur Abführung von Gasen oder Verbrennungsgasen geprüft und bescheinigt hat.

e) Mechanische Lüftung und Abgasanlagen

Als Lüftungsanlagen sind Schwerkraftlüftungen (Schachtanlagen ohne Ventilatoren) ungeeignet, da sie nicht bei allen Witterungssituationen wirksam genug sind. Es kommen daher nur motorisch betriebene Anlagen in Frage, die so geschaltet sein müssen, dass sich die Gasfeuerstätte nur zusammen mit der Zwangsentlüftung betreiben lässt. Während die Zwangsentlüftung eines Aufstellraumes für eine raumluftunabhängige Feuerstätte (Art C) keine Probleme bereitet, muss bei einer raumluftabhängigen Feuerstätte (Art B) dafür gesorgt werden, dass sich der Abgasstrom in der Abgasanlage wegen des Unterdrucks im Aufstellraum nicht umkehrt. Die Entlüftungsanlage darf daher im Aufstellraum der Feuerstätte keinen größeren Unterdruck gegenüber dem Freien als 4 Pa = 0,04 mbar erzeugen (vgl. TRGI). Dazu muss sichergestellt sein, dass der Abluftvolumenstrom über ausreichend große Zuluftöffnungen nachströmen kann. Die Zu- und Abluftführung ist so anzuordnen, dass eine gute Durchspülung des Aufstellraumes erreicht wird. **40**

Statt einer Zwangsentlüftung des Aufstellraumes mit der Gefahr der Abgasumkehr kann auch eine Zwangsbelüftung erfolgen. Die zwangsweise zugeführte Zuluft erzeugt im Aufstellraum einen Überdruck und wird gemeinsam mit dem Abgas der Gasfeuerstätte über die Abgasanlage abgeführt. Siehe hierzu die DIN 1946 Teil 6 „Lüftung von Wohnungen".

Die **laufenden Sicherheitskontrollen** sind in der Kehr- und Überprüfungsordnung (KÜO) geregelt. Wie oft die Feuerungsanlagen gekehrt und überprüft werden müssen, bestimmt im Einzelnen die Anlage 1 zur KÜO. So ist zB bei festen Brennstoffen und regelmäßiger Nutzung der Feuerstätte in der üblichen Heizperiode dreimal, bei Holzpellets mit erkennbar rückstandsarmer Verbrennung nur zweimal je Kalenderjahr zu kehren. Feuerungsanlagen für flüssige Brennstoffe sind bei regelmäßiger Benutzung dreimal im Kalenderjahr zu kehren. Abgasanlagen von Gasfeuerstätten sind auf ihre Gebrauchsfähigkeit zu überprüfen, und zwar raumluftabhängige Feuerstätten jährlich, raumlauftunabhängige Feuerstätten alle zwei Jahre. **41**

H. Brennstofflagerung

Nach Abs. 4 sind Brennstoffe so zu lagern, dass Gefahren oder unzumutbare Belästigungen nicht entstehen. Diese Allgemeinforderung wird durch die § 11 und § 12 der FeuVO konkretisiert. Danach sind besondere Brennstofflagerräume von bestimmter Beschaffenheit erforderlich, wenn je Gebäude oder Brandabschnitt bestimmte Brennstoffmengen überschritten werden. Die Lagerung von Heizöl und Flüssiggas ist in begrenzten Mengen in Wohnungen, im Übrigen aber auch nur in begrenzten Mengen in Gebäuden möglich (§ 12 FeuVO). **42**

I. Feuerungsanlagen besonderer Art

Nach § 51 können besondere Anforderungen gestellt werden, die sich auch auf Feuerungsanlagen und Heizräume erstrecken, wenn die Anforderungen der FeuVO nicht ausreichen, um die grundsätzlichen Anforderungen des § 3 zu wahren, insbesondere um Brände zu verhüten oder Gefahren für die menschliche Gesundheit oder die Umwelt abzuwehren. **43**

§ 41 Anlagen zur Wasserversorgung, für Abwässer und Abfälle

(1) [1]Gebäude mit Aufenthaltsräumen müssen, soweit es ihre Benutzung erfordert, eine Versorgung mit Trinkwasser haben, die dauernd gesichert ist. [2]Zur Brandbekämpfung muss eine ausreichende Wassermenge in einer den örtlichen Verhältnissen entsprechenden Weise zur Verfügung stehen.

(2) [1]Bei baulichen Anlagen müssen die einwandfreie Beseitigung der Abwässer und die ordnungsgemäße Entsorgung der Abfälle dauernd gesichert sein. [2]Das gilt auch für den Verbleib von Exkrementen und Urin, jeweils auch mit Einstreu, aus der Haltung von Nutztieren sowie für Gärreste. [3]Die Bauaufsichtsbehörde darf personenbezogene Daten an die für die Überwachung der Einhaltung der düngerechtlichen Vorschriften zuständigen Behörden übermitteln, soweit dies zur Erfüllung der Aufgaben der für die Überwachung der Einhaltung der düngerechtlichen Vorschriften zuständigen Behörden, insbesondere zur Überprüfung des ordnungsgemäßen Verbleibs der in Satz 2 genannten Stoffe nach den düngerechtlichen Vorschriften erforderlich ist. [4]Die Bauaufsichtsbehörde darf die für die Überwachung der Einhaltung der düngerechtlichen Vorschriften zuständigen Behörden um die für die Übermittlung personenbezogener Daten ersuchen und die ihr daraufhin übermittelten personenbezogenen Daten verarbeiten, soweit dies zur Erfüllung ihrer Aufgaben erforderlich ist. [5]Die nach Landesrecht für die Überwachung der Einhaltung der düngerechtlichen Vorschriften zuständigen Behörden übermitteln der Bauaufsichtsbehörde auf ein Ersuchen nach Satz 4 personenbezogene Daten, die sie im Rahmen der Überwachung gewonnen haben, soweit dies zur Erfüllung der Aufgaben der Bauaufsichtsbehörde erforderlich ist.

(3) [1]Jede Wohnung muss einen eigenen Wasserzähler haben. [2]Dies gilt nicht bei Nutzungsänderungen, wenn die Anforderung nach Satz 1 nur mit unverhältnismäßigem Mehraufwand erfüllt werden kann.

Technische Baubestimmungen (TB)
bzw. Verwaltungsvorschriften (VV) zu § 41 (Stand: Januar 2019)

Teil A: Technische Baubestimmungen, die bei der Erfüllung der Grundanforderungen an Bauwerke zu beachten sind

Anlage A 1.2.8/7

Für die Verwendung von ortsfesten liegenden zylindrischen Tanks aus Stahl nach EN 12285-2:2005 gilt:

1) In Überschwemmungsgebieten sind die Tanks so aufzustellen, dass sie von der Flut nicht erreicht werden können.
2) Sie dürfen nicht in Erdbebengebieten der Erdbebenzonen 1 bis 3 (DIN 4149) aufgestellt werden.

Anlage A 1.2.8/8

Für die Verwendung von ortsfesten Tanks aus Thermoplasten nach EN 13341:2005 +A1:2011 gilt:

1) In Überschwemmungsgebieten sind die Behälter so aufzustellen, dass sie von der Flut nicht erreicht werden können.
2) Sie dürfen nicht in Erdbebengebieten der Erdbebenzonen 1 bis 3 (DIN 4149) aufgestellt werden.
3) Anforderungen an den Brandschutz (Brandeinwirkungsdauer) können von diesen Tanks nicht erfüllt werden.

A 2 Brandschutz

A 2.1.18 Bauliche Anlagen zur Lagerung von wassergefährdenden Stoffen und von sekundären Rohstoffen aus Kunststoff

Werden in baulichen Anlagen wassergefährdende Stoffe gelagert, müssen zum Schutz der Gewässer vor verunreinigtem Löschwasser, das beim Brand anfällt, die Anforderungen an die Löschwasser-Rückhaltung nach der Technischen Regel A 2.2.11 beachtet werden.

Dienen bauliche Anlagen zur Lagerung von sekundären Rohstoffen aus Kunststoff, muss der Ausbreitung von Feuer vorgebeugt und müssen wirksame Löscharbeiten ermöglicht werden. Die Technische Regel A 2.2.12 ist zu beachten.

Lfd. Nr.	Gegenstand	Datum	Nds. MBl. Seite
4	DIN 4109/1 – Schallschutz im Hochbau; Teil 1: Mindestanforderungen	2016/07	6. AB 2019 S. 83
7	DIN SPEC 91314 Anforderungen erhöhter Schallschutz im Wohnungsbau	Januar 2017	
8	DIN 11622-2: – Gärfuttersilos u. Güllebehälter Bemessung, Ausführung, Beschaffenheit Teil 1 – Allgemeine Anforderungen	September 2015	
9	DIN 11622-22 – Gärfuttersilos, Güllebehälter, Behälter in Biogasanlagen, Fahrsilos – Teil 22: Betonschalungssteine für Gärfuttersilos, Güllebehälter, Fahrsilos und Güllekanäle	September 2015	
14	Richtlinie zur Bemessung von Löschwasser-Rückhaltanlagen beim Lagern wassergefährdender Stoffe (Löschwasser-Rückhalte-Richtlinie – LöRüRL)	1993/03	1993 S. 441

Übersicht

A. Allgemeines

In Anbetracht der Gefährdung des Wasserhaushalts durch den ständig steigenden Bedarf an Trink- und Brauchwasser, die Belastung der Gewässer mit Abwässern und wegen der Probleme der Abfallbeseitigung, kommt den Vorschriften des §41 über die unmittelbaren Auswirkungen auf die baulichen Anlagen hinaus eine wesentliche Bedeutung im Rahmen des Umweltschutzes zu. Die Bestimmungen des §41 stellen Anforderungen an die Eignung des Baugrundstücks für eine bauliche Anlage, indem seine Bebaubarkeit besonders von einer dauernd gesicherten Versorgung mit Trinkwasser, der hinreichenden Verfügbarkeit von Löschwasser, einer dauernd gesicherten einwandfreien Beseitigung der Abwässer und hinsichtlich der Abfälle einer dauernd gesicherten 1

Entsorgung abhängig gemacht wird. Die Vorschriften des § 41 ergänzen aus Gründen der Sicherheit die Forderungen der §§ 30 ff. BauGB nach gesicherter Erschließung. Kann der Nachweis über die dauernde Sicherung der Forderungen des § 41 auch nur zT nicht erbracht werden, so darf für die bauliche Anlage eine Baugenehmigung nicht erteilt werden.

B. Normen und Richtlinien

2 Ergänzend zu den technischen Baubestimmungen folgende beispielhafte Normen und Richtlinien:

TrinkwV	–	Verordnung über die Qualität von Wasser für den menschlichen Gebrauch (Trinkwasserverordnung)
E DIN EN 806	–	Technische Regeln für Trinkwasserinstallationen Teil 1–5,
DIN 1988/200	–	Technische Regeln für Trinkwasser-Installationen – Teil 200: Installation Typ A (geschlossenes System) – Planung, Bauteile, Apparate, Werkstoffe; Technische Regel des DVGW
DIN 2001-1	–	Trinkwasserversorgung aus Kleinanlagen und nicht ortsfesten Anlagen
	–	Teil 2: Nicht ortsfeste Anlagen – Leitsätze für Anforderungen an Trinkwasser, Planung, Bau, Betrieb und Instandhaltung der Anlagen,
DGW W 101	–	Arbeitsblatt Grund- und Quellwassergewinnungsanlagen
DGW W 311	–	Arbeitsblatt Trinkwasserbehälter
VDI 6023/1	–	Hygiene in Trinkwasser-Installationen – Anforderungen an Planung, Ausführung, Betrieb und Instandhaltung.

Weiterhin sind für die Trinkwasserversorgung die in der Trinkwasserverordnung aufgeführten Grenzwerte für chemische Stoffe und Krankheitserreger einzuhalten.

DIN 1999–100	–	Abscheideanlagen für Leichtflüssigkeiten,
DIN EN 858–1	–	Abscheideanlagen für Leichtflüssigkeiten, Begriffe, Bau und Funktion,
DIN EN 858–2	–	Abscheideanlagen für Leichtflüssigkeiten, Einbau, Betrieb, Wartung,
DIN 4040-100	–	Abscheideranlagen für Fette
DIN EN 1825–2	–	Fettabscheider, Einbau, Betrieb, Wartung,
DIN 4045	–	Abwassertechnik,
DIN EN 752	–	Entwässerungsanlagen außerhalb von Gebäuden.

C. Begriffe

3 **Wasserversorgungsanlagen** dienen dazu, Wasser zu gewinnen, aufzubereiten und über Leitungen an die Wasserentnahmestellen zu verteilen. Wasserversorgungsanlagen sind idR öffentliche Anlagen; sie können aber auch private Anlagen sein, und zwar als Gemeinschaftsanlagen zur Versorgung mehrerer Grundstücke oder Einzelversorgungsanlagen.

4 **Wassergewinnung** ist das Entnehmen und Ableiten von Wasser aus oberirdischen Gewässern bzw. das Entnehmen, Zutagefördern, Zutageleiten und Ableiten von Grundwasser. Dies ist jeweils Gewässerbenutzung Gesetz zur Ordnung des Wasserhaushalts (Wasserhaushaltsgesetz – WHG) – § 9 Benutzungen.

5 **Trinkwasser** ist für den Genuss durch Menschen und Tiere geeignetes Wasser. Es muss zu diesem Zweck den Anforderungen der TrinkwV (Trinkwasserverordnung 2018)) entsprechen. Wasser, welches nur im abgekochten Zustand genießbar ist, erfüllt diese Voraussetzungen nicht. Trinkwasser wird überwiegend aus Grundwasser gewonnen, kann aber auch aus oberirdischen Gewässern entnommen werden (Wasserent-

nahmeVO). Die Eignung des Wassers als Trinkwasser ist bei Wasserversorgungsanlagen durch mikrobiologische (Bakterien und Keime) und physikalisch-chemische (Inhaltsstoffe) Untersuchungen ständig nachzuweisen.

Brauchwasser ist Wasser, welches für andere Zwecke verwendet wird, aber eben nicht die Qualität von Trinkwasser hat oder zu haben braucht, wie z. B. Kühlwasser, Löschwasser u. dgl. Dazu gehören auch wiederverwendbare Abwässer und Niederschlagswässer z. B. für die Gartenbewässerung oder die WC-Spülung. Die Entnahmestellen müssen durch Schilder „Kein Trinkwasser", gekennzeichnet sein. Bezüglich der Beschaffenheit von Brauchwasser für Lebensmittelbetriebe wird auf die Vorschriften der TrinkwV verwiesen. 6

Druckwasserleitungen sind Wasserleitungen, die unter Betriebsdruck stehen und entsprechend bemessen sein müssen. 7

Brunnen sind künstlich hergestellte Anlagen zur Gewinnung oder Beobachtung von Grundwasser. Unterschieden werden nach ihrer Bauart Schachtbrunnen und Bohrbrunnen. Brunnen sind bauliche Anlagen. 8

Abwässer sind zu unterschieden in häusliche, gewerbliche, landwirtschaftliche oder für sonstigen Gebrauch in ihren Eigenschaften veränderte Wässer (Schmutzwasser, vgl. § 2 Abs. 1 AbwAG und § 84 Abs. 1 WHG), die im Rahmen der baulichen und sonstigen Nutzung auf einem Baugrundstück anfallen. 9

Niederschlagswasser ist das nicht durch Gebrauch verunreinigte Wasser aus natürlichen Niederschlägen (Regenwasser, Schmelzwasser), das von den bebauten oder befestigten (versiegelten) Flächen des Baugrundstücks abfließt oder gesammelt wird.

Die bauordnungsrechtlichen Begriffe für Abwässer und Niederschlagswasser unterscheiden sich von denen des § 57 WHG und des AbwasserabgabenG (§ 2 AbwAG), die beide das abfließende und das gesammelte Niederschlagswasser dem Oberbegriff Abwasser unterordnen.

Abwasserbeseitigungsanlagen dienen dazu, Schmutzwasser zu sammeln und so zu reinigen, dass es dem natürlichen Wasser-, Stoff- und Energiekreislauf unschädlich wieder zugeführt werden kann, sowie Niederschlagswasser, das nicht auf dem Baugrundstück versickern kann, schadlos abzuführen. Abwasserbeseitigungsanlagen bestehen aus den Grundstücksentwässerungsanlagen (Einläufe, Fallrohre, Lüftungsleitungen, Grundleitungen, Schächte, Anschlusskanal), dem öffentlichen Kanalnetz (Sammelkanalisation bestehend aus Misch- oder Trennsystem) einschließlich erforderlicher Pumpstationen und den Kläranlagen mit dem Einleitungsbauwerk. 10

Kleinkläranlagen sind Kläranlagen zur Behandlung bis zu 8 m^3/d häuslichen Abwassers i.d.R auf dem Baugrundstück selbst (Grundstückskläranlage). Sie dürfen nur unter den in § 24 Abs. 1 DVO-NBauO genannten Bedingungen errichtet werden. Kleinkläranlagen darf im Wesentlichen nur häusliches Abwasser zugeführt werden. Niederschlagswasser, Fremdwasser (aus Dränagen), Kühlwasser und Ablaufwasser aus Schwimmbecken darf aus technischen Gründen in sie nicht eingeleitet werden. 11

Sammelgruben sind wasserdichte, abflusslose Gruben für Hausabwässer, Trockenaborte, Jauche, Gülle, Silagewasser u. dgl. zur vorübergehenden Sammlung dieser Stoffe. Sie müssen regelmäßig entleert werden. Der Verbleib des Entleerungsgutes richtet sich nach seiner Herkunft: häusliche Abwässer und Fäkalien sind einer (gemeindlichen) Kläranlage zuzuführen; dagegen können Jauche, Gülle und Silagesickersäfte als Wirtschaftsdünger landwirtschaftlich verwertet werden. 12

Abscheider sind Grundstücksentwässerungseinrichtungen, mit denen das Abfließen schädlicher Stoffe in die Kanalisation verhindert werden soll, zB Leichtflüssigkeitsabscheider für Benzin und Öl, Fettabscheider, Amalganabscheider in Zahnarztpraxen, Sandfänge, Schlammfänge. Säurehaltige Abwässer müssen in Neutralisationsanlagen unschädlich gemacht werden. 13

14 **Sickeranlagen** sind Anlagen (Rohrsysteme, Sickergräben, Sickerschächte), über die behandelte Abwässer im Untergrund verbracht werden. Rieselfelder sind großflächige Anlagen, auf denen behandelte Abwässer oberflächlich verregnet werden.

15 **Abfälle** sind bewegliche Sachen, derer sich der Besitzer entledigt, entledigen will oder muss. Zu unterscheiden sind Abfälle zur Verwertung, die dem Wirtschaftskreislauf wieder zugeführt werden, und Abfälle zur Beseitigung, die nicht verwendet werden (§ 3 Abs. 1 KrWG). Auf beide Abfallarten beziehen sich die Forderungen nach einer auf Dauer gesicherten ordnungsgemäßen Entsorgung und nach betriebssicheren und belästigungsarmen Anlagen zur Abfallentsorgung und vorübergehenden Aufbewahrung.

Flüssige Abfälle sind die Abwässer, aber auch Klärschlamm, Mineralölrückstände usw.. Feste Abfälle sind in erster Linie Müll (Hausmüll, Sperrmüll), aber auch Bauabfälle wie Bauschutt und Bodenaushub, Baustellenabfälle, Autowracks, Altreifen, gewerbliche und industrielle Abfälle sowie Abfälle aus Massentierhaltungen. Eine Sonderstellung nehmen tierische Kadaver als Abfall ein.

16 **Wirtschaftsdünger** ist der umfassende Begriff für landwirtschaftliche Abfälle zur Verwertung, die als Dünger eingesetzt werden.

17 **Altöle** sind nach der Definition in § 1a Abs. 1 der Altölverordnung (AltölV) Öle, die als Abfall anfallen und die ganz oder teilweise aus Mineralöl, synthetischem oder biogenem Öl bestehen. Altöle unterliegen dem Verbot der Vermischung mit Fremdstoffen bzw. anderen Sonderabfällen (§ 4 AltölV), damit sie möglichst artspezifisch entsorgt werden können.

18 **Wassergewinnung** bedarf als „Gewässerbenutzung" iSv § 9 Abs. 1 WHG grundsätzlich der wasserbehördlichen Erlaubnis, der gehobenen Erlaubnis oder der Bewilligung nach näherer Regelung in den §§ 8 ff. WHG und §§ 4 ff. NWG.

19 **Einer wasserrechtlichen Erlaubnis** oder Bewilligung bedarf es nach § 136 NWG dann nicht, wenn Grundwasser für den Haushalt einschließlich der Hausgartenbewässerung, für den landwirtschaftlichen Hofbetrieb, für das Tränken von Vieh außerhalb der Hofstelle oder in geringen Mengen zu einem vorübergehenden Zweck gewonnen wird. In geringen Mengen darf auch für den Gartenbau Grundwasser erlaubnisfrei entnommen werden (§ 136 Abs. 2 NWG). Als geringe Menge gelten in der Praxis Grundwasserentnahmen bis zu 10 m^3 täglich. Baustellengrundwasserabsenkungen für die Gründung von Gebäuden im Grundwasser fallen nicht unter die vorstehenden Regelungen des § 136 NWG und bedürfen einer wasserrechtlichen Erlaubnis. Grundwasserentnahmen für die Beregnung von Sport-, Tennis- und Golfplätzen sind auch bei geringer Entnahme erlaubnispflichtig.

Das Sammeln von auf dem Baugrundstück anfallendem und für die Wiederverwendung geeignetem Abwasser sowie Niederschlagswasser bedarf keiner wasserrechtlichen Genehmigung.

D. Abwasseranlagen

20 Abwasserbehandlungsanlagen bedurften nach § 154 NWG einer wasserrechtlichen Genehmigung. Nach § 60 Abs. 3 WHG ist eine Genehmigung nur noch für Abwasseranlagen erforderlich, die nach dem Gesetz über die Umweltverträglichkeitsprüfung „UVP-pflichtig" sind. Nach § 60 Abs. 3 WHG können die Länder zwar auch für andere Abwasseranlagen eine Anzeige- oder Genehmigungspflicht einführen; hiervon hat Niedersachsen aber keinen Gebrauch gemacht.

21 **Das Einbringen und Einleiten** von Stoffen – also auch von Abwässern – in oberirdische Gewässer, gleichgültig in welchen Mengen, ist „Gewässerbenutzung" und bedarf der wasserbehördlichen Erlaubnis (§§ 8 ff. WHG). Das gilt auch für das Einleiten von (geklärten) Abwässern aus Kläranlagen in Gewässer. Unter dem Begriff des Einleitens in ein Gewässer versteht das Wasserrecht auch das Verregnen, Verrieseln und Versickern des Abwassers in den Untergrund.

Kleinkläranlagen zur Behandlung häuslicher Abwässer bis zu 8 m^3/d sind baugenehmigungsfrei (Nr. 3.5 des Anhangs). Sie bedürfen auch nicht der wasserbehördlichen Genehmigung nach § 60 WHG (→ Rn. 20). Das befreit diese Anlagen jedoch nicht vom Erfordernis der wasserrechtlichen Erlaubnis nach §§ 8 ff. WHG für die Einleitung des behandelten Abwassers in ein oberirdisches Gewässer oder in das Grundwasser durch Verrieselung oder Versickerung. 22

Hat die Gemeinde in einem Satzungsgebiet nach § 94 für die Beseitigung der häuslichen Abwässer die Verwendung bestimmter Kleinkläranlagen vorgeschrieben, dann gilt für die satzungsgemäße Einleitung des geklärten Abwassers aus diesen Kläranlagen die wasserbehördliche Erlaubnis nach § 8 WHG als erteilt (§ 96 Abs. 1 NWG), wenn der Nutzungsberechtigte des Grundstücks die Errichtung oder wesentliche Änderung der Kleinkläranlage vor Beginn der Bauarbeiten der unteren Wasserbehörde anzeigt. Schreibt die Satzung für die geforderten Kleinkläranlagen keine bestimmten Bauarten vor, so gilt nach § 96 Abs. 6 NWG dasselbe, wenn für die Kleinkläranlage eine allgemeine bauaufsichtliche Zulassung oder eine europäische technische Zulassung oder Bewertung erteilt worden ist und in der Zulassung oder Bewertung die Anforderungen festgelegt sind, die erfüllt sein müssen, damit die Abwassereinleitung den Anforderungen der AbwV entspricht. 23

Die Errichtung, Herstellung, Befestigung, die Änderung, der Abbruch oder die Beseitigung von Leitungen für Abwasser oder Niederschlagswasser sind nach Nr. 3.2 des Anhangs baugenehmigungsfrei. Eine Genehmigungspflicht (Entwässerungsgenehmigung) ergibt sich jedoch aus der jeweiligen kommunalen Abwassersatzung. 24

E. Sicherung der Wasserversorgung

§ 41 Abs. 1 der NBauO fordert für Gebäude mit Aufenthaltsräumen eine dauernd gesicherte Versorgung mit Trinkwasser. Die dauernde Sicherung muss technisch wie rechtlich gegeben sein. 25

Technisch ist die Trinkwasserversorgung gesichert, wenn die für die Art und Nutzung der Gebäude ausreichende Trinkwassermenge dauernd zur Verfügung steht und die Versorgungsanlagen dauernd in technisch einwandfreiem Zustand gehalten und Verunreinigungen des Wassers verhindert werden. 26

Welche Trinkwassermengen jeweils als ausreichend anzusehen sind, darüber gibt es keine festen Normen. Die folgenden Ausführungen mögen insoweit Orientierungshilfen geben. Die Erste Wassersicherstellungsverordnung (1. WasSVO) beziffert den lebensnotwendigen Bedarf an Trinkwasser auf 15 l/Person und Tag. Da sich diese Mengenangaben aber auf den Mindestbedarf in Notstandssituationen beziehen, können sie nur als Orientierungsmaßstab für die unterste Grenze des Bedarfs dienen. Erfahrungsgemäß beträgt der Normalbedarf demgegenüber

- in ländlichen Bereichen bei Brunnenversorgung und Trockenklosetts ca. 50 bis 80 l/E/Tag,
- bei Versorgung aus dem öffentlichen Netz ca. 100 l/E/Tag und kann hier
- bei höheren Ansprüchen auf einen Wert bis zu 200 l/E/Tag steigen.

Rechtlich ist die Trinkwasserversorgung gesichert, wenn der Eigentümer eines Gebäudes das Recht zur Inanspruchnahme der Trinkwasserversorgung hat. Bei öffentlicher Wasserversorgung ist dies idR der Fall aufgrund des in der diesbezüglichen Ortssatzung über den Anschluss der Grundstücke an die öffentliche Wasserleitung und die Abgabe von Wasser enthaltenen Anschluss- und Benutzungsrechtes, dem meist ein Anschluss- und Benutzungszwang gegenübersteht. Wird das Wasser Einzel- oder Gemeinschaftsanlagen entnommen, so muss die erforderliche wasserrechtliche Erlaubnis oder Bewilligung vorliegen. Bei Gemeinschaftsanlagen kann die BauAB verlangen, dass die Beteiligung der angeschlossenen Grundstücke und die zweckentsprechende Verwendung des 27 für die Wasserversorgung vorgesehenen Grundstücks öffentlich-rechtlich durch Baulast gesichert wird. Gleiches gilt, wenn die Versorgung eines Grundstückes aus einem auf einem fremden Grundstück gelegenen Brunnen erfolgt. Die Eintragung einer Grunddienstbarkeit kann die öffentlich-rechtliche dauernde Sicherung nicht bewirken, weil sie in der alleinigen Verfügungsmacht der Beteiligten liegt und das Entstehen baurechtswidriger Zustände nicht ausschließt.

28 Der Forderung des Abs. 1 der NBauO, Satz 1 wird entsprochen, wenn sowohl die Versorgung mit Trinkwasser als auch der Anschluss des Baugrundstücks an das Leitungsnetz rechtlich gesichert ist. Verläuft die Hausanschlussleitung beispielsweise bei einem Hinterliegergrundstück über ein weiteres Grundstück, so kann die Versorgung mit Trinkwasser erst dann als dauernd gesichert angesehen werden, wenn die Versorgungsleitung (ebenso wie die Entsorgungsleitung und die Zuwegung) durch eine entsprechende Baulast gesichert ist.

29 In den technischen Regeln des DVGW, Arbeitsblatt W 405 (Februar 2008) wird der Mindestlöschwasserbedarf zur Sicherstellung des Grundschutzes in Abhängigkeit von der baulichen Nutzung und der Gefahr der Brandausbreitung ermittelt.

F. Anordnung und Beschaffenheit von Wasserversorgungsanlagen

30 Anlagen zur Versorgung mit Trinkwasser und Brauchwasser müssen betriebssicher und so angeordnet und beschaffen sein, dass Gefahren oder unzumutbare Belästigungen nicht entstehen. Bei einer den anerkannten Regeln der Technik entsprechenden Ausführung ist dies gewährleistet.

In zentralen **Warmwasserversorgungsanlagen** mit weit verzweigtem Rohrnetz besteht erhöhte Gefahr durch Legionellen. Das sind Bakterien, die sich im stehenden warmen Wasser stark vermehren und beim Menschen ua Lungenentzündung verursachen können. Um der Forderung des § 13 der TrinkwV zu genügen, müssen beim Bau und Betrieb von Hotels, Ferienanlagen und ähnlichen Einrichtungen mit weit verzweigten Warmwasserrohrnetzen Maßnahmen zur Verringerung des Risikos einer Legionelleninfektion getroffen werden. Technische Regeln zur Trinkwasserinstallation enthält das Arbeitsblatt DVGW W 551 4/2004. Hinzuweisen ist auch auf die AMEV-Ausarbeitung zur Verminderung eines Legionella-Infektionsrisikos durch technische Maßnahmen.

31 Für die **Brauchwasserversorgung** (Sammlung, Aufbereitung, Speicherung und Verteilung) ist ein zweites Leitungsnetz erforderlich. Mangels spezieller technischer Regelwerke gelten für die Brauchwasserinstallation die gleichen technischen Regeln wie für die Trinkwasserinstallation. Beide Leitungsnetze müssen voneinander getrennt sein und dürfen keine Verbindung haben. Sie müssen dauerhaft und unverwechselbar als Trinkwasser- bzw. Brauchwasserleitung gekennzeichnet sein. Das gilt für die Entnahmestellen entsprechend. Das Brauchwasser muss vor Erwärmung, Sonnenlicht und Frost geschützt sein. Die üblichen (unterirdischen) Regenwasser- und Löschwasserzisternen erfüllen diese Forderung, Hochbehälter in Gebäuden idR nicht. Regenwasserspeicher müssen einen Überlauf in die Grundstücksentwässerung (Versickerung auf dem Grundstück oder Anschluss an die Regenwasserkanalisation) haben.

32 Die Notwendigkeit zum Einbau von Druckwasserleitungen in Wohngebäuden ergibt sich im Allgemeinen aus der Forderung nach gesunden Wohn- und Arbeitsverhältnissen und dem fast allerorten geltenden Anschlusszwang an die öffentliche Wasserversorgung, der zwangsläufig den Einbau von Druckwasserleitungen erfordert. Reicht – besonders bei hohen Gebäuden – der Betriebsdruck nicht aus, so muss eine Druckerhöhungsanlage eingebaut werden. Wenn der Anschluss an das öffentliche Versorgungsnetz nicht möglich ist, muss die Forderung nach ausreichenden Wassermengen bei Einzelversorgung aus Brunnen dadurch erfüllt werden, indem das Wasser aus dem Brunnen in einen

Hochbehälter (z. B. im Dachraum) gepumpt wird oder indem eine automatische Wasserversorgungsanlage mit Druckkessel, eine sog. Hydrophoranlage, installiert wird.

Weitere Planungshinweise sind der AMEV-Ausarbeitung „Samitäranlagen 2011 – Planung und Ausführung von Sanitäranlagen in öffentlichen Gebäuden" zu entnehmen.

Die Forderung nach einem eigenen Wasserzähler für jede Wohnung (Abs. 3 der NBauO, Satz 1) führt zu technisch aufwendigen Lösungen. Die Forderung wird damit begründet, dass eine verbrauchsgerechte Wasserabrechnung zum kostenbewussten Umgang mit Trinkwasser und damit zu seiner Einsparung führen wird. Diese Forderung des Abs. 3 Satz 1 ist bereits dann als erfüllt angesehen, wenn der tatsächliche Wasserverbrauch für jede Wohnung über einen oder mehrere Wasser(zwischen)zähler getrennt ermittelt werden kann. Auch bei Nutzungsänderungen kann das Regelungsziel einer verbrauchsorientierten Abrechnung mit verhältnismäßigem Mehraufwand durch den Einbau von Zwischenzählern eher erreicht werden. 33

Brunnen müssen ausreichende Abstände von Anlagen zur Lagerung und Beseitigung von Abwässern und festen Abfallstoffen wie Kleinkläranlagen, Sammelgruben und Dungstätten sowie Gärfutterbehältern halten. §24 DVO-NBauO schreibt dafür Mindestabstände von 25 m vor. Bei Verrieselungsanlagen können größere Abstände verlangt werden. Nach der Broschüre des MU „Abwasserbehandlung in Hauskläranlagen", muss die Untergrundverrieselung mindestens 50 m vom nächsten Trinkwasserbrunnen (auch auf Nachbargrundstücken) entfernt bleiben. Bautechnische und sonstige Anforderungen an den Bau von Brunnen und Quellfassungen finden sich auch in der Zweiten WassersicherstellungsVO (2. WasSV). 34

G. Sicherung der Abwasserbeseitigung

Nach Abs. 2 der NBauO muss bei baulichen Anlagen die einwandfreie Beseitigung der Abwässer dauernd gesichert sein. Um das zu erreichen, muss die Abwasserbeseitigung sowohl technisch möglich als auch rechtlich gesichert sein. 35

Technisch ist die einwandfreie Beseitigung gesichert, wenn die anfallenden Abwassermengen in die öffentliche Sammelkanalisation eingeleitet werden können. Solange dies nicht möglich ist, darf häusliches Abwasser bei geeigneten Untergrundverhältnissen auch in Kleinkläranlagen gereinigt werden. Zur Abnahme des dabei anfallenden Schlamms sind grundsätzlich die Gemeinden (auf Kosten des Nutzungsberechtigten) verpflichtet (§96 Abs. 1 NWG). 36

Sollen die in einer Kleinkläranlage mechanisch gereinigten Abwässer auf dem Baugrundstück versickern, also in das Grundwasser eingeleitet werden, so ist das Abwasser zuvor aerob biologisch in Sickergräben oder Sickergruben nach DIN 4261 zu behandeln. Voraussetzung für das Anlegen von Sickergruben sind geeignete Boden- und Grundwasserverhältnisse. Sie müssen so beschaffen sein, dass der Untergrund das Wasser auf Dauer aufnehmen kann. Um nachteilige Einwirkungen auf das Grundwasser auszuschließen, macht die o. g. Norm präzise Vorgaben für die technische Ausführung von Sickergräben. So muss zwischen der Grabensohle (tiefste Ebene des Kiesfilterkörpers) und dem höchsten Grundwasserhorizont mindestens 0,60 m ungestörter Boden verbleiben. In Wasserschutzgebieten und im Einzugsbereich von Wassergewinnungsanlagen ist die Versickerung von Abwasser unzulässig. 37

Rechtlich ist die einwandfreie Beseitigung der Abwässer dauernd gesichert, wenn eine öffentliche Sammelkanalisation vorhanden ist, an die das Baugrundstück direkt angeschlossen werden kann und der Eigentümer aufgrund einer entsprechenden Ortssatzung ein Anschlussrecht hat. Kann das Baugrundstück nicht direkt an die gemeindliche Kanalisation angeschlossen werden, weil zB die Hausanschlussleitung über ein weiteres Grundstück verläuft, dann muss dieser Leitungsverlauf zur Erfüllung der Anforderungen des Abs. 2 durch eine Baulast gesichert sein. 38

Die Beseitigung von **gewerblichem Abwasser**, dessen Schmutzfracht gefährliche Stoffe enthält, ist erst dauernd gesichert, wenn für seine Einleitung in die öffentliche Kanalisation (Indirekteinleitung) eine Genehmigung nach § 58 WHG erteilt ist.

39 Soll das Abwasser in einer Kleinkläranlage gereinigt werden, so ist für die Einleitung des geklärten Abwassers in ein oberirdisches Gewässer oder in das Grundwasser, ausgenommen in Satzungsgebieten nach § 96 Abs. 4 NWG, eine wasserrechtliche Erlaubnis erforderlich. Das Bauwerk selbst bedarf weder einer wasserbehördlichen Genehmigung noch einer Baugenehmigung. Eine weitergehende rechtliche Sicherung der Abwasserbeseitigung wird dann akut, wenn dafür fremde Grundstücke in Anspruch genommen werden sollen oder wenn für mehrere Grundstücke eine Gemeinschaftskläranlage betrieben werden soll. In dem Fall kann die BauAB verlangen, dass die Beseitigung der Abwässer vor Erteilung der Baugenehmigung für das Wohnhaus durch Baulast dauernd gesichert wird.

H. Anordnung und Beschaffenheit von Abwasseranlagen

40 Abwasserbeseitigungsanlagen müssen betriebssicher und so angeordnet und beschaffen sein, dass Gefahren oder unzumutbare Belästigungen, insbesondere durch Geruch oder Geräusche, nicht entstehen. Aus dem WHG folgt die Allgemeinforderung, dass Abwasserbeseitigungsanlagen den anerkannten Regeln der Abwassertechnik entsprechen müssen (§ 60 Abs. 1 WHG). Konkrete Anforderungen können demgegenüber die gemeindlichen Satzungen über Abwasserbeseitigung (Entwässerungssatzung) enthalten. IdR werden darin insbesondere Bestimmungen über die speziellen Einrichtungen der Grundstücksentwässerungsanlagen getroffen, mit denen die Einleitung feuergefährlicher, säurehaltiger oder sonstiger schädlicher Flüssigkeiten sowie von Abwässern mit hohem Gehalt an Sinkstoffen in die Abwasserleitungen verhindert werden sollen, wie Fettabscheider, Benzinabscheider, Stärkeabscheider, Neutralisationsanlagen, Sand- und Schlammfänge. Abscheider und Fänge müssen regelmäßig gewartet werden. Zu den Entleerungsintervallen von Leichtflüssigkeitsabscheidern siehe DIN 1999 Teil 2.

41 **Grundstücksentwässerungseinrichtungen** müssen heute mit einem Übereinstimmungszeichen (Ü-Zeichen) nach § 22 gekennzeichnet sein oder die CE-Kennzeichnung tragen. Für Bauprodukte zur Grundstücksentwässerung sind in der Bauregelliste A, Technische Regeln bekannt gemacht worden, außerdem in der Bauregelliste B, auch für Bauprodukte zur Abwasserbehandlung, ua für Kleinkläranlagen. Diese sind Gegenstand der DIN EN 12566 Teile 1, 3 und 4. Siehe auch DIN 4261-1.

42 **Gewerbebetriebe**, bei denen Abwasser mit gefährlichen Stoffen anfällt, dürfen ihr Abwasser nur mit einer Genehmigung nach § 58 WHG in öffentliche Abwasseranlagen einleiten. Dabei werden nicht nur an das Abwasser und die Abwasserbehandlungsanlage des Betriebes Anforderungen gestellt, sondern es wird in diesem Zusammenhang auch eine abwassertechnische Optimierung der Produktionsprozesse zu fordern sein, soweit diese nach dem Stand der Technik möglich ist.

43 Auch mit gefährlichen Stoffen kontaminiertes Löschwasser darf nicht in die Abwasserkanalisation gelangen und muss daher in wasserdichten Auffanggruben zurückgehalten werden. Das bedingt, dass Produktionsgebäude, in denen mit wassergefährdenden Stoffen umgegangen wird bzw. Lagerhallen, in denen diese Stoffe lagern, so auszubilden sind, dass das gesamte im Falle eines Brandes anfallende Löschwasser aufgefangen und zurückgehalten wird. Einzelheiten bezüglich Größe und technischer Ausbildung enthält die Löschwasser-Rückhalte-Richtlinie, die als Technische Baubestimmung eingeführt ist.

44 **Sammelgruben und Kleinkläranlagen** müssen wasserdicht sein sowie dichte und sichere Abdeckungen und Reinigungs- und Entleerungsöffnungen haben. Letztere dürfen nur vom Freien aus zugänglich sein (§ 24 Abs. 2 DVO-NBauO). Die geforderte Wasserdichtigkeit kann durch die Verwendung eines wasserundurchlässigen Betons erreicht

werden; andernfalls muss die Wasserdichtigkeit durch geeignete Abdichtungssysteme gewährleistet werden. Entscheidend ist aber, dass die Konstruktion (Wände, Böden) rissfrei bleiben muss, um der Forderung nach Wasserdichtigkeit auf Dauer zu genügen. Dies ist idR nur durch entsprechend ausgebildete Stahlbetonbauteile (Betongüte, höhere Betondeckung der Bewehrung, spezielle Bewehrung) möglich. Ergänzend zur DIN 1045 (17.6: Beschränkung der Rissbreite unter Gebrauchslast) wird dazu auf die DIN 4030 Teil 1 (Beurteilung betonangreifender Wässer) und DIN 18195 (Bauwerksabdichtungen) verwiesen.

Kleinkläranlagen müssen das Abwasser mechanisch und biologisch reinigen. IdR bestehen sie aus einer Mehrkammer-Ausfaulgrube mit anschließender Untergrundversickerung über Kiesfiltergräben oder -gruben. Statt der Versickerung können aber auch Belebtschlammanlagen, Pflanzenkläranlagen oder Teichanlagen eingesetzt werden. Mehrkammer-Ausfaulgruben müssen nach DIN 4261 Teil 1 ein Nutzvolumen von 1,5 m^3/Einwohnerwert, mindestens aber ein Gesamtvolumen von 6,00 m^3 haben. Für die Untergrundversickerung als biologische Nachbehandlung sind je nach Bodenart und Einwohnerwert unterschiedlich lange Sickergräben nach DIN 4261–1 auf dem Baugrundstück erforderlich. 45

Aus hygienischen Gründen müssen Gruben, Kleinkläranlagen, Dungstätten und Gärfutterbehälter von Brunnen mindestens 25 m entfernt sein (§ 24 Abs. 1 S. 1 DVO-NBauO). In der Umgebung von Verrieselungsanlagen und bei ungünstigen Untergrundverhältnissen kann ein größerer Abstand erforderlich sein. 46

I. Beseitigung der Niederschlagswässer

Nicht mehr die möglichst schnelle und direkte Ableitung der Niederschlagswässer in leistungsfähige Kanalsysteme ist das Ziel, sondern die Ablaufverzögerung mit weitgehender natürlicher Versickerung. Das ergibt sich aus den Grundsätzen des Wasserhaushaltsgesetzes (§§ 6 und 55 WHG). Die NBauO trägt diesem Anliegen Rechnung mit dem Versiegelungsverbot des § 9 Abs. 4 und der Ermächtigung des § 84 Abs. 3 Nr. 8, die Versickerung des Niederschlagswassers auf dem Baugrundstück vorschreiben zu können. 47

Man darf den Begriff der „einwandfreien Beseitigung" nicht nur auf die wasserbautechnischen Anforderungen aus Gründen der Gefahrenabwehr verkürzen, sondern muss auch die ökologische Komponente hinsichtlich Grundwasseranreicherung berücksichtigen und den Regenwasserabfluss aus Gründen des Hochwasserschutzes verzögern. Unter diesen Gesichtspunkten ist eine einwandfreie Beseitigung gegeben, wenn das Niederschlagswasser, soweit es die geologischen und sonstigen Verhältnisse zulassen, versickern kann und es im Übrigen (für Nachbarn und Unterlieger) schadlos abgeführt wird. 48

Eine ökologisch einwandfreie Beseitigung ist beispielsweise gegeben, wenn das von den versiegelten Flächen abfließende Niederschlagswasser sich in flachen Mulden (Rigolen) sammeln und gegebenenfalls dort versickern kann. Für starke oder lang anhaltende ergiebige Niederschläge müssen diese Mulden mit Überläufen in oberirdische Gewässer oder in die Regenwasserkanalisation versehen sein. Nach dem NWG ist die Gemeinde nicht gehindert, derartige Einzelheiten für eine versickerungsfreundliche Niederschlagswasserbeseitigung in ihrer Abwassersatzung vorzuschreiben. Sind Fallleitungen, Einläufe und Grundleitungen nach Maßgabe der Abwassersatzung ordnungsgemäß angeschlossen, dann ist die einwandfreie Beseitigung der Niederschlagswässer gesichert. 49

Gemäß § 96 Abs. 3 NWG ist grundsätzlich der Grundstückseigentümer (und nicht die Gemeinde) zur Beseitigung des Niederschlagswassers verpflichtet. Diese Verpflichtung entfällt, wenn die Gemeinde den Anschluss der Baugrundstücke an die öffentliche Kanalisation und die Benutzung des Regenwasserkanals in ihrer Abwassersatzung vorgeschrieben hat (Anschluss- und Benutzungszwang) oder wenn wegen der örtlichen Ge- 50 gebenheiten ein gesammeltes Fortleiten des Niederschlagswassers erforderlich ist, um eine Beeinträchtigung des Wohls der Allgemeinheit zu verhüten, zum Beispiel in stark hängigem Gelände.

51 Die öffentlich-rechtliche Verpflichtung zur einwandfreien Niederschlagswasserbeseitigung bezieht sich auf das Baugrundstück und endet an seiner Grenze bzw. bei Anschluss an die gemeindliche Kanalisation idR am Übergabeschacht. Die privatrechtliche Verantwortlichkeit für wild abfließendes Niederschlagswasser ist in § 38 ff. Nds. Nachbarrechtsgesetz geregelt und endet nicht an der Grundstücksgrenze. Danach darf der Oberlieger den Abfluss des wild abfließenden Niederschlagswassers von seinem Grundstück auf das Grundstück des Unterliegers nicht durch bauliche Maßnahmen, beispielsweise durch Versiegelung versickerungsfähiger Flächen, verstärken (§ 39 Abs. 2 Nds. NachbarRG). Andererseits darf der Unterlieger den Zufluss wild abfließenden Wassers durch bauliche Maßnahmen auf seinem Grundstück nicht behindern. Gesammeltes Niederschlagswasser ist kein wild abfließendes Wasser iSv § 39 Abs. 1 Nds. NachbarRG, das der Unterlieger anzunehmen verpflichtet ist. Vielmehr muss es der Oberlieger auf seinem Baugrundstück einwandfrei beseitigen.

J. Anforderungen an die Abfallentsorgung

52 Das vorrangige Ziel ist nach § 6 KrWG die Vermeidung und die Verwertung von Abfällen und nicht ihre Beseitigung.

Nach den §§ 7 Abs. 2 und 15 Abs. 1 KrWG sind grundsätzlich die Erzeuger und Besitzer von Abfällen zu deren Verwertung bzw. Beseitigung verpflichtet. An die Stelle dieser Pflicht tritt nach näherer Regelung in § 17 KrWG, insbesondere bei Abfällen aus privaten Haushalten, die Pflicht, die Abfälle öffentlich-rechtlichen Entsorgungsträgern zu überlassen. Diese sind in Nds. nach § 6 NAbfG die Landkreise, die kreisfreien Städte und die Städte Celle, Cuxhaven, Göttingen, Hildesheim und Lüneburg, die zur Erfüllung ihrer Aufgabe auch Zweckverbände und (allein oder gemeinsam) rechtsfähige kommunale Anstalten bilden können. Nach § 22 KrWG können sich die Entsorgungspflichtigen zur Erfüllung ihrer Pflicht auch (privater) Dritter bedienen.

53 Die Pflicht der Abfallbesitzer beschränkt sich daher auf die vorübergehende Aufbewahrung der Abfälle auf dem Grundstück, bis sie von dem Entsorgungspflichtigen abgeholt werden. Die Überlassungspflicht schließt die Pflicht ein, die auf dem Grundstück anfallenden Abfälle ordnungsgemäß gesammelt, also idR in Abfallbehältern zur Abfuhr bereitzustellen.

Die in einer diesbezüglichen Satzung der entsorgungspflichtigen Körperschaften begründete Pflicht zum Anschluss an die kommunale Abfallentsorgung und die Benutzung dieser Einrichtungen (§ 11 NAbfG) sichert dauernd die ordnungsgemäße Entsorgung der Abfälle.

54 Geschieht die vorübergehende Aufbewahrung der Abfälle in einer Gemeinschaftsanlage, so kann die BauAB – soweit erforderlich – verlangen, dass die Beteiligung der Grundstücke und die zweckentsprechende Verwendung des für die Anlage vorgesehenen Grundstücks durch Baulast gesichert wird. Wenn allerdings gem. § 9 Abs. 1 Nr. 22 BauGB im B-Plan eine Fläche für eine derartige Gemeinschaftsanlage festgesetzt ist und die beteiligten Grundstücke bestimmt sind, dann dürfen die Abfälle dieser Grundstücke nur dort aufbewahrt werden. Aus dem Bebauungsplan oder seiner Begründung muss jedoch deutlich hervorgehen, dass die Gemeinde andere Standorte ausschließen will.

K. Anordnung und Beschaffenheit von Anlagen für Abfälle

Anlagen zur Entsorgung und zur vorübergehenden Aufbewahrung fester Abfallstoffe müssen betriebssicher und so angeordnet und beschaffen sein, dass Gefahren, beispielsweise durch Ungeziefer, oder unzumutbare Belästigungen, insbesondere durch Geruch oder Geräusche, nicht entstehen (§ 13, § 15 Abs. 2). Anforderungen an diese Anlagen enthalten die § 24 und § 25 DVO-NBauO. 55

Anlagen für feste Abfallstoffe sind die beweglichen Abfallbehälter (Mülltonnen, Müllsäcke, Großraumbehälter, Müllcontainer), die Standplätze der Behälter auf dem Grundstück, Schrankanlagen (Müllboxen), die Sammelräume (bei Schachtanlagen) im Gebäude und Dungstätten.

Standplätze für Abfallbehälter oder -säcke müssen auf dem Baugrundstück selbst liegen, ausgenommen Gemeinschaftsanlagen. Sie können auch, obwohl so nicht ausdrücklich vorgesehen, auf benachbarten Grundstücken liegen, deren Benutzung für diesen Zweck durch Baulasten gesichert sein muss. 56

Für Baugrundstücke an unbefahrbaren Wohnwegen muss eine (gemeinsame) Anlage zur vorübergehenden Aufbewahrung der Abfälle in Straßennähe vorhanden sein, um eine ordnungsgemäße Entsorgung ohne unzumutbare Belästigung zu ermöglichen. Das Bereitstellen der Abfallgefäße bzw. das Ablegen der Abfallsäcke zur Abholung am Gartenzaun des Vorderliegers kann aus optischen, hygienischen und Immissionsgründen unzumutbar sein.

Belästigungen durch Geruch lassen sich durch die Wahl eines geeigneten Standorts vermeiden. Je weiter der Standort von Fensteröffnungen (eigenen oder benachbarten) entfernt ist, umso weniger wahrscheinlich ist eine Geruchsbelästigung. Sammelbehälter für Abfälle aus gastronomischen Betrieben können erhebliche Geruchsemissionen entwickeln. Ihr Abstand zu benachbarten Fensteröffnungen sollte sich an § 24 Abs. 3 DVO-NBauO orientieren. Für Behälter mit häuslichem Abfall in Einfamilienhausgebieten dürften auch wesentlich geringere Abstände unproblematisch sein. Um Belästigungen zu vermeiden, sollte der Standplatz luftdurchlässig eingehaust (Sicht- und Sonnenschutz) und leicht zu reinigen sein. 57

Gefahren durch Ungeziefer lassen sich vermeiden, wenn der Rest- und Bioabfall in verschließbaren Behältern aufbewahrt werden kann. In Gebieten mit Sackabfuhr müssen Abfallsäcke mit Rest- und Bioabfall bis zur Abholung in Gebäuden oder verschließbaren Behältern (Müllboxen) zwischengelagert werden können.

Zur Vermeidung unzumutbarer Belästigungen für die Nachbarn müssen Anlagen zur vorübergehenden Aufbewahrung von Verpackungsrückständen auf dem Gelände von SB-Märkten so ausgebildet werden, dass Verpackungsreste auch bei stürmischem Wetter nicht in die Umgebung verweht werden können. Werden Abfallpressen eingesetzt, dürfen deren Antriebsgeräusche nicht unzumutbar belästigen. 58

Anlagen zur vorübergehenden Aufbewahrung von Abfällen, einschließlich Wirschaftsdünger, müssen so angeordnet und beschaffen sein, dass Gefahren oder unzumutbare Belästigungen nicht entstehen. 59

§ 42 Blitzschutzanlagen

Bauliche Anlagen, bei denen nach Lage, Bauart oder Benutzung Blitzschlag leicht eintreten oder zu schweren Folgen führen kann, müssen mit dauernd wirksamen Blitzschutzanlagen versehen sein.

In der Allgemeine Durchführungsverordnung zur Niedersächsischen Bauordnung (DVO-NBauO) gibt es keine Anmerkungen zum Blitzschutz.

Verwaltungsvorschrift Technische Baubestimmungen (VVTB), die bei der Erfüllung der Grundanforderungen an Bauwerke zu beachten ist:

A 2 Brandschutz

A 2.1.17 Blitzschutzanlagen

Blitzschutzanlagen nach § 42 NBauO sollen die Brandentstehung an der baulichen Anlage und eine Gefährdung von Personen durch Blitzeinschläge verhindern.

A2.1.20 Anforderungen an Sonderbauten

A 2.1.21.15 Blitzschutzanlagen zum Schutz sicherheitstechnischer Einrichtungen und Anlagen im Innern von baulichen Anlagen

Diese Blitzschutzanlagen dienen zum Schutz sicherheitstechnischer Einrichtungen und Anlagen im Innern von baulichen Anlagen zur Sicherung der Personenrettung und der Unterstützung wirksamer Löscharbeiten. Sie sollen gegen Auswirkungen des Blitzstromes und der Blitzspannung auf Installationen sowie elektrische und elektronische Teile der anderen Einrichtungen und Anlagen in der baulichen Anlage bei unmittelbarem oder mittelbarem Blitzeinschlag schützen. Dazu sind Maßnahmen gegen Überspannung (äußerer und innerer Blitzschutz) und gefährliche Funkenbildung zu treffen. Alle notwendigen Angaben sind im Brandschutznachweis darzustellen.

Übersicht

A. Allgemeines

1 § 42 der NBauO macht deutlich, dass bauliche Anlagen nicht grundsätzlich mit Blitzschutzanlagen versehen sein müssen, sondern nur dann, wenn nach ihrer Lage, ihrer Bauart oder ihrer Benutzung Blitzschlag leicht eintreten oder zu schweren Folgen führen kann.

Blitzschlag kann leicht eintreten bei baulichen Anlagen, die wie Hochhäuser, Fabrikschornsteine oder Türme ihre Umgebung erheblich überragen oder die exponiert in der Landschaft stehen wie Feldscheunen, Aussiedlerhöfe oder Burgruinen.

2 Hinsichtlich der Bauart sind besonders mit Stroh bzw. Reet gedeckte Häuser gefährdet sowie bezüglich der Benutzung Bauten, in denen mit leicht entzündlichen Stoffen gearbeitet wird (Holzbearbeitungsbetriebe, Lackfabriken usw.) oder in denen explosive Stoffe hergestellt oder gelagert werden (Munitionsfabriken, Treibstofflager, Sprengstofflager, pyrotechnische Betriebe usw.). Bei derartigen Anlagen ist zugleich auch mit schweren Folgen eines Blitzschlags zu rechnen, da Brand oder Explosion die unmittelbare Folge des Blitzschlags sein werden.

3 Schwere Folgen kann ein Blitzschlag überall dort haben, wo viele Menschen versammelt sind, zB in Versammlungsstätten, Schulen, Krankenhäusern, Verkaufsstätten, auf Zu-

schauertribünen oder vor Openair-Bühnen. Gemeint ist hier wohl die Verletzungsgefahr durch den Einschlag selbst, durch die mit dem Einschlag verbundene Überspannung, aber auch durch eine Panik als Folge des Einschlags.

Aus diesen Gründen ist es erforderlich, alle derart gefährdeten Gebäude mit dauernd wirksamen Blitzschutzanlagen zu versehen. Entsprechende Forderungen finden sich in § 14 Abs. 4 NVStättVO und § 19 VKVO. Danach müssen alle Versammlungsstätten und Verkaufsstätten, die ihrer Größe nach unter diese Verordnungen fallen, unabhängig von ihrer Lage oder Bauart mit Blitzschutzanlagen ausgerüstet werden. Versammlungsstätten müssen Blitzschutzanlagen haben, die auch die sicherheitstechnischen Einrichtungen schützen (äußerer und innerer Blitzschutz).

Eine Blitzschutzanlage hat die Aufgabe, Gebäude vor direkten Blitzeinschlägen und eventuellem Brand oder vor den Auswirkungen des eingeprägten Blitzstromes (nicht zündender Blitz) zu schützen. Die Notwendigkeit des Blitzschutzes und die Auswahl entsprechender Schutzmaßnahmen ist durch Anwendung einer Risiko-Analyse nachzuweisen. Das Risiko-Management wird in DIN EN 62305-2 (VDE 0185-305-2) beschrieben. 4

Die Bestimmung der Schutzklasse für allgemeine bauliche Anlagen ergibt sich an der VdS-Richtlinie 2010 „Risikoorientierter Blitz- und Überspannungsschutz, Richtlinien zur Schadenverhütung“. 5

B. Normen, Richtlinien

Bei der Planung und Ausführung der Blitzschutzanlage sind folgende Normen, Richtlinien und Arbeitsblätter zu berücksichtigen: 6

DIN EN 62305-1 – (VDE 0185-305-1): 2015-12 – Blitzschutz – Teil 1: Allgemeine Grundsätze,
DIN EN 62305-2 – (VDE 0185-305-2): 2013-02 – Risiko-Management,
DIN EN 62305-3 – (VDE 0185-305-3): 2011-10 – Blitzschutz – Teil 3: Schutz von baulichen Anlagen und Personen,
DIN EN 62305-4 – (VDE 0185-305-4): 2001/10 – Blitzschutz – Teil 4: Elektrische und elektronische Systeme in baulichen Anlagen,
DIN EN 62305-B4 – Berichtigung (VDE 0185-305-4) 2017-02
DIN 18014 – 2014-03 – Fundamenterder,
VDI 3819 – 2019/09 – Brandschutz in der Gebäudetechnik,
VdS 2010 – 2015-04 – Risikoorientierter Blitz- und Überspannungsschutz
DIN 18384 – VOB-Teil C – Blitzschutzanlagen.

Die Installation von Blitzschutzanlagen ist gem. Nr. 4.9 des Anhangs zu § 60 Abs. 1 baugenehmigungsfrei. Blitzschutzanlagen bedürfen daher auch keiner bauaufsichtlichen Abnahme nach § 77. Eine wichtige Voraussetzung für eine funktionierende Blitzschutzanlage ist die ordnungsgemäße Erstellung des Fundamenterders in Verbindung bei voll gedämmten Bauten mit einem Ringerder. Die Erstellung der Erdungsanlage ist mit Fotos zu dokumentieren.

Bei der Anordnung der Ableiter der Blitzschutzmaßnahme ist darauf zu achten, dass die Näherungsvorschriften zu elektrisch leitfähigen Bauteilen eingehalten werden. In besonderen Fällen sind HVI-Ableiter einzusetzen.

In diverse Sonderbauverordnungen (SBauVO) und Musterverordnungen werden Hinweise zu Blitzschutzanlagen gegeben, wie

Muster-Verkaufsstättenverordnung (MVKVO, § 19): „Gebäude mit Verkaufsstätten“
Muster-Versammlungsstättenverordnung (MVStättVO, § 14 (4)): „Versammlungsstätten“
Muster-Hochhausrichtlinie (MHHR § 6.6.2)
Muster-Schulbaurichtlinie (MSchulbauR § 7)

C. Auswahl der Blitzschutzmaßnahmen

7 Die Maßnahmen des Blitzschutzes sollen dazu führen, dass das Schadensrisiko auf Werte begrenzt wird, die unter dem akzeptierbaren Schadensrisiko liegen. Über detaillierte Berechnung der Schadensrisiken für die konkreten baulichen Anlagen ergeben sich relevante Schadensarten (so Dehn (zit. Fn. 4), Nr. 3.2). Darunter versteht man
- Verlust von Menschenleben (Verletzung oder Tod von Personen),
- Verlust von Dienstleistungen für die Öffentlichkeit,
- Verlust von unersetzlichem Kulturgut.

D. Brandschutz

8 Die Maßnahmen des Blitzschutzes sind einhergehend mit den Anforderungen des Brandschutzes.

E. Prüfung und Wartung

9 Die Verantwortlichen haben (auch ohne entsprechende Auflage in der Baugenehmigung) vermittels regelmäßiger Wartung dafür zu sorgen, dass die mechanischen und elektronischen Kennwerte einer Blitzschutzanlage für deren Leben erhalten bleiben.

Die Prüfung erfolgt gemäß DIN EN 62305-3 (VDE 0185-305-3).

Die Prüfung erfolgt nach der Fertigstellung des Blitzschutzsystems (DIN EN 62305-3) (VDE 0185-305-3). Zu prüfen sind dabei:
- Die Einhaltung der normgerechten Schutzkonzeption (Planung),
- die handwerkliche Ausführung (fachtechnische Richtigkeit) unter Berücksichtigung der Nutzungsart,
- der technischen Ausrüstung der baulichen Anlage und
- der Standortbedingungen.

F. Wiederholungsprüfung

10 Regelmäßige Wiederholungsprüfungen eines Blitzschutzsystems sind in der DIN EN 62305-3-Beiblatt 3 geregelt.

Sechster Teil
Nutzungsbedingte Anforderungen an bauliche Anlagen

§ 43 Aufenthaltsräume

(1) [1]Aufenthaltsräume müssen eine für ihre Benutzung ausreichende Grundfläche und eine lichte Höhe von mindestens 2,40 m über mindestens zwei Dritteln ihrer Grundfläche haben. [2]Bei der Bemessung der Grundfläche nach Satz 1 bleiben Raumteile mit einer lichten Höhe bis 1,50 m außer Betracht.

(2) [1]Für Aufenthaltsräume, die im obersten Geschoss im Dachraum liegen, genügt eine lichte Höhe von 2,20 m über mindestens der Hälfte ihrer Grundfläche. [2]Absatz 1 Satz 2 und § 2 Abs. 7 Satz 4 gelten entsprechend. [3]Die Sätze 1 und 2 gelten auch für Aufenthaltsräume, deren Grundfläche überwiegend unter Dachschrägen liegt.

(3) Aufenthaltsräume müssen unmittelbar ins Freie führende Fenster von solcher Zahl, Größe und Beschaffenheit haben, dass die Räume das erforderliche Tageslicht erhalten und zweckentsprechend gelüftet werden können (notwendige Fenster).

(4) Räume in Kellergeschossen sind als Aufenthaltsräume nur zulässig, wenn das Gelände vor den notwendigen Fenstern der Räume in einer für gesunde Wohn- oder Arbeitsverhältnisse ausreichenden Entfernung und Breite nicht mehr als 70 cm über deren Fußboden liegt.

(5) Aufenthaltsräume, die nicht dem Wohnen dienen, brauchen die Anforderungen der Absätze 3 und 4 nicht zu erfüllen, soweit durch besondere Maßnahmen oder Einrichtungen sichergestellt wird, dass den Anforderungen des § 3 entsprochen wird und die Rettung von Menschen möglich ist.

Übersicht

A. Allgemeines

§ 43 wurde zuletzt durch die NBauO 2012 geändert. Sieht man davon ab, dass die Definition der Aufenthaltsräume in § 2 Abs. 8 überführt wurde (→ § 2 Rn. 100 ff.), sind auch dort allerdings lediglich einige Vereinfachungen vorgenommen worden: 1

Abs. 1 Sätze 1 und 2 enthalten unverändert die Regelungen aus Absatz 2 Sätze 1 und 2 aF. Abs. 2 S. 3 aF wurde gestrichen.

Abs. 2 entspricht Abs. 3 aF. Es sind nur die Verweisungen verändert worden.

Abs. 3 entspricht Abs. 4 aF. Die besonderen Anforderungen an die Anerkennung von geneigten Fenstern und Oberlichtern als notwendige Fenster wurden gestrichen.

Abs. 4 entspricht Abs. 6 aF mit Ausnahme des Umstandes, dass Regelungsgegenstand nicht mehr die in Abs. 6 S. 1 eigens definierten Kellerräume, sondern die in § 2 Abs. 6 S. 2 definierten Räume in Kellergeschossen (→ Rn. 24) sind. Abs. 5 aF über verglaste Vorbauten und Loggien vor notwendigen Fenstern ist entfallen.

Abs. 5 entspricht Abs. 7 aF. Es sind nur die Verweisungen verändert worden.

B. Anforderungen an Aufenthaltsräume

a) Größe und Höhe (Abs. 1 und 2)

2 Abs. 1 und 2 enthalten ein komplexes Gefüge von Anforderungen an die Abmessungen der in § 2 Abs. 8 definierten Aufenthaltsräume, das ein Mindestmaß an Luft und Bewegungsraum sicherstellen soll. Gegenüber den Vorgaben in § 43 Abs. 2 NBauO 1973 sind diese, in weitgehender Anpassung an §§ 44 Abs. 1, 46 Abs. 4 Musterbauordnung 1981, bereits 1986 auf das heutige Maß zurückgenommen worden, damals noch mit einer 2012 gestrichenen Ausnahmemöglichkeit für Räume in Wohngebäuden. Der weiteren Selbstbeschränkung in § 47 Abs. 1 MBauO 2002, nur noch die Raumhöhe vorzugeben und hiervon Dachräume sowie Wohngebäude der Klassen 1 und 2 ganz auszunehmen, ist der niedersächsische Gesetzgeber nicht gefolgt.

3 Die erforderliche **Grundfläche** ist in **Abs. 1 S. 1** nur abstrakt definiert. Lässt der Wortlaut „für ihre Benutzung ausreichend" darauf schließen, dass je nach der Nutzungsart zu differenzieren ist, setzt **§ 28 Abs. 1 DVO-NBauO** auf der Grundlage von § 82 Abs. 1 Nr. 1 die Mindestgrundfläche für alle Räume, ausgenommen Küchen, einheitlich fest. Das ist insoweit zweckmäßig, als Funktionszuweisungen der sonstigen Räume innerhalb einer Wohnung regelmäßig fluktuieren und bei der Bauplanung vielfach noch nicht absehbar sind. Steht die genaue Nutzung demgegenüber dauerhaft fest und lässt sie sich ohne Abstriche bei der Nutzungsqualität auf kleinerem Raum verwirklichen, kommt die Zulassung einer Abweichung nach § 66 Abs. 1 – bei Sonderbauten auch die Gestattung einer Erleichterung nach § 51 S. 2 NBauO (vgl. VG Hannover 24.1.2019 – 4 A 6166/18, BeckRS 2019, 6341 Rn. 48 ff.) – in Betracht. Die nach § 28 Abs. 1 DVO-NBauO mindestens erforderliche Grundfläche beträgt 6 m², wobei Raumteile mit einer lichten Höhe von unter 2,20 m außer Betracht bleiben. Der scheinbare Widerspruch zu § 43 Abs. 1 S. 2 NBauO, nach dem bei Bemessung der Grundfläche nach Satz 1 nur Raumteile mit einer

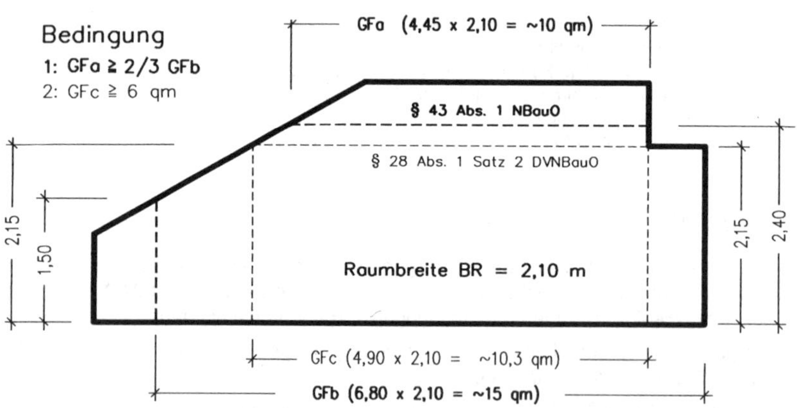

Abb. 1:
Aufenthaltsräume müssen eine lichte Höhe von mindestens 2,40 m über mindestens zwei Dritteln ihrer Grundfläche haben. Dabei bleiben Raumteile mit einer lichten Höhe bis 1,50 m außer Betracht (§ 43 Abs. 1 Sätze 1 und 2).

lichten Höhe bis 1,50 m außer Betracht bleiben, ist dahin aufzulösen, dass sich letztere Vorschrift nur auf die für die Raumhöhe (2/3-Regelung) relevante Grundfläche bezieht.

4 Hinsichtlich der unabhängig von §28 Abs. 1 DVO-NBauO mindestens erforderlichen **Raumhöhe** differenziert der Gesetzgeber zwischen Aufenthaltsräumen im obersten Geschoss im Dachraum (Abs. 2) und **sonstigen Aufenthaltsräumen (Abs. 1)**. Letztere müssen eine lichte Höhe von mindestens 2,40 m aufweisen, allerdings nur über 2/3 ihrer Grundfläche; dies nach der Entwurfsbegründung der NBauO-Novelle vom 11.4.1986 (LT-Drs. 10/3480, 63), „um einen größeren Gestaltungsspielraum durch Decken- oder Fußbodenversprünge zu ermöglichen". Raumteile mit einer lichten Höhe von unter 1,50 m sind nach Abs. 1 S. 2 in unbegrenzter Höhe zusätzlich zulässig. Da diese ohnehin nicht zum Aufenthalt, sondern nur z.B. als Schrankraum genutzt werden können, ist ihre Herausnahme aus der Höhenberechnung nachvollziehbar.

5 Eine abweichende Regelung trifft Abs. 2 für **Aufenthaltsräume im obersten Geschoss im Dachraum**, wo die Mindesthöhe auf 2,20 m reduziert ist und nicht über 2/3, sondern nur über mindestens der Hälfte ihrer Grundfläche – bei deren Berechnung zudem Raumteile mit einer lichten Höhe von unter 1,50 m wiederum unberücksichtigt bleiben (Abs. 2 S. 2 i.V.m. Abs. 1 Satz 2) – erreicht werden muss.

6 Aus der Verweisung in Abs. 2 S. 2 auf §2 Abs. 7 S. 4 ergibt sich, dass „oberstes Geschoss im Dachraum" im Sinne des Absatzes 2 S. 1 auch vorliegt, wenn zwischen diesem und der Dachhaut ein selbst nach Maßgabe des Abs. 2 nicht als Aufenthaltsraum nutzbarer Hohlraum („Spitzboden") verbleibt. Vgl. hierzu im Einzelnen → §2 Rn. 98.

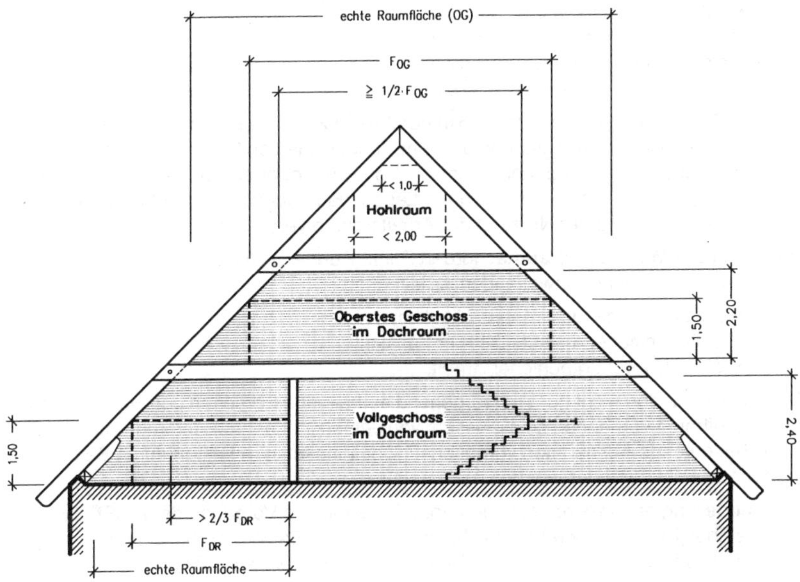

Abb. 2:
Fallbeispiel für §43 Abs. 2:

Für das oberste Geschoss im Dachraum genügt für Aufenthaltsräume eine lichte Höhe von 2,20 m über mindestens der Hälfte ihrer Grundfläche; Raumteile mit einer lichten Höhe bis 1,50 m bleiben dabei außer Betracht.

Das Geschoss unter dem obersten Geschoss liegt auch im Dachraum, ist aber so oder so Vollgeschoss, weil §2 Abs. 7 S. 2 nur für das oberste Geschoss gilt. Der links dargestellte Raum hat Aufenthaltsraum-Qualität, da er über mindestens zwei Dritteln seiner Grundfläche eine lichte Höhe von 2,40 m hat; auch hier bleiben Raumteile mit einer geringeren Höhe als 1,50 m außer Betracht.

Die Sonderregelung des Abs. 2 soll zur Erleichterung des Dachgeschossausbaus zu Wohnzwecken dienen (Entwurfsbegründung der NBauO-Novelle vom 11.4.1986, LT-Drs. 10/3480, 64), darum wird sie nach Abs. 2 S. 3 auch auf Aufenthaltsräume ausgedehnt, die nicht im obersten Geschoss gelegen sind, deren Grundfläche aber gleichwohl überwiegend unter Dachschrägen liegt. Aus dem gleichen Grund gilt die Vergünstigung nicht für Aufenthaltsräume in obersten Staffelgeschossen, weil diese nicht in Dachräumen liegen.

7 Die Grundfläche und/oder die Höhe sollten vergrößert werden, wenn die (Art der) Benutzung dies erfordert, so zB bei Arbeitsräumen. Zwar setzt die ArbStättV v. 12.8.2004 (BGBl. I S. 2179) zul. geänd. d. VO vom 18.10.2017 (BGBl. I S. 3584) selbst keine Mindestabmessungen für Arbeitsräume mehr fest, sondern beschränkt sich in Nr. 1.2 ihres Anhangs auf eine § 43 Abs. 1 vergleichbare Generalklausel; der vom Arbeitgeber bei der Einrichtung und dem Betrieb von Arbeitsstätten zu beachtende Stand der Technik, Arbeitsmedizin und Hygiene ist mittlerweile jedoch durch die auf Grundlage von § 7 Abs. 3 Nr. 1 ArbStättV erarbeiteten, vom BMAS bekanntgemachten Technischen Regeln für Arbeitsstätten ASR A 1.2 vom September 2013 (GMBl. 2013, S. 910, zuletzt geändert GMBl. 2018, S. 471) konkretisiert.

8 Nach deren Punkt 5 sollen **Arbeitsräume** eine Grundfläche von mindestens 8,00 m² für einen Arbeitsplatz zuzüglich mindestens 6 m² für jeden weiteren Arbeitsplatz haben; je nach Art des Arbeitsplatzes kann auch ein größerer Platzbedarf entstehen.

9 Nach Punkt 6 dürfen Aufenthaltsräume als Arbeitsräume nur genutzt werden, wenn die lichte Höhe bei einer Grundfläche von

bis zu 50 m² mindestens 2,50 m,
mehr als 50 m² mindestens 2,75 m,
mehr als 100 m² mindestens 3,00 m und
mehr als 2000 m² mindestens 3,25 m

beträgt. Diese Maße können um 0,25 m herabgesetzt werden, wenn dagegen keine gesundheitlichen Bedenken bestehen und eine lichte Höhe von 2,50 m nicht unterschritten wird. In Arbeitsräumen, in denen überwiegend leichte oder sitzende Tätigkeit ausgeübt wird, kann die lichte Höhe auf das nach Landesbaurecht zulässige Maß herabgesetzt werden, wenn dies mit der Nutzung der Arbeitsräume vereinbar ist.

10 Bezüglich des **Mindestluftraumes** fordert Punkt 7 der ASR A1.2, dass in Arbeitsräumen für jeden ständig (darin) anwesenden Arbeitnehmer

12 m³ bei überwiegend sitzender Tätigkeit
15 m³ bei überwiegend nichtsitzender Tätigkeit
18 m³ bei schwerer körperlicher Arbeit,

für weitere sich dort nicht nur vorübergehend aufhaltende Personen ggf. weitere je 10 m³ Mindestluftraum vorhanden sein müssen; von der letztgenannten Anforderung sind allerdings bedeutende Ausnahmen vorgesehen. Der Mindestluftraum darf durch Betriebseinrichtungen nicht verringert werden.

11 Die Beurteilung der Vereinbarkeit des Vorhabens mit den Vorgaben der ArbStättV fällt in die Zuständigkeit der Gewerbeaufsicht, die seitens der BauAB idR bei der Genehmigung von Arbeitsstätten im gewerblichen Bereich zu beteiligen ist, sofern der Bauherr eine Prüfung der Bauvorlagen auf ihre Vereinbarkeit mit den Anforderungen der ArbStättV nach § 64 S. 2 beantragt. Die vorstehend genannten lichten Höhen gelten auch für Pausenräume (§ 29 Abs. 2 ArbStättV aF). Weitere Anforderungen an die Größe und die lichte Höhe von Aufenthaltsräumen können gegebenenfalls auf § 51 S. 1 gestützt werden.

12 Zur Mindesthöhe von Aufenthaltsräumen in **Wochenendhäusern** siehe § 2 Abs. 3 und 4 CPl-Woch-VO. Dort werden an Wochenendhäuser bis 40 m² Grundfläche, die nach Nr. 8.2 des Anhangs auf genehmigten Wochenendplätzen ohne Baugenehmigung aufgestellt werden dürfen (→ § 60 Rn. 62), keine Anforderungen bezüglich der Höhe von Aufenthaltsräumen gestellt. Für sonstige Wochenendhäuser von 40 bis 60 m² Grundfläche

genügt eine lichte Höhe von 2,20 m (im Dachraum von 2,10 m) über einem Drittel der Grundfläche des Aufenthaltsraumes. Da nach Abs. 4 S. 2 CPl-Woch-VO auch sonstige Anforderungen an Aufenthaltsräume nicht gestellt werden, gilt auch §43 Abs. 1 hinsichtlich der Mindestgrundfläche nicht. Gegen diese Erleichterungen bestehen im Hinblick auf die Schutzgüter des §1 Abs. 1 und 2 keine Bedenken, weil Wochenendhäuser bestimmungsgemäß nicht dem Wohnen dienen und sich ihre Benutzer nur zeitweilig (idR über das Wochenende) in ihnen aufhalten. Etwas anderes gilt für Wochenendhäuser über 60 m^2 Grundfläche, da diese mit ausgebautem Dachgeschoß Wohnhausgröße erreichen. Sie unterfallen nicht mehr der CPl-Woch-VO und müssen daher – unabhängig von ihrer Zweckbestimmung – die lichten Raumhöhen wie Wohnhäuser einhalten.

b) Notwendige Fenster (Abs. 3)

Aufenthaltsräume müssen Fenster haben (vgl. aber für Nichtwohnräume Abs. 5, für Küchen §44 Abs. 3 S. 2 →§44 Rn. 13). Diese haben nach Abs. 3 bestimmten Anforderungen zu genügen und werden daher als notwendige Fenster bezeichnet. **Notwendige Fenster** sollen eine ausreichende Tageslichtbeleuchtung und Lüftung der Aufenthaltsräume sicherstellen; sie sollen aber uU auch im Brandfall als zweiter Rettungsweg dienen, wenn zB die Treppe nicht mehr erreichbar ist (→§37 Rn. 12 ff.). An notwendige Fenster werden im Einzelnen folgende Anforderungen gestellt: 13

Notwendige **Fenster müssen unmittelbar ins Freie führen**. Fenster, die nur eine indirekte Tageslichtbeleuchtung und Belüftung über andere Räume gestatten, sind daher unzulässig. Diese Regelung soll aus Gründen gesunder Wohnverhältnisse (Licht, Luft und Sonne) das sog. Berliner Zimmer verhindern. Dabei handelt es sich um einen gefangenen fensterlosen Wohnraum, der in der Gebäudetiefe zwischen zwei äußeren Wohnräumen mit Fenstern gelegen ist und selbst kaum Tageslicht erhält. §43 Abs. 5 aF ließ verglaste Vorbauten (zB Wintergärten) und verglaste Loggien vor notwendigen Fenstern unter bestimmten Voraussetzungen zu. Diese Regelung ist ersatzlos entfallen. Sind solche Fenster, die nur mittelbar Tageslicht erhalten, notwendige Fenster, so bleibt nur noch der Weg über eine Abweichung nach §66. 14

Die bisherige Regelung in Abs. 4 aF, nach der **notwendige Fenster grundsätzlich senkrecht** stehen mussten und geneigte Fenster nur unter bestimmten Voraussetzungen zulässig waren, ist **gestrichen** worden. Weder aus Brandschutzgründen – weil in §37 Abs. 3 eine Ermächtigung zu weitergehenden Anforderungen bestehe – noch aus sozialen Gründen (Kontakt zur Straße) seien diese Anforderungen erforderlich (LT-Drs. 16/3195, 86). Allerdings wird in §20 Abs. 2 S. 2–4 DVO-NBauO bestimmt, dass geneigte Fenster und Fenster in Dachschrägen oder Dachaufbauten als Rettungswege nur vorgesehen sein dürfen, wenn sie so angeordnet sind, dass sich bei Gefahr Personen bemerkbar machen und gerettet werden können. Liegen Fenster danach oberhalb der Traufkante, so darf die Unterkante der Fenster oder ein davor liegender Auftritt von der Traufkante waagerecht gemessen nicht mehr als 1 m entfernt sein. 15

Notwendige Fenster müssen in solcher **Zahl, Größe und Beschaffenheit** vorhanden sein, dass die zugehörigen Aufenthaltsräume das erforderliche Tageslicht erhalten und zweckentsprechend gelüftet werden können. Diese Forderung wird konkretisiert in §20 DVO-NBauO. 16

Die vom BGH (13.7.1960 – V ZR 90/59, MDR 60, 914 = beckRS 1960, 31187123) vertretene Auffassung, nach dem allgemeinen Sprachgebrauch sei für den Begriff „Fenster" (allein) die Lichtdurchlässigkeit entscheidend, es handle sich also auch dann um Fenster, wenn Maueröffnungen mit Glasbausteinen fensterartig ausgefüllt seien, durch die man nicht hindurchsehen kann und, die weder Luft noch Geräusche durchlassen, kann daher mindestens für den bauordnungsrechtlichen Begriff des notwendigen Fensters nicht gelten. Ein Glasbausteinfenster in der Außenwand eines Gebäudes ist kein Fenster iSd NBauO. Es kann daher auch kein notwendiges Fenster sein (OVG Lüneburg 24.1.2011 – 1 ME 275/10, BRS 78 Nr. 189 = BeckRS 2011, 47196; 14.1.2016 – 1 ME 17

81/15, n.v.; VGH Kassel 13.3.1972 – IV TG 2/72, BRS 25 Nr. 110; VGH Mannheim 28.3.1979 – III 1455/77, BRS 35 Nr. 106). Das dürfte auch für eine geschlossene Glaswand ohne Öffnung gelten.

18 Die **Anzahl** notwendiger Fenster eines Aufenthaltsraumes hängt von der Größe des Raumes, seiner Grundrissform und seiner Nutzung ab. Sie ist nicht vorgeschrieben, ergibt sich aber indirekt über die vorgeschriebene Mindestgröße (→ Rn. 19). Aus Gründen ausreichender Lüftung und Tageslichtverteilung im Raum können mehrere Fenster in unterschiedlicher Lage notwendig sein. Auch kann bei Aufenthaltsräumen, deren Fenster zwar nach einer günstigen Himmelsrichtung orientiert sind, die aber auf dieser Seite nicht mittels Rettungsgerät der Feuerwehr erreichbar sind, die Anordnung zusätzlicher „Fluchtfenster" an einer anderen Raumaußenwand erforderlich werden.

19 Die **Mindestgröße** notwendiger Fenster ergibt sich aus § 20 Abs. 1 DVO-NBauO. Danach muss die Größe der Öffnungen für notwendige Fenster insgesamt mindestens 1/8 der Netto-Grundfläche des Raumes zuzüglich der Nettogrundflächen vor den Fenstern liegender Loggien und Vorbauten betragen. Dabei bleiben Raumteile mit einer lichten Höhe bis 1,50 m außer Betracht. Damit wird die Mindestgröße notwendiger Fenster hinsichtlich natürlicher Beleuchtung durch Tageslicht hinreichend genau bestimmt, obwohl die Licht gebende Glasfläche je nach Konstruktion tatsächlich um ca. ein Drittel kleiner ausfallen kann als das Rohbaumaß der Wandöffnung. Während über das Rohbaumaß nur die Mindestgröße bestimmt wird, kann die DIN 5034 Teile 1 bis 6 einen Anhalt für eine ausreichende Tageslichtausleuchtung von Aufenthaltsräumen geben.

20 Notwendige Fenster in der Größe des oa Rohbaumaßes stellen auch die ausreichende Belüftung sicher, obwohl das Rohbaumaß allein noch nichts über die Größe der tatsächlich zu öffnenden Fensterflügel aussagt. Es kann aber idR davon ausgegangen werden, dass der überwiegende Teil der Fensterfläche ohnehin zum Öffnen ausgebildet wird, um die Fenster von innen gefahrlos (entsprechend § 37 Abs. 1) reinigen zu können.

21 Die **Beschaffenheit** notwendiger Fenster hängt von der Art der Nutzung der Aufenthaltsräume und von ihrer Lage zur Umwelt ab. Dabei wird man nicht allein auf eine ausreichende Tageslichtbeleuchtung und Lüftung abstellen können, sondern auch andere Kriterien, wie zB ausreichenden Schallschutz (→ § 15 Rn. 26 ff.) für Fenster an Hauptverkehrslinien (Straße, Bahn) oder in Flughafennähe, berücksichtigen müssen. Das ist idR ohne Probleme möglich, weil nicht alle Fenster eines Aufenthaltsraumes die Anforderungen erfüllen müssen, die in Abs. 3 an notwendige Fenster gestellt werden. Ein Fenster, welches aus Gründen der Tageslichtverteilung im Raum zu einer Hauptverkehrsstraße hin ausgerichtet sein muss und wegen der Verkehrsimmissionen (Lärm, Staub, Geruch) selten oder überhaupt nicht geöffnet werden kann, ist auch in geschlossener Ausführung (als Tageslicht durchlässige Wandverglasung) zulässig, wenn das Lüftungsdefizit durch zusätzliche Lüftungsfenster zur verkehrsabgewandten Seite ausgeglichen wird.

C. Aufenthaltsräume im Keller (Abs. 4)

22 Aufenthaltsräume im Keller entsprechen idR nicht den Anforderungen an gesunde Wohn- und Arbeitsverhältnisse. Aus diesem Grunde waren Kellerräume nach Abs. 7 S. 1 NBauO 1973 als Aufenthaltsräume unzulässig; sie konnten unter bestimmten Kriterien nur ausnahmsweise zugelassen werden. Abgesehen davon, dass Räume im Keller selten gut lüftbar und anfällig gegen Feuchtigkeit sind, sind sie auch aus psychologischen Gründen als Wohnräume fragwürdig (→ Rn. 30).

23 Nach Abs. 4 iVm § 3 Abs. 2 müssen Aufenthaltsräume im Keller so beschaffen sein, dass sie den Anforderungen an gesunde Wohn- und Arbeitsverhältnisse gerecht werden. Dazu gehört auch ein **gesundes Raumklima** ohne „Strahlungskälte". Die Aufenthaltsräume im Keller müssen also nicht nur ausreichend beheizbar sein, sondern die Kelleraußenwände und -fußböden müssen zusätzlich (über die Anforderungen der EnergieeinsparV hinaus) so wirkungsvoll wärmegedämmt sein, dass sie keine Kälte abstrahlen. Gegen Fußkälte kann ggf. eine Fußbodenheizung Abhilfe schaffen. Unbedenklich ist dagegen die Nutzung von Kellerräumen als Abstell-, Trocken-, Vorrats-, Heiz-, Waschräume und Garagen. Auch die Einrichtung von Bastel- oder Hobbyräumen im Kellergeschoss begegnet keinen Bedenken, denn solche Räume sind keine Aufenthaltsräume iSv Abs. 1 (→ § 2 Rn. 116).

Abs. 4 knüpft nicht mehr an den Begriff des **Kellerraums** (nach Abs. 6 S. 1 aF ein Raum, dessen Fußboden im Mittel mehr als 70 cm unter der Geländeoberfläche liegt), sondern an den des **Raums im Kellergeschoss** an. Diese zur Straffung des Normtextes eingeführte Änderung ist wenig sinnvoll. Der Unterschied zwischen Kellerraum und Raum im Kellergeschoss scheint dem Gesetzgeber nicht bewusst gewesen zu sein (LT-Drs. 16/3195 S. 86). Er besteht aber. § 2 Abs. 6 S. 2 NBauO definiert das Kellergeschoss als Geschoss, das die Anforderungen nach Satz 1 nicht erfüllt (→ § 2 Rn. 94), d.h. dessen Deckenoberkante **im Mittel 1,40 m oder weniger** über die Geländeoberfläche hinausragt. Die Formulierung „im Mittel" bezieht sich auf das gesamte Geschoss und macht deutlich, dass nicht immer alle Räume eines Kellergeschosses (zB bei Hanglagen) auch tatsächlich Kellerräume sein müssen und umgekehrt. Anders als bisher erfasst Abs. 4 damit ggf. auch Räume im Kellergeschoss, die praktisch ebenerdig liegen und für die daher kein Regelungsbedarf besteht. Umgekehrt kann es vorkommen, dass Räume mit allen Nachteilen von Kellerräumen (z.B. an der Bergseite eines Hangs) von Abs. 4 nicht erfasst sind, nur weil der Rest des Geschosses vor niedrigerem Geländeniveau liegt. Ob über Abs. 3 sichergestellt werden kann, dass die Belichtung und Belüftung solcher Räume nicht durch die Eigenart des vor den notwendigen Fenstern gelegenen Terrains vereitelt wird, ist fraglich. In Extremfällen mag § 3 Abs. 1 greifen. 24

Nach Abs. 4 sind Räume in Kellergeschossen als Aufenthaltsräume nur zulässig wenn das Gelände vor den notwendigen Fenstern der Räume in einer für gesunde Wohn- und Arbeitsverhältnisse ausreichenden Entfernung und Breite nicht mehr als 70 cm über deren Fußboden liegt. Dies kann bei günstigen Geländeverhältnissen (zB bei hängigem Gelände auf der Talseite) schon von vornherein der Fall sein; anderenfalls sind vor den notwendigen Fenstern von Aufenthaltsräumen im Keller Abgrabungen erforderlich. § 28 Abs. 1 DVO-NBauO konkretisiert die dabei zu erreichende Entfernung und Breite für Wohnräume (zum Begriff → § 44 Rn. 4) wie folgt: 25

1. die Sohle der Abgrabung darf höchstens 70 cm über dem Fußboden des betreffenden Raumes liegen,
2. die Tiefe der Abgrabungssohle vor den Fenstern muss mindestens 2,00 m betragen,
3. die Breite der Abgrabungssohle muss mindestens der Breite der Fenster entsprechen,
4. die Anschlüsse der Abgrabung an das höher liegende Gelände müssen auf allen (drei) Seiten als Böschungen mit einem Böschungswinkel von höchstens 45° ausgebildet werden.

Die Forderung entsprechend Ziff. 4 wird man auch dann als erfüllt ansehen können, wenn statt einer Böschung der Höhenunterschied ganz oder teilweise durch Stützmauern aufgefangen wird. In diesem Fall müssen die Stützmauern aber so weit vom Fenster abgerückt werden, dass der zuvor beschriebene Böschungswinkel als „Lichteinfallwinkel" erhalten bleibt (vgl. Abb. 3).

Für Aufenthaltsräume in Kellergeschossen, die nicht dem Wohnen dienen – z.B. Arbeitsräume – gilt § 28 Abs. 1 DVO-NBauO nicht. Hier können uU geringere Abstände ausreichen. Die Einzelheiten hängen von der konkreten Art der Nutzung ab; ggf. kann auf Kellerfenster sogar ganz verzichtet werden (Abs. 5 → Rn. 30 ff.). 26

Zur eindeutigen Bestimmung der **Lage des Fußbodens zur Geländeoberfläche** sind in den Bauzeichnungen die Schnitte durch das Gebäude bei den Punkten zu führen, die für die Zulässigkeit von Kellerräumen als Aufenthaltsräume maßgebend sind, mit Angabe der Höhe in Bezug auf die Geländeoberfläche (§ 8 Abs. 2 Nr. 3 BauVorlVO). Maßgebend 27

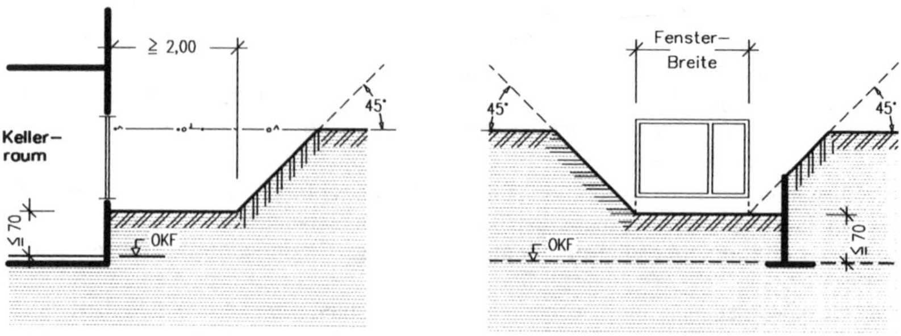

Abb. 3:
Die Bedingungen für Abgrabungen vor notwendigen Fenstern von Aufenthaltsräumen im Keller entsprechend § 28 Abs. 2 DVO-NBauO. Auch bei der Anordnung von Stützmauern muss der Böschungswinkel von 45° als „Lichteinfallwinkel" erhalten bleiben.

ist hier (abweichend von § 5 Abs. 1 S. 9) die geplante und zur Genehmigung gestellte Geländeoberfläche, die sich nach Abschluss der Bauarbeiten ergeben soll. Nachträgliche „Manipulationen" der Geländeoberfläche, mit denen die Bestimmungen des Abs. 4 bzw. des § 2 Abs. 7 unterlaufen und ein zusätzliches Geschoss für Aufenthaltsräume gewonnen werden soll, sind keine selbständigen Abgrabungen, die nach Ziff. 7.1 des Anhangs zu § 60 Abs. 1 verfahrensfrei sind, sondern als bauliche Änderungen des Gebäudes zu werten. Sie sind nur zulässig, wenn das so veränderte Vorhaben insgesamt baurechtmäßig ist, insbesondere bauplanungsrechtlichen Beschränkungen der Vollgeschosszahl und -fläche genügt (vgl. VGH Mannheim 10.4.1975 – III 750/74, BRS 29 Nr. 86).

28 Bei Nutzungseinheiten (zB einer Wohnung) mit Aufenthaltsräumen im Kellergeschoss muss nach dem Wortlaut des Satzes 1 jeder Raum der Einheit einzeln und für sich daraufhin überprüft werden, ob er nach den vorgenannten Kriterien als Aufenthaltsraum dort zulässig ist. Räume, die keine Aufenthaltsräume sind, wie Flure, Toiletten und dgl. können dabei Kellerräume sein; sie brauchen die Anforderungen nach Satz 2 nicht zu erfüllen.

29 Ob über die in § 28 Abs. 2 DVO-NBauO festgelegten Mindestmaße hinaus eine solche Dimensionierung des Freiraums vor Kellerfenstern zu fordern ist, dass den Bewohnern der Kellerräume die **„visuelle Partizipation" an ihrer natürlichen und sozialen Umwelt** ermöglicht wird (OVG Münster 30.6.1983 – 11 A 2491/82, BRS 40 Nr. 110 = BeckRS 2015, 48680; 5.2.1998 – 10 A 3019/94, BRS 60 Nr. 136 = BeckRS 1998, 20856 Rn. 9), ist fraglich. Diese mag wünschenswert sein; dass „gesunde Wohn- und Arbeitsverhältnisse" von ihr abhingen, wird sich aber im Regelfall nicht behaupten lassen. Bezeichnend ist, dass die Musterbauordnung auf Anforderungen an den Freiraum vor notwendigen Kellerfenstern seit 2002 ganz verzichtet und auch zuvor – in § 46 Abs. 1 – lediglich Belichtungserfordernissen Rechnung trug.

D. Nichtwohnräume (Abs. 5)

30 Abs. 5 macht deutlich, dass unter bestimmten Voraussetzungen die Anforderungen der Abs. 3 und 4 an Aufenthaltsräume nicht erfüllt zu werden brauchen, wenn diese nicht dem Wohnen dienen. Das betrifft in erster Linie die Anforderungen an Fenster und deren Anordnung, insbesondere bei Kellerräumen.

31 Mit dieser Abweichung soll der Tatsache Rechnung getragen werden, dass einerseits bestimmte Nutzungsarten von Räumen uU dem Einbau von Fenstern geradezu entgegenstehen, wie zB in Zuschauerräumen von **Theatern und Kinos**, Bühnenräumen, bestimmten Laboratorien oder Dunkelkammern. Andererseits gibt es Nutzungsarten von Räumen, bei denen ein Verzicht auf Tageslicht zwar nicht zwingend, aber unbedenklich ist, wie zB in Waren- und Geschäftshäusern, Messe- und Ausstellungshallen oder **Schank- und Speisegaststätten** (vgl. auch §47 Abs. 3 MBO). Auch Schlafkabinen in Hotels können unter bestimmten Voraussetzungen unter Abs. 5 fallen (so überzeugend VG Hannover 24.1.2019 – 4 A 6166/18 -, juris Rn. 42 ff. = BeckRS 2019, 6341 Rn. 32 ff.).

Bei Räumen solcher Nutzungsarten kann uU auf Fenster verzichtet werden, wenn durch besondere Maßnahmen oder Einrichtungen den Anforderungen des §3 entsprochen wird, also das Fehlen der Fenster ausgeglichen wird. Das können zB Klima-, Lüftungs- und Beleuchtungsanlagen sein, ggf. verbunden mit einer Vergrößerung der lichten Raumhöhe. Die Rettung von Menschen muss aus solchen fensterlosen Räumen uneingeschränkt möglich sein, dh es müssen ausreichend (andere) Flucht- und Rettungswege zur Verfügung stehen. 32

Bezüglich **Aufenthaltsräumen in Arbeitsstätten** wird auf die vom Ausschuss für Arbeitsstätten ermittelten bzw. angepassten und vom Bundesministerium für Arbeit und Soziales im Gemeinsamen Ministerialblatt bekannt gegebenen und seit Januar 2012 geltenden neuen „Technische Regeln für Arbeitsstätten – ASR A 1.3 bis ASR A 4.4" – hingewiesen. 33

E. Zugänglichkeit

Anforderungen an die Zugänglichkeit von Aufenthaltsräumen, wie noch in Abs. 6 NBauO 1973, wurden schon in der NBauO 2003 nicht mehr gestellt. Sie verboten den alleinigen und direkten Zugang zu Aufenthaltsräumen von Räumen mit erhöhter Brandgefahr und von Ställen sowie den alleinigen Zugang über fremde Räume. Dort, wo das Verbot nach wie vor berechtigt erscheint, wie zB bei Räumen mit erhöhter Brand- oder Explosionsgefahr, lässt es sich auf §51 iVm §2 Abs. 5 Nr. 17 oder 18 stützen. Das gilt auch für zusätzliche Anforderungen an Rettungswege, wenn größere **Aufenthaltsräume in übereinander liegenden Kellergeschossen** (zB Kellertheater) angeordnet werden, von denen nach §13 Abs. 2 S. 1 DVO-NBauO jedes Kellergeschoss generell mindestens einen Ausgang ins Freie oder in einen notwendiger Treppenraum (§35 NBauO in Verbindung mit §15 DVO-NBauO) haben muss, der unmittelbar oder über ein eigenes an der Außenwand liegendes Treppenhaus ins Freie führt. Übereinander liegende Kellergeschosse müssen nach §13 Abs. 2 S. 2 DVO-NBauO sogar mindestens je zwei Ausgänge im vorstehenden Sinne haben. 34

§44 Wohnungen

(1) [1]Jede Wohnung muss von anderen Wohnungen oder anderen Räumen baulich abgeschlossen sein und einen eigenen abschließbaren Zugang unmittelbar vom Freien oder von einem Treppenraum, Flur oder Vorraum haben. [2]Satz 1 gilt nicht für Wohngebäude mit nicht mehr als zwei Wohnungen. [3]Werden Wohnungen geteilt, so müssen die Anforderungen nach Satz 1 nicht erfüllt werden, wenn unzumutbare Belästigungen oder erhebliche Nachteile für die Benutzerinnen und Benutzer der Wohnungen nicht entstehen.

(2) [1]In Gebäuden, die nicht nur dem Wohnen dienen, müssen Wohnungen einen eigenen Zugang haben. [2]Gemeinsame Zugänge sind zulässig, wenn Gefahren oder unzumutbare Belästigungen für die Benutzerinnen und Benutzer der Wohnungen nicht entstehen.

(3) [1]Jede Wohnung muss eine Küche oder Kochnische haben. [2]Küchen und Kochnischen sind ohne Fenster zulässig, wenn sie wirksam gelüftet werden können.

(4) In Gebäuden mit mehr als zwei Wohnungen oder auf dem Baugrundstück solcher Gebäude muss

1. leicht erreichbarer und gut zugänglicher Abstellraum für Rollatoren, Kinderwagen und Fahrräder sowie

2. Abstellraum für jede Wohnung

in ausreichender Größe zur Verfügung stehen.

(5) [1]In Wohnungen müssen Schlafräume und Kinderzimmer sowie Flure, über die Rettungswege von Aufenthaltsräumen führen, jeweils mindestens einen Rauchwarnmelder haben. [2]Die Rauchwarnmelder müssen so eingebaut oder angebracht und betrieben werden, dass Brandrauch frühzeitig erkannt und gemeldet wird. [3]In Wohnungen, die bis zum 31. Oktober 2012 errichtet oder genehmigt sind, hat die Eigentümerin oder der Eigentümer die Räume und Flure bis zum 31. Dezember 2015 entsprechend den Anforderungen nach den Sätzen 1 und 2 auszustatten. [4]Für die Sicherstellung der Betriebsbereitschaft der Rauchwarnmelder in den in Satz 1 genannten Räumen und Fluren sind die Mieterinnen und Mieter, Pächterinnen und Pächter, sonstige Nutzungsberechtigte oder andere Personen, die die tatsächliche Gewalt über die Wohnung ausüben, verantwortlich, es sei denn, die Eigentümerin oder der Eigentümer übernimmt diese Verpflichtung selbst. [5]§ 56 Satz 2 gilt entsprechend.

Übersicht

A. Allgemeines

1 § 44 wurde zuletzt 2012 geändert. Die **Absätze 1 und 2** entsprechen – lediglich redaktionell verändert – den Absätzen 1 und 2 aF. Absatz 3 aF wurde als § 49 Abs. 1 in die Vorschrift über das barrierefreie Bauen übernommen. Abs. 4 aF (Forderung nach mindestens einem besonnten Aufenthaltsraum je Wohnung) ist ersatzlos entfallen.

Abs. 3 S. 1 hat die Forderung einer Küche oder Kochnische aus Abs. 5 Sätze 1 und 3 aF in vereinfachter Form übernommen. S. 2 entspricht — allerdings gestrafft – in der Sache Abs. 5 S. 2 aF.

Abs. 4 fordert in Gebäuden mit mehr als zwei Wohnungen wie in Abs. 7 aF leicht erreichbare und gut zugängliche Abstellräume für Kinderwagen und Fahrräder. Neu hinzugefügt sind die Rollatoren. Aus Abs. 6 aF ist die Forderung nach einem Abstellraum für Wohnungen in solchen Gebäuden übernommen worden.

Neu ist in **Abs. 5** die Verpflichtung zur Installation von Rauchwarnmeldern in Wohnungen.

2 § 44 Abs. 1-4 beinhalten im Wesentlichen Sozialforderungen im Interesse der Bewohner hinsichtlich Gesundheit, Wohnhygiene und Komfort. Die Bestimmungen konkretisieren

insoweit die allgemein gehaltenen Anforderungen des §3 Abs. 1 und 2. Sie enthalten die Mindestanforderungen, die an Wohnungen zu stellen sind, um störungsfreie und gesunde Wohnverhältnisse zu gewährleisten.

Die Vorschriften werden ua ergänzt durch die Bestimmungen in §7 Abs. 4 (Mindestabstände für Öffnungen), §38 Abs. 2 und 3 (Aufzüge), §41 Abs. 3 (Wasserzähler), §45 (Toiletten und Bäder). Weitere auf Wohnungen bezogene Bestimmungen sind in der DVO-NBauO zu finden: §26: Abstellraum, §28 Abs. 2: Kellerwohnungen und §29: barrierefreie Zugänglichkeit. 3

Eine weitere wesentliche Ergänzung der Bestimmungen über Wohnungen enthält §9 Abs. 3; die Vorschrift ist an die Stelle des früheren NSpielPlG getreten.

Auf Wochenendhäuser sind die Vorschriften des §44 nicht anzuwenden (§2 Abs. 2 CPl-Woch-VO).

Die NBauO definiert nicht den **Begriff der Wohnung**. In der Begründung zum RegE NBauO 1973 wird insoweit verwiesen auf DIN 283 Blatt 1 (GMBl. 1951 S. 79). Wohnung iSv §44 ist danach ein Ensemble von Räumen, das zur Führung eines selbständigen Haushalts bestimmt ist (ähnlich das BVerwG 26.8.1971 – VIII C 44.70, BVerwGE 24, 106 = BeckRS 1971, 30441435 zum Begriff der Wohnung i.S.d. II WoBauG). Dabei wird es sich vorwiegend um Aufenthaltsräume handeln, obgleich Wohnungen regelmäßig auch Nichtaufenthaltsräume wie Bäder oder Flure umfassen. Auf die Zahl der Räume kommt es nicht an. Auch ein Einzimmerappartement ist eine Wohnung, wenn die zur Führung eines Haushalts notwendigen Einrichtungen wie Kochgelegenheit, Waschmöglichkeit und Toilette innerhalb des Appartements vorhanden sind. Hotelzimmer, Zimmer in einem Wohnheim und Untermieterzimmer sind keine (selbständigen) Wohnungen in diesem Sinne (→§2 Rn. 55). Gleiches gilt für Ferienwohnungen, die zwar einer selbständigen, aber nur vorübergehenden Lebensführung abseits des Alltags dienen; die Bedürfnisse, welche die Forderungen des §44 Abs. 1–4 rechtfertigen, bestehen hier nur mit erheblichen Abstrichen. Der bauordnungsrechtliche entspricht damit weitgehend dem planungsrechtlichen Begriff des Wohnens (zu diesem BVerwG 18.10.2017 – 4 CN 6.17, NVwZ 2018, 828 mwN). Zur Anwendbarkeit des Abs. 5 auf Schlafräume und Flure in anderen Nutzungseinheiten als Wohnungen →Rn. 21). 4

Soweit Wohnungen aus **Aufenthaltsräumen** bestehen, gelten die Anforderungen des §43 Abs. 1-4 auch für sie. 5

B. Anforderungen an Wohnungen

a) Abschluss und Zugang (Abs. 1 und 2)

Jede Wohnung muss von fremden Wohnungen oder fremden Räumen baulich abgeschlossen sein und einen **eigenen abschließbaren Zugang** haben. Dies gilt nicht für Wohngebäude (zum Begriff →§2 Rn. 51 ff.) mit nicht mehr als zwei Wohnungen. Der **bauliche Abschluss** von Wohnungen wird durch Wände und Decken gebildet, die den bauaufsichtlichen Forderungen an Wohnungstrennwände und Wohnungsdecken entsprechen müssen. Wohnungstrennwände und Trennwände zwischen Wohnungen und anderen Räumen müssen idR feuerbeständig (vgl. §7 DVO-NBauO, abgedr. bei §29) und je nach Lage und Benutzung der Wohnungen auch wärme- und schalldämmend sein (§15 Abs. 1). Gleiches gilt für Decken (§31 Abs. 5 und §10 DVO-NBauO). 6

Auf die **Abgeschlossenheit einer Wohnung** bzw. sonstiger Räume stellt auch §3 Abs. 2 WEG bezüglich der Einräumung von Sondereigentum ab. Nach §7 Abs. 4 Nr. 2 WEG hat die BauAB darüber eine **Abgeschlossenheitsbescheinigung** auszustellen. Streitig war lange Zeit, ob bei Altbauten die Wohnungstrennwände und -decken die bauordnungsrechtlichen und bautechnischen Anforderungen auch bezüglich der Abgeschlossenheit nach dem WEG erfüllen müssen (bejahend: BVerwG 26.7.1989 – 7

8 B 112.89, NJW 1990, 848; BVerfG 30.11.1989 – 1 BvR 1212/89, DNotZ 1990, 250; verneinend: BGH 14.2.1991 – V ZB 12/90, DNotZ 1991, 474). Durch Beschluss des gemeinsamen Senats der obersten Gerichtshöfe des Bundes v. 30.6.1992 (– GmSOGB 1/91, NJW 1992, 3290) ist die Streitfrage dahingehend geklärt worden, dass Wohnungen in bestehenden Gebäuden auch dann iSv § 3 Abs. 2 S. 1 WEG als in sich abgeschlossen gelten, wenn die Trennwände und Trenndecken nicht den Anforderungen des Bauordnungsrechts des jeweiligen Bundeslandes entsprechen. Es kommt für die Abgeschlossenheitsbescheinigung in diesen Fällen also nur auf die räumliche Abgeschlossenheit und die Verschließbarkeit des Zugangs der Wohnung an.

8 Der **Zugang zu einer Wohnung** muss abschließbar sein, dh, er muss eine Tür mit Schloss haben. Der Zugang muss unmittelbar vom Freien (das kann auch ein Laubengang sein), von einem Treppenraum, von einem Flur oder von einem anderen Vorraum möglich sein. In den letzteren beiden Fällen ist den Erfordernissen an sichere Rettungswege (§ 33 NBauO) in aller Regel nur dann genügt, wenn es sich dabei um einen notwendigen Treppenraum i.S.d. § 35 NBauO bzw. einen notwendigen Flur i.S.d. § 36 NBauO handelt.

9 Während der Gesetzgeber es bei den Beratungen zur NBauO 1973 für unverzichtbar hielt, dass mindestens bei Neubauten auch die Abgeschlossenheit von Einliegerwohnungen gefordert werden müsse, war hier schon im RegE NBauO 1986 ein Sinneswandel festzustellen. Die abweichende Regelung für Wohngebäude mit nicht mehr als zwei Wohnungen (Satz 2) wurde insbesondere damit begründet, dass dies Einfamilienhäusern mit Einliegerwohnung zugute komme.

10 **Einliegerwohnung** ist nach § 11 des (inzwischen aufgehobenen) II. WoBauG eine in einem Eigenheim, einem Kaufeigenheim oder einer Kleinsiedlung enthaltene abgeschlossene oder nicht abgeschlossene zweite Wohnung, die gegenüber der Hauptwohnung von untergeordneter Bedeutung ist. Begrifflich ist das Charakteristikum der Einliegerwohnung damit nicht vollständig erklärt. Hauptmerkmale sind idR das Fehlen eines eigenen Wohnungsabschlusses und die Zugänglichkeit über einen Raum oder Vorraum innerhalb der Hauptwohnung.

11 Nach **Abs. 1 S. 3** dürfen bei **Wohnungsteilungen** nicht abgeschlossene Wohnungen geschaffen werden, wenn daraus für die Benutzer dieser Wohnungen unzumutbare Belästigungen oder erhebliche Nachteile nicht entstehen. Diese Regelung soll die Teilung übergroßer Altbauwohnungen, die wegen ihrer Größe nicht mehr vermietbar sind, durch einfache Maßnahmen erleichtern ohne sie von Grund auf umgestalten zu müssen. Die vorhandene Raumaufteilung bzw. Wandbeschaffenheit lässt selten eine Teilung zu, die den Anforderungen des Satzes 1 entspricht.

Werden Altbauten jedoch **durchgreifend saniert,** dann handelt es sich idR um die Änderung einer baulichen Anlage mit der Wirkung, dass § 85 Abs. 3 anwendbar ist (→ § 85 Rn. 23 ff.). Im Rahmen der vertretbaren Mehrkosten von bis zu 20 % der Kosten der Änderung wird die BauAB hier verlangen müssen, dass die neu zu schaffenden Wohnungen baulich abgeschlossen sind und eigene Zugänge haben. Dabei ist es nicht unbedingt erforderlich, dass alle Zugänge direkt am Treppenraum anschließen. Auch eine gemeinsame Diele zwischen dem Treppenraum und den Wohnungen ist ein Vorraum iSd Abs. 1 S. 1. Entscheidend ist lediglich, dass die in → Rn. 6 ff. genannten baulichen Bedingungen erfüllt sind.

12 In Gebäuden, die nicht nur dem Wohnen dienen, müssen Wohnungen nach **Abs. 2** einen **eigenen Zugang** haben, zB in einem gemischt genutzten Wohn- und Geschäftshaus. Diese Forderung will sicherstellen, dass einerseits für die Wohnungen sichere Fluchtwege im Brandfall zur Verfügung stehen, und andererseits unzumutbare Belästigungen sowie Behinderungen der Wohnungszugänge durch die anderen Gebäudenutzungen vermieden werden. Sind zB in mehrgeschossigen Gebäuden die unteren Geschosse gewerblich genutzt, so müssen für die darüber liegenden Wohngeschosse eigene, also separate Treppenräume vorhanden sein.

Gemeinsame Zugänge in gemischt genutzten Gebäuden sind nur zulässig, wenn dies nicht zu unzumutbaren Belästigungen oder gar Gefahren für die Benutzer der Wohnungen führt. Die Anlage eines gemeinsamen Zugangs für eine Nachtbar im Erdgeschoss und die in den oberen Geschossen liegenden Wohnungen eines Gebäudes würde insoweit sicherlich Bedenken begegnen. Andererseits bestehen zB keine Bedenken dagegen, in einem ansonsten reinen Bürogebäude auf einen besonderen Wohnungszugang für die Hausmeisterwohnung zu verzichten. Bedenken gegen einen gemeinsamen Zugang bestehen idR ebenfalls nicht, wenn in einem Mehrfamilienwohnhaus Räume für die Ausübung eines freien Berufes iSv § 13 BauNVO mit wenig Publikumsverkehr eingerichtet werden. 13

b) Küchen (Abs. 3)

Die NBauO fordert (insoweit gleichlautend mit der MBauO und anderen BauOen) dass sich in jeder Wohnung eine Küche oder eine Kochnische befinden muss. Küchen sind Aufenthaltsräume; sie brauchen aber nicht die Mindestgröße von 6 m^2 zu haben (s. § 28 Abs. 1 DVO-NBauO). Hinweise zur zweckmäßigen Einrichtung von Küchen enthält ua die DIN 18022. Auch wenn die NBauO dies für den Regelfall einer Küche mit Fenstern nicht fordert, sollten Küchen heute grundsätzlich mit einer Dunstabzugshaube ausgestattet sein, damit die Küchengerüche den übrigen Wohnräumen fern gehalten werden. Die frühere Forderung, dass Küchen mit einem lüftbaren Nebenraum zur Aufbewahrung von Lebensmitteln verbunden sein müssen, wurde 1986 gestrichen. 14

Seit der NBauO 1986 sind auch **Küchen ohne eigene Fenster**, die ins Freie führen, zulässig (Abs. 5 Satz 2 aF). Voraussetzung aber ist, dass die Küche wirksam gelüftet werden kann (zB vermittels einer mechanischen Lüftung entsprechend DIN 18017 Teil 6; eine Umluft-Dunstabzugshaube erfüllt diese Forderung dagegen nicht. Denkbar ist auch eine in einen Innenhof führende Tür, OVG Lüneburg 14.1.2016 – 1 ME 81/15, n.v.). Die frühere Forderung nach einer Sichtverbindung zu einem (vorgelagerten) Aufenthaltsraum ist in der NBauO 2012 nicht mehr enthalten. Die bisherige Sonderregelung für Wohnungen bis 50 m^2 ist entfallen. 15

c) Abstellräume für Rollatoren, Kinderwagen und Fahrräder (Abs. 4 Nr. 1)

In Gebäuden mit mehr als zwei Wohnungen oder auf dem Baugrundstück solcher Gebäude müssen leicht erreichbare und gut zugängliche Abstellräume für Rollatoren, Kinderwagen und Fahrräder für alle Wohnungen zur Verfügung stehen. Die Möglichkeit der Bereitstellung dieser Räume „auf dem Baugrundstück" ersetzt die bisherige Variante „in zumutbarer Entfernung", die der Gesetzgeber für zu unklar hielt (LT-Drs. 16/3195 S. 86); offenbar geht er davon aus, dass Räume auf dem Baugrundstück stets hinreichend nah zum Hauptgebäude liegen, was in aller Regel zutreffen dürfte. Mit der Regelung soll vermieden werden, dass diese Geräte ungeordnet vor dem Gebäude oder im Treppenraum (gefährliche Behinderung im Rettungsweg!) abgestellt werden oder Kinderwagen mit hinauf in die Wohnung genommen werden müssen. 16

Es dürfte sich empfehlen, zur Vermeidung möglicher gegenseitiger Beeinträchtigungen unterschiedliche Räume, insbesondere bei größeren Wohnungsanlagen vorzusehen, zB einen **Raum für Rollatoren und Kinderwagen** in der Nähe des oder der Hauseingänge im Erdgeschoss (ggf. besonders in der Nähe des Aufzuges), getrennt davon den Abstellraum für Fahrräder (etwa im Keller, zugänglich durch eine Rampe). Zwingend ist dies indes nicht. 17

Die **Abstellräume** müssen ausreichend groß sein. Ausgehend ua von der verkehrspolitisch geförderten Renaissance des Fahrrads als ökologisch sinnvollen alternativen Fortbewegungsmittels und der damit einhergehenden Zunahme des Fahrradbestandes, wird man für die Ermittlung des Platzbedarfs durchschnittlich zwei Fahrräder pro Wohnung zugrunde legen müssen. Die Richtzahlen für den Bedarf an Fahrradabstellanlagen 18

(s. § 48 Abs. 1) sind für Wohnungen nicht einschlägig. Solange es für diese Abstellräume keine Richtlinien gibt, dürften insoweit **3 m² Abstellfläche pro Wohnung** als ausreichend anzusehen sein. Schwer abzuschätzen dürfte der Flächenbedarf für Rollatoren und Kinderwagen sein. Hier ist, sofern absehbar, auch die zu erwartende Bewohnerstruktur des Gebäudes zu berücksichtigen.

19 **Abstellräume für Fahrräder** sind leicht erreichbar bzw. gut zugänglich, wenn sie im Kellergeschoss des Gebäudes liegen und möglichst einen Außenzugang (gerade Kellerhalstreppe mit Rampe) haben. Abgewinkelte, gegenläufige oder gewendelte Treppen erfüllen die Forderung nach guter Zugänglichkeit nicht. Abstellräume sind noch besser ebenerdig in einem Sockelgeschoss oder in einem Nebengebäude auf dem Grundstück untergebracht. Auch wenn dieses in Abs. 4 nicht gefordert wird, sollte der Abstellraum für Fahrräder zweckmäßigerweise mit Fahrradständern ausgestattet sein.

d) Abstellraum (Abs. 4 Nr. 2)

20 Für jede Wohnung, also auch für Kleinwohnungen, müssen ausreichende Abstellräume zur Verfügung stehen. Diese Forderung wird durch § 26 DVO-NBauO konkretisiert. Danach muss jede Wohnung Abstellraum von insgesamt mindestens 6 m² Grundfläche haben. Die Forderung der älteren Fassungen der NBauO nach geeigneten Räumen zum Trocknen von Wäsche wurde in § 44 NBauO 2012 aufgegeben „weil angesichts des heute gängigen technischen Standards der Haushalte darauf verzichtet werden" kann (LT-Drs. 16/3195, 86).

C. Rauchwarnmelder (Abs. 5)

a) Allgemeines

21 In Abs. 5 wird der Beschluss des Niedersächsischen Landtages in seiner Sitzung vom 4.7.2008 aufgegriffen, eine Verpflichtung zur Ausstattung von Wohnungen mit Rauchmeldern in das Gesetzgebungsverfahren einzubeziehen (LT-Drs. 16/3195, 86). Das ist mit der NBauO 2012 geschehen. Damit wird der Tatsache Rechnung getragen, dass der Geruchssinn im Schlaf nicht aktiv ist. Der Einsatz von Rauchwarnmeldern dient der frühzeitigen Warnung von Personen vor Brand und Brandrauch, damit diese im Gefahrfall rechtzeitig reagieren können. Die Musterbauordnung enthält die Pflicht zur Installation von Rauchwarnmeldern noch nicht, wohl aber alle Landesbauordnungen. Die Vorschrift konkretisiert, wie auch zahlreiche weitere Vorgaben in der NBauO und den auf ihrer Grundlage erlassenen Rechtsverordnungen, § 14 und trägt damit dem Brandschutz als einem Kernanliegen der NBauO Rechnung.

b) Anwendungsbereich

22 Nach Satz 1 müssen die dort genannten Räume Rauchwarnmelder „haben". Das bedeutet, wie auch in anderen Vorschriften der NBauO über die notwendige Ausstattung baulicher Anlagen, zB nach § 47 Abs. 1 S. 1 mit Kfz-Einstellplätzen, dass Rauchwarnmelder nicht nur in Neubauten installiert werden, sondern ständig vorhanden und funktionsfähig sein müssen, und zwar auch bei schon **bestehenden baulichen Anlagen**. Soweit das Bauordnungsrecht neue Anforderungen stellt, gewährt § 85 den Betroffenen zwar einen gewissen Bestandsschutz. Nach § 85 brauchen diese schon bestehende Bauten nur auf Verlangen der BauAB unter den Voraussetzungen des § 85 Abs. 2 oder 3 an die neuen Anforderungen anzupassen. Die Regelung des § 85 wird hier aber durch § 44 Abs. 5 S. 3 verdrängt. Danach sind auch in Wohnungen, die bis zum 31.10.2012 errichtet oder genehmigt worden waren, die betr. Räume nachträglich mit Rauchmeldern auszustatten, und zwar bis spätestens 31.12.2015.

Unmittelbar gilt Abs. 5 nur für **Wohnungen**. Eine Erstreckung auf sonstige Nutzungseinheiten, die häufig ebenfalls zumindest Flure als Rettungswege von Aufenthaltsräumen aufweisen dürften, hielt der Gesetzgeber offenbar nicht für erforderlich. Eine Rauchwarnmelderpflicht kann sich dort aber aus anderen Regelungen, z.B. des Arbeitsschutzes, ergeben (vgl. z.B. ASR 2.2. Nr. 5.1). Jedenfalls für wohnähnliche Nutzungen wie Ferienwohnungen oder Wohnheime dürften zudem die Voraussetzungen für eine analoge Anwendung des Abs. 5 vorliegen. 23

Bei reinen Wohnräumen, Arbeitszimmern oder dergleichen besteht – anders als in den Bauordnungen von Brandenburg und Berlin – keine Verpflichtung zum Einbau von Rauchwarnmeldern. Sie sind ins Ermessen der Nutzer gestellt. Unzweckmäßig ist die Installation von Rauchwarnmeldern idR in Bädern und Küchen, wo die entstehenden Dämpfe leicht zu Fehlalarmen führen können. 24

c) Verantwortliche

Verantwortlich für den ordnungsgemäßen **Einbau** in neu entstehende Wohnungen ist, wie auch sonst, der Bauherr nach § 52 Abs. 1. Verantwortlich für den nachträglichen Einbau in den bis zum 31.10.2012 schon bestehenden oder genehmigten Gebäuden ist nach der ausdrücklichen Bestimmung in § 44 Abs. 5 S. 3 der Eigentümer des Gebäudes bzw. der Wohnung. Nach § 56 S. 1 ist der Eigentümer ferner dafür verantwortlich, dass (in Neubauten ebenso wie in den am 31.10.2012 vorhandenen Gebäuden) die Rauchmelder eingebaut und betriebsfähig bleiben. An die Stelle des Eigentümers tritt nach § 44 Abs. 5 S. 5 iVm § 56 S. 2 ggf. der Erbbauberechtigte. 25

Eine Sonderregelung trifft Abs. 5 S. 4 für die **„Sicherstellung der Betriebsbereitschaft“** der Rauchmelder. Gemeint sind die sachgerechte Behandlung und Wartung der Rauchwarnmelder, insbesondere auch das rechtzeitige Auswechseln der Batterien. Hierfür verantwortlich sind nach S. 4 die Mieter, Pächter, sonstigen Nutzungsberechtigten (zB Inhaber eines dinglichen Wohnrechts) oder die anderen Inhaber der tatsächlichen Gewalt über die Wohnung (zB auch ein unberechtigte Besitzer). Der Eigentümer der Wohnung ist dafür nicht verantwortlich, es sei denn, er bewohnt seine Wohnung selbst und ist damit auch Inhaber der tatsächlichen Gewalt. Übernimmt der Eigentümer die Verpflichtung nach Abs. 5 S. 4, so entfällt die Verantwortlichkeit des Mieters usw. Der Übergang der Verantwortung wird durch vertragliche Vereinbarung zwischen Mieter usw und Eigentümer, zB im Rahmen eines Mietvertrages, bewirkt. 26

Der Verantwortliche ist zu dem beschriebenen Tätigwerden **öffentlich-rechtlich verpflichtet**. Die BauAB kann ihn dazu durch Verfügung nach § 79 anhalten. Kommen Personen nachweislich deshalb zu Schaden, weil ein vorgeschriebener Rauchwarnmelder nicht eingebaut oder nicht betriebsbereit gehalten wurde, kann sich der Verantwortliche wegen fahrlässiger Körperverletzung oder Tötung strafbar gemacht haben. 27

d) Anforderungen an Geräte, Installation und Wartung

Anwendungsnorm für Rauchwarnmelder ist die **DIN 14676 – Rauchwarnmelder für Wohnhäuser, Wohnungen und Räume mit wohnungsähnlicher Nutzung (Einbau, Betrieb und Instandhaltung).** Die Norm wurde zum 25. Oktober 2018 neu gefasst. Sie ist nunmehr aufgeteilt in einen Einbau, Betrieb und Instandhaltung betreffenden Teil 1 und einen die Anforderungen an die Fachfirma betreffenden Teil 2. Inhaltlich ist insbesondere die Möglichkeit der Ferninspektion neu geregelt. Produktnorm ist die **DIN 14604.** Die Normen sind kostenpflichtig beim Beuth-Verlag erhältlich. Eine gute Zusammenfassung des Inhalts der DIN 14676 findet sich unter anderem auf der Website *www.rauchmelder-lebensretter.de.* Zum Zeitpunkt dieser Bearbeitung betraf diese noch den Stand der Norm vom September 2012, der aber auch in der Neufassung in weiten Teilen übernommen wurde. Einen Überblick über die Änderungen gibt Kennedy, Bundesbaublatt 6/2018. Die wesentlichen Hinweise zur sachgerechten Installation und Wartung finden sich auch regelmäßig in den Gebrauchsanweisungen handelsüblicher Rauchwarnmelder. 28

§ 45 Toiletten und Bäder

(1) [1]Jede Wohnung muss mindestens eine Toilette sowie eine Badewanne oder Dusche haben. [2]Für bauliche Anlagen, die für einen größeren Personenkreis bestimmt sind, muss eine ausreichende Anzahl von Toiletten vorhanden sein.

(2) Toilettenräume und Räume mit Badewannen oder Duschen müssen wirksam gelüftet werden können.

Übersicht

A. Allgemeines

1 Den bis dahin seit Inkrafttreten der NBauO im Wesentlichen unveränderten § 45 hat der Gesetzgeber mit der NBauO 2012 von vier auf zwei Absätze verkürzt.

Absatz 1 Satz 1 fasst die bisherigen Anforderungen in Abs. 1 S. 1 und Abs. 4 S. 1 zu einem Satz zusammen und fordert für jede Wohnung eine Toilette und eine Badewanne oder eine Dusche. Abweichend von Abs. 2 S. 2 und 3 aF genügen dafür Toiletten ohne Wasserspülung in keinem Fall mehr, auch nicht ausnahmsweise. Anders als nach Abs. 4 S. 1 aF hängt die Forderung nach einer Badewanne oder Dusche auch nicht mehr davon ab, dass eine ausreichende Wasserversorgung und Abwasserbeseitigung möglich sind. Fehlt es daran, darf die Wohnung nicht eingerichtet werden.

2 **Aus § 45 aF gestrichen** ist in Abs. 1 Satz 2 aF die Forderung nach Toiletten für Betriebs- oder Arbeitsstätten, da diese im Wesentlichen durch Arbeitsstättenrecht gedeckt ist (→ Rn. 6 ff.). Entfallen sind im bisherigen § 45 auch Abs. 2 S. 1 und Abs. 4 S. 2, die Anforderungen an Größe, Lage und Einrichtung der Toiletten und Bäder stellten. Dazu heißt es in der Entwurfsbegründung (LT-Drs. 16/3195, 87), diese seien bauordnungsrechtlich nicht erforderlich oder ergäben sich schon aus der Grundsatzvorschrift des § 3 Abs. 2 (→ Rn. 17 ff.). Nach § 45 Abs. 3 aF musste eine ausreichende Zahl von Toiletten behindertengerecht sein; diese Forderung ist in § 49 übernommen worden.

3 Nach § 45 Abs. 2 müssen die Sanitärräume ausreichend lüftbar sein: Diese Vorschrift, die in der früheren NBauO noch nicht enthalten war, entspricht im Wesentlichen § 43 Abs. 1 MBauO.

4 Die **Installation von Sanitärobjekten** wie Toiletten, Waschbecken und Badewannen ist nach Nr. 3.6 des Anhangs **eine verfahrensfreie Baumaßnahme**. Das gilt auch für den Einbau der Räume selbst, soweit die Baumaßnahmen von Nr. 3.6 des Anhangs gedeckt sind. Außerdem dürfen Räume in vorhandenen Wohngebäuden und Wohnungen nach § 60 Abs. 2 Nr. 3 verfahrensfrei in Räume mit Badewanne oder Dusche oder Toilette umgenutzt werden.

B. Die notwendige Ausstattung baulicher Anlagen mit Toiletten und Bädern

a) Toiletten und Bäder in Wohnungen (Abs. 1 Satz 1)

Abs. 1 fordert wie § 48 Abs. 3 MBauO für jede Wohnung **mindestens eine Toilette** sowie eine Badewanne oder Dusche. Ebenso wie in der MBauO fehlt in der NBauO die ausdrückliche Vorschrift, dass Toilettenräume für Wohnungen innerhalb der Wohnung liegen müssen. Diese Forderung – allerdings beschränkt auf Spültoiletten – wurde noch in § 27 Abs. 1 DVO-NBauO 2003 erhoben. Offensichtlich hat sich der Gesetzgeber damals davon leiten lassen, dass noch nicht überall im Lande eine zentrale Wasserversorgung und eine Sammelkanalisation vorausgesetzt werden könnte und demzufolge auch nicht jede (Neubau-)Wohnung eine Spültoilette erhalten konnte. Bis auf wenige Ausnahmefälle hat sich das Problem inzwischen wohl erledigt. 5

In größeren Wohnungen sollte dann, wenn eine Toilette im Bad installiert ist, zweckmäßigerweise eine **zweite Toilette** in einem separaten Toilettenraum vorhanden sein, wie dies die DVO-NBauO 1976/83 noch für Wohnungen mit mehr als vier Aufenthaltsräumen forderte. Bauordnungsrechtlich geboten ist dies jedoch nicht mehr.

b) Toiletten in anderen baulichen Anlagen (Abs. 1 Satz 2)

Für bauliche Anlagen, die für einen größeren Personenkreis bestimmt sind, muss eine ausreichende Zahl von Toiletten vorhanden sein (Abs. 1 S. 2) und nach Maßgabe von § 27 DVO-NBauO aus getrennten Toiletten für Männer und für Frauen bestehen. Das betrifft auch Toiletten in Arbeitsstätten, obwohl diese seit 2012 in Abs. 1 S. 2 nicht mehr ausdrücklich genannt werden. Zur Ausfüllung des Begriffs der ausreichenden Anzahl können teilweise anderweitige Regelwerke herangezogen werden; für Arbeitsstätten ist dies die **Arbeitsstättenverordnung** (ArbStättV). Diese enthält in Nr. 4.1 ihres Anhangs die folgenden allgemeinen Anforderungen: 6

(1) Der Arbeitgeber hat Toilettenräume zur Verfügung zu stellen. Toilettenräume sind für Männer und Frauen getrennt einzurichten oder es ist eine getrennte Nutzung zu ermöglichen. Toilettenräume sind mit verschließbaren Zugängen, einer ausreichenden Anzahl von Toilettenbecken und Handwaschgelegenheiten zur Verfügung zu stellen. Sie müssen sich sowohl in der Nähe der Arbeitsräume als auch in der Nähe von Kantinen, Pausen- und Bereitschaftsräumen, Wasch- und Umkleideräumen befinden. Bei Arbeiten im Freien und auf Baustellen mit wenigen Beschäftigten sind mobile, anschlussfreie Toilettenkabinen in der Nähe der Arbeitsplätze ausreichend.

Der vom Arbeitgeber bei der Einrichtung und dem Betrieb von Arbeitsstätten zu beachtende Stand der Technik, Arbeitsmedizin und Hygiene, ist weiter durch die auf Grundlage von § 7 Abs. 3 Nr. 1 ArbStättV erarbeiteten, vom BMAS bekanntgemachten Technischen Regeln für Arbeitsstätten ASR A4.1 vom September 2013 (GMBl. S. 919, zuletzt geändert GMBl. 2017, S. 401) konkretisiert. Sie beschreiben im Detail die Anforderungen, die aus Gründen des Arbeitnehmerschutzes in Nr. 4.1 des Anhangs zur ArbStättV an Toilettenräume von Arbeitstätten zu stellen sind. Unter anderem regelt die ASR A4.1 in Nr. 5.1 Abs. 1 die Lage der Toilettenräume, in Nr. 5.1 Abs. 2 das Erfordernis eines Vorraums, in Nr. 5.3 die Größe und in Nr. 5.4 die Ausstattung der Toilettenräume. 7

Die Anzahl der in Arbeitsstätten erforderlichen Toiletten und ggf. Urinale für männliche Beschäftigte bestimmt Nr. 5.2 Abs. 3 und 4 i.V.m. Tabelle 2. Sie hängt von der Anzahl der Beschäftigten und dem Umfang, in dem Pausenregelungen einen gleichzeitigen Toilettenbesuch nahelegen, ab: 8

weibliche oder männliche Beschäftigte	Mindestanzahl bei niedriger Gleichzeitigkeit der Nutzung		Mindestanzahl bei hoher Gleichzeitigkeit der Nutzung	
	Toiletten/ Urinale	Handwasch- gelegenheiten	Toiletten/ Urinale	Handwasch- gelegenheiten
bis 5	1*)	1	2	1
6 bis 10	1*)	1	3	1
11 bis 25	2	1	4	2
26 bis 50	3	1	6	2
51 bis 75	5	2	7	3
76 bis 100	6	2	9	3
101 bis 130	7	3	11	4
131 bis 160	8	3	13	4
161 bis 190	9	3	15	5
191 bis 220	10	4	17	6
221 bis 250	11	4	19	7
	je weitere 30 Beschäftigte +1	je weitere 90 Beschäftigte +1	je weitere 30 Beschäftigte +2	je weitere 90 Beschäftigte +2
*) für männliche Beschäftigte wird zuzüglich 1 Urinal empfohlen				

Ein Toilettenraum soll nicht mehr als 10 Toilettenzellen und 10 Urinale enthalten (ASR A4.1 Nr. 5.2 Abs. 5).

9 Für **Versammlungsstätten** ergibt sich die Anzahl notwendiger Toiletten aus § 12 VStättV:

Besucherplätze	Frauen-Toiletten	Männer-Toiletten	Urinale
bis 1.000 je 100	1,2	0,8	1,2
über 1.000 je weitere 100	0,8	0,4	0,6
über 20.000 je weitere 100	0,4	0,3	0,6

Auch diese Zahlen können idR § 45 Abs. 1 S. 2 zugrunde gelegt werden.

10 Für sonstige **bauliche Anlagen**, die **für einen größeren Personenkreis** bestimmt sind (Abs. 1 S. 2), ua Waren- und Geschäftshäuser, Büro- und Verwaltungsgebäude, Krankenhäuser, Schulen, Hotels und Gaststätten, fehlen aktuelle Richtwerte zur Bemessung von Toilettenanlagen. Die Anzahl der Toiletten, die für einen größeren Personenkreis ausreicht, muss daher vorhabenbezogen im Einzelfall ermittelt werden. Dabei können frühere Richtzahlen nur einen groben Anhalt geben. Die Anwendung der ASR auf Hochschulen als Arbeits- und Versammlungsstätten führt zu einer unangemessen hohen Anzahl von Sanitärobjekten (Demiriz/Mengede BBauBl. 2000, 52).

11 Für die Anzahl von Toiletten und die ergänzenden Sanitäreinrichtungen können im Allgemeinen folgende Richtwerte zugrunde gelegt werden:

Büro- und Verwaltungsräume: für je 50 bis 100 m² Bürofläche 1 Toilette, sofern die Anzahl der beschäftigten Arbeitnehmer nach den Arbeitsstätten-Richtlinien nicht mehr Toiletten erfordert. In Geschossen mit mehr als 500 m² Büro-Nutzfläche zusätzlich eine barrierefrei ausgestattete Toilette.

Krankenhäuser und Praxen: Nach der Muster-KrankenhausbauV von 1976 war mindestens eine Toilette je 10 Betten zuzüglich Besucher- und Personaltoiletten vorgeschrieben. Das dürfte heutigen Standards nicht mehr genügen. Üblich und aus hygienischen Gründen wohl auch zu fordern ist, dass jedes Krankenzimmer mit einer Nasszelle (idR mit Toilette und Dusche) ausgestattet ist bzw. bei einer durchgreifenden Sanierung älterer Krankenhausbauten entsprechend nachgerüstet wird. Nach Nr. 4.2.2 der TRBA (Technischen Regeln für Biologische Arbeitsstoffe) 250 „Biologische Arbeitsstoffe im Gesundheitswesen und in der Wohlfahrtspflege" (GMBl. 2014 Nr. 10/11) müssen in Krankenhäusern, Praxen und sonstigen Einrichtungen, in denen regelmäßig Tätigkeiten der Schutzstufe 2 (Umgang mit infektionsträchtigem Material) stattfinden, für die Beschäftigten und Patienten gesonderte Toiletten vorhanden sein. 12

Schulen: In Anlehnung an die aufgehobenen Schulbaurichtlinien (Nds. MBl. 1969, 1109), da die (neue) Schulbaurichtlinie vom 12.11.2012 (Nds. MBl. 2000, 519) im Wesentlichen nur sicherheitstechnische Vorschriften enthält. Anforderungen an die Zahl notwendiger Toiletten sind darin nicht mehr enthalten. Die früheren Richtlinien sahen vor: 13

für je 20 Schülerinnen	1 Toilette
für je 40 Schüler	1 Toilette
für je 40 Schüler	2 Urinale

zusätzlich mind. 1 Toilette (barrierefrei ausgestattet).

Für Lehrerinnen und Lehrer gelten die Anforderungen für Arbeitsstätten (siehe dort).

Gaststätten: Obwohl die DVGastG durch VO v. 14.6.1993 (Nds. GVBl. S. 157) ersatzlos aufgehoben wurde, können die Zahlenangaben (§ 7) auch weiterhin als Anhalt dafür dienen, was unter einer ausreichenden Zahl von Toiletten iSv Abs. 1 S. 2 zu verstehen ist. 14

Schank- und Speiseraum	Urinale	Männer-Toiletten	Frauen-Toiletten
nicht größer als 40 m^2	1		
sonst bis 50 m^2	2	1	1
50 bis 100 m^2	3	1	2
100 bis 150 m^2	3	2	2
150 bis 200 m^2	4	2	3
200 bis 250 m^2	5	2	3
250 bis 300 m^2	6	3	4

Beherbergungsbetriebe: In jedem Geschoss mit Schlafräumen 15

bei bis zu 10 Betten	1 Toilette
bei 10 bis 20 Betten	2 Toiletten

Betten in Appartements mit Toiletten werden nicht mitgezählt.

C. Anforderungen an Toiletten und Bäder

Toilettenräume müssen ausreichend groß sein. § 34 Abs. 2 der DVNBauO 1973 schrieb insoweit eine Mindestgrundfläche von 1,10 m^2 und eine Breite von mindestens 0,85 m vor. Dies sollte auch heute noch als ausreichend groß und demnach mit § 3 Abs. 2 vereinbar anzusehen sein (die ASR A 4.1 Nr. 5.3 lässt ggf. noch geringere Abmessungen genügen), kann aber nicht für Toilettenräume, die für Behinderte vorgesehen sind, gelten (→ § 49 m. Erl.). 16

Toilettenräume müssen nach Lage und Einrichtung den Anforderungen der Hygiene und des Anstands genügen. das ergibt sich nun nicht mehr aus § 45, wohl aber aus § 3 Abs. 2, weil davon gesunde Wohn- und Arbeitsverhältnisse abhängen. Zu den **Anforde-** 17

rungen der Hygiene gehören Einrichtungen zum Händewaschen und -trocknen sowie die Möglichkeit, Fußboden, Wandsockel und Sanitärobjekte leicht reinigen zu können. Aus hygienischen Gründen sollten Toiletten nicht von Räumen, die zur Lagerung von Nahrungsmitteln bestimmt sind oder in denen Speisen zubereitet werden, unmittelbar zugänglich sein (so noch die DVNBauO 1976/83, die einen direkten Zugang ausdrücklich verbot). Zu den **Anforderungen des Anstands** gehört es, dass die Türen der Toiletten von innen verschließbar sind und dass diese Räume gegen Einblicke geschützt sind (zB durch undurchsichtige Verglasung der Fenster). Den Anforderungen des Anstands wird nicht genügt, wenn zB im Waschraum einer Toilettenanlage Urinale angebracht sind oder Urinale im Toilettenraum so angeordnet sind, dass sie vom Vorraum aus, der von Personen beiderlei Geschlechts aufgesucht werden muss, eingesehen werden können.

18 Findet eine **Toilette innerhalb eines Bades** Aufstellung, dann gelten für das Bad die Anforderungen, die an Toilettenräume zu stellen sind. Jedoch sind Bäder mit Spültoiletten nur in Wohnungen und wohnungsähnlichen Nutzungseinheiten zulässig. In Wasch- und Umkleideräumen von Arbeitsstätten dürfen Toiletten nicht aufgestellt werden; für sie müssen separate Toilettenräume vorhanden sein.

19 Hinzuweisen ist auf die folgenden VDI-Richtlinien:

Die **VDI-Richtlinie 3818 (Stand Februar 2008)** hat das Ziel, die besonderen Anforderungen von öffentlichen, d.h. Sanitärräumen in Gebäuden und auf Grundstücken, die neben den Bewohnern und/oder dort Beschäftigten auch vom Publikum aufgesucht werden, aufzuzeigen und Planungs- bzw. Ausführungsempfehlungen zu geben. Öffentliche Sanitärräume, in erster Linie Toiletten- und Waschräume, sind eine selbstverständliche Einrichtung, auf die der Mensch besonders unterwegs nicht verzichten kann.

Die **VDI-Richtlinie 6000** mit Ihren Blättern 1 bis 6 (Stand 2004-2008; Überarbeitungen sind geplant) beschäftigt sich mit der Ausstattung von Gebäuden mit Sanitärräumen und der Ausstattung der Sanitärräume selbst. Für verschiedene Gebäudetypen wie Schulen, Seniorenheime, Hotelzimmer, Arbeits- und Versammlungsstätten sind aufgrund der unterschiedlichen Anforderungen und Nutzungsfrequenzen individuelle Planungsgrundlagen zu beachten. Mit zahlreichen Tabellen und Prinzipskizzen geben die Richtlinienblätter konkrete Orientierungshilfen.

D. Lüftung von Toilettenräumen (Abs. 2)

20 Abs. 2 fordert für Toilettenräume und Räume mit Badewannen oder Duschen, dass diese wirksam gelüftet werden können. Das ist am besten gewährleistet, wenn die **Toilettenräume an einer Außenwand liegen**, damit eine Lüftung und Tageslichtbeleuchtung durch Fenster möglich ist, weil sich auf diese Weise einwandfreie hygienische Verhältnisse in den Toilettenräumen am besten gewährleisten lassen.

21 Bei **Arbeitsstätten** bestimmt Abschnitt 5.1 Abs. 1 i.V.m. Tabelle 1 der ASR A 4.1 für den Fall der Fensterlüftung folgende Mindestquerschnitte der Lüftungsöffnungen:

- bei einseitiger Fensterlüftung 0,17 m^2 je Toilette und 0,10 m^2 je Urinal
- bei Querlüftung, d.h. bei Lüftungsöffnungen in gegenüberliegenden Außenwänden oder einer Außenwand und der Deckenfläche insgesamt 0,1 m^2 je Toilette und 0,06 m^2 je Urinal.

22 Innenliegende und damit **fensterlose Toilettenräume** sind für Spültoiletten bei ausreichender Lüftung zulässig; § 43 Abs. 3 gilt nicht, da Toilettenräume keine Aufenthaltsräume sind (→ § 2 Rn. 105). Nach Abschnitt 5.1 der ASR A 4.1 sind lüftungstechnische Anlagen in Toilettenräumen in Arbeitsstätten so auszulegen, dass ein Abluftvolumenstrom von 11 $m^3/(h\ m^2)$ erreicht wird und die Abluft nicht in andere Räume gelangt.

23 Die Lüftung kann bei wohn- und wohnähnlichen Nutzungen zugeordneten Toiletten durch Schächte mit Ventilatoren nach **DIN 18 017 Teil 3** (vom September 2009) erfolgen. Diese Norm setzt voraus, dass ein dem Abluftvolumenstrom entsprechender Außenluftstrom über Undichtheiten in der Gebäudehülle und ggf. über Außenluftdurchlässe, vom Freien über die Wohn- und Aufenthaltsräume in die Ablufträume nachströmen kann. Für diese Wohn- und Aufenthaltsräume werden keine eigenen Anforderungen zB an die Behaglichkeit, an den Schallschutz etc gestellt. Dies ist vertretbar, weil es sich in aller Regel um relativ kleine Abluftvolumenströme handelt. Besondere Brandschutzanforderungen sind in Abschnitt 7.2 der Richtlinie über brandschutztechnische Anforderungen an Lüftungsanlagen (LüAR) v. 21.1.2019 (Nds. MBl. S. 207) geregelt. Für Toiletten, die anderen als Wohnnutzungen zugeordnet sind (in Büros, Praxen, Schulen, Restaurants etc.) ergeben sich die Anforderungen an maschinelle Be- und Entlüftungsanlagen (RLT-Anlagen) aus der **DIN EN 16798 Teil 3**, die die bisherige DIN EN 13779 abgelöst hat. Allgemein zu den Anforderungen an Lüftungsanlagen → § 39.

§ 46 Bauliche Anlagen für Kraftfahrzeuge

[1]Garagen, insbesondere Parkhäuser sowie Stellplätze müssen einschließlich ihrer Nebenanlagen verkehrs- und betriebssicher sein und dem Brandschutz genügen. [2]Satz 1 ist auf Ausstellungs-, Verkaufs-, Werk- und Lagerräume für Kraftfahrzeuge sowie auf Räume zum Abstellen nicht ortsfester Geräte mit Verbrennungsmotoren sinngemäß anzuwenden.

Verordnung über den Bau und Betrieb von Garagen und Stellplätzen (Garagen- und Stellplatzverordnung – GaStplVO)

Vom 4.9.1989
(Nds. GVBl. S. 327),
zuletzt geändert durch Art. 1 ÄndVO vom 11.10. 2012 (Nds. GVBl. S. 401)

§ 1 Begriffe

(1) Garagen mit einer Nutzfläche

1. bis 100 m² sind Kleingaragen,

2. über 100 m² bis 1 000 m² sind Mittelgaragen und

3. über 1000 m² sind Großgaragen.

(2) Offene Garagen sind Garagen, die unmittelbar ins Freie führende unverschließbare Öffnungen in einer Größe von insgesamt mindestens einem Drittel der Gesamtfläche der Umfassungswände haben, bei denen mindestens zwei sich gegenüberliegende Umfassungswände mit den ins Freie führenden Öffnungen nicht mehr als 70 m voneinander entfernt sind und bei denen eine ständige Querlüftung vorhanden ist.

(3) Offene Kleingaragen sind Kleingaragen, die unmittelbar ins Freie führende unverschließbare Öffnungen in einer Größe von mindesten einem Drittel der Gesamtfläche der Umfassungswände haben.

(4) Geschlossene Garagen sind Garagen, die die Voraussetzungen nach den Absätzen 2 und 3 nicht erfüllen.

(5) Oberirdische Garagen sind Garagen, deren Fußboden in einem Geschoß im Mittel nicht mehr als 1,50 m unter der Geländeoberfläche liegt.

(6) Automatische Garagen sind Garagen ohne Personen- und Fahrzeugverkehr, in denen die Kraftfahrzeuge mit mechanischen Förderanlagen zu den Einstellplätzen und von den Einstellplätzen befördert werden.

(7) [1]Die Nutzfläche einer Garage ist die Summe aller miteinander verbundenen Flächen der Garageneinstellplätze und der Verkehrsflächen. [2]Die Nutzfläche einer automatischen Garage ist die Summe der Flächen aller Garageneinstellplätze. [3]Einstellplätze auf Dächern (Dacheinstellplätze) und die dazugehörigen Verkehrsflächen werden der Nutzfläche nicht zugerechnet, soweit nichts anderes bestimmt ist.

§ 2 Zu- und Abfahrten

(1) Zwischen Garagen und öffentlichen Verkehrsflächen müssen Zu- und Abfahrten von mindestens 3 m Länge vorhanden sein.

(2) Vor Garagentoren und Schranken von Garagen sowie vor anderen, die freie Zufahrt zur Garage zeitweilig hindernden Anlagen, wie Tore von Einfriedungen, muß ein ausreichender Stauraum für wartende Kraftfahrzeuge vorhanden sein, wenn die Sicherheit oder Ordnung des Verkehrs dies erfordert.

(3) [1]Die Fahrbahnen von Zu- und Abfahrten von Mittel- und Großgaragen müssen mindestens 2,75 m breit sein; der Halbmesser des inneren Fahrbahnrandes muss mindestens 5 m betragen. [2]Für Fahrbahnen im Bereich im Bereich von Zu- und Abfahrtssperren genügt eine Breite von 2,30 m. [3]Breitere Fahrbahnen können in Kurven mit Innenradien von weniger als 10 m verlangt werden, wenn dies wegen der Verkehrssicherheit erforderlich ist. [4]§ 1 der Allgemeinen Durchführungsverordnung zur Niedersächsischen Bauordnung (DVO-NBauO) bleibt unberührt.

(4) Großgaragen müssen getrennte Fahrbahnen für Zu- und Abfahrten haben.

(5) [1]Bei Großgaragen ist neben den Fahrbahnen der Zu- und Abfahrten ein mindestens 0,80 m breiter Gehweg erforderlich, soweit nicht für den Fußgängerverkehr besondere Fußwege vorhanden sind. [2]Der Gehweg muß gegenüber der Fahrbahn erhöht oder verkehrssicher abgegrenzt sein.

(6) In den Fällen der Absätze 3 bis 5 sind die Dacheinstellplätze und die dazugehörigen Verkehrsflächen der Nutzfläche zuzurechnen.

(7) Für Zu- und Abfahrten von Stellplätzen gelten die Absätze 2 bis 5 entsprechend.

§ 3 Rampen

(1) [1]Rampen von Mittel- und Großgaragen dürfen nicht mehr als 15 v.H. geneigt sein. [2]Die Breite der Fahrbahnen auf diesen Rampen muß mindestens 2,75 m, in gewendelten Rampenbereichen mindestens 3,50 m betragen. [3]Gewendelte Teile von Rampen nach Satz 1 müssen eine Querneigung von mindestens 3 v.H. haben; der Halbmesser des inneren Fahrbahnrandes muß mindestens 5 m betragen.

(2) Zwischen öffentlicher Verkehrsfläche und einer Rampe mit mehr als 10 v.H. Neigung muß eine Fläche von mindestens 3 m Länge liegen, deren Neigung nicht mehr als 10 v.H. betragen darf.

(3) [1]In Großgaragen müssen Rampen, die von Fußgängern benutzt werden dürfen, einen mindestens 0,80 m breiten Gehweg haben, der gegenüber der Fahrbahn erhöht oder verkehrssicher abgegrenzt sein muss. [2]Rampen, die von Fußgängern nur bei Gefahr als zweiter Rettungsweg benutzt werden, brauchen keinen Gehweg zu haben. [3]An Rampen, die von Fußgängern nicht benutzt werden dürfen, ist auf das eingeschränkte Benutzungsverbot für Fußgänger hinzuweisen.

(4) Für Rampen zu Stellplätzen gelten die Absätze 1 bis 3 entsprechend.

(5) Kraftbetriebene geneigte Hebebühnen sind keine Rampen.

§ 4 Einstellplätze und Verkehrsflächen

(1) [1]Ein notwendiger Einstellplatz muss eine Länge von mindestens 5 m haben. [2]Ein notwendiger Einstellplatz, der barrierefrei sein muss, muss eine Breite von mindestens 3,50 m haben; im Übrigen genügt eine Breite

1. *von 2,50 m, wenn auf beiden Längsseiten im Abstand von bis zu 0,10 m Bauteile oder Einrichtungen vorhanden sind,*
2. *von 2,40 m, wenn nur auf einer Längsseite im Abstand von bis zu 0,10 m Bauteile oder Einrichtungen vorhanden sind,*
3. *von 2,30 m, wenn auf beiden Längsseiten im Abstand von 0,10 m weder Bauteile noch Einrichtungen vorhanden sind.*

[3]Notwendige Einstellplätze auf kraftbetriebenen Hebebühnen müssen eine Breite von mindestens 2,30 m haben. [4]Die Sätze 1 und 2 gelten nicht für Einstellplätze auf horizontal verschiebbaren Plattformen und in automatischen Garagen.

(2) [1]Fahrgassen müssen, soweit sie unmittelbar der Zu- oder Abfahrt von Einstellplätzen dienen, hinsichtlich ihrer Breite mindestens die Anforderungen der folgenden Tabelle erfüllen; Zwischenwerte sind geradlinig zu interpolieren:

Anordnung der Einstellplätze zur Fahrgasse	*erforderliche Fahrgassenbreite (in m) bei einer Einstellplatzbreite von*		
	2,30 m	*2,40 m*	*2,50 m*
90°	*6,50*	*6,00*	*5,50*
bis 45°	*3,50*	*3,25*	*3,00*

[2]Fahrgassen vor kraftbetriebenen Hebebühnen müssen, wenn die Hebebühnen mehrere Fahrspuren haben oder beim Absenken in die Fahrgasse hineinragen, mindestens 8 m breit sein.

(3) Fahrgassen müssen, soweit sie nicht unmittelbar der Zu- oder Abfahrt von Einstellplätzen dienen, mindestens 2,75 m breit sein.

(4) [1]Fahrgassen mit Gegenverkehr müssen in Mittel- und Großgaragen mindestens 5 m breit sein, soweit sich aus Absatz 2 keine weitergehenden Anforderungen ergeben. [2]Dies gilt entsprechend für Fahrgassen von Stellplätzen.

(5) [1]Die einzelnen Einstellplätze und die Fahrgassen sind mindestens durch Markierungen am Boden leicht erkennbar und dauerhaft gegeneinander abzugrenzen. [2]Dies gilt nicht für

1. Kleingaragen ohne Fahrgassen,

2. Einstellplätze auf kraftbetriebenen Hebebühnen und

3. Einstellplätze auf horizontal verschiebbaren Plattformen.

[3]Mittel- und Großgaragen müssen in jedem Geschoß leicht erkennbare und dauerhafte Hinweise auf Fahrtrichtungen und Ausfahrten haben.

(6) [1]Einstellplätze auf horizontal verschiebbaren Plattformen dürfen in Fahrgassen angeordnet sein, wenn

1. in der Fahrgasse noch eine mindestens 2,75 m breite Fahrspur zur Verfügung steht und

2. die Plattformen nicht vor kraftbetriebenen Hebebühnen angeordnet sind.

[2]In Fahrgassen, in denen Gegenverkehr zugelassen ist, dürfen Einstellplätze auf horizontal verschiebbaren Plattformen nur angeordnet sein, wenn Durchgangsverkehr nicht stattfinden darf.

(7) In Mittel- und Großgaragen dürfen Abschlüsse zwischen Fahrgassen und Einstellplätzen nur vorhanden sein, wenn dadurch wirksame Löscharbeiten nicht behindert werden können.

§ 5 Lichte Höhe

[1]Mittel- und Großgaragen müssen in zum Begehen bestimmten Bereichen, auch unter Unterzügen, Lüftungsleitungen und sonstigen Bauteilen eine lichte Höhe von mindestens 2 m haben. [2]Dies gilt nicht für Bereiche unter kraftbetriebenen Hebebühnen.

§ 6 Tragende Bauteile, aussteifende Bauteile und raumabschließende Bauteile, Dächer

(1) [1]In Mittel- und Großgaragen müssen tragende Bauteile, aussteifende Bauteile und raumabschließende Bauteile die Anforderungen der Allgemeinen Durchführungsverordnung zur Niedersächsischen Bauordnung an diese Bauteile für Gebäude der Gebäude-

klasse 5 erfüllen, soweit sich aus den folgenden Vorschriften nichts Abweichendes ergibt. 2§ 10 Abs. 4 Satz 4 DVO-NBauO ist nicht anzuwenden.

(2) 1Tragende Wände, aussteifende Wände sowie Decken über, unter und zwischen Garagengeschossen müssen bei Mittel- und Großgaragen feuerbeständig sein. 2Sie müssen abweichend von Satz 1 bei oberirdischen Mittel- und Großgaragen nur feuerhemmend sein und aus nichtbrennbaren Baustoffen bestehen; weitergehende Anforderungen der §§ 5 und 10 DVO-NBauO bleiben unberührt. 3Sie müssen abweichend von den Sätzen 1 und 2

1. in Gebäuden, die ausschließlich der Garagennutzung dienen,

a) bei eingeschossigen oberirdischen Mittel- und Großgaragen, auch mit Dacheinstellplätzen, und

b) bei offenen oberirdischen Mittel- und Großgaragen sowie

2. in Gebäuden, die ausschließlich als automatische Garage genutzt werden,

nur feuerhemmend sein oder aus nichtbrennbaren Baustoffen bestehen. 4Die Sätze 2 und 3 Nr. 1 gelten nicht für Gebäude mit Einstellplätzen, die mehr als 22 m über der Geländeoberfläche liegen.

(3) 1Decken zwischen geschlossenen Kleingaragen und nicht zu den Kleingaragen gehörenden Räumen müssen mindestens feuerhemmend sein; weitergehende Anforderungen des § 10 DVO-NBauO bleiben unberührt. 2§ 10 Abs. 4 Satz 4 DVO-NBauO ist nicht anzuwenden. 3Die Sätze 1 und 2 gelten nicht für Decken in Gebäuden, in denen außer Kleingaragen nur Abstellräume mit insgesamt nicht mehr als 20 m² Grundfläche vorhanden sind oder an deren Decken Anforderungen hinsichtlich des Brandschutzes nicht gestellt werden.

(4) Für befahrbare Dächer von Garagen gelten die Anforderungen an Decken.

(5) 1Bekleidungen und Dämmschichten unter Decken und Dächern müssen

1. in Großgaragen aus nichtbrennbaren und

2. in Mittelgaragen aus mindestens schwerentflammbaren

Baustoffen bestehen. 2Abweichend von Satz 1 müssen Bekleidungen in Großgaragen nur aus mindestens schwerentflammbaren Baustoffen bestehen, wenn ihr Abstand zur Decke oder zum Dach nicht mehr als 2 cm beträgt und ihre in Bezug auf das Volumen überwiegenden Bestandteile nichtbrennbar sind.

(6) 1§ 11 DVO-NBauO bleibt unberührt. 2§ 23 Abs. 5, auch in Verbindung mit Abs. 6 bis 8, DVO-NBauO ist nicht anzuwenden.

§ 7 Außenwände

1Außenwände von Mittel- und Großgaragen müssen aus nichtbrennbaren Baustoffen bestehen. 2Satz 1 gilt nicht für Außenwände von eingeschossigen oberirdischen Mittel- und Großgaragen, wenn das Gebäude allein der Garagennutzung dient.

§ 8 Trennwände und sonstige Innenwände, Tore, Einbauten

(1) 1Zwischen Garagen und nicht zu den Garagen gehörenden Räumen müssen Trennwände als raumabschließende Bauteile vorhanden sein. 2Die Feuerwiderstandsfähigkeit der Trennwände nach Satz 1 muss der Feuerwiderstandsfähigkeit der tragenden Bauteile des Geschosses entsprechen; die Trennwände müssen jedoch mindestens feuerhemmend sein.

(2) 1Garagen müssen von anderen Gebäuden durch Wände abgetrennt sein, die

1. bei Mittel- und Großgaragen feuerbeständig und

2. bei Kleingaragen mindestens feuerhemmend

sein müssen. 2§ 7 Abs. 3 DVO-NBauO gilt entsprechend.

(3) In Mittel- und Großgaragen müssen sonstige Innenwände, Tore und Einbauten, insbesondere Einrichtungen für mechanische Parksysteme, aus nichtbrennbaren Baustoffen bestehen.

(4) Die Absätze 1 und 2 gelten nicht für

1. Kleingaragen, wenn die nicht zu den Kleingaragen gehörenden Räume nach Absatz 1 und die Gebäude nach Absatz 2 nur Abstellzwecken dienen und insgesamt nicht mehr als 20 m² Grundfläche haben, und

2. offene Kleingaragen.

§ 9 Brandwände

(1) [1]Anstelle von Brandwänden nach § 8 Abs. 1 Satz 1 Nr. 1 DVO-NBauO genügen

1. bei eingeschossigen oberirdischen Mittel- und Großgaragen feuerbeständige Abschlusswände ohne Öffnungen, wenn das Gebäude ausschließlich der Garagennutzung dient,

2. bei Kleingaragen, die nicht offene Kleingaragen sind, mindestens feuerhemmende oder aus nichtbrennbaren Baustoffen bestehende Abschlusswände ohne Öffnungen.

[2]§ 8 Abs. 1 Satz 1 Nr. 1 DVO-NBauO gilt nicht für offene Kleingaragen.

(2) [1]§ 8 Abs. 1 Satz 1 Nr. 2 DVO-NBauO gilt nicht für Garagen. [2]Automatische Garagen müssen durch Brandwände in Gebäudeabschnitte von nicht mehr als 6 000 m³ Brutto-Rauminhalt unterteilt sein.

§ 10 Stützen

Für Stützen gelten § 6 Abs. 1 und 2 und die §§ 7 bis 9 sinngemäß.

§ 11 Rauchabschnitte

(1) [1]Geschlossene Großgaragen, ausgenommen automatische Garagen, müssen durch mindestens feuerhemmende, aus nicht brennbaren Baustoffen bestehende Wände in Rauchabschnitte unterteilt sein. [2]Die Nutzfläche eines Rauchabschnitts darf

1. in oberirdischen geschlossenen Großgaragen 5 000 m²,

2. in sonstigen geschlossenen Großgaragen 2 500 m²

betragen; sie darf doppelt so groß sein, wenn die Garagen Sprinkleranlagen mit über die Fläche verteilten Sprühdüsen haben. [3]Ein Rauchabschnitt darf sich auch über mehrere Geschosse erstrecken.

(2) [1]In Wänden nach Absatz 1 Satz 1 müssen Öffnungen dichtschließende, selbstschließende und mindestens feuerhemmende Abschlüsse haben. [2]Die Abschlüsse müssen Feststellanlagen haben, die bei Raucheinwirkung ein selbsttätiges Schließen bewirken; sie müssen auch von Hand geschlossen werden können.

§ 12 Verbindungen zu Garagen und zwischen Garagengeschossen

(1) Garagen, ausgenommen offene Kleingaragen, dürfen mit Fluren, Treppenräumen und Aufzügen, die nicht nur den Benutzern der Garage dienen, nur durch Öffnungen mit selbstschließenden und mindestens feuerhemmenden Türen verbunden sein.

(2) [1]Geschlossene Mittel- und Großgaragen dürfen mit Fluren, Treppenräumen und Aufzügen im Sinne des Absatzes 1 nur durch einen Raum verbunden sein, der feuerbeständige Wände und Decken sowie Türen hat, die in Fluchtrichtung aufschlagen und zur Garage rauchdicht, selbstschließend und mindestens feuerhemmend sowie zu den Fluren, Treppenräumen und Aufzügen rauchdicht und selbstschließend sind und aus nichtbrennbaren Baustoffen bestehen (Sicherheitsschleuse). [2]Ein Aufzug, der weder in einem eigenen feuerbeständigen Schacht liegt noch direkt ins Freie führt, darf mit einer

geschlossenen Mittel- oder Großgarage nur über eine Sicherheitsschleuse und einen zusätzlichen Aufzugsvorraum verbunden sein.

(3) [1]Garagen dürfen mit sonstigen nicht zur Garage gehörenden Räumen und mit anderen Gebäuden unmittelbar nur durch Öffnungen verbunden sein, die rauchdichte, selbstschließende und mindestens feuerhemmende Türen haben. [2]Satz 1 gilt nicht für Kleingaragen und für Verbindungen von Garagen mit Räumen oder Gebäuden, die nur Abstellzwecken dienen und insgesamt nicht mehr als 20 m² Grundfläche haben.

(4) Automatische Garagen dürfen mit nicht zur Garage gehörenden Räumen und mit anderen Gebäuden nicht verbunden sein.

(5) Treppenräume, die Garagengeschosse miteinander verbinden, müssen rauchdichte, selbstschließende und mindestens feuerhemmende sowie aus nichtbrennbaren Baustoffen bestehende Türen haben.

§ 13 Rettungswege

(1) [1]Mittel- und Großgaragen müssen in jedem Geschoss mindestens zwei voneinander unabhängige Rettungswege haben; § 33 Abs. 1 und 2 Sätze 1 bis 3 NBauO gilt entsprechend. [2]Der zweite Rettungsweg darf auch über eine Rampe führen. [3]Abweichend von Satz 1 genügt für oberirdische Mittel- und Großgaragen ein Rettungsweg, wenn ein Ausgang ins Freie in nicht mehr als 10 m Entfernung erreichbar ist. [4]In oberirdischen Garagen, deren Einstellplätze im Mittel nicht mehr als 3 m über der Geländeoberfläche liegen, sind notwendige Treppen ohne Treppenraum zulässig.

(2) [1]Von jeder Stelle einer Mittelgarage und einer Großgarage muss in demselben Geschoss mindestens ein Ausgang ins Freie oder ein notwendiger Treppenraum oder, wenn ein Treppenraum nicht erforderlich ist, mindestens eine notwendige Treppe

1. bei offenen Mittel- und Großgaragen in einer Entfernung von nicht mehr als 50 m und

2. bei geschlossenen Mittel- und Großgaragen in einer Entfernung von nicht mehr als 30 m

erreichbar sein. [2]Die Entfernung ist in der Luftlinie, jedoch nicht durch Bauteile zu messen.

(3) [1]In Mittel- und Großgaragen müssen dauerhafte und leicht erkennbare Hinweise auf die Ausgänge vorhanden sein. [2]In Großgaragen müssen die zu den notwendigen Treppen oder zu den Ausgängen ins Freie führenden Wege auf dem Fußboden durch dauerhafte und leicht erkennbare Markierungen sowie an den Wänden durch beleuchtete Hinweise gekennzeichnet sein.

(4) [1]Die Absätze 1 bis 3 gelten für Dächer mit Einstellplätzen von Mittel- und Großgaragen entsprechend. [2]Sie gelten nicht für automatische Garagen.

§ 14 Beleuchtung

(1) [1]In Mittel- und Großgaragen muß eine elektrische Beleuchtung vorhanden sein. [2]Sie muss so beschaffen sein und in mindestens zwei Stufen so geschaltet werden können, dass an allen Stellen der Nutzflächen und Rettungswege in 0,85 m Höhe über dem Fußboden eine Beleuchtungsstärke von mindestens 1 Lux in der ersten und von mindestens 20 Lux in der nächsten Stufe erreicht wird.

(2) In geschlossenen Großgaragen, ausgenommen eingeschossige Großgaragen mit festem Benutzerkreis, muß zur Beleuchtung der Rettungswege eine Sicherheitsbeleuchtung vorhanden sein.

(3) Die Absätze 1 und 2 gelten nicht für automatische Garagen.

§ 15 Lüftung

(1) [1]Geschlossene Mittel- und Großgaragen müssen maschinelle Abluftanlagen und so große und so verteilte Zuluftöffnungen haben, daß alle Teile der Garage ausreichend

gelüftet werden. [2]Bei nicht ausreichenden Zuluftöffnungen muß eine maschinelle Zuluftanlage vorhanden sein.

(2) [1]Für geschlossene Mittel- und Großgaragen mit geringem Zu- und Abgangsverkehr wie Wohnhausgaragen, genügt abweichend von Absatz 1 eine natürliche Lüftung durch Lüftungsöffnungen oder über Lüftungsschächte. [2]Die Lüftungsöffnungen müssen

1. einen freien Gesamtquerschnitt von mindestens 1 500 cm² je Garageneinstellplatz haben,

2. in den Außenwänden oberhalb der Geländeoberfläche in einer Entfernung von höchstens 35 m einander gegenüberliegen,

3. unverschließbar sein und

4. so über die Garage verteilt sein, daß eine ständige Querlüftung gesichert ist.

[3]Die Lüftungsschächte müssen untereinander in einem Abstand von nicht mehr als 20 m angeordnet sein. [4]Lüftungsschächte mit einer Höhe von nicht mehr als 2 m müssen einen freien Gesamtquerschnitt von mindestens 1 500 cm² je Einstellplatz und, wenn sie eine Höhe von mehr als 2 m haben, einen freien Gesamtquerschnitt von mindestens 3 000 cm² je Einstellplatz haben.

(3) Für geschlossene Mittel- und Großgaragen genügt abweichend von Absatz 1 eine natürliche Lüftung, wenn im Einzelfall nach dem Gutachten eines nach Bauordnungsrecht anerkannten Sachverständigen zu erwarten ist, dass der Mittelwert des Volumengehalts an Kohlenmonoxyd in der Luft, gemessen über jeweils eine halbe Stunde und in einer Höhe von 1,50 m über dem Fußboden (CO-Halbstundenmittelwert), auch während der regelmäßigen Verkehrsspitzen im Mittel nicht mehr als 100 ppm (= 100 cm³/m³) betragen wird, und wenn dies auf der Grundlage von Messungen, die nach Inbetriebnahme der Garage bei einem CO-Gehalt der Luft von mehr als 250 ppm über einen Zeitraum von mindestens einem Monat durchzuführen sind, von einem nach Bauordnungsrecht anerkannten Sachverständigen bestätigt wird.

(4) [1]Die maschinellen Abluftanlagen sind so zu bemessen und zu betreiben, dass der CO-Halbstundenmittelwert unter Berücksichtigung der regelmäßig zu erwartenden Verkehrsspitzen nicht mehr als 100 ppm beträgt. [2]Diese Anforderungen gelten als erfüllt, wenn die Abluftanlage in Garagen mit geringem Zu- und Abgangsverkehr mindestens 6 m³, bei anderen Garagen mindestens 12 m³ Abluft in der Stunde je m² Garagennutzfläche abführen kann; für Garagen mit regelmäßig besonders hohen Verkehrsspitzen kann im Einzelfall ein Nachweis der nach Satz 1 erforderlichen Leistung der Abluftanlage verlangt werden.

(5) [1]Maschinelle Abluftanlagen müssen in jedem Lüftungssystem mindestens zwei gleich große Ventilatoren haben, die bei gleichzeitigem Betrieb zusammen den erforderlichen Gesamtvolumenstrom erbringen. [2]Jeder Ventilator einer maschinellen Zu- oder Abluftanlage muss aus einem eigenen Stromkreis gespeist werden, an den andere elektrische Anlagen nicht angeschlossen werden können. [3]Soll das Lüftungssystem zeitweise nur mit einem Ventilator betrieben werden, müssen die Ventilatoren so geschaltet sein, daß sich bei Ausfall eines Ventilators der andere selbsttätig einschaltet.

(6) [1]Geschlossene Großgaragen mit nicht nur geringem Zu- und Abgangsverkehr müssen CO-Anlagen zur Messung und Warnung (CO-Warnanlagen) haben. [2]Die CO-Warnanlagen müssen so beschaffen sein, daß die Benutzer der Garagen bei einem CO-Gehalt der Luft von mehr als 250 ppm über Lautsprecher und durch Blinkzeichen mit deutlicher Aufschrift dazu aufgefordert werden, die Garage mit dem Fahrzeug zügig zu verlassen oder bei Fahrzeugen im Stand die Motoren abzustellen. [3]Die CO-Warnanlagen müssen an eine Ersatzstromquelle angeschlossen sein. [4]Während der Warnungen müssen die Garagenausfahrten offen gehalten werden.

(7) In geschlossenen Mittel- und Großgaragen müssen an der Zufahrt und in jedem Geschoß leicht erkennbar und dauerhaft folgende Hinweise vorhanden sein:

„Abgase gefährden die Gesundheit.
Vermeiden Sie längeren Aufenthalt!"

(8) Die Absätze 1 bis 7 gelten nicht für automatische Garagen.

(9) § 23 Abs. 5, auch in Verbindung mit Abs. 8, DVO-NBauO ist nicht anzuwenden.

§ 16 Feuerlöschanlagen, Rauch- und Wärmeabzug

(1) In Großgaragen müssen in Geschossen, deren Fußboden im Mittel mehr als 4 m unter oder mehr als 15 m über der Geländeoberfläche liegt, in unmittelbarer Nähe jedes Ausgangs zu einem Treppenraum Wandhydranten an einer Steigleitung vorhanden sein.

(2) [1]Nichtselbsttätige Feuerlöschanlagen müssen vorhanden sein

1. *in geschlossenen Garagen mit mehr als 20 Einstellplätzen auf kraftbetriebenen Hebebühnen, wenn jeweils mehr als zwei Kraftfahrzeuge übereinander angeordnet werden können, und*
2. *in automatischen Garagen mit nicht mehr als 20 Einstellplätzen.*

[2]Die Bauaufsichtsbehörde bestimmt im Benehmen mit der für den Brandschutz zuständigen Stelle die Art der erforderlichen Feuerlöschanlage.

(3) Sprinkleranlagen müssen vorhanden sein

1. *in automatischen Garagen mit mehr als 20 Einstellplätzen und*
2. *in Großgaragen, wenn das Gebäude nicht allein der Garagennutzung dient, jeweils in den Geschossen, deren Fußboden mehr als 4 m unter der Geländeoberfläche liegt.*

(4) [1]In geschlossenen Großgaragen müssen, wenn das Gebäude nicht allein der Garagennutzung dient, jeweils in den Geschossen, deren Fußboden im Mittel mehr als 4 m unter der Geländeoberfläche liegt, für den Rauch- und Wärmeabzug vorhanden sein

1. *Öffnungen oder Schächte ins Freie mit einem freien Gesamtquerschnitt von insgesamt mindestens 1 000 cm^2 je Einstellplatz oder*
2. *maschinelle Rauch- und Wärmeabzugsanlagen,*
   a) die sich bei Raucheinwirkung selbsttätig einschalten,
   b) die einer Temperatur von 300° C für mindestens eine Stunde standhalten,
   c) die in der Stunde einen mindestens zehnfachen Luftwechsel gewährleisten und
   d) deren elektrische Leitungen bei Brandeinwirkung für mindestens eine Stunde funktionsfähig bleiben.

[2]Die Öffnungen nach Satz 1 Nr. 1 müssen so angeordnet sein, dass jeder Einstellplatz nicht mehr als 20 m von einer Öffnung entfernt ist. [3]Für maschinelle Rauch- und Wärmeabzugsanlagen nach Satz 1 Nr. 2 muss eine ausreichende Versorgung mit Zuluft gewährleistet sein. [4]Die Sätze 1 bis 3 gelten nicht für Garagen, in denen sowohl Sprinkleranlagen nach Absatz 3 als auch maschinelle Abluftanlagen nach § 15 Abs. 1, die mindestens 12 m^3 Abluft je m^2 Garagennutzfläche in der Stunde abführen können, oder eine natürliche Lüftung nach § 15 Abs. 2 vorhanden sind.

§ 17 Brandmeldeanlagen

Geschlossene Mittel- und Großgaragen müssen Brandmeldeanlagen haben, wenn sie in Verbindung stehen mit baulichen Anlagen oder Räumen, für die Brandmeldeanlagen erforderlich sind.

§ 18 Bauvorlagen, Feuerwehrpläne

(1) Die Bauvorlagen müssen Angaben enthalten über:

1. *die Zahl, Abmessung und Kennzeichnung der Einstellplätze und Fahrgassen,*
2. *die Brandmelde- und Feuerlöschanlagen,*

3. die CO-Warnanlagen,

4. die Lüftungsanlagen,

5. die Sicherheitsbeleuchtung.

(2) Für geschlossene Mittel- und Großgaragen kann die Bauaufsichtsbehörde verlangen, daß Feuerwehrpläne vorgelegt werden, die mit der für den Brandschutz zuständigen Stelle abgestimmt sind.

§ 19 Betriebsvorschriften für Garagen

(1) In Mittel- und Großgaragen muss die elektrische Beleuchtung nach § 14 Abs. 1 während der Benutzungszeit der Garage ständig mit einer Beleuchtungsstärke von mindestens 1 Lux eingeschaltet sein, soweit die Garage nicht durch Tageslicht entsprechend beleuchtet ist.

(2) [1]Maschinelle Lüftungsanlagen und CO-Warnanlagen müssen so gewartet werden, daß sie ständig betriebsbereit sind. [2]CO-Warnanlagen müssen ständig eingeschaltet sein.

(3) [1]In Mittel- und Großgaragen dürfen brennbare Stoffe außerhalb von Kraftfahrzeugen nicht aufbewahrt werden. [2]In Kleingaragen dürfen Kraftstoffe außerhalb von Kraftfahrzeugen nur in dicht verschlossenen, bruchsicheren Behältern, jedoch nicht mehr als 200 l Dieselkraftstoff und nicht mehr als 20 l Benzin aufbewahrt werden.

(4) In geschlossenen Großgaragen, deren Benutzung entgeltlich ist, muß, damit der der Volumengehalt an Kohlenmonoxyd in der Luft durch einen unnötig langen Aufenthalt an den Abfahrtsperren nicht erhöht wird, sichergestellt sein, daß die Entgelte entrichtet werden, bevor die abgestellten Fahrzeuge die Einstellplätze verlassen.

§ 20 Abstellen von Kraftfahrzeugen in anderen Räumen als Garagen

(1) Kraftfahrzeuge dürfen in Treppenräumen, Fluren und Kellergängen nicht abgestellt werden.

(2) Kraftfahrzeuge dürfen in sonstigen Räumen, die keine Garagen sind, nur abgestellt werden, wenn

1. das Fassungsvermögen ihrer Kraftstoffbehälter nicht mehr als 12 l beträgt, Kraftstoff außer dem Inhalt der Kraftstoffbehälter abgestellter Kraftfahrzeuge in diesen Räumen nicht aufgewahrt wird, diese Räume keine Zündquellen oder leicht entzündlichen Stoffe enthalten und von Räumen, in denen Feuerstätten vorhanden sind oder leichtentzündliche Stoffe aufbewahrt werden, durch Türen abgetrennt sind,

2. die Kraftfahrzeuge Arbeitsmaschinen sind oder

3. die Räume Ausstellungsräume, Verkaufsräume, Werkräume oder Lagerräume für Kraftfahrzeuge sind.

§ 21 (aufgehoben)

§ 22 Ausnahmen und weitergehende Anforderungen

Weitergehende Anforderungen als nach dieser Verordnung können zur Erfüllung des § 3 NBauO gestellt werden, soweit Garagen oder Stellplätze für Kraftfahrzeuge bestimmt sind, deren Länge mehr als 5 m und deren Breite mehr als 2 m beträgt.

§ 23 Ordnungswidrigkeiten

Ordnungswidrig im Sinne des § 80 Abs. 3 NBauO handelt, wer vorsätzlich oder fahrlässig als Betreiberin oder Betreiber einer geschlossenen Mittel- oder Großgarage

1. entgegen § 15 Abs. 4 Satz 1 eine maschinelle Abluftanlage nicht oder nicht in der dort vorgeschriebenen Weise betreibt oder

2. nicht für eine § 19 Abs. 1 entsprechende Beleuchtung sorgt.

§ 24 Bestehende Garagen

Die Anforderungen nach § 19 in der ab dem 1. November 2012 geltenden Fassung gelten auch für die am 31. Oktober 2012 bestehenden Garagen.

§ 25 Übergangsvorschriften

Für die vor dem 1. November 2012 eingeleiteten Verfahren ist weiterhin die Garagenverordnung vom 4. September 1989 (Nds. GVBl. S. 327), geändert durch Artikel 3 der Verordnung vom 22. Juli 2004 (Nds. GVBl. S. 263), anzuwenden.

§ 26 Inkrafttreten

(...)

(Die GaStplVO ist in der vorstehenden geänderten Fassung am 1.11.2012 in Kraft getreten.)

Übersicht

A. Allgemeines

1 Seit der NBauO 1973 waren im § 46 die Sicherheitsanforderungen und die Anforderungen zusammengefasst, die mit Rücksicht auf den Umweltschutz und den Verkehr an bauliche Anlagen für Kraftfahrzeuge zu stellen sind, während der § 47 nur die Verpflichtung zur Ausstattung baulicher Anlagen mit Kfz-Einstellplätzen regelte.

Von dieser Gliederung hat sich die MBauO 2002 (Fassung 2016) entfernt, die in § 49 nur noch die Lage notwendiger Stellplätze auf dem Baugrundstück vorschreibt (Abs. 1), die Verwendung von Ablösegeldern regelt (Abs. 2) und alles übrige örtlichen Bauvorschriften überlässt, welche die Gemeinden gemäß § 84 Abs. 1 je nach Bedarf aufstellen können. Eine Einstellplatzpflicht (wie in § 47 NBauO) ergibt sich aus der MBauO 2002 selbst nicht mehr; sie kann aber in örtlichen Bauvorschriften durch die Gemeinde begründet werden ebenso wie deren Ablösung durch Geldbeträge (s. § 47 Abs. 5 Rn. 9).

2 **Gesetzesänderungen:** Anschließend hat der § 46 bis zur NBauO 1995 mehrere Änderungen erfahren, welche Begriffsbestimmungen und auch materielle Anforderungen erfassten. Der § 47 regelt nur noch die Verpflichtung zur Ausstattung baulicher Anlagen mit Kfz-Einstellplätzen. Im § 46 wurden die Gefahrenabwehr wie Verkehrssicherheit, Betriebssicherheit und Brandschutz an die Seite der Abwehr unzumutbarer Belästigungen zusammengefasst. Er enthielt weiter die Ermächtigung an die oberste Bauaufsichtsbehörde, über Verordnung Garagen besonderen Sicherheitsanforderungen zu unterwerfen (jetzt GaStVO). Im Abs. 2 folgte die Ermächtigung der Gemeinden, durch örtliche Bauvorschrift in bestimmten Teilen des Gemeindegebietes oder für bestimmte Nutzungen

in bestimmten Teilen des Gemeindegebietes die Herstellung von Garagen und Stellplätzen zu verbieten oder zu beschränken (sogn. Stellplatzbeschränkungssatzung). Der Abs. 3. bezog andere Räume für Kraftfahrzeuge sowie Räume zum Abstellen nicht ortsfester Geräte mit Verbrennungsmotoren mit ein.

In der geltenden NBauO besteht der §46 nur noch aus einem Absatz, der sich nur aus dem Satz 1 des Abs. 1 a.F. und dem Abs. 3 a.F. zusammensetzt. Seine materiellen Anforderungen konzentrieren sich nur noch abstrakt auf die Verkehrs- und Betriebssicherheit sowie den Brandschutz. Die Abwehr unzumutbarer Belästigungen soll auf Grundlage der Generalklausel des §3 Abs. 1 (jetzt) Satz 2 und uU des Schutzanspruches des §13 erfolgen. Neben der allgemeinen Gefahrenabwehr und des Gesundheitsschutzes verbleibt noch das Rücksichtnahmegebot. Die Ermächtigung des Verordnungsgebers ist nun in den §82 Abs. 1 Nr. 3 übertragen worden. Die Gemeinden müssen sich beim Erlass der örtlichen Bauvorschrift auf die inhaltlich unverändert gebliebene Regelung des 84 Abs. 2 stützen. 3

Der §46 NBauO verwendet weiter die **Begriffe** Garagen, Parkhäusern als Sonderform der Garage und Stellplätze. Der §47 stützt sich dem gegenüber auf das Erfordernis von **Einstellplätzen.** Die genauere Definition dieser baulichen Anlagen für Kraftfahrzeuge wurde nunmehr in den §2 Abs. 9 und 10 eingefügt, wobei sie gleichzeitig aus dem Katalog der Sonderbauten herausgezogen wurden (s. → §2 Rn. 111 ff). 4

Das Bauplanungsrecht enthält sich einer eigenen Definition der Begriffe Stellplätze bzw. Garagen, weil aus Sicht des Bodenrechts eine Unterscheidung zwischen Stellplätzen und Garagen im Hinblick auf die Nutzung des Bodens bedeutungslos ist; s. auch → Rn. 21 und → Rn. 22). 5

Die über §46 geregelten baulichen Anlagen für **Kraftfahrzeuge** dienen dem ruhenden Verkehr außerhalb der Straßenverkehrsflächen. Begrifflich werden Stellplätze oft mit Parkplätzen vermengt. Zur präzisen Abgrenzung sollten die jetzt im §2 Abs. 9 NBauO erläuterten Definitionen bei der bauordnungsrechtlichen Betrachtung herangezogen werden, um eine klare Abgrenzung zum straßenrechtlichen Wortgebrauch zu erreichen (siehe auch §47 Abs. 7 Nr. 1). Gerade bei der planungsrechtlichen Definition werden „Parkplätze" synonym zu den „Stellplätzen" verwendet (vergl. zB BVerwG Beschluss 18.5.2016 – 1; 4 BN 8.16 –). 6

Der §2 Abs. 9 Satz 1 präzisiert daher den **Stellplatz** als eine im Freien und außerhalb der öffentlichen Verkehrsflächen gelegene Fläche zum Abstellen von Kraftfahrzeugen. Dabei handelt es sich wegen der Fiktion des §2 Abs. 1 S. 2 Nr. 9 NBauO auch dann um eine bauliche Anlage, wenn der Stellplatz nicht aus Bauprodukten hergestellt ist. Das wird gerade dann zutreffen, wenn ein Grundstück ohne weitere bauliche Maßnahmen zum regelmäßigen Abstellen von Kraftfahrzeugen genutzt wird und bodenrechtliche Spannungen ausgelöst werden. 7

Für Garagen als im weitesten Sinne überdachte Stellplätze triff regelmäßig die Bestimmung als Gebäude gem. §2 Abs. 2 NBauO zu, weil ihre Zweckbestimmung der Sachenschutz ist. Das betrifft insb. auch die nur überdachten seitlich aber offenen „Carports", die bisweilen in der Rechtsprechung differenziert hervorgehoben werden (vergl. OVG München Urteil 21.6.2016 – 2 A 853/14 –, siehe auch §2 Rn. 125). Es zählen auch Gebäudeteile oder Räume innerhalb eines sonst anders genutzten Gebäudes zu den Garagen, wenn diese Räume zum Abstellen von Kfz genutzt werden. Das Einbeziehen der Parkhäuser als besonderer Typ der Garage im §2 Abs. 10 S. 2 NBauO wird im §46 erneut aufgegriffen. Damit wird deutlich, dass sie den materiellen Bestimmungen des Bauordnungsrechts unterworfen sind. 9

Die GaStPlVO übernimmt im §1 die flächenabhängige Abgrenzung von **Kleingaragen** (bis zu 100 m² Nutzfläche), **Mittelgaragen** (über 100 m² und bis 1 000 m² Nutzfläche) und **Großgaragen (Gar**agen über 1 000 m² Nutzfläche). Sie werden jetzt im Abs. 6 durch die Typologie der **automatischen Garage** ergänzt. Die **Nutzfläche** i.S.v. §1 Abs. 7 10

GaStPlVO ist die Fläche des Garageninnern, bei einer automatischen Garage wird die Summe der Flächen aller Garageneinstellplätze gebildet.

11 Zwar werden **Ausstellungs-, Verkaufs-, Werk- und Lagerräume** für Kraftfahrzeuge gem. § 2 Abs. 10 nicht zu den Garagen gezählt, müssen aber wie die hinzugenommenen Räume zum Abstellen nicht ortsfester **Geräte mit Verbrennungsmotoren** den materiellen Anforderungen des § 46 genügen. Die Verbindung zur GaStPlVO wird über den § 20 Abs. 2 Nr. 3 hergestellt, der das Abstellen von Kraftfahrzeugen in den Räumen derartiger Gebäude zulässt.

B. Genehmigungspflicht

12 Die Frage nach der Genehmigungspflicht von Garagen war schon bisher nicht einfach zu beantworten. Die Verunsicherung wird mit der Änderung 2019 nicht behoben. Garagen- oder Stellplatzanlage können verfahrensfrei gestellt sein (§ 60 Abs.1), als genehmigungsfreie Baumaßnahme optional nur der Mitteilungspflicht unterliegen (§ 62 Abs. 1) oder erfordern die Baugenehmigung über das vereinfachte Verfahren (§ 63 Abs. 1). Ergänzend ist zu klären, ob der bautechnische Nachweis zur Standfestigkeit oder des Brandschutzes zur Prüfung vorgelegt werden muss (§ 65 Abs. 2 bis 6). Da bauliche Anlagen für Kraftfahrzeuge nicht mehr im § 2 Abs. 5 als Sonderbauten (wie noch im § 51 Abs. 2 a.F. als bauliche Anlagen besonderer Art und Nutzung) erfasst sind, unterliegen sie grundsätzlich nur dem vereinfachten Baugenehmigungsverfahren nach § 63 Abs. 1, wobei der Nachweis des Brandschutzes zu prüfen ist, sobald die Nutzfläche 100 m^2 übersteigt.

13 Die Antwort auf die Frage, welches Verfahren zum Erhalt der Baufreigabe herangezogen wird, und nach dem Umfang der Prüfung durch die BauAB, hängt davon ab, welche Grundfläche eingenommen wird, ob der Bedarf eines notwendigen Einstellplatzes erfüllt wird, ob es sich um eine Nebenanlage für eine genehmigungsfrei gestellte Baumaßnahme handelt, ob sich das Baugrundstück im Außenbereich befindet, ob sie unterirdisch angeordnet sind. Die Absicht des Gesetzgebers zur Entbürokratisierung durch Abbau präventiver Kontrollen überfordert die Bauschaffenden. De lege ferenda: Aus Gründen der Rechtsklarheit sollten entweder Garagen grundsätzlich genehmigungspflichtig sein (ausgenommen Garagen nach § 62 Abs. 1 Nr. 4). Alternativ könnte die Einschränkung von der Freistellung hinsichtlich Garagen mit notwendigen Einstellplätzen entfallen, zumal ein mit der Einschränkung beabsichtigter Gewinn an Rechtskonformität dieser Gebäude nicht erkennbar ist.

14 Die Errichtung von **Garagen** und Parkhäusern ist nur dann von einer wie auch immer gearteten Bauvorlage befreit, wenn sie nach Nr. 1.2 des Anhangs zu § 60 Abs. 1 verfahrensfrei gestellt sind. Stellplätze für Personenkraftfahrzeuge sind über die Nr. 14.7 erfasst. Voraussetzung ist aber, dass es sich nicht um notwendige Einstellplätze handeln darf. Garagen und Einstellplätze, die als Nebengebäude oder Nebenanlage für genehmigungsfrei gestellte Gebäuden **nach § 62 NBauO** dienen, unterliegen – wie die „Hauptgebäude“ selbst – nur der Mitteilungspflicht gegenüber der Gemeinde. Wahlweise darf auf Wunsch des Bauherrn auch das vereinfachte Baugenehmigungsverfahren durchgeführt werden (§ 63 Abs. 1 NBauO), welches auch für alle weiteren von keiner Begünstigung erfassten Anlagen nach § 2 Abs. 9 und 10 NBauO gilt. Unabhängig von der Pflicht zur Bauvorlage ist aber noch zu klären, ob die für die Garagenanlage zu erstellenden bautechnischen Nachweise für die Standfestigkeit und des Brandschutzes durch die BauAB geprüft werden müssen. Stellplätze und Garagen sind nicht mehr wie noch über § 51 Abs. 2 Nr. 4 a.F. als bauliche Anlagen für Kraftfahrzeuge von den Regelungen für bauliche Anlagen und Räume besonderer Art und Nutzung erfasst. Der Katalog der Sonderbauten gem. § 2 Abs. 5 NBauO führt sie nicht mehr auf. Da die in der GaStPlVO niedergelegten besonderen Anforderungen auf der Ermächtigung des § 82 Abs. 1 Nr, 3 NBauO beruhen, während Sonderbauverordnungen in der Nr. 4 erfasst sind, wäre es unlogisch, Garagen auf Umwegen doch den Sonderbauten zuzuordnen, weil ihnen ein

entsprechendes Gefahrenpotenzial unterstellt werden kann. Nur dann wären sie vollumfängliche auf ihre Vereinbarkeit mit dem öffentlichen Baurecht zu prüfen.

Verfahrensfrei gestellte Garagen sind nicht mehr von Gebäuden in den Abmessungen der **Nr. 1.1 des Anhangs** zu § 69 a.F. erfasst, sondern eigenständig über **Nr. 1.2** geregelt. Danach gilt folgendes: **15**
- **Verfahrensfrei** sind bis zu zwei **Garagen** (auch mit Abstellraum) mit je weiter bis zu **30 m² Grundfläche** (diese Größe entspricht ungefähr handelsüblichen Fertiggaragen für einen PKW), wenn die Garage
- ein zusätzlichen Einstellplatz aufnimmt, der über die Anzahl notwendiger Einstellplätze hinausgeht,
- für einen notwendigen Einstellplatz bestimmt ist, der zuvor genehmigt worden ist,
- einen notwendigen Einstellplatz enthält, der nach § 62 baugenehmigungsfrei ist
- und nicht im Außenbereich (§ 35 BauGB) liegt.

Mit in die Änderung 2019 aufgenommen wurde, dass in die Garagenanlage auch Abstellraum integriert sein darf und die Zufahrten ebenso von der Verfahrensfreiheit erfasst sind.

Für **Stellplätze** ist inhaltlich die bisherige Regelung beibehalten worden, jetzt unter **Nr. 14.7 des Anhangs** aufgeführt. Auch unter der Voraussetzung, dass keine **notwendigen Einstellplätze** aufgenommen werden, dürfen sie pro Grundstück bis zu 50 m² Nutzfläche zuzüglich ihrer Zufahrten und Fahrgassen errichtet werden. Das gilt sowohl für tatsächlich gebaute Stellplätze mit befestigter Oberfläche wie auch für Stellplätze, die nur fiktive bauliche Anlagen i.S. von § 2 Abs 11 S. 2 NBauO sind, wie z.B. eine abgegrenzte befahrbare Rasenfläche. Die Flächenbegrenzung gilt für die Summe der Flächen notwendiger und nicht notwendiger Einstellplätze auf einem Grundstück (OVG Lüneburg Beschluss 21.03.2018 -1 LA 123/17-).

Genehmigungsfrei sind Stellplätze, die **Nebengebäude oder Nebenanlage** für genehmigungsfreie Wohngebäuden **nach § 62 Abs. 1 Nr. 1** oder als sonstige Gebäude in Gewerbe- oder Industriegebieten gem. **Nr. 2** angelegt werden sollen. Das gilt sowohl für notwendige als auch für zusätzliche Stellplätze; ihre Anzahl oder Fläche ist in dem Fall nicht beschränkt. Garagen und Stellplätze allerdings, die keine räumliche und funktionale Zuordnung zur Hauptnutzung besitzen, wären baugenehmigungspflichtig, soweit sie nicht verfahrensfrei gestellt sind (siehe aber → Rn. 19). **16**

Der bautechnische Nachweis für die Einhaltung an die Standsicherheit, den **Brand-, Schall-, Wärme- und Erschütterungsschutz** ist immer dann zu erbringen, wenn es sich nicht um verfahrensfrei gestellte Anlagen handelt. Der BauAB zur Prüfung ist gem. § 65 Abs. 2 aber nur der Nachweis der Standsicherheit für Garagen vorzulegen **17**
- in Wohngebäuden der Gebäudeklasse 4 und 5
- in sonstigen Wohngebäuden, wenn sie unterirdisch errichtet werden und wenn sie eine Nutzfläche von mehr als 100 m² haben (siehe auch → § 62 Rn. 20),
- in sonstigen Gebäuden, ausgenommen sie sind eingeschossig und haben weniger als 200 m² Grundfläche. Weitergehend ausgenommen wären Garagen als Teil eines eingeschossigen land- oder forstwirtschaftlich oder erwerbsgärtnerisch genutzten Gebäudes mit einer Dachkonstruktion bis zu 6 m Stützweiter oder einer Dachkonstruktion mit fachwerkartigen Dachbindern bis 20 m Stützweite.

Dabei ist aber zu beachten, dass der Standsicherheitsnachweis immer dann zu prüfen ist, wenn er von einer Person erstellt wurde, die nicht die Voraussetzungen des § 65 Abs. 4 oder 5 NBauO erfüllt.

Der Nachweis des Brandschutzes ist zur Prüfung vorzulegen bei Garagen
- mit mehr als 100 m² Nutzfläche,
- als Teil eines Wohngebäudes der Klasse 4 oder 5 sind oder
- als Teil eines sonstigen Gebäudes der Klasse 3, 4 oder 5, ausgenommen sie sind Teil eines eingeschossigen land- oder forstwirtschaftlich oder erwerbsgärtnerisch genutzten Gebäudes,
- als Bestandteil eines Sonderbaus.

18 Ausgenommen die verfahrensfrei gestellten Anlagen muss die Bauvorlage die Angaben enthalten, die eine Prüfung im vereinfachten Verfahren nach § 63 Abs. 1 NBauO ermöglichen könnte. Sie beschränkt sich bei Garagen und Stellplätzen auf
- das städtebauliche Planungsrecht,
- die Grenzabstände nach §§ 5 – 7 NBauO
- den Nachweis notwendiger Einstellplätze nach § 47 NBauO
- die sonstigen Vorschriften des öffentlichen Baurechts im Sinne des § 2 Abs. 16 NBauO.

Der Nachweis des zweiten Rettungsweges ist nur dann zu prüfen, wenn das Garagengebäude um weitere Aufenthaltsräumen ergänzt wird, die nicht dem Wohnen dienen und soweit das betroffene Geschoss für die Nutzung durch mehr als 10 Personen bestimmt ist (§ 33 Abs. 2 S. 3 NBauO). Werbeanlagen an Garagen (§ 50 NBauO) müssen baurechtlich gesondert beurteilt werden.

19 **Die notwendigen Einstellplätze** und nicht mehr verfahrensfrei gestellte Garagen und Stellplätze müssen nach § 2 Abs. 1 BauVorlVO im Bauantrag (i.d.R. § 63 NBauO) oder in der Mitteilung (§ 62 Abs. 3 NBauO), vornehmlich im Lageplan, nach Lage, Anzahl und Größe einschließlich der Zufahrten dargestellt werden (s. → § 47 Rn. 45). Das Einhalten der erforderlichen Grenzabstände erschließt sich zusätzlich über Bauzeichnungen (§ 8 BauVorlVO), denen die äußeren Abmessungen der Gebäude entnommen werden können.

20 Soweit der Nachweis der Standsicherheit (§ 65 Abs. 3 NBauO) erbracht werden muss, sind die erforderlichen Unterlagen und Berechnungen zur Standsicherheit der tragenden Bauteile und ihrer Feuerwiderstandsfähigkeit vorzulegen (§ 10 BauVorlVO). Der Nachweis des Brandschutzes enthält alle Angaben, über das Brandverhalten und die Feuerwiderstandsfähigkeit der Baustoffe und Bauteile, die Brand- und Rauchabschnitte, die Rettungswege, die Erreichbarkeit des Gebäudes für die Einsatz- und Rettungskräfte Feuerwehr, die brandschutztechnisch geforderten Abstände und die Löschwasserversorgung (§ 11 Abs. 1 BauVorlVO). Die Bauvorlagen dürfen losgelöst über den Bauantrag, welchen seinen Weg über die Gemeinde nimmt, direkt der BauAB vorgelegt werden. Bei genehmigungsfreien Bauvorhaben ergeht die Entscheidung als eigenständiger Verwaltungsakt, im prüfeingeschränkten Verfahren wird sie mit der Baugenehmigung (§ 70 Abs. 1 S. 1 NBauO).

21 Weder baugenehmigungspflichtig noch den materiellen Anforderungen der NBauO unterworfen sind **öffentliche Parkplätze**, denn sie sind Bestandteil bzw. Nebenanlagen öffentlicher Verkehrsflächen und damit von der NBauO ausgenommen (§ 1 Abs. 1 Nr. 1 NBauO). Das betrifft aber nicht Festsetzungen eines Bebauungsplans, die als private Fläche für das Parken von Kraftfahrzeugen gekennzeichnet sind und demzufolge auch für den Nachweis gem. § 47 Abs. 1 herangezogen werden dürfen.

C. Vorschriften neben der NBauO

22 **Planungsrechtlich** gelten für Garagen die §§ 30 ff. BauGB, weil sie bauliche Anlagen i.S. von (§ 29 Abs. 1 BauGB) sind. Ob auch Stellplätze im bundesrechtlichen Sinne bauliche Anlagen und damit Vorhaben nach § 29 Abs. 1 BauGB sind, bestimmt sich danach, ob sie den Begriff der „Bebauung" erfüllen, also nach ihrer Beschaffenheit bauliche Anlagen in diesem Sinne sind (vgl. → § 2 Rn. 6). Das dürfte in der Regel für befestigte (also gebaute) Stellplätze der Fall sein, nicht jedoch bei völlig unbefestigten Stellplätzen (vgl. BVerwG 7.10.77 – IV C 47.75 – BRS 32 Nr. 176 und 21.1.77 – IV C 28.75 – zu Lagerplätzen –BRS 32 Nr. 92; 31.8.73 – IV C 33.71 – BRS 27 Nr. 122 sowie Schmaltz in Schrödter, BauGB 6. Aufl., § 29 Rn. 8 m.w.N.). Solche Rechtsauffassung ist jedoch bedenkenswert, weil sie nur unter die Fiktion des § 2 Abs. 1 S. 2 Nr. 9 fallen und materiell nur den Forderungen des § 46 unterliegen. Erheblich bodenrechtliche Spannungen wären jedoch bei großem Flächenverbrauch durch unbefestigte Stellplatzanlagen zu er-

warten, sei es im Innen-, Außenbereich oder im Geltungsbereich eines Bebauungsplans.

Für Stellplätze und Garagen, ob genehmigungspflichtig oder nicht (vgl. BVerwG 4.3.97 – 4 B 233/96 – BRS 59 Nr. 127), sowie für deren Ein- und Ausfahrten gelten die **Festsetzungen eines Bebauungsplanes** gem. § 9 Abs. 1 Nr. 4 und Nr. 22 BauGB; für Parkhäuser gegebenenfalls auch Festsetzungen gem. § 9 Abs. 1 Nr. 9 bzw. Nr. 11 BauGB. Die allgemeine planungsrechtliche Zulässigkeit von Stellplätzen und Garagen ergibt sich aus § 12 Abs. 1 BauNVO, soweit sie nicht u.U. gem. § 12 Abs. 2 bis 6 BauNVO 1990 selbst bzw. durch Festsetzungen eines Bebauungsplanes eingeschränkt oder ausgeschlossen ist (vgl. → § 12 Rn. 9 ff.). Das Planungsrecht gestattet den Gemeinden im Übrigen, im Bebauungsplan entweder nur Garagen oder nur Stellplätze – nach Maßgabe der dafür im Landesrecht enthaltenen Begriffsbestimmung – zuzulassen (BVerwG 31.8.89 – 4 B 161.88 – BRS 49 Nr. 16). Bei Bebauungsplänen ist zu beachten, wann diese aufgestellt oder geändert wurden, weil davon abhängt, welche Fassung der BauNVO für den Bebauungsplan gilt (§§ 25 ff. BauNVO). 23

Neben dem bauordnungsrechtlichen Verbot unzumutbarer Belästigungen des § 3 Abs. 1 Satz 2 3 steht das entsprechende planungsrechtliche Verbot des **§ 15 Abs. 1 BauNVO**. § 3 Abs. 1 Satz 2 3 NBauO schließt die Anwendung des § 15 Abs. 1 BauNVO nicht aus (BVerwG 7.12.00 - 4 C 3.00 –BR 63 Nr. 160). Beide Vorschriften gebieten, dass von Stellplätzen und Garagen keine unzumutbaren Beeinträchtigungen für die Nachbarschaft ausgehen dürfen. Während das Planungsrecht unzumutbare Belästigungen aus städtebaulicher Sicht verbietet (§ 15 Abs. 2 BauNVO) und dabei vorrangig die Baugebietsverträglichkeit im Blick hat, untersagt das Bauordnungsrecht derartige Belästigungen aus Gründen der Gefahrenabwehr zum Schutz der Gesundheit, Wohnruhe und Erholung. Auch wenn beide Regelungen, was das Verbot unzumutbarer Belästigungen anbelangt, im Ergebnis regelmäßig übereinstimmen, können sich bei ihrer Anwendung unterschiedliche Rechtsfolgen ergeben: 24

Beispielsweise besteht der in § 15 Abs. 1 Satz 2 BauNVO nach Maßgabe des Rücksichtnahmegebots angelegte **Drittschutz des Nachbarn** grundsätzlich auch gegenüber Anlagen auf Grundstücken, die mit dem Grundstück des Nachbarn durch eine landesrechtliche **Vereinigungsbaulast** zusammengeschlossen sind (BVerwG 7.12.00 – a.a.O. Rn. 19; s. → § 4 Rn. 21), während der entsprechende Nachbarschutz aus § 46 Abs. 1 Satz 2 NBauO im Falle einer Vereinigungsbaulast entfällt (Nds. OVG 2.7.99 – 1 L 5277/96 – BR 62 Nr. 147; s. Rn. 59). 25

Im Verfahren nach § 62 wird keine Baugenehmigung erteilt, also erfolgt auch keine Prüfung der Übereinstimmung mit den materiellen Reglungen des öffentlichen Baurechts. Führt solche Baumaßnahme zu unzumutbaren Belästigungen gem. § 3 Abs. 1 S.2 oder § 15 BauNVO, kann sich der Nachbar auf das Verletzen beider Vorschriften berufen (partiell-konkreter Nachbarschutz, siehe auch § 62 Rn. 4 f.). Die Entscheidung über eine Baugenehmigung für ein Vorhaben, das **nach § 63 Abs. 1** nur eingeschränkt zu prüfen ist, enthält keine Aussage über die Vereinbarkeit mit § 3 Abs. 1 Satz 2 3 (§ 70 Abs. 1 Satz 1), da diese Vorschrift nicht Prüfungsmaßstab im vereinfachten Baugenehmigungsverfahren ist (OVG Lüneburg 17.12.96 – 1 M 5481/96 – BRS 58 Nr. 183 noch zur PrüfeVO, die vom § 75a abgelöst wurde). **Gleichwohl vermittelt § 15 BauNVO** in diesem Fall entsprechenden **Nachbarschutz**, weil § 63 Abs. 1 Nr. 1 das Planungsrecht nicht von der Prüfung ausnimmt (OVG Lüneburg 29.8.97 – 6 M 3892/97 – Nds. Rpfl. 1998, 13 zur PrüfeVO). 26

D. Anforderungen an Garagen und Stellplätze (Satz 1)

a) Verkehrssicherheit

27 Garagen, Parkhäuser sowie Stellplätze müssen einschließlich ihrer Nebenanlagen verkehr- und betriebssicher (Satz 1) sein. Das gilt auch und in erster Linie für die Zu- und Abfahrten dieser Anlagen. Diese müssen so angeordnet und beschaffen sein, dass der Verkehr auf den öffentlichen Verkehrsflächen gut zu übersehen ist. Die im § 46 Satz 2 a.F. enthaltene Forderung, dass sie so angeordnet und beschaffen sein müssen, dass ihre Benutzung nicht zu einer Gefährdung der Sicherheit oder Ordnung des Verkehrs führt, wird mittelbar über § 3 Abs. 1 Satz 1 gestellt. Derartige Sicherheitsbelange wie auch die Funktionsfähigkeit des Straßenverkehrs berechtigen auch, Anforderungen an die Gestaltung des öffentlichen Straßenraums zu stellen wie das Einrichten von Lichtsignalanlagen, Abbiegespuren ua (zum Erfordernis einer Mittelinsel OVG Lüneburg Beschluss 16.02.2010 -1 LA 88/08- DÖV 2010, 489).

28 § 2 Abs. 1 GaStPlVO fordert daher, dass zwischen Garagen und öffentlichen Verkehrsflächen **Zu- und Abfahrten von mindestens 3,00 m Länge** vorhanden sein müssen. Garagen unmittelbar an der Straßengrenze sind schon deshalb abzulehnen, weil der Fahrer i.d.R. erst dann in der Lage ist, die Verkehrssituation zu übersehen, wenn das Kfz bereits weitgehend in den Verkehrsraum hineinragt. Der Bürgersteig gehört insoweit bereits zur öffentlichen Verkehrsfläche (Rad fahrende Kinder!). Gerade bei Kleingaragen an der Nachbargrenze (§ 5 Abs. 8 S 2 Nr. 1) ergeben sich häufig Probleme bezüglich der Verkehrsübersicht, wenn das Nachbargrundstück eine undurchsichtige Einfriedung hat. Hier kann nicht etwa die BauAB eine Änderung bzw. Beseitigung des die Sicht behindernden Teils der Einfriedung fordern, sondern es ist Sache des Bauherrn, seine Garage und deren Zufahrt so anzuordnen, dass er beim Herausfahren aus der Garage (auch rückwärts) die erforderliche Sicht sowohl auf Fußgänger als auch auf den fließenden Verkehr hat (vgl. → § 3 Rn. 9 ff. und → Rn. 33 ff.).

29 § 2 Abs. 2 GaStPlVO fordert (über Abs. 1 hinaus), dass vor Anlagen (Schranken, Garagentoren und dgl.), die die freie Zufahrt zeitweilig hindern, ein **ausreichender Stauraum auf dem Baugrundstück** für wartende Kfz vorhanden sein muss. Stauraum ist die Fläche vor Schranken und Toren, die erforderlich ist, um ohne Gefährdung des fließenden Verkehrs vor dem Hindernis anhalten zu können. Ausreichender Stauraum muss vorhanden sein, wenn die Sicherheit oder Ordnung des Verkehrs dies erfordert. Das ist an stark befahrenen (Durchgangs-)Straßen grundsätzlich der Fall, weil jeder Rückstau vor Grundstückszufahrten die Sicherheit des fließenden Verkehrs beeinträchtigt. In verkehrsberuhigten Wohnstraßen und Sackgassen wird man dagegen eine Gefährdung der Verkehrssicherheit durch geschlossene Grundstückseinfriedungen ohne Stauraum vor den Zufahrten ausschließen können.

30 Bei Mittel- und Großgaragen müssen die zu erwartenden Verkehrsspitzen für die **Bemessung des Stauraumes** zugrunde gelegt werden. Bei Kleingaragen dürfte ein Stauraum zwischen Straßengrenze und Garage i.S. der Vorschrift ausreichend sein, wenn er zum vorübergehenden Anhalten eines Kfz außerhalb des fließenden Verkehrs geeignet ist. Dazu muss er mindestens so groß sein, dass er jedes Fahrzeug aufnehmen kann, das in die Garage passt, und zusätzlich Raum zum Öffnen des Garagentores verbleibt (VGH Kassel 6.3.75 – IV OE 95/74 – BRS 29 Nr. 105). Eine 3 m lange Zu- und Abfahrt vor einer Garage (§ 2 Abs. 1 GaStPlVO; vgl. Rn. 24) lässt die Forderung nach Stauraum nicht entfallen. Sie kann jedoch auf die (größere) Stauraumlänge angerechnet werden.

31 Führt **ein Radweg an der Grundstückszufahrt** vorbei, dann muss, um eine Gefährdung der Verkehrssicherheit auszuschließen, der Stauraum so bemessen sein, dass ein vor dem Garagentor anhaltendes Fahrzeug nicht (auch nicht teilweise) den Radweg blockiert.

Der **Stauraum** muss **nicht vollständig auf dem Baugrundstück** selbst liegen. Zumindest vor Kleingaragen spricht aus Gründen der Verkehrssicherheit nichts dagegen, wenn ein vor dem Grundstück verlaufender Fußweg teilweise mit in Anspruch genommen wird, weil das Öffnen des Tores nur wenige Augenblicke Zeit braucht und im Gegensatz zum fließenden Verkehr Fußgänger dadurch kaum behindert oder gefährdet werden. 32

Ein aus Gründen der Verkehrssicherheit erforderlicher **Stauraum fehlt, wenn** zwar vor dem Garagentor eine ausreichend große Fläche zum Abstellen eines Kraftfahrzeugs vorhanden ist, die Zufahrt zu dieser Fläche von der Straße aus aber mit einem **Tor in der Grundstückseinfriedung** versperrt ist. Dieses Tor widerspricht dem Zweck der Stauraumregelung und kann auch nicht ausnahmsweise zugelassen werden (vgl. → Rn. 28). 33

Ob ein Stauraum auch dann zu fordern ist, wenn die **Toranlage mittels Funksteuerung zu öffnen** ist (so VGH München 2.2.87 – 14 B 85 A.2601 –BRS 47 Nr. 108), hängt von der Verkehrsbedeutung und dem Ausbau der Straße ab. Auch bei ferngesteuerten Toren behindert das wartende Fahrzeug zunächst den fließenden Verkehr, bis sich das Tor geöffnet hat. Das führt bei starkem Kfz-Verkehr zu einer Gefährdung der Verkehrssicherheit, so dass ferngesteuerte Tore den nach §2 Abs. 2 GaStPlVO geforderten Stauraum an stark befahrenen Straßen nicht ersetzen können. 34

Lassen die örtlichen Verhältnisse Raum für **verschiedene Zu- und Abfahrten** zwischen Garagen oder Stellplätzen und der Straße, so entspricht nach VGH München (13.3.74 – III 711/73 – BRS 28 Nr. 67) grundsätzlich nur diejenige Zu- und Abfahrt der GaStPlVO, die den öffentlichen Verkehr am wenigsten beeinträchtigt. Diese Forderung dürfte so zu weit gehen, denn der Bauherr ist nur verpflichtet, die gesetzlichen Mindestanforderungen einzuhalten, nicht dagegen für optimale Verkehrsbedingungen zu sorgen. Er braucht seine berechtigten Interessen nicht unangemessen zurückzustellen, darf aber andererseits keine unzumutbaren Verkehrsbehinderungen oder gar Verkehrsgefahren bewirken. Ist allerdings aus Kapazitätsgründen neben der direkt an die öffentliche Verkehrsfläche angebotene Zuwegung eine weitere über ein Nachbargrundstück erforderlich, kann hierfür eine Zuwegungsbaulast verlangt werden (OVG Lüneburg 16.2.2010 a.a.O.). 35

Die **Breiten von Zu- und Abfahrten** vor Mittel- und Großgaragen müssen mindestens 2,75 m. Die Anforderungen bei Benutzung durch Feuerwehrfahrzeuge sind in die Richtlinien über Flächen für die Feuerwehr übernommen worden. Sie müssen mindestens 3,00 m betragen. (s. → §4 Rn. 45). Die Bemessung von **Fahrgassen** wird detailliert in §4 Abs. 2 GaStPlVO in tabellarischer Form geregelt. Fahrgassen für Gegenverkehr müssen in Mittel- und Großgaragen stets mindestens 5,00 m breit sein (§4 Abs. 4 GaStPlVO). 36

Rampen von Mittel- und Großgaragen dürfen nicht steiler als 15 % sein (§3 Abs. 1 GaStPlVO). Bei Rampen von mehr als 10 % Gefälle, z.B. vor einer Kellergarage, muss eine Fläche von mindestens 3,00 m Länge zwischen der öffentlichen Verkehrsfläche und der Rampe liegen, die nur eine Neigung von höchstens 10 % haben darf. Das Ausnahmeangebot des §3 Abs. 2 Satz 2 GaVO ist entfallen. Im Einzelfall müsste geprüft werden, ob die Abweichungsmöglichkeit des §66 NBauO herangezogen werden kann. 37

Zur Verkehrssicherheit gehört auch, dass die einzelnen Einstellplätze eine genügende Größe haben. **Pkw-Einstellplätze** müssen mindestens 5,00 m lang und mindestens 2,30 m (besser 2,50 m) breit sein. Einstellplätze für Behinderte müssen eine Mindestbreite von 3,50 m haben. Bezüglich der Die Abmessungen bei Begrenzungen durch Bauteile (§4 Abs. 1 GaStPlVO) staffeln sich von 2,50 m bis 2,30 m. Stoßen Stellplätze mit ihrer Stirnseite an einen mit (nicht zu hohen) Bordsteinen eingefassten Pflanzstreifen, so dürfte für solche Stellplätze auch eine Länge von mind. 4,60 m noch ausreichen, wenn die Vorderwagen der Fahrzeuge über den Bordstein hinweg in den Pflanzstreifen hineinragen können, sodass der Fahrzeugüberhang vor den Vorderrädern der Länge des Einstellplatzes hinzugerechnet werden kann. 38

b) Betriebssicherheit

39 Garagen, Parkhäuser, Stellplätze und ihre Nebenanlagen müssen betriebssicher sein. Je nach Größe der Garagen sind hier unterschiedliche Anforderungen zu stellen. Eine der Hauptgefahren in Garagen ist die **Vergiftungsgefahr** aufgrund des CO-Gehalts der Auspuffgase laufender Motoren. Motore der Kfz dürfen daher nur zum Erreichen und zum Verlassen der Garageneinstellplätze laufen. In geschlossenen oder unterirdischen Großgaragen ist die Vergiftungsgefahr in bestimmten Situationen besonders groß wie z.B. in Kaufhausgaragen bei Ladenschluss oder in Opernhaus-, Kino- oder Theatergaragen bei Vorstellungsbeginn und -ende. Die erforderlichen Lüftungsanlagen müssen auf solche kurzzeitigen maximalen Belastungen ausgelegt sein. Zusätzlich müssen geschlossene Großgaragen mit CO-Warnanlagen ausgestattet sein, die im Gefahrfall zum Abschalten der Motoren auffordern (§ 15 Abs. 6 GaStPlVO). Detaillierte Vorschriften zur Betriebssicherheit sind in § 19 GaVO enthalten.

40 Die **regelmäßige Überprüfung** von Mittel-, Großgaragen sowie automatischen Garagen ist in § 30 DVO-NBauO (abgedr. bei § 78) vorgeschrieben. Danach müssen die betriebstechnischen Anlagen und Einrichtungen, die der Erfüllung bauordnungsrechtlicher Anforderungen dienen, von anerkannten Sachverständigen (nach BauSVO) auf ihre Wirksamkeit und Betriebssicherheit hin geprüft werden. Zu den prüfungsbedürftigen Anlagen gehören insbesondere bei geschlossenen (Tief-)Garagen die Lüftungsanlagen, CO-Warnanlagen sowie alle technischen Anlagen und Einrichtungen, die dem Brandschutz dienen. Zu Prüffristen siehe § 30 Abs. 3 DVO-NBauO. Das Versäumen von Fristen ist eine Ordnungswidrigkeit (§ 8 Abs. 3 NBauO, § 32 Nr. 3 DVO-NBauO), die mit einem Bußgeld bis zu 500 000 € bewehrt ist.

41 Unabhängig von den o.a. wiederkehrenden Prüfungen durch Sachverständige haben der Eigentümer bzw. der Betreiber von Mittel- und Großgaragen für die **laufende Wartung** der technischen Anlagen durch sachkundige Fachfirmen zu sorgen. Diese Pflicht ergibt sich aus § 3 Abs. 4 Satz 2 i.V.m. § 56. Parkhäuser und Großgaragen gelten nur dann als betriebssicher i.S. von Satz 1, wenn die in § 30 DVO-NBauO vorgeschriebenen Prüfungen der technischen Sicherheitseinrichtungen regelmäßig und mit Erfolg durchgeführt werden und die laufende Wartung sichergestellt ist.

c) Brandschutz

42 Garagen, Parkhäuser und ihre Nebenanlagen müssen dem Brandschutz genügen. Abgesehen von den Erleichterungen für Kleingaragen müssen Garagen i.d.R. feuerbeständige Wände, Stützen und Dächer haben. Verkleidungen müssen aus nichtbrennbaren Baustoffen bestehen, Gleiches gilt für die Fußböden. Im Einzelnen siehe dazu die §§ 6 bis 10 GaStPlVO.

Die Erfahrungen hinsichtlich des Brandgeschehens in oberirdischen Gebäuden lassen sich nicht vorbehaltlos auf geschlossene oder unterirdische Großgaragen übertragen. Bei einem Brand in einer geschlossenen Großgarage ist die **Ausbreitungsgefahr des Brandes** mangels brennbarer Baustoffe, die den Brand weiterleiten könnten, **relativ gering**. Meist brennt ein in Brand geratener PKW aus; die Nachbarfahrzeuge werden nur beschädigt (Schneider/Lebeda, Brandschutzplanung für unterirdische Großgaragen, BBauBl. 95, 530). Demgegenüber ist die **Personengefährdung durch Rauchvergiftung ungleich größer**: wegen der niedrigen Geschosshöhe muss bereits beim Brand eines PKW (hoher Kunststoffanteil!) mit einer schnellen Verqualmung des gesamten Brandabschnitts gerechnet werden. Der Bildung von Rauchabschnitten kommt daher besondere Bedeutung zu (§ 11 GaStPlVO).

43 Oberirdische geschlossene Großgaragen müssen in **Rauchabschnitte** von höchstens 5.000 m² Nutzfläche, sonstige geschlossene Großgaragen in Rauchabschnitte von höchstens 2.500 m² Nutzfläche unterteilt sein. Die **Brandabschnitte** dürfen doppelt so

große Nutzflächen haben, wenn die Garagen selbsttätige Feuerlöschanlagen (Sprinkleranlagen) haben. Die einzelnen Rauchabschnitte müssen ggf. wirksam von Rauch befreit werden können, um der Feuerwehr Löscharbeiten zu ermöglichen. Dazu muss entweder die Lüftungsanlage zusätzlich so ausgebildet sein, dass sie die heißen Brandgase getrennt aus den einzelnen Rauchabschnitten abführen und die Rettungswege (Flure, Schleusen, Treppenräume) rauchfrei halten kann, oder es muss neben der Lüftungsanlage eine separate Entrauchungsanlage installiert werden. Eingehende Vorschriften über den Brandschutz enthält die GaStPlVO (z.B. über Rettungswege, Feuerlöscheinrichtungen, Warnanlagen usw.). Die grundsätzliche Forderung des § 33 nach zwei voneinander unabhängigen Rettungswegen gilt auch für Garagen und Parkhäuser (§ 13 GaStPlVO).

Die brandschutztechnischen Anforderungen sind in der GaStPlVO abschließend geregelt, da Garagenanlagen als solche nicht mehr als Sonderbau im § 2 Abs. 5 erfasst sind. Daher ist es der BauAB nicht möglich, weitergehende Anforderungen zu definieren, um einen höheren Sicherheitsstandard durchsetzen zu können. Garagen auf Umwegen über § 2 Abs. 12 Nr. 18 in den Kreis der Sonderbauten wieder einzubeziehen, dürfte nur in außergewöhnlichen Sonderfällen denkbar sein. Das Zugeständnis von Erleichterungen ist über den § 66 wiederum nicht verbaut, wenn denn die Schutzziele des § 3 nicht vernachlässigt werden. **44**

d) Anordnung

Garagen, Parkhäuser und Stellplätze müssen so angeordnet sein, dass ihre Benutzung nicht zu **unzumutbaren Belästigungen** (→ § 3 Rn. 27 ff.) führt. Allerdings bringen Stellplätze und Garagen durch ihre Benutzung zwangsläufig gewisse Beeinträchtigungen ihrer Umwelt mit sich. Diese werden im Allgemeinen als sozialadäquat hinzunehmen sein (vgl. VGH München 11.6.99 – 20 ZB 99.1359 –BRS 62 Nr. 152). Das folgt bereits aus § 12 Abs. 1 BauNVO (Stellplätze und Garagen in allen Baugebieten grundsätzlich zulässig) als auch aus § 5 Abs. 8 S. 2 Nr. 1 (eine privilegierte kleine Garage ist an der Nachbargrenze zulässig). Auch das OVG Lüneburg hat mehrfach entschieden, dass eine einzelne Garage im Grenzbereich in aller Regel nicht zu einer Schädigung der Gesundheit oder zu einer Störung der Wohnruhe und der Erholung durch Lärm oder Gerüche führt, die das zumutbare Maß übersteigen (15.3.79 – 1 A 178/76 – BRS 35 Nr. 194). Gleichwohl müssen sich die Beeinträchtigungen noch im Rahmen des Gebietscharakters und damit des Erträglichen halten (BVerwG 20.3.03 – 4 B 59/02 – NVwZ 03, 1516). Dies wird bestätigt durch § 15 BauNVO, der u.a. auch Garagen und (Ein-)Stellplätze für unzulässig erklärt, „wenn sie nach Anzahl, Lage, Umfang oder Zweckbestimmung der Eigenart des Baugebietes widersprechen“ (BVerwG 14.2.69 – IV C 63.67 – BRS 22 Nr. 115). **45**

Die Forderung des Abs. 1 Satz 2 a.F., Garagen und Stellplätze so anzuordnen, dass ihre Benutzung nicht zu unzumutbaren Belästigungen führt, **ist** entfallen. Gleichwohl bestehen die **nachbarschützenden** Anforderungen über § 3 Abs. S. 3 weiter (vgl. → § 68 Rn. 83 f.). Dieses Schutzziel ist bei der Anordnung von Stellplätzen oder Garagen auf die Konfliktlage von mehreren Grundstücken zugeschnitten. In deren Verhältnis (untereinander) soll sichergestellt werden, dass Einstellplätze und Garagen einschließlich ihrer Zufahrten nicht in Grundstücksbereichen angelegt werden, von denen aus sie zu Lasten anderer Grundstücke unzumutbare Immissionen verursachen (OVG Lüneburg 2.7.99 – 1 L 5277/96 – BRS 62 Nr. 147). **Das Maß des** für die Nachbargrundstücke **Zumutbaren** beurteilt sich dabei nach den Umständen des Einzelfalls, wobei insbesondere die Art und das Maß der baulichen Nutzung des Grundstücks und seiner Umgebung, Standort, Zahl und Benutzungsart der Einstellplätze sowie Lage und Beschaffenheit ihrer Verbindungswege zum öffentlichen Verkehrsraum von Bedeutung sein können (OVG Lüneburg 13.6.86 – 6 OVG B 54/86 – BRS 46 Nr. 48 mit Hinweis auf VGH BW 12.6.75 – III 793/73 – BRS 29 Nr. 97, OVG Lüneburg 23.9.91 – 6 L 131/89 – BRS 52 Nr. 115). **46**

47 Probleme bezüglich der Bewertung von zu erwartenden Immissionen und ihre Auswirkung auf benachbarte Grundstücke ergeben sich häufig, wenn Stellplätze und Garagen in eine vorhandene Bebauung eingefügt werden sollen. In diesen Fällen kann zwar die TA-Lärm zur Immissionsprognose eingesetzt werden (OVG Lüneburg 28.11.05 – 9 ME 173/05 – www.rechtsprechung.niedersachsen.de), zur Bewertung der ermittelten Werte kann sie jedoch kaum Hilfestellung geben, weil es keine verbindlichen rechtssatzmäßig bestimmbaren Werte für die Zumutbarkeit gibt. Zu Problemen bei der Anwendung der TA-Lärm auf Stellplätze und Gara→gen siehe § 68 Rn. 83 m.N. Es lassen sich aber folgende **Faustregeln** für die Anordnung von Stellplätzen und Garagen ableiten:

48 – Stellplätze und Garagen möglichst in Straßennähe anordnen (Rn. 46)
– keine Störung vorhandener Ruhezonen durch Stellplätze und Garagen einschließlich ihrer Zufahrten (Rn. 47 f.)
– keine Stellplätze und Garagen im Hintergarten anordnen (Rn. 49)
– keine Stellplätze und Garagen im Blockinneren von Wohnkomplexen anordnen (Rn. 50)
– rückwärtige Anordnung von Stellplätzen und Garagen nur dort, wo auf den Nachbargrundstücken

vergleichbare Anlagen vorhanden sind (Rn. 51).

Allerdings können planerische Vorbelastungen wie die Festsetzungen eines Bebauungsplanes berechtigen, eine Garage in der von der Straßenverkehrsfläche weit abgewandten Stelle des Baugrundstücks zu positionieren (OVG Nds Beschluss 7.6.2011 – Az.: 1 ME 62/11 – BauR 2011, 1699). Es mag dahingestellt bleiben, ob gefangene Stellplätze bereits den Anspruch des § 46 bzw. das Rücksichtnahmegebot verletzen können. Im Allgemeinen werden sie schon auszuschließen sein, weil sie nicht gebrauchstauglich (geeignete Beschaffenheit) sind und der Nachweis der Einstellplatzverpflichtung gem. § 47 misslingt (VGH Bay Beschluss 4.9.2015 – 1-ZB 14.108 –).

49 **Garagen und Stellplätze** sollten **möglichst nahe** und im unmittelbaren Anschluss **an öffentlichen Verkehrsflächen** liegen. Das schrieb schon § 13 Abs. 1 RGaO vor. Entsprechendes folgt jetzt aus § 3 Abs. 1 Satz 2 und 3 .Im seitlichen Bauwich von Wohngebäuden oder im Hintergelände der Baugrundstücke bilden Zufahrten insbesondere im Falle der Zusammenfassung einer größeren Anzahl von Garagen und Einstellplätzen einen erheblichen Störfaktor, weil die Zu- und Abfahrtsgeräusche zu einer unzumutbaren Belästigung der Bewohner benachbarter Gebäude und zu einer Minderung der Wohnqualität (§ 3 Abs. 2 Satz 1) führen können. Je weiter eine Zufahrt in die Tiefe des Grundstücks geführt wird, desto stärker wird i.d.R. die Belästigung durch Fahrgeräusche empfunden, sodass kurze Zufahrten den Anforderungen des Abs. 1 Satz 2 am ehesten gerecht werden, dagegen überlange Zufahrten wegen der damit verbundenen Belästigungen den Standort einer Garage in Frage stellen können (s. § 68 Rn. 93 m. Bsp.).

50 Die (noch) vertretbare Zufahrtslänge muss nach Lage des Einzelfalls unter Berücksichtigung der Schutzbedürftigkeit der Nachbarbebauung ermittelt werden. Dabei wird davon auszugehen sein, dass Stellplatz- und Garagenzufahrten im seitlichen Abstandsbereich entlang der Nachbargrenze i.d.R. bereits dann zu unzumutbaren Belästigungen führen können, wenn sie über den vom Straßenverkehrslärm beeinträchtigten vorderen Grundstücksbereich hinaus in die Tiefe laufen, bis hinter die Nachbarbebauung reichen oder den geschützten Ruhe- und Erholungsbereich des Nachbargrundstücks belasten.

51 Bei der Anordnung von Stellplätzen und Garagen gilt es in jedem Fall zu beachten, dass **kein Störpotential in Ruhezonen** hineingetragen wird, in denen bislang keine Fahrzeugbewegungen stattfinden. Ob dieser Teil gärtnerisch angelegt ist oder ob es sich um eine Rasenfläche handelt, ist für die Einschätzung als Ruhezone unerheblich. Wesentlich ist, dass die Fläche dem Fahrzeugverkehr und ähnlich immissionsträchtigen Nutzungen entzogen ist und eine Nutzung zu Erholungszwecken der Fläche selbst sowie der zu dieser Fläche ausgerichteten Wohnräume grundsätzlich möglich ist. Die Nutzung als Spielgelände spricht nicht gegen die Qualifikation als Ruhezone (OVG Lüneburg 12.3.01 – 1 L 3697/00 – BRS 64 Nr. 142).

Das Schutzziel greift nicht erst bei einer höheren Anzahl rückwärtiger Einstellplätze. Vielmehr kann im Einzelfall bereits eine einzelne Garage unzulässig sein, wenn sie in einem von baulicher Nutzung bislang freigehaltenen Bereich erstmals Unruhe hineinträgt (OVG Lüneburg 29.8.97 – 6 M 3892/97 – Nds. Rpfl. 1998, 13; OVG Lüneburg 15.3.79 – 1 A 178/76 – BRS 35 Nr. 194). 52

In der Regel sind die vorderen an der Straße liegenden Grundstücksteile dem Verkehrslärm ausgesetzt, während die rückwärtigen Teile, durch die Bebauung abgeschirmt und als Garten genutzt, den Ruhebereich bilden. Auf diese Situation bezogen hat das OVG Lüneburg noch aus §46 Abs. 1 Satz 2 a.F. abgeleitet, dass die erforderlichen **Einstellplätze** eines normalen Wohn- und Geschäftshauses **regelmäßig nicht im Hintergarten** liegen dürfen, weil die von Kraftfahrzeugen unvermeidlich ausgehenden Belästigungen dort für die Nachbarschaft nicht zumutbar sind (OVG Lüneburg 13.6.86 – 6 B 54/86 – BRS 46 Nr. 48). 53

Im Allgemeinen ist davon auszugehen, dass Stellplätze und Garagen, deren Zahl dem durch die zugelassene Nutzung verursachten Bedarf entsprechen, keine erheblichen, billigerweise unzumutbaren Störungen hervorrufen (VGH Mannheim 6.2.97 – 8 S 29/97 – BRS 59 Nr. 203 m.w.N.). Das gilt jedoch nicht in gleicher Weise auch für Stellplätze auf rückwärtigen Grundstücksflächen, beispielsweise im **Blockinneren eines Straßenkarrees**, das durch Grünflächen und relative Wohnruhe gekennzeichnet ist (OVG Weimar 11.5.95 – 1 EO 486/94 – BRS 57 Nr. 221). Der Schutz der Gesundheit, Wohnruhe und Erholung, den §46 Abs. 1 Satz 2 a.F. gewährte, verlangt auch auf Grundlage des §3 Abs. 1 Sat 3 den Ausschluss von Stellplätzen und Garagen auf derartigen Flächen (vgl. OVG Lüneburg 23.9.91 – 6 L 131/89 – BRS 52 Nr. 115; 29.8.97 – 6 M 3892/97 – Nds.Rpfl. 1998, 13, die Zusammenfassung bisheriger Rechtsprechung siehe OVG Lüneburg Beschluss 27.3.2007 –1 ME 102/0 –- NdsVBl 2007, 199-201). 54

Fügt sich eine Stellplatzanlage in die vorhandene Bebauung deshalb ein, weil ihr **rückwärtiger Standort durch entsprechende Anlagen** auf den Nachbargrundstücken **vorgeprägt** ist, die sowohl bezüglich Anordnung auf den rückwärtigen Flächen als auch hinsichtlich Nutzungsintensität vergleichbar sind, dann kann auch §3 Abs. 1 Satz 3 i.d.R. keinen nachbarlichen Abwehranspruch begründen, weil der rückwärtige Bereich nicht mehr schutzwürdig ist (vgl. OVG Lüneburg 3.12.92 – 1 M 5500/92 – n.v.). Ebenso wie tatsächliche sind auch **planbedingte Vorbelastungen** zu berücksichtigen. Hat die Gemeinde großflächig Bebauungsmöglichkeiten im bislang unbebauten inneren Grünbereich eines Straßengevierts geschaffen, ohne Flächen für den ruhenden Verkehr straßenseitig festzusetzen, so kann dies dafür sprechen, dass Garagen auch im bisher unbelasteten inneren Grünbereich errichtet werden dürfen (OVG Lüneburg 18.7.03 – 1 ME 170/03 – NdsVBl. 03, 325 zu einem Wohnhaus mit Garage auf einem Pfeifenstielgrundstück). 55

Der **Anordnung** einer Garage nach §5 Abs. 8 S. 2 Nr. 1 **an der** (seitlichen) **Grenze** kann – wegen des dort begründeten Privilegierungstatbestandes – die unzumutbare Beeinträchtigung nicht entgegengehalten werden (vgl. §5 Rn. 223f. und VGH Mannheim 31.1.74 – III 87273 – BRS 28 Nr. 78). Gleichwohl können auch in diesen Fällen die berechtigten Belange der Nachbarschaft die Wahl des Standortes einer im Baugebiet an sich zulässigen baulichen Anlage einschränken, wenn die konkreten Verhältnisse erkennbar und vermeidbar schutzwürdige Positionen des Grundstücksnachbarn empfindlich treffen und andererseits dem Bauherrn die Verwirklichung seines Vorhabens an anderer Stelle auf demselben Grundstück zuzumuten ist, ohne seinerseits berechtigte Interessen in unangemessener Weise zurückstellen zu müssen (OVG Lüneburg 27.10.84 – 6 A 52/82 – n.v. zu einer Grenzgarage, die den kleinen Garten einer Reihenhausscheibe vollständig „einmauerte“, obwohl auf dem relativ großen Baugrundstück andere weniger störende Standorte möglich waren; 5.12.95 – 1 M 7026/95 – n.v. zu einer **Garagenzufahrt an der Terrasse des Nachbarn** vorbei). Aber auch wenn eine direkt an der Straßengrenze errichtete Garage wegen der dadurch bedingten **Sichtbehinderung für den Nachbarn** zu unzumutbaren Belästigungen oder zu einer Gefährdung der Sicherheit 56 oder Ordnung des Verkehrs führt, braucht der betroffene Nachbar dies nicht hinzunehmen (OVG Lüneburg 1.8.91 – 6 L 3228/91 – n.v.).

57 Eine **Reihengarage** mit zwanzig Einstellplätzen am Rande eines Wohngebietes führt nicht von vornherein zu erheblichen Störungen der Angrenzer und ist deshalb nicht regelmäßig für diese unzumutbar (VGH Mannheim 12.6.75 – III 793/73 – BRS 29 Nr. 97). Besonders die **Zufahrts-Rampen zu Tiefgaragen** können sich störend auf die Nachbargrundstücke auswirken, weil deren Befahren zu erhöhten Motorengeräuschen und erhöhter Abgasbelastung führen kann (OVG Lüneburg 24.10.74 – I A 107/73 – DVBl. 75, 915) zu einer steilen Zufahrtsrampe zu einem Parkdeck in einem Hochhaus unmittelbar neben einer Reihenhauszeile; 4.2.91 – 6 M 104/90 – n.v. zu einer Rampe für 8 Kellereinstellplätze zwischen zwei hohen Hauswänden mit nur 4,25 m Abstand und 13.3.91 – 6 M 112/90 – n.v. zu einer Rampe für sechs Kellergaragen neben einem Einfamilien-Reihenendhaus). Ein **Kundenparkplatz** (50 Einstellplätze für einen SB-Markt), der sich von der Straße weg über die Nachbarbebauung hinaus in die Tiefe erstreckt und die rückwärtige Ruhezone der seitlich angrenzenden Nachbargrundstücke erreicht, ist wegen der damit unvermeidbaren Belästigungen für die Nachbarschaft nicht zumutbar. Eine **Lärmvorbelastung** der Nachbargrundstücke, insbesondere straßenseitig, reduziert nicht den Abwehranspruch, sondern **verstärkt die Ruhebedürftigkeit** der rückwärtigen Grundstücksbereiche (OVG Lüneburg 13.6.86 – 6 B 54/86 – BRS 46 Nr. 48). Eine Spielhalle (oder ein anderes Vorhaben) in innerstädtischer Lage kann schon deshalb unzulässig sein, weil die dafür vorgesehenen rückwärtigen Kunden-Stellplätze in einem bisher ungestörten Wohngartenbereich mit gepflegten und ruhigen Erholungsmöglichkeiten vor allem abends zu unzumutbaren Belästigungen für betroffene Nachbarn führen können (OVG Lüneburg 23.9.91 – 6 L 131/91 – BRS Nr. 52 Nr. 115), obwohl in einem Kerngebiet ein höherer Störeffekt „ortsüblich" ist als in einem reinen Wohngebiet. Eine Lkw-Garage führt in einem Wohngebiet (WR und WA) regelmäßig zu einer unzumutbaren Belästigung; sie ist daher nach § 12 Abs. 3 BauNVO dort unzulässig.

e) Nachbarschutz

58 Das Gebot der (nachbarlichen) Rücksichtnahme, dessen Beachtung ein Nachbar einfordern kann, folgt planungsrechtlich aus § 15 Abs. 1 Satz 2 BauNVO oder aus dem Einfügungsgebot in § 34 Abs. 1 BauGB sowie aus § 3 Abs. 1 Satz 3 NBauO. Die sich jeweils daraus ergebenden Anforderungen zur Vermeidung von unzumutbaren Belästigungen gleichen sich weitgehend (vgl. Rn. 23). Zu dem Verhältnis des planungs- und bauordnungsrechtlichen Gebots der Rücksichtnahme vgl. → § 68 Rn. 42.

59 Die bauordnungsrechtlichen Bestimmungen des § 46 Abs. 1 Satz 2 a.F. bezüglich der Anordnung und Beschaffenheit von Garagen (und Stellplätze) findet sich nur noch in der Generalklausel des § 3 Abs. 1 S. 3. Sie hat weiterhin nachbarschützende Wirkung (OVG Lüneburg 23.1.78 – VI A 109/76 – n.v. – und 24.10.74 – I A 107/73 – DVBl. 75, 915 – zur ähnlichen Vorschrift des § 67 Abs. 8 LBO SchlH 1976; s. dazu § 72 a.F. Rn. 83 f.; Dürr BauR 97, 7). Das gilt auch für die verfahrens- und genehmigungsfreien Stellplätze (Rn. 14 f), da diese nicht von der Einhaltung materieller Vorschriften der NBauO befreit sind.

60 § 46 enthält zwar nicht mehr eine spezialgesetzliche Normierung des Gebots der Rücksichtnahme, die objektiv-rechtlicher Natur ist und auch den Bauherrn selbst mit in ihre Schutzwirkung einbezieht. Die trotzdem nicht entfallende **Pflicht zur Rücksichtnahme ist grundstücksbezogen** und nicht personenbezogen. Sie kann durch zustimmende Erklärungen einzelner Nachbarn nicht beeinflusst werden (OVG Lüneburg 12.3.01 – 1 L 3697/00 – BRS 64 Nr. 142.). Daher kann ein Verstoß gegen das Gebot der Rücksichtnahme nicht dadurch „beseitigt" werden, dass der Anspruchsberechtigte auf die Gewährung des gebotenen Schutzes verzichtet (OVG Lüneburg 28.2.01 – 1 L 998/00 – n.v.). Zwar entlastet die Zustimmung des benachbarten Grundeigentümers die zur Entschei-

dung gezwungene BauAB vom Prozessrisiko, jedoch darf sie deswegen nicht die Belange der nur obligatorisch Berechtigten wie Mieter beiseiteschieben.

Nachbarschutz trotz **Vereinigungsbaulast:** Die Verbindung mehrerer Buchgrundstücke durch Baulast zu einem Baugrundstück i.S. von § 2 Abs. 12 Satz 2 NBauO schließt das Geltendmachen von Abwehransprüchen aus, die durch die NBauO begründet werden (OVG Lüneburg 2.7.99 – 1 L 5277/96 – BRS 62 Nr. 147). Der Nachbar, dessen Grundstück mit dem des Bauherrn ein Baugrundstück bildet, ist in diesem Fall jedoch nicht schutzlos unzumutbaren Belästigungen durch Stellplätze und Garagen ausgesetzt, weil die (landesrechtlich begründete) Vereinigungsbaulast nicht den planungsrechtlichen Abwehranspruch und das auf § 15 BauNVO gestützte Rücksichtnahmegebot entfallen lässt (vgl. → Rn. 24.), die annähernd gleichen Schutz bieten. **61**

Für die Anwendung des § 12 BauNVO, der die planungsrechtliche Zulässigkeit von Stellplätzen und Garagen regelt (§§ 30, 34 Abs. 2 BauGB), ist die Rechtsprechung des BVerwG (16.9.93 – 4 C 28.91 – BRS 55 Nr. 110) zur nachbarschützenden Funktion von Baugebietsfestsetzungen von Bedeutung. Danach sind auch **Festsetzungen nach § 12 Abs. 2 BauNVO nachbarschützend**, sodass sich ein betroffener Nachbar gegen Stellplätze und Garagen wehren kann, die über den durch die zugelassene Nutzung verursachten Bedarf hinausgehen. Eines Nachweises, dass die überzähligen Stellplätze und Garagen zu unzumutbaren Belästigungen i.S. von § 3 Abs.1 Satz 3 für sein Grundstück führen, bedarf es dazu nicht. **62**

Ein Verstoß gegen das Rücksichtnahmegebot berechtigt den Nachbar sich mit Aussicht auf Erfolg gegen ein Vorhaben zu wehren. Allerdings hat die BauAB bei ihrer Entscheidung die Belange des Bauherrn und die Schutzansprüche des Nachbarn gegeneinander abzuwägen (VG Lüneburg Beschluss 19.12.2014 – 2 B 82/14–) Anders bleibt ihr bei der Gefährdung gesunder Wohn- und Arbeitsverhältnisse kein Entscheidungsspielraum mehr. **63**

f) Beschaffenheit

Garagen und Stellplätze müssen so beschaffen sein, dass ihre Benutzung nicht zu unzumutbaren Belästigungen führt. Diese allgemeine Forderung, die sich auf die Ausführung und dauernde Instandhaltung der Anlagen erstreckt, wird in zahlreichen Einzelvorschriften der GaVO präzisiert, auf die insoweit verwiesen wird. Nach § 9 Abs. 4 dürfen Stellplätze, deren Zu- und Abfahrten sowie die Zu- und Abfahrten von Garagen nur eine **Befestigung** haben, **durch die** das **Niederschlagswasser** mindestens zum überwiegenden Teil **versickern kann**, wenn die Versickerung nicht auf andere Weise ermöglicht wird. Dies gilt nicht, soweit diese Flächen (auch) für das Warten von Kfz's oder ähnliche Arbeiten, die das Grundwasser verunreinigen können, genutzt werden. Weitere Ausführungen dazu siehe § 9 Rn. 38 ff. Im Freien liegende, unbefestigte Stellplätze in dicht bebauter Umgebung, die lediglich eine wassergebundene Decke haben, genügen hinsichtlich ihrer Beschaffenheit nicht den Anforderungen der NBauO, wenn ihr Ausbauzustand an windigen Tagen zu Staubimmissionen auf angrenzenden Grundstücken führt. Auch der Verzicht auf eine befestigte Oberfläche zugunsten der Niederschlagswasser-Versickerung i.S. v. § 9 Abs. 4 darf nicht zu unzumutbaren Belästigungen führen. **64**

g) Sicherheitsbedürfnisse

Mit dem 1995 an Abs. 1 angehängten **Satz** 3 wurde die oberste BauAB ermächtigt, durch Verordnung Anforderungen an Garagen, insbesondere Parkhäuser, zu stellen, die den besonderen Sicherheitsbedürfnissen von Benutzerinnen und Benutzer dienen. Die Ermächtigung sollte vor allem die Aufnahme von Regelungen zugunsten von „**Frauenparkplätzen**" und die Modalitäten von deren Überwachung und Schutz in die GaVO oder eine besondere Verordnung ermöglichen. Das Land Niedersachsen hatte davon **65** bis keinen Gebrauch gemacht (anders § 9 GaVO-NW; § 4 Abs. 8 GaVO-BW). Die Ermächtigung findet sich jetzt bestenfalls mittelbar im § 82 Abs. 1 Nr. 3 wieder.

66 Dem Individuellen Sicherheitsbedürfnis der Benutzer wird besonders durch eine gute **Ausleuchtung der Garagen**, Parkhäuser und Stellplätze Rechnung getragen. In Mittel- und Großgaragen muss nach § 14 Abs. 1 GaStPlVO die Beleuchtungsstärke in den Rettungswegen und Fahrgassen mindestens 20 Lux, in allen übrigen Bereichen lediglich 1 Lux betragen. Das ist auch in hell gestrichenen Parkhäusern kaum ausreichend, um dem Sicherheitsbedürfnis gerecht zu werden. Hinsichtlich ausreichender Beleuchtung siehe die Veröffentlichungen der Fördergemeinschaft Gutes Licht (www.licht.de). Sie empfiehlt, die Abstellflächen in Parkhäusern grundsätzlich mit 75 Lux auszuleuchten und diesen Wert zu verdoppeln, wenn kriminellen Übergriffen vorgebeugt werden soll.

E. Abfließende Treib- und Schmierstoffe

67 Die NBauO 1973 forderte noch die unschädliche Beseitigung abfließender Treib- und Schmierstoffe. Wie bereits ausgeführt, hat die NBauO ab 1986 hier auf Regelungen verzichtet, weil dies durch das NWG und das KrW-AbfG geregelt ist. Die Gefahr des „Abfließens" von Treib- und Schmierstoffen dürfte bei Kleingaragen kaum bestehen, es sei denn, dass dort Fahrzeuge betankt oder Ölwechsel durchgeführt werden. Die unschädliche Beseitigung von Treib- und Schmierstoffen ist immer dort geboten, wo ein regelmäßiger Anfall dieser Stoffe in einer Menge zu erwarten ist, die den Betrieb der Abwasseranlagen beeinträchtigen kann (z.B. bei einer Tankstelle in Verbindung mit Garagen). Dann müssen dort i.d.R. Vorrichtungen, z.B. **Benzinabscheider oder Ölabscheider**, das Eindringen dieser Flüssigkeiten in die Abwasserleitungen verhindern (vgl. → § 41 Rn. 20 u. → Rn. 49).

68 Für die unschädliche Beseitigung der **Rückstände aus den Abscheidern** und Schlammfängen, insbesondere von Altöl, gilt Folgendes: Auf ölhaltige Rückstände und Altöle (→ § 41 Rn. 20) finden die Vorschriften des KrW-/AbfG und der AltölV Anwendung. Damit entfällt der frühere Anspruch auf kostenlose Entsorgung. Altöle und andere Wasser-Öl-Gemische müssen den Entsorgungspflichtigen überlassen werden, soweit sie nicht vom Altölbesitzer nach der Verordnung über die Andienung von Sonderabfällen v. 6.11.00 (Nds. GVBl. S. 291) der Niedersächsischen Gesellschaft zur Endablagerung von Sonderabfall mbH (NGS angedient werden müssen. Das ist erst bei einem Anfall von > 2000 kg pro Jahr der Fall (zur Anwendung von Abfallrecht und Bodenschutzrecht siehe OVG Magdeburg Urteil 22.4.2015 – 4 L 48/13 – NVwZ-RR 2015, 6).

F. Örtliche Bauvorschriften zur Untersagung oder zur Beschränkung von Garagen und Stellplätzen

69 Obwohl die Gemeinden bereits durch § 12 Abs. 6 BauNVO ermächtigt sind, in B-Plänen festzusetzen, dass in Baugebieten oder in bestimmten Teilen von Baugebieten Stellplätze und Garagen unzulässig oder nur in beschränktem Umfang zulässig sind, glaubte der Gesetzgeber über § 84 Abs.2 die Gemeinden zusätzlich zum Erlass der in der Abschnitts-Überschrift genannten örtlichen Bauvorschriften ermächtigen zu sollen, weil der Erlass neuer oder die Änderung bestehender Bebauungspläne zur Einschränkung von Stellplätzen und Garagen vielfach Schwierigkeiten bereitet. Die Ermächtigung soll der Verfahrenserleichterung dienen (Begr. GesE NBauO 95, S. 54). Worin diese Verfahrenserleichterung allerdings bestehen könnte, bleibt unerfindlich, da örtliche Bauvorschriften nach § 84 Abs. 4 den gleichen Verfahrensvorschriften unterworfen sind, wie Bebauungspläne (vgl. § 97 a.F. Rn. 7 ff.). Sie ergehen als Satzung im übertragenen Wirkungskreis, wobei auch die Plansicherungsinstrumente des §§ 14 f.

BauGB greifen und Abweichungen vom Einvernehmen der Gemeinde abhängig sind (§ 66 Abs. 5).

Die ursprünglich im Entwurf der NBauO 1995 in § 47 als Abs. 4 vorgesehene Ermächtigung wurde während der Beratungen der Novelle in den Ausschüssen nach § 46 als Abs. 2 verschoben und findet sich jetzt im § 84 Abs. 2 (weiteres siehe → § 84 Rn. 16 ff.). Da § 47 nur „notwendige Einstellplätze" betrifft, erfasst die geltende Regelung alle Einstellplätze, also auch solche, die ein Bauherr über die Pflichtzahl hinaus freiwillig herstellen will. War 1973 die Besorgnis um eine „Überlastung des Straßennetzes der Gemeinde" auslösendes Moment der gesetzlichen Regelung, ging es dann um die mit dem zunehmenden Kraftverkehr in den Innenstädten allgemein entstehenden Probleme. Sie lassen sich nur durch Verkehrskonzepte lösen, für die ein weit gefächertes Instrumentarium zur Lenkung und Einschränkung der Verkehrsströme erforderlich ist (BegrE NBauO 95). 70

G. Andere Räume für Kfz (Satz 2)

Die materiellen Anforderungen an Garagen sind nach Satz 2 sinngemäß auch auf andere Räume anzuwenden, in denen Kfz abgestellt werden. Der bisherige Abs. 3 der BauO 1986 ist inhaltlich unverändert geblieben. Er nennt insoweit Ausstellungs-, Verkaufs-, Werk- und Lagerräume für Kraftfahrzeuge sowie Räume zum Abstellen nicht ortsfester Geräte mit Verbrennungsmotoren. Über die Sinnhaftigkeit dieser Forderung scheint weitgehend Konsens unter den Ländern zu bestehen. Die MBauO 2002 wie auch die meisten LBauOen erwähnen diese Räume zwar nicht; sie werden aber von der Muster-GaVO 2005 wie auch von den GaVOen der Länder erfasst – so auch von § 20 Abs. 2 der (nds.) GaStPlVO – als sonstige Räume, in denen Kfz abgestellt werden dürfen, wenn das Gesamtfassungsvermögen ihrer Kraftstoffbehälter 12 ltr. nicht übersteigt (bei dieser Kraftstoffmenge kann es sich eigentlich nur um Mopeds handeln). Daraus folgt, dass die in Satz 2 genannten Ausstellungs- und Verkaufsräume für PKW und andere Kfz den Anforderungen entsprechen müssen, die in der GaStPlVO je nach Größe der Räume an Garagen gestellt werden. In Treppenräumen, Fluren und Kellergängen dürfen Kfz (hier können nur Motorräder und Mopeds gemeint sein) überhaupt nicht abgestellt werden (§ 20 Abs. 1 GaStPlVO), in sonstigen Räumen, die keine Garagen sind, nur unter Einschränkungen, vgl. § 20 Abs. 2 GaStPlVO. Die Entscheidung, einen Raum mit einer Heizung nicht als Garage gelten zulassen, selbst wenn dort Kraftfahrzeuge untergestellt werden (OVG RhPf Beschluss 26.10.2016 – 1 A 10530/16 – BauR 2017, 260-261) hat eher Bedeutung für die fehlende Privilegierung (§ 5 Abs. 8) denn für die bau- und anlagentechnische Ausführung. 71

Die Anforderungen an Garagen sind ebenfalls sinngemäß auf Räume anzuwenden, die zum Abstellen **nicht ortsfester Geräte mit Verbrennungsmotoren** dienen. Nicht ortsfeste Geräte mit Verbrennungsmotoren sind z.B. Baumaschinen wie Kompressoren, Mischer usw., fahrbare Notstromaggregate, tragbare Feuerlöschgeräte, sowie land- und forstwirtschaftliche Arbeitsgeräte. Selbstfahrende Geräte wie z.B. Planierraupen, Bagger usw. sind ohnehin Kfz (→ § 2 Rn. 115); für deren Abstellräume gelten grundsätzlich die Bestimmungen über Garagen. 72

§ 47 Notwendige Einstellplätze

(1) [1]Für bauliche Anlagen, die einen Zu- und Abgangsverkehr mit Kraftfahrzeugen erwarten lassen, müssen Einstellplätze in solcher Anzahl und Größe zur Verfügung stehen, dass sie die vorhandenen oder zu erwartenden Kraftfahrzeuge der ständigen Benutzerinnen und Benutzer und der Besucherinnen und Besucher der Anlagen aufnehmen können; wird die erforderliche Anzahl der Einstellplätze durch eine örtliche Bauvorschrift festgelegt, so ist diese Festlegung maßgeblich (notwendige Einstellplätze). [2]Wird die Nutzung einer Anlage geändert, so braucht, auch wenn ihr notwendige Einstellplätze bisher fehlten, nur der durch die Nutzungsänderung verursachte Mehrbedarf gedeckt zu werden. [3]Die Einstellplatzpflicht nach den Sätzen 1 und 2 entfällt, soweit die Gemeinde durch örtliche Bauvorschrift nach § 84 Abs. 2 oder durch städtebauliche Satzung die Herstellung von Garagen und Stellplätzen untersagt oder einschränkt.

(2) Wird in einem Gebäude, das am 31. Dezember 1992 errichtet war, eine Wohnung geteilt oder Wohnraum durch Änderung der Nutzung, durch Aufstocken oder durch Änderung des Daches eines solchen Gebäudes geschaffen, so braucht der dadurch verursachte Mehrbedarf an Einstellplätzen nicht gedeckt zu werden, wenn dies nicht oder nur unter außergewöhnlichen Schwierigkeiten entsprechend dem öffentlichen Baurecht auf dem Baugrundstück möglich ist.

(3) [1]Die Bauaufsichtsbehörde kann die Pflicht zur Herstellung notwendiger Einstellplätze, ausgenommen für Wohnungen, auf Antrag aussetzen,

1. **solange ständigen Benutzerinnen und Benutzern der baulichen Anlage Zeitkarten für den öffentlichen Personennahverkehr verbilligt zur Verfügung gestellt werden und**
2. **soweit hierdurch ein verringerter Bedarf an notwendigen Einstellplätzen erwartet werden kann.**

[2]Wird die Pflicht zur Herstellung notwendiger Einstellplätze ganz oder teilweise ausgesetzt, so ist zum 1. März eines jeden Jahres der Bauaufsichtsbehörde nachzuweisen, ob und inwieweit die Voraussetzungen für die Aussetzung noch erfüllt sind. [3]Soweit der Nachweis nicht erbracht wird, ist die Aussetzung zu widerrufen.

(4) [1]Die notwendigen Einstellplätze müssen auf dem Baugrundstück oder in dessen Nähe auf einem anderen Grundstück gelegen sein, dessen Benutzung zu diesem Zweck durch Baulast gesichert ist. [2]Eine Sicherung durch Baulast ist auch erforderlich, wenn die notwendigen Einstellplätze für ein Grundstück auf einem anderen Grundstück liegen und beide Grundstücke ein Baugrundstück nach § 2 Abs. 12 Satz 2 bilden. [3]Sind notwendige Einstellplätze nach öffentlichem Baurecht auf dem Baugrundstück oder in dessen Nähe unzulässig, so können sie auch auf Grundstücken gelegen sein, die vom Baugrundstück mit einem öffentlichen oder vergleichbaren Verkehrsmittel leicht erreichbar sind.

(5) [1]Auf Verlangen der Bauherrin oder des Bauherrn wird zugelassen, dass die Pflicht zur Herstellung der notwendigen Einstellplätze, ausgenommen die Einstellplätze nach § 49, durch die Pflicht zur Zahlung eines Geldbetrages an die Gemeinde ersetzt wird, soweit die Gemeinde dies durch Satzung bestimmt oder im Einzelfall zugestimmt hat. [2]Zur Zahlung des Geldbetrages sind die Bauherrin oder der Bauherr und die nach § 56 Verantwortlichen als Gesamtschuldner verpflichtet, sobald und soweit die bauliche Anlage ohne notwendige Einstellplätze in Benutzung genommen wird. [3]Im Fall einer Zulassung nach Satz 1 kann die Baugenehmigung von einer Sicherheitsleistung abhängig gemacht werden.

(6) [1]Der Geldbetrag nach Absatz 5 ist nach dem Vorteil zu bemessen, der der Bauherrin oder dem Bauherrn oder den nach § 56 Verantwortlichen daraus erwächst, dass sie oder er die Einstellplätze nicht herzustellen braucht. [2]Die Ge-

meinde kann den Geldbetrag durch Satzung für das Gemeindegebiet oder Teile des Gemeindegebietes einheitlich festsetzen und dabei auch andere Maßstäbe wie die durchschnittlichen örtlichen Herstellungskosten von Parkplätzen oder Parkhäusern zugrunde legen.

(7) Die Gemeinde hat den Geldbetrag nach Absatz 5 zu verwenden für

1. Parkplätze, Stellplätze oder Garagen,

2. Anlagen und Einrichtungen für den öffentlichen Personennahverkehr,

3. a) Anlagen zum Abstellen von Fahrrädern,

b) Fahrradwege oder

c) sonstige Anlagen und Einrichtungen,

die den Bedarf an Einstellplätzen verringern.

Richtzahlen für den Einstellplatzbedarf

Auszug aus den Ausführungsbestimmungen zu § 47 NBauO, RdErl. des MS vom 6.7. 2016 (Nds. MBl. S.714), geänd. d. RdErl. v. 28.7.2016 (Nds. MBl. S. 806):

1. Für die nach § 47 Abs. 1 NBauO erforderliche Anzahl der notwendigen Einstellplätze sind die Richtzahlen der Anlage zugrunde zu legen.

1.1 Die Richtzahlen entsprechen dem durchschnittlichen Bedarf und dienen als Anhalt, um die Anzahl der herzustellenden Einstellplätze im Einzelfall festzulegen. In diesen Richtzahlen sind Einstellplätze für Menschen mit Behinderungen gemäß § 49 Abs. 2 NBauO enthalten.

1.2 Die Anzahl der nach den Richtzahlen ermittelten Einstellplätze ist zu erhöhen oder zu ermäßigen, wenn das Ergebnis in grobem Missverhältnis zu dem Bedarf steht, der sich aus der Zahl der ständigen Benutzerinnen und Benutzer (Bewohnerinnen und Bewohner und Betriebsangehörige) und der Besucherinnen und Besucher ergibt.

1.3 Bei Anlagen mit verschiedenartiger Nutzung ist der Einstellplatzbedarf für die jeweiligen Nutzungsabschnitte getrennt zu ermitteln; dies gilt nicht, wenn sich innerhalb desselben Gebäudes die verschiedenartige Nutzung aus betrieblichen Erfordernissen ergibt und die untergeordnete Fläche in der Regel nicht mehr als 10 % der übergeordneten Fläche beträgt. Steht die Anzahl der so errechneten Einstellplätze in einem offensichtlichen Missverhältnis zum tatsächlichen Bedarf, weil sich aus dem verschiedenartigen Verwendungszweck der Anlage eine Bereitstellung der Einstellplätze zu unterschiedlichen Tageszeiten oder an unterschiedlichen Wochentagen ergibt, so kann die sich aus der Einzelermittlung ergebende Anzahl der Einstellplätze entsprechend vermindert werden, wenn die wechselseitige Benutzung sichergestellt ist.

1.4 Werden Schulaulen, Spiel- und Sporthallen oder sonstige Räume neben ihrer Hauptnutzung regelmäßig auch für kulturelle oder sonstige Veranstaltungen genutzt, ist deren Einstellplatzbedarf nach den entsprechenden Richtzahlen für Versammlungsstätten zu bemessen.

1.5 Bei der Festlegung der Anzahl der notwendigen Einstellplätze ist regelmäßig von dem Einstellplatzbedarf für zweispurige Kraftfahrzeuge auszugehen. Für einspurige Kraftfahrzeuge sind bei Bedarf zusätzliche Stellmöglichkeiten festzulegen.

2. Für Sonderfälle, die in der Tabelle der Richtzahlen nicht erfasst sind, ist der Einstellplatzbedarf nach den besonderen Verhältnissen im Einzelfall unter sinngemäßer Berücksichtigung der Richtzahlen für Verkehrsquellen mit vergleichbarem Einstellplatzbedarf zu ermitteln.

Nr.	Verkehrsquelle	Zahl der Einstellplätze (Estpl.)	hiervon für Besucherinnen/Besucher in %.
1.	**Wohngebäude**		
1.1	Einfamilienhäuser	1 bis 2 Estpl. je Wohnung	–
1.2	Mehrfamilienhäuser und sonstige Gebäude mit Wohnungen	1 bis 1,5 Estpl. je Wohnung	10
1.3	Wochenend- und Ferienheime	1 Estpl. je Wohnung	–
1.4	Kinder- und Jugendwohnheime	1 Estpl. je 10 bis 20 Betten, jedoch mindestens 2 Estpl.	75
1.5	Studentenwohnheime	1 Estpl. je 2 bis 3 Betten	10
1.6	Schwestern- und Pflegewohnheime	1 Estpl. je 3 bis 5 Betten, jedoch mindestens 3 Estpl.	10
1.7	Arbeitnehmerwohnheime	1 Estpl. je 2 bis 4 Betten, jedoch mindestens 3 Estpl.	20
1.8	Altenwohnheime, Altenheime	1 Estpl. je 8 bis 15 Betten, jedoch mindestens 3 Estpl.	75
2.	**Gebäude mit Büro-, Verwaltungs- und Praxisräumen**		
2.1	Büro- und Verwaltungsräume allgemein	1 Estpl. je 30 bis 40 m² Nutzfläche	20
2.2	Büro- und Verwaltungsräume mit hohen Nutzflächen (Bibliotheken, Registraturen und Archive und dergleichen)	1 Estpl. je 80 m² Nutzfläche oder je 3 Beschäftigte[1])	–
2.3	Räume mit erheblichem Besucherverkehr (Schalter-, Abfertigungs- oder Beratungsräume, Arztpraxen und dergleichen)	1 Estpl. je 15 bis 25 m² Nutzfläche, jedoch mindestens 5 Estpl.	75
3.	**Verkaufsstätten**		
3.1	Läden, Geschäftshäuser	1 Estpl. je 30 bis 40 m² Verkaufsnutzfläche, jedoch mindestens 2 Estpl. je Fläche	75
3.2	Läden, Geschäftshäuser mit geringem Besucherverkehr	1 Estpl. je 50 m² Verkaufsnutzfläche	75
3.3	Verkaufsstätten i.S. des § 11 Abs. 3 BauNVO	1 Estpl. je 10 bis 20 m² Verkaufsnutzfläche	90
4.	**Versammlungsstätten – außer Sportstätten – Kirchen**		
4.1	Versammlungsstätten von überörtlicher Bedeutung (z.B. Theater, Konzerthäuser, Mehrzweckhallen)	1 Estpl. je 5 Sitzplätze	90
4.2	sonstige Versammlungsstätten (z.B. Lichtspieltheater, Schulaulen, Vortragssäle)	1 Estpl. je 5 bis 10 Sitzplätze	90
4.3	Gemeindekirchen	1 Estpl. je 20 bis 30 Sitzplätze	90
4.4	Kirchen von überörtlicher Bedeutung	1 Estpl. je 10 bis 20 Sitzplätze	90

Nr.	Verkehrsquelle	Zahl der Einstellplätze (Estpl.)	hiervon für Besucherinnen/Besucher in ·/.
5.	**Sportstätten**		
5.1	Sportplätze ohne Besucherplätze (z.B. Trainingsplätze)	1 Estpl. je 250 m² Sportfläche	–
5.2	Sportplätze und Sportstadien mit Besucherplätzen	1 Estpl. je 250 m² Sportfläche, zusätzlich 1 Estpl. je 10 bis 15 Besucherplätze	–
5.3	Spiel- und Sporthallen ohne Besucherplätze	1 Estpl. je 50 m² Hallenfläche	–
5.4	Spiel- und Sporthallen mit Besucherplätzen	1 Estpl. je 50 m² Hallenfläche, zusätzlich 1 Estpl. je 10 bis 15 Besucherplätze	–
5.5	Freibäder und Freiluftbäder	1 Estpl. je 200–300 m² Grundstücksfläche	–
5.6	Hallenbäder ohne Besucherplätze	1 Estpl. je 5 bis 10 Kleiderablagen	–
5.7	Hallenbäder mit Besucherplätzen	1 Estpl. je 5 bis 10 Kleiderablagen, zusätzlich 1 Estpl. je 10 bis 15 Besucherplätze	–
5.8	Tennisplätze ohne Besucherplätze	4 Estpl. je Spielfeld	–
5.9	Tennisplätze mit Besucherplätzen	4 Estpl. je Spielfeld, zusätzlich 1 Estpl. je 10 bis 15 Besucherplätze	–
5.10	Minigolfplätze	6 Estpl. je Minigolfanlage	–
5.11	Kegel-, Bowlingbahnen	4 Estpl. je Bahn	–
5.12	Bootshäuser und Bootsliegeplätze	1 Estpl. je 2 bis 5 Boote	–
5.13	Fitness- und Sportstudios	1 Estpl. je 10 m² Nutzfläche, jedoch mindestens 10 Estpl.	75
6.	**Gaststätten, Beherbergungsbetriebe**		
6.1	Gaststätten von örtlicher Bedeutung	1 Estpl. je 8 bis 12 Sitzplätze	75
6.2	Gaststätten von überörtlicher Bedeutung	1 Estpl. je 4 bis 8 Sitzplätze	75
6.3	Hotels, Pensionen, Kurheime und andere Beherbergungsbetriebe	1 Estpl. je 2 bis 6 Betten, für zugehörigen Restaurationsbetrieb Zuschlag nach den Nummern 6.1 oder 6.2	75
6.4	Jugendherbergen	1 Estpl. je 10 Betten	75
7.	**Krankenhäuser, Pflegeeinrichtungen**		
7.1	Universitätskliniken	1 Estpl. je 2 bis 3 Betten	50
7.2	Krankenhäuser von überörtlicher Bedeutung	1 Estpl. je 3 bis 4 Betten	60
7.3	Krankenhäuser von örtlicher Bedeutung	1 Estpl. je 4 bis 6 Betten	60
7.4	Vorsorge- und Reha-Einrichtungen	1 Estpl. je 2 bis 4 Betten	25

Nr.	Verkehrsquelle	Zahl der Einstellplätze (Estpl.)	hiervon für Besucherinnen/Besucher in ·/.
7.5	Pflegeheime	1 Estpl. je 6 bis 10 Betten	75
7.6	Tagespflegeeinrichtungen	1 Estpl. je 4 bis 6 Betten	50
7.7	Tageskliniken	1 Estpl. je 3 bis 5 Plätze	75
8.	**Schulen, Einrichtungen der Jugendförderung**		
8.1	Grundschulen	1 Estpl. je 30 Schüler	–
8.2	sonstige allgemein bildende Schulen, berufsbildende Schulen	1 Estpl. je 25 Schüler, zusätzlich 1 Estpl. je 5 bis 10 Schüler über 18 Jahre	–
8.3	Förderschulen	1 Estpl. je 15 Schüler	–
8.4	Hochschulen	1 Estpl. je 6 flächenbezogene Studienplätze [2])	–
8.5	Tageseinrichtungen für Kinder und dergleichen	1 Estpl. je 20 bis 30 Kinder, jedoch mindestens 2 Estpl.	–
8.6	Jugendfreizeitheime und dergleichen	1 Estpl. je 15 Besucherplätze	–
9.	**Gewerbliche Anlagen**		
9.1	Handwerks- und Industriebetriebe	1 Estpl. je 50 bis 70 m² Nutzfläche oder je 3 Beschäftigte[1])	10 bis 30
9.2	Lagerräume, Lagerplätze, Ausstellungs- und Verkaufsplätze	1 Estpl. je 80 bis 100 m² Nutzfläche oder je 3 Beschäftigte[1])	–
9.3	Kraftfahrzeugwerkstätten	6 Estpl. je Wartungs- oder Reparaturstand	–
9.4	Tankstellen mit Pflegeplätzen	10 Estpl. je Pflegeplatz	–
9.5	automatische Kraftfahrzeugwaschstraßen	5 Estpl. je Waschanlage[3])	–
9.6	Kraftfahrzeugwaschplätze zur Selbstbedienung	3 Estpl. je Waschplatz	–
10.	**Verschiedenes**		
10.1	Kleingartenanlagen	1 Estpl. je 3 Kleingärten	–
10.2	Friedhöfe	1 Estpl. je 2000 m² Grundstücksfläche, jedoch mindestens 10 Estpl.	90
10.3	Spiel- und Automatenhallen	1 Estpl. je 20 m² Spielhallenfläche, jedoch mindestens 3 Estpl.	–

[1]) Der Einstellplatzbedarf ist in der Regel nach der Nutzfläche zu berechnen; ergibt sich dabei ein offensichtliches Missverhältnis zum tatsächlichen Einstellplatzbedarf, so ist die Zahl der Beschäftigten zugrunde zu legen.

[2]) Soweit sich aus der Verordnung über Einstellplätze für Hochschulen vom 12.11.1987 (Nds. GVBl. S. 208) nichts anderes ergibt.

[3]) Zusätzlich muss ein Stauraum für mindestens 20 Kraftfahrzeuge vorhanden sein.

Übersicht

A. Allgemeines

1 Während §46 die Sicherheit von Garagen und Stellplätzen für Kraftfahrzeuge betrifft, **verpflichtet §47** die Bauherren und Grundstückseigentümer, **Gebäude und andere bauliche Anlagen ausreichend mit Garagen oder Stellplätzen auszustatten**, und sieht eine Ablösung dieser Verpflichtung durch Geldzahlung vor. §47 NBauO 2012 hat §47 aF und den durch die NBauO-Novelle von 1995 abgespaltenen §47a mit wesentlichen Änderungen wieder zusammengeführt. Die NBauO-Novelle 2018 hat lediglich Abs. 5 redaktionell angepasst.

2 Das Nds. Gesetz zur Erleichterung der Schaffung von Unterkünften für Flüchtlinge oder Asylbegehrende – NEFUG – vom 12.11.2015 (GVBl. S. 311) sieht in §2 Nr. 1 die **Unanwendbarkeit von §47 NBauO** vor, a) soweit und solange eine bauliche Anlage oder ein Teil einer baulichen Anlage, unabhängig von der Art der Anlage im Übrigen, als Unterkunft für Flüchtlinge oder Asylbegehrende errichtet oder genutzt wird und b) wenn der Antrag auf Erteilung einer Baugenehmigung oder bauaufsichtlichen Zustimmung bis zum 31. Dezember 2019 gestellt oder, soweit keine Baugenehmigung oder bauaufsichtliche Zustimmung erforderlich ist, mit der Baumaßnahme bis zum 31. Dezember 2019 begonnen wurde.

3 §47 fordert **„Einstellplätze“.** Nach der Definition in §2 Abs. 9 S. 2 ist ein „Einstellplatz“ eine Fläche zum Abstellen eines (einzigen) Kraftfahrzeugs, die in einer Garage oder auf einem Stellplatz und damit außerhalb der öffentlichen Verkehrsflächen gelegen ist. Zu den Begriffen der Garage und des Stellplatzes s. §2 Abs. 9 und 10 und dort →§2 Rn. 118ff. „Einstellplatz“ (er darf nicht mit dem „Stellplatz“ iSd §2 Abs. 9 S. 1 NBauO verwechselt werden) ist die Einheit, in der das geforderte Quantum an Abstellmöglichkeiten ausgedrückt wird.

„Notwendige Einstellplätze“ sind die Einstellplätze, mit denen bauliche Anlagen nach Abs. 1 S. 1 ausgestattet sein müssen.

4 Eine Pflicht, Gebäude mit Garagen oder Stellplätzen auszustatten, wurde durch die §§2ff. der **Reichsgaragenordnung** (RGaO) vom 17.2.1939 eingeführt. Die RGaO ist, soweit sie als Landesrecht fortgalt, durch §101 Abs. 1 Nr. 9 NBauO 1973 aufgehoben worden, als Bundesrecht durch Art. 2 Nr. 27 des G über das BauGB vom 8.12.1986 (BGBl. I S. 2191). An die Stelle der §§2ff. RGaO trat §47 NBauO aF.

5 **Gesetzgebungskompetenz:** Der Landesgesetzgeber war befugt, diese Vorschriften der RGaO zu ersetzen, da sie Landesrecht geworden waren (so die gefestigte Rechtsprechung, BVerwG 30.8.1985 – 4 C 10.81, NJW 1986, 600; zuletzt 16.9.2004 – 4 C 5.03, BRS 67 Nr. 158 = JuS 2005, 478; aM Graf ZMR 1978, 353). Die Regelung fällt nicht in die Bundeskompetenz für das „Bodenrecht" nach Art. 74 Nr. 18 GG, da sie Recht der Gefahrenabwehr ist (folgende → Rn. 6). Sie fällt auch nicht in die Bundeskompetenz für den „Straßenverkehr" (Art. 74 Nr. 22 GG); sie soll zwar Störungen vom Straßenverkehr fernhalten, wurde aber in der RGaO von Anfang an als Baupolizeirecht angesehen, ist mit dem übrigen Baurecht eng verflochten und kann zweckmäßig nur von der Bauaufsicht vollzogen werden (vgl. auch OVG Hamburg 13.11.1980 – Bf. II 22/79, BRS 36 Nr. 142).

6 **Zweck der Regelung:** Die Vorschrift des § 47 soll einer Überlastung des öffentlichen Straßennetzes durch abgestellte Kraftfahrzeuge, den „ruhenden Verkehr", vorbeugen. Sie geht davon aus, dass die öffentlichen Straßen in erster Linie dem „fließenden Verkehr" dienen sollen und dass der ruhende Verkehr grundsätzlich außerhalb des öffentlichen Straßenraums auf privaten Grundstücken unterzubringen ist (ebenso OVG Lüneburg 29.6.1979 – I A 37/78, BRS 35 Nr. 125; BVerwG 16.9.2004 – 4 C 5.03, BRS 67 Nr. 158 = JuS 2005, 478). Für die Unterbringung nimmt sie, dem Verursacherprinzip entsprechend, die Bauherren oder Eigentümer (§§ 52, 56) der Bauwerke in Anspruch, deren Nutzung den ruhenden Verkehr erzeugt. Diese Belastung des Grundeigentums liegt im Rahmen der Sozialpflichtigkeit des Eigentums nach Art. 14 Abs. 1 S. 2 und Abs. 2 GG (BVerwG 26.5.1955 – I C 86.54, BRS 4 S. 325 = NJW 1955, 1452; 28.7.1992 – 4 B 57.92, BRS 54 Nr. 108 = NVwZ 1993, 169). Die Vorschrift konkretisiert die allgemeine Regelung in § 3 Abs. 1, nach der Bauwerke die öffentliche Sicherheit und mithin die Sicherheit und Leichtigkeit des Verkehrs nicht beeinträchtigen dürfen (Scheerbarth S. 265).

7 **Nachbarschutz?** Die bauordnungsrechtliche Verpflichtung zur Ausstattung baulicher Anlagen mit Einstellplätzen dient dem Allgemeininteresse am Funktionieren des Straßenverkehrs und ist daher im Grundsatz nicht nachbarschützend. In Fällen, in denen infolge Fehlens notwendiger Einstellplätze parkende Fahrzeuge und Parksuchverkehr die Zufahrt zu Nachbargrundstücken verstopfen und deren Nutzung stark beeinträchtigen, kommt aber ein Abwehranspruch der Nachbarn aufgrund des planungsrechtlichen Gebots der Rücksichtnahme in Betracht (OVG Lüneburg 20.12.2013 – 1 ME 214/13, NVwZ-RR 2014, 296; 26.1.2012 – 1 ME 226/11, BRS 79 Nr 151 = NordÖR 2012, 241; OVG Münster 15.11.2005 – 7 B 1823/05, BRS 69 Nr. 168 = NVwZ-RR 2006, 306; VGH Mannheim 10.1.2008 – 3 S 2773/07, NVwZ-RR 2008, 600).

8 Die Frage, ob die Einstellplatzpflicht dem **Schutz der Gemeinde** – vor Überlastung ihres Straßennetzes durch ruhenden Verkehr – dient, hat das OVG Koblenz (26.4.2001 – 1 A 11339/00, BRS 64 Nr. 139) verneint. Für Nds. dürfte anderes gelten. Die NBauO überlässt in § 47 Abs. 1 S. 1 Hs. 2 der Gemeinde die Entscheidung über das Angebot an Einstellplätzen in ihrem Gebiet und macht es in § 47 Abs. 5 S. 1 auch von ihrem Willen abhängig, ob Einstellplätze durch Geld abgelöst werden dürfen, verschafft ihr also einen weiten Spielraum für eine eigene örtliche Verkehrspolitik. Das spricht für ein Recht der Gemeinde darauf, dass ihr Entscheidungsspielraum nicht durch fehlerhafte Entscheidungen der BauAB über die Zahl der Einstellplätze beschnitten wird.

9 Während die RGaO nach ihrer Präambel noch auf die „Förderung der Motorisierung" abzielte, ist es heute, besonders **in Stadtkernen**, notwendig geworden, den **Kraftfahrzeugverkehr teilweise einzudämmen**. Die Verkehrszusammenballung blockiert den für das Funktionieren der Stadtkerne notwendigen Wirtschaftsverkehr, entwertet innenstadtnahe Wohngebiete und schädigt die Gesundheit durch Abgase und Lärm. Ein „autogerechter" Ausbau mit noch größeren Flächen für fließenden und ruhenden Verkehr scheidet als Abhilfe aus, da er, von den Kosten abgesehen, den Stadtkern ebenfalls funktionsunfähig machte. Die überlasteten Bereiche müssen daher vorrangig für den Wirtschaftsverkehr (Fahrzeuge für Lastentransport, Geschäfts-, Dienst-, Versorgungsfahrzeuge usw) und für die Kraftwagen der Bewohner frei gehalten werden. Demgegenüber sollten diejenigen, die hier ihren Arbeitsplatz haben, und zu einem möglichst großen

Teil auch die Besucher, nicht im eigenen Pkw kommen, sondern öffentliche Verkehrsmittel oder das Fahrrad benutzen (näher zu dieser Problematik: Fugmann-Heesing, Parkvorsorge in den Städten, 1984; Smeddinck, Stellplatzpflicht und umweltpolitische Steuerung, 1999). Je schwieriger allerdings Einkaufsfahrten mit dem Pkw in die Innenstädte werden, umso mehr werden dadurch – mit Einstellplätzen üppig ausgestattete – Einkaufszentren an den Stadträndern gefördert, die dem innerstädtischen Einzelhandel die Existenzgrundlage nehmen.

Schon der Gesetzgeber der bisherigen NBauO hatte bedacht, dass Einstellplätze einen Zu- und Abgangsverkehr mit nachteiligen Auswirkungen hervorrufen können. Seit ihrem Inkrafttreten (1974) sah die NBauO vor, dass die „Einstellplatzpflicht" nicht nur durch Herstellung von Einstellplätzen auf dem Baugrundstück oder in dessen Nähe, sondern auch durch Herstellung auf weiter entfernten Grundstücken (jetzt Abs. 4 S. 3) oder durch Zahlung eines Ablösebetrages (jetzt Abs. 5–7) erfüllt werden konnte. Diesen durfte die Gemeinde (bis zum ÄnderungsG vom 11.4.1986 und dann wieder ab der Novelle vom 15.6.1995) für alle Maßnahmen zur Entlastung des Straßennetzes, auch für den öffentlichen Nahverkehr, verwenden. Nachdem von 1974 bis 1986 schon einmal ein entsprechendes gesetzliches Verbot vorangegangen war, ermächtigte der durch die Novelle von 1995 eingefügte § 46 Abs. 2 NBauO aF die Gemeinden, durch örtliche Bauvorschriften in bestimmten Gemeindeteilen Einstellplätze zu untersagen (jetzt § 84 Abs. 2 NBauO 2012).

In neuerer Zeit haben die MBauO und einige Bundesländer die Einstellplatzpflicht als „baupolizeiliches" Rechtsinstitut aufgegeben. Während die MBauO in ihrer Fassung von 1996 (§ 48) noch eine allgemeine landesrechtliche Verpflichtung der Bauherren vorsah, den Bedarf an Einstellplätzen für Benutzer und Besucher zu decken, will es die MBauO 2002 (§§ 49, 86 Abs. 1 Nr. 4) den Gemeinden überlassen, Zahl, Größe und Beschaffenheit der erforderlichen Kfz-Einstellplätze durch örtliche Bauvorschriften festzulegen – wobei es der Gemeinde wohl auch erlaubt sein soll, auf Einstellplätze überhaupt zu verzichten. In der Begründung der neuen MBauO wird hierzu ausgeführt, dass „die Freihaltung des öffentlichen Verkehrsraumes von ruhendem Verkehr kein spezifisch bauordnungsrechtliches Anliegen", sondern „letztlich eine Frage der jeweiligen kommunalen Verkehrskonzeption und -politik" sei. Entsprechende „kommunalisierte" Regelungen enthalten z.B. die Hess. BauO (§ 52), die BauO NRW (§ 50 Abs. 1 n.F.) und die BauO LSA (§ 48), während etwa Bayern (Art. 47), Baden-Württemberg (§ 37) und Sachsen (§ 49) die grundsätzliche bauordnungsrechtliche Pflicht zur Deckung des Einstellplatzbedarfs haben bestehen lassen; gleiches gilt für Hamburg, das allerdings Wohnungen von der Einstellplatzpflicht befreit hat (§ 48 Abs. 1a). Berlin (§ 49 Abs. 1) regelt nur noch das Erfordernis barrierefreier Einstellplätze. Die NBauO behält die Einstellplatzpflicht im Grundsatz bei (§ 47 Abs. 1 S. 1 Hs. 1), ermächtigt aber in § 84 Abs. 1 Nr. 2 die Gemeinden zu örtlichen Bauvorschriften über die Anzahl der notwendigen Einstellplätze (Näheres dazu bei → § 84 Rn. 16 ff.). Soweit die Gemeinde hiervon Gebrauch gemacht hat, richtet sich die Anzahl der notwendigen Einstellplätze, wie § 47 Abs. 1 S. 1 Hs. 2 klarstellt, nicht mehr nach dem Gesetz, sondern nach der örtlichen Bauvorschrift. 10

Einstellplätze und öffentliche Parkflächen: Zur Aufnahme des ruhenden Verkehrs dienen außer den (privaten) Einstellplätzen auch die öffentlichen Parkflächen (Parkstreifen an den Straßen, Parkplätze, Parkhäuser). Ihre Herstellung ist nach Straßenrecht (§§ 3, 5 FStrG, §§ 9 f., 43 ff. NStrG) und Erschließungsrecht (§§ 123 ff. BauGB) Aufgabe der Straßenbaulast-(Erschließungs-)träger, meist der Gemeinden. Die Gemeinden können für die erstmalige Herstellung öffentlicher Parkflächen Erschließungsbeiträge nach Maßgabe der §§ 127 ff. BauGB (vgl. besonders § 127 Abs. 2 Nr. 4) erheben, für deren Verbesserung und Erweiterung Beiträge nach § 6 NKAG. Beitragspflichtig sind die Grundeigentümer, denen die Parkfläche einen besonderen Vorteil bietet, allerdings nur, soweit deren Kreis abgrenzbar ist, was bei selbständigen Parkflächen idR nicht der Fall ist (dazu BVerwG 24.9.1987 – 8 C 75.86, NVwZ 1988, 359; BKL § 127 Rn. 31). 11

Öffentliche Parkflächen kommen als Ergänzung der Einstellplätze in Betracht, zB für Kraftwagenfahrer, die nicht eine bestimmte bauliche Anlage aufsuchen (Einkauf in verschiedenen Geschäften, „Stadtbummel" usw). Auch für die Besucher von kleineren Gebäuden, besonders Wohnhäusern, sind uU öffentliche Parkflächen ökonomischer als Einstellplätze, weil sie dann je nach Bedarf einmal von den Besuchern des einen oder anderen Gebäudes benutzt werden können, während private Einstellplätze nur zeitweise „ausgelastet" wären. Einstellplätze und öffentliche Parkflächen brauchen zusammen grundsätzlich nur einmal den Platzbedarf des ruhenden Verkehrs zu decken. Es würde gegen das Übermaßverbot verstoßen, verlangte man vom Grundeigentümer, dass er für denselben ruhenden Verkehr einmal durch Beiträge zu öffentlichen Parkflächen und noch einmal durch Herstellung von Einstellplätzen (oder Ablösungsbeträge an deren Stelle) aufkommt. Nach § 129 Abs. 1 S. 2 BauGB soll dies wohl bei der Heranziehung zu Erschließungsbeiträgen berücksichtigt werden; jedoch ist die Vorschrift sehr unklar (vgl. Ernst/Grziwotz in EZBK § 129 Rn. 13 ff.). Jedenfalls werden, wenn es sonst zu einer solchen Doppelbelastung käme, entsprechend weniger Einstellplätze nach § 47 NBauO zu fordern sein.

B. Die erforderliche Ausstattung baulicher Anlagen mit Einstellplätzen (Abs. 1)

a) Die betroffenen baulichen Anlagen

12 Eine ausreichende Ausstattung mit Einstellplätzen wird in Abs. 1 S. 1 für alle baulichen Anlagen vorgeschrieben, die einen **Zu- und Abgangsverkehr mit Kraftfahrzeugen** und damit das Bedürfnis, Kraftfahrzeuge abzustellen, erwarten lassen. Bauliche Anlagen sind alle in § 2 Abs. 1 S. 1 und 2 aufgeführten Anlagen (nicht nur Gebäude). Ob die Anlage einen Zu- und Abgangsverkehr mit Kfz erwarten lässt, ist objektiv nach Art, Zweck und Lage des Bauwerks festzustellen (vgl. BVerwG 2.11.1961 – I B 34.61, NJW 1962, 508). Auf die persönlichen Verhältnisse der Bewohner oder Benutzer, etwa z. Ztp. der Errichtung, kommt es nicht an, denn diese Verhältnisse können sich leicht ändern (indem zB ein Bewohner, der kein Kfz besitzt, später eines anschafft oder indem er auszieht und ein Kfz-Besitzer einzieht). Gebäude, die keinen ruhenden Kfz-Verkehr erwarten lassen, werden recht selten sein (zB Wohnhäuser auf einer Insel ohne Kfz-Verkehr). Liegt ein Gebäude in einer Fußgängerzone, so verursacht es deshalb keinen wesentlich geringeren ruhenden Verkehr (OVG Lüneburg 16.3.1987 – 1 A 173/86, BRS 47 Nr. 113; VGH Mannheim 5.5.1994 – 5 S 2644/93, BRS 56 Nr. 120; zum Sonderfall Insel mit Fußgängerzone und Saisonverkehrsverbot VG Oldenburg 14.11.2017 – 4 A 4131/14, n.v.).

13 Die Eignung von Wohngebäuden, ruhenden Kfz-Verkehr zu verursachen, entfällt auch nicht dann, wenn die Bewohner sich für ein **„Wohnen ohne Auto"** entscheiden (vgl. Freie Hansestadt Bremen (Hrsg.), Wohnen ohne (eigenes) Auto – Projektskizze und Rechtsgutachten, 1995). Eventuell kann in diesem Fall die Zulassung einer Abweichung (§ 66) von der Einstellplatzpflicht in Betracht kommen. Die BauAB dürfte die Abweichung aber nur unter dem Vorbehalt des Widerrufs für den Fall zulassen, dass ein Bewohner doch ein Kfz anschafft. Zusätzlich müsste – hinreichend langfristig – gesichert sein, dass im Falle des Widerrufs die dann fehlenden Einstellplätze noch auf dem Baugrundstück oder in dessen Nähe untergebracht werden können, oder die Gemeinde müsste für diesen Fall einer Ablösung zugestimmt haben. Auch wird es angezeigt sein, zur Erleichterung der Überwachung eine Abs. 3 S. 2, 3 entsprechende Nachweisobliegenheit des Bauherrn vorzusehen.

Ohne weiteres möglich ist das „Wohnen ohne Auto" und ohne Einstellplätze in Gebieten, in denen die Gemeinde nach § 84 Abs. 1 Nr. 2 die Zahl der notwendigen Einstellplätze auf Null verringert oder wenn sie nach § 12 Abs. 6 BauNVO durch B-Plan bzw. nach § 84 Abs. 2 durch örtliche Bauvorschrift Garagen und Stellplätze für Bewohner ausschließt (§ 47 Abs. 1 S. 3).

14 Wie die Formulierung des Abs. 1 S. 1 erkennen lässt, greift die Vorschrift nicht nur bei Errichtung von Neubauten oder bei Änderungen oder Nutzungsänderungen baulicher

Anlagen (dazu → Rn. 18) ein; indem sie einen bestimmten Zustand fordert, erfasst sie, wie die anderen materiellrechtlichen Vorschriften der NBauO, grundsätzlich auch **bestehende Bauten**. Fehlen einem bestehenden Bau notwendige Einstellplätze, so kann die BauAB grundsätzlich nach § 79 deren Herstellung verlangen.

Einschränkungen ergeben sich jedoch aus § 85, der **Bestandsschutz** gewährt: Danach brauchen Bauwerke, die noch ohne die heute geforderten Einstellplätze errichtet werden durften, also **Bauten aus der Zeit vor Inkrafttreten der RGaO** (1.4.1939), im allgemeinen nicht nachträglich mit Einstellplätzen ausgestattet zu werden (§ 85 Abs. 1). Die BauAB kann aber nach § 85 Abs. 2 iVm § 3 Abs. 1 nachträglich Einstellplätze verlangen, wenn ihr Fehlen im konkreten Fall den Verkehr gefährdet oder unzumutbar behindert. Wird ein bestehendes Bauwerk geändert, kann die BauAB nach § 85 Abs. 3 verlangen, dass es nachträglich mit Einstellplätzen ausgestattet wird, soweit sich die Änderungskosten dadurch um nicht mehr als 20 vH erhöhen; abweichend von anderen BauOen stellt die NBauO nicht auf „wesentliche" Änderungen ab (ein Begriff, der viele Zweifel aufwirft, s. Stühler BauR 1982, 129 mwN). Zu beachten ist, dass die BauAB auf § 85 Abs. 3 nur zurückzugreifen braucht, soweit aus Anlass der baulichen Änderung ein schon vorher bestehender Mangel an Einstellplätzen behoben werden soll; der Mehrbedarf, den die Änderung selbst verursacht, ist schon deshalb zu decken, weil diese keine baurechtswidrigen Zustände schaffen darf (→ Rn. 18). Die frühere Vorschrift des § 99 Abs. 4 NBauO aF nach der die Gemeinden bestehende Bauten allgemein durch örtliche Bauvorschrift den Anforderungen des § 47 unterwerfen konnten, war schon durch das ÄnderungsG von 1986 gestrichen worden. 15

Bauten aus der Zeit nach Inkrafttreten der RGaO haben keinen Bestandsschutz nach § 85, jedoch stellt eine für einen solchen Bau erteilte **Baugenehmigung** verbindlich fest, dass er so, wie er genehmigt ist, dem öffentlichen Baurecht, also auch den Vorschriften über Einstellplätze, entspricht. Ergibt sich, dass er von Anfang an oder wegen später angewachsenen Verkehrs mit zu wenig Einstellplätzen genehmigt worden ist, so kann die BauAB die Herstellung (oder Ablösung) der fehlenden Plätze deshalb nur nach (Teil-) Rücknahme bzw. (Teil-)Widerruf der Baugenehmigung (unter den Voraussetzungen der §§ 48 f. VwVfG, ggf. gegen Entschädigung) verlangen. Liegen aber schon im Zeitpunkt der Genehmigung Tatsachen vor, die ein künftiges Ansteigen des Einstellplatzbedarf wahrscheinlich machen, so kann sich die BauAB eine entsprechende nachträgliche Auflage vorbehalten. 16

Mit dem **Abbruch eines Bauwerks, dem Einstellplätze fehlen**, enden sowohl der Bestandsschutz nach § 85 als auch die Feststellungswirkung der Baugenehmigung und ggf. die Wirkung einer Befreiung von der Einstellplatzpflicht. Gleiches gilt, wenn ein solcher Bau abbrennt. Für einen Nachfolgebau müssen also die erforderlichen Einstellplätze vollständig geschaffen werden (OVG Lüneburg 16.3.1987 – 1 A 173/86, BRS 47 Nr. 113). 17

b) Einstellplätze „müssen zur Verfügung stehen"

Die grundsätzliche Forderung, Einstellplätze herzustellen und bereitzuhalten, ergibt sich aus Abs. 2 S. 1. Zu beachten ist die Formulierung: „Für bauliche Anlagen … müssen Einstellplätze … zur Verfügung stehen" (anders noch § 67 MBauO 1959: „Bei der Errichtung baulicher Anlagen … sind … Stellplätze … herzustellen"). Wie die Fassung der NBauO klarstellt, ist hiermit nicht nur gemeint, dass die Errichtung des Bauwerkes sozusagen als Nebenfolge die Pflicht auslöst, Einstellplätze zu schaffen. Vielmehr soll die Rechtmäßigkeit des Bauwerks selbst vom Vorhandensein der Einstellplätze abhängen (wie vom Vorhandensein anderer notwendiger Ausstattungsstücke, zB Treppen, Wasserversorgung usw). § 47 gebietet also nicht nur, Einstellplätze zu schaffen, sondern **verbietet** auch **bauliche Anlagen ohne die notwendigen Einstellplätze**. Das ist von Bedeutung in Fällen, in denen der Bauherr aus tatsächlichen oder rechtlichen Gründen die notwendigen Einstellplätze nicht schaffen kann. Er ist dann grundsätzlich nicht von der Einstell- 18 platzpflicht – etwa wegen Unmöglichkeit ihrer Erfüllung – ohne weiteres frei. Vielmehr muss er, wenn er seine Pflicht nicht nach Abs. 5 „ablösen" kann und will, seinen Bau so umgestalten, dass er die notwendigen Einstellplätze unterbringen kann, oder er muss auf den Bau verzichten (OVG Lüneburg 23.9.1991 – 6 L 131/89, BRS 52 Nr. 115 = LKV 1992, 98). Anderes gilt nur in den Fällen des Abs. 1 S. 3 (dazu → Rn. 33 ff.) und des Abs. 2 (dazu → Rn. 37 ff.).

19 In den Worten „müssen zur Verfügung stehen" kommt ferner zum Ausdruck, dass nicht nur eine einmalige Handlung, die Herstellung der Einstellplätze, sondern ein Dauerzustand gefordert wird: Bauliche Anlagen müssen ständig mit den geforderten Einstellplätzen ausgestattet sein und bleiben.

Dies ist einmal zu beachten, wenn die **Bauten, für die Einstellplätze erforderlich** sind, **baulich oder in ihrer Nutzung geändert** werden: Vergrößert ein An- oder Ausbau oder eine Nutzungsänderung (zB Umwandlung von Wohnräumen in Geschäftsräume) den Bedarf an Einstellplätzen für das Bauwerk, so muss der **Mehrbedarf**, wenn nicht bisher ein Überschuss vorhanden war, durch Herstellung zusätzlicher Plätze gedeckt werden. Anderenfalls ist die Änderung oder Nutzungsänderung unzulässig.

20 Ist ein Bauwerk nicht den Anforderungen des § 47 entsprechend mit Einstellplätzen ausgestattet, der Eigentümer aber infolge Bestandsschutzes nach § 85 oder der Feststellungswirkung einer Baugenehmigung (→ Rn. 14 und 15) bisher nicht verpflichtet, die fehlenden Einstellplätze zu schaffen, so fragt sich, ob er dann, wenn er die Nutzung seines Bauwerks ändert, nun den gesamten Einstellplatzbedarf der neuen Nutzung oder nur den durch sie verursachten zusätzlichen Bedarf decken muss. In **Abs. 1 S. 2** (die Regelung stammt aus der NBauO-Novelle vom 11.4.1986) hat sich der Gesetzgeber für das Zweite entschieden. Beispiel: Zwei Altbauwohnungen, für die insgesamt zwei Einstellplätze erforderlich wären, jedoch keiner vorhanden ist, werden in eine Arztpraxis mit einem Bedarf von sechs Einstellplätzen umgewandelt. Aus Abs. 1 S. 2 ergibt sich, dass dann nur vier Einstellplätze zu schaffen sind und das bisherige Defizit fortbestehen darf (damit werden die bisher fehlenden Einstellplätze bei Anwendung der Richtzahlentabelle so betrachtet, als wären sie vorhanden, sie werden **„fiktive Einstellplätze"**). Wer allerdings, ohne sich auf § 85 oder eine Baugenehmigung berufen zu können, fehlende Einstellplätze noch schaffen muss (zB aufgrund einer bisher nicht erfüllten Auflage), wird dieser Verpflichtung nicht durch eine Nutzungsänderung enthoben. Zwar könnte dem Wortlaut der Vorschrift auch das entnommen werden; jedoch würde es dem Verursacherprinzip, das der Regelung des § 47 zugrunde liegt, grob und ungerecht widersprechen. Rechtspolitisch betrachtet: eine Regelung, die fehlende Einstellplätze aus Anlass einer Nutzungsänderung nachforderte, wäre für den Eigentümer im Allgemeinen zumutbar; sie verstieße auch nicht gegen Art. 14 GG (vgl. BVerwG 28.7.1992 – 4 B 57.92, BRS 54 Nr. 108 = NVwZ 1993, 169).

21 Ferner bedeutet „zur Verfügung stehen", dass die **Einstellplätze auf Dauer vorhanden** sein und für die Kraftfahrzeuge der Benutzer und Besucher des Bauwerkes **wirklich bereitstehen** müssen. Sie dürfen nicht ersatzlos beseitigt werden. Auch jede **Zweckentfremdung** (Benutzung als Werkstatt, Lagerfläche, Abstellplatz für einen Wohnwagen, auch als Fahrradabstellplatz) ist grundsätzlich **unzulässig** (VGH München 21.4.1986 – 14 B 85 A. 638, BRS 46 Nr. 115; OVG Münster 23.8.1989 – 7 B 1436/89, BRS 49 Nr. 135; Auflockerungen finden sich in einigen BauOen anderer Länder, so § 48 Abs. 3 HmbBO: Fahrräder; § 37 LBO BW: Wohnwagen und Anhänger). Auch dürfen Einstellplätze, die den Bedarf von Besuchern oder ständigen Benutzern eines Gebäudes decken, diesen nicht durch Vermietung an Hausfremde entzogen werden (OVG Münster 25.10.1993 – 11 A 1349/91, BRS 55 Nr. 124 = NVwZ 1994, 703). Einstellplätze werden allerdings vorübergehend anderweitig genutzt werden dürfen, solange kein konkreter Einstellplatzbedarf besteht, weil die Kraftfahrzeuge, für die sie bestimmt sind, (noch) nicht vorhanden oder unterwegs sind. Keine Zweckentfremdung liegt vor, wenn die Benutzung eines Einstellplatzes nur unterlassen wird, er also leer steht (Ziegler BauR 1988, 18 (20)).

Der Eigentümer eines **Miethauses** muss die Einstellplätze, die für die Bewohner vorgesehen sind, diesen zu angemessenen Bedingungen anbieten und überlassen; nur dann „stehen“ sie diesen „zur Verfügung“ (die NBauO lässt damit deutlicher als andere LBauOen erkennen, dass sie über eine bloße Garagen*bau*pflicht hinausgeht). Die BauAB kann eine Vermietung notfalls auch aufgrund §79 anordnen und zwangsweise durchsetzen. Solange Einstellplätze von Hausbewohnern nicht in Anspruch genommen werden, darf der Vermieter sie allerdings auch anderweitig (kurzfristig kündbar) vermieten. Den Mietern gewährt §47 keinen Rechtsanspruch darauf, dass der Vermieter ihnen Einstellplätze zur Verfügung stellt (BGH 8.7.1983 – V ZR 204/82,NJW 1984, 124). **Einstellplätze für Besucher** stehen nicht mehr „zur Verfügung“, wenn für deren Benutzung ein so **hohes Entgelt** gefordert wird, dass die Besucher nachhaltig (nicht nur für kurze Zeit nach Einführung des neuen Entgelts) zum Ausweichen auf den öffentlichen Straßenraum veranlasst werden (vgl. OVG Hamburg 24.11.1998 – 2 Bs 70/98, BRS 60 Nr. 125 = NVwZ 1999, 1240). 22

Schließlich stehen Einstellplätze nur dann „zur Verfügung“, wenn sie nach **Lage und Beschaffenheit geeignet** sind, den von der baulichen Anlage verursachten ruhenden Verkehr aufzunehmen. Einstellplätze dürfen nicht so versteckt oder sonst so ungünstig zu dem betr. Bauwerk gelegen oder so schlecht erreichbar sein, dass sie nicht „angenommen“ werden (zur erforderlichen räumlichen Beziehung zur Anlage → Rn. 47); das gilt namentlich für **Besuchereinstellplätze**. Besonders wenn diese in Garagen untergebracht werden sollen, ist darauf zu achten, dass sie für Besucher bequem erreichbar und als Besuchereinstellplätze deutlich erkennbar sind; so dürfen Gaststättenbesucher nicht gezwungen sein, sich zunächst einen Schlüssel zur Garage zu holen (vgl. OVG Schleswig 26.10.1994 – 1 L 131/91, BRS 56 Nr. 124 = BeckRS 1994, 11011). Auch sog. Parklifte (technische Einrichtungen, mit denen sich abgestellte Wagen emporheben und zu zweit oder sogar zu dritt übereinander stapeln lassen) eignen sich idR nicht für Besucher (so VGH Mannheim 29.9.1999 – 3 S 1163/99, BRS 62 Nr. 151 zu Besuchereinstellplätzen eines islamischen Zentrums). Selbstverständlich dürfen sie auch nicht durch Absperrungen, Verbotsschilder und dgl. den Besuchern vorenthalten werden. „Gefangene“ Einstellplätze, dh solche, die erst nach Räumung eines davor gelegenen Einstellplatzes erreichbar sind, eignen sich nicht als Besucherstellplätze (VGH Mannheim 23.10.1985 – 3 S 1434/85, BRS 44 Nr. 109). Auch als Einstellplätze für Bewohner oder ständige Benutzer sind sie nur im Ausnahmefall hinzunehmen, da selbst bei theoretischem Bestehen einer Absprachemöglichkeit ein Ausweichen auf den öffentlichen Straßenraum zu befürchten ist (vgl. OVG Koblenz 22.8.2002 – 1 A 10439/02, BRS 65 Nr. 142 = NVwZ-RR 2003, 548, und VG Gelsenkirchen 4.5.2015 – 6 K 1663 – juris Rn. 38 f. = BeckRS 20115, 47214; a.A. noch Wiechert in Große-Suchsdorf, 9. Aufl., §47 Rn. 23). 23

Einstellplätze stehen schließlich auch dann nicht „zur Verfügung“, wenn sie zwar tatsächlich vorhanden sind, aber keine ordnungsgemäße, den Anforderungen des §5 entsprechende **Zufahrt** haben (vgl. VGH Kassel 6.1.1994 – 3 UE 2631/92, BRS 56 Nr. 127).

Die **Einstellplätze** sind auch so **instand zu halten** (§3 Abs. 4 S. 2), dass sie als solche brauchbar bleiben. Sind sie im Winter nach starkem Schneefall nicht benutzbar, so müssen sie jedenfalls dann, soweit nach den Umständen möglich, geräumt werden, wenn ruhender Verkehr vorhanden ist und auf die Straße ausweicht. 24

c) Zahl und Größe der Einstellplätze

§47 Abs. 1 S. 1 der NBauO 2012 gilt nicht mehr, soweit die Gemeinde die Zahl der notwendigen Einstellplätze durch örtliche Bauvorschrift nach §84 Abs. 1 Nr. 2 festlegt; dazu im Einzelnen → §84 Rn. 16 ff.). Soweit die Gemeinde darüber nichts bestimmt, sind nach Abs. 1 S. 1 „Einstellplätze in solcher Anzahl und Größe“ notwendig, „dass sie die vorhandenen oder zu erwartenden Kraftfahrzeuge der ständigen Benutzer und der Besucher der baulichen Anlage aufnehmen können“. Zu dem genannten Personenkreis ge- 25 hören alle, die sich in der baulichen Anlage längere oder kürzere Zeit aufhalten, sei es, dass sie dort wohnen, arbeiten, einkaufen, Dienste in Anspruch nehmen, sich erholen, Besuche machen usw.

Maßgebend ist zunächst die Zahl der jeweils tatsächlich vorhandenen Kraftfahrzeuge. Ist jedoch nach Art und Zweck des Bauwerks erfahrungsgemäß eine höhere Zahl zu erwarten, so ist diese vorsorglich zugrunde zu legen. Von der „zu erwartenden“ Zahl ist auch auszugehen, solange eine „tatsächliche“ Zahl noch nicht vorliegt (bei Neubauten). Die BauAB kann sich uU (→ Rn. 15) vorbehalten, nachträglich eine größere Zahl zu fordern. Abzusetzen ist der Platzbedarf, den der Bauherr oder Eigentümer mittelbar durch seine Beiträge zur Finanzierung öffentlicher Parkflächen deckt (→ Rn. 10).

26 Für die Ermittlung der **Zahl der notwendigen Einstellplätze** hat die oberste BauAB (MS) in ihren „Ausführungsbestimmungen zu § 47 NBauO“ (RdErl. des MS vom 6.7.2016 (Nds. MBl. S. 714), geänd. d. RdErl. v. 28.7.2016 (Nds. MBl. S. 806) sog. **Richtzahlen** festgelegt. Die Richtzahlen und die Hinweise des RdErl. für ihre Handhabung sind oben abgedruckt. Sie sind gegenüber dem bisherigen RdErl. v. 18.12.2008/28.9.2012 namentlich um die Nrn. 2.2, 5.13, 7.6 und 7.7 erweitert und hinsichtlich des Stellplatzbedarfs für Hochschulen geändert worden. Sie sind an sich nur verwaltungsinterne Vorschriften für die BauAB; ob sie den Tatbestand des § 47 Abs. 1 Satz 1 zutreffend ausfüllen, ist im Prinzip gerichtlich voll überprüfbar. Die Richtzahlen beruhen allerdings auf praktischen Erfahrungen. Die Rechtsprechung hat sie daher als „zuverlässige Anhaltspunkte“ verwertet (OVG Lüneburg 27.4.2011 – 1 LB 95/09 –, NdsVBl. 2011, 259; 30.8.1995 – 1 L 1486/94, NVwZ-RR 1996, 636; VGH Mannheim 27.3.1985 – 3 S 2183/84, BRS 44 Nr. 110).

27 Aus der dritten Spalte der Richtzahlentabelle ergibt sich jeweils, wie viele Einstellplätze für das Bauwerk insgesamt notwendig sind; der Prozentsatz in der vierten Spalte gibt an, welcher Teil dieser Gesamtzahl für Besucher geeignet sein muss. Häufig gibt die Richtzahlentabelle eine **„Bandbreite“** für die Anzahl notwendiger Einstellplätze an. Ob im konkreten Fall der Bedarf mehr im oberen oder unteren Bereich dieser Spannen liegt, hängt dann davon ab, ob besondere Umstände des Falles für das eine oder das andere sprechen. Liegen keine Besonderheiten vor, wird idR der Mittelwert zugrunde zu legen sein. Ergibt sich aus den Richtzahlen als Zahl der für ein konkretes Bauwerk notwendigen Einstellplätze eine **Bruchzahl** von 0,51 oder mehr, so kann auf die nächsthöhere ganze Zahl aufgerundet und sonst abgerundet werden (OVG Lüneburg 9.9.1991 – 6 L 184/89, BRS 52 Nr. 114).

28 **Einzelheiten:** In Ziffer 3.3. wird für „Verkaufsstätten i.S. des § 11 Abs. 3 BauNVO“ eine erheblich höhere Zahl von Einstellplätzen (im Verhältnis zur Verkaufsfläche) festgelegt als in Ziffer 3.1 allgemein für Läden und Geschäftshäuser. Das hat seinen Grund in dem höheren Anteil an Kunden, die diese Geschäfte mit dem Kfz aufsuchen. Diese Richtzahl passt daher nicht für großflächige Verkaufsstätten in der Innenstadt (OVG Lüneburg 30.8.1995 – 1 L 1486/94, NVwZ-RR 1996, 636). Um den Bedarf an Einstellplätzen richtig abzuschätzen, müssen jeweils die konkreten örtlichen Verhältnisse und der voraussichtliche Anteil an Autokunden berücksichtigt werden (OVG Lüneburg 27.4.2011 – 1 LB 95/09, NdsVBl. 2011, 259 = BeckRS 2011, 50243). Zum Einstellplatzbedarf eines Bordells s. VGH Mannheim 17.12.1999 – 5 S 50/97, BRS 62 Nr. 149 = NVwZ 2000, 1068. In Nr. 6.3 der Richtzahlen werden die erforderlichen Einstellplätze für Hotels und Pensionen nach der Zahl der Betten bemessen. Hiergegen hat der VGH Mannheim (14.3.2001 – 8 S 2257/00, BRS 64 Nr. 141) eingewandt, dass Gäste, die in einem Doppelzimmer übernachten, idR mit einem PKW anreisen, so dass richtiger auf die Zahl der Zimmer abzustellen sei.

29 Aus den Bestimmungen des Vorspannes (oben ebenfalls abgedruckt) können sich im Einzelfall **Abweichungen von den Richtzahlen** ergeben. Johlen (in Gädtke § 51 Rn. 26 ff.) warnt mit Recht vor einer schematischen Anwendung der Richtzahlen und nennt Bahnhofsbuchhandlungen als Beispiel dafür, dass Richtzahlen den wahren Bedarf verfehlen können. Immer dann, wenn sich im konkreten Fall aus offenkundigen oder nachgewiesenen Tatsachen ergibt, dass der wirkliche Einstellplatzbedarf mit Sicherheit oder großer Wahrscheinlichkeit von den Richtzahlen abweicht, ist der (voraussichtliche) wahre Bedarf zugrunde zu legen.

Die **erforderliche Größe der Einstellplätze** richtet sich nach den Ausmaßen der Fahrzeuge (Pkw, Lkw mit Anhängern, Omnibusse), die untergebracht werden müssen. Detaillierte Vorschriften über Länge und Breite notwendiger Einstellplätze für Pkw finden sich heute in §4 der neuen GaStplVO (abgedr. bei §46). 30

d) Einstellplätze auf Stellplätzen oder in Garagen

Wahlrecht des Bauherrn: Die notwendigen Einstellplätze können grundsätzlich sowohl auf Stellplätzen (also im Freien) als auch in Garagen zur Verfügung stehen. Welche Lösung gewählt werden soll, steht im Belieben des Bauherrn, nicht im Ermessen der BauAB. In §47 NBauO aF hatte ein früherer Abs. 3 dem Bauherrn ausdrücklich diese Wahl gestattet; die Novelle von 1986 strich ihn als entbehrlich (S. 66 der Entwurfsbegründung, LT-Drs. 10/3480). 31

Beschränkungen ergeben sich aber daraus, dass der Bauherr keine Lösung wählen darf, die mit dem (sonstigen) öffentlichen Baurecht unvereinbar ist. So können Stellplätze nach §3 Abs. 1 S. 3 unzulässig sein, weil von ihnen unzumutbare Belästigungen durch Lärm und Abgase ausgehen; dabei ist auch an Kinder auf Spielplätzen zu denken (ausdrückliche Vorschrift in §37 Abs. 8 LBO BW). Ferner kann eine der Alternativen – Stellplatz oder Garage – aus Gründen des Denkmalschutzes ausscheiden. Auch das Planungsrecht kann die Wahl beschränken; nach §9 Abs. 1 Nr. 4 BauGB können durch B-Plan Flächen festgesetzt werden, auf denen entweder nur Stellplätze oder nur Garagen iSd NBauO zulässig sind (vgl. BVerwG 4.10.1985 – 4 C 26.81, BRS 44 Nr. 108 = NVwZ 1986, 120; 31.8.1989 – 4 B 161.88, NVwZ-RR 1990, 121). Durch Festsetzungen nach §12 Abs. 4 und 5 BauNVO kann der Bauherr gezwungen werden, Einstellplätze nur in Garagengeschossen oder entsprechenden Geschossteilen unterzubringen. 32

e) Zu Abs. 1 Satz 3 (Wegfall der Einstellplatzpflicht)

Grund der Regelung: Nach §12 Abs. 6 BauNVO kann im Bebauungsplan festgesetzt werden, dass Stellplätze und Garagen in bestimmten Baugebieten oder Teilen davon nicht oder nur in beschränktem Umfang zulässig sind. Auch dies soll die oben, → Rn. 8, dargestellten ungünstigen Auswirkungen auf den Straßenverkehr eindämmen (vgl. Begründung zur BauNVO-Novelle von 1977, BR-Drs. 261/77, 40 ff.). Zudem ermächtigt §84 Abs. 2 NBauO (bis 2012 §46 Abs. 2) die Gemeinde, durch örtliche Bauvorschrift Stellplätze und Garagen in bestimmten Teilen des Gemeindegebietes oder für bestimmte Nutzungen in solchen Gebieten zu untersagen oder einzuschränken. Diese Verbote befreiten den Bauherrn ursprünglich nicht von seiner Pflicht nach §47; vielmehr musste er den durch seinen Bau ausgelösten Bedarf an Einstellplätzen nach §47 Abs. 7 S. 1 oder 3 NBauO aF (jetzt §47 Abs. 4) auf einem Grundstück außerhalb des für Einstellplätze gesperrten Gebietes decken, was allerdings meist schwierig war, oder die Einstellplätze durch Geldzahlung ablösen, was in diesem Fall keiner Ausnahmebewilligung bedurfte (§47a Abs. 1 S. 2 aF). Diese Regelung entsprach zwar konsequent dem Verursacherprinzip (→ Rn. 8), da die Bauten auch dann, wenn sie im Bereich solcher Verbote liegen, ruhenden Verkehr verursachen. Sie wurde jedoch als **„erzwungene Ablöse“** heftig kritisiert und in der Literatur als dem Bauordnungsrecht sachfremd (Jäde NVwZ 2003, 668 (670)) und als verfassungswidrige Sonderabgabe (Schröer NVwZ 1997, 140) angesehen. Anderes ist freilich dem Kammerbeschluss des BVerfG vom 5.3.2009 (– 2 BvR 1824/05, BRS 74 Nr. 149 = NVwZ 2009, 837) zu entnehmen: Danach rechtfertigt sich die Ablösungspflicht, weil sie die unterschiedliche Belastung der Bauherren, die Einstellplätze schaffen müssen, und derjenigen, die dies nicht können, 33 ausgleicht. Entlastet sind aber auch diejenigen, die an der Ausstattung ihrer Häuser mit Einstellplätzen aus Rechtsgründen gehindert sind. Die Kritik veranlasste den nds. Gesetzgeber aber, mit der NBauO-Novelle vom 11.12.2002 in Gebieten, für die eine Gemeinde die Herstellung von Garagen und Stellplätzen verbietet, die Pflicht zur Herstellung von Einstellplätzen ersatzlos, also auch ohne Ablöseverpflichtung, wegfallen zu lassen. Dabei ist es mit § 47 Abs. 1 S. 3 auch in der NBauO 2012 geblieben.

34 **Zur Anwendung** des **Abs. 1 Satz 3:** Die Vorschrift gilt für bauliche Anlagen im Geltungsbereich einer örtlichen Bauvorschrift nach § 84 Abs. 2 NBauO oder einer „städtebaulichen Satzung"; als solche Satzung kommt wohl nur der (normale oder vorhabenbezogene) B-Plan in Betracht, der nach § 10 Abs. 1 BauGB als Satzung ergeht. „Untersagt" oder „eingeschränkt" iSv Satz 3 wird die Herstellung, wenn die Satzung (offene) Stellplätze und zugleich auch Garagen überhaupt verbietet oder sie auf eine bestimmte Anzahl oder Größe beschränkt. Bei B-Plänen muss es sich also um Festsetzungen nach § 12 Abs. 6 BauNVO idF von 1977 oder 1990 handeln: Nicht gemeint sein können dagegen Bestimmungen, die besagen, wie und wo Einstellplätze unterzubringen sind, auch wenn sie damit jeweils eine anderweitige Unterbringung untersagen. Dazu gehören Festsetzungen, die entweder nur Garagen oder nur Stellplätze zulassen, die Einstellplätze bestimmten Grundstücksteilen oder Geschossen zuweisen oder sie auf bestimmten Flächen (zB als Gemeinschaftsanlagen) konzentrieren. Diese Festsetzungen führen nicht zum Wegfall der Einstellplatzpflicht. Diese entfällt auch nicht nach Abs. 1 S. 3, wenn der Bauherr aus tatsächlichen Gründen gehindert ist, Einstellplätze auf dem Baugrundstück zu schaffen, oder wenn dem andere Vorschriften des öffentlichen Baurechts als die hier genannten örtlichen Bauvorschriften und städtebaulichen Satzungen entgegenstehen, zB § 6 NDSchG, straßenrechtliche Zufahrtsverbote (§ 8a FStrG, § 20 NStrG), Beschränkungen der straßenrechtlichen Widmung (VG Oldenburg 14.11.2017 – 4 A 4131/14, n.v.), § 46 S. 1 NBauO, § 15 BauNVO und § 34 BauGB (Rücksichtnahmegebot) oder die Vorschriften der BauNVO über das Maß der baulichen Nutzung (die Einstellplätze könnten die zulässige Grundflächenzahl überschreiten, vgl. § 19 BauNVO).

35 **Zu § 12 Abs. 6 BauNVO** sei noch folgender Hinweis gegeben: Die Vorschrift erlaubt es, durch B-Plan Stellplätze und Garagen auszuschließen, „soweit landesrechtliche Vorschriften nicht entgegenstehen". Landesrecht stünde entgegen, wenn es seinerseits strikt forderte, dass die Einstellplätze gerade in den Bereichen geschaffen werden, die planungsrechtlich dafür gesperrt werden sollen. Derartiges zu fordern, vermied die NBauO früher, indem sie in § 47a Abs. 1 S. 2 aF die Ablösung der ausgeschlossenen Einstellplätze vorsah. Seit der Novelle von 2002 lässt die NBauO insoweit, als Einstellplätze nach § 12 Abs. 6 BauNVO ausgeschlossen werden, die Einstellplatzpflicht überhaupt entfallen. Es gibt in Nds. also keinerlei landesrechtliche Hindernisse für Festsetzungen nach § 12 Abs. 6 BauNVO.

C. Erleichterungen der Einstellplatzpflicht

36 **Allgemeines** (frühere Absätze 3–6): § 47 in der bis 2012 güligen Fassung enthielt in den Abs. 3–6 vier Regelungen, die Bauherren bzw. Grundstückseigentümer von der Pflicht, Einstellplätze bereitzustellen, auf verschiedene Weise entlasten sollten. Die Regelung in den bisherigen Absätzen 3 (Vergünstigung bei Wohnungsteilung, Aufstockung und Dachausbau) und 6 (Vergünstigung bei Ausgabe von „Job-Tickets") sind als Absätze 2 und 3 in den § 47 NBauO 2012 übernommen worden (dazu im Folgenden → Rn. 37 ff. und 40 ff.). Nach dem bisherigen Abs. 4 konnte, wenn der Bedarf die erwartete Höhe noch nicht von Anfang an erreicht, durch Bewilligung einer Ausnahme zugelassen werden, dass Einstellplätze nicht sogleich mit Bezug eines Neubaus sondern erst später geschaffen werden. Eine solche Erleichterung ist unter den neuen NBauO aufgrund der allgemeinen Ermächtigung zur Zulassung von „Abweichungen" in § 66 möglich. In § 66 Abs. 4 wird (wie bisher in § 47 Abs. 4 S. 2 NBauO aF) bestimmt, dass in diesem Fall die

Baugenehmigung von einer Sicherheitsleistung abhängig gemacht werden kann (→ Rn. 59). Nach dem bisherigen Abs. 5 konnte die oberste BauAB, die Anzahl der notwendigen Einstellplätze für bestimmte Arten baulicher Anlagen durch VO herabsetzen. Diese Ermächtigung hat die NBauO nun, an entfernter Stelle, in § 82 Abs. 3 mit anderen VO-Ermächtigungen zusammengefasst.

a) Zusätzlicher Wohnraum in vorhandenen Gebäuden (Abs. 2)

Allgemeines, Zweck: Nach Abs. 2 brauchen Einstellplätze, die nach Abs. 1 S. 1 zur Deckung des Einstellplatzbedarfs für Wohnungen erforderlich sind, in bestimmten Fällen nicht hergestellt und auch nicht durch Zahlung eines Geldbetrages nach Abs. 5 ff. abgelöst zu werden. Die Vergünstigung wurde durch die 5. NBauO-Novelle von 1986 eingeführt und mit den Änderungsgesetzen von 1990 und 1995 erweitert. Die NBauO 2012 hat die Vorschrift in ihrer letzten Fassung (§ 47 Abs. 3 der bisherigen NBauO) unverändert übernommen. Die Vorschrift bezweckt insbesondere, den Ausbau von Dachgeschossen zu Wohnungen in beengten Altbaugebieten kostengünstiger zu machen (Entwurfsbegründung zum ÄnderungsG von 1986, LT-Drs. 10/3480, 66). 37

Voraussetzungen: Die Vergünstigung wird gewährt, wenn in einem am 31.12.1992 bestehenden Gebäude eine **Wohnung geteilt** wird, ferner dann, wenn **Wohnraum durch Änderung der Nutzung** eines solchen Gebäudes **geschaffen** wird, dh wenn in bisher anders genutzten Räumen des Gebäudes, zB einem früheren Laden oder im Dachboden, Wohnungen oder Wohnräume eingerichtet werden. Die Gesetzesfassung schließt nicht aus, dass diese Nutzungsänderung mit baulichen Veränderungen im Inneren des Gebäudes einher gehen. Außerdem gilt Abs. 2 auch dann, wenn Wohnraum durch bestimmte Vergrößerungen des Gebäudevolumens geschaffen wird, nämlich durch **Aufstocken** (Erhöhung um ein oder mehrere Geschosse) oder durch **Änderung des Daches**, dh insbesondere durch Aufsetzen von Gauben, Zwerchgiebeln usw oder durch eine steilere Dachneigung. Nicht begünstigt sind dagegen Anbauten, die den Grundriss des Gebäudes vergrößern. 38

Voraussetzung nach Abs. 3 ist weiter, dass die **Einstellplätze**, die **zur Deckung des Mehrbedarf** erforderlich sind, auf dem Baugrundstück **nicht oder nur unter außergewöhnlichen Schwierigkeiten** im Einklang mit dem öffentlichen Baurecht geschaffen werden können. „Außergewöhnliche Schwierigkeiten" liegen wohl auch dann vor, wenn die Unterbringung der Einstellplätze auf dem Baugrundstück zwar technisch möglich, aber außergewöhnlich kostspielig ist, zB weil für ein Wohnhaus eine Tiefgarage gebaut werden müsste. Es genügt schon, dass diese Schwierigkeiten **auf dem Baugrundstück** bestehen; die Vergünstigung wird also auch dann gewährt, wenn Einstellplätze auf einem Nachbargrundstück mit Baulastsicherung (Abs. 4 S. 1) bereitgestellt werden könnten. 39

Die Vergünstigung nach Abs. 2 setzt nicht voraus, dass die BauAB eine Abweichung zulässt, sondern sie tritt, wenn die genannten Voraussetzungen vorliegen, unmittelbar kraft Gesetzes ein. Auf die Vergünstigung nicht mehr angewiesen ist der Bauherr, soweit die Gemeinde nach § 84 Abs. 1 Nr. 2 die Zahl der notwendigen Einstellplätze vermindert oder nach § 84 Abs. 1 S. 3 die Einstellplatzpflicht entfällt, weil die Gemeinde durch BPlan nach § 12 Abs. 6 BauNVO oder örtliche Bauvorschrift nach § 84 Abs. 2 die Herstellung der Einstellplätze ausschließt.

b) Aussetzung der Herstellung, „Job-Ticket" (Abs. 3)

Absatz 3 übernimmt wortgleich die Regelung in § 47 Abs. 6 der bisherigen NBauO, die dort durch das ÄnderungsG von 1995 eingefügt worden war. Die Vorschrift ermächtigt die BauAB, die Herstellung notwendiger Einstellplätze „auszusetzen", solange ständigen Benutzern baulicher Anlagen Zeitkarten für den öffentlichen Nahverkehr verbilligt zur Verfügung gestellt werden (S. 1 Nr. 1) und soweit infolgedessen ein geringerer Einstell- 40 platzbedarf erwartet werden kann (S. 1 Nr. 2). Gedacht ist an **Einstellplätze für Arbeitnehmer**, denen der Arbeitgeber verbilligte Zeitkarten – „Job-Tickets" – verschafft. Einstellplätze für Wohnungen werden ausdrücklich ausgenommen. Einstellplätze für Besucher (Einkaufsverkehr) und für Firmen- und Dienstfahrzeuge kommen schon deshalb nicht in Betracht, weil hier die Anforderungen des S. 1 Nr. 1 bzw. Nr. 2 praktisch nicht erfüllt werden können. Auch die Regelung des Abs. 3 bezweckt eine Entlastung der Städte vom individuellen Berufsverkehr (→ Rn. 9). Jedoch ist der Vollzug dieser Regelung für den Bauherrn wie für die BauAB mit erheblichem Aufwand verbunden.

41 Zu den **Voraussetzungen** nach S. 1: Die Aussetzung ist nur zulässig, solange den ständigen Benutzern der baulichen Anlage (Arbeitnehmern) verbilligte Zeitkarten geboten werden (Nr. 1). Das allein genügt aber nicht. Die Aussetzung ist auch nur in dem Ausmaß zulässig, in dem sich infolge dieser Aktion der Bedarf an Benutzereinstellplätzen verringert (Nr. 2). Dieses ergibt sich aus einem Vergleich der Zahl an Benutzereinstellplätzen, die für das Gebäude normalerweise, also nach den Richtzahlen (vgl. die oben abgedruckte Tabelle und → Rn. 25) oder ggf. nach der davon abweichenden örtlichen Bauvorschrift aufgrund von § 84 Abs. 1 Nr. 2 erforderlich wären, und der Zahl der Fahrzeuge, mit denen Benutzer (Arbeitnehmer) das Gebäude auch nach Einführung der Verbilligungsmaßnahme noch aufsuchen. Ob sich der Einstellplatzbedarf stets um den Prozentsatz der Arbeitnehmer mindert, die (über ihren Arbeitgeber) eine verbilligte Zeitkarte erworben haben, ist fraglich. Es müsste dann einigermaßen sicher sein, dass nicht ein Teil der Arbeitnehmer die verbilligte Karte nimmt und dennoch mit dem eigenen Pkw anfährt. Der Gesetzestext lässt es genügen, wenn die Bedarfsverringerung „erwartet werden kann". Danach brauchen wohl nicht in jedem Einzelfall genaue Zahlen nachgewiesen zu werden (so auch die Entwurfsbegründung der Novelle von 1995, LT-Drs. 13/550, 55), sondern es wird erlaubt sein, auf Erfahrungswerte zurückzugreifen. Allerdings müssen diese erst einmal aus exakt ermittelten konkreten Sachverhalten gewonnen werden. Solange diese noch nicht vorliegen, wird die BauAB die voraussichtliche Verringerung zunächst einmal (vorbehaltlich der Überprüfung nach S. 2 in den folgenden Jahren) schätzen müssen.

42 Liegen die Voraussetzungen vor, so **„kann"** die BauAB – sie entscheidet also nach pflichtgemäßem Ermessen – die **Herstellung** notwendiger Einstellplätze **aussetzen**. Sie spricht also nur einen einstweiligen Verzicht aus, der, wie sich aus S. 3 ergibt, widerruflich ist. Wie sowohl dem Wortlaut als auch dem Sinn der Regelung zu entnehmen sein wird, muss die BauAB für den Fall vorsorgen, dass eines Tages der Arbeitgeber keine verbilligten Karten mehr ausgibt oder die Arbeitnehmer sich trotz der Verbilligung nicht mehr davon abhalten lassen, mit dem eigenen Kfz zur Arbeit zu fahren. In einem solchen Fall muss es noch möglich sein, dass der Gebäudeeigentümer die Einstellplatzpflicht nachträglich erfüllt. Daher darf die BauAB die Herstellung nur aussetzen, wenn entweder eine Fläche freigehalten (und ggf. durch Baulast nach Abs. 4 S. 1 gesichert) wird, auf der die dann (zusätzlich) notwendigen Einstellplätze hergestellt werden können, oder wenn die Voraussetzungen für eine Ablösung der Einstellplatzpflicht vorliegen, dh schon im Zeitpunkt der Aussetzung eine entsprechende Satzung der Gemeinde oder ihre Zustimmung in dem konkreten Fall (Abs. 5 S. 1) vorliegt.

43 Die Aussetzung nach Abs. 3 **muss** vom Bauherrn **besonders beantragt werden**. Über die Aussetzung wird **in der Baugenehmigung** für die Baumaßnahme, die den Einstellplatzbedarf erzeugt, **entschieden**. In der Genehmigung ist die Zahl der Einstellplätze, deren Herstellung ausgesetzt wird, genau zu bestimmen. Bei staatlichen Bauten, die dem Zustimmungsverfahren nach § 74 unterliegen, wird die Einhaltung des § 47 (anders als nach § 82 Abs. 3 Nr. 1 der bisherigen NBauO) nicht mehr geprüft. § 74 Abs. 3 S. 3 wird dahingehend entsprechend anzuwenden sein, dass wie Abweichungen, Ausnahmen und Befreiungen von nicht nachbarschützenden Vorschriften auch die Aussetzung keiner bauaufsichtlichen Entscheidung mehr bedarf.

44 **Jährliche Überprüfung:** Nach Abs. 3 **Satz 2** muss jährlich jeweils bis zum 1.3. nachgewiesen werden, ob und wieweit die Voraussetzungen für die Aussetzung noch vorliegen.

Es handelt sich um keine (etwa zwangsweise durchsetzbare) Rechtspflicht. Der Grundstückseigentümer wird jedoch im eigenen Interesse für den Nachweis sorgen, weil die BauAB anderenfalls nach Abs. 3 **Satz 3** die Aussetzung widerrufen muss. Für den Nachweis nach Satz 2 genügt es nicht, nur die Zahl der Empfänger von verbilligten Zeitkarten anzugeben, sondern es muss auch der verringerte Einstellplatzbedarf dargetan werden. Zu diesem Zweck muss wenigstens glaubhaft gemacht werden, mit wie vielen Kfz die Benutzer (Arbeitnehmer) das Gebäude gewöhnlich aufsuchen.

D. Lage der notwendigen Einstellplätze zur baulichen Anlage (Abs. 4)

Abs. 4 sieht – wie vorher §47 Abs. 7 NBauO aF – für die notwendigen Einstellplätze drei Standorte vor, unter denen der Bauherr teilweise wählen kann, und zwar die Unterbringung 45

a) auf dem Baugrundstück (Satz 1 Alternative 1, → Rn. 46),
b) auf einem anderen Grundstück in der Nähe des Baugrundstücks (Satz 1 Alternative 2, → Rn. 47–54),
c) auf einem weiter entfernten Grundstück, von dem die bauliche Anlage im „gebrochenen Verkehr“ erreichbar ist (Satz 3, → Rn. 55).

Gewöhnlich werden die notwendigen Einstellplätze **auf dem Baugrundstück** untergebracht, dh auf dem Grundstück im bürgerlich-rechtlichen Sinne, auf dem die bauliche Anlage, die mit Einstellplätzen auszustatten ist, errichtet wird oder steht (vgl. die Begriffsbestimmung in §2 Abs. 12). Mit der Unterbringung auf dem Baugrundstück wird die Einstellplatzpflicht nach Abs. 4 **S. 1 Alt. 1** erfüllt, ohne dass noch weitere Voraussetzungen vorliegen müssen. 46

Nach Abs. 4 **S. 1 Alt. 2**, dürfen notwendige Einstellplätze auch **auf einem anderen Grundstück** als dem Baugrundstück liegen. Voraussetzung ist dafür einmal, dass es **in der Nähe** des Baugrundstücks liegt. Das bedeutet, es muss so bequem zu Fuß erreichbar sein, dass die Benutzer oder Besucher den Einstellplatz wirklich „annehmen“ und nicht doch auf den öffentlichen Verkehrsraum ausweichen (vgl. VGH Kassel 4.4.1964 – OS IV 31/62, DVBl 1964, 686; VGH Mannheim 9.3.1999 – 8 S 2877/98, BRS 62 Nr. 153 = NVwZ-RR 2000, 206). Im Allgemeinen werden bei Einstellplätzen für **Bewohner** 300 m Fußweg (nicht Luftlinie) hinzunehmen sein (OVG Hamburg 15.7.1954 – Bf II 26/53, BRS 4 S. 312 = VerwRspr. 1956, 73; vgl. auch Molodovsky in Koch/Molodovsky/Famers Art. 47 Rn. 82; Thiel/Frohberg S. 130 f.). Bei Einstellplätzen für **Besucher** wird die größtmögliche Entfernung je nach Art der baulichen Anlage, örtlichen Verhältnissen und Besucherkreis verschieden sein: VGH Mannheim 23.10.1985 – 3 S 1434/85, BRS 44 Nr. 109 hat für eine Gaststätte im Ortskern einer kleineren Gemeinde 240 m als ausreichend angesehen; demgegenüber hat VGH Kassel 19.6.1981 – IV OE 70/80, BRS 38 Nr. 135 für Besucher eines Bürogebäudes 400 – 450 m als zu weit bezeichnet; für Spielhallen haben VGH Mannheim 27.3.1985 – 3 S 2183 84, BRS 44 Nr. 110 einen Weg von 800 m mit starkem Höhenunterschied, OVG Münster 11.8.1989 – 11 A 980/86, BRS 49 Nr. 141 einen Weg von nur 350 m als zu weit angesehen. Einstellplätze für **Berufsverkehr** werden in größeren Städten sogar noch 1.000 m von der Arbeitsstätte entfernt sein dürfen; jedoch ist dies wohl das Äußerste (OVG Saarlouis 19.11.1991 – 2 R 65/90, BRS 52 Nr. 116 hat 1.150 m als zu weit angesehen). Dagegen werden Einstellplätze für den **Wirtschaftsverkehr** idR wesentlich näher zur baulichen Anlage gelegen sein müssen. 47

Weiter muss die **Benutzung** des anderen Grundstücks **durch Baulast** (§81) **gesichert** sein. Anderenfalls könnte der Eigentümer des anderen Grundstücks, ohne dass die Bauaufsicht ihn daran hindern könnte, die Einstellplätze beseitigen oder für die Benutzer und Besucher der baulichen Anlage, die durch die Einstellplätze versorgt werden soll, sper- 48 ren. Denn er wäre für den rechtswidrigen Zustand der baulichen Anlage, der nun die Einstellplätze fehlen, nicht nach § 56 verantwortlich, da er nicht deren Eigentümer ist.

Die Erklärung, durch die der Eigentümer des anderen Grundstücks die Baulast übernimmt, könnte wie folgt lauten:

„Als Eigentümer des im Grundbuch von ..., Bl. ... unter Nr. ... des Bestandsverzeichnisses eingetragenen Grundstücks ... -straße, Nr. ... – Gemarkung ... Flur ... Flurstück ... – übernehme ich, auch zu Lasten meiner Rechtsnachfolger, als Baulast die Verpflichtung zu dulden, dass auf dem genannten Grundstück ein Stellplatz/eine Garage mit ... Einstellplätzen für ... (Art der Kfz) einschließlich Zufahrt für das im Grundbuch von ... Bl. ... unter Nr. ... des Bestandsverzeichnisses eingetragene Grundstück ... -straße Nr. ... – Gemarkung ... Flur ... Flurstück ... – ordnungsgemäß hergestellt, unterhalten und benutzt wird."

Über die rechtliche Bedeutung einer solchen Baulast s. Erläuterungen zu § 81, über das zivilrechtliche Verhältnis des Bauherren zum Baulastübernehmer auch Ziegler BauR 1988, 18 ff. mwN.

49 Selbstverständlich ist auch die Unterbringung der Einstellplätze auf dem anderen Grundstück nur zulässig, wenn sie dort **mit öffentlichem Baurecht vereinbar** sind. So dürfen zB Einstellplätze für die Besucher einer nur im Kerngebiet zulässigen Spielhalle nicht in einem Mischgebiet untergebracht werden, weil sie dort dessen Bewohner stören (OVG Münster 11.8.1989 – 11 A 980/86, BRS 49 Nr. 141).

50 Sind die vorstehenden Voraussetzungen gegeben, so kann der Bauherr **nach Belieben wählen**, ob er die notwendigen Einstellplätze auf dem **Baugrundstück oder in der Nähe** unterbringen will. Der BauAB steht insoweit kein Ermessen zu.

51 Über die **Art der Unterbringung auf dem anderen Grundstück** bestimmt Abs. 4 S. 1 nichts Besonderes. Sie muss den Anforderungen des Abs. 1 genügen. Es sind auch dort Garagen oder Stellplätze grundsätzlich wahlweise möglich. Gleichgültig ist ferner, ob der Bauherr oder der Eigentümer des anderen Grundstücks die Einstellplätze herrichtet, wenn sie nur rechtzeitig zur Verfügung stehen.

Die Baulasterklärung kann zeichnerisch (in einem Lageplan) oder in Worten genau angeben, **an welcher Stelle des anderen Grundstücks** die Einstellplätze bereitstehen sollen. Enthält die Baulasterklärung keine solche Festlegung, so bleibt es dem (Baulastübernehmer) Eigentümer des anderen Grundstücks nach öffentlichem Baurecht überlassen, den Benutzern Plätze zuzuweisen. Diese müssen aber geeignet und für die Benutzer zumutbar sein.

52 Die notwendigen Einstellplätze können sich auch in einem gemeindlichen oder sonstigen öffentlichen **Parkhaus** befinden, müssen allerdings für die betreffende bauliche Anlage reserviert sein (sonst sind sie keine Einstellplätze). Sollen die Einstellplätze in der **Garage** eines anderen oder in einem Parkhaus untergebracht werden, so wäre in der Baulasterklärung (→ Rn. 48) der Inhalt der Verpflichtung etwa wie folgt zu formulieren:

„... die Verpflichtung, in der/dem auf dem genannten Grundstück errichteten Garage/Parkhaus ... Einstellplätze für ... (Art der Kfz) für das im Grundbuch von ... Bl. ... unter Nr. ... des Bestandsverzeichnisses eingetragene Grundstück ... -straße Nr. ... – Gemarkung ... Flur ... Flurstück ... – dauernd zur Verfügung zu halten."

53 Die notwendigen Einstellplätze können außerhalb des Baugrundstücks auch auf bzw. in **Gemeinschaftsanlagen** untergebracht werden. Dies sind Stellplatz- oder Garagenanlagen, die mehreren Eigentümern baulicher Anlagen gemeinschaftlich gehören und den Einstellplatzbedarf dieser baulichen Anlagen decken. § 52 NBauO aF, der die Gemeinschaftsanlagen regelte, ist in die neue NBauO nicht übernommen worden. Jedoch bestehen keine Zweifel daran, dass notwendige Einstellplätze auch als Gemeinschaftsanlage bereitgestellt werden dürfen. Nunmehr ergibt sich aus § 47 Abs. 4 S. 1, dass ihre Benutzung durch die Bewohner, Benutzer und Besucher der beteiligten Grundstücke in jedem Fall durch Baulast gesichert sein muss.

Zu Abs. 4 S. 2: Einstellplätze werden an sich auch dann „auf dem Baugrundstück" untergebracht, wenn zwei oder mehr Grundstücke iSd Bürgerlichen Rechts (Buchgrundstücke) durch die sog. **Vereinigungsbaulast** nach §2 Abs. 12 S. 2 zu einem Baugrundstück zusammengeschlossen werden und die bauliche Anlage auf einem, die Einstellplätze aber auf einem anderen der vereinigten Buchgrundstücke gelegen sind. Kraft dieser Baulast darf der Eigentümer des Buchgrundstücks, auf dem sich die Einstellplätze befinden, diese nicht beseitigen oder sperren, wenn das die bauliche Anlage auf dem anderen Buchgrundstück rechtswidrig macht, denn er ist nun für deren Rechtmäßigkeit nach §56 mit verantwortlich. Satz 2 zwingt jedoch dazu, auch diesen Fall als eine Herstellung von Einstellplätzen auf einem anderen als dem Baugrundstück zu behandeln und zusätzlich eine Baulast nach §47 zu fordern. Diese durch das ÄnderungsG vom 15.6.1995 in die NBauO aF eingefügte Regelung entspringt wohl einem Irrtum über die Tragweite der Vereinigungsbaulast. Sie wäre besser nicht in die neue NBauO übernommen worden. Für vor 1995 hergestellte notwendige Stellplätze auf durch Vereinigungsbaulast verbundenen Grundstücken gilt das Erfordernis des Abs. 4 S. 2 nicht (OVG Lüneburg 23.1.2014 – 1 LA 95/13, n.v.). 54

Abs. 4 S. 3 soll es ermöglichen, notwendige Einstellplätze auch in größerer Entfernung von der baulichen Anlage so unterzubringen, dass sie im sog. gebrochenen Verkehr (**„park and ride"**) erreichbar sind. Gemeint sind auch hier Einstellplätze, also private Plätze für einen begrenzten Benutzerkreis; öffentliche Parkflächen für den gebrochenen Verkehr sind in Abs. 7 vorgesehen. Satz 3 greift nur ein, soweit Einstellplätze nach öffentlichem Baurecht weder auf dem Baugrundstück noch in dessen Nähe zulässig sind. Die Regelung bot einen Ausweg, wenn Einstellplätze dort wegen der oben → Rn. 9 erörterten Verkehrsschwierigkeiten der Gemeinde durch örtliche Bauvorschrift oder durch B-Plan nach §12 Abs. 6 BauNVO ausgeschlossen wurden. Sie hat wohl kaum praktische Bedeutung erlangt. Nunmehr, seitdem durch das ÄnderungsG v. 11.12.2002 die jetzt in §47 Abs. 1 S. 3 enthaltene Regelung in die NBauO eingefügt worden war, besteht im Falle eines solchen Ausschlusses überhaupt keine Verpflichtung zur Schaffung von Einstellplätzen mehr, so dass sich der Bauherr jetzt nicht mehr um eine Unterbringung nach Maßgabe von Abs. 4 S. 3 zu bemühen braucht. 55

Denkbar ist noch, dass andere Vorschriften des öffentlichen Baurechts der Herstellung von Einstellplätzen auf dem Baugrundstück und in dessen Nähe entgegenstehen, die Einstellplatzpflicht als solche aber nicht entfallen lassen (→ Rn. 34). Jedoch dürfte auch dann die Unterbringung notwendiger Einstellplätze nach Abs. 4 S. 3 nur ein theoretischer Lösungsweg sein, da an die „leichte Erreichbarkeit mit öffentlichen Verkehrsmitteln", soll der Einstellplatz tatsächlich in Anspruch genommen werden, relativ hohe Anforderungen zu stellen sind. Abs. 4 S. 3 sollte daher gestrichen werden.

E. Zum Vollzug der Einstellplatzpflicht

Eine bauliche Anlage entspricht ohne die für sie notwendigen Einstellplätze nicht dem öffentlichen Baurecht (→ Rn. 18). Entsprechendes gilt für Änderungen oder Nutzungsänderungen (→ Rn. 19). Sämtliche **notwendigen Einstellplätze** müssen schon **im Entwurf** (vgl. §53 Abs. 1 S. 2) dargestellt sein (mindestens im Lageplan, §7 Abs. 5 Nr. 12 BauVorlVO, ggf. in den Bauzeichnungen). Anderenfalls ist die Baugenehmigung zu versagen, und bei genehmigungsfreien Bauten nach §62 darf der Entwurfsverfasser dann nicht den Entwurf unterschreiben. Sollen die Einstellplätze auf einem anderen Grundstück als dem Baugrundstück untergebracht werden, muss auch schon die Baulast (→ Rn. 48, 51 f.) bestellt sein. Auch sonst dürfen der Herstellung der notwendigen Einstellplätze keine rechtlichen Hindernisse entgegenstehen. Sehen in einem Baugenehmigungsverfahren die Bauvorlagen nicht genügend Einstellplätze vor, sollte die BauAB den Bauantrag zunächst zurückgeben und dem Bauherrn mitteilen, wie viele Einstellplätze fehlen (§69 Abs. 2). 56

57 Ist ein **Bau fertiggestellt** worden und **fehlen** entgegen der Baugenehmigung noch **notwendige Einstellplätze**, so hat die BauAB, wie sonst bei erheblichen Baumängeln, mit Maßnahmen nach § 79 gegen den Bauherrn vorzugehen. Das kann auch noch längere Zeit nach Fertigstellung geschehen; die Befugnis der BauAB, fehlende Einstellplätze nachzufordern, geht nicht durch Verwirkung unter (VGH München 21.5.1974 – 314 I 72, BRS 28 Nr. 73).

58 **Veräußert** der **Bauherr** die von ihm errichtete bauliche Anlage und fehlen ihr noch Einstellplätze oder ist bei zugelassener Ablösung der Ablösungsbetrag noch nicht gezahlt, so ist nach § 56 auch der **neue Eigentümer** für die Rechtmäßigkeit der baulichen Anlage verantwortlich und demgemäß neben dem Bauherrn verpflichtet, die noch fehlenden Plätze zu schaffen bzw. den Ablösungsbetrag zu zahlen. Die BauAB kann sich mit Verfügung nach § 79 ohne weiteres auch an ihn halten (anders OVG Saarlouis 12.6.1987 – 2 R 247/85, BRS 47 Nr. 115 und OVG Hamburg 26.4.1990 – Bf. II 51/89, NVwZ-RR 1991, 270). Entsprechendes gilt selbstverständlich, wenn Bauherr und Eigentümer (von Anfang an) nicht identisch sind.

59 Wird als Abweichung nach § 66 zugelassen, dass notwendige Einstellplätze erst nach Ingebrauchnahme der baulichen Anlage hergestellt werden (wie bisher nach § 47 Abs. 4 NBauO aF), so kann die BauAB die Baugenehmigung von einer **Sicherheitsleistung** abhängig machen (so jetzt **§ 66 Abs. 4**). In diesen Fällen geht die BauAB nämlich das Risiko ein, dass zwar die bauliche Anlage errichtet wird und der ruhende Verkehr entsteht, der Bauherr aber seine Pflicht nach § 47 nicht erfüllt, uU auch nicht mehr die Mittel dazu hat. Aus einer Sicherheitsleistung kann die BauAB dann die Kosten einer Ersatzvornahme decken. „Abhängig machen" bedeutet, dass die BauAB die Baugenehmigung verweigert, bis die Sicherheit geleistet ist, oder (weniger empfehlenswert) die Baugenehmigung unter einer entsprechenden aufschiebenden Bedingung (nicht Auflage!) erteilt. Wie Sicherheit geleistet werden kann, ergibt sich aus den §§ 232 ff. BGB. In erster Linie wird heute eine Bankbürgschaft in Betracht kommen. Höhe und Art der Sicherheit hat die BauAB nach pflichtgemäßem Ermessen zu bestimmen (vgl. dazu BayObLG 29.10.1979 – RReg. 2 Z 84/78, BRS 35 Nr. 151). Der Verhältnismäßigkeitsgrundsatz ist zu beachten. Bietet der Bauherr eine andere genügende Sicherheit an, muss die BauAB diese akzeptieren.

Keine Sicherheitsleistung ist für den Fall vorgesehen, dass die BauAB nach Abs. 3 die Herstellung von Einstellplätzen aussetzt. Hier würden die Kosten der Sicherheitsleistung den Bauherrn bzw. Eigentümer auf Dauer belasten.

F. Ablösung der Einstellplatzpflicht

a) Allgemeines, Voraussetzungen (Abs. 5)

60 **Rechtsentwicklung:** Die mit der RGaO von 1939 eingeführte und nach Kriegsende fortbestehende Verpflichtung der Bauherren und Grundstückseigentümer, den durch ein Bauwerk verursachten ruhenden Kraftfahrzeugverkehr außerhalb der öffentlichen Verkehrsflächen unterzubringen, hat oft zu Härten geführt, besonders dann, wenn bei Neubauten in älteren dicht bebauten Stadtvierteln oder bei Nutzungsänderungen bestehender Bauten nicht genügend Platz vorhanden war, um alle Kraftfahrzeuge der Bewohner, Benutzer und Besucher auf den Baugrundstücken unterzubringen. Andererseits hat sich herausgestellt, dass, vor allem in den Stadtkernen, das Straßennetz überlastet wird, wenn alle Wünsche, Gebäude und andere Anlagen mit dem Auto aufzusuchen und dieses dort abzustellen, befriedigt würden (→ Rn. 8). In solchen Fällen dem Bauherrn die Herstellung der notwendigen Einstellplätze ohne Weiteres zu erlassen, würde ihn jedoch gegenüber den anderen, die dieser Pflicht nachkommen, ungerecht bevorzugen, denn es änderte sich nichts daran, dass auch sein Bau Zu- und Abgangsverkehr verursacht und das Straßennetz belastet. Zur Lösung dieses Problems bot sich eine Regelung an,

nach der Bauherren, anstatt die Einstellplätze (real) herzustellen, einen Geldbetrag an die Gemeinde zahlen können (oder sogar müssen), den diese für eine Verbesserung der Verkehrsverhältnisse zu verwenden hat. Die RGaO selbst kannte noch keine solche „Ablösung". Die Rechtsprechung erklärte jedoch schon unter der RGaO entsprechende Vereinbarungen für sachgerecht und zulässig (grundlegend BVerwG 4.2.1966 – IV C 64.65, NJW 1966, 1936; anders vorher Thiel/Frohberg S. 138 ff. mwN). Die bisherige NBauO sah eine Ablösung von Anfang an für den Fall vor, „dass notwendige Einstellplätze nicht oder nur unter außergewöhnlichen Schwierigkeiten entsprechend den Anforderungen des öffentlichen Baurechts zur Verfügung gestellt werden" konnten. Unter dieser Voraussetzung konnte die BauAB „ausnahmsweise" (dh gem. §85 NBauO aF) im Einvernehmen mit der Gemeinde die Ablösung zulassen. Die neue NBauO hat diese Regelung, insoweit auch der oben, → Rn. 9, beschriebenen Tendenz folgend, wesentlich geändert. Nunmehr setzt §47 Abs. 5 S. 1 für die Ablösung nur noch voraus, dass die Gemeinde diese durch Satzung gestattet oder der Ablösung im Einzelfall zugestimmt hat. Außergewöhnliche Schwierigkeiten brauchen nicht mehr vorzuliegen, und eine – im Ermessen der BauAB liegende – Ausnahme ist nicht mehr erforderlich.

Der Bauherr entscheidet frei darüber, ob er notwendige Einstellplätze herstellt oder durch Geldzahlung ablöst. Wenn die Herstellung allerdings aus tatsächlichen Gründen weder auf dem Baugrundstück noch in dessen Nähe möglich ist oder ihr die bei → Rn. 33 genannten Rechtsgründe entgegenstehen, verbleibt ihm, wenn er sein Vorhaben nicht aufgeben will, nur die Ablösung. 61

Die Ablösung ist **mit Verfassungsrecht** (Art. 3, 14, 20, 104a ff. GG) **vereinbar** (so zur ähnlichen Regelung der Hmb. BauO BVerwG 30.8.1985 – 4 C 10.81, NJW 1986, 600 = BauR 1985, 668; ebenso 16.9.2004 – 4 C 5.03, BauR 2005, 375). Das BVerwG hält die Ablösung für eine zulässige Sonderabgabe, und zwar in dem neueren Urteil für eine solche, die keinem Finanzierungszweck dient und deren Verwendung deshalb nicht „gruppennützig" iSd Rechtsprechung des BVerfG sein muss. Die Verfassungsmäßigkeit bejaht auch mit eingehender und zutreffender Begründung Smeddinck, Stellplatzpflicht und umweltpolitische Steuerung, 1999, S. 256 ff.; ebenso BVerfG (Kammerbeschluss) 5.3.2009 – 2 BvR 1824/05, BRS 74 Nr. 149; es sieht den rechtfertigenden Grund der Ablösung auch vor allem darin, dass sie unterschiedliche Belastungen ausgleicht. 62

Voraussetzung der Ablösung: Die Ablösung kann der Bauherr (Eigentümer) verlangen, wenn die Gemeinde dies **durch Satzung bestimmt** oder der Ablösung **im Einzelfall zugestimmt** hat. Die Gemeinde entscheidet dabei im eigenen Wirkungskreis (ebenso Molodovsky in Koch/Molodovsky/Famers Art. 47 Rn. 87). Ob sie eine Ablösung ermöglicht, steht in ihrem pflichtgemäßen Ermessen. Wesentlich für ihre Entscheidung sind zunächst ebenfalls die Auswirkungen auf den örtlichen Verkehr und die Konsequenzen für ihre Straßenplanung. Darin, dass sie dem Bauherrn erlaubt, statt der Herstellung die Ablösung notwendiger Einstellplätze zu wählen, gewährt sie ihm eine Vergünstigung. Deshalb wird sie auch andere legitime Interessen der örtlichen Gemeinschaft verfolgen dürfen. So darf sie ihre Zustimmung in einem Einzelfall auch versagen, um ein aus anderen städtebaulichen Gründen unerwünschtes Vorhaben nicht zu fördern (OVG Lüneburg 29.10.1993 – 6 L 70/92, nv; VGH München 23.8.2001 – 2 B 98.2905, BRS 64 Nr. 140; Sauter §37 Rn. 94). 63

Nicht abgelöst werden dürfen nach Abs. 5 S. 1 die **Einstellplätze nach §49 Abs. 2 S. 2 für Behinderte**. Diese müssen stets bereitgestellt werden, da sie nicht der Entlastung kommunaler Verkehrsnetze (→ Rn. 8), sondern dem der kommunalen Dispositionsfreiheit entzogenen Anliegen der Integration von Menschen mit Behinderungen dienen.

Die **Satzung**, mit der die Gemeinde bestimmt, dass die Ablösung verlangt werden kann, 64
ist **keine „örtliche Bauvorschrift"** iSv §84. Sie kommt nach den allgemeinen kommunalrechtlichen Vorschriften über das Verfahren beim Erlass von Satzungen zustande. Sie kann die Ablösung für das ganze Gemeindegebiet oder für abgegrenzte Gebietsteile erlauben und dabei auch nach der Art der Einstellplätze oder Fahrzeuge unterscheiden.

Die Gemeinde **kann** mit dieser Satzung die **Ablösung nur gestatten**, nicht aber anordnen, dass statt der Herstellung nur noch die Ablösung erlaubt ist. Will die Gemeinde die (reale) Herstellung von Einstellplätzen untersagen, muss sie eine Regelung nach § 12 Abs. 6 BauNVO durch B-Plan treffen oder eine örtliche Bauvorschrift nach § 84 Abs. 2 NBauO erlassen. Das hat aber zur Folge, dass die Einstellplatzpflicht nach Abs. 1 S. 3 überhaupt entfällt, also auch nicht mehr abzulösen ist.

65 Entscheidet der Bauherr (Eigentümer) sich für die Ablösung, so muss er nach § 47 Abs. 5 S. 1 **„verlangen"** dass die Herstellungspflicht durch die Pflicht zur Geldzahlung ersetzt wird. Wann, wem gegenüber und wie er dieses „Verlangen" vorbringen kann, bestimmt die NBauO nicht. Er wird es der BauAB gegenüber zu erklären haben, bei baugenehmigungsbedürftigen Baumaßnahmen zweckmäßigerweise zugleich mit dem Bauantrag, bei Vorhaben, die nach § 62 genehmigungsfrei sind, durch besonderes Schreiben an die BauAB.

66 Auf das Verlangen wird **„zugelassen"**, dass die Herstellungspflicht durch die Zahlungspflicht ersetzt wird. Durch wen und in welcher Form dies geschieht, bestimmt die NBauO auch nicht. Es ist aber anzunehmen, dass die BauAB die Ablösung zulässt und nicht die Gemeinde, denn über diese wird ausgesagt, dass sie der Zulassung zustimmt. Im (vereinfachten und „normalen") Genehmigungsverfahren, §§ 63 f., wird die Ablösung durch die Baugenehmigung zugelassen. Bei Bauten, die nach § 62 genehmigungsfrei sind, ist dementsprechend die Ablösung wie eine Abweichung nach § 66 durch besonderen Verwaltungsakt der BauAB zuzulassen. Entsprechend § 62 Abs. 2 Nr. 2 hängt die Genehmigungsfreiheit des Vorhabens davon ab, dass die Zulassung „bereits erteilt" ist.

Wenn die dem Bauherrn (Eigentümer) abverlangte Ablösung durch eine entsprechende Satzung gedeckt ist oder die Gemeinde ihr zugestimmt hat, *muss* die BauAB die Ablösung zulassen. Ihr steht dabei kein Ermessen (mehr) zu, und es gibt auch sonst keine Voraussetzung, deren Vorliegen sie noch prüfen müsste.

67 Über die **Zustimmung** im Einzelfall entscheidet die Gemeinde **verwaltungsintern** gegenüber der BauAB, nicht durch (zusätzlichen) Verwaltungsakt gegenüber dem Bauherrn bzw. Eigentümer. Sollte sie ihre Zustimmung missbräuchlich versagen, kann notfalls die Kommunalaufsicht mit ihren Mitteln (Ersatzvornahme) die Zustimmung herbeiführen. Der Bauherr (Eigentümer) kann Rechtsschutz erlangen, indem er Verpflichtungsklage gegen die BauAB auf Erlass des – von der Zustimmung abhängigen – Verwaltungsaktes (Baugenehmigung bzw. isolierte Zulassung) erhebt. Das Gericht kann sich – nach notwendiger Beiladung der Gemeinde – über die Versagung der Zustimmung hinwegsetzen, allerdings wird der Bauherr idR nur ein sog. Bescheidungsurteil erwirken, es sei denn, das Ermessen der Gemeinde ist aus besonderen Gründen des Einzelfalles auf Null geschrumpft.

68 **Wirkung der „Zulassung" und der „Ablösung":** Hat die BauAB die Ablösung durch die Baugenehmigung oder besonderen VA zugelassen, so erlischt die Pflicht des Bauherrn (Eigentümers usw) zur Herstellung der Einstellplätze, und an ihre Stelle tritt die Verpflichtung zur Zahlung des Geldbetrages. Soweit der Bauherr (Eigentümer) dann für eine Anzahl notwendiger Einstellplätze Ablösebeträge gezahlt hat, gilt die bauliche Anlage als mit dieser Zahl von Einstellplätzen ausgestattet; insoweit erfüllt sie dann die Anforderungen des § 47. Die Rechtmäßigkeit der baulichen Anlage hängt nicht davon ab, dass die Gemeinde entsprechende Parkflächen tatsächlich herstellt. Die Ablösung lässt nur eine Verwendungspflicht der Gemeinde entstehen. Die Ablösung behält selbstverständlich auch dann noch ihre Rechtswirkung, wenn das Grundstück veräußert wird.

69 Fragen entstehen jedoch, wenn die **bauliche Anlage, für die Ablösebeträge gezahlt wurden, abgebrochen wird oder abbrennt** und durch einen Nachfolgebau mit gleicher oder anderer Nutzung ersetzt wird. Wenn gezahlte Ablösebeträge an die Stelle wirklich bereitstehender Einstellplätze treten, muss das grundsätzlich auch in diesen Fällen noch gelten. Die abgelösten Einstellplätze sind dann ebenso wie tatsächlich auf dem Baugrundstück oder in seiner Nähe geschaffene Einstellplätze auf den Einstellplatzbedarf des Nachfolgebaus anzurechnen (OVG Lüneburg 26.1.1987 – 6 A 78/85, BRS 47 Nr. 114; vgl. auch OVG Münster 24.8.1989 – 7 A 2552/87, BRS 49 Nr. 140 und 26.2.1991 – 11 A 2284/88, BRS 52 Nr. 117). Dies kann allerdings nicht ohne jede Einschränkung gelten: Hatte die Gemeinde ihre Zustimmung ausdrücklich für ein bestimmtes Bauwerk mit bestimmter Nutzung erteilt und soll nun ein wesentlich anderer Bau entstehen, der ihr berechtigten Anlass gegeben hätte, ihr Ermessen nach Abs. 5 S. 1 anders auszuüben, so wird sie ihre frühere Zustimmung widerrufen dürfen.

Die vorstehend behandelte Frage stellt sich in Nds. nicht, wenn eine **bauliche Anlage**, für die Einstellplätze abgelöst wurden, **nur in ihrer Nutzung geändert** wird. In diesem Fall greift §47 Abs. 1 S. 2 ein (→ Rn. 19). Es sind dann nicht nur abgelöste Einstellplätze anzurechnen, sondern sogar gänzlich fehlende Plätze werden im Ergebnis wie vorhandene gerechnet. 70

b) Vollzug der Ablösung

Es empfiehlt sich für die BauAB, in der Baugenehmigung zugleich mit der Zulassung der Ablösung durch **Auflage** anzuordnen, dass und in welcher Höhe der Bauherr einen Ablösungsbetrag zu zahlen hat. Ist ein Bauvorhaben, das einen Einstellplatzbedarf auslöst, nach §62 genehmigungsfrei, so hat die BauAB eine entsprechende Auflage dem „isolierten" VA über die Zulassung der Ablösung beizufügen. 71

Anstelle oder neben der Auflage ist auch ein **öffentlich-rechtlicher Vertrag** zwischen dem Bauherrn, der Gemeinde und der BauAB möglich (§§54 ff. VwVfG), in dem übrigens nicht nur die Höhe des Ablösungsbetrages, sondern auch dessen Verwendung durch die Gemeinde im Rahmen des Abs. 3 festgelegt werden kann (eingehend über die Regelung durch Vertrag Ehlers DVBl 1986, 529, der einen Vertrag nur zwischen Bauherr und Gemeinde für zulässig hält). Der Vertrag bedarf nach §57 VwVfG der Schriftform gem. §126 Abs. 2 BGB!

Festsetzung und Entstehung der Ablösepflicht: Durch Auflage oder öffentlich-rechtlichen Vertrag wird die Höhe des Ablösebetrages verbindlich festgesetzt, und zwar bindet die Festsetzung auch den Rechtsnachfolger des Bauherrn (aM OVG Hamburg 26.4.1990 – Bf. II 51/89, BRS 50 Nr. 137). Ein Vertrag über die Ablösung stellt einen eigenständigen Rechtsgrund für das Behaltendürfen der Ablösebeträge dar, der nicht automatisch entfällt, wenn sich die Stellplatzforderung der Bauaufsichtsbehörde als rechtswidrig erweist (VGH Kassel 24.9.2014 – 3 A 2085/13.Z – BeckRS 2014, 59672 = BRS 82 Nr. 154). Jedoch sind Auflage oder Vertrag nicht Voraussetzung für die Entstehung der (materiellrechtlichen) Ablöseverpflichtung (OVG Lüneburg 18.4.1994 – 1 L 4801/92, nv). Diese entsteht nach Abs. 5 S. 3, sobald und soweit die bauliche Anlage ohne notwendige Einstellplätze in Gebrauch genommen wird. Von diesem Zeitpunkt ab hängt ihre Rechtmäßigkeit von der Zahlung des Ablösebetrages ab. 72

Schuldner des Ablösebetrages sind der Bauherr (§52) und diejenigen, die nach §56 dafür verantwortlich sind, dass die bauliche Anlage das öffentliche Baurecht einhält (die jeweiligen Eigentümer, Erbbauberechtigten, Pächter usw). Sie haften, wenn sie nicht ein und dieselbe Person sind, als sog. Gesamtschuldner (s. §§421 ff. BGB). 73

Gläubiger: Der Ablösebetrag ist nach Abs. 5 S. 1 an die Gemeinde zu zahlen, aber nicht diese, sondern nur die BauAB kann aufgrund von Abs. 5 die Zahlung des Ablösungsbetrages verlangen und beitreiben (folgende → Rn. 74). Für die Gemeinde kann aber ein solcher Anspruch, auch auf Verzinsung des Ablösungsbetrages, durch öffentlich-rechtlichen Vertrag begründet werden (OVG Lüneburg 23.2.1987 – 6 A 47/86, BRS 47 Nr. 116).

Ist eine bauliche Anlage in Gebrauch genommen und ein **geschuldeter Ablösebetrag** noch **nicht gezahlt** worden, so muss die BauAB, falls sie bisher keine entsprechende Auflage erteilt hat (→ Rn. 71 f.), den Bauherrn (Eigentümer) zunächst durch **Verfügung nach §79** zur Zahlung verpflichten. Hier ist die Geldzahlung eine Maßnahme zur Herstellung rechtmäßiger Zustände iSd §79 (so auch OVG Lüneburg 23.2.1987 – 6 A 47/ 74

86, BRS 47 Nr. 116). Die **Vollstreckung** richtet sich nach dem NVwVG; die Zahlungsanordnung nach § 79 ist Leistungsbescheid iSd § 1 NVwVG. Widerspruch und Anfechtungsklage gegen den Leistungsbescheid haben aufschiebende Wirkung; die Ablösungsbeträge sind keine öffentlichen Abgaben oder Kosten iSd § 80 Abs. 2 Nr. 1 VwGO (OVG Lüneburg 21.11.1983 – 6 D 6/83, NJW 1984, 1916; OVG Hamburg 19.5.1999 – 2 Bs 229/98, BRS 62 Nr. 154; OVG Greifswald 12.10.2004 – 3 M 147/03, BRS 67 Nr. 159).

75 Die Verpflichtung zur Zahlung des Ablösebetrages unterliegt nicht der **Verjährung**. § 169 AO über die Festsetzungsverjährung bei Steuern ist nicht, auch nicht entsprechend, anwendbar (OVG Lüneburg 18.4.1994 – 1 L 4801/92, nv).

76 Lässt die BauAB zu, dass notwendige Einstellplätze abgelöst werden, so besteht das Risiko, dass die bauliche Anlage in Benutzung genommen wird und ruhenden Verkehr verursacht, der Bauherr aber nicht mehr die Mittel zur Bezahlung des geschuldeten Ablösebetrages hat. Um dem vorzubeugen, kann die BauAB nach § 47 Abs. 5 S. 3 die Baugenehmigung von einer **Sicherheitsleistung** abhängig machen. Aus der Sicherheitsleistung kann die BauAB dann der Gemeinde den Ablösungsbetrag zukommen lassen (Näheres über die Sicherheitsleistung → Rn. 59). Bei genehmigungsfreien Bauten steht der BauAB diese Möglichkeit nicht zu Gebote.

77 **Rückzahlung von Ablösebeträgen?** Hat ein Bauherr schon Ablösebeträge gezahlt, entsteht der Fehlbedarf an Einstellplätzen, der hierdurch gedeckt werden sollte, aber nicht, etwa weil der Bauherr auf den Bau verzichtet, oder ihn doch noch mitsamt (rechtmäßigen!) Einstellplätzen errichtet, so kann er den Ablösungsbetrag von der Gemeinde zurückverlangen (öffentlich-rechtlicher Erstattungsanspruch, für den die Regelung der ungerechtfertigten Bereicherung durch das BGB sinngemäß heranzuziehen ist; so zu einer vertraglich vereinbarten Ablösung OVG Münster 5.9.1996 – 7 A 958/94, BRS 58 Nr. 122). Ist der Bau jedoch errichtet und in Gebrauch genommen worden, so ist der Fehlbedarf entstanden, und die gezahlte Ablösung zu seiner Abdeckung erforderlich geworden (s. Abs. 5 S. 2). Von diesem Zeitpunkt ab hat die Gemeinde also Gewissheit, dass sie über das eingenommene Geld disponieren kann. Wenn danach das Gebäude abgebrochen oder durch bauliche Änderung oder Nutzungsänderung der Einstellplatzbedarf verringert wird oder Einstellplätze nachträglich geschaffen werden, so kann keine Rückzahlung mehr verlangt werden, selbst wenn die Gemeinde das Geld noch nicht für Projekte nach Abs. 7 ausgegeben haben sollte. Ist die Ablösung in einem öffentlich-rechtlichen Vertrag vereinbart worden, so entfällt dann idR auch nicht dessen Geschäftsgrundlage (ebenso OVG Koblenz 13.11.2003 – 8 A 10878/03, BeckRS 9998, 26525 = BRS 66 Nr. 144); natürlich kann der Vertrag aber weitergehende Rückzahlungsregelungen treffen (s. dazu VGH Mannheim 9.3.1999 – 8 S 2877/98, BRS 62 Nr. 153). Wenn sich ein Vertrag über eine Ablösung als nichtig herausstellt, das Gebäude ohne die notwendigen Einstellplätze aber schon errichtet worden ist, so verstößt nach Auffassung des BVerwG (5.3.1998 – 4 B 3/98, NJW 1998, 3135) der Bauherr gegen Treu und Glauben, wenn er den Ablösebetrag zurückfordert, ohne gleichzeitig eine baurechtlich zulässige tatsächliche Herstellung der fehlenden Einstellplätze anzubieten. Wie sich aus der positiven Regelung in Abs. 5 S. 2 ergibt, kann er das Geld aber nicht einmal dann zurückverlangen, wenn er Einstellplätze nachträglich herstellt.

c) Höhe der Ablösungsbeträge (Abs. 6)

78 Solange nach Abs. 6 S. 2 keine gültige Gemeindesatzung die Höhe des Ablösebetrages regelt, richtet sich diese nach **Satz 1**. Der **Ablösebetrag** ist dann **nach dem Vorteil zu bemessen**, der sich für den Bauherrn oder sonstigen Verantwortlichen (Eigentümer, Erbbauberechtigten, Pächter) daraus ergibt, dass er die Einstellplätze nicht herzustellen braucht. Zu ermitteln ist also, welche Kosten – anteilige Grundstückskosten (Bodenwert) und Baukosten – der Bauherr im konkreten Einzelfall für die notwendigen Einstellplätze hätte aufwenden müssen. Hätte er – infolge weitgehender Überbauung des Grundstücks oder aus Rücksicht auf die Umgebung – nur Garagen (evtl. mehrgeschossige) errichten können, so sind deren Kosten anzusetzen.

79 Der **Vorteil** wird dadurch **gemindert**, dass die abgelösten Stellplätze dem Bauherren (Eigentümer usw) nicht zur Verfügung stehen und ihm die gemeindlichen Maßnahmen, die er mit seiner Ablösung finanziert, nur sehr mittelbar und keinesfalls ausschließlich zugute kommen. Dementsprechend kann der Vorteil, auf den Satz 1 abstellt, nicht die volle Höhe der Kosten ausmachen, die bei Herstellung der Einstellplätze entstehen würden, sondern nur einen **angemessenen Teil der Kosten** (eine Ablösung in Höhe von 100 % der Kosten, wie sie der VGH Kassel 14.7.2009 – 3 A 1584/08, BeckRS 2009, 36453 = BRS 74 Nr. 250) für verfassungsgemäß hält, wäre mit § 47 Abs. 6 S. 1 NBauO nicht vereinbar, weil er über dem Vorteil läge, auf den die NBauO dort abstellt).

Die NBauO bestimmt nicht, wie hoch dieser Anteil ist. Einen Anhalt für die richtige Einschätzung dieses Anteils können vergleichbare Regelungen in anderen Bundesländern sein. So begrenzt die BauO NRW in der bis 31.12.2019 geltenden Fassung (§ 51 Abs. 5) den Ablösebetrag auf 80 % der durchschnittlichen Herstellungskosten (einschl. Grunderwerb) von Parkeinrichtungen im Gemeindegebiet oder Teilen davon, die BauO LSA (§ 48 Abs. 2) auf 60 % dieser Kosten. Ein Kostanteil von nur 60 % dürfte für einen gerechten Vorteilsausgleich zu klein sein. Vertretbar erscheint ein Anteil von 75 %, wobei es, wenn keine Satzung nach S. 2 vorliegt, um 75 % der – geschätzten – Kosten geht, die für die Ausstattung der konkreten baulichen Anlage mit Einstellplätzen aufzuwenden wären.

80 Nach **Satz 2** kann die Gemeinde den Ablösungsbetrag auch **durch Satzung** (keine örtliche Bauvorschrift iSd § 84!) für das Gemeindegebiet oder für Gemeindeteile einheitlich **festsetzen**. „Einheitlich" bedeutet hier, dass der Ablösungsbetrag pauschal festzusetzen ist und Besonderheiten der Einzelfälle außer acht bleiben sollen. Nicht notwendig ist es aber, nur einen einzigen Betrag (je Einstellplatz) für den Geltungsbereich der Satzung zu bestimmen. Vielmehr sind auch Abstufungen, die der Billigkeit entsprechen (zB nach Zonen), möglich. In großen Städten müssen sogar Zonen gebildet werden, die dem Verhältnis der vom Stadtkern zu den Randgebieten hin fallenden Bodenpreise Rechnung tragen (OVG Lüneburg 28.4.1987 – 6 C 27/84, BRS 47 Nr. 112).

Ist eine gültige Satzung vorhanden, so ist allein diese maßgebend. Eine von der Satzung abweichende Bemessung in der Auflage oder dem Ablösungsvertrag würde dann dem Gebot der Einheitlichkeit widersprechen. Ein abweichender Ablösungsvertrag wäre insoweit wohl nichtig (anders OVG Koblenz 13.11.2003 – 8 A 10878/03, BeckRS 9998, 26525 = BRS 66 Nr. 144).

81 Die Gemeinde kann **in** ihrer **Satzung** einmal den **Maßstab des Satzes 1** in verallgemeinerter Form zugrunde legen, also von dem **durchschnittlichen Vorteil**, der den Bauherren (Eigentümern usw) erwächst, ausgehen. Der oben, → Rn. 79, erörterte Abschlag wäre auch in der Satzung zu machen. Für den Fall, dass sich in der Praxis **andere Maßstäbe** als die des Satzes 1 als gerechter oder zweckmäßiger herausstellen sollten, ermächtigt Satz 2 die Gemeinden, auch diese zugrunde zu legen. Als Beispiel für einen anderen Maßstab nennt Satz 2 die durchschnittlichen örtlichen Herstellungskosten von Parkplätzen oder Parkhäusern; hier stellt die NBauO nicht auf den „Vorteil" ab, so dass die durchschnittlichen Kosten ungekürzt zugrunde gelegt werden dürfen. Das Wort „örtlichen" ist in § 47a aF durch das 7. ÄnderungsG von 1995 mit Rücksicht auf die Entscheidung des OVG Lüneburg vom 28.4.1987 (– 6 C 27/84, BRS 47 Nr. 112) eingefügt worden und soll zum Ausdruck bringen, dass der Maßstab in großen Gemeinden nach dem Bodenpreisgefälle abzustufen ist (Entwurfsbegründung LT-Drs. 13/550, 56).

d) Verwendung der Ablösungsbeträge (Abs. 7)

82 Die Einnahmen der Gemeinde aus den Ablösungsbeträgen sind nach Abs. 7 z**weckgebunden** (§ 18 KomHKVO) für bestimmte Verkehrsinvestitionen:

Das Aufkommen darf nach **Nr. 1** für **„Parkplätze, Stellplätze oder Garagen"** verwendet werden. Die Gemeinde braucht nicht selbst Bauherrin der Parkplätze usw zu sein, sondern kann aus dem Aufkommen auch jemand anderem Zuwendungen für den Bau dieser Einrichtungen gewähren.

83 Die Parkplätze usw **brauchen nicht in der Nähe der baulichen Anlage**, für die der Ablösebetrag gezahlt wurde, hergestellt zu werden. Unter der Geltung der RGaO, die noch keine Ablösung vorsah, konnte nach der Rechtsprechung ein Ablösebetrag nur zum Bau von Parkplätzen verlangt werden, die der Bauherr bzw. Eigentümer bevorzugt nutzen durfte oder die jedenfalls gerade die vom konkreten Bau verursachten Verkehrsbeeinträchtigungen ausräumten, dh in der Nähe des Bauwerks lagen und die Fahrzeuge seiner Benutzer und Besucher aufnehmen konnten. Die Rechtsprechung hat dies aus dem sog. **Koppelungsverbot** hergeleitet. Danach dürfe grundsätzlich „ohne gesetzliche Ermächtigung die Erfüllung amtlicher Aufgaben nicht von wirtschaftlichen Gegenleistungen abhängig gemacht werden", jedenfalls müsse ein „bestimmter innerer Zusammenhang" zwischen behördlicher Entscheidung und Gegenleistung bestehen, und dieser sei nur bei Verwendung der Ablösebeträge auf die genannte Weise gegeben (BGH 14.12.1978 – III ZR 37/77, NJW 1979, 642; 27.11.1980 – III ZR 82/79, BRS 36 Nr. 143; 30.5.1983 – III ZR 76/82, NJW 1983, 2823; krit. Praml NJW 1980, 1374).

84 Die in der RGaO vermisste **gesetzliche Ermächtigung** ist nun jedoch in der NBauO enthalten. Es könnte sich jetzt nur noch fragen, ob die Regelung der NBauO gegen ein Koppelungsverbot verstößt, das (als Bestandteil des Rechtsstaatsprinzips) Verfassungsrang hat und sich auch an den Gesetzgeber wendet. Jedoch wird das nur in Betracht kommen (so BVerwG 13.7.1979 – 4 C 67.76, NJW 1980, 1294 = BRS 35 Nr. 126), wenn die Regelung bzw. ihre Anwendung in einer Auflage oder einem öffentlich-rechtlichen Vertrag „Dinge bzw. Leistungen zusammenführt, die … miteinander nichts zu tun haben", wenn die „Verknüpfung … aus rechtsstaatlichen Gründen nicht mehr toleriert werden kann". Dass die Regelung der NBauO in dieser Weise rechtsstaatswidrig sei, lässt sich nicht behaupten. Werden die Ablösebeträge für Investitionen gem. Abs. 7 verwendet, die das Straßennetz der Gemeinde sinnvoll entlasten, so trägt der Bauherr bzw. Eigentümer zur Minderung des Gesamtkomplexes an Verkehrsproblemen bei, den er durch seinen (ohne Einstellplätze genehmigten) Bau mitverursacht. Es fehlt also nicht an jedem inneren Zusammenhang (so im Ergebnis auch BVerwG 30.8.1985 – 4 C 10.81, NJW 1986, 600 = BauR 1985, 668, das die entsprechende Regelung der Hmb. BauO als mit Art. 3 und 14 GG vereinbar bezeichnet).

85 Nach Abs. 7 **Nr. 2** darf die Gemeinde das Aufkommen auch für Anlagen und Einrichtungen des **öffentlichen Personennahverkehrs** verwenden (so auch schon die ursprüngliche NBauO 1973). Maßnahmen, die den ÖPNV leistungsfähiger und attraktiver machen, sind im allgemeinen ebenfalls geeignet, ruhenden Verkehr gerade von den Ortsteilen, in denen er den fließenden Verkehr behindern würde, fernzuhalten.

86 **Nr. 3** gestattet die Verwendung für „Anlagen zum **Abstellen von Fahrrädern**" (a), **„Fahrradwege"** (b) und **„sonstige Anlagen und Einrichtungen"** (c). Für alle drei unter Nr. 3 aufgeführten Arten von Anlagen gilt, dass sie „**den Bedarf an Einstellplätzen verringern**" müssen. Das ergibt sich aus der Anordnung dieses Relativsatzes.

Fahrradabstellanlagen (§ 48) und Radwege dürften insbesondere dann den Einstellplatzbedarf verringern, wenn sie Anreiz geben, den Weg zu Arbeits- und Einkaufs- und Erholungsstätten nicht mit dem PKW, sondern mit dem Fahrrad zurückzulegen. Als Beispiel für „sonstige Anlagen und Einrichtungen" nennt die Entwurfsbegründung zur Novelle von 1995 (LT-Drs. 13/550, 56) Parkleitsysteme.

87 Die Gemeinde braucht die Ablösebeträge **nicht innerhalb bestimmter Fristen** auszugeben. Die Regelung der NBauO ermöglicht ihr, das Aufkommen im Rahmen einer sinnvollen Investitionsplanung jeweils dort einzusetzen, wo die Verkehrsinvestitionen am dringendsten sind und die größte Entlastungswirkung haben.

88 **Unterlässt** es die **Gemeinde** allerdings ganz, die eingenommenen **Ablösebeträge**, wie vorgeschrieben, **zu verwenden** oder zögert sie dies unangemessen hinaus, so ist sie notfalls durch die Kommunalaufsicht dazu anzuhalten. Diejenigen, die Ablösebeträge

zahlten, haben darauf aber keinen Rechtsanspruch, und sie können, wenn die Gemeinde ihrer Verwendungspflicht nicht nachkommt, auch nicht die Rückzahlung verlangen (anders, allerdings zu anderem Gesetzestext, OVG Münster 23.1.1978 – X A 600/77, BRS 33 Nr. 102; offen gelassen 5.5.1982 – 11 A 2554/79, BRS 39 Nr. 128; Simon DÖV 2001, 63, bejaht allgemein einen Anspruch auf Erstattung von Sonderabgaben, die nicht „gruppennützig" verwendet werden, befasst sich aber nicht mit der Ablösung von Einstellplätzen). Es entsteht kein Erstattungsanspruch entspr. § 812 Abs. 1 S. 2 BGB, denn der Zahlungsgrund fällt nicht weg; die Verpflichtung der Gemeinde, das eingenommene Geld zu investieren, bleibt bestehen, und insbesondere erfüllt die Zahlung nach wie vor ihren Zweck, den Bau trotz fehlender Einstellplätze materiell rechtmäßig zu machen. Nach der Rückzahlung wären wieder tatsächlich vorhandene Einstellplätze nötig. Werden sie nicht geschaffen, müsste die Baugenehmigung widerrufen werden (vgl. VGH Kassel 7.12.1981 – IV OE 1/81, BRS 38 Nr. 137; Praml NJW 1980, 1374; OVG Lüneburg 18.5.1987 – 1 A 85/84, BRS 47 Nr. 117).

§ 48 Fahrradabstellanlagen

(1) [1]Für bauliche Anlagen, die einen Zu- und Abgangsverkehr mit Fahrrädern erwarten lassen, ausgenommen Wohnungen, müssen Fahrradabstellanlagen in solcher Größe zur Verfügung stehen, dass sie die vorhandenen oder zu erwartenden Fahrräder der ständigen Benutzerinnen und Benutzer und der Besucherinnen und Besucher der Anlagen aufnehmen können. [2]Fahrradabstellanlagen nach Satz 1 müssen leicht erreichbar und gut zugänglich sein. [3]§ 47 Abs. 4 Satz 1 gilt sinngemäß.

(2) Fahrradabstellanlagen brauchen für Besucherinnen und Besucher der Anlagen nicht errichtet zu werden, wenn dies nicht oder nur unter außergewöhnlichen Schwierigkeiten auf dem Baugrundstück möglich ist.

Richtzahlen für den Bedarf an Fahrradabstellanlagen (Auszug aus dem früheren Runderlass des MS vom 16.8.1996, Nds. MBl. S. 1478; → Rn. 7*)*

Nr.	Verkehrsquelle	Zahl der abzustellenden Fahrräder	
1.	**Wohnheime**		
1.1	Studentenwohnheime	1	je 1 bis 5 Betten
1.2	sonstige Wohnheime einschl. Altenwohnheime, Wochenend- und Ferienheime	1	je 10 bis 15 Betten, jedoch mindestens 2
2.	**Büro-, Verwaltungs- und -Praxisräume**	1	je 30 bis 100 m² Nutzfläche
3.	**Verkaufsstätten**		
3.1	Verkaufsstätten bis 2000 m² Fläche	1	je 50 bis 200 m² Verkaufsnutzfläche
3.2	Verkaufsstätten mit mehr als 2000 m² Fläche	1	je 100 bis 500 m² Verkaufsnutzfläche
4.	**Versammlungsstätten – außer Sportstätten –**	1	je 10 bis 50 Besucherplätze
5.	**Sportstätten**		
5.1	Sportplätze und Sportstadien	1	je 250 bis 500 m² Sportfläche, zusätzlich
		1	je 10 bis 100 Besucherplätze

Nr.	Verkehrsquelle	Zahl der abzustellenden Fahrräder	
5.2	Spiel- und Sporthallen, Hallenbäder	1 1	je 50 m² Hallenfläche oder je 5 bis 10 Kleiderablagen, zusätzlich je 10 bis 50 Besucherplätze
5.3	Freibäder und Freiluftbäder	1	je 200 bis 500 m² Grundstücksfläche
6.	**Gaststätten, Beherbergungsbetriebe**	1 1	je 5 bis 20 Besucherplätze und je 10 bis 50 Betten, jedoch mindestens 2
7.	**Krankenanstalten und Pflegeheime**	1	je 20 bis 100 Betten, jedoch mindestens 2
8.	**Schulen, Einrichtungen der Jugendförderung**		
8.1	Allgemeinbildende Schulen, Berufsschulen	1	je 2 bis 10 Schülerinnen und Schüler
8.2	Hochschulen	1	je 4 bis 10 Studierende
8.3	Kindergärten, Kindertagesstätten und dgl.	1	je 10 bis 30 Kinder, jedoch mindestens 2
9.	Gewerbliche Anlagen und Betriebe	1	je 50 bis 250 m² Nutzfläche oder je 5 bis 10 Beschäftigte*), jedoch mindestens 2

*) Der Bedarf ist in der Regel nach der Nutzfläche zu berechnen; ergibt sich dabei ein offensichtliches Missverhältnis zum tatsächlichen Bedarf, so ist die Zahl der Beschäftigten zugrunde zu legen.

1 **Allgemeines:** § 48 fordert die Ausstattung bestimmter baulicher Anlagen mit Fahrradabstellanlagen. Die Regelung war durch das ÄnderungsG von 1995 in die bisherige NBauO als § 47b eingefügt worden. Die NBauO 2012 hat sie im vorstehenden § 48 mit einigen redaktionellen Änderungen übernommen.

Die Vorschrift verfolgt umweltpolitische Ziele. Sie soll die Benutzung von Fahrrädern anstelle von Kraftfahrzeugen fördern (vgl. die Entwurfsbegründung, LT-Drs. 13/550, 39). Die Regelung ist der Vorschrift des § 47 über die Pflicht zur Bereitstellung von Kfz-Einstellplätzen nachgebildet, aber einfacher ausgestaltet. Die MBauO 2002 (§ 49 Abs. 3) fordert „Abstellmöglichkeiten für Fahrräder" für Bauten, deren Nutzung einen „erheblichen Zu- oder Abgangsverkehr mit Fahrrädern" erwarten lässt. Ähnliche, teils detailliertere Regelungen enthalten mittlerweile die MBO und alle Landesbauordnungen außer der bayerischen. In Baden-Württemberg (§ 37 Abs. 1 S. 4 LBO) und seit 7.7.2019 Hessen (§ 52 Abs. 4 HBO) ist zusätzlich die Möglichkeit eingeräumt, notwendige Kfz-Einstellplätze in gewissem Umfang durch Fahrradeinstellplätze zu ersetzen.

2 **„Fahrradabstellanlagen"** iSd § 48 sind „Gebäude, Gebäudeteile und im Freien gelegene Anlagen, zum Abstellen von Fahrrädern außerhalb der öffentlichen Verkehrsflächen". Mit diesen Worten hatte § 47b Abs. 1 S. 1 NBauO aF den Begriff der Fahrradabstellanlage definiert. Diese Begriffsbestimmung ist in § 48 nF entfallen. Auch ohne Legaldefinition ist klar, worin die geforderten Fahrradabstellanlagen bestehen.

Eine Fahrradabstellanlage iSd § 48 ist nicht schon dann geschaffen, wenn der Bauherr (Eigentümer usw) für das Abstellen von Rädern nur einfach eine Fläche bestimmt und benutzen lässt. Über diese **Zweckbestimmung** hinaus muss die Fläche ein gewisses Mindestmaß an **Eignung** für diesen Zweck aufweisen. So setzt das Vorhandensein einer Fahrradabstellanlage stets voraus, dass Ständer, Bügel oder ähnliche Vorrichtungen zum Aufstellen oder Anlehnen von Fahrrädern vorhanden sind und Fahrräder dort auch angeschlossen (oder eingeschlossen) werden können.

§47b NBauO a.F. bezeichnete die Fahrradabstellanlagen, mit denen bauliche Anlagen nach der gesetzlichen Vorschrift (mindestens) ausgestattet sein müssen, als **„notwendige Fahrradabstellanlagen"** (entsprechend dem Begriff der „notwendigen Einstellplätze" für Kfz). Im Wortlaut des neuen §48 NBauO erscheint diese Bezeichnung nicht mehr. Es ist aber unbedenklich und auch sinnvoll, sie weiter zu verwenden. 3

Zu **Absatz 1 – betroffene bauliche Anlagen:** Die Forderung betrifft nach **Satz 1** bauliche Anlagen, die ihrer Art nach erfahrungsgemäß mit Fahrrädern aufgesucht werden; es kommt auf die Zweckbestimmung des Bauwerks an, nicht auf die gegenwärtigen persönlichen Verhältnisse der Eigentümer und Nutzer. Wohngebäude werden von Satz 1 ausgenommen, weil deren Ausstattung mit Fahrradabstellanlagen in §44 Abs. 4 Nr. 1 besonders geregelt wird. Dort wird für Gebäude mit mehr als zwei Wohnungen ua für Fahrräder ein „leicht erreichbarer und gut zugänglicher Abstellraum ..." im Gebäude oder auf dem Baugrundstück gefordert. 4

Dass Fahrradanlagen **„zur Verfügung stehen"** müssen, bedeutet wie in §47, dass sie dauernd vorhanden und benutzbar sein müssen und nicht zweckentfremdet werden dürfen (→ §47 Rn. 18 ff.). 5

Nach **Abs. 1 S. 2**, müssen die notwendigen Fahrradabstellanlagen **leicht erreichbar und gut zugänglich** sein. Gute Erreichbarkeit und Zugänglichkeit sind Voraussetzung dafür, dass diese im erwünschten Maße „angenommen" werden und damit zur Entlastung der Straßen vom Kfz-Verkehr beitragen. Die notwendigen Fahrradabstellanlagen müssen deshalb leicht auffindbar sein. Anlagen für Besucher dürfen nicht verschlossen sein. Zur leichten Erreichbarkeit dürfte auch gehören, dass auf großen Baugrundstücken der Weg zwischen Abstellanlage und Gebäudeeingang nicht zu weit ist. Die Zufahrten und Zugänge sind so zu befestigen, dass sie jederzeit benutzbar sind. Selbstverständlich gilt für alle Fahrradanlagen, dass ihre Zufahrten und Zugänge und sie selbst den Sicherheitsanforderungen genügen müssen, die für alle baulichen Anlagen gelten (§ 16, § 3 Abs. 1).

Seinem Wortlaut nach gilt Abs. 1 auch für **schon bestehende bauliche Anlagen** und würde auch solche Bauten erfassen, die errichtet worden waren, bevor die Verpflichtung zur Bereitstellung von Fahrradabstellanlagen entstand. Dieser Zeitpunkt war der 1.7.1995, an dem §47b NBauO aF, die Vorgängervorschrift des vorstehenden §48, in Kraft trat. Zu beachten ist aber die **Bestandsschutz** gewährende Regelung des §85 NBauO, so dass die nachträgliche Ausstattung von Altbauten aus der Zeit vor dem 1.7.1995 mit Fahrradabstellanlagen nur zur Abwehr einer konkreten Gefahr (§85 Abs. 2) oder in einem Fall der 20 %-Klausel des §85 Abs. 3 gefordert werden kann (Zur vergleichbaren Problematik i.R.d. Stellplatzpflicht → §47 Rn. 13 f.). 6

Wird ein Gebäude, das noch nicht mit Fahrradabstellanlagen versorgt zu werden brauchte, abgebrochen und durch ein neues ersetzt, so erlischt der Bestandsschutz, und für den Neubau müssen die notwendigen Abstellanlagen geschaffen werden. Die Vorschrift des §47 Abs. 2, nach der bei **Nutzungsänderungen** nur der Mehrbedarf der neuen Nutzung gedeckt zu werden braucht, ist weder in §47b NBauO aF noch jetzt in §48 übernommen worden; demnach ist der gesamte Bedarf der neuen Nutzung zu decken.

Die erforderliche **Größe der Fahrradabstellanlagen** richtet sich einmal nach der **Zahl der** abzustellenden **Fahrräder**. Maßgeblich ist in erster Linie die Zahl der tatsächlich vorhandenen Fahrräder, mit denen die Benutzer oder Besucher das Bauwerk aufzusuchen pflegen. Ist diese Zahl, wie bei Neubauten, noch nicht bekannt oder ist noch mit einer Zunahme zu rechnen, so ist die Zahl der Fahrräder zugrunde zu legen, mit denen ein Bauwerk der jeweiligen Art und Größe erfahrungsgemäß aufgesucht wird. Von Bedeutung ist aber auch, wie gut die bauliche Anlage mit dem Fahrrad erreichbar ist und wie attraktiv der öffentliche Nahverkehr als Alternative ist. Als Hilfe für die Ermittlung dieser Zahl hatte das MS in Ausführungsbestimmungen (RdErl. v. 16.8.1996, Nds. MBl. S. 1478) **Richtzahlen** vorgegeben. Die Ausführungsbestimmungen sind nicht mehr in 7

Kraft. Die Richtzahlen können aber noch einen Anhalt geben. Sie sind vor der Kommentierung abgedruckt.

Maßgeblich ist weiter die erforderliche **Größe des einzelnen Abstellplatzes**. Sie wird jedenfalls bei Abstellanlagen für Besucher der baulichen Anlage so zu bemessen sein, dass jeder von ihnen sein Rad jederzeit, ohne fremde Fahrräder beiseite räumen zu müssen, gefahrlos einstellen und wieder herausnehmen kann. Das erfordert eine nicht zu geringe Abstellfläche je Rad; die Ausführungsbestimmungen nannten einen Flächenbedarf von 1,5 m^2 je Rad (ohne Zugangsflächen). Abstellanlagen für eine kleine Zahl ständiger Benutzer können möglicherweise enger sein.

8 **Abs. 1 S. 3** regelt die **Lage der notwendigen Fahrradabstellanlagen** wie § 47 Abs. 4 S. 1 die der notwendigen Kfz-Einstellplätze. § 48 verweist dagegen nicht auf die missliche Vorschrift des § 47 Abs. 4 S. 2. Also ist eine Fahrradabstellanlage auch dann „auf dem Baugrundstück" untergebracht, wenn sie auf einem mit dem Buchgrundstück des Bauwerks durch Vereinigungsbaulast verbundenen anderen Buchgrundstück gelegen ist. Fahrradabstellanlagen auf einem anderen Grundstück als dem Baugrundstück müssen „in dessen Nähe" liegen. Ihre Benutzbarkeit muss durch eine Baulast gesichert sein. Was über Baulasten zur Sicherung von Kfz-Einstellplätzen bei → § 47 Rn. 48 ff. ausgeführt ist, gilt hier entsprechend. Auch der Formulierungsvorschlag bei → § 47 Rn. 48 kann hier, entsprechend abgewandelt, verwendet werden.

9 **Zu Absatz 2:** Soweit es sich um **Fahrradabstellanlagen für Besucher** handelt, ist die Regelung des § 48 wesentlich milder als die des § 47: Können notwendige Fahrradabstellanlagen für Besucher auf dem Baugrundstück (s. § 2 Abs. 12) nicht oder nur unter außergewöhnlichen Schwierigkeiten untergebracht werden, so entfällt die Verpflichtung nach § 48 ersatzlos. Da es genügt, dass diese Schwierigkeiten auf dem Baugrundstück bestehen, kommt es nicht darauf an, ob die Abstellplätze auf einem Nachbargrundstück mit Baulastsicherung nach Abs. 1 S. 3 leicht untergebracht werden könnten. Eine Ablösung ist nicht vorgesehen. Die Voraussetzung des Abs. 2 wird besonders dann vorliegen können, wenn Altbauten auf engen Grundstücken umgenutzt werden. Neubauten werden im Allgemeinen so ausgestaltet werden müssen, dass auch Besucherplätze untergebracht werden können.

Für Fahrradabstellanlagen, die für die **ständigen Benutzer** einer baulichen Anlage, insbesondere die dort beschäftigten Personen, notwendig sind, sieht § 48 keinen Verzicht vor. Die Fahrräder dieses Personenkreises lassen sich in aller Regel leichter unterbringen (zB im Hof oder im Keller des Gebäudes), weil an die Zugänglichkeit und Auffindbarkeit geringere Anforderungen zu stellen sind und die Fahrräder oft auch enger stehen können.

10 In § 84 Abs. 1 Nr. 3 ermächtigt die neue NBauO (entsprechend ihrer Regelung in § 84 Abs. 1 Nr. 2 für notwendige Kfz-Einstellplätze) die Gemeinden, **örtliche Bauvorschriften** auch „**über die Fahrradabstellanlagen** nach § 48 Abs. 1 Satz 1" zu erlassen. Die Gemeinden können also die Größe der notwendigen Fahrradabstellanlagen eigenständig festsetzen. Soweit sie dies tun, tritt ihre Festsetzung an die Stelle der gesetzlichen Regelung in § 48 Abs. 1 S. 1 NBauO. Diese Verdrängungswirkung wird zwar nur für die Kfz-Einstellplätze in § 47 Abs. 1 S. 1 Hs. 2 ausdrücklich festgestellt; für die notwendigen Fahrradabstellanlagen nach § 48 kann sich aber aus der den Gemeinden erteilten Ermächtigung nichts anderes ergeben. Auch im Übrigen gilt das zu § 47 Ausgeführte entsprechend: Die örtliche Bauvorschrift darf sich mit kleineren Fahrradabstellanlagen begnügen, als sie § 48 Abs. 1 S. 1 verlangt. Andererseits darf sie mit ihrer Forderung ggf. über die Richtzahlen, aber nicht über den tatsächlichen Bedarf hinausgehen (→ § 84 Rn. 18).

Die Ermächtigung in § 84 Abs. 1 Nr. 3 ist weiter formuliert als die in § 84 Abs. 1 Nr. 2: Die Gemeinde darf örtliche Bauvorschriften „über" die Fahrradabstellanlagen erlassen, also neben ihrer Größe auch die **Ausgestaltung der notwendigen Fahrradabstellanlagen** regeln, etwa ihre Ausstattung mit Ständern, Bügeln usw, auch (im Rahmen des Verhältnismäßigkeitsgrundsatzes) einer Überdachung.

Anforderungen an die sichere und gebrauchstaugliche **Ausgestaltung** von Fahrradabstellanlagen hat der Allgemeine Deutsche Fahrradclub e.V. 2011 in einer Technischen Richtlinie TR 6102 zusammengefasst. Auf dieser Grundlage hat der DIN-Normenausschuss Sport- und Freizeitgerät 2016 Teil 1 der DIN 79008 „Stationäre Fahrradparksysteme" entwickelt (kostenpflichtig erhältlich beim Beuth-Verlag). Die TR 6102 sowie eine Liste der deren Anforderungen entsprechenden Anlagenmodelle ist im Internet unter www.adfc.de/artikel/adfc-empfohlene-abstellanlagen-gepruefte-modelle/ abrufbar. **11**

§ 49 Barrierefreie Zugänglichkeit und Benutzbarkeit baulicher Anlagen

(1) [1]Wird ein Gebäude mit mehr als vier Wohnungen errichtet, so müssen alle Wohnungen barrierefrei sein, soweit sich aus den Sätzen 2 bis 4 nichts anderes ergibt, und den Anforderungen nach den Sätzen 5 bis 8 genügen. [2]Innerhalb von Wohnungen, die sich über mehrere Geschosse erstrecken, ist eine stufenlose Erreichbarkeit der Geschosse nicht erforderlich. [3]Bei Gebäuden, die nicht unter § 38 Abs. 2 Satz 1 fallen, muss die stufenlose Erreichbarkeit von Wohnungen des zweiten oberirdischen Geschosses und weiterer oberirdischer Geschosse insbesondere durch den Einbau eines Aufzuges zwar so im Entwurf vorgesehen sein, dass festgestellt werden kann, dass die Baumaßnahme auch insoweit vollständig dem öffentlichen Baurecht entspräche; eine Pflicht zur Herstellung besteht insoweit jedoch nicht. [4]Eine spätere Herstellung der stufenlosen Erreichbarkeit der Wohnungen kann auch abweichend von dem Entwurf erfolgen, insbesondere wenn dadurch den zu diesem Zeitpunkt geltenden Anforderungen an diese Baumaßnahme entsprochen wird, dies aber nur, soweit die Abweichungen geringfügig sind und die Anforderungen nach § 3 Abs. 1 gewahrt bleiben; die §§ 71 und 72 Abs. 1 Satz 2 finden insoweit keine Anwendung. [5]Ist einer Wohnung ein Freisitz zugeordnet, so muss er barrierefrei sein. [6]Abstellraum für Rollstühle muss in ausreichender Größe zur Verfügung stehen und barrierefrei sein. [7]In jeder achten Wohnung müssen die Wohn- und Schlafräume, ein Toilettenraum, ein Raum mit einer Badewanne oder Dusche, die Küche oder Kochnische und, wenn der Wohnung ein Freisitz zugeordnet ist, der Freisitz zusätzlich rollstuhlgerecht sein; die Sätze 2 bis 4 finden auf solche Wohnungen keine Anwendung. [8]Für jede Wohnung, die nach Satz 7 rollstuhlgerecht herzustellen ist, in einem Gebäude mit mehr als 15 Wohnungen und für jedes Gebäude mit nicht mehr als 15 Wohnungen muss jeweils mindestens ein Einstellplatz barrierefrei hergerichtet und gekennzeichnet sein.

(2) [1]Folgende bauliche Anlagen oder Teile baulicher Anlagen müssen in einem dem Bedarf entsprechenden Umfang barrierefrei sein:

1. Büro-, Verwaltungs- und Gerichtsgebäude,

2. Schalter und Abfertigungsanlagen der Verkehrs- und Versorgungsbetriebe sowie der Banken und Sparkassen,

3. Theater, Museen, öffentliche Bibliotheken, Freizeitheime, Gemeinschaftshäuser, Versammlungsstätten und Anlagen für den Gottesdienst,

4. Verkaufs-, Gast- und Beherbergungsstätten,

5. Schulen, Hochschulen und sonstige vergleichbare Ausbildungsstätten,

6. Krankenanstalten, Praxisräume der Heilberufe und Kureinrichtungen,

7. Tagesstätten und Heime für alte oder pflegebedürftige Menschen, Menschen mit Behinderungen oder Kinder,

8. Sport-, Spiel- und Erholungsanlagen, soweit sie für die Allgemeinheit bestimmt sind, sowie Kinderspielplätze,

9. Campingplätze mit mehr als 200 Standplätzen,

10. Geschosse mit Aufenthaltsräumen, die nicht Wohnzwecken dienen und insgesamt mehr als 500 m² Nutzfläche haben,

11. öffentliche Toilettenanlagen,

12. Stellplätze und Garagen für Anlagen nach den Nummern 1 bis 10 sowie Parkhäuser.

[2]Eine dem Bedarf entsprechende Zahl von Einstellplätzen, Standplätzen und Toilettenräumen muss für Menschen mit Behinderungen hergerichtet und gekennzeichnet sein.

(3) [1]Die Absätze 1 und 2 gelten nicht, soweit die Anforderungen wegen schwieriger Geländeverhältnisse, wegen des Einbaus eines sonst nicht erforderlichen Aufzugs, wegen ungünstiger vorhandener Bebauung oder im Hinblick auf die Sicherheit der Menschen mit Behinderungen nur mit unverhältnismäßigem Mehraufwand erfüllt werden können. [2]Bei einem Baudenkmal nach § 3 des Niedersächsischen Denkmalschutzgesetzes ist den Anforderungen nach den Absätzen 1 und 2 Rechnung zu tragen, soweit deren Berücksichtigung das Interesse an der unveränderten Erhaltung des Baudenkmals überwiegt und den Eingriff in das Baudenkmal zwingend verlangt.

Verwaltungsvorschrift Technische Baubestimmungen (VV TB) – Fassung Januar 2019 –, RdErl. D. MU v. 21.1.2019 – VORIS 21072
– Auszug –

A 4 Sicherheit und Barrierefreiheit bei der Nutzung

A 4.1 Allgemeines

Gemäß § 3 Abs. 1 Satz 1 NBauO müssen bauliche Anlagen so angeordnet, beschaffen und für ihre Benutzung geeignet sein, dass die öffentliche Sicherheit, insbesondere Leben und Gesundheit, nicht gefährdet werden. Gemäß § 3 Abs. 2 Satz 2 NBauO sind u. a. die Belange der Menschen mit Behinderungen zu berücksichtigen. Für die Erfüllung der Anforderungen an die Nutzungssicherheit und die Barrierefreiheit nach § 3 NBauO und insbesondere auch den §§ 16 und 49 NBauO müssen bauliche Anlagen im Ganzen und in ihren Teilen entsprechend den technischen Regeln gemäß Abschnitt A 4.2 entworfen und ausgeführt werden.

A 4.2 Technische Anforderungen an bestimmte bauliche Anlagen und ihre Teile hinsichtlich Planung, Bemessung und Ausführung gemäß § 83 Abs. 2 NBauO

lfd. Nr.	Anforderungen an Planung, Bemessung und Ausführung gemäß § 83 Abs. 2 NBauO	Technische Regeln/Ausgabe	Weitere Maßgaben gemäß § 83 Abs. 2 NBauO	Fundstelle/ Nds. MBl.[1])
1	2	3	4	5
A 4.2.1	Gebäudetreppen	DIN 18065:2015-03	Anlage A 4.2/1	6. AB 2019; S. 115
A 4.2.2	Barrierefreies Bauen	DIN 18040		
	Öffentlich zugängliche Gebäude	DIN 18040-1:2010-10	Anlage 4.2/2	17. AB 2012; S.1
	Wohnungen	DIN 18040-2:2011-09	Anlage A 4.2/3	17. AB 2012, S. 31

[1]) Ausgabejahr und Seite im Nds. MBl. bzw. zugehörigem Anlagenband (AB).

Anlage A 4.2/1

Zu DIN 18065:

1. Von der Einführung ausgenommen ist die Anwendung auf Treppen in Wohngebäuden der Gebäudeklasse 1 und 2 und in Wohnungen.

2. Bauaufsichtliche Anforderungen an den Einbau von Treppenliften in Treppenräumen notwendiger Treppen in bestehenden Gebäuden:
Durch den nachträglichen Einbau eines Treppenlifts im Treppenraum dürfen die Funktion der notwendigen Treppe als Teil des ersten Rettungsweges und die Verkehrssicherheit der Treppe grundsätzlich nicht beeinträchtigt werden. Der nachträgliche Einbau eines Treppenlifts ist zulässig, wenn folgende Kriterien erfüllt sind:

2.1 Die Treppe erschließt nur Wohnungen und/oder vergleichbare Nutzungen.

2.2 Die Mindestlaufbreite der Treppe von 100 cm darf durch die Führungskonstruktion nicht wesentlich unterschritten werden; eine untere Einschränkung des Lichtraumprofils (siehe Bild A.7) von höchstens 20 cm Breite und höchstens 50 cm Höhe ist hinnehmbar, wenn die Treppenlauflinie (siehe Nummer 3.6) oder der Gehbereich (siehe Nummer 8) nicht verändert wird. Ein Handlauf muss zweckentsprechend genutzt werden können.

2.3 Wird ein Treppenlift über mehrere Geschosse geführt, muss mindestens in jedem Geschoss eine ausreichend große Wartefläche vorhanden sein, um das Abwarten einer begegnenden Person bei Betrieb des Treppenlifts zu ermöglichen. Das ist nicht erforderlich, wenn neben dem benutzten Lift eine Restlaufbreite der Treppe von 60 cm gesichert ist.

2.4 Der nicht benutzte Lift muss sich in einer Parkposition befinden, die den Treppenlauf nicht einschränkt. Im Störfall muss sich der Treppenlift auch von Hand ohne größeren Aufwand in die Parkposition fahren lassen.

2.5 Während der Leerfahrten in die bzw. aus der Parkposition muss der Sitz des Treppenlifts hochgeklappt sein. Neben dem hochgeklappten Sitz muss eine Restlaufbreite der Treppe von 60 cm verbleiben.

2.6 Gegen die missbräuchliche Nutzung muss der Treppenlift gesichert sein.

2.7 Der Treppenlift muss aus nichtbrennbaren Materialien bestehen, soweit das technisch möglich ist.

3. Bei einer notwendigen Treppe in einem bestehenden Gebäude darf durch den nachträglichen Einbau eines zweiten Handlaufs die nutzbare Mindestlaufbreite um höchstens 10 cm unterschritten werden. Diese Ausnahmeregelung bezieht sich nur auf Treppen mit einer Mindestlaufbreite von 100 cm nach den Festlegungen der DIN 18065. Abweichende Festlegungen und Anforderungen an die Laufbreite bleiben davon unberührt.

Anlage A 4.2/2

Zu DIN 18040-1:

Die Einführung bezieht sich auf die baulichen Anlagen oder die Teile baulicher Anlagen, die nach §49 Abs. 2 NBauO barrierefrei sein müssen.

Bei der Anwendung der Technischen Baubestimmung ist Folgendes zu beachten:

1. Abschnitt 4.3.7 ist von der Einführung ausgenommen. Die in Abschnitt 4.4 und 4.7 genannten Hinweise und Beispiele können im Einzelfall berücksichtigt werden.
2. Abschnitt 4.3.6 muss nur auf notwendige Treppen angewendet werden.
3. Mindestens ein Toilettenraum für Benutzerinnen und Benutzer muss Abschnitt 5.3.3 entsprechen; Abschnitt 5.3.3 Satz 1 ist nicht anzuwenden.
4. Mindestens 1 %, mindestens jedoch einer der notwendigen Einstellplätze muss Abschnitt 4.2.2 Sätze 1 und 2 entsprechen.

5. Mindestens 1 %, mindestens jedoch einer der Besucherplätze in Versammlungsräumen mit festen Stuhlreihen müssen Abschnitt 5.2.1 entsprechen; sie können auf die nach § 10 Abs. 7 NVStättVO erforderlichen Plätze für Benutzerinnen und Benutzer von Rollstühlen angerechnet werden.

Anlage A 4.2/3

Zu DIN 18040-2:

Die Einführung bezieht sich auf:
- Wohnungen, soweit sie nach § 49 Abs. 1 NBauO barrierefrei sein müssen,
- Wohnungen und Aufzüge, soweit sie nach § 38 Abs. 3 Satz 2 NBauO stufenlos erreichbar sein müssen,
- Beherbergungsräume einschließlich der zugehörigen Sanitärraume, soweit sie barrierefrei sein müssen,
- Einstellplätze, soweit sie nach § 49 Abs. 1 Satz 8 NBauO barrierefrei sein müssen.

Bei der Anwendung der Technischen Baubestimmung ist Folgendes zu beachten:

1. Für Wohnungen gilt:
   - die Abschnitte 4.3.6, 4.4 und 5.5.6 Satz 1 sind nicht anzuwenden,
   - die Anforderungen mit der Kennzeichnung „R“ gelten nur für Räume, die nach § 49 Abs. 1 Satz 7 NBauO rollstuhlgerecht sein müssen.
2. Für die barrierefreie Zugänglichkeit von Wohnungen nach § 49 Abs. 1 NBauO darf abweichend von Abschnitt 4.3.3.2 Tabelle 1 Zeilen 6 bis 9 das Maß von Greif- und Bedienhöhen der Drücker, Griffe und Taster anstatt 85 cm höchstens 105 cm betragen.
3. Für Wohnungen, die nicht nach § 49 Abs. 1 Satz 7 NBauO rollstuhlgerecht sein müssen, gilt Abschnitt 5.3.2 Satz 2 nicht. Für Wohnungen, die rollstuhlgerecht sein müssen, genügt es, wenn ein Fenster eines Aufenthaltsraumes Abschnitt 5.3.2 Satz 2 entspricht.
4. Für Wohnungen, die nach § 49 Abs. 1 Satz 7 NBauO rollstuhlgerecht sein müssen, genügt es, wenn die Anforderungen
   - an das Achsmaß von Greif- und Bedienhöhen nach Abschnitt 5.1 in Verbindung mit Abschnitt 4.5.2 Satz 2,
   - an die maximal aufzuwendende Kraft bei Bedienvorgängen nach Abschnitt 5.1,
   - an die Greif- und Bedienhöhen der Drücker, Griffe und Taster für Wohnungseingangs- und Wohnungstüren nach den Abschnitten 5.3.1.1 und 5.3.1.2 in Verbindung mit Abschnitt 4.3.3.2 Tabelle 1 Zeilen 6 bis 9,
   - an die Greifhöhe von Fenstergriffen nach Abschnitt 5.3.2,
   - an die Ausrüstung mit Bedienelementen und Stützen nach Abschnitt 5.5.3 und nach Abschnitt 5.5.4
   - bei Bedarf erfüllt werden.
5. Bei Wohnungen darf abweichend von Abschnitt 5.6 Satz 2 zwischen Freisitz und Wohnung eine Schwelle sein, wenn deren Höhe höchstens 2 cm beträgt.
6. Für die stufenlose Erreichbarkeit nach § 38 Abs. 3 Satz 2 NBauO genügt es, wenn Eingänge Abschnitt 4.3.3.2 Tabelle 1 Zeile 1, Bewegungsflächen an Türen Abschnitt 4.3.3.4 und Rampen Abschnitt 4.3.7 entsprechen.
7. Für Beherbergungsräume, die einschließlich der zugehörigen Sanitärräume den Anforderungen an barrierefreie Wohnungen entsprechen müssen, gilt Abschnitt 5 ohne Anforderungen mit der Kennzeichnung „R“.

Für Beherbergungsräume, die einschließlich der zugehörigen Sanitärräume darüber hinaus zusätzlich rollstuhlgerecht sein müssen, gelten auch die Anforderungen mit der Kennzeichnung „R“. Zusätzlich muss das WC-Becken beidseitig anfahrbar sein; bei mehr als einem rollstuhlgerechten Beherbergungsraum können die Zugangsseiten für die WC-Becken abwechselnd rechts oder links vorgesehen werden. In der Nähe des WC-Beckens muss eine Notrufanlage installiert werden. Abweichend von Abschnitt

5.5.1 sind Stütz- und/oder Haltegriffe neben dem WC-Becken sowie im Bereich der Dusche schon bei der Errichtung vorzusehen – dabei kann es sich auch um Ausführungen handeln, die bei Bedarf montiert werden.

Übersicht

A. Allgemeines

Entwicklung bis NBauO 2003: Schon in ihrer ursprünglichen Fassung von 1973 stellte die Niedersächsische Bauordnung Anforderungen an Bauwerke mit Rücksicht auf Menschen, die infolge einer Behinderung oder ihres Alters oder deshalb, weil sie kleine Kinder bei sich hatten, nur eingeschränkt bewegungsfähig waren. Diesem Zweck diente eine besondere Generalklausel in der dem Gesetz vorangestellten Grundsatzvorschrift, ferner eine Vorschrift, nach der eine Reihe öffentlich zugänglicher Bauten so auszugestalten waren, dass sie auch von diesem Personenkreis, besonders von Rollstuhlfahrern, ohne fremde Hilfe zweckentsprechend besucht und benutzt werden konnten (§ 48 in der Fassung vom 10. Februar 2003 (Nds. GVBl. S. 89) – NBauO 2003). Mit dieser Regelung, die erst während der Landtagsberatung des Gesetzentwurfs entstand, war die Niedersächsische Bauordnung anderen Landesbauordnungen vorausgegangen (vgl. dazu auch die Entschließung, die der Landtag zugleich mit der Verabschiedung der Niedersächsischen Bauordnung 1973 gefasst hatte, LT-Drs. 7/2040). Die Änderungsgesetze vom 11.4.1986, 15.6.1995 und 11.12.2002 ergänzten diese Regelung und gestalteten sie in Einzelheiten näher aus. Das Gesetz vom 11.12.2002 übernahm aus der Mustbebauordnung 2002 den Begriff der „Barrierefreiheit“ und fügte in § 44 NBauO 2003, der die Anforderungen an Wohnungen regelte, eine Vorschrift ein, nach der in Gebäuden mit mehr als vier Wohnungen die Wohnungen eines Geschosses „barrierefrei“ und jede achte Wohnung eines Gebäudes rollstuhlgerecht sein mussten (§ 44 Abs. 3 NBauO 2003). Die Forderung nach Rollstuhlgerechtigkeit wurde allerdings durch Art. 2 des Gesetzes vom 23.6.2005 (Nds. GVBl. S. 208) für Gebäude, deren Errichtung vom 1.7.2005 bis 30.6.2009 genehmigt oder ohne Genehmigung rechtmäßig begonnen wurde, einstweilen ausgesetzt. 1

NBauO 2012: Die Niedersächsische Bauordnung 2012 fasste die Anforderungen zur barrierefreien Ausgestaltung von baulichen Anlagen mit Wohnungen (§ 44 Abs. 3 NBauO 2003) und bestimmter Einrichtungen (§ 48 NBauO 2003) in § 49 NBauO 2012 zusammen. In Absatz 1 Satz 1 wurden die Regelungen des § 44 Abs. 3 NBauO 2003 übernommen und zugleich der Begriff der Barrierefreiheit legaldefiniert. Satz 2 forderte erstmals für Gebäude nach Satz 1 Abstellräume für Rollstühle. Absatz 2 Satz 1 enthielt – wie zuvor § 48 Abs. 1 NBauO 2003 – eine abschließende Aufzählung, für welche Anlagen und Einrichtungen die Anforderungen der Barrierefreiheit gelten sollten (LT-Drs. 16/3195, Gesetzesentwurf, S. 89). Dabei gab es folgende Änderungen gegenüber der 2

Vorgängerbestimmung: In Nummer 1 wurde klargestellt, dass sowohl öffentliche Verwaltungsgebäude als auch Gerichtsgebäude barrierefrei sein müssen, während dies für die übrigen Büro- und Verwaltungsgebäude nur gefordert wurde, soweit sie für den Publikumsverkehr bestimmt waren. Die Barrierefreiheit für Tagesstätten und Heime wurde um den Benutzerkreis der Pflegebedürftigen erweitert. In Nummer 8 wurden Kinderspielplätze neu eingefügt. Demgegenüber wurde die bisherige Regelung in § 48 Abs. 1 Nr. 8 NBauO über Altenwohnungen ersatzlos aufgrund der Regelung in § 49 Abs. 1 NBauO gestrichen (vgl. LT-Drs. 16/3195, Gesetzesentwurf, S. 89). Der bisherige Nummer 13 Satz 1 wurde Nummer 12; „Stellplätze *oder* Garagen" wurde geändert in „Stellplätze *und* Garagen", um zu verdeutlichen, dass die Anforderungen an die Barrierefreiheit sowohl für Stellplätze als auch für Garagen gelten sollen, wenn beide zugleich vorhanden sind. Die Regelung in § 48 Abs. 1 Nr. 13 S. 2 NBauO 2003, wonach eine dem Bedarf entsprechende Zahl von Einstellplätzen oder Standplätzen für Behinderte hergerichtet und gekennzeichnet sein muss, wurde als selbständiger Satz 2 in § 49 Abs. 2 NBauO dem Satz 1 nachgestellt. § 49 Abs. 3 NBauO 2012 fasste in Satz 1 die in § 44 Abs. 3 S. 3 NBauO 2003 und § 48 Abs. 3 NBauO 2003 enthaltenen Härteklauseln zusammen und formulierte sie als unmittelbar gesetzesabhängige Regelungen. Die Benennung der zu berücksichtigenden Menschen war entsprechend Absatz 1 um „Personen mit Kleinkindern" erweitert worden. Auf eine bestimmte Härteklausel wurde verzichtet, da die gefundene Lösung, die der Musterbauordnung entspricht, als flexibler angesehen wurde (LT-Drs. 16/3195, Gesetzesentwurf, S. 89).

3 Durch das Gesetz zur Änderung der Niedersächsischen Bauordnung vom 12.9.2018 (Nds. GVBl. Nr. 12/2018, S. 190) erfuhr § 49 NBauO umfangreiche Änderungen. Ein erster Anlauf zu einer umfassenden Neuregelung in der 17. Legislaturperiode (vgl. LT-Drs. 17/7278) verlief erfolglos (vgl. Gesetz zur Änderung der Niedersächsischen Bauordnung vom 25.9.2017, Nds. GVBl. Nr. 19/2017, S. 338 f.). Der Gesetzesentwurf zur (erneuten) Änderung der Niedersächsischen Bauordnung (LT-Drs. 18/1136) griff diesen Gesetzesentwurf auf, wobei die Regelungen über die Barrierefreiheit neu gefasst wurden (vgl. LT-Drs. 18/1583, Schriftlicher Bericht, S. 1). Die Legaldefinition der Barrierefreiheit in § 49 Abs. 1 S. 1 NBauO wurde – sytemgetreu – in den § 2 NBauO als neuer Absatz 16 verschoben und zugleich an das Behindertengleichstellungsgesetz angepasst. Der neu gefasste Absatz 1 wurde von einer verbändeübergreifenden Arbeitsgruppe erarbeitet. Ziel der Regelung ist es, einen interessengerechten Ausgleich zwischen der Schaffung von mehr barrierefreien Wohnraum einerseits und der Forderung der Wirtschaftlichkeit der Maßnahmen andererseits zu finden (LT-Drs. 18/1583, Schriftlicher Bericht, S. 1). Insbesondere wurden die Anforderungen an Gebäude mit mehr als vier Wohnungen ausgedehnt, da nunmehr – soweit sich aus den Sätzen 2 bis 4 nichts anderes ergibt – alle Wohnungen barrierefrei sein müssen. Damit geht der Gesetzgeber über die in vorherigen Entwürfen dargelegten Absichten hinaus. Des Weiteren sieht § 49 Abs. 2 S. 1 Nr. 1 NBauO nunmehr vor, dass Büro- und Verwaltungsgebäude generell barrierefrei sein müssen und nicht mehr nur dann, wenn sie für Publikumsverkehr vorgesehen sind. Neu aufegenommen wurden die Beherbergungsstätten in § 49 Abs. 2 S. 2 Nr. 4 NBauO.

4 Ergänzende bauordnungsrechtliche Vorschriften finden sich in § 34 Abs. 3 NBauO (betr. Handläufe an Treppen), § 38 Abs. 3 NBauO (Anforderungen an Aufzüge), im (oben abgedruckten) § 29 DVO-NBauO, in § 4 Abs. 1 Garagen- und Stellplatzverordnung (GaStPlVO; Breite von Einstellplätzen) und in den §§ 10 Abs. 7, 12 Abs. 2 und 13 Niedersächsische Versammlungsstättenverordnung (NVStättVO).

5 Eine verfassungsrechtliche Stütze hat die Regelung des § 49 NBauO mit dem durch Gesetz vom 27.10.1994 eingefügten Satz 2 des Art. 3 Abs. 2 GG erhalten, nach welchem niemand wegen seiner Behinderung benachteiligt werden darf. Jedoch sind, soweit diese Verfassungsnorm zur Auslegung von Baurecht herangezogen wird, auch das Eigentumsgrundrecht der betroffenen Bauherren und Gebäudeeigentümer (Art. 14 Abs. 1 GG) und das Verhältnismäßigkeitsgebot zu beachten.

Parallele Regelungen trifft auf Bundesebene das Gesetz zur Gleichstellung behinderter Menschen (BGG) vom 27.4.2002. In § 4 definiert es wie § 49 Abs. 1 NBauO den Begriff der Barrierefreiheit. In § 8 Abs. 1 BGG fordert es, zivile Neubauten sowie große zivile Um- und Erweiterungsbauten des Bundes und der mittelbaren Bundesverwaltung grundsätzlich barrierefrei zu gestalten. Nach § 8 Abs. 2 BGG müssen u.a. öffentliche Straßen sowie Verkehrsanlagen und Beförderungsmittel im öffentlichen Personenverkehr „nach Maßgabe der einschlägigen Rechtsvorschriften des Bundes" barrierefrei sein. Zugleich hat das Gesetz mit den Änderungsbestimmungen der Art. 51–52a in das Personenbeförderungsgesetz (§ 8 Abs. 3 S. 3 f., § 12 Abs. 1 Nr. 1c PBefG), die Eisenbahn-Bau- und Betriebsordnung (§ 2 Abs. 3 EBO) und die Verordnung über den Bau und Betrieb der Straßenbahnen (Straßenbahn-Bau- und Betriebsordnung (§ 3 Abs. 5 BOStraB) Vorschriften über die Barrierefreiheit eingefügt. Nach § 3a Abs. 2 der Verordnung über Arbeitsstätten (ArbStättV) hat ein Arbeitgeber, der Menschen mit Behinderungen beschäftigt, bei der Einrichtung der Arbeitsstätten die besonderen Belange dieser Beschäftigten im Hinblick auf Sicherheit und Gesundheitsschutz zu berücksichtigen, insbesondere für die Barrierefreiheit der Arbeitsplätze zu sorgen. Näheres in den Technischen Regeln für Arbeitsstätten – ASR V3a.2, 2012, 663. Es erging auch ein Niedersächsisches Behindertengleichstellungsgesetz (NBGG) v. 25.11.2007 (Nds. GVBl. S. 661). Nach dessen § 7 Abs. 1 „sollen" … „Neubauten sowie große Um- oder Erweiterungsbauten öffentlicher Stellen nach den allgemein anerkannten Regeln der Technik barrierefrei gestaltet werden". Nach § 7 Abs. 2 dieses Gesetzes sind „sonstige öffentliche bauliche oder andere Anlagen, öffentliche Wege, Plätze und Straßen sowie öffentlich zugängliche Verkehrsanlagen und Verkehrsmittel im öffentlichen Personenverkehr … barrierefrei zu gestalten, soweit dies durch Rechtsvorschriften vorgegeben ist". § 46a Niedersächsisches Straßengesetz (NStrG; eingefügt durch das Gesetz vom 25.11.2007) fordert entsprechend der Leistungsfähigkeit des Baulastträgers Orientierungshilfen für Sehbehinderte und Blinde und barrierefreie Gehwegübergänge. 6

Hingewiesen sei auch auf das Allgemeine Gleichbehandlungsgesetz (AGG) vom 14.8. 2006 (BGBl. I S. 1897), das ua die Rahmenrichtlinie 2000/78/EG vom 27.9.2000 und die Gleichbehandlungsrichtlinie 2002/73/EG vom 23.9.2002 umsetzt. Es verbietet Benachteiligungen wegen Behinderung oder Alters ua „beim Zugang zu und der Versorgung mit Gütern und Dienstleistungen, die der Öffentlichkeit zur Verfügung stehen, einschließlich von Wohnraum" (§ 1, § 2 Abs. 1 Nr. 8 AGG). 7

Erwähnt sei noch die zivilrechtliche Vorschrift des § 554a BGB, nach der ein Wohnungsmieter die Zustimmung des Vermieters zur barrierefreien Herrichtung der Wohnung nach Maßgabe einer Interessenabwägung verlangen kann. 8

Auch im Rahmen der Gesetzesnovelle 2019 hat die Niedersächsische Bauordnung in § 3 Abs. 2 S. 2 NBauO (→ § 3 Rn. 45 ff.) die Generalklausel beibehalten, wonach die Belange der Menschen mit Behinderungen, der alten Menschen, der Kinder und Jugendlichen sowie der Personen mit Kleinkindern zu berücksichtigen sind. 9

§ 49 NBauO fordert, wie grundsätzlich alle materiellrechtlichen Vorschriften der Niedersächsischen Bauordnung, die Anforderungen an bauliche Anlagen stellen, **Barrierefreiheit als andauernden Zustand**. Demnach verbietet er zugleich, eine vorhandene und gesetzlich gebotene Barrierefreiheit nachträglich wieder zu beseitigen. Dies gilt auch für die Barrierefreiheit von Wohnungen und rollstuhlgerechten Wohnungen. Denn anders als noch die NBauO 2012 muss nicht mehr nur ein bestimmter Anteil der Wohnungen barrierefrei sein, sondern alle Wohnungen. 10

Durch § 2 des Niedersächsischen Gesetzes zur Erleichterung der Schaffung von Unterkünften für Flüchtlinge oder Asylbegehrende (NEFUG) vom 12.11.2015 ist § 49 NBauO nicht anzuwenden für bauliche Anlagen oder Teile baulicher Anlagen, unabhängig von der Art der jeweiligen Anlage im Übrigen, soweit und solange sie als Unterkunft für Flüchtlinge oder Asylbegehrende errichtet oder genutzt werden. Voraussetzung hierfür ist, dass der Antrag auf Erteilung einer Baugenehmigung oder bauaufsichtliche Zustim- 11 mung bis zum 31.12.2019 gestellt oder, soweit keine Baugenehmigung oder bauaufsichtliche Zustimmung erforderlich ist, mit der Baumaßnahme bis zum 31.12.2019 begonnen wurde.

12 Werden entgegen § 49 Abs. 1 NBauO Wohnungen gebaut, die nicht barrierefrei oder rollstuhlgerecht sind oder Wohnungen so geändert, dass sie nicht mehr barrierefrei oder rollstuhlgerecht sind, so werden Menschen mit Behinderungen keinen Anspruch darauf haben, dass die Bauaufsichtsbehörde hierfür die Baugenehmigung ablehnt oder nach § 79 NBauO einschreitet. Aus der Regelung des § 49 Abs. 1 NBauO ergibt sich zwar, dass ab einer bestimmten Größenordnung alle Wohnungen eines Gebäudes barrierefrei sein müssen. Daraus nunmehr ein subjektives Klagerecht gegenüber der Bauaufsichtsbehörde für obligatorisch Berechtigte abzuleiten, ist aber zu weitgehend. Den Gesetzesmaterialien lässt sich ein solcher Wille des Gesetzgebers jedenfalls nicht ennehmen. Zweck der Regelung ist es weiterhin, das Angebot an behindertengerechten Wohnungen auf dem Markt zu erhöhen; sie will nicht einzelne Menschen aus dem begünstigten Personenkreis schützen. Die Möglichkeit den zivilrechtlichen Klageweg anzustreben bleibt davon unberührt.

13 Demgegenüber lässt sich § 49 Abs. 2 NBauO als Schutzvorschrift auffassen. Nach überwiegender Auffassung gewähren Vorschriften, die eine behindertengerechte Ausgestaltung von Bauten verlangen, zwar kein subjektives Recht auf Vollzug solcher Gebote. Mit Blick auf Art. 3 Abs. 2 S. 2 GG erscheint es jedoch zweifelhaft, ob diese Auffassung noch zutrifft. Dies gilt umso mehr aufgrund des mit § 49 Abs. 2 NBauO verfolgten Zwecks, die gesellschaftliche Teilhabe von Menschen mit Behinderung zu stärken. Allerdings dürfte ein Klagerecht nur solchen Menschen mit Behinderungen zustehen, die ein individuelles, gewichtiges und andauerndes Interesse am barrierefreien Zugang gerade zu der betreffenden Einrichtung haben.

14 Hinzuweisen ist auf die durch § 13 NBGG eingeräumte Möglichkeit einer Verbandsklage auf Feststellung eines Verstoßes gegen die Verpflichtung nach § 7 Abs. 2 NBGG i.V.m. § 49 Abs. 2 NBauO zur Herstellung von Barrierefreiheit. Übrigens ist diese Vorschrift kein Anzeichen dafür, dass derniedersächsische Gesetzgeber einen Drittschutz durch § 49 Abs. 2 NBauO ablehnt; in § 13 Abs. 2 S. 1 Nr. 2 NBGG geht er vielmehr gegenteilig davon aus, dass dieser möglich, eine Verbandsklagebefugnis deshalb augeschlossen ist.

B. Barrierefreiheit von Wohnungen (Abs. 1)

15 § 49 Abs. 1 NBauO wurde im Rahmen der NBauO-Novelle 2019 grundlegend geändert. § 49 Abs. 1 S. 1 NBauO 2012 überließ noch dem Bauherrn die Entscheidung darüber, in welchem Geschoss seines Gebäudes er Wohnungen barrierefrei gestalten wollte. In Fällen, in denen das Haus nicht gem. § 38 Abs. 2 NBauO 2012 ohnehin mit einem Aufzug ausgestatt werden musste, war es naheliegend, das Erdgeschoss als barrierefreies Wohngeschoss zu wählen. Das durfte der Bauherr auch dann, wenn im Erdgeschoss (ggf. neben Geschäfts- oder Büroräumen) nur eine Wohnung untergebracht werden sollte, in den oberen Geschossen dagegen jeweils mehrere. Auch wenn Satz 1 von „Wohnungen" in der Mehrzahl sprach, durfte der Bauherr ein Geschoss mit nur einer Wohnung auswählen. Er entschied auch, wo er in seinem Gebäude eine nach § 49 Abs. 1 S. 3 NBauO 2012 erforderliche rollstuhlgerechte Wohnung unterbringt.

16 Der nicht in Kraft getretene Entwurf zur Änderung der Bauordnung 2017 erweiterte die Wahlfreiheit des Bauherrn noch. Mit der ergänzenden Formulierung im Satz 1 „oder die entsprechende Anzahl von Wohnungen in mehreren Geschossen" hätte der Bauherr die sonst sich in einem Geschoss konzentrierten barrierefreien Wohnungen auf andere Geschosse verteilen dürfen, ohne eine zahlenmäßig definierte Mindestforderung erfüllen zu müssen (LT-Drs. 17/7278, Gesetzesentwurf, S. 43).

17 Die Neufassung von § 49 Abs. 1 S. 1 NBauO suggeriert bei einem ersten Lesen, dass die Barrierefreiheit bei Wohnungen wesentlich erweitert wurde, da nunmehr bei Gebäuden

mit mehr als vier Wohnungen alle Wohnungen barrierefrei ausgestaltet sein müssen. Allerdings geht die Erweiterung der Barrierefreiheit auf „alle Wohnungen" einher mit tatbestandlichen Begrenzungen. So hängt die Forderung der Barrierefreiheit auch weiterhin von der Anzahl der Wohnungen in einem Wohngebäude ab. Darüber hinaus setzt §49 Abs. 1 S. 1 NBauO die Errichtung eines Gebäudes voraus. Schließlich gilt der Grundsatz der Barrierefreiheit nur vorbehaltlich der Sätze 2 bis 4 in §49 Abs. 1 NBauO.

I. Wohnungen, die barrierefrei sein müssen

18 Anknüpfungspunkt für die Frage, ob Wohnungen barrierefrei sein müssen, ist die Anzahl der Wohnungen in dem zu errichtenden Gebäude. Danach fordert der Gesetzgeber auch weiterhin für Gebäude mit vier und weniger Wohnungen keine Barrierefreiheit. Bei Gebäuden mit mehr als vier, also mit mindestens fünf Wohnungen, müssen nach §49 Abs. 1 S. 1 NBauO – und dies ist gegenüber §49 Abs. 1 NBauO 2012 grundlegend neu – **alle Wohnungen barrierefrei** sein. Die Forderung der Barrierefreiheit schließt dabei die Erreichbarkeit und die innere Ausgestaltung der Wohnung ein. Die Forderung der Barrierefreiheit stellt Satz 1 aber unter den Vorbehalt, dass sich aus §49 Abs. 1 S. 2 bis 4 NBauO nichts anderes ergibt. Schließlich schreibt §49 Abs. 1 S. 7 NBauO vor, dass jede achte Wohnung rollstuhlgerecht sein muss.

1. Errichtung eines Gebäudes

19 §49 Abs. 1 S. 1 NBauO bestimmt, dass alle Wohnungen barrierefrei sein und den Anforderungen nach den Sätzen 5 bis 8 genügen müssen, wenn ein Gebäude mit mehr als vier Wohnungen errrichtet wird und soweit sich aus den Sätzen 2 bis 4 nichts anderes ergibt.

20 Zum **Begriff des Gebäudes** und zur Frage, ob ein Baukomplex aus einem oder mehreren Gebäuden besteht, wird auf die Komentierung zu §2 Abs. 2 NBauO verwiesen (→ §2 Rn. 36). Ohne Belang ist, ob das Gebäude ein Wohngebäude i.S. von §2 Abs. 4 NBauO ist. Das Gebäude kann außer Wohnungen auch Büro- oder Geschäftsräume enthalten.

21 Den **Begriff der Wohnung** definiert die Niedersächsische Bauordnung nicht, stellt aber an diese in §44 NBauO nähere Anforderungen. Eine Wohnung lässt sich definiren als eine Einheit von Räumen, die zum Führen eines selbständigen Haushaltes bestimmt ist (→ §2 Rn. 55). Eine Wohnung kann danach auch in einem Einzimmerappartement mit Koch- und Waschmöglichkeit und Toilette bestehen. §49 Abs. 1 S. 1 NBauO schränkt den Wohnungsbegriff nicht weitergehend ein. Es kommt danach nur auf die Anzahl, nicht auch auf die Größe der Wohnungen an.

22 Eine erhebliche Einschränkung des Anwendungsbereichs von §49 Abs. 1 S. 1 NBauO hat der Gesetzgeber in der NBauO-Novelle 2019 aber dahingehend vorgenommen, dass die Anfoderungen zur barrierefreien Gestaltung von Wohnungen – anders als bislang – nur noch dann gelten sollen, wenn ein **Gebäude errichtet wird**, nicht hingegen, wenn es zu Wohnzwecken umgenutzt oder etwa durch einen Dachraumausbau oder die Aufstockung eines Geschosses erweitert wird (LT-Drs. 18/1136, Gesetzesentwurf, S. 39). Damit hat der Gesetzgeber selbst im Falle einer Kernsarnierung bei Bestandsimmobilien nicht nur die Forderung nach der barrierefreien Erreichbarkeit einer Wohnung eingeschränkt, sondern Bestandsgebäude von dem Anwendungsbereich des §49 Abs. 1 NBauO ausgenommen.

23 Ausweislich der Beschlussempfehlung des Ausschusses für Umwelt, Energie, Bauen und Klimaschutz besteht hingegen die Pflicht zur Beibehaltung der Barrierefreiheit für die dem Anwendungsbereich von §49 Abs. 1 S. 1 NBauO unterfallenden Gebäude fort. Um diesbezüglich entwaige Zweifelsfragen zu vermeiden, schlug der Ausschuss vor, die

Formulierung „Bei der Errichtung" in „Wird … errichtet" abzuändern (LT-Drs. 18/1583, Schriftlicher Bericht, S. 4). Dem ist der Gesetzgeber gefolgt.

2. Ausgestaltung der Wohnung (Abs. 1 S. 5 bis 8)

24 Die nach § 49 Abs. 1 S. 1 NBauO für alle Wohnungen vorgeschriebene Barrierefreiheit hat der Gesetzgeber hinsichtlich der inneren Ausgestaltung der Wohnung nur im Hinblick auf mehrgeschossige Wohnungen eingeschränkt. Im Übrigen gilt sie uneingeschränkt.

25 In § 49 Abs. 1 S. 2 NBauO ist bestimmt, dass bei **mehrgeschossigen Wohnungen** eine stufenlose Erreichbarkeit der einzelnen Geschosse weder eingeplant noch hergestellt werden muss. Der Verzicht auf die Barrierefreiheit ist nach dem Wortlaut aber ausschließlich auf die Erreichbarkeit der einzelnen Geschosse der jeweiligen Wohnung beschränkt. Hingegen muss jedes dieser Geschosse für sich genommen barrierefrei errichtet werden.

26 Gegenüber der Fassung des § 49 Abs. 1 S. 1 NBauO 2012 neu eingefügt wurde § 49 Abs. 1 S. 5 NBauO, der insoweit klarstellt, dass auch ein etwaiger der **Wohnung zugeordneter Freisitz** barrierefrei sein muss.

27 Der bisherige § 49 Abs. 1 S. 2 NBauO 2012, wonach **Abstellraum für Rollstühle** in ausreichender Größe zur Verfügung stehen und barrierefrei sein muss, findet sich unverändert in § 49 Abs. 1 S. 6 NBauO wieder. Fraglich ist, ob ein barrierefreier Abstellraum für Rollstühle im Gebäude und/oder in der jeweiligen Wohnung vorzuhalten ist. Der Wortlaut der Norm ist unergiebig. Eine systematische Auslegung legt nahe, dass der Abstellraum in den Wohnungen vorzuhalten wäre. Dies könnte aus § 49 Abs. 1 S. 1 NBauO gefolgert werden, wonach „Wohnungen" den Anforderungen „nach den Sätzen 5 bis 8" und damit auch der Anforderung eines ausreichenden Abstellraums für Rollstühle nach § 49 Abs. 1 S. 6 NBauO genügen müssen. Dem Gesetzesentwurf zu § 49 NBauO lässt sich aber entnehmen, dass der Gesetzgeber die Vorgängerbestimmung in § 49 Abs. 1 S. 2 NBauO 2012 unverändert übernehmen wollte (LT-Drs. 18/1136, Gesetzesentwurf, S. 40). Die Regelung in § 49 Abs. 1 S. 2 NBauO 2012 knüpfte an den – unverändert gebliebenen – § 44 Abs. 4 NBauO an, wonach in Gebäuden mit mehr als zwei Wohnungen oder auf dem Baugrundstück solcher Gebäude leicht erreichbarer und gut zugänglicher Abstellraum für Rollatoren, Kinderwagen und Fahrräder (Nr. 1) sowie Abstellraum für jede Wohnung (Nr. 2) zur Verfügung stehen muss. § 49 Abs. 1 S. 2 NBauO 2012 sollte zusätzlich zu diesem Abstellraum weiteren Abstellraum für Rollstühle fordern (LT-Drs. 16/3195, Gesetzesentwurf, S. 89). Lediglich für Wohnungen, die mit einem Rollstuhl uneingeschränkt nutzbar sein müssen (vgl. § 49 Abs. 1 S. 7 NBauO), ist nach § 83 NBauO i.V.m. DIN 18040 Teil 2 Nr. 4.3.8. ist ein Rollstuhlabstellplatz vor oder in der Wohnung (nicht in Schlafräumen) vorzusehen. Da § 44 Abs. 4 NBauO dem Bauherrn die Wahl lässt, wo der Abstellraum zur Verfügung gestellt wird, dürfte dies auch für § 49 Abs. 1 S. 6 NBauO gelten. Hierfür spricht auch, dass die ausreichende Größe des Abstellraums für Rollstühle nach dem Sinn und Zweck der Bestimmung gebäudebezogen zu ermitteln ist. Es dürfte im Interesse des Bauherrn liegen, diesen allgemein zur Verfügung zu stellen. Dies gilt umso mehr, als der Abstellraum barrierefrei erreichbar sein muss.

28 Die Forderung nach Abstellraum in „**ausreichender Größe**" ist unbestimmt gefasst. Aus der Anforderung, dass der Abstellraum barrierefrei sein muss, folgt aber eine Mindestabstellfläche von 1,50 m x 1,80 m je Rollstuhl (DIN 18040 Teil 2 Nr. 4.3.8). Wie viele Rollstuhlabstellplätze vorzuhalten sind, lässt der Gesetzgeber jedoch unbeantwortet und bedarf der Ermittlung im Einzelfall.

29 Schließlich bestimmt § 49 Abs. 1 S. 7 NBauO, dass in **jeder achten Wohnung** die Wohn- und Schlafräume, ein Toilettenraum, ein Raum mit einer Badewanne oder Dusche, die Küche oder Kochnische und, wenn der Wohnung ein Freisitz zugeordnet ist, der Freisitz zusätzlich **rollstuhlgerecht** sein müssen. Eine solche Wohnung muss nicht nur der Barrierefreiheit genügen, sondern darüber hinaus dem höheren Raumbedarf von

Rollstuhlnutzern Rechnung tragen. Weitergehende Anforderungen sind in der DIN 18040 Teil 2 Nr. 4.3 bestimmt. Genügt zB bei einer barrierefreien Wohnung eine lichte Türdurchgangsbreite von 80 cm, wird für eine Rollstuhlnutzung 90 cm gefordert. Rollstuhlgerechte Bewegungsflächen verlangen eine Abmessung von 150 cm x 150 cm (z.B. vor allen Sanitärobjekten, Türen etc.).

§ 49 Abs. 1 S. 7 NBauO bestimmt darüber hinaus, dass für die zu errichtenden rollstuhl- **30**
gerechten Wohnungen **§ 49 Abs. 1 Sätze 2 bis 4 NBauO keine Anwendung** finden, dh hier muss der Bauherr die stufenlose Erreichbarkeit der Wohnung sicherstellen. Erforderliche Aufzüge müssen nicht nur geplant, sondern auch hergerichtet werden (LT-Drs. 18/1136, Gesetzesentwurf, S. 40).

§ 49 Abs. 1 S. 8 NBauO greift eine früher in § 29 Abs. 3 der Allgemeinen Durchführungs- **31**
verordnung zur Niedersächsischen Bauordnung enthaltene, im Jahr 2012 aber gestrichene Regelung auf, nach der für jede rollstuhlgerechte Wohnung mindestens ein **barrierefreier Einstellplatz** zu schaffen war. Hiervon rückt der Gesetzgeber ab. Für Gebäude mit mehr als 4 aber weniger als 15 Wohnungen lässt er künftig insgesamt einen barrierefreien Einstellplatz genügen. Für Gebäude mit mehr als 15 Wohnungen ist für jede rollstuhlgerecht herzustellende Wohnung, dh jede 8. Wohnung ein Einstellplatz barrierefrei herzurichten und zu kennzeichnen. Die Anordnung bzw. Lage der barrierefreien Einstellplätze sollte möglichst nahe zum Gebäudeeingang oder, falls vorhanden, zum Aufzug befinden. Die Abmessung ergibt sich aus § 4 Abs. 1 S. 1 GaStPlVO. Sie sollte also mindestens 3,5 m x 5,0 m betragen. Damit wird die Ausstiegszone seitlich des Fahrzeuges gegenüber den sonst erforderlichen Breiten um 1,0 m bis 1,20 m verbreitert, wodurch sich ein Bewegungsraum von 1,50 m parallel zur Wagenlängsseite ergibt.

3. Erreichbarkeit der Wohnung (Abs. 1 S. 2 bis 4)

Während der Gesetzgeber mit der Neufassung von § 49 Abs. 1 NBauO die Anforderun- **32**
gen an die barrierefreie Ausgestaltung der inneren Wohnungen wesentlich erweitert, schränkt er zugleich die **Anforderungen an deren Erreichbarkeit** ein. Denn nach § 49 Abs. 1 S. 3 NBauO muss bei Gebäuden, die nicht unter § 38 Abs. 2 S. 1 NBauO fallen, die stufenlose Erreichbarkeit von Wohnungen des zweiten oberirdischen Geschosses und weiterer oberirdischer Geschosse insbesondere durch den Einbau eines Aufzuges zwar im Entwurf so vorgesehen sein, dass festgestellt werden kann, dass die Baumaßnahme auch insoweit vollständig dem öffentlichen Baurecht entspräche; eine Pflicht zur Herstellung besteht aber insoweit nicht.

Gebäude mit Aufenthaltsräumen, dh auch Wohnungen (vgl. § 43 NBauO), deren Fußbo- **33**
den mehr als 12,25 m über der Eingangsebene liegt, müssen gemäß § 38 Abs. 2 S. 1 NBauO Aufzüge in ausreichender Zahl und Anordnung haben. Diese Anforderung lässt § 49 Abs. 1 S. 3 NBauO mit ihrem Verweis auf § 38 Abs. 2 S. 1 NBauO unberührt.

Ist nach letztgenannter Bestimmung aber kein Aufzug vorgeschrieben, begünstigt § 49 **34**
Abs. 1 S. 3 NBauO den Bauherrn bei der Errichtung von Gebäuden mit mehr als vier Wohnungen: Der Bauherr muss zwar im Entwurf die stufenlose Erreichbarkeit der Wohnungen ab dem zweiten Obergeschoss nachweisen. Die Erreichbarkeit muss insbesondere – aber nicht zwingend – durch den Einbau eines Aufzuges im Entwurf dergestalt vorgesehen sein, dass von der Bauaufsichtsbehörde festgestellt werden kann, dass die Baumaßnahme auch insoweit dem öffentlichen Baurecht entspricht. Der Entwurf muss also auf eine Weise ausgearbeitet und zum Gegenstand eines etwaigen Bauantrags gemacht werden, als ob die stufenlose Erreichbarkeit durch einen Fahrstuhl bereits bei der Errichtung des Gebäudes hergestellt würde. Für die Gestaltung des Entwurfs genügt es, dass die entsprechenden Vorrichtungen zunächst nur so weit konkretisiert werden, dass geprüft werden kann, ob die Baumaßnahme, wenn sie so durchgeführt würde, auch insoweit dem öffentlichen Baurecht entspräche (LT-Drs. 18/1583, 4; Fricke in BeckOK BauordnungsR Nds NBauO, 11. Ed. 1.3.2019, § 49 Rn. 19). Eine Pflicht zur Herstellung besteht nach § 49 Abs. 1 S. 3 NBauO hingegen ausdrücklich nicht. Vielmehr wollte der

Gesetzgeber die Frage, ob ein Aufzug auch tatsächlich eingebaut wird, nicht bauordnungsrechtlich beantworten, sondern der Eigenverantwortung des Eigentümers und gegebenenfalls dem Zivilrecht zuweisen (LT Drs. 18/1136, Gesetzentwurf, S. 40).

35 Aus dem Umkehrschluss zu § 49 Abs. 1 S. 3 iVm S. 1 NBauO folgt, dass die Barrierefreiheit der baulichen Anlage bis zum ersten oberirdischen Geschoss stets herzustellen ist. Wenn das erste oberirdische Geschoss hingegen keine Wohnnutzung beinhaltet, genügt nach Satz 3 auch in diesem Fall lediglich die Berücksichtigung der stufenlosen Erreichbarkeit im Entwurf. Insoweit können Gebäude mit weniger als 8 Wohneinheiten dergestallt errichtet werden, dass kein Wohngeschoss stufenlos erreichbar ist (vgl. auch LT-Drs. 18/1136, Gesetzentwurf, S. 40). Soweit der Bauherr in den darüberliegenden Geschossen rollstuhlgerechte Wohnung errichtet, um seine Pflicht aus § 49 Abs. 1 S. 7 NBauO zu entsprechen, hat er für eine barrierefreie Erreichbarkeit Sorge zu tragen, da nach § 49 Abs. 1 S. 7 2. HS NBauO die Sätze 2 bis 4 keine Anwendung finden. In der Praxis dürfte dies darauf hinauslaufen, dass geforderte rollstuhlgerechte Wohnungen vorzugsweise im Erdgeschoss angeordnet werden, was auch angesichts von unmittelbar ins Freie führende Flucht- und Rettungswege von Vorteil wäre.

36 Gemäß § 49 Abs. 1 S. 4 NBauO kann eine spätere Herstellung der stufenlosen Erreichbarkeit der Wohnungen auch abweichend von dem Entwurf erfolgen, insbesondere wenn dadurch den zu diesem Zeitpunkt geltenden Anforderungen an diese Baumaßnahme entsprochen wird. Dies gilt aber nur, soweit die Abweichungen geringfügig sind und die Anforderungen nach § 3 Abs. 1 NBauO gewahrt bleiben.

37 Die gesetzgeberisch gewählte Konstruktion, dass die stufenfreie Erreichbarkeit der Wohnungen zwar geplant, aber nicht realisiert werden muss, tritt in Konflikt mit § 71 NBauO, wonach (Teil-)Baugenehmigungen erlöschen, wenn innerhalb von drei Jahren nach ihrer Erteilung mit der Ausführung der Baumaßnahme nicht begonnen oder wenn die Ausführung drei Jahre lang unterbrochen worden und die Geltungsdauer der Baugnehmigung nicht verlängert worden ist (§ 71 S. 1 und 3 NBauO). Zudem bestimmt § 72 Abs. 1 S. 2 NBauO, dass die Baumaßnahme nur so durchgeführt werden darf, wie sie genehmigt wurde. Um eine spätere Herstellung der stufenlosen Erreichbarkeit der Wohnungen in den Obergeschossen zu ermöglichen, ohne dass es einer neuen Baugenehmigung bedarf, sowie um zu vermeiden, dass die erteilte Baugenehmigung aufgrund der fehlenden Realisierung erlischt, bestimmt § 49 Abs. 1 S. 4 NBauO, dass die §§ 71 und 72 Abs. 1 Satz 2 NBauO insoweit keine Anwendung finden.

II. Die geforderte Barrierefreiheit der Wohnungen

38 Im Einzelnen werden die erforderlichen baulichen Vorkehrungen für eine barrierefreie Zugänglichkeit von Wohnungen in der DIN 18 040, Teil 2, Ausgabe: September 2011, dargestellt, und zwar dort im Abschnitt 4 (betr. „Infrastruktur"). Die Norm ist durch RdErl. des MS vom 28.9.2012 (Nds. MBl. S 831) und des MU vom 21.1.2019 mit bestimmten Einschränkungen und Abänderungen als Technische Baubestimmung bekannt gemacht (die MBauO spricht von „eingeführt") worden. Die Norm ist im 17. Anlagenband zur Liste der Technischen Baubestimmungen – Fassung September 2012 – abgedruckt. Als Technische Baubestimmung ist sie nach Maßgabe des § 83 Abs. 2 NBauO rechtsverbindlich.

39 Hier kann nur ein Überblick über den Inhalt der Norm gegeben werden, der die sorgfältige Beachtung aller ihrer Bestimmungen einschließlich der hierzu ergangenen Verwaltungsvorschriften nicht entbehrlich macht: Sollen Wohnungen barrierefrei sein, so muss das Gebäude einen Eingang haben, der von der öffentlichen Verkehrsfläche stufenlos erreichbar ist (Ziffer 4.2.3). Sind Niveauunterschiede unvermeidlich, müssen sie durch Rampen (ggf. neben der Eingangstreppe) überbrückt werden, die ua folgenden Anforderungen genügen müssen: Längsgefälle höchstens 6%; am Anfang und Ende der Rampe eine Bewegungsfläche von je mindestens 1,50 x 1,50 m; Laufbreite mindestens 1,20 m;

beiderseits sichere Handläufe; alle 6 m ein Zwischenpodest von 1,50 m Länge (Ziffer 4.3.7). Liegt die Wohnung nicht auf der Eingangsebene, so muss sie stufenlos über einen Aufzug erreichbar sein (Ziffer 4.3.1). Damit Rollstuhlbenutzer Bewegungsfreiheit haben, müssen Verkehrsflächen vor und im Gebäude grundsätzlich 1,50 m breit sein (mit Ausweitungen für die Begegnung von Rollstuhlfahrern, Näheres Ziffer 4.3.2). Türen müssen eine lichte Durchgangsbreite von mindestens 90 cm aufweisen. Sie dürfen keine Schwellen haben (wenn unvermeidbar, dann allenfalls bis 2 cm Höhe, Ziffer 4.3.3). Vor handbetätigten Türen müssen Rollstuhlfahrer eine genügende Bewegungsfläche haben (Ziffer 4.3.3.4), ebenso vor Aufzügen (Ziffer 4.3.5). Türen müssen auch für Sehbehinderte und Blinde leicht aufzufinden und zu öffnen sein (Ziffern 4.2.3, 4.3.3). Weitere Anforderungen im Interesse Körperbehinderter, Sehbehinderter und Blinder stellt die Norm auch an Treppen: Sie müssen gerade verlaufen, Setzstufen und beiderseits Handläufe haben (Ziffer 4.3.6). Schließlich regelt die Norm „Bedienelemente", Kommunikationsanlagen und Ausstattungselemente wie zB Schalter, Türöffner und Briefkästen (Ziffer 4.5). Weitere Vorgaben für die Bauaufsichtsbehörde finden sich in Anlage A 4.2/1 VVTB.

Nach § 49 Abs. 1 S. 1 NBauO müssen Wohnungen, die barrierefrei sein sollen, auch in 40
der dort beschriebenen Weise für Menschen mit Behinderungen nutzbar sein. Für das Innere der Wohnungen gilt damit Ähnliches wie für den Zugang zu ihnen; insbesondere müssen auch alle Räume einer Wohnung auf gleicher Ebene liegen und stufenlos sein. Für Flure innerhalb von Wohnungen, die nicht rollstuhlgerecht sein müssen, genügt aber eine Breite von 1,20 m (Ziffer 5.2). Ergänzend fordert Satz 2 ausreichend bemessenen Abstellraum für Rollstühle, der selbstverständlich auch barrierefrei sein muss.

C. Barrierefreiheit bestimmter baulicher Anlagen(-teile) (Abs. 2)

I. Allgemeines

Absatz 2 zählt in Satz 1 eine Reihe von baulichen Anlagen auf, die – wie Wohnungen 41
nach Absatz 1 – ebenfalls barrierefrei i.S.v. § 2 Abs. 16 NBauO sein müssen. Der Katalog ist – anders als dies in § 50 Abs. 2 der Musterbauordnung 2012 der Fall ist – abschließend. Anlagen, die nicht in Absatz 2 aufgeführt sind, unterliegen danach nicht den Anforderungen des § 49 NBauO; es bleibt insoweit bei dem allgemeinen, weniger weit gehenden Gebot in § 3 Abs. 2 Satz 2NBauO, wonach die Belange (ua) der Behinderten und alten Menschen „zu berücksichtigen" sind. Die Regelung weist durchaus Parallelen zum Satz 2 auf, wonach eine dem Bedarf entsprechende Zahl von Einstellplätzen, Standplätzen und Toilettenräumen für Menschen mit Behinderungen hergerichtet und gekennzeichnet sein muss.

II. Barrierefreiheit in einem „dem Bedarf entsprechenden Umfang"

Der Gesetzgeber hat zwar nicht hinsichtlich des „Ob", aber hinsichtlich des Umfangs, in 42
dem die in Absatz 2 genannten baulichen Anlagen bzw. Anlagenteile barrierefrei sein müssen, die Barrierefreiheit in nicht unerheblichem Maße gegenüber der vorherigen Fassung eingeschränkt. Forderte § 49 Abs. 2 S. 1 NBauO 2012 dem Wortlaut nach eine uneingeschränkte Barrierefreiheit der Anlagen bzw. der Teile der baulichen Anlagen, hat der Gesetzgeber mit der Änderung 2019 den **Bedarf als Maßstab für den Umfang** der Barrierefreiheit eingeführt (LT-Drs. 18/1136, S. 40). § 49 Abs. 2 S. 1 NBauO 2012 enthielt eine solche Einschränkung – wie sie zuvor noch in § 48 Abs. 3 S. 1 NBauO 2003 enthalten war – nicht. § 48 Abs. 3 S. 1 NBauO 2003 bestimmte hingegen noch, dass die Anforderungen an die Barrierefreiheit nicht galten, soweit wegen der Eigenart oder Zweckbestimmung der baulichen Anlage oder des Teils der baulichen Anlage nicht damit zu rechnen sei, dass Behinderte, alte Menschen oder Personen mit Kleinkindern sie besuchen oder nutzen würden. Allerdings ging der Gesetzgeber bei der NBauO-Novelle

seinerzeit offenbar davon aus, dass er in § 49 Abs. 2 S. 1 NBauO lediglich die Härtefallklauseln der § 44 Abs. 3 S. 3 und § 48 Abs. 3 NBauO 2003 zusammenfasse (LT-Drs. 16/3195, Gesetzesentwurf, S. 89). Eine Änderung hinsichtlich der Reichweite der in § 49 Abs. 1 und 2 NBauO 2012 bestimmten Barrierefreiheit hatte er danach offenbar nicht beabsichtigt. Vielmehr war Ziel der Regelung, dass öffentlich zugängliche bauliche Anlagen in den dem allgemeinen Besucherverkehr dienenden Teilen barrierefrei erreicht und zweckentsprechend genutzt werden können (LT-Drs. 16/3195, Gesetzesentwurf, S. 89).

43 Durch die Anknüpfung des Umfangs der Barrierefreiheit an den Bedarf will der Gesetzgeber ausdrücklich die Möglichkeit eröffnen, den Umfang der Barrierefreiheit für alle in Satz 1 genannten Anlagen und Teile baulicher Anlagen unter Berücksichtigung des **Grundsatzes der Verhältnismäßigkeit** zu bestimmen. Dies soll insbesondere zum Tragen kommen bei der Ermittlung des Bedarfs an gleichartigen Räumen oder Einrichtungen in betroffenen Gebäuden, wie zB Beherbergungsräume in Beherbergungsstätten, Gastplätze in Gaststätten oder Besucherplätze in Versammlungsstätten. Diese müssen nicht ausnahmslos barrierefrei sein, sondern nach ihrer Anzahl und ihrem Umfang dem Bedarf entsprechend, der durch die zu erwartende Teilnahme von Menschen mit Behinderungen an der Benutzung der jeweiligen Einrichtung entsteht (LT Drs. 18/1136, Gesetzesentwurf, S. 40).

44 Die Orientierung des Umfangs der Barrierefreiheit an dem jeweiligen Bedarf ist zwar unter Verhältnismäßigkeitsgesichtspunkten zu begrüßen. Allerdings fehlt grundsätzlich eine **weitergehende normative Konkretisierung**. Als Anküpfungspunkt für die Gestaltung barrierefreier Arbeitsplätze dürfte aber § 154 SGB IX taugen, der den Arbeitgeber unter bestimmten Voraussetzungen zur Beschäftigung schwerbehinderter Menschen verpflichtet. Anders als noch in der Fassung des § 48 Abs. 1 NBauO 2003, wonach die baulichen Anlagen von Behinderten (ua) „besucht und benutzt" werden können mussten, dh nur der Publikumsverkehr, nicht aber auch möglicherweise behinderte Arbeitnehmer in den Blick zu nehmen waren (NdsOVG 25.4.2006 – 1 LA 264/05 – NVwZ-RR 2007, 155), ist § 49 Abs. 2 S. 1 NBauO mit seiner Anküpfung an den Bedarf weiter gefasst und erfasst damit auch Arbeitnehmer. Nach § 154 Abs. 1 S. 1 SGB IX haben private und öffentliche Arbeitgeber mit jahresdurchschnittlich monatlich mindestens 20 Arbeitsplätzen im Sinne des § 156 SGB IX auf wenigstens 5 Prozent der Arbeitsplätze schwerbehinderte Menschen zu beschäftigen. Abweichend hiervon haben Arbeitgeber mit jahresdurchschnittlich monatlich weniger als 40 Arbeitsplätzen jahresdurchschnittlich je Monat einen schwerbehinderten Menschen, Arbeitgeber mit jahresdurchschnittlich monatlich weniger als 60 Arbeitsplätzen jahresdurchschnittlich je Monat zwei schwerbehinderte Menschen zu beschäftigen (§ 154 Abs. 1 S. 3 SGB IX).

45 Durch die Anknüpfung an den unbestimmten Rechtsbegriff „Bedarf" dürften aber im Übrigen Streitigkeiten über den Umfang der Barrierefreiheit zwischen dem Bauherrn und der Bauaufsichtsbehörde vorprogrammiert sein. Als unbestimmter Rechtsbegriff unterliegt dabei die Frage, ob die Barrierefreiheit der baulichen Anlage ihrem Umfang nach dem Bedarf entspricht, der **vollen gerichtlichen Kontrolle**.

46 Aus der Gesetzesbegründung wird zunächst deutlich, dass es bei der Bestimmung des Bedarfs nicht auf die subjektive Vorstellung des Bauherrn ankommen kann oder auf dessen Betriebskonzept (allein) abzustellen ist. Eine solche Auslegung würde auch dem gesetzgeberischen Ziel zuwiderlaufen, ua Menschen mit Behinderungen eine ungehinderte Teilnahme am gesellschaftlichen Leben zu ermöglichen (vgl. bereits LT-Drs. 16/3195, Gesetzesentwurf, S. 89). Vielmehr ist die **prognostizierte Zahl der Nutzer mit Behinderungen zu ermitteln**. Valide Zahlen, auf denen die Prognose gestützt werden kann, dürften aber nur in seltenen Fällen vorliegen. Dies dürfte auch hinsichtlich der von dem Gesetzgeber genannten Beispielsfälle „Beherbergungsräume in Beherbergungsstätten, Gastplätze in Gaststätten oder Besucherplätze in Versammlungsstätten" der Fall sein, da – ausgehend von der These, dass bisher ein Unterangebot von barrierefreien Bestandsbauten bestanden hat – von der bisherigen Nutzungshäufigkeit nicht

ohne Weiteres auf den Bedarf geschlossen werden kann. Abzustellen ist vielmehr auf den potentiellen Nutzerkreis. Mit Blick auf das von § 49 NBauO verfolgte Ziel wird man deshalb grundsätzlich **keinen „Null-Bedarf“** bei den in Absatz 2 genannten baulichen Anlagen annehmen können (ähnlich Fricke in BeckOK BauordnungsR Nds NBauO, 11. Ed. 1.3. 2019, § 49 Rn. 30). Umgekehrt folgt aus der Differenzierung zwischen bauliche Anlage und Teile der baulichen Anlage, dass nicht stets alle Teile einer baulichen Anlage barrierefrei sein müssen. So muss bspw. der Vohrführraum eines Lichtspieltheaters oder der Heizungsraum eines Krankenhauses nicht behindertengerecht errichtet werden (vgl. zu § 48 NBauO 2003 LT-Drs. 13/1301, Schriftlicher Bericht, S. 9) oder es kann bei sehr großen Einrichtungen wie bspw. einem Fußballstadion ausreichen, wenn bestimmte Bereiche für behinderte Menschen reserviert werden (NdsOVG 25.4.2006 – 1 LA 264/05 NVwZ-RR 2007, 155). Keineswegs darf aber das quantitativ eingeschränkte Angebot barrierefreier Arbeits-, Besucherplätze uÄ dazu verleiten, die Qualität gegenüber dem Angebot nicht behinderter Nutzer zu vernachlässigen. Dem steht das Diskriminierungsverbot entgegen. So müssen zB in Gasstätten die Bereiche für Behinderte die gleiche Attraktivität wie die für die anderen Gäste besitzen oder dürfen Behinderte nicht ausgegrenzt werden, indem etwa ihre Arbeitsplätze im Kellergeschoss angesiedelt werden.

III. Die einzelnen Anlagen in Abs. 2

1. Nr. 1: Büro- und Verwaltungs- und Gerichtsgebäude

Nach Nummer 1 müssen Büro-, Verwaltungs- und Gerichtsgebäude barrierefrei sein. **47** Dabei sind die öffentlichen Verwaltungsgebäude von dem Begriff „Verwaltungsgebäude“ umfasst, so dass sie deshalb keiner zusätzlichen Nennung bedurften. Bereits in der Landtagsberatung zur NBauO 2012 hatten sich die Oppositionsfraktionen dafür ausgesprochen, vorzuschreiben, dass auch die sonstigen Büro- und Verwaltungsgebäude uneingeschränkt barrierefrei sind. Andernfalls könne sich die fehlende Barrierefreiheit für Behinderte als Einstellungshindernis herausstellen. Dem hielt die Landtagsmehrheit entgegen, dem Besitzer würden unverhältnismäßige Kosten aufgebürdet, wenn er durch die Niedersächsische Bauordnung schon ohne akuten Bedarf dazu verpflichtet werde, seine bauliche Anlage barrierefrei zu errichten (LT-Drs. 16/4621, Schriftlicher Bericht, S. 18). Während des Gesetzgebungsverfahrens in der 17. Legislaturperiode (vgl. LT-Drs. 17/7278) sprachen sich die Verbände gegen eine Ausweitung der Barrierefreiheit auf alle Büro- und Verwaltungsgebäude aus. Diesen Einwänden ist der Gesetzgeber mit der Gesetzesnovelle 2019 nunmehr nur eingeschränkt gefolgt. Er führt dazu aus: „Die Belange der Menschen mit Behinderungen [hätten] insoweit Vorrang vor der Vermeidung eines finanziellen Mehraufwandes“. Zutreffend verweist er zugleich darauf, dass die Barrierefreiheit aber auf einen dem Bedarf entsprechenden Umfang beschränkt ist (Gesetzesentwurf, LT Drs. 18/1136, Seite 40f.). Danach hat der Gesetzgeber entschieden, dass hinsichtlich des „Ob“ auch die Büro- und Verwaltungsgebäude eines privaten Bauherrn barrierefrei sein müssen; der Umfang der Barrierefreiheit hat sich aber an dem Bedarf zu orientieren (→ Rn. 42 ff.).

2. Nr. 2: Schalter und Abfertigungsanlagen der Verkehrs- und Versorgungsbetriebe sowie der Banken und Sparkassen

Nummer 2 erfasst die Schalter und Abfertigungsanlagen der (öffentlichen und privaten) **48** Verkehrs- und Versorgungsbetriebe sowie der Banken und Sparkassen. Öffentliche Verkehrsanlagen und Eisenbahnanlagen aller Art fallen nach § 1 Abs. 2 Nr. 1 NBauO nicht in den Geltungsbereich der Niedersächsischen Bauordnung. § 49 Abs. 2 Nr. 2 NBauO gilt daher nur für Abfertigungsanlagen in und unmittelbar an Gebäuden.

Abfertigungsanlagen sind neben Informationsschaltern und Fahrkartenausgaben zB die **49** Gepäckabfertigung, Eincheckschalter und Gepäckausgaben auf Flughäfen, die Wartehallen der Fähr- und Passagierschiffsanleger. Dazu gehören auch die Schließfachanlagen der Banken und Sparkassen einschließlich ihrer SB- Räume mit ihren Geldautomaten, Kontoauszugsdruckern und Überweisungsgeräten. Diese müssen ebenfalls den Anforderungen genügen, weil sie die Funktion der in Nummer 2 genannten Bank- und Sparkassenschalter übernommen haben. Zumindest jeweils ein Gerät jeder Art muss so angeordnet und beschaffen sein, dass es barrierefrei benutzt werden kann.

3. Nr. 3: Theater, Museen, öffentliche Bibliotheken, Freizeitheime, Gemeinschaftshäuser, Versammlungsstätten und Anlagen für den Gottesdienst

50 Nach Nummer 3 müssen Theater, Museen, öffentliche Bibliotheken, Freizeitheime, Gemeinschaftshäuser, Versammlungsstätten und Anlagen für den Gottesdienst barrierefrei sein. Sie werden gewöhnlich von einer größeren Anzahl von Personen besucht. Die Anforderungen des Satzes 1 gelten für Theater und Museen sowohl in öffentlicher Hand als auch für solche, die privat betrieben werden. Das ist dem Wortlaut der Aufzählung zu entnehmen, der die Anforderungen nur bei den Bibliotheken auf solche beschränkt, die öffentlich sind. Betroffen sind Theater jeder Größe, also auch Zimmertheater, Kellertheater oder Puppenspielbühnen. Den Belangen Behinderter muss hier besonders Rechnung getragen werden, weil zB bei Schluss von Veranstaltungen oft ein Gedränge entsteht, das Behinderte gefährden kann, andererseits aber auch Behinderte Flure oder Ausgänge und damit Rettungswege blockieren und dadurch andere gefährden können.

51 Unter dem **Begriff des Museums** sind Ausstellungsflächen (in Gebäuden oder im Freien) für Sammlungen aller Art zu verstehen, die für die Öffentlichkeit (zumindest zeitweise) zugänglich sind. Es kommt nicht auf die Größe an: das großflächige Bauernhaus-Museum muss die Anforderung nach Barrierefreiheit ebenso erfüllen wie ein einziger Ausstellungsraum, in dem eine Sammlung öffentlich gezeigt wird. Nummer 3 erfasst auch private Ausstellungsräume, wenn sie für die Öffentlichkeit zugänglich gemacht werden. Schauräume privater Sammlungen, die nicht für die Allgemeinheit geöffnet werden und nur gelegentlich „nach Vereinbarung" besucht werden können, werden von Nummer 3 nicht erfasst, weil sie mangels Öffentlichkeit nicht den Museumsbegriff erfüllen.

52 **Anlagen für den Gottesdienst** sind Kirchen, Synagogen, Moscheen, entsprechende Einrichtungen anderer Religionen, Friedhofskapellen und Begräbnisstätten, die von Trauernden besucht werden. Kleine Hauskapellen und andere Gebetsstätten im Gebrauch nur einer Familie oder eines ähnlich eng begrenzten feststehenden Personenkreises dürften nicht dazu gehören.

53 Nach Nummer 4 müssen Verkaufs-, Gast- und Beherbergungsstätten barrierefrei sein. **Verkaufsstätten** wurden durch die Novelle vom 11.12.2002 in § 48 NBauO 2003 aufgenommen. Der Begriff der Verkaufsstätte ist identisch zu dem in § 2 Abs. 5 S. 1 Nr. 4 NBauO. Es kann sich insoweit an der Definition in § 2 Abs. 1 Verkaufsstättenverordnung (VKVO) vom 17.1.1997 (Nds. GVBl. S. 31), zuletzt geändert der Art. 2 der Verordnung vom 13.11.2012 (Nds. GVBl. S. 438) orientiert werden. Verkaufsstätten sind Gebäude oder Gebäudeteile, die ganz oder teilweise dem Verkauf von Waren dem (anwensenden) Kunden vor Ort dienen und mindestens einen Verkaufsraum haben. Zu beachten ist, dass eine Verkaufsstätte auch dann vorliegt, wenn der Geltungsbereich der Verkaufsstättenverordnung nach § 1 VKVO nicht eröffnet ist, dh es kommt nicht auf die Größe der baulichen Anlage an (vgl. zu § 51 Abs. 2 Nr. 2 NBauO 2003 NdsOVG 18.9.2002 – 1 LB 2855/01 – BRS 65 Nr. 138 = BeckRS 2002, 24119; Fricke in BeckOK BauordnungsR Nds NBauO, 11. Ed. 1.3.2019, § 49 Rn. 44).

4. Nr. 4: Verkaufs-, Gast- und Beherbergungsstätten

54 **Gaststätten** sind die Gebäude und Gebäudeteile, in denen „gewerbsmäßig Getränke oder zubereitete Speisen zum Verkehr an Ort und Stelle" angeboten werden (vgl. § 1 Abs. 1 Niedersächsisches Gaststättengesetz – NGastG vom 1.1.2012 (Nds. GVBl. 2011, S. 415), zuletzt geändert am 15.12.2015 (Nds. GVBl. 2015 S. 412). Die Barrierefreiheit von Gaststätten verlangte in Niedersachsen die Verordnung über die Mindestanforderungen an die barrierefreie Gestaltung von Gaststätten vom 7.10.2004 (Nds. GVBl.

2004 S. 371). Das am 1.1.2012 in Kraft getretene NGastG hob diese Verordnung auf und ergänzte dafür § 48 Abs. 1 Nr. 4 NBauO 2003 entsprechend.

Beherbergungsstätten wurden im Rahmen der Gesetzesnovelle 2019 neu aufgenom- 55
men. Diese waren aufgrund des Gaststättengesetzes im Jahr 2005 nicht mehr im gaststättenrechtlichen Begriff enthalten. Der Gesetzgeber will eine Angleichung an die Musterbauordnung 2012 und stellt die vor 2005 geltende Rechtslage wieder her (LT-Drs. 18/1136, Gesetzesentwurf, S. 41). Berherbergungsstätten sind bereits in § 2 Abs. 5 Nr. 8 NBauO als Sonderbauten erfasst, sofern sie mehr als 12 Betten im Angebot haben. Berherbungsstätten sind danach Gebäude oder Gebäudeteile, die der Beherbergung von Gästen dienen, wie etwa Hotels, Pensionen, Gästehäuser usw. Erfüllt eine bauliche Anlage diese Voraussetzung, liegt eine Beherbergungsstätte i.S.v. § 49 Abs. 2 S. 1 Nr. 4 NBauO vor. Einer Mindestbettenzahl bedarf es – anders als bei § 2 Abs. 5 Nr. 8 NBauO – nicht. Nach der Muster-Beherbergungsstättenverordnung (MBeVO), die sich allerdings nur auf Sonderbauten bezieht (vgl. § 1 MBeVO), müssen in Beherbergungsstätten mindestens 10 % der Gastbetten barrierefrei nach DIN 18040-2 angeboten werden, bei Unterkünften mit mehr als 60 Gastbetten ein Prozent der Gastbetten einschließlich der Sanitärräume barrierefrei und uneingeschränkt mit dem Rollstuhl nutzbar sein (§ 11 MBeVO). Diese Annahmen können nach hier vertretender Ansicht zur Bedarfsermittlung herangezogen werden.

5. Nr. 5: Schulen, Hochschulen und sonstige vergleichbare Ausbildungsstätten

Nummer 5 fordert von Schulen, Hochschulen und vergleichbare Ausbildungsstätten aller 56
Art Barrierefreiheit und zwar unabhängig davon, ob sie von einem öffentlichen oder privaten Träger errichtet und unterhalten werden. Andere Ausbildungsstätten sind mit Schulen und Hochschulen vergleichbar, wenn auch bei ihnen ein Besuch durch Menschen mit Behinderungen zum Zwecke des Erwerbs eines (Hoch-)Schulabschlusses oder Ausbildungsabschlusses zu erwarten ist.

Soweit im Hinblick auf die Barrierefreiheit dieser Einrichtung die Frage aufgeworfen wird, 57
ob dem Erfordernis der barrierefreien Zugänglichkeit und Nutzbarkeit auch durch organisatorische Maßnahmen Rechnung getragen werden kann, ist dies grundsätzlich zu verneinen (zutreffend Fricke in BeckOK BauordnungsR Nds NBauO, 11. Ed. 1.3.2019, § 49 Rn. 30). Insbesondere genügt es in der Regel nicht, wenn im Erdgeschoss Räume eingerichtet werden, die vom begünstigten Personenkreis genutzt werden können. Vielmehr müssen grundsätzlich alle wesentlichen Bereiche der Ausbildungsstätte barrierefrei zugänglich sein. Entsprechendes hatte das Niedersächsische Oberverwaltungsgericht zu den Anforderungen an die Barrierefreiheit eines merhgeschossigen Gebäudes mit mehreren Arztpraxen zu § 48 Abs. 1 NBauO 2003 zutreffend klargestellt (vgl. NdsOVG 25.4.2006 – 1 LA 264/05 – NVwZ-RR 2007, 155). Diese Rechtsprechung ist auf § 49 Abs. 2 S. 1 Nr. 5 NBauO übertragbar, da andernfalls das gesetzgeberische Ziel, Menschen mit Behinderungen eine ungehinderte Teilnahme am gesellschaftlichen Leben zu ermöglichen (LT-Drs. 16/3195, 89), unterlaufen würde. Ob insbesondere unter finanziellen Gesichtspunkten stets alle baulichen Anlagen der Einrichtungen barrierefrei sein müssen, hängt davon ab, ob eine Ausnahme im Sinne von § 49 Abs. 3 NBauO im Einzelfall gegeben ist bzw. ob der vorgenannte Zweck auch die Einschränkung der Barrierefreiheit nicht beeinträchtigt wird.

6. Nr. 6: Krankenanstalten, Praxisräume der Heilberufe und Kureinrichtungen

Nummer 6 nennt Krankenanstalten, Praxisräume der Heilberufe und Kureinrichtungen. 58
Zu den **Krankenanstalten** gehören insbesondere die Krankenhäuser und zwar unabhängig davon, ob sie sich in öffentlicher oder – wie überwiegend – in privater Trägerschaft befinden. Auch Einrichtungen zur Dauerverwahrung wie psychiatrische Kliniken sind als Krankenanstalten anzusehen (Fricke in BeckOK BauordnungsR Nds NBauO, 11. Ed. 1.3.2019, § 49 Rn. 49). Unter den Begriff der Praxisräume fallen Arztpraxen aller Fachrichtungen (Fricke in BeckOK BauordnungsR Nds NBauO, 11. Ed. 1.3.2019, § 49 Rn. 50). Unter **Heilberufen** sind insbesondere Ärzte aller Fachrichtungen zu verstehen,

aber auch andere therapeutische Berufe wie solche der Heilgymnastik, Bäder- u. Massagebehandlung und andere. Die Menschen mit Behinderungen und die anderen Personen, denen die Regelung des § 49 NBauO zugedacht ist, sollen den Arzt ihrer Wahl ungehindert aufsuchen können. Kureinrichtungen sind nicht nur solche in Gebäuden, sondern auch unter freiem Himmel wie Kurgärten. Den Anforderungen des Nummer 6 wird nicht genügt, wenn eine Arztpraxis mit mehreren Behandlungsräumen oder mehrere Praxen im selben Haus nur einen barrierefreien Mehrzweckraum für Patienten mit Behinderung bereithält (NdsOVG 25.4.2006 – 1 LA 264/05 NVwZ-RR 2007, 155).

7. Nr. 7: Tagesstätten und Heime für alte oder pflegebedürftige Menschen, Menschen mit Behinderungen oder Kinder

59 Nummer 7 erfasst Tagesstätten und Heime für Menschen mit Behinderungen sowie für alte oder pflegebedürftige Personen und für Kinder. Die Vorgängervorschrift in § 48 Abs. 1 Nr. 7 NBauO 2003 nannte pflegebedürftige Personen noch nicht. Die in § 48 Abs. 1 Nr. 8 NBauO 2003 genannten Altenwohnungen sind in § 49 NBauO 2012 entfallen. Der Gesetzgeber vermisste einen landeseinheitlichen Begriff der Altenwohnung als Gegenstand der Regelung.

8. Nr. 8: Sport-, Spiel- und Erholungsanlagen, soweit sie für die Allgemeinheit bestimmt sind, sowie Kinderspielplätze

60 Nach Nummer 8 müssen Sport-, Spiel- und Erholungsanlagen barrierefrei sein, soweit sie für die Allgemeinheit bestimmt sind. Gemeint sind hier vornehmlich die Zuschauerbereiche allgemein zugänglicher **Sportstätten** wie Leichtathletik-Stadien, Fußball-Arenen und vergleichbare Einrichtungen für andere Sportarten. Aber auch die Trainingsbereiche von Sportanlagen aller Art mit den dazugehörenden Umkleide-, Wasch- und Toilettenräumen werden von Nummer 8 miterfasst und müssen so beschaffen sein, dass Behindertensportler sie zweckentsprechend benutzen können. Diese Forderung gilt nicht nur für kommunale Sporthallen und Rasensportplätz, zB für den Schulsport, sondern auch für kommerziell betriebene Einrichtungen, deren Nutzungsangebot sich an jedermann richtet (VGH Mannheim 27.9.2004 – 3 S 1719/03 – BRS 67 Nr. 147 zur Barrierefreiheit eines Fitness-Studios). Zweifel könnten bestehen, ob Vereinssportanlagen, die ausschließlich Mitgliedern vorbehalten sind, iS dieser Regelung „für die Allgemeinheit bestimmt sind" und damit unter Nummer 8 fallen. Dies dürfte zu bejahen sein, weil die Mitgliedschaft in einem Verein idR jeder erwerben kann, der die Vereinsstatuten erfüllt. Für Betriebssportanlagen, die nicht für die Allgemeinheit bestimmt sind, und die der Arbeitgeber ausschließlich seinen Werksangehörigen zur Verfügung stellt, dürfte das hingegen nicht gelten.

61 **Spiel- und Erholungsanlage**n sind Erlebnisbäder, Freizeitparks, Abenteuerspielplätze, zoologische Gärten, öffentliche und für die Allgemeinheit zugängliche private Parks, Gartenbauaustellungen und ähnliche Anlagen und zwar dort die Teile der Anlage, die für das Publikum geöffnet sind.

62 Die **Kinderspielplätze** wurden erstmals in § 49 Abs. 2 S. 1 Nr. 8 NBauO 2012 aufgenommen. Anders als die anderen in Nummer 8 genannten Anlagen müssen sie auch dann barrierefrei sein, wenn sie nicht für die Allgemeinheit bestimmt sind. Danach müssen insbesondere auch die nach § 9 Abs. 3 NBauO auf Privatgrundstücken zu errichtenden Spielplätze barrierefrei sein (Fricke in BeckOK BauordnungsR Nds NBauO, 11. Ed. 1.3.2019, § 49 Rn. 57). Die Barrierefreiheit setzt nicht nur die Zugänglichkeit voraus, sondern auch die Inanspruchnahme des Geländes für Kindern mit Behinderungen. Allerdings fordert die Barrierefreiheit nicht, dass die Bandbreite der Spielangebote reduziert wird. Vielmehr dürfen und sollen auch ausreichend Angebote für Kinder ohne Behinderung bereitgehalten werden. Jedoch sollte die Vielfalt der Spielflächen und -geräte eine gemeinsame Material- und Bewegungserfahrung ermöglichen. Dabei sind nicht nur die Bedürfnisse der Rollstuhlfahrer, sondern auch der Kinder mit anderen Einschränkungen (Seh- und Hörvermögen, Bewegungsstörungen, Spasmuserkrankungen, Muskelschwächen ua) in den Blick zu nehmen.

9. Nr. 9: Campingplätze mit mehr als 200 Standplätzen

Nummer 9 verlangt die Barrierefreiheit für Campingplätze, die mehr als 200 Standplätze aufweisen. Bei kleineren Campingplätzen würden behindertengerechte Zuwegungen (vor allem im hängigen oder bewegten Gelände) und barrierefreie Sanitäranlagen idR unverhältnismäßigen Mehraufwand verursachen. 63

10. Nr. 10: Geschosse mit Aufenthaltsräumen von mehr als 500 m²

Nummer 10 betrifft Geschosse mit Aufenthaltsräumen, die nicht dem Wohnen dienen und insgesamt mehr als 500 m² Nutzfläche haben. Damit wird eine Vielzahl von Gebäuden erfasst, die ein oder mehrere Geschosse mit nicht Wohnzwecken dienenden Aufenthaltsräumen haben. Erreicht die Nutzfläche aller nicht Wohnzwecken dienenden Aufenthaltsräume in einem Geschoss die angegebene Größe, dann muss dieses Geschoss – nicht das ganze Gebäude – barrierefrei beschaffen sein. Die Größenbegrenzung auf 500 m² Nutzfläche hat ihren Grund darin, dass es bei Gebäuden ab dieser Größenordnung einen relativ geringen Mehraufwand verursacht, die Geschosse behindertengerecht zu erschließen. Die Anforderungen gelten nicht nur für das Geschoss selbst, sondern auch für seine Zugänglichkeit und damit auch partiell für das Gebäude, in dem sich das Geschoss befindet. Geschosse mit nicht Wohnzwecken dienenden Aufenthaltsräumen finden sich in Büro- und Verwaltungsgebäuden, in Wohn- und Geschäftshäusern zB mit Räumen für freie Berufe wie Arztpraxen, Anwaltskanzleien, Architekturbüros, in Hotels und Pensionen. 64

11. Nr. 11: öffentliche Toilettenanlagen

Gemäß Nummer 11 müssen auch öffentliche Toilettenanlagen barrierefrei sein. Dieser Vorschrift ist zu entnehmen, dass die Anlagen und in diesen eine dem Bedarf entsprechende Zahl von WC-Räumen barrierefrei erreichbar sein müssen. 65

12. Nr. 12: Stellplätze und Garagen für Anlagen nach den Nummern 1 bis 10 sowie Parkhäuser

Nummer 12 ergänzt die vorstehenden Nummern 1 bis 10. Die dort aufgeführten baulichen Anlagen müssen danach nicht nur selbst barrierefrei sein, sondern auch die Stellplätze und Garagen, die den ruhenden Verkehr dieser Anlagen aufnehmen, müssen dieser Anforderung genügen. Weiterhin fordert Nummer 12, dass Parkhäuser barrierefrei sind. Parkhäuser sind zur Benutzung durch die Allgemeinheit bestimmte Gebäude oder Gebäudeteile zum Abstellen von Kfz. Die Parkhäuser sind Teile des öffentlichen Verkehrsraumes. 66

13. zu §49 Abs. 2 S. 2: Einstellplätze, Standplätze und Toilettenräume

§49 Abs. 2 S. 2 NBauO bestimmt, dass eine dem Bedarf entsprechende Zahl von Einstellplätzen, Standplätzen und Toilettenräumen für Menschen mit Behinderung hergerichtet und gekennzeichnet sein muss. Die von Absatz 2 Satz 1 Nummern 1 bis 10 erfassten Bauten müssen danach nach Maßgabe des §47 Abs. 1 S. 1 NBauO mit **Einstellplätzen** für die Kfz der Benutzer und Besucher ausgestattet sein (sog. notwendige Einstellplätze). Je nach Art der Einrichtung wird erfahrungsgemäß ein kleinerer oder größerer Anteil der Benutzer und Besucher aus Menschen mit Behinderungen bestehen. Diesem Anteil entsprechend muss, wie §49 Abs. 2 S. 2 NBauO ergänzend bestimmt, ein Teil der notwendigen Einstellplätze für die Benutzung durch Behinderte hergerichtet sein. Diese Einstellplätze müssen nach §4 Abs. 1 GaStplVO 3,50 m breit sein. Nach §49 Abs. 2 S. 2 NBauO sind sie zu kennzeichnen. 67

Dasselbe schreibt §49 Abs. 2 S. 2 NBauO für **„Standplätze“** vor. Damit sind Abstellplätze für Kfz in (öffentlichen) Parkhäusern gemeint. Dort müssen jeweils so viele Standplätze behindertengerecht und gekennzeichnet sein, wie sie erfahrungsgemäß von Menschen mit Behinderungen nachgefragt werden. Soweit moniert wird, §49 Abs. 2 S. 2 NBauO sei missverständlich formuliert, da hiernach sowohl Einstellplätze als auch 68

Standplätze für Menschen mit Behinderungen kumulativ herzustellen seien (Fricke in BeckOK BauordnungsR Nds NBauO, 11. Ed. 1.3.2019, § 49 Rn. 65), kann dem nicht gefolgt werden, denn die Zahl von Einstellplätzen und Standplätzen sind einzig an deren Bedarf ausgerichtet. Eine kumulative Herstellungspflicht lässt sich nicht ableiten.

69 Nach § 49 Abs. 2 S. 2 NBauO müssen schließlich so viele **Toiletten** für die Benutzung durch Menschen mit Behinderungen ausgestaltet sein, wie es dem Bedarf entspricht. Der Bedarf ergibt sich jeweils aus der Zahl und den Bedürfnissen der Menschen mit Behinderung, die die von Absatz 2 erfasste Einrichtung aufsuchen bzw benutzen. Welchen Anforderungen solche Toiletten genügen müssen, ergibt sich aus den Ziffern 5.3.1 – 5.33. der DIN 18 040, Teil 1.

IV. Anforderungen an die Barrierefreiheit der Bauten nach Abs. 2

70 Für die Planung und Ausführung der baulichen Anlagen, Einrichtungen und Stätten, die nach Absatz 2 barrierefrei sein müssen, gilt die DIN 18040, Teil 1. Sie ist durch RdErl. vom 28.9.2012 (Nds. MBl. Nr. 37/2012, S. 831) mit Einschränkungen bzw. Abänderungen in der Anlage 7.3/1 als Technische Baubestimmung bekannt gemacht („eingeführt") worden. Auch Teil 1 der Norm ist im 17. Anlagenband zur Liste der Technischen Baubestimmungen – Fassung September 2012 – abgedruckt. Dieser Teil der Norm regelt die barrierefreie Zugänglichkeit der Objekte nach Absatz 2 durchgehend mit den gleichen Bestimmungen wie Teil 2 der Norm die Zugänglichkeit barrierefreier Wohnungen. Es kann daher auf den kurzen Überblick bei → Rn. 38 f. verwiesen werden. Zusätzliche, über Teil 2 hinausgehende Anforderungen des Teils 1 betreffen Service-Schalter, Kassen und Kontrollen (Ziffer 4.6) sowie die Alarmierung und Evakuierung (zB bei Feuer, Ziffer 4.7). Die einzelnen Forderungen sind dem Teil 1 der DIN 18040 zu entnehmen.

71 Wie die unter Absatz 1 fallenden Wohnungen müssen auch die in Absatz 2 aufgeführten baulichen Anlagen, Einrichtungen und Stätten für Menschen mit Behinderungen ohne fremde Hilfe nicht nur zugänglich, sondern auch nutzbar sein. Zusätzliche bauliche Anforderungen, die sich aus diesem Gebot der Nutzbarkeit ergeben, stellt die DIN 18 040, Teil 1 in ihrem Abschnitt 5 über „Räume". Dort sind für Standplätze für Rollstuhlfahrer in Theater, Vortrags- und sonstigen Versammlungsräumen mit festen Stuhlreihen (Ziffer 5.2.1) sowie Informations- und Kommunikationshilfen für Versammlungs-, Schulungs- und Seminarräume (Ziffer 5.2.2) dargestellt, ferner die Anforderungen an behindertengerechte Sanitärräume (Ziffer 5.3), Umkleidebereiche (Ziffer 5.4) sowie Schwimm- und Therapiebecken und andere Beckenanlagen (Ziffer 5.5). Weitere Vorgaben für die Bauaufsichtsbehörde finden sich in Anlage A 4.2/2 VV TB.

D. Die Einschränkungen in Abs. 3

I. Unverhältnismäßiger Mehraufwand (Satz 1)

72 Nach § 49 Abs. 3 S. 1 NBauO gelten die Absätze 1 und 2 nicht, soweit die Anforderungen wegen schwieriger Geländeverhältnisse, wegen des Einbaus eines sonst nicht erforderlichen Aufzugs, wegen ungünstiger vorhandener Bebauung oder im Hinblick auf die Sicherheit der Menschen mit Behinderung nur mit unverhältnismäßigem Mehraufwand erfüllt werden können. Absatz 3 Satz 1 ist § 50 Abs. 4 MBauO nachgebildet und trägt dem Verhältnismäßigkeitsgrundsatz Rechnung. Im Falle des Vorliegens besonderer bestimmter Umstände ist der Bauherr nicht verpflichtet, eine barrierefreie bauliche Anlage bzw. Teile der baulichen Anlage zu errichten. Diese Rechtsfolge tritt unmittelbar kraft Gesetzes ein und es ist – anders als dies noch bei § 48 Abs. 3 S. 2 NBauO 2003 der Fall war – nicht mehr erforderlich, dass die Bauaufsichtsbehörde dafür eine Ausnahme bewilligt. Tatbestandlich setzt § 49 Abs. 3 S. 1 NBauO voraus, dass die Anforderungen wegen schwieriger Geländeverhältnisse oder wegen des Einbaus eines sonst nicht erforderlichen Aufzugs oder wegen ungünstiger vorhandener Bebauung oder im Hinblick

auf die Sicherheit der Menschen mit Behinderungen nicht nur in einen Mehraufwand mündet, sondern einen „unverhältnismäßigen" Mehraufwand bedeutet.

Schwierige Geländeverhältnisse sind zB gegeben, wenn ein Gebäude so an einem Hang liegt, dass sein Eingang von der öffentlichen Verkehrsfläche nur über eine Freitreppe erreichbar und das Gelände für den Bau einer für Rollstuhlfahrer geeigneten Rampe zu steil ist. 73

Der Einbau **eines sonst nicht erforderlichen Aufzugs** geht stets mit einem Mehraufwand einher. Wann ein Aufzug im vorgenannten Sinn erforderlich ist, ist in §38 Abs. 2 NBauO geregelt. Nach Satz 1 der Bestimmung müssen Gebäude mit Aufenthaltsräumen, deren Fußboden mehr als 12,25 m über der Eingangsebene liegt, Aufzüge in ausreichender Zahl und Anordnung haben. Nach Satz 2 der Bestimmung gilt Satz 1 nicht bei Nutzungsänderungen oberster Geschosse zu Wohnzwecken in Gebäuden, die am 31.12.1992 errichtet oder genehmigt waren. Hieraus folgt: Ist ein Aufzug §38 Abs. 2 S. 1 NBauO erforderlich und liegt keine nach Satz 2 privilegierte Nutzungsänderung vor, privilegiert auch §49 Abs. 3 S. 1 NBauO nicht den Bauherrn, da es an dem „sonst nicht erforderlichen" Aufzug fehlt. Hieran ändert auch die Neufassung des §49 Abs. 1 NBauO nichts. Zwar besteht nach §49 Abs. 1 S. 3 NBauO nicht mehr eine Pflicht zur Herstellung eines Aufzuges, dies aber nur für Gebäude, die nicht unter §38 Abs. 2 S. 1 NBauO fallen. Der Bauherr hat danach in den Fällen des §38 Abs. 2 S. 1 NBauO stets die Kosten zu tragen. 74

Aufgrund der Novellierung 2019 dürfte die Ausnahme, einen zur Herstellung der Barrierefreiheit einzubauenden sonst nicht erforerlichen Aufzug nicht einbauen zu müssen, lediglich noch in den Fällen des §49 Abs. 2 S. 1 NBauO an Bedeutung erlangen. Denn die barrierefreie Erreichbarkeit von Wohnungen des zweiten oberirdischen Geschosses und weiterer oberirdischer Geschosse muss §49 Abs. 1 S. 3 NBauO nicht in tatsächlicher Hinsicht sichergestellt sein. Ausreichend ist danach vielmehr, dass der Einbau eines Aufzuges im Entwurf vorgesehen ist; eine Pflicht zur Herstellung besteht nicht. 75

Betrifft die Pflicht zum Einbau von Aufzügen Neubauten i.S.d. §49 Abs. 2 S. 1 NBauO, dürfte die Installation von Aufzügen selten Investitionskosten verursachen, welche die Schwelle der Unverhältnismäßigkeit überschreitet. Die Härtefallregelung dürfte va bei den in Absatz 2 aufgelisteten baulichen Anlagen im Falle von Nutzungsänderungen Bedeutung erlangen. 76

Eine **ungünstige vorhandene Bebauung** kann der Herstellung von Barrierefreiheit entgegenstehen, wenn in einem schon bestehenden nicht barrierefreien (zB nur über eine Eingangstreppe erreichbaren) Gebäude nachträglich Einrichtungen geschaffen werden, die wie zB Gaststätten (§49 Abs. 2 Nr. 4 NBauO) oder Arztpraxen (§49 Abs. 2 Nr. 6 NBauO) barrierefrei sein müssen. §49 Abs. 3 S. 1 NBauO knüpft nicht an ein bestimmtes Alter der Bebauung an, sonderen an das Vorhandensein dieser. Die Bebauung kann demnach auch kurz vorher, zB als gewöhnliches nicht barrierefreies Wohnhaus gebaut worden sein, wenn es fertiggestellt ist. 77

Schließlich greift §49 Abs. 3 S. 1 NBauO auch ein, wenn sich die barrierefreie Zugänglichkeit oder Nutzbarkeit nur mit zusätzlichen Vorkehrungen im Hinblick auf die **Sicherheit der Menschen mit Behinderungen** (Unfallschutz, Rettungswege usw) schaffen lässt. 78

Sind einer oder mehrere der vier genannten Umstände gegeben, so brauchen Wohnungen oder Einrichtungen iSd Absatzes 2 nicht barrierefrei ausgestaltet zu werden, wenn dies nur mit **unverhältnismäßigem Mehraufwand** möglich ist. Anders als in §85 Abs. 3 NBauO, nach dem aus Anlass eines Umbauvorhabens auch die Anpassung anderer, von dem Vorhaben nicht betroffener Bauteile an neues Baurecht verlangt werden kann, wenn die Vorhabenskosten dadurch um nicht mehr als 20 % erhöht werden, hat der Gesetzgeber im Rahmen von §49 Abs. 3 S. 1 NBauO keine entsprechende Vorgabe zur Verhältnismäßigkeit der Mehraufwendungen gemacht. Ob der Mehraufwand (etwa für die Herrichtung des Geländes, den Fahrstuhleinbau, die Umgestaltung der vorhandenen 79

Bausubstanz oder die Sicherungsmaßnahme) verhältnismäßig ist oder nicht, lässt sich daher jeweils nur anhand des konkreten Einzelfalles beurteilen. Unverhältnismäßigkeit liegt dann vor, wenn die Mehrkosten außer Verhältnis zu dem mit der Barrierefreiheit verbunden Zweck, die Stärkung der gesellschaftlichen Teilhabe von Menschen mit Behinderung, steht.

80 In einem ersten Schritt sind die **Mehrkosten zu ermitteln**. Dabei ist das Verhältnis der Aufwendungen für die Barrierefreiheit den Kosten des Vorhabens, das die Forderung nach Barrierefreiheit auslöst, gegenüberzustellen. Dabei besteht grundsätzlich Proportionalität: Je höher die Investitionssumme für das Vorhaben ist, desto höher dürfen auch die Aufwendungen für die Barrierefreiheit sein, ohne dass diese unverhältnismäßig sind. Danach ist dem Bauherrn eine Zusatzinvestition in die Barrierefreiheit umso eher zuzumuten, je mehr er investiert bzw. die Mehraufwendungen im Verhältnis zu der Investitionssumme gering sind (vgl. zu § 49 Abs. 4 BauO LSA: OVG LSA 16.12.2010 – 2 L 246/09 – NJOZ 2011, 747 = BeckRS 2011, 46300; Fricke in BeckOK BauordnungsR Nds NBauO, 11. Ed. 1.3.2019, § 49 Rn. 74).

81 In einem zweiten Schritt ist der Mehraufwand für die Barrierefreiheit dem im konkreten Fall erreichbaren **Nutzen für Menschen mit Behinderung** gegenüberzustellen. Für die Gewichtung des Nutzens ist maßgeblich, in welchem Ausmaß Menschen mit Behinderung geholfen wird bzw welchen Vorteil sie hierdurch erlangen und wie vielen von ihnen die Maßnahme voraussichtlich nutzen wird.

82 In denjenigen Fällen, in denen eine ungünstige vorhandene Bebauung geltend gemacht wird, ist bei der Gewichtung der Belange zu berücksichtigen, wenn der Bauherr diese ungünstige Bebauung selbst herbeigeführt hatte, obwohl er sich seinerzeit bereits eine unter Absatz 2 fallende Nutzung für die künftige Zeit vorgenommen hatte. Denn in einem solchen Fall dürfte dem Mehraufwand nicht die gleiche Gewichtigkeit beizumessen sein wie in Fällen, in denen der durch die ungünstige vorhandene Bebauung hervorgerufene Mehraufwand nicht in die Verantwortungsphäre des Bauherrn fällt.

83 Eine oberste Kostengrenze für die Verhältnismäßigkeit des Mehraufwendes lässt sich aus dem Denkmalschutzrecht entlehnen, das – ähnlich wie § 49 NBauO – den Grundstückseigentümern Pflichten oder Nutzungsbeschränkungen im öffentlichen Interesse auferlegt und dabei eine entschädigungslose Belastung bis zur Grenze der „wirtschaftlichen Unzumutbarkeit" vorsieht. Diese Grenze wird, wie § 7 Niedersächsisches Denkmalschutzgesetz (NDSchG) deutlich herausstellt, dann überschritten, wenn der Grundstückseigentümer Kosten tragen muss, die er nicht mehr mit Erträgen aus dem Grundstück decken kann (so auch Fricke in BeckOK BauordnungsR Nds NBauO, 11. Ed. 1.3.2019, § 49 Rn. 76). Dabei ist diese Grenze mit jeder Forderung nach barrierefreier Ausgestaltung von Bauten einzuhalten. So würde zB aus Anlass der Umnutzung einer Wohnung in eine heilberufliche Praxis der Einbau eines Aufzugs nur verlangt werden können, wenn neben den sonstigen laufenden Kosten auch der Kapitaldienst für diese Maßnahme noch aus den Mieteinnahmen für die Praxis und das übrige Gebäude oder (wenn der Praxisinhaber zugleich Eigentümer ist) aus den Honorareinnahmen gedeckt werden kann.

84 Gelingt der dem Bauherrn obliegende Nachweis des unverhältnismäßigen Mehraufwandes, sind der Bauaufsichtsbehörde die Hände gebunden. Sie ist verpflichtet, die Baugenehmigung zu erteilen, da in diesen Fällen kraft Gesetzes das Erfordernis der Barrierefreiheit nach § 49 Abs. 1 oder Abs. 2 NBauO nicht gilt. Anderslautende Rechtsprechung, die sich noch auf die Ermessensentscheidung des § 48 Abs. 3 S. 2 der NBauO 2003 stützte (vgl. NdsOVG 25.4.2006 – 1 LA 264/05 – NVwZ-RR 2007, 155), dürfte damit überholt sein.

II. Barrierefreiheit bei Baudenkmalen (Satz 2)

Baudenkmale (zum Begriff siehe §3 Abs. 2 und 3 NDSchG) wurden in ihrer großen Mehrzahl in früheren Zeiten errichtet, in denen beim Bau von Häusern noch keine besondere Rücksicht auf Menschen mit Behinderungen genommen wurde; sie entsprechen daher vielfach nicht den Anforderungen des §49 NBauO. Solange Baudenkmale und ihre Nutzung unverändert bleiben, werden sie aber schon nach §85 NBauO als „bestehende bauliche Anlagen" von den Anforderungen des §49 NBauO nicht erfasst. Dann brauchen sie, auch wenn sie mehr als vier Wohnungen haben oder Sitz einer Einrichtung nach §49 Abs. 2 NBauO sind, nicht barrierefrei ausgestaltet zu werden. 85

Soweit ein Baudenkmal oder seine Nutzung geändert wird, entfällt für dieses Baudenkmal – wie für jede andere bauliche Anlage – der Bestandsschutz. Dann fordert §49 Abs. 2 S. 1 NBauO, nicht aber §49 Abs. 1 NBauO (→ Rn. 22), das Baudenkmal, soweit es baulich oder in seiner Nutzung geändert wird, barrierefrei zugänglich und nutzbar zu machen. Dieser Forderung kann unter günstigen Umständen bei behutsamer Vorgehensweise so entsprochen werden, dass das Erscheinungsbild und die Bausubstanz des Denkmals nicht leiden. Meistens werden sich aber mehr oder weniger beeinträchtigende Eingriffe nicht vermeiden lassen. Dies wird aber vom Niedersächsischen Denkmalschutzgesetz in §6 Abs. 2 NDSchG verboten, so dass, wenn §49 NBauO den Eingriff uneingeschränkt forderte, die Gesetze einander widersprächen. §49 Abs. 3 S. 2 NBauO und eine damit korrespondierende Vorschrift im Niedersächsischen Denkmalschutzgesetz sorgen aber für ein harmonisches Ineinandergreifen der Gesetze. Nach §7 Abs. 2 Nr. 2 Buchst. c NDSchG ist ein Eingriff in ein Kulturdenkmal mit materiellem Denkmalrecht vereinbar, wenn ein öffentliches Interesse wie „die Berücksichtigung der Belange von alten Menschen und Menschen mit Behinderungen" das „Interesse an der unveränderten Erhaltung des Kulturdenkmals überwiegt und den Eingriff zwingend verlangt". Daran knüpft §49 Abs. 3 S. 2 NBauO an und bestimmt, dass nur ein solcher vom Niedersächsischen Denkmalschutzgesetz hingenommener Eingriff bauordnungsrechtlich geboten ist. 86

Hiernach sind, wenn sich die Barrierefreiheit nicht ohne beeinträchtigenden Eingriff in das Baudenkmal herstellen lässt, die beiderseitigen Belange, also das Interesse an der unversehrten Erhaltung des Denkmals und das Interesse, Menschen mit Behinderungen möglichst unbeschränkt am allgemeinen Leben teilnehmen zu lassen, gegeneinander abzuwägen. Keines dieser Interessen hat von vornherein Vorrang. Vielmehr kommt es für die Abwägung auf das Gewicht der beiderseitigen Interessen und das Ausmaß ihrer Beeinträchtigung im konkreten Fall an. Überwiegt das Denkmalinteresse, so hat die Maßnahme zu unterbleiben. Überwiegt das mit §49 NBauO verfolgte Interesse, so darf in das Denkmal so weit eingegriffen werden, wie dies zur Verwirklichung dieses Interesses unabweisbar geboten ist. In vielen Fällen werden sich in der Praxis vernünftige Kompromisslösungen finden. 87

Zum Verfahren: Bedarf das Bauvorhaben, das die Forderung nach Barrierefreiheit des Baudenkmals auslöst, einer Baugenehmigung, so schließt die Baugenehmigung die denkmalrechtliche Genehmigung nach § 10 Abs. 4 NDSchG ein. Die Bauaufsichtsbehörde entscheidet zugleich in ihrer Eigenschaft als Denkmalschutzbehörde über die Abwägung. Entfällt nach §62 NBauO das Erfordernis einer Baugenehmigung, ist allein die denkmalrechtliche Genehmigung nach § 10 NDSchG erforderlich. Die Abwägung obliegt dann der Denkmalschutzbehörde. 88

E. Sonderbauten

Bei Sonderbauten im Sinne des §2 Abs. 5 NBauO ist zu differenzieren: Sofern der Sonderbau zugleich eine Anlage im Sinne des §49 Abs. 1 oder 2 NBauO ist, gelten – im Grundsatz – deren Anforderungen an die Barrierefreiheit. Soweit keine Verordnung 89 nach § 82 Abs. 1 Nr. 4 NBauO besondere Anforderungen oder Erleichterungen hinsichtlich der Barrierefreiheit abschließend festgesetzt hat, kann die Bauaufsichtsbehörde zwar auch dann nach § 51 S. 3 Nr. 9 NBauO im Einzelfall besondere Anforderungen stellen, sofern die Belange von Behinderten nicht berücksichtigt worden sind, oder ggf auch Erleichterungen gestatten. Der Handlungsspielraum für entsprechende Anordnungen dürfte in diesen Fällen aber gering sein, soweit eine bauliche Anlage aufgrund der Art seiner baulichen Nutzung ein Sonderbau im Sinne von § 2 Abs. 16 NBauO ist (→ § 51 Rn. 10 ff.), da § 49 Abs. 1 und 2 NBauO die Barrierefreiheit grundsätzlich ebenfalls an die Art der baulichen Nutzung anknüpft, eine Atypik insoweit selten gegeben sein dürfte. Soweit der Sonderbau hingegen nicht dem Geltungsbereich von § 49 Abs. 1 oder Abs. 2 NBauO unterfällt, dürfte ebenfalls zu differenzieren sein: Mit der Schaffung des § 51 S. 3 Nr. 9 NBauO mit dem Gesetz zur Änderung der Niedersächsischen Bauordnung vom 25.9.2017 (GVBl. Nr. 2017/19, S. 338 f.) hat der Gesetzgeber zwar zum Ausdruck gebracht, dass er die gesellschaftliche Teilhabe Behinderter stärken will. Gleichwohl darf zugleich aber die gesetzgeberische Wertung des § 49 NBauO nicht unterlaufen werden, der ausgehend von der Art der baulichen Nutzung diejenigen baulichen Anlagen, die eine Barrierefreiheit zu gewährleisten haben, abschließend bestimmt hat. Hieraus dürfte folgen, dass besondere Anforderungen an einen Sondernbau, die faktisch zu einer Barrierefreiheit iSv § 2 Abs. 16 NBauO führen, ausscheiden. Gleichwohl dürften aber solche baulichen Vorkehrungen zugunsten Menschen mit Behinderungen verlangt werden können, die für einsichtige, ihrer sozialen Verantwortung bewusste Bauherren selbstverständlich sein müssten. Hingegen dürften sich Erschwernisse verbieten, die sich vermeiden lassen oder die die Benutzbarkeit oder Wirtschaftlichkeit des Gebäudes erheblich beeinträchtigen. Im Hinblick auf die Gewährung von Erleichterungen dürfte § 3 Abs. 2 S. 2 NBauO als öffentliches Interesse ein nicht unerhebliches Gewicht haben. Sollte aber ein Sonderbau der Barrierefreiheit nur nicht aufgrund der Verhältnismäßigkeitsregelung in § 49 Abs. 3 NBauO unterfallen, dürften in die Ermessensprüfung bei § 51 S. 1 NBauO mit einzustellen sein, ob die in § 49 Abs. 3 NBauO zum Ausdruck kommenden Verhältnismäßigkeitsgesichtspunkte besondere Anforderungen verbieten bzw. ggf sogar eine weitergehende Erleichterung von § 3 Abs. 2 S. 2 NBauO ausnahmsweise erfordern.

§ 50 Werbeanlagen

(1) [1]Werbeanlagen sind alle örtlich gebundenen Einrichtungen, die der Ankündigung oder Anpreisung oder als Hinweis auf Gewerbe oder Beruf dienen und von allgemein zugänglichen Verkehrs- oder Grünflächen aus sichtbar sind. [2]Hierzu zählen insbesondere Schilder, Beschriftungen, Bemalungen, Lichtwerbungen, Schaukästen sowie für Zettel- und Bogenanschläge oder Lichtwerbung bestimmte Säulen, Tafeln und Flächen.

(2) Werbeanlagen dürfen nicht erheblich belästigen, insbesondere nicht durch ihre Größe, Häufung, Lichtstärke oder Betriebsweise.

(3) [1]Werbeanlagen sind im Außenbereich unzulässig und dürfen auch nicht erheblich in den Außenbereich hineinwirken. [2]Ausgenommen sind, soweit in anderen Rechtsvorschriften nicht anderes bestimmt ist,

1. **Werbeanlagen an der Stätte der Leistung,**
2. **Tafeln unmittelbar vor Ortsdurchfahrten mit Schildern, die Inhaber und Art gewerblicher Betriebe kennzeichnen oder die auf landwirtschaftliche Betriebe, die landwirtschaftliche Produkte zum Verkauf anbieten, und auf diese Produkte hinweisen,**
3. **Tafeln bis zu einer Größe von 1 m² an öffentlichen Straßen und Wegeabzweigungen in einem Umkreis von bis zu drei Kilometern vom Rand eines Gewerbe-**

gebietes mit Schildern, die im Interesse des öffentlichen Verkehrs auf Betriebe hinweisen, die in dem Gewerbegebiet liegen,

4. einzelne Schilder bis zu einer Größe von 0,50 m², die an Wegeabzweigungen im Interesse des öffentlichen Verkehrs auf Betriebe im Außenbereich, auf selbst erzeugte Produkte, die diese Betriebe an der Betriebsstätte anbieten, oder auf versteckt gelegene Stätten hinweisen,

5. Werbeanlagen an und auf Flugplätzen, Sportanlagen und auf abgegrenzten Versammlungsstätten, soweit die Werbeanlagen nicht erheblich in den übrigen Außenbereich hineinwirken,

6. Werbeanlagen auf Ausstellungs- und Messegeländen.

(4) In Kleinsiedlungsgebieten, reinen Wohngebieten, allgemeinen Wohngebieten, Dorfgebieten und Wochenendhausgebieten sowie in Gebieten, die nach ihrer vorhandenen Bebauung den genannten Baugebieten entsprechen, sind nur zulässig

1. Werbeanlagen an der Stätte der Leistung und

2. Anlagen für amtliche Mitteilungen und zur Unterrichtung über kirchliche, kulturelle, politische, sportliche und ähnliche Veranstaltungen.

(5) [1]An Brücken, Bäumen, Böschungen und Leitungsmasten, die von allgemein zugänglichen Verkehrs- oder Grünflächen aus sichtbar sind, dürfen Werbeanlagen nicht angebracht sein. [2]Satz 1 gilt nicht für Wandflächen der Widerlager von Brücken; die Absätze 3 und 4 bleiben unberührt.

(6) Die Vorschriften dieses Gesetzes gelten nicht für

1. Anschläge und Lichtwerbung an dafür genehmigten Säulen, Tafeln und Flächen,

2. Werbemittel an Kiosken,

3. Auslagen und Dekorationen in Fenstern und Schaukästen,

4. Werbeanlagen, die vorübergehend für öffentliche Wahlen oder Abstimmungen angebracht oder aufgestellt werden.

Übersicht

A. Allgemeines

Überblick: Werbung, sei sie wirtschaftlicher oder sonstiger Art, soll auffallen und den Betrachter möglichst stark im Sinne des Werbenden beeinflussen. Das wird leicht zum Ärgernis. Dennoch ist Werbung grundsätzlich zulässige Ausübung von Grundrechten (Art. 2, 5, 12, 14 GG). Im Übrigen ist Werbung in der Marktwirtschaft praktisch unentbehrlich. Auch wirkt sie durch ihre Farbigkeit und Vielfalt und als Erzeugnis kreativer, künstlerischer Tätigkeit allgemein bereichernd. 1

Allerdings kann Werbung, besonders wenn sie am falschen Platz oder in übermäßiger Intensität betrieben wird, schutzwürdige Interessen anderer unzumutbar beeinträchtigen. Es hat sich daher verschiedentlich als nötig erwiesen, die Werbung gesetzlich zu regeln. Soweit sie mit ortsfesten, ins Freie wirkenden Anlagen (Anlagen der Außenwerbung) betrieben wird, wurde ihre Regelung in längerer Entwicklung, die mit dem preußischen Verunstaltungsgesetz von 1902 begann, zum festen Bestandteil des Bauordnungsrechts (eingehend *Schmidt-Tophoff*, Das Recht der Außenwerbung, 1965; zum Werbebegriff und zur Geschichte der Außenwerbung vgl auch *Kollmann*, Die Behandlung von Anlagen der Außenwerbung im öffentlichen Baurecht, 2018, S. 33 ff.). Dementsprechend befassen sich auch die MBauO (§ 10 MBauO 2002) und die BauOen der meisten anderen Länder mit der Außenwerbung. Allerdings haben BW und Bayern ihre Vorschriften über Werbeanlagen reduziert; ihre BauOen widmen den Werbeanlagen keinen besonderen Paragraphen mehr.

2 Die Regelung der Außenwerbung durch die NBauO stimmt in der Sache weitgehend mit derjenigen der MBauO und anderer LBauOen überein. Gesetzestechnisch weicht sie insofern von der MBauO 2002 ab, als sie in § 2 Abs. 1 S. 2 Nr. 2 sämtliche Werbeanlagen zu baulichen Anlagen iSd NBauO erklärt, also auch solche, die nicht unter den allgemeinen Begriff der baulichen Anlage (§ 2 Abs. 1 S. 1) fallen, zB die Bemalung einer Hauswand (ebenso Art. 2 Abs. 1 S. 2 BayBO). Andere BauOen unterwerfen aber Werbeanlagen, die sie nicht zu den baulichen Anlagen rechnen, dennoch wesentlichen Vorschriften über bauliche Anlagen (vgl § 10 Abs. 2 S. 2 MBauO 2002) und kommen damit zum gleichen Ergebnis.

§ 50 enthält die materiellrechtlichen Vorschriften der NBauO, die sich eigens mit Werbeanlagen befassen, und **übernimmt die Regelung in § 49 NBauO 2003** mit nur wenigen redaktionellen Änderungen (LT-Drs. 16/3195, 90).

3 Unter den **übrigen materiellrechtlichen Vorschriften der NBauO** über bauliche Anlagen sind die folgenden für Werbeanlagen von Bedeutung:

§ 3: Die Grundsatzanforderungen, die diese Vorschrift an bauliche Anlagen stellt, betreffen auch die Werbeanlagen, da sie als bauliche Anlagen gelten (so). Insbesondere dürfen nach § 3 Abs. 1 von Werbeanlagen weder Gefahren, noch unzumutbare Belästigungen oder Verkehrsbehinderungen ausgehen.

§ 7: Wirken freistehende Werbeanlagen, besonders wenn sie Nachbargrundstücken ihre „Breitseite" zukehren, wie Gebäudefronten, so müssen sie einen Grenzabstand nach Maßgabe des § 5 einhalten. Dies trifft idR zu, wenn eine großflächige Werbeanlage, zB eine Plakatanschlagtafel oder ein „City Light Board", höher als 2 m ist (OVG Berlin 23.2.2007 – 2 N 228/05, BeckRS 2007, 21335).

§ 10: Das allgemeine Verunstaltungsverbot betrifft auch die Werbeanlagen. Siehe hierzu die umfangreichen Erläuterungen zu § 10, dort insbes. → Rn. 2, 35 und 45 ff.).

§ 12: Freistehende Werbeanlagen müssen standsicher sein. Sind Werbeanlagen an oder auf anderen Bauwerken angebracht, muss die Anbringung genügend sicher sein; die Standsicherheit des Bauwerks darf nicht leiden.

§ 14: Werbeanlagen dürfen keine Brandgefahr verursachen.

§ 84 Abs. 3 Nr. 2: Örtliche Bauvorschriften können die Gestaltung von Werbeanlagen regeln und die Außenwerbung beschränken. (→ § 84 Rn. 68 f.)

4 Auch die **Verfahrensvorschriften**, die bauliche Anlagen betreffen, gelten für Werbeanlagen: Das Errichten (Anbringen) und Ändern von Werbeanlagen bedarf nach § 59 (iVm § 2 Abs. 13 und § 2 Abs. 1 S. 2 Nr. 2) grundsätzlich der Baugenehmigung.

Genehmigungsbedürftige **Werbeanlagen** unterliegen, da sie nicht zu den Sonderbauten gem. § 2 Abs. 5 gehören, **nur** dem **vereinfachten Baugenehmigungsverfahren** nach § 63. In diesem wird nur geprüft, ob sie die dort in Abs. 1 S. 2 aufgeführten Vorschriften einhalten. Dazu gehören das Bauplanungsrecht (s. dort Nr. 1) und etwa das NDSchG als sonstiges öffentliches Recht iSd § 2 Abs. 17 (Nr. 3), aus der NBauO selbst aber nur die dort in Nr. 2 aufgeführten Vorschriften. Darunter fallen die Abstandsvorschriften (§§ 5–7) und die Vorschriften des hier behandelten § 50, dagegen nicht das allgemeine Verunstaltungsverbot in § 3 Abs. 3 und das durch bildungsanlagenbezogene Verunstaltungsverbot des § 10. Obwohl die Problematik der Werbeanlagen gerade in ihren Auswirkungen auf das Ortsbild liegt, kann die Versagung der Baugenehmigung für eine Werbeanlage nicht darauf gestützt werden, dass sie verunstaltend wirkt. In der Praxis sind die Tatbestände der „Verunstaltung" und der „erheblichen Belästigung" iSd § 50 Abs. 2 – die Grenzen sind bei wertender Betrachung häufig fließend – nicht selten zugleich verwirklicht. Dann ist die Baugenehmigung wegen des (auch im vereinfachten Verfahren erheblichen) Verstoßes gegen § 50 Abs. 2 zu versagen. Ist eine erhebliche Belästigung nur weniger sicher oder gar nicht feststellbar, eine **Verunstaltung** jedoch eindeutig zu bejahen, so hat die BauAB gem § 79 iVm § 58 Abs. 1 nach pflichtgemäßem Ermessen (vgl auch § 59 Abs. 3 S. 1) darüber zu entscheiden, ob sie (nach Erörterung mit dem Bauherrn, § 79 Abs. 4) im zeitlichen Zusammenhang mit der Entscheidung über die Genehmigung (in diese sollte bereits ein Hinweis auf den absehbaren Verstoß gegen § 10 oder § 3 Abs. 3 aufgenommen werden) eine Verfügung erlässt, in der sie die Errichtung oder Anbringung der streitgegenständlichen Werbetafel untersagt. Wirkt die Werbeanlage nach dem eingereichten Entwurf eindeutig und grob verunstaltend und ist der Gestaltungsmangel sicher nicht behebbar, so kann die BauAB schon die Erteilung der Baugenehmigung mangels Sachbescheidungsinteresses ablehnen (vgl auch → § 10 Rn. 17 und 50). Der Gesetzgeber könnte diese (in der Anwendung auf den Einzelfall durchaus unsichere und mit hohem Verwaltungsaufwand verbundene) Rechtslage vereinfachen, indem er die Werbeanlagen entweder in den Katalog der Sonderbauten einreiht oder aber den Prüfumfang des § 63 Abs. 1 S. 2 Nr. 2 für Werbeanlagen um weitere, bereits im präventiven Verfahren zu prüfende Vorschriften der NBauO erweitert (vgl etwa § 64 Abs. 2 Nr. 3 LBO SL oder § 63a BauO Bln).

Einzelheiten zur Genehmigungspflicht: Nach § 70 Abs. 2 kann die BauAB Werbean- 5
lagen widerruflich oder befristet genehmigen, dies aber nur, wenn aufgrund der örtlichen Gegebenheiten die vorhandene bauliche oder verkehrliche Situation das Hinzufügen einer solchen **Nebenbestimmung** erfordert; die Gründe für eine dahingehende Ermessensbetätigung müssen im Genehmigungsbescheid konkret dargelegt werden (OVG Lüneburg 10.3.2004 – 1 LB 60/03, BeckRS 9998, 26680). Nach Nr. 10.1 bis 10.4 des Anhangs zu § 60 Abs. 1 (abgedr. bei § 60) sind Werbeanlagen mit einer Ansichtsfläche bis zu 1 m^2 und weitere dort aufgeführte Werbeanlagen verfahrensfrei. Die Beseitigung von Werbeanlagen bedarf nach § 60 Abs. 2 Nr. 4 keiner Baugenehmigung. Gegen **rechtswidrige Werbeanlagen** kann die BauAB nach § 79 vorgehen, und zwar kann sie idR schon **bei formeller Illegalität** (Fehlen der erforderlichen Baugenehmigung) die **Beseitigung** verlangen und die sofortige Vollziehung anordnen, wenn hierdurch kein Substanzverlust droht und sich ein derartiges Vorgehen wegen der negativen Vorbildwirkung dringlich erscheint (ständige Rechtsprechung des OVG Lüneburg, vgl 19.5.2010 – 1 ME 81/10, BeckRS 2010, 49793 mwN; zu einen Sonderfall, in dem die Montage der Werbeanlage mit einem erheblichen Substanzverlust oder einem außergewöhnlichen Aufwand einhergeht, vgl OVG Bautzen 2.6.1998 – 1 S 275/98, BRS 60 Nr. 134).

Sind Werbeanlagen, die nach heutigem Bauordnungsrecht, insbesondere nach örtlichen 6
Bauvorschriften gem § 84 Abs. 3 Nr. 2, nicht mehr zulässig sind, vor Inkrafttreten der betreffenden Verbotsvorschrift legal errichtet oder angebracht worden, so ergibt sich aus § 85, inwieweit sie **an das heutige Recht anzupassen** sind. Die Werbeanlagen, die nach § 85 **Bestandsschutz** genießen, dürfen künftig noch repariert und in unwesentlichen Kleinigkeiten auch geändert werden. Der Bestandsschutz deckt aber nicht mehr das Auswechseln der vorhandenen Anlage durch eine neue oder das Ersetzen der bisherigen Bemalung durch eine andere ab (so etwa des bisherigen Bewerbens eines nicht mehr existierenden Hotels durch eine Reklame für einen Markenartikel, vgl OVG Münster 11.8.1980 – 11 A 988/79, BRS 36 Nr. 147, und nachgehend BVerwG 5.11.1980 – 4 B

215.80, BeckRS 1980, 31288563). War eine Werbeanlage dagegen von vornherein für wechselnde Plakatanschläge genehmigt worden, so sind daran auch künftig neue Plakate uneingeschränkt zulässig, weil nur die Anschlagtafel als solche unter die NBauO fällt, dagegen § 50 Abs. 6 Nr 1 die Anschläge aus dem Regelungsbereich der NBauO ausnimmt und sie nur nach sonstigem öffentlichen Recht (insbesondere Straßen- und Straßenverkehrsrecht sowie allgemeinem Polizei- und Ordnungsrecht) zu beurteilen sind (→ Rn. 23 f.).

7 Verschiedene **Vorschriften außerhalb der NBauO** verbieten Werbeanlagen oder schränken die Außenwerbung ein: Solche Vorschriften sind öffentliches Baurecht iSv § 2 Abs. 17. Soweit Werbeanlagen gegen sie verstoßen, ist die Baugenehmigung zu versagen (vgl VGH Mannheim 22.1.1986 – 8 S 3307/85, BRS 46 Nr. 129) zum Fall einer mit § 33 Abs. 2 StVO (→ Rn. 10) unvereinbaren Werbeanlage.

8 **Straßenrechtliche Anbau- und Werbeverbote:** § 9 FStrG verbietet in einem Streifen von 40 m Breite beiderseits der Bundesautobahnen und 20 m Breite beiderseits der Bundesstraßen, jeweils gemessen vom äußeren Fahrbahnrand (ein Radweg gehört nicht mehr zur Fahrbahn, vgl Aust in Kodal/Krämer S. 858), die Errichtung von Hochbauten jeder Art und sonstiger baulichen Anlagen außerhalb der in § 9 Abs. 1 S. 1 Nr. 2 FStrG beschriebenen Ausnahme. Dieses Verbot gilt aufgrund § 9 Abs. 6 S. 1 FStrG auch für „Anlagen der Außenwerbung". Außerhalb der genannten Teile der Ortsdurchfahrten sind nach § 9 Abs. 6 S. 2 auch Werbeanlagen an Brücken unzulässig. Die Ausnahmevorschrift des § 9 Abs. 7, nach der Vorhaben im Gebiet eines B-Plans unter bestimmten Voraussetzungen nicht unter das Anbauverbot fallen, gilt nicht für Werbeanlagen (BVerwG 21.9.2006 – 4 C 9.05 – Rn. 11, BeckRS 2006, 26946). Nach Maßgabe von § 9 Abs. 8 kann die oberste Landesstraßenbaubehörde **Ausnahmen** von den Anbau- und Werbeverboten zulassen. Nach § 9 Abs. 2 FStrG darf für bauliche Anlagen einschließlich Werbeanlagen im Abstand bis zu 100 m von Bundesautobahnen und bis zu 40 m von Bundesstraßen außerhalb der zur Erschließung der anliegenden Grundstücke bestimmten Teile der Ortsdurchfahrten eine Baugenehmigung nur mit Zustimmung der obersten Landesstraßenbaubehörde erteilt werden. Oberste Landestraßenbaubehörde ist in Niedersachsen das MW; es hat nach § 22 Abs. 4 FStrG seine Zuständigkeit auf die Nds. Landesbehörde für Straßenbau und Verkehr delegiert (vgl Ziffer1 des RdErl. v. 22.12.2004 – 40-11.24.04 -, Nds. MBl. 2004 S. 879; ber. 2005 S. 53).

Entsprechende Anbauverbote und -beschränkungen bestehen nach § 24 NStrG auch beiderseits von **Landes- und Kreisstraßen**. Die verfahrensmäßigen Vorgaben für die Zulassung von Ausnahmen gelten jedoch seit der Änderung des NStrG durch das Gesetz zur landesweiten Umsetzung der mit dem Modellkommunen-Gesetz erprobten Erweiterung kommunaler Handlungsspielräume vom 28.10.2009 (Nds. GVBl. 2009, 366, ber. 410) gem § 24 Abs. 2 S. 3 und Abs. 5 S. 2 NStrG nicht mehr für Werbeanlagen. Diese straßenrechtliche Regelung der Werbeanlagen war neben § 50 Abs. 3 NBauO entbehrlich. Bei einer **Ausnahmegenehmigung nach § 24 Abs. 7 NStrG** vom straßenrechtlichen Anbauverbot nach § 24 Abs. 1 NStrG handelt es sich um einen **eigenständigen**, von der zuständigen Straßenbaubehörde (NLStBV) zu erlassenden **Verwaltungsakt** und nicht lediglich um eine verwaltungsinterne Zustimmung im Rahmen des Baugenehmigungsverfahrens; dabei ist davon auszugehen, dass ein bei der BauAB gestellter (und von ihr weitergeleiteter) Antrag auf Erteilung eines Bauvorbescheides konkludent einen Antrag auf Erteilung einer Ausnahmegenehmigung nach § 24 Abs. 7 NStrG vom straßenrechtlichen Anbauverbot für den Fall enthält, dass die Voraussetzungen des Anbauverbots nach § 24 Abs. 1 NStrG erfüllt sind (OVG Lüneburg 14.12.2017 – 7 LA 15/17 – Rn. 5, BeckRS 2017, 136755).

Näher zur Kasuistik straßenrechtlicher Anbauverbote und -beschränkungen betreffend Werbeanlagen *Kollmann*, Die Behandlung von Anlagen der Außenwerbung im öffentlichen Baurecht, 2018, S. 536 ff. mwN).

9 Werbeanlagen, die Straßengrund in Anspruch nehmen oder in den Luftraum über der Straße ragen, sind **Sondernutzungen** und bedürfen (neben der Baugenehmigung) ei-

ner **straßenrechtlichen Erlaubnis** nach § 8 FStrG oder § 18 NStrG. Dies gilt auch in den Fällen, in denen die Werbeanlage nur geringfügig in den öffentlichen Verkehrsraum hineinragt (BVerwG 10.5.1996 – 11 B 29/96, BeckRS 9998, 39422; vgl auch VGH Mannheim 12.12.1996 – 8 S 1725/96, BeckRS 9998, 50769, für den Fall einer Werbevitrine, die 14 cm in den Straßenraum hineinragte). Im Hinblick auf § 23 NStrG gilt es für die niedersächsische Rechtslage jedoch zu beachten, dass nicht jede Werbeanlage im öffentlichen Straßenraum den Gemeingebrauch beeinträchtigt und deshalb gegen diese wegen unerlaubter Sondernutzung nach Maßgabe des § 22 NStrG vorgegangen werden kann. Vielmehr ist einzelfallbezogen zu prüfen, ob die Werbeanlage nach den tatsächlichen Umständen dazu geeignet ist, den Gemeingebrauch an der Straße (idR durch Fußgänger oder Radfahrer, bei Sichtbehinderungen auch des Fahrzeugverkehrs) zu beeinträchtigen oder ob gegen die **gem § 23 NStrG unerlaubte Nutzung des Straßenraums** nach bürgerlichem Recht vorgegangen werden muss (OVG Lüneburg 28.4. 1994 – 12 L 299/90, BeckRS 2004, 27571). Näher zur Kasuistik der Zulässigkeit von Werbeanlagen im öffentlichen Straßenraum *Kollmann*, Die Behandlung von Anlagen der Außenwerbung im öffentlichen Baurecht, 2018, S. 552 ff. mwN).

Das **Straßenverkehrsrecht** verbietet in § 33 Abs. 1 S. 1 Nr. 3 StVO „außerhalb ge- 10
schlossener Ortschaften", dh außerhalb der Ortstafeln (vgl Anlage 3 zu § 42 Abs. 2 StVO) „jede Werbung und Propaganda durch Bild, Schrift, Licht oder Ton, wenn dadurch Verkehrsteilnehmer in einer den Verkehr gefährdenden oder erschwerenden Weise abgelenkt oder belästigt werden können". Auch innerörtliche Werbung darf nach § 33 Abs. 1 S. 2 StVO nicht außerhalb der geschlossenen Ortschaft diese störende Wirkung haben. Nach § 33 Abs. 2 StVO dürfen ferner Einrichtungen, die Verkehrszeichen oder -einrichtungen gleichen, mit ihnen verwechselt werden oder deren Wirkung beeinträchtigen können, dort nicht angebracht oder sonst verwendet werden, wo sie sich auf den Verkehr auswirken können; zudem ist Werbung in Verbindung mit Verkehrszeichen und -einrichtungen unzulässig (nach § 46 Abs. 1 Nr. 10 StVO sind Ausnahmen möglich für die Flächen von Leuchtsäulen, an denen Haltestellenschilder öffentlicher Verkehrsmittel angebracht sind). **§ 33 StVO** geht als Bundesrecht den entsprechenden Vorschriften der NBauO vor (Art. 31, 72 Abs. 1 GG). StVG und StVO regeln aber nicht abschließend den Schutz des Straßenverkehrs vor Beeinträchtigungen durch bauliche Anlagen, insbesondere durch Außenwerbung (BVerfG 9.2.1972 – 1 BvR 111/68, BeckRS 9998, 161093). Daher wird § 3 Abs. 1 NBauO, soweit die Vorschrift Sicherheit oder Leichtigkeit des innerörtlichen Straßenverkehrs vor Gefährdung durch Werbeanlagen schützt, nicht durch Bundesrecht verdrängt und ist auch insoweit anwendbar (→ Rn. 3).

Neben dem im Einzelfall auch bei Werbeanlagen einschlägigen Verbot von Verkehrshindernissen gem § 32 StVO hat sich zu § 33 StVO eine umfangreiche Rechtsprechung herausgebildet, die auch unter dem Blickwinkel der Konzentrationswirkung einer straßenverkehrsrechtlichen Zulassung eingehend dargestellt ist bei *Kollmann*, Die Behandlung von Anlagen der Außenwerbung im öffentlichen Baurecht, 2018, S. 520 ff. mwN. In straßenverkehrsrechtlicher Hinsicht besonders problematisch stellt sich die **lichtgestützte Werbung** (zB Mega-Light-Werbeanlagen und Himmelsstrahler) sowie die **Werbung mit bewegten Bildern** (zB Prismenwendeanlagen und Videowalls) dar (näher zu diesen Werbeanlagen → § 10 Rn. 47), soweit sie in den öffentlichen Straßenverkehr hineinwirken. Im Anwendungsbereich des § 33 StVO reicht eine **abstrakte Gefährdung** der Sicherheit und Leichtigkeit des Straßenverkehrs durch die Werbeanlage aus; ein Nachweis konkret entstandener Verkehrsgefahren oder -unfälle ist nicht erforderlich (vgl BVerwG 26.6.1970 – VII C 143.66, BeckRS 1970 30438393, dort zur Vorgängernorm § 42 Abs. 2 StVO aF; VGH München 28.7.2015 – 11 B 15.76 – Rn. 23, BeckRS 2015, 50379, zu einem 18 qm großen und an exponierter Stelle aufgestellten Werbeschild an einer Autobahn, dessen Informationsgehalt nicht flüchtig erfasst werden kann, sondern einer gedanklichen Verarbeitung bedarf).

§ 64 der Eisenbahn-Bau- und Betriebsordnung (EBO) verbietet ua (mit Bußgeldan- 11
drohung in § 64b Abs. 2 Nr. 5) Handlungen, die den **Eisenbahnbetrieb** stören oder ge-

fährden. Eine Werbeanlage (zB Lichtwerbung), die den Eisenbahnbetrieb beeinträchtigt, verletzt neben § 3 Abs. 1 NBauO auch diese Vorschrift. Werbeanlagen auf Bahngelände fallen nicht aus dem Geltungsbereich der NBauO heraus; → § 1 Rn. 22 ff.

Das **Bundeswasserstraßen G** (WaStrG) verbietet in § 34 Abs. 4 S. 2 Wirtschaftswerbung in Verbindung mit Schifffahrtszeichen. Unzulässig sind nach Satz 1 dieser Vorschrift auch sonstige Werbeanlagen, die mit Schifffahrtszeichen verwechselt werden können oder deren Wirkung beeinträchtigen.

12 Weiter können sich aus dem **Naturschutzrecht** Beschränkungen für die Außenwerbung ergeben (VOen über Natur- oder Landschaftsschutzgebiete, Naturdenkmale usw nach den §§ 20 ff. BNatSchG, §§ 14 ff. NAGBNatSchG).

Das **BImSchG** enthält mit den §§ 22 ff. iVm § 3 Vorschriften gegen **belästigende Lichteinwirkungen**, die auch Werbeanlagen betreffen können (zur Reichweite des Abwehranspruchs eines Nachbarn in einem Wohngebiet gegen einen im benachbarten Gewerbegebiet stehenden beleuchteten Werbepylon vgl OVG Münster 15.3.2007 – 10 A 998/06, BeckRS 2007, 22644). Das Belästigungsverbot des Abs. 2 greift neben dem Verbot unzumutbarer Beeiträchtigungen durch Lichtimmissionen nach dem BImSchG uneingeschränkt Platz (vgl § 22 Abs. 2 BImSchG). Deshalb hat das OVG Lüneburg (26.2.2003 – 1 LC 75/02, BeckRS 2003, 21471) die von der Lichtwerbeanlage des ehemaligen Telekom-Funkturms in Hannover ausgehenden belästigenden Lichteinwirkungen auf die Wohnungen im sog Bredero-Hochhaus (im Kerngebiet) an Abs. 2 gemessen und dabei inhaltlich auf dieselben Bewertungsmaßstäbe wie das OVG Münster abgestellt (Rücksichtnahme und architektonische Selbsthilfe).

13 **Denkmalschutz:** Aufgrund §§ 6 und 8 NDSchG sind an Baudenkmalen, an Gebäuden, die zu einem Ensemble mit Denkmalcharakter gehören, und in der Umgebung von Baudenkmalen Werbeanlagen unzulässig, die den Denkmalwert bzw. das Erscheinungsbild des Baudenkmals beeinträchtigen. Eine Beeinträchtigung iSd § 8 S. 1 NDSchG liegt vor, wenn das Erscheinungsbild und damit die Wirkung eines Denkmals in seiner Umgebung sowie die optischen Bezüge zwischen Baudenkmal und Umgebung geschmälert werden. Eine Werbeanlage darf deshalb das Denkmal nicht gleichsam erdrücken, verdrängen, übertönen oder die gebotene Achtung gegenüber den Werten außer Acht lassen. Zur Beurteilung derartiger Auswirkungen eines Werbeposters auf ein Baudenkmal kommt es auf das Urteil eines sachverständigen Betrachters an, dessen Maßstab von einem breiten Kreis von Sachverständigen getragen wird (VG Hannover 28.6.2018 – 4 A 4353/17 – Rn. 25 ff., BeckRS 2018, 16879 mwN).

14 **Geltung des Bauplanungsrechts für Werbeanlagen:** In den 1960'er Jahren vertraten Schmidt-Tophoff (DVBl 1968, 490) und Scheerbarth (§ 90) den Standpunkt, dass Werbeanlagen nicht in die Gesetzgebungskompetenz des Bundes für das Bodenrecht nach Art. 74 Nr. 18 GG fielen und vom städtebaulichen Planungsrecht nicht erfasst würden. Dafür sprach, dass Werbeanlagen in aller Regel so gut wie keinen Boden überdecken und verbrauchen, die Infrastruktur (Verkehrs- und Versorgungseinrichtungen) nicht belasten und weder Aufenthaltsort, noch Arbeitsstätte von Menschen sind. Bei ihnen ist kein nennenswertes Maß baulicher Bodennutzung feststellbar, und es dürfte bezeichnend sein, dass in § 23 BauNVO von „Gebäuden" und „Gebäudeteilen" die Rede ist. Das **BVerwG** und die übrige Rechtsprechung wenden jedoch seit Längerem das **Bauplanungsrecht auch auf Werbeanlagen** an. Eine umfangreiche und gut systematisierte Übersicht über die Rechtsprechung findet sich bei *Kollmann*, Die Behandlung von Anlagen der Außenwerbung im öffentlichen Baurecht, 2018, S. 163 ff.

Bauliche Anlagen iSv § 29 Abs. 1 BauGB, die unter die Zulässigkeitsregelung der §§ 30 ff. BauGB fallen, sind „gebaute" Objekte, die bodenrechtlich relevant sind, dh in einer auf Dauer gedachten Wieise künstlich mit dem Erdboden verbunden sind und aufgrund der Berührung planungsrechtlicher Belange iSd § 1 Abs. 5 und 6 BauGB das Bedürfnis nach einer ihre Zulässigkeit regelnden verbindlichen Bauleitplanung hervorrufen können (BVerwG 31.8.1973 – IV C 33.71, BeckRS 1973 30441760). Diese Voraussetzung hat das BVerwG ua bei folgenden Werbeanlagen als erfüllt angesehen:

Werbeanlagen, die unmittelbar auf dem Erdboden stehen, so etwa die **Großflächenplakate im Euroformat** (vgl BVerwG 7.6.2001 – 4 C 1/01, BeckRS 9998, 65896), aber aufgrund der grundsätzlich ausreichenden mittelbaren Verbindung mit dem Erdboden auch eine auf einem Flachdach eines Gebäudes montierte Werbeanlage (vgl BVerwG 30.12.1968 – IV B 223.66, BRS 20 Nr. 127 S. 196); das Anbringen von **Werbung an Hausfronten, Giebelwänden, Einfriedigungen oder an Brückengeländern** genügt deshalb dem bauplanungsrechtlichen Vorhabenbegriff (vgl für Werbetafeln im Euroformat an einer Hauswand BVerwG 15.12.1994 – 4 C 19.93, BeckRS 9998, 29342, und 16.3.1995 – 4 C 3.94, BeckRS 9998, 29874; für einen 2,73 m² großen und 20 cm tiefen beleuchteten Aluminium-Schaukasten für Wechselwerbung am Giebel eines Hauses vgl BVerwG 3.12.1992 – 4 C 27.91, BeckRS 9998, 170334). Nicht von Planungsrelevanz sind dagegen nur vorübergehend aufgestellte Werbeanlagen (etwa ein **an einem Baugerüst** nur für die vorübergehende Phase der Bauarbeiten angebrachtes Spannposter mit **Werbung**, vgl aber zur bauordnungsrechtlichen Relevanz → § 10 Rn. 45), Fahnen und Transparente, Litfaßsäulen (vgl OVG Hamburg 20.2.1997 – Bf II 13/96, BeckRS 9998, 30460) sowie **relativ kleine Objekte** (etwa Hinweisschilder an Arztpraxen). Dabei ist die Bestimmung einer fixen Erheblichkeitsschwelle umstritten (Einzelheiten dazu bei *Kollmann*, Die Behandlung von Anlagen der Außenwerbung im öffentlichen Baurecht, 2018, S. 170 ff.); es bietet sich dazu eine Orientierung an dem in Ziffer 10.1 des Anhangs zu § 60 Abs. 1 genannten Werts von **1 m² Ansichtsfläche** an (vgl OVG Lüneburg 12.12.1986 – 6 A 112/85, BRS 46 Nr. 132, S. 297 (299)). Daneben wird Beschriftungen und Bemalungen (etwa an Gebäudefassaden) die bodenrechtliche Relevanz abgesprochen (vgl BVerwG 21.9.2006 – 4 C 9/05 – Rn. 14, BeckRS 2006, 26946; VGH Kassel 10.5.1989 – 3 OE 1462/85, BRS 49 Nr. 152).

Sind Werbeanlagen bauliche Anlagen iSv § 29 BauGB, so richtet sich ihre **Zulässigkeit** 15
auch **nach den §§ 30, 34 und 35 BauGB** und den Vorschriften der **BauNVO** (zu Einzelheiten vgl *Kollmann*, Die Behandlung von Anlagen der Außenwerbung im öffentlichen Baurecht, 2018, S. 191 ff.). Nach Ansicht des BVerwG (3.12.1992 – 4 C 27.91, BeckRS 9998, 170334) stellen Anlagen, die der Fremdwerbung dienen (→ Rn. 38), eine eigenständige gewerbliche Hauptnutzung und keine Nebenanlagen iSv § 14 BauNVO dar und sind folglich im Hinblick auf die **Art der baulichen Nutzung** eines Grundstücks in reinen Wohngebieten stets und in allgemeinen Wohngebieten regelmäßig unzulässig. In Dorfgebieten, Mischgebieten und den neuen urbanen Gebieten sind (Fremd-)Werbeanlagen als gewerbliche Nutzung zulässig, wenn sie im Einzelfall gebietsverträglich sind und keinen wesentlich störenden Einfluss auf die Wohnnutzung ausüben. Werbeanlagen in Kern-, Gewerbe- und Industriegebieten sind hinsichtlich der Art der baulichen Nutzung generell zulässig. Eine Einzelfallkorrektur kann jeweils über § 15 Abs. 1 S. 1 BauNVO erfolgen; auch kann § 15 Abs. 1 S. 2 BauNVO im Einzelfall der Anbringung einer Werbeanlage an einem bestimmten Ort entgegenstehen. Nach Auffassung des VGH Mannheim (16.4.2008 – 3 S 3005/06, BeckRS 2008, 35605; und 24.1.2017 – 8 S 2081/16, BeckRS 2017, 101128) kann eine Gemeinde auch in Misch- und Kerngebieten, gestützt auf § 1 Abs. 9 BauNVO, durch B-Plan Anlagen der Fremdwerbung generell ausschließen; die erforderlichen besonderen städtebaulichen Gründe könnten in den Bemühungen einer Gemeinde bestehen, einen Innenstadtbereich zu sanieren und seine Attraktivität zu steigern.

Werden Werbeanlagen vom Bauplanungsrecht erfasst und sind sie nach der Art der baulichen Nutzung zulässig, so müssen sie zudem die jeweiligen Vorgaben über das **Maß der baulichen Nutzung** einhalten, etwa die Festsetzung der überbaubaren Grundstücksfläche durch den B-Plan (§ 23 BauNVO), zB eine vordere Baugrenze (vgl BVerwG 7.6.2001 – 4 C 1/01, BeckRS 9998, 65896). Danach sind Anlagen der Fremdwerbung auch nicht nach § 23 Abs. 5 S. 1 BauNVO als Nebenanlagen auf den nicht überbaubaren Grundstücksflächen zulässig. Erzeugt eine Anlage für Fremdwerbung im Euroformat in einem faktischen Dorf- oder Mischgebiet eine in der näheren Umgebung beispiellose Barrierewirkung, weil sie wandartig quer zur Ortsdurchfahrt angeordnet ist, fügt sie sich ihrem Maß nach nicht in die nähere Umgebung iSd § 34 Abs. 1 BauGB ein (vgl VG Göttingen 11.3.2014 – 2 A 449/12, BeckRS 2014, 49231).

16 Wie das BVerwG (11.10.2007 – 4 C 8.06, BeckRS 2007, 28058) gegenüber Zweifeln im Schrifttum (Jäde ZfBR 2006, 9 ff.; Hauß NVwZ 2008, 252 ff.) geklärt hat, **verdrängt** das **Bauplanungsrecht**, soweit es Werbeanlagen erfasst, **nicht die bauordnungsrechtlichen Vorschriften**, die Werbeanlagen in bestimmten Gebieten ausschließen (→ Abs. 3 und 4), auch wenn sie zur Abgrenzung der Gebiete Begriffe des Planungsrecht verwenden. Diese Vorschriften greifen nicht in den Regelungsbereich des Bodenrechts ein, weil die Gestaltung (vor allem Form und Farbe) und die Aussage („Werbebotschaft") der Werbeanlagen, deren Regelung nicht Aufgabe des Bodenrechts ist, das Regelungsbedürfnis entstehen lassen. Diese Eigenschaften der Werbeanlagen sind es, die in den betreffenden Gebieten typischerweise auf die Menschen belästigend einwirken und ihrem Bedürfnis nach Ruhe und Erholung zuwiderlaufen können.

B. Geltungsbereich des § 50

a) Begriff der Werbeanlage (Abs. 1)

17 **Bedeutung des Abs. 1:** Die Vorschrift definiert den Begriff der Werbeanlage, und zwar im Wesentlichen übereinstimmend mit § 10 MBauO und anderen LBauOen. Die Begriffsbestimmung gilt, wie alle Legaldefinitionen der NBauO, grundsätzlich nur, soweit in der NBauO oder in Vorschriften aufgrund der NBauO von Werbeanlagen die Rede ist. Der Begriff deckt sich aber mit dem der „Anlage der Außenwerbung", den das FStrG verwendet (→ Rn. 8). Die Definition in Abs. 1 **Satz 1** nennt vier **Tatbestandsmerkmale** (→ Rn. 18–22); fehlt eines, liegt keine Werbeanlage vor.

18 Nach Abs. 1 S. 1 muss es sich zunächst um eine **„Einrichtung"**, dh um etwas künstlich Geschaffenes handeln. **Satz 2** führt (nicht abschließend) Beispiele für solche Einrichtungen auf. Die dort genannten Gegenstände (zB Schilder) zählen nicht, wie es die Satzstellung an sich annehmen ließe, ohne Weiteres zu den Werbeanlagen, sondern nur dann, wenn alle Voraussetzungen des Satzes 1 erfüllt sind.

19 Die zweite Voraussetzung besteht darin, dass die Einrichtung **örtlich gebunden** sein muss. Das trifft zu, wenn die Einrichtung selbst mit dem Erdboden fest verbunden ist (Werbeanlagen mit verankertem Stützfuß, Litfaßsäule, Mastenschild einer Tankstelle, Fesselballon) oder kraft ihrer Schwere auf ihm ruht (Plakataufsteller als Ständer oder auf Stativ) oder wenn sie an einem anderen ortsfesten Gegenstand angebracht ist (zB werbende Schriftzüge, Bemalungen, Schilder, Tafeln oder Stoffplanen an Gebäudewänden, Mauern oder Zäunen); eine mittelbare Verbindung mit dem Erdboden genügt (vgl OVG Lüneburg 11.12.1986 – 6 A 177/85, ZfBR 1987, 217, für eine an einer Gebäudewand angebrachte Plakatanschlagtafel). Es kann sich auch um eine Lichtprojektion auf eine ortsfeste Wand handeln. Auch ein sog **Himmelsstrahler** ist eine Werbeanlage, wenn er den ebenfalls vorausgesetzten (→ Rn. 21) Hinweischarakter hat (vgl OVG Münster 22.6.1994 – 11 B 1466/94, BeckRS 9998, 49801; VGH München 18.12.1995 – 14 CS 95.3588, BeckRS 9998, 91765; OVG Koblenz 22.1.2003 – 8 A 11286/02, BRS 66 Nr. 149; zum Begriff → § 10 Rn. 47, zur Weite des Anlagenbegriffs der NBauO → § 2 Rn. 8; zum Meinungsstand, ob Maschinen dem Bauordnungsrecht unterfallen können, vgl *Kollmann*, Die Behandlung von Anlagen der Außenwerbung im öffentlichen Baurecht, 2018, S. 186 f.). An **Schaltkästen** von Telekommunikationsanlagen (illegal) **angebrachte Werbeplakate** (Klebefolien) sind dagegen nicht als Werbeanlagen iSd NBauO zu qualifizieren; ihre Zulässigkeit bzw eine Beseitigungspflicht richtet sich allein nach dem Regime des TKG (vgl OVG Münster 7.2.2019 – 11 B 1033/18 – Rn. 13, BeckRS 2019, 1270). **Nicht erforderlich** ist, dass die Einrichtung **auf Dauer** oder längere Zeit

an ihrem Platz bleiben soll. Wie sich aus Nr. 10.2 und 10.3 des Anhangs zu § 60 ergibt, zählt die NBauO auch solche Einrichtungen zu den Werbeanlagen, die nur verhältnismäßig kurze Zeit (zB für Schlussverkäufe) aufgestellt werden. Auch die Größe der Werbeanlage ist grundsätzlich unerheblich, wie sich aus Nr. 10.1 des Anhangs zu § 60 schließen lässt (vgl OVG Berlin 2.2.1968 – II B 29/67, BRS 20 Nr. 136, 206). Allerdings wird man Einrichtungen, die nur für einige Stunden oder etwa einmalig für einen Tag an einem Platz bleiben, noch nicht als örtlich gebunden bezeichnen dürfen. Andererseits sind sie das aber, wenn sie zwar jeweils nur kurze Zeit, aber wiederkehrend am selben Platz verwendet werden (zB Tafeln, die täglich während der Geschäftszeit neben einem Laden aushängen).

Nicht ortsfest ist **Werbung an Fahrzeugen**, zB an Firmenwagen, Straßenbahnen, Bus- 20
sen usw (eingehend, wohl allzu kritisch, über Verkehrsmittelreklame Schmidt-Tophoff DVBl 1970, 17 (26)); ihre Zulässigkeit beurteilt sich nach straßenverkehrs- und zulassungsrechtlichen Vorschriften. Werden aber Fahrzeuge (meist sind es ein Anhänger mit Werbeaufschrift), auch wenn sie für den Straßenverkehr zugelassen sind, längere Zeit oder wiederholt auch jeweils nur kurze Zeit an denselben oder wechselnden Orten (sei es auf privater Fläche oder auf öffentlichen Straßen oder Parkplätzen) **zum Zweck der Werbung abgestellt**, so können sie bei wertender Betrachtung aller Gesamtumstände des Einzelfalls als Werbeanlage im Sinne des Bauordnungsrechts qualifiziert werden. Ein Anzeichen für den Werbezweck ist es vor allem, wenn der Aufstellungsort belebt und gut im Blickfeld der Verkehrsteilnehmer ist sowie das Fahrzeug oder der Anhänger so geparkt wird, dass dieses/r seine Werbewirkung bestmöglich entfaltet (vgl OVG Weimar 10.11.1999 – 1 KO 519/98, BeckRS 9998, 41593, für einen Planwagen; OVG Münster 22.7.2003 – 10 B 890/03, BeckRS 2003, 24597, für einen PKW-Anhänger; vgl für einen Verkaufswagen als bauliche Anlage gem § 2 Abs. 1 S. 2 Nr. 5 OVG Lüneburg 30.11.1992 – 1 M 4620/92, BeckRS 2005, 20377). Ist das Fahrzeug als Werbeanlage im öffentlichen Straßenraum abgestellt, kommt daneben ein Einschreiten nach Straßenrecht wegen unerlaubter Sondernutzung in Betracht.

Eine Einrichtung ist drittens nur dann eine Werbeanlage, wenn sie der **Ankündigung** 21
oder Anpreisung oder als **Hinweis auf Gewerbe oder Beruf** dient. Die Gesetzesfassung lässt offen, was angekündigt oder angepriesen werden kann. Sie ist also nicht (wie Art. 2 Abs. 1 S. 2 BayBO) auf Wirtschaftswerbung beschränkt, sondern schließt auch politische und jede sonstige nicht kommerzielle Werbung ein, zB Plakat- oder Zettelanschläge, die eine politische oder sonstige Veranstaltung ankündigen (OLG Karlsruhe 22.8.1978 – 3 Ss (B) 288/78, BeckRS 9998, 59269). Ankündigungen, Anpreisungen und Hinweise verlieren auch nicht dadurch die Eigenschaft einer Werbeanlage, dass mit ihnen (zugleich) einer Bezeichnungs- oder Kennzeichnungspflicht genügt wird; Preisschilder einer Tankstelle, die sich an Autofahrer auf der Straße richten, sind daher auch Werbeanlagen. **Nicht hierher gehören „reine“** (nicht für irgendetwas Sympathie erheischende) **Hinweise auf etwas anderes** als Gewerbe oder Beruf (zB Warnschilder, Wegweiser, Tafeln mit nur belehrendem Inhalt wie die Schilder nach Nr. 10.5 und 10.6 des Anhanges zu § 60; ferner politische Aufrufe und Meinungsäußerungen, BayObLG 18.1.1980 – 3 Ob OWi 216/79, BayObLGSt 1980, 1). Auch die nach § 11 Abs. 3 vorgeschriebenen Bauschilder sind keine Werbeanlagen; anders dagegen, wenn sie so gestaltet sind, dass sie über den vorgeschriebenen Inhalt hinaus für die beteiligten Firmen und Büros werben (OVG Münster 28.9.1988 – 11 B 849/88, BRS 49 Nr. 150; → § 10 Rn. 45). Ausstellungs- und Verkaufsstücke, die „nur auf sich selbst hinweisen“, sind keine Werbeanlagen (OVG Münster 17.7.1969 – X A 120/68, BRS 22 Nr. 128); der Platz, auf dem die Stücke stehen, kann aber nach § 2 Abs. 1 S. 2 Nr. 8 bauliche Anlage iSd NBauO sein. Ein Himmelsstrahler weist auf ein Gewerbe hin, wenn er zB für Besucher den Standort einer Diskothek markiert (Nachweise → Rn. 19), ebenso die Bemalung eines Hauses mit weiß-blauen Rauten, wenn sie für eine Gaststätte in diesem Hause wirbt, die bayerisches Bier führt (OVG Münster 18.5.1998 – 11 A 5482/97, BeckRS 1998, 22380).

22 Viertens muss die Einrichtung **von allgemein zugänglichen Verkehrs- oder Grünflächen aus sichtbar** sein. Derartige Flächen sind Straßen, Wege, Parks, Sportflächen, Gewässer, die dem Publikum offen stehen, einerlei, ob sie für den öffentlichen Verkehr gewidmet sind oder nicht. Auch Eisenbahngelände gehört dazu, wenn dort Reisezüge verkehren. Die Werbeanlage braucht nicht unmittelbar an der Verkehrsfläche zu liegen; es genügt, wenn sie von dort sichtbar ist. Keine Werbeanlagen iSd NBauO sind Werbeeinrichtungen in Innenräumen (zB in Bahnhofshallen oder Einkaufszentren).

b) Von der NBauO ausgenommene Werbung (Abs. 6)

23 **Allgemeines:** Absatz 6 nimmt die in den Nrn. 1 bis 4 aufgeführten Arten von Werbung vom Geltungsbereich des § 50 aus. Die Vorschrift übernimmt mit den Nrn. 1 und 3 die bisherigen Regelungen in § 49 Abs. 6 NBauO 2003 und mit der Nr. 4 die bisherige Ausnahme des § 49 Abs. 7 NBauO 2003 und ergänzt sie um eine neue Bestimmung in Nr. 2 über Werbemittel an Kiosken. Der Gesetzgeber der NBauO 2012 hat mit der neuen Systematik zu den Ausnahmen lediglich eine bessere Lesbarkeit der Vorschrift bezweckt (vgl. LT-Drs. 16/3195, 90). Darüber hinaus ergibt sich aus Abs. 6, dass „die Vorschriften dieses Gesetzes", also die gesamte NBauO, auf die in den Nrn. 1 bis 4 genannten Objekte überhaupt nicht anzuwenden sind; insoweit geht sie bei der Wahlwerbung (Nr. 4) über den Regelungsbereich des § 49 Abs. 7 NBauO 2003 hinaus. Dies hatte der Gesetzgeber der NBauO 2012 offenbar übersehen, denn die bisherige Ziffer 10.4 des Anhangs zu § 60 stellte die in Abs. 6 Nr. 4 genannten Werbeanlagen ausdrücklich verfahrensfrei und beinhaltete bis zum Inkrafttreten des Änderungsgesetzes vom 12.9.2018 eine überflüssige Regelung (vgl dazu die Ausführungen von *Burzynska* in der Vorlauflage dieses Kommentars bei § 60 Rn. 70). Diesen Fehler hat der Gesetzgeber mit der ersatzlosen Streichung der bisherigen Ziffer 10.4 des Anhangs zu § 60 nunmehr behoben (vgl. LT-Drs. 18/1136, 53).

Da die unter den Nrn. 1 bis 4 aufgeführten Werbemittel nicht unter die NBauO fallen, bedürfen sie insbesondere auch keiner Baugenehmigung. Allerdings bleibt die von der NBauO freigestellte Werbung dem Straßenrecht (→ Rn. 8 u. 9), dem Straßenverkehrsrecht (→ Rn. 10) und dem allgemeinen Recht der öffentlichen Sicherheit und Ordnung (§ 11 NPOG) weiterhin unterworfen.

24 Zu **Nr. 1** (Anschläge und Lichtwerbung an dafür genehmigten Säulen, Tafeln und Flächen): Die Freistellung vom Bauordnungsrecht entspricht praktischen Bedürfnissen und dem Verhältnismäßigkeitsprinzip. Die BauAB soll sich nicht um jedes einzelne Plakat an Litfasssäulen, an Werbetafeln und sonstigen Anschlagflächen kümmern müssen. Bei der Genehmigung dieser Säulen oder Tafeln hat sie von vornherein zu bedenken, dass diese beliebig beklebt oder bemalt werden können (OVG Münster 8.11.1962 – VII A 564/61, OVGE 18, 130 (132); *Schmidt-Tophoff*, Das Recht der Außenwerbung, 1965, S. 120).

25 Für die durch **Nr. 2** freigestellten Werbemittel (Schilder, Aufsteller mit Plakaten usw) an Kiosken gilt Entsprechendes. Kioske sind nach allgemeinem Sprachgebrauch kleine, eingeschossige Buden, aus denen Zeitungen, Zeitschriften, Getränke, Süßigkeiten uä verkauft werden. Ob sie auf öffentlichen Verkehrsflächen oder auf Privatgrund stehen, ist für die Regelung der Nr. 2 gleichgültig.

26 Zu **Nr. 3:** Auslagen und Dekorationen hinter Schaufenstern beleben das Straßenbild meist auf erfreuliche Weise und können es kaum negativ beeinflussen. Anders verhält es sich mit Plakaten, Schriftbändern usw, die an die Schaufenster oder andere Fenster von außen oder von innen geklebt oder in anderer Weise nahe vor oder hinter den Fenstern angebracht werden; sie sind Werbeanlagen iSd Abs. 1 (OVG Lüneburg 10.6.1986 – 1 B 43/86, BRS 46 Nr. 124, und 19.2.1988 – 6 A 20/86, nv; OVG Münster 21.8.1998 – 11 A 2725/98, BeckRS 1998, 22869).

27 **Nr. 4:** „Öffentliche" Wahlen sind die Wahlen des Europäischen Parlaments, des Bundestags, des Landtags sowie der kommunalen Volksvertretungen und Hauptverwaltungsbe-

amten, aber auch Wahlen von Organen anderer Körperschaften des öffentlichen Rechts, zB der Sozialversicherungsträger. Abs. 6 Nr. 4 gilt nur für „**vorübergehend**" und **für eine bestimmte,** schon anberaumte **Wahl** unternommene Werbung. Die Vergünstigung wird demnach frühestens wenige Monate vor dem Wahltag einsetzen (nach OVG Berlin 7.1.2002 – 2 SN 30.01, BeckRS 9998, 44233, zwei Monate, nach den VV zur BauO NRW drei Monate; vgl. Johlen in Gädtke § 13 Rn. 139) und längstens bis zur Wahl gelten. Werden Tafeln, die für eine Wahl aufgestellt werden, vor und nach der Wahl zeitweise für Wirtschaftswerbung benutzt, so ist dies nicht durch Abs. 6 Nr. 4 gedeckt. Nicht freigestellt ist auch Werbung, die allgemein Sympathie für eine Partei oder ein politisches Programm gewinnen will (vgl. OVG Berlin 7.1.2002, aaO).

C. Verbot erheblicher Belästigung (Abs. 2)

Allgemeines: Abs. 2 weicht von dem in der MBauO (vgl § 10 Abs. 2 S. 3 MBauO 2002) **28**
und in anderen Landesbauordnungen geregelten Verbot einer „störenden Häufung" von Werbeanlagen ab (vgl zum Überblick *Kollmann*, Die Behandlung von Anlagen der Außenwerbung im öffentlichen Baurecht, 2018, S. 440 ff.) und statuiert das sog **Belästigungsverbot**. Im Entwurf zur NBauO 1973 war noch von „verunstaltender Häufung" die Rede; Gesetz geworden ist mit § 49 Abs. 2 NBauO 1973 das Verbot erheblicher Belästigung. Die Rechtsprechung und Literatur, nach der „die störende Häufung" als ein Unterfall der Verunstaltung angesehen wird (vgl zB OVG Münster 20.2.2004 – 10 A 3279/02 – Rn. 5, BeckRS 2004, 21970; *Kollmann*, Die Behandlung von Anlagen der Außenwerbung im öffentlichen Baurecht, 2018, S. 441 f. mwN; → § 10 Rn. 2), ist deshalb auf die niedersächsische Rechtslage nicht übertragbar. Dies hat das OVG Lüneburg in der Vergangenheit mehrfach entschieden (vgl zB 30.9.1992 – 6 L 107/90, BeckRS 2004, 27586, und 6 L 3200/91, BRS 54 Nr. 78) und jüngst nocheinmal bestätigt (29.9.2015 – 1 LB 51/15 – Rn. 11, BeckRS 2015, 53695) und entspricht – soweit ersichtlich – der Rechtsprechung der niedersächsischen Verwaltungsgerichte (vgl etwa VG Göttingen 2.6.2004 – 2 A 41/03 – Rn. 18, BeckRS 2004, 23039; VG Oldenburg 18.9.2003 – 4 A 155/02 – Rn. 15, BeckRS 2003, 24705).

Jedoch berührt Außenwerbung nicht nur Ästhetik und Baukultur. Sie kann, auch wenn sie gut gestaltet ist, den vom modernen Leben schon vielfach beanspruchten Menschen durch die Fülle und Stärke der Sinneseindrücke und psychischen Einwirkung übermäßig belasten und ihn daran hindern, die nötige Entspannung und Ruhe zu finden. Dem soll Abs. 2 mit dem Verbot von Werbeanlagen, die „erheblich belästigen" entgegenwirken (vgl OVG Lüneburg 29.9.2015, aaO). Die Regelung des § 49 Abs. 2 NBauO 1973 war im Grunde **keine wesentliche Neuerung**; auch vorher waren diese über das Ästhetische hinausgehenden Wirkungen der Außenwerbung schon berücksichtigt worden (so zB OVG Berlin 13.2.1970 – II B 27.69, BRS 23 Nr. 119; OVG Lüneburg 8.12.1971 – VII A 37/71, BB Beil. 11 zu Heft 24/73, 7; Schmidt-Tophoff, DVBl 1970, 17 (24 f.); Weyreuther BauR 1972, 1 (4)).

Abs. 2 führt, soweit es um die Außenwerbung geht, das allgemeine Verbot unzumutbarer Belästigungen (§ 3 Abs. 1 S. 2) näher aus und verdrängt deshalb als **speziellere Regelung** diese Norm des ersten Teils der NBauO. Die Regelung des Abs. 2 wird ihrerseits durch die Absätze 3–5 konkretisiert, die Werbeanlagen in Bereichen und an Stellen verbieten, wo sie typischerweise die genannten unerwünschten oder sogar schädlichen Auswirkungen haben.

Nach Abs. 2 dürfen Werbeanlagen **nicht erheblich belästigen**. Es ist hier also nicht **29**
darauf abzustellen, ob die Belästigung „unzumutbar" ist. Während andere erhebliche Belästigungen, etwa weil ihr Urheber sie nicht vermeiden kann, dennoch zumutbar und damit erlaubt sein können, geht die NBauO davon aus, dass erhebliche Belästigungen durch Werbung stets vermeidbar sind, und wertet sie deshalb von vornherein als unzumutbar. Eine Werbeanlage belästigt insbesondere dann erheblich, wenn sie die Ruhe

und Erholung spürbar beeinträchtigt, die nach den jeweiligen örtlichen Umständen, etwa in Wohn- oder Erholungsgebieten, erwartet wird. Dabei kommt es auf das Ruhebedürfnis durchschnittlich empfindender, nicht übersensibler Personen an (OVG Lüneburg 29.9. 2015 – 1 LB 51/15 – Rn. 11, BeckRS 2015, 53695).

30 Während die MBauO und die meisten anderen Landesbauordnungen als Störungsursache nur die „Häufung" von Werbeanlagen hervorheben, nennt die NBauO mit der **Größe, Häufung, Lichtstärke und Betriebsweise** (zB wechselndes Licht oder Werbemotive) exemplarische Prüfkriterien. Die Aufzählung ist nicht abschließend. So können auch die Farbe, der Anbringungsort oder die Art (etwa die Aufdringlichkeit), in der die „Werbebotschaft" präsentiert wird, stören.

Eine durch ihre **Größe** belästigende Werbeanlage ist zB ein am Rande eines faktischen Mischgebiets befindliches **Megaposter** von 10x10 m Fläche an einer Giebelwand, die einem angrenzenden Wohngebiet gegenüber liegt. Der VGH München (22.1.2004 – 1 ZB 03.294, BeckRS 2004, 22400) wendete in diesem Fall § 15 Abs. 1 S. 2 BauNVO an. In einer früheren Entscheidung (16.7.2002 – 2 B 01.1642, BeckRS 2002, 12793) über ein 8x10 m großes Spannposter stützte er sich auf das umgebungsbezogene Verunstaltungsverbot. § 50 Abs. 2 NBauO steht bei gleichen örtlichen Verhältnissen auch einer gleich großen Bildprojektion entgegen.

31 Eine **„Häufung"** liegt vor, wenn mehrere, **mindestens drei**, Werbeanlagen so auf verhältnismäßig engem Raum konzentriert sind, dass ihre Wirkungsbereiche sich überschneiden, der Betrachter sie also zugleich im Blickfeld hat (OVG Lüneburg 29.9.2015 – 1 LB 51/15 – Rn. 12, BeckRS 2015, 53695). „Störend" bzw. „belästigend" ist die Häufung, wenn das Blickfeld derartig mit Werbung überladen ist, dass das Auge keinen Ruhepunkt mehr findet und das Bedürfnis nach werbungsfreien Flächen stark hervortritt (OVG Lüneburg 29.9.2015, aaO; und 6.6.1986 – 6 A 171/84, nv; VG Göttingen 4.9. 2018 – 2 A 101/16 – Rn. 36 BeckRS 2018, 23712). Eine Häufung in diesem Sinne verneint hat das OVG Lüneburg (30.9.1992 – 6 L 107/90, BeckRS 2004, 27586) bei einer insgesamt 38 m langen Aufreihung von vier Großtafeln (eine stand quer) auf einem belebten Bahnhofsparkplatz. Ebenso hat es die Anbringung einer weiteren Werbetafel in einem Kreuzungsbereich für zulässig erachtet, weil die vorhandenen Werbeanlagen durch einen großzügig dimensionierten Weg in einen nördlichen und südlichen Bereich geteilt werden und der gemeinsame Wirkbereich aller Anlagen gering war (OVG Lüneburg 29.9.2015, aaO). Eingehend zur störenden Häufung von Werbeanlagen *Kollmann*, Die Behandlung von Anlagen der Außenwerbung im öffentlichen Baurecht, 2018, S. 442 ff. mwN.

Im Falle der belästigenden Häufung ist die (letzte) Anlage unzulässig, durch deren Hinzukommen die Grenze zur erheblichen Belästigung überschritten wird (VG Göttingen 2.6.2004 – 2 A 41/03 – Rn. 19, BeckRS 2004, 23039); maßgebend für die Reihenfolge sind die Eingangsdaten der Bauanträge (sog **Prioritätsprinzip**, vgl BVerwG 5.12.1973 – IV B 130.73, BeckRS 1973, 31296150). Ob der Antragsteller einer vorher schon ungenehmigt, aber materiell rechtmäßig fertiggestellten anderen Anlage (vgl BVerwG 3.3. 1971 – IV CB 99.69, BeckRS 1971, 31298487), oder einer vorhandenen materiell rechtmäßigen Anlage, deren – befristete – Genehmigung inzwischen abgelaufen ist (OVG Lüneburg 21.8.1987 – 6 A 52/86, BRS 47 Nr. 130) den Vorrang lassen muss, kann durchaus mit dem Aspekt hinterfragt werden, ob die Verletzung einer bestehenden Genehmigungspflicht noch „belohnt" werden soll.

32 **Leuchtwerbung** kann durch ihre Lichtstärke erheblich belästigen, wenn sie grell in Wohnungen, besonders in die Schlafräume, hinein strahlt. Es kommt jeweils auf die örtlichen Umstände an, insbesondere auf den Charakter des Gebietes, in dem die Wohnung liegt, und darauf, ob es für die Bewohner möglich und zumutbar ist, den Lichteinfall abzuschirmen (instruktiv OVG Lüneburg 26.2.2003 – 1 LC 75/02, BeckRS 2003, 21471, → Rn. 12). Das VG Göttingen (4.9.2018 – 2 A 101/16 – Rn. 37; BeckRS 2018, 23712) hat eine Belästigung darin gesehen, dass eine beleuchtete Anlage für Wechselwerbung (alle 7 Sekunden erfolgt mit ca. 0,8 m/s ein Motivwechsel) in einer Höhe von 4,5 bis 7 m

angebracht und über 24 Stunden betrieben werden sollte und hierdurch direkt in den Bereich der schräg gegenüberliegenden Wohnungen der ersten und zweiten Etage hineingewirkt hätte.

D. Einschränkung der Außenwerbung in besonders geschützten Bereichen (Abs. 3 und 4)

Allgemeines: Wie die MBauO und die meisten anderen BauOen gestattet die NBauO im Außenbereich und in den Baugebieten mit Wohncharakter nur bestimmte Arten von Werbeanlagen. Diese Beschränkung hat einerseits gestalterische Gründe. Sie soll verhindern, dass Orts- und Landschaftsbild durch allzu viel Werbung entstellt werden. Andererseits soll sie aus den oben (→ Rn. 28) dargelegten Gründen Ruhezonen schaffen, in denen die Bevölkerung nicht oder nur wenig durch Werbung in Anspruch genommen wird. Gegen diese Regelung bestehen keine verfassungsrechtlichen Bedenken, insbesondere nicht aus Art. 14 GG. Sie begrenzt das Eigentum aus sachgerechten Erwägungen und nimmt mit ihren Ausnahmevorschriften auch auf die Betroffenen Rücksicht (vgl BVerwG 29.12.1964 – I C 97.63, BeckRS 9998, 113118; 25.6.1965 – IV C 73.65, BeckRS 9998, 112328; zuletzt 11.10.2007 – 4 C 8.06, BeckRS 2007, 28058). Die Abs. 3 und 4 verletzen auch nicht Art. 72 Abs. 1, 74 Abs. 1 Nr. 18 GG, indem sie Bodenrecht setzen, für das der Bund die konkurrierende Kompetenz schon in Anspruch genommen hat (→ Rn. 15). Eingehend zur kompetenzrechtlichen Schnittstellendiskussion *Jäde*, ZfBR 2010, 34, und *Kollmann*, Die Behandlung von Anlagen der Außenwerbung im öffentlichen Baurecht, 2018, S. 600 ff. mwN. 33

a) Einschränkung im Außenbereich (Abs. 3)

Abs. 3 Satz 1 erklärt (vorbehaltlich der Ausnahmen in Satz 2) Werbeanlagen im Außenbereich grundsätzlich für unzulässig. Mit der Bezeichnung **„Außenbereich"** übernimmt die NBauO ersichtlich den planungsrechtlichen Begriff des Außenbereichs. Die frühere Legaldefinition dieses Begriffs in § 19 Abs. 1 Nr. 3 BBauG/BauGB aF ist mit der Abschaffung des generellen planungsrechtlichen Genehmigungsvorbehalts für Grundstücksteilungen durch das BauROG entfallen. **Derselbe Begriff** wird aber weiterhin **in § 35 BauGB** verwendet (vgl VG Göttingen 29.6.2004 – 2 A 244/03 – Rn. 17, BeckRS 2004, 23693); es wurde nur versäumt, die Definition dorthin zu übernehmen. Gemeint ist also der Bereich, der außerhalb der Geltungsbereiche der sog qualifizierten Bebauungspläne (§ 30 Abs. 1 BauGB) und außerhalb „der im Zusammenhang bebauten Ortsteile" (§ 34 BauGB) liegt. Ein (im Zusammenhang bebauter) Ortsteil ist nach der Rechtsprechung des BVerwG (im Gegensatz zur „Splittersiedlung") „jeder Bebauungskomplex im Gebiet einer Gemeinde, der nach der Zahl der vorhandenen Bauten ein gewisses Gewicht besitzt und Ausdruck einer organischen Siedlungsstruktur ist" (BVerwG 6.11.1968 – IV C 31.66, BeckRS 1968 30425780; und 17.11.1972 – IV C 13.71, BeckRS 1972, 31291354). Innerhalb eines solchen Ortsteils liegt eine (etwa als Standort einer Werbeanlage vorgesehene) Fläche nur, wenn sie noch in den Bebauungszusammenhang gehört; dieser reicht so weit, wie „die aufeinander folgende Bebauung trotz vorhandener Baulücken den Eindruck der Geschlossenheit (Zusammengehörigkeit) vermittelt" (BVerwG 6.11.1968 – IV C 2.66, BeckRS 1968 30425772; wegen weiterer Fragen der Abgrenzung von Innen- und Außenbereich s. die Literatur zum BauGB, etwa Mitschang/Reidt in Battis/Krautzberger/Löhr, BauGB, 14. Auflage, § 34 Rn. 2 ff.). Das Verbot des Abs. 3 gilt demnach für alle Werbeanlagen in der freien Landschaft, an einzeln stehenden Gebäuden (zB Ausflugsgaststätten, Bauernhäusern), in sonstigen Splittersiedlungen und auch am Rande der im Zusammenhang bebauten Ortsteile. 34

Das Verbot nach Abs. 3 entfällt, sobald der Standort der Werbeanlage, mag er auch in freier Landschaft liegen, **von einem qualifizierten B-Plan** gem § 30 BauGB **erfasst** 35 wird, dann liegt er nicht mehr im Außenbereich iSd § 35 BauGB. Nach § 34 Abs. 4 Nrn. 1 bis 3 BauGB können die Gemeinden durch Satzung die Grenzen zwischen Gebieten nach § 34 BauGB und dem Außenbereich klarstellend festlegen bzw unter den dort bestimmten Voraussetzungen in den Außenbereich hin verlagern („Klarstellungs-Entwicklungs- und Ergänzungssatzung"). Solche Satzungen sind auch für den Geltungsbereich des Werbeverbots nach § 50 Abs. 3 NBauO maßgeblich.

36 Nach Satz 1 sind nicht nur selbst im Außenbereich gelegene Werbeanlagen grundsätzlich verboten, sondern auch solche, die **erheblich in den Außenbereich hineinwirken**. Das sind Werbeanlagen, die vom Außenbereich aus deutlich und nicht nur mit unwesentlichen Teilen wahrnehmbar sind. Jedoch wird nicht die Sichtbarkeit von irgendeinem Punkt im Außenbereich genügen, sondern es kommt, der Definition der Werbeanlage in Abs. 1 entsprechend, nur auf solche Stellen an, die für das Publikum zugänglich sind (Straßen, Wege, Erholungsflächen usw). Ohne Bedeutung ist, ob die Werbeanlage am Ortsrand oder im Innern des bebauten Gebietes liegt und ob ihre Ausstrahlung in den Außenbereich beabsichtigt ist oder nicht. Reicht der Lichtstrahl eines sog Himmelsstrahlers (Skybeamers) auch in den Luftraum über dem Außenbereich, so ist die Werbeanlage nach Abs. 3 S. 1 unzulässig; die Ausnahme des Abs. 3 S. 2 Nr. 1 käme der Werbeanlage nur zugute, wenn sich das Gebäude, auf dessen Dach der **Himmelsstrahler** montiert ist, selbst im Außenbereich befindet (vgl OVG Koblenz 22.1.2003 – 8 A 11286/02, BRS 66 Nr. 149).

37 **Satz 2** mit den Nr. 1–6 nimmt Werbeanlagen bestimmter Art von dem grundsätzlichen Verbot des Satzes 1 aus. Das Gesetz macht die Ausnahme bereits selbst. Es ist daher nicht erforderlich, dass die BauAB dafür nach § 66 eine Abweichung zulässt. Nach dem ausdrücklichen Vorbehalt in Satz 2 gilt die gesetzliche Ausnahme nicht, soweit **sonstige Vorschriften** anderes bestimmen, dh die Werbeanlage am vorgesehenen Standort ausschließen. Solche Vorschriften können, wie oben (→ Rn. 7 ff.) ausgeführt, zB das FStrG, das NDSchG, das Naturschutzrecht oder örtliche Bauvorschriften nach § 84 Abs. 3 Nr. 2 enthalten. Nach der Rechtsprechung kann auch das Bauplanungsrecht, hier § 35 BauGB, entgegenstehen (→ Rn. 14 f.); näher hierzu *Kollmann*, Die Behandlung von Anlagen der Außenwerbung im öffentlichen Baurecht, 2018, S. 297 ff.

38 Im Einzelnen werden vom Verbot nach Satz 1 zunächst **„Werbeanlagen an der Stätte der Leistung" (Nr. 1)** ausgenommen. Stätte der Leistung ist der Ort, an dem diejenigen, die eine Leistung – Waren oder Dienste – eines Unternehmens nachfragen, die Leistung erhalten können. Dass Unternehmen an solchen Orten durch Werbung auf sich aufmerksam machen können, ist für sie idR existenznotwendig. Hier nützt die Werbung, weil sie es erleichtert, den Ort der Leistung aufzufinden, auch anderen. Keine Stätten der Leistung sind dagegen die Orte, an denen Unternehmen ihre Produkte ausschließlich herstellen, bearbeiten, lagern oder verwalten, ohne dort mit Kunden unmittelbar Kontakt aufzunehmen. Zutreffend hat daher das OVG Münster (14.3.2006 – 10 A 630/04 – Rn. 22, BeckRS 2006, 22618) einen Fernmeldeturm, den ein Telekommunikationsunternehmen zur Übertragung von Nachrichten verwendet, nicht als Stätte der Leistung angesehen. Die Werbeanlage muss in unmittelbarer Nähe der Leistungsstätte gelegen sein. Eine Diskothek, die mit einem kilometerweit reichenden Himmelsstrahler auf sich aufmerksam macht, wirbt nicht an der Stätte der Leistung (OVG Koblenz 22.1.2003 – 8 A 11286/02, BRS 66 Nr. 149, → Rn. 36).

Das Gesetz verlangt nicht, dass nur „Eigenwerbung" betrieben wird. So darf an einer Gaststätte auch ein Schild angebracht werden, das für die Brauerei wirbt, deren Bier die Gaststätte ausschenkt (aM *Schmidt-Tophoff*, Das Recht der Außenwerbung, 1965, S. 87 f.). Jedoch muss der Eindruck einer Werbung für das an Ort und Stelle ansässige Unternehmen den der **„Fremdwerbung"** oder „Erinnerungswerbung" für einen Markenartikel überwiegen. Keine Werbung an der Stätte der Leistung, also „Fremdwerbung", ist daher zB eine Markenartikelreklame, die im Verhältnis zur Verkaufsstelle übermäßig groß ist. Satz 2 bezweckt eine Vergünstigung nur in dem Fall, dass der Leistende selbst wirbt. Das örtliche Unternehmen muss daher bestimmenden Einfluss auf Art und Inhalt der Werbung haben, also idR selbst Bauherr (§ 52) der Werbeanlage sein. Satz 2 gilt demgemäß nicht, wenn Werbeunternehmen vor Einzelhandelsgeschäften Tafeln aufstellen, um darauf mit Plakaten für Markenartikel zu werben, die in den Geschäften erhältlich sind, oder um Werbeflächen an örtliche Geschäfte zu vermieten (Scheerbarth § 90 Fn. 306; VGH Mannheim 30.10.1985 – 3 S 1833/85, BRS 44 Nr. 133). Weitere Einzelheiten Leistungsbegriff sowie zur räumlichen und sachlichen Begrenzung der Ausnahme der Nr. 1 bei *Kollmann*, Die Behandlung von Anlagen der Außenwerbung im öffentlichen Baurecht, 2018, S. 609 ff. mwN.

Nr. 2 ist gegenüber § 49 Abs. 3 S. 2 Nr. 2 NBauO 2003 durch Umstellung von Satzteilen **39**
und den Verzicht auf den Begriff der „Hinweisschilder" nur redaktionell geändert worden (vgl LT-Drs. 16/3195, 90). Die Vorschrift nimmt Tafeln mit Schildern bestimmten Inhalts vom Werbeverbot aus, wenn die **Tafeln unmittelbar vor Ortsdurchfahrten** aufgestellt werden. Die Wortwahl lässt annehmen, dass der Gesetzgeber hier an den straßenrechtlichen Begriff anknüpfen will, also Tafeln an Bundes-, Landes- und Kreisstraßen vor Ortsdurchfahrten iSv § 5 Abs. 4 FStrG bzw. § 4 NStrG meint. Bundesautobahnen und Gemeindestraßen, auch Gemeindeverbindungsstraßen nach § 47 Nr. 2 NStrG, haben keine Ortsdurchfahrten iSd Straßenrechts. Es dürfte aber (auch ohne Zulassung einer Abweichung) unbedenklich sein, eine Tafel auch an einer Gemeindeverbindungsstraße dort aufzustellen, wo diese in eine Ortschaft hineinführt.

Die nach Nr. 2 zulässigen **Schilder** dürfen **nur Hinweise** geben, dh grundsätzlich nur solche Informationen enthalten, die vornehmlich wegweisenden Charakter haben, und müssen sich nach Größe, Gestaltung, Farbgebung, Beschriftung und Beleuchtung auf das beschränken, was das Auffinden des Betriebes im Interesse des Verkehrs ermöglicht (vgl LT-Drs. 16/3195, 90, sowie OVG Münster 27.9.2001 – 10 A 2946/01, BeckRS 2006, 22756). Sie dürfen danach Inhaber und Art von gewerblichen Betrieben (zB Kfz-Werkstätten, Hotels, Gaststätten) bezeichnen. Die Schilder dürfen auch auf landwirtschaftliche Betriebe hinweisen, die landwirtschaftliche Produkte zum Verkauf anbieten, sowie auf die Produkte selbst. Unter „Landwirtschaft" wird dasselbe zu verstehen sein wie in § 201 BauGB (vgl *Kollmann*, Die Behandlung von Anlagen der Außenwerbung im öffentlichen Baurecht, 2018, S. 302 f.), also ua Erwerbsanbau von Obst und Gemüse, Imkerei und berufsmäßige Binnenfischerei einschließen. Nach Nr. 2 ist es ohne Bedeutung, ob der anbietende Betrieb die landwirtschaftlichen Produkte selbst erzeugt hat oder ob sie von anderen Betrieben stammen. Selbstverständlich dürfen die Schilder angeben, wo der gewerbliche oder landwirtschaftliche Betrieb zu finden ist. Auch gegen ein – im Format bescheidenes – Firmensymbol wird nichts einzuwenden sein. Die Schilder müssen auf einer Tafel zusammengefasst sein. Näher zur Kasuistik *Kollmann*, Die Behandlung von Anlagen der Außenwerbung im öffentlichen Baurecht, 2018, S. 620 ff. mwN.

Die Regelung der **Nr. 3** soll es dem Kraftwagenverkehr erleichtern, **Betriebe in Gewer-** **40**
begebieten aufzufinden und ihm Suchfahrten ersparen. Eine entsprechende Bestimmung war zunächst in dem ModellkommunenG vom 8.12.2005 (Nds. GVBl. S. 386) enthalten und wurde dann durch das Gesetz zur landesweiten Umsetzung der mit dem Modellkommunen-Gesetz erprobten Erweiterung kommunaler Handlungsspielräume vom 28.10.2009 (Nds. GVBl. S. 366, ber. 410) mit Änderungen übernommen und in die NBauO eingefügt (vgl LT-Drs 16/3195, 90; über die Erwägungen, die dieser Regelung vorangingen, siehe den Gesetzentwurf der Fraktionen von CDU und FDP, LT-Drs. 16/1497, 17, und den schriftlichen Bericht, LT-Drs. 16/1787, 3).

Die nach Nr. 3 begünstigten Tafeln dürfen nicht größer als 1 m^2 sein. Die **Schilder auf diesen Tafeln** müssen sich wie nach Nr. 2 im Wesentlichen auf Hinweise beschränken. Die Tafeln dürfen an öffentlichen Straßen stehen, außerdem an „Wegeabzweigungen", womit wohl Abzweigungen nicht nur von öffentlichen Straßen, sondern auch von Privatstraßen gemeint sein dürften. „Gewerbegebiete" sind die durch B-Plan als solche festgesetzten Gebiete, aber wohl auch faktische Gewerbegebiete, wenn sie zum Außenbereich hin einen erkennbaren „Rand" haben. Diesen könnte eine Satzung nach § 34 Abs. 4 BauGB klären.

41 **Nr. 4** übernimmt ohne Änderungen die entsprechende Vorschrift der NBauO 1995 in der Fassung, die sie durch das ÄnderungsG vom 6.10.1997 erhalten hatte. Zugelassen werden *einzelne* **Schilder**. Hier wird also – im Gegensatz zu Nr. 2 und 3 – keine Zusammenfassung zu „Tafeln" gefordert, sondern je Betrieb oder versteckte Stätte ein Schild erlaubt ist. Die Schilder dürfen im Wesentlichen **nur Hinweise** geben; das oben zu Nr. 2 Gesagte gilt entsprechend (→ Rn. 39). Die zugelassene Fläche von 0,5 m^2 (erlaubt ist danach zB ein Schild von 50x100 cm) ist eigentlich viel größer, als es für den begünstigten Zweck nötig wäre. Folgerichtig ist der Gesetzgeber der NBauO 2012 einer Anregung des Landvolks Niedersachsen, die zulässige Größe von 0,5 m^2 auf 1 m^2 zu erhöhen, unter Verweis auf die Größe von Verkehrsschildern und mit Blick auf § 35 Abs. 3 BauGB ausdrücklich nicht gefolgt (vgl LT-Drs. 16/3195, 90). Erlaubte Standorte sind Wegeabzweigungen, also die Stellen, an denen man abbiegen muss, um den Betrieb oder die Stätte zu erreichen.

„Betriebe im Außenbereich", auf die nach der neuen Fassung der Nr. 4 mit den Schildern hingewiesen werden darf, können gewerblich oder landwirtschaftlich sein. Zum Begriff des Außenbereichs → Rn. 34. Außer auf die Betriebe selbst darf auch auf **selbsterzeugte Produkte**, die diese an der Betriebsstätte anbieten, hingewiesen werden. Es dürfen hier auch andere als landwirtschaftliche Produkte sein, jedoch müssen sie stets von dem werbenden Betrieb selbst produziert worden sein. Drittens darf nach Nr. 4 auf **„versteckt gelegene Stätten"** hingewiesen werden. Dies sind andere Objekte als gewerbliche oder landwirtschaftliche Betriebe (zB Erholungseinrichtungen oder Sehenswürdigkeiten), die ohne Hinweisschilder an Straßen bzw. Wegeabzweigungen im Außenbereich nicht oder nur schwer auffindbar wären. Reine Wegweiser- und Hinweisschilder ohne jeden anpreisenden Charakter fallen schon deshalb nicht unter das grundsätzliche Verbot des Abs. 3, weil sie nach dem oben Gesagten (→ Rn. 21) keine Werbeanlagen iSv Abs. 1 sind.

42 Nr. 4 setzt schließlich voraus, dass die Schilder **„im Interesse des öffentlichen Verkehrs"** auf die Betriebe oder Stätten „hinweisen". Ein wesentlicher Grund für die Vergünstigung in Nr. 4 liegt darin, dass die Schilder den Verkehr erleichtern, insbesondere Verkehrsteilnehmern umständliches Suchen ersparen und ihnen helfen, das Ziel auf dem günstigsten Wege zu erreichen. Text und Gestaltung der Schilder dürfen somit – wie in den Fällen der Nr. 2 – nicht über das, was ihre Aufgabe als Wegweiser erfordert, hinausgehen (vgl LT-Drs. 16/3195, 90, sowie OVG Münster → Rn. 39). Die Schilder dürfen also Namen und Art des Betriebes bzw. der an der Betriebsstätte angebotenen Erzeugnisse nennen, dabei wohl auch ein Firmensymbol verwenden, und Angaben über den Weg enthalten. Näheres zur Ausgestaltung von touristischen Hinweisschildern in der Anbauverbots- und Anbaubeschränkungszone von Straßen außerhalb geschlossener Ortschaften in Niedersachsen, etwa zugunsten von Hotels, Gasthöfen, Cafes oder Bauernhöfen mit Hofverkauf usw. bestimmt der RdErl des MW vom 20.12.2013 – 43.2-31024/0002 –, Nds. MBl. 2014, 36.

43 Schließlich sind im Außenbereich Werbeanlagen an und auf Flugplätzen, Sportanlagen (zB Stadien), auf abgegrenzten Versammlungsstätten **(Nr. 5)** und auf Ausstellungs- und Messegeländen **(Nr. 6)** vom Verbot ausgenommen. In diesen Fällen hat der Außenbereich seinen ruhigen, unberührten Charakter ohnehin verloren. In den Fällen der Nr. 5 (nicht der Nr. 6) darf die Werbeanlage nicht erheblich in den übrigen Außenbereich hineinwirken; das oben (→ Rn. 36) Gesagte gilt hier entsprechend. In Nr. 6 ist der Wortteil „-geländen" zu beachten, es muss sich also um Großanlagen handeln.

b) Einschränkung in bestimmten Baugebieten (Abs. 4)

44 Abs. 4 beschränkt die Werbung in **Kleinsiedlungsgebieten, reinen Wohngebieten, allgemeinen Wohngebieten, Dorfgebieten und Wochenendhausgebieten**. Mit den Gebietsbezeichnungen sind, wie in Abs. 3, die gleichnamigen Baugebiete iSd Bauplanungsrechts gemeint (§§ 2, 3, 4, 5 und 10 BauNVO). Die „besonderen Wohngebiete"

iSv §4a BauNVO werden nicht erfasst. Die Beschränkung gilt, wie ausdrücklich bestimmt wird, nicht nur für die Gebiete, die in B-Plänen als Kleinsiedlungsgebiete usw festgesetzt sind, sondern auch für solche nicht überplanten Gebiete, die der vorhandenen Bebauung nach entsprechenden Charakter haben (sog „faktische" Baugebiete).

In den genannten Gebieten sind nur die unter den Nrn. 1 und 2 aufgeführten Werbeanlagen zulässig. Andere dürfen dort nicht aufgestellt oder angebracht werden. Abs. 4 verbietet aber – im Gegensatz zu Abs. 3 – nicht, dass Werbeanlagen von anderen Ortsteilen her in die geschützten Baugebiete hineinwirken (OVG Lüneburg 19.12.1984 – 6 A 135/83, nv). Solche Werbeanlagen können jedoch gegen Abs. 2 verstoßen, indem sie Menschen in den benachbarten Wohngebieten erheblich belästigen (→ Rn. 31 f.).

Weitergehende Beschränkungen der Werbung aufgrund anderer Vorschriften bleiben, wie bei Abs. 3 (→ Rn. 37), unberührt. Örtliche Bauvorschriften, die Werbeanlagen entsprechend Abs. 4 beschränken, kommen (unter den Voraussetzungen des §84 Abs. 3) auch für die in Abs. 4 nicht erwähnten Ferienhaus-, Kur- und sonstigen Fremdenverkehrsgebiete (§10 Abs. 4 und §11 Abs. 2 BauNVO), ferner in besonderen Wohngebieten (§4a BauNVO), in Betracht. 45

In den nach Satz 1 geschützten Gebieten sind nach **Nr. 1** Werbeanlagen an der **„Stätte der Leistung"** zulässig; dazu ist auf das zu Abs. 3 S. 2 Nr. 1 Gesagte (→ Rn. 38) zu verweisen. Wirbt ein Investor oder Makler um Mieter für Wohnungen, so ist nach der Rechtsprechung des OVG Weimar (11.11.2003 – 1 KO 271/01, BeckRS 9998, 41871) nur das Büro des Vermieters Stätte der Leistung. Auf die Tätigkeit allein, die der Werbung Treibende ausübt, und nicht auf das Produkt, für das er wirbt, stellt im Anschluss hieran auch das OVG Greifswald (29.6.2007 – 3 L 368/04, BeckRS 2008, 30026) ab. Diese restriktive Rechtsprechung mag hinterfragt werden; vertretbar erscheint auch die Sichtweise, dass das Haus, in dem ein oder mehrere Wohnungen frei sind, die auf der betreffenden Werbetafel angeboten werden, als Leistungsstätte zu qualifizieren ist (so *Wiechert* in der Vorauflage dieses Kommentars). 46

Weiter sind nach **Nr. 2** Anlagen für amtliche Mitteilungen und zur Unterrichtung der Allgemeinheit oder interessierter Kreise der Bevölkerung über kirchliche, kulturelle, politische, sportliche und ähnliche Veranstaltungen (zB auch geselliger Vereine) erlaubt. Dies können Schaukästen, Anschlagtafeln usw sein. Die Anlagen dürfen nicht zusätzlich auch der sonstigen Werbung (insbesondere der Wirtschaftswerbung) dienen. Auch Litfaßsäulen dürfen hier nur für Plakate mit einem Inhalt gemäß Nr. 2 aufgestellt werden. Entsprechendes gilt für Werbeflächen und -kästen an Fahrgastunterständen der Bus- und Straßenbahnlinien. Soweit das Nahverkehrsunternehmen selbst wirbt, geschieht das an der Stätte der Leistung iSd Nr. 1. 47

Die Vorgängervorschrift (§49 Abs. 4 NBauO 2003) ermächtigte in einem Satz 2 die BauAB, für Werbung auf öffentlichen Straßen Ausnahmen von Abs. 4 zuzulassen (ähnlich §13 Abs. 4 S. 3 BauO NRW 2000). Diese Regelung ist in der NBauO 2012 ersatzlos weggefallen; dies dürfte durch das gesetzgeberische Ziel einer Angleichung an §10 Abs. 4 MBauO 2002 motiviert sein (vgl LT-Drs. 16/3195, 58). 48

E. Verbot der Brückenreklame usw (Abs. 5)

Allgemeines: Abs. 5 verbietet Werbeanlagen an **Brücken, Bäumen, Böschungen und Leitungsmasten**. Die Werbeverbote des Abs. 5 dienen dem Schutz des Orts- und Landschaftsbildes. Infolge der beherrschenden Wirkung, die gerade Brücken für das Straßenbild haben, nehmen auch die daran angebrachten Werbeanlagen die Aufmerksamkeit der Verkehrsteilnehmer außergewöhnlich intensiv in Anspruch und erscheinen aufdringlich (BegrRegE NBauO 1973, 81 f.). Der BayVerfGH (23.1.2012 – Vf. 18-VII-09 – Orientierungssatz 10, BeckRS 2012, 46981) hat ein für die ganze Stadt Nürnberg erlassenes, nicht auf bestimmte schützenswerte Örtlichkeiten beschränktes Verbot von Werbung an Brückengeländern und -brüstungen für verfassungswidrig gehalten. Das mag 49 als zu enge Sichtweise kritisiert werden, weil das Verbot in die Grundrechte der Brückeneigentümer (sofern ihnen überhaupt Grundrechte zustehen) nur geringfügig eingreift (so *Wiechert* in der Vorauflage dieses Kommentars).

Reklame an Bäumen wirkt besonders unpassend, an den ohnehin unschönen Leitungsmasten stört sie stark das Straßenbild. Böschungen, insbesondere Bahndämme, sind gerade in bebauten Gebieten wertvoll als Stellen, auf denen Platz für Bäume, Sträucher und Gras verblieben ist. Das Grün wird hier als besonders wohltuend empfunden, und umso störender wirkt es, wenn es durch Reklame verstellt wird. Noch weitergehend verbieten die Hmb. BauO (vgl § 13 Abs. 3 S. 1 Nr. 3) Werbeanlagen an Ufern und die BauO NRW 2018 (vgl § 10 Abs. 2 S. 2) alle Werbeanlagen, durch die „der Ausblick auf begrünte Flächen verdeckt" wird. Verfassungsrechtliche Bedenken gegen diese Werbeverbote, etwa aus Art. 12 oder 14 GG, bestehen nicht (BVerwG 29.8.1961 – I C 167/59, BeckRS 9998, 115322; OVG Lüneburg 5.4.1974 – VI A 122/72, OVGE MüLü 30, 393; und 17.4.1974 – I A 110/73, BRS 28 Nr. 88). Die Vorschrift gilt auch für Werbung an Brücken und Böschungen der Eisenbahnen (→ § 1 Rn. 10 ff.).

50 **Einzelheiten:** Abs. 5 **Satz 1** untersagt Reklame nur an Brücken usw, die von allgemein zugänglichen Verkehrs- oder Grünflächen aus sichtbar sind; ohne diese Voraussetzung fehlt es aber schon an einer Werbeanlage iSd Abs. 1 (→ Rn. 22). Zur „Brücke" iSd Satzes 1 gehören alle Teile eines Brückenbauwerks, die seine „widmungsgemäße Benutzbarkeit" sicherstellen (OVG Lüneburg 5.4.1974 – VI A 122/72, OVGE MüLü 30, 393; und 13.2.1979 – VI A 95/77, nv), also die (waagerechten) Brückenträger mit Brüstung bzw Geländer, die Brückenbögen, Pfeiler und auch die Widerlager mit Stütz- und Flügelmauern. **Satz 2** nimmt jedoch die Wandflächen der Widerlager vom Werbeverbot aus. Mit dieser durch das Gesetz vom 6.10.1997 (Nds. GVBl. S. 422) in die NBauO 1995 eingefügten Regelung wollte der Gesetzgeber den Städten Vereinbarungen mit Werbefirmen ermöglichen, nach denen diese die städtischen Brücken für ihre Zwecke benutzen dürfen, sie dafür aber von „wilden" Plakaten zu reinigen haben. An den nun freigegebenen Widerlagern erschien die störende Wirkung von Werbeschildern und -plakaten als verhältnismäßig gering. Widerlager sind die Bauteile, auf denen die Brücken an ihren beiderseitigen Enden aufliegen. Zu den „Wandflächen" gehören nicht nur die Innenseiten der Widerlager unter den Brückenträgern, sondern auch deren Flanken, obwohl die Werbung dort idR durchaus stört. Satz 2 befreit nicht von den Werbeverboten, die nach den Absätzen 3 und 4 für Brücken im Außenbereich und in bestimmten Wohngebieten gelten; darauf weist der zweite Halbsatz hin. Verboten bleibt auch Werbung, die im konkreten Fall erheblich belästigt (Abs. 2) oder verunstaltend iSv § 10 wirkt (zur Berücksichtigung im Genehmigungsverfahren → Rn. 4).

Werbeanlagen befinden sich „an" Böschungen, wenn sie auf der schrägen Fläche stehen, aber auch dann, wenn sie davor aufgestellt sind und den Blick von der Verkehrs- oder Grünfläche auf die Böschung teilweise verdecken.

F. Warenautomaten

51 Ähnliche Probleme wie Werbeanlagen (→ Rn. 1) können auch – im Freien aufgestellte – Warenautomaten verursachen. Diese können aber nicht als Werbeanlagen iSd § 50 behandelt werden. Dem steht schon entgegen, dass die NBauO in § 2 Abs. 1 S. 2 ausdrücklich zwischen Werbeanlagen (Nr. 2) und Warenautomaten (Nr. 3) unterscheidet. Eine entsprechende Anwendung von Bestimmungen des § 50 auf Warenautomaten sieht die NBauO (anders RegE NBauO 1973 und § 10 Abs. 5 MBauO 2002) ausdrücklich nicht vor. Jedoch gelten Warenautomaten, die von einer allgemein zugänglichen Verkehrs- oder Grünfläche aus sichtbar sind, nach § 2 Abs. 1 S. 2 Nr. 3 als **bauliche Anlagen** iSd NBauO. In diesem Fall sind sie den Vorschriften der NBauO über bauliche Anlagen unterworfen, soweit diese passen (→ Rn. 3; zum Verunstaltungsverbot → § 10 Rn. 48). Die Gemeinden können nach § 84 Abs. 3 Nr. 2 örtliche Bauvorschriften über Warenautomaten erlassen.

Das Aufstellen bzw. Anbringen eines Warenautomaten bedarf nach Nr. 10.7 des Anhanges zu §60 in keinem Fall mehr der Baugenehmigung. Genehmigungsfrei ist auch die Beseitigung von Warenautomaten.

Bauplanungsrecht: Ob Warenautomaten auch bauliche Anlagen iSd Bauplanungsrechts (§29 BauGB) sind, ist wie bei Werbeanlagen (→Rn. 14) fraglich (von der Kommentierung überwiegend bejaht, vgl etwa Stock in König/Roeser/Stock, BauNVO, 4. Auflage, §4 Rn. 24 mwN; bezweifelt von OVG Münster 3.6.1986 – 11 A 1091/84, BeckRS 9998, 91010, dort für einen Zigarettenautomaten). Wie Werbeanlagen nehmen einzeln aufgestellte Warenautomaten üblicher Größe den Boden nicht oder nur geringfügig in Anspruch. Immerhin mag hier eine andere Beurteilung deshalb angebracht sein, weil Warenautomaten als Verkaufsstelle ohne Öffnungszeiten und Personal (so Stock, aaO) Publikum anziehen und dadurch der Platz vor dem Automaten in die Nutzung einbezogen wird. Näher zur Frage der planungsrechtlichen Zulässigkeit von Warenautomaten sowohl als Nebenanlage als auch als eigenständige Hauptanlage iSd §§2 bis 13a bei Stock, aaO. 52

§51 Sonderbauten

[1]An einen Sonderbau nach §2 Abs. 5 können im Einzelfall besondere Anforderungen gestellt werden, soweit die Vorschriften der §§4 bis 50 und der zu ihrer näheren Bestimmung erlassenen Verordnungen nicht ausreichen, um sicherzustellen, dass der Sonderbau die Anforderungen des §3 erfüllt. [2]Erleichterungen können gestattet werden, soweit es der Einhaltung von Vorschriften und Verordnungen nach Satz 1 wegen der besonderen Art oder Nutzung baulicher Anlagen oder Räume oder wegen besonderer Anforderungen nicht bedarf. [3]Die besonderen Anforderungen nach Satz 1 und die Erleichterungen nach Satz 2 können sich insbesondere erstrecken auf

1. **die Abstände,**
2. **die Anordnung der baulichen Anlage auf dem Grundstück,**
3. **die Benutzung und den Betrieb der baulichen Anlage,**
4. **die Öffnungen nach öffentlichen Verkehrsflächen und nach angrenzenden Grundstücken,**
5. **die Bauart und Anordnung aller für die Standsicherheit, die Verkehrssicherheit, den Brand-, den Wärme-, den Schall- oder den Gesundheitsschutz wesentlichen Bauteile und Einrichtungen, sowie die Verwendung von Baustoffen,**
6. **die Feuerungsanlagen und die Heizräume,**
7. **die Zahl, Anordnung und Beschaffenheit der Aufzüge sowie der Treppen, Treppenräume, Ausgänge, Flure und sonstigen Rettungswege,**
8. **die zulässige Benutzerzahl, die Anordnung und die Zahl der zulässigen Sitze und Stehplätze bei Versammlungsstätten, Tribünen und fliegenden Bauten,**
9. **die barrierefreie Nutzbarkeit,**
10. **die Lüftung und die Rauchableitung,**
11. **die Beleuchtung und die Energieversorgung,**
12. **die Wasserversorgung,**
13. **die Aufbewahrung und Beseitigung von Abwässern, die Aufbewahrung und Entsorgung von Abfällen sowie die Löschwasserrückhaltung,**
14. **die notwendigen Einstellplätze,**
15. **die Zu- und Abfahrten,**
16. **die Grünstreifen, die Baumpflanzungen und andere Pflanzungen sowie die Begrünung oder die Beseitigung von Halden und Gruben,**

17. den Blitzschutz,

18. die erforderliche Gasdichtigkeit,

19. den Umfang, den Inhalt und die Anzahl der Bauvorlagen, insbesondere eines Brandschutzkonzepts,

20. die Bestellung und die Qualifikation der Bauleiterin oder des Bauleiters und der Fachbauleiterin oder des Fachbauleiters,

21. die Bestellung und die Qualifikation einer oder eines Brandschutzbeauftragten.

Übersicht

A. Allgemeines

1 Die grundsätzlichen Anforderungen des Bauordnungsrechts an bauliche Anlagen, die § 3 NBauO in den Absätzen 1 bis 3 ausspricht, werden durch die §§ 4 bis 50 NBauO und durch die Verordnungen, die aufgrund von § 82 Abs. 1 Nr. 1–3 NBauO ergehen, konkretisiert. Soweit diese Vorschriften anzuwenden sind, legen sie fest, was zur Erfüllung dieser Anforderungen geboten ist, und die Bauaufsichtsbehörde darf nicht unter Berufung auf § 3 NBauO weitergehende Forderungen stellen (z.B. einen größeren Grenzabstand als den in § 5 NBauO vorgeschriebenen verlangen). Diese Vorschriften sind jedoch nur auf die häufig vorkommenden Arten baulicher Anlagen zugeschnitten. Das sind vor allem Wohnhäuser und andere Gebäude, die von vergleichbarer Größe und Gestalt sind, insbesondere Wände und Geschosse haben, und von deren Nutzung i.d.R. keine größeren Gefahren und Belästigungen ausgehen können als von der Wohnnutzung. Die NBauO muss aber auch die tatsächlich vorkommenden Bauten berücksichtigen, die in Größe, Form, Bauart oder Nutzung vom Üblichen abweichen, und sie muss es ermöglichen, dass an diese Bauten die Anforderungen gestellt werden, die sich nicht auf die §§ 4 bis 50 NBauO und die genannten VOen stützen lassen, aber zur Wahrung der Grundsätze in § 3 NBauO nötig sind. Diesem Bedürfnis soll der vorstehende § 51 NBauO – Sonderbauten entsprechen.

2 § 51 NBauO ersetzte § 51 – Bauliche Anlagen und Räume besonderer Art und Nutzung in der Fassung vom 10.2.2003 (a.F.). § 51 S. 1 und S. 2 beziehen ihren Anwendungsbereich auf die in § 2 Abs. 5 NBauO legaldefinierten Sonderbauten, sodass die vorherige Legaldefinition der baulichen Anlagen oder Räume besonderer Art in Absatz 2 a. F. entfallen konnte. In der Konzeption entspricht dies im Wesentlichen § 2 Abs. 4 i.V.m. § 51 MBauO.

3 Im Übrigen sind die Sätze 1 und 2 nur redaktionell geändert worden. Der Katalog möglicher Gegenstände besonderer Anforderungen und Erleichterungen aus dem § 51 Abs. 1 S. 3 NBauO a. F. ist in § 51 S. 3 NBauO beibehalten worden, auch wenn es einer solchen Bestimmung für sich genommen nicht bedurft hätte, weil sich die in den Sätzen 1 und 2 genannten Möglichkeiten, im Einzelfall besondere Anforderungen an einen Sonderbau zustellen oder Erleichterungen zu erstatten, auf alle erdenklichen bauordnungsrechtlichen Anforderungen erstrecken (vgl. LT Drs. 16/3195, S. 90). § 51 S. 3 NBauO dient der Bauaufsichtsbehörde gewissermaßen als „Checkliste“ indem sie auf Punkte hinweist, die möglicherweise einer besonderen Regelung bedürfen. Er weist zu der Vorgän-

gervorschrift §51 Abs. 1 S. 3 NBauO a.F. folgende inhaltliche Änderungen auf: Nr. 5 wurde um den Wärmeschutz ergänzt und erstreckt sich ausdrücklich auf die Verwendung von Baustoffen, Nr. 7 wurde um Treppenräume und Flure ergänzt, während Aufzüge gestrichen wurden. Darüber hinaus ergänzte der Gesetzgeber den Katalog um die Nrn. 18 bis 20 (heute: Nrn. 19 bis 21). Nr. 18 ermöglicht, die Vorlage eines Brandschutzkonzeptes, Nr. 19 die Bestellung einer Bauleiterin oder eines Bauleiters und einer Fachbauleiterin oder eines Fachbauleiters zu fordern und dabei Anforderungen an deren Qualifikation zu stellen. Nr. 20 ermächtigt die Bauaufsichtsbehörde, die Bestellung einer oder eines Brandschutzbeauftragten zu fordern und dabei Anforderungen an deren Qualifikation zu stellen. Durch das Gesetz zur Änderung der Niedersächsischen Bauordnung vom 25.09.2017 (GVBl. Nr. 2017/19, S. 338 f.) wurde mit der barrierefreien Nutzbarkeit schließlich ein neuer Nr. 9 eingefügt.

Bezugnahmen zu Sonderbauten finden sich in §62 Abs. 1 S. 3, §63 Abs. 1 S. 1, §65 Abs. 3 S. 2 Nr. 4, §68 Abs. 5 S. 1 Nr. 2 und S. 4 NBauO sowie der Verordnungsermächtigung in §82 Abs. 1 Nr. 4 NBauO. 4

B. Sonderbau und Verfahrensrecht

Die Einordnung einer baulichen Anlage als Sonderbau ist zunächst in verfahrensrechtlicher Hinsicht von Bedeutung. Sonderbauten bzw. bauliche Maßnahmen, durch die eine bauliche Anlage zum Sonderbau wird, unterliegen dem Baugenehmigungsverfahren nach §64 NBauO, in dessen Rahmen alle bauordnungsrechtlichen Anforderungen geprüft werden. Dies folgt zum einen aus §62 Abs. 1 S. 3 NBauO, wonach die Genehmigungsfreiheit für die Errichtung, Änderung oder Nutzungsänderung der in §62 Abs. 1 S. 1 NBauO genannten baulichen Anlagen nicht für Sonderbauten gilt, zum anderen aus §63 Abs. 1 S. 1 NBauO, wonach das vereinfachte Baugenehmigungsverfahren nicht für bauliche Anlagen Anwendung findet, die nach Durchführung der Baumaßnahme Sonderbauten im Sinne des §2 Abs. 5 NBauO sind. 5

Einen Sonderfall stellen die fliegenden Bauten i.S.v. §2 Abs. 5 Nr. 18 NBauO dar. Gemäß §75 Abs. 2 S. 1 NBauO bedürfen fliegende Bauten zwar keiner Baugenehmigung, aber – mit Ausnahme der in §75 Abs. 2 S. 3 NBauO genannten Fälle – gemäß Satz 2 einer Ausführungsgenehmigung, in der weitergehende Anforderungen etwa an die Standsicherheit (Fundamente) und die Dauerhaftigkeit (wiederkehrende Abnahmen) gestellt werden können. 6

Damit unterliegen alle Sonderbauten einem Genehmigungsverfahren, in dem die Bauaufsichtsbehörde prüfen kann, ob alle bauordnungsrechtlichen Anforderungen eingehalten werden , besondere Anforderungen zu stellen sind oder Erleichterungen gewährt werden können. 7

C. Tatbestandsvoraussetzungen

Während §51 S. 1 NBauO die Bauaufsichtsbehörde dazu ermächtigt, im Einzelfall besondere, über die in den §§4 bis 50 NBauO genannten Anforderungen an einen Sonderbau zu stellen, können nach §51 Abs. 1 S. 2 NBauO auch Erleichterungen von den Anforderungen der §§4 bis 50 NBauO und der VOen gewährt werden. §51 NBauO trägt damit dem Umstand Rechnung, dass die materiellen Anforderungen der NBauO auf den Standardbau zugeschnitten sind. 8

Voraussetzung für eine den Bauherrn belastende Anordnung nach §51 S. 1 NBauO oder eine ihn begünstigende Erleichterung ist, dass es sich bei der baulichen Anlage um einen Sonderbau i.S.v. §2 Abs. 5 NBauO handelt und – für eine verschärfende Anordnung i.S.v. Satz 1 – die Vorschriften der §§4 bis 50 NBauO und der zu ihrer näheren Bestimmung erlassenen VOen nicht ausreichen, um sicherzustellen, dass der Sonderbau die Anforderungen des § 3 NBauO erfüllt oder – für eine Erleichterung i.S.v. Satz 2 – es der Einhaltung von Vorschriften und Verordnungen nach Satz 1 wegen der besonderen Art oder Nutzung baulicher Anlagen oder Räume oder wegen besonderer Anforderungen nicht bedarf.

9 Die Unterscheidung zwischen baulichen Anlagen einerseits und (einzelnen) Räumen andererseits in § 51 S. 2 NBauO macht deutlich, dass Erleichterungen – soweit erforderlich – sowohl für die bauliche Anlage insgesamt als auch für Teilbereiche oder gar einzelne Räume gestattet werden können. Gleiches gilt für besondere Anforderungen nach § 51 S. 1 NBauO, auch wenn dieser – anders als noch § 51 Abs. 1 S. 1 NBauO a.F. eine entsprechende Differenzierung nicht mehr ausdrücklich enthält. Danach kann es u.U. genügen, die besonderen Anforderungen auf die Räume zu beschränken, deren Art und Nutzung die Gefahren hervorrufen, zu deren Abwehr die Regelvorschriften nicht ausreichen.

a) Sonderbau i.S.v. § 2 Abs. 5 NbauO

10 Der Anwendungsbereich von § 51 S. 1 und 2 NBauO knüpft tatbestandlich an die Legaldefinition des Sonderbaus in § 2 Abs. 5 NBauO an. Die dortige Aufzählung ist zwar abschließend. Zugleich enthält § 2 Abs. 5 aber in Nr. 21 einen Auffangtatbestand, wonach Sonderbauten (auch) bauliche Anlagen und Räume sind, von denen wegen ihrer Art oder ihrer Nutzung Gefahren ausgehen, die den Gefahren ähnlich sind, die von den in den Nummern 1 bis 20 genannten baulichen Anlagen und Räumen ausgehen. Diese Bestimmung ist aufgrund der Aufzählung in den Nrn. 1 bis 20 eng auszulegen. Ein Sonderbau i.S.v. § 2 Abs. 5 Nr. 21 NBauO ist danach nur dann gegeben, wenn die bauliche Anlage ein vergleichbares Gefahrenpotential aufweist wie die in den Nummern 1 bis 20 genannten baulichen Anlagen (→ § 2 Rn. 77).

11 Das Gefahrenpotential ergibt sich hinsichtlich der Nrn. 1 bis 3 aus der Höhe oder Ausdehnung der baulichen Anlage, hinsichtlich der Nrn. 4 bis 20 aus der Art der Nutzung, wobei der Gesetzgeber die Sonderbaueigenschaft in den Nrn. 4 bis 15 an die Nutzungsart in Kombination mit einer größeren Zahl oder der besonderen Konstitution von Personen bzw. der Art des Aufenthalts der Personen in der baulichen Anlage anknüpft. Die Nrn. 16 bis 20 hat der Gesetzgeber als Sonderbau qualifiziert, damit sie wegen ihrer Atypik im Baugenehmigungsverfahren (§ 64 NBauO) oder im Verfahren nach § 75 NBauO behandelt werden (vgl. LT-Drs. 16/3195, S. 69).

12 Über die in § 2 Abs. 5 S. 1 NBauO genannten Fälle hinaus sind nach Satz 2 der Bestimmung Sonderbauten auch die nach dem Bundes-Immissionsschutzgesetz genehmigungsbedürftigen Anlagen, soweit sie bauliche Anlagen sind. Durch die Einordnung dieser Anlagen als Sonderbau soll gewährleistet werden, dass im Rahmen der Genehmigungsverfahren nach dem Bundesimmissionsschutzgesetz auch diejenigen bauordnungsrechtlichen Anforderungen überprüft werden, die sonst bei nicht als Sonderbau zu qualifizierenden baulichen Anlagen nach der NBauO nicht geprüft werden müssten (Ausschussbericht NBauO 2012, LT-Drs. 16/4621, S. 5).

b) Verhältnis § 82 Abs. 1 Nr. 4 NBauO zu § 51 NbauO

13 § 82 Abs. 1 Nr. 4 NBauO ermächtigt die oberste Bauaufsichtsbehörde, durch Verordnung die nach § 51 NBauO zulässigen besonderen Anforderungen und Erleichterungen allgemein festzusetzen sowie die Anwendung solcher Anforderungen und Erleichterungen auf bestehende Sonderbauten zu regeln. Dabei gehen die Bestimmungen der auf der Grundlage von § 82 Abs. 1 Nr. 4 NBauO erlassenen Verordnungen den Vorschriften in § 51 S. 1 und 2 NBauO vor. Da sie allgemein besondere Anforderungen und Erleichterungen festsetzen, ist prima facie davon auszugehen, dass Abweichungen im Einzelfall nach § 51 S. 1 und 2 NBauO in der Regel nicht in Betracht kommen (vgl. NdsOVG, 18.9.2002 – 1 LB 2855/01 – BRS 65 Nr. 138 = BeckRS 2002, 24119 zur Verkaufsstätten-

verordnung; Kemper in BeckOK BauordnungsR Nds NBauO, 11. Ed. 30.11.2018, §51 Rn. 16).

Aufgrund der Vorgängervorschrift – §95 Abs. 2 NBauO a.F. – ergingen folgende Verordnungen mit bautechnischen Anforderungen, die über die der §§4 bis 50 hinausgehen: 14

- die Verkaufsstättenverordnung (VKVO) vom 17.1.1997 (Nds. GVBl. S. 31), zul. geänd. d. Art. 2 der VO v. 13.11.2012 (Nds. GVBl. S. 438),
- die Nds. Versammlungsstättenverordnung (NVStättVO) v. 8.11.2004 (Nds. GVBl. S. 426), zul. geänd. d. Art. 3 der VO v. 13.11.2012 (Nds. GVBl. S. 438),
- die Verordnung über Campingplätze, Wochenendplätze und Wochenendhäuser (CPl-Woch-VO) v. 12.4.1984 (Nds. GVBl. S. 109), zul. geänd. d. Art. 5 der VO v. 13.11.2012 (Nds. GVBl. S. 438),
- die Verordnung über den Bau von Betriebsräumen für elektrische Anlagen (EltBauVO) v. 25.1.2011 (Nds. GVBl. S. 19).

Soweit die oberste Bauaufsichtsbehörde darüber hinaus die Richtlinie über den baulichen Brandschutz im Industriebau (Industriebaurichtlinie – IndBauRL –) v. 29.3.2003, zul. geänd. d. ÄnderErl. v. 28.9.2012 (Nds. MBl. S. 751) erlassen hat, fußt diese nicht auf der Verordnungsermächtigung in §82 Abs. 1 Nr. 4 NBauO. Vielmehr handelt es sich um eine, die Bauaufsichtsbehörde bindende Verwaltungsvorschrift, die §14 NBauO sowie §1 DVO-NBauO, §2 DVO-NBauO, §8 DVO-NBauO, §11 DVO-NBauO inhaltlich konkretisiert. Ziel der Richtlinie ist es, die Mindestanforderungen an den Brandschutz von Industriebauten zu regeln, so dass Industriebauten, die dem Geltungsbereich der IndBauRL unterfallen, nach dem Willen der obersten Bauaufsichtsbehörde die Schutzziele des §14 S. 1 NBauO erfüllen (vgl. 1 d. IndBauRL). 15

Der 12. Senat des Nds. Oberverwaltungsgerichts sieht für Industriebauten, die dem Anwendungsbereich der Richtlinie unterfallen und die in der Richtlinie genannten Anforderungen erfüllen, den Nachweis als erbracht an, dass die Anforderungen der §§1, 51 i. V. m. §20 NBauO gewahrt sind (NdsOVG 22.5.2008 – 12 MS 16/07 – BeckRS 2008, 35776). Zutreffend dürfte es eines sachlich rechtfertigenden Grundes bedürfen, wenn die Bauaufsichtsbehörde von dieser Verwaltungsvorschrift abweicht und nach §51 Abs. 1 NBauO strengere brandschutzrechtliche Anforderungen an das Vorhaben anordnet (VG Lüneburg 11.2.2010 – 2 A 348/08 – BeckRS 2010, 47434). Ziel der Richtlinie ist es aber ausschließlich, die Mindestanforderungen an den Brandschutz von Industriebauten zu regeln, um die Schutzziele des §14 S. 1 NBauO zu erfüllen. Es verbleibt danach bei der Einzelfallprüfung nach §51 S. 1 NBauO, ob darüber hinaus besondere Anforderungen im Einzelfall zu stellen sind. 16

Hinsichtlich der Verkaufsstättenverordnung hat das Niedersächsische Oberverwaltungsgericht zu §51 Abs. 2 Nr. 2 NBauO a.F. zutreffend entschieden, dass §1 VKVO ausschließlich den Geltungsbereich der Verkaufsstättenverordnung definiert, nicht hingegen den Begriff der Verkaufsstätte in §51 Abs. 2 Nr. 2 NBauO a.F.. Danach liegt auch dann eine Verkaufsstätte vor, wenn deren Verkaufsräume und Ladenstraßen einschließlich ihrer Bauteile eine Fläche von nicht mehr als 2000 m² hat. Die Verkaufsstättenverordnung hat den Zweck, für einen räumlich eingegrenzten Kreis von Verkaufsstätten, die wegen ihrer Größe ein besonderes Gefahrenpotential aufweisen, weitergehende Anforderungen im Sinne des §51 NBauO durch Verordnung allgemein zu stellen (NdsOVG 18.9.2002 – 1 LB 2855/01 – BRS 65 Nr. 138 = BeckRS 2002, 24119). Unter heutiger Geltung von §2 Abs. 5 S. 1 Nr. 4 NBauO behält diese Rechtsprechung ihre Gültigkeit. Zwar waren nach §51 Abs. 2 Nr. 2 NBauO a.F. bauliche Anlagen besonderer Art oder Nutzung jegliche Verkaufsstätten, ohne dass diese eine Mindestfläche aufweisen mussten, während nunmehr gemäß §2 Abs. 5 S. 1 Nr. 4 NBauO Sonderbauten nur solche Verkaufsräume und Ladenstraßen sind, die eine Grundfläche von insgesamt mehr als 800 m² haben. §1 VKVO definiert aber auch weiterhin nicht, ob eine Verkaufsstätte und damit ein Sonderbau i.S.v. §2 Abs. 5 S. 1 Nr. 4 NBauO vorliegt mit der Folge, dass bei Verkaufsstätten, deren Verkaufsräume und Ladenstraßen eine Grundfläche von insgesamt mehr als 800 m², aber von nicht mehr als 2000 m² haben, von der Bauaufsichts- 17 behörde gemäß § 51 Abs. 1 S. 1 NBauO zu prüfen ist, ob im Einzelfall an die bauliche Anlage oder an Räume aufgrund der besonderen Art oder Nutzung besondere Anforderungen zu stellen sind oder ggf. Erleichterungen nach § 51 Abs. 1 S. 1 NBauO gestattet werden können (vgl. NdsOVG 18.9.2002 – 1 LB 2855/01 – BRS 65 Nr. 138 = BeckRS 2002, 24119).

18 Handelt es sich hingegen bei der baulichen Anlage um eine Verkaufsstätte i.S.v. § 2 Abs. 5 S. 1 Nr. 4 NBauO, deren Verkaufsräume und Ladenstraßen eine Grundfläche von insgesamt mehr als 2000 m^2 haben, gehen die Bestimmungen der Verkaufsstättenverordnung den Vorschriften in § 51 Abs. 1 Satz 3 NBauO grundsätzlich vor, soweit die Verkaufsstättenverordnung (abschließende) Regelungen trifft. Dies gilt insbesondere hinsichtlich § 51 Abs. 1 Satz 3 Nr. 5 NBauO, so dass Brandschutzanforderungen, die über die in der Verkaufsstättenverordnung genannten Anforderungen hinausgehen, in der Regel nicht in Betracht kommen (NdsOVG 18.9.2002 – 1 LB 2855/01 – BRS 65 Nr. 138 = BeckRS 2002, 24119).

c) Besondere Anforderungen nach Satz 1

19 § 51 NBauO ermächtigt dazu, im Einzelfall besonderen Anforderungen an den Sonderbau zu stellen. Voraussetzung hierfür ist, dass die Vorschriften der §§ 4 bis 50 NBauO und der zu ihrer näheren Bestimmungen erlassenen Verordnungen nicht ausreichen, um sicherzustellen, dass der Sonderbau die Anforderungen des § 3 NBauO erfüllt oder mit anderen Worten: Obwohl der Sonderbau den Anforderungen der §§ 4 bis 50 NBauO und der zu ihrer näheren Bestimmungen erlassenen Verordnung genügt, erfüllt er nicht die Anforderungen in § 3 NBauO.

20 Seinem eindeutigen Wortlaut nach nimmt § 51 S. 1 NBauO nicht lediglich § 3 Abs. 1 NBauO in Bezug, sondern verweist insgesamt auf § 3 NBauO. Die Bauaufsichtsbehörde kann danach nicht nur dann besondere Anforderungen an den Sonderbau stellen, wenn die Anordnung, Beschaffenheit und Eignung des Sonderbaus die öffentliche Sicherheit und Ordnung gefährdet, sondern grundsätzlich auch dann, wenn er nicht den Anforderungen des Abs. 2 oder den ästhetischen Anforderungen des Abs. 3 genügt. Der Sonderbau muss danach so angeordnet, beschaffen und für seine Benutzung geeignet sein, dass die öffentliche Sicherheit, insbesondere Leben und Gesundheit, sowie die natürlichen Lebensgrundlagen und die Tiere nicht gefährdet werden (§ 3 Abs. 1 S. 1 NBauO). Unzumutbare Belästigungen oder unzumutbare Verkehrsbehinderungen dürfen nicht entstehen (§ 3 S. 2 NBauO) und die bauliche Anlage muss den allgemeinen Anforderungen an gesunde Wohn- und Arbeitsverhältnisse entsprechen (§ 3 Abs. 2 S. 1 NBauO). Nach § 3 Abs. 1 Abs. 2 S. 2 NBauO sind die Belange der Menschen mit Behinderungen, der alten Menschen, der Kinder und Jugendlichen sowie der Personen mit Kleinkindern zu berücksichtigen und zum Schutz des Klimas sind Möglichkeiten zum sparsamen Umgang mit Boden, Wasser und Energie sowie zur Gewinnung erneuerbarer Energien zu berücksichtigen (S. 3). Schließlich darf der Sonderbau nicht verunstaltend wirken und darf auch das Gesamtbild der Umgebung nicht verunstalten (§ 3 Abs. 3 NBauO).

21 In der Praxis dürfte § 3 Abs. 1 S. 1 NBauO von zentraler Bedeutung sein. § 51 S. 1 i.V.m. § 3 Abs. 1 S. 1 NBauO ermächtigt die Bauaufsichtsbehörde, durch besondere Anforderungen im Einzelfall sicherzustellen, dass die Anordnung, Beschaffenheit oder Benutzung des Sonderbaus die öffentliche Sicherheit, insbesondere das Leben und die Gesundheit nicht gefährdet. § 3 Abs. 1 S. 1 NBauO knüpft damit an die Generalklausel des allgemeinen Polizei- und Ordnungsrechts an und unterstreicht die primäre baupolizeiliche Gefahrenabwehrfunktion, die das Bauordnungsrecht weiterhin prägt. Wie sich dem Wortlaut „durch besondere Anforderungen im Einzelfall sicherzustellen“ entnehmen lässt, muss – anders als in § 82 Abs. 1 Nr. 4 NBauO – eine konkrete Gefährdung der öffentlichen Sicherheit vorliegen (vgl. Kemper in BeckOK BauordnungsR Nds NBauO, 11. Ed. 30.11.2018, § 51 Rn. 8). Es gilt der polizeirechtliche gleitende Maßstab der Schadenswahrscheinlichkeit: Je größer und folgenschwerer der möglicherweise eintretende

Schaden ist, desto geringer sind die Anforderungen, die an die Wahrscheinlichkeit des Schadenseintrittes zu stellen sind (NdsOVG 13.2.2018 – 1 LA 21/17 –, V.n.b.; 17.7.2013 – 1 LA 24/12 – V.n.b.).

Das Prüfprogramm der Bauaufsichtsbehörde gestaltet sich danach wie folgt: Handelt es bei der (geplanten) baulichen Anlage um einen Sonderbau, hat sie zunächst zu ermitteln, ob dieser die Vorgaben der §§4 bis 50 NBauO und der zu deren näheren Bestimmung erlassenen Verordnungen einhält. Bejahendenfalls prüft die Bauaufsichtsbehörde im nächsten Schritt, ob gleichwohl nicht sichergestellt ist, dass der Sonderbau die Anforderungen des §3, insbesondere des §3 Abs. 1 S. 1 NBauO erfüllt. Das Gefährdungspotential ergibt sich dabei typischerweise aus dem Grund, aus dem der Gesetzgeber die bauliche Anlage gemäß §2 Abs. 5 NBauO als Sonderbau bestimmt hat (vgl. → 10ff.). Ein Einschreiten der Bauaufsichtsbehörde nach §51 S. 1 NBauO setzt schließlich voraus, dass die zulässigen besonderen Anforderungen nicht durch eine auf der Grundlage von §82 Abs. 1 Nr. 4 NBauO erlassenen Verordnung allgemein und abschließend festgesetzt worden sind. Ist dies nicht der Fall, kann die Bauaufsichtsbehörde anhand des – nicht abschließenden – Katalogs in §51 S. 3 NBauO prüfen, welche besondere Anforderungen im Einzelfall zu stellen sind. Dabei hat sich ihr Ermessen an dem Zweck der Ermächtigungsgrundlage, d.h. der Sicherstellung, dass die konkret betroffenen Anforderungen in §3 NBauO erfüllt werden, zu orientieren und das Übermaßverbot zu beachten (§1 Abs. 1 Nds. VwVfG i.V.m. 40 VwVfG). 22

Für den besonders bedeutsamen Brandschutz in §51 S. 3 Nr. 5 NBauO gilt: Da brandschutzrechtliche Maßnahmen den höchsten Rechtsgütern Leben und Gesundheit dienen, reicht schon eine „gewisse Wahrscheinlichkeit" des Brandeintrittes und damit verbundener Gefahren für Leib und Leben der Menschen aus (NdsOVG 13.2.2018 – 1 LA 21/17 –, V.n.b.; 17.7.2013 – 1 LA 24/12 – V.n.b. mit Verweis auf OVG NRW 20.2.2013 – 2 A 239/12 – DWW 2013, 231; 21.9.2012 – 2 A 182/11 – NVwZ-RR 2013, 213; 11.1.2008 – 10 A 1277/07 – BRS 73 Nr. 190). 23

Das Nds. Oberverwaltungsgericht hat zudem in einer zu §51 Abs. 1 S. 1 u. 3 Nr. 5 NBauO a.F. ergangenen Entscheidung – die Klägerin wendete sich gegen brandschutzrechtliche Nebenbestimmungen ihres Bauscheins für einen Lebensmittelverkaufsmarkt, der nicht dem Anwendungsbereich der Verkaufsstättenverordnung unterfiel – zutreffend festgestellt, dass bei Verkaufsstätten weitergehende Anforderungen gestellt werden dürfen als für Wohnungen. §6 VKVO enthalte den verallgemeinerungsfähigen Gedanken, dass (Brand-)Abschnittsbildungen ein bewährtes Mittel darstellten, zumindest einen Teil der Ziele zu verwirklichen, deren Erfüllung die Brandschutzvorschriften dienten. Insoweit muss sich die Bauaufsichtsbehörde nicht mit einem Brandschutzkonzept, das eine Schulung des Personals vorsieht, begnügen, da dieses aufgrund der Fehleranfälligkeit menschlichen Handelns nicht gleich geeignet sei wie die Bildung von Brandabschnitten (NdsOVG 17.7.2013 – 1 LA 24/12 – V.n.b.). 24

In einer weiteren Entscheidung, indem der Bauherr sein mehrstöckiges Möbelhaus von 12.000 qm auf knapp 21.000 qm erweiterte, wodurch es zu einer Verlängerung der Rettungswege um 40 Prozent und einer Vergrößerung der Brandabschnitte gekommen war, hielt das Nds. Oberverwaltungsgericht die Auflage, eine ca. 50.000 EUR teure Gebäudefunkanlage zu installieren, damit im gesamten Gebäude für die Feuerwehr eine ungehinderte Sprechfunkverbindung sichergestellt ist, für rechtmäßig. Trotz grundsätzlicher Anwendbarkeit der Verkaufsstättenverordnung (vgl. §2 Abs. 1 VKVO) durfte die Bauaufsichtsbehörde besondere Anforderungen auf der Grundlage von §51 Abs. 1 S. 1 NBauO a.F. erlassen, da dem Kläger neben der angegriffenen Auflage zugleich mehrere Befreiungen von der Verkaufsstättenverordnung erteilt worden waren. Zutreffend verweist das Nds. Oberverwaltungsgericht in seiner Entscheidung darauf, dass das klägerische Brandschutzkonzept, das unter anderem eine Hochleistungssprinkleranlage vorsah, nicht die zahlreichen Befreiungen von der Verkaufsstättenverordnung kompensiert hatte, da es nicht sicherstellte, dass die Feuerwehr sich im Brandfall im Gebäude über Sprechfunk verständigen kann, so dass eine ggf. notwendige Rettung insbesondere von älteren 25

Menschen und Kleinkindern nicht in vergleichbarer Weise sichergestellt war (NdsOVG 13.2.2018 – 1 LA 21/17 –, V.n.b.).

d) Erleichterungen nach Satz 2

26 Nach § 51 Abs. 1 S. 2 NBauO können auch Erleichterungen von den Anforderungen der §§ 4 bis 50 NBauO und der VOen gewährt werden, soweit es „der Einhaltung von Vorschriften und Verordnungen nach Satz 1 nicht bedarf", d.h. wenn die Grundanforderungen in § 3 NBauO auch bei Abweichung von diesen Vorschriften gewahrt bleiben. Diese Situation muss sich aus „der besonderen Art oder Nutzung baulicher Anlagen oder Räume" oder „wegen besonderer Anforderungen" ergeben.

27 Mit der zweiten Alternative ist der Fall gemeint, dass die Nichteinhaltung der Vorschriften unschädlich ist, wenn die besonderen Anforderungen eingehalten werden, also schon dadurch die Gefahr abgewehrt wird (so auch Kemper in BeckOK BauordnungsR Nds NBauO, 11. Ed. 30.11.2018, § 51 Rn. 13).

28 Ergibt sich hingegen keine Kompensation durch besondere Anforderungen, setzt die Erleichterung nach § 51 S. 2 NBauO voraus, dass es wegen der besonderen Art oder Nutzung der baulichen Anlage oder Räume der Einhaltung der §§ 4 bis 50 NBauO und der VOen nicht bedarf, weil im konkreten Einzelfall die Grundanforderungen in § 3 NBauO nicht gefährdet werden. Es muss sich danach insbesondere zugunsten des Bauherrn feststellen lassen, dass durch die Erleichterung die öffentliche Sicherheit nicht gefährdet wird. Je mehr die besondere Art oder Nutzung der baulichen Anlage oder der Räume von den in §§ 4 bis 50 NBauO und den VOen normierten Anforderungen abweicht, desto schwieriger dürfte sich eine solche Feststellung zugunsten des Bauherrn treffen lassen. Maßgeblich ist dabei nicht auf die mutmaßliche, sondern die durch die Baugenehmigung samt Erleichterung genehmigte Nutzungsmöglichkeit abzustellen.

29 Liegen die Voraussetzungen für eine Erleichterung nach § 51 S. 2 NBauO vor, eröffnet dieser der Bauaufsichtsbehörde Ermessen („Erleichterungen können gestattet werden"), wobei dieses am Zweck der Ermächtigungsgrundlage auszurichten ist (§ 1 Abs. 1 Nds. VwVfG i.V.m. 40 VwVfG). Ob der Bauherr Anspruch auf Gestattung der Erleichterung hat, ist eine Frage der Ermessensreduzierung.

30 Eine solche hat das Verwaltungsgericht Hannover für ein sog. Boxhotel angenommen, d.h. einem Hotel, das Übernachtungsmöglichkeiten in Schlafboxen anbietet (vgl. VG Hannover 24.1.2019 – 4 A 6166/18 – BeckRS 2019, 6341, nicht rechtskräftig). Diese verfügten nicht nur nicht über Fenster, sondern besaßen auch nicht die nach § 43 Abs. 1 S. 1 NBauO i.V.m. § 28 Abs. 1. S. 1 DVO-NBauO erforderliche Mindestfläche für Aufenthaltsräume. Das Verwaltungsgericht stellte insoweit fest, dass die Schlafboxen nicht über notwendige Fenster gem. § 43 Abs. 3 NBauO verfügen müssten, da die Voraussetzungen des § 43 Abs. 5 NBauO erfüllt würden, d.h. durch besondere Maßnahmen bzw. Einrichtungen (künstliche Belichtung und Belüftung) sichergestellt werde, dass den Anforderungen des § 3 NBauO entsprochen werde und die Rettung von Menschen möglich sei. Soweit die Schlafboxen zudem nicht über die erforderliche Mindestfläche verfügten, habe die Klägerin einen Anspruch auf Gestattung einer Erleichterung nach § 51 S. 2 NBauO. Die Vorgabe, dass ein Aufenthaltsraum eine bestimmte Grundfläche aufweisen müsse, diene der Gewährleistung gesunder Wohn- und Arbeitsverhältnisse. Da aber zu erwarten sei, dass die Hotelbenutzer ihre Schlafboxen nur kurzfristig nutzen, würden die Grundanforderungen des § 3 NBauO gewahrt. Außerdem sei zu berücksichtigen, dass die Schlafboxen in zwei Ebenen unterteilt würden. Auch wenn es an der erforderlichen lichten Höhe fehle, werde so rechnerisch eine größere Fläche als 6 m^2 erreicht.

Siebter Teil
Verantwortliche Personen

§ 52 Bauherrin und Bauherr

(1) Die Bauherrin oder der Bauherr ist dafür verantwortlich, dass die von ihr oder ihm veranlasste Baumaßnahme dem öffentlichen Baurecht entspricht.

(2) [1]Die Bauherrin oder der Bauherr einer nicht verfahrensfreien Baumaßnahme hat zu deren Vorbereitung, Überwachung und Ausführung verantwortliche Personen im Sinne der §§ 53 bis 55 zu bestellen, soweit sie oder er nicht selbst die Anforderungen nach den §§ 53 bis 55 erfüllt oder erfüllen kann. [2]Ihr oder ihm obliegt es außerdem, die nach den öffentlich-rechtlichen Vorschriften erforderlichen Anträge zu stellen, Anzeigen zu machen und Nachweise zu erbringen. [3]Die Bauherrin oder der Bauherr hat zu den verwendeten Bauprodukten und den angewandten Bauarten die erforderlichen Nachweise über die Erfüllung der Anforderungen dieses Gesetzes oder aufgrund dieses Gesetzes erlassener Vorschriften bereitzuhalten. [4]Zu Bauprodukten, die die CE-Kennzeichnung nach der Verordnung (EU) Nr. 305/2011 tragen, ist die Leistungserklärung bereitzuhalten. [5]Die Bauherrin oder der Bauherr hat vor Baubeginn den Namen der Bauleiterin oder des Bauleiters und während der Bauausführung einen Wechsel dieser Person der Bauaufsichtsbehörde unverzüglich schriftlich mitzuteilen. [6]Wechselt die Bauherrin oder der Bauherr, so hat die neue Bauherrin oder der neue Bauherr dies der Bauaufsichtsbehörde unverzüglich schriftlich mitzuteilen.

(3) [1]Liegen Tatsachen vor, die besorgen lassen, dass eine nach Absatz 2 Satz 1 bestellte Person nicht den jeweiligen Anforderungen der §§ 53 bis 55 genügt, so kann die Bauaufsichtsbehörde verlangen, dass die Bauherrin oder der Bauherr sie durch eine geeignete Person ersetzt oder geeignete Sachverständige heranzieht. [2]Die Bauaufsichtsbehörde kann die Bauarbeiten einstellen lassen, bis die Bauherrin oder der Bauherr ihrer Aufforderung nachgekommen ist.

(4) Die Bauaufsichtsbehörde kann verlangen, dass ihr für bestimmte Arbeiten die Unternehmerinnen und Unternehmer benannt werden.

Übersicht

A. Überblick über die Vorschriften des siebten Teils (§§ 52–56)

1 **Zweck der Regelung:** Die materiell-rechtlichen Vorschriften der vorangegangenen Teile des Gesetzes beschränken sich (abgesehen vom vierten Teil über Bauprodukte) im Allgemeinen darauf, bestimmte Zustände oder Eigenschaften baulicher Anlagen oder ihrer Umgebung zu fordern oder zu verbieten. Ergänzend befassen sich § 3 Abs. 4–6 und § 2 Abs. 13 mit den baulichen und anderen Maßnahmen, die auf diese Zustände Einfluss haben. Der siebte Teil mit den §§ 52–56 bestimmt nun, wer verpflichtet ist, die vorgeschriebenen Zustände herzustellen oder aufrechtzuerhalten und die verbotenen zu vermeiden. Diese Vorschriften besagen zugleich, wen die BauAB in Anspruch nehmen darf und muss, wenn gefährliche oder sonst baurechtswidrige Zustände beseitigt werden müssen (vgl. § 79 Abs. 1 S. 3). Die §§ 52 ff. ersetzen damit die allgemeinen polizeirechtlichen Vorschriften über die Verantwortlichkeit der sog. Störer gemäß den §§ 6 f. NPOG (OVG Lüneburg 29.6.2017 – 1 ME 70/17 – Rn. 11, BeckRS 2017, 117753). Sie ermöglichen es eindeutiger als jene, bauaufsichtliche Anordnungen auch an Entwurfsverfasser, Unternehmer und Bauleiter zu richten, und ersparen so den „wirkungshemmenden Umweg über den Bauherrn" (Schmalzl NJW 1970, 2265). In § 79 Abs. 1 S. 4 ist demgegenüber ausdrücklich geregelt, dass im Anwendungsbereich der Generalklausel auch auf eine Vorschrift des Polizeirechts zurückgegriffen werden kann. Nur dort ist die Inanspruchnahme von Nichtstörern nach § 8 NPOG zulässig. Damit ist klargestellt, dass das Baurecht den Rückgriff auf das Allgemeine Polizeirecht nur dann zulässt, wenn dies ausdrücklich in der NBauO festgestellt ist. Ein weitergehender Rückgriff auf das Allgemeine Polizeirecht ist daneben nicht möglich (OVG Lüneburg 29.6.2017, aaO).

Darüber hinaus enthalten die §§ 52 ff. weitere Vorschriften, welche die Einhaltung des materiellen Baurechts sichern sollen, und zwar werden den dort genannten Verantwortlichen Pflichten auferlegt (so zB dem Bauherrn in § 52 Abs. 2–4), und es werden Anforderungen an ihre Qualifikation gestellt (in § 53 Abs. 2-5, § 54 Abs. 2 und § 55 Abs. 2).

2 Als verantwortliche Personen werden zunächst diejenigen aufgeführt, die beim Bau bestimmte Funktionen innehaben, in der MBauO 2002 (§§ 52–56) und in den meisten anderen LBauOen **„die am Bau Beteiligten"** genannt. Dies sind die Bauherrin oder der Bauherr (§ 52), die Entwurfsverfasserin oder der Entwurfsverfasser (§ 53), der oder die Unternehmer (§ 54) und der Bauleiter (§ 55); meist sind an einem Bau mehrere Unternehmer tätig. Hinzu kommen uU besondere „Sachverständige" (§ 53 Abs. 2).

Als verantwortliche Personen kommen außerdem der **Eigentümer** (Erbbauberechtigte), im Falle der Dereliktion der **ehemalige Eigentümer**, und der **Besitzer** baulicher Anlagen in Betracht. Ihre Verantwortung für den baurechtmäßigen Zustand der Bauten und der Baugrundstücke ist außerhalb der Bauzeit von Bedeutung, namentlich bei fertiggestellten Bauten. An diese richtet sich § 56.

3 Abweichend von der NBauO 2003 (§ 62 aF) bestimmt die NBauO 2012 nichts mehr über die Verantwortlichkeit anderer als die in den §§ 52 ff. genannten Personen als sog. Verhaltens- oder **Handlungsstörer**, auf die es hin und wieder ankommen kann: Ein baurechtswidriger, insbesondere gefährlicher Zustand baulicher Anlagen kann entstehen, wenn zB ein von der Straße abkommendes Fahrzeug tragende Teile eines Bauwerks beschädigt, jemand eine Explosion herbeiführt oder gefährliche Abfälle auf einem Baugrundstück ablagert, wenn Kinder auf einer Baustelle Unfug treiben oder wenn – wie in dem vom OVG Lüneburg 29.6.2017, aaO (→ Rn. 1), entschiedenen Sachverhalt – jemand ihm auferlegte Sicherungsmaßnahmen gegen unbefugten Zutritt eines ungenutzten Gebäudes unterlässt und dadurch Brandlegungen ermöglicht werden. Dann kann ein behördliches Einschreiten notwendig werden, damit das gefährdende Verhalten beendet und nicht wiederholt wird oder damit der schon angerichtete Schaden nicht weitere Schäden nach sich zieht. In der NBauO 2003 ergab sich aus § 62 iVm § 89, dass die BauAB dann ggf. notwendige und geeignete Maßnahmen an die Personen richten kann, die als Handlungsstörer nach § 6 NPOG verantwortlich sind. Dies sind diejenigen,

die den gefährlichen Zustand durch eigenes Verhalten verursacht haben (§ 6 Abs. 1 NPOG), die als Eltern oder Betreuer zur Aufsicht über den Verursacher verpflichtet waren (Abs. 2) oder die den Verursacher zu einer Verrichtung bestellt haben, in deren Ausführung dieser die Gefahr verursacht hat (Abs. 3).

In der Vorauflage wurde noch vertreten, dass dieselben Grundsätze auch heute noch Geltung beanspruchten, da das **NPOG** als allgemeines Recht der Gefahrenabwehr **unmittelbar eingreife,** soweit in der NBauO keine Sonderregelung bestehe; Rechtsgrundlage für ein Einschreiten der BauAB sei in diesen Fällen § 11 NPOG. Das OVG Lüneburg hat diese Rechtsfrage in dem von ihm entschiedenen Fall offen gelassen (29.6.2017, aaO, Rn. 26, → Rn. 1). Die Vorinstanz (VG Göttingen 18.4.2017 – 2 B 196/17 – Rn. 21, BeckRS 2017, 117754) hat sich aus rechtssystematischen Gründen dagegen ausgesprochen, jedenfalls eine Verhaltensverantwortlichkeit durch Unterlassen im Anwendungsbereich der NBauO anzuerkennen. Hierfür spricht, dass der Gesetzgeber mit der Erweiterung der Verantwortlichkeit für den Zustand baulicher Anlagen und Grundstücke in den Fällen der Dereliktion durch das Anfügen des Satzes 4 in § 56 die vom OVG Lüneburg (aaO) und der Vorinstanz aufgezeigte Regelungslücke geschlossen hat (LT-Drs 18/1136, 42). Ohnehin gilt zu berücksichtigen, dass in der Praxis ein Einschreiten der BauAB gegen einen reinen Handlungsstörer nur selten in Betracht kommen wird, weil diese die zur Abwehr der Gefahr nötigen baulichen Maßnahmen idR nicht effektiv ausführen können oder weil Sofortmaßnahmen der Polizei (ggf. im Wege der Amtshilfe durch die Feuerwehr) an Ort und Stelle (§ 1 Abs. 2 S. 1 NPOG) geboten sind. Zur Haftung als Anscheinsstörer → Rn. 10. 4

Wer kann und darf als verantwortliche Person tätig werden? Verantwortlich iSd §§ 52 ff. *kann* jede natürliche oder juristische Person (zB auch eine GmbH oder eine Gemeinde) sein. Voraussetzung ist nur, dass sie eine der in den §§ 52–56 genannten Verantwortlichkeiten trifft. Sie ist dann nach Maßgabe der §§ 52 ff. für die Einhaltung des materiellen Baurechts verantwortlich. Dabei ist unerheblich, ob sie die jeweilige Funktion übernehmen durfte oder nicht. So kann die BauAB jemanden, der als Unternehmer Gefahren verursacht hat, auch dann zu Sicherungsmaßnahmen heranziehen, wenn er wegen mangelnder Qualifikation schon nicht hätte tätig werden dürfen. 5

Als Entwurfsverfasser, Unternehmer und Bauleiter *darf* nur tätig und vom Bauherrn nur bestellt werden, wer bestimmte Qualifikationen aufweist, die in den §§ 53–55 näher geregelt sind. Nach § 52 Abs. 2 S. 1 darf der Bauherr auch als Entwurfsverfasser, Unternehmer und Bauleiter tätig werden, soweit er für diese Tätigkeit ausreichend qualifiziert ist. Dementsprechend können auch andere Funktionen, zB die des Entwurfsverfassers und Bauleiters, von einer Person wahrgenommen werden.

Sind bei rechtswidrigen Bauzuständen **mehrere Personen** nach den §§ 52 ff. **verantwortlich**, so kann die BauAB nach pflichtgemäßem Ermessen auswählen, wen sie zur Beseitigung der Rechtsverletzung in Anspruch nehmen will (selbstverständlich vorausgesetzt, dass die Beseitigung dem in Anspruch Genommenen möglich ist). Hier gelten die allgemeinen polizeirechtlichen Grundsätze über die sog. **Störerauswahl** (→ § 79 Rn. 82 ff.). Einen allgemeinen Vorrang der Haftung des Bauherrn als Handlungsstörer vor dem Eigentümer als Zustandsstörer gem. § 56 S. 1 gibt es im niedersächsischen Bauordnungsrecht nicht. Zutreffend ist allein, dass es – bei gleicher Fähigkeit der Störer zur Gefahrenbeseitigung – häufig ermessensgerecht sein dürfte, den Handlungs- vor dem Zustandsstörer heranzuziehen (so OVG Lüneburg 9.12.2015 – 1 LA 183/14 – Rn. 12, BeckRS 2016, 40203). Zum Einschreiten bei baurechtswidriger Nutzung und der Auswahl zwischen dem Eigentümer einerseits und dem unmittelbaren Nutzer andererseits → § 56 Rn. 2 f. 6

Die Verantwortlichkeit nach den §§ 52 ff. ist von der zivilrechtlichen Haftung und der strafrechtlichen Verantwortlichkeit zu unterscheiden. 7

Ob jemand nach **Zivilrecht** einem anderen gegenüber verpflichtet ist, Baumängel zu beseitigen oder für Bauschäden oder Unfälle beim Bau Ersatz zu leisten, richtet sich grundsätzlich nach zivilem Vertragsrecht und nach den Vorschriften über unerlaubte Handlungen (§§ 823, 831, 836 ff.) sowie nach zivilem Nachbarrecht (§§ 907–909 BGB). Die §§ 52 ff. wirken sich allerdings auf die Haftung wegen unerlaubter Handlungen nach § 823 BGB aus: Die Pflichten, welche die Verantwortlichen nach den §§ 52 ff. iVm den bauordnungsrechtlichen Sicherheitsvorschriften haben, gehören zu den Sorgfalts- und Verkehrssicherungspflichten, deren Verletzung zur Schadensersatzpflicht nach § 823 Abs. 1 BGB führt (vgl Müller-Thele BauR 2002, 1789; Wagner in MüKo BGB § 823 Rn. 438, 443 ff.; Sprau in Palandt, 77. Aufl., § 823 Rn. 188, 191). Die §§ 52 ff. iVm den genannten baurechtlichen Vorschriften sind auch Schutzgesetze iSv § 823 Abs. 2 BGB, denn sie schützen nicht nur eine unbestimmte Allgemeinheit, sondern auch Leben, Gesundheit und Eigentum des Einzelnen. Zur zivilrechtlichen Haftung der Verantwortlichen vgl. auch → Rn. 15, → § 53 Rn. 8, → § 54 Rn. 11 und → § 55 Rn. 12.

8 Für das Verhältnis zur **strafrechtlichen Verantwortlichkeit** gilt Ähnliches. Strafbar macht sich nur, wer durch sein Verhalten den Tatbestand einer Strafvorschrift rechtswidrig und schuldhaft erfüllt; in Betracht kommen hier § 222 StGB (fahrlässige Tötung), § 229 (fahrlässige Körperverletzung), § 319 (Baugefährdung). Die §§ 52 ff. können sich mittelbar auf die Strafbarkeit wegen fahrlässiger Tötung oder fahrlässiger Körperverletzung auswirken. Diese Straftaten können durch Handeln oder Unterlassen begangen werden, durch Unterlassen aber nur, wenn eine sog. Garantenpflicht zur Abwendung des schädlichen Erfolges besteht. Eine solche Garantenpflicht haben die Verantwortlichen nach den §§ 52 ff. im Rahmen ihrer Funktion oder Rolle (näher dazu Gallas, Die strafrechtliche Verantwortung der am Bau Beteiligten, 1963; über die Strafbarkeit wegen Baugefährdung vgl Schünemann ZfBR 1980, 4 ff., 113 ff., 159 ff.). Zur Strafhaftung der Beteiligten am Bau unter Berücksichtigung der neueren Rechtsprechung des BGH eingehend Kraatz JR 2009, 182 ff.

9 Die Funktionen nach den §§ 52–55 sind keine öffentlichen Aufgaben und nicht mit hoheitlichen Befugnissen verbunden. Die §§ 52 ff. lassen die Aufgabe der Bauaufsichtsbehörden, für die Einhaltung des öffentlichen Baurechts zu sorgen (§ 58 Abs. 1), grundsätzlich unberührt (Entwurfsbegründung zur NBauO von 1973, LT-Drs. 6/664, 106). Allerdings sollen die Eignungsanforderungen in den §§ 52 ff. dazu beitragen, dass die Bauaufsicht effektiver wird und der Verwaltungsaufwand in Grenzen bleibt. Für bestimmte Fälle, in denen am Bau Beteiligte besonders qualifiziert sind, schränkt die NBauO auch die bauaufsichtliche Kontrolle ein, → §§ 62 Abs. 4, 65 und 74.

B. Allgemeines zu § 52, Begriff des Bauherrn

10 Die NBauO enthält keine **Definition** für den **Begriff des Bauherrn.** Der Gesetzgeber hält eine Legaldefinition nicht für erforderlich, weil sich seit Bestehen der NBauO keine großen Rechtsunsicherheiten ergeben haben (vgl. LT-Drs. 16/3195, 91). Wesentlich sind (wie beim Begriff des Kfz-Halters) die wirtschaftlichen und sozialen Verhältnisse: Bauherr ist derjenige, auf dessen Veranlassung und nach dessen Willen eine Baumaßnahme vorbereitet und durchgeführt wird. IdR ist Bauherr zugleich derjenige, der den Bau bezahlt und dem das Baugrundstück gehört. Jedoch ist das in **materieller Hinsicht** nicht begriffswesentlich: Bauherr sein kann zB auch, wer als Pächter oder Bauträger auf fremdem Grundstück baut; es muss nur von seinem Willen abhängen, ob und wie (weiter)gebaut wird. Eigentum oder eine eigentumsähnliche dingliche Rechtsposition an dem Flurstück, auf dem die bauliche Anlage errichtet werden soll, sind nicht erforderlich (BVerwG 23.3.1973 – IV C 49/71, BeckRS 9998, 107709).

Nach hM ist als Bauherr auch derjenige zu behandeln, der sich der BauAB gegenüber als solcher „geriert", insbesondere durch Beifügung seiner Unterschrift nach § 67 Abs. 3 S. 1 einen Bauantrag stellt, dh Bauherr in **formeller Hinsicht** ist (VGH Mannheim 26.11.1980 – 3 S 2005/80, BeckRS 9998, 103446; sowie vom 13.12.1989 – 3 S 2489/89, BeckRS 9998, 27848; ebenso schon OVG Lüneburg, 3.9.1986 – 6 A 99/85, nv). Unbeschadet hiervon gilt auch in diesen Fällen, dass die Bauherreneigenschaft in materieller Hinsicht allein davon abhängt, ob der Antragsteller die **Sachherrschaft über den Bau** wirklich innehat. Nach dem Wortlaut des Abs. 1 ist nur jemand als Bauherr verantwortlich, der tatsächlich eine Baumaßnahme „veranlasst". Für diese Sichtweise streitet auch die Formulierung des Abs. 2 S. 6, denn andernfalls käme ein Bauherrenwechsel erst durch den Zugang der Mitteilung des Wechsels bei der BauAB zustande. Die Mitteilung des Bauherrenwechsels gegenüber der BauAB ist für den Wechsel jedoch nicht konstitutiv (OVG Lüneburg 8.12.1978 – I A 24/78, BRS 35 Nr. 168; vgl auch OVG Greifswald 4.11.2009 – 3 L 163/08, BeckRS 2009, 42223). Allerdings beanspruchen auch im Bauordnungsrecht die Grundsätze der **Anscheinsstörunghaftung** Geltung (vgl OVG Münster 28.4.2014 – 10 A 1018/13, BeckRS 2014, 51008); zur Verantwortlichkeit des Anscheinsstörers auf Primärebene bei tatsächlichem Vorliegen einer konkreten Gefahr vgl VGH Mannheim 14.12.2010 – 1 S 338/10, BeckRS 2011, 45381, mwN). Deshalb muss sich der Antragsteller an dem durch seine Namensangabe und seine Unterschrift im Bauantrag zurechenbar hervorgerufenen Anschein seiner (Mit-)Verantwortung für eine Baumaßnahme als Bauherr (sog. Irreführungsrisiko) solange festhalten lassen, bis dieser Anschein gegenüber der BauAB beseitigt wurde. Mit dieser zeitlichen Begrenzung und aufgrund der willentlichen Herbeiführung des Anscheins (Verursachung) lässt sich auch die abweichende Behandlung zu den in Rn. 3 beschriebenen Sachverhalten hier sachlich rechtfertigen. Dass Verhaltens- und Zustandsverantwortlichkeit in der Person eines Verpflichteten iSd §§ 52 ff bei einem einheitlichen Lebenssachverhalt zusammenfallen und dabei Elemente der Verhaltenshaftung überwiegen können, ist dem Bauordnungsrecht nicht fremd, etwa wenn es um die rechtswidrige Nutzung einer baulichen Anlage geht (vgl OVG Hamburg 14.12.1995 – Bf II 16/94, BeckRS 9998, 29827).

Ist unklar, wer einen rechtswidrigen Bau als Bauherr veranlasst hat, wendet sich die BauAB mit ihrer Bauordnungsverfügung zweckmäßigerweise an den nach § 56 verantwortlichen Eigentümer.

Eine Baumaßnahme kann zugleich **mehrere Bauherren** haben, zB ein Ehepaar. Jede 11
Person ist dann in vollem Umfang für die Ordnungsmäßigkeit der Baumaßnahme verantwortlich (VGH München 3.11.1972 – 218 I 72, BayVBl. 1973, 102). Mehrere Personen können auch als ein einziger Bauherr auftreten, indem sie zB eine **Bauherrengemeinschaft** als Gesellschaft bürgerlichen Rechts (GbR) bilden; diese ist dann als solche im Baugenehmigungsverfahren wie in einem Rechtstreit über die Baugenehmigung beteiligungsfähig (OVG Bautzen 16.7.2001 – 1 B 113/01, BeckRS 9998, 44262; vgl auch VGH Kassel 23.1.1997 – 4 TG 4829/96, NJW 1997, 1938). Der BGH sieht eine (Außen-)Gesellschaft bürgerlichen Rechts, die als solche am Rechtsverkehr teilnimmt, heute generell als rechtsfähig an (grundlegend Urteil vom 29.1.2001 – II ZR 331/00, BeckRS 2001, 30158147). Das BVerwG hat sich dieser Rechtsprechung angeschlossen (15.4.2010 – 4 BN 41/09 – Rn. 4, BeckRS 2010, 49196). Bei Bauherrengemeinschaften ist es gleichwohl ratsam, auf die Benennung eines Vertreters der GbR hinzuwirken, der sich gegenüber der BauAB für die Rechtmäßigkeit der Baumaßnahme persönlich verantwortlich zeichnet und als Ansprechpartner sowie Empfangsbevollmächtigter iSd § 14 VwVfG fungiert. Die Bestellung erzwingen kann die BauAB hingegen nicht; eine § 68 Abs. 5 BbgBO oder Art. 50 Abs. 2 S. 1 BayBO entsprechende Ermächtigungsgrundlage fehlt in der NBauO 2012 (→ Rn. 37). Bei juristischen Personen des Privatrechts (zB GmbH, AG) sind für die Einhaltung der öffentlich-rechtlichen Vorschriften die vertretungsberechtigten natürlichen Personen verantwortlich. Dies sind die Personen, die über die Ausführung der Bauarbeiten tatsächlich entscheiden und die Körperschaft oder Gesellschaft tatsächlich vertreten (Geschäftsführer der GmbH, Vorstand der AG).

Die **Bauherren** können während der Bauzeit **wechseln**; davon geht Abs. 2 S. 6 aus. Mit 12
dem Übergang der Verfügungsgewalt endet die Bauherreneigenschaft des alten und beginnt die des neuen Bauherrn, nicht erst mit der Anzeige des Wechsels an die BauAB (OVG Lüneburg 8.12.1978 – I A 24/78, BRS 35 Nr. 168). Die BauAB kann sich jedoch bis zur Anzeige des Wechsels an den bisherigen Bauherrn halten (→ Rn. 10). Die **Bau-**

herreneigenschaft endet zudem mit der Fertigstellung der baulichen Anlage (OVG Lüneburg 8.12.1978, aaO; aA Malmendier BauR 2001, 565 (567)); die Verantwortlichkeit für den weiteren Zustand des Bauwerks richtet sich ab diesem Zeitpunkt allein nach § 56. Ein ehemaliger Bauherr kann aber zur Beseitigung baurechtswidriger Zustände, die unter seiner Sachherrschaft durch die Baumaßnahme geschaffen wurden, noch herangezogen werden, da er sie veranlasst hat (→ Rn. 14). Hat zB ein Landwirt das Bodenniveau einer Wiese durch Aufschüttung anheben lassen und hat der von ihm beauftragte Unternehmer dafür wassergefährdendes Material verwendet, so ist neben dem Unternehmer auch der Landwirt als (ehemaliger) Bauherr für die Entfernung des schädlichen Materials verantwortlich (OVG Lüneburg 11.8.1993 – 1 L 5267/92, BeckRS 2005, 20350; nachgehend BVerwG 10.11.1993 – 4 B 185.93, BeckRS 9998, 49235). Allerdings darf ihn die BauAB nur heranziehen, wenn ihm die Beseitigung (noch) möglich ist (→ § 79 Rn. 44 ff.).

13 **Nach Fertigstellung des Bauwerks**, wenn also kein „Bauherr" mehr vorhanden ist, kommt die Feststellungswirkung der Baugenehmigung demjenigen zugute, der dann die Verfügungsgewalt über das Bauwerk hat, idR dem Eigentümer. An diesen hat die BauAB ggf auch eine Rücknahme oder einen Widerruf der Baugenehmigung zu richten (OVG Lüneburg 8.12.1978, aaO).

C. Verantwortlichkeit des Bauherrn (Abs. 1)

14 Nach Abs. 1 ist der Bauherr dafür verantwortlich, dass seine Baumaßnahme (→ § 2 Abs. 13) dem öffentlichen Baurecht (→ § 2 Abs. 17) entspricht, und zwar gilt das sowohl für die **Art ihrer Durchführung** (→ § 3 Abs. 5 S. 1) wie auch für ihr **Ergebnis**, den hergestellten baulichen Zustand (→ § 3 Abs. 5 S. 2). Diese umfassende Verantwortlichkeit entspricht dem **Zurechnungsprinzip**, das im allgemeinen Polizeirecht maßgebend ist (vgl Denninger in Lisken/Denninger, Handbuch des Polizeirechts, 6. Aufl., Kapitel D, Rn. 72). Sie ist eine konkrete Ausprägung der polizeirechtlichen Verhaltenshaftung, zugleich aber auch der Zustandshaftung (vgl. §§ 6 und 7 NPOG).

Der Bauherr kann seine öffentlich-rechtliche Pflicht, für die Ordnungsmäßigkeit seiner Baumaßnahme zu sorgen, im Allgemeinen nicht persönlich erfüllen: er kann und muss sich idR (Abs. 2) dafür der anderen am Bau Beteiligten (Entwurfsverfasser, Unternehmer, Bauleiter) bedienen. Seine öffentlich-rechtliche Verantwortung nach Abs. 1 bleibt daneben aber bestehen. Dies hatte die NBauO 2003 in § 57 Abs. 2 S. 3 ausdrücklich klargestellt. Für die NBauO 2012 gilt schon aus systematischen Gründen nichts Anderes; zudem ist ein abweichender Regelungswille des Gesetzgebers nicht erkennbar (vgl LT-Drs. 16/3195, 91). So kann die BauAB auch ihm aufgeben, Sicherungsmaßnahmen gegen eine allein vom Entwurfsverfasser verschuldete Einsturzgefahr zu treffen.

15 Zur **zivilrechtlichen Haftung** und **strafrechtlichen Verantwortung** des Bauherrn → Rn. 7. Hat der Bauherr für den Entwurf, die Bauüberwachung und die Bauausführung als zuverlässig, sachkundig und leistungsfähig bekannte Entwurfsverfasser oder Unternehmer bestellt, so haftet er im Allgemeinen nicht für Schäden, die diese rechtswidrig Dritten zufügen. Es bestehen dann idR keine Aufsichtspflichten mehr, obgleich der Bauherr mit der Beauftragung des zuverlässigen Architekten und Bauunternehmers nicht völlig von seiner Verantwortung befreit wird. Er darf sich also nicht gänzlich auf seine Auftragnehmer verlassen. Wenn besondere Gefahren vorliegen, die (auch) der Bauherr erkennen und durch eigene Anweisungen abstellen kann, oder wenn er Anlass zu Zweifeln hat, ob seine Auftragnehmer den Sicherheitserfordernissen genügend Rechnung tragen, so haftet auch er, wenn er nicht eingreift und das Notwendige veranlasst (so die zum Teil sehr strenge Rechtsprechung des BGH, zB 30.10.1959 – VI ZR 156/58, NJW 1960, 335; 27.6.1969 – V ZR 41/66, NJW 1969, 2140; 11.5.1976 – VI ZR 210/73, BeckRS 1976, 31118019; 9.3.1982 – VI ZR 220/80, BeckRS 1982, 30391363). Zur Haf-

tung des Bauherrn und anderer am Bau Beteiligter für Unfälle von Baustellenbesuchern vgl BGH 11.12.1984 – VI ZR 292/82, BeckRS 2010, 12461). Eingehend zur Haftung des Bauherrn: Locher, Das private Baurecht, 8. Aufl. 2012, Rn. 710 ff. Zur strafrechtlichen Verantwortlichkeit des Bauherrn bei Tötung oder Verletzung von Personen näher Gallas, Die strafrechtliche Verantwortung der am Bau Beteiligten, 1963, S. 31 ff., zur Garantenstellung des Bauherrn und des Bauleiters vgl BGH 21.4.1964 – 1 StR 72/64, BeckRS 9998, 113242.

D. Bestellung von Entwurfsverfasser, Unternehmern und Bauleiter (Abs. 2 S. 1, Abs. 3)

a) Pflicht zur Bestellung (Abs. 2 S. 1 Hs. 1)

Um die Einhaltung des öffentlichen Baurechts zu sichern, verpflichtet Abs. 2 S. 1 den **16** Bauherrn, **für „nicht verfahrensfreie Baumaßnahmen"** nach Maßgabe der §§ 53–55 **Entwurfsverfasser, Unternehmer und Bauleiter** zu bestellen. Die „verfahrensfreien Baumaßnahmen" sind in § 60 Abs. 1 und 2 und im Anhang zu § 60 Abs. 1 aufgeführt. Für alle anderen Baumaßnahmen gilt die Bestellungspflicht nach S. 1, also unzweifelhaft für die nach § 62 genehmigungsfreien, aber anzeigepflichtigen Vorhaben und die nach § 63 und § 64 genehmigungspflichtigen Baumaßnahmen. Für **fliegende Bauten** liegt die Pflicht zur Bestellung eines Entwurfsverfassers im Hinblick auf die nach § 75 Abs. 2 S. 2 erforderliche Ausführungsgenehmigung ebenfalls auf der Hand. Für die wiederholte Aufstellung eines genehmigten fliegenden Baus an einem bestimmten Ort wird es in der Praxis idR an einer klassischen Rollenverteilung zwischen Bauherr, Unternehmer und Bauleiter fehlen. Deshalb regelt Ziffer 6.1 FlBauR (→ § 75 Rn. 1) explizit auch nur die Verantwortlichkeit des Betreibers für den ordnungsgemäßen Betrieb des fliegenden Baus; der Betreiber ist idR auch Inhaber der Ausführungsgenehmigung und ihn trifft die Anzeigepflicht nach § 75 Abs. 5 S. 1. Ebenso wird man für Vorhaben öffentlich-rechtlicher Bauherrn, die dem Anwendungsbereich der §§ 61 oder 74 unterfallen, nach der Ratio dieser Vorschriften (→ § 61 Rn. 1, § 74 Rn. 10) keine Benennung iSd Abs. 2 S. 1 fordern können.

Die NBauO 2003 bestimmte in § 57 aF Abweichendes. Die NBauO sah seit der 5. Novelle von 1986 keinen Bauleiter mehr vor. Die Bestellung von geeigneten Unternehmern verlangte sie für alle, also auch für die nach der NBauO 2012 verfahrensfreien Baumaßnahmen. Auf die Bestellung eines Entwurfsverfassers verzichtete sie, wenn die Baumaßnahme „keines Entwurfs bedarf". Nach geltender Rechtslage muss also für jede nicht verfahrensfreie Baumaßnahme ein Entwurfsverfasser bestellt werden, selbst wenn sich die Baumaßnahme nur in einer **Nutzungsänderung** ohne jegliche bauliche Änderung erschöpft. Es ist auch dann ein Entwurf zu fertigen, der jedenfalls in Textform die Unbedenklichkeit der neuen Nutzung hinsichtlich Statik, Schall- und Wärmeschutz nachweist.

Die jetzige Fassung des Abs. 2 S. 1 geht zurück auf die Beschlussempfehlung des AfSFFGl (LT-Drs. 16/4587, 46). Durch die Verwendung des Wortes „**Anforderungen**" anstatt „Verpflichtungen" soll klargestellt werden, dass es nicht allein der persönlichen Einschätzung des Bauherrn überlassen ist, ob er die entsprechenden Personen iSd §§ 53-55 bestellen muss oder nicht (LT-Drs. 16/4621, 19).

Durch das Änderungsgesetz vom 12.9.2018 wurde die Verpflichtung des Bauherrn zur wahrheitsgemäßen Bestellung verantwortlicher Personen iSd §§ 53 bis 55 erstmals **bußgeldbewehrt**. Der Bußgeldtatbestand des § 80 Abs. 1 Nr. 6 soll nach dem Willen des Gesetzgebers die Verantwortung des Bauherrn klarstellen und wurde von der Bauwirtschaft ausdrücklich begrüßt (LT-Drs. 18/1136, 45). In seiner ersten Alternative sanktioniert er das schlichte Unterlassen einer Bestellung. In seiner zweiten Alternative werden unrichtige Angaben über die Person eines Verantwortlichen iSd §§ 53 bis 55 gegenüber der BauAB bußgeldbewehrt. Dabei ist zu beachten, dass § 80 Abs. 1 auch fahrlässiges Verhalten für die Vorwerfbarkeit des Handelns (Alt. 2) oder Unterlassens (Alt. 1) genügen lässt.

17 Nach Abs. 2 S. 1 dürfen nur solche Entwurfsverfasser, Unternehmer und Bauleiter bestellt werden, welche die in den §§ 53–55 jeweils geforderte **materielle bzw. formelle Qualifikation** besitzen. Seiner Bestellungspflicht kommt ein Bauherr idR durch Abschluss privatrechtlicher Verträge nach. Die Verträge müssen so gestaltet sein, dass die anderen am Bau Beteiligten ihre jeweiligen öffentlich-rechtlichen Pflichten ungehindert erfüllen können. Deren öffentlich-rechtliche Verantwortlichkeit setzt mit Wirksamwerden der Verträge ein.

18 Auch wenn § 52 Abs. 1 S. 1 die Bauherren nicht verpflichtet, **für verfahrensfreie Baumaßnahme** qualifizierte **Entwurfsverfasser, Unternehmer und Bauleiter** zu bestellen, ist ihnen dies selbstverständlich erlaubt. Heute sind auch viele keineswegs unbedeutende und risikolose Baumaßnahmen wie zB das Ändern tragender Wände in Wohngebäuden (Nr. 12.1 des Anhangs) verfahrensfrei. Dem Bauherrn kann, auch wegen seiner Haftpflicht, nur dringend empfohlen werden, solche Maßnahmen ebenfalls durch fachkundige Personen planen, ausführen und überwachen zu lassen.

19 Für **Baumaßnahmen an Baudenkmalen** oder **in deren Umgebung**, die (wie insbesondere die Maßnahmen unter Nr. 13 des Anhangs) heute nach Bauordnungsrecht verfahrensfrei sind und nur noch der Genehmigung nach § 10 NDSchG bedürfen, ist die Bestellung eines Entwurfsverfassers gesetzlich nicht vorgeschrieben. Wenn in einem solchen Fall aber der Bauherr einen unzulänglichen Entwurf vorlegt, wird die (mit der BauAB identische) Denkmalschutzbehörde nach § 10 Abs. 3 S. 2 NDSchG verlangen können, dass der Bauherr eine fachkundige Person mit dem Entwurf beauftragt.

20 Die Unterlagen zu einer **Bauvoranfrage** (§ 73 Abs. 1 und § 4 BauVorlVO) braucht der Bauherr im Einzelfall noch nicht durch einen qualifizierten Entwurfsverfasser vorlegen zu lassen. Bauvoranfragen dienen dazu, einem Bauinteressenten Klarheit über einzelne für sein Vorhaben entscheidende Fragen zu verschaffen, wie die Zulässigkeit nach Bauplanungsrecht, die einzuhaltenden Abstände, die erforderlichen Kfz-Einstellplätze usw. Dazu bedarf es im Ausgangspunkt jedenfalls eines schriftlichen Antrags, aus dem sich die einzelnen Fragen und das Vorhaben hinreichend bestimmt ergeben müssen (vgl BVerwG 23.10.2008 – 4 B 30/08 – Rn. 5, BeckRS 2008, 40577), aber noch nicht in jedem Fall der Vorlage eines Entwurfs. Allerdings bestimmen §§ 1 Abs. 1 S. 1 Nr. 4, 4 BauVorlV, dass dem schriftlichen Antrag die für die Beurteilung der im jeweiligen Einzelfall zu beantwortenden Frage zum Bauvorhaben erforderlichen Unterlagen beigefügt sein müssen. Dies wird regelmäßig bei bauordnungs- und denkmalschutzrechtlichen Fragestellungen auch Zeichnungen und Pläne erfordern. Selbst bei bauplanungsrechtlichen Fragen etwa zur Realisierung eines Vorhabens im unbeplanten Innenbereich können für eine hinreichende Bestimmtheit einzelne Bauvorlagen wie Zeichnungen oder Beschreibungen gefordert werden (vgl OVG Berlin-Brandenburg 15.10.2012 – OVG 10 N 43.09, BeckRS 2012, 59052). Dann allerdings bedarf der Entwurf eines qualifizierten Verfassers.

21 Wenn der Gesetzestext in den §§ 53 und 55 auch die Einzahl gebraucht, spricht nichts dagegen, dass **mehrere Personen** gleichzeitig und gleichrangig **als Entwurfsverfasser oder Bauleiter** tätig werden, indem sie die Verantwortung entweder gesondert für je einen abgrenzbaren Teil der Baumaßnahme oder gemeinsam für das ganze Vorhaben übernehmen. Vorauszusetzen ist allerdings, dass eine ordnungsgemäße Zusammenarbeit gesichert ist. Es können auch verschiedene Entwurfsverfasser nacheinander für je eine Phase der Entwurfsarbeiten bestellt werden (insbesondere einer für die Bauvorlagen und ein anderer für die Ausführungsplanung).

b) Der Bauherr als Entwurfsverfasser, Unternehmer oder Bauleiter (Abs. 2 S. 1 Hs. 2)

Nach Abs. 2 **S. 1 Hs. 2** darf der Bauherr auch selbst als **Entwurfsverfasser** oder **(Fach-) Bauleiter** tätig werden, wenn er die für die jeweilige Funktion nach § 53 oder § 55 Abs. 2 erforderliche Qualifikation besitzt, ebenso auch als **Unternehmer**, wenn er die Voraussetzungen des § 54 Abs. 2 erfüllt. Hiernach darf zB ein Bauhandwerker oder ein Industriebetrieb für sich selbst mit eigenem Personal bauen. Besonders aber wird Privatpersonen ermöglicht, Bauten in **Selbsthilfe** (auch Verwandten- oder Nachbarschaftshilfe) zu errichten. Hierbei wird der Bauherr „als Unternehmer tätig", wenn er Bauarbeiten selbständig durchführt, einerlei, ob er ein Baugewerbe betreibt oder nicht und ob er allein tätig wird oder sich irgendwelcher Hilfspersonen (Arbeitnehmer, Verwandte, Freunde) bedient. Ebenso wie der reguläre Unternehmer muss der „Eigenbauunternehmer" aber die Pflichten nach § 52 Abs. 1 erfüllen und den Anforderungen des § 54 Abs. 2 genügen. Wie der Fremdunternehmer braucht der Bauherr über die notwendigen Sachkenntnisse nur „zu verfügen", dh, es genügt, wenn zuverlässige Hilfspersonen mit den nötigen Fachkenntnissen entweder für ihn tätig werden oder ihn bei der Ausführung der Arbeiten beaufsichtigen und anleiten (OVG Lüneburg 4.2.1975 – VI B 97/74, BRS 29 Nr. 180). Soweit der Bauherr Funktionen anderer am Bau Beteiligter übernimmt, muss er dies auch auf dem Bauschild (§ 11 Abs. 3 S. 1) angeben, es sei denn, er führt nur geringfügige Arbeiten aus (§ 11 Abs. 3 S. 3). 22

Besondere **Einschränkungen** für die Selbsthilfe Privater sieht die NBauO nicht vor, weder für bestimmte Bauten, noch für Abbrucharbeiten. Maßgeblich ist der allgemeine Vorbehalt in § 52 Abs. 2 S. 1 Hs. 2; es kommt also im Einzelfall darauf an, ob der Bauherr jeweils über ausreichende Fachkenntnisse und Hilfsmittel verfügt, dass er die Arbeiten gefahrlos übernehmen kann. 23

Die NBauO lässt alle sonstigen Vorschriften, die für Selbsthilfearbeiten bedeutsam sind und sich einschränkend auswirken können, unberührt (Arbeits-, Gewerbe-, Handwerks-, Sozialversicherungs- und Steuerrecht). Hinzuweisen ist auf das „Gesetz zur Bekämpfung der Schwarzarbeit und illegalen Beschäftigung" (SchwarzArbG v. 23.7.2004, BGBl. I S. 1842, zul. geänd. d. Art. 49 des Gesetzes v. 15.8.2019, BGBl. I S. 1307), das gegenüber dem vorausgegangenen Gesetz nochmals verschärft und erweitert worden ist. Bauherren, die für ihren Bau Personen mit **„Schwarzarbeit"** in erheblichem Umfang beauftragen, haben ebenso wie diese Personen selbst nach § 8 Abs. 1 Nr. 2 SchwarzArbG sehr hohe Geldbußen zu erwarten. Nach § 1 Abs. 2 SchwarzArbG leistet „Schwarzarbeit", 24

„(…) wer Dienst- oder Werkleistungen erbringt oder ausführen lässt und dabei

1. *als Arbeitgeber, Unternehmer oder versicherungspflichtiger Selbstständiger seine sich auf Grund der Dienst- oder Werkleistungen ergebenden sozialversicherungsrechtlichen Melde- Beitrags- oder Aufzeichnungspflichten nicht erfüllt,*
2. *als Steuerpflichtiger seine sich auf Grund der Dienst- oder Werkleistungen ergebenden steuerlichen Pflichten nicht erfüllt,*
3. *als Empfänger von Sozialleistungen seine sich auf Grund der Dienst- oder Werkleistungen ergebenden Mitteilungspflichten gegenüber dem Sozialleistungsträger nicht erfüllt,*
4. *als Erbringer von Dienst- oder Werkleistungen seiner sich daraus ergebenden Verpflichtung zur Anzeige vom Beginn des selbstständigen Betriebes eines stehenden Gewerbes (§ 14 der Gewerbeordnung) nicht nachgekommen ist oder die erforderliche Reisegewerbekarte (§ 55 der Gewerbeordnung) nicht erworben hat oder*
5. *als Erbringer von Dienst- oder Werkleistungen ein zulassungspflichtiges Handwerk als stehendes Gewerbe selbsständig betreibt, ohne in der Handwerksrolle eingetragen zu sein (§ 1 der Handwerksordnung).*

[2]Schwarzarbeit leistet auch, wer vortäuscht, eine Dienst- oder werkleistung zu erbringen oder ausführen zu lassen, und wenn er selbst oder ein Dritter dadurch Sozialleistungen nach dem Zweiten oder Dritten Buch Sozialgesetzbuch zu Unrecht bezieht."

Nach § 1 Abs. 4 SchwarzArbG liegt aber keine Schwarzarbeit vor, wenn *„nicht nachhaltig auf Gewinn gerichtete Dienst- oder Werkleistungen …*

1. von Angehörigen im Sinne des § 15 der Abgabenordnung oder Lebenspartnern,

2. aus Gefälligkeit,

3. im Wege der Nachbarschaftshilfe oder

4. im Wege der Selbsthilfe im Sinne des § 36 Abs. 2 und 4 des Zweiten Wohnungsbaugesetzes in der Fassung der Bekanntmachung vom 19. August 1994 (BGBl. I S. 2137) oder als Selbsthilfe im Sinne des § 12 Abs. 1 Satz 2 des Wohnraumförderungsgesetzes vom 13. September 2001 (BGBl. I S. 2376), zuletzt geändert durch Artikel 7 des Gesetzes vom 29. Dezember 2003 (BGBl. I S. 3076),

erbracht werden. Als nicht nachhaltig auf Gewinn gerichtet gilt insbesondere eine Tätigkeit, die gegen geringes Entgelt erbracht wird.“.

Soweit ein Bauherr für den eigenen Bedarf Bauarbeiten selbst ausführt, liegt schon deshalb keine Schwarzarbeit vor, weil es sich dabei um keine Dienst- oder Werkleistung handelt.

c) Maßnahmen gegen ungeeignete Entwurfsverfasser, Unternehmer und Bauleiter (Abs. 3)

25 **Allgemeines:** Nach Abs. 3 kann die BauAB vom Bauherrn verlangen, dass er einen ungeeigneten Entwurfsverfasser, Unternehmer oder Bauleiter ersetzt. Abs. 3 ist auch anwendbar, wenn der Bauherr, ohne dazu nach Abs. 2 S. 1 gesetzlich verpflichtet zu sein (bei verfahrensfreien Baumaßnahmen oder wenn der Bauherr selbst die gem. §§ 53 ff. notwendige Qualifikation und Fachkunde besitzt), freiwillig einen Entwurfsverfasser, Bauleiter oder Unternehmer bestellt hat; die Vorschrift macht insoweit keine Einschränkung.

Ob die Vorschrift auch anwendbar ist, wenn der Bauherr selbst auch die Rolle des Entwurfsverfassers, Bauleiters oder Unternehmers ausfüllt, ohne dafür qualifiziert und fachlich geeignet zu sein, wie in der Vorauflage noch vertreten, erscheint angesichts des Wortlauts zweifelhaft. Der Wortlaut der Norm („bestellte Person“, „dass die Bauherrin oder der Bauherr sie [= die bestellte Person] … ersetzt“) geht offenbar von einer Personenverschiedenheit zwischen dem Bauherrn einerseits und dem von ihm bestellten Entwurfsverfasser, Bauleiter oder Unternehmer andererseits aus. Dass der Anwendungsbereich der Norm in diesen Fällen wohl nicht eröffnet ist, hindert die BauAB gleichwohl nicht am Einschreiten. Dem als Eigenbauleiter oder Eigenunternehmer tätigen Bauherrn kann bei fachlicher Ungeeignetheit nämlich auch gem. § 79 Abs. 1 Satz 1 die Bestellung eines zuverlässigen und fachkundigen Bauleiters oder Unternehmers aufgegeben werden; dies als mildere Maßnahme anstelle eines drohenden Baustopps (vgl. Abs. 3 S. 2). Bei einem als Eigenentwurfsverfasser tätigen Bauherrn, der die Voraussetzungen des § 53 nicht erfüllt, kann die BauAB entweder nach § 69 Abs. 2 verfahren (bei genehmigungspflichtigen Vorhaben, → § 69 Rn. 9 f.) oder – wie beschrieben – nach § 79 Abs. 1 Satz 1 vorgehen (bei anzeigepflichtigen Vorhaben, → § 62 Rn. 67).

Abs. 3 verletzt nicht das Grundrecht der Berufsfreiheit nach **Art. 12 GG** (aA Scheerbarth S. 285). Da die Vorschrift nur Maßnahmen in Bezug auf ein einzelnes Bauvorhaben rechtfertigt, betrifft sie nicht die Berufszulassung der am Bau Beteiligten iSd §§ 53-55, sondern im Wege eines mittelbaren Grundrechtseingriffs nur deren Berufsausübungsfreiheit. Diese darf nach der Rechtsprechung des BVerfG (sog. Apothekenurteil, BVerfG 11.6.1958 – 1 BvR 596/56, BeckRS 9998, 157566) aus vernünftigen Erwägungen des Gemeinwohls eingeschränkt werden; solche Gründe liegen hier vor.

26 **Präventive Eignungskontrolle:** Weder in § 52 Abs. 3 noch in den Vorschriften über das Baugenehmigungsverfahren wird verlangt, dass die BauAB von vornherein bei jedem Bau prüft, ob die Voraussetzungen der §§ 53–55 vorliegen. Nachweise für die **„mate-**

rielle" Qualifikation nach § 53 Abs. 2, § 54 Abs. 2 und § 55 Abs. 2 routinemäßig im Voraus zu verlangen, ist der BauAB schon praktisch nicht möglich. Insoweit muss es genügen, dass sie sich bei besonders schwierigen Bauarbeiten nach § 52 Abs. 4 die Unternehmer benennen lässt und sich Gewissheit über ihre Eignung verschafft und dass sie tätig wird, sobald ein Fall des § 52 Abs. 3 vorliegt.

Das kann jedoch nicht auch für die **„formelle" Qualifikation** des Entwurfsverfassers **nach § 53 Abs. 3–8** (etwa Architekteneigenschaft) angenommen werden. Sie ist für die BauAB idR leicht festzustellen und es ist gerade ihr Zweck, die schwerer feststellbare materielle Qualifikation zu sichern (→ § 53 Rn. 13). Dem liefe es zuwider, wenn die formelle Qualifikation unüberprüft bliebe. Die BauAB muss also, wenn die Baumaßnahme genehmigungsbedürftig ist und kein Fall des § 53 Abs. 9 vorliegt, sich vergewissern, dass der Entwurfsverfasser die Anforderungen nach § 53 Abs. 3–8 erfüllt. Wenn sie ihn nicht schon kennt oder in einem von der zuständigen Kammer herausgegebenen oder im Internet bereitgestellten Verzeichnis findet, wird sie verlangen müssen, dass er seine formelle Qualifikation nachweist. Der Nachweis kann mit einem Ausweis oder einer Bescheinigung der zuständigen Kammer erbracht werden. Geschieht dies nicht, hat die BauAB den Bauherrn auf diesen Mangel hinzuweisen und, wenn der Mangel nicht behoben wird, nach § 69 Abs. 2 die Behandlung des Bauantrags abzulehnen oder bei anzeigepflichtigen Vorhaben nach § 79 Abs. 1 Satz 1 vorzugehen (→ Rn. 25). 27

Voraussetzung für das Einschreiten der BauAB nach Abs. 3 ist, dass Tatsachen vorliegen, die besorgen lassen, dass ein vom Bauherrn bestellter Entwurfsverfasser, Unternehmer oder Bauleiter nicht den jeweiligen Anforderungen der §§ 53–55 entsprechen. In Betracht kommen hier in erster Linie die „materiellen" Eignungsvoraussetzungen nach § 53 Abs. 2, § 54 Abs. 2 und § 55 Abs. 2. Die BauAB soll schon einschreiten können, wenn sich aus konkreten Tatsachen vernünftige Zweifel an der fachlichen Eignung eines Beteiligten ergeben; sie soll nicht erst abwarten müssen, bis Schäden eingetreten sind. Solche „Tatsachen" liegen zB vor, wenn eine Person augenscheinlich aufgrund mangelnder Fachkenntnisse bei vergleichbaren Bauten schon einmal versagt hatte, wenn während des Baues erhebliche Missstände auftreten oder wenn Schwierigkeit und Umfang des Baues die Kenntnisse und Möglichkeiten der vom Bauherrn bestellten Person offensichtlich übersteigen (vgl. OVG Lüneburg 4.2.1975 – VI B 97/74, BRS 29 Nr. 180). Aus dem Wortlaut „zu besorgen" ist zu folgern, dass die fehlende fachliche Qualifikation der bestellten Person vor dem Einschreiten der BauAB nicht erwiesen sein muss; hinreichende Indizien für deren Fehlen reichen aus (vgl OVG Lüneburg 9.12.2015 – 1 LA 184/14 – Rn. 19, BeckRS 2016, 40174, dort zu § 79 Abs. 1 S. 1). 28

Abs. 3 gilt auch, wenn der Unternehmer Nachweise nach § 54 Abs. 2 Satz 2 Nr. 3 nicht erbringt. Dagegen erscheint fraglich (anders noch die Vorauflage), ob ein Vorgehen nach Abs. 3 uneingeschränkt möglich ist, wenn sich nach erteilter Baugenehmigung oder bei Bauten, die nach § 62 genehmigungsfrei sind, nach erfolgter Bestätigung der Gemeinde herausstellt, dass die „formelle" Qualifikation des Entwurfsverfassers nach § 52 Abs. 3-8 gefehlt hat, ohne dass es der BauAB im Rahmen ihrer Prüfung des Bauantrags (→ Rn. 25) oder der Gemeinde nach Eingang der Mitteilung aufgefallen wäre. Jedenfalls die fehlerhafte Behandlung des Bauantrags führt zur Rechtswidrigkeit der Baugenehmigung; ist deren Bestandskraft bereits eingetreten, stellt sich parallel die Frage ihrer Rücknahme (→ § 70 Rn. 128 ff.). Im Rahmen des Abs. 3 erscheint in diesen Fällen nur die Forderung der BauAB nach Heranziehung geeigneter Sachverständiger zur Überprüfung der Bauvorlagen sachgerecht, ehe die Baumaßnahme weiter voranschreitet. Alternativ hierzu kann die BauAB gem. § 79 Abs. 1 S. 1 vorgehen und die nachträgliche Vorlage von Bauvorlagen bei ihr verlangen, die von einem fachlich qualifizierten Entwurfsverfasser erstellt werden (→ § 79 Rn. 40 und § 67 Rn. 18).

Die Maßnahmen nach Abs. 3: Liegen die Voraussetzungen des Abs. 3 vor, so kann die BauAB nach **Satz 1** vom Bauherrn verlangen, dass er den ungeeigneten Entwurfsverfasser, Unternehmer oder Bauleiter nicht mehr tätig sein lässt und statt dessen eine geeignete Person bestellt. Ob Entsprechendes gilt, wenn der Bauherr selbst eine dieser Funk- 29 tionen unzulänglich wahrnimmt → Rn. 25. Ist ein Unternehmer nur mit einem Teil seiner Arbeit überfordert, so genügt es in der Regel, ihn nur insoweit zu ersetzen. Die BauAB kann ferner verlangen, dass der Bauherr geeignete Sachverständige heranzieht. Das kommt etwa in Betracht, wenn der Entwurfsverfasser auf Teilgebieten nicht geeignet ist (vgl § 53 Abs. 2 S. 2). Die Auswahl der Ersatzperson oder des Sachverständigen hat die BauAB dem Bauherrn zu überlassen. Sie hat es auch zu akzeptieren, wenn der Bauherr den Eignungsmangel auf andere Weise (durch ein sog. Austauschmittel → § 79 Rn. 49) behebt; zB könnte der Unternehmer oder der Bauherr als Eigenunternehmer die Eignung, die ihm selbst fehlt, durch Bestellung einer sachkundigen Hilfsperson erlangen (vgl OVG Lüneburg 4.2.1975 – VI B 97/74, BRS 29 Nr. 180).

30 In den Fällen des Abs. 3 kann die BauAB außerdem nach **Satz 2** die **Bauarbeiten einstellen lassen**, bis der Bauherr den neuen Entwurfsverfasser, Unternehmer oder Bauleiter bestellt (oder den Eignungsmangel sonst behoben) hat. Wenn infolge von Fehlern eines ungeeigneten Beteiligten auf der Baustelle schon Gefahren für Personen oder größere Sachwerte eingetreten sind oder unmittelbar bevorstehen, wird die BauAB idR sogar verpflichtet sein, die vorübergehende Einstellung sämtlicher Arbeiten sowie ggf. hierfür notwendige (Sicherungs-)Maßnahmen gegen die drohende Gefahr anzuordnen. Dabei ist zur Wahrung des Verhältnismäßigkeitsgrundsatzes zu prüfen, ob die Einstellung sämtlicher oder nur einzelner Arbeiten auf der Baustelle zur Abwehr der konkreten Gefahr erforderlich ist.

Adressat der Einstellungsverfügung nach Satz 2 ist der Bauherr (→ Rn. 31). Die in der Vorauflage vertretene Auffassung, § 79 Abs. 1 S. 3-5 seien hier anwendbar, wird deshalb aufgegeben. Dasselbe gilt für die dort noch vertretene Anwendbarkeit von § 79 Abs. 2 und Abs. 4. Die Versiegelung ist ein Sonderfall des unmittelbaren Zwangs (→ § 79 Rn. 141); dieser kommt aufgrund des nach Satz 2 nur vorübergehend, bis zur Erfüllung der Anordnung nach Satz 1 ausgesprochenen Baustopps praktisch nicht in Betracht. Baut der Unternehmer trotz Einstellungsverfügung nach Satz 2 weiter, kann gegen ihn gesondert nach § 79 Abs. 1 eingeschritten und ggf vollstreckt werden. Einer vorherigen Erörterung (→ § 79 Rn. 98) bedarf es ebenfalls nicht, da alternative Handlungsoptionen wegen der Verknüpfung der Baueinstellungsverfügung mit dem Verlangen nach Satz 1 nicht im Raum stehen; hiervon unbeschadet besteht die Pflicht zur vorherigen Anhörung des Bauherrn vor Maßnahmen nach Abs. 3 gem. § 28 Abs. 1 VwVfG iVm § 1 Abs. 1 NdsVwVfG.

31 Anordnungen nach Satz 1 und 2 sind an den Bauherrn zu richten. Sie sind **Verwaltungsakte**, gegen die der Bauherr Widerspruch einlegen und später Anfechtungsklage erheben kann. Sollte die BauAB die Anordnung der sofortigen Vollziehung gem. § 80 Abs. 2 Satz 1 Nr. 4 VwGO verfügt haben, kann der Bauherr dagegen um einstweiligen Rechtsschutz vor dem Verwaltungsgericht gem § 80 Abs. 5 VwGO nachsuchen. Dieselben Rechtsschutzmöglichkeiten stehen aber auch dem wegen mangelnder fachlicher Qualifikation beanstandeten Entwurfsverfasser, Unternehmer oder Bauleiter zur Seite, da das von der BauAB an den Bauherrn nach Satz 1 gerichtete Verlangen den Betroffenen in seinem Recht auf freie Berufsausübung (Art. 12 GG) beeinträchtigt. Es handelt sich dabei um einen Verwaltungsakt mit Drittwirkung bzw Doppelwirkung iSd § 80a VwGO. Deshalb empfiehlt es sich, die an den Bauherrn gerichtete Anordnung nach Satz 1 auch dem betroffenen Entwurfsverfasser, Unternehmer oder Bauleiter mit Rechtsbehelfsbelehrung zuzustellen.

Die Folgen einer Anordnung nach Satz 1 für das Vertragsverhältnis des Bauherrn mit dem beanstandeten Auftragnehmer richten sich nach BGB (§§ 275 ff.). Der Bauherr kann vom Auftragnehmer Schadensersatz statt der diesem nicht (mehr) möglichen vertraglichen Leistung (sog positives Interesse) bzw.Ersatz des Vertrauensschadens verlangen.

E. Mitteilungspflichten des Bauherrn (Abs. 2 S. 2, 5–6, Abs. 4)

32 Damit die BauAB ihre Kontrollaufgabe wirksam und mit vertretbarem Verwaltungsaufwand erfüllen kann, verpflichtet die NBauO in einer Reihe von Fällen den Bauherrn, bestimmte wesentliche Tatsachen der BauAB mitzuteilen. Drei solcher Mitteilungspflichten werden dem Bauherrn in § 52 auferlegt, und zwar in Abs. 2 S. 5 hinsichtlich der Person des Bauleiters, in Abs. 2 S. 6 bei einem Bauherrnwechsel und in Abs. 4 im Hinblick auf den Unternehmer einzelner Gewerke. Vor den genannten Bestimmungen des Abs. 2 S. 5-6, die durch das Änderungsgesetz vom 12.9.2018 lediglich eine Verschiebung in der Satzfolge erfahren haben (LT-Drs. 18/1136, 8), steht unverändert die Regelung des **Abs. 2 S. 2**. Die allgemeine Pflicht des Bauherrn zur Stellung der erforderlichen Anträge, zur Tätigung von Anzeigen und zur Erbringung von Nachweisen hat die NBauO 2012 aus § 53 Abs. 1 S. 2 MBauO 2002 übernommen; in der NBauO 2003 war sie hingegen nicht explizit enthalten. Sie kann in Fällen weiterhelfen, in denen andere Vorschriften iSd § 2 Abs. 17 Anträge, Anzeigen oder Nachweise fordern, ohne selbst zu bestimmen, von wem sie dies erwarten. Exemplarisch kann hier auf § 66 Abs. 2 S. 1 verwiesen werden. Eine solche unvollständige Bestimmung findet sich in § 52 dagegen nicht. Ebenso ist für den praktisch wichtigsten Fall einer Mitteilungspflicht (§ 62 Abs. 3 S. 1) der Adressat ausdrücklich geregelt worden. Zur Anzeigepflicht im Rahmen der Bauüberwachung gem. § 76 Abs. 1 S. 2 → Rn. 46.

33 Nach § 52 **Abs. 2 S. 5** hat der Bauherr – bei nicht verfahrensfreien Baumaßnahmen – den **Namen des** von ihm bestellten **Bauleiters** (dazu § 55) noch vor Baubeginn der BauAB schriftlich mitzuteilen. Der Bauleiter kann bei einem gefährlichen oder rechtswidrig geschaffenen Zustand auf der Baustelle für die BauAB der geeignetste Ansprechpartner sein. Damit die Mitteilung ihren Zweck erfüllt, muss der BauAB selbstverständlich auch angegeben werden, unter welcher ladungsfähigen Anschrift sie den Bauleiter erreicht. **Wechselt der Bauleiter**, so hat nach Abs. 2 S. 5 der Bauherr dies unverzüglich (dh ohne schuldhaftes Zögern, vgl § 121 BGB) der BauAB ebenfalls schriftlich mit Namen und Adresse des neuen Bauleiters mitzuteilen. Wird die Mitteilungspflicht nach Abs. 2 S. 5 schuldhaft verletzt, kann dies nach § 80 Abs. 1 Nr. 8 als Ordnungswidrigkeit mit einem Bußgeld geahndet werden.

34 Nach § 57 Abs. 4 NBauO 2003 hatte der Bauherr bei genehmigungspflichtigen Baumaßnahmen die BauAB über einen **Wechsel des Entwurfsverfassers** zu unterrichten. Gemeint war der Fall, dass nach Vorlage des Genehmigungsentwurfs bei der BauAB für die Ausführungsplanung ein anderer Entwurfsverfasser bestellt wird. Diese Verpflichtung ist mit Inkrafttreten der NBauO 2012 entfallen, da die Regelung (so die Entwurfsbegründung LT-Drs. 16/3195, 91) „in der Praxis keine Relevanz gezeigt" habe.

35 **Wechselt der Bauherr**, so hat nach **Abs. 2 S. 6** der neue Bauherr dies der BauAB unverzüglich schriftlich mitzuteilen. Auch diese Vorschrift kann nur gelten, wenn überhaupt der Bauherr eines beabsichtigten Baus der BauAB bekannt zu geben ist, also nicht für verfahrensfreie Baumaßnahmen (→ Rn. 16). Der alte Bauherr kann die Anzeigepflicht in Vertretung des Neuen erfüllen. Die schuldhafte Verletzung auch dieser Pflicht wird in § 80 Abs. 1 Nr. 8 mit Bußgeld bedroht. Nach einem Bauherrenwechsel gilt die Baugenehmigung gem. § 70 Abs. 6 ohne Umschreibung auch für (und gegen) den neuen Bauherrn (→ § 70 Rn. 25).

36 Nach **Abs. 4** kann die BauAB verlangen (durch Auflage in der Baugenehmigung oder durch einen gesonderten Verwaltungsakt), dass ihr **für bestimmte Arbeiten** die **Unternehmer benannt** werden. Dies kommt idR nur für außergewöhnlich schwierige Arbeiten in Betracht, namentlich in den Fällen des § 54 Abs. 2 S. 2. Nach Maßgabe des § 80 Abs. 2 kann die BauAB für den Fall, dass ihre Anordnung nicht befolgt wird, eine Bußgeldbewehrung aussprechen.

37 Nach § 57 Abs. 6 S. 2 NBauO 2003 konnte die BauAB, wenn eine **Personenmehrheit als Bauherr** auftrat, die Bestellung eines Vertreters für die Bauherrschaft verlangen.

Die NBauO 2012 hat diese Regelung nicht übernommen. Gleichwohl kann es sinnvoll sein, auf die Bestellung eines Vertreters nach den allgemeinen verwaltungsverfahrensrechtlichen Vorschriften hinzuwirken (→ Rn. 11).

F. Pflicht zur Bereithaltung von Nachweisen, sonstige Pflichten des Bauherrn (Abs. 2 S. 3–4)

38 Absatz 2 **Satz 3** regelt die **Pflicht** des Bauherrn, zu den bei der Durchführung seiner Baumaßnahme verwendeten Bauprodukten und angewandten Bauarten die erforderlichen **Nachweise** über die Erfüllung der bauordnungsrechtlichen Anforderungen **bereitzuhalten**. Absatz 2 Sätze 3 und 4 wurden durch das Änderungsgesetz vom 12.09.2018 in § 52 eingefügt. Sie entsprechen inhaltlich dem Regelungsvorschlag in § 53 Abs. 1 S. 3-4 MBauO idF vom 13.05.2016. Der GBD hat lediglich zur besseren Klarstellung der Regelungsabsicht eine Umstellung der Wortreihenfolge gegenüber dem Wortlaut der MBauO und eine sprachliche Vereinheitlichung mit anderen Vorschriften der NBauO (vgl § 66 Abs. 1 S. 1: „erlassener Vorschriften") vorgeschlagen (vgl Vorlage 25 zu LT-Drs. 17/7278, 2 f.), die der Gesetzgeber der 18. Wahlperiode von Beginn an aufgegriffen hat. Durch Satz 3 soll klargestellt werden, dass die Darlegungslast für die Einhaltung der nach § 3 bestehenden Anforderungen an bauliche Anlagen, Bauprodukte sowie andere Anlagen und Einrichtungen beim Bauherrn liegt (LT-Drs. 18/1136, 41). Die Begründung des Gesetzentwurfs der Regierungsfraktionen (aaO) wurde wörtlich aus der Begründung der Änderung der MBauO (Stand: 20.04.2016) übernommen.

39 Die in Satz 3 verwendeten Tatbestandsmerkmale **Bauprodukte und Bauarten** sind in § 2 Abs. 14 und 15 legaldefiniert (näher dazu → § 2 Rn. 163 ff.. Die in § 2 Abs. 14 definierten „Bauprodukte" wurde durch das Änderungsgesetz vom 12.9.2018 um den „Bausatz" ergänzt. Hierdurch soll eine Vereinheitlichung mit den Begrifflichkeiten in Art. 2 Nrn. 1 und 2 der Verordnung (EU) Nr. 305/2011 herbeigeführt werden (LT-Drs. 18/1136, 29).

40 Welche Nachweise vom Bauherrn während der Ausführung der Bauarbeiten idR – aber nicht zwingend und vollständig, vgl. die abweichende Formulierung zu § 54 Abs. 1 Satz 2 – **auf der Baustelle** (vgl § 62 Abs. 9 Sätze 2 und 3 und § 72 Abs. 1 Sätze 3 und 4, → § 62 Rn. 75 und § 72 Rn. 9) im Einzelnen zur Vorlage **bereitzuhalten** sind, muss zum einen aufgrund der gesetzlichen Anforderungen an Baumaßnahmen und bauliche Anlagen, die in der NBauO selbst geregelt sind (insb §§ 16a ff.), zum anderen anhand der Vorschriften der aufgrund § 82 erlassenen Rechtsverordnungen (insb §§ 10 ff. BauVorlVO) oder der nach § 83 erlassenen Technischen Baubestimmungen in jedem Einzelfall gesondert ermittelt werden. Zu den in der Praxis relevantesten Nachweisen, die in Satz 3 zwar nicht direkt angesprochen, gleichwohl zu verwendeten Bauprodukten und angewandten Bauarten regelmäßig Aufschluss geben und erforderliche Nachweise iSd S. 3 wohl als Anlagen umfassen werden, zählen sicherlich der Standsicherheitsnachweis (§ 10 BauVorlVO, Teil A 1 VVTB), der Brandschutznachweis (§ 11 BauVorlVO, Teil A 2 VVTB) sowie die in § 15 vorausgesetzten Nachweise des ausreichenden Schall-, Wärme-(Teile A 5 und A 6 VVTB) und ggf. des Erschütterungsschutzes. Denn der Bauherr wird regelmäßig von seinen Entwurfsverfassern auf vertraglicher Grundlage für die übliche Ausführungsplanung verlangen, dass ihm eine vollständige Dokumentation der erforderlichen Nachweise zu den verwendeten Bauprodukten und den angewandten Bauarten übergeben wird.

Bei **Verbraucherbauverträgen** statuiert der durch das BauVtrRRefuaG vom 28.4.2017 (→ § 54 Rn. 11) eingefügte § 650n Abs. 1 S. 1 BGB insbesondere bei Schlüsselfertigbauten die Pflicht des (General-) Unternehmers gegenüber einem Verbraucher als Bauherrn, vor Beginn der Baumaßnahme die nach öffentlich-rechtlichen Vorschriften erforderlichen Nachweise für die Planung zu erstellen und herauszugeben. Durch § 650n Abs. 2 BGB wird die Pflicht des Unternehmers zur Erstellung und Herausgabe der notwendigen Unterlagen auf die Phase der Fertigstellung des Werks erstreckt. Nach zutreffender Auffassung (vgl etwa Segger in Herberger/Martinek/Rüßmann/Weth/Würdinger, juris-PK-BGB, 8. Aufl. 2017, § 650n Rn. 24 und 27) beziehen sich diese Pflichten auch auf die nach bauordnungsrechtlichen Vorschriften erforderlichen Nachweise des Bauproduktenrechts. Der Gesetzgeber hat mit § 650n unter anderem bezweckt, dem Besteller als Bauherrn die Führung des nach öffentlich-rechtlichen Vorschriften auch ihm obliegenden Nachweises gegenüber den zuständigen Behörden zu erleichtern. Bislang wurde die mangelnde Beibringung der hierfür erforderlichen Unterlagen durch den Unternehmer nicht als Verletzung einer Hauptpflicht des Vertrags angesehen, sodass der Verbraucher hierauf keine Abnahmeverweigerung stützen konnte (vgl BT-Drs. 18/8464, 65).

Sofern angewandte Bauarten von Technischen Baubestimmungen nach § 83 Abs. 2 Nr. 2 oder 3 a) wesentlich abweichen oder für die es allgemein anerkannte Regeln der Technik nicht gibt, müssen gem § 16c S. 1 auch bei der Verwendung von Bauprodukten mit CE-Kennzeichnung die in § 16a Abs. 2 angesprochenen **Bauartgenehmigungen** – nach Nr. 1 die allgemeine Bauartgenehmigung des DIBt und nach Nr. 2 die vorhabenbezogene Bauartgenehmigung –, alternativ dazu das bauaufsichtliche Prüfzeugnis gem. § 16a Abs. 3 oder die Festlegung der obersten BauAB nach § 16a Abs. 4, dass eine Bauartgenehmigung im Einzelfall nicht erforderlich ist, nach Abs. 2 S. 3 vom Bauherrn bereitgehalten werden. **41**

Sofern **Bauprodukte ohne CE-Kennzeichnung** verwendet werden, erstreckt sich darüber hinaus die Bereithaltungspflicht des Bauherrn nach Satz 3 entweder auf die erforderlichen Unterlagen zum Verwendbarkeitsnachweis iSd § 17 Abs. 1 oder – soweit nach § 17 Abs. 2 und 3 die Erforderlichkeit des Verwendbarkeitsnachweises entfällt – auf sonstige taugliche Nachweise darüber, dass die Anforderungen gemäß § 3 gewahrt werden (LT-Drs. 18/1136, 41). Im Fall des § 17 Abs. 1 sind das nach den §§ 18 bis 20 **die allgemeine bauaufsichtliche Zulassung, das allgemeine bauaufsichtliche Prüfzeugnis, die Zustimmung zur Verwendbarkeit im Einzelfall oder die Erklärung der obersten BauAB nach § 20 Satz 2**. Daneben umfasst die Bereithaltungspflicht des Bauherrn auch die vom Hersteller abzugebende **Übereinstimmungserklärung** iSd § 22. Nach § 21 Abs. 3 hat der Hersteller die Übereinstimmungserklärung durch Kennzeichnung seiner Bauprodukte mit dem Übereinstimmungszeichen (Ü-Zeichen) unter Hinweis auf den Verwendungszweck abzugeben. Das Ü-Zeichen ist gemäß § 21 Abs. 4 auf dem Bauprodukt, auf einem Beipackzettel oder auf seiner Verpackung oder, wenn dies Schwierigkeiten bereitet, auf dem Lieferschein oder auf einer Anlage zum Lieferschein anzubringen. Der Bauherr kann die notwendige Übereinstimmungserklärung des Herstellers ggf von diesem anfordern oder über den eingebundenen Bauunternehmer auf bauvertraglicher Grundlage beanspruchen; dieser ist zur Bereithaltung der erforderlichen Nachweise gemäß § 54 Abs. 1 S. 2-3 im selben Umfang wie der Bauherr verpflichtet. Der praktisch am häufigsten beschrittene Weg dürfte jedoch sein, dass der Bauherr die Entwurfsverfasser seiner Ausführungsplanung auf vertraglicher Grundlage zur Aushändigung einer vollständigen Dokumentation der Nachweise im Sinne des Abs. 2 S. 3-4 verpflichten wird. **42**

Für Bauprodukte, die nach der Bauproduktenverordnung der EU (Verordnung (EU) Nr. 305/2011) eine **CE-Kennzeichnung** tragen, bestimmt **Satz 4**, dass der Bauherr nur die **Leistungserklärung** des Herstellers an der Baustelle bereitzuhalten hat. Die Vorschrift korrespondiert mit § 16c S. 1, wonach ein Bauprodukt, das die CE-Kennzeichnung trägt, verwendet werden darf, wenn die erklärten Leistungen den bauordnungsrechtlich festgelegten Anforderungen für diese Verwendung entsprechen. Welche Grundanforderungen an Bauwerke europarechtlich harmonisiert sind, ergibt sich aus dem Anhang I der Bauproduktenverordnung. Die Bereithaltung der Leistungserklärung kann auch in elektronischer Form geschehen (LT-Drs. 18/1136, 41). Welche Rechtswirkungen die Leistungserklärung entfaltet und welchen Inhalt sie hat, bestimmen die Art. 4 und 6 der Bauproduktenverordnung. Die Bauproduktenverordnung enthält als Anhang III das Muster einer Leistungserklärung. Die Pflicht der Hersteller von Bauprodukten, hierfür eine Leistungserklärung in gedruckter oder elektronischer Weise dem Abnehmer zur Verfügung zu stellen, **43** folgt aus Art. 7 der Bauproduktenverordnung. Näheres zur Leistungserklärung → § 16c Rn. 10 ff.

44 In welchem **Verhältnis** die **Bereithaltungspflicht des Bauherrn** nach Abs. 2 S. 3-4 und die im Umfang **identische Pflicht des jeweiligen Unternehmers** gem. § 54 Abs. 1 S. 2-3 stehen, ist vom Gesetzgeber nicht gesondert geregelt, jedoch im parlamentarischen Beratungsverfahren der 17. Wahlperiode zwischen GBD und Fachministerium erörtert worden (vgl. Vorlage 25 zu LT-Drs. 17/7278, 3). An den damaligen Beratungsstand knüpft der Gesetzentwurf der Regierungsfraktionen vom 19.06.2018 an (LT-Drs. 18/1136, 15). Der Gesetzgeber hat sich dagegen entschieden, im Regelungstext ausdrücklich klarzustellen, dass Bauherr und Unternehmer gleichrangig und vollumfänglich verantwortlich sein sollen und ggf von der BauAB alternativ herangezogen werden können. Dies soll sich seiner Auffassung nach hinreichend deutlich aus § 79 Abs. 1 Satz 3 ergeben, wonach sich die BauAB an jede der nach den §§ 52 bis 56 verantwortlichen Personen halten könne. Im Rahmen des (Störer-) Auswahlermessens gelte der Grundsatz, dass die sachnäheste Person heranzuziehen sei. Legt man diese Auffassung zugrunde, spricht Vieles dafür, idR vorrangig den jeweiligen Bauunternehmer in die Pflicht zu nehmen. Denn ihn trifft nach dem Gesetzeswortlaut des § 54 Abs. 1 S. 2 neben der Pflicht zur Bereithaltung der erforderlichen Nachweise auf der Baustelle überdies die vorgelagerte Pflicht zur Erbringung derselben. Er ist somit „näher an der Gefahr dran"; dies nicht zuletzt aufgrund seiner vertraglichen Beziehung zu den Herstellern oder Lieferanten der von ihm verwendeten Bauprodukte.

45 Durch § 80 Abs. 1 Nr. 7 wird der Verstoß gegen die Pflicht zur Bereithaltung von Nachweisen nach Satz 3 **bußgeldbewehrt**. Dagegen hat der Gesetzgeber für die fehlende Bereithaltung der Leistungserklärung nach Satz 4 explizit keine Ahndung als Ordnungswidrigkeit vorgesehen (LT-Drs. 18/1136, 45).

46 **Weitere Mitteilungspflichten:** Nach **§ 76 Abs. 1 S. 2** kann die BauAB (durch Auflage in der Baugenehmigung oder, wenn nötig, auch danach durch Verfügung gem § 79) anordnen, dass ihr **Beginn und Ende bestimmter,** möglicherweise gefährlicher **Bauarbeiten** (zB schwieriger Stahlbetonarbeiten) rechtzeitig **angezeigt** werden. Aus Abs. 2 S. 2 (→ Rn. 32) folgt, dass der Bauherr diese Anzeige zu machen hat, sofern keine abweichende bauaufsichtliche Anordnung getroffen wurde. Aus der Zusammenschau mit Satz 1, mit der § 76 Abs. 1 S. 2 auszulegen ist, ergibt sich jedoch, dass die BauAB die Anzeige auch dem Unternehmer der Arbeiten oder dem Bauleiter auferlegen kann, wenn ihr dies zweckmäßiger und sicherer erscheint.

Mitteilungen an die BauAB obliegen dem Bauherrn noch gem. § 68 Abs. 3 (Namhaftmachung betroffener Nachbarn im Baugenehmigungsverfahren) und § 77 Abs. 3 S. 1 (Mitteilung, wann die Voraussetzungen für die Abnahme vorliegen).

47 **Sonstige Pflichten** hat der Bauherr nach § 11 Abs. 3 (Aufstellung des Bauschildes), § 76 Abs. 2 S. 3 und Abs. 3 und § 77 Abs. 3 S. 2 (Mitwirkung bei der Bauüberwachung und bei Abnahmen), § 77 Abs. 4 (Vorlage von Bescheinigungen des Bezirksschornsteinfegermeisters) sowie nach § 75 Abs. 5 Satz 1 (Anzeige der Aufstellung fliegender Bauten).

§ 53 Entwurfsverfasserin und Entwurfsverfasser

(1) [1]Die Entwurfsverfasserin oder der Entwurfsverfasser ist dafür verantwortlich, dass der Entwurf für die Baumaßnahme dem öffentlichen Baurecht entspricht. [2]Zum Entwurf gehören die Bauvorlagen, bei Baumaßnahmen nach den §§ 62 und 63 einschließlich der Unterlagen, die nicht eingereicht werden müssen, und die Ausführungsplanung, soweit von dieser die Einhaltung des öffentlichen Baurechts abhängt.

(2) [1]Die Entwurfsverfasserin oder der Entwurfsverfasser muss über die Fachkenntnisse verfügen, die für den jeweiligen Entwurf erforderlich sind. [2]Verfügt sie

oder er auf einzelnen Teilgebieten nicht über diese Fachkenntnisse, so genügt es, wenn die Bauherrin oder der Bauherr insoweit geeignete Sachverständige bestellt. [3]Diese sind ausschließlich für ihre Beiträge verantwortlich; die Entwurfsverfasserin oder der Entwurfsverfasser ist nur dafür verantwortlich, dass die Beiträge der Sachverständigen dem öffentlichen Baurecht entsprechend aufeinander abgestimmt und im Entwurf berücksichtigt werden.

(3) [1]Bauvorlagen für eine nicht verfahrensfreie Baumaßnahme müssen von einer Entwurfsverfasserin oder einem Entwurfsverfasser unterschrieben sein, die oder der bauvorlageberechtigt ist. [2]Bauvorlageberechtigt ist, wer

1. **die Berufsbezeichnung „Architektin" oder „Architekt" führen darf,**
2. **in die von der Architektenkammer Niedersachsen geführte Liste der Entwurfsverfasserinnen und Entwurfsverfasser der Fachrichtung Architektur eingetragen ist,**
3. **in der von der Ingenieurkammer Niedersachsen geführten Liste der Entwurfsverfasserinnen und Entwurfsverfasser (§ 19 des Niedersächsischen Ingenieurgesetzes – NIngG –) oder in einem entsprechenden Verzeichnis in einem anderen Land eingetragen oder diesen Personen nach § 20 NIngG gleichgestellt ist,**
4. **die Berufsbezeichnung „Ingenieurin" oder „Ingenieur" in der Fachrichtung Architektur, Hochbau oder Bauingenieurwesen führen darf, danach mindestens zwei Jahre in dieser Fachrichtung praktisch tätig gewesen und Bedienstete oder Bediensteter einer juristischen Person des öffentlichen Rechts ist, für die dienstliche Tätigkeit oder**
5. **die Berufsbezeichnung „Innenarchitektin" oder „Innenarchitekt" führen darf, für die mit der Berufsaufgabe der Innenarchitektin und des Innenarchitekten verbundenen baulichen Änderungen von Gebäuden.**

(4) Bauvorlageberechtigt für eine genehmigungsbedürftige Baumaßnahme ist auch, wer

1. **die Berufsbezeichnung „Landschaftsarchitektin" oder „Landschaftsarchitekt" führen darf, wenn die Baumaßnahme mit der Berufsaufgabe der Landschaftsarchitektin und des Landschaftsarchitekten verbunden ist,**
2. **Meisterin oder Meister des Maurer-, des Betonbauer- oder des Zimmerer-Handwerks oder diesen nach § 7 Abs. 3, 7 oder 9 der Handwerksordnung gleichgestellt ist, wenn Handwerksmeisterinnen und Handwerksmeister die Baumaßnahme aufgrund ihrer beruflichen Ausbildung und Erfahrung entwerfen können,**
3. **staatlich geprüfte Technikerin oder staatlich geprüfter Techniker der Fachrichtung Bautechnik mit Schwerpunkt Hochbau ist, in gleichem Umfang wie die in Nummer 2 genannten Personen, oder**
4. **in einem Mitgliedstaat der Europäischen Union, einem anderen Vertragsstaat des Abkommens über den Europäischen Wirtschaftsraum oder einem durch Abkommen gleichgestellten Staat einen Ausbildungsnachweis erworben hat, der aufgrund einer schulrechtlichen Rechtsvorschrift als gleichwertig mit dem Abschluss zur staatlich geprüften Technikerin oder zum staatlich geprüften Techniker der Fachrichtung Bautechnik mit Schwerpunkt Hochbau anerkannt ist, in gleichem Umfang wie die in Nummer 2 genannten Personen.**

(5) [1]Bauvorlageberechtigt für eine genehmigungsbedürftige Baumaßnahme ist in gleichem Umfang wie die in Absatz 4 Nr. 2 genannten Personen auch, wer in einem Mitgliedstaat der Europäischen Union, einem anderen Vertragsstaat des Abkommens über den Europäischen Wirtschaftsraum oder einem durch Abkommen gleichgestellten Staat zur Erbringung von Entwurfsdienstleistungen nach Absatz 4 Nr. 2 oder 3 rechtmäßig niedergelassen ist, diesen Beruf im Rahmen des

europäischen Dienstleistungsverkehrs nur vorübergehend und gelegentlich in Niedersachsen ausübt und die Erbringung der Dienstleistung nach Maßgabe der Absätze 6 und 7 bei der Ingenieurkammer angezeigt hat. [2]Wenn weder der Beruf noch die Ausbildung zu dem Beruf im Niederlassungsstaat reglementiert ist, gilt Satz 1 nur dann, wenn der Beruf in einem oder mehreren der in Satz 1 genannten Staaten während der vergangenen zehn Jahre ein Jahr lang ausgeübt wurde. [3]Der vorübergehende und gelegentliche Charakter der Berufsausübung wird insbesondere anhand von Dauer, Häufigkeit, regelmäßiger Wiederkehr und Kontinuität der Berufsausübung in Niedersachsen beurteilt.

(6) [1]Wer erstmals eine Dienstleistung gemäß Absatz 5 in Niedersachsen erbringen will, hat dies der Ingenieurkammer vorher schriftlich anzuzeigen, es sei denn, dass sie oder er sich bereits in einem anderen Bundesland gemeldet hat. [2]Das Verfahren kann auch über eine einheitliche Stelle nach den Vorschriften des Verwaltungsverfahrensgesetzes und des Niedersächsischen Gesetzes über Einheitliche Ansprechpartner abgewickelt werden. [3]Mit der Anzeige sind vorzulegen:

1. eine Bescheinigung darüber, dass die Dienstleisterin oder der Dienstleister in einem in Absatz 5 Satz 1 genannten Staat zur Erbringung von Entwurfsdienstleistungen nach Absatz 4 Nr. 2 oder 3 rechtmäßig niedergelassen ist, und darüber, dass ihr oder ihm die Ausübung des Berufs nicht, auch nicht vorübergehend, untersagt ist,
2. ein Berufsqualifikationsnachweis und
3. für den Fall, dass weder der Beruf noch die Ausbildung zu dem Beruf in dem Niederlassungsstaat reglementiert ist, ein Nachweis darüber, dass der Beruf in einem oder mehreren der in Absatz 5 Satz 1 genannten Staaten während der vergangenen zehn Jahre mindestens ein Jahr lang ausgeübt wurde.

[4]Das Verfahren kann abweichend von den Sätzen 1 und 3 elektronisch geführt werden, soweit Unterlagen in einem Mitgliedstaat der Europäischen Union oder in einem anderen Vertragsstaat des Abkommens über den Europäischen Wirtschaftsraum ausgestellt oder anerkannt wurden. [5]Im Fall begründeter Zweifel an der Echtheit der nach Satz 4 übermittelten Unterlagen und soweit unbedingt geboten, kann sich die Ingenieurkammer an die zuständige Behörde des Staates wenden, in dem die Unterlagen ausgestellt oder anerkannt wurden, und die Dienstleisterin oder den Dienstleister auffordern, beglaubigte Kopien vorzulegen.

(7) [1]Ist seit der letzten Anzeige ein Jahr vergangen und beabsichtigt die Dienstleisterin oder der Dienstleister weiterhin, Dienstleistungen gemäß Absatz 5 in Niedersachsen zu erbringen, so hat sie oder er dies der Ingenieurkammer anzuzeigen. [2]Hat sich die in den bisher vorgelegten Dokumenten bescheinigte Situation wesentlich geändert, so hat die Dienstleisterin oder der Dienstleister dies unter Vorlage der entsprechenden Dokumente anzuzeigen. [3]Absatz 6 Sätze 2, 4 und 5 gilt entsprechend.

(8) [1]Die Ingenieurkammer bestätigt auf Antrag, dass die Anzeige nach Absatz 6 oder 7 erfolgt ist. [2]Sie kann das Tätigwerden als Entwurfsverfasserin oder Entwurfsverfasser untersagen, wenn die Voraussetzungen der Absätze 5 bis 7 nicht erfüllt sind.

(9) Die Beschränkungen der Absätze 3 bis 8 gelten nicht für Bauvorlagen

1. zu Entwürfen, die üblicherweise von Fachkräften mit anderer Ausbildung als nach den Absätzen 3 bis 8 verfasst werden, wie Entwürfe für Werbeanlagen und Behälter,
2. zu Entwürfen einfacher Art, wenn ein Nachweis der Standsicherheit nicht erforderlich ist,
3. für Stützmauern sowie selbständige Aufschüttungen und Abgrabungen.

Übersicht

A. Allgemeines, Begriffe

Die Vorschrift über die Verantwortlichkeit der Entwurfsverfasser wurde zuletzt durch Art. 2 Nr. 1 des Gesetzes zur Neuordnung des Berufsrechts der Ingenieurinnen und Ingenieure sowie zur Änderung der Niedersächsischen Bauordnung vom 25.9.2017 (Nds. GVBl. S. 322), **grundlegend überarbeitet**. Die Änderungen sind nach Art. 3 dieses Gesetzes zum 30.9.2017 in Kraft getreten und gelten seither unverändert. Das in der 18. Wahlperiode von den Regierungsfraktionen (vgl LT-Drs. 18/1136) auf den Weg gebrachte Gesetz zur Änderung der Niedersächsischen Bauordnung vom 12.9.2018 (Nds. GVBl. S. 190) ließ § 53 unangetastet. Dies erklärt sich vor dem Hintergrund des in der 17. Wahlperiode des Landtags in weiten Teilen gescheiterten Gesetzentwurfs der Landesregierung zur Änderung der NBauO (LT-Drs. 17/7278), der mit Art. 1 Nr. 19 bereits die materiellrechtlich gebotenen Änderungen des § 53 umfasste (vgl LT-Drs. 17/7278, 19 f. und 45 f.). Für diesen Gesetzentwurf der Landesregierung, der vom GBD Anfang Juni 2017 in weiten Teilen (auch § 53) bearbeitet war und mit Änderungsvorschlägen dem federführenden Ausschuss für für Soziales, Frauen, Familie, Gesundheit und Migration zur Beratung vorlag, war nach dem Wechsel der Mehrheitsverhältnisse im Landtag Anfang August 2017 keine für eine Verabschiedung notwendige Mehrheit gegeben; lediglich die Umsetzung der Seveso-III-Richtlinie und der Verfahrensfreiheit sog mobiler Hühnerställe gelang (Nds. GVBl. S. 338). Der federführende Sozialausschuss verständigte sich allerdings dahingehend, die ebenfalls europarechtlich dringend gebotene **Umsetzung der sog Berufsqualifikationsanerkennungsrichtlinie** in den parallel vom federführenden Wirtschaftsausschuss beratenen Entwurf eines Gesetzes zur Neuordnung des Berufsrechts der Ingenieurinnen und Ingenieure zu verlagern (vgl LT-Drs. 17/8717, 1). Art. 2 Nr. 1 dieses Gesetzes dient danach vorrangig der Umsetzung der Richtlinie 2005/36/EG des Europäischen Parlaments und des Rates vom 7.9.2005 über die Anerkennung von Berufsqualifikationen (ABl. EU Nr. L 255 S. 22; 2007 Nr. L 271 S. 18; 2008 Nr. L 93 S. 28; 2009 Nr. L 33 S. 49; 2014 Nr. L 305 S. 115), zuletzt geändert durch den Delegierten Beschluss (EU) 2016/790 der Kommission vom 7.1.2016 (ABl. EU Nr. L 134 S. 135) – sog. Berufsqualifikationsanerkennungsrichtlinie. Daneben ist der Gesetzgeber mit der vorliegenden Fassung des § 53 der Empfehlung des GBD gefolgt, eine **rechtssystematisch stimmige und übersichtliche Regelung** der verschiedenen Bauvorlageberechtigungen zu schaffen (vgl LT-Drs. 17/8746, 16). § 53 ist vor diesem Hintergrund wesentlich umfangreicher geraten als § 54 MBauO 2002; diese Mustervorschrift 1 umfasst nur zwei Absätze, die hier weitgehend § 53 Abs. 1 und 2 entsprechen. In der NBauO 2003 enthielt § 58 die Regelungen zur Verantwortlichkeit der Entwurfsverfasser; hinsichtlich der mit dem Inkraftsetzen der NBauO 2012 verbundenen Änderungen → Rn. 12.

Nach § 52 Abs. 2 S. 1 hat der Bauherr für Baumaßnahmen, die nicht verfahrensfrei (§ 60) sind, verantwortliche Personen iSd §§ 53–55 zu bestellen. Zu diesen gehört zunächst der Entwurfsverfasser. § 53 regelt dessen Verantwortlichkeit (Abs. 1, Abs. 2 S. 3 Hs. 2) und bestimmt, welche Qualifikation er haben muss (Abs. 2–9). Die Vorschrift greift mit Abs. 1 und 2 auch dann ein, wenn ein Entwurfsverfasser ohne gesetzliche Verpflichtung bestellt wird; ihre Hauptbedeutung hat sie aber für den obligatorischen Entwurfsverfasser.

Das Wort **„Entwurfsverfasser"** bezeichnet keinen Beruf. Entwurfsverfasser ist derjenige, der für eine konkrete Baumaßnahme (→ § 2 Abs. 13) dem Bauherrn den Entwurf zur Verfügung stellt. Er braucht den Entwurf nicht persönlich anzufertigen; es genügt wenn er ihn – wie in arbeitsteilig tätigen Architektur- und Ingenieurbüros üblich – durch Hilfspersonen unter seiner Leitung ausarbeiten lässt (Sauter LBauO BW § 43 Rn. 3). Als Entwurfsverfasser wird auch gelten, wer einen fremden Entwurf ohne Verletzung von Urheberrecht und sonstigem Zivilrecht übernimmt, diesen überprüft und dem Bauherrn liefert; das Bauvorlagerecht der Architekten ist nicht an die eigenhändige Ausarbeitung einer Bauvorlage geknüpft (Landesberufsgericht für Architekten München 8.8.1979 – LBG-Arch. 3/78, BayObLGSt 1979, 122).

2 Was **„Entwurf"** ist, ergibt sich für Baumaßnahmen, die nicht verfahrensfrei sind, aus **Abs. 1 Satz 2**: Danach gehören zum Entwurf einmal die sog **Bauvorlagen.** Was Bauvorlagen sind, definiert § 67 Abs. 1 S. 2 legal. Es sind *„alle für die Beurteilung der Baumaßnahmen und die Bearbeitung erforderlichen Unterlagen"*, die nach § 67 Abs. 1 S. 1 im normalen Baugenehmigungsverfahren zum Bauantrag bei der BauAB einzureichen sind: Übersichtsplan, Lageplan, Bauzeichnungen, Bau- und Betriebsbeschreibung, Berechnungen und Konstruktionszeichnungen, insbesondere Standsicherheits- und Brandschutznachweis, ggf. mit Ausführungszeichnungen, und andere technische Nachweise (zB zum Wärme-, Schall- und Erschütterungsschutz) sowie die Darstellung der besonderen Anlagen zur Grundstücksentwässerung. Näheres dazu bestimmt die auf § 82 Abs. 2 Nr. 8 beruhende Verordnung über Bauvorlagen und die Einrichtung von automatisierten Abrufverfahren für Aufgaben der Bauaufsichtsbehörden (**Bauvorlagenverordnung** – BauVorlVO) vom 7.11.2012 (Nds. GVBl. S. 419); siehe dort insbesondere die Auflistung in § 2. Diese befindet sich derzeit in Überarbeitung (abgedruckt bei § 67). Zum Entwurf gehören auch die Bauvorlagen für Werbeanlagen (näher dazu § 3 BauVorlVO) und für fliegende Bauten. § 53 Abs. 1 S. 2 rechnet diese Unterlagen auch dann zum Entwurf, wenn die Baumaßnahme das besondere (Mitteilungs-)Verfahren für genehmigungsfreie Baumaßnahmen nach § 62 oder das vereinfachte Baugenehmigungsverfahren nach § 63 durchläuft und nur die in § 65 Abs. 2 genannten Unterlagen der BauAB zur Prüfung vorzulegen sind.

3 Ferner rechnet Abs. 1 S. 2 die **Ausführungsplanung** zum Entwurf, aber nur insoweit, als von der Ausführungsplanung die Einhaltung des öffentlichen Baurechts abhängt. Die Ausführungsplanung – der Begriff ist der HOAI (dort § 34 Abs. 3 Nr. 5, Leistungsphase 5) entnommen – besteht in den Einzelzeichnungen, Berechnungen und schriftlichen Anweisungen, die aufgrund der genehmigten Bauvorlagen zur Ausführung der Baumaßnahme angefertigt werden. Ausgenommen sind von Abs. 1 S. 2 die Einzelzeichnungen usw für bauordnungsrechtlich unwesentliche Teile, zB über den Innenausbau von Wohnungen.

4 Auf **verfahrensfreie Baumaßnahmen** wird Abs. 1 S. 2 sinngemäß anzuwenden sein. Den Entwurf bilden hier alle Pläne, Berechnungen und schriftlichen Anweisungen für die jeweilige Baumaßnahme, soweit sie für die Einhaltung des materiellen öffentlichen Baurechts von Bedeutung sind.

Die einzelnen Teile des Entwurfs können **verschiedene Entwurfsverfasser haben**; insbesondere kann einer die Bauvorlagen, ein anderer die Ausführungspläne verfasst haben (→ § 52 Rn. 21). Die Ordnungsmäßigkeit des Ganzen darf unter der Aufgabenteilung aber keinesfalls leiden. 5

B. Verantwortlichkeit des Entwurfsverfassers (Abs. 1 S. 1)

Nach Abs. 1 S. 1 ist der Entwurfsverfasser dafür verantwortlich, „dass der Entwurf dem öffentlichen Baurecht entspricht". Die MBauO 2002 spricht in § 54 Abs. 1 S. 2 insoweit von einer Verantwortung für die „Vollständigkeit und Brauchbarkeit" des Entwurfs. Die abweichende Formulierung der NBauO stellt klar, dass die öffentlich-rechtliche Verantwortlichkeit nach § 53 sich nicht auf Zweckmäßigkeit und Wirtschaftlichkeit des Entwurfs erstreckt. 6

Jeder Entwurfsverfasser trägt die Verantwortung für die von ihm übernommene Entwurfsarbeit. Wer nur für einen Teil des Entwurfs bestellt wurde (→ Rn. 5), ist auch nur für diesen Teil, allerdings auch für dessen ordnungsgemäße Abstimmung mit dem übrigen Entwurf, verantwortlich. Über das Zusammenwirken des Entwurfsverfassers mit den Sachverständigen im Falle des Abs. 2 S. 2 → Rn. 11.

Was **Verantwortlichkeit** iSd NBauO allgemein bedeutet, ist bei § 52 (→ Rn. 1 ff.) dargelegt worden. Sie besteht hier in folgendem: Der Entwurfsverfasser hat einmal dafür zu sorgen, dass der in seinem Entwurf dargestellte Bau den materiellen Anforderungen des gesamten öffentlichen Baurechts iSd § 2 Abs. 17 genügt, namentlich den Grundanforderungen in § 3 und den Vorschriften zu deren Ausführung, aber auch des Bauplanungsrechts. Der Entwurf muss auch durch klare und lückenlose Angaben die Unternehmer in den Stand setzen, ihrerseits ordnungsgemäße Arbeit zu liefern. Außerdem hat der Entwurfsverfasser dafür zu sorgen, dass sein Entwurf das „formelle" Recht einhält: Die Bauvorlagen müssen den Anforderungen des § 67 Abs. 1 S. 2 und der BauVorlVO entsprechen, insbesondere der BauAB die Prüfung des Vorhabens ermöglichen. Die Ausführungsplanung darf nicht von den genehmigten Bauvorlagen abweichen, im Verfahren nach § 62 nicht von den bei der Gemeinde eingereichten Bauvorlagen. Anderenfalls würde die Ausführungsplanung zu einem Bau führen, der entgegen § 72 Abs. 1 S. 2 von der Baugenehmigung abweicht oder gegen § 62 Abs. 9 S. 1 verstößt. 7

Führt (auch bei verfahrensfreien Bauten) ein **fehlerhafter Entwurf** zu rechtswidrigen, zB für Menschen gefährlichen, Bauzuständen, so kann die BauAB zur Behebung der Fehler ua den Entwurfsverfasser heranziehen (§ 79 Abs. 1 S. 3). Lassen die Fehler befürchten, dass der Entwurfsverfasser seiner Aufgabe nicht gewachsen ist, so kann die BauAB vom Bauherrn verlangen, dass er für die noch ausstehenden Entwurfsarbeiten (Ausführungsplanung) einen anderen Entwurfsverfasser bestellt. Die Rechtsgrundlage hierfür findet sich in § 52 Abs. 3 S.1 (→ § 52 Rn. 25 ff.).

Nach **Zivilrecht** hat der Entwurfsverfasser aufgrund des Architektenvertrages mit dem Bauherrn (Werkvertrag, §§ 631 ff. BGB) oder eines Bauvertrags mit einem Bauträger (§§ 650a ff. BGB, näher dazu → § 54 Rn. 11) einen Entwurf zu liefern, der zum einen „genehmigungsfähig" ist, also das materielle öffentliche Baurecht einhält. Zudem muss er jedoch die dem Vertrag zugrunde gelegten Bedürfnisse des Bauherrn erfüllen, zB auch zweckmäßig und wirtschaftlich sein. Damit dieses Ziel erreicht wird, hat er den Bauherrn zu beraten. Diese Vertragspflichten gehen also inhaltlich über die öffentlich-rechtlichen Pflichten des Entwurfsverfassers hinaus. Verstößt der Entwurf gegen Sicherheitsvorschriften des öffentlichen Baurechts (§ 3 Abs. 1 usw) und werden infolgedessen Leben, Gesundheit oder Eigentum Dritter verletzt, so haftet der Entwurfsverfasser, wenn er sich schuldhaft verhalten hat, dem Geschädigten nach § 823 BGB (→ § 52 Rn. 7). In diesen Fällen kann sich der Entwurfsverfasser auch wegen fahrlässiger Tötung oder Körperverletzung (§§ 222, 229 StGB) oder wegen Baugefährdung (§ 319 StGB) **strafbar** machen. 8

Näheres bei Bindhardt/Jagenburg, Die Haftung des Architekten und seine strafrechtliche Verantwortung, 9. Aufl. 2001; Locher, Das private Baurecht, 8. Aufl. 2012, Rn. 396 ff.; Gallas, Die strafrechtliche Verantwortung der am Bau Beteiligten, 1963, S. 19 ff., 38 ff. Eine vorsätzliche oder fahrlässige Verletzung der aus Abs. 1 und 2 folgenden Pflicht des Entwurfsverfassers, dafür zu sorgen, dass der Entwurf dem öffentlichen Baurecht entspricht, kann als **Ordnungswidrigkeit** nach § 80 Abs. 1 Nr. 9 geahndet werden. Gleiches gilt gemäß § 80 Abs. 1 Nr. 14 für denjenigen, der eine Baumaßnahme nach § 62 ohne die Bestätigung nach § 62 Abs. 2 Nr. 3 oder 4 oder entgegen § 62 Abs. 8 Satz 3 durchführt oder durchführen lässt (→ § 80 Rn. 15 und 24).

C. „Materielle" Qualifikation des Entwurfsverfassers (Abs. 2)

9 **Allgemeines, Verhältnis des Abs. 2 zu den Abs. 3–9:** Die NBauO setzt dafür, dass jemand als Entwurfsverfasser tätig werden darf, zweierlei voraus: Erstens muss er in jedem Fall den „materiellen" Anforderungen des Abs. 2 genügen. Zweitens muss er bei den nicht verfahrensfreien Baumaßnahmen grundsätzlich den „formellen" Anforderungen entsprechen, die in den Absätzen 3–9 näher geregelt sind. Die **„materielle" Qualifikation** hat, wer tatsächlich fähig ist, die konkrete Planungsaufgabe einwandfrei zu erfüllen (über diese → Rn. 10). Die **„formelle" Qualifikation** besteht in der Berechtigung, einen bestimmten Titel zu führen, in einem Listeneintrag, einem anderen Zertifikat oder in dem Nachweis einer bestimmten Ausbildung und/oder praktischen Tätigkeit. Die formelle Qualifikation begründet die Vermutung, dass ihr Inhaber auch die im jeweiligen Fall erforderliche materielle Qualifikation hat. Jedoch ist diese Vermutung nicht unwiderleglich.

10 Nach Abs. 2 S. 1 muss der Entwurfsverfasser als materielle Qualifikation über die **für den jeweiligen Entwurf erforderliche Fachkenntnis** verfügen. Die Anforderungen an die Fachkunde können je nach Art und Schwierigkeit der Baumaßnahme ganz verschieden sein.

Die Entwicklung der Technik und die modernen Anforderungen an Bauten haben es mit sich gebracht, dass der Architekt selbst nicht mehr alle technischen Probleme seines Entwurfs sicher beurteilen kann, zB die Statik, die Versorgungstechnik (insbesondere Heiz-, Kühlungs- und Lüftungstechnik) oder die richtige Anwendung technisch schwieriger oder neuer Bauarten. Dem trägt die NBauO (wie die MBauO und andere Landesbauordnungen) Rechnung: Einmal braucht der Entwurfsverfasser nicht alle erforderlichen Fachkenntnisse selbst zu haben, er muss nur **„über sie verfügen"**, dh es genügt, wenn er Hilfspersonen mit diesen Kenntnissen hat, einerlei, ob er sie in seinem Büro beschäftigt oder sonst mit ihnen zusammenarbeitet. Er muss sie allerdings beim Entwurf sachgerecht einsetzen können.

11 „Verfügt" er auch in diesem Sinne auf einzelnen Teilgebieten nicht über die erforderliche Sachkunde, so genügt es nach **Satz 2**, wenn der Bauherr insoweit geeignete **Sachverständige** bestellt (er kann auch dem Entwurfsverfasser Vollmacht zur Bestellung geben). Die Sachverständigen sind nach **Satz 3** anstelle des Entwurfsverfassers dafür verantwortlich, dass ihre Beiträge dem öffentlichen Baurecht entsprechen (sie müssen diese unterzeichnen, vgl. § 67 Abs. 3 S. 3). Jedoch bleibt der Entwurfsverfasser nach dem zweiten Halbsatz des Satzes 3 für die Koordinierung aller Fachbeiträge untereinander und mit den übrigen Teilen des Entwurfs verantwortlich (zB für die Anpassung der Einzelzeichnungen an die statische Berechnung). Er hat ua auch darauf zu achten, ob ein Fachbeitrag von zutreffenden tatsächlichen Voraussetzungen (zB die Statik von den richtigen Baugrundverhältnissen) ausgeht (vgl BGH 15.12.1966 – VII ZR 151/64, BeckRS 2013, 11403). Solange notwendige Fachbeiträge fehlen, darf der Entwurfsverfasser keine davon abhängigen Entwurfsteile „auf gut Glück" zum Bauen herausgeben.

Wegen der **Kontrolle** der „materiellen" Qualifikation durch die BauAB → § 52 Rn. 26 f.

D. „Formelle“ Qualifikation des Entwurfsverfassers, Bauvorlageberechtigung (Abs. 3–9)

a) Allgemeines

Rechtsentwicklung: Eine „formelle“ Qualifikation von Entwurfsverfassern verlangte die bisherige NBauO schon in ihrer ursprünglichen Fassung von 1973. Nach § 58 NBauO aF mussten die Entwurfsverfasser genehmigungsbedürftiger Bauten Architekten oder Ingenieure sein; für bestimmte Bauten genügte der Meistertitel. Die Regelung wurde in Anlehnung an einige Landesbauordnungen, die mit dem Erfordernis eines „Planvorlagerechts“ vorausgegangen waren, während der Parlamentsberatungen in die NBauO 1973 aufgenommen. Sie wurde erstmals durch die NBauO-Novelle vom 11.4.1986 (Nds. GVBl. S. 103) und danach mehrfach geändert, zuletzt durch das Gesetz zur Neuordnung des Berufsrechts der Ingenieurinnen und Ingenieure sowie zur Änderung der Niedersächsischen Bauordnung vom 25.9.2017 (Nds. GVBl. S. 322); näher dazu → Rn. 1. Die NBauO 2012 hat die bisherige Regelung des § 58 NBauO 2003 ohne wesentliche inhaltliche Änderungen übernommen, sie jedoch der Regelung der Bauvorlageberechtigung nach der MBauO 2002 und den Bauordnungen anderer Länder angepasst (vgl LT-Drs. 16/3195, 91), insbesondere den in der NBauO 2003 vermiedenen Begriff der „Bauvorlageberechtigung“ eingeführt (→ Rn. 17). Zudem ist der Gesetzgeber einer Empfehlung des GBD gefolgt, den in § 58 Abs. 2 NBauO 2003 noch verwendeten Begriff der „Sachkenntnis“, welcher sich eher auf eine Kenntnis des konkreten Bauvorhabens zu beziehen scheint, entsprechend § 54 Abs. 2 S. 2 durch das inhaltlich treffendere Wort „Fachkenntnisse“ zu ersetzen (vgl. LT-Drs. 16/4587, 47 und LT-Drs. 16/4621, 20). 12

Zweck der Regelung: Die „formellen“ (→ Rn. 9) Anforderungen in den Abs. 3 bis 9 erleichtern und sichern die Verwirklichung der „materiellen“ Forderung des Abs. 2, nach welcher der Entwurfsverfasser die für den jeweiligen Entwurf erforderlichen **Fachkenntnisse** haben muss. Eine so abstrakt formulierte Regel lässt sich in der bauaufsichtlichen Praxis nur schwer handhaben. Die Eignung stets individuell zu überprüfen würde einen übermäßigen Verwaltungsaufwand erfordern (→ § 52 Rn. 26). Fehlt es aber an dieser Überprüfung, so würde die Forderung des Abs. 2 in den Fällen, in denen sich der Bauherr nicht schon aus eigener Einsicht um einen geeigneten Entwurfsverfasser bemüht, unvollzogen bleiben. Dies verhütet die Forderung nach einer „formellen“ Qualifikation, indem sie es der Bauaufsicht weitgehend erspart, mit dem im Einzelfall durchaus schwierig anzuwendenden unbestimmten Rechtsbegriff der „erforderlichen“ Fachkenntnisse zu arbeiten, und ihr ein leicht feststellbares Kriterium an die Hand gibt, das jedenfalls in der Regel auf die nach Abs. 2 erforderliche Eignung schließen lässt. 13

Auch reichen die nach Abs. 2 „erforderlichen“ Fachkenntnisse nur so weit, dass der Entwurf gerade eben den Anforderungen des öffentlichen Baurechts entspricht. Wird jedoch vorausgesetzt, dass der Entwurfsverfasser eine qualifizierte Ausbildung abgeschlossen und bestimmte praktische Erfahrungen gesammelt hat, und bewirkt ein geeignetes Berufs- und Standesrecht, dass er sich regelmäßig fachlich fortbildet und, soweit dies bei aller menschlichen Unzulänglichkeit möglich ist, ein Berufsethos gepflegt wird, das seine Arbeitsweise lenkt, und er auch gegenüber dem Bauherrn Anliegen des Gemeinwohls zur Geltung bringt, so kann die Regelung über die Sicherung der Mindestanforderungen des materiellen Baurechts hinaus noch wesentlich **weitergehende öffentliche Interessen** verwirklichen. Sie kann dem Verbraucherschutz dienen, insbesondere auch verhüten, dass der „kleine“ (unerfahrene oder wenig „konfliktfähige“) Bauherr Nachteile durch einen technisch mangelhaften oder unzweckmäßigen Bau erleidet. Sie kann volkswirtschaftliche Schäden verhüten, indem sie der Verschwendung von Rohstoffen, Energie und Arbeit durch schlechtes Bauen vorbeugt. Weiter kann sie wirksamer als die materiellen Gestaltungsvorschriften des Bauordnungsrechts für Bauten sorgen, die von guter architektonischer Qualität sind und sich in ihre städtebauliche und landschaftliche Umge- 14 bung so gut wie möglich einfügen, also die rechtliche Grundlage für die Pflege einer **„Baukultur"** bilden. Die gegenwärtigen Regelungen in den Abs. 3 bis 9 dienen in Verbindung mit den einschlägigen Ausbildungsvorschriften und dem Berufsrecht der Architekten und Ingenieure, wenn auch unvollkommen, den vorstehend aufgeführten Zwecken.

15 Hat der Entwurfsverfasser eines Bauvorhabens die vorstehend beschriebene Qualifikation, ist es ferner vertretbar, die **präventive behördliche Kontrolle** dieses Vorhabens im **Baugenehmigungsverfahren** teilweise **einzuschränken**. Davon gehen die Regelungen der §§ 62, 63 und 65 ersichtlich aus (vgl LT-Drs. 16/3195, 95, dort zur Beibehaltung des sog „Vier-Augen-Prinzips bei der Prüfung der Standsicherheit und des Brandschutzes aus Sicherheitsgründen). Der Abbau dieser Kontrolle darf aber nicht zu weit gehen; dies hat der Gesetzgeber mit der notwendigen Ausweitung des Katalogs der Sonderbauten offenbar erkannt (vgl. LT-Drs. 18/1136, 28 f.). Soweit Vorschriften einzuhalten sind, die massive Interessenkonflikte zwischen Bauherren und anderen Personen regeln, kann auch ein fachlich qualifizierter Entwurfsverfasser die Kontrolle durch eine dem Bauherrn gegenüber unabhängige rechtsstaatliche Bauaufsicht nicht ersetzen.

16 Wie das BVerfG zu der entsprechenden Vorschrift in der LBauO BW entschieden hat, ist eine derartige Regelung **mit dem GG vereinbar**; der Landesgesetzgeber ist für ihren Erlass zuständig und sie verletzt auch nicht das Grundrecht der Berufsfreiheit nach Art. 12 GG (27.5.1970 – 2 BvR 117/65, BeckRS 9998, 109298; siehe auch BVerfG 28.11.1984 – 1 BvL 13/81, BeckRS 9998, 101133).

17 Die NBauO 2003 bestimmte in § 58 Abs. 3–5 jeweils, dass eine Person, die eine bestimmte formelle Qualifikation hat, „als Entwurfsverfasser bestellt werden" darf. Davon abweichend übernimmt die NBauO 2012 die entsprechende Regelung der MBauO 2002 (§ 65), die dort wie auch in den meisten Landesbauordnungen (vgl etwa § 67 BauO NRW 2018 oder § 65 LBO SH) allerdings in die Verfahrensvorschriften eingereiht ist (vgl LT-Drs. 16/3195, 91). Die neue NBauO bezeichnet nunmehr die Inhaber der formellen Qualifikationen als **„Bauvorlageberechtigte"** und schreibt vor, dass die Bauvorlagen von einem „bauvorlageberechtigten" Entwurfsverfasser zu unterschreiben sind. Dieser Wortlaut erweckt den Eindruck, dem Gesetzgeber gehe es nur noch um die Bauvorlagen und nur um einen Verfahrensakt in Gestalt der Unterzeichnung durch einen Bauvorlageberechtigten. Jedoch müssen die Bauvorlagen wie bisher von „einer Entwurfsverfasserin oder einem Entwurfsverfasser" unterschrieben sein. Damit kann – selbstverständlich – nicht ein Verfasser irgendeines beliebigen Entwurfs gemeint sein, sondern nur der Verfasser des Entwurfs für die Baumaßnahme, die Gegenstand des Verfahrens ist. Also muss *dieser* Entwurfsverfasser unterschreiben. Durch seine Unterschrift versichert dieser, dass er den Entwurf verfasst oder wenigstens dessen Ausarbeitung geleitet oder sich den Entwurf eines anderen rechtmäßig zueigen gemacht hat (→ Rn. 1), und erklärt sich für den Entwurf verantwortlich. Mit der Unterschrift verspricht er ferner, dass auch die baurechtlich relevante Ausführungsplanung, die nach Abs. 1 S. 2 zum Entwurf gehört, von ihm selbst oder unter seiner Leitung erarbeitet werden wird. Dass auch gerade die Ausführungsplanung qualifizierten Entwurfsverfassern anvertraut sein muss, hat seinen guten Grund darin, dass sie im Baugenehmigungsverfahren nie geprüft wird und die BauAB von ihr gewöhnlich keine Kenntnis erhält. Wäre die Forderung nach einer formellen Qualifikation des Entwurfsverfassers wirklich nur ein Plan*vorlage*monopol, hätten ihre Gründe (auch in Anbetracht der Grundrechte, in die sie eingreift) wesentlich weniger Überzeugungskraft.

b) Architekten (Abs. 3 S. 2 Nr. 1)

18 Nach **Abs. 3 S. 2 Nr. 1** ist „bauvorlageberechtigt" und damit als Entwurfsverfasser unbeschränkt zugelassen, wer die Berufsbezeichnung **„Architekt"** führen darf. Unter welchen Voraussetzungen jemand dazu berechtigt ist, bestimmt für Niedersachsen das Niedersächsische Architektengesetz (NArchtG) vom 25.9.2017 (Nds. GVBl. S. 356), das zuletzt durch Art. 24 des Gesetzes zur Neuordnung des niedersächsischen Datenschutzrechts vom 16.5.2018 (Nds. GVBl. S. 66) geändert worden ist. Nach § 1 Abs. 1 NArchtG darf in Niedersachsen als Architekt tätig werden, wer als solcher in die von der Achitektenkammer Niedersachsen geführte Architektenliste oder in die entsprechende Liste in einem anderen deutschen Bundesland eingetragen ist oder wer als auswärtige Dienstleisterin oder auswärtiger Dienstleister nach § 13 Abs. 1 und 2 NArchtG dazu berechtigt ist. In die niedersächsische Architektenliste wird nach § 5 Abs. 1 NArchtG (in den anderen Bundesländern gelten entsprechende Vorschriften) auf Antrag eingetragen, wer in Niedersachsen seine berufliche Niederlassung oder seinen Wohnsitz hat oder hier beruflich tätig ist (Nr. 1) und wer die für die ordnungsgemäße Ausübung des Architektenberufes erforderliche Befähigung durch den erfolgreichen Abschluss eines entsprechenden Hochschulstudiums und eine mindestens zweijährige berufspraktische Tätigkeit erworben hat (vgl. Nr. 2); die Anforderungen an das Studium und die berufspraktische Tätigkeit werden in § 6 NArchtG näher geregelt. Personen ohne Wohnsitz und Niederlassung in Niedersachsen und ohne Eintragung in die Architektenliste eines anderen Bundeslands sind nach Maßgabe des § 7 NArchtG aufgrund der Anerkennung einer europäischen Berufsqualifikation befähig iSd § 5 Abs. 1 S. 2 NArchtG. Nach § 1 Abs. 4 NArchtG darf die Berufsbezeichnung „Architekt" usw auch in dem Namen (Firma) einer Gesellschaft geführt werden, wenn diese in die „Gesellschaftsliste" der Architektenkammer eingetragen ist; die Voraussetzungen der Eintragung ergeben sich aus den §§ 16 f. NArchtG.

c) „Entwurfsverfasser der Fachrichtung Architektur" (Abs. 3 S. 2 Nr. 2)

Die Regelung in Abs. 3 S. 2 **Nr. 2** wurde durch das Gesetz vom 28.5.1996 (Nds. GVBl. **19**
S. 252) in § 58 Abs. 3 NBauO 1995 eingefügt worden. Das Gesetz hatte den früheren § 10 NArchtG dahin geändert, dass alle in die Architektenliste des Landes Niedersachsen eingetragenen Architekten, also auch die Architekten im Angestelltenverhältnis, kraft Gesetzes Pflichtmitglieder der Architektenkammer Niedersachsen sind. Diese Änderung war Voraussetzung dafür, dass auch künftig angestellte Architekten in die berufsständische Versorgung der Architekten unter Befreiung von der gesetzlichen Rentenversicherung aufgenommen werden können (siehe die Entwurfsbegründungen LT-Drs. 13/1791 und 13/1792). Nach Auffassung der damligen Landtagsmehrheit sollten jedoch Personen, die zwar die Voraussetzungen für die Eintragung in die Architektenliste erfüllen, jedoch die Mitgliedschaft in der Architektenkammer nicht wünschen, auch künftig wie Architekten, allerdings ohne Gebrauch dieser Bezeichnung, als Entwurfsverfasser tätig werden dürfen. Zu diesem Zweck hatte das Gesetz eine **„Liste der Entwurfsverfasserinnen und Entwurfsverfasser der Fachrichtung Architektur"** eingeführt, heute geregelt in **§ 18 NArchtG**. Die Liste ist auch von der Architektenkammer zu führen. Die in diese Liste eingetragenen Personen sind seither nach § 53 Abs. 3 S. 2 Nr. 2 in Niedersachsen unbeschränkt „bauvorlageberechtigt", dürfen hier also in gleicher Weise wie Architekten als Entwurfsverfasser nicht verfahrensfreier Baumaßnahmen bestellt werden. Als der Landtag über das Gesetz zur Änderung des NArchtG vom 11.10.2010 (Nds. GVBl. S. 475) beriet, äußerte die Architektenkammer den Wunsch, die Entwurfsverfasserliste nach Abs. 3 Nr. 2 zu schließen (vgl. LT-Drs. 16/2495, 17). Dem entsprach der Gesetzgeber nicht. Die Forderung nach einer weitergehenden Verkammerung von Entwurfsverfassern wurde vom Bund deutscher Baumeister, Architekten und Ingenieure und von der Ingenieurkammer Niedersachsen auch im Zuge des Gesetzgebungsverfahrens zur NBauO 2012 erhoben. Dem ist der Gesetzgeber auch in Ansehung der Ausdehnung des Freistellungsverfahrens für bestimmte gewerbliche Bauvorhaben in Gewerbe- und Industriegebieten nicht gefolgt, weil für ihn eine Rechtfertigung für eine Verschärfung der Qualitätsanforderungen für Entwurfsverfasserinnen und Entwurfsverfasser noch nicht absehbar war und als Kompensation zur hohen Verantwortung im Genehmigungsfreistellungsverfahren zwei Ordnungswidrigkeitstatbestände (heute § 80 Abs. 1 Nrn. 9 und 14) eingeführt worden sind, die die Bauherrn und die Entwurfsverfasserinnen und

Entwurfsverfasser zur Einhaltung des öffentlichen Baurechts anhalten sollen (vgl. LT-Drs. 16/3195, 63 f.).

d) In die Entwurfsverfasserliste eingetragene und „auswärtige" Ingenieure (Abs. 3 S. 2 Nr. 3)

20 Nach Abs. 3 S. 2 **Nr. 3** sind Personen „bauvorlageberechtigt" und dürfen (in Niedersachsen) als Entwurfverfasser nicht verfahrensfreier Baumaßnahmen bestellt werden, die in die von der Ingenieurkammer Niedersachsen geführte **Liste der Entwurfsverfasserinnen und Entwurfsverfasser** nach § 19 NIngG eingetragen sind. Der Eintragung in diese Liste steht die Eintragung in eine entsprechende Liste in einem anderen Bundesland gleich, dh auch die dort eingetragenen Ingenieure dürfen zu Entwurfsverfassern bestellt werden und sind ebenso bauvorlageberechtigt. Der durch das Gesetz vom 25.9.2017 (→ Rn. 1) in diesen Tatbestand nunmehr zusätzlich aufgenommene Verweis auf die nach § 20 NIngG gleichgestellten Personen im europäischen Dienstleistungsverkehr ergänzt die bisherige Verweisung auf die niedergelassenen Entwurfsverfasser iSd § 19 NIngG, namentlich Bauingenieure mit praktischen Erfahrungen auf dem Gebiet der Objektplanung von Gebäuden (vgl LT-Drs. 17/8746, 16).

21 **Rechtsentwicklung:** Nach der ursprünglichen Regelung in § 58 NBauO 1973 durften alle Ingenieure „in den Fachrichtungen Architektur, Hochbau- oder Bauingenieurwesen" als Entwurfsverfasser tätig werden. In der Fassung des ÄnderungsG vom 11.4.1986 (NBauO 1986) ließ sie Ingenieure als Entwurfsverfasser nur noch zu, wenn sie diese Bezeichnung aufgrund einer Ausbildung im Bauingenieurwesen führen durften und mindestens zwei Jahre als Bauingenieur praktisch tätig waren. Die NBauO 1995 machte in § 58 auch die Bestellung dieser Bauingenieure zu Entwurfsverfassern davon abhängig, dass sie in eine Liste eingetragen sind, und fügte eine dementsprechende Vorschrift in das NIngG (damals § 17a) ein. Danach erging ein neu gefasstes Ingenieurgesetz, dieses wurde – wie das NArchtG – durch die Gesetze vom 10.12.2008 (Nds. GVBl. S. 370) und vom 11.10.2010 (Nds. GVBl. S. 475) zur Umsetzung der Berufsqualifikations- und der Dienstleistungsrichtlinie geändert (→ Vorbemerkungen Rn. 17). Durch das Gesetz vom 11.10.2010, das die Dienstleistungsrichtlinie 2006/123/EG umsetzt (vgl dazu die Entwurfsbegründung LT-Drs. 16/2495), wurde außerdem in § 58 Abs. 3 NBauO 2003 die Bestimmung eingefügt, nach der in Niedersachsen auch zum Entwurfsverfasser bestellt werden darf, wer in ein entsprechendes Verzeichnis eines anderen Bundeslandes eingetragen ist. Diesem Ingenieur wurde es damit erspart, sich vor einer Entwurfsverfassertätigkeit in Niedersachsen, wie bis dato, auch noch in die entsprechende Liste der Niedersächsischen Ingenieurkammer eintragen zu lassen. Bei dieser Regelung ist es in § 53 Abs. 3 Nr. 3 NBauO 2012 verblieben.

Näher zur bisherigen Regelung in § 53 Abs. 4 und Abs. 6 S. 3 NBauO 2012 sowie in § 2 NArchtG aF, die der Umsetzung der Berufsqualifikationsrichtlinie 2005/36/EG dienten, siehe die Entwurfsbegründung zu dem Gesetz vom 10.12.2008 (LT-Drs. 16/380) sowie die Beschlussempfehlung und den schriftlichen Bericht des federführenden Ausschusses (LT-Drs. 16/667 und LT-Drs. 16/740). Zu Einzelheiten der bisherigen Regelung in § 53 Abs. 4 NBauO 2012 siehe die Kommentierung von *Wiechert* in der Vorauflage dieses Kommentars, dort Rn. 26 und 27.

Durch das Gesetz vom 25.9.2017 (→ Rn. 1) hat der Gesetzgeber, einer entsprechenden Anregung des GBD folgend, die **bisher in § 53 Abs. 4 NBauO 2012** inhaltsgleich enthaltene Verweisung auf die europarechtlich gebotene Gleichstellung im unionsweiten Dienstleistungsverkehr, für die die Gesetzgebungsmaterialien ersichtlich keine Begründung geben, aus **rechtssystematischen Gründen wieder in das NIngG** (§ 20 NIngG) verlagert (vgl LT-Drs. 17/8746, 10). Im Schriftlichen Bericht des federführenden Ausschusses (aaO) heißt es zur Begründung weiter: „*Wenn für die Architektinnen/Architekten, Innenarchitektinnen/Innenarchitekten und Landschaftsarchitektinnen/Landschaftsarchitekten die Bauvorlageberechtigung sowohl in Form der Niederlassung als auch in*

Form der Dienstleistung im NArchtG geregelt ist, ist es nicht nachvollziehbar, bei den Bauingenieurinnen/Bauingenieuren die Bauvorlageberechtigung zwischen dem NIngG (Niederlassung) und der NBauO (Dienstleistung) aufzuteilen, wie es seit 2010 der Fall ist. Eine solche Aufteilung ist auch angesichts der beteiligten Behörden nicht ratsam, denn die Regelungen der NBauO werden im Wesentlichen von den Bauaufsichtsbehörden nach § 57 NBauO ausgeführt, die Regelungen des NIngG hingegen von der Ingenieurkammer Niedersachsen. Da sich die Ingenieurkammer um die Anzeige der Dienstleistung und die anschließende Nachprüfung der Berufsqualifikation kümmert, spricht auch dies für eine Verortung im NIngG."

Voraussetzung für die Eintragung in die Entwurfsverfasserliste ist gemäß § 19 Abs. 1 NIngG heute ein abgeschlossenes Studium des Bauingenieurwesens, wobei es offen bleibt, auf welchem Teilgebiet des Bauingenieurwesens – konstruktiver Ingenieurbau, Verkehrswesen oder Wasserwesen – der Schwerpunkt der Ausbildung gelegen hat. Die geforderte praktische Tätigkeit muss aber in der Objektplanung von Gebäuden bestanden haben. Es wird nicht gefordert, dass die Tätigkeit ohne Unterbrechungen ausgeübt wurde. Selbstverständlich muss der Ingenieur stets auch die „materielle" Qualifikation nach § 53 Abs. 2 (erforderliche Fachkenntnisse) für den jeweiligen Bau besitzen. Nach § 19 Abs. 4 NIngG müssen sich die in die Entwurfsverfasserliste eingetragenen Ingenieure im öffentlichen Baurecht fortbilden. Nach § 19 Abs. 2 NIngG ist die Eintragung bei Unzuverlässigkeit zu versagen. Umgekehrt ist bei einem Wegfall der erforderlichen **Zuverlässigkeit des Entwurfsverfassers** gem § 23 Abs. 2 iVm Abs. 1 Nr. 3 b) NIngG die Streichung des betroffenen Ingenieurs aus der Liste der Entwurfsverfasser zu verfügen. Dies ist etwa bei nachgewiesenen wiederholten Verstößen gegen Strafgesetze der Fall, da für die Annahme einer mangelnden Zuverlässigkeit die abstrakte Gefährdung des Vertrauens der Auftraggeber (des Bauherrn) in die hinreichende Wahrnehmung ihrer wirtschaftlichen Interessen ausreichend ist (vgl OVG Lüneburg 28.9.2012 – 8 ME 164/12, BeckRS 2013, 51015). 22

Ist ein Ingenieur in die Entwurfsverfasserliste der Ingenieurkammer eingetragen, so ist er ohne Einschränkung „bauvorlageberechtigt", dh nach § 53 Abs. 3 S. 2 Nr. 3 darf er als Entwurfsverfasser von Bauten aller Art bestellt werden. Der Gesetzgeber hat, wie heute auch die anderen Landesbauordnungen, die Möglichkeit ausgeschlagen, die Funktion des Entwurfsverfassers je nach Art der Baumaßnahmen auf Architekten und Bauingenieure so aufzuteilen, wie es den spezifischen Fachkenntnissen und Fertigkeiten, die in den Ausbildungen der beiden Berufe erworben werden (für die Architektur vgl den Katalog in Art. 46 der Berufsqualifikationsrichtlinie 2005/36/EG), entspricht. Es bleibt zu hoffen, dass die Architekten einerseits und Bauingenieure andererseits selbstkritisch und verantwortungsbewusst genug sind, um von sich aus nur Planungsaufgaben auf dem Gebiet übernehmen, das sie studiert haben, es sei denn, sie haben ausreichende zusätzliche Fachkenntnisse auf dem Nachbargebiet erworben. 23

e) Entwurfsverfasser im öffentlichen Dienst (Abs. 3 S. 2 Nr. 4)

Nach Abs. 3 S. 2 **Nr. 4** dürfen **Bedienstete** (Beamte und Angestellte) **von juristischen Personen des öffentlichen Rechts** (Bund, Land Niedersachsen, andere Bundesländer, Landkreise, Gemeinden, andere Körperschaften, rechtsfähige Anstalten und Stiftungen des öffentlichen Rechts) in Ausübung ihres Dienstes als Entwurfsverfasser genehmigungsbedürftiger Bauten tätig sein, wenn sie aufgrund einer Ausbildung im Fach Architektur, Hochbau oder Bauingenieurwesen die Bezeichnung „Ingenieur" führen dürfen und mindestens zwei Jahre in einer dieser Fachrichtungen praktisch tätig waren. Diese Regelung erspart den öffentlichen Baubediensteten die Eintragung in die Architektenliste (und damit die Pflichtmitgliedschaft in der Kammer) bzw. die Eintragung in die Entwurfsverfasserlisten nach Abs. 3 S. 2 Nrn. 2 oder 3. Es bleibt offen, ob für eine derart generelle Ausnahme wirklich ein praktisches Bedürfnis besteht; etwa sind Medizinalbeamte Mitglieder der Ärztekammer. 24

f) Innenarchitekten (Abs. 3 S. 2 Nr. 5)

25 Die NBauO 2012 hatte mit § 53 Abs. 5 ohne inhaltliche Änderungen die bisherige Regelung in § 58 Abs. 4 NBauO 2003 übernommen, die durch das ÄnderungsG vom 15.6.1995 (NBauO 1995, Nds. GVBl. S. 158) in die NBauO eingefügt worden war. Die Regelung trug verfassungsrechtlichen Bedenken Rechnung, die *Heyen* (DÖV 1992, 241 ff.) erhoben hatte. Wie bisher konnte also für genehmigungsbedürftige Änderungen von Gebäuden auch Innenarchitekten als „bauvorlageberechtigte" Entwurfsverfasser bestellt werden, wenn die Änderung mit der Gestaltung von Innenräumen verbunden ist.

26 Durch das Änderungsgesetz vom 25.9.2017 (→ Rn. 1) hat der Gesetzgeber der 17. Wahlperiode des Niedersächsischen Landtags zu Abs. 3 S. 2 **Nr. 5** den Vorschlag aus dem Gesetzentwurf der Landesregierung (LT-Drs. 17/7278) unverändert wieder aufgegriffen, der in der 17. Wahlperiode – soweit es ua § 53 betrifft – überwiegend gescheitert war (vgl LT-Drs. 17/8746, 16).

27 Zur Begründung der mit der neuen Nr. 5 vorgenommenen Anpassungen führt der Gesetzentwurf der Landesregierung (LT-Drs. 17/7278, 45 f.) aus: *„In Absatz 3 Satz 3 wird mit der neuen Nummer 5 die Bauvorlageberechtigung der Innenarchitektinnen und Innenarchitekten entsprechend dem Vorschlag der Architektenkammer Niedersachsenund des Bundes Deutscher Innenarchitekten an die Regelungen der Musterbauordnung und anderer Landesbauordnungen angepasst. Bauvorlageberechtigt ist, wer die Berufsbezeichnung „Innenarchitektin" oder „Innenarchitekt" führen darf, für die mit der Berufsaufgabe der Innenarchitektin oder des Innenarchitekten verbundenen baulichen Änderungen von Gebäuden. Damit wird einerseits* ***die Bauvorlageberechtigung von Innenarchitektinnen und Innenarchitekten auf nicht verfahrensfreie Baumaßnahmen*** *und damit – verbunden mit der entsprechenden Änderung in § 62 Abs. 4 – auf solche, die dem vereinfachten Baugenehmigungsverfahren unterliegen,* ***erweitert.*** *Andererseits ist die Bauvorlageberechtigung der Innenarchitektinnen und Innenarchitekten sowohl im Hinblick auf mögliche Vorhaben als auch im Hinblick auf das Fachgebiet begrenzt. Sie besteht nur für die bauliche Änderung von Gebäuden und wird entsprechend auch in § 65 bezüglich der Berechtigung zum Erstellen gesonderter Bauvorlagen in Form bautechnischer Nachweise auf solche des Schall- und des Wärmeschutzes beschränkt. Die Bauvorlageberechtigung erstreckt sich nicht auf eine Neuerrichtung einer baulichen Anlage oder auch nur teilweise Neuerrichtung durch Anbauten. Die weitere Beschränkung kommt aus dem Fachgebiet selbst; entscheidend ist der Umfang der Berufsaufgaben. Nach § 3 Abs. 1 Nr. 2 des Niedersächsischen Architektengesetzes betreffen die Berufsaufgaben in der Fachrichtung Innenarchitektur „die Planung, Gestaltung und Ausstattung von Innenräumen und die damit verbundenen baulichen Änderungen von Gebäuden". Demnach umfasst die Bauvorlageberechtigung der Innenarchitektinnen und Innenarchitekten alle Arbeiten, die mit dem Planen, Gestalten und Ausstatten von Innenräumen im Zusammenhang stehen. Das Ausmaß der damit verbundenen baulichen Änderungen von Gebäuden und gegebenenfalls von Nutzungsänderungen soll durch weitere Umschreibungen gegenüber den unteren Bauaufsichtsbehörden konkretisiert werden.*

Dem Vorschlag der Architektenkammer Niedersachsen und des Bundes Deutscher Innenarchitekten, die Bauvorlagenberechtigung der Innenarchitektinnen und Innenarchitekten auch auf Nutzungsänderungen zu erstrecken, wird daher nicht gefolgt."

g) Landschaftsarchitekten (Abs. 4 Nr. 1)

28 Durch das Gesetz vom 25.9.2017 (→ Rn. 1) hat der Gesetzgeber der 18. Wahlperiode mit Abs. 4 **Nr. 1** wiederum einen Vorschlag aus dem in der 17. Wahlperiode eingebrachten und später weitgehend gescheiterten Gesetzentwurf der Landesregierung (LT-Drs. 17/7278) unverändert aufgegriffen (vgl LT-Drs. 17/8746, S. 16). In der Begründung des Gesetzentwurfs der damaligen Landesregierung wird – dort zum inhaltlich mit Abs. 4

Nr. 1 dientischen § 53 Abs. 5 des Entwurfs – folgendes ausgeführt: *„Nach dem neuen Absatz 5 sollen entsprechend dem Vorschlag der Architektenkammer Niedersachen und des Bundes Deutscher Landschaftsarchitekten im Rahmen ihrer Berufsaufgabe zukünftig auch Landschaftsarchitektinnen und Landschaftsarchitekten* ***bei genehmigungsbedürftigen Baumaßnahmen bauvorlageberechtigt*** *sein. Damit wird berücksichtigt, dass Baumaßnahmen im Zusammenhang mit baulichen Anlagen, die typischerweise in den Aufgabenbereich von Landschaftsarchitektinnen und Landschaftsarchitekten fallen, nicht immer verfahrensfrei gestellt sind und daher eines Entwurfs im Sinne des § 53 Abs. 1 und 2 bedürfen können. Für die Abgrenzung der Berufsaufgabe in der bauaufsichtlichen Praxis und damit für den Tätigkeitsbereich als Bauvorlageberechtigte ist bei den Landschaftsarchitektinnen und Landschaftsarchitekten wie bei den Innenarchitektinnen und Innenarchitekten das Führen der Berufsbezeichnung ‚Landschaftsarchitektin' oder ‚Landschaftsarchitekt' maßgeblich. Die in Absatz 5 geregelte Bauvorlageberechtigung erstreckt sich nicht auf die genehmigungs- und damit prüfbefreiten Baumaßnahmen in § 62. Diese Regelung bleibt unverändert; die Betätigung in diesem Verantwortungsbereich wird für die Berufsgruppe nicht eröffnet."*

Im Rahmen des Gesetzgebungsverfahrens der 17. Wahlperiode wurde die **Abgrenzung** der neuen Bauvorlageberechtigung nach Abs. 4 Nr. 1 im Verhältnis **zu Abs. 9 Nr. 3** diskutiert. Diese Norm eröffnete bereits bisher den Landschaftsarchitekten die Erstellung von Vorlagen zu Objekten der Freiraumgestaltung (Stützmauern, selbständige Aufschüttungen und Abgrabungen); siehe dazu die Kommentierung von *Wiechert* in der Vorauflage dieses Kommentars, dort Rn. 41. In dem Schriftlichen Bericht des federführenden Ausschusses (vgl. LT-Drs. 17/8746, 16) wird zu dieser Frage folgendes ausgeführt: *„Die Empfehlung zu § 53 Abs. 4 Nr. 1 entspricht inhaltlich Nummer 19 Buchst. c (§ 53 Abs. 5) des NBauO-Entwurfs. Zu den hier erfassten Landschaftsarchitektinnen/ Landschaftsarchitekten hat das MS mitgeteilt, dass trotz der neu eingeführten beschränkten Bauvorlageberechtigung an der Regelung in § 53 Abs. 9 Nr. 3 festgehalten werden soll, die „Stützmauern sowie selbständige Aufschüttungen und Abgrabungen" von den Beschränkungen der Absätze 3 bis 8 befreit. Diese Vorschrift ist zwar ebenfalls auf Landschaftsarchitektinnen/Landschaftsarchitekten zugeschnitten (Drs. 13/550, S. 61; vgl. auch Wiechert in Große-Suchsdorf NBauO § 53 Rn. 41), jedoch nicht auf diese beschränkt. Zudem gilt sie auch für genehmigungsfreie Baumaßnahmen."*

h) Handwerksmeister und Techniker (Abs. 4 Nrn. 2 bis 4)

Allgemeines: Schon in ihrer ursprünglichen Fassung von 1973 sah die NBauO in § 58 Abs. 4 vor, dass für bestimmte einfachere Baumaßnahmen nicht nur Architekten und Ingenieure, sondern auch Handwerksmeister bestellt werden durften. Das sollte dem Umstand Rechnung tragen, dass in Niedersachsen, namentlich in ländlichen Gebieten, bisher ein sehr großer Teil der Bauten von Handwerksmeistern entworfen wurde. Auch wurde die Befürchtung vorgebracht, es würden nicht genug Architekten bereit sein, die bisher von Handwerksmeistern gefertigten kleineren Entwürfe zu übernehmen. Heute dürfte dies allerdings nicht mehr zutreffen. Seit dem ÄnderungsG vom 15.6.1995 (NBauO 1995, Nds. GVBl. S. 158) durften auch Techniker in dem Umfang wie Handwerksmeister als Entwurfsverfasser tätig werden (über die hierfür tragenden Gründe siehe LT-Drs. 13/550, 61). Die NBauO 2012 übernahm die bisherige Regelung in § 58 Abs. 6 NBauO 2003 sachlich unverändert als § 53 Abs. 6. Hinzugefügt worden war die Regelung zugunsten „auswärtiger" Handwerksmeister und Techniker in Abs. 6 S. 3. **29**

Durch das **Änderungsgesetz vom 25.9.2017** (→ Rn. 1) sind die bisher in Abs. 6 S. 1 und 2 enthaltenen Begünstigungen für Handwerksmeister und Techniker **inhaltlich unverändert** (vgl. LT-Drs. 17/8746, 16), jedoch notwendigerweise im Satzaufbau der Formulierung eines Katalogs in Abs. 4 angepasst, in **die Nrn. 2 und 3** übernommen worden. Die **neue Nr. 4** nimmt die bisherige Regelung in § 53 Abs. 7 NBauO 2012 auf (schulrechtlich als gleichwertige anerkannte europäische Abschlüsse; vgl. § 5 der Verordnung über die Gleichwertigkeit von Abschlüssen im Bereich der beruflichen Bildung – BB-GVO –). Auf Vorschlag des federführenden Ministeriums (MS) hat der Gesetzgeber hier allerdings (wie auch im neuen NArchtG und im neuen NIngG) das Erfordernis einer bestimmten Staatsangehörigkeit (eines EU-, EWR- oder gleichgestellten Staates) nicht aufgenommen, sondern allein auf die Herkunft des Ausbildungsnachweises (aus einem der genannten Staaten) abgestellt. Dadurch wurde auch die bisherige Regelung in § 53 Abs. 8 NBauO 2012 (privilegierte Drittstaatsangehörige), die auf den bisherigen Absatz 7 verwiesen hat, entbehrlich (vgl LT-Drs. 17/8746, 16).

Regelungen wie die des Abs. 4 Nrn. 2 bis 4 sind auch in der Mehrzahl der anderen Landesbauordnungen, jedoch nicht in der MBauO 2002 enthalten.

30 Nach Abs. 4 Nr. 2 dürfen als Entwurfsverfasser **Meister** bestimmter Bauhandwerke tätig werden. Meister ist, wer in dem betreffenden Handwerk die Meisterprüfung abgelegt hat (§§ 45 bis 51 HwO). Der Meister braucht nicht selbständig (Betriebsinhaber) und in die Handwerksrolle eingetragen zu sein.

Nach seinem Wortlaut gilt Satz 1 für Meister „des **Maurer-**, des **Betonbauer-** oder des **Zimmerer-Handwerks**". Die HwO fasst heute in ihrer Anlage A (Verzeichnis der Gewerbe, die als zulassungspflichtige Handwerke betrieben werden können, § 1 Abs. 2 HwO) unter Nr. 1 die beiden erstgenannten Handwerke zu einem einzigen Handwerk der **„Maurer- und Betonbauer"** zusammen. Unter Nr. 3 listet sie dort das Handwerk der Zimmerer. Zugunsten derjenigen, die eine Meisterprüfung für das zusammengefasste Handwerk abgelegt haben, gilt Abs. 4 Nr. 2 selbstverständlich auch.

31 Den genannten Handwerksmeistern **gleichgestellt** sind die Personen, die aufgrund vergleichbarer Befähigung eine Ausnahmebewilligung oder eine Gleichwertigkeitsfeststellung zur Eintragung in die Handwerksrolle (§ 7 Abs. 3 iVm §§ 8 oder 9 Abs. 1 oder 50b HwO) erhalten haben, ferner die Meister eines anderen Handwerks, die eine sog. Ausübungsberechtigung für eines der in Abs. 4 Nr. 2 genannten Bauhandwerke erhalten haben (§ 7 Abs. 7 iVm §§ 7a und 7b HwO), und schließlich diejenigen, die nach § 7 Abs. 9 HwO als Vertriebene oder Spätaussiedler, die vor dem erstmaligen Verlassen ihrer Herkunftsgebiete eine der Meisterprüfung gleichwertige Prüfung im Ausland bestanden haben, in die Handwerksrolle eingetragen worden sind. Kritisch zur Ausweitung der Bauvorlagenberechtigung auf die handwerksrechtlich gleichgestellten Personen äußern sich *Detterbeck/Will* GewArch 2001, 310 ff.

32 Die Vergünstigungen nach Abs. 4 Nrn. 2 und 3 gelten für alle genehmigungspflichtigen Baumaßnahmen, die Handwerksmeister oder Techniker **„aufgrund ihrer beruflichen Ausbildung und Erfahrung entwerfen können"**. Entscheidend ist die Befähigung, die Meister des betreffenden Handwerks durchschnittlich haben. Anhaltspunkte bieten dafür einerseits die Anforderungen in den Meisterprüfungen. Diese sind aufgrund von § 45 HwO durch Verordnungen des Bundes geregelt: Allgemeine Meisterprüfungsverordnung (AMVO) vom 26.11.2011 (BGBl. I S. 2149), die Maurer- und Betonbaumeisterverordnung (MaurerBetonbMstrV) vom 30.8.2004 (BGBl. I S. 2307), zuletzt geändert durch Art. 16 der Verordnung vom 17.11.2011 (BGBl. I S. 2234), und die Zimmerermeisterverordnung (ZimMstrV) vom 16.4.2008 (BGBl. I S. 743), geändert durch Art. 37 der Verordnung vom 17.11.2011 (BGBl. I S. 2234). Andererseits wird es auf den Schwierigkeitsgrad der Entwürfe ankommen, welche diese Meister üblicherweise verfassen. Regionale Unterschiede innerhalb des Landes wären dabei wohl möglich. Wie der Gesetzeswortlaut erkennen lässt, kommt es hier aber (anders in Abs. 2) nicht auf die individuelle Befähigung des einzelnen Meisters an.

33 Nach Abs. 4 **Nr. 3** dürfen auch staatlich geprüfte **Techniker** der Fachrichtung Bautechnik mit Schwerpunkt Hochbau als bauvorlageberechtigte Entwurfsverfasser solcher Baumaßnahmen tätig werden, die Handwerksmeister nach Nr. 2 entwerfen dürfen. Die Ausbildung und Prüfung der Techniker richtet sich in Niedersachsen nach der Verordnung über berufsbildende Schulen (BbS-VO) v. 10.6.2009 (Nds. GVBl. S. 243), zuletzt geändert durch Art. 1 der Verordnung vom 11.1.2019 (Nds. GVBl. S. 5), vgl dort §§ 8 und 13 BbS-VO.

Wenn Techniker als Entwurfsverfasser kleinerer genehmigungsbedürftiger Bauten iSd Nr. 2 tätig werden dürfen, müssen nach Art. 3 Abs. 1 GG (Gleichheitsgrundsatz) hierfür wohl auch **Absolventen eines baufachlichen Hochschul- oder Fachhochschulstudiums** (Ingenieure, auch aus anderen EU- und EWR-Staaten), die noch keine Berufspraxis haben, dafür zugelassen werden, weil sie ja wohl mindestens so viel an fachtheoretischen Kenntnissen besitzen wie Techniker (so zB ausdrücklich Art. 61 Abs. 3 BayBO).

Der Anregung des Vereins der Techniker e.V., die staatlich geprüften Techniker der Fachrichtung Bautechnik mit dem Schwerpunkt Tiefbau sowie der Fachrichtung Holztechnik mit dem Schwerpunkt des konstruktiven Holzbaus in die Niedersächsische Bauordnung aufzunehmen, hat der Gesetzgeber in der NBauO 2012 explizit nicht berücksichtigt. Hierzu hat er ausgeführt, die Ausbildung der staatlich geprüften Techniker sei in eine ganze Reihe von Fachrichtungen ausdifferenziert, von denen bei den Bauvorlageberechtigten bereits diejenige Fachrichtung (Hochbau) aufgenommen worden sei, die den umfangreichsten Bezug zur Tätigkeit der Entwurfsverfasser habe. Wer sich als solcher betätigen wolle, könne dies bei der Wahl der Fachrichtung entsprechend berücksichtigen. Die Erweiterung auf weitere Fachrichtungen mit anderen fachlichen Schwerpunkten sei nicht erforderlich und werfe die Frage der Abgrenzung zu weiteren Handwerkszweigen, bei den Holztechnikern zB zu den Tischlern und bei den Tiefbautechnikern zu den Straßenbauern, auf (vgl LT-Drs 16/3195, 92).

Nach Abs. 4 dürfen Handwerksmeister und Techniker als bauvorlageberechtigte Ent- 34
wurfsverfasser für **„genehmigungsbedürftige“** (also nicht, wie in Abs. 3 Satz 1 formuliert, für „nicht verfahrensfreie“) **Baumaßnahmen** bestellt werden. Das bedeutet: Für Baumaßnahmen, die das (Mitteilungs-)Verfahren nach §62 durchlaufen, also idR ohne Baugenehmigung errichtet werden, dürfen sie nicht bestellt werden. Für diese fordert der Gesetzgeber wegen des Wegfalls der präventiven Kontrolle durch die BauAB einen Entwurfsverfasser mit höherer Qualifikation. Meister und Techniker dürfen aber Entwurfsverfasser auch einer unter §62 fallenden Baumaßnahme sein, wenn der Bauherr nach §62 Abs. 10 die Durchführung eines sog vereinfachten Baugenehmigungsverfahrens verlangt und einen Bauantrag stellt.

Kritik: In den Beratungen der NBauO-Novellen von 1986 und 1995 wurde vorgeschla- 35
gen, die Befugnis der Handwerksmeister, als Entwurfsverfasser tätig zu werden, künftig aufzuheben, aber den Besitzstand der gegenwärtig tätigen Meister zu erhalten. Dem ist der Landtag beide Male nicht gefolgt und auch nicht im Zuge der Beratungen der NBauO 2012 (vgl LT-Drs. 16/3195, 92). Jedoch läuft die Regelung dem Zweck, dem die Forderung nach einer formellen Qualifikation des Entwurfsverfassers dient (→ Rn. 13) wohl zuwider, ohne dass für sie noch ein in der Baupraxis (zahlenmäßig) relevantes Bedürfnis handgreiflich wird. Fiele die Vorschrift weg, so verlören die Handwerksmeister und nunmehr auch die Techniker vielleicht eine gewisse Prestigeposition, aber nichts auf ihrem eigentlichen Tätigkeitsgebiet, der qualitätvollen Bau*ausführung*. Der Bauherr dürfte nicht unzumutbar belastet werden, wenn er, zB für ein Einfamilienhaus, den Architekten nicht mehr einsparen darf, da es ja dessen vertragsgemäße Aufgabe ist, ihm zu einem besseren und auch kostengünstigeren Bau zu verhelfen.

Abs. 4 Nr. 4, der dem bisherigen §53 Abs. 7 NBauO 2012 bis auf den Wegfall des Erfor- 36
dernisses einer bestimmten Staatsangehörigkeit entspricht (→ Rn. 29), erstreckt die Befugnis, als (bauvorlageberechtigter) Entwurfsverfasser der in Abs. 4 genannten „kleinen“ Bauvorhaben tätig zu werden, auf einen weiteren Personenkreis. Die Vorschrift gilt zugunsten von Personen, die – in Deutschland niedergelassen – einen Ausbildungsnachweis in einem EU- oder EWR-Staat oder in der Schweiz (gleichgestellter Staat) erworben haben, der dem Abschluss zum staatlich geprüften Techniker der Fachrichtung Bautechnik mit Schwerpunkt Hochbau gleichwertig ist. Die **Gleichwertigkeit** muss „aufgrund einer schulrechtlichen Rechtsvorschrift“ anerkannt worden sein. Eine solche Vorschrift ist §5 der Verordnung über die Gleichwertigkeit von Abschlüssen im Bereich der beruf-

lichen Bildung (BB-GVO) vom 19.7.2005 (Nds. GVBl. S. 253), zuletzt geändert durch Art. 2 der Verordnung vom 13.1.2017 (Nds. GVBl. S. 8).

Die Regelung des bisherigen § 53 Abs. 7 NBauO 2012 wurde durch das Gesetz vom 10.12.2008 (→ Rn. 21) als Abs. 7 in § 58 NBauO 2003 eingefügt (vgl. LT-Drs. 16/667, 40, dort noch zu Abs. 6, sowie LT-Drs. 16/667 und 16/740). Das Gesetz vom 11.10. 2010 (→ Rn. 21) änderte in Abs. 7 nur Verweisungen. Die NBauO 2012 hat aus § 58 Abs. 7 NBauO 2003 nur S. 2 übernommen. Der frühere S. 1 galt zugunsten von Personen mit einer Qualifikation, die derjenigen eines Handwerksmeisters entspricht. Diese Personen können die Befugnis, als Entwurfsverfasser tätig zu werden, schon nach Abs. 4 Nr. 2 iVm § 7 Abs. 3 HwO über eine Gleichwertigkeitsfeststellung nach § 50b HwO erlangen (→ Rn. 31).

i) Handwerksmeister und Techniker aus Drittstaaten als Entwurfsverfasser (Abs. 5 bis 8)

37 Die Abs. 5 bis 8 sind durch das **Änderungsgesetz vom 25.9.2017** (→ Rn. 1) im Zuge der Landtagsberatungen neu gefasst worden. Zur Begründung wird in dem Schriftlichen Bericht des federführenden Ausschusses (LT-Drs. 17/8746, 17) folgendes ausgeführt: *„Als Folgeänderung, die sich aus den Empfehlungen zu Artikel 1 – § 20/1 NIngG – und zu § 53 Abs. 3 Satz 2 Nr. 3 NBauO ergibt, soll* ***die bisher in § 53 Abs. 4, Abs. 6 Satz 3 und Abs. 8 NBauO enthaltene Dienstleistungsregelung auf die Handwerksmeisterinnen/-meister und Technikerinnen/Techniker (§ 53 Abs. 4 Nrn. 2 und 3 der Empfehlung) beschränkt werden.*** *Dazu dient die empfohlene Fassung der Absätze 5 bis 8. Für alle anderen Gruppen von Bauvorlageberechtigten sind dann die Dienstleistungsregelungen entweder im NArchtG oder im NIngG enthalten oder entbehrlich (vgl. dazu auch die Erläuterungen zu Artikel 1 – § 20/1 NIngG –). Die empfohlene Formulierung der Dienstleistungsregelungen in den Absätzen 5 bis 8 entspricht inhaltlich grundsätzlich dem bisherigen Recht, ist allerdings redaktionell an die Vorschriften im NArchtG und im NIngG sowie in vergleichbaren Landesgesetzen angelehnt (vgl. nur § 3 NLMChemG und § 3 Nds. AG PsychPbG). Auf Vorschlag des MS soll auch* ***hier auf das Kriterium der Staatsangehörigkeit verzichtet und nur auf die rechtmäßige Niederlassung*** *in EU-, EWR- oder gleichgestellten Staaten* ***abgestellt werden****.*

Aus europarechtlichen Gründen soll in Absatz 6 Satz 4 und in Absatz 7 Satz 3 ***die Möglichkeit der elektronischen Übermittlung von Unterlagen ergänzt*** *werden, weil diese Möglichkeit von Art. 57a Abs. 1 der Richtlinie 2005/36/EG verlangt wird."*

38 Die Regelung in dem bisherigen **§ 53 Abs. 6 Satz 3** NBauO 2012 war durch das Gesetz vom 11.10.2010 (→ Rn. 21) an § 58 Abs. 6 NBauO 2003 angefügt worden; vorher war sie in dem durch die Novelle vom 10.12.2008 (→ Rn. 21) in § 58 eingefügten alten Abs. 6 enthalten. Sie gilt zugunsten von Handwerksmeistern und Technikern der heute in Abs. 4 Nrn. 2 und 3 genannten Fachrichtungen, die in Deutschland weder Wohnsitz noch berufliche Niederlassung haben, und erstreckt auf diese die Regelung in dem bisherigen § 53 Abs. 4 NBauO 2012 (jetzt § 20 NIngG, → Rn. 21), die dort nur für Ingenieure gilt. Nach dem bisherigen § 53 Abs. 6 S. 3 durften demnach diese Handwerksmeister und Techniker nach Maßgabe des Abs. 4 **vorübergehend und gelegentlich** in Niedersachsen als bauvorlageberechtigte Entwurfsverfasser tätig werden, vgl nunmehr Abs. 5 S. 1. Der vorübergehende und gelegentliche Charakter der Berufsausübung wird nach Abs. 5 S. 3 insbesondere anhand von Dauer, Häufigkeit, regelmäßiger Wiederkehr und Kontinuität der Berufsausübung in Niedersachsen beurteilt. Die betreffenden Entwurfsverfasser müssen entsprechend dem bisherigen Abs. 4 S. 1 Nr. 1 (jetzt in Abs. 5 S. 1 geregelt) weiterhin in einem der genannten Staaten **rechtmäßig niedergelassen** sein, und das Verfassen „kleiner" Entwürfe iSd Abs. 4 muss dort zu ihrer **rechtmäßigen Berufsausübung** gehören. Für sie gilt bei fehlender Reglementierung im Heimatstaat weiterhin ein zeitliches Erfordernis entsprechend dem bisherigen Abs. 4 S. 1 Nr. 3. Insoweit bestimmt nunmehr Abs. 5 S. 2, dass **der Beruf während der vergangenen zehn Jahre**

ein Jahr lang ausgeübt worden sein muss. Die nunmehr geltende Vorschrift verkürzt damit die Dauer der Berufsausübung von zwei Jahren auf ein Jahr. Weiterhin sind diese Handwerksmeister und Techniker nach Maßgabe von Abs. 6 und 7 zur vorherigen schriftlichen Mitteilung verpflichtet, und zwar, obwohl sie keine Ingenieure sind, bei der Ingenieurkammer. Diese ist auch ihnen gegenüber nach Abs. 8 zur Bestätigung der Anzeige zuständig.

Mit dem **bisherigen § 53 Abs. 8 NBauO 2012** war in die neue NBauO eine Vorschrift übernommen worden, die schon das Änderungsgesetz vom 10.12.2008 (→ Rn. 21) als Abs. 8 in § 58 NBauO 2003 eingefügt hatte. Sie bezog in die Regelungen der bisherigen Abs. 4 und 7 bestimmte Angehörige von Drittstaaten ein. Voraussetzung war, dass Europarecht sie bei der Gewährung von Dienstleistungsfreiheit und der Anerkennung von Berufsqualifikationen den EU-Bürgern gleichstellt und diese Gleichstellung an Merkmale anknüpft, die in ihrer Person liegen. Wie dem datzugehörigen Ausschussbericht (LT-Drs. 16/740, 3), zu entnehmen ist, waren hiermit folgende Personengruppen gemeint: Familienangehörige von EU-Bürgern (Richtlinie 2004/38/EG vom 29.4.2003), langfristig aufenthaltsberechtigte Angehörige von Drittstaaten (Richtlinie 2003/109/EG vom 25.11. 2003) und Drittstaatenangehörige, die an Forschungsvorhaben im EU-Raum teilnehmen (Richtlinie 2005/71/EG vom 12.10.2005). Eine solche ausdrückliche Regelung zur Gleichstellung ist aufgrund der jetzigen Fassung des Abs. 5 S. 1, der an das Kriterium der Staatsangehörigkeit nicht mehr anknüpft und nur auf eine rechtmäßige Niederlassung in der EU, der EWR oder einem gleichgestellten Staat abstellt, **entbehrlich geworden**.

j) Ausnahmeregelung (Abs. 9), Übergangsvorschrift

Abs. 9 nennt – weiterhin unverändert – drei Gruppen von Fällen, in denen die formellen Anforderungen der Abs. 3 bis 8 an Entwurfsverfasser nicht gelten sollen. Die Regelung ist von § 58 Abs. 6 NBauO 2003 in die NBauO 2012 ohne inhaltliche Änderungen übernommen worden, lediglich die Reihenfolge der in den Nrn. 1 bis 3 genannten Tatbestände hat sich geändert. 39

Nr. 1 nimmt entsprechend dem Vorbild des § 65 Abs. 1 S. 2 Nr. 1 MBauO 2002 allgemein solche Entwürfe aus, die üblicherweise von **Fachkräften mit anderer Ausbildung** als nach den Abs. 3 bis8 verfasst werden, also außerhalb des Bereichs der Architektur und des Ingenieurbaus liegen. Das Gesetz nennt als Beispiele hierfür Werbeanlagen und Behälter. Hierher gehören auch Maschinen.

Nach **Nr. 2** gelten die Anforderungen der Abs. 3 bis 8, vergleichbar der Regelung in § 65 Abs. 1 S. 2 Nr. 2 MBauO 2002, nicht für **„Entwürfe einfacher Art"**, vorausgesetzt, dass die keinen Standsicherheitsnachweis (vgl. § 65 Abs. 1, § 10 BauVorlVO) erfordern. Dieser ist entbehrlich, wenn sich die erforderlichen Abmessungen aller Bauteile ohne weiteres aus handwerklichen Erfahrungsregeln oder auch aus den Bestimmungen eines Zulassungsbescheids nach § 18 NBauO ergeben. Nr. 2 gilt insbesondere für Zäune, Gartenmauern, kleine Gebäude usw (wenn diese nicht schon deshalb nach Abs. 3 S. 1 keines formell qualifizierten Entwurfsverfassers bedürfen, weil sie nach dem Anhang zu § 60 verfahrensfrei sind). 40

Nach **Nr. 3** (durch das ÄnderungsG vom 15.6.1995 in die NBauO 1995 erstmals aufgenommen) gelten die Abs. 3 bis 8 nicht für **Stützmauern** und nicht für selbständige **Aufschüttungen und Abgrabungen**. Diese Objekte werden, wenn sie der Freiraumgestaltung dienen, üblicherweise von Landschaftsarchitekten entworfen. Ihre ausdrückliche Erwähnung in Nr. 3 stellt zugunsten der Landschaftsarchitekten klar, dass sie solche Vorhaben entwerfen dürfen, ohne daran durch Abs. 3 gehindert zu sein (vgl LT-Drs. 13/550, 61). Zur neuen Bauvorlageberechtigung von Landschaftsarchitekten nach Abs. 4 Nr. 1 → Rn. 28. 41

Eine weitere Ausnahme von den Anforderungen an die formelle Qualifikation der Entwurfsverfasser enthält die **Übergangsregelung des § 86 Abs. 6**. Die Vorschrift wahrt 42 noch bis Ende 2020 den Besitzstand von Personen, die seit dem 1.1.1971 ständig als Entwurfsverfasser tätig geblieben sind, ohne die geforderte formelle Qualifikation nach den Abs. 3 bis 8 zu haben. Näheres dazu → § 86 Rn. 12.

§ 54 Unternehmerinnen und Unternehmer

(1) [1]Jede Unternehmerin und jeder Unternehmer ist dafür verantwortlich, dass ihre oder seine Arbeiten dem öffentlichen Baurecht entsprechend ausgeführt und insoweit auf die Arbeiten anderer Unternehmerinnen und Unternehmer abgestimmt werden. [2]Sie oder er hat zu den verwendeten Bauprodukten und den angewandten Bauarten die erforderlichen Nachweise über die Erfüllung der Anforderungen dieses Gesetzes oder aufgrund dieses Gesetzes erlassener Vorschriften zu erbringen und auf der Baustelle bereitzuhalten. [3]Zu Bauprodukten, die die CE-Kennzeichnung nach der Verordnung (EU) Nr. 305/2011 tragen, ist die Leistungserklärung bereitzuhalten.

(2) [1]Die Unternehmerin oder der Unternehmer muss über die für ihre oder seine Arbeiten erforderlichen Fachkenntnisse, Fachkräfte und Vorrichtungen verfügen. [2]Erfordern Arbeiten außergewöhnliche Fachkenntnisse oder besondere Vorrichtungen, so kann die Bauaufsichtsbehörde vorschreiben,

1. dass die Unternehmerin oder der Unternehmer bei den Arbeiten nur Fachkräfte mit bestimmter Ausbildung oder Erfahrung einsetzen darf,

2. dass sie oder er bei den Arbeiten bestimmte Vorrichtungen zu verwenden hat und

3. wie sie oder er die Erfüllung der Anforderungen nach den Nummern 1 und 2 nachzuweisen hat.

Übersicht

A. Allgemeines, Begriff des Unternehmers

1 **Allgemeines:** § 52 Abs. 2 S. 1 verpflichtet den Bauherrn einer Baumaßnahme, die nicht nach § 60 verfahrensfrei ist, dh in erster Linie bei anzeigepflichtigen (§ 62) oder genehmigungspflichtigen Vorhaben (§§ 63, 64; → § 52 Rn. 16), neben anderen verantwortlichen Personen (Entwurfsverfasser und Bauleiter) Unternehmer nach Maßgabe des § 54 zu bestellen. § 54 regelt die Verantwortlichkeit der Unternehmer für die Einhaltung des öffentlichen Baurechts iSd § 2 Abs. 17 (Abs. 1) und stellt Anforderungen an ihre Qualifikation (Abs. 2). § 54 gilt ebenfalls, wenn der Bauherr selbst als Unternehmer tätig wird (→ § 52 Rn. 22). Die in den Abs. 1 und 2 normierten Verantwortlichkeiten gelten auch für verfahrensfreie Baumaßnahmen.

§ 52 übernimmt bei geringfügigen redaktionellen Änderungen die bisherige Regelung in § 59 NBauO 2003, jedoch ohne die dort in Abs. 3 noch vorhandene VO-Ermächtigung zugunsten der obersten BauAB, die sich nunmehr noch in § 82 Abs. 2 Nr. 3 befinden soll (vgl. LT-Drs. 16/3195, 92: dort wohl ein Schreibversehen, soweit auf § 82 Abs. 3 verwiesen wird). Durch Art. 1 Nr. 20 des Änderungsgesetzes vom 12.09.2018 wurde zur Anpassung an die Vorgaben der EU-Bauproduktenverordnung der bisherige Satz 2 geändert und der neue Satz 3 eingefügt (vgl. LT-Drs. 18/1136, 41). Die neuen Sätze 2-3 entsprechen inhaltlich § 55 Abs. 1 S. 2-3 MBauO idF vom 13.5.2016.

2 **Unternehmer** iSd NBauO ist, wer Bauarbeiten selbständig ausführt, einerlei, ob eigenhändig oder durch sein Personal, handwerklich oder industriell. Ohne Bedeutung ist hier-

für auch, ob er aufgrund eines gültigen Werkvertrages und ob er legal oder „schwarz" (→ § 52 Rn. 24) tätig wird. Bauarbeiten sind alle Arbeiten zur Herstellung des Rohbaus und für den Ausbau, wenn sie wenigstens teilweise auf der Baustelle stattfinden (zB Erd- oder Maurerarbeiten, Installations- oder Malerarbeiten); auch Abbrucharbeiten gehören dazu. Meist ist eine größere Zahl von Unternehmern an einem Bau tätig. § 54 gilt auch für einen sog. Generalunternehmer und seine Subunternehmer, nicht jedoch für einen Bauträger oder einen „Generalübernehmer", die iSd NBauO beide als Bauherrn iSd § 52 tätig werden.

B. Verantwortlichkeit des Unternehmers (Abs. 1)

Nach Abs. 1 S. 1 ist jeder Unternehmer dafür verantwortlich, dass seine Arbeiten dem öffentlichen Baurecht iSd § 2 Abs. 17 entsprechen. Was Verantwortlichkeit iSd NBauO bedeutet → § 52 Rn. 1 ff. 3

Zunächst hat hiernach der Unternehmer für die **Einhaltung des materiellen Baurechts** zu sorgen, und zwar einmal dafür, dass das **Ergebnis seiner Arbeit** den Gesetzen und Verordnungen, nach Maßgabe von § 83 auch den Technischen Baubestimmungen sowie den sonstigen für die Einhaltung des öffentlichen Baurechts erheblichen Regeln der Baukunst und Technik entspricht. Jedoch ist der Unternehmer nur für „seine" Arbeit verantwortlich, nicht auch für die des Entwurfsverfassers und der „Sachverständigen" iSv § 52 Abs. 3 S. 1. Der Unternehmer kann normalerweise davon ausgehen, dass der Entwurf (jedenfalls, soweit er im Baugenehmigungsverfahren geprüft wurde, aber grundsätzlich auch sonst, wenn er von einem qualifizierten Entwurfsverfasser stammt) dem öffentlichen Baurecht entspricht. Ist zB eine Wand entgegen § 8 DVO-NBauO, aber entsprechend dem Entwurf zu nahe an die Grenze gebaut oder nicht als Brandwand ausgebildet worden, so hat der Unternehmer diesen Verstoß gegen materielles Recht durch deren Errichtung zwar mitverursacht. Er ist aber dafür öffentlich-rechtlich nicht verantwortlich und die BauAB hat sich an den Bauherrn oder Entwurfsverfasser zu halten. Allerdings darf sich der Unternehmer auch nicht blindlings auf den Entwurf verlassen. Soweit dieser offensichtlich fehlerhaft ist, insbesondere dessen vollständige Umsetzung zu erkennbaren Gefahren führen würde, darf er ihn nicht ausführen. Ist der Entwurf lückenhaft oder unklar, so muss sich der Unternehmer insoweit auch selbst darum kümmern, dass er nichts Rechtswidriges baut. Im Übrigen darf der Unternehmer einen Entwurf nicht ausführen, wenn diesem die erforderliche Genehmigung fehlt oder soweit er von ihr erkennbar abweicht (→ Rn. 6). In diesen Fällen ist auch der Unternehmer für die Baurechtsverletzungen verantwortlich. Wenn der Unternehmer eine Baumaßnahme (zB den Austausch der Fenster eines denkmalgeschützten Gebäudes, vgl. dazu OLG Frankfurt a. M. 1.2.1989 – 17 U 224/87, BeckRS 9998, 08606) ganz ohne genehmigten Entwurf ausführt, ist er uneingeschränkt für deren Rechtmäßigkeit verantwortlich.

Der Unternehmer ist ferner dafür verantwortlich, dass **beim Ablauf der Arbeiten** das **öffentliche Baurecht eingehalten** wird: Der Unternehmer hat dafür zu sorgen, dass die Bauarbeiten niemanden gefährden (§ 3 Abs. 5), dass insbesondere auch die Baustelle einschließlich der Gerüste, Geräte, Maschinen und des dort gelagerten Baumaterials genügend sicher ist (§ 11 Abs. 1), dass diese sachgerecht benutzt und dass die in § 11 Abs. 2 genannten Gegenstände (Leitungen, Bäume usw) geschützt werden. Dabei ist die Verantwortlichkeit des Unternehmers auf die Gefahren beschränkt, die von seinen eigenen Arbeiten ausgehen. Zuwiderhandlungen können als Ordnungswidrigkeiten geahndet werden (vgl § 80 Abs. 1 Nr. 1). Die bauordnungsrechtlichen Pflichten des Unternehmers überschneiden sich teilweise mit denen, die ihm nach Gewerbe- und Arbeitsschutzrecht obliegen: Er hat insbesondere für die Einhaltung des Arbeitsschutzgesetzes und der Baustellenverordnung, der aufgrund des § 15 SGB VII erlassenen Unfallverhütungsvorschriften, der Vorschriften gegen Baulärm und Erschütterungen, über Gefahrstoffe, insbesondere Asbest, und über Bau- und Baustellenabfälle zu sorgen. Einzelheiten dazu sind der Kommentierung zu § 11 zu entnehmen. 4

5 Nach Abs. 1 S. 1 ist der Unternehmer auch für die **Abstimmung seiner Arbeiten** auf die **Arbeiten anderer Unternehmer** verantwortlich. Dieser Zusatz findet sich schon in der ursprünglichen Fassung der NBauO von 1973 und teilweise auch in anderen Landesbauordnungen (z.B. § 44 Abs. 1 S. 1 LBO BW); dagegen ist er in § 55 Abs. 1 S. 1 MBauO nicht enthalten. Das erklärt sich daraus, dass die NBauO 1973 die Bestellung von Bauleitern mit der Aufgabe, ua die Unternehmerarbeiten zu koordinieren, nur für besonders schwierige und umfangreiche Baumaßnahmen forderte und davon ausging, dass im Normalfall die Unternehmer selbst für die Abstimmung ihrer Arbeiten sorgen (vgl die Entwurfsbegründung LT-Drs. 7/50, 108 f.). Seit der Novelle vom 11.4.1986 sah die NBauO die Bestellung eines Bauleiters überhaupt nicht mehr vor. Die NBauO 2012 fordert dagegen in § 52 Abs. 2 S. 1 die Bestellung eines Bauleiters für alle nicht verfahrensfreien Bauten (→ § 52 Rn. 16). Wenn nun auch der Bauleiter die Aufgabe hat, „für das gefahrlose Ineinandergreifen der Arbeiten" (§ 55 Abs. 1 S. 2) zu sorgen, bleibt dem Unternehmer doch die Pflicht, das Seinige zu dieser Abstimmung beizutragen, soweit ihm das möglich und zumutbar ist.

Zu der hier nach wie vor geforderten Abstimmung der Unternehmer untereinander gehört zB, dass ein Unternehmer nicht das Werk eines anderen gefährdet oder beschädigt (etwa durch Stemmarbeiten oder vorzeitiges Entfernen von Abstützungen). Auch darf er auf der Baustelle keine Zustände hinterlassen, die für Nachfolgende gefährlich sind („Fallen" bei Gerüstbrettern oÄ, vgl dazu BGH 4.5.1956 – VI ZR 52/55, NJW 1956, 1276), oder auf einem mangelhaften Werk eines anderen Unternehmers aufbauen, bevor dieses in Ordnung gebracht ist (vgl Gallas, Die strafrechtliche Verantwortung der am Bau Beteiligten, 1963, S. 17); zB darf ein Dachdecker mit seiner Arbeit nicht beginnen, wenn an dem Baugerüst noch eine Fangvorrichtung gegen das Abstürzen von Personen oder Material fehlt (LG Hildesheim 26.4.1983 – 13 Ns 99/82, nv, zu einem tödlichen Unfall). Abs. 1 S. 1 verlangt eine Koordination „insoweit", als diese erforderlich ist, damit das öffentliche Baurecht iSd § 2 Abs. 17 eingehalten wird. Die Vorschrift regelt nicht die Zusammenarbeit im Interesse wirtschaftlichen Bauens.

6 Der Unternehmer ist auch für die **Einhaltung formell- und verfahrensrechtlicher Vorschriften** verantwortlich: Er darf insbesondere Arbeiten für genehmigungsbedürftige Baumaßnahmen nicht vor Erteilung der Baugenehmigung und nur nach Maßgabe der Genehmigung ausführen (§ 72 Abs. 1 S. 2). Ihn betreffen ferner die Vorschriften in § 72 Abs. 2 (Absteckung von Grundfläche und Höhenlage), § 76 Abs. 2 S. 3 (Bereitstellung von Arbeitskräften und Geräten zur Bauüberwachung) und § 77 Abs. 3 S. 2 und Abs. 6 (Bereitstellung von Arbeitskräften und Geräten zur Bauabnahme). Ist einem Nachbarn die gem § 68 Abs. 1 S. 1 gebotene Einsichtnahme in die für ihn relevanten Bauvorlagen bislang nicht ermöglicht worden, so hat er gegen den Unternehmer einen zivilrechtlichen Anspruch auf Unterlassung der Durchführung weiterer Bauarbeiten aus den §§ 1004 Abs. 1 S. 2 oder 823 Abs. 2 BGB bis zur Vorlage der betreffenden Bauvorlagen (vgl OLG Oldenburg 15.11.2000 – 2 U 239/00, BeckRS 2000, 31046610).

7 Aus **Abs. 1 S. 2** ergibt sich, dass in erster Linie der Unternehmer dafür zu sorgen hat, dass die Vorschriften über die Verwendung von Bauprodukten (§ 2 Abs. 14 und §§ 16b ff.) und die Anwendung von Bauarten (§ 2 Abs.15 und § 16a) eingehalten werden. **Abs. 1 S. 2 und 3** haben durch das Änderungsgesetz vom 12.09.2018 ihre jetzige Fassung erhalten. Sie entsprechen inhaltlich dem Regelungsvorschlag in § 55 Abs. 1 S. 2-3 MBauO idF vom 13.05.2016; lediglich eine vom GBD vorgeschlagene sprachliche Schärfung des Wortlauts hat der Gesetzgeber der 18. Wahlperiode vorgenommen (→ § 52 Rn. 38). Die Begründung des Gesetzentwurfs der Regierungsfraktionen (LT-Drs. 18/1136, 41) verweist ansonsten – ebenso wie die Begründung der entsprechenden Änderung der MBauO (Stand: 20.04.2016) – auf die Begründung zu § 52 Abs. 2 S. 3-4.

Aus dem Wortlaut des **Satzes 2** ergibt sich, dass den jeweiligen Unternehmer – anders als den Bauherrn nach § 52 Abs. 2 S. 3 – für die von ihm ausgeführten Arbeiten eine **zweifache Pflicht** trifft. Er hat die erforderlichen Nachweise „zu erbringen" und – zwingend auf der Baustelle (anders der Bauherr → § 52 Rn. 40) – „bereitzuhalten". Die **Pflicht**

zur Erbringung der erforderlichen Nachweise trifft nur ihn, weil er aufgrund der vertraglichen Beziehungen zu seinen Lieferanten an den Herstellern von Bauprodukten näher dran ist und nur er einen vollständigen Überblick darüber hat, welche Materialien und Baustoffe auf welche Art und Weise in das Bauwerk eingebracht wurden. Offenbar vor diesem Hintergrund hat der Gesetzgeber dem Unternehmer bei Verbraucherbauverträgen mit dem im Zuge des BauVtrRRefuaG vom 28.4.2017 (→ Rn. 11) neu eingefügten § 650n Abs. 1 S. 1 BGB die Pflicht gegenüber einem Verbraucher als Bauherrn auferlegt, vor Beginn der Baumaßnahme die nach öffentlich-rechtlichen Vorschriften erforderlichen Nachweise für die Planung zu erstellen und herauszugeben. Durch § 650n Abs. 2 BGB wird die Pflicht des Unternehmers zur Erstellung und Herausgabe der notwendigen Unterlagen auf die Phase der Fertigstellung des Werks erstreckt. Nach zutreffender Auffassung beziehen sich diese Pflichten auch auf die nach bauordnungsrechtlichen Vorschriften erforderlichen Nachweise des Bauproduktenrechts (→ § 52 Rn. 40).

Die **Pflicht zur Bereithaltung** der erforderlichen Nachweise auf der Baustelle knüpft an die vorgelagerte Pflicht zur Erbringung derselben an und beinhaltet, dass die BauAB vor Ort jederzeitigen Zugriff auf die entsprechenden Unterlagen erlangen kann. Sie besteht gleichrangig und vollumfänglich neben der entsprechenden Verpflichtung des Bauherrn nach § 52 Abs. 2 S. 3. Gleichwohl wird es im Rahmen der Störerauswahl idR sachgerechter sein, dass die BauAB vorrangig den jeweiligen Unternehmer für die Vorlage der erforderlichen Nachweise in Anspruch nimmt (→ § 52 Rn. 44).

Welche Nachweise im Einzelnen vom Unternehmer zu erbringen und auf der Baustelle bereitzuhalten sind, ist vom jeweiligen Gewerk abhängig, das er zu verantworten hat. Hierzu kann auf die entsprechenden Ausführungen zur Bereihaltungspflicht des Bauherrn verwiesen werden (→ § 52 Rn. 40-43). Zu Bauprodukten, die eine **CE-Kennzeichnung** nach der sog. Bauproduktenverordnung der EU (Verordnung (EU) Nr. 305/2011) tragen, bestimmt **Satz 3**, dass der Bauherr nur die **Leistungserklärung** des Herstellers an der Baustelle bereitzuhalten hat. Die Vorschrift korrespondiert mit § 16c S. 1, wonach ein Bauprodukt, das die CE-Kennzeichnung trägt, verwendet werden darf, wenn die erklärten Leistungen den bauordnungsrechtlich festgelegten Anforderungen für diese Verwendung entsprechen. Welche Grundanforderungen an Bauwerke europarechtlich harmonisiert sind, ergibt sich aus dem Anhang I der Bauproduktenverordnung. Die Bereithaltung der Leistungserklärung kann auch in elektronischer Form geschehen (LT-Drs. 18/1136, 41). Welche Rechtswirkungen die Leistungserklärung entfaltet und welchen Inhalt sie hat, bestimmen die Art. 4 und 6 der Bauproduktenverordnung. Die Bauproduktenverordnung enthält als Anhang III das Muster einer Leistungserklärung. Die Pflicht der Hersteller von Bauprodukten, hierfür eine Leistungserklärung in gedruckter oder elektronischer Weise dem Abnehmer zur Verfügung zu stellen, folgt aus Art. 7 der Bauproduktenverordnung. Näheres zur Leistungserklärung → § 16c Rn. 10 ff.

Durch § 80 Abs. 1 Nr. 10 wird der Verstoß des Unternehmers gegen seine Pflichten zur Erbringung und zur Bereithaltung der erforderlichen Nachweise auf der Baustelle nach Satz 2 **bußgeldbewehrt**. Dagegen hat der Gesetzgeber für die fehlende Bereithaltung der Leistungserklärung nach Satz 3 offenbar keine Ahndung als Ordnungswidrigkeit gewollt (LT-Drs. 18/1136, 46); so auch beim Bauherrn (→ § 52 Rn. 45).

Wie der Unternehmer für die Einhaltung des öffentlichen Baurechts sorgt, bleibt grundsätzlich ihm überlassen. Solange er nicht selbst an der Baustelle anwesend ist, muss für ihn idR ein geeigneter und gehörig eingewiesener **Vertreter** (Bauführer, Polier, Vorarbeiter) die Arbeiten leiten, und der Unternehmer muss diesen überwachen. 8

Die **Verantwortlichkeit** des Unternehmers **endet** grundsätzlich, wenn er seine Arbeiten auf der Baustelle abgeschlossen hat. Haben diese Arbeiten jedoch zu einem baurechtswidrigen Zustand geführt, so bleibt er auch nach Beendigung seiner Arbeit und Erfüllung seines Werkvertrages für die Beseitigung des Rechtsverstoßes verantwortlich, bis dies geschehen ist. Entsprechendes gilt für einen Übergangszeitraum zur Abwicklung des Vertragsverhältnisses, wenn der Unternehmer eine Lage herbeigeführt hat, die für an- 9 dere gefährlich werden kann, zB wenn er eine Baugrube ausgehoben hat, in die jemand mangels Baustellensicherung stürzen kann (vgl VGH Kassel 26.2.1982 – IV OE 43/79, BeckRS 9998, 58430). Dann bleibt er auch nach vorzeitiger Lösung seines Vertragsverhältnisses bzw. Einstellung seiner Arbeiten für die erforderlichen Sicherungsvorkehrungen (zB die Einzäunung der Baugrube) verantwortlich, bis ein neuer Unternehmer die Sicherung übernommen hat. Wie lange ein solches **Abwicklungsstadium** andauern kann, muss im jeweiligen Einzelfall unter Beachtung des Grundsatzes der Verhältnismäßigkeit entschieden werden. Denn ab einem bestimmten Zeitpunkt dürfte idR der Eigentümer des Grundstücks mit der ausgehobenen Baugrube als Verantwortlicher nach § 56 näher als der frühere Bauunternehmer an der Gefahr dran sein. Im Rahmen der Störerauswahl ist ihm entweder die weitere Sicherung der ausgehobenen Baugrube oder aber deren gefahrlose Verfüllung aufzugeben sein.

10 **Sanktionen:** Hat der Unternehmer in seinem Verantwortungsbereich (→ Rn. 3–8) Verstöße gegen das öffentliche Baurecht verursacht (hat zB eine Geschoßdecke dem Entwurf zuwider nicht die notwendige Betongüte oder Bewehrung erhalten), so kann die BauAB nach § 79 neben dem Bauherrn auch diesen Unternehmer zur Herstellung rechtmäßiger Zustände heranziehen (zB zur Beseitigung oder Abstützung der Decke).

Verletzt ein Unternehmer seine Pflichten nach diesem Gesetz, kann er zudem verschiedene Ordnungswidrigkeitstatbestände verwirklichen, die § 80 Abs. 1 mit Geldbuße bedroht sind, so die Tatbestände der Nrn. 1, 3-5, 8, 10, 12, 13-17. Beachtet er Unfallverhütungsvorschriften nicht, können gegen ihn nach § 209 SGB VII Geldbußen festgesetzt werden. Auch das ArbSchG enthält in § 25 eine Bußgeldvorschrift, die insbesondere bei Verstößen gegen die BaustellV eingreift (vgl. § 25 Abs. 1 S. 1 iVm § 7 Abs. 1 BaustellV). Bei einer vorsätzlichen Handlung, die Leben oder Gesundheit eines Beschäftigten gefährdet, besteht sogar eine Strafbarkeit nach § 26 Nr. 2 ArbSchG iVm § 7 Abs. 2 BaustellV.

Rechtsverletzungen können ein Anzeichen dafür sein, dass der Unternehmer seiner Aufgabe nicht gewachsen ist. Die BauAB kann dann nach § 52 Abs. 3 S. 1 vom Bauherrn verlangen, dass er den Unternehmer durch einen anderen ersetzt (→ § 52 Rn. 25 ff.). Bei schweren Verstößen kann es nach § 35 GewO geboten sein, einem Unternehmer die Ausübung seines Gewerbes wegen Unzuverlässigkeit allgemein zu verbieten; zuständig hierfür sind nach Nr. 1 der Anlage zu § 1 Abs. 1 der ZustVO-Wirtschaft (Nds. GVBl. 2004, 482) die kreisfreien und großen selbständigen Städte und selbständigen Gemeinden, im übrigen die Landkreise.

11 Die **zivilrechtlichen Pflichten des Unternehmers** gegenüber dem Bauherrn ergeben sich aus den Vorschriften über den Werkvertrag (§§ 631 ff. BGB), soweit die Vertragspartner nichts anderes vereinbaren. Hierbei ist zu beachten, dass durch das **Gesetz zur Reform des Bauvertragsrechts**, zur Änderung der kaufrechtlichen Mängelhaftung, zur Stärkung des zivilprozessualen Rechtsschutzes und zum maschinellen Siegel im Grundbuch- und Schiffsregisterverfahren (BauVtrRRefuaG) vom 28.4.2017 (BGBl. I S. 969) mit Wirkung zum 1. Januar 2018 der Bauvertrag als eigenständige Vertragsform in den §§ 650a ff. BGB erstmals gesetzlich normiert wurde. Besondere Vorgaben enthalten die §§ 650i-650n BGB für Bauverträge mit Verbrauchern. Der neue § 650a BGB definiert, wann ein Werkvertrag als Bauvertrag anzusehen ist. Nicht jeder Werkvertrag über Bauleistungen ist danach ein Bauvertrag. Es muss sich vielmehr um eine geschuldete Gesamtleistung handeln, die von wesentlicher Bedeutung ist für das Gesamtobjekt, nämlich ein Bauwerk, eine Außenanlage oder ein Teil davon (vgl Sprau in Palandt, 77. Aufl., § 650a Rn. 2). Bei kleineren Arbeiten liegt weiterhin ein klassischer Werkvertrag vor. Welcher Vertragstyp vorliegt, muss im Einzelfall bestimmt werden. Das neue Bauvertragsrecht findet für alle Verträge Anwendung, die nach dem 1. Januar 2018 geschlossen wurden. Der gesetzlich geregelte Bauvertrag rückt damit näher an die Bedingungen der VOB/B heran, modifiziert sie jedoch auch zum Teil. Zu den Einzelheiten der Reform vgl Leinemann NJW 2017, 3113.

Die **Verdingungsordnung für Bauleistungen (VOB)** ist maßgeblich, wenn ihre Anwendung (ausdrücklich oder stillschweigend) vereinbart wurde (vgl BGH 26.10.2017 – VII ZR 16/17 – Rn. 21, BeckRS 2017, 131506; Sprau in Palandt, 77. Aufl., Einf v § 631 Rn. 5). Die Möglichkeit einer (möglichst vollständigen) Vereinbarung der VOB/B bleibt durch das Inkrafttreten der §§ 650a ff. BGB unberührt (vgl Kapellmann NZBau 2017, 635). Die Vertragspflichten des Unternehmers gehen (wie die des Entwurfsverfassers) inhaltlich über die öffentlich-rechtlichen Pflichten hinaus: Sein Werk hat danach nicht nur den Anforderungen des öffentlichen Baurechts zu genügen, sondern muss auch die Ansprüche des Bauherrn an Brauchbarkeit und Qualität nach Maßgabe des bürgerlichen Rechts (§ 633 BGB) oder der VOB (Teil B § 13) erfüllen. Die Unvereinbarkeit des Werks mit öffentlichem Baurecht setzt idR aber auch dessen Brauchbarkeit für den Bauherrn herab, weil dieser ua mit dem Einschreiten der BauAB rechnen muss, und stellt deshalb einen Mangel dar, der Ansprüche des Bauherrn nach § 634 BGB bzw. § 13 VOB/B auslöst (vgl OLG Düsseldorf 22.2.1983 – 23 U 127/82, BauR 1984, 294). Schließt der Unternehmer einen Werkvertrag über eine baurechtswidrige Maßnahme ab, kann er, wenn der Bauherr durch keinen Architekten vertreten ist und selbst keine Kenntnis im Baurecht hat, wegen Verschuldens bei Vertragsschluss (§§ 311 Abs. 2, 241 Abs. 2, 280 ff. BGB) schadensersatzpflichtig werden (OLG Frankfurt a. M. 1.2.1989 – 17 U 224/87, BeckRS 9998, 08606).

Sorgt der Unternehmer nicht genügend für die Einhaltung der Sicherheitsvorschriften 12
des öffentlichen Baurechts (§ 3 Abs. 1 und Abs. 5, bauordnungsrechtliche Einzelvorschriften, Gewerbe- und Arbeitsschutzrecht) und werden infolgedessen Gesundheit oder Eigentum anderer verletzt, so haftet er nach Maßgabe der §§ 823 ff. BGB und macht sich uU wegen fahrlässiger Tötung oder Körperverletzung nach den §§ 222 oder 229 StGB **strafbar** (→ § 52 Rn. 8 und 15). Er kann sich auch nach § 319 StGB wegen Baugefährdung strafbar machen, wenn er „gegen die allgemein anerkannten Regeln der Technik verstößt und dadurch Leib oder Leben eines anderen gefährdet". Zur Strafhaftung der Beteiligten am Bau unter Berücksichtigung der neueren Rechtsprechung des BGH eingehend Kraatz JR 2009, 182 ff. Auch das ArbSchG (§ 26) bedroht Rechtsverstöße, insbesondere gegen die BaustellV, in bestimmten Fällen ebenfalls mit Strafe (→ Rn. 9). Näheres zum Vorstehenden: Locher, Das private Baurecht, 8. Aufl. 2012, Rn. 710 ff.; Gallas (aaO → Rn. 5), S. 16 ff., 36 ff.

C. Qualifikation des Unternehmers (Abs. 2)

Abs. 2 bestimmt, unter welchen Voraussetzungen ein Unternehmer für eine konkrete 13
Baumaßnahme tätig werden darf. Nach **Abs. 2 S. 1** muss der Unternehmer grundsätzlich über die erforderlichen Sachkenntnisse, Fachkräfte und Vorrichtungen verfügen. Diese sind in „erforderlichem" Maße vorhanden, wenn vom Unternehmer erwartet werden kann, dass er die übernommene Arbeit ohne Verstöße gegen öffentliches Baurecht ausführen wird. Über die notwendige Sachkenntnis muss er „verfügen"; es genügt also, wenn er sie zwar nicht selbst hat, aber Personen mit diesen Kenntnissen einsetzen kann. Ob der Unternehmer nach Abs. 2 S. 1 geeignet ist, braucht die BauAB idR nicht schon im Voraus (präventiv) zu kontrollieren; anders aber im Fall des Abs. 2 S. 2.

Abs. 2 S. 2 ermächtigt dazu, bestimmte Anforderungen an einen Unternehmer zu stel- 14
len, wenn dieser Arbeiten ausführen soll, die „außergewöhnliche Fachkenntnisse oder besondere Vorrichtungen" erfordern. Es handelt sich um Arbeiten des Schwierigkeitsgrades, der auch in § 25 (mit etwas anderer Formulierung) angesprochen ist (näher dazu → § 16a Rn. 21). Dazu gehörten jedenfalls bis zum Inkrafttreten des Änderungsgesetzes vom 12.09.2018 insbesondere das Schweißen von Stahlbauteilen, tragender Aluminiumbauteile, von Stahlbetonbewehrungen sowie die Herstellung geleimter tragender Holzbauteile, von Beton mit höherer Festigkeit und anderen besonderen Eigenschaften und die Instandsetzung von tragenden Betonbauteilen, deren Standsicherheit gefährdet

ist (vgl die Vorauflage, dort mit Verweis auf § 17 Rn. 70). Im Gegensatz zu § 25, der sich an den Hersteller von Bauprodukten richtet, erfasst Abs. 2 S. 2 nur die Arbeiten des Unternehmers und nicht die Produktion im Herstellerwerk. Er schließt jedoch, über die erstmalige Herstellung von baulichen Anlagen oder Teilen hiervon hinausgehend, auch schwierige Abbrucharbeiten bestehender Bauten ein. Nach Abs. 2 S. 2 kann verlangt werden, dass der Unternehmer für die genannten schwierigen Arbeiten nur Fachkräfte mit bestimmter Ausbildung oder Erfahrung einsetzt (Nr. 1), bestimmte Vorrichtungen verwendet (Nr. 2) und das Vorliegen der Voraussetzungen unter Nr. 1 und 2 auf bestimmte Art nachweist (Nr. 3).

15 Anforderungen nach Abs. 2 S. 2 kann die (untere) **BauAB im Einzelfall** stellen, und zwar schon durch Beifügung einer entsprechenden Auflage zur Baugenehmigung. Es ist dann Sache des Bauherrn, einen entsprechend qualifizierten Unternehmer zu bestellen.

Nach § 59 Abs. 3 NBauO 2003 konnte die oberste BauAB diese Anforderungen auch allgemein durch VO stellen. Eine derartige VO ist jedoch bis zum Inkrafttreten der NBauO 2012 nicht ergangen. Diese VO-Ermächtigung ist ersatzlos weggefallen (→ Rn. 1).

16 Fehlt einem Unternehmer für den ihm zugedachten Auftrag oder auch nur für einen Teil davon die erforderliche Qualifikation, so darf der Bauherr ihn insoweit nicht bestellen. Selbstverständlich darf der Unternehmer den Auftrag oder den Teil davon auch nicht übernehmen, sondern muss ihn ggf ablehnen. Es ist dann Sache des Bauherrn, dafür einen anderen Unternehmer zu bestellen. Notfalls muss die BauAB nach § 52 Abs. 3 anordnen, dass der Bauherr den Unternehmer durch einen anderen ersetzt (→ § 52 Rn. 29).

§ 55 Bauleiterin und Bauleiter

(1) [1]Die Bauleiterin oder der Bauleiter hat darüber zu wachen, dass die Baumaßnahme entsprechend den öffentlich-rechtlichen Anforderungen durchgeführt wird, und die dafür erforderlichen Weisungen zu erteilen. [2]Sie oder er hat im Rahmen dieser Aufgabe auf den sicheren bautechnischen Betrieb der Baustelle, insbesondere auf das gefahrlose Ineinandergreifen der Arbeiten der Unternehmerinnen und Unternehmer zu achten. [3]Die Verantwortlichkeit der Unternehmerinnen und Unternehmer bleibt unberührt.

(2) [1]Die Bauleiterin oder der Bauleiter muss über die für die Aufgabe erforderlichen Fachkenntnisse verfügen. [2]Verfügt sie oder er auf einzelnen Teilgebieten nicht über die erforderlichen Fachkenntnisse, so ist eine geeignete Fachbauleiterin oder ein geeigneter Fachbauleiter zu bestellen. [3]Die bestellte Person übernimmt für die Teilgebiete die Aufgaben der Bauleiterin oder des Bauleiters nach Absatz 1. [4]Die Bauleiterin oder der Bauleiter hat ihre oder seine Tätigkeit mit der Tätigkeit der Fachbauleiterin oder des Fachbauleiters abzustimmen.

Übersicht

A. Allgemeines

1 **Entwicklung des Rechtsinstituts:** Schon die MBauO von 1959 sah vor, dass der Bauherr grundsätzlich für jede genehmigungsbedürftige Baumaßnahme einen „verantwortlichen Bauleiter" mit der Aufgabe zu bestellen hat, den Bau auf die Einhaltung des öffentlichen Baurechts hin zu überwachen. Dem folgten auch die meisten LBauOen. Die Re-

gelung stieß jedoch auf heftige Kritik. Insbesondere wurde geltend gemacht, dass sie auf das Zivil- und Strafrecht nicht abgestimmt sei und die Person des Bauleiters überfordere (vgl etwa Schmalzl NJW 1970, 2265 ff.). Um diesen Einwänden entgegenzukommen, schrieb die **NBauO in ihrer ursprünglichen Fassung von 1973** (§ 60) die Bestellung eines Bauleiters nicht grundsätzlich vor, sondern ermächtigte nur die BauAB, dies im Einzelfall zu verlangen, wenn die Baumaßnahme technisch schwierig oder besonders umfangreich oder die Koordinierung der Unternehmer nicht gesichert war (vgl. LT-Drs. 7/50, 106, 109).

Das **fünfte ÄnderungsG vom 11.4.1986** (Nds. GVBl. S. 103) **schaffte**, nachdem die BayBO damit vorangegangen war, **das bauordnungsrechtliche Institut des Bauleiters als entbehrlich ab** und hob § 60 NBauO aF auf, weil seinerzeit die Verpflichtung des Bauherrn und der Unternehmer zur Einhaltung öffentlich-rechtlicher Vorschriften als ausreichend angesehen wurde. Auch NRW verzichtete 1995 auf den Bauleiter. Demgegenüber haben die MBauO (vgl § 56 MBauO 2002 idF der Änderung vom 13.5.2016) und die meisten LBauOen das Institut nach wie vor beibehalten. NRW ist bereits mit dem ÄnderungsG v. 9.11.1999 zum Bauleiter zurückgekehrt (§ 59a BauO NRW 2000).

Die **NBauO 2012 sieht wieder die Bestellung eines Bauleiters vor** und fordert dieses jetzt für alle nicht verfahrensfreien Baumaßnahmen. Zur Begründung hat der Gesetzgeber angeführt, die in der Zwischenzeit erfolgten Veränderungen auf den Baustellen führten dazu, dass das ordnungsgemäße Ineinandergreifen der Bauarbeiten – immer häufiger durch unterschiedliche Unternehmen – nicht mehr gewährleistet sei. Hinzu komme, dass die Bauüberwachung zunehmend auf Stichproben reduziert werde. Daher solle entsprechend der Musterbauordnung und der Mehrheit der Landesbauordnungen die Verpflichtung zur Bestellung einer Bauleiterin und eines Bauleiters wieder eingeführt werden. Für den Bauherrn seien damit regelmäßig keine besonderen Belastungen verbunden, da die Bestellung einer Bauleiterin und eines Bauleiters in seinem eigenen Interesse liege und er auf bestellte Personen zurückgreifen könne (vgl LT-Drs. 16/3195, 92).

Im Zuge des **ÄnderungsG vom 12.9.2018** hat der Gesetzgeber Anregungen aus der Verbandsanhörung, einerseits Abs. 1 S. 1 zu ergänzen, um die Verantwortlichkeit des Bauleiters für die Überwachung der baulichen Arbeiten klarer zum Ausdruck zu bringen, und andererseits in Abs. 2 die erforderlichen Fachkenntnisse zu präzisieren, unter Verweis auf ein fehlendes Klarstellungsbedürfnis explizit nicht aufgegriffen (vgl LT-Drs. 18/1136, 25).

Notwendigkeit des Bauleiters: Der Entschluss des Gesetzgebers aus dem Jahre 2012 2
ist zu begrüßen. Dass die NBauO keinen Bauleiter mehr forderte, hatte dieser Kommentar stets kritisiert (vgl. dazu die 8. Auflage dieses Kommentars, dort § 60 Rn. 2). Je mehr sich die Bauaufsicht aus der Überwachung des Baugeschehens zurückzieht, umso wichtiger wird es, dass eine geeignete Überwachungskraft für die ordnungsgemäße, vor allem sichere und fehlerfreie Ausführung von Bauten sorgt. Ein fachkundiger und den Unternehmern gegenüber unabhängiger Bauleiter kann die entfallene behördliche Aufsicht ersetzen und die Gefahr, dass der fertige Bau oder der Bauvorgang öffentliches Baurecht verletzen, insbesondere die Gefahr von Bauschäden und Unfällen, erheblich mindern. Wichtig ist vor allem, dass in unvorhergesehenen Situationen eine kompetente Person die Unternehmer mit notwendigen Anweisungen versehen kann, etwa dann, wenn Unstimmigkeiten zwischen der Tragwerksplanung und der genehmigten Bauzeichnung auftauchen, Einzelzeichnungen unklar sind oder fehlen oder wenn das Gelände oder – bei den heutzutage häufigen Umbauten und Sanierungen – die alte Bausubstanz unverhoffte Schwierigkeiten bereiten. Unentbehrlich ist ein Bauleiter auch bei vielen Bauten, die Bauherren in Selbsthilfe ausführen.

Die mit § 3 **BaustellV** vom 10.6.1998 (BGBl. I S. 1283) eingeführte Pflicht, einen **Bau- 3
koordinator** zu bestellen (→ § 11 Rn. 9), macht die vorliegende bauordnungsrechtliche Regelung nicht überflüssig, denn der Koordinator braucht nur bestellt zu werden, wenn

mehrere Beschäftigte verschiedener Arbeitgeber ein Bauvorhaben iSd § 1 Abs. 3 BaustellV ausführen. Zudem hat der Koordinator idR allein für den Arbeitsschutz nach Maßgabe des § 3 Abs. 2 und 3 BaustellV und nicht auch für die Einhaltung des (sonstigen) öffentlichen Baurechts zu sorgen. Im Übrigen stellt § 3 Abs. 1a BaustellV klar, dass der Bauherr oder der von ihm beauftragte Dritte durch die Beauftragung geeigneter Koordinatoren nicht von seiner Verantwortung entbunden wird.

4 **Pflicht zur Bestellung des Bauleiters:** Wie sich aus § 52 Abs. 2 S. 1 ergibt, hat der Bauherr für jede nicht nach § 60 verfahrensfreie Baumaßnahme einen Bauleiter zur Überwachung der Baumaßnahme zu bestellen. Damit der Bauleiter seine Überwachungsaufgabe, nötigenfalls durch Weisungen an die Unternehmer erfüllen kann, gehört zur ordnungsgemäßen Bestellung auch, dass der Bauherr mit den Unternehmern Werkverträge abschließt, in denen sich diese zur Befolgung dieser Weisungen verpflichten (→ Rn. 10). Dies bedarf allerdings keiner ausdrücklichen Vertragsklausel. Da die Bestellung eines weisungsbefugten Bauleiters heute in Niedersachsen und in den meisten anderen Bundesländern in den Bauordnungen gesetzlich vorgeschrieben ist, kann davon ausgegangen werden, dass diese Verpflichtung in jedem Werkvertrag über Arbeiten in nicht verfahrensfreien Baumaßnahmen stillschweigend mitvereinbart ist.

5 Die **Bestellung** zum Bauleiter kommt **durch Vertrag** zwischen dem Bauherrn und dem Bauleiter zustande (wohl Dienstvertrag, so Rabe BauR 1981, 332 (342); der BGH 22.10.1981 – VII ZR 310/79, BeckRS 9998, 103269, hat dagegen die Bestellung eines Architekten zur örtlichen Aufsicht über die Bauausführung nach der früheren GOA als Werkvertrag angesehen; anders OLG Celle 11.7.2002 – 14 U 225/01, BeckRS 2004, 6873, für einen Architektenvertrag zur wirtschaftlichen und technischen Beratung des Bauherrn). Nach § 52 Abs. 2 S. 3 hat der Bauherr vor Beginn der Bauarbeiten **der BauAB mitzuteilen**, wen er als Bauleiter bestellt hat, und sie auch über einen Wechsel des Bauleiters unverzüglich zu unterrichten. Der Bauherr kann auch einen Unternehmer (etwa einen Generalunternehmer oder den Unternehmer der hauptsächlichen Bauarbeiten) zur Bestellung des Bauleiters bevollmächtigen und diesen mit der Mitteilung an die BauAB beauftragen.

B. Rechtsstellung des Bauleiters

6 **Aufgabe des Bauleiters:** Die Bezeichnung „Bauleiter" ist nicht ganz treffend, denn der „Bauleiter" hat nicht die Bauarbeiten zu organisieren und die Verwirklichung des Bauvorhabens voranzubringen (Sauter LBauO BW § 45 Rn. 6). Seine öffentlich-rechtliche Aufgabe besteht vielmehr darin, stellvertretend für den Bauherrn die Ausführung der Bauarbeiten durch den oder die Unternehmer zu überwachen und dabei auch (→ Rn. 3) für die Sicherheit auf der Baustelle Rechnung zu tragen (vgl OLG Karlsruhe 14.9.2016 – 2 (7) SsBs 397/16-AK 176/16 – Rn. 6, BeckRS 2016, 17934). Die BbgBauO 2008 verwendete in § 49 aF deshalb den zutreffenderen Ausdruck „Bauüberwacher". Dementsprechend hat der Bauleiter die Bauarbeiten zu beobachten und durch Ratschläge, Belehrungen und erforderlichenfalls durch Weisungen sicherzustellen, dass sie öffentliches Baurecht nicht verletzen, insbesondere keine Gefahren verursachen. Zur Bauleiteraufgabe nach § 55 gehört es dagegen nicht, für eine vertragsgemäße und wirtschaftliche Bauausführung zu sorgen.

7 Nach Abs. 1 S. 1 hat der Bauleiter darüber zu wachen, dass die Baumaßnahme **„entsprechend den öffentlich-rechtlichen Anforderungen"** durchgeführt wird. Diese der MBauO (vgl. § 56 Abs. 1 S. 1 MBauO idF 2016) entnommene Formulierung wirft die Frage auf, ob der Gesetzgeber hier etwas anderes meint, als den von ihm selbst in § 2 Abs. 17 definierten Begriff des „öffentlichen Baurechts". Insbesondere erscheint fragwürdig, wieweit der Bauleiter auch überwachen muss, dass die Unternehmer die arbeitsschutzrechtlichen Vorschriften einhalten. § 59a Abs. 1 S. 2 BauO NRW 2000 verlangte dies ausdrücklich; die Norm enthielt – sonst identisch mit Abs. 1 S. 2 – den weiteren

Halbsatz „und auf die Einhaltung der Arbeitsschutzbestimmungen zu achten." Vorschriften zum Arbeitsschutz sind jedoch nur teilweise öffentliches *Bau*recht. Vom Bauleiter kann aber vernünftigerweise, seiner normalen Qualifikation entsprechend, nur erwartet werden, dass er das Zustandekommen von unsicheren oder sonst rechtswidrigen Bauwerken und technische Fehler beim Bauvorgang verhütet, dies aber gleichermaßen im Interesse der Allgemeinheit wie zum Schutz der auf dem Bau tätigen Arbeitskräfte. Der Bauleiter hat also die Einhaltung der Arbeitsschutzvorschriften nur insoweit zu überwachen, als sie technische Anforderungen an den eigentlichen Bauvorgang (einschließlich der Gerüste) stellen. Hätte der Gesetzgeber für Niedersachsen einen anderen Befund gewollt, wäre durch das ÄnderungsG vom 12.9.2018 sicherlich eine Ergänzung der Vorschrift entsprechend der früheren Rechtslage in NRW erfolgt.

Pflichten des Bauleiters im Einzelnen: Der Bauleiter hat nach Abs. 1 S. 1 zu überwa- 8
chen, ob die Arbeiten der Unternehmer die genehmigten oder im Verfahren nach § 62 vorgelegten Pläne einhalten und nach den Vorschriften des materiellen Baurechts einschließlich der einschlägigen technischen Baubestimmungen ausgeführt werden. Neben dieser **allgemeinen Überwachungspflicht** beinhaltet Abs. 1 S. 1 zusätzlich die Pflicht zur Erteilung erforderlicher Weisungen (**Weisungspflicht**). Der Bauleiter hat nach Abs. 1 S. 2 zudem für „den sicheren bautechnischen Betrieb der Baustelle" zu sorgen. Dazu gehört, dass § 11 NBauO eingehalten wird, insbesondere Gerüste standsicher sind und den auf dem Bau beschäftigten Personen (Maurern, Dachdeckern und anderen) genügend Sicherheit bieten (**sicherheitsbezogene Überwachungspflicht**). Soweit er die Arbeiten einzelner Unternehmer überwacht, schafft er nach dem „Vier-Augen-Prinzip" mehr Sicherheit. Besonders ist der Bauleiter aber dort gefordert, wo die Arbeiten mehrerer Unternehmer aufeinander abzustimmen sind, zB dann, wenn die Arbeit des einen Unternehmers auf derjenigen eines anderen „aufbauen" muss. Im Einzelfall kann den Bauleiter zusätzlich die Pflicht zur Veranlassung des Bauherrn treffen, zusätzlich fachlich geeignete Fachbauleiter (→ Rn. 17) zu bestellen (**Hinweispflicht**). Eingehend dargestellt werden die Aufgaben und Pflichten des Bauleiters durch Rabe BauR 1981, 332 ff., und Lotz BauR 2003, 957 ff.

Ausmaß der Überwachung: Der Bauleiter braucht sich nicht um jede Unternehmerar- 9
beit zu kümmern. Er darf aufgrund § 54 Abs. 2 S. 1 davon ausgehen, dass die Unternehmer in der Regel fähig sind, ihre Arbeit nach den Vorschriften auszuführen. Anders verhält es sich, wenn ein besonderer Umstand dem Bauleiter Anlass gibt, sich über einen Vorgang im Einzelnen zu informieren und bei Bedarf Weisungen zu erteilen, zB wenn Schwierigkeiten bei der Zusammenarbeit mehrerer Unternehmer auftauchen oder zu erwarten sind. Nach diesen Gesichtspunkten richtet sich auch, wann und wie oft der Bauleiter auf der Baustelle anwesend sein muss. Grundsätzlich trifft ihn eine **Pflicht zur Anwesenheit** auf der Baustelle. Wenn ein Bauvorhaben so umfangreich ist, dass eine Person als Bauleiter nicht bei allen kritischen Vorgängen anwesend sein kann, zB auch dann, wenn im Schichtbetrieb gebaut wird, dann muss der Bauleiter auch Vertreter in der erforderlichen Zahl haben.

Befugnisse des Bauleiters: Die Verpflichtungen des Bauleiters sind zwar öffentlich- 10
rechtlich, er hat aber keine hoheitlichen Befugnisse und kann seine Weisungen nicht selbst mit Zwangsmitteln durchsetzen; er ist kein „Beliehener" (vgl Lotz BauR 2003, 957). Die Unternehmer und deren Personal sind zur Befolgung erforderlicher Weisungen nur zivilrechtlich aufgrund ihrer mit dem Bauherrn geschlossenen Werkverträge verpflichtet. Folgen sie seinen Weisungen nicht, so muss er den Sachverhalt der BauAB mitteilen, damit diese ggf mit einer Verfügung nach § 79 einschreiten kann. Die NBauO 1973 sah in § 60 Abs. 2 S. 2 eine dahingehende **Mitteilungspflicht** des Bauleiters gegenüber der BauAB aussdrücklich vor; nach Sinn und Zweck des § 55 besteht sie ungeschrieben fort. Es genügt nicht, dass er sein Dienstverhältnis als Bauleiter gegenüber dem Bauherrn nur kündigt.

Der Bauleiter ist für die ordnungsgemäße Erfüllung seiner Aufgabe nicht nur zivilrecht- 11
lich gegenüber dem Bauherrn als Auftraggeber, sondern aufgrund Abs. 1 S. 1 **öffent-**

lich-rechtlich verantwortlich. Dies bedeutet: Haben Bauarbeiten das öffentliche Baurecht verletzt, weil der Bauleiter seiner Aufgabe zuwider dagegen nicht angemessen vorgegangen ist oder weil er eine fehlerhafte Weisung erteilt hat, so kann die BauAB ihn durch Verfügung nach § 79 Abs. 1 S. 1, 3 zur korrekten Wahrnehmung seiner Aufgabe anhalten. Außerdem kann sie dann neben dem Bauherrn und dem Unternehmer auch den Bauleiter zu den erforderlichen Maßnahmen zur Behebung des rechtswidrigen Zustandes heranziehen, soweit ihm das möglich ist. Schließlich kann die BauAB nach § 52 Abs. 3 gegenüber dem Bauherrn darauf hinwirken, dass der Bauleiter durch eine geeignete Person ersetzt wird oder geeignete Sachverständige ergänzend heranzuziehen sind (→ § 52 Rn. 25 ff.)

12 Der Bauleiter kann auch **zivilrechtlich haftbar** sein. Wer sich zum Bauleiter bestellen lässt, übernimmt dem Bauherrn gegenüber die vertragliche Verpflichtung, diese Aufgabe fachgerecht und sorgfältig zu erledigen. Diese Pflicht kann er verletzen, indem er notwendige Weisungen nicht oder nicht rechtzeitig oder fehlerhafte Weisungen erteilt, so dass Bauarbeiten oder die bauliche Anlage gegen öffentliches Baurecht verstoßen. Soweit infolgedessen dem Bauherrn ein Schaden entsteht (zB dadurch, dass die BauAB Stilllegung oder Rückbau anordnet oder der Bau unbrauchbar wird), hat **der Bauleiter dem Bauherrn den Schaden** nach Maßgabe des Dienst- oder Werkvertragsrechts (→ Rn. 5) und ergänzend nach allgemeinem Schuldrecht (vgl § 280 BGB) **zu ersetzen**.

Wenn Bauarbeiten infolge mangelhafter Überwachung durch den Bauleiter Dritte schädigen (Personen- oder Sachschäden), kann der Bauleiter bei nachgewiesenem Verschulden dem **Dritten gegenüber** nach § 823 Abs. 1 BGB **schadensersatzpflichtig** sein. So hat der BGH (13.3.2007 – VI ZR 178/05, BeckRS 2007, 7913) eine Haftung des mit der Bauleitung beauftragten Architekten gegenüber einer Berufsgenossenschaft angenommen; die Berufsgenossenschaft hatte in dem entschiedenen Fall wegen eines Unfalls mit Personenschaden, den ein auf der Baustelle eingesetzer **Mitarbeiter eines Bauunternehmens** erlitten hatte, wegen Verletzung sowohl der „primären" als auch der „sekundären" Verkehrssicherungspflicht Regress genommen. Zur Begründung hat der BGH (aaO, Rn. 12) ausgeführt: Im Regelfall brauche der Architekt zwar nur diejenigen Verkehrssicherungspflichten zu beachten, die dem Bauherrn als dem mittelbaren Veranlasser der aus der Bauausführung fließenden Gefahren oblägen. In erster Linie sei der Unternehmer verkehrssicherungspflichtig. Er habe für die Sicherheit der Baustelle zu sorgen und Unfallverhütungsvorschriften würden sich nur an ihn wenden. Selbst verkehrssicherungspflichtig werde der mit der örtlichen Bauaufsicht bzw. Bauleitung oder Bauüberwachung beauftragte Architekt aber, wenn Anhaltspunkte dafür vorlägen, dass der Unternehmer in dieser Hinsicht nicht genügend sachkundig oder zuverlässig sei, wenn er Gefahrenquellen erkannt habe oder wenn er diese bei gewissenhafter Beobachtung der ihm obliegenden Sorgfalt hätte erkennen können. Er müsse auf Gefahren achten und dürfe seine Augen nicht verschließen, um auf diese Weise jeglichem Haftungsrisiko aus dem Wege zu gehen. Neben dieser **„sekundären" Verkehrssicherungspflicht**, die sich grundsätzlich darauf beschränke, erkannte oder erkennbare baustellentypische Gefahrenstellen zu beseitigen, träfen den bauleitenden Architekten **„primäre" Verkehrssicherungspflichten**, wenn er selbst Maßnahmen an der Baustelle veranlasse, die sich als Gefahrenquelle erweisen könnten, sei es, dass die Auftragserteilung schon unmittelbar Gefahren für andere begründen könne oder dass solche Gefahren nicht von vornherein ausgeschlossen seien.

§ 55 iVm den Sicherheitsvorschriften des öffentlichen Baurechts (zB § 11) sind auch Schutzgesetz iSv § 823 Abs. 2 BGB hinsichtlich Person und Eigentum (vgl Staudinger/Hager, BGB, Neubearbeitung 2009, § 823, Rn. G 61).

13 Verstößt der Bauleiter gegen seine Überwachungspflicht, kann er sich auch wegen fahrlässiger Körperverletzung oder Tötung (§§ 229, 222 StGB) **strafbar** machen (vgl BGH 21.4.1964 – 1 StR 72/64, BeckRS 9998, 113242); zur Strafhaftung der Beteiligten am Bau eingehend Kraatz JR 2009, 182 ff. Ob der Bauleiter auch wegen Baugefährdung nach § 319 StGB strafbar sein kann, ist strittig. Gallas (Die strafrechtliche Verantwortung

der am Bau Beteiligten, 1963, S. 57 f.) verneint dies, weil der „Bauleiter" iSd Bauordnungsrechts den Bau nicht wirklich „leite". Mit Schünemann (ZfBR 1980, 7 ff.) wird anzunehmen sein, dass der Bauleiter dann eine Baugefährdung begehen kann, wenn er mit Weisungen in das Baugeschehen eingreift oder wenn er eingreifen muss, weil eine Koordinierung von Arbeiten mehrerer Unternehmer notwendig ist. Die Fahrlässigkeitshaftung der Beteiligten am Bau im Schadensfalle nach den §§ 222, 229 StGB steht zur bloßen Baugefährdung nach § 319 StGB für die Gefährdung eines Menschen durch den Verstoß gegen die anerkannten Regeln der Technik in Idealkonkurrenz (Kraatz JR 2009, 182).

Der Bauleiter, der seiner Überwachungsaufgabe vorsätzlich oder fahrlässig nicht ordnungsgemäß nachkommt, begeht eine **Ordnungswidrigkeit**, die nach § 80 Abs. 1 Nr. 11, Abs. 5 mit Bußgeld bis zu 50.000 Euro bedroht ist.

Die öffentlich-rechtliche Überwachungsaufgabe des Bauleiters ist von der **Objektüberwachung/ Bauüberwachung** als Leistungsphase 8 nach § 34 Abs. 3 und Anlage 11 der **HOAI** zu unterscheiden. Mit der Objektüberwachung übernimmt der Architekt oder Ingenieur eine rein privatrechtliche Verpflichtung, die darauf ausgerichtet ist, das Interesse des Bauherrn an einer qualitätvollen und seinen Wünschen entsprechendem Bauausführung zu befriedigen. Beide Aufgaben können aber von demselben Architekten oder Ingenieur übernommen werden; dann gilt für seine Honorierung Folgendes: Als „Objektüberwacher" nach HOAI hat er sich ua darum zu kümmern, dass die Bauarbeiten die „einschlägigen Vorschriften", also auch des einschlägigen öffentlichen Baurechts einhalten, und zwar mit der gleichen Sorgfalt wie als Bauleiter nach § 55 NBauO. Er hat nur zusätzlich noch dafür zu sorgen, dass auch die mit den Unternehmern vereinbarten Anforderungen an Brauchbarkeit und Gestaltung des Bauwerks erfüllt werden. Zu allen Tätigkeiten, die dem Bauleiter nach § 55 NBauO abverlangt werden, ist auch der mit der Objektüberwachung Beauftragte verpflichtet. Demnach erbringt der Objektüberwacher, der zusätzlich die Aufgabe des Bauleiters übernimmt, keine „besondere Leistung" iSv § 3 Abs. 3 HOAI und Anlage 1, Nr. 1.2.2 zur HOAI, kann also kein zusätzliches Honorar fordern (strittig; wie hier Locher/Koeble/Frik, HOAI, 11. Aufl. 2012, § 33 Rn. 213 f., im Anschluss an BGH 10.3.1977 – VII ZR 278/75, NJW 1977, 898; aM Lotz BauR 2003, 957 (967)). 14

Die öffentlich-rechtliche **Überwachungspflicht** des Bauleiters **endet** mit dem Abschluss der Arbeiten, zu deren Überwachung er bestellt wurde. Vorher endet sie, wenn der Bauherr oder der Bauleiter die Bestellung rechtswirksam kündigt oder wenn der Bauleiter aus tatsächlichen Gründen (zB Krankheit) seine Aufgabe nicht mehr wahrnehmen kann, nicht dagegen schon mit stillschweigender „Niederlegung" (missverständlich insoweit OLG Karlsruhe 5.9.1978 – 3 Ss [B] 156/78, BRS 33 Nr. 101). Von der Mitteilung des Bauherrn an die BauAB nach § 52 Abs. 2 S. 5 hängt das Ende der Überwachungspflicht dagegen nicht ab (OLG Karlsruhe, aaO). Nach der Kündigung hat der Bauherr, wenn die Arbeiten noch nicht abgeschlossen sind, unverzüglich einen neuen Bauleiter zu berufen und der BauAB namhaft zu machen (→ § 52 Rn. 32). 15

C. Qualifikation des Bauleiters

Nach § 55 Abs. 2 muss der Bauleiter „über die für seine Aufgabe **erforderlichen Fachkenntnisse** verfügen". Welche Fachkenntnisse hiernach vom Bauleiter zu fordern sind, bestimmt sich nach der Art und Schwierigkeit der jeweiligen Baumaßnahme. Der niedersächsische Gesetzgeber hat bewusst darauf verzichtet, abweichend von der MBauO den erforderlichen Umfang der Fachkenntnisse zu präzisieren (→ Rn. 1); es bleibt bei dem bisherigen Befund, dass der Umfang der notwendigen Kenntznisse je **nach Art des konkreten Vorhabens im Einzelfall** bestimmt werden muss. Deshalb kann für die Beauftragung eines Bauleiters in Niedersachsen (anders als in einigen anderen Bundesländern, vgl. etwa § 59 Abs. 2 S. 1 HBO) weder der vorherige Nachweis einer formellen Mindestqualifikation (zB der erfolgreiche Abschluss einer bestimmten Berufsausbildung 16 oder eines Hochschulstudiums), noch ein nachzuweisendes Mindestmaß an Berufserfahrung (Referenzen) oder gar persönlicher Zuverlässigkeit verlangt werden. Es ist allein Sache des Bauherrn, sich von der fachlichen (und persönlichen) Eignung der vorgesehenen bauleitenden Personen zu überzeugen (vgl. LT-Drs. 16/3195, 92).

Der Gesetzgeber ging bei der Reaktivierung des Bauleiters für die NBauO 2012 davon aus, dass der Bauherr **in der Regel** einen oder mehrere von ihm bereits beauftragte **Entwurfsverfasser** auch mit der Bauüberwachung betrauen wird (vgl. LT-Drs. 16/3195, 64); dies liegt auf der Hand, wenn eine oder mehrere Entwurfsverfasser mit der Objektüberwachung (Leistungsphase 8 gem. § 34 Abs. 3 HOAI) betraut wurden (→ Rn. 14). Verfügt der Bauherr selbst über die erforderlichen Fachkenntnisse, so bleibt es ihm nach § 52 Abs. 2 S. 1 Hs. 2 indes unbenommen, auch die Funktion des Bauleiters in Person auszuüben. Er kann alternativ dazu einen am Bau sonst nicht beteilten Beratenden Ingenieur heranziehen oder einen in die Bauausführung eingebundenen Unternehmer bzw eine bei ihm beschäftigte leitende Person mit der Bauleitung betrauen. Es sprechen zwar gute Gründe dafür, wenn der Bauleiter gegenüber allen am Bau beteiligten Unternehmen, deren Arbeit er zu überwachen und zu koordinieren hat, wirtschaftlich unabhängig ist (vgl. Lotz BauR 2003, 957 (958)); dies wird gesetzlich jedoch nicht verlangt. Für **Sonderbauten** können aufgrund des § 51 Satz 3 Nr. 20 im Einzelfall bestimmte (höhere) Anforderungen an die Qualifikation des Bauleiters sowie des Fachbauleiters gestellt werden.

Nach Abs. 2 S. 1 braucht der Bauleiter über die geforderten Fachkenntnisse nur zu **„verfügen"**. Das bedeutet wie in § 54 Abs. 2, dass der Bauleiter die geforderte Qualifikation nicht persönlich haben, sondern nur in der Lage sein muss, Personen mit dieser Qualifikation sachgerecht einzusetzen. Bei sehr großen Bauvorhaben (zB Sonderbauten) gehört ein Stab von mehreren qualifizierten Mitarbeiten ohnehin zur erforderlichen Qualifikation. Die Aufgabe des Bauleiters können auch Partnerschafts- oder Kapitalgesellschaften von Architekten oder Beratenden Ingenieuren übernehmen.

Hat die BauAB konkrete Anhaltspunkte für die Annahme, dass der vom Bauherrn benannte Bauleiter nicht über die erforderlichen Fachkenntnisse verfügt, so kann sie gem § 52 Abs. 3 S. 1 vom Bauherrn **verlangen**, dass er den bestellten Bauleiter **durch eine fachlich geeignete Person ersetzt**. Zuvor wird sie den betroffenen Bauherrn anhören und ihm Gelegenheit geben, den begründeten Zweifeln an der fachlichen Eignung des Bestellten durch Vorlage aussagekräftiger Nachweise über von ihm erworbene Qualifikationen oder vorzeigbare Referenzen zu begegnen.

17 Verfügt der Bauleiter auf Teilgebieten nicht über die erforderlichen Fachkenntnisse, so genügt es nach **Abs. 2 S. 2–4**, wenn der Bauherr geeignete **Fachbauleiter** einsetzt. Diese ersetzen insoweit den Bauleiter, der aber für die Gesamtkoordinierung verantwortlich ist. Die Regelung entspricht im Wesentlichen derjenigen des § 53 Abs. 2 S. 2–3; auf die Erläuterungen zu dieser Norm wird ergänzend verwiesen (→ § 53 Rn. 11). Für die Bestellung der erforderlichen Fachbauleiter ist allein der Bauherr gegenüber der BauAB verantwortlich; er hat diese idR auf entsprechenden Hinweis des Bauleiters auf vertraglicher Grundlage rechtzeitig zu veranlassen und nach § 52 Abs. 2 S. 5-6 der BauAB mitzuteilen. Die Verantwortlichkeit des bestellten Fachbauleiters ist auf sein Teilgebiet beschränkt; seine Pflichten und Befugnisse nach Abs. 1 leiten sich hieraus ab. Die Gesamtverantwortung für die Baumaßnahme sowie die Aufgabe der Koordination der Tätigkeiten verschiedener Fachbauleiter auf der Baustelle verbleibt dagegen beim Bauleiter. Für die Bestellung des Fachbauleiters gilt Abs. 2 S. 1. Die Befugnis der BauAB nach § 52 Abs. 3, vom Bauherrn das Ersetzen einer fachlich ungeeigneten Person verlangen zu können, erstreckt sich auch auf einen bestellten Fachbauleiter.

§56 Verantwortlichkeit für den Zustand der Anlagen und Grundstücke

[1]Die Eigentümer sind dafür verantwortlich, dass Anlagen und Grundstücke dem öffentlichen Baurecht entsprechen. [2]Erbbauberechtigte treten an die Stelle der Eigentümer. [3]Wer die tatsächliche Gewalt über eine Anlage oder ein Grundstück ausübt, ist neben dem Eigentümer oder Erbbauberechtigten verantwortlich. [4]§7 Abs. 3 des Niedersächsischen Gesetzes über die öffentliche Sicherheit und Ordnung gilt entsprechend.

Übersicht

A. Allgemeines

1 Die MBauO 2002 idF vom 13.5.2016 enthält in ihrem vierten Teil nur Mustervorschriften über die Verantwortlichkeit des Bauherrn, des Entwurfsverfassers, des Unternehmers und des Bauleiters, die sie unter der Bezeichnung **„die am Bau Beteiligten"** zusammenfasst. Demgegenüber begründet die NBauO 2012 mit §56, ebenso wie schon die NBauO 2003 in §61 aF, die Verantwortlichkeit einer **weiteren Gruppe von Personen** für die Einhaltung des öffentlichen Baurechts, namentlich die der früheren und gegenwärtigen Eigentümer und der Erbbauberechtigten von baulichen Anlagen und Grundstücken sowie von Personen, die darüber die tatsächliche Gewalt innehaben. §61 aF ist während der Landtagsberatungen in die NBauO 1973 eingefügt worden. Da die NBauO nicht nur die Phase des Bauens selbst regelt, sondern ebenso für fertige Bauten gilt, lag es nahe, auch die Personen zu nennen, an die sich die NBauO insoweit wendet (vgl im Übrigen den Überblick → §52 Rn. 2ff.). §56 trifft eine Sonderregelung für die polizeiliche Zustands- und Verhaltenshaftung, die sich sonst allgemein aus §§6 und 7 NPOG ergibt. Diese allgemeinen Regelungen sind gem §3 Abs. 1 S. 2 NPOG nicht mehr anwendbar, wenn die Gefährdung oder Störung der öffentlichen Sicherheit oder Ordnung in einem Verstoß gegen öffentliches Baurecht besteht (vgl. LT-Drs. 16/3195, 93).

Anders als §61 aF regelt §56 die Verantwortlichkeit nicht nur für den Zustand baulicher Anlagen iSd §2 Abs. 1, sondern von „Anlagen" schlechthin. Damit sollen hier offenbar die auch in §1 Abs. 1 S. 2 angesprochenen „anderen Anlagen" einbezogen werden, an die in der NBauO und in Vorschriften aufgrund der NBauO Anforderungen gestellt werden (→ §1 Rn. 8). Als solche „nichtbaulichen" Anlagen kommen hier etwa die nicht überbauten Flächen in Betracht, die nach §9 Abs. 2 Grünflächen sein müssen.

2 **Verantwortliche Person** nach §56 ist zunächst der **Eigentümer** eines Bauwerks oder (unbebauten) Grundstücks (Satz 1). Ist das Grundstück mit einem Erbbaurecht belastet, so ist nach Satz 2 der **Erbbauberechtigte** an Stelle des Grundstückseigentümers verantwortlich, und zwar nicht nur für das Bauwerk (dies gehört dem Erbbauberechtigten ohnehin allein, §12 ErbbauRG, §95 Abs. 1 S. 2 BGB), sondern auch für das Grundstück. Die Verantwortlichkeit nach Satz 1 besteht unabhängig davon, auf welche Ursache baurechtswidrige Zustände zurückzuführen und ob noch andere Verantwortliche vorhanden sind. Einen allgemeinen Vorrang der Haftung des Bauherrn als Handlungsstörer vor dem Eigentümer als Zustandsstörer gibt es im niedersächsischen Bauordnungsrecht nicht. Daher ist bei einem **Abbruch einer Doppelhaushälfte** nach niedersächsischem Recht neben dem abbrechenden Bauherrn auch der Eigentümer des Nachbarhauses für die **Sicherung der verbleibenden Trennwand** bauordnungsrechtlich verantwortlich; dies gilt unabhängig davon, ob die Sicherung während der Abbrucharbeiten oder danach erfolgt (so OVG Lüneburg 9.12.2015 – 1 LA 183/14 – Rn. 12, BeckRS 2016, 40203; anders

wohl VG Göttingen 11.12.2015 – 2 A 691/13 – Rn. 94 ff., BeckRS 2015, 117493; zur Störerauswahl vgl auch → § 52 Rn. 6).

Nach Satz 3 ist der **Inhaber der tatsächlichen Gewalt** über das Bauwerk oder Grundstück (zB Mieter, Pächter, Nießbraucher) neben dem Eigentümer oder Erbbauberechtigten verantwortlich; über das Ausmaß seiner Verantwortung → Rn. 4. Tatsächliche Gewalt über eine Anlage oder ein Grundstück übt derjenige aus, der als unmittelbarer Besitzer iSd § 854 BGB oder unter Einschaltung eines Besitzdieners iSd § 855 BGB auf die Sache einwirkt. Ein Besitzerwerbswille ist nicht erforderlich. Vorauszusetzen ist jedoch eine gewisse Dauer der Beziehung, räumliche Zugänglichkeit und die Möglichkeit, zu jeder Zeit und beliebig auf die Sache einzuwirken. Dabei kommt es maßgeblich auf die Verkehrsauffassung unter zusammenfassender Würdigung aller Umstände an (OVG Lüneburg 26.2.2008 – 1 ME 4/08, BeckRS 2008, 33633, und 7.11.1996 – 6 L 6600/95, BeckRS 2005, 21755, dort bejaht durch Übergabe eines Schlüssels und einer Zahlenschlosskombination, der den Zugang zu einer baufälligen Gartenlaube ermöglichte).

Aus der Formulierung „neben dem Eigentümer oder Erbbauberechtigten" in Satz 3 folgt zugleich, dass abweichend von den Prinzipien des allgemeinen Polizeirechts im Rahmen der bauordnungsrechtlichen Störerauswahl die **Zustandshaftung des Eigentümers und des Erbbauberechtigten grundsätzlich Vorrang** (zu Ausnahmen → Rn. 3) vor der Verantwortlichkeit des Inhabers der tatsächlichen Gewalt hat (OVG Lüneburg 7.11.1996 – 6 L 6600/95, BeckRS 2005, 21755). Abweichend von § 7 Abs. 2 S. 2 NPOG wird nach § 56 S. 3 NBauO der Eigentümer auch nicht von seiner Verantwortung frei, wenn der Inhaber seine tatsächliche Gewalt gegen den Willen des Eigentümers ausübt (zB im Fall einer Hausbesetzung). Die BauAB kann also auch in einem solchen Fall dem Eigentümer aufgeben, einen baurechtswidrigen Zustand seines Hauses zu beheben. Die BauAB kann ihre Anordnung aber nur vollziehen, wenn sie auch dafür sorgt, dass der Gewaltinhaber die Maßnahme nicht behindert; ggf durch den Erlass von Duldungsverfügungen. Im Übrigen muss die BauAB Unbilligkeiten durch sachgerechte Störerauswahl vermeiden.

3 Wird der baurechtswidrige Zustand durch die unvereinbare Nutzung einer baulichen Anlage hervorgerufen (insbesondere in den Fällen sog atypischer Wohnraumnutzung), ist nach der neueren Rechtsprechung des 1. Senats des OVG Lüneburg (11.9.2015 – 1 ME 118/15 – Rn. 10, BeckRS 2015, 52567) zu differenzieren: geht es um die **Unterbindung einer baurechtswidrigen Nutzung** für die Zukunft, so bleibt es bei dem in Satz 3 angelegten Vorrang der Verantwortlichkeit des Eigentümers. Soll dagegen eine gegenwärtige baurechtswidrige Nutzung unterbunden werden, so ist der unmittelbare Nutzer der baulichen Anlage (zB der Mieter oder Pächter) „unter dem Gesichtspunkt der effektiven Gefahrenabwehr" von der BauAB in erster Linie heranzuziehen. Der unmittelbare Nutzer kann die baurechtswidrige Nutzung jederzeit aufgeben, ohne (in der Regel) den Eigentümer um Erlaubnis fragen zu müssen, während der Eigentümer dem unmittelbaren Nutzer regelmäßig kündigen und die Kündigung anschließend im Wege einer Räumungsklage durchsetzen muss. Die BauAB kann die Verdoppelung der Vollstreckungsverzögerungen und -risiken bei fehlerfreier Ausübung des Störerauswahlermessens grundsätzlich nicht hinnehmen (kritisch zu diesem Ansatz und für eine stärkere Berücksichtigung des Verhältnismäßigkeitsgrundsatzes eintretend mit dem Ziel einer freien Störerauswahl durch die BauAB: Milstein NVwZ 2019, 335 (336)). Etwas anderes gilt nur in den Fällen, in denen die unmittelbaren Nutzer der baulichen Anlage ständig wechseln oder der BauAB unbekannt bleiben, etwa in Fällen der Prostitutionsausübung in Wohnungen oder bei regelmäßig kurzzeitiger Überlassung von Wohnraum an (ausländische) Arbeitnehmer. Von einer diese Ausnahme rechtfertigenden unübersichtlichen Fluktuation der Mietverhältnisse oder der schwierigen Erreichbarkeit der unmittelbaren Nutzer ist jedoch nicht in jedem Fall der Überlassung von Wohnraum an ausländische Arbeitnehmer auszugehen, insbesondere nicht in den Fällen, in denen der Vermieter zugleich der Arbeitgeber der unmittelbaren Nutzer ist (so klarstellend OVG Lüneburg 19.12.2018 – 1 ME 155/18 – Rn. 10, BeckRS 2018, 33607).

Von mehreren **Miteigentümern** oder **Mitbesitzern** ist grundsätzlich jeder verantwortlich. Beschränkungen für Mitglieder einer **ungeteilten Erbengemeinschaft** oder für Erben, wenn der Nachlass **Testamentsvollstreckung oder Nachlassverwaltung** unterliegt, ergeben sich weder aus dem Wortlaut des §56 noch aus der Funktion der genannten erbrechtlichen Institute, sodass die gesamthänderische Bindung dieser Adressaten einer bauordnungsrechtlichen Verfügung keine teleologische Reduktion des §56 S. 1 zu rechtfertigen vermag (OVG Lüneburg 26.2.2014 – 1 LB 100/09, BeckRS 2014, 51719). Hat jemand die tatsächliche Gewalt nur über **einen Bauwerksteil** inne, so trägt er die Verantwortung nur für diesen Teil. Der Wohnungseigentümer ist nicht nur für seine Wohnung verantwortlich, sondern in seiner Eigenschaft als Miteigentümer des ganzen Hauses (§1 Abs. 2 WEG) zusammen mit den anderen Wohnungseigentümern gemeinschaftlich auch für das Haus im Übrigen. Das bedeutet jedoch nicht, dass ein einzelner **Wohnungseigentümer** für die Mängelbeseitigung an einer Anlage in Anspruch genommen werden kann, die im Gesamteigentum aller Wohnungseigentümer steht (etwa der Heizungsanlage). Vielmehr folgt im Umkehrschluss aus §21 Abs. 2 WEG, dass die BauAB (abgesehen von dringenden Fällen iSd §21 Abs. 2 WEG) nur von der Verwaltung (vgl §27 Abs. 1 Nr. 2 WEG) oder allen Wohnungseigentümern gemeinschaftlich die Beseitigung einer vom Gemeinschaftseigentum ausgehenden Gefahr verlangen kann (VG Hannover 14.5.2018 – 4 A 8334/17 – Rn. 18 f., BeckRS 2018, 13741; hierzu kritisch, soweit es um die Inanspruchnahme des Verwalters vor Beschlussfassung durch die Wohnungseigentümer geht: NJW-Spezial 2018, 579). 4

Inhalt der Verantwortlichkeit: Diejenigen, die nach §56 verantwortlich sind, haben dafür zu sorgen, dass ihr Bauwerk oder Grundstück ständig den Vorschriften des öffentlichen Baurechts iSd §2 Abs. 17 entspricht. Zu diesem Zweck haben sie ihr Bauwerk instand zu halten (vgl §3 Abs. 4 S. 2), das Grundstück, ggf mit Anpflanzungen, zu unterhalten und, soweit erforderlich, herzurichten (vgl §3 Abs. 6 und §9 Abs. 1). Widerspricht die bauliche Anlage oder das Grundstück dem öffentlichen Baurecht, so kann die BauAB mit Maßnahmen nach §79 gegen die nach §56 Verantwortlichen vorgehen. Sie kann zB auch vom Eigentümer eines Grundstücks, auf dem sich ein ungenehmigtes Wochenendhaus befindet, verlangen, dass er ihr Namen und Anschrift der (anderen) Person mitteilt, die Eigentümer, Besitzer oder Erbauer des Hauses ist (OVG Lüneburg 14.11.1974 – I B 32/74, OVGE MüLü 30, 459). Zu den einzelnen Maßnahmen bei mehreren Verantwortlichen siehe die Kommentierung zu §79. Nach §85 können die Verantwortlichen ggf verpflichtet werden, das Bauwerk an geändertes Baurecht anzupassen. An die Verantwortlichen nach §56 sind auch Verfügungen zu richten, durch die gem §79 Abs. 3 der Abbruch verfallender Bauten angeordnet wird (näher dazu → §79 Rn. 31 ff.). 5

Die **Verantwortlichkeit der Mieter**, Pächter und sonstigen in Satz 3 genannten Personen beschränkt sich auf deren Einflussbereich: In jedem Fall haben sie das in ihrem Besitz befindliche Objekt (Bauwerk, Grundstück, Wohnung) so zu behandeln und zu nutzen, dass keine gefährlichen oder sonst baurechtswidrigen Zustände eintreten. Drohen solche Zustände einzutreten, so müssen auch sie das zur Abwendung Erforderliche veranlassen, soweit es ihnen tatsächlich und rechtlich möglich ist. Die BauAB kann zB auch den Mieter eines Hauses (aber nicht den einer Wohnung) zu einer eiligen Dachreparatur anhalten. Hat jemand ein rechtswidrig errichtetes Haus gemietet, so tut er allerdings das Seine, wenn er auszieht; den Abbruch kann die BauAB nur vom Bauherrn oder Eigentümer verlangen.

Besonders an Verantwortliche nach §56 richten sich §40 (mit Anforderungen an den Zustand von Feuerungsanlagen und die Lagerung von Brennstoffen), §77 Abs. 6 S. 2 (Verbot der BauAB, eine bauliche Anlage vor angeordneter Schlussabnahme in Gebrauch zu nehmen; Verstöße hiergegen werden durch §80 Abs. 1 Nr. 18 mit Bußgeld bedroht), ferner §78 iVm §30 DVNBauO (regelmäßige Überprüfung) und §58 Abs. 9 (Betretungsrecht der BauAB). 6

Zur **zivilrechtlichen** Haftung und **strafrechtlichen** Verantwortlichkeit der in §56 Genannten → §52 Rn. 7 f.

B. Ende der Verantwortlichkeit

7 Verliert der Eigentümer, der Erbbauberechtigte oder der Inhaber der tatsächlichen Gewalt jeweils diese Position (zB durch Veräußerung oder Besitzaufgabe), so braucht er von diesem Zeitpunkt ab grundsätzlich nicht mehr für den ordnungsgemäßen Zustand des Bauwerks oder Grundstücks zu sorgen. So endet etwa die Verantwortlichkeit des unmittelbaren Besitzers eines Gebäudes mit der Schlüsselübergabe an den Käufer nach Abschluss des notariell beurkundeten Kaufvertrags; eine bauordnungsrechtliche Verfügung gegenüber dem früheren Besitzer muss bei derartiger Rechtsnachfolge von vorn herein unterbleiben bzw während eines anhängigen Widerspruchsverfahrens aufgehoben werden, ohne dass es darauf ankommt, wann die BauAB von dem Besitzwechsel Kenntnis erlangt hat (vgl OVG Lüneburg 26.2.2008 – 1 ME 4/08, BeckRS 2008, 33633). Wer allerdings in der Zeit seines Eigentums, Erbbaurechts oder Besitzes eine gefährliche oder sonst ordnungswidrige Situation verursachte, bleibt (als Handlungsstörer) für deren Beseitigung weiter verantwortlich, soweit ihm diese noch möglich ist (vgl Drews/Wacke/Vogel/Martens, S. 328; zur fortbestehenden Verantwortlichkeit des Bauherrn → § 52 Rn. 12 und 14).

8 Für die Fälle der **Eigentumsaufgabe** (Dereliktion) hat der Gesetzgeber mit dem Anfügen des Satzes 4 durch das Gesetz vom 12.9.2018 (Nds. GVBl. S. 190) eine Regelungslücke geschlossen, die durch die Rechtsprechung des OVG Lüneburg (29.6.2017 – 1 ME 70/17 – Rn. 11, BeckRS 2017, 117753) zur Unanwendbarkeit der Vorschriften des allgemeinen Polizeirechts auf herrenlose Grundstücke entstanden war (→ § 52 Rn. 1-4). Mit dem neu angefügten Satz 4 wird geregelt, dass, wenn der Zustand eines herrenlosen Grundstücks oder einer herrenlosen Anlage dem öffentlichen Baurecht widerspricht oder dies zu besorgen ist (vgl § 79 Abs. 1 Satz 1), die BauAB die erforderlichen Anordnungen nach § 79 Abs. 1 Sätze 1 und 2 auch gegen diejenige Person richten kann, die das Eigentum an dem Grundstück oder an der Anlage aufgegeben hat (LT-Drs. 18/1136, 42). Rechtspolitischen Handlungsbedarf sah der Gesetzgeber bei dieser Regelung insbesondere, um den sog **Schrottimmobilien** besser Herr zu werden. Die Regelungstechnik (Verweisung auf § 7 Abs. 3 NPOG) ist der Rechtslage in Rheinland-Pfalz (vgl § 54 Abs. 2 S. 4 LBauO RP) nachgebildet und bezweckt eine Erweiterung der materiellen Verantwortlichkeit für den Zustand von Anlagen und Grundstücken und nicht bloß die Erweiterung des Kreises potentieller Adressaten etwaiger Bauordnungsverfügungen. Andernfalls wäre § 79 Abs. 1 S. 4 um den Verweis auf § 7 Abs. 3 NPOG ergänzt worden. Danach tritt der frühere Eigentümer neben den Verantwortlichen gemäß Satz 3; eine Verantwortlichkeit des früheren Eigentümers neben der des Erbbauberechtigten nach Satz 2 dürfte praktisch ausgeschlossen sein. Die Frage, ob der frühere Eigentümer oder der unmittelbare Nutzer von der BauAB vorrangig in die Pflicht genommen werden soll, bestimmt sich nach den dargelegten Grundsätzen zur Störerauswahl im Bauordnungsrecht (→ Rn. 2-3).

Durch Art. 3 § 18 des Gesetzes zur Änderung des Niedersächsischen Gesetzes über die öffentliche Sicherheit und Ordnung und anderer Gesetze vom 20.5.2019 (Nds. GVBl. S. 88) wurde lediglich in § 79 Abs. 1 S. 4 der dort vorhandene Verweis auf das bisherige NdsSOG durch die neue Bezeichnung NPOG ersetzt. Hierbei handelt es sich offensichtlich um ein **Redaktionsversehen** des Gesetzgebers. Nach den höchstrichterlich anerkannten Grundsätzen zur ergänzenden oder berichtigenden Auslegung einer Norm als Akt der Textkritik, die den Normtext auf Authentizität prüft und mit dem Regelungswillen des Normgebers vergleicht und somit der Auslegung des Norminhalts vorzugehen hat (vgl BVerwG 27.1.1998 – 4 NB 3.97, BeckRS 1998, 30006837), ist deshalb Satz 4 wie folgt zu lesen: „§ 7 Abs. 3 des Niedersächsischen Polizei- und Ordnungsbehördengesetzes gilt entsprechend."

Achter Teil
Behörden

§ 57 Bauaufsichtsbehörden

(1) [1]Die Landkreise, die kreisfreien Städte und die großen selbständigen Städte nehmen die Aufgaben der unteren Bauaufsichtsbehörde wahr; die Zuständigkeit der selbständigen Gemeinden wird ausgeschlossen (§ 17 Satz 1 des Niedersächsischen Kommunalverfassungsgesetzes). [2]Oberste Bauaufsichtsbehörde ist das Fachministerium.

(2) [1]Die oberste Bauaufsichtsbehörde kann auf Antrag die Aufgaben der unteren Bauaufsichtsbehörde einer Gemeinde übertragen, wenn sie mindestens 30 000 Einwohnerinnen und Einwohner hat und die Voraussetzungen des Absatzes 4 erfüllt. [2]Hat eine Gemeinde bis zum 31. Oktober 2012 die Aufgaben der unteren Bauaufsichtsbehörde wahrgenommen oder sind ihr nach § 63a der Niedersächsischen Bauordnung in der Fassung vom 10. Februar 2003 (Nds. GVBl. S. 89), zuletzt geändert durch § 13 des Gesetzes vom 10. November 2011 (Nds. GVBl. S. 415), diese Aufgaben für bestimmte bauliche Anlagen vor dem 1. November 2012 übertragen worden, so bleiben ihr diese Aufgaben übertragen. [3]Die Übertragung kann in den Fällen der Sätze 1 und 2 widerrufen werden, wenn die Gemeinde dies beantragt oder die Voraussetzungen des Absatzes 4 nicht erfüllt. [4]§ 14 Abs. 4 Satz 1 und § 177 Abs. 1 des Niedersächsischen Kommunalverfassungsgesetzes gelten sinngemäß.

(3) Die Aufgaben der unteren Bauaufsichtsbehörden gehören zum übertragenen Wirkungskreis.

(4) [1]Die Bauaufsichtsbehörden sind zur Durchführung ihrer Aufgaben ausreichend mit geeigneten Fachkräften zu besetzen und mit den erforderlichen Einrichtungen auszustatten. [2]Den Bauaufsichtsbehörden müssen Bedienstete angehören mit der Befähigung für die Laufbahn der Laufbahngruppe 2 der Fachrichtung Technische Dienste, die die Voraussetzungen für den Zugang für das zweite Einstiegsamt erfüllen oder eine von der obersten Dienstbehörde bestimmte laufbahnrechtliche Qualifizierung erfolgreich durchlaufen haben. [3]Die Bediensteten nach Satz 2 müssen die erforderlichen Kenntnisse der Bautechnik, der Baugestaltung und des öffentlichen Baurechts haben. [4]Ausnahmen von den Sätzen 2 und 3 kann die oberste Bauaufsichtsbehörde zulassen, wenn anderweitig sichergestellt ist, dass die Aufgaben ordnungsgemäß wahrgenommen werden.

Übersicht

A. Allgemeines

1 Überblick: Mit dem Achten Teil (§§ 57–58) beginnen die verfahrensrechtlichen Vorschriften der NBauO. Der Achte Teil der NBauO regelt die Organisation und den Aufgabenbereich der öffentlichen Bauaufsicht. § 57 legt zunächst die Behördengliederung fest. Diese stimmte bis Ende 2004 (→ Rn. 2) mit dem Zustand vor Inkrafttreten der NBauO und auch mit der Regelung der anderen größeren Bundesländer im Grundsatz überein. Die Bauaufsichtsverwaltung war dreistufig aufgebaut; sie setzte sich aus den kommunalen unteren BauABen, der staatlichen Mittelinstanz (Regierungspräsidenten, Bezirksregierungen) als oberen BauABen und dem zuständigen Ministerium als oberster BauAB zusammen. Mit Art. 1 des „Gesetzes zur Modernisierung der Verwaltung in Nds." vom 5.11.2004 (Nds. GVBl. S. 394) sind jedoch ab 2005 die oberen BauABen entfallen; die Bauaufsicht ist seitdem nur noch zweistufig aufgebaut (dazu auch → § 58 Rn. 16, 27).

2 **Änderungen des § 57:** Nach Abs. 1 Satz 1 NBauO 1973 nahmen außer den Landkreisen und kreisfreien Städten die „selbständigen Städte" die Aufgaben der unteren BauAB wahr (hinzu kam im damaligen § 100 Abs. 4 eine Besitzstandsregelung zugunsten kleinerer Städte, → Rn. 18). Das **Achte Gesetz zur Verwaltungs- und Gebietsreform** v. 28.6.1977 (Nds. GVBl. S. 233) führte statt der „selbständigen Städte" als neue Zwischenstufen unterhalb der kreisfreien Städte die „großen selbständigen Städte" und die „selbständigen Gemeinden" ein (vgl. heute § 14 Abs. 3 bis 5 NKomVG). Es änderte Abs. 1 S. 1 NBauO dahin, dass die Bauaufsicht den großen selbständigen Städten, aber nicht schon kraft Gesetzes auch den selbständigen Gemeinden obliegt, beließ aber den selbständigen Städten, die zu selbständigen Gemeinden wurden, die Bauaufsicht (→ Rn. 18). Die 5. NBauO-Novelle von 1986 fügte u.a. die Besitzstandsregelungen aus § 100 Abs. 4 aF und in Art. IV § 4 Nr. 1 des G vom 28.6.1977 in § 63 Abs. 2 S. 2 aF zusammen (dazu → Rn. 18). Nach § 63 Abs. 1 S. 2 NBauO 1973 waren die **„Regierungspräsidenten"** (Aurich, Hannover, Hildesheim, Lüneburg, Osnabrück, Stade) und die „Präsidenten der Verwaltungsbezirke" (Braunschweig, Oldenburg) obere BauABen. Durch das erwähnte Gesetz v. 28.6.1977 wurden diese Behörden zum 1.2.1978 aufgelöst, und ihre Zuständigkeiten gingen auf die an ihrer Stelle errichteten vier Bezirksregierungen in Braunschweig, Hannover, Lüneburg und Oldenburg („Bezirk Weser-Ems") über (vgl. Art. II §§ 1 und 5 des Gesetzes). Mit der unter → Rn. 1 schon erwähnten „Verwaltungsmodernisierung" wurden dann auch die **Bezirksregierungen mit Wirkung zum 1.1.2005 abgeschafft**. Das dazu ergangene Umsetzungsgesetz v. 5.11.2004 (Nds. GVBl. S. 404) hat in § 63 Abs. 1 aF NBauO folgerichtig den bisherigen Satz 2, nach welchem die Bezirksregierungen obere BauABen waren, gestrichen. Seitdem gibt es in Nds. obere BauABen nicht mehr (zur fortbestehenden Fachaufsicht der Region Hannover → § 58 Rn. 17).

3 Über die Auswirkungen der **Kommunalverfassungsreform von 1996** auf die Zuständigkeit für die Bauaufsicht → Rn. 6. Über die Änderungen, die sich aus dem **Gesetz über die Region Hannover** vom 5.6.2001 ergeben, → Rn. 21 ff. Das **Niedersächsische Kommunalverfassungsgesetz** (NKomVG) vom 17.12.2010 (Nds. GVBl. S. 576) hat die Regelungen der Niedersächsischen Gemeindeordnung v. 28.10.2006 (Nds. GVBl. S. 473), der Niedersächsischen Landkreisordnung v. 30.10.2006 (Nds. GVBl. S. 510), des Gesetzes über die Region Hannover v. 5.6.2001 (Nds. GVBl. S. 348), des Gesetzes über die Neugliederung des Landkreises und der Stadt Göttingen v. 1.7.1964 (Nds. GVBl. S. 134) und der Verordnung über die öffentliche Bekanntmachung von Rechtsvorschriften kommunaler Körperschaften v. 14.4.2005 (Nds. GVBl. S. 107) zusammengeführt und ersetzt diese fortan. Durch das G v. 13.10.2011 (Nds. GVBl. S. 353) wurde auch die Vorschrift des § 63 aF an die geänderten Anforderungen angepasst. Seit der **NBauO 2012** findet sich die Regelung über die BauABen in dem neuen § 57. Wegen des Wegfalls des § 63a aF ist in Abs. 2 eine Übergangsregelung eingefügt worden (hierzu → Rn. 19). Des Weiteren ist § 65 Abs. 2 aF, der die Aufgabenwahrnehmung

durch die unteren BauABen im übertragenen Wirkungskreis betraf, aus systematischen Gründen in den neuen Abs. 3 eingefügt worden. Der seit 2012 neue Abs. 4 entspricht dem § 64 S. 2 aF und wurde an die neuen beamten- und laufbahnrechtlichen Regelungen in der Niedersächsischen Laufbahnverordnung angepasst (hierzu → Rn. 34). Die **NBauO 2018** bewirkte keine weiteren Veränderungen in § 57.

B. Untere Bauaufsichtsbehörden

a) Die grundsätzliche Regelung (Abs. 1 S. 1)

4 **Untere Bauaufsichtsbehörden** bestehen nach **Abs. 1 Satz 1** kraft Gesetzes bei den **Landkreisen** und den kreisfreien und großen selbständigen Städten.

– **Kreisfreie Städte** in Niedersachsen sind heute Braunschweig, Delmenhorst, Emden, Oldenburg, Osnabrück, Salzgitter, Wilhelmshaven und Wolfsburg (§ 14 Abs. 6 NKomVG) sowie Hannover (§ 15 Abs. 2 NKomVG). Göttingen ist zwar kreisangehörig, jedoch gelten nach § 16 Abs. 2 NKomVG die Vorschriften über kreisfreie Städte grundsätzlich auch für die Stadt Göttingen.

– **Große selbständige Städte** sind Celle, Cuxhaven, Goslar, Hameln, Hildesheim, Lingen und Lüneburg (§ 14 Abs. 5 NKomVG).

5 Nach § 17 S. 1 **NKomVG**, der im Nachsatz des Satzes 1 für **unanwendbar** erklärt wird, nehmen die selbständigen Gemeinden grundsätzlich die Aufgaben der Landkreise im übertragenen Wirkungsbereich wahr. Damit die (idR nur störende) Zuständigkeitsvermutung des NKomVG nicht das Gewollte umkehrt, musste sie hier ausgeschaltet werden (s. aber → Rn. 10).

6 Die Landkreise und Städte „sind" nicht untere BauABen, sondern „nehmen" nur deren „Aufgaben wahr" (Abs. 1 S. 1). Allgemein sind nicht die Körperschaften des öffentlichen Rechts selbst, sondern nur ihre Organe Behörden (vgl. Kluth in WBSKI, § 59 Rn. 29). Untere BauAB ist also **das nach Kommunalrecht zuständige Kreis- oder Gemeindeorgan.** Dies war bis 1996 der Hauptverwaltungsbeamte (damals Oberkreisdirektor, Oberstadtdirektor, Stadtdirektor) mit der ihm unterstellten Verwaltung. Nach § 57 Abs. 1 Nr. 3 NLO a.F. und § 62 Abs. 1 Nr. 3 NGO aF hatte der Hauptverwaltungsbeamte ua über „Maßnahmen auf dem Gebiet der Gefahrenabwehr" zu entscheiden, und in dieses Gebiet gehörten auch alle bauaufsichtlichen Entscheidungen; insoweit hatten die beiden anderen Kommunalorgane (Vertretung und Hauptausschuss) zwar Anspruch auf Unterrichtung, aber keine Entscheidungskompetenz. Das Gesetz zur Reform des Nds. Kommunalverfassungsrechts v. 1.4.1996 (Nds. GVBl. S. 82) hat die Maßnahmen der Gefahrenabwehr aus dem Katalog der ausschließlichen Zuständigkeiten des Hauptverwaltungsbeamten gestrichen und ihm nur die Entscheidung „über gewerberechtliche und immissionsschutzrechtliche Genehmigungen" überlassen.

7 Die Zuständigkeit des heutzutage vom Volk gewählten Hauptverwaltungsbeamten – in den Kreisen **„Landrat"**, in den Städten **„Oberbürgermeister"** oder **„Bürgermeister"** (vgl. § 7 Abs. 2 NKomVG) – auf dem Gebiet der Bauaufsicht ergibt sich für die alltäglich anfallenden Entscheidungen aus § 85 Abs. 1 Nr. 7 NKomVG, weil es sich insoweit um **„Geschäfte der laufenden Verwaltung"** iS dieser Vorschriften handelt. Bei solchen Geschäften können jedoch (anders als nach früherer Rechtslage) die Vertretung und der Hauptausschuss „sich im Einzelfall die Beschlussfassung vorbehalten" (§§ 58 Abs. 3 S. 1, 76 Abs. 2 S. 2 NKomVG). Darüber hinaus kann die Vertretung sich in der Hauptsatzung die Beschlussfassung auch „für bestimmte Gruppen solcher Angelegenheiten" vorbehalten (§ 58 Abs. 3 S. 2 NKomVG). Ein gewisses Gegengewicht bildet die Einspruchsregelung in § 88 Abs. 1 und 2 NKomVG: Hält der Hauptverwaltungsbeamte einen Beschluss der Vertretung oder des Hauptausschusses für rechtswidrig, hat er unverzüglich der Kommunalaufsichtsbehörde zu berichten und gleichzeitig das betreffende Organ davon zu unterrichten; stattdessen kann er gegen den Beschluss auch

Einspruch mit der Folge erheben, dass das andere Organ von neuem beschließen muss.

8 Die Organzuständigkeit für die Bauaufsicht unterscheidet sich jetzt nicht mehr von der Zuständigkeit für die Entscheidung der Gemeinde über ihre Mitwirkung (Einvernehmen, Zustimmung, Antrag) in den Fällen des § 47 Abs. 5 S. 1 NBauO und der §§ 14 Abs. 2, 15 Abs. 1, 36 und 173 BauGB. Für diese **Mitwirkungsakte** war schon bisher immer dann, wenn der Fall zur laufenden Verwaltung gehört, der Hauptverwaltungsbeamte zuständig, ansonsten der Hauptausschuss.

9 **Kritik:** Die frühere alleinige Zuständigkeit des Hauptverwaltungsbeamten für die Bauaufsicht hatte zu keinerlei Missständen geführt. Die neue Regelung macht es möglich, dass die Bauaufsicht nicht mehr durchweg nach rechtlichen und baufachlichen Erwägungen – allein diese sind hier zulässig – gehandhabt wird und gefährdet ihre Wirksamkeit und Rechtsstaatlichkeit. Selbstverständlich sollten die kommunalen Volksvertretungen auch die Bauaufsicht daraufhin überwachen können, dass diese gerecht und mit Augenmaß verfährt; das war aber auch bisher schon möglich. Ziehen die Volksvertreter jedoch bauaufsichtliche Einzelentscheidungen an sich, übernehmen sie eine Verantwortung, die sie angesichts der rechtlichen Detailkomplexität guten Gewissens nicht tragen können.

b) Übertragung der Bauaufsicht auf kreisangehörige Gemeinden (Abs. 2 S. 1)

10 **Abs. 2 Satz 1** ermächtigt die oberste BauAB, die Aufgaben der unteren BauAB (→ Rn. 2) auch auf solche kreisangehörigen Gemeinden zu übertragen, die keine großen selbständigen Städte sind. Das betrifft insbesondere die selbständigen Gemeinden (→ Rn. 5). Es heißt ausdrücklich „die Aufgaben" ohne den Zusatz „ganz oder teilweise" oder dergleichen. Die **Aufgaben der unteren BauAB** dürfen einer Gemeinde also nach dieser Vorschrift **nur insgesamt übertragen** werden. Eine Übertragung der Bauaufsicht auch für bestimmte Arten von Bauten und begrenzt auf bestimmte Gebiete war mit dem in die NBauO 2003 eingefügten § 63a geschaffen worden. Allerdings wurde diese Vorschrift mit der **NBauO 2012** gestrichen, da durch die Ausweitung der Genehmigungsfreistellung nach § 62 dem § 63a aF die Grundlage entzogen worden ist. Der Zweck der Aufgabenübertragung nach § 63a aF bestand darin, die fachlichen Anforderungen an den iSd § 64 Abs. 2 S. 1 aF verantwortlichen Bediensteten (heute Abs. 4), die nur bei der Zuständigkeit für Wohngebäude geringer Höhe für vertretbar angesehen wurde, abzusenken. Nach der Neufassung der Genehmigungsfreistellung, die nicht nur Wohngebäude, sondern nunmehr bauliche Anlagen aller Art erfasst, bestand für diese Unterscheidung im Rahmen der Zuständigkeit bei genehmigungspflichtigen baulichen Anlagen kein Bedarf mehr (BegrRegE NBauO 2012, LT-Drs. 16/3195, 93). Hinzu kommt eine fehlende Praxisrelevanz, da lediglich drei Gemeinden in einem Landkreis von der Regelung des § 63a aF Gebrauch gemacht und die Übertragung von Aufgaben der unteren BauAB für bestimmte bauliche Anlagen erhalten hatten (BegrRegE NBauO 2012, LT-Drs. 16/3195, 93).

11 **Voraussetzung** für die Übertragung nach Abs. 2 S. 1 ist zunächst einmal, dass die Gemeinde **mindestens 30.000 Einwohner** hat. Nach § 177 NKomVG, auf den Satz 4 verweist, ist die Einwohnerzahl maßgeblich, die die Landesstatistikbehörde aufgrund von Volkszählungsergebnissen und deren Fortschreibung für den 30.6. des Vorjahres (wenn im Vorjahr eine Volkszählung stattfand, dann für deren Termin) ermittelt hat. Die MBauO kennt eine entsprechende Einwohnerbegrenzung nicht.

12 Als **Gründe für eine Mindest-Einwohnerzahl** benennt der Ausschussbericht zur NBauO 1973 (StenBer. 7/7546): Den Interessen der Allgemeinheit und zugleich des einzelnen Bürgers, der mit der Bauaufsicht zu tun hat, sei dann am besten gedient, wenn die Arbeit der Bauaufsicht von optimaler fachlicher Qualität ist, rechtsstaatlichen Anforderungen so gut wie möglich entspricht und möglichst wirtschaftlich und schnell erledigt wird. Wenn das gewährleistet sein soll, müssen genügend qualifizierte Fachkräfte (vgl.

Abs. 4) zur Verfügung stehen, und zwar in solcher Zahl, dass bei Urlaub und Krankheit auch eine Vertretung gesichert ist. Die Fachkräfte müssen aber auch mit Arbeiten, die ihrer Qualifikation entsprechen, ausgelastet sein. Um letzteres zu erreichen, kann man sie zwar zT außerhalb der Bauaufsicht einsetzen, jedoch müssen sie noch mit so vielen Vorgängen aus der Bauaufsicht beschäftigt sein, dass sie sich die für gutes und rationelles Arbeiten unerlässliche Erfahrung und Routine aneignen können. Demgegenüber sei die Bürgernähe kleinerer BauABen kein wesentlicher Vorteil: Der einzelne Bürger besuche, wenn überhaupt, nur selten einmal die BauAB; normalerweise verhandele sein Architekt mit den Behörden. Davon abgesehen wachse mit zunehmender örtlicher Nähe die Gefahr, dass Bauherren, die persönliche oder gesellschaftliche Beziehungen zu Bediensteten der BauAB oder Einfluss auf die örtliche Politik haben, mehr Zugeständnisse erlangen als andere. Viele kleine BauABen stärkten auch nicht die Selbstverwaltung, denn die Bauaufsicht, die im Wesentlichen nur Rechtsvorschriften und fachliche Erfahrungen anwendet, biete kein geeignetes Betätigungsfeld für das bürgerschaftliche Engagement, dem die Einrichtung der kommunalen Selbstverwaltung ihrer Idee nach dienen solle (zu diesem Gedanken auch → Rn. 9).

13 Die **Zahl von 30.000 Einwohnern** bot sich an, weil sie zur Zeit der Entstehung der NBauO die Mindesteinwohnerzahl für selbständige Städte war (→ Rn. 2 und 5) und damit allgemein als die Größe galt, von der ab Städte zur Übernahme von Auftragsangelegenheiten der Kreisebene geeignet sind. Im Übrigen stützte sich der Gesetzgeber auf praktische Erfahrungen des Landes NRW, die später im „Zuständigkeitsbericht Bauaufsicht 1976", hrsg. v. Innenminister NRW, Niederschlag fanden. Der Bericht hielt 600 Bauanträge jährlich für erforderlich, um das Personal, das bei einer BauAB mindestens vorhanden sein muss, befriedigend auszulasten. Diese Zahl von Bauanträgen war nach dem Bericht bei 30.000 Einwohnern (ca. 20 Anträge auf 1.000 Einwohner) zu erwarten. Heute dürfte diese Zahl niedriger sein und infolge der Regelung des § 62 weiter abnehmen, was dafür spräche, die Mindestgröße der Gemeinden anzuheben, aber nicht, wie für die Region Hannover geschehen (→ Rn. 23), herabzusetzen.

14 Die Aufgaben der unteren BauAB dürfen einer Gemeinde nur übertragen werden, wenn sie außer der Mindest-Einwohnerzahl des Abs. 2 S. 1 auch **die Voraussetzungen des Abs. 4** erfüllt, dh die dort vorgeschriebene personelle und sachliche Ausstattung besitzt. Die Voraussetzungen brauchen zu dem Zeitpunkt, in dem die oberste BauAB entscheidet, noch nicht in vollem Umfang vorzuliegen; es muss aber sichergestellt sein, dass es spätestens beim Übergang der Zuständigkeit der Fall ist. Die Voraussetzungen des Abs. 4 erfüllt eine Gemeinde auch, wenn sie zwar keinen Bediensteten mit der Befähigung nach Abs. 4 Satz 2 beschäftigt, aber eine Ausnahmebewilligung nach Abs. 4 Satz 4 erhalten hat. Zu den einzelnen Voraussetzungen des Abs. 4 vgl. → Rn. 27 ff.

15 Liegen die gesetzlichen Voraussetzungen vor, so hat die oberste BauAB nach pflichtgemäßem **Ermessen** zu entscheiden, ob sie die Aufgaben übertragen will. Dabei wird sie von den bei → Rn. 12 wiedergegebenen grundsätzlichen Gesichtspunkten auszugehen haben. Wesentlich wird vor allem sein, ob die Bautätigkeit in der Gemeinde so groß sein wird, dass die Fachkräfte der neuen BauAB ausgelastet sind. Von Bedeutung ist auch, ob der BauAB des Landkreises noch ein räumliches Gebiet zur Bauaufsicht verbleibt, das sie verwaltungsökonomisch sinnvoll bearbeiten kann.

16 Die Übertragung der Aufgaben nach Abs. 2 S. 1 setzt einen **Antrag der Gemeinde** voraus. Die **Form der Übertragung** wird durch die NBauO nicht festgelegt. Handelte es sich hierbei um Rechtsetzung, so wäre eine VO erforderlich. Die Nds. Verfassung weist Zuständigkeits- und sonstige Organisationsregelungen jedoch grundsätzlich der Exekutive zu und sieht sie nicht als Rechtsetzung an (Art. 38 Abs. 1 und 41 ff. NV). Die Übertragung kann also in Form eines schlichten Erlasses ausgesprochen werden; dem stehen auch keine rechtsstaatlichen Bedenken entgegen (BVerfG 28.10.1975 – 2 BvR 883/73, BVerfGE 40, 237 (250)). In formaler Hinsicht verlangt § 58 Abs. 6 zudem eine **Bekanntmachung** der Übertragung nach § 57 Abs. 2 **im Nds. Ministerialblatt.**

17 In der **ministeriellen Praxis** hat die oberste BauAB gestützt auf § 57 Abs. 2 S. 1 bisher den Städten Buchholz i.d.N., Cloppenburg, Garbsen, Gifhorn, Melle, Meppen, Neustadt a.R., Seelze und Springe die Aufgaben der unteren BauAB übertragen.

c) Besitzstandsregelung (Abs. 2 S. 2)

18 Weitere Gemeinden nehmen Aufgaben der unteren BauAB aufgrund der bereits erwähnten (→ Rn. 2) alten **Besitzstandsregelungen** wahr. Diese waren seit dem ÄnderungsG von 1986 in § 63 Abs. 2 aF zusammengefasst worden. Die NBauO 2012 hat diese bisherige Regelung in **Abs. 2 S. 2** sachlich übernommen, indem sie in der **ersten Variante** darauf abhebt, ob eine Gemeinde bis zum 31.10.2012 bereits die Aufgaben der unteren BauAB wahrgenommen hat. Hierunter fallen zwei Fallgruppen:

- Erfasst sind hiervon zunächst einmal die kreisangehörigen Gemeinden, die bereits beim Inkrafttreten der NBauO 1973 zum 1.1.1974 die Aufgaben der unteren BauAB wahrnahmen, ohne selbständige Städte zu sein (§ 100 Abs. 4 NBauO 1973; → Rn. 2). Nach dieser Vorschrift hatten Alfeld, Aurich, Brake, Bückeburg, Burgdorf, Diepholz, Duderstadt, Langenhagen, Lehrte, Papenburg, Rinteln, Stadthagen, Varel und Wunstorf die Bauaufsicht behalten. Die Übertragung der Aufgaben der unteren BauAB auf die Stadt Brake ist auf Antrag der Stadt gem. Abs. 2 S. 3 mit Wirkung zum 1.6.2015 widerrufen worden; zuständige BauAB für Brake ist seitdem gem. Abs. 1 der Landkreis Wesermarsch.

- Zum anderen profitieren hiervon die früheren „selbständigen Städte", die 1977 zu „selbständigen Gemeinden" abgestuft wurden, aber gleichwohl die Bauaufsicht behielten (Art. IV § 4 Nr. 1 des Achten Gesetzes zur Verwaltungs- und Gebietsreform v. 28.6.1977 (Nds. GVBl. S. 233; → Rn. 2). Es handelte sich hierbei um Bad Pyrmont, Buxtehude, Einbeck, Helmstedt, Holzminden, Leer, Münden, Nienburg, Norden, Nordenham, Nordhorn, Northeim, Peine, Stade, Uelzen, Verden und Wolfenbüttel.

19 Neben diesen „Altfällen" enthält **Abs. 2 S. 2** in seiner **zweiten Variante** noch eine weitere Besitzstandsregelung, die aus Gründen des durch die NBauO 2012 bewirkten Wegfalls des § 63a aF erforderlich wurde (vgl. hierzu → Rn. 10). Danach bleiben auch denjenigen Gemeinden die Aufgaben der unteren Bauaufsicht erhalten, denen diese nach Maßgabe des § 63a aF für bestimmte bauliche Anlagen vor dem 1.11.2012 (Inkrafttreten der NBauO 2012) übertragen worden waren. Diese Regelung betrifft die Samtgemeinde Bruchhausen-Vilsen (ab 1.10.2004, Nds. MBl. 2004 S. 542) und die Stadt Sulingen (ab 1.1.2005, Nds. MBl. 2004 S. 834). Ursprünglilch gehörte hierzu auch die Stadt Twistringen (ab. 1.1.2006, Nds. MBl. 2005 S. 967), doch ist deren Aufgabenübertragung inzwischen nach § 57 Abs. 2 S. 3 (mit Wirkung zum 1.7.2016, Nds. MBl. 2016 S. 664) widerrufen worden.

d) Widerruf der Übertragung (Abs. 2 S. 3)

20 **Satz 3** regelt einheitlich den **Widerruf** sowohl der Zuständigkeitsübertragung durch die oberste BauAB nach Satz 1 als auch der gesetzlichen „Übertragung" in der Besitzstandsregelung des Satzes 2. Damit ist nun in allen Übertragungsfällen der Widerruf möglich, wenn die Gemeinde ihn beantragt oder wenn sie nicht (mehr) den Anforderungen des Absatzes 4 an Besetzung und Ausstattung genügt. Über den Widerruf entscheidet die oberste BauAB nach pflichtgemäßem Ermessen. Wie in **Satz 4** die Verweisung auf § 14 Abs. 4 S. 1 **NKomVG** klarstellt, ist es kein Widerrufsgrund, wenn die Einwohnerzahl einer Gemeinde, der die Aufgaben der BauAB nach Satz 1 übertragen wurden, später unter 30.000 sinkt. Zum Widerruf bzgl. der Stadt Brake s. → Rn. 18, bzgl. der Stadt Twistringen s. → Rn. 19.

e) Die Sonderregelung für die Region Hannover

Das **Gesetz über die Region Hannover** vom 5.6.2001 (Nds. GVBl. S. 348) hat den Landkreis Hannover (wie auch den Kommunalverband Großraum Hannover) aufgelöst und aus der Landeshauptstadt Hannover und den Gemeinden des bisherigen Landkreises Hannover eine neue Gebietskörperschaft unter der Bezeichnung „Region Hannover" gebildet. Das Niedersächsische Kommunalverfassungsgesetz (NKomVG) hat die Vorschriften dieses Gesetzes inkorporiert (→ Rn. 3). Für die Bauaufsicht ergibt sich daraus folgendes: Nach der Grundsatzregelung in § 159 Abs. 1 Nr. 2 NKomVG erfüllt die Region außerhalb der Stadt Hannover, also im Gebiet des bisherigen Landkreises, die den Kreisen zugewiesenen Aufgaben des übertragenen Wirkungskreises, mithin auch die Aufgabe der Bauaufsicht (die abweichende Regelung in § 159 Abs. 3 Nr. 3 NKomVG ist nicht einschlägig, da § 17 NKomVG durch § 57 Abs. 1 NBauO ausgeschlossen wird). Der Stadt Hannover bleibt die Bauaufsicht nach § 159 Abs. 2 Nr. 3 NKomVG erhalten. 21

Welchen regionsangehörigen Gemeinden im ehemaligen Landkreis die Bauaufsicht zustehen soll, regelt das Gesetz in § 164 Abs. 2 NKomVG:

„(2) [1]Abweichend von § 57 Abs. 1 Satz 1 der Niedersächsischen Bauordnung (NBauO) nehmen neben der Landeshauptstadt Hannover auch die übrigen regionsangehörigen Gemeinden mit mehr als 30 000 Einwohnerinnen und Einwohnern die Aufgaben der unteren Bauaufsichtsbehörden wahr. [2]Entsprechendes gilt für regionsangehörige Gemeinden, die diese Aufgaben am 31. Oktober 2001 wahrgenommen haben. [3]Die oberste Bauaufsichtsbehörde kann anderen regionsangehörigen Gemeinden mit mehr als 200.000 Einwohnerinnen und Einwohnern die Aufgaben der unteren Bauaufsichtsbehörden übertragen; hierfür gilt § 57 Abs. 2 NBauO entsprechend."

Hiermit wird die Zuständigkeitsordnung der NBauO abweichend von § 57 Abs. 2 NBauO mehrfach durchbrochen: **Regionsangehörige Gemeinden mit mehr als 30.000 Einwohnern** nehmen nicht auf Antrag (wie nach Abs. 2 S. 1), sondern unmittelbar kraft Gesetzes die Aufgaben der unteren BauAB wahr. Dadurch haben auch die Gemeinden Barsinghausen und Laatzen die Bauaufsicht erhalten, und zwar nach der Übergangsregelung in § 85 Abs. 3 S. 2 des Regionsgesetzes ab 1.1.2002. Die regionsangehörigen Gemeinden, die am 31.10.2001 schon für die Bauaufsicht zuständig waren, behalten nach § 164 Abs. 2 S. 2 NKomVG – ohne Rücksicht auf ihre Einwohnerzahl – diese Aufgabe auch weiterhin. 22

Zudem kannn die oberste BauAB nach § 164 Abs. 2 S. 3 NKomVG die **Bauaufsicht auf weitere regionsangehörige Gemeinden übertragen,** und zwar in Abweichung von § 57 Abs. 2 S. 1 NBauO schon dann, wenn eine regionsangehörige Gemeinde **mehr als 20.000 Einwohner** hat (dazu → Rn. 12 f.). Wie sich dabei aus § 165 Abs. 5 S. 2 NKomVG ergibt, sollen die regionsangehörigen Gemeinden für die Bauaufsicht auch Zweckverbände bilden dürfen, und es soll dann genügen, wenn diese ein Gebiet mit jeweils mehr als 20.000 Einwohnern umfassen. Nach dem zweiten Halbsatz in § 164 Abs. 2 S. 3 gilt § 57 Abs. 2 NBauO entsprechend: Die Übertragung bedarf also eines Antrags der Gemeinde, und die personelle und sächliche Ausstattung ihrer Verwaltung muss den Anforderungen des § 57 Abs. 4 NBauO genügen. Weiter ist die Übertragung nach Maßgabe des § 57 Abs. 2 S. 3 NBauO widerruflich; dasselbe wird nochmals in § 164 Abs. 5 S. 2 NKomVG bestimmt. Der für die Einwohnerzahl entscheidende Zeitpunkt ergibt sich aus Abs. 2 S. 4 und den dort in Bezug genommenen Vorschriften (→ Rn. 11). Die Aufgabenübertragung ist, wie sich aus § 58 Abs. 6 NBauO ergibt, im Nds. Ministerialblatt bekannt zu machen. Nach früherem Recht hatte die Bezirksregierung Hannover die Bauaufsicht auf die Städte Ronnenberg und Sehnde übertragen und die Übertragung in ihrem Amtsblatt (2003, S. 83 u. 482) bekannt gemacht. Seit dem 1.1.2015 nimmt die Aufgaben der Bauaufsicht für die Stadt Sehnde wieder die Region Hannover wahr. 23

f) Liste aller unteren Bauaufsichtsbehörden

24 Die Zuständigkeit der Gemeinden für die Bauaufsicht ergibt sich nach alledem heute aus einer unübersichtlichen Vielzahl von Vorschriften. Daher seien die Städte und Gemeinden, denen die Aufgaben der unteren BauAB zustehen, hier noch einmal insgesamt aufgezählt. Es sind nach dem Stand vom Juli 2018 die folgenden:

Ammerland	Goslar	Osnabrück
Alfeld	Hameln	Papenburg
Aurich	Hannover	Peine
Bad Pyrmont	Hann. Münden	Rinteln
Barsinghausen	Helmstedt	Ronnenberg
Braunschweig	Hildesheim	Salzgitter
Bruchhausen-Vilsen*	Holzminden	Seelze
Buchholz i.d.N.	Laatzen	Springe
Bückeburg	Langenhagen	Stade
Burgdorf	Leer	Stadthagen
Buxtehude	Lehrte	Stuhr
Celle	Lingen	Sulingen*
Cloppenburg	Lüneburg	Uelzen
Cuxhaven	Melle	Varel
Delmenhorst	Meppen	Vechta
Diepholz	Neustadt a.R.	Verden
Duderstadt	Nienburg/Weser	Wedemark
Einbeck	Norden	Wilhelmshaven
Emden	Nordenham	Winsen/Luhe
Garbsen	Nordhorn	Wolfenbüttel
Gifhorn	Northeim	Wolfsburg
Göttingen	Oldenburg	Wunstorf

* übernimmt Teilaufgaben der unteren BauAB nach § 63a aF (→ Rn. 19).

C. Oberste Bauaufsichtsbehörde

25 **Oberste Bauaufsichtsbehörde** ist nach Abs. 1 Satz 2 das „Fachministerium". Dies ist seit dem 22.11.2017 das Niedersächsische Ministerium für Umwelt, Energie, Bauen und Klimaschutz (Beschl. d. LReg v. 22. 11. 2017 – 201-01431/03/02 –, Nds. MBl. 2017 Nr. 47, S. 1568). Das für die Bauaufsicht, Bautechnik und Bauökologie zuständige Referat 65 ist in die Abteilung 6 „Bauen und Wohnen" eingegliedert (Organisationsplan Stand: 1.4.2019). Ursprünglich war der Minister der Finanzen oberste BauAB, danach nahm vom 1.10.1970 bis 31.12.2000 das Sozialministerium diese Aufgabe wahr – ab dem 1.7.1998 unter der Bezeichnung „Ministerium für Frauen, Arbeit und Soziales" (MFAS). Von 1.1.2001 bis 15.3.2003 war das Innenministerium (MI) das als oberste BauAB zuständige Fachministerium und anschließend das Ministerium für Soziales, Frauen, Familie, Gesundheit und Integration (MS), s. Bek. v. 12.3.2003 (Nds. MBl. S. 219).

D. Untere Bauaufsicht im übertragenen Wirkungskreis (Abs. 3)

26 § 57 soll übergreifend die Aufgabenwahrnehmung durch die BauABen regeln. Daher hat die NBauO 2012 die ehemals in § 65 Abs. 2 aF enthaltene Regelung über die **Aufgabenwahrnehmung im übertragenen Wirkungskreis** in den neuen Abs. 3 eingefügt. Die Bauaufsicht gehört, jedenfalls größtenteils, zur **Gefahrenabwehr**. Diese ist keine eigene Selbstverwaltungsangelegenheit der örtlichen oder regionalen Gemeinschaft, sondern grundsätzlich Aufgabe des Staates, damit sie im ganzen Land gleichmäßig und so wirk-

sam und rationell wie möglich erfüllt wird. Lässt der Staat Aufgaben der Gefahrenabwehr durch kommunale Körperschaften erfüllen, so gehören sie dort idR zu den Angelegenheiten des übertragenen Wirkungskreises (§ 6 NKomVG). Dies wird durch Abs. 3 für die Bauaufsicht noch einmal klargestellt. Soweit kommunale Körperschaften im übertragenen Wirkungskreis, also auch in der Bauaufsicht, tätig werden, unterstehen sie der Fachaufsicht des Landes; Näheres dazu in → § 58 Rn. 32 ff.

E. Besetzung und Ausstattung der Bauaufsichtsbehörden (Abs. 4)

Abs. 4 regelt die Anforderungen an die Personal- und Sachausstattung der BauABen (ähnlich § 57 Abs. 3 MBauO 2002). Die Anforderungen gelten nicht nur für die unteren BauABen, sondern auch für die oberste BauAB. Für die ausreichende Ausstattung zu sorgen, ist gesetzliche Pflicht des Trägers der BauAB (Landkreis, Stadt, Land). Die Erfüllung dieser Pflicht ist gegenüber Landkreisen und Städten notfalls durch die **Kommunalaufsicht** (§§ 170 ff. NKomVG) durchzusetzen. 27

Änderungshistorie: Vor der BauO 2012 war der Regelungsinhalt des Abs. 4 Gegenstand des **§ 64 aF.** Das ÄnderungsG von **1986** strich zunächst in § 64 Abs. 2 aF den früheren Satz 2, der die oberste BauAB ermächtigte, die Besetzung der nachgeordneten BauABen mit Beamten des höheren technischen Verwaltungsdienstes durch VO näher zu regeln; von dieser Ermächtigung war kein Gebrauch gemacht worden. Die folgenden Sätze 3 und 4 rückten demgemäß als Sätze 2 und 3 auf. Außerdem entfiel der frühere Abs. 3. Danach konnte die oberste BauAB bestimmen oder ausnahmsweise zulassen, dass untere BauABen für die technische Bearbeitung der Bauanträge die Staatshochbauämter (Landesbehörden für staatl. Hochbauten) in Anspruch nahmen. Für diese Hilfeleistung, die ursprünglich die Regel war, wurde kein Bedürfnis mehr gesehen. Die Novelle von **1995** ersetzte in Abs. 2 S. 1 und 3 aF das Wort „Beamte" durch „Bedienstete". Das ÄnderungsG vom **11.12.2002** hat in Abs. 2 aF den Satz 3, nach welchem den BauABen Juristen angehören mussten, gestrichen. Seit der **NBauO 2012** findet sich die Regelung über die Besetzung und Ausstattung der BauABen nun in § 57 Abs. 4 S. 2 und ist an die neuen beamten- und laufbahnrechtlichen Regelungen der Niedersächsischen Laufbahnverordnung angepasst worden (vgl. hierzu → Rn. 34). 28

Abs. 4 Satz 1 stellt die grundsätzliche Forderung, dass alle BauABen „ausreichend mit **geeigneten Fachkräften** zu besetzen und mit den erforderlichen **Einrichtungen** auszustatten" sind. Es müssen also technische und Verwaltungsfachkräfte, Hilfspersonal, Räume, Fahrzeuge, Büroeinrichtungen usw in solcher Qualität und Quantität vorhanden sein, dass die BauAB alle Aufgaben, für die sie zuständig ist (§ 58), einwandfrei erledigen kann. 29

Geeignet sind Fachkräfte, wenn sie nach ihrer Ausbildung und Erfahrung und im Übrigen körperlich, geistig und charakterlich ihrer Aufgabe gewachsen sind (ähnlich Molodovsky/Famers/Waldmann, BayBO Art. 53 Anm. 5.1). Personal, das in leitender Funktion tätig ist oder Fachaufsicht ausübt, muss selbstverständlich erhöhten Anforderungen genügen. Bei unteren BauABen muss dafür gesorgt sein, dass idR jeder Bauantrag von einer Kraft (als Sachbearbeiter) geprüft wird, die mindestens ein Fachhochschulstudium der Architektur oder des Bauingenieurwesens oder eine gleichwertige Ausbildung abgeschlossen und zusätzlich die erforderlichen Kenntnisse im öffentlichen Baurecht erworben hat. Diese Kräfte sind auch für die Bauüberwachung, für Abnahmen und für Maßnahmen gegen baurechtswidrige Vorgänge und Zustände erforderlich (über die Wichtigkeit auch dieser Aufgabe zutreffend Wenzel in GCJPW § 60 Rn. 18, der auf die Erfahrungen mit dem Düsseldorfer Flughafenbrand hinweist). Damit die Gestaltung von Bauten, die Einfluss auf das Orts- und Landschaftsbild haben, sachgerecht beurteilt werden kann (vgl. → § 10 Rn. 49), müssen auch Mitarbeiter mit Architektenqualifikation (→ § 53 Rn. 18) zur Verfügung stehen. Für die Beurteilung 30 haustechnischer Anlagen und Einrichtungen (für Entwässerung, Heizung, Brennstofflagerung, Lüftung usw) sollten Ingenieure mit entsprechenden Kenntnissen vorhanden sein.

31 Wenn die unteren BauABen fähig sein sollen, ihre gesetzliche Aufgabe (§ 58) ordnungsgemäß zu erfüllen, müssen sie auch Kräfte haben, die für Bauten normaler Schwierigkeit die **Standsicherheitsnachweise** und den Schall- und Wärmeschutz **prüfen** können. Das erscheint zur Gefahrenabwehr erforderlich, damit sie die Standsicherheit solcher Bauten auch in unvorhergesehenen kritischen Fällen sofort beurteilen und die richtigen Maßnahmen treffen können. In diesem Sinne ging auch die bis zum 15.11.2012 geltende alte BauPrüfVO vom 22.9.1989 (Nds. GVBl. S. 358) in § 1 Abs. 1 ausdrücklich davon aus, dass die BauABen die vorgeschriebene Prüfung bei statisch-konstruktiv nicht schwierigen Bauten selbst ausführen. Da jedoch nunmehr viele Bauten durch § 62 und § 63 iVm § 65 Abs. 2 von der bautechnischen Prüfung durch die Bauaufsicht freigestellt worden sind, fallen bei kleineren BauABen möglicherweise nur noch so wenige Prüfungen an, dass dort ein Statiker mit bauaufsichtlichen Aufgaben nicht mehr ausgelastet ist. Dies erklärt auch den Wegfall einer eindeutigen Aussage in der neuen BauVorlVO vom 7.11.2012 (Nds. GVBl. S. 419).

32 Quantitativ **ausreichend besetzt** ist eine untere BauAB nur dann, wenn sich bei der Bearbeitung von Bauanträgen usw, von vorübergehenden Engpässen abgesehen, keine Rückstände aufhäufen, wenn das Baugeschehen genügend unter Kontrolle ist (wenn also gegen Schwarzbauten und gegen die Verletzung des Baurechts durch genehmigungsfreie oder im Genehmigungsverfahren nur noch teilweise geprüfte Bauten wirksam eingeschritten wird) und wenn eine Überlastung des Personals mit ihren schädlichen Folgen (ua erhöhte Fehlerquote) vermieden wird, jeder Mitarbeiter also Zeit zu einer sorgfältigen Bearbeitung der Vorgänge hat. Zur ausreichenden Besetzung gehört es auch, dass die Fachkräfte Vertreter haben; in Ausnahmefällen können sich benachbarte BauABen uU mit Vertretungen aushelfen. Vorstehendes gilt sinngemäß für die mit der Fachaufsicht betrauten Behörden (oberste BauAB, Region Hannover).

33 Zahlenangaben über die erforderliche Personalausstattung, die sich in der Literatur aus den 60er und 70er Jahren finden, sind heute überholt. Infolge des spätestens seit dem Inkrafttreten der NBauO 2012 weit fortgeschrittenen Abbaus der präventiven Kontrolle im Baugenehmigungsverfahren (s. § 60 mit Anhang, § 62, § 63 und § 64 S. 2) ist der **Personalbedarf** für die Bearbeitung von Bauanträgen geringer geworden. Andererseits kommt es nun zu mehr Baurechtsverletzungen, gegen die repressiv eingeschritten werden muss. Soll die Bauaufsicht weiterhin das Erforderliche tun, um bauliche Sicherheit und städtebauliche Ordnung, Rechtsstaatlichkeit und Gerechtigkeit zu bewahren, so steigt ihr Personalbedarf infolge des Abbaus der präventiven Kontrollen eher an. Sollten die kommunalen Kollegialorgane von der ihnen eingeräumten Möglichkeit, in die bauaufsichtliche Praxis einzugreifen (→ Rn. 7 ff.), stärker Gebrauch machen, könnten auch die Unterrichtung der Gremien und die Fertigung entsprechender Vorlagen mehr Arbeitsaufwand erzeugen.

34 **Abs. 4 Satz 2** wurde an die neuen beamten- und laufbahnrechtlichen Regelungen des Niedersächsischen Beamtengesetzes (NBG) v. 25.3.2009 (Nds. GVBl. S. 72), zul. geänd. d. G v. 18.12.2018 (Nds. GVBl. S. 317)) und der Niedersächsischen Laufbahnverordnung (NLVO) v. 30.3.2009 (Nds. GVBl. S. 118), zul. geänd. d. VO v. 26.3.2019 (Nds. GVBl. S. 66), angepasst: Nach § 64 Abs. 2 mussten Bedienstete eine Befähigung zum höheren technischen Verwaltungsdienst aufweisen, wobei offen blieb, welcher Fachrichtung (Laufbahn) die Bediensteten angehören mussten. Entsprechend der Neuregelung des NBG und der NLVO fordert Abs. 4 Satz 2 nunmehr eine **Befähigung zur Laufbahn der Laufbahngruppe 2 der Fachrichtung Technische Dienste**, die den Zugang für das zweite Einstiegsamt eröffnet. Dies liegt darin begründet, dass für eine sachgerechte Durchführung des Bauordnungsrechts und des Städtebaurechts jedenfalls in schwierigen Fällen sehr vielseitige und vertiefte Kenntnisse notwendig sind, die nur durch eine fundierte Ausbildung erworben werden können. Der Zugang zu Laufbahnen der Lauf-

bahngruppe 2 setzt grundsätzlich einen Hochschulabschluss oder einen gleichwertigen Bildungsstand voraus (§ 13 Abs. 3 S. 4 NBG). Das Nähere regelt die NLVO. Danach ist Bildungsvoraussetzung für das zweite Einstiegsamt der Laufbahngruppe 2 ein mit einem Mastergrad oder einem gleichwertigen Abschluss abgeschlossenes Hochschulstudium (§ 14 Abs. 4 Nr. 1 NBG, § 24 Abs. 2 NLVO) und eine nach Art und Dauer qualifizierende berufliche Tätigkeit oder ein mit einer Prüfung abgeschlossener Vorbereitungsdienst (§ 14 Abs. 4 Nr. 2 NBG, §§ 25 ff. NLVO). Die Befähigung für die Laufbahn der Laufbahngruppe 2 kann aber auch durch Aufstieg aus der Laufbahngruppe 1 erworben werden (§ 21 NBG, §§ 33 f. NLVO) bzw. dadurch, dass eine von der obersten Dienstbehörde bestimmte laufbahnrechtliche Qualifizierung erfolgreich durchlaufen wird. Infolge der Neuordnung des Niedersächsischen Laufbahnrechts sollen auch die Personen erfasst werden, die die Voraussetzungen für die Beförderung in ein Amt der Besoldungsgruppe A 14 erfüllen (vgl. § 12 Abs. 2 S. 1 Nr. 3 NLVO). Die Befähigung für die Laufbahn der Laufbahngruppe 2 besitzt auch, wer eine entsprechende Befähigung in einem anderen Bundesland aufgrund von Studium und Vorbereitungsdienst erworben hat. Ebenso ist die Laufbahnbefähigung der im Ausland erworbener Berufsqualifikationen aufgrund der (Berufsanerkennungs-)Richtlinie 2005/36/EG v. 7.9.2005 (ABl. Nr. L 255, S. 22 – dazu Mann EuZW 2004, 615 ff. -, zul geänd. d. RL v. 11.9.2017 (ABl. Nr. L 317 S. 119)) anzuerkennen (vgl. §§ 35 ff. NLVO).

Abs. 4 S. 3 verlangt, dass die Bediensteten die erforderlichen **Kenntnisse der Bautechnik, der Baugestaltung und des öffentlichen Baurechts** haben. Die VO über die Ausbildung und Prüfung für bestimmte Fachbereiche in der Laufbahn der Laufbahngruppe 2 der Fachrichtung Technische Dienste (APVO-TD) v. 12.2.2013 (Nds. GVBl. S. 52), geändert durch Art. 1 ÄndVO vom 14.12.2017 (Nds. GVBl. S. 464), sieht im Bereich des Bauwesens die Fachbereiche „Architektur“, „Geodäsie und Geoinformation“, „Landespflege“, „Maschinen- und Elektrotechnik“, „Stadtbauwesen“, „Städtebau“, „Straßenwesen“ und „Wasserwesen“ vor (Anlage 1 zur VO). 35

Nach **Abs. 4 Satz 4** kann die oberste BauAB ausnahmsweise auf „Bedienstete“ (Beamte) mit der Befähigung zur Laufbahn der Laufbahngruppe 2 und mit den Kenntnissen nach Satz 2 und 3 **verzichten**; es muss jedoch anderweitig sichergestellt sein, dass die betreffende BauAB ihre Aufgaben ordnungsgemäß erfüllt. Eine solche Ausnahme konnte beim Inkrafttreten der NBauO (1973) gerechtfertigt sein, wenn ein bewährter Bediensteter (Beamter im gehobenen technischen Dienst, Diplom-Ingenieur im Angestelltenverhältnis) die fachliche Leitung innehatte, aber für einen Aufstieg nicht mehr in Betracht kam oder ihm nicht mehr zuzumuten war, sich der Feststellung seiner Befähigung durch den Landespersonalausschuss zu unterziehen (BegrRegE NBauO 1973 S. 110). Die Regelung dürfte aber heute eigentlich keine praktische Bedeutung mehr haben. 36

Der bis 2002 geltende **§ 64 Abs. 2 S. 3 aF** verlangte, dass den BauABen auch „Bedienstete“ mit der **Befähigung zum Richteramt oder zum höheren Verwaltungsdienst** angehören. Er wurde durch das ÄnderungsG v. 11.12.2002 unter Berufung darauf gestrichen, dass nach der durch G v. 19.3.2001 geänderten Fassung des § 80 Abs. 4 NGO aF (heute § 107 Abs. 4 NKomVG) selbständige Gemeinden keinen Volljuristen mehr zu beschäftigen brauchen (s. Begründung des Gesetzentwurfs LT-Drs. 14/3330, 19). Demgegenüber fordert § 57 Abs. 3 S. 2 MBauO 2002 nach wie vor diese berufliche Qualifikation, und zwar nicht ohne sachliche Berechtigung, denn die Bauaufsicht hat häufig schwierige Rechtsfragen aus vielen Rechtsgebieten zu klären. Besonders in dem oft streitigen Verhältnis zwischen Bauherren und Nachbarn braucht sie, um ihre Aufgabe sachgerecht zu erfüllen und gerechte, Frieden stiftende Entscheidungen zu treffen, die Mitarbeit von Fachkräften, die das einschlägige Recht professionell handhaben. So können Fehler vermieden werden, die sonst erst im verwaltungsgerichtlichen oder einem Amtshaftungsprozess kostspielig korrigiert werden. 37

Nach § 50 NPOG iVm § 1 Abs. 1 Nr. 5 der VO über Verwaltungsvollzugsbeamtinnen und Verwaltungsvollzugsbeamte v. 13.3.1995 (Nds. GVBl. S. 60), zul. geänd. d. VO v. 11.12. 2012 (Nds. GVBl. S. 599), müssen die BauABen auch **Vollzugsbeamte** haben. 38

§ 58 Aufgaben und Befugnisse der Bauaufsichtsbehörden

(1) [1]Die Bauaufsichtsbehörden haben, soweit erforderlich, darüber zu wachen und darauf hinzuwirken, dass Anlagen, Grundstücke und Baumaßnahmen dem öffentlichen Baurecht entsprechen. [2]Sie haben in diesem Rahmen auch die Verantwortlichen zu beraten.

(2) Die unteren Bauaufsichtsbehörden sind zuständig, soweit nichts anderes bestimmt ist.

(3) Die unteren Bauaufsichtsbehörden sind zuständig für die Ausübung der Aufsicht über die bevollmächtigten Bezirksschornsteinfegerinnen und bevollmächtigten Bezirksschornsteinfeger hinsichtlich der Wahrnehmung der ihnen nach § 40 Abs. 6 übertragenen Aufgaben und Befugnisse und der Einhaltung ihrer insoweit bestehenden Pflichten.

(4) Die oberste Bauaufsichtsbehörde übt die Fachaufsicht über die unteren Bauaufsichtsbehörden aus.

(5) [1]Die oberste Bauaufsichtsbehörde kann einzelne Befugnisse, die ihr nach diesem Gesetz zustehen, auf andere Behörden des Landes übertragen. [2]Sie kann außerdem widerruflich oder befristet die Zuständigkeit für

1. die Anerkennung von Prüf-, Zertifizierungs- und Überwachungsstellen (§ 24) und
2. Ausführungsgenehmigungen für fliegende Bauten, Ausnahmen, Befreiungen und Abweichungen für genehmigungsfreie fliegende Bauten und Gebrauchsabnahmen fliegender Bauten

auf eine Behörde, auch eines anderen Landes, oder eine andere Stelle oder Person übertragen, die die Gewähr dafür bietet, dass die Aufgaben dem öffentlichen Baurecht entsprechend wahrgenommen werden, und die der Aufsicht der obersten Bauaufsichtsbehörde untersteht oder an deren Willensbildung die oberste Bauaufsichtsbehörde mitwirkt.

(6) Übertragungen nach Absatz 5 und § 57 Abs. 2 sind im Niedersächsischen Ministerialblatt bekannt zu machen.

(7) Eine Fachaufsichtsbehörde kann anstelle einer nachgeordneten Behörde oder einer Stelle tätig werden, wenn diese eine Weisung der Fachaufsichtsbehörde innerhalb einer bestimmten Frist nicht befolgt oder wenn Gefahr im Verzuge ist.

(8) Ist die oberste Bauaufsichtsbehörde mangels örtlicher Zuständigkeit einer unteren Bauaufsichtsbehörde zuständig, so kann sie ihre Zuständigkeit im Einzelfall einvernehmlich auf eine untere Bauaufsichtsbehörde übertragen.

(9) [1]Bedienstete und sonstige Beauftragte der in den Absätzen 1 bis 5, 7 und 8 genannten Behörden und Stellen sowie die dort genannten Personen dürfen zur Erfüllung ihrer Aufgaben Grundstücke und Anlagen einschließlich der Wohnungen auch gegen den Willen der Betroffenen betreten. [2]Sind die Wohnungen in Gebrauch genommen, so dürfen sie gegen den Willen der Betroffenen betreten werden, wenn dies zur Abwehr einer erheblichen Gefahr für die öffentliche Sicherheit erforderlich ist. [3]Das Grundrecht der Unverletzlichkeit der Wohnung nach Artikel 13 des Grundgesetzes wird insoweit eingeschränkt.

Übersicht

A. Allgemeines

Änderungsgeschichte: Erst seit der NBauO 2012 ergeben sich die Aufgaben und Befugnisse der BauABen aus § 58, zuvor behandelte § 65 aF diese Fragen. Das 5. ÄnderungsG von 1986 fügte in § 65 Abs. 1 aF die einschränkenden Worte „soweit erforderlich" hinzu (→ Rn. 4) und strich die früheren Absätze 7 und 8, welche die örtliche Zuständigkeit der BauABen regelten (dazu → Rn. 28). Das 7. ÄnderungsG von 1995 fügte in § 65 Abs. 4 S. 1 aF die Regelung der Fachaufsicht über Bezirksschornsteinfegermeister ein (jetzt Abs. 3, vgl. → Rn. 15). Weiter strich es in Abs. 5 S. 2 aF (jetzt Abs. 5 S. 1) den Satzteil, der eine Aufgabenübertragung auf die unteren BauABen vorsah (→ Rn. 18) und fügte einen neuen Abs. 7 (jetzt Abs. 8 → Rn. 31) ein. Das G zur Umsetzung der **Verwaltungsmodernisierung** im Geschäftsbereich des MS vom 5.11.2004 (Nds. GVBl. S. 404) hat als Konsequenz aus der Abschaffung der Bezirksregierungen den seinerzeitigen Abs. 4, der die Aufgaben der – abgeschafften – oberen BauABen regelte, gestrichen und das Übertragungsrecht in Abs. 6 (jetzt Abs. 8) von der oberen auf die oberste BauAB verlagert. In umgekehrter Richtung wurde die Fachaufsicht über die Bezirksschornsteinfegermeister von den oberen BauABen auf die unteren BauABen verlagert. Zu diesem Zweck wurde damals Abs. 3 S. 2 neu eingefügt (jetzt Abs. 3). 1

Mit der Neuformulierung der Thematik in § 58 **NBauO 2012** wurde auch in der Überschrift das Wort „Zuständigkeiten" durch „Befugnisse" ersetzt, was daraus folgt, dass in Absatz 9 Betretungsrechte zum Zwecke der ordnungsgemäßen Aufgabenerfüllung normiert worden sind (vgl. hierzu → Rn. 39 ff.). Absatz 5 aF ist in den Absatz 7 verlagert und um den Fall des Selbsteintritts einer Fachaufsichtsbehörde gegenüber anderen Stellen erweitert worden (vgl. hierzu → Rn. 27). Aus systematischen Gründen ist zudem die Vorschrift des § 95a aF über die Veröffentlichung der Aufgabenübertragung im Niedersächsischen Ministerialblatt in Abs. 6 überführt worden (→ Rn. 26). § 66 Abs. 2 aF, der die Übertragung der Zuständigkeiten der obersten BauAB auf Behörden anderer Länder, Einzelpersonen und private Einrichtungen normierte, ergibt sich seit 2012 aus Abs. 5 Satz 2 (vgl. → Rn. 21). Mit der **NBauO 2018** wurde die Verweisung in Abs. 5 Nr. 1 geändert und Abs. 3 den Regelungen des am 1. Januar 2013 in Kraft getretenen Schornsteinfeger-Handwerksgesetz (SchfHwG) angepasst. § 16 Satz 1 SchfHwG besagt nunmehr, dass die Ausstellung von Bescheinigungen über die Tauglichkeit und sichere Benutzbarkeit von Abgasanlagen und Abführleitungen von Verbrennungsgasen in den jeweiligen Bezirken nicht mehr den Bezirksschornsteinfegermeisterinnen und -meistern sondern **den bevollmächtigten Bezirksschornsteinfegerinnen und -fegern** obliegt, soweit dies das Landesrecht vorsieht (vgl. § 40 Abs. 6). 2

B. Die Aufgabe der Bauaufsicht (Abs. 1)

a) Die Grundsatzvorschrift (Abs. 1 Satz 1)

Abs. 1, der im Wesentlichen § 58 Abs. 2 S. 1 MBauO 2002 entspricht, ist als **verfahrensrechtliche Generalklausel** das Gegenstück zu der materiellrechtlichen Grundnorm des § 3 und umschreibt ähnlich umfassend die Überwachungsaufgabe der BauABen. Die Vorschrift tritt für die Bauaufsicht an die Stelle der Aufgabennorm des allgemeinen 3

Rechts der Gefahrenabwehr (§ 1 Abs. 1 NPOG). Die Überwachung erstreckt sich grundsätzlich auf alle – alten und neuen, genehmigungspflichtigen und genehmigungsfreien – baulichen Anlagen (§ 2 Abs. 1), Grundstücke und Baumaßnahmen (§ 2 Abs. 13), und sie soll (soweit keine sondergesetzliche Zuständigkeit anderer Behörden besteht) grundsätzlich das gesamte öffentliche Baurecht iSd § 2 Abs. 17, also außer der NBauO vor allem auch das städtebauliche Planungsrecht, wahren. Über die Art und Weise, die Mittel und das Ausmaß der Überwachungstätigkeit trifft Abs. 1, von Satz 2 abgesehen, keine Bestimmungen. Abs. 1 als **Aufgabennorm** enthält selbst auch **keine Ermächtigungsgrundlage** für irgendwelche Eingriffe. Insoweit ergibt sich das Erforderliche aus Einzelvorschriften, die den Grundsatz des Abs. 1 Satz 1 konkretisieren: Dazu gehören vor allem die Vorschriften über die Baugenehmigung (§§ 59 ff.), andere Genehmigungs-, Zulassungs- oder Zustimmungsvorbehalte (zB §§ 16b ff.), Bauüberwachung und Abnahmen (§§ 76 f.), Kontrolle der am Bau Beteiligten (§ 52 Abs. 2–4, § 54 Abs. 2 S. 2), Maßnahmen gegen rechtswidrige Bauzustände (§ 79), Bußgelder bei Ordnungswidrigkeiten (§ 80) und über sonstige Anordnungs- und Eingriffsbefugnisse.

4 Nach Abs. 1 S. 1 sind die BauABen verpflichtet, ihre Überwachungsaufgabe wahrzunehmen („sie haben darüber zu wachen"). Selbstverständlich brauchen sie nur das jeweils Erforderliche zu tun. Der Zusatz „soweit erforderlich" besagt im Grunde nur, was ohnehin gilt. Die Grundsatzvorschrift des Abs. 1 S. 1 wirkt sich in den Fällen, in denen Einzelvorschriften der BauAB ein Ermessen einräumen (zB § 76, § 77 Abs. 1, § 79), ähnlich der materiell-rechtlichen Generalklausel des § 3 (vgl. → § 3 Rn. 6 f.) als **Ermessensrichtlinie** aus: Die BauAB entscheidet über ihr Eingreifen nach **pflichtgemäßem Ermessen**, wenn die Entscheidung angesichts der grundsätzlichen Aufgabe, für die Einhaltung des öffentlichen Baurechts zu sorgen, vertretbar ist. Wie den Verwaltungs- und Polizeibehörden nach dem allgemeinem Gefahrenabwehrrecht, so ist auch der BauAB das Entschließungsermessen zur optimalen Erfüllung ihrer Aufgabe, als an Zweckmäßigkeitskriterien orientierte Entscheidung über das „Ob" eines Einschreitens, eingeräumt (Götz/Geis PolR § 11 Rn. 4; Mann in EMS Rn. 532). Liegt ein Rechtsverstoß vor oder ist er zu befürchten, wird sich die BauAB im Zweifel eher für als gegen ein Tätigwerden entscheiden müssen (vgl. auch → § 79 Rn. 54). Sie wird allerdings Maßnahmen gegen Verstöße unterlassen dürfen, wenn diese geringfügig oder folgenlos sind, wenn die BauAB ihre Kräfte auf Wichtigeres konzentrieren muss, wenn zu erwarten ist, dass die Verantwortlichen von sich aus rechtmäßige Zustände herstellen werden, oder wenn der Verstoß gegen öffentliches Baurecht zugleich Zivilrecht verletzt, der Betroffene seine Rechte im Zivilprozess durchsetzen kann und ihm dies zuzumuten ist (vgl. OVG Lüneburg 22.10. 2008 – 1 ME 134/08, NdsVBl. 2009, 44 (45 ff.); OVG Lüneburg 28.3.2014 – 1 LR 216/ 12, NdsVbl. 2014, 258 (259); kritisch insoweit Mehde/Hansen NVwZ 2010, 14 ff.).

5 Bei schweren Rechtsverletzungen und bei ernsthafter Gefahr für wichtige Rechtsgüter kannn das Auswahlermessen der BauAB auf nur eine mögliche ermessensfehlerfreie Entschließung, nämlich die Entscheidung zum Einschreiten, zusammenschrumpfen, sodass allenfalls noch für das Wie des Einschreitens (Auswahlermessen) ein Ermessensspielraum der Behörde verbleibt. Unter diesen besonderen Voraussetzungen einer sog. **Ermessensreduzierung auf Null** kann sich auch das bei Vorliegen nachbarschützender Normen an sich nur bestehende Recht auf fehlerfreie Ermessensausübung im praktischen Ergebnis zu einem strikten **Rechtsanspruch auf Einschreiten** oder gar ein bestimmtes Verwaltungshandeln wandeln (grundlegend BVerwG 18.8.1960 – I C 42.59, NJW 1961, 793; im Überblick Mann in EMS Rn. 545 ff.; eingehend → § 79 Rn. 70 ff.).

6 Allein und unmittelbar aus § 58 Abs. 1 ergibt sich nur noch die Aufgabe der BauABen, **fertige Bauwerke** (soweit nicht schon § 78 eingreift), **unbebaute Flächen** und **Baumaßnahmen** daraufhin zu **beobachten**, ob sich baurechtswidrige Zustände entwickeln (zB Einsturzgefahr, verunstaltende Verwahrlosung von Gebäuden, Schwarzbauten usw). Dabei handelt es sich schon aus praktischen Gründen nicht um die Pflicht zu einer systematischen oder gar lückenlosen Überwachung des gesamten vorhandenen Be-

standes und jeder Bautätigkeit (vgl. Dirnberger in Simon/Busse Art. 54 Rn. 40 ff.). Auch die diese Aufgabe konkretisierende Bauüberwachung nach § 76 ist in das Ermessen der BauABen gestellt (vgl. hierzu → § 76 Rn. 16 ff.). Die Aufgabe nach § 58 Abs. 1 besteht daher nur darin, dass die BauAB „die Augen offen hält". Ergibt sich allerdings ein ernstzunehmender Verdacht, so hat die BauAB ihm nachzugehen. Sie kann zu diesem Zweck nach Abs. 9 auch Grundstücke und Gebäude betreten. Stellt sie rechtswidrige Zustände fest, so greift § 79 ein; sie hat dann nach pflichtgemäßem Ermessen zu entscheiden, ob und wie sie dagegen vorgeht (Näheres darüber in den Erläuterungen zu § 79).

Kommen die BauABen ihrer Überwachungspflicht und ihrer Pflicht, gegen rechtswidrige Maßnahmen oder Zustände einzuschreiten, nicht oder nur ungenügend nach, so kann ihr Träger (Land, Landkreis, Stadt, Region) nach § 839 BGB, Art. 34 GG zum **Schadensersatz (Amtshaftung)** verpflichtet sein (so zB OLG München 23.3.1989 – 1 U 2503/88, NVwZ 1990, 502: Die BauAB erfuhr, dass in einem rutschgefährdeten Hang eine Baugrube ohne Baugenehmigung und ohne Sicherungsmaßnahmen ausgehoben wurde, schritt aber nicht ein). Es handelt sich bei diesen Pflichten um Amtspflichten, die iSd Amtshaftung „Dritten gegenüber" bestehen, denn ein großer Teil der materiell-rechtlichen Vorschriften, auf deren Einhaltung die BauAB hinwirken soll, dient auch dem Schutz individueller Rechtsgüter (zur Amtshaftung gegenüber Grundstücksnachbarn auch → § 68 Rn. 265). Im Übrigen können sich Bedienstete der BauABen, die ihre Amtspflicht verletzen, auch wegen fahrlässiger Tötung oder Körperverletzung (§§ 222, 229 StGB) **strafbar** machen. 7

b) Beratung durch die Bauaufsichtsbehörden (Abs. 1 Satz 2)

Allgemeines: Abs. 1 Satz 2 verpflichtet die BauABen, die Verantwortlichen im Rahmen der allgemeinen Überwachungsaufgabe zu beraten. Eine entsprechende Vorschrift fehlt in der MBauO. Sie geht auf eine Anregung Scheerbarths (AllgBauordnungsR, S. 293) zurück. Aus Gründen der wachsenden Komplexität des öffentlichen Baurechts wurde eine ausdrückliche Normierung in der NBauO als erforderlich angesehen. In der Literatur wird jedoch auch vertreten, dass die BauABen auch ohne ausdrückliche Vorschrift zur Beratung verpflichtet seien (Molodovsky/Famers/Waldmann BayBO Art. 60 Anm. 7.1; vgl. auch Shirvani in Simon/Busse Art. 65 Rn. 105). Unter Verweis auf die allgemeine Beratungspflicht des **§ 25 VwVfG**, die auch im Rahmen des Bauordnungsrechts Anwendung findet, hatte auch der RegE zur NBauO 2012 eine ausdrückliche Regelung ursprünglich für nicht notwendig erachtet und Abs. 1 Satz 2 zunächst entfallen lassen (BegrRegE NBauO 2012, LT-Drs. 16/3195, 93). Gleichwohl ist die Beratungspflicht des S. 2 in der endgültigen Fassung der NBauO zu Recht beibehalten worden: § 25 VwVfG bezieht sich stets auf ein konkretes (anhängiges) Verwaltungsverfahren (vgl. Engel/Pfau in MSU VwVfG, § 25 Rn. 26 f.; Hk-VerwR/Schwarz VwVfG § 25 Rn. 5), wohingegen die in S. 2 geregelte Beratungspflicht umfassend zu verstehen sei und darüber hinaus reiche, was insbesondere auch bei den **baugenehmigungsfreien Baumaßnahmen** (vgl. § 60 Abs. 1 und 2) deutlich werde, bei denen das von § 25 VwVfG vorausgesetzte Verwaltungsverfahren gerade nicht gegeben sei (vgl. Ausschussbericht NBauO 2012, LT-Drs. 16/4621, 22). 8

Die Regelung des § 25 VwVfG tritt somit ergänzend neben die Beratungspflicht der NBauO. Sie verpflichtet alle Behörden, die mit ihnen verkehrenden Bürger in Verfahrensfragen zu beraten: Die Behörden sollen zu Erklärungen, Anträgen oder Berichtigungen anregen, wenn Erklärungen oder Anträge offensichtlich aus Unkenntnis unterblieben oder unrichtig sind. Ferner haben sie, soweit erforderlich, Auskunft über die Rechte und Pflichten der Beteiligten im Verwaltungsverfahren zu erteilen. Zu der in **§ 25 Abs. 2 VwVfG** enthaltenen **Antragserörterungspflicht** und dem Grundsatz der Verfahrensbeschleunigung vgl. Engel/Pfau in MSU VwVfG § 25 Rn. 38 ff. 9

Einzelheiten: Die Beratungspflicht besteht nach dem Gesetzeswortlaut gegenüber den **„Verantwortlichen"**, dh den in den §§ 52–56 genannten Personen. Sie gilt über § 25 10

VwVfG (→ Rn. 8 f.) aber auch gegenüber anderen Staatsbürgern, die den Rat der BauAB brauchen, so ggf. gegenüber einem Hersteller von Bauprodukten. Satz 2 verpflichtet die BauABen zur Beratung im Rahmen der allgemeinen Überwachungsaufgabe nach Satz 1. Die Behörden haben also zB Bauherren und andere, die ihren Rat erbitten, auf Hindernisse hinzuweisen, die ihrem Vorhaben entgegenstehen, und auf die rechtlichen Möglichkeiten, das Vorhaben zu verwirklichen. Es bestehen keine Bedenken, wenn die Behörde über den Rahmen der Beratungspflicht hinausgehend, auch Ratschläge zB dafür gibt, wie sich die Wohnlichkeit eines Gebäudes oder seine Gestaltung noch verbessern lässt (so zutreffend Molodovsky/Famers/Waldmann BayBO Art. 60 Anm. 7.1).

11 Die **Auskünfte** müssen **richtig, unmissverständlich und vollständig** sein, sodass der Empfänger der Auskunft entsprechend disponieren kann (stRspr; BGH 3.3.2005 – III ZR 186/04, NVwZ-RR 2006, 634; 8.11.2012 – III ZR 151/12, NJW 2013, 604 (607); 26.4.2018 – III ZR 367/16, NVwZ 2018, 1333 (1334), jeweils mwN). Soweit die BauAB selbst die Sach- und Rechtslage noch nicht übersieht, muss sie entsprechende Vorbehalte machen. Sie darf auch nicht „sehenden Auges" geschehen lassen, dass der Bauherr oder der sonst mit ihr verkehrende Bürger Schaden erleidet, den sie durch einen kurzen Hinweis verhüten kann. So hat sie zB den Bauherrn auf eine bevorstehende, ihr bekannte Rechtsänderung oder auf ihr bekannte Zweifel an der Gültigkeit eines Bebauungsplans oder ähnlicher Vorschriften hinzuweisen, wenn erkennbar ist, dass er sich dann anders verhalten würde (vgl. BGH 3.3.2005 – III ZR 186/04, ZfBR 2005, 469). Verstöße hiergegen können eine Haftung wegen Amtspflichtverletzung (Art. 34 GG, § 839 BGB) begründen. Über **Zusagen** der BauAB → § 73 Rn. 43 ff.

12 Selbstverständlich darf die **Beratungsaufgabe** von keiner Seite **missbraucht** werden. Die BauAB darf auf den Ratsuchenden keinen Druck dahingehend ausüben, dass er ihr Zugeständnisse macht, zu denen er gesetzlich nicht verpflichtet ist. Umgekehrt kann von der BauAB keine Beratung verlangt werden, die zu den üblichen Leistungen eines Architekten, beratenden Ingenieurs oder Rechtsanwalts gehört. Stellt jemand der BauAB eine Frage, die unter § 73 fällt, so kann die BauAB ihn auf den Weg der förmlichen Bauvoranfrage verweisen (vgl. BGH 7.2.1980 – III ZR 23/78, BRS 36 Nr. 175). Andererseits darf sie auf eine schlichte Bitte um Auskunft nicht etwa sofort einen Bauvorbescheid erlassen und die dafür vorgesehene Gebühr fordern; das wäre mit dem Antragserfordernis nach § 73 Abs. 1 nicht vereinbar.

13 Für die Beratung, auch im Zusammenhang mit einem anhängigen Verfahren, ist nach der BauGO (→ Rn. 47) eine **Gebühr** zu erheben. Diese ist nach dem Zeitaufwand der Behörde zu berechnen (Nr. 4.6 der Anlage 1 zur BauGO und § 6 Abs. 3 BauGO). Bei einem Zeitaufwand von weniger als 15 Minuten entfällt die Gebühr (Anm. zu Nr. 4.6 der Anlage 1 zur BauGO).

C. Zuständigkeit der Bauaufsichtsbehörden

a) Sachliche und funktionelle Zuständigkeit (Abs. 2–7)

14 In den Absätzen 2–7 wird die Zuständigkeit für die anfallenden Aufgaben der Bauaufsicht auf die in § 57 genannten BauABen verteilt, und zwar wird hier bestimmt, mit welchen Gegenständen die BauABen sich zu befassen haben (sachliche Zuständigkeit) und in welcher Funktion (Instanz) sie dabei tätig werden sollen (funktionelle Zuständigkeit). Nach **Abs. 2** sind **grundsätzlich die unteren BauABen** für alle Gegenstände und Amtshandlungen **zuständig**, soweit nicht anderweitig ausdrücklich die Zuständigkeit anderer Behörden begründet wird. Die Regelung knüpft an die große Zahl von Einzelvorschriften an, die entweder die „Bauaufsichtsbehörde" ohne Zusatz für zuständig erklären (§ 66 Abs. 1, § 5 Abs. 9 usw) oder eine Amtshandlung vorsehen, ohne überhaupt die Zu-

ständigkeit dafür zu bestimmen (zB § 12 Abs. 2, § 5 Abs. 9 S. 3). In diesen Fällen ist stets die untere BauAB zuständig.

Nach **Abs. 3** obliegt seit der Abschaffung der oberen BauABen (→ Rn. 1) nun den unteren BauABen die **Fachaufsicht über die bevollmächtigten Bezirksschornsteinfegerinnen und Bezirksschornsteinfeger**, soweit diese die Bescheinigung nach § 40 Abs. 6 erteilen. Die bevollmächtigten Bezirksschornsteinfegerinnen und Bezirksschornsteinfeger werden dabei hoheitlich, als sog. Beliehene, tätig und müssen deshalb (damit die parlamentarische Kontrolle der Exekutive lückenlos ist) unter staatlicher Fachaufsicht stehen. Näheres über die Aufsichtsbefugnisse bestimmt § 21 des Schornsteinfeger-Handwerksgesetzes idF v. 17.7.2017 BGBl. I S. 2495. 15

Nach **Abs. 4** ist die **oberste BauAB** (gem. § 57 Abs. 1 S. 2 das zuständige Fachministerium, dazu → § 57 Rn. 25) für die **Fachaufsicht über die unteren BauABen** zuständig. Sie übt diese nach dem Wegfall der Mittelinstanz (→ Rn. 1) jetzt unmittelbar über die unteren BauABen aus. Kreisangehörige Gemeinden, denen die Bauaufsicht übertragen worden ist (§ 57 Abs. 2), unterstehen bei der Erfüllung dieser Aufgabe, abweichend vom gewöhnlichen Aufbau der Fachaufsicht (vgl. § 171 Abs. 5 S. 1 Nr. 3 NKomVG), auch nicht der Fachaufsicht ihres Landkreises. Dies gilt seit Inkrafttreten der NBauO 1973. Der Landkreis bleibt aber als **Kommunalaufsichtsbehörde** (§ 171 Abs. 2 NKomVG) zuständig und hat in dieser Eigenschaft nach § 171 Abs. 5 S. 3 NKomVG die Fachaufsichtsbehörde zu unterstützen. 16

Von Abs. 4 **abweichend** obliegt nach § 164 Abs. 6 NKomVG die Fachaufsicht über die BauABen der regionsangehörigen Gemeinden, ausgenommen der Landeshauptstadt Hannover, der **Region Hannover** (vgl. → § 57 Rn. 21). Dies betrifft derzeit Barsinghausen, Burgdorf, Garbsen, Laatzen, Langenhagen, Lehrte, Neustadt a.R., Ronnenberg, Seelze, Sehnde, Springe und Wunstorf. Wie bei diesen die Bauaufsicht selbst, so gehört auch die Fachaufsicht über die Erfüllung ihrer bauaufsichtlichen Aufgaben zum übertragenen Wirkungskreis, hier der Region. Diese untersteht mithin als Fachaufsichtsbehörde ihrerseits der Fachaufsicht der obersten BauAB (§ 171 Abs. 5 S. 1 Nr. 1 NKomVG). 17

Abs. 5 Satz 1 erlaubt der obersten BauAB, **einzelne Befugnisse**, die ihr nach der NBauO zustehen, **auf andere Behörden des Landes** zu **übertragen**. Ursprünglich sah Satz 2 aF auch eine Übertragung auf die unteren BauABen vor. Da dem Art. 57 Abs. 4 NV (aF) entgegenstand, ist dieser Satz in der NBauO 1995 entfallen (BegrE NBauO 1995, S. 62). 18

Die oberste BauAB könnte nach Abs. 5 S. 1 die Zuständigkeit für die Verwaltungsakte nach den **§§ 20 S. 1, 22 Abs. 3 S. 2, 24 Abs. 1, 57 Abs. 2 und 57 Abs. 4 S. 4** auf andere Landesbehörden delegieren. Das gilt wohl auch für einzelne der in § 172 Abs. 2 NKomVG genannten Befugnisse, da sie Bestandteile ihrer auf § 58 Abs. 4 gestützten Fachaufsicht sind. Die Fachaufsicht als Ganzes kann sie dagegen nicht abgeben; damit würde sich die Regierung ihrer parlamentarischen Verantwortung für das Funktionieren der Bauaufsicht entziehen. Verordnungsermächtigungen, die der obersten BauAB erteilt worden sind (vgl. § 82) könnte sie, wie sich aus Art. 43 Abs. 2 S. 2 NV ergibt, nur dann weitergeben, wenn das Gesetz gerade dies ausdrücklich zulässt, das ist Abs. 5 S. 1 nicht zu entnehmen. 19

Eine bestimmte **Form** sieht die NBauO für die Delegation nach Abs. 5 S. 1 nicht vor. Es genügt ein Erlass, der (wie Abs. 6 vorschreibt) im **Nds.MBl.** bekannt zu machen ist. Von der Ermächtigung des Abs. 5 S. 1 hat die oberste BauAB bisher keinen Gebrauch gemacht. 20

Die Regelung des **Abs. 5 Satz 2** war vor der NBauO 2012 in § 66 Abs. 2 aF enthalten (§ 66 Abs. 1 aF ist seither von der allgemeinen Verordnungsermächtigung des § 82 Abs. 2 erfasst, vgl. → § 82 Rn. 14 ff.). Danach kann die oberste BauAB ihre Zuständigkeit für die unter die Nr. 1 und 2 aufgeführten Gruppen von Verwaltungsakten – anstatt nach Abs. 5 Satz 1 – auch auf andere **Behörden,** auch **anderer Länder**, sowie auf **Einzelpersonen** und **private Einrichtungen („Stellen“)** – als sog. Beliehene – übertragen. Vo- 21 rausgesetzt wird, dass der adressierte Zuständigkeitsträger die Gewähr für eine ordnungsgemäße Erfüllung der Aufgaben bietet und dass er entweder der Fachaufsicht der obersten BauAB untersteht oder das Land Nds. an seiner Willensbildung durch die oberste BauAB beteiligt ist. Die ordnungsgemäße Aufgabenerfüllung ergibt sich aus der fachlichen Qualifikation und der persönlichen Zuverlässigkeit des Aufgabenträgers. Bei Privaten ist besonders darauf zu achten, dass sie von denjenigen, gegenüber denen sie öffentliche Aufgaben wahrnehmen, wirtschaftlich genügend unabhängig sind.

22 Eine technische Behörde, der Zuständigkeiten nach **Abs. 5 Nr. 1** übertragen werden können, ist das **Deutsche Institut für Bautechnik (DIBt)** in Berlin (Kolonnenstr. 30, 10829 Berlin). Es beruht ursprünglich auf einem Abkommen zwischen dem Bund und den Ländern (DIBt-Abkommen), dem der Nds. Landtag durch G v. 29.1.1993 (Nds. GVBl. S. 33) zugestimmt hat; ein DIBt-Änderungsabkommen ist nach Zustimmung aller Länder (Niedersachsen mit G. v. 21.11.2006, Nds. GVBl. 2006 S. 530) am 1.2.2008 in Kraft getreten. Begründet wurde das DIBt als „Institut für Bautechnik" durch ein früheres Bund-Länder-Abkommen von 1968 (Nds. ZustimmungsG v. 27.11.1969, Nds. GVBl. S. 220). Sein Vorgänger war der Länder-Sachverständigenausschuss aufgrund der sog. Bopparder Vereinbarung der Bauminister vom 14.2.1951 (Gem. MinBl. 1951 S. 196). Das DIBt ist eine **rechtsfähige Anstalt des öffentlichen Rechts** unter Aufsicht des Landes Berlin. Seine Organe sind der aus Vertretern des Bundes und der Länder zusammengesetzte Verwaltungsrat und der Präsident, der die laufenden Geschäfte führt und die Institutsverwaltung leitet. Beim DIBt bestehen „Ausschüsse für Grundsatzfragen" (§ 2 Satzung des DIBt) und „Sachverständigenausschüsse" (§ 3 Satzung des DIBt). Die Satzung des DIBt mit Verzeichnissen seiner Gebühren und Leistungsentgelte (§ 4 Satzung des DIBt) ist im ABl. für Berlin 1993, S. 3101, bekannt gemacht worden (letzte Änderung 23. Juli 2018 ABl. Berlin, S. 4198). Das DIBt gibt die Reihe „Amtliche Mitteilungen", heraus, in denen es seine Entscheidungen (Zulassungen usw), Verzeichnisse, Muster-Richtlinien u. dgl. veröffentlicht. Zugriff über das Internet unter https://www.dibt.de.

23 **Übertragung von Aufgaben auf das DIBt:** Das Institut soll dazu dienen, bautechnische Fragen auf dem Gebiet der Bauaufsicht, die Bedeutung für mehr als ein Land haben, einheitlich und konzentriert und damit möglichst rationell bearbeitet werden (Näheres in den Begründungen zu den Entwürfen der Zustimmungsgesetze, LT-Drs. 6/745 und 12/4001). Nach dem DIBt-Abkommen von 1968 (Art. 2) hatte es in erster Linie die Aufgabe, beratend und gutachterlich tätig zu werden, Entscheidungen der obersten BauABen der Länder vorzubereiten und Verzeichnisse zu führen. Jedoch konnten ihm die Länder bestimmte hoheitliche Entscheidungen übertragen. Davon hat auch Nds. (wie auch die anderen Länder) Gebrauch gemacht. Nach dem derzeitigen **DIBt-Abkommen** von 1992 (Art. 2 f.), zuletzt geändert durch das am 1.4.2018 in Kraft getretene 3. DIBt-Änderungsabkommen (Anlage zum Gesetz v. 6.4.2017, GVBl. S. 110) hat das Institut weiterhin Beratungsaufgaben, und es wirkt auf Europaebene am Vollzug der Bauproduktenrichtlinie mit. So nimmt das DIBt vor allem die Aufgaben als Technische Bewertungsstelle im Sinne der EU-Bauprodukten-VO wahr (§ 1 BauPG; → § 17 Rn. 2, → § 17 Rn. 10). Außerdem obliegen ihm weitere wesentliche bauaufsichtliche Aufgaben schon unmittelbar kraft Gesetzes, insbesondere die Herausgabe der Bauregellisten A und B und der Liste C und die allg. bauaufsichtliche Zulassung (s. §§ 16c Rn. 9, 26). Bauaufsichtliche Entscheidungen, die dem DIBt jetzt noch zusätzlich übertragen werden können, sind nach § 58 Abs. 5 Nr. 1 iVm Art. 2 Abs. 6 des DIBt-Abkommens insbesondere die Anerkennung von Prüf-, Zertifizierungs- und Überwachungsstellen nach § 24.

24 Nach **Abs. 5 S. 2 Nr. 2** kann die oberste BauAB, abweichend von Abs. 5 S. 1, die Zuständigkeit für bestimmte Entscheidungen über **fliegende Bauten** auch auf Stellen außerhalb der Landesverwaltung übertragen, wenn diese bestimmte Voraussetzungen (dazu → Rn. 21) erfüllen. Hiervon hat die oberste BauAB mit der Bek. v. 11.11.2004 (Nds. MBl. S. 804) erstmals Gebrauch gemacht, indem sie die Entscheidung über Ausführungsgenehmigungen fliegender Bauten (§ 75 Abs. 2 ff.), für die bis zur Verwaltungsmodernisie-

rung die Bezirksregierung Hannover zuständig war, der TÜV Nord GmbH als beliehener Unternehmerin übertragen hat. Mit RdErl. d. MS v. 26.2.2016 - Nds. MBl. 2016, 284 ist die Zuständigkeit zur Erteilung von Ausführungsgenehmigungen fliegender Bauten nun der **TÜV Nord Bauqualität GmbH & Co. KG** übertragen worden.

Verfassungsrechtlich stellt sich bei einer Verlagerung von Aufgaben der öffentlichen Verwaltung auf Stellen außerhalb der unmittelbaren und mittelbaren Landesverwaltung die Frage, ob dies mit Art. 56 Abs. 1 NV und dem Prinzip der parlamentarischen Regierungsverantwortung vereinbar ist. Hier dürften keine Bedenken bestehen: Die übertragenen Kompetenzen sind klar und eng begrenzt. Die Entscheidungen beruhen im Wesentlichen auf der Anwendung von Fachwissen und sind, wenn auch über die Hinnahme von „Restrisiken" (vgl. → § 3 Rn. 15) zu befinden ist, ohne größere politische Bedeutung. Außerdem bleibt die Verantwortung der Landesregierung über ihre Mitwirkung an Entscheidungen des DIBt weitgehend erhalten. Den im Rahmen des Gesetzgebungsverfahrens zur NBauO 2012 ausgesprochenen Bedenken, ob eine Übertragung von Hoheitsrechten des Landes Niedersachsen auf das DIBt mit dem Demokratieprinzip (Art. 20 Abs. 1 und 2 GG, Art. 1 Abs. 2, Art. 2 Abs. 1 NV) vereinbar sei, ist die Landesregierung zudem unjuristisch mit den guten Erfahrungen und dem erheblichen praktischen Bedürfnis einer solchen Zusammenarbeit entgegengetreten (vgl. Ausschussbericht zur NBauO 2012, LT-Drs. 16/4621, 22). 25

Gem. **Abs. 6** sind Übertragungen nach Abs. 5 (→ Rn. 18 ff.) und § 57 Abs. 2 (vgl. → § 57 Rn. 10) im **Nds. Ministerialblatt** bekannt zu machen. Die Vorschrift befand sich zuvor in § 95a aF und wurde aus systematischen Gründen durch die NBauO 2012 in den § 58 verlagert. Die genannten Zuständigkeitsregelungen brauchen nach nds. Verfassungsrecht (vgl. Art. 38 Abs. 1 NV) grundsätzlich nicht als förmliches Gesetz oder als VO zu ergehen. Aus rechtsstaatlichen Gründen müssen diese aber in einem für jeden zugänglichen Verkündungsblatt dokumentiert und öffentlich bekannt gemacht werden. Dieser Forderung kommt Abs. 6 nach, indem er die bisherige Praxis, Zuständigkeitsübertragungen im Nds. MBl. zu veröffentlichen, zur Pflicht erhebt. 26

Abs. 7 regelt den sog. **Selbsteintritt** der Fachaufsichtsbehörden (vgl. dazu Maurer/Waldhoff Allg. Verwaltungsrecht § 21 Rn. 49). Die hier ausgesprochene Ermächtigung zum Selbsteintritt gilt jetzt für die oberste BauAB und für die Region Hannover als Fachaufsichtsbehörde der regionsangehörigen Städte mit Bauaufsicht. Die NBauO 2012 hatte das Selbsteintrittsrecht der Fachaufsichtsbehörden gegenüber anderen „Stellen" erweitert. Dies war erforderlich, um Aufgaben weiter delegieren zu können (BegrRegE NBauO 2012, LT-Drs. 16/3195, 94). 27

b) Örtliche Zuständigkeit (Abs. 8)

Neben der sachlichen und funktionellen Zuständigkeit muss die örtliche Zuständigkeit der BauABen geregelt sein; dh für jede BauAB muss der räumliche Bereich, in dem sie tätig werden soll, festgelegt und gegen die räumlichen Tätigkeitsbereiche anderer BauABen mit gleicher sachlicher und funktioneller Zuständigkeit abgegrenzt sein. Denn ein Verwaltungsakt, der entgegen § 3 Abs. 1 Nr. 1 VwVfG von einer örtlich unzuständigen BauAB erlassen wird, ist nach § 44 Abs. 2 Nr. 3 VwVfG nichtig. Die örtliche Zuständigkeit der BauABen ergibt sich seit 1986 – nicht mehr so eindeutig wie zuvor aus Abs. 7 und 8 des § 65 aF – aus der allgemeinen Vorschrift des § 1 Nds. VwVfG iVm § 3 VwVfG. Regelmäßig ist wohl **§ 3 Abs. 1 Nr. 1 VwVfG** einschlägig. Örtlich zuständig ist danach „in Angelegenheiten, die sich auf unbewegliches Vermögen oder ein ortsgebundenes Recht oder Rechtsverhältnis beziehen, die Behörde, in deren Bezirk das Vermögen oder der Ort liegt". Grundstücke einschließlich der darauf errichteten ortsfesten baulichen Anlagen sind „unbewegliches Vermögen". Die Aufsicht darüber, dass die Grundstücke und ortsfesten Bauwerke sowie ihre Errichtung, Änderung usw dem öffentlichen Baurecht entsprechen, wäre als Angelegenheit zu betrachten, die sich auf dieses unbewegliche Vermögen bezieht. Örtlich zuständig ist demnach die BauAB, in deren Bezirk (Kreis- oder 28

Gemeindegebiet) das Grundstück oder ortsfeste Bauwerk gelegen ist, und zwar grundsätzlich für alle Verwaltungsakte und sonstigen Maßnahmen (Baugenehmigung, Einschreiten nach § 79 usw), die sich auf dieses Grundstück oder Bauwerk beziehen.

29 Aufgrund von Sonderbestimmungen der örtlichen Zuständigkeit nicht anzuwenden ist § 3 Abs. 1 Nr. 1 VwVfG insbesondere bei der Ausführungsgenehmigung für **fliegende Bauten** (§ 75 Abs. 1). Über sie entscheidet seit der Verwaltungsmodernisierung 2004/05 für das ganze Land die TÜV Nord GmbH als beliehene Unternehmerin (vgl. → § 75 Rn. 15; auch → Rn. 24). Für die Gebrauchsabnahme fliegender Bauten (§ 75 Abs. 5) und die weiteren Maßnahmen nach § 75 Abs. 5–8 ist gem. § 75 Abs. 5 die untere BauAB örtlich zuständig, in deren Bezirk der fliegende Bau aufgestellt wird. Für **andere nicht ortsfeste bauliche Anlagen**, die aber keine fliegenden Bauten sind (vgl. § 75 Abs. 1 S. 2), ist nach § 3 Abs. 1 Nr. 4 VwVfG die BauAB örtlich zuständig, in deren Bezirk die bauliche Anlage jeweils errichtet wird bzw. steht. Die örtliche Zuständigkeit für die Verfolgung von **Ordnungswidrigkeiten** nach § 80 ergibt sich aus § 37 OWiG (zuständig ist grundsätzlich die BauAB, in deren Bezirk die Ordnungswidrigkeit begangen oder entdeckt worden ist oder der Betroffene zur Zeit der Einleitung des Bußgeldverfahrens seinen Wohnsitz hat).

30 In dem Fall, dass **eine bauliche Anlage zugleich in den Bezirken mehrerer BauABen** errichtet wird oder gelegen ist, gilt § 1 Nds. VwVfG iVm § 3 Abs. 2 S. 1 VwVfG: Danach entscheidet grundsätzlich diejenige unter ihnen, die zuerst (zB durch einen Bauantrag) mit der Sache befasst worden ist. Jedoch kann (auf Anregung eines Beteiligten oder einer der BauABen oder von Amts wegen) die diesen BauABen gemeinsam übergeordnete Fachaufsichtsbehörde (heute also die oberste BauAB, abw. die Region Hannover) bestimmen, dass eine andere von ihnen entscheiden soll. Die Fachaufsichtsbehörde befindet darüber nach pflichtgemäßem Ermessen. Ihre Entscheidung ist als innerdienstlicher Vorgang nicht anfechtbar (BVerwG 16.7.1965 – IV C 82.63, DÖV 1966, 277). Erstreckt sich ein Bau auf ein Gebiet jenseits der Landesgrenze, so fehlt eine gemeinsam übergeordnete Fachaufsichtsbehörde. Bei Bedarf werden dann nach § 3 Abs. 2 S. 4 VwVfG die nds. oberste BauAB und die Fachaufsichtsbehörde des Nachbarlandes gemeinsam zu bestimmen haben, welche BauAB entscheiden soll. Selbstverständlich sollte diejenige von zwei örtlich zuständigen BauABen, die nach außen tätig wird, sich zuvor mit ihrer Nachbarbehörde intern abstimmen.

31 Die durch Novelle von 1995 eingefügte Regelung, die sich heute in **Absatz 8** findet, ist für Bauten auf Flächen gedacht, die früher Küstengewässer waren und noch nicht in ein Gemeindegebiet einbezogen worden sind. So lange fehlt es auch an der örtlichen Zuständigkeit einer unteren BauAB. Die früher gesetzlich vorgesehene Auffangzuständigkeit der Bezirksregierung ist seit der Verwaltungsreform von 2004 auf jeweils dasjenige Ministerium verlagert, in dessen Geschäftsbereich die Angelegenheit fällt (Art. 22 Nr. 1 i.V.m. Art. 1 § 2 des Gesetzes v. 5.11.2004, Nds. GVBl. S. 394). Somit ist jetzt grundsätzlich die oberste BauAB für Bauten auf den noch nicht in Gemeinden eingegliederten Flächen zuständig. Nach Abs. 8 kann sie jedoch jeweils von Fall zu Fall die Zuständigkeit auf eine untere BauAB übertragen (in der Regel wohl auf diejenige, deren Gebiet an die Fläche angrenzt). Um Bedenken aus Art. 57 Abs. 4 NV auszuräumen, macht Abs. 8 die Übertragung vom Einvernehmen mit der unteren BauAB abhängig (vgl. BegrE NBauO 1995, S. 62).

D. Fachaufsicht, Widerspruchsverfahren

32 Soweit Gemeinden und Landkreise, wie hier, im übertragenen Wirkungskreis tätig werden (vgl. § 57 Abs. 3), unterstehen sie nicht nur der Rechtsaufsicht, sondern auch der **Fachaufsicht** des Staates, die dieser durch die zuständigen Fachaufsichtsbehörden (→ Rn. 16 f.) ausübt. Die Fachaufsicht hat, wie dies § 170 Abs. 1 S. 2 NKomVG klarstellt, dafür zu sorgen, dass die unteren BauABen ihre Aufgabe rechtmäßig und zweckmäßig

erfüllen. Insbesondere muss sie darauf achten, dass das öffentliche Baurecht im Landesgebiet einheitlich angewendet und, soweit Gesetze der BauAB ein Ermessen einräumen, dieses nach einheitlichen Maßstäben ausgeübt wird. Zu diesem Zweck hat sie die Tätigkeit der kommunalen BauABen konsequent und effektiv zu überwachen, jedoch ohne deren Entschlusskraft und Verantwortungsfreude zu beeinträchtigen (so § 170 Abs. 1 S. 3 NKomVG). Sie kann ihnen nach pflichtgemäßem Ermessen Weisungen aus Rechts- und Zweckmäßigkeitsgründen erteilen (§ 6 Abs. 2 NKomVG). Die Weisungen können allgemein (als Richtlinien, Verwaltungsvorschriften) oder für den Einzelfall ergehen. Nach § 172 Abs. 2 NKomVG kann die Fachaufsichtsbehörde im Rahmen ihrer Aufgabe Auskünfte, Berichte und Aktenvorlage verlangen und Geschäftsprüfungen durchführen. Die Organisations- und Personalhoheit verbleibt auch in Auftragsangelegenheiten grundsätzlich bei der kommunalen Körperschaft (vgl. Meyer in Blum/Häusler/Meyer NKomVG 4. Aufl. 2017, § 6 Rn. 28); das gilt für die Bauaufsicht vorbehaltlich des § 57 Abs. 4.

Die untere BauAB oder die Körperschaft, deren Organ sie ist, kann **fachaufsichtliche Weisungen grundsätzlich nicht** durch Widerspruch oder verwaltungsgerichtliche **Anfechtungsklage** anfechten, auch nicht einen Widerspruchsbescheid der Region (→ Rn. 36), der einen VA der unteren BauAB aufhebt. Das ergibt sich daraus, dass die untere BauAB als eine Instanz innerhalb der staatlichen Verwaltung tätig wird und der Weisung insoweit keine Außenwirkung zukommt. Damit entfällt zugleich ein Definitionsmerkmal des Verwaltungsakts (vgl. § 35 VwVfG), der allein Gegenstand einer Anfechtungsklage sein kann (vgl. OVG Lüneburg 9.7.1968 – I A 137/67, BRS 20 Nr. 178; Burgi, Kommunalrecht, 5. Aufl. 2015, § 9 Rn. 16 ff.; Mann in EMS Rn. 366; aA – generelle Möglichkeit der Anfechtungsklage gegen fachaufsichtliche Weisungen – Meyer in Blum/Häusler/Meyer NKomVG 4. Aufl.2017, § 6 Rn. 28). Greift aber die Entscheidung der Fachaufsichtsbehörde in die (Selbstverwaltungs)Rechte der kommunalen Körperschaft selbst ein, besonders in die gemeindliche Planungshoheit, so kann die Körperschaft die Entscheidung anfechten (zB wenn sich die Fachaufsichtsbehörde darüber hinweggesetzt, dass die Gemeinde, zu der die BauAB gehört, ihr Einvernehmen nach § 36 BauGB versagt hat). In der Literatur ist zu dieser Frage vieles strittig, vgl. den Überblick bei Knemeyer in Mann/Püttner, Handbuch der kommunalen Wissenschaft und Praxis, Band 1, 3. Aufl. 2007, § 12 Rn. 83 ff. mwN). 33

Zu den herkömmlichen Aufgaben der Fachaufsicht gehört die Funktion der Widerspruchsbehörde in dem **Vorverfahren (Widerspruchsverfahren)**, in dem angefochtene Verwaltungsakte **nach § 68 VwGO** auf ihre Rechtmäßigkeit und Zweckmäßigkeit überprüft werden, bevor sich die Verwaltungsgerichte mit ihnen befassen. Die „nächsthöhere Behörde", die nach § 73 Abs. 1 S. 2 Nr. 1 VwGO idR den Widerspruchsbescheid erlässt, ist die Fachaufsichtsbehörde. Wird eine strittige Sache von einer bisher unbeteiligten, aber besonders qualifizierten Behörde noch einmal beurteilt, so wird in sehr vielen Fällen erreicht, dass die Sache schon auf der Ebene der Verwaltung richtig entschieden wird und Chancen, den Streit durch Kompromisse oder Alternativlösungen beizulegen, genutzt werden. Außerdem erfährt die Fachaufsicht aus den Vorverfahren, wo bei den ihrer Aufsicht unterstehenden Behörden – über den konkreten Fall hinaus – falsche Rechtsauffassungen zu korrigieren und Mängel in der Arbeitsweise abzustellen sind. Als Nachteil der Vorverfahren hat sich freilich herausgestellt, dass sie oft keinen Rechtsfrieden schaffen konnten und letztlich nur die Zeit bis zur abschließenden Gerichtsentscheidung verlängerten. 34

Nicht zuletzt deshalb sind seit 2005 Widerspruchsverfahren in Niedersachsen grundsätzlich abgeschafft worden (zunächst durch § 8a Nds. AGVwGO, heute durch § 80 I NJG). Als Ausnahme zu dieser grundsätzlichen Weichenstellung hat jedoch **§ 80 Abs. 2 Nr. 4a NJG** bei VAen, die nach dem BauGB und der NBauO und den auf diese Gesetze gestützten VOen und Satzungen ergehen, das Vorverfahren weiterhin bestehen lassen. Dies hat zur Folge, dass in Nds, wo die nächsthöhere Behörde eine oberste Landesbehörde ist (vgl. § 57 Abs. 1), gem. § 73 Abs. 1 S. 2 Nr. 2 VwGO die jeweilige **untere BauAB** über die **Widersprüche** gegen ihre eigenen baurechtlichen VAe **selbst entscheidet**. Der 35 vorstehend beschriebene Nutzen des Vorverfahrens ist damit weit geringer geworden (ausgenommen vielleicht große BauABen, innerhalb derer Widersprüche von einer übergeordneten oder einer anderen, mit der Sache bisher nicht befassten Stelle bearbeitet werden), der genannte Verzögerungseffekt jedoch geblieben. De lege ferenda wäre es daher erwägenswert, Bauinteressenten bzw. Nachbarn die Wahl zu lassen, ob sie Widerspruch (zB wenn es noch Raum für Ermessen gibt) oder unmittelbar Klage erheben wollen.

36 Anderes gilt wiederum in der **Region Hannover**. Nach § 164 Abs. 6 NKomVG ist hier noch eine **nächsthöhere Behörde** mit Fachaufsicht unterhalb der Ministerialebene bestehen geblieben: Werden VAe der BauABen regionsangehöriger Städte (ausgenommen Hannover) angefochten, so erlässt nach wie vor die Region Hannover die Widerspruchsbescheide. Im **übrigen Landesgebiet** steht der – hier allein **für die Fachaufsicht** zuständigen – obersten BauAB die Masse der **Widerspruchsverfahren nicht mehr als Informationsquelle** zur Verfügung. Erkenntnisse kann sie neben der Auswertung von Zeitungsberichten und Gerichtsentscheidungen nach wie vor aus formlosen Fachaufsichtsbeschwerden und Eingaben (Petitionen) an den Landtag gewinnen, die aber insgesamt wohl nur ein lückenhaftes Bild abgeben werden. Wenn sie ihre Fachaufsicht ordnungsgemäß wahrnehmen will, wird sie für **systematische Betriebsprüfungen** bei den unteren BauABen sorgen müssen. Für diese ist eine geeignete Organisation, zB ein landesweit tätiger Prüfdienst aus qualifizierten Fachkräften, vorzuhalten.

37 Im Bereich des **Nds. Denkmalschutzgesetzes** hat § 80 Abs. 1 NJG das Vorverfahren nicht bestehen lassen; der Gesetzgeber hat den engen Zusammenhang von Bau- und Denkmalrecht nicht beachtet und insoweit keine Ausnahme vorgesehen. Wer eine Genehmigung nach § 10 NDSchG erstreiten oder sich gegen eine Verfügung nach § 23 NDSchG wehren will, muss also unmittelbar Klage vor dem VG erheben. Dagegen ist bei Baugenehmigungen, auch dann, wenn sie mit der Begründung, die Baumaßnahme verstoße gegen das NDSchG, abgelehnt werden, nach der in → Rn. 35 geschilderten Rechtslage stets zunächst Widerspruch einzulegen, da alle Baugenehmigungen aufgrund der §§ 59 ff. NBauO ergehen.

E. Befugnisse der Bauaufsichtsbehörden

a) Allgemeines

38 Im Gegensatz zu § 58 Abs. 2 S. 2 MBauO 2002 (in der Änderungsfassung von 2016) enthält **§ 58 Abs. 1 keine allgemeine Ermächtigung** der BauAB, die zur Erfüllung der Aufgabe erforderlichen Maßnahmen zu treffen. Die Befugnisse zum Einschreiten ergeben sich vielmehr aus den die Aufgabe des § 58 konkretisierenden Vorschriften, insbesondere § 79 (vgl. hierzu bereits → Rn. 3). Daneben findet sich aber seit der NBauO 2012 in Abs. 9 eine Ermächtigung zum Betreten der Grundstücke und Gebäude durch Bedienstete bzw. Beauftragte der BauABen oder der in Abs. 3 und 5 genannten Stellen und Personen, um die allgemeine Überwachungsaufgabe nach Abs. 1 und die diese Aufgabe konkretisierenden bauaufsichtlichen Befugnisse ordnungsgemäß erfüllen zu können.

b) Betretungsrecht des Abs. 9

39 Die Bediensteten und Beauftragten aller Bauaufsichtsbehörden müssen bei der Bauüberwachung (§ 76), den Abnahmen (§ 77), etwaigen regelmäßigen Überprüfungen (§ 78) und bei Kontrollen nach § 58 Abs. 1 das Baugrundstück und bauliche Anlagen einschließlich Wohnungen betreten. Aber auch vor einem Einschreiten gegen baurechtswidrige Zustände müssen Bedienstete oder Beauftragte der BauAB idR Grundstücke und bauliche Anlagen betreten, um sich davon zu überzeugen, ob und in welchem Umfang von Vorschriften des öffentlichen Baurechts oder Anordnungen der BauAB abgewichen wurde. Schließlich ist die in Abs. 9 verankerte Pflicht, das Betreten des Grundstücks zu dulden, aber auch erforderlich, damit die Verantwortlichen nach § 56 ein Einschreiten der BauAB nach § 79 nicht „blockieren" können, indem sie den Zutritt zum Grundstück verwehren. Die Gestalt der Vorschrift hat sich dabei im Laufe der Jahre verändert: Erst die **NBauO 1986** hatte die frühere Bezugnahme auf § 22 NSOG aF, der eine an den Aufgaben der Polizei ausgerichtete Fülle von Einzelregelungen enthielt, durch eine selbständige Formulierung der nach Art. 13 GG zulässigen Einschränkung der Unverletzlichkeit der Wohnung ersetzt, innerhalb derer mit der **NBauO 1995** auf das Schutzgut der öffentlichen Ordnung verzichtet wurde. Mit der **NBauO 2012** ist der Kreis der zur Betretung Berechtigten auf die in Abs. 3 genannten Bezirksschornsteinfegerinnen und Bezirksschornsteinfeger sowie die Bediensteten und Beauftragten der in Abs. 5 genannten Stellen, also vor allem die Mitarbeiter des TÜV oder des DIBt, ausgeweitet worden. Die **NBauO 2018** hat im wesentlichen nur redaktionelle Änderungen bewirkt.

Abs. 9 ermächtigt nur zum Betreten von Wohnungen, gestattet aber nicht deren Durchsuchung. Obgleich die **Abgrenzung der Durchsuchung**, die nach Art. 13 Abs. 2 GG richterlicher Anordnung bedarf, **von den nach Art. 13 Abs. 7 GG zulässigen Eingriffen** und Beschränkungen abstrakt noch keineswegs abschließend geklärt ist (vgl. Kühne in Sachs GG Art. 13 Rn. 27 ff.), sind die Eingriffe in die Wohnungsfreiheit zum Zwecke der Gefahrenabwehr im Rahmen der Bauaufsicht durchgängig nicht als Durchsuchung zu qualifizieren, sondern an Art. 13 Abs. 7 GG zu messen (so ausdr. BVerwG 7.6.2006 – 4 B 36/06, NJW 2006, 2504). Für die Durchsuchung ist das ziel- und zweckgerichtete Suchen staatlicher Organe in einer Wohnung zur Ausforschung eines für die freie Entfaltung der Persönlichkeit wesentlichen Lebensbereichs (Eindringen in die private räumliche Sphäre) kennzeichnend (BVerwG 25. 8. 2004 - 6 C 26/03, NJW 2005, 454 (455)). Das Betretungsrecht nach Abs. 9 dient demgegenüber der Feststellung, ob bauliche Anlagen dem öffentlichen Baurecht entsprechen. **40**

Zu den **Beauftragten der BauAB** gehören insbesondere Sachverständige, aber auch zB Unternehmer, die die BauAB mit der Durchführung der Ersatzvornahme beauftragt hat. Das Betretungsrecht ist nicht ausdrücklich nur auf den Vollzug der NBauO beschränkt, doch wird anders als noch in der Vorgängernorm des § 88 aF („in Ausübung ihres Amtes") durch die Wendung „zur Erfüllung ihrer Aufgaben" deutlich, dass es nur ausgeübt werden darf, um Aufgaben der BauAB wahrzunehmen. **41**

Das Gesetz macht das Betretungsrecht nur davon abhängig, dass die Bediensteten oder Beauftragten der BauAB sowie der in den Abs. 3 und 5 genannten Stellen und Personen **zur Erfüllung ihrer Aufgaben** handeln. Es besteht mithin bei allen Maßnahmen, mit denen der bauaufsichtliche Vollzug des Baurechts gewährleistet werden soll (tendenziell weiter Dirnberger in Simon/Busse BayBO § 54 Rn. 134). Die Wendung „zur Erfüllung" betont den allgemeinen Grundsatz, nach dem das **Betreten** zur Durchführung des jeweiligen Verwaltungshandelns **notwendig** sein und im Einklang mit dem Übermaßverbot ausgeübt werden muss: Das Betreten einer baulichen Anlage ohne sachlich gebotenen Anlass zur Unzeit ist unzulässig (vgl. VGH Mannheim 28.11.2000 – 10 S 1375/99, NVwZ 2001, 575 zur abfallrechtlichen Betriebskontrolle in den Abendstunden). Eine Benachrichtigung des Eigentümers oder Besitzers ist nicht vorgeschrieben, idR aber sachgerecht, soweit nicht im Interesse einer effektiven Überprüfung eine überraschende Kontrolle erforderlich ist. **42**

Das **Betreten von Wohnungen** ist **nach Art. 13 GG nur eingeschränkt zulässig**, nachdem diese in Gebrauch genommen worden sind. Dem trägt **Abs. 9 Satz 2** Rechnung. Der Begriff der Wohnung iSd Art. 13 GG schließt nach der Rspr. nicht nur Wohnräume im engeren Sinn ein, sondern auch Arbeits-, Betriebs- und Geschäftsräume und zwar auch, wenn sie der Öffentlichkeit zugänglich sind (BVerfG 3.3.2004 – 1 BvR 2378/98 u. 1 BvR 1084/99, BVerfGE 109, 279 (320) = NJW 2004, 999 (1004); BVerwG 25.8.2004 – 6 C 26/03, BVerwGE 121, 345 (348) = NJW 2004, 454 (455)). Diesem weiten verfassungsrechtlichen Begriff der Wohnung steht gegenüber, dass das BVerfG (17.2.1998 – **43**

1 BvF 1-91, BVerfGE 97, 228 (266) = NJW 1998, 1627) die Anforderungen des Art. 13 Abs. 7 GG an „Eingriffe und Beschränkungen" geringer fasst, wenn es um reine Geschäfts- und Betriebsräume geht. Die Bestimmtheitsanforderungen an das ermächtigende Gesetz setzen regelmäßig voraus, dass, wie in § 24 Abs. 6 NPOG, der Zweck des Betretens, der Gegenstand und der Umfang der zugelassenen Besichtigung und Prüfung deutlich erkennbar sind. Behördliche Besichtigungs- und Betretungsrechte sollen bei Geschäftsräumen demgegenüber zulässig sein, wenn sie auf einem Gesetz beruhen und verhältnismäßig sind (näher Jarass in Jarass/Pieroth GG, Art. 13 Rn. 38).

44 Eingriffe und Beschränkungen der Unverletzlichkeit der Wohnung sind nach Art. 13 Abs. 7 GG **zur Verhütung dringender Gefahren** für die öffentliche Sicherheit und Ordnung zulässig. Insoweit gilt, dass Eingriffe und Beschränkungen des Art. 13 Abs. 7 GG bereits dann als zulässig anzusehen sind, wenn sie dem Zweck dienen, einen Zustand nicht eintreten zu lassen, der seinerseits eine dringende Gefahr für die öffentliche Sicherheit und Ordnung darstellen würde (BVerwG 7.6.2006 – 4 B 36/06, NJW 2006, 2504). **Abs. 9 Satz 2** knüpft das Betretungsrecht von Wohnungen daran, dass es zur **Abwehr einer erheblichen Gefahr** für die öffentliche Sicherheit erforderlich ist. § 2 Nr. 1 NPOG definiert die Gefahr als eine Sachlage, bei der im einzelnen Fall die hinreichende Wahrscheinlichkeit besteht, dass in absehbarer Zeit ein Schaden für die öffentliche Sicherheit eintreten wird. Nach § 2 Nr. 3 NPOG zeichnet sich eine erhebliche Gefahr dadurch aus, dass ein bedeutsames Rechtsgut wie „Leben, Gesundheit, ... nicht unwesentliche Vermögenswerte ..." bedroht sein muss. Gemessen am Maßstab der erheblichen Gefahr rechtfertigt also nicht jeder beliebige Widerspruch zum öffentlichen Baurecht das Betreten einer in Gebrauch genommenen Wohnung gegen den Willen des Betroffenen. Allein die ungenehmigte Nutzung von Wohnräumen stellt zwar eine konkrete Gefahr dar, aber – anders als das sich abzeichnende Einstürzen eines Daches oÄ – keine Gefahr für ein bedeutsames Rechtsgut, also noch keine erhebliche Gefahr. Das Betreten von Wohnungen, die in Gebrauch genommen worden sind, ist daher gegen den Willen der Betroffenen nur in relativ engen Grenzen zulässig. Anders als andere LBOen macht die NBauO das Betreten von Wohnungen aber nicht von einer vorherigen Ankündigung abhängig (vgl. Köhler-Rott in Reichel/Schulte, BauordnungsR-HdB, Kap. 15, Rn. 127 mN).

45 **Einzelfragen:** Lässt der Betroffene das Betreten seiner Wohnung nicht zu, obgleich die Voraussetzungen des Abs. 9 vorliegen, muss die BauAB zunächst, notfalls mündlich, eine **Duldungsanordnung** erlassen, bevor das Betreten – ggf. unter Anwendung unmittelbaren Zwangs (§ 71 ff. NPOG) – durchgesetzt werden darf (vgl. auch OVG Berlin 24.11.1987 – 2 S 51.87, NVwZ 1988, 844; VGH München 10.4.1986 – 2 B 85 A.630, BRS 46 Nr. 199). Die BauAB darf den Termin für das Betreten aber nicht so kurzfristig anberaumen, dass der Betroffene keinen effektiven Rechtsschutz erlangen kann, auch wenn kaum vorstellbar ist, dass das Betreten seine Rechte verletzen kann. Die BauAB wird sich der Vollzugshilfe der Polizei versichern, wenn sie mit Widerstand rechnet (§§ 50 f. NPOG). Eine Verfügung, die dem Adressaten aufgibt, das Betreten seines Grundstücks zu dulden, erstreckt sich nicht auf in Gebrauch genommene Wohnräume; wegen der besonderen Voraussetzungen bedarf es insoweit einer ausdrücklichen Bezeichnung der Räume, die betreten werden sollen (OVG Lüneburg 26.7.1991 – 1 A 134/88, OVGE 42, 397).

46 Typische Gefahrenlagen, denen die BauAB mit regelmäßigen **Überprüfungen nach § 78** Rechnung trägt, rechtfertigen regelmäßig ein Betreten von Wohnungen (OVG Lüneburg 15.2.1991 – 6 L 55/89, n.v. für die Überprüfung eines Personenaufzugs). Auch wenn die **Durchsetzung von Maßnahmen nach § 79** iVm §§ 64 ff. NPOG nur mit dem Betreten von Wohnungen verbunden ist, bedarf es keiner richterlichen Anordnung. Die zwangsweise Durchsuchung von Wohnungen setzt jedoch eine richterliche Durchsuchungsanordnung voraus, vgl. Art. 13 Abs. 2 GG (BVerfG 3.4.1979 – 1 BvR 994/76, BVerfGE 51, 97).

F. Kosten bauaufsichtlicher Entscheidungen und Maßnahmen

Die Kosten der Bauaufsicht werden in erster Linie durch Gebühren gedeckt. Für ihre Amtshandlungen gegenüber Bauherren und anderen Personen haben die BauABen nach dem **Nds. Verwaltungskostengesetz** (NVwKostG, idF v. 25.4.2007, Nds. GVBl. S. 173, zul. geänd. d. G v. 15.12.2016, Nds. GVBl. S. 301) Gebühren und Auslagen zu erheben. Die Höhe der Gebühren ergibt sich für die gebräuchlichsten Amtshandlungen der Bauaufsicht aus der **Baugebührenordnung** (BauGO; heute gültige Fassung v. 13.1.1998, Nds. GVBl. S. 3, zul. geänd. d. VO v. 19.2.2019 (Nds. GVBl. S. 17). Die Gebührensätze der BauGO sollen den Aufwand der kommunalen Körperschaften für die Bauaufsicht voll abdecken und es ihnen ermöglichen, das nach § 57 Abs. 4 erforderliche qualifizierte Personal zu bezahlen (vgl. BegrRegE NBauO 1973 S. 110). Die BauGO regelt insbesondere die Gebühren für die Baugenehmigung und die – zusätzlichen – Gebühren für die im Baugenehmigungsverfahren erforderlichen technischen Prüfungen sowie die Gebühren für Bauvorbescheide, Amtshandlungen nach den Vorschriften über Bauprodukte und Bauarten (§§ 16b.), Abnahmen, regelmäßige Überprüfungen, Beratung (vgl. → Rn. 12), Teilungsgenehmigungen, Abweichungen, Ausnahmen und Befreiungen, Baulasteintragungen, Verfügungen nach § 79 usw. Wegen der Gebühren für die Ablehnung einer Genehmigung und bei Rücknahme eines Antrages an die BauAB s. § 11 Abs. 3 NVwKostG und § 1 Abs. 2 BauGO, wegen der Gebühren für Widerspruchsbescheide § 12 NVwKostG. 47

Kostenregelung bei Zusammenwirken der BauAB mit anderen Stellen: Nach §§ 5 f. BauGO erhöht sich die Gebühr, die von der BauAB zu erheben ist, um einen – nach dem Zeitaufwand bemessenen – Zuschlag, wenn im Baugenehmigungsverfahren oder an einer sonstigen Amtshandlung der BauAB eine andere Stelle (eine andere Organisationseinheit innerhalb der BauAB oder eine andere Behörde) mitwirkt (zB die Gemeinde nach § 36 BauGB oder eine sonst von der BauAB zur Klärung einer Fachfrage hinzugezogene Stelle). Wenn die BauAB und die mitwirkende Stelle nicht derselben Körperschaft angehören (Beispiel: die BauAB einer kreisangehörigen Stadt erteilt die Baugenehmigung im Benehmen mit der Naturschutzbehörde des Landkreises), so hat die BauAB den Zuschlag an die andere Körperschaft abzuführen (§ 7 BauGO). Der Zuschlag entfällt, wenn eine Denkmalbehörde oder das Landesamt für Denkmalpflege mitwirkt, die mitwirkende Stelle einen eigenen Gebührenanspruch hat, die Gemeinde den Bauantrag nur nach § 69 Abs. 1 NBauO an die BauAB weiterleitet oder eine von der Bauaufsicht getrennte Stelle für Stadtplanung sich zu der Baumaßnahme äußert (vgl. § 5 S. 2 BauGO). 48

Wenn eine Planfeststellung, Genehmigung oder ähnliche Entscheidung nach einem anderen Gesetz die Baugenehmigung einschließt und eine Gebührenordnung dafür eine erhöhte Gebühr vorsieht, so ist der Erhöhungsbetrag an die kommunale Körperschaft abzuführen, deren BauAB für die Baugenehmigung zuständig gewesen wäre. 49

„Stellen oder Personen", denen die oberste BauAB nach **Abs. 5 S. 2** Amtshandlungen übertragen hat, erhalten wie niedersächsische BauABen Gebühren und Auslagen nach Maßgabe der BauGO; dies hat die ÄnderungsVO v. 2.12.2004 (Nds. GVBl. S. 573) durch Änderungen der §§ 1 f. BauGO klargestellt. Das gilt nun für die **TÜV Nord GmbH**, die für die **Ausführungsgenehmigung fliegender Bauten** zuständig geworden ist (→ Rn. 24). Wenn das **Prüfamt für Baustatik** die Standsicherheit fliegender Bauten prüft, erhält es seine Gebühr von der TÜV Nord GmbH, die sie dann als Auslage vom Kostenschuldner einfordert. Die Gebühr für eine **Typenprüfung** hat dagegen unmittelbar der Antragsteller zu zahlen. 50

Für die Tätigkeit des **DIBt** gelten keine niedersächsischen Kostenvorschriften. Es erhebt Gebühren und Leistungsentgelte aufgrund des Berliner Verwaltungskostenrechts nach Maßgabe seiner Satzung (→ Rn. 22). 51

Zu den Gebühren der nach § 24 anerkannten **Prüf-, Zertifizierungs- und Überwachungsstellen** → § 19 Rn. 8.

Neunter Teil
Genehmigungserfordernisse

§ 59 Genehmigungsvorbehalt

(1) Baumaßnahmen bedürfen der Genehmigung durch die Bauaufsichtsbehörde (Baugenehmigung), soweit sich aus den §§ 60 bis 62, 74 und 75 nichts anderes ergibt.

(2) Vorschriften des Bundes- oder Landesrechts, nach denen behördliche Entscheidungen eine Baugenehmigung einschließen, bleiben unberührt.

(3) [1]Genehmigungsfreie und verfahrensfreie Baumaßnahmen müssen die Anforderungen des öffentlichen Baurechts ebenso wie genehmigungsbedürftige Baumaßnahmen erfüllen, es sei denn, dass sich die Anforderungen auf genehmigungsbedürftige Baumaßnahmen beschränken. [2]Genehmigungsvorbehalte in anderen Vorschriften, namentlich im Niedersächsischen Denkmalschutzgesetz und im städtebaulichen Planungsrecht, bleiben unberührt.

Übersicht

A. Allgemeines

1 Teil X (Genehmigungsverfahren) in der bis 2012 geltenden Fassung beinhaltete abweichend von seiner Überschrift auch die §§ 69–70 aF über die verfahrensfreien und die genehmigungsfreien Baumaßnahmen. Unter Berücksichtigung des erweiterten Umfangs und der zunehmenden Bedeutung der diese Regelungsgegenstände betreffenden Vorschriften sind in der NBauO 2012 zwei neue Teile IX und X gebildet worden. Im Teil IX werden anschließend an den Grundsatz des Genehmigungsvorbehalts (§ 59) zunächst die weitestgehende Form des Verzichts auf ein Baugenehmigungsverfahren, die Verfahrensfreistellung (§ 60), dann die genehmigungsfreien öffentlichen Baumaßnahmen (§ 61) und schließlich als eine weitere Form des Genehmigungsverzichts das Verfahren der Genehmigungsfreistellung (§ 62) behandelt (LT-Drs. 16/3195, 94).

Absatz 1 ist – von redaktionellen Änderungen abgesehen – unverändert zu § 68 Abs. 1 aF.

Absatz 2 entspricht § 68 Abs. 2 S. 2 aF und ist aufgrund der Empfehlung des Ausschusses für Soziales, Frauen, Familie, Gesundheit und Integration der Vollständigkeit halber und zur Klarstellung aufgenommen worden.

Absatz 3 entspricht § 69 Abs. 6 aF.

B. Änderungen der NBauO

Um die Anforderungen, die das öffentliche Baurecht an bauliche Anlagen und Baumaßnahmen stellt, durchzusetzen, machte die NBauO bis 1995 die Zulässigkeit aller bedeutsamen baulichen Anlagen von der Einholung einer Erlaubnis durch den Bauherrn abhängig. Die BauAB konnte auf diesem Weg die Vereinbarkeit baulicher Anlagen mit dem öffentlichen Baurecht vor ihrer Ausführung überprüfen. Nur bei Baumaßnahmen, deren bauordnungs- und bauplanungsrechtliche Auswirkungen geringfügig sind, verzichtete die NBauO bis 1995 auf eine behördliche Prüfung vor der Bauausführung. Die **NBauO 1995** verließ mit der **Genehmigungsfreiheit von Wohngebäuden geringer Höhe** in bestimmten Plangebieten nach § 69a – nunmehr unter Erweiterung des Anwendungsbereichs in § 62 geregelt – das System des umfassenden Genehmigungsvorbehalts, um mit der Verringerung der Baugenehmigungsverfahren die BauAB zu entlasten und das Bauen zu beschleunigen. Ob ein **Beschleunigungseffekt** bei den Vorhaben nach § 69a aF tatsächlich erreicht wurde (vgl. Schröder-Doms NSt-N 1995, 61), kann dahinstehen; jedenfalls ist die Gefahr von Verstößen gegen öffentliches Baurecht gestiegen (vgl. die Daten in LT-Drs. 14/851, 8). Die Befugnis der BauAB nach § 58 Abs. 1, die Einhaltung des öffentlichen Baurechts zu überwachen, kann die Risiken der Freistellung vom Genehmigungsvorbehalt nicht ausgleichen. 2

Den BauABen dürfte nunmehr allerdings auch das Personal zu einer wirkungsvollen Überwachung fehlen, weil mit der Einführung des Genehmigungsfreistellungsverfahrens nach § 69a aF unter dem Diktat leerer öffentlicher Kassen Personal abgebaut worden ist. Die Kontrolle der Einhaltung des öffentlichen Baurechts nach Ausführung des Bauvorhabens ist aber idR mit sehr viel höheren Aufwendungen verbunden und der politische Druck auf die BauAB wächst, wegen „geringfügiger" Verstöße gegen das öffentliche Baurecht auf kostenaufwendige Änderungen zu verzichten. Sachgerechter als die Einführung des § 69a aF wäre es gewesen, die Prüfung im Baugenehmigungsverfahren nach dem Vorbild des § 82 Abs. 3 aF – jetzt § 74 Abs. 3 – auf bestimmte Punkte zu beschränken und damit auch die Entwurfsverfasser schrittweise in ihre Verantwortung hineinwachsen zu lassen (Gnatzy, Verfahrensliberalisierung im Bauordnungsrecht der Länder, 1999). Mit der Gesamtnovellierung der NBauO 2012 sollten die mit den Bauordnungsnovellen 1995, 2002 und 2005 durchgeführten **Reformen des Bauordnungsrechts** fortgesetzt werden. 3

Ziel der Novellierung 2012 war es zum einen, durch die Ausweitung des Verzichts auf präventive bauaufsichtliche Prüfungen sowie den Abbau und die Straffung von materiellen Anforderungen, das Bauen für den Bauwilligen „einfacher, schneller und kostengünstiger" zu gestalten und zum anderen, die BauAB zu entlasten (vgl. LT-Drs. 16/3195, 58 und 60 unter III.). Ob allerdings die mit der NBauO 1995 eingeleitete Deregulierung des Bauordnungsrechts zu einer Entlastung der BauAB geführt oder sich nur die Aufgabenstellung der BauAB geändert hat (Verzicht auf präventive bauaufsichtliche Prüfungen mit der möglichen Folge von repressiven Maßnahmen nach § 79 bei Feststellung von Baurechtsverstößen), bleibt offen. Auf Untersuchungen hierzu verweist der Gesetzentwurf nicht. Im wesentlichen Ergebnis der Folgenabschätzung gibt der Gesetzentwurf jedenfalls vor, dass eine Reduzierung staatlicher Prüftätigkeit nicht zu einem Verlust an Sicherheit und Bauqualität führen darf (LT-Drs. 16/3195, 60; vgl. zu den Problemen der Deregulierung und der beschränkten Prüfprogramme: Jäde ZfBR 2010, 551 (556 f.) und Ekardt ua NJ 2007, 481). Martin/Krautzberger (Handbuch Denkmalschutz und Denkmalpflege, 3. Aufl. 2010, Rn. 157 ff.) sehen Gefahren für den Denkmalschutz durch die fortschreitende Deregulierung im Bauordnungsrecht (kritisch auch: Schmaltz/Wiechert Vorbemerkungen Rn. 25 aE). 4

C. Der Genehmigungsvorbehalt (Abs. 1)

5 Das in §§ 59, 72 ausgesprochene Verbot, mit der Durchführung genehmigungsbedürftiger Baumaßnahmen nicht vor Erteilung der Baugenehmigung zu beginnen, dient der vorbeugenden Kontrolle, ob die Baumaßnahme mit dem öffentlichen Baurecht in Einklang steht. Dem präventiven Verbot korrespondiert allerdings ein Rechtsanspruch auf Erteilung der Baugenehmigung (gebundene Erlaubnis), wenn das konkrete Vorhaben den gesetzlichen Anforderungen entspricht (§ 70 Abs. 1 S. 1). **Das präventive Verbot mit Erlaubnisvorbehalt** stellt ein gesetzgeberisch zulässiges Mittel dar, um im öffentlichen Interesse zu klären, ob das Verhalten des Bürgers rechtmäßige Grundrechtsausübung ist (BVerfG 5.8.1966 – 1 BvF 1/61, BVerfGE 20, 150; 14.2.1967 – 1 BvL 17/63, BVerfGE 21, 150 (154); 3.11.1982 – 1 BvL 4/78, BVerfGE 61, 291 (317)).

6 Auch im Hinblick auf die **in Art. 14 GG verankerte Eigentumsgarantie** ist der Genehmigungsvorbehalt jedenfalls im Grundsatz unbedenklich. Art. 14 Abs. 1 S. 2 GG sieht die Bestimmung von Inhalt und Schranken des Eigentums durch einfaches Gesetz vor und lässt daher Beschränkungen der „Baufreiheit" zu, die im Rahmen einer sinnvollen, dem Wohl der Allgemeinheit dienenden Ordnung erforderlich sind (BVerfG 12.6.1979 – 1 BvL 19/76, BVerfGE 52, 1). Den konkreten Genehmigungsanspruch auf Erteilung der Baugenehmigung leitet der Bauantragsteller demnach aus den einfachgesetzlichen Vorschriften der entsprechenden Landesbauordnungen ab. Umstritten ist, ob die Eigentumsgewährleistung nach Art. 14 Abs. 1 S. 1 GG Bedeutung erlangt, wenn die Erteilung einer Baugenehmigung (nur) bestandskräftig versagt worden ist (→ § 79 Rn. 20 mN; BVerwG 6.6.1975 – IV C 15.73, BVerwGE 48, 271; 9.3.1990 – 4 B 145.88,BeckRS 1990, 31273225 = juris Rn. 32; anders bei rechtskräftiger Versagung; hierzu Ortloff NJW 1987, 1665 (1670)).

7 Die verfassungsrechtliche Unbedenklichkeit des Verbots mit Erlaubnisvorbehalt als Rechtsinstitut schließt Zweifel daran nicht aus, ob eine präventive Kontrolle im Einzelfall wegen der unbedeutenden Auswirkungen einer baulichen Anlage bzw. der **Geringfügigkeit einer Baumaßnahme** erforderlich ist. Eine Genehmigungspflicht ist nur zulässig, wenn eine bauliche Anlage oder Baumaßnahme baurechtlich relevante Auswirkungen zeitigt und das öffentliche Baurecht Anforderungen an das Vorhaben stellt. Unter diesem Gesichtspunkt ist die Freistellung der im Anhang zu § 60 aufgeführten baulichen Anlagen, Teile baulicher Anlagen und Baumaßnahmen von der Genehmigungspflicht teilweise verfassungsrechtlich geboten.

8 § 60 regelt nunmehr die **Verfahrensfreiheit von Baumaßnahmen**, die in der bisherigen Fassung der NBauO teils in § 69 aF, teils im Anhang hierzu aufgeführt waren. Der Begriff der Verfahrensfreiheit – anstelle der Genehmigungsfreiheit – wurde gewählt, um die unter § 60 fallenden Bauvorhaben von den der Genehmigungsfreistellung nach § 62 unterliegenden und damit ebenfalls genehmigungsfreien Bauvorhaben zu unterscheiden (LT-Drs. 16/3195, 94). Stärker aber als derartige verfassungsrechtliche Überlegungen zur Verfahrens- und Genehmigungsfreistellung von Bauvorhaben hat sich inzwischen der politische Wille zur Vereinfachung und Beschleunigung des Baugenehmigungsverfahrens durch eine wesentliche Erweiterung des Anwendungsbereichs der verfahrens- und genehmigungsfreien Vorhaben ausgewirkt.

9 § 29 BBauG/BauGB hatte bis zur Änderung durch das BauROG vom 18.8.1997 (BGBl. I S. 2081) die Anwendung der §§ 30–37 BauGB davon abhängig gemacht, dass das zur Genehmigung gestellte Vorhaben einer bauaufsichtlichen Genehmigung oder Zustimmung bedurfte bzw. der BauAB angezeigt werden musste. Seit dem Wyhl-Urteil des BVerwG (19.12.1985 – 7 C 65.82, BVerwGE 72, 300) bestand weitgehend Einigkeit darüber, dass der Landesgesetzgeber wegen dieser weitgehenden **Verknüpfung der Anwendbarkeit des Planungsrechts mit dem landesrechtlichen Genehmigungsverfahren** nicht frei darüber verfügen konnte, für welche baulichen Anlagen er ein präventives bauaufsichtliches Genehmigungsverfahren vorsah und damit den §§ 30 ff.

BauGB unterwarf (aA Jäde ZfBR 1996, 18 (19 f.)). Mit der Änderung des § 29 BauGB durch das BauROG hat der Bundesgesetzgeber diese Verknüpfung gelöst und die Anwendung der §§ 30–37 BauGB für alle in § 29 BauGB genannten Vorhaben unabhängig davon angeordnet, ob sie einem bauaufsichtlichen Kontrollverfahren unterliegen.

Allerdings geht **§ 36 Abs. 1 S. 1 BauGB** davon aus, dass **über die Zulässigkeit von Vorhaben nach den §§ 31, 33–35 BauGB im bauaufsichtlichen Verfahren von der Baugenehmigungsbehörde** im Einvernehmen mit der Gemeinde entschieden wird. Das BauGB setzt daher insbesondere für Vorhaben im unbeplanten Innen- und Außenbereich grundsätzlich weiter ein präventives Zulassungsverfahren voraus. Im Geltungsbereich qualifizierter B-Pläne nach § 30 Abs. 1 BauGB und vorhabenbezogener B-Pläne nach § 30 Abs. 2 BauGB darf das Landesrecht nach § 36 Abs. 1 S. 1 BauGB den Rückzug des Staates aus der Bauaufsicht so weit ausdehnen, dass es auf ein bauaufsichtliches Verfahren vollständig verzichtet. Allerdings muss der Gemeinde auch im Freistellungsverfahren nach §§ 36 Abs. 1 S. 3, 15 Abs. 1 S. 2 BauGB die Möglichkeit eingeräumt werden, die Instrumente der Plansicherung einzusetzen (vgl. § 62 Abs. 5). Unberührt davon bleiben die verfahrensfreien Baumaßnahmen, die keine bodenrechtlichen Auswirkungen haben (vgl. § 60 mit Anhang). 10

Als **Alternative zum Genehmigungsvorbehalt** wird vielfach die Freistellung vom Genehmigungsvorbehalt und die Einschaltung von Sachverständigen propagiert, von der man sich eine Beschleunigung und Kostensenkung bei der Verwirklichung von Bauvorhaben sowie eine Stärkung der Eigenverantwortung des Bauherrn verspricht (Jäde ZfBR 1996, 24). Demgegenüber ist die Schutzfunktion der Baugenehmigung hervorzuheben, die nicht ohne Weiteres aufgegeben werden sollte (vgl. auch → § 62 Rn. 2). Zu begrüßen ist, dass – im Gegensatz zur MBauO 2002 – auch (vgl. § 69a Abs. 8 aF) nach der NBauO 2012 der Bauherr verlangen kann, dass für eine Maßnahme nach § 62 Abs. 1 das **vereinfachte Baugenehmigungsverfahren (§ 63)** durchgeführt wird (§ 62 Abs. 10). 11

Bei Bauvorhaben, die ohne Baugenehmigung verwirklicht werden, sind auch nach Jahr und Tag Eingriffsverfügungen nach § 79 möglich (→ § 79 Rn. 62). Die in zeitlicher Hinsicht ausgedehnte Möglichkeit des Nachbarn (→ § 68 Rn. 60) gegen **ein „freigestelltes" Vorhaben** mit Widerspruch und Klage vorzugehen, **erhöht das Risiko des Bauherrn**. Auch das finanzielle Risiko bei Insolvenz des Entwurfsverfassers darf nicht außer Acht gelassen werden. Zu diesen gravierenden Nachteilen für den Bauherrn kommt aus der Sicht der Allgemeinheit hinzu, dass es nach der Fertigstellung eines Bauwerks sehr viel schwieriger ist, das materielle Baurecht durchzusetzen als Korrekturen im Baugenehmigungsverfahren und damit vor Errichtung des Bauvorhabens (§ 72) vorzunehmen (vgl. Gnatzy Verfahrensliberalisierung im Bauordnungsrecht der Länder, 1999). 12

In § 60 Abs. 3 hat der Gesetzgeber nunmehr selbst eine **Alternative zum Genehmigungsvorbehalt** eingeführt. Danach ist der Abbruch und die Beseitigung eines Hochhauses (§ 2 Abs. 5 S. 1 Nr. 1) oder eines nicht im Anhang (zu § 60) genannten Teils einer baulichen Anlage genehmigungsfrei, der BauAB aber vor der Durchführung der Baumaßname schriftlich mit Unterschrift des Bauherrn **anzuzeigen**. Die Anzeige bezweckt eine – verfahrensrechtlich nicht näher ausgestaltete – Information der BauAB, auf die sie in der ihr jeweils nach Lage der Dinge angezeigt erscheinenden Weise nach § 79 reagieren kann (LT-Drs. 16/3195, 94; zum Inhalt der Anzeige s. § 5 BauVorlVO, abgedr. bei § 67). 13

D. Ausnahmen vom Grundsatz der Genehmigungspflicht

Im Rahmen des durch § 1 bestimmten Geltungsbereichs der NBauO verzichtet § 59 in folgenden Fällen auf die Erteilung einer Baugenehmigung und macht insofern eine Ausnahme vom Genehmigungsvorbehalt: 14

1. Verfahrensfreie Baumaßnahmen (zum Begriff der Baumaßnahme § 2 Abs. 13) und Abbruchanzeige nach § 60,

2. Genehmigungsfreie öffentliche Baumaßnahmen nach § 61,
3. Sonstige genehmigungsfreie Baumaßnahmen nach § 62,
4. Bauaufsichtliche Zustimmung nach § 74 für Baumaßnahmen öffentlicher Bauherren,
5. Ausführungsgenehmigung für fliegende Bauten nach § 75,
6. Behördliche Entscheidungen nach Bundes- oder Landesrecht, die die Baugenehmigung einschließen (§ 59 Abs. 2).

Bei den verfahrensfreien Baumaßnahmen nach § 60 Abs. 1 und 2 und den genehmigungsfreien öffentlichen Baumaßnahmen nach § 61 entfällt die bauaufsichtliche Kontrolle in vollem Umfang. Der Abbruch und die Beseitigung eines Hochhauses (§ 2 Abs. 5 S. 1 Nr. 1) oder eines nicht im Anhang genannten Teils einer baulichen Anlage ist ebenfalls genehmigungsfrei, der BauAB aber vor der Durchführung der Baumaßnahme schriftlich mit Unterschrift des Bauherrn anzuzeigen (§ 60 Abs. 3). Die sonstigen genehmigungsfreien Baumaßnahmen nach § 62 bedürfen zwar keiner Baugenehmigung, bestimmte Baumaßnahmen unterliegen jedoch einer Prüfung der Nachweise der Standsicherheit und des Brandschutzes. Eine Baumaßnahme ist nach Abs. 1 ua (nur) genehmigungsfrei, wenn die nach § 65 Abs. 2 S. 1 zu prüfenden Nachweise der Standsicherheit und des Brandschutzes und, soweit erforderlich, die Eignung der Rettungswege nach § 33 Abs. 2 S. 3 Hs. 2 (zuvor) geprüft und bestätigt worden sind (§ 62 Abs. 2 Nr. 4). Die NBauO setzt also wie bisher eine hoheitliche Prüfung bestimmter bautechnischer Nachweise voraus. Die Prüfung dieser Nachweise bei bestimmten genehmigungsfreien Baumaßnahmen (§ 65 Abs. 3 S. 1 und 2) macht nach Auffassung des Gesetzgebers die Erweiterung der Genehmigungsfreistellung überhaupt erst vertretbar (LT-Drs. 16/3195, 96).

15 Auch für die genehmigungsfreien Baumaßnahmen gelten aber nach § 29 BauGB 1998 die §§ 30–37 BauGB; lediglich ein bauaufsichtliches Verfahren iSd § 36 Abs. 1 S. 3 BauGB mit Beteiligung der Gemeinde ist aus unterschiedlichen Gründen entbehrlich. Die **unbedeutenden Baumaßnahmen haben idR keine bodenrechtliche Relevanz** (→ Rn. 7). § 61 geht davon aus, dass bei bestimmten Vorhaben auf ein bauaufsichtliches Verfahren verzichtet werden kann, wenn einem öffentlichen Bauherrn Bauleitung und Überwachung obliegen. Für Vorhaben nach § 62 verzichtet im Übrigen auch das Bundesrecht auf ein bauaufsichtliches Verfahren, denn § 36 Abs. 1 S. 1 BauGB bezieht sich nur auf Vorhaben nach §§ 31, 33–35 BauGB. Fliegende Bauten (§ 75) sind keine baulichen Anlagen iSd § 29 BauGB, weil sie nicht dauerhaft aufgestellt werden mit der Folge, dass ein bauaufsichtliches Verfahren iSd § 36 BauGB entbehrlich ist. Bei den behördlichen Entscheidungen nach den Vorschriften des Bundes- oder Landesrechts, die eine Baugenehmigung einschließen (Abs. 2), tritt ein besonderes Verwaltungsverfahren an die Stelle des Baugenehmigungsverfahrens (zB: § 13 BImSchG).

E. Anwendbarkeit des BauGB

16 Da § 29 BauGB 1998 die Anwendbarkeit der städtebaulichen Vorschriften nicht mehr von einer bauaufsichtlichen Genehmigungspflicht abhängig macht (→ Rn. 9), **gelten §§ 30–37 BauGB grundsätzlich für alle baulichen Anlagen**. Allerdings setzt der planungsrechtliche Begriff der baulichen Anlage iSd § 29 BauGB – im Unterschied zum bauordnungsrechtlichen Begriff iSd § 2 Abs. 1 (→ § 2 Rn. 5 ff.) – eine bodenrechtliche Relevanz voraus. Hat eine bauliche Anlage keine Auswirkungen auf die mit dem Städtebaurecht verfolgten Belange oder können diese Auswirkungen wegen ihrer Geringfügigkeit vernachlässigt werden, ist es nicht gerechtfertigt, solche Anlagen den Vorschriften der §§ 30–37 BauGB zu unterwerfen, unabhängig davon, ob bauordnungsrechtliche Belange eine Kontrolle erfordern (BVerwG 16.12.1993 – 4 C 22.92, NVwZ 1994, 1010 für einen bauplanungsrechtlich irrelevanten Dachgaubenausbau). Auch kleine bauliche Anlagen können aber städtebauliche Relevanz besitzen, wenn sie im Falle ihrer Häufung Anlass zu einer ihre Zulässigkeit regelnden verbindlichen Planung geben bzw. Belange berühren, die in der Bauleitplanung nach § 1 Abs. 5 BauGB zu berücksichtigen sind (BVerwG 3.12.1992 – 4 C 27.91, BVerwGE 91, 234; 7.5.2001 – 6 C 18.00, BVerwGE 114, 206 (209) = NVwZ 2001, 1046 (1047); 30.8.2012 – 4 C 1.11, BVerwGE 144, 82 (90) = NVwZ 2013, 304 (→ Rn. 26)).

Den Baumaßnahmen des **§ 60** kommt – von Ausnahmen abgesehen (→ § 60 Rn. 44) – **keine bodenrechtliche Relevanz** zu. Den Abbruch baulicher Anlagen erfasst § 29 BauGB nicht, weil dieser – von §§ 172 ff., 179 BauGB abgesehen – planungsrechtlich irrelevant ist (Krämer in BeckOK BauGB § 29 Rn. 19; in bestimmten Fällen ist nunmehr aber die Anzeigepflicht nach § 60 Abs. 3 zu beachten). Die Veränderungssperre kann auch genehmigungsfreie Vorhaben verbieten, soweit sie Vorhaben iSd § 29 BauGB sind oder eine erhebliche oder wesentlich wertsteigernde Veränderung von Grundstücken und baulichen Anlagen, deren Veränderungen nicht genehmigungs-, zustimmungs- oder anzeigepflichtig sind, darstellen (§ 14 Abs. 1 BauGB). § 15 BauGB sieht nicht nur die Zurückstellung eines Baugesuchs vor, über das in einem Genehmigungsverfahren zu entscheiden ist, sondern auch eine vorläufige Untersagung einer genehmigungsfreien, aber planungsrechtlich relevanten Baumaßnahme vor (Abs. 1 S. 2). **17**

Der **Genehmigungsvorbehalt in Erhaltungsgebieten nach § 172 BauGB** ist unabhängig von der bauordnungsrechtlichen Anzeige- oder Genehmigungspflicht (vgl. Köhler/Fieseler in Schrödter BauGB § 172 Rn. 40). Nach § 172 Abs. 1 BauGB genehmigungspflichtige Rückbauten und Änderungen baulicher Anlagen können nach der NBauO verfahrens- oder genehmigungsfrei sein. Ist der Abbruch, die Änderung oder Nutzungsänderung nach der NBauO verfahrens-, anzeige- und genehmigungsfrei, erteilt die Gemeinde nach § 173 BauGB die Genehmigung, sonst erteilt die BauAB die baurechtliche Genehmigung oder an ihrer Stelle eine baurechtliche Zustimmung im Einvernehmen mit der Gemeinde. Obwohl § 173 Abs. 1 S. 2 BauGB sich dem Wortlaut nach nicht auf Vorhaben bezieht, die bauaufsichtlich nur anzeigepflichtig sind (§ 60 Abs. 3 S. 1), ist die BauAB auch für diese Vorhaben zuständig (Köhler/Fieseler in Schrödter BauGB § 173 Rn. 3). **Die Gebote der §§ 175 ff. BauGB** sind ebenfalls unabhängig von der bauordnungsrechtlichen Anzeige- und Genehmigungspflicht der betreffenden Maßnahmen (vgl. § 175 Abs. 5, § 176 Abs. 7 BauGB). Dabei dürfte die Verpflichtung zur Anzeige nach § 60 Abs. 3 vom Sinn und Zweck des § 176 Abs. 7 BauGB ebenfalls erfasst sein. Die Anordnung eines Gebotes durch die Gemeinde nach §§ 175 ff. befreit demnach nicht von der Anzeigepflicht oder der Genehmigungsbedürftigkeit nach der NBauO. **18**

F. Genehmigungen, die die Baugenehmigung einschließen (Abs. 2)

Neben der NBauO und dem BauGB stellen zahlreiche andere Gesetze (→ Vorb. vor § 1 Rn. 34 ff.) Anforderungen an bauliche Anlagen, über deren Einhaltung Fachbehörden wachen. Die **Notwendigkeit mehrerer Genehmigungsverfahren** für die Errichtung und Nutzung baulicher Anlagen kann Koordinationsprobleme aufwerfen, wenn die Voraussetzungen der verschiedenen Genehmigungen schwer voneinander abzugrenzen sind (vgl. Jarass, Konkurrenz, Konzentration und Bindungswirkung von Genehmigungen, 1984; ders. WiVerw 1984, 169; Gaentzsch NJW 1986, 2787; Seibert, Bindungswirkung von Verwaltungsakten, 1989, S. 356 ff.; Steinberg DVBl 1988, 995; → § 70 Rn. 51 ff.). Die Probleme paralleler Genehmigungsverfahren können vom Gesetzgeber dadurch behoben werden, dass eine der Genehmigungen durch einen internen Zustimmungsvorbehalt ersetzt wird oder eine Genehmigung die Genehmigung nach anderen Vorschriften einschließt. Abs. 2 stellt klar, dass die NBauO Vorschriften des Bundes- oder Landesrechts, nach denen behördliche Entscheidungen eine Baugenehmigung einschließen, unberührt lässt (→ Rn. 22 f.). **19**

Soweit eine andere behördliche Entscheidung die Baugenehmigung einschließt, entfällt ein gesondertes Baugenehmigungsverfahren; die materiellen Vorschriften, die im Bau- **20** genehmigungsverfahren zu prüfen sind, sind jedoch zu beachten. Gesetzlich vorgeschriebene **Mitwirkungsakte anderer Behörden im Baugenehmigungsverfahren** sind auch in dem anderen Verfahren erforderlich (vgl. § 36 Abs. 1 S. 2 BauGB; Söfker in EZBK § 36 Rn. 16 f.). Die BauAB ist in dem anderen Genehmigungsverfahren zu beteiligen, damit die Belange der Bauaufsicht gewahrt werden. Wenn schon Mitwirkungsrechte anderer Behörden zu beachten sind, muss auch die BauAB in der Form des Einvernehmens beteiligt werden. Das gilt nicht, wenn in einem Planfeststellungsverfahren über die Zulässigkeit baulicher Anlagen entschieden wird (§ 75 Abs. 1 S. 1 VwVfG; dazu → Rn. 25 ff.).

21 § 68 Abs. 2 S. 1 NBauO 1986 stellte die sog. überwachungsbedürftigen Anlagen vom Genehmigungsvorbehalt frei, die früher in § 24 GewO und den dazu ergangenen VOen geregelt waren. Nach Art. 13 des 2. Gerätesicherheits-ÄndG vom 26.8.1992 (BGBl. I S. 1564) galten die aufgrund von § 24 GewO erlassenen RechtsVOen als VOen nach § 11 GSG zunächst fort. Nach Art. 8 Abs. 3 der VO zur Rechtsvereinfachung im Bereich der Sicherheit und des Gesundheitsschutzes bei der Bereitstellung von Arbeitsmitteln und deren Benutzung bei der Arbeit, der Sicherheit beim Betrieb überwachungsbedürftiger Anlagen und der Organisation des betrieblichen Arbeitsschutzes vom 27.9.2002 (BGBl. I S. 3777) sind die früher einschlägigen (vgl. 7. Auflage § 68 Rn. 11 f.) DampfkesselVO, die AufzV, die AcetV und die VbF am 1.1.2003 außer Kraft getreten. **Dampfkesselanlagen, Füllanlagen, Lageranlagen einschl. Tankstellen und ortsfeste Flugfeldbetankungsanlagen unterliegen nach § 13 BetriebssicherheitsVO** (BetrSichV) vom 27.9.2002 (BGBl. I S. 3777 – als Art. 1 der erwähnten VO zur Rechtsvereinfachung verkündet), zul. geänd. d. Art. 1 VO zur Änd. von Arbeitschutzverordnungen und zur Aufh. der FeuerzeugVO vom 30.4.2019 (BGBl. I S. 554) **einem Erlaubnisvorbehalt**. Allerdings macht die BetrSichV die Erlaubnis nicht von der Einhaltung der Anforderungen des öffentlichen Baurechts abhängig (vgl. § 13 Abs. 2 S. 3 BetrSichV), so dass § 68 Abs. 2 S. 1 aF bislang leer lief. Das ÄndGNBauO 2005 hatte die Verweisung in § 68 aF auf das GSG auf das Geräte- u. ProduktsicherheitsG – GPSG – v. 6.1.2004 (BGBl. I S. 2) umgestellt, obgleich von der Verordnungsermächtigung des § 14 GPSG noch kein Gebrauch gemacht worden war. Nunmehr ist am 1.12.2011 das Gesetz über die Bereitstellung von Produkten auf dem Markt (Produktsicherheitsgesetz – ProdSG) vom 8.11.2011 (BGBl. I, 2178, ber. 2012 I, 131) in Kraft getreten, das in § 34 die Verordnungsermächtigung vorsieht. Dennoch hat sich der Gesetzgeber entschlossen, die Regelung des § 68 Abs. 2 S. 1 aF ersatzlos zu streichen.

22 Als Vorschrift des Bundesrechts, nach der andere behördliche Entscheidungen eine Baugenehmigung einschließen (Abs. 2), ist vor allem § 13 BImSchG zu nennen. Nach dieser Vorschrift schließt die **immissionsschutzrechtliche Genehmigung für genehmigungsbedürftige Anlagen** nach § 4 BImSchG (vgl. 4. BImSchV) andere die Anlage betreffende behördliche Entscheidungen mit ein. Das gilt nach § 19 BImSchG auch für Anlagen, die dem vereinfachten Genehmigungsverfahren unterliegen (§ 2 Abs. 1 S. 1 Nr. 2 der 4. BImSchV). Erlischt die immissionsschutzrechtliche Genehmigung nach § 18 Abs. 2 BImSchG, weil das Genehmigungserfordernis aufgehoben wird, berührt das nicht die eingeschlossene Baugenehmigung (OVG Münster 15.3.1993 – 21 A 1691/89, NVwZ 1994, 184). Im Fall des Wiederaufbaus einer zerstörten Anlage entbindet § 16 Abs. 5 BImSchG lediglich von der Pflicht, ein immissionsschutzrechtliches Genehmigungsverfahren durchzuführen, nicht jedoch von der Beachtung anderer behördlicher Genehmigungserfordernisse. Die Vorschrift lässt die Pflicht, ein Baugenehmigungsverfahren durchzuführen, unberührt (BVerwG 21.12.2011 – 4 C 12.10, NVwZ 2012, 636).

23 Der **Sanierungsplan nach § 13 BBodSchG** schließt andere die Sanierung betreffende behördliche Entscheidungen mit Ausnahme von Zulassungsentscheidungen für Vorhaben, die nach § 1 iVm der Anlage 5 des UVPG oder kraft Landesrecht einer UVP unterliegen, mit ein, soweit sie im Einvernehmen mit der jeweils zuständigen Behörde erlassen und in dem für verbindlich erklärten Plan die eingeschlossenen Entscheidungen aufgeführt werden (§ 13 Abs. 6 BBodSchG). Entsprechendes gilt für Anordnungen zur Durchsetzung der Pflichten zur Gefahrenabwehr nach § 16 Abs. 2 BBodSchG (Altlastensanierung).

Nach **§ 17 Abs. 1 S. 2 SprengstoffG** schließt die Genehmigung für Lager für explosionsgefährliche Stoffe andere behördliche Entscheidungen, insbesondere Entscheidungen auf Grund baurechtlicher Vorschriften, ein.

Nicht in diesen Zusammenhang gehören **§ 4 S. 2 FStrG und § 48 S. 2 WaStrG**. Nach 24
diesen Vorschriften bedarf es behördlicher Genehmigungen, Erlaubnisse und Abnahmen für Bundesfernstraßen und Bundeswasserstraßen einschließlich ihrer Nebenanlagen nicht. Zwar nimmt § 1 Abs. 2 Nr. 1 NBauO ua öffentliche Verkehrsanlagen einschließlich des Zubehörs und der Nebenanlagen vom Anwendungsbereich der NBauO aus, dies gilt jedoch nicht für Gebäude (Nr. 1 aE). Gebäude sind nach den genannten bundesrechtlichen Vorschriften vom baurechtlichen Verfahren nach der NBauO befreit, nicht aber vom materiellen Baurecht. Für die nach § 3 Abs. 2 aF ebenfalls nicht ausgenommenen Bahnsteige und ihre Zugänge (Nr. 2) und Schachtfördergerüste (Nr. 3) hat der Gesetzgeber keinen Regelungsbedarf mehr gesehen. Er verweist insoweit auf das Behindertengleichstellungsgesetz des Bundes (BGG v. 27.4.2002 – BGBl. I, 1467, zul. geänd. d. Art. 12 G v. 19.12.2007 – BGBl. I, 3024), das bereits Anforderungen zur Barrierefreiheit an öffentliche Verkehrsanlagen stellt. Für Schachtfördergerüste, für die nach § 1 Abs. 2 Nr. 2 die Bergbehörden zuständig sind, kann die Bergaufsicht die Gefahrenabwehr in vollem Umfang sicherstellen (LT-Drs. 16/3195, 66). Ob die weitgehende **Freistellung der Baulastträger öffentlicher Verkehrsanlagen** kompetenzrechtlich gerechtfertigt ist, erscheint zweifelhaft. Die Überlegung, dass Behörden mit Spezialkenntnissen nicht der Aufsicht anderer Behörden unterworfen sein sollen, müsste sonst wohl zu einer weitgehenden Freistellung öffentlicher Bauherren über § 74 hinaus führen, die wiederum die Mitwirkungsrechte der Gemeinden wesentlich beschränken würde.

Auch im Landesrecht finden sich Vorschriften, nach denen **andere Genehmigungen** 25
eine Baugenehmigung einschließen:

Die **wasserrechtliche Genehmigung von Abwasseranlagen** enthält nach § 99 Abs. 3 S. 1 NWG sonstige Genehmigungen, die nach dem WHG oder dem NWG für die Anlage vorgeschrieben sind, sowie die Baugenehmigung.

Die **Bodenabbaugenehmigung** schließt nach § 10 Abs. 1 S. 2 NAGBNatSchG die Baugenehmigung ein. Nach S. 1 der genannten Norm ist die Genehmigung zu erteilen, wenn gewährleistet ist, dass das Abbauvorhaben mit dem Naturschutzrecht, dem öffentlichen Baurecht und sonstigem öffentlichen Recht vereinbar ist. Enthält die **Plangenehmigung für den Ausbau eines Gewässers** eine Bodenabbaugenehmigung, so bestimmt § 109 Abs. 3 S. 4 NWG, dass in diesen Fällen die §§ 9–11 NAGBNatSchG entsprechend gelten. Folglich schließt die eine Bodenabbaugenehmigung beinhaltende Plangenehmigung für den Gewässerausbau in diesen Fällen auch die Baugenehmigung nach § 10 Abs. 1 S. 2 NAGBNatSchG ein.

Die **Errichtung, Erweiterung, wesentliche Änderung und der Betrieb eines Zoos** bedürfen nach § 42 Abs. 2 S. 1 BNatSchG der naturschutzrechtlichen Genehmigung. Hierzu bestimmt § 29 S. 2 NAGBNatSchG, dass die Genehmigung auch die baurechtliche Genehmigung einschließt. Tiergehege sind im Gegensatz zur früheren Regelung in § 45c Abs. 3 NNatG nach § 43 Abs. 3 S. 1 BNatSchG nur noch anzeigepflichtig. Die Anzeigepflicht schließt eine nach Landesrecht erforderliche Baugenehmigung nicht ein.

Durch die Planfeststellung nach § 75 Abs. 1 VwVfG wird nicht nur die Zulässigkeit des 26
planfestgestellten Vorhabens einschließlich der notwendigen Folgemaßnahmen an anderen Anlagen im Hinblick auf alle von ihm berührten öffentlichen Belange festgestellt; die **Planfeststellung erübrigt auch andere behördliche Entscheidungen**, insbesondere öffentlich-rechtliche Genehmigungen, Verleihungen, Erlaubnisse, Bewilligungen und Zustimmungen. Diese **Konzentrationswirkung** begründet nicht nur eine einheitliche behördliche Zuständigkeit für eine einheitliche Sachentscheidung über die Zulä-

sigkeit eines verschiedene öffentliche Belange berührenden Vorhabens, sondern entbindet die Planfeststellungsbehörde auch von der Beachtung reiner Verfahrensvorschriften anderer Rechtsbereiche außerhalb des Planfeststellungsverfahrens (BVerwG 26.6.1992 – 4 B 1 – 11.92, DVBl 1992, 1435). Damit verdrängt die Planfeststellung, gleich ob sie auf Bundes- oder Landesrecht beruht, auch landesrechtliche Genehmigungserfordernisse (BVerwG 14.4.1989 – 4 C 31.88, DVBl 1989, 1053). Ferner führt die Konzentrationswirkung dazu, dass eine gleichwohl erteilte Baugenehmigung ein Vorhaben nicht legalisieren kann (OVG Münster 30.5.2018 – 20 B 542/17, BeckRS 2018, 10533 (Rn. 12)). Dagegen bleibt die Planfeststellungsbehörde an das materielle Recht der mitberührten Sachbereiche – auch des Landesrechts – gebunden (BVerwG 9.11.1984 – 7 C 15.83, BVerwGE 70, 242; BVerwG 14.4.1989 – 4 C 31.88, DVBl 1989, 1053). An Stelle eines Planfeststellungsbeschlusses kann nach § 74 Abs. 6 VwVfG eine **Plangenehmigung** erteilt werden, wenn (1.) Rechte anderer nicht beeinträchtigt werden oder die Betroffenen sich mit der Inanspruchnahme ihres Eigentums oder eines anderen Rechts schriftlich einverstanden erklärt haben, (2.) mit den Trägern öffentlicher Belange, deren Aufgabenbereich berührt wird, das Benehmen hergestellt worden ist und (3.) nicht andere Rechtsvorschriften eine Öffentlichkeitsbeteiligung vorschreiben. Die Plangenehmigung hat nach § 74 Abs. 6 S. 2 VwVfG die Rechtswirkungen der Planfeststellung (mit Ausnahme der enteignungsrechtlichen Vorwirkung). Auch sie erübrigt daher die Erteilung einer Baugenehmigung.

Planfeststellungen sind beispielsweise vorgesehen in § 18 AEG, §§ 17 ff. FStrG, §§ 1 ff. MagnetschwebebahnplanungsG, §§ 14 ff. WaStrG, §§ 8 ff. LuftVG, §§ 28 ff. PBefG, §§ 41 FlurbG, §§ 35 ff. KrWG, §§ 68 ff. WHG, § 9b AtG, § 43 EnWG.

27 **§ 9 Abs. 1 LuftVG schränkt die Konzentrationswirkung der Planfeststellung jedoch ein**; sie gilt nicht für Entscheidungen der BauAB auf Grund des Baurechts (vgl. dazu BVerwG 20.7.1990 – 4 C 30.87, BVerwGE 85, 251). Mit diesem Vorbehalt wird die Zuständigkeit der BauAB verfahrensrechtlich nicht bereits dadurch aufgehoben, dass im luftrechtlichen Planfeststellungsbeschluss auch baurechtliche Entscheidungen getroffen worden sind. Hat der Planfeststellungsbeschluss über das beabsichtigte Vorhaben entschieden, hat die BauAB dies als materielles Entscheidungsprogramm zugrunde zu legen. Besteht keine fachplanerische Vorentscheidung, hat die BauAB zu prüfen, ob mit dem beabsichtigten Vorhaben eine Änderung oder Erweiterung nach § 8 Abs. 3 LuftVG verbunden ist. Verneint die BauAB eine Änderung oder Erweiterung, so entscheidet sie selbständig nach §§ 30 ff. BauGB. Hält sie die Änderung oder Erweiterung für unwesentlich, hat sie nach § 10 Abs. 1 S. 2 LuftVG die Planfeststellungsbehörde zu beteiligen. Hält die BauAB die Änderung oder Erweiterung für wesentlich, muss sie den Bauantrag ablehnen, weil zuvor ein neues Planfeststellungsverfahren durchzuführen ist.

28 Die Konzentrationswirkung der Planfeststellung erstreckt sich nicht auf Ersatzbauten für bauliche Anlagen, die den geplanten Vorhaben weichen müssen. Zwar bezieht § 75 Abs. 1 S. 1 VwVfG auch **„notwendige Folgemaßnahmen an anderen Anlagen“** mit ein, jedoch handelt es sich dabei nur um die Maßnahmen, die erforderlich sind, damit das dem festgestellten Plan entsprechende Vorhaben in die Umgebung passt, wie zB die Anhebung oder Tieferlegung kreuzender Verkehrswege beim Bau einer Straße. Versetzt dagegen die Straßenbauverwaltung die Garage, die auf der künftigen Verkehrsfläche steht, muss sie dafür das bauordnungsrechtlich erforderliche Verfahren einleiten.

29 Auch die **Baugenehmigung kann andere behördliche Entscheidungen einschließen:** Die Baugenehmigung umfasst nach § 10 Abs. 4 NDSchG die **Genehmigung der Denkmalschutzbehörde** für Eingriffe in Kulturdenkmale und in die Umgebung von Baudenkmalen (vgl. hierzu: Wiechert in Schmaltz/Wiechert § 10 Rn. 20 f.). Einer Genehmigung zur **Waldumwandlung** bedarf es nach § 8 Abs. 2 Nr. 2 NWaldLG nicht, soweit die Umwandlung durch eine Baugenehmigung erforderlich wird. Neben der Baugenehmigung für Anlagen zum Lagern wassergefährdender Stoffe bedarf es nach **§ 63 Abs. 3 WHG keiner Eignungsfeststellung der Wasserbehörde nach § 63 Abs. 1 WHG, sofern** die Baugenehmigung die Einhaltung der wasserrechtlichen Anforderungen voraussetzt (vgl. aber auch Anhang 5.1 zu § 60; → § 60 Rn. 46). Die Erteilung einer Baugenehmigung setzt

nach §70 Abs. 1 S. 1 voraus, dass die Baugenehmigung dem öffentlichen Baurecht entspricht. Hierzu zählen auch das WHG und das NWG (→Vorb. Rn. 3). Diese Vorschriften sind auch im vereinfachten Verfahren zu prüfen (§63 Abs. 1 S. 2 Nr. 3).

G. Anforderungen des öffentlichen Baurechts an genehmigungs- und verfahrensfreie Baumaßnahmen (Abs. 3 Satz 1)

Die Genehmigungs- und Verfahrensfreiheit von Baumaßnahmen, die nach §1 in den Anwendungsbereich der NBauO fallen, stellt diese – wie Abs. 3 S. 1 ausdrücklich hervorhebt – nicht von den **Anforderungen des materiellen Bauordnungsrechts** frei. Nachdem §29 BauGB 1998 die Verknüpfung des bundesrechtlichen Planungsrechts mit dem bauaufsichtlichen Genehmigungsverfahren gelöst hat (vgl. →Rn. 9), gelten die §§30–37 BauGB auch für genehmigungs- und verfahrensfreie Vorhaben, soweit sie bodenrechtliche Auswirkungen haben. Die Genehmigungs- oder Verfahrensfreiheit eines Vorhabens besagt nicht, dass an dieses Vorhaben keine Anforderungen gestellt werden können, sondern nur, dass – wegen seiner geringen Bedeutung oder aus anderen Gründen – eine präventive Kontrolle entfällt. Das macht auch §3 deutlich, der allgemeine Anforderungen an bauliche Anlagen stellt, ohne auf ihre Genehmigungsbedürftigkeit abzustellen. Ebenso lässt §79 Maßnahmen der BauAB zu, wenn „bauliche Anlagen, Grundstücke, Bauprodukte oder Baumaßnahmen dem öffentlichen Baurecht" widersprechen, ohne auf die Genehmigungspflicht abzustellen. Für Anlagen, die keiner Genehmigung bedürfen, sowie für Abweichungen von Vorschriften, deren Einhaltung nicht geprüft wird, ist nach §66 Abs. 2 S. 2 jedenfalls ein **Abweichungsverfahren** durchzuführen. Entsprechendes muss gelten, wenn die Rechtmäßigkeit einer verfahrensfreien Baumaßnahme (§60) von einer sonstigen Ermessensentscheidung der BauAB abhängig ist, wie zB die Zulassung einer verfahrensfreien Baumaßnahme (Gebäude nach Nr. 1.1 des Anhangs zu §60) auf nicht überbaubaren Grundstücksflächen nach §23 Abs. 5 BauNVO (König in KRS BauNVO §23 Rn. 24; aA Jäde ZfBR 1996, 18 (20)). 30

H. Genehmigungsvorbehalte in anderen Vorschriften (Abs. 3 Satz 2)

Vielfach darf die BauAB Baugenehmigungen erst erteilen, wenn nach anderen Gesetzen erforderliche **Zustimmungen von Fachbehörden** vorliegen. Mit der Freistellung von der Genehmigungspflicht bzw. der Verfahrensfreiheit einer Baumaßnahme entfällt die Möglichkeit, die Fachbehörde zu beteiligen. Um zu gewährleisten, dass den von anderen Gesetzen verfolgten Zwecken Rechnung getragen wird, tritt an die Stelle der Zustimmung der Fachbehörde bei genehmigungsfreien Baumaßnahmen zuweilen die Genehmigung der Fachbehörde. So schreibt §9 Abs. 5 FStrG die Genehmigung der obersten Landesstraßenbaubehörde für genehmigungsfreie bauliche Anlagen in der „Schutzzone" der Bundesfernstraßen vor. Entsprechendes gilt nach §24 Abs. 5 S. 1 NStrG für genehmigungsfreie bauliche Anlagen an Landes- und Kreisstraßen (vgl. auch §22 Abs. 4 FStrG und Nr. 1i) und 2e) d. RdErl. v. 22.12.2004 – Nds. MBl. S. 879: Genehmigung der NLStBV). Nach §15 Abs. 2 S. 3 LuftVG bedürfen Freileitungen, Masten und Ähnliches im Bauschutzbereich eines Flughafens der Genehmigung der Luftfahrtbehörde, soweit eine Baugenehmigung nicht vorgesehen ist. 31

Abs. 3 S. 2 stellt ausdrücklich klar, dass die Freistellung von der Genehmigungspflicht nicht von der **Einholung sonstiger Genehmigungen** entbindet. Der Gesetzgeber hat den Genehmigungsvorbehalt nach §10 NDSchG wohl deshalb besonders erwähnt, weil er nunmehr – abweichend von der früheren BaufreistellungsVO – auch bei Baumaßnahmen an Baudenkmalen den Genehmigungsvorbehalt nach der NBauO eingeschränkt hat. Baugenehmigungs- und verfahrensfreie Baumaßnahmen können also der Genehmi- 32 gungspflicht nach § 10 NDSchG unterliegen. Ebenso gelten die Genehmigungsvorbehalte von Landschaftsschutzverordnungen nach § 19 NAGBNatSchG iVm § 26 BNatSchG idR auch für genehmigungs- und verfahrensfreie Baumaßnahmen. Auch die Genehmigung der Gemeinde im Geltungsbereich von Erhaltungssatzungen nach §§ 172 ff. BauGB ist unabhängig von der Genehmigungspflicht nach §§ 59 ff.; sie ist insbesondere auch für den verfahrensfreien Abbruch baulicher Anlagen (§ 60 Abs. 2 Nr. 4) erforderlich (→ Rn. 13).

I. Anzuwendendes Verfahrensrecht

33 Die Ausführung der NBauO durch die BauAB richtet sich in erster Linie nach den Verfahrensvorschriften der NBauO. Die **Bestimmungen des VwVfG** gelten über § 1 Abs. 1 Nds. VwVfG als Landesrecht nur, **wenn die NBauO keine Regelung enthält**. Das Nds. VwVfG und das von ihm übernommene VwVfG des Bundes kommen nämlich nach § 1 Abs. 2 Nds. VwVfG nur zur Anwendung, soweit nicht Rechtsvorschriften des Landes – wie die NBauO – inhaltsgleiche oder entgegenstehende Bestimmungen enthalten. Im Gegensatz zur NBauO 1973 verzichtet die NBauO seit dem 5. ÄndG 1986 weitgehend auf Verfahrensvorschriften, die dem VwVfG entsprechen, bzw. nur geringfügig von ihm abweichen (zB § 90 aF: Rücknahme und Widerruf), so dass dem VwVfG neben der NBauO gesteigerte Bedeutung zukommt. Als Verfahrensvorschrift der NBauO, die dem VwVfG vorgeht, sei hier beispielhaft § 70 Abs. 1 S. 3 genannt: Die Notwendigkeit der Schriftform der Baugenehmigung kann nicht unter Hinweis auf die in § 37 Abs. 2 S. 1 VwVfG verankerte Formfreiheit in Zweifel gezogen werden. Dagegen gelten für Rücknahme und Widerruf der Baugenehmigung die §§ 48 ff. VwVfG. Bleibt die Verfahrensvorschrift der NBauO in ihrer Reichweite hinter der Regelung des VwVfG zurück, stellt sich die schwierige Frage, ob es sich um eine Teilregelung oder um eine abschließende Regelung handelt. §§ 13, 28 VwVfG sehen eine weitergehende Beteiligung und Anhörung Dritter vor als die Spezialvorschrift des § 68. Gleichwohl wird man § 68 als abschließende Regelung ansehen müssen, die keiner Ergänzung durch §§ 13, 28 VwVfG zugänglich ist (→ § 68 Rn. 153 ff.).

34 Die Anwendung von unterschiedlichem Bundes- und Landesverfahrensrecht nebeneinander in ein und demselben Verfahren – etwa beim Vollzug des BauGB und der NBauO – wird durch das Nds. VwVfG iVm § 1 Abs. 3 VwVfG vermieden. Der in § 1 Abs. 3 VwVfG vorgesehene Vorrang des Landesverfahrensrechts bei der Ausführung von Bundesrecht durch die Länder und der in § 1 Abs. 2 Nds. VwVfG vorgesehene Vorrang inhaltsgleichen oder entgegenstehenden Landesrechts führt dazu, dass die **BauAB**, gleichgültig ob sie Bundes- oder Landesrecht ausführt, **nur Verwaltungsverfahrensrecht des Landes** anzuwenden hat, dh in erster Linie die Verfahrensvorschriften der NBauO und, soweit solche fehlen, die des (durch die Verweisung des Nds. VwVfG als Landesrecht geltenden) VwVfG. Die damit bewirkte doppelte Subsidiarität des VwVfG ist nicht unproblematisch, aber wohl zulässig (vgl. Ramsauer in Kopp/Ramsauer § 1 Rn. 30 ff.).

§ 60 Verfahrensfreie Baumaßnahmen, Abbruchanzeige

(1) [1]Die im Anhang genannten baulichen Anlagen und Teile baulicher Anlagen dürfen in dem dort festgelegten Umfang ohne Baugenehmigung errichtet, in bauliche Anlagen eingefügt und geändert werden (verfahrensfreie Baumaßnahmen). [2]Verfahrensfreie Baumaßnahmen sind auch die im Anhang genannten Baumaßnahmen.

(2) Verfahrensfrei ist auch

1. **die Änderung der Nutzung einer baulichen Anlage, wenn das öffentliche Baurecht an die neue Nutzung weder andere noch weitergehende Anforderungen**

stellt oder die Errichtung oder Änderung der baulichen Anlage nach Absatz 1 verfahrensfrei wäre,

2. die Umnutzung von Räumen im Dachgeschoss eines Wohngebäudes mit nur einer Wohnung in Aufenthaltsräume, die zu dieser Wohnung gehören,

3. die Umnutzung von Räumen in vorhandenen Wohngebäuden und Wohnungen in Räume mit Badewanne oder Dusche oder mit Toilette,

4. der Abbruch und die Beseitigung baulicher Anlagen, ausgenommen Hochhäuser, und der im Anhang genannten Teile baulicher Anlagen,

5. die Instandhaltung baulicher Anlagen.

(3) [1]Der Abbruch und die Beseitigung eines Hochhauses oder eines nicht im Anhang genannten Teils einer baulicher Anlage ist genehmigungsfrei, aber der Bauaufsichtsbehörde vor der Durchführung der Baumaßnahme schriftlich mit Unterschrift der Bauherrin oder des Bauherrn anzuzeigen. [2]Der Anzeige ist die Bestätigung einer Person im Sinne des § 65 Abs. 4 beizufügen über die Wirksamkeit der vorgesehenen Sicherungsmaßnahmen und die Standsicherheit der baulichen Anlagen, die an die abzubrechenden oder zu beseitigenden baulichen Anlagen oder Teile baulicher Anlagen angebaut sind oder auf deren Standsicherheit sich die Baumaßnahme auswirken kann. [3]Die Bauaufsichtsbehörde bestätigt der Bauherrin oder dem Bauherrn den Eingang der Anzeige oder fordert ihn im Fall einer unvollständigen oder sonst mangelhaften Anzeige zur Vervollständigung der Anzeige oder zur Behebung des Mangels auf. [4]Ist die Anzeige vervollständigt oder der Mangel behoben worden, so teilt die Bauaufsichtsbehörde dies der Bauherrin oder dem Bauherrn mit. [5]Mit den Baumaßnahmen nach Satz 1 darf nicht vor Ablauf eines Monats begonnen werden, nachdem die Bauaufsichtsbehörde der Bauherrin oder dem Bauherrn den Eingang der Anzeige nach Satz 3 bestätigt hat oder die Mitteilung nach Satz 4 erfolgt ist.

Anhang
(zu § 60 Abs. 1)

Verfahrensfreie Baumaßnahmen

Übersicht

1. Gebäude
2. Feuerungs- und sonstige Energieerzeugungsanlagen
3. Leitungen und Anlagen für Lüftung, Klimatisierung, Wasser- oder Energieversorgung, Abwasserbeseitigung, Telekommunikation oder Brandschutz
4. Masten, Antennen und ähnliche bauliche Anlagen
5. Behälter
6. Einfriedungen, Stützmauern, Brücken und Durchlässe
7. Aufschüttungen, Abgrabungen und Erkundungsbohrungen
8. Bauliche Anlagen auf Camping- oder Wochenendplätzen
9. Bauliche Anlagen in Gärten oder zur Freizeitgestaltung
10. Werbeanlagen, Hinweisschilder und Warenautomaten
11. Fliegende Bauten und sonstige vorübergehend aufgestellte oder genutzte bauliche Anlagen
12. Tragende und nichttragende Bauteile
13. Fenster, Türen, Außenwände und Dächer
14. Sonstige bauliche Anlagen und Teile baulicher Anlagen

1. Gebäude

1.1 Gebäude und Vorbauten ohne Aufenthaltsräume, Toiletten und Feuerstätten, wenn die Gebäude und Vorbauten nicht mehr als 40 m³ – im Außenbereich nicht mehr als 20 m³ – Brutto-Rauminhalt haben und weder Verkaufs-

noch Ausstellungszwecken noch dem Abstellen von Kraftfahrzeugen dienen,

1.2 bis zu zwei Garagen, auch mit Abstellraum, mit jeweils nicht mehr als 30 m^2 Grundfläche auf einem Baugrundstück sowie deren Zufahrten, außer im Außenbereich, Garagen mit notwendigen Einstellplätzen jedoch nur, wenn die Errichtung oder Änderung der Einstellplätze genehmigt oder nach § 62 genehmigungsfrei ist,

1.3 Gebäude mit nicht mehr als 100 m^2 Grundfläche und 5 m Höhe, die keine Feuerstätte haben und einem land- oder forstwirtschaftlichen Betrieb oder einem Betrieb der gartenbaulichen Erzeugung dienen und nur zum vorübergehenden Schutz von Tieren oder zur Unterbringung von Erzeugnissen dieser Betriebe bestimmt sind,

1.4 Gewächshäuser mit nicht mehr als 5 m Firsthöhe, die einem landwirtschaftlichen Betrieb oder einem Betrieb der gartenbaulichen Erzeugung dienen,

1.5 Gartenlauben in einer Kleingartenanlage nach dem Bundeskleingartengesetz,

1.6 Fahrgastunterstände, die dem öffentlichen Personenverkehr oder dem Schülertransport dienen, mit nicht mehr als 20 m^2 Grundfläche,

1.7 Schutzhütten, wenn sie jedermann zugänglich sind, keine Aufenthaltsräume haben und von einer Körperschaft, Anstalt oder Stiftung des öffentlichen Rechts unterhalten werden,

1.8 Terrassenüberdachungen mit nicht mehr als 30 m^2 Grundfläche.

2. Feuerungs- und sonstige Energieerzeugungsanlagen

2.1 Feuerungsanlagen, freistehende Abgasanlagen jedoch nur mit nicht mehr als 10 m Höhe,

2.2 Wärmepumpen,

2.3 Solarenergieanlagen und Sonnenkollektoren mit nicht mehr als 3 m Höhe und mit nicht mehr als 9 m Gesamtlänge, außer im Außenbereich, sowie in, an oder auf Dach- oder Außenwandflächen von Gebäuden, die keine Hochhäuser sind, angebrachte Solarenergieanlagen und Sonnenkollektoren sowie

a) die mit der Errichtung solcher Solarenergieanlagen oder Sonnenkollektoren verbundene Änderung der äußeren Gestalt oder

b) die mit der Nutzung solcher Solarenergieanlagen oder Sonnenkollektoren verbundene Änderung der Nutzung

bestehender baulicher Anlagen, in, auf oder an denen die Solarenergieanlagen oder Sonnenkollektoren angebracht werden,

2.4 Blockheizkraftwerke, die keine Sonderbauten nach § 2 Abs. 5 Satz 2 sind, einschließlich der Leitungen zur Abführung der Verbrennungsgase, in zulässigerweise genutzten Gebäuden, wenn der Betrieb eines solchen Blockheizwerks die Zulässigkeit der bestehenden Nutzung des Gebäudes unberührt lässt, im Außenbereich jedoch nur, soweit sie einem Betrieb nach § 35 Abs. 1 Nr. 1 oder 2 BauGB dienen.

3. Leitungen und Anlagen für Lüftung, Klimatisierung, Wasser- oder Energieversorgung, Abwasserbeseitigung, Telekommunikation oder Brandschutz

3.1 Lüftungsleitungen, Leitungen von Klimaanlagen und Warmluftheizungen, Installationsschächte und Installationskanäle, die nicht durch Decken oder Wände, die feuerwiderstandsfähig sein müssen, geführt werden, sowie Lüftungs- und Klimageräte,

3.2 Leitungen für Elektrizität, Wasser, Abwasser, Gas oder Wärme,

3.3 Brunnen,

3.4 Wasserversorgungsanlagen in Gebäuden,

3.5 Abwasserbehandlungsanlagen für nicht mehr als täglich 8 m^3 häusliches Schmutzwasser,

3.6 Sanitärinstallationen wie Toiletten, Waschbecken und Badewannen,

3.7 Anlagen zur Verteilung von Wärme bei Warmwasser- oder Niederdruckdampfheizungen,

3.8 bauliche Anlagen, die ausschließlich der Telekommunikation, der öffentlichen Versorgung mit Elektrizität, Gas, Öl, Wärme oder Wasser oder der Wasserwirtschaft dienen und eine Grundfläche von nicht mehr als 20 m^2 und eine Höhe von nicht mehr als 4 m haben,

3.9 Brandmeldeanlagen in Wohnungen.

4. Masten, Antennen und ähnliche Anlagen

4.1 Masten und Unterstützungen für Freileitungen und für Telekommunikationsleitungen,

4.2 Unterstützungen von Seilbahnen und von Leitungen sonstiger Verkehrsmittel,

4.3 Fahnenmasten,

4.4 Flutlichtmasten mit einer Höhe von nicht mehr als 10 m, außer im Außenbereich,

4.5 Sirenen und deren Masten,

4.6 Antennen, die einschließlich der Masten nicht höher als 10 m sind, und zugehörige Versorgungseinheiten mit nicht mehr als 20 m^3 Brutto-Rauminhalt (Antennenanlagen) sowie die mit der Errichtung und Nutzung solcher Antennenanlagen verbundene Änderung der Nutzung oder der äußeren Gestalt bestehender baulicher Anlagen in, auf oder an denen diese errichtet werden,

4.7 ortsveränderliche Antennenanlagen, die für längstens drei Monate aufgestellt werden,

4.8 Signalhochbauten der Landesvermessung,

4.9 Blitzschutzanlagen.

5. Behälter

5.1 Behälter zur Lagerung brennbarer oder wassergefährdender Stoffe mit nicht mehr als 10 m^3 Behälterinhalt mit den Rohrleitungen, Auffangräumen und Auffangvorrichtungen sowie den zugehörigen Betriebs- und Sicherheitseinrichtungen und Schutzvorkehrungen,

5.2 Futtermittelbehälter, die einem landwirtschaftlichen Betrieb dienen und in denen nur Futtermittel gelagert werden, mit nicht mehr als 6 m Höhe,

5.3 Behälter für Flüssiggas mit einem Fassungsvermögen von nicht mehr als 3 t,

5.4 Behälter für nicht verflüssigte Gase mit nicht mehr als 6 m^3 Behälterinhalt,

5.5 transportable Behälter für feste Stoffe,

5.6 Behälter mit nicht mehr als 50 m^3 Rauminhalt und mit nicht mehr als 3 m Höhe, die nicht für Gase, brennbare Flüssigkeiten oder wassergefährdende Stoffe, insbesondere nicht für Jauche oder Gülle, bestimmt sind, im Außenbereich nur, wenn sie einem land- oder forstwirtschaftlichen Betrieb oder einem Betrieb der gartenbaulichen Erzeugung dienen,

5.7 Behälter für Regenwasser mit nicht mehr als 100 m³ Rauminhalt.

6. Einfriedungen, Stützmauern, Brücken und Durchlässe

6.1 Einfriedungen mit nicht mehr als 2 m Höhe über der Geländeoberfläche nach § 5 Abs. 9, im Außenbereich nur als Nebenanlage eines höchstens 50 m entfernten Gebäudes mit Aufenthaltsräumen,

6.2 Stützmauern mit nicht mehr als 1,50 m Höhe über der Geländeoberfläche nach § 5 Abs. 9,

6.3 offene Einfriedungen ohne Sockel, die einem land- oder forstwirtschaftlichen Betrieb oder einem Betrieb der gartenbaulichen Erzeugung dienen,

6.4 Durchlässe und Brücken mit nicht mehr als 5 m lichte Weite.

7. Aufschüttungen, Abgrabungen und Erkundungsbohrungen

7.1 Selbständige Aufschüttungen und Abgrabungen mit nicht mehr als 3 m Höhe oder Tiefe, im Außenbereich nur, wenn die Aufschüttungen und Abgrabungen nicht der Herstellung von Teichen dienen und nicht mehr als 300 m² Fläche haben,

7.2 künstliche Hohlräume unter der Erdoberfläche mit nicht mehr als 15 m³ Rauminhalt,

7.3 Erkundungsbohrungen.

8. Anlagen auf Camping- oder Wochenendplätzen

8.1 Wohnwagen, Zelte und bauliche Anlagen, die keine Gebäude sind, auf Campingplätzen,

8.2 Wochenendhäuser und bauliche Anlagen, die keine Gebäude sind, auf Wochenendplätzen.

9. Anlagen in Gärten oder zur Freizeitgestaltung

9.1 Bauliche Anlagen, die der Gartennutzung, der Gartengestaltung oder der zweckentsprechenden Einrichtung von Gärten, Parkanlagen oder Naherholungsbereichen dienen, wie Bänke, Sitzgruppen, Terrassen oder Pergolen, ausgenommen Gebäude und Einfriedungen,

9.2 Vorrichtungen zum Teppichklopfen oder Wäschetrocknen,

9.3 Spielplätze im Sinne des § 9 Abs. 3 Satz 1 und bauliche Anlagen, die der zweckentsprechenden Einrichtung von genehmigten Sport- oder Kinderspielplätzen dienen, wie Tore für Ballspiele, Schaukeln und Klettergerüste, ausgenommen Gebäude, Tribünen, Flutlichtanlagen und Ballfangzäune,

9.4 bauliche Anlagen ohne Aufenthaltsräume auf genehmigten Abenteuerspielplätzen,

9.5 bauliche Anlagen für Trimmpfade,

9.6 Wasserbecken mit nicht mehr als 100 m³ Beckeninhalt, im Außenbereich nur als Nebenanlage eines höchstens 50 m entfernten Gebäudes mit Aufenthaltsräumen,

9.7 luftgetragene Schwimmbeckenüberdachungen mit nicht mehr als 100 m² Grundfläche für Schwimmbecken, die nach Nummer 9.6 verfahrensfrei sind,

9.8 Sprungschanzen, Sprungtürme und Rutschbahnen mit nicht mehr als 10 m Höhe in genehmigten Sportanlagen oder Freizeitanlagen,

9.9 Stege ohne Aufbauten in oder an Gewässern,

9.10 Wildfütterungsstände,

9.11 **Hochsitze mit nicht mehr als 4 m^2 Nutzfläche,**

9.12 **Loipen und die dazugehörigen baulichen Anlagen, ausgenommen Gebäude.**

10. **Werbeanlagen, Hinweisschilder und Warenautomaten**

10.1 **Werbeanlagen mit nicht mehr als 1 m^2 Ansichtsfläche,**

10.2 **vorübergehend angebrachte oder aufgestellte Werbeanlagen an der Stätte der Leistung, wenn die Anlagen nicht fest mit dem Erdboden oder anderen baulichen Anlagen verbunden sind,**

10.3 **Werbeanlagen für zeitlich begrenzte Veranstaltungen,**

10.4 **Werbeanlagen mit nicht mehr als 10 m Höhe an der Stätte der Leistung in durch Bebauungsplan festgesetzten Gewerbe- oder Industriegebieten oder in durch Bebauungsplan festgesetzten Sondergebieten für eine gewerbe- oder industrieähnliche Nutzung,**

10.5 **Schilder an öffentlichen Straßen mit Hinweisen über das Fahrverhalten,**

10.6 **Orientierungs- und Bildtafeln über Wanderwege, Lehrpfade oder die durch Rechtsvorschrift geschützten Teile von Natur und Landschaft,**

10.7 **Warenautomaten,**

10.8 **die**

a) mit der Errichtung einer in Nummer 10.5 oder 10.6 genannten Anlage verbundene Änderung der äußeren Gestalt oder

b) mit der Nutzung einer in Nummer 10.5 oder 10.6 genannten Anlage verbundene Änderung der Nutzung

bestehender baulicher Anlagen, in, auf oder an denen die Anlage angebracht wird.

11. **Fliegende Bauten und sonstige vorübergehend aufgestellte oder genutzte bauliche Anlagen**

11.1 **Fliegende Bauten mit nicht mehr als 5 m Höhe, die nicht dazu bestimmt sind, von Besucherinnen und Besuchern betreten zu werden,**

11.2 **erdgeschossige betretbare Verkaufsstände, die fliegende Bauten sind, mit einer Grundfläche von nicht mehr als 75 m^2,**

11.3 **fliegende Bauten mit nicht mehr als 5 m Höhe, die für Kinder bestimmt sind und mit einer Geschwindigkeit von nicht mehr als 1 m/s betrieben werden,**

11.4 **aufblasbare Spielgeräte, wenn der betretbare Bereich nicht höher als 5 m liegt und, soweit ein betretbarer Bereich überdacht ist, wenn die Entfernung von jedem Punkt des überdachten betretbaren Bereichs bis zum Ausgang nicht mehr als 3 m oder, wenn ein Absinken der Überdachung konstruktiv verhindert wird, nicht mehr als 10 m beträgt,**

11.5 **Bühnen, die fliegende Bauten sind, einschließlich Überdachungen und sonstiger Aufbauten, mit nicht mehr als 5 m Höhe, mit einer Grundfläche von nicht mehr als 100 m^2 und einer Fußbodenhöhe von nicht mehr als 1,50 m,**

11.6 **Zelte, die fliegende Bauten sind, mit nicht mehr als 75 m^2 Grundfläche,**

11.7 **Zelte, die dem Wohnen dienen und nur gelegentlich für längstens drei Tage auf demselben Grundstück aufgestellt werden, es sei denn, dass auf dem Grundstück und in dessen Nähe gleichzeitig mehr als zehn Personen zelten,**

11.8 **Behelfsbauten, die der Landesverteidigung, dem Katastrophenschutz oder der Unfallhilfe dienen und nur vorübergehend aufgestellt werden,**

11.9 bauliche Anlagen, die zu Straßenfesten nur vorübergehend errichtet werden und keine fliegenden Bauten sind,

11.10 bauliche Anlagen, die für längstens drei Monate auf genehmigtem Messe- oder Ausstellungsgelände errichtet werden, ausgenommen fliegende Bauten,

11.11 bauliche Anlagen, die dem Verkauf landwirtschaftlicher Produkte durch den Erzeuger dienen und nicht fest mit dem Erdboden verbunden sind, nicht jedoch Gebäude,

11.12 vorübergehend genutzte Lagerplätze für landwirtschaftliche, forstwirtschaftliche oder erwerbsgärtnerische Produkte, wie Kartoffel-, Rübenblatt- und Strohmieten,

11.13 Imbiss- und Verkaufswagen auf öffentlichen Verkehrsflächen oder gewerblich genutzten Flächen, außer im Außenbereich,

11.14 Gerüste,

11.15 Baustelleneinrichtungen einschließlich der für die Baustelle genutzten Lagerhallen, Schutzhallen und Unterkünfte,

11.16 ortsveränderlich genutzte und fahrbereit aufgestellte Geflügelställe zum Zweck der Freilandhaltung oder der ökologisch-biologischen Geflügelhaltung, wenn diese einem landwirtschaftlichen Betrieb dienen und jeweils nicht mehr als 450 m^3 Brutto-Rauminhalt sowie eine Auslauffläche haben, die mindestens 7 m^2 je Kubikmeter Brutto-Rauminhalt beträgt.

12. Tragende und nichttragende Bauteile

12.1 Wände, Decken, Stützen und Treppen, ausgenommen Außenwände, Gebäudetrennwände und Dachkonstruktionen, in fertiggestellten Wohngebäuden oder fertiggestellten Wohnungen, jedoch nicht in Hochhäusern,

12.2 Wände und Decken, die weder tragend noch aussteifend sind und nicht feuerwiderstandsfähig (§ 26 Abs. 2) sein müssen, in fertiggestellten Gebäuden,

12.3 Bekleidungen und Dämmschichten in fertiggestellten Wohngebäuden oder fertiggestellten Wohnungen,

12.4 Bekleidungen und Dämmschichten, die weder schwerentflammbar noch nichtbrennbar sein müssen, in Gebäuden.

13. Fenster, Türen, Außenwände und Dächer

13.1 Öffnungen für Fenster oder Türen in fertiggestellten Wohngebäuden, fertiggestellten Wohnungen oder in Wänden oder Decken nach Nummer 12.2,

13.2 Fenster und Türen in vorhandenen Öffnungen,

13.3 Fenster- und Rollläden,

13.4 Außenwandbekleidungen einschließlich einer Wärmedämmung, ausgenommen bei Hochhäusern, Verblendung und Verputz baulicher Anlagen, die kein sichtbares Holzfachwerk haben,

13.5 Dacheindeckungen, wenn sie nur gegen vorhandene Dacheindeckungen ausgewechselt werden,

13.6 Dächer von vorhandenen Wohngebäuden einschließlich der Dachkonstruktion ohne Änderung der bisherigen äußeren Abmessungen.

14. Sonstige bauliche Anlagen und Teile baulicher Anlagen

14.1 Bauliche Anlagen aufgrund eines Flurbereinigungsplans oder eines Wege- und Gewässerplans nach § 41 des Flurbereinigungsgesetzes, ausgenommen Gebäude, Brücken und Stützmauern,

14.2 **Zapfsäulen und Tankautomaten genehmigter Tankstellen,**

14.3 **Erdgasbetankungsgeräte und Ladegeräte für Elektrofahrzeuge,**

14.4 **Regale mit einer zulässigen Höhe der Oberkante des Lagerguts von nicht mehr als 7,50 m,**

14.5 **Denkmale und Skulpturen mit nicht mehr als 3 m Höhe sowie Grabdenkmale auf Friedhöfen,**

14.6 **Bewegliche Sonnendächer (Markisen), die keine Werbeträger sind,**

14.7 **Stellplätze für Personen-Kraftfahrzeuge mit nicht mehr als insgesamt 50 m² Nutzfläche je Grundstück sowie deren Zufahrten und Fahrgassen, ausgenommen notwendige Einstellplätze,**

14.8 **Fahrradabstellanlagen, in einem Gebäude jedoch nur dann, wenn das Gebäude an mindestens einer Seite vollständig offen ist,**

14.9 **Fahrzeugwaagen,**

14.10 **land- oder forstwirtschaftliche Wirtschaftswege mit wassergebundener Decke mit nicht mehr als 3,50 m Fahrbahnbreite sowie Rückewege, die einem forstwirtschaftlichen Betrieb dienen,**

14.11 **Lager- und Abstellplätze für die Anzucht oder den Handel mit Pflanzen oder Pflanzenteilen, sowie sonstige Lager- und Abstellplätze, die einem land- oder forstwirtschaftlichen Betrieb oder einem Betrieb der gartenbaulichen Erzeugung dienen, wenn sie unbefestigt sind,**

14.12 **Personenaufzüge, die zur Beförderung von nur einer Person bestimmt sind,**

14.13 **Erweiterung einer Gaststätte um eine Außenbewirtschaftung, wenn die für die Erweiterung in Anspruch genommene Grundfläche 100 m² nicht überschreitet.**

Übersicht

A. Allgemeines

1 Der – im Gegensatz zum Anhang – seit 2012 selbst nicht geänderte § 60 regelt die **Verfahrensfreiheit von Baumaßnahmen**, die in der NBauO 2003 teils in § 69 aF, teils im Anhang hierzu erfasst war. Den Begriff der Verfahrensfreiheit – anstelle der Genehmigungsfreiheit – hat der Gesetzgeber gewählt, um die unter § 60 fallenden Bauvorhaben von den der Genehmigungsfreistellung nach § 62 unterliegenden und damit ebenfalls genehmigungsfreien Bauvorhaben zu unterscheiden.

Abs. 1 entspricht im Wesentlichen § 69 Abs. 1 aF. Die Umstellung in Satz 2 soll der Klarstellung dienen. Der Katalog der verfahrensfreien Baumaßnahmen im Anhang ist erweitert worden. Teilweise haben sie eine flächen- oder mengenmäßige Ausdehnung erfahren.

Abs. 2 entspricht – bis auf redaktionelle Änderungen – § 69 Abs. 3–5 aF. Für die Verordnungsermächtigung in § 69 Abs. 2 aF wurde keine Notwendigkeit mehr gesehen.

Abs. 3 schafft für die beabsichtigte Beseitigung bestimmter nicht verfahrensfreier Anlagen anstelle der bisherigen grundsätzlichen Genehmigungsbedürftigkeit ein neues Anzeigeverfahren (LT-Drs. 16/3195, 94).

Im **Anhang** ist zuletzt durch die NBauO-Novelle 2017 die Nr. 11.15 eingefügt worden, durch die NBauO-Novelle 2018 sind die Nrn. 1.2, 1.8, 2.4/2.5, 3.1, 9.1 und 13.4 geändert, die Nrn. 10.8 und 11.4 n.F. ergänzt und die Nr. 10.4 gestrichen worden.

2 **§ 69 aF wich** mit der Regelung der genehmigungsfreien Baumaßnahmen **von § 61 MBO 2002** und den meisten LBOen (zB Art. 57 BayBO, § 65 BauO NRW) **in wichtigen Punkten ab**. Zwar setzte § 69 aF ebenso wie die MBO und alle LBOen voraus, dass die Baumaßnahme nach § 3 aF – jetzt § 1 – in den Anwendungsbereich der NBauO fällt. Während die Genehmigungsfreiheit anderer LBOen nur Baumaßnahmen erfasste, die selbstständig als Einzelvorhaben durchgeführt werden (Lechner/Busse in Simon/Busse BayBO Art. 57 Rn. 12, Hornmann HBO § 55 Rn. 13, Boeddinghaus/Hahn/Schulte/Radeisen BauO NRW § 65 Rn. 8), sah § 75 Abs. 1 S. 1 aF schon seit 1986 vor, dass genehmigungsfreie und genehmigungspflichtige Baumaßnahmen kombiniert werden können. An dieser **Kombinationsmöglichkeit von** nunmehr **verfahrensfreien und genehmigungspflichtigen Baumaßnahmen** hat die NBauO 2012 festgehalten. Das bedeutet, dass nach § 70 Abs. 1 S. 1 ein als Ganzes genehmigungspflichtiges Vorhaben in genehmigungsbedürftige („soweit") und verfahrens- bzw. genehmigungsfreie (§ 62) Bestandteile aufzuspalten ist (dazu → Rn. 3).

3 Nach § 70 Abs. 1 S. 1 ist die Baugenehmigung zu erteilen, **wenn die Baumaßnahme, soweit sie genehmigungsbedürftig ist**, dem öffentlichen Baurecht entspricht. Die Vorschrift widerspricht nicht nur allgemeinen Grundsätzen (vgl. Begründung zu § 61 MBO 2002 in Jäde, MBO 2002, 2003, S. 196, MBO – Begründung der Fassung Oktober 2008 –, S. 76), sondern ist auch nicht geeignet, das Baugenehmigungsverfahren zu erleichtern und damit zu beschleunigen. Beschränkt die BauAB ihre Prüfung entsprechend § 70 Abs. 1 S. 1 auf den genehmigungspflichtigen Teil und schreitet nach der Ausführung des Bauvorhabens gegen verfahrensfreie Teile ein, die dem öffentlichen Baurecht widersprechen (vgl. § 59 Abs. 3 S. 1), wird der Bauherr zu Recht fragen, warum man ihm nicht vor der Ausführung der Bauarbeiten einen Hinweis gegeben hat (vgl. auch → § 70 Rn. 35, → § 79 Rn. 62 f.). Da die Prüfung der verfahrensfreien Teile auf ihre Vereinbarkeit mit dem öffentlichen Baurecht idR kaum aufwändiger sein dürfte als die Prüfung des Gesamtvorhabens auf seine Teilbarkeit in verfahrensfreie und genehmigungspflichtige Teile, ist die Beschränkung der bauaufsichtlichen Prüfung iSd § 70 Abs. 1 S. 1 unpraktikabel. Der BauAB ist zu empfehlen, das Gesamtvorhaben zu prüfen und ggf. durch Hinweise (§ 58 Abs. 1) oder besondere Anordnungen nach § 79 zu sichern, dass auch der verfahrensfreie Teil dem öffentlichen Baurecht entspricht (→ § 70 Rn. 35).

§ 69 Abs. 1 S. 2 aF, der durch das ÄndG 2005 eingefügt wurde, erweiterte die Genehmigungsfreiheit von einzelnen im Anhang aufgeführten Baumaßnahmen auf mehrere miteinander kombinierte Baumaßnahmen, die je für sich im Anhang aufgeführt sind. Da die Umstellung in Satz 2 lediglich der Klarstellung dienen soll (LT-Drs. 16/3195, 94), stellt sich weiterhin die Frage, ob damit auch Baumaßnahmen verfahrensfrei sind, deren Zweckbestimmung über die der verbundenen Einzelmaßnahmen hinausgeht. Das ist jedenfalls dann zu verneinen, wenn die Baumaßnahmen baulich und zeitlich eng eingebettet sind in ein seinerseits nicht freigestelltes Gesamtvorhaben (OVG Lüneburg 11.1.2007 – 1 ME 98/07, n.v.; 19.2.2009 – 1 ME 70/09, n.v.; 26.10.2016 – 1 LB 87/14, BeckRS 2016, 54197 (Rn. 34 mwN)). Ohnehin dürfte die mit dieser Regelung verbundene Ausweitung der Verfahrensfreiheit überschaubar bleiben, weil die einzelnen Baumaßnahmen nur in Grenzen sinnvoll miteinander kombinierbar sind. 4

Zweifelhaft erscheint, ob eine Gesamtmaßnahme, die aus verfahrensfreien Maßnahmen nach § 60 Abs. 2 und im Anhang aufgezählten Baumaßnahmen besteht, verfahrensfrei ist. Ein Beispiel dafür stellt der Dachgeschossausbau eines Einfamilienhauses dar, der Baumaßnahmen nach Nr. 3.2, 3.6 und 12.1.–12.4 sowie die Umnutzung des Dachgeschosses nach § 60 Abs. 2 Nr. 2 umfasst. § 60 Abs. 1 S. 2 bezieht sich seinem Wortlaut nach zwar nur auf Baumaßnahmen des Anhangs (ebenso wie § 69 Abs. 1 S. 2 aF); da aber die Umnutzung von Räumen im Dachgeschoss idR mit weiteren im Anhang aufgeführten Baumaßnahmen verbunden ist, wurde diese Kombination schon bisher als genehmigungsfrei angesehen (vgl. 8. Auflage § 69 Rn. 82, Lechner/Busse in Simon/Busse Art. 57 Rn. 32). 5

Bauliche Anlagen erfüllen manchmal **verschiedene Funktionen**: eine Stützmauer an der Grundstücksgrenze kann gleichzeitig eine Einfriedung sein. Derartige Anlagen sind genehmigungspflichtig, wenn sie nicht in jeder ihrer Funktionen unter die im Anhang zu § 60 aufgeführten Vorhaben fallen. Die Stützmauer, die gleichzeitig Einfriedung ist, darf also, um genehmigungsfrei zu sein, nicht höher als 1,5 m sein (Anhang Nr. 6.2) und muss im Außenbereich Nebenanlage eines höchstens 50 m entfernten Gebäudes mit Aufenthaltsräumen sein (Anhang Nr. 6.1; vgl. OVG Lüneburg 28.4.1976 – I A 49/74, nv). 6

Die verfahrensfreien baulichen Anlagen sind häufig nur nach **bestimmten Maßangaben** von den genehmigungspflichtigen Anlagen abgegrenzt. Die mit einer solchen zahlenmäßig festgelegten Grenze verbundene Klarheit und Berechenbarkeit würde aufgegeben, wollte man im Hinblick auf das Übermaßverbot die Verfahrensfreiheit auch bei gewissen Abweichungen von diesen Zahlen bejahen (BVerwG 12.6.1973 – IV B 58.72, BRS 27 Nr. 151). Zudem würde sich die gleiche Frage nach der Zulässigkeit geringfügiger Abweichungen auch wieder an der bereits „verschobenen" Grenze zwischen verfahrensfreien und genehmigungspflichtigen Anlagen ergeben. Deshalb betont § 60 Abs. 1 S. 1 auch, dass die Verfahrensfreiheit der im Anhang genannten baulichen **Anlagen nur in dem dort festgelegten Umfang** gilt. Diese Grenzen können auch nicht dadurch umgangen werden, dass die bauliche Anlage in Abschnitten erweitert wird: die Maße der gesamten Anlage entscheiden über die Verfahrensfreiheit und nicht die der einzelnen Baumaßnahme (vgl. Anhang Nr. 2.3: Solarenergieanlagen und Sonnenkollektoren mit nicht mehr als 3 m Höhe und mit nicht mehr als 9 m **Gesamtlänge**, …). 7

B. Verfahrensfreie Baumaßnahmen des Anhangs

a) Gebäude

Nr. 1.1: Die Regelung erfasst bestimmte, **weniger bedeutsame Gebäude** (zum Gebäudebegriff: → § 2 Rn. 33 ff.) und **Vorbauten**, wie Eingangsüberdachungen, Hauseingangstreppen und Balkone (vgl. § 5 Abs. 3 Nr. 2; s. hierzu: Schriftlicher Bericht des Ausschusses LT-Drs. 16/4621, 7) (nicht aber Loggien), und differenziert in der maßgebenden Größe nach dem Standort im Geltungsbereich eines B-Planes iSd § 30 Abs. 1 und 2 BauGB 8 und Innenbereich nach § 34 BauGB einerseits und dem Außenbereich nach § 35 BauGB andererseits. Das ÄndG 2002 hat die Größe der genehmigungsfreien – jetzt verfahrensfreien – Gebäude und Vorbauten im Innenbereich und in B-Plan-Gebieten von 15 m^3 auf 40 m^3 und im Außenbereich von 6 m^3 auf 20 m^3 angehoben. Diese Weiterungen hat die NBauO 2012 beibehalten. Im Innenbereich und in Plangebieten mag das angängig sein, weil die zulässige Größe unter der der Nebengebäude liegt, die nach § 5 Abs. 8 S. 2 f. an der Grenze zulässig sind, so dass Unzuträglichkeiten kaum zu erwarten sind.

9 Im **Außenbereich** weckt die **Verfahrensfreiheit von Gebäuden** bis zu 20 m^3 größere Erwartungen, die das Planungsrecht nicht erfüllen kann. Mit der Neufassung des § 19 BauGB 1998 ist zwar die Legaldefinition des Außenbereichs ersatzlos weggefallen. In der Sache hat sich jedoch nichts geändert: Außenbereich ist das Gebiet, das außerhalb des räumlichen Geltungsbereichs eines B-Planes iSd § 30 Abs. 1 und 2 BauGB und außerhalb der im Zusammenhang bebauten Ortsteile iSd § 34 BauGB liegt. Durch die Größenbegrenzung auf 6 m^3 im Außenbereich hatte die NBauO 1986 auch kleine Wochenendhäuser, Badehütten uÄ der Genehmigungspflicht unterworfen und damit der Zersiedelung des Außenbereichs weitgehend vorgebeugt. Mit der Ausdehnung der Genehmigungsfreiheit auf Gebäude bis zu 20 m^3 wich bereits die Novelle 2002 von § 61 Abs. 1 Nr. 1a MBO 2002 ab, der im Außenbereich alle Gebäude unabhängig von der Größe einer Genehmigungspflicht unterwirft. An dieser Abweichung hat die NBauO 2012 trotz der beabsichtigten Anpassungen (LT-Drs. 16/3195, 58) festgehalten.

10 Da § 35 BauGB für alle **bodenrechtlich relevanten baulichen Anlagen** unabhängig von der Genehmigungspflicht gilt (vgl. OVG Lüneburg 9.3.2012 – 1 LA 254/09, BeckRS 2012, 48417 = juris Rn. 42 ff.) und die bodenrechtliche Relevanz auch dann vorliegt, wenn die bauliche Anlage im Falle ihrer Häufung Belange berührt, die in der Bauleitplanung zu berücksichtigen sind (BVerwG 3.12.1992 – 4 C 27.91, BVerwGE 91, 234), sind auch kleine, nicht privilegierte Gebäude, wie Geräte- und Gartenhütten, Wochenendhäuschen uÄ im Außenbereich idR unzulässig, weil mit ihnen eine wesensfremde Bebauung in den Außenbereich vordringen würde, der der naturgegebenen Bodennutzung und den Erholungsmöglichkeiten für die Allgemeinheit vorbehalten ist (OVG Lüneburg 9.3.2012 – 1 LA 352/07, BeckRS 2012, 48418 = juris Rn. 78; 28.2.1994 – 6 L 3215/91, BRS 56 Nr. 75). In Landschaftsschutzgebieten und anderen geschützten Teilen von Natur und Landschaft (§§ 14 ff. NAGBNatSchG) können auch Kleinstbauten von weniger als 20 m^3 verboten werden. Im Wald kann die **Errichtung von Kleinstbauten** eine genehmigungspflichtige Waldumwandlung darstellen (OVG Lüneburg 5.11.1985 – 1 A 151/84, OVGE 39, 349; zum fehlenden Anspruch auf eine Waldumwandlungsgenehmigung im Baugenehmigungsverfahren s. OVG Lüneburg 28.3.2012 – 1 LA 55/10, NVwZ-RR 2012, 505).

11 **Aufenthaltsräume** (§ 43), (Trocken-)**Toiletten** (§ 45) oder **Feuerstätten** (§ 40) machen jedes Gebäude, unabhängig von der Größe, **genehmigungspflichtig**. Gleiches gilt, wenn das Gebäude **Verkaufs- oder Ausstellungszwecken** (vgl. aber Nr. 11.10) oder dem **Abstellen von Kraftfahrzeugen** (vgl. aber Nr. 1.2) dient. Dabei kommt es nicht darauf an, dass der Aufenthaltsraum den Anforderungen des § 43 (zB hinsichtlich der Höhe) genügt (OVG Lüneburg 27.7.1983 – 1 A 154/81, nv; VGH München 5.7.1982 – 72 XV 77, BRS 39 Nr. 147); vielmehr wird ein Gebäude schon mit der Einrichtung eines Raumes, der objektiv zu einem nicht nur vorübergehenden Aufenthalt, etwa in der warmen Jahreszeit geeignet ist oder benutzt wird, genehmigungspflichtig. Auch der nachträgliche Einbau einer nach Nr. 2 an sich verfahrensfreien Feuerstätte macht das Gebäude genehmigungspflichtig. Schließlich lässt auch die Benutzung des Gebäudes zu Ausstellungs- oder Verkaufszwecken oder zum Abstellen von Kraftfahrzeugen die Verfahrensfreiheit nach Nr. 1.1 entfallen. kann sich die Verfahrensfreiheit von Garagen zum Abstellen von Kraftfahrzeugen (vgl. § 2 Abs. 10) aus Nr. 1.2 ergeben.

Für die Größe des Gebäudes kommt es auf die **Außenmaße** an, weil sich die Auswirkungen eines Bauwerks stärker nach den Außen- als den Innenmaßen richten (OVG Lüneburg 8.3.1973 – I A 104/72, nv; VGH Kassel 28.6.1972 – IV OE 45/69, BRS 25 Nr. 145). Das stellt Nr. 1.1 mit der Begrenzung auf den **Brutto-Rauminhalt** klar. Dies entspricht auch der DIN 277, die allerdings der Berechnung von Baukosten dient. Überdachte Grundrissflächen, die nicht oder nur teilweise umschlossen sind, werden nach der Projektion der äußeren Begrenzung des überdeckenden Bauteils berechnet, nur konstruktive und gestalterische Vor- und Rücksprünge (zB übliche Dachüberstände) bleiben unberücksichtigt (VGH München 14.4.1976 – 297 II 74, BRS 30 Nr. 118). Überdachte Freisitze zählen also bei der Berechnung der Größe des Gebäudes mit. Bei zerlegbaren oder zusammenklappbaren Anlagen ist die Größe im voll funktionsfähigen Zustand entscheidend. Bei Hochsitzen hat das OVG Lüneburg (17.10.1988 – 1 A 108/85, Gemeinde SH 1989, 81) zur LBO SchlH entsprechend der DIN 277 auch den von der Tragekonstruktion eingefassten Raum unter der Kanzel in die Berechnung des umbauten Raums einbezogen (ebenso OVG Lüneburg 9.3.2012 – 1 LA 140/09, BeckRS 2012, 49187 = juris Rn. 80 zu einem Baumhaus; VG Göttingen 28.4.2015 – 2 A 826/13, BeckRS 2015, 46485 zu einem Balkon auf einer Stützkonstruktion). Ob diese Betrachtungsweise richtig ist, erscheint zweifelhaft, weil dieser „Raum" idR keinerlei Funktion hat. Die Verfahrensfreiheit von **Hochsitzen** mit nicht mehr als 4 m² Nutzfläche nach Nr. 9.11 erübrigt für die NBauO die Beantwortung dieser Frage. 12

Nr. 1.2: Garagen sind seit 2012 eigenständig in der neuen Nr. 1.2 erfasst (vormals in Nr. 1.1). Die Verfahrensfreiheit bezieht sich – in größerem Umfang und der Musterbauordnung entsprechend – auf Garagen mit nicht mehr als 30 m² Grundfläche. Zur Berechnung der Grundfläche nach der vergleichbaren bayerischen Freistellungsregelung VGH München 25.3.2013 – 2 ZB 12.1514, BeckRS 2013, 49648 (Rn. 2). Im Außenbereich sind **Garagen nicht mehr verfahrensfrei** gestellt. Mit der Einschränkung der Verfahrensfreiheit von **„Garagen mit notwendigen Einstellplätzen, wenn die Errichtung oder Änderung der Einstellplätze genehmigt oder nach § 62 genehmigungsfrei ist"**, die mit der Novelle 2002 eingeführt wurde, soll sichergestellt werden, dass die Vorschriften über notwendige Einstellplätze (§ 47) eingehalten werden. Die NBauO-Novelle 2018 hat die Zahl der verfahrensfreien Garagen auf zwei beschränkt, in die Privilegierung einen etwaigen (auf die Grundflächenbeschränkung anzurechnenden) im Garagengebäude enthaltenen Abstellraum sowie die (nicht auf die Grundfläche anzurechnende) Garagenzufahrt einbezogen und klargestellt, dass die Privilegierung nur insgesamt einmal je Baugrundstück in Anspruch genommen werden kann. Die genehmigten oder nach § 62 genehmigungsfreien Einstellplätze dürfen ohne Änderung der Baugenehmigung oder erneutes Verfahren nach § 62 in ein nach Nr. 1.1 verfahrensfreies Gebäude einbezogen werden, auch wenn damit ihr Standort geändert wird. Da die Anforderungen an Stellplätze nach § 46 im vereinfachten Baugenehmigungsverfahren nach § 63 nicht geprüft werden und die Größe des freigestellten Gebäudes nach Nr. 1.1 idR unter der der zulässigen Grenzgaragen liegen dürfte, erscheint die Freistellung konsequent. Allerdings wird die Einhaltung des § 47 mit der Einschränkung der Freistellung kaum erreicht werden, denn es ist nicht gesichert, dass der Bauherr von der Genehmigung notwendiger Einstellplätze auch Gebrauch macht. Garagen mit notwendigen Einstellplätzen, die weder genehmigt noch nach § 62 genehmigungsfrei sind, sind nach dem eindeutigen Wortlaut der Nr. 1.2 genehmigungsbedürftig; die Genehmigungsbedürftigkeit kann insoweit nicht auf den Einstellplatz reduziert werden. Stellplätze mit nicht notwendigen Einstellplätzen sind mit nicht mehr als insgesamt 50 m² Nutzfläche je Grundstück nach Nr. 14.7 verfahrensfrei. 13

Nr. 1.3: Mit der erweiterten Verfahrensfreiheit von **Gebäuden, die einem land- oder forstwirtschaftlichen Betrieb oder einem Betrieb der gartenbaulichen Erzeugung dienen**, nimmt die Vorschrift erkennbar auf § 35 Abs. 1 Nr. 1 und Nr. 2 BauGB Bezug, obwohl die Verfahrensfreiheit nicht auf den Außenbereich beschränkt ist. Für den Begriff der Landwirtschaft ist § 201 BauGB maßgeblich, so dass auch die berufsmäßige Imkerei 14 und die berufsmäßige Binnenfischerei erfasst werden (vgl. LT-Drs. 16/3195, 112; aA BayObLG 7.4.1997 – 3 ObOWi 17/97, BRS 59 Nr. 97). Tierhaltungen gehören nur zur Landwirtschaft, soweit das Futter überwiegend auf den zum landwirtschaftlichen Betrieb gehörenden, landwirtschaftlich genutzten Flächen erzeugt werden kann (§ 201 BauGB; zur Abgrenzung der Bodenertragsnutzung von gewerblichen Mastbetrieben: BVerwG 4.7.1980 – 4 C 101.77, NJW 1981, 139). Auch die auf eigener Futtergrundlage betriebene Pferdezucht einschließlich der reiterlichen Ausbildung der Jungpferde ist der Landwirtschaft zuzurechnen (BVerwG 19.4.1985 – 4 C 13.82, NVwZ 1986, 201). Erwerbsgartenbau und Erwerbsobstbau setzen eine Gewinnerzielung über die Selbstversorgung hinaus voraus. Champignonzucht in Containern gehört als gartenbauliche Erzeugung zur Landwirtschaft (OVG Lüneburg 12.11.1992 – 1 L 248/89, BRS 54 Nr. 68). Die **Unterbringung von** kleineren **Betriebsgerätschaften** wie zB Schubkarren, Kisten, Netze oder Angeln in den betreffenden Gebäuden soll unschädlich sein (Schriftlicher Bericht des Ausschusses, LT-Drs. 16/4621, 44).

15 Nur Gebäude, die einem **land- oder forstwirtschaftlichen Betrieb oder einem Betrieb der gartenbaulichen Erzeugung** dienen und bestimmte Maße nicht überschreiten, sind verfahrensfrei. Mit dem Betrieb ist eine bestimmte Verfestigung der land- oder forstwirtschaftlichen Betätigung bzw. der gartenbaulichen Erzeugung gemeint, an der sich echte Landwirtschaft und Freizeitbeschäftigungen (zB Hobbytierhaltung) scheiden. Ein Betrieb setzt ein Mindestmaß an Betriebsgröße, Arbeitsanfall, planmäßigem und rationellem Einsatz von Arbeitsmitteln und Arbeitskräften voraus (BVerwG 11.10.2012 – 4 C 9.11, NVwZ 2013, 155 (Rn. 8); 4.3.1983 – 4 C 69.79, BRS 40 Nr. 71). Zum Begriff des Betriebes gehört eine gewisse Beständigkeit und Dauer, die idR nur gesichert ist, wenn der Landwirt eigene Flächen bewirtschaftet und der Betrieb nicht nur auf Gewinnerzielung ausgerichtet ist, sondern auch eine gewisse Rentabilität verspricht. Pachtflächen allein werden idR die erforderliche Nachhaltigkeit nicht gewährleisten (BVerwG 3.2.1989 – 4 B 14.89, BRS 49 Nr. 92 mN). Dem Merkmal der Gewinnerzielung kommt insbesondere bei Nebenerwerbsstellen Bedeutung zu (BVerwG 16.12.2004 – 4 C 7.04, NVwZ 2005, 587; 11.4.1986 – 4 C 67.82, BRS 46 Nr. 75). Schließlich setzt die Führung eines land- oder forstwirtschaftlichen Betriebes oder eines Betriebes der gartenbaulichen Erzeugung gewisse Kenntnisse und Fähigkeiten des Betriebsführers voraus (so BVerwG 11.10.2012 – 4 C 9.11, NVwZ 2013, 155 (Rn. 13) für eine landwirtschaftliche Nebenerwerbsstelle).

16 Die **Zweckbestimmung**, dass die Gebäude einem der in Nr. 1.3 genannten Betriebe **dienen** müssen, schließt Gebäude für die Hobbytierhaltung, zB offene Weideställe für Reitpferde, von der Verfahrensfreiheit aus (vgl. BVerwG 29.8.1989 – 4 B 61.89, NVwZ 1990, 161). Das Gebäude muss für den jeweiligen Betrieb, wenn nicht notwendig, so doch nach der individuellen Betriebsweise tatsächlich gewidmet und durch diese Widmung auch gekennzeichnet sein (OVG Lüneburg 21.8.1998 – 1 L 5004/96, BeckRS 2005, 20345 = juris Rn. 30).

17 Verfahrensfrei sind Gebäude, die nur zum **vorübergehenden Schutz von Tieren oder zur Unterbringung von Erzeugnissen dieser Betriebe** bestimmt sind. Dem vorübergehenden Schutz von Tieren dienen vor allem Weidehütten und saisonal begrenzt verwendbare Unterstände. Ein Stall, in dem Tiere im sog. „Rein-Raus-Verfahren" gemästet werden, dient dem vorübergehenden Schutz auch dann nicht, wenn der Stall zwischen den einzelnen Mastgängen planmäßig vier Wochen leer steht. Gebäude zur Unterbringung von Erzeugnissen der genannten Betriebe dürfen durchgängig genutzt werden und die Zahl der Gebäude ist nicht begrenzt. Der Anregung, die Grundfläche der Gebäude von 70 m² auf 150 m² bzw. 200 m² zu erhöhen, ist der Gesetzgeber nicht gefolgt. Die Beschränkung der Verfahrensfreiheit auf Gebäude mit nicht mehr als 100 m² Grundfläche und 5 m Höhe stellt einen Kompromiss dar. Mit der Verfahrensfreistellung ist aber die Frage der bauplanungsrechtlichen Zulässigkeit noch nicht beantwortet (vgl. BVerwG 7.5.2001 – 6 C 18.00, NVwZ 2001, 1046).

Nr. 1.4: Gewächshäuser mit nicht mehr als 5 m Firsthöhe sind verfahrensfrei, **wenn sie einem landwirtschaftlichen Betrieb oder einem Betrieb der gartenbaulichen Erzeugung dienen**. Mit der Verselbständigung der Betriebe der gartenbaulichen Erzeugung in § 35 Abs. 1 Nr. 2 durch das BauROG war diese klarstellende Erweiterung durch den Gesetzgeber vorgezeichnet. Die Verfahrensfreiheit ist im Gegensatz zur Musterbauordnung 2002 (vgl. § 61 Abs. 1 Nr. 1d) nicht auf eine bestimmte Grundfläche beschränkt. Der Anregung, Gewächshäuser mit einer Firsthöhe von über 5 m verfahrensfrei zu stellen, ist der Gesetzgeber unter Hinweis auf § 7 Abs. 1 NAGBNatSchG nicht gefolgt. Danach findet die Eingriffsregelung bei nach anderen Rechtsvorschriften zulassungs- oder anzeigefreien Vorhaben im Außenbereich keine Anwendung. Anlagen der gewünschten Firsthöhe (mind. 6 m) führten zu ausgleichsbedürftigen Landschaftsbildbeeinträchtigungen. Die Zulassung eines solchen Vorhabens sei nur mit gleichzeitigen Kompensationsmaßnahmen –„sozusagen im Paket" – für den damit verbundenen Eingriff (zB durch Anpflanzungen) möglich (vgl. LT-Drs. 16/3195, 113; → Rn. 48). Es darf allerdings bezweifelt werden, ob derartige Beeinträchtigungen – ohne Begrenzung der Grundfläche – erst ab einer Firsthöhe von mehr als 5 m zu befürchten sind. Nr. 1.3 aF über Gewächshäuser (im Allgemeinen) ist gestrichen worden, da nach Auffassung des Gesetzgebers eine eigenständige Bedeutung im Vergleich zu den Nr. 1.1 und 1.4 nicht besteht. 18

Nr. 1.5: Gartenlauben in einer Kleingartenanlage nach § 1 Abs. 1 BKleingG vom 28.2.1983 (BGBl. I, 210), zul. geänd. d. Art. 11 G v. 19.9.2006 (BGBl. I, 2146) sind verfahrensfrei. Die Streichung der Worte „wenn für die Kleingartenanlage eine Baugenehmigung erteilt ist, sowie Gartenlauben in einer Dauerkleingartenanlage nach dem BKleingG" wurde im Ausschussbericht (LT-Drs. 14/4144, 7) damit begründet, dass damit keine materielle Erweiterung verbunden sei, weil Gartenlauben in einer Kleingartenanlage nach dem BKleingG eine Grundfläche von 25 m² nicht überschritten. Zwar ist es richtig, dass § 3 Abs. 2 BKleingG die Größe der Lauben in einfacher Ausführung auf 24 m² einschließlich überdachten Freisitzes begrenzt; aber nach wie vor setzt Nr. 1.5 voraus, dass für die Kleingartenanlage eine Baugenehmigung erteilt worden ist. Kleingartenanlagen sind nach § 2 Abs. 1 S. 2 Nr. 13 (vormals explizit Nr. 10; vgl. LT-Drs. 16/3195, 66) bauliche Anlagen und bedürfen einer Baugenehmigung. Eine Verfahrensfreistellung von Gartenlauben macht aber nur Sinn, wenn die Kleingartenanlage genehmigt ist und damit auch geprüft worden ist, dass sie planungsrechtlich ‚an der richtigen Stelle' errichtet wird. 19

Nr. 1.6: Fahrgastunterstände für den öffentlichen Personenverkehr oder den Schülertransport sind mit einer Grundfläche von nicht mehr als 20 m² verfahrensfrei. Soweit die Maße nach § 5 Abs. 8 S. 2 Nr. 1 und Satz 3 überschritten werden, müssen auch solche Unterstände die Grenzabstände einhalten. Werbeanlagen an solchen Fahrgastunterständen sind nur mit einer nicht mehr als 1 m² großen Ansichtsfläche verfahrensfrei (vgl. Nr. 10.1 und → Rn. 67). Abwehransprüche wegen Immissionen, die von Haltestellen ausgehen, müssen gegenüber dem Verkehrsträger geltend gemacht werden (vgl. BGH 11.11.1983 – V ZR 231/82, DVBl 1984, 472 mit Anm. Bettermann). 20

Nr. 1.7: Schutzhütten sollen Wanderer vor den Unbilden der Witterung schützen. Sie müssen für jedermann zugänglich, also offen sein, dürfen nur für den vorübergehenden Aufenthalt bestimmt sein und müssen von einer Körperschaft, Anstalt oder Stiftung des öffentlichen Rechts unterhalten werden. Unschädlich dürfte es sein, wenn zB der Landkreis einen Wanderverein mit der Unterhaltung beauftragt. 21

Nr. 1.8: Terrassenüberdachungen mit nicht mehr als 30 m² Grundfläche stellt der Gesetzgeber seit 2012 ebenso verfahrensfrei wie § 61 Abs. 1 Nr. 1 g MBO 2002. Die in der NBauO 2012 noch vorgesehene Begrenzung auf max. 3 m Tiefe wurde mit der NBauO-Novelle 2018 aufgegeben. Eine max. zulässige Breite der Überdachung sah die Bestimmung von Anfang an nicht vor. Die Errichtung einer Terrassenüberdachung über einer bestehenden Terrasse (bauliche Anlage iSd § 2 Abs. 1 S. 1) schafft ein Gebäude (vgl. § 2 Abs. 2), das den Grenzabstand nach § 5 zu wahren hat (zur abstandsrechtlichen Be- 22 handlung von Terrassen → § 5 Rn. 75 ff.). Aber auch eine *unbedachte* Terrasse, höher als 1 m über der Geländeoberfläche, hat den Grenzabstand zu wahren (vgl. § 5 Abs. 1 S. 1 und 2). Im Übrigen ist eine Sonnenschutzanlage, die die Terrasse einer Gaststätte überdeckt und aus statischen Gründen nicht nur an einer Hauswand befestigt ist, sondern darüber hinaus von im Erdboden verankerten Pfosten getragen wird, rechtlich nicht als untergeordnete Nebenanlage nach § 14 Abs. 1 BauNVO einzustufen. Die eine Zulassung auf den nicht überbaubaren Grundstücksflächen erleichternde Regelung in § 23 Abs. 5 S. 1 BauNVO ist daher nicht anwendbar. Nebenanlagen im Sinne von § 23 Abs. 5 S. 1 BauNVO können nur Anlagen sein, die nicht Bestandteil des (Haupt)Gebäudes sind (vgl. BVerwG 13.6.2005 – 4 B 27.05, ZfBR 2005, 698). Zu beweglichen Sonnendächern (Markisen) vgl. Nr. 14.6 → Rn. 88.

b) Feuerungs- und sonstige Energieerzeugungsanlagen

23 **Nr. 2.1:** Mit dem 7. ÄndGNBauO wurden Feuerungsanlagen, dh nach § 40 Abs. 1 **Feuerstätten und Abgasanlagen**, ausgenommen Schornsteine, ohne Begrenzung auf bestimmte Wärmeleistungen vom Genehmigungsvorbehalt freigestellt (zur Genehmigungsbedürftigkeit nach BImSchG vgl. Nr. 1 des Anhangs zur 4. BImSchV). Dazu zählen im Gegensatz zur bisherigen Fassung **nunmehr auch Schornsteine** (Nr. 2.2 aF zu den Schornsteinen ist entfallen). Für die Errichtung von Gebäuden werden Schornsteine als Gebäudeteile nicht vom Baugenehmigungsvorbehalt freigestellt. Lediglich in und an vorhandenen Gebäuden sind Schornsteine verfahrensfrei. **Freistehende Abgasanlagen** sind – „statisch-konstruktiv motiviert" (LT-Drs. 16/3195, 113) – nur bis zu einer Höhe von nicht mehr als 10 m verfahrensfrei (vgl. § 65 Abs. 2 S. 1 Nr. 1, S. 2 iVm Abs. 3 S. 1 Nr. 10). Die Begrenzung der Verfahrensfreiheit auf bestimmte Nennwärmeleistungen hat der Gesetzgeber als nicht erforderlich angesehen. Die Freistellung dient vor allem der Verfahrenserleichterung bei der Aufstellung von sog. Brennwertgeräten (§ 2 Nr. 2 der 1. BImSchV).

24 Gemauerte Kamine mit Rauchabzug, wie sie auf Freizeitgrundstücken anzutreffen sind (vgl. OVG Lüneburg 1.10.1993 – 1 L 1683/93, nv), sind ebenfalls verfahrensfrei. Auch die verfahrensfreien Feuerungsanlagen dürfen nach § 40 Abs. 6, auch wenn sie geändert worden sind, erst in Betrieb genommen werden, wenn der Bezirksschornsteinfegermeister ihre sichere Benutzbarkeit sowie die Tauglichkeit und sichere Benutzbarkeit der zugehörigen Schornsteine und Leitungen zur Abführung der Abgase geprüft und bescheinigt hat. Diese **Bescheinigung des Bezirksschornsteinfegermeisters** über die Tauglichkeit der Abgasanlagen und die sichere Benutzbarkeit der Feuerungsanlagen stellt mangels Regelungswirkung keinen Verwaltungsakt dar (OVG Lüneburg 5.8.2011 – 8 ME 329/10, NVwZ-RR 2012, 9 zu § 40 Abs. 8 aF).

25 **Nr. 2.2: Wärmepumpen** sind wie zuvor in Nr. 2.3 verfahrensfrei gestellt. Eine im Freien positionierte Wärmepumpe hat die Richtwerte der TA Lärm einzuhalten (VG Saarland 1.2.2012 – 5 K 1528/11, BeckRS 2012, 47543).

26 **Nr. 2.3:** Neben den bis 1995 von Nr. 2.5 aF erfassten Sonnenheizungsanlagen erstreckt sich die Verfahrensfreiheit von **Solarenergieanlagen und Sonnenkollektoren** insbesondere auf Photovoltaik-Anlagen, in denen elektrische Energie durch Licht erzeugt wird. Die Verfahrensfreiheit der Veränderung von Dächern von vorhandenen Wohngebäuden nach Nr. 13.6 ergänzt die Verfahrensfreiheit nach Nr. 2.3; ergänzend hat der Gesetzgeber mit der NBauO-Novelle 2018 klargestellt, dass die mit der Errichtung und Nutzung der genannten Anlagen verbundenen baulichen und Nutzungsänderungen am Trägergebäude von der Verfahrensfreiheit mit erfasst sind. **Auch** verfahrensfrei gestellt hat der Gesetzgeber seit 2012 Solarenergieanlagen und Sonnenkollektoren **gebäudeunabhängig** mit einer Höhe von nicht mehr als 3 m und einer Gesamtlänge von nicht mehr als 9 m. Die gebäudeunabhängige Verfahrensfreiheit gilt aber **nicht im Außenbereich** (anders § 61 Abs. 1 Nr. 2b MBO 2002). Der Gesetzgeber hat sich den im Gesetzgebungsverfahren geäußerten Bedenken – insbesondere wegen möglicher Häufung an

einem Standort – angeschlossen. Die Verfahrensfreiheit entbindet nicht von der Beachtung örtlicher Bauvorschriften über Gestaltung, wie sie insbesondere in Altstadtbereichen mit schutzwürdiger Dachlandschaft anzutreffen sind. Der Genehmigungsvorbehalt nach § 10 NDSchG bleibt unberührt (vgl. OVG Lüneburg 3.5.2006 – 1 LB 16/05, juris zur Beseitigungsverfügung bzgl. Sonnenkollektoren auf einem denkmalgeschützten Dach).

Nr. 2.4: Blockheizkraftwerke sind keine Feuerstätten; sie bestehen aus einem Verbrennungsmotor, einem Generator zur Stromerzeugung, Wärmetauschern und Anlagen zur Abführung von Verbrennungsgasen des Motors. Zur Klarstellung sind 2012 die Worte **„einschließlich der Leitungen zur Abführung der Verbrennungsgase"** ergänzt worden. Sonderbauten nach § 2 Abs. 5 S. 2, also solche baulichen Anlagen, die einer Genehmigung nach dem BImSchG bedürfen, sind von der Verfahrensfreistellung ausgenommen. Mit der NBauO-Novelle 2018 ist die Verfahrensfreistellung im Außenbereich auf die einem landwirtschaftlichen oder gartenbaulichen Betrieb dienenden Anlagen beschränkt und allgemein an die Zulässigkeit der Nutzung des sie aufnehmenden Gebäudes gekoppelt worden. Nach Nr. 2.4 ist nur die technische Einrichtung verfahrensfrei, nicht das Gebäude, in dem das Blockheizkraftwerk untergebracht ist (LT-Drs. 18/1136, 52; VG Göttingen 17.9.2013 – 2 B 754/13,BeckRS 2013, 56427 = juris Rn. 5 f.). Bei der beabsichtigten Inbetriebnahme eines Blockheizkraftwerkes ist § 40 Abs. 6 zu beachten (→ Rn. 24). 27

Die 2012 eingefügte Verfahrensfreistellung von **thermochemischen Vergasungsanlagen** im Außenbereich (**Nr. 2.5 aF)** hat der Gesetzgeber mit der NBauO-Novelle 2018 wieder gestrichen, da es sich ohnehin regelmäßig um die von der Freistellung ausgenommenen Sonderbauten handele (LT-Drs. 18/1136 S. 52). 28

c) Leitungen und Anlagen für Lüftung, Wasser- oder Energieversorgung, Abwasserbeseitigung, Telekommunikation oder Brandschutz

Nach § 1 Abs. 2 Nr. 3 gilt die NBauO nicht für Leitungen, die dem Ferntransport von Stoffen, der öffentlichen Versorgung mit Wasser, Gas, Elektrizität oder Wärme, der öffentlichen Abwasserbeseitigung, der Telekommunikation oder dem Rundfunk dienen (→ § 1 Rn. 28 ff.). Bei den in **Nr. 3** im Einzelnen aufgezählten Anlagen besteht kein Bedürfnis für eine präventive Kontrolle, weil es sich entweder um baurechtlich kaum relevante Anlagen handelt oder sie von öffentlichen Versorgungsunternehmen oder konzessionierten Installateuren überwacht werden. Auf den wasserrechtlichen Genehmigungsvorbehalt für Abwasseranlagen nach § 60 WHG iVm § 99 NWG ist hinzuweisen. 29

Nr. 3.1: Lüftungsleitungen, Leitungen von Klimaanlagen und Warmluftheizungen, Installationsschächte und -kanäle sind als haustechnische Anlagen verfahrensfrei, soweit sie nicht durch Decken und Wände, die feuerwiderstandfähig sein müssen, geführt werden (vgl. § 27 Abs. 3, § 31 Abs. 3). Gebäudetrennwände (Nr. 3.1 aF) sind daher seit 2012 nicht mehr aufgeführt, da sie feuerwiderstandsfähig sein müssen (§ 30 iVm § 8 DVO-NBauO). Zu den Brandschutzanforderungen der in Nr. 3.1 genannten Anlagen → § 39 Rn. 11 ff. Seit der NBauO-Novelle 2018 sind nun auch die Lüftungs- und Klimageräte selbst verfahrensfrei. 30

Nr. 3.2: Seit der Novelle 2002 sind ua **Leitungen für Elektrizität** uneingeschränkt vom Baugenehmigungsvorbehalt freigestellt. Da Leitungen, die der öffentlichen Versorgung mit Elektrizität dienen, nach § 1 Abs. 2 Nr. 3 nicht unter die NBauO fallen, kommt dieser Verfahrensfreistellung nur geringe Bedeutung zu. Entsprechendes gilt für Leitungen für Wasser, Abwasser, Gas und Wärme. Das Niederschlagswasser (Nr. 3.2 aF) ist im Begriff „Abwasser" enthalten (vgl. § 54 Abs. 1 S. 1 Nr. 2 WHG iVm § 96 Abs. 3 NWG). **Leitungen, die der öffentlichen Abwasserbeseitigung dienen**, sind seit 2012 ebenfalls vom Anwendungsbereich der NBauO ausgenommen (§ 1 Abs. 2 Nr. 3). IdR normieren die Gemeinden die Anschlussmodalitäten in einer Abwassersatzung, wobei die aner- 31 kannten Regeln der Technik, insbesondere die DIN 1986 das Ermessen lenken (OVG Lüneburg 18.5.1992 – 9 L 44/90, BeckRS 2004, 27606). Im Dezember 2016 erschien die aktualisierte Fassung der Norm DIN 1986– 100 „Entwässerungsanlagen für Gebäude und Grundstücke – Bestimmungen in Verbindung mit DIN EN 752 und DIN EN 12056". Auf die wasserrechtlichen Vorschriften der §§ 95 ff. NWG für die Abwasserbeseitigung ist hinzuweisen.

32 **Brunnen (Nr. 3.3)** bedürfen einer wasserrechtlichen Erlaubnis oder Bewilligung (§§ 8, 9 Abs. 1 Nr. 5, 14, 15 WHG), soweit sie nicht unter die erlaubnisfreien Benutzungen des Grundwassers nach § 46 WHG iVm § 86 NWG fallen. Die Verfahrensfreiheit nach Nr. 3.3 hängt nicht vom Verwendungszweck (Wasserversorgung, Wärmepumpe, Gewerbe) ab.

33 **Nr. 3.5: Abwasserbehandlungsanlagen** für nicht mehr als täglich 8 m^3 häusliches Schmutzwasser sind verfahrensfrei und bedürfen auch keiner wasserrechtlichen Genehmigung nach § 60 Abs. 3 S. 1 WHG. Denn bei Errichtung oder Änderung einer privaten Abwasserbehandlungsanlage handelt es sich nicht um ein „wasserwirtschaftliche(s) Vorhaben mit Benutzung oder Ausbau eines Gewässers" (vgl. Nr. 13 der Anlage 1 zum UVPG). Die Gemeinde kann durch Satzung für bestimmte Teile des Gemeindegebietes vorschreiben, dass die Nutzungsberechtigten der Grundstücke häusliches Abwasser durch Kleinkläranlagen zu beseitigen haben. Sie kann zudem bestimmte Bauarten von **Kleinkläranlagen vorschreiben** (§ 96 Abs. 4 S. 1 und 4 NWG). Zeigt der Nutzungsberechtigte die Errichtung oder wesentliche Änderung einer satzungsgemäßen Kleinkläranlage vor Beginn des Vorhabens an, so gilt die Erlaubnis zur **Einleitung von Abwasser** nach § 10 Abs. 1 WHG als erteilt. Entsprechendes gilt für die Anzeige der zulassungsgemäßen Errichtung oder wesentlichen Änderung einer Kleinkläranlage, wenn für diese eine allgemeine bauaufsichtliche Zulassung nach § 18 oder eine europäische technische Zulassung nach § 6 BauPG besteht und in der Zulassung die Anforderungen an den Einbau, den Betrieb und die Wartung der Anlage festgelegt sind, die für einen den Anforderungen nach der Abwasserverordnung entsprechenden Betrieb erforderlich sind (§ 96 Abs. 6 S. 1 und 2 NWG).

34 **Nr. 3.8:** Die Maße der verfahrensfreien baulichen Anlagen, die ausschließlich der öffentlichen Versorgung mit Elektrizität etc dienen, berücksichtigen die Bedürfnisse der Versorgungsunternehmen. Soweit die baulichen Anlagen höher als 3 m sind, müssen sie Grenzabstand nach § 5 ff. halten (§ 5 Abs. 8 S. 2 Nr. 1). Zur Zulässigkeit eines Pumpenschachts mit Schaltschrank für die öffentliche Abwasserbeseitigung vgl. OVG Lüneburg 14.1.2002 – 1 L 1800/00, BRS 65 Nr. 134.

35 **Nr. 3.9:** Die NBauO 2012 bestimmt, dass in Wohnungen Schlafräume und Kinderzimmer sowie Flure, über die Rettungswege von Aufenthaltsräumen führen, jeweils mindestens einen Rauchwarnmelder haben müssen (§ 44 Abs. 5 S. 1). Für die Sicherstellung der Betriebsbereitschaft der Rauchwarnmelder sind die Nutzungsberechtigten oder andere Personen, die die tatsächliche Gewalt über die Wohnung ausüben, verantwortlich, es sei denn, der Eigentümer übernimmt diese Verpflichtung selbst (§ 44 Abs. 5 S. 4). Die Installation von **Brandmeldeanlagen in Wohnungen** erfolgt verfahrensfrei.

d) Masten, Antennen und ähnliche Anlagen

36 **Nr. 4.1:** Seit der Novelle 2002 sind nicht nur Leitungen, die in der Erde verlegt sind, von der Geltung der NBauO ausgenommen, sondern auch oberirdische Freileitungen (§ 1 Abs. 2 Nr. 3; → § 1 Rn. 28 ff.). Hinzu kommt, dass Nr. 4.1 idF der Novelle 2002 **Masten und Unterstützungen für Freileitungen** vom Genehmigungsvorbehalt freistellt, und zwar unabhängig von der Nennspannung. Hochspannungsfreileitungen mit einer Nennspannung von 110 Kilovolt und mehr mit Ausnahme der Bahnstromfernleitungen unterliegen nach § 43 EnWG der Planfeststellung. Abweichend von § 43 S. 1 und 3 ist für ein Vorhaben, für das nach dem UVPG eine Umweltverträglichkeitsprüfung nicht durchzuführen ist, auf Antrag des Trägers des Vorhabens an Stelle des Planfeststellungs-

beschlusses eine Plangenehmigung zu erteilen (vgl. § 43b Nr. 2 EnWG iVm Nr. 19.1 der Anlage 1 zum UVPG). Soweit ein derartiges Verfahren nicht durchzuführen ist, trägt der Versorgungsunternehmer die Verantwortung für die Einhaltung der baurechtlichen Anforderungen. Mit der Verfahrensfreistellung der Masten und Unterstützungen entfällt allerdings auch die Prüfung naturschutzrechtlicher Anforderungen (§ 17 Abs. 3 BNatSchG iVm § 7 Abs. 1 NAGBNatSchG). Ein Beleuchtungsmast ist nicht Bestandteil einer Freileitung (OVG Lüneburg 28.2.1974 – I B 160/73, BRS 28 Nr. 219).

Die Verfahrensfreiheit nach **Nr. 4.3** (bis 2012 Nr. 4.7) schließt Werbefahnen nicht ein (vgl. OVG Münster 24.7.2006 – 10 B 785/06, NVwZ-RR 2006, 773). Auch eine Kleinwindenergieanlage wird nicht erfasst. Sie ist zum einen mit einem **Fahnenmast** samt Fahne nicht vergleichbar; zum anderen verbietet es sich vor dem Hintergrund, dass Baumaßnahmen grundsätzlich einer Baugenehmigung bedürfen (vgl. § 59 Abs. 1) und des abschließenden Charakters des Katalogs im Anhang zu § 60, die vom Gesetzgeber nicht gewollte Verfahrensfreistellung für Kleinwindenergieanlagen im Wege einer extensiven Auslegung oder analogen Anwendung der im Anhang zu § 60 NBauO genannten Tatbestände herbeizuführen (vgl. OVG Lüneburg 29.6.2012 – 12 LA 155/11, ZfBR 2012, 584 f. zu § 69 Abs. 1 S. 1 aF). Im Gegensatz zu anderen LBauOen (zB Art. 57 Abs. 1 Nr. 3b BayBO) hat der Gesetzgeber auch mit der NBauO 2012 und 2018 **Kleinwindenergieanlagen nicht verfahrensfrei** gestellt. 37

Nr. 4.4 stellt mit der NBauO 2012 **Flutlichtmasten** mit einer Höhe von nicht mehr als 10 m, außer im Außenbereich, verfahrensfrei. Da sie in aller Regel bestehenden Sportanlagen oÄ zugeordnet sind, werfen sie für sich genommen keine (zusätzlichen) baurechtlichen Probleme auf und auch die gemeindliche Planungshoheit wird nicht tangieren (LT-Drs. 16/3195, 114). Auf die Anzahl der Scheinwerfer, die Leuchtkraft und die Dauer des Betriebs geht die Vorschrift ebenso wie § 61 Abs. 1 Nr. 4e MBO 2002 nicht ein. Zu Lichtimmissionen einer Flutlichtanlage gegenüber einem Gärtnereibetrieb vgl. VGH Mannheim 18.11.2010 – 5 S 2112/09, BeckRS 2010, 57078. 38

Nr. 4.5: Sirenen und deren Masten sind verfahrensfrei. Zur immissionsschutzrechtlichen Beurteilung einer Feuerwehrsirene vgl. BVerwG 29.4.1988 – 7 C 33.87, BVerwGE 79, 254. 39

Nr. 4.6: Die Vorschrift über die Genehmigungsfreiheit von Antennen wurde durch das ÄndG 2005 neu gefasst. Die Rspr. (OVG Lüneburg 6.12.2004 – 1 ME 256/04, BauR 2005, 975; 31.1.2002 – 1 MA 4216/01, BRS 65 Nr. 203 mN) war davon ausgegangen, dass Antennenanlagen und Technikraum eine einheitliche Anlage darstellen und nicht in eine genehmigungsfreie Antenne nach Nr. 4.2 aF und einen genehmigungsfreien Technikraum nach Nr. 3.8 aufgespaltet werden können. Außerdem wurde in der Einfügung der Antenne und des Technikraums in ein vorhandenes Gebäude idR eine Nutzungsänderung gesehen, die ebenfalls eine Genehmigungspflicht auslöste (krit. Reimer NVwZ 2004, 146; Jung ZfBR 2001, 24). Mit dem ÄndG 2005 wurde im Anschluss an § 61 Abs. 1 Nr. 4a MBauO 2002 klargestellt, dass auch die **Installation gewerblicher Mobilfunkanlagen** auf vorhandenen Gebäuden **genehmigungsfrei möglich** ist. 40

Die **Verfahrensfreistellung von Mobilfunkanlagen** ist auch unter dem Blickwinkel der gemeindlichen Planungshoheit vertretbar, weil die Vereinbarung zwischen Mobilfunkbetreibern und kommunalen Spitzenverbänden sicherstellen soll, dass die Gemeinden rechtzeitig von der Aufstellung von Mobilfunkantennen Kenntnis erhalten und ggf. von ihrer Planungshoheit Gebrauch machen können (vgl. LT-Drs. 15/1100, 8). Eine **Standortplanung für Anlagen des Mobilfunks** ist den Gemeinden nicht grundsätzlich verwehrt, wenn hierfür ein rechtfertigender städtebaulicher Anlass besteht (BVerwG 30.8.2012 – 4 C 1.11, NVwZ 2013, 304 zum Verhältnis von verfahrensfreien Vorhaben und Veränderungssperre). Aus Gründen des Immissionsschutzes ist ein Baugenehmigungsverfahren nicht erforderlich, weil die Einhaltung der Grenzwerte der 26. BImSchV von der Regulierungsbehörde für Telekommunikation und Post bei der **Standortbescheinigung** geprüft wird, die für den Betrieb der Sendeanlage erfor- 41 derlich ist (vgl. BVerwG 9.3.2011 – 4 B 46.10, ZfBR 2011, 573 zu den staatlichen Schutzpflichten).

42 **Antennenanlagen** sind Anlagen zur Abstrahlung oder zum Empfang elektromagnetischer Wellen. Die Antenne darf einschließlich des Trägermastes eine Höhe von 10 m nicht überschreiten. Ohne Belang ist die Höhe des Gebäudes, auf dem die Antenne errichtet wird. **In die Verfahrensfreiheit einbezogen** ist ein **Technikraum mit nicht mehr als 20 m³ Brutto-Rauminhalt**. Nr. 4.6 ist insoweit lex specialis zu Nr. 3.8, die bauliche Anlagen, die ausschließlich der Telekommunikation dienen und eine Grundfläche von nicht mehr als 20 m² und eine Höhe von nicht mehr als 4 m haben, verfahrensfrei zulässt. Auch unter Berücksichtigung von § 60 Abs. 1 S. 2 sind die Nr. 4.6 und 3.8 nicht in der Weise kombinierbar, dass Antennen (nach Nr. 4.6) mit größeren Versorgungseinheiten als 20 m³ (nach Nr. 3.8 sind immerhin 80 m³ möglich) verfahrensfrei sind. Schließlich erstreckt sich die Verfahrensfreiheit auch auf die Nutzungsänderung der baulichen Anlagen, in, auf oder an denen die Antennenanlagen errichtet werden. Unberührt von der Verfahrensfreiheit bleiben Anforderungen örtlicher Bauvorschriften, die planungsrechtliche Beurteilung von Antennenanlagen als Nebenanlagen iSd § 14 BauNVO (vgl. dazu OVG Lüneburg 10.11.2009 – 1 LC 236/05, BeckRS 2009, 41671 = juris Rn. 94 ff.; BVerwG 3.1.2012 – 4 B 27.11, NVwZ 2012, 579) und die Vorschriften nach dem NDSchG (VG Oldenburg 11.8.2010 – 4 A 2207/07, BeckRS 2010, 52938; vgl. auch OVG Lüneburg 14.8.2009 – 1 LB 337/07, BeckRS 2009, 39288 = juris Rn. 34 ff. zur Gebietsverträglichkeit einer Mobilfunkstation in der Nachbarschaft von Baudenkmalen).

43 Die **Höhenbegrenzung der Antennen (einschl. der Masten** nicht höher als 10 m) nach Nr. 4.6 macht deutlich, dass der Gesetzgeber nur an Stabantennen gedacht hat. Obwohl der Gesetzgeber trotz Kenntnis der Existenz von Parabolantennen und der Regelung in § 65 Abs. 1 Nr. 18 BauO NRW (Baugenehmigungsfreiheit von Parabolantennenanlagen mit Reflektorschalen bis zu einem Durchmesser von 1,20 m) eine ausdrückliche Regelung hierzu nicht getroffen hat, sind derartige Anlagen als verfahrensfrei gestellt anzusehen. Denn in einem vereinfachten Baugenehmigungsverfahren nach § 63 würde eine evtl. Verunstaltung als der entscheidende Gesichtspunkt nicht geprüft werden. Die Erhöhung eines Mastes, an dem Antennen angebracht sind (Funkmast), ist auch dann nicht verfahrensfrei, wenn sie weniger als 10 m beträgt, sofern die Gesamthöhe 10 m überschreitet (VGH München 30.1.2012 – 1 BV 11/62, BeckRS 2012, 58614 zu Art. 57 Abs. 1 Nr. 5a BayBO).

44 **Nr. 4.8: Signalhochbauten der Landesvermessung** bedürfen, obgleich Baumaßnahmen der Länder, der besonderen Erwähnung, da sie nicht unter Leitung eines Beamten des höheren bautechnischen Verwaltungsdienstes errichtet werden (vgl. § 74). Zumeist werden derartige Anlagen nur vorübergehend zur Beantwortung trigonometrischer Fragestellungen aufgestellt.

e) Behälter

45 **Nr. 5.1:** Behälter sind Einrichtungen zur Aufbewahrung von festen, flüssigen oder gasförmigen Stoffen (VGH München 2.3.1984 – 26 B 81 A.1333, BRS 42 Nr. 155). Nr. 5.1 betrifft **Behälter zur Lagerung brennbarer oder wassergefährdender Stoffe mit nicht mehr als 10 m³ Behälterinhalt** einschl. der für ihren sicheren Betrieb erforderlichen Einrichtungen. Jauche- und Güllebehälter sind im Gegensatz zu Nr. 5.1 aF ebenfalls verfahrensfrei gestellt. Der Halbsatz 2 in Nr. 5.1 aF (Aufstellung von Behältern mit mehr als 5.000 l Heizöl nur in den dafür genehmigten Räumen) enthielt keine Regelung zur Verfahrensfreiheit und ist daher entfallen (LT-Drs. 16/3195, 114). Für den nach dieser Vorschrift maßgeblichen Rauminhalt kommt es auf die Aufnahmekapazität des Behälters an.

46 Verfahrensfreie Anlagen nach Nr. 5.1 zum **Umgang mit wassergefährdenden Stoffen** iSd § 62 Abs. 3 WHG bedürfen nach § 63 Abs. 1 WHG grundsätzlich einer **Eignungs-**

feststellung der Wasserbehörde. Dies gilt nicht für Anlagen zum Lagern und Abfüllen von Jauche, Gülle und Silagesickersäften sowie von vergleichbaren in der Landwirtschaft anfallenden Stoffen (§ 63 Abs. 2 Nr. 1 WHG). Die Eignungsfeststellung entfällt in den in § 63 Abs. 3 WHG genannten Fällen (→ § 59 Rn. 29). Behälter zur Lagerung wassergefährdender Stoffe unterliegen der AwSV vom 18.4.2017 (BGBl. I 905). Große Lagerbehälter für bestimmte Stoffe unterliegen der Genehmigung nach § 4 BImSchG iVm Anhang Nr. 9 der 4. BImSchV, die nach § 13 BImSchG die Baugenehmigung einschließt (→ § 59 Rn. 22). Auf die Anforderungen und Prüfungspflichten nach der BetrSichV v.3.2.2015 (BGBl. I, 49), zul. geänd. d. V. v. 30.4.2019 (BGBl. I, 554) ist hinzuweisen. Für **Druckbehälteranlagen** für Flüssiggas iSd BetrSichV einschl. der für ihren sicheren Betrieb erforderlichen Einrichtungen, die weder gewerblichen noch wirtschaftlichen Zwecken dienen und durch die Beschäftigte nicht gefährdet werden können, gelten die Vorschriften der BetrSichV entsprechend; zuständig ist die untere BauAB (§ 31 DVO-NBauO.

Nr. 5.2: Die Vorschrift stellt **Futtermittelbehälter** mit nicht mehr als 6 m Höhe verfah- **47**
rensfrei. Erweitert hat der Gesetzgeber den Anwendungsbereich der Vorschrift 2012 dadurch, dass er die Beschränkung auf Gärfutterbehälter fallengelassen hat. Allerdings sind nunmehr nur Futtermittelbehälter verfahrensfrei gestellt, **die einem landwirtschaftlichen Betrieb dienen und in denen nur Futtermittel gelagert werden**.

Der Anregung, die Verfahrensfreistellung in § 61 Abs. 1 Nr. 5e MBO 2002 zu **Fahrsilos,** **48**
Kompost- und ähnlichen Anlagen, mit in den Katalog zu Nr. 5 aufzunehmen, ist der Gesetzgeber nicht gefolgt. Die Regelung über die Verfahrensfreiheit sei im Kontext mit anderen gesetzlichen Bestimmungen zu sehen. Gegen die Ausweitung der verfahrensfreien Vorhaben in Außenbereichslagen spreche aus bauplanungsrechtlicher Sicht grundsätzlich, dass nach dem NAGBNatSchG (§ 7 Abs. 1) zum BNatSchG die Eingriffsregelung für verfahrensfreie Vorhaben keine Anwendung finde. In vielen Fällen sei jedoch die bauplanungsrechtliche Zulässigkeit eines solchen Vorhabens nur in Verbindung mit entsprechenden Ausgleichsmaßnahmen gegeben (LT-Drs. 16/3195, 114; → Rn. 18). Der Gesetzgeber war sich der Gefahren für den Außenbereich bewusst und hat von der Verfahrensfreistellung im Außenbereich nur in engen Grenzen Gebrauch gemacht und sie teilweise auf privilegierte Betriebe nach § 35 Abs. 1 Nr. 1 und 2 BauGB begrenzt (vgl. Nr. 1.3, 1.4, 2.4 und 5.6).

Nr. 5.5: Transportable Behälter zum Sammeln von Wertstoffen (Glas, Papier etc) sind **49**
verfahrensfrei, nicht dagegen § 2 Abs. 1 unterfallende Abstellplätze für diese Behälter (OVG Lüneburg 29.4.2015 – 1 ME 43/15, NVwZ-RR 2015, 678 (679)), soweit sie nicht im Bereich der öffentlichen Verkehrsflächen liegen (§ 1 Abs. 2 Nr. 1). Solche **Wertstoffcontainer bzw. Wertstoffhöfe** können auch in reinen Wohngebieten als Nebenanlagen nach § 14 Abs. 1 BauNVO zulässig sein (BVerwG 3.5.1996 – 4 B 50.96, NVwZ 1996, 1001: Wertstoffhof im reinen Wohngebiet; 13.10.1998 – 4 B 93.98, NVwZ 1999, 298: Wertstoffcontainer im allgemeinen Wohngebiet). Die technischen Regelwerke zur Beurteilung von Lärm liefern nur Anhaltspunkte für die Feststellung der Zumutbarkeit der Lärmbeeinträchtigungen, die von Wertstoffcontainern ausgehen (vgl. BVerwG 25.4.1997 – 7 B 114.97, BeckRS 1997, 31232596; VGH München 27.11.1995 – 20 B 95.436, NVwZ 996, 1031; VGH Kassel 24.8.1999 – 2 UE 2287/96, NVwZ-RR 2000, 668). Der Standort von Wertstoffcontainern im Wohngebiet verstößt nicht schon deshalb gegen das Gebot der Rücksichtnahme (§ 34 Abs. 1 BauGB; § 15 BauNVO), weil in dem Gebiet ein anderer, die Nachbarschaft weniger beeinträchtigender Standort in Betracht kommt. Denn die baurechtliche Prüfung ist – im Gegensatz zum Planfeststellungsrecht mit seiner aus dem Abwägungsgebot als Ausprägung des Verhältnismäßigkeitsgrundsatzes eröffneten Alternativenprüfung – an den Bauwunsch des Bauherrn gebunden (BVerwG 13.10.1998 – 4 B 93.98, NVwZ 1999, 298; VGH München 4.3.2010 – 22 ZB 09.1785,BeckRS 2010, 48109). Zu den transportablen Behältern für feste Stoffe gehören nicht Container, die ortsfest als Lager verwendet werden (OVG Lüneburg 7.12. 1994 – 1 M 7366/94, nv).

50 **Nr. 5.6: Behälter** mit nicht mehr als 50 m³ Rauminhalt und nicht mehr als 3 m Höhe sind verfahrensfrei, **die nicht für Gase, brennbare Flüssigkeiten oder wassergefährdende Stoffe, insbesondere nicht für Jauche oder Gülle** (vgl. aber → Rn. 45)**, bestimmt sind.** Der Bezug zu einem land- oder forstwirtschaftlichen Betrieb im Innenbereich ist 2012 gestrichen worden, so dass sich der Anwendungsbereich der Vorschrift erweitert hat. So werden nunmehr zB auch **Paketstationen** im vorgegebenen Umfang erfasst. Im Außenbereich sind die Behälter aber nur dann verfahrensfrei, wenn sie einem land- oder forstwirtschaftlichen Betrieb oder einem Betrieb der gartenbaulichen Erzeugung dienen (→ Rn. 48). Zu den Voraussetzungen eines landwirtschaftlichen Betriebes oder eines Betriebes der gartenbaulichen Erzeugung und zur dienenden Funktion → Rn. 14 ff.

51 **Nr. 5.7:** Die Freistellung von **Behältern für Regenwasser** soll die ökologisch sinnvolle Nutzung von Regenwasser erleichtern und ist 2012 **mit einem Rauminhalt von nicht mehr als 100 m³** verdoppelt worden.

f) Einfriedungen, Stützmauern, Brücken und Durchlässe

52 **Nr. 6.1: Einfriedungen** (zum Begriff: 8. Auflage § 15 Rn. 2) waren bislang bis 1,8 m Höhe von der Genehmigungspflicht freigestellt. Trotz der in der Vorauflage geäußerten Kritik an der sukzessiven Erhöhung der verfahrensfreien Einfriedungen (→ 8. Aufl. § 69 Rn. 44: Bedeutung für das Ortsbild, Teilhabe an den Freiflächen der Nachbargrundstücke), hat der Gesetzgeber die genehmigungsfreie Höhe der Einfriedungen 2012 von 1,8 m auf nicht mehr als 2 m erweitert (vgl. § 61 Abs. 1 Nr. 6a MBO 2002). Zwar gilt das Verunstaltungsverbot auch für verfahrensfreie Baumaßnahmen (§ 59 Abs. 3 S. 1), aber wenn die Einfriedung erst einmal steht, ist es sehr viel schwieriger, das Verunstaltungsverbot mit den Mitteln des Bauordnungsrechts durchzusetzen.

53 **Einfriedungen** dieser Höhe können **auch städtebauliche Auswirkungen** haben: Bei Reihenhaus- oder kleinen Einfamilienhausgrundstücken wird die Möglichkeit der Bewohner, jeweils wechselseitig an den Freiflächen der Nachbargrundstücke zu partizipieren, durch Einfriedungen von nunmehr 2 m Höhe aufgehoben (vgl. BVerwG 3.8.2005 – 4 B 47.05, ZfBR 2005, 806 zum nachbarlichen Abwehrrecht gegen eine unzulässige Nebenanlage (Mauer)). Da die Geltung der §§ 30–37 BauGB aber nach § 29 Abs. 1 BauGB 1998 nicht mehr von der Genehmigungspflicht der baulichen Anlage abhängt, verstößt die Verfahrensfreistellung von Einfriedungen nicht gegen Bundesrecht (vgl. OVG Lüneburg 9.3.2012 – 1 LA 231/09, BeckRS 2012, 48429 = juris Rn. 21 f.). Durch örtliche Bauvorschriften kann zwar die Verfahrensfreiheit von Einfriedungen nicht „zurückgeschraubt“ werden, die Gemeinden können aber für bestimmte Teile des Gemeindegebietes iS einer positiven Baupflege die Gestaltung, Art und Höhe von Einfriedungen bestimmen sowie die Einfriedung von Vorgärten vorschreiben oder ausschließen. (vgl. § 84 Abs. 3 Nr. 3; BVerwG 10.7.1997 – 4 NB 15.97, NVwZ-RR 1998, 486). Zu beachten ist zudem § 28 NNachbG.

54 **Im Außenbereich** (zur Begriffsbestimmung → Rn. 9) sind Einfriedungen nur als Nebenanlage eines höchstens 50 m entfernten Gebäudes mit Aufenthaltsräumen verfahrensfrei. Dieser weitgehende Genehmigungsvorbehalt dient im Zusammenhang mit § 35 BauGB dem Schutz des Außenbereichs vor einer Zersiedelung und vor Beeinträchtigungen der Eigenart der Landschaft (vgl. OVG Lüneburg 9.3.2012 – 1 LA 231/09, BeckRS 2012, 48429 = juris Rn. 29 ff.). Gerade mit Einfriedungen werden Außenbereichsgrundstücke aus der freien Landschaft ausgegrenzt, häufig sind sie der erste Schritt zu einer intensiven baulichen Nutzung. Einfriedungen im Außenbereich sind auch dann genehmigungspflichtig, wenn sie als Nebenanlage einem bis zu 50 Meter entfernten Haus dienen, das selbst noch innerhalb eines im Zusammenhang bebauten Ortsteils steht. Ist die Errichtung eines derartigen Gebäudes erst vage beabsichtigt, fehlt es schon an dem Gebäude mit Aufenthaltsräumen (vgl. OVG Lüneburg 22.7.2010 – 1 LA 175/10, NordÖR 2010, 357). Erforderlich ist insoweit – was sich schon aus dem systematischen

Zusammenhang der Bestimmung ergibt – ein genehmigtes oder zumindest legal errichtetes Hauptgebäude; ein lediglich faktisch vorhandenes oder geduldetes Hauptgebäude reicht nicht aus (so OVG Lüneburg 9.3.2012 – 1 LA 254/09, BeckRS 2012, 48417 = juris Rn. 41). Eine andere Auslegung würde auch zu städtebaulich nicht vertretbaren Ergebnissen führen, weil damit den Gemeinden die Möglichkeit einer klaren Abgrenzung der bebauten Ortslage vom Außenbereich genommen würde (vgl. BVerwG 14.1.1993 – 4 C 33.90, NVwZ 1994, 293 zu dem entsprechenden Problem bei § 35 Abs. 4 S. 1 Nr. 6 BauGB).

Nr. 6.3: Offene Einfriedungen ohne Sockel, die einem land- oder forstwirtschaftlichen Betrieb oder einem Betrieb der gartenbaulichen Erzeugung dienen (hierzu → Rn. 14 ff.), sind auch im Außenbereich verfahrensfrei. Offen sind Einfriedungen, die „durchsichtig“ wirken, also insbesondere Weidezäune, Maschendrahtzäune oder Lattenzäune. Einfriedungen ohne Sockel sind nur solche, deren Pfosten ohne zusätzliche Halterung im Erdboden eingegraben sind (OVG Lüneburg 26.10.2016 – 1 LB 87/14, BeckRS 2016, 54197 (Rn. 29 ff.); BayObLG 13.7.1989 – 3 Ob OWi 100/89, BayVBl. 1989, 370). Der noch in der 8. Aufl. vertretenen Gegenauffassung ist insbesondere entgegenzuhalten, dass das Erfordernis „ohne Sockel“ sonst leerliefe, denn Zäune, die auf über die Erdgleiche reichenden Basen stehen, sind im Außenbereich ohnehin nicht anzutreffen. Dass einzelne Pfosten – etwa am Gatter – ein Fundament aufweisen, ist indes unschädlich (OVG Lüneburg 26.10.2016 – 1 LB 87/14, BeckRS 2016, 54197 (Rn. 34 f.)). Die weitgehende Genehmigungspflicht von Einfriedungen im Außenbereich ist verfassungsrechtlich unbedenklich (BVerwG 31.10.1969 – IV B 131.69, BRS 22 Nr. 89). 55

Nicht verfahrensfrei sind Einfriedungen für quasi-landwirtschaftliche Hobbynutzungen, wie der Zaun für die Weide eines Reitpferdes eines Nichtlandwirts (vgl. OVG Münster 18.12.1969 – X A 867/69, juris; OVG Lüneburg 26.7.1996 – 1 L 3849/93, BeckRS 2005, 20150: Beseitigung einer Fischteich-Einfriedung). Durch die Verknüpfung mit § 35 Abs. 1 Nr. 1 und 2 BauGB wird das Unterlaufen der Genehmigungspflicht dadurch, dass die Nutzung -eines Grundstücks neben der Hobbynutzung zusätzlich einem Landwirt eingeräumt wird (VGH München 10.9.1965 – 27 I 64, BRS 16 Nr. 82), weitgehend ausgeschlossen. Einfriedungen forstwirtschaftlich genutzter Grundstücke sind unabhängig von Nr. 6.3 nach § 31 NWaldLG nur noch eingeschränkt zulässig. 56

g) Aufschüttungen, Abgrabungen und Erkundungsbohrungen

Nr. 7.1: Selbständige Aufschüttungen und Abgrabungen sind solche, die eine eigene Funktion und Zweckbestimmung aufweisen und nicht nur, wie etwa die Baugrube eines Neubaus, Teile eines Gesamtvorhabens sind (VGH Mannheim 7.8.1986 – 8 S 1575/86, BRS 46 Nr. 137). Die Verfahrensfreiheit von selbständigen Aufschüttungen und Abgrabungen ist bei gleicher Höhe oder Tiefe von nicht mehr als 3 m unterschiedlich geregelt, je nachdem, ob die Anlage im Außenbereich liegt oder nicht (zum Begriff des Außenbereichs → Rn. 9). Während es im Innenbereich und in Plangebieten keine Flächenbeschränkungen gibt, sind Aufschüttungen und Abgrabungen im Außenbereich nur verfahrensfrei, wenn sie nicht der Herstellung von Teichen dienen und nicht mehr als 300 m^2 Fläche haben. Die Flächen mehrerer in räumlichem Zusammenhang stehender Aufschüttungen bzw. Abgrabungen sind zu addieren. Damit bleibt der Außenbereich weitgehend unter Kontrolle. Rübenerde, die beim Waschen von Zuckerrüben anfällt und zur Düngung auf Felder aufgebracht wird, führt nicht zu einer Aufschüttung (aA OVG Koblenz 12.12.2001 – 8 A 10806/01, BRS 64 Nr. 154). Wenn das Aufbringen allerdings der Aufhöhung des Geländes dient, stellt es eine Aufschüttung dar. Naturschutzrechtliche Beschränkungen (§§ 23 ff. BNatSchG iVm §§ 16 ff. NAGBNatSchG) bleiben unberührt. Für Abgrabungen, die mit dem Abbau von Bodenschätzen verbunden sind, sind §§ 8 ff. NAGBNatSchG zu beachten. Anlagen und Einrichtungen unter der Aufsicht der Bergbehörden fallen nach § 1 Abs. 2 Nr. 2 nicht unter die NBauO. 57

58 Nach **§ 29 S. 3 BBauG/BauGB 1986 bzw. § 29 Abs. 1 BauGB 1998** gelten für Aufschüttungen und Abgrabungen größeren Umfangs die §§ 30–37 BBauG entsprechend, also auch § 35 BauGB. Der Umfang der verfahrensfreien Aufschüttungen und Abgrabungen gibt nur einen groben Anhaltspunkt, wann eine planungsrechtlich erhebliche Aufschüttung bzw. Abgrabung größeren Umfangs vorliegt, weil § 29 Abs. 1 BauGB in seinem rechtlichen Gehalt unabhängig von landesrechtlichen Genehmigungsvorschriften ist (vgl. BVerwG 12.1.2010 – 7 B 34.09, BeckRS 2010, 48478 zur Aufschüttung einer Sandgrube mit schadstoffbehaftetem Füllmaterial).

59 Der Anregung, statt der Flächenbegrenzung eine Mengenbegrenzung, zB 1000 m³, einzuführen, ist der Gesetzgeber 2012 nicht gefolgt. Die gegenwärtige Regelung enthalte bereits einen beachtlichen genehmigungsfreien Bereich, in dem Aufschüttungen im Außenbereich ohne jede Behördenbeteiligung erfolgen dürften. Wenn 300 m² in einer Höhe von 0,3 m bis 1 m mit Material aus einem Baugrundstück verfüllt werden, entspreche dies einer Masse von ca. 160 bis 550 t. Dass ein solcher Entsorgungsvorgang nach geltendem Recht ohne jegliche Rückkoppelung mit den zuständigen Bau- und Umweltbehörden erfolgen dürfe, bedeute bereits ein beachtliches Maß an Deregulierung. Bei Erhöhung der Menge auf 1.000 m³ könnten erhebliche Mengen an Fremd- und Schadsstoffen ohne behördliche Überwachung in die Landwirtschaft verbracht und tausende Quadratmeter Boden geschädigt werden (LT-Drs. 16/3195, 115 f.). Diese nicht zu unterschätzende Gefahr der Aufschüttung mit schadstoffbehaftetem Material (→ Rn. 58 aE) besteht zwar auch bei der jetzigen Regelung in Nr. 7.1, dem Gesetzgeber ist aber im Ergebnis zuzustimmen (vgl. § 61 Abs. 1 Nr. 8 MBauO 2002).

60 **Nr. 7.2: Künstliche Hohlräume** iS dieser Vorschrift sind nur Räume, die ganz unter der in der Natur vorhandenen Erdoberfläche liegen und deren oberer Abschluss zum Freien auch nicht eine künstliche Decke ist, wie etwa Felsenkeller oder Untertagedepots (VGH München 20.10.1971 – 16 II 69, BRS 24 Nr. 106). Anlagen des Bergbaus fallen nicht unter Nr. 7.2, da sie der Aufsicht der Bergbehörden unterstehen und deshalb von der NBauO ausgenommen sind (§ 1 Abs. 2 Nr. 2).

61 **Nr. 7.3: Erkundungsbohrungen** fallen nach § 1 Abs. 2 Nr. 2 nicht unter die NBauO, soweit sie bergbaulichen Zwecken dienen (vgl. § 2 BBergG). Nr. 7.3 bezieht sich auf Bohrungen zur Erkundung des Baugrunds und dergleichen.

h) Anlagen auf Camping- oder Wochenendplätzen

62 Die CPl-Woch-VO vom 12.4.1984 (Nds. GVBl 109), geänd. d. Art. 5 VO v. 13.11.2012 (Nds. GVBl. S. 438), enthält detaillierte Anforderungen an Camping- und Wochenendplätze, die bei der Genehmigung des Platzes zu beachten sind. Außerdem hat der Betreiber für die Einhaltung der wichtigsten Vorschriften zu sorgen, so dass die Aufstellung der **Wohnwagen, Zelte und Wochenendhäuser** keines zusätzlichen Verfahrens bedarf (vgl. VGH Kassel 22.10.1985 – 4 TH 1864/85, BRS 44 Nr. 136). Die baurechtlichen Anforderungen sind eingeschränkt (vgl. § 2 CPl-Woch-VO). Voraussetzung der Verfahrensfreiheit von Anlagen auf Camping- und Wochenendplätzen ist allerdings, dass der Platz bauaufsichtlich genehmigt ist (OVG Lüneburg 18.7.1994 – 1 M 3126/94, nv). Zur Nutzungsuntersagungsverfügung im Falle der Dauerwohnnutzung eines Wochenendhauses OVG Münster 23.10.2006 – 7 A 4947/05, BeckRS 2006, 26870.

i) Anlagen in Gärten oder zur Freizeitgestaltung

63 Die Verfahrensfreiheit von **Anlagen in Gärten oder zur Freizeitgestaltung nach Nr. 9** begegnet Bedenken, weil solche Anlagen im Außenbereich bodenrechtlich relevant sind. Gartennutzung und Gartengestaltung nach **Nr. 9.1** setzen zwar eine Einfriedung des Gartens voraus, so dass jedenfalls Wochenendplätze im Außenbereich ohne Einfriedung bis 2018 nicht von Nr. 9.1 erfasst wurden und genehmigungsbedürftig waren (vgl. OVG Lüneburg 9.3.2012 – 1 LA 254/09, BeckRS 2012, 48417 (Rn. 41) mit dem Hin-

weis, dass es sich um eine zulässigerweise eingefriedete Garten- oder Freizeitanlage handeln muss). Für die mit der NBauO-Novelle 2018 ergänzten Parkanlagen und Naherholungsbereiche dürfte das Einfriedungserfordernis jedoch nicht bestehen. Der Gesetzgeber hat in Nr. 9.1 als Beispielfall auch **Terrassen** genannt, die aber, soweit sie höher als 1 m sind, den Grenzabstand nach § 5 zu wahren haben (vgl. § 5 Abs. 1 S. 1 und 2).

Verfahrensfreie Pergolen sind berankte Laubengänge, die allein der Gartengestaltung dienen. Die Beseitigung des Daches macht daher aus einem unzulässigen Carport keine verfahrensfreie Pergola, solange das Gerüst nicht als Rankhilfe in die Gartengestaltung einbezogen ist (OVG Lüneburg 6.3.2006 – 9 LA 365/03, BeckRS 2006, 22478). Die Verfahrensfreiheit in **Nr. 9.3** bezieht sich auf Spielplätze iSd § 9 Abs. 3 S. 1 und auf bauliche Anlagen, die der zweckentsprechenden Einrichtung von genehmigten Sport- oder Kinderspielplätzen dienen. Bauliche Anlagen ohne Aufenthaltsräume auf genehmigten Abenteuerspielplätzen werden von **Nr. 9.4** erfasst. Der in den Nrn. 9.3, 9.4 und 9.8 genannte Genehmigungsvorbehalt sichert vor allem die Einhaltung des Planungsrechts. 64

Nr. 9.6, 9.7: Wasserbecken mit nicht mehr als 100 m^3 Beckeninhalt und **Traglufthallen** für solche Schwimmbecken sind verfahrensfrei gestellt, weil ihre Errichtung als Nebenanlage eines Wohnhauses typischerweise keinen planungsrechtlichen Bedenken begegnet (vgl. BVerwG 17.12.1976 – IV C 6.75, NJW 1977, 2090). 65

Nr. 9.11: Bei Hochsitzen hat das OVG Lüneburg (17.10.1988 – 1 A 108/85, Gemeinde SH 1989, 81) zur LBO SchlH entsprechend der DIN 277 auch den von der Tragekonstruktion eingefassten Raum unter der Kanzel in die Berechnung des umbauten Raums einbezogen (ebenso OVG Lüneburg 9.3.2012 – 1 LA 140/09, BeckRS 2012, 49187 = juris Rn. 80 zu einem Baumhaus). Ob diese Betrachtungsweise richtig ist, erscheint zweifelhaft, weil dieser „Raum" idR keinerlei Funktion hat. Die **Verfahrensfreiheit von Hochsitzen** ist gegeben bei einer **Nutzfläche** von nicht mehr als 4 m^2. 66

j) Werbeanlagen, Hinweisschilder und Warenautomaten

Nr. 10.1: Die Ansichtsfläche einer Werbeanlage (zum Begriff der Werbeanlage → § 50 Rn. 17 ff.), von deren Größe die Verfahrensfreiheit nach Nr. 10.1 abhängt, ist die gesamte sichtbare Werbefläche, bei zweidimensionalen Anlagen also die einfache Fläche (OVG Münster 11.3.1985 – 11 A 1030/84, OVGE 38, 53). Bei mehrseitig wirkenden Anlagen, etwa Werbeschildern, die im Winkel von 90 Grad angebracht werden, zählt nicht nur eine Seitenfläche, sondern das Gesamtmaß der sichtbaren Fläche (BayObLG 23.2.1987 – 3 ObOWI 149/86, BayVBl. 1987, 442). Die Verfahrensfreistellung schließt die Anwendung der §§ 29 ff. BauGB 1998 nicht aus, so dass es für die planungsrechtliche Beurteilung auf die von der Rechtsprechung noch nicht abschließend geklärte Frage, von welcher Größenordnung an Werbeanlagen städtebauliche Relevanz haben (BVerwG 3.12.1992 – 4 C 27.91, NVwZ 1993, 983), ankommt. Die verfahrensfreien Werbeanlagen nach Nr. 10 sind entweder so klein oder so kurzzeitig aufgestellt, dass ihnen idR keine städtebauliche Relevanz iSd § 29 BauGB zukommt (vgl. BVerwG 3.12.1992 – 4 C 27.91, NVwZ 1993, 983). Zur Bedeutung von Erhaltungssatzungen nach § 172 BauGB vgl. OVG Lüneburg 10.12.1982 – 1 A 13/82, NVwZ 1983, 557. Auch verfahrensfreie Werbeanlagen können wegen belästigender Häufung (§ 50 Abs. 2) unzulässig sein. Wird die verfahrensfreie Werbeanlage im Straßenraum aufgestellt, bedarf es keiner Sondernutzungserlaubnis nach dem einschlägigen Wegerecht (§ 24 Abs. 5 NStrG). Straßenrechtliche Anforderungen sind an Werbeanlagen nicht (mehr) zu stellen; sie sind straßenrechtlich irrelevant (→ § 50 Rn. 8; OVG Lüneburg 17.10.2012 – 1 LB 52/10, nv). Zur Genehmigungspflicht von Werbeanlagen in Schutzzonen von Bundesstraßen → § 59 Rn. 31. 67

Nr. 10.2 stellt ohne Größenbegrenzung Werbeanlagen an der Stätte der Leistung (→ § 50 Rn. 38; Jäde ZfBR 2010, 34 ff. auch zur **Schnittstellenproblematik zwischen** 68

Bauordnungs- und Bauplanungsrecht) vom Genehmigungsvorbehalt frei, wenn sie nicht auf Dauer aufgestellt und nicht fest mit dem Erdboden oder anderen baulichen Anlagen verbunden sind. Nicht jede Verankerung im Boden und nicht jede konstruktive Verbindung mit einer baulichen Anlage stellt eine feste Verbindung dar; Verankerungen bzw. Verbindungen, die ohne großen Aufwand gelöst werden können, wird man zulassen müssen, um die Werbeanlagen gegen Windstöße, aber auch gegen Diebstahl zu sichern. Zu den vorübergehend aufgestellten Werbeanlagen an der Stätte der Leistung zählen auch Schilder auf Erdbeer- oder Spargelfeldern zur Erntezeit.

69 **Nr. 10.3: Werbeanlagen für zeitlich begrenzte Veranstaltungen** sind in ihrer Größe nicht begrenzt. Zeitlich begrenzte Veranstaltungen sind Aus- und Schlussverkäufe, Messen oder Märkte, aber auch der Abverkauf auf Erdbeer- oder Spargelfeldern. Die Werbeanlagen sind nur für die Dauer der zeitlich begrenzten Veranstaltung verfahrensfrei. Werbeanlagen für zeitlich begrenzte Veranstaltungen – zB Schlussverkäufe – werden mitunter in den Straßenraum hineinragen. Das ist wegen der zeitlichen Begrenzung baurechtlich unbedenklich. Allerdings bleibt die Werbeanlage weiterhin dem Straßenverkehrsrecht und dem Nds. SOG unterworfen.

70 Die Regelung über die Verfahrensfreistellung von **Werbeanlagen, die vorübergehend für öffentliche Wahlen oder Abstimmungen angebracht oder aufgestellt werden (Nr. 10.4 aF)**, ist mit Blick auf § 50 Abs. 6 Nr. 4 durch die NBauO-Novelle 2018 gestrichen worden.

71 **Nr. 10.7** (bisher 10.8)**: Warenautomaten** werden nunmehr generell vom Baugenehmigungsvorbehalt freigestellt, da die bisherigen Einschränkungen auch aus städtebaulicher Sicht entbehrlich sind. Zur bauplanungsrechtlichen Beurteilung von Warenautomaten → § 50 Rn. 52.

72 Die mit der NBauO-Novelle 2018 eingefügte Nr. 10.8 stellt entsprechend der MBO klar, dass die mit der Anbringung von Schildern nach Nrn. 10.6 und 10.7 an baulichen Anlagen zwangsläufig verbundenen baulichen und Nutzungsänderungen **der Trägeranlage** auch als solche nicht genehmigungspflichtig sind (vgl. LT-Drs. 18/1136, 53).

k) Fliegende Bauten und sonstige vorübergehend aufgestellte oder genutzte bauliche Anlagen

73 Nr. 11: Fliegende Bauten (zur Begriffsbestimmung → § 75 Rn. 4 ff.) bedürfen keiner Baugenehmigung, sondern grundsätzlich einer Ausführungsgenehmigung (§ 75 Abs. 2). Für die in Nr. 11 genannten fliegenden Bauten verzichtet das Gesetz auch auf die Ausführungsgenehmigung (§ 75 Abs. 2 S. 3 Nr. 1; → § 75 Rn. 3) und damit auch auf vorherige Anzeige gegenüber der BauAB (§ 75 Abs. 5 S. 1). In Nr. 11 ist die Nummernreihenfolge „aus Gründen der Lesbarkeit" 2012 geändert worden (vgl. LT-Drs. 16/3195, 116); eine nochmalige Verschiebung ergab sich 2018 durch den Einschub der neuen Nr. 11.4.

74 Die Freistellung **aufblasbarer Spielgeräte (Nr. 11.4 nF)** lehnt sich an § 76 Abs. 2 S. 2 Nr. 5 MBO an. Ausgenommen sind aufgrund ihrer abstrakten Gefährlichkeit für die spielenden Kinder zum einen Spielgeräte mit einem betretbaren Bereich in über 5 m Höhe (Absturzgefahr!), zum anderen Spielgeräte mit überdachten Bereichen, in denen im Notfall eine Entfernung von über 3 m zum Ausgang unter dem Dach zurückgelegt werden muss. Diese Entfernung erweitert sich auf 10 m, wenn ein Absinken der Decke konstruktiv verhindert wird. Die Sicherungskonstruktion darf allerdings ihrerseits den Gesamtcharakter des Spielgeräts als aufblasbares nicht in Frage stellen; eine umfangreiche Trägerkonstruktion dürfte darunter nicht mehr fallen, wohl aber einzelne zeltstangenartige Stützen.

75 **Nr. 11.7: Zelte, die dem Wohnen dienen,** gelten nicht als fliegende Bauten (§ 75 Abs. 1 S. 2) und sind unter den in Nr. 11.7 genannten Voraussetzungen verfahrensfrei gestellt. Ein gelegentliches gleichzeitiges Zelten weniger Personen (nicht mehr als zehn Personen auf dem Grundstück und in dessen Nähe) ist baurechtlich unbedenklich. Unberührt

bleiben naturschutzrechtliche Verbote in besonders geschützten Gebieten (§§ 23 ff. BNatSchG iVm §§ 16 ff. NAGBNatSchG). **Zelte, die fliegende Bauten sind**, mit nicht mehr als 75 m² Grundfläche dürfen nach **Nr. 11.6** verfahrensfrei und ohne Ausführungsgenehmigung aufgestellt werden (§ 75 Abs. 2 S. 3 Nr. 1). Zu einer Gesamtanlage aus Zelten (Leichtbauhalle und zwei Partyzelte) und zur Abgrenzung von fliegenden Bauten vgl. OVG Berlin-Brandenburg 2.11.2011 – OVG 10 S 28.11, BeckRS 2011, 55732.

Nr. 11.11: Die Verfahrensfreiheit von **Verkaufsständen für landwirtschaftliche Produkte** durch den Erzeuger dient der Erleichterung der Direktvermarktung. Von einer Direktvermarktung kann aber nur die Rede sein, wenn der Verkaufsstand in der Nähe der Anbauflächen bzw. des landwirtschaftlichen Hofes liegt (OVG Lüneburg 28.2.2005 – 1 ME 314/04, NVwZ-RR 2005, 607). Außerhalb der Ortsdurchfahrten an den freien Strecken der klassifizierten Straßen sind solche Verkaufsstände wegen der Anbauverbote nach § 9 FStrG bzw. § 24 NStrG unzulässig (OVG Koblenz 18.5.1972 – 1 A 32/71, juris: **Verkaufsstand als Hochbau** iSd § 9 FStrG). 76

Nr. 11.12: Für **Lagerplätze** gelten die §§ 30–37 BauGB nach § 29 Abs. 1 BauGB 1998 unabhängig von der landesrechtlichen Genehmigungspflicht (vgl. VGH München 21.3.2012 – 9 ZB 09.1222, BeckRS 2012, 25775 (Rn. 10 f.)). Auch wenn das BVerwG bisher nur für bauliche Anlagen ausgesprochen hat, dass die Anlage auf Dauer gedacht sein muss (BVerwG 17.12.1976 – IV C 6.75, NJW 1977, 2090), gilt diese Voraussetzung wegen der fehlenden bodenrechtlichen Bedeutung kurzzeitiger Anlagen auch für Lagerplätze. Im Zusammenhang mit Nr. 11.12 stellt sich die Frage, ob bei Kartoffel-, Rübenblatt- und Strohmieten, die als Beispiele vorübergehend genutzter Lagerplätze für landwirtschaftliche, forstwirtschaftliche und erwerbsgärtnerische Erzeugnisse genannt werden, schon von einer solchen Dauer ausgegangen werden muss, die bodenrechtlich relevant ist. Auch wenn von einer planungsrechtlich relevanten Dauer auszugehen ist, weil die Mieten häufig bis in das Jahr nach der Ernte bestehen, wird man Nr. 11.12 wegen der Herkömmlichkeit und der damit verbundenen geringen bodenrechtlichen Auswirkungen als unbedenklich ansehen können. Nicht unter Nr. 11.12 fallen allerdings Plätze für ständige Kompostmieten von Gartenbauunternehmen. Das frühere Merkmal „unbefestigt" ist 2012 gestrichen worden, da sich in der Praxis bei diesem Begriff Auslegungsschwierigkeiten ergeben hätten. Der Einbau einer Bodenbefestigung sei aber bereits ein Hinweis darauf, dass ein Lagerplatz nicht nur vorübergehend genutzt werden solle (vgl. LT-Drs. 16/3195, 116). 77

Nr. 11.14: Zu den verfahrensfreien **Gerüsten** gehören neben den Arbeitsgerüsten auch die zur statischen Sicherung erforderlichen Trag- Schal- und Stützgerüste. Nr. 11.14 stellt sie ohne Größenbegrenzung verfahrensfrei, weil ihre Verwendung Arbeitsschutz- und Unfallverhütungsvorschriften unterliegen und von der Gewerbeaufsicht und den Berufsgenossenschaften überwacht werden. Außerdem werden Trag-, Schal- und Stützgerüste größeren Umfangs von spezialisierten Unternehmen mit Fachkräften und ggf. unter Einschaltung von Sachverständigen errichtet. Zu den verfahrensfreien Gerüsten gehören nur die baulichen Hilfskonstruktionen, nicht aber Gerüste, die als Werbeträger oÄ selbständigen Zwecken dienen (OVG Hamburg 1.6.1995 – Bs II 266/95, BeckRS 1995, 12865). 78

Nr. 11.15: Baustelleneinrichtungen (→ § 11 Rn. 3 f.) sind nur die räumlich, zeitlich und funktional bestimmten Bauvorhaben zugeordneten Nebenanlagen, zu denen auch Lager- und Schutzhallen und Unterkünfte zählen („für die Baustelle"). Auch eine für ein Bauvorhaben angelegte Baustraße kann eine Baustelleneinrichtung darstellen, wenn sie nach der Fertigstellung des Baues wieder beseitigt werden soll. Eine Betonmischanlage ist nicht mehr verfahrensfrei, wenn von ihr eine nicht unmittelbar benachbarte Baustelle beliefert wird (BayObLG 2.8.1974 – 3 ObOWi 90/75, BRS 29 Nr. 114; vgl. Lechner/Busse in Simon/Busse Art. 57 Rn. 326). Der von Nr. 11.15 vorausgesetzte zeitliche Zusammenhang zwischen Baustelleneinrichtung und Hauptvorhaben beschränkt die Verfahrensfreiheit im Wesentlichen auf die Zeit der Bauausführung. 79

80 Das OVG Münster (28.12.1994 – 7 B 2739/94, BRS 57 Nr. 183) hat die zum damaligen Zeitpunkt gleich lautende Vorschrift der BauO NRW (§ 65 Abs. 1 Nr. 38; § 55 Anl. 2 I Nr. 11.8 nF) auf Baustelleneinrichtungen beschränkt, die Vorhaben dienen, die der Geltung der BauO unterliegen (§ 1). Grund der Verfahrensfreiheit ist aber nicht die Möglichkeit der BauAB, im Rahmen der Bauüberwachung des Vorhabens die Baustelleneinrichtung zu kontrollieren. Auch das Argument, wenn schon das Vorhaben nicht der BauO unterliege, gelte dies erst recht für die Baustelleneinrichtung (Lechner/Busse in Simon/Busse Art. 57 Rn. 325), geht fehl. Denn damit würde die Baustelleneinrichtung auch von den materiellen Anforderungen der NBauO freigestellt. Nr. 11.15 privilegiert Baustelleneinrichtungen einschl. der für die Baustelle genutzten Lagerhallen, Schutzhallen und Unterkünfte im Hinblick auf ein der NBauO unterfallendes Vorhaben. In diesem Sinne ist die Baustelleneinrichtung akzessorisch (Lechner/Busse in Simon/Busse Art. 57 Rn. 326). Wenn aber das Bauvorhaben selbst nicht der NBauO unterfällt, besteht keine privilegierende Akzessorietät der Baustelleneinrichtung. Die Akzessorietät geht nicht so weit, dass auch die Baustelleneinrichtung für ein nicht der NBauO unterfallendes Vorhaben aus dem Anwendungsbereich der NBauO herausgerissen wird.

81 Die Freistellung **ortsveränderlicher Geflügelställe** zum Zweck der Freilandhaltung oder ökologisch-biologischen Geflügelhaltung („mobile Hennen") in Nr. 11.16 ist mit der NBauO-Novelle 2017 eingefügt worden. Zweck der Regelung ist die Förderung dieser tierfreundlichen Haltungsform. Mit 450 m^3 Rauminhalt sind kleine und mittlere Stallgrößen erfasst (LT-Drs. 17/8743, 1).

l) Tragende und nichttragende Bauteile

82 **Nr. 12:** § 69 Abs. 1 Nr. 12 NBauO 1973 stellte nur Bauteile von der Baugenehmigung frei, an die die NBauO keine Anforderungen stellte. Die NBauO reduziert seit 1986 nicht nur die materiellen Anforderungen, sondern überlässt den am Bau Beteiligten mit einer weitreichenden – jetzt – Verfahrensfreiheit von Bauteilen die alleinige Verantwortung. Ob eine so weit gehende Freistellung zu verantworten ist, erscheint gerade deshalb zweifelhaft, weil solche Arbeiten häufig in Eigenhilfe ohne große Sachkenntnis durchgeführt werden. Es kommt hinzu, dass **Nr. 12.1** eine völlige „Entkernung" und Veränderungen von Wohngebäuden unterhalb der Hochhausgrenze verfahrensfrei zulässt (§ 60 Abs. 2 Nr. 4), obwohl damit die Grenzen des Bestandsschutzes überschritten werden können (zu diesen Grenzen → § 85 Rn. 1, 11). Der Begriff „fertiggestellt" setzt in diesem Zusammenhang voraus, dass die Fertigstellung zu einem Ergebnis geführt hat, das fertig gestellte Objekt also im Zeitpunkt des Umbaus vorhanden ist und nicht nur zu einem früheren Zeitpunkt – aber nicht mehr in der Gegenwart – vorhanden „war". Von einem – noch – vorhandenen Wohnhaus kann nicht mehr ausgegangen werden, wenn dieses bis auf die Außenschalung der Umfassungsmauern des Erdgeschosses beseitigt ist (OVG Lüneburg 29.6.2011 – 1 ME 77/11, nv).

m) Fenster, Türen, Außenwände und Dächer

83 Die in **Nr. 13** aufgezählten Baumaßnahmen haben in aller Regel nur gestalterische Auswirkungen. Deshalb beschränkte die NBauO 1986 die Genehmigungsfreiheit auf Gebiete außerhalb des Geltungsbereichs von örtlichen Bauvorschriften und Erhaltungssatzungen nach § 172 BauGB sowie außerhalb von förmlich festgelegten Sanierungsgebieten nach § 142 BauGB. Seit der NBauO 1995 wird auch insoweit auf eine präventive Kontrolle verzichtet. Das lässt sich damit rechtfertigen, dass die Anforderungen örtlicher Bauvorschriften klarer und eindeutiger sind als das Verunstaltungsverbot. Allerdings sollten die Gemeinden Verstöße gegen örtliche Bauvorschriften nach § 80 Abs. 3 mit Bußgeld bewehren, um der Einhaltung der örtlichen Bauvorschrift Nachdruck zu verleihen. Unberührt bleibt eine etwa erforderliche Genehmigung nach dem NDSchG. Zur Klarstellung und Abstimmung mit Nr. 12.2 hat der Gesetzgeber 2012 in **Nr. 13.1** die Ergänzung „oder in Wänden oder Decken nach Nummer 12.2" aufgenommen (vgl. LT-Drs.

16/3195, 117;). Das OLG Oldenburg (2.8.1988 – Ss 210/88, nv) ist bereits bislang zu Recht davon ausgegangen, dass auch Türen in Wänden nach Nr. 12.2 genehmigungsfrei sind.

Nr. 13 dient der Verfahrenserleichterung bei Sanierungsmaßnahmen: Verfahrensfrei ist nicht nur der Einbau von Fenster und Türen in vorhandenen Öffnungen (**Nr. 13.2**) oder das Auswechseln der Dacheindeckung, wenn sie nur gegen eine vorhandene Dacheindeckung ausgewechselt wird (**Nr. 13.5**), sondern auch die Erneuerung der Dachkonstruktion von vorhandenen Gebäuden (**Nr. 13.6**). Auch Außenwandbekleidungen, ausgenommen bei Hochhäusern, Verblendung und Verputz baulicher Anlagen, die kein sichtbares Holzfachwerk haben, sind nach **Nr. 13.4** verfahrensfrei gestellt. Mit der NBauO-Novelle 2018 wurde klargestellt, dass dies auch Wärmedämmungen umfasst. Zu beachten ist, dass Außenwandbekleidungen und Bedachungen, soweit sie den erforderlichen Abstand um nicht mehr als 0,25 m unterschreiten bzw. die Bedachungen um nicht mehr als 0,25 m angehoben werden, nach § 5 Abs. 4 S. 2 außer Betracht bleiben, wenn der Abstand infolge einer Baumaßnahme zum Zweck des Wärmeschutzes oder der Energieeinsparung bei einem vorhandenen Gebäude unterschritten wird (→ § 5 Rn. 136 f.). Weicht allerdings die neue Dachkonstruktion in den äußeren Abmessungen von der bisherigen ab, etwa in Folge anderer Dachform oder wegen des Hinzutretens einer Gaube, ist eine Baugenehmigung erforderlich. 84

n) Sonstige baulichen Anlagen und Teile baulicher Anlagen

Nr. 14.1: Der Gesetzgeber der NBauO 2012 hat die Verfahrensfreistellung nach Nr. 14.1 an die geltende gesetzliche Regelung des **Flurbereinigungsgesetzes** angepasst (vgl. 8. Auflage § 69 Rn. 70 zu Nr. 14.1 aF). Durch die Planfeststellung nach § 41 Abs. 3 FlurbG wird wegen ihrer Konzentrationswirkung die Zulässigkeit des Vorhabens einschließlich der notwendigen Folgemaßnahmen an anderen Anlagen in Bezug auf alle von ihm berührten öffentlichen Belange festgestellt; daneben sind andere behördliche Entscheidungen, insbesondere öffentlich-rechtliche Erlaubnisse oder Bewilligungen nicht erforderlich (§ 41 Abs. 5 FlurbG). Deshalb hat sich die Bauausführung grundsätzlich an den rechtlichen Vorgaben der Planfeststellung zu orientieren (vgl. VGH München 6.10.2009 – 13 A 08.2090, BeckRS 2009, 43825 Rn. 21 ff.; zur Konzentrationswirkung der Planfeststellung im Allgemeinen → § 59 Rn. 26). Allerdings nimmt Nr. 14.1 Gebäude, Brücken und Stützmauern weiterhin von der Verfahrensfreistellung aus; das läuft der Konzentrationswirkung des Planfeststellungsverfahrens zuwider. 85

Nr. 14.4: Regale mit einer zulässigen Höhe der Oberkante des Lagergutes von nicht mehr als 7,5 m sind verfahrensfrei (vgl. § 61 Abs. 1 Nr. 14c MBO 2002). Höhere Regallager sind nach § 2 Abs. 5 S. 1 Nr. 16 Sonderbauten und aus Gründen des Brandschutzes baurechtlich bedeutsam (LT-Drs. 16/3195, 117). Nur die Regale und Hochregale innerhalb oder außerhalb von Gebäuden sind genehmigungsfrei. Ein Hochregallager, dessen Regalkonstruktion gleichzeitig das Traggerüst für eine Dach- und Wandverkleidung bildet, fällt als Gebäudeteil nicht unter die Verfahrensfreiheit. 86

Nr. 14.5: Soweit **Denkmale und Skulpturen** Baudenkmale oder Bestandteil eines solchen sind, bedürfen Veränderungen einer Genehmigung nach § 10 NDSchG. Zur Abgrenzung Skulptur/Werbeanlage vgl. OVG Greifswald 29.6.2007 – 3 L 368/04, NordÖR 2007, 458 = juris Rn. 40 ff.) 87

Nr. 14.6: Die Verfahrensfreiheit von beweglichen **Sonnendächern (Markisen)**, die keine Werbeträger sind, ist nicht unbedenklich, soweit die Anlagen im Bereich von örtlichen Bauvorschriften über die Gestaltung von Gebäuden nach § 84 angebracht werden sollen. Die Bemühungen der Gemeinden um positive Baugestaltung auf der Ebene „unterhalb" des Denkmalschutzes können durch „modischen Schnickschnack" wie Markisen nachhaltig berührt werden. Für bestimmte Teile des Gemeindegebietes können die Gemeinden daher durch örtliche Bauvorschrift besondere Anforderungen an die Gestaltung von Gebäuden stellen, insbesondere für die Auswahl der Baustoffe 88 und der Farben der von außen sichtbaren Bauteile einen Rahmen setzen (vgl. § 84 Abs. 3 Nr. 1; → § 84 Rn. 28 ff.). Zu verfahrensfreien Terrassenüberdachungen vgl. Nr. 1.8 → Rn. 22.

89 **Nr. 14.7:** Weil die Baumaßnahmen auch im Baugenehmigungsverfahren nur zu prüfen sind, „soweit" sie genehmigungsbedürftig sind (§ 70 Abs. 1 S. 1), und dem Gesetzgeber an einer Kontrolle des § 47 gelegen ist (§ 63 Abs. 1 S. 2 Nr. 2), sind nur die **nicht notwendigen Einstellplätze mit nicht mehr als insgesamt 50 m² Nutzfläche** verfahrensfrei. Durch die Einfügung des Wortes „insgesamt" wird deutlich, dass es auf die **Gesamtfläche der Stellplätze je Grundstück** ankommt (LT-Drs. 16/3195, 117), und zwar unter Einschluss der notwendigen. Die Herausnahme der notwendigen Einstellplätze aus der Freistellungsregelung durch deren letzten Halbsatz hat nicht den Zweck, diese Flächenbegrenzung zu relativieren, sondern den, die Schaffung notwendiger Einstellplätze auch dann der Kontrolle der Genehmigungsbehörde zu unterwerfen, wenn ihre Gesamtfläche unter 50 m² bleibt (OVG Lüneburg 21.3.2018 – 1 LA 123/17, NordÖR 2018, 265 (266)). Die Nutzfläche von insgesamt 50 m² schließt deren Zufahrten und Fahrgassen nicht ein, so dass vier Stellplätze in den Abmessungen 5 m × 2,5 m verfahrensfrei eingerichtet werden können. Sie sind bei der Ermittlung der GRZ nach § 19 Abs. 4 BauNVO mit ihren Zufahrten mitzurechnen. Zur erforderlichen Länge eines Kfz-Stellplatzes vgl. OVG Lüneburg 1.12.2011 – 1 LA 79/11, BeckRS 2011, 56420. Bei Errichtung eines verfahrensfreien Stellplatzes müssen die Bestimmungen des NDSchG beachtet werden (VG Oldenburg 21.4.2005 – 4 A 59/03, BeckRS 2005, 27087 zur Beseitigung eines Stellplatzes im denkmalgeschützten Vorgartenbereich).

90 Die **Nr. 14.8** bezieht sich nach der NBauO 2012 auf alle **Fahrradabstellanlagen** (§ 48; anders noch Nr. 14.7 aF). In einem Gebäude ist die Errichtung einer Fahrradabstellanlage jedoch nur dann verfahrensfrei, wenn das Gebäude, in dem die Anlage errichtet wird, an mindestens einer Seite vollständig offen ist. Allseits geschlossene Gebäude in den Maßen nach Nr. 1.1 dürfen allerdings auch zum Abstellen von Fahrrädern genutzt werden. Gebäude zum Abstellen von Fahrrädern müssen die Anforderungen des § 5 ff. einhalten.

91 **Nr. 14.10:** Die Verfahrensfreiheit von Rückewegen, die einem forstwirtschaftlichen Betrieb dienen, erleichtert den Abtransport von Bäumen zum Stapelplatz am Forstweg, weil das Anlegen von Rückewegen trotz geländegängiger Maschinen in gebirgigem Gelände Aufschüttungen und Abgrabungen erforderlich machen kann, die wegen des erforderlichen Umfangs nicht nach Nr. 7.1 verfahrensfrei sind. Das ÄndG 2005 hat die Genehmigungsfreiheit für **Rückewege**, die einem forstwirtschaftlichen Betrieb dienen, auf alle **land- und forstwirtschaftlichen Wirtschaftswege** mit wassergebundener Decke bis 3,5 m Fahrbahnbreite ausgedehnt. Diese Regelung greift auch dann, wenn zur Anlegung der Wege Aufschüttungen oder Abgrabungen erforderlich sind, die nach Nr. 7.1 nicht verfahrensfrei gestellt sind (LT-Drs. 15/1100, 9). Der Anregung, Wirtschaftswege mit einer Breite von 4 m verfahrensfrei zu stellen, ist der Gesetzgeber aus naturschutzfachlichen Gründen nicht gefolgt, zumal Rückewege und Wirtschaftswege weitgehend der Eingriffsregelung entzogen sind (§ 17 Abs. 3 BNatSchG iVm § 7 Abs. 1 NAGBNatSchG; vgl. LT-Drs. 16/3195, 117). In besonders geschützten Gebieten (§§ 23 ff. BNatSchG iVm §§ 16 NAGBNatSchG) bedürfen sie einer Befreiung nach § 67 BNatSchG iVm § 41 NAGBNatSchG.

92 **Nr. 14.11** stellt **Lager- und Abstellplätze für die Anzucht oder den Handel mit Pflanzen oder Pflanzenteilen** verfahrensfrei. Als gartenbauliche Erzeugung gehören Anbau und Zucht von Containerpflanzen zur Landwirtschaft, so dass Vorhaben, die diesen Zwecken dienen, im Außenbereich bevorzugt zulässig sind (OVG Lüneburg 12.11.1992 – 1 L 248/89, BeckRS 2004, 27512; Söfker in EZBK § 201 Rn. 19). Lager- und Abstellplätze für die Anzucht oder den Handel mit Containerpflanzen voraussetzungslos zuzulassen, erscheint insbesondere wegen der fehlenden flächenmäßigen Begrenzung wenig angemessen. **Neu** aufgenommen durch die NBauO 2012 **ist die Verfahrensfreiheit von unbefestigten Lager- und Abstellplätzen, die einem land- oder**

forstwirtschaftlichen Betrieb oder einem Betrieb der gartenbaulichen Erzeugung dienen (→ Rn. 14 ff.; § 61 Abs. 1 Nr. 13a MBO 2002). Mit Blick auf den Schutz der gemeindlichen Planungshoheit sei dies vertretbar, weil es sich gewissermaßen um „Zubehör" planungsrechtlich privilegierter landwirtschaftlicher oder forstwirtschaftlicher Betriebe handele (LT-Drs. 16/3195, 117 f.).

Voraussetzung der sonstigen Lager- und Abstellplätze in Nr. 14.11 ist, dass sie **„unbefestigt"** sind. Auslegungsschwierigkeiten, die den Gesetzgeber bei der Verfahrensfreistellung in Nr. 11.12 veranlasst haben, das Adjektiv zu streichen, dürften auch hier zu erwarten sein, zumal eine vorübergehende Nutzung der Lager- und Abstellplätze – im Gegensatz zur Regelung in Nr. 11.12 – nicht Voraussetzung der Verfahrensfreistellung ist (→ Rn. 77). 93

Nr. 14.12 betrifft Personeneinzelaufzüge, die idR in Treppenräumen zur Beförderung gehbehinderter Menschen als sog. Treppenschrägaufzüge errichtet werden. Verfahrensfrei sind aber auch die Senkrecht-**Personenaufzüge**, voraussetzt sie sind zur Beförderung von nur einer Person bestimmt. Der nachträgliche Einbau solcher Einzelaufzüge bedürfte ohne Nr. 14.12 einer Baugenehmigung, obwohl eine Prüfung im vereinfachten Baugenehmigungsverfahren nach § 63 entfällt (→ § 34 Rn. 13 f.). 94

Nr. 14.13: Die **Verfahrensfreistellung der Erweiterung einer Gaststätte um eine Außenbewirtschaftung**, wenn die für die Erweiterung in Anspruch genommene Grundfläche 100 m^2 nicht überschreitet, stellt einen problematischen Versuch dar, „bürokratische Hemmnisse abzubauen und die Deregulierung voranzutreiben" (vgl. LT-Drs. 15/2011, 6; § 3 Nr. 2b ModKG aF). Wegen der Attraktivität der Außenbewirtschaftung wird man solche Gaststättenerweiterungen als sonstige Anlagen nach § 2 Abs. 1 S. 2 Nr. 13 ansehen müssen, die einen Zu- und Abgangsverkehr mit Kfz'en erwarten lassen und daher an sich baugenehmigungspflichtig sind. Ob mit der Erweiterung um eine Außenbewirtschaftung bauliche Maßnahmen verbunden sind oder die Außenbewirtschaftung auf vorhandenen, befestigten Flächen stattfindet, ist unerheblich. 95

Die **Probleme dieser Verfahrensfreistellung** entzünden sich an den Immissionen, weil solche Außenbewirtschaftungen mit nicht unerheblichen Geräuschen verbunden sind, die bei den Nachbarn idR wenig Verständnis finden (vgl. VGH München 27.7.2005 – 25 BV 03.73, ZfBR 2005, 801 mit Hinweisen auf die VDI-Richtlinie 3770, die Annahmen für Kommunikationsgeräusche enthält und auf Gartenlokale und andere Freisitzflächen eingeht; BVerwG 3.8.2010 – 4 B 9.10, ZfBR 2010, 696 zur Anwendbarkeit der TA Lärm auf eine Gaststätte mit Innen- und Außenbetrieb). Die Verfahrensfreistellung erschwert den Nachbarschutz, weil die präventive Kontrolle durch die BauAB entfällt und der Gastwirt zunächst einmal mit der Außenbewirtschaftung beginnen darf. Ein Anspruch auf Einschreiten der BauAB ist auch schwerer durchzusetzen als die Anfechtung einer Baugenehmigung (→ § 79 Rn. 70 ff.). Zu den technischen Regelwerken bei der **Beurteilung von Lärmimmissionen**, insbesondere zur Nds. Freizeitlärm-Richtlinie vom 8.1.2001 (Nds. MBl. S. 201): OVG Lüneburg 9.2.2011 – 12 LA 31/10, BeckRS 2011, 47801. Die Nds. Freizeitlärm-Richtlinie idF v. 25.5.2012 (Nds. MBl. S. 500) und ihre Nachfolgerin vom 20.11.2017 (Nds. MBl. S. 1550) erfassen nunmehr auch Freiluftgaststätten (vgl. OVG Lüneburg 11.7.2008 – 1 ME 120/08, NVwZ-RR 2009, 325 ff. zum Rückgriff auf die TA Lärm vor Änderung der Richtlinie). 96

C. Nutzungsänderungen (Abs. 2 Nr. 1)

Die **Zulässigkeit baulicher Anlagen hängt wesentlich von ihrer Nutzung und Funktion** ab. Ein Gebäude an der Grenze kann zulässig sein, wenn es als Garage genutzt wird, dagegen unzulässig, wenn es als Lagerraum verwendet wird. Für eine wirksame Durchsetzung der Anforderungen des öffentlichen Baurechts genügt es daher nicht, die Errichtung baulicher Anlagen einer Genehmigungspflicht zu unterwerfen, vielmehr dürfen auch Nutzungsänderungen nicht unkontrolliert vorgenommen werden. Nach § 60 97

Abs. 2 Nr. 1 kommt es daher darauf an, ob das öffentliche Baurecht an die bauliche Anlage in der neuen Nutzung andere oder weitergehende „Anforderungen" stellt. Auch wenn die gleichen Vorschriften – wie etwa §§ 34, 35 BauGB – für die bisherige und die veränderte Nutzung gelten, können diese Vorschriften zu durchaus unterschiedlichen Beurteilungen führen. Auch aus der Entstehungsgeschichte ergibt sich, dass Nutzungsänderungen einer **Genehmigungspflicht** unterworfen werden sollten, **wenn das öffentliche Baurecht für die veränderte Nutzung eine andere Beurteilung ergeben kann** (OVG Lüneburg 27.10.1978 – I B 78/78, OVGE 34, 466; aA Blumenbach/Groschupf NBauO § 69 Rn. 19).

98 Eine **Nutzungsänderung** sollte **nur dann verfahrensfrei** sein, wenn die neue Nutzung von der bisherigen in ihren bauaufsichtlichen und städtebaulichen Auswirkungen nicht wesentlich abweicht. Der Wechsel von einer der in den §§ 2 ff. BauNVO bezeichneten Nutzungsarten zu einer anderen ist ebenso eine Nutzungsänderung wie der Übergang von einer der Unterarten der in den Baugebietsvorschriften unter einer Nummer zusammengefassten Nutzungsarten zu einer anderen; denn § 1 Abs. 9 BauNVO ermöglicht insofern unterschiedliche Anforderungen festzusetzen (vgl. Krämer in Spannowsky/Uechtritz § 29 Rn. 13; OVG Lüneburg 12.7.2011 – 12 LA 184/09, NVwZ-RR 2011, 719 (720) zum Regelungsgehalt der 4. BImSchV). Die Nutzung von Tankstellenräumen als Kfz-Reparaturwerkstatt (OVG Lüneburg 27.10.1978 – I B 78/78, OVGE 34, 466), die Nutzung einer Wohnung zu Bürozwecken (OVG Lüneburg 19.12.1979 – VI A 81/78, NSTN 1980, 132) oder die Aufstellung von Video-Kabinen in einem „Sexladen" (OVG Lüneburg 8.5.1987 – 6 B 10/87, BRS 47 Nr. 199) stellen eine **genehmigungspflichtige Nutzungsänderung** dar.

99 Andere **Beispiele** sind die Änderung des Benutzerkreises einer Stellplatzanlage (OVG Lüneburg 23.11.1992 – 1 L 30/91, BRS 54 Nr. 98), die Nutzungsänderung einer Gaststätte in eine Spielhalle (OVG Münster 24.8.1989 – 7 A 2495/87, BRS 49 Nr. 150; 29.10.2012 – 2 A 2809/11, BeckRS 2013, 45018 zur Zusammenführung von selbständigen mischgebietsverträglichen Spielhallen zu einer einheitlichen kerngebietstypischen Vergnügungsstätte), die Änderung eines Möbelmarktes in einen Bekleidungsmarkt (OVG Lüneburg 14.9.1992 – 6 L 23/90, nv), die Erweiterung des Sortiments eines Holzfachmarktes zu einem Baumarkt (OVG Lüneburg 18.11.2004 – 1 LB 337/03, NJOZ 2005, 832) oder die Nutzung eines bisherigen Altenpflegeheims als Hostel bzw. Monteursunterkunft (OVG Lüneburg 11.5.2015 – 1 ME 31/15 BeckRS 2015, 46523. Zur Aufgabe einer (baurechtlich genehmigten) Hähnchenhaltung und Aufnahme einer Entenhaltung unter Berücksichtigung von Nr. 7.1 Buchstabe c des Anhangs Spalte 1 zu § 1 der 4. BImSchV vgl. OVG Lüneburg 12.7.2011 – 12 LA 184/09, NVwZ-RR 2011, 719).

100 Anders als etwa Art. 62 S. 2 BayBO 1998 („Eine Nutzungsänderung liegt auch dann vor, wenn einer baulichen Anlage eine andere Zweckbestimmung gegeben wird"; vgl. nunmehr Lechner/Busse in Simon/Busse Art. 57 Rn. 411 ff. zum baurechtlichen Begriff der Nutzungsänderung) enthält die NBauO keinen Hinweis darauf, ob die **Änderung allein der Zweckbestimmung** einer baulichen Anlage eine Nutzungsänderung darstellt. Unbefangene Betrachtung mag es zunächst nahe legen, nur eine nach außen andersartig in Erscheinung tretende Nutzung darunter zu verstehen. Damit würde jedoch der Sinn der Regelung verfehlt, die die Einhaltung der Vorschriften des materiellen Baurechts gewährleisten soll, denn auch Änderungen der Zweckbestimmung bei gleich bleibender Nutzung können baurechtliche Belange berühren. Das Wohnhaus im Außenbereich des in die Industrie abgewanderten Landwirts illustriert die Änderung der Zweckbestimmung vor dem Hintergrund der Privilegierungen nach § 35 Abs. 1 BauGB bei gleich bleibender Nutzung. Entsprechendes gilt für die Umwandlung von Wohnungen für Aufsichts- und Bereitschaftspersonen nach §§ 8 Abs. 3 Nr. 1, 9 Abs. 3 Nr. 1 BauNVO in frei verfügbare Wohnungen im Gewerbe- und Industriegebiet (BVerwG 27.5.1983 – 4 C 67.78, BRS 40 Nr. 56) oder die Nutzung eines für den Großhandel genehmigten großflächigen Handelsbetriebes für den Einzelhandel (BVerwG 3.2.1984 – 4 C 25.82, BVerwGE 68, 360).

Dabei ist die Bedeutung der **Änderung der Zweckbestimmung** baulicher Anlagen bei nach außen gleichbleibend in Erscheinung tretender Nutzung keineswegs auf das Bodenrecht beschränkt, auch wenn sie dort häufiger auftritt. Beispiele dafür, dass die Zweckbestimmung auch **im Bauordnungsrecht** Bedeutung hat, enthält der Anhang zu § 60 Abs. 1. So sind Gewächshäuser mit nicht mehr als 5 m Firsthöhe nach Nr. 1.4 nur dann verfahrensfrei, wenn sie einem landwirtschaftlichen Betrieb oder einem Betrieb der gartenbaulichen Erzeugung dienen (→ Rn. 18; vgl. auch Nr. 1.3, 5.6 und 14.11). Für die Verfahrensfreistellung ist nicht allein die Nutzung als Gewächshaus ausreichend, vielmehr kommt es auch noch darauf an, ob das Gewächshaus einem landwirtschaftlichen Betrieb oder einem Betrieb der gartenbaulichen Erzeugung dient (zur Zweckbestimmung → Rn. 16). Die Einhaltung der Vorschriften des materiellen Baurechts kann daher nur sichergestellt werden, wenn Nutzungsänderungen iS einer nach außen anders in Erscheinung tretenden Nutzung und Funktionsänderungen iS einer ausschließlichen Änderung der Zweckbestimmung unter § 60 Abs. 2 Nr. 1 fallen (vgl. OVG Lüneburg 30.3.2010 – 1 ME 54/10, NVwZ-RR 2010, 634 f. zur Aufstellung von drei Geldspielgeräten in einem als Stehausschank genehmigten kleinen Ladenlokal; 20.6.1974 – I A 198/72, nv und 27.5.1975 – VI A 38/74, nv). 101

Auch die alte Rechtsprechung zum **Bestandsschutz**, wonach der Schutz des Art. 14 GG die Erhaltung der materiell legal errichteten baulichen Anlage in ihrer bisherigen Nutzung und Funktion gewährleistet (BVerwG 27.2.1993 – 4 B 5.93, BeckRS 1993, 08529; dazu → § 85 Rn. 3 ff.), legt es nahe, die Funktionsänderung in den Begriff der „Änderung der Nutzung" einzubeziehen. Wenn die Änderung der Funktion einer baulichen Anlage den Bestandsschutz entfallen lässt, ist es nur konsequent, wenn das Landesbaurecht mit der **Genehmigungspflicht von Funktionsänderungen** eine erneute Prüfung vorsieht (zur Legalisierungswirkung einer Baugenehmigung bei einer Nutzungsunterbrechung vgl. OVG Lüneburg 3.1.2011 – 1 ME 209/10, NordÖR 2011, 251). 102

Nicht jede noch so geringfügige Änderung der Nutzung einer baulichen Anlage stellt eine Nutzungsänderung im Rechtssinne dar, weil jeder Nutzung eine gewisse **Variationsbreite innewohnt**. So hat das OVG Lüneburg (20.5.1992 – 1 L 125/91, BRS 54 Nr. 143) in der Nutzung einer Montagehalle und Werkstatt, die für eine Landmaschinenschlosserei genehmigt war, für Schlosser- und Metallarbeiten keine Nutzungsänderung gesehen. Abweichungen von der Betriebsbeschreibung sind ein Indiz für eine Nutzungsänderung. Details einer Betriebsbeschreibung können aber auch der Veranschaulichung der zugelassenen Arbeiten dienen, ohne die Baugenehmigung auf diese Details zu verengen (OVG Lüneburg – 1 L 125/91, BRS 54 Nr. 143). 103

Dagegen wird die **Variationsbreite** der Nutzung **verlassen**, wenn ein als Pensionsbetrieb genehmigtes Gebäude als Heim für therapeutische Nachkuren genutzt werden soll (BVerwG 11.11.1988 – 4 C 50.87, NVwZ-RR 1989, 340 ff.) oder ein Hotel zum Altersheim umgewandelt werden soll (BVerwG 25.3.1988 – 4 C 21.85, NVwZ 1989, 667 ff.). Auch der Übergang von der emissionsarmen Rinderhaltung zur emissionsträchtigen Schweinehaltung geht über die Variationsbreite landwirtschaftlicher Nutzung hinaus und stellt eine Nutzungsänderung dar, weil das öffentliche Baurecht für die veränderte Nutzung zu einer anderen Beurteilung führt (BVerwG 14.1.1993 – 4 C 19.90, NVwZ 1993, 1184 ff.). Die Variationsbreite der bisherigen Nutzung wird auch dann überschritten, wenn das bisher charakteristische Nutzungsspektrum durch die Änderung erweitert wird. Die Nutzung als Begräbnisstätte ist heute für eine Kirche nicht mehr charakteristisch, so dass die beantragte Nutzung eines Abstellraums im Untergeschoss eines Kirchengebäudes als Krypta eine Nutzungsänderung darstellt (BVerwG 18.11.2010 – 4 C 10.09, NVwZ 2011, 748 Rn. 11 ff.). Die Zulässigkeit eines Lagerplatzes beurteilt sich nach Maßgabe derjenigen Vorschriften, die für den Hauptbetrieb gelten, wenn er räumlich und funktional in den Betriebsprozess eines Gewerbebetriebes eingegliedert und damit Teil des Gesamtbetriebes ist (OVG Lüneburg 16.10.2006 – 1 ME 171/06, NVwZ-RR 2007, 306 Rn. 17 ff.; BVerwG 18.11.2010 – 4 C 10.09, NVwZ 2011, 748 Rn. 13). 104

105 Der Umstand allein, dass die bauliche Anlage von einer anderen Rechtsperson genutzt wird als derjenigen, der die Genehmigung erteilt worden ist, stellt idR keine Nutzungsänderung dar, weil die **Baugenehmigung grundsätzlich nicht personen-, sondern grundstücksbezogen** ist (OVG Lüneburg 20.5.1992 – 1 L 125/91, BRS 54 Nr. 143). Wenn die Zulässigkeit einer baulichen Anlage von einer besonderen Zweckbestimmung abhängt, kann freilich auch der Wechsel des Nutzers oder die Änderung der subjektiven Voraussetzungen des Bauherrn eine Nutzungsänderung darstellen. Geht die Jagdhütte in die Hände eines anderen über, der mit der Jagd nichts zu tun hat, oder endet die Jagdpacht des Bauherrn, ändert sich die Zweckbestimmung der Nutzung (vgl. BVerwG 23.11.1995 – 4 B 209.95, NVwZ-RR 1996, 484). Allerdings empfiehlt es sich in solchen Fällen, die Baugenehmigung ausdrücklich auf die Person des Nutzers zu beschränken, der die subjektiven Voraussetzungen für die Erfüllung der Zweckbestimmung erfüllt, mit der Folge, dass sich die Baugenehmigung erledigt, wenn der Genehmigungsempfänger die Nutzung aufgibt.

106 Das OVG Lüneburg hat im Beschluss vom 11.7.1996 (– 1 M 3191/96, BRS 58 Nr. 130) die **Fortführung einer von der Deutschen Bundespost aufgenommenen Nutzung durch die Deutsche Post AG** auf einem Grundstück, das der B-Plan als Fläche für Gemeinbedarf festsetzte, als genehmigungsbedürftige Nutzungsänderung angesehen, weil vor dem Hintergrund der Zulässigkeitskataloge der Baugebietsvorschriften der BauNVO zwischen einer gewerblichen und anderer Nutzung unterschieden werden muss. Im Urteil vom 26.3.1998 (– 1 L 1796/97, BRS 60 Nr. 149) ist das Gericht für die Nutzung eines Fernmeldeturms auf einem Innenbereichsgrundstück davon ausgegangen, dass die der Bundespost erteilte Zustimmung auch für die Deutsche Telekom AG fort gilt. Dabei hat es auf die Umwandlung durch Gesetz hingewiesen und darauf, dass die Telekom AG durch das Lizenzierungsverfahren in den Infrastrukturgewährleistungsauftrag der Verfassung eingebunden sei (vgl. Stern DVBl 1997, 309). Für die Fälle der Fortführung der Nutzung durch die Nachfolgeunternehmen der Post auf Gemeinbedarfsflächen wird man diesen Infrastrukturgewährleistungsauftrag möglicherweise als ausreichende Gemeinwohlorientierung nutzbar machen können. Eine nach § 9 Abs. 1 Nr. 5 BBauG getroffene Festsetzung einer Gemeinbedarfsfläche für ein „Postdienstgebäude“ der (ehemaligen) Deutschen Bundespost ist durch die Privatisierung der Post im Zuge der Postreform II nicht funktionslos geworden, soweit sie nunmehr der Erbringung von Post-Universaldienstleistungen im Sinne von §§ 11 ff. PostG dient (BVerwG 30.6.2004 – 4 C 3.03, NVwZ 2004, 1355 ff.).

107 Eine **Nutzungsänderung** setzt voraus, dass sie **vom Nutzer veranlasst** worden ist, ihm also zuzuordnen ist und sich nicht aus einer aufgrund veränderter Lebensverhältnisse abweichenden Beurteilung der Zulässigkeit der baulichen Anlage ergibt (BVerwG 29.10.1998 – 4 C 9.97, DVBl 1999, 244 mit Anm.Schmaltz). So kann die Änderung der Lebensverhältnisse dazu führen, dass eine kleine Gaststätte mit einer einläufigen Kegelbahn, die in den sechziger Jahren der Versorgung des Gebietes diente, heute keine gebietsbezogene Anlage mehr darstellt (BVerwG 29.10.1998 – 4 C 9.97, DVBl 1999, 244). Das stellt aber keine Nutzungsänderung dar, sondern allenfalls einen Grund für den Widerruf der Baugenehmigung. Entsprechendes gilt, wenn der Nutzer die Intensivierung nur mittelbar veranlasst: Übernimmt ein Gastwirt eine bis dahin „verschlafene“ Gaststätte und macht sich dank guter Küche einen Namen, stellt dies auch dann keine Nutzungsänderung dar, wenn „gebietsfremde“ Besucher schließlich die Mehrzahl der Gäste stellen und damit die Schwelle der Gebietsversorgung überschritten wird. In solchen Fällen ist der „Tatbeitrag“ des Betreibers, jedenfalls wenn er keine neuen Mitarbeiter einstellt, zur Veränderung der für die Bestimmung der Nutzungsart maßgebenden Merkmale zu gering, um sie als Nutzungsänderung zu werten.

108 Die mit der **Intensivierung der Nutzung** zusammenhängenden Fragen scheinen noch nicht abschließend geklärt zu sein. Das BVerwG (29.10.1998 – 4 C 9.97, DVBl 1999, 244) hat am Beispiel einer der Versorgung des Gebiets dienenden Schank- und Speisewirtschaft die Ansicht vertreten, eine Nutzungsintensivierung allein sei keine Nutzungsänderung. Eine Nutzungsänderung setze die Aufgabe der bisherigen Nutzung und die Aufnahme einer neuen voraus. Diese Begründung lässt aber außer Acht, dass die Genehmigungspflicht nach BImSchG häufig von der Überschreitung bestimmter Kapazitäten abhängt und daher Nutzungsintensivierungen durchaus Nutzungsänderungen darstellen können (BVerwG 18.5.1995 – 4 C 20.94, NVwZ 1996, 379 ff.; Reidt in BKL § 29 Rn. 21).

Im Falle der Umstellung des auf die Winterzeit beschränkten Betriebs einer Almgaststätte auf einen ganzjährigen Betrieb hat das BVerwG (6.9.1999 – 4 B 74.99, NVwZ 2000, 678 f.) eine Nutzungsänderung angenommen, ohne die Abgrenzung zur Nutzungsintensivierung zu diskutieren. Auch für die Weiterentwicklung eines als Tanzsaal genehmigten Vorhabens zu einer Diskothek hat das BVerwG eine Nutzungsänderung angenommen. Zwar sei in der Praxis eine „schleichende" Entwicklung denkbar, in der die Abgrenzung zwischen „Tanzsaal" und „Diskothek" schwierig sein könne. Durch bauliche Veränderungen war aber aus einem ehemaligen „Tanzsaal" eine typische „Diskothek" gemacht worden, die durch die erteilten Baugenehmigungen nicht mehr gedeckt waren (BVerwG 11.7.2001 – 4 B 36.01, BeckRS 2001, 16367 Rn. 8). Entscheidend ist, ob die **Nutzungsintensivierung mit einer qualitativen Änderung der für die Bestimmung der Nutzungsart maßgebenden Merkmale** verbunden ist. Ein Gewerbebetrieb, der mit wenigen Beschäftigten ausnahmsweise im allgemeinen Wohngebiet als nicht störend zugelassen worden ist, kann allein durch die Einstellung weiterer Mitarbeiter zu einem störenden Gewerbebetrieb werden, weil ihm der Zu- und Abgangsverkehr zuzurechnen ist (vgl. OVG Lüneburg 14.9.1993 – 1 L 35/91, NVwZ-RR 1994, 487 f. zur Zulässigkeit von Software-Produktion im allgemeinen Wohngebiet). Auch die Erhöhung der Bettenzahl in einem Ferienhaus von sechs auf zehn ist eine Nutzungsänderung und keine bloße Nutzungsintensivierung (OVG Lüneburg 22.11.2013 – 1 LA 49/13, NVwZ-RR 2014, 255. **109**

§ 60 Abs. 2 Nr. 2 erklärt die **Umnutzung von Räumen im Dachgeschoss von Einfamilienhäusern zu Aufenthaltsräumen** für genehmigungsfrei, wenn dadurch keine zweite Wohnung entsteht. IVm Nr. 12 des Anhangs darf der Ausbau eines Dachgeschosses in Einfamilienhäusern danach ohne Baugenehmigung durchgeführt werden. Mit dieser Freistellung vom Genehmigungsvorbehalt können die planungsrechtlichen Vorschriften über die zulässigen Geschossflächen unterlaufen werden (vgl. § 20 BauNVO) und mitunter Dachgeschossräume ohne ausreichende Rettungswege entstehen. Die vom Gesetzgeber bezweckte Erleichterung der Einrichtung von Aufenthaltsräumen in Dachgeschossen wird teuer erkauft. Denn die Durchsetzung des öffentlichen Baurechts nach dem Dachgeschossausbau ist erheblich schwieriger als eine „vorangehende Kontrolle". Nutzungsverbote wegen Überschreitung der GFZ werden den Druck auf die Gemeinden erhöhen, ihre B-Pläne zu ändern, auch wenn die Legalisierung von Fehlentwicklungen durch B-Plan bedenklich ist (OVG Koblenz 5.3.1986 – 10 C 45/85, BauR 1986, 142). **110**

Unabhängig von dieser Kritik bleibt festzuhalten, dass die **in einem B-Plan festgesetzte GFZ** nach § 20 Abs. 2 BauNVO 1962/68/77 immer und nach § 20 Abs. 3 BauNVO 1990 nach Maßgabe des B-Plans auch für den verfahrensfreien Ausbau des Dachgeschosses gilt. Da nach § 20 Abs. 2 BauNVO 1962/68/77 bei der Berechnung der Geschossfläche die Flächen von Aufenthaltsräumen in anderen Geschossen als Vollgeschossen (§ 2 Abs. 7) mitzurechnen sind, verändert der Ausbau zu Aufenthaltsräumen in Dachgeschossen unmittelbar die Geschossfläche. Für B-Pläne aufgrund der BauNVO 1990 gilt die Anrechnung nur, wenn es der B-Plan festsetzt. Wenn dadurch die im B-Plan festgesetzte Geschossflächenzahl überschritten wird, widerspricht der Ausbau zu Aufenthaltsräumen dem öffentlichen Baurecht. Freilich kann die Überschreitung der zulässigen Geschossfläche durch Flächen von Aufenthaltsräumen in anderen als Vollgeschossen durch Befreiung nach § 31 Abs. 2 Nr. 2 BauGB zugelassen werden, wenn die Abweichung städtebaulich vertretbar ist und unter Würdigung nachbarlicher Interessen mit den öffentlichen Belangen vereinbar ist. Die Grundzüge der Planung dürfen allerdings **111** nicht berührt werden (vgl. OVG Münster 2.4.2004 – 10 A 3502/02, BeckRS 2004, 25863 = juris Rn. 20 f.). Im unbeplanten Innenbereich kommt der GFZ kaum Bedeutung zu, weil das Kriterium des Einfügens nach § 34 Abs. 1 BauGB keine entsprechend präzise Erfassung des Maßes der baulichen Nutzung zulässt (vgl. OVG Lüneburg 21.12.2005 – 1 LA 8/05, NVwZ-RR 2006, 526).

112 Die **Einrichtung einer 2. Wohnung** im Zusammenhang mit dem Ausbau des Dachgeschosses **lässt die Verfahrensfreiheit** entfallen. Da die Forderung der Abgeschlossenheit nach § 44 Abs. 1 S. 2 nicht für Wohngebäude mit nicht mehr als 2 Wohnungen gilt, wird eine zweite Küche als wesentliches Indiz für eine 2. Wohnung zu werten sein. Durch einen zeitlich gestaffelten Ausbau des Dachgeschosses und die spätere Einrichtung der Küche lässt sich die Voraussetzung für die Verfahrensfreiheit leicht unterlaufen. Auch insofern ist die Vorschrift missglückt (zum verneinten Anspruch des Nachbarn auf bauaufsichtliches Einschreiten ua gegen einen Dachgeschossausbau: OVG Lüneburg 9.10. 2007 – 1 LB 5/07, NVwZ-RR 2008, 374 ff.).

D. Abbruch und Beseitigung – verfahrensfrei (Abs. 2 Nr. 4)

113 Der **Abbruch und die Beseitigung baulicher Anlagen**, ausgenommen Hochhäuser, und der im Anhang zu Abs. 1 genannten Teile baulicher Anlagen, **ist verfahrensfrei**, weil die damit verbundenen Gefahren bei technisch einwandfreier Arbeit beherrschbar sind (→ § 11 Rn. 18) und der Abbruch idR städtebaulich unerheblich ist (§ 29 BauGB erfasst nicht den Abbruch). Im Geltungsbereich von Veränderungssperren (§ 14 Abs. 1 Nr. 1 BauGB), in förmlich festgelegten Sanierungsgebieten (§ 144 Abs. 1 Nr. 1 BauGB) und städtebaulichen Entwicklungsbereichen (§ 169 Abs. 1 Nr. 3 BauGB) und im Geltungsbereich von Erhaltungssatzungen (§ 172 BauGB) bedarf auch der nach § 60 Abs. 2 Nr. 4 verfahrensfreie Abbruch baulicher Anlagen einer Ausnahme (§ 14 Abs. 2 BauGB) bzw. Genehmigung (§§ 145, 172 BauGB). Der Abbruch von Baudenkmalen und von Anlagen, die das Erscheinungsbild des Denkmals beeinflussen, bedarf nach § 10 NDSchG der Genehmigung der DSchB.

114 Der Abbruch und die Beseitigung baulicher Anlagen sind **bis zur Hochhausgrenze** (nicht mehr als 22 m; § 2 Abs. 5 Nr. 1) **verfahrensfrei**; zudem auch der Abbruch und die Beseitigung der im Anhang zu Abs. 1 genannten Teile baulicher Anlagen (Abs. 2 Nr. 4 Halbsatz 2). Dies gilt auch dann, wenn sie Bestandteil genehmigungspflichtiger baulicher Anlagen sind.

E. Instandhaltungsarbeiten (Abs. 2 Nr. 5)

115 Die **Verfahrensfreiheit von Instandhaltungsarbeiten** (zum Begriff der Instandhaltung → § 2 Rn. 162) hängt nicht mehr – wie nach § 69 Abs. 4 NBauO 1973 – davon ab, dass sie die äußere Gestaltung der baulichen Anlage nicht wesentlich ändern. Die **Abgrenzung verfahrensfreier Instandhaltungsarbeiten von genehmigungspflichtigen Substanzerneuerungen** ist dadurch nicht leichter geworden. Dass verfahrensfreie Instandhaltungsarbeiten nicht über das hinausgehen dürfen, was vom Bestandsschutz gedeckt ist (vgl. dazu → § 85 Rn. 22 ff.), liegt auf der Hand. Wenn der Eingriff in den baulichen Bestand nach Qualität oder Quantität so stark ist, dass die ursprüngliche bauliche Anlage nicht mehr als „Hauptsache" erscheint, wird der Bestandsschutz überschritten (BVerwG 18.10.1974 – IV C 75.71, BVerwGE 47, 126; 24.5.1993 – 4 B 77.93, BeckRS 1993, 31228539; OVG Lüneburg 25.4.2018 – 1 LB 69/17, BeckRS 2018, 14310 (Rn. 27 ff.)). Dann kann aber auch von Instandhaltung nicht mehr die Rede sein. Die Grenze der verfahrensfreien Instandhaltung wird schon weit vorher erreicht, nämlich dort, wo die Eingriffe in die Substanz über das hinausgehen, was zum Ausgleich norma-

ler Abnutzung oder Alterung erforderlich ist (zu weit gehend VGH Mannheim 29.1.1987 – 8 S 3291/86, BRS 47 Nr. 195).

Der Bereich verfahrensfreier Instandhaltungsarbeiten wird verlassen, wenn die Baumaß- 116
nahmen ihrer Qualität nach so intensiv sind, dass sie die **Standfestigkeit der Anlage** berühren, so dass eine statische Nachberechnung der gesamten Anlage erforderlich ist (OVG Magdeburg 31.1.2012 – 2 M 194/11, BeckRS 2012, 47800). Bauteile, die nicht unter die Verfahrensfreiheit nach Nr. 12 und 13 des Anhangs fallen, werden kaum als verfahrensfreie Instandhaltung ausgetauscht werden können. Verfahrensfreie Instandhaltungsarbeiten setzen in jedem Fall voraus, dass ein funktionsfähiger Bestand vorhanden ist; die „Sanierung" eines nur im Rohbau fertiggestellten Gebäudes fällt nicht darunter (OVG Lüneburg 7.9.1992 – 1 M 3267/92, nv).

F. Abbruch und Beseitigung – Anzeige (Abs. 3)

Der 2012 neu geschaffene **Abs. 3** hat für den beabsichtigten Abbruch und die Beseiti- 117
gung bestimmter nicht verfahrensfreier Anlagen anstelle der früheren Genehmigungsbedürftigkeit (§ 69 Abs. 3 Nr. 1 aF) ein **Anzeigeverfahren** geschaffen (vgl. Art. 57 Abs. 5 S. 2 BayBO). Im Gegensatz zum Bauantrag, der nach § 67 Abs. 1 S. 1 schriftlich bei der Gemeinde einzureichen ist, ist der beabsichtigte Abbruch und die Beseitigung eines Hochhauses oder eines nicht im Anhang genannten Teils einer baulichen Anlage der BauAB anzuzeigen.

Abs. 3 Satz 1 schreibt vor, dass der **Abbruch und die Beseitigung eines Hoch-** 118
hauses oder eines nicht im Anhang genannten Teils einer baulichen Anlage der BauAB schriftlich anzuzeigen ist. Nach § 5 Nr. 1 BauVorlVO ist ein einfacher Lageplan (§ 7 Abs. 3 BauVorlVO) einzureichen, in dem zusätzlich die Lage der abzubrechenden oder zu beseitigenden baulichen Anlage dargestellt ist. Die Anzeige bezweckt eine Information der Bauaufsichtsbehörde, auf die sie in der ihr jeweils nach Lage der Dinge angezeigt erscheinenden Weise nach § 79 reagieren kann. Nach **Satz 2** ist der Anzeige die Bestätigung einer Person iSd § 65 Abs. 4 (Tragwerksplaner) beizufügen über die Wirksamkeit der vorgesehenen Sicherungsmaßnahmen und die Standsicherheit der baulichen Anlagen, die an die abzubrechenden oder zu beseitigenden baulichen Anlagen oder Teile baulicher Anlagen angebaut sind oder auf deren Standsicherheit sich die Baumaßnahme (§ 2 Abs. 13) auswirken kann (vgl. § 5 Nr. 2 BauVorlVO, abgedr. bei § 67).

Abs. 3 Satz 3 regelt die Bestätigung der Bauaufsichtsbehörde und enthält entspre- 119
chende Regelungen zu § 69 Abs. 2 (Behandlung des Bauantrages), wenn die Anzeige unvollständig oder mangelhaft ist. Dann fordert die BauAB den Bauherrn zur Vervollständigung der Anzeige oder zur Behebung des Mangels auf. **Satz 4** regelt die Mitteilungspflicht der Bauaufsichtsbehörde gegenüber dem Bauherrn, wenn die Mängel der Anzeige behoben sind. Nach **Satz 5** darf mit den Baumaßnahmen nach Satz 1 nicht vor Ablauf eines Monats begonnen werden, nachdem die BauAB dem Bauherrn den Eingang der Anzeige nach Satz 3 bestätigt hat oder die Mitteilung nach Satz 4 erfolgt ist. Die Frist erscheint dem Gesetzgeber als angemessen, da Fragen der Standsicherheit vorab durch einen Tragwerksplaner zu prüfen sind (vgl. LT-Drs. 16/3195, 95). Dem ist zuzustimmen, zumal darüber hinaus lediglich ein einfacher Lageplan einzureichen ist. Der Prüfungsumfang der BauAB ist begrenzt. Unberührt bleiben Genehmigungserfordernisse nach anderen Vorschriften, zB § 10 NDSchG (→ Rn. 113).

G. Rechtsschutz

120 Hegt der Bauherr Zweifel, ob eine von ihm beabsichtigte Baumaßnahme der Genehmigung bedarf oder nicht, kann er vor Ausführung der Maßnahme eine schriftliche Auskunft der BauAB einholen. Die BauAB ist im Rahmen ihrer **Beratungspflicht** nach § 58 Abs. 1 S. 2 zur Erteilung unmissverständlicher und vollständiger Auskünfte verpflichtet (→ § 58 Rn. 8 ff.). Ein „Negativ-Zeugnis" mit Verwaltungsaktcharakter, dass ein bestimmtes Vorhaben nicht der Genehmigungspflicht unterliegt, sieht die NBauO nicht vor (vgl. VGH München 2.9.1986 – 26 B 83 A.2240, NVwZ 1988, 944). Geht die BauAB von der Genehmigungspflicht einer Baumaßnahme aus und tritt der Bauherr dem entgegen, kann er **Klage auf Feststellung** erheben, **dass** eine **Baugenehmigung nicht erforderlich** sei (vgl. VGH München – 26 B 83 A.2240, NVwZ 1988, 944; OVG Münster 21.12.2010 – 2 A 126/09, BeckRS 2011, 45641 = juris Rn. 30 ff.).

121 Zum **Rechtsschutz des Nachbarn** gegen verfahrensfreie Baumaßnahmen → § 62 Rn. 85 ff.

§ 61 Genehmigungsfreie öffentliche Baumaßnahmen

(1) Keiner Baugenehmigung bedürfen die Errichtung, die Änderung, der Abbruch und die Beseitigung

1. **von Brücken, Durchlässen, Tunneln und Stützmauern sowie von Stauanlagen und sonstigen Anlagen des Wasserbaus, ausgenommen Gebäude, wenn die Wasser- und Schifffahrtsverwaltung des Bundes, die Straßenbau-, Hafen- oder Wasserwirtschaftsverwaltung des Landes oder eine untere Wasserbehörde die Entwurfsarbeiten leitet und die Bauarbeiten überwacht,**
2. **von Betriebsanlagen der Straßenbahnen (§ 4 des Personenbeförderungsgesetzes), ausgenommen oberirdische Gebäude,**
3. **von nach anderen Rechtsvorschriften zulassungsbedürftigen Anlagen für die öffentliche Versorgung mit Elektrizität, Gas, Wärme, Wasser und für die öffentliche Beseitigung von Abwässern, ausgenommen Gebäude.**

(2) Keiner Baugenehmigung bedürfen

1. **Baumaßnahmen innerhalb vorhandener Gebäude, ausgenommen Nutzungsänderungen,**
2. **Änderungen des Äußeren vorhandener Gebäude, wenn sie deren Rauminhalt nicht vergrößern,**
3. **Abbrüche baulicher Anlagen,**

wenn das Staatliche Baumanagement Niedersachsen, die Klosterkammer Hannover oder die Bauverwaltung eines Landkreises oder einer Gemeinde die Entwurfsarbeiten leitet und die Bauarbeiten überwacht.

1 Die Vorschrift, die in der MBauO 2002 kein Vorbild findet, fasst die baugenehmigungsfreien öffentlichen Baumaßnahmen zusammen. Der Regelung liegt der Gedanke zugrunde, dass sich **neben der Bauleitung und Überwachung durch einen öffentlichen Bauherrn für gewisse Bauten ein bauaufsichtliches Verfahren erübrigt**, zumal wenn der öffentliche Bauherr besondere Erfahrungen mit diesen Bauten hat. Die Frage, ob die Regelung vollständig ist und man nicht auch Baumaßnahmen der Straßenbauverwaltungen der Landkreise, die über entsprechend ausgebildetes Personal verfügen, in die Genehmigungsfreiheit nach Abs. 1 hätte einbeziehen sollen, hat sich durch die Streichung des § 3 Abs. 2 Nr. 3 aufgrund der Novelle von 1995 (Stichwort Kunstbauten; → § 1 Rn. 33) weitgehend erledigt. Nicht ganz unbedenklich erscheint, dass § 61 die nach § 36 Abs. 1 S. 1 BauGB erforderliche Beteiligung der Gemeinde unterläuft.

Abs. 1 Nr. 1: Die in Abs. 1 im Einzelnen aufgeführten baulichen Anlagen bedürfen keiner Baugenehmigung, wenn bestimmte **öffentliche Bauherren mit qualifiziertem Personal** die Entwurfsarbeiten leiten und die Bauarbeiten überwachen. Mit der Streichung von § 3 Abs. 2 Nr. 3 aF durch das 7. ÄndGNBauO ist der Anwendungsbereich der Vorschrift eingeschränkt worden: Die NBauO gilt nach § 1 Abs. 2 Nr. 1 (vgl. § 3 Abs. 1 aF) nicht für öffentliche Verkehrsanlagen einschließlich des Zubehörs und der Nebenanlagen, zu denen Brücken, Durchlässe, Tunnel und Stützmauern gehören. § 61 Abs. 1 dürfte nur noch für Anlagen des Wasserbaus außerhalb öffentlicher Verkehrsanlagen Bedeutung haben, die keiner Planfeststellung bedürfen. Die Genehmigungsfreiheit der in Abs. 1 genannten Anlagen schließt die Freistellung etwa erforderlicher Gerüste und Hilfskonstruktionen ein. Andere Genehmigungsvorbehalte, etwa für Anlagen in, an, über und unter oberirdischen Gewässern nach § 36 WHG iVm § 57 NWG bleiben unberührt (vgl. aber § 57 Abs. 4 NWG). 2

Abs. 1 Nr. 2: Zu den **öffentlichen Verkehrsanlagen**, für die die NBauO nach § 1 Abs. 2 Nr. 1 nicht gilt, gehören auch die Straßenbahnen einschließlich Zubehör und Nebenanlagen. Soweit die nach § 1 Abs. 2 Nr. 1 nicht ausgenommenen Gebäude nicht Bestandteil eines durch Planfeststellungsbeschluss oder Plangenehmigung nach § 28 PBefG zugelassenen Vorhabens sind, nämlich bei Änderungen oder Erweiterungen von unwesentlicher Bedeutung (Abs. 2) oder soweit Festsetzungen von B-Plänen vorhanden sind (Abs. 3), greift die Genehmigungsfreiheit nach § 61 Abs. 1 Nr. 2 ein – außer für oberirdische Gebäude. Nach § 60 Abs. 1 BOStrab bedarf es in diesen Fällen der Zustimmung der technischen Aufsichtsbehörde, des NLStBV (vgl. Beschl. d. LReg v. 23.11.2004 Nds. MBl. 2004, 841). Unberührt bleiben Genehmigungsvorbehalte in Erhaltungssatzungen nach § 172 BauGB. 3

Abs. 1 Nr. 3: Nach anderen Rechtsvorschriften zulassungsbedürftige Anlagen für die öffentliche Versorgung mit Elektrizität, Gas, Wärme und Wasser und für die öffentliche Beseitigung von Abwässern, ausgenommen Gebäude, sind mit der NBauO 2012 baugenehmigungsfrei gestellt worden. Durch diese Regelung wird die **Konkurrenz paralleler Anlagengenehmigungsverfahren aufgelöst** (vgl. § 43c EnWG iVm § 75 VwVfG; § 99 Abs. 3 S. 1 NWG; → § 59 Rn. 25 f.) 4

Abs. 2: Die in Abs. 2 genannten **öffentlichen Bauherren** bedürfen keiner Baugenehmigung für Baumaßnahmen in und an vorhandenen Gebäuden, wenn sie deren Rauminhalt nicht vergrößern. Ausgenommen sind Nutzungsänderungen, wenn sie nicht nach § 60 Abs. 2 Nr. 1 verfahrensfrei sind. Baugenehmigungsfrei sind auch Abbrüche baulicher Anlagen, wenn die öffentlichen Bauherren die Entwurfsarbeiten leiten und die Bauarbeiten überwachen. 5

§ 62 Sonstige genehmigungsfreie Baumaßnahmen

(1) [1]Keiner Baugenehmigung bedarf die Errichtung

1. **von Wohngebäuden der Gebäudeklassen 1, 2 und 3, auch mit Räumen für freie Berufe nach § 13 der Baunutzungsverordnung, in Kleinsiedlungsgebieten sowie in reinen, in allgemeinen und in besonderen Wohngebieten, wenn die Wohngebäude überwiegend Wohnungen enthalten,**
2. **von sonstigen Gebäuden der Gebäudeklassen 1 und 2 in Gewerbegebieten und in Industriegebieten,**
3. **von baulichen Anlagen, die keine Gebäude sind, in Gewerbegebieten und in Industriegebieten und**
4. **von Nebengebäuden und Nebenanlagen für Gebäude nach den Nummern 1 und 2,**

wenn die in den Nummern 1 bis 3 genannten Baugebiete durch Bebauungsplan im Sinne des § 30 Abs. 1 oder 2 des Baugesetzbuchs festgesetzt sind und die Voraus-

setzungen des Absatzes 2 vorliegen. [2]Satz 1 gilt entsprechend für die Änderung oder Nutzungsänderung baulicher Anlagen, die nach Durchführung dieser Baumaßnahme bauliche Anlagen im Sinne des Satzes 1 Nrn. 1 bis 4 sind. [3]Die Sätze 1 und 2 gelten nicht für Sonderbauten nach § 2 Abs. 5. [4]Die Sätze 1 und 2 gelten auch nicht für eine Baumaßnahme innerhalb eines Achtungsabstands nach Satz 5 um einen Betriebsbereich im Sinne des § 3 Abs. 5a des Bundes-Immissionsschutzgesetzes (BImSchG), durch die erstmalig oder zusätzlich

1. dem Wohnen dienende Nutzungseinheiten von insgesamt mehr als 5 000 m² Grundfläche geschaffen werden oder
2. die Möglichkeit der gleichzeitigen Nutzung einer öffentlich zugänglichen baulichen Anlage durch mehr als 100 Besucherinnen und Besucher geschaffen wird,

es sei denn, dass durch ein nach Beurteilung der für den Betriebsbereich zuständigen Immissionsschutzbehörde plausibles Gutachten einer oder eines nach § 29b BImSchG bekannt gegebenen Sachverständigen nachgewiesen ist, dass die Baumaßnahme außerhalb des angemessenen Sicherheitsabstands im Sinne des § 3 Abs. 5c BImSchG zum Betriebsbereich durchgeführt wird. [5]Der Achtungsabstand nach Satz 4 beträgt, falls der Betriebsbereich eine Biogasanlage ist, 200 m, andernfalls 2 000 m.

(2) Eine Baumaßnahme ist nach Absatz 1 genehmigungsfrei, wenn

1. das Vorhaben den Festsetzungen des Bebauungsplans nicht widerspricht oder notwendige Ausnahmen oder Befreiungen bereits erteilt sind,
2. notwendige Zulassungen von Abweichungen nach § 66 bereits erteilt sind,
3. die Gemeinde der Bauherrin oder dem Bauherrn bestätigt hat, dass
   a) die Erschließung im Sinne des § 30 Abs. 1 oder 2 des Baugesetzbuchs gesichert ist und
   b) sie eine vorläufige Untersagung nach § 15 Abs. 1 Satz 2 des Baugesetzbuchs nicht beantragen wird,
4. die nach § 65 Abs. 2 Satz 1 zu prüfenden Nachweise der Standsicherheit und des Brandschutzes und, soweit erforderlich, die Eignung der Rettungswege nach § 33 Abs. 2 Satz 3 Halbsatz 2 geprüft und bestätigt worden sind.

(3) [1]Die Bauherrin oder der Bauherr hat über die beabsichtigte Baumaßnahme eine von ihr oder ihm unterschriebene schriftliche Mitteilung, der die Bauvorlagen, ausgenommen die bautechnischen Nachweise, beizufügen sind, bei der Gemeinde einzureichen. [2]Betrifft die Baumaßnahme ein Lager für Abfälle mit einer Gesamtmenge von mehr als 15 t oder mehr als 15 m³, so hat die Bauherrin oder der Bauherr hierauf in ihrer oder seiner Mitteilung nach Satz 1 besonders hinzuweisen. [3]Den übrigen Bauvorlagen beigefügt oder gesondert bei der Bauaufsichtsbehörde eingereicht werden können

1. bei einer Baumaßnahme nach § 65 Abs. 3 die Nachweise der Standsicherheit und des Brandschutzes und
2. soweit die Eignung der Rettungswege nach § 33 Abs. 2 Satz 3 Halbsatz 2 zu prüfen ist, die dafür erforderlichen Unterlagen.

(4) [1]Die Bauvorlagen müssen von einer Entwurfsverfasserin oder einem Entwurfsverfasser im Sinne des § 53 Abs. 3 Satz 2 Nr. 1, 2, 3 oder 5 unterschrieben sein, die oder der gegen Haftpflichtgefahren versichert ist, die sich aus der Wahrnehmung dieser Tätigkeit ergeben. [2]Personenschäden müssen mindestens zu 1 500 000 Euro und Sach- und Vermögensschäden mindestens zu 200 000 Euro je Versicherungsfall versichert sein. [3]Der Versicherungsschutz muss mindestens fünf Jahre über den Zeitpunkt der Beendigung des Versicherungsvertrages hinausreichen. [4]Die Leistungen des Versicherers für alle innerhalb eines Ver-

sicherungsjahres verursachten Schäden können auf das Zweifache des jeweiligen Betrages nach Satz 2 begrenzt werden. [5]Bei Entwurfsverfasserinnen und Entwurfsverfassern, die im Rahmen des europäischen Dienstleistungsverkehrs vorübergehend und gelegentlich in Niedersachsen tätig sind, gilt die Versicherungspflicht als erfüllt, wenn sie die Architektenkammer oder die Ingenieurkammer oder die zuständige Kammer eines anderen Bundeslandes über die Einzelheiten ihres Versicherungsschutzes oder einer anderen Art des individuellen oder kollektiven Schutzes vor Haftpflichtgefahren informiert haben. [6]Die Sätze 1 bis 5 gelten nicht, wenn die Bauherrin oder der Bauherr den Entwurf selbst erstellt hat. [7]§ 67 Abs. 3 Sätze 2 und 3 gilt entsprechend.

(5) [1]Die Gemeinde hat der Bauherrin oder dem Bauherrn innerhalb eines Monats nach Eingang der Unterlagen nach Absatz 3 die Bestätigung nach Absatz 2 Nr. 3 auszustellen, wenn die Erschließung im Sinne des § 30 Abs. 1 oder 2 des Baugesetzbuchs gesichert ist und wenn sie die vorläufige Untersagung nach § 15 Abs. 1 Satz 2 des Baugesetzbuchs nicht beantragen will. [2]Eine darüber hinausgehende Pflicht der Gemeinde zur Prüfung der Baumaßnahme besteht nicht. [3]Liegt eine der Voraussetzungen nach Absatz 2 Nr. 3 nicht vor, so hat die Gemeinde dies der Bauherrin oder dem Bauherrn innerhalb der Frist nach Satz 1 mitzuteilen und, wenn die Erschließung im Sinne des § 30 Abs. 1 oder 2 des Baugesetzbuchs nicht gesichert ist, die Unterlagen nach Absatz 3 zurückzugeben.

(6) Die Gemeinde legt, wenn sie nicht selbst die Aufgaben der Bauaufsichtsbehörde wahrnimmt, die Unterlagen nach Absatz 3 unverzüglich zusammen mit einer Ausfertigung ihrer Bestätigung nach Absatz 2 Nr. 3 oder, wenn sie die vorläufige Untersagung nach § 15 Abs. 1 Satz 2 des Baugesetzbuchs beantragt, zusammen mit ihrem Antrag der Bauaufsichtsbehörde vor.

(7) Über den Antrag auf vorläufige Untersagung hat die Bauaufsichtsbehörde innerhalb von zwei Wochen nach Eingang des vollständigen Antrages zu entscheiden.

(8) [1]Mit der Baumaßnahme darf erst begonnen werden, wenn die Bestätigung nach Absatz 2 Nr. 3 und, soweit erforderlich, die Bestätigung nach Absatz 2 Nr. 4 über die Eignung der Rettungswege der Bauherrin oder dem Bauherrn vorliegen. [2]Eine Baumaßnahme nach § 65 Abs. 3 darf erst begonnen werden, wenn der Bauherrin oder dem Bauherrn auch die Bestätigung der Nachweise der Standsicherheit und des Brandschutzes vorliegt. [3]Die Baumaßnahme darf mehr als drei Jahre, nachdem sie nach Satz 1 oder 2 zulässig geworden ist oder ihre Ausführung unterbrochen worden ist, nur dann begonnen oder fortgesetzt werden, wenn die Anforderungen nach den Absätzen 3 und 5 bis 7 sowie den Sätzen 1 und 2 erneut erfüllt worden sind.

(9) [1]Die Durchführung der Baumaßnahme darf von den Bauvorlagen nicht abweichen. [2]Die Bauvorlagen einschließlich der bautechnischen Nachweise müssen während der Durchführung der Baumaßnahme an der Baustelle vorgelegt werden können. [3]Satz 2 gilt auch für die Bestätigungen nach Absatz 2 Nr. 4.

(10) Die Bauherrin oder der Bauherr kann verlangen, dass für eine Baumaßnahme nach Absatz 1 das vereinfachte Baugenehmigungsverfahren durchgeführt wird.

(11) [1]Die Absätze 2 bis 10 sind nicht anzuwenden, soweit Baumaßnahmen nach Absatz 1 schon nach anderen Vorschriften keiner Baugenehmigung bedürfen. [2]Eine nach Absatz 1 genehmigungsfreie Baumaßnahme bedarf auch dann keiner Baugenehmigung, wenn nach ihrer Durchführung die Unwirksamkeit oder Nichtigkeit des Bebauungsplans festgestellt wird.

Übersicht

A. Allgemeines

1 Mit § 69a hat sich die **NBauO 1995** dem allgemeinen Trend der LBauOen angeschlossen, für bestimmte Vorhaben im Geltungsbereich eines Bebauungsplanes iSd § 30 Abs. 1 und 2 BauGB auf ein Baugenehmigungsverfahren zu verzichten, um die Verwirklichung von Bauvorhaben zu beschleunigen, die BauABen zu entlasten und die Eigenverantwortung der am Bau Beteiligten zu stärken (BegrE NBauO 1995, S. 63). Empirische Untersuchungen darüber, ob das Freistellungsverfahren die vom Gesetzgeber vorgegebenen Ziele erreicht, fehlen – abgesehen von dem Erfahrungsbericht der Landesregierung vom 23.6.1999 für die Jahre 1996 bis 1998 (LT-Drs. 14/851, 8: „... wird von den BauABen überwiegend nicht bestätigt, dass eine Entlastung des Aufgabenbereichs eingetreten ist"). Die Entlastung der BauAB durch den Wegfall von Baugenehmigungsverfahren wird zumindest teilweise durch erhöhten Beratungsbedarf und die mit einem „erheblichen Defizit an Rechtskonformität" verbundene repressive Verwaltungstätigkeit kompensiert (Mann FS Götz, 2005, 465 ff.).

2 Auch wenn die mit § 69a verfolgten Ziele im Grundsatz positiv zu bewerten sind, dürfen die **mit der Genehmigungsfreistellung verbundenen Probleme und Nachteile** nicht außer Acht gelassen werden (vgl. Gnatzy, Verfahrensliberalisierung im Bauordnungsrecht der Länder, 1999, 422 ff.). Die Baugenehmigung bietet dem Bauherrn Sicherheit, weil nur sie ein Einschreiten der BauAB ausschließt (→ § 70 Rn. 5 ff.). Der Entwurfsverfasser haftet dem Bauherrn bei mangelhaftem Entwurf nach § 634a Abs. 1 Nr. 2 BGB nur 5 Jahre nach Abnahme; Verstöße gegen das öffentliche Baurecht, die sich später herausstellen, gehen voll zu Lasten des Bauherrn. Rechtsänderungen vor der Fertigstellung des Bauvorhabens stellen zudem den Bestand des Bauwerks infrage, weil dem Freistellungsverfahren eine der Baugenehmigung vergleichbare Schutzwirkung fremd ist (dazu → Rn. 68 ff.). Eine **Investitionssicherheit**, wie sie im Verhältnis zum Nachbarn eine bestandskräftige Baugenehmigung bietet, **ist im Freistellungsverfahren ausgeschlossen**.

Die nach § 69a Abs. 3 aF noch geforderten **Erklärungen der Entwurfsverfasser und Sachverständigen**, dass der Entwurf und die gefertigten Unterlagen dem öffentlichen Baurecht entsprechen, **sind mit der NBauO 2012 entfallen**. Der Gesetzentwurf selbst bezeichnet es als „sehr zweifelhaft", ob die nach altem Recht erforderlichen Erklärungen wesentlich zur Einhaltung des öffentlichen Baurechts beim genehmigungsfreien Bauen beigetragen haben (vgl. LT-Drs. 16/3195, 97). Entsprechende Erklärungen sind in der MBauO 2002 und den LBauOen der anderen Länder ebenfalls nicht vorgesehen (vgl. § 62 MBauO 2002). An der baurechtlichen Verantwortung der genannten Personen hat sich hierdurch nichts geändert. Immerhin lässt die NBauO dem Bauherrn nach Abs. 10 die **Wahl zwischen dem Genehmigungsfreistellungsverfahren und dem vereinfachten Baugenehmigungsverfahren** nach § 63. Das kann auch den Entwurfsverfasser entlasten, der die Verantwortung für die Vereinbarkeit seines Entwurfs mit dem öffentlichen Baurecht scheut, zumal bislang kein Gebührentatbestand die neue Verantwortung aufwiegt. Die Gefahr der Freistellung vom Genehmigungsvorbehalt liegt vor allem darin, dass Verstöße gegen das öffentliche Baurecht, die im Genehmigungsverfahren ohne Weiteres hätten korrigiert werden können, nach Ausführung der Baumaßnahme nur mit hohem Aufwand behoben werden können. 3

Nicht weniger problematisch erscheint die **Genehmigungsfreistellung aus der Sicht des Nachbarn**. Die Baugenehmigung kann der Nachbar unmittelbar mit Widerspruch und Anfechtungsklage angreifen. Verletzt die Baugenehmigung eine nachbarschützende Vorschrift, zB über Grenzabstände, dann ist die Baugenehmigung aufzuheben, ohne dass es darauf ankommt, wie schwer die Beeinträchtigung des Nachbarn wiegt (vgl. OVG Lüneburg 19.6.2012 – 1 LB 169/11, NordÖR 2012, 406 = juris Rn. 35 ff.). Im vorläufigen Rechtsschutzverfahren nach §§ 80 f. VwGO genügen ernstliche Zweifel an der Rechtmäßigkeit der angefochtenen Baugenehmigung, um sie außer Vollzug zu setzen (vgl. OVG Lüneburg 25.1.2007 – 1 ME 177/06, BeckRS 2007, 20927 = juris Rn. 11 f.). 4

Im Genehmigungsfreistellungsverfahren entfällt zunächst die Kontrolle der BauAB, ob das Vorhaben mit den nachbarschützenden Vorschriften vereinbar ist. Vor allem aber tritt an die Stelle des Genehmigungsabwehranspruchs ein Anspruch auf bauaufsichtliches Einschreiten, der nur greift, wenn das **Ermessen** der BauAB wegen eines qualifizierten Verstoßes gegen nachbarschützende Vorschriften auf null reduziert ist. Im Verfahren zur Gewährung vorläufigen Rechtsschutzes muss der Nachbar nach § 123 VwGO nicht nur diesen Anspruch auf Einschreiten glaubhaft machen, sondern auch darlegen, dass die Veränderung des bestehenden Zustands die Verwirklichung seiner Rechte vereitelt oder wesentlich erschwert. Diese Unterschiede beschäftigen die Literatur intensiv (vgl. Martini DVBl 2001, 1488; Seidel NVwZ 2004, 139). Zum Nachbarschutz gegen ein genehmigungsfrei verwirklichtes Bauvorhaben vgl. OVG Lüneburg 22.10. 2008 – 1 ME 134/08, NJOZ 2009, 405; kritisch Mehde/Hansen NVwZ 2010, 14 ff.). 5

Schließlich wird die mit dem Freistellungsverfahren verbundene Verlagerung der Verantwortung von der BauAB auf Entwurfsverfasser und Bauherrn mit einer **Häufung von Baurechtsverstößen** erkauft. Nach Überprüfungen, die von 1996 bis 1998 bei rund 8 % der Baumaßnahmen nach § 69a durchgeführt wurden, hat sich ein Verdacht auf Baurechtsverstöße in ca. 50 % der Fälle bestätigt (LT-Drs. 14/851, 8). Auch wenn auf alle Baumaßnahmen bezogen eine etwas niedrigere Quote anzunehmen sein dürfte, bleibt ein Besorgnis erregendes Defizit an Rechtskonformität. Zwar ist die Überwachungsbefugnis der BauAB nach § 76 NBauO 2012 umfassend ausgestaltet worden. Sie erfasst nunmehr auch genehmigungsfreie Baumaßnahmen (vgl. LT-Drs. 16/3195, 106 f.). Da die meisten BauABen aber personell „ausgedünnt" worden sind, findet eine Bauaufsicht bei Vorhaben nach § 62 weithin überhaupt nicht mehr statt. Dabei wäre gerade bei einem Systemwechsel, wie er im Übergang von der präventiven zur repressiven Kontrolle liegt, zunächst eine verstärkte Überwachung erforderlich, weil nicht unterstellt werden kann, dass alle Bauherrn und Entwurfsverfasser ihrer neuen Verantwortung gerecht werden (Gnatzy, Verfahrensliberalisierung im Bauordnungsrecht der Länder, 1999, S. 468). 6

7 Trotz dieses Befundes ist der **Anwendungsbereich des § 62** wesentlich erweitert worden mit dem Ziel, **auch Nichtwohngebäude** einzubeziehen, insbesondere solche mit gewerblicher Nutzung. Daher ist auch die Überschrift von „Genehmigungsfreie Wohngebäude" in „Sonstige genehmigungsfreie Baumaßnahmen" geändert worden. Aus Sicherheitsgründen ist das **„Vier-Augen-Prinzip" bei den die Standsicherheit und den Brandschutz betreffenden Entwurfsunterlagen** im erforderlichen Umfang beibehalten worden. Bei bestimmten, im Übrigen genehmigungsfrei gestellten Baumaßnahmen wird daher eine gesonderte bauaufsichtliche Prüfung der betreffenden bautechnischen Nachweise durchgeführt. Hinsichtlich der Prüfung dieser Nachweise werden die genehmigungsfreien Baumaßnahmen den Baumaßnahmen im vereinfachten Baugenehmigungsverfahren gleichgestellt. Die Erforderlichkeit der Prüfung ergibt sich – für alle Verfahren gleich – aus § 65 (vgl. LT-Drs. 16/3195, 95).

B. Vereinbarkeit mit Bundesrecht

8 Die Frage nach der grundsätzlichen Vereinbarkeit des Freistellungsverfahrens mit dem Bundesrecht, die zunächst die Gemüter bewegte (Schulte BauR 1995, 174) hat sich mit der Änderung des § 29 BauGB durch das BauROG und die Neufassung des § 69a durch die Novelle 2002 erledigt. § 29 BauGB 1998 unterwirft Vorhaben, die die Errichtung, Änderung oder Nutzungsänderung von baulichen Anlagen zum Inhalt haben, unabhängig von einem bauordnungsrechtlichen Zulassungsverfahren den §§ 30–37 BauGB, so dass keine rechtlichen Bedenken bestehen, **plankonforme Vorhaben im Geltungsbereich von B-Plänen** nach § 30 Abs. 1 und 2 BauGB vom Genehmigungsvorbehalt freizustellen. Für Vorhaben nach §§ 31, 33–35 BauGB verbietet sich die Freistellung nicht nur, weil die Zulässigkeitsvoraussetzungen schwerer zu beurteilen sind, sondern auch, weil § 36 Abs. 1 S. 1 BauGB für die Zulassung dieser Vorhaben ein Baugenehmigungsverfahren voraussetzt: „Über die Zulässigkeit von Vorhaben nach den §§ 31, 33–35 wird im bauaufsichtlichen Verfahren von der Baugenehmigungsbehörde im Einvernehmen mit der Gemeinde entschieden."

9 Mit der Regelung des Freistellungsverfahrens, der Einreichung des Entwurfs bei der Gemeinde (§ 62 Abs. 3 S. 1) und der Möglichkeit der Gemeinde, die vorläufige Untersagung der Baumaßnahme bei der BauAB zu beantragen (Abs. 6) ist seit der Novelle 2002 entsprechend § 36 Abs. 1 S. 3 BauGB sichergestellt, dass **die Gemeinde rechtzeitig vor Ausführung des Vorhabens über Maßnahmen zur Sicherung der Bauleitplanung nach §§ 14 ff. BauGB entscheiden kann.** Die nach § 15 Abs. 1 S. 2 BauGB dem Landesrecht übertragene Bestimmung der Frist, innerhalb der die vorläufige Untersagung ausgesprochen werden muss, regelt § 62 Abs. 7. Über den Antrag auf vorläufige Untersagung hat die BauAB **innerhalb von zwei Wochen** nach Eingang des vollständigen Antrages zu entscheiden. Der Beginn der Zwei-Wochen-Frist hängt aber davon ab, wann die Gemeinde die Unterlagen nach Abs. 3 mit ihrem Antrag auf vorläufige Untersagung der BauAB weiterreicht. § 62 Abs. 6 schreibt seit der NBauO 2012 vor, dass die Gemeinde, wenn sie nicht selbst die Aufgaben der Bauaufsichtsbehörde wahrnimmt, die Unterlagen nach Absatz 3 **unverzüglich** zusammen mit ihrem Antrag auf vorläufige Untersagung nach § 15 Abs. 1 S. 2 BauGB vorlegt. Anderenfalls hat die Gemeinde dem Bauherrn **innerhalb eines Monats** nach Eingang der Unterlagen nach Absatz 3 die Bestätigung nach Absatz 2 Nr. 3 auszustellen, wenn die Erschließung iSd § 30 Abs. 1 oder 2 BauGB gesichert ist und wenn sie die vorläufige Untersagung nicht beantragen will (Abs. 5 S. 1). Dem Beschleunigungszweck des Freistellungsverfahrens wird damit Rechnung getragen.

10 Es bleibt die Frage, ob die planungsrechtliche Zulässigkeit von Wohngebäuden der Gebäudeklassen 1 bis 3 (→ § 2 Rn. 42 ff.) und – seit der NBauO 2012 – sonstigen Gebäuden der Gebäudeklasse 1 und 2 nach § 62 Probleme aufwirft, die den **Entwurfsverfasser überfordern**, so dass die Genehmigungsfreistellung die Vereinbarkeit des Vor-

habens mit Bundesrecht nicht gewährleistet. Wegen der Zweckbestimmung des allgemeinen und reinen Wohngebietes ist für **Wohngebäude** die Entscheidung über ihre bauplanungsrechtliche Zulässigkeit in aller Regel bereits mit dem B-Plan gefallen (Jäde UPR 1994, 201 (205)). Auch bei Kleinsiedlungsgebieten dürfte der Konfliktstoff, der durch das Nebeneinander von Wohnen und landwirtschaftlichen Nebenerwerbsstellen entstehen kann, überschaubar sein.

Erheblichen Bedenken begegnet aber die **Genehmigungsfreistellung** von Wohngebäuden **in besonderen Wohngebieten nach § 4a BauNVO**, weil angesichts der im besonderen Wohngebiet vorhandenen und zulässigen unterschiedlichen Nutzungen die Entscheidung über die planungsrechtliche Zulässigkeit von Wohngebäuden mit dem B-Plan keineswegs in der Eindeutigkeit gefallen ist, wie etwa bei B-Plänen, die reines oder allgemeines Wohngebiet festsetzen. Soll ein Wohngebäude nach § 62 im besonderen Wohngebiet in unmittelbarer Nachbarschaft eines vorhandenen gewerblichen Betriebes errichtet werden, kann es wegen seiner Lage schwierige Fragen der Rücksichtnahme (§ 15 Abs. 1 BauNVO) aufwerfen (vgl. zum Schutzniveau eines Wohngebäudes in einem festgesetzten besonderen Wohngebiet VGH München 2.8.2012 – 9 CS 12.855, BeckRS 2012, 56495 Rn. 23). Nach der Struktur des besonderen Wohngebietes iSd § 4a BauNVO ist der mögliche Konfliktstoff nicht so überschaubar, dass die Entscheidung über die Vereinbarkeit von Wohngebäuden mit dem B-Plan unter besonderer Berücksichtigung des § 15 BauNVO dem Entwurfsverfasser überantwortet werden kann. Die Tatsache, dass besondere Wohngebiete selten festgesetzt werden, kann die Bedenken gegen die Freistellung von Wohngebäuden in besonderen Wohngebieten nicht relativieren. 11

Darüber hinaus kann auch in reinen und allgemeinen Wohngebieten sowie Kleinsiedlungsgebieten die Zulässigkeit von Wohngebäuden wegen anderweitiger vorhandener Nutzungen in der näheren Umgebung **schwierige Fragen der Rücksichtnahme nach § 15 BauNVO** aufwerfen (vgl. BVerwG 18.5.1995 – 4 C 20.94, BRS 57 Nr. 67). Zwar steht einer Prüfung des § 15 BauNVO durch den Entwurfsverfasser bundesrechtlich nichts im Wege (vgl. Lemmel FS Weyreuther, 1993, 273 (286); aA Schulte BauR 1995, 174 Fn. 49); Fragen der Rücksichtnahme nach § 15 BauNVO sollten, auch wenn sie im reinen oder allgemeinen Wohngebiet bzw. Kleinsiedlungsgebiet selten auftauchen, wegen ihres Schwierigkeitsgrades aber nicht der Verantwortung des Entwurfsverfassers überlassen werden. Unter diesem Blickwinkel erscheint die Regelung anderer LBOen (Art. 58 Abs. 2 Nr. 5; Abs. 4 S. 1 BayBO, § 63 Abs. 2 S. 1 Nr. 5; Abs. 6 S. 1 BauO NRW) sachgerechter, die der Gemeinde die Befugnis gibt, ein Genehmigungsverfahren zu verlangen, etwa wenn ein Wohnhaus im allgemeinen Wohngebiet den Störungen eines benachbarten Gewerbebetriebes ausgesetzt würde. Die Wahlmöglichkeit des Bauherrn nach § 62 Abs. 10, anstelle des Freistellungsverfahrens ein Baugenehmigungsverfahren durchzuführen, und damit die Verantwortung für die Entscheidung nach § 15 BauNVO der BauAB zu übertragen, entschärft das Problem, eliminiert es aber nicht. Entwurfsverfasser sind gut beraten, wenn sie den Bauherrn in Fällen, in denen kritische Fragen der Rücksichtnahme auftreten, zur Durchführung des Baugenehmigungsverfahrens raten. 12

Mit der NBauO 2012 hat der Gesetzgeber den räumlichen **Anwendungsbereich** der Genehmigungsfreistellung im Bereich qualifizierter Bebauungspläne **auf Gewerbegebiete und Industriegebiete ausgedehnt**. Er scheint allerdings die oben beschriebene Gefahr der Überforderung des Entwurfsverfassers oder des Bauherrn erkannt zu haben (→ Rn. 10 ff.) und hat durch die gesetzliche Regelung in Abs. 1 festgelegt, dass Wohngebäude nicht in Gewerbe- und Industriegebieten (Nr. 2) und umgekehrt sonstige Gebäude nicht in Wohngebieten (Nr. 1) genehmigungsfrei errichtet werden können. Nach der BegrRegE ist nicht beabsichtigt, die Frage der Verträglichkeit von störungsträchtigen Nutzungen in Wohngebieten und von Wohnnutzungen in Gewerbe- und Industriegebieten dem Bauherrn oder seinem Entwurfsverfasser zu überantworten, zumal in diesen Fällen nach der BauNVO jeweils Ausnahmeentscheidungen erforderlich sein könnten. Kerngebiete, Dorfgebiete und Mischgebiete bleiben daher bei der Genehmigungsfreistellung „außen vor" (vgl. LT-Drs. 16/3195, 95). 13

C. Voraussetzungen der Genehmigungsfreiheit

14 Die Genehmigungsfreiheit der freigestellten Baumaßnahmen ist von weiteren, nunmehr wegen der besseren Übersichtlichkeit in Abs. 2 genannten Voraussetzungen abhängig. Die Voraussetzungen betreffen:

1. die Objekte der Genehmigungsfreiheit **(Abs. 1 Satz 1 Nr. 1–4)**:
   a) Wohngebäude der Gebäudeklassen 1 bis 3 (→ § 2 Rn. 42 ff.), auch mit Räumen für freie Berufe nach § 13 BauNVO, wenn die Wohngebäude überwiegend Wohnungen enthalten,
   b) sonstige Gebäude der Gebäudeklassen 1 und 2,
   c) bauliche Anlagen, die keine Gebäude sind,
   d) Nebengebäude und Nebenanlagen für die genannten Gebäude;
2. die Lage des Baugrundstücks **(Abs. 1 Satz 1, 4, 5)**:
   a) Wohngebäude in Baugebieten, die ein B-Plan iSd § 30 Abs. 1 oder 2 als Kleinsiedlungsgebiet, reines Wohngebiet, allgemeines oder besonderes Wohngebiet festsetzt,
   b) sonstige Gebäude und bauliche Anlagen, die keine Gebäude sind, in Baugebieten, die ein B-Plan iSd § 30 Abs. 1 oder 2 als Gewerbegebiet oder Industriegebiet festsetzt;
3. die Plankonformität sofern nicht notwendige Ausnahmen oder Befreiungen bereits erteilt sind **(Abs. 2 Nr. 1)**;
4. notwendige Zulassungen von Abweichungen nach § 66 **(Abs. 2 Nr. 2)**;
5. die Bestätigung der Gemeinde, dass die Erschließung gesichert ist und sie die vorläufige Untersagung nach § 15 Abs. 1 S. 2 BauGB nicht beantragen wird **(Abs. 2 Nr. 3)**;
6. die nach § 65 Abs. 2 S. 1 zu prüfenden Nachweise der Standsicherheit und des Brandschutzes und, soweit erforderlich, die Eignung der Rettungswege nach § 33 Abs. 2 S. 3 Hs. 2 **(Abs. 2 Nr. 4)**.

a) Genehmigungsfreie Baumaßnahmen

15 **Abs. 1 Satz 1 Nr. 1:** Genehmigungsfrei ist die **Errichtung von Wohngebäuden** der Gebäudeklassen 1, 2 und 3, dh mit einer Höhe bis zu 7 m. Die Gebäudeklassen sind in § 2 Abs. 3 definiert (→ § 2 Rn. 42 ff.). § 2 Abs. 4 bestimmt Wohngebäude als Gebäude, die nur Wohnungen und deren Nebenzwecken dienende Räume, wie Garagen, enthalten (→ § 2 Rn. 53 ff.). Zum Wohnen gehört eine auf eine gewisse Dauer angelegte, eigenständige Gestaltung häuslichen Lebens (vgl. BVerwG 18.10.2017 – 4 CN 6.17, NVwZ 2018, 828 mwN; OVG Lüneburg 6.11.1992 – 1 M 4717/92, BeckRS 205, 20378 = OVGE 43, 321, jeweils zum bauplanungsrechtlichen Wohnbegriff, der indes dem bauordnungsrechtlichen weitgehend entspricht, → § 44 Rn. 4), so dass die Genehmigungsfreiheit nicht auf Wohnheime ausgedehnt werden kann, die nur der Unterbringung dienen (→ § 2 Rn. 55). Auch Ferienwohnungen fallen nicht unter den Begriff des Wohnens, da es bei ihnen jedenfalls (typischerweise) an der auf Dauer angelegten Häuslichkeit fehlt (OVG Lüneburg 18.9.2014 – 1 KN 123/12, ZfBR 2014, 767 (768 f.)). Zu den Räumen, die Nebenzwecken iSd § 2 Abs. 4 dienen, zählen neben der ausdrücklich genannten Garage Fitnessräume wie Saunen und Schwimmbäder. Während in den Gebäudeklassen 1 und 2 nicht mehr als zwei Nutzungseinheiten zulässig sind, fehlt es an einer derartigen Beschränkung in der Gebäudeklasse 3, so dass ein großer Teil des Geschosswohnungsbaus erfasst wird. Sonstige bauliche Anlagen sind, soweit sie nicht unter Nummer 4 (→ Rn. 20) fallen, nicht freigestellt, da dies zB auch selbständige Werbeanlagen betreffen würde (anders die Regelung in Nummer 3; → Rn. 19).

Die NBauO 2012 hat die Freistellung nach Nummer 1 auf **Wohngebäude mit Räumen für freie Berufe nach § 13 BauNVO** erweitert; Voraussetzung ist allerdings, dass die Wohngebäude überwiegend Wohnungen enthalten. Das bedeutet für **Wohngebäude der Gebäudeklassen 1 und 2**, in denen nicht mehr als zwei Nutzungseinheiten zulässig sind (vgl. § 2 Abs. 3), dass beide Nutzungseinheiten Wohnungen sein müssen, die mit Räumen für freie Berufe ausgestattet werden können. Ansonsten wäre die Voraussetzung, dass Wohngebäude „überwiegend Wohnungen enthalten" müssen, nicht erfüllt. Hinzu kommen muss ein Flächenvergleich – auch bei Wohngebäuden mit nur einer Nutzungseinheit –, aufgrund dessen zu entscheiden ist, ob sich eine freiberufliche Nutzung iSv § 13 BauNVO auf „Räume" beschränkt und der Charakter als Wohngebäude nicht verloren geht. Bei dieser quantitativen Begrenzung der Nutzung von Räumen durch freie und ähnliche Berufe im Verhältnis zur Wohnnutzung ist eine Genehmigungsfreiheit nur dann gerechtfertigt, wenn das Wohngebäude überwiegend (über 50 %) dem Wohnen dient (vgl. LT-Drs. 16/3195, 96). In diesem Zusammenhang hat das OVG Lüneburg es nicht beanstandet, wenn nur auf Räume abgestellt wird, die zum dauernden Aufenthalt von Menschen objektiv geeignet sind und entsprechend genutzt werden (17.8.2007 – 1 LA 37/07, NVwZ-RR 2008, 22 f.). 16

Die Möglichkeit, Räume für freie Berufe nach § 13 BauNVO einzurichten, gilt auch für **Wohngebäude der Gebäudeklasse 3**. Gebäude der Gebäudeklasse 3 sind nicht auf eine bestimmte Anzahl von Nutzungseinheiten beschränkt, so dass hier die Voraussetzung, dass die Wohngebäude überwiegend Wohnungen enthalten müssen, Bedeutung erlangt. Zusätzlich ist auch hier erforderlich, den in → Rn. 16 beschriebenen Flächenvergleich vorzunehmen, da die Räume für freie Berufe flächenmäßig die 50 %-Grenze im Vergleich zur Wohnnutzung deutlich überschreiten können mit der Folge, dass es sich nicht mehr um ein genehmigungsfreies Wohngebäude iSd Nummer 1 handelt. In diesem Zusammenhang ist zu berücksichtigen, dass die Zulässigkeit der Nutzung von Räumen für die Berufsausübung freier und ähnlicher Berufe nicht voraussetzt, dass in der jeweiligen Nutzungseinheit (Wohnung) nebeneinander gearbeitet und auch gewohnt wird (vgl. BVerwG 20.1.1984 – 4 C 56.80, NVwZ 1984, 236 ff.). Für ein Wohngebäude mit sechs Nutzungseinheiten bedeutet dies: vier Nutzungseinheiten müssen Wohnungen enthalten, zwei Nutzungseinheiten können mit Räumen für freie Berufe versehen sein; zusätzlich muss der Flächenvergleich ergeben, dass die Räume für freie Berufe flächenmäßig die 50 %-Grenze im Vergleich zur Wohnnutzung nicht überschreiten dürfen. In diesem Fall sind die Voraussetzungen nach Nummer 1 für ein Wohngebäude der Gebäudeklasse 3 als erfüllt anzusehen. 17

Abs. 1 Satz 1 Nr. 2: Hiernach sind in Gewerbegebieten **(§ 8 BauNVO)** und Industriegebieten **(§ 9 BauNVO) alle Gebäude, die keine Wohngebäude sind („sonstige Gebäude"), und in die Gebäudeklasse 1 und 2 fallen**, ohne Berücksichtigung ihrer sonstigen Nutzung freigestellt. Das betrifft auch Gebäude, die neben sonstigen Nutzungen Wohnungen enthalten. 18

Abs. 1 Satz 1 Nr. 3: In Nummer 3 sind **in Gewerbegebieten und Industriegebieten bauliche Anlagen freigestellt, die keine Gebäude sind.** Nach dem Gesetzentwurf besteht wegen der Erweiterung der Genehmigungsfreistellung auf Gewerbe- und Industriegebiete das Bedürfnis, dort solche sonstigen baulichen Anlagen, auch wenn sie keine Nebenanlagen sind, als Hauptnutzung auf eigenem Grundstück gleich zu behandeln (vgl. LT-Drs. 16/3195, 96). 19

Abs. 1 Satz 1 Nr. 4: Genehmigungsfrei sind nach Nummer 4 auch **Nebengebäude und Nebenanlagen für Gebäude nach den Nummern 1 und 2.** Auch unterirdische Garagen mit mehr als 100 m^2 Nutzfläche sind nunmehr im Gegensatz zu § 69a Abs. 1 S. 1 aF von der Freistellung erfasst. Es bedarf allerdings der Prüfung und Bestätigung des Nachweises der Standsicherheit nach Abs. 2 Nr. 4 iVm § 65 Abs. 2 S. 1 Nr. 1, Abs. 3 S. 1 Nr. 2. Nebengebäude sind die einem Hauptgebäude räumlich und funktionell zu- und untergeordneten Gebäude. Diese Zu- und Unterordnung zu einem Wohngebäude nach Nr. 1 bzw. 20

zu einem sonstigen Gebäude nach Nr. 2 schließt Gebäude ein, die die jeweilige Hauptnutzung fördern und ähnlich wie Zubehör eine Hilfsfunktion erfüllen (vgl. BVerwG 7.5.1976 – 4 C 43.74, BRS 30 Nr. 56 zu § 14 BauNVO), wie zB Garagen, Geräteschuppen, Gewächshäuser, Gartenlauben und kleine Schwimmhallen (BVerwG 28.4.2004 – 4 C 10.03, NVwZ 2004, 1244 ff.).

21 **Nebenanlagen** sind **von** den **Hauptanlagen** zu **unterscheiden**. Alle Teile, die einen Betrieb substantiell ausmachen, auch nach der Verkehrsauffassung zu einem Betrieb dieser Art gehören, sind grundsätzlich Betriebsbestandteile iSd Hauptanlage. Der Wirtschaftsteil einer Kleinsiedlung nach Nr. 1 dürfte nicht mehr unter § 62 fallen, weil er einen Teil der Hauptnutzung darstellt (vgl. Stock in EZBK BauNVO § 14 Rn. 34). Die **Zuordnung** wird sich, wenn das Wohnhaus bzw. das sonstige Gebäude bereits errichtet ist, aus den Umständen ergeben, im Übrigen aus den Erklärungen des Bauherrn. Einen zeitlichen Zusammenhang zwischen der Errichtung der Garagen und Stellplätze und der des Wohn- oder sonstigen Gebäudes verlangt § 62 nicht. Die Genehmigungsfreiheit von Garagen und Stellplätzen „für Gebäude nach den Nummern 1 und 2" setzt die frühere oder spätere Errichtung des Hauptgebäudes voraus und bezieht sich daher nicht auf die isolierte Errichtung von Garagen und Stellplätzen. Dementsprechend sind weder „selbständige" Sammelgaragenanlagen noch Garagen und Einstellplätze für Wohngebäude bzw. die sonstigen Gebäude genehmigungsfrei, die nicht unter § 62 fallen. Die Zuordnung zu einem Gebäude nach den Nr. 1 und 2 wird nicht dadurch in Frage gestellt, dass die Einstellplätze entsprechend § 47 Abs. 4 nicht auf dem Baugrundstück selbst, sondern auf einem Grundstück in der Nähe – im Plangebiet – vorgesehen sind, dessen Benutzung durch Baulast gesichert ist.

22 **Nebenanlagen für Wohngebäude nach Nr. 1** sind entsprechend § 14 BauNVO untergeordnete Anlagen, die dem Nutzungszweck des Wohngebäudes dienen, wie zB Schwimmbecken, Müllboxen, Geräteschuppen uÄ. Nebenanlagen, die nicht einzelnen Wohngebäuden zugeordnet sind, sondern „dem Baugebiet selbst" dienen (vgl. Stock in EZBK BauNVO § 14 Rn. 37 ff.), bedürfen demgegenüber einer Baugenehmigung.

23 Zu den **Nebenanlagen für sonstige Gebäude nach Nr. 2** zählen ua Wertstoffcontainer und Werbeanlagen an der Stätte der Leistung.

24 § 62 Abs. 1 S. 2 stellt auch **Änderungen oder Nutzungsänderungen** von baulichen Anlagen vom Genehmigungsvorbehalt frei, die nach Durchführung dieser Baumaßnahme bauliche Anlagen iSd Satzes 1 Nr. 1–4 sind. Damit werden Aufstockungen bis zu einer Höhe von 7 m (vgl. § 2 Abs. 3 für die Gebäudeklassen 1 bis 3) und bauliche Erweiterungen ebenso erfasst wie Nutzungsänderungen, wenn das Ergebnis der Änderungen noch den in den Nr. 1–4 normierten Anforderungen entspricht (vgl. insbesondere → Rn. 16 f. zur Schaffung von Räumen für freie Berufe nach § 13 BauNVO). Wird ein freigestelltes Vorhaben nach seiner Errichtung so geändert, dass es den Rahmen des § 62 Abs. 1 S. 1 überschreitet, zB die Wohngebäude enthalten nicht mehr überwiegend Wohnungen, ist nur für die Nutzungsänderung eine Baugenehmigung erforderlich. Denn das ordnungsgemäß durchgeführte Freistellungsverfahren nach § 62 gewährleistet die formelle Legalität der ursprünglichen Anlage. Fallen der BauAB im Genehmigungsverfahren für die Änderung freilich Mängel der ursprünglichen Anlage auf, muss sie ihnen im Rahmen des § 58 Abs. 1 nachgehen. Nach § 62 Abs. 1 S. 3 sind **Sonderbauten nach § 2 Abs. 5 von der Genehmigungsfreistellung ausgenommen**.

b) Lage des Baugrundstücks (Abs. 1 S. 1, 4, 5)

25 Die Genehmigungsfreiheit gilt – wie bisher – für Wohngebäude in Baugebieten, die ein B-Plan iSd § 30 Abs. 1 oder 2 BauGB als **Kleinsiedlungsgebiet, reines, allgemeines oder besonderes Wohngebiet** festsetzt. Mit der NBauO 2012 sind sonstige Gebäude und bauliche Anlagen, die keine Gebäude sind, in **Gewerbe- und in Industriegebieten** ebenfalls genehmigungsfrei gestellt worden. Voraussetzung ist auch hier, dass diese Baugebiete in einem B-Plan nach § 30 Abs. 1 oder 2 BauGB festgesetzt sein müssen.

Das Vorliegen eines entsprechenden faktischen Baugebiets (vgl. § 34 Abs. 2 BauGB) reicht für die Genehmigungsfreistellung nicht aus (vgl. LT-Drs. 16/3195, 96). Der Gesetzgeber geht davon aus, dass die Entscheidung über die planungsrechtliche Zulässigkeit der freigestellten Baumaßnahmen in den genannten Plangebieten idR mit dem B-Plan gefallen ist; eine Vorstellung, die für das besondere Wohngebiet erheblichen Bedenken begegnet (→ Rn. 11). Für die nicht erfassten Gebiete – Dorf-/Misch-/Kern- und Sondergebiet – bedarf die planungsrechtliche Zulässigkeit von Wohngebäuden, sonstigen Gebäuden und baulichen Anlagen, die keine Gebäude sind, im Hinblick auf § 15 BauNVO besonderer Prüfung, so dass ein Baugenehmigungsverfahren erforderlich ist.

Die Genehmigungsfreiheit gilt für den **Geltungsbereich von B-Plänen iSd § 30 Abs. 1 BauGB**, dh von Plänen, die mindestens Festsetzungen über die Art und das Maß der baulichen Nutzung, die überbaubaren Grundstücksflächen und die örtlichen Verkehrsflächen enthalten. Nur im Geltungsbereich qualifizierter B-Pläne iSd § 30 Abs. 1 BauGB sind die planungsrechtlichen Kriterien der Zulässigkeit so klar und präzise festgelegt, dass der Entwurfsverfasser oder der Bauherr (Abs. 4 S. 6) die Gewähr dafür übernehmen kann, dass der Entwurf für die Baumaßnahme dem öffentlichen Baurecht, insbesondere das Vorhaben den Festsetzungen des B-Planes entspricht, so dass auf eine Kontrolle durch die BauAB verzichtet werden kann. Im Bereich einfacher B-Pläne (vgl. § 30 Abs. 3 BauGB), auch soweit sie die Nutzung entsprechend § 62 Abs. 1 S. 1 festsetzen, sind die anderen Kriterien der Zulässigkeit nach §§ 34 oder 35 BauGB und damit viel schwieriger zu bestimmen. 26

Seit der Novelle 2002 gilt die Freistellung vom Genehmigungsvorbehalt für Wohngebäude auch im **Geltungsbereich von vorhabenbezogenen B-Plänen iSd § 30 Abs. 2 BauGB**, und zwar unabhängig von der Regelungsdichte des Plans. Damit folgt die NBauO der Regelung anderer LBOen (vgl. Art. 58 Abs. 2 Nr. 1 BayBO, § 67 Abs. 1 BauO NRW aF, jetzt § 63 Abs. 2 Nr. 1 BauO NRW; vgl. OVG Lüneburg 14.1.2002 – 1 L 4005/00, BeckRS 2002, 20853 zur Rechtslage vor der Novelle 2002). Die Einbeziehung von vorhabenbezogenen B-Plänen ist gerechtfertigt, weil ein derartiger Plan das vorgesehene Projekt nach Art und Maß der baulichen Nutzung sowie der überbaubaren Grundstücksfläche so konkret festlegen muss, dass über seine Zulässigkeit nach § 30 Abs. 2 BauGB ausschließlich nach dem B-Plan ohne Heranziehung der §§ 34 f. BauGB entschieden werden kann. 27

Die **Freistellung** vom Genehmigungsvorbehalt nach § 62 **setzt** einen **wirksamen B-Plan** nach § 30 Abs. 1 oder 2 BauGB **voraus**. Es genügt daher nicht, dass der B-Plan Planreife nach § 33 BauGB erlangt hat. Der B-Plan darf auch nicht im Normenkontrollverfahren für unwirksam erklärt worden sein (§ 47 Abs. 5 S. 2 VwGO; vgl. BVerwG 27.10.2011 – 4 CN 7.10, NVwZ 2012, 318 f. Rn. 19; OVG Lüneburg 9.3.2012 – 1 LA 254/09, BeckRS 2012, 48417 = juris Rn. 89). Das Freistellungsverfahren entfällt erst mit Rechtskraft der Normenkontrollentscheidung, der Bauherr ist aber mit Rücksicht auf die fehlende Legalisierungswirkung (→ Rn. 68 ff.) gut beraten, in solchen Fällen die Durchführung eines vereinfachten Baugenehmigungsverfahrens zu verlangen (Abs. 10). Leidet der B-Plan an einem Mangel, der zu seiner Unwirksamkeit führt, muss die Gemeinde sich schlüssig werden, ob sie den Mangel „heilt" (§ 214 Abs. 4 BauGB) oder den B-Plan aufhebt (vgl. BVerwG 12.12.1990 – 4 B 143.90, NVwZ-RR 1991, 524), um die Vertrauensgrundlage für das Freistellungsverfahren zu schaffen oder zu beseitigen. UU muss die Gemeinde mit einem Antrag auf vorläufige Untersagung (dazu → Rn. 43 ff.) die Aufhebung des B-Plans sichern. Zumindest muss die Gemeinde, die den Mangel kennt, den Bauherrn im Zusammenhang mit der Bestätigung nach Abs. 2 Nr. 3 auf den Mangel aufmerksam machen. 28

Die Genehmigungsfreistellung ist nach Abs. 1 S. 4 **ausgeschlossen**, wenn das Vorhaben im Achtungsabstand eines **Störfallbetriebs** liegt. Die Sätze 4 und 5 sind mit der NBauO-Novelle 2017 in die Norm eingefügt worden; der Zusatz „nach Beurteilung der für den Betriebsbereich zuständigen Immissionsschutzbehörde plausibles" geht auf die NBauO-Novelle 2018 zurück. Die Neuregelung dient der Umsetzung von Art. 13 Abs. 1 29

S. 1, 2 Buchst. c) der Seveso-III-Richtlinie (RL 2012/18/EU v. 24.7.2012), nach der die Mitgliedstaaten u.a. neue Entwicklungen in der Nachbarschaft von Störfallbetrieben, einschließlich Verkehrswegen, öffentlich genutzten Örtlichkeiten und Wohngebieten überwachen, wenn diese Ansiedlungen oder Entwicklungen die Folgen eines schweren Unfalls verschlimmern können. Diese Überwachungspflicht vertrüge sich schlecht damit, schutzwürdige Nutzungen im Einwirkungsbereich eines Störfallbetriebes von der präventiven bauaufsichtlichen Kontrolle freizustellen. Eine überwachungsbedürftige Risikoerhöhung hat der Gesetzgeber dann gesehen, wenn sich der Kreis möglicher Betroffener in einer Größenordnung von ca. 100 Personen erhöht. Ausgehend von einem durchschnittlichen Wohnflächenbedarf von 45 m² pro Person im Jahr 2013 bei steigender Tendenz hat er dieses Kriterium bei dem Wohnen dienenden Nutzungseinheiten (**S. 4 Nr. 1**) pauschalierend mit einer Grundfläche (zum Begriff § 2 Abs. 3 S. 5, → § 2 Rn. 52) von mehr als 5.000 m² als erfüllt angesehen. Unter den Begriff sollen auch gemischt genutzte Vorhaben fallen, wobei das Größenkriterium sich nur auf die zum Wohnen genutzte Grundfläche beziehen soll. Eine Zusammenrechnung mit anderen im räumlich-zeitlichen Zusammenhang durchgeführten oder möglichen Wohnungsbauvorhaben soll nicht erfolgen. (Vgl. zum Ganzen Begr. RegE, LT-Drs. 17/7278, 47 f. mit ausführlichen Erwägungen). Mit Blick auf die „öffentlich genutzten Örtlichkeiten" iSd Richtlinie hat der Gesetzgeber eine Überwachungsbedürftigkeit ferner bei öffentlich zugänglichen Anlagen mit einer möglichen gleichzeitigen Besucherzahl vom über 100 (**S. 4 Nr. 2**) gesehen. Unerheblich ist, ob diese Zahl regelmäßig oder nur gelegentlich erreicht wird. In der Anlage Beschäftigte bleiben unberücksichtigt (skeptisch zur Verengung der Betrachtung auf Publikumsverkehr Jaras Cohen NVwZ 2014, 902 (903 f.)). Bei Nutzungsänderungen ist die Differenz zwischen alter und neuer Nutzung entscheidend.

30 Der Abstand ist von **Betriebsbereichen** iSd § 3 Abs. 5a BImSchG zu halten. Zum Begriff vgl. Jarass BImSchG, 12. Aufl. 2017, § 3 Rn. 94 ff. Eine Liste mit den Koordinaten der in Niedersachsen vorhandenen Betriebsbereiche nach § 3 Abs. 5a BImSchG ist für Behörden in einem geschützten Bereich des Internetauftritts der Staatlichen Gewerbeaufsichtsämter zugänglich, die Koordinaten können bei den kommunalen Gebietskörperschaften erfragt werden. Eine Liste ohne Koordinaten ist im Internet unter http://www.umwelt.niedersachsen.de/themen/technischer_umweltschutz/anlagensicherheit/anlagensicherheit-8965.html abrufbar (vgl. LT-Drs. 17/7278, 49).

31 Der maßgebliche **Achtungsabstand** beträgt nach **S. 5** zunächst pauschal 2.000 m, bei Biogasanlagen entsprechend der Arbeitshilfe „Szenarienspezifische Fragestellungen zum Leitfaden KAS-18" der Kommission für Anlagensicherheit beim Bundesministerium für Umwelt, Naturschutz, Bau und Reaktorsicherheit (KAS-32), 2. überarbeitete Fassung, November 2015 200 m, Werte, die der RegE als konservativ ansieht (LT-Drs. 17/7278, 49). Um den Besonderheiten jedes Betriebsbereichs und seiner Umgebung Rechnung tragen zu können, gibt allerdings S. 4 dem Bauherrn die Möglichkeit, durch Gutachten einer oder eines nach § 29b BImSchG bekannt gegebenen Sachverständigen nachzuweisen, dass ein geringerer als der Achtungsabstand nach S. 5 den Anforderungen des § 3 Abs. 5c BImSchG bzw. § 13 Abs. 2 Buchst. a) der Seveso-III-Richtlinie an einen angemessenen Sicherheitsabstand genügt. Zur Ermittlung des angemessenen Abstands vgl. Uechtritz/Farsbotter BauR 2015, 1919. Das Gutachten hat der Bauherr mit den Bauvorlagen nach § 62 Abs. 3 S. 1 vorzulegen. Selbst muss er ein solches Gutachten nur in Auftrag geben, wenn es nicht bereits – etwa anlässlich der Zulassung des Störfallbetriebs – erstellt wurde und verfügbar ist. Mit dem durch die NBauO-Novelle 2018 eingefügten zusätzlichen Erfordernis, dass das Gutachten von der für den Betriebsbereich zuständigen Immissionsschutzbehörde auf Plausibilität geprüft sein muss, soll sichergestellt werden, dass alle vorliegenden Informationen in Bezug auf einen Betriebsbereich in das Gutachten eingeflossen sind und sachgerecht berücksichtigt wurden und dass in Bezug auf einen Betriebsbereich nicht mehrere widersprüchliche Gutachten existieren (LT-Drs. 18/1136 S. 42).

c) Plankonformität – Ausnahmen und Befreiungen (Abs. 2 Nr. 1)

Die Genehmigungsfreistellung ist nach §62 Abs. 2 Nr. 1 davon abhängig, dass das **Vorhaben den Festsetzungen des B-Plans nicht widerspricht**. Die NBauO entspricht demnach auch in diesem Punkt anderen LBOen (Art. 58 Abs. 2 Nr. 2 BayBO, §51 Abs. 2 S. 2 BauO BW). Damit wird die planungsrechtliche Voraussetzung der Freistellung – auch für den Laien – sehr viel deutlicher. 32

Abs. 2 Nr. 1 nimmt mit der Formulierung, dass das Vorhaben den **Festsetzungen des B-Plans nicht widersprechen** darf, die Voraussetzung auf, an die §30 Abs. 1 und 2 BauGB die Zulässigkeit von Vorhaben knüpft. Damit wird kein geringeres Maß an **Plankonformität** als im Baugenehmigungsverfahren verlangt. Da die BauNVO Art und Maß der baulichen Nutzung sowie die überbaubaren Grundstücksflächen sehr differenziert und vollständig regelt, werden Vorhaben, die dem B-Plan nicht widersprechen, ihm idR allerdings auch positiv entsprechen (vgl. Rieger in Schrödter §30 Rn. 15). Zu den Festsetzungen des B-Plans, denen das Vorhaben nicht widersprechen darf, gehören nicht nur die Festsetzungen nach §9 Abs. 1 BauGB und nach der BauNVO, sondern auch die auf Landesrecht beruhenden Regelungen nach §9 Abs. 4 BauGB, die in den B-Plan als Festsetzungen aufgenommen worden sind (vgl. Söfker in EZBK §30 Rn. 21), wie zB örtliche Bauvorschriften. 33

Soweit das Vorhaben den Festsetzungen des B-Plans widerspricht, aber der Widerspruch durch Erteilung einer Ausnahme oder Befreiung ausgeräumt werden kann, kann der Bauherr das Freistellungsverfahren wählen, **wenn die Ausnahme oder Befreiung bereits erteilt ist**. Es genügt nicht, dass der Bauherr oder der Entwurfsverfasser eine Ausnahme oder Befreiung beantragt und die BauAB die Erteilung einer Ausnahme oder Befreiung zugesagt hat. Erforderlich ist vielmehr, dass die Ausnahme oder Befreiung durch besondere schriftliche Entscheidung nach §31 Abs. 1 oder 2 BauGB zugelassen worden ist (vgl. Rieger in Schrödter §31 Rn. 41). 34

§62 Abs. 2 Nr. 1 bezieht sich wegen des Zusammenhangs mit dem B-Plan nur auf Ausnahmen und Befreiungen von den Festsetzungen des B-Plans. Allerdings gab es bislang schon vor dem Hintergrund der mit §69a aF verfolgten Zwecke (→ Rn. 1 ff.) keinen Grund bei **Ausnahmen und Befreiungen nach anderen Vorschriften** ein Baugenehmigungsverfahren zu verlangen, während bei Ausnahmen und Befreiungen von den Festsetzungen des B-Plans die isolierte Ausnahme oder Befreiung genügen sollte (vgl. Schmaltz in GSSL NBauO, 8. Aufl. §69a Rn. 21). In **Abs. 2 Nr. 2 verlangt** die NBauO ausdrücklich, **dass auch notwendige Zulassungen von Abweichungen nach §66 bereits erteilt sein müssen**, damit die Baumaßnahme nach Abs. 1 genehmigungsfrei ist. Die Erteilung von notwendigen Ausnahmen oder Befreiungen von den Festsetzungen des B-Plans und die notwendige Zulassung von Abweichungen im Übrigen sind demnach verfahrensrechtliche Voraussetzung für die Genehmigungsfreistellung (vgl. LT-Drs. 16/3195, 96). 35

Während der Gesetzentwurf vom 21.10.2010 noch etwas offener formulierte und forderte, dass „notwendige Abweichungen bereits zugelassen" sein müssten (LT-Drs. 16/3195, 36), schlug der federführende Ausschuss zur Klarstellung vor, gemeint seien „nur Abweichungen nach §66". So lautet nunmehr auch die Gesetzesvorschrift in Abs. 2 Nr. 2. Nach §66 Abs. 1 kann die BauAB Abweichungen von Anforderungen der NBauO und aufgrund der NBauO erlassener Vorschriften zulassen. §66 Abs. 6 hält darüber hinaus ein Trägerverfahren für die Erteilung von Ausnahmen und Befreiungen nach anderen Vorschriften des öffentlichen Baurechts (§2 Abs. 16) vor, soweit nichts anderes bestimmt ist. Baumaßnahmen sind demnach auch dann genehmigungsfrei, wenn notwendige Zulassungen von Abweichungen nach §66 Abs. 1 und §66 Abs. 6 iVm anderen Vorschriften des öffentlichen Baurechts bereits erteilt sind. 36

Nicht ausdrücklich geregelt ist, wie zu verfahren ist, wenn die **Zulassung eines Vorhabens im Ermessen der BauAB steht**. So kann die BauAB bei Baulinien ein Vor- oder 37

Zurücktreten von Gebäudeteilen in geringfügigem Ausmaß zulassen (vgl. Fickert/Fieseler § 23 Rn. 13). Bei Baugrenzen gilt nach § 23 Abs. 3 BauNVO Entsprechendes (Fickert/Fieseler § 23 Rn. 16). Ferner können nach § 23 Abs. 5 BauNVO Nebenanlagen und unter bestimmten Voraussetzungen weitere Anlagen in den nicht überbaubaren Grundstücksflächen zugelassen werden (zum Charakter dieser Zulassungsmöglichkeit als Ermessensentscheidung der BauAB vgl. Burzynska in Vorafl. § 62 Rn. 34, ferner – zu § 23 Abs. 5 BauNVO – BVerwG 13.7.2010 – 4 B 27.10, ZfBR 2010, 694). Bei dieser Zulassung handelt es sich weder um eine Abweichung nach § 66 Abs. 1, da sie sich nicht auf die NBauO oder die auf ihrer Grundlage erlassene Vorschriften bezieht, noch um eine Ausnahme oder Befreiung (Blechschmidt in EZBK § 23 BauNVO Rn. 47), die nach Maßgabe von § 66 Abs. 6 ebenfalls in einem isolierten Verfahren gemäß § 66 Abs. 2, 3 erteilt werden könnten. Allerdings bedeutet die Notwendigkeit einer Ermessensentscheidung der BauAB nicht, dass unbedingt ein vollständiges Baugenehmigungsverfahren durchgeführt werden muss. Vom Sinn und Zweck der Freistellung der in § 62 Abs. 1 S. 1 genannten Baumaßnahmen vom Genehmigungsvorbehalt erscheint es vielmehr geboten, ähnlich wie bei Ausnahmen und Befreiungen, eine **isolierte Entscheidung der BauAB über die Abweichung** von der Regel zuzulassen, die auf besonderen Antrag zu ergehen hat. Eine analoge Anwendung des § 66 Abs. 6 iVm Abs. 2 und 3 ist daher angezeigt.

d) Abweichungen nach § 66 (Abs. 2 Nr. 2)

38 **Abs. 2 Nr. 2** enthält die in § 66 eingeführten Abweichungen (→ Rn. 35 ff.). Durch Einbeziehung von notwendigen Zulassungen von **Abweichungen nach § 66** wird deutlich, dass nicht nur Ausnahmen und Befreiungen von den Festsetzungen eines B-Plans, sondern auch notwendige Zulassungen von Abweichungen von anderen Vorschriften bereits zugelassen sein müssen (→ Rn. 34), damit sich die Baumaßnahme nach Abs. 1 als genehmigungsfrei darstellt. Es handelt sich hierbei um eine verfahrensrechtliche Voraussetzung der Genehmigungsfreistellung. Es bedarf lediglich notwendiger Zulassungen von Abweichungen nach § 66 (→ Rn. 36). Die Genehmigungsfreistellung nach § 62 hängt nicht von der Zulassung der Ablösung der Stellplatzpflicht nach § 47 Abs. 5 S. 1 ab (vgl. LT-Drs. 16/4621, 24).

e) Bestätigungen der Gemeinde (Abs. 2 Nr. 3)

39 **Abs. 2 Nr. 3** verlangt für die **gesicherte Erschließung** iSd § 30 Abs. 1 oder 2 BauGB eine **Bestätigung der Gemeinde** – und dies, obwohl die Zulassung von Bauvorhaben im Geltungsbereich qualifizierter B-Pläne nicht des Einvernehmens der Gemeinde bedarf (§ 36 BauGB). Die Beteiligung der Gemeinde erweist sich aber als sachgerecht, weil der Gemeinde nicht als Folge unzulässiger Vorhaben unangemessene Erschließungsaufgaben aufgedrängt werden sollen und andererseits eine Mitwirkung der Gemeinde bei der fehlerhaften Zulassung von Vorhaben zur Verdichtung der gemeindlichen Erschließungsaufgabe und zur aktuellen Erschließungspflicht beitragen kann (BVerwG 6.8.2007 – 9 B 5.07, BeckRS 2007, 25556).

40 Die **Gemeinde**, nach Maßgabe des § 98 Abs. 1 S. 2 NKomVG die Samtgemeinde, **hat** im Rahmen des § 62 Abs. 2 Nr. 3 **nur zu prüfen, ob die Erschließung iSd § 30 Abs. 1 bzw. 2 BauGB gesichert ist.** Das umfasst neben der Versorgung mit Energie und Trinkwasser sowie der Entsorgung der Abwässer vor allem den Anschluss an das öffentliche Straßennetz. Ist die Gemeinde für Teile der Erschließung nicht zuständig, weil die Abwasserbeseitigung Aufgabe der Samtgemeinde nach § 98 Abs. 1 S. 1 Nr. 6 iVm § 13 NKomVG und die Trinkwasserversorgung Aufgabe des Wasserbeschaffungsverbandes ist, muss die Gemeinde diese Träger einschalten, bevor sie die Erschließung bestätigt. Auf die Verkehrsflächen werden sich idR die Festsetzungen des B-Plans konzentrieren, der für die Beurteilung der gesicherten Erschließung allein maßgebend ist, weil Erschlie-

ßungsvarianten nach den Vorstellungen einzelner Grundstückseigentümer nicht zur plangemäßen Erschließung führen (OVG Münster 25.8.2010 – 7 A 1348/09, BeckRS 2010, 52626).

41 So ist die Erschließung rückwärtiger Grundstücksteile nicht gesichert, wenn mit der Herstellung der im B-Plan dazu festgesetzten Stichstraße in absehbarer Zeit nicht zu rechnen ist oder zwischen der zukünftigen öffentlichen Verkehrsfläche und dem Baugrundstück ein Grundstück liegt, das nicht dem öffentlichen Verkehr gewidmet ist oder werden soll und dessen Benutzung als Zuwegung nicht durch Baulast gesichert ist. Nicht unbedingt erforderlich ist, dass die Erschließungsanlagen bereits vorhanden sind, jedoch muss spätestens bis zur Fertigstellung des anzuschließenden Gebäudes mit der Herstellung der Erschließungsanlagen insoweit zu rechnen sein, dass sie funktionsfähig sind. Das schließt bei **Straßen in Wohngebieten** nicht nur eine Befestigung der Fahrbahn ein, sondern auch Beleuchtung, Straßenentwässerung und einen Gehweg (BVerwG 28.10.1981 – 8 C 4.81, BVerwGE 64, 186; VGH Mannheim 11.11.2004 – 2 S 2220/03, BeckRS 2004, 25887 = juris Rn. 31 ff.).

42 Ist die Gemeinde nicht bereit oder in der Lage, die Erschließungsanlagen herzustellen, kann der Bauherr die Sicherung der Erschließung damit herbeiführen, dass er der Gemeinde die **Übernahme der Erschließung anbietet** (BVerwG 17.6.1993 – 4 C 7.91, NVwZ 1994, 281 f.). Freilich genügt dazu nicht ein Verhandlungsangebot, vielmehr muss das Angebot so konkret und detailliert sein, dass die Gemeinde die Zumutbarkeit des Angebots einschließlich der Zuverlässigkeit und finanziellen Leistungsfähigkeit des Bauherrn prüfen kann (BVerwG 13.2.2002 – 4 B 88.01, NVwZ-RR 2002, 413; 18.5.1993 – 4 B 65.93, NVwZ 1993, 1101). Die Gemeinde muss auch prüfen, ob das Baugrundstück unmittelbar an öffentliche Verkehrsflächen grenzt oder nur über Flächen zugänglich ist, die nicht dem öffentlichen Verkehr gewidmet sind.

43 Mit der **Bestätigung der Gemeinde, dass sie die vorläufige Untersagung nach § 15 Abs. 1 S. 2 BauGB nicht beantragen wird**, als Voraussetzung des Freistellungsverfahrens trägt § 62 den Anforderungen des Bundesrechts Rechnung (→ Rn. 8 ff.). Auch wenn die Gemeinde nach § 36 BauGB im bauaufsichtlichen Verfahren über die Zulässigkeit von Vorhaben nach § 30 BauGB nicht beteiligt wird, muss ihr nach § 15 Abs. 1 S. 2 BauGB die Möglichkeit gegeben werden, ein Vorhaben zu verhindern, das die Durchführung einer konkret ins Auge gefassten Planung erschweren würde. An die Stelle der Zurückstellung im Baugenehmigungsverfahren tritt im Freistellungsverfahren die vorläufige Untersagung. Da die Anwendung des § 62 einen B-Plan voraussetzt, kann § 15 BauGB in diesem Zusammenhang nur zur **Sicherung einer Änderung oder Aufhebung des B-Plans** eingesetzt werden. Der Änderungsbedarf kann zum einen geänderten Planungsvorstellungen der Gemeinde zum Plangebiet entspringen (OVG Lüneburg 25.2.1994 – 1 L 5674/92, NST-N 1994, 152), tatsächlichen Entwicklungen im Plangebiet oder dem Einfluss konkreter Vorhaben auf das Plangebiet. Nach § 84 Abs. 6 können örtliche Bauvorschriften ua in einem B-Plan aufgenommen werden (→ § 84 Rn. 117 ff.); und § 84 Abs. 4 S. 3 bestimmt, dass auf die örtliche Bauvorschriften nach § 84 Abs. 3 auch die Vorschriften des BauGB über die Veränderungssperre und die Zurückstellung von Baugesuchen entsprechend anwendbar sind. Demnach kann auch eine vorläufige Untersagung zur Sicherung einer örtlichen Bauvorschrift verfügt werden (→ § 84 Rn. 111).

44 Die vorläufige Untersagung setzt ebenso wie die Zurückstellung voraus, dass die Gemeinde einen Beschluss über die Aufhebung bzw. die Änderung des B-Plans gefasst, diesen Beschluss bekannt gemacht hat und der Inhalt dieser Planung hinreichend bestimmt ist (Rieger in Schrödter § 14 Rn. 8 f.). Die vorläufige Untersagung ist nur gerechtfertigt, wenn das Vorhaben nach § 62 die Durchführung dieser Planung wesentlich erschweren würde. Es müssen also konkrete Anhaltspunkte dafür vorliegen, dass das **Vorhaben den Festsetzungen des künftigen B-Plans widerspricht**. Da die Gemeinde das Freistellungsverfahren nach § 62 zum Anlass einer Änderung des B-Plans nehmen darf (BVerwG 24.11.1989 – 4 C 54.87, DVBl 1990, 369 ff.), muss ihr für die Herbeifüh-

rung der Voraussetzungen der vorläufigen Untersagung, den Beschluss über die Änderung des B-Plans und seine Bekanntmachung etwas Zeit eingeräumt werden. Dem entspricht es, dass § 62 Abs. 2 Nr. 3b davon spricht, dass die Gemeinde die vorläufige Untersagung nicht beantragen „wird". Wegen des Beschleunigungszweckes des Freistellungsverfahrens muss sich die Gemeinde dennoch schnell schlüssig werden, ob sie die vorläufige Untersagung beantragen will oder nicht. § 62 Abs. 5 S. 1 gibt ihr maximal einen Monat Zeit für diese Entscheidung.

45 Die Bestätigung der Gemeinde, dass die Erschließung iSd § 30 Abs. 1 oder 2 BauGB gesichert ist, und sie die vorläufige Untersagung nicht beantragen wird, stellt keinen Verwaltungsakt dar, sondern einen **Verwaltungsrealakt** in Form einer schriftlichen Auskunft. Die Bestätigung ist zwar notwendige Voraussetzung für das Freistellungsverfahren, äußert aber keine unmittelbare Rechtswirkung (vgl. Gnatzy (zit. → Rn. 2), S. 256 ff.; Henneke in Knack/Henneke § 35 Anm. 4.5.5). Kommt die Gemeinde dem Verlangen des Bauherrn nicht nach, die Erschließung zu bestätigen, steht dem Bauherrn als Rechtsschutzform die allgemeine Leistungsklage und im vorläufigen Rechtsschutz die einstweilige Anordnung zur Verfügung (vgl. VG Lüneburg 22.4.1997 – 3 B 14/97, nv). § 44a VwGO steht der Klage nicht entgegen, weil der Bauherr keine Sachentscheidung erstrebt. Allerdings sollte der Bauherr in einem solchen Fall überlegen, ob er nicht schneller zum Ziel kommt, wenn er eine Baugenehmigung beantragt (Abs. 10).

f) Nachweise der Standsicherheit und des Brandschutzes – Eignung der Rettungswege (Abs. 2 Nr. 4)

46 In Nummer 4 wird die verfahrensrechtliche Verbindung zu der seit 2012 in § 65 verfahrensunabhängig geregelten **Prüfpflicht für die Nachweise der Standsicherheit und des Brandschutzes** hergestellt. § 69a Abs. 1 Nr. 4 und 5 aF sind daher entfallen. Zur Voraussetzung für die Genehmigungsfreistellung wird bestimmt, dass die in den Fällen des § 65 Abs. 2 S. 1 erforderliche Prüfung und Bestätigung dieser Nachweise zuvor erfolgt sein muss. Die Prüf- und Bestätigungspflicht für die Nachweise bei bestimmten genehmigungsfreien Baumaßnahmen mache – so der Gesetzentwurf – die Erweiterung der Genehmigungsfreistellung überhaupt erst vertretbar (LT-Drs. 16/3195, 96). Zu prüfen und zu bestätigen ist durch die BauAB ferner die Eignung der Rettungswege, soweit dies nach § 33 Abs. 2 S. 3 Hs. 2 erforderlich ist (**Prüfung der Eignung des Rettungsweges**, wenn ein nicht zu ebener Erde liegendes Geschoss für die Nutzung durch mehr als 10 Personen bestimmt ist.

47 § 65 Abs. 2 S. 1 bestimmt, dass für Baumaßnahmen nach § 62 nur die Nachweise der **Standsicherheit für bauliche Anlagen nach § 65 Abs. 3 S. 1** und die Nachweise des **Brandschutzes für bauliche Anlagen nach § 65 Abs. 3 S. 2** zu prüfen sind. Darüber hinaus sind die bautechnischen Nachweise nicht zu prüfen (§ 65 Abs. 2 S. 1 Hs. 2). Zu den in § 65 Abs. 3 S. 1 und 2 genannten baulichen Anlagen → § 65 Rn. 11 ff., 25 ff. § 69a Abs. 1 Nr. 3 aF, der die Anforderungen an den Entwurfsverfasser zusammenfasste (vgl. Schmaltz in GSSL NBauO, 8. Aufl. § 69a Rn. 29 ff.), ist ersatzlos entfallen. Regelungen an dieser Stelle erübrigen sich, weil sich die Anforderungen an den Entwurfsverfasser abschließend aus § 53 Abs. 3–8 ergeben (LT-Drs. 16/3195, 96). Die Anforderungen an eine Haftpflichtversicherung sind seit 2012 im durch die NBauO-Novelle 2017 etwas modifizierten Abs. 4 geregelt.

48 Mit dem Verzicht auf die Baugenehmigung kommen auf die Entwurfsverfasser erhöhte Risiken zu, weil ihre Entwürfe nicht mehr von der BauAB kontrolliert werden und sie dafür verantwortlich sind, dass der Entwurf für die Baumaßnahme dem öffentlichen Baurecht entspricht (§ 53 Abs. 1 S. 1; → § 53 Rn. 6 ff.). Verstöße hiergegen stellen eine Ordnungswidrigkeit dar (§ 80 Abs. 1 Nr. 7). Darüber hinaus schreibt Abs. 4 eine **ausreichende Haftpflichtversicherung** des Entwurfsverfassers vor, die gegen Haftpflichtgefahren versichert, die sich aus der Wahrnehmung dieser Tätigkeit ergeben (Abs. 4 Satz 1 Hs. 2). Die Deckungssumme richtet sich nach dem Umfang des Vorhabens.

Die **Versicherungswirtschaft bietet Berufshaftpflichtversicherungen** für Entwurfs- 49
verfasser an. Freischaffende Architekten sind nach § 4a Abs. 1 S. 2, Abs. 2 NArchtG verpflichtet, zur Absicherung beruflicher Haftungsrisiken eine ausreichende Berufshaftpflichtversicherung abzuschließen. Angestellte in Architekturbüros werden grundsätzlich in diese Berufshaftpflichtversicherung einbezogen. Auch für freie Mitarbeiter besteht diese Möglichkeit. Problematischer ist die Situation für Angestellte, deren Arbeitgeber – beispielsweise ein Bauunternehmen – über keine Berufshaftpflichtversicherung verfügt. In solchen Fällen kann der Angestellte auch keine eigene Berufshaftpflichtversicherung abschließen, weil diese gerade das Arbeitnehmerrisiko nicht abdeckt (Prause/Plankemann Deutsches Architektenblatt Heft 2/2013). Da die Haftpflichtversicherung den Bauherrn vor Schäden bewahren soll, die durch die Verlagerung der bauaufsichtlichen Kontrolle von der BauAB auf den Entwurfsverfasser eintreten können, geht der Zweck der Versicherung bei dem Entwurfsverfasser, der selbst Bauherr ist, ins Leere. Daher bestimmt Abs. 4 S. 6, dass die Vorschriften über die Haftpflichtversicherung der Entwurfsverfasser (Abs. 4 Sätze 1–5) nicht gelten, wenn der Bauherr den Entwurf selbst erstellt hat. Er sollte dies aber auch im Hinblick auf § 80 Abs. 1 Nr. 7 gegenüber der BauAB offen legen.

D. Verfahren

a) Einreichen von Unterlagen bei der Gemeinde (Abs. 3)

Vor der Durchführung der Baumaßnahme hat der Bauherr bzw. der von ihm bevollmäch- 50
tigte Entwurfsverfasser über die beabsichtige Baumaßnahme eine vom Bauherrn **unterschriebene schriftliche Mitteilung, der die Bauvorlagen**, ausgenommen die bautechnischen Nachweise, **beizufügen sind**, bei der Gemeinde einzureichen (Abs. 3 S. 1). Die Bauvorlagen müssen vom Entwurfsverfasser mit Tagesangabe unterschrieben sein (Abs. 4 S. 1 und 7 iVm § 67 Abs. 3 S. 2). Die Pflicht zur Einreichung der in § 69a Abs. 3 aF noch geforderten Erklärungen ist entfallen (→ Rn. 3). In Abs. 3 S. 3 ist geregelt, wie die **Prüfung der** nach § 65 Abs. 2 prüfpflichtigen **bautechnischen Nachweise** veranlasst werden kann. Diese können zusammen mit den Bauvorlagen bei der Gemeinde eingereicht oder – zeitlich unabhängig von der Einreichung des Entwurfs – gesondert der BauAB zur Prüfung zugeleitet werden. Bei einer Baumaßnahme nach § 65 Abs. 3 sind dies die Nachweise über die Standsicherheit und den Brandschutz und, soweit die Eignung der Rettungswege zu prüfen ist, die dafür erforderlichen Unterlagen (→ Rn. 46 f.). Mit dem RdErl. d. MU v. 20.8.2019 (Nds. MBl. S. 1252) hat das MU **Vordrucke für Durchführung** des § 60 Abs. 3 und der §§ 62, 63, 64, 66 und 73 NBauO in Form von Anzeigen, Mitteilungen und Antragsvordrucken bekannt gegeben.

Durch Einreichung der nach Abs. 3 S. 1 geforderten Unterlagen bei der Gemeinde ist die 51
Baumaßnahme noch nicht freigegeben. Mit ihr darf erst begonnen werden, wenn dem Bauherrn die **Bestätigung der Gemeinde** nach Abs. 2 Nr. 3 und, soweit erforderlich, die Bestätigung nach Abs. 2 Nr. 4 über die Eignung der Rettungswege vorliegen (Abs. 8 S. 1). Eine Baumaßnahme nach § 65 Abs. 3 darf nach Abs. 8 S. 2 erst begonnen werden, wenn dem Bauherrn auch die Bestätigung der Nachweise der Standsicherheit und des Brandschutzes vorliegt. Eine Frist für die bauaufsichtliche Bestätigung der Nachweise – vergleichbar mit den Fristen für die Bestätigung der Gemeinde in Abs. 5 – sieht das Gesetz nicht vor. Es liegt in der Verantwortung des Bauherrn oder des von ihm bevollmächtigten Entwurfsverfassers, die nach § 65 Abs. 2 S. 1 erforderlichen Nachweise rechtzeitig zur Prüfung vorzulegen und dabei eine ihrem Umfang entsprechende Prüfungsdauer zu berücksichtigen (LT-Drs. 16/3195, 97).

52 **Abs. 3 S. 2** enthält eine **Hinweispflicht des Bauherrn, wenn die Baumaßnahme ein Lager für Abfälle** mit einer Gesamtmenge von mehr als 15 t oder mehr als 15 m^3 **betrifft**. In der Mitteilung nach Abs. 3 S. 1 hat der Bauherr hierauf besonders hinzuweisen (→ Rn. 50). Nach dem Gesetzentwurf bestehen bei der Lagerung von Abfällen typischerweise besondere Gefährdungen für die Allgemeinheit, die durch den niedrigen oder negativen Marktwert der gelagerten Materialien sowie deren Schadstoffbelastung und Heterogenität bedingt sind. Abfalllager bedürfen daher aufgrund ihrer speziellen Eigenschaften der Möglichkeit einer frühzeitigen Intervention der zuständigen Behörden. Die Anzeige begründet eine besondere Aufsichtspflicht der BauAB dahingehend, dass die einschlägigen Anforderungen des öffentlichen Baurechts an die Lagerung von Abfällen auch in der Betriebsphase eingehalten werden. Dies gilt auch hinsichtlich der Menge der abgelagerten Abfälle, welche im Fall einer solchen Anzeige die Schwelle für den Eintritt einer Genehmigungspflicht nach anderen Vorschriften nicht überschreiten darf (LT-Drs. 16/3195, 97).

53 Dass die Lagerung von Abfällen nicht unerhebliche Gefahren in sich birgt, ist nachvollziehbar. Weshalb die vom Gesetzgeber normierte Hinweispflicht erst bei einer Gesamtmenge von mehr als 15 t oder mehr als 15 m^3 einsetzen soll, ist schwerlich nachvollziehbar. Auch wesentlich geringere Abfallmengen können schadstoffbelastet sein und ein nicht unerhebliches Gefahrenpotential aufweisen. Das Gefahrenpotential besteht unabhängig von der Lagerkapazität.

54 **Beginnt der Bauherr mit der Baumaßnahme, bevor er die Unterlagen nach Abs. 3 bei der Gemeinde eingereicht hat**, begeht er nicht nur eine Ordnungswidrigkeit nach § 80 Abs. 1 Nr. 12, sondern baut auch formell illegal, so dass die BauAB berechtigt ist, die Bauarbeiten stillzulegen (→ § 79 Rn. 15 und 27). Der Bauherr verliert aber nicht die Möglichkeit, von § 62 Gebrauch zu machen, wenn er mit der Ausführung beginnt, bevor er die Unterlagen bei der Gemeinde eingereicht hat (Gnatzy (zit. → Rn. 2), S. 304 f.). § 62 Abs. 3 setzt zwar voraus, dass der Bauherr die Unterlagen vor der Durchführung der Baumaßnahme einreicht; dabei handelt es sich aber nur um eine Voraussetzung für den Baubeginn und nicht um eine Anwendungsvoraussetzung, die in § 62 Abs. 1 und 2 abschließend aufgezählt sind.

b) Handlungsalternativen der Gemeinde (Abs. 5 und 6)

55 Wenn der Bauherr die unterschriebene schriftliche Mitteilung und die Bauvorlagen (Abs. 3 S. 1), evtl. mit den Nachweisen und Unterlagen nach Abs. 3 S. 3, bei der Gemeinde eingereicht hat, muss die Gemeinde innerhalb eines Monats gegenüber dem Bauherrn reagieren (Abs. 5 S. 1 und 3). **Folgende Reaktionen sind möglich:**

aa) die Gemeinde bestätigt dem Bauherrn, dass die Erschließung gesichert ist und sie die vorläufige Untersagung nicht beantragen will (Abs. 5 S. 1), und legt, wenn sie nicht selbst die Aufgaben der BauAB wahrnimmt, der BauAB unverzüglich die Unterlagen nach Abs. 3 zusammen mit einer Ausfertigung ihrer Bestätigung nach Abs. 2 Nr. 3 vor (Abs. 6 Hs. 1),

bb) die Gemeinde teilt dem Bauherrn binnen Monatsfrist mit, dass die Erschließung nicht gesichert ist, und gibt ihm die Unterlagen zurück (Abs. 5 S. 3 Hs. 2),

cc) die Gemeinde teilt dem Bauherrn mit, dass sie die vorläufige Untersagung nach § 15 Abs. 1 S. 2 BauGB beantragt, und legt, wenn sie nicht selbst die Aufgaben der BauAB wahrnimmt, der BauAB unverzüglich die Unterlagen mit ihrem Antrag vor (Abs. 5 S. 3 Hs. 1; Abs. 6 Hs. 2).

Die Gemeinde muss nach Abs. 5 S. 2 nur die Erschließung des Vorhabens prüfen (→ Rn. 39 ff.) und die Frage klären, ob sie die vorläufige Untersagung beantragen will (→ Rn. 43 f.). Für die Entscheidung über die vorläufige Untersagung muss die Gemeinde sich allerdings die Bauvorlagen und die Auswirkungen der Baumaßnahme auf das Plangebiet ansehen. Dabei können der Gemeinde auch sonstige Verstöße des Entwurfs gegen das öffentliche Baurecht auffallen. Diese können der Gemeinde Anlass zu einer weiteren Reaktion geben:

dd) die Gemeinde stellt zwar die Bestätigung nach Abs. 2 Nr. 3 aus, aber weist den Bauherrn auf den Verstoß gegen öffentliches Baurecht hin und benachrichtigt die BauAB davon, soweit sie diese Funktion nicht selbst ausübt.

§ 62 Abs. 5 S. 1 und 3 räumt der Gemeinde eine **Frist von einem Monat** zur Ausstellung der Bestätigung nach Abs. 2 Nr. 3 bzw. zur Mitteilung ein, dass eine der Voraussetzungen des Abs. 2 Nr. 3 nicht vorliegt. Für die Berechnung der Frist gelten nach § 1 NVwVfG iVm § 31 VwVfG die §§ 187 f. BGB: gehen die Unterlagen am 5. eines Monats bei der Gemeinde ein, muss die Bestätigung spätestens am 5. des Folgemonats ausgestellt werden (§ 188 Abs. 2 BGB). **56**

Die Entscheidung der Gemeinde stellt idR ein **Geschäft der laufenden Verwaltung** dar, für das der Bürgermeister zuständig ist. Allerdings fällt der Beschluss über die Änderung des B-Plans, der Voraussetzung der vorläufigen Untersagung ist, in die Zuständigkeit des Hauptausschusses (§ 76 Abs. 2 NKomVG) oder der Vertretung (§ 58 Abs. 3 NKomVG). Im Vorfeld eines solchen Beschlusses kann daher auch der Antrag auf vorläufige Untersagung zu einer Befassung des Hauptausschusses oder der Vertretung Anlass geben. **57**

Zu aa) Die Gemeinde hat nach Abs. 5 S. 1 dem Bauherrn innerhalb eines Monats nach Eingang der Unterlagen nach Abs. 3 die Bestätigung nach Abs. 2 Nr. 3 auszustellen, wenn die Erschließung iSd § 30 BauGB gesichert ist und wenn die Gemeinde die vorläufige Untersagung nach § 15 Abs. 1 S. 2 BauGB nicht beantragen will. Der Bauherr ist auf diese Bestätigung angewiesen, weil er nach Abs. 8 erst dann mit der Baumaßnahme beginnen darf, wenn ihm die Bestätigung vorliegt. Unzweckmäßig ist, dass bei der Gemeinde, die nicht BauAB ist, nicht ein Satz der Bauvorlagen verbleibt, so dass die Gemeinde auf das Kopieren der Bauvorlagen angewiesen ist, wenn sie vollständige Unterlagen über die freigestellten Baumaßnahmen haben will. **Unvollständige Unterlagen** des Bauherrn nach Abs. 3 setzen die Monatsfrist dann nicht in Lauf, wenn die Gemeinde aufgrund der eingereichten Unterlagen die Erschließung iSd § 30 BauGB nicht bestätigen oder nicht entscheiden kann, ob sie einen Antrag auf vorläufige Untersagung stellen will. In Anlehnung an das Urteil des BVerwG vom 16.9.2004 (– 4 C 7.03, BauR 2005, 509) wird man von der Gemeinde jedoch verlangen müssen, dass sie gegenüber dem Bauherrn auf Vervollständigung der Bauvorlagen dringt. Sie kann sich auf das Fehlen einzelner Unterlagen also nur berufen, wenn sie zur Beurteilung erforderlich sind und der Bauherr einer gezielten Anforderung nicht nachgekommen ist. **58**

Die **Weitergabe der Unterlagen** nach Abs. 3 und der Bestätigung nach Abs. 2 Nr. 3 an die BauAB müssen durch die Gemeinde seit der NBauO 2012 **unverzüglich** erfolgen (Abs. 6). Zwar sind Kontrollen ungenehmigten Bauens wegen des Personalabbaues bei den BauABen selten geworden, aber die BauAB muss doch über das Freistellungsverfahren unterrichtet sein, damit sie nicht unnütze Nachforschungen wegen ungenehmigten Bauens aufnimmt und bei etwaigen Nachbarbeschwerden über die Bauvorlagen verfügt. **59**

Zu bb) Ist die **Erschließung** iSd § 30 BauGB **nicht gesichert**, hat die Gemeinde dies dem Bauherrn innerhalb der Monatsfrist mitzuteilen und gleichzeitig die vorgelegten Unterlagen zurückzugeben (Abs. 5 S. 3). Die mit der Gemeinde nicht identische BauAB wird in diesen Fällen nicht unterrichtet. Wenn der Bauherr einen Bauantrag stellt, ist dieser bei der Gemeinde einzureichen (§ 67 Abs. 1), die dann ihre Stellungnahme zur Erschließungssituation der BauAB unterbreitet. Zum Rechtsschutz des Bauherrn gegen die Verweigerung der Bestätigung nach Abs. 2 Nr. 3 → Rn. 45. **60**

Zu cc) Will die Gemeinde die **vorläufige Untersagung** des Vorhabens nach § 15 Abs. 1 S. 2 BauGB beantragen, hat sie dies dem Bauherrn nach Abs. 5 S. 3 innerhalb der Monatsfrist mitzuteilen (zu den Voraussetzungen → Rn. 43 f.). Außerdem hat die Gemeinde, wenn sie nicht selbst die Aufgaben der BauAB wahrnimmt, nach Abs. 6 die **Unterlagen** **61**

nach Abs. 3 unverzüglich zusammen mit ihrem Antrag nach § 15 Abs. 1 S. 2 BauGB der BauAB **vorzulegen**.

62 § 62 Abs. 6 schreibt der Gemeinde seit der NBauO 2012 vor, dass sie ihren **Untersagungsantrag zusammen mit den Unterlagen** nach Abs. 3 **unverzüglich der BauAB vorzulegen** hat. Die Frist zur unverzüglichen Vorlage beginnt mit Ablauf der Monatsfrist, weil die Gemeinde die in → Rn. 56 beispielhaft umschriebene Monatsfrist in vollem Umfang ausnutzen darf, um intern eine Entscheidung darüber herbeizuführen, ob sie die vorläufige Untersagung nach § 15 Abs. 1 S. 2 BauGB beantragen will. Nach Ablauf der Monatsfrist nach Abs. 5 muss sie aber unverzüglich iSd Abs. 6 handeln. Über den Antrag auf vorläufige Untersagung hat die BauAB innerhalb von zwei Wochen nach Eingang des vollständigen Antrages zu entscheiden (Abs. 7).

63 Allerdings wird man der **Gemeinde zubilligen** müssen, dass sie bei der BauAB ggf. **den Beschluss über die Änderung des B-Plans** oder dessen Bekanntmachung **nachreicht**, wenn erst das Vorhaben, das Gegenstand des Freistellungsverfahrens ist, Anlass zu einer Änderung des B-Plans gab. Denn in solchen Fällen wäre die Monatsfrist für die Gemeinde zu knapp bemessen, um eine konkretisierte Planung mit allen Formalien auf den Weg zu bringen. Allerdings muss auch in diesen Fällen beachtet werden, dass der BauAB noch Zeit bleiben muss, innerhalb der ihr eingeräumten Zwei-Wochen-Frist die Unterlagen zu prüfen und über den Antrag auf vorläufige Untersagung zu entscheiden.

64 **Zu dd)** Nach Abs. 5 S. 2 besteht **keine** über die Frage der Erschließung iSd § 30 BauGB und der vorläufigen Untersagung hinausgehende **Prüfpflicht für die Gemeinde**. Die negative Formulierung macht deutlich, dass die Gemeinde berechtigt ist, mehr als die Erschließung und die Frage der vorläufigen Untersagung zu prüfen. Allerdings wird sich die Gemeinde schon aus Kostengründen auf eine überschlägige Durchsicht des Entwurfs auf die Vereinbarkeit mit dem B-Plan und etwaigen örtlichen Bauvorschriften bzw. auf Stichproben beschränken. Entdeckt die Gemeinde, die nicht selbst BauAB ist, sonstige Verstöße gegen das öffentliche Baurecht, teilt sie diese der BauAB mit, damit diese Maßnahmen nach § 79 einleiten kann.

c) Aufgaben der BauAB

65 Hat die Gemeinde die **Bestätigung nach Abs. 2 Nr. 3** erteilt und die Unterlagen der BauAB mit einer Ausfertigung ihrer Bestätigung vorgelegt (→ Rn. 58), bleibt der BauAB nur die Aufgabe, die Unterlagen zu archivieren. Eine Prüfpflicht der BauAB besteht nicht. Die BauAB kann aber Stichproben machen und Entwürfe auf ihre Vereinbarkeit mit dem öffentlichen Baurecht prüfen. Denn die NBauO 2012 nimmt genehmigungsfreie Baumaßnahmen von der Bauüberwachung nicht aus (→ § 76 Rn. 4 f.). Eine gesonderte Prüfung der Vollständigkeit der eingereichten Unterlagen findet nicht statt, sie käme idR auch zu spät, weil der Bauherr nach Abs. 8 bereits mit dem Bau beginnen darf, sobald ihm die Bestätigung der Gemeinde nach Abs. 2 Nr. 3 und, soweit erforderlich, die Bestätigung nach Abs. 2 S. 4 über die Eignung der Rettungswege vorliegen. Bis Ende 2011 hatte die BauAB das jeweils zuständige Finanzamt über beabsichtigte Baumaßnahmen nach § 69a aF zu unterrichten (RdErl. d. MS v. 18.11.2004 – Nds. MBl. 2005 S. 11).

66 Beantragt die Gemeinde die **vorläufige Untersagung** nach § 15 Abs. 1 S. 2 BauGB (→ Rn. 61 f.), hat die BauAB nach Abs. 7 innerhalb von zwei Wochen nach Eingang des vollständigen Antrages zu entscheiden. Formelle Voraussetzung für eine vorläufige Untersagung ist, dass die Gemeinde beschlossen hat, den B-Plan zu ändern oder aufzuheben, die Planung hinreichend konkretisiert ist und der Aufstellungsbeschluss öffentlich bekannt gemacht ist. In der Sache hängt die vorläufige Untersagung davon ab, ob das freigestellte Vorhaben die Durchführung der (Änderungs-)Planung unmöglich machen oder wesentlich erschweren würde (vgl. dazu die Kommentierungen zu § 15 BauGB).

Wenn die Gemeinde auf **Verstöße des Entwurfs gegen das öffentliche Baurecht** hingewiesen hat, muss die BauAB dem in aller Regel nachgehen und ggf. Maßnahmen nach § 79 anordnen. Auch wenn eine Prüfpflicht der BauAB nicht besteht, folgt daraus keine Einschränkung der allgemeinen präventiven Bauüberwachung. Es kommt hinzu, dass ein Verstoß der Bauvorlagen und damit der Baumaßnahme gegen das öffentliche Baurecht eine Prüfung insgesamt rechtfertigt. Maßnahmen nach § 79 sind in diesen Fällen auch deshalb wichtig, um dem Bauherrn und dem Entwurfsverfasser deutlich zu machen, dass Verstöße gegen das öffentliche Baurecht nicht – oder jedenfalls nicht immer – „durchgehen“. 67

d) Rechtswirkungen des Verfahrens

Das **Freistellungsverfahren erschöpft sich darin, dass der Bauherr** nach dem Einreichen der erforderlichen Unterlagen nach Abs. 3 und dem Vorliegen der Bestätigung nach Abs. 2 Nr. 3 und, soweit erforderlich, der Bestätigung über die Eignung der Rettungswege **mit dem Bau beginnen darf**. Die Freigabe des Baues gilt nur für Vorhaben, die dem B-Plan nicht widersprechen, weil die Genehmigungsfreiheit nach Abs. 2 Nr. 1 nur für plankonforme Vorhaben gilt. Eine der Baugenehmigung vergleichbare Genehmigungswirkung oder auch nur eine ähnliche Rechtswirkung ist mit der Durchführung des in Abs. 3 vorgeschriebenen Verfahrens nicht verbunden (VGH München 12.9.2013 – 14 CE 13.928, BeckRS 2013, 56187 Rn. 11). Da nur der vom Bauherrn bestellte Entwurfsverfasser, ggf. der Bauherr selbst (Abs. 4 S. 6; § 52 Abs. 1), dafür Sorge tragen, dass der Entwurf dem öffentlichen Baurecht entspricht (§ 53 Abs. 1 und 2), und weder die Gemeinde noch die BauAB die Bauvorlagen selbst vor der Durchführung der Baumaßnahme auf ihre Vereinbarkeit mit dem öffentlichen Baurecht überprüfen, enthält die **Durchführung des Verfahrens** nach Abs. 3 insbesondere **keine Feststellung, dass das Vorhaben dem öffentlichen Baurecht entspricht**. Die Durchführung des Verfahrens nach § 62 bietet folglich keine Sicherheit bei umstrittenen Fragen. 68

Die **BauAB** ist nicht nur nicht gehindert, sondern **nach Maßgabe der §§ 58 Abs. 1, 79 verpflichtet einzuschreiten**, wenn sie Verstöße gegen das öffentliche Baurecht entdeckt. Das gilt im Grundsatz auch für die Fälle, in denen ein rechtswidriges Vorhaben nach der Verwaltungspraxis der BauAB genehmigt worden wäre und die Rechtslage später zB durch eine Entscheidung des OVG's geklärt wird. Das Vertrauen des Bauherrn auf die Rechtmäßigkeit der Verwaltungspraxis kann aber schutzwürdig sein und im Rahmen der Ermessensentscheidung nach § 79 von Bedeutung sein. Mit der Entgegennahme der Unterlagen nach Abs. 3 trägt die BauAB nicht zu einem Vertrauen des Bauherrn bei, das ihr Ermessen zum Einschreiten einschränken könnte. 69

Die mit einer Baugenehmigung verbundene Feststellung der Vereinbarkeit des Vorhabens mit dem öffentlichen Baurecht, die dem Bauherrn für die Geltungsdauer der Baugenehmigung erlaubt, unabhängig von etwaigen Rechtsänderungen das genehmigte Vorhaben auszuführen, kann nicht auf das „Freistellungsverfahren“ des § 62 übertragen werden. Deshalb können **Rechtsänderungen nach dem Einreichen der Unterlagen**, aber vor der Durchführung der Baumaßnahme, **die Zulässigkeit des Vorhabens berühren**: Wird der B-Plan, dem das „eingereichte“ Vorhaben entspricht, vor dessen Ausführung so geändert, dass das Vorhaben dem geänderten Plan widerspricht, darf es nicht mehr ausgeführt werden. Die in Abs. 8 S. 3 geregelte Geltungsdauer des Freistellungsverfahrens ändert an der Beachtlichkeit von Rechtsänderungen nichts, weil sie die Feststellung der Vereinbarkeit des Vorhabens mit dem öffentlichen Baurecht nicht ersetzt. Das bestätigt auch Abs. 11 S. 2, der eine Erklärung des B-Plans für unwirksam nach der Durchführung der Baumaßnahme für folgenlos erklärt. Diese Regelung wäre überflüssig, wenn die „Geltungsdauer“ des Freistellungsverfahrens iS einer Feststellung der Vereinbarkeit des Vorhabens mit dem öffentlichen Baurecht zu deuten wäre. 70

Da ein „Bestandsschutz“ iS eines schutzwürdigen Vertrauens auf die Rechtmäßigkeit der mit dem Bau getätigten Investition idR erst mit der Errichtung eines Vorhabens im 71

Einklang mit dem öffentlichen Baurecht begründet wird und B-Pläne keine Überleitungsvorschriften für im Bau befindliche Vorhaben enthalten, kann der **Bauherr erst mit der Vollendung des Bauwerks darauf vertrauen**, **dass nicht eine Rechtsänderung das** im Einklang mit dem öffentlichen Baurecht begonnene **Vorhaben unzulässig werden lässt**. Wird der B-Plan, dem die eingereichten Bauvorlagen nicht widersprechen, vor dessen Ausführung so geändert, dass die Baumaßnahme dem geänderten Plan widerspricht, darf es nicht mehr ausgeführt werden. Dagegen räumt § 14 Abs. 3 BauGB dem Bauherrn im Freistellungsverfahren einen weitergehenden Vertrauensschutz ein. „Vorhaben, von denen die Gemeinde nach Maßgabe des Bauordnungsrechts Kenntnis erlangt hat, und mit deren Ausführung vor dem Inkrafttreten der Veränderungssperre hätte begonnen werden dürfen", und die von der Veränderungssperre nicht berührt werden, sind auch Vorhaben nach § 62, für die die Gemeinde eine Bestätigung nach Abs. 2 Nr. 3 ausgestellt hat. Wenn ein begonnenes Bauwerk durch eine Rechtsänderung unzulässig wird, muss die BauAB die Interessenlage allerdings sorgfältig prüfen, bevor sie einschreitet. Je weiter der Bau fortgeschritten ist, desto eher erscheint eine Stilllegung der Bauarbeiten als schwer zumutbare Härte. Ein weiteres Kriterium kann die Frage sein, ob die Rechtsänderung für den Bauherrn vorhersehbar war.

72 Wird der B-Plan, dem das „eingereichte" Vorhaben entspricht, so geändert, dass das Vorhaben überhaupt nicht mehr zulässig ist, kann der Bauherr zwar nach § 39 BauGB eine angemessene Entschädigung verlangen, soweit Aufwendungen durch die Änderung des B-Plans an Wert verlieren. Dagegen hat der Bauherr, der nach Einreichen der Unterlagen ordnungsgemäß mit dem Bau begonnen hat, **keinen Anspruch auf Schadensersatz oder Entschädigung für nutzlose Bauarbeiten**, wenn er den Bau wegen der Änderung des B-Plans nicht zu Ende führen darf (vgl. Gnatzy (zit. → Rn. 2), S. 438 ff.). § 39 BauGB gewährt nur eine Entschädigung für Vorbereitungskosten, § 42 betrifft nur die Entschädigung für die Bodenwertminderung und nicht für vergebliche Bauarbeiten.

73 In Anlehnung an § 71 bestimmt § 62 Abs. 8 S. 3 den **Zeitraum, in dem das Vorhaben ausgeführt werden darf**. Diese Regelung ist zweckmäßig, auch wenn Rechtsänderungen, anders als bei der Baugenehmigung, nicht erst nach Ablauf der Geltungsdauer bzw. bei einer Verlängerung der Geltungsdauer zum Tragen kommen, sondern bis zur Vollendung der Baumaßnahme zur Unzulässigkeit führen können. Mit dem Zeitablauf verändert sich die Verlässlichkeit, dass der Entwurf dem öffentlichen Baurecht entspricht. Mit Abs. 8 S. 3 ist eine präzise zeitliche Grenze gezogen, die Gemeinde und BauAB die Unsicherheit abnimmt, wie lange ein Freistellungsverfahren sonst den Bau freigibt. Nach Ablauf des Zeitraums muss der Bauherr einen nicht unerheblichen Aufwand betreiben – es gilt die Anforderungen nach den Absätzen 3 und 5–7 sowie Abs. 8 Sätze 1 und 2 erneut zu erfüllen –, damit mit der Durchführung der Baumaßnahme begonnen oder sie fortgesetzt werden darf. In den Fällen, in denen der Bauherr vorab erkennt, dass es alsbald nicht zur Ausführung der Baumaßnahme kommt, ist ihm anzuraten, das vereinfachte Baugenehmigungsverfahren durchzuführen (Abs. 10), um gegen Rechtsänderungen gefeit zu sein, die die Zulässigkeit der Baumaßnahme berühren (→ Rn. 70).

e) Durchführung der Baumaßnahme (Abs. 9)

74 § 62 Abs. 9 S. 1 schreibt ausdrücklich vor, dass die **Durchführung der Baumaßnahme von den Bauvorlagen nicht abweichen** darf. § 80 Abs. 1 Nr. 15 sanktioniert das Verbot als Ordnungswidrigkeit mit einer Geldbuße. Es genügt nicht, wenn der Entwurf vor Durchführung der abweichenden Arbeiten vom Entwurfsverfasser fortgeschrieben worden ist; vielmehr muss für die Abweichung auch die Bestätigung der Gemeinde nach Abs. 2 Nr. 3 vorliegen. Für genehmigungspflichtige Bauvorhaben legt § 72 Abs. 1 S. 2 Entsprechendes fest, freilich vor dem Hintergrund, dass nur gebaut werden darf, was genehmigt worden ist. Für genehmigungsfreie bauliche Anlagen versteht sich die Regelung des Abs. 9 nicht von selbst: Sie soll Abweichungen bei der Ausführung der Baumaßnahme der bewussten Kontrolle des Entwurfsverfassers oder des Bauherrn (Abs. 4 Satz 6) unterwerfen, dass der Entwurf für die Baumaßnahme dem öffentlichen Baurecht entspricht.

Die **Bauvorlagen einschließlich der bautechnischen Nachweise müssen** nach Abs. 9 S. 2 während der Durchführung der Baumaßnahme **an der Baustelle vorgelegt werden können**. Das gilt auch für Bestätigungen über die Eignung der Rettungswege nach Abs. 2 Nr. 4 (Abs. 9 S. 3). Dies entspricht § 72 Abs. 1 S. 3 und 4 für genehmigte Baumaßnahmen. Nach § 76 überwacht die BauAB seit der NBauO 2012 auch die genehmigungsfreien Baumaßnahmen (→ Rn. 6), falls ihr hierfür genügend Personal zur Verfügung steht. Auf Verstöße gegen das öffentliche Baurecht wird die BauAB idR nur durch Hinweise von Nachbarn, Gemeinden oder durch Zufall aufmerksam werden. In dichter besiedelten Gebieten nehmen die Nachbarn bislang schon mittelbar Aufgaben der BauAB wahr. Das erscheint wenig sachgerecht, weil Bauherr und Entwurfsverfasser, die von § 62 Gebrauch machen, in der Praxis kaum sorgfältiger arbeiten als andere (→ Rn. 1). Allerdings haben die Bauherren einer nicht verfahrensfreien Baumaßnahme im Gegensatz zu § 57 Abs. 2 aF nunmehr einen Entwurfsverfasser zur Vorbereitung, Überwachung und Ausführung der Baumaßnahme zu bestellen (vgl. § 52 Abs. 2 S. 1). Nach altem Recht bestand die Gefahr, dass die Bauherren die Entwurfsverfasser häufig nur im unabdingbar notwendigen Umfang beauftragt haben, dh bis zur Abgabe der Erklärung nach § 69a Abs. 3 Nr. 2 (vgl. LT-Drs. 14/851, 7), mit der Folge, dass nicht einmal eine qualifizierte Person die Durchführung der Baumaßnahme überwachte. 75

f) Zulässigkeit eines Baugenehmigungsverfahrens (Abs. 10)

Anders als die MBauO 2002 und Art. 58 BayBO räumt § 62 Abs. 10 dem Bauherrn das Recht ein, abweichend von Absatz 1 **die Durchführung eines vereinfachten Baugenehmigungsverfahrens nach § 63 zu verlangen**. Der Bauherr kann ein Interesse an der Baugenehmigung haben, die als Feststellung der BauAB, dass das genehmigte Vorhaben mit dem öffentlichen Baurecht vereinbar ist (→ § 70 Rn. 5) den Bau anders sichert als der Entwurf des Entwurfsverfassers (→ Rn. 70). Schließlich kann der Bauherr auch im Hinblick auf Nachbarstreitigkeiten ein Interesse an einer Baugenehmigung haben. Wird die Baugenehmigung dem Nachbarn auf Antrag des Bauherrn mit Rechtsbehelfsbelehrung zugestellt, kann der Nachbar nur binnen eines Monats Widerspruch erheben. Wird die Baugenehmigung unanfechtbar, können weder die BauAB noch der Nachbar in Zweifel ziehen, dass das Vorhaben dem öffentlichen Baurecht nicht widerspricht, soweit das öffentliche Baurecht im vereinfachten Baugenehmigungsverfahren nach § 63 Abs. 1 S. 2 geprüft wird. Zum Nachbarschutz gegen freigestellte Vorhaben → Rn. 85 ff. 76

g) Andere Freistellungen vom Genehmigungsvorbehalt und andere Genehmigungsvorbehalte (Abs. 11 S. 1)

§ 62 Abs. 11 S. 1 stellt klar, dass die Vorschrift nicht auf Baumaßnahmen anzuwenden ist, die nach anderen Vorschriften keiner Baugenehmigung bedürfen. Angesichts der zahlreichen Voraussetzungen der Genehmigungsfreiheit nach § 62 ist es sachgerecht, dass **andere Vorschriften vorgehen, die eine uneingeschränkte Genehmigungs- oder Verfahrensfreiheit vorsehen**. So ist die Umnutzung von Räumen im Dachgeschoss eines Wohngebäudes mit nur einer Wohnung in Aufenthaltsräume, die zu dieser Wohnung gehören, nach § 60 Abs. 2 Nr. 2 genehmigungsfrei und bedarf keines Verfahrens nach § 62. Ebenso enthält der Anhang zu § 60 zahlreiche Baumaßnahmen, die auch unter § 62 fallen können, aber nach § 60 voraussetzungslos verfahrensfrei sind. 77

Auch ohne ausdrückliche Regelung gilt, dass die Genehmigungsfreistellung nach § 62 **Genehmigungsvorbehalte in anderen Vorschriften unberührt** lässt. Denn jene Vorschriften sind jeweils auf die durch das Fachrecht zu wahrenden Belange ausgerichtet. Nach Auffassung des Gesetzgebers wahrt das Freistellungsverfahren nach § 62 durch 78 die vielfältigen Voraussetzungen die städtebaulichen und bauordnungsrechtlichen Belange. Ob denkmalschutzrechtliche und naturschutzrechtliche Belange ein Genehmigungsverfahren erfordern, bleibt folglich dem NDSchG bzw. dem BNatSchG iVm dem NAGBNatSchG vorbehalten. Auf die **Genehmigungsvorbehalte nach §§ 51 Abs. 1 S. 1 Nr. 3, 109 Abs. 1, 144 Abs. 1 Nr. 1 BauGB, § 10 NDSchG, § 67 BNatSchG iVm § 41 NAGBNatSchG, §§ 14, 16 NDG** ist hinzuweisen.

E. Unwirksamkeit des Bebauungsplans (Abs. 11 S. 2)

79 Da die Freistellung vom Genehmigungsvorbehalt nach § 62 nur im Rahmen qualifizierter B-Pläne gilt, hat der niedersächsische Gesetzgeber – ebenso § 63 Abs. 7 BauO NRW – zu Recht eine Regelung für den nicht ganz seltenen Fall getroffen, dass **der B-Plan nach Durchführung der genehmigungsfreien Baumaßnahme für unwirksam erklärt wird**. Die „Feststellung" der Unwirksamkeit eines B-Plans kann sich nur auf die Entscheidung des OVG im Normenkontrollverfahren nach § 47 Abs. 5 VwGO beziehen, weil weder die Gemeinde noch die Genehmigungsbehörde befugt sind, eine derartige Feststellung auszusprechen (vgl. BVerwG 21.11.1986 – 4 C 22.83, DVBl 1987, 481 ff.). Die Erklärung der Unwirksamkeit im Normenkontrollverfahren wirkt grundsätzlich auf den Zeitpunkt des Erlasses des B-Plans zurück (Kopp/Schenke § 47 Rn. 144). Die Rückwirkung lässt zwar unanfechtbare Verwaltungsakte unberührt, so dass Baugenehmigungen auf der Grundlage eines für unwirksam erklärten B-Plans nicht wirkungslos werden. Das im Rahmen des § 62 einzuhaltende Verfahren führt aber weder zu einem genehmigungsähnlichen Akt der BauAB noch zu einer Fiktion einer Baugenehmigung (→ Rn. 70). Damit entfallen mit der Feststellung der Unwirksamkeit oder Nichtigkeit des B-Plans die Voraussetzungen für die Genehmigungsfreiheit. Diesen Folgen begegnet **Abs. 11 S. 2**, indem er eine solche Feststellung nach der Durchführung der Baumaßnahme für folgenlos erklärt.

80 Der Gesetzgeber hat in § 62 Abs. 11 S. 2 ohne Angabe von Gründen daran festgehalten, dass die **Unwirksamkeit oder** die **Nichtigkeit des B-Plans** festgestellt werden kann. Bereits in der 8. Auflage (Schmaltz in GSSL NBauO, 8. Aufl. § 69a Rn. 61) ist darauf hingewiesen worden, dass Zweifel am Sinn dieser Unterscheidung (vgl. Bericht der unabhängigen Expertenkommission, 2002, Rn. 147 ff.) den Gesetzgeber veranlasst haben, mit dem EAG-Bau § 215a BauGB zu streichen und die Feststellung im Normenkontrollverfahren auf die Unwirksamkeitserklärung zu konzentrieren (vgl. § 47 Abs. 5 VwGO idF des EAG-Bau). Die Nichtigkeitsfeststellung des B-Plans hat sich damit erledigt (vgl. Kopp/Schenke § 47 Rn. 120).

81 Umstritten ist die Reichweite der Vorschrift (vgl. OVG Münster 30.5.1996 – 10a B 1073/96. NE, BRS 58 Nr. 51 zu der ähnlichen Regelung des § 67 Abs. 1 Satz. 3 BauO NRW 1995). Der Annahme, § 62 Abs. 11 S. 2 fingiere die materielle Legalität des Vorhabens, steht nicht nur der Wortlaut der Vorschrift entgegen, sondern auch die mangelnde Kompetenz des Landesgesetzgebers, die Unbeachtlichkeit von Mängeln eines B-Plans abweichend von §§ 214 ff. BauGB zu regeln. Jäde (UPR 1996, 14 f.) hält einen Verzicht auf die Baugenehmigung nur dann für zulässig, wenn das Vorhaben auch nach §§ 34, 35 BauGB materiell legal wäre. Der **Landesgesetzgeber ist** aber nicht nur **befugt**, mit der Baugenehmigung die formelle Legalität eines Vorhabens auszusprechen und den Durchgriff auf die materielle Rechtslage und damit auch auf das bundesrechtliche Planungsrecht zu sperren, sondern auch im Genehmigungsfreistellungsverfahren eine **reduzierte formelle Legalität vorzusehen**, die ein Einschreiten der BauAB wegen der Nichtigkeit des B-Plans ausschließt (vgl. Gnatzy (zit. → Rn. 2), S. 487 ff.).

82 Allerdings muss auch eine **„Rücknahme" dieser begrenzten Legalität möglich** sein (Gnatzy (zit. → Rn. 2), S. 489; Jäde WiVerw 2005, 1 (22)), etwa wenn der B-Plan aus materiellen Gründen, etwa wegen des Nebeneinanders unverträglicher Nutzungen, „unheilbar" nichtig ist und der Nachbar, der im Normenkontrollverfahren die Feststellung der

Unwirksamkeit des B-Planes erreicht hat, einen Anspruch auf Einschreiten der BauAB hat. In gleicher Weise muss der BauAB ein Einschreiten möglich sein, wenn der Unwirksamkeitsgrund auch Anlass zu einer Rücknahme der Baugenehmigung gäbe (etwa Altlasten im Baugebiet). Über eine entsprechende Anwendung des § 48 VwVfG sollte der Ersatz des Vertrauensschadens eingeschlossen werden, wenn die Unwirksamkeit des B-Plans für den Bauherrn nicht erkennbar war.

Freilich bleibt nur die Feststellung der **Unwirksamkeit des B-Plans nach der Durchführung** der Baumaßnahme folgenlos, nicht aber die Feststellung der Unwirksamkeit nach Eingang der Unterlagen bei der BauAB, aber vor Durchführung der Baumaßnahme (→ Rn. 70). Streng genommen muss die Feststellung der **Unwirksamkeit während der Durchführung** der Baumaßnahme die BauAB zur Einstellung der Bauarbeiten veranlassen, weil die nunmehr erforderliche Baugenehmigung fehlt. Allerdings darf die BauAB in einem solchen Fall nicht bei der formellen Prüfung stehen bleiben, sondern muss prüfen, ob auf der Grundlage der §§ 34, 35 BauGB eine Baugenehmigung erteilt werden kann, die Entscheidung im Normenkontrollverfahren eine Wohnbebauung ausschließt oder wegen des Baufortschritts Vertrauensschutz zu gewähren ist. 83

Die Unwirksamkeit des B-Plans wird erst mit der Rechtskraft des Urteils des OVG festgestellt, weil die Nichtzulassungsbeschwerde nach § 133 Abs. 4 VwGO die Rechtskraft des Normenkontrollurteils hemmt (BVerwG 8.12.1987 – 4 NB 3.87, NVwZ 1988, 726). Der Bauherr ist aber gut beraten, die noch nicht rechtskräftige Entscheidung zum Anlass zu nehmen, ein Baugenehmigungsverfahren durchzuführen. 84

F. Nachbarschutz

Der **Rechtsschutz des Nachbarn bei Bauvorhaben, die von der Baugenehmigung freigestellt** sind, gehört seit langem zu den Themen des öffentlichen Baurechts, die immer wieder Anlass zu Diskussionen geben (vgl. Glaser GewArch 2013, 1; Otto ZfBR 2012, 15; Mehde/Hansen NVwZ 2010, 14; Preschel NJ 2008, 471; Seidel NVwZ 2004, 139, um nur einige Aufsätze zu nennen). Die Rechtsprechung hat sich insbesondere mit dem vorläufigen Rechtsschutz beschäftigt und ist dabei oftmals dem VGH Mannheim (26.10.1994 – 8 S 2763/94, BRS 56 Nr. 190) gefolgt: Das Gebot der Gewährung effektiven Rechtsschutzes erfordere den Erlass einer einstweiligen Anordnung zugunsten des Nachbarn grundsätzlich bereits dann, wenn gewichtige und ernstzunehmende Bedenken gegen die Rechtmäßigkeit in nachbarrechtlicher Hinsicht in einer Weise glaubhaft gemacht seien, dass der Ausgang des Hauptsacheverfahrens zumindest als offen angesehen werden müsse, und das Vorhaben – seine Rechtswidrigkeit unterstellt – nachbarliche Belange mehr als nur geringfügig berühren würde (Ls. 2). Werde die BauAB durch genehmigungsfreie Baumaßnahmen von präventiven Prüfpflichten freigestellt, sei sie zum Ausgleich verstärkt in der Pflicht, repressiv bzw. reaktiv (Mehde/Hansen NVwZ 2010, 14) tätig zu werden, wenn der Nachbar glaubhaft mache, der Bauherr verstoße gegen nachbarschützende Vorschriften. 85

Dem ist **nach Auffassung des OVG Lüneburg für den Bereich der NBauO jedenfalls dann nicht zu folgen, wenn** die vom Bauherrn eingereichten Bauzeichnungen keinen Verstoß gegen nachbarschützende Vorschriften erkennen lassen und die vom Nachbarn befürchteten Einbußen bei objektiver Betrachtungsweise nicht gravierend sind. In solchen Fällen dürfe der Nachbar darauf verwiesen werden, seine behaupteten Rechte vor den Zivilgerichten geltend zu machen (OVG Lüneburg 22.10.2008 – 1 ME 134/08, ZfBR 2009, 169 (170 ff. und Ls. 2)). Ganz wesentliches Ziel der Einführung des (fakultativ) genehmigungsfreien Bauens nach § 69a aF sei gewesen, die BauAB zu entlasten. Diesem Entlastungseffekt würde es zuwiderlaufen, wenn die BauAB – quasi kompensatorisch für den Teil-Fortfall der Genehmigungspflicht – in verstärktem Maße in der Pflicht sei, repressiv für baurechtmäßige Zustände zu sorgen. Es habe daher bei den allgemeinen Grundsätzen zu bleiben, wie sie auch dann gelten würden, wenn der Bauherr von 86 genehmigten Bauzeichnungen abweiche oder ohne Baugenehmigung baue (OVG Lüneburg 28.3.2014 – 1 LA 216/12, NordÖR 2014, 390 (391 ff.); 22.10.2008 – 1 ME 134/08, ZfBR 2009, 169 (171 ff.); 9.10.2007 – 1 LB 5/07, NVwZ-RR 2008, 374 ff. zu den Voraussetzungen für einen Anspruch auf bauaufsichtliches Einschreiten).

a) Anspruch auf Einschreiten

87 Mit der Freistellung vom Genehmigungsvorbehalt nach § 62 wird die BauAB aus der präventiven Konfliktschlichtung zwischen Bauherr und Nachbar entlassen, weil sie mit der Frage, ob das Bauvorhaben mit dem öffentlichen Baurecht und damit auch mit nachbarschützenden Vorschriften des öffentlichen Baurechts vereinbar ist, gar nicht befasst wird. Dementsprechend fehlt ein behördlicher Akt, gegen den sich der Nachbar unmittelbar wenden kann. Freilich hat der Gesetzgeber die BauAB nur aus der präventiven Kontrolle verabschiedet, aber nicht von der Aufgabe des § 58 Abs. 1 entbunden, „soweit erforderlich, darüber zu wachen und darauf hinzuwirken, dass Anlagen, Grundstücke und Baumaßnahmen dem öffentlichen Baurecht entsprechen". Da die BauAB in diesem Rahmen auch zum Hüter der nachbarschützenden Vorschriften berufen ist, hat der Nachbar einen Anspruch darauf, dass die BauAB bei der Ermessensentscheidung nach § 79, ob sie gegen eine baurechtswidrige Anlage einschreitet, auch seine Belange berücksichtigt (vgl. BVerwG 9.2.2000 – 4 B 11.00, ZfBR 2000, 490 f.; 4.10.1990 – 4 B 44.90, BeckRS 1990, 31227143; OVG Lüneburg 9.10.2007 – 1 LB 5/07, NVwZ-RR 2008, 374 = juris Rn. 70). **Ebenso wie dem Nachbar ein Anspruch auf Einschreiten der BauAB gegen den Schwarzbau zustehen kann**, der nachbarschützende Vorschriften verletzt (→ § 79 Rn. 70 ff.), **kann der Nachbarn auch ein Einschreiten der BauAB gegen eine genehmigungsfreie Baumaßnahme verlangen**. Allerdings besteht bislang keine Einigkeit darüber, unter welchen Voraussetzungen die Ermessensfreiheit der BauAB soweit schrumpft, dass sich ein Einschreiten zugunsten des Nachbarn als die einzige ermessensfehlerfreie Entscheidung darstellt (Mehde/Hansen NVwZ 2010, 14 (15)).

88 Das BVerwG (18.8.1960 – I C 42.59, NJW 1961, 793) hat eine Ermessensreduzierung iS eines Anspruchs auf Einschreiten nur bei „hoher Intensität der Störung oder Gefährdung" angenommen, wobei ein Verstoß gegen nachbarschützende Vorschriften allein nicht ausreicht (vgl. auch BVerwG 24.5.1988 – 4 B 93.88, BRS 48 Nr. 161). Der 4. Senat des BVerwG (4.6.1996 – 4 C 15.95, BRS 58 Nr. 206) hat zwar die Frage aufgeworfen, ob diese Rechtsprechung fortentwicklungsbedürftig und die BauAB in weitergehendem Umfang zum Einschreiten verpflichtet sei, andererseits (10.12.1997 – 4 B 204.97, BRS 59 Nr. 188) die Frage, wie das Ermessen der BauAB auszuüben ist, dem Landesrecht überlassen. Da der Nachbarschutz im Baurecht nicht auf den Schutz hochrangiger Rechtsgüter beschränkt ist (etwa bei Abstandsunterschreitungen), hat die **Rechtsprechung des OVG Lüneburg** den Anspruch auf Einschreiten auf die Fälle ausgedehnt, in denen der **baurechtswidrige Zustand materielle Rechte des Nachbarn verletzt und ihn tatsächlich unzumutbar beeinträchtigt** (vgl. OVG Lüneburg 9.10.2007 – 1 LB 5/07, NVwZ-RR 2008, 374 = juris Rn. 70; → § 79 Rn. 70 ff.).

89 Damit wird deutlich, dass sich der **Anspruch auf Einschreiten** der BauAB gegen ein genehmigungsfreies Vorhaben **nicht nur in der rechtlichen Konstruktion vom Abwehranspruch gegen die Baugenehmigung unterscheidet**, die nachbarschützende Vorschriften verletzt, **sondern auch im praktischen Ergebnis**: Die Baugenehmigung, die eine Unterschreitung des erforderlichen Grenzabstandes um wenige Zentimeter erlaubt, muss auf die Klage des Nachbarn aufgehoben werden, weil sie rechtswidrig ist (Otto ZfBR 2012, 1 (8)). Wenn die genehmigungsfreie oder eine von der Baugenehmigung abweichende Baumaßnahme den erforderlichen Grenzabstand um wenige Zentimeter unterschreitet, kann die BauAB nach dem Grundsatz der Verhältnismäßigkeit ein Einschreiten – jedenfalls gegen das fertig gestellte Vorhaben – ablehnen, weil der Bauherr einen unverhältnismäßig hohen Schaden erleiden würde, während der Nachbar

durch die Abstandsunterschreitung tatsächlich nicht wesentlich beeinträchtigt wird (OVG Lüneburg 16.2.2012 – 1 LB 19/10, NVwZ-RR 2012, 427 ff. zum (verneinten) Anspruch auf bauaufsichtliches Einschreiten gegen eine Garage wegen Verstoßes gegen Grenzabstandsvorschriften).

Der VGH Mannheim (26.10.1994 – 8 S 2763/94, BRS 56 Nr. 190) hat für das Verfahren nach der BaufreistVO BW die relativ hohen **Anforderungen an eine Pflicht zum Einschreiten reduziert** und in Angleichung an den Genehmigungsabwehranspruch einen Anspruch des Nachbarn auf Einschreiten grundsätzlich dann bejaht, wenn das Bauvorhaben nachbarschützende Vorschriften verletzt und die nachbarlichen Belange mehr als nur geringfügig berührt (zustimmend Seidel Nachbarschutz Rn. 306 ff.; Schoch in Schoch/Schneider/Bier VwGO § 123 Rn. 37 ff., 71; Kopp/Schenke § 123 Rn. 28; Gnatzy (zit. → Rn. 2), S. 476 ff.; ebenso OVG Bremen 5.8.2016 – 1 B 125/16, NordÖR 2016, 492 mwN). Der VGH hat die in § 7 BaufreistVO BW enthaltene Ermächtigung der BauAB zum Einschreiten **als Ausgleich für das fehlende präventive Baugenehmigungsverfahren** verstanden, der aufgrund von Art. 19 Abs. 4 GG die Hürden für einen Anspruch auf Einschreiten reduziere. Das OVG Bautzen (22.8.1996 – 1 S 473/96, NVwZ 1997, 922 f.) hat unter Berufung auf Art. 3 GG einen Anspruch auf Einschreiten bejaht, weil es keine vernünftigen Gründe dafür gebe, den Nachbarn bei genehmigungsfreien Vorhaben schlechter zu stellen als im Baugenehmigungsverfahren. Dem hat sich das OVG Greifswald angeschlossen (9.4.2003 – 3 M 1/03, BauR 2003, 1710 ff.). Den Anforderungen an die Glaubhaftmachung eines Anordnungsanspruchs sei in gerichtlichen Eilverfahren, in denen der Antragsteller von der Bauaufsichtsbehörde ein bauaufsichtsrechtliches Einschreiten gegen ein nach Auffassung des Antragsgegners baugenehmigungsfreies Vorhaben bekämpfe, genügt, wenn absehbar sei, dass das Vorhaben gegen nachbarschützende öffentlich-rechtliche Vorschriften verstoße (weitere Beispiele aus der Rspr.: Mehde/Hansen NVwZ 2010, 14 (15) in Fn. 16 und 17). **90**

Diese Begründung ist aber wenig überzeugend, weil sie den Nachbarn gegenüber freigestellten Vorhaben ungleich besser stellt als bei schlichten Schwarzbauten (Borges DÖV 1997, 900 (900 f.); Preschel DÖV 1998, 45 (52); Uechtritz BauR 1998, 719 (725); Mann FS Götz, 2005, 465 (476 ff.)). Darüber hinaus lässt sich ein Anspruch auf Einschreiten der BauAB nicht aus Art. 19 Abs. 4 GG ableiten, ohne die zivilrechtlichen Rechtsschutzmöglichkeiten des Nachbarn in die Betrachtung einzubeziehen (OVG Lüneburg 9.10.2007 – 1 LB 5/07, NVwZ-RR 2008, 374; zu den zivilrechtlichen Abwehrmöglichkeiten vgl. Seidel NVwZ 2004, 139 (142)). Schließlich ist für das Umweltrecht anerkannt, dass **mit einem partiellen Rückzug des Staates aus der Überwachung auch ein Abbau des Schutzes individueller Rechtspositionen durch die Verwaltung verbunden ist** (vgl. Pietzcker in Hoffmann-Riem/Schneider, Verfahrensprivatisierung im Umweltrecht 1996, 284 ff.; Koch in Hoffmann-Riem/Schneider, Verfahrensprivatisierung im Umweltrecht 1996, 170 ff.). **91**

Ein grundsätzlicher Anspruch des Nachbarn auf bauaufsichtliches Einschreiten wird auch aus dem Konfliktschlichtungsprogramm der nachbarschützenden Vorschriften und Art. 14 Abs. 1 GG hergeleitet (Mampel DVBl 1999, 1403 (1407 mwN)): Die BauAB sei „Schützer und Verwirklicher der im horizontalen Grundverhältnis zwischen Bauherr und Nachbar konstituierten Rechte und Pflichten". Diese Ansicht übersieht, dass aus Art. 14 Abs. 1 GG kein verfassungsrechtliches Gebot abzuleiten ist, dem Nachbarn einen strikten Rechtsanspruch auf Einschreiten der BauAB zuzuerkennen (vgl. Uechtritz BauR 1998, 719 (725)). Zwar folgt aus den grundrechtlichen Schutzpflichten des Staates für den Bereich des Eigentums die Anerkennung eines Grundbestands von Drittrechten, die **Regelung der Durchsetzung dieser Drittrechte obliegt aber der Gestaltungsfreiheit des Gesetzgebers**. Auch das Konfliktschlichtungsprogramm der nachbarschützenden Vorschrift schließt nicht die Ermächtigung der BauAB ein, gegen den Bauherrn einzuschreiten, vielmehr bedarf es dazu der Ermächtigung des § 79. **92**

Schließlich wird aus der staatlichen Schutzpflicht im Nachbarschaftsverhältnis eine Ermessensdirektive bei der Entscheidung über ein Einschreiten zugunsten des Nachbarn **93**

abgeleitet (Gnatzy (zit. → Rn. 2), S. 479 ff.). Die Verpflichtung zu einem effektiven Eigentumsschutz soll die BauAB bereits bei Zweifeln an der Einhaltung nachbarschützender Vorschriften zu einem Einschreiten verpflichten. Damit aber wird die **staatliche Schutzpflicht**, die im Bereich des Eigentumsschutzes nicht so weit reicht wie beim Schutz von Leben und Gesundheit, **überdehnt** und der einfachgesetzlich eingeräumte Ermessensspielraum überspielt (vgl. Götz in Isensee/Kirchhof (Hrsg.), Handbuch des Staatsrechts, Bd. III, § 79 Rn. 10, 14). Zwar folgt aus dem objektiv-rechtlichen Gehalt der Grundrechte „die Pflicht der staatlichen Organe, sich schützend und fördernd vor die grundrechtlichen Rechtsgüter zu stellen und sie insbesondere vor rechtswidrigen Eingriffen von Seiten anderer zu bewahren" (BVerfG 12.6.1979 – 1 BvL 19/76, BVerfGE 52, 1 (29)), doch bleibt den staatlichen Organen ein weiter politischer Spielraum, wie die Schutzpflicht zu erfüllen ist (Götz in Isensee/Kirchhof (Hrsg.), Handbuch des Staatsrechts, Bd. III, § 79 Rn. 10, 14).

94 Ein zwingender Schutzbedarf durch den Staat ergibt sich nur dort, wo der Bürger nicht in eigener Verantwortung für seine Belange sorgen und ihm nicht zugemutet werden kann, sein Recht selber zu verteidigen und notfalls das Gericht anzurufen (Isensee in Isensee/Kirchhof (Hrsg.), Handbuch des Staatsrechts., Bd. V, § 111 Rn. 141 f.). Das bedeutet auch, dass Nachbarschutz nicht allein durch Verwaltungsverfahren und öffentlich-rechtlichen Rechtsschutz gewährleistet werden muss, sondern die **prozedurale Durchsetzung der Nachbarrechte weitgehend in der Gestaltungsfreiheit des einfachen Gesetzgebers** steht (Oeter DVBl 1999, 189 (194 f.)). Zieht sich der Staat partiell aus der hoheitlichen Überwachung zurück, wird damit auch der Schutz individueller Rechtspositionen durch administratives Handeln abgebaut (vgl. Pietzcker und Koch (zit. → Rn. 91)). Auch wenn es dem Öffentlich-Rechtler widerstrebt, die Domäne des Baunachbarrechts dem Zivilrecht zu überantworten, müssen die Möglichkeiten des zivilen Nachbarrechtsschutzes in die Betrachtung einbezogen werden, bevor die grundrechtlichen Schutzpflichten zur Begründung eines Anspruchs auf Einschreiten überdehnt werden (vgl. Oeter DVBl 1999, 189 (194)). Es ist kein Grund ersichtlich, dem Nachbarn „ohne Not", dh ohne die Gefahr wirklich gravierender Einbußen seiner Grundstücksnutzungsmöglichkeiten den gesamten Ermittlungs- und Vollstreckungsapparat der BauAB zur Verfügung zu stellen, wenn ihm eigene Rechtsschutzmöglichkeiten zur Verfügung stehen (OVG Lüneburg 22.10.2008 – 1 ME 134/08, ZfBR 2009, 169 (173)).

95 Die These, dass dem öffentlich-rechtlichen Abwehranspruch des Nachbarn unmittelbar gegen den öffentlichen Bauherrn, der ohne Präventivkontrolle selbst für die Vereinbarkeit seines Vorhabens mit dem öffentlichen Baurecht einsteht (→ § 74 Rn. 31), der auf die gleichen Schutznormen gestützte **Abwehranspruch des Nachbarn gegen den privaten Bauherrn entspreche**, der im Freistellungsverfahren anstelle der BauAB ebenfalls die Gewähr für die Vereinbarkeit seines Vorhabens mit dem öffentlichen Baurecht übernimmt, mit der Folge, dass auch dieser Anspruch im Verwaltungsrechtsweg durchzusetzen ist (Ortloff NVwZ 1998, 932 ff.), hat mit Recht keine Gefolgschaft gefunden (Seidel NVwZ 2004, 139 (141)). Für die Einordnung der Rechtsbeziehungen des Nachbarn zum Bauherrn macht es einen Unterschied, ob es sich um einen öffentlichen oder privaten Bauherrn handelt. Rechtsbeziehungen zwischen Privaten regelt das Privatrecht, das auch Ansprüche nach § 823 Abs. 2 BGB wegen der Verletzung öffentlichrechtlicher Schutzgesetze einschließt.

96 Für die von der Baugenehmigung freigestellten Baumaßnahmen nach § 62 stellt sich die Frage, ob an den hohen Anforderungen für eine Pflicht zum Einschreiten (→ Rn. 88) festzuhalten ist, oder ob sich die BauAB aus der Konfliktschlichtung zwischen Bauherr und Nachbar noch weiter zurückziehen darf, weil § 62 die BauAB ausschaltet, um die Eigenverantwortung der am Bau Beteiligten zu stärken. Den **Leitmotiven der Freistellungsregelungen** – Beschleunigung, Privatisierung staatlicher Aufgaben und Deregulierung – entspricht ein Rückzug auf der Ebene der repressiven Konfliktschlichtung eher als die Intensivierung der Ermessenskontrolle, wie sie der VGH Mannheim (→ Rn. 90) vertritt (Oeter DVBl 1999, 189 (194)). Zieht sich der Staat aus der hoheitlichen Überwachung teilweise zurück, baut er damit – bewusst oder unbewusst – den Schutz der Nachbarn durch Verwaltungsverfahren ab.

§ 62 hat zwar an den Maßstäben, die die nachbarschützenden Vorschriften des Baurechts für den Ausgleich der Interessen von Bauherrn und Nachbarn vorgeben, nichts geändert, der Verabschiedung der BauAB aus der präventiven Kontrolle liegt aber der Gedanke zugrunde, dass die in § 62 aufgeführten Baumaßnahmen ohne „Einmischung" der BauAB verwirklicht werden können, so dass eine **graduelle Verschiebung der Schwelle, von der ab die BauAB im Interesse des Nachbarn einschreiten muss**, nicht ausgeschlossen ist. Das OVG Lüneburg hat mit den beiden in → Rn. 86 genannten Entscheidungen Stellung bezogen und zum Ausdruck gebracht, dass sich die BauAB in bestimmten Fällen ermessensfehlerfrei unter Betonung des vom Gesetzgeber bekräftigten Entlastungseffekts auch für ein Nichteinschreiten entscheiden dürfe. Mit einem angeblich unübersehbaren „Hang zu gerichtlicher Traditionspflege" (Mehde/Hansen NVwZ 2010, 19) hat das nichts zu tun. **97**

Seit Änderung des Freistellungsverfahrens durch die Novelle 2002 sind die Bauvorlagen einschl. der bautechnischen Nachweise, nunmehr auch die Bestätigung nach Abs. 2 Nr. 4 über die Eignung der Rettungswege, der freigestellten Baumaßnahme nicht mehr nur an der Baustelle vorzuhalten, sondern liegen auch der BauAB vor (Abs. 6). **Verstöße der Bauvorlagen gegen nachbarschützende Vorschriften des öffentlichen Baurechts**, insbesondere den Gebietserhaltungsanspruch und die Abstandsvorschriften, kann die BauAB auf Nachbarbeschwerden mit einem Blick in Bauvorlagen ohne weitere Ermittlungen vor Ort überprüfen. Der Bauherr, der Bauvorlagen einreicht, die dem öffentlichen Baurecht widersprechen, missbraucht das Freistellungsverfahren und gibt damit der BauAB im Rahmen des § 58 Abs. 1 Veranlassung zum Einschreiten. Ist der Bau noch nicht weit fortgeschritten, spricht auch die Möglichkeit, den Schaden des Bauherrn in Grenzen zu halten, für eine sofortige Stilllegung des Baues. Ein **Anspruch des Nachbarn auf Einschreiten** bei Verstößen der Bauvorlagen gegen nachbarschützende Vorschriften, soweit das Vorhaben ihn mehr als nur geringfügig beeinträchtigt, erscheint gerechtfertigt, weil der BauAB die Bauvorlagen vorliegen und sie daher ohne weiteres den Verstoß gegen nachbarschützende Vorschriften feststellen kann. **98**

Weicht der Bauherr bei der Ausführung der Baumaßnahme vom Entwurf ab und verstößt damit gegen nachbarschützende Vorschriften, verbleibt es bei den allgemeinen Grundsätzen (→ § 79 Rn. 70): Der Nachbar hat dann nur einen Anspruch auf Einschreiten, wenn ihn der Verstoß gegen nachbarschützende Vorschriften tatsächlich unzumutbar beeinträchtigt. **99**

Das bedeutet: **unzumutbare Beeinträchtigungen des Nachbarn**, um deren Abwehr es beim nachbarschützenden Gebot der Rücksichtnahme geht, **muss die BauAB auch bei Vorhaben nach § 62 idR zum Anlass nehmen, einzuschreiten**. Diese Fälle aber dürften bei der Errichtung von Wohngebäuden in Kleinsiedlungsgebieten und reinen oder allgemeinen Wohngebieten selten sein (zu den Problemen bei den besonderen Wohngebieten → Rn. 11). Konfliktpotential könnte darin liegen, wenn der Bauherr – den zulässigen Umfang überschreitend (→ Rn. 16 f.) – Räume für freie Berufe im Wege der Nutzungsänderung einrichtet und die Gebäude nicht mehr die Voraussetzungen des Abs. 1 Nr. 1 erfüllen. Das löst einen Gebietserhaltungsanspruch des im Baugebiet ansässigen Nachbarn aber nur dann aus, wenn es durch die Nutzungsänderung zu unzumutbaren Beeinträchtigungen des Nachbarn kommt. Im Vordergrund aber dürften Nachbarbeschwerden über Abstandsunterschreitungen und Verstöße gegen Festsetzungen des B-Plans über das Maß der baulichen Nutzung und überbaubare Grundstücksfläche stehen. Mit Verstößen gegen diese Vorschriften sind, auch wenn sie nachbarschützend sind, keineswegs immer erhebliche Beeinträchtigungen verbunden. Hier darf die BauAB ein Einschreiten zugunsten des Nachbarn jedenfalls dann ablehnen, wenn der Verstoß gegen nachbarschützende Vorschriften den Nachbarn nur geringfügig beeinträchtigt. Das gilt auch dann, wenn mit dem Bau noch nicht oder gerade erst begonnen worden ist (aA Sarnighausen UPR 1998, 329 (331)). Zwar kann in diesem Zeitpunkt ein Verstoß **100** gegen nachbarschützende Vorschriften noch ohne Schaden für den Bauherrn abgewendet werden, aber bei geringfügiger Beeinträchtigung des Nachbarn darf die BauAB den Streit um die Verletzung von Nachbarrechten den unmittelbar Betroffenen überlassen.

101 Mit der so bestimmten Verpflichtung der BauAB zum Einschreiten zugunsten des Nachbarn wird der **öffentlich-rechtliche Rechtsschutz gegen Vorhaben nach § 62 im Verhältnis zu genehmigten Vorhaben zwar reduziert**. Damit wird der Nachbar aber nicht schutzlos gestellt, denn er kann wegen der genehmigungsfreien Baumaßnahme nach §§ 823 Abs. 2, 1004 BGB iVm der nachbarschützenden Vorschrift unmittelbar gegen den Bauherrn privatrechtlich vorgehen (vgl. BGH 28.6.1985 – V ZR 43/84, NJW 1985, 2825; 30.4.1976 – V ZR 188/74, BGHZ 66, 354; OLG Köln 1.9.1994 – 18 U 27/94, ZfBR 1995, 90; Dolderer DVBl 1998, 9). Dem entspricht es, wenn das BVerwG (10.12.1997 – 4 B 204.97, NVwZ 1998, 395) die Möglichkeit des Nachbarn, seine Rechte unmittelbar gegenüber dem Bauherrn zivilrechtlich geltend zu machen, als grundsätzlich beachtlichen Ermessensgesichtspunkt angesehen hat (vgl. OVG Lüneburg 28.3.2014 – 1 LA 216/12, NordÖR 2014, 390 (392); 22.10.2008 – 1 ME 134/08, ZfBR 2009, 169 (172)).

102 Weigert sich die BauAB, gegen den Bauherrn einzuschreiten, weil sie entweder keinen Verstoß gegen nachbarschützende Vorschriften erkennen kann oder von einem Bagatellverstoß ausgeht, bleibt dem Nachbarn, neben einer Klage gegen den Bauherrn vor den Zivilgerichten, nur die Möglichkeit, gegen die Ablehnung Widerspruch einzulegen und ggf. **Klage** zu erheben mit dem Antrag, **die BauAB zum Einschreiten gegen den Bauherrn zu verpflichten**. Diese Klage kann nur Erfolg haben, wenn das genehmigungsfreie Bauwerk gegen eine nachbarschützende Vorschrift des öffentlichen Baurechts verstößt und den Nachbarn auch tatsächlich nicht nur unerheblich beeinträchtigt.

b) Vorläufiger Rechtsschutz

103 Ist der Nachbar von einem Verstoß gegen nachbarschützende Vorschriften überzeugt, wird er die BauAB zu unverzüglichem Einschreiten drängen und nicht abwarten wollen, bis der Bau vollendet ist. Da bei genehmigungsfreien Baumaßnahmen ein behördlicher Zulassungsakt fehlt, kann der Nachbar nicht nach § 80a VwGO vorgehen, sondern nur eine **einstweilige Anordnung nach § 123 VwGO** beim VG beantragen, weil die BauAB wegen der Verletzung nachbarschützender Vorschriften gegen den Bauherrn nicht einschreitet (vgl. Finkelnburg/Dombert/Külpmann Rn. 1301a). Der Erlass einer einstweiligen Anordnung nach § 123 Abs. 1 VwGO setzt einen Anordnungsanspruch und einen Anordnungsgrund voraus. Wegen des der BauAB nach § 79 eingeräumten Ermessens setzt ein Anspruch auf Einschreiten grundsätzlich voraus, dass das genehmigungsfreie Bauwerk gegen eine nachbarschützende Vorschrift verstößt und den Nachbarn spürbar und nachhaltig beeinträchtigt (→ Rn. 87 ff.). Widersprechen die Bauvorlagen dem öffentlichen Baurecht, ist ein Anspruch des Nachbarn auf Einschreiten schon dann zu bejahen, wenn der Verstoß den Nachbarn mehr als nur geringfügig beeinträchtigt (→ Rn. 98).

104 Im Aussetzungsverfahren nach §§ 80 ff. VwGO ist einstweiliger Dritt-Rechtsschutz erst dann zu gewähren, wenn derzeit Überwiegendes für die Annahme spricht, die angegriffene Baugenehmigung verletze Drittrechte des Antragstellers (OVG Lüneburg 25.1.2007 – 1 ME 177/06, BeckRS 2007, 20927 (Ls. 1)). Eine einstweilige Anordnung nach § 123 VwGO ist nach allgemeinen Grundsätzen nur gerechtfertigt, wenn die **Erfolgsaussichten in der Hauptsache bei summarischer Prüfung überwiegend wahrscheinlich sind** (Schoch in Schoch/Schneider/Bier VwGO § 123 Rn. 69 ff.). Anders als im Aussetzungsverfahren, dem eine „Hauptsacheentscheidung“ der Verwaltung zugrunde liegt, kann bei der einstweiligen Anordnung nach § 123 VwGO auf eine Beurteilung der materiellen Rechtslage nicht verzichtet werden, weil eine verwaltungsbehördliche Vorentscheidung fehlt und eine Regelung getroffen werden soll, die die Hauptsache entscheidungsfähig halten soll (Finkelnburg/Dombert/Külpmann Rn. 125, 159 ff.).

Allerdings gehen Teile der Judikatur (VGH Mannheim 26.10.1994 – 8 S 2763/94, BRS 56 Nr. 190; OVG Bautzen 22.8.1996 – 1 S 473/96, BRS 58 Nr. 197; VGH München 26.7.1996 – 1 CE 96.2081, NVwZ 1997, 923; OVG Greifswald 9.4.2003 – 3 M 1/03, BRS 66 Nr. 193) und die überwiegende Meinung in der Literatur (vgl. Schoch in Schoch/Schneider/Bier § 123 Rn. 37 ff.; Uechtritz BauR 1998, 719 mwN) davon aus, dass aus Gründen des effektiven Rechtsschutzes die Maßstäbe bei der Gewährung vorläufigen Rechtsschutzes nach § 123 VwGO denjenigen des Aussetzungsverfahrens nach § 80 VwGO angeglichen werden müssten (weitere Nachweise dieser Auffassung bei Mehde/Hansen NVwZ 2010, 14 (15) und in Fn. 16 und 17). Eine einstweilige Anordnung wegen eines freigestellten Vorhabens wäre danach idR schon dann geboten, wenn der Nachbar gewichtige und ernst zu nehmende Bedenken gegen die allein in nachbarrechtlicher Hinsicht zu beurteilende Rechtmäßigkeit des Bauvorhabens und eine mehr als nur geringfügige Betroffenheit glaubhaft machte mit der Folge, **dass die Erfolgsaussichten des Rechtsbehelfs im Hauptsacheverfahren zumindest als offen angesehen werden müssten**. 105

Die Anforderungen des einfachen Rechts, hier des § 123 VwGO, dürfen aber unter Berufung auf das verfassungsrechtliche Gebot effektiven Rechtsschutzes (Art. 19 Abs. 4 GG) nur dann übergangen werden, wenn der Nachbar sonst schutzlos wäre. Das ist hier aber nicht der Fall, weil das Zivilrecht dem Nachbarn mit den Abwehransprüchen aus §§ 1004, 906 BGB und § 823 Abs. 2 BGB iVm den nachbarschützenden Vorschriften des öffentlichen Baurechts als Schutzgesetze sowie dem quasi negatorischen Beseitigungsanspruch ausreichenden Rechtsschutz bietet (vgl. OVG Lüneburg 9.6.2016 – 1 ME 52/16, nv; ferner → Rn. 86/94). Das OVG Lüneburg verweist zudem auf das **größere finanzielle Risiko des Bauherrn, sollte der Nachbar im Eilverfahren obsiegen**. Unter Berücksichtigung der Rspr. des BGH sei der Bauherr als beigeladener Dritter des Ausgangsverfahrens nicht aktiv legitimiert, einen solchen verschuldensunabhängigen Anspruch geltend zu machen (OVG Lüneburg 22.10.2008 – 1 ME 134/08, ZfBR 2009, 169 (170)). Mehde/Hansen schlagen demgegenüber in Abkehr von der BGH-Rspr. eine analoge Anwendung der Vorschrift auf die hier zu Grunde liegende Konstellation vor (NVwZ 2010, 18). 106

Der Erlass einer einstweiligen Anordnung ist weiter davon abhängig, dass „durch eine Veränderung des bestehenden Zustands die Verwirklichung eines Rechts des Antragstellers vereitelt oder wesentlich erschwert werden könnte" (§ 123 Abs. 1 S. 1 VwGO; Uechtritz BauR 1998, 719 (722)). Da es für den Nachbarn mindestens faktisch schwieriger ist, die Beseitigung eines errichteten Bauwerks durchzusetzen, auch wenn es gegen nachbarschützende Vorschriften verstößt, als dasselbe noch nicht errichtete Vorhaben zu verhindern, wird man den **Anordnungsgrund – die Eilbedürftigkeit** – nicht verneinen können. 107

Gerade im Hinblick auf die mit der Freistellung vom Genehmigungsvorbehalt verfolgte Tendenz der „Privatisierung" stellt sich auch die Frage, ob der **Erlass einer einstweiligen Anordnung** gegen die BauAB **nötig** ist, wenn der Nachbar auch unmittelbar gegen den Bauherrn im Wege der einstweiligen Verfügung nach §§ 823 Abs. 2, 1004 BGB iVm der nachbarschützenden Vorschrift des öffentlichen Baurechts vorgehen kann. Allerdings sind subjektiv-öffentliche Nachbarrechte unabhängig von etwaigem Zivilrechtsschutz hinsichtlich desselben Lebenssachverhaltes, so dass die Verfügbarkeit parallelen zivilen Rechtsschutzes allenfalls im Rahmen des Rechtsschutzbedürfnisses eine Rolle spielen kann (vgl. Schmidt-Preuß, Kollidierende Privatinteressen im Verwaltungsrecht, 1992, S. 120, 623). Wenn der Anordnungsanspruch und der Anordnungsgrund zugunsten des Nachbarn zu bejahen ist, handelt es sich um so gravierende Nachbarrechtsverletzungen, dass die BauAB zur Konfliktschlichtung berufen ist und deshalb öffentlich-rechtlicher Rechtsschutz angemessen erscheint. 108

Freilich spricht aus der Sicht des Nachbarn Einiges dafür, **vorläufigen Rechtsschutz vor dem Zivilgericht** zu suchen. Der Nachbar kann grundsätzlich nicht einen Antrag auf Erlass einer einstweiligen Anordnung gegen die BauAB beim VG stellen, bevor nicht 109 die BauAB Gelegenheit hatte, sich mit seinem Anliegen zu befassen (Kopp/Schenke § 123 Rn. 22). In dieser Zeit kann der Bauherr möglicherweise den Bau fertig stellen mit der Folge, dass jedenfalls vorläufiger Rechtsschutz zu spät kommt. Vorläufigen Rechtsschutz vor dem Zivilgericht in Form einer einstweiligen Verfügung gegen den Bauherrn, die Bauarbeiten einstweilen einzustellen, kann der Nachbar schneller erreichen als eine einstweilige Anordnung des VG (gegen die BauAB). Zudem vermeidet der Nachbar mit einem Antrag auf Erlass einer einstweiligen Verfügung beim Zivilgericht die mit der Ermessensermächtigung der BauAB verbundenen Unsicherheiten: Der Verstoß gegen nachbarschützende Vorschriften verleiht dem Nachbarn im Zivilprozess einen Verfügungsanspruch unabhängig davon, ob er so erheblich ist, dass die BauAB als Hüterin der nachbarschützenden Vorschriften einschreiten muss. Allerdings setzt sich der Nachbar bei der einstweiligen Verfügung nach § 945 ZPO dem Risiko aus, dass er schadensersatzpflichtig wird, wenn sich die einstweilige Verfügung als von Anfang an ungerechtfertigt erweist, eine Gefahr, die nach der Rechtsprechung des BGH (23.9.1980 – III ZR 165/78, DVBl 1981, 28) bei der einstweiligen Anordnung entfällt, weil der beigeladene Bauherr nicht unter den Begriff des Gegners fällt (→ Rn. 106).

Zehnter Teil
Genehmigungsverfahren

§ 63 Vereinfachtes Baugenehmigungsverfahren

(1) [1]Das vereinfachte Baugenehmigungsverfahren wird durchgeführt für die genehmigungsbedürftige Errichtung, Änderung oder Nutzungsänderung baulicher Anlagen, mit Ausnahme von baulichen Anlagen, die nach Durchführung der Baumaßnahme Sonderbauten im Sinne des § 2 Abs. 5 sind. [2]Bei Baumaßnahmen nach Satz 1 prüft die Bauaufsichtsbehörde die Bauvorlagen nur auf ihre Vereinbarkeit mit

1. dem städtebaulichen Planungsrecht,

2. den §§ 5 bis 7, 33 Abs. 2 Satz 3, § 41 Abs. 2 Satz 2 und den §§ 47 und 50,

3. den sonstigen Vorschriften des öffentlichen Rechts im Sinne des § 2 Abs. 17;

§ 65 bleibt unberührt. [3]§ 64 Satz 2 gilt entsprechend.

(2) Über erforderliche Ausnahmen, Befreiungen und Zulassungen von Abweichungen von Vorschriften, deren Einhaltung nach Absatz 1 nicht geprüft wird, wird nur auf besonderen Antrag entschieden.

Übersicht

A. Allgemeines

§ 63 trifft **Regelungen zum vereinfachten Baugenehmigungsverfahren**, wie sie – ebenfalls in § 63 – auch in der Musterbauordnung vom 1.11. 2002 (MBO 2002) enthalten sind. Für bauliche Anlagen, die nicht Sonderbauten im Sinne des § 2 Abs. 5 sind, verzichtet die Vorschrift in weitem Umfang auf die Überprüfung der Bauvorlagen am Maßstab des Bauordnungsrechts. Die bauaufsichtliche Prüfung konzentriert sich auf einige wenige bauordnungsrechtliche Bestimmungen, das städtebauliche Planungsrecht sowie das sonstige öffentliche Recht, soweit es Anforderungen an die Rechtmäßigkeit baulicher Anlagen stellt. Hinzu kommt die Prüfung der bautechnischen Nachweise nach Maßgabe des § 65. Über Ausnahmen, Befreiungen und Abweichungen von Vorschriften, die nicht zum regulären Prüfprogramm gehören, wird nur auf besonderen Antrag entschieden. Die Vorschrift ergänzt die Regelungen zum verfahrensfreien (§ 60) bzw. genehmigungsfreien Bauen (§§ 61, 62) auf der einen und die Vorschrift zum klassischen Baugenehmigungsverfahren (§ 64) auf der anderen Seite und stellt zwischen diesen beiden Polen gewissermaßen den Mittelweg dar. Es handelt sich aber – von dem eingeschränkten Prüfprogramm und der demzufolge eingeschränkten Legalisierungswirkung (→ Rn. 8) abgesehen – um eine vollwertige Baugenehmigung, mit der die Bauaufsichtsbehörde die Vereinbarkeit des Vorhabens mit den zu prüfenden Bestimmungen des öffentlichen Baurechts feststellt (Feststellungswirkung) und zugleich die Baufreigabe erteilt (Verfügungswirkung; vgl. OVG Lüneburg 30.4.2014 – 1 LB 200/12, BRS 82 Nr. 161; → § 64 1

Rn. 2). Die Vorschrift gilt auch für die Erteilung einer Teilbaugenehmigung, eines Bauvorbescheids und einer Nachtragsbaugenehmigung (→ Rn. 19).

2 § 63 ist das Ergebnis des langjährigen Bemühens des Gesetzgebers um eine **Vereinfachung und Beschleunigung von Verwaltungsverfahrens** sowie Ausdruck eines veränderten Verhältnisses von Bauherr und Bauaufsichtsbehörde. Während klassischerweise der Bauherr umfassende Bauvorlagen einreichen musste und mit der Einreichung die Bauaufsichtsbehörde praktisch die Verantwortung für die Rechtmäßigkeit des Bauvorhabens übernahm, ist das im Anwendungsbereich des § 63 in Teilen anders: Die Verantwortung für die Einhaltung derjenigen Vorschriften, die nicht zum Prüfprogramm gehören, obliegt allein den verantwortlichen Personen (§§ 52 ff.). Auf eine präventiv wirkende Kontrolle wird verzichtet; an ihre Stelle treten erforderlichenfalls nachträgliche Anordnungen gemäß § 79 wie insbesondere die Einstellung der Bauarbeiten, die Untersagung der Nutzung und in letzter Konsequenz auch die Beseitigung der rechtswidrig errichteten baulichen Anlage (→ Rn. 13).

3 § 63 findet seinen Vorläufer in § 81 Abs. 1 Nr. 1 **NBauO 1986** (Nds. GVBl. S. 157). Nach dieser Vorschrift konnte die oberste Bauaufsichtsbehörde durch Verordnung bestimmen, dass im Baugenehmigungsverfahren die Vereinbarkeit von Baumaßnahmen mit bestimmten Anforderungen des öffentlichen Baurechts nicht geprüft oder die Prüfung auf bestimmte Anforderungen beschränkt wird. Von dieser Ermächtigung hat der Verordnungsgeber mit der Verordnung über die Einschränkung von Prüfungen im Baugenehmigungsverfahren (Prüfeinschränkungs-Verordnung – PrüfeVO) vom 6.6.1996 (Nds. GVBl. S. 287) erstmals in größerem Umfang Gebrauch gemacht. Neben dem Verzicht auf die Prüfung der Nachweise zur Standsicherheit und zum Schall- und Wärmeschutz, die bereits in der Vorgängerregelung in ähnlichem Umfang enthalten waren, sah § 3 Abs. 2 Nr. 3 PrüfeVO vor, dass bei Wohngebäuden geringer Höhe, eingeschossigen Gebäuden bis 200 m² Grundfläche und bestimmten landwirtschaftlichen Gebäuden die Vereinbarkeit der Bauvorlagen mit den sonstigen Anforderungen der NBauO nur noch bezüglich der Zugänglichkeit des Baugrundstücks, der Abstände und der notwendigen Einstellplätze zu prüfen seien. Die Erfahrungen mit diesen Vorschriften waren aus Sicht der Landesregierung zwiespältig. In einer Unterrichtung gegenüber dem Landtag führte sie im Juni 1999 aus, dass in den Jahren 1997 und 1998 jeweils rund 50 Prozent der Fälle im vereinfachten Baugenehmigungsverfahren nach § 2 PrüfeVO behandelt worden seien. Dabei habe sich gezeigt, dass materielle Baurechtsanforderungen in erheblichem Umfang nicht beachtet worden seien und dass die entsprechenden Kenntnisse bei den Bauvorlageberechtigten nicht im erforderlichen Maße hätten vorausgesetzt werden können. Aufgrund der noch zu prüfenden Bauvorlagen seien jedoch auch baurechtliche Mängel im Bereich der nicht mehr zu prüfenden Anforderungen vielfach offensichtlich geworden, und es hätten entsprechende Hinweise gegeben werden können. In der Gesamtbetrachtung der vereinfachten Baugenehmigungsverfahren hätten die Bauaufsichtsbehörden teilweise eine spürbare Entlastung feststellen können (LT-Drs. 14/851, S. 8 f.; LT-Drs. 14/3330, S. 12).

4 Ungeachtet des vorstehenden Befundes entschied sich der Gesetzgeber im Jahr 2002, die Regelungen der PrüfeVO in § 75a **NBauO 2003** (Nds. GVBl. S. 796) zu überführen. Der Gesetzgeber bezweckte damit, das Verfahren als Maßnahme zur Erleichterung des formellen Rechts und damit zur Beschleunigung der Baugenehmigungsverfahren sowie des maßvollen Abbaus präventiver staatlicher Kontrolltätigkeit in seinem Anwendungsbereich zu erweitern und hinsichtlich des bauaufsichtlichen Prüfungsumfangs weiter einzuschränken (LT-Drs. 14/3330, S. 22). Neu aufgenommen wurden Wohngebäude bis zur Hochhausgrenze; weiter eingeschränkt wurde der Prüfungsrahmen, der im Wesentlichen die heutige Fassung erhielt.

5 Die weitere **Novelle im Jahr 2012** überführte die Regelung in § 63 (Nds. GVBl. S. 46). Das vereinfachte Baugenehmigungsverfahren wurde – nunmehr auch am Standort der Vorschrift vor der Regelung des „normalen" Baugenehmigungsverfahren in § 64 erkennbar – zum Regelverfahren (vgl. LT-Drs. 16/3195, S. 59), das seitdem für die genehmi-

gungsbedürftige Errichtung, Änderung oder Nutzungsänderung baulicher Anlagen, mit Ausnahme von baulichen Anlagen, die nach Durchführung der Baumaßnahme Sonderbauten im Sinne des § 2 Abs. 5 sind, Geltung beansprucht. Ein volles Baugenehmigungsverfahren stellt seitdem rechtlich wie tatsächlich die Ausnahme dar. In materieller Hinsicht wurde der Prüfungsumfang etwas erweitert und bezieht seitdem die Regelungen zum zweiten Rettungsweg (§ 33 Abs. 2 S. 3) sowie die besonderen Anforderungen an die Errichtung von Werbeanlagen (§ 50) ein. Hinsichtlich der Regelung bestand offenbar weithin Konsens. Im Gesetzgebungsverfahren wurde lediglich angeregt, den Prüfungsumfang auf die örtlichen Bauvorschriften, die Barrierefreiheit und die Zugänglichkeit des Baugrundstücks zu erstrecken (LT-Drs. 16/3195, S. 65).

Die letzte größere **Änderung der Niedersächsischen Bauordnung im Jahr 2018** (Nds. GVBl. S. 190 mit Berichtigung S. 253) hat die Vorschrift des § 63 im Grundsatz unverändert gelassen. Erweitert wurde die Prüfungspflicht allerdings in Bezug auf die Einhaltung der dem Gewässerschutz dienenden düngerechtlichen Regelung in § 41 Abs. 2 S. 2. Danach muss der Verbleib von Exkrementen und Urin, jeweils auch mit Einstreu, aus der Haltung von Nutztieren sowie für Gärreste dauerhaft gesichert sein. Auch im vereinfachten Baugenehmigungsverfahren muss daher ein qualifizierter Flächennachweis vorgelegt werden. Mit der Vorschrift reagiert der Gesetzgeber auf die insbesondere, aber nicht nur im Nordwesten Niedersachsens nicht zufriedenstellende Qualität des Grundwassers und der Oberflächengewässer (vgl. LT-Drs. 18/1136, S. 42). Bearbeitungs- und Entscheidungsfristen hat der Gesetzgeber bewusst nicht in die Regelung aufgenommen (LT-Drs. 17/7278, S. 50 f.). 6

In der Praxis stellt das vereinfachte Baugenehmigungsverfahren mittlerweile den Regelfall dar. Nur für Sonderbauten im Sinne von § 2 Abs. 5 findet das „normale“ Baugenehmigungsverfahren weiterhin Anwendung. Aus rechtspolitischer Sicht ist die Deregulierung des Bauverfahrensrechts demgegenüber weiterhin mit Licht und Schatten verbunden (vgl. bereits LT-Drs. 14/851, S. 8 f.; LT-Drs. 14/3330, S. 12). Der Verzicht auf die Prüfung verschiedener Vorschriften führt auf der einen Seite unbestritten zu einer **Verfahrensbeschleunigung**, was mit Blick auf die erhebliche Arbeitsbelastung der Bauaufsichtsbehörden, den Personalmangel und die Schwierigkeiten bei der Gewinnung geeigneter Fachkräfte einerseits und die Notwendigkeit schneller Entscheidungen andererseits durchaus Gewicht hat. Auf der anderen Seite hat der Prüfverzicht in der Praxis **Vollzugsdefizite** bei der Einhaltung der nicht zu prüfenden Rechtsnormen zur Folge. Das gilt insbesondere dann, wenn Rechtsnormen Anforderungen stellen, deren Einhaltung von außen oder bei flüchtiger Betrachtung nicht zu erkennen ist. Die Vorstellung des Gesetzgebers, Verstöße gegen nicht zu prüfende Vorschriften würden anhand der Bauvorlagen vielfach offensichtlich, entspricht jedenfalls nicht unbedingt der Praxis, weil Bauvorlagen nur im Umfang der gesetzlich vorgesehenen Prüfung eingereicht werden müssen (vgl. §§ 2 ff. BauVorlVO). Im Ergebnis entstehen daher zwei Klassen von Rechtsnormen, nämlich solche, deren Einhaltung kontrolliert wird und daher zwingend ist, und solche, bei denen grundsätzlich keine Kontrolle stattfindet und faktisch ein gewisses Belieben des Bauherrn besteht. Ob daher den nutzungsbedingten Anforderungen an bauliche Anlagen entsprochen wird (vgl. §§ 43 ff.) und die örtlichen Bauvorschriften (§ 84) eingehalten werden, wird nicht mehr systematisch kontrolliert, sodass die Einhaltung der entsprechenden Bestimmungen praktisch nicht gewährleistet ist. Gerade in Bezug auf die örtlichen Bauvorschriften ist daher festzustellen, dass Verstöße häufig erst im Nachhinein – also nach Baufertigstellung – und auf Initiative von Nachbarn bzw. der Gemeinde auffallen. Die Korrektur ist dann häufig aufwändig und entsprechend teuer. Zugleich nimmt damit der Druck auf Bauaufsichtsbehörden und Gemeinden zu, rechtswidrige Zustände zeitweise oder auf Dauer hinzunehmen. Für die Disziplin der für den Bau Verantwortlichen ist das nicht förderlich. Das vereinfachte Baugenehmigungsverfahren hat daher neben der zu begrüßenden Verfahrensbeschleunigung durchaus Vollzugsdefizite zur Folge. Der Gesetzgeber hat sich entschieden, diese Defizite hinzunehmen. 7

8 Auch für den Bauherrn ist das vereinfachte Genehmigungsverfahren nicht nur positiv zu sehen, weil sich die **Legalisierungswirkung der Genehmigung** grundsätzlich nur auf die im Genehmigungsverfahren zu prüfenden Fragen bezieht (vgl. OVG Lüneburg 17.12.1996 – 1 M 5481/96, BRS 58 Nr. 183; VG Göttingen 4.4.2016 – 2 B 41/16, BeckRS 2016, 44881; vgl. auch BVerwG 16.1.1997 – 4 B 244.96, NVwZ 1998, 58 = BRS 59 Nr. 185). Im Einzelfall möglich ist es allerdings, dass die Behörde den Prüfungsrahmen missachtet und Genehmigung – rechtswidrigerweise – mit weitergehender Legalisierungswirkung erteilt hat. Bei dieser Annahme ist allerdings große Zurückhaltung geboten. Selbst wenn die Behörde eine Prüfung über das gesetzliche Prüfungsprogramm hinaus vorgenommen haben sollte, bedeutet das nicht, dass sie zugleich eine Genehmigung mit entsprechender Legalisierungswirkung aussprechen wollte. Die Bauaufsichtsbehörde ist im Rahmen ihrer allgemeinen Befugnis gemäß § 58 Abs. 1 S. 1 durchaus zu weitergehenden Prüfungen berechtigt, ohne dass dies zugleich Einfluss auf die Legalisierungswirkung der nach § 63 zu erteilenden Baugenehmigung hat. Im Regelfall ist daher anzunehmen, dass sich die Behörde innerhalb der ihr gezogenen rechtlichen Grenzen hält. Es bedarf im Einzelfall konkreter und belastbarer Gründe für die Annahme, die Behörde habe den Prüfungsrahmen überschritten. Dass daher bereits aus dem Grünstempel auf einer Bauvorlage eine weitergehende Legalisierungswirkung folgt, ist grundsätzlich nicht anzunehmen und kann allenfalls im Einzelfall unter ausführlicher Würdigung aller Umstände einschließlich des rechtlich gebotenen Prüfungsumfang zu bejahen sein (soweit das anhand des mitgeteilten Sachverhalts zu beurteilen ist, unzutreffend daher VG Hannover 18.8.2006 – 4 B 4382/06, BeckRS 2006, 25061) Grundsätzlich können daher sowohl die Bauaufsichtsbehörde als auch die Nachbarn ungeachtet der Bestandskraft der Baugenehmigung weiterhin Verstöße gegen nicht geprüfte baurechtliche Bestimmungen rügen (vgl. BVerwG 16.1.1997 – 4 B 244.96, NVwZ 1998, 58 = BRS 59 Nr. 185).

B. Gegenstand des vereinfachten Verfahrens (Abs. 1 S. 1)

9 Was Gegenstand des vereinfachten Baugenehmigungsverfahrens ist, regelt § 63 Abs. 1 S. 1. Das vereinfachte Baugenehmigungsverfahren wird danach durchgeführt für die **genehmigungsbedürftige Errichtung, Änderung oder Nutzungsänderung baulicher Anlagen**, mit Ausnahme von baulichen Anlagen, die nach Durchführung der Baumaßnahme Sonderbauten im Sinne des § 2 Abs. 5 sind. Voraussetzung ist erstens, dass eine bestimmte Baumaßnahme (vgl. § 2 Abs. 13), nämlich die Errichtung, die Änderung oder die Nutzungsänderung einer baulichen Anlage vorgesehen ist. Weitere Baumaßnahmen wie der Abbruch, die Beseitigung und die Instandhaltung einer baulichen Anlage fallen nicht in den Anwendungsbereich der Vorschrift; diese Maßnahmen sind allerdings gemäß § 60 Abs. 2 Nr. 4 und 5 ohnehin weitgehend verfahrensfrei und im Übrigen zwar anzeigepflichtig, aber genehmigungsfrei (§ 60 Abs. 3). Eine Beschränkung auf bestimmte Arten baulicher Anlagen enthält § 63 Abs. 1 S. 1 – anders als die Vorgängerfassung des § 75a NBauO 2003 – insoweit nicht. Die Baumaßnahme muss zweitens genehmigungsbedürftig sein. Sie darf also nicht gemäß den §§ 60 bis 62 verfahrens- bzw. genehmigungsfrei sein. Im Fall einer sonstigen genehmigungsfreien Baumaßnahme nach § 62 Abs. 1 ist das vereinfachte Baugenehmigungsverfahren allerdings kraft ausdrücklicher gesetzlicher Anordnung auch dann durchzuführen, wenn der Bauherr dies verlangt (§ 62 Abs. 10). Ausgenommen sind drittens Sonderbauten, bei denen der Gesetzgeber wegen ihrer Größe, wegen der Zahl und/oder der Schutzbedürftigkeit der sich in ihnen aufhaltenden Personen oder aus anderen Gründen ein besonderes Gefahrenpotenzial sieht. Was Sonderbauten sind, ist der abschließenden Aufzählung in § 2 Abs. 5 zu entnehmen (vgl. LT-Drs. 16/3195, S. 68).

10 Vom Anwendungsbereich ausgenommen sind **Sonderbauten gemäß § 2 Abs. 5**. Ob eine Baumaßnahme zu einem Sonderbau führt, ist anhand des angestrebten Zustands nach Baufertigstellung zu beurteilen. Das folgt aus dem eindeutigen Wortlaut des § 63

Abs. 1 S. 1, der auf die Situation nach Durchführung der Baumaßnahme abstellt. Errichtet der Bauherr daher eine Anlage, die in den Anwendungsbereich des § 63 fällt, und führt eine spätere Änderung oder Nutzungsänderung zu einem Sonderbau, greift das vereinfachte Genehmigungsverfahren nicht. Auch eine analoge Anwendung des § 63 kommt – ungeachtet des Fehlens einer Regelungslücke – nicht in Betracht, weil auch in derartigen Konstellationen das bei Sonderbauten typischerweise anzunehmende größere Gefahrenpotenzial besteht, welches aus Sicht des Gesetzgebers das „normale" Genehmigungsverfahren nach § 64 erfordert. Im umgekehrten Fall – ein Sonderbau wird zum „einfachen" Bau – ist § 63 dagegen anwendbar, weil der Bau nach Durchführung der Baumaßnahme keinen Sonderbau mehr darstellt.

„Gemischte Vorhaben", bei denen nur ein Teil der baulichen Anlage das Gefahrenpotenzial eines Sonderbaus aufweist, sind grundsätzlich insgesamt als Sonderbau einzustufen, mit der Folge, dass das vereinfachte Genehmigungsverfahren ausscheidet. In der Regel bestimmt sich die Wahl des Verfahrens also nach dem Vorhabenteil, der die strengsten Anforderungen nach sich zieht. Das gilt aber nicht uneingeschränkt: Enthält das Bauvorhaben Elemente eines Sonderbaus und Elemente eines Standardbauvorhabens, die technisch-konstruktiv und funktional voneinander trennbar sind, wird der Teil, der nicht Sonderbau ist, im vereinfachten Genehmigungsverfahren geprüft, während auf den Sonderbauteil § 64 Anwendung findet. Das entspricht dem Willen des Gesetzgebers, der das vereinfachte Verfahren im Interesse der Verfahrensvereinfachung und -beschleunigung zum Regelverfahren erklärt hat (vgl. VGH München 17.2.2005 – 2 B 02.2691, BeckRS 2005, 15993). 11

Fällt ein Vorhaben in den Anwendungsbereich des § 63, hat der Bauherr **kein Wahlrecht**, sich dennoch für ein „normales" Baugenehmigungsverfahren gemäß § 64 mit erweiterter Prüfung zu entscheiden. Ein solches Interesse kann durchaus bestehen, wenn ein Bauherr zur Vermeidung späterer Streitigkeiten beispielsweise eine Entscheidung über die Vereinbarkeit des Vorhabens mit örtlichen Bauvorschriften (§ 84) anstrebt (→ Rn. 7). Der Gesetzgeber macht in § 63 indes die zwingende Vorgabe, dass das vereinfachte Baugenehmigungsverfahren in den in der Vorschrift benannten Fällen durchgeführt „wird". Das entspricht auch dem Sinn und Zweck, der auf eine Entlastung der Bauaufsichtsbehörden abzielt. Die Rechtslage unterscheidet sich insofern von der Rechtslage bei den sonstigen genehmigungsfreien Baumaßnahmen (§ 62); dort ermöglicht § 62 Abs. 10 ausdrücklich die Durchführung eines vereinfachten Genehmigungsverfahrens auf Verlangen des Bauherrn. 12

C. Prüfungsmaßstab (Abs. 1 S. 2 und 3)

Gemäß § 63 Abs. 1 S. 2 prüft die Bauaufsichtsbehörde die Bauvorlagen nur auf die Vereinbarkeit mit den unter Nr. 1-3 aufgeführten Vorschriften. Damit ergibt sich aus dem Wortlaut ein **eingeschränktes und abschließendes Prüfprogramm**. Ein Verstoß gegen Vorschriften, die im Prüfprogramm nicht enthalten sind, steht der Erteilung der Baugenehmigung daher grundsätzlich nicht entgegen; die Bauaufsichtsbehörde trifft **keine über § 63 Abs. 1 S. 2 hinausgehende Prüfpflicht**. Das gilt nach dem klaren und in § 63 Abs. 1 S. 2 eindeutig zum Ausdruck gebrachten Willen des Gesetzgebers auch dann, wenn es um Vorschriften geht, die vor der Gefährdung hochwertiger Rechtsgüter wie Leben oder Gesundheit von Menschen schützen sollen (in Bezug auf Niedersachsen unzutreffend OVG Münster 28.1.2009 – 10 A 1075/08, BRS 74 Nr. 156; VGH Kassel 1.10.2010 – 4 A 1907/10, BRS 76 Nr. 147). Da die Baugenehmigung insoweit keine Feststellungs- bzw. Legalisierungswirkung entfaltet (vgl. VG Göttingen 4.4.2016 – 2 B 41/16, BeckRS 2016, 44881), bleibt der Bauherr in der Verantwortung, das Baurecht in vollem Umfang einzuhalten (vgl. auch § 59 Abs. 3 S. 1). Mit der Einschränkung des Prüfprogramms und dem partiellen Verzicht auf eine präventiv wirksame Kontrolle geht **kein Dispens von der Einhaltung des materiellen Rechts** einher. Zugleich bleibt die Bau- 13 aufsichtsbehörde zu einem **Einschreiten gemäß § 79** berechtigt. Auch dann, wenn die Bauaufsichtsbehörde hätte erkennen können oder sogar erkannt hat, dass ein Vorhaben gegen nicht zu prüfende Vorschriften des Baurechts verstößt, findet eine Verwirkung der bauaufsichtlichen (hoheitlichen) Eingriffsbefugnisse nicht statt (vgl. OVG Lüneburg 26.2.2014 – 1 LB 100/09, BRS 82 Nr. 204). Auch in ihre Ermessenserwägungen muss die Bauaufsichtsbehörde diesen Umstand nicht mit besonderem Gewicht einstellen. Der Bauherr sieht sich daher ungeachtet der ihm erteilten Genehmigung möglicherweise noch viele Jahre später bauaufsichtlichen Anordnungen ausgesetzt, ohne dass er insoweit Einwendungen erheben oder gar Schadensersatzansprüche geltend machen kann.

14 Das eingeschränkte Prüfprogramm zwingt die Bauaufsichtsbehörde jedoch nicht in allen Fällen, eine Baugenehmigung für ein Vorhaben zu erteilen, wenn sie trotz des eingeschränkten Prüfprogramms bemerkt, dass das Vorhaben einer aus dem Prüfprogramm ausgeschlossenen Bestimmung des öffentlichen Rechts widerspricht. **Ein solches rechtswidriges Vorhaben muss die Bauaufsichtsbehörde jedenfalls nicht umstandslos genehmigen**. § 58 Abs. 1 S. 1, der der Bauaufsichtsbehörde die Aufgabe zuweist, darüber zu wachen und darauf hinzuwirken, dass Anlagen, Grundstücke und Baumaßnahmen dem öffentlichen Baurecht entsprechen, gilt weiterhin. Dabei ist zu differenzieren: Handelt es sich um einen **behebbaren Mangel**, der das Vorhaben als solches nicht berührt, kann die Bauaufsichtsbehörde die Genehmigung mit einem entsprechenden Hinweis versehen und erforderlichenfalls bereits ankündigen, dass sie eine unveränderte Bauausführung zum Anlass nehmen wird, bauaufsichtlich einzuschreiten. Die Versagung der Genehmigung ist in derartigen Fällen jedoch grundsätzlich unzulässig, weil nicht ausgeschlossen ist, dass der Bauherr von der Genehmigung in einer gesetzeskonformen Weise Gebrauch machen kann. Ein Sachbescheidungsinteresse kann daher nicht verneint werden. Zu weitgehend ist demgegenüber die in der obergerichtlichen Rechtsprechung durchaus verbreitete Annahme, es bestehe kein Anspruch auf die Erteilung einer Baugenehmigung, bei deren Ausnutzung offenkundig ein Verstoß gegen Vorschriften des öffentlichen Baurechts eintreten würde und dessen Verwirklichung daher sofort mit einer Baueinstellungsverfügung, einem Nutzungsverbot oder einer Beseitigungsverfügung repressiv unterbunden werden müsste (so OVG Münster 28.1.2009 – 10 A 1075/08, BRS 74 Nr. 156; OVG Koblenz 18.11.1991 – 8 B 11955/91 -, NVwZ-RR 1992, 289 (290) = BRS 52 Nr. 148). Diese Auffassung steht mit dem Wortlaut des § 63 Abs. 1 S. 2 nicht in Einklang und berücksichtigt nicht ausreichend, dass die Verantwortung für die ordnungsgemäße Bauausführung nicht bei der Bauaufsichtsbehörde, sondern beim Bauherrn liegt. Ist der **Mangel ohne Änderung des Vorhabens**, also des Genehmigungsgegenstandes (vgl. zur Abgrenzung OVG Lüneburg 16.6.2014 – 1 ME 70/14, NVwZ-RR 2014, 802 (803) = BRS 82 Nr. 171), dagegen **nicht behebbar** und wäre daher jede Ausnutzung der Genehmigung rechtswidrig, fehlt das Sachbescheidungsinteresse des Bauherrn mit der Folge, dass der Bauantrag unzulässig ist (vgl. dazu OVG Lüneburg 30.4.2014 – 1 LB 200/12, BRS 82 Nr. 161). Die Baugenehmigungsbehörden sind nicht verpflichtet, in die Prüfung eines Genehmigungsantrages einzutreten, wenn der Antragsteller die Genehmigung zwar (möglicherweise) formal beanspruchen kann, jedoch klar ist, dass er aus Gründen, die jenseits des Verfahrensgegenstandes liegen, an einer Verwertung der begehrten Genehmigung gehindert und deshalb die Genehmigung ersichtlich nutzlos wäre, weil sich das Hindernis schlechthin nicht ausräumen lässt (vgl. BVerwG 24.10.1980 – 4 C 3.78, NJW 1981, 2426 = BRS 36 Nr. 169). Das Sachbescheidungsinteresse fehlt jedenfalls dann, wenn der Rechtsverstoß eine Schwere erreicht, die ein Einschreiten der Bauaufsichtsbehörde nach § 79 nicht nur ermöglicht, sondern im Sinne einer Ermessensreduzierung auf null sogar erfordert (vgl. OVG Hamburg 30.3.2011 – 2 Bf 374/06, NordÖR 2011, 340 (342) = BRS 78 Nr. 152).

15 § 63 Abs. 1 S. 2 beschränkt das Prüfprogramm der Bauaufsichtsbehörde auf die Vereinbarkeit mit dem städtebaulichen Planungsrecht, den §§ 5 bis 7, 33 Abs. 2 S. 3, § 41 Abs. 2 S. 2 und den §§ 47 und 50 und den sonstigen Vorschriften des öffentlichen Rechts im Sinne des § 2 Abs. 17. Diese Einschränkung der präventiven Kontrolle, die einen erheblichen Teil des Bauordnungsrechts ausklammert, das übrige öffentliche Recht aber unberührt lässt, ist **bundesrechtlich unbedenklich**, weil das städtebauliche Planungsrecht und sonstiges Bundesrecht, das Anforderungen an bauliche Anlagen stellt, Prüfungsmaßstab bleibt (vgl. BVerwG 18.6.1997 - 4 B 238/96, NVwZ-RR 1998, 157 (158) = BRS 59 Nr. 78).

Unter den Begriff des **städtebaulichen Planungsrechts** fällt das gesamte Recht der **16** städtebaulichen Planung, dessen Gegenstand die Vorbereitung und Leitung der gesamten Bebauung in Stadt und Land, der zu ihr gehörigen baulichen Anlagen und Einrichtungen sowie der mit der Bebauung in Verbindung stehenden Nutzung des Bodens ist (so die frühe Begriffsbestimmung im Gutachten des BVerfG 16.6.1954 – 1 PBvV 2/52, BVerfGE 3, 407 (423)). Dazu zählt das gesamte Städtebaurecht, mithin alle Vorschriften des BauGB, die dem allgemeinen oder dem besonderen Städtebaurecht zugehören (vgl. OVG Lüneburg 10.9.2015 – 1 LA 90/15, NVwZ-RR 2016, 328 (329); ebenso bereits OVG Lüneburg 30.4.2014 – 1 LB 200/12, BRS 82 Nr. 161; zu eng demgegenüber *Kemper* BeckOK Bauordnungsrecht Niedersachsen § 63 Rn. 30 ff.). Städtebauliches Planungsrecht sind daher nicht bloß die §§ 29 bis 38 BauGB über die Zulässigkeit von Vorhaben, sondern beispielsweise auch die Vorschriften über städtebauliche Sanierungs- und Entwicklungsmaßnahmen. Das Bundesbaurecht ist auch im vereinfachten Baugenehmigungsverfahren umfassend zu prüfen.

Im Bereich des **Bauordnungsrechts** ist die Prüfung auf die in § 63 Abs. 1 S. 2 aufgeführ- **17** ten Vorschriften der Niedersächsischen Bauordnung beschränkt. Zum Prüfungsprogramm zählen die §§ 5 bis 7 (Grenzabstände), § 33 Abs. 2 S. 3 (zweiter Rettungsweg), § 41 Abs. 2 S. 2 (ordnungsgemäße Entsorgung von Ausscheidungen aus der Tierhaltung und von Gärresten), § 47 (notwendige Einstellplätze) und § 50 (Anforderungen an Werbeanlagen). Die Einbeziehung der Prüfung des § 50 begründet der Gesetzgeber damit, dass ein Prüfverzicht in diesem Fall dazu führen könnte, dass vermehrt aufgrund der Belästigungen und Häufigkeit von Werbeanlagen nachträglich gegen unzumutbare Störungen eingeschritten werden müsste (LT-Drs. 16/3195, S. 98). In welchem Umfang die Einhaltung der Anforderungen an die Standsicherheit (§ 12) und den Brandschutz (§ 14) zu prüfen sind, regelt § 63 Abs. 1 S. 2 2. Hs. mit dem Verweis auf § 65. Gemäß § 65 Abs. 2 S. 1 sind die **Nachweise der Standsicherheit und des Brandschutzes** jeweils nur für bestimmten Arten baulicher Anlagen zu prüfen (→ § 65 Rn. 8 ff.). Darüber hinaus findet eine Prüfung nicht statt, wenngleich die Nachweise dennoch zu erstellen sind. Eine Besonderheit ist bei den Standsicherheitsnachweisen zu beachten. Die Prüfung entfällt hier auch außerhalb des Katalogs des § 65 Abs. 2 S. 1 Nr. 1 in Verbindung mit Abs. 3 S. 1 nur dann, wenn die dennoch zu erstellenden Nachweise von Personen, die gemäß § 65 Abs. 4 in der von der Ingenieurkammer Niedersachsen geführten Liste der Tragwerksplanerinnen und Tragwerksplaner (§ 21 NIngG) oder in einem entsprechenden Verzeichnis in einem anderen Land eingetragen oder diesen Personen nach § 21 Abs. 5 NIngG gleichgestellt sind, erstellt worden sind. Ist das nicht der Fall und sind die Nachweise zulässigerweise von anderen Personen erstellt worden, findet hingegen eine Prüfung statt (§ 65 Abs. 5; → § 65 Rn. 6). Gänzlich ausgeklammert sind alle anderen Vorschriften der NBauO, der auf ihrer Grundlage erlassenen Rechtsverordnungen wie der Allgemeinen Durchführungsverordnung zur Niedersächsischen Bauordnung, der Verordnung über Campingplätze, Wochenendplätze und Wochenendhäuser, der Feuerungsverordnung, der Verordnung über den Bau und Betrieb von Garagen und Stellplätzen, der Verordnung über den Bau und Betrieb von Verkaufsstätten, der Niedersächsischen Versammlungsstättenverordnung sowie die auf der Grundlage von § 84 erlassenen örtlichen Bauvorschriften.

Zum Prüfprogramm gehören schließlich die **sonstigen Vorschriften des öffentlichen** **18** **Rechts im Sinne des § 2 Abs. 17**, die Anforderungen an bauliche Anlagen, Bauprodukte oder Baumaßnahmen stellen oder die Bebaubarkeit von Grundstücken regeln. Der Begriff der sonstigen Vorschriften des öffentlichen Rechts beschreibt einen Auffangtatbestand für all diejenigen Normen, die keinen spezifisch städtebaurechtlichen bzw. bauordnungsrechtlichen Charakter aufweisen (OVG Lüneburg 10.9.2015 – 1 LA 90/15, NVwZ-RR 2016, 328 (329)). Erfasst wird das gesamte Bundes- und Landesrecht, das sich entweder mit der Grundstücksnutzung oder der aufstehenden Bebauung befasst. Dazu zählen beispielsweise das baurelevante Denkmalschutzrecht, das Straßen- und Wegerecht etwa im Hinblick auf Anbaubeschränkungen und das gesamte Umwelt- und Naturschutzrecht, soweit es nicht bereits über § 34 Abs. 1 BauGB („sich einfügen“) und § 35 Abs. 3 S. 1 BauGB (Nr. 3: „schädliche Umwelteinwirkungen“; Nr. 5: „Belange des Naturschutzes und der Landschaftspflege, des Bodenschutzes, des Denkmalschutzes ...“) und die darin enthaltenen Bezugnahmen auf das materielle Umweltrecht als städtebauliches Planungsrecht zu prüfen ist. Eine Einschränkung des Prüfprogramms enthält allerdings **§ 63 Abs. 1 S. 3**, der auf § 64 S. 2 verweist. Die Vereinbarkeit der Bauvorlagen mit den **Anforderungen der Arbeitsstättenverordnung**, die sonstiges öffentliches Recht im Sinne von § 2 Abs. 17 darstellt, wird nur geprüft, wenn der Bauherr dies verlangt.

19 Die **Einschränkung des Prüfungsmaßstabs gilt auch für das Bauvoranfrageverfahren**. § 73 Abs. 1 S. 1 regelt, dass sich die Bauvoranfrage auf Fragen beziehen muss, über die im Baugenehmigungsverfahren zu entscheiden wäre. Einzelfragen, die im vereinfachten Baugenehmigungsverfahren nicht zu prüfen sind, können daher nicht zum Gegenstand einer Bauvoranfrage gemacht werden. Freilich kann dem Bauherrn ein legitimes Interesse daran nicht abgesprochen werden, vor der Errichtung des Bauwerks klären zu können, ob sein Entwurf dem öffentlichen Baurecht entspricht, wenn zu einzelnen Punkten Zweifel bestehen. Der Bauherr kann in diesen Fällen nur eine (nach Nr. 4.6 der Anlage 1 zur BauGO gebührenpflichtige) Auskunft beantragen, ob das von ihm beabsichtigte Bauvorhaben dem öffentlichen Baurecht entspricht, soweit die Prüfung im vereinfachten Baugenehmigungsverfahren entfällt. Eine solche Auskunft hat aber nicht die gleiche Bindungswirkung wie ein Bauvorbescheid. Verneint die Bauaufsichtsbehörde die Vereinbarkeit mit dem öffentlichen Baurecht, bleibt nur der Ausweg über eine Feststellungsklage. Die **Teilbaugenehmigung** setzt nach § 70 voraus, dass nach dem Stand der Prüfung des Bauantrags gegen die Teilausführung keine Bedenken bestehen. Diese Abhängigkeit vom Baugenehmigungsverfahren schließt einen abweichenden Prüfungsmaßstab für die Teilbaugenehmigung aus. Vergleichbares gilt für die **Nachtragsbaugenehmigung** (Tekturgenehmigung; → § 64 Rn. 4). Für die Typenprüfung und die Genehmigung fliegender Bauten gilt § 63 nicht.

20 Die Baugenehmigung darf erst erteilt werden, wenn alle Anforderungen, die die Bauaufsichtsbehörde nach dem Prüfprogramm des § 63 Abs. 1 S. 2 zu prüfen hat, erfüllt sind. Es gilt die so genannte **Schlusspunkttheorie**. Erst wenn sich die Bauaufsichtsbehörde davon überzeugt hat, dass alle Anforderungen erfüllt sind, die das zu prüfende öffentliche Baurecht an das Vorhaben stellt, darf sie mit der Baugenehmigung feststellen, dass das Vorhaben den zu prüfenden Anforderungen genügt (Feststellungswirkung), und die Baufreigabe erteilen (Verfügungswirkung; vgl. OVG Lüneburg 30.4.2014 – 1 LB 200/12, BRS 82 Nr. 161; → § 64 Rn. 2).

D. Ausnahmen, Befreiungen und Zulassungen (Abs. 2)

21 § 63 Abs. 2 sieht vor, dass über erforderliche **Ausnahmen, Befreiungen und Zulassungen von Abweichungen** von Vorschriften, deren Einhaltung nach § 63 Abs. 1 nicht geprüft wird, **nur auf besonderen Antrag** entschieden wird. Die bereits in § 7 PrüfeVO a.F. enthaltene Bestimmung führt dazu, dass es Sache des Bauherrn ist zu prüfen, ob er eine Ausnahme, eine Befreiung oder die Zulassung einer Abweichung benötigt, um sein Vorhaben errichten zu dürfen und von der Legalisierungswirkung der Baugenehmigung zu profitieren. Die **in mehrfacher Hinsicht problematische Regelung** knüpft an § 66 an, der eine umfassende und abschließende Regelung zu Ausnahmen, Befreiungen und Abweichungen enthält (vgl. LT-Drs. 16/3195, S. 102). § 63 Abs. 2 ist im Hinblick darauf

in gewisser Hinsicht redundant, weil § 66 Abs. 2 auch in Verbindung mit Abs. 6 eine identische Regelung enthält. Auch nach dieser Vorschrift setzt die Zulassung einer Ausnahme, Befreiung oder Abweichung, und zwar auch in Bezug auf Vorschriften, deren Einhaltung im jeweiligen Genehmigungsverfahren nicht geprüft wird, einen schriftlichen und begründeten Antrag voraus. Der Gesetzgeber sah einen Unterschied allerdings darin, dass es sich bei § 63 Abs. 2 um einen „besonderen" Antrag handeln muss, während § 66 Abs. 2 S. 1 nur einen „schriftlichen und begründeten" Antrag voraussetzt. Es soll klargestellt werden, dass der Bauantrag nicht zugleich einen Antrag auf die genannten Entscheidungen umfasst (vgl. LT-Drs. 16/4621, S. 26). Das aber ist auch im Rahmen des „normalen" Baugenehmigungsverfahren nicht der Fall (vgl. OVG Lüneburg 16.4. 2014 – 1 LA 131/13, NVwZ-RR 2014, 588 (590) = BRS 82 Nr 149). Die Überzeugungskraft dieser Überlegung ist daher sehr begrenzt. Dass ein vollständig neues Verwaltungsverfahren neben dem Baugenehmigungsverfahren durchzuführen sein soll, dürfte kaum gemeint sein und würde dem Ziel der Verwaltungsvereinfachung zuwiderlaufen. Die Vorschrift weist zudem eine weitere Unstimmigkeit auf. Sie bezieht sich auf Ausnahmen, Befreiungen und Zulassungen von Abweichungen von Vorschriften, deren Einhaltung nach § 63 Abs. 1 nicht geprüft wird. Gemäß § 63 Abs. 1 nicht geprüft werden allerdings ausschließlich Vorschriften der NBauO und der auf ihrer Grundlage erlassenen Rechtsverordnungen und Satzungen, während das übrige baubezogene öffentliche Recht weiterhin voll zu prüfen ist (§ 63 Abs. 1 S. 2; → Rn. 15 ff.). Vor diesem Hintergrund wäre § 63 Abs. 2 in Übereinstimmung mit § 66 Abs. 1 S. 1 auf die Zulassung von Abweichungen zu beschränken gewesen. Ausnahmen und Befreiungen werden nach anderen Vorschriften des öffentlichen Baurechts erteilt, deren Einhaltung nach § 63 Abs. 1 S. 1 stets zu prüfen ist, Die Vorschrift ist insoweit also überschießend formuliert und ohne Regelungsgehalt. Insgesamt wäre der Gesetzgeber gut beraten, § 63 Abs. 2 ersatzlos zu streichen. § 66 enthält schon heute alle erforderlichen Regelungen.

Der **Anwendungsbereich** des § 63 Abs. 2 bezieht sich dem Wortlaut nach auf **Ausnahmen, Befreiungen und die Zulassung von Abweichungen**. Die Vorschrift knüpft an **§ 66** an. § 66 erfasst sowohl die Zulassung von Abweichungen von Anforderungen nach der NBauO und den auf ihrer Grundlage erlassenen Vorschriften (§ 66 Abs. 1) als auch die Erteilung von Ausnahmen und Befreiungen nach anderen Vorschriften des öffentlichen Baurechts (§ 66 Abs. 6). Dazu zählen auch die bundesrechtlichen Vorschriften, wobei § 31 Abs. 2 und § 34 Abs. 3a BauGB über den größten Anwendungsbereich verfügen dürften. Diese Vorschriften gehören allerdings gemäß § 63 Abs. 1 S. 2 zum regulären Prüfprogramm und werden daher von § 63 Abs. 2 nicht erfasst (→ Rn. 16, 18). Gemäß § 66 Abs. 6 in Verbindung mit Abs. 2 S. 1 bedarf es ungeachtet dessen aber auch hier eines „schriftlichen und begründeten", wenngleich nicht „besonderen" Antrags, sodass im Ergebnis alle Ausnahmen, Befreiungen und Zulassungen von Ausnahmen antragsgebunden sind. 22

Benötigt der Bauherr eine Ausnahme, Befreiung oder Zulassung einer Abweichung, muss er im Anwendungsbereich des § 63 Abs. 2 – also in Bezug auf die Zulassung einer Abweichung von Bauordnungsrecht – einen **besonderen Antrag** stellen; im Übrigen genügt gemäß § 66 Abs. 2 S. 1 in Verbindung mit S. 6 ein schriftlicher und begründeter Antrag. Was beide Anträge unterscheidet, ist fraglich (→ Rn. 21) und für die Praxis bedeutungslos. Der Antrag muss in jedem Fall ausdrücklich gestellt werden, er muss die Vorschriften konkret bezeichnen, von denen befreit bzw. abgewichen werden soll, und er muss eine Begründung enthalten, die sich an den rechtlichen Anforderungen an die begehrte Ausnahme, Befreiung oder Abweichung orientiert. Es ist nicht Sache der Bauaufsichtsbehörde, die Vorschriften herauszusuchen, von denen der Bauherr mit seinem Vorhaben abweichen will (vgl. OVG Lüneburg 16.4.2014 – 1 LA 131/13, NVwZ-RR 2014, 588 (590) = BRS 82 Nr. 149). Liegt der besondere Antrag vor, prüft die Bauaufsichtsbehörde, ob die Ausnahme, Befreiung oder Abweichung erteilt werden kann. Betrifft der Antrag eine Vorschrift, deren Einhaltung nach § 63 Abs. 1 nicht geprüft wird, wird die Zulassung der Abweichung grundsätzlich als gesonderte Genehmigung erteilt, 23 weil die Erteilung der Baugenehmigung von der Abweichung nicht abhängt (§ 66 Abs. 3 S. 1). Der Verwaltungspraktikabilität entspricht es jedoch, dass die Zulassung im Baugenehmigungsverfahren mit geprüft und – mit ausdrücklicher Tenorierung – in die Baugenehmigung aufgenommen wird. Eines gesonderten Verwaltungsverfahrens bedarf es nicht. Wird dagegen eine Ausnahme oder Befreiung nach anderen Vorschriften des öffentlichen Baurechts beantragt, erfolgt die Erteilung durch die Baugenehmigung selbst (§ 66 Abs. 3 S. 1 in Verbindung mit Abs. 6). Den in § 63 Abs. 1 S. 2 und 3 abschließend bestimmten Prüfungsmaßstab (→ Rn. 13 ff.) in Bezug auf die Baugenehmigung selbst lässt die Stellung eines Abweichungsantrags in jedem Fall unberührt. Das gilt auch im gerichtlichen Verfahren. Steht beispielsweise zwischen Auftragsteller und Bauaufsichtsbehörde in Streit, ob eine Abweichung von einer örtlichen Bauvorschrift überhaupt benötigt wird, hat die Stellung eines Abweichungsantrags nicht etwa zur Folge, dass die Behörde verpflichtet werden kann, in der Baugenehmigung festzustellen, dass eine Abweichung mangels wirksamer örtlicher Bauvorschrift überhaupt nicht beantragt werden muss (offen gelassen von OVG Lüneburg 10.5.2019 – 1 LA 124/18, unveröff.). Gegebenenfalls ist in einem solchen Fall die Erhebung einer Feststellungsklage zur Klärung des streitigen Rechtsverhältnisses zu erwägen.

E. Verfahren

24 Gemäß § 67 Abs. 1 S. 1 ist der Antrag auf Erteilung einer Baugenehmigung (Bauantrag) schriftlich bei der Gemeinde einzureichen. Zum Bauantrag sind alle für die Beurteilung der Baumaßnahmen und die Bearbeitung **erforderlichen Unterlagen (Bauvorlagen)** einzureichen (§ 67 Abs. 1 S. 2). Erforderlich sind nur diejenigen Bauvorlagen, die Punkte betreffen, die im Genehmigungsverfahren zu prüfen sind (vgl. LT-Drs. 16/4621, S. 27). Es ist daher nicht erforderlich, dass beispielsweise Angaben zur Barrierefreiheit (§ 49) oder zur Einhaltung der örtlichen Bauvorschriften (§ 84) gemacht werden, wenn nicht im Einzelfall – und nur auf besonderen Antrag – über die Zulassung einer Abweichung (§ 63 Abs. 2) bzw. einer Ausnahme oder Befreiung (§ 66 Abs. 2 in Verbindung mit Abs. 6) entschieden werden soll. Näheres regelt die Verordnung über Bauvorlagen und die Einrichtung von automatisierten Abrufverfahren für Aufgaben der Bauaufsichtsbehörden (Bauvorlagenverordnung). Den Bauherrn trifft eine **Mitwirkungspflicht**. Reagiert er innerhalb einer gesetzten Frist nicht, soll die Bauaufsichtsbehörde die Bearbeitung des Bauantrages unter Angabe der Gründe ablehnen (§ 69 Abs. 2 S. 2).

F. Nachbarschutz

25 Die Erteilung einer Baugenehmigung im vereinfachten Baugenehmigungsverfahren hat aufgrund des reduzierten Prüfprogramms und der deshalb reduzierten Legalisierungswirkung (→ Rn. 8) Auswirkungen auf den Nachbarschutz. **Rechtswirkungen gegenüber den Nachbarn** entfaltet die Baugenehmigung **nur in dem Umfang, in dem nachbarschützende Rechtsvorschriften** gemäß § 63 Abs. 1 S. 1 im vereinfachten Baugenehmigungsverfahren überhaupt **zu prüfen sind**. Nur insoweit enthält die Baugenehmigung nämlich eine Regelung (OVG Lüneburg 17.12.1996 – 1 M 5481/96, BRS 58 Nr. 183; 29.8.1997 – 6 M 3892/97, NdsVBl 1998, 47 f.). Das hat Folgen für den gerichtlichen Rechtsschutz: Eine Nachbarklage und ein Antrag nach den §§ 80a, 80 Abs. 5 VwGO bleiben erfolglos, wenn die vermeintlich verletzten Vorschriften des Bauordnungsrechts nicht zum Prüfprogramm gehören. Macht der Nachbar in einem derartigen Fall geltend, dass nachbarschützende bauordnungsrechtliche Vorschriften verletzt sind, kommt nur eine Rechtsverletzung durch das Vorhaben selbst und nicht eine Verletzung durch die die nachbarschützende Vorschrift gerade ausklammernde Baugenehmigung in Betracht (BVerwG 16.1.1997 – 4 B 244/96, NVwZ 1998, 58 = BRS 59 Nr. 185). Wie bei den verfahrens- bzw. genehmigungsfreien Vorhaben nach den §§ 60 ff. und bei „Schwarzbauten“ kann der Nachbar nur einen Anspruch auf behördliches Einschreiten geltend machen; die Behörde verfügt allerdings auch hier gemäß §79 über Ermessen (vgl. OVG Lüneburg 28.3.2014 – 1 LA 216/12, NordÖR 2014, 390 (391f.) = BRS 82 Nr. 197). Somit ist die Verpflichtungsklage die richtige Klageart, wenn der Nachbar sich durch Umstände in seinen Rechten verletzt fühlt, über die im vereinfachten Genehmigungsverfahren nicht entschieden worden ist. Vorläufiger Rechtsschutz wird nach §123 VwGO gewährt.

§64 Baugenehmigungsverfahren

[1]Bei genehmigungsbedürftigen Baumaßnahmen, die nicht im vereinfachten Baugenehmigungsverfahren nach §63 geprüft werden, prüft die Bauaufsichtsbehörde die Bauvorlagen auf ihre Vereinbarkeit mit dem öffentlichen Baurecht. [2]Die Vereinbarkeit der Bauvorlagen mit den Anforderungen der Arbeitsstättenverordnung wird nur geprüft, wenn die Bauherrin oder der Bauherr dies verlangt. [3]§65 bleibt unberührt.

§64 regelt das „klassische" Baugenehmigungsverfahren, das mit Blick auf die umfangreichen Kataloge der verfahrens- und genehmigungsfreien Vorhaben nach den §§60 bis 62 und das ansonsten ganz überwiegend zur Anwendung gelangende vereinfachte Baugenehmigungsverfahren nach §63 mittlerweile die Ausnahme darstellt. Der Anwendungsbereich des §64 ist nach Art eines Subtraktionsmodells (vgl. LT-Drs. 16/3195, S. 99) zu ermitteln: Nur wenn die Voraussetzungen der §§60 bis 63 nicht vorliegen, kommt es zur Anwendung des klassischen Baugenehmigungsverfahrens. Das ist nur noch in einem sehr begrenzten Umfang der Fall. Der **Anwendungsbereich** des Verfahrens nach §64 ist auf **Sonderbauten gemäß §2 Abs. 5** beschränkt. Ein Wahlrecht des Bauherrn, auf die Verfahrens- bzw. Genehmigungsfreistellung zu verzichten und stattdessen das Verfahren nach §64 durchzuführen, besteht nicht (§62 Abs. 10). Es besteht auch **kein Wahlrecht**, anstelle des Verfahrens nach §63 dasjenige nach §64 zu durchlaufen. 1

Bei der Baugenehmigung handelt es sich um einen Verwaltungsakt mit zwei verschiedenen **Funktionen**. Erstens stellt die Bauaufsichtsbehörde mit der Erteilung der Baugenehmigung fest, dass das Vorhaben mit dem öffentlichen Baurecht in Einklang steht (**Feststellungswirkung, auch Legalisierungswirkung**). Zweitens wird mit der Baugenehmigung die Baufreigabe erteilt (**Verfügungswirkung**; vgl. OVG Lüneburg 30.4.2014 – 1 LB 200/12, BRS 82 Nr. 161). Die Doppelfunktion der Baugenehmigung hat Folgen: Die Baugenehmigung darf erst erteilt werden, wenn alle Anforderungen erfüllt sind, die das öffentliche Baurecht an das Vorhaben stellt. Dabei muss die „Wach-Funktion" nicht zwingend mit der Kompetenz einhergehen, diese Fragen eigenständig zu beantworten. Die Bauaufsichtsbehörde muss daher beispielsweise überwachen, ob eine zusätzlich erforderliche sanierungsrechtliche Genehmigung vorliegt, bevor sie die Baugenehmigung erteilt. Das gilt auch dann, wenn für die Erteilung eine andere Behörde zuständig sein sollte (OVG Lüneburg 30.4.2014 – 1 LB 200/12, BRS 82 Nr. 161; 10.9.2015 – 1 LA 90/15, NVwZ-RR 2016, 328 (330)). Es gilt die so genannte **Schlusspunkttheorie**. Die Erteilung der Baugenehmigung selbst regelt §70; §64 stellt eine verfahrensrechtliche Regelung dar. Bezüglich der weiteren materiellen Rechtswirkungen wird daher auf die Kommentierung zu §70 verwiesen. 2

Hinsichtlich des Prüfprogramms zielt das Baugenehmigungsverfahren – wie auch in §70 Abs. 1 S. 1 zum Ausdruck kommt – auf eine **umfassende Prüfung** der auf das jeweilige Bauvorhaben anzuwendenden Anforderungen des öffentlichen Baurechts und damit auf eine Baugenehmigung als umfassende öffentlich-rechtliche Unbedenklichkeitsbescheinigung ab (LT-Drs. 16/3195, S. 99). Zum öffentlichen Baurecht zählen gemäß §2 Abs. 17 die Vorschriften der NBauO, die Vorschriften aufgrund der NBauO, das städtebauliche Planungsrecht und die sonstigen Vorschriften des öffentlichen Rechts, die Anforderungen an bauliche Anlagen, Bauprodukte oder Baumaßnahmen stellen oder die Bebaubarkeit von Grundstücken regeln (→ §63 Rn. 15ff.). Dementsprechend ist die **Le-** 3

galisierungswirkung umfassend. Ist die Baugenehmigung nach § 64 erteilt, steht fest, dass das genehmigte Vorhaben dem öffentlichen Baurecht entspricht. Ein Einschreiten nach § 79 ist ausgeschlossen. Nachträgliche Anpassungen können nur nach Maßgabe des § 85 verlangt werden.

4 Im Einzelfall nicht ganz einfach zu beurteilen ist die Frage, ob ein **abweichend von einer Baugenehmigung errichtetes Gebäude** noch von ihrer Legalisierungswirkung erfasst wird oder aber als „aliud" einen „Schwarzbau" darstellt und einem gänzlich neuen Baugenehmigungsverfahren zu unterziehen ist. Dies richtet sich danach, ob sich das errichtete Vorhaben in Bezug auf baurechtlich relevante Kriterien von dem ursprünglichen Vorhaben unterscheidet. Dies gilt unabhängig davon, ob die baurechtliche Zulässigkeit des abgewandelten Vorhabens als solche im Ergebnis anders zu beurteilen ist. Ein baurechtlich relevanter Unterschied zwischen dem ursprünglichen und dem abgewandelten Bauvorhaben ist immer dann anzunehmen, wenn sich für das abgewandelte Bauvorhaben die Frage der Genehmigungsfähigkeit wegen geänderter tatsächlicher oder rechtlicher Voraussetzungen neu stellt, d. h. diese geänderten Voraussetzungen eine erneute Überprüfung der materiellen Zulässigkeitskriterien erfordern (OVG Lüneburg 16.6.2014 – 1 ME 70/14, NVwZ-RR 2014, 802 (803) = BRS 82 Nr. 171). Ist das der Fall, geht die erteilte Baugenehmigung ins Leere. Dies hat verfahrensrechtliche Folgen. Eine nach niedersächsischem Landesrecht nicht ausdrücklich geregelte, aber gleichwohl anerkannte **Nachtragsbaugenehmigung** (Tekturgenehmigung), die sich allein auf die Abweichungen zwischen genehmigtem und ausgeführtem Vorgaben beschränkt, kann nur dann erteilt werden, wenn das errichtete bzw. zu errichtende Gebäude von der Legalisierungswirkung einer wirksamen Baugenehmigung erfasst wird und nicht als „aliud" einem gänzlich neuen Baugenehmigungsverfahren zu unterziehen ist (OVG Lüneburg 16.6. 2014 – 1 ME 70/14, NVwZ-RR 2014, 802 (803) = BRS 82 Nr. 171; 2.3.2015 – 1 LA 151/14, NVwZ-RR 2015, 487 = BRS 83 Nr. 111). Für den Bauherrn ist die Nachtragsbaugenehmigung aufgrund ihres reduzierten Prüfprogramms, der fortbestehenden Legalisierungswirkung und der eingeschränkten Angreifbarkeit mit Nachbarrechtsbehelfen, die allein auf über die Ursprungsgenehmigung hinausgehende bzw. andersartige Belastungen abzielen können (vgl. VGH München 29.8.2016 – 15 ZB 15.2442, BeckRS 2016, 51754 Rn. 10), sehr vorteilhaft.

5 Eine Ausnahme vom grundsätzlich umfassenden Prüfprogramm regelt **§ 64 S. 2**. Danach entfällt die Prüfung der Bauvorlagen auf ihre Vereinbarkeit mit den Anforderungen der **Arbeitsstättenverordnung**, es sei denn der Bauherr verlangt diese Prüfung. Die Arbeitsstättenverordnung legt fest, was der Arbeitgeber beim Einrichten und Betreiben von Arbeitsstätten in Bezug auf die Sicherheit und den Schutz der Gesundheit der Beschäftigten zu beachten hat. Die Einhaltung der entsprechenden Anforderungen ist grundsätzlich nicht Aufgabe der Bauaufsichtsbehörden, sondern der Gewerbeaufsichtsämter.

6 § 64 S. 3 verweist auf § 65 im Hinblick auf die Erforderlichkeit und Prüfpflicht für bestimmte **bautechnische Nachweise** sowie die entsprechende Qualifizierung der Aufsteller von bautechnischen Nachweisen. Nach § 65 Abs. 2 S. 1 sind die Nachweise der Standsicherheit nur für bauliche Anlagen nach § 65 Abs. 3 S. 1 und 3 Hs. 2 und die Nachweise des Brandschutzes nur für bauliche Anlagen nach § 65 Abs. 3 S. 2 zu prüfen. Eine weitergehende Prüfpflicht folgt aus § 65 Abs. 5, wenn die Nachweise der Standsicherheit von anderen als den in § 65 Abs. 4 genannten Personen erstellt worden sind.

§ 65 Bautechnische Nachweise, Typenprüfung

(1) [1]Die Einhaltung der Anforderungen an die Standsicherheit sowie den Brand-, den Schall-, den Wärme- und den Erschütterungsschutz ist nach Maßgabe der Verordnung nach § 82 Abs. 2 durch bautechnische Nachweise nachzuweisen; dies gilt nicht für verfahrensfreie Baumaßnahmen und für Baumaßnahmen im Sinne des § 60 Abs. 3 Satz 1, soweit nicht in diesem Gesetz oder in der Verordnung nach

§82 Abs. 2 anderes bestimmt ist. [2] Die Berechtigung zum Erstellen von Bauvorlagen nach §53 Abs. 3 Satz 2 Nr. 1 bis 4, Abs. 4 Nr. 2 bis 4 sowie Abs. 5 bis 8 schließt die Berechtigung zur Erstellung der bautechnischen Nachweise ein, soweit nachfolgend nicht anderes bestimmt ist.

(2) [1]Für Baumaßnahmen nach den §§ 62 bis 64 sind nur

1. die Nachweise der Standsicherheit für bauliche Anlagen nach Absatz 3 Sätze 1 und 3 Halbsatz 2 und
2. die Nachweise des Brandschutzes für bauliche Anlagen nach Absatz 3 Satz 2

zu prüfen; im Übrigen sind die bautechnischen Nachweise nicht zu prüfen. [2]Die Bauaufsichtsbehörde kann abweichend von Satz 1 Nr. 1 die Prüfung von Nachweisen der Standsicherheit anordnen, wenn besondere statisch-konstruktive Nachweise oder Maßnahmen insbesondere wegen des Baugrundes erforderlich sind. [3]In den Fällen des §62 gibt die Bauaufsichtsbehörde der Bauherrin oder dem Bauherrn die Nachweise, wenn sie dem öffentlichen Baurecht entsprechen, mit einer Bestätigung darüber zurück.

(3) [1]Bauliche Anlagen nach Absatz 2 Satz 1 Nr. 1 sind

1. Wohngebäude der Gebäudeklassen 4 und 5,
2. unterirdische Garagen mit mehr als 100 m² Nutzfläche in sonstigen Wohngebäuden,
3. sonstige Gebäude, ausgenommen eingeschossige Gebäude bis 200 m² Grundfläche sowie eingeschossige landwirtschaftlich, forstwirtschaftlich oder erwerbsgärtnerisch genutzte Gebäude bis 1 000 m² Grundfläche und mit einfachen balkenartigen Dachkonstruktionen bis 6 m Stützweite, bei fachwerkartigen Dachbindern bis 20 m Stützweite,
4. fliegende Bauten und Fahrgeschäfte, die keine fliegenden Bauten sind,
5. Brücken mit einer lichten Weite von mehr als 5 m,
6. Stützmauern mit einer Höhe von mehr als 3 m über der Geländeoberfläche,
7. Tribünen mit einer Höhe von mehr als 3 m,
8. Regale mit einer zulässigen Höhe der Oberkante des Lagerguts von mehr als 7,50 m,
9. Behälter,
10. Windenergieanlagen mit einer Höhe von mehr als 10 m,
11. sonstige bauliche Anlagen mit einer Höhe von mehr als 10 m.

[2]Bauliche Anlagen nach Absatz 2 Satz 1 Nr. 2 sind

1. Wohngebäude der Gebäudeklassen 4 und 5,
2. sonstige Gebäude der Gebäudeklassen 3, 4 und 5, ausgenommen eingeschossige landwirtschaftlich, forstwirtschaftlich oder erwerbsgärtnerisch genutzte Gebäude,
3. Garagen mit mehr als 100 m² Nutzfläche, auch wenn sie Teil eines sonst anders genutzten Gebäudes sind,
4. Sonderbauten.

[3]Geschosse zur ausschließlichen Lagerung von Jauche oder Gülle bleiben in den Fällen des Satzes 1 Nr. 3 und des Satzes 2 Nr. 2 bei der Ermittlung der Zahl der Geschosse unberücksichtigt; für Geschosse zur ausschließlichen Lagerung von Jauche oder Gülle sind die Nachweise der Standsicherheit stets zu prüfen.

(4) Nachweise der Standsicherheit, die nicht nach Absatz 2 Satz 1 Nr. 1 zu prüfen sind, müssen erstellt sein von Personen, die in der von der Ingenieurkammer Niedersachsen geführten Liste der Tragwerksplanerinnen und Tragwerksplaner (§21

NIngG) oder in einem entsprechenden Verzeichnis in einem anderen Land eingetragen oder diesen Personen nach § 21 Abs. 5 NIngG gleichgestellt sind.

(5) Für genehmigungsbedürftige Baumaßnahmen dürfen Nachweise der Standsicherheit, die nicht nach Absatz 2 Satz 1 Nr. 1 zu prüfen sind, abweichend von Absatz 4 auch von Personen erstellt sein, die nicht die dort genannten Voraussetzungen erfüllen; die von diesen Personen erstellten Nachweise sind abweichend von Absatz 2 Satz 1 Nr. 1 zu prüfen.

(6) [1]Die Nachweise des Schall- und des Wärmeschutzes müssen von Personen erstellt sein, die die Anforderungen nach Absatz 4 oder § 53 Abs. 3 Satz 2 Nr. 1, 2 oder 3 erfüllen. [2]Diese Nachweise können auch erstellt sein

1. **für die in § 53 Abs. 4 Nr. 2 genannten Baumaßnahmen von Personen, die die Anforderungen nach § 53 Abs. 4 Nr. 2, 3 oder 4 oder Abs. 5 bis 8 erfüllen, und**
2. **für die mit der Berufsaufgabe der Innenarchitektin und des Innenarchitekten verbundenen Baumaßnahmen von Personen, die die Anforderungen nach § 53 Abs. 3 Satz 2 Nr. 5 erfüllen.**

(7) [1]Die Nachweise der Standsicherheit und die Nachweise der Feuerwiderstandsfähigkeit der Bauteile können, auch wenn sie nicht nach Absatz 2 zu prüfen sind, auf schriftlichen Antrag allgemein geprüft werden (Typenprüfung). [2]Absatz 4 ist im Fall einer Typenprüfung nicht anzuwenden.

(8) [1]Soweit die Typenprüfung ergibt, dass die bautechnischen Nachweise nach Absatz 7 dem öffentlichen Baurecht entsprechen, ist dies durch Bescheid festzustellen. [2]Der Bescheid wird widerruflich und in der Regel auf fünf Jahre befristet erteilt. [3]Die Befristung kann auf schriftlichen Antrag um jeweils längstens fünf Jahre verlängert werden. [4]§ 67 Abs. 1 Satz 2 und § 71 Satz 4 gelten entsprechend.

(9) Bescheide über Typenprüfungen von Behörden anderer Länder gelten auch in Niedersachsen.

Übersicht

A. Allgemeines

1 § 65 regelt die Pflicht zur Erstellung bautechnischer Nachweise in Bezug auf die Standsicherheit sowie den Brand-, den Schall-, den Wärme- und den Erschütterungsschutz, die Berechtigung zur Erstellung derartiger Nachweise sowie den Umfang der Prüfung der bautechnischen Nachweise durch die Bauaufsichtsbehörde. Hinzu kommen Regelungen zur Typenprüfung einzelner bautechnischer Nachweise. Ein bautechnischer Nachweis ist ein **fachliches Zeugnis, dass eine Baumaßnahme den Anforderungen des öffentlichen Baurechts in Bezug auf bestimmte bautechnische Fragen entspricht**. Dementsprechend muss der bautechnische Nachweis darlegen und begründen, dass die Anforderungen eingehalten werden. Bautechnische Nachweise gehören zu den Bauvorlagen im Sinne der Bauvorlagenverordnung, und zwar auch dann, wenn sie bei der Bauaufsichtsbehörde nicht einzureichen sind (§ 1 Abs. 1 S. 2 BauVorlVO).

Bautechnische Nachweise betreffen in Bezug auf Standsicherheit und Brandschutz Fragen, bei denen die Sicherheit von Menschen und Sachwerten unmittelbar betroffen ist. Dementsprechend hoch sind die materiellen Anforderungen an die Standsicherheit und den Brandschutz, die in allgemeiner Form in §12 (Standsicherheit) und §14 (Brandschutz) geregelt sind und die durch Technische Bauvorschriften und andere untergesetzliche Normen konkretisiert werden. Die Fragen des Wärme-, des Schall- und des Erschütterungsschutzes sind zwar weniger sicherheitsrelevant, betreffen aber den Umwelt- und insbesondere Klimaschutz sowie die Nachbarverträglichkeit des Vorhabens. Die materiellen Anforderungen ergeben sich hier aus §15; auch hier findet eine Konkretisierung auf untergesetzlicher Ebene statt. Jede Reduzierung des Nachweis- und Prüfprogramms in Bezug auf die vorgenannten Anforderungen berührt erhebliche öffentliche Interessen. Dennoch setzt der Gesetzgeber auch mit §65 auf Deregulierung. Die Vorschrift geht davon aus, dass die **Verantwortlichkeit für die Einhaltung des materiellen Baurechts in erster Linie bei den für den Bau verantwortlichen Personen**, insbesondere dem Bauherrn liegt. Diese Grundannahme, die beispielsweise auch den §§60 bis 63 NBauO mit der darin geregelten Zurücknahme der präventiven Baukontrolle zugrunde liegt, führt dazu, dass die Bauaufsichtsbehörde die Einhaltung der Anforderungen an die Standsicherheit sowie den Brandschutz nur noch in bestimmten ausdrücklich bezeichneten Fällen und die Anforderungen an den Schall-, den Wärme- und den Erschütterungsschutz überhaupt nicht mehr präventiv überprüft. Ungeachtet dessen ist der Bauherr in der Regel verpflichtet, zu den – öffentliche Interessen maßgeblich berührenden – Gesichtspunkten der Standsicherheit sowie des Brand-, Schall-, Wärme- und Erschütterungsschutzes bautechnische Nachweise erstellen zu lassen und teilweise auch vorzulegen. Diese Nachweise sind von qualifizierten Personen zu erstellen. Der Gesetzgeber geht davon aus, dass die Einschränkungen bei der behördlichen Überprüfung durch die besonderen Anforderungen an die Ersteller bautechnischer Nachweise ausgeglichen werden (vgl. LT-Drs. 16/3195, S. 99). §65 enthält ferner die Regelungen zur Typenprüfung, die mit Blick auf die Reduktion von Verfahrensanforderungen und Kosten beim Bauen (Stichwort „serielles Bauen“) in Zukunft möglicherweise noch größere Bedeutung erlangen werden. 2

§65, der sein allerdings deutlich abweichendes Pendant in §66 MBO findet, tritt an die Stelle verschiedener verfahrensbezogener Vorschriften, die bis zur **Novelle im Jahr 2012** (Nds. GVBl. S. 46) in den Regelungen zur Genehmigungsfreistellung von Wohngebäuden (§69a NBauO a.F.), zum vereinfachten Genehmigungsverfahren (§75a NBauO a.F.) und zur Typenprüfung (§83 a.F.) enthalten waren, und fasst sie in einer Norm zusammen. Bezugspunkt ist nunmehr nicht mehr die Verfahrensart, sondern – was sachgerecht ist – das jeweilige Bauvorhaben. Daher erweitert die Novelle den Anwendungsbereich der Vorschriften über die reduzierte Prüfung bautechnischer Nachweise auf im „normalen“ Baugenehmigungsverfahren nach §64 zu prüfende bauliche Anlagen sowie auf alle genehmigungs-, aber nicht verfahrensfreien Vorhaben und differenziert anschließend nach der Art des Vorhabens. Wesentliche Anpassungen der Vorschriften sind mit den Änderungsgesetzen in den Jahren 2017 (Nds. GVBl. S. 322) sowie 2018 (Nds. GVBl. S. 190) erfolgt. Die Änderung im Jahr 2017 passt §65 an die Neufassung des Niedersächsischen Ingenieurgesetzes an, die wiederum zur Erfüllung europarechtlicher Vorgaben – insbesondere der Berufsanerkennungsrichtlinie RL 2005/36/EG, zuletzt geändert durch RL 2013/55/EU – erforderlich war. Die Änderungen im Jahr 2018 betreffen vor allem landwirtschaftlich genutzte Anlagen sowie Windenergieanlagen. 3

B. Erstellungspflicht

§65 Abs. 1 S. 1 regelt die **Pflicht zur Erstellung bautechnischer Nachweise**. Grundsätzlich sind die Einhaltung der Anforderungen an die Standsicherheit sowie den Brand-, den Schall-, den Wärme- und den Erschütterungsschutz stets durch bautechnische Nachweise nachzuweisen. Hinsichtlich der näheren Ausformung dieser Pflicht ver- 4 weist § 65 Abs. 1 S. 1 auf die nach § 82 Abs. 2 zu erlassende Verordnung über Bauvorlagen und die Einrichtung von automatisierten Abrufverfahren für Aufgaben der Bauaufsichtsbehörden (Bauvorlagenverordnung – BauVorlVO), die in den §§ 10, 11 BauVorlVO im Einzelnen regelt, in welcher Weise die Standsicherheit und der Brandschutz nachzuweisen sind. Von der generellen Erstellungspflicht enthält § 65 Abs. 1 S. 1 Hs. 2 verschiedene **Ausnahmen**, ohne dass damit Abstriche bezüglich der materiellen Bindung verbunden sind (vgl. § 59 Abs. 3 S. 1). Die Pflicht gilt nicht für verfahrensfreie Baumaßnahmen, die in § 60 Abs. 1 und 2 aufgeführt sind, und für Baumaßnahmen im Sinne des § 60 Abs. 3 S. 1, soweit nicht in diesem Gesetz oder in der Verordnung nach § 82 Abs. 2 etwas Anderes bestimmt ist. Keine Nachweispflicht besteht daher für die in § 60 Abs. 1 in Verbindung mit dem Anhang genannten Baumaßnahmen sowie für die in § 60 Abs. 2 bezeichnete Änderung der Nutzung einer baulichen Anlage, wenn das öffentliche Baurecht an die neue Nutzung weder andere noch weitergehende Anforderungen stellt oder die Errichtung oder Änderung der baulichen Anlage nach Abs. 1 verfahrensfrei wäre (§ 60 Abs. 2 Nr. 1), die Umnutzung bestimmter Räume (Nr. 2 und 3), den Abbruch und die Beseitigung baulicher Anlagen (Nr. 4 und § 60 Abs. 3 S. 1) sowie die Instandhaltung baulicher Anlagen (Nr. 5). Der Gesetzgeber bringt damit zum Ausdruck, dass er die verfahrensfreien Baumaßnahmen mit Blick auf Standsicherheit, Brandschutz sowie Schall-, Erschütterungs- und Wärmeschutz für unproblematisch erachtet. Diese Annahme muss nicht in jedem Einzelfall tatsächlich zutreffen; insoweit obliegt es aber allein dem Bauherrn, die Einhaltung der gesetzlichen Anforderungen zu gewährleisten und erforderlichenfalls auf freiwilliger Basis Nachweise erstellen zu lassen. Die NBauO und die BauVorlVO können **Sonderregelungen** dazu treffen, haben das aber bislang nur vereinzelt getan. Zur Anzeige des beabsichtigten Abbruchs oder der beabsichtigten Beseitigung einer baulichen Anlage nach § 60 Abs. 3 S. 1 – darunter fallen insbesondere Hochhäuser – muss der Bauherr gemäß § 5 Nr. 2 BauVorlVO eine Bestätigung einer Person im Sinne des § 65 Abs. 4 NBauO über die Wirksamkeit der vorgesehenen Sicherungsmaßnahmen und die Standsicherheit der baulichen Anlagen, die an die abzubrechenden oder zu beseitigenden baulichen Anlagen oder Teile baulicher Anlagen angebaut sind oder auf deren Standsicherheit sich die Baumaßnahme auswirken kann, einreichen.

C. Berechtigung zur Erstellung bautechnischer Nachweise

5 Die **Berechtigung zum Erstellen von bautechnischen Nachweisen** folgt einem gestuften Konzept. Grundsätzlich knüpft die Berechtigung an die **allgemeine Bauvorlageberechtigung** nach § 53 Abs. 3 bis 9 an. § 65 Abs. 1 S. 2 bestimmt, dass die Berechtigung zum Erstellen von Bauvorlagen nach § 53 Abs. 3 S. 2 Nr. 1 bis 4, Abs. 4 Nr. 2 bis 4 sowie Abs. 5 bis 8 die Berechtigung zur Erstellung der bautechnischen Nachweise einschließt, soweit § 65 keine abweichende Regelung trifft. Das bedeutet, dass eine Person,

- die die Berufsbezeichnung „Architektin“ oder „Architekt“ führen darf,
- die in die von der Architektenkammer Niedersachsen geführte Liste der Entwurfsverfasserinnen und Entwurfsverfasser der Fachrichtung Architektur eingetragen ist,
- die in der von der Ingenieurkammer Niedersachsen geführten Liste der Entwurfsverfasserinnen und Entwurfsverfasser (§ 19 NIngG) oder in einem entsprechenden Verzeichnis in einem anderen Land eingetragen oder diesen Personen nach § 20 NIngG gleichgestellt ist,
- die die Berufsbezeichnung „Ingenieurin“ oder „Ingenieur“ in der Fachrichtung Architektur, Hochbau oder Bauingenieurwesen führen darf, danach mindestens zwei Jahre in dieser Fachrichtung praktisch tätig gewesen und Bedienstete oder Bediensteter einer juristischen Person des öffentlichen Rechts ist, für die dienstliche Tätigkeit,
- die Meisterin oder Meister des Maurer-, des Betonbauer- oder des Zimmerer-Handwerks oder diesen nach § 7 Abs. 3, 7 oder 9 der Handwerksordnung gleichgestellt ist, wenn Handwerksmeisterinnen und Handwerksmeister die Baumaßnahme aufgrund ihrer beruflichen Ausbildung und Erfahrung entwerfen können,

- die staatlich geprüfte Technikerin oder staatlich geprüfter Techniker der Fachrichtung Bautechnik mit Schwerpunkt Hochbau ist, in gleichem Umfang wie die izuvor genannten Handwerker (§ 53 Abs. 4 Nr. 2), oder
- die in einem Mitgliedstaat der Europäischen Union, einem anderen Vertragsstaat des Abkommens über den Europäischen Wirtschaftsraum oder einem durch Abkommen gleichgestellten Staat einen Ausbildungsnachweis erworben hat, der aufgrund einer schulrechtlichen Rechtsvorschrift als gleichwertig mit dem Abschluss zur staatlich geprüften Technikerin oder zum staatlich geprüften Techniker der Fachrichtung Bautechnik mit Schwerpunkt Hochbau anerkannt ist, in gleichem Umfang wie ein Handwerker (§ 53 Abs. 4 Nr. 2)

zur Erstellung bautechnischer Nachweise berechtigt ist. Ferner gelten die Sonderregelungen für Personen aus einem anderen Mitgliedstaat der Europäischen Union bzw. des Europäischen Wirtschaftsraums (§ 53 Abs. 5 bis 8). Innen- und Landschaftsarchitekten sind hingegen von der Berechtigung zur Erstellung bautechnischer Nachweise – von der Sonderregelung in § 65 Abs. 6 S. 2 abgesehen – ausgenommen. Diese Einschränkung erachtet der Gesetzgeber angesichts der Ausbildungsinhalte im Hinblick auf die Tragwerksplanung und den Brandschutz wegen der unter Sicherheitsaspekten zu stellenden besonderen Anforderungen an bautechnische Nachweise als sachgerecht (LT-Drs. 17/7278, S. 51). Für den Brandschutz und den Erschütterungsschutz hat es mit dieser Regelung sein Bewenden.

Für **den Bereich der Standsicherheit** stellt § 65 höhere Anforderungen für die Fälle, in 6
denen von Rechts wegen keine behördliche Prüfung stattfindet. Gemäß **§ 65 Abs. 4** dürfen in diesen Fällen die Nachweise der Standsicherheit grundsätzlich nur von Personen, die in der von der Ingenieurkammer Niedersachsen geführten Liste der Tragwerksplanerinnen und Tragwerksplaner (§ 21 NIngG) oder in einem entsprechenden Verzeichnis in einem anderen Land eingetragen oder diesen Personen nach § 21 Abs. 5 NIngG gleichgestellt sind, erstellt werden. Der Gesetzgeber stellt hier dem Prüfungsverzicht das Erfordernis einer besonderen Qualifikation des Erstellers des bautechnischen Nachweises gegenüber. Eine Erweiterung erfährt die Regelung durch die Übergangsvorschrift in § 86 Abs. 5. Nachweise im Sinne des § 65 Abs. 4 dürfen danach auch von Personen erstellt werden, die eine Bestätigung nach § 1 Abs. 2 S. 4 der PrüfeVO vom 15.5.1986 (Nds. GVBl. S. 153), geändert durch Verordnung vom 15.10.1986 (Nds. GVBl. S. 340), haben (→ § 86 Rn. 11). Ist die Baumaßnahme genehmigungsbedürftig, dürfen nicht zu prüfende Nachweise der Standsicherheit gemäß **§ 65 Abs. 5** abweichend von § 65 Abs. 4 auch von Personen erstellt sein, die nicht die Voraussetzungen des § 21 NIngG erfüllen. Die von diesen Personen erstellten Nachweise sind dann aber abweichend von § 65 Abs. 2 S. 1 Nr. 1 zu prüfen. Geringe Anforderungen an die Qualifikation des Erstellers werden so durch erweiterte behördliche Prüfungspflichten kompensiert.

Eine weitere Sonderregelung enthält **§ 65 Abs. 6** für die **Nachweise des Schall- und** 7
des Wärmeschutzes. Diese Nachweise müssen grundsätzlich von Personen erstellt sein, die die Anforderungen nach § 65 Abs. 4 in Verbindung mit § 21 NIngG oder § 53 Abs. 3 S. 2 Nr. 1, 2 oder 3 erfüllen, also sich Architekten nennen dürfen oder in eine der Listen der Entwurfsverfasser eingetragen sind (§ 65 Abs. 6 S. 1). Bei bestimmten Baumaßnahmen gelten gemäß § 65 Abs. 6 S. 2 geringere Anforderungen. Bei Baumaßnahmen des Maurer-, des Betonbauer- oder des Zimmerer-Handwerks sind auch Meister, Techniker und nach europäischem Recht gleichgestellte Personen zur Erstellung der bautechnischen Nachweise berechtigt (§ 53 Abs. 4 Nr. 2 bis 4 und Abs. 5 bis 8). Da diese für Baumaßnahmen nach § 53 Abs. 4 Nr. 2 bauvorlageberechtigt sind, ist es konsequent, ihnen für diese Baumaßnahmen auch die Berechtigung zur Aufstellung von Schall- und Wärmeschutznachweisen zu belassen (vgl. LT-Drs. 16/3195, S. 101 f.). Für die mit der Berufsaufgabe des Innenarchitekten verbundenen Baumaßnahmen sind zudem seit dem Jahr 2017 auch Personen qualifiziert, die die Berufsbezeichnung „Innenarchitekt“ führen dürfen (§ 53 Abs. 3 S. 2 Nr. 5). Eine Erweiterung erfährt die Regelung durch die Übergangsvorschrift in § 86 Abs. 5. Nachweise im Sinne des § 65 Abs. 6 dürfen danach

auch von Personen erstellt werden, die eine Bestätigung nach § 1 Abs. 2 S. 4 der PrüfeVO vom 15.5.1986 (Nds. GVBl. S. 153), geändert durch Verordnung vom 15.10.1986 (Nds. GVBl. S. 340), haben (→ § 86 Rn. 11).

D. Umfang der behördlichen Prüfung

8 Während die Pflicht zur Vorlage bautechnischer Nachweise – die verfahrensfreien Baumaßnahmen sowie den Abbruch und die Beseitigung baulicher Anlagen ausgenommen – grundsätzlich umfassend gilt und diese nicht von der Verfahrensart (Anzeigeverfahren, vereinfachtes oder vollständiges Genehmigungsverfahren abhängt), ist die **Pflicht der Bauaufsichtsbehörde zur Prüfung der Nachweise** deutlich eingeschränkt. Die Nachweise der Standsicherheit und des Brandschutzes sind grundsätzlich nur in Bezug auf bestimmte, in § 65 Abs. 3 S. 1 und 2 aufgeführte bauliche Anlagen zu prüfen. Bezüglich der Standsicherheit kann die Bauaufsichtsbehörde in schwierigen Fällen zudem nach Ermessen eine weitere Prüfung anordnen (§ 65 Abs. 3 S. 2). Die Nachweise des Schall-, des Wärme- und des Erschütterungsschutzes sind nicht zu prüfen (§ 65 Abs. 2 S. 1). Auch dann, wenn bautechnische Nachweise beizubringen, aber nicht zu prüfen sind, müssen sie während der Ausführung von Bauarbeiten an der Baustelle vorgelegt werden können (§ 72 Abs. 1 S. 2, 3).

9 In welchem Umfang die Nachweise der Standsicherheit und des Brandschutzes im Einzelnen behördlich überprüft werden, regelt § 65 Abs. 2 und 3. Grundsätzlich sind die Nachweise der Standsicherheit nur für bauliche Anlagen nach § 65 Abs. 3 S. 1 und 3 Hs. 2 und die Nachweise des Brandschutzes nur für bauliche Anlagen nach § 65 Abs. 3 S. 2 zu prüfen (§ 65 Abs. 2 S. 1). § 65 Abs. 3 enthält jeweils umfangreiche **Kataloge der baulichen Anlagen**, auf die sich die Prüfpflicht jeweils bezieht. Die Kataloge sind abschließend.

E. Prüfgegenstand Standsicherheit

10 Bezüglich der Standsicherheit bestimmt § 12 Abs. 1 S. 1, dass jede bauliche Anlage im Ganzen, in ihren einzelnen Teilen und für sich allein dem Zweck entsprechend dauerhaft standsicher sein muss. Eine Begriffsdefinition enthält die NBauO nicht. **Standsicherheit** meint die Sicherheit einer baulichen Anlage in Bezug auf Kräfte, die sie zum Einstürzen, Gleiten, Abrutschen oder Kippen bringen können. Der **Standsicherheitsnachweis** ist grundsätzlich ein rechnerischer Nachweis der Stabilität. Nähere Regelungen hierzu enthält **§ 10 BauVorlVO**. Der Standsicherheitsnachweis muss darstellen und begründen, welche Kräfte auftreten können und wie diese Kräfte abgeleitet bzw. beherrscht werden. Es bedarf mithin einer Darstellung des statischen Systems. Das betrifft die gesamte bauliche Anlage, und zwar ab Beginn der Baumaßnahme und nicht erst ab der Baufertigstellung (vgl. § 10 Abs. 2 S. 3 BauVorlVO). Die Standsicherheit schließt den Baugrund ein, wie sich schon aus § 65 Abs. 2 S. 2 und auch aus § 10 Abs. 2 S. 1 BauVorlVO ergibt. Gefordert kann daher auch ein Baugrundgutachten sein, wenn die Untergrundverhältnisse das erfordern. Die Standsicherheit tragender Bauteile kann gemäß § 10 Abs. 3 BauVorlVO auf andere Weise als durch statische Berechnungen nachgewiesen werden, wenn hierdurch die Anforderungen an einen Standsicherheitsnachweis in gleichem Maß erfüllt werden. Ein Standsicherheitsnachweis ist grundsätzlich stets zu erbringen (→ Rn. 4), aber nicht stets zu prüfen. In welchem Umfang die bautechnischen Nachweise zur Standsicherheit baulicher Anlagen zu prüfen sind, regelt § 65 Abs. 2 S. 1 Nr. 1, der auf den Katalog des § 65 Abs. 3 S. 1 sowie S. 3 verweist. Ergänzende Bestimmungen zur Prüfpflicht finden sich in § 65 Abs. 2 S. 2 und Abs. 5.

11 § 65 Abs. 3 S. 1 Nr. 1 erfasst **Wohngebäude der Gebäudeklassen 4 und 5**. Wohngebäude sind Gebäude, die nur Wohnungen oder deren Nebenzwecken dienende Räume,

wie Garagen, enthalten (§ 2 Abs. 4). Die Vorschrift nimmt im Übrigen Bezug auf § 2 Abs. 3 S. 1, der die Einteilung in Gebäudeklassen regelt. In die Gebäudeklasse 4 fallen danach Gebäude mit einer Höhe bis zu 13 m und Nutzungseinheiten mit jeweils nicht mehr als 400 m² Grundfläche, soweit sie nicht in die Gebäudeklassen 1 bis 3 fallen. In diese Gruppe fallen typischerweise Mehrfamilienhäuser mit mehreren Stockwerken. Alle höheren bzw. größeren Gebäude sowie unterirdische Gebäude mit Aufenthaltsräumen fallen in die Gebäudeklasse 5. Dazu zählen insbesondere Hochhäuser.

§ 65 Abs. 3 S. 1 Nr. 2 betrifft **unterirdische Garagen** mit mehr als 100 m² Nutzfläche in sonstigen Wohngebäuden, die nicht unter § 65 Abs. 3 S. 1 Nr. 1 fallen. Diese haben in aller Regel die darüber liegenden Geschosse zu tragen, was ihre Einbeziehung erfordert (LT-Drs. 16/3195, S. 100). Garagen als selbstständige Gebäude bzw. als Teile von Gebäuden, die nicht dem Wohnen dienen, fallen gegebenenfalls unter § 65 Abs. 1 S. 1 Nr. 3. **12**

§ 65 Abs. 3 S. 1 Nr. **3** bezeichnet **sonstige Gebäude im Sinne des § 2 Abs. 2**, ausgenommen eingeschossige Gebäude bis 200 m² Grundfläche sowie eingeschossige landwirtschaftlich, forstwirtschaftlich oder erwerbsgärtnerisch genutzte Gebäude bis 1000 m² Grundfläche und mit einfachen balkenartigen Dachkonstruktionen bis 6 m Stützweite, bei fachwerkartigen Dachbindern bis 20 m Stützweite. Hinsichtlich der ausgenommenen **eingeschossigen Gebäude** knüpft § 65 Abs. 3 S. 1 Nr. 3 an den Begriff des Geschosses an, wie er auch § 2 Abs. 6 zugrunde liegt. Ein Geschoss ist danach die Summe der auf gleicher Ebene liegenden Räume eines Gebäudes. Dabei kommt es nicht darauf an, ob es sich bei dem Geschoss um ein Vollgeschoss gemäß § 2 Abs. 7, also ein oberirdisches Geschoss, das über mindestens der Hälfte seiner Grundfläche eine lichte Höhe von 2,20 m oder mehr hat, handelt. Nicht mehr eingeschossig ist ein Gebäude schon dann, wenn ein Raum vorhanden ist, der nicht mehr auf der gleichen Ebene wie die übrigen Räume liegt (vgl. OVG Lüneburg 14.2.2001 – 1 LA 495/01, BRS 64 Nr. 115). Bei versetzten Geschossebenen (Split-Level-Bauweise) ist ab einem Höhenunterschied von drei Stufen nach DIN 18065 (57 cm) von Mehrgeschossigkeit auszugehen (VGH München 27.3.2013 – 14 B 12.193, BeckRS 2013, 53439 Rn. 29 ff.). Allerdings wird man Hohlräume zwischen Decke und Dachhaut, die nach ihrer lichten Höhe nicht begehbar und einer selbstständigen Nutzung nicht zugänglich sind, vernachlässigen können. Geschosse zur ausschließlichen Lagerung von Jauche oder Gülle bleiben gemäß § 65 Abs. 3 S. 2 bei der Ermittlung der Zahl der Geschosse unberücksichtigt; für Geschosse zur ausschließlichen Lagerung von Jauche oder Gülle sind die Nachweise der Standsicherheit allerdings stets zu prüfen. **13**

Die **Grundfläche** der ausgenommenen Gebäude ist grundsätzlich auf 200 m² begrenzt. Nur für landwirtschaftlich, forstwirtschaftlich oder erwerbsgärtnerisch genutzte Gebäude darf die Grundfläche bis zu 1000 m² betragen. Diese Größenbegrenzung wurde 2018 erneut in die Vorschrift aufgenommen, um zu verhindern, dass auch statisch anspruchsvolle Konstruktionen z. B. in Stallgebäuden beliebiger Größe nicht mehr geprüft wurden. Die gleichwohl noch gegebene Privilegierung gegenüber sonstigen Gebäuden dient der Unterstützung landwirtschaftlicher Betriebe, wobei die Vorschrift mit dem Begriff der Landwirtschaft an § 201 BauGB anknüpft. Gewerbliche Tierhaltungsanlagen ohne überwiegend eigene Futtergrundlage fallen danach nicht unter die Begünstigung dieser Vorschrift (vgl. dazu *Dürr* in Brügelmann BauGB § 201 Rn. 9 <Stand der Bearbeitung: Juli 2016> m.w.N.). **14**

Zur **Dachkonstruktion**, die bei einfachen balkenartigen Dachkonstruktionen höchstens eine Stützweite von 6 m haben darf, gehören alle Konstruktionsteile, die erforderlich sind, um die Standsicherheit des Daches zu gewährleisten. Daher gehört zur Dachkonstruktion auch eine Decke, die Bestandteil des Konstruktionssystems des Daches ist. Die Richtungen der Stützweiten bestimmen sich nach dem statischen System. **Fachwerkartige Dachbinder** bis 20 m Stützweite unterfallen ebenfalls nicht der Prüfpflicht. Fachwerkartige Binder sind zweidimensionale Stabwerkskonstruktionen, die in der Regel aus Stahl oder Holz bestehen. Die Stäbe dieser Binder werden im Wesentlichen nur durch Zug- und Druckkräfte beansprucht. Die fachwerkartigen Binder ermöglichen auch **15** untergeordnete Konstruktionselemente, die nicht nur auf Druck und Zug beansprucht werden, wie Dachüberstände, für die der Obergurt verlängert wird. Ein Dachbinder ist jedoch nicht schon deshalb fachwerkartig, weil er lediglich einen Zug- oder Druckstab hat. Ist eine **Aneinanderreihung mehrerer Stützweiten** von 6 bzw. 20 m durch Ausbildung von Zwischenunterstützungen vorhanden, gilt § 65 Abs. 3 S. 1 Nr. 3 nach dem Willen des Gesetzgebers nicht, weil dann eine einfache Dachkonstruktion nicht mehr gegeben ist (LT-Drs. 18/1136, S. 43).

16 § 65 Abs. 3 S. 1 Nr. 4 unterwirft **fliegende Bauten und Fahrgeschäfte**, die keine fliegenden Bauten sind, der Prüfpflicht. Soweit allerdings Verfahrensfreiheit besteht (Nr. 11 des Anhangs), besteht schon gemäß § 65 Abs. 2 S. 1 Nr. 1 keine Prüfpflicht.

17 **Brücken** mit einer lichten Weite von mehr als 5 m sowie **Stützmauern** mit einer Höhe von mehr als 3 m über der Geländeoberfläche, die komplexe Berechnungsmaßnahmen erfordern, sind in § 65 Abs. 3 S. 1 Nr. 5 und 6 erfasst.

18 **Tribünen** mit einer Höhe von mehr als 3 m und **Regale** mit einer zulässigen Höhe der Oberkante des Lagerguts von mehr als 7,50 m werden in § 65 Abs. 3 S. 1 Nr. 7 und 8 genannt und sind damit prüfpflichtig. Dies liegt an den besonderen Belastungs- und Nutzungsbedingungen.

19 **Behälter** werden von § 65 Abs. 3 S. 1 Nr. 9 erfasst. Hierbei handelt es sich um Einrichtungen zur Aufbewahrung von festen, flüssigen oder gasförmigen Stoffen (VGH München 2.3.1984 – 26 B 81 A.1333, BRS 42 Nr. 155). Für Behälter ist zu beachten, dass diese nach Nr. 5 des Anhangs teilweise verfahrensfrei sind; in diesen Fällen bedarf es gemäß § 65 Abs. 2 S. 1 Nr. 1 keines Nachweises und auch keiner Prüfung.

20 Der 2018 neu eingefügte § 65 Abs. 3 S. 1 Nr. 10 erfasst **Windenergieanlagen** mit einer Höhe von mehr als 10 m. Die Vorschrift hat gegenüber der Auffangvorschrift des § 65 Abs. 3 S. 1 Nr. 11 nur klarstellenden Charakter (LT-Drs. 18/1136, S. 43).

21 § 65 Abs. 3 S. 1 Nr. 11 gilt für **sonstige bauliche Anlagen mit einer Höhe von mehr als 10 m**. Die Vorschrift erfasst beispielsweise Funk- und Lichtmasten sowie Kräne und betrifft nur bauliche Anlagen, die keine Gebäude sind. Bauliche Anlagen, die Gebäude sind, werden abschließend durch die Nummern 1 bis 3 erfasst (LT-Drs. 18/1136, S. 44).

22 Gemäß § 65 Abs. 3 S. 2 stets zu prüfen sind die Nachweise der Standsicherheit für **Geschosse zur ausschließlichen Lagerung von Jauche oder Gülle**. Das gilt mit Blick auf § 65 Abs. 3 S. 1 Nr. 3 auch dann, wenn sie sich unter eingeschossigen Gebäuden bis 200 m² Grundfläche oder in eingeschossigen landwirtschaftlich, forstwirtschaftlich oder erwerbsgärtnerisch genutzten Gebäuden bis 1000 m² Grundfläche mit einfachen balkenartigen Dachkonstruktionen bis 6 m Stützweite oder bei fachwerkartigen Dachbindern bis 20 m Stützweite befinden. Mit der im Jahr 2018 neu eingefügten Regelung reagiert der Gesetzgeber auf eine bauaufsichtliche Praxis, die aus der Vorgängervorschrift eine Prüfbefreiung für Lagerstätten von Gülle oder Jauche abgeleitet hatte. Geschosse zur Lagerung von Gülle oder Jauche sind jedoch insbesondere wegen der mit ihnen verbundenen möglichen Gefahren für das Grundwasser sicherheitstechnisch empfindliche Konstruktionen, die weiterhin zu prüfen sind (LT-Drs. 18/1136, S. 44).

23 Über die in § 65 Abs. 3 S. 1 aufgeführten Baumaßnahmen hinaus kann die Bauaufsichtsbehörde gemäß **§ 65 Abs. 2 S. 2** nach **Ermessen** die Prüfung von Nachweisen der Standsicherheit anordnen, wenn besondere statisch-konstruktive Nachweise oder Maßnahmen insbesondere wegen des Baugrundes erforderlich sind. Die Vorschrift gibt der Bauaufsichtsbehörde einen weiten Spielraum, eine Prüfung von Nachweisen immer dann anzuordnen, wenn die Baumaßnahme mit Blick auf das statische System Besonderheiten aufweist oder besondere Maßnahmen zur Gewährleistung der Standsicherheit erforderlich sind. Als Beispiel nennt die Vorschrift einen schwierigen Baugrund; der Gesetzgeber spricht von „schwierigen Tragwerksplanungen oder Bodenverhältnissen" (LT-Drs. 16/3195, S. 100). Eine Besonderheit kann aber auch in einem neuartigen oder schwierigen konstruktiven Ansatz oder einer besonderen Bauweise liegen. Mit Blick darauf, dass die Vorschrift der öffentlichen Sicherheit und dem Schutz besonders hochwertiger Rechtsgüter – Leben, Gesundheit und besonders hochwertige Sachgüter – dient und die Prüfung lediglich sicherstellen soll, dass die ohnehin bestehenden materiellen Vorgaben des § 12 eingehalten werden, sind die tatbestandlichen Anforderungen nicht allzu streng zu beurteilen. Ausreichend ist es, dass die Baumaßnahme in statisch-konstruktiver Hinsicht vom Regelfall abweicht und sich als schwieriger darstellt. Liegen die tatbestandlichen Voraussetzungen vor, muss die Behörde im Rahmen des Ermessens darlegen, aus welchen Gründen sie eine Prüfung für notwendig hält. Von der Notwendigkeit darf die Bauaufsichtsbehörde immer dann ausgehen, wenn die Baumaßnahme zu einer Gefährdung von nicht unbedeutenden Rechtsgütern führen kann und deshalb eine präventive Kontrolle geboten erscheint. In der Regel wird eine solche Annahme berechtigt sind; etwas anderes kann im Einzelfall bei kleinen Baumaßnahmen gelten. Im Hinblick auf den Zweck des Ermessens, die öffentliche Sicherheit zu gewährleisten, muss die Bauaufsichtsbehörde hingegen grundsätzlich nicht ihre Erwägungen einstellen, welche Kosten und Verzögerungen eine Prüfung bewirkt. Die Norm bezweckt eine Gleichstellung mit den in § 65 Abs. 2 S. 1 Nr. 1 genannten Fällen, in denen die Prüfpflicht kraft Gesetzes besteht, ohne dass Kosten und Verzögerungen eine Rolle spielen. Die Anordnung darf aber nicht grob unverhältnismäßig sein.

F. Prüfgegenstand: Brandschutz

Die materiellen Anforderungen in Bezug auf den **Brandschutz** regelt § 14. Bauliche Anlagen müssen so errichtet, geändert und instand gehalten werden und so angeordnet, beschaffen und für ihre Benutzung geeignet sein, dass der Entstehung eines Brandes sowie der Ausbreitung von Feuer und Rauch (Brandausbreitung) vorgebeugt wird und bei einem Brand die Rettung von Menschen und Tieren sowie wirksame Löscharbeiten möglich sind. Soweit die Mittel der Feuerwehr zur Rettung von Menschen nicht ausreichen, sind stattdessen geeignete bauliche Vorkehrungen zu treffen. Damit beschreibt § 14, wann von einem ausreichenden Brandschutz ausgegangen werden kann. Wie der Nachweis im Einzelnen zu führen ist, regelt **§ 11 BauVorlVO**. Der Nachweis bezieht sich unter anderem auf das System der Brandvermeidung und Brandbegrenzung, das Brandverhalten der Baustoffe und die Feuerfestigkeit der Bauteile, die Rettungswege, die Zugänglichkeit für die Feuerwehr und die Löschwasserversorgung. Auch in Bezug auf den Brandschutz ist die Pflicht zur Erstellung bautechnischer Nachweise grundsätzlich umfassend (→ Rn. 4). Den Umfang der Prüfpflicht bestimmt § 65 Abs. 2 S. 1 Nr. 2 in Verbindung mit dem abschließenden Katalog des § 65 Abs. 3 S. 2. Der Gesetzgeber betont hierbei, dass ein „besonderer objektbezogener Brandschutznachweis" nicht allein deswegen erforderlich sei, „weil ein Gebäude hier erfasst ist". Zu beachten sei, dass sich die Prüfpflicht der Nachweise der Feuerwiderstandsdauer der Bauteile nach der Prüfpflicht der Standsicherheitsnachweise richte (LT-Drs. 16/3195, S. 100). Eine ergänzende Prüfpflicht nach Ermessen – wie dies § 65 Abs. 2 S. 2 für den Standsicherheitsnachweis vorsieht – gibt es in Bezug auf den Brandschutz nicht. 24

§ 65 Abs. 3 S. 2 Nr. 1 erfasst **Wohngebäude der Gebäudeklassen 4 und 5**. Die Begriffsdefinitionen finden sich in § 2 Abs. 3 (Gebäudeklassen) und 4 (Wohngebäude). Der Wortlaut ist identisch mit dem des § 65 Abs. 3 S. 1 Nr. 1 (→ Rn. 11), jedoch unterscheidet sich der Prüfumfang: Die für die Gebäudeklasse 4 gestellten Brandschutzanforderungen sollen, jedenfalls soweit sie Wohngebäude betreffen, in der Allgemeinen Durchführungsverordnung zur NBauO und in einer noch als Technischen Baubestimmung einzuführenden Richtlinie über hochfeuerhemmende Bauteile standardisiert ablesbar sein. Der Gesetzgeber geht davon aus, dass sie regelmäßig keine schwierigen Nachweisführungen oder die Beteiligung eines speziell qualifizierten Brandschutzplaners erfordern. Der zusätzliche Prüfaufwand sei gering und beziehe sich in aller Regel auf Unterlagen, die mit dem Nachweis über die Standsicherheit ohnehin bei der Bauaufsichtsbehörde vorgelegt werden müssten. Dies führe für den Bauherrn nicht zu einem unvertretbaren Mehraufwand 25

(LT-Drs. 16/3195, S. 100 f.). Ob das in Gänze zutrifft, ist fraglich. Soweit ersichtlich ist die in Bezug genommene Richtlinie bis heute nicht in umfassender Weise eingeführt, sondern betrifft lediglich Bauteile in Holzbauweise (Nds. MBl. 2012, S. 113). Wohngebäude anderer Gebäudeklassen unterliegen nicht der Prüfungspflicht.

26 § 65 Abs. 3 S. 2 Nr. 2 betrifft alle **sonstigen Gebäude der Gebäudeklassen 3, 4 und 5**, ausgenommen eingeschossige landwirtschaftlich, forstwirtschaftlich oder erwerbsgärtnerisch genutzte Gebäude. Erfasst sind damit grundsätzlich alle Nichtwohngebäude ab der Gebäudeklasse 3. Für diese Gebäude ist die Prüfung des Brandschutzes erforderlich. Erfasst werden Gebäude bis zu einer Höhenlage des obersten Aufenthaltsraums von 7 m, soweit sie nicht in die Gebäudeklassen 1 und 2 fallen (§ 2 Abs. 3 S. 1 Nr. 3 und S. 3). Gebäude ohne Aufenthaltsräume werden gemäß § 2 Abs. 3 S. 2 nach der Gesamtgrundfläche aller Geschosse entsprechend § 2 Abs. 3 S. 1 der Gebäudeklasse 1, 2 oder 3 zugeordnet. Obere Grenze ist die Sonderbautengrenze (§ 2 Abs. 5). Bei den erfassten Gebäuden kann nach Auffassung des Gesetzgebers im Gegensatz zu Wohngebäuden nicht immer von einer brandschutztechnisch wirksamen Trennung in kleinere Nutzungseinheiten ausgegangen werden, da das Spektrum der Nutzungen – soweit diese nicht Merkmale von Sonderbauten beinhalten – im Übrigen nicht begrenzt ist und von Verwaltungsgebäuden über Parkhäuser bis zu industriellen Produktionsstätten reicht. Hinsichtlich der Brandschutzanforderungen können Einzelfallentscheidungen erforderlich sein, wie z. B. nach der Industriebaurichtlinie (RdErl. des MU v. 29.12.2003 – 55-24152/1 -) über Nachweise mit Methoden des Brandschutzingenieurwesens, sodass auf die Prüfung des Brandschutzes ab der Gebäudeklasse 3 nicht verzichtet werden kann (LT-Drs. 16/3195, S. 101). Von der Prüfpflicht ausgenommen sind **eingeschossige landwirtschaftlich, forstwirtschaftlich oder erwerbsgärtnerisch genutzte Gebäude**. Die Vorschrift knüpft an § 201 BauGB an (→ Rn. 14). Gemäß **§ 65 Abs. 3 S. 3** bleiben Geschosse zur ausschließlichen Lagerung von Jauche oder Gülle bei der Ermittlung der Zahl der Geschosse unberücksichtigt.

27 § 65 Abs. 3 S. 2 Nr. 3 erfasst **Garagen** mit mehr als 100 m² Nutzfläche, auch wenn sie Teil eines sonst anders genutzten Gebäudes sind, im Hinblick auf die von diesen ausgehenden Brandrisiken als Gebäudeteile unabhängig von ihrer Lage im Gebäude, sowie auch als selbstständige Gebäude aller Gebäudeklassen. Garagen sind insoweit als Gebäudeteile von allen sonst anders genutzten Gebäuden einbezogen, auch soweit die Gebäude nicht unter Nr. 1 oder Nr. 2 fallen (LT-Drs. 16/3195, S. 101). Die Vorschrift hat insofern Auffangcharakter.

28 § 65 Abs. 3 S. Nr. 4 erfasst die **Sonderbauten** (§ 2 Abs. 5). Sonderbauten werden insgesamt der brandschutztechnischen Prüfpflicht unterworfen.

G. Prüfgegenstand: Schall-, Wärme- und Erschütterungsschutz

29 Welche materiellen Anforderungen an den **Schall-, Wärme- und Erschütterungsschutz** zu stellen sind, regelt § 15 in allgemeiner Form. Bauliche Anlagen müssen danach einen für ihre Benutzung ausreichenden Schall- und Wärmeschutz bieten (§ 15 Abs. 1). Schallschutz meint den Schutz vor Schallimmissionen, deren Quelle innerhalb (etwa Maschinenlärm, Trittschall, Schall aus Nachbarwohnungen) oder außerhalb (etwa Verkehrslärm) des Gebäudes liegt. Schallschutzmaßnahmen sind deshalb Maßnahmen, die entweder die Schallentstehung (Primärmaßnahmen) oder die Schallübertragung von einer Schallquelle zum Hörer vermindern (Sekundärmaßnahmen). Wärmeschutz ist eine bauphysikalische Maßnahme, um Schäden an Bauteilen durch Kondenswasserbildung, Frost und Temperaturspannungen zu vermeiden, behagliches Raumklima zu unterstützen und Energie einzusparen. Der Mindestwärmeschutz richtet sich nach DIN 4108-2. Anforderungen an einen energiesparenden Wärmeschutz sind in der Energieeinsparverordnung (EnEV) festgelegt (vgl. Schneider/Wormuth Baulexikon Stichwort: Wärmeschutz). In den §§ 16 ff. EnEV in Verbindung mit den Regelungen in

der Verordnung zur Durchführung der Energieeinsparverordnung (DVO-EnEV) finden sich zudem Anforderungen an die Nachweispflicht. Eine Regelung zum Erschütterungsschutz trifft § 15 Abs. 2. Von technischen Bauteilen und ortsfesten Einrichtungen in baulichen Anlagen oder auf Baugrundstücken wie von Anlagen für Wasserversorgung, Abwässer oder Abfallstoffe, von Heizungs- oder Lüftungsanlagen und von Aufzügen dürfen, auch für Nachbarn, keine Gefahren oder unzumutbare Belästigungen durch Geräusche, Erschütterungen oder Schwingungen ausgehen. Gefordert ist mit anderen Worten ein Vibrationsschutz, der das Entstehen von Schwingungen möglichst an der Quelle vermeidet.

Bautechnische Nachweise, die den Schall-, Wärme- und Erschütterungsschutz betreffen, sind gemäß § 65 Abs. 2 S. 1 2. Hs. nicht zu prüfen. Eine **Prüfung findet auch im Einzelfall nicht statt**. Demzufolge gehören die Nachweise auch nicht zu den der Bauaufsichtsbehörde vorzulegenden Bauvorlagen (vgl. § 2 ff. BauVorlVO). Der Gesetzgeber verlässt sich hier auf die Eigenverantwortung des Bauherrn und die Kompetenz und Integrität der zur Erstellung der Nachweise berechtigten Personen. Ob das mit Blick auf die Bedeutung des Schall-, Wärme- und Erschütterungsschutzes insbesondere für Umwelt und Klima zeitgemäß ist, ist zweifelhaft, zumal Defizite hier nur zufälligerweise den Bauaufsichtsbehörden nachträglich bekannt werden dürften. Werden Defizite nachträglich bekannt, ist die Bauaufsichtsbehörde zum Einschreiten nach § 79 berechtigt. **30**

H. Verfahren

Bautechnische Nachweise sind **Teil der Bauvorlagen** (§ 1 Abs. 1 S. 2 BauVorlVO). Bei genehmigungsbedürftigen Vorhaben sowie Bauvorhaben, bei denen eine Mitteilungspflicht nach § 62 Abs. 3 S. 1 besteht, sind sie daher mit dem Bauantrag (§ 67 Abs. 1) vorzulegen, soweit sie gemäß § 65 Abs. 2, 3 und 5 von der Bauaufsichtsbehörde zu prüfen sind. Die Reichweite der Vorlagepflicht regeln im Einzelnen die §§ 2 ff. BauVorlVO. Mit der Erteilung der Baugenehmigung bestätigt die Bauaufsichtsbehörde in rechtsverbindlicher Form, dass die geprüften bautechnischen Nachweise den rechtlichen Anforderungen genügen. **31**

Eine **Sonderregelung** trifft **§ 65 Abs. 2 S. 3** für die Fälle der Mitteilungspflicht nach § 62 Abs. 3 S. 1. Das betrifft eine Vielzahl von Gebäuden, die in Plangebieten in plankonformer Weise errichtet werden. In diesen Fällen, in denen – von den Fällen des § 62 Abs. 10 abgesehen – keine Genehmigung erteilt wird, gibt die Bauaufsichtsbehörde dem Bauherrn die Nachweise zur Standsicherheit und zum Brandschutz, wenn sie dem öffentlichen Baurecht entsprechen, mit einer Bestätigung darüber zurück. Bei dieser Bestätigung handelt es sich lediglich um eine Wissenserklärung der Bauaufsichtsbehörde. Sie entfaltet keine Regelungswirkung, sodass es sich nicht um einen feststellenden Verwaltungsakt handelt. Die Bestätigung schützt den Bauherrn im Fall eines Irrtums der Bauaufsichtsbehörde daher grundsätzlich nicht vor einem späteren bauaufsichtlichen Einschreiten nach § 79. Will der Bauherr mehr Sicherheit erlangen, steht es ihm gemäß § 62 Abs. 10 frei, für das vereinfachte Baugenehmigungsverfahren zu optieren. Die Bestätigung ist gleichwohl von Nutzen, weil sie beispielsweise bei einer späteren Veräußerung die gesetzeskonforme Errichtung bescheinigt. **32**

I. Typenprüfung

In § 65 Abs. 7 bis 9 finden sich die Regelungen zur **Typenprüfung** der Nachweise der Standsicherheit und der Feuerwiderstandsfähigkeit der Bauteile. Diese Regelungen, die ihre Entsprechung in § 66 Abs. 4 MBO finden, sollen den Prüfaufwand reduzieren und dienen daher der Vereinfachung und Beschleunigung von Baugenehmigungsverfahren. Gerade mit Blick auf den aktuellen Bedarf an neuem Wohnraum und teilweise **33** auch an Gewerbebauten (Stichwort: serielles Bauen) sind die Regelungen Gegenstand der öffentlichen Diskussion.

34 Bei der Typenprüfung handelt es sich um eine **allgemeine Prüfung der bautechnischen Nachweise** der Standsicherheit und der Feuerwiderstandsdauer der Bauteile. Sollen bauliche Anlagen oder Teile davon wiederholt in gleicher Weise ausgeführt werden, müssten ohne eine Typenprüfung die bautechnischen Nachweise in jedem Ausführungsfall erneut zur Prüfung vorgelegt werden. Die Typenprüfung macht als allgemeine Prüfung der bautechnischen Nachweise eine weitere Prüfung im Einzelfall demgegenüber entbehrlich. Die bautechnischen Unterlagen müssen nur einmal von einem Prüfamt allgemein geprüft werden. Der Gegenstand der Typenprüfung kann dann innerhalb der Geltungsdauer beliebig oft ausgeführt werden. Die im Einzelfall prüfende Stelle hat nur noch die Übereinstimmung der Ausführung mit den Typenplänen festzustellen. Die Typenprüfung macht die Baugenehmigung nicht entbehrlich, weil alle anderen Anforderungen des öffentlichen Baurechts über die bautechnische Ausführung hinaus im Baugenehmigungsverfahren noch zu prüfen sind. Es handelt sich daher um keine Typengenehmigung, die sich auf eine gesamte bauliche Anlage bezieht. Die Typenprüfung gestattet es daher auch nicht, mit der Errichtung der baulichen Anlage zu beginnen.

35 Gemäß § 65 Abs. 7 S. 1 sind **Gegenstände der Typenprüfung allein die Standsicherheit und die Feuerwiderstandsfähigkeit der Bauteile**. Die frühere Erstreckung auch auf den Schall- und Wärmeschutz, die andere Bundesländer noch kennen, gibt es in Niedersachsen nicht mehr. Nach der ausdrücklichen Regelung in § 65 Abs. 7 S. 1 ist es unerheblich, ob die Nachweise in Niedersachsen überhaupt der Prüfungspflicht unterliegen (vgl. LT-Drs. 16/3195, S. 102). Die Nachweise können dabei von allen nach § 53 Abs. 3 S. 2 Nr. 1 bis 4, Abs. 4 Nr. 2 bis 4 sowie Abs. 5 bis 8 bauvorlageberechtigen Personen erstellt werden (→ Rn. 5). Die Sonderregelung des § 65 Abs. 4, die für die Erstellung der Nachweise der Standsicherheit strengere Anforderungen stellt, gilt im Bereich der Typenprüfung gemäß § 65 Abs. 7 S. 2 nicht. Grund dafür ist die Tatsache, dass die Unterlagen behördlich geprüft werden und daher auf die besondere Qualifikation des Nachweiserstellers verzichtet werden kann (ebenso § 65 Abs. 5). Die Typenprüfung führen gemäß § 1 Abs. 2 S. 1 Nr. 1 BauPrüfVO die **Prüfämter für Baustatik** durch. Dem **schriftlichen Antrag** (§ 65 Abs. 7 S. 1) sind je nach dem Umfang der begehrten Prüfung die bautechnischen Nachweise beizufügen, die zur Bearbeitung und Beurteilung erforderlich sind (§ 65 Abs. 8 S. 4 in Verbindung mit § 67 Abs. 1 S. 2). Dabei sind vollständige baustatische bzw. feuerwiderstandsbezogene Unterlagen erforderlich. Die Nachweise sind nach den geltenden Technischen Baubestimmungen zu führen.

36 Soweit die Typenprüfung ergibt, dass die bautechnischen Nachweise nach § 65 Abs. 7 S. 1 dem öffentlichen Baurecht entsprechen, stellen die Prüfämter für Baustatik dies gemäß § 65 Abs. 8 S. 1 durch Bescheid fest. Es ergeht mithin ein **Verwaltungsakt** gemäß § 35 S. 1 VwVfG mit der Feststellung, dass ein bestimmter Nachweis den rechtlichen Anforderungen entspricht. Eine Prüfung in einem Baugenehmigungsverfahren findet aufgrund der Feststellungswirkung dieses Verwaltungsaktes nicht mehr statt. Das gilt allerdings nur, soweit die zur Ausführung gebrachte Anlage mit den typgeprüften Unterlagen vollständig übereinstimmt (vgl. VG Hannover 22.11.2012 – 12 A 2505/11, BeckRS 2012, 60478). Bei der Erteilung des Bescheides über die Typenprüfung handelt es sich um eine **gebundene Entscheidung ohne Ermessen** der Prüfämter für Baustatik. Sind die rechtlichen Anforderungen in Bezug auf Standsicherheit bzw. Feuerwiderstandsfähigkeit der Bauteile erfüllt, ist der Bescheid zu erteilen; es besteht ein entsprechender Rechtsanspruch. Soweit der Wortlaut des § 65 Abs. 7 S. 1 mit dem Begriff „können" etwas Anderes suggeriert, steht dem der eindeutige Wortlaut des § 65 Abs. 8 S. 1 („ist dies durch Bescheid festzustellen") entgegen. Es entspricht auch der Zielsetzung des Gesetzgebers, das Baugenehmigungsverfahren zu entlasten, hier einen Rechtsanspruch anzunehmen. Schließlich ist nicht ersichtlich, welche Ermessenerwägungen die Behörde vertretbarerweise veranlassen könnten, trotz Erfüllung der rechtlichen Voraussetzungen die Erteilung eines Bescheides über die Typenprüfung abzulehnen.

Gemäß § 65 Abs. 8 S. 2 wird der Bescheid mit zwei **Nebenbestimmungen**, nämlich unter dem Vorbehalt des Widerrufs (§ 36 Abs. 2 Nr. 3 in Verbindung mit § 49 Abs. 2 S. 1 Nr. 1 VwVfG) und in der Regel auf fünf Jahre befristet (§ 36 Abs. 2 Nr. 1 VwVfG) erteilt. Der Bescheid muss daher mit **Widerrufsvorbehalt und Befristung** erlassen werden; ein Ermessen besteht insoweit nicht. Der Widerrufsvorbehalt ist erforderlich, weil der Bescheid über die Typenprüfung für eine unbegrenzte Zahl von baulichen Anlagen gilt und neue technische Erfahrungen und Kenntnisse bzw. eine Änderung der anzuwendenden Normen der Weiterverwendung des geprüften Typs entgegenstehen können. In diesen Fällen kann der Widerruf stattfinden. Hinsichtlich der Dauer der Befristung kommt der Behörde dagegen (nur) in atypischen Fällen – nicht „in der Regel" – ein Ermessen zu. Sie kann die Befristung mit entsprechender Begründung verlängern oder verkürzen. Die Befristung kann auf schriftlichen Antrag um jeweils längstens fünf Jahre verlängert werden (§ 65 Abs. 8 S. 3). Das Ermessen dürfte hier dahingehend intendiert sein, dass eine Verlängerung erfolgen muss, wenn die statischen und brandschutzrechtlichen Anforderungen auch unter Berücksichtigung neuer Erfahrungen und Kenntnisse sowie aktueller Normen unverändert erfüllt sind, also zwischenzeitlich keine Rechtsänderungen eingetreten sind. Gemäß § 65 Abs. 8 S. 4 in Verbindung mit § 71 S. 4 kann die Verlängerung rückwirkend erfolgen, wenn der Antrag vor Fristablauf bei der Bauaufsichtsbehörde eingegangen ist. Geht der Antrag verspätet ein, ist eine Verlängerung nicht mehr möglich, sondern ist die Neuerteilung zu beantragen. Ein Verlängerungsantrag kann abhängig von den Umständen des Einzelfalls in einen Neuantrag umgedeutet werden. 37

Die Typenprüfung kann ihre Funktion nur voll erfüllen, wenn die Bescheide über die Typenprüfung unabhängig von Ländergrenzen gelten. Da Verwaltungsakte im Vollzug von Landesgesetzen grundsätzlich nur im Bereich des betreffenden Landes gelten (Territorialprinzip), bedarf es der besonderen **Anerkennung der Bescheide über Typenprüfungen anderer Länder**. Diese Anerkennung wird durch § 65 Abs. 9 geregelt. Das Recht der übrigen Bundesländer enthält vergleichbare Regelungen. 38

§ 66 Abweichungen

(1) [1]Die Bauaufsichtsbehörde kann Abweichungen von Anforderungen dieses Gesetzes und aufgrund dieses Gesetzes erlassener Vorschriften zulassen, wenn diese unter Berücksichtigung des Zwecks der jeweiligen Anforderung und unter Würdigung der öffentlich-rechtlich geschützten nachbarlichen Belange mit den öffentlichen Belangen, insbesondere den Anforderungen nach § 3 Abs. 1 vereinbar sind. [2]Es ist anzugeben, von welchen Vorschriften und in welchem Umfang eine Abweichung zugelassen wird. [3]§ 83 Abs. 2 Satz 2 bleibt unberührt.

(2) [1]Die Zulassung einer Abweichung bedarf eines schriftlichen und begründeten Antrags. [2]Für Anlagen, die keiner Genehmigung bedürfen, sowie für Abweichungen von Vorschriften, deren Einhaltung nicht geprüft wird, gilt Satz 1 entsprechend.

(3) [1]Eine Abweichung wird, wenn die Erteilung einer Baugenehmigung von ihr abhängt, durch die Baugenehmigung zugelassen. [2]Wenn eine Bestätigung nach § 65 Abs. 2 Satz 3 oder eine Entscheidung nach § 65 Abs. 8 oder den §§ 72 bis 75 von der Abweichung abhängt, wird diese durch die Bestätigung oder die Entscheidung zugelassen. [3]Die Zulassung einer Abweichung nach Satz 1 gilt, solange die Baugenehmigung wirksam ist. [4]Für die gesonderte Zulassung einer Abweichung gilt § 71 entsprechend.

(4) Wird nach Absatz 1 Satz 1 zugelassen, dass notwendige Einstellplätze innerhalb einer angemessenen Frist nach Ingebrauchnahme der baulichen Anlage hergestellt werden, so kann die Baugenehmigung von einer Sicherheitsleistung abhängig gemacht werden.

(5) Abweichungen von örtlichen Bauvorschriften nach § 84 Abs. 1 und 2 dürfen nur im Einvernehmen mit der Gemeinde zugelassen werden.

(6) Die Absätze 2 und 3 gelten auch für die Erteilung von Ausnahmen und Befreiungen nach anderen Vorschriften des öffentlichen Baurechts, soweit nichts anderes bestimmt ist.

Übersicht

A. Allgemeines

1 Die Allgemeinheit einer gesetzlichen Regelung bringt es mit sich, dass sie nicht allen regelungsbedürftigen Sachverhalten in gleicher Weise gerecht wird. Um eine Regelung zu ermöglichen, die den Gegebenheiten des Einzelfalls weitgehend Rechnung trägt, ohne den Sinn und Zweck der jeweiligen Vorschrift außer Acht zu lassen, sahen die BauOen seit der Pr. EinheitsBauO von 1919 Ausnahmen und Befreiungen vor. Mittlerweile fand und findet in diesem Bereich eine stärkere Orientierung an die MBO (hier: § 67) statt, die das bekannte System von Ausnahmen und Befreiungen zugunsten einer einheitlichen Abweichungsvorschrift abgelöst hat bzw. ablöst. So auch in Niedersachsen: § 66 über Abweichungen ersetzt die §§ 85 und 86 a.F. über Ausnahmen und Befreiungen. Der Begriff der Abweichung ist bekannt. In Entscheidungen des BVerwG dient er als Oberbegriff, der Ausnahmen und Befreiungen umfasst. So betont das Ge- richt, dass der Gesetzgeber durch die allgemein und abstrakt gehaltenen gesetzlichen Regelungen gezwungen sei, typisierend zu formulieren. Als Korrektiv sei die die Mög- lichkeit der Abweichung im Einzelfall geschaffen worden (BVerwG 16.5.1991 – 4 C 17.90 –, BVerwGE 88, 191/194 ff.).

2 Zur Begründung führt der Gesetzgeber (LT-Drs. 16/3195, S. 102) aus:

„Der neue Abweichungstatbestand des § 66 beseitigt die bisherige Unterscheidung zwischen Ausnahmen und Befreiungen, strafft dies bisherige kasuistische Regelung und fasst sie in einer einheitlichen, mit Ausnahme der eingeführten Technischen Baubestimmungen alle bauordnungsrechtlichen Anforderungen übergreifende Regelung zusammen. Dabei geht die Neufassung davon aus, dass Vorschriften des Bauordnungsrechts bestimmte Schutzziele verfolgen und zur Erreichung dieser Schutzziele nur einen Weg von mehreren möglichen Wegen weisen."

3 Mit dieser Aussage wird eine stärkere Flexibilisierung angestrebt: Das Schutzziel der jeweiligen Norm steht im Vordergrund und dabei soll das materielle Bauordnungsrecht vollzugstauglicher gestaltet werden können. Hintergrund für diese Vorgehensweise ist auch die an der bisherigen Unterscheidung zwischen Ausnahme und Befreiung geäußerte Kritik, dass zwischen diesen Instrumenten kein grundsätzlicher, struktureller Unterschied bestehe (vgl. BVerwG 14.7.1972 – IV C 69.70 – BVerwGE 40, 268; Wey- reuther, DÖV 1997, 521). Das einschlägige Gesetz selbst muss folglich bei der Prüfung des § 66 keinen Ausnahmetatbestand vorsehen.

4 § 66 ist im Vergleich zum Entwurf in einem wichtigen Punkt geändert worden: Zählte in seiner Begründung zu den öffentlichen Belangen – überraschend – auch die nachbarlichen Belange ohne Spezifizierung, wird nunmehr von „öffentlich-rechtlich geschützten

nachbarlichen“ Belangen gesprochen, welche mit den öffentlichen Belangen vereinbar sein müssen. Hierbei wird auch – anders als im Entwurf – auf § 3 Abs. 1 verwiesen, der ein besonderer Fall der öffentlichen Belange ist.

Mehr als eine Klarstellung ist Ausdehnung der Antragspflicht auch auf Ausnahmen und Befreiungen nach anderen Vorschriften des öffentlichen Baurechts. Der Mehraufwand wird gerade die Ausnahmemöglichkeit des § 31 Abs. 2 BauGB treffen, reichte doch bislang die Darstellung im Enwurf ohne besondere Begründung aus wie auch die Bewilligung der Ausnahme oft ohne weitere Begründung durch den (positiven) Baubescheid erfolgte. Nun wird die BauAB ein Procedere vorschreiben, wie es bisher bei der Befreiung (§ 31 Abs. 2 BauGB) üblich sein musste. Mit dem Gesetz zur Änderung der NBauO 2018 wurde mit dem Abs. 3 angefügten Sätzen 3 und 4 die Unsicherheit über die Geltungsdauer einer gesonderten Zulassung beseitigt. Nunmehr ist wie bei einer genehmigungsbedürftigen baulichen Anlage oder Maßnahme gem. § 71 zu verfahren. 5

B. Prüfungsschritte

Im **ersten Schritt** können die **Formalia** geprüft werden: Liegt ein **schriftlicher und begründeter** Antrag gem. § 66 Abs. 2 Satz 1 vor? Im Hinblick auf die Tiefenschärfe Ausführungen hierzu wird die BauAB vom Entwurfsverfasser auch eine Begründung fordern können, warum etwa eine besondere Situation für den Bauherrn vorliegen soll, ob und wenn ja, schützenswerte öffentliche Belange betroffen sind und warum gleichwohl eine Abwägung zugunsten des Bauherrn sprechen soll. Liegen die Punkte nicht vor, so kann die Rechtsfolge des § 69 Abs. 2 Satz 1 gelten. Problematisch könnte dabei folgende Konstellation in der Praxis sein: Der Bauherr liefert keine oder eine unvollständige Begründung, jedoch liegen die Voraussetzungen für eine Abweichung tatsächlich vor. Darf dann die BauAB allein aus formellen Gründen zurückweisen? Eine durchsetzbare Mitwirkungspflicht des Bauherrn wird man nicht annehmen können. Umgekehrt: Der Bauherr wehrt sich gegen die Zurückweisung aus formellen Gründen mit einer verwaltungsgerichtlichen Klage und obsiegt, so dass die damalige Zurückweisung nur einen Pyrrhussieg für die Verwaltung darstellen würde. 6

Der Gesetzgeber fordert einen „schriftlichen und begründeten Antrag“ und hebt in den Gesetzesmaterialien die Verantwortung des Bauherrn und Entwurfsverfassers hervor. Mithin kann die BauAB zumindest ein wesentliches Mehr verlangen, als es noch regelmäßige Verwaltungspraxis war: Hier begehrte der Entwurfsverfasser häufiger pauschal eine Ausnahme (weniger bei Befreiungen) ohne dies überhaupt oder in der wünschenswerten Tiefenschärfe zu begründen. Im Ergebnis kann die BauAB bei fehlender oder unzureichender Mitwirkung des Entwurfsverfassers ihr Ermessen dann zu Lasten des Bauherrn ausüben, da ihn eine Mitwirkungs- und Konkretisierungspflicht trifft. Dieses Antragserfordernis gilt nach § 66 Abs. 2 Satz 2 auch dann, wenn ansonsten kein Bauantrag gestellt wird. Werden die Mängel innerhalb der Frist nicht behoben, so soll die BauAB die Bearbeitung unter Angabe der Gründe ablehnen, § 69 Abs. 2 Satz 2. Angenommen, der Antrag ist ordnungsgemäß gestellt und begründet, folgt der **nächste Prüfungsschritt.**

Vorrangig sollte jetzt gelten, den „unantastbaren“ Kern der gesetzgeberischen Zielsetzung zu ermitteln. Schon aus Gründen der Prüfungsökonomie drängt es sich auf, zunächst der Frage nachzugehen, ob die vorgetragene Begündung zur Abweichung nichts bereits das weitere Eingehen auf die rechtlichen Anforderungen überflüssig macht. Denn wie auch bei der früher angebotenen Befreiung bedarf es der bodenrechtlichen Relevanz, um potenziell der Möglichkeit zur Abweichung überhaupt beitreten zu können. So darf die Abweichung nicht als Instrument zur Legalisierung gewöhnlicher Rechtsverletzungen missbraucht werden (vgl. OVG Münster 12.2.1997 – 7 B 2608/96 –, BRS 59 Nr. 122). Auch scheidet subjektiv motivierte Bevorzugung einer Bauabsicht aus, die dem Wunsch nach möglichst profitabler Ausnutzung des Baugrundstücks oder sogar lediglich einer eigenwilligen gestalterischen Absicht entspringt. Daraus ergibt sich bereits 7 die einschränkende Auslegung des § 66. Stehen allerdings bauordnungsrechtliche Hindernisse einer angemessenen Bauabsicht nicht im Wege, ist das Tor geöffnet, den weiteren rechtlichen Anforderungen einschließlich des Ermessensvorbehalt nachzugehen.

8 Im **weiteren Schritt** prüft die BauAB, ob bei der Abweichung von der Norm deren Schutzziele noch ausreichend und angemessen zur Geltung kommen. Hier ist die jeweilige Norm von der abgewichen werden soll, dahingehend auszulegen, welche konkreten öffentlichen Belange mit ihr im Sinne eines Schutzzieles verfolgt werden. Auf dieser Stufe kann bereits die Wertigkeit der betroffenen öffentlichen Belange berücksichtigt werden: Sind unverzichtbare Schutzgüter im Sinne des § 3 (z.B. Gesundheit, Rücksichtnahmegebot) betroffen, so wird § 66 kaum anwendbar sein. Dies wird in der Wortwahl des Gesetzgebers deutlich, wenn es in § 66 Abs. 1 Satz 1 letzter Halbsatz heißt: „... insbesondere den Anforderungen nach § 3 Abs. 1 vereinbar sind". Möglicherweise endet dann die Prüfung auch dann an dieser Stelle, wenn das Schutzziel übermäßig reduziert oder unangemessen relativiert wird. Entscheidend handelt es sich hierbei um die Auseinandersetzung mit den im Bauordnungsrecht verankerten öffentlichen Belangen, die konkret mit den vom Entwurfsverfasser mitgeteilten Abweichungsgründen zugunsten des Bauherrn in Einklang zu bringen ist.

9 Neben der absoluten Grenze des § 3 sind hier auch andere öffentliche Belange wie z.B. der Umweltschutz, der Natur- und Landschaftsschutz, der Städtebau oder der Denkmalschutz zu berücksichtigen. Sie können allerdings eine doppelseitige Wirkung entfalten. Vermitteln sie eine im öffentlichen Interesse liegende Wertschätzung, kann deren Bedeutung zugunsten der beanspruchten Abweichung sprechen.

10 Eine eigenständige Bedeutung hat die **Würdigung der nachbarlichen Interessen.** Handelt es sich wie gerade bei den Grenzabstandsregelungen um geschützte Rechtspositionen, so werden nur gewichtige Gründe in Betracht kommen können, damit § 66 anwendbar ist. In diesem Fall genießen die nachbarlichen Interessen einen hohen Stellenwert. Folglich müsste der Entwurfsverfasser in seiner Antragsbegründung schon private oder/ und öffentliche Belange zugunsten des Bauherrn anführen, die von herausgehobener Bedeutung sind (vgl. BVerwG 9.6.1978 – IV C 54.75 – BVerwGE 56, 71, OVG RhPf, Urteil 3.11.1999 – 8 A 10951/99, BRS 62 Nr. 143). Ist eine abstrakt-generelle Regelung betroffen, könnte sich der Nachbar bereits dann gegen die mit einer Abweichung verbundenen Baufreigabe zur Wehr setzen, wenn er keine objektive Benachteiligung bzw. Beeinträchtigung vortragen kann. Dann scheitert uU das Abweichungsverlangen bereits, wenn die Einstiegsvorraussetzungen nicht gegeben sind (Rn 7, auch § 68 Rn 26 ff.).

11 Im **folgenden Schritt** übt die BauAB dann ihr **Ermessen** aus. Wohl ist ihr nicht verwehrt, bereits in die auf Tatbestandsebene abgehandelten Gesichtpunkte Ermessenserwägungen einzustellen. Sie sind dann aber noch nicht "verbraucht" (OVG Lüneburg, Urteil 27.06.2018 -1 LC 183/16- Rechtsprechung Nds.). Sollte sie hierbei zu dem Ergebnis kommen, dass eine Abweichung erteilt werden kann könnte, ist ihr trotzdem zugestanden, weitere konkurrierende Interessen zusätzlich in die Abwägung zu stellen. Die abschließende Entscheidung, sollte sie nicht grundsätzlich rechtfehlerhaft sein, kann nur dann gerichtlich mit Aussicht auf Erfolg angegriffen werden, wenn der Behörde Ermessensfehlgebrauch vorzuwerfen ist.

12 Sollten keine Rechtsbedenken vorliegen, muss **abschließend** als formeller Akt die **Zulassung der Abweichung** erfolgen. Sie wird, wenn die Erteilung einer Baugenehmigung von ihr abhängt, durch die Baugenehmigung zugelassen, § 63 Abs. 3 Satz 1. Dies soll nach dem Willen des Gesetzgebers auch für Teilbaugenehmigungen gelten, weil § 70 beide Genehmigungsarten zusammenfasst (systematische Auslegung). Damit ist auch die Geltungsdauer mit der der Baugenehmigung verknüpft, also auf die Frist von drei Jahren beschränkt. Mit der Änderung der Bauordnung 2018 wurden durch das Anfügen der Sätze 3 und 4 im Abs. 3 klargestellt, dass diese Beschränkung auch bei der Zulassung einer Abweichung zu verfahrensfreien oder genehmigungsfreien baulichen Anlagen oder baulichen Maßnahmen gilt.

C. System der Abweichungen

13 § 66 ist die umfassende Regelung, daneben gibt es in der NBauO keinen Raum mehr für Ausnahmen und Befreiungen. Für Vorschriften baurechtlichen Inhalts, die systematisch anderen Rechtsgebieten angehören, regelt allein dieses Recht die Möglichkeit ei- ner Abweichung. Soweit öffentliches Baurecht i.S. des § 2 Abs. 16 für die Zulässigkeit eines Vorhabens eine Rolle spielt, regelt dieses Recht (z.B. Anbauverbote nach dem Straßenrecht oder Befreiungen von naturschutzrechtlichen Verboten, Immissions- und Gewerberecht) die Möglichkeit der Abweichung. Für baurechtliche Vorschriften des Abs. 2 Satz 2 unberührt lässt.

14 Nicht abgewichen werden kann von Verfahrensvorschriften. § 66 ermöglicht nur Abweichungen von materiell-rechtlichen "Anforderungen" der NBauO bzw. aufgrund der NBauO. § 66 ermächtigt die BauAB zur **Ermessensentscheidung** über die Erteilung einer Abweichung. Dabei stellt der § 66 Abs. 1 Satz 3 klar, dass es sich bei der Möglichkeit, von Technischen Bauvorschriften "abweichen" zu dürfen, um eine eigenständige, vom § 66 losgelöste Rechtslage nahndelt. Das geforderte gleichwertige Sicherheitsniveau ist ohne weiteres Antragserfordernis von der Bauherrenseite zu belegen und zu verantworten. Die u.U. im Baugenehmigungsverfahren zu prüfende Rechtmäßigkeit einer Lösungsvariante lässt keine Ermessensentscheidung zu (siehe auch § 83 Rn. 19 f.).

15 Im Rahmen der gesetzgeberischen Beratung ist § 66 Abs. 4 aufgenommen worden: Notwendige Stellplätze, die inerhalb einer angemessenen Frist nach Ingebrauchnahme der baulichen Anlage hergestellt werden, können im Rahmen der Baugenehmigung von einer Sicherheitsleistung abhängig gemacht werden. Die Vorläuferregelungen hierzu befanden sich bei § 47 Abs. 4 Satz 2 und § 47a Abs. 1 Satz 3 NBauO a.F. Dabei handelte es sich um eine der Ausnahmebestimmungen, die nunmehr nach dem Willen des Gesetzgebers überflüssig geworden sind, weil sie von der Abweichungsregel inkludiert werden (LT-Drs. 16/3195 S. 102 f). Deshalb besteht eigentlich kein zwingendes Erfordernis, die Ermächtigung in den Gesetzestext aufzunehmen, weil sie auch so vom Handlungsspielraum der Genehmigungsbehörde gedeckt ist. Zudem greift die Regelung nicht, wenn keine Baugenehmigung erteilt wird. Dies soll nach Einschätzung des Gesetzgebers vertretbar sein (Vorlage 38 vom 14.2.2012 zu LT-Drs. 16/3195, S. 28).

16 Die Abweichungen nach § 66 sind nur ein Entgegenkommen gegenüber der Bauherrenseite und bieten ein Instrument, Bauwünsche flexibler und vereinfacht umzusetzen. Auch der § 51 NBauO lässt Erleichterungen zu, folgt aber ganz anderen Intentionen. Geht es doch darum, bei den Sonderbauten abweichend von den in der Bauordnung verankerten Bestimmungen den im § 3 Abs. 1 abstrakt verankerten Standard sicher zu stellen. Daher kann die an die Besonderheit der Baumaßnahme gebundene "Erleichterung" zu Sonderbauten nicht die "Erleichterung" der Abweichung einbeziehen. Denkbar ist jedoch die Anwendung des § 66 auch auf Sonderbauten, bezieht sich der Wunsch nach Erleichterung nicht auf die Typologie der baulichen Anlagen, sondern auf situationsgebundene Erschwernisse. Das kann Baumaßnahmen im Bestand betreffen, sich aber auch auf besondere Eigenarten des Baugrundstücks (Zuschnitte, Topografie) beziehen.

D. Anwendungsmöglichkeiten und ihre Grenzen

17 Mit der Neufassung der NBauO 2012 einhergehenden Beseitigung der Unterscheidung zwischen Ausnahmen und Befreiungen folgte das Land Niedersachsen wortgleich der Begründung zur MBO 2001. Mit der Annahme, in den Vorschriften der Bauordnung seien nur eine von mehreren Möglichkeiten zum Erreichen der jeweiligen Schutzziele niedergelegt, wird der Gesetzesvorbehalt zugunsten des Einzelfallinteresses relativiert. Folgerichtig bedarf es dann auch nicht mehr zwingend des atypischen Sachverhalts, um die Abweichung zu rechtfertigen. Also kann auf die früheren Ausnahmeregelungen verzich-

tet werden, da die ja quasi in die Abweichungsregeln aufgehen. Sie können bei der Frage der Zulässigkeit einer Abweichung jetzt „abwägungsrelevant" sein (LT-Drs. A.a.O.). Beleg dafür ist der Abs. 4, der auf die bisherige Ausnahmeregelung des § 47 Abs. 4 NBauO 2003 zurückgeht.

18 Mit der Neufassung der 2012 passte sich das Land Niedersachsen spät der MBO 2002 (teilweise) an. Andere Bundesländer hatten zu diesem Zeitpunkt bereits einige Erfahrungen insb. im Umgang mit der angestrebten Flexibilisierung durch den Abweichungstatbestand sammeln können. Gerade das durch den Gesetzgeber angestrebte Lösen von der „Atypik" als Grundvoraussetzung zur Freigabe von dem Gesetzesvorbehalt wurde von der Rechtsprechung sehr kritisch gesehen. Gerichte vieler Bundesländer berufen sich weiterhin auf diesen Grundsatz (OVG Münster, Beschl. v. 5.3.2007, Az.: 10 B 274/07OVG Brandenburg-Berlin, Beschl. 19.12.2012 – 2 s 44.12 –, JurionRS 2012 32571, zuletzt noch VGH Bayern, Beschl. 31.1.2018 – 2 ZB 16.2067 –, BeckRS 2018, 1343). Auch die Kommentare zur NBauO hielten am Primat der Atypik fest (Stiel in der 9. Aufl.; Barth/Mühler, Abstandsvorschriften der Niedersächsischen Bauordnung, 2012, S. 11 ff. zu § 66 Rn. 34–40). Die höchstrichterliche Rechtsprechung in Nds. hat sich zwar bereits mit den Voraussetzungen einer Abweichung befasst, musste sich dabei aber nicht mit dem Erfordernis der „Atypik" auseinandersetzen. So wurde weiterhin zugestanden, dass auch „nach der Reduzierung des Grenzabstands von 1 H auf 0,5 H durch die Neufassung der NBauO 2012 ... eine Abweichung nach § 66 NBauO von den Grenzabstandsvorschriften" nicht ausgeschlossen ist (OVG Lüneburg 12. Senat, Beschluss vom 13.2.2014, – 12 ME 221/13 – , DÖV 2014 497). Deutlich positioniert hatte sich das VG Hannover, indem es das Erfordernis der Abweichung klar verneinte (VG Hannover, Urteil vom 18.8.2016 – 4 A 344/15 – zur Höhe eines grenznahen Nebengebäudes). Wohl wurde die erstintanzliche Entscheidung im Berufungsverfahren aufgehoben (OVG Lüneburg 27.6.18 aaO), aber nur wegen fehlerhafter Berücksichtigung des Ermessensvorbehalts (auch Rn. 10, 45).

19 Dass der Gesetzgeber nunmehr allein auf das Schutzziel der Norm abstellt, um eine größere Flexilisierung zu erreichen, ist nicht unbedenklich, weil dem Gebot der Bestimmtheit von Normen und dem Prinzip der Gesetzmäßigkeit der Verwaltung aus Art. 20 Abs. 3 GG nicht hinreichend Rechnung getragen sein könnte (instruktiv: Wilke, Die juristische Konstruktion der bebauungsrechtlichen Befreiung, in: FS für K. Gelzer, 1991, 165 ff. (166). Der Gesetzgeber wünscht eine „Flexibilisierung" und hat § 66 offen formuliert, so dass die Ermächtigung zu Abweichungen sehr weitreichend ist. Als Korrektiv werden nur unbestimmte Rechtsbegriffe benutzt, die ihrerseits im Einzelfall ausgelegt werden müssen. Deshalb ist die Sorge nachvollziehbar, dass der Gesetzesvorbehalt zur Beliebigkeit degradiert wird. § 66 darf jedoch nicht nach Belieben zur Anwendung kommen, so dass es möglicherweise eines Korrektivs bei der Anwendung bedarf, um eine Vereinbarkeit mit Art. 20 Abs. 3 GG zu erreichen.

20 Andererseits müssen sich Exekutive und Judikative der Kritik stellen, wenn sie sich allzu rigoros der Intention der Legislative widersetzen und (zwingend) die Atypik als ungeschriebenes Tatbestandsmerkmal voraussetzen (vgl. OVG Münster 28.8.1995 – 7 B 2117/95 – BauR 1996, 85; Boeddinghaus/Hahn/Schulte, § 73 Rn. 9 ff. sehen zwar, dass die BauO NRW die Atypik verwerfen wollte, halten aber aus verfassungsrechtlichen Gründen daran fest), eben weil der Gesetzestext ist insoweit „neutral" ist. Die Auseinandersetzung erinnert an den Diskurs nach Einführung des § 31 Abs. 2 BauGB, der auch nach dem Willen des Gesetzgebers den Verzicht auf das Erfordernis der Atypik einschloss. Da hat sich die Rechtsmeinung wohl inzwischen mehrheitlich auf die Seite der Legislative geschlagen (Claus, DVBl. 2000, 241, VGH BW Urteil 17.2.2014 – 5 S 1667/12 – BauR 2015, 165, DÖV 2014, 634). Zusätzlich ist bei zu restriktiver Auslegung ein Zurückfallen hinter die Rechtslage der Bauordnung 2003 zu befürchten, soweit den damaligen Ausnahmeermächtigungen die Atypik als Tatbestandsmerkmal abgesprochen werden kann. Das zusammengefasst würde darauf hinauslaufen, die Intention nach Flexibilisierung und Eröffnung weitergehender Handlungsspielräume ins Gegenteil zu verkehren.

Andere Bundesländer umgehen das Dilemma teilweise, wenn sie Begünstigungen in die Bauordnung eingebunden haben, deren Rechtsfolge kraft Gesetzes unmittelbar eintritt, also insbesondere keinen Ermessenspielraum eröffnet. Der § 56 BauO-BW i.d.F. 2010 verlangt nur noch die Vereinbarkeit mit öffentlichen Belangen, um die Abweichung von den materiell-rechtlichen Anforderungen (nicht die Barrierefreiheit) zuzulassen. Hier werden u.a. aufgeführt: Modernisierung von Wohnungen und Wohngebäuden, Teilung von Wohnungen oder Schaffung von zusätzlichem Wohnraum durch Ausbau, Aufstockung oder Änderung der Dächer, Erhaltung und weitere Nutzung von Kulturdenkmälern, praktische Erprobung neuer Bau- und Wohnungsformen im Wohnungsbau. Schließlich wird ein angesichts der im Juli 2011 in Kraft getretenen BauGB-Novelle (vgl. BT-Drs. 17/6253 vom 22.6.2011) wichtiger Punkt in diesem numerus clausus der LBauO BW erwähnt: Die Verwirklichung von Vorhaben zur Energieeinsparung. In diesen Fällen liegen in BW vorgegebene taugliche Zwecke für eine Abweichung vor. Wenn dann noch das Instrument der Befreiung seinen Platz gefunden hat, bedeutet das eine komplette Abkehr von der Intention der MBO, die ja gerade das Ziel der Konzentration, Vereinfachung und Flexibilisierung verfolgt. Die Berliner Bauordnung möchte die Auseinandersetzung um die „Atypik“ ausklammern, indem sie bei Abweichungen von den Grenzabstandsvorschriften deren Voraussetzung per Gesetz expressis verbis nicht fordert (§ 6 Abs. 11 BauO-Bln i.d.F. 2018, siehe auch Otto, Christian W., ZfBR 2017, 435). Auch die Bauordnungen weiterer Bundesländer enthalten bindende Vorrangregelungen oder Erleichterungen z.B. für das Bauen im Bestand, Festsetzungen von städtebaulichen Satzungen (z.B. Hess-BauO Stand 2018, § 7 Abs. 11, 12). Niedersachsen enthält eine bindende Härteklausel im § 49 Abs. 3 NBauO, wenn besondere dort alternativ aufgeführte Umstände für die barrierefreie Gestaltung baulicher Anlagen einen unverhältnismäßigen Mehraufwand nach sich ziehen. Derartige spezifische Tatbestände, die eine zwingende Erleichterung gegenüber sonst bindenden materiell-rechtlichen Vorschriften ermöglichen, kennt die NBauO sonst nicht. Solche Regelungen bieten aber durchaus Anhaltspunkte für Anwendungsspielräume des § 66. **21**

Die Regelungen der Bauordnung schränken die über Art. 14 GG garantierte Baufreiheit ein, was bereits einen sachgerechten Ausgleich zwischem individuellen Bauwünschen und (kollektivern) allgemeingesellschftlichen Anliegen erfordert. Weiterere Konfliktpartner sind die Nachbarn, die vor ungewollter Beeinflussung geschützt werden sollen. Das materielle öffentliche Baurecht ist also ein System von Geben und Nehmen, die alle Belange zu einem möglichst ausgewogenen, gerechten Ausgleich bringen will. Eine Abweichung als Zugeständnis an einen Bauwunsch ist also um so bedenklicher, je mehr diese Balance in die Schieflage gerät. Der Vortrag des Landesgesetzgebers, dass die mit den Vorschriften verfolgten Schutzziele nur eine von mögliche Varianten Varianten anbietet, entwertet das Gesetz als simple Gebrauchsanweisung. Solches Herangehen stößt zu Recht auf Widerspruch. Trotzdem darf die Kritik nicht dazu verleiten den Anwendungsumfang der Abweichungsangebots durch allzu restriktives Rechtsverständnis einzuengen, manifestiert am Begriff der „Atypik“. Je offener eine insb. bautechnische Regelung formuliert ist, desto mehr Spielräume eröffnet sie, die den Anforderungen des Schutzziels gleichartig und gleichwertig zu genügen. Je intensiver, konzentrierter und präziser der gesetzliche Interessenausgleich zwischen konkurrierenden Erwartungen der Konfliktparteien (Bauherr, Nachbar, Öffentlichkeit) geregelt ist, desto mehr verringern sich die Spielräume sich vom Anspruch des Gesetzes zu lösen. Und umso mehr kommt es dann auf die Besonderheit des Einzelfalls, auf die Intensität der „Atypik“ an. Je differenzierter die Vorschrift gestaltet ist, von der abgewichen werden soll, um so schwieriger ist es, einen Grund für eine Abweichung zu finden, um die Zwecksetzung zu wahren (vgl. OVG Münster 28.8.1995 – 7 B 2117/95 – BauR 1996, 85). Für die kommunale Praxis empfiehlt sich folgende Fragestellung: Wie wäre die Sachlage zu beurteilen, wenn es die Vorschrift von der abgewichen werden soll, überhaupt nicht gäbe? **22**

Der zunächst einfachere Weg, den Abweichungswunsch zu begründen, wäre plausibel nachzuweisen, dass das Niveau der in der Regelung verankerten Schutzanforderungen **23** beibehalten wird. Da bieten sich zunächst bautechnische Bestimmungen, Ansprüche des Brandschutzes, der Verkehrssicherheit an. Durch die Kombination der Grundrissgestaltung, dem Einsatz der Baustoffe, Wahl der Bauarten, anlagentechnischer Systeme bis hin zur Organisation von Betriebsabläufen ist es der Bauherrenseite anheim gestellt, Schwachpunkte zu kompensieren, die durch den Verzicht auf das Umsetzen der einen oder anderen bautechnischen Forderung ausgelöst werden. Das kann bei komplexen Bauaufgaben eine fachtechnische Beweisführung mit nicht zu unterschätzenden Ansprüchen erfordern. Keineswegs darf dabei der Sachvertändige die Stelle des Gesetzgebers einnehmen und den gesetzlich vorbestimmten Standard nach eigenem Gusto modifizieren. Gerichtliche Auseinandersetzungen werden zu diesem Sachverhalt eher selten geführt, findet sich meist eine Einigung auf dem Verhandlungswege mit den Behörden. Anhaltspunkte für die Berechtigung der o.g. Rechtsauffassung bietet eine Entscheidung des VGH Kassel (Beschluss, 8.3.2012 – 3 A 398/11 –, JurionRS 2012, 12285), welche eine brandschutztechnisch qualifiziert hergestellte Öffnung in einer Brandwand einer Abweichung zugänglich hielt. Die noch in der 9. Aufl. als Beleg angeführte Entscheidung des OVG Berlin (23.4.2002 – 2 B 3.00 – BRS 65 Nr. 136) galt noch für eine an den atypischen Einzelfall gebundene Befreiung (siehe auch VGH-Bay Beschluss 19.7.2016 – 9 CS 15.336 – NVwZ-RR 2017, 87). In der DVNBauO i.d.F. 2003 enthaltene Ausnahmebestimmungen sind mit mit dem deutlichen Verweis auf die Abweichungsmöglichkeit nach § 66 NBauO nicht in die DVO-NBauO übernommen worden. Sie bezogen sich auf die Absturzsicherheit von Umwehrungen, die Feuerwiderstandsfähigkeit von Wänden und Decken, Erfordernis von Rauuchabzugsöffnungen, Größe von Fensteröffnungen. Die Voraussetzungen zum Heranziehen der Ausnahmebstimmungen decken sich mit dem Vorgenannten.

24 Das **Niveau des Schutzzieles** kann sich auch anhand der Eigenart der baulichen Anlage ergeben, weil sie geringe Ansprüche an die Bauausführung stellt als die vom Gesetzgeber vorgesehenen. Üblicherweise dürfte es sich um kleinere Gebäude ohne anspruchsvolle Nutzung handeln. So sind Fahrgastunterstände mit Blick auf Abstandsflächen wegen ihrer Atypik regelmäßig einer Abweichung zugänglich (OVG Nordrhein-Westfalen, 29.5.1995 – 7 A 2181/93, BRS 57, Nr. 163). Soweit es sich um die Grenzabstände handelt, sind sie als Garagen und Nebengebäude ohne Aufenthaltsräume und Feuerstätten wie auch selbständige Solaranlagen bereits privilegiert, so dass es im Wesentliche auf die bautechnische Ausführung ankommt. Anhaltspunkte bietet der Verweis auf die Ausnahmeregelung des § 50 NBauO 2003, wie auch der § 56 Abs. 3 BauO-BW. Beispielhaft handelt es sich um Behelfsbauten, eingeschossige Gebäude ohne Feuerstätten, Nebengebäude ohne Feuerstätten u.ä.

25 Auch das **Reduzieren der gesetzlich geforderten Abstände** ist bei Vorliegen situationsbedingter Voraussetzungen denkbar, ohne sich den Vorwurf auszusetzen das Niveau der Schutzziele zu verringern (Gleichwertigkeit). Zweck der Grenzabstandsregelungen ist insbesonders, gesunde Wohn- und Arbeitsverhältnisse durch ausrechenden Lichteinfall und ausreichende Luftzufuhr zu gewährleisten und den Schutz der Privatsquäre angemessen sicher zu stellen (siehe § 5 Rn. 22ff). Wenn in gewerblich oder industriell geprägten Gebieten der Grenzabstand von 0,5 H halbiert wird, verdeutlicht der Gesetzgeber, dass die dort nach Art ihrer Nutzung zugelassenen Gebäude und Anlagen der geringerer Schutzanspruch zugestanden wird (§ 5 Abs. 2 und 3 NBauO, §§ 8 und 9 BauNVO, § 34 Abs. 2BauGB). Nicht erfasst von der Sonderregelung sind Baugrundstücke, bei denen allgemeine Wohnnutzung unzulässig oder nur eingeschränkt zulässig ist. Das lässt sich den Festsetzungen eines Bebauungsplans entnehmen, ergibt sich aber auch anhand der Charakteristik eines Baugebiets, welches ich nicht von der Typologie eines Gewerbe- oder Industriegebiets erfasst wird (§ 34 Abs. 2 BauGB). Denkbar wären Sondergebiete für Gemeinbedarf, Einzelhandel, Messen, etc. Auch im Kerngebiet ist es denkbar, dass Wohnungen gänzlich, in Teilflächen oder ab einer bestimmten Höhenlage zulässig sind. Hier bietet sich das Instrument der Abweichung insb. für Abstandsforderungen auf denselben Baugrundstücken an, aber auch gegenüber Nachbargrund-

stücken die gleichartigen planungsrechtlichen Einschränkungen unterliegen (zum Schutzanspruch von Wohnungen im Kerngebiet siehe OVG Nds., Urteil 26.9.2000 – 1 K 3563/99 –, openJur 2012, 36265). Dem Gleichwertigkeitsprinzip folgt auch die Möglichkeit, im Wege der Abweichung unter Anlehnung an §6 Abs. 1 NBauO Abstände auf private Verkehrs-, Grün- oder Wasserflächen zu übertragen (OVG Lüneburg, Beschluss 9.9.2004 –1 ME 194/04 –, BauR 2005, 372).

Steht eine ungünstige vorhandene Bebauung einer angemessenen Bauabsicht im Wege oder ließe sie sich nur mit einem unverhältnismäßigen Mehraufwand realisieren, drängt sich zunächst die Härtefallklausel des §86 Abs. 1 Nr. 1 NBauO a.F. auf. Nur bedingt gilt die Vermutung, dass höchstricherlich bestätigte Entscheidungen auf dieser Grundlage weiterhin auf entsprechende Fallgestaltungen anwendbar sind. Die Frage kann sich gerade bei Abweichungen von Grenzabständen neu stellen, da der gesetzlich geforderte Abstand auf 0,5 H gegenüber der vorangegangenen Rechtslage halbiert worden ist (OVG Münster, Beschluss 5.3.2007 – 7 A 274/07). Andererseits hat sich mit dem dem Verzicht auf das Einzelfallerfordernis der Anwendungsspielraum erweitert, da die Berücksichtigung der Zweckbestimmung weitergehend als früher die Abwägung zwischen Bauwunsch, öffentlichen und nachbarlichen Belangen verlangt (OVG RhPf, Urteil 3.11.1999 – 8 A 10951/99 –, BRS 62 Nr. 143). Die Minderung des nachbarlichen Schutzanspruchs steht auch einer unreflektierten Anwendung ehemaliger Ausnahmebestimmungen entgegen. Grundvoraussetzung sich der Zulassung einer Abweichung überhaupt nähern zu dürfen ist, dass „die Einhaltung der Abstandsfläche … für den Bauherrn zu einer Einschränkung in der Grundstücksnutzung führt“ (VGH BW, Urteil 12.3.1987 – 5 S 2056/86, BRS 47 Nr. 101). Erst dann ist der Weg frei für die Interessenabwägung, die nur dann zugunsten des Bauherrn ausfällt, wenn keine Belastung des Nachbarn vorliegt oder sein Schutzbedürfnis deutlich geringer zu bewerten ist (VGH München, Beschluss 16.7.2007 – CS 07/1340 – , BauR 2007/1858). Das wird im Regelfall nur dann zutreffen, wenn „die Grundstücks- und Bausituation von dem den gesetzlichen Regelungen zugrundeliegenden Normalfall in deutlichem Maße abweicht“ (OVG Münster, Beschluss 28.8.1995 – 7 B 2117/95 –, BauR 1996, 85). Solch „atypischer“ Sachverhalt darf nur dann vernachlässigt werden, wenn sich Nachbarn auf eine regelwidrige Bebauung meist zu gegenseitigem Gunsten verständigt haben. Dann verbleibt es bei der Gegenüberstellung öffentlicher Belange (z.B. abweichende Grenzbebauung gem. §8 Abs. 2 S. 2 und Abs. 3 S. 2 NBauO 2003). 26

Ein **atypischer Sachverhalt** zeichnet sich dadurch aus, dass die Gründe, die für die erstrebte Befreiung sprechen, ihn deutlich von den „normalen“ Anwendungsfällen unterscheiden. Die Besonderheit der baulichen Situation muss gerade hinsichtlich des Schutzzwecks der Norm vorliegen, von der abgewichen werden soll (OVG Berlin – für eine Befreiung). Das Interesse des Grundstückseigentümers an einer lukrativen Nutzung stellt ebenso keine Besonderheit dar, wie etwa eine Verkürzung der Abstandsflächen aus rein wirtschaftlichen Interessen für die Anwendbarkeit des §66 nicht ausreicht (vgl. OVG Münster 30.9.1996 – 10 B 2178/96 – BRS 59 Nr. 162). Die ungewöhnliche Situation muss sich vom gesetzlich Regelfall demnach so unterscheiden, dass die Nichtberücksichtigung oder Unterschreitung des normativ festgelegten Standards gerechtfertigt sei (vgl. OVG Lüneburg 16.8.2004 – 9 LB 131/04 – NVwZ-RR 2005, 528; OVG Münster 28.8.1995 –B 2117/95–, BRS 69 Nr. 91; OVG Koblenz, 3.11.1999 – 8 A 10951/99 – BRS 62 Nr. 143: alle noch zu Befreiungsfällen). Als atypisch müssen auch Szenarien anerkannt werden, die beim Verfassen des Gesetzes unbekannt und nicht vorhersehbar waren. Im Falle der Projektion einer Werbebotschaft auf die Wandfläche eines auf dem Nachbargrundstück gelegenen Gebäudes erkannte aus diesem Grunde die Rechtsprechung sogar die Voraussetzung der Befreiung (§ 86 NBauO a.F.) an, ohne der Genehmigungsbehörde einen Ermessensspielraum zuzugestehen (OVG Lüneburg 11.1.2000 – 1 L 4588/99 – BauR 2000, 1179 und 29.9.2000 – 1 L 96/00 – BauR 2001, 379, zur unbeabsichtigten Härte und Einzelfallgestaltung). Wenn der §56 Abs. 2 NBauO a.F. die auch heute als Abweichung denkbare Ausnahme von örtlichen Bauvorschriften über Gestal- 27 tung dann anbot, wenn deren Zielsetzung nicht wesentlich beeinträchtigt wird (jetzt § 84 Abs. 3), steht die Erwartung dahinter, dass die Reglungen vom Satzungsgeber nicht vorhersehbare Gegebenheiten erfassen können (VGH München Urteil 5.10.2006 – 8 S 2417/05 – openJur 2013,14580, Gegenbeispiel OVG Münster Beschluss 16.6.2016 – 7 A 1517/15 –).

28 Dagegen kann eine **ursprünglich zulässige Bebauung,** die durch eine Rechtsänderung rechtswidrig wird, eine Atypik begründen (BVerwG, Urteil 16.5.1991 – 4 C 17/90 — DVBl. 91, 819, OVG Lüneburg 10.3.1986 – 6 A 133/84 – BRS 46 Nr. 153). Stellt sich beim Bauen im Bestand die Rechtfrage neu, ist nicht nur der Grenzabstand betroffen. Denn geht bei einer wesentlichen Nutzungsänderung der Bestandsschutz ganz oder teilweise verloren, müssten auch die Verkehrssicherheit, die Rettungswege, die Brandsicherheit dem geltenden Baurecht entsprechen. Die Anwendung des geltenden Rechts kann in solchen Fällen zum Ergebniss führen, dass eine Vielzahl auch gesellschaftspolitisch erwünschter Baumaßnahmen unterbunden wird. Angesichts der Anforderungen des § 66 mag dahingestellt bleiben, ob der Normgeber derartige Szenarien bei seiner Regelung nicht im Auge hatte. Und immerhin bedarf es bei der Entscheidung über Zugeständnisse einiges an Fingerspitzengefühl, geht es doch um essentielle Sicherheitsbelange. Der Menschenschutz darf unter keinen Umständen zu leicht genommen werden, während das Vernachlässigen des Sachenschutzes weitergehenden Handlungsspielraum bietet. Beschränken sich bei bestehenden Gebäuden die Änderungen auf das Innere, darf die nachbarliche Befindlichkkeit als zumutbar eingeschätzt werden, ändern sich doch nicht die historisch gewachsenen, gewohnten Umrisse (OVG Hannover Urteil 28.2.1995 – 1 M 753/95 –, NVwZ-RR, 312, OVG Lüneburg 1. Senat, Beschluss vom 28.1.2010, 1 LA 284/07). Da bietet sich die Abweichung zugunsten des Bauherrn an (siehe auch VGH Münchenern, 31.1.2018, a.a.O.). Verlassen jedoch bauliche Änderungen die Kubatur des Bestandes, muss dabei auch beachtet werden, dass das Bauordnungsrecht eines Grundstücks Grenzen zieht, die je nach Einzelfall nicht als unangemessen angesehen werden können. Das VG Weimar geht allerdings sehr weit, wenn es die Aufstockung eines Bungalows gegen den Willen des Nachbarn für rechtmäßig hält (VG Weimar, Beschluss 4.1.2018 – 1 E 1427/12). So großzügg möchte die Rechtsprechung in Niedersachsen nicht sein, sah noch 2004 das OVG keinen Anlass, für den Ersatz eines abgerissenen Treppenhauses die Möglichkeit der Befreiung anzuerkennen (OVG Lüneburg, Beschluss 26.8.2004 – 9 LA 63/04 –, openJur 2012, 41833). Doch ist die Frage erlaubt ob sich unter den Voraussetzungen des § 66 die Frage der Zulässigkeit umfangreicher stellt. Sie gilt auch für die Zweifel zur Rechtmäßigkeit eines Balkons an der Südseite eines Gebäudes, das schon bisher den erforderlichen Grenzabstand nicht einhielt ist (OVG Lüneburg 24.2.2004 – 1 LA 74/03 –, NordÖR 2004, 243), eine Entscheidung, von denen sich bereits nachfolgend ein anderer Senat des OVG abgrenzte (OVG Lüneburg, Beschluss 26.8.2004 – 9 LB 131/04, NordÖR 2004, 243). Wenn Erweiterungswünsche z.B. an Grenzabstandsvorschriften scheitern, ist trotzdem die Frage erlaubt, ob das Baugrundstück für die angestrebte Nutzung nicht schlicht zu klein ist. Die Entscheidung des VGH München engt hierzu den Entscheidungsspielraum immer noch ein, auch wenn es den Ausbau des Dachgeschosses unter Hinzufügen von Dachgaupen für zulässig hält, obwohl die gesetzlich geforderten Abstandsflächen unterschritten werden (VGH München Beschluss 15.9.2015 – 2 CS 15.1792 – openJur 2015, 183,00). Die Ausbaumaßnahme bei einer zudem besonderen Bauform (Quattro-Haus) stelle eine übliche Maßnahme zur Anpassung an zeitgemäße Wohnungsbedürfnisse dar und keine Maßnahme zur bloßen Gewinnmaximierung und rechtfertige die Abweichung. Doch auch für solche Fälle, bei denen die bauliche Änderung des gesamten, aber in seiner Kubatur unverändert bleibenden Objekts eine abstandsflächenrechtliche Beurteilung neu verlangt, sollte das Vorhaben grundsätzlich zulässig sein, wenn die Änderung weder die Belange des Nachbarn noch öffentliche Belange nennenswert beeinträchtigt. Als Beispiel erkennt das VG Neustadt (Beschluss 24. September 2018 -5 L 1140/18-) Nachbarschutz bei der Umnutzung eines grenzständigen Wohngebäudes zum Bordell.

29 Eine **Abweichung von den Vorschriften des Abstandflächenrechts** kann sich aus Besonderheiten der Lage und des Zuschnitts der benachbarten Grundstücke zueinander oder aus Besonderheiten des Geländeverlaufs ergeben (OVG Lüneburg, Urteil 28.02.1995 -1 M 753/95- BRS 57, Nr.157, VG Gelsenkirchen, 14.01.2014 – 6 K 2222/ 11 opemJur 2014, 3574). Sollen schwierige Geländverhältnisse oder ein ungünstiger-Verlauf von Grundstücksgrenzen die Abweichung rechtfertigen, setzt das eo ipso die vom „Normalfall" nicht mehr erfasste Eigenart der Grundstücksverhältnisse voraus. Überlicherweise wird das Einhalten der gesetzlich geforderten Grenzabstände als Härte vorgetragen, die dem Wunsch nach angemessener Bebauung be- oder sogar verhindert. Keine Härte erkennt der VGH Mannheim bei einer erschwerten Bebaubarkeit, die lediglich Folge einer Baulast ist (Beschluss 4.4.2013 – 8 S 304/13 – openJur 2013, 21607). Der VGH Mannheim deutet in mehreren Entscheidungen an, dass er zumindest „topographische" Besonderheiten (= Atypik) im Abstandsflächenrecht voraussetzt, um überhaupt eine Abweichungsmöglichkeit zu erwägen (29.1.1999 – 5 S 2971/99 – BRS 62 Nr. 132 für eine Befreiung). Ob ein untypischer Zuschnitt des Baugrundstücks, besondere Eigenschaften des Nachbargrundstücks oder topografische Eigenschaften die Baufreiheit mehr als zumutbar einschränken oder doch nur als Vorwand herhalten, um eine eigennützige, meist lukrativere Bebauung zu rechtfertigen, erschließt sich nur anhand der konkreten Umstände des Einzelfalls. Die Besonderheit wird zumeist durch einen „untypischen" Grenzverlauf gekennteichnet sein (OVG Münster, Beschluss 22.10.2007 – 7 B 1598/07 – openJur 2011, 55450). Anders hat das OVG Lüneburg einer Windkraftanlage (im Außenbereich) zugestanden, die gesetzlichen Grenzabstände zu unterschreiten, weil auf dem Nachbargrundstück die Bebauungsmöglichkeiten eingeschränkt seien (OVG Lüneburg, aaO). Doch in einer kurz zuvor getroffenen Entscheidung wurde ein derartiges Ansinnen zurückgewiesen, obwohl der Nachbar bislang keine konkreten Bauabsichten für sein Grundstück geäußert hatte (OVG Lüneburg, Beschluss 10.2.2014 – 12 ME 227/13 – openJur, 3510).

30 Unter ausdrücklichem Verweis auf die Anwendung des §66 NBauO hat der Verordnungsgeber von der Übernahme der früheren Ausnahmeregelung des §8 Abs. 11 DVO in die DVO-NBauO abgesehen. Danach konnte auf brandschutztechnische Forderungen an grenznahe Gebäudeabschlusswände verzichtet warden, wenn die Teilung des unbebauten Grundstücks gar nicht oder nur unter außergewöhnlichen Schwierigkeiten möglich gewesen wäre. Als beachtenswerter öffentlicher Belang ist die Beachtung des Brandschutzes weiterhin unumgänglich. Weiteres Entgegenkommen über den Ausnahmevorbehalt fand sich im §12 Abs. 2 und 3 NBauO 2003, wenn die Zulässigkeit von Garagen und andere Anlagen über die gesetzlichen Beschränkungen hinausgehend zugelassen werden konnten, wenn allgemein grundstücksbedinge Schwierigkeien oder hängiges Gelände vorlagen (OVG Lüneburg, Beschluss, 10.3.2008 – 1 LA 38/07 – BauR 2009, 481). Es spricht nichts dagegen, die Grundsätze auch auf die Anwendung des §66 NBauO zu übertragen, selbst wenn streng genommen es an der Voraussetzung der „Atypik" fehlen kann. In diesem Zusammenhang kann der Verzicht auf die Versickerungsfähigkeit der Verkehrsflächen (§9 Abs. 4 NBauO) einbezogen warden, wenn das Erfüllen der Anforderung wegen örtlicher Bodenverhältnisse oder durch die vorgesehene Nutzung unzumutbar erschwert wird (Ausnahme des §14 Abs. 4 S. 3 NBauO aF).

31 Die Auseinandersetzung mit dem Schutzziel der betroffenen Regelung zu Rechtfertigung einer Abweichung lässt es zu, **übergeordnete öffentliche Belange** als Begründung anzuführen (VGH Hess Beschluss 23.5.2007 – 2 G 664/07 – BauR 2008, 1392 – 1393). Damit ist das Wohl der Allgemeinheit (§86 Abs. 1 Nr. 2 NBauO a.F.) in die Vorschrift des §66 NBauO aufgegangen, ist jedoch nicht mehr auf die Voraussetzung eingeschränkt, dass die Abweichung zur Wahrnehmung des öffentlichen Interesses vernünftigerweise geboten, geschweige den erforderlich sein muss (Komm. zur NBauO 2003, 8. Aufl. §86 Rn. 17). Schon die NBauO 2003 erweiterte mit ihren Ausnahmeregelungen insb. der §§13 Abs. 1 Nr. 1, 2, 3 und 7 sowie §50 Abs. 2 Nr. 3 die Angebotspalette, wenn der Denkmalschutz, die Stadtbildpflege und die energetische Versorgung als Ansprüche

des Gemeinwohls begünstigt wurden (hierzu Näheres Anhang -J-, Rn. 58 ff.). Der Umfang denkbarer Konflikte mit den Anforderungen des Bauordnungsrechts geht noch darüber hinaus. Hier drängt sich zunächst die Konkurrenz zu anderen Regelungen insb. des öffentlichen Rechts auf. Deutlich betrifft es das Abwenden von Risiken für Leben und Gesundheit. Dann rechtfertigt der Immissionsschutz die Errichtung einer über die zulässige Höhe hinausgehende Lärmschutzwand sich über nachbarliche Bedenken hinwegzusetzen (VGH Hess Beschluss 6.8.2007 – 4 TG 1133/07 – BauR 2008, 1292–1293). Kann der 2. Rettungsweges baulich nur durch Einschränken der Grenzabstände gesichert werden, ist das u.U. der Nachbarschaft zuzumuten (OVG NW Beschluss 1.10.2008 – 7 B 1069/08 – BauR 2009, 631–632; ders. Urteil 22.2.2010 – 7 A 1235/08 – DÖV 2010, 700), was aber nur gilt, wenn das Grundstück baulich nicht anders zu nutzen wäre (OVG NW Urteil 17.1.2008 – 7 A 2761/06 – openJur 2011, 55441). Wirtschaftliche Gründe, um beispielsweise zusätzliche Nutzfläche zu generieren, reichen dazu nicht aus. Sie können allerdings bei einem dem Gemeinwohl dienenden Vorhaben für eine Abweichung von den Abstandsregeln sprechen, wenn es z.B. auf einen Standort zwingend angewiesen wäre (OVG Lüneburg, Beschluss 18.4.84 – 6 B 45/84 – Nds.Rpfl. 84, 246 zu einem Richtfunkturm der Post, könnte auch entsprechend für Mobilfunk-Basisstationen herangezogen werden). Sehr selten dürften Fälle das Bauordnungsrecht tangieren, wenn Grundrechte der Verfassung berührt sind (BVerfG Beschluss 4.5.16 – 1 BvG 2201/16 – DÖV 2016, 787 zur Grabstelle einer Religionsgemeinschaft). Die Versuchung liegt nahe, auch tagespolitische Schwerpunkte wie auch Einrichtungen mit sozialen oder öffentlichen Anliegen als dem Wohl der Allgemeinheit dienend zuzuordnen, um über dem Begehren nach einer Abweichung das Recht zu beulen oder gar zu beugen. Die Subventionierung eines Betriebes aus öffentlichen Mitteln als Rechtfertigung anzuführen drängt sich als unhaltbar geradezu auf (VG Göttingen Entsch. 15.6.2010 – 2 A 131/09 – BauR 2010,1634), Die Grenze muss gezogen warden, soweit das Ansinnen darüber hinausgeht, übergeordnete sonst nicht durchsetzbare öffentliche Belange zu verwirklichen.

E. Vereinbarkeit mit öffentlichen Belangen

32 Nach § 66 Abs. 1 Satz 1 kann die BauAB Abweichungen zulassen, wenn diese unter Berücksichtigung des Zwecks der jeweiligen Anforderungen mit den öffentlichen Belangen, insbesondere den öffentlich-rechtlich geschützten nachbarlichen Belangen, ver- einbar sind. Gemeint ist, dass der bauordnungsrechtliche Zustand, der im Falle einer zugelassenen Abweichung entsteht, mit den öffentlichen Belangen vereinbar ist.

33 Diese Vereinbarkeit soll sicherstellen, dass die Abweichung den mit der NBauO verfolgten Zielen nicht zuwiderläuft. Bei der Auslegung des unbestimmten Rechtsbegriffes steht deshalb die Beachtung des Schutzgutes der Norm im Vordergrund, von der eine Abweichung zugelassen werden soll (OVG Lüneburg 8.4.1961 – I A 2/60 – OVGE 16, 477 zur Vereinbarkeit mit öffentlichen Belangen bei der Befreiung). Der Vorbehalt der Vereinbarkeit mit den öffentlichen Belangen „gleicht einem Ausrufezeichen, das in Erinnerung rufen soll, dass die Abweichung von der Regel die hinter dieser stehenden öffentlichen Interessen nicht außer Acht lassen darf" (Häberle, Öffentliches Interesse als juristisches Problem, 1970, S.187). Der abstrakte Ausgleich der konkurrierenden öffentlichen Interessen, der der Regelvorschrift zugrunde liegt, wird nach Maßgabe der Umstände des Einzelfalls durch eine konkrete Abwägung der gleichen Interessen ersetzt. Dabei sind auch andere öffentliche Belange zu berücksichtigen, zumal der Schutzzweck der NBauO sehr weit gesteckt ist: was im Einzelfall geeignet ist, die namentlich in § 1 genannten Ziele der NBauO zu fördern, kommt als öffentlicher Belang im Rahmen des § 66 in Betracht.

34 Der Gesetzgeber selbst zieht bei der Abweichung eine **absolute Grenze,** die er in den Mindestanforderungen des § 3 Abs. 1 sieht. Je stärker die öffentliche Sicherheit (z.B.

Leben, Gesundheit, natürliche Lebensgrundlagen, gesunde Wohn- und Arbeitsverhältnisse, Verunstaltung des Gesamtbildes der Umgebung) durch eine Abweichung betroffen würde, um so weniger Spielraum besteht für die Anwendung des §66. Im Umkehrschluss heißt das aber auch, das kein Rechtsanspruch auf die Abweichung bereits eingefordert werden kann, wenn die öffentliche Sicherheit unmittelbar nicht beeinträchtigt ist.

Relative Grenzen wird es angesichts der weitgehenden Vorgabe – öffentliche Belange – auch geben können. Es kommt nur auf diejenigen öffentlichen Belange an, welche gerade mit der Vorschrift, von der abgewichen werden soll, verfolgt werden. Maßgebend ist mithin der jeweilige Regelungszweck. Er verkörpert das vom Gesetz erfasste Schutzgut als den zu beachtenden öffentlichen Belang (instruktiv: Schulte, Rechtsgüterschutz durch Bauordnungsrecht, 1982, S. 156 ff.). Damit wird zugleich verhindert, dass eine Abweichung nahezu ohne jede normative Bindung möglich ist. Es muss aber durchaus statthaft sein, über die Ermessensentscheidung den Abweichungswunsch bereits abzuwehren, wenn die in den §3 Abs. 1 bis 3 verankerten öffentlichen Schutzziele merkbar berührt sind. Derartige Ansprüche finden sich auch in anderen Regelwerken, insb. des Baunebenrechts, und dürfen, soweit sie durch die Abweichung belastet werden, die Entscheidung beeinflussen. 35

Der **Zweck der jeweiligen Anforderungen** ist zu ermitteln und unter Würdigung der öffentlichen Belange, insbesondere den öffentlich-rechtlich geschützten nachbarlichen Belangen, zu prüfen. Nochmals: Hierbei empfiehlt sich eine einschränkende Vorgehensweise, obwohl dieser Ansatz die vom vom Gesetzgeber weitreichend angestrebte „Flexibilisierung“ nicht erreicht. I.d.R. wird durch die baurechtlichen Vorschriften selbst bereits ein gerechter Ausgleich zwischen schutzwürdigen und schutzbedürftigen Belangen vorgenommen. Im Vordergrund steht dabei die Frage, ob das Abweichen von der Norm mit dem hinter ihr stehenden Schutzgut vereinbar ist, sobald ein Widerspruch zur Norm gleichbedeutend mit einem Widerspruch zu seinem Schutzgut ist. Sollte im Obergeschoss eines Hauses eine Arztpraxis eingerichtet werden, kam eine Ausnahme nach §49 Abs. 3 S. 2 NBauO 2003 von der Verpflichtung, einen Aufzug für behinderte Patienten einzubauen, auch mit Rücksicht auf die Kosten des nachträglichen Einbaus nicht in Betracht, weil §48 Abs. 1 Nr. 4 a.F. (= §49 Abs. 2 Nr. 6) gerade der Berücksichtigung der Bedürfnisse Behinderter diente (OVG Lüneburg 22.8.1988 – 6 A 209/86 – n.v.). Nur wenn das Schutzgut der Norm überhaupt nicht oder nur unwesentlich verletzt wird, kam eine Abweichung in Betracht (OVG Lüneburg 8.4.1961 a.a.O.; 20.2.1964 – I A 265/63 – OVGE 20, 326 noch zur zur Befreiung). Mit der Neufassung des §49 Abs. 3 sind jedoch Umstände aufgeführt, die den Verzicht auf die barrierefreie Zugänglichkeit kraft Gesetz ohne Ausnahmebewilligung erlauben (§49 Abs. 3 Satz 1 Rn. 37 – 44). Die angeführte restriktive Auslegung kann daher nur herangezogen werden, wenn eine Abweichung außerhalb der im §49 Abs. 3 aufgeführten Tatbestände angestrebt wird. 36

Den **öffentlich-rechtlichen Nachbarschutz** hat der Gesetzgeber nicht vorrangig im Auge gehabt, aber zu betonen ist, dass er ausdrücklich auf öffentlich-rechtlich geschützte nachbarliche Belange als besonderes Schutzgut abstellt. Daraus ergibt sich dann auch ein öffentlich-rechtlicher Nachbarschutz, der durch das Wort „insbesondere“ in §66 Abs. 1 Satz 1 letzter Halbsatz deutlich wird. Die Konsequenz hieraus ist, dass lediglich privatrechtlich geschützte oder nicht besonders rechtlich geschützte private Belange allenfalls im Rahmen der erforderlichen Ermessensausübung, nicht jedoch auf der Tatbestandsebene, in die Abwägung einzubeziehen sind. 37

Die **nachbarlichen Interessen** sollen materiell die Zulässigkeit einer Abweichung mitbestimmen (OVG Münster 28.8.1995 – 7 B 2117/95 – BauR 1996, 85). Die nachbarlichen Interessen müssen daher sachgerecht gewürdigt werden. Das gilt erst recht, wenn diese Interessen durch die Abweichung beeinträchtigt werden würden. Dabei gilt folgende **Faustformel:** Je stärker geschützte öffentlich-rechtliche Belange des Nachbarn betroffen sind, um so weniger ist Raum für die Anwendung des §66.

38 Vorab kann die BauAB sowohl beim Bauherrn als auch bei den nachbarlichen Belangen prüfen, wie schutzwürdig sie überhaupt sind. Hat etwa der Nachbar selbst einen rechtswidrigen Zustand auf seinem Grundstück geschaffen, werden seine Interessen nach dem Grundsatz von „Treu und Glauben" nicht von der Rechtsordnung geschützt, soweit er wegen des rechtswidrigen Zustandes auf seinem Grundstück Nachteile erleidet (unzulässige Rechtsausübung, siehe auch OVG Lüneburg 1. Senat, Beschluss vom 12.4. 2017, 1 ME 34/17, OVG Lüneburg 1. Senat, Beschluss vom 28.01.2010, 1 LA 284/07). U.U. könnte die BauAB sogar die Abweichung zulassen, wenn die öffentlichen Belange für den Bauherrn sprechen und der Nachbar die Abweichung grundlos verhindern will (vgl. BVerwG 23.9.1999 – 4 C 6.98 – BVerwGE 109, 314; OVG Lüneburg 26.2.2003 – LC 75/02 – NVwZ-RR 2003, 820), was aber bei einem Verstoß gegen individuell-abstrakte Regelungen mit Risiken verbunden ist. Auf der anderen Seite wird der Nachbar solche Nachteile nicht mehr hinnehmen müssen, die ihm billigerweise nicht zuzumuten sind (vgl. BVerwG 19.9.1986 – 4 C 8.84 – NVwZ 1987, 409). Insgesamt wird die BauAB nur sehr vorsichtig eine Abweichung erwägen können, wenn nachbarliche Belange betroffen sind.

39 Will der Nachbar gegen die Zulassung einer Abweichung vorgehen, die keine nachbarschützende Regelung erfasst, kann er sich mit Erfolg nur darauf berufen, wenn in diesem **partiell-konkreten** Fall er durch die die Baumaßnahme tatsächlich und unzumutbar beeinträchtigt wird (zum Rücksichtnahmegebot OVG Lüneburg Beschluss 18.6.2015 – 1 ME 77/15 – openJur 2015, 10970). Das kann in Einzelfällen sogar möglich sein, wenn gerade die Abstandsbestimmungen eingehalten sind (OVG Saarlouis Beschluss 21.6. 2007 – 2 A 152/07 – KommJur 2008, 151–153). Anders greift der Drittschutz bereits unabhängig von einer tatsächlichen persönlichen Betroffenheit, wie es unbestritten bei den auf das Nachbargrundstück bezogenen Grenzabstände gegeben ist. Dann setzt sich der Nachbar bereits im Verwaltungsstreitverfahren durch, wenn die Rechtsanwendung zur Rechtfertigung der Abweichung von vorneherein fehlerhaft war. Die Hürde war bei der ursprünglichen Befreiung (§ 86 NBauO aF) sehr hoch gesteckt, denn der Tatbestand der unbeabsichtigten Härte gekoppelt mit dem atypischen Einzelfall schränkte die Anwendungsmöglichkeiten erheblich ein. Jetzt reicht es bereits aus, dass Bauwillige glaubhaft die Möglichkeit der Einschränkung ihrer Baufreiheit vortragen, um in die Prüfung der Abweichungsmöglichkeit einsteigen zu können (s. Rn. 6). Rechtserheblich wird dann sein, ob gegensätzliche Interessen sachgerecht gewichtet wurden.

40 Das bedeutet eben nicht, dass eine Abweichung bei einer Beeinträchtigung nachbarlicher Belange stets ausgeschlossen wäre: so hat das OVG Lüneburg (18.7.1985, a.a.O.) eine Ausnahme für die Unterschreitung des Regelabstands nach § 13 Abs. 1 Nr. 3 a.F. zur Wiederherstellung einer Blockrandbebauung gebilligt, die zur Verbreiterung einer Straße „versetzt" worden war, obgleich die Belichtung des Nachbarhauses, das nun den Winkel der Blockrandbebauung bildete, verschlechtert wurde (vgl. auch OVG Lüneburg 11.7.2003 – 1 MN 165/03 – BRS 66 Nr. 26; 30.3.1999 – 1 M 897/99 – BRS 62 Nr. 190). In der jetzigen NBauO gibt es keine Ausnahmen mehr, allenfalls können Abweichungen von den Vorschriften der NBauO zum Tragen kommen, etwa § 5 Abs. 8.

Andererseits ist etwa bei der Zulassung einer Abweichung unter Bezug auf die frühere Ausnahme nach § 12 Abs. 2 a.F. – Garagen mit notwendigen Einstellplätzen für das Baugrundstück in größerer Anzahl und in größeren Ausmaßen als nach Abs. 1 Satz 1 und Satz 2 Nrn. 1 und 2 an der Grenze – auch zu berücksichtigen, ob der betroffene Nachbar bereits auf seinen anderen Grenzen „eingemauert" ist. Abweichungen, deren Ausnutzung den Nachbarn unzumutbar treffen, sind rechtswidrig.

41 Bei der **Würdigung der nachbarlichen Belange** muss eine saubere Abwägung der unterschiedlichen Interessen stattfinden. Bei den nachbarlichen Belangen muss es sich um subjektiv-öffentliche Rechtspositionen handeln. Der Gesetzgeber selbst sieht die öffentlich-rechtlich geschützten nachbarlichen Belange als wichtigen Teil der insgesamt geschützten öffentliche Belange an. Durch den Terminus: „öffentlich-rechtlich geschützten"

wird deutlich, dass rein private nachbarliche Interessen keinen Eingang in die Abwägung finden.

Diese Regelung unterscheidet sich etwa von der in §73 Abs. 1 Satz 1 BauO NRW gewählten Lösung, die „nur" von „nachbarlichen Interessen" spricht, mithin also keine Differenzierung zwischen öffentlich-rechtlich und privatrechtlichen Belangen vornimmt.

Diese Unterscheidung fällt den betroffenen Nachbarn in der Praxis durchaus schwer und sollte daher durch die BauAB im Rahmen der beratenden Tätigkeit konsequent vermittelt werden. Die Belange des Bauherrn können nur dann für eine Abweichung sprechen, wenn die Einhaltung der Regelvorschrift für den Bauherrn mit spürbaren Nachteilen bei der Nutzung seines Grundstücks verbunden ist (VGH Mannheim 12.3.1987 – 5 S 2056/86 – BRS 47 Nr. 101: vgl. aber auch VGH Mannheim 31.7.1989 – 8 S 1657/89 – BRS 49 Nr. 125) und eine andere den Nachbarn weniger beeinträchtigende Bebauung nicht möglich ist oder zu erheblichen Schwierigkeiten führt (OVG Lüneburg 18.7.1985 – 6 A 91/83 – NST-N 86, 54).

Die **Belange des Bauherrn** scheiden – so deutlich das OVG Münster in einem Be- 42
schluss (14.12.2000 – 7 B 1746/00 – nur juris mit Ls.) – als die Abweichung rechtfertigendes Gegengewicht aus, wenn die unterschiedlichen Belange von Bauherr und Nachbar bei der gesetzlichen Regelung bedacht worden sind. Im Abstandsflächenrecht etwa hat der Gesetzgeber die gegenläufigen Interessen für den Regelfall bereits abgewogen.

Mit der Verpflichtung zur besonderen Würdigung nachbarlicher Belange stellt der Lan- 43
desgesetzgeber die Abweichung ebenso unter das Gebot der Rücksichtnahme, wie das im Bundesrecht in §31 Abs. 2 BauGB geschehen ist. Insoweit kann die BauAB bei der Anwendung des §66 auf die von der Rechtsprechung entwickelten Aussagen zum Rücksichtnahmegebot zugreifen.

F. Ermessen

Der Bauherr hat – selbst wenn alle Voraussetzungen für eine Abweichungen vorliegen – 44
keinen Anspruch auf Zulassung der Abweichung. Er hat nur einen **Anspruch auf fehlerfreie Ermessensausübung.** Liegt die Entscheidung im Ermessen der BauAB, „hat sie ihr Ermessen entsprechend dem Zweck der Ermächtigung auszuüben und die gesetzlichen Grenzen des Ermessens einzuhalten" (§40 VwVfG). Die Koppelung des unbestimmten Rechtsbegriffs der Vereinbarkeit mit den öffentlichen Belangen, durch den die Ziele der NBauO bereits in den Maßstab der Entscheidung einfließen, mit einer Ermessensermächtigung reduziert die Gesichtspunkte, die bei der Ermessensentscheidung zu berücksichtigen sind. Die BauAB darf bei der Ermessensausübung keine Gesichtpunkte einführen, die durch besondere gesetzliche Regelung bereits zu einem speziellen Belang des öffentlichen Baurechts geworden ist (OVG Lüneburg 11.1.1900 – 1 L 4588/99 – BRS 63 Nr. 167 zum vergleichbaren Problem bei der Befreiung). Das würde nämlich bedeuten, dass die BauAB ein und denselben Gesichtspunkt als Tatbestandsmerkmal ohne Einschätzungsprärogative als striktes Recht zu handhaben hätte und im Rahmen der Ermessensausübung ohne strikte Rechtsbindung anführen könnte. Damit wird der BauAB eine gerichtlich nur eingeschränkt nachprüfbare (§114 VwGO) Abwägung aller in Betracht kommenden öffentlichen Belange zugestanden.

„Es bleibt unentschieden, §66 Abs. 1 NBauO einen Kombinationstatbestand mit einheit- 45
licher Ermessensentscheidung enthält oder herkömmlich in eine Tatbestands- und eine Ermessensentscheidung aufgespalten ist" (OVG Lüneburg 27.06.2018 – a.a.O.). Folge wäre, dass auf der Tatbestandsebene bereits abgehandelte öffentliche und private Belange sich nicht nur auf den Deutungsspielraum des Gesetzestextes beschränken, sondern bereits eine Ermessensentscheidung inkludiert wird. Trotzdem sind damit noch nicht diese Gesichtspunkte „verbraucht", sondern können erneut in die weitere Ermessensentscheidung einfließen. Folge wäre, wenn allein sachbezogene Gesichtspunkte

noch kein ausreichendes Gewicht haben, um das Abweichungsbegehren zu Fall zu bringen. Dann bietet die anschließende Ermessensbetrachtung noch genügend Spielraum, die Absicht erfolgreich abzuwehren. Eine Ermessensreduktion auf Null kann im Einzelfall durchaus denkbar sein, wenn das gesetzlich eingeräumte Ermessen insoweit eingeschränkt ist, dass nur **eine einzige** Entscheidung fehlerfrei möglich wäre. Sie käme allerdings nur in Betracht, wenn allgemein oder im konkreten Einzelfall keine Zweckmäßigkeitserwägungen denkbar sind, die ein Versagen der Abweichung unter Verhältnismäßigkeitsgesichtspunkten rechtfertigen könnten (VG Düsseldorf Urteil 31.1.2017 – 28 K 13920/16 –).

46 Ermessenserwägungen müssen **sachbezogen** sein. Soweit sonstige Belange die Entscheidung nicht eindeutig determinieren, bleibt der BauAB schließlich ein unüberprüfbarer Raum für die Abwägung der „Beharrungs- und Flexibilitätsinteressen" (Schmidt-Aßmann). Eine ordnungsgemäße Ermessensausübung setzt voraus, dass die BauAB von zutreffenden rechtlichen und tatsächlichen Voraussetzungen ausgeht (VGH Mannheim 3.2.1989 – 8 S 3035/88 – BRS 49 Nr. 128). Auch wenn eine Begründung der Abweichung durch die BauAB nicht ausdrücklich vorgeschrieben ist, sollten gerade die Ermessenserwägungen im Verhältnis von Bauherr und Nachbar in die Baugenehmigung aufgenommen bzw. aktenkundig gemacht werden, weil der Nachbar eine ihm nachteilige Ausnahme häufig als Eingriff in seine Rechte angreifen wird (vgl. § 39 Abs. 2 Nr. 1 VwVfG).

47 Die BauAB darf Abweichungen nicht prinzipiell versagen, aber sie hat die Breitenwirkung einer solchen Vorgehensweise in Rechnung zu stellen (zu weitgehend VGH München 25.1.1988 – 14 B 87.00 179 – BRS 48 Nr. 100). Die Begründung des Gesetzgebers zu § 66 lässt einen sehr breiten Anwendungsspielraum für § 66. In anderen Ländern wird dagegen bei der Erteilung einer Abweichung ein Regel-Ausnahme-Verhältnis gewahrt, d.h. die Erteilung einer Abweichung bleibt die Ausnahme (vgl. VGH Mannheim 18.1. 1995 – 3 S 3153/94 – BRS 57 Nr. 215). So können besondere Geländeverhältnisse oder ein atypischer Zuschnitt des Baugrundstücks die Erteilung einer Abweichung ähnlich wie bei einer Ausnahme rechtfertigen (VGH Mannheim 1.9.1989 – 8 S 748/89 – BRS 49 Nr. 124). Deshalb kommt es zunächst darauf an, inwiefern der Einzelfall Besonderheiten aufweist, die ein Abweichen von der Regelvorschrift rechtfertigen (OVG Berlin 14.2.1969 – II B 70/68 – NJW 1970, 110). Um dies zu verdeutlichen: Aufgrund der neuen Grenzabstände von 0,5 H wird in Wohngebieten eine weitere Reduzierung der Abstandstiefe nur unter ganz besonderen Umständen denkbar sein können. Der VGH München betont dies in einem Beschluss zum Abstandsflächenrecht deutlich: „Der Zweck des Abstandsflächenrechts, eine ausreichende Belichtung und Lüftung des Baugrundstücks und der Nachbargrundstücke zu gewährleisten und sicherzustellen, dass Flächen für Nebenanlagen frei bleiben, wird in vollem Umfang nur erreicht, wenn die Abstandsflächen voll eingehalten werden. Die Zulassung einer Abweichung von den Abstandsflächenvorschriften kann deshalb nicht mit der Erwägung gerechtfertigt werden, dass der Zweck der Normen im konkreten Fall auf anderer Weise erreicht werde. Vielmehr müssen Gründe vorliegen, durch die sich das Vorhaben vom Regelfall unterscheidet und die Einbuße an Belichtung, Lüftung und Freiflächen im konkreten Fall als vertretbar erscheinen lassen" (VGH München – 14.12.1994 – 26 B 93.4017 – BRS 57 Nr. 156 zum bayer. Recht, das keine allgemeine Reduzierung auf 0,5 H vorsieht).

48 Relativ häufig wird das Ermessen durch eine ständige Verwaltungspraxis eingeengt sein. Der Gleichheitssatz verpflichtet die BauAB nicht zur Wiederholung rechtswidriger Abweichungen, seine ermessensbindende Funktion ist aber allgemein anerkannt (vgl. Wolff/Bachof/Stober, VerwR I § 31, Rn. 50). Allerdings bedarf es jeweils genauer Prüfung, ob die maßgebenden Verhältnisse wirklich gleich liegen.

49 Die Berücksichtigung von Planvorstellungen oder Rechtsänderungen im Rahmen der Ermessenserwägungen ist ebenso zulässig wie die drohender Entschädigung (BGH 16.3.1970 – III ZR 183/69 – DVBl. 1971, 456).

50 Das **Nachholen von Ermessenserwägungen** ist möglich, sofern sie eine Ergänzung im Sinne des § 114 Satz 2 VwGO darstellen. Dies bedeutet, dass vorher – zumindest rudimentär – Ermessenserwägungen stattgefunden haben müssen, die dann ggf. im Erörterungstermin vor dem VG noch ergänzt werden können. Überhaupt nicht angestellte Erwägungen können schon nach dem Wortlaut der Vorschrift nicht ergänzt werden (vgl. OVG Lüneburg 15.11.2005 – 1 ME 153/05 – NST-N 2005, 285: Hier waren immerhin in einem vorletzten Absatz eines Aktenvermerks kurz die Folgen des umstrittenen Vorhabens erwähnt worden; dies reichte dem OVG aus).

G. Nebenbestimmungen

Die Zulässigkeit von Nebenbestimmungen ergibt sich aus **§ 36 VwVfG.** Nebenbestimmungen sind insbesondere geeignet, etwaige Verletzungen öffentlicher Belange auszuräumen oder ihnen vorzubeugen. Da die Zulassung der Ausnahme im Ermessen der BauAB steht, hat diese einen relativ weiten Spielraum in der Beifügung von Nebenbestimmungen (vgl.die Kommentierung zu § 70). Die positive Ermessensentscheidung kann folglich gemäß § 36 Abs. 2 VwVfG etwa mit Auflagen verbunden werden. 51

Bei der Zulassung einer Abweichung sind potenziell alle Varianten der Nebenbestimmungen denkbar. In den meisten Fällen wird auf die **Auflage** als selbständige Nebenbestimmung zurück gegriffen (§ 36 Absatz 2 Nummer 4 VwVfG), weil sie dem Begünstigten ein bestimmtes Tun, Dulden oder unterlassen vorschreibt. So könnte die Zulassung einer Abweichung für Fenster in einer Brandwand mit der Forderung der erhöhten Brandschutzqualität verbunden werden. (VGH München Beschluss 19.7.2016 – 9 CS 15.336 –). Bisweilen verwechselt wird die Auflage dem **Hinweis**, der ist jedoch oft nur eine vorbeugend gemeinte Handlungsempfehlungen und nicht angefochten werden kann. Seltener aber nicht ungewöhnlich ist die **aufschiebende Bedingung,** welche die Wirksamkeit der Baufreigabe von einem zukünftigen, ungewissen Ereigniss abhängig macht. Ein mittelbarer Hinweis findet sich im § 66 Abs. 4, wenn erst nach Zahlung der Sicherheitsleistung von Baugenehmigung Gebrauch gemacht werden dürfte. Bei der a**ufösenden Bedingung, der Befristung und dem Widerrufsvorhalt** handelt es sich um verwandte Instrumente der unselbständigen Nebenbestimmungen, weil sie die Geltungsdauer des begünstigenden Verwaltungsaktes auf einen Bestimmten oder unbestimmten Zeitraum beschränken. Da wird es sich nur um zeitlich beschränkte Nutzungen oder rückbaufähige bauliche Anlagen handeln dürfen, bei denen die Folgen der verkürzten „Lebensdauer" angemessen erscheint, wie z.B. Werbeanlagen. Die Befristung kann auch die Geltungsdauer der Baufreigabe einschränken, sollte bis zu einem bestimmten Zeitraum das an die Abweichung gebundene Vorhaben nicht verwirklicht worden sein (OVG Münster Beschluss 28.08.2002 -10 B 1641/02- BauR 2003, 679-680). 52

H. Verfahren

Nach § 66 Abs. 2 bedarf die Zulassung einer Abweichung eines **schriftlichen und begründeten Antrags.** Unterbleibt diese, so soll die BauAB die Bearbeitung des Bauantrags nach § 69 Abs. 2 Satz 1 Alt. 1 unter Hinweis auf den fehlenden Abweichungsantrag ablehnen. Aus Sicht des Gesetzgebers ist dies konsequent: Er will die Verantwort- lichkeit des Bauherrn und Entwurfsverfassers steigern, dazu gehört auch eine, allerdings nicht erzwingbare, Mitwirkungspflicht. Unterbleibt der Antrag trotz Aufforderung oder kommt nicht fristgerecht, soll die BauAB gemäß § 69 Abs. 2 Satz 2 die Bearbeitung des Bauantrages ablehnen. Ob dieses Unterlassen auch eine prozessuale Einschränkung der Klagemöglichkeit des Bauherrn nach sich zieht, kann im Ergebnis dahinstehen: Ohne Begründung, warum eine Abweichung gerechtfertigt sein soll, wird die BauAB ihr Ermessen nur so ausüben können, dass entgegenstehende öffentliche Belange überwiegen. Diese Ermessensausübung ist gerichtlich nur eingeschränkt überprüfbar und angesichts der Mitwirkungspflicht von Entwurfsverfasser und Bauherrn dann rechtmäßig, wenn dieses Unterlassen in der Ablehnungsbegründung durch die BauAB deutlich gemacht wird. Vor einer positiven Entscheidung über einen Antrag auf Befreiung von 53 einer nachbarschützenden Vorschrift soll die BauAB die betroffenen Nachbarn nach § 68 Abs. 2 Satz 1 beteiligen (vgl. dazu die Kommentierung zu § 68).

54 Bei einem **genehmigungsbedürftigen Bauvorhaben** wird die Abweichung durch die Baugenehmigung zugelassen, § 66 Abs. 3 Satz 1. Wenn eine Bestätigung nach § 65 Abs. 2 Satz 3 (bautechnische Nachweise) oder eine Entscheidung nach den §§ 72 bis 75 (Durchführung baugenehmigungsbedürftiger Anlagen, Bauvoranfrage und Bauvorbescheid, Bauaufsichtliche Zustimmung und Fliegende Bauten) von der Abweichung abhängt, wird diese durch die Bestätigung oder die Entscheidung zugelassen, § 66 Abs. 3 Satz 2. Dieser Absatz entspricht bis auf einige redaktionelle Änderungen § 85 Abs. 2 a.F. Mit der Änderung 2019 eingefügten Sätze 3 und 4 in den § 66 Abs. 3 wurde die Unsicherheit beseitigt, ob die Zulassung von Abweichungen für verfahrens- oder genehmigungsfrei gestellten baulichen Anlagen (§§ 60–62) zeitlich uneingeschränkt gilt. Der Verweis auf § 71 stellt jetzt klar, dass auch dann die Frist von drei Jahren anzuwenden ist.

55 Grundsätzlich ist nach § 66 Abs. 1 Satz 1 die BauAB für die Erteilung der Abweichung vom materiellen Bauordnungsrechts zuständig. Aus § 36 Abs. 1 Satz 1 BauGB folgt die Zuständigkeit der BauAB für bauplanungsrechtliche Ausnahmen und Befreiungen. Bei einer Abweichung von örtlichen Bauvorschriften im Sinne des § 84 Abs. 1 und 2 dürfen Abweichungen – ebenso wie bei § 36 Abs. 1 BauGB – nur im Einvernehmen mit der Gemeinde zugelassen werden. Die sogn. „Gestaltungssatzungen" sind davon ausgenommen, auch wenn sie gem. § 9 Abs. 4 BauGB in einem Bebauungsplan aufgenommen sind (Nds. GVBl Beschluss vom 28.01.2014 – 1 ME 176/13 openJur 2014, 2803). Sonst ist die Fristenregelung des § 69 Abs. 4 zu beachten, die der Verfahrensbeschleunigung dienen soll. Eine Rücknahme oder ein Widerruf des erklärten Einvernehmens ist nicht möglich (vgl. BVerwG 12.12.1996 – 4 C 24.95 – NVwZ 1997, 900). Bei der Entscheidung über das Einvernehmen hat die Gemeinde die Interessen abzuwägen und ihr Ermessen zu bestätigen – hierbei hat sie einen Ermessensspielraum.

56 Verweigert die Gemeinde rechtswidrig ihr Einvernehmen, kann dies nach der NBauO nicht ersetzt werden. Die Ersetzungsbefugnis nach § 36 Abs. 2 Satz 3 BauGB bezieht sich nur auf die in § 36 Abs. 2 Satz 1 BauGB genannten Fallgruppen. Dazu gehört die örtliche Bauvorschrift nicht. Dies gilt auch, wenn diese im sog. Huckepack-Verfahren in den B-plan aufgenommen wurde. § 66 Abs. 5 bestimmt, dass die Verfahrensvorschriften über Abweichungen auch für Ausnahmen und Befreiungen nach anderen Vorschriften des öffentlichen Baurechts gelten, soweit nichts Abweichendes bestimmt ist. Diese Einbeziehung ist erforderlich: Die einschlägigen städtebaulichen Vorschriften enthalten zwar jeweils ein materiell-rechtliches Entscheidungsprogramm, jedoch kein Trägerverfahren für die Umsetzung im Einzelfall nach der NBauO. Aus gemeindlicher Sicht kann die Regelung des § 66 Abs. 5 kritisch gesehen werden: Zwar beinhaltet der Wortlaut zunächst ein Recht der Gemeinde, wenn Abweichungen von örtlichen Bauvorschriften nach § 84 Abs. 1 und 2 nur im Einvernehmen mit der Gemeinde zugelassen werden dürfen. Allerdings stellt sich die Frage, wie der gemeindliche Schutz gestaltet sein soll, wenn von Vorschriften abgewichen werden soll bei denen folgende Konstellation vorliegt: Die Gemeinde erlässt einen B-Plan und die konkrete Baumaßnahme ist verfahrens- oder genehmigungsfrei. Eine Entscheidung der BauAB ist folglich nicht gegeben, so dass § 66 leer läuft. Die MBO liefert hierfür eine Lösung in § 67 Abs. 3: Bei verfahrensfreien Baumaßnahmen entscheidet die Gemeinde selbst über die Zulassung von Abweichungen sowie über Ausnahmen und Befreiungen von solchen Vorschriften, die sie selbst erlassen hat oder ihre Belange besonders berühren. Die Arbeitsgemeinschaft der Kommunalen Spitzenverbände schlägt daher in ihrer Stellungnahme eine Ergänzung vor. Dies sieht eine Ersetzung des Einvernehmen entsprechend § 36 BauGB vor. Dies erscheint zur Vermeidung von möglichen Regressansprüchen nachvollziehbar. Auf Nachfrage hält die Landesregierung die Regelung in der jetzigen Form allerdings für ausreichend (Vorlage Nr. 38 vom 14.2.2012 zu LT-Drs. 16/3195, S. 29).

I. Rechtsschutz

57 Durch die Abweichung kann der Nachbar in seinen Rechten betroffen sein. Hierbei ist zunächst zu klären, wer „Nachbar" im Sinne des §66 sei kann. Der Begriff des „Nachbarn" selbst wird in der NBauO nicht ausdrücklich definiert. Zu unterscheiden ist zwischen dem „verfahrensrechtlichen" (vgl hierzu die Kommentierung zu §68) und dem „materiell-rechtlichen" Nachbarn. Materiell-rechtlich ist Nachbar in aller Regel der Eigentümer benachbarter Grundstücke. Die NBauO grenzt bei §66 – anders etwa als §55 Abs. 1 LBauO BW („angrenzendes Grundstück") – den Nachbarbegriff nicht ein. Dann kommt es nur auf die formale Eigentümerstellung an. Hierzu wird man auch die Erbbauberechtigung zählen können. Entscheidend ist hierbei, ob durch die Abweichung möglicherweise öffentlich-rechtlich geschützte Belange berührt werden. Das kann – wie die Rechtsprechung zur Antragsbefugnis im verwaltungsgerichtlichen Normenkontrollverfahren zeigt – auch der Mieter oder der Pächter sein. Das BVerwG hat bereits 1993 geklärt (Garagenfall – BVerwG 16.9.1993 – 4 C 28.91 – E 94, 151), dass der Nachbarschutz auch örtlich sehr weit gehen kann. Danach kann der im Plangebiet lebende Nachbar, der nicht der Grenznachbar sein muss, die Erhaltung der Gebietsart rechtlich verteidigen. Stimmt der Nachbar im Beteiligungsverfahren nach §68 der Abweichung zu, so darf die BauAB im Regelfall davon ausgehen, dass nachbarliche Interessen nicht beeinträchtigt werden. Dies gilt dann nicht, wenn es sich um „unverzichtbare" Rechtspositionen handelt, etwa um schädliche Umwelteinwirkungen im Sinne des §3 Abs. 1 BImSchG (vgl. BVerwG 23.9.1999 – 4 C 6.98 – BVerwGE 109, 314). Wird wie z.B. bei grenznaher Bebauung das Gebot der Rücksichtnahme verletzt oder sind gar ungesunde Wohn- bzw. Arbeitsverhältnisse zu befürchten, muss die BauB das Ansinnen als Sachverwalterin der öffentlich-rechtlichen Schutzansprüche zurückweisen. Wer dagegen **lediglich ein obligatorisches Recht** an einem Grundstück von dessen Eigentümer ableitet, hat gegen die einem Nachbarn erteilte Baugenehmigung grundsätzlich keine öffentlich-rechtlichen Abwehrrechte. Er müsste seine Rechtsposition **dem Eigentümer gegenüber** geltend machen. Allerdings tendiert die Rechtsprechung dazu, Mietern oder Pächtern den Abwehranspruch zuzubilligen, wenn Leben oder Gesundheit unmittelbar bedroht sind (OVG Sachsen Beschluss 19.08.2009 -1 B 247/09 – IBR 2009, 742). Versagt der Nachbar seine Zustimmung, ist dies umgekehrt noch keine Grund für die BauAB, die Abweichung zu versagen – wohl werden die Anforderungen an die Ermessensausübung und Abwägung steigen.

58 Soweit die Abweichung als Bestandteil der Baugenehmigung erteilt wird, genügt die **Anfechtung der Baugenehmigung.** Trotz ihres eigenen Regelungsgehalts wird die Abweichung dann ein Teil der Baugenehmigung, so dass der betroffene Nachbar eine einheitliche Anfechtungsklage erheben kann. Der BauAB ist zu empfehlen, die Tenorierung entsprechend gut zu formulieren. Wird eine Baugenehmigung nachträglich durch eine Abweichung geändert, ist dem Nachbarn dringend zu empfehlen seine Anfechtungsklage nunmehr im Wege der Klageänderung ausdrücklich auch auf die Abweichung auszudehnen. Vergisst er dies, wäre die Klage insoweit unzulässig, weil das Rechtsschutzinteresse fehlt. Der Nachbar kann dann den Rechtsstreit für erledigt klären. Sofern er ein besonderes Feststellungsinteresse hat, kann er auch die Rechtswidrigkeit der ursprünglichen Baugenehmigung (ohne Abweichung) feststellen lassen, §113 Abs. 1 Satz 4 VwGO.

59 Rechtlich möglich ist auch eine Anfechtungsklage gegen eine selbständige Abweichungsentscheidung, da es sich hierbei um einen eigenen Verwaltungsakt im Sinne des §35 VwVfG handelt. Dies kann dann aufschiebende Wirkung haben, wenn es sich nicht um eine bauaufsichtliche Zulassung im Sinne des §212 a Abs. 1 BauGB handelt (1.12.1998 – 10 B 2304/98 – DVBl 1999, 788; 29.5.2008 – 10 B 616/08 – juris im Volltext – sehr str.). Dieser Ansicht wird nicht gefolgt– auch im Hinblick auf den Vorbescheid (ablehnend etwa VGH Mannheim, 9.5.2006 – 3 S 906/06 – BauR 2006, 1862; 24.1.2006 – 8

S 638/05 – VBlBW 2006, 279). Allerdings ist der Prüfungsumfang auf die Reichweite der Abweichung begrenzt. Der Bauherr kann, sofern die Abweichung von der BauAB abgelehnt wird, eine Verpflichtungsklage auf Erteilung einer Abweichung erheben.

60 Entspricht eine **verfahrensfrei** gestellte oder **genehmigungsfreie** bauliche Anlage nicht dem materiellen Recht, wird aber trotzdem errichtet oder ist die baldige Verwirklichung zu erwarten, ist die BauAB zum Einschreiten gem § 89 NBauO berechtigt, die erforderlichen Maßnahmen gegenüber den Verantwortlichen anzuordnen. Bleibt sie untätig und widersetzt sich auch der Aufforderung betroffen fühlender Nachbarn, müssen diese zunächst einen Verwaltungsakt erwirken, der die Untätigkeit begründet, um dann auf das Instrument des Verpflichtungswiderspruchs zurückgreifen zu können. Allerdings wäre Entschließungsermessen der Bauaufsichtsbehörde nicht auf eine dem Nachbarn günstige Entscheidung reduziert (OVG Lüneburg 1. Senat, Beschluss vom 28.03.2014, 1 LA 216/12 DÖV 2014, 582).

J. Anhang – Abweichungen nach Fortfall früher gesetzlich vorgesehener Ausnahmen von Abstandsvorschriften

61 Das von der NBauO 1973 eingeführte und in der NBauO 2012 beibehaltene System der Punktabstände ist bereits mit seinen regulären Anforderungen sehr flexibel. Es passt sich den Bau- und Siedlungsstrukturen, die sich in den letzten Jahrzehnten entwickelt haben, zwanglos an. Mögliche Konkurrenz zum städtebaulichen Planungsrecht wurde bisher durch § 8 a.F. und wird jetzt durch § 5 Abs. 5 bis 7 dadurch aufgefangen, dass der im B-Plan festgesetzten oder durch Gebietsprägung bestimmten Bauweise der Vorrang einräumt wird. Darüber hinaus kam die Abstandsregelung der NBauO den Bauwilligen mit einer –durch die Novellen von 1986 und 1995 vermehrten– Anzahl von Ausnahmevorschriften entgegen. Diese waren in § 8 Abs. 2 und 3, § 9 Abs. 1, § 12 Abs. 2–5, § 12a Abs. 3, § 13 und schließlich noch in § 50 Abs. 1 NBauO a.F. enthalten. Neben diesen Ausnahmen waren unter den Voraussetzungen des § 86 a.F. auch Befreiungen möglich. Diese „weichen“ Bestimmungen wie auch die Befreiungsmöglichkeit sind durch die neue Abweichungsregel des § 66 NBauO ersetzt worden. Nur für „bauliche Anlagen besonderer Art oder Nutzung“, jetzt als Sonderbauten im § 2 Abs. 5 definiert, dürften als Erleichterung über § 51 Abs. 1 S. 2 und S. 3 Nr. 1 auch geringere Abstände zugelassen werden. Das kann bereits in einer Verordnung nach § 82 Abs. 1 Nr. 4 erfolgen, ist aber auch im Einzelfall in das Ermessen der BauAB gestellt. Daher stellt sich die Frage ob außerhalb des § 51 der § 66 genügend Raum bietet, die bisherige Flexibilität im Umgang mit den Grenzabstandsbestimmungen aufzufangen oder sie sogar zu erweitern (s. Rn. 15). Wie dabei allerdings auch zu beachten ist, hat die Verminderung des Regelabstandes von 1 H auf $^{1}/_{2}$ H auch das Bedürfnis nach Erleichterungen wesentlich geringer werden lassen.

62 Frühere Gesetzesänderungen: Die Novelle von 1986 hatte die zwei Ausnahmetatbestände, die § 13 Abs. 1 ursprünglich i.d.F. der NBauO 1973 enthielt (Nrn. 1 und 2), um vier weitere vermehrt (Nrn. 3–6); Näheres dazu unten Rn. 54 ff. Ferner hatte sie aus Abs. 1 die Sätze 2 und 3 in einen neuen Abs. 2 übernommen; der frühere Abs. 2 wurde Abs. 3.

63 Die Abweichung des neuen § 66 von den materiellen Bestimmungen ist abhängig von drei Voraussetzungen. Der Zweck der betroffenen Anforderung muss ausreichend berücksichtigt werden, öffentlich-rechtlich geschützte nachbarliche Belange müssen ausreichend gewürdigt werden und die Abweichung muss mit öffentlichen Belangen vereinbar sein. Bei genauer Betrachtung finden wir diese Elemente in den Befreiungsanforderungen des § 86 a.F. wieder, nur das der (atypische) Einzelfall gekoppelt mit der unbeabsichtigten Härte auf die Kompensationsforderung reduziert wurde, die Zweckbestimmung der Regel ausreichend zu berücksichtigen. Übertragen auf die Grenzabstandsregelungen bedeutet es, dass deren Schutzziele gleichwertig oder gemessen an

konkurrierenden öffentlichen oder privaten Belangen angemessen gewichtet werden müssen. Allerdings kennzeichnen die Grenzabstandsbestimmungen bereits den Willen de Gesetzgebers, die über die Baufreiheit vermittelte Gestaltungsfreiheit und die Rücksichtnahme auf nachbarliche Empfindsamkeit in eine „harmonisches" geschlossenes System zu übertragen. Die Ausnahmen- und Kann-Bestimmungen sollten dann Konflikte erfassen, die vorausschaubare Härtefälle oder das Zusammentreffen konkurrierender öffentlicher Belange für eine „Abweichung" öffnen sollten.

Wie der Name schon sagt, sollte die Ausnahme nicht zum Regelfall werden. Zusätzlich waren zwingende Voraussetzungen in die Ermächtigungen eingeschlossen, die günstigstenfalls nur mit dem Instrument der Befreiung überwunden werden konnten (OVG Lüneburg Beschluss 11.1.2000 – L 4588/99 BauR 2000, 1179 und Urteil 29.9.2000 a.a.O.). So war in den bisherigen Ausnahme- oder Kann-Bestimmungen die gleichwertige Kompensation häufig mit der Forderung nach gleichwertigen Wohn- und Arbeitsverhältnissen (§§ 8 Abs. 2 und 3, 13 Abs. 2 a.F.) verknüpft. In Einzelfällen wurde nur das nachbarliche Einverständnis vorausgesetzt, um der BauAB den Einstieg in die Ermessensentscheidung zu erlauben (§§ 8 Abs. 2 S. 3, 12 Abs. 3, 12 a Abs. 3 a.F.) Das Einhalten der Schutzziele konnte auch die Befreiung rechtfertigen, wenn z.B. durch B-Plan festgesetzte und realisierte Grün- und Wasserflächen zur Bemessung des Grenzabstandes wie nach § 9 a.F., jetzt § 6 Abs. 1 S. 2 herangezogen werden (OVG Lüneburg, 9.4.2004 – 1ME 194/04 –, BauR 2005, 372). 64

Die noch ausreichende Berücksichtigung der Schutzziele, welche den geschützten Betroffenen eine wenn auch nicht grenzenlose Minderung des gesetzlichen Standards zumutete, gründete sich häufig auf grundstücks- oder objektabhängige Besonderheiten, die als Hindernis einer angemessenen oder wirtschaftlich vertretbaren Bebauung entgegenstanden (so §§ 7 b Abs. 3, 12 Abs. 2 und 3, 13 Abs. 1 Nr. 4 bis 6 a.F.). Befreiungen kamen dann in Betracht, wenn durch eine wesentliche Nutzungsänderung der Bestandsschutz verloren ging, die Kubatur des Gebäudes (in den abstandsrelevanten Bereichen) aber unverändert blieb und auch durch die neue Nutzung keine zusätzlichen Beeinträchtigungen der Nachbarschaft zu erwarten waren. Vorhandenen Gebäuden wurde noch das Privileg zugestanden, ihr äußeres Volumen durch Verkleidung oder Verblendung der Außenwand zu vergrößern (§ 13 Abs. 1 Nr. 5). Mit § 8 Abs. 4 S. 2 ist diese Vergünstigung in eine zwingende Vorschrift umgewandelt worden, ergänzt um das Anheben von Dächern. Eingeengt wird der Rechtsanspruch durch die energetische Zweckbestimmung und die Maßbegrenzung von 0,25 m (siehe § 5 Abs. 4; § 5 Rn. 136). 65

Die Bevorzugung besonderer baulicher Anlagen, wie sie aufgrund ihrer Eigenart einen gegenüber den Regelforderungen verringerten Grenzabstand rechtfertigen, ist häufig bereits als zwingender Rechtsanspruch definiert (§ 5 Abs. 8). Nicht mehr erwähnt sind die im § 50 Abs. 1 a.F. aufgeführten Behelfsbauten. Zwar sind Sonderbauten (§§ 2 Abs. 5, 51 Abs. 1 Nr. 1) nicht grundsätzlich ausgegrenzt. Da jetzt aber Anlagen mit einem besonders hohen Gefahrenpotenzial darunter fallen, wird in den überwiegenden Fällen eine Erweiterung des gesetzlichen Mindestabstandes gerechtfertigt sein. Zu der Vergünstigung der Abweichung werden wohl weitere Fallbeispiele durch neuartigen Anlagen hinzutreten, die nicht im Focus des Gesetzgebers bei Abfassung des Gesetzestextes standen (so geschehen bei einer über eine Grundstücksgrenze an eine Hauswand projektierten Bildwerbung; hier sah das Gericht die Voraussetzung der Befreiung nach § 86 a.F. vom der Forderung des § 4 Abs. 1 S.2 a.F. gegeben; OVG Lüneburg, 11.1.2000 a.a.O. 66

Die im bisherigen § 13 Abs. 1 vorgesehen Ausnahmen von allen Abstandsregeln der §§ 7 bis 12a a.F. rechtfertigten sich insbesondere wegen möglicherweise überwiegender öffentlicher Belange (OVG Lüneburg 3.9.2003 – 1 ME 193/03 – BauR 2004, 464 zu einem Kiosk auf öffentlicher Straßenverkehrsfläche, der als „Blickfang" dienen sollte). Alle gemeinsam haben als Voraussetzung zur Anwendung der Ausnahmeregelung, dass das Erfordernis des Brandschutzes ausreichend gesichert ist. Hier greifen insbesondere die konkreten Anforderungen der DVO-NBauO, basierend auf den §§ 4 Abs. 3 S. 2 und 14. 67

Die Beachtung dieser für sich geltenden Bestimmungen ist eine Selbstverständlichkeit und Abweichungen von ihnen ließen sich nur über eine besondere Zulassung nach § 66 legalisieren. Selbstverständlich darf eine Unterschreitung der Abstände auch nicht zu anderen Gefährdungen der öffentlichen Sicherheit führen; insbesondere darf sie nicht die Verkehrssicherheit auf dem Baugrundstück (§ 16) beeinträchtigen.

68 Belange der gesunden Wohn- und Arbeitsverhältnisse waren bei den jeweiligen bevorzugten Anlagen des § 13 Abs. 1 Nr. 1 bis 7 a.F. unterschiedlich gewichtet. Sie mussten gleichwertig beim Heranziehen der Nr. 1 (Verwirklichung besonderer baugestalterischer oder städtebaulicher Absichten) erfüllt bleiben, konnten in den anderen Fällen unter angemessener Berücksichtigung der besonderen Gegebenheiten durchaus geringe Einbußen erfahren. Sie dürfen allerdings nicht so weit gehen, dass objektiv ungesunde Verhältnisse, d.h. Gesundheitsgefahren, für die dort wohnenden oder arbeitenden Menschen entstehen. Übertragen auf die Abweichungsregel des § 66 bedeutet es, dass nur die Grundsatzanforderung im § 3 Abs. 2 aufgeweicht werden darf, die Gefahrenabwehr des § 3 Abs. 1 in gleicher Härte Bestand haben muss.

69 Die Anforderungen nach § 13 Abs. 2 S. 2 a.F. finden sich nur noch mittelbar im § 3 Abs. 1 S. 1 NBauO. Sie gelten auch bei aktueller Rechtslage nicht nur für das Baugrundstück, sondern auch für die Nachbargrundstücke. Verschlechtern sich die Wohnverhältnisse auf einem Nachbargrundstück aber zu einem wesentlichen Teil deshalb, weil der Nachbar seinerseits die Grenzabstände noch mehr als der Bauherr unterschritten hat oder weil die dem Baugrundstück zugewandten Fenster rechtswidrig sind, so kann dies nach dem Grundsatz von „Treu und Glauben" dem Bauherrn nicht entgegengehalten werden, weil er die Beeinträchtigungen insoweit nicht „unmittelbar" (s. § 3 Rn. 31) verursacht hat (mit ähnlicher Begründung OVG Lüneburg 22.2.1995 – 6 M 7859/94 – n.v.). Daher kann sich der Nachbar unter dem Gesichtspunkt der unzulässigen Rechtsausübung nicht auf das Verletzen seiner Rechte berufen!

70 Baugestalterische oder städtebauliche Belange waren in den Nr. 1 und 2 des § 13 Abs. 1 a.F. niedergelegt, wobei die Begriffe keine Trennschärfe besitzen (siehe auch OVG Lüneburg 30.3.1999 – 1 M 897/99 – BRS 62 Nr. 190; 26.9.2000 – 1 K 3563/99 – BRS 63 Nr. 3; 26.2.2003 – 1 LC 75/02 – NVwZ 2003, 820; 3.9.2003, zit. Rn. 47; 15.11.2005 – 1 ME 153/05 – NST-N 2005, 285). Lassen sie sich nicht gewachsenen vorhandenen Strukturen ableiten, müssen weiterhin gewünschte neue Gebäudeformen, neuartige städtebauliche Strukturen oder das Nachempfinden historischer Bauweisen über öffentlich-rechtliche Willensbildung manifestiert sein (so § 56 Abs. 2 Nr. 4 BauO-BW als verpflichtende Abweichung). Alleinige Wunschvorstellungen von Entscheidungsträgern zur Verwirklichung von „guter Architektur" werden nicht ausreichen, die nachbarschützende Regelung der Grenzabstandsforderung zu missachten oder Ermessensvorbehalte der BauAB zu überwinden (OVG Lüneburg 27.06.2018 aaO). Die „Besonderheit" der baugestalterischen Absicht wird grundsätzlich durch städtebauliche Satzung als auch das Gemeinwohl fördernde gestalterische oder städtebauliche Lösung in einer zwingenden Festsetzung ihren Ausdruck als finden müssen (zustimmend OVG Lüneburg 1.8.1996 – 1 M 3898/96 – BRS 58 Nr. 179; ähnlich OVG Lüneburg 26.9.2000: erforderlich sei eine „die allgemeine Beziehung auf die gute städtebauliche Ordnung, die jedes Vorhaben aufweisen muss, überschießende Motivation"). Andererseits fordert das Gesetz nicht, dass die Planung von außergewöhnlicher Qualität ist. „Besonders" ist nicht „hervorragend", sondern meint hier nur das Beschreiten eines vom Normalen abweichenden, letztlich aber zum selben Ziel, nämlich zu mindestens gleich guten Wohn- und Arbeitsverhältnissen, führenden Weges oder auch das Berücksichtigen besonderer Gegebenheiten der konkreten örtlichen Situation (so OVG Lüneburg in den oben zit. Entscheidungen).

71 Die baugestalterischen oder städtebaulichen Absichten können aus einer örtlichen Bauvorschrift nach § 84 Abs. 3 NBauO oder aus der Bauleitplanung hervorgehen; sie können aber auch vom Bauherrn bzw. Entwurfverfasser entwickelt worden sein. Wohl war der früheren Regelung des § 13 Abs. 1 Nr. 1 a.F. nicht zu entnehmen, dass städtebauliche Absichten stets von der Gemeinde ausgehen müssen, (anders 1. und 2. Aufl. sowie OVG Lüneburg 11.7.1979 – VI B 44/79 – BRS 35 Nr. 93; wie hier OVG Lüneburg 30.3.1999, 26.2.2003 und 3.9.2003 a.a.O.; ebenso auch Barth/Mühler, § 13 a.F. Rn. 8). Jedoch wäre jetzt unter Anwendung des § 66 das Prozessrisiko wie bisher unvertretbar hoch, solle die Zulassung gegen den Widerstand betroffener Nachbarn allein auf Grundlage einer privaten Planung erfolgen. Das weitestgehende rechtlich noch vertretbare Entgegenkommen bietet sich an, wenn sie das Ergebnis eines Wettbewerbs auf einem einheitlichen Baugrundstück realisiert werden soll, ohne dass Liegenschaften außerhalb des Baugrundstücks negativ beeinflusst werden (einschränkend VG Berlin Urt. v. 19.4. 2011, Az.: VG 19 K 256.10). Dann kann die Gemeinde ihre städtebaulichen Belange über das Genehmigungsverfahren einbringen. Denn Absichten des Bauherrn oder Entwurfsverfassers, die gültigen oder auch bevorstehenden Regelungen der Gemeinde oder den §§ 34 f. BauGB zuwiderlaufen, können aber keine Abstandsunterschreitung rechtfertigen; in diesen Fällen wäre die Abweichung zu versagen, da dann öffentliche Belange (§ 66 Abs. 1) entgegenstünden.

Verringerte Abstände dürfen nur „zur Verwirklichung" der baugestalterischen oder städte- **72**
baulichen Absicht zugelassen werden; die Abstandsunterschreitung darf also nicht willkürlich sein, sondern muss sich folgerichtig aus dem baugestalterischen oder städtebaulichen Konzept ergeben. Daran fehlt es, wenn sich das Konzept ebenso gut auch ohne Abstandsunterschreitung verwirklichen lässt (OVG Lüneburg 8.6.1994 – 6 M 2315/94 – n.v.). Und doch kann sich aus ein berechtigtes Abweichungsverlangen aus „der besonderen architektonischen Gestaltung" eines Hauses ergeben. Dabei ist geschützten Interessen des Bauherrn an einer sinnvollen Verwertung der vorhandenen Bausubstanz Rechnung zu tragen, wenn nur so eine zeitgemäße, den Wohnungsbedürfnissen entsprechende Sanierung, Instandsetzung, Aufwertung oder Erneuerung einer zum Teil überalterten Bausubstanz ermöglicht werden kann" (VGH München, 15.9.2015 a.a.O.). Selbst eine nachbarliche Zustimmung entzieht der BauAB nicht die Möglichkeit, das Ermessen gegen die Bauabsicht auszuüben (OVG Lü 27.06.2018 a.a.O.). Das Berufen auf § 12 Abs. 3 NBauO a.F. überzeugte das Gericht nicht, obwohl des durchscheinen ließ dass auch eine gegenteilige Entscheidung der BauAB angemessen gewesen wäre.

Im Regelfall wird die Abstandsunterschreitung mit der zwingenden Festsetzungen des **73**
Bebauungsplanes begründet werden, sei es durch Baulinie und zwingende Höhe im Angebotsplan (§ 30 Abs. 1 BauGB), sei es durch den Entwurf zum vorhabenbezogenen B-Plan (§ 31 Abs. 2 BauGB). Das Angebot des § 9 Abs. 1 Nr. 2a BauGB verfolgte das Ziel, die gesetzlichen Mindestabstände vergrößern zu dürfen. Das Instrument sollte die städtebaulichen Folgen abfedern helfen, welche durch die Verringerung der Grenzabstände in den Bauordnungen zu befürchten waren. Diese Intention schließt aber nicht die Befugnis aus, bei Vorliegen besonderer städtebaulicher Gründe auch geringere Tiefen des Grenzabstandes festzusetzen (OVG Lüneburg Beschluss 22.12.2014 – 1 MN 118/14 – BauR 2015, 620 für einen vorhabenbezogenen Bebauungsplan).

Der § 13 Abs. 3 a.F. sah auch den bauordnungsrechtlichen Ausnahmetatbestand vor, **74**
wenn Festsetzungen in einem B-Plan zwingend zu geringeren als den vorgeschriebenen Abständen führen. Diese Einschränkung ist in der aktuellen NBauO nicht mehr zu finden, ohne dass sie den Vorrang des B-Planes hervorhebt (wie z.B. § 6 Abs. 8 BauO-HH, § 6 Abs. 11 BauO-Hess). Er beschränkt sich nur auf das Instrument der Bauweise (§ 5 Abs. 5 bis 7). Da es sich bei den Abstandsbestimmungen und der planungsrechtlichen Regelung um zwei gleichrangige konkurrierende Rechtsgebiete handelt, ist weiterhin bei der Abweichung analog der bisherigen Forderung des § 13 Abs. 3 a.F. zu verfahren, wenn die Verringerung des Grenzabstandes durch Festsetzungen der Baulinie und Höhenlage erzwungen würde. Denn die Folge tritt mittelbar durch die Gestaltung des Baukörpers ein und die Festsetzungen nehmen keinen unmittelbaren Bezug zur Grundstückgrenze.

So kommen im Streitfall zwei Betrachtungsebenen zum Zuge. Zunächst muss der B- **75**
Plan der rechtlichen Prüfung standhalten. Dabei wird es auf ein überzeugendes, ambitioniertes städtebauliches Leitbild und die sachgerechte Güterabwägung. ankommen.

Nach drastischer Reduzierung der Abstandsforderung wird der Spielraum der städtebaulichen Planung erheblich eingeschränkt. Dagegen können variable Gegebenheiten wie die Nutzung des Gebäudes erst im Freigabeverfahren Berücksichtigung finden. Das kann die schützenswerte Wohnnutzung eines Geschosses betreffen, die durchaus bis zur Realisierungsabsicht eines Projekts in eine weniger schützenwerte und rechtlich zu- lässige Nutzung (beispielsweise Büro, Einzelhandel) umgewandelt werden könnte. Empfehlenswert ist dann, öffentlich-rechtlich zu sichern (Baulast gem. § 81 oder öffentlich-rechtlicher Vertrag gem. § 54 VwVfG), dass eine Wohnnutzung nicht aufgenommen werden kann. Möglich ist auch, den eingeschränkten Lichteinfall durch eine helle Fassade zu kompensieren, deren Reflexion die durch Rechtsanspruch gesicherte Lichtstärke in den betroffenen Wohnräumen sicher stellt. Also hat das VG Hannover (21.1.2009 – 4 B 3652/09 n.v) in einem Rechtstreit zunächst ermitteln lassen, welche Tageslichtstärke der Kläger bei Ausnutzen des zulässigen Grenzabstandes der beigeladenen Bauherrin beanspruchen dürfte. In einem zweiten Schritt wurde dann unter Inanspruchnahme der DIN 5034 – Tageslicht in Innenräumen – die Beeinträchtigung bei Inanspruchnahme der über Bebauungsplan festgesetzten Gebäudehöhe auf dem gegenüberliegenden Grundstück ermittelt. Im Ergebnis wurde die Klage abgewiesen, weil durch die Reflexion der hellen Außenwand der betroffene Aufenthaltsraum nicht merkbar verdunkelt wurde.

76 Beispiele, die auch eine Abweichung nach § 66 rechtfertigen können: Hohe und niedrigere Baukörper werden in geschickter Weise einander zugeordnet oder günstige Geländeverhältnisse (z.B. Südhänge) ausgenutzt (vgl. BegrRegE NBauO 1973 S. 73 f. und Abb. 1) oder es ist dafür gesorgt, dass die Verschlechterung des Lichteinfallwinkels und die sonstigen nachteiligen Auswirkungen, die ein nahes Heranrücken von Nachbargebäuden zur Folge hat, keine dafür „empfindlichen" Räume, insbesondere keine Wohn- und Schlafräume, beeinträchtigt (hierzu aber auch unten Rn. 78).

77 Eine Abweichung kann ferner gerechtfertigt sein, um eine alte Blockrandbebauung wiederherzustellen (OVG Lüneburg 16.7.1985 – 6 A 91/83 – Nds.Rpfl. 1986, 47) oder neue Baublöcke zu schaffen. Zu diesem Zweck lässt die NBauO schon in § 5 Abs. 5 die Forderung nach seitlichen Grenzabständen der Gebäude (Bauwiche) entfallen. Um Baublöcke an ihren Ecken zu schließen, kann aber, je nach dem vorhandenen Grundstückszuschnitt, zusätzlich eine Verkürzung des Abstandes zur rückwärtigen Grundstücksgrenze erforderlich werden. Dazu bedarf es dann der Abweichung. Diese kann sich sowohl aus stadtgestalterischen Gründen rechtfertigen als auch deshalb, weil u.U. erst dadurch einer der wesentlichen Vorzüge des Baublocks, das ruhige, gegen Verkehrslärm abgeschirmte Blockinnere, geschaffen werden kann (vgl. OVG Lüneburg a.a.O.). Das Vernachlässigen der gesetzlichen Abstandsforderung ist aber nur gerechtfertigt, wenn von dem Erhalt oder Ergänzung baulicher Strukturen ein positiver Effekt ausgeht, welcher die Nachteile für betroffene Nachbarn überwindet (OVG Greifswald Urteil 10.7.1007 – 3 M 82/97 – NVwZ-RR 1998;269).

78 In seinem Beschluss vom 30.3.1999, zitiert oben Rn. 4, zum „Kröpcke-Center" in Hannover hat das OVG Lüneburg eine Ausnahme nach § 13 Abs. 1 Nr. 1 a.F. für den Umbau eines bestehenden Gebäudes, mit dem es z.T. vergrößert wird und dabei die vorgeschriebenen Abstände (weiter) unterschreitet, aber zugleich eine hellere, für die Nachbarn angenehmere Fassade erhält, als statthaft angesehen (zu der gestalterischen Verbesserung des Bestandsschutz genießenden Gebäudes allein, ohne die bauliche Erweiterung, wäre der Eigentümer nicht bereit gewesen). Im Urt. v. 26.2.2003 (zit. Rn. 48) hat es § 13 Abs. 1 Nr. 1 a.F. auf eine Lichtwerbeanlage an einem ehemaligen für das Stadtbild von Hannover prägend gewordenen hohen Fernmeldeturm angewendet, im Beschl. v. 3.9. 03 (zit. Rn. 51) auf einen Kiosk als „Blickfang" am Ende einer Fußgängerzone).

79 Der § 13 a.F. erfasste unter den Nr. 2 und 4 mit dem Denkmalschutz ein ebenfalls konkurrierendes Rechtsgebiet. Denn denkmalpflegerisch notwendige oder sinnvolle Veränderungen in oder an einem Kulturdenkmal können durchaus in Kollision mit den Grenzabstandsbestimmungen geraten, sei es durch Verlust des Bestandsschutzes infolge einer wesentlichen Nutzungsänderung, sei es durch äußere Erweiterungen (§§6, 9 NDSchG). Auch Anlagen in der Umgebung eines Baudenkmals dürfen das Erscheinungsbild eines Baudenkmals nicht beeinträchtigen (§8 NDSchG), was durchaus Folgen für die Lage oder Kubatur, sogar Farbigkeit eines Baukörpers haben kann. Daher können wie nach §13 Abs. 1 Nr. 2 a.F Abstandsunterschreitungen „zur Wahrung der Eigenart oder des besonderen Eindrucks von Baudenkmalen" jetzt als Abweichung zugelassen werden. Allerdings auch hier sind die Ansprüche an gesunde Wohn- und Arbeitsverhältnisse nicht grenzenlos reduziert, so dass die Kompromissfähigkeit der DSchBehörde gefordert sein kann. Auch kann ein Neubau, dadurch dass er den vorgeschriebenen Abstand zu einem Nachbargrundstück, auf dem ein Baudenkmal steht, unterschreitet, dessen Wirkung auf den Beschauer gerade beeinträchtigen; dann darf selbstverständlich keine Abweichung erteilt werden (OVG Lüneburg 22.12.1997 – 6 L 5569/96 – n.v.).

Die Begünstigungen der Nr. 2 (Wahrung baugestalterischer oder städtebaulicher Absichten in bebauten Bereichen), Nr. 6 (Antennenanlagen mit öffentlicher Zweckbestimmung), Nr. 7 a) (Windkraftanlagen) und b) (Masten von Freileitungen zur Versorgung mit elektrischer Energie) des §13 Abs. 1 a.F. unterstützten ein durch die Bauordnung formuliertes öffentliches Anliegen, das ohne eine gesetzliche Regelung, die hierfür eine Erleichterung gewährt, aufgrund ihrer Anlagenform oder aufgrund anderer gesetzlicher Ansprüche per se in Konfrontation mit den Grenzabstandsbestimmungen geraten müsste. Im §66 entfalten öffentliche Belange eher einen Abwehrmechanismus, dienen nicht offenkundig als Rechtfertigungsgrund für eine Abweichung. Trotzdem sollte unter Heranziehen gleicher Voraussetzungen die Abweichung nach neuer Rechtslage möglich bleiben, auch wenn sich die Anwendungsmöglichkeiten durch die Halbierung der bisherigen Abstandsforderung erheblich verringert haben. Für Windkraftanlagen und „Strommasten" sind Rechtstreitigkeiten unwahrscheinlich, wenn die Zustimmung der Nachbarschaft erreicht. wird. Schlägt der Versuch der Einigung mit dem Nachbarn fehl, ist die BauAB trotzdem gehalten, die Güterabwägung zwischen den widerstreitenden Interessen vorzunehmen. Sie darf die Abweichung aber nicht von der Zustimmung des Nachbarn abhängig machen. Grundstückbedingte Schwierigkeiten, wie sie Grundlage der Ausnahme für Antennenanlagen bildeten, lassen sich ohne weiteres auch für die Windkraftanlagen und Masten von Freileitungen in das System der Abweichungsregel vortragen (OVG Lüneburg 10.2.2014 a.a.O, ders. 13.2.1014 a.a.O.). 80

Bleibt das wichtige Anliegen an die Architektur, neue Bauten in die vorhandene städtebauliche Umgebung harmonisch einzufügen, und zwar nicht erst, wenn sie Denkmalwert hat, sondern schon dann, wenn ihre Beseitigung auf absehbare Zeit nicht in Betracht kommt. Wird im Einzelfall eine gute Lösung dieser Aufgabe angestrebt, so ist die Unterscheidung zur besonderen baugestalterische oder städtebauliche Absicht i.S. des §13 Nr. 1 a.F. durch den Bezug zu einer gewachsenen städtebaulichen Identität deutlich. Auch wenn die bau- oder stadtgestalterischen Bezüge durch örtliche Bauvorschriften oder städtebauliche Satzungen gestützt werden können, reichte es zur Rechtfertigung der Ausnahme nach der Nr. 3 aus, dass die allgemeinen Anforderungen an gesunde Wohn- und Arbeitsverhältnisse mit gewissen Abstrichen erfüllt werden. 81

Beispiele, die auch zur Rechtfertigung der Abweichung herangezogen werden können: Um die Einfügung eines Neubaus in die bestehende bauliche Umgebung zu ermöglichen, könnte als Abweichung z.B. zugelassen werden, dass er in einer von vorhandenen Bauten gebildeten Fluchtlinie errichtet wird, obwohl er den Abstand 1/2 H bzw. 1/4 H dann nicht bis zur Straßenmitte einhält (OVG Koblenz Beschluss 24.3.2004 – 8 B 10320/04). Ist für einen Straßenzug charakteristisch, dass die vorhandenen Gebäude nicht aneinandergebaut sind, aber geringere seitliche „Bauwiche" als zweimal je 1/2 H bilden (vgl. den vom OVG Lüneburg 25.1.1978 – I A 103/76 – BRS 33 Nr. 53 entschiedenen Fall), so kann auch weiter gestattet werden, dass Neubauten sich in diesen Rhythmus einpassen (s. auch OVG Lüneburg 22.2.1995 – 6 M 7859/94 – n.v.: Ausnahme nach §13 Abs. 1 Nr. 3 a.F., die den „Baurhythmus" einer Häuserzeile wahrt). 82

83 Während die oben genannten Ausnahmeangebote des § 13 Abs. 1 öffentliche Anliegen unterstützen, griffen die Nr. 4 (Nutzungsänderungen in sonstigen Gebäuden mit genehmigten Aufenthaltsräumen) und Nr. 5 (Baumaßnahmen an Außenwänden vorhandener Gebäude, wie Verkleidungen oder Verblendungen) den Konflikt zu den Grenzabstandsregeln auf, der durch den Verlust des Bestandsschutzes oder Zuwachs des Volumens bei Baumaßnahmen innerhalb des Bestandsschutzes auftat. Halten Gebäude aus der Zeit vor Inkrafttreten der NBauO, die dem früheren Recht entsprachen, heute vorgeschriebene größere Abstände nicht ein, so brauchen sie, wie sich aus § 85 ergibt, dennoch grundsätzlich nicht an die heutigen Anforderungen angepasst zu werden (vgl. auch § 5 Rn. 30). Der Bestandsschutz entfällt jedoch, wenn die Nutzung eines Gebäudes wesentlich geändert wird. Das ist i.d.R. dann der Fall, wenn durch die neue Nutzung weitergehende oder andere Regelungen des öffentlichen Baurechts betroffen sind (siehe auch § 60 Abs. 2 Nr. 1). Das hätte hier zur Folge, dass entweder auf die Nutzungsänderung verzichtet oder das Gebäude an die neuen Abstandsvorschriften angepasst wird, mindestens in den Teilen, die von der Nutzungsänderung betroffen sind. Bei anderen Gebäuden erscheint die Forderung nach Anpassung an die neuen Abstandsvorschriften vor allem dann als zu weitgehend, wenn die neue Nutzung die beeinträchtigende Wirkung der zu geringen Abstände nicht erhöht, vielleicht sogar vermindert. Da die bisherige Ausnahmemöglichkeit noch durch das Instrument der Befreiung ergänzt wurde, weil der Tatbestand der unbeabsichtigten Härte anerkannt werden konnte, bestehen keine Bedenken gegen das Heranziehen des § 66. Das wäre auch dann statthaft, wenn die Nutzungsänderung die nachteiligen Auswirkungen der Abstandsunterschreitung noch verstärkt oder vermehrt, diese Verschlechterung jedoch gering ist und mit Rücksicht darauf als zumutbar erscheint, dass die Nutzungsänderung eine Bausubstanz erst wirtschaftlich macht, an deren Erhaltung ein öffentliches Interesse – so bei Baudenkmalen – oder auch ein gewichtiges privates Interesse besteht. Selbstverständlich muss die BauAB dann bei Ausübung ihres Ermessens die beiderseitigen Interessen sorgfältig abwägen.

84 Außenwandverkleidungen (§ 13 Abs. 1 Nr. 5 a.F.) sind zwar schon durch § 5 Abs. 4 S. 2 Nr. 1 erfasst, beschränken sich auf die energetische Zweckbestimmung und dürfen auch nur 0,25 m den gesetzlichen Mindestabstand unterschreiten. Damit sind die älteren Gebäude nicht einbezogen, die bereits den gesetzlichen Grenzabstand nicht einhalten, aber unter Bestandsschutz fallen. Gerade sie haben Außenwände mit unzulänglicher Wärmedämmung oder sind vor Witterungseinflüssen unzureichend geschützt. Der Wortlaut des § 66 schließt für Maßnahmen an Außenwänden, die etwa dem Wärme- oder Schallschutz, dem Wetterschutz, der Standsicherheit oder der besseren Gestaltung des Bauwerks dienen, nicht aus. Nur hat die BauAB bei Ausübung ihres Ermessens (§ 66 Abs. 1 S. 1) sorgfältig zu prüfen, ob und inwieweit dem Nachbarn eine zusätzliche Abstandsunterschreitung noch zuzumuten ist. Bei der Entscheidung wird nicht nur das öffentliche Interesse der Energieeinsparung eine Rolle spielen dürfen, sondern auch welchen Nachteilen der Bauherr ausgesetzt ist. Überwiegt insbesondere unter Berücksichtigung der nachbarlichen Interessen das Grenzabstandserfordernis, muss auf die Sanierung der Außenwand verzichtet werden. Führt die umweltpolitisch begründete Verstärkung der Außenwand zur Reduzierung der heute geltenden Abstände, ist das Privileg unter § 5 Abs. 4 S. 2 abschließend geregelt.

§ 67 Bauantrag und Bauvorlagen

(1) [1]Der Antrag auf Erteilung einer Baugenehmigung (Bauantrag) ist schriftlich bei der Gemeinde einzureichen. [2]Zum Bauantrag sind alle für die Beurteilung der Baumaßnahmen und die Bearbeitung erforderlichen Unterlagen (Bauvorlagen) einzureichen.

(2) Die Bauaufsichtsbehörde kann verlangen, dass die bauliche Anlage auf dem Grundstück dargestellt wird, soweit sich in besonderen Fällen anders nicht ausreichend beurteilen lässt, wie sie sich in die Umgebung einfügt.

(3) [1]Der Bauantrag muss von der Bauherrin oder dem Bauherrn und von der Entwurfsverfasserin oder dem Entwurfsverfasser mit Tagesangabe unterschrieben sein. [2]Die Bauvorlagen müssen von der Entwurfsverfasserin oder dem Entwurfsverfasser mit Tagesangabe unterschrieben sein. [3]Die von Sachverständigen im Sinne des § 53 Abs. 2 Satz 2 angefertigten Bauvorlagen müssen auch von diesen mit Tagesangabe unterschrieben sein.

Verordnung über Bauvorlagen und die Einrichtung von automatisierten Abrufverfahren für Aufgaben der Bauaufsichtsbehörden (Bauvorlagenverordnung – BauVorlVO)

Vom 7.11.2012 (Nds. GVBl. S. 419)

Aufgrund des § 82 Abs. 2 Nrn. 7 und 8 der Niedersächsischen Bauordnung (NBauO) (…) und des § 12 Abs. 2 Satz 2 des Niedersächsischen Datenschutzgesetzes (…) wird verordnet:

Inhaltsübersicht

§ 1 Allgemeines

(1) [1]Bauvorlagen im Sinne dieser Verordnung sind die erforderlichen Unterlagen für die Bearbeitung

1. *eines Bauantrags (§ 67 Abs. 1 Satz 2 NBauO),*
2. *einer Anzeige eines beabsichtigten Abbruchs oder einer beabsichtigten Beseitigung einer baulichen Anlage (§ 60 Abs. 3 Satz 1 NBauO),*
3. *einer Mitteilung über eine sonstige genehmigungsfreie Baumaßnahme (§ 62 Abs. 3 Satz 1 NBauO),*
4. *einer Bauvoranfrage (§ 73 Abs. 1 NBauO) oder*
5. *eines Antrags auf Erteilung einer Ausführungsgenehmigung (§ 75 Abs. 2 Satz 2 und Abs. 3 NBauO).*

[2]Bautechnische Nachweise sind Bauvorlagen im Sinne dieser Verordnung, auch wenn sie bei der Bauaufsichtsbehörde nicht einzureichen sind.

(2) [1]Bauvorlagen müssen aus alterungsbeständigem Papier oder einem gleichwertigen Material lichtbeständig hergestellt sein und dem Format DIN A 4 entsprechen oder auf diese Größe gefaltet sein. [2]§ 3a des Verwaltungsverfahrensgesetzes in Verbindung mit § 1 Abs 1 des Niedersächsischen Verwaltungsverfahrensgesetzes bleibt unberührt.

(3) Hat die oberste Bauaufsichtsbehörde Vordrucke für Bauanträge, andere Anträge, Anzeigen, Nachweise, Bescheinigungen oder Bestätigungen öffentlich bekannt gemacht, so sind diese zu verwenden.

(4) Die Bauaufsichtsbehörde kann weitere Unterlagen, Nachweise oder ein Modell verlangen, wenn dies zur Beurteilung der Baumaßnahme erforderlich ist.

(5) Die Bauaufsichtsbehörde kann auf das Einreichen von Bauvorlagen verzichten, wenn diese zur Beurteilung der Baumaßnahme nicht erforderlich sind.

(6) [1]Bauanträge, Bauvoranfragen und Bauvorlagen sind dreifach, ist die Gemeinde zugleich Bauaufsichtsbehörde, zweifach einzureichen. [2]Die Bauaufsichtsbehörde kann Mehrfertigungen verlangen, soweit diese wegen der Beteiligung anderer Behörden oder Dienststellen benötigt werden. [3]Abweichend von Satz 1 sind die Bauvorlagen für eine Anzeige nach § 60 Abs. 3 NBauO und für eine Baumaßnahme nach § 62 Abs. 1 NBauO zweifach, ist die Gemeinde zugleich Bauaufsichtsbehörde, einfach einzureichen. [4]Die nach § 65 Abs 2 Satz 1 NBauO zu prüfenden Nachweise der Standsicherheit und des Brandschutzes und die nach § 33 Abs 2 Satz 3 Halbsatz 2 NBauO zu prüfenden Unterlagen über die Eignung eines Rettungsweges sind stets zweifach einzureichen.

§ 2 Bauvorlagen für bauliche Anlagen, ausgenommen Werbeanlagen

(1) [1]Zum Bauantrag und zur Mitteilung nach § 62 Abs. 3 Satz 1 NBauO für eine bauliche Anlage, ausgenommen Werbeanlagen, sind folgende Bauvorlagen einzureichen:

1. *ein aktueller Auszug aus der Amtlichen Karte 1 : 5 000,*
2. *ein einfacher Lageplan (§ 7 Abs. 3) oder, wenn für die Beurteilung einer Grenzbebauung oder von Grenzabständen Angaben nach § 7 Abs. 4 erforderlich sind, ein qualifizierter Lageplan (§ 7 Abs. 4),*
3. *Bauzeichnungen (§ 8),*
4. *eine Baubeschreibung (§ 9 Abs. 1) und bei gewerblichen und bei landwirtschaftlichen baulichen Anlagen zusätzlich eine Betriebsbeschreibung (§ 9 Abs. 2),*
5. *der Nachweis der Standsicherheit (§ 10), wenn eine bauaufsichtliche Prüfung dieses Nachweises vorgeschrieben ist,*
6. *der Nachweis des Brandschutzes (§ 11), wenn eine bauaufsichtliche Prüfung dieses Nachweises vorgeschrieben ist und er nicht bereits in den übrigen Bauvorlagen enthalten ist,*

7. Angaben über

a) die gesicherte Erschließung hinsichtlich der Versorgung mit Wasser und Energie sowie der Entsorgung von Abwasser, soweit die bauliche Anlage nicht an eine öffentliche Wasser- und Energieversorgung und eine öffentliche Abwasserentsorgungsanlage angeschlossen werden kann,

b) die gesicherte verkehrsmäßige Erschließung des Baugrundstücks,

8. eine Berechnung des zulässigen, des vorhandenen und des geplanten Maßes der baulichen Nutzung, wenn die bauliche Anlage im Geltungsbereich eines Bebauungsplans liegt, der Festsetzungen über das Maß der baulichen Nutzung enthält,

9. Angaben über die durch eine Umweltverträglichkeitsprüfung ermittelten, beschriebenen und bewerteten Umweltauswirkungen der baulichen Anlage,

10. die allgemeine bauaufsichtliche Zulassung, das allgemeine bauaufsichtliche Prüfzeugnis oder die Zustimmung im Einzelfall nach § 21 Abs. 1 NBauO, wenn eine Bauart im Sinne des § 21 Abs. 1 NBauO angewandt werden soll und nach Nummer 5 ein Nachweis der Standsicherheit einzureichen ist.

[2]Die Bauvorlagen nach Satz 1 Nr. 10 sind spätestens bis zur Ausführung der Bauart einzureichen.

(2) Bei einer Änderung einer baulichen Anlage, bei der Außenwände und Dächer sowie die Nutzung nicht verändert werden, ist ein Lageplan abweichend von Absatz 1 Satz 1 Nr. 2 nicht erforderlich.

§ 3 Bauvorlagen für Werbeanlagen

(1) Zum Bauantrag und zur Mitteilung nach § 62 Abs. 3 Satz 1 NBauO für eine Werbeanlage sind folgende Bauvorlagen einzureichen:

1. ein aktueller Auszug aus der Liegenschaftskarte (§ 7 Abs. 1) oder ein einfacher Lageplan, wenn für die Beurteilung von Grenzabständen die Angaben nach § 7 Abs. 3 erforderlich sind, oder ein qualifizierter Lageplan, wenn für die Beurteilung von Grenzabständen die Angaben nach § 7 Abs. 4 erforderlich sind,

2. eine Zeichnung (Absatz 2) und eine Beschreibung (Absatz 3) der Werbeanlage oder eine andere Darstellung der Werbeanlage, wie ein farbiges Lichtbild oder eine farbige Lichtbildmontage,

3. der Nachweis der Standsicherheit (§ 10), wenn eine bauaufsichtliche Prüfung dieses Nachweises vorgeschrieben ist.

(2) Die Zeichnung muss eine Darstellung der Werbeanlage und der Maße, auch bezogen auf den Standort der Werbeanlage und auf Anlagen, an denen die Werbeanlage angebracht oder in deren Nähe sie aufgestellt werden soll, sowie Angaben über die Farbgestaltung der Werbeanlage enthalten.

(3) In der Beschreibung sind die Art und die Beschaffenheit der Werbeanlage, sowie, soweit dies für die Beurteilung der Werbeanlage erforderlich ist, die Abstände der Werbeanlage zu öffentlichen Verkehrsflächen anzugeben.

(4) Werbeanlagen, die auf dem Baugrundstück, auf dem die Werbeanlage errichtet werden soll, oder auf einem benachbarten Grundstück bereits vorhanden sind, und deren Standorte sind in den Bauvorlagen zeichnerisch in demselben Maßstab wie die geplante Werbeanlage oder durch Lichtbilder darzustellen.

§ 4 Bauvorlagen für eine Bauvoranfrage

Abweichend von den §§ 2 und 3 sind für die Bearbeitung einer Bauvoranfrage nur diejenigen Bauvorlagen einzureichen, die zur Beurteilung der durch die Bauvoranfrage nach § 73 Abs. 1 NBauO gestellten Fragen erforderlich sind.

§ 5 Bauvorlagen zur Anzeige des Abbruchs oder der Beseitigung einer baulichen Anlage

Zur Anzeige des beabsichtigten Abbruchs oder der beabsichtigten Beseitigung einer baulichen Anlage nach § 60 Abs. 3 Satz 1 NBauO sind folgende Bauvorlagen einzureichen:

1. *ein einfacher Lageplan (§ 7 Abs. 3), in dem zusätzlich die Lage der abzubrechenden oder zu beseitigenden baulichen Anlage dargestellt ist,*
2. *eine Bestätigung einer Person im Sinne des § 65 Abs. 4 NBauO über die Wirksamkeit der vorgesehenen Sicherungsmaßnahmen und die Standsicherheit der baulichen Anlagen, die an die abzubrechenden oder zu beseitigenden baulichen Anlagen oder Teile baulicher Anlagen angebaut sind oder auf deren Standsicherheit sich die Baumaßnahme auswirken kann.*

§ 6 Bauvorlagen zum Antrag auf Erteilung einer Ausführungsgenehmigung für einen fliegenden Bau

[1]Zum Antrag auf Erteilung einer Ausführungsgenehmigung für einen fliegenden Bau nach § 75 Abs. 3 Satz 1 NBauO sind die in § 3 Abs. 1 Nrn. 3 bis 6 genannten Bauvorlagen zweifach einzureichen. [2]Die Baubeschreibung (§ 9 Abs. 1) muss ausreichende Angaben über die Konstruktion, den Aufbau und den Betrieb des fliegenden Baus enthalten.

§ 7 Auszug aus der Liegenschaftskarte, Lagepläne

(1) [1]Der aktuelle Auszug aus der Liegenschaftskarte muss das Baugrundstück und die benachbarten Grundstücke in der Regel im Umkreis von mindestens 50 m ab der Grundstücksgrenze des Baugrundstücks darstellen. [2]Das Baugrundstück ist zu kennzeichnen. [3]Der Auszug ist mit dem Namen der Bauherrin oder des Bauherrn, der Bezeichnung der Baumaßnahme und dem Datum des Bauantrags oder der Mitteilung nach § 62 Abs. 3 Satz 1 NBauO zu beschriften.

(2) [1]Ein Lageplan ist im Maßstab von mindestens 1 : 500 auf der Grundlage der Liegenschaftskarte zu erstellen. [2]Ein größerer Maßstab ist zu wählen, wenn es für die Beurteilung der Baumaßnahme erforderlich ist. [3]Ein Lageplan muss hinsichtlich der Angaben aus dem Liegenschaftskataster durch eine Stelle oder Person im Sinne des § 76 Abs. 3 NBauO angefertigt oder beglaubigt sein. [4]Ist ein öffentlich-rechtliches Bodenordnungsverfahren anhängig, so sind die in diesem Verfahren ergangenen rechts- oder bestandskräftigen Entscheidungen bei der Erstellung des Lageplans zu berücksichtigen, solange das Liegenschaftskataster noch nicht berichtigt ist.

(3) Ein einfacher Lageplan muss folgende Angaben enthalten:

1. *den Maßstab und die Lage des Grundstücks zur Nordrichtung,*
2. *aus dem Liegenschaftskataster*
   a) *die Bezeichnung des Grundstücks durch Angabe der Gemeinde, der Straße, der Hausnummer, des Grundbuchs, der Gemarkung, der Flur, des Flurstücks mit der Angabe der Eigentümer oder der Erbbauberechtigten,*
   b) *den Flächeninhalt des Grundstücks,*
   c) *die katastermäßigen Grenzen des Grundstücks und der benachbarten Grundstücke,*
   d) *den Bestand der vorhandenen Gebäude auf dem Grundstück und auf den benachbarten Grundstücken,*
   e) *Hinweise auf Baulasten.*

(4) Ein qualifizierter Lageplan muss außer den in Absatz 3 genannten Angaben folgende Angaben enthalten:

1. die für die bauaufsichtliche Beurteilung erforderlichen Abmessungen des Grundstücks nach dem Liegenschaftskataster,

2. eine Angabe über die Zuverlässigkeit von Grundstücksgrenzen und deren Erkennbarkeit in der Örtlichkeit nach dem Liegenschaftskataster und eine Bestätigung zur Vollständigkeit der Darstellung des Gebäudebestandes durch eine Stelle oder Person im Sinne des § 76 Abs. 3 NBauO,

3. die Bezeichnung der benachbarten Grundstücke entsprechend Absatz 3 Nr. 2 Buchst. a.

(5) Auf dem Lageplan hat die Entwurfsverfasserin oder der Entwurfsverfasser, soweit dies für die Beurteilung der Baumaßnahme erforderlich ist, folgende Angaben einzutragen:

1. die Festsetzungen eines Bebauungsplans oder einer Satzung nach § 34 Abs. 4 des Baugesetzbuchs (BauGB) für das Baugrundstück,

2. Flächen des Baugrundstücks, die in einem Sanierungsgebiet oder im Geltungsbereich einer Erhaltungssatzung nach § 172 BauGB liegen,

3. die Höhe der gewachsenen Geländeoberfläche im Bereich der geplanten baulichen Anlage, wenn das Gelände geneigt ist,

4. die geplante bauliche Anlage mit Angabe der Außenmaße, der Dachform und der Höhe der Oberkante des Erdgeschossfußbodens zur öffentlichen Verkehrsfläche sowie der Zu- und Abfahrten,

5. die Bauart der Außenwände und die Art der Bedachung der auf dem Baugrundstück vorhandenen baulichen Anlagen,

6. die Grenzabstände der geplanten baulichen Anlage und die Abstände der geplanten baulichen Anlage zu anderen baulichen Anlagen auf dem Baugrundstück und auf den benachbarten Grundstücken,

7. Kulturdenkmale sowie naturschutzrechtlich geschützte Teile von Natur und Landschaft auf dem Baugrundstück und auf den Nachbargrundstücken,

8. Leitungen, die dem Ferntransport von Stoffen, der öffentlichen Versorgung mit Wasser, Gas, Elektrizität oder Wärme, der öffentlichen Abwasserbeseitigung, der Telekommunikation oder dem Rundfunk dienen, sowie deren Abstände zu der geplanten baulichen Anlage,

9. die an das Baugrundstück angrenzenden öffentlichen Verkehrsflächen mit Angabe der Breite, der Straßengruppe und der Höhenlage,

10. Hydranten und andere Wasserentnahmestellen für die Feuerwehr,

11. die Abstände der geplanten baulichen Anlage zu benachbarten öffentlichen Verkehrsflächen, oberirdischen Gewässern und Deichen,

12. die Lage, Anzahl und Größe der notwendigen Einstellplätze, der Zufahrten und Aufstell- und Bewegungsflächen für die Feuerwehr,

13. die Lage, Anzahl und Größe der Spielplätze für Kinder, der Flächen, die gärtnerisch angelegt werden, und der Plätze für Abfallbehälter sowie die Zweckbestimmung der nicht überbauten Flächen,

14. Flächen, die mit einer Baulast belastet sind,

15. Flächen, deren Böden mit gesundheitsgefährdenden Stoffen belastet sind,

16. die Lage vorhandener oder geplanter Brunnen, Sicker- oder Abfallgruben, Kleinkläranlagen und Anlagen zur Aufbewahrung von Exkrementen und Urin, jeweils auch mit Einstreu, sowie Gärresten,

17. die Lage vorhandener oder geplanter unterirdischer Behälter für Heizöl, für andere wassergefährdende Stoffe, brennbare Flüssigkeiten oder für Gase und deren Leitun-

gen sowie die Abstände der Behälter und Leitungen zu der geplanten baulichen Anlage, zu Brunnen und zu Wasserversorgungsanlagen.

(6) Die Angaben nach Absatz 5 sind auf besonderen Blättern einzureichen, wenn der Lageplan sonst unübersichtlich würde.

(7) [1]Für die Angaben im Lageplan und auf den besonderen Blättern sind die Zeichen und Farben der Anlage zu verwenden; im Übrigen ist die Planzeichenverordnung entsprechend anzuwenden. [2]Sonstige Darstellungen sind zu erläutern.

§ 8 Bauzeichnungen

(1) [1]Für Bauzeichnungen ist ein Maßstab von mindestens 1 : 100 zu verwenden. [2]Ein größerer Maßstab ist zu wählen, wenn er zur Darstellung der erforderlichen Eintragungen notwendig ist; ein kleinerer Maßstab kann gewählt werden, wenn er zur Darstellung der erforderlichen Eintragungen ausreicht.

(2) In den Bauzeichnungen sind, soweit dies zur Beurteilung der Baumaßnahme erforderlich ist, darzustellen

1. *die Grundrisse aller Geschosse mit Angabe der vorgesehenen Nutzung der Räume und mit Einzeichnung der*
   - a) *Nordrichtung,*
   - b) *Treppen,*
   - c) *lichten Öffnungsmaße der Türen sowie der Art und Anordnung der Türen an und in Rettungswegen,*
   - d) *Feuerstätten,*
   - e) *Schornsteine,*
   - f) *Räume für die Brennstofflagerung oder mit Behältern für wassergefährdende Stoffe, brennbare Flüssigkeiten oder Gase unter Angabe der vorgesehenen Art und Menge des Lagergutes,*
   - g) *Aufzugsschächte, Aufzüge und der nutzbaren Grundflächen der Fahrkörbe von Personenaufzügen,*
   - h) *Installationsschächte, Installationskanäle und Lüftungsleitungen, soweit sie durch Bauteile hindurchgeführt sind, für die eine Feuerwiderstandsfähigkeit vorgeschrieben ist,*
   - i) *Räume für das Aufstellen von Lüftungsanlagen,*
   - j) *Toiletten, Badewannen und Duschen,*
2. *die Schnitte, aus denen ersichtlich sind*
   - a) *die Gründung der geplanten baulichen Anlage und, soweit dies zur Beurteilung der Baumaßnahme erforderlich ist, die Gründung anderer baulicher Anlagen,*
   - b) *der Anschnitt der vorhandenen und der künftigen Geländeoberfläche,*
   - c) *die Höhenlage der Oberkante des Erdgeschossfußbodens,*
   - d) *die Höhe der Fußbodenoberkante des höchstgelegenen Geschosses mit einem Aufenthaltsraum über der künftigen Geländeoberfläche,*
   - e) *die lichten Raumhöhen,*
   - f) *der Verlauf der Treppen und Rampen mit ihrem Steigungsverhältnis,*
   - g) *die Dachhöhen und Dachneigungen,*
3. *bei Gebäuden die Schnitte durch das Gebäude an den Punkten, die für den Grenzabstand des Gebäudes und für die Zulässigkeit von Kellerräumen als Aufenthaltsräume maßgebend sind, mit Angabe der Höhe über der jeweils maßgeblichen Geländeoberfläche,*

4. *die Ansichten der geplanten baulichen Anlage mit dem Anschluss an Nachbargebäude unter Angabe von Baustoffen und Farben, der vorhandenen und künftigen Geländeoberfläche sowie des Gefälles der anschließenden Verkehrsfläche.*

(3) In Bauzeichnungen sind, soweit dies zur Beurteilung der Baumaßnahme erforderlich ist, anzugeben

1. *der Maßstab und die Maße,*
2. *die wesentlichen Bauprodukte und Bauarten,*
3. *die Rohbaumaße der Fensteröffnungen in Aufenthaltsräumen,*
4. *bei einer Änderung einer baulichen Anlage die zu beseitigenden und die geplanten Bauteile.*

(4) In Bauzeichnungen sind die Zeichen und Farben der Anlage zu verwenden.

§ 9 Baubeschreibung, Betriebsbeschreibung

(1) [1]In einer Baubeschreibung sind die Baumaßnahme sowie die bauliche Anlage und ihre beabsichtigte Nutzung zu erläutern, soweit dies zu ihrer Beurteilung erforderlich ist und die notwendigen Angaben weder im Lageplan noch in den Bauzeichnungen enthalten sind. [2]In einer Baubeschreibung sind, soweit dies zur Beurteilung der Baumaßnahme oder der baulichen Anlage erforderlich ist, zudem anzugeben

1. *die Gebäudeklasse und die Höhe im Sinne des § 2 Abs. 3 Sätze 3 und 4 NBauO,*
2. *die anrechenbaren Rohbauwerte oder Herstellungswerte und ihre Ermittlung und*
3. *die erforderliche und die vorhandene und geplante Anzahl notwendiger Einstellplätze.*

(2) Für gewerbliche und für landwirtschaftliche bauliche Anlagen sind zusätzlich in eine Betriebsbeschreibung folgende Angaben aufzunehmen:

1. *die Bezeichnung der gewerblichen oder landwirtschaftlichen Tätigkeit, die Art, die Zahl und der Aufstellungsort der Maschinen und Apparate, das Arbeitsverfahren, die Rohstoffe, die verwendet werden, die Erzeugnisse, die hergestellt werden, die Lagerung feuer-, explosions- oder gesundheitsgefährlicher Rohstoffe und Erzeugnisse, etwa entstehende Einwirkungen auf die Beschäftigten oder die Nachbarschaft durch Geräusche, Erschütterungen, Lichtstrahlen, Gerüche, Gas, Staub, Dämpfe, Rauch, Ruß, Flüssigkeiten, Abwässer und Abfälle nach Art und Ausmaß sowie die Beschreibung der Maßnahmen zu deren Verminderung oder Beseitigung,*
2. *die Zahl der Beschäftigten.*

§ 10 Nachweis der Standsicherheit

(1) [1]Für den Nachweis der Standsicherheit tragender Bauteile und ihrer Feuerwiderstandsfähigkeit (§ 11 Abs. 1 Nr. 3) sind die erforderlichen statischen Berechnungen und die erforderlichen Beschreibungen mit Darstellung des statischen Systems vor Erteilung der Baugenehmigung einzureichen; die Konstruktionszeichnungen sind spätestens bis zum Beginn des Baus des tragenden Bauteils anzufertigen und, soweit sie geprüft werden, rechtzeitig vor diesem Zeitpunkt einzureichen. [2]Die Bauteile sind, soweit dies für die Beurteilung erforderlich ist, durch Positionsangaben zu kennzeichnen.

(2) [1]Die Standsicherheit und Dauerhaftigkeit der baulichen Anlagen und ihrer Teile müssen durch die statischen Berechnungen nachgewiesen werden. [2]Die Beschaffenheit des Baugrundes und seine Tragfähigkeit sind in den statischen Berechnungen anzugeben. [3]Soweit erforderlich, ist durch statische Berechnungen nachzuweisen, dass die Standsicherheit anderer baulicher Anlagen und die Tragfähigkeit des Baugrundes der Nachbargrundstücke, auch während der Durchführung der Baumaßnahme, nicht gefährdet werden.

(3) Die Standsicherheit tragender Bauteile kann auf andere Weise als durch statische Berechnungen nachgewiesen werden, wenn hierdurch die Anforderungen an einen Standsicherheitsnachweis in gleichem Maß erfüllt werden.

§ 11 Nachweis des Brandschutzes

(1) Für den Nachweis des Brandschutzes sind im Lageplan, in den Bauzeichnungen und in der Baubeschreibung, soweit dies für die Beurteilung der Baumaßnahme erforderlich ist, anzugeben

1. *die Bauteile, Einrichtungen und Vorkehrungen, die für den Brandschutz erforderlich sind, wie Brandwände, Trennwände, Decken, Unterdecken, Installationsschächte und -kanäle, Lüftungsanlagen, Feuerschutzabschlüsse, Rauchschutztüren und Öffnungen zur Rauchableitung, einschließlich der Fenster nach § 15 Abs. 2 der Allgemeinen Durchführungsverordnung zur Niedersächsischen Bauordnung, sowie die Anforderungen, die von ihnen erfüllt werden müssen,*
2. *das Brandverhalten der Baustoffe entsprechend den Unterscheidungen nach § 26 Abs. 1 NBauO oder entsprechend den Klassifizierungen nach den Anlagen 0.2 zur Bauregelliste A Teil 1,*
3. *die Feuerwiderstandsfähigkeit der Bauteile entsprechend den Unterscheidungen nach § 26 Abs. 2 NBauO oder entsprechend den Klassifizierungen nach den Anlagen 0.1 zur Bauregelliste A Teil 1,*
4. *die Nutzungseinheiten, die Brand- und Rauchabschnitte,*
5. *der erste und zweite Rettungsweg nach § 33 NBauO unter Bezeichnung der notwendigen Treppenräume, Ausgänge, notwendigen Flure sowie der mit Rettungsgeräten der Feuerwehr erreichbaren Stellen, die als Rettungswege nach § 33 Abs. 2 Satz 2 NBauO dienen, einschließlich der Fenster unter Angabe ihrer lichten Maße und Brüstungshöhen,*
6. *die Flächen, Zu- und Durchgänge und Zu- und Durchfahrten für die Feuerwehr, die Bewegungsflächen und die Aufstellflächen für Hubrettungsfahrzeuge,*
7. *die aus Gründen des Brandschutzes erforderlichen Abstände innerhalb und außerhalb der baulichen Anlage,*
8. *die Löschwasserversorgung.*

(2) [1]Für Sonderbauten sowie Mittel- und Großgaragen sind, soweit es für die Beurteilung der Baumaßnahme erforderlich ist, zusätzlich anzugeben

1. *die für den Brandschutz erheblichen Einzelheiten der Nutzung, wie die Anzahl der die bauliche Anlage nutzenden Personen und die Personenkreise, sowie Explosionsgefahren, erhöhte Brandgefahren, Brandlasten, Gefahrstoffe und Risikoanalysen,*
2. *die Breite und Länge der Rettungswege, Einzelheiten der Führung und Ausbildung der Rettungswege einschließlich Sicherheitsbeleuchtung und der Kennzeichnung der Rettungswege,*
3. *technische Anlagen zum Brandschutz, wie Anlagen zur Branderkennung, zur Brandmeldung, zur Alarmierung, zur Brandbekämpfung, zur Rauchableitung und zur Rauchfreihaltung,*
4. *die Sicherheitsstromversorgung,*
5. *die Bemessung des Löschwasserbedarfs und die Leistungsfähigkeit der Löschwasserversorgung, Einrichtungen zur Löschwasserentnahme sowie die Löschwasserrückhaltung,*
6. *betriebliche und organisatorische Maßnahmen zur Brandverhütung, Brandbekämpfung und Rettung von Menschen und Tieren wie einen Feuerwehrplan, eine Brandschutzordnung, eine Werkfeuerwehr und die Bestellung von Brandschutzbeauftragten und Selbsthilfekräften.*

[2]Anzugeben ist auch, weshalb es der Einhaltung von Vorschriften über den Brandschutz wegen der besonderen Art oder Nutzung der baulichen Anlage oder der Räume oder wegen besonderer Anforderungen nicht bedarf (§ 51 Satz 2 NBauO). [3]Der Nachweis des Brandschutzes kann auch in Form eines objektbezogenen Brandschutzkonzeptes außerhalb der Bauzeichnungen und Baubeschreibungen dargestellt werden.

§ 12 Übereinstimmungsgebot

Bauzeichnungen, Baubeschreibungen, Berechnungen und Konstruktionszeichnungen sowie sonstige Zeichnungen und Beschreibungen, die den bautechnischen Nachweisen zugrunde liegen, müssen übereinstimmen und gleiche Positionsangaben haben.

§ 13 Aufbewahrungs- und Vorlagepflicht

[1]Die Bauherrin oder der Bauherr und ihre oder seine Rechtsnachfolgerinnen und Rechtsnachfolger haben

1. *bei genehmigungspflichtigen Baumaßnahmen die Baugenehmigung und die Bauvorlagen,*
2. *bei Baumaßnahmen nach § 62 NBauO die Bauvorlagen,*
3. *die Bescheinigungen von Sachverständigen,*
4. *die Verwendbarkeitsnachweise für Bauprodukte und Bauarten, soweit sie Nebenbestimmungen für den Betrieb oder die Wartung enthalten,*

bis zum Abbruch oder zur Beseitigung der baulichen Anlage aufzubewahren und der Bauaufsichtsbehörde auf Verlangen vorzulegen. [2]Im Fall eines Abbruchs oder einer Beseitigung einer baulichen Anlage oder eines Teils einer baulichen Anlage gemäß § 60 Abs. 3 Satz 1 NBauO sind die Bauvorlagen einschließlich der Bescheinigungen der Sachverständigen nach Beendigung der Maßnahme noch weitere zwei Jahre aufzubewahren. [3]Die Bauherrin oder der Bauherr und ihre oder seine Rechtsnachfolgerinnen und Rechtsnachfolger sind verpflichtet, die Unterlagen nach Satz 1 im Fall des Übergangs des Eigentums der baulichen Anlage an die jeweilige Rechtsnachfolgerin oder den jeweiligen Rechtsnachfolger weiterzugeben.

§ 14 Automatisiertes Abrufverfahren

(1) [1]Die Bauaufsichtsbehörden können automatisierte Abrufverfahren gemäß § 12 NDSG einrichten. [2]Zum Abruf im automatisierten Abrufverfahren dürfen sie zur Durchführung der Verfahren nach den §§ 62, 63, 64, 73 und 74 NBauO

1. *Name und Anschrift der Bauherrin oder des Bauherrn,*
2. *Name und Anschrift der Eigentümerin oder des Eigentümers des Baugrundstücks,*
3. *Name und Anschrift der Entwurfsverfasserin oder des Entwurfsverfassers,*
4. *die katastermäßige Bezeichnung des Baugrundstücks mit Angabe der Straße und Hausnummer,*
5. *die Bauvorlagen nach den §§ 7 bis 9*

bereithalten. [3]Weitere personenbezogene Daten dürfen nur mit Einwilligung der Betroffenen bereitgehalten werden.

(2) Datenempfänger können sein

1. *die Bauherrin oder der Bauherr,*
2. *die Entwurfsverfasserin oder der Entwurfsverfasser,*
3. *von der Bauherrin oder dem Bauherrn in den Verfahren nach Absatz 1 Satz 2 bestellte Sachverständige (§ 53 Abs. 2 Satz 2 NBauO),*
4. *die an den Verfahren nach Absatz 1 Satz 2 beteiligten Behörden und Stellen, deren Beteiligung in diesen Verfahren erforderlich ist.*

(3) [1]Die Bauaufsichtsbehörde protokolliert die einzelnen Abrufe und führt stichprobenartige Überprüfungen durch. [2]Die Bauaufsichtsbehörden und die beteiligten Behörden und Stellen nach Absatz 2 Nr. 4 treffen die nach § 7 Abs. 2 NDSG erforderlichen Maßnahmen.

§ 15 Übergangsvorschrift

Für die vor dem 15. November 2012 eingeleiteten Verfahren dürfen Bauvorlagen, die den Anforderungen der Bauvorlagenverordnung vom 22. September 1989 (Nds. GVBl. S. 358), zuletzt geändert durch Artikel 7 des Gesetzes vom 10. Dezember 2008 (Nds. GVBl. S. 381), entsprechen, auch nach dem 14. November 2012 eingereicht werden.

§ 16 Inkrafttreten

(1) Diese Verordnung tritt am 15. November 2012 in Kraft.

(2) Gleichzeitig tritt die Bauvorlagenverordnung vom 22. September 1989 (Nds. GVBl. S. 358), zuletzt geändert durch Artikel 7 des Gesetzes vom 10. Dezember 2008 (Nds. GVBl. S. 381), außer Kraft.

Anlage (zu § 7 Abs. 7 und § 8 Abs. 4)

Zeichen und Farben für Bauvorlagen

		Zeichen:	Farbe:
1.	Grenzen des Grundstücks		Violett
2.	vorhandene bauliche Anlagen oder Bauteile	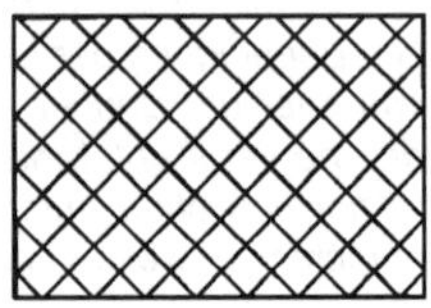	Grau
3.	geplante bauliche Anlagen oder Bauteile	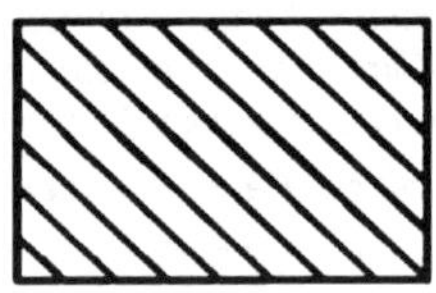	Rot
4.	zu beseitigende bauliche Anlagen oder Bauteile	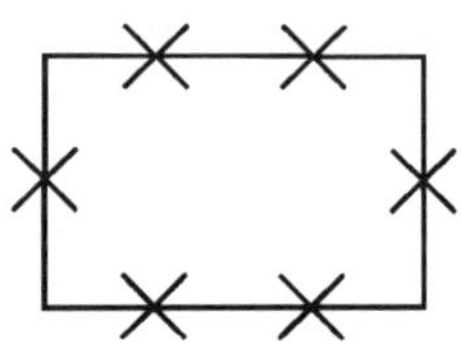	Gelb
5.	Flächen, die von Baulasten betroffen sind	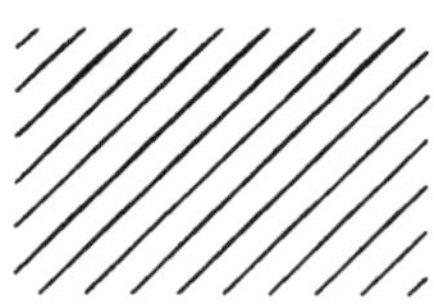	Braun

Übersicht

A. Der Bauantrag

a) Allgemeines

Der Bauantrag leitet das Baugenehmigungsverfahren ein. Er enthält das Begehren des Bauherrn, „das in den Bauvorlagen dargestellte Bauvorhaben aufgrund des öffentlichen Rechts zu prüfen und nach Maßgabe des Ergebnisses dieser Prüfung zu genehmigen" (Baltz/Fischer S. 286). Für die Behörde besteht gem. §22 S. 2 Nr. 1 VwVfG nach Stellung eines Bauantrags die Pflicht, tätig zu werden. 1

Der Bauantrag ist Voraussetzung einer wirksamen Baugenehmigung, da die Baugenehmigung ein **mitwirkungsbedürftiger Verwaltungsakt** ist. Die ohne Antrag erteilte Baugenehmigung wurde vor Inkrafttreten des VwVfG überwiegend zunächst als schwebend unwirksam und sodann als nichtig angesehen, wenn ein Antrag endgültig nicht nachgeholt worden war (vgl. Engel/Pfau in Mann/Sennekamp/Uechtritz VwVfG §22 Rn. 43 mwN). Vor den §§43ff. VwVfG erscheint dies indes zweifelhaft (Sachs in Stelkens/Bonk/Sachs VwVfG §43 Rn. 183f.). Zunächst ist in §43 VwVfG eine schwebende Unwirksamkeit nicht vorgesehen. Wieterhin ist nach §45 Abs. 1 Nr. 1 VwVfG für den verfahrensrechtlichen Antrag eine Heilung der Verletzung von solchen Verfahrensvorschriften, die den VA nicht nach §44 VwVfG nichtig machen, durch Nachholung des Antrags möglich. Hiervon zu untersheiden sind die Folgen der fehlenden materiellrechtlichen Zustimmung zu der von der Behörde ausgesprochenen Regelung (vgl. Stelkens NuR 1985, 213 (218); ders. in Stelkens/Bonk/Sachs VwVfG §35 Rn. 239; aA Meyer NVwZ 1986, 513 (517), der aber nicht zwischen verfahrensrechtlicher und materiellrechtlicher Komponente des Antrags unterscheidet).

Da der Bauantrag den Gegenstand der Baugenehmigung bestimmt, stellt das **Fehlen des Bauantrags** in materiellrechterlicher Hinsicht einen besonders schwerwiegenden Fehler iSd §44 Abs. 1 VwVfG dar. Offenkundig iSd §44 Abs. 1 VwVfG und damit nichtigkeitsbegründend ist jedoch nur das völlige Fehlen des Bauantrags und nicht die in der Praxis häufige Abweichungen der Baugenehmigung vom Bauantrag durch „Grünstiftkorrekturen" oder sonstige Modifikationen. Erteilt die BauAB die Baugenehmigung nur für ein Vorhaben, das gegenüber dem Bauantrag durch Nebenbestimmungen verändert ist, ist die Baugenehmigung nicht nichtig, sondern die Antragstellung kann gem. §45 Abs. 1 Nr. 1 VwVfG mit materiellrechtlicher Wirkung nachgeholt werden. Führt der Bauherr die Baumaßnahme entsprechend der Genehmigung aus, wird der Bauantrag konkludent (→ Rn. 6) nachgeholt. Behauptet der Bauherr, die von ihm errichtete Anlage sei genehmigungsfrei, darf die BauAB, die diese Rechtsansicht nicht teilt, nicht die – nicht beantragte – Genehmigung versagen, wohl aber die Beseitigung anordnen, wenn das Bauwerk nicht genehmigungsfähig ist (vgl. Hablitzel BayVBl. 1974, 392; VGH Kassel 22.2.1968 – OS V 79/66, DÖV 1968, 809). 2

Mit dem Bauantrag gelten nicht alle **nach anderen öffentlich-rechtlichen Vorschriften erforderlichen Anträge** als gestellt (zum Antrag auf Abweichung §66 Abs. 2 S. 2). Der 3

Gesetzgeber hat die Fiktion, die in § 88 Abs. 1 MBauO 1959 enthalten war, abgelehnt, weil sie zu einer Verwischung der Zuständigkeiten führe und die Besonderheiten der Aufgabe außer Acht lasse, die Entscheidungen mehrerer zuständiger Behörden zusammenzuführen (BegrRegE NBauO 1973 S. 117). Das ist auch im Hinblick auf Genehmigungsfiktionen infolge Fristablaufs, die andere Vorschriften enthalten, von Bedeutung: so schließt der Bauantrag den Antrag auf Genehmigung nach § 144 BauGB im Sanierungsgebiet nicht ein und setzt daher nicht die Monatsfrist des § 145 Abs. 1 BauGB iVm § 22 Abs. 5 S. 2 BauGB in Lauf (vgl. auch BVerwG 15.1.1982 – 4 C 94.79, DVBl 1982, 537 f. zu § 15 StBauFG). Das entbindet die BauAB nicht von der Verpflichtung, den Bauherrn auf die Notwendigkeit anderer Anträge hinzuweisen und die Baugenehmigung grundsätzlich erst dann zu erteilen, wenn alle erforderlichen Erlaubnisse und Genehmigungen erteilt sind, weil erst dann die Vereinbarkeit des Vorhabens mit dem öffentlichen Baurecht feststeht.

b) Antragsteller

4 IdR wird der Bauantragsteller auch der **Bauherr** sein. Da § 52 Abs. 1 allerdings denjenigen als Bauherrin oder Bauherrn bezeichnet, auf dessen Veranlassung die Baumaßnahmen vorbereitet oder durchgeführt werden, ist das nicht zwingend. Die Antragsbefugnis ist nicht an das Eigentum am Grundstück gebunden, weshalb die NBauO den Bauantrag – entgegen der in § 68 Abs. 4 S. 3 MBauO eingeräumten Möglichkeit – auch nicht von der Zustimmung des Grundstückseigentümers abhängig macht. Auch ein Kaufinteressent kann einen Bauantrag ohne Zustimmung des Eigentümers stellen, um die Bebaubarkeit feststellen zu können. Voraussetzung ist allerdings, dass nicht offenkundig und zweifelsfrei feststeht, dass der Antragsteller kein Sachbescheidungsinteresse hat. Dies ist der Fall, wenn die Baugenehemigung für den Antragsteller offenkundig nutzlos erscheint, der Antragsteller eine Baugenehmigung beispielweise mit Rücksicht auf die privatrechtlichen Verhältnisse nicht verwirklichen kann (BVerwG 23.3.1973 – IV C 49/71, BVerwGE 42, 115 mwN; OVG Lüneburg 3.6.1996 – 1 M 1070/96, juris Rn. 11).

5 Der Antragsteller muss nach § 11 VwVfG **beteiligungsfähig** und nach § 12 VwVfG **handlungsfähig** sein. Umstritten war, ob die Bauherrengemeinschaft, eine BGB-Gesellschaft (§ 705 BGB), beteiligungsfähig ist. Nachdem der BGH (29.1.2001 – II ZR 331/00, BGHZ 146, 341) auch der BGB-Gesellschaft eine beschränkte Teilrechtsfähigkeit zuerkannt hat, ist auch die Bauherrengemeinschaft als beteiligungsfähig anzuerkennen. Während das BVerwG (17.8.2004 – 9 A 1/03, BeckRS 2004, 25071) die Beteiligungsfähigkeit § 11 Nr. 2 VwVfG entnimmt, wird in der Literatur vielfach auf § 11 Nr. 1 Alt. 2 VwVfG abgestellt, da die BGB-Gesellschaft im Grunde jede Rechtsposition einnehmen könne, sodass ein Abstellen auf eine bestimmte Rechtsposition dadurch entbehrlich erscheine (so Kopp/Ramsauer VwVfG § 11 Rn. 7; Sennekamp in Mann/Sennekamp/Uechtritz VwVfG § 11 Rn. 14). Der Architekt bedarf einer ausdrücklichen Vollmacht (§ 14 VwVfG), wenn er den Bauantrag für den Bauherrn stellen will (OVG Lüneburg 24.2.1986 – 6 A 80/84, Nds.Rpfl. 1987, 62). Mit dem Tod des Antragstellers wird das Verfahren entsprechend § 239 ZPO unterbrochen, der Bauantrag wird aber nicht gegenstandslos (VGH Kassel 22.12.1971 – IV OE 82/69, BRS 24 Nr. 138). Die Veräußerung des Baugrundstücks führt nicht automatisch zum Eintritt des Erwerbers als Rechtsnachfolger in das Antragsverfahren, weil die Antragsbefugnis nicht an das Grundeigentum gebunden ist (vgl. dazu Rn. 4).

c) Schriftform des Bauantrags

6 Der Bauantrag muss gem. § 67 Abs. 1 S. 1 schriftlich gestellt werden. Wie sich aus § 67 Abs. 3 S. 1 ergibt, schließt das die Unterschrift des Antragstellers mit Tagesangabe ein. Die Unterschrift des Entwurfsverfassers mit Tagesangabe ist gleichsam auf allen Bauvorlagen erforderlich. Dies gilt, neuerdings ebenso mit dem Erfordernis einer Tagesangabe, auch für von Sachverständigen erstellte Unterlagen, wenn diese nicht nach § 53

Abs. 3 Nr. 1–3 oder Abs. 5–8 qualifiziert sind. Die Beiträge von Sachverständigen gelten also auch als Bauvorlagen oder Teile von solchen.

Mit der BauVorlVO 2012 ist ein einheitlicher Vordruck fortgeführt worden. Ein Antrag, der zu gerichtlichem Protokoll gestellt wird, erfüllt die Schriftform wegen §§ 126 Abs. 4, 127a BGB nur, wenn er Bestandteil eines gerichtlichen Vergleichs ist (VGH München 29.6.1990 – 2 B 88.2629, BRS 50 Nr. 157). Die **Schriftform dient der Sicherheit des Rechtsverkehrs**. Nur wo dieser Zweck nicht vereitelt wird, kann ein Bauantrag auch konkludent gestellt werden. Erhält der Bauherr eine von seinem Antrag abweichende Baugenehmigung und führt er den Bau entsprechend der Genehmigung aus, liegt darin die konkludente Nachholung des Bauantrags. Der Bauantrag kann nach § 1 Abs. 1 NVwVfG iVm § 3a VwVfG auch als elektronisches Dokument übermittelt werden, soweit die Gemeinde hierfür einen Zugang hat.

d) Inhalt des Bauantrags

Der **Bauherr bestimmt mit dem Bauantrag**, worauf sich die Prüfung der BauAB erstrecken soll und was **Gegenstand der Baugenehmigung** sein soll. Die textliche Bezeichnung der Baumaßnahme reicht dazu ebenso wenig aus wie die Bezeichnung der Baumaßnahme in der Baugenehmigung, vielmehr bedarf es der Konkretisierung der Baumaßnahme. 7

Hierfür sind **Bauvorlagen** notwendig: erst Lageplan (vgl. dazu den ersatzlos aufgehobenen Gem.RdErl. d. MI u. d. MS v. 20.2.1990 – Nds. MBl. S. 239), Bauzeichnungen, Baubeschreibung und technische Nachweise lassen idR eine abschließende Beurteilung der Zulässigkeit des Vorhabens zu. Die Einzelheiten in dieser Hinsicht enthält die BauVorlVO. Der Antragsteller erspart allerdings der BauAB Rückfragen und erreicht damit eine schnellere Bearbeitung, wenn er die Bauvorlagen möglichst sorgfältig und vollständig einreicht. 8

Der Bauantrag ist auch für die bauplanungsrechtliche Zulässigkeit des Bauvorhabens von Bedeutung: Der Bauherr bestimmt mit dem Bauantrag, was **„das Vorhaben" iSd § 29 BauGB** ist und legt damit den Gegenstand der planungsrechtlichen Beurteilung fest (BVerwG 4.7.1980 – 4 C 99.77, NJW 1981, 776; BVerwG 6.2.2013 – 4 B 39.12 – juris). Der Bauherr bestimmt mit seinem Antrag auch, ob bei einer technisch teilbaren Anlage die einzelnen Teile zur Genehmigung gestellt werden und daher jede für sich ein Vorhaben ist, oder ob die gesamte Anlage als einziges Vorhaben Gegenstand der Beurteilung sein soll (BVerwG 20.10.1979 – 4 C 75.76, NuR 1979, 26; BVerwG 21.8.1991 – 4 B 20.91, BRS 52 Nr. 2). Für ein Grundstück können mehrere alternative Bauanträge gestellt werden; werden mehrere Baugenehmigungen erteilt, liegt es in der Hand des/der Bauherrn, von welcher Gebrauch gemacht wird. Freilich sind der Befugnis des Antragstellers, „das Vorhaben" zu bestimmen, Grenzen gesetzt: Gehört ein Vorhaben räumlich und funktional in den Betriebsprozess eines Betriebs größeren Umfangs, so beurteilt sich die Zulässigkeit dieses isolierten Vorhabens nach der Zulässigkeit des Gesamtbetriebes (OVG Lüneburg 18.11.2015 – 1 MN 116/15, ZUR 2016, 296; im Anschluss an BVerwG 15.11.1991 – 4 C 17.88, BRS 52 Nr. 52). Die BauAB ist auch nicht an den angegebenen Nutzungszweck gebunden, wenn sich dieser als vorgeschoben erweist, vielmehr hat sie dann den wahren Nutzungszweck zugrunde zu legen (BVerwG 29.4.1992 – 4 C 43.1989, BVerwGE 90, 140 zu einem atypischen Pensionsbetrieb für Montagearbeiter im Gewerbegebiet). Der Verdacht des Missbrauchs eines Vorhabens erlaubt es allerdings idR nicht, die baurechtlich zulässige Nutzung auszuschließen (BVerwG 22.11.1999 – 4 B 91.99, BRS 62 Nr. 168), anderes gilt aber, wenn das Vorhaben zum Missbrauch geradezu herausfordert und die Baugenehmigung einen bestehenden Konflikt verfestigt (OVG Lüneburg 25.9.2002 – 1 MB 3531/01; OVG Münster 16.9.1985 – 15 A 2856/83, DVBl. 1986, 697). Gegebenenfalls **muss die BauAB die Bauvorlagen ergänzen**: Die vom Bauherrn gegenüber einem Sachverständigen abgegebene Betriebsbeschreibung mit zeitlichen Nutzungsbeschränkungen kann die BauAB dadurch zum Inhalt der Bauge- 9 nehmigung machen, dass sie das Gutachten durch „Grünstiftvermerk" zum Bestandteil der Baugenehmigung macht (OVG Lüneburg 26.3.1998 – 1 L 6781/96, Nds.Rpfl. 1998, 251). Bei Anlagen, deren Genehmigungspflicht nach BImSchG von einer bestimmten Kapazität abhängt, muss die BauAB der Baugenehmigung ggf. selbst eine Kapazitätsbeschränkung als Auflage beifügen, wenn sich diese nicht aus der Betriebsbeschreibung ergibt (OVG Lüneburg 9.10.1995 – 1 M 5017/95, BRS 57 Nr. 223: Fischräucheranlage im allgemeinen Wohngebiet).

10 Auch **für den Nachbarn sind Bauantrag und Bauvorlagen von wesentlicher Bedeutung**, weil erst sie den Regelungsgehalt der Baugenehmigung und damit das Angriffsziel der Nachbarklage präzisieren. Der Nachbar kann sich erfolgreich nur dann gegen die Baugenehmigung wenden, wenn das genehmigte Vorhaben ihn in seinen Rechten verletzt. Weicht der Bauherr von der Baugenehmigung ab oder überschreitet er die Baugenehmigung, kann sich der Nachbar nicht gegen die Baugenehmigung wehren, sondern allenfalls einen Anspruch auf Einschreiten geltend machen (vgl. § 79 Abs. 1 S. 1 Nr. 4, 5). Die Baugenehmigung für einen Betrieb, der nach der Betriebsbeschreibung acht Beschäftigte haben soll, deckt nicht einen Betrieb mit 18 Mitarbeitern (OVG Lüneburg 14.9.1993 – 1 L 35/91, NVwZ-RR 1994, 489); gleiches gilt für die Erweiterung der Bettenzahl eines Bettenhauses von sechs auf zehn (OVG Lüneburg 22.11.2013 – 1 LA 49/13, NVwZ-RR 2014, 255). Die Störungen, die von dem vergrößerten Betrieb ausgehen, kann der Nachbar daher nicht mit der Anfechtung der Baugenehmigung abwehren. Der Nachbar kann aber eine Baugenehmigung erfolgreich anfechten, die derart unbestimmt ist, dass sie nicht eindeutig erkennen lässt, ob sie in Rechte des Nachbarn eingreift oder nicht (VGH Mannheim 9.2.1993 – 5 S 1650/92, BRS 55 Nr. 193; OVG Saarlouis 3.5.1994 – 2 R 13/92, BRS 56 Nr. 104; OVG Lüneburg 5.10.1994 – 1 M 5589/94, BRS 56 Nr. 108; OVG Münster 29.9.1995 – 11 B 1258/95, BRS 57 Nr. 162; VGH München 20.5.1996 – 2 B 94.1513, BRS 58 Nr. 131).

11 **Bauantrag und Bauvorlagen** müssen daher die zu genehmigende bauliche Anlage **ausdrücklich und eindeutig bezeichnen** (OVG Münster 12.1.2001 – 10 B 1827/00, BRS 64 Nr. 162). Es reicht nicht aus, dass das Vorhaben in den Bauvorlagen für andere bauliche Anlagen als Bestand dargestellt und dort von der BauAB nicht gestrichen worden ist (VGH München 13.12.1972 – 49 II 72, BayVBl. 1973, 295). Bauanträge für Vorhaben, die eine nicht genehmigte Nutzungsänderung voraussetzen, machen die Nutzungsänderungen nicht zum Gegenstand des Baugenehmigungsverfahrens: Die Genehmigung einer Kläranlage für einen nicht zu Wohnzwecken genehmigten Schuppen schließt nicht die Baugenehmigung für die Einrichtung von Aufenthaltsräumen in demselben ein (OVG Lüneburg 27.2.1981 – 1 A 64/79, BRS 38 Nr. 205).

12 Der **Bauantrag** muss ebenso wie die Bauvorlagen **klar und widerspruchsfrei** sein und vollständige Angaben enthalten, damit die Baugenehmigung hinreichend bestimmt ist und nicht wichtige Aussagen offen lässt. Ein Bauantrag, der nur Standort und Abmessungen eines Gebäudes bezeichnet, die künftige Nutzung aber offen lässt, ist unvollständig und in der Regel nicht genehmigungsfähig (OVG Münster 16.3.1984 – 11 A 302/84, BRS 42 Nr. 163; 22.7.1987 – 11 A 958/85, BRS 47 Nr. 139). Erteilt die BauAB die Baugenehmigung trotzdem, muss zunächst versucht werden, die Unvollständigkeit durch Auslegung „auszufüllen": So kann die im Bauantrag offen gebliebene Nutzung des Vorhabens nach dem zu Grunde liegenden Sachverhalt ausgelegt werden, wobei uU die Nutzung des Baugrundstücks oder der Beruf des Bauherrn herangezogen werden kann (OVG Münster 30.5.2005 – 10 A 2017/03, BRS 69 Nr. 163 m.w.N.). Die Baugenehmigung für eine Lagerhalle auf einer landwirtschaftlichen Hofstelle ohne nähere Angaben zur Funktion der Halle schließt nur eine landwirtschaftliche und keine gewerbliche Nutzung ein (OVG Münster 26.9.1991 – 11 A 1604/89, BRS 52 Nr. 144).

13 Lässt sich eine zentrale Aussage, beispielsweise die Nutzung der baulichen Anlage, auch durch Auslegung nicht ermitteln, bleibt die Frage nach der Wirksamkeit der Baugenehmigung. Die frühere Rechtsprechung sah eine Genehmigung auf Grundlage **wider-**

sprüchlicher Angaben des Bauherrn als nichtig an (OVG Münster 23.9.1988 – 11 B 1739/88, BRS 48 Nr. 134; VGH Kassel 1.3.1991 – 3 TG 7/91, NVwZ 1991, 897). Im Lichte eines Urteils des BVerwG aus dem Jahr 1991 (26.9.1991 – 4 C 36.88, DVBl 1992, 568), nach dem eine Baugenehmigung, die aufgrund unrichtiger Angaben im Bauantrag ergangen ist, wirksam sei, ist eine differenzierte Betrachtung geboten. Grundsätzlich geht die **Unbestimmtheit zu Lasten des Bauherrn**, der sie veranlasst hat. Die bestandskräftige Baugenehmigung, die ebenso wenig wie der zugrunde liegende Bauantrag eine Aussage zur Nutzung enthält, kann daher dem Bauherrn nicht alles erlauben, was er sich vorstellt. Ähnlich wie der Bauvorbescheid die BauAB nur bindet, soweit die Bauvoranfrage eindeutig ist (→ § 73 Rn. 24), verwehrt die Baugenehmigung für eine Mehrzweckhalle der BauAB nur, eine Nutzung der Halle überhaupt infrage zu stellen (VGH Mannheim vom 29.1.2008 – 8 S 2748/06, juris Rn. 38).

Bei **unklaren Angaben** des Bauherrn in Bauantrag und Bauvorlagen ist entsprechend zu verfahren. Auf der anderen Seite ist der klare Wortlaut einer Genehmigung wegen der Legalisierungsfunktion der Baugenehmigung auch dann maßgebend, wenn sich aus dem Schriftwechsel im Genehmigungsverfahren ergibt, dass die Beteiligten etwas anderes zum Gegenstand der Genehmigung machen wollten (VGH Mannheim 18.11.1996 – 3 S 2867/96, BRS 59 Nr. 152; OVG Greifswald 25.9.2017 – 3 M 93/17, BRS 85 Nr. 127). Im Verhältnis zwischen dem Text der Baugenehmigung (Bauschein) und den genehmigten Bauvorlagen kommt der Baugenehmigung Vorrang zu, soweit sie eine erschöpfende Regelung enthält (OVG Münster 6.10.1982 – 11 A 1018/80, BRS 39 Nr. 152). Stimmen die zeichnerischen Darstellungen in den Bauvorlagen nicht mit den dazu vermerkten Maßen überein, kommt den Maßangaben grundsätzlich Vorrang zu (VGH Mannheim 22.5.1997 – 8 S 1183/97, BRS 59 Nr. 151). Nach dem Grundsatz, dass widersprüchliche Angaben zu Lasten des Erklärenden gehen, sind idR die Angaben mit der geringeren Tragweite zugrunde zu legen. Nicht alle inkongruenten Angaben des Antragstellers stellen einen Widerspruch dar: der Bauantrag für ein Wochenendhaus mit 180 m^2 Wohnfläche mag von einem eigenartigen Verständnis des Wochenendhauses zeugen, stellt aber entgegen der Ansicht des VGH Kassel (1.3.1991 aaO NVwZ 1991, 897) keinen Widerspruch iS einer tatsächlichen Unvereinbarkeit dar. Die Baugenehmigung für ein solches Gebäude mag rechtswidrig sein, nichtig ist sie jedoch nicht.

Unrichtige Angaben des Bauherrn im Bauantrag oder in den Bauvorlagen machen 14
eine ohne Korrektur erteilte **Baugenehmigung nicht nichtig**. Ob Nichtigkeit vorliegt, richtet sich vielmehr einzig nach der Fehlerfolgenregel des § 44 VwVfG. Gemessen an § 44 Abs. 1 VwVfG führen nach der Rechtsprechung des BVerwG (26.9.1991 – 4 C 36.88, DVBl 1992, 568) nur Verstöße gegen tragende Verfassungsprinzipien oder die der Rechtsordnung immanenten Wertvorstellungen zur Nichtigkeit. Weiterhin ist gem. § 44 Abs. 2 Nr. 4 VwVfG ein VA nichtig, wenn ihn aus tatsächlichen Gründen niemand ausführen kann. Das setzt für die Baugenehmigung voraus, dass sich ihr für die Ausführung relevanter Inhalt nicht ermitteln lässt, auch nicht im Wege der Auslegung. Dies sollte allerdings bereits dadurch vermieden werden, dass gem. § 69 Abs. 2 S. 1 die BauAB vor Erteilung der Baugenehmigung alle Widersprüche der Bauvorlagen durch Rücksprache mit dem Bauherrn ausräumen muss, soweit nicht schon die Auslegung des Bauantrags weiter hilft. Kommt es dennoch zu unauflösbaren **Widersprüchen in den Bauvorlagen**, die die Baugenehmigung nicht ausgeräumt hat, kann die Nichtigkeit eintreten. Stellt der Lageplan einen Baukörper von 20 m Länge entsprechend der zulässigen Bautiefe dar, die Grundrisszeichnung aber einen Baukörper von 25 m Länge, dann lässt sich dieser Widerspruch nicht auflösen (OVG Lüneburg 9.10.1973 – 6 B 70/73, BRS 27 Nr. 147). Eine solche Baugenehmigung kann „aus tatsächlichen Gründen niemand ausführen" iSd § 44 Abs. 2 Nr. 4 VwVfG, weil der Baukörper mit seinen nach dem Grundriss genehmigten Ausmaßen nicht auf der im Lageplan genehmigten Fläche realisiert werden kann und diese Fläche aus Rechtsgründen auch nicht vergrößert werden kann.

Ähnliche Fragen können auftauchen, wenn die BauAB die Bauvorlagen durch Grünstif- 15
teintragungen korrigiert, sich aber mit punktuellen Korrekturen begnügt. Einen unauflös-

lichen Widerspruch zwischen Abstandsflächenplan und Lageplan abgelehnt hat der VGH Mannheim (22.9.2015 – 3 S 741/15, ZfBR 2016, 808) bei einem unrichtig im Abstandsflächenplan dargestellten Balkon, wenn dieser entsprechend seiner Darstellung im Lageplan ausgeführt wurde. Während das OVG Münster (23.2.1988 – 7 A 1261/86, BRS 48 Nr. 132) eine Baugenehmigung als nichtig angesehen hat, die auf der Grundlage eines Bauantrags erging, der das 440 m^2 große Baugrundstück mit 503 m^2 angab, da die Genehmigung zur Bebauung eines 503 m^2 großen Grundstücks auf dem tatsächlich nur 440 m^2 großen Grundstück von niemandem ausgeführt werden könne (§ 44 Abs. 2 Nr. 4 VwVfG), ist das BVerwG (26.9.1991 – 4 C 36.88, DVBl 1992, 568) dieser Ansicht entgegengetreten und hat betont, dass eine Nichtigkeit „wegen Unausführbarkeit der Baugenehmigung" nach § 44 Abs. 2 Nr. 4 VwVfG nur in Betracht kommt, wenn die Baugenehmigung bautechnisch unausführbar ist. Die Errichtung des Hauses auf einem nur 440 m^2 großen Grundstück ist keine Frage der technischen Realisierbarkeit, sondern allein eine Frage der rechtlichen Zulässigkeit. Die unrichtige Angabe der Größe des Baugrundstücks stellt auch keinen besonders schwerwiegenden Fehler iSd § 44 Abs. 1 VwVfG dar; nur Rechtsfehler, die tragenden Verfassungsprinzipien oder den der Rechtsordnung immanenten Wertvorstellungen widersprechen, führen zur Nichtigkeit (dazu bereits Rn. 14). Entsprechendes gilt, wenn vorhandene, aber nicht genehmigte Bausubstanz in den Bauvorlagen als Bestand gekennzeichnet ist (OVG Münster 2.7.1902 – 7 B 1058/02, BRS 65 Nr. 162). Die Befugnis der BauAB, wegen wesentlicher Unrichtigkeiten des Bauantrags die Baugenehmigung ohne Ausgleich des Vertrauensschadens nach § 48 Abs. 3 iVm Abs. 2 S. 3 Nr. 2 VwVfG wegen Kenntnis bzw. groß fahrlässiger Unkenntnis der Unrichtigkeit zurückzunehmen, ermöglicht eine sachgerechtere Reaktion als die Nichtigkeitsfolge.

e) Rücknahme und Änderung des Bauantrags

16 Der Bauantrag kann zurückgenommen werden, **solange die Entscheidung über ihn noch nicht unanfechtbar** geworden ist (BVerwG 3.4.1987 – 4 C 30.85, NJW 1988, 275 zum Antrag auf Teilungsgenehmigung; Kopp/Ramsauer § 22 Rn. 85; einschränkend Stelkens/Bonk/Sachs VwVfG § 22 Rn. 67 unter Bezugnahme auf den Rechtsgedanken des § 183 BGB). Zu einer Ermäßigung der Gebühr – je nach Fortschritt der bauaufsichtlichen Prüfung – kann nur die Rücknahme des Bauantrags vor Erteilung der Baugenehmigung führen (§ 11 Abs. 3 Nr. 2 NVwKostG). Mit der Rücknahme des Bauantrags kann der Bauherr zwar die Bestandskraft einer Versagung der Baugenehmigung unterlaufen, jedoch werden die Belange der Bauaufsicht durch die Kostenpflicht ausreichend geschützt. Schließt sich ein gerichtliches Verfahren an, kann der Bauantrag auch noch nach Stellung der Anträge in der mündlichen Verhandlung zurückgenommen werden. Die in § 92 Abs.1 S. 2 VwGO vorgeschriebene Einwilligung der BauAB als Beklagte und ihr Interesse an einer der Rechtskraft fähigen Entscheidung schränken die im materiellen Recht und im Verwaltungsverfahrensrecht begründete Befugnis des Klägers, über den Streitgegenstand zu verfügen, nicht ein (BVerwG 14.4.1989 – 4 C 22.88, DVBl 1989, 874; zuletzt auch OVG Magdeburg. 4.7.2018 – 2 L 119/16, NVwZ-RR 2018, 828; aA früher OVG Lüneburg 31.8.1983 – 1 A 20/81, NVwZ 1985, 431). Durch die Rücknahme des Bauantrags erledigt sich die Hauptsache. Der Beklagte kann, wenn er ein schutzwürdiges Interesse daran hat, die Feststellung verlangen, dass die Klage vor dem erledigenden Ereignis unbegründet war (BVerwG aaO).

17 Der **Bauantrag**, der idR vor der Ausführung des Vorhabens, aber auch nachträglich gestellt werden kann, kann **während des Baugenehmigungsverfahrens geändert** werden. Dazu müssen die entsprechend geänderten Bauvorlagen vorgelegt werden, damit das Vorhaben abschließend geprüft werden kann. Einschränkungen ergeben sich, wenn nur mit dem ersten Antrag die Geltungsdauer eines Bauvorbescheids nach § 73 Abs. 2 gewahrt ist. So handelt es sich bei wesentlichen Änderungen im Bauantrag um ein anderes Vorhaben („Aliud"), für das ein neuer Bauantrag erforderlich wäre, so dass derartige Änderungen nach Ablauf der Frist des § 73 Abs. 1 abzulehnen sind. Im gerichtlichen Ver-

fahren können Änderungen des ursprünglichen Bauantrags im Wege der Klageänderung nach §91 VwGO einbezogen werden, wenn der Streitstoff im Wesentlichen derselbe bleibt (BVerwG 27.2.1970 – IV C 28.67, NJW 1970, 1564 und 22.2.1980 – IV C 61.77, DVBl. 1980, 598). Änderungen, die über einen Hilfsantrag hinausgehen, sollten freilich zunächst das Genehmigungsverfahren durchlaufen, damit ggf. die Nachbarn und Fachbehörden beteiligt werden können (enger VGH München 12.11.1979 – 14 B 918/79, BayVBl. 1980, 296 und 14.2.2001 – 2 B 99.933, BRS 64 Nr. 134).

f) Anfordern von Bauvorlagen

Ist das genehmigungspflichtige Vorhaben bereits ausgeführt worden, kann die BauAB nicht die Vorlage eines Bauantrags erzwingen, weil eine Begünstigung nicht aufgedrängt werden darf (BVerwG 18.12.2014 – 7 C 22/12, NVwZ 2015, 742; Kopp/Ramsauer, VwVfG §22 Rn. 28; Stelkens/Bonk/Sachs, VwVfG §22 Rn. 26). Die BauAB kann aber die **nachträgliche Vorlage** der zur Beurteilung der Genehmigungsfähigkeit notwendigen Bauvorlagen nach §89 verlangen (VGH Kassel 12.1.1982 – IV TH 92/81, BRS 39 Nr. 233; aA Hablitzel BayVBl. 1974, 399). Wenn die BauAB ohne Bauvorlagen die Genehmigungsfähigkeit nicht beurteilen kann, ist iSd §79 zu besorgen, dass die bauliche Anlage dem öffentlichen Baurecht widerspricht (VGH Mannheim 13.2.1980 – III 1998/79, BRS 36 Nr. 174). Unter diesen Umständen stellt die Anforderung von Bauvorlagen den geringstmöglichen Eingriff dar. Hält die BauAB das errichtete Bauwerk mit gewissen Änderungen für genehmigungsfähig, kann sie die Stellung eines entsprechend modifizierten Bauantrags anregen (vgl. §65 Abs. 1), Bauvorlagen anfordern darf sie dafür nicht (VGH Kassel 26.2.1971 – IV OS 65/69, BRS 24 Nr. 137). 18

B. Wiederholung des Bauantrags

Die Frage, ob der Bauherr einen Anspruch auf erneute Sachprüfung hat, wenn sein vorangegangener Bauantrag unanfechtbar abgelehnt worden ist und sich die Sach- und Rechtslage nicht geändert hat, ist nach wie vor umstritten. Nach allgemeinen Grundsätzen kann die Behörde auf einen erneuten Antrag bei gleich bleibender Sach- und Rechtslage ein mit einem belastenden VA **unanfechtbar abgeschlossenes Verfahren nach pflichtgemäßem Ermessen wieder aufgreifen** (BVerfG 17.12.1969 – 2 BvR 23/65, BVerfGE 27, 297; Stelkens/Bonk/Sachs VwVfG §51 Rn. 13ff.; Mann/Sennekamp/Uechtritz VwVfG §51 Rn. 11). Ein Anspruch auf einen Zweitbescheid besteht unter den weiteren Voraussetzungen des §51 VwVfG nur dann, wenn sich die Sach- oder Rechtslage geändert hat, neue Beweismittel oder Wiederaufnahmegründe iSd Prozessrechts vorliegen. Für das Bau- und Gewerberecht hat aber schon das PrOVG abweichende Regelungen aufgestellt. 19

Unter Bezugnahme auf diese Rechtsprechung des PrOVG (PrOVGE 81, 466, 469; 83, 360, 362; 92, 209, 211) hat das BVerwG (6.6.1975 – IV C 15.73, NJW 1976, 340) die Ansicht vertreten, die BauAB könne sich im Beseitigungsverfahren bzw. gegenüber dem wiederholten Bauantrag nicht auf die Bestandskraft der vorausgegangenen Versagung der Baugenehmigung zurückziehen. Vielmehr müsse sie auch bei unveränderter Sach- und Rechtslage in eine Sachprüfung eintreten, weil die Versagung keine materielle Bindungswirkung entfalte, sondern lediglich feststellende Wikrung hinsichtlich des konkreten Bauvorhabens habe. An die Ablehnung ist die BauAB schon wegen des Grundsatzes der Kongruenz von Inhalt und Bindungswirkung eines VA nicht gebunden (Ortloff NJW 1987, 1665, 1670). Schließlich sei die **Bindung einer Genehmigungsversagung** nicht der eines Urteils (§121 VwGO), mit dem eine Klage auf Erteilung einer Genehmigung abgewiesen wird, gleichzusetzen. Der aus der Eigentumsgewährleistung abzuleitende Anspruch auf effektiven Schutz des Eigentums gebiete, dass die materielle Baurechtmäßigkeit zumindest einmal in einem mit allen rechtsstaatlichen Garantien ausgestatteten Verfahren geprüft werde. 20

21 War die **materielle Legalität Streitgegenstand in einem Verwaltungsstreitverfahren**, wie etwa im Prozess um die Genehmigung oder die Beseitigungsverfügung, und ist die Sach- und Rechtslage unverändert, kann sich der Kläger nach einer Klageabweisung in einem nachfolgenden Beseitigungs- oder in einem erneuten Genehmigungsverfahren auf keinen Fall darauf berufen, dass sein Vorhaben baurechtmäßig sei (BVerwG 6.6.1975 – IV C 15.73, NJW 1976, 340, zul. bestätigt druch BVerwG 9.3.1990 – 4 B 145/88, BeckRS 1990, 31273225). Die BauAB kann in diesem Fall auch durch eine erneute Bescheidung den Rechtsweg nicht wieder eröffnen (BVerwG 4.6.1970 – II C 39.68, BVerwGE 35, 234).

C. Die Vorlage des Bauantrags bei der Gemeinde

22 Während § 68 Abs. 1 MBO 2002 das Einreichen des Bauantrags bei der unteren BauAB vorsieht, schreibt § 67 die Vorlage des Bauantrags bei der Gemeinde unabhängig davon vor, ob sie BauAB ist oder nicht. Dadurch wird die Gemeinde frühzeitig über Bauwünsche, die für sie als Trägerin der Planungshoheit und Erschließungslast von erheblicher Bedeutung sein können, unterrichtet, weil Bauwünsche den Anstoß zu konkreten Planungen geben können. Kehrseite dieser frühzeitigen Unterrichtung der Gemeinde ist, dass die **2-Monats-Frist für die Erteilung des Einvernehmens** in den Fällen der §§ 31, 33–35 BauGB nach § 36 Abs. 2 S. 2 BauGB **mit dem Einreichen des Bauantrags bei der Gemeinde zu laufen beginnt**. Die Gemeinde muss ihr Einvernehmen zwar nicht innerhalb der Woche, die ihr nach § 69 Abs. 1 zur Weiterleitung an die BauAB zur Verfügung steht, erklären. Sie muss allerdings wegen der Fiktion des § 36 Abs. 2 S. 2 BauGB das Eingangsdatum des Bauantrags in ihren Unterlagen notieren. Auch wenn das Gesetz der Gemeinde eine Entscheidung über ihr Einvernehmen auf der Grundlage vollständiger Antragsunterlagen ermöglichen will, kann sich die Gemeinde auf unvollständige Bauvorlagen nur berufen, wenn sie innerhalb der 2-Monats-Frist selbst oder über die BauAB auf die Vervollständigung der zur Beurteilung erforderlichen Unterlagen hingewirkt hat (BVerwG 16.9.2004 – 4 C 7.03, NVwZ 2005, 213; OVG Lüneburg 1.3.2016 – 12 ME 162/15, NVwZ-RR 2016, 488).

23 Bei der Entscheidung über die Zulässigkeit von Bauvorhaben im Bereich von B-Plänen iSd § 30 Abs. 1 BauGB sieht § 36 BauGB keine Mitwirkung der Gemeinde vor, weil die Gemeinde mit dem B-Plan umfassende Vorgaben für die Zulässigkeit von Bauvorhaben getroffen hat. Dass die Länder nach § 36 Abs. 1 S. 3 BauGB **bei Vorhaben nach § 30 Abs. 1 BauGB sicherzustellen** haben, dass die Gemeinde rechtzeitig vor Ausführung des Vorhabens **über Maßnahmen zur Sicherung der Bauleitplanung** nach den §§ 14 f. BauGB entscheiden kann, wenn sie den B-Plan aufheben oder ändern will, ist bereits durch die gesetzlich vorgesehene Vorlage des Bauantrags bei der Gemeinde gesichert. Auch wenn die in § 69 Abs. 1 vorgesehene Wochenfrist nicht ausreichen wird, um die Voraussetzungen für Maßnahmen zur Sicherung der Bauleitplanung nach den §§ 14 f. BauGB zu treffen (Aufstellungsbeschluss und seine Bekanntmachung) muss die Gemeinde möglichst schon bei der Weitergabe des Bauantrags an die BauAB auf die beabsichtigte Maßnahme zur Sicherung der Bauleitplanung hinweisen, damit die BauAB nicht in Unkenntnis dieser Absichten die Baugenehmigung erteilt.

24 Für Vorhaben im Gebiet von **Samtgemeinden** ist der Bauantrag nach § 98 Abs. 2 S. 1 NKomVG bei der Mitgliedsgemeinde einzureichen. Der eigene Wirkungskreis der Mitgliedsgemeinde schließt die Entgegennahme des Bauantrags ein, weil nur so die Beteiligung der Mitgliedsgemeinde an allen Baugenehmigungsvorgängen zur Wahrung ihrer Planungshoheit entsprechend § 36 Abs. 1 S. 3 BauGB gewährleistet wird. Der Zusammenhang mit der Planungshoheit weist die Entgegennahme des Bauantrags der Mitgliedsgemeinde zu.

25 Die **ordnungsgemäße Einreichung** des Bauantrags ist für den **Lauf von prozessualen Fristen** von Bedeutung. Nach § 75 S. 2 VwGO kann Untätigkeitsklage idR nicht vor

Ablauf von 3 Monaten seit dem Antrag auf Vornahme des Verwaltungsaktes erhoben werden. Diese Frist beginnt mit der Einreichung des Bauantrags bei der Gemeinde unabhängig davon zu laufen, ob sie selbst BauAB ist oder nicht. Die Gemeinde muss, wenn sie nicht selbst BauAB ist, den Bauantrag innerhalb einer Woche an die BauAB weiterleiten (§ 69 Abs. 1). Tut sie das nicht, fällt dies nicht in den Einflussbereich des Antragstellers, sondern der BauAB. Die 3-Monats-Frist des § 75 S. 2 VwGO wird allerdings häufig als Bearbeitungszeit für kompliziertere Bauanträge nicht ausreichen (BVerwG 11.11.1970 – IV C 79.68, DVBl 1971, 468).

D. Darstellung der baulichen Anlage im Gelände

IdR lässt sich aus den Bauvorlagen für ein geschultes Auge hinreichend erkennen, ob 26
und wie sich eine bauliche Anlage in die Umgebung einfügt. In Einzelfällen – etwa in der Nähe von Baudenkmälern, oder wenn das „Einfügen" in die vorhandene Bebauung nach § 34 BauGB problematisch ist – kann die BauAB nach § 67 Abs. 2 die Darstellung der baulichen Anlage auf dem Baugrundstück verlangen. Im Rahmen des der Behörde eingeräumten Ermessens ist dabei auch die Höhe der Kosten einer solchen Darstellung zu berücksichtigen. Während zur Darstellung klassischerweise sog. Phantom-, oder Schnurgerüste, Markierungsstangen oder Ballone in Betracht kommen, ist durch die vorhandenen technischen Möglichkeiten – gerade auch aus den genannten Kostengründen – an eine grafische Darstellung durch Computersimulationen und Fotomontagen zu denken.

§ 68 Beteiligung der Nachbarn und der Öffentlichkeit

(1) [1]Nachbarn, deren Belange eine Baumaßnahme berühren kann, dürfen die Bauvorlagen bei der Bauaufsichtsbehörde oder bei der Gemeinde einsehen. [2]Dies gilt nicht für die Teile der Bauvorlagen, die Belange der Nachbarn nicht berühren können.

(2) [1]Soll eine Abweichung oder Ausnahme von Vorschriften des öffentlichen Baurechts, die auch dem Schutz von Nachbarn dienen, zugelassen oder eine Befreiung von solchen Vorschriften erteilt werden, so soll die Bauaufsichtsbehörde den betroffenen Nachbarn, soweit sie erreichbar sind, Gelegenheit zur Stellungnahme innerhalb einer angemessenen Frist von längstens vier Wochen geben. [2]Auch in anderen Fällen kann die Bauaufsichtsbehörde nach Satz 1 verfahren, wenn eine Baumaßnahme möglicherweise Belange der Nachbarn berührt, die durch Vorschriften des öffentlichen Baurechts geschützt werden.

(3) Die Bauherrin oder der Bauherr hat der Bauaufsichtsbehörde auf Verlangen die von der Baumaßnahme betroffenen Nachbarn namhaft zu machen und Unterlagen zur Verfügung zu stellen, die zur Unterrichtung der Nachbarn erforderlich sind.

(4) Absatz 2 ist nicht anzuwenden, soweit Nachbarn der Baumaßnahme schriftlich zugestimmt haben.

(5) [1]Die Bauaufsichtsbehörde hat

1. **Baumaßnahmen nach § 62 Abs. 1 Satz 4 und**
2. **die Errichtung, Änderung oder Nutzungsänderung baulicher Anlagen, die nach Durchführung der Baumaßnahme Sonderbauten nach § 2 Abs. 5 Satz 1 Nr. 9, 10, 11, 12, 13, 14, 16 oder 17 sind und innerhalb eines Achtungsabstands nach Satz 2 um einen Betriebsbereich im Sinne des § 3 Abs. 5a BImSchG liegen,**

nach vollständiger Beibringung der Unterlagen im Sinne des § 67 in ihrem amtlichen Veröffentlichungsblatt und außerdem entweder im Internet oder in örtlichen Tageszeitungen, die am Ort der Baumaßnahme verbreitet sind, öffentlich bekannt

zu machen. [2]Der Achtungsabstand nach Satz 1 beträgt, falls der Betriebsbereich eine Biogasanlage ist, 200 m, andernfalls 2 000 m. [3]Eine öffentliche Bekanntmachung nach Satz 1 erfolgt nicht, wenn

1. durch ein nach Beurteilung der für den Betriebsbereich zuständigen Immissionsschutzbehörde plausibles Gutachten einer oder eines nach § 29b BImSchG bekannt gegebenen Sachverständigen nachgewiesen ist, dass die Baumaßnahme außerhalb des angemessenen Sicherheitsabstands im Sinne des § 3 Abs. 5c BImSchG zum Betriebsbereich durchgeführt wird, oder
2. dem Gebot, den angemessenen Sicherheitsabstand zu wahren, bereits in einem für die Beurteilung der Zulässigkeit der Baumaßnahme maßgeblichen Bebauungsplan durch verbindliche Vorgaben Rechnung getragen worden ist.

[4]Absatz 1 findet im Fall einer öffentlichen Bekanntmachung nach Satz 1 keine Anwendung. [5]Eine öffentliche Bekanntmachung ist entbehrlich, wenn durch eine Änderung einer baulichen Anlage, die ein Sonderbau nach § 2 Abs. 5 Satz 1 Nr. 9, 10, 11, 12, 13, 14, 16 oder 17 ist, eine Erhöhung der Anzahl der Nutzerinnen und Nutzer oder der Besucherinnen und Besucher nicht eintritt. [6]Der Bauantrag und die Bauvorlagen sowie die entscheidungserheblichen Berichte und Empfehlungen, die der Bauaufsichtsbehörde im Zeitpunkt der Bekanntmachung vorliegen, sind nach Bekanntmachung einen Monat zur Einsicht auszulegen. [7]§ 10 Abs. 2 BImSchG gilt entsprechend. [8]Weitere Informationen, die für die Entscheidung über die Genehmigungsfähigkeit der Baumaßnahme von Bedeutung sein können und die der Bauaufsichtsbehörde erst nach Beginn der Auslegung vorliegen, sind der Öffentlichkeit nach den Bestimmungen über den Zugang zu Umweltinformationen zugänglich zu machen. [9]Besteht für die Baumaßnahme eine Pflicht zur Umweltverträglichkeitsprüfung (UVP-Pflicht), so muss die Bekanntmachung darüber hinaus den Anforderungen des § 19 Abs. 1 des Gesetzes über die Umweltverträglichkeitsprüfung (UVPG) entsprechen. [10]Personen, deren Belange durch die Baumaßnahme berührt werden, sowie Vereinigungen, welche die Anforderungen des § 3 Abs. 1 oder des § 2 Abs. 2 des Umwelt-Rechtsbehelfsgesetzes erfüllen, können bis einen Monat nach Ablauf der Auslegungsfrist gegenüber der Bauaufsichtsbehörde schriftlich Einwendungen erheben. [11]Mit Ablauf der Einwendungsfrist sind alle öffentlich-rechtlichen Einwendungen gegen die Baumaßnahme für das Genehmigungsverfahren ausgeschlossen. [12]Einwendungen, die auf besonderen privatrechtlichen Titeln beruhen, sind auf den Rechtsweg vor den ordentlichen Gerichten zu verweisen.

(6) In der Bekanntmachung nach Absatz 5 Satz 1 ist über Folgendes zu informieren:

1. den Gegenstand der Baumaßnahme,
2. gegebenenfalls die Feststellung der UVP-Pflicht der Baumaßnahme nach § 5 UVPG sowie die Durchführung einer grenzüberschreitenden Beteiligung nach den §§ 54 bis 56 UVPG,
3. die für die Genehmigung zuständige Behörde, bei der der Bauantrag nebst Unterlagen zur Einsicht ausgelegt wird, sowie wo und wann Einsicht genommen werden kann,
4. dass etwaige Einwendungen von Personen und Vereinigungen nach Absatz 5 Satz 10 bei einer in der Bekanntmachung bezeichneten Stelle innerhalb der Einwendungsfrist nach Absatz 5 Satz 10 vorzubringen sind; dabei ist auf die Rechtsfolgen nach Absatz 5 Satz 11 hinzuweisen,
5. die Art möglicher Entscheidungen oder, soweit vorhanden, den Entscheidungsentwurf,
6. dass die Zustellung der Entscheidung über die Einwendungen durch öffentliche Bekanntmachung ersetzt werden kann,

7. gegebenenfalls weitere Einzelheiten des Verfahrens zur Unterrichtung der Öffentlichkeit und Anhörung der in Absatz 5 Satz 10 genannten Personen und Vereinigungen.

(7) [1]Wurde eine öffentliche Bekanntmachung der Baumaßnahme nach Absatz 5 durchgeführt, so sind in der Begründung der Baugenehmigung die wesentlichen tatsächlichen und rechtlichen Gründe, die die Behörde zu ihrer Entscheidung bewogen haben, sowie die Behandlung der Einwendungen und Angaben über das Verfahren zur Beteiligung der Öffentlichkeit aufzunehmen. [2]Die Baugenehmigung ist der Bauherrin oder dem Bauherrn sowie Personen und Vereinigungen nach Absatz 5 Satz 10, die Einwendungen erhoben haben, zuzustellen. [3]Haben mehr als 50 Personen oder Vereinigungen nach Absatz 5 Satz 10 Einwendungen erhoben, so kann die Zustellung an diese durch die öffentliche Bekanntmachung nach Absatz 8 ersetzt werden.

(8) [1]Wurde eine öffentliche Bekanntmachung der Baumaßnahme nach Absatz 5 durchgeführt, so ist die Baugenehmigung öffentlich bekannt zu machen. [2]Die öffentliche Bekanntmachung wird dadurch bewirkt, dass der verfügende Teil des Bescheids und die Rechtsbehelfsbelehrung in entsprechender Anwendung des Absatzes 5 Satz 1 bekannt gemacht werden; auf Auflagen ist hinzuweisen. [3]Eine Ausfertigung der gesamten Baugenehmigung ist ab dem Tag nach der Bekanntmachung zwei Wochen zur Einsicht auszulegen. [4]In der öffentlichen Bekanntmachung ist anzugeben, wo und wann der Bescheid und seine Begründung eingesehen und nach Satz 6 angefordert werden können. [5]Mit dem Ende der Auslegungsfrist gilt der Bescheid auch Dritten gegenüber, die keine Einwendungen erhoben haben, als zugestellt; darauf ist in der Bekanntmachung hinzuweisen. [6]Nach der öffentlichen Bekanntmachung können der Bescheid und seine Begründung bis zum Ablauf der Rechtsbehelfsfrist von Personen und Vereinigungen nach Absatz 5 Satz 10, die Einwendungen erhoben haben, schriftlich angefordert werden.

Übersicht

A. Der öffentlich-rechtliche Nachbarschutz

a) Allgemeines

1 **Baumaßnahmen** sind nicht nur Sache des Bauherrn, vielmehr **berühren** sie vielfach **auch den Interessenkreis der Nachbarn**. Während das PrOVG (PrOVGE 2, 351; 78, 257) die öffentlich-rechtliche Nachbarklage generell ablehnte, weil es der Baugenehmigung nur die Bedeutung beimaß, dass das geplante Vorhaben polizeilichen Anforderungen nicht widersprach und diese Anforderungen nur dem Gemeinwohl und nicht dem Schutz Einzelner dienten, hat der Braunschw. VGH bereits 1899 die Baunachbarklage anerkannt (Braunschw. Zs 47, Beiheft 14). Inzwischen hat sich das öffentlich-rechtliche Nachbarrecht zu einem in seinem Kern allgemein anerkannten Institut entwickelt (zur geschichtlichen Entwicklung: Preu, Die historische Genese der öffentlich-rechtlichen Bau- und Gewerbenachbarklagen, 1990; Finkelnburg/Ortloff/Otto, Bd. II, S. 221).

2 Die **grundsätzliche Anerkennung subjektiv-öffentlicher Nachbarrechte** und damit verbunden der öffentlich-rechtlichen Nachbarklage in der verwaltungsgerichtlichen Rechtsprechung (vor allem BVerwG 5.10.1965 – IV C 3.65, DVBl 1966, 269; 28.4.1967 – IV C 10.65, BVerwGE 27, 29; 6.10.1967 – IV C 19.65, DVBl 1968, 29) macht eine Beteiligung des Nachbarn im Verwaltungsverfahren notwendig, damit er seine Interessen gegenüber der BauAB möglichst frühzeitig und vor Ausführung des Vorhabens vertreten kann (vgl. § 70 MBauO 2002). Gerade weil es materiell im Wesentlichen um die Interessengegensätze zwischen Bauherrn und Nachbarn geht, hat die BauAB in dem vom Bauherrn eingeleiteten Genehmigungsverfahren den Nachbarn als betroffenen Dritten zu beteiligen und seine etwaigen Rechte zu beachten. Dem trägt § 68 mit einer abgestuften Regelung der Beteiligung des Nachbarn im Baugenehmigungsverfahren Rechnung, die die allgemeinen Vorschriften über die Beteiligung und Anhörung Dritter im Verwaltungsverfahren verdrängt (vgl. dazu → Rn. 153).

b) Der Begriff der Nachbarn

3 Die Beteiligung des Nachbarn setzt zunächst Klarheit über den damit **angesprochenen Personenkreis** voraus. Während der RegE 1973 den Begriff des Nachbarn weitgehend vermied und von den „Eigentümern angrenzender Grundstücke" sprach, denen andere dinglich Berechtigte gleichgestellt wurden, verwendet die Gesetz gewordene Bestimmung den Begriff des Nachbarn, ohne ihn näher zu erläutern. Damit knüpft der Gesetzgeber nicht nur an die von der Rspr. entwickelte Begriffsbestimmung an, sondern lässt – auch für das Genehmigungsverfahren – Raum für die weitere Entwicklung dieses Begriffes (vgl. BVerwG 29.10.1982 – 4 C 51.79, NJW 1983, 1626; OVG Lüneburg 26.7.2012 – 1 LC 130/09, juris Rn. 64: Wer sich als Nachbar gegen Beeinträchtigungen zur Wehr setzen kann, ergibt sich **aus dem jeweils einschlägigen materiellen Recht**

(dh Baurecht, Immissionsschutzrecht, Atomrecht, Abfallrecht uä), nicht aus einem abstrakten Nachbarbegriff.).

Der Begriff des **Nachbarn im Baurecht** wird durch **zwei Elemente** bestimmt: die räumliche Nähe zum Baugrundstück und eine besondere rechtliche Beziehung zum Nachbargrundstück. 4

aa) Benachbart sind solche Grundstücke, deren Eigentümer durch das Vorhaben in ihren öffentlich-rechtlich geschützten Belangen beeinträchtigt werden können. Der **Kreis der benachbarten Grundstücke** ist also je **nach der Reichweite der rechtlich relevanten** (nicht bloß wirtschaftlichen: VGH Mannheim 13.11.1979 – VIII 873/79, BRS 35 Nr. 193) **Auswirkungen des Vorhabens** unterschiedlich und geht häufig über die unmittelbar angrenzenden Grundstücke hinaus (BVerwG 28.8.1987 – 4 N 3.86, juris Rn. 14 f.; OVG Lüneburg 12.4.2017 – 1 ME 34/17, ZfBR 2017, 598, 599; 24.10.1974 – I A 107/73, DVBl 1975, 915; OVG Koblenz 29.10.1981 – 1 B 59/81, BRS 39 Nr. 185). Bei Verstößen gegen Vorschriften über den Grenzabstand ist der Kreis der benachbarten Grundstücke auf die angrenzenden bzw. in einer dem Grenzabstand entsprechenden Entfernung liegenden Grundstücke beschränkt (OVG Lüneburg 10.10.1984 – 6 B 126/84, nv; vgl. auch VG Hannover 5.11.2010 – 12 B 3883/10, juris Rn. 45), während bei Verstößen gegen die im B-Plan festgesetzte Gebietsart grundsätzlich alle Grundstückseigentümer im Plangebiet unabhängig von spürbaren Störungen Abwehransprüche gegen eine schleichende Veränderung der Gebietsart haben (BVerwG 24.2.2000 – 4 C 23.98, NVwZ 2000, 1054; enger OVG Lüneburg 19.1.2012 – 1 ME 188/11, juris Rn. 26 ff.: Ein Gebietserhaltungsanspruch besteht nur innerhalb eines Baugebiets, nicht einmal innerhalb eines gesamten Plangebiets; zu den Voraussetzungen eines gebietsübergreifenden Gebietserhaltungsanspruchs: BVerwG 10.1.2013 – 4 B 48.12, juris BeckRS 2013, 46322). 5

Ein mit Emissionen verbundenes Vorhaben kann die Nutzung auch weiter entfernter Grundstücke tatsächlich beeinträchtigen und öffentlich-rechtlich geschützte Belange berühren. Entsprechendes gilt, wenn sich der **emittierende Betrieb gegen immissionsempfindliche Vorhaben** im Einwirkungsbereich seiner Emissionen wehrt (vgl. BVerwG 10.12.1982 – 4 C 28.81, DVBl 1983, 349; 25.11.1985 – 4 B 202/85, NVwZ 1986, 469; 29.11.2012 – 4 C 8.11, juris). Ob im Einzelfall öffentlich-rechtlich geschützte Belange tatsächlich verletzt werden, ist für die Abgrenzung der benachbarten Grundstücke nicht entscheidend. Ein „umweltschutzrechtlicher Nachbarbegriff" (vgl. Kopp/Schenke § 42 Rn. 104) ist abzulehnen. Wer sich als Nachbar gegen Beeinträchtigungen zur Wehr setzen kann, ergibt sich aus dem **jeweils einschlägigen materiellen Recht (dh Baurecht, Immissionsschutzrecht, Atomrecht, Abfallrecht uä)**, nicht aus einem abstrakten Nachbarbegriff. Die äußerste Grenze dessen, was im Nachbarschaftsverhältnis als zumutbar hinzunehmen ist, ist dabei die Schwelle der Gesundheitsgefährdung (vgl. OVG Lüneburg 26.7.2012 – 1 LC 130/09, juris Rn. 64 ff., BeckRS 2012, 57106 zur „nicht einmal in Ansätzen geklärten" Grenzziehung zwischen einer unzumutbaren Geruchsbelästigung und einer Gesundheitsgefährdung bei beabsichtigter Errichtung eines Schweinestallgebäudes und eines Güllesilos). 6

„Benachbart" kann **nur ein anderes Grundstück** sein **als das Baugrundstück**. Der Grundstückseigentümer hat daher weder einen Anspruch auf Beteiligung an Baugenehmigungsverfahren, die ein am Grundstück obligatorisch Berechtigter einleitet, noch einen öffentlich-rechtlichen Abwehranspruch gegen eine Baugenehmigung für sein Grundstück (VGH München 27.10.1992 – 1 B 92.538, BRS 54 Nr. 179; 6.6.2005 – 25 ZB 04.924, NVwZ-RR 2006, 303, 304; OVG Weimar 2.2.1995 – 1 EO 411/94, BRS 57 Nr. 208). Unberührt davon bleibt die Befugnis der BauAB den Grundstückseigentümer wegen Zweifeln am Sachbescheidungsinteresse (vgl. → § 70 Rn. 31 ff.) zu beteiligen. Ob eine Ausnahme von dem Grundsatz, dass benachbart nur ein anderes Grundstück als das Baugrundstück sein kann, dann gilt, wenn für eine Teilfläche eines Grundstücks eine Festsetzung eines B-Plans gilt, die eine Enteignung ermöglicht (so VGH München 25.11.2002 – 1 B 97.1352, NVwZ-RR 2004, 20 „… im Interesse eines effizienten Rechtsschutzes … geboten …"), erscheint zweifelhaft. 7

8 Aus dem gleichen Grund gibt es **zwischen Wohnungseigentümern ein und desselben Grundstücks keinen öffentlich-rechtlichen Nachbarschutz**, zumal das WEG in §§ 43 ff. ein besonderes Verfahren zum Ausgleich der Rechte und Pflichten der Wohnungseigentümer untereinander und gegenüber der Gemeinschaft vorsieht (BVerwG 4.5.1988 – 4 C 20.85, DVBl 1988, 851; 14.10.1988 – 4 C 1.86, NVwZ 1989, 250; vgl. BVerfG 22.12.2004 – 1 BvR 1806/04, NVwZ 2005, 801, 802; krit. Seidel Nachbarschutz Rn. 341 ff.). Das gilt auch gegenüber Störungen, die bei der baulichen Nutzung des gemeinschaftlichen Grundstücks von einem nicht zur Eigentümergemeinschaft gehörenden Dritten verursacht werden (BVerwG 12.3.1998 – 4 C 3.97, NVwZ 1998, 954; vgl. BVerfG 7.2.2006 – 1 BvR 2304/05, NJW-RR 2006, 726: keine Verletzung der Rechtsschutzgarantie durch Verneinung der verwaltungsprozessualen Klagebefugnis eines Wohnungseigentümers gegen Baumaßnahme eines Miteigentümers auf dem gemeinsamen Grundstück). Der einzelne Wohnungseigentümer ist aufgrund seines Anteils am gemeinschaftlichen Eigentum (§ 1 Abs. 5 WEG) grundsätzlich auch nicht berechtigt, Beeinträchtigungen des gemeinschaftlichen Eigentums im eigenen Namen gegen ein Bauvorhaben auf einem Nachbargrundstück geltend zu machen (OVG Berlin-Brandenburg 15.10.2012 – OVG 2 N 111.10, juris; VGH München 12.9.2005 – 1 ZB 05.42, NVwZ-RR 2006, 430; vgl. aber → Rn. 23).

9 **Bauliche Veränderungen des gemeinschaftlichen Eigentums** können nach § 22 Abs. 1 WEG auch einzelnen Wohnungseigentümern nicht – über die Duldungspflicht des § 14 WEG hinaus – durch Mehrheitsbeschluss aufgezwungen werden, sondern **bedürfen der Zustimmung der Betroffenen**. Der einzelne Wohnungseigentümer kann nach § 46 Abs. 1 WEG beim zuständigen Amtsgericht eine Entscheidung über die Gültigkeit des Beschlusses der Wohnungseigentümer herbeiführen. Entsprechendes gilt für die Überprüfung der sich aus der Gemeinschaft der Wohnungseigentümer ergebenden Rechte und Pflichten der Wohnungseigentümer untereinander nach §§ 15 Abs. 3, 43 Nr. 1 WEG, dh auch für etwaige Ansprüche eines Sondereigentümers wegen einer baurechtlich genehmigten Veränderung des Sondereigentums eines Dritten. Für beide Fälle folgt aus der Einbindung des Sondereigentums in die Gemeinschaft der Wohnungseigentümer und der besonderen Regelung des Wohnungseigentums zur Lösung von Konflikten, dass **öffentlich-rechtlicher Nachbarschutz ausgeschlossen** ist (vgl. Gröhn/Hellmann-Sieg BauR 2010, 400).

10 Das BVerwG (14.10.1988 – 4 C 1.86, NVwZ 1989, 250) hat zwar offen gelassen, ob in Fällen, in denen Gesundheitsgefahren von einer bestimmten Art der Nutzung eines anderen Sondereigentums ausgehen, etwas anderes gelten könnte. Die **Eilbedürftigkeit der Beseitigung von Gesundheitsgefahren** dürfte jedoch kein Grund zur Gewährung öffentlich-rechtlichen Nachbarschutzes sein, weil nach **§§ 935 ff. ZPO** die Möglichkeit eines Antrags auf Erlass einer einstweiligen Verfügung besteht (vgl. VerfGH Berlin 14.7.2010 – 99/10, juris Rn. 16). Zu dem ungewöhnlichen Fall, dass ein Wohnungseigentümer Abwehrrechte gegen eine Baugenehmigung geltend macht, die einem der Eigentümergemeinschaft nicht angehörenden Dritten zur Veränderung von Gemeinschaftseigentum erteilt worden ist, vgl. BVerwG 28.2.1990 – 4 B 32.90, NVwZ 1990, 655. Die Wohnungseigentümergemeinschaft kann Baumaßnahmen des Bauträgers ggf. durch einen Verzicht auf eine dem Bauträger vor der Veräußerung des Wohnungseigentums erteilte Baugenehmigung entgegentreten (VGH Mannheim 30.3.1995 – 3 S 1106/94, NVwZ-RR 1995, 562).

11 **bb)** Der **Kreis der Personen, denen subjektiv-öffentliche Nachbarrechte zustehen**, wird im Baurecht – im Gegensatz zum Immissionsschutzrecht – herkömmlich auf **Eigentümer und Inhaber eigentumsähnlicher Rechte** begrenzt (vgl. BVerwG 11.5.1989 – 4 C 1.88, NVwZ 1989, 1163; 20.4.1998 – 4 B 22.98, NVwZ 1998, 956; krit. Seidel Nachbarschutz Rn. 326 ff.). Dazu gehören nicht nur Erbbauberechtigte (BVerwG 11.1.1988 – 4 CB 49.87, Buchholz 406.19 Nr. 75), Miteigentümer (OVG Saarlouis 6.11.1970 – II R 30/70, BRS 23 Nr. 161), Wohnungseigentümer, soweit sie eine Beeinträchtigung ihres Sondereigentums geltend machen (OVG Münster 28.2.1991 – 11 B 2967/90, NVwZ-RR

1992, 11; VGH München 2.10.2003 – 1 CS 03.1785, NVwZ-RR 2004, 248; vgl. aber → Rn. 8 f.), Nießbraucher (VG Hannover 6.10.2016 – 4 B 4980/16 – BeckRS 2016, 53151) und Inhaber von Dienstbarkeiten, die zum Errichten einer baulichen Anlage berechtigen, sondern auch der Käufer eines Grundstücks, auf den der Besitz sowie Nutzungen und Lasten übergegangen sind und für den eine Auflassungsvormerkung in das Grundbuch eingetragen ist (BVerwG 29.10.1982 – 4 C 51.79, BRS 39 Nr. 176; VGH München 6.7.1990 – 14 CS 90.1659, juris vgl. aber → Rn. 16 aE zur Klagebefugnis des Vormerkungsberechtigten im Planfeststellungsrecht). Als wesentlich hat das BVerwG die Wirkung einer rechtswidrigen Baugenehmigung für den Grundstückskäufer, dessen Rechtsposition zum baldigen Erwerb des Volleigentums berechtigt, und die Erkennbarkeit dieser Rechtsposition für die BauAB und den Bauherrn herausgestellt.

Der Pächter und erbvertraglich eingesetzte Hoferbe eines landwirtschaftlichen Betriebes genießt keinen Nachbarschutz, weil das Höferecht kein Anwartschaftsrecht vermittelt, sondern nur der Erhaltung des Hofes als Einheit dient (BVerwG 11.5.1989 aaO Rn. 11 aA). Es fehlt auch an der Erkennbarkeit der Rechtsposition des Hoferben, weil sich dieser nicht aus dem Grundbuch ergibt. Aus familienrechtlichen Bindungen zum Grundstückseigentümer folgen **keine nachbarlichen Abwehrrechte**. Der Empfänger eines Schenkungsversprechens, für den keine Auflassungsvormerkung eingetragen ist, hat ebenfalls keine öffentlich-rechtlichen Abwehrrechte (OVG Lüneburg 22.3.1996 – 1 L 1201/95, NVwZ 1996, 918). 12

Das Mitglied einer Wohnungsbaugenossenschaft, dem nach der Satzung ein dauerndes Wohnrecht zusteht, hat als obligatorisch Berechtigter (OVG Lüneburg 29.5.1986 – 1 B 25/86, BRS 46 Nr. 171) ebenso wie der Inhaber eines dinglichen Wohnungsrechtes iSd § 1093 BGB (BVerwG 16.9.1993 – 4 C 9.91, NVwZ 1994, 682; OVG Lüneburg 20.4.1999 – 1 L 1347/99, BRS 62 Nr. 179; 26.7.2012 – 1 LC 130/09, juris Rn. 61 ff., BeckRS 2012, 57106; OVG Saarlouis, 5.9.2013 – 2 C 190/12, NVwZ-RR 2014, 91 Leitsatz 4) **keine nachbarlichen Abwehrrechte**. Trotz der möglichen Wertminderung, die ein Grundstück durch ein benachbartes rechtswidriges Bauvorhaben erfahren kann, gehören Grundpfandgläubiger nicht zu den Nachbarn, da sie auf ihre Rechte aus §§ 1133 f. BGB beschränkt sind. Dagegen kann der Jagdausübungsberechtigte im Eigenjagdbezirk gemäß § 1 Abs. 1 BJG durch eine rechtswidrige Baugenehmigung in seinen Rechten verletzt werden (OVG Lüneburg 26.2.1988 – 1 A 56/86, BRS 48 Nr. 156). Der Jagdpächter hat als obligatorisch Berechtigter jedoch keine Abwehransprüche gegen Baugenehmigungen in seinem Revier (OVG Lüneburg 14.4.1993 – 1 L 33/91, NVwZ-RR 1994, 238). 13

Zweifelhaft erscheint, ob der **Nachbarschutz auch für die Gemeinde als Grundstückseigentümer** gilt. Zwar kann sich die Gemeinde nicht auf Art. 14 Abs. 1 GG berufen (BVerfG 8.7.1982 – 2 BvR 1187/80, BVerfGE 61, 82 (105)), daraus ergibt sich aber nicht zwingend, dass der Gemeinde Nachbarschutz aus „einfachem" Recht versagt wäre (vgl. BVerwG 27.3.1992 – 7 C 18.91, NVwZ 1993, 364 zum AbfG; aA Ziekow NVwZ 1989, 231). Es erscheint vielmehr sachgerecht, der Gemeinde als Grundstückseigentümerin den gleichen Schutz angedeihen zu lassen wie dem Bürger, weil das nachbarliche Gemeinschaftsverhältnis, aus dem sich der Nachbarschutz ergibt, das Grundstück der Gemeinde einschließt. Davon zu trennen sind Abwehrrechte der Gemeinde wegen der Verletzung ihrer Planungshoheit und der aus ihr folgenden Mitwirkungsrechte (BVerwG 24.5.1984 – 4 CB 2.84, NVwZ 1985, 566: Zulassung eines Vorhabens, dessen Erschließung nicht gesichert; 11.2.1993 – 4 C 25.91, NVwZ 1994, 265) oder des interkommunalen Abstimmungsgebotes (BVerwG 15.12.1989 – 4 C 36.86, NVwZ 1990, 464; 1.8. 2002 – 4 C 5.01, NVwZ 2003, 86; 22.12.2009 – 4 B 25/09, ZfBR 2012, 269). Zur drittschützenden Wirkung des fachplanerischen Abwägungsgebots bei Erteilung einer luftverkehrsrechtlichen Konversionsgenehmigung bezogen auf ausländische Grenznachbarn einschließlich der **Grenzgemeinden eines Nachbarstaates:** BVerwG 16.10. 2008 – 4 C 3.07, NVwZ 2009, 452. 14

Bei den nach der Rechtsprechung **nicht zum Kreis der Nachbarn** gehörenden obligatorisch Berechtigten ist der Schutz – uU langjähriger – **Mieter oder Pächter** proble- 15 matisch. Für das Bebauungsrecht lehnt das BVerwG den **Nachbarschutz nur obligatorisch Berechtigter** ab, weil das Bebauungsrecht grundstücks- und nicht personenbezogen sei (krit. Schmidt-Aßmann S. 104 Fn. 86 mN: Ein soziales Städtebaurecht ist kein Privileg der Grundeigentümer). Der bauplanungsrechtliche Nachbarschutz beruht auf dem Gedanken des wechselseitigen Austauschverhältnisses: Weil und soweit der Eigentümer eines Grundstücks in dessen Ausnutzung öffentlich-rechtlichen Beschränkungen unterworfen ist, kann er deren Beachtung grundsätzlich auch gegenüber Grundstücksnachbarn durchsetzen (BVerwG 11.5.1989 – 4 C 1.88, NVwZ 1989, 1163; 11.7. 1989 – 4 B 33.89, BRS 49 Nr. 185; 20.4.1998 – 4 B 22.98, NVwZ 1998, 956; OVG Lüneburg 22.12.2011 – 1 ME 212/11, BeckRS 2012, 5456: fehlende Antragsbefugnis der Mieter im Verfahren zur Gewährung vorläufigen Rechtsschutzes gegen die Umnutzung von Gebäuden zu Asylbewerberunterkünften).

16 Der nur **obligatorisch Berechtigte** wird darauf verwiesen, seine **Rechtsposition gegenüber dem Eigentümer durchzusetzen** und von diesem zu verlangen, seine Abwehrrechte geltend zu machen, oder den Miet- oder Pachtzins zu mindern (BVerwG 4.3.1983 – 4 C 74.80, NVwZ 1983, 672; KG 12.11.2007 – 8 U 194/06, NJW-RR 2008, 1042). Die Nachbarklage zum Schutze der Gesundheit (BVerwG 29.7.1977 – IV C 51.75, DVBl 1977, 897; OVG Lüneburg 29.5.1986 – 1 B 25/86, BRS 46 Nr. 171; OVG Lüneburg 26.7.2012 – 1 LC 130/09, juris Rn. 64 ff., BeckRS 2012, 57106; vgl. dazu → Rn. 45), die nicht an eine eigentumsähnliche Rechtsposition anknüpft, stellt keinen Ausweg dar, weil ihr ua wegen der Schwierigkeit, das Rechtsgut der Gesundheit und rechtswidrige Eingriffe in sie zu bestimmen, keine praktische Bedeutung zukommt. Nur für Festsetzungen von B-Plänen, die dem Gesundheits- und Immissionsschutz dienen, wird eine Ausdehnung der Klagebefugnis auf Mieter und Pächter erwogen (vgl. BVerwG 21.10.1999 – 4 CN 1.98, NVwZ 2000, 807; Schlichter NVwZ 1983, 641 (646); Dolde NJW 1984, 1713 (1728); enger Ziekow NVwZ 1989, 231). Im Verfahren der **Unternehmensflurbereinigung** nach § 87 Abs. 1 FlurbG **steht** auch den **Pächtern** von Grundstücken im Flurbereinigungsgebiet ein **Abwehrrecht** gegen die Anordnung der Flurbereinigung **zu** (BVerwG 29.1.2009 – 9 C 3.08, NVwZ 2009, 1047; 14.11.2012 – 9 C 14.11, juris zur Klagebefugnis des Vormerkungsberechtigten im Planfeststellungsrecht, ohne dass es darauf ankommt, ob Besitz sowie Nutzungen und Lasten bereits übergangen sind; vgl. aber → Rn. 11 zum Käufer eines Grundstücks).

17 Der **Eigentümer** des Baugrundstücks **kann auf** die dem Grundstück zustehende **„Rücksichtnahme" nicht verzichten**, wenn die Belange einer größeren Zahl von Mietern betroffen sind (OVG Lüneburg 12.3.2001 – 1 L 3697/00, NVwZ-RR 2001, 503). Auch im Bauplanungsrecht steht der einem Grundstück von der TA Lärm gewährte Schutzstandard nicht zur Disposition des Lärmbetroffenen. Das Bauplanungsrecht regelt die Nutzbarkeit der Grundstücke in öffentlich-rechtlicher Beziehung auf der Grundlage objektiver Umstände und Gegebenheiten mit dem Ziel einer möglichst dauerhaften städtebaulichen Ordnung und Entwicklung. Das schließt es aus, das bei objektiver Betrachtung maßgebliche Schutzniveau auf das Maß zu senken, das der lärmbetroffene Bauwillige – ggf. zulasten seiner Mieter – nach seiner persönlichen Einstellung bereit ist hinzunehmen (BVerwG 29.11.2012 – 4 C 8.11, juris Rn. 25, BeckRS 2013, 947).

18 In die Diskussion, ob auch obligatorisch Berechtigten Nachbarrechte zustehen, ist einzubeziehen, dass das **BVerfG** (26.5.1993 – 1 BvR 208/93, BVerfGE 89, 1 (5)) das **Besitzrecht des Mieters im Mieter-Vermieter-Verhältnis als Eigentum iSd Art. 14 Abs. 1 S. 1 GG** anerkannt hat, weil das Besitzrecht des Mieters heute Funktionen erfülle, wie sie typischerweise dem Sacheigentum zukommen, und weil es eine vermögenswerte Rechtsposition darstelle, die eine Nutzungs- und Verfügungsbefugnis einschließe (krit. dazu Depenheuer NJW 1993, 2561). Daraus wird abgeleitet, dass die Belange des Mieter-Nachbarn im Rahmen des Art. 14 Abs. 1 GG zu berücksichtigen und aufzuwerten seien, und dem Mieter-Nachbar grundsätzlich gleichermaßen Nachbarschutz einzuräumen sei wie dem Eigentümer (vgl. Jäde UPR 1993, 330; Thews NVwZ 1995, 224; Gassner UPR 1995, 85; Seibel BauR 2003, 1674).

Das **BVerwG** (20.4.1998 – 4 B 22.98, NVwZ 1998, 956) hält dennoch daran fest, dass der **nachbarschützende Gehalt bauplanungsrechtlicher Vorschriften** wegen der Grundstücksbezogenheit des Bebauungsrechtes **auf die Eigentümer der Nachbargrundstücke zu beschränken** ist (vgl. OVG Berlin 30.7.2003 – 2 S 24.03, BRS 66 Nr. 187). Ob das Argument für das gesamte Baurecht trägt (so Mampel UPR 1994, 8; Schmidt-Preuß NJW 1995, 27), muss unter Berücksichtigung des Schutzzwecks der jeweiligen Vorschrift von Fall zu Fall entschieden werden. Wenn der Nachbarschutz nach der Vorschrift erkennbar personenbezogene Elemente enthält, dann kommt auch der nur in obligatorischen Rechtsbeziehungen zum Nachbargrundstück Stehende als Nachbar in Betracht (Finkelnburg/Ortloff/Otto, Bd. II, S. 231 mN in Fn. 79). Anderes gilt freilich dann, wenn der Gesetzgeber, wie in Art. 66 Abs. 3 S. 3 BayBO, den Eigentümer des Nachbargrundstücks mit der Wahrnehmung der Rechte der Mieter oder Pächter betraut. Der Mieter kannn zudem Abwehrrechte gerichtlich geltend machen, wenn er sich auf die drohende Verletzung immaterieller Werte wie Leben und Gesundheit beruft (OVG Lüneburg 19.1.2001 – 1 O 2761/00, NVwZ 2001, 456 (456); 29.5.1986 – 1 B 25/86, BRS 46 Nr. 171; vgl. BVerwG 29.7.1977 — IV C 51/75 (München), NJW 1978, 554 (556); s. auch → Rn. 45). 19

Die Rspr. zum Immissionsschutzrecht (BVerwG 22.10.1982 – 7 C 50.78, DVBl 1983, 183), die zur Nachbarschaft auch solche Personen zählt, die nach ihren Lebensumständen den Einwirkungen der emittierenden Anlage in einer vergleichbaren Weise ausgesetzt sind, wie sie der Wohnort vermittelt, legt es nahe, den **Begriff des Nachbarn differenzierend nach dem Schutzzweck der Norm zu bestimmen:** Die Verletzung der Abstandsvorschriften als grundstücksbezogene Regelung kann nur der Eigentümer geltend machen (OVG Lüneburg 9.1.1987 – 1 A 139/85, BRS 47 Nr. 159), während unzumutbare Belästigungen durch Geräusche, Erschütterungen oder Schwingungen nach § 15 Abs. 2 als Störungen der Wohnruhe auch vom Mieter gerügt werden können (vgl. auch OVG Saarlouis 13.7.1977 – II R 74/76, BRS 32 Nr. 161; OVG Lüneburg, 25.10.2010 – 1 KN 343/07, BauR 2011, 646 (647); 19.1.2001 – 1 O 2761/00, NVwZ 2001, 456 (456); 17.1.1980 – 1 A 71/79, BRS 36 Nr. 187). Dementsprechend dürfte der Schutz vor unzumutbaren Belästigungen durch die Benutzung von Stellplätzen und Garagen nach § 46 Abs. 1 S. 2 aF/§ 46 iVm § 3 Abs. 1 S. 3 auch obligatorisch Berechtigten zugutekommen (OVG Lüneburg 29.5.1986 – 1 B 25/86, BRS 46 Nr. 171 für das Recht auf Leben und körperliche Unversehrtheit aus Art. 2 Abs. 2 S. 1 GG; aA OVG Münster 11.4.1997 – 7 A 879/97, BRS 59 Nr. 159). Erkennt man dem Mieter oder Pächter entsprechend dem Schutzzweck der Norm in solchen Fällen eigene Rechte zu, muss man auch den weiteren Schritt gehen, dass er diese Rechte unabhängig und ggf. im Widerspruch zum Eigentümer geltend machen kann (so OVG Lüneburg 29.5.1986 aaO). 20

Die **Anerkennung subjektiv-öffentlicher Rechte von Mietern und Pächtern** kann nicht mit dem Argument abgelehnt werden, der Bauherr würde damit auf Jahre hinaus einem unübersehbaren Risiko ausgesetzt (so BVerwG 14.6.1968 – IV C 44.66, NJW 68, 2393). Die Anfechtungsbefugnis von Mietern erweitert den Kreis der Anfechtungsberechtigten, verlängert aber nicht den Zeitraum der Anfechtbarkeit. Die NBauO trägt dem Schutz des Bauherrn vor unzumutbar späten Rechtsmitteln der Nachbarn zudem in gewissem Umfang dadurch Rechnung, dass sie die Zustellung der Baugenehmigung mit Rechtsmittelbelehrung an die Nachbarn vorschreibt, die im Baugenehmigungsverfahren Einwendungen erhoben haben, bzw. deren Benachrichtigung der Bauherr verlangt (§ 70 Abs. 5). Einzuräumen ist, dass Schwierigkeiten der Abgrenzung des Personenkreises, dem subjektiv-öffentliche Nachbarrechte zustehen, das Beteiligungsverfahren nach § 68 belasten und sich von daher de lege ferenda eine Präklusivfrist nach öffentlicher Bekanntmachung empfehlen dürfte. 21

Ist eine **Mehrheit von Personen Eigentümer des Nachbargrundstücks**, ist nach den für die jeweilige Gemeinschaft geltenden Vorschriften zu beurteilen, ob alle Berechtigten als Nachbarn zu beteiligen sind, und wer von ihnen Nachbarrechte geltend machen kann. Da die Beteiligung der Nachbarn gewährleisten soll, dass etwaige nachteilige Wir- 22 kungen einer Baugenehmigung auf das Gemeinschaftsgrundstück später nicht mehr gerügt werden können, müssen grundsätzlich alle Berechtigten beteiligt werden (VGH München 30.7.1999 – 15 ZB 99.275, BeckRS, 22175: Ein Miterbe ist regelmäßig nicht allein zur Geltendmachung von Nachbarrechten gegen eine Baugenehmigung befugt). Weil mit einer Zustimmung idR ein Verzicht auf materielle Nachbarrechte verbunden ist, kann die Gemeinschaft nach §§ 745, 747 BGB ebenso wie die Erbengemeinschaft nach §§ 2038, 2040 BGB die Zustimmung nicht mit Stimmenmehrheit beschließen, sondern nur einstimmig, weil es sich dabei um eine Verfügung über Gemeinschaftseigentum handelt (OVG Lüneburg 24.2.1976 – I A 177/74, nv).

23 **Entsprechendes** (Einstimmigkeit, vgl. → Rn. 22) **gilt für Wohnungseigentümer** nach §§ 15 Abs. 2, 22 WEG. Da nach § 27 Abs. 2 Nr. 1 und 3 WEG der Verwalter einer Wohnungseigentümergemeinschaft berechtigt ist, im Namen aller Wohnungseigentümer und mit Wirkung für und gegen sie Willenserklärungen und Zustellungen entgegenzunehmen, soweit sie an alle Wohnungseigentümer in dieser Eigenschaft gerichtet sind, genügt die Benachrichtigung des Verwalters (vgl. Art. 66 Abs. 3 S. 2 BayBO). Zur Bezeichnung der Wohnungseigentümer in der Klageschrift – Entsprechendes dürfte für den Antrag auf Erlass einer einstweiligen Verfügung nach §§ 935 ZPO gelten – bestimmt § 44 Abs. 1 WEG, dass – wenn die Klage durch oder gegen alle Wohnungseigentümer mit Ausnahme des Gegners erhoben wird – für ihre nähere Bezeichnung in der Klageschrift die bestimmte Angabe des gemeinschaftlichen Grundstücks (postalische Anschrift oder grundstücksrechtliche Bezeichnung) genügt. Wenn die Wohnungseigentümer Beklagte sind, sind in der Klageschrift außerdem der Verwalter und der gemäß § 45 Abs. 2 S. 1 WEG bestellte Ersatzzustellungsvertreter zu bezeichnen. Die namentliche Bezeichnung der Wohnungseigentümer hat spätestens bis zum Schluss der mündlichen Verhandlung zu erfolgen (§ 44 Abs. 1 S. 2 WEG).

24 Dagegen kann **jeder Miteigentümer ohne Mitwirkung der anderen** entsprechend § 1011 BGB die **Nachbarrechte geltend machen** (BVerwG 26.9.1991 – 4 C 5.87, NVwZ 1992, 977; VGH München 3.6.1975 – 60 I 72, BRS 29 Nr. 15). Das Gleiche gilt bzgl. des Sondereigentums des Wohnungseigentümers (OVG Münster 28.2.1991 – 11 B 2967/90, NVwZ-RR 1992, 11; VGH München 2.10.2003 – 1 CS 03.1785, NVwZ-RR 2004, 248). Auch kann der einzelne Miterbe nach § 2038 Abs. 1 S. 2 BGB für das zum Erbe gehörende Grundstück als Maßnahme der Notverwaltung Nachbarklage erheben, wenn dies der Abwehr eines hoheitlichen Eingriffs vom Nachlassgrundstück dient und zur Erhaltung des Nachlasses erforderlich ist (BVerwG 28.10.1993 – 4 C 15.93, NVwZ-RR 1994, 305 zur Abwehr einer vorzeitigen Besitzeinweisung nach § 38 LBG; aA VGH München 30.7.2003 – 15 ZB 99.275, BRS 62 Nr. 180 mN bei Anfechtung einer Baugenehmigung unter Verneinung der sog. Notgeschäftsführung). Hat nur ein Miteigentümer ein Widerspruchsverfahren durchgeführt, können sich die anderen Miteigentümer darauf berufen, müssen allerdings dann auch die entsprechende Klagefrist beachten (vgl. BVerwG 7.1.1972 – IV C 41.70, NJW 1972, 1435).

25 Der **Rechtsnachfolger eines Nachbarn** tritt grundsätzlich in die verfahrensrechtliche Stellung seines Rechtsvorgängers ein. Auch derjenige, der ein Grundstück in der Zwangsversteigerung erwirbt, tritt in die verfahrensrechtliche Stellung des ursprünglichen Eigentümers ein (OVG Greifswald 5.11.2001 – 3 M 93/01, NVwZ-RR 2003, 15; OVG Magdeburg 4.6.2012 – 2 L 56/11, NVwZ-RR 2012, 752). Ein Wechsel in der Person des Nachbarn nach der Beteiligung, aber vor Erteilung der Baugenehmigung, macht allerdings die Beteiligung des neuen Nachbarn notwendig. Der wirksam erklärte Verzicht auf öffentlich-rechtliche Abwehrrechte bindet auch den Rechtsnachfolger im Grundeigentum (VGH Kassel 7.12.1994 – 4 TH 3032/94, NVwZ-RR 1995, 495; OVG Lüneburg 28.3.2006 – 9 KN 34/03, juris Rn. 27, BeckRS, 2006, 12808: Ein wirksamer Verzicht auf nachbarliche Abwehrrechte verlangt, dass der Verzichtswille eindeutig und unmissverständlich zum Ausdruck gebracht wird und dass sich die Erklärung auf ein ganz konkretes Bauvorhaben bezieht; zu den Besonderheiten des Nießbrauchs OVG Münster 15.10.1993 – 7 A 2994/91, NVwZ 1994, 696; 8.7.2003 – 22 A 1969/01, juris). Lässt ein

Nachbar eine Baugenehmigung unanfechtbar werden, gilt die Unanfechtbarkeit wegen der dinglichen Wirkung der Baugenehmigung auch gegenüber einem Rechtsnachfolger des Nachbarn (VGH Mannheim 30.11.1978 – III 571/78, BRS 33 Nr. 162).

Anerkannte **Umweltverbände** sind zwar nicht Nachbar im baurechtlichen Sinn. Für sie können sich aber für bestimmte Vorgaben, insbesbondere für solche mit UVP-Pflicht (vgl. § 1 Abs. 1 Nr. 1 UmwRG), Klagemöglichkeiten aus dem UmwRG ergeben.

c) Nachbarschützende Vorschriften

Kernfrage des Nachbarschutzes und insoweit auch für die Definition des „Nachbarn" 26 maßgeblich ist, ob und inwieweit Normen des öffentlichen Baurechts den Betroffenen **subjektiv-öffentliche Rechte** gewähren oder nicht. Die Rechtsposition des Nachbarn wird durch seine Grundrechte und das **„Konfliktschlichtungsprogramm" des einfachen Gesetzes** (Schmidt-Preuß, Kollidierende Privatinteressen im Verwaltungsrecht, 1992, S. 130 ff., 247 ff., 423 ff.) bestimmt. Das subjektive öffentliche Recht des Nachbarn lässt sich nicht unmittelbar Art. 14 Abs. 1 GG entnehmen, weil die Verfassung nur einen Rahmen vorgibt, der vom Gesetzgeber ausgefüllt werden muss (vgl. Wahl DVBl 1996, 641 ff.). Die Vielzahl der möglichen Konflikte zwischen Bauherrn und Nachbarn, die beide Grundrechtsadressaten sind, lassen sich nicht mit den „Großformeln" des Art. 14 Abs. 1 GG iS einer eindeutigen Streitschlichtung lösen. Vielmehr ist der Gesetzgeber aufgerufen, die verfassungsrechtlichen Direktiven auszuformen und – in dem hier interessierenden Bereich – zwischen den Interessen des Bauherrn und des Nachbarn einen gerechten Ausgleich herzustellen. Die Anerkennung und Formulierung eines Grundbestandes von subjektiv-öffentlichen Rechten der Nachbarn ist daher verfassungsgeboten (Ehlers VVDStRL 51 (1992), 211 f.).

Während sich der Bauherr gegenüber dem ihn übermäßig einschränkenden Gesetz auf 27 Art. 14 Abs. 1 GG als Abwehrrecht berufen kann, macht der Nachbar geltend, dass das Gesetz, das seine (Eigentümer-)Interessen vernachlässigt, der aus der objektiv-rechtlichen Dimension der Grundrechte resultierenden Schutzpflicht des Staates nicht gerecht wird (Wahl DVBl 1996, 641, S. 646). Dass die Schutzpflicht nicht in gleicher Weise determiniert ist wie das Abwehrrecht, belegt die **Notwendigkeit der Ausformung subjektiv-öffentlicher Rechte des Nachbarn durch den Gesetzgeber**. Der Gesetzgeber ist zwar nicht frei, ob er subjektiv-öffentliche Rechte anerkennen will oder nicht; aber er hat einen beträchtlichen Gestaltungsspielraum, weil die Lösungen der Konflikte zwischen Bauherrn und Nachbarn in der Verfassung nicht vorgezeichnet sind. Zu diesem Spielraum gehört gerade in den multipolaren Konfliktfällen die Wahl zwischen einer subjektiv-rechtlichen oder rein objektiv-rechtlichen Regelung, dh die Entscheidung des Gesetzgebers, ob er sich darauf beschränkt, dem Nachbarn eine Begünstigung zu gewähren, oder ob er ihm auch die Rechtsmacht zugesteht, diese Begünstigung durchzusetzen (Schmidt-Preuß (zit. → Rn. 26), S. 37 ff.).

Eine Schwierigkeit des öffentlichen Nachbarrechts liegt darin begründet, dass die ge- 28 setzlichen Regelungen idR insofern zu wünschen übrig lassen, als sie in den seltensten Fällen eine eindeutige Antwort auf die Frage zulassen, ob dem Nachbarn ein subjektiv-öffentliches Recht auf Durchsetzung einer Norm verliehen wird. Nach hM genügt es für die Anerkennung eines subjektiv-öffentlichen Rechts nicht, dass die Rechtsordnung einem Einzelnen objektiv gewisse Vorteile gewährt, vielmehr muss der zugrunde liegende Rechtssatz dazu bestimmt sein, den Individualinteressen des Betroffenen zu dienen (**Schutznormtheorie**; Schlichter FS Scupin, 1983, 881 mN; ders. NVwZ 1983, 641). Die Schutznormtheorie ist aus der von Art. 19 Abs. 4 GG entscheidend mitgeprägten Gesamtsicht des GG vom Verhältnis des Einzelnen zum Staat entwickelt worden, dass alle durch das öffentliche Recht objektiv-rechtlich geschützten Interessen dem Bürger einen Rechtsanspruch einräumen (Bachof DVBl 1961, 128 (131); Ramsauer JuS 2012, 769).

Henke (Das subjektive öffentliche Recht, 1968, S. 81 ff.) und Bartlsperger (VerwArch 29 1969, 35 ff.) haben sich mit ihrer weitergehenden Ansicht nicht durchgesetzt, dem Nachbarn stehe bereits dann ein subjektiv-öffentliches Recht auf Einhaltung einer Norm zu, wenn er durch den Verstoß gegen diese Norm konkret betroffen wird (vgl. auch OVG Münster 10.9.1982 – 10 A 2296/79, NVwZ 1983, 414; aA BVerwG 16.8.1983 – 4 B 94.83, NVwZ 1984, 38; 19.9.1986 – 4 C 8.84, NVwZ 1987, 409). Gegenüber dieser Kritik hat Breuer (DVBl 1983, 431 ff.) die **Konfliktregelung der einfachgesetzlichen grundrechtskonkretisierenden Rechtsordnung** betont. Er erkennt subjektiv-öffentliche Nachbarrechte bei der Anwendung solcher Vorschriften des öffentlichen Baurechts an, die den nachbarlichen Interessenkonflikt durch Postulate der Zuordnung, Verträglichkeit und Abstimmung benachbarter Nutzungen regeln und zu einem Ausgleich bringen. Neben der Verletzung einer solchen Norm setzt der Abwehranspruch eine konkrete Beeinträchtigung voraus. Dieser Ansatz berührt sich mit dem hier für das Bauordnungsrecht vertretenen (vgl. → Rn. 37 f.).

30 Schmidt-Preuß hat den soeben (→ Rn. 29) skizzierten Ansatz weiterentwickelt und stellt darauf ab, ob die jeweilige Vorschrift die kollidierenden Privatinteressen des Bauherrn und des Nachbarn in ihrer Gegensätzlichkeit und Verflochtenheit wertet, begrenzt, untereinander gewichtet und in ein **Konfliktschlichtungsprogramm** einordnet, das nach dem Prinzip gleicher Freiheit der Konfliktgegner gegenüber dem Staat durchgesetzt werden kann. Art und Maß etwaiger tatsächlicher Beeinträchtigungen berücksichtigt Schmidt-Preuß (zit. → Rn. 26), S. 449, bereits nach Maßgabe des Konfliktschlichtungsprogramms auf der Tatbestandsseite. Der EuGH ist in Fragen des Drittschutzes großzügiger und lässt es genügen, dass die Regelung dem Dritten zugutekommt (EuGH 7.1.2004 – C-201/02, NVwZ 2004, 593 zur UVP-RL; hierzu Müggenborg/Duikers NVwZ 2007, 623 (625); allgemein Götz DVBl 2002, 1 (4)).

31 Bei der Auslegung und Anwendung des einfachgesetzlichen Konfliktschlichtungsprogramms ist die **Ausstrahlungswirkung der Grundrechte** zu beachten (Schmidt-Preuß Rn. 26, S. 41 ff.; Wahl DVBl 1996, 641 (647); BVerwG 16.5.1991 – 4 C 17.90, BVerwGE 88, 191 (200) zur Befreiung). Dabei muss die Berücksichtigung der Grundrechte nicht notwendig auf eine stärkere Subjektivierung hinauslaufen, weil die Stärkung der Position des Nachbarn mit einer Minderung derjenigen des Bauherrn notwendig verbunden ist. Neben der „norminternen" Grundrechtswirkung kommt auch eine **verfassungskonforme Auslegung** zur Ermittlung drittschützender Wirkungen einer Norm in Betracht (Schmidt-Preuß (zit. → Rn. 26), S. 44 ff.). So hat das BVerwG (16.3.1989 – 4 C 36.85, NVwZ 1989, 1157) dem § 48 Abs. 2 BBergG, der der Bergbehörde die Befugnis einräumt, die Aufsuchung oder Gewinnung von Bodenschätzen zu beschränken oder zu untersagen, in verfassungskonformer Auslegung nachbarschützende Bedeutung zuerkannt (BVerwG, 29.6.2006 – 7 C 11/05, BVerwGE 126 (205), 208; vgl. auch BVerwG 13.12.1991 – 7 C 25.90, BVerwGE 89, 246 (248) zur Vorsorge gegen Gefahren für Leben und Gesundheit Dritter nach § 55 Abs. 1 S. 1 Nr. 3 BBergG; zur Problematik des Schutzes kommunalen Oberflächeneigentums im bergrechtlichen Betriebsplanverfahren vgl. Kühne NVwZ 2005, 59).

32 Mit der Entscheidung vom 21.4.2009 (– 4 C 3.08, NVwZ 2009, 1231) hat das BVerwG die umstrittene Frage geklärt, ob dem Eigentümer eines geschützten Kulturdenkmals ein Anspruch auf Schutz vor Beeinträchtigungen der Denkmalwürdigkeit seines Anwesens durch Vorhaben in der Umgebung zustehen kann. Lange Zeit war sie verneint worden; dies ist mit Art. 14 Abs. 1 GG jedoch nicht zu vereinbaren. Die Bestandsgarantie des Art. 14 Abs. 1 S. 1 GG verlangt, dass in erster Linie Vorkehrungen getroffen werden, die eine unverhältnismäßige Belastung des Eigentümers real vermeiden und die Privatnützigkeit des Eigentums soweit wie möglich erhalten; als Instrumente stehen dem Gesetzgeber hierfür Übergangsregelungen, Ausnahme- und Befreiungsvorschriften sowie der Einsatz sonstiger administrativer und technischer Vorkehrungen zur Verfügung. Aufgabe der Gerichte bei der Anwendung und Auslegung eigentumsbeschränkender Vorschriften ist es, die dem Gesetzgeber bei der inhaltlichen Ausgestaltung der **Eigentümerbefugnisse** gezogenen Grenzen zu beachten und gegebenenfalls **durch verfassungskonforme Auslegung zu aktualisieren**; die **Eigentumsgarantie enthält** auch

einen **Anspruch auf effektiven Rechtsschutz**. Um diesen Anforderungen an inhalts- und schrankenbestimmende Gesetze zu genügen, muss das Denkmalschutzgesetz den Eigentümer eines geschützten Kulturdenkmals jedenfalls dann berechtigen, die denkmalrechtliche Genehmigung eines benachbarten Vorhabens anzufechten, wenn das Vorhaben die Denkmalwürdigkeit seines Anwesens möglicherweise erheblich beeinträchtigt (vgl. noch offen lassend: OVG Lüneburg 14.3.2007 – 1 ME 222/06, juris Rn. 23 ff., BeckRS 2007, 12145 und nunmehr: OVG Lüneburg 16.2.2017 – 12 LC 54/15, BauR 2017, 1172 (1173); 23.8.2012 – 12 LB 170/11, BeckRS 2013, 172; bestätigend: BVerwG 10.6.2013 – 4 B 6.13, BeckRS 2013, 52491; s. auch Schmaltz/Wiechert Nds. Denkmalschutzgesetz, 2. Aufl. 2012, §8 Rn. 14; Guckelberger, NVwZ 2016 17 (24).

Eine **Ableitung des subjektiv-öffentlichen Rechts des Nachbarn unmittelbar aus dem Grundrecht** entgegen dem Konfliktschlichtungsprogramm des einfachen Gesetzes ist allerdings ausgeschlossen, wenn die gesetzliche Regelung ohne einen nachbarlichen Abwehranspruch nicht mehr als angemessener Interessenausgleich angesehen werden kann (vgl. Wahl (→ Rn. 26), S. 648). Um es am **Beispiel** zu verdeutlichen: Wenn der Gesetzgeber, wie in §5 Abs. 7 S. 3 LBO BW aF, nur einen Bruchteil der vorgeschriebenen Grenzabstände als nachbarschützend anerkennt, kann diese Reduzierung des Nachbarschutzes in besonderen Fällen (vgl. den etwas abgewandelten Fall des OVG Lüneburg 11.4.1997 – 1 L 7286/95, BRS 59 Nr. 164: 5,5 m hohe gewerbliche Bebauung auf einer Länge von 80 m mit einem Grenzabstand von 2,75 m vom Wohngrundstück) den durch Art. 14 Abs. 1 GG aufgegebenen Interessenausgleich verfehlen (Jarass/Pieroth GG Art. 20 Rn. 34a ff.). In einem solchen Fall kann das VG nicht unter Hinweis auf Art. 14 Abs. 1 GG dem Nachbarn ein Abwehrrecht entgegen der gesetzlichen Regelung zubilligen, sondern allenfalls das **Verfahren aussetzen und eine Entscheidung des BVerfG nach Art. 100 GG einholen** (vgl. BVerwG 12.3.1998 – 4 C 10.97, juris Rn. 26, BeckRS 1998, 842). 33

Die **Entwicklung des öffentlich-rechtlichen Nachbarschutzes in der Rechtsprechung** ist dadurch gekennzeichnet, dass das BVerwG zum Bauplanungsrecht zunächst die nachbarschützende Wirkung einer Vorschrift davon abhängig machte, dass diese den geschützten Personenkreis hinreichend bestimmt und abgrenzt. Deshalb hat das BVerwG den §§ 34, 35 Abs. 2 BBauG einen nachbarschützenden Charakter abgesprochen (BVerwG 6.12.1967 – IV C 94.66, DVBl 1968, 651; 13.6.1969 – IV C 234.65, DVBl 1970, 57) und dem Nachbarn ein Abwehrrecht aus Art. 14 GG nur bei besonders schwer wiegenden Missgriffen der BauAB zuerkannt, wenn eine gegen §§ 34 f. BBauG/BauGB verstoßende Baugenehmigung bzw. ihre Ausnutzung die vorgegebene Grundstückssituation nachhaltig verändert und dadurch den Nachbarn schwer und unerträglich trifft. Diese Rechtsprechung war mit der Eigentumskonzeption des BVerfG, wie sie mit dem „Kleingartenbeschluss" (12.6.1979 – 1 BvL 19/76, BVerfGE 52, 1) und dem „Nassauskiesungsbeschluss" (15.7.1981 – 1 BvL 77/78, BVerfGE 58, 300) entwickelt wurde, nicht vereinbar (Wahl FS Redeker, 1993, 245 (264)). Eine Baugenehmigung, die den Nachbarn schwer und unerträglich trifft, stellt keinen enteignenden Eingriff dar, weil eine Enteignung nach der Rechtsprechung des BVerfG nur die vollständige oder teilweise Entziehung von Eigentumspositionen zur Erfüllung bestimmter öffentlicher Aufgaben ist. Das BVerwG hat sich mit dem Beschluss vom 6.12.1996 (– 4 B 215.96, NVwZ-RR 1997, 516) endgültig vom Nachbarschutz aus Art. 14 GG verabschiedet. 34

An die Stelle des Nachbarschutzes aus Art. 14 GG war allerdings bereits mit dem Urteil des BVerwG vom 25.2.1977 (– IV C 22.75, BVerwGE 52, 122) für das Bodenrecht der **Nachbarschutz wegen der Verletzung des Gebotes der Rücksichtnahme** getreten. Dieser Nachbarschutz setzt vor der Schwelle ein, die durch den „schweren und unerträglichen Eingriff" in das Eigentum markiert wird (BVerwG 18.10.1985 – 4 C 19.82, BRS 44 Nr. 71). Das Gebot der Rücksichtnahme, das im Außenbereich zu den öffentlichen Belangen iSd §35 BauGB gehört, im unbeplanten Innenbereich im Begriff des Einfügens aufgeht (vgl. aber auch BVerwG 10.12.1982 – 4 C 28.81, DVBl 1983, 349) und für beplante Gebiete seine besondere Ausprägung in §31 Abs. 2 BauGB und §15 BauNVO 35 gefunden hat (BVerwG 5.8.1983– 4 C 96.79, DVBl 1984, 143; 19.9.1986 – 4 C 8.84, NVwZ 1987, 409; 6.10.1989– 4 C 14.87, DVBl 1990, 364), kann eine drittschützende Wirkung in Ausnahmefällen äußern, soweit in qualifizierter und zugleich individualisierter Weise auf schutzwürdige Interessen eines erkennbar abgegrenzten Kreises Dritter Rücksicht zu nehmen ist (BVerwG 25.2.1977 – IV C 22.75, DVBl 1977, 722; 13.3.1981 – 4 C 1.78, DVBl 1981, 928).

36 Mit dem Urteil vom 19.9.1986 (– 4 C 8.84, NVwZ 1987, 409) hat das BVerwG diese Rechtsprechung modifiziert. Unter dem Eindruck der in der Literatur geübten Kritik (vgl. Marburger, Gutachten zum 56. DJT. 1986, C 32 ff.) stellt das BVerwG nicht mehr darauf ab, ob die Norm einen geschützten Personenkreis räumlich, etwa durch Bezeichnung eines Gebiets, abgrenzt, noch darauf, ob sie in ihrer vollen Reichweite auch dem Schutz individueller Interessen zu dienen bestimmt ist. **Entscheidend ist, dass sich aus individualisierenden Tatbestandsmerkmalen der Vorschrift** – zB „Würdigung nachbarlicher Interessen" (§ 31 Abs. 2 BauGB) – **ein Personenkreis entnehmen lässt**, der sich von der Allgemeinheit unterscheidet. „Die Schutzwürdigkeit des Betroffenen, die Intensität der Beeinträchtigung, die Interessen des Bauherrn, und das, was beiden Seiten zumutbar ist, sind dann gegeneinander abzuwägen" (BVerwG 5.8.1983 – 4 C 96.79, DVBl 1984, 143).

37 **Drittschutz** ist nach der in → Rn. 36 angeführten Rechtsprechung **nicht ohne Rücksicht auf den Grad der Beeinträchtigung** zu gewähren: Eine Befreiung von einer nicht nachbarschützenden Vorschrift kann Rechte des Nachbarn nur beeinträchtigen, wenn das entsprechende Bauwerk den Nachbarn unzumutbar beeinträchtigt. Dabei spielen die persönlichen Verhältnisse der Betroffenen, wie zB besondere Empfindlichkeiten oder der Gesundheitszustand, bei der Bewertung der Zumutbarkeit keine Rolle, vielmehr ist die „durchschnittliche" Empfindlichkeit zugrunde zu legen (BVerwG 23.9.1999 – 4 C 6.98, NVwZ 2000, 1050). Da das **Bauplanungsrecht** die Nutzbarkeit der Grundstücke in öffentlich-rechtlicher Beziehung auf der Grundlage objektiver Umstände und Gegebenheiten **mit dem Ziel einer möglichst dauerhaften städtebaulichen Ordnung und Entwicklung** regelt, ist es aber auch ausgeschlossen, das bei objektiver Betrachtung maßgebliche Schutzniveau auf das Maß zu senken, das der lärmbetroffene Bauwillige nach seiner persönlichen Einstellung bereit ist hinzunehmen (BVerwG 29.11.2012 – 4 C 8.11, NVwZ 2013, 372).

38 Dieser Ansatz der Rechtsprechung des BVerwG deckt sich weitgehend mit der hier zum Bauordnungsrecht vertretenen Ansicht. Wohl enthält das Bauordnungsrecht in den Vorschriften über den Grenzabstand eine nachbarschützende Regelung, die sehr klar und plastisch diesem wechselseitigen Gegenüber von Vor- und Nachteil, von Beschränkung und Berechtigung entspricht. Im Vordergrund stehen aber im **Bauordnungsrecht spezielle Ausprägungen der polizeilichen Generalklausel und dem Immissionsschutzrecht verwandte Tatbestände**. Ebenso wie ein Anspruch auf polizeiliches Einschreiten bestehen kann, wenn individuelle Rechte, Rechtsgüter oder rechtlich geschützte Interessen konkret gefährdet oder gestört sind, muss einer bauordnungsrechtlichen Norm, die typischerweise dem Schutz dieser Lebensgüter dient, nachbarschützende Wirkung zukommen.

39 Dem Immissionsschutzrecht hat bereits das BVerwG (24.10.1967 – I C 64/65, DVBl 1968, 35) nachbarschützenden Charakter zuerkannt, ohne dass es im Einzelnen darauf ankäme, ob die einzelnen Normen den geschützten Personenkreis näher umschreiben, weil der Kreis der benachbarten Grundstücke vom Einwirkungsbereich der Anlage im Einzelfall abhängig ist. Demgemäß wird man **im Bauordnungsrecht den nachbarschützenden Charakter einer Norm bereits dann anerkennen müssen, wenn** sie im öffentlichen Interesse Baumaßnahmen verbietet, die den Rechtsbereich des Nachbarn typischerweise schädigen oder gefährden. Derartige Vorschriften bezwecken durch ihre Anforderungen an benachbarte Bauvorhaben und Nutzungen den nachbarlichen Interessenausgleich (vgl. Breuer DVBl 1983, 431) oder, mit den Worten von Schmidt-Preuß (zit. → Rn. 26), S. 252 ff. sie gewichten und begrenzen die kollidierenden Gestaltungsinteressen des Bauherrn und die Verschonungsinteressen des Nachbarn iS einer Konfliktschlichtungsformel. Dem Erfordernis der Bestimmbarkeit des geschützten Personenkreises trägt die für einen Erfolg der Nachbarklage nötige konkrete Beeinträchtigung Rechnung, die unter Berücksichtigung des Schutzzwecks der Norm zu bestimmen ist (vgl. Marburger (zit. → Rn. 36), C 37).

Das **Verhältnis zwischen dem bauplanungsrechtlichen Gebot der Rücksichtnahme und den Anforderungen des Bauordnungsrechts** ist noch nicht abschließend geklärt (vgl. Jäde UPR 2001, 401 mN; Schröer NZBau 2007, 699). Die Rechtsprechung des BVerwG (22.11.1984 – 4 B 244.84, NVwZ 1985, 653; 18.12.1985 – IV CB 49.85, NVwZ 1986, 468) hat zunächst die Ansicht vertreten, für das bauplanungsrechtliche Gebot der Rücksichtnahme sei generell kein Raum, wenn ein Vorhaben die nach Landesrecht zur Sicherung hinreichender Belichtung, Besonnung oder Belüftung gebotenen Grenzabstände einhalte. Mit dem Urteil vom 23.5.1986 (– 4 C 34.85, NVwZ 1987, 34: 11,5 m hohe Silotürme mit 3 m Grenzabstand) hat das BVerwG entschieden, die Verletzung des Rücksichtnahmegebots durch eine erdrückende Wirkung hänge nicht davon ab, ob die landesrechtlichen Abstandsvorschriften eingehalten würden. Im Urteil des BVerwG vom 16.9.1993 – 4 C 28.91, BVerwGE 94, 151 (9 f.) (unzumutbare Auswirkungen von Garagen) heißt es, ein Verstoß gegen das bauplanungsrechtliche Gebot der Rücksichtnahme sei ausgeschlossen, „wenn alle nach Lage der Dinge durch das Vorhaben möglicherweise beeinträchtigten Belange auch bauordnungsrechtlich in einer den Anforderungen des Art. 14 Abs. 1 Satz 2 GG genügenden Weise geregelt sind und das Vorhaben mit diesen Regelungen vereinbar ist“. 40

Der Beschluss des BVerwG vom 11.1.1999 (– 4 B 128.98, NVwZ 1999, 879) deutete eine Wende insofern an, als das **BVerwG nun davon ausgeht**, dass die nachbarlichen Belange ausreichender Belichtung, Besonnung und Belüftung nicht allein einer bauordnungsrechtlichen, sondern auch einer bauplanungsrechtlichen Regelung zugänglich seien, so **dass die bauordnungsrechtlichen Vorschriften Regelungen des Städtebaurechts nicht verdrängen** könnten. Allerdings erscheint die These des BVerwG insofern zweifelhaft, als das Bundesrecht bei der Bauweise zwar das „Ob“ des Grenzabstands festlegt, aber das Maß dem Landesrecht überlässt. Es kommt hinzu, dass im Geltungsbereich von B-Plänen das aus § 15 BauNVO abgeleitete Gebot der Rücksichtnahme nur eine Korrekturmöglichkeit im Hinblick auf die Art der Nutzung bietet, weil § 15 Abs. 1 BauNVO nur die Art der baulichen Nutzung und nicht ihr Maß betrifft (BVerwG 16.3.1995 – 4 C 3.94, NVwZ 1995, 899). Für die Anordnung von Stellplätzen ist nach dem Urteil des BVerwG vom 7.12.2000 (– 4 C 3.00, NVwZ 2001, 813) nicht nur die jeweilige bauordnungsrechtliche Regelung zu beachten, sondern auch das aus § 34 BauGB bzw. § 15 BauNVO abzuleitende Gebot der Rücksichtnahme (vgl. Jäde GewArch 2005, 1 (53 ff.); Scheidler GewArch 2011, 117 (174, 180 f.) zum Gebot der Rücksichtnahme und den Anforderungen des Bauordnungsrecht bei der Errichtung und dem Betrieb von Windkraftanlagen). 41

Auch wenn es grundsätzlich nicht ausgeschlossen erscheint, dass ein Sachbereich sowohl einer bauplanungsrechtlichen als auch einer bauordnungsrechtlichen Regelung zugänglich ist, muss jedenfalls für das Grenzabstandsrecht festgehalten werden, dass das **Bodenrecht und** das **Bauordnungsrecht traditionell unterschiedliche Aspekte regeln**. Das Bodenrecht begnügt sich mit der Frage der Bauweise (§ 34 Abs. 1 S. 1 BauGB, § 22 BauNVO), das Bauordnungsrecht bestimmt das Maß des Abstands, wenn nach planungsrechtlichen Vorschriften nicht an die Grenze gebaut werden darf. Im Silofall (BVerwG 23.5.1986 – 4 C 39.83, NVwZ 1987, 39) stellte sich daher die Frage, ob die landesrechtlichen Grenzabstandsregelungen, in denen eine § 12a Abs. 1 NBauO aF/§ 5 Abs. 1 S. 2 vergleichbare Regelung fehlte, eine angemessene Inhaltsbestimmung des Eigentums darstellen. Die Frage stellen, heißt sie verneinen. Damit ist der Fall auf der Ebene des Landesrechts zu lösen, eines Rückgriffs auf das bauplanungsrechtliche Rücksichtnahmegebot bedarf es nicht, es sei denn, man geht davon aus, dass 3 m Grenzabstand bei 11,5 m hohen Silotürmen so unzureichend sind, dass nicht mehr von offener Bauweise die Rede sein kann. 42

43 Zu beachten ist nunmehr aber, dass die Abstandsvorschriften der NBauO 2012 nur noch das sicherheitsrechtlich notwendige Maß an Belichtung gewährleisten sollen und keine städtebaulichen Nebenzwecke (mehr) verfolgen. Ziel der Regelung zu den Abständen ist die Ausleuchtung der Aufenthaltsräume mit Tageslicht im fensternahen Bereich (bis etwa 2,50 m Tiefe), die Lesen und Schreiben bei bedecktem Himmel gestattet (LT-Drs. 16/3195, 71). Ob dieses Ziel immer erreicht werden kann, darf bezweifelt werden (vgl. auch → § 5 Rn. 40). Aus der bewussten Entscheidung des Landesgesetzgebers, mit den Grenzabstandsvorschriften nur noch das sicherheitsrechtliche notwendige Maß an Belichtung zu gewährleisten, folgt, dass das **Planungsrecht** im Hinblick auf das in ihm enthaltene Gebot der Rücksichtnahme (zB § 15 Abs. 1 BauNVO; § 34 Abs. 1 BauGB) **auch dann verletzt sein kann, wenn die landesrechtlichen Abstandsvorschriften eingehalten sind** (vgl. zum Verhältnis von Bauordnungs- und Planungsrecht → Vorb. Rn. 32 f.).

44 Das Bauordnungsrecht ist auf ein allgemein formuliertes Rücksichtnahmegebot nicht angewiesen. IdR wird die Verletzung nicht nachbarschützender bauordnungsrechtlicher Vorschriften nicht zu wesentlichen Beeinträchtigungen des Nachbarn führen. Soweit die Verletzung nicht nachbarschützender Vorschriften der NBauO für den Nachbarn ausnahmsweise unzumutbare Belästigungen mit sich bringen sollte, wird man aus **§ 3 als gesetzlicher Ausprägung des Rücksichtnahmegebots** ein Abwehrrecht herleiten können. Die Existenz dieser Vorschrift hat den Gesetzgeber daher veranlasst, § 46 Abs. 1 S. 2 aF zu streichen, da diese Anforderungen ausreichend in den allgemeinen Anforderungen des § 3 Abs. 1 und in §§ 13 und 16 enthalten sind (LT-Drs. 16/3195, 87; vgl. auch → Rn. 68).

45 Unabhängig von der Verletzung nachbarschützender Vorschriften hat das BVerwG (29.7.1977 – IV C 51.75, DVBl 1977, 897) die Möglichkeit einer **Nachbarklage zum Schutze der Gesundheit unmittelbar aus Art. 2 Abs. 2 GG** anerkannt. Das BVerwG hat bereits damals die praktischen Schwierigkeiten hervorgehoben, die einem Erfolg einer solchen Klage entgegenstehen. Dazu treten aber auch dogmatische Bedenken, am einfachen Recht vorbei – hier insbesondere dem BImSchG – auf das GG zu rekurrieren. §§ 5 Abs. 1 S. 1 Nr. 1 und 22 BImSchG setzen die Grenze, ab der Immissionen nicht mehr zu dulden und deshalb vom Nachbarn abgewehrt werden können, unterhalb der Gesundheitsschädigung an (BVerwG 23.5.1991 – 7 C 19.90, NVwZ 1991, 886). Deshalb ist auch in den Nachbarklageverfahren wegen elektromagnetischer Strahlen von Mobilfunkantennen nicht Art. 2 Abs. 2 GG als Beurteilungsmaßstab herangezogen worden, sondern das Gebot der Rücksichtnahme bzw. §§ 3, 22 BImSchG (OVG Lüneburg 13.7.1994 – 1 L 250/91, NVwZ 1995, 917; vgl. zur staatlichen Schutzpflicht aus Art. 2 Abs. 2 S. 1 GG: BVerwG 22.7.2010 – 7 VR 4.10, NVwZ 2010, 1486).

46 In einem ungewöhnlichen Fall hat das VG Berlin (26.5.1995 – 19 A 831/95, NJW 1995, 2650) **Nachbarschutz aus dem Grundrecht der Kunstfreiheit** nach Art. 5 Abs. 3 GG gewährt. Die Künstler Christo und Jeanne-Claude, die in der Zeit vom 17.6. bis 6.7.1995 den Reichstag verhüllten, suchten um vorläufigen Rechtsschutz gegen die dem Künstler Azizi erteilte Baugenehmigung für ein Bauwerk in der Nachbarschaft des Reichstages zum Vorführen von Stadtpanoramen nach. Das VG hat für Kunstwerke auf Zeit einen Umgebungsschutz wie für Denkmale anerkannt und dem Künstler aus dem Grundrecht der Kunstfreiheit Nachbarschutz gegen Baugenehmigungen gewährt, die den Umgebungsschutz des Kunstwerks missachten. Das VG hat der Verhüllung des Reichstages den Vorrang gegeben, weil sie bereits seit langer Zeit geplant war. Uechtritz (NJW 1995, 2606) hat zu Recht Bedenken gegen grundrechtsunmittelbare Abwehransprüche von Nachbarn erhoben, auch wenn das VG im Ergebnis „ins Schwarze traf" (Sendler NJW 1995, 2602). Eine drittschützende Wirkung des Verunstaltungsverbotes dürfte näher liegen (so auch Seidel Rn. 99 ff.).

47 Das BVerwG (26.3.1976 – IV C 7.74, DVBl 1977, 285; 11.5.1998 – 4 B 45.98, NJW-RR 1999, 165) hat dem Nachbarn auch ein **Abwehrrecht aus Art. 14 Abs. 1 GG** zugebilligt, um unmittelbare **Eingriffe in die Substanz seines Grundstücks** durch die Baugeneh-

migung abzuwehren (aA Finkelnburg/Ortloff/Otto, Bd. II, S. 223). Es hat eine Baugenehmigung für ein Grundstück, das nur über einen Notweg erreichbar und daher nicht ordnungsgemäß erschlossen war, als enteignenden Eingriff aufgehoben, weil die rechtswidrige Baugenehmigung den Eigentümer des für einen Notweg in Anspruch genommenen Nachbargrundstücks hindere, seiner Inanspruchnahme aus § 917 BGB entgegenzuhalten, die genehmigte Nutzung widerspreche dem öffentlichen Baurecht. Für Nachbarschutz unmittelbar aus Art. 14 Abs. 1 S. 1 GG ist aber in diesen Fällen unmittelbarer Eingriffe kein Raum, weil sich die Verfassung mit einer objektiv-rechtlichen Institutsgarantie und einer subjektiv-rechtlichen Bestandsgarantie begnügt (Ehlers VVDStRl 51 (1992), 211 (216)) und die Bestimmung von Inhalt und Schranken – einschließlich der nachbarschützenden Wirkung von Vorschriften des öffentlichen Baurechts – dem einfachen Gesetzgeber aufträgt (Böhmer NJW 1988, 2561; Ehlers, aaO, S. 222; Wahl FS Redeker, 1993, 245 (266)).

Das einfache Gesetz ist im Lichte des Art. 14 Abs. 1 GG zu interpretieren, so dass der **48** Frage nachzugehen ist, ob nicht den bundesrechtlichen Anforderungen an die Erschließung oder den landesrechtlichen Vorschriften über die Zugänglichkeit von Baugrundstücken nachbarschützende Bedeutung insoweit beizumessen ist, als sie die Zugänglichkeit eines Baugrundstücks über einen Notweg iSd § 917 BGB ausschließen (vgl. dazu → Rn. 70). Die Baugenehmigung für ein Vorhaben auf einem Grundstück, das dem Bauherrn nicht gehört, stellt keinen Eingriff in das Grundeigentum dar, weil die **Baugenehmigung unbeschadet privater Rechte** erteilt wird (zur Reichweite dieser Einschränkung → Rn. 145).

d) Erweiterungen und Einschränkungen des Nachbarschutzes

Das bei einer Verletzung einer nicht nachbarschützenden Norm für den Nachbarn feh- **49** lende subjektive Recht kann durch eine **rechtmäßige Zusage** auf Einhaltung des objektiven Rechts nicht geschaffen werden, wohl aber ein Anspruch auf Rücknahme der Baugenehmigung (BVerwG 17.10.1975 – IV C 66.72, DVBl 1976, 220 mN). Allein die Zusage, das öffentliche Baurecht zu beachten, verleiht dem Nachbarn noch kein subjektives Recht auf seine Einhaltung; jedoch kann auch eine so allgemeine Erklärung eine Selbstbindung der Behörde iS einer Gewährung von Nachbarschutz aus den Begleitumständen ergeben. Die Zusage verleiht dem Nachbarn einen Anspruch auf Rücknahme der Baugenehmigung jedoch nur dann, wenn die gegen die Zusage verstoßende Baugenehmigung objektiv rechtswidrig ist. Die Zusage der BauAB, nur eine Baugenehmigung für eine eingeschossige Bebauung zu erteilen, obgleich zwei Geschosse zulässig sind, kann daher keinen Nachbarschutz begründen. Zwar bindet nach § 38 VwVfG auch eine rechtswidrige Zusage unbeschadet der Rücknahmemöglichkeit die Behörde, aber sie vermag einen Eingriff in die Rechte Dritter nicht zu rechtfertigen. Zu den Voraussetzungen einer rechtsverbindlichen Zusage: → § 73 Rn. 43 ff. In prozessualer Hinsicht besteht die Besonderheit, dass der Nachbar die Einhaltung der Zusage nur mit der auf Rücknahme der Baugenehmigung gerichteten Verpflichtungsklage geltend machen kann (BVerwG 17.10.1975 IV (66.72, DVRl 1976, 220). Zum Rechtsschutz des Nachbarn → Rn. 217.

Der Nachbar kann sich unter dem **Gesichtspunkt der unzulässigen Rechtsausübung** **50** auf eine Verletzung seiner Rechte nicht berufen, wenn die Nachbarbebauung ihn nur deshalb beeinträchtigt, **weil er selbst baurechtswidrig gebaut hat**. Derjenige, der seine auf der Grenze genehmigte Garage mit geringem Abstand errichtet hat, kann sich gegen eine Grenzbebauung nicht zur Wehr setzen (VGH Mannheim 20.5.1981 – 3 S 350/81, BRS 38 Nr. 188). Ebenso wenig kann derjenige, der selbst den Bauwich in Anspruch nimmt, eine **entsprechende Bebauung des Nachbargrundstücks im Bauwich** abwehren (OVG Lüneburg 30.3.1999 – 1 M 897/99, NVwZ-RR 1999, 716; VGH Mannheim 18.11.2002 – 3 S 882/02, BRS 65 Nr. 193; 29.9.2010 – 3 S 1752/10, juris Rn. 5 zur entsprechenden Verletzung nachbarschützender Vorschriften des Bauplanungsrechts; OVG Münster 12.2.2010 – 7 B 1840/09, juris Rn. 8 ff.; VGH München 4.2.2011 – 1 BV 08.131, juris Rn. 36 ff., NJW-Spezial 2011, 269). Dabei kommt es bei Verstößen gegen Grenzabstandsvorschriften nicht auf eine Zentimeter genaue Entsprechung an, vielmehr ist eine wertende Betrachtung anzustellen (OVG Lüneburg 30.3. 1999 aaO: keine unzulässige Rechtsausübung, wenn der Eigentümer eines 20,2 m hohen Hauses sich gegen die Baugenehmigung für das 22,6 m hohe Haus auf der anderen Seite der 14 m breiten Straße wendet; 9.9.2004 – 1 ME 194/04, NVwZ-RR 2005, 17).

51 Diese **Grundsätze** (→ Rn. 50) **gelten** im Übrigen **auch dann, wenn** der Nachbar sein Gebäude **seinerzeit** auch **materiell legal errichtet** hatte, etwa weil die vorgeschriebenen Abstände früher geringer waren (vgl. aber OVG Lüneburg 20.10.1986 – 6 B 75/86, BRS 46, Nr. 179 einerseits; 24.1.2011 – 1 ME 275/10, juris andererseits zu § 8 Abs. 4 aF); freilich kann er verlangen, dass das Nachbargrundstück nicht mit einem geringeren Grenzabstand bebaut wird, als er selbst den Bauwich in Übereinstimmung mit der früheren Rechtslage in Anspruch genommen hat (vgl. OVG Lüneburg 26.5.1983 – 6 B 47/83, BRS 40 Nr. 113; 12.9.1984 – 6 A 49/83, BRS 42 Nr. 196; aA OVG Koblenz 29.10.1981 – I B 59/81, BRS 39 Nr. 185). Entgegen der Ansicht des OVG Koblenz (aaO) geht es nicht um die Frage, ob ein rechtswidriger Bauzustand auf dem einen Grundstück einen weiteren Rechtsverstoß auf dem Nachbargrundstück rechtfertigen kann, sondern allein darum, ob derjenige, der selbst den Grenzabstand nicht einhält, den gleichen oder jedenfalls vergleichbaren Verstoß auf dem Nachbargrundstück soll abwehren dürfen (OVG Lüneburg 12.4.2017 – 1 ME 34/17, ZfBR 2017, 598 (599); 20.10.2014 – 1 LA 103/14, BauR 2015, 246 (246); 29.10.1993 – 6 L 3295/91, BRS 55 Nr. 196).

52 Die Unzulässigkeit der Rechtsausübung wird nicht dadurch infrage gestellt, dass es sich bei der verletzten Norm um eine Vorschrift zum **Schutz wichtiger Rechtsgüter** handelt. Auch hinsichtlich solcher Normen, die der Abwehr abstrakter Gefahren dienen, kann eine unzulässige Rechtsausübung grundsätzlich in Betracht kommen. Erst bei einer **konkreten Gefahrensituation** geht der Nachbar seines Abwehranspruchs nicht wegen eines Verstoßes gegen Treu und Glauben verlustig (OVG Münster 7.8.1997 – 7 A 150/96, BRS 59 Nr. 193; enger wohl OVG Greifswald 10.7.1997 – 3 M 82/97, NVwZ-RR 1998, 269).

53 Eine Parallele findet diese Rechtsprechung in Entscheidungen, die baurechtswidrigen Nutzungen den Schutz vor Immissionen versagen. **Schutzwürdigkeit und Schutzbedürftigkeit** einer Wohnnutzung **gegenüber Immissionen** richten sich danach, was aufgrund der materiell-baurechtlichen Situation billigerweise an Schutz erwartet werden darf (BVerwG 25.2.1992 – 1 C 7.90, NVwZ 1992, 886): Wer Räume zu Wohnzwecken nutzt, obgleich dies unzulässig ist, kann vom benachbarten Gastwirt keine Rücksichtnahme auf die Wohnnutzung verlangen. Entsprechendes gilt, wenn die Immissionen nur deshalb erheblich belästigen, weil sie Wohnräume durch ein baurechtlich unzulässiges Fenster erreichen (BVerwG 24.9.1992 – 7 C 6.92, NVwZ 1994, 164; OVG Lüneburg 10.9.2004 – 1 ME 231/04, BauR 2005, 381).

54 Wer als Eigentümer eines gewerblich genutzten Grundstücks ein Nachbargrundstück zum Zwecke der Wohnbebauung veräußert, kann unter dem **Gesichtspunkt widersprüchlichen Verhaltens** seine Abwehrrechte gegen die Baugenehmigung für eine Wohnbebauung verlieren (VGH Kassel 12.10.1995 – 3 UE 2906/93, BRS 57 Nr. 237; OVG Münster 12.5.2003 – 10 B 145/03, BRS 66 Nr. 191). Ein Nachbar kann nach Treu und Glauben gehindert sein, öffentlich-rechtliche Abwehrrechte gegen ein Bauvorhaben geltend zu machen, das er aufgrund einer bindenden zivilrechtlichen Vereinbarung mit dem Bauherrn hinnehmen muss (OVG Saarlouis 30.9.1998 – 2 W 8/98, BRS 60 Nr. 119). Das OVG Münster (13.3.1996 – 11 A 3344/91, BRS 58 Nr. 187) hat die Anfechtung einer Baugenehmigung, die für den Fortbestand eines Schrottplatzes notwendig war, als unzulässig angesehen, weil sich der Nachbar mit seinem Wohnhaus in einen durch störende gewerblich-industrielle Nutzung vorbelasteten Bereich „gewissermaßen hineingedrängt" hat. Allein das Zeigen der Baupläne stellt keinen besonderen Grund dar, der das spätere Geltendmachen eines nachbarlichen Abwehrrechts als Ver-

stoß gegen Treu und Glauben erscheinen lässt (BVerwG 7.8.1996 – 4 B 147.96, BRS 58 Nr. 186).

Der **Nachbar kann auf sein materielles Abwehrrecht** – ebenso wie auf seine prozessuale Geltendmachung – gegen eine Baugenehmigung **verzichten**, die nachbarschützende Vorschriften verletzt. Wichtigster Anwendungsfall des Verzichts ist die Zustimmung des Nachbarn im Baugenehmigungsverfahren, die auch verfahrensrechtlich Bedeutung hat (**Abs. 4**; vgl. → Rn. 177). Wegen der Tragweite des Verzichts auf nachbarliche Abwehrrechte muss dieser unmissverständlich und ohne Vorbehalte erklärt werden (OVG Saarlouis 14.3.1983 – 2 R 14/82, NVwZ 1984, 657). Dazu gehört nach hM auch, dass das Vorhaben, dem der Nachbar zustimmt, genau umschrieben wird (OVG Koblenz 22.5.1981 – 1 B 26/81, BRS 38 Nr. 180; OVG Saarlouis 14.3.1983 aaO; OVG Lüneburg 28.3.2006 – 9 KN 34/03, BeckRS 2006, 12848). Für die Auslegung einer Nachbarzustimmung gelten die allgemeinen Auslegungsgrundsätze (OVG Berlin-Brandenburg 21.6.2011 – OVG 2 N 73.08, juris Rn. 6). Verzichtet der Ehepartner auf nachbarliche Abwehrrechte des Grundstückseigentümers, ist nicht auszuschließen, dass der Grundstückseigentümer sich dessen Verhalten nach den auch im öffentlichen Baurecht anwendbaren Grundsätzen der Anscheins- bzw. Duldungsvollmacht zurechnen lassen muss (OVG Münster 20.2.2006 – 7 A 1358/04, BeckRS 2006, 26078). 55

Es ist zweckmäßig, dass der **Nachbar** seine **Zustimmung auf Lageplan und Bauzeichnung** erklärt, wie das auch einige LBauOen vorsehen (vgl. OVG Bautzen 18.6.2009 – 1 A 476/08, BeckRS 2009, 35893). Um sich vor späteren Änderungen der Bauzeichnungen zu sichern, sollte sich der Nachbar ein Exemplar der unterzeichneten Bauvorlagen aushändigen lassen. Wird die Zustimmung nicht auf den Bauzeichnungen erklärt, sollten die für den Nachbarn wichtigen Details der Baumaßnahme, zB Grenzabstand und Höhe des Gebäudes, in der Zustimmungserklärung ausdrücklich umschrieben werden, um den Gegenstand der Zustimmung klarzustellen. Zur Reichweite nachbarlicher Zustimmungen bei nachträglichen Änderungen baulicher Anlagen: Schröer NZBau 2009, 304 mit Nachweisen aus der Rspr. 56

Es erscheint allerdings zweifelhaft, ob sich der Verzicht immer auf ein konkretes Bauvorhaben beziehen muss. Bei einem wechselseitigen Verzicht von Nachbar und Bauherr aus Anlass eines konkreten Vorhabens wird man den Verzicht des Bauherrn auf Abwehrrechte gegen künftige Maßnahmen des Nachbarn zulassen können, wenn diese bzw. die **Reichweite des Verzichts** präzise umschrieben sind (VGH Kassel 7.12.1994 – 4 TH 3032/94, NVwZ-RR 1995, 495). Bei einer nur rahmenmäßig abgesteckten Baumaßnahme erscheint es aber zweifelhaft, ob die Zustimmung des Nachbarn auch Abweichungen vom geltenden Recht einschließt (so OVG Berlin 30.12.1993 – 2 S 22/93, BRS 55 Nr. 187; OVG Berlin-Brandenburg 21.6.2011 – OV 62 N 73.08, juris Rn. 6 für den umfassend erklärten Verzicht auf nachbarliche Abwehrrechte). Die Schutzbedürftigkeit des Nachbarn rechtfertigt es nicht, dass jede Änderung des Vorhabens den Verzicht gegenstandslos werden lässt (so OVG Koblenz 22.5.1981 – 1 B 26/81, BRS 38 Nr. 180; OVG Saarlouis 4.5.1995 – 2 W 10/95, BRS 57 Nr. 138). Vielmehr behält die Zustimmung ihre Bedeutung, wenn die Belange des Nachbarn durch die Änderung nicht in stärkerem Umfang betroffen werden (VGH Kassel 22.7.1988 – 4 TG 2231/88, BRS 48 Nr. 178; VGH Mannheim 17.2.1994 – 8 S 1712/93, BRS 56 Nr. 182; OVG Bautzen 9.1.1995 – 1 S 354/94, BRS 57 Nr. 238; OVG Hamburg 5.9.2008 – 2 Bs 65/08, BauR 2009, 632). Etwas anderes gilt selbstverständlich, wenn sich die Zustimmung auf eine ganz bestimmte Form des Vorhabens beschränkt (OVG Münster 22.6.1990 – 7 B 740/90, NVwZ-RR 1991, 169; OVG Weimar 30.8.2007 – 1 KO 330/06, juris Rn. 45 ff.). 57

Der **Verzicht des Nachbarn** auf materielle Abwehrrechte hat **nicht in jedem Fall Einfluss auf die Genehmigungsfähigkeit** eines Vorhabens, weil öffentliche Belange, wie der Schutz vor schädlichen Umwelteinwirkungen, nicht oder allenfalls sehr begrenzt privaten Verzichtserklärungen zugänglich sind (BVerwG 28.4.1978 – 4 C 53.76, BRS 33 Nr. 66; Schlemminger/Fuder NVwZ 2004, 129 (132)). Das Baurecht regelt die Nutzbarkeit der Grundstücke in öffentlich-rechtlicher Beziehung auf der Grundlage objektiver 58

Gegebenheiten unabhängig von den Eigentumsverhältnissen. Daher kann der Grundstückseigentümer die aus § 15 Abs. 1 S. 2 BauNVO folgende Unzulässigkeit eines Wohnbauvorhabens in der Nachbarschaft eines Sportplatzes nicht durch den Verzicht auf Abwehrrechte gegen Lärmimmissionen abwenden (BVerwG 23.9.1999 – 4 C 6.98, NVwZ 2000, 1050; 29.11.2012 – 4 C 8.11, NVwZ 2013, 372 zu Maßnahmen des passiven Schallschutzes in einem Wohnbauvorhaben als „architektonische Selbsthilfe" gegenüber einem Gewerbebetrieb; OVG Lüneburg 28.2.2001 – 1 L 998/00, BeckRS 2001, 21334: Unzulässigkeit rückwärtiger Einstellplätze trotz Einverständnis der davon betroffenen Grundstückseigentümer). Davon unberührt bleibt die Unzulässigkeit von Rechtsbehelfen des Nachbarn nach einem Verzicht – abgesehen von konkreten Gefahren. Die Honorierung eines Verzichts auf nachbarliche Abwehrrechte im Rahmen einer Nachbarschaftsvereinbarung (vgl. Schröer/Dziallas NVwZ 2004, 134 (138)) oder eines Vergleichs ist nicht deshalb sittenwidrig, weil die vom Bauherrn zu zahlende Entschädigung über die Wertminderung des Nachbargrundstücks weit hinausgeht (BGH 2.7.1999 – V ZR 135/98, BRS 62 Nr. 195; vgl. OVG Münster 12.5.2003 – 10 B 145/03, juris).

59 Der Verzicht auf materielle Abwehrrechte gegen eine Baugenehmigung ist nicht an bestimmte **Formerfordernisse** gebunden, es empfiehlt sich aber in jedem Fall Schriftform, weil der Verzicht eine empfangsbedürftige Willenserklärung darstellt, die mit dem Zugang bei der BauAB wirksam wird, weil das Abwehrrecht ihr gegenüber besteht (VGH Kassel 7.12.1994 – 4 TH 3032/99, NVwZ-RR 1995, 495; vgl. auch VGH München 20.7.2010 – 8 ZB 10.1109, juris Rn. 12: zum Widerruf der Zustimmung zur Widmung im Straßenrecht; aA OVG Münster 2.9.2010 – 10 A 2616/08, juris Rn. 49 ff.: Zustimmung kann auch dem Bauherrn gegenüber wirksam erklärt werden). Ist der Verzicht Gegenstand einer Vereinbarung von Bauherr und Nachbar, hängt die Wirksamkeit des Verzichts davon ab, dass der Nachbar im Zeitpunkt des Zugangs bei der BauAB noch verfügungsberechtigt ist (VGH Kassel 7.12.1994 aaO). Der Verzicht ist nach Maßgabe von § 130 Abs. 1 S. 2, Abs. 3 BGB widerruflich, das heißt nur bis Zugang der Zustimmungserklärung bei der Baugenehmigungsbehörde (OVG Lüneburg 28.8.2013 – 1 LA 235/11 NVwZ-RR 2013, 947 (948); VGH München, 3.11.2005 – 2 BV 04.1756 – BeckRS 2006, 20657 Rn. 8,12; OVG Magdeburg 4.2.2002 – 2 M 328/01, Beck RS2008, 31852). Sie kann zudem entsprechend §§ 119 ff. BGB wegen Irrtums, arglistiger Täuschung oder Drohung angefochten werden (OVG Bautzen 18.6.2009 – 1 A 476/08, juris Rn. 10; vgl. → Rn. 181 f.). Der **Verzicht des Nachbarn** auf sein Abwehrrecht **bindet** im Gegensatz zum Verzicht auf zivilrechtliche Abwehransprüche aus § 1004 BGB auch den **Rechtsnachfolger** (OVG Münster 15.6.1984 – 7 B 1233/84, BRS 42 Nr. 195; 2.9.2010 – 10 A 2616/08, juris Rn. 47 ff.).

60 **Materielle Nachbarrechte können**, ebenso wie das verfahrensrechtliche Anfechtungsrecht (dazu → Rn. 190), **verwirken** (BVerwG 16.5.1991 – 4 C 4.89, NVwZ 1991, 1182; OVG Lüneburg 5.7.2011 – 1 LA 207/08, NVwZ-RR 2011, 807; OVG Koblenz 1.6.2011 – 8 A 10196/11, NVwZ-RR 2011, 849). Die Verwirkung materieller nachbarlicher Abwehrrechte setzt voraus, dass der Nachbar sein Abwehrrecht längere Zeit nicht ausgeübt hat und besondere Umstände hinzutreten, die die verspätete Geltendmachung als illoyal erscheinen lassen. Allein durch Zeitablauf tritt keine Verwirkung ein (BVerwG 16.4.2002 – 4 B 8.02, BRS 65 Nr. 195; zum Umstandsmoment OVG Lüneburg 8.10.2013 – 1 LB 162/13, BauR 2014, 316). Der für die Verwirkung eines materiellen Nachbarrechts maßgebliche Zeitraum der Untätigkeit des Nachbarn ist deutlich länger zu bemessen als die dem Nachbarn nach §§ 58, 70 VwGO eingeräumte Monatsfrist für die Anfechtung der Baugenehmigung, denn wenn das Verfahrensrecht dem Nachbarn eine Überlegungs- und Handlungsfrist einräumt, kann jedenfalls innerhalb dieser Frist keine Verwirkung eintreten (BVerwG 16.5.1991 aaO).

61 Ein **verspätetes Geltendmachen** des Abwehrrechts (→ Rn. 60) sieht das BVerwG insbesondere dann als **Verstoß gegen Treu und Glauben** an, wenn der Bauherr infolge eines bestimmten Verhaltens des Nachbarn darauf vertrauen durfte und vertraut hat, dass der Nachbar das Abwehrrecht nicht mehr ausübt, und sich deshalb in seinen Dispositio-

nen so eingerichtet hat, dass ihm durch die verspätete Durchsetzung des Rechts ein unzumutbarer Nachteil entstehen würde. Eine zustimmende Haltung des Nachbarn auch schon vor Erteilung der Baugenehmigung (OVG Lüneburg 26.3.1987 – 1 A 82/ 85, BRS 47 Nr. 184) kann ein Vertrauen des Bauherrn auf das Einverständnis des Nachbarn fördern (vgl. OVG Lüneburg 5.7.2011 – 1 LA 207/08, juris Rn. 16 ff.). Darüber hinaus verpflichtet das nachbarliche Gemeinschaftsverhältnis den Nachbarn, durch zumutbares aktives Handeln dazu beizutragen, den Schaden des Bauherrn möglichst gering zu halten.

Der **Nachbar muss**, nachdem er die Verletzung seiner Rechte erkannt hat oder jedenfalls hätte erkennen müssen (BVerwG 18.1.1988 – 4 B 257.87, NVwZ 1988, 532), **unverzüglich seine Einwendungen erheben**. Erdarbeiten im Bauwich haben einen gewissen „Vorwarneffekt". Das nachbarliche Gemeinschaftsverhältnis verbietet es dem Nachbarn, sich gegenüber solchen Arbeiten „taub zu stellen", dh gleichsam „mit verschränkten Armen" ohne jede Vorbereitung abzuwarten und erst dann mit Überlegungen zur Wahrung der eigenen Interessen zu beginnen, wenn die Verletzung von Nachbarrechten sozusagen mit Händen zu greifen ist (OVG Lüneburg 5.7.2011 – 1 LA 207/08, juris Rn. 20). Unterrichtet der Architekt des Bauherrn den Nachbarn unzutreffend über die Rechtslage, so dass dieser die drohende Rechtsverletzung nicht erkennt, kann der Bauherr nicht darauf vertrauen, dass der Nachbar sein Abwehrrecht nicht mehr geltend machen wird (OVG Lüneburg 17.5.1995 – 1 L 4212/93, NVwZ-RR 1996, 378). Unerheblich ist die Art und Weise, in der der Nachbar seine Rechte gegenüber dem Bauherrn geltend macht. Unter Umständen kann auch ein Protest gegenüber der BauAB genügen, wenn der Nachbar davon ausgehen darf, dass der Bauherr von seiner Beschwerde unterrichtet wird (BVerwG 16.5.1991 aaO). 62

Die **verzögerte Rechtsausübung** ist **nur dann treuwidrig**, wenn die Untätigkeit des Nachbarn den Bauherrn auch zu Dispositionen veranlasst hat. Hat der Bauherr unabhängig vom Verhalten des Nachbarn die Baugenehmigung sofort in vollem Umfang ausgenutzt, kann auch eine spätere Untätigkeit des Nachbarn nicht mehr zur Verwirkung der nachbarlichen Abwehrrechte führen. Die unmissverständliche Erklärung des Bauherrn gegenüber dem Nachbarn, dass er dessen Änderungswünschen nicht nachkommen werde, kann ein Vertrauen des Bauherrn nicht begründen, auch wenn der Nachbar noch längere Zeit verstreichen lässt, bis er Widerspruch erhebt (OVG Münster 7.8.1998 – 11 B 1555/98, NVwZ-RR 1999, 540). Gerade wenn Meinungsverschiedenheiten zu Tage getreten sind, ist der Bauherr nicht schutzwürdig, weil er die Zustellung der Baugenehmigung an den Nachbarn nach § 70 Abs. 5 verlangen kann. 63

Materiell-rechtliche Abwehrrechte des Nachbarn können bereits **vor Erteilung der Baugenehmigung** (OVG Lüneburg 5.7.2011 – 1 LA 207/08NVwZ-RR 2011, 807 (808)) und auch **gegenüber ungenehmigten Bauvorhaben verwirkt werden** (BVerwG 18.3.1988 – 4 B 50.88, NVwZ 1988, 730; 13.8.1996 – 4 B 135.96, BRS 58 Nr. 185; OVG Magdeburg 4.6.2012 – 2 L 56/11, NVwZ-RR 2012, 752). Das nachbarliche Gemeinschaftsverhältnis fordert unabhängig von der Baugenehmigung besondere Rücksichten der Nachbarn gegeneinander. Entscheidend ist, ob der Nachbar in Kenntnis der ihn beeinträchtigenden Baumaßnahmen widerspruchslos hinnimmt, dass der Bauherr weitere Investitionen tätigt (BVerwG 18.3.1988 aaO). Das Abwehrrecht, das im Hinblick auf den **Schwarzbau** verwirkt ist, lebt bei nachträglicher Legalisierung des Vorhabens nicht wieder auf (OVG Münster 2.3.1999 – 10 A 2343/97, BauR 2000, 381). Spätere Änderungen des baulichen Bestands, die die Beeinträchtigung des Nachbarn verstärken, braucht der Nachbar aber nicht hinzunehmen (OVG Koblenz 29.9.2004 – 8 A 10664/04, NVwZ-RR 2005, 525). Auch in der Zeit nach der Fertigstellung eines umstrittenen Bauvorhabens kann die Verwirkung eintreten (OVG Magdeburg 4.6.2012 – 2 L 56/11, NVwZ-RR 2012, 752, 753). 64

e) Überblick über nachbarschützende Vorschriften der NBauO

65 Die Frage, ob eine Norm im Einzelfall nachbarschützenden Charakter hat (→ Rn. 26 ff.), spielt im Bauordnungsrecht noch immer eine bedeutsame Rolle, obgleich es das Bauordnungsrecht mit einem relativ geschlossenen Kanon von Vorschriften zu tun hat. Rechtstechnisch wird zwischen **generell/abstrakt** und **partiell/konkret** nachbarschützenden Normen unterschieden (Finkelnburg/Ortloff/Otto, Bd. II, S. 228). Die Grenzabstandsvorschriften sind Beispiele für generell/abstrakt nachbarschützende Vorschriften, weil der Nachbar jeden Verstoß gegen diese Vorschriften unabhängig von seiner konkreten Betroffenheit abwehren kann. Der Schutz vor Auswirkungen von Garagen auf dem Nachbargrundstück nach § 46 hängt von der Zumutbarkeit ab; § 3 ist daher nur partiell/konkret nachbarschützend.

66 Da die verschiedenen Vorschriften des öffentlichen Baurechts mit ihren jeweiligen Anforderungen an bauliche Anlagen grundsätzlich selbständig nebeneinander stehen, richtet sich der **Nachbarschutz** nach der jeweils verletzten nachbarschützenden Vorschrift **unabhängig von der Beurteilung nach öffentlichem Baurecht im Übrigen**. Eine Bebauung, die die im B-Plan festgesetzte nicht überschreitet, kann der Nachbar wegen Verstoßes gegen die Grenzabstandsvorschriften ebenso abwehren wie umgekehrt eine Bebauung, die Grenzabstandsvorschriften einhält, aber eine Baugrenze überschreitet, die nach den auf die konkreten Gegebenheiten abgestellten Planungszielen nachbarschützenden Charakter hat (auch → Rn. 40 ff.; → Vorb. Rn. 33).

67 **§ 2 Abs. 12:** Die **Vereinigungsbaulast** (Satz 2) **schließt öffentlich-rechtlichen Nachbarschutz** der Eigentümer der zu einem Baugrundstück zusammengefassten Grundstücke untereinander weitgehend **aus**. So bleiben die Grenzen der zusammengefassten Grundstücke abstandsrechtlich außer Betracht, weil die zusammengefassten Grundstücke als ein Baugrundstück anzusehen sind. Auch aus § 7 können die Grundstückseigentümer untereinander nichts herleiten, weil diese Vorschrift nicht auf das Verhältnis benachbarter Grundstückseigentümer zugeschnitten ist (OVG Lüneburg 4.3.2015 – 1 LA 177/14NVwZ-RR 2015, 565 (565 f.); 1.8.1996 – 1 M 3898/96, NVwZ-RR 1998, 12). Entsprechendes gilt für alle anderen nachbarschützenden Vorschriften der NBauO, weil die Eigentümer der zusammengefassten Grundstücke als Eigentümer eines Baugrundstücks aus dem Kreis der Nachbarn ausscheiden, sobald es um ihr Verhältnis untereinander geht (OVG Lüneburg 2.7.1999 – 1 L 5277/96, BRS 62 Nr. 147). Unberührt davon bleiben jedoch Abwehrrechte aus Bundesrecht wie etwa dem Gebot der Rücksichtnahme (BVerwG 7.12.2001 – 4 C 3.00, NVwZ 2001, 813) vgl. → § 2 Rn. 155.

68 **§ 3:** Die **allgemeinen Anforderungen an bauliche Anlagen (Abs. 1–4) und Baumaßnahmen (Abs. 5)** dienen in erster Linie dem Allgemeinwohl. In besonderen Fällen wird man auf § 3 Abs. 1 iS einer gesetzlichen Ausprägung des Gebots der Rücksichtnahme im Bauordnungsrecht zur Begründung von Nachbarschutz zurückgreifen können (vgl. BGH 26.2.1993 – V ZR 74/92, BGHZ 122, 1 (4); Finkelnburg/Ortloff/Otto, Bd. II, S. 245 m. Nw. aus der Rspr.; vgl. → Rn. 44). Darüber hinaus ist in § 3 Abs. 1 S. 3 das nachbarschützende bauordnungsrechtliche Verbot unzumutbarer Belästigungen und unzumutbarer Verkehrsbehinderungen verankert (vgl. → § 3 Rn. 27, 33). Der Gesetzgeber hat die Bedeutung des § 3 aufgewertet. Er hat nämlich die nachbarschützende Vorschrift des § 46 Abs. 1 S. 2 aF (vgl. OVG Lüneburg 27.3.2007 – 1 ME 102/07, juris Rn. 15, BeckRS 2007, 22778) gestrichen, da diese Anforderungen ausreichend in den allgemeinen Anforderungen des § 3 Abs. 1 und der §§ 13 und 16 enthalten sind (LT-Drs. 16/3195, 87; → § 46 Rn. 57). Allerdings fallen bloße Störungen des körperlichen oder seelischen Wohlbefindens ohne gesundheitliche Relevanz, etwa als Folge klimatischer Auswirkungen eines genehmigten Vorhabens, noch nicht unter den durch § 3 Abs. 1 gewährleisteten Schutz der Gesundheit (VGH Mannheim 9.2.1995 – 3 S 3407/94, NVwZ-RR 1995, 561). Der Schutz der Gesundheit vor den Gefahren elektromagnetischer Felder wird durch die 26. BImSchV vom 16.12.1996 – BGBl. I S. 1966 – gewährleistet, so dass ein

Rückgriff auf §3 Abs. 1 und 2 nicht erforderlich ist (BVerfG 28.2.2002 – 1 BvR 1676/01, BRS 65 Nr. 178; 24.1.2007 – 1 BvR 382/05, NVwZ 2007, 805; BVerwG 10.12.2003 – 9 A 73.02, NVwZ 2004, 613; BGH 13.2.2004 – V ZR 217/03, NVwZ 2004, 1019).

Der Eigentümer eines Grundstücks, das einen Steilhang einschließt, kann sich nicht unter 69 Berufung auf §3 Abs. 1 gegen die Bebauung des „Unterliegers" wehren, weil er bei einem Abrutschen des Hangs Schadensersatzansprüche des Unterliegers befürchtet (VGH Mannheim 16.10.1996 – 3 S 2332/95, NVwZ-RR 1998, 96). Wenn der verfahrensfreie Abbruch eines mehrgeschossigen Hauses den Nachbarn konkret gefährdet, bleibt nur ein **Rückgriff auf §3 Abs. 1 als Grundlage für einen Anspruch des Nachbarn auf Einschreiten** (dazu → §79 Rn. 70 ff.). Das OVG Lüneburg (15.4.1994 – 6 L 4246/92, nv) hat dem Nachbarn einen Abwehranspruch aus §1 Abs. 1 S. 3 aF/§3 Abs. 1 S. 3 gegen die Baugenehmigung für eine Grenzgarage zugebilligt, die, unmittelbar an der Straßen- und Nachbargrenze errichtet, dem Nachbarn die Sicht von seiner Garagenzufahrt auf die Straße nimmt (vgl. auch → §3 Rn. 37). Ein Nachbarschutz scheidet aus, wenn nicht die bauliche Anlage des Nachbarn zu einer Verkehrsgefährdung führt, sondern ordnungswidriges Verhalten von Verkehrsteilnehmern (OVG Lüneburg 7.3.2000 – 1 M 416/00, BeckRS 2013, 58255).

§4: Die Vorschriften über die **Zugänglichkeit von Baugrundstücken** (Abs. 1 und 2) 70 werden nicht als nachbarschützend angesehen (VGH Mannheim 28.5.1975 – VIII 312/74, BRS 29 Nr. 95; OVG Lüneburg 12.3.1997 – 1 M 1023/97, BRS 59 Nr. 108). Das BVerwG (11.5.1998 – 4 B 45.98, BRS 60 Nr. 182) hat an seiner Ansicht festgehalten, dass ein Nachbar ein Abwehrrecht aus Art. 14 Abs. 1 GG haben kann, wenn eine wegen fehlender Erschließung rechtwidrige Baugenehmigung eine unmittelbare Rechtsverschlechterung dadurch bewirkt, dass sie dem Nachbarn im Zivilprozess gegen den Notweg den Einwand abschneidet, die Benutzung des Hinterliegergrundstücks entspreche nicht dem öffentlichen Baurecht (26.3.1976 – IV C 7.74, DVBl 1977, 285). Weil Inhalt und Schranken des Eigentums durch das einfache Gesetz bestimmt werden (→ Rn. 26 f.), erscheint es richtiger, §4 insoweit nachbarschützende Bedeutung beizumessen (vgl. → Rn. 47 f.); denn das Zivilrecht bietet dem Nachbarn keinen hinreichenden Schutz (aA Finkelnburg/Ortloff/Otto, Bd. II, S. 248). Die Vorschrift über die Anordnung baulicher Anlagen auf dem Baugrundstück (Abs. 3) dient nur dem öffentlichen Interesse.

§§5 ff.: Die **Abstandsvorschriften sind** das Paradebeispiel für **nachbarschützende** 71 **Vorschriften**. Der für eine ausreichende Belichtung sowie für eine angemessene Wohnruhe erforderliche Gebäudeabstand wird durch die Grenzabstandsvorschriften entsprechend der Höhe der Gebäude auf die Grundstücke verteilt (→ §5 Rn. 44 ff.). Die mit den Grenzabstandsvorschriften verbundene Einschränkung der Nutzungsmöglichkeiten eines Grundstücks erfüllt ihren Sinn erst, wenn auch auf dem Nachbargrundstück der erforderliche Abstand eingehalten wird, weil erst die Summe der erforderlichen Grenzabstände einen **angemessenen Freiraum zwischen den Gebäuden** gewährleistet (zur Kritik: → §5 Rn. 40). Der Belastung des einen Grundstückseigentümers durch die Einschränkung seiner Nutzungsmöglichkeiten entspricht die Begünstigung des Nachbarn und umgekehrt, so dass die Abstandsvorschriften die benachbarten Grundstücke iS eines „Austauschverhältnisses" verbinden (vgl. Sendler BauR 1970, 1 ff.). Eine Baugenehmigung für ein Gebäude, das den erforderlichen Grenzabstand unterschreitet, würde den Sinn der Nutzungsbeschränkung für den Nachbarn infrage stellen, wenn diesem nicht ein Abwehrrecht gegen die Baugenehmigung eingeräumt würde. Auch wenn der Nachbar mit seinem Gebäude den vorgeschriebenen Grenzabstand einhält, wäre der Gebäudeabstand unterschritten und damit die Wohnqualität für den Nachbarn beeinträchtigt. Zum Verhältnis der Grenzabstandsvorschriften zum Gebot der Rücksichtnahme vgl. → Rn. 40 ff.

Die Grenzabstandsvorschriften gehen davon aus, dass bei offener Bauweise 0,5 H, min- 72 destens 3 Meter, Abstand einzuhalten ist. Dieser Regelabstand ist nachbarschützend. Soweit unter besonderen Voraussetzungen dieser Abstand unterschritten werden darf **(§5 Abs. 8)**, braucht der Nachbar die Unterschreitung des Regelabstands nur hinzunehmen, wenn sämtliche Voraussetzungen der Unterschreitung vorliegen, gleichgültig, ob die weiteren Voraussetzungen ihn berühren. **Bei** der **Verletzung der Abstandsvorschriften bedarf es** wegen der messbaren Größe des Abstands **nicht des Nachweises einer tatsächlichen Beeinträchtigung** (OVG Lüneburg 18.2.1985 – 1 A 44/84, Nds.Rpfl. 1985, 152; OVG Lüneburg 19.6.2012 – 1 LB 169/11, für den Grenzabstandsverstoß von sog. Dachgaubendreiecken; vgl. Finkelnburg/Ortloff/Otto, Bd. II, S. 228 f.). Demgegenüber setzt ein unmittelbarer **Anspruch auf bauaufsichtliches Einschreiten** nicht nur einen Verstoß gegen nachbarschützende Vorschriften voraus, sondern **fordert zusätzlich**, dass dadurch **spürbare Beeinträchtigungen** hervorgerufen werden (OVG Lüneburg 16.2.2012 – 1 LB 19/10, NVwZ-RR 2012, 427).

73 Der nach **§ 5 Abs. 2 S. 2 auf 0,25 H reduzierte Abstand in Gewerbe- und Industriegebieten** ist nachbarschützend. Auch für eine ausnahmsweise zulässige Wohnnutzung (§§ 8 Abs. 3 Nr. 1, 9 Abs. 3 Nr. 1 BauNVO) können keine größeren Abstände auf den Nachbargrundstücken verlangt werden. Der Nachbar kann jede **Abstandsunterschreitung vortretender Gebäudeteile** abwehren, die den Umfang des **§ 5 Abs. 3** überschreiten. Den in § 7b Abs. 1 S. 2 aF verwendeten Begriff der untergeordneten Gebäudeteile hat der Gesetzgeber aufgegeben (LT-Drs. 16/3195, 72; vgl. aber **§ 5 Abs. 4 S. 1 Nr. 1:** „Schornsteine, wenn sie untergeordnet sind, …"; zum Begriff des untergeordneten Gebäudeteils vgl. OVG Lüneburg 5.9.2007 – 1 LB 43/07, juris). Die mit **§ 5 Abs. 6** verbundene Reduzierung des Grenzabstands braucht der Nachbar nur hinzunehmen, wenn alle in der Vorschrift angeführten Voraussetzungen erfüllt sind. Insbesondere kann der Nachbar eine Bebauung mit dem reduzierten Abstand abwehren, wenn die **Grenzbebauung nach § 5 Abs. 5** unzulässig ist (OVG Lüneburg 17.5.1995 – 1 L 4212/93, NVwZ-RR 1996, 378 zu § 8 aF).

74 **§ 5 Abs. 5:** Während die Vorschriften über die Abstandsmaße nach § 5 Abs. 1–4 durchgängig nachbarschützend sind, muss bei der Frage nach dem **Nachbarschutz aus Abs. 5** das **Verhältnis zum Städtebaurecht** berücksichtigt werden (BVerwG 12.1.1995 – 4 B 197.94, NVwZ-RR 1995, 310). Nach § 22 Abs. 3 BauNVO werden in der geschlossenen Bauweise die Gebäude ohne seitlichen Grenzabstand errichtet. Gegenüber dieser städtebaulichen Regelung, die nachbarschützenden Charakter hat (König/Roeser/Stock § 22 Rn. 25), kommt **Abs. 5 Satz 1** kein eigener Regelungsgehalt zu, so dass ein Nachbarschutz aus Abs. 5 entfällt. Entsprechendes gilt im unbeplanten Innenbereich nach § 34 Abs. 1 BauGB, wenn sich aus der näheren Umgebung zwingend geschlossene Bauweise ergibt, wobei der Nachbarschutz seine Grundlage im Gebot der Rücksichtnahme findet.

75 Für **Abs. 5 Satz 2** gilt der Vorrang des Städtebaurechts nicht in gleicher Weise, weil Satz 2 zusätzliche Voraussetzungen für eine Grenzbebauung festlegt, wenn planungsrechtlich nicht nur Einzelhäuser zulässig sind. Abs. 5 Satz 2 **kommt insoweit nachbarschützende Bedeutung zu**, als der Nachbar eine Grenzbebauung abwehren kann, die diese zusätzlichen Voraussetzungen des Satzes 2 nicht erfüllt (vgl. auch BVerwG 24.2.2000 – 4 C 12.98, NVwZ 2000, 1055: Nachbarschutz aus § 22 Abs. 2 BauNVO gegen eine inkongruente Doppelhaushälfte; vgl. auch BVerwG 10.4.2012 – 4 B 42.11, ZfBR 2013, 478; VGH München 31.1.2011 – 1 ZB 08.2498, juris jeweils zum Begriff des Doppelhauses iSd § 22 Abs. 2 BauNVO).

76 § 8 Abs. 4 aF, der nicht in die NBauO 2012 übernommen wurde, ermächtigte die BauAB, die Einhaltung von Grenzabstand trotz städtebaulich zulässiger Grenzbebauung zu verlangen. Soweit die vorhandene Bebauung, dh idR die Bebauung des Nachbargrundstücks, nach § 22 Abs. 3 BauNVO bzw. § 34 Abs. 1 BauGB (über das Rücksichtnahmegebot) eine **Abweichung von der planungsrechtlich zwingenden Grenzbebauung** erfordert, **ergibt sich** diese Abweichung **aus Bundesrecht** (BVerwG 12.1.1995 – 4 B 197.94, NVwZ-RR 1995, 310). Das BVerwG hat zwar eine § 8 Abs. 4 aF entsprechende Vorschrift als mit Bundesrecht vereinbar angesehen, soweit die Entscheidung der BauAB auch eine planungsrechtliche Rechtfertigung besitzt, aber der Ermessensspielraum der BauAB ist durch die planungsrechtlichen Voraussetzungen sehr stark einge-

schränkt (OVG Münster 28.2.1991 – 11 B 2967/90, NVwZ-RR 1992, 11: kein Ermessen). Entsprechendes gilt weiterhin – trotz Streichung des §8 Abs.4 aF – für das Verlangen nach Abstand in den Fällen der zulässigen Grenzbebauung nach **Abs.5 Satz 2**, weil die Abweichung in den Fällen des §34 Abs.1 BauGB wegen der Rücksichtnahme auf die unmittelbar benachbarte Bebauung erforderlich ist. Wenn der Nachbar unter dem Gesichtspunkt des Rücksichtnahmegebots einen Anspruch darauf hat, dass nach §34 Abs.1 BauGB nicht auf die Grenze gebaut wird, weil sein Grenzbau unverzichtbare Fenster zur Grenze aufweist, kann die nunmehr nach §66 zu treffende Abweichungsentscheidung sich nur noch auf die Modalitäten des Abstandsverlangens beziehen.

Der 6. Senat des OVG Lüneburg hat dem Eigentümer eines bestandsgeschützten Gebäudes auf der Grenze einen **Abwehranspruch gegen eine Baugenehmigung** für das Nachbargrundstück zugebilligt, **die das Zumauern von Fenstern zur Folge hätte** (OVG Lüneburg 20.10.1986 – 6 B 75/86, BRS 46 Nr.179; 22.12.1997 – 6 L 5569/46, nv). Mit der Betonung der Schutzbedürftigkeit des Eigentümers des vorhandenen Grenzbaus gerät aus dem Blick, dass der für ein störungsfreies Wohnen nach §§5f. erforderliche Gebäudeabstand nur erreicht werden könnte, wenn der Bauherr zusätzlich zum Grenzabstand seines Gebäudes auch noch den des vorhandenen Grenzbaus auf sein Grundstück übernehmen würde. Der Nachbar kann auch billigerweise nicht vom Bauherrn verlangen, dass dieser Abstand hält, wenn er selbst auf die Grenze gebaut hat (vgl. →Rn.50f.; OVG Lüneburg 20.10.2014 – 1 LA 103/14, BauR 2015, 246 (246); VGH München 20.5.1985 – 14 B 84 A.593, BRS 44 Nr.104). Bei faktisch geschlossener Bauweise kann sich der Genehmigungsinhaber jedenfalls dann nicht mit Erfolg gegen eine Baugenehmigung für ein Nachbarvorhaben wenden, das an die Grenzwand angebaut werden soll, wenn das Nachbargrundstück bei einem behördlichen Verlangen nach Einhaltung eines Abstandes baulich nicht mehr angemessen nutzbar wäre (OVG Lüneburg 24.1.2011 – 1 ME 275/10, juris). 77

Schließlich bleibt die Frage, ob das **Vertrauen auf die Baugenehmigung** für den Grenzbau „ewig" schutzwürdig ist, wenn man den Wandel der Maßstäbe im öffentlichen Baurecht und die Tatsache berücksichtigt, dass der Vertrauensschutz des Nachbarn zu Lasten des Bauherrn geht (vgl. Sendler DÖV 1971, 16 (25)). Nachbarschutz hängt daher in diesen Fällen wesentlich davon ab, ob die Räume, deren Fenster zugemauert würden, überhaupt eines Fensters bedürfen oder andere Fenster mit zumutbarem Aufwand geschaffen werden können. Eine Beteiligung des Bauherrn an den Umbaukosten des Grenzgebäudes kann die Ermessensentscheidung der BauAB erleichtern. 78

§5 Abs.7 ist nachbarschützend (vgl. →Rn.73). Der Nachbar kann geltend machen, dass es sich nicht um ein unter Abs.3 fallendes Gebäudeteil handelt, mit dem der Bauherr einen beliebigen Abstand von der Grundstücksgrenze halten will (Satz 1). Der beliebige Abstand könnte dem Nachbarn bei späteren eigenen Vorhaben wegen des Grenzabstandes zum Nachteil gereichen. Er kann zudem jede Abstandsunterschreitung vortretender Gebäudeteile abwehren, die den Umfang des §5 Abs.3 überschreiten, wenn er der Verringerung des Abstandes nicht zugestimmt hat (Satz 2). Schließlich kann der Nachbar Gebäudeteile abwehren, die denen auf seinem Grundstück nicht entsprechen oder die über das einzuhaltende gleiche Abstandsmaß hinaus an die Grundstücksgrenze heranrücken (Satz 3). 79

§5 Abs.8 hat nachbarschützende Bedeutung. Der Nachbar kann das Heranrücken der genannten Stützmauern, Aufschüttungen, Einfriedungen (Abs.8 Satz 1 Nr.1) und Gebäude und Einfriedungen in Gartenhöfen (Abs.8 Satz 1 Nr.2) – jeweils ohne Abstand – und Garagen, Gebäude ohne Aufenthaltsräume und Feuerstätten (Abs.8 Satz 2 Nr.1) und Solaranlagen (Abs.8 Satz 2 Nr.2) – ohne Abstand oder mit einem bis auf 1m verringerten Abstand von der Grenze – abwehren, wenn die Voraussetzungen der Abstandsunterschreitung nicht sämtlich vorliegen, gleichgültig, ob sie ihn berühren oder nicht (OVG Lüneburg 19.12.1983 – 6 B 116/83, BRS 42 Nr.204; 24.5.1993 – 6 L 171/90, nv: Nebengebäude unzulässig, weil ein bereits vorhandenes Grenzgebäude Bestandsschutz genießt; 26.4.1993 – 6 L 169/90, juris: als Abstellraum deklariertes Neben- 80 gebäude an der Grenze unzulässig, weil es nach Ausgestaltung als Aufenthaltsraum geeignet).

81 Die **Höhenbegrenzungen gelten** nur **für den Bereich des Grenzabstands** (OVG Lüneburg 6.3.2003 – 1 LA 197/02, NVwZ-RR 2003, 484 auch zu den in § 12 Abs. 1 S. 2 Nr. 1 aF noch genannten Flächenbegrenzungen. Rücken die Grenzgaragen und sonstige nach Abs. 8 Satz 2 zulässigen Gebäude verschiedener Grundstücke so an ein Baugrundstück heran, dass der Eindruck entsteht, das Nachbargrundstück werde eingemauert, stellt sich die Frage, ob in solchen Fällen mit dem Rücksichtnahmegebot geholfen werden kann (vgl. auch → Rn. 40 f.). Ein Abwehrrecht gegen die Aufstockung eines Gartenhofhauses, die bei ausreichendem Abstand Einsicht in den Gartenhof ermöglicht, lässt sich nicht aus Abs. 8 Satz 1 Nr. 2 herleiten, sondern nur aus dem B-Plan (BVerwG 20.9.1984 – 4 B 202.84, NVwZ 1985, 748; 5.5.1994 – 4 NB 16/94, juris). Eine Dunglege mit einer Mauer muss als einheitliche bauliche Anlage Abstand nach **§ 5 Abs. 1 S. 2 iVm Abs. 1 S. 1** halten und kann nicht in eine Einfriedung und eine Dungstätte „zerlegt" werden mit der Folge, dass die Erleichterung des Abs. 8 greift (OVG Lüneburg 18.2.1993 – 1 L 246/89, BRS 55 Nr. 84).

82 **§ 5 Abs. 9:** Ob Vorschriften über die Festlegung der Geländeoberfläche nachbarschützende Wirkung zukommt, wird unterschiedlich beantwortet (vgl. Dirnberger in Simon/Busse BayBO Art. 66 Rn. 258: Vorschriften über Abstandsflächen (Art. 6) sind als einheitliche Gesamtregelung in ihrer jeweils konkreten Ausgestaltung nachbarschützend; zurückhaltend Koch/Molodovsky/Famers Art. 6 Rn. 17). § 16 idF von 1986 lässt deutlicher erkennen, dass die Höhe der Geländeoberfläche ebenso wie ihre Festlegung durch die BauAB die Belange des Nachbarn berühren können, weil der Grenzabstand eines Gebäudes sich nach der Höhe der baulichen Anlage über der Geländeoberfläche richtet (vgl. → § 5 Rn. 286, 294). Abs. 9 Satz 4 schreibt die Würdigung der nachbarlichen Belange ausdrücklich vor und bringt damit zum Ausdruck, dass der Nachbar wegen der Auswirkungen der Festlegung der Geländeoberfläche einen **Anspruch auf ermessensfehlerfreie Berücksichtigung seiner Belange** hat (vgl. auch OVG Lüneburg 25.3.1980 – 1 A 29/79, BRS 36 Nr. 123; vgl. auch OVG Münster 29.9.1995 – 11 B 1258/95, NVwZ-RR 1996, 311; VGH München 4.3.1996 – 2 S 95.2580, BRS 58 Nr. 116; OVG Greifswald 16.5.2007 – 3 L 243/03, BeckRS 2008, 39128).

83 **§ 6 Abs. 1:** Das OVG Lüneburg (3.12.1987 – 1 B 60/87, Gemeinde S.-H. 1988, 59; 26.3.1993 – 6 L 3124/91, nv) **hat** dieser Vorschrift früher **nachbarschützende Funktion** abgesprochen, weil das „Hinüberragen" im Bereich der öffentlichen Verkehrsflächen stattfindet und nicht im Bereich des privaten Nachbargrundstücks. Etwas anderes könne nur gelten, wenn der Nachbar als Folge seinerseits die Hälfte der Verkehrsfläche für seine Abstandsbemessung nicht in Anspruch nehmen dürfe. Mit dem Beschluss vom 30.3.1999 (– 1 M 897/99, NVwZ-RR 1999, 716 zu § 9 Abs. 1 S. 1 aF) hat sich das OVG der hier vertretenen Ansicht angeschlossen, dass auch § 6 Abs. 1 nachbarschützende Funktion hat (vgl. auch OVG Lüneburg 26.2.2003 – 1 LC 75/02, NVwZ-RR 2003, 820). Erst die Einhaltung der beide Grundstücksnachbarn treffenden Verpflichtung gewährleistet die ausreichende Belichtung der anliegenden Grundstücke. Mit der Zurechnung der Verkehrsfläche über die Mittellinie hinaus würde das Freiraumprofil (→ § 5 Rn. 79), das die Belichtung bestimmt, eingeengt und die Wohnqualität des Nachbarhauses verschlechtert.

84 Da die **öffentliche Verkehrsfläche** den anliegenden Grundstücken für die Bemessung des Grenzabstands nach § 6 Abs. 1 **je zur Hälfte hinzugerechnet werden** darf, würde mit einer Überschreitung der Mittellinie diese gerechte „Verteilung" der anrechenbaren Verkehrsfläche außer Acht gelassen (OVG Koblenz 15.10.1987 – 1 B 54/87, BRS 47 Nr. 168; OVG Berlin 6.9.1994 – 2 S 14/94, BRS 56 Nr. 173). Der Bauherr darf die **gesamte Breite** der öffentlichen Verkehrsfläche für die Bemessung des Grenzabstands zurechnen, wenn der Nachbar auf die Inanspruchnahme „seiner" Straßenhälfte durch Baulast verzichtet (OVG Lüneburg 5.9.2002 – 1 ME 182/02, BRS 65 Nr. 129). Das gilt auch dann, wenn das Nachbargrundstück baulich nicht genutzt werden kann. Die Fest-

setzung einer Straßenverkehrsfläche im B-Plan vermittelt dem Eigentümer des anliegenden Grundstücks aber kein Abwehrrecht gegen die Baugenehmigung für einen Kiosk auf der Verkehrsfläche (OVG Lüneburg 3.9.2003 – 1 ME 193/03, NVwZ-RR 2004, 131).

§ 6 Abs. 1 gestattet nicht, private Wege den Baugrundstücken für die Bemessung der Grenzabstände **zuzurechnen** (s. aber VGH München 30.4.2007 – 1 CS 06.3335, juris Rn. 22, DS 2008, 157 „entsprechende Anwendung des Art. 6 Abs. 7 BayBO" aF). Das verleiht dem Eigentümer eines Wegegrundstücks aber kein Abwehrrecht gegen die Baugenehmigung für ein Gebäude, dessen Grenzabstand sich auch auf das Wegegrundstück erstreckt (OVG Lüneburg 9.9.2004 – 1 ME 194/04, NVwZ-RR 2005, 17; OVG Münster 30.9.1996 – 10 B 2276/96, BRS 58 Nr. 180); denn der Wegeparzelle kommt die Schutzwirkung des Grenzabstands nicht zugute. Etwas anderes gilt freilich dann, wenn die Wegeparzelle im Eigentum eines Anliegers steht, soweit dieser den Grenzabstand eines Gebäudes auf sein Wegegrundstück erstrecken könnte. 85

§ 6 Abs. 2 erlaubt die **Hinzurechnung benachbarter Grundstücksflächen** für die Bemessung des Grenzabstandes **bis zu einer gedachten Grenze**, wenn durch Baulast gesichert ist, dass auch bauliche Anlagen auf dem benachbarten Grundstück den vorgeschriebenen Grenzabstand von dieser Grenze halten. Dass der Nachbar die Hinzurechnung nur bei wirksamer Baulast hinnehmen muss, liegt auf der Hand. Berücksichtigt man den Zweck des § 6 Abs. 2, die Einhaltung eines Gebäudeabstands entsprechend der Summe der maßgeblichen Höhen der Gebäude auf den Nachbargrundstücken zu sichern, muss sich der Baulastbegünstigte auch auf § 6 Abs. 2 berufen können, wenn der Baulastverpflichtete nicht Abstand von der gedachten Grenze hält, sondern nur von der Grundstücksgrenze. Das Austauschverhältnis, das die Nachbargrundstücke verbindet, existiert im Fall des § 6 Abs. 2 ebenso wie im Grundfall des § 5, es ist nur durch die Baulast örtlich verschoben. **§ 6 Abs. 2 ist daher nachbarschützend** (aA 7. Auflage § 72 Rn. 55; vgl. auch OVG Lüneburg 26.8.2004 – 1 LB 298/03, NdsVBl. 2005, 103). 86

§ 7, der die §§ 10 und 11 aF zusammenfasst, **vermittelt keinen Nachbarschutz**, weil die Vorschrift nur die Abstände auf demselben Grundstück regelt und daher die Nachbarn aus dem Anwendungsbereich ausklammert. Das gilt auch für das Baugrundstück, das nach § 2 Abs. 12 S. 2 aus mehreren Buchgrundstücken zusammengefasst ist (OVG Lüneburg 1.8.1996 – 1 M 3898/96, NVwZ-RR 1998, 12). § 7 Abs. 4 hat keine nachbarschützende Funktion, weil die Vorschrift dem Schutz von Wohnräumen vor Beeinträchtigungen durch Fenster von Aufenthaltsräumen fremder Wohnungen ein und desselben Gebäudes dient (→ § 7 Rn. 28). 87

§ 8: Die verfahrensrechtlichen Regelungen des § 94 aF sind entfallen, § 8 normiert nunmehr die Verpflichtung, materielle Bestimmungen des Bauordnungsrechts nicht zu verletzen (vgl. → § 8 Rn. 4 f.). Durch die Teilung eines Grundstücks dürfen nach Abs. 1 keine Verhältnisse geschaffen werden, die den Vorschriften der NBauO oder den aufgrund der NBauO erlassenen Vorschriften zuwiderlaufen. Die Teilung selbst kann bereits vorliegende Verstöße verschärfen bzw. die mit der Teilung beabsichtigte oder zumindest vorbereitete Nutzung des Grundstücks kann Nachbarrechte verletzen, so dass die **Bestimmung nachbarschützend** ist (vgl. OVG Lüneburg 7.3.2005 – 1 LB 174/04, NVwZ-RR 2006, 166 zum baurechtlichen Nachbarschutz gegen eine Teilungsgenehmigung nach § 94 aF). Abs. 2 iVm § 66 ist nachbarschützend, weil die Abweichungsentscheidung ua unter Würdigung der öffentlich-rechtlich geschützten nachbarlichen Belange mit den öffentlichen Belangen ergeht. 88

§ 9: Den Anforderungen an die nicht überbauten Flächen der Baugrundstücke liegen gestalterische Erwägungen zugrunde, so dass ein **Nachbarschutz ausscheidet (Abs. 1, 2 und 4)**. Auch die Bestimmungen zur **Herstellung eines Kinderspielplatzes** (Abs. 3 Satz 1 und 3) sind **nicht nachbarschützend** (vgl. Taft in Simon/Busse BayBO Art. 7 Rn. 177; OVG Magdeburg 19.10.2012 – 2 L 149/11, NVwZ-RR 2013, 87). Die mit der Benutzung eines Kinderspielplatzes für die nähere Umgebung unvermeidbar verbundenen Auswirkungen sind ortsüblich und sozialadäquat; die mit einer bestimmungsgemäßen Nutzung eines Kinderspielplatzes verbundenen Beeinträchtigungen daher von den 89

Nachbarn hinzunehmen (vgl. BVerwG 12.12.1991 – 4 C 5.88, juris für Kinderspielplätze bis zu 14 Jahren). **Abs. 3 ist nicht nachschützend.** Nach § 22 Abs. 1a BImSchG sind **Geräuscheinwirkungen**, die von Kinderspielplätzen durch Kinder hervorgerufen werden, **im Regelfall keine schädliche Umwelteinwirkung** (vgl. Jarass BImSchG § 22 Rn. 34a ff.). Zweifelhaft ist, ob § 22 Abs. 1a BImSchG nur für Geräusche gilt, die von Kindern oder deren Betreuern ausgehen (so Jarass aaO Rn. 34b), oder die Norm auch Anwendung findet für Geräusche, die durch die technische Beschaffenheit der Einrichtungen, insbes. der Spielgeräte bedingt sind (vgl. OVG Koblenz 24.10.2012 – 8 A 10301/12, juris Rn. 18 ff. BImSchG: Privilegierung erfasst sowohl die von den Kindern unmittelbar ausgehenden Laute als auch die von den Spielgeräten herrührenden Geräusche).

90 **§ 10:** Die Vorschriften über **Baugestaltung** dienen **grundsätzlich dem öffentlichen Interesse** an einwandfreier Einfügung eines Bauwerks in die Umgebung und nicht dem Schutz benachbarter Grundstückseigentümer vor Verunstaltung (OVG Lüneburg 5.9.1985 – 6 A 104/83, BRS 44 Nr. 118; 18.7.2003 – 1 ME 170/03, juris; VGH München 20.8.2008 – 15 ZB 08.261, BeckRS 2008, 28291). In besonderen Fällen erscheint es aber denkbar, aus dem Verunstaltungsverbot auch ein **Abwehrrecht** abzuleiten (VG Frankfurt a. M. 25.8. 2009 – 8 K 2609/08.F(V), juris Rn. 63 ff. zu einem **„architektonischen Missgriff"** nach § 9 Abs. 1 HBO für den beabsichtigten Neubau einer Doppelhaushälfte; vgl. zudem → Rn. 46 und Uechtritz NJW 1995, 2606 zum Abwehrrecht Christos gegen eine Baugenehmigung für ein Bauwerk in der Nachbarschaft des verhüllten Reichstages; Seidel Nachbarschutz Rn. 99 ff.; auch → § 10 Rn. 17 ff.).

91 **§ 11: Abs. 1** dient dem Schutz **nicht am Bau beteiligter Personen** im Bereich von Baustellen und dürfte daher **drittschützend** sein. **Abs. 2:** Mit Urteil v. 8.6.1976 (– VI ZR 50/75, BGHZ 66, 388) hat der BGH seine früher vertretene Ansicht aufgegeben, die § 11 Abs. 2 NBauO entsprechenden Vorschriften der LBOen seien Schutzgesetze zu Gunsten der Strombezieher, die bei Beschädigung eines Versorgungskabels durch Stromausfall Vermögensschäden erleiden. Dementsprechend ist auch eine nachbarschützende Wirkung zu verneinen. Eine andere Frage ist, ob Abs. 2 für das Versorgungsunternehmen drittschützend ist, deren Versorgungsanlagen durch die Baumaßnahme in Mitleidenschaft gezogen werden (bejahend: LG Krefeld 21.7.1981 – 4 O 182/81, VersR 1982, 1085).

92 **§ 12:** Die Forderung des **Abs. 1 Satz 1**, dass jede bauliche Anlage „für sich allein dem Zweck entsprechend dauerhaft standsicher" sein muss, dürfte **nicht nachbarschützend** sein (vgl. OVG Saarlouis 26.1.2006 – 2 R 9/05, juris Rn. 42 ff.). Demgegenüber sind **Abs. 1 Satz 2 und Abs. 2 nachbarschützend** (OVG Saarlouis 26.1.2006 – 2 R 9/05, juris Rn. 42) Das OVG Lüneburg (19.5.1992 – 6 M 533/92, nv) hat in einem Verfahren des vorläufigen Rechtsschutzes dem Nachbarn ein Abwehrrecht aus § 18 S. 3 aF eingeräumt, weil sich infolge von Gründungsarbeiten bei dem Gebäude auf dem Nachbargrundstück Setzrisse zeigten. Es erscheint zweifelhaft, ob die BauAB durch § 18 S. 3 aF („Die Standsicherheit anderer baulicher Anlagen darf nicht gefährdet werden") verpflichtet wurde, bereits im Baugenehmigungsverfahren durch entsprechende Auflagen sicherzustellen, dass die Tragfähigkeit des Baugrunds des Nachbargrundstücks nicht gefährdet wird (vgl. VGH Mannheim 19.12.1996 – 8 S 3190/96, BRS 59 Nr. 107). Der Gesetzgeber hat nunmehr in Abs. 1 Satz 2 klargestellt, dass bauliche Anlagen auf dem Nachbargrundstück auch durch Beeinträchtigung der Tragfähigkeit des Baugrunds der Nachbargrundstücke nicht gefährdet werden dürfen (LT-Drs. 16/3195, 75). Demnach kommt **Abs. 1 Satz 2 bereits im Baugenehmigungsverfahren nachbarschützende Wirkung** zu (vgl. BVerwG 3.1.1997 – 4 B 245.96, BeckRS 1997, 31 227240 zur Sicherung von Nachbarrechten im Baugenehmigungsverfahren). Wegen der Einwirkungen auf Grund- und Druckwasser durch die Unterkellerung eines Hauses hat das OVG Lüneburg (7.3.1996 – 6 M 754/96, nv) Nachbarschutz abgelehnt und den Nachbarn auf § 38 NNachbG verwiesen. Die Gewährleistung der Standsicherheit bei der Verwendung gemeinsamer Bauteile **(Abs. 2)** dient auch dem Schutz des Nachbarn (OVG Lüneburg 23.9.1986 – 6 A 182/84, BRS 46 Nr. 184; 18.10.1993 – 6 L 3059/91, nv; vgl. auch → § 12 Rn. 6, 13 f.).

§13: Die Fassung der Vorschrift von 1986 verzichtet zwar auf den Zusatz, dass durch **schädliche Einflüsse** Gefahren oder unzumutbare Belästigungen „auch für die Umgebung" nicht entstehen dürfen. Wie im AusschussBer NBauO 1986 S. 7 aber hervorgehoben wird, sollte damit der nachbarschützende Charakter der Vorschrift nicht infrage gestellt werden (vgl. OVG Lüneburg 12.7.1994 – 6 M 3522/94, BRS 56 Nr. 178: Abwehranspruch des Nachbarn gegen nachteilige Auswirkungen eines Bauvorhabens auf Niederschlagswasserabfluss; VGH München 27.12.2001 – 26 ZB 00.2890, juris Rn. 14, BeckRS 2007, 21284: bei der Bauausführung dem Nachbarschutz dienend, aber nicht präventiv im Baugenehmigungsverfahren). Die Vorschrift dient – nachdem §42 Abs. 3 aF aufgehoben wurde – auch der Vermeidung von Gefahren und unzumutbaren Belästigungen, insbesondere durch Geruch oder Geräusche, und damit dem Schutz des Nachbarn (LT-Drs. 16/3195, 84). Dies gilt insbesondere bei der Platzierung der Mülltonnen. Die Anforderungen des §13 dürften in der Sache mit den Anforderungen des BImSchG übereinstimmen (vgl. → §13 Rn. 9f.). Allerdings reicht der Anwendungsbereich des §13 (zB pflanzliche und tierische Schädlinge) weiter als der des BImSchG. 93

§14: Das OVG Lüneburg (23.9.1986 – 6 A 182/84, BRS 46 Nr. 184) hat bislang offen gelassen, ob den **Brandschutzbestimmungen** nachbarschützender Charakter zukommt. Jedenfalls soweit §14 der „Ausbreitung von Feuer und Rauch (Brandausbreitung)" vorbeugen will, bezweckt die Vorschrift den Schutz des Nachbarn, denn der Ausbreitung von Schadenfeuer soll nicht nur zur Lokalisierung des Brandherdes auf dem Baugrundstück vorgebeugt werden, sondern gleichermaßen **zum Schutze der Nachbargrundstücke** (vgl. OVG Magdeburg 19.10.2012 – 2 L 149/11, NVwZ-RR 2013, 87; OVG Berlin-Brandenburg 6.12.2011 – OVG 10 B 6.11, BeckRS 2012, 46401; OVG Greifswald 1.10.2004 – 3 M 268/04, NordÖR 2005, 27; VGH München 19.11.1979 – 6 XIV 78, BRS 35 Nr. 181). 94

§15: Im Gegensatz zu **Abs. 1**, der Vorkehrungen auf dem Baugrundstück für dessen Nutzbarkeit vorsieht, geht es bei **Abs. 2** darum, von technischen Bauteilen und – neu – ortsfesten Einrichtungen in baulichen Anlagen oder auf Baugrundstücken ausgehende Gefahren oder unzumutbare Belästigungen durch **Geräusche, Erschütterungen oder Schwingungen** zu unterbinden. Durch die ausdrückliche Erwähnung **„auch für Nachbarn"** hat der Gesetzgeber den nachbarschützenden Charakter klargestellt (OVG Lüneburg 23.9.1986 – 6 A 182/84, BRS 46 Nr. 184). Der Gesetzgeber hat ortsfeste Einrichtungen in Abs. 2 aufgenommen, weil die Einschränkung der Anforderung auf Gebäudeteile „insbesondere im Hinblick auf den Nachbarschutz nicht sachgerecht" ist (LT-Drs. 16/3195, 76). 95

§16 dient der öffentlichen Sicherheit und Leichtigkeit des Verkehrs und **nicht dem Schutz der Nachbarn** (vgl. VGH Kassel 24.8.2012 – 3 A 565/12, BR 2012, 733; zur entsprechenden, keinen Nachbarschutz vermittelnden Regelung in §15 HBO; VGH München, 08.5.2012 – 15 ZB 12.128, BeckRS 2012, 52504 Rn. 3 zu Art. 14 Abs. 2 BayBO). Unzumutbare Verkehrsgefährdungen durch bauliche Anlagen können nach §3 Abs. 1 abgewehrt werden. 96

§§17–25: Die Vorschriften über **Bauprodukte und Bauarten** haben **keinen Bezug zum Nachbarn**. Auch wenn im Zulassungsverfahren die Übereinstimmung des Bauprodukts mit den allgemeinen Sicherheitsanforderungen zu prüfen ist, begründet dies noch keine drittschützende Wirkung (VGH München 9.11.1998 – 1 CS 98.2821, NVwZ 1999, 446). Allerdings kann sich bei der Verwendung gefährlicher Bauprodukte ein Nachbarschutz aus §3 Abs. 1 und 7 ergeben (vgl. VGH München aaO). 97

§26 über das Brandverhalten von Baustoffen und die Feuerwiderstandsfähigkeit von Bauteilen ist **nicht nachbarschützend**. 98

§27 enthält die Anforderungen an Wände und Stützen. Soweit diese Anforderungen dem Schutz der baulichen Anlage dienen, sind sie **nicht nachbarschützend**. 99

§28 Abs. 2 dürfte **nicht als nachbarschützend anzusehen sein.** Abs. 2 bestimmt (nur), dass Außenwände und Außenwandteile so ausgebildet sein müssen, dass eine 100

Brandausbreitung „auf und in diesen Bauteilen ausreichend lang begrenzt ist." Sollte eine Außenwand als Brandwand auszuführen sein, so ergibt sich der Nachbarschutz aus § 30 (vgl. OVG Berlin-Brandenburg 6.12.2011 – OVG 10 B 6.11, juris Rn. 37 ff., BeckRS 2012, 46401).

101 **§ 29** ist **nicht nachbarschützend**, weil Trennwände der Brandausbreitung „innerhalb von Geschossen entgegenzuwirken" haben.

102 **§ 30:** Brandwände sollen eine Brandausbreitung auf andere Gebäude oder Brandabschnitte verhindern. Die Vorschrift ist daher **nachbarschützend, soweit** sie die Ausbreitung auf andere Gebäude verhindern soll (vgl. OVG Magdeburg 19.10.2012 – 2 L 149/11, juris Rn. 34, NVwZ-RR 2013: innere Brandwand dient nicht dem Nachbarschutz; OVG Berlin-Brandenburg 6.12.2011– OVG 10 B 6.11, juris, BeckRS 2013, 46401; OVG Münster 25.4.1973 – VII A 345/72, BRS 27 Nr. 103).

103 **§ 31** betrifft Anforderungen an Decken und Böden, um ihre funktionsgerechte Nutzung zu sichern. Die Vorschrift ist **nicht nachbarschützend**. Abs. 3 soll die Brandausbreitung zwischen den Geschossen verhindern.

104 **§ 32:** Die Vorschriften über Dächer betreffen in erster Linie den Schutz des jeweiligen Gebäudes. Die Widerstandsfähigkeit gegen Feuer und strahlende Wärme wird als nachbarschützend angesehen, weil sonst ein Sicherheitsabstand von der Nachbargrenze erforderlich ist (vgl. VGH Kassel 22.2.1980 – IV OE 58/78, BRS 36 Nr. 153). **Abs. 3** soll einer Übertragung des Feuers auf Nachbargebäude entgegenwirken und **ist** daher **nachbarschützend**. Die Regelung des § 11 Abs. 2 DVNBauO über größere Grenzabstände von Gebäuden mit weicher Bedachung dient ebenso dem Nachbarschutz (OVG Lüneburg 12.11.1974 – 1 A 124/74, BRS 29 Nr. 82; VGH Kassel 22.2.1980 aaO) wie § 11 Abs. 5–7 DVNBauO.

105 **§ 33:** Die Vorschrift ist **nicht nachbarschützend** (OVG Münster 29.7.2002 – 7 B 583/02, juris Rn. 15 ff.; OVG Magdeburg 19.10.2012 – 2 L 149/11, NVwZ-RR 2013, 87 für die Vorschriften über den zweiten Rettungsweg). Die Vorschrift dient dem Schutz der Bewohner bzw. Benutzer des jeweiligen Gebäudes und nicht auch dem Nachbar.

106 **§§ 34–38:** Den Vorschriften über Treppen, Flure, Aufzüge, Fenster, Türen und sonstige Öffnungen fehlt ein Bezug zum Nachbargrundstück; sie sind **nicht nachbarschützend**.

107 **§ 39** formuliert Anforderungen an Lüftungs-, Leitungs- und Installationsanlagen, ohne Nachbargrundstücke in den Blick zu nehmen. Ein **Nachbarschutz ist nicht beabsichtigt**. Bei Reihenhausbebauung dürfte im Zweifel mit den allgemeinen Anforderungen der §§ 14 f. ein Nachbarschutz auch bei Verletzung der Anforderungen des § 39 in Betracht kommen.

108 **§ 40:** Die Vorschriften über Feuerungsanlagen dienen im Wesentlichen der Gefahrenabwehr; das gilt auch für die FeuVO. Allerdings **dürften** Abs. 3 Satz 1, Abs. 4 Satz 2 und 3 und Abs. 5 **nachbarschützend sein**, weil sie darauf ausgerichtet sind, dass unzumutbare Belästigungen nicht entstehen. Auch § 9 Abs. 2 FeuVO deutet auf einen nachbarschützenden Charakter der Vorschrift hin. Nach OVG Münster (9.3.2012 – 2 A 2732/10, juris Rn. 32 ff., BeckRS 2012, 49228) dienen die bauordnungsrechtlichen Bestimmungen über die Feuerungsanlagen auch dem Immissionsschutz und sind insoweit nachbarschützend.

109 **§ 41** betrifft Wasserversorgungsanlagen sowie Anlagen für Abwässer und Abfälle. Der VGH Kassel (31.1.2002 – 4 UE 2231/95, BRS 65 Nr. 194) misst einer § 41 Abs. 2 S. 1 entsprechenden Vorschrift nachbarschützende Wirkung bei, wenn von einem Pflanzwall Oberflächenwasser auf das Nachbargrundstück läuft und dort zur Vernässung führt. Die **Abstandsvorschrift für Dungstätten** (§ 24 Abs. 3 DVNBauO) **ist nachbarschützend**; weitergehender Nachbarschutz aus dem Rücksichtnahmegebot kommt insoweit nicht in Betracht (OVG Lüneburg 18.2.1993 – 1 L 246/89, BRS 55 Nr. 84). Die Abstandsvorschrift für Brunnen zur Trinkwasserversorgung (§ 24 Abs. 1 DVNBauO) ist nicht nachbarschützend.

§ 42 (Blitzschutzanlagen) ist **nicht nachbarschützend.** 110

§§ 43 (Aufenthaltsräume), **44** (Wohnungen), **45** (Toiletten und Bäder) haben **keine nachbarschützende Funktion**. Die Entscheidung des VGH Mannheim (11.12.1979 – V 3593/78, BRS 36 Nr. 154) ist durch die Rechtsprechung des BVerwG – kein öffentlich-rechtlicher Nachbarschutz zwischen Miteigentümern (→ Rn. 8) – überholt. 111

§ 46: Abs. 1 Satz 2 aF ist gestrichen worden, da nach Auffassung des Gesetzgebers diese Anforderungen ausreichend in den allgemeinen Anforderungen des § 3 Abs. 1 und der §§ 13 und 16 enthalten sind (LT-Drs. 31/1695, 87). Demnach gewährt **§ 46 selbst keinen Nachbarschutz** mehr, sondern muss insoweit im Zusammenhang mit § 3 Abs. 1, dort insbesondere Satz 3, und § 13 gelesen werden (vgl. → § 46 Rn. 57 f.). Die zu § 46 Abs. 1 S. 2 aF ergangene Rspr. soll dennoch hier nachgezeichnet werden, zumal sie die Anwendung des § 3 Abs. 1 S. 3 erleichtert: 112

Nachdem das BVerwG (28.4.1967 – IV C 10.65, NJW 1967, 1770) einen Nachbarschutz aus § 11 Abs. 1 S. 1 RGaO verneint hat, hätte man vom Gesetzgeber eine eindeutige Formulierung erwarten dürfen. § 46 Abs. 1 S. 2 aF blieb mit der Formulierung der **Anforderungen an Garagen und Stellplätze** hinter der Formulierung der RGaO insofern zurück, als er nicht einmal auf Belästigungen „in der Umgebung" der Einstellplätze abhob. Das OVG Lüneburg hat, ebenso wie die Obergerichte anderer Bundesländer (VGH Mannheim 2.7.1999 – 3 S 1393/99, BRS 62 Nr. 150; VGH München 11.6.1999 – 20 ZB 99.1359, BRS 62 Nr. 152; OVG Münster 5.3.2001 – 7 B 878/00, BRS 64 Nr. 143; OVG Schleswig 9.12.1991 – 1 L 28/91, BRS 54 Nr. 101) zu den entsprechenden Vorschriften anderer LBOen, in ständiger Rechtsprechung den nachbarschützenden Charakter der Vorschrift bejaht, die mit dem **Schutz vor „unzumutbaren Belästigungen"** – vgl. nunmehr § 3 Abs. 1 S. 3 – eine Konkretisierung des Rücksichtnahmegebots darstellte (15.3.1979 – I A 178/76, BRS 35 Nr. 194 zum gleichlautenden § 67 Abs. 8 LBO SH). 113

Die **Beurteilung der Zumutbarkeit** von Belästigungen durch Stellplätze und Garagen **bereitet Schwierigkeiten**, weil die Richtwerte der Regelwerke nicht auf die Beurteilung von Geräuschen durch einzelne Stellplätze und Garagen ausgerichtet sind. Die Beurteilung nach der 16. BImSchV scheidet aus, weil sich der Lärm des ruhenden Verkehrs deutlich von dem des fließenden Verkehrs unterscheidet (BVerwG 27.8.1998 – 4 C 5.98, NVwZ 1999, 523). Die DIN 18 005 stellt auf eine Mittelung in der Nacht über 8 Stunden ab, was den punktuell auftretenden Lärmereignissen des ruhenden Verkehrs nicht gerecht wird (OVG Koblenz 27.6.2002 – 1 A 11669/99, BRS 65 Nr. 143). 114

Die **TA Lärm 1998**, die mit der **VDI-Richtlinie 2058** weitgehend übereinstimmt, misst sich nach Nr. 1 Abs. 2 Geltung auch für nicht genehmigungsbedürftige Anlagen nach § 22 BImSchG bei. Allerdings liegen die **Immissionsrichtwerte** der TA Lärm (Nr. 6.1) für die Tageszeit auch unter Berücksichtigung des Spitzenpegelkriteriums (Verbot der Überschreitung der gebietsbezogenen Richtwerte durch Spitzenpegel um mehr als 30 dB(A) am Tag und 20 dB(A) nachts) so hoch, dass sie keine Einschränkung für die Zulassung einzelner Stellplätze und Garagen darstellen. Dagegen führt das Spitzenpegelkriterium in der Nacht dazu, dass die Immissionsrichtwerte für reine und allgemeine Wohngebiete durch Stellplätze idR als überschritten gelten, was der Sozialadäquanz des Parkverkehrs in Wohngebieten und § 12 Abs. 2 BauNVO zuwider läuft (VGH Mannheim 20.7.1995 – 3 S 3538/94, NVwZ-RR 1996, 254). 115

Die **Parkplatzlärmstudie des Bay. Landesamts für Umwelt** (6. überarbeitete Auflage 2007) verdeutlicht dies: Nach Tab. 35 werden die Immissionsrichtwerte von tags 50/55 dB(A) im WR/WA in einer Entfernung von unter einem Meter vom Stellplatz auch unter Berücksichtigung des Spitzenpegelkriteriums eingehalten (S. 107 vor 11.2), während die Nachtrichtwerte von 35/40 dB(A) im WR/WA unter Berücksichtigung des Spitzenpegelkriteriums erst in 43 m bzw. 28 m Entfernung vom Stellplatz eingehalten werden (S. 107 Tab. 37). Daher ließ sich die Zulässigkeit kleinerer Stellplatz- und Garagenanlagen nicht nach der **TA Lärm** beurteilen, sondern nur aufgrund einer Würdigung der Umstände des Einzelfalls (VGH Mannheim 2.7.1999 aaO; VGH München 11.6.1999 aaO 116 jeweils Rn. 113; OVG Koblenz 27.6.2002 aaO Rn. 114; BVerwG 7.12.2000 – 4 C 3.00, NVwZ 2001, 813 zu § 15 Abs. 1 S. 2 BauNVO). Bei größeren Parkplätzen, bei denen auch der Zu- und Abgangsverkehr nach Nr. 7.4 TA Lärm zu berücksichtigen ist, diente die TA Lärm **zunächst als Orientierungshilfe** (BVerwG 27.8.1998 – 4 C 5.98, NVwZ 1999, 523).

117 Nach neuerer Rspr. des BVerwG kommt der **TA Lärm** eine auch im gerichtlichen Verfahren **zu beachtende Bindungswirkung** zu (BVerwG, 26.3.2014 – 4 B 3.14, BauR 2014, 1129 (1129); 8.1.2013 – BVerwG 4 B 23.12, BauR 2013, 739 (740); 29.11.2012 – BVerwG 4 C 8.11, NVwZ 2013, 372 (373); 29.8.2007 – 4 C 2.07, NVwZ 2008, 76 (76)). Sie unterliegt als normkonkretisierende Verwaltungsvorschrift der revisionsgerichtlichen Überprüfung (BVerwG 29.8.2007 – 4 C 2.07, NVwZ 2008, 76). Mit Nr. 7.4 Abs. 2 der TA Lärm wurde für die Berücksichtigung von Verkehrslärm eine klare, nicht auf Ergänzung angelegte Regelung geschaffen, die die Gerichte bindet und eine in der Rechtsprechung vor Erlass der TA Lärm 1998 vorgenommene weitergehende Zurechnung ausschließt (BVerwG 8.1.2013 – 4 B 23.12, ZfBR 2013, 265).

118 Das Maß dessen, was den Nachbarn an Belästigungen zumutbar ist, beurteilt sich nach den **konkreten Umständen des Einzelfalls**, wobei insbesondere die Art der baulichen Nutzung der näheren Umgebung sowie die Zahl und Lage der Einstellplätze von Bedeutung sein kann (vgl. Sarnighausen NVwZ 1996, 7 mN). Allgemein ist dabei zu berücksichtigen, dass Stellplätze und Garagen nach § 12 BauNVO mit gewissen Einschränkungen in allen Baugebieten zulässig sind. Der Grundsatz, dass Stellplätze und Garagen, deren Zahl dem durch die zugelassene Nutzung verursachten Bedarf entspricht, keine unzumutbaren Belästigungen für den Nachbarn hervorrufen (VGH Mannheim 6.2.1997 – 8 S 29/97, NVwZ-RR 1998, 611), gilt aber nur mit Einschränkungen. Denn wenn die Zahl der Wohnungen auf einem Baugrundstück deutlich über das hinausgeht, was in der näheren Umgebung vorhanden ist, kann die Unzumutbarkeit des Vorhabens gerade aus der im Vergleich zur näheren Umgebung großen Zahl der Stellplätze folgen.

119 **Stellplätze und Garagen** können insbesondere dann zu unzumutbaren Belästigungen für den Nachbarn führen, wenn sie **im rückwärtigen Garten bzw. Ruhebereich** errichtet werden. Das gilt nicht nur für überlange Zufahrten in Wohngebieten (OVG Schleswig 9.12.1991 – 1 L 28/91, BRS 54 Nr. 101: 40 m lange Zufahrt zwischen den Nachbargebäuden in den Garten unzulässig; OVG Lüneburg 27.2.1998 – 6 L 6440/96, nv: 60 m lange Zufahrt zwischen Wohnhäusern unzulässig), sondern kann auch für Kerngebiete gelten, wenn der rückwärtige Bereich, zB von geschlossener Bebauung umgebene Höfe, durch die Bebauung vor Straßenlärm geschützt ist und die Wohnungen zu dieser Ruhezone ausgerichtet sind (OVG Lüneburg 23.9.1991 – 6 L 131/89, BRS 52 Nr. 115).

120 Zur Zulässigkeit von Garagen und Einstellplätzen, welche im straßenabgewandten Grundstücksbereich angelegt werden sollen – **Zusammenfassung der Rechtsprechung** – vgl. zunächst OVG Lüneburg 27.3.2007 – 1 ME 102/07, juris: Bei der Frage, ob das Vordringen von Stellplätzen in den rückwärtigen Grundstücksbereich zu unzumutbaren Belästigungen führt, sind auch planbedingte Vorbelastungen zu berücksichtigen: Schafft die Gemeinde großflächig Baumöglichkeiten im bislang unbebauten rückwärtigen Bereich, kann dies für die Zulässigkeit von Stellplätzen sprechen (OVG Lüneburg 18.7.2014 – 1 LA 168/13, BauR 2014, 2069 (2071); 18.7.2003 – 1 ME 170/03, NdsVBl. 2003, 325; 15.4.2010 – 1 ME 22/10, NVwZ-RR 2010, 552; 7.6.2011 – 1 ME 62/11, BeckRS 2011, 51224. Eine Zufahrt muss auch dann nicht rücksichtslos sein, wenn das Baugrundstück zuvor als Zentraler Omnibusbahnhof gedient hat (OVG Lüneburg 4.3.2008 – 1 ME 351/07, juris). Eine Massierung von Stellplätzen im rückwärtigen Bereich kann allerdings zu unzumutbaren Belästigungen führen (OVG Lüneburg 28.2.2001 – 1 L 998/00, NdsVBl. 2001, 224; OVG Münster 4.9.2018 – 10 B 993/18, juris Rn. 14). Unzumutbare Belästigungen kann eine steile Rampe zu einer Tiefgarage oder einem Parkdeck mit sich bringen, weil mit erhöhtem Motorengeräusch zu rechnen ist (OVG Lüneburg 24.10.1974 – I A 107/73, DVBl 1975, 915). Auch wenn es grundsätzlich Sache des Bauherrn ist, den Standort seines Vorhabens im Rahmen der gesetzlichen

Vorschriften zu bestimmen, kann eine Garage ausnahmsweise zu unzumutbaren Belästigungen führen, wenn sie den Nachbarn besonders empfindlich trifft und sich andere weniger störende Standorte anbieten (OVG Lüneburg 5.12.1995 – 1 M 7026/95, nv für eine Garage im rückwärtigen Bereich, deren Zufahrt an der Terrasse des Nachbarn vorbei führt; 29.3.1996 – 1 M 6354/95, NVwZ 1997, 1012: Zufahrt zu den Parkplätzen eines großflächigen Einzelhandelsbetriebes unmittelbar neben einer genehmigten Wohnnutzung im GE unzulässig). Auch für ein Parkhaus im Kerngebiet gilt, dass „unzumutbare Belästigungen" nicht schon bei Einhaltung der TA Lärm-Werte ausgeschlossen sind, wenn es in einem „Blockinnenbereich" errichtet werden soll; dann bedarf es einer „wertenden Einzelfallbetrachtung" (OVG Lüneburg 21.10.2009 – 1 ME 192/09, juris Rn. 14 ff., DÖV 2010, 149; vgl. auch → § 46 Rn. 45 ff.).

§ 47: Die **Vorschriften über notwendige Einstellplätze dienen dem öffentlichen Interesse** (OVG Lüneburg 15.4.2010 – 1 ME 22/10, juris Rn. 43 f., NVwZ-RR 2010, 552; 21.12.2010 – 1 LA 274/09, juris Rn. 32 f.). Auch wenn die Nachbarn die Auswirkungen fehlender Einstellplätze uU spüren, weil abgestellte Fahrzeuge auf der Straße den Verkehrsfluss behindern oder Zufahrten versperren, sind dies nur mittelbare Auswirkungen, die einen Nachbarschutz nicht begründen können (OVG Bremen 18.10.2002 – 1 B 315/02, NVwZ-RR 2003, 549; VGH Kassel 12.5.2003 – 9 TG 2037/02, BRS 66 Nr. 190). Fehlende Stellplätze eines Vorhabens können aber unter besonderen Umständen einen Verstoß gegen das Gebot der Rücksichtnahme indizieren (OVG Lüneburg 20.12.2013 – 1 ME 214/13, NVwZ-RR 2014, 296 (296); 14.3.1997 – 1 M 6589/96, BRS 59 Nr. 64; 19.12.2006 – 1 ME 207/06, juris Rn. 50 ff., OVG Münster 10.7.1998 – 11 A 7238/95, BRS 60 Nr. 123; OVG Bremen aaO; VGH Kassel aaO: in allen Fällen aber verneint; vgl. aber → § 47 Rn. 7: Nachbarschutz aus § 47 iVm § 3 Abs. 1 S. 3 „unzumutbare Verkehrsbehinderungen"). § 47 verleiht einem Bediensteten einer Behörde keinen Anspruch auf Nutzung des Behördenparkplatzes, vielmehr darf die Behörde die Nutzung des Parkplatzes Besitzern eines Job-Tickets vorbehalten (OVG Lüneburg 12.12.1995 – 5 L 5768/94, NJW 1996, 2591). Zum möglichen Schutz der Gemeinde ggü. fehlerhaften Entscheidungen der BauAB über die Zahl der Einstellplätze vgl. → § 47 Rn. 7. 121

§ 48 ist nicht nachbarschützend (vgl. → § 48 Rn. 1). In Einzelfällen, wenn eine übergröße Anzahl an abgestellten Fahrrädern den Zugang zu Nachbargrundstücken behindert, wäre auf § 3 Abs. 1 S. 3 zurückzugreifen. 122

§ 49: Die Vorschrift über **behindertengerechte Zugänglichkeit und Benutzbarkeit** bestimmter baulicher Anlagen dient dem öffentlichen Interesse, Menschen mit Behinderung, alte Menschen, Kinder und Personen mit Kleinkindern durch eine möglichst hindernisfreie bauliche Umwelt stärker zu integrieren. Darüber hinaus dient § 49 auch unmittelbar den Interessen von Menschen mit Behinderung. Unter Berücksichtigung von Art. 3 Abs. 3 S. 2 GG stellt sich daher die Frage, ob die Vorschrift Menschen mit Behinderung und anderen Begünstigten einen Anspruch auf Erfüllung ihrer Anforderungen einräumt (vgl. OVG Magdeburg 19.10.2012 – 2 L 149/11, NVwZ-RR 2013, 87: barrierefreies Bauen (§ 49 BauO LSA) dient nur dem Schutz der Bewohner bzw. Benutzer des jeweiligen Gebäudes, nicht auch dem Nachbarn; → § 49 Rn. 13 f.). Jedenfalls bei baulichen Anlagen der öffentlichen Hand wird man einen Drittschutz bejahen müssen (vgl. Grams BauR 1995, 195; aA Würfel in Simon/Busse Art. 48 Rn. 18), zumal ein grundrechtlicher Teilhabe- und Leistungsanspruch von Menschen mit Behinderung aus Art. 3 GG ableitbar erscheint. Ein Anspruch auf behindertengerechten Zugang kann nur Menschen mit Behinderung im Einzugsbereich der baulichen Anlage zustehen, ein zufälliges Besuchenwollen reicht nicht aus. Bezüglich der erforderlichen Maßnahmen für einen behindertengerechten Zugang steht der BauAB ein weites Ermessen zu. 123

§ 50: Die Zulässigkeit von **Werbeanlagen** ist im öffentlichen Interesse geregelt; § 50 dient **nicht dem Schutz des Nachbarn** (OVG Lüneburg 5.9.1985 – 6 A 104/83, BRS 44 Nr. 118 zum Verunstaltungsverbot des § 53 aF; VGH Mannheim 29.3.2012 – 3 S 2658/10, NVwZ-RR 2012, 636: Videowerbeanlage – kein Nachbarschutz aus Gestaltungsvorschriften). 124

125 **§ 51:** Die Vorschrift über Sonderbauten ist **nicht nachbarschützend**.

126 **§§ 52–56:** Die Regelungen über die verantwortlichen Personen sind **nicht nachbarschützend**.

127 **§§ 57–58:** Die Vorschriften über die BauABen sind **nicht drittschützend**. Die Aufgabenzuweisungsnorm bietet im Zusammenhang mit einer nachbarschützenden Vorschrift eine Grundlage für einen Anspruch auf Einschreiten. Abs. 9 stellt unter den genannten Voraussetzungen eine Ermächtigungsgrundlage zum Betreten von Grundstücken und Wohnungen dar (vgl. → § 58 Rn. 2).

128 **§§ 59–62:** Die Vorschriften über „Genehmigungserfordernisse" im 9. Teil sind **nicht nachbarschützend** (OVG Lüneburg 26.2.2003 – 1 LC 75/02, NVwZ-RR 2003, 820; 30.8.2004 – 1 LA 277/03, NVwZ-RR 2005, 455; 9.10.2007 – 1 LB 5/07, juris Rn. 69, NVwZ-RR 2008, 374). Auch § 60 Abs. 3 (Abbruchanzeige) kommt kein Nachbarschutz zu. Zwar ist der Anzeige nach Satz 2 eine Bestätigung eines Tragwerksplaners beizufügen über die Wirksamkeit der vorgesehenen Sicherungsmaßnahmen und die Standsicherheit der baulichen Anlagen, die an die abzubrechenden oder zu beseitigenden baulichen Anlagen oder Teile baulicher Anlagen angebaut sind oder auf deren Standsicherheit sich die Baumaßnahme auswirken kann. Nachbarschutz gewährt in diesem Zusammenhang § 12 (vgl. → Rn. 92). Zur Beteiligung des Nachbarn im „Genehmigungsverfahren" → Rn. 153 ff.; vgl. auch Finkelnburg/Ortloff/Otto, Bd. II, S. 220 zum eigenständigen behördlichen Nachbarschutzauftrag). Die Genehmigungsfreiheit sonstiger Baumaßnahmen dient ebenso wenig wie das in § 62 vorgesehene Verfahren dem Schutz des Nachbarn. Zum Nachbarschutz bei genehmigungsfreien Baumaßnahmen vgl. → Rn. 185 sowie § 62 Rn. 85 ff.

129 **§§ 63–65:** Die Vorschriften über das (vereinfachte) Baugenehmigungsverfahren und die bautechnischen Nachweise sind **nicht nachbarschützend** (OVG Lüneburg 29.5.1998 – 6 L 1223/97, BeckRS 2005, 21493: kein Nachbarschutz durch Verfahrensbeteiligung; OVG Saarlouis 27.5.2010 – 2 B 95/10, juris Rn. 16; vgl. auch BVerwG 26.3.1976 – IV C 7.74, BVerwGE 50, 282 (285): Die Befugnis der BauAB, eine Baugenehmigung wegen fehlenden Sachbescheidungsinteresses zu versagen, ist nicht drittschützend; OVG Saarlouis 3.1.2008 – 2 O 44/06, juris Rn. 6: Ein Verstoß gegen bauordnungsrechtliche Verfahrensvorschriften löst keine nachbarrechtlichen Abwehransprüche aus.).

130 **§ 66** über Abweichungen ersetzt die §§ 85 und 86 aF über Ausnahmen und Befreiungen. **Abs. 1 Satz 1** legt den Grundsatz fest, dass die BauAB Abweichungen von bauordnungsrechtlichen Anforderungen zulassen kann, wenn diese unter Berücksichtigung des Zwecks der jeweiligen Anforderung und unter **Würdigung der öffentlich-rechtlich geschützten nachbarlichen Belange mit den öffentlichen Belangen, insbes. den Anforderungen nach § 3 Abs. 1** vereinbar sind. Die Mindestanforderungen des § 3 Abs. 1 gelten als absolute Grenze für die Zulassung von Abweichungen (LT-Drs. 16/3195, 102). **Abs. 1 Satz 1 ist bereits nach seinem Wortlaut nachbarschützend**. Tatbestandsmäßig in die Norm einbezogen sind (nur) öffentlich-rechtlich geschützte nachbarliche Belange, während privatrechtlich geschützte oder nicht besonders rechtlich geschützte private Belange des Nachbarn allenfalls im Rahmen der erforderlichen Ermessensausübung in die Abwägung einzubeziehen sind (Ausschuss-Bericht, LT-Drs. 16/4621, 28).

131 **§ 66 Abs. 1 S. 1** deckt sich mit § 67 Abs. 1 S. 1 MBauO 2002 (ebenso § 63 Abs. 1 S. 1 HBO; Art. 63 Abs. 1 S. 1 BayBO; vgl. hierzu: VGH München 7.2.2012 – 9 CS 11.2166, juris: Voraussetzungen der Abweichung von den Abstandsflächen nach Art. 6 BayBO nicht erfüllt; 8.12.2011 – 15 ZB 11.1882, juris: Das durch Art. 63 Abs. 1 S. 1 BayBO eingeräumte Ermessen ist ein **tatbestandlich intendiertes Ermessen**. Sind die Tatbestandsvoraussetzungen für eine Abweichung gegeben, ist sie in der Regel zuzulassen, es sei denn, besondere Umstände stünden dem entgegen; 23.11.2011 – 2 ZB 11.2228, BeckRS 2011, 34429: Satzung dient rein ortsgestalterischen Zwecken und nicht dem Schutz eventuell betroffener Nachbarn; daher ist das nachbarliche Interesse lediglich im Rahmen der Ermessensausübung zu berücksichtigen). Demgegenüber enthält § 73

Abs. 1 S. 1 BauO NRW im Tatbestand keine Einschränkung auf öffentlich-rechtlich geschützte nachbarliche Belange, sondern verlangt eine „Würdigung der nachbarlichen Interessen mit den öffentlichen Belangen".

132 **§ 66 Abs. 5** hat **gemeindeschützenden Charakter**, da Abweichungen von örtlichen Bauvorschriften nach § 84 Abs. 1 und 2 nur im Einvernehmen mit der Gemeinde zugelassen werden dürfen. Die Gemeinde nimmt insoweit eine dem Nachbarn vergleichbare Rechtsposition ein (vgl. Finkelnburg/Ortloff/Otto, Bd. II, S. 296 f.).

133 **§ 67:** Bauantrag und Bauvorlagen sollen der BauAB eine zuverlässige Prüfung des genehmigungspflichtigen Vorhabens ermöglichen. Der Nachbar hat daher keinen Anspruch, dass der Bauherr vollständige Unterlagen vorlegt und Lärm- und Geruchsgutachten beibringt. **Abs. 1 Satz 2** betrifft unmittelbar nur das Rechtsverhältnis zwischen Behörde und Bauherrn; **nachbarschützende Wirkung hat sie nicht** (OVG Lüneburg 9.8.2011 – 1 ME 107/11, NVwZ 2012, 124 zu § 71 Abs. 2 S. 1 aF; VGH Mannheim 12.2.2007 – 5 S 2826/06, juris Rn. 3 f., DÖV 2007, 664). Da die Bauvorlagen aber auch die Baugenehmigung konkretisieren, kann der Nachbar die Baugenehmigung mit Erfolg anfechten, wenn die **Baugenehmigung wegen unvollständiger Bauvorlagen nicht hinreichend bestimmt** ist und damit eine Verletzung von nachbarschützenden Vorschriften nicht ausgeschlossen werden kann (VGH Mannheim 9.2.1993 – 5 S 1650/92, BRS 55 Nr. 193; OVG Lüneburg 5.10.1994 – 1 M 5589/94, ZMR 1994, O 89; OVG Münster 2.10.1998 – 11 B 845/98, NVwZ-RR 1999, 427; 30.5.2005 – 10 A 2017/03, BauR 2005, 1459; 7.9.2010 – 10 B 846/10, juris Rn. 3 ff., IBRS, 3991; VGH Kassel 30.1.2012 – 4 B 2379/11, juris: Aus der Baugenehmigung muss sich positiv ergeben, welche betrieblichen Tätigkeiten und Nutzungen zugelassen sind, um zu gewährleisten, dass die Begrenzung der Immissionen nicht nur auf dem Papier steht.).

134 **§ 67 Abs. 1 S. 1 dient dem Schutz der Gemeinde**. Sie soll vom Bauantrag unterrichtet werden, um auch einen Antrag auf Zurückstellung des Baugesuchs stellen zu können (→ § 67 Rn. 23 f.).

135 **§ 68:** Die **Beteiligung des Nachbarn** am Baugenehmigungsverfahren **dient seinem Schutz**; allerdings vermittelt das Verfahrensrecht nur im Hinblick auf die Verwirklichung einer materiell-rechtlichen Rechtsposition Drittschutz, so dass die auf einen Fehler des Baugenehmigungsverfahrens gestützte Nachbarklage nur Erfolg haben kann, wenn sich der Verfahrensfehler auf seine materiell-rechtliche Rechtsposition ausgewirkt hat (BVerwG 5.10.1990 – 7 C 55, 56.89, NVwZ 1991, 369 (370 f.) zum Immissionsschutzrecht; 1.11.2007 – 4 VR 3000.07, NVwZ 2008, 217: **Verfahrensvorschriften vermitteln keine materiell-rechtlichen Rechtspositionen**; sie setzen diese vielmehr voraus und haben ihnen gegenüber dienende Funktion (Luftverkehrsrecht); BVerwG 23.11.2010 – 4 B 37.10, ZfBR 2011, 166: Die Durchführung des Verwaltungsverfahrens einschließlich der Vorprüfung, ob eine Umweltverträglichkeitsprüfung erforderlich ist, dient der bestmöglichen Information der Behörde und der Wahrung der Belange der Betroffenen sowie der Beachtung der Auswirkungen auf die Umwelt (Baugenehmigung); 7.8.2012 – 7 C 7.11, juris: Dem Nachbarn einer genehmigungsbedürftigen Anlage steht kein subjektives Recht zu, kraft dessen er sich gegen eine dem Anlagenbetreiber rechtswidrig erteilte Freistellungserklärung nach § 15 Abs. 2 S. 2 BImSchG wenden kann (vgl. im Einzelnen → Rn. 172 ff.).

136 **§§ 69–78:** Die Vorschriften über das Baugenehmigungsverfahren und die sonstigen Vorschriften über die Bauaufsicht sind **nicht nachbarschützend** (vgl. BVerwG 26.3.1976 – IV C 7.74, BVerwGE 50, 282 (285): Die Befugnis der BauAB, eine Baugenehmigung wegen fehlenden Sachbescheidungsinteresses zu versagen, ist nicht drittschützend; OVG Saarlouis 3.1.2008 – 2 O 44/06, juris Rn. 6, NJOZ 2008, 1924: Ein Verstoß gegen bauordnungsrechtliche Verfahrensvorschriften löst keine nachbarrechtlichen Abwehransprüche aus.).

137 **§ 79 ist selbst nicht nachbarschützend**; im Zusammenhang mit einer nachbarschützenden Vorschrift kann sich aber aus § 79 ein Anspruch des Nachbarn auf Einschreiten

gegen baurechtswidrige Zustände und Baumaßnahmen ergeben, soweit diese gegen nachbarschützende Vorschriften verstoßen (vgl. OVG Lüneburg 16.2.2012 – 1 LB 19/10, NVwZ-RR 2012, 427; → § 79 Rn. 70 ff.). **Abs. 3** entspricht § 54 aF; danach kann die BauAB die nach § 56 verantwortlichen Personen verpflichten, bauliche Anlagen – soweit sie nicht genutzt werden und verfallen – abzubrechen oder zu beseitigen, es sei denn, dass ein öffentliches oder schutzwürdiges privates Interesse an ihrer Erhaltung besteht (vgl. → § 79 Rn. 31 ff.). In besonderen Fällen, wenn der Verfall der baulichen Anlage mit einer erheblichen Verunstaltung der Umgebung (zB Umgebungsschutz eines Baudenkmals) einhergeht, ist es denkbar, Abs. 3 als nachbarschützend anzusehen.

138 **§§ 80–88** sind nicht nachbarschützend.

B. Verhältnis zwischen öffentlich-rechtlichem und privatrechtlichem Nachbarschutz

a) Inhalt des Eigentums

139 Über das Verhältnis von öffentlich-rechtlichem und privatrechtlichem Nachbarschutz gibt es nach wie vor noch keine Einigkeit (vgl. aus der nahezu unübersehbaren Literatur: Lang/Hagen/Gaentzsch UPR 1985, 185 ff.; Gaentzsch NVwZ 1986, 601; Marburger, Gutachten zum 56. DJT, C 16 ff.; JZ 1988, 161; Kleinlein, System des Nachbarrechts, 1987; Peine NJW 1990, 2442; Hagen NVwZ 1991, 817; Haag, Öffentliches und privates Nachbarrecht, 1996; Finkelnburg/Orthoff/Otto, Bd. II, S. 215 ff. mit umfangreicher Lit.-Übersicht). Bei der **Frage, ob nachbarschützende Normen den Inhalt des Eigentums des Nachbarn materiell erweitern** und gleichsam über die Grenzen seines Grundstücks hinauswachsen lassen, ist in der Rechtsprechung eine Annäherung der Standpunkte zu verzeichnen. Der BGH hatte im sog. Wannsee-Urteil (22.5.1967 – III ZR 124/66, BGHZ 48, 46) einer nachteiligen Auswirkung einer Änderung des B-Planes auf andere Grundstücke jede „enteignende" Wirkung abgesprochen, weil der verfassungsmäßige Eigentumsschutz nicht den Schutz des Grundeigentümers dagegen umfasse, dass durch die Bauleitplanung die Nutzbarkeit anderer Grundstücke geändert wird. An dieser Ansicht hält der BGH (28.6.1984 – III ZR 35/83, BGHZ 92, 34; 18.12.1986 – III ZR 174/85, BGHZ 99, 262) nur noch im Grundsatz fest und erkennt an, dass die Umplanung der Umgebung eines Grundstücks eigentumsrechtlich bedeutsam ist (vgl. dazu Breuer in Schrödter BauGB § 42 Rn. 37–54).

140 Der verfassungsrechtliche Eigentumsschutz erfasst das Grundstück nicht nur in seiner sachlichen Substanz, sondern auch in seinen Nutzungs- und Verwertungsmöglichkeiten, die wiederum durch eine Änderung der baulichen Nutzung von Nachbargrundstücken beeinflusst werden können (vgl. Peter JZ 1968, 226 ff.). **Nachbarschützende Vorschriften erweitern** – um im Bild zu bleiben – **das Eigentum nicht über die Grenzen des Grundstücks hinaus**, sondern schützen die Nutzungs- und Verwertungsmöglichkeiten des Grundstücks, indem sie die Bebauung der benachbarten Grundstücke insoweit einschränken, als sie typischerweise mit schwerwiegenden Nachteilen für die Nutzung des Grundstücks verbunden wäre. Das führt in weiterer Konsequenz dazu, dass in der nachteiligen Änderung einer nachbarschützenden Vorschrift – etwa der Änderung des § 7 Abs. 3 aF durch die NBauO 2012 – nur dann ein unverhältnismäßiger Eingriff liegen kann, wenn die Nutzung des Nachbargrundstücks durch diese Änderung – im Fall des § 7 Abs. 3 aF durch die Verringerung des Grenzabstands auf 0,5 H (§ 5 Abs. 2 S. 1) – schwerwiegend beeinträchtigt würde (BVerwG 14.6.1968 – IV C 13.66, DVBl 1969, 213 mAnm Kühling). Das BVerwG hebt auf den „Eingriff in die bereits gestalteten und festgelegten Bebauungsverhältnisse" ab (25.9.1968 – IV C 4.68, DVBl 1969, 214 zur Nachbarklage gegen eine Bauwichgarage) und macht damit deutlich, dass die **Verkürzung eines subjektiv-öffentlichen Nachbarrechts allein keine „enteignende Wirkung"** hat. Gehörte jede Bauwichregelung oder jede planerische Festsetzung auf dem Nachbar-

grundstück zum Inhalt des Eigentums, so dass sie nur gegen Entschädigung geändert werden könnte, wäre jede Planung unmöglich gemacht.

b) Privatrechtliche Ansprüche wegen Verletzung nachbarschützender Vorschriften des öffentlichen Baurechts

141 Nachbarschützende Vorschriften des öffentlichen Baurechts können als Schutzgesetze iSv §823 Abs. 2 BGB Schadensersatzansprüche und in Verbindung mit §1004 BGB Unterlassungs- und Beseitigungsansprüche begründen (BGH 24.4.1970 – V ZR 97/67, NJW 1970, 1180). Diese privatrechtlichen Ansprüche gegen den Bauherrn, die nicht mit den privaten Rechten Dritter iSd §75 Abs. 7 aF verwechselt werden dürfen (dazu → Rn. 145), werden dem Nachbarn meist neben den subjektiv-öffentlichen Abwehrrechten zugebilligt (BGH 27.11.1963 – V ZR 201/61, BGHZ 40, 306; 30.4.1976 – V ZR 188/74, BGHZ 66, 354; Marburger aaO Rn. 139, C 46ff. mN), soweit nicht Befreiung von nachbarschützenden Vorschriften erteilt worden ist. **Nähere Betrachtung zeigt** jedoch, **dass sich öffentlich-rechtliche Abwehrrechte gegen die erteilte Baugenehmigung und privatrechtliche Beseitigungsansprüche** unmittelbar gegen den Nachbarn wegen Verletzung des öffentlichen Baurechts gegenseitig **ausschließen** (vgl. Rieger in Schrödter §31 Rn. 92ff.; Roeser in Berliner Kommentar Vorb. zu §§29ff. Rn. 4; enger Papier FS Weyreuther, 1993, 291 (301ff.)).

142 Die Baugenehmigung kann entweder eine Verletzung der Rechte des Nachbarn enthalten, weil bereits sie als feststellender und rechtsgestaltender Verwaltungsakt die Beeinträchtigung des Nachbarn gestattet und öffentlich-rechtlich absichert; dann kann der Nachbar nur gegen die BauAB, nicht aber gegen den Bauherrn unmittelbar vorgehen. Oder erst die Ausführung des genehmigten Bauvorhabens greift in die Rechte des Nachbarn ein; dann entfaltet die Baugenehmigung keinerlei rechtliche Wirkung gegenüber dem Nachbarn und kann von ihm nicht erfolgreich angefochten werden. **Die Lösung ergibt sich aus Inhalt und Wirkung der Baugenehmigung**. Zwar sieht §68 eine im Verhältnis zu §13 VwVfG nur verkürzte Beteiligung der Nachbarn vor; gleichwohl entscheidet die BauAB mit der Baugenehmigung umfassend darüber, ob das Bauvorhaben dem öffentlichen Baurecht und damit auch den nachbarschützenden Vorschriften des öffentlichen Baurechts entspricht. **Als VA mit Drittwirkung bestimmt die Baugenehmigung** nicht nur gegenüber dem Bauherrn, sondern auch gegenüber dem Nachbarn, **dass das Vorhaben dem öffentlichen Baurecht entspricht** (Haag (zit. → Rn. 139), S. 355). Dem Nachbarn steht ein Abwehranspruch zur Seite, wenn die Genehmigung nachbarschützenden Vorschriften des öffentlichen Baurechts widerspricht. Lässt der Nachbar die Baugenehmigung unanfechtbar werden, kann er mit der Behauptung, die Baugenehmigung widerspreche dem öffentlichen Baurecht, nicht mehr gehört werden.

143 Die **Bestandskraft der Baugenehmigung hat auch das Zivilgericht zu beachten** (Roeser in Berliner Kommentar Vorb. zu §§29ff. Rn. 4; Papier FS Weyreuther, 1993, 291 (302); Haag (zit. → Rn. 139), S. 258ff., 332ff./362; Dolderer DVBl 1998, 19; aA BGH 17.12.1982 – V ZR 55/82, juris; ua zum vorstehenden Urteil: Hagen NVwZ 1991, 817; für die Durchführung einer nachbarschützenden Auflage siehe auch BGH 26.2.1993 – V ZR 74/92, BGHZ 122, 1); sie schließt auch privatrechtliche Beseitigungsansprüche wegen der Verletzung öffentlich-rechtlicher Vorschriften aus. Das BVerwG hatte sich bereits in einer älteren Entscheidung (5.10.1965 – IV C 3.65, BVerwGE 22, 129) dafür ausgesprochen, dass der Bauherr sich gegenüber der Vollstreckung des zivilgerichtlichen Titels auf Beseitigung der Grenzgarage auf die ihm erteilte Baugenehmigung berufen könne. Diese Rechtsprechung hat das BVerwG (26.3.1976 – IV C 7.74, DVBl 1977, 285; 11.5.1998 – 4 B 45.98, NJW-RR 1999, 165) mit der Feststellung bestätigt, die Unanfechtbarkeit einer wegen fehlender Erschließung rechtswidrigen Baugenehmigung schneide dem für einen Notweg in Anspruch Genommenen im Zivilprozess den Vortrag ab, die Benutzung des Nachbargrundstücks widerspreche dem öffentlichen Recht.

144 Ein weiteres Argument gegen privatrechtliche Ansprüche des Nachbarn wegen der Verletzung nachbarschützender Vorschriften des öffentlichen Baurechts bei genehmigten Bauten ergibt sich aus der **Fristgebundenheit des öffentlich-rechtlichen Nachbarschutzes** (Dolderer DVBl 1998, 19 (25)). Die Anfechtungsfristen, die zusammen mit den Vorschriften über die Beteiligung der Nachbarn und die Zustellung der Baugenehmigung an diese das Risiko des Bauherrn einschränken, dass die Baugenehmigung nach Errichtung der baulichen Anlage auf eine Nachbarklage hin aufgehoben wird, würden unterlaufen, wenn neben der fristgebundenen öffentlich-rechtlichen Nachbarklage noch privatrechtlicher Nachbarschutz ohne zeitliche Begrenzung zugelassen würde (zur Verjährung negatorischer Ansprüche des privaten Nachbarrechts BGHZ 60, 235). Zwar würde sich die Geltendmachung privatrechtlicher Ansprüche aus dem Gedanken des nachbarlichen Gemeinschaftsverhältnisses zeitlich einschränken lassen, eine Reduzierung dieses Zeitraums auf die Anfechtungsfristen der §§ 68 ff. VwGO dürfte aber aus privatrechtlicher Sicht kaum vertretbar sein.

145 Dem Ausschluss privatrechtlicher Ansprüche wegen Verletzung nachbarschützender Vorschriften des öffentlichen Baurechts steht auch nicht entgegen, dass die Baugenehmigung nach herkömmlichem Verständnis **„ungeachtet privater Rechte Dritter"** erteilt wird. Dieser Vorbehalt ist zwar mit § 75 NBauO 1986 weggefallen; damit ist aber keine sachliche Änderung verbunden. Die BegrRegE begründet die Streichung vielmehr damit, dass öffentlich-rechtliche Gestattungen private Rechte stets unberührt lassen (vgl. → § 70 Rn. 152 ff.). Damit wird aber entgegen der hM (vgl. BGH 26.2.1993 – V ZR 74/92, NJW 1993, 1580 (1581); Hoppe/Bönker/Grotefels § 16 Rn. 61; Marburger (zit. → Rn. 139), C 19, 44 f.; Papier FS Weyreuther, 1993, 291 (301)) nicht gesagt, dass die Baugenehmigung keinerlei Auswirkungen auf die Rechtsbeziehungen zwischen Bauherrn und Nachbarn habe (Kleinlein (zit. → Rn. 139), S. 136 ff.; J. F. Baur GS Martens, 1987, 545 (556); Konrad BayVBl. 1984, 33 (71, 73)). Rechtspositionen des Nachbarn, die sich aus nachbarschützenden Vorschriften des öffentlichen Baurechts – etwa den Abstandsvorschriften – ergeben, werden im Baugenehmigungsverfahren berücksichtigt. Über sie entscheidet die BauAB mit der Baugenehmigung, weil die Feststellung der Baugenehmigung, dass die bauliche Anlage dem öffentlichen Baurecht entspricht, auch die Vereinbarkeit mit den öffentlich-rechtlichen nachbarschützenden Vorschriften einschließt (vgl. → § 70 Rn. 23). **„Unberührt"** von der Baugenehmigung **bleiben** daher nicht privatrechtliche Ansprüche, die aus der Verletzung nachbarschützender Vorschriften des öffentlichen Rechts folgen, sondern **nur besondere private Rechte**, die auf Vertrag oÄ gegründet sind (vgl. BVerwG 10.1.1998 – 4 B 107.98, NVwZ 1999, 413; 20.6.1996 – 4 B 106.96, juris; VGH Mannheim 23.1.1998 – 5 S 2053/97, NVwZ 1998, 975).

146 Dieses Verständnis des Vorbehalts zugunsten privater Rechte Dritter (→ Rn. 145) ergibt sich auch aus der **rechtsgeschichtlichen Entwicklung**. Nach der Rechtsprechung des PrOVG (30.4.1877, PrOVGE 2, 351) stand dem Nachbarn – aus Gründen des Enumerationsprinzips – auch gegenüber einer Baugenehmigung, die gegen eine Vorschrift verstieß, die „neben den zunächst maßgebenden öffentlichen allgemeinen bis zu einem gewissen Grad auch die besonderen Interessen der Nachbarn zu schützen bestimmt sein mag", kein Abwehrrecht zu (vgl. auch OVG Berlin 29.2.1952 – II B 104.51, OVGE 1, 39). Als Ersatz für den fehlenden öffentlich-rechtlichen Nachbarschutz verwies das PrOVG den beeinträchtigten Nachbarn auf den Zivilrechtsweg. Diese Verweisung half dem Nachbarn allerdings wenig, weil Vorschriften des öffentlichen Baurechts lange nicht als Schutzgesetze nach § 823 Abs. 2 BGB zugunsten der Nachbarn anerkannt wurden (OLG Celle 25.11.1952 – 4 U 27/52, NJW 1953, 388).

147 Mit der Anerkennung nachbarschützender Vorschriften des öffentlichen Baurechts und ihrer Berücksichtigung im Baugenehmigungsverfahren entfiel die Rechtfertigung für die allgemeine Verweisung auf den ordentlichen Rechtsweg. **Der Vorbehalt privater Rechte Dritter**, der ursprünglich wegen des fehlenden öffentlich-rechtlichen Nachbarschutzes den möglichen privatrechtlichen Rechtsschutz klarstellen sollte, **würde zu einer Verdoppelung der Rechtsschutzmöglichkeiten führen**, wollte man gegen ge-

nehmigte Bauwerke Ansprüche aus §§ 823 Abs. 2, 1004 BGB iVm nachbarschützenden Vorschriften des öffentlichen Baurechts gewähren. Zudem machen die privatrechtlichen Reaktionsansprüche der §§ 823 Abs. 2, 1004 BGB aus den im öffentlichen Baurecht wurzelnden Rechten der Nachbarn schwerlich „private Rechte".

Eine **„privatrechtsgestaltende" Wirkung der Baugenehmigung**, die nicht nur Ansprüche aus §§ 1004, 823 Abs. 2 BauGB, sondern auch aus §§ 1004, 906 BGB ausschließt, **wird von der hM abgelehnt** (Nachw. bei Haag (zit. → Rn. 139), S. 246; Finkelnburg/Ortloff/Otto, Bd. II, S. 218 f.; Rieger in Schrödter § 31 Rn. 93), weil die LBauOen anders als § 14 BImSchG oder § 75 Abs. 2 VwVfG nicht ausdrücklich privatrechtliche Abwehransprüche der Nachbarn ausschließen (vgl. BVerwG 10.1.2012 – 4 B 33.11, juris Rn. 7, BeckRS 2012, 46999 zur – mangels privatrechtsgestaltender Wirkung – von den ordentlichen Gerichten zu beantwortenden Frage, ob sich aus einer bauaufsichtlichen Verfügung ein Kündigungsgrund für Mietrechtsverhältnisse ergeben kann). Die Frage, ob der soeben skizzierte ausdrückliche Ausschluss wegen der Tatbestandswirkung unanfechtbarer Genehmigungen nach § 4 BImSchG oder des Planfeststellungsbeschlusses nur klarstellende Bedeutung hat, hat Gaentzsch (NVwZ 1986, 601 (606); aA Peine JuS 1987, 169 (172) sowie NJW 1990, 2442) gestellt. Darüber hinaus hat das Fehlen solcher ausdrücklicher Ausschlussvorschriften die Rechtsprechung nicht an der Entwicklung entsprechender richterrechtlicher Grundsätze gehindert (BGH 28.2.1955 – III ZR 136/54, BGHZ 16, 366). **148**

Die **Baugenehmigung** als Feststellung, dass das Vorhaben auch mit den nachbarschützenden Vorschriften des öffentlichen Baurechts im Einklang steht, **sichert** dem Bauherrn auch gegenüber dem Nachbarn **den rechtlichen Bestand des Vorhabens** (so auch Papier aaO Rn. 141, S. 291/302; **Stichwort: Legalisierungswirkung**). Die für eine Präklusion erforderliche Beteiligung am Verfahren gewährleistet § 68. Aus der Verletzung nachbarschützender Vorschriften des öffentlichen Baurechts resultieren nur dann privatrechtliche Ansprüche gegen den Bauherrn, wenn es sich um ein nicht durch eine Baugenehmigung abgesichertes Vorhaben handelt, also einen Schwarzbau, einen Bau, dessen Baugenehmigung aufgehoben worden ist (auch → § 79 Rn. 14 ff.), eine verfahrensfreie Baumaßnahme (§ 60), eine sonstige genehmigungsfreie Baumaßnahme nach § 62 oder um ein Vorhaben nach § 63, soweit das Prüfprogramm eingeschränkt ist (vgl. → § 63 Rn. 19 f.). **149**

c) Verhältnis von § 906 BGB zum öffentlichen Baunachbarrecht

Schließlich ist auch das Verhältnis von § 906 BGB zum öffentlichen Baunachbarrecht kontrovers. Nach § 906 Abs. 2 S. 1 BGB kann der Eigentümer eines Grundstücks die Zuführung von Immissionen verbieten, soweit eine **wesentliche Beeinträchtigung durch eine nicht ortsübliche Benutzung** des anderen Grundstücks herbeigeführt wird. Die Rspr. der Zivilgerichte gewährt einen auf § 906 BGB iVm § 1004 BGB gestützten Unterlassungsanspruch gegenüber einem dem B-Plan entsprechenden und genehmigten Vorhaben so lange, wie die tatsächliche Entwicklung des Gebiets dem Plan nicht entspricht. Das Splittwerk in dem vom Mischgebiet zum Industriegebiet umgezonten Gebiet könnte von einem Nachbarn zwar **nicht mit der öffentlich-rechtlichen Nachbarklage, wohl aber privatrechtlich** (§§ 906, 1004 BGB) **verhindert werden**, bis sich das Gebiet tatsächlich zum Industriegebiet entwickelt hat (BGH 15.1.1971 – V ZR 110/68, DVBl 1971, 744; BGH 17.12.1982 – V ZR 55/82, juris; Hagen NVwZ 1991, 817; OLG Brandenburg 27.3.2003 – 5 U 245/01, IBR 2003, 1107: zur Ortsüblichkeit der Viehhaltung in einem „Allgemeinen Wohngebiet"). **150**

Der Ansicht des BGH, dass sich die **Ortsüblichkeit iSd § 906 BGB nach den tatsächlichen Verhältnissen** in dem maßgebenden Vergleichsgebiet richtet und rechtsverbindliche **städtebauliche Pläne nur einen Anhaltspunkt** für die ortsübliche Nutzung iSd § 906 BGB darstellen, wird man kaum durchschlagende Argumente entgegensetzen können (Marburger (zit. → Rn. 139), C 105 ff.; Hagen NVwZ 1991, 817; aA Papier FS **151**

Weyreuther, 1993, 291 ff.; Breuer in Schrödter § 42 Rn. 49 mN). Der B-Plan enthält weder eine Aussage über den Zeitpunkt der Plandurchführung, noch kommt ihm eine wie auch immer geartete Erlaubniswirkung für ein plankonformes Vorhaben zu. Anders als bei Planfeststellungen bietet der B-Plan keine Möglichkeit, erhebliche unzumutbare Einwirkungen auf Nachbargrundstücke durch Auflagen oder Ausgleichsansprüche zu kompensieren. Schließlich würde der Nachbar auch das Risiko tragen, dass sich eine einwandfrei erstellte Prognose (vgl. BVerwG 7.7.1978 – IV C 79.76, NJW 1979, 64) der zukünftigen tatsächlichen Entwicklung als Grundlage des B-Plans aus späterer Sicht als fehlerhaft erweist. Kann der B-Plan allein daher weder die nach § 906 BGB bestehende Eigentumsordnung verdrängen noch die Ortsüblichkeit iSd § 906 BGB prägen, bleibt die **Frage, ob eine Harmonisierung des öffentlichen und privaten Nachbarrechts nicht möglich ist, wenn man die Tragweite der Baugenehmigung berücksichtigt**.

152 Da die Baugenehmigung nicht nur die Übereinstimmung des Vorhabens mit dem Plan voraussetzt, sondern über § 15 BauNVO auch Rücksichtnahme auf die konkrete Örtlichkeit gewährleistet, sind Differenzen mit § 906 BGB wohl ausgeschlossen. In Richtung einer **Harmonisierung von privatem und öffentlich-rechtlichem Nachbarrecht** weist auch das „Hammerschmiede-Urteil" des BGH (6.7.2001 – V ZR 246/00, BGHZ 148, 261), mit dem der BGH denjenigen, der sich in der Nachbarschaft eines vorhandenen Industriebetriebs ansiedelt, zur Duldung der Immissionen verpflichtet, die sich in den Grenzen der maßgeblichen Richtwerte halten (vgl. auch BGH 13.2.2004 – V ZR 217/03, NVwZ 2004, 1019: Nachbarrechtliche Unterlassungsklage gegen den Betrieb einer Mobilfunksendeanlage bei Einhaltung der Grenzwerte der 26. BImSchV). Damit ist das Verhältnis von § 906 BGB zum öffentlichen Baunachbarrecht weitgehend entschärft (vgl. Birk NVwZ 1985, 689 (697); Seibel BauR 2005, 1409; s. aber: BVerwG 17.7.2003 – 4 B 55.03, juris Rn. 6 ff.) NVwZ-RR 2003, 902 zur unterschiedlichen Beurteilung der Zumutbarkeitsschwelle bei Lärmimmissionen im Zivil- und Verwaltungsrechtsweg). Die in der Literatur bereits früher vertretene Auffassung (Friauf DVBl 1971, 713 (718 f.); Bartlsperger DVBl 1971, 745; Breuer DVBl 1983, 431 (438)), dass die **Baugenehmigung** auch **Ansprüche aus § 906 BGB abschneidet**, gewinnt damit an Überzeugungskraft (vgl. auch Gaentzsch NVwZ 1986, 601 (606); Dolderer DVBl 1998, 19 (23); aA J. F. Baur GS Martens, 1987, 551).

C. Die Beteiligung der Nachbarn im Baugenehmigungsverfahren

a) Allgemeines

153 Die NBauO sieht im Vergleich mit den Landesbauordnungen der anderen Bundesländer und der MBauO 2002 (§ 70) eine relativ weitgehende Beteiligung der Nachbarn vor, weil die Beteiligung nicht auf Eigentümer angrenzender Grundstücke beschränkt ist (vgl. § 74 Abs. 1 S. 1 BauO NRW) und nicht nur vor der Erteilung von Ausnahmen und Befreiungen vorgeschrieben ist (vgl. § 62 HBO). **§ 68 sieht eine abgestufte Beteiligung vor:**

1. der Nachbar hat ein Recht auf Einsicht in die Bauvorlagen, soweit eine Baumaßnahme Belange des Nachbarn berühren kann **(Abs. 1)**,
2. die BauAB kann den Nachbarn beteiligen, wenn eine Baumaßnahme möglicherweise Belange des Nachbarn berührt, die durch Vorschriften des öffentlichen Baurechts geschützt werden **(Abs. 2 Satz 2)**,
3. die BauAB soll die betroffenen Nachbarn beteiligen, wenn eine Abweichung oder Ausnahme von nachbarschützenden Vorschriften zugelassen oder eine Befreiung von solchen Vorschriften erteilt werden soll **(Abs. 2 Satz 1)**.

154 Mit der soeben dargestellten abgestuften Beteiligung des Nachbarn, die unabhängig davon gilt, ob Bundesrecht oder Landesrecht Anlass zur Nachbarbeteiligung gibt, bleibt die NBauO – wie unter → Rn. 155 f. zu zeigen ist – hinter der allgemeinen Beteiligungsvorschrift des § 13 VwVfG in einzelnen Punkten zurück (vgl. Ortloff NJW 1983, 961 ff. mN;

Finkelnburg/Ortloff/Otto, Bd. II, S. 257 ff.). Das rechtfertigt jedoch **keine ergänzende Heranziehung des § 13 VwVfG**; denn § 68 geht weit über eine rudimentäre Regelung hinaus und ist in seiner der Betroffenheit des Nachbarn folgenden Abstufung der Beteiligung als abschließende Regelung konzipiert, der nach § 1 Abs. 2 NVwVfG Vorrang vor der allgemeinen Beteiligungsvorschrift des § 13 VwVfG zukommt (vgl. BVerwG 24.5. 1988 – 4 CB 12.88, juris Rn. 6, BeckRS 1988, 3123514 zu § 1 Abs. 1 S. 2 NVwVfG aF; Kopp/Ramsauer § 1 Rn. 30 ff.). Zum NuiG vgl. → Rn. 160.

Für die Auslegung des § 68 ist ein **Vergleich mit § 13 VwVfG** gleichwohl förderlich. 155
Nach § 13 Abs. 2 S. 1 VwVfG kann die Behörde von Amts wegen oder auf Antrag diejenigen, deren rechtliche Interessen durch den Ausgang des Verfahrens berührt werden können, als Beteiligte hinzuziehen. **§ 13 Abs. 2 S. 1 VwVfG deckt sich im Kern mit** dem Anwendungsbereich des **§ 68 Abs. 2 S. 2** und betrifft die Fälle, in denen die Baugenehmigung aus der Sicht der BauAB nachteilige Auswirkungen für das Nachbargrundstück haben kann. Soweit § 13 Abs. 2 S. 1 VwVfG die Berührung rechtlicher Interessen voraussetzt, ist die allgemeine Regelung des VwVfG enger als § 68 Abs. 2 S. 2, der nur von Belangen des Nachbarn spricht. § 68 Abs. 2 S. 2 stellt – wie § 13 Abs. 2 S. 1 VwVfG – die Beteiligung des Nachbarn ins Ermessen der BauAB, allerdings ohne ein Antragsrecht des Nachbarn zu erwähnen. Das wird aber durch das relativ weite Akteneinsichtsrecht des Nachbarn nach § 68 Abs. 1 ausgeglichen.

Nach § 13 Abs. 2 S. 2 VwVfG **muss der Dritte** auf Antrag zu dem Verfahren **hinzugezogen werden, wenn** der Ausgang des Verfahrens **rechtsgestaltende Wirkung** für ihn hat. Die Behörde muss den Dritten von der Einleitung des Verfahrens benachrichtigen, wenn er ihr bekannt ist. Fraglich ist, wann eine Baugenehmigung gegenüber dem Nachbarn rechtsgestaltende Wirkung hat (vgl. Finkelnburg/Ortloff/Otto, Bd. II, S. 259). Zwar stellt auch die Baugenehmigung, auf die der Bauherr einen Rechtsanspruch hat, die Vereinbarkeit des Vorhabens gegenüber dem Nachbarn verbindlich fest und gestaltet im weiteren Sinn die Rechtslage. Die Parallele zur Beiladung nach § 65 VwGO legt es aber nahe, die Fälle aus dem Anwendungsbereich des § 13 Abs. 2 S. 2 VwVfG auszuklammern, in denen die gesetzlich gewollte Entscheidung abstrakt vorgegeben ist. 156

Rechtsgestaltende Wirkung iSd § 13 Abs. 2 S. 2 VwVfG **hat die Baugenehmigung** insbesondere, soweit die BauAB im Rahmen nachbarschützender Normen den Interessenausgleich zwischen Bauherrn und Nachbarn durch eine Ermessensentscheidung in Form einer Abweichung, Ausnahme oder Befreiung vorzunehmen hat. Da sich die BauAB im Konfliktbereich nachbarlicher Interessen bewegt und nach § 13 Abs. 2 S. 2 VwVfG bereits die Möglichkeit einer rechtsgestaltenden Wirkung gegenüber Dritten genügt, ist nach allgemeinem Verwaltungsverfahrensrecht die Beteiligung der betroffenen Nachbarn in diesen Fällen unabdingbar. Aus den gleichen Gründen wird man den **Nachbarn** aber **auch beteiligen müssen**, wenn die Entscheidung über den Bauantrag **schwierige Abgrenzungsfragen der Rechtssphären von Bauherrn und Nachbarn** aufwirft, die durch Konkretisierung unbestimmter Rechtsbegriffe – etwa im Zusammenhang mit dem Gebot der Rücksichtnahme – zu lösen sind. Dabei ist auch zu berücksichtigen, dass einer Baugenehmigung, die gegen nachbarschützende Vorschriften verstößt, die rechtsgestaltende Wirkung nicht abgesprochen werden kann, weil sie nach Unanfechtbarkeit dem Nachbarn die Berufung auf etwaige Verstöße gegen das öffentliche Baurecht auch zur Begründung privatrechtlicher Ansprüche gegen den Bauherrn abschneidet (vgl. → Rn. 141 ff.). 157

§ 68 Abs. 2 bleibt hinter der allgemeinen Beteiligungsvorschrift des § 13 Abs. 2 S. 2 VwVfG zurück, soweit es im Rahmen der Anwendung nachbarschützender Vorschriften um das Ausschöpfen von Ermessensermächtigungen und die Konkretisierung unbestimmter Rechtsbegriffe geht. Die Beteiligung der Nachbarn steht in diesen Fällen nach § 68 Abs. 2 S. 2 im Ermessen der BauAB, während § 13 Abs. 2 S. 2 VwVfG die Benachrichtigung von Dritten, die der Behörde bekannt sind, und ihre Beteiligung auf Antrag zwingend vorschreibt. Die **Ermessensentscheidung** nach § 68 Abs. 2 S. 2 muss vor 158 dem Hintergrund des § 13 Abs. 2 S. 2 VwVfG getroffen werden. Die BauAB ist gut beraten, im Zweifel den Nachbarn zu beteiligen, schon weil vor Erteilung der Baugenehmigung die Möglichkeit besteht, durch eine uU geringfügige Änderung des Vorhabens den Belangen des Nachbarn Rechnung zu tragen (zur „Befriedungsfunktion" der Nachbarbeteiligung: Finkelnburg/Ortloff/Otto, Bd. II, S. 260).

159 Eine ganz andere Frage ist, inwieweit eine Beteiligung der Nachbarn über § 68 hinaus verfassungsrechtlich geboten ist. Das BVerfG hat in zahlreichen Entscheidungen die Bedeutung der Verfahrensgestaltung für die Durchsetzung der Grundrechte betont (vgl. Hesse EuGRZ 1978, 427). Im Mühlheim-Kärlich-Beschluss (20.12.1979 – 1 BvR 385/77, BVerfGE 53, 30) ist das BVerfG davon ausgegangen, dass den Vorschriften des AtG über die Beteiligung klagebefugter Dritter am Genehmigungsverfahren verfassungsrechtliche Relevanz zukomme. Das bedeutet freilich nicht, dass jede Beteiligungsregelung an der des AtG zu messen wäre, oder dass § 13 Abs. 2 VwVfG einen verfassungsrechtlichen Minimalstandard wiedergibt (vgl. Dolde NVwZ 1982, 65). Die Notwendigkeit, im Atomrecht **Grundrechtsschutz durch Verfahrensgestaltung** zu gewähren, liegt auch in den Besonderheiten der Rechtsmaterie begründet; das Ausmaß denkbarer Gefahren, das sicherheitstechnische Regelungsdefizit und die „Sicherheitsphilosophie" des Atomrechts verlagern die richterliche Kontrolle von der Erfolgs- zur Verfahrenskontrolle. Diese Überlegungen lassen sich auf das Baunachbarrecht nicht übertragen – ganz abgesehen davon, dass es im Baunachbarrecht idR nicht um potentielle Grundrechtsgefährdungen geht (vgl. auch Sellner BauR 1980, 394 (397); BVerwG 5.10.1990 – 7 C 55, 56.89, DVBl 1991, 381 (383 f.)). Freilich ist die Beteiligungsregelung des § 68 im Lichte der Rspr. des BVerfG tendenziell weit auszulegen. Dafür sprechen auch praktische Überlegungen: Eine geringfügige Änderung eines Bauvorhabens kann uU dem Anliegen des Nachbarn Rechnung tragen und einen Nachbarstreit vermeiden (zur angemessenen Öffentlichkeitsbeteiligung bei Infrastrukturplanungen: Gärditz GewArch 2011, 273).

160 Unabhängig von der Beteiligung der Nachbarn im Baugenehmigungsverfahren besteht für jedermann ein Anspruch auf Zugang zu Umweltinformationen nach dem Nds. Umweltinformationsgesetz (hierzu: Louis/Osterloh NordÖR 2008, 93). Das Gesetz regelt den Zugang zu und die Verbreitung von Umweltinformationen. Nach § 3 S. 1 NUIG hat jede Person, ohne ein Interesse darlegen zu müssen, nach Maßgabe des Gesetzes **Anspruch auf Zugang zu Umweltinformationen**, über die eine informationspflichtige Stelle (§ 2 NUIG) verfügt. Dieser Anspruch geht sektoral weit über die Beteiligung des Nachbarn hinaus. Ein Informationsfreiheitsgesetz des Landes Niedersachsen existiert bislang nicht (s. aber: Informationsfreiheitsgesetz des Bundes – IFG – vom 5.9.2005 (BGBl. I S. 2722)).

161 Nach § 3 NUIG hat jedermann ohne Nachweis eines rechtlichen Interesses **Anspruch auf freien Zugang zu Umweltinformationen**, über die eine informationspflichtige Stelle verfügt (vgl. § 2 Abs. 5 NUIG iVm § 2 Abs. 4 UIG). Zu den Umweltinformationen gehören nach § 2 Abs. 5 NUIG iVm § 2 Abs. 3 UIG – unabhängig von der Art ihrer Speicherung – ua alle Daten über den Zustand von Umweltbestandteilen wie Luft, Wasser, Boden etc, über Faktoren wie Lärm, Abfall, Emissionen etc, die sich auf die Umweltbestandteile auswirken oder wahrscheinlich auswirken, und über Maßnahmen oder Tätigkeiten, die sich auf die Umweltbestandteile oder auf die Faktoren auswirken oder wahrscheinlich auswirken (vgl. EuGH 14.2.2012 – C-204/09, NVwZ 2012, 491: Vorabentscheidungsersuchen betreffend die Auslegung der Art. 2 und 4 der Richtlinie 2003/4/EG des Europäischen Parlaments und des Rates vom 28.1.2003 über den Zugang der Öffentlichkeit zu Umweltinformationen und zur Aufhebung der Richtlinie 90/313/EWG des Rates (ABl. L 41, S. 26); s. auch BVerwG 21.2.2008 – 4 C 13.07, NVwZ 2008, 791 Planfeststellungsverfahren für Flughafen Frankfurt/M).

162 Im Zusammenhang mit der Beteiligung der Nachbarn im Baugenehmigungsverfahren ist insbesondere der Anspruch auf Zugang zu Umweltinformationen von Interesse, die der BauAB in anhängigen Baugenehmigungsverfahren vorgelegt worden sind, zB Gutachten über Lärm-, Geruchs- oder anderen Emissionen. Da sich der Anspruch auf freien **Zu-**

gang auch **auf Umweltinformationen** bezieht, die einer Behörde **in einem anhängigen Verwaltungsverfahren** bekannt geworden sind (vgl. EuGH 17.6.1998 – C-321/96, NVwZ 1998, 945; BVerwG aaO mit Anmerkung Gatz jurisPR-BVerwG 13/2008 Anm. 3), tritt neben die Beteiligungsrechte des §68, die an relativ enge Voraussetzungen gebunden sind, ein Auskunftsanspruch, der zwar auf Umweltinformationen beschränkt ist, aber nicht von der Darlegung eines rechtlichen Interesses abhängt. Diese Rechtslage legt es nahe, die Beteiligungsregelung des §68 im Zweifel großzügig auszulegen.

b) Beteiligungsformen

§68 Abs. 1 S. 1 regelt das **Recht auf Akteneinsicht** weitgehend entsprechend §29 VwVfG: Der Nachbar darf den Entwurf einsehen, zu dem die Bauvorlagen und die Ausführungsplanung gehören, soweit von Letzterer die Einhaltung des öffentlichen Baurechts abhängt (§53 Abs. 1). Die einzige Voraussetzung, dass die Baumaßnahme die Belange des Nachbarn berühren kann, bestimmt gleichzeitig den Umfang des Einsichtsrechts: Auf die Teile des Entwurfs, die wie die Nachweise der Standsicherheit, des Schall- und Wärmeschutzes, jedenfalls in der offenen Bauweise die Belange des Nachbarn nicht berühren können, erstreckt sich das Einsichtsrecht des Nachbarn nicht. Soweit die Bauzeichnungen Bauteile darstellen, die nachbarliche Belange nicht berühren können, besteht kein Anspruch auf Einsicht **(Abs. 1 Satz 2)**. Der Vergleich mit Abs. 2 Satz 2, wo es um nachbarliche Belange geht, die durch Vorschriften des öffentlichen Baurechts geschützt werden, ergibt, dass der Kreis derjenigen, die Einsicht verlangen können, nicht auf die in ihren öffentlich-rechtlich geschützten Belangen (§13 Abs. 2 S. 1 VwVfG) möglicherweise Beeinträchtigten begrenzt ist, sondern **alle faktisch Betroffenen** umfasst. 163

Auch im öffentlichen Baurecht nicht geschützte wirtschaftliche Belange erzeugen eine Berührung nachbarlicher Belange iSd **Abs. 1 Satz 1**. Der Kreis der Berechtigten ist also – über den Nachbarn im Rechtssinne (→ Rn. 3 ff.) hinaus – sehr weit gezogen. Die Ablehnung der Einsicht in Lageplan und Bauzeichnung, die erst die Auswirkungen einer Baumaßnahme erkennen lassen, würde auch nur Misstrauen erzeugen, während die Gewährung der Einsicht auch für den Bauherrn keine Nachteile mit sich bringt. Der Bauherr kann die BauAB nicht hindern, dem Nachbarn im Rahmen des §68 Einsicht in den Entwurf zu gewähren. Nach §§3 S. 2, 6 NUIG iVm §3 Abs. 2 UIG wird man dem Nachbarn auch einen **Anspruch auf Überlassung von Fotokopien der Bauantragsunterlagen** zugestehen müssen, wenn sich der damit verbundene Verwaltungsaufwand in Grenzen hält. Der Beschluss des OVG Lüneburg (14.4.1976 – VII B 18/76, GewArch 1976, 206 zu §10 BImSchG) ist durch das NUIG iVm dem UIG überholt (vgl. VG Leipzig 12.1.2012 – 6 K 109/10, juris). Zur Akteneinsicht außerhalb eines Baugenehmigungsverfahrens vgl. OVG Münster 22.7.1988 – 20 A 1063/87, NJW 1989, 544. 164

Nach §68 Abs. 2 S. 2 kann die BauAB Nachbarn beteiligen, wenn sie bei der Entscheidung über einen Bauantrag nachbarschützende Vorschriften – auch des BauGB – anwendet, ohne dass Abweichungen, Ausnahmen oder Befreiungen in Betracht kommen. Die Beteiligung nach Abs. 2 Satz 2 ist daran geknüpft, dass die Baumaßnahme „möglicherweise Belange der Nachbarn berührt, die durch Vorschriften des öffentlichen Baurechts geschützt werden". **Im Gegensatz zu Abs. 1 genügen wirtschaftliche oder sonstige Interessen der Nachbarn nicht**. Besteht Unklarheit, ob eine Vorschrift nachbarschützenden Charakter hat oder nicht, sollte im Zweifel der Nachbar beteiligt werden. Bei der Anwendung des Gebots der Rücksichtnahme (vgl. → Rn. 35 ff.) ist auch seine drittschützende Wirkung in Betracht zu ziehen. 165

Für die **Ermessensentscheidung der BauAB nach Abs. 2 Satz 2**, ob sie Nachbarn beteiligt, muss differenziert werden: Soweit der Bauherr einen Rechtsanspruch auf die Baugenehmigung hat und die Rechts- und Interessensphären des Bauherrn und des Nachbarn durch baurechtliche Vorschriften eindeutig voneinander abgegrenzt sind, wird das Ermessen der BauAB nicht eingeengt. Immerhin kann auch in Fällen einer 166 spürbaren Beeinträchtigung – etwa der „Schokoladenseite“ des Nachbargebäudes durch die nach § 5 Abs. 8 S. 2 zulässige Grenzgarage – seine Beteiligung in Betracht kommen, auch wenn dies mit einer gewissen Verzögerung des Baugenehmigungsverfahrens verbunden ist. Je schwieriger die Abgrenzung der Rechts- und Interessensphären von Bauherrn und Nachbarn im Einzelfall ist, desto weniger kann von der Beteiligung der Nachbarn abgesehen werden. **Hat die BauAB** im Rahmen einer nachbarschützenden Norm den **Interessenausgleich zwischen Bauherrn und Nachbarn durch eine Ermessensentscheidung vorzunehmen, ist die Beteiligung des Nachbarn unabdingbar**, denn die BauAB kann die Belange der Betroffenen nur abwägen, wenn diese ihre Sicht der Gegebenheiten dargelegt haben (vgl. OVG Lüneburg 27.1.1982 – 6 A 20/81, nv; → Rn. 157).

167 **Soll** eine **Abweichung** oder **Ausnahme** von nachbarschützenden Vorschriften **zugelassen** werden oder eine **Befreiung** von solchen Vorschriften, also auch nach § 31 BauGB, **erteilt werden**, so soll die BauAB nach **§ 68 Abs. 2 S. 1** den betroffenen **Nachbarn beteiligen**. Das Gesetz stellt die Beteiligung des Nachbarn in diesen Fällen nicht in das Belieben der Behörde. Sollvorschriften sind für die Verwaltung ebenso verbindlich wie Mussvorschriften, solange nicht besondere Umstände vorliegen, die ein Abweichen von der Regel rechtfertigen (BVerwG 8.9.1972 – IV C 17.71, DVBl 1973, 34; 3.12.2009 – 9 B 79.09, juris zu § 44 Abs. 4 FlurbG). Die Würdigung der nachbarlichen Interessen in der Ermessensentscheidung über die Abweichung, Ausnahme oder Befreiung von einer nachbarschützenden Vorschrift setzt zudem voraus, dass die Beteiligten der Behörde das gesamte Für und Wider unterbreiten konnten (vgl. auch BVerwG 19.9.1986 – 4 C 8.84, NVwZ 1987, 409 zur Ermessensbindung bei Befreiungen von Vorschriften, die nicht dem Schutz des Nachbarn dienen).

168 Die BauAB hat in den Fällen des **§ 68 Abs. 2** den betroffenen Nachbarn, soweit sie erreichbar sind, **Gelegenheit zur Stellungnahme innerhalb einer angemessenen Frist von längstens vier Wochen** zu geben. Dazu gehört zunächst eine Unterrichtung des Nachbarn über Umfang und Auswirkungen der Baumaßnahme. Bei Abweichungen, Ausnahmen und Befreiungen sollten auch die Reichweite der Abweichung und die Erwägungen mitgeteilt werden, die der BauAB Anlass zu der Abweichung von der Norm geben. Das Gesetz schreibt nicht vor, ob und welche Unterlagen dem Nachbarn zur Ansicht übersandt werden sollen. Je nach den Umständen kann eine undetaillierte Mitteilung mit der Anheimgabe, die Bauvorlagen, insbesondere Lageplan und Bauzeichnungen bei der Behörde einzusehen, genügen; es kann aber auch – bei ortsabwesenden – Nachbarn nötig sein, ihnen Lageplan und einzelne Bauzeichnungen zur Einsicht zu übersenden. Damit das Baugenehmigungsverfahren nicht ungebührlich verzögert wird, beträgt die angemessene Frist zur Stellungnahme längstens vier Wochen. Da es sich aber **nicht** um eine **Präklusivfrist** handelt, muss die BauAB auch Stellungnahmen nach Fristablauf, die vor Erteilung der Baugenehmigung vorgelegt werden, berücksichtigen.

169 Die BauAB hat dem **Nachbarn Gelegenheit zur Stellungnahme** zum Bauantrag zu **geben**. Nicht sachgemäß wäre es daher, dem Nachbarn mit Rechtsmittelbelehrung mitzuteilen, es sei beabsichtigt, die im Einzelnen näher dargelegte Baugenehmigung zu erteilen, denn die Ankündigung der Erteilung einer Baugenehmigung kann noch nicht unmittelbar in Rechte des Nachbarn eingreifen (OVG Lüneburg 12.8.1965 – I A 261/63, OVGE 21, 370). Ob die BauAB dem Nachbarn nur den Bauantrag zur Kenntnis bringt oder dem Nachbarn mitteilt, sie beabsichtige, folgende Baugenehmigung zu erteilen, ist eine Frage des Verwaltungsstils. Auch wenn bei dem Nachbarn nicht der Eindruck erweckt werden sollte, die Erteilung der Baugenehmigung sei trotz seiner noch ausstehenden Stellungnahme bereits beschlossene Sache, sollte die BauAB insbesondere bei Ermessensentscheidungen dem Nachbarn die **Überlegungen nicht vorenthalten**, die sie bei ihrer Entscheidung bislang leiten. Nur wenn der Nachbar diese Überlegungen kennt, kann er sachgerecht Stellung nehmen.

170 Zu beteiligen ist der **Nachbar, der im Zeitpunkt der Erteilung der Baugenehmigung Grundstückseigentümer** bzw. Inhaber eines eigentumsähnlichen Rechts (→ Rn. 11 ff.)

ist. Ein Wechsel in der Person des Nachbarn nach der Beteiligung aber vor Erteilung der Baugenehmigung macht grundsätzlich eine Wiederholung der Beteiligung notwendig. Bei einer **Mehrheit von Berechtigten** sind grundsätzlich alle zu beteiligen (vgl. → Rn. 22 ff. und 183).

Die bereits nach allgemeinem Verwaltungsverfahrensrecht bestehenden **Mitwirkungspflichten des Bauherrn** in diesem Zusammenhang konkretisiert **§ 68 Abs. 3**. Es dient der Beschleunigung des Baugenehmigungsverfahrens, wenn der Bauherr bereits im Bauantrag bzw. den Bauvorlagen die betroffenen Nachbarn namhaft macht (§ 7 Abs. 3 Nr. 2a, Abs. 4 Nr. 3 BauVorlVO). Die BauAB braucht nicht selbst zu ermitteln, welche Personen als Nachbarn in Betracht kommen, wohl aber muss sie prüfen, welche Grundstücke als benachbarte in Betracht kommen. Übersieht der Bauherr einen Nachbarn, geht das zu seinen Lasten: Nachbarklagen nach der Vollendung der baulichen Anlagen werden in derartigen Fällen häufiger vorkommen. 171

c) Unterbleiben der Beteiligung

Das **Unterbleiben der** nach § 68 vorgeschriebenen **Nachbarbeteiligung** berührt die Wirksamkeit der Baugenehmigung nicht, wie sich aus einem Vergleich mit den in § 44 Abs. 2 und 3 VwVfG aufgeführten Verfahrensfehlern ergibt. Problematisch ist aber die Frage, ob die unterbliebene Beteiligung des Nachbarn mit heilender Wirkung nachgeholt werden kann oder ob dieser Fehler **nach § 46 VwVfG unbeachtlich** ist. Soweit eine andere Entscheidung in der Sache auch im Falle der Beteiligung des Nachbarn nicht hätte getroffen werden können, bleibt die Verletzung des § 68 nach § 46 VwVfG folgenlos. Mit anderen Worten: Das VG darf der Nachbarklage gegen eine Baugenehmigung, auf die ein Rechtsanspruch besteht, nicht schon deshalb stattgeben, weil der Nachbar im Baugenehmigungsverfahren nicht beteiligt worden ist. 172

Bei **Ermessensentscheidungen**, die hinsichtlich der Beteiligung des Nachbarn im Mittelpunkt des Interesses stehen, kann infolge einer Reduzierung des Ermessens auf null eine andere Sachentscheidung auch nach ordnungsgemäßer Beteiligung der Nachbarn ausgeschlossen sein, doch **bedarf dies sorgfältiger Prüfung** (Kopp/Ramsauer § 46 Rn. 36 ff.). Konkretisiert die Baugenehmigung unbestimmte Rechtsbegriffe objektiv rechtmäßig, hätte auch die Beteiligung des Nachbarn nicht zu einer anderen Entscheidung in der Sache führen können (aA Hufen NJW 1982, 2160 (2166) unter Hinweis darauf, eine „ursprüngliche Alternativlosigkeit", die allein zur Unbeachtlichkeit von Verfahrensfehlern nach § 46 VwVfG führe, liege auch bei der Konkretisierung unbestimmter Rechtsbegriffe nicht vor). Anderes gilt, wenn die Baugenehmigung objektiv rechtswidrig ist, vom Nachbarn aber in der Sache nicht mit Erfolg angegriffen werden kann, weil sie nicht gegen eine nachbarschützende Norm verstößt. In diesen Fällen – etwa soweit das Gebot der Rücksichtnahme den hier betroffenen Dritten nicht mehr schützt – hätte die Beteiligung des Nachbarn zu einer geläuterten Rechtserkenntnis der BauAB und zu einer objektiv rechtmäßigen Baugenehmigung führen können (aA Hill, Das fehlerhafte Verfahren und seine Folgen im Verwaltungsrecht, 1986, S. 174). 173

Da die unterbliebene Nachbarbeteiligung bei objektiv rechtswidrigen Baugenehmigungen und bei solchen Genehmigungen, die eine Ermessensentscheidung einschließen, nicht nach § 46 VwVfG unbeachtlich ist, kommt in diesen Fällen eine **Nachholung der unterbliebenen Beteiligung nach § 45 Abs. 1 Nr. 3 VwVfG** in Betracht. Zwar betrifft § 45 Abs. 1 Nr. 3 VwVfG nur die unterlassene Anhörung eines Beteiligten und nicht die unterbliebene Beteiligung, jedoch liegt der Zweck der Beteiligung Dritter am Verwaltungsverfahren vornehmlich darin, ihnen rechtliches Gehör (§ 28 VwVfG) zu verschaffen, so dass auch eine Nachholung der Beteiligung des Nachbarn mit heilender Wirkung möglich sein muss (Kopp/Ramsauer § 45 Rn. 24; vgl. BVerwG 27.9.2018 – 7 C 24/16, NVwZ 2019, 410 (415); 20.8.2008 – 4 C 11/07, NVwZ 2008, 1349 (1350) für die Nachholung der UVP-Prüfung; aM Finkelnburg/Ortloff/Otto, Bd. II, S. 260). 174

175 Die nach § 68 gebotene Beteiligung und Anhörung des Nachbarn kann auch im Widerspruchsverfahren nachgeholt werden (BVerwG 20.10.1982 – 4 B 187.82, DÖV 1983, 247 – jedoch nicht zur Nachbarbeteiligung); jedoch wird der **Anhörungsmangel** nicht allein dadurch geheilt, dass der Nachbar Widerspruch erhebt. Nach § 45 Abs. 2 VwVfG **kann** die fehlende Beteiligung sogar **bis zum Abschluss der letzten Tatsacheninstanz** eines verwaltungsgerichtlichen Verfahrens **nachgeholt werden** (vgl. dazu Kopp/Ramsauer § 45 Rn. 33 ff.). Da die Baugenehmigung gerade in Fällen unterbliebener Nachbarbeteiligung keine Begründung der – zu Lasten des Nachbarn ergangenen – (Ermessens-)Entscheidung enthalten wird, setzt eine Äußerung des Nachbarn zu den für die Entscheidung erheblichen Tatsachen iSd § 28 VwVfG voraus, dass die BauAB den Nachbarn über die Grundlagen der (Ermessens-)Entscheidung informiert. Darüber hinaus muss die BauAB natürlich das Vorbringen des nachträglich beteiligten Nachbarn zur Kenntnis nehmen und bei ihrer neuen Ermessensentscheidung in Erwägung ziehen (BVerwG 17.8.1982 – 1 C 22.81, NVwZ 1983, 284).

176 Da die ohne die erforderliche Beteiligung des Nachbarn erteilte Baugenehmigung rechtswidrig iSd § 48 VwVfG ist und die Widerspruchsbehörde die Verletzung des § 68 als nachbarschützende Vorschrift überprüfen darf (BVerwG 18.5.1982 – 7 C 42.80, NVwZ 1983, 32), **steht die Rechtsposition des Bauherrn einer Aufhebung der Baugenehmigung** und einer von Grund auf neuen Sachprüfung – einschließlich einer etwaigen neuen Ermessensentscheidung – **nicht entgegen (§ 50 VwVfG)**. **Voraussetzung** ist allerdings, dass die **Baugenehmigung noch nicht bestandskräftig geworden** ist (BVerwG 4.8.1982 – 4 C 42.79, NVwZ 1983, 285; 11.3.2010 – 7 B 36.09, NJW 2010, 1686). In der Praxis wird freilich die Neigung der BauAB insbesondere zu einer echten neuen Ermessensentscheidung gering sein, weil sie sich mit einer für den Bauherrn nachteiligen Ermessensausübung jedenfalls dann Entschädigungsansprüchen des Bauherrn aussetzt, wenn der Bau bereits begonnen worden ist (vgl. → § 70 Rn. 167 ff.). Da die BauAB über den Widerspruch entscheidet, reicht die nachträgliche Anhörung im Widerspruchsverfahren (vgl. BVerwG 17.8.1982 aaO Rn. 175).

d) Zustimmung der Nachbarn

177 Eine Beteiligung des Nachbarn kann unterbleiben, soweit er der Baumaßnahme schriftlich zugestimmt hat **(§ 68 Abs. 4)**. Es liegt nahe, an die Zustimmung als Verfahrenshandlung die gleichen Anforderungen wie an den Verzicht auf materielle Abwehrrechte zu stellen (vgl. → Rn. 55 ff.), zumal die Zustimmung idR auch einen Verzicht auf nachbarliche Abwehrrechte enthält. Dementsprechend ist dem Nachbarn zu empfehlen, in der in → Rn. 55 ff. beschriebenen Weise zu verfahren. Allerdings erfordern weder der Wortlaut noch der Sinnzusammenhang des § 68 Abs. 4 eine so weit gehende **Konkretisierung der Baumaßnahme** wie beim Verzicht. Die abgestufte Beteiligung nach § 68 Abs. 2 lässt es als ausreichend erscheinen, dass der Nachbar zB einer Abweichung, Ausnahme oder Befreiung von einer nachbarschützenden Vorschrift zustimmt, ohne dass die Baumaßnahme im Übrigen schon genau umrissen ist.

178 Erklärt der Nachbar seine **Zustimmung zu einer Grenzgarage mit einer Höhe von mehr als 3 m** nach § 5 Abs. 8 S. 2 Nr. 1, ohne den Standort festzulegen, braucht die BauAB ihn wegen der Abweichung nach § 66 Abs. 1 nicht zu beteiligen. Wählt der Bauherr für diese Grenzgarage einen Standort im rückwärtigen Gartengelände und zieht die BauAB eine Genehmigung in Erwägung, ist eine Beteiligung des Nachbarn im Hinblick auf §§ 46, 3 Abs. 1 S. 3 geboten, denn insoweit hat der Nachbar nicht zugestimmt. Stimmt der Nachbar der Überschreitung der Höhe der Grenzgarage zu, ohne sie zu begrenzen, braucht die BauAB den Nachbarn auch bei einer 4 m hohen Grenzgarage nicht zu beteiligen, soweit sich das Bauwerk in der Funktion als Garage erschöpft und nicht durch einen anderen Zwecken dienenden Sockel oder Dachgeschoss geprägt wird. Im Zweifel sollte die BauAB den Nachbarn auf jeden Fall beteiligen, weil die geringfügige Verzögerung durch die gewonnene Rechtssicherheit aufgewogen wird.

Die Zustimmung des Nachbarn entbindet die Behörde nur davon, dem Nachbarn Gelegenheit zur Stellungnahme zu geben, nicht dagegen von der Beachtung öffentlich-rechtlicher nachbarschützender Vorschriften. Allerdings kann die Zustimmung bei der Würdigung nachbarlicher Belange im Rahmen einer Abweichung, Ausnahme oder Befreiung eine Rolle spielen. Weiter enthält die Zustimmung einen **Verzicht auf die subjektiv-öffentlichen Nachbarrechte** und ihre verfahrensrechtliche Geltendmachung, **soweit der Nachbar die Tragweite** seiner Erklärung vor Erlass der Baugenehmigung hinreichend **übersehen konnte** (BVerwG 2.12.1974 – IV B 145.74, BRS 28 Nr. 125; OVG Lüneburg 25.4.1974 – VI A 8/73, OVGE 30, 399; OVG Münster 15.6.1984 – 7 B 1233/84, BRS 42 Nr. 195 und Rn. 55 ff.). Deshalb erübrigt sich idR auch die Zustellung der Baugenehmigung an den Nachbarn (VGH Mannheim 1.4.1982 – 5 S 278/82, BRS 39, Nr. 181). Die Zustimmung bindet auch den Rechtsnachfolger (VGH Kassel 7.12.1994 – 4 TH 3032/94, NVwZ-RR 1995, 495; → Rn. 25). **179**

Die Zustimmung des Grundstückseigentümers erübrigt eine **Beteiligung obligatorisch Berechtigter** nicht, soweit diese wegen nachbarschützender Vorschriften zu beteiligen sind, die dem Schutz der Gesundheit dienen, denn der Grundstückseigentümer kann nicht über die Gesundheit seiner Mieter verfügen (vgl. → Rn. 20; insoweit ist das Urt. d. OVG Lüneburg 17.1.1980 – 1 A 71/79, DÖV 1980, 524 einzuschränken). Die BauAB darf sich in diesen Fällen nicht mit der Beteiligung des Grundstückseigentümers begnügen und diesem die Unterrichtung obligatorisch Berechtigter überlassen. Die Beteiligung nach § 68 ist – anders als die nach entsprechenden Vorschriften anderer LBauOen (vgl. zB Art. 66 Abs. 3 S. 3 BayBO) – nicht auf Eigentümer der Nachbargrundstücke beschränkt. **180**

Die **Zustimmung ist** eine **empfangsbedürftige öffentlich-rechtliche Willenserklärung**, die zwar nicht unbedingt der BauAB gegenüber abgegeben werden muss, aber erst mit dem Zugang bei ihr wirksam wird (VGH Kassel 7.12.1994 → Rn. 179; vgl. aber → Rn. 59). Die Unwiderruflichkeit von Verfahrenshandlungen (Kopp/Ramsauer § 53 Rn. 54) führt dazu, dass mit dem Zugang der Zustimmung bei der BauAB deren Pflicht zur Beteiligung des Nachbarn nach § 68 Abs. 2 unwiderruflich entfällt, es sei denn der BauAB ist gleichzeitig oder vorher ein Widerruf zugegangen. **Umstritten ist** allerdings, ob der mit der Zustimmung verbundene Verzicht auf nachbarliche Abwehrrechte nicht bis zur Erteilung der Baugenehmigung widerrufen werden kann (VGH München 21.12.1971– 188 I 71, BRS 25 Nr. 167; Jäde UPR 2005, 161 mN; 7. Aufl. Rn. 126). **181**

Der Große Senat des VGH München (3.11.2005 – 2 BV 04. 1756 ua, DÖV 2006, 303) und das OVG Lüneburg (28.8.2013 – 1 LA 235/11, NVwZ-RR 2013, 947, 948) haben die hM (Dirnberger in Simon/Busse BayBO Art. 66 Rn. 132 ff.) bekräftigt, dass die **Zustimmung entsprechend § 130 Abs. 1 BGB nur bis zu ihrem Eingang bei der BauAB widerrufen werden könne**. § 183 BGB, der den Widerruf der vorherigen Zustimmung bis zur Vornahme des Rechtsgeschäfts zulasse, scheide als Gegenargument aus, weil diese Vorschrift in unmittelbarem Zusammenhang mit § 182 BGB stehe und Fälle betreffe, in denen die Wirksamkeit eines Vertrages oder einseitigen Rechtsgeschäfts von der Zustimmung eines Dritten abhängig sei. Die Erteilung der Baugenehmigung hängt aber nicht von der Zustimmung des Nachbarn ab, allenfalls ist die Zustimmung des Nachbarn ein Indiz für seine eigene Einschätzung des Gewichts seiner Interessen, etwa bei der Anwendung des Gebots der Rücksichtnahme oder der Erteilung von Abweichungen, Ausnahmen oder Befreiungen. Der Große Senat sieht eine Parallele in der Unwiderruflichkeit des Einvernehmens der Gemeinde nach § 36 Abs. 2 S. 2 BauGB. Der Nachbar verdient auch keinen besonderen Schutz, der es rechtfertigen könnte, vom Grundsatz des § 130 Abs. 1 BGB abzuweichen, zumal der Bauherr eher Anlass hat, auf die idR von ihm eingeholte Zustimmung des Nachbarn zu vertrauen als auf das von der Gemeinde der BauAB gegenüber erklärte Einvernehmen. Nicht ausreichend ist, dass sich der Nachbar schlicht von der Zustimmung distanziert (OVG Lüneburg 28.8.2013 – 1 LA 235/11, NVwZ-RR 2013, 947 (948)). **182**

183 Bei einer **Mehrheit von Berechtigten** am Nachbargrundstück ist besonders darauf zu achten, ob nicht nach den für die jeweilige Gemeinschaft geltenden Vorschriften alle Berechtigten zustimmen müssen oder ob ein Mehrheitsbeschluss genügt. Der Verzicht auf materielle Nachbarrechte, etwa auf die Einhaltung des Grenzabstandes, hat idR nachteilige Wirkungen für das Gemeinschaftsgrundstück und stellt daher keine Maßnahme der Verwaltung dar, sondern eine Verfügung, die die Gemeinschaft nach §§ 745, 747 BGB ebenso wie die Erbengemeinschaft nach §§ 2038, 2040 BGB nicht mit Stimmenmehrheit, sondern nur einstimmig beschließen kann (OVG Lüneburg 24.2.1976 – I A 177/74, nv). Entsprechendes dürfte für Wohnungseigentümer nach §§ 15 Abs. 2, 22 WEG gelten (→ Rn. 22 ff.).

D. Rechtsschutz der Nachbarn

184 Die **Rechtsschutzmöglichkeiten des Nachbarn** hängen in erster Linie davon ab, wann er von nachteiligen Wirkungen des Bauvorhabens Kenntnis erhält. Die Regel wird sein, dass er **nach Erteilung der Baugenehmigung** bei Baubeginn Kenntnis erhält. Dann kann er Widerspruch und ggf. Anfechtungsklage erheben (→ Rn. 186 ff.); daneben kann er vorläufigen Rechtsschutz beantragen (→ Rn. 230 ff.). Selten wird der Nachbar schon vor der Erteilung der Baugenehmigung sichere Kenntnis von den Plänen des Bauherrn und der Absicht der BauAB, die Baugenehmigung zu erteilen, erhalten. In solchen Fällen kommt uU eine vorbeugende Unterlassungsklage in Betracht (→ Rn. 221). Im Vorfeld von konkreten Bauplänen kann der Nachbar nachteilige Festsetzungen eines B-Plans für Nachbargrundstücke anfechten (→ Rn. 222 f.) und ggf. im Normenkontrollverfahren vorläufigen Rechtsschutz beantragen (→ Rn. 224 ff.). Ist die Baugenehmigung bestandskräftig geworden, kommt nur ein Antrag auf Rücknahme der Genehmigung in Betracht (→ Rn. 218).

185 **Bei verfahrens- und genehmigungsfreien Baumaßnahmen** (§§ 60, 62) kann Nachbarschutz nur über eine Klage auf Einschreiten, ggf. mit vorläufigem Rechtsschutz erreicht werden (vgl. dazu → § 62 Rn. 85 ff.). Es besteht keine Verpflichtung der Behörde, als Ausgleich für den Verzicht auf die präventive Tätigkeit verstärkt repressiv tätig zu werden, sodass ihr Ermessen nicht auf eine für den Nachbarn günstige Entscheidung reduziert ist (OVG Lüneburg 28.3.2014 – 1 LA 216/12 – BauR 2014, 1453 (1453)). Schlicht hoheitliche Verletzungen seiner Rechte durch Vorhaben öffentlicher Bauherren, wie sie insbesondere bei der Einrichtung von Spiel- und Bolzplätzen auftreten können, kann der Nachbar mit der Unterlassungsklage **im Verwaltungsrechtsweg** abwehren (→ Rn. 219 f.). Daneben kann der Nachbar **aber auch** privatrechtliche Abwehransprüche unmittelbar gegen den Nachbarn **vor den Zivilgerichten** durchsetzen (vgl. → Rn. 141 ff.; zur unmittelbaren Durchsetzung nachbarschützender Auflagen einer bestandskräftigen Baugenehmigung gegenüber dem Bauherrn: BGH 26.2.1993 – V ZR 74/92, NJW 1993, 1580; 27.9.1996 – V ZR 335/95, NJW 1997, 55; dazu Fritzsche NJW 1995, 1125).

a) Widerspruchsverfahren

186 Wird dem Nachbarn die **Baugenehmigung mit Rechtsbehelfsbelehrung bekannt gegeben**, kann er nach § 70 VwGO **innerhalb eines Monats Widerspruch** erheben. Ein Widerspruch, der vorsorglich gegen eine noch nicht erlassene Baugenehmigung erhoben wird, ist unzulässig und wird auch nicht dadurch zulässig, dass die Baugenehmigung tatsächlich später erteilt wird (OVG Lüneburg 2.9.1999 – 1 M 2902/99, nv; OVG Münster 5.5.1995 – 10 B 894/95, NVwZ-RR 1996, 184; OVG Greifswald 9.5.2012 – 2 L 330/11, juris, BeckRS 2012, 56528). Wird dem Nachbarn die Baugenehmigung ohne Rechtsbehelfsbelehrung mitgeteilt, läuft die Widerspruchsfrist nach §§ 70, 58 Abs. 2 VwGO ein Jahr. Zwar hat der Landesgesetzgeber mit § 80 Abs. 1 und 4 NJG die Nachprüfung in einem Vorverfahren weitgehend abgeschafft; dies gilt jedoch nicht für Verwal-

tungsakte, die nach den Vorschriften des BauGB und der NBauO erlassen werden (§80 Abs. 2 S. 1 Nr. 4a, S. 3 NJG). Über den Widerspruch entscheidet nach Abschaffung der Bezirksregierungen die BauAB (vgl. §73 Abs. 1 S. 2 Nr. 2 VwGO).

Anders als soeben beschrieben liegt es **in den Fällen, in denen der Nachbar „offiziell" von der Baugenehmigung nichts erfährt.** Beantragt der Bauherr nicht die Zustellung der Baugenehmigung nach §70 Abs. 5, dann werden die Nachbarn, die keine Einwendungen erhoben haben, von der BauAB über das Bauvorhaben nicht in Kenntnis gesetzt. Wenn ein Verwaltungsakt dem Betroffenen aber weder iSd §§57, 58 VwGO zugestellt, eröffnet oder verkündet, noch im Sinne des §70 VwGO anderweitig bekannt gegeben wird, wird die Baugenehmigung gegenüber dem betroffenen Nachbarn nicht wirksam (§43 Abs. 1 VwVfG) und die Widerspruchsfrist kann nicht zu laufen beginnen. Die Zustellung der Baugenehmigung an den Bauherrn kann die Jahresfrist des §58 Abs. 2 VwGO gegenüber dem Nachbarn nicht in Lauf setzten (BVerwG 14.6.1968 – IV B 221.67, DVBl 1969, 268; 14.2.1969 – IV C 82.66, DVBl 1969, 362). Nach Ansicht des OVG Münster (26.9.1979 – XI B 1528/78, BRS 35 Nr. 202) verlängert sich die Anfechtungsfrist nicht durch eine Verlängerung der Geltungsdauer der Baugenehmigung nach §71 S. 3. 187

Allein die **Ausführung des Bauvorhabens setzt die Widerspruchsfrist nicht in Lauf.** 188
Allerdings verpflichtet das nachbarliche Gemeinschaftsverhältnis den Nachbarn, „durch zumutbares aktives Handeln mitzuwirken, einen wirtschaftlichen Schaden des Bauherrn zu vermeiden" (BVerwG 25.1.1974 – IV C 2.72, BVerwGE 44, 294; 28.8.1987 – 4 N 3.86, DVBl 1987, 1276; 17.2.1989 – 4 B 28.89, juris). Der Nachbar muss daher, sobald er die Beeinträchtigung durch eine Baumaßnahme erkannt hat, ungesäumt seine nachbarlichen Einwendungen geltend machen, wenn ihm nicht der Grundsatz von Treu und Glauben entgegengehalten werden soll, weil er ohne zureichenden Grund mit seinen Einwendungen länger als notwendig zugewartet hat. Der Nachbar muss also gegen eine Baugenehmigung, die ihm nicht amtlich bekannt gegeben worden ist, von der er aber in anderer Weise sichere Kenntnis erlangt hat oder hätte erlangen müssen, innerhalb der Frist des §70 iVm §58 Abs. 2 VwGO Widerspruch erheben (BVerwG 11.9.2018 – 4 B 34/18, NJW 2019, 383 (383f.); 18.1.1988 – 4 B 257.87, NVwZ 1988, 532; OVG Saarlouis 19.9.1997 – 2 V 10/97, BeckRS 1997, 16732). Eine der amtlichen Bekanntmachung der Baugenehmigung gleichzusetzende sichere Kenntnis der Baugenehmigung liegt erst vor, wenn der Nachbar auch den Inhalt der Baugenehmigung erkennt oder im Falle der Unkenntnis zumindest Anlass hatte, sich über ihren Inhalt selbst Gewissheit zu verschaffen (OVG Lüneburg 17.10.1997 – 1 L 6347/95, BRS 59 Nr. 195).

IdR **wird der Nachbar** bereits **bei Baubeginn** aufgrund des nach §11 Abs. 3 anzubringenden Schildes und der Lage einer evtl. Baugrube **erkennen können, ob ein Bauvorhaben ihn in seinen Rechten verletzt**. Es ist allerdings denkbar, dass der Nachbar erst während der Bauausführung bemerken kann, wie hoch und wie nahe sich das Vorhaben an sein Grundstück heranschiebt. Erst dann, wenn der Nachbar nach den Umständen des Einzelfalls Anlass zu der Befürchtung hat oder haben muss, die Baugenehmigung könne seine Rechte verletzen, muss er sich Gewissheit über den Inhalt der Baugenehmigung verschaffen (OVG Lüneburg 1.3.1985 – 6 B 11/85, OVGE 38, 416; 17.10.1997 – 1 L 634/95, BRS 59 Nr. 195). Der Nachbar kann von einem rechtmäßigen Verwaltungshandeln ausgehen und muss nicht jede Bautätigkeit auf dem Nachbargrundstück zum Anlass nehmen, sich über den Inhalt einer Baugenehmigung kundig zu machen (OVG Saarlouis 19.9.1997 – ZV 10/97, juris). Bei umfangreicheren Bauvorhaben ist es nicht ausgeschlossen, dass der Nachbar, dem die Baugenehmigung nicht bekannt gegeben worden ist, seinen Widerspruch auf später zu Tage tretende Belastungen durch die Baugenehmigung erweitert (BVerwG 25.6.1969 – IV C 11.68, DVBl 1970, 66). 189

Der Verlust der Anfechtungsbefugnis durch Fristablauf entsprechend den §§58, 70 VwGO schließt nicht aus, dass das **nachbarliche Widerspruchsrecht** je nach den Umständen des Einzelfalls auch **schon vorher verwirkt** wird. Die Verwirkung der Anfechtungsbefugnis setzt voraus, dass der Nachbar sein Recht längere Zeit nicht ausgeübt 190 hat und besondere Umstände hinzutreten, die die verspätete Geltendmachung als illoyal erscheinen lassen. Dem Nachbarn muss die Möglichkeit des Widerspruchs bewusst sein, was idR die Kenntnis der Baugenehmigung voraussetzt (BVerwG 16.5.1991 – 4 C 4.89, NVwZ 1991, 1182; 28.8.1987 – 4 N 3.86, DVBl 1987, 1276). Der positiven Kenntnis steht es regelmäßig gleich, wenn der Nachbar von der Baugenehmigung zuverlässige Kenntnis hätte haben müssen und es ihm möglich und zumutbar war, sich über die Baugenehmigung letzte Gewissheit zu verschaffen (BVerwG 10.8.2000 – 4 A 11.99, NVwZ 2001, 206); im Übrigen gelten die weiteren Voraussetzungen wie bei der Verwirkung materieller Abwehrrechte entsprechend (dazu → Rn. 60 und OVG Lüneburg 5.7.2011 – 1 LA 207/08, NVwZ-RR 2011, 807). Da sich der Bauherr nach § 70 Abs. 5 durch Zustellung der Baugenehmigung an den Nachbarn vor einem späten Widerspruch schützen kann, besteht idR kein Anlass, den Interessen des Bauherrn durch eine kürzere Verwirkungsfrist Rechnung zu tragen (anders für den Fall, dass der Nachbar zugestimmt hat: OVG Lüneburg 25.4.1974 – VI A 8/73, OVGE 30, 399).

191 Bei Nachtragsbaugenehmigungen können Zweifel auftreten, ob sie trotz unanfechtbarer ursprünglicher Genehmigung die Anfechtung der Genehmigung für das veränderte Vorhaben insgesamt zulassen oder ob nur ein Widerspruch gegen die Baugenehmigung für die Änderung möglich ist. Die Antwort auf diese Frage hängt vom **Regelungsgehalt der „Nachtrags"-Baugenehmigung** ab: Nur wenn es sich um eine neue (Voll-)Genehmigung des Gesamtvorhabens in veränderter Gestalt handelt (Änderungsbaugenehmigung), kann sie der Nachbar in vollem Umfang (wieder) angreifen (vgl. Kerkmann/Sattler BauR 2005, 47 ff.; OVG Münster 13.12.2012 – 2 B 1250/12, NVwZ-RR 2013, 500 zum Verhältnis von Ausgangs-, Nachtrags- und Änderungsbaugenehmigung). Beschränkt sich der Regelungsgehalt der Nachtragsbaugenehmigung dagegen auf einzelne Änderungen, ergänzt sie nur die erste Genehmigung und kann sie nur in Verbindung mit ihr ausgenutzt werden, dann kann der Nachbar auch nur die Änderungen angreifen (OVG Lüneburg 8.12.1999 – 1 M 4111/99, nv). Andererseits braucht der Nachbar eine Nachtragsbaugenehmigung nicht gesondert anzufechten, wenn er die vorangegangene Genehmigung angefochten hat, sondern kann sie in das laufende Widerspruchs- oder Klageverfahren einbeziehen (VGH München 25.10.1999 – 26 CS 99.2222, BauR 2000, 365). Der Bauherr hat es nicht in der Hand, eine Nachtragsbaugenehmigung gegen den Willen des Nachbarn in ein Nachbarstreitverfahren einzubeziehen (OVG Lüneburg 6.11.1996 – 1 M 5703/96, NVwZ-RR 1997, 574).

192 Lässt ein Nachbar eine Baugenehmigung unanfechtbar werden, gilt die **Unanfechtbarkeit** wegen der dinglichen Wirkung der Baugenehmigung **auch gegenüber einem Rechtsnachfolger des Nachbarn** (OVG Schleswig 20.11.2015 – 1 LA 39/15, NordÖR 2016, 213 (214); VGH Mannheim 30.11.1978 – III 571/78, BRS 33 Nr. 162; VGH München 24.2.1978 – 302 II 75, BRS 33 Nr. 161). Zum Anspruch auf Rücknahme einer unanfechtbaren Baugenehmigung vgl. → Rn. 218.

193 **Versäumt der Nachbar die Widerspruchsfrist**, stellt sich die Frage, ob die BauAB als Widerspruchsbehörde eine **Sachentscheidung** treffen darf, **die dem Nachbarn den Rechtsweg neu eröffnet**. Diese für ausschließlich belastende VAe in der Rechtsprechung im positiven Sinn geklärte Frage (BVerwG 16.1.1964 – VIII C 72.62, DVBl 1965, 89; 13.12.1967 – IV C 124.65, BVerwGE 28, 305; kritisch Pietzner/Ronellenfitsch, Das Assessorexamen im Öffentlichen Recht, 12. Aufl. 2010, § 42 Rn. 7 ff. mN) stellt sich für VAe mit Doppelwirkung in besonderer Weise, weil der durch den VA Begünstigte mit der Bestandskraft des VA's eine gewisse Position erlangt hat. Stehen sich wie bei der Baugenehmigung zwei Bürger als Begünstigter und Belasteter gegenüber, kann sich die Widerspruchsbehörde nicht kraft ihrer Sachherrschaft über die Widerspruchsfrist hinwegsetzen, weil die **Anfechtungsfristen auch dem Schutz des Begünstigten dienen** (BVerwG 4.8.1982 – 4 C 42.79, NVwZ 1983, 285; 11.3.2010 – 7 B 36.09, NJW 2010, 1686 mit Anm. Neumann jurisPR-BVerwG 11/2010 Anm. 3; OVG Lüneburg 26.7.2012 – 1 LC 130/09, juris Rn. 97). Die Interessen des Bauherrn, möglichst bald Gewissheit über seine Position zu haben, die das BVerwG bei der Begrenzung des Kreises der anfechtungsberechtigten Nachbarn stark hervorgehoben hat (14.6.1968 – IV C 44.66, NJW 1968, 2393), lassen eine Aufweichung der Anfechtungsfristen zu Lasten des Bauherrn nicht zu. Etwas anderes könnte aber gelten, wenn das Vertrauen des Bauherrn auf den Ablauf der Widerspruchsfrist im Einzelfall nicht schutzwürdig ist (BVerwG 21.1.1972 – IV C 34.68, DÖV 1972, 789).

Der Widerspruchsbehörde ist es nicht nur versagt, auf einen unzulässigen, weil verspäteten Widerspruch eine den Rechtsweg eröffnende Sachentscheidung zu treffen, sie darf auch auf den Widerspruch des Nachbarn eine objektiv rechtswidrige, aber ihn nicht in seinen Rechten verletzende Baugenehmigung nicht aufheben (BVerwG 29.10.1968 – IV B 7.68, BRS 20 Nr. 177; 2.4.2000 – 4 C 12.98, NVwZ 2000, 1055; OVG Lüneburg 16.12.1993 – 1 L 91/90, NVwZ-RR 1994, 558; vgl. aber zur fehlerhaften Nichtbeteiligung der Nachbarn → Rn. 172 ff.). Die **Vorschriften der VwGO erlauben der Widerspruchsbehörde nur**, die angefochtene **Baugenehmigung auf** die **Verletzung nachbarschützender Vorschriften hin zu überprüfen**; denn die Widerspruchsbehörde darf dem Widerspruch nach §§ 72, 73 VwGO nur stattgeben, wenn sie ihn für zulässig und begründet hält. Weitergehende Befugnisse hat die Widerspruchsbehörde – abgesehen von Rücknahme und Widerruf – nicht (BVerwG 18.5.1982 – 7 C 42.80, NVwZ 1983, 32). Im gleichen Sinn ist § 50 VwVfG zu verstehen, der die Behörde von den engen Regeln von Rücknahme und Widerruf bei der Anfechtung von VAen mit Doppelwirkung nur entbindet, soweit dadurch einem zulässigen Rechtsbehelf abgeholfen wird (BVerwG 4.8.1982 – 4 C 42.79, NVwZ 183, 285; 8.11.2001 – 4 C 18.00, NVwZ 2002, 730). Unberührt bleibt die Befugnis der BauAB, die als rechtswidrig erkannte Baugenehmigung nach § 48 VwVfG zurückzunehmen (zu den Unterschieden zwischen Abhilfe und Rücknahme BVerwG 1.7.1999 – 4 C 23.97, NVwZ 2000, 195). 194

Der für die Sach- und Rechtslage der Entscheidung über den Widerspruch und die Klage des Nachbarn **maßgebliche Zeitpunkt ist grundsätzlich der der Bekanntgabe der Baugenehmigung an den Bauherrn**. Im Allgemeinen hat zwar die Widerspruchsbehörde bei ihrer Entscheidung das nunmehr geltende Recht zu berücksichtigen (vgl. Kopp/Schenke VwGO § 68 Rn. 15). Für das Baunachbarrecht vertritt das BVerwG allerdings in st. Rspr. die Ansicht, dass eine Änderung der Sach- und Rechtslage zu Lasten des Bauherrn in dem vom Nachbarn eingeleiteten Widerspruchsverfahren nicht zu berücksichtigen sei, weil dem Bauherrn sonst eine Rechtsposition entzogen würde, auf die er bislang einen Anspruch hatte und die der Nachbar bislang dulden musste (BVerwG 8.11.2010 – 4 B 43.10, ZfBR 2011, 164 (165); 23.4.1998 – 4 B 40/98, NVwZ 1998, 1179 (1179); 14.4.1978 – IV C 96.76, DVBl 1978, 614; 23.4.1998 – 4 B 40.98, NVwZ 1998, 1179; 8.11.2010 – 4 B 43.10, ZfBR 2011, 164). 195

Wie das BVerwG (18.5.1982 – 7 C 42.80, NVwZ 1983, 32) zum Immissionsschutzrecht dargelegt hat, kommt es bei Rechtsänderungen zunächst darauf an, ob das neue Recht auch für Genehmigungen Geltung beansprucht, die im Zeitpunkt der Rechtsänderung bereits erteilt, aber noch nicht unanfechtbar sind (vgl. Kleinlein VerwArch. 1990, 149 (190)). Fehlen Überleitungsregelungen, wie etwa beim Inkrafttreten eines B-Planes während des Widerspruchsverfahrens, bleibt es bei der Maßgeblichkeit des im Zeitpunkt der Genehmigungserteilung geltenden Rechts, weil die Baugenehmigung die verbindliche Feststellung enthält, dass das Vorhaben im Zeitpunkt seiner Genehmigung im Einklang mit dem derzeit geltenden öffentlichen Baurecht steht (Kleinlein, aaO, S. 189). Nur dann, wenn die BauAB die Baufreigabe durch Nebenbestimmungen an den Nachweis knüpft, dass Nachbarrechte nicht verletzt werden, verschiebt sich der maßgebliche Zeitpunkt (vgl. dazu BVerwG 3.1.1997 – 4 B 245/96, juris). **Rechtsänderungen zugunsten des Bauherrn sind** allerdings **zu berücksichtigen**, weil es nicht sinnvoll wäre, eine Baugenehmigung auf den Widerspruch des Nachbarn aufzuheben, die auf Antrag des Bauherrn nunmehr erteilt werden müsste (BVerwG 23.4.1998 – 4 B 40/98, NVwZ 1998, 1179 (1179); 5.10.1965 – IV C 3.65, DVBl 1966, 269; 23.4.1998 – 4 B 40.98, NVwZ 1998, 1179). 196

Es sind allerdings auch **Fallgestaltungen** denkbar, **in denen** für den Bauherrn **nachteilige Rechtsänderungen zu berücksichtigen sind**. Der Gemeinde bleibt während des 197

Wiederspruchsverfahrens bis zur Ertreilung der Baugenehmigung die Möglichkeit, die planungsrechtlichen **Voraussetzungen zu Lasten des Bauherrn im Wege der Bauleitplanung zu ändern**. Denn erst die erteilte Baugenehmigung setzt der gemeindlichen Planungshoheit eine Grenze. Im Rahmen einer gemeindlichen Anfechtungsklage muss daher geprüft werden, ob die – im Widerspruchsbescheid bejahten – Voraussetzungen für die Erteilung der Baugenehmigung zum Zeitpunkt der letzten mündlichen Verhandlung weiterhin gegeben sind. Entscheidend ist, ob die Baugenehmigung zu diesem Zeitpunkt rechtmäßig erteilt werden kann. Der Widerspruchsbescheid darf also nicht durch eine nachträgliche Änderung der Sach- und Rechtslage rechtswidrig geworden sein (vgl. BVerwG 13.12.2007 – 4 C 9.07, NVwZ 2008, 437).

198 Entscheidet die Widerspruchsbehörde nicht über den Nachbarwiderspruch, kann der Bauherr **Untätigkeitsklage** nach § 75 VwGO **gegen die Widerspruchsbehörde** auf Verpflichtung zur Zurückweisung des Widerspruchs erheben (VGH Mannheim 10.11.1993 – 3 S 1120/92, NVwZ 1995, 280; VGH Kassel 4.12.2008 – 4 A 882/08, juris Rn. 48 ff.), weil der Anspruch auf Erteilung der Baugenehmigung leer liefe, wenn die Widerspruchsbehörde es in der Hand hätte, die Bestandskraft der Baugenehmigung beliebig hinauszuzögern (vgl. → § 70 Rn. 164).

199 Hebt die Widerspruchsbehörde eine Baugenehmigung auf den Widerspruch des Nachbarn auf, wird der **Widerspruchsbescheid wirkungslos, wenn** der **Nachbar** während des vom Bauherrn angestrengten gerichtlichen Verfahrens seinen **Widerspruch zurücknimmt** (OVG Lüneburg 14.4.1993 – 1 L 34/91, NVwZ 1993, 1214; str. vgl. Allesch NVwZ 2000, 1227 mN; Pietzner/Ronellenfitsch (zit. Rn. 193), § 36 Rn. 7 ff.). Der Nachbar behält jedenfalls bis zur Unanfechtbarkeit des Widerspruchsbescheides die Befugnis, seinen Widerspruch zurückzunehmen (vgl. Dolde/Porsch in Schoch/Schneider/Bier § 69 Rn. 13; Schildheuer NVwZ 1997, 637).

200 **Verträge**, mit denen Bauherren den Nachbarn ihre **Widerspruchsrechte** gegen die Baugenehmigung **„abkaufen"**, verstoßen idR weder gegen ein gesetzliches Verbot noch ohne weiteres gegen die guten Sitten (BGH 11.12.1980 – III ZR 38/79, BGHZ 79, 131). Eine vergleichsweise getroffene Verpflichtung, durch die sich der Nachbar verpflichtet, seinen Widerspruch zurückzunehmen, ist nicht deshalb sittenwidrig, weil die hierfür vom Bauherrn zu erbringende Zahlung weit über die Minderung des Wertes des beeinträchtigten Grundstücks hinausgeht (BGH 2.7.1999 – V ZR 135/98, NJW 1999, 3113). Führt der Nachbar trotz einer wirksamen Verpflichtung, den Widerspruch zurückzunehmen, das Widerspruchs- oder Klageverfahren fort, ist der Widerspruch bzw. die Klage als unzulässig zurückzuweisen (BGH 14.11.1983 – IVb ZR 1/82, NJW 1984, 805; VGH München 22.4.2008 – 1 B 04.3320, NJW 2009, 247).

b) Anfechtungsklage der Nachbarn und Folgenbeseitigung

201 Weist die Widerspruchsbehörde den Widerspruch des Nachbarn gegen die Baugenehmigung zurück, kann der Nachbar Klage erheben (vgl. hierzu den Überblick in Leitsätzen bei Beckmann BauR 2009, 1525). Die Klage stellt eine Anfechtungsklage dar, weil bereits die Aufhebung der Baugenehmigung die Rechtsposition des Nachbarn wiederherstellt (BVerwG 5.10.1965 – IV C 3.65, DVBl 1966, 269). Für die Zulässigkeit der Nachbarklage genügt es, dass der **Nachbar substantiiert geltend macht**, durch die Baugenehmigung **in seinen Rechten verletzt zu werden**. Gegen Abweichungen der Bauausführung von der Baugenehmigung kann sich der Nachbar nicht mit der Anfechtungsklage wenden, sondern nur mit einer Klage auf Einschreiten vorgehen (BVerwG 7.2.1986 – 4 C 49.82, NVwZ 1986, 642). Eine Ausnahme lässt die Rechtsprechung beim sog. **„Etikettenschwindel"** zu, wenn ein **Bauvorhaben mit seinem wahren Nutzungszweck** unzulässig ist und deshalb eine andere zulässige Nutzung offensichtlich vorgeschoben wird (OVG Lüneburg 26.4.1993 – 6 L 169/90, OVGE 43, 430; OVG Münster 25.8.2011 – 2 A 38/10, NVwZ-RR 2012, 132). In einem besonderen Fall hat das OVG Lüneburg auch die missbräuchliche Nutzung Dritter einbezogen, weil die Genehmigung einer Hütte auf einem Spielplatz einen bestehenden Konflikt verfestigte und besonderen Anlass zur missbräuchlichen Nutzung gab (OVG Lüneburg 26.9.2002 – 1 MB 3531/01, nv). Zum Rechtsschutz gegen die Baugenehmigung, die einer dem Nachbarn erteilten Zusage widerspricht, vgl. → Rn. 217.

Wendet sich der Nachbar nur gegen eine bestimmte Bauausführung und nicht gegen eine Bebauung überhaupt, stellt sich die Frage, ob der Nachbar die Anfechtung auf Teile der Baugenehmigung beschränken kann oder muss, oder ob er die Baugenehmigung insgesamt anfechten muss. Das **BVerwG** (2.3.1973 – IV C 35.70, BRS 27 Nr. 178) macht die Antwort auf diese Frage von der **Teilbarkeit der Baugenehmigung** abhängig: Wendet sich der Nachbar gegen die genehmigte Geschosszahl, kann die Baugenehmigung nicht ohne erneute Überprüfung des Gebäudes mit reduzierter Geschosszahl erteilt werden. Das **OVG Berlin** (22.5.1992 – 2 B 22/90, NVwZ 1993, 593) folgert demgegenüber aus § 113 Abs. 1 S. 1 VwGO, wonach das VG den VA aufhebt, soweit er rechtswidrig und der Kläger dadurch in seinen Rechten verletzt ist, dass die Baugenehmigung **unabhängig von ihrer Teilbarkeit nur hinsichtlich der Teile** des genehmigten Vorhabens aufgehoben werden darf, **durch die der Nachbar in seinen Rechten verletzt wird**. Dementsprechend dürfe der Nachbar auch nur die Aufhebung der Baugenehmigung hinsichtlich der Teile des Bauvorhabens beantragen, die seine Rechte verletzen, wolle er nicht mit einer teilweisen Abweisung seiner Klage ein unnötiges Kostenrisiko eingehen (ablehnend hierzu: Finkelnburg/Ortloff/Otto, Bd. II, S. 284). 202

Eine teilweise Aufhebung einer Baugenehmigung setzt nach § 113 Abs. 1 S. 1 VwGO aber selbstverständlich voraus, dass die Baugenehmigung teilbar ist, dh dass der aufzuhebende Teil nicht mit den übrigen Teilen der Genehmigung in einem untrennbaren inneren Zusammenhang steht, sondern die übrigen Teile auch selbständig rechtmäßig bestehen können (Gerhardt in Schoch/Schneider/Bier § 113 Rn. 31 ff.; vgl. auch § 44 Abs. 4 VwVfG). Eine **Baugenehmigung stellt idR ein unteilbares Ganzes dar**, wenn die Bestandteile des Vorhabens eine bautechnische Einheit bilden oder unter Nutzungsgesichtspunkten eine enge funktionale Verbindung aufweisen oder der Bauherr das Vorhaben nur als Einheit will (OVG Münster 4.9.2001 – 10 B 332/01, BRS 64 Nr. 180 mN; Kopp/Schenke § 113 Rn. 16). Darüber hinaus darf das VG sich nicht mit einer Teilaufhebung begnügen, ohne die Frage der Teilbarkeit der Baugenehmigung zu beantworten, weil es sonst den Bauherrn und die BauAB im Unklaren lässt, ob nach einer Teilaufhebung weitergebaut werden darf oder eine neue Genehmigung nötig ist. **Von besonderer Bedeutung** in der Praxis ist die Frage**, ob** der **Nachbar** die **Baugenehmigung für notwendige Stellplätze** eines Bauvorhabens **isoliert anfechten kann**. Das OVG Lüneburg hat dies bisher verneint, weil die Stellplätze ein wesentlicher und untrennbarer Bestandteil des Bauvorhabens sind (OVG Lüneburg 6.11.1992 – 1 M 4717/92, BRS 54 Nr. 149), es sei denn die verbleibenden Stellplätze reichen als notwendige Stellplätze aus (OVG Lüneburg 3.9.2001 – 1 MA 2796/01, BRS 64 Nr. 190). 203

Ist Eigentümer des Nachbargrundstücks eine **Personenmehrheit**, dann kann jeder **Miteigentümer** ohne Mitwirkung der anderen entsprechend § 1011 BGB die Nachbarrechte geltend machen (VGH München 3.6.1975 – 60 I 72, BRS 29 Nr. 15; OVG Saarlouis 8.1.1996 – 2 W 46/95, juris Rn. 6). Das Gleiche gilt für die **Sonderform des Wohnungseigentums** (BVerwG 20.8.1992 – 4 B 92.92, BeckRS 1992, 31262402; 21.1.2009 – 9 CS 08.1330 ua, juris Rn. 2). Auch der einzelne **Miterbe** kann nach § 2038 Abs. 1 S. 2 BGB für das zum Erbe gehörende Grundstück Nachbarklage erheben, weil diese der Abwehr eines hoheitlichen Eingriffs vom Nachlassgrundstück dient (BVerwG 28.10. 1993 – 4 C 15.93, NVwZ-RR 1994, 305; VGH Mannheim 6.11.2012 – 3 S 2003/12, NJW 2013, 889). Hat nur ein Miteigentümer ein Widerspruchsverfahren durchgeführt, können sich die anderen Miteigentümer darauf berufen, müssen allerdings dann auch die entsprechende Klagefrist beachten (vgl. BVerwG 7.1.1972 – IV C 41.70, NJW 1972, 1435). 204

Der Erfolg der Nachbarklage hängt nach § 113 Abs. 1 S. 1 VwGO allein davon ab, dass die **Baugenehmigung Rechte des Nachbarn verletzt** (BVerwG 10.9.1984 – 4 B 147.84, NVwZ 1985, 39). Eine spürbare tatsächliche Beeinträchtigung ist nur dann Vo- 205 raussetzung für den Erfolg der Nachbarklage, wenn das materielle Recht die Rechtsverletzung davon abhängig macht, also zB unzumutbare Belästigungen verbietet. Dagegen stellt sich die Frage der tatsächlichen Beeinträchtigungen dort nicht, wo die nachbarschützende Vorschrift eine messbare Größe zum Gegenstand hat, wie etwa bei den Grenzabstandsvorschriften. Da diese nicht nur mit einem reduzierten Kern, sondern mit ihrem vollen metrischen Maß auch dem Schutz des Nachbarn dienen, bedarf es bei der Unterschreitung des Grenzabstands nicht des Nachweises einer tatsächlichen Beeinträchtigung, um der Nachbarklage zum Erfolg zu verhelfen (st Rspr d. OVG Lüneburg seit 22.3.1962 – I A 96.61, DVBl 1962, 418; zuletzt 18.2.1985 – 1 A 44.84, Nds.Rpfl. 1985, 152; OVG Münster 22.1.1996 – 10 A 1464/92, BRS 58 Nr. 115; OVG Saarlouis 3.4.2008 – 2 A 387/07, juris Rn. 33, NJOZ 2008, 3317; Finkelnburg/Ortloff/Otto, Bd. II, S. 228 f.; aA VGH Kassel 22.6.1998 – 4 TZ 94/98, BRS 60 Nr. 104). Auch wenn die Baugenehmigung nur eine geringfügige Unterschreitung des Grenzabstands erlaubt, muss die Baugenehmigung aufgehoben werden; eine andere Frage ist freilich, ob der Nachbar eine Beseitigung oder einen „Rückbau" durchsetzen kann (dazu → Rn. 211 ff.).

206 Die **Verletzung von Rechten** des Nachbarn führt insbesondere **unabhängig von einer Abwägung der gegensätzlichen Interessen** des Nachbarn und des Bauherrn zur Aufhebung der Baugenehmigung (OVG Lüneburg 31.5.1967 – I OVG A 81/66, DVBl 1968, 45; Weyreuther, DJT-Gutachten, B 107 Fn. 448). Dies ergibt sich bereits aus dem Wortlaut des § 113 Abs. 1 S. 1 VwGO.

207 Die **BauAB** wird **durch das gerichtliche Verfahren nicht gehindert**, die **Baugenehmigung zu modifizieren oder einzuschränken**. Sie kann insbesondere auch zur Absicherung der angefochtenen Baugenehmigung eine Befreiung oder Abweichung nachschieben (OVG Bautzen 28.12.2009 – 1 B 400/09, juris Rn. 7 zur nachträglich erteilten Abweichung). Der Nachbar muss die Nachtragsbaugenehmigung, Abweichung oder Befreiung nicht gesondert anfechten, sondern kann sie im Wege der Klageänderung in das Verfahren einbeziehen (zur Sachdienlichkeit einer solchen Klageänderung BVerwG 17.2.1971 – IV C 2.68, DVBl 1971, 754; vgl. auch VGH Mannheim 17.9.1998 – 3 S 3136/96, juris zur Einbeziehung der geänderten Baugenehmigung im Berufungsverfahren aufgrund einer Anschlussberufung des erstinstanzlich erfolgreichen Nachbarn).

208 **Wird** die ursprünglich **rechtswidrige Baugenehmigung** durch die Änderung **rechtmäßig, kann der Kläger die Hauptsache für erledigt erklären** und eine Kostenentscheidung zu seinen Gunsten erwirken (vgl. OVG Bautzen 28.12.2009 – 1 B 400/09, juris Rn. 14). Will der klagende Nachbar auch die geänderte Baugenehmigung gerichtlich überprüfen lassen, kann er insoweit den Anfechtungsantrag stellen. Ein Fortsetzungsfeststellungsinteresse nach § 113 Abs. 1 S. 4 VwGO, dass die Baugenehmigung bis zur Änderung rechtswidrig war (dazu BVerwG 28.4.1999 – 4 C 4.98, NVwZ 1999, 1105; 21.10.2004 – 4 B 76.04, BeckRS 2004, 25925; OVG Lüneburg 15.5.2009 – 12 LC 51/07, NVwZ-RR 2009, 808), wird idR nicht bestehen. Der Bauherr kann keine Sachentscheidung über die geänderte Baugenehmigung gegen den Willen des Nachbarn erzwingen (OVG Lüneburg 6.11.1996 – 1 M 5703/96, NVwZ-RR 1997, 574).

209 Abweichend von dem Grundsatz, dass bei der Anfechtungsklage gegen einen belastenden VA die beklagte Verwaltungsbehörde die **Beweislast** für die Voraussetzungen des Eingriffs trägt (vgl. Finkelnburg/Ortloff/Otto, Bd. II, S. 177), trifft den klagenden Nachbarn die Beweislast für das Vorhandensein aller Voraussetzungen der ihm günstigen Rechtsnormen (BVerwG 19.9.1969 – IV C 18.67, NJW 1970, 263; 28.7.1993 – 4 B 120.93, juris Rn. 5, BeckRS 1993, 3124 6707). Dies hängt mit der Doppelwirkung der Baugenehmigung zusammen. Der Belastung für den Nachbarn korrespondiert nicht eine Begünstigung der Behörde, die ihre Beweislast rechtfertigen würde, sondern die Begünstigung des Bauherrn. Dagegen trifft den Bauherrn die Beweislast für die Tatsachen, die – wie etwa die Verwirkung – den Abwehranspruch des Nachbarn entfallen lassen (OVG Greifswald 14.7.2005 – 3 M 69/05, NordÖR 2005, 424).

210 Die **Veräußerung des Nachbargrundstücks** während des Prozesses hat nach § 173 VwGO iVm §§ 265 f. ZPO keinen Einfluss auf das Verfahren, solange nicht mit Zustim-

mung oder auf Antrag der BauAB der Rechtsnachfolger des Nachbarn den Rechtsstreit als Hauptpartei übernimmt (OVG Münster 15.9.1980 – 11 A 2306/78, NJW 1981, 598; VGH Mannheim 23.1.1998 – 5 S 2053/97, NVwZ 1998, 975; OVG Greifswald 16.4.2012 – 3 L 156/08, NordÖR 2012, 452; VGH Mannheim 15.11.2011 – 8 S 1044/09, DÖV 2012, 247: zur Veräußerung eines Grundstücks während eines Normenkontrollverfahrens). Auf das Widerspruchsverfahren findet § 265 ZPO keine entsprechende Anwendung, so dass dem das Eigentum Übertragenden keine Klagebefugnis mehr zusteht. Eigentumsrechte können auch nicht unter dem Gesichtspunkt einer gewillkürten Prozessstandschaft angeführt werden; diese ist im Verwaltungsprozess generell nicht möglich (OVG Lüneburg 26.7.2012– 1 LC 130/09, juris Rn. 57 f., BeckRS 2012, 57106). Die Veräußerung des Baugrundstücks hat wegen der Geltung der Baugenehmigung für den Rechtsnachfolger keinen Einfluss auf das Verfahren, allerdings ist der neue Eigentümer beizuladen (vgl. → Rn. 227).

Umstritten ist, ob der **Nachbar nach erfolgreicher Anfechtung** der Baugenehmigung schlechthin einen **Anspruch gegen die BauAB auf Einschreiten** gegen den Bauherrn **hat**, wenn dieser sein Vorhaben im Vertrauen auf die Baugenehmigung bereits errichtet hat. Weyreuther ((Rn. 206), B 111 ff.) betont, dass das Vorgehen gegen den Bauherrn eine gesetzliche Grundlage voraussetze, die jedoch in § 79 gegeben ist. § 79 räumt allerdings der BauAB Ermessen ein, und es fragt sich, ob das vorangegangene Verwaltungsunrecht – die Nachbarrechte verletzende Baugenehmigung – dieses Ermessen iS eines **Folgenbeseitigungsanspruch**s ausschaltet (Schenke DVBl 1990, 328), ob es iS einer **Folgenbeseitigungslast** als ein starker Faktor zur Ermessensbindung beiträgt (Weyreuther (→ Rn. 206), B 115; BVerwG 8.7.1981 – 4 B 90.81, juris; OVG Lüneburg 10.2.2003 – 1 LA 52/02, juris Rn. 24), oder ob sich das faktisch bestehende Vertrauen des Bauherrn in die Rechtmäßigkeit der Genehmigung und die für den Nachbarn sprechende Folgenbeseitigungslast als widerstreitende Belange in ihrer Wirkung aufheben (Finkelnburg/Ortloff/Otto, Bd. II, S. 266 f.). **211**

Die **Auffassungen in der Rechtsprechung** zur Frage eines Anspruchs auf Einschreiten gegen den Bauherrn **sind nicht einheitlich** (OVG Münster 17.5.1983 – 7 A 330/81, BRS 40 Nr. 191: Folgenbeseitigungslast als Gesichtspunkt der Ermessensbetätigung untauglich; 25.10.2010 – 7 A 290/09, BeckRS 2010, 55485: Entschließungsermessen der BauAB in aller Regel auf eine Pflicht zum Einschreiten reduziert; VGH Mannheim 1.6.1978 – III 2190/77, BRS 33 Nr. 159: Folgenbeseitigungslast nur als eine von mehreren Ermessenserwägungen; 20.5.2003 – 5 S 2750/01, juris Rn. 28: Folgenbeseitigungsanspruch entfaltet ermessensreduzierende Wirkung; VGH München 12.11.1987 – 2 B 86.01596, BRS 48 Nr. 175: Ermessensfreiheit kann auf nur eine ermessensfehlerfreie Entschließung, nämlich die zum Einschreiten, zusammenschrumpfen). **212**

Das **BVerwG** (13.7.1994 – 4 B 129.94, NVwZ 1995, 272; 9.2.2000 – 4 B 11.00, BRS 63 Nr. 210; 17.12.2003 – 4 B 96.03, juris) hat stets betont, dass sich für den Nachbarn, der durch eine rechtwidrige und vom VG aufgehobene Baugenehmigung in seinen Rechten verletzt wird, aus einer an Art. 14 Abs. 1 GG auszurichtenden Auslegung der landesrechtlichen Ermächtigungsnorm – § 79 – ein Anspruch auf Erlass einer Beseitigungsanordnung ergeben kann, aber selbst bei Verletzung von Bauplanungsrecht nicht ergeben muss. Auch ein bundesrechtlicher Folgenbeseitigungsanspruch – sollte es ihn geben – vermittelt jedenfalls nicht bei jeder Verletzung von Bauplanungsrecht einen Anspruch auf Erlass einer Abrissanordnung für die rechtswidrige bauliche Anlage (BVerwG 17.12.2003 aaO Rn. 7). Mit dem Hinweis, dass die ermessensreduzierende Wirkung des Art. 14 Abs. 1 GG und des Anspruchs auf Folgenbeseitung nicht weiter geht, als eine beeinträchtigte Rechtsposition gegeben ist, **hat sich** das BVerwG **einer bundesrechtlichen Festlegung entzogen**. **213**

Das **OVG Lüneburg** (22.3.1962 – I A 96/61, OVGE 18, 341) hat zunächst aus dem Grundsatz der Gesetzmäßigkeit der Verwaltung und der aus ihm abzuleitenden Folgenbeseitigungspflicht der Behörde einen Anspruch des Nachbarn auf Einschreiten hergeleitet, wenn der Nachbar mit Erfolg die Baugenehmigung angefochten hatte und das **214**

Bauwerk bereits errichtet war. Später hat das OVG (27.3.1981 – 1 A 213/80, BRS 38 Nr. 181) die gesetzliche Grundlage für das Einschreiten stärker betont und die Tragweite der Folgenbeseitigungspflicht relativiert: Es hat die **Folgenbeseitigungslast innerhalb des Ermessensspielraums** der BauAB beim Einschreiten nach § 79 nur **als einen**, wenn auch **stark ins Gewicht fallenden Faktor angesehen** und mit dieser Auffassung auch die Zustimmung des BVerwG erhalten (hierzu BVerwG 8.7.1981 – 4 B 90.81, juris).

215 Nach Entwicklung der in → Rn. 214 skizzierten **Rspr.** hat das **OVG Lüneburg** (16.5.1988 – 1 A 23/87, BRS 48 Nr. 191) unter Berücksichtigung des Grundsatzes der Verhältnismäßigkeit die Entscheidung der BauAB, gegen den Bauherrn auch nach aufgehobener Baugenehmigung nicht einzuschreiten, nicht beanstandet, wenn die Verletzung nachbarlicher Rechte nur ein geringes Gewicht hat und der Rückbau für den Bauherrn mit einem erheblichen Aufwand verbunden ist. Als geringfügig hat das OVG (17.11.1970 – I A 5/70, BRS 23 Nr. 198: allerdings für den Fall einer Abweichung von der Baugenehmigung) zB eine Unterschreitung des Grenzabstandes um 6 bis 9 cm angesehen; dagegen hat es (16.5.1988 aaO) die Überschreitung der zulässigen Grenzbebauung von 9 m um 0,3 m nicht mehr als geringfügig eingestuft.

216 **Es bleibt festzuhalten:** Im Grundsatz hat der Nachbar lediglich einen Anspruch darauf, dass die Behörde über das „Ob" und „Wie" des Einschreitens ermessensfehlerfrei entscheidet. Ein unmittelbarer Anspruch auf Einschreiten ist nur ausnahmsweise gegeben, wenn das Ermessen der BauAB aufgrund der Umstände im Einzelfall auf null reduziert ist. Dieser setzt nicht nur einen Verstoß gegen nachbarschützende Vorschriften voraus, sondern fordert zusätzlich, dass dadurch spürbare Beeinträchtigungen hervorgerufen werden (OVG Lüneburg 16.2.2012 – 1 LB 19/10, NVwZ-RR 2012, 427 zum (verneinten) Anspruch auf bauaufsichtliches Einschreiten gegen eine Garage wegen Verstoßes gegen Grenzabstandsvorschriften; vgl. aber OVG Lüneburg 21.3.2007 – 1 ME 61/07, juris zum Anspruch auf Einschreiten bei massiven Beeinträchtigungen durch eine Drogenberatungsstelle in einem durch Wohnnutzung geprägten Gebiet). Bei der Wahl des Mittels kann es im Einzelfall ermessensgerecht sein, den Nachbarn auf ein unmittelbares zivilrechtliches Vorgehen gegen den „Störer" zu verweisen (OVG Lüneburg 9.10.2007 – 1 LB 5/07, juris Rn. 86, NVwZ-RR 2008, 374; vgl. Konrad BayVBl. 1984, 33 (36); BVerwG 10.12.1997 – 4 B 204.97, NVwZ 1998, 395). Der Bauherr kann die Befolgung der der Folgenbeseitigung dienenden Beseitigungsanordnung nicht davon abhängig machen, dass die Genehmigungsbehörde ihm die Kosten dafür erstattet (OVG Lüneburg 15.5.1974 – VI A 175/73, BRS 28 Nr. 160).

c) Sonstige Rechtsschutzmöglichkeiten

217 Ist die Baugenehmigung zwar objektiv rechtswidrig, steht dem Nachbarn jedoch mangels nachbarschützender Vorschriften kein Abwehrrecht zu, muss er sich grundsätzlich mit der Genehmigung abfinden. Er kann allenfalls bei der BauAB bzw. der oberen BauAB als Fachaufsichtsbehörde die Rücknahme der objektiv rechtswidrigen Baugenehmigung anregen. Etwas anderes gilt nur in den seltenen Fällen, in denen die BauAB dem Nachbarn die Einhaltung des objektiven Baurechts zugesagt hat. Die **Zusage verleiht dem Nachbarn** zwar kein unmittelbares Abwehrrecht gegen die zusagewidrige Genehmigung, immerhin hat der Nachbar aber einen **Anspruch** gegen die BauAB **auf Rücknahme** der zusagewidrigen Baugenehmigung. Dieser Anspruch, der mit der Verpflichtungsklage geltend zu machen ist, steht unter dem Vorbehalt, dass der Rücknahme weder Vertrauensschutz seitens des Bauherrn noch Ermessenserwägungen der BauAB entgegenstehen (BVerwG 17.10.1975 – IV C 66.72, NJW 1976, 303).

218 Ist die **Baugenehmigung bestandskräftig** geworden, kommt allenfalls ein **Anspruch auf Rücknahme** der Baugenehmigung in Betracht. Während die Anfechtungsklage des Nachbarn gegen die Baugenehmigung bereits zum Erfolg führt, wenn sie ihn in seinen Rechten verletzt, setzt ein Anspruch auf Rücknahme der Baugenehmigung auf Seiten des Nachbarn weitere qualifizierende Umstände voraus, die sich gegenüber dem Ver-

trauensschutz des Bauherrn durchsetzen. Ein Anspruch auf Rücknahme kann zB bestehen, wenn die Rechtswidrigkeit der Baugenehmigung besonders schwer wiegt (BVerwG 22.2.2010 – 4 B 69.09, juris Rn. 11 f., BeckRS 2010, 55623: Aufrechterhaltung „schlechthin unerträglich"; VGH München 30.7.2009 – 1 B 08.2890, juris Rn. 63, BeckRS 2009, 39027; VGH Kassel 6.7.1995 – 4 UE 3407/90, juris; OVG Lüneburg 13.7.1979 – I A 31/78, BRS 35 Nr. 197) oder die nachteiligen Auswirkungen der Baugenehmigung zur Zeit der Genehmigung nicht absehbar waren. Die Klage auf Rücknahme einer noch anfechtbaren Baugenehmigung ist unzulässig (Kühling Anm. zu VGH Kassel 12.7.1968 – IV OE 68/67, DVBl 1970, 66).

Der Nachbar kann **schlicht hoheitliche Beeinträchtigungen** seiner Rechte durch Vorhaben öffentlicher Bauherren mit der Unterlassungsklage abwehren. Das BVerwG (19.1.1989 – 7 C 77.87, DVBl 1989, 463; 29.4.1988 – 7 C 33.87, BVerwGE 79, 254) hat bislang offen gelassen, ob der Abwehranspruch des Nachbarn gegen Immissionen einer hoheitlich betriebenen Anlage aus Art. 2 Abs. 2 S. 1 und Art. 14 Abs. 1 S. 1 GG oder aus der analogen Anwendung der §§ 1004, 906 BGB folgt oder sich als öffentlich-rechtlicher Folgenbeseitigungsanspruch darstellt. Für die Beurteilung der Zumutbarkeit derartiger Immissionen kommt es auf die Rechtsgrundlage des Abwehranspruchs nicht an (OVG Lüneburg 11.12.1990 – 1 OVG A 90/88, juris; OVG Berlin-Brandenburg 23.7.2008 – OVG 11 S 56.08, juris). Nach § 22 Abs. 1 BImSchG sind schädliche Umwelteinwirkungen, die nach Art, Ausmaß oder Dauer geeignet sind, erhebliche Belästigungen für die Nachbarschaft herbeizuführen, zu verhindern, soweit sie nach dem Stand der Technik vermeidbar sind, und, soweit das nicht der Fall ist, auf ein Mindestmaß zu beschränken. Nach § 906 BGB kann der Nachbar Immissionen abwehren, die die Benutzung seines Grundstücks nicht nur unwesentlich beeinträchtigen, und braucht wesentliche Beeinträchtigungen, die durch eine ortsübliche Benutzung des anderen Grundstücks herbeigeführt werden und nicht durch wirtschaftlich zumutbare Maßnahmen verhindert werden können, nur gegen Geldausgleich zu dulden. Die Schwelle der Unzumutbarkeit ist nach beiden Vorschriften identisch (BVerwG 29.4.1988 aaO). 219

Zum Rechtsschutz gegen kirchliches Geläut: BVerwG 2.9.1996 – 4 B 152.96, NVwZ 1997, 390. Zur Frage der Zumutbarkeit von Lärm, der von Sportplätzen ausgeht, vgl. die SportanlagenlärmschutzVO – 18. BImSchV – vom 18.7.1991 (BGBl. I S. 1588), geä. d. Art. 1 V v. 1.7.2017 (BGBl. I S. 1468). Die in § 2 der 18. BImSchV festgelegten Immissionsrichtwerte schließen als normative Festlegung der Zumutbarkeitsschwelle iSd § 3 Abs. 1 BImSchG grundsätzlich die tatrichterliche Beurteilung aus, dass Lärmimmissionen unterhalb der Immissionsrichtwerte im Einzelfall gleichwohl als erheblich eingestuft werden (BVerwG 8.11.1994 – 7 B 73.94, NVwZ 1995, 993; 11.2.2003 – 7 B 88.02, NVwZ 2003, 751: IRW nicht unmittelbar auf Ballspielplätze und ähnliche Anlagen für Kinder anwendbar; OVG Berlin-Brandenburg 11.11.2010 – OVG 11 B 24.08, juris, NVwZ 2011, 574: Sozialadäquanz von Kinderlärm). Zu Sport- und Freizeitlärm vgl. aus der Rspr.: BVerwG 24.4.1991 – 7 C 12.90, NVwZ 1991, 884 (Schul- und Vereinssportplatz); BVerwG 3.3.1992 – 4 B 70.91, NVwZ 1992, 884 (Bolzplatz neben reinem Wohngebiet); 30.7.2003 – 4 B 16.03, BRS 66 Nr. 172 (Bolzplatz); OVG Berlin 22.4.1993 – 2 B 6.91, NVwZ-RR 1994, 141 (kleiner Bolzplatz im Mischgebiet); OVG Münster 28.5.1993 – 21 A 1532/90, NVwZ 1994, 1018 (Eissportanlage); OVG Lüneburg 4.6.1987 – 1 A 20/83, BRS 47 Nr. 75 (Tennisplatz); VGH Mannheim 16.4.2002 – 10 S 2443/00, BRS 65 Nr. 184 (Skate-Anlage); OVG Lüneburg 9.2.2011 – 12 LA 31/10, juris (Volksfest – Maß des Zumutbaren); OVG Koblenz 16.5.2012 – 8 A 10042/12, NVwZ 2012, 1347 (Geräuscheinwirkungen von Ganztagsschulkindern auf einem öffentlichen Kinderspielplatz – § 22 Abs. 1a BImSchG). 220

Eine **vorbeugende Unterlassungsklage** gegen erwartete Baugenehmigungen ist nur dann zulässig, wenn alsbald mit einer bestimmten, den Nachbarn möglicherweise verletzenden Genehmigung zu rechnen ist und dem Nachbarn die Verweisung auf die spätere Anfechtungsklage nicht zugemutet werden kann (BVerwG 16.4.1971 – IV C 66.67, DVBl 1971, 746). IdR wird die erwartete Baugenehmigung – und mit ihr auch die be- 221 fürchtete Rechtsverletzung – erst dann hinreichend bestimmt vorauszusehen sein, wenn ein Bauantrag vorliegt. Der Nachbar wird die Baugenehmigung auch deshalb abwarten können, weil er sich mit den Mitteln des einstweiligen Rechtsschutzes vor vollendeten Tatsachen schützen kann. Wenn es aber, wie in dem vom BVerwG entschiedenen Fall, im Kern darum geht, ob eine städtebauliche Entwicklung – Wohnbebauung – im benachbarten Gebiet rechtswidrig ist, weil sie die Belange des Klägers – eines im Außenbereich ansässigen privilegierten Betriebes – außer Acht lässt, ist die vorbeugende Unterlassungsklage angemessen.

222 **Normenkontrollverfahren gegen Bebauungspläne** nach § 47 VwGO iVm § 7 NAGVwGO sind **als Instrument des baurechtlichen Nachbarschutzes nur bedingt tauglich**, weil damit nur eine Rechtsgrundlage etwaiger Baugenehmigungen angegriffen wird und bereits erteilte Baugenehmigungen unberührt bleiben. Hat zB der Normenkontrollantrag gegen einen B-Plan Erfolg, bleibt immer noch die Möglichkeit, dass eine Baugenehmigung auf der Grundlage der §§ 34 f. BauGB erteilt wird (vgl. OVG Lüneburg 22.10.2010 – 1 ME 145/10, NVwZ-RR 2011, 52). Die Rücknahme bereits erteilter Baugenehmigungen – weil die Baugenehmigung gegen §§ 34 f. BauGB verstößt – wird der Nachbar nur in seltenen Ausnahmefällen erreichen können (vgl. → Rn. 218). Solange die Baugenehmigung für eine Baumaßnahme auf einem benachbarten Grundstück noch nicht bestandskräftig ist, kann ein Normenkontrollantrag neben der Anfechtungsklage jedoch sinnvoll sein. Die Antragsbefugnis setzt seit dem 6. VwGOÄndG vom 1.11.1996 (BGBl. I S. 1626) in Anlehnung an § 42 Abs. 2 VwGO das Geltendmachen einer Rechtsverletzung voraus (§ 47 Abs. 2 S. 1 VwGO). Mit der Anerkennung der drittschützenden Wirkung des Abwägungsgebotes nach § 1 Abs. 7 BauGB (BVerwG 24.9.1998 – 4 CN 2.98, DVBl 1999, 100; 17.12.2012 – 4 BN 19/12, juris) ist die vom Gesetzgeber beabsichtigte Einschränkung der Antragsbefugnis gegenüber dem Nachteil praktisch wieder aufgehoben worden: Es genügt, wenn der Antragsteller geltend macht, dass der B-Plan ihn in einem Interesse negativ berührt, das im Rahmen der Abwägung als privates Interesse des Antragstellers berücksichtigt werden musste (vgl. BVerwG 30.11.2016 – 4 BN 16/16, NVwZ 2017, 563 (564); 20.7.2011 – 4 BN 22.11, juris Rn. 7, IBR 2012, 1034; OVG Lüneburg 22.1.2013 – 12 MN 290/12, juris).

223 Ein Normenkontrollantrag ist mangels Rechtsschutzbedürfnisses unzulässig, wenn die angegriffenen Festsetzungen des B-Plans schon durch unanfechtbare Genehmigungen verwirklicht sind (BVerwG 28.8.1987 – 4 N 3.86, DVBl 1987, 1276; 28.4.1999 – 4 CN 5.99, BRS 62 Nr. 47; 4.6.2008 – 4 BN 13/08, ZfBR 2008, 681; OVG Lüneburg 9.6.2016 – 12 KN 187/15, BauR 2016, 1767 (1767)); 26.5.2008 – 1 KN 37/08, BeckRS 2008, 35710). Ein **zulässiger Normenkontrollantrag eröffnet** die Prüfung des B-Planes durch das OVG in jeder Hinsicht, also nicht nur hinsichtlich der Beachtung der Belange des Antragstellers (vgl. BVerwG 18.7.1989 – 4 N 3.87, NVwZ 1990, 157: **„objektives Prüfungsverfahren"**; 21.7.2010 – 4 BN 3.10, juris Rn. 10, BeckRS 2010, 51737 zur Antragsänderung im Normenkontrollverfahren). Wendet sich der Antragsteller gegen abtrennbare Teile eines B-Planes, muss der Nachteil gerade durch diesen Teil des Planes begründet werden und ist die gerichtliche Prüfung auf diesen Teil zu beschränken (vgl. Wilke FS Schlichter, 567 mN; BVerwG 6.4.1993 – 4 NB 43.92, NVwZ 1994, 272). Nach § 47 Abs. 5 S. 2 VwGO erklärt das OVG den B-Plan für unwirksam, wenn es zur Überzeugung kommt, dass der Plan ungültig ist.

224 Mit einer **einstweiligen Anordnung** kann das OVG **nach § 47 Abs. 6 VwGO** auch einen B-Plan außer Vollzug setzen. Der Antrag ist bereits vor Stellung eines Normenkontrollantrags zulässig (OVG Berlin-Brandenburg, 6.5.2016 – OVG 10 S 16/15, LKV 2016, 270, 271; OVG Münster 17.1.2014 – 2 B 1367/13.NE, ZfBR 2014, 585 (587); Kopp/Schenke § 47 Rn. 156). Nur ein bekannt gemachter B-Plan kann außer Vollzug gesetzt werden; ein Entwurf kann nicht Gegenstand eines Anordnungsverfahrens nach § 47 Abs. 6 VwGO sein (Kopp/Schenke § 47 Rn. 149). Antragsgegner ist auch im Verfahren der einstweiligen Anordnung nur die Gemeinde, die den B-Plan erlassen hat und nicht (auch) die mit der Gemeinde nicht identische BauAB, die den B-Plan anwendet (Posser/Wolff § 47 Rn. 93).

Die **Zulässigkeit eines Antrags auf Erlass einer einstweiligen Anordnung** mit dem Ziel, den B-Plan außer Vollzug zu setzen, kann nicht unter Hinweis auf die Möglichkeit vorläufigen Rechtsschutzes gegen die Baugenehmigungen im Plangebiet in Frage gestellt werden (OVG Lüneburg 30.8.2001 – 1 MN 2456/01, NVwZ 2002, 109). Das Rechtsschutzbedürfnis für eine einstweilige Anordnung im Normenkontrollverfahren entfällt, wenn die Planfestsetzungen durch Baugenehmigungen im Wesentlichen ausgenutzt worden sind; das gilt auch dann, wenn diese Baugenehmigungen noch nicht unanfechtbar geworden sind (OVG Lüneburg 23.6.2005 – 1 MN 46/05, NVwZ-RR 2005, 691; 5.6.2008 – 1 MN 328/07, juris Rn. 64, NJOZ 2008, 3392 zum Wegfall des Rechtsschutzbedürfnisses wegen Erteilung einer Baugenehmigung). Der mittlerweile aufgehobene § 47 Abs. 2a VwGO greift nicht zulasten des Ehemanns ein, wenn seine Ehefrau für das im Miteigentum stehende Grundstück im Planaufstellungsverfahren Einwendungen vorgebracht hatte (OVG Lüneburg 19.5.2009 – 1 MN 12/09, NVwZ-RR 2009, 830 Ls. 1). 225

Nach **§ 47 Abs. 6 VwGO** setzt der Erlass einer einstweiligen Anordnung voraus, dass sie **„zur Abwehr schwerer Nachteile oder aus anderen wichtigen Gründen dringend geboten ist“**. Während die Rechtsprechung zunächst in Anlehnung an die Rechtsprechung zu § 32 BVerfGG den Erlass einer einstweiligen Anordnung von einer Interessenabwägung abhängig machte (OVG Lüneburg 11.8.1982 – 1 D 9/82, BRS 39 Nr. 44; Karpen NJW 1986, 881), wird inzwischen der **„schwere Nachteil“** iSd § 47 Abs. 6 VwGO stärker betont (BVerwG 18.5.1998 – 4 VR 2.98, NVwZ 1998, 1065: § 47 Abs. 6 VwGO stellt an die Aussetzung des Vollzugs einer (untergesetzlichen) Norm erheblich strengere Anforderungen als § 123 VwGO sie sonst an den Erlass einer einstweiligen Anordnung stellt; OVG Lüneburg 22.1.2013 – 12 MN 290/12, juris Rn. 23, ZVR 2013, 231; 19.1.2012 – 1 MN 93/11, NordÖR 2012, 185; vgl. zur Entwicklung: Finkelnburg/Dombert/Külpmann Rn. 590 ff.). Einen schweren Nachteil bejaht das OVG nur, wenn die Verwirklichung des B-Plans rechtlich geschützte Interessen des Antragstellers in ganz besonderem Maße beeinträchtigt. „Aus anderen wichtigen Gründen“ ist die einstweilige Anordnung dringend geboten, wenn der Normenkontrollantrag mit großer Wahrscheinlichkeit Erfolg hat und es daher sachgerecht erscheint, vollendete Tatsachen durch die Realisierung des B-Planes zu verhindern (OVG Lüneburg 21.3.1988 aaO; 4.5.2012 – 1 MN 218/11, juris Rn. 8 ff., NordÖR 2012, 185). Der B-Plan wird mit der einstweiligen Anordnung idR generell außer Vollzug gesetzt (zur individuellen Aussetzung vgl. Kopp/Schenke § 47 Rn. 150 mN). 226

d) Beiladung des Bauherrn

Hat die Nachbarklage – gleichgültig, in welcher prozessualen Form sie erhoben worden ist – Erfolg, dann wird die Baugenehmigung aufgehoben. Der Bauherr ist daher an dem in einem solchen Verfahren „streitigen Rechtsverhältnis … derart beteiligt, dass die Entscheidung auch (ihm) … gegenüber nur einheitlich ergehen kann“ (§ 65 Abs. 2 VwGO). Die **Beiladung ist** schon dann **notwendig**, wenn – wie bei Nachbarklagen immer – aufgrund des Klagebegehrens eine solche Gestaltungswirkung möglich ist. Wird die notwendige Beiladung des Bauherrn übersehen, wirkt ein der Nachbarklage stattgebendes Urteil nicht gegenüber dem Bauherrn (BVerwG 12.12.1973 – IV C 76.71, DVBl 1974, 235 mN; OVG Bautzen 14.1.2013 – 1 B 341/12, juris: Zurückverweisung an das Ausgangsgericht bei unterbliebener Beiladung nach Bauherrenwechsel). Geht das Baugrundstück – und mit ihm die Befugnis zu bauen – in andere Hände über, ist der neue Eigentümer notwendig beizuladen, weil die vom Nachbarn beantragte Aufhebung der Baugenehmigung gestaltend in die Rechtsstellung des neuen Eigentümers eingreifen würde (BVerwG 11.1.1988 – 4 CB 49.87, juris Rn. 4 f.). Im Normenkontrollverfahren ist seit der Einfügung des § 47 Abs. 2 S. 4 VwGO durch das RmBereinVpG v. 20.12.2001 (BGBl. I S. 3987) die einfache Beiladung zulässig, weil der Grundstückseigentümer im Plangebiet die Wirksamkeit des B-Plans verteidigen können muss (BVerfG 19.7.2000 – 1 BvR 1053/93, NVwZ 2000, 1283). 227

228 Hat das VG der Klage des Nachbarn stattgegeben, muss die **Berufung des beigeladenen Bauherrn** Erfolg haben, wenn die Baugenehmigung eine den Nachbarn schützende Norm nicht verletzt, mag die Baugenehmigung auch gegen nicht nachbarschützende Vorschriften verstoßen (BVerwG 13.6.1980 – 4 C 31.77, NJW 1981, 67; 30.9.1983 – 4 C 55.80, NJW 1984, 2174 zur immissionsschutzrechtlichen Genehmigung). Eine zwar objektiv rechtswidrige, aber Nachbarrechte nicht verletzende Baugenehmigung vermittelt dem Bauherrn eine durch die Nachbarn nicht mit Erfolg angreifbare Rechtsposition (§ 113 Abs. 1 S. 1 VwGO).

229 Ein **gerichtlicher Vergleich** setzt anders als die Erledigung der Hauptsache (BVerwG 7.6.1968 – IV B 165.67, NJW 1968, 2395) das Einverständnis des notwendig Beigeladenen voraus, weil der Vergleich als Vollstreckungstitel nur gegenüber den Beteiligten durchgesetzt werden kann, die ihn geschlossen haben (OVG Lüneburg 2.9.1976 – VI B 79/76,). Ein gerichtlicher Vergleich, dem der notwendig beigeladene Bauherr nicht zugestimmt hat, kann als außergerichtlicher Vergleich wirksam sein, wenn er nicht in Rechte des Bauherrn eingreift (§ 58 Abs. 1 VwVfG; OVG Lüneburg 23.9.1985 – 6 A 10/84, NVwZ 1987, 234). Auch die Ruhensanordnung nach § 173 VwGO iVm § 251 ZPO bedarf der Zustimmung des notwendig Beigeladenen (OVG Lüneburg 21.2.2002 – 1 OB 3332/01, NVwZ-RR 2002, 788; OVG Münster 16.9.2009 – 12 E 1219/09, NVwZ-RR 2010, 166; aA OVG Lüneburg 27.1.2012 – 7 KS 209/11, NVwZ-RR 2012, 495).

E. Vorläufiger Rechtsschutz des Nachbarn

a) Allgemeines

230 Nachdem der Gesetzgeber mit der Einfügung des § 80a VwGO durch das 4. VwGO ÄndG mit Wirkung vom 1.1.1991 den Streit, ob vorläufiger Rechtsschutz nach § 123 VwGO oder nach § 80 VwGO zu gewähren ist, entschieden hat, braucht dies hier nicht mehr dargestellt zu werden (vgl. dazu 4. Aufl. § 72 Rn. 61 ff.). Immerhin hat die bisherige Rechtsentwicklung den Blick dafür geschärft, dass die **Rechtspositionen von Nachbar und Bauherr im Grundsatz gleichberechtigt** nebeneinander stehen (BVerfG 19.6.1973 – 1 BvL 39/69, 14/72, BVerfGE 35, 263; Finkelnburg DVBl 1977, 677). Ein „Mehr" an Nachbarschutz führt zwangsläufig zu einer entsprechenden Verkürzung der Rechte des Bauherrn und umgekehrt. Dass der vorläufige Rechtsschutz des Nachbarn gegen die Baugenehmigung mit Rücksicht auf die drei Beteiligten – Nachbar, BauAB und Bauherr – gegenüber dem zweipoligen Verwaltungsrechtsverhältnis Bürger/Staat Besonderheiten aufweist, die Modifikationen des Rechtsschutzverfahrens nach § 80 VwGO erfordern (vgl. Schoch S. 355 ff.; Schmidt-Preuß (zit. → Rn. 26), S. 599 ff.), wird nun mit § 80a VwGO klargestellt.

b) Keine aufschiebende Wirkung des Nachbarwiderspruchs

231 Widerspruch und Anfechtungsklage eines Dritten gegen einen Verwaltungsakt haben nach § 80 Abs. 1 S. 2 VwGO aufschiebende Wirkung, es sei denn, die aufschiebende Wirkung ist durch Bundes- oder Landesgesetz nach § 80 Abs. 2 S. 1 Nr. 3 VwGO idF des 6. VwGOÄndG vom 1.11.1996 (BGBl. I S. 1626) ausgeschlossen. Mit § 212a BauGB hat das BauROG den **Wegfall der aufschiebenden Wirkung von Rechtsbehelfen des Dritten**, den § 10 Abs. 2 BauGBMaßnahmenG für Wohnzwecken dienende Vorhaben angeordnet hatte, auf die **Zulassung von allen Vorhaben iSd § 29 BauGB** ausgedehnt („bauaufsichtliche Zulassung"). Damit wird die Regel des § 80 Abs. 1 VwGO für das Baurecht aufgehoben und dem Nachbarn die Initiative für den Nachbarstreit auch im vorläufigen Rechtsschutz aufgedrängt. Er trägt die „Angriffslast" (Finkelnburg/Ortloff/Otto, Bd. II, S. 275 f.). Der Ausschluss der aufschiebenden Wirkung von Widerspruch und Anfechtungsklage gilt nicht nur für Rechtsbehelfe gegen die Baugenehmigung, sondern

gegen alle bauaufsichtlichen Verwaltungsakte, die ein Vorhaben zulassen (Finkelnburg/Dombert/Külpmann Rn. 1293).

Im Vergleich mit § 10 Abs. 2 BauGB MaßnahmenG (bauaufsichtliche Genehmigung) hat § 212a BauGB mit der bauaufsichtlichen Zulassung einen weiten Begriff gewählt (vgl. Finkelnburg/Dombert/Külpmann aaO). Die Begründung (BT-Drs. 13/7589, 30) spricht in Anlehnung an § 80 Abs. 2 S. 1 Nr. 3 VwGO vom Wegfall der aufschiebenden Wirkung bei „VAen, die Investitionen betreffen". **Neben** der **Baugenehmigung**, auch soweit sie nach § 63 im vereinfachten Verfahren erteilt worden ist, **werden** daher die **Teilbaugenehmigungen**, die **Zustimmung bei Bauvorhaben öffentlicher Bauherren** und der **Bauvorbescheid erfasst** (OVG Lüneburg 30.3.1999 – 1 M 897/99, NVwZ-RR 1999, 716; 8.7.2004 – 1 ME 167/04, NVwZ-RR 2005, 69; 21.10.2009 – 1 ME 192/09, juris Rn. 11, NordÖR 2010, 42; aA VGH München 1.4.1999 – 2 CS 98.2646, NVwZ 1999, 1363; vgl. Hornmann in Spannowsky/Uechtritz BauGB § 212a Rn. 10 ff.). 232

Von dem Begriff der bauaufsichtlichen Zulassung wird außerdem die für das Vorhaben in der Baugenehmigung enthaltene **Ausnahme-, Befreiungs- oder Abweichungsentscheidung** erfasst (§ 66 Abs. 3 und 6; vgl. OVG Schleswig 30.10.1997 – 1 M 52/97, BRS 59 Nr. 197 für eine mit der Baugenehmigung erteilte Befreiung). Nach Sinn und Zweck des § 212a BauGB entfällt die aufschiebende Wirkung auch dann, wenn eine der vorgenannten Entscheidungen isoliert von der Baugenehmigung erteilt wird, aber zusammen mit der Baugenehmigung die bauaufsichtliche Zulassung darstellt (vgl. Hornmann in Spannowsky/Uechtritz BauGB § 212a Rn. 16). 233

§ 212a BauGB findet auch in den Fällen Anwendung, in denen es bei verfahrens- oder genehmigungsfreien Baumaßnahmen einer **isolierten Ausnahme-, Befreiungs- und Abweichungsentscheidung** bedarf. Es wäre mit den Intentionen des Bundesgesetzgebers bzgl. § 212a BauGB und des Landesgesetzgebers (umfassendere Genehmigungsfreistellung und Verfahrensbeschleunigung) nicht zu vereinbaren, wenn dem Nachbarrechtsbehelf gegen ein genehmigungspflichtiges Vorhaben – evtl. unter Inanspruchnahme einer Befreiung nach § 31 Abs. 2 BauGB – keine aufschiebende Wirkung zukommt, dem Widerspruch gegen eine Ausnahme-, Befreiungs- oder Abweichungsentscheidung bei einer genehmigungsfreien Baumaßnahme nach § 62 aber aufschiebende Wirkung zukäme (vgl. OVG Berlin-Brandenburg 2.9.2009 – 10 S 24/09, NVwZ-RR 2009, 951; OVG Saarlouis 5.7.2007 – 2 B 144/07, juris Ls. 2; OVG Schleswig 20.7.2006 – 1 MB 13/06, juris Ls. 2; VGH Mannheim 9.5.2006 – 3 S 906/06, juris Ls. 1; aA OVG Münster 29.5.2008 – 10 B 616/08, NVwZ-RR 2008, 757 für eine Abweichungsentscheidung bei restriktiver Auslegung des § 212a BauGB). 234

§ 212a BauGB gilt auch für den Widerspruch der Gemeinde gegen die Baugenehmigung, wenn sie ihr Einvernehmen verweigert hat, **nicht** aber **für den Widerspruch gegen die Ersetzung des Einvernehmens** (OVG Lüneburg 9.3.1999 – 1 M 405/99, NVwZ 1999, 1005). Der Ausschluss der aufschiebenden Wirkung nach § 212a BauGB greift allerdings nur bei der Zulassung von Vorhaben iSd § 29 BauGB und nicht bei baulichen Anlagen, die planungsrechtlich nicht relevant sind und daher nicht unter § 29 BauGB fallen (dazu → Rn. 258). 235

c) Aussetzung der Vollziehung durch die BauAB

In den Fällen des § 212a BauGB muss der Nachbar über den Widerspruch gegen die Baugenehmigung hinaus die Aussetzung der Vollziehung nach § 80a Abs. 1 Nr. 2 VwGO bei der BauAB beantragen, will er vollendeten Tatsachen zuvorkommen. Die BauAB sollte den Nachbarn in entsprechender Anwendung des § 58 VwGO bei der Bekanntgabe der Baugenehmigung bzw. nach Erhebung des Widerspruchs über die Möglichkeit belehren, die Aussetzung der Vollziehung zu beantragen (Burmeister NdsVBl. 1997, 121 (124)). Wie sich aus dem Wortlaut des § 80a Abs. 1 VwGO ergibt, setzt die Aussetzung der Vollziehung durch die BauAB voraus, dass der Nachbar vorher einen Rechtsbehelf in der Hauptsache erhoben hat (aA Kopp/Schenke § 80 Rn. 139 236 mN). Nach § 80a Abs. 3 S. 2 iVm § 80 Abs. 6 VwGO **muss der Nachbar zunächst einen Antrag bei der BauAB stellen, bevor er gerichtlichen Rechtsschutz in Anspruch nehmen kann**, es sei denn, der Bauherr hat mit dem Bau begonnen oder der Baubeginn steht unmittelbar bevor (str., vgl. → Rn. 244).

237 Die **Aussetzung der Vollziehung** (§ 80a Abs. 1 Nr. 2 VwGO) **bzw.** die synonym verwendete **Anordnung der aufschiebenden Wirkung** des Widerspruchs (§ 80 Abs. 5 S. 1 VwGO) **kommt nur in Betracht, solange** die vom Nachbarn befürchtete **Beeinträchtigung noch nicht eingetreten ist** oder noch ohne Vorwegnahme der Hauptsache verhindert werden kann. Mit der Errichtung des Rohbaus entfällt das Rechtsschutzbedürfnis idR noch nicht, weil die Fertigstellung des Gebäudes mit nennenswerten Investitionen verbunden ist und der Nachbar nach erfolgreichem Hauptsacheverfahren daher die Beseitigung des Rohbaus leichter erreicht als die eines fertigen Gebäudes (OVG Lüneburg 20.1.1982 – 6 B 82/81, BRS 39 Nr. 202; OVG Münster 17.10.2000 – 10 B 1053/00, BRS 63 Nr. 198 jeweils auf den noch erforderlichen Innenausbau abstellend).

238 Wendet sich der **Nachbar gegen die Auswirkungen des Baukörpers**, etwa weil er den erforderlichen Grenzabstand nicht einhält und sein Grundstück verschattet, ist vorläufiger Rechtsschutz ohne Vorwegnahme der Hauptsache nicht mehr möglich, wenn das Bauwerk errichtet ist (OVG Lüneburg 7.10.1977 – I B 92/77, Nds.Rpfl. 1978, 97; OVG Lüneburg 26.6.1992 – 6 M 2805/92, juris; 3.1.2011 – 1 ME 209/10, juris Rn. 9 f.; Finkelnburg/Ortloff/Otto, Bd. II, S. 291). Es ist ausgewogener Drittrechtsschutz zu gewähren; dieser rechtfertigt es nicht, den maßgeblichen Zeitpunkt für den Wegfall des Rechtsschutzbedürfnisses von der Rohbau- auf die Bezugsfertigkeit zu verlagern (OVG Lüneburg 22.10.2008 – 1 ME 134/08, juris Rn. 4 ff.: **Rechtsschutzbedürfnis entfällt mit Fertigstellung des Rohbaus (einschließlich Bedachung)**). Wendet sich der Nachbar (auch) gegen die Nutzung des Bauvorhabens oder kann die bauliche Anlage (zB Werbeanlage) ohne wesentlichen Substanzverlust einstweilen wieder abgebaut werden, spielt dessen Fertigstellung keine Rolle, weil die Anordnung der aufschiebenden Wirkung den Bauherrn ohne Vorwegnahme der Hauptsache daran hindert, von der Baugenehmigung Gebrauch zu machen, indem er das Vorhaben nutzt (vgl. OVG Lüneburg 6.12.2004 – 1 ME 256/04, BRS 67 Nr. 64).

239 Vor der Anordnung der aufschiebenden Wirkung des Widerspruchs des Nachbarn ist eine **Anhörung des Bauherrn** zweckmäßig, weil die BauAB mit einer Anhörung ihre Entscheidung in tatsächlicher und rechtlicher Hinsicht auf eine tragfähigere Grundlage stellt. Eine Anhörung des Bauherrn ist aber nicht nach § 28 VwVfG erforderlich, denn die Anordnung der aufschiebenden Wirkung ist ebenso wie die Anordnung der sofortigen Vollziehbarkeit kein Verwaltungsakt, der der Bestandskraft zugänglich ist, ihre verfahrensrechtlichen Voraussetzungen regeln die §§ 80 f. VwGO abschließend (Hamann DVBl 1989, 969 mN; OVG Lüneburg 28.4.1989 – 1 B 114/88, DVBl 1989, 887 zur Anhörung des Nachbarn).

240 Für die Entscheidung der BauAB über die Aussetzung der Vollziehung nach § 80a Abs. 1 Nr. 2 VwGO schreibt das Gesetz einen Maßstab nicht unmittelbar vor. Der **Maßstab der ernstlichen Zweifel an der Rechtmäßigkeit des VA's**, den § 80 Abs. 4 S. 3 VwGO für die Aussetzung der Vollziehung bei der Anforderung von öffentlichen Abgaben und Kosten vorschreibt, ist aber verallgemeinerungsfähig und entspricht auch im mehrpoligen Verwaltungsrechtsverhältnis der Risikoverteilung des § 80 Abs. 1 und 2 VwGO (Schoch in Schoch/Schneider/Bier § 80 Rn. 302; Finkelnburg/Dombert/Külpmann Rn. 848: „Orientierungshilfe"; aA Kopp/Schenke § 80 Rn. 116). Der Erfolg des Antrags des Nachbarn auf Aussetzung der Vollziehung der Baugenehmigung hängt daher davon ab, ob der Nachbar eine Verletzung seiner Rechte so überzeugend dartun kann, dass die BauAB damit rechnen muss, dass die von ihr erteilte Baugenehmigung im Widerspruchsverfahren aufgehoben wird (zu den Anforderungen an die behördliche Entscheidung vgl. Burmeister NordÖR 1999, 330 (331)).

241 Auch wenn § 80a Abs. 1 Nr. 2 VwGO die BauAB zur **Aussetzung der Vollziehung „auf Antrag" des Dritten** ermächtigt, **bedeutet** dies **nicht, dass die BauAB** nur auf Antrag

und **nicht auch von sich aus tätig werden darf**. Die Entstehungsgeschichte (BT-Drs. 11/7030, 24 f.) bietet keine Anhaltspunkte dafür, dass mit der damiligen Neuregelung des vorläufigen Rechtsschutzes bei VAen mit Drittwirkung die bis dahin unbestrittene Befugnis der Behörde, nach § 80 Abs. 4 die Aussetzung der Vollziehung von Amts wegen anzuordnen, eingeschränkt und von einem Antrag des Betroffenen abhängig gemacht werden sollte (Kopp/Schenke § 80a Rn. 13; OVG Münster 30.7.1999 – 10 B 961/99, BRS 62 Nr. 191; offen lassend: OVG Weimar 26.2.1997 – 2 EO 624/96, NVwZ-RR 1997, 558; aA Schoch in Schoch/Schneider/Bier § 80a Rn. 36a; OVG Hamburg 19.7.2001 – 2 Bs 370/00, NVwZ 2002, 356: Antragserfordernis des Begünstigten nach § 80a Abs. 1 Nr. 1 VwGO). Es wäre auch wenig sachgerecht, wenn die BauAB auf einen gut begründeten Widerspruch des Nachbarn, der sie selbst in Zweifel stürzt, ob die Baugenehmigung – evtl. sogar in erheblichem Maße – Rechte des Nachbarn verletzt, den Bauherrn weiterbauen lassen müsste, bis der Nachbar einen Antrag auf Aussetzung der Vollziehung stellt.

Mit der Aussetzung der Vollziehung tritt die aufschiebende Wirkung des Widerspruchs 242
des Nachbarn idR rückwirkend auf den Zeitpunkt der Erteilung der Baugenehmigung ein (vgl. BVerwG 20.1.2016 – 9 C 1/15, NVwZ 2016, 1333 (1334); BGH 11.7.2013 – III ZR 154/12, NVwZ 2013, 1430 (1432); Kopp/Schenke § 80 Rn. 54). **Mit der Aussetzung der Vollziehung wird** die **Baugenehmigung** zwar **nicht unwirksam, aber** sie **darf nicht ausgenutzt werden**. Die Aussetzung der Vollziehung kann nicht auf das Verhältnis Nachbar/BauAB beschränkt bleiben, vielmehr kann die Aussetzung der Vollziehung den potentiellen Aufhebungsanspruch im Hauptsacheverfahren nur dann wirkungsvoll sichern, wenn sie die Wirkungen der Baugenehmigung auch im Verhältnis BauAB/Bauherr suspendiert (vgl. Finkelnburg/Dombert/Külpmann Rn. 851). MaW: Die Aussetzung der Vollziehung und die aufschiebende Wirkung des Nachbarwiderspruchs kann nur insgesamt, also im Verhältnis Nachbar/BauAB und BauAB/Bauherr eintreten, weil die Baugenehmigung als einheitlicher Verwaltungsakt in ihrer Wirkung nicht auseinander gerissen werden darf (vgl. BVerwG 19.9.1969 – IV C 18.67, DVBl 1970, 62).

Die Aussetzung der Vollziehung hindert den Bauherrn, von der Baugenehmigung Ge- 243
brauch zu machen bzw. die Bauarbeiten fortzusetzen. Die BauAB muss den Bauherrn daher unverzüglich von der Aussetzung der Vollziehung unterrichten und ihn darauf hinweisen, dass er die Bauarbeiten einzustellen hat. Baut der Bauherr weiter, kann die BauAB den Bau nach § 80a Abs. 1 Nr. 2 VwGO stilllegen. Für **Sicherungsmaßnahmen der BauAB** bedarf es auch hier keines Antrags des Nachbarn (OVG Lüneburg 3.4.2014 – 12 ME 236/13, NVwZ-RR 2014, 550 (551), Kopp/Schenke § 80a Rn. 14; aA Finkelnburg/Dombert/Külpmann Rn. 854). Unabhängig davon kann die BauAB von Amts wegen Maßnahmen nach § 79 ergreifen und zB die Einstellung rechtswidriger Arbeiten (Abs. 1 Satz 2 Nr. 1) verlangen (vgl. Finkelnburg/Dombert/Külpmann Rn. 854). Allerdings sollte sie den Bauherrn auch auf die Möglichkeiten gerichtlichen Rechtsschutzes hinweisen (dazu → Rn. 256 ff.).

d) Gerichtlicher Rechtsschutz der Nachbarn

IdR wird der **Nachbar** nicht erwarten, dass die BauAB, die die Baugenehmigung erteilt 244
hat, auf seinen Widerspruch und Aussetzungsantrag die aufschiebende Wirkung seines Widerspruchs anordnen wird. Gleichwohl **darf** er **sich** nach der Rechtsprechung des OVG Lüneburg (15.4.2010 – 1 ME 22/10, NVwZ-RR 2010, 552; 3.1.2011 – 1 ME 146/10, NVwZ-RR 2011, 185; 18.2.2011 – 1 ME 252/10, juris Rn. 89 für eine Nachbargemeinde) **nicht unmittelbar an das VG wenden**. Nach §§ 80a Abs. 3 S. 2, 80 Abs. 5 VwGO ist der Antrag des Nachbarn beim VG nämlich nur zulässig, wenn die BauAB einen Aussetzungsantrag abgelehnt oder in angemessener Frist ohne zureichenden Grund nicht beschieden hat oder der Baubeginn unmittelbar bevorsteht (entsprechend drohender Vollstreckung); denn § 80a Abs. 3 S. 2 VwGO stellt eine Rechtsfolgenverweisung dar (OVG Lüneburg 3. 1. 2011 – 1 ME 146/10, NVwZ-RR 2011, 185 (185); 8.7.2004

– 1 ME 167/04, NVwZ-RR 2005, 69 in ständiger Rechtsprechung; aA Kopp/Schenke § 80a Rn. 21 mN).

245 Der eindeutige Wortlaut des Gesetzes (§ 80a Abs. 3 S. 2 VwGO), der mit der entsprechenden Anwendung des § 80 Abs. 6 VwGO eine Befassung der BauAB vor der Anrufung des VG festlegt, kann nicht mit Argumenten aus der Entstehungsgeschichte des § 80 Abs. 6 VwGO als Redaktionsversehen deklariert werden, zumal der Vorrang der behördlichen Entscheidung sinnvoll ist, weil der Gesetzgeber mit dem 4. ÄndGVwGO eine Verstärkung der verwaltungsinternen Kontrolle und eine Entlastung der VGe bezweckte (Schmaltz DVBl 1992, 230; Heydemann NVwZ 1993, 419; Heberlein BayVBl. 1993, 743 mN; aA Schoch NVwZ 1991, 1121 (1125 f.) mN). Der Antrag bei der BauAB ist auch nicht entbehrlich, wenn die BauAB den Nachbarn auf seinen Widerspruch nur über die gerichtliche Aussetzung der Vollziehung belehrt, denn die BauAB kann über diese Zugangsvoraussetzung nicht verfügen. **Als Zugangsvoraussetzung** (OVG Koblenz 15.4.1992 – 6 B 10344/92, DVBl 1992, 1296; OVG Weimar 27.6.1994 – 1 EO 133/93, juris Rn. 38 ff.; vgl. OVG Lüneburg 21.2.2013 – 1 ME 6/13, juris Rn. 10) **kann der Antrag** bei der BauAB auf Aussetzung der Vollziehung auch **nicht im gerichtlichen Verfahren nachgeholt werden**. Zum Rechtsschutzbedürfnis für den Aussetzungsantrag → Rn. 238. Zu dem vom Nachbarn angestrengten gerichtlichen Verfahren nach § 80a Abs. 3 VwGO ist der Bauherr nach § 65 Abs. 2 VwGO notwendig beizuladen (Finkelnburg/Dombert/Külpmann Rn. 905).

246 Nach welchem **Maßstab** das **VG** über die vom Nachbarn beantragte Aussetzung der Vollziehung zu entscheiden hat, ist umstritten (vgl. Schoch in Schoch/Schneider/Bier § 80a Rn. 58 ff.; Schmidt-Preuß (zit. → Rn. 26), S. 605 ff.). Da der Interessenkonflikt zwischen dem Nachbarn, dem an einer abschließenden Klärung der Rechtslage vor der Durchführung der umstrittenen Baumaßnahme liegt, die vollendete Tatsachen zu schaffen droht, und dem Bauherrn, dem jede Verzögerung des Vorhabens wirtschaftliche Nachteile bringt, die er ganz allein zu tragen hat (BGH 23.9.1980 – VI ZR 165/78, DVBl 1981, 28), nicht auflösbar ist, bietet nur ein **Rückgriff auf die materielle Rechtslage** eine Lösung (Schoch in Schoch/Schneider/Bier § 80a Rn. 62; OVG Hamburg 26.9.1984 – BS II 43/84, BRS 42 Nr. 180; aA Kopp/Schenke VwGO § 80a Rn. 23, Rn. 158: Interessenabwägung unter Berücksichtigung der Erfolgsaussichten der Klage).

247 **Nach der Rspr. des OVG Lüneburg ist** in Verfahren nach §§ 80a Abs. 3, 80 Abs. 5 VwGO **„ausgewogener" Rechtsschutz zu gewähren.** Denn nicht nur auf Seiten des Nachbarn drohen vollendete, weil unumkehrbare Tatsachen einzutreten, wenn das Vorhaben verwirklicht wird. Auch auf der Seite des Bauherrn können solche nicht mehr gutzumachenden Folgen eintreten. Diese bestehen im Falle einer Antragsstattgabe in jedem Fall darin, die durch den Aufschub verlorene Zeit nicht nachholen und damit die in dieser Zeit erzielbaren Gewinne nicht mehr realisieren zu können. Von den Folgen des § 945 ZPO bleibt der Antragsteller im verwaltungsgerichtlichen Nachbarstreit verschont (vgl. BGH – 23.9.1980 – VI ZR 165/78, DVBl 1981, 28). Aus diesem Grunde kommt in Verfahren des einstweiligen Nachbarrechtsschutzes den Erfolgsaussichten des eingelegten Rechtsbehelfs ausschlaggebende Bedeutung zu. Der Sachverhalt ist dabei in aller Regel nur summarisch zu überprüfen. Einstweiliger Dritt-Rechtsschutz ist erst dann zu gewähren, wenn Überwiegendes für die Annahme spricht, die angegriffene Baugenehmigung verletzt Drittrechte (OVG Lüneburg 25.1.2007 – 1 ME 177/06, juris, NordÖR 2007, 125; 11.7.2008 – 1 ME 120/08, juris Rn. 8, NordÖR 2008, 493).

248 Ein Anprüfen der Erfolgsaussichten im Aussetzungsverfahren stellt keine unzulässige Vorwegnahme der Hauptsache dar (BVerfG 31.1.1984 – 2 BvR 507/81, NVwZ 1984, 429); vielmehr müssen die Erfolgsaussichten der Hauptsache im Eilverfahren umso stärker berücksichtigt werden, je schwerwiegender und unabänderlicher der Eingriff ist (BVerfG 14.5.1985 – 1 BvR 233/81, 1 BvR 341/81, BVerfGE 69, 315). **Lässt sich** im Verfahren des vorläufigen Rechtsschutzes wegen schwieriger Tatsachen- oder Rechtsfragen **noch keine Aussage zum Erfolg der Nachbarklage treffen, schlägt** das Vollzugsinteresse wegen des Ausschlusses der aufschiebenden Wirkung nach **§ 212a**

BauGB in der dann gebotenen Interessenabwägung zu Buche (BVerwG 14.4.2005 – 4 VR 1005.04, NVwZ 2005, 689 zu § 10 LuftVG mit Anmerkung Gatz jurisPR-BVerwG 11/2005 Anm. 6; OVG Lüneburg 15.3.2004 – 1 ME 45/04, NVwZ 2005, 233: „Vorsprung" des Bauherrn; Finkelnburg/Dombert/Külpmann Rn. 1074 sprechen von einer „gesetzgeberischen Vorprägung"; kritisch hierzu: Finkelnburg/Ortloff/Otto, Bd. II., S. 292). Der Rechtsschutzanspruch des Nachbarn ist umso stärker, je schwerer der Vollzug der Baugenehmigung ihn trifft und je mehr der Vollzug der Baugenehmigung vollendete Tatsachen schafft. Bei verzögertem Nachbarwiderspruch verneinen einzelne Obergerichte aufgrund einer Interessenabwägung ein Aussetzungsinteresse des Nachbarn (OVG Saarlouis 3.1.2002 – 2 W 5/01, BRS 65 Nr. 198; OVG Berlin-Brandenburg 22.11.2002 – 3 B 319/02, BRS 65 Nr. 199). Zum Verbot der Vorwegnahme der Hauptsache vgl. → Rn. 237 f.

Wenn der **Nachbar nur bestimmte Teile eines Bauvorhabens beanstandet**, muss 249 das VG in erster Linie prüfen, ob die Baugenehmigung rechtlich und tatsächlich teilbar ist (OVG Bautzen 13.8.2012 – 1 B 242/12, juris Ls. 1; VGH München 7.8.2012 – 15 CS 12.1147, BeckRS 2012, 57089; OVG Berlin-Brandenburg 2.5.2008 – OVG 2 S 17.08, juris; auch → Rn. 202 f.) und die **Aussetzung der Vollziehung ggf. einschränken**. Selbst bei unteilbarer Baugenehmigung darf das VG die Aussetzung nach §§ 80a Abs. 3, 80 Abs. 5 VwGO auf Teile des Bauvorhabens beschränken, sofern nicht Gründe des effektiven Rechtsschutzes entgegenstehen (VGH Mannheim 25.11.1996 – 3 S 2913/96, BRS 59 Nr. 166). Letzteres wäre der Fall, wenn durch die Teilaussetzung ein rechtswidriger Torso entstünde (OVG Lüneburg 6.11.1992 – 1 M 4717/92, BRS 54 Nr. 149; aber auch 1.9.2001 – 1 MA 2796/01, BRS 64 Nr. 190). Eine Teilbarkeit der Baugenehmigung kann nicht gegen den ausdrücklichen Willen des Bauherrn angenommen werden (OVG Bautzen 13.8.2012 – 1 B 242/12, juris Ls. 2, NVwZ-RR 2013,14).

Ordnet das VG die aufschiebende Wirkung des Widerspruchs des Nachbarn an, muss 250 der Bauherr die Bauarbeiten einstellen. **Missachtet der Bauherr die angeordnete aufschiebende Wirkung des Nachbarwiderspruchs** und baut weiter, ohne dass die BauAB den Bau stilllegt, **muss dem Nachbarn vorläufiger Rechtsschutz gewährt werden**. Es ist aber nicht angezeigt, Sicherungsmaßnahmen vorbeugend beizufügen; denn es ist idR zu erwarten, dass die Beteiligten eine gerichtliche Entscheidung auf Aussetzung der Vollziehung auch ohne beigefügte Sicherungsmaßnahmen respektieren (VGH München 26.10.2009 – 2 CS 09.2121, juris Rn. 11, NVwZ-RR 2010, 346). Das Gericht ist auf einstweilige Maßnahmen beschränkt, kann daher nicht anordnen, dass die Ausnutzung der Baugenehmigung rückgängig gemacht wird, wohl aber den einstweiligen Abbau (zB) einer Mobilfunkanlage (Finkelnburg/Dombert/Külpmann Rn. 1078 mN).

Den Streit, ob dem Nachbarn Rechtsschutz über § 123 VwGO oder § 80 VwGO zu 251 gewähren ist, hat § 80a VwGO ausgeräumt. Nach § 123 Abs. 5 VwGO gelten die Absätze 1–3 dieser Vorschrift nicht für die Fälle der §§ 80 und 80a VwGO, dh für den vorläufigen Rechtsschutz gegen VAe mit Drittwirkung. **§ 80a VwGO regelt** ausdrücklich **den vorläufigen Rechtsschutz des begünstigten Bauherrn und des Nachbarn** als Dritten. § 80a Abs. 1 Nr. 2 VwGO ermächtigt die Behörde und Abs. 3 das Gericht (vgl. Schoch in Schoch/Schneider/Bier § 80a Rn. 55), einstweilige Maßnahmen zur Sicherung der Rechte des Dritten zu treffen. Die BegrRegE (BT-Drs. 11/7030, 25) erwähnt in diesem Zusammenhang beispielhaft die Stilllegungsverfügung.

Nach § 80a Abs. 3 S. 2 iVm § 80 Abs. 6 VwGO ist auch dieser **Antrag beim VG erst zulässig, wenn die BauAB einen Antrag des Nachbarn**, einstweilige Maßnahmen zur 252 Sicherung seiner Rechte zu treffen, **abgelehnt hat**, ohne Mitteilung eines triftigen Grundes in angemessener Frist sachlich nicht entschieden hat, oder die Vollstreckung droht (vgl. → Rn. 244 f.). Zu den Fällen drohender Vollstreckung gehört auch der Fall, dass der Bauherr von der Baugenehmigung Gebrauch macht. Auch wenn in den Fällen der Missachtung der aufschiebenden Wirkung des Nachbarwiderspruchs durch den Bauherrn daher die Voraussetzungen einer unmittelbaren Anrufung des Gerichts nach § 80a Abs. 3 S. 2 iVm § 80 Abs. 6 S. 2 Nr. 2 VwGO vorliegen, sollte der Nachbar sich idR schon wegen der schnelleren Reaktionsmöglichkeiten der BauAB zunächst an diese wenden, bevor er das Gericht anruft.

253 Nach § 80a Abs. 3 S. 2 VwGO kann das VG auf Antrag Maßnahmen nach Abs. 1 treffen. **Ob das VG** zur Sicherung der aufschiebenden Wirkung des Nachbarwiderspruchs – ebenso wie die BauAB – **unmittelbar gegenüber dem beigeladenen Bauherrn die Stilllegung anordnen kann oder nur die BauAB zur Stilllegung verpflichten darf, ist umstritten** (für Anordnung gegenüber dem Bauherrn: Schoch in Schoch/Schneider/Bier § 80a Rn. 55; Schmidt-Preuß (zit. → Rn. 26), S. 595; Finkelnburg/Dombert/Külpmann Rn. 1079; OVG Schleswig 2.7.1996 – 3 M 24/96, NVwZ-RR 1997, 626; aA Kopp/Schenke § 80a Rn. 17 mN). Die Verpflichtung der BauAB zu entsprechenden Maßnahmen ist in jedem Fall unbedenklich (VGH München 19.4.1993 – 14 AS 93.790, BRS 55 Nr. 201; 26.10.2009 – 2 CS 09.2121, juris Rn. 13, NVwZ-RR 2010, 346). Mögliche Probleme bei der Durchsetzung der Stilllegung sprechen ebenfalls für eine Verpflichtung der BauAB.

254 Die **Anordnung der aufschiebenden Wirkung durch das VG bindet die am Verfahren Beteiligten**, soweit über den Streitgegenstand entschieden ist. Diese Bindung erfasst auch die Widerspruchsbehörde. Die BauAB darf die Bindungswirkung des gerichtlichen Aussetzungsbeschlusses auch nicht dadurch umgehen, dass sie die angefochtene Baugenehmigung aufhebt und eine inhaltsgleiche Baugenehmigung erteilt (OVG Lüneburg 14.4.1978 – VII B 98/77, OVGE 34, 386; 26.1.2012 – 12 ME 291/11, NVwZ-RR 2012, 385: Neuerlass von im Wesentlichen inhaltsgleichen Ersetzungsbescheiden nach § 36 Abs. 2 S. 3 BauGB). Wie sich aus § 80 Abs. 7 S. 2 VwGO ergibt, gilt dies grundsätzlich auch bei einer Änderung der Sach- und/oder Rechtslage, weil die vom VG getroffene Entscheidung nicht zur Disposition der BauAB steht (OVG Lüneburg 22.12.1994 – 1 M 7516/94, NVwZ-RR 1995, 376; 16.3.2009 – 1 ME 14/09, juris: Zur Frage, wann ein nachgereichtes Sachverständigengutachten „veränderte Umstände" im Sinne des § 80 Abs. 7 S. 2 VwGO belegen kann.). Die BauAB oder der Bauherr müssen daher auch nach einer Ergänzung der angefochtenen Baugenehmigung, die die Nachbarrechtsverletzung ausräumt, nach § 80 Abs. 7 S. 2 VwGO die Änderung des Aussetzungsbeschlusses herbeiführen (aA OVG Münster 3.6.1996 – 11 B 1276/96, NVwZ-RR 1997, 447: neuer Eilantrag), bevor der Bauherr weiter bauen darf. Die Baugenehmigung für ein verändertes Bauvorhaben wird von der Bindungswirkung des Beschlusses nicht erfasst (OVG Lüneburg 17.7.1996 – 1 M 3320/96, nv; 16.6.1999 – 1 M 2040/99, juris; VGH Kassel 26.7.1996 – 4 TG 833/95, BRS 58 Nr. 190).

255 Gegen den Beschluss des VG über die Aussetzung der Vollziehung steht den Beteiligten die **Beschwerde** innerhalb von zwei Wochen zu (§ 147 VwGO). Sie ist innerhalb eines Monats nach der Bekanntgabe der Entscheidung des VG zu begründen (§ 146 Abs. 4 S. 1 VwGO). Der Begründung kommt besonderes Gewicht zu, weil das **OVG nach § 146 Abs. 4 S. 3 VwGO nur die dargelegten Gründe** prüft.

e) Gerichtlicher Rechtsschutz des Bauherrn nach Anordnung der aufschiebenden Wirkung des Nachbarwiderspruchs

256 **Ordnet** die **BauAB die aufschiebende Wirkung** des Nachbarwiderspruchs **an, kann** der **Bauherr nach § 80a Abs. 3 VwGO die Anordnung der sofortigen Vollziehung** in seinem überwiegenden Interesse **beim VG beantragen**. Da die BauAB mit der Anordnung der aufschiebenden Wirkung des Nachbarwiderspruchs das abstrakte Entscheidungsmuster der VwGO – Ausschluss der aufschiebenden Wirkung des Nachbarwiderspruchs nach § 80 Abs. 2 S. 1 Nr. 3 VwGO – den besonderen Umständen des Einzelfalls nach § 80a Abs. 1 Nr. 2 VwGO angepasst hat, ist eine **vorrangige Befassung der BauAB** (dazu → Rn. 244 f.) mit dem Antrag des Bauherrn auf Anordnung der sofortigen Vollziehung **nicht erforderlich** (vgl. Schmaltz DVBl 1992, 230 (234)). Weil der Nachbar „an dem streitigen Rechtsverhältnis derart beteiligt (ist), dass die Entscheidung (über die Anordnung der sofortigen Vollziehung der Baugenehmigung) auch

(ihm) gegenüber nur einheitlich ergehen kann“, muss der Nachbar zu dem Verfahren notwendig beigeladen werden (§ 65 Abs. 2 VwGO). Zum Maßstab der gerichtlichen Entscheidung gilt das zu → Rn. 246 ff. Gesagte entsprechend. Das VG darf die sofortige Vollziehung der Baugenehmigung nach § 80a Abs. 3 VwGO selbst anordnen und ist nicht darauf beschränkt, die BauAB dazu zu verpflichten (vgl. → Rn. 253). Die Bedenken, die für die Stilllegungsanordnung des VG zur Sicherung der aufschiebenden Wirkung des Nachbarwiderspruchs unmittelbar gegenüber dem beigeladenen Bauherrn gelten (vgl. dazu → Rn. 253), bestehen hier nicht. Für die Beschwerde gilt das zu → Rn. 255 Gesagte.

Auf Bedenken ist die Ansicht des OVG Münster (15.4.1994 – 10 B 1443/93, BauR 1995, **257** 80) gestoßen, die **sofortige Vollziehung der Baugenehmigung** könne im überwiegenden Interesse des Bauherrn auch dann angeordnet werden, **wenn die Baugenehmigung** zwar **objektiv rechtswidrig** sei, **aber Rechte des Nachbarn nicht verletze**. Wüstenbecker (BauR 1995, 313) geht davon aus, dass bei der Abwägung des Vollzugsinteresses des Bauherrn und des Suspendierungsinteresses des Nachbarn auch die objektive Rechtswidrigkeit der Baugenehmigung berücksichtigt werden müsse. Die Inkongruenz des einstweiligen Rechtsschutzverfahrens und des Hauptsacheverfahrens sei durch die unterschiedlichen Maßstäbe des § 80 Abs. 2 S. 1 Nr. 4 VwGO und des § 113 Abs. 1 S. 1 VwGO begründet. Schließlich müsse die Möglichkeit der Rücknahme der objektiv rechtswidrigen Baugenehmigung berücksichtigt werden. Diese Kritik übersieht jedoch, dass angesichts der prinzipiell gleichgewichtigen Interessen des Bauherrn und des Nachbarn auf die materielle Rechtslage zurückzugreifen ist (→ Rn. 246). Kann der Nachbar die nur objektiv rechtswidrige Baugenehmigung mangels eigener Rechtsverletzung nicht abwehren, hat er auch kein schutzwürdiges Interesse an einem Aufschub der Verwirklichung des Bauvorhabens, während dem Bauherrn nicht zuzumuten ist, den Abschluss des Hauptsacheverfahrens abzuwarten, wenn der Misserfolg der Nachbarklage abzusehen ist.

f) Nachbarschutz bei baulichen Anlagen, die kein Vorhaben nach § 29 BauGB sind

Der Ausschluss der aufschiebenden Wirkung von Widerspruch und Klage eines Dritten **258** gegen die bauaufsichtliche Zulassung gilt nach § 212a BauGB nur für Vorhaben iSd § 29 BauGB (vgl. → Rn. 231). **Widerspruch und Klage** eines Dritten gegen die Baugenehmigung für eine bauliche Anlage, die mangels bodenrechtlicher Relevanz kein Vorhaben iSd § 29 BauGB ist (zB einige der in § 2 Abs. 1 S. 2 aufgezählten Anlagen; vgl. → § 2 Rn. 18 ff.), **haben aufschiebende Wirkung** (§ 80 Abs. 1 S. 2 VwGO). Als Beispiel soll das kleine Gewächshaus dienen, das mangels „Privilegierung“ nicht der Verfahrensfreiheit nach Nr. 1.4 des Anhangs zu § 60 Abs. 1 unterfällt (Firsthöhe über 5 m), und aufgrund seiner geringen Grundfläche am konkreten Standort bodenrechtlich irrelevant ist. Missachtet der Bauherr die aufschiebende Wirkung des Nachbarwiderspruchs und baut weiter, ohne dass die BauAB den Bau stilllegt, muss dem Nachbarn vorläufiger Rechtsschutz gewährt werden. **§ 80a Abs. 1 Nr. 2 VwGO** ermächtigt die **Behörde und Abs. 3 das Gericht, einstweilige Maßnahmen zur Sicherung der Rechte des Dritten zu treffen**, die BegrRegE (BT-Drs. 11/7030, 25) erwähnt beispielhaft die Stilllegungsverfügung.

Allerdings geht es bei der Durchsetzung der aufschiebenden Wirkung des Nachbarwi- **259** derspruchs nicht unmittelbar um einen der in § 80a VwGO geregelten Fälle. Die in § 80a Abs. 1 Nr. 2 VwGO erwähnten einstweiligen Maßnahmen zur Sicherung der Rechte des Nachbarn nach der Aussetzung der Vollziehung betreffen aber die gleiche Interessenlage, wie sie im Falle der Missachtung der aufschiebenden Wirkung durch den Bauherrn vorliegt. In beiden Fällen geht es um die Sicherung der aufschiebenden Wirkung des Widerspruchs des Nachbarn, so dass es geboten erscheint, in beiden Fällen **Rechtsschutz nach § 80a Abs. 3 VwGO zu gewähren und nicht im Rahmen des § 123 VwGO** (vgl. dazu VGH München 19.4.1993 – 14 AS 93.790, BRS 55 Nr. 201; OVG

Koblenz 7.2.1994 – 7 B 10153/94, NVwZ-RR 1995, 124; VGH Mannheim 3.8.1995 – 3 S 1078/95, juris; Kopp/Schenke VwGO § 80a Rn. 14).

260 Nach § 80a Abs. 3 S. 2 iVm § 80 Abs. 6 VwGO ist der Antrag beim VG erst zulässig, wenn die BauAB einen Antrag des Nachbarn, einstweilige Maßnahmen zur Sicherung seiner Rechte zu treffen, abgelehnt hat, ohne Mitteilung eines triftigen Grundes in angemessener Frist sachlich nicht entschieden hat oder die Vollstreckung droht. **Zu den Fällen drohender Vollstreckung gehört auch der Fall, dass der Bauherr von der Baugenehmigung Gebrauch macht**. Auch wenn in den Fällen der Missachtung der aufschiebenden Wirkung des Nachbarwiderspruchs durch den Bauherrn **daher die Voraussetzungen einer unmittelbaren Anrufung des Gerichts** nach § 80a Abs. 3 S. 2 iVm § 80 Abs. 6 S. 2 Nr. 2 VwGO **vorliegen**, sollte der Nachbar sich idR schon wegen der schnelleren Reaktionsmöglichkeiten der BauAB zunächst an diese wenden, bevor er das Gericht anruft. Zur Frage, ob das VG die Sicherungsmaßnahmen selbst treffen darf, oder die BauAB zu Sicherungsmaßnahmen verpflichtet, vgl. → Rn. 253.

261 Für das gerichtliche Verfahren und den Maßstab der Entscheidung des VG gilt das zu → Rn. 246 ff. Ausgeführte entsprechend. **Vorläufiger Rechtsschutz** zugunsten des Nachbarn ist **ausgeschlossen, wenn** die vom Nachbarn behauptete **Verletzung** seiner Rechte bereits **eingetreten** ist und ohne Vorwegnahme der Hauptsache (zB den Abriss) nicht mehr beseitigt werden kann (vgl. → Rn. 237 f.). Wenn der Nachbar nur bestimmte Teile eines Bauvorhabens beanstandet, muss das VG prüfen, ob die Baugenehmigung teilbar ist (→ Rn. 249) und die Aussetzung der Vollziehung ggf. einschränken. Bei unteilbarer Baugenehmigung darf das Gericht die Aussetzung nicht auf Teile des Bauvorhabens beschränken, auch wenn der „Rest" aufgrund einer neuen Baugenehmigung rechtmäßig errichtet werden könnte (aA VGH Kassel 17.12.1984 – 4 TG 2545/84, BRS 42 Nr. 77).

g) Vorläufiger Rechtsschutz des Bauherrn bei Baugenehmigungen für Anlagen, die keine Vorhaben iSd § 29 BauGB sind

262 Die **BauAB darf von Amts wegen** (str., → Rn. 241) **oder auf Antrag** des Bauherrn nach §§ 80a Abs. 1 Nr. 1, 80 Abs. 2 S. 1 Nr. 4 VwGO die **sofortige Vollziehung der Baugenehmigung** im öffentlichen Interesse oder im überwiegenden Interesse des Bauherrn mit entsprechender schriftlicher Begründung nach § 80 Abs. 3 VwGO **anordnen**. Vor der Anordnung der sofortigen Vollziehung ist eine Anhörung des Nachbarn, der Widerspruch erhoben hat, geboten, weil die BauAB mit der Anhörung ihre Entscheidung auf eine tragfähigere Grundlage stellt. Die Anhörung ist aber nicht nach § 28 VwVfG erforderlich, weil die Vollziehungsanordnung kein der Bestandskraft zugänglicher VA ist und ihre verfahrensrechtlichen Voraussetzungen in §§ 80 f. VwGO abschließend geregelt sind (OVG Lüneburg 28.4.1989 – 1 B 114/88, DVBl 1989, 887; OVG Münster 1.7.1994 – 11 B 620/94, juris; Hamann DVBl 1989, 969).

263 Der **Anordnung der sofortigen Vollziehung im überwiegenden Interesse des Bauherrn** kommt nach dem Beschluss des BVerwG vom 22.11.1965 – IV CB 224.65, DVBl 1966, 273 „mehr schiedsrichterlicher Charakter zu, weil es i.d.R. um widerstreitende Bürgerinteressen geht". Da die Rechtspositionen von Nachbar und Bauherr im Grundsatz gleichberechtigt nebeneinander stehen (BVerfG 19.6.1973 – 1 BvL 39/69, 1 BvL 14/72, BVerfGE 35, 263) ist ein überwiegendes Interesse des Bauherrn zu bejahen, wenn der erhobene Rechtsbehelf mit erheblicher Wahrscheinlichkeit erfolglos bleiben wird (vgl. → Rn. 240). Das gilt auch, wenn die Baugenehmigung objektiv rechtswidrig ist, der Nachbar aber nicht in seinen Rechten verletzt wird (→ Rn. 257). Die BauAB kann allerdings die Anordnung der sofortigen Vollziehung in diesen Fällen ablehnen, wenn sie die Rücknahme der Baugenehmigung beabsichtigt. Der BauAB steht bei der Anordnung der sofortigen Vollziehung ein Ermessen zu, dessen Ausübung aber durch die Erfolgsaussichten des Widerspruchs im Wesentlichen vorgezeichnet ist (Schoch in Schoch/Schneider/Bier § 80a Rn. 29).

264 Ordnet die BauAB die sofortige Vollziehung auf den Antrag des Bauherrn nicht an, kann der **Bauherr nach § 80a Abs. 3 VwGO die Anordnung der sofortigen Vollziehung** in seinem überwiegenden Interesse **beim VG beantragen**. Nach § 80a Abs. 3 S. 2 iVm § 80 Abs. 6 VwGO ist der Antrag des Bauherrn beim VG nur zulässig, wenn die BauAB einen Antrag auf Anordnung der sofortigen Vollziehung abgelehnt oder ohne zureichenden Grund nicht in angemessener Frist beschieden hat (OVG Lüneburg 21.5.1992 – 6 M 1995/92, NVwZ 1993, 592; vgl. → Rn. 244 f. mN). Das VG muss den Nachbarn nach § 65 Abs. 2 VwGO beiladen. Zum Maßstab der Entscheidung des VG vgl. → Rn. 246 ff. Die sofortige Vollziehung der Baugenehmigung ist auch dann anzuordnen, wenn die Baugenehmigung objektiv rechtswidrig ist, aber Rechte des Nachbarn nicht verletzt (→ Rn. 257). Das VG spricht nach § 80a Abs. 3 S. 1 VwGO die Anordnung der sofortigen Vollziehung selbst aus (Finkelnburg/Dombert/Külpmann Rn. 1099 m. Nw.). Zur Beschwerde vgl. → Rn. 255.

F. Schadensersatz- und Entschädigungsansprüche der Nachbarn

265 Dem Nachbarn können wegen der Wertminderung seines Grundstücks durch eine rechtswidrige Baugenehmigung **Schadensersatzansprüche aus Amtspflichtverletzungen** zustehen, wenn die Bediensteten der BauAB schuldhaft gehandelt haben (BGH 12.10.1978 – III ZR 162/76, DVBl 1979, 112; 29.6.1989 – III ZR 274/88, juris; Braun/Spannbrucker, Amtshaftung – Verjährungshemmung durch Primärrechtsschutz, DVBl 2009, 884). Freilich begründen nur nachbarschützende Vorschriften Amtspflichten gegenüber dem Nachbarn (BGH 27.1.1983 – III ZR 131/81, DVBl 1983, 628; 23.1.1986 – III ZR 134/84, NVwZ 1986, 789). Da die Baugenehmigung die auch den Nachbarn bindende Feststellung einschließt, dass das genehmigte Vorhaben dem öffentlichen Baurecht entspricht (vgl. → Rn. 139 ff.), setzt die Geltendmachung von Ansprüchen gegenüber der BauAB die erfolgreiche Anfechtung der Baugenehmigung voraus. Der BGH (15.11.1990 – III ZR 302/89, DVBl 1991, 379 mAnm Schröder DVBl 1991, 751) geht allerdings davon aus, dass die Zivilgerichte bei Amtshaftungsansprüchen wegen rechtswidriger Verwaltungsakte die Rechtmäßigkeit dieses VA ohne Rücksicht auf seine Bestandskraft überprüfen (so auch Weißmann NJW 2003, 3455; Beaucamp DVBl 2004, 352). Ein etwaiger Anspruch des Nachbarn auf Beseitigung der baulichen Anlage nach erfolgreicher Anfechtung der Baugenehmigung (→ Rn. 211 ff.) stellt keine anderweitige Ersatzmöglichkeit iSd § 839 Abs. 1 S. 2 BGB dar (vgl. BGH 12.10.1978 aaO).

266 Nach der früheren Rspr. des BGH (12.10.1978 aaO) konnte der Nachbar auch **Entschädigungsansprüche aus enteignungsgleichem Eingriff** geltend machen, wenn sein Eigentum im Wert durch Baumaßnahmen gemindert wurde, die unter Verstoß gegen nachbarschützende Vorschriften genehmigt worden waren. Nachdem das BVerfG (15.7.1981 – 1 BvL 77/78, BVerfGE 58, 300) die Bedeutung des verwaltungsgerichtlichen Primärrechtsschutzes betont hatte, hat der BGH (26.1.1984 – III ZR 216/82, DVBl 1984, 391 mAnm Götz; 21.12.1990 – III ZR 280/89, juris) ein Wahlrecht des von einem rechtswidrigen Eigentumseingriff Betroffenen, den Eingriff abzuwehren oder ihn zu dulden und Entschädigung zu verlangen, abgelehnt (vgl. BVerfG 2.12.1999 – 1 BvR 165/90, NJW 2000, 1401). Das bedeutet für den Nachbarn, dass er rechtswidrige Eigentumseingriffe mit der Nachbarklage abwehren muss und sich der Entschädigungsanspruch nach einem obsiegenden VG-Urteil auf die Einbußen bis zur Vollziehung dieses Urteils beschränkt.

267 **Nach erfolgreicher Anfechtung der Baugenehmigung** bzw. bei Schwarzbauten können dem Nachbarn wegen der Verletzung nachbarschützender Vorschriften **Schadensersatzansprüche nach § 823 Abs. 2 BGB unmittelbar gegenüber dem Bauherrn** zustehen. Die Verletzung nachbarschützender Vorschriften kann **außerdem** einen vom Verschulden des Bauherrn unabhängigen **quasinegatorischen Beseitigungsanspruch des Nachbarn gegen den Bauherrn** begründen (BGH 21.12.1973 – V ZR 107/72, MDR 1974, 571; vgl. auch 30.5.2008 – V ZR 184/07, NJW 2008, 3122;

23.10.2009 – V ZR 141/08, NJW-RR 2010, 315). Dieser Beseitigungsanspruch steht aber wie der Schadensersatzanspruch unter dem Vorbehalt der Verhältnismäßigkeit, wobei auch das Verschulden auf Seiten des Bauherrn zu berücksichtigen ist (BGH 24.4.1970 – V ZR 97/67, NJW 1970, 1180). Zum Verhältnis zwischen öffentlich-rechtlichem und privatrechtlichem Nachbarschutz im Einzelnen vgl. → Rn. 139 ff.

G. Beteiligung der Öffentlichkeit

a) Allgemeines

268 Im Zuge des Änderungsgesetzes zur Niedersächsischen Bauordnung (NBauO) vom 25.9.2017 (Nds. GVBl. S. 338), in Kraft getreten am 30.9.2017, wurde § 68 um die Öffentlichkeitsbeteiligung ergänzt, die in den Absätzen 5 bis 9 geregelt ist. Diese Öffentlichkeitsbeteiligung geht auf die sog. Soveso-III-RL zurürck (RL 2012/18/EU, Abl. L 197, S. 1), die eigentlich bereits bis zum 31.5.2015 umzusetzen war, Art. 31 Abs. 1 und seitdem auch bei fehlender oder unvollständiger Umsetzung unmittelbar anwendbar ist (Simon/Busse BayBauO Art. 66a Rn. 3). Nach Art. 15 Abs. 1 Soveso-III-RL haben die Mitgliedsstaaten dafür Sorge zu tragen, dass die betroffene Öffentlichkeit frühzeitig Gelegenheit erhält, ihren Standpunkt zu spezifischen einzelnen Projekten darzulegen. Ist eine Öffentlichkeitsbeteiligung vorzunehmen, findet Abs. 1 keine Anwendung (§ 68 Abs. 1 S. 4). Der Nachbar hat also in diesem Fall kein Recht auf Akteneinsicht (Rn. 163).

b) Durchführung der Öffentlichkeitsbeteiligung

269 Gemäß Art. 15 Abs. 2 ist die Öffentlichkeit hierzu frühzeitig zu informieren. Während die RL vorsieht, dass die Information nicht nur durch öffentliche Bekanntmachung, sondern auch auf andere geeignete Wiese einschließlich elektronischer Medien erfolgen kann, hält der niedersächsische Gesetzgeber in § 68 Abs. 5 S. 1 weiterhin an der Erforderlichkeit der öffentlichen Bekanntgabe im amtlichen Veröffentlichungsblatt fest (vgl. LT-Drs. 17/7278, 54). Die Bekanntmachung im Internet oder in am Ort der Baumaßnahme verbreiteten örtlichen Tageszeitungen kommt als zusätzliche Möglichkeit in Betracht, wobei diese nicht am selben Tag erfolgen muss wie die öffentliche Bekanntmachung (VGH München 2.5.2016 – 9 ZB 13.2053, BeckRS 2016, 46023 Rn. 11; Hahn/Kraus in Simon/Busse BayBauO Art. 66a Rn. 9). Zur Bestimmung der Tageszeitungen, die für die Veröffentlichung in Betracht kommen, ist auf darauf abzustellen, ob es dort zu rechtserheblichen Einwirkungen der Anlage kommen kann (VGH München 2.5.2016 – 9 ZB 13.2053, BeckRS 2016, 46023 Rn. 13; Hahn/Kraus in Simon/Busse BayBauO Art. 66a Rn. 9).

270 Bezugspunkt und Voraussetzung der Öffentlichkeitsbeteiligung sind Projekte, die dem Abstandsgebot aus Art. 13 Soveso-III-RL unterliegen, bei denen also ein angemessener Sicherheitsabstand einzuhalten ist. In diesem Sinne sieht § 68 Abs. 5 S. 1 die Öffentlichkeitsbeteiligung vor für Baumaßnahmen nach § 62 Abs. 1 S. 4 (Nr. 1) sowie weitere schutzbedürftige Nutzungen (Nr. 2). Letztere dienen der Konkretisierung von Art. 13 Soveso-III-RL, wobei sich der Gesetzgeber vom dem Schutzziel, dass das Risiko eines schweren Unfalls nicht vergrößert oder die Folgen eines solchen Unfalls nicht verschlimmert werden sollen, hat leiten lassen (LT-Drs. LT-Drs. 17/7278, S. 55). Erfasst sind folgende Sonderbauten nach § 2 Abs. 5: Krankenhäuser (Nr. 9); Gebäude mit mindestens einer Nutzungseinheit, die für die Pflege oder Betreuung von Menschen mit Behinderungen oder Pflegebedarf und mit eingeschränkter Selbstrettungsfähigkeit bestimmt ist, sofern die weiteren Voraussetzungen vorliegen (Nr. 10); sonstige Einrichtungen zur Unterbringung von Personen, wie Gemeinschaftsunterkünfte oder Wohnheime (Nr. 11); Tagesstätten für Menschen mit Behinderungen oder alte Menschen (Nr. 12); Tageseinrichtungen für Kinder und Nutzungseinheiten mit Räumen für die Kindertagespflege mit Ausnahme von Tageseinrichtungen und Nutzungseinheiten, die zur Nutzung durch nicht mehr als zehn Kinder bestimmt sind (Nr. 13); Schulen, Hochschulen und ähnliche Einrichtungen (Nr. 14); Camping- und Wochenendplätze (Nr. 16); Freizeit- und Vergnügungsparks (Nr. 17).

Von der öffentlichen Bekanntmachung ist gemäß § 58 Abs. 5 S. 3 abzusehen, wenn die Einhaltung des Abstands bereits durch ein Gutachten nachgewiesen ist. Auch in den Fällen der genannten Sonderbauten ist gemäß § 68 Abs. 5 S. 5 die öffentliche Bekanntmachung entbehrlich, wenn durch eine Änderung einer baulichen Anlage eine Erhöhung der Anzahl der Nutzerinnen und Nutzer oder der Besucherinnen und Besucher nicht eintritt. **271**

Der Inhalt der öffentlichen Bekanntmachung wird zur Umsetzung von 15 Abs. 2 Soveso-III-RL (LT-Drs. 17/7278, 55) in § 68 Abs. 6 konkretisiert. **272**

c) Einwendungsverfehren und Präklusionswirkung

Wesentlicher Bestandteil der Öffentlichkeitsbeteiligung ist das Einwendungsverfahren für Personen, deren Belange durch die Baumaßnahme berührt werden, und für Vereinigungen, welche die Anforderungen von § 3 Abs. 1 oder § 2 Abs. 2 des Umweltrechtsbehelfsgesetzes erfüllen (§ 68 Abs. 5 S. 10). Deren Einwendungen können bis einen Monat nach Ablauf der Auslegungsfrist schriftlich gegenüber der Bauaufsichtsbehörde erhoben wirden. Erfolgt neben der öffentlichen Bekanntmachung eine zusätzliche Veröffentlichung im Internet oder in der örtlichen Tageszeitung, ist für den Fristbeginn die letzte Veröffentlichung maßgeblich (Hahn/Kraus in Simon/Buss BayBauO Art. 66a Rn. 10). **273**

Mit Ablauf der Einwendungsfrist tritt eine Präklusionswirkung für das Genehmigungsverfahren ein (§ 68 Abs. 5 S. 11). Die Beschränkung der Präklusionswirkung auf das Genehmigungsverfahren, also das behördliche Verfahren, hat zur Folge, dass im gerichtlichen Verfahren weiterhin Einwendungen vorgetragen werden können. Damit trägt der Gesetzgeber Art. 23 lit. a der RL und der Rechtsprechung des EuGH Rechnung, wonach die Gründe, die mit einem Rechtsbehelf geltend gemacht werden können, nicht beschränkt wirden dürfen (EuGH 15.10.2015 – C-137/14 – NVwZ 2015, 1665 (1669)), Rechnung (LT-Drs. 17/7278, 55). **274**

d) Auswirkungen auf die Baugenehmigung

Die Absätze 7 und 8 regeln die Auswirkung der Öffentlichkeitsbeteiligung auf die Baugnehmigung. Zur Umsetzung von Art. 15 Abs. 4 Hs. 2 Soveso-III-RL (vgl. LT-Drs. 17/7278, 55) wird in § 68 Abs. 7 S. 1 bestimmt, dass wenn eine solche durchgeführt wurde, die wesentlichen tatsächlichen und rechtlichen Gründe, die die Behörde zu ihrer Entscheidung bewogen haben, sowie die Behandlung der Einwendungen und Angaben über das Verfahren zur Beteiligung der Öffentlichkeit in der Begründung der Baugenehmigung aufzunehmen sind. Nach Art. 15 Abs. 5 Soveso-III-RL sind der Inhalt der Entscheidung und die Art der Berücksichtigung der Ergebnisse der Öffentlichkeitsbeteiligung zugänglich zu machen. In diesem Sinne ist die Baugenehmigung ist neben der Bauherrin oder dem Bauherrn auch den Personen zuzustellen, die während des Verfahrens Einwendungen erhoben haben (Abs. 7 S. 2). Sofern weniger als 50 Personen Einwendungen erhoben haben, kann die Zustellung an diese durch die öffentliche Bekanntmachung nach Abs. 8 ersetzt werden (S. 3). Die Entscheidung, ob eine Zustellung oder öffentliche Bekanntmachung erfolgt, liegt im Ermessen der Behörde, das diese nach Zweckmäßigkeitserwägungen auszuführen hat (Hahn/Kraus in Simon/Buss BayBauO Art. 66a Rn. 11). **275**

Wenn eine öffentliche Bekanntgabe der Baumaßnahme erfolgt ist, so ist gemäß § 68 Abs. 8 S. 1 auch die Baugenehmigung öffentlich bekannt zu machen. Für Art und Weise der Bekanntgabe der Baugenehmigung gelten die Regelungen in Abs. 5 über die Bekanntmachtung der Baumaßnahme entsprechend (S. 2). Der verfügende Teil des Bescheids und die Rechtsbehelfsbelehrung müssen also im amtlichen Veröffentlichungsblatt bekannt gemacht werden. Eine Veröffentlichung im Internet oder in der örtlichen **276**

Tageszeitung ist zusätzlich möglich und sollte vorgenommen, wenn zuvor die Baumaßnahme auf diese Wiese bekannt gegeben worden ist (vgl. Hahn/Kraus in Simon/Busse BayBauO Art. 66a Rn. 45). Eine Ausfertigung der gesamten Baugenehmigung ist ab dem Tag nach der Bekanntmachung zwei Wochen zur Einsicht auszulegen (S. 3). Wo und wann der Bescheid und seine Begründung eingesehen werden können, ist der öffentlichen Bekanntmachung ist anzugeben (S. 4).

§ 69 Behandlung des Bauantrags

(1) Die Gemeinde hat, wenn sie nicht selbst die Aufgaben der Bauaufsichtsbehörde wahrnimmt, den Bauantrag innerhalb von einer Woche an die Bauaufsichtsbehörde weiterzuleiten.

(2) [1]Sind der Bauantrag oder die Bauvorlagen unvollständig oder weisen sie sonstige erhebliche Mängel auf, so fordert die Bauaufsichtsbehörde die Bauherrin oder den Bauherrn zur Behebung der Mängel innerhalb einer angemessenen Frist auf. [2]Werden die Mängel innerhalb der Frist nicht behoben, so soll die Bauaufsichtsbehörde die Bearbeitung des Bauantrages unter Angabe der Gründe ablehnen.

(3) [1]Die Bauaufsichtsbehörde hört zum Bauantrag diejenigen Behörden und Stellen an,

1. deren Beteiligung für die Entscheidung über den Bauantrag durch Rechtsvorschrift vorgeschrieben ist, oder

2. ohne deren Stellungnahme die Genehmigungsfähigkeit der Baumaßnahme nicht beurteilt werden kann.

[2]Eine Anhörung nach Satz 1 ist nicht erforderlich, wenn die jeweilige Behörde oder Stelle der Baumaßnahme bereits schriftlich zugestimmt hat. [3]Äußert sich eine Behörde, die im Baugenehmigungsverfahren nach Satz 1 angehört wird, nicht innerhalb von zwei Wochen oder verlangt sie nicht innerhalb dieser Frist unter Angabe der Gründe eine weitere Frist von längstens einem Monat für ihre Stellungnahme, so kann die Bauaufsichtsbehörde davon ausgehen, dass die Baumaßnahme mit den von dieser Behörde wahrzunehmenden öffentlichen Belangen in Einklang steht.

(4) Bedarf die Baugenehmigung nach landesrechtlichen Vorschriften der Zustimmung oder des Einvernehmens einer anderen Behörde, so gelten diese als erteilt, wenn sie nicht innerhalb eines Monats nach Eingang des Ersuchens unter Angabe der Gründe verweigert werden.

(5) Erhebt ein Nachbar Einwendungen gegen die Baumaßnahme, so hat die Bauaufsichtsbehörde die Bauherrin oder den Bauherrn davon zu unterrichten.

Übersicht

A. Allgemeines

§ 69 ist durch die NBauO 2012 an die Stelle des früheren § 73 getreten. Im Rahmen der Änderungen der NBauO durch Gesetz vom 12.9.2018 zum 1.1.2019 ist die Vorschrift unverändert geblieben. 1

Abs. 1 regelt anknüpfend an die in § 67 Abs. 1 S. 1 festgelegte Einreichung des Bauantrags bei der Gemeinde die Weiterleitung des Bauantrags durch die Gemeinde an die BauAB. § 69 Abs. 1 entspricht unverändert § 73 Abs. 1 aF.

Abs. 2 S. 1 schreibt für den Fall unvollständiger oder sonst erheblich mangelhafter Bauanträge (anders als § 73 Abs. 2 aF) zwingend vor, dass die BauAB die Bauherrin oder den Bauherrn zur Beseitigung der Mängel innerhalb einer angemessen Frist auffordert. Abs. 2 S. 2 enthält die Befugnis der BauAB, die Bearbeitung von Bauanträgen abzulehnen. Abs. 2 trägt damit dem Grundgedanken „der verstärkten Eigenverantwortung des Bauherrn" Rechnung. Gegenüber der Vorgängerregelung des § 73 Abs. 2 aF regelt § 69 Abs. 2 das Verfahren bei unvollständigen oder sonst mangelhaften Bauvorlagen aus Sicht des Gesetzgebers „klarer und vollzugsfreundlicher" (LT-Drs. 16/3195, 103).

Die Abs. 3 und 4 regeln die Anhörung und Beteiligung anderer Behörden und Stellen. Gegenüber § 73 Abs. 3 aF neu ist das Entfallen der Anhörung, wenn die jeweilige Behörde oder Stelle dem Bauantrag bereits vor Einleitung des Baugenehmigungsverfahrens schriftlich zugestimmt hat, nach Abs. 3 S. 2. Abs. 4 entspricht bis auf die Fristverkürzung auf einen Monat § 73 Abs. 4 aF.

Abs. 5 regelt sodann in Anknüfung an die umfassende Beteiligung des Nachbarn im Baugenehmigungsverfahren (hierzu → § 68 Rn. 153 ff.) die Unterrichtung der Bauherrin oder des Bauherrn durch die BauAB über Einwendungen des Nachbarn, die Vorschrift entspricht unverändert § 73 Abs. 5 aF.

Vergleichbare Regelungen zu § 69 NBauO enthalten: in Baden-Württemberg die §§ 53 III-VI, 54 BW LBO, in Bayern Art. 64, 65 BayBO, in Brandenburg § 69 BbgBO, in Berlin § 69 BauO Bln, in Bremen § 69 BremBO, in Hamburg § 70 HBauO, in Hessen § 70 HBO (§ 61 HBO aF), in Nordrhein-Westfalen § 71 BauO NRW (§ 72 BauO NRW aF), in Mecklenburg-Vorpommern § 69 LBauO M-V, in Rheinland-Pfalz § 65 RpfLBauO, in Sachsen § 69 SächsBO, in Sachsen-Anhalt § 69 BauO LSA, im Saarland § 70 SaarLBO, in Schleswig-Holstein § 67 SH LBO und in Thüringen § 68 ThürBO. 2

B. Weiterleitung des Bauantrags durch die Gemeinde (Abs. 1)

§ 69 Abs. 1 schreibt die **Weiterleitung des Bauantrags** durch die Gemeinde an die BauAB **innerhalb einer Woche** vor. Eine Stellungnahme der Gemeinde zum Bauantrag muss nicht mehr beigefügt werden (anders noch § 73 NBauO 1973), ist aber gegebenenfalls nachzureichen. Denn nach § 36 Abs. 2 S. 2 BauGB gilt das Einvernehmen der Gemeinde als erteilt, wenn sie es nicht binnen eines Monats nach dem Einreichen des Bauantrags verweigert. Diese Frist ist nicht verlängerbar. Mit dem Einreichen des Bauantrags bei der Gemeinde stellt der Landesgesetzgeber entsprechend § 36 Abs. 1 S. 3 BauGB sicher, dass die Gemeinde bei Vorhaben nach § 30 Abs. 1 BauGB, für die ein Einvernehmen der Gemeinde nicht erforderlich ist, vor Ausführung des Vorhabens über Maßnahmen zur Sicherung der Bauleitplanung nach den §§ 14 ff. BauGB entscheiden kann (siehe hierzu auch schon § 67 Rn. 23). Angesichts der im Verhältnis zur Dauer eines Beschlusses über die Änderung des B-Plans kurzen Wochenfrist des § 69 Abs. 1 empfiehlt es sich, die BauAB zu unterrichten, wenn Maßnahmen zur Sicherung der Bauleitplanung beabsichtigt sind. Eine Verzögerung des Baugenehmigungsverfahrens über die angemessene Verfahrensdauer hinaus rechtfertigt dies aber nicht (vgl. BGH 12.7.2001 – III ZR 282/00, NVwZ 2002, 124). Auch wenn § 69 Abs. 1 eine Überprüfung der Angaben der Bauherrin oder des Bauherrn nicht vorschreibt, sollte die Gemeinde doch die Eintragungen im Lageplan überprüfen. Zur Beteiligung der Gemeinde vgl. → Rn. 19. 3

C. Behandlung des Bauantrags durch die BauAB und Zuziehung von Sachverständigen

4 Das Baugenehmigungsverfahren ist nach **§ 10 S. 2 VwVfG** i.V.m. § 1 Abs. 1 NVwVfG (hierauf wird im Folgenden verzichtet) einfach, zweckmäßig und zügig durchzuführen; die NBauO regelt insoweit keine Details. Zur Beratung des Antragsstellers und **Auskünften** durch die BauAB → § 58 Rn. 7 ff.

5 Die **Verfahrensdauer** des Baugenehmigungsverfahrens ist durch die NBauO, anders als vereinzelt in anderen Ländern (vgl. § 69 III 1 BremBO, § 70 IV HBO, § 69 IV 1 Sächs BO, § 68 IV 1 BauO LSA: jeweils 3 Monate) nicht begrenzt. Zu berücksichtigen sind jedenfalls die Zwischenfristen nach § 69 III, IV NBauO sowie die der Gemeinde nach § 36 BauGB eingeräumte Frist für die Einvernehmenserteilung. In der Gesamtschau von § 10 VIa BImSchG, § 75 S. 2 VwGO, § 42a II VwVfG und der genannten Frist in anderen Ländern können wohl je nach Komplexität des Verfahrens **etwa 3 Monate** ab Eingang der vollständigen Unterlagen als angemessene Frist angesehen werden. Der BGH hat für die Behandlung einer Bauvoranfrage eine angemessene Verfahrensdauer von höchstens 3 Monaten angenommen (BGH 12.7.2001 – III ZR 282/00, NVwZ 2002, 124), wobei diese keinesfalls eine strikte Stichtagsfrist darstellt (vgl. zum Ganzen Schmidt-Eichstaedt BauR 2016, 1847, 1848 ff.).

6 Die Behörde kann **nach § 26 Abs. 1 S. 2 Nr. 2 VwVfG Sachverständige hinzuziehen**. Nach der früheren Regelung des § 73 Abs. 5 NBauO 1973 konnte die BauAB bei der Prüfung des Bauantrags nach Anhörung der Bauherrin oder des Bauherrn noch auf deren Kosten Sachverständige heranziehen, soweit die Entscheidung über Sonderfragen dies erforderte. Der Gesetzgeber hat diese Vorschrift mit Rücksicht auf § 26 Abs. 1 S. 2 Nr. 2 VwVfG und § 13 Abs. 3 Nr. 5 iVm § 5 Abs. 1 NVwKostG für entbehrlich gehalten.

Die **BauAB hat** dennoch **grundsätzlich den Bauantrag selbst zu prüfen**. Die Besetzung der BauAB mit Bediensteten, welche die Befähigung besitzen (§ 57 Abs. 4), ermöglicht dies im Regelfall. In Sonderfragen technischer Art (zB Baugrund, Lärmimmissionen) kann die BauAB überfordert sein, in diesen Fällen kann sie sich nach § 26 Abs. 1 S. 2 Nr. 2 VwVfG Sachverständiger bedienen. Der Sachverständige soll der Behörde das besondere Fachwissen zur Beurteilung bestimmter Tatsachen vermitteln, er nimmt nicht Aufgaben der BauAB selbständig wahr und unterscheidet sich insofern vom Prüfingenieur. Die rechtliche Würdigung bleibt der Behörde vorbehalten (Kallerhoff/Fellenberg in Stelkens/Bonk/Sachs VwVfG § 26 Rn. 66).

7 Anders als § 73 Abs. 5 S. 2 NBauO 1973 schreibt das VwVfG nicht ausdrücklich vor, dass die Bauherrin oder der **Bauherr vor der Heranziehung von Sachverständigen anzuhören ist**. Da die Zuziehung des Sachverständigen kein Verwaltungsakt ist (Kallerhoff/Fellenberg in Stelkens/Bonk/Sachs VwVfG § 26 Rn. 19), könnte die Bauherrin oder der Bauherr die Rechtmäßigkeit der Zuziehung erst bei der Heranziehung zu den Kosten überprüfen lassen. Nach § 13 Abs. 3 Nr. 5 NVwKostG werden Sachverständigengebühren als Auslagen erhoben, wenn diese bei der Vorbereitung einer Amtshandlung notwendig sind. Kostenschuldner ist nach § 5 Abs. 1 S. 1 NVwKostG derjenige, der zu der Amtshandlung Anlass gegeben hat, im Baugenehmigungsverfahren also die Bauherrin oder der Bauherr. Um Streitigkeiten über die Kostentragung aus dem Weg zu gehen, empfiehlt sich die vorherige Anhörung der Bauherrin oder des Bauherrn dringend. Bei hohen Sachverständigenkosten muss die BauAB nicht nur die Erforderlichkeit der Zuziehung von Sachverständigen besonders sorgfältig prüfen, sondern auch die Bauherrin oder dem Bauherrn die Frage stellen, ob angesichts der Kosten überhaupt auf eine Entscheidung über den Bauantrag Wert gelegt wird (OVG Lüneburg 24.2.1986 – VI A 80/84, nv). Die Kostenlast kann für die Bauherrin oder den Bauherrn unverhältnismäßig sein (OVG Lüneburg aaO).

8 Die BauAB kann auch von der Bauherrin oder dem Bauherrn die Vorlage eines Gutachtens eines Sachverständigen verlangen (§ 67 Abs. 1 S. 2 NBauO iVm § 1 Abs. 4 Bau-

VorlVO), dessen Kosten der Bauherrin oder dem Bauherrn zur Last fallen. Hat die BauAB den Bauantrag abgelehnt und gibt die Widerspruchsbehörde dem Widerspruch statt, nachdem ein Gutachten vorgelegt hat, gehören die Kosten des Gutachtens nicht zu den notwendigen Kosten der Rechtsverfolgung nach § 80 VwVfG, sondern aus Gründen des sachlichen Zusammenhangs zu den Kosten des Baugenehmigungsverfahrens (OVG Lüneburg 11.2.1985 – 6 A 127/83, BRS 44 Nr. 148; aA Kopp/Ramsauer VwVfG § 80 Rn. 54). Hat die BauAB dagegen die Baugenehmigung erteilt und wird in dem vom Nachbarn angestrengten Widerspruchsverfahren ein Gutachten eingeholt, können die Kosten dieses Gutachtens nicht der Bauherrin oder dem Bauherrn angelastet werden, auch wenn die BauAB die Erteilung der Baugenehmigung von der Vorlage des Gutachtens hätte abhängig machen können (OVG Lüneburg 17.1.1997 – 1 L 7060/95 – juris Rn. 21). Die Erteilung der Baugenehmigung stellt die zeitliche Grenze einer Zuordnung der Gutachterkosten zu den von der Bauherrin oder dem Bauherrn zu tragenden Kosten des Baugenehmigungsverfahrens dar. Das gilt ausgehend von § 162 Abs. 1 VwGO auch für die Kosten eines Gutachtens, das die Bauherrin oder der Bauherr erst in dem vom Nachbarn angestrengten gerichtlichen Verfahren vorlegt (OVG Lüneburg 8.11.1996 – 1 O 5211/96, nv). Dem kann auch nicht grundsätzlich entgegengehalten werden, die Kosten wären bei Beteiligung des Nachbarn im Baugenehmigungsverfahren nicht angefallen, zumindest soweit das Gutachten Fragen betrifft, welche der Nachbar aufgeworfen hat (OVG Lüneburg 30.3.2015 – 1 OA 13/15, BVerwG 4.9.2008 – 4 KSt 1010/07). Dennoch sind der Kostenauferlegung auf den klagenden Nachbarn enge Grenzen gesetzt: Gutachterkosten, die an sich schon im Genehmigungsverfahren hätten anfallen müssen und durch die die Bauherrin oder der Bauherr Defizite im Planungsbereich kompensieren will, sollen als „nachgelarte Planungskosten" bzw. „aufgesparter Genehmigungsbedarf" nicht erstattungsfähig sein (OVG Lüneburg 17.1.2012 – 13 OA 207/11), erforderlich ist eine „prozessuale Notlage" der beigeladenen Bauherrin oder des beigeladenen Bauherrn, die dadurch entsteht, dass der klagende Nachbar neue, komplexe Fragen aufwirft (OVG Lüneburg 30.3.2015 – 1 OA 13/15).

D. Mangelhafte und unvollständige Bauanträge (Abs. 2)

Die BauAB **soll** die Behandlung des Bauantrags **ablehnen**, wenn die Bauvorlagen unvollständig sind oder sonstige erhebliche Mängel aufweisen. Das Gesetz stellt die Zurückweisung des Bauantrags damit nicht in das Belieben der BauAB, sondern schreibt sie für den **Regelfall** vor (intendiertes Ermessen). Aus § 69 Abs. 2 S. 1 und ergänzend aus den §§ 24, 25 VwVfG (vgl. Gaßner in Simon/Busse BayBO Art. 64 Rn. 13s) ergibt sich die Pflicht der BauAB, die Bauherrin oder den Bauherrn auf Mängel des Antrags hinzuweisen und ihm eine angemessene Frist zur Behebung der Mängel zu setzen, bevor sie die Behandlung des Bauantrags ablehnt. Die Behörde ist hingegen nicht verpflichtet, einen mangehaften Bauantrag selbst zu vervollständigen oder zu berichtigen, auch nicht mit Rücksicht auf § 24 VwVfG. 9

Der die Behandlung des Bauantrags ablehnende VA schließt das Genehmigungsverfahren ab, ein schlichtes Ruhenlassen des Bauantrags lässt § 69 nicht zu. Lehnt die BauAB die Behandlung eines Bauantrags wegen erheblicher Mängel ab, die die Bauherrin oder der Bauherr zu beheben nicht bereit ist, darf im Klageverfahren die materielle Genehmigungsfähigkeit der Baumaßnahme nicht geprüft werden, es sei denn das Gericht kommt zu dem Ergebnis, dass kein erheblicher Mangel vorlag (vgl. OVG Lüneburg 26.2.1980 – 6 A 86/79, BRS 36 Nr. 151).

Die Befugnis der BauAB, die Bearbeitung von Bauanträgen oder Bauvorlagen bei Vorliegen erheblicher Mängel abzulehnen, betont die **Verantwortung von Bauherrin oder Bauherr und Entwurfsverfasserin oder Entwurfsverfasser**. Das gilt für Bauherrin oder Bauherrn in besonderer Weise, weil der mit dem Bauantrag oder Gegenstand des Baugenehmigungsverfahrens bestimmt wird. Die BauAB soll zwar beraten, sie kann aber weder die Ausarbeitung der Bauvorlagen übernehmen, noch darf sie mangelhafte 10

Vorlagen, welche unterschiedliche Korrekturen zulassen, ohne weiteres ergänzen oder verbessern. Die Zurückweisung durch die BauAB erfolgt ohne vorherige Prüfung des materiellen Rechts. Es ist nicht Aufgabe der BauAB, einen Bauantrag sachbescheidungsfähig zu machen. Dies entlastet die BauAB von wesensfremden Aufgaben.

Die Regelung des § 69 Abs. 2 S. 1 differenziert zwischen „unvollständig" oder „sonstigen erheblichen Mängeln". Unvollständig sind die Unterlagen, wenn nicht alle nach NBauO und BauPrüfVO erforderlichen Unterlagen eingereicht worden sind. Sonstige erhebliche Mängel können sich aus formellen Gründen (zB fehlende Unterschrift bauvorlageberechtigter Entwurfsverfasser) und widersprüchlichen oder unklaren Angaben ergeben. Eine Ablehnung des Bauantrags nach § 69 Abs. 2 S. 2 wegen erheblicher Mängel liegt in Abgrenzung zur Versagung der Baugenehmigung wegen fehlender Genehmigungsfähigkeit vor, wenn im Ergebnis eine **materielle Prüfung des Vorhabens durch die BauAB aufgrund der Mängel schon nicht hinreichend möglich** ist (OVG Lüneburg 21.12.2011 – 1 LA 257/09, NdsVBl 2012, 194). Die Prüfung der BauAB muss über den Status des reinen „Abhakens" der erforderlichen Unterlagen hinausgehen, um eine Ablehnung nach § 69 Abs. 2 auszuschließen (OVG Lüneburg aaO).

Soweit der Bauantrag im Widerspruch zu baurechtlichen Vorschriften steht, darf die BauAB den Bauantrag korrigieren (sog. Grüneintrag); zu einer solchen Korrektur verpflichtet ist sie allerdings nicht (VGH Mannheim 25.9.1992 – 5 S 415/9, NVwZ-RR 1994, 133, 134; OVG Münster 12.9.1960 – VII A 157/59, OVGE 16, 75). Legt die Bauherrin oder der Bauherr Bauvorlagen vor, die wegen der mangelnden Qualifikation der Entwurfsverfasserin oder des Entwurfsverfassers, wegen unzureichender technischer Genauigkeit, wegen inhaltlicher Unvollständigkeit (OVG Münster 16.3.1984 – 11 A 302/84, BRS 42 Nr. 163), wegen Widersprüchlichkeiten oder aus sonstigen Gründen eine abschließende Beurteilung durch die BauAB nicht zulassen, fehlt es an einer hinreichenden Präzisierung des Verfahrensgegenstandes, die nur die Bauherrin oder der Bauherr vornehmen kann.

11 Die Angemessenheit der Frist im Sinne des § 69 Abs. 2 bemisst sich nach dem Umfang des Bauvorhabens und der Schwere der Mängel, insbesondere nach dem Zeitaufwand, den deren Behebung benötigt (Hornmann HBO § 70 Rn. 51; Shirvani in Simon/Busse BayBO Art. 65 Rn. 197).

Eine **gebührenrechtliche Privilegierung** der Ablehnung der Behandlung des Bauantrags nach § 69 Abs. 2 NBauO gegenüber der Versagung der Baugenehmigung kann nach der Änderung der BauGO durch VO v. 19.2.2019 (Nds. GVBl. 03/2019, S. 17) wohl **nicht mehr** angenommen werden: die Aufforderung zur Mängelbehebung wird nunmehr nach Zeitaufwand berechnet (BauGO Anl. 1 Ziff. 12.5).

E. Mitwirkung anderer Behörden (Abs. 3, 4)

12 In zahlreichen Fällen obliegt die Prüfung der Zulässigkeit eines Vorhabens nicht allein bzw. nicht in allen Punkten der BauAB, vielmehr ist **zur Wahrung fachspezifischer Belange** vor Erteilung der Baugenehmigung eine **Fachbehörde zu beteiligen**.

§ 69 Abs. 3 S. 1 differenziert bei der Anhörung von Behörden: Nach § 69 Abs. 3 S. 1 Nr. 1 werden die Behörden angehört, deren Beteiligung für die Entscheidung über den Bauantrag durch Rechtsvorschrift vorgesehen ist, nach § 69 Abs. 3 S. 1 Nr. 2 werden Behörden angehört, ohne deren Stellungnahme die Genehmigungsfähigkeit der Baumaßnahme nicht beurteilt werden kann.

Nr. 1 hat neben verfahrensrechtlicher in erster Linie **deklaratorische** Bedeutung, da die Notwendigkeit der Beteiligung der Behörde oder Stelle bereits aus der jeweiligen Rechtsvorschrift selbst folgt. Die jeweilige Rechtsvorschrift gibt hierbei auch die Art der Beteiligung vor. Das kann dazu führen, dass eine über die Anhörung hinausgehende Beteiligungsform wie etwa die Zustimmung oder das Benehmen vorgeschrieben ist. Besondere Bedeutung haben sodann aber S. 3 sowie Abs. 4, welche Maßstäbe für eine Fiktionswirkung aufstellen, sofern sich diese nicht aus den vorrangigen jeweiligen Spezialvorschriften ergeben.

Nr. 2 hat hingegen eine weitergehnde **eigenständige** Bedeutung, jedoch ist der Anwendungsbereich relativ eng: soweit die Genehmigungsfähigkeit ohne Stellungnahme der Behörde oder Stelle nicht beurteilt werden kann, wird deren Beteiligung zumeist schon durch Rechtsvorschrift vorgeschrieben sein und somit unter Nr. 1 fallen; und soweit es um die Hinzuziehung externer Sachverständiger geht, fallen diese wegen der Formulierung „Behörden und Stellen" nicht unter § 69 Abs. 3. Ihre Beteiligung erfolgt vielmehr nach § 26 VwVfG (s. oben → Rn. 6).

13 Ausgehend von der mit der modifizierten Schlusspunkttheorie einhergehenden Verfahrensverknüpfung soll die BauAB die Baugenehmigung unter aufschiebender Bedingung der Erteilung anderweitig erforderlicher Genehmigungen erteilen (s. hierzu § 70 Rn. 55). Sie muss jedoch bei evident fehlender Genehmigungsfähigkeit wegen des dann fehlenden Sachbescheidungsinteresses des Antragsstellers die Baugenehmigung versagen (s. § 70 Rn. 34, 53). Insoweit wird sodann auch die Anhörung nach § 69 Abs. 3 entbehrlich sein. Die Anhörung ist ferner auch dann nicht erforderlich, wenn die BauAB die Baugenehmigung wegen Entgegenstehens von ihr selbst zu prüfender Aspekte versagen willl die mit den Belangen der anzuhörenden Behörde nicht im Zusammenhang stehen (vgl. Shirvani in Simon/Busse BayBO Art. 65 Rn. 52). Einer **Beteiligung der Fachbehörde** bedarf es also **nur dann, wenn die BauAB nicht bereits zum Ergebnis kommt, dass das Vorhaben unzulässig ist**.

14 **Abs. 3 S. 3** sieht vor, dass die BauAB nach Ablauf einer Zwei-Wochen-Frist bzw. der auf Antrag verlängerten Frist **von der Vereinbarkeit** der Baumaßnahme mit den von der jeweiligen Behörde wahrzunehmenden Belangen **ausgehen** darf. Dies soll im Sinne der Verfahrensbeschleunigung die anzuhörende Behörde zu schnellem Handeln anregen. **Abs. 4** ist als Abweichung von Abs. 3 S. 3 in Bezug auf solche Behörden anzusehen, deren Beteiligung durch Landesvorschrift vorgeschrieben ist. Nach Abs. 4 kann die Behörde abweichend von Abs. 3 S. 3 nicht nur von der **Vereinbarkeit** ausgehen, diese wird vielmehr **fingiert** („gelten als erteilt"). Im Umkehrschluss aus Abs. 4 gilt Abs. 3 S. 3 demnach nur für solche Behörden, deren Beteiligung nicht durch Landesvorschrift vorgeschrieben ist. Die Differenzierung folgt aus der Gesetzgebungskompetenz: in Bezug auf bundesrechtlich vorgeschriebene Beteiligung kann nicht durch Landesrecht eine Fiktion geregelt werden (vgl. Hermanns in BeckOK Bauordnungsrecht Niedersachsen § 69 Rn. 18). Keine Anwendung findet Abs. 4 im Falle des Benehmens (Hermanns in BeckOK Bauordnungsrecht Niedersachsen), da dieses eine Verständigung erfordert (BSG 21.1. 1969 – 6 RKa 27/67, DVBl. 1969, 746, 747; BVerwG 4.11.1960 – VI C 163.58, BVerwGE 11, 195, 200) und eine solche nicht fingiert werden kann. Das Begründungserfordernis in Abs. 4 zwingt die anzuhörende Behörde zu einem Mindestmaß an Befassung mit der Baumaßnahme (Hermanns in BeckOK Bauordnungsrecht Niedersachsen § 69 Rn. 19). Der **Fiktion** kommt jedoch **nur verfahrensrechtliche Wirkung** zu, die materielle Rechtslage bleibt unberührt (vgl. Shirvani in Simon/Busse BayBO Art. 65 Rn. 83).

15 Die Stellungnahmen der Fachbehörden sind **interne Mitwirkungsakte** und keine Verwaltungsakte (BVerwG 29.5.1968 – IV C 24.66, NJW 1968, 2351). Sie können nach § 44a VwGO auch dann nicht unmittelbar angefochten werden, wenn sie der Bauherrin oder dem Bauherrn zur Kenntnis gelangen. Im Außenverhältnis zum Bürger verbleibt die ausschließliche Entscheidungsbefugnis bei der BauAB. Die Bauherrin oder der Bauherr kann sich nur gegen die Versagung der Genehmigung als Ganzes wenden. Bei Klagen auf Erteilung der Baugenehmigung, sind die Gerichte an die Versagung der Zustimmung oder des Einvernehmens der beteiligten Behörde nicht gebunden. Die zunächst als misslich empfundene Konsequenz, dass die BauAB in einem Verwaltungsstreitverfahren eine auch von ihr nicht gebilligte Meinung der beteiligten Stelle vertreten muss, wird durch die **notwendige Beiladung der Fachbehörde** auf die Kostenlast reduziert. Kraft des Mitwirkungserfordernisses sind die entsprechenden Fachbehörden an dem Rechts-

verhältnis, das in dem auf die Erteilung der Baugenehmigung gerichteten Prozess streitig ist, „derart beteiligt, dass die Entscheidung auch ihnen gegenüber nur einheitlich ergehen kann" (§ 65 Abs. 2 VwGO). Die Verurteilung der BauAB zur Erteilung der Baugenehmigung schaltet die Befugnis der Fachbehörde aus, das Vorhaben zu verhindern (BVerwG 16.2.1973 – IV C 61.70, BVerwGE 42, 8). Als notwendig Beigeladene kann die Fachbehörde Rechtsmittel einlegen, soweit die gerichtliche Entscheidung ihre Zustimmung „ersetzt" (BVerwG 7.10.1977 – IV C 47.75, BVerwGE 54, 328). Freilich kann sich die Fachbehörde nur auf die Verletzung fachspezifischer Vorschriften berufen (BVerwG aaO).

Soweit die zu beteiligende Behörde eine eigenständige Genehmigung zu erteilen hat, handelt es sich hierbei um einen eigenständigen Verwaltungsakt gegenüber dem Antragenden. Dieser Verwaltungsakt unterliegt den allgemeinen Rechtsschutzmöglichkeiten. So kann beispielsweise die Genehmigung der Flurbereinigungsbehörde nach § 34 Abs. 1 Nr. 2 FlurbG angefochten werden, die Vorschrift hat aber idR keinen Drittschutz (vgl. OVG Lüneburg, Urt. v. 9.11.2011 – 15 KF 10/08, BeckRS 2012, 45853).

16 Erteilt die BauAB die **Baugenehmigung ohne Beteiligung der Fachbehörde** und besteht keine Fiktion nach § 69 Abs. 4, ist die Baugenehmigung verfahrensfehlerhaft und damit rechtswidrig, aber nicht nichtig. Das sieht § 44 Abs. 3 Nr. 4 VwVfG ausdrücklich vor. Nach § 45 Abs. 2, Abs. 1 Nr. 5 VwVfG kann zudem die erforderliche Mitwirkung einer anderen Behörde bis zum Abschluss der letzten Tatsacheninstanz eines verwaltungsgerichtlichen Verfahrens nachgeholt werden. Allerdings wird die Bauherrin oder der Bauherr durch die mit einem Verfahrensfehler behaftete Baugenehmigung nicht beschwert und der Nachbar kann sich auf den Verfahrensfehler idR nicht berufen, weil die Mitwirkungsbefugnis idR nicht dem Schutz des Nachbarn dient, sondern der Wahrung eines bestimmten öffentlichen Belanges (BVerwGE 16, 116). Versagt die zu beteiligende Behörde ihre Mitwirkung, kann die BauAB die wegen fehlender Mitwirkung dieser Behörde rechtswidrige Baugenehmigung nach § 48 VwVfG zurücknehmen. Die zu beteiligende Behörde kann sich ggf. an die oberste BauAB als die zuständige Aufsichtsbehörde wenden, wenn sie übergangen oder nicht beteiligt wurde. Anfechten kann sie die fehlerhafte Baugenehmigung nur, wenn die Mitwirkungsbefugnis ihr zur Wahrung eigener Rechte und nicht wie im Regelfall nur zur Durchsetzung eines öffentlichen Sonderinteresses eingeräumt worden ist. Mitwirkungsbefugnisse allein, wie die nach § 9 Abs. 2 FStrG, begründen regelmäßig keine Klagebefugnis, auch weil die Meinungsverschiedenheiten, die bei einem gesetzlich vorgesehenen Zusammenwirken verschiedener Behörden entstehen können, grundsätzlich nicht in einem Prozess zwischen den Behörden ausgetragen werden sollen (BVerwG 7.5.1971 – IV C 19.70, DVBl 1971, 588).

Soweit die Zustimmung oder das Einvernehmen der anderen Behörde nach § 69 Abs. 4 fingiert wird, liegt bereits kein Verfahrensfehler vor; die Baugenehmigung ist, vorbehaltlich anderweitiger Aspekte, rechtmäßig.

17 Stellen, deren Beteiligung durch **landesrechtliche** Vorschrift vorgeschrieben ist, sind unter anderem:

die Wasserbehörde nach **§ 57 Abs. 4 S. 2 NWG** für baurechtliche Genehmigungen baulicher Anlagen in, an, über und unter oberirdischen Gewässern, Aufschüttungen und Abgrabungen;

die Gemeinde nach **§ 47 Abs. 5 NBauO** bezüglich der Ablösung notwendiger Einstellplätze;

die Straßenbaubehörde nach **§ 24 Abs. 2 NStrG** für die dort benannten Fälle. Erforderlich ist ein Benehmen, wobei durch § 24 Abs. 3 NStrG der Umfang der Beteiligung der Straßenbaubehörde auf Aspekte der Sicherheit und Leichtigkeit des Verkehrs, der Ausbauabsichten und der Straßenbaugestaltung begrenzt ist; über § 24 Abs. 8 NStrG können Gemeinden durch Satzung die Anwendung des Abs. 2 auch auf Gemeindestraßen im Außenbereich vorschreiben;

die Waldbehörde nach **§ 8 Abs. 2 S. 2 iVm S. 1 Nr. 2 NWaldLG** bei Umwandlung der Nutzungsart von Waldflächen;

die Enteignungsbehörde nach **§ 29a Abs. 1 S. 1 Nr. 4 NEG** im Falle eines eingeleiteten Enteignungsverfahrens nach dem NEG, nach Abs. 2 auf Anordnung der Enteignungsbehörde auch schon ab Stellung des Enteignungsantrags;

die Deichbehörde nach **§§ 14 Abs. 2, 6, 16 Abs. 2, 3 NDG** zur Erteilung der notwendigen Ausnahmegenehmigung der Deichbehörde vom Verbot der Deichbenuztung.

Stellen, deren Beteiligung durch **bundesrechtliche** Vorschrift vorgeschrieben ist, sind **18**
unter anderem:

die Gemeinde nach **§ 144 Abs. 1 Nr. 1 BauGB** für Vorhaben im förmlich festgesetzten Sanierungsgebiet;

die Enteignungsbehörde nach **§ 109 Abs. 1 BauGB** im Falle eines eingeleiteten Enteignungsverfahrens nach dem BauGB;

die Landesbehörde für Straßenbau und Verkehr nach **§ 9 Abs. 2 FStrG** für Vorhaben längs der Bundesautobahnen und -straßen;

die Naturschutzbehörde nach **§ 67 Abs. 1 BNatSchG, § 41 NAGBNatSchG** für die Erteilung von Ausnahmen von den Verboten und Geboten des BNatSchG und des Naturschutzrechts der Länder; nach § 67 Abs. 1 BNatSchG, § 41 Abs. 1 NAGBNatSchG kann dies anstelle der Naturschutzbehörde im Falle des § 22 Abs. 1 S. 1 Nr. 1 NAGBNatSchG die Gemeinde sein;

die Flurbereinigungsbehörde nach **§ 34 Abs. 1 Nr. 2 FlurbG** nach Bekanntgabe des Flurbereinigungsbeschlusses;

die Schutzbereichsbehörde nach **§ 3 Abs. 1 Nr. 1 SchBerG** im Bereich militärischer Schutzbereiche;

das Wasserstraßen- und Schifffahrtsamt nach **§ 31 Abs. 1 Nr. 2 WaStrG** im Bereich von Bundeswasserstraßen;

das Hauptzollamt nach **§ 22 S. 1 ZollVG** im Bereich von Freizonen sowie nach **§ 15 Abs. 1 S. 1 ZollVG** in Grenzbereichen;

die Bergbehörde nach **§ 108 Abs. 1 BBergG** in Baubeschränkungsgebieten nach § 107 BBergG;

die Luftfahrtbehörde nach **§ 12 Abs. 2 LuftVG** im Bereich von Flughäfen, nach Abs. 3 der Vorschrift für bestimmte Anlagen auch in weiterer Umgebung; nach Abs. 2 S. 2 gilt hier eine eigene Ausschlussfrist mit Genehmigungsfiktion (2 Monate, verlängerbar nach S. 3).

Besondere Bedeutung kommt im Baugenehmigungsverfahren dem **Einvernehmen der** **19**
Gemeinde nach § 36 BauGB zu, das für die Entscheidung über die Zulässigkeit von Vorhaben in Bereichen, für die ein qualifizierter Bebauungsplan aufgestellt wird (§ 33 BauGB), von Vorhaben im unbeplanten Innenbereich (§ 34 BauGB) und Außenbereich (§ 35 BauGB) vorgeschrieben ist. Darüber hinaus können Ausnahmen und Befreiungen von den Festsetzungen eines B-Plans (§ 31 BauGB) sowie Ausnahmen von einer Veränderungssperre (§ 14 Abs. 2 BauGB) nur im Einvernehmen mit der Gemeinde zugelassen werden.

Jedenfalls dem Wortlaut nach ist die Gemeinde im Falle des § 36 BauGB eine Behörde, deren Beteiligung durch Rechtsvorschrift vorgeschrieben ist (vgl. § 69 Abs. 3 S. 1 Nr. 1). In verfahrensrechtlicher Hinsicht sieht § 36 Abs. 2 S. 2 BauGB allerdings für das Einvernehmen der Gemeinde eine Verschweigungsfrist von zwei Monaten bis zum Eintreten der Fiktionswirkung vor, während die Frist des § 69 Abs. 3 S. 3 NBauO zwei Wochen beträgt. Mithin stellt sich die Frage nach dem Verhältnis der beiden Beteiligungsvorschriften zueinander. In einigen Ländern gibt es explizite landesrechtliche Vorschriften zum gemeindlichen Einvernehmen (vgl. Art. 67 BayBO, § 71 BbgBO, § 73 BauO NRW, § 71 LBauO M-V, § 71 SächsBO, § 70 BauO LSA, § 72 SaarLBO), was zeigt, dass die Einbeziehung des § 36 BauGB in das Landesrecht keineswegs unüblich ist, sodass eine solche auch im Geltungsbereich des § 69 Abs. 3 S. 1 Nr. 1 durchaus in Betracht kommt. Aber auch wenn man das bauplanungsrechtliche Einvernehmen unter § 69 Abs. 3 S. 1 Nr. 1 subsumiert, ist weiterhin davon auszugehen, dass **§ 36 BauGB das Verfahren zur Einvernehmenserteilung abschließend** regelt. In diesem Sinne geht auch die Begründung zur MBauO 2002, an deren § 69 Abs. 1 S. 2 die geltende Fassung des § 69 NBauO angepasst wurde (LT-Drs. 16/3195, S. 104), davon aus, dass lediglich eine allgemeine Nachrangklausel geschaffen werden sollte und diese deshalb nicht gilt, wenn abweichende Fristen durch Rechtsvorschrift vorgesehen sind, wobei § 36 Abs. 2 S. 2 BauGB explizit als vorrangige Spezialregelung benannt wird (MBauO, Begründung der Fassung Oktober 2008, S. 118). Auch unabhängig von § 69 Abs. 3 S. 1 Nr. 1 NBauO ist daher die Gemeinde nach § 36 BauGB nach Maßgabe der Fristenregelung des § 36 Abs. 2 S. 2 BauGB zu beteiligen.

F. Unterrichtung der Bauherrin oder des Bauherrn über nachbarliche Einwendungen

20 Die BauAB hat nach § 69 Abs. 5 die Bauherrin oder den Bauherrn von Einwendungen zu unterrichten, die Nachbarn gegen das beabsichtigte Vorhaben erheben. Die unverzügliche Unterrichtung über Nachbarwidersprüche stellt eine Amtspflicht der BauAB dar, deren Verletzung die BauAB zu Schadensersatz verpflichtet (BGH 9.10.2003 – III ZR 414/02, NVwZ 2004, 638). Denn vor dem Beginn der Baumaßnahme besteht noch die Möglichkeit, durch eine – ggf. geringfügige – Änderung den Belangen des Nachbarn Rechnung zu tragen. Die Bauherrin oder der Bauherr wird in diesem Zusammenhang auch überlegen müssen, ob sie oder er das Risiko eines Nachbarrechtsstreits und der mit ihm uU verbundenen Verzögerungen eingehen will. Der BauAB werden durch die Einwendungen des Nachbarn uU die entscheidungserheblichen Gesichtspunkte schärfer in den Blick gerückt. Erteilt die BauAB die Baugenehmigung, muss sie auch dem Nachbarn, der Einwendungen erhoben hat, die Baugenehmigung mit den nachbarrelevanten Bauvorlagen nach § 75 Abs. 4 mit Rechtsbehelfsbelehrung zustellen.

§ 70 Baugenehmigung und Teilbaugenehmigung

(1) [1]Die Baugenehmigung ist zu erteilen, wenn die Baumaßnahme, soweit sie genehmigungsbedürftig ist und soweit eine Prüfung erforderlich ist, dem öffentlichen Baurecht entspricht. [2]Die durch eine Umweltverträglichkeitsprüfung ermittelten, beschriebenen und bewerteten Umweltauswirkungen sind nach Maßgabe der hierfür geltenden Vorschriften zu berücksichtigen. [3]Die Baugenehmigung bedarf der Schriftform.

(2) [1]Bauliche Anlagen, die nur auf beschränkte Zeit errichtet werden dürfen oder sollen, Werbeanlagen und Warenautomaten können widerruflich oder befristet genehmigt werden. [2]Behelfsbauten dürfen nur widerruflich oder befristet genehmigt werden.

(3) [1]Ist ein Bauantrag eingereicht, so kann der Beginn der Bauarbeiten für die Baugrube und für einzelne Bauteile oder Bauabschnitte auf schriftlichen Antrag schon vor Erteilung der Baugenehmigung schriftlich zugelassen werden, wenn nach dem Stand der Prüfung des Bauantrags gegen die Teilausführung keine Bedenken bestehen (Teilbaugenehmigung). [2]Absatz 1 gilt sinngemäß.

(4) In der Baugenehmigung können für die bereits genehmigten Teile der Baumaßnahme, auch wenn sie schon durchgeführt sind, zusätzliche Anforderungen gestellt werden, wenn sie sich bei der weiteren Prüfung der Bauvorlagen als erforderlich herausstellen.

(5) [1]Hat ein Nachbar Einwendungen gegen die Baumaßnahme erhoben, so ist die Baugenehmigung oder die Teilbaugenehmigung mit dem Teil der Bauvorlagen, auf den sich die Einwendungen beziehen, ihm mit einer Rechtsbehelfsbelehrung zuzustellen. [2]Die Baugenehmigung oder die Teilbaugenehmigung ist auf Verlangen der Bauherrin oder des Bauherrn auch Nachbarn, die keine Einwendungen erhoben haben, mit einer Rechtsbehelfsbelehrung zuzustellen.

(6) Die Baugenehmigung und die Teilbaugenehmigung gelten auch für und gegen die Rechtsnachfolger der Bauherrin oder des Bauherrn und der Nachbarn.

Übersicht

A. Änderungen des § 70

1 Abs. 1 Satz 1 ist – von redaktionellen Änderungen abgesehen – unverändert zu § 75 Abs. 1 S. 1 aF. Die Einschränkung – „soweit sie ...“ – ist im Zusammenhang mit der Tatsache zu sehen, dass eine Baumaßnahme nach §§ 60, 63 nicht mehr in jedem Fall auf ihre Vereinbarkeit mit allen Anforderungen des öffentlichen Baurechts zu prüfen ist. Satz 3 entspricht dem § 75 Abs. 3 S. 2 aF – die Regelung zur Umweltverträglichkeitsprüfung – ist geändert worden. Die durch eine Umweltverträglichkeitsprüfung ermittelten, beschriebenen und bewerteten Umweltauswirkungen sind nach Maßgabe der hierfür geltenden Vorschriften zu berücksichtigen. „Berücksichtigung“ bedeutet, dass die BauAB prüft, ob die UVP Versagungsgründe oder zusätzliche Anforderungen des Umweltfachrechts zutage gefördert hat; die UVP hat allein verfahrensrechtliche Bedeutung (LT-Drs. 16/3195, 104; vgl. → Rn. 48).

Abs. 2 entspricht § 75 Abs. 2 aF.

Die Abs. 3 und 4 entsprechen § 76 aF. Die Regelungen sind aus systematischen Gründen in § 70 eingeordnet worden (LT-Drs. 16/3195, 104).

Abs. 5 entspricht den Regelungen in § 75 Abs. 4 und 5 aF.

Abs. 6 entspricht § 75 Abs. 6 aF.

B. Begriff und Rechtsnatur der Baugenehmigung

2 Die Baugenehmigung als zentrales Rechtsinstitut des Baurechts wird in der Tradition des PrOVG als „Erklärung der zuständigen Behörde, dass dem beabsichtigten **Bau Hindernisse aus dem** zur Zeit der Entscheidung **geltenden öffentlichen Recht nicht entgegenstehen**“ (Baltz-Fischer PreußBaupolizei S. 142) definiert. Damit ist der **feststellende Teil der Baugenehmigung** umrissen (vgl. BVerwG 8.6.1979 – 4 C 23.77, DVBl 1979, 626), zu dem gleichrangig der **verfügende Teil**, die **Freigabe des Baues** tritt (BVerwG 11.5.1989 – 4 C 1.88, NVwZ 1989, 1163). Der Inhalt der Baugenehmigung richtet sich zwar nach Landesrecht, aber länderübergreifend haben sich allgemeine Grundsätze herausgebildet, die auch das BVerwG veranlasst haben, sich zum Inhalt der Baugenehmigung zu äußern. In neuerer Zeit hat das BVerwG (25.10.1995 – 4 B 216.95, NVwZ 1996, 377; Halama in BerlKommBauGB § 29 Rn. 4) freilich betont, dass der Inhalt der Baugenehmigung sich nach Landesrecht bestimmt und einer revisionsrechtlichen Prüfung entzogen ist.

3 Die Baugenehmigung verleiht dem Bauherrn nicht das Recht zu bauen, sondern setzt es – jedenfalls im Regelfall der Baugenehmigung ohne Ausnahme oder Befreiung – voraus. Soweit einem Bauvorhaben keine materiell-rechtlichen Hindernisse entgegenstehen, hat der Eigentümer eines Grundstücks einen auf Art. 14 Abs. 1 S. 1 GG zurückzuführenden Rechtsanspruch auf die Baugenehmigung. Die Befugnis des Gesetzgebers, Inhalt und Schranken des Eigentums zu bestimmen, zieht der **Baufreiheit** allerdings Grenzen (BVerfG 15.1.1969 – 1 BvL 3/66, BVerfGE 25, 112 zum generellen Bauverbot auf Deichen; BVerwG 12.3.1998 – 4 C 10.97, NVwZ 1998, 842 mN; 22.5.2007 – 4 B 14.07, ZfBR 2007, 582 zur **Inhalts- und Schrankenbestimmung iSd Art. 14 Abs. 1 S. 2 GG** in § 35 BauGB). Bei der Bestimmung dieser Grenzen muss der Gesetzgeber die Belange des Gemeinwohls und die Individualinteressen gerecht abwägen sowie dem Gleichheitssatz und dem Grundsatz der Verhältnismäßigkeit Rechnung tragen (BVerfG 12.6.1979 – 1 BvL 19/76, BVerfGE 52, 1 (30); 14.1.2010 – 1 BvR 1627/09, NVwZ 2010, 771 zu den Grenzen des „Bestandsschutzes“ einer immissionsschutzrechtlich genehmigten Legehennenanlage).

Typischerweise baut die Baugenehmigung als Kontrollerlaubnis auf einer Planungsentscheidung auf, deren Zuteilungscharakter in der wertsteigernden Wirkung der Ausweisung von Bauland deutlich zutage tritt (vgl. Wahl DVBl 1982, 51 (56)). Insofern verspricht das Schlagwort „Baufreiheit" mehr, als die Rechtswirklichkeit der vielfältigen verfassungsrechtlich unbedenklichen Einschränkungen hält. Beschränkungen aber bedeuten nicht die Negation der Freiheit (Leisner DVBl 1992, 1065 (1069)). Das Verhältnis von Bindung und Freiheit kann man daher als **„Baufreiheit nach Maßgabe der Planung"** kennzeichnen (vgl. auch Kersten in Schoch BesVerwR, Kapitel 3 Rn. 13 ff.; Badura, Prot. 33/7 WP des 15. BT-Ausschusses S. 104). Eine konstitutive Wirkung der Baugenehmigung iS einer Verleihung würde Ansprüche des Bauherrn aus enteignungsgleichem Eingriff ausschließen (vgl. BGH 12.7.2001 – III ZR 282/00, NVwZ 2002, 124; → Rn. 188). 4

a) Die Baugenehmigung als feststellender Verwaltungsakt

Der Regelungsgehalt der Baugenehmigung erschließt sich, wenn man der Tragweite der Genehmigung für ein Vorhaben nachgeht, das dem materiellen Baurecht widerspricht. Die Baugenehmigung sichert nach allgemeiner Auffassung auch in solchen Fällen öffentlich-rechtlich den Bestand des entsprechend der Genehmigung errichteten Vorhabens, solange sie nicht aufgehoben worden ist oder durch Aufgabe der Nutzung erloschen ist (→ Rn. 28). Diese „materielle Schutzfunktion" (Friauf DVBl 1971, 713) beruht auf der in der Baugenehmigung enthaltenen verbindlichen **Feststellung, dass das genehmigte Vorhaben mit dem geltenden öffentlichen Recht vereinbar ist** (BVerwG 8.6.1979 – 4 C 23.77, BVerwGE 58, 124; OVG Münster 21.12.2010 – 2 A 1419/09, juris Rn. 60 f.). 5

Die Prüfung der Genehmigungsvoraussetzungen ist nicht nur Vorfrage, sondern gehört als Inzidentfeststellung zur verbindlichen Regelung (Seibert Bindungswirkung S. 340, 353). Soweit das **Prüfprogramm** der BauAB **im vereinfachten Baugenehmigungsverfahren eingeschränkt** ist, ist auch die Feststellungswirkung eingeschränkt (BVerwG 16.1.1997 – 4 B 244.96, NVwZ 1998, 58; OVG Greifswald 21.12.2010 – 3 M 244/10, juris Rn. 10). Hat die BauAB ein Vorhaben genehmigt, obgleich es mit dem öffentlichen Baurecht nicht vereinbar ist (etwa eine die Maße des § 5 Abs. 8 S. 3 überschreitende Garage an der Grenze), oder hat sich die Rechtslage seit Erteilung der Baugenehmigung zum Nachteil des Bauherrn geändert, kann sie nicht den Abbruch verfügen. Auch § 85 schränkt diese Schutzfunktion als solche nicht ein, weil auch bei der Anpassung genehmigter (alter) baulicher Anlagen an strengere Anforderungen der NBauO die nach bisherigem Recht erteilte Baugenehmigung widerrufen werden muss, bevor gegen den genehmigten Bestand eingeschritten wird (§ 85 Abs. 4). Zur Frage, ob die BauAB gehindert ist, weitere Feststellungen zur Vereinbarkeit des Vorhabens mit nicht zum Prüfprogramm gehörenden Vorschriften zu treffen: Hornmann NVwZ 2012, 1294; Sauthoff BauR 2013, 415; → § 63 Rn. 13 f. 6

Die verbindliche Feststellung der Baugenehmigung bezieht sich aber nur global darauf, dass das Vorhaben mit dem derzeit geltenden öffentlichen Baurecht übereinstimmt. Die **Rechtsauffassung**, von der die BauAB bei der Genehmigungserteilung ausdrücklich oder konkludent ausgegangen ist, **nimmt an der Feststellungswirkung nicht teil** (BVerwG 10.11.1978 – 4 C 24.78, BRS 33 Nr. 64). Deshalb kann die BauAB zB die Baugenehmigung für die Erweiterung eines Vorhabens ablehnen, das zunächst unzutreffend als privilegiert nach § 35 Abs. 1 BauGB zugelassen worden ist. 7

Die in der Baugenehmigung enthaltene **Feststellung**, dass das Vorhaben mit dem öffentlichen Baurecht vereinbar ist, **bezieht sich grundsätzlich** (zu Ausnahmen vgl. → Rn. 58 ff.) **auch auf die Nutzung** und steht einem bauaufsichtlichen Einschreiten gegen die Nutzung entgegen, die sich nachträglich als störend erweist. Der vom BGH (20.1.1966 – III ZR 109/64, DVBl 1968, 23) entschiedene Schweinemäster-Fall veranschaulicht die Problematik: Die Baugenehmigung zur Errichtung von Schweineställen 8 sollte nach Ansicht des BGH nicht die „Erlaubnis" zur Schweinehaltung umfassen, so dass selbst die Verfügung, die Schweinemästerei zu schließen, die Baugenehmigung unberührt lasse (kritisch dazu Schrödter DVBl 1968, 37 ff.; Henning DVBl 1968, 740).

9 Diese vom BGH inzwischen aufgegebene Ansicht (BGH 1.10.1981 – III ZR 109/80, BGHZ 81, 374 (376)) erweist sich schon deshalb als unrichtig, weil die **Baugenehmigung idR nur im Hinblick auf eine bestimmte Nutzung erteilt** wird. ZB darf nach § 5 Abs. 8 S. 2 Nr. 1 ein Abstellraum (Gebäude ohne Aufenthaltsräume und Feuerstätten) auf einer Gesamtlänge von 9 m an der Grenze errichtet werden, nicht aber ein Partyraum oÄ. Die Prüfung der Zulässigkeit einer baulichen Anlage im Baugenehmigungsverfahren erstreckt sich in aller Regel auf die beabsichtigte Nutzung der baulichen Anlage, weil das öffentliche Baurecht an sie unterschiedliche Anforderungen je nach Art der Nutzung stellt (vgl. OVG Lüneburg 26.1.2012 – 1 ME 226/11, juris Rn. 23). Dementsprechend erlaubt Art. 70 S. 1 Hs. 2 BayBO eine Teilbaugenehmigung für die Errichtung einer baulichen Anlage unter Vorbehalt der künftigen Nutzung nur, wenn und soweit die Genehmigungsfähigkeit der baulichen Anlage nicht von der künftigen Nutzung abhängt. Auch die Genehmigungspflicht von Nutzungsänderungen (§ 60 Abs. 2 Nr. 1) widerlegt das „Schweinemäster-Urteil" (vgl. BVerwG 18.11.2010 – 4 C 10.09, NVwZ 2011, 748 Rn. 12 ff. zur Nutzung eines Abstellraums im Untergeschoss eines Kirchengebäudes als Krypta).

10 Die Rechtsprechung geht inzwischen einhellig davon aus, dass die **Baugenehmigung in aller Regel auch die beabsichtigte Nutzung umfasst** (BVerwG 14.6.2011 – 4 B 3.11, juris Rn. 5; 27.2.1993 – 4 B 5.93, juris; OVG Lüneburg 26.1.2012 – 1 ME 226/11, juris Rn. 9, NordÖR 2012, 241; zu Ausnahmen → Rn. 58 ff.). Auch aus Gründen des Nachbarschutzes ist einer (willkürlichen) Ausklammerung der Nutzung im Baugenehmigungsverfahren zu widersprechen (aA VGH Mannheim 27.10.2000 – 8 S 445/00, BRS 63 Nr. 176). Der genehmigten Nutzung kommt grundsätzlich der gleiche Schutz zu wie der baulichen Anlage selbst. Immerhin sind **zeitliche Einschränkungen möglich**: Die Baugenehmigung für eine Fischgroßhandlung gewährleistet nicht eine entsprechende Nutzung rund um die Uhr. Aus Gründen des Immissionsschutzes kann daher der Betrieb zeitlichen Beschränkungen unterworfen werden (BVerwG 24.6.1971 – I C 39.67, DVBl 1971, 751). Die Baugenehmigung für eine Tankstelle begründet kein Vertrauen, dass sie unabhängig von Lärmschutzgesichtspunkten einen Betrieb rund um die Uhr zulässt, selbst wenn bereits im Rahmen der Baugenehmigung Auflagen zulässig gewesen wären (BVerwG 24.9.1992 – 7 C 6.92, DVBl 1993, 159 (161)).

11 Die mit der Baugenehmigung getroffene **Feststellung**, dass das Bauvorhaben dem öffentlichen Baurecht entspricht, wird **in mehrfacher Hinsicht eingeschränkt**. Nach § 70 Abs. 1 S. 1 werden verfahrens- und genehmigungsfreie Teile von Baumaßnahmen nicht auf ihre Vereinbarkeit mit dem öffentlichen Baurecht geprüft (vgl. dazu → Rn. 35). Dementsprechend kann sich die Feststellung der Baugenehmigung über die Vereinbarkeit des Vorhabens mit dem öffentlichen Baurecht nicht auf diese Teile beziehen. Nach § 63 Abs. 1 S. 2 iVm § 65 Abs. 2 S. 1 sind insbesondere Nachweise der Standsicherheit und des Brandschutzes nur bei bestimmten Bauvorhaben zu prüfen (vgl. § 65 Abs. 3) und es werden die bautechnischen Nachweise im Übrigen nicht geprüft (§ 65 Abs. 2 S. 1 Hs. 2). Entsprechendes gilt nach § 63 Abs. 1 S. 3 iVm § 64 S. 2 für die Anforderungen der Arbeitsstättenverordnung. Auch insoweit trifft die Baugenehmigung keine Feststellung, es sei denn, der Bauherr verlangt dies.

12 Schwieriger sind die Einschränkungen der mit der Baugenehmigung getroffenen Feststellung der Vereinbarkeit des Vorhabens mit dem öffentlichen Baurecht zu bestimmen, die sich aus der **Notwendigkeit paralleler Genehmigungen** ergeben können (vgl. BVerwG 13.5.1991 – 4 B 62.91, juris zum Verhältnis von materiellem Bauplanungsrecht und Bundesfernstraßenrecht). Wenn ein Vorhaben neben der Baugenehmigung noch einer weiteren Anlagengenehmigung bedarf und sich die Prüfungsmaßstäbe beider Genehmigungen überschneiden, insbesondere von der Vereinbarkeit mit dem gesamten öffentlichen Baurecht abhängen, müssen die Regelungsinhalte beider Genehmigungen

abgegrenzt werden, um Widersprüche zwischen der Baugenehmigung und der weiteren Genehmigung zu vermeiden. So muss die BauAB nach der Rechtsprechung des BVerwG (4.7.1986 – 4 C 31.84, DVBl 1986, 1273 mit Anm. Seibert) die Feststellung der Vereinbarkeit übertägiger bergbaulicher Einrichtungen mit den Anforderungen des BImSchG der Bergbehörde überlassen, weil der Regelungsgegenstand den stärkeren Bezug zum Zuständigkeitsbereich der Bergbehörde hat. Soweit die Nutzung einer baulichen Anlage einer spezialgesetzlichen Genehmigung bedarf, wie etwa die Aufbewahrung von Kernbrennstoffen in einem Zwischenlager nach § 6 AtG, beschränkt sich die Feststellung der BauAB nicht nur auf die spezifisch baurechtliche Zulässigkeit, sondern klammert auch die Nutzung völlig aus (BVerwG 11.5.1989 – 4 C 1.88, NVwZ 1989, 1163). Zu den Einzelheiten paralleler Genehmigungen → Rn. 58 ff.

Die **Feststellung der Baugenehmigung**, dass das Bauvorhaben dem öffentlichen Bau- 13
recht entspricht, ist **für andere Behörden grundsätzlich bindend**. Die Baugenehmigung für eine Gaststätte entfaltet daher Bindungswirkung dahin, dass die Gaststättenbehörde die entsprechende Erlaubnis nach dem GastG nicht aus baurechtlichen Gründen versagen darf (BVerwG 4.10.1988 – 1 C 72.86, NVwZ 1989, 258). Nach dem **zum 1.1.2012 in Kraft getretenen NGastG** bedarf keiner gaststättenrechtlichen Erlaubnis mehr, wer ein stehendes Gaststättengewerbe betreiben will, hat dies aber nach § 2 Abs. 1 S. 1 NGastG der zuständigen Behörde mindestens vier Wochen vor dem erstmaligen Anbieten von Getränken oder zubereiteten Speisen anzuzeigen. Erteilte und noch geltende Erlaubnisse und Gestattungen haben mit dem Inkrafttreten ihre Wirksamkeit verloren (§ 12 Abs. 2 S. 1 NGastG). Anordnungen gegenüber dem Betreiber eines Gaststättengewerbes können nur getroffen werden, soweit dies zum Schutz der Gäste gegen Ausbeutung oder gegen Gefahren für Leben oder Gesundheit erforderlich ist (§ 5 Abs. 1 S. 1 NGastG; vgl. OVG Lüneburg 16.1.2012 – 7 ME 205/11, NVwZ-RR 2012, 232). Die der Rechtsklarheit abträglichen Überschneidungen zwischen Baugenehmigung und Gaststättenerlaubnis sind dadurch beseitigt worden (Glaser GewArch 2013, 1 ff.).

Anordnungen aus Gründen des Immissionsschutzes nach §§ 24 f. BImSchG sind 14
nach der hM auch ohne teilweise Rücknahme oder Widerruf der Baugenehmigung zulässig (BVerwG 9.3.1988 – 7 B 34.88, DVBl 1988, 541; 24.9.1992 – 7 C 6.92, NVwZ 1994, 164 mN; Jarass BImSchG § 24 Rn. 10; aA Seibert Die Bindungswirkung von VAen, 1989, S. 433 ff.). Die Statuierung dynamischer Grundpflichten in § 22 BImSchG (Jarass BImSchG § 22 Rn. 12) hat das Ziel, die Pflichten des Anlagenbetreibers nicht auf das Maß zu beschränken, das sie im Zeitpunkt der Erteilung der Baugenehmigung hatten (OVG Lüneburg 27.6.2007 – 12 LA 14/07, juris Rn. 11 f.). Eine andere Frage ist es, ob nicht im Rahmen der Ermessensentscheidung nach §§ 24 f. BImSchG zu berücksichtigen ist, dass die BauAB bereits im Baugenehmigungsverfahren zu prüfen hat, ob ein Vorhaben den Anforderungen der §§ 22 ff. BImSchG genügt (BVerwG 3.4.1987 – 4 C 41.84, NVwZ 1987, 884).

b) Die Baugenehmigung als gestaltender Verwaltungsakt

Die **Baugenehmigung** erschöpft sich nicht in der Feststellung, dass das Vorhaben mit 15
dem öffentlichen Baurecht vereinbar ist, sondern **gibt den Bau und die Nutzung frei**. Vor der Erteilung der Baugenehmigung darf mit der Baumaßnahme nicht begonnen werden (§ 72 Abs. 1 S. 1). Rechtsbegründende Wirkung kommt der Baugenehmigung weiter dann zu, wenn sie rechtswidrig ist. Die Bestandskraft der rechtswidrigen Baugenehmigung führt zu einer vom öffentlichen Baurecht abweichenden Gestaltung der konkreten Rechtslage. Schließlich reicht die Gestaltungswirkung weiter, wenn die Baugenehmigung unter Gewährung einer Ausnahme oder Befreiung erteilt wird, weil beide Abweichungen vom geltenden Recht zulassen. Entsprechendes gilt für die Nutzung. Grundsätzlich gestattet die Baugenehmigung – vorbehaltlich etwaiger Abnahmen (§ 77) – die Aufnahme der bestimmungsgemäßen Nutzung. Wo jedoch neben der Baugenehmigung noch eine besondere Genehmigung für die Nutzung erforderlich ist, wie zB die Aufbe-

wahrungsgenehmigung nach § 6 AtG für Zwischenlager, schließt die Baugenehmigung die Freigabe der Nutzung nicht ein, vielmehr wird diese erst mit der besonderen Nutzungsgenehmigung eröffnet (BVerwG 11.5.1989 – 4 C 1.88, NVwZ 1989, 1163; Schmidt-Preuß DVBl 1991, 229; → Rn. 58 ff.). Einschränkungen dieser Art sollten freilich auch in der Baugenehmigung deutlich zum Ausdruck gebracht werden.

c) Die Baugenehmigung als gebundene Erlaubnis

16 Die Baugenehmigung ist idR eine gebundene Erlaubnis, dh der Bauherr hat einen **Rechtsanspruch auf Erteilung der Baugenehmigung**, wenn das Vorhaben mit öffentlichem Baurecht übereinstimmt. Hat der Bauherr einen Rechtsanspruch auf die Erteilung einer Baugenehmigung, darf die BauAB die Baugenehmigung nicht von einer Gegenleistung abhängig machen. Auch die Gemeinden dürfen ihr Einvernehmen nach § 36 iVm §§ 31, 33-35 BauGB nicht von wirtschaftlichen Gegenleistungen abhängig machen (OVG Koblenz 28.11.1991 – 1 A 10312/89, NVwZ 1992, 796). Die Zulässigkeit der Abwälzung von Folgekosten beschränkt sich nach neuerer Rspr. nicht mehr nur auf solche Kosten, die durch das jeweilige Vorhaben bzw. durch den zugrunde liegenden B-Plan verursacht werden (vgl. insoweit noch BVerwG 14.8.1992 – 8 C 19.90, DVBl 1993, 263 mN). Vielmehr kann unter bestimmten Voraussetzungen auch die Gesamtkonzeption einer Gemeinde geeignet sein zu belegen, dass eine städtebauliche Maßnahme die Folge mehrerer neu ausgewiesener Baugebiete ist. Voraussetzung für die Wirksamkeit eines Folgekostenvertrags bleibt aber, dass die Gemeinde die kausale Verknüpfung belegen kann. Ein bloßer allgemeiner Bezug zu den gemeindlichen Aufgaben reicht nicht aus. Nicht zulässig sind daher beispielsweise die Deckung eines Nachholbedarfs für bereits zuvor verwirklichte Planungen oder andererseits das Bilden eines finanziellen Polsters für gegenwärtig noch nicht absehbare Planungen (BVerwG 29.1.2009 – 4 C 15.07, juris Rn. 30 ff.).

17 Die Gemeinde darf ihr Einvernehmen davon abhängig machen, dass der Bauherr die nach dem B-Plan für die Erschließung vorgesehene Straßenfläche unter Anrechnung auf den Erschließungsbeitrag an die Gemeinde abtritt (BVerwG 16.12.1993 – 4 C 27.92, NVwZ 1994, 485). Macht die BauAB die Erteilung einer Baugenehmigung, auf die ein Rechtsanspruch besteht, von einem Verzicht des Bauherrn auf gesetzmäßige künftige Baumaßnahmen abhängig, ist ein solcher Verzicht unverbindlich, weil nur ein freiwilliger Verzicht in voller Kenntnis seiner Tragweite wirksam ist (OVG Lüneburg 3.11.1977 – I A 28/76, DVBl 1978, 179; Quaritsch GS Martens, 1987, 407 (413)). Kann die **Baugenehmigung** nur unter Gewährung einer Ausnahme oder eines Dispenses erteilt werden bzw. räumt das öffentliche Baurecht der BauAB sonst ein Ermessen ein (zB § 66), besteht nur ein **Anspruch auf ermessensfehlerfreie Entscheidung** (vgl. → § 66 Rn. 44 ff.).

d) Die Baugenehmigung als mitwirkungsbedürftiger Verwaltungsakt

18 Die Baugenehmigung ist ein mitwirkungsbedürftiger Verwaltungsakt, weil sie nur auf Antrag ergehen darf (BVerwG 14.4.1989 – 4 C 22.88, juris Rn. 9; § 67 Abs. 1). Das schließt ein, dass die **Baugenehmigung in vollem Umfang vom Antrag gedeckt sein** muss. Das ist der Fall, wenn die Baugenehmigung hinter dem Antrag zurückbleibt, nicht aber, wenn die Baugenehmigung für ein anderes als das im Bauantrag umschriebene Vorhaben erteilt wird. So klar diese theoretische Trennung ist, so problematisch ist die Unterscheidung in der Praxis. Um zwei von Weyreuther (DVBl 1969, 295) erwähnte Beispiele aufzugreifen: Wird eine Garage mit dem Zusatz genehmigt, die vorgesehene Höhe um 0,50 m zu ermäßigen, so wird damit – von der Art der Nebenbestimmung abgesehen – dem ursprünglichen Bauantrag teilweise entsprochen. Beantragt der Bauherr dagegen eine viergeschossige Bebauung und genehmigt die BauAB „nur“ eine fünfgeschossige, wird der Bauantrag überzogen. Die Baugenehmigung ist unwirksam (OVG Saarlouis 5.10.1979 – II R 2 und 3/79, BRS 35 Nr. 171), es sei denn, der Bauherr holt einen Bauantrag für das veränderte Vorhaben nach. Wenn die Genehmigungsfähigkeit des Vorha-

bens nur von einer geringfügigen Änderung des Bauantrags abhängt, muss die BauAB dem Bauherrn im Rahmen der Beratungspflicht (vgl. §58 Abs. 1 S. 2) Gelegenheit zu einer derartigen Korrektur geben (OVG Lüneburg 28.6.1988 – 1 A 151/85, BRS 48 Nr. 89). Das bedeutet freilich nicht, dass es Aufgabe der BauAB ist, nach genehmigungsfähigen Alternativen zu suchen.

Weil es Sache des Bauherrn ist, mit seinem Bauantrag den Gegenstand des Baugenehmigungsverfahrens zu bestimmen, sind einer **„Teilung" des zur Prüfung gestellten Vorhabens** mit der Folge einer teilweisen Genehmigung enge Grenzen gesetzt (BVerwG 4.7.1980 – 4 C 99.77, NJW 1981, 776). Die BauAB darf ein zur Prüfung gestelltes Vorhaben nur dann in mehrere je für sich zu beurteilende Vorhaben „aufteilen", wenn die Teilvorhaben einer selbständigen und voneinander unabhängigen baurechtlichen Beurteilung zugänglich sind und der Bauherr mit einer solchen Teilung einverstanden ist (OVG Münster 9.8.1978 – VII A 981/76, BRS 33 Nr. 134). Da dem Bauantrag idR keine Anhaltspunkte in dieser Richtung zu entnehmen sind, muss die BauAB im Rahmen der Bauberatung klären (§58 Abs. 1 S. 2), ob dem Bauherrn nur an dem beantragten Vorhaben als Einheit liegt oder zumindest hilfsweise auch die Baugenehmigung für einen Teil seinen Interessen entspricht. Die Unzulässigkeit einzelner selbständiger Teile eines Vorhabens rechtfertigt jedenfalls in aller Regel nicht die Versagung insgesamt (VGH Mannheim 28.3.2001 – 8 S 2120/00, BRS 64 Nr. 151). 19

e) Die Baugenehmigung als formbedürftiger Verwaltungsakt

Die Baugenehmigung bedarf nach §70 Abs. 1 S. 3 der **Schriftform**, damit keine Zweifel aufkommen können, was genehmigt worden ist. Neben dem Genehmigungsvermerk auf den Bauvorlagen ist eine besondere Genehmigungsurkunde, der **Bauschein**, **notwendig**, die die erlassende Behörde erkennen lässt und die Unterschrift oder die Namenswiedergabe des Behördenleiters, seines Vertreters oder seines Beauftragten enthält (§37 Abs. 3 S. 1 VwVfG). Eine Baugenehmigung kann daher nicht zu Protokoll des Gerichts erteilt oder geändert werden (VGH München 30.8.1984 – 2 B 83 A. 1265, NVwZ 1985, 430), die BauAB kann sich aber zur Erteilung oder Änderung einer Baugenehmigung verpflichten. Die gerichtliche Protokollierung ersetzt die für eine Erklärung vorgeschriebene Form nur im Fall eines gerichtlichen Vergleichs (§127a BGB). 20

Der **Bauschein und** die mit dem Genehmigungsvermerk versehenen **Bauvorlagen** lassen erst zusammen das genehmigte Vorhaben erkennen (OVG Lüneburg 10.3.2008 – 1 LA 38/07, juris Rn. 18f., BeckRS 2008, 33828; → §67 Rn. 8). Zur Bestimmung des Regelungsgehalts der Baugenehmigung darf nicht auf vom Bauherrn vorgelegte Unterlagen abgestellt werden, die nicht mit einem Genehmigungsvermerk versehen sind (OVG Münster 10.12.1996 – 10 A 4248/92, NVwZ-RR 1998, 159; VGH Mannheim 18.11.1996 – 3 S 2867/96, BRS 59 Nr. 152). Im Bauschein ist auf Korrekturen der Bauvorlagen – herkömmlicherweise in grüner Tinte – hinzuweisen. Bauvorlagen mit Genehmigungsvermerk können die Baugenehmigung nicht ersetzen (OVG Lüneburg 9.10.1973 – VI B 79/73, BRS 27 Nr. 147; OVG Lüneburg 18.8.1994 – 1 L 6072/92, nv). 21

Mündliche Erklärungen können **niemals** eine **Baugenehmigung** enthalten. Durch mündliche Erklärungen von Bediensteten der BauAB kann auch eine erteilte Baugenehmigung nicht abgeändert werden (OVG Lüneburg 13.12.1988 – 6 A 210/86, nv). Auch für die Zusage einer Baugenehmigung ist nach §1 Abs. 1 NVwVfG iVm §38 Abs. 1 S. 1 VwVfG Schriftform vorgeschrieben (→ §73 Rn. 46). Stillschweigen auf einen Bauantrag ist ebenso wenig als Baugenehmigung zu werten, wie eine ausdrückliche Duldung einer baulichen Anlage (vgl. dazu → §79 Rn. 62ff.). 22

f) Die Baugenehmigung als Verwaltungsakt mit Doppelwirkung

Wird die Baugenehmigung antragsgemäß erteilt, wird der Bauherr ausschließlich begünstigt. Die Gebührenpflicht schränkt die Begünstigung nicht ein (Scheerbarth §138). 23

Eine teilweise Versagung oder die Erteilung der Baugenehmigung unter Nebenbestimmungen stellt gleichzeitig eine Belastung des Bauherrn dar. Wird eine Ausnahme oder Befreiung von nachbarschützenden Vorschriften gewährt oder werden bei der Erteilung der Baugenehmigung nachbarschützende Vorschriften missachtet, dann kann die **Baugenehmigung** aber **auch** über den Rechtskreis des Bauherrn hinausgreifen und die **Rechte der Nachbarn verletzen** (→ § 68 Rn. 1 ff.). Der in der Baugenehmigung liegenden Begünstigung des Bauherrn korrespondiert dann gleichzeitig und notwendigerweise der Eingriff in die Rechte des Nachbarn (Wolf NVwZ 2013, 247 zum Drittschutz im Bauplanungsrecht). Diese Doppelwirkung der Baugenehmigung wirft bei ihrer Anfechtung durch den Nachbarn Sonderprobleme auf (→ § 68 Rn. 184 ff.) und birgt besondere Schwierigkeiten im Rahmen des vorläufigen Rechtsschutzes des Nachbarn (→ § 68 Rn. 230 ff.).

g) Die Baugenehmigung als sachbezogener Verwaltungsakt (Abs. 6)

24 Die **Baugenehmigung und die Teilbaugenehmigung gelten** nach § 70 Abs. 6 auch **für und gegen die Rechtsnachfolger** des Bauherrn und der Nachbarn. Mit der Übertragung des Eigentums am Baugrundstück gehen die Rechte und Pflichten aus der dem Grundstückseigentümer erteilten Baugenehmigung auf den Erwerber über, es sei denn, der Veräußerer behält sich die alleinige Ausnutzung der Baugenehmigung durch besondere Vereinbarung ausdrücklich vor (VGH Mannheim 30.3.1995 – 3 S 1106/94, NVwZ-RR 1995, 562). Da der Anspruch auf die Baugenehmigung nicht an das Eigentum gebunden ist (→ Rn. 31), ist Rechtsnachfolger nicht nur ein Erwerber des Baugrundstücks, sondern jeder, dem das Recht zum Bauen eingeräumt wird.

25 Ein **Wechsel in der Person des Bauherrn ist** der BauAB gemäß § 52 Abs. 2 S. 6 **unverzüglich schriftlich mitzuteilen**, damit sie weiß, an wen sie sich als Verantwortlichen für ein Bauvorhaben halten kann. Einer Umschreibung der Baugenehmigung auf den neuen Bauherrn, an der dieser aus steuerlichen Gründen uU interessiert ist, bedarf es baurechtlich nicht (→ § 52 Rn. 35). Die Geltung der Baugenehmigung endet nicht mit der Fertigstellung des Baues, dem Zeitpunkt, in dem die Bauherreneigenschaft endet (→ § 52 Rn. 12). Nach der Fertigstellung des Baues sichert die Baugenehmigung dessen Bestand (→ Rn. 5). Diese Wirkung kommt auch demjenigen zugute, der die Verfügungsbefugnis über den vollendeten Bau erlangt. In gleicher Weise gilt aber auch eine grundstücksbezogene Auflage der Baugenehmigung gegen den Verfügungsbefugten (vgl. Guckelberger VerwArch 99, 499 (506)). Zur Rechtsnachfolge im Prozess → Rn. 162.

26 Die Geltung der Baugenehmigung bzw. der Teilbaugenehmigung für und gegen den Rechtsnachfolger des Bauherrn setzt voraus, dass bei der Genehmigung grundsätzlich auf die **objektiven Gegebenheiten des Baugrundstücks und der baulichen Anlagen** abzustellen ist und die persönlichen Verhältnisse des Bauherrn außer Acht zu lassen sind. Diese Beschränkung auf objektive Gesichtspunkte gilt auch für die Auslegung der „nicht beabsichtigten Härte", die Voraussetzung der Befreiung ist, und für die Handhabung des Ermessens bei Ausnahmen und Befreiungen. Allerdings ist die Zulässigkeit baulicher Anlagen in Einzelfällen auch von persönlichen Verhältnissen des Bauherrn abhängig. So hängt die Privilegierung nach § 35 Abs. 1 Nr. 1 BauGB davon ab, dass das Vorhaben einem landwirtschaftlichen Betrieb dient, was u.U. nach der individuellen Betriebsweise des Bauherrn zu beurteilen ist (BVerwG 3.11.1972 – IV C 9.70, DVBl 1973, 643). Erfüllt der Rechtsnachfolger des Bauherrn in solchen Fällen die persönlichen Voraussetzungen nicht, kann die BauAB, vorbehaltlich der Genehmigungsfähigkeit nach anderen Vorschriften, die Baugenehmigung widerrufen. Ist die Zulässigkeit baulicher Anlagen von subjektiven Voraussetzungen in der Person des Bauherrn abhängig, empfiehlt sich ein Widerrufsvorbehalt (vgl. BVerwG 23.11.1995 – 4 B 209.95, NVwZ-RR 1996, 484 zur Entprivilegierung von Jagdhütten).

h) Erlaubnis zum Bauen und Baupflicht

27 Die **Baugenehmigung** gibt den Bau – zeitlich begrenzt für die Geltungsdauer der Baugenehmigung (§ 71) – frei, **verpflichtet den Bauherrn aber nicht zur Ausführung** des Vorhabens. Daher hat der Bauherr auch Anspruch auf Bescheidung von alternativen Anträgen für unterschiedliche Vorhaben auf demselben Grundstück (OVG Münster 22.10.1987 – 21 A 330/87, NVwZ 1988, 554 (555)). Allerdings darf der Bauherr nicht einzelne Teile verschiedener Genehmigungen miteinander kombinieren (OVG Berlin 5.12. 1995 – 2 B 16.95, BRS 58 Nr. 137). Bauanträge verschiedener Bauherren eines durch Vereinigungsbaulast zusammengefassten Baugrundstücks (§ 2 Abs. 12 S. 2) für verschiedene bauliche Anlagen, die zwar tatsächlich nebeneinander errichtet werden könnten, aber aus Rechtsgründen nicht miteinander vereinbar sind, sind nach Prioritätsgrundsätzen zu bescheiden (OVG Lüneburg 26.9.1991 – 1 L 74/91, nv). Führt der Bauherr das genehmigte Vorhaben aus, darf er nicht von der Genehmigung abweichen. Eine unzulässige Abweichung liegt auch in der **Schaffung eines Gebäudetorsos**, weil die Baugenehmigung nur das nach den Bauvorlagen endgültige Bauwerk deckt (BVerwG 22.2.1965 – IV B 22.65, NJW 1965, 1195; OVG Bremen 31.1.1984 – I BA 73/83, BRS 42 Nr. 162). Weicht die Ausführung wesentlich von der Baugenehmigung ab, erlischt die Baugenehmigung nach Ablauf der Geltungsdauer. Eine Pflicht zur Ausnutzung einer Baugenehmigung kann sich aus den städtebaulichen Gebotsvorschriften der §§ 176 ff. BauGB ergeben.

28 Die Wirkung der **Baugenehmigung**, mit dem Bau beginnen zu dürfen (Baufreigabe), wird **durch die Ausführung** des Vorhabens **verbraucht**. Wird die bauliche Anlage zerstört oder baufällig, kann auch ein völlig gleicher Neubau nicht auf die alte Baugenehmigung gestützt werden (vgl. OVG Lüneburg 20.5.2010 – 1 LC 338/07, juris Rn. 29, IBR 2010, 1307; zum Bestandsschutz vgl. → § 85 Rn. 3 ff.). Die mit der Baugenehmigung verbundene Freigabe der Nutzung erledigt sich mit der erstmaligen Aufnahme der Nutzung. Die Schutzfunktion der Baugenehmigung (→ Rn. 5) erlischt mit längerfristiger Unterbrechung oder dauerhafter Aufgabe der Nutzung (vgl. → § 71 Rn. 26 ff.). Zum Verzicht auf die Baugenehmigung vgl. → § 71 Rn. 22.

C. Voraussetzungen der Erteilung einer Baugenehmigung

a) Gegenstand des Baugenehmigungsverfahrens

29 Der Bauherr bestimmt mit dem Bauantrag, für welche Baumaßnahme das Baugenehmigungsverfahren durchgeführt werden soll (OVG Lüneburg 16.12.1993 – 1 L 91/90, juris Rn. 9; vgl. → § 67 Rn. 8 ff.). Der **Begriff der Baumaßnahme** (zum Begriff → § 2 Rn. 156 ff.) **deckt sich nicht mit dem Begriff des Vorhabens iSd § 29 BauGB**, sondern ist weiter (vgl. Reidt in BKL BauGB § 29 Rn. 12). Er umfasst die Errichtung, Änderung oder Nutzungsänderung baulicher Anlagen, unabhängig davon, ob sie bodenrechtlich relevant sind (§ 29 BauGB), aber auch den Abbruch baulicher Anlagen und die Errichtung, Änderung oder den Abbruch von baulichen Anlagen, die als bauliche Anlagen nach § 2 Abs. 1 S. 2 gelten. Beispiel für eine nach Landesrecht genehmigungspflichtige Baumaßnahme, die kein Vorhaben iSd § 29 BauGB darstellt, ist die Nutzung einer Wiese als Modellflugplatz (OVG Lüneburg 16.2.1995 – 1 L 6044/92, NVwZ-RR 1995, 556 bauliche Anlage nach § 2 Abs. 1 S. 2 Nr. 13, die einen Zu- und Abgangsverkehr mit Kraftfahrzeugen erwarten lässt).

30 Mit dem Bauantrag bestimmt der Bauherr auch, ob **mehrere selbständige Anlagen** als Mehrzahl von Baumaßnahmen zur Prüfung gestellt werden sollen. Die BauAB darf nicht mehrere selbständige Vorhaben zu einem einzigen Vorhaben zusammenfassen (BVerwG 20.8.1992 – 4 C 57.89, NVwZ-RR 1993, 66: zwei selbständige Spielhallen sind bauplanungsrechtlich nicht schon deshalb als Einheit anzusehen, weil sie sich auf

demselben Grundstück befinden). Zum anderen bestimmt sich aber auch nach dem erkennbaren Willen des Bauherrn, ob bei einer **technisch teilbaren Anlage** die einzelnen Teile zur Genehmigung gestellt sind oder ob die gesamte Anlage Gegenstand der Beurteilung sein soll (BVerwG 21.8.1991 – 4 B 20.91, NVwZ-RR 1992, 345). Es ist auch grundsätzlich **Sache des Bauherrn, die Zweckbestimmung des Bauvorhabens** festzulegen, die BauAB ist aber nicht an den angegebenen Nutzungszweck gebunden, wenn sich dieser nicht innerhalb des objektiv Möglichen bewegt (BVerwG 29.4.1992 – 4 C 43.89, NVwZ 1993, 773: Bauantrag für „Pension" im Gewerbegebiet, wenn vorübergehender Wohnbedarf für Montagearbeiter gedeckt werden soll), sondern darf den erkennbar beabsichtigten Nutzungszweck zugrunde legen. Schließlich ist die BauAB auch **in** den **Fällen des sog. Etikettenschwindels nicht an den** vom Bauherrn **erklärten Nutzungszweck gebunden**, sondern hat das wirklich Gewollte ihrer Prüfung zugrunde zu legen (OVG Lüneburg 26.4.1993 – 6 L 169/90, OVGE 43, 430; 16.12.1993 – 1 L 91/90, juris Rn. 9).

b) Sachbescheidungsinteresse

31 Die NBauO behält den Anspruch auf die Baugenehmigung nicht dem Eigentümer oder einem in vergleichbarer Weise an einem Grundstück Berechtigten vor. Die Baugenehmigung wird ungeachtet privater Rechte Dritter erteilt (OVG Lüneburg 12.7.1999 – 1 L 4258/98, juris Rn. 9). Dass die **Eigentumsverhältnisse am Baugrundstück für das Baugenehmigungsverfahren** grundsätzlich **unbeachtlich** sind, liegt darin begründet, dass „der Anspruch auf Baugenehmigung grundrechtlich fundiert ist und seine grundrechtliche Anknüpfung nicht allein und nicht erst in Art. 14 Abs. 1 GG, sondern – deshalb ein Recht am Grundstück nicht voraussetzend – in der Entfaltungsfreiheit des Art. 2 Abs. 1 GG findet" (BVerwG 23.3.1973 – IV C 49.71, BVerwGE 42, 115; OVG Lüneburg 18.2.2010 – 1 LC 244/07, juris Rn. 71-78).

32 Aufgabe der BauAB ist es, die Einhaltung des öffentlichen Baurechts zu überwachen, nicht aber die privatrechtliche Befugnis des Bauherrn zu überprüfen, das Baugrundstück zu bebauen. Gleichwohl kann eine Baugenehmigung ausnahmsweise dann versagt werden, wenn außer Zweifel steht, dass der Antragsteller nicht nur vorübergehend von ihr keinen Gebrauch machen kann, weil dem rechtliche oder tatsächliche **Hindernisse entgegenstehen, die sich „schlechthin nicht ausräumen lassen"** (BVerwG 24.10. 1980 – 4 C 3.78, BRS 36 Nr. 169; OVG Münster 7.7.2008 – 20 A 802/07, juris, BeckRS 2010, 49637; OVG Saarlouis 26.4.1994 – 2 R 41/93, juris). Eine Baugenehmigung, die sich mit Rücksicht auf die privatrechtlichen Verhältnisse – etwa weil der Eigentümer des Baugrundstücks einer Bebauung widerspricht – nicht verwirklichen lässt, ist für den Antragsteller nutzlos. Die BauAB ist in solchen Fällen berechtigt, aber nicht verpflichtet, die Baugenehmigung wegen fehlenden Sachbescheidungsinteresses zu versagen (BVerwG 23.3.1973 aaO Rn. 31; 17.12.1964 – I C 130.63, NJW 1965, 551; vgl. OVG Lüneburg 18.2.2010 – 1 LC 244/07, juris Rn. 41).

33 Eine vom Bauantrag abweichende Bebauung lässt nicht ohne weiteres den Schluss zu, dass sich das Hindernis für die beantragte Bebauung schlechthin nicht ausräumen lässt (BVerwG 9.2.1995 – 4 C 23.94, NVwZ 1995, 894; aA OVG Münster 25.9.1996 – 11 A 3535/94, BRS 58 Nr. 132). Der Grundstückseigentümer wird durch eine Baugenehmigung, die ohne sein Einverständnis oder gegen seinen ausdrücklichen Willen dem Pächter erteilt wird, nicht in seinen Rechten verletzt (OVG Schleswig 19.1.1994 – 1 L 41/92, juris). Dementsprechend sind auch **Amtshaftungsansprüche des Grundstückseigentümers ausgeschlossen**, weil die BauAB mit der Erteilung der Baugenehmigung an den Pächter keine dem Eigentümer gegenüber obliegende Amtspflicht verletzt (im Ergebnis ebenso BGH 11.11.1982 – III ZR 68/81, NVwZ 1983, 698; vgl. auch → Rn. 172 f.).

34 Entsprechendes gilt, wenn die Baumaßnahme neben der Baugenehmigung einer weiteren Genehmigung, etwa einer Befreiung vom Bauverbot einer Landschaftsschutzverord-

nung nach § 41 NAGBNatSchG, bedarf und die BauAB zu dem Ergebnis kommt, die Erteilung dieser Genehmigung sei ausgeschlossen. Da die Erteilung der Baugenehmigung grundsätzlich die Vereinbarkeit der Baumaßnahme mit dem gesamten öffentlichen Recht voraussetzt, **fehlt** dem Antragsteller **das Sachbescheidungsinteresse** im Baugenehmigungsverfahren, **wenn** neben der Baugenehmigung **erforderliche Fachgenehmigungen nicht vorliegen** und aus der Sicht der BauAB ausgeschlossen erscheinen (Gaentzsch NJW 1986, 2787 (2793); BVerwG 25.11.1983 – 4 C 21/83, juris; 18.2.1983 – 4 C 19.81, DVBl 1983, 890 (892)). Erteilt die Fachbehörde die Genehmigung, ist die BauAB daran gebunden.

c) Vereinbarkeit mit dem öffentlichen Baurecht

Die Baugenehmigung ist nach **Abs. 1 Satz 1** zu erteilen, wenn die Baumaßnahme, **soweit sie genehmigungsbedürftig ist** und soweit eine Prüfung erforderlich ist, dem öffentlichen Baurecht entspricht. Das Ausklammern der Anlagen, die bei isolierter Ausführung verfahrens- oder genehmigungsfrei sind, im Genehmigungsverfahren für ein genehmigungspflichtiges Gesamtvorhaben widerspricht allgemeinen Grundsätzen (vgl. → § 60 Rn. 3; OVG Berlin 23.8.1988 – 2 S 7.88, BRS 48 Nr. 125). Der Verzicht auf eine Prüfung der BauAB, soweit Teile eines Bauwerks verfahrens- oder genehmigungsfrei sind, beschleunigt das Genehmigungsverfahren kaum, weil die Prüfung des Bauwerks einschließlich verfahrens- und genehmigungsfreier Teile kaum aufwändiger sein dürfte als ihre „Aussonderung". Fällt der BauAB bei der Durchsicht der Bauvorlagen ein Verstoß verfahrens- oder genehmigungsfreier Teile gegen öffentliches Baurecht auf, muss sie die Einhaltung des öffentlichen Baurechts insoweit durch geeignete Anordnungen nach § 79 sicherstellen. Die Beschränkung der Prüfung im Baugenehmigungsverfahren auf Baumaßnahmen, die auch bei isolierter Ausführung genehmigungspflichtig sind, ist daher verfehlt. 35

Der Vorbehalt „soweit eine Prüfung erforderlich ist" weicht zwar von § 75 Abs. 1 S. 1 aF ab („soweit die Prüfung nicht entfällt"), stellt aber keine rechtserhebliche Änderung dar. Er bezieht sich auf das **vereinfachte Baugenehmigungsverfahren nach § 63**, das für die genehmigungsbedürftige Errichtung, Änderung oder Nutzungsänderung baulicher Anlagen durchgeführt wird, mit Ausnahme von baulichen Anlagen, die nach Durchführung der Baumaßnahme Sonderbauten iSd § 2 Abs. 5 sind. Das **Prüfprogramm ist eingeschränkt** (§ 63 Abs. 1 S. 2) und die Vereinbarkeit der Bauvorlagen mit den Anforderungen der Arbeitsstättenverordnung wird nur geprüft, wenn der Bauherr dies verlangt (§ 63 Abs. 1 S. 3 iVm § 64 S. 2). 36

Die BauAB hat die Baumaßnahme **nicht nur am Maßstab der NBauO und des BauGB zu prüfen**, sondern auf die Einhaltung des gesamten öffentlichen Baurechts (vgl. → § 2 Rn. 178 f.) zu achten (zur Mitwirkung anderer Behörden vgl. → § 69 Rn. 12 ff., zu Genehmigungen nach anderen Vorschriften vgl. → Rn. 51 ff.). So hat die BauAB insbesondere auch zu prüfen, ob das Vorhaben den Anforderungen des § 22 BImSchG genügt (BVerwG 29.8.2007 – 4 C 2/07, juris Rn. 11 ff.; 3.4.1987 – 4 C 41.84, NVwZ 1987, 884). Der Bauherr hat andererseits nur dann einen Anspruch auf Erteilung der Baugenehmigung, wenn er die Vereinbarkeit des Vorhabens mit dem öffentlichen Baurecht – uU auch durch Vorlage von Sachverständigengutachten – nachgewiesen hat. 37

Die **Prüfung** der Baumaßnahme auf ihre Vereinbarkeit mit dem öffentlichen Baurecht **entfällt**, wenn und soweit die BauAB **durch Vorentscheidungen**, wie Vorbescheid oder Zusage, gebunden ist. Die BauAB kann die Bindung durch eine vorangegangene als rechtswidrig erkannte Entscheidung beseitigen, wenn sie diese zurücknimmt (§ 48 VwVfG). Der **Vorbescheid** nach § 73 bindet als „vorweggenommener Teil" der Baugenehmigung während seiner Geltungsdauer die BauAB bei der Entscheidung über den Bauantrag, soweit mit ihm über die Zulässigkeit des beabsichtigten Vorhabens entschieden worden ist (vgl. → § 73 Rn. 3 ff.). Die Bindung durch den Vorbescheid gilt auch im Falle einer zwischenzeitlichen Rechtsänderung. Eine wirksame **Zusage**, eine Baugenehmigung zu erteilen, bindet die BauAB nur bei unveränderter Sach- und Rechtslage (→ § 73 Rn. 49). 38

39 Eine **Verpflichtung der BauAB zur Erteilung der Baugenehmigung** kann sich auch aus einem verwaltungsgerichtlichen Urteil ergeben (zur zeitlichen Reichweite vgl. → § 71 Rn. 15). IdR wird die BauAB wegen der noch ausstehenden technischen Prüfung in einem Verwaltungsstreitverfahren nicht zur Erteilung einer Baugenehmigung, sondern je nachdem, ob sich der Streit auf die städtebauliche Zulässigkeit oder sonstige Einzelfragen bezieht, zur Erteilung einer Bebauungsgenehmigung (vgl. → § 73 Rn. 10) oder eines sonstigen Vorbescheids verpflichtet werden. Die Rechtskraft eines solchen Verpflichtungsurteils bindet die BauAB bei der Prüfung der Baumaßnahme auf ihre Vereinbarkeit mit dem öffentlichen Baurecht an die Beurteilung des Gerichts. Eine nachträgliche Änderung der Sach- und/oder Rechtslage lässt diese Bindung nicht ohne weiteres entfallen; vielmehr muss die BauAB sie durch eine Vollstreckungsabwehrklage nach § 167 VwGO, § 767 ZPO beseitigen (vgl. BVerwG 19.9.2002 – 4 C 10.01, NVwZ 2003, 214 ff.; zur Reichweite der Rechtskraft eines Bescheidungsurteil: 1.6.2007 – 4 B 13.07, juris Rn. 4, IBRRS, 4423). Schließlich kann sich auch aus einem gerichtlichen oder außergerichtlichen Vergleich eine Verpflichtung der BauAB zur Erteilung der Baugenehmigung ergeben (vgl. → § 71 Rn. 16; zu den Grenzen rechtswidriger Vergleiche: BVerwG 14.11.1975 – IV C 84.73, DVBl 1976, 217).

40 Eine Verpflichtung zur Erteilung einer Baugenehmigung hat das BVerwG früher (17.1.1986 – 4 C 80.82, NVwZ 1986, 740; Sarnighausen DÖV 1993, 758 (761)) ausnahmsweise auch im Widerspruch zum einfachen Gesetzesrecht aus dem **grundrechtlich fundierten Bestandsschutz** abgeleitet, der auf die Sicherung des durch die Eigentumsausübung Geschaffenen gerichtet ist. Diese Ansicht **hat das BVerwG** mit dem Urteil vom 12.3.1998 (4 C 10.97, NVwZ 1998, 842) **endgültig aufgegeben** (vgl. Wahl FS Redeker, 1993, 245 ff.; → § 85 Rn. 5). In der Rechtsprechung des BVerwG ist es als geklärt anzusehen, dass es außerhalb der gesetzlichen Regelungen einen Anspruch auf Zulassung eines Vorhabens aus eigentumsrechtlichem Bestandsschutz nicht gibt (BVerwG 22.7.2010 – 4 B 22.10, ZfBR 2010, 787). Auch im Außenbereich hat der Gesetzgeber für die bauliche Nutzung mit § 35 BauGB eine Inhalts- und Schrankenbestimmung iSd Art. 14 Abs. 1 S. 2 GG getroffen. Bei § 35 Abs. 4 BauGB handelt es sich um die gesetzliche Ausgestaltung der von der Rechtsprechung für den Außenbereich entwickelten Grundsätze des Bestandsschutzes und der eigentumskräftig verfestigten Anspruchsposition. Sind die in dieser Vorschrift genannten Tatbestandsvoraussetzungen nicht erfüllt, so scheidet Art. 14 Abs. 1 S. 1 GG als Grundlage für einen Zulassungsanspruch von vornherein aus (BVerwG 22.5.2007 – 4 B 14.07, ZfBR 2007, 582). Zu Fragen des aktiven und passiven Bestandsschutzes: Weidemann/Krappel NVwZ 2009, 1207; Uschkereit BauR 2010, 718).

41 Ein Rechtsanspruch auf Erteilung einer Baugenehmigung, die dem öffentlichen Baurecht widerspricht, lässt sich aus Fehlentscheidungen der BauAB in gleich gelagerten Fällen aus dem **Gleichheitssatz** nicht herleiten (BVerwG 3.6.1977 – IV C 29.75, BRS 32 Nr. 129; OVG Lüneburg 30.10.1990 – 1 OVG A 12/87, juris Rn. 11). Die Bindung der Verwaltung an Gesetz und Recht entfällt nicht deshalb, weil die BauAB baurechtswidrige Genehmigungen erteilt hat. Sonst würde mit dem Anspruch auf Wiederholung eines Fehlers das öffentliche Baurecht vollends unterlaufen.

d) Umweltverträglichkeitsprüfung im Baugenehmigungsverfahren

42 Zur Vereinbarkeit mit dem öffentlichen Baurecht gehört auch, dass das Ergebnis einer ggf. erforderlichen, europarechtlich begründeten Umweltverträglichkeitsprüfung (UVP) im Baugenehmigungsverfahren berücksichtigt wird. Da es zweifelhaft ist, ob das Ergebnis einer UVP nach den Entscheidungsmaßstäben des Planungsrechts, insbesondere den §§ 34 f. BauGB, berücksichtigt werden kann (vgl. Wulfhorst ZUR 2002, 24 mN; Hamann ZfBR 2006, 537), hat der Landesgesetzgeber im Zusammenhang mit dem seinerzeitigen NUVPG vom 5.9.2002 (Nds. GVBl. S. 378) **§ 75 Abs. 1 S. 2 aF (§ 70 Abs. 1 S. 2 NBauO 2012)** eingefügt, **um die UVP-Richtlinie** 85/337/EWG vom 27.6.1985 (ABl. EG

1985 Nr. L 175, S. 40) idF der Änd.-RL 97/11/EG vom 3.3.1997 (ABl. EG Nr. L 73, S. 5) **umzusetzen** (vgl. hierzu: Wefelmeier Nds. VBl. 2004, 169). Die neue UVP-RL 2011/92/EU vom 13.12.2011 (ABl. EU 2012 Nr. L 26 S. 1) gilt nach ihrem Art. 2 Abs. 1 für Projekte, „bei denen unter anderem aufgrund ihrer Art, ihrer Größe oder ihres Standortes mit erheblichen Auswirkungen auf die Umwelt zu rechnen ist".

Mit der UVP sollen die **Umweltauswirkungen** der im Anhang zur UVP-RL aufgeführten Vorhaben in umfassender, medienübergreifender Weise **ermittelt, beschrieben und bewertet werden**. Die UVP-RL unterscheidet die im Anhang I aufgeführten Projekte, die die Mitgliedstaaten nur in Ausnahmefällen von der UVP ganz oder teilweise ausnehmen können (Art. 4 Abs. 1 iVm Art. 2 Abs. 4 UVP-RL) und die Projekte des Anhangs II, die einer UVP unterworfen werden, wenn ihre Merkmale nach Auffassung der Mitgliedstaaten dies erfordern (Art. 4 Abs. 2 UVP-RL). Der den Mitgliedstaaten nach Art. 4 Abs. 2 UVP-RL eingeräumte Ermessensspielraum, die Arten der Projekte zu bestimmen, die der UVP zu unterziehen sind, oder einschlägige Kriterien und/oder Schwellenwerte aufzustellen, wird durch die Rspr. des EuGH (24.10.1996 – C 72/95, DVBl 1997, 40) mit Rücksicht auf Art. 2 Abs. 1 UVP-RL eng begrenzt (vgl. EuGH 24.11.2011 – C 404/09, juris Nr. 79). Da der **UVP-RL** nach der Rspr. des EuGH (11.8.1995 – C 431/92, NVwZ 1996, 369; 7.1.2004 – C 201/02, NVwZ 2004, 593) **unmittelbare Wirkung** zukommt, muss die Auslegung des UVPG und des NUVPG der UVP-RL Rechnung tragen (vgl. BVerwG 30.6.2004 – 4 C 9.03, NVwZ 2004,1235). Es ist jedoch davon auszugehen, dass die unmittelbare Wirkung der UVP-RL mit ihrer Umsetzung durch das Gesetz zur Modernisierung des Rechts der UVP vom 20.7.2017 (BGBl. I S. 2808) entfallen ist, da diese auf der zunächst noch nicht erfolgten Umsetzung basierte. 43

Da die meisten Projekte, die in den Anhängen zur UVP-RL aufgeführt sind, einer Planfeststellung oder einer Genehmigung nach dem BImSchG bedürfen, bleiben nicht viele **Projekte, die durch Baugenehmigung zugelassen werden** (Anhang II Nr. 10: Infrastrukturprojekte und Nr. 12: Fremdenverkehr und Freizeit). Die in Nr. 18 der Anlage 1 zum UVPG genannten Bauvorhaben dürften wegen ihrer Auswirkungen idR einen Koordinierungsbedarf auslösen, dem nur durch die Abwägung im Rahmen einer förmlichen Bauleitplanung angemessen Rechnung getragen werden kann und nicht durch das Konditionalprogramm des § 35 BauGB (BVerwG 1.8.2002 – 4 C 5.01, NVwZ 2003, 86; 22.12.2009 – 4 B 25.09, juris Rn. 6, ZfBR 2010, 269). 44

Nr. 18 der Anlage 1 zum UVPG unterwirft die dort genannten Bauvorhaben ab einer bestimmten Größenordnung einer UVP-Pflicht und kleinere Vorhaben einer allgemeinen Vorprüfung des Einzelfalls (§ 7 Abs. 1 S. 1 UVPG), **wenn für diese ein B-Plan aufgestellt wird**. Die im Rahmen des Bauleitplanverfahrens durchzuführende UVP erübrigt nach § 50 Abs. 3 UVPG weitgehend eine UVP im Baugenehmigungsverfahren. Im nachfolgenden Zulassungsverfahren soll die UVP auf zusätzliche oder andere erhebliche Umweltauswirkungen des Vorhabens beschränkt werden (sog. „Abschichtung"; Rieger in Schrödter § 29 Rn. 71). Der vom OVG Lüneburg (6.1.1995 – 1 L 2709/93, NVwZ-RR 1995, 439) entschiedene Fall, dass nach Erlass des B-Plans für einen Campingplatz geschützte Tierarten in der Nachbarschaft entdeckt werden, die zwar den B-Plan nicht funktionslos machen, aber Anlass zu einer **Nachbesserung der UVP** geben würden, belegt, dass auch **nach Erlass eines B-Plans** ein Bedürfnis für eine UVP im Baugenehmigungsverfahren bestehen kann. 45

Es bleiben die Fälle, in denen eine **Zulassung von Vorhaben ohne B-Plan im Baugenehmigungsverfahren** in Betracht kommt. Anlage 1 zum NUVPG unterwirft in Nr. 8 ff. folgende Vorhaben, die einer Baugenehmigung bedürfen, einer UVP, soweit sie nicht in einem B-Plan festgesetzt sind: 46

Nr. 8: Bau einer Skipiste einschließlich der dazugehörigen Einrichtungen;

Nr. 9: Bau eines Feriendorfes, eines Hotelkomplexes oder einer sonstigen Einrichtung für die Ferien- und Fremdenbeherbergung mit einer Bettenzahl von jeweils insgesamt 100 oder mehr oder mit einer Gästezimmerzahl von jeweils 80 oder mehr;

Nr. 10: Bau eines ganzjährig betriebenen Campingplatzes mit 50 oder mehr Stellplätzen;

Nr. 11: Bau eines Freizeitparks mit einer Größe von 4 Hektar oder mehr;

Nr. 12: Bau eines Parkplatzes mit einer Größe von 0,5 Hektar oder mehr;

Nr. 13: Bau eines Einkaufszentrums, eines großflächigen Einzelhandelsbetriebes oder eines sonstigen großflächigen Handelsbetriebes im Sinne des § 11 Abs. 3 S. 1 der Baunutzungsverordnung mit einer Geschossfläche von 1200 m² oder mehr.

47 Die **UVP** wird nach § 4 UVPG **als unselbständiger Teil des Baugenehmigungsverfahrens** durchgeführt. Die Anlage 1 zum NUVPG sieht für die baugenehmigungspflichtigen Projekte in den Nr. 8-13 eine Vorprüfung des Einzelfalls vor, die nach § 5 Abs. 1 S. 1 NUVPG in der überschlägigen Prüfung der BauAB besteht, ob das jeweilige Vorhaben unter Berücksichtigung der in Anlage 2 zum NUVPG aufgeführten Kriterien erhebliche nachteilige Umweltauswirkungen haben kann (vgl. BVerwG 13.12.2007 – 4 C 9.06, juris Rn. 34, NVwZ 2008, 563 zum Maßstab der Erheblichkeit; 20.8.2008 – 4 C 11.07, ZfBR 2008, 790 zur Nachholung einer UVP-Vorprüfung im gerichtlichen Verfahren). Die Vorprüfung schließt nach § 6 S. 1 NUVPG mit der behördlichen Feststellung ab, ob für das Vorhaben eine Verpflichtung zur Durchführung einer UVP besteht. Soll nach einer Vorprüfung des Einzelfalls eine UVP unterbleiben, ist dies öffentlich bekannt zu geben (S. 2), etwa in der örtlichen Tageszeitung. Die UVP selbst richtet sich nach §§ 15 ff. UVPG, auf die hier verwiesen werden muss. Eine Verweisung auf das Bundesrecht erleichtert den Gesetzesvollzug und erhöht die Verfahrenssicherheit, weil die UVP gleichen Regeln folgt, gleichgültig, ob sie auf der Grundlage von Bundes- oder Landesrecht durchgeführt wird.

48 Die Regelung zur Umweltverträglichkeitsprüfung ist geändert worden. Die durch eine Umweltverträglichkeitsprüfung ermittelten, beschriebenen und bewerteten Umweltauswirkungen sind nach Maßgabe der hierfür geltenden Vorschriften zu berücksichtigen (**§ 70 Abs. 1 S. 2**; vgl. Art. 68 Abs. 1 S. 2 BayBO). **Berücksichtigung** bedeutet, dass die BauAB prüft, ob die UVP Versagungsgründe oder zusätzliche Anforderungen des Umweltfachrechts zutage gefördert hat; **die UVP hat allein verfahrensrechtliche Bedeutung** (LT-Drs. 16/3195, 104; vgl. Hamann ZfBR 2006, 537 (541); Jäde BayVBl. 2008, 33 (38) zur wortgleichen Regelung in der BayBO 2008).

49 Mit **Abs. 1 Satz 2** hat der Gesetzgeber die **Umweltverträglichkeitsprüfung** im Baugenehmigungsverfahren **entschärft**. Nach § 75 Abs. 1 S. 2 aF kam der UVP-Klausel materiell-rechtlicher Charakter zu, der dazu führte, dass die Baugenehmigung nicht erteilt werden durfte, wenn das Vorhaben erhebliche Auswirkungen auf die in § 2 Abs. 1 S. 2 UVPG aF genannten Schutzgüter hervorrief. § 75 Abs. 1 S. 2 aF sah – anders als § 25 UVPG – nicht nur eine Berücksichtigung des Ergebnisses der UVP bei der Entscheidung über die Zulässigkeit des Vorhabens vor, sondern schloss rigoros die Erteilung der Baugenehmigung aus, wenn nicht sichergestellt war, dass keine erheblichen Auswirkungen auf die in § 2 Abs. 1 S. 2 UVPG aF genannten Schutzgüter hervorgerufen wurden (vgl. LT-Drs. 16/3195, 104). Eine Abwägung zwischen den für das Vorhaben sprechenden Belangen und den Umweltbelangen fand demnach im Baugenehmigungsverfahren nicht statt. Sollte das Vorhaben trotz erheblicher Umweltauswirkungen realisiert werden, hätte ggf. ein B-Plan dafür aufgestellt werden müssen, weil im Rahmen der planerischen Abwägung die Belange des Umweltschutzes – ggf. mit bestimmten Maßgaben – überwunden werden können (vgl. BVerwG 18.11.2004 – 4 CN 11.03, juris; 8. Aufl. dieses Kommentars § 75 Rn. 35).

50 Abgesehen davon war bei § 75 Abs. 1 S. 2 aF fraglich, was unter „erheblichen Auswirkungen" auf die in § 2 Abs. 1 S. 2 UVPG aF genannten Schutzgüter zu verstehen war. Der Begriff der „erheblichen Umweltauswirkungen" wird auch in der UVP-Richtlinie (vgl. Art. 2 Abs. 1; Art. 7 Abs. 1 UVP-RL) verwendet, ohne allerdings dort definiert oder näher erläutert zu werden. Nach dem Konzept der UVP-Richtlinie sind die (zu erwartenden) erheblichen Umweltauswirkungen eines Vorhabens (lediglich) die Rechtfertigung dafür, es einer UVP zu unterwerfen. Der Begriff der **Erheblichkeit im Sinne der Richtlinie** ist dabei **nicht mit einem rechtlichen Werturteil über das Bauvorhaben verknüpft**. Es ist vielmehr gerade Sinn und Zweck der UVP (anhand der Maßstäbe des einschlägigen materiellen Umweltrechts) festzustellen, ob das Vorhaben trotz seiner erheblichen Umweltauswirkungen zulassungsfähig ist (vgl. LT-Drs. 16/3195, 104).

e) Genehmigungen und Erlaubnisse nach anderen Rechtsvorschriften

In vielen Fällen sind für genehmigungspflichtige Baumaßnahmen weitere **Erlaubnisse oder Genehmigungen nach anderen Rechtsvorschriften** erforderlich. Dabei kann zwischen Anlagen- und Betriebsgenehmigungen unterschieden werden (dazu → Rn. 61 f.). Bedeutsamer ist der Unterschied, der sich aus den Genehmigungsvoraussetzungen ergibt. Die Ausnahme vom straßenrechtlichen Anbauverbot nach § 9 Abs. 1 FStrG steht als Beispiel für die fachgesetzliche Gestattung (§ 9 Abs. 8 FStrG), die ausschließlich straßenrechtlichen Belangen dient und deren Voraussetzungen sich mit den baurechtlichen Voraussetzungen im engeren Sinn nicht überschneiden (dazu → Rn. 56). Die Erlaubnisse und Genehmigungen nach anderen Rechtsvorschriften stehen selbständig neben der Baugenehmigung (→ § 67 Rn. 3). Die BauAB hat allerdings im Rahmen ihrer Beratungspflicht (§ 58 Abs. 1 S. 2) auf die Notwendigkeit anderer Genehmigungen und Erlaubnisse sowie das erforderliche Verfahren hinzuweisen (vgl. → § 58 Rn. 8 ff.). 51

Die **Gaststättenerlaubnis war ein Beispiel für eine „parallele Genehmigung"** (vgl. → Rn. 62 ff.), die zwar auch der Einhaltung besonderer Anforderungen in Fachgesetzen diente, deren Genehmigungsvoraussetzungen sich aber teilweise mit den Genehmigungsvoraussetzungen der Baugenehmigung deckten. Bei der Zulassung einer Gaststätte war sowohl im Baugenehmigungsverfahren als auch im gaststättenrechtlichen Verfahren zu prüfen, ob die mit einem solchen Betrieb verbundenen typischen Belästigungen für die Umgebung zumutbar waren oder nicht. Nach dem **zum 1.1.2012 in Kraft getretenen NGastG** bedarf es keiner gaststättenrechtlichen Erlaubnis mehr; wer ein stehendes Gaststättengewerbe betreiben will, hat dies nach § 2 Abs. 1 S. 1 NGastG der zuständigen Behörde mindestens vier Wochen vor dem erstmaligen Anbieten von Getränken oder zubereiteten Speisen anzuzeigen (vgl. → Rn. 13). Durch Abschaffung der gaststättenrechtlichen Erlaubnis ist der Prüfungsumfang der BauAB im Baugenehmigungsverfahren für eine Gaststätte erweitert worden. Sie wird nunmehr unter Beachtung der Voraussetzungen nach §§ 22 ff. BImSchG auch zu prüfen haben, welche Betriebszeiten (§ 3 Abs. 1 S. 2 GastG) der Gaststätte unter Berücksichtigung der Nachbarschaft und der Umwelt zugestanden werden können (vgl. BVerwG 17.10.1989 – 1 C 18.87, NVwZ 1990, 559; → Rn. 13). 52

Da der Baugenehmigung idR (zu Ausnahmen vgl. → § 59 Rn. 29) keine Konzentrationswirkung zukommt, stellt sich die Frage nach dem **Verhältnis der Baugenehmigung und etwaiger fachgesetzlicher Genehmigungen**. Soweit die BauAB bereits überblickt, dass die Voraussetzungen der fachgesetzlichen Genehmigung offensichtlich nicht vorliegen, kann sie die Baugenehmigung wegen fehlenden Sachbescheidungsinteresses ablehnen (vgl. → Rn. 34). Problematischer sind die Fälle, in denen die BauAB nicht ohne weiteres absehen kann, ob die andere Genehmigung erteilt wird. Muss sie die Erteilung der Baugenehmigung von der Vorlage der anderen Genehmigung abhängig machen, wie dies § 16 Abs. 3 NDG für die Ausnahme von der Deichschutzzone ausdrücklich vorschreibt, oder darf sie die Baugenehmigung ggf. unter der aufschiebenden Bedingung der Erteilung der anderen Genehmigung erteilen? Es entsprach der **baurechtlichen Tradition, dass die Genehmigungen nach anderen Rechtsvorschriften vorliegen müssen**, bevor die Baugenehmigung erteilt wird (BVerwG 15.3.1967 – IV C 205.65, BVerwGE 26, 287; OVG Lüneburg 28.6.1985 – 6 A 8/84, BRS 44 Nr. 233; Schmidt-Preuß DVBl 1991, 229); es sei denn, Abweichendes ist ausdrücklich vorgeschrieben. Diese Auffassung wird damit begründet, dass die BauAB erst nach Erteilung der fachgesetzlichen Genehmigung die abschließende Feststellung treffen kann, dass die Baumaßnahme dem öffentlichen Baurecht entspricht, und den Bau freigeben kann (sog. **Schlusspunkttheorie**; ua hierzu: Jäde GewArch 2005, 1 (33)). 53

54 Eine **Reihe von LBOen** (§ 58 Abs. 1 S. 1 und 2 LBO BW; Art. 68 Abs. 1 S. 1 Hs. 1 BayBO; Übersicht bei FOO Bd. 2 S. 107 ff.) **hat** ebenso wie die MBauO 2002 (§ 72 Abs. 1) inzwischen **die Feststellungswirkung der Baugenehmigung** auf die von der BauAB zu prüfenden öffentlich-rechtlichen Vorschriften **beschränkt**. Dementsprechend hat der VGH Mannheim (21.6.1994 – 5 S 2105/93, juris) entschieden, dass eine Baugenehmigung nicht mit der Begründung versagt werden darf, es fehle an einer neben der Baugenehmigung erforderlichen sanierungsrechtlichen Genehmigung. Der VGH München (18.3.1993 – Gr. S. 1/1992 – 1 B 90.3063, NVwZ 1994, 304) hat die „Schlusspunkttheorie" schon vor der Änderung der BayBO verabschiedet, weil er den verfügenden Teil der Baugenehmigung, die Baufreigabe, nur auf das formelle Baurecht der BayBO bezogen hat, das Erlaubnisvorbehalte nach anderen Vorschriften unberührt lasse. Die Schlusspunkttheorie führt nach Ansicht des VGH München in der Praxis zu Schwierigkeiten, weil die BauAB die Aussichten des anderen fachgesetzlichen Genehmigungsverfahrens nicht sicher überblicken kann (ebenso OVG Greifswald 30.10.1997 – 5 M 52/96, BRS 59 Nr. 143; 1.2.2001 – 1 M 77/00, juris Rn. 11)

55 Diesen Schwierigkeiten kann man entgehen, wenn die **Baugenehmigung unter der aufschiebenden Bedingung** der Erteilung der anderen Genehmigung erteilt wird (OVG Bautzen 8.6.1995 – 1 S 154/95, BRS 57 Nr. 187). Eine Baugenehmigung unter der aufschiebenden Bedingung der Erteilung der anderen Genehmigung stellt weder die Zielsetzung und Effektivität des anderweitigen Genehmigungserfordernisses in Frage, noch stößt sie bundesrechtlich auf Bedenken (BVerwG 25.10.1995 – 4 B 216.95, NVwZ 1996, 377; 20.11.1995 – 4 C 10.95, juris Rn. 19). Das OVG Lüneburg hat die in → Rn. 53 zitierte Rspr. aufgegeben, darüber hinaus aber offen gelassen, welcher Ansicht es folgt (14.4. 2004 – 1 LB 340/02, NVwZ-RR 2005, 391). Vgl. auch → Rn. 69.

56 Für die Errichtung baulicher Anlagen sehen folgende Rechtsvorschriften zur Einhaltung spezieller Anforderungen besondere Genehmigungen oder Erlaubnisse vor: (weitere Nachweise von Genehmigungsvorbehalten bei Jarass, Konkurrenz, Konzentration und Bindungswirkung von Genehmigungen, 1984, S. 33 ff.):

§ 51 Abs. 1 S. 1 Nr. 4 BauGB: Genehmigung der Umlegungsstelle für die Errichtung oder Änderung baulicher Anlagen im Umlegungsgebiet von der Bekanntmachung des Umlegungsbeschlusses bis zur Bekanntmachung des Umlegungsplans (VGH München 20.9.2006 – 14 ZB 05.2910, juris);

§ 109 Abs. 1 BauGB und § 29a Abs. 1 S. 1 Nr. 4 NEG: Genehmigung der Enteignungsbehörde unter anderem für die Errichtung und Änderung baulicher Anlagen auf Grundstücken, die enteignet werden sollen, von der Bekanntmachung der Einleitung des Enteignungsverfahrens an;

§ 144 Abs. 1 Nr. 1 BauGB: Genehmigung der Gemeinde für die Errichtung oder Änderung baulicher Anlagen im förmlich festgelegten Sanierungsgebiet (vgl. BVerwG 25.10.1995 – 4 B 216.95, NVwZ 1996, 377);

§ 9 Abs. 1, 6, 8 FStrG: Ausnahmegenehmigung des NLStBV (vgl. Nr. 1j des RdErl. d. MW v. 22.12.2004 – Nds. MBl. S. 879), für die Errichtung von Hochbauten, Werbeanlagen, Aufschüttungen oder Abgrabungen größeren Umfangs längs der Autobahn bis zu 40 m, längs der Bundesstraßen bis zu 20 m Entfernung außerhalb der Ortsdurchfahrten, sowie für die Errichtung baulicher Anlagen, die über Zufahrten oder Zugänge an Bundesstraßen außerhalb der Ortsdurchfahrten angeschlossen werden sollen (BVerwG 29.2.2012 – 9 C 8.11, NVwZ 2012, 829 zu einer gegenüber einer Autobahnabfahrt errichteten Werbeanlage). Bei geplanten Bundesfernstraßen gilt das Anbauverbot vom Beginn der Auslegung der Pläne im Planfeststellungsverfahren oder von dem Zeitpunkt an, zu dem den Betroffenen Gelegenheit gegeben wird, den Plan einzusehen (§ 9 Abs. 4 FStrG);

§ 24 Abs. 1, 4, 7 NStrG: Ausnahme des NLStBV (vgl. Nr. 2f. des RdErl. d. MW v. 22.12.2004 – Nds. MBl. S. 879) vom Anbauverbot außerhalb der Ortsdurchfahrten für Hochbauten, Werbeanlagen, Aufschüttungen oder Abgrabungen größeren Umfangs entlang der Landes- oder Kreisstraßen bis zu 20 m Entfernung sowie für bauliche Anlagen iSd NBauO, die über Zufahrten zu Landes- oder Kreisstraßen unmittelbar oder mittelbar angeschlossen werden sollen. Bei geplanten Straßen ist eine Ausnahme vom Beginn der Auslegung der Pläne im Planaufstellungsverfahren an nötig, oder von dem Zeitpunkt an, zu dem den Betroffenen Gelegenheit gegeben wird, den Plan einzusehen (§ 24 Abs. 4 NStrG). Gemeinden können durch Satzung für bestimmte Gemeindestraßen im Außenbereich entsprechende Anbauverbote vorschreiben (§ 24 Abs. 8 NStrG);

§ 52 Abs. 1 S. 2 WHG: Befreiung durch die untere Wasserbehörde (§ 129 NWG) von den Schutzbestimmungen in Wasserschutzgebieten (§ 91 NWG; VG München 17.7.2012 – 2 K 11.3975, juris Rn. 29 f., BeckRS 2012, 56198);

§ 78 Abs. 3 WHG: Genehmigung der unteren Wasserbehörde für die Errichtung oder Erweiterung baulicher Anlagen im festgesetzten Überschwemmungsgebiet (§ 76 WHG iVm § 115 NWG);

§§ 14, 16 NDG: Befreiung durch die Deichbehörde vom Verbot der Benutzung des Deiches und der landseitigen Fläche bis zu 50 m vom Deichfuß für die Errichtung und Änderung baulicher Anlagen. Nach § 14 Abs. 6 bzw. § 16 Abs. 3 NDG darf die Baugenehmigung erst erteilt werden, wenn die Ausnahmegenehmigung nach § 14 Abs. 2 bzw. § 16 Abs. 2 NDG erteilt worden ist;

§§ 30 Abs. 3 BNatSchG, 24 NAGBNatSchG: Ausnahmebewilligung der Naturschutzbehörde für die Errichtung von baulichen Anlagen im Bereich von Biotopen und besonders geschütztem Feuchtgrünland (vgl. auch Ufer NST-N 1995, 258);

§ 61 Abs. 3 BNatSchG: Ausnahmebewilligung vom Verbot der Errichtung oder wesentlichen Änderung baulicher Anlagen im Außenbereich an Bundeswasserstraßen und Gewässern erster Ordnung sowie an stehenden Gewässern mit einer Größe von mehr als 1 Hektar im Abstand bis 50 m von der Uferlinie;

§ 67 BNatSchG iVm § 41 NAGBNatSchG: Befreiung durch die Naturschutzbehörde von den Verboten oder Geboten des BNatSchG, in einer Rechtsverordnung auf Grund des § 57 BNatSchG sowie nach dem NAGBNatSchG, also insbesondere der Bauverbote der Landschaftsschutzverordnungen.

§ 67 BNatSchG iVm § 41 NAGBNatSchG: Befreiung durch die Gemeinde von den Schutzbestimmungen einer Satzung über geschützte Landschaftsbestandteile nach § 22 Abs. 1 S. 1 Nr. 1 NAGBNatSchG;

§ 34 FlurbG: „Zustimmung" der Flurbereinigungsbehörde (Behörde für Geoinformation, Landesentwicklung und Liegenschaften) zur Errichtung, Änderung oder Beseitigung baulicher Anlagen in der Zeit von der Bekanntgabe des Flurbereinigungsbeschlusses bis zur Unanfechtbarkeit des Flurbereinigungsplans. Trotz der missverständlichen Bezeichnung „Zustimmung" handelt es sich um einen selbständigen VA und nicht um einen internen Mitwirkungsakt der Flurbereinigungsbehörde im Baugenehmigungsverfahren (BVerwG 25.4.1989 – 5 C 24/86, NVwZ 1989, 336; OVG Lüneburg 9.11.2011 – 15 KF 10/08, BeckRS 2012, 45893; 31.10.2008 – 1 ME 16/08, juris);

§ 3 SchutzbereichG: Genehmigung der Schutzbereichbehörde für die Errichtung, Änderung oder Beseitigung baulicher Anlagen in militärischen Schutzbereichen (BVerwG 1.12.2009 – 4 B 37/09, juris);

§ 31 Abs. 1 Nr. 2 WaStrG: Genehmigung der Wasser- und Schifffahrtsverwaltung zur Errichtung von Anlagen in, über oder unter einer Bundeswasserstraße oder an ihren Ufern;

§ 5 Abs. 1 FluglärmG: Ausnahmebewilligung des MS vom Bauverbot im Lärmschutzbereich (OVG Münster 8.4.2008 – 10 D 113/06.NE, NVwZ-RR 2008, 764 „strenge Anforderungen"; Schilder BauR 2009, 443);

§ 46 Abs. 1 Nr. 10 StVO: Ausnahmegenehmigung der Straßenverkehrsbehörde vom Verbot der Werbung und Propaganda in Verbindung mit Verkehrszeichen und Verkehrseinrichtungen (§ 33 Abs. 2 S. 2 StVO);

§§ 15, 22 ZollVG: Bauten dürfen innerhalb einer Entfernung von 100 m, in Orten mit geschlossener Bauweise von 50 m, vom deutschen Teil der Zollgrenze der Gemeinschaft und in Freizonen nur mit Zustimmung des Hauptzollamtes errichtet oder geändert werden. Freizonen sind nach Art. 166 aF des Zollkodex (VO (EWG) Nr. 2913/92 – ABl. EG 1992 Nr. L 302) Teile des Zollgebietes, die vom übrigen Zollgebiet getrennt sind und in denen Nichtgemeinschaftswaren für bestimmte Zwecke als nicht im Zollgebiet der Gemeinschaft befindlich angesehen werden. Der neue Zollkodex der Union gemäß Verordnung (EU) Nr. 952/2013 v. 9.10.2013 (Abl. EU 2013 Nr. L 269, S. 1) – ZUK – unterwirft in Art. 244 Abs. 1 die Errichtung von Gebäuden in einer Freizone der vorherigen Zustimmung durch die Zollbehörden, ohne jedoch selbst die Freizone zu definieren.

57 Wird die **Baugenehmigung ungeachtet einer sonst noch erforderlichen Genehmigung vorbehaltlos erteilt**, dann ist sie **rechtswidrig**, aber nicht nichtig (vgl. → § 69 Rn. 19). Auch wenn eine solche Baugenehmigung mangels Sachentscheidungskompetenz der BauAB nicht die Feststellung einschließt, das Vorhaben stehe mit dem einschlägigen Fachrecht im Einklang (Gaentzsch NJW 1986, 2787 (2793)), ist doch die Freigabe des Baubeginns ohne die weitere Genehmigung rechtswidrig. Soweit die Sondervorschriften nicht wie § 8 SchutzbereichG, § 34 Abs. 2 FlurbG oder §§ 15 Abs. 1 S. 5, 22 S. 3 ZollVG den zuständigen Behörden die Befugnis einräumen, die nach dem Fachrecht nicht genehmigten Baumaßnahmen zu beseitigen und den ursprünglichen Zustand wiederherzustellen, kann die Behörde, die für die Erteilung der fehlenden Genehmigung zuständig ist, nur die Zurücknahme der Baugenehmigung nach § 48 VwVfG durch die BauAB betreiben. Eine Anfechtung der Baugenehmigung kommt nicht in Betracht, soweit, was die Regel sein dürfte, eigene Rechte der Behörden, denen die Wahrung der Sondervorschriften obliegt, nicht auf dem Spiel stehen (vgl. → § 69 Rn. 15). Wenn die mit der Gemeinde nicht identische BauAB für Bauten im Sanierungsgebiet die Baugenehmigung ohne die Genehmigung der Gemeinde nach § 144 BauGB erteilt oder im Umlegungsgebiet die Veränderungssperre nach § 51 BauGB missachtet, steht der Gemeinde bzw. der Umlegungsstelle ein Abwehrrecht zu (OVG Weimar 22.10.1998 – 1 EO 1056/98, juris).

58 Schwierigere Fragen stellen sich bei der **Konkurrenz paralleler Genehmigungen**, dh bei Genehmigungen, die nach verschiedenen Rechtsvorschriften für ein und dieselbe Anlage einzuholen sind und deren Voraussetzungen sich (idR teilweise) decken (Gaentzsch NJW 1986, 2787; Upmeier NuR 1986, 309; Ortloff NJW 1987, 1665; Seibert Bindungswirkung S. 353; Schmidt-Preuß DVBl 1991, 229). Im Vordergrund steht nach der Häufigkeit die Konkurrenz von Anlagen- und Betriebsgenehmigungen; es kommt aber auch vor, dass mehrere Anlagengenehmigungen zusammentreffen. Beispiel für die **Konkurrenz von Anlagen- und Betriebsgenehmigungen** ist die Zulassung einer Spielhalle (§ 33i GewO): Sowohl im Baugenehmigungsverfahren als auch im gewerberechtlichen Verfahren ist zu prüfen, ob die mit einem solchen Betrieb verbundenen typischen Belästigungen für die Umgebung zumutbar sind oder nicht. Zur Frage, welche Behörde die insoweit maßgebliche Entscheidung zu treffen hat, hat das BVerwG den Grundsatz aufgestellt, dass diese danach zu bestimmen ist, zu welchem in die originäre Zuständigkeiten der beteiligten Behörden fallenden Regelungsgegenstand der stärkere Bezug besteht (vgl. BVerwG 27.3.1990 – 1 C 47.88, NVwZ 1990, 760; 14.6.2011 – 4 B 3.11, Rn. 6, ZfBR 2011, 747 zum Verhältnis von Baugenehmigung und fachaufsichtlichem Genehmigungsverfahren).

59 Ein Beispiel für das **Zusammentreffen von verschiedenen Anlagengenehmigungen** sind Kernkraftwerke, für die sowohl eine atomrechtliche Genehmigung nach § 7 AtG als auch eine Baugenehmigung erforderlich sind. Überschneiden sich die Genehmigungsvoraussetzungen mehrerer Genehmigungen für eine Anlage, stellt sich nicht nur die Frage, welcher Genehmigungsbehörde bei Meinungsverschiedenheiten der Vorrang zukommt, sondern auch die Frage, ob und inwieweit die Erteilung der Baugenehmigung die Fachbehörde bindet und umgekehrt. Die Tragweite der Genehmigungen muss auch mit Blick auf den Nachbarn geklärt werden, soll er nicht durch die Anfechtung der fal-

schen Genehmigung bzw. nur einer Genehmigung seiner Rechte verlustig gehen. Schließlich darf auch zwischen der BauAB und der Fachbehörde keine Unklarheit darüber bestehen, wer die Einhaltung identischer Voraussetzungen überwacht (vgl. OVG Greifswald 30.10.1997 – 5 M 52/96, juris).

Beispiele für Genehmigungen, die neben der Baugenehmigung erforderlich sind, und 60
deren Voraussetzungen sich teilweise mit den Voraussetzungen für die Erteilung der Baugenehmigung decken, ergeben sich aus folgenden Vorschriften:

§ 33i GewO: Die Erlaubnis zum Betrieb einer Spielhalle ist nach § 33i Abs. 2 Nr. 3 GewO ua zu versagen, wenn der Betrieb schädliche Umwelteinwirkungen iSd BImSchG oder sonst eine nicht zumutbare Belästigung der Allgemeinheit, der Nachbarn oder einer im öffentlichen Interesse bestehenden Einrichtung befürchten lässt. Damit sind auch die Belange der Bewohner der Nachbarschaft einzubeziehen, die auch im Rahmen der Baugenehmigung nach §§ 34 f. BauGB bzw. § 30 BauGB iVm § 15 BauNVO zu berücksichtigen sind.

§ 2 ApoG: Die Erlaubnis der Apothekerkammer (VO zur Übertragung von staatlichen Aufgaben auf die Kammern für die Heilberufe v. 25.11.2004 – Nds. GVBl. S. 516) zum Betrieb einer Apotheke ist nach § 2 Abs. 1 Nr. 6 ApothekenG auch vom Nachweis geeigneter Räume abhängig.

§ 21a LuftVO: Die Aufstiegserlaubnis für Modellflugzeuge über 5 kg Startgewicht darf nur versagt werden, wenn die beabsichtigten Aufstiege ua die öffentliche Sicherheit und Ordnung gefährden (vgl. BVerwG 10.5.1985 – 4 C 69.82, NVwZ 1986, 469; VGH München 8.2.2012 – 8 ZB 11.1504, BeckRS 2012, 50744 zur Aufstiegserlaubnis für Modellflugzeuge im Landschaftsschutzgebiet).

§ 6 AtG: Die Genehmigung des Umweltministeriums zur Aufbewahrung von Kernbrennstoffen außerhalb der staatlichen Verwahrung betrifft die Nutzung von Zwischenlagern, die der Baugenehmigung bedürfen (BVerwG 11.5.1989 – 4 C 1.88, NVwZ 1989, 1163; 22.3.2012 – 7 C 1.11, NVwZ 2012, 750 zur Aufbewahrung von Kernbrennstoffen aus dem Kernkraftwerk Unterweser im dazugehörigen Standortzwischenlager; VGH München 10.5.2005 – 22 AS 04.40068, NJOZ 2005, 3891 zum Nachbarrechtsschutz gegen die baurechtliche Genehmigung eines Zwischenlagers für abgebrannte Kernbrennelemente).

§ 7 AtG: Die Errichtung ortsfester Anlagen zur Erzeugung, Bearbeitung, Verarbeitung oder zur Spaltung von Kernbrennstoffen sowie zur Aufarbeitung bestrahlter Kernbrennstoffe bedarf der Genehmigung des Umweltministeriums, die ua voraussetzt, dass überwiegende Interessen, insbesondere im Hinblick auf Umweltauswirkungen, der Wahl des Standorts der Anlage nicht entgegenstehen (§ 7 Abs. 2 Nr. 6 AtG). Allerdings werden nach § 7 Abs. 1 S. 2 AtG für die Errichtung und den Betrieb von Anlagen zur Spaltung von Kernbrennstoffen zur gewerblichen Erzeugung von Elektrizität keine Genehmigungen mehr erteilt.

§ 12 Abs. 1 Nr. 4 i.V.m. § 19 Abs. 2 StrlSchG: Der Betrieb einer Röntgeneinrichtung bedarf einer Genehmigung, deren Erteilung u.a. davon abhängt, dass Ausrüstungen vorhanden sind, die nach dem Stand der Technik erforderlich sind, damit die Schutzvorschriften eingehalten werden (§ 13 Abs. 1 Nr. 6b StrlSchG).

Ein Schlüssel zur Klärung des Verhältnisses paralleler Genehmigungen liegt in der **Unterscheidung zwischen feststellenden und verfügenden VAen** (Gaentzsch NJW 61
1986, 2791). Die Baugenehmigung stellt als Anlagengenehmigung, die den Investor schützen soll, die Vereinbarkeit des genehmigten Vorhabens grundsätzlich mit dem gesamten öffentlichen Baurecht fest, wobei der Nutzungszweck in aller Regel eingeschlossen ist. Als feststellender VA (vgl. → Rn. 5 ff.) bindet die Baugenehmigung mit der in ihr enthaltenen Feststellung, dass die bauliche Anlage dem öffentlichen Baurecht entspricht, auch andere Behörden. Die für bestimmte Anlagen erforderlichen Betriebserlaubnisse setzen zwar idR voraus, dass der Betrieb und die Betriebsgebäude bestimm-

ten gesetzlichen Voraussetzungen genügen, die Betriebserlaubnis enthält aber nur die Aussage, dass der Betrieb aufgenommen werden darf, und keine Feststellung, dass die bauliche Anlage den Anforderungen entspricht.

62 Für das **Verhältnis der Spielhallenerlaubnis nach § 33i GewO zur Baugenehmigung** gilt Folgendes: Das BVerwG (27.3.1990 – 1 C 47.88, NVwZ 1990, 760) hat die Bindungswirkung der Baugenehmigung auf die grundsätzliche Zulässigkeit der Spielhalle beschränkt und die Entscheidung, ob mehrere Räume unter dem Gesichtspunkt der optischen Sonderung mehrere Spielhallen darstellen, der Gewerbebehörde zugewiesen, weil der BauAB für diese Details die Entscheidungskompetenz fehle (vgl. VGH Kassel 10.3.2011 – 8 B 1597/10, juris; Lieber VBlBW 2011, 6). Über die Eignung von Räumen für die Errichtung von Apotheken nach der ApothBetrO zu befinden, hat das VG Ansbach (15.3.1988 – 3 K 87.01625, NVwZ 1990, 593; dazu Grooterhorst NVwZ 1990, 539) der BauAB die Sachentscheidungskompetenz abgesprochen. Angesichts der wenig präzisen Anforderungen erscheint es in der Tat sachgerecht, dass die BauAB sich auf den Vorbehalt beschränkt, dass auch über die Eignung der Räume im Rahmen der Erlaubnis nach § 2 ApoG vor Aufnahme der Nutzung zu entscheiden ist.

63 Im Verhältnis zur **Aufstiegserlaubnis nach § 21a LuftVO** sollte die BauAB nur die spezifisch luftrechtlichen Fragen bei der Baugenehmigung für einen Modellflugplatz ausklammern. Zwar schließt die Einhaltung sonstiger Rechtsvorschriften nach § 21a LuftVO auch die Einhaltung von Verboten von LandschaftsschutzVOen ein (BVerwG 10.5.1985 – 4 C 36.82, NVwZ 1986, 470; VGH München 8.2.2012 – 8 ZB 11.1504, juris Rn. 11, BeckRS 2012, 50744), jedoch fällt eine weitergehende Berücksichtigung landschaftsschutzrechtlicher Erwägungen in die originäre Kompetenz der BauAB (OVG Lüneburg 16.2.1995 – 1 L 6044/92, BauR 1995, 667).

64 Das Verhältnis von Baugenehmigung und Spielhallenerlaubnis bietet aber keinen Lösungsansatz für Fälle, in denen mehrere Genehmigungen mit feststellendem Regelungsgehalt zusammentreffen. Ein Beispiel dafür ist das Zusammentreffen von atomrechtlicher Genehmigung nach § 7 AtG und Baugenehmigung. In diesen Fällen muss der Genehmigungsinhalt nach der behördlichen Sachentscheidungskompetenz bestimmt werden, weil die Gesetzmäßigkeit der Verwaltung eine klare Trennung der Sachentscheidungskompetenz der Behörden ohne Überschneidungen voraussetzt (**„Separationslösung“**, Gaentzsch NJW 1986, 2792 f.). Schreibt der Gesetzgeber für komplexe Vorhaben mehrere Genehmigungen vor, deren Prüfungsmaßstab teilweise identisch ist, müssen sich die Genehmigungsbehörden auf ihren originären Kompetenzbereich beschränken mit der Folge, dass auch der Regelungsgehalt der jeweiligen Genehmigung auf den Kompetenzbereich der Genehmigungsbehörde begrenzt ist. Die eine Genehmigung bindet die andere Genehmigungsbehörde daher nur außerhalb deren Kompetenzbereichs (Gaentzsch NJW 1986, 2793 f.). Die Prüfungsmaßstäbe sind daher nach dem stärkeren Bezug zum Schutzgut des jeweiligen Gesetzes auf die beiden Genehmigungsverfahren aufzuteilen (vgl. BVerwG 4.7.1986 – 4 C 31.84, DVBl 1986, 1273 mAnm Seibert).

65 Der Separationsgrundsatz widerspricht zwar dem umfassenden Prüfungsmaßstab der Baugenehmigung; dieser umfassende Maßstab soll aber nur verhindern, dass der Bau freigegeben wird, bevor weiter erforderliche fachgesetzliche Genehmigungen vorliegen. Der umfassende Prüfungsmaßstab steht daher einer **Einschränkung des Regelungsinhalts der Baugenehmigung** nicht entgegen, die die Feststellung der Vereinbarkeit mit dem öffentlichen Baurecht auf die von der BauAB in eigener Kompetenz zu prüfenden Fragen begrenzt (vgl. Hornmann NVwZ 2012, 1294 (1295)). Im Übrigen hat die BauAB zu prüfen, ob weiter erforderliche Genehmigungen vorliegen; das Ergebnis dieser Prüfung nimmt aber nicht an der Feststellungswirkung der Baugenehmigung teil (vgl. Sauthoff BauR 2013, 415 (416); Gaentzsch NJW 1986, 2792 f.). Unbenommen bleibt der BauAB auch eine Versagung der Baugenehmigung wegen fehlenden Sachbescheidungsinteresses, wenn die Erteilung der erforderlichen Fachgenehmigung aus der Sicht der BauAB ausgeschlossen erscheint (vgl. → Rn. 32 f.).

Schwierig bleibt die **Aufteilung des Prüfungsstoffes** nach Sachnähe und Kompetenz der Behörden sowie der Zielsetzung der Fachgesetze auf die verschiedenen Genehmigungsverfahren. Diese Schwierigkeiten steigern sich, wenn die Anforderungen eines Fachgesetzes ohne eigenes Genehmigungsverfahren dem Regelungsgehalt einer der parallelen Genehmigungen zuzuordnen sind (vgl. Gaentzsch NJW 1986, 2794). Das zeigt der vom BVerwG (4.7.1986 – 4 C 31.84, DVBl 1986, 1273) entschiedene Fall: Das BVerwG ordnet die **Prüfung des Immissionsschutzes** bei der Genehmigung eines Fördermaschinenhauses und Schallschutzgebäudes dem bergrechtlichen Betriebsplanzulassungsverfahren zu, während das OVG den Immissionsschutz im Baugenehmigungsverfahren berücksichtigen wollte. Der Ungewissheit, welche Behörde bei konkurrierenden Genehmigungen über welche Vorschriften außerhalb ihres originären Zuständigkeitsbereichs zu entscheiden hat, kann der Nachbar bei unklarer Rechtslage nur entgehen, wenn er alle konkurrierenden Genehmigungen anficht (Rieger in Schrödter §29 Rn. 70). 66

Über die Fälle konkurrierender Anlagengenehmigungen hinaus ist der Grundsatz der **Beschränkung des Regelungsgehalts der Baugenehmigung** entsprechend der Sachentscheidungskompetenz auch auf Baugenehmigungen von Vorhaben auszudehnen, deren **Nutzung von der Genehmigung einer anderen Fachbehörde abhängig** ist und deren **Beurteilung die BauAB überfordern würde**. Beispiel dafür ist die Reduzierung des Regelungsgehalts der Baugenehmigung für ein atomares Zwischenlager auf die Errichtung der baulichen Anlage unter Ausklammerung der Nutzung mit dem Hinweis auf das Erfordernis der atomrechtlichen Aufbewahrungsgenehmigung (BVerwG 11.5.1989 – 4 C 1.88, NVwZ 1989, 1163; 30.12.1997 – 11 B 3.97, juris Rn. 6; Schmidt-Preuß DVBl 1991, 229). Die Bindungswirkung der Baugenehmigung für eine Lagerhalle für Kernbrennstoffe beschränkt sich daher auf die spezifisch baurechtliche Zulässigkeit und schließt lediglich aus, dass die Aufbewahrungsgenehmigung nach §6 AtG aus baurechtlichen Gründen versagt wird. Dementsprechend muss der Nachbar sich mit baurechtsspezifischen Rügen (zB Grenzabstand der Halle) gegen die Baugenehmigung wenden, während atomrechtliche Einwendungen nur gegen die Genehmigung nach §6 AtG zu richten sind (vgl. VGH München 10.5.2005 – 22 AS 04.40068, ZVR 2005, 415). Auch der verfügende Teil der Baugenehmigung (→ Rn. 27) wird durch den Vorbehalt der Aufbewahrungsgenehmigung nach §6 AtG gegenüber dem Regelfall eingeschränkt: Zwar erlaubt die Baugenehmigung den Baubeginn, nicht aber die Aufnahme der Nutzung, die erst nach der atomrechtlichen Genehmigung zulässig ist (Schmidt-Preuß aaO). Damit sind die Entscheidungen des OVG Lüneburg 19.1.1981 – 1 B 111/80, BauR 1981, 267 – Hubschrauberhangar – und 9.11.1982 – 1 B 59/82, DVBl 1983, 184 – Zwischenlager Gorleben – überholt. 67

Umstritten ist schließlich, ob die **Prüfungspflicht** der beteiligten Behörden auch die **ressortübergreifenden Genehmigungsvoraussetzungen** erfasst und damit über die eigenen Entscheidungsbefugnisse hinausreicht (ablehnend Sauthoff BauR 2013, 415 (416); Hornmann NVwZ 2012, 1294 (1295)). Damit soll nicht in Frage gestellt werden, dass die BauAB auf die Erforderlichkeit einer weiteren Genehmigung hinweisen soll (§58 Abs. 1 S. 2) oder diese im Wege einer Nebenbestimmung einbezieht (auch insoweit ablehnend Hornmann NVwZ 2012, 1294 (1296)). Die Frage ist vielmehr, ob die BauAB die Baugenehmigung auch aus ressortfremden Gründen verweigern darf. Das wird man bereits wegen des fehlenden Sachbescheidungsinteresses für die Fälle bejahen können, in denen die Behörde aufgrund eigener Prüfung oder nach Beteiligung der Fachbehörde zum Ergebnis kommt, dass die Genehmigungsvoraussetzungen der zusätzlich erforderlichen Genehmigung offensichtlich nicht vorliegen (Sauthoff BauR 2013, 415 (417); Gaentzsch NJW 1986, 2787 (2793)). 68

Unabhängig von der Frage, ob der BauAB eine VA-Befugnis zusteht, festzustellen, dass das Vorhaben gegen eine nicht zum Prüfprogramm gehörende Norm verstößt (bejahend Sauthoff BauR 2013, 415 (420f.)), sollte sie sich einer derartigen Handlungsweise enthalten. Die BauAB hat die Verantwortlichen nach §58 Abs. 1 S. 2 zu beraten und darauf 69 hinzuweisen, dass über die eigenen Entscheidungsbefugnisse hinausreichende Voraussetzungen für das Vorhaben nicht gegeben sind. Wird das Vorhaben dennoch verwirklicht, kann sie bauordnungsrechtlich nach § 79 gegen den Bauherrn vorgehen. Gegen eine die ressortfremden Genehmigungsvoraussetzungen allgemein einschließende Prüfungspflicht sprechen auch Gründe der Zweckmäßigkeit. Auch wenn eine Versagung der Baugenehmigung aufgrund ressortfremder Genehmigungsvoraussetzungen die Fachbehörde nicht bindet, wird der Antragsteller mit der Anfechtung der Versagung der Baugenehmigung oder des feststellenden VA auf den falschen Weg geführt, weil die entscheidende Feststellung von der Fachbehörde zu treffen ist. Für den Drittbetroffenen würde eine die ressortfremden Genehmigungsvoraussetzungen bejahende Begründung der Baugenehmigung das Verständnis des Regelungsgehaltes der Baugenehmigung und damit den Rechtsschutz erschweren. Unter diesem Blickwinkel **erscheint eine dem Regelungsgehalt der Baugenehmigung kongruente Prüfungspflicht der BauAB angemessen**, die auch der Rechtsprechung des BVerwG zugrunde liegen dürfte (BVerwG 4.7.1986 – 4 C 3184, DVBl 1986, 1273; 11.5.1989 – 4 C 1.88, NVwZ 1989, 1163).

f) Maßgeblicher Zeitpunkt für die Beurteilung der Vereinbarkeit mit dem öffentlichen Baurecht

70 Voraussetzung für die Erteilung der **Baugenehmigung** ist, dass die Baumaßnahme oder bauliche Anlage **mit dem im Zeitpunkt der Genehmigung geltenden öffentlichen Baurecht vereinbar** ist. Diese Aussage hat erhebliche praktische Bedeutung, weil das maßgebliche öffentliche Baurecht nur in bescheidenem Umfang durch lange Zeit unveränderte Gesetze bestimmt wird und Bebauungspläne und offene Normen – wie §§ 34, 35 BauGB durch die Bezugnahme auf die vorhandene Bebauung bzw. die öffentlichen Belange – relativ rasche Veränderungen möglich machen. Die Baugenehmigung wird mit der Bekanntgabe an den Bauherrn wirksam und nicht erst mit der Bekanntgabe an jeden Betroffenen, so dass Änderungen der Sach- und/oder Rechtslage nach diesem Zeitpunkt bedeutungslos sind. Nachträgliche Änderungen zugunsten des Bauherrn sind zu berücksichtigen; Änderungen zu seinen Lasten haben außer Betracht zu bleiben. Die erteilte Baugenehmigung vermittelt dem Bauherrn eine Rechtsposition, die sich, wenn ein Nachbar die Genehmigung anficht, gegenüber während des Rechtsmittelverfahrens eintretenden Änderungen der Sach- und/oder Rechtslage durchsetzen kann (BVerwG 19.9.1969 – IV C 18.67, DVBl 1970, 62; 8.11.2010 – 4 B 43.10, ZfBR 2011, 164).

71 Aus der Maßgeblichkeit der Rechtslage zur Zeit der Entscheidung ergibt sich, dass eine nachträgliche Genehmigung für Schwarzbauten nicht erteilt werden kann, wenn diese zwar zur Zeit der Errichtung mit dem materiellen öffentlichen Baurecht vereinbar waren, dieses sich aber inzwischen geändert hat (vgl. Lechner in Simon/Busse BayBO Art. 68 Rn. 146 ff.; aA FOO, Bd. 2, S. 180 ff.). Denkbar ist in solchen Fällen ein den Bestandsschutz feststellender VA oder ein **Duldungsverwaltungsakt** (VGH Kassel 10.11.1994 – 4 TH 1864/94, BRS 57 Nr. 259; VG Gießen 3.7.2007 – 1 E 1270/06, juris), wenn ein schutzwürdiges Interesse des Betroffenen dargetan wird.

72 Die erste hier zu erwähnende Fallgruppe wird dadurch gekennzeichnet, dass **während des Baugenehmigungsverfahrens** oder des vom Bauherrn angestrengten Prozesses die **maßgebliche Sach- oder Rechtslage sich zuungunsten des Bauherrn ändert**. Dann fragt sich, ob die Änderung die bereits früher erhobenen Ansprüche unberührt lässt oder auch mit den „alten" Ansprüchen aufräumt (Weyreuther, DJT-Gutachten, B 118 ff.; Schröer DVBl 1969, 241 ff.). Für das Baurecht ist im Grundsatz anerkannt, dass eine Änderung der Sach- oder Rechtslage auch bereits erhobene oder zu Unrecht zunächst abgelehnte Ansprüche ohne enteignende Wirkung zu Fall bringen kann (Weyreuther, DJT-Gutachten, B 122; BVerwG 8.2.1974 – IV C 77.71, BRS 28 Nr. 48; 16.4.1980 – 4 C 90.77, ZfBR 1980, 201; VGH München 17.9.2007 – 25 B 05.358, juris Rn. 28).

Jedoch kann das alte Recht bzw. die ursprüngliche Rechtslage über die **Folgenbeseitigungslast** in das neue Recht hineinwirken, wenn nach neuem Recht eine Ermessensentscheidung zu treffen ist: Die Behörde, die eine Baugenehmigung rechtswidrig abgelehnt hat, darf nach Erlass der Veränderungssperre eine Ausnahme nach § 14 Abs. 2 BauGB nicht versagen, wenn überwiegende öffentliche Belange nicht entgegenstehen (BVerwG 14.5.1968 – IV C 56.65, NJW 1968, 2350; 20.8.1992 – 4 C 54.89, NVwZ-RR 1993, 65 zur Ermessensentscheidung auf der Rechtsgrundlage nach § 34 Abs. 2 BauGB iVm § 8 Abs. 3 Nr. 3 BauNVO 1990). Das Ermessen wird als Folge der rechtswidrigen Ablehnung auf Null reduziert. 73

Nicht selten betreiben Gemeinden – im Hinblick auf einen derzeit genehmigungsfähigen, ihnen unerwünschten Bauantrag – die Änderung der Rechtslage zuungunsten des Bauherrn, indem sie einen B-Plan aufstellen oder ändern und zu dessen Sicherung **Zurückstellung und Veränderungssperre** einsetzen. Das BVerwG (15.3.2012 – 4 BN 9.12, ZfBR 2012, 477) hat klargestellt, dass dies den Gemeinden nicht verwehrt ist (vgl. OVG Lüneburg 9.9.2011 – 1 MN 112/11, juris Rn. 13, ZfBR 2013, 40). Voraussetzung ist lediglich, dass die Planung für die städtebauliche Entwicklung und Ordnung erforderlich iSd § 1 Abs. 3 BauGB ist und nicht nur das vorgeschobene Mittel, den Bauwunsch zu durchkreuzen (BVerwG aaO; 16.12.1988 – 4 C 48.86, NVwZ 1989, 655). Nutzt die Gemeinde den Bearbeitungszeitraum für den Bauantrag, um Zurückstellung oder Veränderungssperre einzusetzen, muss der Antragsteller diese Verfahrensweise hinnehmen und kann keine **Entschädigungsansprüche** geltend machen (BGH 23.1.1992 – III ZR 191/90, NVwZ 1993, 299). Erst wenn es im Zusammenhang mit der Sicherung der Bauleitplanung zu Verzögerungen in der Bearbeitung des Bauantrags kommt, muss die Gemeinde bzw. die BauAB mit Entschädigungsansprüchen rechnen (vgl. → Rn. 170 f.). 74

Tritt ein B-Plan oder eine Veränderungssperre erst während eines verwaltungsgerichtlichen Verfahrens in Kraft, das der Bauherr nach Versagung der Baugenehmigung anhängig macht, dann kann die zunächst begründete Verpflichtungsklage keinen Erfolg haben, weil für das Verpflichtungsbegehren die Sach- und Rechtslage im Zeitpunkt der letzten mündlichen Verhandlung des VG maßgebend ist (BVerwG 29.1.2009 – 4 C 16.07, juris Rn. 11, NVwZ 2009, 1103 zum entsprechenden Zeitpunkt für einen Bauvorbescheid). Der Bauherr ist in diesen Fällen gut beraten, vom Verpflichtungsantrag zu einem **Fortsetzungsfeststellungsantrag iSd § 113 Abs. 1 S. 4 VwGO** überzugehen, bzw. den Antrag, dass sein Vorhaben bis zum Inkrafttreten des B-Planes zulässig war, hilfsweise zu stellen (BVerwG 24.10.1980 – 4 C 3.78, DVBl 1981, 401; 30.6.2011 – 4 C 10.10, juris Rn. 7; OVG Lüneburg 15.5.2009 – 12 LC 51/07, juris). Der Bauherr kann auch einen Fortsetzungsfeststellungsantrag ändern und beantragen, dass ihm während eines bestimmten Zeitraums ein Anspruch auf eine Baugenehmigung zugestanden habe (BVerwG 28.4.1999 – 4 C 4.98, NVwZ 1999, 1105; 21.10.2004 – 4 B 76.04, juris). Erwächst diese Feststellung in Rechtskraft, ist sie für die Zivilgerichte in einem Amtshaftungs- und Entschädigungsprozess bindend (BGH 28.9.1995 – III ZR 202/94, NVwZ-RR 1996, 65). 75

Weniger Probleme werfen die Fälle auf, in denen eine mit Sicherheit zu erwartende **Rechtsänderung zugunsten des Bauherrn** ihre Schatten vorauswirft. Fehlt eine dem § 33 BauGB vergleichbare Regelung, so kann eine Befreiung iSd künftigen Rechts zugelassen werden (vgl. auch Kloepfer DÖV 1973, 657). 76

Die **„rechtsverschärfende“ Änderung** der Rechtslage äußert in dem **vom Nachbarn angestrengten Widerspruchs- und Klageverfahren keine Wirkung** zulasten des Bauherrn: „Es geht nämlich nicht an, dem Bauwilligen eine Rechtsposition, die ihm nach dem im Zeitpunkt des Erlasses des Verwaltungsaktes geltenden Recht eingeräumt worden ist und die zu dulden der Nachbar verpflichtet war, nachträglich ohne ausdrückliche Rechtsgrundlage zu entziehen“ (BVerwG 19.9.1969 – IV C 18.67, NJW 1970, 263 mit abl. Anm. Schuegraf NJW 1970, 581; BVerwG 8.11.2010 – 4 B 43.10, ZfBR 2011, 124; → § 68 Rn. 195). 77

D. Nebenbestimmungen

a) Allgemeines

78 **Abs. 2 erwähnt** im Zusammenhang mit baulichen Anlagen, die nur auf beschränkte Zeit errichtet werden dürfen oder sollen, **nur Widerrufsvorbehalt und Befristung. Bedingungen und Auflagen sind** mit Rücksicht auf die allgemeine Regelung des § 36 VwVfG durch die Novelle 1986 **gestrichen worden**. Wegen der praktischen Bedeutung gerade von Auflagen und Bedingungen im Baurecht soll hier auf alle Nebenbestimmungen eingegangen werden (vgl. allgemein FOO, Bd. 2, S. 143 ff.).

79 Durch **Nebenbestimmungen** können vielfach Hindernisse aus dem öffentlichen Baurecht ausgeräumt werden, die sonst zur Versagung der Baugenehmigung führen müssten. Nebenbestimmungen gelten als – trennbare oder untrennbare (integrale) – Bestandteile der Baugenehmigung für und gegen die Rechtsnachfolger des Bauherrn und der Nachbarn. Nach § 81 Abs. 4 S. 2 **können** die Nebenbestimmungen **in das Baulastenverzeichnis eingetragen werden**, soweit ein öffentliches Interesse an der Eintragung besteht.

b) Abgrenzungsfragen

80 Während Widerrufsvorbehalte und Befristungen idR ohne Weiteres erkennbar sind, kann die **Abgrenzung der Auflagen und Bedingungen** von „Hinweisen" und dem Genehmigungsinhalt im Einzelfall schwierig sein (zum Folgenden Weyreuther DVBl 1969, 232 (233); BVerwG 17.2.1984 – 7 C 8.82, NVwZ 1984, 371). Zusätze, dass bestimmte Regelungen zu „beachten" seien, lassen keinen Zweifel daran, dass es sich nur um Hinweise ohne Regelungsgehalt handelt. Der Zusatz in der Baugenehmigung für ein Haus, dass im Dachgeschoss keine Wohnung ausgebaut werden dürfe, kann vorsorgliche Belehrung oder echtes Verbot sein. Für die Unterscheidung ist der erklärte Wille der BauAB maßgebend. Soweit die Baugenehmigung darüber keinen Aufschluss gibt, wird es beispielsweise darauf ankommen, ob ein Ausbau des Dachgeschosses nach den Innenmaßen und der Fenstergröße zu vermuten ist. Die „Auflage" in einer Baugenehmigung, eine bestimmte Nutzung zu unterlassen, kann auch die Ablehnung einer Nutzungsänderungsgenehmigung darstellen (OVG Berlin 9.4.1997 – 2 S 5.97, BRS 59 Nr. 215).

81 In der Praxis werden Auflagen und Bedingungen selten streng getrennt, idR werden sogar alle Zusätze, also Nebenbestimmungen, Inhaltsbestimmungen (Modifizierungen) und Hinweise, in bunter Mischung als „Auflagen und Bedingungen" in den Bauschein aufgenommen. Für den Bauherrn hängt freilich das „Bauendürfen" von der richtigen **Unterscheidung zwischen Auflage und aufschiebender Bedingung** ab. Es ist nahezu selbstverständlich, dass es auf die Bezeichnung der Nebenbestimmung allein nicht ankommen kann. Allerdings kann die Bezeichnung im Einzelfall als Indiz herangezogen werden (BGH 8.2.2001 – III ZR 49/00, juris Rn. 19 ff., ZMR 2001, 552). Die Unterscheidung kann sich an der unterschiedlichen Wirkungsweise von Auflage und Bedingung orientieren: Soll die Baugenehmigung nach dem erklärten Willen der BauAB mit ihrem Wirksamwerden das Bauen erlauben und die Durchsetzbarkeit der Nebenbestimmung unabhängig von der Baugenehmigung ermöglichen **(Auflage)**, oder ist die Nebenbestimmung für die BauAB von so wesentlicher Bedeutung, dass sie erst nach Erfüllung der Nebenbestimmung den Bau freigeben will **(Bedingung)**?

82 Dass mit der Beantwortung der in → Rn. 81 skizzierten Frage die **Schwierigkeit der Unterscheidung** nicht völlig behoben ist, zeigt etwa die Nebenbestimmung in einer Baugenehmigung für ein Mehrfamilienhaus mit mehr als fünf Wohnungen, dass ein ausreichend großer Spielplatz nach § 9 Abs. 3 S. 1 anzulegen ist. Sie kann eine **Auflage** darstellen, **aber ebenso** – wie die Einstellplatzpflicht nach § 47 – zulässigerweise als **Bedingung** formuliert werden. Im Baurecht werden zwar häufiger Auflagen als Bedingungen vorkommen. Daraus wird man entgegen Scheerbarth Allg BauordnungsR

(§ 146a) aber keine Vermutung zugunsten der Auflage herleiten können. Die Auflage ist auch – zumindest generell – nicht das mildere Mittel gegenüber der Bedingung (Weyreuther DVBl 1969, 232 (237)). Immerhin wird man idR davon ausgehen dürfen, dass die begünstigende Wirkung einer Baugenehmigung, das „Bauendürfen", sofort und unbedingt eintreten soll, wenn die Nebenbestimmung nicht mit hinreichender Deutlichkeit etwas anderes besagt.

Im Baurecht spielen die **teilweise erteilte und die modifizierte Genehmigung** sowie 83
ihre Abgrenzung von Nebenbestimmungen eine wichtige Rolle (Weyreuther DVBl 1969, 232 (295); HBG ÖffBauR § 16 Rn. 57 f.). Die teilweise Genehmigung setzt ein teilbares Vorhaben voraus; sie bleibt hinter dem Beantragten zurück, ist aber durch den Antrag gedeckt. Die modifizierte Genehmigung ist die Versagung der beantragten Genehmigung und Vorweggenehmigung eines abweichenden Vorhabens („aliud"). Sie kommt in der Praxis zwar sehr häufig vor, wenn die BauAB die Bauvorlagen im Hinblick auf bestimmte Vorschriften des öffentlichen Baurechts selbst korrigiert, statt den Bauantrag abzulehnen. Die BauAB sind bei einem unbegründeten Baugesuch aber nicht verpflichtet, von sich aus Erwägungen darüber anzustellen, ob vielleicht ein anderes – von dem zur Genehmigung gestellten Vorhaben in dieser oder jener Weise abweichendes, also ihm gegenüber modifiziertes – Vorhaben genehmigungsfähig sein könnte (BVerwG 13.8. 1980 – 4 B 64.80, juris). Wird ein Vorhaben nur mit einem Geschoss weniger genehmigt als beantragt, handelt es sich um eine derartige modifizierte Genehmigung; allerdings würde eine Korrektur der Bauvorlagen durch die BauAB hier schon deshalb auf Bedenken stoßen, weil die Modifizierung zu weitgehend ist, es sei denn, dies geschieht im Einvernehmen mit dem Bauherrn.

Die sog. **„modifizierende Auflage"**, die Weyreuther (DVBl 1984, 365 ff.) im Anschluss an 84
einige Entscheidungen des BVerwG 8.2.1974 – IV C 73.72, BRS 28 Nr. 111; 3.5.1974 – IV C 42.72, BRS 28 Nr. 112) verteidigt, wird in der Literatur ziemlich einhellig abgelehnt (Hufen/Bickenbach JuS 2004, 867; Heitsch DÖV 2003, 367 (369) mN). Es handelt sich dabei um die Ablehnung eines beantragten VA und das Angebot der Behörde, einen anderen VA zu erlassen, verbunden mit einer vorhabenbezogenen Anordnung. Am **Beispiel** verdeutlicht: Wird auf den Bauantrag für ein Gebäude an der Grenze mit einer Öffnung zur Grenze die Baugenehmigung mit der „Auflage" erteilt, die Abschlusswand zur Grenze als Brandwand herzustellen (VGH Mannheim 4.2.1975 – III 1115/73, BRS 29 Nr. 121), handelt es sich um eine modifizierende Auflage iS Weyreuthers. Wird die Öffnung in der Grenzwand nur durch Grünstift gestrichen, handelt es sich um eine schlichte modifizierte Gewährung. In beiden Fällen weicht die Baugenehmigung so weit vom Antrag ab, dass ein neuer Antrag, mindestens konkludent, erforderlich ist.

Einigkeit besteht darüber, dass die sog. **modifizierende Auflage keine echte Auflage** 85
ist, weil sie untrennbarer Bestandteil der Genehmigung ist (FOO, S. 144 f.; Kopp/Ramsauer VwVfG § 36 Rn. 74). Sie ist nicht isoliert aufhebbar. Das begründet das BVerwG damit, dass die Genehmigung ohne die Einschränkung nicht der Rechtsordnung entspricht (BVerwG 17.2.1984 – 4 C 70.80, NVwZ 1984, 366; vgl. auch 22.11.2000 – 11 C 2.00, NVwZ 2001, 429). Ebenso wie bei der modifizierten Genehmigung kann der Bauherr nur mit einem Verpflichtungsantrag die beantragte Genehmigung ohne Einschränkung erstreiten. Insofern ist die Bezeichnung modifizierende Auflage irreführend (näher Mann, in Landmann/Rohmer, UmwR, § 12 BImSchG Rn. 55 f., 112 ff.). Das Besondere an der sog. modifizierenden Auflage ist **allerdings**, dass sie **selbständig durchsetzbar** ist (VGH Mannheim aaO Rn. 84; OVG Lüneburg 20.2.1984 – 6 A 110/83, BRS 42 Nr. 177).

c) Zulässigkeit von Nebenbestimmungen

Da Nebenbestimmungen eine Einschränkung der Baugenehmigung darstellen, bedür- 86
fen sie einer **gesetzlichen Grundlage**, soweit auf die Baugenehmigung ein Anspruch besteht und die Nebenbestimmungen nicht nur der Sicherstellung der gesetzlichen Voraussetzungen der Baugenehmigung dienen (§ 36 Abs. 1 VwVfG). Dementsprechend

sieht **Abs. 2** Befristung oder Widerrufsvorbehalt für Behelfsbauten, Werbeanlagen und Warenautomaten sowie Bauwerke für begrenzte Dauer ausdrücklich vor. Bei Baugenehmigungen, die im Ermessen der BauAB stehen (Ausnahmen, Befreiungen und Abweichungen) ist die BauAB in der Beifügung von Nebenbestimmungen in gewissem Sinne freier gestellt. Die BauAB etwa, die dem Bauherrn eine Abweichung von der „Entsprechensregel" des § 5 Abs. 5 S. 2 Hs. 2 gestattet, kann gestalterische Auflagen treffen, die über die Verunstaltungsabwehr nach § 10 hinausgehen, um die nicht entsprechende Grenzbebauung harmonisch zu gestalten. Das setzt freilich voraus, dass die Genehmigung des Grenzbaus nicht aus anderen Gründen die einzige ermessensfehlerfreie Entscheidung darstellt (vgl. → Rn. 88).

87 Die Zulässigkeit von Nebenbestimmungen ist in mehrfacher Hinsicht eingeschränkt. Die **Nebenbestimmung darf dem Zweck des Verwaltungsaktes nicht zuwiderlaufen** (vgl. § 36 Abs. 3 VwVfG). Sie muss sachbezogen und sachgerecht sein (BVerwG 21.10.1970 – IV C 165.65, juris; VGH München 12.10.1998 – 24 B 97.3617, juris). Das OVG Münster (13.1.1972 – X A 188/71, BRS 25 Nr. 152) hat einen derartigen Widerspruch zwischen Nebenbestimmung und Baugenehmigung, der zur Rechtswidrigkeit der Nebenbestimmung führt, in einem Fall angenommen, in dem ein Transportbetonwerk mit der Auflage genehmigt worden war, einen bestimmten Lärmpegel nicht zu überschreiten, was aber letztlich die Nutzung der Anlage ausschloss. Freilich handelt es sich nach Auffassung des BVerwG bei dieser Nebenbestimmung um eine modifizierende, vorhabenbezogene Auflage, die die eigentliche Genehmigung qualitativ verändert und einer isolierten Anfechtung und Aufhebung entzogen ist (BVerwG 8.2.1974 – IV C 73.72, BRS 28 Nr. 111). Eine Nebenbestimmung, die den Regelungsgehalt des VA dadurch aufhebt, dass sie die Genehmigungsvoraussetzungen wiederholt, macht den VA insgesamt unwirksam (OVG Münster 9.5.1989 – 10 A 2580/86, NVwZ 1989, 1081).

88 Darüber hinaus muss zwischen den Nebenbestimmungen und der Baugenehmigung ein **sachlicher innerer Zusammenhang** bestehen (Kopp/Ramsauer § 36 Rn. 81 ff.). Das kam in § 75 Abs. 2 NBauO 1973 deutlich zum Ausdruck: **Bedingungen und Auflagen** waren nach dieser Vorschrift zulässig, **„soweit dadurch Hindernisse aus dem öffentlichen Baurecht beseitigt werden"**. Den sachlichen Zusammenhang zwischen Baugenehmigung und Nebenbestimmung gewährleistet nun § 36 Abs. 1 VwVfG. Nebenbestimmungen sind zB zur fortdauernden Sicherung der Voraussetzungen einer Baugenehmigung erforderlich, wenn diese für eine Anlage im Geltungsbereich eines B-Plans erteilt wird, der immissionswirksame flächenbezogene Schallleistungspegel festsetzt (BVerwG 27.10.1998 – 4 NB 3.97, NVwZ 1998, 1067; 15.11.2007 – 4 B 52.07, juris, BeckRS 2007, 28181). Da diese Festsetzungen das Lärmkontingent unter Berücksichtigung der Lärmdämpfung durch Abschirmung usw berücksichtigen, muss durch Nebenbestimmungen sichergestellt werden, dass bei tatsächlichen Veränderungen zwischen Emissionsquelle und Immissionspunkt Anforderungen auch an den genehmigten Bestand gestellt werden können. Rechtsgrundlage für Nebenbestimmungen im Immissionsschutzrecht ist § 12 Abs. 1 S. 1 BImSchG (vgl. BVerwG 17.10.2012 – 4 C 5.11, LKV 2013, 122 zur Rückbausicherheitsleistung nach § 35 Abs. 5 S. 3 BauGB; zu den spezialgesetzlichen Ermächtigungsgrundlagen für Nebenbestimmungen im Fachrecht: Hufen/Bickenbach JuS 2004, 966).

89 Wo der BauAB bei der Erteilung der Baugenehmigung ein Ermessen eingeräumt wird (zB § 66, § 23 Abs. 5 BauNVO), ist der sachliche Zusammenhang nur scheinbar etwas lockerer, weil im Rahmen des Ermessens recht unterschiedliche Erwägungen eine Rolle spielen können, denen ggf. mit Nebenbestimmungen Rechnung getragen werden kann. Nebenbestimmungen, die mit dem Bauaufsichtsrecht nichts zu tun haben, sind unzulässig. So schließt **§ 36 Abs. 3 VwVfG** auch **unzulässige Koppelungsgeschäfte** aus (Weiß in MSU VwVfG, § 36 Rn. 87). Eine Baugenehmigung darf daher nicht von der Auflage abhängig gemacht werden, dass der Bauherr auf künftige gesetzmäßige Baumaßnahmen verzichtet (Knack/Henneke § 36 Rn. 48).

90 Bei der Auswahl und Formulierung der Nebenbestimmung hat die BauAB auf **Bestimmtheit, Tauglichkeit und Zweckmäßigkeit für den verfolgten Zweck** besonders zu achten. Verschiedene Nebenbestimmungen einer Baugenehmigung, die die Lärmimmissionen, die von einer Anlage auf das Nachbargrundstück einwirken dürfen, in unterschiedlicher Höhe festsetzen, sind mangels inhaltlicher Bestimmtheit rechtswidrig (OVG Bremen 6.1.1989 – 1 B 89/88, BRS 49 Nr. 200). Unter dem Blickwinkel der Bestimmtheit bestehen auch erhebliche Bedenken gegen die Praxis, im Baugenehmigungsverfahren eingeholte Gutachten zum Bestandteil der Baugenehmigung zu machen, da idR offen bleibt, mit welchem Regelungsgehalt sie in Bezug genommen werden (OVG Münster 16.2.1996 – 10 B 248/96, NVwZ-RR 1997, 274). Anders kann es liegen, wenn durch Nebenbestimmungen in einer (immissionsschutzrechtlichen) Genehmigung ein Schallgutachten mit dem maßgeblichen Immissionsrichtwert ausdrücklich zum Bestandteil der Antragsunterlagen erklärt und festgelegt wird, dass die darin zugrunde gelegten Rahmenbedingungen bei Errichtung und Betrieb der Anlage zu beachten sind (OVG Lüneburg 6.11.2012 – 12 ME 189/12, juris Rn. 10). Zu den Maßstäben für Befristungen und Bedingungen auf der untersten Ebene der Regelungshierarchie des Raumordnungsrechts: BVerwG 30.8.2012 – 4 CN 5.11, juris Rn. 8f., ZfBR 2013, 47)

Die BauAB darf sich bei problematischen immissionsschutzrechtlichen Verhältnissen 91
nicht damit begnügen, dem Bauherrn mit der Baugenehmigung schematisch die Einhaltung bestimmter Immissionsrichtwerte vorzuschreiben – womöglich noch ohne Festlegung der Immissionsorte (BVerwG 16.5.2001 – 7 C 16.00, NVwZ 2001, 1167). Damit würde eine **Konfliktbewältigung auf dem Papier** vorgetäuscht, **in Wahrheit** aber **das Risiko** der Nichteinhaltung der Nebenbestimmung in unzumutbarer Weise **auf den Nachbarn abgewälzt** (VGH Kassel 30.1.2012 – 4 B 2379/11, juris Rn. 6ff., IBR 2012, 229 zu Nebenbestimmungen, die den maßgeblichen Immissionsrichtwert bestimmen, ohne dass sichergestellt ist, dass diese Grenze auch eingehalten wird). Jedenfalls dann, wenn die BauAB keine Anstalten macht, die Einhaltung der Immissionsrichtwerte zu kontrollieren, kann der Nachbar die Einhaltung der Nebenbestimmung nicht mit vertretbarem Aufwand überprüfen (OVG Lüneburg 25.11.1994 – 1 M 4954/94, juris). Da die Nutzung eines Vorhabens schwerer zu überwachen ist als die bauliche Ausgestaltung, sollte die BauAB – auch im Interesse des Nachbarn – immer prüfen, ob nicht besondere bauliche Vorkehrungen verlangt werden können. Die Auflage in der Baugenehmigung eines Schweinestalles, eine bestimmte Abluftaustrittsgeschwindigkeit einzuhalten, ist schwerer zu überwachen als das Verlangen, die Lüftungsanlage so auszulegen, dass die vorgeschriebene Geschwindigkeit in der niedrigsten Betriebsstufe eingehalten wird (OVG Lüneburg 4.5.1982 – 1 A 44/80, AgrarR 1983, 275).

Der Zweck der Baugenehmigung, die Erfüllung aller öffentlich-rechtlichen Vorausset- 92
zungen umfassend sicherzustellen, steht einem zu weit gehenden Abschieben von Genehmigungsvoraussetzungen in Nebenbestimmungen entgegen (VGH München 15.9.1998 – 20 ZB 98.2402, BRS 60 Nr. 144; 18.7.2002 – 1 B 98.2945, BRS 65 Nr. 190). Die Beifügung von Nebenbestimmungen, die über die Sicherstellung der gesetzlichen Voraussetzungen der Baugenehmigung hinausgehen, ist sowohl bei der gebundenen als auch bei der freien Erlaubnis nur zulässig, wenn deren Versagung ohne Nebenbestimmung rechtmäßig wäre. Damit stellt sich die Frage, **in welchem Umfang die BauAB von Nebenbestimmungen Gebrauch machen muss**, statt die Baugenehmigung zu versagen. Da die Beifügung von Nebenbestimmungen dem Bauherrn immer noch die Wahl zwischen der durch Nebenbestimmung eingeschränkten Baugenehmigung und dem Verzicht auf die Ausführung des Vorhabens lässt, ist die BauAB jedenfalls bei geringfügigen Verstößen gegen öffentliches Baurecht verpflichtet, die Baugenehmigung unter entsprechenden Nebenbestimmungen zu erteilen (BVerwG 16.7.1965 – IV C 54.65, DVBl 1966, 496; OVG Berlin 19.2.1971 – II B 102/68, BRS 24 Nr. 119). Eine Nebenbestimmung ist allerdings unzulässig, wenn sie den Bauherrn stärker benachteiligt als eine Versagung der Baugenehmigung (Scheerbarth Allg BauordnungsR § 144b).

Zur **nachträglichen** Beifügung einer Nebenbestimmung vgl. → Rn. 129.

d) Auflage

93 Die häufigste Nebenbestimmung ist die Auflage. Mit ihr wird dem Bauherrn für den Fall, dass er von der Baugenehmigung Gebrauch macht, ein Tun, Dulden oder Unterlassen vorgeschrieben (so die Begriffsbestimmung in § 36 Abs. 2 Nr. 4 VwVfG). Die Auflage hat zwar gegenüber der Baugenehmigung eine dienende Funktion, sie ist jedoch grundsätzlich nicht – wie die Bedingung – integrierender Bestandteil der Baugenehmigung. Die **Baugenehmigung** wird daher **unabhängig von der Erfüllung der Auflage wirksam** (auch → Rn. 99). Ist dem Bauherrn die Erfüllung der Auflage unmöglich, so ist sie gegenstandslos, die Baugenehmigung aber bleibt wirksam. Deshalb darf die Baugenehmigung nicht mit der Auflage erteilt werden, die Erschließung durch Eintragung einer Baulast auf einem fremden Grundstück öffentlich-rechtlich zu sichern (BGH 8.2.2001 – III ZR 49/00, DVBl 2001, 809) oder den Nachweis zu erbringen, dass die noch offenen Genehmigungsvoraussetzungen erfüllt sind (OVG Magdeburg Beschl. v. 4.9.2017 – 2 M 69/17, NVwZ 2018, 222). Andererseits entfällt mit der Aufhebung der Baugenehmigung die Auflage ebenso, als ob von der Baugenehmigung kein Gebrauch gemacht wird.

94 Steht auf dem Baugrundstück im Grenzabstand des künftigen Wohnhauses ein Schuppen, dann kann die BauAB die Baugenehmigung mit der Auflage verbinden, den Schuppen abzubrechen (§ 7 Abs. 1). Die Baugenehmigung für das Wohnhaus ist unabhängig von der Erfüllung – und auch von der Wirksamkeit – der Auflage. Die **Auflage kann** als trennbarer Bestandteil der Baugenehmigung auch **selbständig angefochten werden** (BVerwG 12.3.1982 – 8 C 23.80, DVBl 1982, 637; 19.1.1989 – 7 C 31.87, NVwZ 1989, 864; 22.11.2000 – 11 C 2.00, juris Rn. 25; OVG Münster 21.8.1992 – 11 A 804/90, juris Rn. 25 ff. zur Brandschutzauflage in einem Bauschein; Pietzcker NVwZ 1995, 15 mN; aA Stadie DVBl 1991, 613 m. Nachw.) – im Beispielsfall etwa im Hinblick auf § 7 Abs. 2 Nr. 3.

95 Der Grundsatz der selbständigen Anfechtbarkeit von Auflagen gilt jedoch nicht, soweit mit der Auflage das zu genehmigende Vorhaben geändert wird. Die Unterscheidung von Auflagen, die den Gegenstand der Baugenehmigung selbst betreffen, und solchen, die nur ergänzend hinzutreten, ist mitunter schwierig (BVerwG 8.2.1974 – IV C 73.72, BauR 1974, 261 einerseits und 3.5.1974 – IV C 42.72, BauR 1974, 263 andererseits sowie Weyreuther DVBl 1984, 365 mwN). Die vorhabenbezogene bzw. **modifizierende Auflage** ist untrennbarer (integraler) Bestandteil der Baugenehmigung, teilt deren Schicksal und **kann nicht isoliert angefochten werden** (Weyreuther DVBl 1969, 232 (297); VGH Mannheim 23.7.1998 – 8 S 3189/96, NVwZ-RR 1999, 431; → 84 f.).

96 Sieht der Bauantrag für ein Wohnhaus eine Außenwand mit Öffnungen nahe der Grenze vor und fügt die BauAB der Baugenehmigung die Nebenbestimmung bei, „die Außenwand zum Grundstück X ist als Brandwand herzustellen“, kann diese nur als **modifizierende Auflage** qualifiziert werden (VGH Mannheim 4.2.1975 – III 1115/73, BRS 29 Nr. 121). Die der Auflage eigene Befehlswirkung kann nicht geleugnet werden, auch wenn die BauAB in einem solchen Fall eine insoweit vom Bauantrag abweichende **modifizierende Baugenehmigung** erteilen könnte. Beide Möglichkeiten sind wegen der unterschiedlichen Folgen auch **nicht austauschbar**: Errichtet der Bauherr sein Vorhaben abweichend von der Genehmigung entsprechend seinem Antrag und tritt nun eine Rechtsänderung zu seinen Lasten ein, muss die BauAB für eine nachträgliche Genehmigung – die modifizierende deckt das errichtete Bauwerk nicht – das neue Recht zugrunde legen. Ist eine Baugenehmigung mit modifizierender Auflage erteilt, bedarf es nur der Durchsetzung der Auflage (OVG Lüneburg 20.2.1984 – 6 A 110/83, BRS 42 Nr. 177).

97 Das BVerwG (17.2.1984 – 4 C 70.80, NVwZ 1984, 366; dazu auch Pietzner/Ronellenfitsch, Das Assessorexamen im Öffentlichen Recht, 13. Aufl. 2014, § 9 Rn. 291) hat eine **isolierte Aufhebung** einer Auflage auch für **ausgeschlossen** gehalten, **wenn sie mit dem eigentlichen Inhalt der Genehmigung in so engem Zusammenhang steht**, dass die Genehmigung ohne Auflage dem geltenden Recht widerspräche. Die BauAB

hatte in jenem Fall der Baugenehmigung für eine Lagerhalle aus Gründen des Brandschutzes die Auflage beigefügt, eine auf dem Nachbargrundstück verlaufende Pipeline feuerbeständig zu ummanteln. Diese Entscheidung ist auf Widerspruch gestoßen (Rumpel BayVBl. 1987, 577; Fehn DÖV 1988, 202; Kopp/Ramsauer §36 Rn. 75ff.), weil die Teilbarkeit von Auflage und Genehmigung nichts mit der Frage der Rechtmäßigkeit der uneingeschränkten Genehmigung zu tun habe (vgl. BVerwG 19.1.1989 – 7 C 31.87, NVwZ 1989, 864 und 22.11.2000 – 11 C 2.00, juris Rn. 25). In entsprechender Anwendung des §44 Abs. 4 VwVfG führt jedoch der enge Zusammenhang zwischen Auflage und Genehmigung zur Aufhebung insgesamt. Maßgaben, die Inhalt und Umfang der Genehmigung kennzeichnen, sind nicht selbständig anfechtbar, vielmehr kann die uneingeschränkte Genehmigung nur mit der Verpflichtungsklage erstritten werden (BVerwG 17.2.1984 – 7 C 8.82, NVwZ 1984, 371).

Mitunter kann die BauAB die Folgen einer Baugenehmigung nicht voll übersehen. Dann wird häufig ein **Auflagenvorbehalt** beigefügt. In der Baugenehmigung für eine Hühnerfarm etwa werden weitere Auflagen für den Fall vorbehalten, dass sich Geruchsbelästigungen in der Umgebung zeigen. Ein derartiger Auflagenvorbehalt ist der Sache nach ein partieller Widerrufsvorbehalt (Scheerbarth §145a). Er wird in der NBauO nicht erwähnt, ist aber nach allgemeinen Grundsätzen zulässig, wenn die BauAB damit nicht allgemein das Risiko des partiellen Widerrufs dem Bauherrn aufbürdet, sondern sich nur in Einzelfällen für einen näher bezeichneten Gefahrenbereich Auflagen vorbehält (BVerwG 22.11.2000 – 11 C 2.00, juris zu einem Auflagenvorbehalt im Planfeststellungsrecht; v. Münch JZ 1964, 121). 98

Ist die **Auflage unanfechtbar** oder die sofortige Vollziehung angeordnet und von der Baugenehmigung Gebrauch gemacht, dann kann die BauAB die Auflage **mit** den Mitteln des **Verwaltungszwangs durchsetzen**. Sie darf aber auch die Baugenehmigung nach §1 Abs. 1 Nds. VwVfG iVm §49 Abs. 2 Nr. 2 VwVfG widerrufen, wenn der Bauherr die Auflage nicht oder nicht fristgerecht erfüllt hat (vgl. Kopp/Ramsauer VwVfG §49 Rn. 38 ff.). Freilich können sich aus dem Grundsatz der Verhältnismäßigkeit Bindungen für die Wahl zwischen Widerruf und Durchsetzung der Auflage ergeben (Kopp/Ramsauer §36 Rn. 49). Eine Baugenehmigung für ein Wohnhaus darf nicht widerrufen werden, weil die Auflage, das Grundstück entlang der Straße einzufrieden, nicht erfüllt worden ist. Ist die Auflage bestandskräftig, kann der Bauherr sich nicht mehr auf die materielle Legalität der von der Auflage abweichenden Ausführung des Vorhabens berufen (OVG Lüneburg 20.2.1984 – 6 A 110/83, BRS 42 Nr. 177; Weyreuther DVBl 1984, 365 (373)). 99

e) Bedingung

Durch die Bedingung wird der Eintritt oder der Wegfall der in der Baugenehmigung liegenden Begünstigung von dem ungewissen Eintritt eines zukünftigen Ereignisses abhängig gemacht (§36 Abs. 2 Nr. 2 VwVfG). Sie ist im Gegensatz zur Auflage nicht selbständig vollziehbar (vgl. → Rn. 99). Die Baugenehmigung wird zwar mit der Bekanntgabe an den Bauherrn wirksam, die **Rechtsfolge** jedoch **bleibt bis zum Eintritt der Bedingung in der Schwebe** (BVerwG 29.3.1968 – IV C 27.67, NJW 1968, 1842). Die aufschiebende Bedingung lässt die Wirkung der Baugenehmigung erst mit dem Eintritt der Bedingung eintreten, die auflösende Bedingung lässt die Wirkung der Baugenehmigung mit dem Eintritt der Bedingung entfallen. Wer vor Eintritt der aufschiebenden Bedingung mit dem Bau beginnt, baut zumindest formell illegal (vgl. VGH Kassel 11.9.1991 – 3 TH 1762/91, 3 TH 1810/91, NVwZ-RR 1992, 469). Mit dem Eintritt der auflösenden Bedingung wird auch der bereits errichtete Bau zumindest formell illegal. 100

Die Bedingung könnte aufgrund der Festsetzungsmöglichkeit eines **„Baurechts auf Zeit"** nach §9 Abs. 2 BauGB Bedeutung gewinnen, weil im Baugenehmigungsverfahren sichergestellt werden muss, dass eine Nutzung, die nach dem B-Plan nur bis zum Eintritt bestimmter Umstände zulässig ist, nach dem Eintritt der Bedingung beseitigt werden kann (Kuschnerus ZfBR 2005, 125 (130); Berkemann/Halama, Erstkommentierungen 101 zum BauGB 2004, § 9 Rn. 83). Den Bedenken Jädes (ZfBR 2005, 135 (137)), der davon ausgeht, dass die Feststellungswirkung der Baugenehmigung nicht „zukunftsbezogen" sei, kann nicht gefolgt werden. Bei einem „Baurecht auf Zeit" muss der Faktor Zeit auch auf die Baugenehmigung durchschlagen, zumal die Baugenehmigung für eine begrenzte Zeit dem Bauordnungsrecht schon bisher vertraut war (vgl. Heinrich, Befristung und Bedingung baulicher und sonstiger Nutzungsrechte nach § 9 Abs. 2 BauGB, Diss. 2009, S. 204 ff.; → Rn. 104 f.)

102 Die **Bedingung ist integrierender Bestandteil der Baugenehmigung**, weil die BauAB nur unter bestimmten Voraussetzungen – eben der Bedingung – genehmigen wollte. Die Folge dieser engen Verknüpfung zwischen Baugenehmigung und Bedingung ist, dass das rechtliche Schicksal der Baugenehmigung von der Bedingung abhängt. Ist die Baugenehmigung an die Bedingung geknüpft, eine bestimmte Zahl von Stellplätzen zu schaffen, führt der Einwand der Unmöglichkeit nicht etwa dazu, dass die Nebenbestimmung entfällt, sondern er lässt die Wirkung der Baugenehmigung entfallen (BVerwG 29.3.1968 – IV C 27.67, NJW 1968, 1842). Die Bedingung ist – eine weitere Folge ihrer Untrennbarkeit von dem Hauptverwaltungsakt – nach hier vertretener Ansicht **nicht selbständig anfechtbar**, vielmehr kann der Antragsteller nur mit einer Verpflichtungsklage die Baugenehmigung ohne Bedingung erstreiten (aA die inzw. gefestigte Rspr.: grundsätzliche Zulässigkeit der Anfechtungsklage gegen alle belastenden Nebenbestimmungen, vgl. nur BVerwG 22.11.2000 – 11 C 2.00, NVwZ 2001, 429 = BVerwGE 112, 221; 21.6.2007 – 3 C 39.06, NVwZ-RR 2007, 776 Rn. 20 m.w.N.; 17.10.2012 – 4 C 5.11, NVwZ 2013, 805 Rn. 5 = BVerwGE 144, 341; OVG Lüneburg 10.3.2004 – 1 LB 60/03, NVwZ-RR 2005, 394; OVG Münster 18.8.2003 – 20 B 233/03, NVwZ 2004, 1384; OVG Magdeburg 17.9.2008 – 2 M 153/08, NVwZ-RR 2009, 239; OVG Mannheim 17.9.2013 – 6 S 788/13, GewArch 2014, 86 (88) und die h.L., vgl. nur Maurer/Waldhoff, Allg. VerwR, § 12 Rn. 27; Stelkens in SBS § 36 Rn. 59; Weiß in MSU VwVfG § 36 Rn. 125; Schenke VerwProzR, 16. Aufl. 2019, Rn. 294; Mann/Wahrendorf, VerwRProzR, 4. Aufl. 2015, Rn. 202 jeweils m.w.N; a.A. Kopp/Ramsauer § 36 Rn. 88 ff.; Labrenz NVwZ 2007, 161). Soweit die Baugenehmigung im Ermessen der Behörde steht, ist grundsätzlich nur ein Bescheidungsurteil möglich (BVerwG 1.6.2007 – 4 B 13.07, juris zur Reichweite der Rechtskraft eines Bescheidungsurteils). Zum vorläufigen Rechtsschutz gegen aufschiebende Bedingungen vgl. Hufen/Bickenbach JuS 2004, 966 (969).

103 Für die Bedingung stellt sich – ebenso wie für die Auflage (→ Rn. 99) – die Frage, ob sich der **Bauherr gegenüber der unanfechtbaren Bedingung auf die ursprüngliche Legalität der baulichen Anlage berufen kann**. Nach Auffassung des BVerwG (10.12. 1982 – 4 C 52.78, NVwZ 1983, 472) kann die Beseitigung eines auflösend bedingt genehmigten Vorhabens auch dann gefordert werden, wenn es während der Dauer der Wirksamkeit der Genehmigung materiell legal war. Wie weit darin eine Abkehr von dem Urteil des BVerwG vom 6.6.1975 (– 4 C 15.73, NJW 1976, 340) liegt, mag offen bleiben (vgl. Weyreuther DVBl 1965, 282). Würde man die Berufung auf die materielle Legalität vor Eintritt der Bedingung durchgreifen lassen, liefe die Bedingung praktisch leer. Eine materielle Legalität nach Eintritt der auflösenden Bedingung könnte der Bauherr allerdings einem Beseitigungsverlangen entgegenhalten.

f) Befristung und Widerrufsvorbehalt (Abs. 2)

104 Bauliche Anlagen, die nur **auf beschränkte Zeit** errichtet werden dürfen oder sollen, können nach **Abs. 2** widerruflich oder befristet genehmigt werden. Einerseits handelt es sich dabei um Vorhaben, die nach dem Willen des Bauherrn nicht auf unbeschränkte Zeit errichtet werden sollen, andererseits um Vorhaben, deren unbeschränkter Genehmigung rechtliche Hindernisse entgegenstehen. **Abs. 2 Satz 2** nennt ausdrücklich Behelfsbauten als Vorhaben, die nur widerruflich oder befristet genehmigt werden dürfen. Befristung und Widerrufsvorbehalt sind Instrumente, die geeignet sind, die Festsetzung eines „Baurechts auf Zeit" nach § 9 Abs. 2 BauGB im Genehmigungsverfahren umzuset-

zen (→ Rn. 101). Auch ein Vorhaben, das nur unter Ausnutzung einer Baulast mit öffentlichem Baurecht vereinbar ist, kann nur widerruflich oder befristet genehmigt werden, wenn die Baulast nur zeitlich begrenzt übernommen worden ist.

Baugenehmigungen für Vorhaben, für die ein B-Plan „immissionswirksame flächenbezogene Schallleistungspegel" festsetzt, müssen mit einem **Widerrufsvorbehalt** versehen werden, damit bei einer Verschlechterung der Lärmdämpfung – zB durch die Beseitigung einer lärmschützenden baulichen Anlage zwischen dem emittierenden Betrieb und der Nachbarschaft – nachträgliche Anforderungen an den Betrieb gestellt werden können (BVerwG 27.1.1998 – 4 NB 3.97, NVwZ 1998, 1067). Es ist aber auch denkbar, dass ein Vorhaben, das von den Festsetzungen des B-Planes abweicht, für eine **Zwischennutzung** widerruflich oder befristet genehmigt wird, weil die Verwirklichung des B-Planes noch in weiter Ferne steht und das Vorhaben bis dahin in keiner Weise öffentliche Belange beeinträchtigt (OVG Münster 9.6.1983 – 11 A 701/83, BRS 40 Nr. 162 für Werbeanlagen auf einer künftigen Verkehrsfläche). So können etwa Kioske auf Flächen widerruflich genehmigt werden, die im B-Plan bereits als öffentliche Verkehrsfläche zur Erweiterung der vorhandenen Straße ausgewiesen sind (vgl. Bröll KommJur 2006, 46 zu Baurechten auf Zeit). Wegen des Kapitalaufwandes für die Errichtung baulicher Anlagen werden Bauherrn idR aber auf eine Genehmigung für unbeschränkte Zeit Wert legen. 105

Werbeanlagen und Warenautomaten können widerruflich oder befristet genehmigt werden. Damit weicht **Abs. 2** von dem Grundsatz ab, dass bauliche Anlagen, die mit dem derzeit geltenden öffentlichen Baurecht vereinbar sind, unbeschränkt zu genehmigen sind. Das lässt sich damit begründen, dass Werbeanlagen und Warenautomaten „einer nicht voraussehbaren Kollisionsgefahr mit einer dem Gestaltungswandel unterliegenden Umgebung ausgesetzt" sind (Schmidt-Tophoff, Recht der Außenwerbung, 1965, S. 122) und die Anlagen mit recht geringem Aufwand wieder beseitigt werden können. Verfassungsrechtliche Bedenken bestehen daher gegen § 70 Abs. 2 nicht (OVG Lüneburg 10.3.2004 – 1 LB 60/03, NVwZ-RR 2005, 394 zu § 75 Abs. 2 aF). Allerdings muss die BauAB im Rahmen ihrer **Ermessensentscheidung** prüfen, ob die örtlichen Gegebenheiten für Veränderungen anfällig sind, die einen Widerrufsvorbehalt rechtfertigen (OVG Lüneburg aaO). Bei einem weitläufigen Kundenparkplatz eines Gartencenters hat das OVG Lüneburg die Verhältnismäßigkeit eines Widerrufsvorbehalts verneint. Bei der Ausübung des Widerrufs sind der Regelungsgehalt der Baugenehmigung und die Veränderung der tatsächlichen Verhältnisse zu berücksichtigen (OVG Berlin 27.7.2001 – 2 S 3.01, BRS 64 Nr. 147). 106

Die **Befristung**, mit der ein bestimmter Endtermin für die Wirkung der Baugenehmigung gesetzt wird, sollte nur gewählt werden, wenn die Bestandsdauer der baulichen Anlage zu übersehen ist. Ist das nicht der Fall, ist der Widerrufsvorbehalt angemessener, weil er dem Bauherrn den uU erneut notwendigen Bauantrag erspart (OVG Koblenz 3.6.1965 – 1 A 66/64, BRS 16 Nr. 76; 21.1.2005 – 8 A 11867/04, NVwZ-RR 2006, 167 zweifelnd zur Statthaftigkeit einer Verpflichtungsklage bei Abwehr eines Widerrufvorbehalts; vgl. hierzu → Rn. 102). Die Befristung ist entgegen Scheerbarth Allg. BauordnungsR (§ 147) nicht ohne weiteres günstiger als der Widerrufsvorbehalt, weil dieser nur aus einem sachlichen Grund ausgeübt werden darf und das Bauvorhaben erst mit unanfechtbarem Widerruf formell illegal wird. Wenn nach dem B-Plan eine Nutzung nach § 9 Abs. 2 Nr. 1 BauGB nur für einen bestimmten Zeitraum zulässig ist (dazu Kuschnerus ZfBR 2005, 125 (130); Berkemann/ Halama (→ Rn. 101), § 9 Rn. 55 ff.), bietet sich die Befristung ebenfalls an. Die in der Baugenehmigung gesetzte Frist kann vor ihrem Ablauf verlängert werden. 107

Mit dem Widerrufsvorbehalt weist die BauAB den Bauherrn auf die Möglichkeit der Beseitigung der Baugenehmigung hin. Seiner Rechtsnatur nach ist der Widerrufsvorbehalt eine Sonderform der auflösenden Bedingung (v. Münch JZ 1964, 53 (57)). Über die Fälle des § 70 Abs. 2 hinaus ist der Widerrufsvorbehalt grundsätzlich überall dort zulässig, wo der Bauherr keinen Anspruch auf eine uneingeschränkte Baugenehmigung hat. Die Frage, **unter welchen Voraussetzungen der Widerrufsvorbehalt ausgeübt werden** 108

darf, hat die NBauO nicht geregelt. Nach allgemeinen Grundsätzen darf der Widerrufsvorbehalt nur ausgeübt werden, soweit der Widerruf zur Wahrung der durch das öffentliche Baurecht geschützten Belange erforderlich ist (v. Münch IZ 1964, 112 ff.). Der **Widerrufsvorbehalt** ist also für sich allein **noch kein ausreichender Widerrufsgrund** (VGH Mannheim 11.12.1984 – 8 S 1857/84, BRS 44 Nr. 154). Der Widerrufsvorbehalt schaltet aber im Rahmen eines zulässigen Widerrufs den Vertrauensschutz aus. Dementsprechend sieht § 49 Abs. 6 VwVfG für einen Widerruf im Vollzug eines Widerrufsvorbehalts keine Entschädigung vor (ebenso BGH 16.3.1970 – III ZR 183/69, DVBl 1971, 456 und Menger/Erichsen VerwArch. 1970, 384 ff.).

109 **Befristung und Widerrufsvorbehalt** sind nach hier vertretener Ansicht **grundsätzlich nicht isoliert anfechtbar,** weil sie untrennbare Bestandteile der Baugenehmigung sind (a.A. die st. Rspr. und h.L., vgl. die Nachweise in Rn. 102; wie hier: Kopp/Ramsauer § 36 Rn. 88 ff.; Labrenz NVwZ 2007, 161). Mit dem Ablauf der Frist bzw. dem unanfechtbaren Widerruf wird die bauliche Anlage formell illegal. Eine Beseitigung der baulichen Anlage kommt aber nur in Betracht, wenn sie auch dem nunmehr geltenden materiellen öffentlichen Baurecht widerspricht. Müsste die Baugenehmigung auf einen neuen Bauantrag erteilt werden, ist eine Beseitigung ausgeschlossen. Dementsprechend müssen Umstände, die nach dem Widerruf oder dem Ablauf der Frist eintreten, von der BauAB berücksichtigt werden (VGH München 11.2.1981 – 81 XV 77, BRS 38 Nr. 163). Zweifelhaft ist lediglich, ob sich der Bauherr, der eine Baugenehmigung mit einer Befristung oder einem Widerrufsvorbehalt hat unanfechtbar werden lassen, auf die ursprüngliche Legalität berufen kann (vgl. dazu → Rn. 99, 103). Darauf kommt es dann an, wenn der Bauherr einen zunächst bestehenden Anspruch auf eine uneingeschränkte Genehmigung durch eine Änderung der Sach- und/oder Rechtslage verloren hat (BVerwG 10.12.1982 – 4 C 52.78, NVwZ 1983, 472 einerseits, 6.6.1975 – IV C 15.73, BVerwGE 48, 271 und 9.3.1990 – 4 B 145.88, juris andererseits).

110 Die NBauO macht die Erteilung einer befristeten oder widerruflichen Baugenehmigung nicht – wie etwa Art. 68 Abs. 3 BayBO bei Auflagen und Bedingungen – davon abhängig, dass die Beseitigung der Anlage nach Widerruf oder Fristablauf gesichert ist. Besteht Anlass zu der Befürchtung, dass die Beseitigung auf Schwierigkeiten stößt, kann die BauAB eine Sicherheitsleistung verlangen (vgl. auch § 12 Abs. 1 S. 2 BImSchG; § 35 Abs. 5 S. 3 BauGB). Zur nachträglichen Beifügung eines Widerrufsvorbehalts zur Baugenehmigung vgl. VGH Mannheim 14.4.2008 – 8 S 2322/07, NVwZ-RR 2008, 751.

E. Teilbaugenehmigung (Abs. 3 und 4)

a) Allgemeines

111 Die **Absätze 3 und 4** entsprechen § 76 aF. Die Regelungen sind aus „systematischen Gründen" in § 70 eingeordnet worden (LT-Drs. 16/3195, 105). Bei größeren Bauvorhaben kann es für den Bauherrn vorteilhaft sein, wenn er mit den Bauarbeiten für die Baugrube oder auch einzelne Bauteile oder Bauabschnitte bereits beginnen darf, bevor ihm die Baugenehmigung nach mehr oder weniger langwierigem Genehmigungsverfahren erteilt wird. Diesem praktischen Bedürfnis entspricht die Teilbaugenehmigung. Sie gestattet nicht die **Ausführung** des gesamten Vorhabens, sondern nur die **eines Teils**, meist einer „Bauphase".

b) Voraussetzungen der Teilbaugenehmigung

112 **Abs. 3** legt die Voraussetzungen der Teilbaugenehmigung präziser als § 74 MBauO 2002 und viele LBauOen fest. Zunächst muss grundsätzlich ein **vollständiger Bauantrag** für das gesamte Bauvorhaben **eingereicht sein**, dh vor der Erteilung einer Teilbaugenehmigung für einen Teil des Bauwerks muss der Bauantrag mit allen notwendigen Unterlagen für die weiteren Teile des Bauwerks vorliegen. Freilich brauchen Detailplanungen, die für

den ersten Bauabschnitt ohne Bedeutung sind, noch nicht vorgelegt zu werden. Wird der BauAB nur ein erster „Bauabschnitt" unterbreitet, ohne dass ein Bauantrag für das gesamte Vorhaben eingereicht wird, kann eine Teilbaugenehmigung, die die Baugenehmigung für das noch unbekannte Gesamtvorhaben präjudizieren würde, nicht in Betracht kommen. Ebenso wenig darf auf einen Bauantrag, der nur Standort und Abmessungen des Baukörpers enthält, aber die beabsichtigte Nutzung offen lässt, eine Teilbaugenehmigung erteilt werden (OVG Münster 16.3.1984 – 11 A 302/84, BRS 42 Nr. 163). Eine Ausnahme von diesem Grundsatz ist allenfalls dann möglich, wenn die Genehmigung nicht von der künftigen Nutzung abhängt (vgl. Art. 70 S. 1 Hs. 2 BayBO).

Auf schriftlichen Antrag kann die BauAB die **Teilbaugenehmigung** erteilen, **„wenn nach dem Stand der Prüfung des Bauantrags gegen die Teilausführung keine Bedenken bestehen" (Abs. 3 Satz 1)**. Danach kommt eine Teilbaugenehmigung nur infrage, wenn die grundsätzliche Zulässigkeit des Vorhabens feststeht (FOO, Bd. 2, S. 152), dh das Vorhaben den grundlegenden bodenrechtlichen und bauordnungsrechtlichen Anforderungen genügt, soweit diese im Hinblick auf § 63 zu prüfen sind (vgl. → § 63 Rn. 19). Je nachdem, wofür die Teilbaugenehmigung beantragt wird, nähert sich die für die Teilbaugenehmigung erforderliche Prüfung der im Baugenehmigungsverfahren durchzuführenden Prüfung des Vorhabens. 113

Reichen für die Teilbaugenehmigung des Bodenaushubs die städtebauliche Zulässigkeit des Vorhabens und seine Vereinbarkeit mit den Vorschriften über die Anforderungen an das Baugrundstück nach § 4 sowie über den Grenzabstand nach den §§ 5 ff., so muss bei der **Teilbaugenehmigung für das Fundament** bereits weitgehend auch die Statik geprüft sein bzw. in den Fällen des § 63 der Nachweis über die Standsicherheit entsprechend § 65 Abs. 2 S. 1 Nr. 1 geprüft sein. Offen bleiben können dann etwa Einzelfragen der Gestaltung. Die Auffassung des OVG Koblenz (7.12.1990 – 1 B 12509/90, NVwZ-RR 1991, 286), bei Teilbaugenehmigungen sei nur zu prüfen, ob das Grundstück überhaupt bebaubar sei, ist, wenn nicht überholt, so doch eine isolierte Einzelmeinung geblieben (VGH Kassel 11.12.1995 – 4 TG 1337/95, NVwZ-RR 1997, 10; OVG Frankfurt (Oder) 19.2.1997 – 3 B 137/96, NVwZ-RR 1998, 484; vgl. auch OVG Lüneburg 22.10.2008 – 1 KN 215/07, juris Rn. 29). Sie ist auch mit dem Wortlaut des Abs. 3 nicht vereinbar. 114

c) Verfahren

Für die Teilbaugenehmigung gibt es **keine besonderen Verfahrensvorschriften**, vielmehr gilt Abs. 1 sinngemäß **(Abs. 3 Satz 2)**. Ein besonderer Hinweis auf die §§ 67–69 erübrigte sich, weil die Teilbaugenehmigung einen vollständigen Bauantrag voraussetzt (→ Rn. 112), zu dem die Nachbarn und die zuständigen Behörden gehört worden sind. Vor der Anhörung der Nachbarn und der Beteiligung der zuständigen Behörden, soweit diese sich auf die grundsätzliche Zulässigkeit des Vorhabens und nicht nur auf Details beziehen, die für die Teilbaugenehmigung ohne Belang sind, hat die Prüfung des Bauantrags noch nicht einen Stand erreicht, der die Erteilung einer Teilbaugenehmigung zulassen würde. Die sinngemäße Geltung des Absatzes 1 bedeutet insbesondere, dass die Teilbaugenehmigung der **Schriftform** bedarf (Abs. 1 Satz 3); **Abs. 6** bestimmt zudem, dass die Teilbaugenehmigung auch für und gegen die **Rechtsnachfolger** des Bauherrn und der Nachbarn gilt. Die Einschränkungen des Prüfungsmaßstabs und die Verfahrensvorschriften der §§ 63, 65 gelten auch für die Teilbaugenehmigung. Auch wenn Absatz 3 nicht ausdrücklich auf § 72 Bezug nimmt, ergibt sich doch aus dem Wesen der Teilbaugenehmigung, dass diese Vorschrift auch für die Teilbaugenehmigung gilt. 115

Zweifelhaft ist, ob die Erteilung der Teilbaugenehmigung im Ermessen der BauAB liegt oder auf sie ein Anspruch besteht, wenn ihre sachlichen Voraussetzungen vorliegen (für einen Anspruch: Scheerbarth § 141; für eine Ermessensentscheidung: FOO S. 152). **Abs. 3 Satz 1 räumt** mit der Formulierung „... kann ... zugelassen werden ..." der BauAB gerade im Vergleich zu § 70 Abs. 1 S. 1 – „... ist zu erteilen ..." – **sehr deutlich** 116

ein Ermessen ein. Nach Abs. 3 Satz 2 gilt Abs. 1 für die Teilbaugenehmigung zwar sinngemäß; das kann aber nicht gelten, soweit Abs. 3 Satz 1 etwas Besonderes vorschreibt. Die Einräumung eines Ermessens ist auch sachlich gerechtfertigt, weil die Erteilung einer Teilbaugenehmigung eine erhebliche zusätzliche Belastung der BauAB mit sich bringt, andererseits der Bauherr nur in Grenzen schutzbedürftig ist. Steht die Erteilung der Baugenehmigung kurz bevor, ist die Ablehnung -einer Teilbaugenehmigung idR ebenso gerechtfertigt, wie bei mangelnder Eilbedürftigkeit des Vorhabens (ebenso Decker in Simon/Busse Art. 70 Rn. 49 ff.; Hornmann HBO § 77 Rn. 16).

d) Wirkungen der Teilbaugenehmigung

117 Die **Teilbaugenehmigung gestattet** dem Bauherrn die **Ausführung des genehmigten Teils**, nicht aber des gesamten Bauvorhabens. Die BauAB bindet sich jedoch mit der Erteilung der Teilbaugenehmigung insofern, als sie nunmehr innerhalb der Geltungsdauer der Teilbaugenehmigung (§ 71) die Baugenehmigung nicht mehr grundsätzlich ablehnen darf. Die **Auffassungen über die Reichweite und Rechtsnatur dieser Bindungswirkung** haben sich seit Inkrafttreten des § 76 aF **deutlich gewandelt**. Während die Rechtsprechung zunächst die Rechtfertigung für diese Bindungswirkung im Grundsatz des Vertrauensschutzes sah und die Bindungswirkung der Teilbaugenehmigung daher nach den für den Vertrauensschutz maßgeblichen Umständen begrenzte (BGH 10.2.1983 – III ZR 105/81, NVwZ 1983, 500), hat sie sich in der Folgezeit stärker an den Ergebnissen der Diskussion um die Rechtsnatur der Teilgenehmigungen im Atom- und Immissionsschutzrecht orientiert.

118 Nachdem das BVerwG im Wyhl-Urteil (19.12.1985 – 7 C 65.82, NVwZ 1986, 208) das vorläufige positive Gesamturteil zum Regelungsgehalt der Teilgenehmigung gerechnet hat, hat sich die Erkenntnis durchgesetzt, dass die grundsätzliche Zulässigkeit des Gesamtvorhabens zum feststellenden Teil der Teilbaugenehmigung gehört (Schimmelpfennig, Vorläufige Verwaltungsakte, 1989, S. 95). Anders als im Atomrecht kann ein Vorhaben aber nicht nur durch Teilgenehmigungen insgesamt genehmigt werden, vielmehr werden die Teilgenehmigung bzw. mehrere Teilbaugenehmigungen zwingend durch die „abschließende“ Baugenehmigung ergänzt. Gehört die grundsätzliche Genehmigungsfähigkeit des Gesamtvorhabens danach zum feststellenden Teil der **Teilbaugenehmigung, entfaltet** sie **Bindungswirkung für die folgende Baugenehmigung** (OVG Münster 3.4.1996 – 11 B 523/96, NVwZ-RR 1997, 401; VGH Kassel 20.1.1993 – 3 TH 2486/92, BRS 55 Nr. 144; OVG Berlin 20.12.1991 – 2 S 21.91, BRS 52 Nr. 166; → Rn. 114).

119 Die **Teilbaugenehmigung bindet** nicht nur die BauAB, sondern **auch** die **Gemeinde und** die **Nachbarn**, soweit diese die Teilbaugenehmigung haben unanfechtbar werden lassen. Diese Bindung wird nur eingeschränkt durch die Möglichkeit zusätzlicher Anforderungen nach **Abs. 4**. Änderungen der Sach- und/oder Rechtslage, die sich nicht auf Details der noch nicht genehmigten Bauteile, sondern auf die grundsätzliche Zulässigkeit des Vorhabens auswirken, stellen die Bindung an die Teilbaugenehmigungen nicht in Frage (FOO, Bd. 2, S. 152). Da die endgültige Baugenehmigung über die grundsätzliche Billigung hinaus das gesamte Vorhaben auch im Detail deckt und den Bau insgesamt freigibt, wird die Teilbaugenehmigung durch die Baugenehmigung für das Gesamtvorhaben ergänzt. Der **Regelungsgehalt der Teilbaugenehmigung** – Zulassung des vorzeitigen Baubeginns und Feststellung der grundsätzlichen Genehmigungsfähigkeit des Gesamtvorhabens – **wird** aber **durch** die **Erteilung der Baugenehmigung nicht gegenstandslos** (ebenso Hornmann HBO Art. 77 Rn. 26; VGH Kassel 23.5.1969 – OS IV 75/66, BRS 22 Nr. 159; a.A. Decker in Simon/Busse BayBO Art. 70 Rn. 61). Eine Wiederholung des feststellenden Teils der Teilbaugenehmigung in der Baugenehmigung iS eines Zweitbescheides – (vgl. BVerwG 17.3.1989 – IV C 14.85, NVwZ 1989, 863 zum Vorbescheid; → § 73 Rn. 37 f.) – würde über den Antrag des Bauherrn hinausgehen.

Der **Bindungswirkung einer rechtswidrigen Teilbaugenehmigung** kann sich die BauAB **nur durch** deren **Rücknahme entziehen**. In diesem Zusammenhang können die vom BGH (10.2.1983 aaO Rn. 117) für die Reichweite der Bindungswirkung herangezogenen Vertrauensschutzgesichtspunkte insofern Bedeutung erlangen, als der Vermögensausgleich nach § 48 Abs. 3 S. 1 VwVfG entscheidend von der Schutzwürdigkeit des Vertrauens des Bauherrn abhängt. So können zB Vorbehalte hinsichtlich der Erschließung Vertrauensschutz ausschließen (OVG Münster 24.8.1979 – XI A 611/79, BRS 35 Nr. 150). Zur Abgrenzung von objektiver Reichweite des Vertrauensschutzes und mitwirkendem Verschulden des Bauherrn bei einer rechtswidrigen Baugenehmigung: BGH 11.10.2001 – III ZR 63/00, NJW 2002, 432. **120**

Im Hinblick auf die Bindungswirkung darf die **Unbedenklichkeit der Teilausführung** nach dem Stand der Prüfung des Bauantrags **nach Abs. 3 Satz 1 keineswegs großzügig bejaht werden**. Die BauAB kann nach einer Teilbaugenehmigung nur Änderungen „späterer" Bauabschnitte verlangen, die das Gesamtvorhaben als solches nicht infrage stellen. So kann die endgültige Baugenehmigung mit Auflagen zur Stellplatzpflicht verbunden werden (BayObLG 29.10.1979 – RReg 2 Z 84/78, BRS 35 Nr. 151). Eine grundsätzliche Ablehnung der Baugenehmigung wäre nur unter den Voraussetzungen der §§ 48 ff. VwVfG zulässig: Rücknahme oder Widerruf der Teilbaugenehmigung stellen die BauAB von jeder Bindung frei (VGH Kassel 19.6.1985 – 3 TG 444/85, BRS 44 Nr. 153). **121**

e) Zusätzliche Anforderungen

Da die Teilbaugenehmigung wegen der noch nicht abschließenden Prüfung des Gesamtvorhabens nicht die Richtigkeitsgewähr einer Baugenehmigung besitzt, **lässt Abs. 4 zusätzliche Anforderungen** für die bereits genehmigten Teile der Baumaßnahme **in der Baugenehmigung zu**, auch wenn sie bereits ausgeführt sind (so auch § 76 Abs. 2 BauO NRW). Die zusätzlichen Anforderungen können aber nur gestellt werden, wenn sie sich bei der weiteren Prüfung der Bauvorlagen als erforderlich herausstellen. Fehlt es zB an der städtebaulichen Zulässigkeit des Vorhabens, **lagen die Voraussetzungen der Teilbaugenehmigung von vornherein nicht vor**. Selbst wenn es im Einzelfall möglich sein sollte, dies durch zusätzliche Anforderungen zu korrigieren, fallen diese doch **nicht unter Abs. 4**, weil sie sich nicht bei der weiteren Prüfung der Bauvorlagen als notwendig erwiesen haben, sondern aus Fehlern bei der Erteilung der Teilbaugenehmigung resultieren. Fehler der Teilbaugenehmigung können nur nach § 48 VwVfG durch – uU entschädigungspflichtige – Rücknahme korrigiert werden (vgl. → Rn. 128 ff.). **122**

§ 76 Abs. 2 S. 2 NBauO 1973 bestimmte, dass der damalige § 90 Abs. 3 nicht anzuwenden war, dh dass der Bauherr bei einer nachträglichen Einschränkung der Teilbaugenehmigung durch die Baugenehmigung keinen Anspruch auf Ersatz des Vertrauensschadens hatte. Dieser Satz ist gestrichen worden, „da es nicht erforderlich ist, die Haftung der BauAB für fehlerhafte Teilbaugenehmigungen auszuschließen" (BegrRegE NBauO 1986 S. 78). Haftet die BauAB deshalb sowohl für Fehler der Teilbaugenehmigung, die bei der vorläufigen Gesamtbeurteilung unterlaufen sind, als auch für Einschränkungen der Teilbaugenehmigung, die sich bei der weiteren (Detail-)Prüfung des Gesamtvorhabens als erforderlich herausstellen? Eine solche Erweiterung der Haftung wäre kaum angemessen und würde die Bereitschaft der BauAB, eine Teilbaugenehmigung zu erteilen, nicht fördern. Aus § 49 Abs. 2 S. 1 Nr. 1 VwVfG ergibt sich aber auch, dass die Streichung von § 76 Abs. 2 S. 2 aF keine Erweiterung der Haftung zur Folge hat: Der **Vorbehalt zusätzlicher Anforderungen** auch für bereits genehmigte Teile der Baumaßnahme **nach Abs. 4 stellt** die **Zulassung eines Teilwiderrufs durch Rechtsvorschrift** iSd § 49 Abs. 2 S. 1 Nr. 1 VwVfG **dar, der** nach § 49 Abs. 6 VwVfG **nicht entschädigungspflichtig ist.** **123**

f) Nachbarschutz

124 Auch die Teilbaugenehmigung muss den Nachbarn zugestellt werden, die Einwendungen gegen die Baumaßnahme insgesamt erhoben haben, weil die Teilbaugenehmigung bereits die Feststellung enthält, dass das Gesamtvorhaben grundsätzlich dem öffentlichen Baurecht entspricht (vgl. OVG Hamburg 28.12.2009 – 2 Bs 202/09, NordÖR 2010, 110 zum Streitgegenstand im gerichtlichen Eilverfahren gegen Teilbaugenehmigungen; → Rn. 113). Der **Nachbar muss** die **Teilbaugenehmigung anfechten, wenn er** das **Gesamtvorhaben grundsätzlich in Frage stellen will** (OVG Berlin 20.12.1991 – 2 S 21.91, BRS 52 Nr. 166; aA OVG Koblenz 7.12.1990 – 1 B 12509/90, NVwZ-RR 1991, 286). Nur wenn sich der Nachbar gegen Details der Baugenehmigung wendet, die von der Teilbaugenehmigung noch nicht erfasst werden, wie etwa ein in den Grenzabstand vorkragendes Bauteil, kann er die Erteilung der Baugenehmigung abwarten.

125 Die Art und je nach den konkreten Umständen auch das Maß der baulichen Nutzung sowie die Lage des Vorhabens kann der Nachbar nach Unanfechtbarkeit der Teilbaugenehmigung regelmäßig nicht mehr angreifen (OVG Saarlouis 23.1.1980 – 2 W 1. 1/80, BRS 36 Nr. 206). Da die **Teilbaugenehmigung mit der Erteilung der Baugenehmigung nicht gegenstandslos** wird (→ Rn. 119), tritt bei einer Nachbarklage die Baugenehmigung nicht automatisch an die Stelle der angefochtenen Teilbaugenehmigung, jedoch sollte in solchen Fällen die erteilte Baugenehmigung in den Nachbarstreit einbezogen werden, um verfahrensrechtliche Komplikationen auszuschließen. Mit der Erteilung der Baugenehmigung verliert der Nachbar nicht das Rechtsschutzbedürfnis für die Klage gegen die Teilbaugenehmigung (VGH Kassel 11.12.1995 – 4 TG 1337/95, NVwZ-RR 1997, 10; OVG Frankfurt (Oder) 19.2.1997 – 3 B 137/96, NVwZ-RR 1998, 484).

126 Nach § 212a BauGB haben **Widerspruch und Anfechtungsklage eines Dritten gegen** eine **Teilbaugenehmigung** (eines Vorhabens iSd § 29 BauGB – vgl. → § 68 Rn. 231) **keine aufschiebende Wirkung**. Allein die Anfechtung der Teilbaugenehmigung suspendiert daher nicht die Feststellung der Teilbaugenehmigung, dass das Vorhaben insgesamt grundsätzlich dem öffentlichen Baurecht entspricht, und hindert die BauAB nicht, die Baugenehmigung zu erteilen. Erst die Anordnung der aufschiebenden Wirkung des Nachbarwiderspruchs suspendiert die Bindung der BauAB an die Feststellungswirkung der Teilbaugenehmigung und steht der Erteilung der Baugenehmigung entgegen. **Mit** der **Erteilung der Baugenehmigung verliert der Nachbar nicht das Rechtsschutzbedürfnis für den Aussetzungsantrag gegen die Teilbaugenehmigung**, weil diese bereits die grundsätzliche Zulässigkeit des Vorhabens feststellt. Im Hinblick auf die uneingeschränkte Baufreigabe der Baugenehmigung erscheint es allerdings zweckmäßig, wenn der Nachbar die Baugenehmigung in seinen Aussetzungsantrag nach § 80a Abs. 1 Nr. 2 VwGO einbezieht.

127 Auch im **Verfahren des vorläufigen Rechtsschutzes** darf die Bindungswirkung der Teilbaugenehmigung nicht außer Betracht bleiben (OVG Lüneburg 24.5.1993 – 1 M 1577/93, nv) – etwa mit der Überlegung, dass der mit der Teilbaugenehmigung allein erlaubte Aushub der Baugrube den Nachbarn noch nicht in seinen Rechten verletze (so aber OVG Lüneburg 23.11.1992 – 6 M 5410/92, nv). Mit einer solchen Argumentation würde dem Bauherrn der Schutz seiner Investitionsinteressen beschnitten und die Streitentscheidung auf die Baugenehmigung vertagt (vgl. OVG Berlin 20.12.1991 – 2 S 21.91, BRS 52 Nr. 166). Auch **im Aussetzungsverfahren gegen die Teilbaugenehmigung** muss daher die Frage, ob das Vorhaben Rechte des Nachbarn verletzt, mit Blick auf das Gesamtvorhaben beantwortet werden. Nur wenn das Gesamtvorhaben grundsätzlich nachbarrechtlich unbedenklich ist, kann wegen möglicherweise bedenklicher Details auf die beschränkte Baufreigabe der Teilbaugenehmigung abgestellt werden. Entsprechendes mag in Erwägung zu ziehen sein, wenn der Bauherr bei grundsätzlichen nachbarrechtlichen Bedenken seine Bereitschaft bekundet, das Vorhaben in einer Weise abzuändern, die die Bedenken des Nachbarn ausräumt.

F. Rücknahme und Widerruf

Nach der Streichung des § 90 NBauO 1973, der noch eine eigenständige Regelung zur Aufhebung von baurechtlichen VAen traf, durch die NBauO 1986, richten sich **Rücknahme und Widerruf,** insbesondere der Baugenehmigung, **nach § 1 NVwVfG iVm §§ 48 ff. VwVfG**. Die für Rücknahme und Widerruf der Baugenehmigung wichtigsten Gesichtspunkte sollen hier erörtert werden, im Übrigen muss auf die Kommentare zum VwVfG Bezug genommen werden. 128

a) Rücknahmevoraussetzungen

Als **Rücknahme** bezeichnet § 48 VwVfG die **Aufhebung rechtswidriger VAe**. Auch die nachträgliche Beifügung einer Nebenbestimmung kann eine (Teil-)Aufhebung darstellen (vgl. VGH Mannheim 14.4.2008 – 8 S 2322/07, NVwZ-RR 2008, 751 zur nachträglichen Beifügung eines Widerrufsvorbehalts zur Baugenehmigung). Eine Baugenehmigung ist rechtswidrig, wenn das im Zeitpunkt ihrer Erteilung geltende Recht unrichtig angewendet oder bei der Entscheidung von einem Sachverhalt ausgegangen worden ist, der sich als unrichtig erweist. Es können **nur solche Fehler die Rechtswidrigkeit** der Baugenehmigung **begründen, die nach der gesetzlichen Regelung Gegenstand des Genehmigungsverfahrens sind** (OVG Hamburg 30.3.2011 – 2 Bf 405/05, juris). Dabei kann die unrichtige Anwendung des geltenden Rechts sowohl auf einer fehlerhaften Anwendung des materiellen wie des formellen Rechts beruhen (vgl. → § 68 Rn. 172 f.), jedoch schränkt § 46 VwVfG die Folgen von Verfahrensfehlern bei gebundenen VAen stark ein. Ändert sich die Beurteilung der Sach- und/oder Rechtslage durch die Behörde, dann ist der VA rechtswidrig, wenn die neue Ansicht objektiv richtig ist und die nunmehr erkannten Voraussetzungen für den Erlass des VA nicht vorlagen (BVerwG 30.8.1961 – IV C 86.58, NJW 1962, 360). 129

Eine zulässige rückwirkende Rechtsänderung, die dem ursprünglich rechtmäßigen VA die Grundlage entzieht und eine Rücknahme begründen kann (vgl. BVerwG 29.11. 1979 – 3 C 103.79, BVerwGE 59, 148 (159)), wird im Baurecht selten eintreten (§ 214 Abs. 4 BauGB; vgl. OVG Lüneburg 22.1.2009 – 12 KN 29/07, juris Rn. 28, NVwZ-RR 2009, 546). Die **Rechtswidrigkeit** der Baugenehmigung muss **im Zeitpunkt der Rücknahme** noch fortwirken. Dem Bauherrn günstige Rechtsänderungen sind bis zur gerichtlichen Entscheidung zu berücksichtigen (OVG Münster 27.6.1996 – 7 A 3590/91, BRS 58 Nr. 147). Hat eine nachträgliche Rechtsänderung, etwa ein B-Plan, die ursprüngliche Rechtswidrigkeit der Baugenehmigung beseitigt, besteht kein Anlass zur Korrektur der nunmehr rechtmäßigen Baugenehmigung. Die **teilweise Rücknahme** einer Baugenehmigung **setzt** die **Teilbarkeit** der Baugenehmigung **voraus** (OVG Saarlouis 22.10.1996 – 2 W 30/96, BRS 58 Nr. 146; aA OVG Berlin 16.1.1998 – 2 S 15.97, NVwZ-RR 1999, 9). 130

b) Rücknahmeermessen

Während früher die Rücknahme einer Baugenehmigung aus Gründen des Vertrauensschutzes grundsätzlich nicht in Betracht kam, wenn der Bauherr im Vertrauen auf die Baugenehmigung mit dem Bau begonnen hatte (OVG Lüneburg 10.6.1971 – I A 104/69, BRS 24 Nr. 153), bewirkt der in § 48 Abs. 3 VwVfG vorgeschriebene Ausgleich des Vertrauensschadens eine Umkehrung dieses Grundsatzes. Im Widerstreit der schützwürdigen Interessen des Bauherrn am Fortbestand der Baugenehmigung und der öffentlichen Interessen, insbesondere an der Gesetzmäßigkeit der Verwaltung, **eröffnet** erst der **Ausgleich des Vertrauensschadens eine Ermessensentscheidung**, weil sonst das Vertrauensinteresse des Begünstigten Vorrang beansprucht (vgl. BVerwG 10.10. 2005 – 4 B 60.05, juris Rn. 7; VGH Mannheim 29.8.2005 – 5 S 2372/03, juris Rn. 38, BauR 2006, 975 zur Ermessensbetätigung bei der Rücknahme einer ins Werk gesetzten Baugenehmigung; OVG Bremen 25.2.2004 – 1 B 447/03, NordÖR 2004, 160; OVG Münster Beschl. v. 3.5.2018 – 10 A 3265/17, BeckRS 2018, 7989). 131

132 Bei der **Ermessensentscheidung** der BauAB spricht für den Bauherrn das **Gebot des Vertrauensschutzes**, dessen Gewicht durch (Investitions-)Entscheidungen im Vertrauen auf den Bestand der Baugenehmigung gesteigert wird. Zugunsten des Begünstigten kann auch, wie beim Vorbescheid, die besondere Schutzfunktion des VA zu berücksichtigen sein (vgl. BVerwG 28.2.1975 – IV C 77.74, DVBl 1975, 512; 21.9.1984 – 4 C 24.81, 4 C 25.81, juris, jeweils zur Bodenverkehrsgenehmigung). Abzuwägen ist auch, ob und inwieweit der Ausgleichsanspruch nach § 48 Abs. 3 VwVfG das enttäuschte Vertrauen auf die Baugenehmigung ausgleichen kann. Im Einzelfall kann auch der Ausgleich des Vertrauensschadens noch unzureichend sein und das Interesse des Begünstigten daher eine Rücknahme ausschließen (vgl. Kopp/Ramsauer VwGO § 48 Rn. 137). Dem Interesse des Betroffenen kann uU dadurch Rechnung getragen werden, dass der VA nur teilweise zurückgenommen wird oder nur eine Nebenbestimmung beigefügt wird (vgl. aber → Rn. 130 aE). Ein der Baugenehmigung beigefügter Widerrufsvorbehalt schwächt die Rechtsposition des Bauherrn erheblich (OVG Berlin 8.6.2000 – 2 SN 15.00, BRS 63 Nr. 183).

133 Ein **schutzwürdiges Vertrauen** des Bauherrn **scheidet in den Fällen des § 48 Abs. 2 S. 3 VwVfG aus:** wenn der Betroffene die Baugenehmigung durch arglistige Täuschung, Drohung, Bestechung oder durch Angaben erwirkt hat, die in wesentlicher Beziehung unrichtig oder unvollständig waren, oder wenn er die Rechtswidrigkeit des Verwaltungsaktes kannte oder infolge grober Fahrlässigkeit nicht kannte. Umstritten ist, ob ein Vertrauensschutz nur ausgeschlossen ist, soweit das unredliche Verhalten für die Rechtswidrigkeit des VA ursächlich war (Kopp/Ramsauer VwVfG § 48 Rn. 113). Erreicht der Bauherr etwa durch Bestechung, dass sein Bauantrag vor früher eingegangenen Anträgen behandelt wird, schließt das allein sein Vertrauen auf die materielle Rechtmäßigkeit der Genehmigung nicht aus (vgl. aber BGH 16.1.2003 – III ZR 269/01, NVwZ 2003, 501 zum Ausschluss eines schutzwürdigen Vertrauens in eine rechtswidrige Baugenehmigung bei fehlgeschlagenem Täuschungsversuch).

134 Auch **für fehlerhafte Angaben im Bauantrag scheidet** ein **schutzwürdiges Vertrauen** des Antragstellers **aus** (vgl. OVG Münster 17.10.2011 – 2 B 889/11, NVwZ-RR 2012, 296: Rücknahme einer Baugenehmigung wegen unrichtiger Angaben zum Tierbestand; OVG Münster Beschl. v. 3.5.2018 – 10 A 3265/17, BeckRS 2018, 7989). Trägt der Bauherr in den Bauvorlagen ein vorhandenes Gebäude falsch ein mit der Folge, dass die BauAB irrig annimmt, dass die Abstände nach § 5 ff. gewahrt sind, kann er sich gegenüber der Rücknahme nicht auf Vertrauensschutz berufen. Brennt das andere Gebäude ab und sind nunmehr die Abstände gewahrt, ist ein schutzwürdiges Vertrauen gegenüber der Rücknahme wegen anderer Fehler möglich. Für die Kenntnis der Rechtswidrigkeit der Baugenehmigung, bzw. das Kennenmüssen, reicht es aus, dass der **Bauherr erkennt oder erkennen muss, „dass etwas nicht in Ordnung ist"**. Es ist nicht erforderlich, dass der Bauherr den Fehler der Baugenehmigung in seiner rechtlichen Qualität oder die rechtlichen Fehlerfolgen erkennt. Zur Ausnahme vom Ausschluss des Vertrauensschutzes bei einer Mitverantwortung der Bewilligungsbehörde, etwa wenn der Begünstigte bei der Wahrnehmung seiner Pflichten ein Höchstmaß an Sorgfalt hat walten lassen, vgl. BVerwG 22.3.2017 – 5 C 4.16, LKV 2017, 367 Rn. 36; 24.7.2014 – 3 C 23.13, NVwZ-RR 2015, 21, Rn. 33.

135 § 48 VwVfG lässt die Frage, ob der Bauherr sich das unredliche Verhalten oder die Kenntnis eines Dritten zurechnen lassen muss, offen. Da der Bauherr regelmäßig Entwurfsverfasser und Unternehmer zur Durchführung seines Vorhabens heranzieht, sich ihrer gleichsam als Erfüllungsgehilfen bedient, fällt ihr Verhalten, ihre Kenntnis oder ihr Verschulden in den Verantwortungsbereich des Bauherrn (vgl. OVG Münster 14.7.2004 – 10 A 4471/01, juris Rn. 81 ff., BRRS 2005, 2106 zu Vertrauensschutzgesichtspunkten und zur **Zurechnung von Bestechungshandlungen des Vertreters** – Ehemann der Bauherrin; zum Mitverschulden bei Amtshaftungsansprüchen: BGH 29.3.1990 – III ZR 145/88, BRS 53 Nr. 58; Ehefrau des Beihilfebeantragenden, BVerwG 22.3.2017 – 5 C 4.16, LKV 2017, 367; Kopp/Ramsauer § 48 Rn. 114). Diesem verminderten Vertrauens-

schutz des Bauherrn korrespondiert die zivilrechtliche Haftung der Personen, die den Bauherrn entgeltlich beraten (BGH 10.2.2011 – VII ZR 8/10, NJW 2011, 1442 zur **Haftung des Architekten** und dem Mitverschulden des Bauherrn bei Kenntnis der Fehlerhaftigkeit der Genehmigungsplanung).

Den Interessen des Bauherrn steht insbesondere der **Grundsatz der Gesetzmäßigkeit der Verwaltung** gegenüber. Die BauAB muss daher die Schwere des Gesetzesverstoßes gewichten. Zwar gibt es keine abgestufte Rechtswidrigkeit, jedoch können die durch die Rechtswidrigkeit beeinträchtigten Belange unterschiedliches Gewicht haben (BVerwG 28.2.1975 – IV C 77.74, DVBl 1975, 512). Auch die **Interessen der Nachbarn** sind ggf. in die Abwägung einzubeziehen (vgl. → §68 Rn. 218). 136

c) Rücknahmefrist und -verfahren

Nach §48 Abs. 4 VwVfG ist die **Rücknahme nur innerhalb eines Jahres** seit dem Zeitpunkt zulässig, in dem die Behörde **Kenntnis von Tatsachen** erhalten hat, die die Rücknahme rechtfertigen. Die Jahresfrist gilt nicht, wenn der VA durch arglistige Täuschung, Drohung oder Bestechung erwirkt ist. Der Große Senat des BVerwG (19.12.1984 – Gr. Sen. 1, 2.84, DVBl 1985, 522 mAnm Kopp; dazu umfassend Kopp/Ramsauer §48 Rn. 146 ff.) hat die Fristgebundenheit der Rücknahme auch auf die Fälle ausgedehnt, in denen die Behörde nachträglich erkennt, dass sie den beim Erlass des begünstigenden VA vollständig bekannten Sachverhalt unzureichend berücksichtigt oder unrichtig gewürdigt und deshalb rechtswidrig entschieden hat. 137

Die **Jahresfrist beginnt** nach der in → Rn. 137 zitierten Entscheidung erst zu laufen, **wenn** die Behörde – und dort der nach der Geschäftsverteilung zuständige Amtswalter – die Rechtswidrigkeit des VA erkannt hat und ihr die für die Rücknahmeentscheidung außerdem erheblichen **Tatsachen vollständig bekannt sind** (vgl. OVG Münster 14.3. 2001 – 7 B 355/01, NVwZ-RR 2001, 568; OVG Berlin-Brandenburg 28.6.2011 – OVG 2 S 15.11, juris Rn. 5 kein Fristbeginn bei Unkenntnis des Regelungsgegenstandes des VA). Da es außerordentlich schwierig sein dürfte, den Zeitpunkt festzustellen, in dem die Behörde positive Kenntnis von den die Rücknahme rechtfertigenden Tatsachen erlangt, dürfte die Rechtsansicht des BVerwG die Jahresfrist nahezu zur Bedeutungslosigkeit verurteilen. Das ist jedenfalls für das Bauordnungsrecht zu begrüßen, weil die Jahresfrist in diesem Rechtsgebiet häufig unangemessen ist: Stellt der durch eine rechtswidrige Baugenehmigung gedeckte Zustand eine konkrete Gefahr dar, würde die Gefahr mit Ablauf der Jahresfrist perpetuiert. 138

Damit die BauAB die Interessenlage des **Begünstigten** richtig würdigen kann, muss sie ihn **vor der Rücknahme anhören**. Erst die Stellungnahme des Betroffenen gibt der Ermessensentscheidung eine sichere Grundlage. Betroffen – und damit **Adressat der Rücknahme** – muss nicht derjenige sein, der den Bauantrag gestellt hat, vielmehr kommt es darauf an, wer die Verfügungsgewalt über die bauliche Anlage hat (OVG Lüneburg 8.12.1978 – I A 24/78, BRS 35 Nr. 168). Bei der Rücknahme einer Baugenehmigung, von der noch nicht Gebrauch gemacht worden ist, muss die BauAB ermitteln, ob und ggf. welche Dispositionen der Betroffene im Vertrauen auf den Bestand der Baugenehmigung getroffen hat. Ist die Baugenehmigung bereits ausgenutzt, wird die BauAB schon im Hinblick auf den Ausgleichsanspruch auch einen Überblick über die Baukosten benötigen. Die maßgeblichen Erwägungen zum Für und Wider muss die BauAB auch in der Begründung der Rücknahme zum Ausdruck bringen. Leerformeln, die die Besonderheit des Einzelfalles außer Acht lassen, genügen nicht. Gehört die bauliche Anlage mehreren Eigentümern gemeinschaftlich, verliert die Baugenehmigung ihre Legalisierungswirkung erst mit dem Widerruf gegenüber sämtlichen Berechtigten (VGH Mannheim 23.8.1993 – 5 S 1558/93, VBlBW 1994, 27). 139

d) Ausgleichsanspruch

140 Der Ausgleichsanspruch des § 48 Abs. 3 VwVfG ermöglicht der Behörde die Rücknahme in Fällen, in denen sonst der Vertrauensschutz einer Rücknahme grundsätzlich entgegenstehen würde. Der Ausgleichsanspruch soll den von der Rücknahme Betroffenen so stellen, als ob der VA nicht erlassen worden wäre. Der Anspruch auf Ausgleich eines Vermögensnachteils setzt voraus, dass die Behörde die Genehmigung aufgehoben hat; eine gerichtliche Anfechtungsentscheidung nach § 113 Abs. 1 VwGO genügt nicht (OVG Magdeburg 2.5.2005 – 2 L 283/03, juris). Aufwendungen, die der Begünstigte im Vertrauen auf den Bestand des VA gemacht hat **(Vertrauensinteresse)**, müssen ihm auf Antrag ersetzt werden. Der Begünstigte hat aber keinen Anspruch darauf, so gestellt zu werden, als ob der VA aufrechterhalten bliebe **(Erfüllungsinteresse)**. Entgangener Gewinn gehört nicht zum Vertrauensinteresse, sondern wäre nur im Rahmen des Erfüllungsinteresses zu ersetzen. Der Bauherr kann daher nicht die Aufwendungen für den Bauantrag ersetzt verlangen, weil er diese nicht im Vertrauen auf die Baugenehmigung getätigt hat, wohl aber Aufwendungen für Detailplanungen, die er erst nach Erteilung der Baugenehmigung hat anfertigen lassen. Zum anspruchsausschließenden Mitverschulden durch nicht rechtzeitige Rückabwicklung eines Grundstückkaufvertrages BVerwG 1.2.2007 – 4 B 1.07, BeckRS 2007, 21149.

141 Da der Vertrauensschaden des Begünstigten mit der Rücknahme des rechtswidrigen VA entsteht, kann die BauAB den auszugleichenden Vermögensnachteil nicht gleichzeitig mit der Rücknahme des VA festsetzen. § 48 Abs. 3 S. 1 VwVfG geht daher davon aus, dass der **Vermögensnachteil nur auf Antrag des Begünstigen auszugleichen** ist. Allerdings hat die BauAB den Begünstigten auf seinen Anspruch und die einjährige Frist zur Geltendmachung hinzuweisen (Abs. 3 Satz 4 und 5). Der Hinweis sollte im Rücknahmebescheid enthalten sein und zugestellt werden, damit der genaue Beginn der Frist festgestellt werden kann. Die zur Vermeidung von Beweisschwierigkeiten und aus Gründen der Rechtssicherheit vorgesehene Jahresfrist ist keine Ausschlussfrist, bei Versäumung der Frist ist Wiedereinsetzung in den vorigen Stand nach § 32 VwVfG möglich (Kopp/Ramsauer § 48 Rn. 145).

142 Bei dem Ausgleichsanspruch nach § 48 Abs. 3 VwVfG handelt es sich nicht um eine Enteignungsentschädigung, sondern um einen **öffentlich-rechtlichen Ausgleich eigener Art** mit der Folge, dass er im Verwaltungsrechtsweg geltend zu machen ist (Kopp/Ramsauer § 48 Rn. 140, 144: ausgleichspflichtige Inhaltsbestimmung des Eigentums). Wegen der Abgrenzung zu Ansprüchen aus enteignungsgleichem Eingriff vgl. OVG Lüneburg 7.2.1986 – 6 A 38/84, DVBl 1986, 695. Der Ausgleichsanspruch nach § 48 Abs. 3 VwVfG schließt – ggf. auch weitergehende – Ansprüche wegen Amtspflichtverletzung nicht aus (BGH 30.6.1988 – III ZR 232/86, NJW 1988, 2884; OLG Frankfurt a. M. 30.10. 2003 – 1 U 162/03, IBR 2009, 344).

e) Widerruf

143 Da der Bauherr wegen der mit dem Bau verbundenen Aufwendungen auf den **Bestand der Baugenehmigung** angewiesen ist, ist der Widerruf der rechtmäßig erteilten Baugenehmigung in § 49 Abs. 2 VwVfG auf bestimmte Fälle beschränkt (vgl. § 21 BImSchG im Immissionsschutzrecht). Wegen des Widerrufs aufgrund eines Widerrufsvorbehalts (§ 49 Abs. 2 S. 1 Nr. 1 VwVfG) vgl. OVG Münster 13.12.2012 – 2 B 1250/12, NVwZ-RR 2013, 500 und die Ausführungen oben in → Rn. 99. Zur „Durchsetzung" einer Auflage (§ 49 Abs. 2 S. 1 Nr. 2 VwVfG) kann auf → Rn. 99 Bezug genommen werden.

144 Problematisch ist der Widerruf nach § 49 Abs. 2 S. 1 Nr. 3 VwVfG, wenn die Behörde aufgrund **nachträglich eingetretener Tatsachen** berechtigt wäre, den VA nicht zu erlassen, und wenn **ohne den Widerruf das öffentliche Interesse gefährdet** würde. Soll der Bestand der Baugenehmigung nicht davon abhängen, dass die Sachlage unverändert bleibt, gewinnt die Gefährdung des öffentlichen Interesses als Korrektiv entschei-

dende Bedeutung. Der sog. latente Störer verdeutlicht das Problem: Die BauAB genehmigt den immissionsträchtigen Gewerbebetrieb im Außenbereich, später schiebt sich die Wohnbebauung mit Genehmigung der BauAB an den Gewerbebetrieb heran (vgl. Friauf DVBl 1971, 716 mN). Da die später hinzutretende Bebauung eine gewisse Vorbelastung durch den emittierenden Betrieb hinnehmen muss (BVerwG 12.12.1975 – IV C 71.73, DVBl 1976, 214; 18.5.1995 – 4 C 20.94, NVwZ 1996, 379; 29.11.2012 – 4 C 8.11, juris), mag sich die Grenze der Zumutbarkeit verschieben, und eine Konfliktlösung durch zumutbare Maßnahmen nach §22 Abs. 1 S. 1 BImSchG gegenüber dem Gewerbebetrieb und/oder durch „architektonische Selbsthilfe" der Wohnbebauung herbeigeführt werden. Ist eine Lösung des Konflikts aber ausgeschlossen, kann in solchen Fällen als ultima ratio ein Widerruf geboten sein, um eine Gefährdung öffentlicher Interessen auszuräumen.

Allerdings gibt §49 VwVfG keinen Fingerzeig, welche Baugenehmigung in dem geschil- 145
derten Fall (→ Rn. 144) zu widerrufen ist. Muss derjenige, der später kommt und die Unverträglichkeit der benachbarten Nutzungen erst zu Tage treten lässt, weichen oder derjenige, dessen Nutzung „aktiv über die eigenen Grenzen hinauswirkt"? Die früher hM beantwortete die **Frage zu Lasten des alteingesessenen Störers** (vgl. Sendler WiVerw. 1977, 94; Erichsen VVDStRL 35, 171 (201, 345); differenzierend Weyreuther, Die Situationsgebundenheit des Grundeigentums, 1983, S. 72 ff.), soweit nicht die später erteilte Baugenehmigung eindeutig rechtswidrig war. Nach neuerer Rspr. könnte dem Prioritätsprinzip allerdings mehr Bedeutung beizumessen sein (vgl. hierzu Rolshoven NVwZ 2006, 516 ff.). So kann es im Konflikt zwischen Wohnnutzung und Sportbetrieb von Bedeutung sein, welche Nutzung eher vorhanden war (BVerwG 19.1.1989 – 7 C 77.87, NJW 1989, 1291 Ls. 4; vgl. 23.10.2000 – 7 B 71.00, juris Rn. 10, BeckRS 2000, 2135078). Auch bei der Bestimmung eines geeigneten Immissions-Zwischenwerts nach Nr. 6.7 der TA Lärm kommt der Frage, welche der unverträglichen Nutzungen zuerst verwirklicht wurde, wesentliche Bedeutung zu (Nr. 6.7 Abs. 2 Satz 2 letzter Halbsatz; BVerwG 12.9.2007 – 7 B 24.07, juris Rn. 6 f., BeckRS 2007, 26967).

Der **Widerruf wegen geänderter Rechtsvorschriften** nach §49 Abs. 2 S. 1 Nr. 4 146
VwVfG setzt voraus, dass der Bauherr von der Genehmigung noch keinen Gebrauch gemacht hat (vgl. VG Düsseldorf 27.2.2009 – 25 K 3021/09, juris zum Widerruf einer Baugenehmigung nach Aufhebung einer Klarstellungs- und Ergänzungssatzung). §85 ergänzt diese Regelung durch ein Anpassungsverlangen an neues Bauordnungsrecht für bestimmte Fälle, in denen von der Baugenehmigung Gebrauch gemacht worden ist (→ §85 Rn. 17). Der Widerruf zur Verhütung oder Beseitigung schwerer Nachteile für das Gemeinwohl nach §49 Abs. 2 S. 1 Nr. 5 VwVfG hat jedenfalls für das Baurecht keine Bedeutung.

Der Widerruf begünstigender VAe steht ebenso wie ihre Rücknahme im **Ermessen der** 147
BauAB. Da der Widerruf einen rechtmäßig ergangenen und erst später rechtswidrig gewordenen VA betrifft, ist – anders als bei der Rücknahme – nicht der Grundsatz der Gesetzmäßigkeit der Verwaltung mit dem Vertrauensschutz des Betroffenen abzuwägen, sondern zu prüfen, ob und in welchem Umfang Änderungen der Sach- und/oder Rechtslage im weiteren Sinne zu Lasten des Begünstigten zu berücksichtigen sind. Der Begünstigte ist je nach dem Grund des Widerrufs unterschiedlich schutzbedürftig; problematisch sind insbesondere die Fälle des §49 Abs. 2 S. 1 Nr. 3 VwVfG. Außerdem ist die Schutzfunktion der Baugenehmigung in Rechnung zu stellen. Da die Baugenehmigung den Bestand der baulichen Anlage zugunsten des Bauherrn gerade vor einem „Durchgriff" auf das jeweils gültige materielle Recht und die jeweilige Sachlage schützen soll (→ Rn. 5 ff.), widerspricht der Widerruf grundsätzlich dem Wesen der Baugenehmigung und kann nur in Ausnahmefällen in Betracht kommen. Das in → Rn. 139 zur Rücknahme Gesagte gilt für den Widerruf entsprechend.

Der Widerruf einer Baugenehmigung löst, wenn er nicht vorbehalten war oder der 148
„Durchsetzung" einer Auflage dient, nach §49 Abs. 6 VwVfG einen **Anspruch auf Ausgleich des Vermögensnachteils** aus, den der Bauherr infolge des Vertrauens auf den

Bestand der Genehmigung erleidet. Zum Umfang und zum Geltendmachen des Anspruchs vgl. → Rn. 140 ff. Für Streitigkeiten über die Entschädigung ist nach § 49 Abs. 6 S. 3 VwVfG der ordentliche Rechtsweg gegeben. Nach § 40 Abs. 2 VwGO ist der Zivilrechtsweg auch für Ansprüche aus enteignendem und enteignungsgleichem Eingriff einschlägig (Kopp/Ramsauer VwVfG § 49 Rn. 85).

f) Rücknahme und Widerruf im Rechtsbehelfsverfahren

149 Die engen Grenzen der Aufhebbarkeit begünstigender VAe können dann nicht gelten, wenn der VA mit Drittwirkung von dem durch ihn belasteten Dritten angefochten wird. Der Begünstigte verdient **vor Ablauf der Rechtsbehelfsfrist gegenüber dem Dritten keinen Vertrauensschutz**, da der belastete Dritte Anspruch auf Rechtsschutz hat und der Begünstigte daher mit der Einlegung von Rechtsbehelfen rechnen muss. Die Voraussetzungen des § 50 VwVfG können auch vorliegen, wenn im Falle eines Nachbarwiderspruchs die angegriffene Baugenehmigung dem Nachbarn nicht förmlich bekanntgegeben wurde (BVerwG 10.2.1994 – 4 B 26.94, NVwZ 1994, 896).

150 Die BauAB muss einen VA mit Drittwirkung in dem Umfang von sich aus aufheben oder durch Nebenbestimmung verschärfen können (BVerwG 18.5.1982 – 7 C 42.80, NVwZ 1983, 32), in dem er angefochten wird und damit ggf. auch vom Gericht aufgehoben werden kann (→ § 68 Rn. 194 f.). Das **Ermessen** der BauAB **ist auf Null reduziert, wenn der Widerspruch des Dritten zulässig und begründet ist** (BVerwG 8.11.2001 – 4 C 18.00, NVwZ 2002, 730; OVG Lüneburg 10.3.2008 – 1 LA 38/07, juris Rn. 23 ff., BeckRS 2008, 33828). Änderungen der Sach- und Rechtslage zugunsten des Bauherrn sind zu berücksichtigen (OVG Münster Urt. v. 23.5.2018 – 4 A 2588/14, BeckRS 2018, 12922 Rn. 95 mwN; OVG Münster 4.6.1998 – 10 A 1318/97, BRS 60 Nr. 72). Für das Vorverfahren hat das BVerwG (29.10.1968 – IV B 7.68, DÖV 1969, 142) diese Grundsätze bereits aus den §§ 68 ff. VwGO entnommen.

151 Die Rücknahme- und Widerrufsregeln der §§ 48 f. VwVfG kommen aber nur dann nicht zum Zuge, wenn und soweit einem zulässigen Rechtsbehelf abgeholfen wird (OVG Lüneburg 10.6.1971 – I A 104/69, BRS 24 Nr. 153; 7.2.1986 – 6 A 38/84, DVBl 1986, 695). § 50 VwVfG enthält zwar keine entsprechende ausdrückliche Einschränkung, der Vertrauensschutz des Begünstigten schließt jedoch die freie Aufhebung auf einen unzulässigen oder unbegründeten Rechtsbehelf hin aus (Kopp/Ramsauer § 50 Rn. 22 ff.). Der Bauherr braucht beispielsweise weder mit dem Widerspruch eines nicht betroffenen Dritten zu rechnen noch mit dem verfristeten Rechtsbehelf des Nachbarn. Die BauAB darf den VA auch nur aufheben, soweit damit dem Rechtsbehelf des Dritten abgeholfen wird. Der **Anfechtungsantrag des Dritten begrenzt die Aufhebungsbefugnis der BauAB**, weil der VA im Übrigen bestandskräftig wird. Die BauAB darf schließlich auf einen unbegründeten Widerspruch eines Dritten den VA nicht ungeachtet der Schranken der §§ 48 ff. VwVfG zurücknehmen oder widerrufen (BVerwG 24.2.2000 – 4 C 12.98, NVwZ 2000, 1055 (1057)). Eine Abhilfeentscheidung in dem vom Nachbarn eingeleiteten Widerspruchsverfahren kann idR nicht in eine Rücknahme umgedeutet werden (BVerwG 1.7.1999 – 4 C 23.97, NVwZ 2000, 195).

G. Private Rechte Dritter

152 Die vom PrOVG (PrOVGE 2, 351) begründete Formel, dass die Baugenehmigung „unbeschadet der Rechte Dritter" erteilt werde, ist durch die Anerkennung subjektiv-öffentlicher Nachbarrechte in dieser Allgemeinheit überholt. Die BauAB muss die sich aus dem öffentlichen Baurecht ergebenden Rechte des Nachbarn bei der Erteilung der Baugenehmigung berücksichtigen (→ § 68 Rn. 1 ff.). Dagegen wird die **Baugenehmigung** auch heute noch **unbeschadet privater Rechte** erteilt und lässt diese unberührt (BVerwG 16.12.1996 – 4 B 218.96, NJW 1997, 1865; 10.11.1998 – 4 B 107.98, NVwZ 1999, 413; OVG Lüneburg 12.7.1999 – 1 L 4258/98, juris Rn. 9). § 70 verzichtet

auf diese Klarstellung, weil der Gesetzgeber es als selbstverständlich ansah, dass eine öffentlich-rechtliche Genehmigung private Rechte unberührt lasse (vgl. demgegenüber § 74 Abs. 4 BauO NRW). Diese privaten Rechte schließen privatrechtliche Ansprüche, etwa aus § 823 Abs. 2 BGB, die sich aus der Verletzung des öffentlichen Baurechts ergeben, nicht ein (dazu → § 68 Rn. 141 ff.).

Private Rechte, die die BauAB bei der Erteilung der Baugenehmigung nicht zu berücksichtigen braucht, können sich aus dem Eigentum am Baugrundstück, aus Dienstbarkeiten oder aus Verträgen zwischen Grundstücksnachbarn ergeben. Die BauAB braucht sich um derartige Dinge nicht zu kümmern. Sie muss weder prüfen, ob der Bauherr Eigentümer des Baugrundstücks ist, noch untersuchen, ob eine Grenzgarage einer vertraglichen Regelung des Bauherrn mit seinem Nachbarn widerspricht (vgl. BVerwG 20.6.1996 – 4 B 106.96, juris zur **Erteilung einer Baugenehmigung trotz Überbaus**). Der Bauherr kann sich gegenüber privatrechtlichen Ansprüchen nicht darauf berufen, dass ihm die Baugenehmigung erteilt worden sei; die Baugenehmigung schneidet derartige Ansprüche nicht ab. 153

Zu dem von der BauAB nicht zu berücksichtigenden Privatrecht gehört auch das **Nachbarrecht nach dem NNachbG** (vgl. OVG Lüneburg 19.7.1999 – 1 M 2854/99, juris Rn. 16). Von besonderer Bedeutung sind in diesem Zusammenhang die Vorschriften über Nachbar- und Grenzwände (§§ 3 ff., 16 ff.) sowie über das Fenster- und Lichtrecht (§§ 23 ff.) und die Einfriedigungen (§ 27 ff.). IdR sind Baumaßnahmen auf oder in der Nähe der Grenze dem Nachbarn anzuzeigen (§§ 8, 16 Abs. 1, 17, 20 Abs. 2, 37 NNachbG). Selbstverständlich bleibt es dem Nachbarn unbenommen, diese privaten Rechte im Zivilprozess geltend zu machen. 154

Der Vorbehalt privater Rechte schließt aber nicht aus, dass die BauAB die Baugenehmigung versagt, wenn der Antragsteller **wegen sog. liquider Rechte Dritter** von der Baugenehmigung keinen Gebrauch machen kann. Wenn ein privatrechtliches Recht unbestritten ist oder durch rechtskräftiges Zivilurteil festgestellt worden ist, das den Antragsteller an der Ausführung seines Vorhabens hindert, **fehlt das Sachbescheidungsinteresse** für den Bauantrag (dazu → Rn. 32). 155

H. Rechtsschutz des Bauherrn

a) Öffentlich-rechtlicher Rechtsschutz

Der Bauherr kann gegen die **Versagung der Baugenehmigung Widerspruch** erheben. Nach § 80 Abs. 1 NJG ist das Widerspruchsverfahren zwar weitgehend abgeschafft worden, nach § 80 Abs. 2 Nr. 4 a NJG gilt dies aber nicht für VAe, die nach den Vorschriften der NBauO erlassen werden. Für den Widerspruchsbescheid ist nach § 73 Abs. 1 S. 2 Nr. 2 VwGO die BauAB zuständig, weil nächsthöhere Behörde das MS als oberste Landesbehörde ist (→ § 58 Rn. 34 ff.). Das gilt auch in den Fällen der Übertragung der Bauaufsicht auf Gemeinden nach § 63a aF, weil die oberste BauAB nach § 58 Abs. 4 die Fachaufsicht über die unteren BauABen ausübt (vgl. § 57 Abs. 2 S. 2). **Rücknahme und Widerruf der Baugenehmigung** können von dem Bauherrn als Verwaltungsakte iSd § 35 S. 1 VwVfG mit **Widerspruch und Anfechtungsklage** angegriffen werden. Unter den Voraussetzungen des § 80 Abs. 2 S. 1 Nr. 4 VwGO kann die Anordnung der *sofortigen Vollziehung* der Rücknahme oder Teilrücknahme in Betracht kommen (zur Anordnung der sofortigen Vollziehung der Teilrücknahme einer Baugenehmigung für eine Spielhalle vgl. OVG Magdeburg Beschl. v. 2.9.2014 – 2 M 41/14, BeckRS 2014, 56177). 156

Nach ablehnendem Widerspruchsbescheid **kann** der **Bauherr mit der Verpflichtungsklage seinen Anspruch** auf Erteilung der Baugenehmigung **geltend machen** (§§ 42, 113 Abs. 5 VwGO). Ist über den Widerspruch innerhalb von 3 Monaten ohne zureichenden Grund nicht entschieden worden, kann der Bauherr **Untätigkeitsklage nach § 75 VwGO** erheben. Steht der BauAB beim Erlass der Baugenehmigung ein Ermessen zu 157 (zB § 66), kann der Bauherr nur einen Bescheidungsantrag stellen (§§ 113 Abs. 5 S. 2, 114 VwGO; vgl. BVerwG 17.6.2003 – 4 B 14.03, NVwZ-RR 2003, 719). Gegen Nebenbestimmungen hält das BVerwG (22.11.2000 – 11 C 2.00, NVwZ 2001, 429) die Anfechtungsklage für zulässig (kritisch: Labrenz NVwZ 2007, 161). Diese Auffassung dürfte inzwischen zur hM geworden sein (Kopp/Ramsauer § 36 Rn. 88 mN). Allerdings erscheint die aufschiebende Wirkung des Widerspruchs in all den Fällen unangemessen, in denen eine isolierte Aufhebung der Nebenbestimmung unzulässig ist (vgl. → Rn. 97, 102, 109; Kopp/Ramsauer § 36 Rn. 89 ff.).

158 **Wird auf den Widerspruch eines Nachbarn die Baugenehmigung aufgehoben**, dann kann der Bauherr nach § 79 Abs. 1 Nr. 2 VwGO unmittelbar gegen den Widerspruchsbescheid klagen. In einem solchen Verfahren – ebenso wie bei einem Rechtsmittel des Bauherrn gegen ein der Nachbarklage stattgebendes Urteil – geht es nicht um die objektive Rechtmäßigkeit der Baugenehmigung, sondern darum, ob der Nachbar durch die Baugenehmigung in seinen Rechten verletzt wurde und die Widerspruchsbehörde bzw. das VG aus diesem Grund die Baugenehmigung aufheben durfte (BVerwG 13.6.1980 – 4 C 31.77, NJW 1981, 67; 30.9.1983 – 4 C 55.80, BRS 40 Nr. 195; dazu auch → § 68 Rn. 194). Zum Rechtsschutz des Nachbarn: → § 68 Rn. 184 ff.

159 **Beantragen mehrere Personen**, etwa Eheleute, gemeinsam eine Baugenehmigung, können sie den Genehmigungsantrag auch im Verwaltungsstreitverfahren nur gemeinsam als notwendige Streitgenossen (§ 64 VwGO iVm § 62 ZPO) weiterverfolgen (BVerwG 7.9.1979 – 4 C 7.77, ZfBR 1979, 255). Die Ablehnung einer von einem Dritten beantragten Baugenehmigung verletzt den Grundstückseigentümer nicht in seinen Rechten (BVerwG 5.3.1998 – 4 B 153.97, NVwZ 1998, 842). Der Entwurfsverfasser kann nicht im eigenen Namen für den Bauherrn Klage erheben (OVG Lüneburg 10.8.1971 – I A 97/70, DÖV 1972, 169).

160 Für das Rechtsschutzinteresse des Klägers im verwaltungsgerichtlichen Verfahren gilt das zum Sachbescheidungsinteresse Gesagte (→ Rn. 31 f.) entsprechend. Für den **maßgeblichen Zeitpunkt der Beurteilung der Sach- und Rechtslage im verwaltungsgerichtlichen Verfahren** gilt das zu → Rn. 70 ff. Gesagte sinngemäß (vgl. BVerwG 17.6.2003– 4 B 14.03, juris Rn. 9, NVwZ-RR 2003, 719). Es kommt auf die Sach- und Rechtslage der letzten mündlichen Verhandlung an, weil das VG/OVG die BauAB nicht zur Erteilung einer Baugenehmigung verpflichten darf, die dem geltenden Recht nicht mehr entspricht (BVerwG 20.6.1973 – IV B 19.73, BRS 27 Nr. 133). Das gilt auch für die Anfechtungsklage des Bauherrn gegen den Widerruf oder die Rücknahme der Baugenehmigung (vgl. OVG Münster 27.6.1996 – 7 A 3590/91, juris Rn. 10 ff.)

161 Die **Beiladung des Nachbarn** in dem auf Erteilung der Baugenehmigung gerichteten Prozess des Bauherrn ist schon dann angezeigt, wenn rechtliche Interessen des Nachbarn durch die begehrte Baugenehmigung berührt werden. Steht die Verletzung von Rechten des Nachbarn in Frage, muss dieser notwendig beigeladen werden (§ 65 Abs. 2 VwGO). Die Beiladung allein verleiht dem Nachbarn nicht das Anfechtungsrecht gegen eine dem Bauherrn günstige Entscheidung (dazu BVerwG 23.8.1974 – IV C 29.73, DVBl 1974, 910). Werden seine rechtlichen Interessen durch die Entscheidung berührt, ist das Rechtsmittel des Nachbarn zulässig, Erfolg kann es nur haben, wenn der Nachbar durch die Entscheidung in eigenen subjektiven Rechten verletzt wird (BVerwG 15.2.1990 – 4 C 39.86, NVwZ 1990, 857; VGH Mannheim 8.5.2012 – 8 S 217/11, NVwZ-RR 2012, 632).

162 Da der Anspruch auf die Baugenehmigung kein Recht am Grundstück voraussetzt (→ Rn. 31), kann der Bauherr den Rechtsstreit um die Erteilung der Baugenehmigung auch nach der **Veräußerung des Baugrundstücks** fortführen; eine Beiladung des Erwerbers ist zweckmäßig (BVerwG 7.9.1984 – 4 C 19.83, DVBl 1985, 118). Erklärt der bisherige Grundstückseigentümer nach Veräußerung des Grundstücks den Rechtsstreit für erledigt, muss das nicht als versteckte Klagerücknahme gewertet werden (BVerwG 3.2.1977 – IV C 42.75, nv). Der Rechtsnachfolger ist berechtigt und auf Antrag des Geg-

ners verpflichtet, anstelle des Rechtsvorgängers den Rechtsstreit in der Lage, in der er sich befindet, zu übernehmen (§ 173 VwGO iVm § 266 ZPO). Übernimmt ein neuer Bauherr das umstrittene Bauvorhaben, muss der alte Bauherr seine Klage auf Erteilung der Baugenehmigung an den neuen Bauherrn umstellen. Im Hinblick auf § 265 Abs. 2 ZPO stellt dies keine Klageänderung dar (BVerwG 30.6.2004 – 4 C 9.03, juris Rn. 23 ff., ZUR 2004, 369).

Wenn die Erteilung der Baugenehmigung, wie es die Regel ist, nicht im Ermessen der BauAB steht, ist das **VG grundsätzlich verpflichtet**, die **Sache spruchreif zu machen** (BVerwG 17.6.2003 – 4 B 14.03, NVwZ-RR 2003, 719). Das stößt auf Schwierigkeiten, wenn die BauAB die Baugenehmigung zB aus Gründen des Planungsrechts abgelehnt hat und das Vorhaben im Übrigen nicht geprüft hat. Als Ausweg bietet sich die Umstellung des Klageantrags auf eine Bebauungsgenehmigung (→ § 73 Rn. 10) an. Nur in Ausnahmefällen, etwa bei komplexen technischen Sachverhalten, darf das Tatsachengericht von der Herstellung der Spruchreife absehen (BVerwG 17.6.2003 aaO; OVG Lüneburg 15.5.2009 – 12 LC 55/07, NVwZ-RR 2009, 875 zum „steckengebliebenen" Genehmigungsverfahren bzgl. einer Windkraftanlage). 163

Entscheidet die BauAB nicht über den gegen eine Baugenehmigung eingelegten Nachbarwiderspruch, kann der **Bauherr Untätigkeitsklage gegen die BauAB auf Zurückweisung des Widerspruchs erheben** (VGH Mannheim 10.11.1993 – 3 S 1120/92, NVwZ 1995, 280; VGH Kassel 4.12.2008 – 4 A 882/08, juris Rn. 48 ff.). Ein Anspruch auf Erlass eines Widerspruchsbescheides ergibt sich zwar nicht aus den Vorschriften der VwGO, wohl aber aus dem Anspruch des Bauherrn auf Erteilung einer Baugenehmigung. Soweit der Widerspruch aufschiebende Wirkung hat (vgl. → § 68 Rn. 231 ff.), darf der Bauherr nämlich nicht bauen, solange das Widerspruchsverfahren nicht bestandskräftig abgeschlossen ist. Zudem erlaubt nur eine bestandskräftige Baugenehmigung dem Bauherrn eine Investition ohne wirtschaftliches Risiko. 164

Die Erhebung einer Verpflichtungsklage auf Erteilung einer Baugenehmigung kommt nicht in Betracht, wenn der Bauherr der Auffassung ist, dass es für die Errichtung seines Vorhabens einer Baugenehmigung nicht bedarf. In diesem Fall ist die **Feststellungsklage** nach § 43 VwGO statthaft, wenn sie darauf gerichtet ist, festzustellen, **dass** die **Errichtung** seines Vorhabens **genehmigungsfrei** ist. Die Feststellungsklage scheitert nicht an der Subsidiaritätsklausel nach § 43 Abs. 2 S. 1 VwGO, da vom Rechtsstandpunkt des Bauherrn eine auf Erlaubniserteilung gerichtete Verpflichtungsklage nicht in Frage kommt (OVG Münster 21.12.2010 – 2 A 126/09, juris Rn. 30 ff.; vgl. auch OVG Lüneburg 14.1.2002 – 1 L 4005/00, BeckRS 2002, 20853). Der Verpflichtungsantrag sollte als Hilfsantrag gestellt werden, falls das Gericht der vom Bauherrn vertretenen Rechtsauffassung nicht folgt. 165

Vorläufiger Rechtsschutz in Form einer **einstweiligen Anordnung auf Erteilung einer „vorläufigen Baugenehmigung"** wird idR am grundsätzlichen Verbot der Vorwegnahme der Hauptsache scheitern (Kopp/Schenke § 123 Rn. 13 ff.). Eine Ausnahme gilt jedoch dann, wenn die Entscheidung in der Hauptsache zu spät kommen würde bzw. mit unzumutbaren, irreparablen Nachteilen für den Bauherrn verbunden wäre und der Bauherr im Verfahren zur Hauptsache mit hinreichender Wahrscheinlichkeit obsiegen würde (OVG Lüneburg 21.2.2012 – 12 ME 311/11, juris Rn. 4, BeckRS 2012, 47834; 26.10.1979 – I B 83/79, BRS 35 Nr. 174; FDK VorlRS § 58 Rn. 1279; aA OVG Münster 27.11.2003 – 10 B 2177/03, BRS 66 Nr. 163; VGH Kassel 22.5.2003 – 9 TG 1187/03, NVwZ-RR 2003, 814 dazu Maass NVwZ 2004, 572). Freilich muss die Baugenehmigung in ihrem Bestand dann durch eine Nebenbestimmung vom Ausgang des Hauptsacheverfahrens abhängig gemacht werden. Wegen des wirtschaftlichen Risikos einerseits und etwaiger Ansprüche des Bauherrn wegen rechtswidriger Verzögerung der Baugenehmigung wird eine einstweilige Anordnung aber im Ergebnis kaum jemals in Betracht kommen. 166

b) Schadensersatz- und Entschädigungsansprüche

167 Der Bauherr kann nicht nur seinen Anspruch auf Erteilung der Baugenehmigung vor den VGen geltend machen, sondern auch Schadensersatz bzw. Entschädigung wegen rechtswidriger Versagung bzw. Verzögerung der Erteilung der Baugenehmigung verlangen. Für **Amtshaftungsansprüche nach § 839 BGB iVm Art. 34 GG**, die auf Schadensersatz zielen, **sind die Zivilgerichte ebenso zuständig wie für Entschädigungsansprüche aus enteignungsgleichem Eingriff**, die der BGH (7.6.1990 – III ZR 74/88, BGHZ 111, 349) aus dem allgemeinen Aufopferungsgedanken der §§ 74 f. ALR herleitet. Im Rahmen der Kommentierung der NBauO können nur Hinweise zu den wichtigsten Fragen gegeben werden (vgl. auch Wolke ZfBR 2004, 226; Rinne/Schlick NVwZ-Beilage II/2000; Schlick BauR 2008, 290; HBG ÖffBauR § 19 Rn. 25 ff.).

168 Im Baugenehmigungsverfahren trifft die BauAB nicht nur die **Amtspflicht, die Baugenehmigung zu erteilen**, wenn das Bauvorhaben dem öffentlichen Baurecht entspricht, sondern auch die Pflicht, eine den einschlägigen **bauordnungsrechtlichen Vorschriften widersprechende Baugenehmigung**, die den Bauherrn in Gefahr bringt, einen vorschriftswidrigen Bau auszuführen und ggf. wieder beseitigen zu müssen, nicht zu erteilen (BGH 25.1.1973 – III ZR 256/68, BGHZ 60, 112; 19.3.1992 – III ZR 117/90, NVwZ 1992, 911; 16.1.1997 – III ZR 117/95, DVBl 1997, 551 (553)). Wie der BGH betont, kommt es angesichts des Zweckes der Baugenehmigung nicht darauf an, dass die Bestimmung des materiellen Rechts, die die BauAB übersehen hat, allein im allgemeinen Interesse liegt (vgl. BGH 27.1.1983 – III ZR 131/81, NJW 1983, 1795).

169 Die vorstehenden Erwägungen gelten **gleichermaßen bezogen auf den Bauvorbescheid (§ 73)**. Wer im Vertrauen auf die Richtigkeit eines ihm amtspflichtwidrig erteilten, von Anfang an fehlerhaften Vorbescheids (Bebauungsgenehmigung) Aufwendungen für den Erwerb vermeintlichen Baugeländes macht, kann deren Ersatz verlangen, wenn später die Bebauung des Geländes aus Gründen scheitert, die schon zur Versagung des Bescheids hätten führen müssen (BGH 30.6.1988 – III ZR 232/86, NJW 1988, 2884; 23.9.1993 – III ZR 139/92, NJW 1994, 130 Drittschutz bzgl. zukünftigen Erwerbers des Grundstücks; 21.6.2001 – III ZR 313/99, NJW 2001, 3054 rechtswidrige Baugenehmigung – nach Vorbescheid – für Wohnanlage bei drohenden unzumutbaren Geruchsimmissionen durch Rindermastbetrieb).

170 **Verzögerungen im Baugenehmigungsverfahren** können den Tatbestand der Amtspflichtverletzung erfüllen, weil die BauAB innerhalb angemessener Frist über den Bauantrag zu entscheiden hat (BGH 18.6.1998 – III ZR 100/97, NVwZ 1998, 1329). Die im Einzelfall angemessene Frist kann nicht schematisch festgelegt werden, sondern hängt maßgeblich von der Komplexität des Bauvorhabens ab (vgl. § 69). Sachwidrig ist insbesondere die Beteiligung von Behörden, deren Belange konkret nicht berührt werden, oder eine Beteiligung von Behörden nacheinander statt gleichzeitig (BayObLG 18.1. 1991 – RReg 2 Z 330/90, NVwZ-RR 1992, 534). Auch die **Bearbeitung einer Bauvoranfrage darf** über die angemessene Bearbeitungszeit hinaus **nicht verzögert werden** bis zum Wirksamwerden eines dem ursprünglich planungsrechtlich zulässigen Bauvorhaben gegenläufigen Planaufstellungsbeschlusses (BGH 12.7.2001 – III ZR 282/00, NVwZ 2002, 124).

171 Bedeutung kann auch der Amtspflicht zukommen, **Auskünfte vollständig, richtig und unmissverständlich** zu erteilen (BGH 3.5.2001 – III ZR 191/00, NVwZ 2002, 373; 5.5.1994 – III ZR 28/93, BRS 56 Nr. 147). **Besondere tatsächliche Lagen** können **zusätzliche Pflichten** für den Beamten schaffen, in denen er es nicht „sehenden Auges“ zulassen darf, dass der Bürger Schaden erleidet, den er, der Beamte, durch einen kurzen Hinweis über die Sach- und Rechtslage zu vermeiden in der Lage ist (BGH 3.3.2005 – III ZR 186/04, NVwZ-RR 2006, 634 Hinweispflicht gegenüber dem Inhaber einer Baugenehmigung hinsichtlich des drohenden Eintritts einer Veränderungssperre).

Ansprüche aus Amtspflichtverletzung können einem Geschädigten nach der Rspr. des BGH (9.7.1998 – III ZR 87/97, BGHZ 139, 200) nur zustehen, wenn er zu dem Personenkreis zählt, dessen Belange nach dem Zweck und der rechtlichen Bestimmung der Amtspflicht geschützt und gefördert werden sollen (vgl. Deppert FS Boujong, 1996, 533). Der **Kreis der geschützten Dritten** ist unterschiedlich zu bestimmen, je nachdem, ob die Baugenehmigung zu Unrecht erteilt worden ist, oder ob sie zu Unrecht versagt worden ist. Die erteilte **Baugenehmigung ist** nicht an die Person des Antragstellers gebunden (§ 70 Abs. 6), sondern **grundstücksbezogen** (→ Rn. 24). Deshalb ist bei der Erteilung der Baugenehmigung **nicht nur auf die Interessen des Antragstellers** selbst, sondern auch auf diejenigen Rücksicht zu nehmen, die im schutzwürdigen Vertrauen auf die Genehmigung die Verwirklichung des konkreten Bauvorhabens in Angriff nehmen (BGH 6.5.1993 – III ZR 2/92, NJW 1993, 2303). **172**

Die **Erteilung einer Baugenehmigung oder Teilbaugenehmigung begründet**, auch wenn sie rechtswidrig ist, für den Bauherrn grundsätzlich einen **Vertrauenstatbestand** dahin, dass er sein Bauvorhaben nunmehr (teil-)verwirklichen kann. Insoweit soll ihm eine **verlässliche Grundlage für wirtschaftliche Dispositionen** verschafft werden (BGH 16.1.1997 – III ZR 117/95, NVwZ 1997, 714 **„Verlässlichkeitsgrundlage"**). Allerdings schließt der Schutzzweck der Baugenehmigung nicht den Schutz des Bauherrn vor allen denkbaren wirtschaftlichen Nachteilen ein. Die Amtspflicht der BauAB, die Statik eines Bauwerks zu prüfen, soll nur dem Zweck dienen, Gefahren von Personen abzuwenden, denen durch den Einsturz des Bauwerks Schäden drohen, nicht aber den Bauherrn vor nutzlosen Investitionen bewahren (BGH 27.5.1963 – III ZR 48/62, BGHZ 39, 358 (364)). Auch das wirtschaftliche Risiko, dass das genehmigte und errichtete Bauwerk sich später, was den Feuerschutz angeht, als unzureichend erweist, soll der Bauherr tragen (BGH 30.7.1997 – III ZR 166/96, NVwZ-RR 1997, 675; OLG München 22.12.2009 – 1 U 3646/09, BeckRS 2010, 7186). **173**

Die **Versagung der Baugenehmigung** trifft nur den Antragsteller und äußert gegenüber anderen als dem Antragsteller keine materielle Bestandskraft iS einer Feststellungswirkung (BGH 24.2.1994 – III ZR 6/93, NJW 1994, 2091; nicht gegenüber dem Bauunternehmer BGH 8.5.1980 – III ZR 27/78, NJW 1980, 2578). Die bestandskräftige Versagung einer Baugenehmigung berechtigt die BauAB nicht, einen neuen Bauantrag eines Dritten ohne Sachprüfung abzulehnen. **Das mittelbare Interesse des Grundstückseigentümers** an der Erteilung eines Bauvorbescheids oder einer Baugenehmigung an einen anderen Bauherrn, mit dem der Grundstückseigentümer in vertraglicher Beziehung steht, **reicht** daher **nicht aus,** um die Amtspflicht der BauAB, die Baugenehmigung nicht rechtsfehlerhaft zu versagen, auf den Grundstückseigentümer zu erstrecken (BGH 6.6.1991 – III ZR 221/90, DVBl 1991, 1140; 23.11.1989 – III ZR 161/88, NVwZ 1990, 501; 29.2.1996 – III ZR 4/95, NJW-RR 1996, 724). Zur Amtshaftung wegen der **Versagung einer Baugenehmigung für** eine **Windkraftanlage** vgl. BGH 2.12.2010 – III ZR 251/09, NVwZ 2011, 251: Darstellungen in einem in Aufstellung befindlichen Flächennutzungsplan sind keine entgegenstehenden öffentliche Belange iSd § 35 Abs. 3 S. 3 BauGB. Ausschlusswirkung kommt nur wirksamen F-Plänen zu. **174**

Der **Reichweite des Schutzzwecks der Amtspflicht** kommt nicht nur bei der Frage Bedeutung zu, ob der Geschädigte zum Kreis der geschützten Dritten gehört, sondern auch bei der Frage, ob der Ausgleich des konkret geltend gemachten Schadens vom Schutzzweck der Amtspflicht umfasst ist. Weil die Baugenehmigung für den Bauherrn einen Vertrauenstatbestand begründet, sein Bauvorhaben ausführen zu können (→ Rn. 173), findet der amtshaftungsrechtliche Vertrauensschutz eine Grenze dort, **wo nach allgemeinem Verwaltungsrecht** von vornherein jeder **Vertrauensschutz** für den Adressaten der Baugenehmigung **ausscheidet**, etwa in den Fällen des § 48 Abs. 2 S. 3 VwVfG oder wenn der Adressat die Rechtswidrigkeit kannte oder kennen musste (BGH 16.1.1997 – III ZR 117/95, BGHZ 134, 268; 11.10.2001 – III ZR 63/00, BRS 64 Nr. 172; 24.4.2008 – III ZR 252/06, NVwZ 2008, 926). **175**

176 Der **Schutz des Vertrauens in den Bestand der Baugenehmigung entfällt nicht ohne Weiteres** mit ihrer Anfechtung durch Dritte; das gilt jedenfalls, wenn und solange die Baugenehmigung sofort vollziehbar ist (BGH 24.4.2008 – III ZR 252/06, NVwZ 2008, 926). Wenn die BauAB trotz sorgfältiger und gewissenhafter Prüfung **Altlasten nicht erkennen konnte**, fallen Gefahrenpotentiale insoweit in den Risikobereich des Eigentümers (BGH 13.7.1993 – III ZR 22/92, BGHZ 123, 191; 14.10.1993 – III ZR 156/92, BGHZ 123, 363). Eine Baugenehmigung, die wegen der fehlenden **Sicherung der Zuwegung durch Baulast** rechtswidrig ist, stellt zwar eine Amtspflichtverletzung dar, sie soll dem Bauherrn aber nicht das Risiko abnehmen, dass die Nachbarn die Bewilligung der Baulast verweigern (BGH 6.7.2000 – III ZR 340/98, BRS 63 Nr. 179). Schließlich kann der Bauherr, der sich auf eine **unzutreffende Auskunft** über die Zulässigkeit eines Vorhabens beruft, nicht den Ersatz getätigter Bauaufwendungen verlangen, wenn in der Auskunft auf die Notwendigkeit eines Baugenehmigungsverfahrens hingewiesen wurde und der Bauherr ohne Genehmigung baut (BGH 24.10.2002 – III ZR 259/01, NVwZ 2003, 376).

177 Bei der Frage der **Kausalität zwischen Amtspflichtverletzung und geltend gemachtem Schaden** kommt es nach der Rspr. des BGH darauf an, wie die Vermögenslage des Betroffenen bei pflichtgemäßem Verhalten der Amtsträger wäre. Wenn die BauAB die Baugenehmigung mit der Begründung versagt hat, das Baugrundstück liege im Außenbereich, fehlt der Kausalzusammenhang zwischen Amtspflichtverletzung und behauptetem Schaden, wenn das Vorhaben nach § 34 BauGB ebenfalls unzulässig ist (BGH 26.3.1997 – III ZR 114/96, juris). Dagegen stellt der Einwand, bei eigenem pflichtgemäßem Verhalten wäre der gleiche Verzögerungsschaden durch den Widerspruch eines Dritten verursacht worden, den Kausalzusammenhang nicht in Frage, weil nach der rechtlichen Sicht des Gerichts, das über den Ersatzanspruch befindet, die rechtmäßige Baugenehmigung auch für sofort vollziehbar erklärt worden wäre (BGH 21.12.2000 – III ZR 119/00, BRS 63 Nr. 181).

178 Nach dem objektivierten Sorgfaltsmaßstab des § 276 BGB, der auch im Rahmen des § 839 BGB gilt, kommt es für die **Beurteilung des Verschuldens** auf die Kenntnisse und Fähigkeiten des Beamten an, die für die Führung des Amtes erforderlich sind (BGH 19.3.1992 – III ZR 117/90, NVwZ 1992, 911). Die Tatsache, dass eine nach sorgfältiger Prüfung gewonnene vertretbare Rechtsansicht im gerichtlichen Verfahren nicht bestätigt wird, begründet nicht den Vorwurf der Fahrlässigkeit (BGH 17.3.1993 – III ZR 27/93, NJW 1994, 3158). Die Handhabung der gängigen Vorschriften muss die BauAB als Fachbehörde beherrschen (vgl. Schlick NJW 2011, 3341 (3345)). An einem Verschulden fehlt es, wenn der Amtsträger bei der rechtswidrigen Entscheidung die Nichtigkeit des B-Plans nicht ohne Weiteres erkennen konnte und weil die Ablehnung der Bauvoranfrage bei unterstellter Wirksamkeit des B-Planes rechtsfehlerfrei erfolgt ist (BGH 18.6.1998 – III ZR 100/97, NVwZ 1998, 1329).

179 Nach der ständigen Rspr. des BGH trifft einen Amtswalter idR **kein Verschulden, wenn** ein mit mehreren Rechtskundigen besetztes **Kollegialgericht** die konkrete Amtstätigkeit **als objektiv rechtmäßig angesehen hat**, weil von einem Amtswalter keine bessere Rechtseinsicht als von einem solchen Gericht erwartet werden kann. Diese Regel greift nicht, wenn das Gericht den festgestellten Sachverhalt nicht sorgfältig und erschöpfend gewürdigt oder sich seine Überzeugung aufgrund eines verfahrensfehlerhaft festgestellten Sachverhalts gebildet hat. Kommt es bei der Beurteilung einer Frage, wie der Zulässigkeit einer Hinterlandbebauung, auf die örtlichen Gegebenheiten an, kann das Unterlassen einer Ortsbesichtigung eine unzureichende Sachverhaltsfeststellung begründen (BGH 1.7.1993 – III ZR 36/92, BRS 55 Nr. 156).

180 Fällt dem Amtswalter nur Fahrlässigkeit zur Last, kann er und die nach Art. 34 GG haftende Körperschaft nur dann in Anspruch genommen werden, wenn der Geschädigte nicht **auf andere Weise Ersatz verlangen kann (§ 839 Abs. 1 S. 2 BGB)**. Macht ein Bauherr Amtshaftungsansprüche wegen einer rechtswidrigen Baugenehmigung geltend, muss er dartun, dass er von dem planenden Architekten keinen anderweitigen Ersatz verlangen kann (BGH 19.3.1992 – III ZR 117/90, NVwZ 1992, 911; OLG Brandenburg

9.1.2013 – 2 W 6/11, juris). Eine schuldhafte Pflichtverletzung des Architekten, wie sie die Verletzung von Grenzabstandsvorschriften idR darstellt, verliert durch das Hinzutreten der Baugenehmigung nicht ihre Bedeutung als selbständiger Haftungstatbestand (BGH aaO).

Amtshaftungsansprüche sind ausgeschlossen (§839 Abs. 3 BGB), wenn der Verletzte es schuldhaft unterlassen hat, den **Schaden durch Gebrauch eines Rechtsmittels abzuwenden**, insbesondere die Versagung der Baugenehmigung nicht angefochten hat. Widerspruch und verwaltungsgerichtliche Klage gegen einen amtspflichtwidrig erlassenen VA **unterbrechen die Verjährung des Amtshaftungsanspruchs**, der aus der angefochtenen Maßnahme hergeleitet wird (BGH 11.7.1985 – III ZR 62/84, DVBl 1986, 181 mAnm Berkemann; OLG Brandenburg 13.2.2007 – 2 U 10/05, juris Rn. 44). 181

Wegen der Verantwortung des Bauherrn und seiner Hilfskräfte für die Einhaltung des öffentlichen Baurechts (§§52ff.) wird häufig ein Mitverschulden des Bauherrn in Betracht kommen. So hat der BGH (12.6.1975 – III ZR 34.73, DVBl 1976, 176) ein **Mitverschulden des Bauherrn** an der Entstehung des Schadens bejaht, der durch die Stilllegung genehmigter Bauarbeiten auf den Nachbarwiderspruch entstanden war, wenn dem Bauherrn die Bedenken gegen die Zulässigkeit seines Vorhabens oder die ablehnende Haltung des Nachbarn bekannt waren (vgl. auch BGH 22.2.1989 – III ZR 41/87, juris). Ist gegen die Baugenehmigung Widerspruch erhoben worden, muss der Bauherr die Rechtswidrigkeit der ihm erteilten Baugenehmigung jedenfalls dann in Betracht ziehen, wenn nachvollziehbare Anfechtungsgründe vorgetragen worden sind (BGH 16.1.2003 – III ZR 269/01, NVwZ 2003, 501; 24.4.2008 – III ZR 252/08, NVwZ 2008, 926). 182

Hat der Nachbar vorläufigen Rechtsschutz beantragt und wartet der Bauherr die Entscheidung über die aufschiebende Wirkung des Widerspruchs nicht ab, sondern setzt die Bauarbeiten fort, nimmt er das in der Anfechtung liegende Risiko bewusst auf sich (BGH 16.1.1997 – III ZR 117/95, DVBl 1997, 551 (565)). Auch wer als Architekt sachkundig ist, darf sich nicht blind auf Auskünfte der BauAB verlassen (BGH 17.4.1980 – III ZR 167/78, NJW 1980, 2576). Auch besondere Sachkompetenz und Sachnähe des Bauherrn schließen idR aber eine vollständige **Verlagerung des „Rechtsanwendungsrisikos" von der BauAB auf den Bauherrn** aus, wenn die Baugenehmigung geeignet ist, ein schutzwürdiges Vertrauen des Bauherrn zu begründen (BGH 11.10.2001 – III ZR 63/00, BRS 64 Nr. 172; 24.4.2008 – III ZR 25/08, NVwZ 2008, 926). Die BauAB kann den Bauherrn aber regelmäßig nicht auf Schadensersatzansprüche gegen den Entwurfsverfasser mit dem Argument verweisen, der Entwurfsverfasser hätte den Fehler der Baugenehmigung erkennen müssen, denn der **Entwurfsverfasser braucht nicht klüger zu sein als die BauAB** (BGH 25.10.1984 – III ZR 80/83, NJW 1985, 1692; 29.3.1990 – III ZR 145/88, juris). 183

Bis zum Inkrafttreten des **BauROG 1998** kam nach der Rspr. des BGH ein Amtshaftungsanspruch des Bauherrn in Betracht, wenn eine **Gemeinde pflichtwidrig ihr Einvernehmen nach §36 BauGB verweigerte** (vgl. BGH 29.9.1975 – III ZR 40/73, BGHZ 65, 182; 14.6.1984 – III ZR 68/83, NVwZ 1986, 504). Gleiches galt, wenn die Gemeinde ihr Einvernehmen versagte, das nur irrtümlich für erforderlich gehalten wurde, etwa weil der B-Plan zu Unrecht als unwirksam angesehen wurde (BGH 26.4.1979 – III ZR 100/77, NJW 1980, 387). Versagte die BauAB die Baugenehmigung nicht nur wegen des fehlenden Einvernehmens, sondern auch aus anderen Gründen und erwies sich die Versagung als insgesamt rechtswidrig, hafteten BauAB und Gemeinde als Gesamtschuldner, weil die Gewichtung der beiderseitigen Verantwortungsbeiträge nicht auf dem Rücken des Bürgers ausgetragen werden durfte (vgl. BGH 21.5.1992 – III ZR 14/91, BGHZ 118, 263). **Nach §36 Abs. 2 S. 3 BauGB kann** nunmehr die nach Landesrecht **zuständige Behörde** ein rechtswidrig versagtes **Einvernehmen** der Gemeinde **ersetzen** (vgl. §2 Nr. 1 und Nr. 4 Nds. DVO-BauGB). 184

Mit Urteil vom 16.9.2010 – III ZR 29/10, NVwZ 2011, 249 hat der BGH entschieden, dass im Baugenehmigungsverfahren der Gemeinde bei der Verweigerung des gemeindlichen 185

Einvernehmens keine den Bauwilligen schützenden Amtspflichten obliegen, wenn die BauAB nach § 36 Abs. 2 S. 3 BauGB iVm landesrechtlichen Vorschriften das rechtswidrig verweigerte Einvernehmen ersetzen kann. Dies gilt auch dann, wenn der (einfache) B-Plan, dessen Festsetzungen das Bauvorhaben widerspricht und auf dessen Inhalt die Verweigerung des Einvernehmens gestützt wird, unwirksam ist, auch wenn dies gerichtlich noch nicht festgestellt wurde (BGH 25.10.2012 – III ZR 29/12, NVwZ 2013, 167). Ein **Bedürfnis** dafür, die **Amtspflichten der Gemeinde als drittschützend zu qualifizieren, besteht durch die Ersetzungsbefugnis nicht mehr**; insbesondere sind keine relevanten haftungsrechtlichen Nachteile für den Bauantragsteller zu befürchten (vgl. Schröer/Kullick NZBau 2012, 31; Schoch NVwZ 2012, 777). Erhebliche zeitliche Verzögerungen bei der Genehmigungserteilung, die dadurch entstehen können, dass die Gemeinde gegen die das Einvernehmen ersetzende Entscheidung mit einem Rechtsbehelf vorgeht, können **nach wie vor** zur **Haftung der Gemeinde** führen, da in diesem Fall der Bereich des bloßen Verwaltungsinternums verlassen wird (Schlick NJW 2011, 3341 (3344)).

186 **§ 36 Abs. 2 S. 3 BauGB** ist zwar als **Kann-Vorschrift** ausgestaltet (vgl. OVG Lüneburg 23.6.2009 – 12 LC 136/07, NVwZ-RR 2009, 866); idR dürfte aber – bei Vorliegen der Voraussetzungen – unter Berücksichtigung des nach Art. 14 GG geschützten Anspruchs auf Genehmigungserteilung nur eine Ersetzungsentscheidung der BauAB in Betracht kommen (**Ermessensreduzierung auf Null**). Die Ersetzung des gemeindlichen Einvernehmens ist aber ermessensfehlerhaft, wenn die Gemeinde ihre unwirksame Konzentrationsplanung durch Änderung des Flächennutzungsplans „repariert" hat und nur noch die – unmittelbar bevorstehende – Bekanntmachung der Genehmigung fehlt (OVG Lüneburg 30.11.2004 – 1 ME 190/04, juris Ls. 3: konfligierende Interessen der Baufreiheit und der Planungshoheit).

187 Die Gemeinde haftet nicht, wenn sie ihr Einvernehmen rechtswidrig erteilt. Denn die Erteilung des Einvernehmens bindet die BauAB nicht, diese hat vielmehr in eigener Verantwortung über die Baugenehmigung zu entscheiden (BGH 18.12.1986 – III ZR 174/85, BGHZ 99, 262). Die **Gemeinde ist nicht berechtigt**, die Entscheidung über einen Bauantrag bzw. über ihr Einvernehmen über die angemessene Bearbeitungszeit **hinauszuzögern** (beachte: § 36 Abs. 2 S. 2 BauGB), um einen Aufstellungsbeschluss nach § 2 Abs. 1 BauGB auf den Weg zu bringen und nach §§ 14 f. BauGB zu sichern, wenn das Bauvorhaben planungsrechtlich zulässig ist (BGH 12.7.2001 – III ZR 282/00, NVwZ 2002, 124). Zur Berechnung des Verzögerungsschadens vgl. Boujong WiVerw 1991, 59 (101) mwH und BGH 11.6.1992 – III ZR 210/90, NVwZ 1992, 1119.

188 **Verzögerungen im Baugenehmigungsverfahren**, die durch die rechtswidrige Versagung einer Baugenehmigung oder eine „faktische Bausperre" eintreten, **können Ansprüche aus enteignungsgleichem Eingriff auslösen** (vgl. Engelhardt NVwZ 1994, 337). Mit der Feststellung, dass die Versagung der Baugenehmigung rechtswidrig war, steht fest, dass das dem Bauherrn durch den Eingriff auferlegte Opfer jenseits der allgemeinen Opfergrenze liegt und damit ein „Sonderopfer" ist (BGH 10.2.1972 – III ZR 188/69, DVBl 1973, 138 mit Anmerkung Schrödter/Schmaltz). Mit dem **Nassauskiesungsbeschluss** (15.7.1981 – 1 BvL 77/78, BVerfGE 58, 300) hat das BVerfG nicht das Rechtsinstitut des enteignungsgleichen Eingriffs „verabschiedet", sondern die Rspr. des BGH nur insoweit **missbilligt**, als dieser dem Bauherrn die Wahl ließ, **entweder** die rechtswidrige Versagung der Baugenehmigung anzufechten **oder** sich mit der Versagung abzufinden und Entschädigung zu verlangen (vgl. Ossenbühl NJW 1983, 1; Bender BauR 1983, 1; Hendler DVBl 1983, 873 (881); Ipsen DVBl 1983, 1029 ff. mN).

189 Der BGH lehnt inzwischen (vgl. → Rn. 181) einen Entschädigungsanspruch wegen enteignungsgleichem Eingriff ab, soweit der Betroffene es schuldhaft versäumt hat, den Eingriffsakt im Verwaltungsrechtsweg anzugreifen (26.1.1984 – III ZR 216/82, NVwZ 1984, 397; vgl. für die Amtshaftung: 21.12.1990 – III ZR 280/89, juris). **Verzögerungsschäden** kann der Betroffene jedoch **durch Rechtsmittel nicht abwenden**, **so dass** der **enteignungsgleiche Eingriff** in diesem Zusammenhang seine **Bedeutung behält**, zumal er für Niedersachsen in § 80 Abs. 1 S. 2 Nds. SOG eine ausdrückliche Regelung erfahren hat (vgl. Götz AgrarR 1984, 1; zur Verjährung und zum Umfang des Anspruchs: §§81, 83 Nds. SOG).

Mit dem **Beschluss des BVerfG** (→ Rn. 188) sind auch jene Urteile des BGH (10.2.1972 190
aaO Rn. 188; 3.7.1972 – III ZR 134/71, NJW 1972, 1713) weitgehend überholt, die bereits die mündliche Ablehnung von Bauwünschen oder die ablehnende Haltung der BauAB als Eingriff von hoher Hand qualifizierten (vgl. BGH 29.9.1975 – III ZR 40/73, juris Rn. 39). Diese **Konsequenz** hat der **BGH** bislang noch nicht in aller Deutlichkeit gezogen: Seit langem sei anerkannt, dass eine Verzögerung bei der Erteilung einer Baugenehmigung (Entsprechendes gilt für einen Bauvorbescheid) ebenso einen enteignungsgleichen Eingriff darstellen kann wie die förmliche, dem geltenden Recht widersprechende Ablehnung einer Bauerlaubnis (BGH 21.5.1992 – III ZR 14/91, juris Rn. 27). Demgegenüber scheidet ein Anspruch aus enteignungsgleichem Eingriff mangels Eingriff in das Eigentumsrecht wegen einer nach Auffassung des Klägers angedrohten ordnungsbehördlichen Maßnahme aus (BGH 22.11.2012 – III ZR 30/12, juris Rn. 29).

I. Zustellung der Baugenehmigung oder Teilbaugenehmigung an Nachbarn (Abs. 5)

Die Beteiligung der Nachbarn im Baugenehmigungsverfahren nach §68 ist abgestuft 191
nach der Intensität ihres Betroffenseins durch die Baugenehmigung oder Teilbaugenehmigung (→ §68 Rn. 153 ff.). Die **unterschiedliche Regelung der Zustellung** in **Abs. 5 Satz 1 und 2** knüpft nicht an diese Unterschiede an, sondern orientiert sich an der **Reaktion der Nachbarn auf die angekündigte Baugenehmigung**: Wer Einwendungen gegen die Baumaßnahme erhoben hat, dem ist die Baugenehmigung oder Teilbaugenehmigung zuzustellen; anderen Nachbarn ist sie nur auf Verlangen des Bauherrn zuzustellen.

Da ein Rechtsbehelf die Wirksamkeit einer Baugenehmigung oder Teilbaugenehmigung 192
infrage stellen kann und damit für den Bauherrn eine erhebliche Unsicherheit erzeugt, gibt **Abs. 5 Satz 2** dem Bauherrn die Möglichkeit, die Zustellung mit Rechtsbehelfsbelehrung auch an andere Nachbarn zu verlangen. Nur auf diese Weise kann die Frist zur Erhebung des Widerspruchs nach §70 Abs. 1 VwGO in Lauf gesetzt werden und der Bauherr vor einem erst während der Baumaßnahme erhobenen Widerspruch und seinen Folgen geschützt werden (dazu → §68 Rn. 186 ff.). Die **Zustellung der Baugenehmigung oder Teilbaugenehmigung** richtet sich nach §1 Abs. 1 NVwZG iVm §§2–10 VwZG in der jeweils geltenden Fassung. Zur Befugnis des Verwalters einer Wohnungseigentümergemeinschaft, Zustellungen entgegenzunehmen vgl. → §68 Rn. 23.

Die nach **Abs. 5** vorgeschriebene **Rechtsbehelfsbelehrung** muss den Nachbarn über 193
die Zulässigkeit des Widerspruchs, die Anbringung des Widerspruchs bei der BauAB, den Sitz der BauAB und die Widerspruchsfrist von einem Monat seit Zustellung bzw. Bekanntgabe der Baugenehmigung belehren (§58 Abs. 1 VwGO). Wird bei einem VA mit Drittwirkung in der Rechtsbehelfsbelehrung abstrakt darüber belehrt, dass gegen den Bescheid Widerspruch erhoben werden kann, bezieht sich die Rechtsbehelfsbelehrung ohne Weiteres auch auf einen potentiell Drittbetroffenen und setzt – wenn ihm der Verwaltungsakt bekannt gegeben wird – ihm gegenüber die Widerspruchsfrist in Lauf (BVerwG 11.3.2010 – 7 B 36.09, juris Ls.; vgl. auch BVerwG 7.7.2008 – 6 B 14.08, NVwZ 2009, 191). Da der Antrag des Nachbarn nach §80a Abs. 1 Nr. 2 VwGO gegen die idR nach §212a Abs. 1 BauGB sofort vollziehbare Baugenehmigung nicht befristet ist, braucht die BauAB den Nachbarn nicht nach §58 VwGO über die Möglichkeit des Aussetzungsantrags zu belehren. Allerdings sollte die BauAB gerade im Hinblick darauf, dass nach §80a Abs. 3 S. 2 iVm §80 Abs. 6 VwGO der Aussetzungsantrag zunächst bei der BauAB zu stellen ist, bevor das VG angerufen werden darf (→ §68 Rn. 236), auch über die Möglichkeiten des vorläufigen Rechtsschutzes belehren (vgl. Burmeister NordÖR 1999, 330 (331)).

194 Aus dem Bauschein kann der Nachbar die **Einzelheiten des Bauvorhabens** nicht erkennen. Befürchtet der Nachbar etwa eine Unterschreitung des vorgeschriebenen Grenzabstands, ist er zur Überprüfung von Lage und Abmessungen des genehmigten Bauwerks auf die Bauvorlagen angewiesen. Soweit der Nachbar vor Erteilung der Baugenehmigung Einwendungen erhoben hat, ist der BauAB bekannt, wodurch er sich beeinträchtigt fühlt. Sie hat ihm nach **Abs. 5 Satz 1** den Teil der Bauvorlagen beizufügen, der zur Beurteilung der von ihm befürchteten Beeinträchtigung erforderlich ist. Das werden idR der Lageplan und ein Schnitt des Bauvorhabens sein, ggf. auch Grundriss und Ansichten. In Sonderfällen kann auch die Übersendung eines Auszugs aus der Baubeschreibung notwendig werden (§ 9 Abs. 1 BauVorlVO). Stellt die BauAB die Baugenehmigung oder Teilbaugenehmigung ohne den entsprechenden Teil der Bauvorlagen zu, führt das aber weder dazu, dass die Widerspruchsfrist nicht zu laufen beginnt, noch zur Fehlerhaftigkeit der Baugenehmigung oder Teilbaugenehmigung. Der Nachbar muss gegebenenfalls bei der BauAB die Bauvorlagen anfordern oder Einsicht in die Bauvorlagen nehmen.

195 Mit Rücksicht auf die allgemeine Vorschrift des § 39 VwVfG hat der Gesetzgeber darauf verzichtet vorzuschreiben, dass **in der Baugenehmigung zu begründen** ist, **warum den Einwendungen des Nachbarn nicht entsprochen** worden ist. Dafür wird es idR genügen, auf die Rechtsvorschrift hinzuweisen, die die Baumaßnahme deckt. Beruht die erteilte Baugenehmigung auf einer Ermessensentscheidung (§ 66, § 31 BauGB), muss die Begründung zusätzlich die Überlegungen der BauAB dartun, die gerade die getroffene Ermessensentscheidung rechtfertigen. Unzureichend ist also der Hinweis, dass die BauAB von ihrem Ermessen Gebrauch gemacht hat, vielmehr sind die Ermessenserwägungen darzulegen (Scheffler DÖV 1977, 767). Während bislang Ermessensentscheidungen zugunsten des Bauherrn und zu Lasten des Nachbarn diesem gegenüber erst auf seinen Widerspruch gerechtfertigt wurden, führt der „Begründungszwang" nach § 39 VwVfG dort, wo die Einwendungen des Nachbarn auf diese Ermessensentscheidung abzielen, zu einer stärkeren „Rationalisierung" des Entscheidungsprozesses. Er macht der BauAB die Drittwirkung der Baugenehmigung deutlich.

196 **Versäumt die BauAB zu begründen**, warum den Einwendungen nicht entsprochen worden ist, berührt dies die Rechtmäßigkeit der Baugenehmigung oder Teilbaugenehmigung idR nicht. Beziehen sich die Einwendungen des Nachbarn jedoch auf eine Ermessensentscheidung der BauAB, muss die Begründung, warum den Einwendungen nicht entsprochen worden ist, spätestens im gerichtlichen Verfahren bis zum Schluss der mündlichen Verhandlung der letzten Tatsacheninstanz nachgeholt werden (§ 45 Abs. 1 Nr. 2 und Abs. 2 VwVfG; → § 68 Rn. 165 ff.; zur rechtspolitischen Kritik Kopp/Ramsauer § 45 Rn. 33 ff.).

197 Hat der Nachbar vor Erteilung der Baugenehmigung keine Einwendungen erhoben, bedarf es der **Beifügung von Bauvorlagen** nicht **(Abs. 5 Satz 2)**. Der Nachbar muss bei der BauAB Einsicht in die Bauvorlagen nehmen, will er Näheres erfahren. Ist der Nachbar beteiligt worden und hat er keine Einwendungen erhoben, erübrigt sich auch die Begründung einer dem Bauantrag stattgebenden Ermessensentscheidung (VGH Mannheim 25.6.1981 – 5 S 160/81, BRS 38 Nr. 189).

J. Die Unterrichtung der Gemeinde

198 Auch wenn § 70 es nicht vorschreibt, **muss die BauAB die Gemeinde**, die nicht BauAB ist, **von** der Entscheidung über den Bauantrag und von allen mit dem Bauantrag und der **Baugenehmigung und Teilbaugenehmigung** in Zusammenhang stehenden Entscheidungen **unterrichten.** § 72 Abs. 5 MBauO 2002 führt als derartige Entscheidungen auf: Erteilung, Verlängerung, Ablehnung, Rücknahme und Widerruf einer Baugenehmigung, Teilbaugenehmigung, eines Vorbescheids, einer Zustimmung, einer Abweichung, einer Ausnahme oder einer Befreiung. Die Unterrichtung geschieht am einfachsten durch

eine Abschrift der betreffenden Entscheidung. Die Gemeinde benötigt zu ihrer Unterrichtung insbesondere Lageplan und Bauzeichnungen (§§ 2 f., 7 und 8 BauVorlVO).

Einer Zustellung der Entscheidung an die Gemeinde bedarf es grundsätzlich nicht. 199
Etwas anderes gilt natürlich, wenn die **Gemeinde als Nachbar** Einwendungen erhoben hat. Wie jedem privaten Nachbarn ist auch der Gemeinde als Nachbar die Baugenehmigung nach **Abs. 5** zuzustellen. Aber auch wenn Mitwirkungsrechte der Gemeinde berührt sein können, ist die Zustellung der Baugenehmigung geboten, um die Rechtsbehelfsfrist in Lauf zu setzen. Insoweit steht der Gemeinde nämlich ein Anfechtungsrecht zu, weil die Mitwirkungsrechte der Gemeinde, die das Planungsrecht und § 47 Abs. 5 einräumen, in ihrem Selbstverwaltungsrecht wurzeln. Wird der Gemeinde eine Abschrift der mit einer Rechtsbehelfsbelehrung versehenen Baugenehmigung zur Kenntnisnahme übersandt, bedarf es keiner weiteren gleichartigen Rechtsbehelfsbelehrung, um die Monatsfrist des § 70 VwGO in Lauf zu setzen (OVG Lüneburg 5.6.1972 – VI B 38/72, nv).

Wird der Gemeinde keine Rechtsbehelfsbelehrung erteilt, verwirkt sie ihr Anfechtungs- 200
recht, wenn sie längere Zeit (4 Monate) untätig bleibt, obwohl mit den Bauarbeiten begonnen wird und sie davon Kenntnis hat (OVG Lüneburg 30.11.1973 – I A 68/73, BRS 28 Nr. 107). Da die Gemeinde als Teil der öffentlichen Verwaltung handelt, **tritt die Verwirkung schneller ein als bei einem Nachbarn.**

§ 71 Geltungsdauer der Baugenehmigung und der Teilbaugenehmigung

¹Die Baugenehmigung und die Teilbaugenehmigung erlöschen, wenn innerhalb von drei Jahren nach ihrer Erteilung mit der Ausführung der Baumaßnahme nicht begonnen oder wenn die Ausführung drei Jahre lang unterbrochen worden ist. ²Wird die Baugenehmigung oder die Teilbaugenehmigung angefochten, so wird der Lauf der Frist bis zur rechtskräftigen Entscheidung gehemmt. ³Die Frist kann auf schriftlichen Antrag um jeweils höchstens drei Jahre verlängert werden. ⁴Sie kann rückwirkend verlängert werden, wenn der Antrag vor Fristablauf bei der Bauaufsichtsbehörde eingegangen ist.

Übersicht

A. Allgemeines

Die Baugenehmigung enthält zum einen die Feststellung, dass das genehmigte Vorha- 1
ben dem öffentlichen Baurecht entspricht (→ § 70 Rn. 5 ff.) und zum anderen gibt sie den Bau frei (→ § 70 Rn. 15). Diese Wirkung der Baugenehmigung kann zeitlich nicht unbegrenzt gelten, weil die für die Zulässigkeit von Bauvorhaben maßgebliche Sach- und Rechtslage einem relativ raschen Wandel unterworfen ist. Die nicht seltenen Änderungen der Zulässigkeitsvoraussetzungen von Bauvorhaben – insbesondere im Städtebaurecht (zur BauGB-Novelle 2013: Hagebölling NuR 2013, 99 ff.) – begründen ein öffentliches Interesse, nach angemessener Zeit die Übereinstimmung von Bauvorhaben, die genehmigt, aber noch nicht ausgeführt sind, mit dem öffentlichen Baurecht erneut zu überprüfen. Solange dem Bauherrn eine angemessene Frist bleibt, nach der Erteilung der Baugenehmigung sein Vorhaben ohne Rücksicht auf die materielle Rechtslage zu verwirklichen, stellt die **Regelung der Geltungsdauer der Baugenehmigung eine Inhalts- und Schrankenbestimmung des Eigentums iSd Art. 14 Abs. 1 S. 2 GG** dar, die

private und öffentliche Interessen ausreichend berücksichtigt (BVerwG 22.2.1991 – 4 CB 6.91, NVwZ 1991, 984 ff.; OVG Münster 16.10.2008 – 7 A 696/07, juris Rn. 59).

2 Die **NBauO 1986** hat im Interesse der Bauherren und zur Entlastung der BauAB die Geltungsdauer von zwei auf drei Jahre verlängert (vgl. § 73 Abs. 1 MBauO 2002). Dem steht freilich gegenüber, dass sich die Umsetzung einer städtebaulichen Neuplanung entsprechend verlängert. Die **NBauO 1995** hat mit Satz 4 klargestellt, dass eine rückwirkende Verlängerung der Geltungsdauer um jeweils höchstens drei Jahre voraussetzt, dass der Antrag vor Fristablauf bei der BauAB eingegangen ist (vgl. § 73 Abs. 2 MBauO 2002: jeweils bis zu einem Jahr). Der im Gesetzgebungsverfahren zur **NBauO 2012** geäußerten Anregung, eine längere Frist (fünf Jahre) für die Geltung der Baugenehmigung vorzusehen, ist der Gesetzgeber nicht gefolgt. Diese Entscheidung ist zu begrüßen. Im Interesse des Landesgesetzgebers liegt es, sicherzustellen, dass keine Vorhaben ausgeführt werden, die den §§ 30 ff. BauGB widersprechen. Im Übrigen besteht weiterhin die Möglichkeit der Fristverlängerung (vgl. LT-Drs. 16/3195, 105).

3 Die NBauO enthält keine § 18 Abs. 2 BImSchG vergleichbare Regelung: Die Baugenehmigung für eine Baumaßnahme, die später durch eine Änderung der NBauO genehmigungsfrei wird, erlischt nicht mit dem **Wegfall des Genehmigungserfordernisses**, sondern sichert den Bestand des nunmehr verfahrens- oder genehmigungsfreien Vorhabens. Darüber hinaus berührt das Erlöschen der immissionsschutzrechtlichen Genehmigung nach § 18 Abs. 2 BImSchG – durch eine Änderung der 4. BImSchV – nicht die „eingeschlossene" Baugenehmigung (dazu → § 59 Rn. 22), diese bleibt einschließlich etwaiger Nebenbestimmungen bestehen (OVG Münster 15.3.1993 – 21 A 1691/89, NVwZ 1994, 184).

B. Geltungsdauer der Baugenehmigung/Teilbaugenehmigung

4 Wenn **die Baugenehmigung** keine kürzere Befristung enthält oder eine in der Baugenehmigung festgesetzte auflösende Bedingung nicht vorher eintritt, **erlischt** die Baugenehmigung, **wenn** innerhalb von drei Jahren nach ihrer Erteilung mit der Ausführung der Baumaßnahme nicht begonnen oder wenn die Ausführung drei Jahre unterbrochen worden ist **(Satz 1).** Das Vorhaben darf nach Erlöschen der Baugenehmigung nicht mehr begonnen bzw. weitergeführt werden; der ausgeführte Teil wird von der erloschenen Baugenehmigung nicht gedeckt (→ § 70 Rn. 27 f.). Eine Nachtragsgenehmigung für Änderungen der Baumaßnahme verlängert die Geltungsdauer der früher erteilten Baugenehmigung vorbehaltlich abweichender besonderer Regelung nicht, sondern ist von der Geltung der ursprünglichen Genehmigung abhängig (VGH München 22.3.1984 – 2 B 82 A.301, BRS 42 Nr. 167; VGH Mannheim 19.10.1995 – 3 S 2295/94, NVwZ-RR 1996, 485).

5 Eine ursprünglich als **Baugenehmigung** erteilte Genehmigung **für die Errichtung einer Windkraftanlage gilt** im Anwendungsbereich des § 67 Abs. 9 S. 1 BImSchG **als zeitlich unbefristete immissionsschutzrechtliche Genehmigung fort**, solange die Behörde nicht von der ihr durch § 18 Abs. 1 Nr. 1 BImSchG eingeräumten Möglichkeit Gebrauch gemacht und eine Frist für den Beginn der Errichtung der Anlage gesetzt hat und diese Frist ergebnislos verstrichen ist (OVG Koblenz 3.8.2016 – 8 A 10377/16, BeckRS 2016, 50259 Rn. 61; VGH Mannheim 4.8.2011 – 3 S 2439/09, NJOZ 2012, 438 Rn. 26 ff.).

6 Die **3-Jahres-Frist beginnt** mit der Erteilung der Baugenehmigung. Da ein VA erst mit der Bekanntgabe wirksam wird (§ 43 VwVfG) kann die Frist erst **mit der Bekanntgabe der Baugenehmigung gegenüber dem Bauherrn** zu laufen beginnen. Für die Fristberechnung gelten gemäß § 1 NVwVfG iVm § 31 Abs. 1 VwVfG die §§ 187 Abs. 1, 188 Abs. 2 BGB, dh die Baugenehmigung erlischt mit dem Ablauf des Tages, der durch seine Zahl und Monatsbezeichnung dem Tag der Bekanntgabe entspricht. Da die Baugenehmigung dem Bauherrn nicht zugestellt werden muss, wird der Beginn der Geltungsdauer

für die BauAB idR nicht präzise feststellbar sein. Unsicherheiten bei der Bestimmung des Beginns der Geltungsdauer werden idR zu Lasten desjenigen gehen, der ein Erlöschen der Baugenehmigung behauptet (vgl. zur Fristberechnung: OVG Münster 2.2. 2012 – 2 B 1525/11, juris 21 f.).

Die **Geltungsdauer** der Baugenehmigung **knüpft an die Baufreigabe an** und **nicht an ihre Unanfechtbarkeit** (so VGH München 22.3.1984 aaO Rn. 4). Unabhängig davon, dass nach § 212a BauGB Widerspruch und Anfechtungsklage eines Dritten gegen die bauaufsichtliche Zulassung keine aufschiebende Wirkung haben, darf der Bauherr mit dem Bau beginnen, sobald ihm die Baugenehmigung bekannt gegeben worden ist. Da die Baugenehmigung, die den Nachbarn nicht nach § 70 Abs. 5 zugestellt oder sonst bekannt gegeben worden ist, für diese anfechtbar bleibt, wäre die Geltungsdauer der Baugenehmigung bei einer Anknüpfung an die Unanfechtbarkeit nur mit erheblichen Schwierigkeiten zu bestimmen. 7

Wird die **Baugenehmigung oder Teilbaugenehmigung** allerdings **vom Nachbarn angefochten**, wird der Bauherr unabhängig von der Frage, ob die Rechtsbehelfe des Nachbarn aufschiebende Wirkung haben und er daher die Bauarbeiten einstellen muss, das Risiko scheuen, dass die Baugenehmigung im Prozess aufgehoben wird und er das errichtete Vorhaben beseitigen muss (VGH Mannheim 25.3.1999 – 8 S 218/99, NVwZ-RR 2000, 485 f.). Daher sieht **Satz 2** ausdrücklich vor, dass der Lauf der Frist bis zur rechtskräftigen Entscheidung gehemmt wird. Damit erledigt sich die zu anderen LBOen entstandene Streitfrage, ob die Anfechtung der Baugenehmigung durch den Nachbarn eine Hemmung oder Unterbrechung des Laufs der Frist bewirkt (vgl. OVG Münster 22.6.2001 – 7 A 3553/00, juris Rn. 3 f., BeckRS 2001, 18099). 8

Da der Widerspruchsbescheid, der auf den Widerspruch des Nachbarn ergeht, ebenso wenig eine rechtskräftige Entscheidung ist wie ein gerichtlicher Vergleich, **wäre es** allerdings **korrekter, davon zu sprechen**, dass der Lauf der Frist **bis zur Unanfechtbarkeit der Baugenehmigung gehemmt wird** (vgl. Art. 69 Abs. 1 BayBO). Bezieht sich der Nachbarwiderspruch auf einen abtrennbaren Teil der Baugenehmigung, wird der Lauf der Frist im Übrigen nicht gehemmt, wenn der Bauherr ohne Risiko von der Baugenehmigung teilweise Gebrauch machen kann: Die Anfechtung der Baugenehmigung für die Grenzgarage hemmt nicht den Lauf der Geltungsdauer der Baugenehmigung für das Wohnhaus, wohl aber umgekehrt. Denn im Falle einer Teilaufhebung muss ein sinnvoller und selbständig realisierbarer Genehmigungsumfang verbleiben (vgl. OVG Lüneburg 19.6.2012 – 1 LB 169/11, Rn. 49 ff., NJOZ 2012, 1652 zur Teilbarkeit einer Baugenehmigung). 9

Ist die Baugenehmigung nur eingeschränkt erteilt worden und **erhebt der Bauherr nur Verpflichtungsklage** auf Erteilung der uneingeschränkten Baugenehmigung, wird der Lauf der 3-Jahres-Frist nicht gehemmt (aA Decker in Simon/Busse BayBO Art. 69 Rn. 54). Der Bauherr kann nämlich entsprechend der eingeschränkten Genehmigung bauen; ein Risiko, dass die den Bau deckende Genehmigung aufgehoben wird, besteht nicht; allenfalls entfällt die Einschränkung. Entsprechendes gilt, wenn der Bauherr eine Auflage isoliert angreift (vgl. → § 72 Rn. 5). 10

Innerhalb der Geltungsdauer der Baugenehmigung muss mit der **Ausführung der Baumaßnahme** begonnen werden. Im Einzelfall kann es zweifelhaft sein, wann mit der Ausführung der Baumaßnahme begonnen wird und was noch zur Vorbereitung der Baumaßnahme gehört. Aus § 72 Abs. 2 folgt, dass die Absteckung der Grundfläche der baulichen Anlage und die Festlegung der Höhenlage noch nicht den Beginn der Ausführung der Baumaßnahme darstellen. Nach dieser Vorschrift kann die BauAB nämlich anordnen, dass die Grundfläche der baulichen Anlage abgesteckt oder ihre Höhenlage festgelegt und die Absteckung oder die Festlegung **vor Baubeginn** von ihr abgenommen werden muss. Dagegen zählt das Ausheben der Baugrube unzweifelhaft schon zur Ausführung der Baumaßnahme (OVG Lüneburg 7.7.1981 – 1 B 64/81, BRS 38 Nr. 157). Mit der Ausführung eines nicht unterkellerten Gebäudes wird bereits dann begonnen, wenn der Bo- 11 den bis zu 0,8 m „abgeschoben" wird und zur frostfreien Gründung eine Kiesschicht von 0,9 m Stärke eingebracht wird (OVG Lüneburg 12.2.1990 – 6 A 206/88, nv; noch weitergehend VGH München 29.6.1987 – 14 B 86.02133, BRS 47 Nr. 143: Abschieben des Mutterbodens bis zu 0,3 m Tiefe ausreichend). **Vorbereitungsmaßnahmen, wie das Einrichten der Baustelle (§ 11)** mit dem Aufstellen der Baubude und der Baumaschinen sowie dem Lagern von Baumaterial, **stellen noch keine Ausführung der Baumaßnahme dar** (OVG Saarlouis 3.12.1982 – 2 R 182/81, BRS 39 Nr. 220; vgl. → § 72 Rn. 7).

12 Die Baumaßnahmen müssen, damit die Baugenehmigung nicht erlischt, mit dem erkennbaren Ziel durchgeführt werden, gerade das genehmigte Vorhaben zu verwirklichen (OVG Münster 2.2.2012 – 2 B 1225/11, juris Ls. 2). **Weicht die Bauausführung von der Baugenehmigung** so deutlich **ab**, dass das genehmigte Vorhaben nicht mehr identisch mit dem errichteten ist, hindert dies den Ablauf der Geltungsfrist nicht (OVG Münster 22.3.1982 – 7 A 1634/79, BRS 39 Nr. 126; OVG Saarlouis 3.12.1982 – 2 R 182/81, BRS 34 Nr. 220). Die Identität eines Bauvorhabens wird im Wesentlichen durch seinen Standort, Grundfläche, Bauvolumen, Zweckbestimmung und Erscheinungsbild bestimmt. Abweichungen von der Baugenehmigung sind dann **baurechtlich relevant, wenn** das abgewandelte Bauvorhaben die Frage der **Baugenehmigungsfähigkeit neu aufwirft** (OVG Lüneburg, Beschluss vom 16.6.2014 – 1 ME 70/14 –, NVwZ-RR 2014, 802 (803). Die Genehmigung für ein einheitliches Bauvorhaben erlischt nicht, wenn innerhalb der Geltungsdauer nur das Hauptgebäude, nicht aber das Nebengebäude fertig gestellt wird (VGH München 26.4.1990 – 2 B 88.1263, BRS 50 Nr. 159).

13 Die Ausführung der Baumaßnahme darf auch **nicht 3 Jahre unterbrochen** werden, soll die Baugenehmigung nicht erlöschen. Da der Bauherr weder die Einstellung der Bauarbeiten der BauAB anzuzeigen hat (§ 76 Abs. 1 S. 2 ist hier nicht einschlägig), noch die Wiederaufnahme der Bauarbeiten nach einer Unterbrechung von mehr als sechs Monaten (so aber Art. 68 Abs. 7 BayBO), wird eine Kontrolle durch die BauAB sehr erschwert. Die Wiederaufnahme der Bauarbeiten nach einer Unterbrechung muss den Bau wirklich fördern, um die 3-Jahres-Frist zu unterbrechen (VGH München 20.4.2009 – 1 ZB 07.3075, juris Rn. 15 „von der ernsthaften Absicht zur Fertigstellung des Vorhabens getragen"; OVG Münster 16.10.2008 – 7 A 696/07, juris Ls. 3). Das Gesetz schreibt dem Bauherrn aber nicht vor, dass er das genehmigte Vorhaben binnen einer bestimmten Frist fertig gestellt haben muss, eine nur langsame Bauausführung, ggf. in Eigenarbeit des Bauherrn, führt nicht zum Erlöschen der Baugenehmigung (OVG Lüneburg 23.3.1988 – 6 B 64/87, nv). Etwas anderes gilt aber dann, wenn das öffentliche Baurecht eine Art zeitlicher Befristung enthält wie in § 35 Abs. 4 S. 1 Nr. 3 BauGB: Ein „alsbald" bekundeter Wiederaufbauwille für ein Gebäude, das durch ein außergewöhnliches Ereignis zerstört worden ist, muss auch nach Erteilung eines Bauvorbescheides „alsbald" umgesetzt werden (OVG Lüneburg 6.1.1995 – 1 L 457/93, NVwZ-RR 1995, 246 f.; Jäde UPR 1998, 206 (207)).

14 Nach Sinn und Zweck des § 71 läuft die 3-Jahres-Frist bei Unterbrechung der Bauarbeiten aber nur, wenn **die Unterbrechung auf Umstände zurückzuführen ist, die der Bauherr zu vertreten hat**. Ordnet die BauAB auf einen Nachbarwiderspruch die Einstellung der Bauarbeiten an, ergibt sich aus **Satz 2**, dass der Lauf der Frist gehemmt wird. Entsprechendes gilt, wenn der Bauherr durch sonstige Umstände außerhalb seines Verantwortungsbereichs gehindert ist, von der Baugenehmigung Gebrauch zu machen (OVG Saarlouis 11.11.1985 – 2 R 146/84, BRS 44 Nr. 150 mN). Anders liegt es jedoch, wenn der Bauherr von der Genehmigung abweicht und die BauAB deshalb die Bauarbeiten einstellt (OVG Lüneburg 18.4.1985 – 1 A 114/82, BRS 44 Nr. 151; vgl. OVG Münster 16.10.2008 – 7 A 696/07, juris Rn. 64 ff.). Da dem Bauherrn in einem solchen Fall zuzumuten ist, entweder eine Nachtragsbaugenehmigung für die Änderung zu erwirken oder die Änderung rückgängig zu machen, muss er sich die Unterbrechung zurechnen lassen.

15 Wenn die BauAB durch das VG verpflichtet worden ist, eine Baugenehmigung zu erteilen, verjährt der **rechtskräftig festgestellte Anspruch** auf Erteilung der Baugenehmigung nach §197 Abs. 1 Nr. 3 BGB in 30 Jahren und nicht entsprechend der Geltungsdauer der Baugenehmigung in 3 Jahren (VGH München 16.10.1974 – 143 II 72, BRS 28 Nr. 104; zu den Auswirkungen auf die Verjährungsvorschriften durch das Gesetz zur Modernisierung des Schuldrechts vom 26.11.2001 (BGBl. I S. 3138) vgl. VGH München 9.3.2006 – 1 C 05.3053, juris). Die Frage, ob eine gerichtliche Entscheidung länger Gültigkeit behalten soll als der Akt, zu dem sie verpflichtet, drängt sich auf. Sie ist zu bejahen, weil die **BauAB** bei einer Änderung der Sach- und Rechtslage **durch eine Vollstreckungsgegenklage nach §167 VwGO, §767 ZPO den rechtskräftigen Titel beseitigen kann** (vgl. BVerwG 19.9.2002 – 4 C 10/01, NVwZ 2003, 214 ff.; zur Reichweite der Rechtskraft eines Bescheidungsurteils: 1.6.2007 – 4 B 13/07, juris Rn. 4). Es kommt hinzu, dass die BauAB es in der Hand hat, durch die Erteilung der Baugenehmigung die Frist des §71 in Gang zu setzen.

Hat sich die BauAB **in einem gerichtlichen Vergleich verpflichtet, eine Baugenehmigung zu erteilen**, erlischt die Verpflichtung drei Jahre nach Wirksamwerden des Vergleichs. Da die Geltungsdauer des zugesicherten VA selbst gesetzlich befristet ist, geht der Bindungswille der Behörde auch bei einer vergleichsweise übernommenen Zusicherung idR nicht weiter als bei dem zugesicherten VA (OVG Münster 19.5.1998 – 10 A 4731/97, BeckRS 1998, 16857 = BRS 60 Nr. 150; OVG Schleswig 4.9.1996 – 1 L 191/95, BRS 58 Nr. 152). Die Vollstreckung eines gerichtlichen Vergleichs zugunsten der öffentlichen Hand ist unzulässig, wenn die Geltungsdauer der aufgrund des Vergleichs erteilten Baugenehmigung, aufgrund derer vorhandene Dachflächenfenster durch Dachgauben zu ersetzen waren, abgelaufen ist (VGH München 3.11.2011 – 14 C 11.1844, juris). 16

C. Verlängerung der Geltungsdauer

Nach **Satz 3** kann die Frist auf schriftlichen Antrag um jeweils höchstens 3 Jahre verlängert werden. Die Verlängerung der Geltungsdauer steht nicht im Ermessen der BauAB; vielmehr hat der Bauherr ebenso wie auf die Erteilung der Baugenehmigung auch **einen Rechtsanspruch auf die Verlängerung einer Baugenehmigung, wenn das Vorhaben dem nunmehr geltenden öffentlichen Baurecht entspricht** (OVG Lüneburg 22.6.2010 – 12 LB 213/07, juris Ls. 1 zur Verlängerung eines Bauvorbescheids; OVG Münster 2.12.1987 – 11 A 1942/87, BRS 47 Nr. 140). Die Verlängerung der Geltungsdauer einer Baugenehmigung ist an die gleichen Voraussetzungen wie die Neuerteilung gebunden, weil die Verlängerung der Geltungsdauer in der Sache nichts anderes als die Erteilung einer neuen Genehmigung unter erleichterten Verfahrensbedingungen darstellt (so auch Decker in Simon/Busse BayBO Art. 69 Rn. 97 ff.). 17

Die **BauAB ist bei der Verlängerung** auch **nicht an die in der Baugenehmigung vertretene Rechtsansicht gebunden** (OVG Lüneburg 22.6.2010 – 12 LB 213/07, juris Rn. 36, NordÖR 2010, 419; Schmaltz BauR 1977, 95). Sie kann daher trotz unveränderter Sach- und Rechtslage zu einer anderen Beurteilung der Zulässigkeit des Vorhabens gelangen, da der Bauherr nur für die Geltungsdauer der Baugenehmigung vor einer solchen Änderung geschützt ist (vgl. auch BVerwG 10.5.1968 – IV C 186.65, BRS 20 Nr. 86). Die Ablehnung der Verlängerung der Geltungsdauer einer Baugenehmigung steht auch unter entschädigungsrechtlichen Gesichtspunkten der Versagung der Baugenehmigung gleich (BGH 7.7.1977 – III ZR 103/75, BRS 32 Nr. 132; 22.12.1992 – III ZR 96/91, juris, zum (nicht) schutzwürdigen Vertrauen in die Verlängerung einer Baugenehmigung bei Änderung der einschlägigen öffentlich-rechtlichen Vorschriften – Einführung des StrWG NW). 18

Auch wenn §71 dies, anders als etwa §73, nicht besonders vorschreibt, gelten die §§67 ff. sinngemäß für das **Verfahren der Verlängerung der Geltungsdauer**. Eine Erleichterung für den Bauherrn besteht darin, dass er nicht erneut Bauvorlagen einreichen muss. Dagegen dürfen die nach §69 zu beteiligenden Behörden auch im Verlänge- 19 rungsverfahren nicht übergangen werden, weil deren Aufgabenbereich durch die Verlängerung der Geltungsdauer in gleicher Weise berührt werden kann wie bei einer Neuerteilung der Baugenehmigung (so auch Decker in Simon/Busse BayBO Art. 69 Rn. 93 f.; aA BHS BauO NRW § 77 Rn. 31). Die Geltungsdauer der Baugenehmigung ist zeitlich begrenzt, damit die BauAB in angemessenen Abständen Änderungen der Sach- und Rechtslage Rechnung tragen kann (vgl. → Rn. 1). Solche Änderungen der tatsächlichen und rechtlichen Verhältnisse können nur in einem neuen Genehmigungsverfahren aufgedeckt werden. Die Gemeinde kann zB, auch wenn sie früher ihr Einvernehmen nach § 36 BauGB erteilt hat, im Hinblick auf neue Planungen die Zurückstellung beantragen oder ihr Einvernehmen nach § 36 BauGB verweigern. Die Straßenbaubehörde kann der Verlängerung der Geltungsdauer der Baugenehmigung nach § 24 Abs. 2 NStrG wegen geänderter Ausbauabsichten entgegentreten, auch wenn sie knapp 3 Jahre früher der Erteilung der Baugenehmigung zugestimmt hat.

20 Auch die **Nachbarn müssen** vor einer Verlängerung der Baugenehmigung nach Maßgabe des § 68 **erneut beteiligt werden**, weil die mit der Verlängerung verbundene Feststellung der Vereinbarkeit des Vorhabens mit dem öffentlichen Baurecht auf einen anderen Zeitpunkt bezogen ist als die ursprüngliche Baugenehmigung und sich inzwischen die maßgebliche Sach- und Rechtslage geändert haben kann (vgl. Hornmann HBO § 64 Rn. 154). Darüber hinaus kann das Bauvorhaben aus der Sicht des Nachbarn ein anderes Gewicht bekommen haben, das ihn veranlassen kann, einer Verlängerung der Baugenehmigung nicht zuzustimmen. Die Haltung des Nachbarn und seine Einwände muss die BauAB insbesondere bei Entscheidungen über Abweichungen berücksichtigen (→ § 66 Rn. 10, 44 ff.). Deshalb darf die BauAB allenfalls dann von einer Beteiligung absehen, wenn der Bauherr einen Anspruch auf die Baugenehmigung hat und eine nachbarrechtsrelevante Veränderung der Sach- und Rechtslage offensichtlich nicht eingetreten ist.

21 **Satz 4** gestattet die **Verlängerung der Geltungsdauer der Baugenehmigung auch nach ihrem Ablauf**, weil dem Bauherrn das mit der Dauer des „Verlängerungs"-Verfahrens verbundene Risiko des Fristablaufs nach Antragstellung nicht aufgebürdet werden darf, sondern in den Verantwortungsbereich der BauAB fällt (vgl. Art. 69 Abs. 2 S. 2 BayBO). Eine bereits abgelaufene Frist kann zwar nicht mehr tatsächlich „hinausgeschoben" werden, jedoch steht der Rechtsfolge der Fristerstreckung nichts entgegen (Schmaltz BauR 1977, 95 mN). Voraussetzung für eine Verlängerung nach Ablauf der Geltungsdauer ist freilich, dass der **Antrag auf Verlängerung vor Fristablauf** bei der BauAB eingegangen sein muss. Versäumt der Bauherr die Frist für die Verlängerung der Baugenehmigung, kommt eine Wiedereinsetzung in den vorigen Stand nach § 32 VwVfG in Betracht (im Ergebnis ebenso VGH München 19.5.1999 – 1 B 97.1548, BRS 62 Nr. 176, der sich allerdings auf § 31 Abs. 7 VwVfG stützt).

D. Erlöschen der Baugenehmigung aufgrund anderer Umstände

22 Die NBauO regelt mit § 71 nur das Erlöschen der Baugenehmigung in den Fällen, in denen der Bauherr die Genehmigung innerhalb von 3 Jahren nicht ausnutzt. Das heißt aber nicht, dass ein Erlöschen aus anderen Gründen ausgeschlossen ist. So ist anerkannt, dass die Baugenehmigung auch ohne ausdrückliche Aufhebungsverfügung der BauAB durch den **Verzicht des Bauherrn** erlischt, dh dass die Baugenehmigung vor Ablauf ihrer Geltungsdauer keine Rechtswirkungen mehr äußert (BVerwG 15.12.1989 – 4 C 36.86, NVwZ 1990, 464 ff. für eine immissionsschutzrechtliche Genehmigung; VGH Mannheim 10.11.1993 – 3 S 1120/92, NVwZ 1995, 280 f.). Zwar ist die Baugenehmigung ein sachbezogener VA und gilt nach § 70 Abs. 6 für und gegen den Rechtsnachfolger des Bauherrn (→ § 70 Rn. 24), aber ebenso wie der Bauherr dadurch, dass er von der Baugenehmigung keinen Gebrauch macht, durch sein Verhalten das Erlöschen der Genehmigung bewirkt (OVG Lüneburg 3.7.2013 – 1 ME 101/13, nv), kann er auch aus-

drücklich auf die Baugenehmigung verzichten. Der Verzicht muss wegen seiner Tragweite unmissverständlich erklärt werden und kann nicht widerrufen werden (VGH Mannheim 10.11. 1993 – 3 S 1120/92, NVwZ 1995, 280 f.; 8.7.2014 – 8 S 1071/13, NVwZ 2014, 1597 (1958)). Allein damit, dass der Bauherr einen weiteren Bauantrag für ein anderes Vorhaben auf demselben Grundstück einreicht, verzichtet er noch nicht auf eine vorher erteilte Baugenehmigung, weil die Baugenehmigung nicht zur Ausführung des Vorhabens verpflichtet (→ § 70 Rn. 27).

Wenn die genehmigte bauliche Anlage beseitigt wird, erledigt sich die Baugenehmigung 23 (§ 43 Abs. 2 VwVfG), weil die Wirkung der Baugenehmigung, mit dem Bau beginnen zu dürfen, bereits durch die Ausführung des Vorhabens verbraucht ist (→ § 70 Rn. 28) und die Feststellung der Baugenehmigung, dass das genehmigte Vorhaben mit dem öffentlichen Baurecht vereinbar ist (→ § 70 Rn. 5 ff.), mit dem **Wegfall des Genehmigungsgegenstands** ihre Wirkung einbüßt (VGH Mannheim 19.7.1989 – 8 S 1869/89, NVwZ-RR 1990, 171). Entsprechendes gilt, wenn die genehmigte Nutzung auf Dauer aufgegeben wird: Die Zustimmung der höheren Verwaltungsbehörde zu einer Verteidigungsanlage nach § 37 BauGB erledigt sich mit der dauerhaften Aufgabe der Nutzung (BVerwG 21.11.2000 – 4 B 36.00, NVwZ 2001, 557 f.; OVG Lüneburg 21.1.2000 – 1 L 4202/99, NdsVBl. 2000, 142 ff.). § 18 Abs. 1 Nr. 2 BImSchG stellt für das Erlöschen einer Genehmigung maßgeblich auf den tatsächlichen Vorgang der Betriebseinstellung ab; einer Manifestation des Aufgabewillens bedarf es nicht (OVG Lüneburg 13.12.2007 – 12 ME 298/07, juris Rn. 9, BeckRS 2008, 30035). Bei der Frage, anhand welcher Tatsachen die Betriebseinstellung festgestellt wird, kann neben objektiven Umständen auch eine subjektive Erklärung des Betreibers Indizwirkung haben (BVerwG 25.8.2005 – 7 C 25.04, NVwZ 2005, 1424).

Allerdings bleibt die **Frage, ob** die erledigende Wirkung der dauerhaften **Aufgabe der** 24 **Nutzung** in dem Sinn **auf die Bausubstanz „durchschlägt"**, dass die Legalisierungswirkung der Baugenehmigung auch hinsichtlich der Bausubstanz entfällt. Dafür spricht der Grundsatz, dass eine bauliche Anlage ohne zulässige Nutzung funktionslos ist. Nutzungsänderung und Nutzungsuntersagung lassen, entgegen Jäde (UPR 1998, 206 (209)), keine gegenteiligen Schlüsse zu. Bei der Genehmigung der Nutzungsänderung darf nämlich nicht allein die neue Nutzung in den Blick genommen werden; vielmehr ist die bauliche Anlage in ihrer durch die Nutzung bestimmten Funktion als Einheit zu beurteilen (BVerwG 30.1.1997 – 4 B 172.96, NVwZ-RR 1997, 519 f.). Die Nutzungsuntersagung impliziert entgegen Jäde (UPR 1998, 206 (209)) nicht, dass eine „nutzlose" Bausubstanz rechtlich möglich ist, sondern lässt das rechtliche Schicksal der Bausubstanz offen. Erledigt sich daher mit der endgültigen Aufgabe der Nutzung die Baugenehmigung insgesamt, hängt die etwaige Beseitigung der Bausubstanz davon ab, ob nahe liegende Möglichkeiten einer rechtmäßigen Nutzung bestehen.

Einen **Sonderfall einer Erledigung einer Baugenehmigung** behandelt das Urteil des 25 BVerwG vom 27.3.1998 – 4 C 11.97, NVwZ 1998, 729 ff.). Die Beteiligten eines Nachbarstreitverfahrens waren aufgrund eines unzutreffenden Hinweises des OVG davon ausgegangen, dass ein Vorbescheid für ein Bürogebäude durch Zeitablauf erloschen sei, und hatten die Nachbarklage für erledigt erklärt, nachdem das OVG der gleichzeitig erhobenen Nachbarklage gegen die Baugenehmigung stattgegeben hatte. Die Nachbarklage gegen eine veränderte Baugenehmigung hatte das OVG später abgewiesen, weil es sich nun auf den Standpunkt stellte, der Vorbescheid sei nicht erloschen, sondern bestandskräftig geworden. Das BVerwG hat den Vorbescheid als erledigt iSd § 43 Abs. 2 VwVfG angesehen, weil alle Beteiligten den Vorbescheid als obsolet betrachtet haben und davon ausgegangen sind, dass die Sach- und Rechtslage auf dem Boden einer neuen „Geschäftsgrundlage" zu beurteilen ist.

Ein weiteres Problem in diesem Zusammenhang stellen **Unterbrechungen der geneh-** 26 **migten Nutzung** dar. Nach § 18 Abs. 1 Nr. 2 BImSchG erlischt die immissionsschutzrechtliche Genehmigung, wenn die Anlage während eines Zeitraums von mehr als 3 Jahren nicht mehr betrieben worden ist (OVG Lüneburg 13.12.2007 – 12 ME 298/07, juris

Rn. 23, BeckRS 2008, 30035; OVG Magdeburg 6.7.2016, 2 L 84/14, BeckRS 2016, 52845 Rn. 145). Damit soll die Fortsetzung des Betriebes einer längere Zeit stillgelegten Anlage zu einem Zeitpunkt verhindert werden, in dem sich die für die Genehmigung maßgeblichen tatsächlichen Verhältnisse wesentlich verändert haben könnten. Dies ist im Kern der gleiche Gedanke, der der Befristung der Geltungsdauer von Baugenehmigungen zugrunde liegt, allerdings mit dem Unterschied, dass die LBauOen das Erlöschen der Baugenehmigung nur vorsehen, wenn das genehmigte Vorhaben innerhalb von drei Jahren nicht begonnen oder die Ausführung drei Jahre unterbrochen worden ist und nicht bei einer Unterbrechung der Nutzung. Eine § 18 Abs. 1 Nr. 2 BImSchG entsprechende Vorschrift existiert in der NBauO nicht.

27 **Gegen eine analoge Anwendung des § 18 Abs. 1 Nr. 2 BImSchG auf Baugenehmigungen** bzw. eine analoge Anwendung der Bestimmungen über die nicht fristgerechte Ausnutzung der Baugenehmigung auf die Fälle der Nutzungsunterbrechung **spricht** zunächst, dass die LBauOen die Regelung des § 18 Abs. 1 Nr. 2 BImSchG trotz zahlreicher Novellierungen in den letzten Jahren nicht übernommen haben (Uechtritz FS Gelzer, 1998, 259 (266)). Zudem stellt die Norm eine Reaktion auf die Gefahren dar, die typischerweise mit Anlagen verbunden sind, welche einer immissionsschutzrechtlichen Genehmigung bedürfen. Das ist bei „nur" baugenehmigungspflichtigen Vorhaben anders (VG Ansbach 7.9.2015 – AN 9 K 14.00081, juris Rn. 62). Gewichtig ist auch der Einwand, der Bauherr, der das Bauwerk errichtet hat und nur die Nutzung einstellt, sei schutzwürdiger als derjenige, der die Genehmigung nicht fristgerecht ausnutzt, weil jener bereits in den Bau investiert hat (vgl. OVG Lüneburg 3.1.2011 – 1 ME 209/10, juris Rn. 28 ff./34; hierzu: Bringewat NVwZ 2011, 733 ff.). Da die BauAB die Baugenehmigung nach §§ 48 f. VwVfG zurücknehmen oder widerrufen kann (zu den Alternativen Schenke DVBl 1989, 433), wenn die wieder aufgenommene Nutzung nach langjähriger Unterbrechung zum Störfaktor wird, scheint das Ergebnis, dass – auch langjährige – Nutzungsunterbrechungen eine einmal erteilte Baugenehmigung nicht zum Erlöschen bringen (Schlarmann/Ruttloff DVBl 2012, 869 ff.; Uechtritz FS Gelzer, 1998, 259 (266); Graf ZfBR 2006, 215; VGH Mannheim 19.7.1989 – 8 S 1869/89, NVwZ-RR 1990, 171; VGH Kassel 25.4.2016 – 5 A 2904/15.Z, NVwZ-RR 2017, 177 (179); vgl. aber auch VGH Mannheim 20.5.2003 – 5 S 2751/01, BRS 66 Nr. 179), nicht von der Hand zu weisen zu sein (OVG Weimar 29.11.1999 – 1 EO 658/99, DVBl 2000, 826 mit Anm. K. Schmaltz).

28 Allerdings ergeben sich aus dem Bodenrecht **Einwände gegen den Fortbestand der Baugenehmigung** jedenfalls **bei längerer Nutzungsunterbrechung** (dazu Halama, BerlKomm BauGB § 29 Rn. 4). Im unbeplanten Innenbereich wird der für das Einfügen in die nähere Umgebung maßgebliche Rahmen von der tatsächlich vorhandenen Bebauung und ihrer Nutzung bestimmt. Zwar wirkt eine ursprünglich vorhandene Prägung der näheren Umgebung über die Aufgabe der Nutzung hinaus noch eine gewisse Zeit fort, die Nutzung verliert aber ihre den Rahmen mitbestimmende Kraft, wenn sie vor vielen Jahren aufgegeben worden ist. Der genehmigte Schweinestall steht der Zulassung der Wohnbebauung in der Nachbarschaft nach § 34 Abs. 1 BauGB nicht entgegen, wenn die Schweinehaltung seit 10 Jahren aufgegeben ist (BVerwG 24.5.1988 – 4 CB 12.88, BRS 48 Nr. 137). Auch im Planbereich und im Außenbereich muss die „Feinsteuerung" des Rücksichtnahmegebotes – über § 15 BauNVO bzw. § 35 BauGB – die legale Nutzung der Nachbarschaft nur insoweit berücksichtigen, als sie „vorhanden" ist, dh noch ausgeübt wird oder jedenfalls nachwirkt. Dementsprechend kann der Nachbar aber auch eine Bebauung nicht unter Hinweis auf eine genehmigte, aber jahrelang nicht mehr ausgeübte (unverträgliche) Nutzung abwehren (BVerwG 24.5.1988 aaO; VGH Mannheim 20.5.2003 – 5 S 2751/01, BRS 66 Nr. 179; vgl. VG Bremen 29.1.2015 – 1 V 859/14, juris Rn. 28; v. Franckenstein BauR 2006, 1080).

29 Wer aber eine früher ausgeübte und genehmigte **Nutzung wegen langjähriger Unterbrechung nicht mehr gegen eine heranrückende unverträgliche Nutzung verteidigen kann**, darf den Konflikt auch nicht mehr durch Wiederaufnahme der lange unterbro-

chenen Nutzung „proben". **Beispiel:** Wenn der Landwirt die Wohnbebauung auf dem Nachbargrundstück nicht mehr abwehren kann, weil er die Tierhaltung seit 10 Jahren aufgegeben hat, dann kann er sich für die Wiederaufnahme auch nicht mehr auf die ursprüngliche Genehmigung berufen. Im Urteil vom 18.5.1995 – 4 C 20.94, NVwZ 1996, 379 ff. hat das BVerwG sehr präzise zeitliche Grenzen gezogen, wie lange eine nicht mehr ausgeübte Nutzung die städtebauliche Situation noch mitbestimmt. In Anknüpfung an das Zeitmodell zu § 35 Abs. 4 S. 1 Nr. 3 BauGB (21.8.1981 – 4 C 65.80, BVerwGE 64, 42) ging das BVerwG davon aus, dass im ersten Jahr nach der Einstellung der Nutzung eines Vorhabens die Situation noch durch die eingestellte Nutzung geprägt wird. Im 2. Jahr rechnet die Verkehrsauffassung – nach Ansicht des BVerwG – noch mit der Wiederaufnahme der Nutzung, während sich nach Ablauf von zwei Jahren die Vermutung umkehrt. Es erscheint durchaus zweifelhaft, ob eine so genaue zeitliche Festlegung der Nachwirkung einer nicht mehr ausgeübten Nutzung auf die städtebauliche Situation bundesrechtlich geboten ist, oder ob innerhalb eines weiter gesteckten Rahmens (vgl. auch § 35 Abs. 4 S. 1 Nr. 1c BauGB: die Aufgabe der bisherigen Nutzung darf nicht länger als 7 Jahre zurückliegen; § 42 Abs. 2 BauGB) nicht die situativen Umstände zu betonen sind. Zuzustimmen ist dem BVerwG jedenfalls darin, dass eine genehmigte, aber nicht mehr ausgeübte Nutzung die städtebauliche Situation nicht unbegrenzte Zeit prägen kann.

Allerdings ist dabei auch zwischen der bestandsgeschützten und der genehmigten Nut- **30**
zung zu unterscheiden (zur Begrifflichkeit Uschkereit BauR 2010, 718 (721)). Zwar sieht man es der bodenrechtlichen Situation und der nachlassenden Prägekraft einer nicht mehr ausgeübten Nutzung nicht an, ob die ursprüngliche Nutzung auf Bestandsschutz oder auf einer Baugenehmigung beruht. **Da das Landesrecht die zeitliche Geltungsdauer der Baugenehmigung** auch **bei Nutzungsunterbrechungen bestimmt** (vgl. OVG Lüneburg 20.7.2009 – 1 LA 103/07, NVwZ-RR 2009, 910 ff. mit Besprechung von Uschkereit BauR 2010, 718; VGH Kassel 25.4.1026 – 5 A 2904/15.Z, NVwZ-RR 2017, 177 (178)), kann das BVerwG anders als beim bundesrechtlich begründeten Bestandsschutz allenfalls den aus dem Bodenrecht abzuleitenden Rahmen für die maximale Geltungsdauer der Baugenehmigung in diesen Fällen abstecken (vgl. auch Uechtritz DVBl 1997, 347). Angesichts der Tatsache, dass die LBauOen unterschiedliche Geltungsdauern für die Baugenehmigung festlegen (§ 75 Abs. 1 BauO NRW: 3 Jahre; Art. 69 Abs. 1 BayBO: 4 Jahre), ohne dass das Bundesrecht daran bisher Anstoß genommen hat, muss der zeitliche Rahmen für die bodenrechtlichen Nachwirkungen nicht mehr ausgeübter Nutzungen, den die LBauOen mit der Festlegung der Geltungsdauer der Baugenehmigung bei Unterbrechungen der Nutzung ausfüllen dürfen, über das vom BVerwG (18.5.1995 – 4 C 20.94, NVwZ 1996, 379 ff.) entwickelte Zeitmodell von 1 bis 3 Jahren deutlich ausgedehnt werden. Als Ergebnis hatte daher bereits die Vorkommentierung in der 7. Aufl. (§ 77 Rn. 25 mN) festgehalten, dass das Bodenrecht dazu zwingt, die landesrechtlich festgelegte Frist für die Ausnutzung der Baugenehmigung auf die Nutzungsunterbrechung zu übertragen. Die Baugenehmigung erlösche, wenn die genehmigte Nutzung drei Jahre nicht ausgeübt werde.

Demgegenüber hat sich das **OVG Lüneburg** (3.1.2011 – 1 ME 209/10, juris Rn. 27; ihm **31**
folgend VG Hannover, 4.4.2017 – 4 A 12981/14, BeckRS 2017, 115258 Rn. 38) dahingehend festgelegt, dass **die Legalisierungswirkung einer Baugenehmigung auch dann andauern kann, wenn die genehmigte Nutzung mehr als 6 Jahre unterbrochen worden ist** (Ls.). Im Zusammenhang mit der nach allgemeinem Verwaltungsverfahrensrecht möglichen „Erledigung auf andere Weise" (§ 43 Abs. 2 VwVfG) steht der Umstand, dass im öffentlichen Baurecht tatsächlichen Entwicklungen erhebliches Gewicht zukommt. Dies spricht dafür anzunehmen, dass eine uU sogar längere Zeit nicht ausgenutzte Baugenehmigung erst dann erlischt, wenn ein § 79 Abs. 3 NBauO (im Verfall begriffene bauliche Anlage) entsprechender Zustand einzutreten droht. Zu berücksichtigen ist schließlich, dass § 71 S. 3 NBauO für die erteilte, jedoch nicht ausgenutzte Baugenehmigung die Möglichkeit eröffnet, ihre Geltungsdauer um bis zu drei auf dann

insgesamt sechs Jahre zu verlängern. Das spricht dafür, die Legalisierungswirkungen einer bereits ausgenutzten Baugenehmigung grundsätzlich länger als 6 Jahre nach Unterbrechung der genehmigten Nutzung andauern zu lassen (juris Rn. 40 f.). Rechtssicherheit ist durch diese Entscheidung nicht eingetreten, zumal die Frist nach § 71 S. 3 mehrmals um jeweils höchstens drei Jahre verlängert werden kann. Es fehlt weiterhin an einem Zeitpunkt des Eintritts des Geltungsverlustes einer Baugenehmigung (vgl. Bringewat NVwZ 2011, 733 (735)). Man darf gespannt sein auf die Entwicklungen auf der nach oben noch etwas offenen „Richterskala" (vgl. → Rn. 28). Zur Wiederaufnahme der Nutzung als Diskothek nach einer Unterbrechung von ca. 18 Jahren!: OVG Koblenz 12.3. 2013 – 8 A 11152/12, juris, NVwZ-RR 2013, 677.

32 Es bleiben die **Fälle der Nutzungsänderung**. Mit der Aufnahme einer genehmigten Änderung der Nutzung verzichtet der Bauherr konkludent auf die Genehmigung für die ursprüngliche Nutzung (Uechtritz FS Gelzer, 1998, 263). Ändert der Bauherr die Nutzung ohne Genehmigung, kann man ihm einen Verzicht auf die ursprüngliche Genehmigung nicht unterstellen. Dann kommt es darauf an, ob er mit der Nutzungsänderung die jeder Nutzung eigene Variationsbreite überschreitet. Tut er dies, kann er sich nicht mehr auf die Baugenehmigung berufen, und die Baugenehmigung erlischt nach drei Jahren (OVG Lüneburg 22.3.2001 – 1 L 4487/99, BRS 64 Nr. 198). Ob die neue Nutzung materiell legal ist, ist eine andere Frage.

§ 72 Durchführung baugenehmigungsbedürftiger Baumaßnahmen

(1) [1]Vor Erteilung der Baugenehmigung darf mit der Baumaßnahme nicht begonnen werden. [2]Sie darf nur so durchgeführt werden, wie sie genehmigt worden ist. [3]Baugenehmigung und Bauvorlagen müssen während der Ausführung von Bauarbeiten an der Baustelle vorgelegt werden können. [4]Satz 3 gilt auch für bautechnische Nachweise, die nicht zu prüfen sind.

(2) Die Bauaufsichtsbehörde kann im Einzelfall anordnen, dass die Grundfläche der baulichen Anlage abgesteckt oder ihre Höhenlage festgelegt wird und die Absteckung oder die Festlegung vor Baubeginn von ihr abgenommen werden muss.

1 **Allgemeines:** Seit der NBauO 1986 ist die Forderung entfallen, dass der Bauherr Beginn und nach einer Unterbrechung von mehr als sechs Monaten auch die Wiederaufnahme der Bauarbeiten der BauAB schriftlich mitzuteilen hatte. Der Gesetzgeber hielt sie bei kleineren Baumaßnahmen für überzogen und im Übrigen für überflüssig, weil Rohbau- und Schlussabnahme eine ausreichende Überwachung sicherstellten. Allerdings erschwert der Wegfall der Mitteilungspflicht die Bauüberwachung nach § 76 und die Kontrolle der Geltungsdauer der Baugenehmigung nach Unterbrechung der Bauarbeiten. Die NBauO 1995 hatte § 78 aF ebenso wenig verändert wie die nachfolgenden Änderungsgesetze. Mit der **NBauO 2012** ist in Abs. 1 Satz 4 neu geregelt worden, dass bautechnische Nachweise, auch wenn sie nicht bauaufsichtlich zu prüfen sind, auf der Baustelle zur Verfügung stehen müssen. Die **NBauO 2018** brachte keine Änderungen der Norm.

2 **Zulässiger Baubeginn: Abs. 1 Satz 1** enthält zunächst ein mit Bußgeld (§ 80 Abs. 1 Nr. 12) bewehrtes Verbot, ohne Baugenehmigung zu bauen. Da sich die Notwendigkeit der Genehmigung bereits aus § 59 ergibt, steht in Abs. 1 Satz 1 die Festlegung des Zeitpunktes im Vordergrund, von dem an mit der Baumaßnahme begonnen werden darf. Die Baugenehmigung muss nicht zugestellt werden, dem Bauherrn aber zugegangen sein. Dabei begnügt sich die NBauO mit einer negativen Umschreibung, weil eine positive Festlegung – „mit der Erteilung der Baugenehmigung darf mit der Baumaßnahme begonnen werden" – vor der Einführung des § 212a BauGB in Konflikt mit der Regelung der VwGO über die aufschiebende Wirkung eines Widerspruchs geraten wäre (dazu → § 68 Rn. 258).

Mit **Baumaßnahmen, die** nach § 74 **einer Zustimmung** der obersten BauAB **bedürfen,** darf nicht vor Erteilung der Zustimmung begonnen werden (§ 74 Abs. 2 S. 2). Baumaßnahmen, **die der Landesverteidigung dienen**, sind der obersten BauAB vor Baubeginn zur Kenntnis zu bringen (§ 74 Abs. 5). Die Aufstellung fliegender Bauten, **die einer Ausführungsgenehmigung bedürfen**, muss nach § 75 Abs. 5 rechtzeitig vorher der BauAB des Aufstellungsortes angezeigt werden. 3

Nach den Regeln des allgemeinen Verwaltungsrechts darf grundsätzlich **nach der Bekanntgabe der Baugenehmigung mit der Ausführung des Baues begonnen** werden. Die Baugenehmigung entfaltet wie jeder Verwaltungsakt Rechtswirkungen mit der Bekanntgabe an den Betroffenen. Bei der Baugenehmigung, die unter einer aufschiebenden Bedingung erteilt wird, tritt die mit der Baugenehmigung verbundene Begünstigung, auf die es im Zusammenhang mit § 72 Abs. 1 S. 1 entscheidend ankommt, erst mit dem Eintritt der Bedingung ein. Die Wirkung einer Baugenehmigung, der eine Auflage beigefügt ist, tritt unabhängig von deren Erfüllung ein: Der Bauherr darf mit dem Bau beginnen, auch wenn er die Auflage noch nicht erfüllt hat. 4

Wird der Baugenehmigung eine Auflage beigefügt, die nicht untrennbar mit der Baugenehmigung verbunden ist, kann der Bauherr diese allein anfechten, was die begünstigende Wirkung der Baugenehmigung unberührt lässt. **Wird die Baugenehmigung unter einer einschränkenden Nebenbestimmung erteilt**, die, wie Bedingung, Befristung oder Widerrufsvorbehalt, mit ihr untrennbar verbunden ist, und legt der Bauherr nur auf die uneingeschränkte Genehmigung Wert, kann der Bauherr die Baugenehmigung insgesamt anfechten und außerdem einen entsprechenden Verpflichtungsantrag stellen. Die dabei eintretende aufschiebende Wirkung erfasst die begünstigende Wirkung der Baugenehmigung in vollem Umfang, so dass der Bauherr mit dem Bau nicht beginnen darf. § 212a Abs. 1 BauGB, der den Wegfall der aufschiebenden Wirkung des Widerspruchs und der Anfechtungsklage gegen die bauaufsichtliche Zulassung eines Vorhabens normiert, ist auf den Bauherrn nicht anwendbar, da er nicht „Dritter" iSd Norm ist (aA Lechner in Simon/Busse BayBO Art. 68 Rn. 570). Will der Bauherr mindestens von der eingeschränkten Baugenehmigung Gebrauch machen, darf er die Baugenehmigung auch nicht inzident anfechten, damit eine aufschiebende Wirkung nicht eintritt. 5

Dem **Widerspruch und der Anfechtungsklage des Nachbarn kommen** nach § 212a BauGB (bei Vorhaben nach § 29 BauGB vgl. → § 68 Rn. 231) **keine aufschiebende Wirkung zu**, so dass der Bauherr die Baugenehmigung unabhängig von einem Widerspruch oder einer Anfechtungsklage des Nachbarn ausnutzen darf. Wenn BauAB oder VG allerdings die aufschiebende Wirkung des Widerspruchs oder der Anfechtungsklage anordnen, darf die Baugenehmigung nicht mehr ausgenutzt werden (dazu → § 68 Rn. 242, 250). 6

Die **Abgrenzung der Vorbereitung** einer Baumaßnahme **vom Baubeginn** erleichtert Abs. 2. Nach dieser Vorschrift kann die BauAB im Einzelfall anordnen, dass die Grundfläche der baulichen Anlage abgesteckt oder ihre Höhenlage festgelegt wird und die Absteckung oder die Festlegung vor Baubeginn von ihr abgenommen werden muss. Diese Arbeiten gehören daher noch nicht zum Beginn der Baumaßnahme. Ebenso dient die Einrichtung der Baustelle nur der Vorbereitung der Baumaßnahme (OVG Saarlouis 3.12.1982 – 2 R 182/81, BRS 39 Nr. 220). Hieraus folgt, dass die in § 11 genannten Arbeiten (zB Aufstellung eines Bauzaunes; Schutzmaßnahmen zugunsten von Bäumen, Hecken und sonstigen Bepflanzungen) noch nicht als Baubeginn anzusehen sind (vgl. Lechner in Simon/Busse BayBO Art. 68 Rn. 583). Demgegenüber gehört der Baugrubenaushub zweifelsfrei schon zur Bauausführung (OVG Lüneburg 7.7.1981 – 1 B 64/81, BRS 38 Nr. 157; → § 71 Rn. 11). Das macht insbesondere § 70 Abs. 3 S. 1 deutlich, wonach der Baugrubenaushub durch Teilbaugenehmigung gestattet werden kann. Zweifelhaft kann lediglich sein, ob das Abschieben des Mutterbodens bereits zur Bauausführung gehört. Angesichts der Schwierigkeiten, nach diesem Vorgang die Geländeoberfläche bei unebenem Gelände festzustellen, muss das bejaht werden (vgl. Lechner in Simon/Busse BayBO § 71 Rn. 585 f.). 7

8 **Ausführung der Baumaßnahme:** Die Baumaßnahme darf nach **Abs. 1 Satz 2** nur so durchgeführt werden, wie sie genehmigt worden ist. Aus diesem Grund dürfen die Einzelzeichnungen, Berechnungen und Anweisungen zur Durchführung der Baumaßnahme nicht von der Baugenehmigung abweichen. Jede Abweichung von der Baugenehmigung, die über eine nach § 60 Abs. 2 Nr. 1 verfahrensfreie Änderung hinausgeht (soweit diese nicht wie etwa Nr. 12 des Anhangs fertig gestellte Gebäude voraussetzen), führt zur formellen Illegalität des Vorhabens und rechtfertigt im Grundsatz Maßnahmen der BauAB nach § 79 zur Herstellung rechtmäßiger Zustände. Freilich rechtfertigen Abweichungen von der Baugenehmigung allein nicht den Erlass einer Beseitigungsanordnung oder die Anordnung baulicher Änderungen; vielmehr ist Voraussetzung dafür, dass die Abweichung nicht genehmigungsfähig ist. Da sich bei der Ausführung von Baumaßnahmen häufig kleinere Änderungen als notwendig erweisen, die die materielle Legalität des geänderten Vorhabens offensichtlich nicht in Frage stellen, sind sogar vorläufige Maßnahmen der BauAB, wie die Einstellung der Bauarbeiten, nicht immer angemessen. Dann kommt eine Nachtragsbaugenehmigung in Betracht, die allerdings die Ahndung der Abweichung von der Baugenehmigung als Ordnungswidrigkeit nach § 80 Abs. 1 Nr. 12 nicht ausschließt. Zur Bedeutung von Abweichungen von der Genehmigung für deren Geltungsfrist vgl. → § 71 Rn. 12.

9 **Abs. 1 Sätze 3 und 4:** Baugenehmigung und Bauvorlagen müssen während der Ausführung der Bauarbeiten an der Baustelle vorgelegt werden können (Satz 3). Mit Satz 4 ist in der NBauO 2012 neu geregelt worden, dass bautechnische Nachweise, auch wenn sie nicht bauaufsichtlich zu prüfen sind, auf der Baustelle zur Verfügung stehen müssen. § 65 Abs. 2 S. 1 bestimmt, dass für Baumaßnahmen nach §§ 63 und 64 – für die sonstigen genehmigungsfreien Baumaßnahmen nach § 62 trifft der dortige Abs. 9 eine eigene Regelung – nur die Nachweise der Standsicherheit und des Brandschutzes zu prüfen sind, im Übrigen aber eine Prüfung der bautechnischen Nachweise (vgl. § 65 Abs. 1) nicht stattfindet. Auch in diese Unterlagen können die mit der Bauüberwachung beauftragten Personen Einblick verlangen. Ziel der Regelung ist die Erleichterung der Bauüberwachung (vgl. → § 76 Rn. 7 ff.).

10 Die Baugenehmigung bezieht sich auf die bauliche Anlage an einer bestimmten im Lageplan gekennzeichneten Stelle des Baugrundstücks. Die Übertragung des im Lageplan festgelegten Standorts der baulichen Anlage in die Örtlichkeit ist auch im Hinblick auf Grenzabstände und die planungsrechtlich überbaubaren Flächen von erheblicher Bedeutung. Die Bestimmung der Höhenlage der baulichen Anlage hat Einfluss auf die Höhe der baulichen Anlage über dem Gelände und damit auf den Grenzabstand. Gleichwohl überlässt § 72 Abs. 2 das **Abstecken der Grundfläche** der baulichen Anlage im Regelfall dem Bauherrn (§ 52) und dem Bauunternehmer/Bauleiter (§§ 54 f.), denn nur im Einzelfall kann die BauAB anordnen, dass Absteckung und/oder Höhenlage von ihr abgenommen werden müssen. Die Abnahme durch die BauAB kann sich empfehlen, wenn der Grenzabstand gerade noch eingehalten wird und nach den Einwendungen im Genehmigungsverfahren eine Nachbarklage zu erwarten ist. Die BauAB kann auch nach Fertigstellung des Bauwerks nach § 76 Abs. 3 einen Nachweis darüber verlangen, dass die Abstände sowie die Grundflächen und Höhenlagen eingehalten sind.

§ 73 Bauvoranfrage und Bauvorbescheid

(1) [1]Für eine Baumaßnahme ist auf Antrag (Bauvoranfrage) über einzelne Fragen, über die im Baugenehmigungsverfahren zu entscheiden wäre und die selbständig beurteilt werden können, durch Bauvorbescheid zu entscheiden. [2]Dies gilt auch für die Frage, ob eine Baumaßnahme nach städtebaulichem Planungsrecht zulässig ist.

(2) [1]Der Bauvorbescheid erlischt, wenn nicht innerhalb von drei Jahren nach seiner Erteilung der Bauantrag gestellt wird. [2]Im Übrigen gelten die §§ 67 bis 70 und § 71 Sätze 2 bis 4 sinngemäß.

Übersicht

A. Allgemeines

1 Mit der Bauvoranfrage und dem auf sie ergehenden Vorbescheid übernimmt die NBauO ein bereits **vom PrOVG entwickeltes** und in der preußischen EinheitsBauO enthaltenes **Rechtsinstitut**, das auf die städtebauliche Zulässigkeit eines Vorhabens gerichtet als **„Bebauungsgenehmigung"** besondere Bedeutung erlangt hat (BVerwG 10.5.1968 – IV C 8.67, NJW 1969, 73; **Abs. 1 Satz 2**). „Da im Baugenehmigungsverfahren ... über eine Mehrzahl öffentlicher Belange aus verschiedenen Rechtsbereichen zu entscheiden ist, kann es einem Bauinteressenten nicht zugemutet werden, die erforderlichen Unterlagen für die Entscheidung sämtlicher Einzelfragen vorzulegen, wenn die Möglichkeit besteht, dass das Bauvorhaben bereits aus in einem Rechtsbereich, z.B. im Städtebaurecht, liegenden Gründen versagt werden muss" (Begründung zu §65 RegE NBauO 1973 S. 121). Mit dem Bauvorbescheid wird – wie es §9 Abs. 1 BImSchG ähnlich formuliert – über einzelne Fragen, über die im Baugenehmigungsverfahren zu entscheiden wäre und die selbständig beurteilt werden können, entschieden (**Abs. 1 Satz 1**; zum Bau- und immissionsschutzrechtlichen Vorbescheid allgemein: Ermisch NordÖR 2013, 49 ff.)

2 Das Baugenehmigungsverfahren zu regeln, obliegt, auch soweit über die bodenrechtliche Zulässigkeit von Vorhaben entschieden wird, dem Landesgesetzgeber. Der **Bauvorbescheid ist ein Rechtsinstitut des Bauordnungsrechts**. Demgemäß bestimmt das jeweilige Landesrecht, was Inhalt eines Vorbescheids sein kann und was als „einzelne" Frage anzusehen ist (BVerwG 23.10.2008 – 4 B 30.08, juris Rn. 5, BeckRS 2008, 40577; OVG Lüneburg 29.4.2008 – 12 LC 20/07, juris Rn. 44, IBRRS 2008, 2576). Anders liegt es beim immissionsschutzrechtlichen Vorbescheid, dessen Voraussetzungen, Inhalt und Rechtswirkungen sich allein nach der bundesrechtlichen Vorschrift des §9 BImSchG (iVm §23 der 9. BImSchV) bestimmen.

B. Gegenstand des Bauvorbescheids

3 Ein Bauvorbescheid darf nur **über einzelne Fragen** entscheiden, über die im Baugenehmigungsverfahren zu entscheiden wäre (zum Gegenstand des Bauvorbescheids allgemein: Schmaltz BauR 2007, 975 ff. m. zahlr. Beispielen aus der Rspr.). Der Bauherr kann auch eine Mehrzahl von Fragen zur Prüfung stellen, wie sich aus dem Wortlaut des §73 Abs. 1 S. 1 ergibt; unzulässig aber ist eine Bauvoranfrage, mit der die Zulässigkeit eines Bauvorhabens umfassend wie im Baugenehmigungsverfahren geprüft werden soll (Decker in Simon/Busse BayBO Art. 71 Rn. 78; Hornmann HBO §76 Rn. 13). Für eine alle Fragen des Baugenehmigungsverfahrens erfassende Bauvoranfrage fehlt das Sachbescheidungsinteresse, weil ein Interesse des Bauherrn an einem solchen Bauvorbescheid neben der noch erforderlichen Baugenehmigung nicht erkennbar ist (Schmaltz BauR 2007, 925 (976)). Zur Bestimmtheit der Bauvoranfrage → Rn. 35 f.

4 Die einzelne Frage, die mit der Bauvoranfrage geklärt werden soll, kann sich auf **einzelne Tatbestandsmerkmale** einer gesetzlichen Bestimmung beziehen und muss nicht

die Übereinstimmung eines Vorhabens mit bestimmten Vorschriften insgesamt zum Gegenstand haben (VGH Mannheim 8.12.1982 – 5 S 892/82, VBlBW 1983, 371). Im Innenbereich kann die Bauvoranfrage zB die Zulässigkeit nach der Art oder dem Maß der baulichen Nutzung, der Bauweise oder der Grundstücksfläche, die überbaut werden soll, die Erschließung, die Anforderungen an gesunde Wohn- und Arbeitsverhältnisse oder die Unbedenklichkeit im Hinblick auf das Ortsbild betreffen (OVG Lüneburg 12.9.2003 – 1 ME 212/03, NVwZ-RR 2004, 91 (93): Ausklammern der Erschließung; 28.1.2010 – 12 LB 243/07, juris Rn. 30: Ausklammern der Belange der Flugsicherheit). Bei der Erschließung können die bundes- oder landesrechtlichen Anforderungen abgeschichtet werden: Für den Fall behebbarer landesrechtlicher Zuwegungshindernisse kann der Antragsteller ein Interesse daran haben, dass über die planungsrechtliche Zulässigkeit eines Vorhabens entschieden wird (BVerwG 23.5.1975 – IV C 28.72, BVerwGE 48, 242; zum Sachbescheidungsinteresse bei nicht ausräumbaren Hindernissen vgl. → Rn. 16 ff.).

5 Alle **Fragen, über die im Baugenehmigungsverfahren zu entscheiden wäre**, können Gegenstand einer Bauvoranfrage und dementsprechend eines Bauvorbescheids sein. Eine Bauvoranfrage muss sich daher nicht auf bauplanungs- oder bauordnungsrechtliche Fragen beziehen, sondern kann auch die im Baugenehmigungsverfahren **klärungsbedürftigen Fragen anderer Rechtsbereiche**, wie etwa die Beeinträchtigung eines Denkmals oder straßenrechtliche Anbaubeschränkungen zum Inhalt haben. Auch die Nichtraumbedeutsamkeit einer Windkraftanlage kann Gegenstand einer Bauvoranfrage sein (OVG Lüneburg 15.9.2011 – 12 LB 218/08, juris Rn. 32 f., BeckRS 2011, 54473). Soweit eine Fachbehörde nicht durch interne Mitwirkungsakte im Baugenehmigungsverfahren tätig wird, sondern durch selbständige VAe, ist ein Bauvorbescheid ausgeschlossen (OVG Lüneburg 4.9.1980 – 6 A 39/79, BRS 36 Nr. 170; OVG Münster 16.11.2001 – 7 A 3625/00, BeckRS 2002, 20664).

6 Im Hinblick auf unterschiedliche landesrechtliche Regelungen (vgl. → Rn. 2), welche Materien im Baugenehmigungsverfahren durch interne Beteiligung von Fachbehörden und welche durch selbständige Verwaltungsverfahren zu klären sind, sind **Entscheidungen anderer OVGe nicht immer** auf Niedersachsen **übertragbar** (zB OVG Koblenz 17.11. 1999 – 8 A 10537/99, BRS 62 Nr. 165; Schmaltz BauR 2007, 975 (978) zu den unterschiedlichen Regelungen im Denkmalschutzrecht). Die Ansicht des VGH München (19.4.2004 – 15 B 99.2605, BauR 2005, 63), ein Bauvorbescheid zur planungsrechtlichen Zulässigkeit eines Vorhabens sei auch dann zulässig, wenn offen sei, ob diese Frage in einem Baugenehmigungsverfahren oder einem wasserrechtlichen Verfahren zu beantworten sei, kann auf den Geltungsbereich der NBauO nicht übertragen werden.

7 Ein Bauvorbescheid kommt idR nur bei genehmigungspflichtigen Vorhaben in Betracht. Die Bauvoranfrage muss sich nämlich auf Fragen beziehen, „über die im Baugenehmigungsverfahren zu entscheiden wäre“. Bei **baugenehmigungsfreien Vorhaben** ist ein „Baugenehmigungsverfahren“ nur bei der Erteilung von Ausnahmen und Befreiungen möglich. Die BauAB darf im Hinblick auf diese Voraussetzung eines Bauvorbescheids nicht offen lassen, ob eine Baumaßnahme genehmigungspflichtig ist oder nicht. Das gilt selbst dann, wenn die Frage der Genehmigungspflicht zweifelhaft ist, während die mit der Voranfrage zur Prüfung gestellte Frage ohne weiteres positiv zu beantworten ist. Bei Zweifeln, ob ein Vorhaben genehmigungsfrei ist oder nicht, kann neben der Feststellung, dass das Vorhaben keiner Genehmigung bedarf, hilfsweise ein Bauvorbescheid beantragt werden. Für **sonstige genehmigungsfreie Baumaßnahmen nach § 62** kann eine Bauvoranfrage gestellt werden, weil nach § 62 Abs. 10 für diese Vorhaben auch ein Baugenehmigungsverfahren durchgeführt werden kann.

8 Soweit die Bauvoranfrage ein Vorhaben betrifft, für das ein **vereinfachtes Baugenehmigungsverfahren nach § 63** durchzuführen ist, ist sie nur zu Fragen zulässig, die in das Prüfprogramm der BauAB nach § 63 Abs. 1 S. 2 fallen, weil nur nach Maßgabe dieses Prüfprogramms im Baugenehmigungsverfahren zu entscheiden ist. Dazu gehören insbesondere das städtebauliche Planungsrecht, die Grenzabstände und die sonstigen Vorschriften des öffentlichen Rechts nach § 2 Abs. 17. Da über erforderliche Ausnah-

men, Befreiungen und Abweichungen von Vorschriften, die nach §63 Abs. 1 nicht geprüft werden, nach §63 Abs. 2 auf besonderen Antrag auch im vereinfachten Baugenehmigungsverfahren entschieden wird, ist insoweit auch eine Bauvoranfrage zulässig. Auch **zu Fragen der ArbStättV** kann ein Bauvorbescheid beantragt werden. Im vereinfachten Baugenehmigungsverfahren gilt §64 S. 2 entsprechend (vgl. §63 Abs. 1 S. 3). Danach entfällt zwar idR die Prüfung der Bauvorlagen auf ihre Vereinbarkeit mit den Anforderungen der ArbStättV, jedoch kann der Bauherr diese Prüfung verlangen.

Durch Bauvorbescheid kann nur über einzelne **Fragen** entschieden werden, **„die selbständig beurteilt werden können"**. Bei dieser Voraussetzung, die weder die MBauO 2002 noch die meisten LBOen ausdrücklich vorsehen (vgl. Art. 71 BayBO), geht es darum, die Fragen aus dem Bauvoranfrageverfahren auszuklammern, deren Beantwortung in tatsächlicher oder rechtlicher Hinsicht von Kriterien abhängig sind, die nicht Gegenstand des Bauvoranfrageverfahrens sind und daher von der BauAB auch nicht in die Prüfung einbezogen werden dürfen (vgl. → Rn. 14 f.). So kann die besondere Gestaltung eines einzelnen Geschosses nicht beurteilt werden, ohne dass die Gestaltung der anderen bekannt ist. Ein emittierendes Vorhaben kann uU wegen seiner Auswirkungen auf die nähere Umgebung nur unter besonderen Schutzmaßnahmen bzw. bei besonders geschickter Anordnung zulässig sein, und deshalb nur beurteilt werden, wenn die Möglichkeit besonderer Schutzmaßnahmen bzw. geschickter Anordnung offen gelegt wird. Die Zulässigkeit eines Bau- und Gartenmarktes mit 5400 m² Verkaufsfläche und 283 Stellplätzen kann wegen der Auswirkungen des Kunden- und Anlieferverkehrs so kritisch sein, dass sie nur bei besonders geschickter Anordnung in Betracht kommt, und daher ohne Kenntnis dieser Details nicht selbständig beurteilt werden kann (so im Ergebnis OVG Münster 11.7.2002 – 10 A 5372/99, BRS 65 Nr. 173; 20.2.2004 – 10 A 558/02, BRS 67 Nr. 175; OVG Berlin-Brandenburg 25.4.2007 – OVG 2 B 16.05, juris Rn. 19, LkV 2007, 473). 9

Der Vorbescheid über die Frage, ob eine Baumaßnahme nach **städtebaulichem Planungsrecht** zulässig ist (**Abs. 1 Satz 2**), wird als Bebauungsgenehmigung bezeichnet. Auch wenn die **Bebauungsgenehmigung** die bundesrechtlich geregelte bodenrechtliche Zulässigkeit eines Vorhabens betrifft, ist sie ein landesrechtlich geregelter Bauvorbescheid (BVerwG 3.4.1983 – 4 C 69.79, BRS 40 Nr. 71). Da mit der Bebauungsgenehmigung abschließend über die städtebauliche Zulässigkeit des Vorhabens entschieden wird und nicht nur eine künftige Baugenehmigung in Aussicht gestellt wird, kann die auf die städtebauliche Bebaubarkeit eines Grundstücks gerichtete Voranfrage nach §15 BauGB zurückgestellt werden. Ein Bauvorbescheid kann sich nur dann gegen die Zurückstellung eines Bauantrags durchsetzen, wenn er im Zeitpunkt der Zurückstellung noch wirksam ist. Dies erfordert nach Ablauf der 3-Jahresfrist den Erlass eines Verlängerungsbescheides, allein die Antragstellung ist nicht ausreichend (VGH Kassel 21.7. 2011 – 3 B 1281/11, juris, NJOZ 2011, 221). Ein Vorbescheid über die städtebauliche Zulässigkeit eines Vorhabens setzt sich gegenüber nachfolgenden Rechtsänderungen durch das Inkrafttreten einer Veränderungssperre oder eines B-Plans durch (OVG Lüneburg 5.3.1982 – 1 A 85/82, NJW 1982, 1772; BVerwG 3.2.1984 – 4 C 39.82, BRS 42 Nr. 170). 10

C. Begriff und Rechtsnatur des Bauvorbescheids

Mit dem Bauvorbescheid entscheidet die BauAB auf Antrag über einzelne Fragen, über die im Baugenehmigungsverfahren zu entscheiden wäre, und nimmt damit sektoral einen Teil der Baugenehmigung vorweg. Anders als die Baugenehmigung gibt der Bauvorbescheid den Bau noch nicht zur Ausführung frei, aber er enthält ebenso wie die Baugenehmigung die **Feststellung, dass das zur Prüfung gestellte Vorhaben dem öffentlichen Baurecht entspricht**, jedoch beschränkt auf **einzelne Punkte**, die einer selbständigen Beurteilung zugänglich sind. Insoweit allerdings nimmt der Bauvorbescheid die Baugenehmigung vorweg (abgesplitterter Teil der Baugenehmigung; vgl. Er- 11 misch NordÖR 2013, 49 (50)). Das unterscheidet den Bauvorbescheid von der Zusage, eine Baugenehmigung zu erteilen oder nicht aus bestimmten Gründen abzulehnen (OVG Lüneburg 5.3.1982 – 11785/82, NJW, 1772; BVerwG 3.2.1984 – 4 C 39.82, BRS 42 Nr. 170; aA Dürr JuS 1984, 770; zur Zusage → Rn. 43 ff.). Es entspricht daher nicht der Rechtsnatur des Bauvorbescheids, wenn die BauAB eine Baugenehmigung „in Aussicht stellt" (VGH Mannheim 29.6.1994 – 5 S 2286/93, BRS 56 Nr. 151; OVG Berlin 16.7.1990 – 2 B 48.87, BRS 50 Nr. 162), vielmehr sollte die BauAB formulieren: „Auf die Bauvoranfrage vom ... wird festgestellt, dass auf dem Grundstück X ein Zweifamilienhaus planungsrechtlich zulässig ist", oder „... wird festgestellt, dass das in den Bauvorlagen, die Bestandteil dieses Vorbescheids sind, eingezeichnete Gebäude hinsichtlich der Grenzabstände zulässig ist".

12 Der Bauvorbescheid als Ausschnitt aus dem feststellenden Teil der Baugenehmigung ist ein feststellender VA (vgl. → § 70 Rn. 5 ff.). Der Antragsteller hat idR einen **Rechtsanspruch auf einen positiven Bauvorbescheid**, wenn das Vorhaben in dem Umfang, in dem es zur Prüfung gestellt worden ist, dem öffentlichen Baurecht entspricht. Wie im Baugenehmigungsverfahren besteht idR ein Anspruch auf fehlerfreie Ermessensentscheidung, wenn es um Ausnahmen, Befreiungen und Abweichungen geht. Der Bauvorbescheid ist wie die Baugenehmigung ein **mitwirkungsbedürftiger VA** (vgl. → § 70 Rn. 18 f.). Der Bauvorbescheid ist ein **formbedürftiger VA** (vgl. **Abs. 2 Satz 2** iVm § 70 Abs. 1 S. 3; vgl. → § 70 Rn. 20 ff.). Der Bauvorbescheid begünstigt den Antragsteller, aber er kann Rechte des Nachbarn verletzen und stellt daher einen **VA mit Doppelwirkung** dar (→ § 70 Rn. 23). Wie die Baugenehmigung gilt der Bauvorbescheid nach **Abs. 2 Satz 2** iVm § 70 Abs. 6 **für und gegen die Rechtsnachfolger** des Bauherrn und der Nachbarn und ist daher als **sachbezogener VA** zu charakterisieren.

D. Voraussetzungen der Erteilung des Bauvorbescheids

13 Der Bauvorbescheid ist zu erteilen, wenn das Vorhaben, soweit es mit der Bauvoranfrage zur Prüfung gestellt wird, **dem öffentlichen Baurecht entspricht** (**Abs. 2 Satz 2** iVm § 70 Abs. 1). Der Bauherr hat bei Vorliegen der Voraussetzungen einen Rechtsanspruch auf die Erteilung bzw. die Verlängerung des Bauvorbescheids (OVG Lüneburg 22.6.2010 – 12 LB 213/07, juris Rn. 36 ff., NordÖR 2010, 419). Ermessen ist der BauAB eingeräumt, wenn der Bauvorbescheid mit der Erteilung einer Ausnahme, Befreiung oder Abweichung verbunden ist, oder das einschlägige öffentliche Baurecht der BauAB ein Ermessen bei der Erteilung einer Baugenehmigung einräumt (§ 23 Abs. 5 BauNVO). Der **Bauherr bestimmt** – entsprechend dem Baugenehmigungsverfahren – **den Gegenstand der Bauvoranfrage**. Hat der Bauherr mehrere trennbare Fragen zur Prüfung gestellt und ist nur ein Teil positiv zu beantworten, darf der Bauvorbescheid nicht insgesamt abgelehnt werden, sondern es ist entsprechend zu differenzieren (VGH Mannheim 3.11.2003 – 3 S 439/03, BRS 66 Nr. 80). Betrifft die Bauvoranfrage eine technisch teilbare Anlage und sind diese Anlagen in dem für die Bauvoranfrage entscheidenden Punkt unterschiedlich zu beurteilen, kommt es auf den – ggf. nachzufragenden – Willen des Bauherrn an.

14 Der Bauherr bestimmt mit der Bauvoranfrage grundsätzlich auch das **Prüfprogramm**, das die BauAB bei der Erteilung des Bauvorbescheids zugrunde zu legen hat. Die BauAB darf Belange, die im Baugenehmigungsverfahren zusätzlich zu der mit der Bauvoranfrage aufgeworfenen Frage zu berücksichtigen sind, nicht von sich aus in das Bauvoranfrageverfahren einbeziehen und von ihrer Beurteilung die Erteilung des Bauvorbescheids abhängig machen. So darf die BauAB auf eine auf das Bauplanungsrecht beschränkte Bauvoranfrage die Erteilung des Bauvorbescheids nicht vom Vorliegen einer sanierungsrechtlichen Genehmigung abhängig machen (OVG Lüneburg 14.4.2004 – 1 LB 340/02, NVwZ-RR 2005, 391). Dieses **Bestimmungsrecht** des Bauherrn ist aber **in zweifacher Hinsicht eingeschränkt**.

Zum einen muss die **Prüfung auf sog. vorgreifliche Fragen ausgedehnt** werden (Decker in Simon/Busse BayBO Art. 71 Rn. 89). Eine Bauvoranfrage, die Modalitäten der Bebauung zur Prüfung stellt, wie Art oder Maß der baulichen Nutzung, setzt auch eine **Prüfung der (Vor-)Frage** voraus, ob überhaupt eine Bebauung zulässig ist. Setzt die planungsrechtliche Zulässigkeit eines Vorhabens im Außenbereich im Hinblick auf die naturschutzrechtliche Unbedenklichkeit nach §35 Abs. 3 S. 1 Nr. 5 BauGB die Erteilung einer Ausnahme oder Befreiung von einer LandschaftsschutzVO voraus (vgl. BVerwG 2.2.2000 – 4 B 104.99, BRS 63 Nr. 111), kann der Bauherr die naturschutzrechtliche Beurteilung im Bauvoranfrageverfahren nicht ausklammern. 15

Zum anderen kann der Bauherr das Prüfprogramm der BauAB auch nur bestimmen, soweit er ein **Sachbescheidungsinteresse** in Anspruch nehmen kann. Dieses fehlt, wenn dem Vorhaben, das Gegenstand der Bauvoranfrage ist, andere Hindernisse entgegenstehen, die sich „schlechthin nicht ausräumen lassen" (BVerwG 24.10.1980 – 4 C 3.78, BRS 36 Nr. 169 für ein landesrechtliches Zuwegungshindernis; OVG Lüneburg 29.4. 2008 – 12 LC 20/07, juris Rn. 46 zur Höhenbeschränkung in Bezug auf die geplante Errichtung einer Windkraftanlage; OVG Münster 7.7.2008 – 20 A 802/07,BeckRS 2010, 49237 zur Inanspruchnahme fremden Eigentums, ohne dass dieses Hindernis ausgeräumt werden kann). Ist der Bauherr, aus Gründen, die außerhalb des Verfahrensgegenstandes liegen, an einer Verwertung der begehrten Genehmigung gehindert, und deshalb die Genehmigung ersichtlich nutzlos, braucht die BauAB nicht das Prüfprogramm des Bauvoranfrageverfahrens abzuarbeiten (BVerwG 23.3.1973 – IV C 49.71, BRS 27 Nr. 130). 16

Auch wenn §73, anders als §75 MBauO 2002, nicht ausdrücklich vorsieht, dass ein **Bauvorbescheid vor Einreichen des Bauantrags** erteilt werden kann, wird idR ein Antragsinteresse für einen Bauvorbescheid als Ausschnitt der Regelung einer Baugenehmigung nicht mehr bestehen, wenn ein Bauantrag für dasselbe Vorhaben eingereicht ist. Ein Bauvorbescheid kann aber auch dann noch beantragt werden, wenn das Vorhaben bereits ohne Genehmigung verwirklicht worden ist (OVG Lüneburg 8.6.1977 – VI A 225/75, BRS 32 Nr. 138; aA OVG Saarlouis 5.10.1979 – II R 2 u. 3/79, BRS 35 Nr. 171). Ist zB nur die bodenrechtliche Zulässigkeit eines Schwarzbaus umstritten, braucht der Bauherr zunächst nicht die für ein Baugenehmigungsverfahren erforderlichen Einzelzeichnungen fertigen zu lassen, sondern kann sich mit einer Bauvoranfrage begnügen. Die vollständigen Bauvorlagen für das Baugenehmigungsverfahren braucht er nur vorzulegen, wenn die planungsrechtliche Zulässigkeit durch Bauvorbescheid geklärt ist. 17

Die Zulässigkeit der **Bauvoranfrage ist nicht an das Eigentum am Baugrundstück geknüpft**. Auch ein Kaufinteressent kann daher eine Bauvoranfrage stellen. Die BauAB muss den Grundstückseigentümer in einem solchen Fall auch nicht notwendig als Beteiligten nach §13 Abs. 2 VwVfG hinzuziehen (vgl. BGH 24.2.1994 – III ZR 6/93, NJW 1994, 2091). Nur wenn die BauAB sichere Kenntnis davon hat, dass die Verwirklichung des Bauvorhabens mit Rücksicht auf die privatrechtlichen Verhältnisse ausgeschlossen ist, kann sie die Bauvoranfrage wegen fehlenden Sachbescheidungsinteresses ablehnen (→ Rn. 16). Bei Baudenkmalen, die der Eigentümer nicht erhalten kann oder will, versuchen die Denkmalbehörden mitunter, Interessenten zu finden, die vor Erwerbsverhandlungen dann Bauvoranfragen über zulässige Umbau- und Nutzungsmöglichkeiten stellen. Erfährt der Grundstückseigentümer von Voranfragen, die hinter seinem Rücken gestellt worden sind, können ihm die Vorbescheide nicht unter Hinweis auf den Datenschutz vorenthalten werden, vielmehr ist der Grundstückseigentümer auf Antrag nach §1 NVwVfG iVm §13 Abs. 2 S. 1 VwVfG zu beteiligen. 18

E. Wirkung des Vorbescheids

19 Die Formulierung in **Abs. 1 Satz 1**, dass mit dem Bauvorbescheid über einzelne Fragen entschieden wird, über die im Baugenehmigungsverfahren zu entscheiden wäre, verdeutlicht den Regelungsgehalt des Bauvorbescheids. Er enthält zu einzelnen Fragen, die sonst erst in der Baugenehmigung enthaltene Feststellung, dass das Vorhaben dem öffentlichen Baurecht entspricht (**abgesplitterter Teil der Baugenehmigung**). Soweit mit dem Bauvorbescheid die Vereinbarkeit des Vorhabens mit dem öffentlichen Baurecht punktuell festgestellt ist, kann die Baugenehmigung nicht mehr versagt werden, selbst wenn der Bauvorbescheid rechtswidrig ist. Die BauAB kann sich in solchen Fällen der unerwünschten **Bindung** nur durch eine uU entschädigungspflichtige Rücknahme (§ 48 VwVfG) des Vorbescheids entledigen. Soweit sich die BauAB in der Baugenehmigung zu dem mit dem Bauvorbescheid bereits entschiedenen Punkt noch einmal äußert, handelt es sich nur um eine wiederholende Aussage ohne eigenständigen Regelungsgehalt (BVerwG 9.7.1982 – 7 C 54.79, NVwZ 1982, 624 ff. zum Standort-Vorbescheid nach § 7a AtG; OVG Lüneburg 13.4.2011 – 12 ME 8/11, juris Rn. 11 auch zum Verhältnis des Vorbescheids zur Genehmigung im Immissionsschutzrecht). Das gilt jedenfalls für den bestandskräftigen Bauvorbescheid (vgl. dazu → Rn. 37 f.).

20 **Entscheidet eine BauAB erneut über eine Voranfrage** – sei sie unverändert, sei sie abgewandelt –, dann gibt die Behörde damit zu erkennen, dass sie an der „alten" Regelung nicht festhalten und einen neuen, auch die Rechtsposition des Nachbarn bestimmenden (Zweit-)Bescheid erlassen will. Dessen Rechtmäßigkeit ist unabhängig davon zu prüfen, was in dem „alten", gewissermaßen überholten Bescheid geregelt war (OVG Schleswig 16.10.2009 – 1 LA 42/09, BeckRS 2010, 46351).

21 Der **Vorbescheid bindet** als „vorweggenommener Teil" der späteren Baugenehmigung die BauAB bei der Entscheidung über den Bauantrag auch **im Falle einer zwischenzeitlichen Rechtsänderung** (OVG Lüneburg 5.3.1982 – 1 A 85/81, NJW 1982, 1772 mN; BVerwG 3.2.1984 – 4 C 39.82, BVerwGE 69, 1; Ortloff NVwZ 1983, 705). Zwar wird der Bau erst mit der Baugenehmigung freigegeben, aber die im Vorbescheid enthaltene Aussage – etwa über die bodenrechtliche Zulässigkeit des Vorhabens – ist als abgesplitterter Teil der späteren Baugenehmigung im Baugenehmigungsverfahren auch dann keiner erneuten Prüfung mehr zugänglich, wenn sich die Rechtslage insoweit ändert. Das entspricht auch der Interessenlage, weil der Vorbescheid dem Bauherrn gerade als sichere Dispositionsgrundlage dienen soll, bevor er, jedenfalls bei umfangreichen Vorhaben, aufwändige Bauvorlagen fertigen lässt und die Finanzierung regelt (Ermisch NordÖR 2013, 49). Die BauAB kann sich auch nach einer Rechtsänderung der Bindungswirkung des Vorbescheides nur durch einen, ggf. nach § 49 Abs.6 S. 1 VwVfG entschädigungspflichtigen, Widerruf entledigen.

22 Anders ist die Rechtslage zu beurteilen, wenn die BauAB **durch ein Urteil zur Erteilung eines Bauvorbescheids verpflichtet** worden ist, und sich nach Rechtskraft des Urteils, aber vor Erteilung des Vorbescheids die Rechtslage ändert. In solchen Fällen kann die BauAB Einwendungen gegen den rechtskräftig festgestellten Anspruch auf Erteilung des Vorbescheides im Wege der Vollstreckungsabwehrklage geltend machen (BVerwG 26.10.1984 – 4 C 53.80, NVwZ 1985, 563 f.; OVG Lüneburg 14.10.1999 – 1 O 5699/98, NVwZ-RR 2000, 573). So kann die BauAB gegenüber der Vollstreckungsklage aus einem rechtskräftigen Urteil auf Erteilung eines Bauvorbescheids für eine Windkraftanlage die Vollstreckungsabwehrklage darauf stützen, dass nach Rechtskraft des Urteils durch eine Änderung des F-Plans Windkraftanlagen nach § 35 Abs. 3 S. 3 BauGB ausgeschlossen worden sind (OVG Lüneburg aaO; BVerwG 19.9.2002 – 4 C 10.01, NVwZ 2003, 214 ff.).

23 Die **inhaltliche Reichweite der Bindung** des Bauvorbescheids hängt von der Formulierung der Bauvoranfrage ab. Je bestimmter das Bauvorhaben im Antrag und gegebenenfalls in den Bauvorlagen dargestellt ist, desto weitreichender ist die Bindung der BauAB

hinsichtlich der später zu erteilenden Baugenehmigung. Ebenso wie im früheren Bodenverkehrsgenehmigungsverfahren Gegenstand der Bindung nach § 21 BBauG nur werden konnte, was an Bauabsichten offen gelegt worden war (BVerwG 6.5.1970 – IV C 28.68, BRS 23 Nr. 90), **präjudiziert der Vorbescheid nur, soweit die Bauvoranfrage eindeutig ist**. Beschränkt sich die Bauvoranfrage auf die grundsätzliche Zulässigkeit einer baulichen Nutzung, dann enthält der positive Bauvorbescheid auch nicht mehr als die Feststellung, dass eine bauliche Nutzung grundsätzlich zulässig ist (BVerwG 9.12.1983 – 4 C 44.80, NJW 1984, 1474 f.).

Einzelheiten der zulässigen baulichen Nutzung **müssen** bei einer allgemein gehaltenen 24 Bauvoranfrage, bei der die vom Antragsteller beigefügte Beschreibung nicht mehr als einen Vorschlag darstellt, wie das Vorhaben in die Tat umgesetzt werden könnte, **dem folgenden Baugenehmigungsverfahren vorbehalten** bleiben; für Nebenbestimmungen des Bauvorbescheids, die das zulässige Vorhaben präzisieren, ist kein Raum (BVerwG 3.4.1987 – 4 C 41.84, NVwZ 1987, 884 ff.). Lässt die Bauvoranfrage mehrere Ausführungsmöglichkeiten zu, etwa weil sie die Geschosszahl oder die Bauweise offen lässt, geht das zu Lasten des Antragstellers. Die BauAB ist insoweit bei der Erteilung der Baugenehmigung nicht gebunden (vgl. Schmaltz BauR 2007, 975 (981 ff.)). Zur Frage der Bestimmtheit der Bauvoranfrage vgl. → Rn. 35 f.

Die Bindung der BauAB an den Vorbescheid erstreckt sich nicht auf Vorhaben, die mit 25 dem Vorbescheidsvorhaben nicht übereinstimmen. Allerdings führt nicht jede **Veränderung im Vergleich zum Vorbescheidsvorhaben** zum Wegfall der Bindung, entscheidend ist vielmehr, dass wegen der Änderung die Genehmigungsfrage erneut aufgeworfen wird (BVerwG 4.3.1983 – 4 C 69.79, BRS 40 Nr. 71; OVG Magdeburg 22.6.2006 – 2 L 23/04, BeckRS 2008, 32690). Der Bauantrag für ein Einfamilienhaus wirft die planungsrechtliche Zulässigkeit des Vorhabens nicht neu auf, wenn ein Bauvorbescheid für ein Einfamilienhaus mit Einliegerwohnung erteilt worden ist, weil es insoweit keine unterschiedlichen Zulässigkeitskriterien gibt (aA wohl OVG Frankfurt (Oder) 4.11.1996 – 3 B 134/96, BRS 58 Nr. 143). Ein veränderter Standort des Vorhabens hebt die Bindungswirkung des Bauvorbescheid nur auf, wenn die Abweichung baurechtlich relevant ist (OVG Lüneburg 8.5.2012 – 12 LB 265/10, juris Rn. 37 ff., NordÖR 2013, 274 zur Standortverschiebung von Windkraftanlagen (jeweils rund 20–30 m) in die Randbereiche eines Vorranggebietes; VGH Mannheim 27.10.2000 – 8 S 1445/00, BRS 63 Nr. 184; VGH München 4.11.1996 – 1 B 94.2923, BRS 58 Nr. 151).

Bei der **Bestimmung der personellen Reichweite der Bindung** des Bauvorbescheids 26 ist zu berücksichtigen, dass der Bauvorbescheid ebenso wie die Baugenehmigung ein sachbezogener VA ist, der nach **Abs. 2 Satz 2** iVm § 70 Abs. 6 auch für und gegen den Rechtsnachfolger des Bauherrn gilt (vgl. auch → Rn. 12). Hängt die Baugenehmigung ausnahmsweise auch von subjektiven Eigenschaften oder Voraussetzungen des Bauherrn ab, kann die BauAB den Bauvorbescheid widerrufen, wenn der Rechtsnachfolger diese subjektiven Voraussetzungen nicht erfüllt. Ein Bauvorbescheid für eine Jagdhütte gilt auch für den Rechtsnachfolger, der nicht Jagdpächter ist; er kann aber widerrufen werden. Es dürfte in solchen Fällen zweckmäßig sein, den Bauvorbescheid mit einer Nebenbestimmung zu versehen, die die Verknüpfung der Zulässigkeit des Vorhabens mit der subjektiven Voraussetzung deutlich macht.

Der Bauvorbescheid als Ausschnitt aus dem feststellenden Teil der Baugenehmigung 27 kann auch die Rechte von Nachbarn berühren (zum gleichen Problem bei der Bodenverkehrsgenehmigung: BVerwG 13.6.1969 – IV C 46.68, DVBl 1970, 65). Der **Nachbar**, dem der positive, seine Rechte berührende Vorbescheid bekannt gegeben wird, muss daher **Rechtsbehelfe bereits gegen den Vorbescheid** richten und kann nicht die Baugenehmigung abwarten. Da die Frist des § 58 VwGO gegenüber den beteiligten Anfechtungsberechtigten erst zu laufen beginnt, wenn ihnen der Vorbescheid bekannt gegeben wird (BVerwG 14.6.1968 – IV B 221.67, DVBl 1969, 268), vermag der Vorbescheid seine Funktion nur dann voll zu erfüllen, wenn er auch dem Nachbarn bekannt gegeben wird. Der Bauherr wird daher gut daran tun, die Zustellung des Vorbescheids mit Rechtsbehelfsbelehrung auch an Nachbarn zu veranlassen, die keine Einwände erhoben haben (**Abs. 2 Satz 2**, § 70 Abs. 5 S. 2), aber mit deren Widerstand er rechnet.

28 Die Wirkung des Bauvorbescheids als Ausschnitt aus dem feststellenden Teil der Baugenehmigung betrifft aber nicht nur das Verhältnis zwischen BauAB und Bauherrn bzw. Nachbarn, vielmehr **bindet der Bauvorbescheid auch die Gemeinde** (BVerwG 3.4.1987 – 4 C 41.84, NVwZ 1987, 884 ff.; aA OVG Frankfurt (Oder) 4.11.1996 aaO Rn. 25; VGH Kassel 11.4.1990 – 4 TG 3218/89, BRS 50 Nr. 164), soweit er Fragen entscheidet, zu denen das Einvernehmen der Gemeinde erforderlich ist (§ 36 BauGB). Hat die BauAB im Einvernehmen mit der Gemeinde eine Bebauungsgenehmigung für ein bestimmtes Vorhaben erteilt, bedarf es im darauf folgenden Baugenehmigungsverfahren keiner Beteiligung der Gemeinde nach § 36 BauGB, weil über die planungsrechtliche Zulässigkeit des Vorhabens mit der Bebauungsgenehmigung entschieden ist (OVG Lüneburg 31.3.1989 – 1 A 5/88, NVwZ 1990, 685 f.). Ist die Gemeinde nicht beteiligt worden, muss sie den Bauvorbescheid anfechten, will sie seiner Bindungswirkung entgehen. Freilich reicht auch die Bindung der Gemeinde nur soweit wie die Feststellung des Bauvorbescheids (OVG Greifswald 2.6.2009 – 3 M 54/09, juris Ls. 3). Lässt der Bauvorbescheid nur die Bebauung eines Grundstücks überhaupt zu, muss die Gemeinde im späteren Baugenehmigungsverfahren erneut beteiligt werden, weil die planungsrechtliche Zulässigkeit des Vorhabens noch konkretisierungsbedürftig ist und auch insoweit eine Beteiligung der Gemeinde erforderlich ist (BVerwG 3.4.1987 aaO).

29 Die **zeitliche Reichweite der Bindungswirkung** des Bauvorbescheids regelt **Abs. 2 Satz 1**. Der Bauvorbescheid erlischt, wenn nicht innerhalb von drei Jahren nach seiner Erteilung der Bauantrag gestellt wird. Mit der **NBauO 2012** hat der Gesetzgeber die Worte **„wird ungültig" durch** das Wort **„erlischt" ersetzt**. Eine inhaltliche Änderung ist damit nicht verbunden (LT-Drs. 16/3195, 105). Ein Bauantrag wahrt die Frist nur, wenn er den Anforderungen der BauVorlVO im Wesentlichen entspricht. Zwar hat die BauAB den Bauherrn zur Behebung von Mängeln innerhalb einer angemessenen Frist aufzufordern, wenn der Bauantrag oder die Bauvorlagen unvollständig sind oder sie sonstige erhebliche Mängel aufweisen (§ 69 Abs. 2 S. 1). Mit dieser Regelung wollte der Gesetzgeber dem Grundgedanken der verstärkten Eigenverantwortung des Bauherrn Rechnung tragen (LT-Drs. 16/3195, 103), so dass die Anforderungen an einen ordnungsgemäßen Bauantrag nicht zu gering angesetzt werden dürfen (vgl. § 67 Abs. 1).

30 Es kommt nicht darauf an, dass die BauAB auch innerhalb der 3-Jahres-Frist über den Bauantrag entscheidet. Stellt der Bauherr rechtzeitig einen Bauantrag und versagt die BauAB nach Ablauf der 3-Jahres-Frist die Baugenehmigung, erlischt die Bindungswirkung für diesen Bauantrag mit der Bestandskraft der Ablehnung (OVG Münster 15.9.1978 – XI A 1371/76, BRS 33 Nr. 154). Im Übrigen aber **kann** der **Bauherr** bereits **mit** dem **Fristablauf nichts mehr aus dem Bauvorbescheid herleiten**, also weder eine Verlängerung beanspruchen noch einen Bauantrag auf den Vorbescheid stützen (VGH Kassel 19.8.1988 – 4 TG 438/88, NVwZ-RR 1990, 4 ff.). Zur Erledigung des Bauvorbescheids durch Erklärung oder Annahme eines konkludenten Verzichts: OVG Lüneburg 8.5.2012 – 12 LB 265/10, juris Rn. 34.

31 **Mit** der **Erteilung der Baugenehmigung erlischt die Bindungswirkung eines Bauvorbescheids nicht** (BVerwG 9.2.1995 – 4 C 23.94, NVwZ 1995, 894 f.), denn der Bauherr kann bis zum Ablauf der 3-Jahres-Frist je nach der Konkretisierung der Bauvoranfrage auch noch andere Varianten des Vorhabens zur Genehmigung stellen. Dementsprechend erlischt der Bauvorbescheid auch nicht, wenn die BauAB einen Bauantrag aus anderen als den im Voranfrageverfahren geprüften Gründen ablehnt (aA wohl VGH München 30.4.1993 – 1 B 91.2198, NVwZ 1994, 307). Die Phase, in der die BauAB die Verwirklichung eines Bauvorbescheids im Widerspruch zu einer Neuplanung nur durch entschädigungspflichtigen Widerruf (§ 49 VwVfG) verhindern kann, beträgt insgesamt sechs Jahre (Geltungsdauer des Vorbescheids und der Genehmigung; **Abs. 2 Satz 1** und § 71 S. 1). Dies begegnet wegen der Konsequenzen für das Planungsrecht rechtspolitischen Bedenken; es ist nicht gerechtfertigt, die Belange des Bauherrn derart in den Vordergrund zu stellen.

Für die **Fristberechnung** gelten die § 1 NVwVfG, § 31 VwVfG, §§ 187, 188 Abs. 2 iVm § 193 BGB. Die Anfechtung des Vorbescheids durch den Nachbarn hemmt den Lauf der Frist (**Abs. 2 Satz 2** iVm vgl. § 71 S. 2). Die Frist der Bindungswirkung eines Vorbescheids, die sich grundsätzlich auf den folgenden Bauantrag bezieht, wird ausnahmsweise auch durch die Stellung einer erneuten Bauvoranfrage gewahrt, wenn mit der zunächst erteilten Bebauungsgenehmigung unterschiedliche und nicht deutlich umrissene Ausführungsmöglichkeiten eines Bauvorhabens zugelassen waren (OVG Münster 16.1.1973 – VII A 889/70, BauR 1973, 305). Die Geltungsdauer des Bauvorbescheids kann, wie **Abs. 2 Satz 2** iVm § 71 Abs. 2 S. 3 und 4 klarstellt, um jeweils höchstens drei Jahre verlängert werden. Der Bauherr hat nur dann einen Anspruch auf Verlängerung eines Bauvorbescheids über die ursprüngliche Bindungsfrist hinaus, wenn das Vorhaben im Zeitpunkt der Verlängerung dem öffentlichen Baurecht entspricht (OVG Lüneburg 22.6.2010 – 12 LB 213/07, juris Ls. 1; 6.1.1995 – 1 L 457/93, NVwZ-RR 1995, 246 f. vgl. auch → § 71 Rn. 17 ff.). Zur Verlängerung nach Ablauf der Geltungsdauer vgl. → § 71 Rn. 21. 32

F. Verfahren

Für das Verfahren gelten die Vorschriften für das Baugenehmigungsverfahren sinngemäß. Die Bauvoranfrage ist **schriftlich** bei der Gemeinde zu stellen (**Abs. 2 Satz 2** iVm § 67 Abs. 1 S. 1). Nach § 4 BauVorlVO sind der Bauvoranfrage die **Bauvorlagen beizufügen**, die zur Beurteilung der durch die Bauvoranfrage gestellten Fragen erforderlich sind. Regelmäßig wird ein Lageplan erforderlich sein. Alle weiteren Einzelheiten, wie Anforderungen an den Lageplan, Bauzeichnungen und Baubeschreibung, hängen von dem Gegenstand der Bauvoranfrage ab. Die Bauvorlagen müssen nicht in jedem Falle, insbesondere wenn es nur um die planungsrechtliche Zulässigkeit eines nur allgemein bezeichneten Vorhabens (zB Einfamilienhaus) geht, von einem Entwurfsverfasser gefertigt werden (OVG Koblenz 17.11.1999 – 8 A 10537/99, BauR 2000, 545 ff.). 33

Je nachdem, worauf sich die Bauvoranfrage bezieht, sind nach den §§ 68 f. **Nachbarn, Gemeinde sowie andere Behörden**, deren Belange berührt werden, wie im Baugenehmigungsverfahren zu beteiligen. Wie die Baugenehmigung ist auch der Bauvorbescheid den **Nachbarn** von Amts wegen mit Rechtsbehelfsbelehrung **zuzustellen**, die Einwendungen erhoben haben (**Abs. 2 Satz 2** iVm § 70 Abs. 5 S. 1). Der Bauherr ist gut beraten, die Zustellung des Bauvorbescheids mit Rechtsbehelfsbelehrung nach § 70 Abs. 5 S. 2 auch an die Nachbarn zu veranlassen, die keine Einwände erhoben haben, deren Belange aber berührt werden. 34

Wegen der Beschränkung der bauaufsichtlichen Prüfung auf einzelne Fragen obliegt es dem Bauherrn mit seiner Bauvoranfrage den **Gegenstand des Verfahrens** möglichst genau zu bezeichnen. Es ist nicht Aufgabe der BauAB aus umfangreichem Vorbringen eines Antragstellers „einzelne Fragen" herauszuarbeiten (OVG Greifswald 20.6.2006 – 3 L 91/00, juris Rn. 68 f., NordÖR 2007, 78; OVG Koblenz 17.11.1999 – 8 A 10537/99, BauR 2000, 455 ff.). Die Fragen müssen nicht wörtlich formuliert werden, vielmehr können sie sich auch aus den eingereichten Bauvorlagen ergeben (OVG Weimar 17.4.2007 – 1 KO 1127/03, juris Rn. 39 f., BeckRS 2007, 15042; VGH Mannheim 29.6.1994 – 5 S 2286/93, BRS 56 Nr. 151; enger OVG Frankfurt (Oder) 23.4.1999 – 3 A 191/97, BauR 2000, 549). Rspr. und Literatur stellen sehr hohe Anforderungen an die Bestimmtheit der Bauvoranfrage (Decker in Simon/Busse BayBO Art. 71 Rn. 34 ff.; OVG Münster 6.2.2003 – 10 A 3464/01, NVwZ-RR 2003, 823 ff.; VGH Mannheim 15.3.1994 – 8 S 2571/93, BRS 56 Nr. 152; VGH München 26.2.1972 – 148 II 71, BRS 25 Nr. 150). 35

Es ist unbestritten, dass der Bauvorbescheid sich auf eine eindeutige **Bauvoranfrage** beziehen muss, damit er inhaltlich verständlich und bestimmt ist. Aber im Bauvoran- 36 frageverfahren dürfen nicht die Bestimmtheitsanforderungen des Baugenehmigungsverfahrens zugrunde gelegt werden, weil die zu entscheidenden Fragen auf einer höheren Abstraktionsebene als im Baugenehmigungsverfahren liegen dürfen. Es dürfen **keine überzogenen Anforderungen** gestellt werden (vgl. OVG Lüneburg 10.9.2003 – 1 LB 269/02, juris, zustimmend Decker in Simon/Busse Art. 71 Rn. 36). So darf sich der Bauherr auf die Frage beschränken, ob ein Vorhaben grundsätzlich zulässig ist, und die Konkretisierung nach Art und Umfang dem Baugenehmigungsverfahren überlassen (BVerwG 3.4.1987 – 4 C 41.84, NVwZ 1987, 884 f.). So darf die Bauvoranfrage über die planungsrechtliche Zulässigkeit eines Vorhabens nicht abgelehnt werden, weil der Antragsteller den Standort auf dem Grundstück offen gelassen hat (OVG Lüneburg 6.2.2004 – 1 LA 154/03, nv), denn die grundsätzliche Bebaubarkeit eines Grundstücks kann zum Gegenstand einer Bauvoranfrage gemacht werden (BVerwG 23.5.1975 – IV C 28.72, BVerwGE 48, 242 ff.). Die Kehrseite einer so allgemein formulierten Bauvoranfrage ist eine dementsprechend wenig konkretisierte Bindungswirkung (vgl. → Rn. 23).

37 Das **Verhältnis des Bauvorbescheids zu der auf ihm aufbauenden Baugenehmigung** hat die NBauO nicht ausdrücklich geregelt. Das BVerwG (9.12.1983 – 4 C 44.80, BVerwGE 68, 241 ff.; 17.3.1989 – 4 C 14.85, NVwZ 1989, 863 f.; krit. Schenke DÖV 1990, 489; Fluck VerwArch 89, 223; NVwZ 1990, 535) war zunächst der Ansicht, dass der Inhalt einer noch nicht bestandskräftigen Bebauungsgenehmigung in der Baugenehmigung iS eines Zweitbescheids erneut zu regeln ist, weil die Bindungswirkung des Bauvorbescheids gegenüber einem Dritten nur besteht, soweit er ihm gegenüber bestandskräftig ist. Das BVerwG ist in diesen Entscheidungen davon ausgegangen, dass eine gesonderte Prüfung der Rechtmäßigkeit des Bauvorbescheids dem Nachbarn nichts mehr nützen würde, wenn durch rechtskräftige Bestätigung der Baugenehmigung der Bau freigegeben worden ist.

38 Mit dem Urteil vom 9.2.1995 – 4 C 23.94, NVwZ 1995, 894 f. hat das BVerwG jedoch den Vorrang des Landesrechts anerkannt (vgl. → Rn. 2). Auch wenn das BVerwG nur entschieden hat, dass bundesrechtlich nicht geregelt ist, dass die Bebauungsgenehmigung von der später erteilten Baugenehmigung konsumiert wird, wird man dem Urteil entnehmen können, dass es Sache des Landesbauordnungsrecht ist, das Verhältnis zwischen Bauvorbescheid und nachfolgender Baugenehmigung zu regeln (vgl. Ermisch NordÖR 2013, 49 (59) m. Nachw. in Fn. 2). Die **NBauO** enthält **keine Anhaltspunkte** für die Annahme, **dass** der **Bauvorbescheid** durch die später erteilte Baugenehmigung **seine Wirkung einbüßt**. Das wäre nur der Fall, wenn die BauAB mit der Erteilung der Baugenehmigung den Bauvorbescheid für erledigt erklären würde. Dem Charakter eines gestuften Genehmigungsverfahrens entspricht es, dass der Bauvorbescheid wirksam bleibt, die Baufreigabe der Baugenehmigung aber entsprechend § 44 Abs. 4 VwVfG von der Wirksamkeit des Bauvorbescheids abhängig ist (Schenke DÖV 1990, 489 (497); OVG Lüneburg 24.4.1997 – 6 L 5476/95, juris; OVG Greifswald 5.11.2008 – 3 L 281/03, juris Rn. 93, NordÖR 2009, 75). Zweckmäßig erscheint es freilich, aus Gründen der Verständlichkeit der Baugenehmigung den Bauvorbescheid redaktionell in die Baugenehmigung zu übernehmen und dies auch deutlich zu machen – und zwar unabhängig davon, ob der Bauvorbescheid angefochten ist oder nicht. Es bedarf nicht der Konstruktion eines Zweitbescheids in der Baugenehmigung, um den Rechtsschutz des Dritten sicherzustellen (Schenke DÖV 1990, 489 (497)).

G. Rechtsschutz

39 Der **Bauherr** kann gegen die Versagung des Bauvorbescheids ebenso wie gegen die Versagung der Baugenehmigung Widerspruch und Verpflichtungsklage erheben (vgl. → § 70 Rn. 156 ff.). **Neben einer Klage auf Erteilung der Baugenehmigung besteht idR kein Rechtsschutzbedürfnis für eine Klage auf Erteilung eines Bauvorbescheids**, weil dieser nur einen Ausschnitt der Baugenehmigung betrifft (VGH Mannheim

12.9.1996 – 8 S 1634/96, BRS 58 Nr. 153). Nur dann, wenn das Verfahren wegen des Bauvorbescheids wesentlich weiter gediehen ist und mit einem gerichtlich erstrittenen Bauvorbescheid eine gegen Rechtsänderungen geschützte Rechtsposition in greifbare Nähe rückt, besteht neben der Klage auf Erteilung der Baugenehmigung ein Rechtsschutzbedürfnis für eine Klage auf Erteilung eines Bauvorbescheids (OVG Berlin 26.8.1999 – 2 B 15.94, NVwZ-RR 1999, 231 f.). Im Übrigen kann der Bauherr neben dem Antrag, die BauAB zur Erteilung einer Baugenehmigung zu verpflichten, auch hilfsweise die Verpflichtung zur Erteilung eines Bauvorbescheids beantragen. Zu Schadensersatz- und Entschädigungsansprüchen vgl. → § 70 Rn. 167 ff.

Der **Nachbar muss den Bauvorbescheid mit Widerspruch und Anfechtungsklage anfechten** und darf nicht die Erteilung der Baugenehmigung abwarten, wenn er geltend machen will, dass der Bauvorbescheid ihn in seinen Rechten verletzt. Erteilt die BauAB die Baugenehmigung, verliert der Nachbar nicht das Rechtsschutzbedürfnis für die Klage gegen den Bauvorbescheid, denn die Baugenehmigung lässt die Rechtswirkungen des Bauvorbescheids unberührt (OVG Lüneburg und OVG Greifswald aaO Rn. 38). Da der Bauvorbescheid einen vorweggenommenen Teil der Baugenehmigung darstellt und mit der Erteilung der Baugenehmigung nicht erlischt, ist es nicht angängig, den Anfechtungsgegenstand auszuwechseln und die Baugenehmigung an Stelle des Bauvorbescheids anzufechten (so VGH Mannheim 8.3.1994 – 5 S 99/94, NVwZ 1995, 716 f.). Vielmehr sollte der Nachbar die **Baugenehmigung in den Widerspruch oder die Nachbarklage einbeziehen**, um Streitfragen zur Bindungswirkung auszuschließen. Ist der Bauvorbescheid dem Nachbarn nicht bekannt gemacht worden, wird man die Anfechtung der Baugenehmigung auch als Anfechtung des Vorbescheids deuten können. Der Nachbar sollte allerdings den Bauvorbescheid ausdrücklich in seinen Antrag einbeziehen, sobald er ihm bekannt wird. Im Übrigen kann auf → § 68 Rn. 184 ff. verwiesen werden. 40

Widerspruch und Anfechtungsklage gegen den Bauvorbescheid für Vorhaben nach § 29 BauGB haben nach § 212a **BauGB keine aufschiebende Wirkung** (OVG Lüneburg 8.7.2004 – 1 ME 167/04, NVwZ-RR 2005, 69 ff.; 30.3.1999 – 1 M 897/99, NVwZ-RR 1999, 716 f.; aA VGH München 1.4.1999– 2 CS 98.2646, NVwZ 1999, 1363; VG Giessen 17.5.2004 – 1 G 2027/04, NVwZ-RR 2005, 232). Der Nachbar muss daher – ebenso wie bei der Baugenehmigung (→ § 68 Rn. 230 ff.) – gerichtlichen Rechtsschutz in Anspruch nehmen, um die aufschiebende Wirkung seines Rechtsbehelfs zu erreichen. Allerdings muss er zuvor bei der BauAB einen Antrag auf Aussetzung der Vollziehung stellen, der Bauantrag nach Erteilung des Bauvorbescheids erübrigt den Aussetzungsantrag bei der BauAB nicht (OVG Lüneburg 8.7.2004 – 1 ME 167/04, NVwZ-RR 2005, 69 ff.; 15.4.2010 – 1 ME 22/10, NVwZ-RR 2010, 552 ff.). Für die Entscheidung der BauAB und des Gerichts über den Aussetzungsantrag gelten die gleichen Maßstäbe wie beim vorläufigen Rechtsschutz gegen Baugenehmigungen (vgl. → § 68 Rn. 236 ff., → § 68 Rn. 244 ff.). 41

Auch die **Gemeinde kann den Bauvorbescheid** anfechten, wenn mit ihm über Fragen entschieden worden ist, die eine Beteiligung der Gemeinde erforderlich machten, die Beteiligung aber unterblieben ist, oder der Bauvorbescheid entgegen dem verweigerten Einvernehmen erteilt worden ist (vgl. → Rn. 28). Auch der Widerspruch der Gemeinde hat nach § 212a BauGB keine aufschiebende Wirkung. Der Ausschluss der aufschiebenden Wirkung des Widerspruchs der Gemeinde gegen eine Baugenehmigung erstreckt sich allerdings nicht auf die Ersetzung des Einvernehmens der Gemeinde durch die nach Landesrecht zuständige Behörde (OVG Lüneburg 9.3.1999 – 1 M 405/99, NVwZ 1999, 1005 f.). 42

H. Zusage

43 Die Zusage, einen bestimmten VA später zu erlassen oder zu unterlassen, hat in § 38 VwVfG eine von der baurechtlichen Rechtsprechung in einem wesentlichen Punkt abweichende gesetzliche Regelung gefunden. Während die BauAB nach der früheren Rechtsprechung grundsätzlich nur dann an eine Zusage gebunden war, wenn diese dem geltenden Recht entsprach, kann nach § 38 Abs. 2 VwVfG die Bindungswirkung auch der rechtswidrigen Zusage grundsätzlich nur durch Rücknahme bzw. Widerruf beseitigt werden. Da die Zusicherung ein allgemeineres Rechtsinstitut als der baurechtliche Vorbescheid ist, der nach **Abs. 1** nur zu einzelnen, im Baugenehmigungsverfahren zu prüfenden Fragen ergehen darf, wird die Anwendung des § 38 VwVfG im Bauordnungsrecht nicht nach § 1 Nds. VwVfG durch § 73 als inhaltsgleiche oder entgegenstehende Bestimmung ausgeschlossen. Gleichwohl wird man ein schützwürdiges **Interesse an einer Zusage im Baurecht nur in engen Grenzen** anerkennen können. Die Zusage einer Baugenehmigung setzt wegen der erforderlichen Beurteilung des Vorhabens die Vorlage vollständiger Bauvorlagen voraus. Die Formulierung, die Baugenehmigung werde für ein bestimmtes Vorhaben „in Aussicht gestellt", kennzeichnet einen als Vorbescheid bezeichneten Verwaltungsakt nicht als Zusicherung (so aber OVG Berlin 27.3.1986 – 2 S 145.85, NVwZ 1986, 579 f.; → Rn. 11). Die nach dem VwVfG unbefristete Geltung der Zusage im Gegensatz zum Vorbescheid spricht gegen die Angemessenheit der Zusage im Baugenehmigungsverfahren. Wird eine Baugenehmigung zugesagt, kann die Zusage keine längere Verbindlichkeit beanspruchen als die erteilte Baugenehmigung (§ 71).

44 Von praktischer Bedeutung ist **die dem Nachbarn erteilte Zusage**, eine bestimmte objektiv rechtswidrige Baugenehmigung nicht zu erteilen. Eine solche Zusage verleiht dem Nachbarn uU einen Anspruch auf Rücknahme der Baugenehmigung (→ § 68 Rn. 49). Gegenüber Maßnahmen der BauAB gegen rechtswidrige Baumaßnahmen nach § 79 berufen sich die Betroffenen häufig auf Duldungszusagen der BauAB (→ § 79 Rn. 62 ff.).

45 Eine Bindung der Behörde an die Zusage setzt nach § 38 VwVfG Folgendes voraus (im Detail s. Uechtritz in MSU, VwVfG, § 38 Rn. 93 ff.):

a) Die Zusage muss von der **zuständigen Behörde** erteilt worden sein. Da § 38 Abs. 2 VwVfG die Vorschrift über die Nichtigkeit eines VA's (§ 44 VwVfG) „unbeschadet des Abs. 1 Satz 1" für entsprechend anwendbar erklärt, dürfte jeder Zuständigkeitsfehler hinsichtlich der Behörde zur Unwirksamkeit der Zusage führen, gleichgültig, ob er nach § 44 Abs. 1 VwVfG offenkundig ist oder nicht. Auch unter der Geltung des § 38 VwVfG kann daher die Gemeinde, die nicht BauAB ist, diese nicht durch Zusagen ausschalten (BVerwG 10.11.1966 – IV B 134.66, BRS 17 Nr. 48). Die von der Rspr. aufgestellte weitere Voraussetzung, dass der Bedienstete nach seiner Stellung in der Behörde zu derartigen Erklärungen befugt war (BVerwG 19.1.1967 – VI C 73.64, BVerwGE 26, 31), ist nach §§ 38 Abs. 2, 44 Abs. 1 VwVfG einzuschränken; nur offenkundige Kompetenzüberschreitungen eines Bediensteten innerhalb der zuständigen Behörde führen zur Unwirksamkeit der Zusicherung.

46 b) Die Zusage muss **schriftlich** gegeben worden sein. Dieses unabdingbare Erfordernis entspricht der ständigen Rspr. des OVG Lüneburg zum Baurecht (4.5.1966 – I A 154/65, nv). Die für die Baugenehmigung vorgeschriebene Schriftform dient der Rechtsklarheit und dem Schutz vor übereilten Erklärungen ohne nähere Sachprüfung und galt daher schon bisher in gleicher Weise für Zusagen. Zudem spricht die mangelnde Schriftlichkeit gegen den Bindungswillen des Erklärenden. Die Schriftform erleichtert damit die Abgrenzung der Zusage von Auskünften. Darüber hinaus lässt die schriftliche Zusage durch die präzise Überlieferung des Wortlauts der Erklärung deutlicher erkennen, ob sich die BauAB in ihrem künftigen Verhalten festlegen oder nur bestimmte Maßnahmen in Aussicht stellen wollte.

c) Die Erklärung der Behörde muss als eine **auf behördliche Selbstbindung gerichtete Verpflichtungserklärung** zu verstehen sein. Unter diesem Gesichtspunkt kann die im Prozess abgegebene Äußerung der BauAB, die mit der Klage begehrte Baugenehmigung werde in Kürze erteilt, idR nicht als Zusage gewertet werden, die Baugenehmigung zu erteilen (BVerwG 7.2.1986 – 4 C 28.84, NVwZ 1986, 832). Eine solche Erklärung ist für den Kläger als Ankündigung der bevorstehenden Erledigung des Rechtsstreits zu verstehen, kann aber nicht als Verpflichtung gedeutet werden, den streitigen Anspruch zu erfüllen. 47

d) Die Zusicherung darf nicht an anderen **zur Unwirksamkeit führenden Fehlern** nach §44 Abs. 1 und 2 VwVfG leiden. Da das Unterbleiben der Beteiligung anderer Behörden nach §44 Abs. 3 Nr. 4 VwVfG nicht die Unwirksamkeit der Zusage zur Folge hat, dürfte die Unwirksamkeit der Zusicherung aus Gründen des §44 VwVfG in der Praxis selten auftreten. 48

Die **Zusicherung bindet unter dem Vorbehalt einer Änderung der Sach- und Rechtslage** (§38 Abs. 3 VwVfG), auch wenn sie dem geltenden Recht nicht entspricht. Das ergibt sich eindeutig aus der entsprechenden Anwendung der §§48, 49 VwVfG auf Rücknahme und Widerruf der Zusicherung nach §38 Abs. 2 VwVfG. §38 VwVfG stellt eine mit Überlegungen des Vertrauensschutzes motivierte bewusste Abkehr von der früheren Rechtsprechung des BVerwG dar, die nur dann eine Bindung an eine rechtswidrige Zusage annahm, wenn die Nichteinhaltung der Zusage zu nahezu untragbaren Verhältnissen führen würde (BVerwG 15.6.1971 – II C 24.69, Buchholz 238.90 Nr. 33). Eine rechtswidrige Zusage muss zurückgenommen werden, will sich die BauAB der Bindungswirkung entledigen. Wegen des der BauAB bei der Rücknahme eingeräumten Ermessens kann die Versagung des zugesagten VA nicht in eine konkludente Rücknahme umgedeutet werden (§47 Abs. 3 VwVfG; BVerwG 28.2.1975 – IV C 30.73, NJW 1975, 2309 f.). Die Behörde ist an die Zusage nach §38 Abs. 3 VwVfG nicht mehr gebunden, wenn sich die für die Zusage maßgebliche Sach- und Rechtslage geändert hat (vgl. Kopp/Ramsauer VwVfG §38 Rn. 36 ff.). Wenn die BauAB in einem gerichtlichen Vergleich die Erteilung einer Baugenehmigung zusagt, bindet sie sich entsprechend der Geltungsdauer der Baugenehmigung nur für drei Jahre (vgl. OVG Münster 19.5.1998 – 10 A 4731/97, BRS 60 Nr. 150; →§71 Rn. 16). Zweifelhaft erscheint, ob ein Rechtsschutzbedürfnis für eine Klage auf Abgabe einer Zusicherung besteht, weil der Vorbescheid den Belangen des Bauherrn idR besser Rechnung trägt (vgl. OVG Münster 12.5.1987 – 7 A 240/86, BRS 47 Nr. 137). 49

§74 Bauaufsichtliche Zustimmung

(1) [1]Ist der Bund oder ein Land Bauherr, so tritt an die Stelle einer sonst erforderlichen Baugenehmigung die Zustimmung der obersten Bauaufsichtsbehörde, wenn

1. **die Leitung der Entwurfsarbeiten und die Überwachung der Bauarbeiten in der Bauverwaltung des Bundes oder des Landes einer bediensteten Person übertragen sind, die die Anforderungen nach §57 Abs. 4 Satz 2 oder entsprechende Anforderungen erfüllt und ein Hochschulstudium der Fachrichtung Hochbau oder Bauingenieurwesen abgeschlossen hat, und**
2. **die bedienstete Person bei der Erfüllung der ihr übertragenen Aufgaben ausreichend von sonstigen geeigneten Fachkräften unterstützt wird.**

[2]Dies gilt entsprechend für Baumaßnahmen anderer Bauherrinnen oder Bauherren, wenn das Staatliche Baumanagement Niedersachsen oder die Klosterkammer Hannover die Entwurfsarbeiten leitet und die Bauarbeiten überwacht.

(2) [1]Der Antrag auf Zustimmung ist bei der obersten Bauaufsichtsbehörde einzureichen. [2]§67 Abs. 1 Satz 2, §68, §69 Abs. 2 bis 5 und die §§70 bis 72 Abs. 1

Satz 2 und § 73 gelten für das Zustimmungsverfahren sinngemäß. [3]Die Gemeinde ist, soweit nicht andere Vorschriften eine weitergehende Beteiligung erfordern, zu der Baumaßnahme zu hören.

(3) Die Öffentlichkeitsbeteiligung nach § 68 Abs. 5 und 6 und die öffentliche Bekanntmachung nach § 68 Abs. 8 führen

1. **in den Fällen des Absatzes 1 Satz 1 die Bauverwaltung des Bundes oder des Landes sowie**
2. **in den Fällen des Absatzes 1 Satz 2 das Staatliche Baumanagement Niedersachsen oder die Klosterkammer Hannover**

durch.

(4) [1]Im Zustimmungsverfahren wird die Baumaßnahme nur auf ihre Vereinbarkeit mit dem städtebaulichen Planungsrecht und dem Niedersächsischen Denkmalschutzgesetz geprüft und, falls erforderlich, die Entscheidung nach § 17 des Bundesnaturschutzgesetzes in Verbindung mit § 7 des Niedersächsischen Ausführungsgesetzes zum Bundesnaturschutzgesetz getroffen. [2]Die oberste Bauaufsichtsbehörde entscheidet über Abweichungen, Ausnahmen und Befreiungen von den nach Satz 1 zu prüfenden Vorschriften sowie von anderen Vorschriften des öffentlichen Baurechts, soweit sie auch dem Schutz von Nachbarn dienen und die Nachbarn der Baumaßnahme nicht zugestimmt haben. [3]Im Übrigen bedürfen Abweichungen, Ausnahmen und Befreiungen keiner bauaufsichtlichen Entscheidung.

(5) [1]Baumaßnahmen, die der Landesverteidigung dienen, bedürfen weder einer Baugenehmigung noch einer Zustimmung nach Absatz 1. [2]Sie sind stattdessen der obersten Bauaufsichtsbehörde vor Baubeginn zur Kenntnis zu bringen.

(6) Eine Bauüberwachung und Bauabnahmen durch Bauaufsichtsbehörden finden in Fällen der Absätze 1 und 5 nicht statt.

Übersicht

A. Allgemeines

1 Durch die NBauO 2018 wurde eine besondere Zuständigkeits- und Verfahrensregelung in einen neu gefassten Abs. 3 aufgenommen, wodurch die bisherigen Abs. 3 bis 5 zu den Abs. 4 bis 6 geworden sind. Mit § 74 hat die NBauO die Grundsätze der in der Praxis bewährten Regelung der VO über die baupolizeiliche Behandlung von öffentlichen Bauten – VOöB – vom 20.11.1938 (Nds. GVBl. Sb II S. 290) übernommen und fortentwickelt. Die Baumaßnahmen bestimmter öffentlicher Bauherrn werden damit einer **verfahrensrechtlichen Sonderregelung** unterworfen, während das materielle öffentliche Baurecht ausnahmslos anwendbar bleibt, soweit der Geltungsbereich der NBauO nach § 1 reicht (BVerwG 30.7.1976 – IV A 1.75, DÖV 1976, 749 ff.). Die verfahrensrechtliche Sonderregelung des § 74 besteht darin, dass

– an die Stelle einer sonst erforderlichen Baugenehmigung der unteren BauAB die Zustimmung der obersten BauAB, das ist nach § 57 Abs. 1 S. 2 das Fachministerium, tritt (Abs. 1),
– sich die Prüfung der obersten BauAB auf die Vereinbarkeit der Baumaßnahme mit den in Absatz 4 genannten Vorschriften beschränkt,

– eine Bauüberwachung und Bauabnahmen durch die BauAB in den Fällen der Abs. 1 und 4 nicht stattfindet (Abs. 6).

Die Norm betrifft nicht nur Baumaßnahmen, in denen der Bund oder ein Land Bauherr ist **(Abs. 1 S.1)**, sondern gilt entsprechend für Baumaßnahmen anderer Bauherren, wenn das Staatliche Baumanagement Niedersachsen oder die Klosterkammer Hannover die Entwurfsarbeiten leitet und die Bauarbeiten überwacht **(Abs. 1 S. 2). Abs. 4 bestimmt, was Prüfungsmaßstab im Zustimmungsverfahren ist**. Entfallen ist die bisherige Regelung in Abs. 3 S. 3 aF. Diese ermöglichte es dem Bauherrn – ähnlich wie in §62 Abs. 10 – auch im Zustimmungsverfahren eine erweiterte Prüfung und damit eine umfangreichere Legalisierungswirkung der Entscheidung herbeizuführen. Für eine solche Regelung hat der Gesetzgeber keinen Bedarf mehr gesehen (vgl. LT-Drs. 16/4621, 32). 2

Über **Abweichungen, Ausnahmen und Befreiungen** von den nach Abs. 4 S. 1 zu prüfenden Vorschriften sowie von anderen Vorschriften des öffentlichen Baurechts entscheidet die oberste BauAB, soweit sie auch dem Schutz von Nachbarn dienen und die Nachbarn der Baumaßnahme nicht zugestimmt haben (Abs. 4 S. 2). Im Übrigen bedürfen Abweichungen, Ausnahmen und Befreiungen keiner bauaufsichtlichen Entscheidung (Abs. 4 S. 3). **Baumaßnahmen, die der Landesverteidigung dienen, sind** vor Baubeginn **der obersten BauAB zur Kenntnis zu bringen**; sie bedürfen weder einer Baugenehmigung noch einer Zustimmung nach Abs. 1. Entsprechend dem früheren §4 Nr. 4 BaufreistellungsVO kommt die Erleichterung des Abs. 5 auch Baumaßnahmen zugute, die nicht unmittelbar der Landesverteidigung dienen (zB Kasernen und deren Nebenanlagen). 3

Abs. 1 S. 1 Nr. 1 verweist bzgl. der **Qualifikation des Bediensteten** in der Bauverwaltung des Bundes oder des Landes, dem die Leitung der Entwurfsarbeiten und die Überwachung der Bauarbeiten übertragen sind, auf §57 Abs. 4 S. 2 oder entsprechende Anforderungen. Danach muss der Bedienstete bestimmte beamten- und laufbahnrechtliche Anforderungen erfüllen und ein Hochschulstudium der Fachrichtung Hochbau oder Bauingenieurwesen abgeschlossen haben. **Darüber hinaus** fordert Abs. 1 S. 1 Nr. 2, **dass die bedienstete Person** bei der Erfüllung der ihr übertragenen Aufgaben ausreichend von sonstigen geeigneten Fachkräften **unterstützt wird**. 4

Für Baumaßnahmen anderer Bauherren gilt die Regelung in Abs. 1 S. 1 entsprechend (S. 2), wenn das Staatliche Baumanagement Niedersachsen oder die Klosterkammer Hannover die Entwurfsarbeiten leitet und die Bauarbeiten überwacht. **Das Staatliche Baumanagement Niedersachsen ist ein Zweig der unmittelbaren Landesverwaltung** und besteht aus acht Bauämtern, die der OFD Niedersachsen unterstellt sind. **Die Klosterkammer, eine Landesbehörde, verwaltet Vermögensmassen**, die ursprünglich geistlicher Besitz waren und auf Stiftungen des öffentlichen Rechts, zum weitaus größten Teil auf den Allgemeinen Hannoverschen Klosterfonds, außerdem auf den Domstrukturfonds Verden, den Hospitalfonds St. Benedikti in Lüneburg und das Stift Ilfeld (Thüringen), übergegangen sind und kulturellen und sozialen Zwecken dienen (Wiechert in Schmaltz/Wiechert NDSchG §10 Rn. 23 f.). 5

B. Anwendungsbereich

Die **Zustimmung** der obersten BauAB **tritt an die Stelle einer** sonst erforderlichen **Baugenehmigung**. Für verfahrens- und genehmigungsfreie Baumaßnahmen (vgl. §§60, 61) ist daher selbstverständlich eine Zustimmung nicht erforderlich. Die Erleichterung des §62 können auch öffentliche Bauherren in Anspruch nehmen. Da im Freistellungsverfahren keine Baugenehmigung erteilt wird, kann die Zustimmung nicht an die Stelle einer Baugenehmigung treten. Soweit eine anderweitige Genehmigung die Baugenehmigung einschließt (→ §59 Rn. 19ff.), schließt sie auch die Zustimmung ein. Soweit für Baumaßnahmen öffentlicher Bauherren Planfeststellungsverfahren durchgeführt werden 6 müssen, erübrigt sich ein bauaufsichtliches Verfahren wegen der Konzentrationswirkung der Planfeststellung (vgl. → § 59 Rn. 26).

7 Das Zustimmungsverfahren findet nur statt, wenn der **Bund oder ein Land als Bauherr** auftreten oder das **Staatliche Baumanagement Niedersachsen oder die Klosterkammer Hannover für einen anderen Bauherrn** tätig werden. Baumaßnahmen der Zollverwaltung, der Bundeswasserstraßenverwaltung, soweit sie nicht nach § 1 Abs. 2 Nr. 1 von der NBauO ausgenommen sind, sind in diesem Zusammenhang ebenso zu nennen, wie Baumaßnahmen der Bundespolizei. Bund oder Land treten auch dann als Bauherr auf, wenn nichtrechtsfähige Anstalten (zB das Technische Hilfswerk – Erl. v. 25.8.1953 – GMBl. S. 507) oder Stiftungen des Bundes oder eines Landes Baumaßnahmen durchführen.

8 **Baumaßnahmen von rechtsfähigen Körperschaften, Anstalten oder Stiftungen des öffentlichen Rechts fallen nicht unter § 74**, unabhängig davon, ob der Bund oder ein Land an ihnen beteiligt ist. Daher ist für Vorhaben der Gemeinden und Landkreise, der Kirchen, Rundfunkanstalten und der Bundesagentur für Arbeit (OVG Münster 30.6. 1976 – X B 666/76, BRS 30 Nr. 121) – vorbehaltlich Abs. 1 S. 2 – ein Baugenehmigungsverfahren durchzuführen. Die in § 29 Abs. 2 BBankG vom 22.10.1992 (BGBl. I S. 1782, zul. gеänd. d. G v. 4.7.2013, BGBl. I S. 1981) angeordnete Ausdehnung der Vergünstigung des Bundes in Bauangelegenheiten auf die nach § 2 BBankG rechtsfähige Deutsche Bundesbank ist verfassungswidrig, weil dem Bund insoweit die Gesetzgebungszuständigkeit fehlt (vgl. BVerfG Baugutachten 16.6.1954 – 1 PBvV 2/52, BeckRS 1954, 30700512).

9 Mit der Aufhebung der Bundesanstalt für Flugsicherung durch Art. 4 des 10. ÄndG-LuftVG vom 23.7.1992 (BGBl. I S. 1370) **ist das Zustimmungsverfahren** für diesen Bereich ebenso **entfallen** wie nach der Privatisierung von Bahn und Post für Vorhaben der Deutschen Bahn AG (Art. 87e Abs. 3 GG sowie DB-GründungsG v. 27.12.1993 – BGBl. I S. 2386) und der Postgesellschaften (Art. 87f Abs. 2 GG sowie Art. 1 § 1 PostneuordnungsG vom 14.9.1994 – BGBl. I S. 2325).

10 Dass der Bund oder ein Land als Bauherr auftreten, genügt allein nicht, um die verfahrensrechtliche Sonderbehandlung zu rechtfertigen. Die **Leitung der Entwurfsarbeiten und die Bauüberwachung müssen einem Bediensteten übertragen sein, der** die Anforderungen nach § 57 Abs. 4 S. 2 oder entsprechende Anforderungen erfüllt und ein Hochschulstudium der Fachrichtung Hochbau oder Bauingenieurwesen abgeschlossen hat. Zudem muss gewährleistet sein, dass der Bedienstete bei der Erfüllung der ihr übertragenen Aufgaben ausreichend von sonstigen geeigneten Fachkräften unterstützt wird. Um die Entwurfsleitung und Überwachung des Bauvorhabens ordnungsgemäß durchführen zu können, bedarf es nicht nur eines Bediensteten nach Abs. 1 Nr. 1, sondern auch geeigneter Fachkräfte (vgl. LT-Drs. 16/3195, 106). Der Gesetzgeber geht davon aus, dass Bedienstete mit der Befähigung für die Laufbahn der Laufbahngruppe 2 der Fachrichtung Technische Dienste, die die Voraussetzungen für den Zugang für das zweite Eingangsamt erfüllen oder eine von der obersten Dienstbehörde bestimmte laufbahnrechtliche Qualifizierung erfolgreich durchlaufen haben (vgl. § 57 Abs. 4 S. 2; § 14 Abs. 4 NBG), die Gewähr für die Einhaltung der bautechnischen und baurechtlichen Anforderungen bieten, die im Zustimmungsverfahren nicht mehr geprüft werden (vgl. → Rn. 23). Zu bedenken ist aber, dass die Tätigkeit als Entwurfsverfasser eine andere Ausrichtung hat als die Prüfungstätigkeit in einer BauAB. Soweit ein Privatarchitekt die Pläne fertigt, muss der die Entwurfsarbeiten leitende Beamte zu Abänderungen befugt sein.

11 Das Staatliche Baumanagement Niedersachsen und die Klosterkammer Hannover müssen nach der mit der NBauO 2012 eingeführten Bestimmung des Abs. 1 S. 2 die Entwurfsarbeiten leiten und die Bauarbeiten überwachen. Nach § 82 Abs. 1 S. 2 aF nahmen sie die verfahrensrechtliche Sonderstellung ein, wenn sie „nach Satz 1 tätig" wurden. Diese Formulierung schloss ein, dass auch bei diesen Stellen das entsprechend qualifi-

zierte Personal „vorgehalten" werden musste. Mit der jetzt gewählten Formulierung „die Entwurfsarbeiten leitet und die Bauarbeiten überwacht" hat der **Gesetzgeber mit der Übertragung der Sachverantwortung auch die Verantwortung für das Vorhalten entsprechend qualifizierten Personals übertragen wollen** (vgl. LT-Drs. 16/4621, 32). Der Gesetzgeber dürfte davon ausgegangen sein, dass beim Baumanagement und bei der Klosterkammer ausreichend Fachkräfte vorhanden sind bzw. das Land darauf entsprechend Einfluss nehmen kann.

C. Zustimmungsverfahren

§ 74 Abs. 2 schreibt für das Zustimmungsverfahren weitgehend die sinngemäße Anwendung der Vorschriften des Baugenehmigungsverfahrens vor. Der **Antrag auf Zustimmung** ist allerdings nicht wie der Bauantrag bei der Gemeinde (§ 67 Abs. 1 S. 1), sondern nach Abs. 2 S. 1 bei der zur Entscheidung über den Antrag zuständigen obersten BauAB einzureichen. Dem Antrag auf Zustimmung sind entsprechend der BauVorlVO alle Unterlagen beizufügen, die für die Prüfung der Baumaßnahme am Maßstab der in Abs. 4 genannten Vorschriften erforderlich sind. Nicht erforderlich ist demnach insbesondere die Prüfung des Nachweises der Standsicherheit und des Brandschutzes (§§ 10, 11 BauVorlVO). Für Baulasten im Zusammenhang mit Baumaßnahmen nach § 74 bleibt die untere BauAB zuständig. 12

Nach Abs. 2 S. 2 gilt ua auch § 68 für das Zustimmungsverfahren sinngemäß, dh die **Nachbarn sind in Zustimmungsverfahren** von der obersten BauAB in gleicher Weise **zu beteiligen** wie in Baugenehmigungsverfahren. Der durch die NBauO 2018 neu gefasste **Abs. 3** enthält eine neue Zuständigkeits- und Verfahrensregelung. Demnach wird die nach § 68 Abs. 5 und 6 durchzuführende **Öffentlichkeitsbeteiligung** und die öffentliche Bekanntmachung nach § 68 Abs. 8 in den Fällen des Abs. 1 S. 1 durch die Bauverwaltung des Bundes oder des Landes sowie in den Fällen des Abs. 1 S. 2 durch das Staatliche Baumanagement Niedersachsen oder die Klosterkammer Hannover durchgeführt. Die Vorschrift dient im Wesentlichen der Umsetzung der **Seveso-III-Richtlinie** zur Beherrschung der Gefahren schwerer Unfälle mit gefährlichen Stoffen (Richtlinie 2012/18/EU v. 4.7.2012, ABl. Nr. L 197 S. 1), welche die Mitgliedstaaten verpflichtet, dafür zu sorgen, dass zwischen Betrieben, in denen mit gefährlichen Stoffen umgegangen wird, und bestimmten schutzwürdigen Nutzungen angemessene Sicherheitsabstände gewahrt bleiben. Bei den nach Artikel 13 der Seveso-III-Richtlinie schutzbedürftigen Bauvorhaben kann es sich um Baumaßnahmen handeln, für die nach § 74 ein Zustimmungsverfahren durchzuführen ist, sodass die neue Zuständigkeitsregelung in Abs. 3 wegen der Ortsnähe der Bauverwaltungen des Bundes und des Landes zum geplanten Vorhaben sachgerecht erscheint. Vor Beantragung der Zustimmung bei der obersten BauAB sind Einwendungen aufgrund der Öffentlichkeitsbeteiligung von den Bauverwaltungen zu berücksichtigen, da durch die oberste BauAB ausschließlich die in § 74 Abs. 4 S. 2 genannten Voraussetzungen geprüft werden (LT-Drs. 17/7278, 57). Weil der Zustimmungsbescheid der obersten BauAB gem. § 68 Abs. 7 Satz 3 iVm § 68 Abs. 8 ebenso wie die Baumaßnahme selbst öffentlich bekannt zu machen ist, überträgt Abs. 3 aus Gründen der Verfahrensvereinfachung auch diese Bekanntmachung den Bauverwaltungen. 13

Nach § 69 Abs. 5, der ebenfalls sinngemäß gilt, hat die oberste BauAB den Bauherrn von Einwendungen des Nachbarn zu unterrichten. Über Abweichungen, Ausnahmen und Befreiungen von den nach Abs. 4 S. 1 zu prüfenden Vorschriften sowie von anderen Vorschriften des öffentlichen Baurechts entscheidet die oberste BauAB, soweit die Vorschriften auch dem Schutz von Nachbarn dienen und die Nachbarn der Baumaßnahme nicht zugestimmt haben. Erstreckt sich die Prüfung im Zustimmungsverfahren nach Abs. 4 nicht auf Vorschriften, die Belange des Nachbarn berühren können, kommt eine **Beteiligung des Nachbarn nicht** in Betracht. Eine weitergehende Beteiligung der

Nachbarn ist aber immer dann anzuraten, wenn spätere Nachbarwidersprüche zu befürchten sind, um langwierige Nachbarstreitigkeiten zu vermeiden.

14 Die im Baugenehmigungsverfahren zu beachtenden **Mitwirkungsbefugnisse anderer Behörden** (vgl. → § 69 Rn. 6 ff.) dürfen auch im Zustimmungsverfahren nicht übergangen werden, soweit die Mitwirkungsbefugnisse auf Vorschriften beruhen, die Prüfungsmaßstab im Zustimmungsverfahren sind. Die Gemeinde ist, soweit nicht andere Vorschriften eine weitergehende Beteiligung erfordern (§ 36 BauGB), zu der Baumaßnahme zu hören. Die Vorschrift des § 47 über notwendige Einstellplätze gehört seit der NBauO 2012 nicht mehr zum Prüfprogramm im Zustimmungsverfahren (Abs. 4 S. 1). Die Gemeinde muss aber auch geltend machen können (vgl. → Rn. 1), dass sie – soweit keine diesbezügliche Satzung vorliegt – der Ablösung der notwendigen Einstellplätze durch Zahlung eines Geldbetrages nicht zugestimmt hat (§ 47 Abs. 5 S. 1). Die oberste BauAB kann in einem solchen Fall die Zustimmung wegen fehlenden Sachbescheidungsinteresses versagen. Zu beachten ist aber, dass die sinngemäße Anwendung des § 69 Abs. 2 und 3 die „Verschweigung“ der beteiligten Behörde einschließt.

15 **Maßnahmen nach § 10 Abs. 1 NDSchG** wie Veränderungen eines Kulturdenkmals, Nutzungsänderungen eines Baudenkmals oder die Errichtung, Änderung oder Beseitigung von Anlagen in der Umgebung eines Baudenkmals, die das Erscheinungsbild des Denkmals beeinflussen, **bedürfen nach § 10 Abs. 5 NDSchG keiner Genehmigung der Denkmalschutzbehörde, wenn** sie an Kulturdenkmalen im Eigentum oder Besitz des Bundes oder des Landes ausgeführt werden sollen und die Leitung der Entwurfsarbeiten und die Bauüberwachung dem Staatlichen Baumanagement Niedersachsen übertragen sind. Diese Regelung gilt nach § 10 Abs. 5 S. 2 NDSchG entsprechend für Maßnahmen, die durch die Klosterkammer Hannover an Kulturdenkmalen im Eigentum oder Besitz einer von ihr verwalteten Stiftung ausgeführt werden. Die Maßnahmen sind nach § 10 Abs. 5 S. 3 dem Landesamt für Denkmalpflege mit Planungsbeginn anzuzeigen (vgl. Wiechert, in Schmaltz/Wiechert NDSchG § 10 Rn. 23 ff.; insbesondere zu den Änderungen durch das ÄnderungsG vom 26.5.2011).

16 Alle § 74 unterfallenden Baumaßnahmen sind von einer Genehmigung nach § 10 NDSchG freigestellt (§ 10 Abs. 4: „… eine Baugenehmigung … ersetzende behördliche Entscheidung …“; Wiechert in Schmaltz/Wiechert NDSchG, § 10 Rn. 21). Etwaige Bedenken des Landesamtes für Denkmalpflege können nur verwaltungsintern geltend gemacht werden (Wiechert, in Schmaltz/Wiechert NDSchG, § 10 Rn. 25). Bei **Eingriffen in Natur und Landschaft** wird die Entscheidung nach § 17 BNatSchG iVm § 7 NAGBNatSchG im Benehmen mit der unteren Naturschutzbehörde getroffen (Abs. 4 S. 1).

17 **Mitwirkungsbefugnisse** anderer Behörden, **die auf Vorschriften beruhen, die** wie § 24 NStrG, § 9 FStrG, §§ 12, 17 LuftVG **nicht Prüfungsmaßstab im Zustimmungsverfahren** nach Abs. 4 S. 1 **sind**, brauchen in diesem Zustimmungsverfahren nicht berücksichtigt zu werden. Da der obersten BauAB insoweit weder eine Prüfungs- noch eine Entscheidungsbefugnis zukommt, würde eine Beteiligung der Behörden dem Ziel der Vorschrift, das Verfahren zu vereinfachen und zu beschleunigen, zuwiderlaufen. Das bedeutet allerdings nicht, dass diese fachspezifischen Belange nicht gewahrt werden müssen (vgl. → Rn. 1). Da die Zustimmung der obersten BauAB nach Abs. 4 S. 1 sich aber nicht auf die Wahrung dieser Belange erstreckt, ist nach §§ 24 Abs. 5 NStrG, 9 Abs. 5 FStrG wie bei verfahrens- und baugenehmigungsfreien Baumaßnahmen eine besondere straßenrechtliche Genehmigung erforderlich. Sehen landesrechtliche Bestimmungen nach Genehmigung eines Flughafens für die Errichtung von Bauwerken die Einholung einer Baugenehmigung nicht vor, bedarf die Errichtung dieser Bauwerke der Genehmigung der Luftfahrtbehörde unter ausschließlich luftverkehrssicherheitlichen Erwägungen (§ 12 Abs. 2 S. 4 LuftVG).

18 Da das **städtebauliche Planungsrecht Prüfungsmaßstab** im Zustimmungsverfahren ist (Abs. 4 S. 1), ist bei Baumaßnahmen nach §§ 33–35 BauGB und bei Befreiungen nach § 31 BauGB das Einvernehmen der Gemeinde nach § 36 BauGB erforderlich.

Zur ermessensfehlerhaften Ersetzung des gemeindlichen Einvernehmens vgl. OVG Lüneburg 23.6.2009 – 12 LC 136/07, NVwZ-RR 2009, 866 ff. Nur bei Baumaßnahmen im Geltungsbereich qualifizierter und vorhabenbezogener B-Pläne ist das Einvernehmen der Gemeinde nach § 36 BauGB nicht vorgeschrieben. In diesen Fällen sieht § 74 Abs. 2 S. 3 eine **Anhörung der Gemeinde** vor, soweit nicht andere Vorschriften eine weitergehende Beteiligung erfordern. § 37 BauGB erlaubt allerdings Abweichungen von den Vorschriften des BauGB für bauliche Anlagen des Bundes oder eines Landes, wenn die besondere Zweckbestimmung der öffentlichen Bauten dies erfordert (BVerwG 14.2.1991 – 4 C 20.88, NVwZ 1992, 477 ff.; OVG Lüneburg 25.6.1986 – 6 A 129/84, BRS 46 Nr. 157 mN).

Öffentliche Bauherren können, wie sich aus der Verweisung in § 74 Abs. 2 S. 2 ergibt, 19
Bauvoranfragen stellen. Die Zustimmung zu Teilausführungen steht entsprechend § 70 Abs. 3 im Ermessen der obersten BauAB. Zustimmungen und Teilzustimmungen gelten entsprechend § 71 drei Jahre. Vor Erteilung der Zustimmung darf der öffentliche Bauherr nicht mit dem Bau beginnen (§ 72 Abs. 1 S. 1). Da die Zustimmung ebenso wie die Baugenehmigung schriftlich zu erteilen ist (§ 70 Abs. 1 S. 3), genügt eine telefonische Mitteilung der Zustimmung grundsätzlich nicht. Die oberste BauAB entscheidet nach Abs. 3 Satz 2 auch über Abweichungen, Ausnahmen und Befreiungen von den nach Satz 1 zu prüfenden Vorschriften sowie von anderen Vorschriften des öffentlichen Baurechts, soweit sie auch dem Schutz von Nachbarn dienen und die Nachbarn der Baumaßnahme nicht zugestimmt haben (zB Grenzabstandsvorschriften). Im Übrigen bedürfen Abweichungen, Ausnahmen und Befreiungen keiner bauaufsichtlichen Zustimmung (Abs. 4 S. 3). Dies lässt einen deutlichen Prüfverzicht im bauaufsichtlichen Zustimmungsverfahren erkennen (vgl. LT-Drs. 16/3195, 106).

D. Rechtsnatur und Inhalt der Zustimmung

Die **Zustimmung ist** ebenso wie die Baugenehmigung ein **Verwaltungsakt** (Lechner/ 20
Dirnberger in Simon/Busse BayBO, Art. 73 Rn. 14 f.; Hornmann HBO, § 79 Rn. 37 ff.; VGH Kassel 30.12.1994 – 4 TH 2064/94, NVwZ 1995, 1010 ff.; aA Obermayer DVBl 1958, 419; OVG Hamburg 15.12.1981 – Bs II 32/81, BRS 38 Nr. 174). Auch das **BVerwG ist**, ohne diese Frage zu problematisieren, in seinem Richtfunkturm-Urteil (14.2.1991 – 4 C 20.88, NVwZ 1992, 477 ff) **von der Rechtsnatur der Zustimmung als Verwaltungsakt ausgegangen**. Aus § 74 Abs. 2 und 4 ergibt sich mit wünschenswerter Deutlichkeit, dass die Zustimmung der obersten BauAB die Vereinbarkeit der Baumaßnahme mit bestimmten Anforderungen des öffentlichen Baurechts – beispielsweise mit dem städtebaulichen Planungsrecht – feststellt. Weiter gestattet erst die Zustimmung die Durchführung der Baumaßnahme, wie sich aus der entsprechenden Anwendbarkeit von § 72 Abs. 1 S. 1 ergibt.

Zweifel an der Rechtsnatur der Zustimmung als Verwaltungsakt ergeben sich im Hinblick 21
auf die Außenwirkung in den Fällen, in denen die oberste BauAB als Behörde des Landes diesem die Zustimmung erteilt. Sind **Bauherr und Zustimmungsbehörde Behörden ein und desselben Rechtsträgers**, fehlt es insoweit an der für die Annahme eines Verwaltungsaktes erforderlichen Außenwirkung. Der Bauherr kann in diesen Fällen einen etwaigen Anspruch auf Baugenehmigung nicht gerichtlich geltend machen (sog. Insichprozess). Allein das Bedürfnis, einen Streit um die bauaufsichtliche Zulassung gerichtlich auszutragen, rechtfertigt noch nicht die Zulassung eines Insichprozesses. Da die NBauO einen Insichprozess nicht ausdrücklich vorsieht, wäre er nur zulässig, wenn eine Rechtsverletzung des Landes als Bauherr durch die Versagung der Zustimmung durch die oberste BauAB möglich wäre (vgl. BVerwG 21.6.1974 – IV C 17.72, DÖV 1974, 817). Das ist jedoch ausgeschlossen, so dass Meinungsverschiedenheiten verwaltungsintern, ggf. durch das Kabinett, zu entscheiden sind (vgl. Schmaltz/Wiechert NDSchG § 10 Rn. 25 zur Problematik im NDSchG).

22 Unberührt von der Wirkung der Zustimmung im Verhältnis zum öffentlichen Bauherrn bleibt die **Bedeutung der Zustimmung für die Nachbarn**. Die Zustimmung der obersten BauAB enthält die Feststellung, dass die Baumaßnahme mit dem öffentlichen Baurecht im Umfang der Prüfung nach Abs. 4 vereinbar ist. Diese Feststellung gilt nicht nur gegenüber dem öffentlichen Bauherrn, sondern auch gegenüber dem Nachbarn, denn sie schneidet diesem – in ihrer durch Abs. 4 bestimmten Reichweite – kraft ihrer Feststellungswirkung die Geltendmachung privatrechtlicher Beseitigungsansprüche ab (vgl. → § 68 Rn. 141 ff.). Damit entfaltet die Zustimmung auch dann Außenwirkung, wenn Bauherr und Zustimmungsbehörde Behörden ein und desselben Rechtsträgers sind (ebenso OVG Hamburg 15.12.1981 – Bs II 32/81, BRS 38 Nr. 174; OVG Münster 7.7.1989 – 11 B 170/89, NVwZ-RR 1990, 531 ff. aber nur für den Fall, dass die Zustimmung nachbarliche Belange regelt und dem Nachbarn mit Rechtsmittelbelehrung zugestellt wird; OVG Saarlouis 1.10.1990 – 2 N 29/90, BRS 50 Nr. 186 für den Fall, dass die Zustimmung dem Nachbarn bekannt gegeben wird).

23 Die sinngemäße Geltung des § 70 im Zustimmungsverfahren nach Abs. 2 muss im Zusammenhang mit dem unterschiedlichen Prüfungsmaßstab nach Abs. 4 gesehen werden. **Grundsätzlich wird nach § 63 das vereinfachte Baugenehmigungsverfahren** für die genehmigungsbedürftige Errichtung, Änderung oder Nutzungsänderung baulicher Anlagen **durchgeführt**, mit Ausnahme von baulichen Anlagen, die nach Durchführung der Baumaßnahme Sonderbauten iSd § 2 Abs. 5 sind. Der Prüfungsmaßstab im vereinfachten Baugenehmigungsverfahren ist § 63 Abs. 1 S. 2 zu entnehmen. **Der Prüfungsmaßstab im bauaufsichtlichen Zustimmungsverfahren ist mit der NBauO 2012 weiter reduziert worden** und beschränkt die Prüfung nach Abs. 4 S. 1 auf (1.) das städtebauliche Planungsrecht, (2.) das NDSchG und, falls erforderlich, (3.) auf die Entscheidung nach § 17 BNatSchG iVm § 7 NAGBNatSchG. Die Abstandsvorschriften, die Vorschriften über notwendige Einstellplätze und der Brandschutz gehören nicht mehr zum Prüfungsumfang der obersten BauAB. Auch eine bautechnische Prüfung entfällt. Für die städtebauliche Zulässigkeit baulicher Anlagen des Bundes und der Länder ist neben den §§ 29–36 BauGB die Sonderregelung des § 37 BauGB zu beachten (dazu BVerwG 14.2.1991 – 4 C 20.88, NVwZ 1992, 477 ff.).

24 Die Einschränkungen der bauaufsichtlichen Prüfung im Zustimmungsverfahren lassen die **Geltung des gesamten materiellen öffentlichen Baurechts** jedoch unberührt (zu den Konsequenzen der eingeschränkten Prüfung für den Nachbarschutz vgl. → Rn. 27 f.). Ebenso wie die Erteilung einer Baugenehmigung (→ § 70 Rn. 51 ff.) erübrigt die Zustimmung nach anderen Vorschriften erforderliche Genehmigungen nicht. Die Zustimmung bedarf der Schriftform (vgl. § 70 Abs. 1 S. 3). Die erteilte Zustimmung ist in ihrer Aussage auf die Feststellung beschränkt, dass die Baumaßnahme mit den dort genannten Prüfungsmaßstäben vereinbar ist.

25 Die **Vereinbarkeit mit örtlichen Bauvorschriften ist** im Zustimmungsverfahren **nicht zu prüfen** (vgl. Abs. 4 S. 1). Allerdings sind örtliche Bauvorschriften öffentliches Baurecht iSv § 2 Abs. 17 und von der obersten BauAB im Zustimmungsverfahren zu beachten. § 84 Abs. 4 erklärt in S. 1 die örtlichen Bauvorschriften nach Abs. 1 und Abs. 2 zu Satzungen im eigenen Wirkungskreis und diesbezügliche Abweichungen dürfen nach § 66 Abs. 5 nur im Einvernehmen mit der Gemeinde zugelassen werden. Im Zustimmungsverfahren entscheidet die oberste BauAB nach Abs. 4 S. 2 aber nur über Abweichungen von den nach Abs. 4 S. 1 zu prüfenden Vorschriften sowie von anderen Vorschriften des öffentlichen Baurechts, soweit sie auch dem Schutz von Nachbarn dienen und die Nachbarn der Baumaßnahme nicht zugestimmt haben. Im Übrigen bedürfen nach Abs. 4 Satz 3 ua Abweichungen keiner bauaufsichtlichen Entscheidung. Da die örtlichen Bauvorschriften nicht zum Prüfprogramm nach Abs. 4 S. 1 gehören, kann die Zustimmung nicht unter Verstoß gegen § 84 Abs. 1 oder Abs. 2 erteilt werden. Örtliche Bauvorschriften über Spielplätze nach § 84 Abs. 1 Nr. 1 können aber nachbarschützende Vorschriften enthalten, so dass eine Abweichungsentscheidung der obersten BauAB nach § 74 Abs. 4 S. 2 unter Verstoß gegen § 84 Abs. 1 Nr. 1 denkbar ist.

Die **bauaufsichtliche Zustimmung gilt** nach § 74 Abs. 2 S. 2 iVm § 70 Abs. 6 **für und gegen den Rechtsnachfolger** des Bauherrn und der Nachbarn, ohne dass § 74 Abs. 2 S. 2 eine Einschränkung hinsichtlich der Person des Rechtsnachfolgers macht. So sind die der Deutschen Bundespost erteilten Zustimmungen durch die Umwandlung der Post in die Deutsche Telekom AG nicht erloschen (OVG Lüneburg 26.3.1998 – 1 L 1796/97, NdsVBl. 1999, 42). Auch die Umwandlung des Rechtscharakters der Telekommunikationsdienste von Verwaltungstätigkeit in privatwirtschaftliche Tätigkeit hat keine Nutzungsänderung bewirkt, die einer Fortgeltung der Zustimmung entgegensteht. Zum Problem der Nutzungsänderung bei Nachfolgenutzungen auf Grundstücken, die im B-Plan als Gemeinbedarfsfläche „Post" festgesetzt sind, vgl. → § 60 Rn. 106. 26

E. Nachbarschutz

Wie bereits zu → Rn. 20 f. dargelegt, enthält die Zustimmung die Feststellung der obersten BauAB, dass die Baumaßnahme mit dem öffentlichen Baurecht in dem in Abs. 4 aufgezeigten Umfang vereinbar ist. Der Nachbar muss daher die Zustimmung anfechten, wenn er in dieser Feststellung einen Verstoß gegen nachbarschützende Vorschriften sieht (aA OVG Saarlouis 1.10.1990 – 2 N 29/90, BRS 50 Nr. 186). Freilich kann die Zustimmung nur dann gegen nachbarschützende Vorschriften verstoßen, wenn die oberste BauAB die Baumaßnahme nach Abs. 4 auch am Maßstab der nachbarschützenden Vorschrift zu prüfen hatte. Gehört die **nachbarschützende Vorschrift** nicht zum **Prüfungsmaßstab** nach Abs. 4, erstreckt sich die Feststellung der Zustimmung, dass die Baumaßnahme dem öffentlichen Baurecht entspricht, auch nicht auf die nachbarschützende Vorschrift mit der Folge, dass der Anfechtung der Zustimmung durch den Nachbarn der Erfolg versagt bleiben muss. Der Nachbar wird dann allerdings mit seinen Einwendungen auch nicht durch die Unanfechtbarkeit der Zustimmung ausgeschlossen. Eine Verletzung nachbarschützender Vorschriften des öffentlichen Baurechts, die nicht Gegenstand der Prüfung und Entscheidung im Zustimmungsverfahren war, muss der Nachbar unmittelbar gegenüber dem öffentlichen Bauherrn im Wege der Unterlassungsklage vor den Verwaltungsgerichten geltend machen. 27

An einem **Beispiel** ist dies zu verdeutlichen: Die Zustimmungsentscheidung der obersten BauAB ergeht ausschließlich unter Berücksichtigung des Prüfungskatalogs nach Abs. 3 Satz 1. Diese Entscheidung kann – bezogen auf Grenzabstandsvorschriften – in Rechte des Nachbarn nicht eingreifen. Eine etwaige Verletzung von Grenzabstandsvorschriften fällt dann allein in den Verantwortungsbereich des öffentlichen Bauherrn, des Staatlichen Baumanagements oder der Klosterkammer. Leitet der Nachbar die Verletzung seiner Rechte aus einem Verstoß der Zustimmung gegen das bauplanungsrechtliche Gebot der Rücksichtnahme (§§ 31, 34, 35 BauGB; § 15 BauNVO) ab, dann muss er die Zustimmung anfechten, weil diese die Feststellung der Vereinbarkeit der Baumaßnahme mit dem städtebaulichen Planungsrecht einschließt. Im Zweifel muss der Nachbar die Zustimmung anfechten, um sie nicht bestandskräftig werden zu lassen; die allein in den Verantwortungsbereich des öffentlichen Bauherrn fallenden Verstöße kann der Nachbar ohne Bindung an die Anfechtungsfrist abwehren (vgl. auch → Rn. 25). 28

Die bauaufsichtliche Zustimmung fällt in den Anwendungsbereich des § 212a Abs. 1 BauGB, dh Widerspruch und Anfechtungsklage haben keine aufschiebende Wirkung (Finkelnburg/Dombert/Külpmann Rn. 1292). Der vorläufige Rechtsschutz des Nachbarn unterscheidet sich, je nachdem, ob sich der Nachbar gegen Verstöße gegen Vorschriften wendet, die die oberste BauAB im Zustimmungsverfahren nach § 74 Abs. 4 geprüft hat oder nicht. **Schließt die Zustimmung etwa die Prüfung einer Abweichung von den** (nachbarschützenden) **Grenzabstandsvorschriften** nach § 74 Abs. 4 S. 2 **ein**, weil der Nachbar der Baumaßnahme nicht zugestimmt hatte, ist die Verletzung dieser Vorschriften im **vorläufigen Rechtsschutzverfahren nach §§ 80 f. VwGO** gegenüber der obersten BauAB geltend zu machen (→ § 68 Rn. 230 ff.). Dass die oberste BauAB einen Bau- 29 stopp gegenüber dem öffentlichen Bauherrn wegen der Grenzen der sog. Polizeipflicht von Hoheitsträgern nicht hoheitlich durchsetzen darf, steht dem nicht entgegen, weil davon auszugehen ist, dass der öffentliche Bauherr die gerichtliche Anordnung der aufschiebenden Wirkung des Widerspruchs beachtet. Nur wenn der öffentliche Bauherr die Anordnung der aufschiebenden Wirkung missachtet und weiterbaut, erscheint es geboten, den Antrag, einstweilige Maßnahmen zur Sicherung der Rechte des Nachbarn zu treffen, unmittelbar gegen den öffentlichen Bauherrn zu richten (vgl. auch → § 68 Rn. 250; weitergehend Krist BauR 1993, 516 (520), der den öffentlichen Bauherrn zusätzlich im vorläufigen Rechtsschutzverfahren als passiv legitimiert ansieht).

30 Wendet sich der Nachbar gegen einen Verstoß gegen eine **Vorschrift, deren Einhaltung die oberste BauAB nicht geprüft hat** (Prüfung ausschließlich nach Abs. 4 Satz 1 – behaupteter Grenzabstandsvorstoß; vgl. → Rn. 28), dann kann der Nachbar mit einem Aussetzungsverfahren nach §§ 80 f. VwGO gegen die oberste BauAB keinen Erfolg haben. Die Zustimmung enthält keine Aussage zu den Grenzabstandsvorschriften und kann sie daher auch nicht verletzen (vgl. dazu auch OVG Lüneburg 17.12.1996 – 1 M 5481/96, BRS 58 Nr. 183). **Vorläufigen Rechtsschutz** kann der Nachbar hier – entsprechend der Unterlassungsklage in der Hauptsache (vgl. → Rn. 27) – **nur im Wege der einstweiligen Anordnung nach § 123 VwGO** unmittelbar gegenüber dem öffentlichen Bauherrn erlangen. §§ 80 f. VwGO greifen nur bei Verwaltungsakten mit Doppelwirkung, die Zustimmung klammert aber gerade die nachbarschützende Vorschrift aus und enthält insoweit keine Regelung.

F. Bauüberwachung

31 Für Baumaßnahmen öffentlicher Bauherren, die der Zustimmung der obersten BauAB bedürfen, finden keine Bauüberwachung und Bauabnahmen statt; vielmehr hat insoweit allein der öffentliche Bauherr dafür zu sorgen, dass seine Baumaßnahme dem öffentlichen Baurecht entspricht (Abs. 6). Damit wird der BauAB jede Verantwortung für die öffentlichen Bauten abgenommen, eine **Befugnis zu bauaufsichtlichem Einschreiten** gegen baurechtswidrige Zustände und Baumaßnahmen eines öffentlichen Bauherrn nach § 79 wird man der obersten BauAB aber insoweit nicht absprechen können, als es sich um Verstöße gegen das im Zustimmungsverfahren zu prüfende öffentliche Baurecht handelt (VGH München 11.5.1977 – 54 XIV 74, BayVBl. 1977, 767; aA OVG Münster 24.11.1967 – X B 627/67, DVBl 1968, 526 mit Anm.Graf von Schack). Auch hoheitlich betriebene Anlagen unterliegen der Vollzugskompetenz der obersten BauAB, allerdings ist die zwangsweise Durchsetzung gegenüber Hoheitsträgern ausgeschlossen (BVerwG 25.7.2002 – 7 C 24.01, BRS 65 Nr. 208 zum BImSchG; vgl. auch Borowski VerwArch 2010, 58 ff.). Bei schwerwiegenden Verstößen bleibt nur die Möglichkeit, die Aufsichtsbehörde des öffentlichen Bauherrn einzuschalten. Wegen des Sachzusammenhanges mit dem Zustimmungsverfahren wird man allerdings für ein bauaufsichtliches Einschreiten die Zuständigkeit der obersten BauAB annehmen müssen. Hat sich die Zustimmung durch endgültige Aufgabe der Nutzung erledigt (→ § 71 Rn. 23), geht die Zuständigkeit für ein bauaufsichtliches Einschreiten wieder auf die untere BauAB über (OVG Lüneburg 21.1.2000 – 1 L 4202/99, BRS 63 Nr. 120).

32 Ein **Anspruch des Nachbarn auf Einschreiten der obersten BauAB** ist wegen der besonderen Verantwortung des öffentlichen Bauherrn für die Einhaltung des öffentlichen Baurechts abzulehnen. Ansprüche auf Beseitigung rechtswidriger Zustände hat der Nachbar unmittelbar gegenüber dem Bauherrn im Verwaltungsrechtsweg durch Leistungsklage geltend zu machen.

G. Baumaßnahmen der Landesverteidigung

33 Ein Zustimmungsverfahren für Baumaßnahmen, die unmittelbar der Landesverteidigung dienen, kann aus **Gründen der Geheimhaltung** unangemessen sein. Deshalb stellte bereits §3 VOöB (→Rn. 1) solche Vorhaben vom Genehmigungsvorbehalt frei. Nach Abs. 5 bedürfen nicht nur die unmittelbar der Landesverteidigung dienenden Vorhaben (zB Munitionsdepots), sondern alle der Landesverteidigung dienenden Baumaßnahmen weder einer Baugenehmigung noch einer Zustimmung. Zu den der Landesverteidigung dienenden Baumaßnahmen zählen Kasernen und Lazarette, aber auch notwendige Stellplätze von Kasernen (aA VGH Kassel 9.9.1985 – 3 TG 1640/85, NVwZ 1986, 675 ff.). §74 stellt Vorhaben der Landesverteidigung aber nur vom bauaufsichtlichen Verfahren frei und enthält keine Regelung über die Entbehrlichkeit anderer Genehmigungen und Erlaubnisse.

34 Die **Freistellung** der Verteidigungsbauten **vom Genehmigungsvorbehalt** führt nicht zur Unanwendbarkeit der planungsrechtlichen Bestimmungen des BauGB, weil §29 Abs. 1 BauGB die Geltung der §§30–37 BauGB unabhängig von ihrer Genehmigungs- oder Zustimmungspflichtigkeit vorschreibt. Wegen der nach §§36, 37 BauGB erforderlichen Mitwirkungsakte der Gemeinde und der höheren Verwaltungsbehörde ist für Verteidigungsbauten trotz landesrechtlicher Freistellung von einem bauaufsichtlichen Verfahren bundesrechtlich ein – stark vereinfachtes – Verfahren durchzuführen.

35 Abs. 5 schreibt nur vor, dass die **Baumaßnahme der obersten BauAB vor Baubeginn zur Kenntnis zu bringen ist**. Die Zuständigkeit der obersten BauAB harmoniert diesbezüglich mit der Zuständigkeit der höheren Verwaltungsbehörde nach §37 Abs. 2 BauGB. Je nach der erforderlichen Geheimhaltung kann die für die Durchführung der Verteidigungsbauten zuständige Stelle von der Beifügung von Plänen ganz absehen. Bauüberwachung und Bauabnahmen finden selbstverständlich bei Baumaßnahmen der Landesverteidigung nicht statt.

36 **Bauten der NATO-Streitkräfte** werden entweder im Auftragsbau- oder Regelbauverfahren nach Art. 49 Abs. 2 Zusatzabkommen zum NATO-Truppenstatut (ZA NTS vom 18.8.1961 – BGBl. II S. 1183, zul. geänd. d. G v. 28.9.1994 – BGBl. 1994 II S. 2594 (2598)) von den deutschen Behörden nach den für Bundesbauaufgaben geltenden Vorschriften und damit nach §74 Abs. 5 durchgeführt oder im Truppenbauverfahren nach Art. 49 Abs. 3 ZA NTS, das nicht den Verfahrensvorschriften der NBauO unterliegt (zu beiden Verfahren vgl. das Verwaltungsabkommen ABG 1975 – BGBl. 1975 II S. 1441, mit der letzten Änderung BGBl. 1982 II S. 893 und Scheidler ZfBR 2005, 27). Zur Vergabe von Baumaßnahmen für ausländische Streitkräfte und zur Anwendbarkeit des deutschen Vergaberechts: BKartA 20.12.2005 – VK 2-156 und 159/05, juris. Zum Rechtsschutz gegen Bauten der NATO-Streitkräfte vgl. Koch-Sembdner VerwArch 1988, 462 mN; OVG Münster 2.3.1989 – 21 B 1861/88, NVwZ-RR 1990, 174 ff. Die Zeichen der Zeit sind allerdings eher darauf gerichtet, dass militärisch genutzte Liegenschaften wegen des Abzugs der Nato-Streitkräfte wieder freigegeben werden. Zur Räumung und Herausgabe der im Rahmen des Zusatzabkommens zum NATO-Truppenstatut überlassenen Liegenschaft an den Eigentümer vgl. BGH 18.7.2003 – V ZR 297/02, NJW-RR 2004, 570 ff.

§75 Genehmigung fliegender Bauten

(1) [1]Fliegende Bauten sind bauliche Anlagen, die geeignet und bestimmt sind, an verschiedenen Orten wiederholt und befristet aufgestellt und wieder abgebaut zu werden. [2]Baustelleneinrichtungen, Baugerüste, Zelte, die dem Wohnen dienen, und Wohnwagen gelten nicht als fliegende Bauten.

(2) [1]Fliegende Bauten bedürfen keiner Baugenehmigung. [2]Ein fliegender Bau darf jedoch zum Gebrauch nur aufgestellt werden, wenn für diesen eine Ausführungsgenehmigung erteilt worden ist. [3]Keiner Ausführungsgenehmigung bedarf es

1. für die in Nummer 11 des Anhangs genannten fliegenden Bauten,

2. unter den Voraussetzungen des § 74 Abs. 1,

3. für fliegende Bauten, die der Landesverteidigung dienen.

(3) [1]Die Ausführungsgenehmigung wird auf schriftlichen Antrag erteilt; sie wird auf längstens fünf Jahre befristet. [2]Die Befristung kann auf schriftlichen Antrag um jeweils längstens fünf Jahre verlängert werden. [3]Die Ausführungsgenehmigung und die Verlängerung einer Befristung werden in einem Prüfbuch erteilt, in das eine Ausfertigung der mit Genehmigungsvermerk versehenen Bauvorlagen einzufügen ist. [4]Ausführungsgenehmigungen anderer Länder gelten auch in Niedersachsen.

(4) [1]Die Inhaberin oder der Inhaber einer Ausführungsgenehmigung hat die Änderung ihres oder seines Wohnsitzes oder ihrer oder seiner gewerblichen Niederlassung oder die Übertragung eines fliegenden Baues an einen Dritten der für die Ausführungsgenehmigung zuständigen Behörde oder Stelle anzuzeigen. [2]Sie oder er hat das Prüfbuch der zuständigen Behörde oder Stelle zur Änderung der Eintragungen vorzulegen. [3]Die Behörde oder Stelle hat die Änderungen in das Prüfbuch einzutragen und sie, wenn mit den Änderungen ein Wechsel der Zuständigkeit verbunden ist, der nunmehr zuständigen Behörde oder Stelle mitzuteilen.

(5) [1]Die Aufstellung fliegender Bauten, die einer Ausführungsgenehmigung bedürfen, muss rechtzeitig vorher der Bauaufsichtsbehörde des Aufstellungsortes unter Vorlage des Prüfbuchs angezeigt werden. [2]Diese fliegenden Bauten dürfen unbeschadet anderer Vorschriften nur in Gebrauch genommen werden, wenn die Bauaufsichtsbehörde sie abgenommen hat (Gebrauchsabnahme). [3]Das Ergebnis der Gebrauchsabnahme ist in das Prüfbuch einzutragen. [4]Die Bauaufsichtsbehörde kann im Einzelfall auf die Gebrauchsabnahme verzichten.

(6) [1]Die Bauaufsichtsbehörde hat die erforderlichen Anordnungen zu treffen oder die Aufstellung oder den Gebrauch fliegender Bauten zu untersagen, soweit dies nach den örtlichen Verhältnissen oder zur Abwehr von Gefahren erforderlich ist, insbesondere weil die Betriebs- oder Standsicherheit nicht oder nicht mehr gewährleistet ist oder weil von der Ausführungsgenehmigung abgewichen wird. [2]Wird die Aufstellung oder der Gebrauch aufgrund von Mängeln am fliegenden Bau untersagt, so ist dies in das Prüfbuch einzutragen; die für die Ausführungsgenehmigung zuständige Behörde oder Stelle ist zu benachrichtigen. [3]Das Prüfbuch ist einzuziehen und der für die Ausführungsgenehmigung zuständigen Behörde oder Stelle zuzuleiten, wenn die Herstellung ordnungsgemäßer Zustände innerhalb angemessener Frist nicht zu erwarten ist.

(7) [1]Bei fliegenden Bauten, die längere Zeit an einem Aufstellungsort betrieben werden, kann die für die Gebrauchsabnahme zuständige Bauaufsichtsbehörde weitere Abnahmen durchführen. [2]Das Ergebnis dieser Abnahmen ist in das Prüfbuch einzutragen.

(8) § 67 Abs. 1 Satz 2, § 70 Abs. 1 Satz 1, § 71 Satz 4, § 77 Abs. 3 und 5 und § 82 Abs. 2 Nr. 7 gelten sinngemäß.

Übersicht

A. Allgemeines

1 „Fliegende Bauten" werden an verschiedenen Orten nur befristet aufgestellt und dann wieder abgebaut. Es fehlt das Kriterium der Dauerhaftigkeit (→ §2 Rn. 81). Wird daher ein Bauantrag für eine unbefristete Genehmigung eines Vorhabens gestellt, handelt es sich damit bei dem Vorhaben gerade nicht um einen „Fliegenden Bau" (VG Ansbach 29.11.2018 – AN 9 K 17.1378, BeckRS 2018, 31879). Zu den Fliegenden Bauten gehören ua Karusselle, Achterbahnen, Zirkus- und Bierzelte. In der Praxis wäre eine „klassische" Baugenehmigung schon wegen der Dauer des Baugenehmigungsverfahrens und der häufig nur recht kurzen Aufstellungszeit nicht zu verwirklichen. Diese Atypik spiegelt sich in einem gesonderten, **mehrstufigen Verfahren** im Rahmen des verfahrensrechtlich angelegten §75 wider: An die Stelle der Baugenehmigung treten deshalb die **Ausführungsgenehmigung** sowie die jeweilige **Anzeige** der Aufstellung an die BauAB des Aufstellungsortes. Zudem ist vor jeder Inbetriebnahme eine **Gebrauchsabnahme** erforderlich. Ergänzt wird §75 durch die Verwaltungsvorschriften über den Bau und Betrieb fliegender Bauten (RdErl. d. MS v. 10.12.2008 – Nds. MBl. 2009 S. 86 zul. geänd. d. RdErl. v. 25.9.2012 – Nds. MBl. 2012, S. 743) und die Verwaltungsvorschriften über Ausführungsgenehmigungen für fliegende Bauten und Berichte über Unfälle (RdErl. d. MS v. 11.11.2004 – 55.2-24157/1-1.1, Nds. MBl. 2004, S. 801, zul. geänd. d. RdErl. v. 25.09.2012 Nds. MBl. 2012, S. 742).

2 Die Ausgestaltung des Genehmigungsverfahrens wird auch von dem Bedürfnis bestimmt**, Gefahren für die Stand- und Betriebssicherheit** zu begegnen, die **durch das wiederholte Auf- und Abbauen** entstehen können. Solche Gefahren können zwar auch bei solchen Bauten auftreten, die – anders als fliegende Bauten – an ein und derselben Stelle mehrfach auf- und abgebaut werden wie Traglufthallen oder oberirdische Schwimmbecken. Gleichwohl genügt hier die Erteilung einer Baugenehmigung, die den wiederholten Auf- und Abbau gestattet, wegen der dadurch bedingten Verschleißgefahren erscheint eine Befristung zweckmäßig (vgl. Nr. 2.1.1 der inzwischen aufgehobenen Bek. d. MS v. 2.9.1974 betr. Tragluftbauten). Zu denken ist aber auch an die Anordnung einer Abnahme. Die **Geltungsdauer der Ausführungsgenehmigung** ist auf längstens fünf Jahre befristet, Abs. 3 S. 1 Hs. 2. Diese Befristung kann nach Abs. 3 S. 2 wiederum längstens um fünf Jahre verlängert werden.

3 Die **NBauO 2012** hat bis auf einige, vor allem redaktionelle, Änderungen die Inhalte des §84 aF beibehalten: Abs. 2 S. 3 Nr. 1, der auf die in Nr. 11 des Anhangs genannten fliegenden Bauten verweist, weicht von §84 Abs. 2 S. 1 Nr. 1 NBauO aF ab. Die Landesregierung vertritt die Auffassung, dass gleichwohl alle einzubeziehenden Bauten in Nr. 11 des Anhangs erfasst seien (Vorlage 38 vom 14.2.2012 zu LT-Drs. 16/3195, 39). In Abs. 4 S. 1 ist der Begriff „Wechsel" durch „Änderung" ausgetauscht worden. Der Gesetzgeber begründet dies damit, dadurch die Verknüpfung mit Satz 2 zu verbessern. Eingefügt wurde neu der Satz 2, „weil sonst unklar bliebe, wie die Bauaufsichtsbehörde zur Änderung der Eintragungen an das Prüfbuch komme" (LT-Drs. 16/3195, 106). In Abs. 6 S. 1 sind die Worte „notwendige Auflagen zu machen" durch die Worte „die erforderlichen Anordnungen zu treffen" ersetzt worden. Es gehe in Satz 1 eher um Anordnungen, die anlässlich der Gebrauchsabnahme getroffen werden müssen. Dem ist zuzustimmen. Der Begriff „Auflage" impliziert eine Nebenbestimmung, die sich aus §36 VwVfG ergibt und nicht die volle Bandbreite der behördlichen Reaktionsmöglichkeiten im Rahmen des §75 widerspiegelt. Durch die **NBauO 2018** sind keine Veränderungen am Normtext erfolgt.

B. Begriff des fliegenden Baus

4 Fliegende Bauten sind Sonderbauten (→ § 2 Rn. 81). Der Wortlaut des § 75 Abs. 1 bringt das Merkmal fliegender Bauten, die Eignung (**objektives Element**) und Bestimmung zum Ortswechsel (**subjektives Element**), deutlich zum Ausdruck.

5 Zum **objektiven Element**: Das besondere Genehmigungsverfahren des § 75 wird, wie die Einrichtung eines sog. Prüfbuches zeigt, dadurch geprägt, dass fliegende Bauten **keine feste Beziehung zu einem Grundstück** haben (VGH Mannheim 10.4.1973 – III 2/72, BRS 27 Nr. 124). Bauliche Anlagen in Montagebauweise oÄ, die in der Absicht aufgestellt werden, sie später einmal – etwa im Falle einer Betriebsverlagerung – abzubauen und anderen Ortes wieder aufzustellen, sind keine fliegende Bauten (VGH Mannheim 29.1.1982 – VIII S 1291/81, BRS 39 Nr. 146; VGH Kassel 27.1.1984 – IV TH 277/84, BRS 42 Nr. 151). Ebenso wenig ist ein **Musterhaus** ein fliegender Bau (OVG Lüneburg 19.9.1984 – 1 A 52/82, n.v.). Das Gleiche gilt für bauliche Anlagen, die – wie Wohnwagen oder **Verkaufswagen** – an ein und derselben Stelle in ständiger Wiederkehr aufgestellt werden und nach ihrer Funktion als Ersatz eines ortsfesten Bauwerks dienen (aA auf der Grundlage abweichenden Landesrechts OVG Saarlouis 9.7.1986 – 2 W 911/86, BRS 46 Nr. 202). Werden Anlagen, die für ein wiederholtes Aufstellen und Zerlegen geeignet sind, dauernd oder längerfristig an ein und demselben Platz aufgestellt, ohne dass ihr Standort verändert wird, sind sie bauliche Anlagen, die dem gewöhnlichen bauaufsichtlichen Verfahren unterworfen sind (vgl. zu einem „Wohncontainer" OVG Münster 12.03.2018 – 10 B 192/18, BeckRS 2018, 4445; zum fehlenden obj. Element einer **Leichtbauhalle zur Unterbringung von Flüchtlingen** VG München 26.01.2016 – M 8 E1 15.5723, BeckRS 2016, 126337 Rn. 46-49 sowie zu einem „VIP-Zelt" in Form einer Doppelstockzelthalle VG Karlsruhe 24.07.2015 – 3 K 3496/15, BeckRS 2015, 49319). Ebenso einem „normalen" Genehmigungsverfahren werden auch **Container** unterliegen, die etwa als Provisorien für eine längere Zeit von mehr als drei Monaten für Schüler dienen oder bei Umbaumaßnahmen von Geschäften oder Banken genutzt werden. **Fliegende Bauten sind grundsätzlich keine baulichen Anlagen iSd § 29 BauGB**, weil sie nach der Begriffsbestimmung in § 75 Abs. 1 nicht auf Dauer an ein und derselben Stelle aufgestellt werden. Städtebaulich relevant sind nur bauliche Anlagen, die auf Dauer mit dem Boden verbunden sind (BVerwG 17.12.1976 – IV C 6.75, NJW 1977, 2090). Nur wenn zB ein Karussell längere Zeit an einem Aufstellungsort betrieben wird (Abs. 7), wie in Vergnügungsparks, verliert es die Eigenschaft eines fliegenden Baus und wird eine bauliche Anlage iSd § 29 BauGB.

6 Zum **subjektiven Element**: Der Bauherr muss eine entsprechende Zweckbestimmung mit dem fliegenden Bau verfolgen und die Anlage entsprechend nutzen wollen. Dies erfordert den **Willen des Aufstellers**, einen **regelmäßigen Ortswechsel vorzunehmen** (OVG Münster 12.3.2018 – 10 B 192/18, BeckRS 2018, 4445 Rn. 2). So würde es etwa nicht ausreichen, wenn er die Anlage nur ein einziges Mal aufbauen will. Ebenso wenig würde der umgekehrte Fall unter § 75 fallen, wenn er die Anlage tatsächlich einer dauerhaften und ortsfesten Nutzung zuführen will, selbst, wenn er sie regelmäßig auf- und abbaut (VGH Mannheim 10.4.1973 – III 2/72, BRS 27 Nr. 124). Hier läge dann eine „normale" bauliche Anlage gemäß § 2 Abs. 1 vor, für die dann das reguläre Genehmigungsverfahren gilt.

7 Baustelleneinrichtungen, Baugerüste, Zelte, die dem Wohnen dienen, und Wohnwagen fallen infolge der eindeutigen Regelung in Abs. 1 S. 2 nicht unter den Begriff der fliegenden Bauten.

C. Ausführungsgenehmigung

Fliegende Bauten bedürfen keiner Baugenehmigung iSd §70 Abs. 1. Bevor sie zum Gebrauch aufgestellt werden, muss für sie eine **Ausführungsgenehmigung** erteilt werden. Diese Ausführungsgenehmigung berechtigt noch nicht zum Aufstellen und Benutzen des fliegenden Baues (Abs. 5), sondern stellt ähnlich wie die früher in §83 NBauO 1986 geregelte Typengenehmigung **nur eine „Grundgenehmigung"** dar. Diese Grundgenehmigung ist ein **feststellender Verwaltungsakt**, mit dem über alle bauordnungsrechtlichen Fragen, die nicht standortbezogen sind, entschieden wird. Wie bei der klassischen Baugenehmigung gem. §70 Abs. 1 handelt es sich um einen mitwirkungsbedürftigen Verwaltungsakt, der eines schriftlichen Antrags bedarf, Abs. 3 S. 1 Hs. 1. 8

Einer Ausführungsgenehmigung bedarf es nach Abs. 2 S. 3 nicht für die in **Nummer 11 des Anhangs zu §60** genannten fliegenden Bauten (Nr. 1), für fliegende Bauten öffentlicher Bauherrn unter den Voraussetzungen des §74 Abs. 1 (Nr. 2) sowie für fliegende Bauten, die der Landesverteidigung dienen (Nr. 3). Im ersten Fall ermöglichen die geringfügigen Gefahren eine Freistellung von der Genehmigungspflicht, in den beiden anderen Fällen die Sachkunde der Verantwortlichen. 9

Die Ausführungsgenehmigung ist nach Abs. 8 iVm §70 Abs. 1 S. 1 zu erteilen, wenn der fliegende Bau dem öffentlichen Baurecht entspricht. Es besteht also ein **Rechtsanspruch** auf die Ausführungsgenehmigung (zu Widerspruch und Klage im Falle der Versagung → Rn. 28). Bei der Erteilung der Ausführungsgenehmigung können nur die vom Standort unabhängigen Anforderungen des öffentlichen Baurechts iSd §2 Abs. 17 geprüft werden, insbesondere Betriebs-, Stand-, Feuer- und Verkehrssicherheit des fliegenden Baues. Die bei der Aufstellung des fliegenden Baus aufgrund der örtlichen Gegebenheiten zu berücksichtigenden Anforderungen hat die BauAB auf die Anzeige nach Abs. 5 vor der Gebrauchsabnahme zu prüfen. Im Interesse der Freizügigkeit fliegender Bauten gelten **Ausführungsgenehmigungen anderer Länder** auch in Niedersachsen (Abs. 3 S. 4). 10

Die Zulässigkeit von **Nebenbestimmungen** ergibt sich aus §36 VwVfG iVm §1 NVwVfG. Als Bedingungen kommen insbesondere Montageanleitungen in Betracht, die erst die Standsicherheit oÄ gewährleisten; die Beachtung von Betriebsvorschriften kann als Auflage in die Ausführungsgenehmigung aufgenommen werden (OVG Lüneburg 25.10.1956 – I A 53/54, OVGE 11, 360). Die **Ausführungsgenehmigung** darf **nur befristet** erteilt werden, weil fliegende Bauten wegen ihrer bestimmungsgemäßen Nutzung und des häufigen Auf- und Abbaus einem besonderen Verschleiß ausgesetzt sind. Die Frist darf fünf Jahre grds. nicht überschreiten, §75 Abs. 3 S. 1 Hs. 2. Der RdErl. d. MS. v. 10.12.2008 idF v. 25.09.2012 (Nds. MBl. 2004, 801) sieht bei Fahrgeschäften regelmäßig kürzere Fristen vor (zB ein Jahr für Wildwasserbahnen oder Looping-Achterbahnen; zwei Jahre für Autoskooter mit elektrischem Antrieb; drei Jahre für Kettenkarusselle oder Riesenräder). 11

Die Ausführungsgenehmigung und ihre Verlängerung sind in ein **Prüfbuch** einzutragen, das bei Erteilung der Ausführungsgenehmigung anzulegen ist. Dem Prüfbuch ist eine Ausfertigung der mit Genehmigungsvermerk versehenen Bauvorlagen beizufügen. Zum vorläufigen Prüfbuch → Rn. 17; zur Einziehung des Prüfbuchs → Rn. 24, 32. 12

Ausführungsgenehmigungen für Fliegende Bauten vermitteln **keinen Bestandsschutz**. Der Prüfungsmaßstab jeder Verlängerung ist das zum Zeitpunkt der Entscheidung geltende öffentliche Baurecht (OVG Lüneburg 4.12.2015 – 1 LC 178/14, DÖV 2016, 533; VGH München 18.5.2017 – 2 B 17.543, NVwZ-RR 2017, 811). Zum öffentlichen Baurecht gem. §2 Abs. 17 gehört als Technische Baubestimmung iSd §83 NBauO ebenso das Regelwerk der **DIN EN 13814**, die Sicherheitsbestimmungen für fliegende Bauten enthält (RdErl. d. MS v. 30.12.2013, Nds. MBl. 2014, S. 211). Zu den sonstigen Vorschriften des öffentlichen Rechts iSd §1 Abs. 17 können im Einzelfall auch solche 13 des Denkmalschutzes gehören (VG Gelsenkirchen, Urt. v. 6.11.2014 – 5 K 1275/13, BeckRS 2014, 58437).

14 Die Ausführungsgenehmigung ist ebenso wie die Baugenehmigung ein **sachbezogener Verwaltungsakt** und gilt, wie sich aus Abs. 4 S. 1 ergibt, für und gegen den Rechtsnachfolger. Abs. 4 macht daher seit der Novelle 1986 die Wirksamkeit der **Übertragung der Ausführungsgenehmigung** nicht mehr, wie früher Abs. 6 NBauO 1973, von der Eintragung in das Prüfbuch durch die zuständige BauAB abhängig. Die nach Abs. 4 notwendige Eintragung in das Prüfbuch ist nicht mehr Wirksamkeitsvoraussetzung, sondern Folge der Übertragung der Ausführungsgenehmigung.

15 Die Beurteilung fliegender Bauten erfordert besondere Fachkenntnisse, so dass es zweckmäßig ist, die Zuständigkeit bei einer BauAB zu konzentrieren. In Ausnutzung der Kompetenz aus § 58 Abs. 5 S. 2 Nr. 2 (→ § 58 Rn. 30) hat die oberste BauAB die Zuständigkeit zur Erteilung von Ausführungsgenehmigungen fliegender Bauten der **TÜV Nord Bauqualität GmbH & Co. KG** als beliehener Unternehmerin übertragen (RdErl. d. MS v. 26.2.2016 – Nds. MBl. 2016, S. 284). Für **Abweichungen gemäß § 66** bei genehmigungsfreien fliegenden Bauten ist die untere BauAB des Aufstellungsortes zuständig.

16 Die dem Antrag auf Ausführungsgenehmigung **beizufügenden Bauvorlagen** (Abs. 8 iVm § 67 Abs. 1 S. 2) bestimmt § 6 BauVorlVO (Nds. GVBl. 2012, 419). Nach Nr. 1.1 des RdErl. v. 11.11.2004 idF v. 25.09.2012 kommen als Bauvorlagen die Bau- und Betriebsbeschreibungen, Bauzeichnungen, Einzelzeichnungen der tragenden Bauteile und deren Verbindungen, Standsicherheitsnachweise sowie Sicherheitsnachweise über die maschinentechnischen Teile und elektrischen Anlagen, Prinzipschaltpläne für elektrische, hydraulische oder pneumatische Anlagenteile und Einrichtungen sowie Zeichnungen über die Anordnung und Abmessungen der Rettungswege in Betracht.

17 Vor der Erteilung der Ausführungsgenehmigung ist der fliegende Bau – insbes. bei Fahr-, Schau- und Belustigungsgeschäften – **zur Probe aufzustellen** (Nr. 1.3 des RdErl.). Nr. 1.5 des RdErl. sieht auch die Kennzeichnung fliegender Bauten zur Feststellung vor, ob Prüfbuch und fliegender Bau zusammengehören. Für fliegende Bauten, die wie Zelte und Tribünen auch in selbständigen räumlichen Abschnitten errichtet werden können, können auch **mehrere Ausfertigungen einer Ausführungsgenehmigung** erteilt werden, wenn selbständige Abschnitte an verschiedenen Orten aufgestellt werden sollen (Nr. 1.6 des RdErl.). Außerdem lässt der RdErl. (Nr. 1.7) die Erteilung eines **vorläufigen Prüfbuches** zu, wenn sich die Ausstellung des Prüfbuchs verzögert.

D. Verfahren bei der Aufstellung

18 Die Aufstellung fliegender Bauten, die einer Ausführungsgenehmigung bedürfen, muss rechtzeitig vorher der BauAB des Aufstellungsortes unter Vorlage des Prüfbuches angezeigt werden, damit die BauAB darüber befinden kann, ob der Aufstellungsort nach den örtlichen Gegebenheiten geeignet ist. In Anbetracht des häufig wechselnden Standorts fliegender Bauten wird eine **Anzeige** etwa 10 Tage vor der Aufstellung noch rechtzeitig sein. Wenn die Aufstellung des fliegenden Baues mit dem öffentlichen Baurecht unvereinbar ist, hat die BauAB unverzüglich die Aufstellung zu untersagen (Abs. 6 S. 1), sonst ist eine ausdrückliche Entscheidung nicht erforderlich. Ein Verstoß gegen die Anzeigepflicht führt zur formellen Illegalität (Hornmann HBO § 78 Rn. 31).

19 Auf die Anzeige braucht die BauAB nicht in eine Prüfung nach §§ 29 ff. BauGB einzutreten, denn **fliegende Bauten sind keine baulichen Anlagen iSd § 29 BauGB**, soweit sie nicht – wie in Vergnügungsparks – auf Dauer aufgestellt werden (BVerwG 17.12. 1976 – IV C 6.75, BauR 1977, 109; Konrad/Kraus in Simon/Busse BayBO Art. 72 Rn. 36 f.). Allerdings kann der Aufstellungsort (zB der Schützenplatz) eine bauliche Anlage iSd § 29 BauGB sein. Die Festsetzungen eines B-Plans sind grundsätzlich zu beachten (BVerwG 4.3.1997 – 4 B 233.96, BRS 59 Nr. 127).

Die BauAB hat für die Einhaltung des sonstigen öffentlichen Baurechts zu sorgen, soweit dies nicht schon durch die Genehmigung des Standplatzes des fliegenden Baues geschehen ist. Sie kann nämlich nach Abs. 6 die Aufstellung oder den Gebrauch fliegender Bauten untersagen, „soweit dies nach den **örtlichen Verhältnissen** … erforderlich ist". Insbesondere ist darauf zu achten, dass fliegende Bauten einen ausreichenden Abstand zu Nachbargrundstücken halten, damit keine unzumutbaren Belästigungen für die Nachbarschaft entstehen (§ 3 Abs. 1; §§ 3, 22 BImSchG). Da keine ausdrückliche Entscheidung auf die Anzeige ergeht, wenn die BauAB keine Einwände wegen der „örtlichen Verhältnisse" erhebt, kann Nachbarschutz nur über einen Anspruch auf Einschreiten (Verpflichtungsklage) gewährt werden (OVG Lüneburg 10.5.1996 – 1 L 1455/95, BRS 58 Nr. 182). 20

Fliegende Bauten, die einer Ausführungsgenehmigung bedürfen, müssen jedes Mal von der BauAB abgenommen werden, bevor sie in Gebrauch genommen werden, sog. **Gebrauchsabnahme** (Abs. 5 S. 2). Deshalb muss der Aufsteller des fliegenden Bauwerks der BauAB mitteilen, wann die Voraussetzungen für die Abnahme gegeben sind (Abs. 8 iVm § 77 Abs. 3). 21

Um der BauAB die Gebrauchsabnahme zu erleichtern – die Zuziehung von Sachverständigen schreibt § 75 nicht zwingend vor –, empfiehlt es sich, bereits in der Ausführungsgenehmigung darauf hinzuweisen, welche Teile des fliegenden Baues in erster Linie zu prüfen sind. Bei der Gebrauchsabnahme ist besonders darauf zu achten, dass die wesentlichen Bauteile nicht beschädigt und zu stark abgenutzt sind. Die für die Ausführungsgenehmigung zuständige Stelle kann **Sachverständige** zur Prüfung hinzuziehen (Nr. 1.2 des RdErl. v. 11.11.2004 – s. Rn. 1), was vor allem dann in Betracht kommt, wenn für die Benutzer Gesundheitsschäden infolge besonderer Flieh- und Druckkräfte zu befürchten sind. 22

Nach Abs. 5 S. 4 kann die BauAB **im Einzelfall auf** die **Gebrauchsabnahme verzichten**. Wegen der von fliegenden Bauten ausgehenden Gefahren, etwa schnell laufender Fahrgeschäfte, kommt ein genereller Verzicht auf die Gebrauchsabnahme hingegen nicht in Betracht. Auch sollte diese Vorschrift wegen der Gefahr, dass beim Aufbau Fehler unterlaufen, eher restriktiv gehandhabt werden. 23

Werden bei der Abnahme **erhebliche Mängel**, etwa Abweichungen von der Ausführungsgenehmigung oder schadhafte Bauteile, festgestellt, kann die Abnahme nach Abs. 8 iVm § 77 Abs. 5 abgelehnt werden. Außerdem hat die BauAB den Gebrauch des Bauwerks zu untersagen, soweit dies zur Abwehr von Gefahren erforderlich ist (Abs. 6 S. 1). Die Benachrichtigung der zuständigen Gefahrenabwehrbehörde zum Zweck der Kontrolle ist ratsam. Die **Untersagung** ist in das Prüfbuch einzutragen und die ausstellende BauAB ist zu benachrichtigen (Abs. 6 S. 2). Wenn die Herstellung ordnungsgemäßer Zustände innerhalb angemessener Frist nicht zu erwarten ist, muss das Prüfbuch nach Abs. 6 S. 3 eingezogen werden und der für die Ausführungsgenehmigung zuständigen BauAB, dh der TÜV Nord Bauqualität GmbH & Co. KG, zugeleitet werden. Die **Einziehung des Prüfbuchs** stellt einen belastenden Verwaltungsakt dar, da es dem Aufsteller für die Zeit der Einziehung unmöglich gemacht wird, den fliegenden Bau an einem anderen Ort aufzustellen (Boeddinghaus/Hahn/Schulte § 79 Rn. 13). 24

Bei **geringfügigen Mängeln**, deren Beseitigung gesichert erscheint, bevor das Bauwerk in Gebrauch genommen wird, bedarf es keiner Nachabnahme (**Abs. 8** iVm § 77 Abs. 5). Da nur das Ergebnis der Abnahme im Prüfbuch einzutragen ist, erscheint es angesichts der großen Verantwortung der BauAB bei der Abnahme fliegender Bauten zweckmäßig, ein Protokoll über die Durchführung der Abnahme aufzunehmen, aus dem sich ergibt, welche Einzelheiten stichprobenweise geprüft worden sind (so Czepuck in Gädtke § 79 Rn. 33). Überprüft wird dabei vor allem die Übereinstimmung der baulichen Anlage mit den Bauvorlagen, die Einhaltung der Nebenbestimmungen sowie die Standsicherheit des fliegenden Baues. 25

Mit der im Prüfbuch eingetragenen Gebrauchsabnahme bestätigt die BauAB, dass keine Mängel vorliegen, welche der Inbetriebnahme des fliegenden Baues entgegenstehen. 26

Diese Erklärung bedeutet jedoch nicht, dass die Anlage in jeder Hinsicht dem öffentlichen Baurecht entspricht (vgl. OVG Lüneburg 10.5.1996 – 1 L 1455/95, BauR 1996, 696).

27 **Abs. 7** sieht **weitere Abnahmen** vor, wenn fliegende Bauten längere Zeit an einem Aufstellungsort betrieben werden. Damit trägt die NBauO der Tatsache Rechnung, dass sich gerade bei fliegenden Bauten konstruktive Verbindungen bei längerem Betrieb lockern und beanspruchte Bauteile schnell abnutzen können. Je nach Konstruktion, Material und voraussichtlicher Abnutzung ist der Zeitraum für weitere Abnahmen zu bemessen.

E. Rechtsschutz

28 Wird dem Bauherrn die Ausführungsgenehmigung versagt, ist die statthafte Klageart die Verpflichtungsklage gem. § 42 Abs. 1 2. Alt. VwGO. Sofern die Tatbestandsvoraussetzungen hierfür vorliegen, hat er einen Anspruch auf Erteilung der Genehmigung (→ Rn. 10). Allerdings ist zuvor gem. § 68 Abs. 1 S. 1, Abs. 2 VwGO iVm § 80 Abs. 2 S. 1 Nr. 4 a), Abs. 4 NJG das Widerspruchsverfahren zu durchlaufen.

29 Wendet sich der Bauherr zB gegen eine aus seiner Sicht zeitlich zu kurz bemessene Ausführungsgenehmigung, so kann er sich dieser **Nebenbestimmung** iSd § 36 Abs. 2 Nr. 1 VwVfG iVm § 1 NVwVfG im Wege des Anfechtungswiderspruchs bzw. der **Anfechtungsklage** erwehren (→ § 70 Rn. 102). Zur grundsätzlichen Zulässigkeit der isolierten Anfechtbarkeit von Nebenbestimmungen vgl. nur BVerwG 22.11.2000 – 11 C 2.00, NVwZ 2001, 429 = BVerwGE 112, 221; 21.6.2007 – 3 C 39.06, NVwZ-RR 2007, 776 Rn. 20 m.w.N.; 17.10.2012 – 4 C 5.11, NVwZ 2013, 805 Rn. 5 = BVerwGE 144, 341; OVG Lüneburg 10.3.2004 – 1 LB 60/03, NVwZ-RR 2005, 394; Maurer/Waldhoff, Allg. VerwR, § 12 Rn. 27; Stelkens in SBS § 36 Rn. 59; Weiß in MSU VwVfG § 36 Rn. 125; Schenke, VerwProzR, 16. Aufl. 2019, Rn. 294; Mann/Wahrendorf, VerwRProzR, 4. Aufl. 2015, Rn. 202.

30 Nimmt die zuständige Behörde einen fliegenden Bau **aufgrund von Sicherheitsmängeln nicht ab**, so darf dieser nicht in Betrieb genommen werden. Hierbei handelt es sich um die Ablehnung eines begünstigenden Verwaltungsaktes. Die Ansicht des OVG Lüneburg (10.5.1996 – 1 L 1455/95, BauR 1996, 696), wonach die Belange der Betriebssicherheit allein im öffentlichen Interesse geprüft würde, überzeugt so nicht, da auch der Bauherr hierdurch belastet wird. Einschränkend muss man bei dieser Kritik konstatieren, dass es sich um eine Nachbarklage handelte, so dass weitere Folgerungen – unzulässige Verkürzung des Rechtsschutz für den Bauherrn – zu weitgehend wären. Folgt man der hier vertretenen Auffassung, wäre zunächst der Verpflichtungswiderspruch durch den Bauherrn einzulegen und im Anschluss daran die **Verpflichtungsklage** zu erheben.

31 Sollte die BauAB dagegen **bauaufsichtliche Maßnahmen im Rahmen des § 79** ergreifen, wäre hiergegen zunächst ein Widerspruch und dann die Anfechtungsklage statthaft. Wird diese bauaufsichtliche Vorgehensweise – wie im Regelfall – von der Behörde gemäß § 80 Abs. 1 Nr. 4 VwGO für sofort vollziehbar erklärt, so kann sich der Bauherr hiergegen wehren: Er kann einen Antrag auf Aussetzung der sofortigen Vollziehung bei der zuständigen Behörde (§ 80 Abs. 4 VwGO) oder einen Antrag auf Wiederherstellung der aufschiebenden Wirkung beim zuständigen Verwaltungsgericht (**§ 80 Abs. 5 VwGO**) stellen.

32 Auch gegen die **Einziehung des Prüfbuchs** gem. **Abs. 6 S. 3** kann sich der Bauherr wehren, da diese einen selbständigen, belastenden Verwaltungsakt darstellt. Prozessual kann der Bauherr auch die Herausgabe des eingezogenen Prüfbuch geltend machen. Hierzu kann er mit der Anfechtungsklage einen Vollzugsfolgenbeseitigungsanspruch geltend machen. Diese Möglichkeit ergibt sich aus dem Rechtsstaatsprinzip des Art. 20 Abs. 3 GG.

33 Beim **Nachbarschutz** ist zu differenzieren: Gegen eine erteilte Ausführungsgenehmigung wird sich der Nachbar nicht wehren können, da diese die Betriebssicherheit der Anlage betrifft. Es fehlt an der Grundstücksbetroffenheit und somit auch an einem subjektiven Recht des Nachbarn. Anders kann sich die Rechtslage darstellen, wenn sich der Nachbar durch einen fliegenden Bau in seinen Rechten verletzt sieht, zB wenn es um die Aufstellung und den Betrieb eines fliegenden Baus auf einem konkreten Grundstück geht. Hier kann er möglicherweise Abwehrrechte geltend machen und repressives Tätigwerden der BauAB verlangen. Allerdings besteht für die BauAB nur ein pflichtgemäßes Ermessen auf Tätigwerden. Folglich hat der Nachbar nur einen **Anspruch auf ermessensfehlerfreie Entscheidung** der BauAB. Subjektive Rechte des Nachbarn können sich aus den Grenzabständen, dem Brandschutz oder dem Immissionsschutz ergeben. Fällt ein fliegender Bau in den Anwendungsbereich des §22 BImSchG, so kann dies nachbarschützende Wirkung entfalten (so auch VG Göttingen 10.8.2017 – 2 A 224/16, BeckRS 2017, 121902 Rn. 24 ff.). Denkbar ist zudem, dass der Nachbar sich gegen die (Lärm-)Immissionen (auch) zivilrechtlich gemäß §§906, 1004 BGB wehren kann.

Elfter Teil
Sonstige Vorschriften über die Bauaufsicht

§ 76 Bauüberwachung

(1) [1]Die Bauaufsichtsbehörde kann die Einhaltung der öffentlich-rechtlichen Vorschriften und Anforderungen sowie die ordnungsgemäße Erfüllung der Pflichten der am Bau Beteiligten überprüfen. [2]Sie kann verlangen, dass Beginn und Ende bestimmter Bauarbeiten angezeigt werden.

(2) [1]Die mit der Bauüberwachung beauftragten Personen können Einblick in Genehmigungen, Zulassungen, Prüfzeugnisse, Übereinstimmungserklärungen, Übereinstimmungszertifikate, Überwachungsnachweise, in Zeugnisse und Aufzeichnungen über die Prüfung von Bauprodukten, in die CE-Kennzeichnungen und Leistungserklärungen nach der Verordnung (EU) Nr. 305/2011, in Bautagebücher und in vorgeschriebene andere Aufzeichnungen verlangen. [2]Sie dürfen Proben von Bauprodukten, soweit erforderlich auch aus fertigen Bauteilen, entnehmen und prüfen oder prüfen lassen. [3]Die Bauherrin oder der Bauherr oder die Unternehmerinnen oder Unternehmer haben auf Verlangen die für die Überwachung erforderlichen Arbeitskräfte und Geräte zur Verfügung zu stellen.

(3) Die Bauaufsichtsbehörde kann verlangen, dass ihr von der Bauherrin oder dem Bauherrn ein Nachweis einer Vermessungs- und Katasterbehörde, einer anderen zu Vermessungen für die Einrichtung und Fortführung der Landesvermessung und des Liegenschaftskatasters befugten behördlichen Vermessungsstelle, einer Öffentlich bestellten Vermessungsingenieurin oder eines Öffentlich bestellten Vermessungsingenieurs darüber vorgelegt wird, dass die Abstände sowie die Grundflächen und Höhenlagen eingehalten sind.

(4) Soweit die Bauaufsichtsbehörde im Rahmen der Bauüberwachung Erkenntnisse über systematische Verstöße gegen die Verordnung (EU) Nr. 305/2011 erlangt hat, teilt sie diese der Marktüberwachungsbehörde des Landes mit.

Übersicht

A. Allgemeines

1 Eine präventive Kontrolle von Baumaßnahmen im Baugenehmigungsverfahren wäre weitgehend wirkungslos, wenn die BauAB nicht zusätzlich die Ausführung baulicher Anlagen daraufhin überwachen könnte, ob die Baugenehmigung mit etwaigen Nebenbestimmungen eingehalten wird. Die Befugnis zur Bauüberwachung geht über die allgemeine Aufgabe der BauAB nach § 58 Abs. 1 hinaus, wonach die BauAB darüber zu wachen hat, dass bauliche Anlagen und Baumaßnahmen dem öffentlichen Baurecht entsprechen. Die **Überwachung der Durchführung von Baumaßnahmen erfordert** nämlich **gezielte Kontrollen**, ohne dass Anhaltspunkte für einen Rechtsverstoß vorliegen. Über das Ob und Wie des Einschreitens entscheidet die BauAB nach pflichtgemäßem Ermessen. Die Begrenzung auf die Überwachung der „Durchführung genehmi-

gungsbedürftiger Baumaßnahmen" (§79 NBauO 2003) ist weggefallen; die Überwachungsbefugnis der BauAB erfasst über die genehmigungsbedürftigen Baumaßnahmen hinaus auch genehmigungsfrei gestellte Bauvorhaben sowie verfahrensfreie Baumaßnahmen (BegrRegE BauO 2012, LT-Drs. 16/3195, 106). Näher →Rn. 4. Die Bauüberwachung lässt die Überwachung der Gewerbeaufsicht und der Berufsgenossenschaften hinsichtlich der Arbeitsschutzvorschriften unberührt.

Bereits durch die **Novelle 1986** war die Vorschrift gestrafft worden, indem seinerzeit u.a. in Abs. 2 das Betretungsrecht gestrichen wurde, das heute in §58 Abs. 9 allgemein geregelt ist. Die ehedem in Abs. 5 aF vorgesehene Kostenpflicht des Bauherrn für die Kosten der Probeentnahmen und Prüfungen ergibt sich schon aus §5 NVwKostG. Die Kostenpflicht des Bauherrn für den amtlichen Nachweis des Katasteramts folgt daraus, dass der Bauherr den Nachweis selbst beantragt. Die **NBauO 1995** hatte in Abs. 2 der damals eingeführten neuen Regelung der Bauprodukte in §§24–28c (jetzt §§17–25) Rechnung getragen und einen neuen Abs. 4 angefügt, der den Nachweis über den Wärmeschutz für genehmigungspflichtige Baumaßnahmen regelte. Durch die **NBauO 2012** wurde Abs. 4 wieder ersatzlos gestrichen, da sich diese Regelung nach Einführung der Verordnung zur Durchführung der Energieeinsparverordnung (DVO-EnEV) v. 18.8.2008 (Nds.GVBl. S.269, zul. geänd. d. ÄndVO vom 2.3.2018 (Nds. GVBl. S. 40, weitgehend erübrigt hat (→Rn. 12). Durch die **NBauO 2018** erfolgten Änderungen mit Blick auf die VO (EU) Nr. 305/2011, die der Festlegung harmonisierter Bedingungen für die Vermarktung von Bauprodukten (betr. CE-Kennzeichnung und Leistungserklärung) dient. So wurden in Abs. 2 S. 1 eine Bezugnahme auf diese VO eingefügt und die Norm um einen neuen Abs. 4 ergänzt, der die BauAB bei Erkenntnissen über systematische Verstöße gegen die VO (EU) Nr. 305/2011 zur Mitteilung an die Marktüberwachungsbehörde verpflichtet (→Rn. 14). 2

B. Gegenstand der Bauüberwachung

Die Bauüberwachung soll die tatsächliche Einhaltung der öffentlich-rechtlichen Vorschriften und Anordnungen sichern und dafür sorgen, dass die Pflichten der am Bau Beteiligten ordnungsgemäß erfüllt werden. Sie ist damit unverzichtbares Element für den gesetzmäßigen Vollzug des Baurechts (Simon/Busse BayBO Art. 77 Rn. 1 BayBO). Öffentlich-rechtliche Vorschriften und Anforderungen ergeben sich aus dem Bauordnungsrecht, dem Bauplanungsrecht und dem sonstigen öffentlichen Baurecht (vgl. §2 Abs. 17). Anforderungen können sich auch aus bauaufsichtlichen Anordnungen oder aus Nebenbestimmungen einer Baugenehmigung ergeben. Die Pflichten der am Bau Beteiligten ergeben sich aus den §§52ff. Die Bauüberwachung ergänzt als eine repressive bauaufsichtliche Maßnahme die Baugenehmigung, die als rechtliche Überprüfung im Rahmen eines Baugenehmigungsverfahrens, falls ein solches durchzuführen ist, ein präventives Überwachungsinstrument darstellt. Insoweit geht die Bauüberwachung als Befugnisnorm über die allgemeine Aufgabenzuweisung der Überwachung aus §58 Abs. 1 hinaus und konkretisiert diese (vgl. →§58 Rn. 3). 3

Die Bauüberwachung gilt sowohl für genehmigungsbedürftige, genehmigungsfreie als auch für verfahrensfreie Vorhaben. Sie ist **vorhaben- und nicht verfahrensbezogen** (BegrRegE BauO 2012, LT-Drs. 16/3195, 106). Bis zur NBauO 2012 war die Bauüberwachung nur für genehmigungsbedürftige Vorhaben vorgesehen. Dem lag zunächst der Gedanke zugrunde, dass genehmigungsfreie Baumaßnahmen regelmäßig keine bauordnungsrechtlich oder bauplanungsrechtlich relevanten Auswirkungen hervorrufen und auch nicht mit technisch schwierigen Bauarbeiten verbunden sind. Allerdings überschritt bereits die NBauO 1995 mit der Genehmigungsfreiheit von Wohngebäuden nach §69a aF die Grenze der Baumaßnahmen, die keine bauordnungsrechtlich und bauplanungsrechtlich relevanten Auswirkungen hatten und stellte mit dem Abriss von Gebäuden bis zur Hochhausgrenze (§69 Abs. 3 Nr. 1 aF) auch technisch nicht einfache 4

Arbeiten vom Genehmigungsvorbehalt frei. Deshalb sollte die BauAB auch die Ausführung genehmigungsfreier Vorhaben im Einzelfall überwachen, jedenfalls fiel eine solche Tätigkeit in den Bereich der allgemeinen Aufgaben der BauAB nach § 65 Abs. 1 aF. Mit dem Wegfall der Beschränkung der Bauüberwachung auf nur genehmigungsbedürftige Bauvorhaben fallen seit der NBauO 2012 nunmehr **auch verfahrensfreie und genehmigungsfreie Baumaßnahmen** in den Anwendungsbereich des § 76. Denn auch von diesen Vorhaben können im Einzelfall Gefahren und Nachteile ausgehen, die von der Allgemeinheit abgewendet werden müssen. Genehmigungsfreie Baumaßnahmen müssen ebenso wie genehmigungsbedürfte Baumaßnahmen den Anforderungen des öffentlichen Baurechts entsprechen (vgl. § 59 Abs. 3). Das dient einer effektiven Gefahrenabwehr und der Gewährleistung der öffentlichen Sicherheit und Ordnung.

5 Der **Prüfumfang** im Rahmen der Bauüberwachung ist umfassend und nicht hinsichtlich einzelner Verfahren beschränkt. Daher können sämtliche Bauvorhaben – genehmigungsbedürftige, genehmigungsfrei gestellte und verfahrensfreie – auf die Vereinbarkeit mit den öffentlich-rechtlichen Vorschriften und Anforderungen iSd § 2 Abs. 17 überprüft werden. Im vereinfachten Baugenehmigungsverfahren (§ 63) ist die Bauüberwachung nicht etwa auf die Überprüfung der prüfpflichtigen Anforderungen beschränkt, sondern umfasst auch diejenigen Belange, die durch andere öffentlich-rechtliche Vorschriften gestellt werden. Auch verfahrens- und genehmigungsfreie Bauvorhaben unterliegen einer unbeschränkten Überwachungsbefugnis durch die BauAB. § 59 Abs. 3 S. 1 stellt klar, dass diese Baumaßnahmen die Anforderungen des öffentlichen Baurechts ebenso wie genehmigungsbedürftige Baumaßnahmen erfüllen müssen. Die Genehmigungsfreiheit besagt nämlich nicht, dass an dieses Vorhaben keine Anforderungen gestellt werden können, sondern nur, dass – wegen seiner geringen Bedeutung oder aus anderen Gründen – eine präventive Kontrolle entfällt (vgl. hierzu → § 59 Rn. 14; → § 63 Rn. 14). Vorhaben, für die eine anderweitige Genehmigung erforderlich ist, welche wiederum die Baugenehmigung einschließt (§ 59 Abs. 2; vgl. → § 59 Rn. 19 ff.), können gleichwohl der Überwachung der BauAB unterliegen, weil eine Vorschrift wie zB Art. 56 S. 2 BayBO fehlt, welche die Überwachungsbefugnisse bei der genehmigenden Fachbehörde konzentriert. § 52 BImSchG weist der nach BImSchG zuständigen Behörde nur die Aufgabe zu, die Einhaltung des BImSchG zu überwachen, nicht aber die Einhaltung des Bauordnungsrechts, es sei denn, dessen Anforderungen haben ihren Niederschlag in einer Nebenbestimmung der immissionsschutzrechtlichen Genehmigung gefunden (Hansmann/Röckinghausen in Landmann/Rohmer, Umweltrecht, § 52 BImSchG Rn. 9). Gleiches gilt für nach dem Bauordnungsrecht genehmigungsfreie Vorhaben. Insoweit bestimmt § 59 Abs. 3 S. 2, dass die Genehmigungsfreiheit nicht von der Einholung sonstiger Genehmigungen entbindet. So können auch Vorhaben, die der Planfeststellung unterliegen, von der BauAB überwacht werden, soweit die NBauO Anwendung findet (vgl. § 1).

6 Soweit für **Baumaßnahmen öffentlicher Bauherrn** nach § 74 an die Stelle der Baugenehmigung eine Zustimmung der oberen BauAB tritt, findet nach § 74 Abs. 6 eine Bauüberwachung nicht statt. Hier hat der öffentliche Bauherr selbst dafür zu sorgen, dass die Baumaßnahme dem öffentlichen Baurecht entspricht (vgl. Mann, Die Verantwortlichkeit des Trägers der Straßenbaulast für die Anforderungen der Sicherheit und Ordnung bei Bau und Unterhaltung von öffentlichen Verkehrsanlagen in Niedersachsen, Rechtsgutachten 2015, S. 29 ff. und → § 74 Rn. 31).

C. Durchführung der Bauüberwachung

7 Die Bauüberwachung wurde der BauAB früher dadurch erleichtert, dass der Bauherr den Beginn und nach einer Unterbrechung von mehr als sechs Monaten auch die Wiederaufnahme der Bauarbeiten mindestens eine Woche vorher der BauAB schriftlich mitzuteilen hatte (§ 78 Abs. 2 NBauO 1973). Heute ist die BauAB darauf angewiesen, den Beginn der Baumaßnahme im Rahmen ihrer allgemeinen Tätigkeit nach § 58 selbst zu

„entdecken", wenn mit dem Bau nicht alsbald nach Erteilung der Baugenehmigung begonnen wird. Entsprechendes gilt erst Recht in den Fällen der genehmigungsfreien Bauvorhaben. Nach §76 Abs. 1 S. 2 kann die BauAB aber auch verlangen, dass ihr Beginn und Ende **bestimmter Bauarbeiten** angezeigt werden. Das ermöglicht es ihr, Bauarbeiten, die nach ihrem Schwierigkeitsgrad aus dem Rahmen des Üblichen fallen, gezielt zu überwachen. Das kommt etwa bei einzelnen Stahlbetonarbeiten in Betracht, bei denen die ordnungsgemäße Bewehrung zu prüfen ist, und beim Unterfangen vorhandener Bauteile. Die Forderung, Beginn und Ende bestimmter Bauarbeiten anzuzeigen, ist bei genehmigungsbedürftigen Bauvorhaben zweckmäßigerweise in die Baugenehmigung aufzunehmen; sie kann auch noch während der Baudurchführung erhoben werden.

Die Bauüberwachung erstreckt sich auch darauf, dass die verwendeten **Bauprodukte** 8
den rechtlichen Anforderungen entsprechen (vgl. §16b Abs. 1). Seit der **NBauO 2018** werden die Anforderungen an Bauprodukte in den §§16a ff. geregelt. §16b Abs. 1 ersetzt seitdem den bisherigen §3 Abs. 7. Bauprodukte, die die Anforderungen des §16 b erfüllen, dürfen verwendet werden, soweit die Vorschriften der §§16c ff. und des §83 nicht weitere Anforderungen stellen. Dabei legt §17 nunmehr die Fälle fest, in denen Verwendbarkeitsnachweise im Sinne der §§18 bis 20 (§18, allgemeine bauaufsichtliche Zulassung; §19, allgemeines bauaufsichtliches Prüfzeugnis; §20, Zustimmung im Einzelfall) erforderlich sind (BegrRegE NBauO 2018, LT-Drs. 18/1136, 34). §17 Abs. 1 Nr. 1 sieht für Bauprodukte, für die es keine technische Baubestimmung und keine allg. anerkannte Regel der Technik gibt, einen Verwendbarkeitsnachweis vor. Gleiches gilt gem. §17 Abs. 1 Nr. 2 für solche Bauprodukte, die von einer auf der Grundlage von §83 Abs. 2 Nr. 3 bekannt gemachten technischen Baubestimmung wesentlich abweichen. Weicht das Bauprodukt von einer allg. anerkannten Regel der Technik ab, kann es ohne Verwendbarkeitsnachweis verwendet werden (§17 Abs. 2 Nr. 1).

Für **Produkte mit CE-Zeichen** findet sich eine eigenständige Regelung in §16 c. Aus 9
dieser Regelung ergibt sich, dass ein mit CE-Zeichen gekennzeichnetes Bauprodukt verwendet werden darf, wenn die erklärten Leistungen den gesetzlichen Anforderungen entsprechen. Dabei gelten die §§17 bis 25 Abs. 1 gem. §16 c S. 2 nicht für Bauprodukte, die das CE-Zeichen aufgrund der Verordnung (EU) Nr. 305/11 tragen. Verfügt ein Produkt über ein solches CE-Zeichen, so darf der nationale Gesetzgeber keine darüber hinaus gehenden Anforderungen an das Produkt stellen, da diese den freien Warenverkehr erschweren (EuGH, Urt. v. 16.10.2014 – C-100/13, EuZW 2014, 957). Der BauAB ist es dadurch verwehrt, Verwendbarkeitsnachweise oder Übereinstimmungsbestätigungen zu fordern. Sie muss daher im Einzelfall und unter Berücksichtigung der allgemeinen materiellen Anforderungen des §16b entscheiden, ob eine ordnungsbehördliche Maßnahme (zB Einstellung der Arbeiten) erforderlich ist (BegrRegE NBauO 2018, LT-Drs. 18/1136, 34).

Gemäß **Abs. 2** können die Beauftragten der BauAB **Einblick** in die für die Bauausfüh- 10
rung **wesentlichen Unterlagen** verlangen. Dabei ist seit der **NBauO 2018** auch die Einsicht in die Dokumentation zur Verwendung von Bauprodukten, die die CE-Kennzeichnung tragen, im Rahmen der Bauüberwachung zu gewähren. Hierbei genügt eine Einsichtsgewährung in elektronischer Fassung (BegrRegE NBauO 2018, LT-Drs. 18/1136, 45). Darüber hinaus können die BauAB **Proben von Bauprodukten**, soweit erforderlich auch aus fertigen Bauteilen, entnehmen und prüfen oder prüfen lassen. Hat der Bauherr bzw. der Unternehmer den Nachweis der Verwendbarkeit des Materials durch CE-Zeichen oder Übereinstimmungszeichen erbracht, ist eine Probeentnahme regelmäßig nicht erforderlich, es sei denn, es besteht der Verdacht, dass das Zeichen unberechtigt geführt wird. Die Eigentumsverhältnisse an den Baustoffen sind für die Probeentnahmen ohne Bedeutung, denn nach §56 S. 3 ist neben dem Eigentümer auch der Inhaber der tatsächlichen Gewalt über eine Sache für deren ordnungsgemäßen Zustand verantwortlich. Soweit der BauAB der Baustofflieferant bekannt ist, dürfte es zweckmäßig sein, ihn von der Probeentnahme zu unterrichten. Es berührt die Rechtmäßigkeit der Probeentnahme aber nicht, wenn sie in seiner Abwesenheit durchgeführt wird (BGH

13.7.1961 – III ZR 91/60, BBauBl. 1961, 767). Nur besondere Umstände können es rechtfertigen, dem Bauherrn zusätzliche **Kosten** anzulasten, wenn Proben entnommen und geprüft werden. Denn nach allgemeinen Grundsätzen sind die Kosten der Amtsermittlung (§ 24 VwVfG) bei fehlender gesetzlicher Regelung von der Behörde selbst zu tragen (Engel/Pfau in Mann/Sennekamp/Uechtritz, VwVfG, 2. Aufl. 2019, § 24 Rn. 58). Der Grundsatz der Verhältnismäßigkeit verbietet die Probeentnahme aus **fertigen Bauteilen**, wenn durch weniger einschneidende Mittel, wie etwa eine Zwischenabnahme vor Fertigstellung (vgl. → § 77 Rn. 1, 6), eine ausreichende Prüfung möglich ist und sich die Notwendigkeit einer Überprüfung nicht erst später ergeben hat. Die Probeentnahme kann ggf. auch **zwangsweise durchgesetzt** werden. Dann allerdings muss die Anordnung der Probeentnahme unanfechtbar oder ihre sofortige Vollziehung angeordnet sein. Teilt die BauAB dem Bauherrn das ungünstige Ergebnis der Prüfung mit, verletzt sie damit keine Amtspflichten gegenüber dem Baustofflieferanten (BGH 13.7.1961 – III ZR 91/60, BeckRS 1961, 31184450).

11 Ebenso wie die BauAB bei der Prüfung eines Bauantrags nach § 26 Abs. 1 Nr. 2 VwVfG **Sachverständige** heranziehen kann (→ § 69 Rn. 6 ff.), soweit die Entscheidung über Sonderfragen dies erfordert, kann sie auch für die Überwachung schwieriger Bauausführungen nach Anhörung des Bauherrn besondere Sachverständige heranziehen. Auf der Basis des § 82 Abs. 2 Nr. 1, der auf die „Bauüberwachung" nach § 76 Bezug nimmt, regelt etwa die Verordnung über die Bautechnische Prüfung von Baumaßnahmen (BauPrüfVO) v. 24.7.1987 (Nds. GVBl. S. 129, zul. geänd. d. VO v. 16.9.2013 (Nds.GVBl. S. 239)) die bauaufsichtliche Tätigkeit von Prüfämtern und Prüfingenieuren für Baustatik. Zur Kostenpflicht des Bauherrn vgl. → § 69 Rn. 7.

12 Ein **Nachweis des Bauherrn über den Wärmeschutz** ist von Abs. 2 S. 1 nicht erfasst. Nach § 1 Abs. 1 Energieeinsparungsgesetz (EnEG) idF der Bek. v. 1.9.2005 (BGBl. I S. 2684, zul. geänd. d. G v. 4.7.2013 (BGBl. I S. 2197)) hat jeder, der ein Gebäude errichtet, das seiner Zweckbestimmung nach beheizt werden muss, den Wärmeschutz nach Maßgabe der Energieeinsparverordnung (EnEV) v. 24.7.2007 (BGBl. I S. 1519, zul. geänd. d. VO v. 24.10.2015 (BGBl. I S. 1789)) so zu entwerfen und auszuführen, dass vermeidbare Energieverluste unterbleiben (vgl. → § 15 Rn. 10 ff.). Nach § 3 EnEV sind Gebäude mit normalen Innentemperaturen so auszuführen, dass bei Wohngebäuden der auf die Gebäudenutzfläche bezogene Jahres-Primärenergiebedarf und der spezifische, auf die wärmeübertragende Umfassungsfläche bezogene Transmissionswärmeverlust die Höchstwerte in Anhang 1 Tabelle 1 nicht überschreiten. Diese Anforderungen können nur erfüllt werden, wenn bei der Errichtung des Gebäudes die Nachweise über den Wärmeschutz eingehalten werden. Weil die Überwachung der Baumaßnahme auf die Einhaltung der Wärmeschutznachweise die BauAB überfordern würde, verlangte § 79 Abs. 4 aF bis zur NBauO 2012 eine **Bescheinigung** eines Sachverständigen darüber, dass die Baumaßnahme **entsprechend den Nachweisen über den Wärmeschutz** durchgeführt wurde. Seit der NBauO 2012 **muss** diese Bescheinigung **nicht mehr eingeholt werden**. Denn durch die Einführung der Durchführungsverordnung zur Energiesparverordnung (DVO-EnEV) v. 18.8.2008 (Nds.GVBl. S. 269, zul. geänd. d. VO vom 2.3.2018 (Nds. GVBl. S. 40)) werden die Anforderungen des baulichen Wärmeschutzes von denjenigen der Energiesparverordnung überlagert. An die Stelle der bislang geforderten Bescheinigung tritt daher weitgehend die nach der DVO-EnEV zu stellende und der BauAB auf Verlangen vorzulegende Bescheinigung (vgl. § 1 Abs. 4 DVO-EnEV). Mit dem Verzicht auf die regelmäßige Vorlage der Bescheinigung nach Abs. 4 aF bei der BauAB entfällt auch eine entsprechende Informationspflicht des Bauherrn (BegrRegE NBauO 2012, LT-Drs. 16/3195, 107).

13 Eine **„Einmessungsbescheinigung"** ist nicht zwingend vorgeschrieben, sodass ein entsprechendes Verlangen der BauAB nach **Abs. 3** nur in Betracht kommt, wenn Zweifel bestehen, ob die Abstände, Grundflächen oder Höhenlagen eingehalten sind. Verlangt die BauAB nach dem Widerspruch des Nachbarn im Rahmen der Bauüberwachung eine Einmessungsbescheinigung vom Bauherrn, kann dieser deren Kosten nicht als außergerichtliche Kosten nach §162 Abs. 2 VwGO gegenüber dem später unterlegenen Nachbarn geltend machen, weil die Einmessungsbescheinigung nicht der Entscheidung über den Widerspruch diente (OVG Lüneburg 31.8.2004 – 1 OA 324/03, NVwZ-RR 2005, 143).

Der durch die **NBauO 2018** neu eingefügte **Abs. 4** dient der Stärkung der Zusammenarbeit zwischen der Bauaufsichtsbehörde und der Marktüberwachungsbehörde. Er verpflichtet die BauAB, **systematische Verstöße** gegen die Verordnung zur Festlegung harmonisierter Bedingungen für die Vermarktung von Bauprodukten – VO (EU) Nr. 305/2011 – die sie im Rahmen ihrer Bauüberwachung festgestellt hat, der **Marktüberwachungsbehörde** mitzuteilen. Gem. §1 des Nds. Gesetzes zur Durchführung der Marktüberwachung von harmonisierten Bauprodukten (NBauPMÜG) v. 6.4.2017 (Nds. GVBl. S. 116) sind Marktüberwachungsbehörden iSd NBauPMÜG die oberste Bauaufsichtsbehörde (d.h. das Fachministerium, vgl. §57 Abs. 1 S. 2) und das Deutsche Institut für Bautechnik (gemeinsame Marktüberwachungsbehörde). Angesichts der im Produktsicherheitsrecht grundsätzlich geltenden Konformitätsvermutung (dazu Schucht EuZW 2017, 46 (50)) ist die Mitteilungspflicht des Abs. 4 tatbestandlich auf „systematische Verstöße" begrenzt. Als Beispiel für einen systematischen Verstoß nennt die Begründung des Regierungsentwurfs zur NBauO 2018 (LT-Drs. 18/1136, S. 45) fehlerhafte Angaben in der Leistungserklärung nach Art. 4 der VO (EU) Nr. 305/2011. 14

Fehler der BauAB bei der Bauüberwachung können **Amtshaftungsansprüche** gegenüber dem Bauherrn und dem Nachbarn (bei Verletzung nachbarschützender Normen), aber auch gegenüber dem Bewohner oder Passanten auslösen. Wegen der Verantwortlichkeit der am Bau Beteiligten (§§52ff.) werden Ansprüche des Bauherrn freilich kaum in Betracht kommen. Die Bauüberwachung soll in erster Linie den Gefahren vorbeugen, die der Allgemeinheit durch Bauwerke drohen, die dem öffentlichen Baurecht nicht entsprechen. Die Rspr. bezieht daher das Vermögen des Bauherrn in den Schutz der Amtspflichten nicht ein (BGH 27.5.1963 – III ZR 48/62, NJW 1963, 1821). 15

D. Ermessen

Die BauAB „kann" die Einhaltung der der öffentlich-rechtlichen Vorschriften und Anforderungen sowie die ordnungsgemäße Erfüllung der Pflichten der am Bau Beteiligten überprüfen. Die noch in §79 Abs. 1 aF vorgesehene, lediglich auf das Erforderliche begrenzte Überwachungspflicht (dazu 7. Aufl. §79 Rn. 6) wurde durch die NBauO 2012 in eine **Ermessensentscheidung** umgewandelt. Zweck der Neuregelung war es, die Eigenverantwortlichkeit der am Bau Beteiligten zu stärken (BegrRegE NBauO 2012, LT-Drs. 16/3195, 106). §71 Abs. 1 ist somit an §81 Abs. 1 MBauO 2002 angeglichen worden und entspricht damit auch den Bauordnungen anderer Länder (vgl. etwa Art. 77 BayBO, §66 LBauO BW, §83 HBO, §83 BauO NRW). 16

Etwas anderes ergibt sich auch nicht bei der **Überwachung genehmigungsfreier Vorhaben**. Das Nds.OVG hat insoweit mehrfach betont, dass selbst dann, wenn das angegriffene Vorhaben genehmigungsfrei errichtet werden dürfe, die Bauaufsichtsbehörde nicht in jedem Fall verpflichtet sei, als Ausgleich für den Verzicht auf ihre präventive Tätigkeit nunmehr verstärkt repressiv tätig zu werden. Das gelte jedenfalls dann, wenn das Vorhaben nach dem eingereichten Entwurf keinen Verstoß gegen nachbarschützende Vorschriften erkennen lasse und die Auswirkungen auf das Nachbargrundstück als nicht gravierend anzusehen seien. In solchen Fällen dürfe der Nachbar darauf verwiesen werden, seine behaupteten Rechte vor den Zivilgerichten geltend zu machen (OVG Lüneburg 22.10.2008 – 1 ME 134/08, NdsVBl. 2009, 44 (45); 28.3.2014 – 1 LA 216/12, NdsVBl. 2014, 258 (259)). 17

Es steht demnach stets im Ermessen der BauAB, ob sie ein Bauvorhaben überwacht (**Entschließungsermessen**) und in welcher Weise sie diese Überwachung durchführt (**Auswahlermessen**). Die BauAB hat das ihr eingeräumte Ermessen allerdings entspre- 18 chend dem Zweck der gesetzlichen Ermächtigung auszuüben und die gesetzlichen Grenzen des Ermessens einzuhalten (§ 1 NVwVfG, § 40 VwVfG). Es gilt das Opportunitätsprinzip, für das die Umstände des Einzelfalls maßgeblich sind. Abzustellen ist insbesondere auf die Art, Größe und Bedeutung des Vorhabens sowie die Schwierigkeit der Bauarbeiten (BegrRegE NBauO 2012, LT-Drs. 16/3195, 106). Demgemäß wird eine Bauüberwachung eher nicht durchzuführen sein, wenn es sich um Bauvorhaben handelt, deren Umfang und Auswirkungen gering sind, wie etwa der Bau einer kleinen Feldscheune oder der Bau eines Kioskes. Die BauAB kann ihre Bauüberwachung auch auf Teile der Baumaßnahme beschränken. Wenn beispielsweise Gefahren nur bei einem Abweichen von der in den Bauvorlagen vorgesehenen Lage des Baukörpers zu erwarten sind, genügt es, die Einhaltung der genehmigten Grundfläche zu kontrollieren. Der BauAB steht insoweit ein weiter Ermessungsspielraum zu. Andererseits ist ein Vorhaben zu überwachen, wenn Verdachtsmomente bestehen oder die BauAB von Verstößen gegen die öffentlich-rechtlichen Vorschriften durch Dritte (Nachbarn, Gemeinde) Kenntnis erlangt hat. Eine Überwachungspflicht wird hier allerdings erst dann anzunehmen sein, wenn erhebliche Gefahren zB für Leben oder Gesundheit zu befürchten sind (vgl. Wolf in Simon/Busse, BayBO, Bearbeitungsstand: 1/2017, Art. 77 Rn. 6, 30).

19 In diesem Sinne ist die Bauüberwachung auch nach geltender Rechtslage weiterhin **auf das Erforderliche begrenzt**. Was bis zur NBauO 2012 hinsichtlich der Überwachungspflicht dem Gesetzeswortlaut ausdrücklich zu entnehmen war (vgl. § 79 Abs. 1 S. 1 aF), ergibt sich heute unmittelbar aus dem rechtstaatlich gebotenen Verhältnismäßigkeitsgrundsatz (Art. 20 Abs. 3 GG) und der pflichtgemäßen Ermessensausübung durch die BauAB. Die Erforderlichkeit muss jeweils nach den Umständen des konkreten Einzelfalles ermittelt werden und richtet sich danach, ob die Bauüberwachung zur Erreichung des Zwecks der Einhaltung der öffentlich-rechtlichen Vorschriften und Anforderungen und der Sicherung der Pflichten der am Bau Beteiligten notwendig ist. Die Erforderlichkeit bestimmt somit den Umfang der Bauüberwachung (Hornmann, HBO § 83 Rn. 23).

20 Die **Bauüberwachung dient allein dem öffentlichen Interesse** (ebenso für Bayern Wolf in Simon/Busse, BayBO, Bearbeitungsstand: 1/2017, Art. 77 Rn. 6). Nachbarn haben daher grundsätzlich keinen Rechtsanspruch auf ein Tätigwerden der BauAB. Ihnen steht nur ein Recht auf ermessenfehlerfreie Entscheidung zu, es sei denn, dass sich das behördliche Ermessen auf Null reduziert, weil eine unmittelbare und nicht anders abwendbare Gefahr für wesentliche Rechtsgüter besteht (vgl. Kemper, in Spannowsky/Otto, BeckOK-BauordnungsR Nds, Stand 11/2018, § 76 Rn. 38). Der Nachbar eines fliegenden Baues kann daher Nachbarschutz nicht durch die Anfechtung der Gebrauchsabnahme, sondern nur über einen Anspruch auf Einschreiten erlangen (OVG Lüneburg 10.5.1996 – 1 L 1455/95, BauR 1996, 696).

§ 77 Bauabnahmen

(1) Soweit es zur Wirksamkeit der Bauüberwachung, insbesondere zur Beurteilung von kritischen Bauzuständen, erforderlich ist, kann in der Baugenehmigung oder der Teilbaugenehmigung, aber auch noch während der Baudurchführung die Abnahme

1. bestimmter Bauteile oder Bauarbeiten,

2. der baulichen Anlage nach Vollendung der tragenden Teile, der Schornsteine, der Brandwände und der Dachkonstruktion (Rohbauabnahme) und

3. der baulichen Anlage nach ihrer Fertigstellung (Schlussabnahme)

angeordnet werden.

(2) [1]Bei der Rohbauabnahme müssen alle Teile der baulichen Anlage sicher zugänglich sein, die für die Standsicherheit und für den Brandschutz wesentlich sind. [2]Sie sind, soweit möglich, offen zu halten, damit Maße und Ausführungsart geprüft werden können.

(3) [1]Die Bauherrin oder der Bauherr hat der Bauaufsichtsbehörde rechtzeitig schriftlich mitzuteilen, wann die Voraussetzungen für die Abnahmen gegeben sind. [2]§76 Abs. 2 Satz 3 gilt entsprechend.

(4) Zur Rohbauabnahme muss über die Tauglichkeit der Schornsteine und Leitungen zur Abführung der Abgase oder Verbrennungsgase und zur Schlussabnahme über die sichere Benutzbarkeit der Feuerungsanlagen, der ortsfesten Verbrennungsmotoren und der Blockheizkraftwerke die Bescheinigung der bevollmächtigten Bezirksschornsteinfegerin oder des bevollmächtigten Bezirksschornsteinfegers vorliegen.

(5) [1]Bei nicht nur geringfügigen Mängeln kann die Bauaufsichtsbehörde die Abnahme ablehnen. [2]Über die Abnahme ist eine Bescheinigung auszustellen (Abnahmeschein).

(6) [1]Die Bauaufsichtsbehörde kann verlangen, dass bestimmte Bauarbeiten erst nach einer nach Absatz 1 Nr. 1 oder 2 angeordneten Abnahme durchgeführt oder fortgesetzt werden. [2]Sie kann aus Gründen des §3 Abs. 1 auch verlangen, dass eine bauliche Anlage erst nach der Schlussabnahme in Gebrauch genommen wird.

Übersicht

A. Allgemeines

Bauabnahmen dienen der Feststellung, ob eine Baumaßnahme dem öffentlichen Baurecht entsprechend durchgeführt worden ist. Gegenüber der allgemeinen Bauüberwachung ist die Bauabnahme umfassender. Sie regelt die Zwischenabnahme, die Rohbauabnahme und die Schlussabnahme als spezielle, im Einzelfall zur Wirksamkeit der Bauüberwachung erforderliche Fälle. Die MBauO 1959 und die älteren LBOen sahen die Rohbauabnahme und die Schlussabnahme zwingend vor, soweit nicht im Einzelfall wegen der Geringfügigkeit der Baumaßnahme ausdrücklich darauf verzichtet wurde (§ 104 MBauO 1959). Dieses System hat sich nicht bewährt, weil es wegen der Überlastung der BauABen häufig zu erheblichen Verzögerungen bei den Abnahmen kam und die BauABen deshalb die Fortführung der Bauarbeiten bzw. die Benutzung der baulichen Anlagen vor den Abnahmen geduldet haben. §77 kehrt die Regel um und gibt der **BauAB die Befugnis, Abnahmen anzuordnen.** Um die BauAB von Aufgaben zu entlasten, die aus ihrer Sicht nicht erforderlich sind, ist bereits mit der **NBauO 1986** Abs. 1 S. 2 aF gestrichen worden, der die BauAB verpflichtete, auf Antrag des Bauherrn Rohbau- und Schlussabnahmen durchzuführen. Außerdem wurde in Abs. 6 S. 2 das generelle Nutzungsverbot vor Durchführung einer angeordneten Schlussabnahme zugunsten einer flexibleren Befugnis der BauAB, im Einzelfall Entsprechendes anzuordnen, aufgegeben. Erst durch die **NBauO 2012** ist entsprechend der Neufassung der Bauüberwachung (§76) auch im Rahmen der Bauabnahme die Beschränkung auf genehmigungsbedürftige Bauvorhaben weggefallen. Die nun allein auf die Wirksamkeit der Bauüberwachung abhebende Vorschrift ermöglicht damit auch Bauabnahmen bei genehmigungsfreien Bauvorhaben. Mit der **NBauO 2018** wurden lediglich in Abs. 4 sprachliche Anpassungen an das Schornsteinfeger-Handwerksgesetz v. 26.11.2008 (BGBl. I S. 2242), zul. geänd. d. G v. 17.7.2017 (BGBl. I S. 2495) vorgenommen, wonach sich bisherige Bestellungen zur Bezirksschornsteinfegermeisterin oder zum Bezirksschornsteinfegermeister in Bestellungen zur „bevollmächtigten" Bezirksschornsteinfege- 1 rin oder zum „bevollmächtigten Bezirksschornsteinfeger“ umgewandelt haben (BegrRegE NBauO 2018, LT-Drs. 18/1136, 37).

2 Einige LBOen (zB § 84 Abs. 2 BauO NRW 2018) haben den Grundgedanken des § 77 fortgeführt und schreiben nur die Anzeige der Fertigstellung des Rohbaus und der abschließenden Fertigstellung genehmigungspflichtiger baulicher Anlagen vor, um der BauAB „eine Besichtigung des Bauzustandes zu ermöglichen“. Die Ermessensentscheidung der BauAB, ob eine Besichtigung durchgeführt werden soll, wird damit noch weiter hinausgeschoben. **§ 82 Abs. 1 MBauO 2002** sieht nur noch vor, dass die BauAB (bzw. der Prüfsachverständige) verlangen kann, dass Beginn und Beendigung bestimmter Bauarbeiten angezeigt werden und die Bauarbeiten erst mit Zustimmung der BauAB (bzw. des Prüfsachverständigen) fortgeführt werden dürfen. Außerdem ist nach § 82 Abs. 2 MBauO 2002 die Aufnahme der Nutzung einer nicht verfahrensfreien baulichen Anlage der BauAB anzuzeigen.

B. Voraussetzungen der Bauabnahmen

3 Bauabnahmen kommen unter Geltung der NBauO 2018 (anders noch § 80 NBauO 2003) ebenso wie die Überwachung nach § 76 bei genehmigungsbedürftigen, genehmigungsfrei gestellten und genehmigungsfreien Vorhaben in Betracht. Lediglich bei Bauvorhaben nach § 74 findet die Bauabnahme nicht statt (vgl. § 74 Abs. 6). Die Anordnung der Abnahme steht im Ermessen der BauAB, ist aber an die – gerichtlich voll überprüfbare – Voraussetzung gebunden, dass die **Bauabnahme für eine wirksame Bauüberwachung erforderlich** ist. Das ist einmal der Fall, wenn erhebliche Gefahren für die öffentliche Sicherheit und Ordnung schon bei kleinen Mängeln der Bauausführung drohen. So liegt die Notwendigkeit von Abnahmen bei technisch schwierigen Bauwerken, etwa bei Bauten mit Decken größerer Spannweite oder mit stark belasteten Bauteilen, auf der Hand. Die Ausführungsbestimmungen zur DVNBauO 1973 sahen zB für Steigleitungen (Nr. 1.9 zu § 3 Abs. 1 aF), Ersatzstromquellen und Sicherheitsbeleuchtung (Nr. 2 zu § 27 aF) Abnahmen vor. Weitere Beispiele finden sich auch in den früheren Ausführungsbestimmungen zur GaStplVO (AB-GaVO) und in technischen Baubestimmungen. Gefahren drohen aber auch bei weniger schwierigen Bauwerken von einer fehlerhaften Bauausführung. Deshalb ist eine Abnahme auch erforderlich, wenn sich bei der allgemeinen Bauüberwachung nach § 76 Zweifel daran ergeben, ob die am Bau Beteiligten ihre baurechtlichen Verpflichtungen gewissenhaft erfüllen (BegrRegE NBauO 1973, LT-Drs. 7/50, 127). Je einfacher das Bauwerk, desto eher kann eine Abnahme entfallen. Demgemäß wird bei genehmigungsfreien Baumaßnahmen, bei denen keine erheblichen Gefahren für die öffentliche Sicherheit und Ordnung zu erwarten sind, eher von einer Abnahme abzusehen sein. Dass ein Bauvorhaben dem vereinfachten Baugenehmigungsverfahren unterliegt, ist aber kein Indiz für das Entfallen der Bauabnahme. Seit der **NBauO 2012** wird das vereinfachte Baugenehmigungsverfahren nach § 63 Abs. 1 S. 1 bei allen genehmigungsbedürftigen Bauten durchgeführt, die keine Sonderbauten (§ 2 Abs. 5) sind. Auch ist § 75a Abs. 7 aF entfallen, der Abnahmen nicht auf Anforderungen erstreckte, deren Einhaltung im vereinfachten Baugenehmigungsverfahren nicht zu prüfen war. Daher können sich Bauabnahmen heute auch auf nicht prüfpflichtige Anforderungen erstrecken (BegrRegE NBauO 2012, LT-Drs. 16/3195, 98).

4 Es steht im **Ermessen der BauAB**, ob sie die Durchführung einer Baumaßnahme überwacht (§ 76 Abs. 1) und ebenso, ob sie zu diesem Zweck eine Abnahme anordnet. Es gilt das **Opportunitätsprinzip**. Maßgeblich sind die Umstände des Einzelfalls. So kann die BauAB nach pflichtgemäßem Ermessen entscheiden, dass auch bei größeren Bauvorhaben – bis zu einem gewissen Schwierigkeitsgrad der Baumaßnahme – im Hinblick auf Sachkenntnis, persönliche Zuverlässigkeit und Leistungen der für den Bau Verantwortlichen von einer Abnahme abzusehen ist. Allerdings zeigt die Wirklichkeit des Baugeschehens, dass immer weniger Unternehmer die erforderliche Zuverlässigkeit besitzen, weil den eingesetzten Arbeitskräften häufig jegliche Qualifikation fehlt. Bei technisch

schwierigen Baumaßnahmen ist eine stete Kontrolle erforderlich, die auf die Prüfingenieure verlagert wird. Wenn die BauAB bei der Bauüberwachung nicht nur unwesentliche Fehler entdeckt, sind kaum Gründe denkbar, die es rechtfertigen könnten, von einer Abnahme abzusehen.

Die Bauabnahmen können in der Baugenehmigung oder der Teilbaugenehmigung, aber auch noch **während der Baudurchführung angeordnet** werden. Selbstverständlich kann die BauAB während der Baudurchführung nur noch solche Abnahmen anordnen, die dem Fortschritt der Baumaßnahme entsprechen. Ist der abzunehmende Bau schon so weit fortgeschritten, dass die maßgeblichen Bauteile nicht mehr zugänglich sind, bleibt nur noch eine Probeentnahme nach §76 Abs. 2 S. 2. Nach der Fertigstellung des genehmigten Bauwerks kann keine Rohbauabnahme mehr angeordnet werden, wohl aber noch eine Schlussabnahme. 5

C. Abnahmearten

Die BauAB kann bestimmte Bauteile oder Bauarbeiten abnehmen (**Abs. 1 Nr. 1**). Diese sog. **Zwischenabnahmen** können bei schwierigen Bauwerken notwendig sein, weil manche Einzelanforderung am fertig gestellten Bauteil nicht mehr nachgeprüft werden kann (zB Abnahme der Bewehrung von Stahlbetonteilen vor dem Betonieren). Zur Abnahme von Fertigteilen im Werk kann die BauAB auch Prüfingenieure beauftragen. 6

Die **Rohbauabnahme** wird in **Abs. 1 Nr. 2** als Abnahme der baulichen Anlage nach Vollendung der tragenden Teile, Schornsteine, der Brandwände und der Dachkonstruktion definiert. Um eine einwandfreie Überprüfung dieser Bauteile zu ermöglichen, schreibt Abs. 2 vor, dass alle Teile der baulichen Anlage, die für die Standsicherheit und den Brandschutz wesentlich sind, sicher zugänglich sein müssen und offen zu halten sind. Die bei der Rohbauabnahme zu prüfenden Bauteile würden ansonsten durch den Innenausbau und die Putzarbeiten soweit verdeckt, dass sie bei der Schlussabnahme nicht mehr zuverlässig beurteilt werden könnten. 7

Zur Rohbauabnahme muss der Bauherr die – uneingeschränkte – **Tauglichkeit der Schornsteine** durch eine Bescheinigung des bevollmächtigten Bezirksschornsteinfegers nachweisen (**Abs. 4**). Nach §40 Abs. 6 dürfen Feuerungsanlagen, auch wenn sie geändert worden sind, erst in Betrieb genommen werden, wenn der bevollmächtigte Bezirksschornsteinfeger ihre sichere Benutzbarkeit sowie die Tauglichkeit und die sicherere Benutzbarkeit der zugehörigen Schornsteine und Leitungen zur Abführung der Abgase oder Verbrennungsgase geprüft und bescheinigt hat. Da die Bescheinigung unmittelbar dem Bauherrn erteilt wird und nicht „intern" der BauAB, ist davon auszugehen, dass dem bevollmächtigten Bezirksschornsteinfeger die Prüfung der Tauglichkeit der Schornsteine und Leitungen zur Abführung der Abgase oder Verbrennungsgase und hinsichtlich der Schlussabnahme diejenige der sicheren Benutzbarkeit der Feuerungsanlagen als hoheitliche Aufgabe zur Wahrnehmung im eigenen Namen übertragen worden ist (vgl. BVerwG 5.10.1990 – 7 C 7.90, NVwZ-RR 1991, 330 zu Prüfbescheinigungen der sog. Bergbau-Versuchsstrecke). Die vom bevollmächtigten Bezirksschornsteinfeger nach **§40 Abs. 6 zu erteilende Bescheinigung** ist kein Verwaltungsakt (OVG Lüneburg 5.8.2011 – 8 ME 329/10, BRS 2011, 53395). Es handelt sich um eine bloße Bescheinigung zur Bauabnahme (vgl. auch den Gesetzesentwurf der Bundesregierung zur Neuregelung des Schornsteinfegerwesens, BT-Drs. 16/9237, 9), der als rein tatsächliche, die Prüftätigkeit dokumentierende Kontrollmaßnahme keine Regelungswirkung zukommt. Für die Klage auf Ausstellung der Bescheinigung nach §77 Abs. 4 ist der Verwaltungsrechtsweg gegeben, die (allg. Leistungs)Klage ist gegen den bevollmächtigten Bezirksschornsteinfeger zu richten. Die Tauglichkeit der Schornsteine wird bei der Rohbauabnahme durch eine Rauchprobe auf Dichtigkeit überprüft, auch wenn die Kehr- und ÜberprüfungsVO (KÜVO) vom 14.12.2006 (Nds. GVBl. S. 631) dies nicht mehr ausdrücklich (vgl. aber §5 KÜVO a.F.) vorschreibt. Siehe dazu auch das Schornsteinfeger- 8

Handwerksgesetz vom 26.11.2008 (BGBl. I S. 2242), zul. geänd. d. G v. 17.7.2017 (BGBl. I S. 2495). Zwar ist der die Zusammenarbeit der BauAB mit den bevollmächtigten Bezirksschornsteinfegern regelnde Gem. RdErl. v. 23.6.1983 (Nds. MBl. S. 614) im Zuge der Deregulierung aufgehoben worden (RdErl. v. 28.9.2000 – Nds. MBl. S. 645), doch bleibt er zur Orientierung über die nach wie vor notwendige Zusammenarbeit faktisch weiterhin von Interesse. Zur Beibringung von Prüfberichten oder Bescheinigungen für Sonderbauten vgl. § 51.

9 Nach der Fertigstellung der baulichen Anlage kann die **Schlussabnahme (Abs. 1 Nr. 3)** durchgeführt werden. Die BauAB wird dabei die gesamte bauliche Anlage auf ihre Übereinstimmung mit den Bauvorlagen und dem öffentlichen Baurecht überprüfen. Dies gilt auch im Hinblick auf die nicht prüfpflichtigen Anforderungen im Rahmen des vereinfachten Baugenehmigungsverfahrens (vgl. hierzu → § 63 Rn. 14). Die Abnahmen erstrecken sich seit der NBauO 1986 jedoch nicht mehr auf die bauliche Abnahme der Abwasserbehandlungsanlagen.

10 Die NBauO sieht **Teilabnahmen** in Abs. 1 nicht besonders vor. Solche Abnahmen können insbesondere bei großen Bauvorhaben zweckmäßig sein, damit zB der Innenausbau der unteren Geschosse schon begonnen werden kann, auch wenn der Rohbau der oberen Geschosse noch nicht fertig gestellt ist. Es bestehen keine Bedenken, dass die BauAB derartige Abnahmen als „abgeschichtete" Rohbau- oder Schlussbanahmen durchführt; im Gegenteil könnte je nach Einzelfall der Grundsatz der Verhältnismäßigkeit ein solches Vorgehen sogar gebieten. Ein entsprechender Anspruch des Bauherrn besteht aber ebenso wenig wie bei der Teilbaugenehmigung (→ § 70 Rn. 116).

D. Verfahren

11 Die Abnahmen brauchen nicht bereits in der Baugenehmigung vorgeschrieben zu werden, sondern können nach Abs. 1 auch noch „**während der Baudurchführung**" angeordnet werden. Das erlaubt es der BauAB, einen Teil der Bauarbeiten abzuwarten, um zu beurteilen, ob der Bauherr bzw. die Unternehmer sorgfältig arbeiten. Bei nachlässiger Durchführung der Baumaßnahmen kann die BauAB bis zur Fertigstellung Abnahmen anordnen (vgl. auch → Rn. 5). Wenn eine Abnahme angeordnet ist, hat der Bauherr nach § 77 **Abs. 3** der BauAB rechtzeitig **schriftlich mitzuteilen, wann die Voraussetzungen für die Abnahme vorliegen**. Um der BauAB eine rationelle Abnahmetätigkeit zu ermöglichen, wird man verlangen müssen, dass der Bauherr die BauAB spätestens eine Woche vorher unterrichtet. Der BauAB ist zu empfehlen, bei der Anordnung der Bauabnahme darauf hinzuweisen, wie viele Tage vor der Abnahme sie zu unterrichten ist. Bauherr oder Unternehmer müssen – wie nach § 76 Abs. 2 S. 3 – auf Verlangen die für die Abnahme erforderlichen Arbeitskräfte und Geräte zur Verfügung stellen. Die BauAB ist nicht gehalten, einen Abnahmetermin zu vereinbaren, sondern befugt, von sich aus einen solchen Termin festzusetzen (OVG Lüneburg 11.2.1985 – 6 B 20/85, nv).

12 Die **Anordnung** einer **Abnahme** nach Abs. 1 Nr. 1 und 2 allein **hindert** allerdings den **Bauherrn nicht**, **die Baumaßnahme über den Zustand der Abnahme hinaus fortzuführen**. Das ergibt sich aus Abs. 6 S. 1, wonach die BauAB verlangen kann, dass bestimmte Bauarbeiten erst nach der Abnahme durchgeführt oder fortgesetzt werden dürfen. Ohne den besonderen Hinweis darf der Bauherr ungeachtet seiner Pflicht, der BauAB nach Abs. 3 mitzuteilen, wann die Voraussetzungen der Abnahme vorliegen, die Baumaßnahmen daher fortführen. Es ist dann Sache der BauAB, die Abnahme unverzüglich durchzuführen und die bauliche Anlage noch im abnahmegerechten Zustand zu überprüfen oder eben ein Verlangen nach Abs. 6 zu äußern. Entsprechendes gilt für die Benutzung der baulichen Anlage vor der Schlussabnahme (§ 77 Abs. 6 S. 2).

13 Nach **Abs. 5 S. 2** ist über die Abnahme ein **Abnahmeschein** auszustellen. Das gilt auch dann, wenn nur geringfügige Mängel entdeckt werden (Umkehrschluss aus S. 1). Kleine Abweichungen von der Baugenehmigung bzw. dem öffentlichen Baurecht, die die

Sicherheit des Bauwerks nicht berühren, sollen die BauAB nicht zur Wiederholung der Abnahme zwingen. Liegen mehr als nur geringfügige Mängel vor, kann die BauAB die Abnahme nach Abs. 5 S. 1 ablehnen und die Beseitigung der Mängel vor einer neuerlichen Abnahme verlangen. Das kommt vor allem in Betracht, wenn das Bauwerk unter Verstoß gegen Regeln der Technik errichtet worden ist. Weicht die bauliche Anlage von der Baugenehmigung ab und ist die Genehmigungsfähigkeit der Abweichung zweifelhaft, kann die BauAB nicht nur die Abnahme ablehnen, sondern auch die Einstellung der Bauarbeiten verfügen. Bei genehmigungsfähigen Abweichungen von der Baugenehmigung wird sich die BauAB damit begnügen, Bauvorlagen für die nachträgliche Genehmigung zu fordern und die Abweichung im Abnahmeschein zu vermerken.

Der Abnahmeschein enthält die **Feststellung der BauAB**, dass sie die bauliche Anlage besichtigt und **keine Mängel oder Abweichungen festgestellt** habe. Der Abnahmeschein enthält dagegen keine Garantie dafür, dass das Bauwerk der Baugenehmigung und sonstigem öffentlichen Baurecht entspricht (VGH Mannheim 15.12.1982 – 3 S 1592/82, BRS 40 Nr. 228; OVG Lüneburg 20.2.1984 – 6 A 110/83, BRS 42 Nr. 177). Dementsprechend dienen Abnahmen allein dem öffentlichen Interesse an der Einhaltung des öffentlichen Baurechts und nicht dem Interesse des Bauherrn oder des Nachbarn (OVG Lüneburg 10.5.1996 – 1 L 1455/95, BRS 58 Nr. 182; NVwZ-RR 1997, 13). Bleibt bei der Bauabnahme eine Abweichung von der Baugenehmigung unbemerkt, so **ersetzt die uneingeschränkte Abnahme weder die Baugenehmigung** noch verleiht der Schlussabnahmeschein der unbeanstandet gebliebenen Abweichung die Legalität (OVG Münster 20.8.1992 – 7 A 2702/91, BRS 54 Nr. 203), vielmehr bleibt – selbst nach der Schlussabnahme – ein diesbezügliches bauaufsichtliches Einschreiten weiterhin möglich. Auch eine Zurücknahme der Abnahme durch die BauAB ist nicht ausgeschlossen (OVG Münster 5.9.1972 – XI B 37/72, n.v.). 14

Weil der Abnahmeschein keine Garantie der Mängelfreiheit eines Bauwerks enthält, hat der Bauherr keinen Anspruch darauf, dass in den Abnahmeschein Einschränkungen aufgenommen werden, selbst wenn er Schadensersatzansprüche gegen Bauhandwerker geltend machen will (OVG Lüneburg 24.2.1989 – 1 L 5/89, nv). Der **Abnahmeschein hat ausschließlich begünstigende Wirkung** und kann vom Bauherrn nicht angefochten werden. Fehler der Bauabnahme lösen **keine Amtshaftungsansprüche** aus, weil die Abnahmen allein dem öffentlichen Interesse dienen, und es daher an einer einem Dritten gegenüber obliegenden Amtspflicht iSd § 839 BGB iVm Art. 34 GG fehlt. Da die Bauabnahmen ebenso wie die Bauüberwachung die Verantwortlichkeit der am Bau beteiligten Personen (§§ 52 ff.) nicht einschränken, werden Amtshaftungsansprüche idR zudem nicht zu realisieren sein. **Nachbarliche Abwehrrechte** gegen Bauabnahmen sind ebenfalls **ausgeschlossen**, weil die Abnahme mit ihrer Feststellung, dass die BauAB die bauliche Anlage besichtigt und keine Mängel festgestellt hat, nur dem öffentlichen Interesse dient. 15

Die **Gebühren** für die Abnahme dürfen nicht zusammen mit der Gebühr für die Erteilung des Bauscheins festgesetzt werden, weil Gebühren nach § 6 Abs. 1 NVwKostG erst mit der Beendigung der Amtshandlung entstehen (OVG Lüneburg 4.8.1989 – 6 A 136/87, BeckRS 2004, 26312). Die Abnahme ist mit der Ausstellung des Abnahmescheins beendet und nicht bereits mit ihrer Anordnung. Wegen der Zuziehung von Sachverständigen und der Kostenlast des Bauherrn für die Abnahme: vgl. → § 69 Rn. 6 ff. 16

§ 78 Regelmäßige Überprüfung

Soweit es erforderlich ist, um die Erfüllung der Anforderungen nach § 3 zu sichern, kann die Bauaufsichtsbehörde eine regelmäßige Überprüfung von baulichen Anlagen oder von Teilen baulicher Anlagen durch die Bauaufsichtsbehörde oder durch Sachkundige oder Sachverständige vorschreiben und Art, Umfang, Häufigkeit und Nachweis der Überprüfung näher regeln, soweit dies nicht durch Verordnung nach § 82 Abs. 1 Nr. 5 geregelt ist.

1 Bauüberwachung (§ 76) und Bauabnahme (§ 77) werden durch eine konkrete Baumaßnahme veranlasst. Ist die Baumaßnahme abgeschlossen und eine ggf. vorgesehene Schlussabnahme durchgeführt, bleibt der BauAB nur die allgemeine Aufgabe, über die Vereinbarkeit von baulichen Anlagen mit dem öffentlichen Baurecht zu wachen (§ 58 Abs. 1). Da eine laufende Überwachung aller baulichen Anlagen aber faktisch unmöglich ist, wird die BauAB idR erst wieder tätig, wenn ihr Missstände (= konkrete Gefahren) bekannt werden. Diese **Reaktion der BauAB** auf auftretende Gefahren **reicht** dann **nicht aus, wenn** bauliche Anlagen in besonderem Maße – und idR für den Laien unerkennbar – der Abnutzung unterliegen und im Falle eines Defektes **besondere Gefahren** hervorrufen oder wenn es darum geht, dass die Funktionsfähigkeit von gewissen Schutzanlagen zu sichern ist. In solchen Fällen ist unabhängig vom Nachweis einer konkreten Gefahr eine periodische Überprüfung notwendig, um eine Gefährdung der öffentlichen Sicherheit und Ordnung auszuschließen (OVG Lüneburg 15.2.1991 – 6 L 55/89, n.v.). Die NBauO sieht daher die Möglichkeit vor, dass die BauAB im Einzelfall aus besonderem Anlass für solche „gefährlichen" oder für die Sicherheit erforderlichen Anlagen, wie Heizölbehälter, Feuerungsanlagen oder automatische Rauchmelde- und Löschanlagen sowie ggf. Blitzschutzanlagen (§ 42) regelmäßige Überprüfungen und deren Einzelheiten vorschreibt.

2 Während § 78 NBauO 1973 die regelmäßige Überprüfung durch die BauAB oder Sachverständige nach § 82 Abs. 2 vorschrieb, verzichtet § 78 (§ 87 aF) seit der **Novelle 1986** im Sinne einer eindeutigeren Abgrenzung der Personen und Stellen nach § 82 Abs. 2 und der Sachverständigen auf die Erwähnung der Personen und Stellen nach § 82 Abs. 2, weil § 82 Abs. 2 Nr. 1 bereits auf die regelmäßige Überprüfung nach § 78 Bezug nimmt. Die Regelung der Kosten der Überprüfung in S. 2 aF ist gestrichen worden, weil regelmäßige Überprüfungen durch die BauAB gebührenpflichtige Amtshandlungen nach der BauGO sind und Überprüfungen durch Sachkundige, Sachverständige oder amtlich anerkannte Sachverständige von den Verantwortlichen nach § 56 zu veranlassen sind (BegrRegE NBauO 1986 S. 84). Die Sachkundigen oder die Sachverständigen üben bei regelmäßigen Überprüfungen iSv § 78 keine hoheitliche Tätigkeit aus, sondern werden auf Grund eines Werkvertrages mit dem Bauherrn tätig. Bis zur NBauO 2012 sah die Vorschrift die Möglichkeit vor, dass die oberste Bauaufsichtsbehörde allgemein durch Verordnung regelmäßige Überprüfungen gefährlicher baulicher Anlagen vorschreiben und die Einzelheiten der Überprüfung näher regeln konnte. Demgemäß ist auf Grund des § 87 aF die VO über anerkannte Sachverständige für die Prüfung technischer Anlagen und Einrichtungen nach Bauordnungsrecht – **BauSVO** – vom 4.9.1989 (Nds. GVBl. S. 325), zul. geänd. d. VO v. 13.11.2012 (Nds. GVBl. S. 438), erlassen worden, die Anerkennung und Pflichten der Sachverständigen regelt. Seit der **NBauO 2012** ergibt sich diese Verordnungsermächtigung der obersten Bauaufsichtsbehörde aus § 82 Abs. 1 Nr. 5.

3 **Regelmäßige Überprüfungen** ergeben sich **für Aufzüge** aus **§ 21 Abs. 5 DVO-NBauO**, weil diese Vorschrift die BetrSichV v. 3.2.2015, zul. geänd. d. VO v. 30.4.2019 (BGBl. I S. 554), mit den in ihre §§ 15, 16 Abs. 1 iVm Anhang 2 zu §§ 15, 16 vorgesehenen wiederkehrenden Prüfungen auch auf Aufzüge ausdehnt, die weder gewerblichen noch wirtschaftlichen Zwecken dienen und durch die Beschäftigte nicht gefährdet werden können. § 21 GaStplVO, der früher regelmäßige Prüfungen von Feuerlöschanlagen, CO-Warnanlagen und ähnlichen technischen Einrichtungen vorsah, ist durch VO v. 22.7.2004 (Nds. GVBl. S. 263) aufgehoben worden.

4 Der heutige **§ 30 DVO-NBauO** schreibt die **Überprüfung technischer Anlagen** in Verkaufsstätten, Versammlungsstätten, Krankenhäusern, Gebäuden zur Pflege, Betreuung oder Unterbringung von Personen, Hochhäusern, Beherbergungsstätten mit mehr als 12 Betten, allgemeinbildenden und berufsbildenden Schulen, bei Mittel-, Groß- und automatischen Garagen sowie Gebäuden mit Sicherheitstreppenräumen vor, wenn diese der Erfüllung bauordnungsrechtlicher Anforderungen dienen. Die Vorschrift ersetzt entsprechende Regelungen in der GaStplVO, VStättVO und VKVO. Die technischen Anla-

gen und Einrichtungen werden in § 30 Abs. 2 DVNBauO abschließend aufgezählt. Zu ihnen gehören bestimmte Lüftungsanlagen, CO-Warnanlagen, Rauchabzugsanlagen, Druckbelüftungsanlagen, bestimmte Feuerlöschanlagen, Alarmierungsanlagen, Brandmeldeanlagen und Sicherheitsstromversorgungsanlagen. Sie sind nach § 30 Abs. 3 DVNBauO vor der ersten Inbetriebnahme der baulichen Anlage, nach einer wesentlichen Änderung der technischen Anlage und danach in Abständen von nicht mehr als drei Jahren auf ihre Wirksamkeit und Betriebssicherheit zu überprüfen. Aufgrund ihrer verordnungsrechtlichen Normierung müssen diese Überprüfungen nicht als Nebenbestimmung in der Baugenehmigung festgelegt werden, doch ist dies zum Zwecke der deklaratorischen Ermahnung unschädlich.

Außerhalb der NBauO **sind regelmäßige Überprüfungen zB vorgeschrieben in** 5

- § 101 NWG für Anlagen zum Lagern, Abfüllen, Herstellen und Behandeln wassergefährdender Stoffe (§ 62 Abs. 1 WHG);
- § 15 BetrSichV für überwachungsbedürftige Anlagen iSd Abschnitts 4 des Anhangs 2 zu §§ 15, 16 BetrSichV wie Dampfkesselanlagen, Druckbehälter- und Füllanlagen etc;
- § 15 der 1. BImSchV für Feuerungsanlagen („Wiederkehrende Überwachung").

§ 79 Baurechtswidrige Zustände, Bauprodukte und Baumaßnahmen sowie verfallende bauliche Anlagen

(1) [1]Widersprechen bauliche Anlagen, Grundstücke, Bauprodukte oder Baumaßnahmen dem öffentlichen Baurecht oder ist dies zu besorgen, so kann die Bauaufsichtsbehörde nach pflichtgemäßem Ermessen die Maßnahmen anordnen, die zur Herstellung oder Sicherung rechtmäßiger Zustände erforderlich sind. [2]Sie kann namentlich

1. **die Einstellung rechtswidriger und die Ausführung erforderlicher Arbeiten verlangen,**
2. **die Einstellung der Arbeiten anordnen, wenn Bauprodukte verwendet werden, an denen unberechtigt ein Ü-Zeichen (§ 21 Abs. 3) oder unberechtigt eine CE-Kennzeichnung angebracht ist oder die entgegen § 21 ein erforderliches Ü-Zeichen oder entgegen der Verordnung (EU) Nr. 305/2011 eine erforderliche CE-Kennzeichnung nicht tragen,**
3. **die Verwendung von Bauprodukten, die entgegen § 21 mit dem Ü-Zeichen gekennzeichnet sind, untersagen und deren Kennzeichnung ungültig machen oder beseitigen lassen,**
4. **die Beseitigung von Anlagen oder Teilen von Anlagen anordnen,**
5. **die Benutzung von Anlagen untersagen, insbesondere Wohnungen für unbewohnbar erklären.**

[3]Die Bauaufsichtsbehörde hat ihre Anordnungen an die Personen zu richten, die nach den §§ 52 bis 56 verantwortlich sind. [4]Nach Maßgabe des Niedersächsischen Polizei- und Ordnungsbehördengesetzes kann sie auch nicht verantwortliche Personen in Anspruch nehmen. [5]Die Anordnungen der Bauaufsichtsbehörde gelten auch gegenüber den Rechtsnachfolgern der Personen, an die die Anordnungen gerichtet sind.

(2) Die Bauaufsichtsbehörde kann bauliche Anlagen, Teile baulicher Anlagen und Arbeitsstellen versiegeln und Bauprodukte, Geräte, Maschinen und Hilfsmittel sicherstellen, soweit dies zur Durchsetzung von Anordnungen nach Absatz 1 erforderlich ist.

(3) [1]Soweit bauliche Anlagen nicht genutzt werden und verfallen, kann die Bauaufsichtsbehörde die nach § 56 verantwortlichen Personen verpflichten, die baulichen Anlagen abzubrechen oder zu beseitigen, es sei denn, dass ein öffentliches

oder schutzwürdiges privates Interesse an ihrer Erhaltung besteht. [2]Für die Grundstücke gilt § 9 Abs. 1 Satz 1 und Abs. 2 entsprechend.

(4) Die Bauaufsichtsbehörde soll vor Anordnungen nach den Absätzen 1 und 3 die Angelegenheit mit den Betroffenen erörtern, soweit die Umstände nicht ein sofortiges Einschreiten erfordern.

Übersicht

A. Allgemeines

Der RegE **NBauO 1973** hatte in seinem § 75 nur eine Regelung für die Einstellung von Bauarbeiten und die Beseitigung von baulichen Anlagen vorgesehen und im Übrigen durch § 78 ergänzend auf das SOG verwiesen. Die NBauO 1986 hat das Verhältnis zum damaligen SOG verändert und ermächtigt die BauAB umfassend zu Maßnahmen zur Herstellung rechtmäßiger Zustände. Die **NBauO 1995** hat mit der Einfügung von Abs. 1 Nr. 2 und 3 weitere Maßnahmen wegen unzulässiger Verwendung von Bauprodukten hervorgehoben. Die Umbenennungen des Nds. SOG 1995 in NGefAG, dann 2004 zurück in NSOG und schlileßlich 2019 in NPOG gaben jeweils Anlass zur Änderung der Verweisungen auf das allgemeine Polizei- und Ordnungsrecht. Die **NBauO 2012** hat die Regelung über die baurechtswidrigen Zustände in den § 79 verlagert. Die aufgrund ihrer systematischen Nähe zur Beseitigungsanordnung neu hinzugefügte Maßnahme der Beseitigung verfallender baulicher Anlagen (Abs. 3) war zuvor in § 54 aF normiert. Der neue Absatz 2 entspricht § 89 Abs. 4 S. 2 aF, hingegen entfiel der zuvor in § 89 Abs. 4 S. 1 aF enthaltene Verweis auf die Durchsetzung mit Zwangsmitteln, denn diese ergeben sich ohnehin unmittelbar aus § 70 Abs. 1 NVwVG iVm §§ 64 NPOG. Dagegen ist der von der Regierung gemachte Vorschlag, auch bei der Auswahl des richtigen Adressaten auf die bisherige Regelung in § 89 Abs. 2 S. 1 zu verzichten und stattdessen auf die §§ 6–8 NPOG zurückzugreifen, aufgrund der sich nicht vollends deckenden Begriffe der Verantwortlichkeit in § 6 ff. NPOG und §§ 52–56 in den Ausschussberatungen abgelehnt worden (vgl. LT-Drs. 16/4621, 34; zum Regierungsvorschlag s. BegrRegE NBauO 2012, LT-Drs. 16/3195, 107). Daher wurde die Regelung aus § 89 Abs. 2 S. 1 und 2 aF durch die NBauO 2012 als Abs. 1 S. 3 und 4 in das Gesetz übernommen. Die **NBauO 2018** bewirkte außer redaktionellen Anpassungen keine Änderungen der Vorschrift. 1

B. Voraussetzungen bauaufsichtlichen Einschreitens

a) Allgemeines

Die BauAB darf nach § 79 nur einschreiten, wenn bauliche Anlagen, Grundstücke, Bauprodukte oder Baumaßnahmen dem öffentlichen Baurecht widersprechen oder dies zu besorgen ist. Eines besonderen Nachweises einer konkreten Gefahr bedarf es darüber hinaus dann nicht, wenn die BauAB durch sog. **„unselbständige Verfügungen"** aufgrund einer besonderen Vorschrift – wie es die Regel ist (dazu → § 3 Rn. 3) – und nicht aufgrund der baurechtlichen Generalklausel des § 3 tätig wird. Der Betroffene kann gegenüber einer solchen unselbständigen Verfügung nicht einwenden, eine konkrete Gefahr bestehe nicht. Er kann allenfalls geltend machen, die von ihm nicht beachtete Norm sei unwirksam. Am Beispiel verdeutlicht: Untersagt die BauAB die Nutzung eines Raumes als Aufenthaltsraum, weil die nach § 43 Abs. 1 erforderliche lichte Höhe nicht eingehalten ist, ist der Einwand, es entstünden dadurch keinerlei Gefahren, unbeachtlich. Zu prüfen ist allenfalls, ob die in dieser Vorschrift liegende Einschränkung der Baufreiheit mit Art. 14 Abs. 1 GG vereinbar ist. Anders liegt es jedoch, wenn der Widerspruch einer baulichen Anlage usw zum öffentlichen Baurecht allein in einem Verstoß gegen § 3 Abs. 1 liegt, zB in einer Verkehrsgefährdung: Hier wird das Blankett des § 79 durch die baurechtliche Generalklausel ausgefüllt; Voraussetzung für ein Einschreiten ist dann das Vorliegen einer konkreten Gefahr. 2

Das Schwergewicht der Aufgaben der BauAB im Rahmen des § 79 liegt auf dem Gebiet der **repressiven Tätigkeit**. Die BauAB wird idR tätig, wenn Anlagen usw dem öffentlichen Baurecht widersprechen, die Störung also bereits eingetreten ist. Das Übergewicht der repressiven gegenüber der präventiven Tätigkeit im Rahmen des § 79 liegt in den für die öffentliche Sicherheit notwendigen weitgehenden Anforderungen des öffentlichen Baurechts begründet: Eine Mauer, die einzustürzen droht, stellt nicht nur eine bevorste- 3 hende Gefahr für Leib und Leben von Passanten, sondern wegen ihrer fehlenden Standsicherheit (§ 12) bereits einen Widerspruch zum öffentlichen Baurecht dar.

4 Ein **Widerspruch** zum öffentlichen Baurecht ist **zu besorgen**, wenn der Eintritt der Störung im Einzelfall mit hinreichender Wahrscheinlichkeit (vgl. § 2 Nr. 1 NPOG) zu erwarten ist. Hinsichtlich des Grades der Wahrscheinlichkeit muss differenziert werden, je nachdem, welches Schutzgut auf dem Spiel steht (→ § 3 Rn. 18; Mann in EMS BauVerwRRn. 465). Insofern geht in die Prognose eine wertende Abwägung ein: Je größer und folgenschwerer der möglicherweise eintretende Schaden ist, desto geringer sind die Anforderungen, die an die **Wahrscheinlichkeitsprognose** gestellt werden können (OVG Münster 26.3.2003 – 7 A 4491/99, NWVBl. 2003, 386 (388)). Bei einer Gefahr für Leben und Gesundheit genügt bereits die entfernte Möglichkeit eines Schadenseintritts (OVG Münster 3.6.1997 – 5 A 4/96, NWVBl. 1998, 64 (65)).

5 Die Befugnis der BauAB zum Einschreiten setzt voraus, dass bauliche Anlagen, Grundstücke, Bauprodukte oder Baumaßnahmen dem öffentlichen Baurecht widersprechen. Aber auch **gegen eine Nutzung baulicher Anlagen oder Grundstücke**, die dem öffentlichen Baurecht widerspricht, kann die BauAB nach § 79 einschreiten. Das ist vor allem der Fall, wenn die bauliche Anlage eine solche Art der Nutzung nicht (mehr) zulässt. Wie sich aus Abs. 1 S. 2 Nr. 5 ergibt, ist die Befugnis der BauAB zum Einschreiten nach Abs. 1 S. 1 nicht auf ein Vorgehen gegen die bauliche Anlage selbst beschränkt.

6 Der **Widerspruch zum öffentlichen Baurecht** kann sowohl auf einem Verstoß gegen Vorschriften des formellen Rechts als auch auf einem Verstoß gegen materielle Bestimmungen beruhen. Die Unterscheidung ist von erheblicher Bedeutung, weil zur Herstellung oder Sicherung rechtmäßiger Zustände unterschiedliche Maßnahmen erforderlich sind (dazu → Rn. 26 ff.). Ein Widerspruch zu vertraglich – auch in einem gerichtlichen Vergleich – übernommenen Pflichten, die im öffentlichen Recht wurzeln, begründet keinen Widerspruch zum öffentlichen Baurecht iSd § 79, wie sich unmittelbar aus der Definition in § 2 Abs. 17 ergibt. Vielmehr muss die BauAB **vertragliche Ansprüche** vor dem VG einklagen (BVerwG 13.2.1976 – IV C 44.74, NJW 1976, 1516) bzw. die Vollstreckung aus gerichtlichen Vergleichen nach § 169 VwGO betreiben. Das gilt auch für Verstöße gegen Erschließungsverträge nach § 124 BauGB und Durchführungsverträge nach § 12 BauGB. Eine Ausnahme gilt insoweit für die Baulast als Grundlage einer Ordnungsverfügung (vgl. → § 81 Rn. 51 f.). Das VwVfG sieht in § 61 für öffentlich-rechtliche Verträge die Unterwerfung unter die sofortige Zwangsvollstreckung vor. Hat die BauAB einen öffentlich-rechtlichen Vertrag über die Schaffung rechtmäßiger Zustände bezüglich baulicher Anlagen geschlossen, ist der nachträgliche Erlass einer bauaufsichtlichen Verfügung nicht mehr erforderlich, wenn sich der Adressat der sofortigen Vollstreckung aus dem Vertrag unterworfen hat (VGH München 28.10.1996 – 14 B 94.1294, BRS 58 Nr. 219).

7 Der BGH (7.2.1985 – III ZR 179/83, NJW 1985, 1892) hat eine **Vereinbarung** einer Gemeinde mit einem Grundstückserwerber über die **Einhaltung der Festsetzungen** eines noch nicht wirksamen **B-Planes** wegen des engen Zusammenhangs mit dem Grundstückskauf dem Privatrecht zugeordnet. Den Anspruch der Gemeinde, das von der vertraglichen Vereinbarung abweichende Bauwerk entsprechend zu ändern, hat der BGH aber zu Recht davon abhängig gemacht, dass entsprechend dem bauaufsichtlichen Einschreiten gegen rechtswidrige Bauten ein öffentliches Interesse an der Änderung besteht. Das BVerwG (11.2.1993 – IV C 18/91, NJW 1993, 2695) hat diese Auffassung weitgehend bestätigt und ausgeführt, dass die Gemeinde die Erfüllung eines rechtmäßigen öffentlichen Interesses auch mit Mitteln des Privatrechts bewerkstelligen darf, wenn sie ihr dafür am besten geeignet erscheinen und keine öffentlich-rechtlichen Normen oder Rechtsgrundsätze entgegenstehen.

8 Das Einschreiten der BauAB ist **unabhängig von einem Verschulden** dessen, der für die Baurechtswidrigkeit nach §§ 52 ff. verantwortlich ist. Der Ordnungspflichtige kann eine Befolgung der von der BauAB angeordneten Maßnahmen auch nicht davon abhän-

gig machen, dass die BauAB etwaige Entschädigungsansprüche erfüllt (OVG Lüneburg 15.5.1974 – VI A 175/73, OVGE 30, 407).

b) Konkurrierende Eingriffsbefugnisse

Die BauAB hat bauliche Anlagen, Grundstücke, Bauprodukte und Baumaßnahmen nicht **9** nur auf die Einhaltung der Vorschriften der NBauO sowie der Vorschriften aufgrund der NBauO zu überwachen, vielmehr ermächtigt nach § 79 **jeder Widerspruch zum öffentlichen Baurecht** die BauAB zum Einschreiten. Diese Eingriffsbefugnis der BauAB ist unbedenklich, soweit die Vorschriften des öffentlichen Baurechts außerhalb der NBauO keine speziellen Rechtsgrundlagen für Maßnahmen der Fachbehörde bieten oder das Fachgesetz nur eine subsidiäre Zuständigkeit begründet. Ein Beispiel für eine subsidiäre Zuständigkeit findet sich in § 27 Abs. 4 NBrandSchG v. 18.7.2012 (Nds. GVBl. S. 269), zul. geänd. d. G v. 20.5.2019 (Nds. GVBl. S. 88): Die Anordnung der sich aus der Brandverhütungsschau ergebenden Maßnahmen obliegt den Landkreisen, soweit nicht die Zuständigkeit anderweitig gesetzlich bestimmt ist. Brandverhütungsmaßnahmen aufgrund der NBauO bzw. derjenigen Vorschriften, die aufgrund der NBauO erlassen wurden, hat die BauAB anzuordnen, auch wenn die entsprechenden Mängel bei der Brandverhütungsschau entdeckt worden sind.

Soweit andere Behörden als die BauAB die Einhaltung von Vorschriften des öffentlichen **10** Baurechts außerhalb der NBauO überwachen und Eingriffsbefugnisse haben, stellt sich die Frage, ob § 79 eine **zusätzliche Eingriffsbefugnis der BauAB** über § 102 Abs. 2 NPOG (Gefahr im Verzug) hinaus neben den Befugnissen der Fachbehörde begründet. Kann die BauAB beispielsweise ein Bauvorhaben stilllegen, wenn im Zuge einer Baumaßnahme eine Grundwasserabsenkung ohne wasserrechtliche Erlaubnis vorgenommen wird (vgl. die Zweifel des BGH 8.5.1980 – III ZR 27/78, NJW 1980, 5787)? Wo eine klare Abgrenzung der Zuständigkeiten ohne Doppelzuständigkeiten im Interesse einer effizienten Verwaltung und des Bürgers liegt, wird man nach dem klaren Wortlaut des § 79 auch eine zusätzliche Eingriffsbefugnis der BauAB im Grundsatz bejahen müssen (OVG Saarlouis 10.2.1989 – 2 R 193/86, BRS 49 Nr. 217). Denn nach der Definition des öffentlichen Baurechts in § 2 Abs. 17 ist die BauAB zur Anordnung von Maßnahmen zur Herstellung rechtmäßiger Zustände nicht nur dann befugt, wenn bauliche Anlagen ua der NBauO, Vorschriften aufgrund der NBauO oder dem städtebaulichen Planungsrecht widersprechen, sondern auch, wenn sie sonstigen Vorschriften des öffentlichen Rechts, die Anforderungen an bauliche Anlagen ua regeln, zuwiderlaufen (vgl. Köhler-Rott in Reichel/Schulte BauordnungsR-HdB, Kap. 15, Rn. 7 f.).

Die Eingriffsbefugnis der BauAB steht außer Frage, wenn die Anforderungen eines be- **11** stimmten Fachrechts durch eine interne Beteiligung der jeweiligen Fachbehörde im Baugenehmigungsverfahren gewährleistet werden (vgl. → § 69 Rn. 12 ff.). Selbst wenn eine Anlage nur **gegen Fachrecht verstoßen** sollte, korrespondiert die führende Rolle der BauAB im Baugenehmigungsverfahren mit ihrer vorrangigen Zuständigkeit für die Beseitigung rechtswidriger Zustände. Ob der Fachbehörde daneben eine zusätzliche Eingriffsbefugnis für mehr als nur vorläufige Maßnahmen, wie etwa die Stilllegung, zukommt, erscheint zweifelhaft. So wird die Befugnis der Waldbehörde nach § 8 Abs. 7 NWaldLG v. 21.3.2002 (Nds. GVBl. 2002 S. 112), zul. geänd. d. G v. 8.06.2016 (Nds. GVBl. S. 97) zur Anordnung einer Wiederaufforstung von Wald, der ohne die erforderliche Genehmigung in eine andere Nutzungsart umgewandelt worden ist, nur dann ausreichen, wenn das „Gewicht" des Verstoßes, wie zB bei Bodenbefestigungen, Aufschüttungen, Abgrabungen und Kleinstbauten, nicht so sehr in der baulichen Anlage, sondern in der Beseitigung bzw. Störung des Waldes liegt. Ebenso wenig schließt § 79 Maßnahmen der BauAB zur Durchsetzung von Anforderungen aus, die von einer anderen Behörde in einem gesonderten Verfahren geprüft werden, und Gegenstand eines selbständigen Zulassungsaktes sind (aA Vondung VBlBW 1998, 411). **Die Eingriffsbefugnis der BauAB entspricht dem Umfang der Prüfung im Baugenehmigungsverfahren**, in dem die BauAB die

Baugenehmigung idR auch erst nach Einholen der spezialgesetzlichen Genehmigungen erteilen darf (vgl. → § 70 Rn. 51 ff.). Die BauAB darf daher unbeschadet der Zuständigkeit anderer Fachbehörden Maßnahmen anordnen, so zB trotz Zuständigkeit der Naturschutzbehörde nach § 2 NAGBNatschG v. 19.2.2010 (Nds. GVBl. S. 104, zul. geänd. d. G v. 20.5.2019, Nds. GVBl. S. 88), wenn bauliche Anlagen einer LandschaftsschutzVO widersprechen. Allerdings wird sich die BauAB idR auf vorläufige Maßnahmen wie Baustilllegungen oder Nutzungsverbote beschränken und für eine unverzügliche Abstimmung mit der Fachbehörde sorgen müssen, um die Gefahr widersprüchlicher Anordnungen auszuschließen.

12 Praktische Bedeutung hat insbesondere die **Abgrenzung zwischen abfallrechtlichem und bauaufsichtlichem Einschreiten** erlangt. Ein Vorrang des bundesrechtlich geregelten Abfallregimes besteht nach der Rspr. des BVerwG (18.10.1991 – 7 C 2/91, BVerwGE 89, 138 zum AbfG) nur, soweit Maßnahmen aus Gründen gerade der ordnungsgemäßen Entsorgung von Abfällen ergriffen werden. Ist dagegen der Anknüpfungspunkt des behördlichen Handelns nicht oder jedenfalls nicht in erster Linie das Gebot der umweltgerechten Entsorgung von Abfällen, sondern die von bestimmten Sachen ausgehende Gefahr für anderweitig geschützte Rechtsgüter, so bleibt es bei den für die Abwehr dieser Gefahren maßgebenden Regelungen, auch wenn es sich, sozusagen zufällig, um Abfall handelt. So schließt das Kreislaufwirtschaftsgesetz trotz seiner Generalklausel in § 62 KrWG eine bauordnungsrechtliche Verfügung nach § 79 nicht aus, mit der dem Besitzer eines Grundstücks, der aufgrund einer Baugenehmigung sein Grundstück aufgeschüttet hat, aufgegeben wird, Boden zu entfernen, der entgegen der Baugenehmigung mit Straßenaufbruch belastet ist (BVerwG 10.11.1993 – 4 B 185.93, BRS 55 Nr. 197 zum AbfG). In gleicher Weise kann die BauAB gegen Schrottlagerplätze vorgehen, um dem Baurecht Geltung zu verschaffen (OVG Münster 31.10.1994 – 10 A 4084/92, BRS 56 Nr. 198: Schrottlagerplatz im faktischen Wohngebiet) oder im Zusammenhang mit der Anordnung, eine bauliche Anlage zu beseitigen, auch die Beseitigung des Abbruchmaterials verfügen (OVG Münster 3.2.1994 – 10 A 1149/91, BRS 56 Nr. 201). Allerdings muss die BauAB im Rahmen des Einschreitens die Anforderungen des Abfallrechts für die Entsorgung von Abfällen beachten und darf insbesondere dem ordnungspflichtigen Abfallbesitzer nichts aufgeben, was seinen aus dem Abfallbesitz folgenden Verpflichtungen aus dem KrWG zuwiderliefe (BVerwG 18.10.1991 – 7 C 2/91, BVerwGE 89, 138).

13 Problematisch erscheint eine Eingriffsbefugnis der BauAB aber in den Fällen, in denen in einem Baugenehmigungsverfahren nicht die BauAB, sondern die **Fachbehörde federführend** tätig wäre, weil die fachgesetzliche Genehmigung die Baugenehmigung einschließen würde (→ § 59 Rn. 19 ff.). Da in diesen Fällen die baurechtliche Beurteilung idR nur eine untergeordnete Rolle spielt, könnte eine Eingriffsbefugnis der BauAB, die die Genehmigungsfähigkeit jedenfalls nicht abschließend beurteilen kann, der Sachkompetenz der Fachbehörde widersprechen. Wird beispielsweise auf einem Grundstück ohne die erforderliche Abbaugenehmigung der **Naturschutzbehörde** Kies abgebaut, widerspricht der Abbau dem öffentlichen Baurecht. Da die Genehmigung für Abbauvorhaben nach § 8 NAGBNatschG die Baugenehmigung einschließt (§ 10 Abs. 1 NAGBNatschG), begegnet eine Befugnis der BauAB zu mehr als nur vorläufigen Maßnahmen, wie etwa der Einstellung des Abbaus, im Hinblick auf ihre begrenzte Sachkompetenz Bedenken. Entsprechendes muss auch für das Verhältnis von BauAB und **Immissionsschutzbehörde** bei einem Einschreiten gegen genehmigungsbedürftige Anlagen nach § 4 BImSchG gelten (vgl. BVerwG 2.12.1977 – IV C 75.75, BVerwGE 55, 118; vgl. aber auch § 76 Rn. 4). Nur soweit spezifisch baurechtliche Belange auf dem Spiel stehen, wird man der BauAB weitergehende Befugnisse zugestehen müssen. Die Zuständigkeit für unaufschiebbare Maßnahmen bleibt unberührt (§ 102 Abs. 2 NPOG).

c) Formelle Illegalität

Ein **genehmigungspflichtiges Vorhaben**, das **ohne die erforderliche Baugenehmigung oder abweichend von ihr** errichtet wird, ist formell illegal und rechtfertigt daher bauaufsichtliche Maßnahmen. Die Schutzwirkung einer Baugenehmigung (dazu → § 70 Rn. 5 ff.), der eine auflösende Bedingung beigefügt ist oder die nur befristet erteilt ist, endet mit Eintritt der Bedingung bzw. mit Ablauf der Frist: das entsprechende Bauwerk wird dann mindestens formell rechtswidrig. Ebenso führen Widerruf und Rücknahme der Baugenehmigung zur formellen Illegalität. Weicht der Bauherr bei der Durchführung des Vorhabens von der Baugenehmigung deutlich ab (OVG Münster 3.2.1987 – 10 A 29/87, BRS 47 Nr. 193; OVG Lüneburg 16.5.1986 – 6 A 93/85, BRS 46 Nr. 151) oder vollendet er das genehmigte Bauwerk nicht, ist die bauliche Anlage formell rechtswidrig (BVerwG 22.2.1965 – IV B 22.65, NJW 1965, 1195). Lässt sich nicht aufklären, ob für ein Bauwerk eine Baugenehmigung erteilt worden ist, geht dies zu Lasten dessen, der sich auf die formelle Legalität beruft (BVerwG 23.2.1979 – 4 C 86.76, NJW 1980, 252). Schließlich ist auch ein verfallenes Bauwerk, das keine funktionsgerechte Nutzung mehr zulässt, formell illegal, weil sich die Schutzwirkung der Baugenehmigung nur auf ein der Baugenehmigung entsprechend nutzbares Bauwerk bezieht (teilweise aA Mampel BauR 1996, 13, der die formelle Illegalität nur auf die fehlende Baufreigabe bezieht und die Schutzwirkung der Baugenehmigung bei der Begriffsbestimmung ausklammert). 14

Da **verfahrensfreie Baumaßnahmen** nach § 60 und **genehmigungsfreie Baumaßnahmen** nach §§ 61, 62 keiner Baugenehmigung bedürfen, können sie auch nicht formell illegal errichtet werden. Die Vereinbarkeit mit den materiellen Vorschriften des öffentlichen Baurechts (vgl. § 59 Abs. 2 S. 1) und ein bauaufsichtliches Einschreiten im Falle eines Verstoßes bleiben insoweit allerdings unberührt. Genehmigungsfreie Baumaßnahmen unterliegen einem bauaufsichtlichen Verfahren nur, soweit sie einer **Ausnahme, Befreiung oder Abweichung** bedürfen (§ 66 Abs. 1 u. 5; VGH Kassel 27.1.1989 – 4 TG 3800/88, BRS Nr. 176 – zu §§ 85 Abs. 2, 86 Abs. 2 aF). In diesen Fällen fallen formelle und materielle Illegalität zusammen. Erfüllt der Bauherr im **Freistellungsverfahren nach § 62** eine der ihm obliegenden Pflichten nach Abs. 3, 8 und 9 nicht, ist das Vorhaben formell illegal (Köhler-Rott in Reichel/Schulte BauordnungsR-HdB, Kap. 15, Rn. 147). Das gilt zB dann, wenn der Bauherr nicht alle nach § 62 Abs. 3 erforderlichen Unterlagen eingereicht hat, aber auch dann, wenn er mit dem Bau beginnt, bevor die Bestätigung nach Abs. 2 Nr. 3 vorliegt oder er die zu prüfenden bautechnischen Nachweise nicht erbringt (vgl. § 62 Abs. 2 Nr. 4 iVm § 65 Abs. 2 S. 3). Auch die Genehmigungsfreistellung ist an gewisse formelle Anforderungen gebunden; werden sie nicht erfüllt, kann sich der Bauherr nicht auf die Freistellung berufen, auch wenn sein Vorhaben materiell dem öffentlichen Baurecht entspricht. Anderes gilt für das **vereinfachte Baugenehmigungsverfahren nach § 63**, weil die BauAB eine Baugenehmigung erteilt, wenn auch aufgrund eines reduzierten Prüfprogramms (wohl aA Köhler-Rott, in Reichel/Schulte BauordnungsR-HdB, Kap. 15, Rn. 147). Die erteilte Baugenehmigung legalisiert das Vorhaben. Ein Verstoß gegen formelle Mitwirkungspflichten führt somit nicht zur formellen Illegalität der Baumaßnahme. Möglich bleiben die in → Rn. 14 genannten Konstellationen, etwa nur eine Rücknahme nach §§ 1 Abs. 1 NVwVfG iVm § 48 VwVfG. Hat der Bauherr eine der ihm obliegenden Pflichten verletzt, ist zB der Standsicherheitsnachweis nicht von einer nach § 65 Abs. 4 qualifizierten Person erstellt, lässt das die Wirksamkeit der erteilten Baugenehmigung gleichwohl unberührt. Erweist sich der Standsicherheitsnachweis als richtig, besteht kein Anlass zur Rücknahme der Baugenehmigung. Dagegen kann die BauAB die Baugenehmigung nach § 48 VwVfG zurücknehmen, wenn die Rettungswege, soweit ihre Prüfung im konkreten Fall erforderlich war (vgl. § 33 Abs. 2 S. 3 Hs. 2), sich nicht eignen oder der Standsicherheitsnachweis unrichtig ist, weil die Voraussetzungen des vereinfachten Baugenehmigungsverfahrens nicht vorlagen bzw. die Bauvorlagen dem öffentlichen Baurecht widersprachen. Sofern sich der Verstoß aus materiellen Vorschriften ergibt, die kein Prüfungsgegenstand im vereinfachten Baugenehmigungsver- 15 fahren waren, ist die BauAB zum Einschreiten berechtigt. Hinsichtlich dieser Anforderungen entwickelt die Baugenehmigung keine Legalisierungswirkung. Die Einschränkung des Prüfumfangs der BauAB im präventiven Bereich lässt die repressiven Befugnisse hinsichtlich des konkreten Vorhabens unberührt (Decker in Simon/Busse BayBO § 76 Rn. 99; auch → Rn. 19).

16 Eine formell illegale bauliche Anlage kann allein durch **Zeitablauf** diese Eigenschaft nicht verlieren (auch → Rn. 62). Wohl aber kann eine **Rechtsänderung** dazu führen, dass ein bislang genehmigungs- oder anzeigepflichtiges Vorhaben nunmehr genehmigungsfrei wird und damit seine formelle Illegalität verliert. Denkbar wäre dies etwa nach der Einführung der NBauO 2012, die den Anwendungsbereich der genehmigungsfreien Baumaßnahmen nach § 62 wesentlich erweitert hat und nun zB auch Gebäude und Anlagen der gewerblichen Nutzung, die bisher genehmigungsbedürftig waren, einbezieht (vgl. § 62 Abs. 1). Im umgekehrten Fall – die Genehmigungspflicht wird später eingeführt – hat der Betroffene den Nachweis, dass sein Bauwerk im Zeitraum der Genehmigungsfreiheit errichtet worden ist, ebenso zu führen wie sonst den Nachweis einer Baugenehmigung (vgl. BVerwG 23.2.1979 – 4 C 86.78, NJW 1980, 252). Bei baulichen Anlagen, die seit unvordenklichen Zeiten unbeanstandet bestehen, kann allerdings davon ausgegangen werden, dass sie rechtmäßig errichtet worden sind (Scheerbarth AllgBauordnungsR § 156; PrOVGE 68, 369).

17 Da Gegenstand der Baugenehmigung jeweils eine bauliche Anlage mit bestimmter Nutzung und Funktion ist, entzieht die **Änderung von Nutzung und Funktion** dem ursprünglichen Vorhaben die Identität, sofern sie die jeder Art von Nutzung eigene Variationsbreite überschreitet. Dies hat zur Folge, dass das geänderte Vorhaben nicht mehr von der Baugenehmigung gedeckt ist (BVerwG 15.11.1974 – IV C 32.71, BRS 28 Nr. 34). Diese Wirkung kommt allerdings nur Änderungen von Nutzung und/oder Funktion zu, die zu einer abweichenden baurechtlichen Beurteilung führen würden (vgl. → § 60 Rn. 97 ff.). Auf dieser Linie liegt auch die Rspr. zu den zweckentfremdeten früheren Wehrmachtsbaracken und Behelfsbauten aus der Kriegs- und Nachkriegszeit, deren formelle Legalität durch den Wegfall des Verwendungszwecks entfallen ist (OVG Schleswig 25.11.1991 – 1 L 115/91, BRS 54 Nr. 206 mit umfassenden Nachweisen der Rspr. des OVG Lüneburg). Entsprechendes gilt, wenn sich die Baugenehmigung durch endgültige Aufgabe der Nutzung erledigt (OVG Lüneburg 21.1.2000 – 1 L 4202/99, BRS 63 Nr. 120; BVerwG 21.11.2000 – 4 B 36.00, BRS 63 Nr. 121) oder die Baugenehmigung durch eine mehr als 3-jährige Unterbrechung der Nutzung erlischt (vgl. → § 71 Rn. 22 ff.).

18 Formell illegale bauliche Anlagen widersprechen dem öffentlichen Baurecht und rechtfertigen grundsätzlich ein Einschreiten der BauAB nach § 79 (vgl. Kischel DVBl 1996, 185). Das Genehmigungsverfahren ist keine lästige oder überflüssige Formalie, vielmehr dient das Genehmigungserfordernis als präventives Verbot der Überprüfung des mit dem Bauen verbundenen Gefahrenpotentials im Einzelfall (→ § 59 Rn. 5 ff.). Allerdings ist aus Gründen der **Verhältnismäßigkeit** nicht jede Maßnahme zulässig, wenn ein Bauwerk „nur" deshalb rechtswidrig ist, weil die Baugenehmigung fehlt, es aber ansonsten materiell genehmigungsfähig ist (vgl. → Rn. 27 ff.). Die Beseitigung einer baulichen Anlage, die nicht genehmigt, aber genehmigungsfähig ist, wird idR wegen des Substanzverlustes mit erheblichen Kosten verbunden sein und damit „zu einem Nachteil führen, der zu dem erstrebten Erfolg erkennbar außer Verhältnis steht" (§ 4 Abs. 2 NPOG). Der erstrebte Erfolg wird **idR mit milderen Mitteln** wie einem Nutzungsverbot bis zum Abschluss des Genehmigungsverfahrens gewährleistet.

d) Materielle Illegalität

19 Bauliche Anlagen, Baumaßnahmen oder Grundstücke, die **den materiellen Anforderungen des öffentlichen Baurechts nicht entsprechen**, sind materiell rechtswidrig. Allerdings schließt eine Baugenehmigung wegen ihrer Schutzwirkung (→ § 70 Rn. 5 ff.) einen „Durchgriff" auf die materielle Illegalität aus. Das gilt freilich nur, soweit das mate-

rielle Baurecht Prüfungsmaßstab im Baugenehmigungsverfahren war: verstößt ein Vorhaben, das unter das vereinfachte Baugenehmigungsverfahren nach § 63 fällt, gegen Vorschriften der NBauO, die nach § 63 Abs. 1 S. 2 nicht zu prüfen sind, schützt auch eine Baugenehmigung nicht vor Maßnahmen der BauAB nach § 79 (vgl. bereits → Rn. 15 und → § 59 Rn. 12; § 63 Rn. 13 f.). Die materielle Illegalität hängt nicht von der Genehmigungsbedürftigkeit einer baulichen Anlage ab, weil auch genehmigungsfreie Vorhaben dem materiellen öffentlichen Baurecht entsprechen müssen (vgl. § 59 Abs. 3 S. 1). Auch die Unvereinbarkeit einer baulichen Anlage mit einer durch **Baulast** (§ 81) gesicherten Verpflichtung kann die materielle Illegalität begründen: Wenn der Bauherr eine Abstandsbaulast nach § 6 Abs. 2 zugunsten seines Nachbarn übernommen hat, muss er selbst von der „gedachten" Grenze iSd § 6 Abs. 2 Abstand halten und es reicht nicht aus, dass er Abstand von der Grundstücksgrenze hält.

Umstritten ist, ob eine bauliche Anlage bzw. ihre Nutzung schon deshalb materiell illegal **20**
ist, weil – bei unveränderter Sach- und Rechtslage – ein entsprechender Bauantrag unanfechtbar abgelehnt worden, eine befristete Baugenehmigung abgelaufen, eine Auflage unanfechtbar geworden oder eine Baugenehmigung unanfechtbar widerrufen worden ist. Geht man davon aus, dass die **Versagung der Baugenehmigung** – soweit es sich um eine Sachentscheidung handelt und die Baugenehmigung nicht nur wegen fehlenden Sachbescheidungsinteresses abgelehnt worden ist – die Feststellung einschließt, dass das Bauvorhaben baurechtswidrig ist (vgl. → § 67 Rn. 20 f.; § 70 Rn. 5), hat die bestandskräftige Versagung der Baugenehmigung die materielle Illegalität zur Folge. Auch eine **befristete, auflösend bedingte oder widerrufliche Baugenehmigung** schränkt nach der Rspr. des BVerwG (10.12.1982 – 4 C 52.78, BRS 39 Nr. 80; aA wohl OVG Münster 2.12.1987 – 11 A 408/86, BRS 48 Nr. 145) den Umfang des Bestandsschutzes (vgl. aber auch → § 85 Rn. 27) mit der Folge ein, dass der Bauherr gegenüber einem späteren Beseitigungsverlangen sich nicht auf die uneingeschränkte materielle Legalität während der Dauer der Wirksamkeit der Genehmigung berufen kann. In dem vom BVerwG entschiedenen Fall, in dem eine Jagdhütte befristet für die Dauer der Jagdpacht des Bauherrn genehmigt worden war, hätte es keiner Äußerung zur Einschränkung des Bestandsschutzes bedurft, weil durch den Ablauf der Jagdpacht die Privilegierung entfiel. Bedeutung erlangt eine **bestandskräftige Einschränkung der Baugenehmigung** jedoch bei einer **zwischenzeitlichen Rechtsänderung**: kann sich der Bauherr, der eine befristete Baugenehmigung hingenommen hat, nach Ablauf der Genehmigung auf die ursprüngliche uneingeschränkte materielle Legalität berufen, wenn sich inzwischen die Rechtslage zu seinen Ungunsten geändert hat? Im Urteil vom 31.7.1964 – I C 132.59, DVBl 1965, 280 (m Anm Weyreuther) hat das BVerwG die Berufung auf die frühere Legalität davon abhängig gemacht, ob die eingeschränkte Genehmigung „die Verneinung der Legalität zum Ausdruck gebracht hat oder in sonst erkennbarer Weise ihre spätere Geltendmachung ausschließen wollte". Die apodiktische Wendung im Urteil vom 10.12.1982 – 4 C 52.78, BRS 39 Nr. 80, die unanfechtbare Nebenbestimmung beschränke den Umfang des Bestandsschutzes, dürfte allerdings die im Urteil vom 31.7.1964 als entscheidend angesehene Frage, welche Bedeutung der Nebenbestimmung im Einzelfall zukomme, erübrigen. Zweifelhaft ist, ob das BVerwG mit dem Urteil vom 10.12.1982 die im Urteil vom 6.6.1975 (– IV C 15.73, BVerwGE 48, 271) vertretene Auffassung, die Bestandskraft unanfechtbarer baubehördlicher Entscheidungen sei ohne Einfluss auf die materielle Legalität, nunmehr aufgegeben hat.

§ 79 macht ein Einschreiten der BauAB nicht davon abhängig, dass bauliche Anlagen im **21**
Widerspruch zum öffentlichen Baurecht errichtet, geändert oder genutzt werden, sondern stellt auf den **Widerspruch zum öffentlichen Baurecht im Zeitpunkt des bauaufsichtlichen Einschreitens** ab. Im Zusammenhang mit § 85 ergibt sich aus dieser Formulierung, dass der Gesetzgeber „Schwarzbauten" unabhängig von dem zzt. ihrer Errichtung geltenden materiellen öffentlichen Baurecht ausschließlich dem „neuen" materiellen Recht unterstellen wollte. Dieser unterschiedliche zeitliche Ansatz wirkt sich in der Praxis in den Fällen aus, in denen sich nach der Errichtung der baulichen Anlage

ohne Baugenehmigung die Rechtslage zuungunsten des Bauherrn ändert und die Anlage materiell unzulässig wird. In diesen Fällen hält eine bislang noch stark vertretene Ansicht eine Beseitigungsanordnung für unzulässig, weil bauliche Anlagen, die irgendwann während ihres Bestehens dem materiellen öffentlichen Baurecht entsprachen, im Hinblick auf Art. 14 GG **Bestandsschutz** genössen (BVerwG 28.6.1956 – I C 93.54, BVerwGE 3, 351; Sendler FS Ernst, 1980, 403 ff.; Wehr DV 38 (2005), 65, 66 f.; Köhler-Rott in Reichel/Schulte BauordnungsR-HdB, Kap. 15, Rn. 332). § 79 wurde daher lange Zeit einschränkend dahin ausgelegt, dass ein Widerspruch zum materiellen öffentlichen Baurecht, der ein Einschreiten der BauAB rechtfertigt, nur vorliege, wenn die Anlage zeit ihres Bestehens dem jeweils geltenden materiellen öffentlichen Baurecht widersprach und der Bestandsschutz nicht ausgelaufen ist.

22 Diese Rechtsansicht, die auch dieser Kommentar bis zur 5. Auflage geteilt hat, ist mit dem **Wortlaut des § 79** und der **Eigentumsdogmatik des BVerfG** (BVerfG 12.6.1979 – 1 BvL 19/76, BVerfGE 52, 1; 15.7.1981 – 1 BvL 77/78, BVerfGE 58, 300) **nicht vereinbar** (Schmaltz FS Götz, 2005, 455 ff.; Koch/Hendler, Baurecht, Raumordnungs- und Landesplanungsrecht, 6. Aufl. 2015, § 25 Rn. 117; vgl. auch BVerwG 12.3.1998 – 4 C 10/97, NVwZ 1998, 842). Art. 14 Abs. 1 S. 1 GG weist dem Gesetzgeber die Aufgabe zu, Inhalt und Schranken des Eigentums zu bestimmen. Deshalb darf § 79 als gesetzliche Regelung nicht unter Berufung auf einen aus Art. 14 Abs. 1 S. 1 GG abgeleiteten Bestandsschutz überspielt werden, vielmehr müsste § 79 dem BVerfG zur Prüfung vorgelegt werden, wenn mit dem Widerspruch zum öffentlichen Baurecht im Zeitpunkt der Beseitigungsanordnung als Voraussetzung bauaufsichtlichen Einschreitens der von der Verfassung gebotene Ausgleich zwischen privaten Interessen des Einzelnen und dem Gemeinwohl verfehlt würde. Davon kann aber keine Rede sein. Das Genehmigungsverfahren stellt keine überflüssige Formalie dar, sondern eine zulässige Inhaltsbestimmung des Eigentums, weil es nicht nur der Prüfung des Bauvorhabens am Maßstab des geltenden Rechts dient, sondern auch über die Beteiligung der Gemeinde nach § 36 BauGB den Einsatz der Instrumente zur Sicherung der Bauleitplanung (§§ 14 f. BauGB) ermöglicht (Schmaltz FS Götz, 2005, 468 f.; Erbguth/Schubert in EMS Rn. 1306). Die Belange des Eigentümers werden durch das Genehmigungsverfahren nicht unangemessen hintangestellt, weil es jedem Bauherrn zumutbar ist, eine Baugenehmigung zu beantragen, soweit die von ihm beabsichtigte Baumaßnahme genehmigungspflichtig ist.

23 Ist die Genehmigungspflicht eine zulässige Inhaltsbestimmung des Eigentums, darf der Landesgesetzgeber die Eingriffsbefugnisse davon abhängig machen, dass **bauliche Anlagen dem öffentlichen Baurecht (zur Zeit der bauaufsichtlichen Anordnung!) entsprechen** und muss nicht darauf abstellen, dass sie zeit ihres Bestehens dem öffentlichen Baurecht widersprechen. In der Vergangenheit genehmigte bauliche Anlagen schützt die in der Baugenehmigung enthaltene Feststellung der Vereinbarkeit mit dem öffentlichen Baurecht vor bauaufsichtlichen Maßnahmen nach § 79, unabhängig von der wahren Rechtslage. Bauliche Anlagen, die ohne die erforderliche Baugenehmigung, aber im Einklang mit dem seinerzeit geltenden öffentlichen Recht errichtet worden sind, unterliegen dagegen bauaufsichtlichen Maßnahmen. Beschränkt sich der Rechtsverstoß auf das Fehlen der Baugenehmigung, kommen bis zu ihrer Nachholung nur Nutzungsverbot und Baueinstellung in Betracht, eine Beseitigungsanordnung wäre unverhältnismäßig. Widerspricht die Anlage wegen einer zwischenzeitlichen Rechtsänderung auch dem derzeit geltenden öffentlichen Baurecht, ist die Erteilung einer Baugenehmigung ausgeschlossen und es bleibt zur Herstellung rechtmäßiger Zustände ggf. nur die Beseitigung, es sei denn, der Widerspruch zum öffentlichen Baurecht kann durch eine Befreiung ausgeräumt werden (vgl. → § 66 Rn. 21 ff.).

24 Anzumerken ist, dass auch für LBauOen, die die Eingriffsbefugnisse davon abhängig machen, dass bauliche Anlagen im Widerspruch zu öffentlich-rechtlichen Vorschriften errichtet worden sind, nichts anderes gilt. Auch die **fehlende Baugenehmigung begründet** nämlich einen **Verstoß gegen öffentliches Recht.** Ist die bauliche Anlage im Einklang mit dem materiellen Recht errichtet und die Rechtslage unverändert, kann das

Baugenehmigungsverfahren nachgeholt werden. Hat sich die Rechtslage zuungunsten des Bauherrn geändert, kann der bauliche Bestand gegenüber einer Beseitigungsanordnung nicht unter Hinweis auf einen aus Art. 14 Abs. 1 GG abgeleiteten Bestandsschutz verteidigt werden (vgl. Mampel ZfBR 2002, 327). Ansonsten würde in bestimmten Konstellationen ein Schwarzbau gegenüber Bauten bevorzugt, für die eine Genehmigung beantragt wird, nämlich dann, wenn während der Bearbeitung des Bauantrags eine Rechtsänderung eintritt, die eine Genehmigungsfähigkeit entfallen lässt (Muckel/Ogorek, ÖffBauR, § 9 Rn. 33; Erbguth/Schubert in EMS BesVerwR Rn. 1306).

Bedeutung behält der **„Bestandsschutz" für verfahrensfreie Baumaßnahmen** nach 25
§ 60 und von der Genehmigung **freigestellte Baumaßnahmen nach § 62.** Wer im Vertrauen auf die Genehmigungsfreiheit eine bauliche Anlage im Einklang mit dem öffentlichen Baurecht errichtet, muss auch dann – von „Nachrüstpflichten" abgesehen – vor Maßnahmen der BauAB nach § 79 geschützt sein, wenn sich nach Errichtung der baulichen Anlage die Rechtslage zu seinen Ungunsten ändert. Dabei handelt es sich aber nicht um einen durch Art. 14 Abs. 1 GG gewährleisteten Bestandsschutz, der unter Umgehung des einfachen Rechts Ansprüche aus der Verfassung herleitet, sondern um Vertrauensschutzgesichtspunkte, die vor dem Hintergrund des Art. 14 Abs. 1 GG ein besonderes Gewicht gewinnen (vgl. auch Aichele/Herr NVwZ 2003, 415 (419); Mann FS Götz, 2005, 465 (482)).

C. Maßnahmen der BauAB

§ 79 ermächtigt die BauAB umfassend zu Maßnahmen, die zur Herstellung oder Siche- 26
rung rechtmäßiger Zustände erforderlich sind. Welche Maßnahmen im Einzelfall zu ergreifen sind, bestimmt sich daher maßgeblich danach, worin der Widerspruch zum öffentlichen Baurecht liegt. Die **gebräuchlichsten Maßnahmen** zählt § 79 Abs. 1 S. 2 auf, wobei hinsichtlich der Reihenfolge keine Trennung von formeller und/oder materieller Illegalität vorgenommen wird. Während nämlich die Einstellung rechtswidriger Bauarbeiten (Nr. 1 Alt. 1) und das Benutzungsverbot (Nr. 5) idR nur formelle Illegalität voraussetzen (OVG Lüneburg 11.5.2015 – 1 ME 31/15, NdsVBl 2015, 304 (305); 18.9.2015 – 1 ME 126/15, NdsVBl 2016, 56), kann die Ausführung erforderlicher Arbeiten (Nr. 1 Alt. 2) und die Beseitigung von Anlagen oder Teilen von Anlagen (Nr. 4) grundsätzlich nur angeordnet werden, wenn dies auch vom materiellen öffentlichen Baurecht her geboten ist. Zu Überschneidungen mit den städtebaulichen Geboten der §§ 175 ff. BauGB vgl. → Rn. 35 und 38.

a) Einstellung der Bauarbeiten (Stilllegungsverfügung) und Nutzungsverbot (Abs. 1 S. 2 Nr. 1 u. 5)

Die Einstellung von Bauarbeiten (Stilllegungsverfügung) und das Nutzungsverbot kön- 27
nen bei genehmigungspflichtigen Vorhaben nach der stRspr des OVG Lüneburg (s. nur OVG Lüneburg 28.2.2005 – 1 ME 314/04, NVwZ-RR 2005, 607; 11.5.2015 – 1 ME 31/15, NdsVBl 2015, 304 (305); 18.9.2015 – 1 ME 126/15, NdsVBl 2016, 56) grundsätzlich bereits dann angeordnet werden, wenn eine **Baugenehmigung nicht erteilt** ist bzw. das Vorhaben abweichend von der Genehmigung errichtet oder genutzt wird (ebenso OVG Koblenz 22.5.1996 – 8 A 11880/95, BRS 58 Nr. 202; OVG Münster 12.7.2007 – 7 E 664/07, ZfBR 2007, 702; VG Lüneburg 21.4.2009 – 2 B 37/09, BeckRS 2009, 34545; jedenfalls bei erheblichen Abweichungen von der Baugenehmigung, OVG Lüneburg 16.6.2014 – 1 ME 70/14, NVwZ-RR 2014, 802 (803) sowie VGH München 11.09.2017 – 1 ZB 16.2186, NJW Spezial 2017, 654; Köhler-Rott in Reichel/Schulte BauordnungsR-HdB, Kap. 15, Rn. 332; Muckel/Ogorek, ÖffBauR, § 9 Rn. 40 f.; Stollmann/Beaucamp, ÖffBauR, § 19 Rn. 14; Jäde, Bauaufsichtliche Maßnahmen, 4. Aufl. 2012, Rn. 264; aA für das Nutzungsverbot FOO S. 200; VGH Mannheim 22.1.1996 – 8 S 2964/95, BRS 58 Nr. 201: Auch materielle Illegalität erforderlich). Entsprechendes gilt bei genehmi-

gungsfreien Baumaßnahmen nach § 62, wenn der Bauherr vor dem Einreichen der Unterlagen (§ 62 Abs. 3) mit der Baumaßnahme begonnen hat (→ § 62 Rn. 54) oder andere ihm nach § 62 obliegende Pflichten verletzt hat (→ Rn. 15). Ohne Baugenehmigung wird ein Bauwerk auch dann errichtet, wenn zwar eine Baugenehmigung erteilt worden ist, der Bauherr aber wegen der aufschiebenden Wirkung eines Nachbarwiderspruchs noch keinen Gebrauch oder keinen Gebrauch mehr von ihr machen darf (vgl. → § 68 Rn. 242). Die Baugenehmigung soll gewährleisten, dass bauliche Anlagen und ihre Nutzung dem öffentlichen Baurecht entsprechen und damit die Gefahren für die öffentliche Sicherheit ausschließen, die dadurch entstehen können, dass bauliche Anlagen und ihre Nutzung dem öffentlichen Baurecht widersprechen. Um die Einhaltung des Genehmigungsverfahrens durchzusetzen, beseitigen Baueinstellung und Nutzungsverbot den zeitlichen Vorsprung desjenigen, der „schwarz" baut bzw. mit der Nutzung vor Erteilung der Baugenehmigung beginnt.

28 Die formelle Illegalität reicht als Voraussetzung für Baueinstellung und Nutzungsverbot allerdings nicht aus, wenn die **Genehmigungsfähigkeit** offensichtlich ist (OVG Lüneburg 11.5.2015 – 1 ME 31/15, NdsVBl 2015, 304 (305); VGH München 5.12.2005 – 1 B 03/2608, BauR 2006, 1882; stRspr). Wenn die BauAB ohne weitere Ermittlungen erkennen kann, dass die bauliche Anlage genehmigungsfähig ist, sind Gefahren für die öffentliche Sicherheit ausgeschlossen (vgl. Kischel DVBl 1996, 185). Ein Nutzungsverbot ist auch zulässig, wenn eine Nutzung im Einklang mit öffentlichem Recht aber ohne Baugenehmigung aufgenommen worden ist, aber heute dem öffentlichen Recht widerspricht, weil der Bestandsschutz das einfache Recht (§ 79) nicht überspielen kann (→ Rn. 22 ff.; aA OVG Saarlouis 9.3.1984 – 2 R 175/82, BRS 42 Nr. 227). Hat die BauAB allerdings durch ihr eigenes Verhalten Anlass dazu gegeben, dass der Betroffene im Vertrauen auf die Zulässigkeit einer Nutzungsänderung Aufwendungen gemacht hat, kann das Nutzungsverbot nicht allein auf die fehlende Baugenehmigung gestützt werden: Hat die BauAB zB nach altem Recht eine Ölfeuerungsanlage für die Nutzung eines Nebengebäudes zu Aufenthaltszwecken genehmigt, kann das Nutzungsverbot nicht allein mit der fehlenden Baugenehmigung für die Nutzungsänderung zu Aufenthaltsräumen begründet werden (vgl. dazu OVG Lüneburg 27.2.1981 – 1 A 64/79, BRS 38 Nr. 205; → Rn. 62 ff.).

29 **Stilllegungsverfügung und Nutzungsverbot** sind aber nicht auf Fälle der **formellen Illegalität beschränkt.** Bei **verfahrensfreien Vorhaben** nach § 60 ist für beide Maßnahmen materielle Baurechtswidrigkeit erforderlich. Bei **genehmigungsfreien Baumaßnahmen** nach § 62 können Abweichungen von den Bauvorlagen (formelle Illegalität) eine Baueinstellung rechtfertigen, während Baumaßnahmen, die den Bauvorlagen entsprechen, nur stillgelegt werden dürfen, wenn sie dem (materiellen) öffentlichen Baurecht widersprechen. Die Stilllegung der Bauarbeiten kommt auch in Betracht, wenn zB bei der Bauüberwachung (§ 76) die Abweichung von technischen Baubestimmungen festgestellt wird, ohne dass die Voraussetzungen nach § 83 Abs. 2 S. 2 vorliegen, oder wenn dem Bauunternehmer die erforderliche Sachkunde fehlt (OVG Lüneburg 4.2.1975 – VI B 97/74, BRS 29 Nr. 180). Ein Nutzungsverbot kommt auch bei technischen Mängeln, die sich nicht unbedingt als Abweichungen von der Baugenehmigung darstellen müssen, in Frage (OVG Münster 10.9.1970 – X B 326/70, BRS 23 Nr. 200). Zur Verwendung fehlerhafter Bauprodukte vgl. → Rn. 39.

b) Beseitigungsanordnung (Abbruchverfügung), Abs. 1 S. 2 Nr. 4, Abs. 3

30 Die Beseitigung von Anlagen schafft idR vollendete Tatsachen, so dass sie nicht als vorläufige Maßnahme bis zum Abschluss des nachträglichen Genehmigungsverfahrens ergehen darf, sondern grundsätzlich nur aufgrund einer die **materielle Rechtslage** berücksichtigenden Entscheidung. IdR setzt die Beseitigungsanordnung daher voraus, dass die betreffende bauliche Anlage nicht genehmigt (→ Rn. 14) und in ihrer derzeitigen Nutzung und Funktion rechtswidrig ist (→ Rn. 21 ff.; dort auch zur überkommenen abw.

Meinung, die auf eine materielle Rechtswidrigkeit während der gesamten Zeit des Bestehens abhebt). In den seltenen Fällen, in denen sich die materielle Rechtslage zuungunsten des Bauherrn geändert hat, bleibt die Möglichkeit einer Befreiung zu prüfen (vgl. → Rn. 23). Unter **„Beseitigung"** iSd 79 Abs. 1 Nr. 4 ist die vollständige Entfernung der baulichen Anlage einschließlich der durch den Abbruch entstehenden Substanzen von dem Grundstück und ggf. die Verfüllung verbliebener Bodenvertiefungen, also eine Wiedereinebnung des Bauplatzes, zu verstehen (OVG Lüneburg 28.7.2011 – 1 LA 239/10, RdL 2011, 273). Daher darf die BauAB zusätzlich zur Abbruchanordnung dem Pflichtigen auch aufgeben, angefallenen Schutt und etwaige Baumaterialien zu entfernen (OVG Münster 3.2.1994 – 10 A 1149/91, BRS 56 Nr. 210). Ist die **Beseitigung ohne Eingriff in die Substanz** möglich, wie bei Wohnwagen und idR bei Werbeanlagen, dann rechtfertigt bereits formelle Illegalität die Beseitigung (OVG Lüneburg 29.3.1984 – 1 A 164/82, BRS 42 Nr. 213: Wohnwagen und transportable Holzgebäude; anders bei einer Werbeanlage, die nur unter erheblichem Substanzverlust bzw. mit unverhältnismäßigem Aufwand beseitigt werden kann: OVG Bautzen 2.6.1998 – 1 S 275/98, BRS 60 Nr. 134) oder einer großflächigen Aufschüttung, deren Entfernung mit unverhältnismäßigem Kostenaufwand verbunden ist (OVG Lüneburg 2.6.1998 – 6 M 2171/98, BeckRS 2005, 21155). Eine Beseitigungsanordnung, die sich auf eine **leicht aufbaubare bauliche Anlage** bezieht, enthält zugleich das Verbot der Wiedererrichtung am wesentlich selben Standort (VGH Mannheim 28.3.2007 – 8-S 159/07, DÖV 2007, 571). Hat die BauAB den Widerruf oder die Rücknahme der Baugenehmigung mit einer Beseitigungsanordnung verbunden, ohne die sofortige Vollziehung des Widerrufs oder der Rücknahme anzuordnen, darf die Frist für die Beseitigung erst mit der Bestandskraft des Bescheides in Lauf gesetzt werden, damit der Rechtsschutz des Betroffenen nicht verkürzt wird (OVG Lüneburg 13.7.1994 – 1 L 5561/92, NVwZ 1996, 605).

Einen **Sonderfall** der Beseitigungsverfügung regelt § 79 Abs. 3, der den **Abbruch verfallender baulicher Anlagen** betrifft. Diese Vorschrift war früher in § 54 aF normiert und ist aus systematischen Gründen durch die NBauO 2012 in § 79 eingefügt worden (zur Entstehungsgeschichte des § 54 aF vgl. Wiechert § 54 Rn. 1 in der 8. Aufl. dieses Kommentars). Entsprechende Vorschriften finden sich zunehmend auch in den BauOen anderer Länder (vgl. etwa § 79 Abs. 2 BremLBO, § 74 Abs. 2 BbgBO, § 82 RhPfBauO, § 79 Abs. 2 ThürBauO, ähnlich § 59 Abs. 2 S. 1 Nr. 3 SchlHBauO („Ruinen"); vgl. auch die Darstellung von Guckelberger NVwZ 2010, 743 sowie von Struzina/Lindner, NVwZ 2016, 289). Zweck dieser Vorschrift ist nicht, die Eingriffsbefugnis der BauAB zeitlich vor das Auslaufen der Schutzwirkung der Baugenehmigung zu verlagern, sondern bei ungenutzten, im Verfall begriffenen baulichen Anlagen der BauAB den **Nachweis im Einzelfall zu ersparen, dass eine Verunstaltung nach § 10** vorliegt. Zwar wirken verfallende Bauten im Allgemeinen verunstaltend, so dass die BauAB hiergegen schon nach § 79 Abs. 1 iVm § 3 Abs. 3 bzw. § 10 vorgehen könnte. Da der sehr unbestimmte Begriff der Verunstaltung nicht leicht zu handhaben ist (vgl. → § 3 Rn. 50 ff., § 10 Rn. 17), enthebt die Vorschrift des § 79 Abs. 3 die BauAB dieser Schwierigkeit, indem sie die Verunstaltung hier gewissermaßen unwiderleglich vermutet. Sie dient also wie § 10 der Pflege des Orts- und Landschaftsbildes. Zugleich soll sie, wie S. 2 mit der Verweisung auf § 9 Abs. 1 S. 1 und Abs. 2 erkennen lässt, dazu beitragen, dass Boden nicht unnütz durch abgängige Bausubstanz „versiegelt" bleibt. 31

Die Vorschrift betrifft nur solche **bauliche Anlagen** (§ 2 Abs. 1), die **nicht genutzt** werden. Dabei ist unerheblich, ob eine Nutzung aufgegeben oder nie begonnen wurde (so auch Lang in Jeromin LBauO RhPf. § 82 Rn. 2). Im Lichte der Eigentumsgarantie des Art. 14 GG ist das Tatbestandsmerkmal der „Nichtnutzung" allerdings restriktiv auszulegen, so dass die Anlage zumindest für einen längeren Zeitraum nicht genutzt worden sein darf (OVG Koblenz 22.4.1999 – 1 A 11193/98, NVwZ-RR 1999, 718; 21.7.2015 – 8 A 10516/15, NVwZ-RR 2015, 846 (847): Mindestens über mehrere Jahre hinweg). Eine kurze Zeitspanne des Nichtgebrauchens reicht demnach nicht aus. Nicht mehr genutzt ist auch eine Werbeanlage, wenn das Unternehmen, für das sie wirbt, nicht mehr 32 besteht oder der angepriesene Artikel nicht mehr auf dem Markt ist. Wenn zwar nicht das Bauwerk, aber das Grundstück genutzt wird, zB als Abstellplatz, steht das der Anwendung des § 79 Abs. 3 nicht entgegen. Die bauliche **Anlage muss verfallen** (anschaulicher noch § 54 aF: „im Verfall begriffen" sein). Kennzeichnend hierfür ist, dass die Anlage in ihrer baulichen Substanz beeinträchtigt und eine Vergrößerung der vorhandenen Schäden zu erwarten ist, ohne dass eine völlige Unbrauchbarkeit oder Zerstörung der Bausubstanz bereits eingetreten sein müsste (OVG Lüneburg 25.4.2018 – 1 LB 69/17, NdsVBl 2018, 303 (304)). Dabei ist unerheblich, aus welchem Grund die Anlage verfällt und ob dem Eigentümer etwa ein Verschulden vorzuwerfen ist (OVG Lünebrug 15.11.2013 – 1 LA 65/13, BauR 2014, 1132; OVG Koblenz 21.7.2015 – 8 A 10516/15, NVwZ-RR 2015, 846 (847) zu § 82 LBauO RhPf.). Schäden können sich infolge Abnutzung, Witterung, Kriegseinwirkung, aber auch Vandalismus ergeben. Das Stadium des Verfalls entscheidet dabei auch über den Bestandsschutz (vgl. Goldschmidt DVBl 2011, 591). Kann die Anlage nicht mehr in einen nutzbaren Zustand versetzt werden bzw. wären hohe und unwirtschaftliche Kosten für die Sanierung erforderlich, so ist von einem Verfall und damit auch vom Verlust des Bestandsschutzes auszugehen. Denn der Bestandsschutz endet gerade dort, wo eine schützende Substanz oder deren Nutzung ganz oder teilweise nicht mehr vorhanden ist (BVerwG 30.6.1969 – IV CB 118.69, BauR 1970, 96). Sind **Maßnahmen** getroffen worden oder im Gange, **die den Verfall aufhalten sollen**, ist § 79 Abs. 3 nicht anwendbar (OVG Lüneburg 25.4.2018 – 1 LB 69/17, NdsVBl 2018, 303 (304)). Eine bloße Absichtserklärung reicht hingegen nicht aus (OVG Koblenz 21.7.2015 – 8 A 10516/15, NVwZ-RR 2015, 846 (847) zu § 82 LBauO RhPf.). Wie das Wort **„soweit"** deutlich macht, ist § 79 Abs. 3 auch anwendbar, wenn nur Teile eines Bauwerks ungenutzt sind und verfallen. Die BauAB kann dann den Abbruch dieser Teile verlangen. Zu Fällen der Herrenlosigkeit von Grundstücken infolge vorheriger **Dereliktion** vgl. BVerwG 11.4.2003 – 7 B 141/02, NJW 2003, 2255; OVG Lüneburg 29.6.2017 – 1 ME 70/17, NdsVBl 2018, 178; Schröder NdsVBl 2018, 166 ff.

33 § 79 Abs. 3 ist **nicht anwendbar**, wenn ein öffentliches oder schutzwürdiges privates **Interesse an der Erhaltung** der baulichen Anlage besteht. Ein öffentliches Erhaltungsinteresse liegt insbesondere vor, wenn es sich um ein Baudenkmal iSd § 3 Abs. 2 oder 3 NDSchG handelte oder auch einer der Gründe vorliegen sollte, die eine Erhaltungssatzung nach § 172 BauGB rechtfertigen. Ein schutzwürdiges privates Interesse ist vor allem dann gegeben, wenn der Eigentümer oder sonstige Nutzungsberechtigte das Bauwerk wiederherstellen oder die noch vorhandene Substanz in einen neuen Bau einbeziehen will. Es muss sich aber um eine ernsthafte Absicht handeln, deren Verwirklichung nicht unmöglich erscheint (OVG Lüneburg 25.4.2018 – 1 LB 69/17, NdsVBl 2018, 303 (304 f.); OVG Koblenz, 21.7.2015 – 8 A 10516/15, NVwZ-RR 2015, 846), und sie muss auch mit öffentlichem Baurecht (vgl. § 2 Abs. 17) vereinbar sein. Der bloße Wunsch, das Grundstück zu verkaufen, reicht nicht aus. In Anbetracht der insoweit kollidierenden Belange muss die **beabsichtigte Erhaltungsmaßnahme** allerdings in absehbarer Zeit erfolgen. Je länger der Zeitraum dauert, in dem sich die Anlage in einem verwahrlosten Zustand befindet, desto konkreter müssen die Anhaltspunkte für eine ernsthafte und zeitnahe Wiederverwertungsabsicht des Eigentümers sein (OVG Koblenz 22.4.1999 – 1 A 11193/98, NVwZ-RR 1999, 718). Bestehen Zweifel, ist es Sache des Betroffenen, die Ernsthaftigkeit seines Vorhabens mindestens glaubhaft zu machen.

34 Allein die vage Aussicht auf eine **Rechtsänderung**, die die bauliche Anlage legalisieren würde, schließt eine Beseitigungsanordnung nicht aus (BVerwG 6.12.1985 – 4 C 23, 24.83, NJW 1986, 1186). Das BVerwG hat offen gelassen, ob die sichere Erwartung einer für das Bauwerk positiven Rechtsänderung das Ermessen der BauAB so weit einschränkt, dass eine Beseitigungsanordnung ausgeschlossen ist. Das OVG Lüneburg (17.8.1984 – 1 A 138/81, BRS 42 Nr. 218) hat in solchen Fällen einen Ermessensfehler angenommen. Zur maßgeblichen Sach- und Rechtslage bei der gerichtlichen Überprüfung → Rn. 113.

Das **Verhältnis von bauaufsichtlicher Beseitigungsanordnung und Rückbaugebot nach § 179 BauGB** ergibt sich aus den unterschiedlichen Zielen. Das Rückbaugebot dient zum einen der Verwirklichung des B-Plans (§ 179 Abs. 1 Nr. 1 BauGB), zum anderen der Beseitigung von Bausubstanz, die nicht mehr modernisierungs- oder instandsetzungsfähig ist (§ 179 Abs. 1 Nr. 2 BauGB). § 179 Abs. 1 Nr. 1 BauGB ermöglicht es, sich gegen Entschädigung über den „Bestandsschutz" (→ § 85 Rn. 14 ff.) einer baulichen Anlage zur Verwirklichung eines B-Plans hinwegzusetzen, während einem bauaufsichtlichen Einschreiten die Schutzwirkung der Baugenehmigung bzw. der „Bestandsschutz" entgegenstünde. Berührungspunkte sind dagegen mit dem Rückbaugebot nach § 179 Abs. 1 Nr. 2 BauGB denkbar. Aus technischen oder wirtschaftlichen Gründen nicht behebbare Missstände, die aus unterschiedlichen Anforderungen insbesondere an Wohn- und Arbeitsverhältnisse im Zeitpunkt der Errichtung des Bauwerks und heute resultieren, können von einer gewissen Intensität an das grundsätzlich entschädigungspflichtige Rückbaugebot nach § 179 BauGB rechtfertigen, während Missstände, die konkrete Gefahren hervorrufen, Anlass zu einem Anpassungsverlangen nach § 85 Abs. 2 geben können. Ein Rückbaugebot nach § 179 BauGB wegen nicht behebbarer Mängel, dh nachträglicher Verschlechterungen der Bausubstanz, dürfte nur bei kurz vor dem Verfall stehenden baulichen Anlagen zulässig sein, deren „Bestandsschutz" ausläuft. 35

In diesen Fällen ist das **Verhältnis des § 179 BauGB zu § 79 Abs. 3** als spezieller Befugnisnorm fraglich, die eine Abbruchsanordnung der BauAB von im Verfall begriffener Anlagen ermöglicht, ohne dass eine konkrete Gefahr vorliegen müsste. Diese Vorschrift dient der Pflege des Orts- und Landschaftsbildes (vgl. → Rn. 31) und wird daher nicht allein von gefahrenabwehrrechtlichen Erwägungen getragen. In Anbetracht dieser unterschiedlichen Schutzwirkung stellt § 175 Abs. 5 BauGB klar, dass die bauordnungsrechtliche Abrissverfügung neben dem planungsrechtlichen Rückbaugebot anwendbar bleibt. Zu beachten ist, dass für den Erlass des Rückbaugebotes nach § 179 BauGB die Gemeinde zuständig ist und dem Eigentümer nur die Duldung des Abbruchs durch die Gemeinde auferlegt wird (vgl. OVG Bremen 25.2.1986 – 1 BA 83/85, NVwZ 1986, 764). Im Gegensatz zu § 179 Abs. 3 BauGB sieht **Abs. 3 keinen Entschädigungsanspruch für eine Abbruchanordnung** vor. Dies ist verfassungsgemäß. Die Regelung stellt eine Bestimmung des Eigentumsinhalts nach Art. 14 Abs. 1 S. 2 GG dar, die der Sozialbindung des Eigentums (Art. 14 Abs. 2 GG) entspricht. Sie dient gewichtigen Gemeinwohlbelangen und belastet den Betroffenen nicht unzumutbar. Er wird (anders als beim Rückbaugebot nach § 179 BauGB) in keinem Fall gezwungen, eine Bodennutzung aufzugeben, sondern es werden ihm nur die Abbruchskosten auferlegt. Diesen Kosten steht der idR gesteigerte Wert des Grundstücks gegenüber, da dieses von abgängiger Bausubstanz befreit wird. Allerdings kann das Abbruchverlangen in besonders gelagerten Fällen eine übermäßige Härte für den Betroffenen darstellen, etwa dann, wenn er aus dem abgängigen Bauwerk (zB einem alten Bunker) keinen Nutzen gezogen hat und die Abbruchkosten den Wert des freigelegten Grundstücks übersteigen. In Fällen solcher Art wird die BauAB nach pflichtgemäßem Ermessen auf das Abbruchverlangen verzichten müssen, es sei denn, die Gemeinde oder der Landkreis sind so an der Verbesserung des Orts- oder Landschaftsbildes interessiert, dass sie einen Zuschuss zu den Abbruchkosten gewähren wollen. 36

c) Anordnung erforderlicher Arbeiten (Abs. 1 S. 2 Nr. 1)

Die Anordnung erforderlicher Arbeiten ist ein geeignetes Mittel zur Herstellung rechtmäßiger Zustände, wenn bauliche Anlagen nur in einzelnen Punkten von den Anforderungen des öffentlichen Baurechts abweichen und daher eine Beseitigungsanordnung dem Übermaßverbot widersprechen würde. Voraussetzung für die Anordnung erforderlicher Arbeiten ist wegen des Substanzeingriffs eine **Abweichung vom materiellen Recht**, formelle Illegalität genügt nicht. Abweichungen von der Baugenehmigung rechtfertigen daher eine entsprechende Anordnung nur, wenn die tatsächliche Ausführung nicht genehmigungsfähig ist. Ergeben sich bei einer regelmäßigen Überprüfung nach § 78 Män- 37 gel oder wird sonst die Instandhaltung eines Bauwerks vernachlässigt, kann die BauAB die zur Behebung der Mängel erforderlichen Arbeiten anordnen. Auch vor Inkrafttreten der NBauO errichtete bauliche Anlagen sind nach § 3 Abs. 4 S. 2 so instand zu halten, dass die grundsätzlichen Anforderungen des § 3 Abs. 1–3 gewahrt bleiben. Bei Mängeln der Instandhaltung kann die BauAB – anders als bei „anlagebedingten" Missständen aufgrund geringerer Anforderungen an gesunde Wohn- und Arbeitsverhältnisse im Zeitpunkt der Errichtung – Unterhaltungsmaßnahmen schon bei Abweichungen vom geltenden öffentlichen Baurecht verlangen. Änderungen genehmigter baulicher Anlagen, die über Unterhaltungsmaßnahmen hinausgehen, können erst nach uU entschädigungspflichtigem Widerruf bzw. Rücknahme der Baugenehmigung oder im Fall konkreter Gefahren über ein Anpassungsverlangen nach § 85 Abs. 2 durchgesetzt werden. **Baugenehmigung und „Bestandsschutz"** der baulichen Anlage stehen der Anordnung von Arbeiten zur Instandhaltung nicht entgegen, weil diese nicht wie die Beseitigungsanordnung gegen den Bestand der baulichen Anlage gerichtet sind, sondern deren Erhaltung bezwecken.

38 **Überschneidungen** ergeben sich **mit dem Instandsetzungsgebot nach § 177 BauGB**. Das Instandsetzungsgebot betrifft anders als das Modernisierungsgebot die nachträgliche Verschlechterung der Bausubstanz (Köhler in Schrödter BauGB § 177 Rn. 25 f.). Auch wenn das Instandsetzungsgebot als Instrument des Bodenrechts städtebauliche Zielsetzungen hat, knüpft es doch mit der Präzisierung der Mängel in § 177 Abs. 3 BauGB an Tatbestände an, die sich idR als Abweichungen von den materiellen Anforderungen des Bauordnungsrechts darstellen. Das wird bei § 177 Abs. 3 Nr. 1 und 2 BauGB besonders deutlich: abblätternder Verputz der Außenwand, der zu Feuchtigkeitsschäden führt oder das Straßenbild erheblich beeinträchtigt, defekte Dacheindeckung, morsches Fachwerk (Beispiele bei Köhler, in Schrödter BauGB § 177 Rn. 26) sind Mängel, die ein bauaufsichtliches Einschreiten rechtfertigen. Das Instandsetzungsgebot nach § 177 BauGB, das nach § 175 BauGB aus städtebaulichen Gründen erforderlich sein muss, erscheint unter diesen Umständen entbehrlich, zumal die vom Bauaufsichtsrecht abweichende Zuständigkeit der Gemeinde das Verfahren kompliziert.

d) Maßnahmen bei Verwendung fehlerhafter Bauprodukte (Abs. 1 S. 2 Nr. 2 u. 3)

39 Um sicherzustellen, dass bauliche Anlagen den Anforderungen des Bauordnungsrechts (§§ 10 ff.) genügen, müssen geeignete Bauprodukte verwendet werden. Die §§ 16b ff. regeln im Zusammenhang mit dem ab Juli 2013 geltenden BauproduktenG vom 5.12.2012 (BGBl. I S. 2449, geänd. d. G. vom 31.8.2015 (BGBl. I S. 1474)), und den Vorschriften der **BauproduktenVO** (EU) Nr. 305/2011 vom 9.3.2011 (ABl. EU Nr. L 88 v. 4.4.2011, S. 5) die Voraussetzungen für die Verwendbarkeit der Bauprodukte (vgl. → § 17 Rn. 28 ff.). Hierauf bezogen ermächtigen Abs. 1 S. 2 Nr. 2 und 3 zu Standardmaßnahmen in den Fällen, in denen Bauprodukte die vorgeschriebenen Voraussetzungen nicht erfüllen. So kann die BauAB die Einstellung der Bauarbeiten anordnen, wenn Bauprodukte das CE- oder Ü-Zeichen tragen, obgleich die Voraussetzungen dafür nicht vorliegen, oder wenn Bauprodukte verwendet werden, die ein erforderliches CE- oder Ü-Zeichen nicht tragen. Geradezu selbstverständlich erscheint, dass die BauAB die Verwendung von Bauprodukten untersagen kann, die unberechtigt mit dem Ü-Zeichen gekennzeichnet sind. Die unberechtigte Kennzeichnung eines Bauprodukts mit dem CE-Zeichen (§ 17 Abs. 1 Nr. 2) untersagt bereits Art. 8 Abs. 2 der Bauproduktenverordnung (EU) Nr. 305/2011.

e) Sonstige Maßnahmen

40 Lässt sich bei einem ohne Baugenehmigung errichteten Bauwerk die Genehmigungsfähigkeit nicht ohne weiteres überblicken, kann die BauAB die **Vorlage von Bauzeichnungen**, nicht aber die Stellung eines Bauantrages verlangen (vgl. → § 67 Rn. 18). Die BauAB kann von einem Grundstückseigentümer auch **Auskunft** darüber **verlangen**,

wem die auf seinem Grundstück stehenden ungenehmigten Wochenendhäuser oder Wohnwagen gehören (OVG Lüneburg 14.11.1974 – I B 32/74, OVGE 30, 459; 8.7.1985 – 6 B 70/85, BRS 44 Nr. 202; 30.10.1985 – 1 B 99/85, BRS 44 Nr. 203). Entsprechendes gilt, wenn zu besorgen ist, dass entgegen § 1 CPl-Woch-VO die auf einem genehmigten Campingplatz aufgestellten Wohnwagen nicht mehr jederzeit ortsveränderlich sind, weil die Betriebserlaubnisse abgelaufen sind (OVG Lüneburg 25.4.1989 – 6 M 11/89, BRS 49 Nr. 218). Über die Nutzungsuntersagung hinaus kann uU auch die **Räumung**, dh die Entfernung des Mobiliars baulicher Anlagen angeordnet werden, wenn – wie bei Einsturz- oder Feuergefahr – das Nutzungsverbot zur Herstellung rechtmäßiger Zustände nicht ausreicht (zur Durchsetzung vgl. § 71 NVwVG). Besteht die Gefahr, dass ein Dritter unter Berufung auf eigene Rechte (Miteigentum, Miete oÄ) den Vollzug einer bauaufsichtlichen Anordnung verhindert, kann die BauAB zur Durchsetzung der Anordnung eine **Duldungsverfügung** erlassen (vgl. → Rn. 89 ff.). Es ist auch zulässig, mit der Beseitigungsanordnung das Verlangen zu verbinden, das Abbruchmaterial zu entfernen (vgl. → Rn. 30). Unzulässig ist dagegen die Anordnung, den Vollzug einer Beseitigungsanordnung der BauAB anzuzeigen, weil sie nur der Erleichterung der Bauaufsicht dient (VGH Mannheim 26.6.1974 – III 238/74, BRS 28 Nr. 152).

Maßnahmen zur Gefahrerforschung sind im Umweltrecht zunehmend ins Blickfeld des juristischen Interesses getreten, aber sie sind nicht auf das Umweltrecht beschränkt, sondern können auch im Baurecht auftreten. In Situationen, in denen die BauAB mit dem Eintritt einer Gefahr rechnen muss und im Hinblick auf den zu befürchtenden Schaden nicht abwarten kann, sind Maßnahmen zur Erforschung der Gefahr, zu ihrer Verursachung und zur Eignung von Maßnahmen der Gefahrenabwehr zulässig (Götz/Geis § 6 Rn. 31 f. und Götz NVwZ 1998, 679 (686)). So soll ein Widerspruch zum öffentlichen Baurecht bereits zu bejahen sein, wenn hinreichende Indizien für diese Annahme vorliegen (OVG Lüneburg 9.12.2015– 1 LA 184/14, NVwZ-RR 2016, 445 (447)). Liegt eine konkrete Gefahr vor, dann kann die BauAB den Verantwortlichen uU dazu verpflichten, Ausmaß und Umfang der Gefahr sowie die Dringlichkeit von Gefahrenabwehrmaßnahmen durch weitere Ermittlungen klären zu lassen (OVG Lüneburg 9.12.2015 – 1 LA 184/14, NVwZ-RR 2016, 445 (447); OVG Hamburg 21.8.1991 – II 67/91, DVBl 1992, 41: Überprüfung von Nachtspeicheröfen auf die Möglichkeit der Freisetzung von Asbestfasern). Auch wenn es nach § 24 VwVfG grundsätzlich Sache der Behörde und nicht des Bürgers ist, den Sachverhalt aufzuklären, kann auch nach allgemeinen Regeln ein Zustandsverantwortlicher zu Gefahrerforschungsmaßnahmen verpflichtet werden, wenn seine Verantwortlichkeit und das Bestehen der Gefahr gesichert sind und nur das Ausmaß der Gefahr als ungewiss erscheint (vgl. Mann in Erbguth/Mann/Schubert Rn. 480 mN). So muss sich insbesondere der Grundstückseigentümer den Gefahrenverdacht, der von einem rechtswidrigen Zustand auf seinem Grundstück ausgeht, zurechnen lassen. In diesem Sinne hat etwa der VGH Kassel (15.5.1984 – 4 TH 306/84, BRS 42 Nr. 211) dem Eigentümer eines Hanggrundstücks, das nach dem Abrutschen eines Teiles des Hanges gefährdet erschien, die Einholung eines Bodengutachtens zur Klärung der Ursachen und der erforderlichen Maßnahmen zur Gefahrenabwehr aufgegeben. Ebenso können erhebliche Zweifel an der Sicherheit von Gebäuden, die sich zB aus fehlender Unterhaltung nicht mehr genutzter baulicher Anlagen ergeben, der BauAB Anlass geben, vom Eigentümer die **Einholung eines Sachverständigengutachtens** über die Standsicherheit zur Vorbereitung der eigentlichen Gefahrenabwehrmaßnahmen zu verlangen (vgl. den Fall des VGH Kassel 24.6.1991 – 4 TH 899/91, BRS 52 Nr. 223). Erweist sich freilich der Gefahrenverdacht als unzutreffend, weil eine Gefahr tatsächlich nicht vorlag, trifft den vorläufig als verantwortlichen Herangezogenen keine **Kostenlast**, vielmehr kann er grundsätzlich als „Nichtstörer" Entschädigung verlangen (BGH 12.3.1992 – III ZR 128/91, DVBl 1992, 1158 mAnm Götz; 23.6.1994 – III ZR 54/93, ZfBR 1994, 299; Mann in EMS BesVerwR Rn. 482). Hat der Betroffene die den Gefahrenverdacht begründenden Umstände zu verantworten, wie dies im Bauordnungsrecht die Regel sein dürfte, kann der Entschädigungsanspruch nach § 81 Abs. 5 NPOG entfallen (Götz/Geis 41

PolR § 14 Rn. 23; OVG Münster 14.6.2000 – 5 A 95/00, NVwZ 2001, 1314). Das drohende Risiko der Entschädigung zwingt die BauAB zu sorgfältiger Untersuchung der Gefahrenlage und erlaubt es ihr nicht, die Klärung des Gefahrenverdachts „großzügig" auf den Grundstückseigentümer abzuwälzen.

D. Allgemeine Grundsätze bauaufsichtlichen Einschreitens

42 Die BauAB hat bei ihrem Einschreiten gegen baurechtswidrige Zustände die allgemeinen Grundsätze der Gefahrenabwehr zu beachten. Dazu gehört in erster Linie der in § 4 NPOG besonders betonte **Grundsatz der Verhältnismäßigkeit**, der die Geeignetheit der bauaufsichtlichen Maßnahme, den Einsatz des mildesten Mittels und die Angemessenheit (Verhältnismäßigkeit im engeren Sinn: der Eingriff darf nicht schwerer sein, als der verfolgte Zweck es rechtfertigt) einschließt (Köhler-Rott in Reichel/Schulte BauordnungsR-HdB, Kap. 15, Rn. 24 ff.; Götz/Geis PolR § 11 Rn. 11). Als Ausprägung des Rechtsstaatsprinzips hat der Grundsatz der Verhältnismäßigkeit verfassungsrechtlichen Rang (stRspr des BVerfG 26.5.1981 – 2 BvR 215/81, BVerfGE 57, 250 (270)). Seine Einhaltung ist grundsätzlich vom Gericht voll überprüfbar (BVerwG 26.2.1974 – I C 31.72, DVBl 1974, 842), damit auch die im Rahmen der Angemessenheitsprüfung anzustellende Abwägung zwischen dem öffentlichen Interesse an der Einhaltung des öffentlichen Baurechts und den Belangen des Betroffenen bei der Ermessensausübung einer Kontrolle unterzogen werden lassen. Neben dem Grundsatz der Verhältnismäßigkeit spielt die **Bestimmtheit** bauaufsichtlicher Anordnungen in der Praxis eine wichtige Rolle (→ Rn. 51 ff.). Zum Zeitpunkt der maßgeblichen Sach- und Rechtslage sowie zu Nachbesserungen der BauAB im Verwaltungsprozess vgl. → Rn. 112 ff.

a) Geeignetheit

43 Die BauAB darf nur **Maßnahmen** anordnen, die geeignet sind, den rechtswidrigen Zustand zu **beheben** (vgl. Götz/Geis § 11 Rn. 21). So ist etwa unter dem Gesichtspunkt der Geeignetheit das Verlangen der BauAB, einen Kfz-Stellplatz an einer Böschung durch ein Schutzgeländer zu sichern, rechtswidrig, wenn das Geländer Fahrzeuge vor dem Abstürzen nicht bewahren kann (OVG Münster 22.11.1971 – IX 242/71, DVBl 1972, 508 – denkbar wäre aber seine Eignung als sichtbare Markierung). Ein geradezu klassisches Beispiel hat das OVG Lüneburg (25.10.1956 – I A 53/54, OVGE 11, 360) entschieden: Erteilt die BauAB nach § 75 die Ausführungsgenehmigung für eine Schiffsüberschlagschaukel unter bestimmten Sicherheitsauflagen, so ist die zusätzliche Anordnung, dass trotz einwandfreier Beschaffenheit der Schaukel das Überschlagschiff jeweils nur von einer Person benutzt werden darf, kein zur Abwehr der allgemeinen Betriebsgefahr geeignetes Mittel. Ungeeignet ist eine Maßnahme auch dann, wenn durch sie ein **neuer rechtswidriger Zustand** herbeigeführt wird. So darf zum Beispiel ein Teilabbruch nicht verlangt werden, wenn der Restbestand wiederum dem materiellen öffentlichen Baurecht widerspricht (OVG Münster 22.8.2005 – 10 A 4694/05, BauR 2006, 90). Wegen des Ziels bauordnungsrechtlichen Handelns, baurechtswidrige Zustände zu beseitigen, scheidet grundsätzlich auch die Anordnung von Maßnahmen als ungeeignet aus, die den vorgefundenen rechtswidrigen Zustand nur verändern oder reduzieren (OVG Münster 22.8.2005 – 10 A 4694/03, BauR 2006, 90).

44 Häufiger als Maßnahmen, die den baurechtswidrigen Zustand unberührt lassen und nicht einmal einen ersten Schritt in Richtung der Herstellung rechtmäßiger Zustände darstellen, sind freilich Maßnahmen, die dem Betroffenen etwas **Unmögliches** oder **Unzulässiges** abverlangen. Dabei stehen in der Judikatur die Fälle im Vordergrund, in denen dem Betroffenen etwas aufgegeben wurde, wozu er privatrechtlich nicht befugt ist, denn Fälle, in denen die BauAB technisch nicht durchführbare Maßnahmen anordnet, dürften Seltenheitswert haben. Die BauAB darf zB dem Mieter eines baurechtswidrigen Hauses nicht die Beseitigung aufgeben, weil er mangels Verfügungsgewalt nicht zu Substanzeingriffen befugt ist (OVG Lüneburg 23.9.1976 – I A 111/75, AgrarR 1977, 241). Allerdings kann ein Mieter/Pächter nach § 56 S. 1 herangezogen werden, wenn das in Rede stehende Gebäude gemäß § 95 Abs. 1 S. 2 BGB lediglich Scheinbestandteil des Grundstücks geworden und somit nur zu einem vorübergehenden Zweck mit dem Grundstück verbunden worden ist (OVG Lüneburg 22.8.2011 – 1 LA 4/11, RdL 2011, 286 – Pferdeunterstand). Hier streitet eine tatsächliche Vermutung dafür, dass das Gebäude nach dem Ende der Nutzungszeit wieder entfernt werden soll (vgl. BGH 4.7.1984 – VIII ZR 270/83, BGHZ 92, 70 (73 f.)). Die Rechtmäßigkeit einer Abbruchverfügung wird nicht dadurch berührt, dass dem Adressaten auf Veranlassung eines Dritten durch einstweilige Verfügung verboten wird, eine bauliche Anlage abzureißen (OVG Lüneburg 26.9.1985 – 6 B 85/85, OVGE 39, 333). Die Beseitigung einer Hütte im Außenbereich wird nicht dadurch unmöglich, dass eine geschützte Vogelart die Hütte als Nistplatz aufsucht (VGH Kassel 22.9.1993 – 3 UE 1064/91, BRS 55 Nr. 198).

Das PrOVG hatte noch Polizeiverfügungen, die etwa dem Eigentümer etwas aufgaben, **45** was er gegen den Willen des Mieters nicht ausführen konnte, zwar nicht als von vornherein rechtswidrig angesehen, weil der Dritte seine Zustimmung noch erteilen konnte; wenn der Dritte die Zustimmung aber verweigerte und diese nicht ersetzt werden konnte, wurde die Verfügung nach Ansicht des PrOVG nachträglich unmöglich (Drews/Wacke/Vogel/Martens, § 25,5b). Das BVerwG ist dieser Auffassung entgegengetreten und hat betont, dass „das **Miteigentum** oder die **Nebenberechtigung** (z.B. Miete) **eines Dritten** nicht die Rechtmäßigkeit der nicht auch an ihn gerichteten Beseitigungsverfügung berührt, sondern nur ein Vollzugshindernis ist, das nachträglich durch eine gegen den Dritten gerichtete Verfügung (Duldungsverfügung) ausgeräumt werden kann“ (BVerwG 28.4.1972 – IV C 42.69, BRS 25 Nr. 205). Das ist inzwischen gefestigte Rspr. und herrschende Lehre (vgl. nur BayVGH 24.10.2005 – 9 CS 05.1840, NVwZ-RR 2006, 389; im Überblick Mann in EMS BesVerwR Rn. 686). Der Umstand, dass dem Vermieter nicht die Räumung baurechtswidrig genutzter Räume des Mieters aufgegeben werden darf, ist hingegen eine Frage der Auswahl des richtigen Verantwortlichen (vgl. → Rn. 82).

Wirtschaftliches Unvermögen der nach §§ 52–56 Verantwortlichen berührt die Recht- **46** mäßigkeit einer Maßnahme nach § 79 ebenso wenig wie die Tatsache, dass sie im Einzelfall schwerwiegende Folgen für den Pflichtigen mit sich bringt (OVG Berlin 29.12.1988 – 2 B 5/87, BRS 49 Nr. 222; OVG Koblenz 7.5.1991 – 1 A 10297/89, DVBl 1991, 1376 (1378)). Allerdings kann die eingeschränkte wirtschaftliche Leistungsfähigkeit des Verantwortlichen unter dem Blickwinkel der Verhältnismäßigkeit Anlass geben, in zeitlicher Hinsicht Nachsicht zu gewähren (vgl. → Rn. 56 f.).

b) Erforderlichkeit und Austauschmittel

Der Grundsatz der Erforderlichkeit, dh des geringstmöglichen Eingriffs, gebietet es, von **47** den Maßnahmen, die zur Herstellung oder Sicherung rechtmäßiger Zustände geeignet sind, diejenige anzuordnen, „die **den Einzelnen und die Allgemeinheit** voraussichtlich **am wenigsten beeinträchtigt**“ (§ 4 Abs. 1 NPOG; Götz/Geis PolR § 11 Rn. 24 ff.). Ausdruck dieses Grundsatzes ist es insbesondere, dass der Abbruch eines ungenehmigten, aber genehmigungsfähigen Bauwerks grundsätzlich nicht angeordnet werden darf. Im Sinne des geringstmöglichen Eingriffs hat das BVerwG (3.5.1988 – 4 C 54/85, BRS 48 Nr. 92) etwa auch eine Beseitigungsanordnung missbilligt, die auf das Fehlen einer dauerhaften rechtlichen Sicherung der Erschließung gestützt war, solange die Zuwegung geduldet wird. Entsprechend diesem Gedanken ist auch die Beseitigung einer baulichen Anlage mit Rücksicht auf den Grundsatz der Erforderlichkeit auf die rechtswidrigen Teile zu beschränken, wenn die bauliche Anlage insgesamt keine konstruktive Einheit darstellt und die rechtswidrigen Teile leicht getrennt werden können, ohne die Funktion des Restbestandes zu beeinträchtigen (vgl. aber → Rn. 49). Die Anordnung, „den genehmigten Zustand wieder herzustellen“, kann, von Bedenken hinsichtlich der Bestimmtheit abgesehen (dazu → Rn. 50 f.), auch gegen das Übermaßverbot verstoßen (OVG Lüneburg

8.7.1999 – 1 L 1620/97, BRS 62 Nr. 208). Wird eine Grenzgarage zu einem Lagerraum „umfunktioniert“, kann nicht die Beseitigung des Gebäudes gefordert, sondern nur seine rechtswidrige Nutzung untersagt werden. Die Verfügung, eine Ölheizung zu beseitigen, ist unter Erforderlichkeitsaspekten wegen Verletzung des Übermaßverbots rechtswidrig, wenn der befürchteten Waldbrandgefahr durch Auflagen begegnet werden kann (VGH Kassel 6.10.1967 – OS IV 78/65, BRS 18 Nr. 151).

48 Auch das Verbot, dass Verfügungen nicht nur **dem alleinigen Zweck** dienen dürfen, den Verwaltungsbehörden die ihnen obliegende **Aufsicht zu erleichtern**, stellt sich idR als Ausprägung des Übermaßverbots unter dem Gesichtspunkt der Erforderlichkeit dar. Deshalb ist die Anordnung der BauAB, ihr den Vollzug einer Beseitigungsanordnung anzuzeigen, unzulässig (VGH Mannheim 26.6.1974 – III 238/74, BRS 28 Nr. 152). Entsprechend darf die BauAB auch nicht eine an sich unbedenkliche bauliche bzw. konstruktive Gestaltung allein deshalb untersagen, um die Möglichkeit einer rechtswidrigen Nutzung zu erschweren oder auszuschließen. So kann die BauAB etwa nicht den Einbau von Leitern anstelle fester Treppen zu Dachräumen verlangen (§ 34 Abs. 2 S. 2), um eine verbotene Nutzung als Aufenthaltsräume zu verhindern (OVG Lüneburg 7.5.1974 – I A 169/73, BRS 28 Nr. 71).

49 In den Zusammenhang mit dem geringstmöglichen Eingriff gehört auch das sogenannte **Austauschmittel:** „Dem Betroffenen ist auf Antrag zu gestatten, ein anderes ebenso wirksames Mittel anzuwenden, sofern die Allgemeinheit dadurch nicht stärker beeinträchtigt wird“ (§ 5 Abs. 2 S. 2 NPOG). Hierüber ist in einem gesonderten Verfahren zu entscheiden (OVG Lüneburg 6.9.2017 – 1 ME 112/17, BauR 2017, 2154). Diesem Grundsatz kommt gerade bei Beseitigungsverfügungen große praktische Bedeutung zu. Eine Verfügung, die die Anwendung eines anderen gleichermaßen geeigneten Mittels ausschließt, ist rechtswidrig (OVG Lüneburg 25.10.1956 – I A 53/54, OVGE 11, 360). In Ansehung denkbarer Austauschmittel kann es sogar möglich werden, dass die BauAB auch unter Beachtung des Übermaßverbotes die komplette Beseitigung von baurechtswidrigen baulichen Anlagen verlangen kann, selbst wenn eine Teilbeseitigung ausreichen könnte (OVG Lüneburg 6.5.2011 – 1 ME 14/11, NJW 2011, 2228 (2229)). Denn es ist grundsätzlich nicht Sache der BauAB, eingehend zu prüfen, ob dem rechtswidrigen Zustand durch **bauliche Änderungen anstelle eines Abbruchs** abgeholfen werden kann, vielmehr muss der Betroffene entsprechende Vorschläge machen (BVerwG 12.6.1973 – IV B 58.72, BayVBl. 1973, 412; 8.12.1964 – I B 208.64, BRS 15 Nr. 118; OVG Lüneburg 8.7.1999 – 1 L 1620/97, NVwZ-RR 2000, 142; OVG Lüneburg 6.5.2011, – 1 ME 14/11, NJW 2011, 2228 (2229); OVG Berlin Brandenburg 16.10.2017 – OVG 10 N 57.17, IBR 2018, 169 m. Anm. Muckel JA 2018, 157). Damit wird vor allem vermieden, dass die BauABen eigenen Dispositionen des Bauherrn vorgreift (OVG Lüneburg 21.7.2009 – 1 ME 79/09, NVwZ-RR 2009, 872). Der bloße Hinweis auf die Möglichkeit einer Reduzierung der baulichen Anlage stellt aber noch keinen konkreten Gegenvorschlag für die Abänderung dar (BVerwG 30.8.1996 – 4 B 117.96, BRS 58 Nr. 90). Wenn der BauAB bekannt ist, dass der Adressat der bauaufsichtlichen Verfügung ein nahe liegendes Austauschmittel nicht anbieten kann, weil ihm durch eine vom Pächter erwirkte einstweilige Verfügung die Hände gebunden sind, muss die BauAB besonders sorgfältig abwägen, worin der geringstmögliche Eingriff liegt (OVG Lüneburg 3.4.1996 – 1 M 852/96, NVwZ-RR 1996, 494).

c) Verhältnismäßigkeit im engeren Sinne

50 Maßnahmen der BauAB dürfen im Sinne der Verhältnismäßigkeit im engeren Sinn („Angemessenheit“) auch „nicht zu einem Nachteil führen, der zu dem erstrebten Erfolg erkennbar außer Verhältnis steht“ (§ 4 Abs. 2 NPOG; HdBBauOR/Köhler-Rott Kap. 15 Rn. 28; Götz/Geis § 11 Rn. 29 ff.). Die **Einhaltung** des öffentlichen Baurechts rechtfertigt grundsätzlich auch **erhebliche Nachteile** für die Verantwortlichen, zumal diese regelmäßig die rechtswidrigen Zustände zu vertreten haben (OVG Lüneburg 8.7.1999 – 1 L

1620/97, BRS 62 Nr. 208). Wenn die Gefahr, die von einer baulichen Anlage ausgeht, durch Naturereignisse, der Allgemeinheit zuzurechnende Ursachen oder von nicht nutzungsberechtigten Dritten ausgelöst wird, kann die Pflicht zur Gefahrenabwehr auf eigene Kosten den Verantwortlichen unzumutbar treffen, insbesondere wenn die Kosten den Verkehrswert übersteigen (BVerfG 16.2.2000 – 1 BvR 242/91 ua, DVBl 2000, 1275 (1277 f.) zur Zustandshaftung des Eigentümers bei der Altlastensanierung; vgl. aber auch OVG Koblenz 1.10.1997 – 11 A 1254/96, DVBl 1998, 103). Solche Fälle dürften aber im Bauordnungsrecht Seltenheitswert haben. Dagegen würde es eine nicht zu rechtfertigende Begünstigung desjenigen darstellen, der „schwarz" gebaut hat, würde man seinem Einwand nachgeben, die Beseitigung des illegalen Bauwerks vernichte seine Existenz (VGH München 6.2.1980 – 15 B 1048/79, BRS 36 Nr. 215). Der Grundsatz der Verhältnismäßigkeit wird auch nicht verletzt, wenn die Beseitigung einer baulichen Anlage angeordnet wird, deren Rauminhalt nur knapp über der gesetzlich zulässigen Grenze liegt (BVerwG 12.6.1973 – IV B 58.72, BRS 27 Nr. 151; OVG Münster 26.2.1980 – 7 A 580/78, BRS 36 Nr. 217). Andererseits erfordert gerade der Grundsatz der Verhältnismäßigkeit iSd § 4 Abs. 2 NPOG auch eine Abwägung **bei der Ermessensentscheidung** der BauAB, ob und wie eingeschritten werden soll (vgl. dazu → Rn. 54).

d) Bestimmtheit

Anordnungen der BauAB im Rahmen des § 79 müssen, wie jeder Verwaltungsakt (§ 37 VwVfG), inhaltlich hinreichend bestimmt sein (Köhler-Rott in HdBBauOR, Kap. 15, Rn. 71 ff.; Götz/Geis § 12 Rn. 12; Mann in Erbguth/Mann/Schubert Rn. 684). Die Anordnung muss ihren wesentlichen Inhalt so vollständig und unzweideutig (aus dem Entscheidungssatz im Zusammenhang mit den Gründen) erkennen lassen, dass der **Adressat** – nicht unbedingt auch ein unbeteiligter Dritter – aus dem Empfängerhorizont **erkennen kann, was er zu tun hat** und die Anordnung auch im Wege des Verwaltungszwangs durchgesetzt werden kann (BVerwG 15.2.1990 – 4 C 41.87, BVerwGE 84, 335; OVG Münster 16.1.1998 – 10 B 3029/97, BRS 60 Nr. 171; VGH Kassel 4.10.1982 – IV OE 72/81, BRS 39 Nr. 219). Daraus ergeben sich je nach der Art der angeordneten Maßnahme unterschiedliche Anforderungen. Die Art und Weise der Einhaltung eines **Verbotes** braucht die BauAB nicht vorzuschreiben, sondern kann sie dem Betroffenen überlassen (BVerwG 5.11.1968 – I C 29.67, BVerwGE 31, 15). Das BVerwG (12.12.1996 – 4 C 17.95, NVwZ 1997, 902) hat zudem betont, dass im Einzelfall die Anforderungen an die Bestimmtheit einer bauaufsichtlichen Anordnung nicht so streng zu handhaben sein können, wenn der Adressat des Schutzes nicht bedarf. Die Untersagung der Nutzung eines von zwei Geschossen in einem Gebäude als Arztpraxis hat das BVerwG als hinreichend bestimmt angesehen, weil öffentliche Interessen nicht berührt werden und der Bauherr die Konkretisierung allein herbeiführen konnte, so dass er keinen unkalkulierbaren Pflichten ausgesetzt war. Allerdings konnte der vollstreckungsrechtliche Aspekt vernachlässigt werden, weil die Anordnung keine Zwangsmittelandrohung enthielt. Bei **Nutzungsuntersagungsverfügungen** genügen typisierende Bezeichnungen wie „Swinger-Club" (VGH Kassel 14.10.2002 – 4 TG 2028/02, NVwZ-RR 2003, 720), „Bordell" (OVG Hamburg 10.6.2005 – 2 Bs 144/05, NVwZ-RR 2006, 169) oder „Showroom" (OVG Münster 8.4. 2005 – 10 B 2730/04, NJW 2005, 2246), wenn für den Adressaten klar erkennbar ist, was damit gemeint ist. Bei **Geboten** muss die BauAB ein Mittel zur Herstellung baurechtmäßiger Zustände angeben (VGH Kassel 26.7.1994 – 4 TH 1779/93, NVwZ 1995, 922). 51

Im Übrigen hängt die **hinreichende Bestimmtheit** weitgehend von den **Umständen des Einzelfalls** ab: Das Verbot, weitere nicht genehmigte Bauarbeiten durchzuführen, ist hinreichend bestimmt (OVG Münster 13.4.1981 – 11 B 1902/80, BRS 38 Nr. 199). Eine Verfügung zum Abbruch von Gebäudeteilen muss die abzubrechenden Teile zweifelsfrei umschreiben, insbesondere wenn auf einem Grundstück mehrere bauliche Anlagen stehen und (etwa aus Gründen der Erforderlichkeit, → Rn. 47 ff.) nicht alle beseitigt werden sollen. Hierbei ist ggf. auf einen der Verfügung beigefügten Lageplan Bezug zu nehmen. Bei **Abweichungen von der Baugenehmigung** genügt idR das Verlangen, den geneh- 52 migten Zustand herzustellen, soweit anhand der Bauzeichnungen auch der Betroffene ohne weiteres feststellen kann, was zu tun ist (OVG Saarlouis 7.6.1972 – II R 5/72, BRS 25 Nr. 208). Ist der Bauherr von der Baugenehmigung soweit abgewichen, dass das Bauwerk mit dem genehmigten Vorhaben nicht mehr vergleichbar ist, darf die BauAB nur die Beseitigung des ganzen Bauwerks verlangen und nicht die Reduzierung auf den genehmigten Bestand, weil dies Neubaumaßnahmen erfordern würde (VGH Kassel 7.11.1973 – IV OE 6/73, BRS 27 Nr. 201). Knüpft ein Nutzungsverbot für eine Grundstücksteilfläche an eine Himmelsrichtung an, muss ein Bezugspunkt für die konkrete Bestimmung der Himmelsrichtung benannt werden (OVG Münster 22.11.1994 – 11 A 4214/92, NWVBl 1995, 344). Freilich muss bei einer Verfügung auch berücksichtigt werden, ob weniger weitreichende Maßnahmen genügen, um rechtmäßige Zustände zu schaffen: ist die Grenzgarage entsprechend dem Bauantrag mit 2,4 m Höhe genehmigt, aber 4 m hoch gebaut, darf die BauAB den Betroffenen nicht am genehmigten Maß festhalten, weil § 5 Abs. 8 eine Höhe von 3 m erlaubt (OVG Lüneburg 8.7.1999 – 1 L 1620/97, NVwZ-RR 2000, 142, zu § 12 Abs. 1 aF). Die Bezugnahme auf den **Zustand im Zeitpunkt der Schlussabnahme** ist unzureichend, weil die Schlussabnahme nicht die Übereinstimmung mit der Genehmigung garantiert und daher der maßgebliche Zustand uU nicht zweifelsfrei zu ermitteln ist (aA OVG Lüneburg 16.9.1981 – 6 A 3/80, BeckRS 1983, 31316510, das die Bezugnahme auf den Zustand im Zeitpunkt der Schlussabnahme dahin deutet, dass der genehmigte Zustand hergestellt werden soll). Sind Bewohner einer Wagenburg nicht namentlich bekannt, kann auch eine Allgemeinverfügung an die „Bewohner der Wagenburg X“ ergehen (OVG Lüneburg 18.10.2004 – 1 ME 205/04, NVwZ-RR 2005, 93).

53 **Alternative Forderungen** ohne Rangfolge sind grundsätzlich unzulässig, weil sie keine hinreichende Grundlage für die zwangsweise Durchsetzung des VA bieten (Stelkens in SBS VwVfG § 37 Rn. 35; VGH Kassel 7.11.1973 – IV OE 6/73, BRS 27 Nr. 201; aA BVerwG 12.12.1996 – 4 C 17.95, NVwZ 1997, 902 für einen besonders gelagerten Fall, vgl. → Rn. 51; OVG Lüneburg 17.3.1976 – 6 A 215/75, OVGE 32, 344). Weist die BauAB den Betroffenen auf Austauschmittel (vgl. → Rn. 49) hin, sollte sie diese deutlich von der angeordneten Maßnahme abgrenzen, damit nicht der Eindruck alternativer Forderungen entsteht. Die BauAB darf sich grundsätzlich auch nicht auf einen **„Rahmenbefehl“** – etwa die Anordnung, einen Kinderspielplatz anzulegen (→ § 9 Rn. 23 ff.) – beschränken, der vor einer zwangsweisen Durchsetzung noch durch einen weiteren Bescheid konkretisiert werden müsste (OVG Lüneburg 30.6.1978 – I A 140/77, BRS 33 Nr. 93; Stelkens in SBS VwVfG § 37 Rn. 34 mN; aA Kopp/Ramsauer VwVfG § 37 Rn. 15 f.). Einem Rahmenbefehl kann man allerdings näher treten, wenn der Streit sich auf die grundsätzliche Pflicht beschränkt und eine Vollstreckung nicht zu erwarten ist.

E. Einschreiten im Ermessen der BauAB

54 Das Einschreiten gegen baurechtswidrige Zustände nach § 79 steht ebenso wie die Gefahrenabwehr nach § 5 Abs. 1 NPOG im Ermessen der BauAB. Dieses Ermessen bezieht sich auf das **„Ob“ des Einschreitens (Entschließungsermessen)**, die **Auswahl der Maßnahme** unter mehreren gleichermaßen geeigneten und die **Auswahl unter mehreren Verantwortlichen** – dazu → Rn. 82 ff. – **(Auswahlermessen)**. Die BauAB hat „ihr Ermessen entsprechend dem Zweck der Ermächtigung auszuüben und die gesetzlichen Grenzen des Ermessens einzuhalten“ (§ 40 VwVfG). Das öffentliche Interesse, das Voraussetzung für die Wirksamkeit der Vorschriften des öffentlichen Baurechts als Inhaltsbestimmung des Eigentums ist, gebietet ebenso wie die Breitenwirkung etwaiger Verstöße grundsätzlich auch das Einschreiten, so dass nur besondere Umstände Anlass zu einer besonderen Abwägung des Für und Wider im Rahmen des Entschließungsermessens („ob“) geben (BVerwG 28.8.1980 – 4 B 67.80, BRS 36 Nr. 93; OVG Lüneburg 10.3.1986 – 6 A 70/85, BRS 46 Nr. 191; OVG Weimar 27.6.1996 – 1 EO 425/95, BRS 58 Nr. 208).

Eine sachgerechte Ermessensentscheidung kann die BauAB nur treffen, wenn sie den **Sachverhalt** – soweit er für ihre Entscheidung wesentlich ist – zuvor vollständig und **zutreffend ermittelt** hat (OVG Münster 29.11.2004 – 10 B 2076/04, BauR 2005, 850; 15.8.1995 – 11 A 850/92, BRS 57 Nr. 258; Kopp/Ramsauer VwVfG § 40 Rn. 53). Die in § 79 Abs. 4 vorgeschriebene Anhörung (vgl. → Rn. 98 ff.) trägt zu einer ordnungsgemäßen Ermessensausübung bei, weil damit Tatsachenirrtümern vorgebeugt und der BauAB unter Umständen eine bessere Beurteilung der Verhältnismäßigkeit des Eingriffs ermöglicht wird. Im Rahmen des bauaufsichtlichen Einschreitens kommt dem Übermaßverbot (→ Rn. 56 ff.), dem Gleichheitssatz (→ Rn. 59 ff.) und Vertrauensschutzgesichtspunkten (→ Rn. 62 ff.) besondere Bedeutung zu. Zur Begründung der Anordnung nach § 79 vgl. → Rn. 102; zur gerichtlichen Überprüfung der Ermessensentscheidung → Rn. 114. 55

a) Übermaßverbot

Eine Auswirkung des Grundsatzes der Verhältnismäßigkeit (Übermaßverbot) mit Bedeutung für das Entschließungsermessen ist, dass die BauAB erst von einer bestimmten „Schädlichkeitsgrenze" (Jellinek) an einschreiten muss, die aber im Hinblick auf § 3 Abs. 1 (unzumutbare Belästigungen) nicht sehr hoch angesetzt werden darf. Auch wenn **geringfügige Abweichungen vom öffentlichen Baurecht**, insbesondere von gesetzlichen Maßangaben, einem Einschreiten nicht unter dem Gesichtspunkt der Verhältnismäßigkeit als Rechtsschranke entgegenstehen (→ Rn. 50 mN), muss der Grundsatz der Verhältnismäßigkeit in solchen Fällen im Rahmen der Ermessensentscheidung ebenfalls beachtet werden. Die BauAB hat das allgemeine Interesse an der Einhaltung des öffentlichen Baurechts und etwaige Interessen der Nachbarn gegenüber dem Interesse des Bauherrn, von einem Abbruchverlangen verschont zu bleiben, zu gewichten, wenn die Abweichung so gering ist, dass weder Belange des Gemeinwohls noch des Nachbarschutzes ernsthaft berührt werden. So hat das OVG Lüneburg (17.11.1970 – I A 5/70, BRS 23 Nr. 198; 24.10.1974 – I A 107/73, DVBl 1975, 915 (917); 28.2.1983 – 6 A 69/82, Nds.Rpfl. 1984, 22) ein Abbruchverlangen als unverhältnismäßig angesehen, wenn der Grenzabstand versehentlich um bis zu 9 cm unterschritten war, weil solche geringfügigen Abweichungen durch oberflächliches Ausmessen, unachtsames Schütten der Fundamente oÄ beim Baugeschehen häufig vorkommen und andererseits weder dem Bauherrn Vorteile noch dem Nachbarn spürbare Nachteile bringen. 56

Der Grundsatz der Verhältnismäßigkeit hindert die BauAB nicht, die Beseitigung eines rechtswidrigen Bauwerks anzuordnen, wenn eine das Bauwerk **legalisierende Rechtsänderung** nicht auszuschließen ist (BVerwG 6.12.1985 – 4 C 23, 24.83, NJW 1986, 1186). Ist die Rechtsänderung jedoch mit Sicherheit abzusehen, wäre die Beseitigungsanordnung ermessensfehlerhaft (OVG Lüneburg 17.8.1984 – 1 A 138/81, BRS 42 Nr. 218). Entsprechendes gilt für tatsächliche Änderungen, etwa für das Verlangen der BauAB, aus Anlass eines Anbaus eine größere Kleinkläranlage zu bauen, obgleich der künftige Anschluss an die zentrale Schmutzwasserentwässerung abzusehen ist (vgl. VGH Kassel 26.3.1991 – 3 TH 10/91, BRS 52 Nr. 222 mit dem Unterschied, dass die entsprechende Auflage unanfechtbar geworden war). Zur Berücksichtigung von Änderungen der Sach- und Rechtslage im Prozess vgl. → Rn. 113. 57

In der Person des Betroffenen begründete Umstände können auch unter Berücksichtigung des Grundsatzes der Verhältnismäßigkeit einem bauaufsichtlichen Einschreiten in aller Regel nicht entgegenstehen (OVG Saarlouis 26.9.1975 – II R 39/75, BRS 29 Nr. 187; aA VGH Mannheim 9.11.1990 – 8 S 1013/90, BRS 52 Nr. 228), sie können und müssen ggf. aber bei den Modalitäten des Einschreitens, etwa bei der Bestimmung der Frist zur Herstellung rechtmäßiger Zustände berücksichtigt werden (BVerwG 11.4.1989 – 4 B 65.89, NJW 1989, 2638; VGH Mannheim 31.3.1982 – 3 S 134/81, NJW 1984, 319; BVerwG 18.7.1985 – 5 B 131/84, NVwZ 1986, 553). So kann das betagte Alter des Bewohners eines Schwarzbaus Anlass geben, den Abbruch hinauszuschieben. Eine Wohnnutzung darf die BauAB idR nur mit einer dem Schutzbedürfnis der (uU ahnungs- 58 losen) Bewohner angemessenen Frist untersagen, damit die Betroffenen nicht unvermittelt der Obdachlosigkeit ausgeliefert werden. Auch bei Anordnungen, die in einen Gewerbebetrieb eingreifen, kann eine Anpassungsfrist geboten sein. Schließlich kann unter besonderen Umständen auch die Gefährdung der Existenz eines Vereins Anlass zur Einräumung einer Übergangsfrist geben (OVG Lüneburg 18.2.1994 – 1 M 5097/93, BRS 56 Nr. 210: Nutzungsverbot für einen Modellflugplatz).

b) Gleichheitssatz

59 Erhebliche praktische Bedeutung kommt der Beachtung des Gleichheitssatzes im Rahmen der Ermessensentscheidung zu (zur Entwicklung von der Willkürformel zur sog. „neuen Formel" vgl. allg. Kischel Beck-OK GG Art. 3 Rn. 28 ff.). Der Gleichbehandlungsgrundsatz verpflichtet die Behörde zu einem nach Zeitpunkt und Modalitäten gleichmäßigen Vorgehen gegen rechtswidrige Zustände, soweit nicht in der Sache begründete Unterschiede Abweichungen rechtfertigen. Die Rechtsprechung hat den **räumlichen Bezug** des Gleichheitssatzes bei einer entsprechenden Rüge im Prozess aus der Erkenntnis eingeschränkt, dass der BauAB ein gleichmäßiges Einschreiten in ihrem gesamten Bereich aus verschiedenen praktischen Gründen unmöglich ist: Eine Verletzung des Gleichheitssatzes führt nur dann zur Aufhebung einer Maßnahme nach § 79, wenn die BauAB in räumlich benachbarten Fällen systemwidrig unterschiedlich vorgeht (OVG Lüneburg 29.10.1993 – 6 L 72/92, BauR 1994, 92; BVerwG 21.12.1990 – 4 B 184/90, BeckRS 1990, 31228246; 22.4.1995 – 4 B 55/95, BRS 57 Nr. 248). Die BauAB braucht aber vor bauaufsichtlichen Maßnahmen nicht von sich aus der Frage nachzugehen, ob in dem betreffenden Gebiet weitere baurechtswidrige Anlagen vorhanden sind, solange sie dafür keine konkreten Hinweise hat (VGH Mannheim 29.2.1996 – 8 S 3371/95, BRS 58 Nr. 210). Rügt der Adressat einer Beseitigungsanordnung eine Verletzung des Gleichheitssatzes, so ist es seine Sache, dies durch konkrete Angabe räumlich benachbarter Vergleichsfälle zu belegen (OVG Lüneburg 22.8.2011 – 1 LA 4/11, RdL 2011, 286). Auch **in zeitlicher Hinsicht** sind der Gleichbehandlung Grenzen gesetzt: die BauAB ist nicht gehindert, ihre Verwaltungspraxis aus sachlichen Gründen zu ändern (zur sog. Pirmasenser Amnestie s. OVG Koblenz 22.11.2011 – 8 A 11101/11, BauR 2012, 631). Auch kann es systemgerecht sein, zunächst ein Musterverfahren durchzuführen oder auch sonstige zeitliche Staffelungen vorzunehmen (OVG Lüneburg 9.3.2012 – 1 LA 352/07, BeckRS 2012, 48418).

60 Häufen sich in einem Gebiet baurechtswidrige Zustände, muss die BauAB nicht gegen alle Verantwortlichen gleichzeitig vorgehen, sondern kann sich auch für ein schrittweises Vorgehen entscheiden oder den Ausgang eines Musterprozesses abwarten (BVerwG 18.4.1996 – 4 B 38.96, BRS 58 Nr. 209; 19.2.1992 – 7 B 106.91, NVwZ-RR 1992, 360; OVG Lüneburg 9.3.2012 – 1 LA 352/07, BeckRS 2012, 48418). Sie muss ihr Einschreiten aber an einem Konzept ausrichten, das ein **sachgerechtes System** zur Schaffung ordnungsgemäßer Zustände erkennen lässt und dementsprechend vorgehen (BVerwG 2.3.1973 – IV C 40.71, DVBl 1973, 636; 24.7.2014 – 4 B 34/14, BauR 2014, 1923; VGH München 7.6.2017 – 9 ZB 15.255, BeckRS 2017, 113658). Zur Wahrung des Gleichheitssatzes wird in solchen Fällen idR die Erklärung der BauAB ausreichen, dass sie in den Berufungsfällen systemgerecht einschreiten werde. Erweisen sich solche Ankündigungen – etwa in einem längeren Verwaltungsprozess – als leere Worte, oder wird das Konzept zur Schaffung ordnungsgemäßer Zustände so zögerlich umgesetzt, dass es faktisch aufgegeben wird, kann das Konzept nicht mehr zur Rechtfertigung von bauaufsichtlichen Maßnahmen herangezogen werden (OVG Lüneburg 29.10.1993 – 6 L 72/92, NVwZ-RR 1994, 249; OVG Bremen 6.9.1994 – 1 B A 24/93, BRS 56 Nr. 206). Nicht zu beanstanden ist es auch, wenn die BauAB sich in einem Schwarzbaugebiet zunächst darauf beschränkt, Neubauten zu unterbinden und langfristig auch gegen den Altbestand vorgeht (OVG Berlin 10.2.1989 – 2 B 152/86, NVwZ 1990, 176). Gleiches gilt für den Fall, dass zur Verhinderung einer Verschlechterung des vorgefundenen Zustands nur gegen Schwarzbauten vorgegangen wird, die nach einem bestimmten Zeitpunkt errichtet oder verändert worden sind (BVerwG 24.07.2014 – 4 B 34/14, BauR 2014, 1923; VGH München 7.6.2017 – 9 ZB 15.255, BeckRS 2017, 113658). Ein isoliertes Vorgehen in einem Einzelfall kann auch zulässig sein, wenn die BauAB nicht von sich aus tätig wird, sondern mit dem Fall befasst wird und auf illegale Bautätigkeit zeitnah reagiert (VGH Kassel 4.7.1991 – 4 UE 721/87, BRS 52 Nr. 221). Zur Reaktion der BauAB auf die Rüge eines Verstoßes gegen Art. 3 GG im Prozess vgl. → Rn. 115.

IdR führt ein **Verstoß gegen den Gleichheitssatz** nur zu einer **vorläufigen Aufhebung** einer an sich gebotenen und sachgemäßen Maßnahme, denn die BauAB soll nur zu einem gleichmäßigen Einschreiten veranlasst werden (BVerwG 22.4.1995 – 4 B 55.95, BRS 57 Nr. 248). Problematisch sind aber Fälle, in denen die BauAB nach Errichtung des illegalen Bauwerks in unmittelbarer Nachbarschaft ein ebenso zu beurteilendes Vorhaben genehmigt hat (OVG Münster 19.12.1974 – VII A 179/74, BRS 28 Nr. 166; VGH München 24.1.1978 – 31 XIV 74, BRS 33 Nr. 183), und die Rücknahme der rechtswidrigen Genehmigung aus Gründen des Vertrauensschutzes erschwert ist. Da der Gleichheitssatz die BauAB nicht zwingt, einen einmal gemachten Fehler zu wiederholen (BVerwG 3.6.1977 – IV C 29.75, BRS 32 Nr. 129), kann der rechtmäßig behandelte Bürger grundsätzlich nicht seine rechtswidrige Gleichstellung prozessual durchsetzen. Der Gleichheitssatz gewährt auch keinen Anspruch darauf, dass die BauAB die Begünstigung anderer zurücknimmt. Das OVG Lüneburg (31.3.1995 – 1 L 4223/93, NVwZ–RR 1996, 6) hat deshalb die Berufung auf ein in unmittelbarer Nachbarschaft rechtswidrig genehmigtes Vorhaben gegenüber einer Beseitigungsanordnung nicht durchgreifen lassen, weil das Ermessen der BauAB durch ein rechtskräftiges Urteil über die Genehmigungsunfähigkeit des begonnenen Außenbereichsvorhabens „auf Null geschrumpft" war. Bei Hinzutreten besonderer Umstände ist aber auch in solchen Fällen ein Ermessensfehler denkbar (OVG Lüneburg 26.7.1984 – 1 A 90/82, nv; Götz NJW 1979, 1478). **61**

c) Vertrauensschutz und Duldung

Häufig wenden die Betroffenen gegenüber Anordnungen der BauAB ein, sie hätten nach dem – unter Umständen langjährigen – Verhalten der BauAB nicht mehr mit einem Einschreiten zu rechnen brauchen. Das **langjährige Bestehen baurechtswidriger Zustände** allein ist kein selbständiger Ansatzpunkt für Ermessensbindungen der BauAB, weil ihre Unkenntnis vom Sachverhalt keine verwaltungsrechtlichen Folgen haben kann. Aber auch dann, wenn die BauAB den rechtswidrigen Zustand lange kennt und diesen, ohne es schriftlich iSd § 38 VwVfG zugesichert zu haben, **geduldet** hat, steht dies einem bauaufsichtlichen Einschreiten grundsätzlich nicht entgegen (VGH München 21.11.1995 – 2 CS 95.3597, BayVBl. 1996, 634). Eine **Verwirkung** bauaufsichtlicher Befugnisse, die neben einem längeren Zeitablauf auch ein Verhalten der BauAB voraussetzen würde, das ein späteres Einschreiten als grob unbillig erscheinen ließe, ist **ausgeschlossen**. Denn eine unzulässige, weil verspätete Rechtsausübung kommt nur bei verzichtbaren subjektiven Rechten, etwa bei Abwehrrechten des Nachbarn gegen ein Bauwerk, in Betracht, nicht aber bei hoheitlichen Eingriffsbefugnissen auf dem Gebiet der Gefahrenabwehr (BVerwG 16.3.2006 – 7 C 3/05, NVwZ 2008, 928 (931); OVG Lüneburg 22.3.2001 – 1 L 4487/99, BRS 64 Nr. 198; OVG Saarlouis 25.1.2005 – 1 Q 51 04, BauR 2006, 826; VGH Mannheim 1.4.2008 – 10 S 1388/06, NVwZ-RR 2008, 696 (697); OVG Münster 18.11.2008 – 7 A 103/08, NVwZ-RR 2009, 364 (366); VGH München 28.12.2016 – 15 CS 16.1774, BeckRS 2016, 112335). Aber selbst wenn man die These, dass eine Verwirkung wegen der Unverzichtbarkeit polizeilicher Eingriffsbefugnisse ausgeschlossen ist, nicht für tragfähig hält (Ossenbühl NVwZ 1995, 547), wird man ein Vertrauen des Betroffenen darauf, dass ein ungenehmigtes und nicht genehmigungsfähiges Bauwerk nicht beseitigt werden muss, grundsätzlich nicht als schutzwürdig anerkennen können (FOO S. 193). **62**

Allerdings kann eine langjährige Untätigkeit der BauAB im Zusammenhang mit weiteren Umständen Bindungen nach sich ziehen. Sind für eine bauliche Anlage mehrere paral- **63** lele Genehmigungen erforderlich, und hat der Betroffene die **neben der Baugenehmigung erforderliche Fachgenehmigung eingeholt**, dann darf die Nutzung nicht allein wegen der fehlenden Baugenehmigung untersagt werden (OVG Lüneburg 21.12.1987 – 1 B 78/87, BRS 47 Nr. 136: Nutzungsuntersagung für einen Modellflugplatz, für den die Erlaubnis nach § 16 LuftVO erteilt ist; OVG Lüneburg 18.2.1994 – 1 M 5097/93, NVwZ-RR 1995, 7). Besondere Ermessenserwägungen sind anzustellen, wenn die BauAB durch die **Genehmigung von „Folgemaßnahmen“** dem Betroffenen Anlass dazu gegeben hat, Investitionen im Vertrauen darauf zu tätigen, dass gegen ältere baurechtswidrige Zustände nicht mehr eingeschritten werde (OVG Lüneburg 27.2.1981 – 1 A 64/79, OVGE 36, 368). Entsprechendes gilt, wenn die BauAB Umbaumaßnahmen mündlich zustimmt, die zum Verlust des Bestandsschutzes führen (VGH Mannheim 5.7.1996 – 8 S 1289/96, BRS 58 Nr. 212). Mit entsprechenden Erwägungen hat das OVG Saarlouis (9.8.1985 – 2 R 91/84, BRS 44 Nr. 194) verlangt, dass die BauAB eine früher erteilte Baugenehmigung bei der Beseitigungsanordnung für ein nach Ablauf der Genehmigung errichtetes Bauwerk berücksichtigt. Wenn die BauAB längere Zeit bewusst von bauaufsichtlichen Maßnahmen abgesehen hat, darf sie auch nicht einschreiten, ohne diesen Sinneswandel zu begründen (VGH München 9.8.1984 – 26 B 82 A 692, BayVBl. 1985, 751). Denkbar ist auch, dass eine rechtswidrig erteilte **Abgeschlossenheitsbescheinigung** nach § 7 Abs. 4 WEG dem Betroffenen Vertrauensschutz vermittelt (vgl. OVG Lüneburg 11.2.1985 – 6 A 113/83, Nds.Rpfl. 1984, 44).

64 Weitergehenden Schutz gegenüber bauaufsichtlichen Maßnahmen kann eine **Duldung** gewähren, die dem Betroffenen gegenüber auch ausgesprochen worden ist. Die **Zulässigkeit einer** solchen **„aktiven Duldung“** (vgl. OVG Koblenz 12. 6. 2012 – 8 A 10291/12, NVwZ-RR 2012, 749 (751); OVG Münster 18. 11. 2008 – 7 A 103/08, NVwZ-RR 2009, 364 (366)) baurechtswidriger Zustände folgt aus dem mit § 79 eingeräumten Ermessen (vgl. Sommer, Die Duldung rechtswidriger Zustände im Baurecht, 2017, S. 58 ff.). Soweit der **Ermessensspielraum** der BauAB nicht iS einer Pflicht zum Einschreiten eingeschränkt ist, darf die BauAB von einem Einschreiten absehen und diese Entscheidung dem Betroffenen auch kundtun, wobei es aus der Sicht der BauAB sachgerecht erscheint, den Unterschied zu einer (in einem solchen Fall rechtswidrigen) Genehmigung durch den Vorbehalt einer Änderung der Sach- und Rechtslage deutlich zu machen. Freilich lässt nicht jede Änderung der Sachlage die Beseitigungsbefugnis der BauAB wieder aufleben: Das BVerfG (2.9.2004 – 1 BvR 1860/02, NVwZ 2005, 203) hat in einem „wilden Wochenendhausgebiet“, in dem ältere Wochenendhäuser geduldet, aber nur den Bestand erhaltende Baumaßnahmen gestattet waren, die Anordnung der Beseitigung eines Wochenendhauses als unverhältnismäßig beanstandet, dessen überdachte Terrasse durch eingehängte Fenster „erweitert“ worden war und nur die Anordnung, die Fenster zu beseitigen, gebilligt, weil sich die Veränderung leicht rückgängig machen ließ. Die BauAB muss bei Verstößen gegen nachbarschützende Vorschriften auch die Belange der Nachbarn in ihrer Ermessensentscheidung berücksichtigen (vgl. → Rn. 70). Zur Duldung baulicher Anlagen wegen Übereinstimmung mit den Festsetzungen eines unwirksamen Bebauungsplans vgl. OVG Lüneburg 9.3.2012 – 1 LA 254/09, BeckRS 2012, 48417.

65 Die **Bindungswirkung einer aktiven Duldung** hängt davon ab, welcher rechtlichen Instrumente sich die BauAB bedient hat. Die BauAB kann die Duldung eines baurechtswidrigen Zustandes in die Form einer **Zusicherung nach § 38 VwVfG** kleiden (Bracher ZfBR 1987, 127), sie kann sich zu einer Duldung in einem **öffentlich-rechtlichen Vertrag** nach § 54 VwVfG verpflichten (Arnold VerwArch 1989, 125 (132)) oder auch in einem **gerichtlichen Vergleich** nach § 106 VwGO. Die BauAB kann aber ihre Entscheidung, von der Möglichkeit des Einschreitens keinen Gebrauch zu machen, auch durch einen **„Duldungsverwaltungsakt“** zum Ausdruck bringen (Randelzhofer/Wilke, Die Duldung als Form flexiblen Verwaltungshandelns, 1981, S. 84 ff.; Sellmann FS Gelzer, 1991, 249). Das Ausmaß der Bindung der BauAB ergibt sich in diesen Fällen aus den Vorschriften des VwVfG bzw. der VwGO. Schwieriger sind die Rechtswirkungen einer

aktiven Duldung zu erfassen, die nicht in den erwähnten Handlungsformen zum Ausdruck gekommen ist, sondern die Ebene des informellen Verwaltungshandelns nicht verlassen hat (Fluck NuR 1990, 197 (199) mN). Dem Vertrauen des Betroffenen in informelle Duldungserklärungen kann nur im Rahmen der Ermessensausübung beim bauaufsichtlichen Einschreiten Rechnung getragen werden (→ Rn. 70). Vieles spricht dafür, dass eine länger andauernde Duldung oder Duldungszusage, soll sie Vertrauensschutz vermitteln, schriftlich erfolgen muss (OVG Münster 22.8.2005 – 10 A 4694/03, BauR 2006, 90; 18.11.2008 – 7 A 103/08, NVwZ-RR 2009, 364 (366)), weil nur dann den entsprechenden Erklärungen der Behörde mit hinreichender Deutlichkeit zu entnehmen ist, ob, in welchem Umfang und ggf. über welchen Zeitraum die Duldung der illegalen Zustände erfolgen soll. Kein schutzwürdiges Vertrauen soll gegeben sein, wenn die Duldung auf einer rechtsirrigen Äußerung beruht (OVG Münster 18.11.2008 – 7 A 103/08, NVwZ-RR 2009, 364 (366)).

Die größte Bedeutung in der Praxis kommt **Zusicherungen** der BauAB zu, gegen eine rechtswidrige bauliche Anlage nicht einzuschreiten. Zusicherungen bedürfen zu ihrer Wirksamkeit der **Schriftform** und müssen von der **zuständigen Behörde** erteilt werden (§ 38 VwVfG). Zusicherungen der BauAB, eine bauliche Anlage auf Dauer zu dulden, bedurften auch schon vor Inkrafttreten des Nds. VwVfG der Schriftform, weil sonst die Schriftform der Baugenehmigung unterlaufen würde (OVG Lüneburg 26.8.1992 – 1 L 99/91, OVGE 43, 308). Die Gemeinde, die nicht BauAB ist, kann keine wirksamen Zusagen erteilen. Eine wirksame Zusicherung bindet die Behörde auch, wenn sie dem geltenden Recht widerspricht. Die **Bindung der BauABen erlischt** nach § 38 Abs. 3 VwVfG, wenn sich die **Sach- und Rechtslage** derart **ändert**, dass die BauAB bei Kenntnis der nachträglich eingetretenen Änderung die Zusicherung nicht gegeben hätte oder aus rechtlichen Gründen nicht hätte geben dürfen (VGH Mannheim 9.7.2002 – 8 S 1340/02, BRS 65 Nr. 175; Bracher ZfBR 1987, 127 (129)). Eine Prüfung durch die obere BauAB als Änderung der Sach- und Rechtslage zu werten (OVG Lüneburg 31.8.1993 – 6 M 3482/93, BRS 55 Nr. 206), ist nicht angängig; freilich kann sich die BauAB, ebenso wie sie sich von der Bindung einer rechtwidrigen Zusage durch deren Rücknahme befreien kann, auch von einer unwirksamen mündlichen Zusicherung lösen. Aus einer Duldungszusage lassen sich keine Abwehransprüche gegen Baugenehmigungen für Nachbargrundstücke ableiten: Der Eigentümer des lediglich geduldeten Tennisplatzes kann sich nicht erfolgreich gegen heranrückende Wohnbebauung wehren (Bracher ZfBR 1987, 127 (129)). **66**

Verpflichtet sich die BauAB in einem **öffentlich-rechtlichen Vertrag** zur Duldung einer rechtswidrigen baulichen Anlage, wird idR nur eine befristete Duldung oder eine Duldung unter Widerrufsvorbehalt in Betracht kommen. Die vertragliche Bindung der BauAB entfällt nämlich nicht automatisch wie die Bindung der Zusage mit jeder wesentlichen Änderung der Sach- oder Rechtslage nach § 38 Abs. 3 VwVfG, jedoch kann die BauAB **bei tiefgreifender Veränderung der Verhältnisse** nach § 60 VwVfG eine **Anpassung des Vertrages** verlangen, oder falls eine Anpassung nicht möglich oder zumutbar ist, den Vertrag kündigen. Ist die Duldung Gegenstand eines wirksamen **Prozessvergleichs**, kann zwar die prozessbeendende Wirkung des Vergleichs nicht mehr beseitigt werden (vgl. BGH 19.5.1982 – IV B ZR 705/80, NJW 1982, 2073), für die Bindung der BauAB hinsichtlich der Duldung wird man aber § 60 VwVfG entsprechend heranziehen können. Allerdings sollte die Bindung der BauAB durch ausdrückliche Vorbehalte bereits im Vergleich eingeschränkt werden. **67**

Die BauAB kann anstelle der Zusicherung, gegen eine rechtswidrige bauliche Anlage nicht einzuschreiten, durch sog. **„Duldungsverwaltungsakt“** die Duldung unmittelbar aussprechen (dazu Sellmann FS Gelzer, 1991, 249). Die Erklärung der BauAB, die (rechtswidrige) bauliche Anlage oder ihre Nutzung werde weiterhin geduldet, stellt nicht nur die Ankündigung einer Entscheidung dar, sondern ist der „Verzicht“ auf ein Einschreiten (VGH Kassel 29.3.1993 – 4 UE 470/90, BRS 55 Nr. 205). Das OVG Berlin (14.5.1982 – 2 B 57/79, NJW 1983, 777) hat die Verlängerung der Beseitigungsfrist für eine rechts- **68** widrige bauliche Anlage ebenfalls als Duldungsverwaltungsakt gedeutet. Um den Unterschied zur Baugenehmigung hervorzuheben, ist es zweckmäßig, den Duldungsverwaltungsakt mit einer Befristung oder einem Widerrufsvorbehalt zu versehen (VGH Kassel 29.3.1993 – 4 UE 470/90, BRS 55 Nr. 205). Weil der Duldungsverwaltungsakt einen über die Zusicherung hinausgehenden Rechtsstatus begründet, bedarf er der **Schriftform** (OVG Lüneburg 26.8.1992 – 1 L 99/91, OVGE 43, 308: Der Baugenehmigung angenäherter Rechtsstatus). Der Duldungsverwaltungsakt kann im Falle seiner Rechtswidrigkeit nach § 48 VwVfG zurückgenommen werden (VGH Kassel 29.3.1993 – 4 UE 470/90, BRS 55 Nr. 205) und bei Änderungen der Sach- und Rechtslage nach Maßgabe des § 49 Abs. 2 Nr. 3 und 4 VwVfG widerrufen werden. Eine Legalisierungswirkung kommt auch dem Duldungsverwaltungsakt nicht zu, weil er an der Rechtswidrigkeit der baulichen Anlage nichts ändert (Heider NuR 1995, 335 (337)). Nachbarliche Abwehransprüche kann der Eigentümer einer nur geduldeten baulichen Anlage nicht mit Rücksicht auf diese rechtswidrige Anlage geltend machen (vgl. auch → § 68 Rn. 50 ff.).

69 Der **Nachbar**, der durch den **geduldeten rechtswidrigen Zustand** beeinträchtigt wird, kann sich gegen die schlichte Duldung mit einem Anspruch auf Einschreiten gegenüber der BauAB **zur Wehr setzen** (dazu → Rn. 70). Eine Zusicherung der BauAB über die Duldung muss der Nachbar, soweit sie ihm eröffnet wird, daher ebenso wie einen Duldungsverwaltungsakt mit Widerspruch und Anfechtungsklage anfechten. Zwar ist die Rechtsnatur der Zusicherung nicht unbestritten (Überblick bei Uechtritz in MSU § 38 Rn. 48 ff.), jedoch kann der Nachbar die Bestandskraft einer Zusicherung, wenn man sie als VA einordnet, nur abwehren, wenn er sie anficht. Hat sich die BauAB durch öffentlich-rechtlichen Vertrag oder Prozessvergleich zur Duldung verpflichtet und verletzt der geduldete Zustand Rechte des Nachbarn, bedarf der Vertrag bzw. der Prozessvergleich zu seiner Wirksamkeit nach § 58 VwVfG der Zustimmung des Nachbarn (OVG Münster 11.11.1987 – 11 A 1160/86, NVwZ 1988, 370). Prozessual kann sich der Nachbar mit dem Anspruch auf Einschreiten inzident auch gegen den ohne seine Zustimmung geschlossenen Vertrag oder Prozessvergleich wehren, er kann aber auch im Wege der Feststellungsklage die Unwirksamkeit geltend machen (OVG Münster 11.11.1987 – 11 A 1160/86, NVwZ 1988, 370).

F. Anspruch des Nachbarn auf Einschreiten

70 Im Rahmen ihres Ermessens hat die BauAB auch die nachbarlichen Belange zu berücksichtigen. Ebenso wie die BauAB Rechte des Nachbarn unmittelbar durch eine Baugenehmigung verletzt, die gegen nachbarschützende Vorschriften verstößt, kann sie unmittelbar Rechte des Nachbarn verletzen, wenn sie gegen einen baurechtswidrigen Zustand nicht einschreitet, der nicht genehmigt ist und gegen nachbarschützende Vorschriften verstößt. Im Unterschied zum Abwehranspruch gegenüber einer Baugenehmigung, die nachbarschützende Vorschriften verletzt, hat der **Nachbar keinen** Anspruch unmittelbar auf ein Einschreiten der BauAB. Da das Einschreiten gegen den für den baurechtswidrigen Zustand Verantwortlichen im Ermessen der BauAB steht, kann auch die Verletzung einer nachbarschützenden Vorschrift allenfalls über eine Einengung dieses Ermessens auf Null zu einem Anspruch auf Einschreiten führen, verleiht aber dem Nachbarn nicht unmittelbar einen Anspruch gegen die BauAB auf Einschreiten gegen Dritte (vgl. OVG Lüneburg 6.3.2003 – 1 LA 197/02, NVwZ-RR 2003, 484 (485); OVG Koblenz 12. 6. 2012 – 8 A 10291/12, NVwZ-RR 2012, 749 (751); OVG Magdeburg 18.02.2015 – 2 L 22/13, BauR 2015, 1129 (1130); Mann FS Götz, 2005, 465 (477) mN; für ein intendiertes Ermessen: OVG Bautzen 30.8.2013 – 1 A 823/10, BauR 2014, 978 (979)). Das gilt auch im Falle **genehmigungs- oder verfahrensfreien Bauens** (OVG Lüneburg 28.3.2014 – 1 LA 216/12, NdsVBl 2014, 258; aA Mehde/Hansen NVwZ 2010, 14). Demgegenüber leitet Mampel (ZfBR 2002, 327 (331 f.); ders. DVBl 1999, 1403) aus Art. 14 GG ab, dass die nachbarschützenden Vorschriften des öffentlichen Baurechts über den Genehmigungsabwehranspruch hinaus iS einer optimalen Verwirklichung des

Schutzanspruchs des Grundrechtsträgers auch einen „Vorhabenabwehranspruch" verleihen. Der strikte Anspruch des Nachbarn gegenüber der BauAB verpflichte die BauAB iS einer Ermessensreduzierung zum Einschreiten. Dabei wird aber übersehen, dass nicht jeder Verstoß gegen nachbarschützende Vorschriften einen Grundrechtsverstoß darstellt und daher auch nicht ohne weiteres einen Schutzanspruch des Nachbarn auslöst. Auf der Ebene der schlichten „einfach-rechtlichen" Verstöße korrespondiert der Schutzverpflichtung des Staates nicht in jedem Fall ein Schutzanspruch des Nachbarn.

Seit dem Bandsägen-Urteil des BVerwG (18.8.1960 – I C 42.59, NJW 1961, 793 m Anm 71
Bachof DVBl 1961, 128) ist die Möglichkeit eines Anspruch des Nachbarn auf Einschreiten im Grundsatz anerkannt (Dietlein DVBl 1991, 685; Erbguth/Schubert in EMS BesVerwR Rn. 1312, 1326, 1354; Gaentzsch FS Krautzberger, 2008, 19 (20 ff.); Muckel/Ogorek, ÖffBauR, 2010, § 11 Rn. 7 ff.; aA Marburger, Gutachten zum 56. DJT, 1986, C 45; Konrad BayVBl. 1984, 33 (72), die den Nachbarn auf das Privatrecht verweisen wollen). Schwierigkeiten bereitet aber nach wie vor die Abgrenzung der Fälle, in denen eine **Pflicht der BauAB zum Einschreiten infolge einer Ermessensreduzierung auf Null** anzunehmen ist (ausführl. W. Sarnighausen, Schutzvorkehrungen und Ausgleichszahlungen im öffentlichen Nachbarrecht, 1998, S. 175 ff.). Ausgehend von der Formulierung des BVerwG (18.8.1960 – I C 42.59, NJW 1961, 793), „bei hoher Intensität der Störung oder Gefährdung" könne sich das Ermessen der BauAB zum Einschreiten zur Pflicht verdichten, wird man auf die Art des beeinträchtigten Rechtsguts und die Intensität des Eingriffs abstellen müssen (Beispiele bei H.-C. Sarnighausen NJW 1993, 1623). Entsprechend der in § 25 Abs. 2 BImSchG zum Ausdruck gekommenen Wertung verleiht die Verletzung oder Gefährdung von Leben oder Gesundheit, aber auch von bedeutenden Sachwerten idR einen Anspruch auf Einschreiten (Stollmann, Öffentliches Baurecht, 11. Aufl. 2017, § 21 Rn. 44). Da der Nachbarschutz im Baurecht nicht auf den Schutz hochrangiger Rechtsgüter beschränkt ist, hat die Rechtsprechung den Anspruch auf Einschreiten auf die Fälle ausgedehnt, in denen der baurechtswidrige Zustand materielle Rechte des Nachbarn verletzt und ihn tatsächlich unzumutbar beeinträchtigt (W. Sarnighausen Schutzvorkehrungen und Ausgleichszahlungen im öffentlichen Nachbarrecht, 1998, S. 176 f.). Der Hinweis des BVerwG (19.6.1991 – 4 C 52.89, BRS 52 Nr. 217), der Schutzanspruch des Nachbarn gegenüber ungenehmigten, baurechtswidrigen Zuständen dürfe nicht schwächer sein als sein Schutz gegenüber rechtswidrigen Baugenehmigungen, ist aber unzutreffend, denn es ist unbestritten, dass der Nachbar eine Baugenehmigung, die eine Abstandsunterschreitung um Zentimeter erlaubt, mit Erfolg anfechten kann, während es für den Anspruch auf Einschreiten auf die tatsächlich spürbare Beeinträchtigung des Nachbarn ankommt.

Umstritten ist, ob ein Anspruch auf Einschreiten der BauAB nach § 79 entfällt, wenn der 72
Nachbar sich privatrechtlich gegen den baurechtswidrigen Zustand zur Wehr setzen kann (dafür Marburger und Konrad, zit. → Rn. 71). Die BauAB darf ein Einschreiten nicht unter Hinweis auf den Grundsatz der Subsidiarität ablehnen, weil es nicht um den Schutz nur privater Rechte, sondern um den Schutz öffentlich-rechtlicher Nachbarrechte geht (Götz § 12 Rn. 40). Da die BauAB gerade auch zum Hüter der nachbarschützenden Vorschriften berufen ist (BVerwG 18.8.1960 – 1 C 42.59, DVBl 1991, 128), darf sie auch im Rahmen ihrer Ermessensentscheidung idR ein Einschreiten nicht allein unter Hinweis auf **zivilrechtliche Rechtschutzmöglichkeiten** des Nachbarn ablehnen (vgl. Steinberg NJW 1984, 457 (464).; aA Götz/Geis PolR § 12 Rn. 40), je nach den konkreten Umständen kann es aber ein beachtlicher Ermessensgesichtspunkt sein (BVerwG 10.12.1997 – 4 B 204.97, NVwZ 1998, 395). Es darf in diesem Zusammenhang auch nicht übersehen werden, dass – etwa bei Lärmbelästigungen – die Durchsetzung eines zivilgerichtlichen Unterlassungstitels mit sehr viel mehr praktischen Schwierigkeiten verbunden ist als ein behördliches Einschreiten. Denn ein zivilrechtliches Vorgehen bedeutet für den beeinträchtigten Nachbarn, entsprechend der im Zivilprozess geltenden Dispositionsmaxime, den Streitstoff selbst aufzubereiten und die erforderlichen Beweise zu erbringen. Macht er dagegen einen Anspruch auf Einschreiten geltend, wird die BauAB mit der Sachver-

haltsaufklärung belastet und trägt das Prozessrisiko. Das schließt allerdings nicht aus, dass die BauAB ein Einschreiten dann ermessensfehlerfrei ablehnen darf, wenn der baurechtswidrige Zustand die „Schädlichkeitsgrenze" (→ Rn. 56) nicht erreicht: Die BauAB ist nicht für Bagatellstreitigkeiten zwischen Nachbarn da. Daher kann es in Einzelfällen ermessensfehlerfrei sein, den Betroffenen auf ein Beschreiten des Zivilrechtsweges zu verweisen, wenn nach der Einschätzung der BauAB keine Gesundheitsgefahren, sondern nur Belästigungen in Rede stehen, eine andere zum Einschreiten befugte Behörde in ihrem Zuständigkeitsbereich stärker betroffen ist und die Störungen weniger durch die typische Nutzung der baulichen Anlage als durch ein (behauptetes) rücksichtsloses Verhalten verursacht werden (OVG Lüneburg 9.10.2007 – 1 LB 5/07, NVwZ-RR 2008, 374).

73 Ein **Anspruch des Nachbarn auf Einschreiten** kommt grundsätzlich **bei allen Verstößen gegen nachbarschützende Vorschriften** des öffentlichen Baurechts in Betracht (zum Begriff § 68 Rn. 26 ff.; Überblick über die nachbarschützenden Vorschriften der NBauO vgl. → § 68 Rn. 65 ff.). Formelle Illegalität einer Baumaßnahme reicht nicht aus (OVG Lüneburg 28.3.2014 – 1 LA 216/12, DVBl 2014, 655). Soweit Vorschriften, wie §§ 5 ff., ohne Rücksicht auf eine konkrete Beeinträchtigung Nachbarschutz vermitteln, ergibt sich aus dem Verstoß gegen die generell und abstrakt nachbarschützende Vorschrift erst dann ein Anspruch auf Einschreiten, wenn eine **unzumutbare Beeinträchtigung** hinzutritt (stRspr, vgl. OVG Lüneburg 18.7.2005 – 1 LA 308/04, nv; 9.10.2007 – 1 LB 5/07, NVwZ-RR 2008, 374; 16.2.2012 – 1 LB 19/10, NVwZ-RR 2012, 427). Die Unzumutbarkeit ist, wie die Beispiele aus der Rechtsprechung zeigen, iS einer „nicht unerheblichen Beeinträchtigung" zu verstehen und darf nicht zu hoch angesetzt werden. Diese Beeinträchtigung lässt sich bei den Grenzabstandsvorschriften nicht mit einem bestimmten Maß benennen, weil sie ganz wesentlich von der örtlichen Situation abhängt (vgl. Sarnighausen NJW 1993, 1623 ff. mN). Kleine Abweichungen, wie sie im Baugeschehen immer wieder vorkommen, muss der Nachbar idR hinnehmen (OVG Lüneburg 17.11. 1970 – I A 5/70, BRS 23 Nr. 198: bis 9 cm; 28.2.1983 – 6 A 69/82, BRS 40 Nr. 226: 6 cm). Die Frage, was dem Nachbarn zugemutet werden kann, lässt sich nur beantworten, wenn man die Auswirkungen der baurechtswidrigen Anlage mit denen einer „noch" zulässigen an gleicher Stelle vergleicht. Eine Grenzgarage, die das zulässige Maß um 0,5 m überschreitet, kann den Terrassen- oder Wohnbereich des Nachbarn empfindlich stören (OVG Lüneburg 29.10.1993 – 6 L 3295/91, BRS 55 Nr. 196), während eine Unterschreitung des erforderlichen Grenzabstandes um einen Meter ohne spürbare Auswirkungen für den Nachbarn bleiben kann, wenn der Baukörper „hinter" der Grenzgarage des Nachbarn liegt (OVG Lüneburg 20.5.1992 – 1 L 162/92, nv). Auch bei Verstößen gegen die Art der Nutzung, die im B-Plan festgesetzt ist oder sich nach § 34 Abs. 2 BauGB aus der Einordnung der Umgebung als faktischem Baugebiet ergibt (BVerwG 16.9.1993 – 4 C 28.91, DVBl 1994, 284), hat der Nachbar nur einen Anspruch auf Einschreiten, wenn er durch den Verstoß unzumutbar beeinträchtigt wird. Entsprechendes muss gelten, wenn es um die Durchsetzung von Auflagen einer Baugenehmigung geht, die dem Schutz des Nachbarn dienen: Solange die Ausnutzung der Baugenehmigung den Nachbarn nicht unzumutbar beeinträchtigt, hat er keinen Anspruch gegen die BauAB auf Durchsetzung der Auflage (zur privatrechtlichen Durchsetzung einer nachbarschützenden Auflage vgl. auch BGH 26.2.1993 – V ZR 74/92, BGHZ 122, 1).

74 Soweit das materielle Recht, wie beim **drittschützenden Gebot der Rücksichtnahme,** die Verletzung der Rechte des Nachbarn von einer unzumutbaren tatsächlichen Beeinträchtigung abhängig macht, hat der Nachbar in aller Regel bei derartigen Verstößen einen Anspruch auf Einschreiten. So hat das OVG Lüneburg (22.9.1986 – 6 A 112/83, UPR 1988, 73) einen Anspruch auf Einschreiten gegen einen Schrottplatz bejaht, der im rückwärtigen durchgrünten Gartenbereich der Wohnbebauung rücksichtslos erschien. Ebenso ist ein Anspruch auf Einschreiten gegen eine private Betriebszufahrt zwischen Wohnbebauung bejaht worden (OVG Lüneburg 4.10.1985 – 1 A 34/85, BRS 44 Nr. 195 und die Einzelheiten zum Sachverhalt bei Sarnighausen NJW 1993, 1623 (1626)).

Die Fälle, in denen der Nachbar nach der Aufhebung einer rechtswidrigen Baugenehmigung ein Einschreiten der BauAB gegen das bereits fertig gestellte Bauwerk verlangt, haben in der Rechtsprechung zu Meinungsverschiedenheiten geführt (zum Meinungsstand FOO S. 221 ff.). Die Palette der Lösungsvorschläge reicht von einer **Ermessensreduzierung auf Null aufgrund eines Folgenbeseitigungsanspruchs** des Nachbarn über die Berücksichtigung der Folgenbeseitigungslast bis zur Ermessensbindung im Einzelfall je nach der Schwere der Beeinträchtigung. Die Frage, ob dem Nachbarn ein im Wege der Ermessensreduzierung auf Null gebundener Anspruch auf behördliches Einschreiten zusteht, entscheidet sich nach Landesrecht (BVerwG 10.12.1997 – 4 B 204.97, NVwZ 1998, 395; 4.6.1996 – 4 C 15.95, NVwZ-RR 1997, 271). Dabei ist die landesrechtliche Ermächtigungsgrundlage im Lichte des Art. 14 Abs. 1 GG auszulegen; die ermessensreduzierende Wirkung des Art. 14 Abs. 1 GG und des Anspruchs auf Folgenbeseitigung geht aber nicht weiter, als eine beeinträchtigte Rechtsposition gegeben ist (BVerwG 9.2.2000 – 4 B 11.00, ZfBR 2000, 490). **75**

Für Niedersachsen geht das OVG Lüneburg (10.2.2003 – 1 LA 52/02, BeckRS 2005, 22233; 16.5.1988 – 1 A 23/87, BRS 48 Nr. 191; 27.3.1981 – 1 A 213/80, BRS 38 Nr. 181) in ständiger Rechtsprechung davon aus, dass die aufgehobene rechtswidrige Baugenehmigung als vorangegangenes Verwaltungsunrecht im Sinne einer **Folgenbeseitigungslast** das Ermessen der BauAB einschränkt, aber nicht zwingend zu einem Anspruch auf Einschreiten führt, weil daneben konkurrierende Interessen von Bauherrn und Nachbarn eine Rolle spielen können. Die BauAB ist allerdings nach der Aufhebung einer Nachbarrechte verletzenden Baugenehmigung idR zum Einschreiten verpflichtet, wenn der Nachbar durch das rechtswidrige Vorhaben mehr als nur geringfügig beeinträchtigt wird (vgl. → Rn. 73). Dementsprechend hat das OVG Lüneburg (27.3.1981 – 1 A 213/80, BRS 38 Nr. 181) einen Anspruch des Nachbarn gegen die BauAB, eine Betonplatte im Bauwich und rückwärtigen Grünbereich anzuordnen, abgelehnt, die Anordnung, eine Grenzgarage zu reduzieren, die die zulässige Länge von 9 m um 0,3 m überschritt, aber gebilligt, weil die Grenzgarage für die östlich benachbarte Terrasse des Nachbarn eine merkliche Beeinträchtigung darstellte (OVG Lüneburg 16.5.1988 – 1 A 23/87, BRS 48 Nr. 191). Dabei ist auch zu berücksichtigen, dass dem Bauherrn, der im Vertrauen auf die rechtswidrige Baugenehmigung gebaut hat, idR Amtshaftungsansprüche gegen die BauAB zustehen (→ § 70 Rn. 167 ff.). Mit dieser Rechtsprechung setzt sich das OVG Lüneburg insbesondere von der Rechtsprechung des OVG Münster (13.10.1999 – 7 A 998/99, NVwZ-RR 2000, 205) ab, das einen Anspruch auf bauaufsichtliches Einschreiten allein aus der Verletzung nachbarschützender Vorschriften unabhängig vom Grad der Beeinträchtigung ableitet. **76**

Allerdings darf die Einschränkung des Ermessens der BauAB bei der Entscheidung über ein bauaufsichtliches Einschreiten nach erfolgreicher Nachbarklage nicht dazu führen, dass derjenige, der ohne Baugenehmigung oder Einhaltung des Verfahrens nach § 62 baut und Rechte des Nachbarn verletzt, besser gestellt wird als derjenige, der sich zunächst auf eine rechtswidrige Baugenehmigung stützen konnte (FOO S. 227; W. Sarnighausen, Schutzvorkehrungen und Ausgleichszahlungen im öffentlichen Nachbarrecht, 1998, S. 179; Schenke DVBl 1990, 328 (336)). Abgesehen davon, dass das Vertrauen des Bauherrn auf die rechtswidrige Baugenehmigung durch **Amtshaftungsansprüche** ausgeglichen werden kann (→ § 70 Rn. 167 ff.), muss bei der Entscheidung über ein Einschreiten gegen den „Schwarzbauer" stärker iS einer Einschränkung des Ermessens berücksichtigt werden, dass der Schwarzbauer sich der präventiven Kontrolle entzieht, die auch dem Schutz der Rechte des Nachbarn dient. **77**

Im Übrigen muss die BauAB bei ihrer **Ermessensentscheidung** die örtliche Situation **und die Belange des Bauherrn und des Nachbarn berücksichtigen**. Die Höhe der Kosten, die erforderlich sind, um dem nachbarlichen Abwehrrecht Rechnung zu tragen, ist allein kein sachgerechter Gesichtspunkt, von einem Einschreiten abzusehen (OVG Münster 14.1.1994 – 7 A 2002/92, OVGE 44, 1). Häufig wird der Bauherr auch auf eigenes Risiko gebaut haben, weil ihm der Widerspruch des Nachbarn bekannt war. Die **78**

Überlegung, der Nachbar hätte mit einem Aussetzungsantrag nach § 80 VwGO die Stilllegung des Baues erreichen können, und damit den Schaden des Bauherrn begrenzen können, ist keine zulässige Erwägung, um ein Einschreiten abzulehnen (OVG Münster 14.1.1994 – 7 A 2002/92, OVGE 44, 1).

79 Eine **Ermessensreduktion kraft ungerechtfertigter Passivität der BauAB** in denjenigen Fällen anzunehmen, in denen die BauAB ohne sachlichen Grund untätig bleibt (Wilke FS Scupin, 1983, 831 (841)) erscheint bedenklich. Nach allgemeinen Grundsätzen kann eine Ermessensreduzierung auf Null nur angenommen werden, wenn jede andere Entscheidung ermessensfehlerhaft wäre. Bei einer Ermessensreduktion kraft Passivität würde die Darlegungs- und Beweislast umgekehrt und ein Anspruch auf Einschreiten schon zuzubilligen sein, wenn ein sachlicher Grund für die Untätigkeit weder von der Behörde vorgetragen noch ersichtlich ist (vgl. OVG Berlin 14.5.1982 – 2 B 57.79, BRS 39 Nr. 207). Diese Umkehr der Beweislast vernachlässigt zudem die Interessen des Bauherrn (vgl. Steinberg NJW 1985, 457 (463)).

80 Auch wenn die BauAB zum Einschreiten zum Schutz des Nachbarn verpflichtet ist, wird ihr idR noch **ein (Auswahl-)Ermessen** bleiben, **welche Maßnahmen** sie ergreift. Wenn es um Verstöße gegen die Abstandsvorschriften geht, wird idR ein (Teil-)Abbruch erforderlich werden, aber je nach den konstruktiven Gegebenheiten muss der Abbruch den Abstandsvorschriften nicht in jedem Fall zentimetergenau Rechnung tragen. UU genügt eine „Annäherung" an die erforderlichen Abstandsmaße, um eine unzumutbare Beeinträchtigung des Nachbarn auszuschließen und den Aufwand des Bauherrn in Grenzen zu halten (OVG Lüneburg 16.5.1988 – 1 A 23/87, BRS 48 Nr. 191; vgl. aber auch OVG Lüneburg 8.7.1999 – 1 L 1620/97, BRS 62 Nr. 208).

81 Ähnlich wie bei der Anfechtung der Baugenehmigung durch den Nachbarn kann auch der Anspruch des Nachbarn auf Einschreiten aus einer **Zusicherung der BauAB** abgeleitet werden, die Belange des Nachbarn zu wahren (OVG Lüneburg 25.1.1993 – 6 L 195/90, BauR 1993, 456). Da nachbarliche Abwehrrechte der **Verwirkung** unterliegen (→ § 68 Rn. 60 f.), kann ein Anspruch des Nachbarn auf Einschreiten entfallen, wenn der Nachbar ihn beeinträchtigende Baumaßnahmen widerspruchslos hingenommen hat (BVerwG 11.2.1997 – 4 B 10.97, NJW 1998, 329). Auch der **Gemeinde** kann ein Anspruch auf Einschreiten zustehen, wenn die BauAB irrig von der Genehmigungsfreiheit eines Vorhabens ausgeht und daher die im Falle einer Genehmigung notwendige Beteiligung unterlässt und damit die Planungshoheit der Gemeinde verletzt (BVerwG 12.12.1991 – 4 C 31.89, NVwZ 1992, 878; VGH München 21.1.2004 – 26 B 02. 873, BRS 67 Nr. 200).

G. Adressat

82 Die BauAB hat ihre Anordnungen ausschließlich an die nach **§§ 52–56 Verantwortlichen** zu richten oder, soweit die Beseitigung baurechtswidriger Zustände oder die Abwehr entsprechender Gefahren nicht anders möglich ist, kraft ausdrücklicher Anordnung in Abs. 1 Satz 4 iVm § 8 NPOG auch an Nichtstörer. In der bauaufsichtlichen Praxis stehen die Verantwortlichkeit des Eigentümers sowie des Inhabers der tatsächlichen Gewalt einerseits und des Bauherrn andererseits jedoch klar im Vordergrund, wobei häufig mehrere Verantwortliche zur Beseitigung der Gefahr in Betracht zu ziehen sind. Die Inanspruchnahme eines **früheren Eigentümers** der das Eigentum durch **Dereliktion** gem. § 928 BGB aufgegeben hat, ist erst seit der Einfügung des § 56 S. 4 im Jahr 2019 möglich; zuvor ergab sich eine Rechtsgrundlage weder aus der NBauO, noch erlaubten die baurechtlichen Sondervorschriften der §§ 52-56 – wie Abs. 1 S. 4 mit Blick auf § 8 NPOG – einen Rückgriff auf die allgemeine Regel des § 7 Abs. 3 NPOG (OVG Lüneburg 29.06.2017 – 1 ME 70/17, NdsVBl 2018, 178 (179 f.)). Für die Auswahl des richtigen Adressaten unter mehreren Verantwortlichen ist die Art der Gefahr und der erforderlichen Maßnahme bestimmend. Insoweit gelten mangels vorrangiger Sonderregeln im Bau-

recht die allgemeinen Grundsätze der Gefahrenabwehr mit ihren Rechts- und Ermessensschranken (Götz/Geis PolR§ 9 Rn. 87 ff.; Mann, in EMS BesVerwR Rn. 533 ff.). Der auch deswegen von der Landesregierung im Gesetzgebungsverfahren zur NBauO 2012 gemachte Vorschlag, den in § 79 Abs. 1 S. 3 enthaltenen Verweis auf die bauordnungsrechtliche Verantwortlichkeit wegen der allgemeinen Geltung des NPOG entfallen zu lassen, ist wegen der sich nicht vollständig deckenden Begriffe der Verantwortlichkeiten in §§ 52–56 und §§ 6 und 7 NPOG nicht übernommen worden (LT-Drs. 16/4621, 34; s. auch BegrRegE LT-Drs. 16/3195, 107 – zusammenfassende Darstellung auch bei OVG Lüneburg 29.6. 2017 – 1 ME 70/17, NdsVBl 2018, 178 (179 f.)). Auch die ordnungsrechtlichen Grundsätze über den **Anscheinsstörer** finden entsprechende Anwendung (OVG Münster 28.4.2014 – 10 A 1018/13, BauR 2014, 2074).

Der Beschluss des OVG Lüneburg (4.9.1992 – 1 M 146/92, OVGE 43, 311), der der BauAB die Befugnis abgesprochen hat, **Maßnahmen gegenüber Hoheitsträgern** zu ergreifen und die BauAB auf ein kommunalaufsichtliches Einschreiten verwiesen hat, ist mittlerweile überholt (vgl. BVerwG 25.7.2002 – 7 C 24.01, NVwZ 2003, 346 zu § 24 BImSchG; aA Decker in Simon/Busse BayBO Art. 76 Rn. 17 f.; Götz/Geis PolR § 9 Rn. 80 ff.) haben zu Recht darauf hingewiesen, dass auch Verwaltungsträger in vielfältiger Weise der Überwachung von Behörden unterliegen und diese Überwachungszuständigkeiten auch die Befugnis einschließen müssen, durch VA zu entscheiden (so auch Schoch JuS 1994, 849 (853)). Allerdings ist die zwangsweise Durchsetzung gegenüber Hoheitsträgern allgemein ausgeschlossen (VGH Kassel 7.3.1996 – 14 TG 3967/95, NVwZ 1997, 304; zum Ganzen näher Mann in EMS BesVerwR Rn. 521 ff.). Ganz in diesem Sinne hat inzwischen auch das OVG Lüneburg seine Rechtsprechung fortentwickelt (OVG Lüneburg 21.4.2004 – 7 LC 98/02, NdsVBl 2004, 301 = BeckRS 2004, 23544 Rn. 38: VA gegen die Bundesrepublik Deutschland zur Erstattung von Aufwendungen für eine Altlastenerkundung und Gefährdungsabschätzung). 83

a) Rechtsschranken der Adressatenauswahl

Unter dem Gesichtspunkt der **Geeignetheit** muss die BauAB berücksichtigen, ob der in Aussicht genommene Adressat zur Ausführung der konkreten Anordnung auch privatrechtlich befugt ist. Maßnahmen, die vom Adressaten etwas rechtlich Unmögliches verlangen, sind ungeeignet (vgl. → Rn. 44). Allerdings führen Miteigentum oder Nebenberechtigungen Dritter, die den Adressaten vor der Ausführung der Anordnung an die Zustimmung des Dritten binden, grundsätzlich nicht zur rechtlichen Unmöglichkeit, sondern stellen nur ein Vollzugshindernis dar (vgl. → Rn. 89 f.). Für die **Beseitigung baulicher Anlagen** wird idR der Grundstückseigentümer in Betracht kommen, weil obligatorisch Berechtigte, wie Mieter oder Pächter, die bauliche Anlage regelmäßig nur gebrauchen dürfen, aber nicht zu Substanzeingriffen berechtigt sind (OVG Lüneburg 23.9.1976 – I A 111/75, AgrarR 1977, 241). Die BauAB darf sich aber auch an denjenigen wenden, der die tatsächliche Gewalt ausübt und die bauliche Anlage errichtet hat (zur Notwendigkeit einer Duldungsverfügung an den Grundstückseigentümer vgl. → Rn. 91). Gegen einen am Bau Beteiligten darf die Beseitigungsanordnung nur dann gerichtet werden, wenn ihm die Verfügungsgewalt über das Bauwerk zusteht (OVG Saarlouis 9.1.1974 – II R 67/73, BRS 28 Nr. 150). 84

Nutzungsuntersagungen sind grundsätzlich an denjenigen zu richten, der die bauliche Anlage tatsächlich nutzt. Allerdings empfiehlt es sich auch dem Eigentümer oder Vermieter die künftige Nutzung zu untersagen, damit er nicht nach dem Auszug des Mieters die Räume wieder vermietet. Dagegen darf die BauAB dem Vermieter nicht aufgeben, die Wohnung sofort zu kündigen. Damit würde ihm idR etwas rechtlich Unmögliches aufgegeben, weil er an den Mietvertrag bzw. §§ 535 ff. BGB gebunden ist (OVG Lüneburg 22.1.1968 – VI A 199/66, DÖV 1968, 699). Die Räumung baurechtswidrig genutzter Räume kann nicht dem Vermieter aufgegeben werden, wenn der Mieter greifbar ist (OVG Lüneburg 17.12.1976 – I B 75/76, nv). Bei einer bordellartigen Nutzung mit häufig 85 wechselnden Nutzern darf die BauAB das Nutzungsverbot an den Grundstückseigentümer richten (OVG Hamburg 10.6.2005 – 2 Bs 144/05, BauR 2005, 1911). Eine Stilllegungsverfügung ist an die Personen zu richten, die die ungenehmigten Bauarbeiten durchführen oder durchführen lassen und nicht an den ortsabwesenden Grundstückseigentümer (OVG Lüneburg 14.1.1982 – 1 A 103/80, nv). Die gegenüber dem Unternehmer, der Bauarbeiten durchführt, ausgesprochene Stilllegung wirkt gegen den Bauherrn, in dessen Auftrag der Unternehmer tätig wird (Köhler-Rott in Reichel/Schulte BauordnungsR-HdB, Kap. 15, Rn. 191).

86 Der **Grundsatz des geringstmöglichen Eingriffs** gebietet, denjenigen zuerst in Anspruch zu nehmen, der mit dem geringsten Aufwand baurechtmäßige Zustände herstellen kann. Unter diesem Gesichtspunkt erscheint die an den Vermieter gerichtete Anordnung der Kündigung eines baurechtswidrig genutzten Raumes rechtswidrig, da die BauAB dem Mieter unmittelbar ohne Rücksicht auf den Mietvertrag die Nutzung untersagen kann und selbst die Kündigung des Mietvertrages in keiner Weise gewährleistet, dass die Nutzung der Räume aufgegeben wird (OVG Münster 13.1.1993 – 7 B 4794/92, NWVBl. 1993, 232; OVG Lüneburg 6.11.1995 – 1 M 6547/95, nv; aA OVG Berlin 16.2.1990 – 2 B 36.88, BRS 50 Nr. 210). Im Übrigen ist der Vermieter an den Mietvertrag gebunden, der Kündigungsprozess im Hinblick auf § 568 ff. BGB idR langwierig und für den Vermieter nicht ohne Risiko.

b) Ermessensschranken

87 Sind auch unter Berücksichtigung der Geeignetheit und des geringstmöglichen Eingriffs mehrere mögliche Adressaten für die Baurechtswidrigkeit verantwortlich, liegt deren Auswahl im Ermessen der BauAB, denn §§ 52–56 schreiben eine bestimmte Reihenfolge bei der Heranziehung der Verantwortlichen nicht vor (vgl. HdBBauOR/Köhler-Rott Kap. 15 Rn. 58). Die BauAB hat sich bei der **Auswahl unter mehreren Störern** davon leiten zu lassen, wer am schnellsten und wirksamsten die Gefahr oder Störung beseitigen kann **(Grundsatz der effektiven Gefahrenabwehr;** dazu Götz/Geis § 9 Rn. 9187 ff.; Mann in EMS BesVerwR Rn. 533 ff.; Felix/Nitschke NordÖR 2004, 469; Schoch Jura 2012, 685 ff.). Dabei ist insbesondere die Leistungsfähigkeit des Störers und seine zivilrechtliche Verfügungs- und Nutzungsbefugnis zu berücksichtigen (OVG Lüneburg 10.6.1989 – 12 A 234/86, NVwZ 1990, 786) sowie die Frage, welcher Störer die Gefahr mit dem geringsten Aufwand beseitigen kann. **Die Verantwortlichkeit des Verhaltensstörers hat keinen grundsätzlichen Vorrang vor der des Zustandsstörers,** allerdings erscheint es aus Billigkeitsgründen angemessen, wenn die BauAB den Verhaltensstörer in Anspruch nimmt, wenn beide in gleicher Weise zu schneller und wirksamer Gefahrenabwehr in der Lage sind (VGH Mannheim 27.3.1995 – 8 S 525/95, VBlBW 1995, 281). Ein Einschreiten gegen den Zustandsstörer ist aber nicht ermessensfehlerhaft, wenn unklar ist, ob und in welchem Umfang eine Haftung von Verhaltensstörern in Betracht kommt (VGH Mannheim 30.1.1990 – 5 S 1806/89, NVwZ-RR 1991, 27) oder der Verhaltensstörer zahlungsunfähig ist (VGH München 22.4.1992 – 2 B 90.1348, NJW 1993, 81). Ebenso kann sich die BauAB an den Zustandsstörer halten, wenn es eine schnelle Beseitigung des baurechtswidrigen Zustandes erforderlich macht (OVG Münster 21.1.1970 – VII A 281/68, BRS 23 Nr. 191). In gleicher Weise darf die BauAB vom Grundstückseigentümer die Beseitigung von Bauwerken verlangen, die einer Vielzahl von Pächtern gehören, weil die Gefahr des Pächterwechsels und die Notwendigkeit der restlosen Beseitigung ein legitimes Bedürfnis für die Inanspruchnahme eines Hauptverantwortlichen darstellen (OVG Lüneburg 24.11.1976 – 1 A 71/74, nv; OVG Münster 9.12.1994 – 10 A 1753/91, BauR 1995, 677: Beseitigungsanordnung an Betreiber eines illegalen Campingplatzes). Nutzt einer von **mehreren Grundstückseigentümern** die bauliche Anlage selbst, wäre es ermessenswidrig, die Nutzungsuntersagung nur gegenüber einem anderen Miteigentümer auszusprechen (VGH München 23.2.1989 – 2 B 87.01634, BRS 49 Nr. 227). Unabhängig von der Teilrechtsfähigkeit von **Wohnungseigentümergemeinschaften** (→ Rn. 92) ist, soweit sich die Beseitigungsanordnung auf Gemeinschafts-

eigentum bezieht, grundsätzlich jeder Miteigentümer zur Beseitigung verpflichtet (VGH München 26.1.2010 – Vf. 108-VI-08, BayVBl. 2010, 622). Zum Auswahlermessen der BauAB bei baurechtlichen Maßnahmen, die Eingriffe in Sondereigentum erforderlich machen, vgl. OVG Berlin 30.8.1990 – 2 S 13.90, DÖV 1991, 557. Zu den verfassungsrechtlichen Grenzen der Verantwortlichkeit des Zustandsstörers vgl. → Rn. 50.

Die Frage, ob die BauAB bei der Auswahl unter mehreren Störern auch die Frage des **Lastenausgleichs unter mehreren Störern** berücksichtigen muss (vgl. BVerwG 24.8.1989 – 4 B 59.89, NVwZ 1990, 474), spielt im Umweltrecht eine größere Rolle als im Baurecht. Der BGH (11.6.1981 – III ZR 39/80, NJW 1981, 2457; 2.4.2004 – V ZR 267/03, BGHZ 158, 354; 18.10.2010 – III ZR 295/09, NVwZ 2010, 789 (791 f.)) hat einen Ausgleich unter mehreren Störern in entsprechender Anwendung des Gesamtschuldnerausgleichs nach §426 BGB abgelehnt, weil die Behörde nicht nach Belieben den einen oder anderen in Anspruch nehmen könne. Das würde allerdings bedeuten, dass der in Anspruch genommene Störer die vollen Kosten der Gefahrenbeseitigung tragen muss, soweit nicht bürgerlich-rechtliche Ansprüche zwischen den Störern bestehen. Das BVerwG (24.8.1989 – 4 B 59.89, NVwZ 1990, 474) hat es im Hinblick auf diese Rechtsprechung offengelassen, ob die Berücksichtigung der internen Lastenverteilung bei der Ermessensentscheidung erforderlich ist. Die Behörde wäre angesichts der Eilbedürftigkeit der Gefahrenabwehr häufig überfordert, wollte man ihr die Berücksichtigung des Lastenausgleichs unter mehreren Störern aufbürden (vgl. VGH München 15.3.1999 – 22 B 95.2164, NVwZ 2000, 450 (452); Götz/Geis PolR §9 Rn. 92). Die BauAB sollte aber durch einen Hinweis klarstellen, dass der in Anspruch genommene Störer nicht der alleinige Störer ist und mit seiner Inanspruchnahme noch nichts über die Angemessenheit des internen Ausgleichs gesagt ist. Breite Stimmen in der Literatur (Götz/Geis §9 Rn. 97; Schenke, Polizei- und Ordnungsrecht, 10. Aufl. 2018, Rn. 288 ff.) wollen die gesetzl. Regelung des Gesamtschuldnerausgleichs durch §24 Abs. 2 BBodSchG (dazu Schlette VerwArch 2000, 41) analog anwenden, was der BGH in stRspr (zusammengefasst in BGH 18.10.2010 – III ZR 295/09, NVwZ 2010, 789 (791)) aber bislang noch ablehnt. 88

c) Rechte Dritter

Besondere Schwierigkeiten bereiten in der Praxis immer wieder Fälle, in denen eine **bauliche Anlage im Eigentum mehrerer Personen** steht oder Eigentum und Besitz auseinanderfallen (zB Miete, Pacht). Da jeder von den (Mit-)Eigentümern und jeder Besitzer dafür verantwortlich ist, dass bauliche Anlagen und Grundstücke dem öffentlichen Baurecht entsprechen, kann sich die BauAB zunächst darauf beschränken, gegen einen von ihnen vorzugehen (auch → Rn. 45, 84 f.). Um die Anordnung allerdings auch zwangsweise durchsetzen zu können, muss die BauAB auch gegenüber Dritten, die den Adressaten der Anordnung aufgrund eines Rechtsverhältnisses (Miteigentum, Miete oÄ) an deren Ausführung hindern können, entsprechende Anordnungen oder zumindest **Duldungsanordnungen** erlassen (Köhler-Rott in HdBBauOR, Kap. 15, Rn. 58). 89

Da die zwangsweise Durchsetzung der Anordnung nach §79 mit der Androhung des Zwangsmittels beginnt, die sinnvollerweise mit der Anordnung zu verbinden ist, muss das **Vollstreckungshindernis der fehlenden Zustimmung Dritter** durch eine entsprechende Verfügung vor Beginn der Ausführungsfrist ausgeräumt werden (BVerwG 2.12.1988 – 4 C 16.85, NVwZ-RR 1989, 337; OVG Lüneburg 11.2.1985 – 6 A 95/82, BRS 44 Nr. 208). Die Beiladung von Nebenberechtigten im gerichtlichen Verfahren kann die Duldungsanordnung nicht ersetzen (BVerwG 24.7.1998 – 4 B 69.98, NVwZ-RR 1999, 147), die Beiladung der Nebenberechtigten ist auch nicht notwendig iSd §65 VwGO (BVerwG 4.3.1988 – 4 B 36.88, BRS 48 Nr. 196). Den Nebenberechtigten steht kein Anfechtungsrecht gegen die nicht an sie gerichtete Anordnung zu (OVG Lüneburg 28.11.1994 – 6 L 5681/82, nv; VGH Mannheim 14.8.1992 – 5 S 247/92, NVwZ 1993, 1215). Die Rechtmäßigkeit einer bauaufsichtlichen Anordnung wird nicht dadurch berührt, dass dem Ordnungspflichtigen auf Veranlassung eines Dritten durch einstweilige 90

Verfügung verboten wird, das umstrittene Gebäude abzureißen (OVG Lüneburg 26.9.1985 – 6 B 85/85, OVGE 39, 333).

91 Eine auf § 79 gestützte **Duldungsanordnung** ist immer dann erforderlich, wenn ein Dritter den Adressaten einer bauaufsichtlichen Anordnung an ihrer Befolgung hindern kann, weil ihm obligatorische oder dingliche Rechte an der baulichen Anlage zustehen. Wenn der Dritte bei seiner Anhörung (→ Rn. 98) sein Einverständnis mit der Maßnahme erklärt, ist eine Duldungsanordnung nicht erforderlich (OVG Koblenz 8.12.2003 – 8 B 11827/03, BRS 66 Nr. 204). Die an einen Miteigentümer adressierte Beseitigungsanordnung darf gegen den Widerspruch eines anderen Miteigentümers ohne Duldungsanordnung nicht durchgesetzt werden. Bei einer Beseitigungsanordnung gegen einen Miteigentümer bedarf es ausnahmsweise keiner Duldungsanordnung, wenn die Miteigentümer eine Nutzungsregelung vereinbart haben, die dem Adressaten an der betroffenen Teilfläche alle Befugnisse einräumt (VGH München 19.12.1990 – 1 CS 90.3176, BayVBl. 1991, 596). Die Beseitigungsanordnung gegenüber dem Grundstückseigentümer darf auch nicht ohne Duldungsanordnung gegen die widersprechenden Mieter durchgesetzt werden. Das fehlende Einverständnis des Grundstückseigentümers zur Beseitigungsanordnung gegen den Bauherrn macht eine Duldungsanordnung gegenüber dem Eigentümer erforderlich (OVG Weimar 27.2.1997 – 1 EO 235/96, BRS 59 Nr. 216). Dagegen besteht bei einem Nutzungsverbot gegen den Mieter kein Anlass zu einer Duldungsanordnung gegen den Vermieter, weil dieser den Mieter nicht hindern kann, die Mietsache nicht zu nutzen (OVG Lüneburg 10.1.1989 – 1 B 105/88, nv; VGH Kassel 15.9.1994 – 4 TH 655/94, BRS 56 Nr. 200), allerdings ist der Vermieter in einem solchen Fall nicht gehindert, die Anlage zu nutzen. Der Betroffene ist in seiner Verteidigung gegen die Duldungsanordnung nicht eingeschränkt, er kann insbesondere auch geltend machen, dass die bauaufsichtliche Anordnung, deren Vollstreckung die Duldungsanordnung dient, rechtswidrig ist (OVG Lüneburg 25.4.1998 – 6 L 2716/98, nv; OVG Weimar 27.2.1997 – 1 EO 235/96, BRS 59 Nr. 216; aA OVG Berlin 28.2.1997 – 2 S 28.96, BRS 59 Nr. 208). Das gilt auch dann, wenn die bauaufsichtliche Anordnung unanfechtbar geworden ist (von Kalm DÖV 1996, 463 (466)). Zum Umfang der gerichtlichen Nachprüfung bei der Anfechtung einer Duldungsanordnung vgl. OVG Saarlouis 18.6.2002 – 2 R 9/01, NVwZ-RR 2003, 337. Bei einer Duldungsanordnung gegen einen lediglich obligatorisch Berechtigten ist Prüfungsmaßstab zwar die Wirksamkeit, nicht aber die Rechtmäßigkeit der Beseitigungsanordnung, deren Vollziehung die Duldungsanordnung dient (VGH München 12.3.2012 – 1 CS 12.282, BayVBl. 2012, 470).

d) Beteiligungsfähigkeit des Adressaten

92 Als Adressaten bauaufsichtlicher Anordnungen kommen nur die nach allgemeinem Verfahrensrecht Beteiligungsfähigen (§ 11 VwVfG) in Betracht. Ist eine **Personenmehrheit** Eigentümer oder Besitzer, muss geprüft werden, ob die Verantwortlichkeit die Personenmehrheit als solche trifft oder deren Mitglieder. Dementsprechend muss die BauAB die Verfügung an die Miterben richten und darf sie nicht an die Erbengemeinschaft adressieren (OVG Lüneburg 27.2.1981 – 1 A 64/79, OVGE 36, 368; 26.02.2014 – 1 LB 100/09, BauR 2014, 1444). Jedoch ist auch die Bezeichnung des Adressaten uU einer Auslegung zugänglich. Die an die „Wohnungseigentümergemeinschaft X z.H. des Verwalters …" gerichtete Verfügung ist dahin ausgelegt worden, dass damit die der Gemeinschaft angehörenden **Wohnungseigentümer** gemeint sind (OVG Lüneburg 17.1.1986 – 6 B 1/86, OVGE 39, 375; BVerwG 6.5.1992 – 4 B 139.91, BRS 54 Nr. 216; 25.2.1994 – 8 C 2.92, DVBl 1994, 810). Der BGH (2.6.2005 – V ZB 32/05, NJW 2005, 2061) billigt der Wohnungseigentümergemeinschaft nun bereits Teilrechtsfähigkeit zu, so dass die Anordnung an diese selbst adressiert werden darf. Der **nicht rechtsfähige Verein** kann nach § 11 Nr. 2 VwVfG als Verantwortlicher für eine zum Vereinsvermögen gehörende bauliche Anlage in Anspruch genommen werden (OVG Lüneburg 16.3.1978 – 1 A 111/76, OVGE 34, 352). Der BGH (29.1.2001 – II ZR 331/00, BGHZ 146, 341) hat auch der BGB-Gesellschaft eine beschränkte Rechtsfähigkeit zuerkannt, soweit sie durch Teil-

nahme am Rechtsverkehr eigene Rechte und Pflichten begründet, so dass auch die Bauherrengemeinschaft als Adressat einer bauaufsichtlichen Anordnung in Betracht kommt (vgl. → § 52 Rn. 11). Ist eine Person verantwortlich, die nach BGB **nicht geschäftsfähig** ist, muss die BauAB sich an den gesetzlichen Vertreter wenden – in der Verfügung aber auch die Inanspruchnahme als Vertreter deutlich machen. Ist die Person des Beteiligten **unbekannt** (zB die Erben) oder der Beteiligte nicht erreichbar, kommt die Bestellung eines Vertreters nach § 16 VwVfG in Betracht.

e) Rechtsnachfolge

Die in Abs. 1 Satz 5 normierte **Fortgeltung von bauaufsichtlichen Anordnungen gegenüber Rechtsnachfolgern** räumt zahlreiche Zweifelsfragen aus (vgl. Götz/Geis PolR § 9 Rn. 84 ff.; Guckelberger VerwArch 1999, 499; Stadie DVBl 1990, 501; Dietlein, Rechtsnachfolge im Öffentlichen Recht, 1990). Die NBauO folgt damit einer tradierten Linie der Rechtsprechung (BVerwG 22.1.1971 – IV C 62.66, NJW 1971, 1624), die von der Dinglichkeit bauaufsichtlicher Verfügungen ausgeht. Damit entfällt für den, der „schwarz" gebaut hat, der Anreiz, durch einen mehr oder weniger vorgeschobenen Eigentumsübergang die Vollstreckung der Beseitigungsanordnung hinauszuzögern. Wie die Formulierung „auch" verdeutlicht, gilt die Verfügung zugleich gegenüber dem bisherigem Adressaten fort (OVG Lüneburg 17.7.2014 – 1 ME 84/14, NVwZ 2014, 1465 (1466)). Bauaufsichtliche Anordnungen gelten gegenüber Rechtsnachfolgern nach Abs. 1 Satz 5 aber nicht nur fort, soweit sie auf der Zustandshaftung des Adressaten beruhen, sondern das Gesetz ordnet die Nachfolgefähigkeit allgemein, also **auch für die Handlungshaftung**, an. Gegen die Normierung der Nachfolgefähigkeit der Handlungshaftung bestehen keine Bedenken, weil die Maßnahmen der BauAB nach § 79 nicht auf unvertretbare „in Person zu erfüllende Pflichten" des Verursachers gerichtet sind. Das frühe Urteil des OVG Lüneburg vom 15.2.1978 (– VI A 18/78, BRS 33 Nr. 179), das die Verhaltenshaftung wegen ihrer fehlenden Dinglichkeit als nicht „vererblich" ansah, ist spätestens seit der grundlegenden Entscheidung des BVerwG aus dem Jahr 2006 (16.3.2006 – 7 C 3/05, BVerwGE 125, 325 = NVwZ 2006, 928) überholt, in der das Gericht einen Übergang der Handlungsstörerschaft auf einen Erben mit der Erwägung angenommen hat, dass immer dann, wenn sich eine Pflicht zur Gefahrenabwehr als eine vertretbare Handlung erweist, sie nicht höchstpersönlich sein kann. Sie ist damit auch gesamtrechtsnachfolgefähig. 93

Die bauaufsichtliche Anordnung gilt gegenüber Rechtsnachfolgern unabhängig davon, ob es sich um Gesamt- oder Einzelrechtsnachfolge oder um Eigentumserwerb in der Zwangsversteigerung handelt (Guckelberger VerwArch 1999, 499 (514): VGH Mannheim 23.1.1979 – III 3228/78, BRS 35 Nr. 212). Sicher wird bei der Verhaltenshaftung eine Einzelrechtsnachfolge selten vorkommen (Geschäftsübernahme eines Bauunternehmens). Als Rechtsnachfolge kommt nach dem Zweck der Vorschrift nicht nur der Eigentumserwerb in Betracht: das gegenüber dem Eigentümer ausgesprochene Nutzungsverbot gilt auch gegenüber demjenigen, der das Bauwerk danach mietet (VGH München 5.8.1996 – 14 AS 96.1624, BRS 58 Nr. 215; aA Koch/Molodovsky/Famers BayBO Art. 60 Anm. 5.6.3). Rechtsnachfolge iSd Abs. 1 Satz 5 ist auch die Übertragung der Rechte aus einem Mietvertrag oÄ. Wesentlich ist lediglich, dass die **Rechtsnachfolge nach dem Wirksamwerden der bauaufsichtlichen Anordnung** eintritt. Deshalb gilt eine an den Grundstückseigentümer gerichtete Beseitigungsanordnung nicht gegenüber dem Mieter, der die bauliche Anlage vor der Abbruchverfügung gemietet hat (unzutreffend daher OVG Lüneburg 17.3.1976 – VI A 161/74, OVGE 32, 347). Auch der neue Pächter eines Grundstücks, der unmittelbar vom Eigentümer gepachtet hat, ist nicht Rechtsnachfolger des früheren Pächters, wohl aber (Teil-)Rechtsnachfolger des Eigentümers (VGH Mannheim 1.9.1987 – 3 S 1860/87, BRS 47 Nr. 192; aA Guckelberger VerwArch 1999, 499 (516 ff.)). Erwirbt ein Ehepaar ein Grundstück, für dessen Gebäude bereits eine bestandskräftige Beseitigungsverfügung vorliegt, muss der Ehefrau gegenüber keine Duldungsverfügung erlassen werden, wenn die Beseitigungsverfügung dem Ehemann gegenüber 94 durchgesetzt werden soll. Als Miteigentümerin tritt sie unmittelbar kraft Gesetzes in die Rechtsnachfolge ein (OVG Lüneburg 6.5.2011 – 1 ME 14/11, NJW 2011, 2228).

95 Ein **gutgläubiger Erwerb** der baurechtswidrigen Anlage vermag die Verantwortlichkeit des Rechtsnachfolgers nicht auszuschalten, weil eine analoge Anwendung von § 936 BGB nicht in Betracht kommt (VGH Mannheim 23.1.1979 – III 3228/78, BRS 35 Nr. 212; Knöpfle, FG Maunz, 1971, S. 246). Zu Schadensersatzansprüchen des Erwerbers gegenüber dem Veräußerer vgl. BGH 2.3.1979 – V ZR 15/77, NJW 1979, 2243.

96 Die Fortgeltung bauaufsichtlicher Anordnungen gegenüber dem Rechtsnachfolger schließt ein, dass der Rechtsnachfolger auch in die **verfahrensrechtliche Position** des Rechtsvorgängers eintritt. Veräußert jemand sein Wochenendhaus auf Pachtgelände, nachdem ihm eine Abbruchverfügung zugegangen ist, läuft die ihm gegenüber in Gang gesetzte Rechtsbehelfsfrist auch gegenüber dem Käufer. Tritt die Rechtsnachfolge während des Widerspruchsverfahrens ein, muss der Widerspruchsbescheid mangels einer §§ 265, 325 ZPO entsprechenden Vorschrift an den Rechtsnachfolger gerichtet werden. Wird der Widerspruchsbescheid an den Rechtsvorgänger adressiert, führt dies zur Rechtswidrigkeit der bauaufsichtlichen Anordnung (OVG Münster 23.4.1996 – 10 A 3565/92, BRS 58 Nr. 217). Eine Verpflichtung aus einem gerichtlichen Vergleich geht dagegen nicht auf den Rechtsnachfolger über (OVG Lüneburg 24.5.1994 – 1 M 1066/94, BRS 56 Nr. 214). Die Rechtsnachfolge bezieht sich nur auf die bauaufsichtliche Anordnung und nicht auf die Androhung von Zwangsmitteln, die als Beugemittel höchstpersönlichen Charakter hat (OVG Lüneburg 17.7.2014 – 1 ME 84/14, NVwZ 2014, 1465 (1466); OVG Münster 9.5.1979 – XI A 963/78, BRS 35 Nr. 217; VGH Mannheim 7.11.1979 – III 629/79, BRS 35 Nr. 216). Entsprechendes gilt für die Androhung eines Bußgeldes vgl. → § 80 Rn. 29.

97 Bevor die BauAB gegenüber dem Rechtsnachfolger Zwangsmittel einsetzt, muss sie ihm die Anordnung zur Kenntnis geben, wie dies § 70 NPOG ausdrücklich vorsieht, und ein Zwangsmittel androhen. Da die BauAB mit dieser **Überleitungsverfügung gegenüber dem Rechtsnachfolger** die Verbindlichkeit ihrer bauaufsichtlichen Anordnung ihm gegenüber geltend macht, ist die Überleitungsverfügung ein anfechtbarer Verwaltungsakt, der vor Einsatz des Zwangsmittels unanfechtbar oder sofort vollziehbar sein muss (OVG Lüneburg 14.11.1983 – 6 B 74/83, nv). Der in Anspruch Genommene kann sich zwar – bei gleicher Sach- und Rechtslage – nicht mehr gegen eine unanfechtbare Anordnung, wohl aber gegen seine Inanspruchnahme als Rechtsnachfolger oder die Androhung des Zwangsmittels wenden. In diesem Stadium des Verfahrens kann der Rechtsnachfolger aber auch noch geltend machen, dass die Anordnung aus besonderen in seiner Person liegenden Gründen (zB privilegierte Nutzung, neue Tatsachen für Ermessensentscheidung) rechtswidrig sei. Zur Rechtsnachfolge während des gerichtlichen Verfahrens vgl. → Rn. 118.

H. Verfahren

a) Rechtliches Gehör (Abs. 4)

98 Abweichend von der MBauO 2002 sowie anderen LBauOen betont Abs. 4 **das Gebot des rechtlichen Gehörs im Verwaltungsverfahren**. Die BauAB genügt ihrer Pflicht zur Erörterung der Angelegenheit, wenn sie dem Betroffenen Gelegenheit zur Stellungnahme zur beabsichtigten Maßnahme gibt. Während § 28 VwVfG die Anhörung auf die für die Entscheidung erheblichen Tatsachen beschränkt, schließt die in Abs. 4 geforderte Erörterung der Angelegenheit auch die Darlegung möglicher Maßnahmen durch die BauAB ein, soweit sich diese nicht unmittelbar aus den entscheidungserheblichen Tatsachen ergeben. Die BauAB hat bei mehreren geeigneten Maßnahmen auch zu klären, welche Maßnahme für den Betroffenen den geringsten Eingriff darstellt. Die BauAB wird dem Betroffenen idR eine Frist setzen, innerhalb derer er sich mündlich oder schriftlich

zur Angelegenheit äußern kann. Wie viele Tage als Frist ausreichen, hängt von dem Gewicht des rechtswidrigen Zustandes ab, jedoch dürften 14 Tage idR (anders in der Ferienzeit) ausreichen. Die **NBauO 2012** ist über die allgemeine weniger weitreichende Anhörungspflicht des § 28 VwVfG hinausgegangen und hat neben den Maßnahmen nach Abs. 1 auch diejenigen des neuen Abs. 3 (bisher § 54) in die grundsätzliche Erörterungspflicht einbezogen. Dagegen sind die in Abs. 2 genannten Zwangsmittel von der Erörterungspflicht ausgenommen, da eine doppelte Erörterung jeweils vor der Anordnung und der Durchsetzung der Maßnahme wenig sinnvoll wäre (LT-Drs. 16/4621, 34).

Der als „Sollvorschrift" ausgestaltete Abs. 4 stellt die Erörterung nicht in das Belieben der **99** BauAB, sondern lässt nur ein Abweichen von der grundsätzlich verbindlichen Pflicht wegen besonderer Umstände zu (vgl. BVerwG 8.9.1972 – IV C 17.71, DVBl 1973, 35 zur Sollvorschrift des § 2 Abs. 4 BBauG). Entsprechend § 28 Abs. 2 VwVfG kann die BauAB **von einer Anhörung absehen**, wenn eine sofortige Entscheidung wegen Gefahr im Verzug oder im öffentlichen Interesse notwendig erscheint oder wenn von tatsächlichen Angaben des Betroffenen nicht zu seinen Ungunsten abgewichen werden soll. Ein sofortiges Einschreiten ohne vorherige Erörterung kann etwa bei der Stilllegung ungenehmigter Baumaßnahmen angebracht sein, wenn die Stilllegungsverfügung sonst zu spät kommen würde. Ebenso kann in Fällen, in denen die BauAB die sofortige Vollziehung im öffentlichen Interesse oder im überwiegenden Interesse eines Beteiligten anordnet, von einer Erörterung nach Abs. 4 abgesehen werden.

Erlässt die BauAB bauaufsichtliche Anordnungen, ohne die Angelegenheit mit dem Be- **100** troffenen zu erörtern, ist die Anordnung fehlerhaft. Allerdings kann dieser Verfahrensfehler nach § 45 Abs. 1 Nr. 3 VwVfG durch **Nachholung der erforderlichen Anhörung** bis zum Abschluss des gerichtlichen Verfahrens geheilt werden (§ 45 Abs. 2 VwVfG). Lässt die Begründung der bauaufsichtlichen Anordnung die für die Entscheidung wesentlichen Tatsachen erkennen, wird der Fehler dadurch geheilt, dass die BauAB, die auch Widerspruchsbehörde ist, die Gründe des Widerspruchs **zur Kenntnis nimmt** (BVerwG 17.8.1982 – 1 C 22.81, NVwZ 1983, 284; OVG Lüneburg 17.1.1986 – 6 B 1/86, OVGE 39, 375 (379)). Da die BauAB auch im Widerspruchsverfahren zur vollen Überprüfung hinsichtlich der Zweckmäßigkeit der Anordnung befugt ist, genügt eine Anhörung im Widerspruchsverfahren (BVerwG 18.10.1983 – 1 C 13.81, NVwZ 1984, 578). Nach der Änderung des § 45 Abs. 2 VwVfG reicht auch die Durchführung eines Aussetzungsverfahrens nach § 80 VwGO für eine Heilung (vgl. Emmenegger in MSU § 45 Rn. 145).

Eine Heilung der unterbliebenen Anhörung durch das Widerspruchsverfahren tritt nicht **101** ein, wenn die BauAB den Widerspruchsbescheid auf andere, dem Betroffenen nicht bekannte Tatsachen stützt oder das Vorbringen des Betroffenen nicht zur Kenntnis nimmt, weil sie die Begründung des Widerspruchs nicht abwartet oder den Widerspruch irrig für unzulässig hält. Wird die Anhörung auch im gerichtlichen Verfahren nicht nachgeholt, stellt sich die Frage, ob die **gerichtliche Aufhebung** der Anordnung **durch § 46 VwVfG** ausgeschlossen wird, soweit auch nach Anhörung keine andere Entscheidung in der Sache hätte getroffen werden können. Zwar ist die Auslegung des § 46 VwVfG umstritten (vgl. Emmenegger in MSU § 46 Rn. 68 ff.), seine Anwendung auf Ermessensentscheidungen ist aber nach allgemeiner Ansicht ausgeschlossen, weil sich Ermessensspielräume dadurch auszeichnen, dass unterschiedliche Entscheidungen getroffen werden können. Lediglich bei einer Ermessensreduzierung „auf Null" hätte keine andere Entscheidung in der Sache ergehen können (BVerwG 15.1.1988 – 7 B 182.87, NVwZ 1988, 525). Wegen der Aufgabe der BauAB, darüber zu wachen, dass bauliche Anlagen dem öffentlichen Baurecht entsprechen, wird man aber bei erheblichen Verstößen gegen öffentliches Baurecht eine Pflicht der BauAB zum Einschreiten annehmen müssen mit der Folge, dass eine Aufhebung einer Anordnung nach § 79 allein wegen unterbliebener Anhörung ausgeschlossen ist.

b) Form und Begründung der Anordnung

102 Anders als für Bauantrag und Baugenehmigung ist für Anordnungen der BauAB nach § 79 **Schriftform nicht vorgeschrieben**. Mündliche Anordnungen – etwa eine Baustilllegung – sollten jedoch aus Gründen der Rechtssicherheit unbedingt schriftlich bestätigt werden. Auch der Betroffene kann dies verlangen (vgl. § 37 Abs. 2 VwVfG).

103 In der Begründung einer bauaufsichtlichen Anordnung sind nach allgemeinen Grundsätzen (§ 39 VwVfG) die wesentlichen tatsächlichen und rechtlichen Gründe mitzuteilen, die die BauAB zu ihrer Entscheidung bewogen haben (Kamphausen/Kampmann BauR 1986, 403). Dazu gehören insbesondere auch die maßgeblichen Ermessenserwägungen. Allerdings genügt die BauAB der **Begründungspflicht** idR, wenn sie die Verstöße gegen das öffentliche Baurecht darlegt und zum Ausdruck bringt, der beanstandete Zustand solle wegen seiner Rechtswidrigkeit beseitigt werden (BVerwG 28.8.1980 – 4 B 67.80, BRS 36 Nr. 93). Da die BauAB grundsätzlich gegen baurechtswidrige Zustände einschreiten muss, besteht nur dann Anlass zu einer Abwägung des Für und Wider und dementsprechend auch zu einer besonderen Begründung, wenn Anhaltspunkte dafür bestehen, ausnahmsweise von einem Einschreiten abzusehen oder die Art und Weise des Einschreitens in besonderer Weise zu regeln (→ Rn. 54 ff.).

104 Das Gebot der Begründung von VAen wird nur bei gänzlich fehlender oder doch in wesentlicher Beziehung lückenhafter Begründung verletzt, nicht aber mit einer sachlich unzutreffenden Begründung (OVG Lüneburg 2.10.1979 – I A 40/79, DVBl 1980, 885). Die **fehlende Begründung** kann nach § 45 Abs. 1 Nr. 2 VwVfG mit heilender Wirkung bis zum Abschluss der letzten Tatsacheninstanz des gerichtlichen Verfahrens nachgeholt, eine sachlich unzutreffende oder unvollständige Begründung berichtigt bzw. ergänzt werden (§ 45 Abs. 2 VwVfG). Unter den Voraussetzungen des § 46 VwVfG (dazu → Rn. 101) ist eine Aufhebung einer Anordnung allein wegen fehlender Begründung ausgeschlossen. Die BauAB wird auch durch ein Verwaltungsstreitverfahren nicht gehindert, einen neuen VA mit veränderter Ermessensbetätigung zu erlassen (vgl. BVerwG 18.5.1990 – 8 C 48.88, BVerwGE 85, 163).

I. Anordnung der sofortigen Vollziehung

105 Die aufschiebende Wirkung des Widerspruchs des Betroffenen hindert die BauAB häufig an der schnellen Herstellung rechtmäßiger Zustände. § 80 Abs. 2 Nr. 4 VwGO gibt der BauAB die Möglichkeit, die sofortige Vollziehung ihrer Verfügung anzuordnen und dann vorbehaltlich einer abweichenden Entscheidung des VG auch schnell durchzusetzen. Die BauAB muss bei einer Vollziehungsanordnung allerdings beachten, dass der Verstoß gegen öffentliches Baurecht, der die Maßnahme der BauAB rechtfertigt, nicht bereits ein besonderes öffentliches Interesse an der sofortigen Vollziehung der Maßnahme begründet, vielmehr muss ein **besonderes öffentliches Interesse gerade an der sofortigen Vollziehung** bestehen (Kopp/Schenke VwGO § 80 Rn. 90 ff.; BVerfG 12.9.1995 – 2 BvR 1179/95, NVwZ 1996, 58). Der BauAB ist es daher – anders als dem VG (BVerwG 29.4.1974 – IV C 21.74, DÖV 1974, 422; BVerfG 11.2.1982 – 2 BvR 77/82, NVwZ 1982, 241) – bei der nach § 80 Abs. 3 VwGO gebotenen schriftlichen Begründung versagt, auf die offensichtliche Aussichtslosigkeit des Widerspruchs abzustellen.

106 Die **sofortige Vollziehung** von Anordnungen, die wie die **Baueinstellung und das Nutzungsverbot** das Ergebnis der **Hauptsache nicht vorwegnehmen**, wird idR im öffentlichen Interesse liegen (OVG Lüneburg 8.5.1987 – 6 B 10/87, NVwZ 1989, 170 mN; VGH Mannheim 10.2.2005 – 8 S 2834/04, BauR 2005, 1461). Der formularmäßige Hinweis, dass demjenigen, der schwarz baut, nicht die Vorteile seiner illegalen Position bis zur Entscheidung in der Hauptsache belassen werden dürfen, genügt als Begründung jedoch nicht, sondern kann nur verdeutlichen, dass dem Eingriff auf Seiten des Betroffe-

nen nur geringes Gewicht beizumessen ist. Dagegen kann insbesondere die Nichtbeachtung des Genehmigungs- bzw. Freistellungsverfahrens wegen der möglichen Gefahren von Schwarzbauten und die Breitenwirkung ungenehmigter Bauten das öffentliche Interesse an einer sofortigen Vollziehung von Baueinstellung und Nutzungsverbot begründen (OVG Lüneburg 11.05.2015 – 1 ME 31/15, BauR 2015, 1317 (1318)). Wenn die BauAB ihre Anordnung maßgeblich auch auf die materielle Baurechtswidrigkeit gestützt und nicht nur ergänzend auf die materielle Rechtslage hingewiesen hat (... Im Übrigen ...), darf sich das VG im Aussetzungsverfahren nicht mit der Feststellung der formellen Illegalität begnügen (OVG Münster 23.9.1988 – 11 B 1739/88, NVwZ-RR 1989, 344; OVG Lüneburg 16.10.2006 – 1 ME 171/06, NVwZ-RR 2007, 306; 11.5.2015 – 1 ME 31/15, BauR 2015, 1317 (1319)). Der Aussetzungsantrag darf in solchen Fällen nur abgelehnt werden, wenn das VG bei summarischer Prüfung zum Ergebnis kommt, dass auch materielle Illegalität vorliegt (vgl. → Rn. 114).

107 Der Grundsatz, dass allein die formelle Baurechtswidrigkeit ausreicht, um die sofortige Vollziehung eines Nutzungsverbotes zu rechtfertigen, gilt nicht ausnahmslos. In den seltenen Fällen, in denen eine **bauliche Anlage offensichtlich genehmigungsfähig** ist, verstößt bereits das Nutzungsverbot gegen den Grundsatz der Verhältnismäßigkeit (vgl. → Rn. 27) und natürlich erst recht die Anordnung der sofortigen Vollziehung. Auch die **langfristige Duldung** eines rechtswidrigen Zustandes kann unter besonderen Umständen die Anordnung der sofortigen Vollziehung ausschließen (OVG Lüneburg 3.11.1982 – 1 B 73/82, nv – für ein Nutzungsverbot wegen formeller Illegalität für ein mehr als 30 Jahre bestehendes Wochenendhaus; OVG Münster 25.6.1987 – 7 B 1183/87, BRS 47 Nr. 198; aA VGH Kassel 29.5.1985 – 3 TH 815/85, NvWZ 1985, 664). Dagegen schließt das langjährige Bestehen eines Schwarzbaues die sofortige Vollziehung des Nutzungsverbotes wegen formeller Baurechtswidrigkeiten nicht aus, wenn das Bauwerk der BauAB nicht bekannt war. Einer besonderen Beurteilung bedürfen auch Fälle, in denen eine **neben der Baugenehmigung** erforderliche Fachgenehmigung erteilt ist und damit das wesentliche Hindernis ausgeräumt ist; so rechtfertigt die fehlende Baugenehmigung nicht die sofortige Vollziehung des Nutzungsverbotes eines Modellflugplatzes, wenn die Erlaubnis nach § 16 LuftVO erteilt worden ist, ohne dass auf das Erfordernis einer Baugenehmigung hingewiesen wurde (OVG Lüneburg 21.12.1987 – 1 B 78/87, BRS 47 Nr. 136). Die formelle Illegalität reicht idR auch dann nicht aus, um die sofortige Vollziehung des Nutzungsverbotes zu rechtfertigen, wenn der Bauherr nach erfolgreicher Nachbarklage die Anlage entsprechend der gerichtlichen Entscheidung modifiziert hat (OVG Lüneburg 26.1.1994 – 1 M 5660/93, Nds.Rpfl. 1994, 169). Die Tatsache, dass der Mieter oder Pächter eines Schwarzbaues „gutgläubig" ist, schließt die sofortige Vollziehung eines Nutzungsverbotes wegen formeller Baurechtswidrigkeit nicht aus, weil auch der Besitzer nach § 56 S. 3 für die Einhaltung des öffentlichen Baurechts verantwortlich ist. Allerdings dürfen auch in diesen Fällen die Besonderheiten des Einzelfalles nicht außer Acht gelassen werden: so kann drohende Obdachlosigkeit Anlass geben, von einer sofortigen Vollziehung des Nutzungsverbotes abzusehen oder sie mit einer Frist zu verbinden (vgl. § 721 ZPO).

108 Die **sofortige Vollziehung** von Anordnungen, die wie **Abbruchverfügungen** und die **Anordnung erforderlicher Arbeiten** das **Ergebnis der Hauptsache vorwegnehmen**, liegt regelmäßig nicht im öffentlichen Interesse (OVG Weimar 13.5.1997 – 1 EO 609/96, BRS 59 Nr. 211; OVG Münster 21.1.1998 – 10 B 3025/97, BRS 60 Nr. 166). Abgesehen von Wohnwagen und baulichen Anlagen, die ohne wesentlichen Substanzeingriff beseitigt werden können (vgl. → Rn. 30; OVG Münster 13.9.1996 – 11 B 1038/96, BRS 58 Nr. 128), können nur konkrete Gefahren für Leib, Leben oder bedeutende Sachwerte die sofortige Vollziehung einer Abbruchverfügung rechtfertigen. Darüber hinaus hat das OVG Lüneburg (10.5.1994 – 1 M 1046/94, BRS 56 Nr. 208) die sofortige Vollziehung von Beseitigungsanordnungen etwa von Wochenendhäusern in Einzelfällen auch wegen konkreter Vorbildwirkung der Schwarzbauten in reizvoller Umgebung gebilligt, wenn die Beseitigungsanordnung offensichtlich rechtmäßig ist (vgl. auch VGH Kassel 29.5.1985 – 3 TH 815/85, NVwZ 1985, 664).

109 Umstritten ist, ob die BauAB den Betroffenen **vor der Anordnung der sofortigen Vollziehung** entsprechend § 28 VwVfG **anhören** muss (vgl. Kopp/Schenke VwGO § 80 Rn. 82 mN). Gegen eine analoge Anwendung des § 28 VwVfG spricht, dass § 80 Abs. 3 VwGO mit der notwendigen Begründung die verfahrensrechtlichen Erfordernisse der Vollziehungsanordnung abschließend geregelt hat. Zudem sind die Wirkungen der Vollziehungsanordnung weniger weitreichend als die des VA, auf den sie sich bezieht: Die Vollziehungsanordnung erwächst nicht in Bestandskraft, der Betroffene kann ohne zeitliche Begrenzung den Antrag auf Wiederherstellung der aufschiebenden Wirkung stellen. Der 1. Senat des OVG Lüneburg geht daher davon aus, dass eine Anhörung des Betroffenen vor dem Erlass der Vollziehungsanordnung nach § 80 Abs. 2 Nr. 4 VwGO nicht zwingend geboten ist (31.1.2002 – 1 MA 4216/01, BRS 65 Nr. 203). Der ua für das Immissionsschutzrecht zuständige 7. Senat leitet hingegen aus dem Rechtsstaatsprinzip ein verfassungsrechtliches Anhörungsgebot ab (10.6.1992 – 7 M 3839/91, OVGE 42, 490). Allerdings soll die unterlassene Anhörung nur dann zur Aufhebung der Vollziehungsanordnung führen, wenn der Antragsteller darlegt, welche Einwendungen er erhoben hätte, und wenn nicht auszuschließen ist, dass diese Einwendungen die Behörde veranlasst hätten, von der Vollziehungsanordnung Abstand zu nehmen.

110 Die BauAB kann bei Maßnahmen, die sofort greifen sollen, wie etwa Stilllegungsverfügungen oder Maßnahmen bei akuten Gefahren, von einer Anhörung zur Vollziehungsanordnung ebenso absehen wie nach Abs. 4 zum VA. Das öffentliche Interesse, das die Anordnung der sofortigen Vollziehung iSd § 80 Abs. 2 Nr. 4 VwGO trägt, kann auch ein **Absehen von der Anhörung** entsprechend § 28 Abs. 2 VwVfG rechtfertigen, auch wenn das öffentliche Interesse in beiden Vorschriften nicht deckungsgleich ist (Schoch NVwZ 1983, 249 (256)). Bei anderen Maßnahmen wird die BauAB vor dem Erlass der Anordnung, auch um den Sachverhalt möglichst umfassend zu klären, den Betroffenen nach Abs. 4 anhören. In diesem Zusammenhang kann auch ein Hinweis auf die vorgesehene Anordnung der sofortigen Vollziehung zweckmäßig sein. Wird die Vollziehungsanordnung mit der bauaufsichtlichen Anordnung verbunden, wie das die Regel ist, genügt die Anhörung zum VA auch ohne ausdrücklichen Hinweis auf die Vollziehungsanordnung (so auch OVG Lüneburg 10.6.1992 – 7 M 3839/91, OVGE 42, 490).

111 Nach § 80 Abs. 3 S. 1 VwGO hat die BauAB das in → Rn. 105 erörterte **besondere Interesse an der sofortigen Vollziehung schriftlich zu begründen** (Kopp/Schenke VwGO § 80 Rn. 84 ff.). Grundsätzlich muss die Begründung der sofortigen Vollziehung auf den konkreten Einzelfall eingehen und darf sich nicht in Leerformeln erschöpfen. Da die sofortige Vollziehung von Baueinstellung und Nutzungsverbot in aller Regel im öffentlichen Interesse liegen, können jedoch in solchen „Regelfällen" keine besonders hohen Anforderungen an die Einzelfallbezogenheit gestellt werden (OVG Lüneburg 28.1.1999 – 1 M 5603/98, nv; VGH Mannheim 10.2.2005 – 8 S 2834/04, BauR 2005, 1461). Das öffentliche Interesse an der sofortigen Vollziehung von Baueinstellung und Nutzungsverbot kann mit der Notwendigkeit der Einhaltung des gesetzlich vorgeschriebenen Genehmigungsverfahrens, den Gefahren von Schwarzbauten sowie der Sorge, dass andere dem schlechten Beispiel folgen, begründet werden. Der in Anspruch genommene Verantwortliche kann gegen die Anordnung der sofortigen Vollziehung nach § 80 Abs. 5 VwGO das VG anrufen, wenn er Widerspruch bzw. Klage erhoben hat (→ Rn. 123).

K. Gerichtliches Verfahren

a) Rechtsschutz des Adressaten

112 Bauaufsichtliche Maßnahmen sind belastende VAe, die der **Adressat** mit **Widerspruch und Anfechtungsklage** angreifen kann. Wer, wie nebenberechtigte Dritte, nur mittelbar von einer bauaufsichtlichen Verfügung betroffen ist, kann sie mangels Verletzung eigener subjektiv öffentlicher Rechte auch nicht anfechten. Das an den Mieter gerichtete Nutzungsverbot kann der Vermieter nicht angreifen, weil er durch das Nutzungsverbot nicht

verpflichtet wird. Entsprechendes gilt für den Miteigentümer, wenn die bauaufsichtliche Verfügung an einen anderen Miteigentümer gerichtet ist. Die gegenüber dem Bauunternehmer ausgesprochene Stilllegungsverfügung wird man als gegen den Bauherrn gerichtet ansehen müssen, der den Bauunternehmer beauftragt hat. Dementsprechend kann nur der Bauherr und nicht der Bauunternehmer die Stilllegungsverfügung anfechten (Köhler-Rott in Reichel/Schulte BauordnungsR-HdB, Kap. 15, Rn. 191). Richtet die BauAB ihre Verfügung gegen eine Personenmehrheit, kann jede Person für sich allein Widerspruch einlegen, wenn die Anordnung teilbar ist, dh nicht nur einheitlich befolgt werden kann (OVG Lüneburg 18.10.2004 – 1 ME 205/04, NVwZ-RR 2005, 93).

Nach allgemeinen Grundsätzen (Kopp/Schenke VwGO § 113 Rn. 29 ff.) kommt es für **113** die Beurteilung der Rechtmäßigkeit bauaufsichtlicher Anordnungen **im Rahmen einer Anfechtungsklage in der Regel** auf die **Sach- und Rechtslage im Zeitpunkt der letzten Behördenentscheidung,** dh zumeist auf den Zeitpunkt des Widerspruchsbescheides, an. Verfahrens- und Formfehler können nach § 45 Abs. 2 VwVfG auch im gerichtlichen Verfahren noch geheilt werden. Nachträgliche Änderungen der Sach- oder Rechtslage muss der Betroffene grundsätzlich gemäß § 51 Abs. 1 Nr. 1 VwVfG in einem gesonderten Verwaltungsverfahren oder mit einem Antrag auf Erlass eines Zweitbescheides geltend machen (BVerwG 11.8.1992 – 4 B 161.92, NVwZ 1993, 476). Allerdings hat die Rechtsprechung bei der Anfechtung von Abbruchverfügungen Rechtsänderungen, die das umstrittene Bauwerk legalisieren, mit Rücksicht auf Art. 14 Abs. 1 GG und den Charakter der **Beseitigungsanordnung als Dauerverwaltungsakt** auch im gerichtlichen Verfahren berücksichtigt (vgl. BVerwG 14.11.1957 – I C 168.56, BVerwGE 5, 351; OVG Lüneburg 17.8.1984 – 1 A 138/81, BRS 42 Nr. 218). Da der Abbruch wegen der aufschiebenden Wirkung der Klage idR noch nicht realisiert ist, der Abbruch nach der legalisierenden Rechtsänderung aber auch nicht mehr verlangt werden kann, erscheint diese Ausnahme sachgerecht. Zu weit dürfte jedoch die uneingeschränkte Forderung gehen, die BauAB müsse die noch nicht vollzogene Beseitigungsanordnung bis zur letzten mündlichen Verhandlung der Tatsacheninstanz „unter Kontrolle halten“ (OVG Lüneburg 17.8.1984 – 1 A 138/81, BRS 42 Nr. 218), zumal wenn die Forderung in dem Sinn verstanden werden sollte, dass jede Änderung der Sach- und Rechtslage zu berücksichtigen sei, die Einfluss auf die Ermessensentscheidung haben kann (vgl. dazu BVerwG 11.8.1992 – 4 B 161.92, NVwZ 1993, 476; OVG Lüneburg 19.1.1995 – 1 L 2911/92, BeckRS 1995, 122213).

Für die **gerichtliche Überprüfung der Ermessensentscheidung** kommt es idR nicht **114** darauf an, ob der von der BauAB angenommene Verstoß gegen das öffentliche Baurecht vorliegt oder das VG zum Ergebnis kommt, dass die bauliche Anlage in anderer Hinsicht gegen öffentliches Baurecht verstößt. Nur in Fällen, in denen sich aus der Begründung ergibt, dass die BauAB – trotz Kenntnis weiterer Verstöße – nur wegen eines ganz bestimmten Verstoßes gegen das öffentliche Baurecht eingeschritten ist, ist die Anordnung unabhängig von sonstigen Verstößen aufzuheben, wenn dieser Verstoß nicht vorliegt. So darf ein Nutzungsverbot, das die BauAB nur wegen materieller Illegalität ausgesprochen hat, vom Gericht nicht allein wegen formeller Illegalität aufrecht erhalten werden: angesichts des qualitativen Unterschieds dieser Verstöße würde das Gericht damit der Ermessensentscheidung der BauAB einen anderen Inhalt geben (OVG Lüneburg 29.3.1984 – 1 A 164/82, BRS 42 Nr. 213; OVG Münster 23.9.1988 – 11 B 1739/88, BRS 48 Nr. 134). Für den vorläufigen Rechtsschutz darf von diesem Grundsatz nicht abgewichen werden, nur weil die formelle Illegalität leichter festzustellen ist als die materielle (so OVG Lüneburg 8.5.1987 – 6 B 10/87, NVwZ 1989, 170). Die Konsequenz, dass vorläufiger Rechtsschutz versagt wird, obgleich der Kläger in der Hauptsache Erfolg hat, macht aber deutlich, dass auch im Aussetzungsverfahren die Ermessenserwägungen der BauAB nicht durch die des VG ersetzt werden dürfen (OVG Lüneburg 26.8.1993 – 1 M 2888/93, nv; OVG Münster 23.9.1988 – 11 B 1739/88, BRS 48 Nr. 134). Da das Aussetzungsverfahren nach § 80 VwGO das Hauptsacheverfahren „entscheidungsfähig“ halten soll, dürfen die Maßstäbe insoweit nicht auseinanderlaufen.

115 Davon zu unterscheiden ist die **nachträgliche inhaltliche Änderung des VA** durch eine ergänzende oder erstmalige Betätigung des behördlichen Ermessens, die auch noch während eines anschließenden Verwaltungsstreitverfahrens zulässig ist (BVerwG 18.5.1990 – 8 C 48.88, BVerwGE 85, 163). Darüber hinaus kann die BauAB Bedenken gegen die Rechtmäßigkeit der bauaufsichtlichen Anordnung auch durch deren Änderung noch im gerichtlichen Verfahren ausräumen. Bedenken gegen ein gleichmäßiges Einschreiten, etwa wegen „nachträglich entdeckter Berufungsfälle" kann die BauAB durch die Vorlage eines neuen Konzeptes des Einschreitens und die Verlängerung der Beseitigungsfrist Rechnung tragen (OVG Lüneburg 29.8.1994 – 1 L 311/91, BRS 58 Nr. 205). Dem Kläger entsteht dadurch kein Nachteil, weil er eine solche inhaltliche Änderung des VA zum Anlass nehmen kann, den Rechtsstreit in der Hauptsache für erledigt zu erklären, um die Kostenlast abzuwenden.

116 Hat die BauAB die **Beseitigung** einer baulichen Anlage angeordnet, **erledigt sich** diese Verfügung **nicht dadurch, dass die BauAB die Anlage im Wege der Ersatzvornahme abreißen lässt** (OVG Münster 4.11.1996 – 10 A 3363/92, BRS 58 Nr. 213; OVG Koblenz 20.11.1996 – 8 A 13546/95, BRS 58 Nr. 214; BVerwG 17.11.1998 – 4 B 100.98, BRS 60 Nr. 164; aA Enders NVwZ 2000, 1232). Ein VA erledigt sich iSd § 43 Abs. 2 VwVfG, wenn er keine rechtlichen Wirkungen mehr erzeugt bzw. seine ursprüngliche Steuerungsfunktion entfällt. Werden durch die Vollstreckung keine irreversiblen Verhältnisse geschaffen, können Folgenbeseitigungsansprüche nur unter Hinweis auf die Beseitigungsanordnung abgewehrt werden. Darüber hinaus ist die Wirksamkeit der Beseitigungsanordnung aber auch Voraussetzung für Maßnahmen des Verwaltungszwangs einschließlich des Anspruchs auf Erstattung der Kosten der Ersatzvornahme. Schließlich deutet auch § 113 Abs. 1 S. 2 VwGO darauf hin, dass der Vollzug des VA das Interesse des Klägers an seiner Aufhebung unberührt lässt.

117 Hat der Nachbar das bauaufsichtliche Verfahren in Gang gesetzt, kann es sich empfehlen, den **Nachbarn beizuladen** (einfache Beiladung, § 65 Abs. 1 VwGO). Gleiches gilt, wenn ein Dritter das Verfahren angestoßen hat (OVG Lüneburg 6.9.2017 – 1 OB 115/17, BauR 2017, 2168 (2169)). Liegt der Anordnung der BauAB ein Verstoß gegen nachbarschützende Vorschriften zugrunde, muss der Nachbar notwendig beigeladen werden (§ 65 Abs. 2 VwGO). Dritte, die den Adressaten der Anordnung aufgrund eines Rechtsverhältnisses (Miete, Miteigentum) an deren Ausführung hindern können (→ Rn. 89 ff.), können beigeladen werden; ihre – nicht notwendige – Beiladung im Prozess kann aber eine Duldungsanordnung nicht ersetzen.

118 Weil Anordnungen nach Abs. 1 S. 5 auch gegenüber Rechtsnachfolgern gelten, berührt die **Rechtsnachfolge während des gerichtlichen Verfahrens** gegen die bauaufsichtliche Anordnung nicht deren Rechtmäßigkeit (OVG Lüneburg 21.1.2000 – 1 L 4202/99, BRS 63 Nr. 120). Auch die Klagebefugnis des bisherigen Klägers bleibt nach § 173 VwGO iVm §§ 265 ZPO erhalten, jedoch empfiehlt es sich, den Rechtsnachfolger beizuladen (BVerwG 7.9.1984 – 4 C 19.83, NJW 1985, 281: keine notwendige Beiladung). Allerdings kann die BauAB nach § 266 Abs. 1 ZPO verlangen, dass der Rechtsnachfolger den Rechtsstreit als Hauptpartei übernimmt. Tritt die Rechtsnachfolge nach rechtskräftigem Abschluss des Verfahrens ein, wird man trotz der Möglichkeit personaler Ermessenselemente die Bindung des Rechtsnachfolgers nach § 121 VwGO bejahen müssen mit der Folge, dass der Rechtsnachfolger Einwendungen, die in seiner Person begründet sind, im Wege einer auf den Widerruf der Anordnung gerichteten Verpflichtungsklage (OVG Koblenz 17.11.1981 – 1 B 60/81, BRS 39 Nr. 231) geltend machen muss (aA OVG Lüneburg 4.5.1979 – I A 66/78, NJW 1980, 78). Verpflichtungen aus einem gerichtlichen Vergleich gehen nicht auf den Einzelrechtsnachfolger über (OVG Lüneburg 24.5.1994 – 1 M 1066/94, BRS 56 Nr. 214; aA VGH Mannheim 26.1.2005 – 5 S 1662/03, NVwZ-RR 2006, 81).

b) Rechtsschutz des Nachbarn

Die **Klage des Nachbarn gegen die BauAB** auf Einschreiten **gegen einen Schwarzbau** ist eine Verpflichtungsklage, für deren Begründetheit es nach allgemeinen Grundsätzen (Kopp/Schenke VwGO § 113 Rn. 217 ff.) auf die **Sach-** und **Rechtslage im Zeitpunkt der gerichtlichen Entscheidung** ankommt. Das Gericht darf die BauAB nicht (mehr) zu einem Einschreiten verpflichten, wenn der Schwarzbau zwar früher gegen nachbarschützende Vorschriften verstoßen hat, aber infolge einer Rechtsänderung im Zeitpunkt der letzten mündlichen Verhandlung nicht mehr rechtswidrig ist. Der Nachbar muss in einem solchen Fall die Rechtsänderung zum Anlass nehmen, die Hauptsache für erledigt zu erklären, um von Kosten verschont zu bleiben. Genehmigt die BauAB während des gerichtlichen Verfahrens den Schwarzbau, erledigt sich die Klage auf Einschreiten auch dann, wenn der Nachbar gegen die Baugenehmigung Widerspruch einlegt, denn die Legalisierungswirkung der Baugenehmigung schließt ein Einschreiten der BauAB aus (BVerwG 15.8.1988 – 4 B 89.88, NVwZ 1989, 48). Soweit er ein Feststellungsinteresse hat, kann der Nachbar entsprechend § 113 Abs. 1 S. 4 VwGO die Feststellung beantragen, dass die Ablehnung des Einschreitens rechtswidrig gewesen ist. **119**

Da das Einschreiten der BauAB grundsätzlich in ihrem Ermessen steht, kann das VG die BauAB nur dann zu einer konkreten Anordnung verpflichten, wenn das **Ermessen der BauAB** wegen des Gewichtes des Verstoßes gegen nachbarschützende Vorschriften **„auf Null" geschrumpft** und nur eine einzige Entscheidung ermessensgerecht ist (Kopp/Schenke VwGO § 113 Rn. 195 u. § 114 Rn. 6). Kommen mehrere Entscheidungsmöglichkeiten in Betracht, darf das VG die BauAB nur verpflichten, „den Kläger unter Beachtung der Rechtsauffassung des Gerichts zu bescheiden" (§ 113 Abs. 5 S. 2 VwGO). **120**

Die **Adressaten einer bauaufsichtlichen** Anordnung, deren Erlass ein Nachbar mit der Verpflichtungsklage begehrt, sind nach § 65 Abs. 2 VwGO **notwendig beizuladen**, weil sie an dem Rechtsverhältnis, das der gerichtlichen Entscheidung über den Antrag auf bauaufsichtliches Einschreiten zugrunde liegt, derart beteiligt sind, dass die Entscheidung auch ihnen gegenüber nur einheitlich ergehen kann (BVerwG 6.5.1992 – 4 B 139.91, NJW 1993, 79). Steht die bauliche Anlage, gegen die eingeschritten werden soll, im Miteigentum und ist ein Miteigentümer nicht beigeladen worden, ist er an die gerichtliche Entscheidung nicht gebunden; er kann gegen eine spätere Duldungsanordnung den Rechtsweg beschreiten. **121**

Die **Veräußerung des Nachbargrundstücks** während des Prozesses hat nach § 173 VwGO iVm § 266 ZPO keinen Einfluss auf das Verfahren, solange nicht mit Zustimmung oder auf Antrag der BauAB der Rechtsnachfolger des Nachbarn den Rechtsstreit als Hauptpartei übernimmt. Wird das Baugrundstück veräußert, muss der neue Eigentümer als Adressat der erstrebten bauaufsichtlichen Anordnung beigeladen werden. **122**

c) Vorläufiger Rechtsschutz des Adressaten

Hat die BauAB die sofortige Vollziehung einer Verfügung nach § 79 angeordnet, kann der Betroffene, nachdem er Widerspruch eingelegt hat, beim VG die Wiederherstellung der aufschiebenden Wirkung seines Widerspruchs beantragen (§ 80 Abs. 5 VwGO). Das VG stellt die aufschiebende Wirkung des Widerspruchs zum einen dann wieder her, wenn die **sofortige Vollziehung** entgegen **§ 80 Abs. 3 VwGO** nicht oder nicht ausreichend **begründet** worden ist (OVG Magdeburg 2.12.1993 – 4 M 10/93, DVBl 1994, 808 mN; Kopp/Schenke § 80 Rn. 148). Die BauAB ist in diesem Fall nicht gehindert, die sofortige Vollziehung mit ordnungsgemäßer Begründung erneut anzuordnen, sie kann aber auch die Begründung der Vollziehungsanordnung im gerichtlichen Verfahren nachbessern (VGH München 6.3.1997 – 1 CS 96.3175, BayVBl. 1998, 373; Kopp/Schenke § 80 Rn. 87). Ist die Vollziehungsanordnung formell nicht zu beanstanden, entscheidet das VG aufgrund einer Abwägung der sich gegenüberstehenden öffentlichen und privaten **123**

Interessen, ob mit der Vollziehung des angefochtenen Verwaltungsaktes bis zur rechtskräftigen Entscheidung in der Hauptsache zu warten ist oder nicht. Dabei sind auch die **Erfolgsaussichten des Rechtsbehelfs in der Hauptsache** zu berücksichtigen. Demgemäß führt der voraussichtliche Erfolg eines Rechtsbehelfs zur Wiederherstellung seiner aufschiebenden Wirkung. In Anlehnung an § 80 Abs. 4 S. 3 VwGO wird man auch ernstliche Zweifel an der Rechtmäßigkeit des angefochtenen Verwaltungsaktes genügen lassen müssen, soweit diese einen Erfolg des Rechtsmittels in der Hauptsache als überwiegend wahrscheinlich erscheinen lassen (OVG Lüneburg 18.2.1994 – 1 M 5097/93, NVwZ-RR 1995, 7). Im umgekehrten Fall, wenn bei der summarischen Prüfung der Erfolgsaussichten die Rechtmäßigkeit eines VA festgestellt wird, berechtigt diese Rechtmäßigkeit allein die BauAB noch nicht zur Anordnung der sofortigen Vollziehung. Denn ein rechtmäßiges Handeln der Verwaltung ist gemäß Art. 20 Abs. 3 GG eine rechtsstaatliche Grundanforderung, die für sich genommen noch kein besonderes öffentliches Interesse an der sofortigen Vollziehung zu begründen vermag (→ Rn. 105). Das VG darf in diesen Fällen daher nicht bei der Beurteilung der Erfolgsaussichten in der Hauptsache stehen bleiben, sondern muss in eine gesonderte Interessenabwägung eintreten, die auch eine Folgenbeurteilung einschließt (Puttler in Sodan/Ziekow VwGO 4. Aufl. 2014, § 80 Rn. 157; Würtenberger, Verwaltungsprozessrecht, 3. Aufl. 2011, Rn. 532, 520a). Hierbei kann die Aussichtslosigkeit des Rechtsbehelfs durchaus eine Rolle spielen, weil ein offensichtlich aussichtsloser Rechtsbehelf kein vorrangiges Interesse an der aufschiebenden Wirkung begründen kann (vgl. OVG Lüneburg 31.8.1993 – 6 M 3482/93, BRS 55 Nr. 206 – allerdings für einen Fall, in dem die vorangegangene Duldung einige Fragen aufwarf). Zu den Besonderheiten der Überprüfung von Ermessensentscheidungen vgl. → Rn. 114.

d) Vorläufiger Rechtsschutz des Nachbarn

124 Der vorläufige Rechtsschutz des Nachbarn auf bauaufsichtliches Einschreiten richtet sich nach § 123 VwGO und nicht nach § 80a VwGO. § 80a VwGO betrifft den vorläufigen Rechtsschutz gegen VAe mit Doppelwirkung, der Nachbar aber will vor der Entscheidung über seine Verpflichtungsklage die untätige BauAB durch einstweilige Anordnung anhalten, gegen den baurechtswidrigen Zustand vorzugehen. Nach § 123 Abs. 1 S. 2 VwGO setzt der Erlass einer einstweiligen Anordnung einen **Anordnungsanspruch** und einen **Anordnungsgrund** voraus. Ein Anordnungsgrund liegt vor, wenn es dem Nachbarn nicht zumutbar ist, die Entscheidung im Verfahren zur Hauptsache abzuwarten (VGH Mannheim 19.4.2002 – 3 S 590/02, BRS 65 Nr. 196). Ein Anordnungsanspruch erfordert wegen des der BauAB grundsätzlich eingeräumten Ermessens (vgl. → Rn. 70 ff.) einen Verstoß gegen nachbarschützende Vorschriften, der den Nachbarn unzumutbar beeinträchtigt, was vom Antragsteller glaubhaft zu machen ist (§§ 123 Abs. 3 VwGO iVm §§ 920 Abs. 2, 294 ZPO). Er kann eine Entscheidung zu seinen Gunsten also nur erreichen, wenn er zur Überzeugung des Gerichts eine Sachlage glaubhaft macht, bei der das Entschließungs- und das Auswahlermessen der BauAB so weit reduziert sind, dass ihr als einzige Möglichkeit zu rechtmäßigem Verhalten verbleibt, gegen die betreffende Baumaßnahme einzuschreiten (Mann FS Götz, 2005, 465 (477); Preschel DÖV 1998, 45 (52); Schmaltz NdsVBl. 1995, 241 (247)). Anders als im Aussetzungsverfahren genügen ernstliche Zweifel an der nachbarrechtlichen Zulässigkeit des beanstandeten Zustands also nicht, um eine einstweilige Anordnung zu rechtfertigen, vielmehr müssen die Erfolgsaussichten überwiegend wahrscheinlich sein (Kopp/Schenke VwGO § 123 Rn. 23 mN, Schmaltz NST-N 1995, 123).

125 Hat die BauAB auf den Antrag des Nachbarn eine Beseitigungsanordnung oder Nutzungsuntersagung erlassen, kommt dem Widerspruch des Adressaten aufschiebende Wirkung zu und kann damit die Durchsetzung des Einschreitens verzögern werden. Ordnet die BauAB nicht von sich aus die sofortige Vollziehung der bauaufsichtlichen Anordnung an, **kann der Nachbar nach § 80a Abs. 2 VwGO beantragen, dass die BauAB die sofortige Vollziehung anordnet**. Lehnt die BauAB diesen Antrag ab oder entscheidet sie nicht in angemessener Frist, kann der Nachbar die Anordnung der sofortigen

Vollziehung der bauaufsichtlichen Anordnung beim VG beantragen (§ 80a Abs. 3 S. 2 iVm § 80 Abs. 6 VwGO). Maßstab für die Entscheidung des VG nach § 80a Abs. 3 VwGO sind die Erfolgsaussichten des Widerspruchs des Adressaten.

L. Durchsetzung der Maßnahmen

a) Allgemeines

Die NBauO hat die Zwangsmittel nicht selbständig geregelt. Es gelten insoweit die Vorschriften des allgemeinen Gefahrenabwehrrechts. Der in § 89 Abs. 4 S. 1 aF enthaltene Verweis auf die Durchsetzung mit Zwangsmitteln nach den Bestimmungen des NPOG ist infolge der NBauO 2012 entfallen. Denn das **NPOG** gilt auch, ohne dass explizit darauf verwiesen wird (BegrRegE NBauO 2012, LT-Drs. 16/3195, 107). Wegen der Bedeutung für die bauaufsichtliche Praxis werden die Grundsätze hier dargestellt (vgl. allg. zum Zwangsmittelrecht Götz/Geis PolR § 13; Mann in EMS BesVerwR Rn. 712 ff.). Die Durchsetzung von **Anordnungen** nach § 79 mit Zwangsmitteln setzt nach § 64 Abs. 1 NPOG voraus, dass diese **unanfechtbar** sind oder ein **Rechtsbehelf keine aufschiebende Wirkung** hat (OVG Lüneburg 11.4.1984 – 6 B 31/84, Nds.Rpfl. 1985, 264). Die Rechtmäßigkeit des unanfechtbaren VA ist nicht Voraussetzung der Rechtmäßigkeit des Vollzugs. Ob für sofort vollziehbare VAe die Rechtmäßigkeit der Vollstreckungsmaßnahme von der Rechtmäßigkeit der Grundverfügung abhängt, ist umstritten (bejahend Götz/Geis PolR § 13 Rn. 4; Mann in EMS BesVerwR Rn. 715; Sattler FS Götz, 2005, 405; aA Kopp/Schenke VwGO § 167 Rn. 19; OVG Lüneburg 30.11.1999 – 1 L 3475/99, nv). Die Wiederherstellung der aufschiebenden Wirkung von Widerspruch und Anfechtungsklage beseitigt rückwirkend die sofortige Vollziehbarkeit und macht Vollstreckungsakte nachträglich rechtswidrig (OVG Münster 16.6.1983 – 4 A 2719/81, DÖV 1983, 1024). **126**

§ 65 Abs. 1 NPOG zählt die Zwangsmittel zur Durchsetzung bauaufsichtlicher Verfügungen **abschließend auf**: Ersatzvornahme (§ 66 NPOG), Zwangsgeld (§ 67 NPOG) und unmittelbaren Zwang (§ 69 NPOG). Dazu tritt als besonderes Zwangsmittel der NBauO die Versiegelung (→ Rn. 139 f.). Der unmittelbare Zwang spielt aber in der bauaufsichtlichen Praxis keine Rolle. Eine **bestimmte Rangfolge** zwischen den Zwangsmitteln schreibt § 69 Abs. 6 NPOG nur für den unmittelbaren Zwang im Verhältnis zu Zwangsgeld und Ersatzvornahme vor: unmittelbarer Zwang darf nur angewandt werden, wenn andere Zwangsmittel nicht in Betracht kommen oder keinen Erfolg versprechen. Zwischen Ersatzvornahme und Zwangsgeld lässt sich nach dem Übermaßverbot keine allgemeingültige Reihenfolge festlegen. Eine Ersatzvornahme dient der Erzwingung vertretbarer Handlungen, die Auferlegung eines Zwangsgeldes kommt vor allem bei nicht vertretbaren Handlungen, Duldungen oder Unterlassungen, aber eben auch bei vertretbaren Handlungen in Betracht. Die BauAB kann daher – anders als das VG bei der Durchsetzung eines Vergleichs (§ 169 Abs. 1 VwGO) – idR bei vertretbaren Handlungen zwischen dem für sie bequemeren Zwangsgeld und der wirksameren Ersatzvornahme nach Zweckmäßigkeitsgesichtspunkten wählen, wenngleich § 11 VwVG allgemein bestimmt, dass Zwangsgeld bei vertretbaren Handlungen nur anzuwenden ist, wenn die Ersatzvornahme untunlich ist. **127**

b) Androhung von Zwangsmitteln

Zwangsmittel sind nach § 70 Abs. 1 S. 1 NPOG **möglichst schriftlich** anzudrohen. Die Androhung kann nach § 70 Abs. 2 NPOG mit der bauaufsichtlichen Anordnung nach § 79 Abs. 1 verbunden werden, sie soll mit ihr verbunden werden, wenn die BauAB die sofortige Vollziehung anordnet (§ 70 Abs. 2 S. 2 NPOG). Die Androhung muss grundsätzlich eine angemessene Frist zur Erfüllung der Verpflichtung setzen (→ Rn. 129 ff.) und sich auf bestimmte Zwangsmittel beziehen (§ 70 Abs. 3 S. 1 NPOG, dazu → Rn. 132). Die Voraussetzungen dafür, von einer Androhung nach § 70 Abs. 1 S. 3 NPOG abzusehen, **128** werden im Bauaufsichtsrecht bei Gebotsverfügungen nur selten vorliegen. Mit der Androhung eines Zwangsmittels, die ein anfechtbarer VA ist (BVerwG 2.12.1988 – 4 C 16.85, DVBl 1989, 362), beginnt die Vollstreckung.

129 Mit der Androhung des Zwangsmittels muss die BauAB – jedenfalls bei Gebotsverfügungen – dem Verantwortlichen grundsätzlich eine **angemessene Frist zur Erfüllung der Verpflichtung** setzen (§ 70 Abs. 1 S. 2 NPOG). Die Fristsetzung dient zwei verschiedenen Zwecken: Zum einen muss zwischen dem Erlass der Anordnung und ihrem Vollzug eine solche Frist liegen, dass der Betroffene zuvor das Verwaltungsgericht anrufen kann (Rechtsschutzfrist: BVerwG 2.9.1963 – I C 142.59, BVerwGE 16, 289). Zum anderen muss dem Betroffenen bei Gebotsverfügungen aber ausreichend Zeit zur Erfüllung der Anordnung bleiben, wenn die Androhung nicht von vornherein erfolglos bleiben soll. Die BauAB muss bei der Fristsetzung der Dringlichkeit des Vollzugs auf der einen Seite und den Möglichkeiten des Betroffenen, die Anordnung zu befolgen, Rechnung tragen. Ein Zwangsmittel darf **ohne Fristsetzung**, auch mündlich, angedroht werden, wenn eine Duldung oder Unterlassung erzwungen werden soll. Eine Baueinstellung mit einer Fristsetzung zu verfügen, würde nur dazu führen, dass der Betroffene versucht, das Bauwerk vor Ablauf der Frist zu vollenden.

130 Eine **datumsmäßig bestimmte Frist** wird gegenstandslos, wenn der Betroffene einen Rechtsbehelf mit aufschiebender Wirkung einlegt und der nach Datum festgelegte Zeitpunkt verstreicht, so dass dann nach Unanfechtbarkeit eine neue Ausführungsfrist bestimmt werden muss (OVG Lüneburg 22.2.1973 – I A 116/72, OVGE 29, 456; 29.1.1988 – 1 A 243/86, BRS 48 Nr. 194). Eine derart gegenstandslose Frist und Zwangsmittelandrohung braucht im Anfechtungsprozess gegen die Anordnung nach § 79 nicht aufgehoben zu werden (BVerwG 16.10.1979 – 1 C 20.75, DVBl 1980, 745 (746); OVG Koblenz 14.4.1985– 1 A 45/84, NVwZ 1986, 763; aA OVG Münster 23.5.1985 – 7 A 2311/82, BRS 44 Nr. 209). Um die Bestimmung einer neuen Ausführungsfrist zu vermeiden, ist es geboten, die Frist an die Unanfechtbarkeit der Anordnung zu knüpfen. Eine Fristbestimmung „unverzüglich nach Zustellung" ist unbestimmt (OVG Münster 12.7.1991 – 4 B 3581/90, NVwZ 1993, 59). Es reicht nicht aus, dass die BauAB bei fehlender Fristsetzung dem Pflichtigen tatsächlich eine ausreichende Frist eingeräumt hat (so aber VGH Mannheim 7.2.1991 – 5 S 1452/90, BRS 52 Nr. 242). Dagegen ist eine neue Androhung entbehrlich, wenn sich der Pflichtige ausdrücklich weigert, der Grundverfügung nachzukommen (OVG Lüneburg 14.11.1997 – 6 L 6340/95, Nds. VBl. 1998, 141). Auch eine neue Androhung mit Fristsetzung stellt einen anfechtbaren VA dar (vgl. → Rn. 125). Eine Androhung ohne die erforderliche Fristbestimmung ist nur rechtwidrig (VGH Mannheim 7.2.1991 – 5 S 1452/90, BRS 52 Nr. 242) und nicht nichtig (VGH Kassel 30.4.1982 – III TG 119/82, NVwZ 1982, 514).

131 Damit der **Betroffene** überhaupt die Möglichkeit hat, die Anordnung zu befolgen, muss ihm die **Androhung des Zwangsmittels** tatsächlich vor Ablauf der Ausführungsfrist **bekannt werden,** andernfalls ist die Androhung unwirksam (OVG Lüneburg 6.3.1973 – I A 3/73, OVGE 29, 458). Weil bei der Erzwingung von Handlungen, Duldungen und Unterlassungen weniger die Grundstücksbezogenheit der Ordnungspflicht im Vordergrund steht als die Person des Ordnungspflichtigen, wirkt die Androhung eines Zwangsmittels gegenüber dem Adressaten einer bestandskräftigen Verfügung nicht gegen dessen Rechtsnachfolger (OVG Münster 9.5.1979 – XI A 163/78, BRS 35 Nr. 217; 6.12.1996 – 5 B 74/95, NVwZ-RR 1998, 155; aber auch → Rn. 93 ff.).

132 § 70 Abs. 3 S. 2 NPOG lässt, anders als § 13 Abs. 3 VwVG, die **Androhung mehrerer Zwangsmittel**, insbesondere Zwangsgeld und Ersatzvornahme, zu; die BauAB muss dann aber angeben, in welcher Reihenfolge die Zwangsmittel angewendet werden sollen. **Zwangsgeld** ist nach § 70 Abs. 5 NPOG **in bestimmter Höhe anzudrohen**, die Androhung „bis" zu einer **bestimmten Höhe** ist unzureichend. Zur **Durchsetzung mehrerer trennbarer Anordnungen** in einer Verfügung muss die BauAB jeweils **gesonderte Zwangsgelder** androhen, damit der Betroffene übersehen kann, welche Konsequenzen eine teilweise Nichtbefolgung der Verfügung hat (OVG Lüneburg 21.1.1999 – 1 L 2065/

96, BRS 62 Nr. 114.; BVerwG 26.6.1997 – 1 A 10.95, DVBl 1998, 230). Das gilt für die Androhung der Ersatzvornahme entsprechend, denn bei der Androhung der Ersatzvornahme sollen die voraussichtlichen Kosten angegeben werden (§ 70 Abs. 4 NPOG). Außerdem sollte in der Androhung bestimmt werden, dass der Ordnungspflichtige die Kosten der Ersatzvornahme im Voraus zu zahlen hat.

Umstritten war lange, ob die **Androhung** eines Zwangsmittels **„für jeden Fall der Zuwi-** **133**
derhandlung" zulässig ist (so Rasch DVBl 1980, 1017 (1020)) oder ob es sich dabei um eine unzulässige vorweggenommene Androhung handelt (BVerwG 26.6.1997 – 1 A 10/95, NVwZ 1998, 393 in einem Gerichtsbescheid; Engelhardt/App VwVfG § 13 Anm. 5b). Nach dem NPOG ist die Androhung eines Zwangsgeldes für jeden Fall der Zuwiderhandlung gegen ein Unterlassungsgebot wie eine Stilllegung zulässig (OVG Lüneburg 21.8.2002 – 1 LB 3335/01, NdsVBl. 2003, 190). § 70 Abs. 3 NPOG erlaubt nicht nur mehrere verschiedene Zwangsmittel anzudrohen, sondern auch ein und dasselbe Zwangsmittel, hier das Zwangsgeld, mehrfach, in gestaffelter und sich steigernder Höhe für die Durchsetzung eines Unterlassungsgebotes einzusetzen. Der Adressat kann ausreichend übersehen, womit er bei jeder Zuwiderhandlung zu rechnen hat.

Mit der Androhung des Zwangsmittels beginnt die Vollstreckung, so dass **zum Zeitpunkt** **134**
der Androhung nach der Rechtsprechung des OVG Lüneburg (11.2.1985 – 6 A 95/82, BRS 44 Nr. 208) **grundsätzlich keine Vollstreckungshindernisse vorliegen** dürfen. Da der Ordnungspflichtige unter dem Druck des angedrohten Zwangsmittels der bauaufsichtlichen Anordnung nachkommen soll, müssen Rechte Dritter, die der Erfüllung der Anordnung im Wege stehen, durch eine, ggf. sofort vollziehbare, Duldungsanordnung (dazu → Rn. 91) ausgeschaltet sein (OVG Lüneburg 11.2.1985 – 6 A 95/82, BRS 44 Nr. 208). Allerdings dürfte es ausreichen, wenn die Voraussetzungen der Vollstreckung spätestens zu Beginn der Ausführungsfrist vorliegen (Köhler-Rott in HdBBauOR, Kap. 15, Rn. 76). Wenn die Androhung des Zwangsmittels mit der bauaufsichtlichen Anordnung verbunden wird (§ 70 Abs. 2 NPOG) kann diese noch nicht unanfechtbar sein, was nach § 64 Abs. 1 NPOG alternativ zur sofortigen Vollziehbarkeit Voraussetzung der Vollstreckung ist. Wenn es ausreicht, dass die bauaufsichtliche Anordnung **zu Beginn der Ausführungsfrist** unanfechtbar oder sofort vollziehbar sein muss, genügt es auch, dass Dritte zu diesem Zeitpunkt aufgrund einer unanfechtbaren oder sofort vollziehbaren Duldungsanordnung den Adressaten nicht mehr an der Erfüllung der bauaufsichtlichen Anordnung hindern können (OVG Greifswald 26.10.2004 – 3 M 193/04, NordÖR 2005, 28; VGH München 11.7.2001 – 1 ZB 01.1255, BRS 64 Nr. 202). Da der Ordnungspflichtige unter dem Druck des Zwangsmittels bewogen werden soll, innerhalb der gesetzten Frist der bauaufsicht-lichen Anordnung nachzukommen (so OVG Lüneburg 11.2.1985 – 6 A 95/82, BRS 44 Nr. 208), muss es ausreichen, dass zu Beginn dieser Frist keine Vollstreckungshindernisse vorliegen.

c) Einzelne Zwangsmittel

Das NPOG beschränkt den Einsatz des Zwangsgeldes nicht, wie § 11 Abs. 1 VwVG, auf **135**
die Fälle, in denen die Ersatzvornahme untunlich ist. Der BauAB ist insoweit ein Ermessen eingeräumt. Das **Zwangsgeld** kann zur Durchsetzung sowohl von Geboten als auch von Verboten eingesetzt werden. § 67 Abs. 1 NPOG sieht einen Rahmen von 5–50.000 EUR für das Zwangsgeld vor. Bei der Bemessung des Zwangsgeldes ist auch das wirtschaftliche Interesse des Ordnungspflichtigen an der Nichtbefolgung der bauaufsichtlichen Anordnung zu berücksichtigen (§ 67 Abs. 1 S. 2 NPOG). Für mehrere unterschiedliche Anordnungen darf grundsätzlich kein einheitliches Zwangsgeld angedroht werden (OVG Lüneburg 21.1.1999 – 1 L 2065/96, BRS 62 Nr. 114). Das Zwangsgeld muss in bestimmter Höhe und darf nicht mit der Angabe eines bestimmten Rahmens angedroht werden (OVG Weimar 22.4.2002 – 1 EO 184/02, BRS 65 Nr. 205).

Befolgt der Ordnungspflichtige das Gebot innerhalb der ihm gesetzten Frist nicht oder **136**
verstößt er gegen das Verbot, setzt die BauAB das Zwangsgeld schriftlich fest (§ 67

Abs. 1 NPOG). Auf ein Verschulden des Ordnungspflichtigen kommt es nicht an. Die Festsetzung des Zwangsgeldes ist, ebenso wie die Androhung, ein VA. Mit der Festsetzung ist dem Adressaten eine angemessene Frist zur Zahlung einzuräumen (§ 67 Abs. 2 S. 1 NPOG). Kommt der Ordnungspflichtige nach Fristablauf seiner Verpflichtung nach, darf ein angedrohtes Zwangsgeld nicht mehr festgesetzt werden (OVG Münster 11.5.2000 – 10 B 306/00, BRS 63 Nr. 220). Die BauAB darf auch **mit der Festsetzung des Zwangsgeldes die Androhung eines weiteren (erhöhten) Zwangsgeldes verbinden** (OVG Lüneburg 7.10.1996 – 1 M 5433/96, BeckRS 2005, 20387; VG Lüneburg 21.4.2009 – 2 B 37/09, BeckRS 2009, 34545). Das NPOG enthält keine § 13 Abs. 6 VwVG entsprechende Bestimmung, wonach eine neue Androhung erst dann zulässig ist, wenn das zunächst angedrohte Zwangsmittel erfolglos ist. § 13 Abs. 6 VwVG stellt auch keinen allgemeinen Grundsatz des Verwaltungsvollstreckungsrechts dar (VGH Mannheim 16.6.1995 – 3 S 1200/95, NVwZ-RR 1996, 541; OVG Schleswig 6.12.1999 – 2 M 52/99, NVwZ 2000, 821). Allerdings sind Androhungen „auf Vorrat" nur angemessen, wenn die Zwangsgelder auch zügig beigetrieben werden (weitergehend OVG Bremen 31.8.1987 – 1 B 66/87, BRS 47 Nr. 206). Zahlt der Ordnungspflichtige das Zwangsgeld nicht freiwillig, wird es nach dem NVwVG beigetrieben.

137 Führt der Pflichtige die gebotene Handlung aus oder gestattet er die zu duldende Maßnahme, darf nach § 67 Abs. 2 S. 2 NPOG auch ein festgesetztes Zwangsgeld nicht mehr beigetrieben werden, weil dies mit dem Beugecharakter des Zwangsgeldes nicht vereinbar wäre (OVG Lüneburg 30.8.1989 – 1 O 25/89, nv). Es stellt sich die Frage, ob dies auch für Verbote wie die Baustilllegung gilt. Entfällt die Befugnis zur Beitreibung festgesetzter Zwangsgelder, wenn weitere Verstöße gegen das Verbot ausgeschlossen sind, würde das als Anreiz für den Betroffenen wirken, die Baumaßnahme möglichst schnell fertig zu stellen und so das Zwangsgeld zu vereiteln. § 67 Abs. 2 S. 2 NPOG nimmt allerdings im Anschluss an § 55 Abs. 4 Pr.PVG die Durchsetzung von Verboten von der Regelung aus, dass eine **Beitreibung** unterbleibt, „**wenn die gebotene Handlung ausgeführt** oder die zu duldende Maßnahme gestattet wird". Insofern unterscheidet sich § 67 Abs. 2 S. 2 NPOG von Regelungen wie § 15 Abs. 3 VwVG, wonach der Vollzug einzustellen ist, sobald sein Zweck erreicht ist, oder weitere Verstöße nicht zu erwarten sind. Daher liegt der Gegenschluss nahe, dass die Beitreibung zulässig ist, wenn der Anordnung zuwider gehandelt worden ist (vgl. Art. 37 Abs. 4 S. 2 BayVwZVG). Unabhängig von dieser Überlegung, die an den Wortlaut des § 67 Abs. 2 S. 2 NPOG anknüpft, geht die hM (OVG Saarlouis 27.11.2001 – 2 R 9/00, BRS 64 Nr. 203; OVG Magdeburg 13.5.1996 – 2 L 60/95, BRS 58 Nr. 221; Götz/Geis § 13 Rn. 36; aA OVG Lüneburg 23.4.2009 – 11 ME 478/08, Nds. VBl. 2009, 345) davon aus, dass die Funktion des Zwangsgeldes als Beugemittel die Festsetzung und Beitreibung eines Zwangsgeldes wegen eines zwangsgeldbewehrten Verbotes auch in den Fällen rechtfertigt, in denen nach Verstößen des Pflichtigen weitere Verstöße nicht mehr möglich sind. Weil nur Androhung, Festsetzung und Beitreibung des Zwangsgeldes in ihrer Gesamtheit den Willen des Pflichtigen beugen können, verliert das Argument an Gewicht, nach der Fertigstellung des Bauwerks gebe es nichts mehr zu beugen, die Beitreibung des Zwangsgeldes stelle eine unzulässige strafähnliche Sanktion vergangener Rechtsverstöße dar (Dünchheim NVwZ 1996, 117). Der BauAB ist gleichwohl zu empfehlen, die Anordnung nach § 79 auch mit einer Bußgeldandrohung zu verbinden, die eine Ahndung als Ordnungswidrigkeit nach § 80 Abs. 2 erlaubt.

138 Nach § 66 Abs. 1 NPOG kann die BauAB die Ausführung einer vertretbaren Handlung auf Kosten des Ordnungspflichtigen selbst ausführen oder ausführen lassen, wenn der Ordnungspflichtige die entsprechende Anordnung nicht erfüllt (**Ersatzvornahme**). Auch wenn das NPOG, anders als § 14 VwVG, eine Festsetzung nicht wie beim Zwangsgeld ausdrücklich vorschreibt, empfiehlt sich vor der Anwendung der Ersatzvornahme ihre Festsetzung, die mit dem Auftrag an den Unternehmer verbunden werden kann. Die BauAB sollte dem Betroffenen den Termin der Ersatzvornahme einige Tage vorher mitteilen. Diese Mitteilung hat keinen selbständigen Regelungsgehalt und kann nicht selbständig angefochten werden. Nach § 70 Abs. 4 NPOG sollen in der Androhung der Ersatzvornahme die voraussichtlichen Kosten angegeben werden. Überschreiten die tatsächlich aufgewandten Kosten den Kostenvoranschlag, stellt dies weder die Rechtmäßigkeit der Ersatzvornahmen in Frage, noch begrenzt es das Nachforderungsrecht der BauAB (BVerwG 13.4.1984 – 4 C 31.81, DVBl 1984, 1172). Allerdings ergibt sich aus dem Vollstreckungsrechtsverhältnis die Pflicht der BauAB, eine voraussehbare Kostenüberschreitung dem Pflichtigen vor Durchführung der Ersatzvornahme mitzuteilen (BVerwG13.4.1984 – 4 C 31.81, DVBl 1984, 1172). Die BauAB wird die zur Ersatzvornahme erforderlichen Arbeiten idR ausschreiben müssen und die kostengünstigste Firma beauftragen, um die Ersatzvornahme sachgemäß und wirtschaftlich auszuführen. Die Ausschreibung kann aber unterbleiben, wenn der BauAB aus anderen Ausschreibungsverfahren eine Firma als kostengünstig bekannt ist (OVG Lüneburg 25.4.2002 – 1 LA 3737/01, nv). Kostenerstattungsansprüche für durchgeführte Ersatzvornahmen können durch Leistungsbescheide geltend gemacht werden (OVG Lüneburg 14.11.1997 – 6 L 6340/95, NdsVBl. 1998, 141). Die Anforderung der Kosten der Ersatzvornahme ist als Maßnahme der Vollstreckung kraft Gesetzes vollziehbar (§ 64 Abs. 4 NPOG; OVG Berlin 3.3.1997 – 2 S 24.96, BRS 59 Nr. 226; aA OVG Koblenz 28.7.1998 – 1 B 11553/98, BRS 60 Nr. 172).

Die in § 79 Abs. 2 besonders erwähnte **Versiegelung** dient der **Durchsetzung von Baustilllegung und Nutzungsverbot** (vgl. Rasch BauR 89, 1). Sie ist der amtliche Verschluss von Sachen durch Anlegung eines Siegels. Nach § 136 Abs. 2 StGB macht sich strafbar, wer ein solches dienstliches Siegel beschädigt, ablöst oder unkenntlich macht oder wer den durch ein solches Siegel bewirkten Verschluss ganz oder zum Teil unwirksam macht. Bei der Versiegelung von Räumen sollten die Siegel so angebracht werden, dass man die Räume ohne Verletzung der Siegel nicht betreten kann. Bei der „Versiegelung" einer Baugrube oder Baustelle können Siegel nicht immer so angelegt werden, dass ein Weiterbauen ohne Verletzung der Siegel ausgeschlossen wird. Das ist aber auch nicht unbedingt notwendig, es muss nur die durch die Versiegelung bewirkte Durchsetzung der Sperre erkennbar zum Ausdruck kommen. Dazu genügt der – wetterfeste – Anschlag der Verfügung und die Anlegung eines Siegels an der Baubude (s. König Bauverwaltung 72, 487). Bei der Versiegelung von Baustellen kann sich die Anfertigung von Fotos (mit erkennbarem Siegel) über den Stand der Baumaßnahmen aus Beweisgründen empfehlen. **139**

Vor Inkrafttreten der NBauO 1973 ist die Versiegelung nicht einheitlich charakterisiert **140** worden: Als Anwendung unmittelbaren Zwangs nach § 35 ff. SOG aF (so OVG Lüneburg 28.3.1966 – I A 198 – 200, 209/63, nv) hing ihre Anwendung von anderen Voraussetzungen ab als die unmittelbare Ausführung nach § 34 SOG aF (so aber OVG Lüneburg 20.2.1970 – VI A 99/68, nv) oder als „Form der sofortigen Vollziehung einer Nutzungsuntersagung" (so OVG Lüneburg 13.8.1970 – I B 73/70, nv).

Mittlerweile hat das OVG Lüneburg die **Versiegelung** nach § 79 Abs. 2 als **selbständiges** **141** **Zwangsmittel** neben den Zwangsmitteln des allgemeinen Polizei- und Ordnungsrechts verstanden (20.5.1977 – I B 110, 134/76, nv) und an dieser Auffassung auch festgehalten (27.9.1983 – 6 B 87/83, OVGE 37, 444). Zwar hat die NBauO 2012 den ursprünglichen in § 89 Abs. 4 S. 1 aF enthaltenen Verweis auf die Zwangsmittel des NPOG entfallen lassen, doch an der Geltung des allgemeinen Gefahrenabwehrrechts und damit auch der Zwangsmittel des NPOG ändert dies nichts (→ Rn. 126). Folglich ist die Versiegelung auch weiterhin als Sonderfall des unmittelbaren Zwanges, der keiner Androhung bedarf und nicht an einen wiederholten Verstoß gebunden ist, zu charakterisieren. Sie kann also, soweit sie erforderlich ist, aufgrund einer unanfechtbaren oder sofort vollziehbaren bauaufsichtlichen Anordnung unverzüglich durchgeführt werden. Ohne vorausgehende Anordnung kann nach § 64 Abs. 2 NPOG versiegelt werden, wenn dies zur Abwehr einer gegenwärtigen Gefahr erforderlich ist, insbesondere weil Verantwortliche nicht erreichbar sind. Der Anordnung der sofortigen Vollziehung der Versiegelung bedarf es nach § 64 Abs. 4 NPOG nicht (OVG Lüneburg 27.9.1983 – 6 B 87/83, OVGE 37, 444).

d) Anfechtung von Zwangsmitteln

142 **Rechtsbehelfe gegen Zwangsmittel** haben nach § 64 Abs. 4 NPOG keine aufschiebende Wirkung (vgl. § 80 Abs. 2 S. 1 Nr. 3 VwGO). Das gilt auch für Rechtsbehelfe gegen die Androhung von Zwangsmitteln (OVG Lüneburg 7.1.1985 – 6 B 189/84, Nds.Rpfl. 1985, 264), denn auch die Androhung des Zwangsmittels ist Bestandteil des Vollstreckungsverfahrens. Gegen die Anwendung der Ersatzvornahme und die Versiegelung kann sich der Betroffene nur durch eine vorbeugende Unterlassungsklage bzw. einstweilige Anordnung zur Wehr setzen (aA Rasch DVBl 1980, 1017 (1022)). Ist die **zugrunde liegende Anordnung unanfechtbar** geworden, sind **Einwendungen** gegen ihre Rechtmäßigkeit **im Vollstreckungsverfahren grundsätzlich ausgeschlossen** (OVG Lüneburg 28.10.1971 – I A 98/70, OVGE 27, 509; BVerwG 26.9.1977 – IV B 44.77, BRS 32 Nr. 195; 15.2.1990 – 4 C 45.87, BRS 50 Nr. 205 unter 2a). Ob dies auch in den Fällen gilt, in denen die BauAB die Grundverfügung für sofort vollziehbar erklärt hat, ist umstritten (→ Rn. 126). Einwendungen gegen die Erfüllbarkeit der Anordnung sollen allerdings auch im Vollstreckungsverfahren zulässig sein, weil sonst die Beugefunktion der Zwangsmittel leer läuft. Das OVG Lüneburg (28.3.1994 – 6 L 4248/92, nv) hat aus diesem Grund eine Zwangsgeldfestsetzung aufgehoben, die der Durchsetzung einer Auflage diente, Stellplätze nachzuweisen, die aus Gründen des Planungsrechts nicht hergestellt werden durften. Auch den Mangel inhaltlicher Bestimmtheit der Grundverfügung kann der Betroffene trotz ihrer Unanfechtbarkeit noch im Vollstreckungsverfahren geltend machen, weil eine nicht hinreichend bestimmte Anordnung nicht zwangsweise durchgesetzt werden kann (OVG Münster 16.1.1998 – 10 B 3029/97, BRS 60 Nr. 171). Einwendungen sind auch dann nicht ausgeschlossen, wenn sich die maßgebliche Sach- und Rechtslage inzwischen geändert hat (OVG Lüneburg 28.10.1971 – I A 98/70, OVGE 27, 509; BVerwG 19.1.1977 – IV C 31.75, BRS 32 Nr. 193). Ergibt die Prüfung eines gleichzeitig gestellten Bauantrags die Genehmigungsfähigkeit des Bauwerks, kann der Betroffene den Anspruch auf Rücknahme der unanfechtbaren Beseitigungsverfügung ggf. im Wege der Verpflichtungsklage auch gegen einen Vollstreckungsakt geltend machen (BVerwG 26.5.1967 – VII C 69.65, NJW 1967, 1977).

143 Entsprechend der Mehrstufigkeit des Vollstreckungsverfahrens müssen Einwendungen bereits gegen die Androhung eines Zwangsmittels geltend gemacht werden und können nicht mehr mit Erfolg gegen die Festsetzung erhoben werden (Kopp/Schenke VwGO § 167 Rn. 19 aE). Den Einwand, die **fehlende Zustimmung des Miteigentümers** oder **Nebenberechtigten** verbiete ihm die Ausführung der Anordnung (vgl. → Rn. 88), kann der Betroffene sowohl gegen die Androhung als auch gegen die Festsetzung geltend machen, weil es sich dabei um ein Vollstreckungshindernis handelt, das während der gesamten Vollstreckung zu beachten ist (OVG Greifswald 26.10.2004 – 3 M 193/04, NordÖR 2005, 28). Miteigentümer und sonstige Nebenberechtigte einer baulichen Anlage, die die BauAB auch nicht im Wege der (unanfechtbaren bzw. sofort vollziehbaren) Duldungsverfügung zur Herstellung rechtmäßiger Zustände in Anspruch genommen hat, können sich gegen Ersatzvornahme und Versiegelung zur Wehr setzen, weil erst ein VA ihnen gegenüber das zivilrechtlich erforderliche Einverständnis ersetzt (VGH Kassel 14.3.1983 – III TH 58/82, NJW 1983, 2282). Der Adressat der Anordnung kann die Ersatzvornahme oder Versiegelung aber mit dem Hinweis auf das fehlende Einverständnis Dritter abwehren, weil er der Anordnung nicht nachkommen kann, ohne in die Rechte Dritter einzugreifen.

§80 Ordnungswidrigkeiten

(1) Ordnungswidrig handelt, wer vorsätzlich oder fahrlässig

1. Bauarbeiten ohne Abgrenzungen, Warnzeichen, Schutzvorrichtungen oder Schutzmaßnahmen durchführt oder durchführen lässt, die nach §11 Abs. 1 oder 2 erforderlich sind,
2. entgegen §11 Abs. 3 ein Bauschild nicht anbringt,
3. ein Bauprodukt entgegen §21 Abs. 3 ohne Ü-Zeichen verwendet,
4. eine Bauart ohne eine nach §16a Abs. 2 erforderliche Bauartgenehmigung oder ein nach §16a Abs. 3 erforderliches allgemeines bauaufsichtliches Prüfzeugnis für Bauarten anwendet,
5. ein Bauprodukt mit einem Ü-Zeichen kennzeichnet, ohne dass dafür die Voraussetzungen des §21 Abs. 1 vorliegen,
6. eine verantwortliche Person entgegen §52 Abs. 2 Satz 1 nicht bestellt oder gegenüber der Bauaufsichtsbehörde unrichtige Angaben darüber macht, wer als verantwortliche Person bestellt ist,
7. als Bauherrin oder Bauherr §52 Abs. 2 Satz 3 zuwiderhandelt,
8. entgegen §52 Abs. 2 Satz 5 oder 6 eine vorgeschriebene Mitteilung an die Bauaufsichtsbehörde nicht macht,
9. in einem Fall des §62 oder, soweit die Bauaufsichtsbehörde die Baumaßnahme nicht prüft, in einem Fall des §63 oder 64 als Entwurfsverfasserin, Entwurfsverfasser, Sachverständige oder Sachverständiger nicht dafür sorgt, dass der Entwurf dem öffentlichen Baurecht entspricht (§53 Abs. 1 und 2),
10. entgegen §54 Abs. 1 Satz 2 einen vorgeschriebenen Nachweis nicht erbringt oder nicht auf der Baustelle bereithält,
11. entgegen §55 Abs. 1 Satz 1 eine Baumaßnahme nicht überwacht,
12. eine Baumaßnahme ohne die erforderliche Baugenehmigung (§59 Abs. 1) oder abweichend von der Baugenehmigung durchführt oder durchführen lässt,
13. ein Hochhaus oder einen nicht im Anhang genannten Teil einer baulichen Anlage ohne die nach §60 Abs. 3 erforderliche Anzeige abbricht oder beseitigt oder mit dem Abbruch oder der Beseitigung eines Hochhauses oder eines nicht im Anhang genannten Teils einer baulichen Anlage vor Ablauf der Frist nach §60 Abs. 3 Satz 5 beginnt,
14. eine Baumaßnahme nach §62 ohne die Bestätigung nach §62 Abs. 2 Nr. 3 oder 4 oder entgegen §62 Abs. 8 Satz 3 durchführt oder durchführen lässt,
15. eine Baumaßnahme entgegen §62 Abs. 9 Satz 1 abweichend von den Bauvorlagen durchführt oder durchführen lässt,
16. eine Baumaßnahme ohne die notwendige Zulassung einer Abweichung oder ohne die notwendige Erteilung einer Ausnahme oder Befreiung (§66) oder abweichend von einer zugelassenen Abweichung oder einer erteilten Ausnahme oder Befreiung durchführt oder durchführen lässt,
17. einen fliegenden Bau
    a) ohne die nach §75 Abs. 2 erforderliche Ausführungsgenehmigung aufstellt,
    b) ohne die nach §75 Abs. 5 Satz 1 erforderliche Anzeige aufstellt oder
    c) ohne die nach §75 Abs. 5 Satz 2 erforderliche Gebrauchsabnahme in Gebrauch nimmt,
18. eine bauliche Anlage entgegen einer vollziehbaren Anordnung nach §77 Abs. 6 Satz 2 vor einer Schlussabnahme in Gebrauch nimmt.

(2) Ordnungswidrig handelt, wer einer vollziehbaren schriftlichen Anordnung der Bauaufsichtsbehörde zuwiderhandelt, die nach diesem Gesetz oder nach Vor-

schriften aufgrund dieses Gesetzes erlassen worden ist und auf diese Bußgeldvorschrift verweist.

(3) Ordnungswidrig handelt, wer einer aufgrund dieses Gesetzes ergangenen Verordnung oder örtlichen Bauvorschrift zuwiderhandelt, wenn die Verordnung oder die örtliche Bauvorschrift für einen bestimmten Tatbestand auf diese Bußgeldvorschrift verweist.

(4) Ordnungswidrig handelt, wer wider besseres Wissen unrichtige Angaben macht oder unrichtige Pläne oder Unterlagen vorlegt, um einen Verwaltungsakt nach diesem Gesetz oder nach Vorschriften aufgrund dieses Gesetzes zu erwirken oder zu verhindern.

(5) Die Ordnungswidrigkeiten nach Absatz 1 Nrn. 3 bis 6, 9 und 12 bis 17 sowie nach Absatz 3 können mit einer Geldbuße bis zu 500 000 Euro, die übrigen Ordnungswidrigkeiten mit einer Geldbuße bis zu 50 000 Euro geahndet werden.

(6) [1]Bei Ordnungswidrigkeiten nach Absatz 1 Nrn. 3 und 5 können die dort bezeichneten Bauprodukte eingezogen werden. [2]§ 23 des Gesetzes über Ordnungswidrigkeiten ist anzuwenden.

Übersicht

A. Allgemeines

1 § 80 bezweckt den Schutz der Allgemeinheit, insbesondere aber auch den Schutz der auf der Baustelle tätigen oder sonst anwesenden Personen (Meyer in BeckOK-BauordnungsR Nds, NBauO § 80 Rn. 7). Denn die BauAB ist nicht allein auf eine Durchsetzung der Ge- und Verbote der NBauO im Wege des Verwaltungszwangs angewiesen, sie kann Verstöße gegen eine Reihe wesentlicher Vorschriften und gegen vollziehbare schriftliche Anordnungen, in denen auf die Bußgeldvorschrift des § 80 hingewiesen worden ist, auch als Ordnungswidrigkeiten mit Geldbußen ahnden. Während das Zwangsgeld ein Beugemittel ist, das eingesetzt wird, um den Adressaten zu einem bestimmten zukünftigen Verhalten zu veranlassen, knüpft die **Geldbuße als strafähnliche Unrechtsfolge** an den in der Vergangenheit begangenen Verstoß gegen eine Rechtsvorschrift oder vollziehbare Anordnung an. Zwangsgeld und Geldbuße dienen also unterschiedlichen Zielen und können daher unabhängig voneinander sogar kumulativ eingesetzt werden (§ 65 Abs. 3 NPOG). Das gilt auch für Geldbußen wegen Zuwiderhandlungen gegen eine vollziehbare schriftliche Anordnung der BauAB gem. Abs. 2: auch eine derartige Geldbuße hat – jedenfalls nach ihrer juristischen Bewertung – nicht die Funktion eines Zwangsmittels (Göhler, OWiG, 17. Aufl. 2017, vor § 1 Rn. 41). Von der Straftat unterscheidet sich die Ordnungswidrigkeit durch die rechtspolitisch andere Wertung des Unrechtsgehalts der Tat. Auch wenn sich das Ordnungswidrigkeitenrecht nicht auf die Fälle bloßen Ungehorsams gegenüber der Verwaltung beschränkt, erfasst es doch nur Gesetzesverletzungen, die nach allgemeiner Auffassung nicht strafwürdig erscheinen (vgl. Göhler, OWiG, 17. Aufl. 2017, vor § 1 Rn. 2 ff.).

2 Durch die **NBauO 1986** war § 91 Abs. 1 Nr. 1 aF neu gefasst worden, um auch die Durchführung einer Baumaßnahme ohne Baugenehmigung durch einen Architekten als Ordnungswidrigkeit zu erfassen, dem zivilrechtlich die Bauüberwachung obliegt. Bis dahin konnte der Architekt nur als Beteiligter an einer Ordnungswidrigkeit mit einer Geldbuße belegt werden, obwohl sein Verhalten schwerer wiegt als das des Bauherrn, der

idR das öffentliche Baurecht nicht im Einzelnen kennt. Abs. 7 aF ist durch das Nds. RechtsvereinfachungsG vom 22.3.1990 (Nds. GVBl. S. 101) gestrichen worden; die Zuständigkeit zur Verfolgung und Ahndung von Ordnungswidrigkeiten § 1 ZustVO-OWi (→ Rn. 35). Die **NBauO 1995** hat mit der Einfügung der Ordnungswidrigkeitentatbestände in Abs. 1 Nr. 8–11 aF wichtige Schritte des einzuhaltenden Verfahrens bei genehmigungsfreien Wohngebäuden nach § 69a aF mit Bußgeld bewehrt. Die Tatbestände des Abs. 1 Nr. 2–14 aF trugen den geänderten Kontrollvorschriften über Bauprodukte Rechnung. Außerdem wurde der Rahmen der Geldbuße nach Abs. 5 kräftig erhöht. Abs. 1 Nr. 14 aF ist durch das G v. 28.5.1996 (Nds. GVBl. S. 252) neu gefasst worden. Das **Nds. Euro-AnpassungsG** vom 20.11.2001 (NdsVBl. S. 701) hat die Geldbußen in Euro ausgewiesen. Das **ÄndG 2002** hat die Tatbestände des Abs. 1 Nr. 8 und 9 aF neu gefasst, Nr. 11 aF gestrichen und den Bußgeldrahmen des Abs. 5 kräftig angehoben. Die **NBauO 2012** hat die Vorschriften über die Ordnungswidrigkeiten an das neu gestaltete Verfahrensrecht (vgl. §§ 59 ff.) angepasst. So musste etwa durch das Entfallen der Erklärungen des Entwurfsverfassers und des Sachverständigen in § 62 Abs. 3 die seinerzeitige Nr. 7 gegenüber § 91 Abs. 1 Nr. 8 aF geändert werden. Außerdem ist zur Verbesserung der Übersichtlichkeit und Erleichterung der Orientierung an die Reihenfolge der in Bezug genommenen Paragraphen orientiert worden (BegrRegE, LT-Drs. 16/3195, 107) und es sind drei neue Ordnungswidrigkeitentatbestände geschaffen worden. Die **NBauO 2018** hat mit den Nrn. 6 und 7 zwei neue Tatbestände in den Katalog des § 80 Abs. 1 eingefügt, was zu einer Umnummerierung der Ordnungswidrigkeitentatbstände innerhalb des Abs. 1 geführt hat, und weitere gerinfügige Änderungen vorgenommen.

B. Allgemeine Voraussetzungen einer Ordnungswidrigkeit

Die NBauO enthält nur die Tatbestände der einzelnen Ordnungswidrigkeiten. Dadurch, 3
dass hinsichtlich der konkreten Ausgestaltung des Bußgeldverfahrens spezielle Regelungen in der NBauO fehlen, gelten insoweit die allgemeinen Vorschriften der **§§ 35 ff. OWiG**. Wie bei anderen Ordnungswidrigkeiten gilt auch bei solchen nach § 80 das Opportunitätsprinzip. Danach liegt die Verfolgung sowie die Ahndung von Ordnungswidrigkeiten im pflichtgemäßen Ermessen der zuständigen Behörde. Bei der Ausübung des Ermessens sind der Zweck der Ermächtigung und die gesetzlichen Grenzen des Ermessens zu beachten (vgl. §§ 40 VwVfG, 114 S. 1 VwGO). Zu letzteren gehört auch der Grundsatz der Verhältnismäßigkeit.

Nach § 1 Abs. 1 OWiG ist eine Ordnungswidrigkeit eine rechtswidrige und vorwerfbare 4
Handlung, die den Tatbestand eines Gesetzes verwirklicht, das die Ahndung mit einer Geldbuße zulässt. Eine Handlung iSd Ordnungswidrigkeitenrechts kann in einem aktiven Tun oder – soweit die Rechtsordnung zu einem bestimmten Tun verpflichtet – einem Unterlassen bestehen: so setzt der Tatbestand des Abs. 1 Nr. 12 (Bauen ohne Baugenehmigung) ein aktives Tun voraus, im Fall des Abs. 1 Nr. 8 (Unterlassen einer vorgeschriebenen Mitteilung) wird hingegen das Unterlassen einer Handlung mit Geldbuße bedroht. Die Ahndung einer Handlung als Ordnungswidrigkeit setzt weiter voraus, dass sie alle Merkmale eines der in § 80 aufgelisteten Tatbestände erfüllt (zu dem Blankett in § 80 Abs. 2 vgl. → Rn. 28). Die Tatbestandsmäßigkeit indiziert die Rechtswidrigkeit, soweit nicht Rechtfertigungsgründe (§§ 15 f. OWiG, §§ 228, 229, 904 BGB) vorliegen.

Die Handlung muss **vorwerfbar** sein, wozu regelmäßig ihre vorsätzliche oder fahrlässige 5
Begehung genügt. Fahrlässiges Handeln kann aber nach § 10 OWiG nur geahndet werden, wenn es – wie in Abs. 1 – ausdrücklich mit Geldbuße bedroht ist. Vorsätzliches Handeln setzt voraus, dass der Täter die Tatbestandsmerkmale kennt und deren Verwirklichung mindestens billigend in Kauf nimmt. Fahrlässig handelt, wer die nach den Umständen erforderliche und seinen persönlichen Fähigkeiten entsprechende Sorgfalt außer Acht lässt und den Erfolg – bei Anwendung der erforderlichen Sorgfalt – hätte vorhersehen können. Wer einen Umstand nicht kennt, der zum gesetzlichen Tatbestand gehört,

unterliegt einem **Tatbestandsirrtum**, der eine Ahndung wegen vorsätzlichen Handelns ausschließt (§ 11 Abs. 1 OWiG). Die Kenntnis, dass eine Baugenehmigung für eine Baumaßnahme erforderlich ist, gehört zum Tatbestand des Abs. 1 Nr. 12. Möglich bleibt die Ahndung wegen fahrlässigen Handelns, sofern ein Fahrlässigkeitsvorwurf erhoben werden kann (§ 11 Abs. 1 S. 2 OWiG). Fehlt dem Täter dagegen die Einsicht in das Verbotene seines Tun, liegt ein **Verbotsirrtum** vor, der bei Unvermeidbarkeit die Vorwerfbarkeit entfallen lässt (§ 11 Abs. 2 OWiG). Dem Tatbestands- und Verbotsirrtum kann durch behördliche Aufklärung vorgebeugt werden. Die Unterscheidung von Tatbestands- und Verbotsirrtum bereitet in der Praxis mitunter erhebliche Schwierigkeiten, weil zu den Tatbestandsmerkmalen auch sog normative, also „rechtliche Merkmale" (zB „ohne Genehmigung") gehören können (Rathjen ZfBR 2000, 389 (390); vgl. → Rn. 21). Hier muss für juristisch Unkundige auf eine Parallelwertung in der Laiensphäre abgestellt wirden.

6 Betroffener im Rahmen eines Ordnungsverfahrens kann jeder sein, der einen kausalen Tatbeitrag leistet. Es gilt der sogenannte **Einheitstäterprinzip**, denn das Ordnungswidrigkeitsrecht differenziert im Gegensatz zum Strafrecht nicht nach der jeweiligen Form der Tatbeteiligung (vgl. § 14 Abs. 1 S. 1 OWiG). Jeder, der bei der Tatbestandsverwirklichung mitwirkt, sei er nun funktional Anstifter, Täter oder Gehilfe, wird vom Ordnungswidrigkeitenrecht als Täter behandelt. Zudem ist es nicht erforderlich, dass besondere täterbezogene Merkmale bei sämtlichen Betroffenen vorliegen; nach § 14 Abs. 1 S. 2 OWiG genügt es, wenn diese Merkmale nur bei einem Tatbeteiligten vorliegen. Nach näherer Maßgabe des § 9 OWiG ist dies insbesondere in Fällen, in denen ein gesetzlicher oder ein gewillkürter Vertreter für eine juristische Person handelt, von gesteigerter Bedeutung. Zur Geldbuße gegen juristische Personen vgl. § 30 OWiG.

7 **Verletzt dieselbe Handlung mehrere Gesetze**, nach denen sie als Ordnungswidrigkeit geahndet werden kann, oder ein solches Gesetz mehrmals, so wird nur eine einzige Geldbuße festgesetzt (§ 19 Abs. 1 OWiG). Das ist etwa der Fall, wenn ohne Genehmigung der BauAB bzw. Denkmalschutzbehörde in unmittelbarer Nachbarschaft eines Baudenkmals eine bauliche Anlage errichtet wird, die das Erscheinungsbild des Denkmals beeinträchtigt (OWiG nach Abs. 1 Nr. 12 und § 35 Abs. 1 Nr. 2 NDSchG). Weil die Bußgeldandrohung in Abs. 5 höher als diejenige des § 35 Abs. 3 NDSchG ist, bildet sie nach § 19 Abs. 2 S. 1 OWiG folglich den Rahmen für die Bemessung der Geldbuße.

8 Infolge der aus § 21 Abs. 1 OWiG folgenden **Subsidiarität von Ordnungswidrigkeiten gegenüber Straftaten** wird eine Ordnungswidrigkeit nach § 80 nur verfolgt und geahndet, wenn die Handlung, welche der Ordnungswidrigkeit zugrunde liegt, nicht auch als Straftat verfolgt werden kann. Strafbare Handlungen, die im Baurecht häufig eine Rolle spielen, sind die Baugefährdung (§ 319 StGB) und der Siegelbruch (§ 136 StGB) sowie fahrlässige Körperverletzung (§ 229 StGB), fahrlässige Tötung (§ 222 StGB) und die Zerstörung eines Kulturdenkmals (§ 34 NDSchG). Erfüllt eine Handlung also einen dieser Straftatbestände und gleichzeitig einen Ordnungswidrigkeitentatbestand nach § 80, so kommt nur die Strafnorm zur Anwendung. Wenn aber eine Strafe letztlich nicht verhängt wird, kann die Handlung noch als Ordnungswidrigkeit geahndet werden (§ 21 Abs. 2 OWiG).

C. Einzelne Tatbestände

9 In Absatz 1 sind **enumerativ** einzelne Tatbestände aufgeführt, nach denen jemand, der diese Tatbestände vorsätzlich oder zumindest fahrlässig verwirklicht, eine Ordnungswidrigkeit begeht, die mit einer Geldbuße in unterschiedlicher Höhe (→ Rn. 34) geahndet werden kann. Dadurch, dass in § 80 eine ausdrückliche gesetzliche Bestimmung hinsichtlich des **Versuchs** einer Ordnungswidrigkeit fehlt, ist der Versuch nicht bußgeldbewehrt, vgl. § 13 Abs. 2 OWiG.

10 Die in Abs. 1 aufgeführten Ordnungswidrigkeiten nehmen ausdrücklich auf einzelne Vorschriften des Gesetzes Bezug. Insoweit kann daher in der Sache auf die Erläuterung der

einzelnen Vorschriften verwiesen werden. Mit Blick auf **Abs. 1 Nr. 1 und 2** relevant sind etwa die umfänglichen Anforderungen an die Baustelleneinrichtung (→ § 11 Rn. 5 ff.) oder zum Bauschild (→ § 11 Rn. 27 ff.).

Abs. 1 Nr. 3–5: Die unberechtigte Kennzeichnung (Nr. 5) oder Verwendung (Nr. 3) von Bauprodukten ohne Ü-Zeichen können mit Geldbuße geahndet werden. Die Nr. 4 betrifft die Anwendung nicht geregelter Bauarten nach § 16a ohne allgemeine bauaufsichtliche Zulassung, allgemeines bauaufsichtliches Prüfzeugnis oder Zustimmung im Einzelfall (→ § 16a Rn. 10 ff.) Weitere Ordnungswidrigkeiten im Zusammenhang mit Bauprodukten erfasst die Bußgeldvorschrift des § 8 BauPG. Verantwortliche Person ist das herstellende Unternehmen, welches nach § 54 Abs. 1 S. 2 die vorgeschriebenen Nachweise über die Verwendbarkeit der Bauprodukte zu erbringen hat (vgl. insoweit auch Abs. 1 Nr. 10). Zur Übereinstimmungserklärung des Herstellers s. § 22 Abs. 1 und zum Übereinstimmungszertifikat § 21. 11

Abs. 1 Nr. 6: Die durch die **NBauO 2018** neu eingefügte Nr. 6 stellt die Verantwortung der Bauherrin oder des Bauherrn klar und bestimmt, dass die **Nichtbestellung einer verantwortlichen Person** entgegen § 52 Abs. 2 Satz 1 und unrichtige Angaben zu einer verantwortlichen Person gegenüber der Bauaufsichtsbehörde bußgeldbewehrte Ordnungswidrigkeiten darstellen (BegrRegE NBauO 2018, LT-Drs. 18/1136, 45). 12

Abs. 1 Nr. 7: Der ebenfalls durch die **BauO 2018** neu geschaffene Ordnugnswidrigkeitentatbestand in Nr. 7 stellt auf die Verantwortung der Bauherrin oder des Bauherrn ab, die zur Erfüllung der Anforderungen dieses Gesetzes oder aufgrund dieses Gesetzes erforderlichen **Nachweise und Unterlagen zu den verwendeten Bauprodukten** und den angewandten Bauarten bereitzuhalten. Hierunter fällt jedoch nicht die Pflicht, bei Bauprodukten, die die CE-Kennzeichnung tragen, die Leistungserklärung (§ 54 Abs. 1 S. 3) bereitzuhalten (BegrRegE NBauO 2018, LT-Drs. 18/1136, 45). 13

Bei **Abs. 1 Nr. 8** handelt es sich um die Ordnungswidrigkeit, die bis Januar 2019 unter Nr. 6 normiert gewesen ist. Dieser bedroht die Bauherrin oder den Bauherrn genehmigungspflichtiger Baumaßnahmen mit einer Geldbuße, wenn er den **Wechsel des Bauleiters** der BauAB nicht mitteilt (→ § 52 Rn. 32 f.). Ebenso kann mit einer Geldbuße geahndet werden, wenn die neue Bauherrin oder der neue Bauherr einen Bauherrenwechsel nicht mitteilt (→ § 52 Rn. 35). 14

Abs. 1 Nr. 9 betrifft die **genehmigungsfreien Baumaßnahmen nach § 62**. Die Entwurfsverfasserin oder der Entwurfsverfasser sind dafür verantwortlich, dass der Entwurf für die Baumaßnahme dem öffentlichen Baurecht entspricht (vgl. § 53 Abs. 1). Für eine Zuwiderhandlung haben sie einzustehen, weil es nicht Aufgabe der BauAB im Freistellungsverfahren ist, den Entwurf auf seine Vereinbarkeit mit dem öffentlichen Baurecht zu überprüfen. So verstößt der Entwurfsverfasser gegen diese Verpflichtung, wenn er für das Bauvorhaben eine Befreiung beantragt hat und diese noch nicht erteilt worden ist (aA OLG Celle 24.9.1997 – 22 Ss 204/97 (OWi), BRS 60 Nr. 160 zu § 69a aF). Der Entwurf entspricht erst dann dem öffentlichen Baurecht, wenn die Befreiung erteilt worden ist. Auch gegen Sachverständige kann ein Bußgeld verhängt werden, wenn sie ihrer Verpflichtung aus § 53 Abs. 2 S. 3 nicht nachkommen. Die Vorschrift des Abs. 1 Nr. 9 war maßgeblich **durch die NBauO von 2012 verändert** worden. Zuvor hatten Entwurfsverfasser und Sachverständige Erklärungen abzugeben, die durch den Bauherren bei der Gemeinde einzureichen waren (vgl. § 69a Abs. 3 aF und § 75a Abs. 8 aF). Diese Erklärungen hatte die NBauO 2012 entfallen lassen. Der Gesetzgeber ging davon aus, dass die baurechtliche Verantwortung den Entwurfsverfassern und Sachverständigen mehr als 10 Jahre nach Einführung des Genehmigungsfreistellungsverfahrens bekannt sein dürfte, so dass eine Aufrechterhaltung der zu den Informationskosten zählenden Erklärungen nicht mehr zu rechtfertigen war (BegrRegE NBauO 2012, LT-Drs. 16/3195, 97). Außerdem war zweifelhaft, ob diese Erklärungen überhaupt zu der Einhaltung des öffentlichen Baurechts beigetragen haben. Demgemäß hat der Bauherr heute nach § 62 Abs. 3 S. 1 nur noch eine von ihm unterschriebene schriftliche Mitteilung über die be- 15 absichtigte Baumaßnahme, der die Bauvorlagen, ausgenommen der bautechnischen Nachweise, beizufügen sind, bei der Gemeinde einzureichen. Die Verpflichtung des Bauherrn, die erforderlichen Bestätigungen der Gemeinde einzuholen (§ 62 Abs. 2 Nr. 3 und 4, Abs. 8 S. 1) soll Abs. 1 Nr. 14 sichern (vgl. → Rn. 24). Durch den Wegfall der Erklärungen in den §§ 62 und 63 wird die Verantwortung der Entwurfsverfasser und Sachverständigen verstärkt, da ein Bußgeld vorgesehen ist, falls der Entwurf in den Fällen des § 62 nicht dem öffentlichen Baurecht entsprechen sollte. Für die Verfahren nach §§ 63 und 64 gilt dies, soweit die Prüfung durch die Bauaufsichtsbehörde entfällt (Begr-RegE NBauO 2012, LT-Drs. 16/3195, 108).

16 **Abs. 1 Nr. 10:** Wer als Unternehmer die vorgeschriebenen Nachweise über die Verwendbarkeit der Bauprodukte – auch für genehmigungsfreie Wohngebäude nach § 62 – nicht erbringt oder nicht auf der Baustelle bereithält, handelt ordnungswidrig.

17 **Abs. 1 Nr. 11:** Die seit 2012 in § 55 wieder zur verantwortlichen Person gemachte **Bauleiterin oder der Bauleiter** handelt ordnungswidrig, wenn sie oder er nach § 55 Abs. 1 S. 1 nicht darüber wacht, dass die Baumaßnahme entsprechend den öffentlich-rechtlichen Anforderungen durchgeführt wird und die dafür erforderlichen Weisungen nicht erteilt. Die Pflicht des § 55 Abs. 1 S. 2, auf den sicheren bautechnischen Betrieb der Baustelle zu achten, ist nicht ausdrücklich in den Gesetzestext aufgenommen worden, da sie die Pflicht des S. 1 lediglich konkretisiert, so dass eine Verletzung des S. 2 stets zugleich eine Verletzung des S. 1 bedeutet (Ausschussbericht NBauO 2012, LT-Drs. 16/4621, 35).

18 **Abs. 1 Nr. 12** ist der **wichtigste Ordnungswidrigkeitentatbestand in der baurechtlichen Praxis**. Entsprechend dem in § 2 Abs. 13 bestimmten Begriff der Baumaßnahme stellt nicht nur die ungenehmigte Errichtung einer genehmigungspflichtigen baulichen Anlage eine Ordnungswidrigkeit dar, sondern auch etwa die genehmigungspflichtige, aber ungenehmigte Nutzungsänderung. Für die Ahndung als Ordnungswidrigkeit kommt es nicht darauf an, ob die Baumaßnahme genehmigungsfähig ist oder die bereits beantragte Genehmigung später auch erteilt wird, weil Nr. 12 die **Einhaltung des Baugenehmigungsverfahrens** sichern soll. Da § 80 Abs. 1 Nr. 14 auch die Durchführung von Baumaßnahmen nach § 62 vor dem Einholen der nach § 62 Abs. 2 Nr. 3 oder 4 erforderlichen Bestätigungen der Gemeinde (vgl. auch § 62 Abs. 8 u. → § 62 Rn. 43 ff.) mit Geldbuße bedroht, kann sich der Betroffene auch nicht mit der Genehmigungsfreiheit von Wohngebäuden „herausreden".

19 **Ohne die erforderliche Baugenehmigung** wird eine Baumaßnahme auch dann durchgeführt, wenn gegen die Baugenehmigung von Dritter Seite **Widerspruch** eingelegt wird und diesem Widerspruch **aufschiebende Wirkung** zukommt. Bei Vorhaben nach § 29 BauGB schließt § 212a Abs. 1 BauGB die aufschiebende Wirkung des Widerspruchs eines Dritten aus (vgl. → § 68 Rn. 231 ff.), allerdings kann die BauAB, die Widerspruchsbehörde oder das VG bei ernstlichen Zweifeln an der Rechtmäßigkeit der Baugenehmigung die aufschiebende Wirkung des Widerspruchs anordnen (vgl. § 80 Abs. 5 S. 1 Alt. 1 VwGO). Widersprüche gegen Baugenehmigungen für Baumaßnahmen, die keine Vorhaben iSd § 29 BauGB betreffen, weil sie nicht bodenrechtlich relevant sind, haben hingegen aufschiebende Wirkung (vgl. → § 68 Rn. 258). Auch wenn die **Baugenehmigung nach § 71 erloschen** ist, wird die Baumaßnahme ohne Baugenehmigung durchgeführt. Wird die Baugenehmigung nach § 71 S. 4 rückwirkend verlängert, entfällt der Tatbestand der Ordnungswidrigkeit nachträglich. Ob geringfügige Abweichungen von den genehmigten Bauvorlagen, die offensichtlich genehmigungsfähig und im Baugeschehen üblich sind, als sozialadäquates Handeln einer Ahndung entzogen sind, erscheint zweifelhaft (vgl. Göhler, OWiG,17. Aufl. 2017, § 10 Rn. 18). Im Rahmen des nach § 47 OWiG eröffneten Ermessens (→ Rn. 36) sollte die BauAB in solchen Fällen jedenfalls von der Verfolgung der Ordnungswidrigkeit absehen.

20 Als **Täter** des Ordnungswidrigkeitentatbestandes in Nr. 12 kommen alle am Bau Beteiligten selbständig nebeneinander in Betracht, weil jeder von ihnen nach §§ 52 ff. dafür ver-

antwortlich ist, dass seine Arbeiten bzw. das von ihm Veranlasste dem öffentlichen Baurecht entsprechen (OLG Düsseldorf 31.1.1992 – 5 Ss (OWi) 491/91, NJW 1992, 2105). Der Unternehmer muss sich also idR davon überzeugen, dass eine Baugenehmigung für seine Arbeiten vorliegt und kann nicht allein darauf vertrauen, dass der Bauherr die Genehmigung eingeholt hat (vgl. auch § 72 Abs. 1 S. 3). Der die Bauarbeiten überwachende Architekt muss darauf achten, dass die Baumaßnahme nicht vor Erteilung der Baugenehmigung begonnen oder abweichend von der Baugenehmigung ausgeführt wird. Der Architekt, der nur als Entwurfsverfasser tätig wird und dem nicht die Bauleitung übertragen worden ist, ist nicht für den Baubeginn vor Erteilung der Baugenehmigung verantwortlich (OLG Düsseldorf 6.4.1992 – 5 Ss (OWi) 48/92, DWW 1992, 337).

Geht der Täter davon aus, dass die Baumaßnahme keiner Baugenehmigung bedarf, 21
liegt ein **Tatbestandsirrtum** nach § 11 Abs. 1 OWiG vor, weil die Erforderlichkeit der Baugenehmigung zum Tatbestand der Ordnungswidrigkeit gehört (OLG Düsseldorf 6.8.1999 – 2b Ss (OWi) 69/99, BauR 2000, 123). Allerdings hat das OLG Celle (8.4.1986 – 2 Ss (OWi) 33/86, NJW 1987, 1563) den Irrtum einer Mieterin eines Hauses in einem reinen Wohngebiet darüber, dass die Ausübung der Prostitution als gewerbliche Nutzung eine baurechtlich genehmigungspflichtige Nutzungsänderung darstellt als – vermeidbaren – **Verbotsirrtum** gemäß § 11 Abs. 2 OWiG angesehen (vgl. auch Rathjen ZfBR 2000, 189 (191) mN).

Die Ordnungswidrigkeit nach Nr. 12 ist **vollendet**, wenn mit Bauarbeiten vor Zustellung 22
der Baugenehmigung bzw. abweichend von ihr begonnen worden ist. Die ungenehmigte Durchführung der Baumaßnahme ist ein Dauerdelikt, für die Verjährung (→ Rn. 39) ist der Abschluss der Baumaßnahme entscheidend.

Nach **Abs. 1 Nr. 13** handelt ordnungswidrig, wer ein **Hochhaus** oder einen nicht im An- 23
hang genannten Teil einer baulichen Anlage ohne Erstattung einer Anzeige nach § 60 Abs. 3 oder vor Ablauf der dort geregelten Monatsfrist sowie unter Missachtung der in § 60 Abs. 3 enthaltenen Anforderungen an bautechnische Nachweise beseitigt. Handelt es sich hingegen um eine der im Anhang (zu § 60 Abs. 1) genannten verfahrensfreien Baumaßnahmen, die in dem in dem dort festgelegten Umfang ohne Baugenehmigung errichtet, in bauliche Anlagen eingefügt und geändert werden dürfen, greift mangels einer dem § 60 Abs. 3 entsprechenden Anzeigepflicht folgerichtig Nr. 13 auch nicht ein.

Abs. 1 Nr. 14 und 15 beziehen sich auf die **genehmigungsfreien Baumaßnahmen** 24
nach § 62. Die Verpflichtungen des Bauherrn, die nach § 62 Abs. 2 Nr. 3 und 4 und Abs. 8 S. 3 erforderlichen Bestätigungen einzuholen sowie nach § 62 Abs. 9 eine Baumaßnahme entsprechend den Bauvorlagen durchzuführen, sind mit einem Bußgeld bewehrt, weil gerade diese Verpflichtungen die Risiken verringern sollen, die mit dem Verzicht auf bauaufsichtsbehördliche Prüfungen verbunden sind.

Abs. 1 Nr. 16: Als Komplementärregelung zu dem 2012 neu gefassten Abweichungs- 25
tatbestand des § 66, der nun eine alle bauordnungsrechtlich relevanten Fälle übergreifende Regelung darstellt (vgl. → § 66 Rn. 1 ff.) erfasst Nr. 16 das Bauen ohne eine zugelassene **Abweichung, Ausnahme oder Befreiung** nach § 66 oder das Durchführen einer Baumaßnahme abweichend von einer bereits zugelassenen Abweichung bzw. erteilten Ausnahme oder Befreiung.

Mit **Abs. 1 Nr. 17** werden die wesentlichen Kontrollschritte für **fliegende Bauten** mit Buß- 26
geld bewehrt. Ist die Ausführungsgenehmigung abgelaufen (§ 75 Abs. 3), so fehlt die erforderliche Ausführungsgenehmigung. Wird die Ausführungsgenehmigung rückwirkend verlängert (§ 75 Abs. 8 iVm § 71 S. 4), entfällt der Tatbestand der Ordnungswidrigkeit nachträglich.

Abs. 1 Nr. 18: Voraussetzung für die Ahndung einer Ordnungswidrigkeit nach Nr. 18 ist, 27
dass die BauAB gemäß § 77 Abs. 6 S. 2 angeordnet hat, dass die bauliche Anlage erst nach der Schlussabnahme in Gebrauch genommen werden darf. Die Anordnung der Schlussabnahme allein genügt nicht. Die Anordnung ist vollziehbar, wenn sie unanfechtbar ist oder ihre sofortige Vollziehung angeordnet wurde. Auch der Bauherr, der ein

schlüsselfertig erstelltes Haus dem Erwerber übergibt, nutzt das Haus iS dieser Vorschrift (OLG Düsseldorf 27.4.1981 – 2 Ss (OWi) 208/81, NVwZ 1982, 215). Als (Einheits-)Täter (→ Rn. 6) kommt auch der Erwerber oder Mieter in Betracht, allerdings dürfen die Erkundigungspflichten insoweit nicht überspannt werden.

28 **Abs. 2 und 3** enthalten **Blanketttatbestände**, weil der Tatbestand der Ordnungswidrigkeit erst durch die vollziehbare schriftliche Anordnung (Abs. 2) bzw. die Verordnung oder die örtliche Bauvorschrift (Abs. 3) konkretisiert wird. Die mit Art. **103 Abs. 2 GG** für Blanketttatbestände gezogene verfassungsrechtliche Grenze wird von Abs. 2 und 3 nicht überschritten. Nach Art. 103 Abs. 2 iVm Art. 80 Abs. 1 S. 2 GG muss bereits vom Gesetzgeber bestimmt werden, was mit Geldbuße geahndet werden soll, wenn das Blankett durch Normen im Range unter dem Gesetz oder durch Anordnungen der BauAB ausgefüllt werden soll (BVerfG 25.7.1961 – 2 BvL 4/62, BVerfGE 14, 251; 21.9.2016 – 2 BvL 1/15, NJW 2016, 3648 (3651)). Dem Verordnungsgeber oder der BauAB kann jedoch die Spezifizierung des Ordnungswidrigkeitentatbestandes überlassen bleiben, soweit nur jedermann schon aufgrund des § 80 die Ahndungsmöglichkeit voraussehen kann (BVerfG 23.5.1967 – 2 BvR 534/62, NJW 1967, 1221 = BVerfGE 22, 21 (25)).

29 Die **Bußgeldandrohung im Einzelfall nach Abs. 2** ergänzt die Ordnungswidrigkeitentatbestände des § 80 Abs. 1 und 3 in wirksamer aber bislang nicht ausreichend praktizierter Weise. Die Androhung einer Geldbuße für den Fall einer Zuwiderhandlung gegen eine vollziehbare schriftliche Anordnung kommt neben den Zwangsmitteln des NPOG in Betracht (vgl. → Rn. 1). Wichtig ist eine Androhung einer Geldbuße aber insbesondere dort, wo Zwangsmittel nicht Erfolg versprechend sind. Kurzfristige Verstöße gegen dauernde Verbote – etwa das Verbot, Räume als Aufenthaltsräume zu nutzen, oder das Verbot bestimmter Emissionen – können wegen § 67 Abs. 2 S. 2 NPOG kaum effektiv unterbunden werden (vgl. → § 79 Rn. 136); die Geldbuße nach Abs. 2 erlaubt jedenfalls eine nachträgliche Ahndung.

30 § 80 Abs. 2 stellt gegenüber den Vorschriften des Abs. 1 keine speziellere Vorschrift dar, sondern einen Auffangtatbestand, der im Einzelfall die Durchsetzung bauaufsichtlicher Verfügungen mit Hilfe von Bußgeldandrohungen wirksam unterstützen soll (OLG Oldenburg 10.10.1978 – Ss (OWi) 437/78, Nds.Rpfl. 1979, 19). **Zuwiderhandlungen eines Rechtsnachfolgers** gegen eine vollziehbare Anordnung nach § 79 können nur dann geahndet werden, wenn ihm vorher die Bußgeldandrohung bekannt gegeben worden ist (OLG Celle 28.1.1983 – 2 Ss (OWi) 313/82, Nds.Rpfl. 1983, 96; vgl. auch → § 79 Rn. 131).

31 Auch wenn sie in Ansehung des Bestimmtheitsgebots verfassungsrechtlich nicht zwingend geboten ist, ist die in Abs. 2 geforderte **Verweisung auf die Bußgeldvorschrift** aus Gründen der Rechtsklarheit doch zu begrüßen, weil der Adressat einer bauaufsichtlichen Verfügung nicht ohne Weiteres mit einer Ahndung als Ordnungswidrigkeit rechnet, wenn er zB eine gesetzte Frist überschreitet.

32 **Bußgeldtatbestände im Sinne des Abs. 3** enthalten z.B. § 32 DVO-NBauO, § 12 BauPrüfVO, § 23 GaStPlVO, § 18 CPl-Woch-VO, § 32 VKVO und § 49 NVStättVO. Die Formulierung in einer Verordnung oder örtlichen Bauvorschrift, dass „Zuwiderhandlungen als Ordnungswidrigkeiten mit Geldbuße bedroht werden können", wäre nicht nur missverständlich, sondern unter Berücksichtigung des Art. 103 Abs. 2 GG falsch, weil sie nur die Möglichkeit einer Bewehrung als Ordnungswidrigkeit zum Ausdruck bringt (BVerfG 8.3.1990 – 2 BvR 1463/88, NStZ 1990, 394). Richtig muss es heißen: „Zuwiderhandlungen können als Ordnungswidrigkeiten mit einer Geldbuße geahndet werden" (Göhler OWiG,17. Aufl. 2017, § 1 Rn. 4). Das **Gebot der Bestimmtheit** verlangt nicht, dass auch die Ermächtigungsgrundlagen für die Verordnung bzw. örtlichen Bauvorschriften aufgeführt werden.

33 **Abs. 4** bedroht denjenigen mit einer Geldbuße, der wider besseres Wissen unrichtige Angaben macht oder unrichtige Pläne oder Unterlagen vorlegt, um einen VA nach der NBauO oder ihren Verordnungen zu erwirken oder zu verhindern. Die Vorschrift ent-

spricht §213 Abs. 1 Nr. 1 BauGB, der aber nur eingreift, wenn es um VAe nach dem BauGB geht und nicht bereits dann, wenn es um die bodenrechtliche Beurteilung im Rahmen eines VA nach der NBauO (zB der Baugenehmigung) geht. Der Unterschied ist wegen der unterschiedlich hohen Bußgeldandrohung (§213 Abs. 3 BauGB a.E.: 1000 €) von Bedeutung. Der Tatbestand deckt sich nicht völlig mit dem Rücknahmegrund des §48 Abs. 2 Nr. 1 und 2 VwVfG. Als **Täter** kommen alle am Verfahren Beteiligten in Betracht, zB auch Nachbarn. Die Ordnungswidrigkeit setzt einen qualifizierten Vorsatz voraus: „wider besseres Wissen". Der Tatbestand ist bereits mit der Abgabe der unrichtigen Angaben in der Absicht, einen VA zu erwirken oder zu verhindern, erfüllt; es kommt nicht darauf an, ob diese Absicht auch Erfolg hat. Soweit der Täter wegen Betruges bestraft wird, kommt die Ordnungswidrigkeit nicht zum Zuge (→ Rn. 8).

D. Höhe der Geldbuße, Einziehung

Abs. 5 bestimmt die Höhe der Geldbuße für die die vorangehenden Ordnungswidrigkeitentatbestände Die NBauO geht dabei deutlich über den allgemeinen **Rahmen der Geldbuße**, den § 17 Abs. 1 OWiG mit mindestens fünf und höchstens 1.000 Euro bestimmt, hinaus. Das ist aufgrund des in § 17 Abs. 1 OWiG enthaltenen Vorbehalts „soweit das Gesetz nichts anderes bestimmt" zulässig. Damit trägt das Gesetz der Tatsache Rechnung, dass Ordnungswidrigkeiten im Bauwesen sehr häufig mit wirtschaftlichen Vorteilen erheblichen Umfangs verbunden sind. Für die Bußgeldtatbestände in Verordnungen und örtlichen Bauvorschriften nach §80 Abs. 3 (vgl. → Rn. 28, 32) gilt der Höchstbetrag von 500.000 Euro. Fahrlässiges Handeln kannn nur mit der Hälfte des angedrohten Höchstbetrages der Geldbuße geahndet werden (§ 17 Abs. 2 OWiG). Für die Zumessung der Geldbuße sind nach § 17 Abs. 3 und 4 OWiG die Bedeutung der Ordnungswidrigkeit (OLG Karlsruhe 6.2.1978 – 3 Ss(B) 244/77, BRS 33 Nr. 126: Verletzung nur formeller oder auch materieller Vorschriften), die wirtschaftlichen Verhältnisse des Täters (außer bei geringfügigen Ordnungswidrigkeiten), sein wirtschaftlicher Vorteil aus der Tat und der Vorwurf, der den Täter trifft, maßgebend. Über die Geldbuße hinaus können nach **Abs. 6** bei Ordnungswidrigkeiten als Nebenfolge nach Abs. 1 Nr. 3 und 5 die dort bezeichneten Bauprodukte eingezogen werden (vgl. § 22 f. OWiG). 34

E. Verfahren

Für die **Verfolgung und Ahndung** von Ordnungswidrigkeiten ist nach § 1 ZustVO-OWi vom 17.11.2014 (Nds. GVBl. 2014 S. 311), zul. geänd. d. VO vom 6.6.2018 (Nds. GVBl. S. 128), diejnige Behörde zuständig, die für den Erlass des Verwaltungsaktes zuständig ist. Dies sind gem. §§ 58 Abs. 2, 57 Abs. 1 S. 1 regelmäßig die unteren BauABen, soweit nicht Staatsanwaltschaft oder Gericht nach OWiG zuständig sind (§35 OWiG). Für die Erforschung von Ordnungswidrigkeiten und für unaufschiebbare Maßnahmen ist nach §53 OWiG auch die Polizei zuständig. 35

Im Gegensatz zum Strafverfahren, wo das Legalitätsprinzip gilt, liegt die **Verfolgung** von Ordnungswidrigkeiten **im pflichtgemäßen Ermessen** der BauAB (vgl. §47 OWiG). Die BauAB hat bei ihrer Entscheidung insbesondere die Auswirkungen der Tat, die Gefahr der Wiederholung und den Grad der Vorwerfbarkeit zu berücksichtigen. Auch die Schwierigkeit der Aufklärung der Tat oder die Möglichkeit, den ordnungswidrigen Zustand durch Zwangsmittel schnell zu beseitigen, können die BauAB veranlassen, von der Verfolgung abzusehen. Ebenso wie beim Einschreiten nach §79 (→ §79 Rn. 59 ff.) muss die BauAB auch bei der Verfolgung von Ordnungswidrigkeiten den Grundsatz der Gleichbehandlung beachten. 36

Bevor ein Bußgeldbescheid ergeht, muss dem Betroffenen Gelegenheit gegeben werden, sich zu der Beschuldigung zu äußern (§ 55 OWiG). Den Inhalt des Bußgeldbescheides bestimmt § 66 OWiG. Anstelle des Bußgeldbescheides kann bei geringfügigen Ord- 37 nungswidrigkeiten mit Einverständnis des Betroffenen eine **Verwarnung** mit Verwarnungsgeld nach §§ 56 ff. OWiG treten.

38 Der Betroffene kann gegen den Bußgeldbescheid der BauAB nach § 67 Abs. 1 OWiG innerhalb von **zwei Wochen** nach Zustellung schriftlich oder zur Niederschrift bei der BauAB **Einspruch einlegen**. Über den Einspruch entscheidet das Amtsgericht, in dessen Bezirk die BauAB ihren Sitz hat (§ 68 OWiG). Die BauAB übersendet nach Einspruch ihre Akten der Staatsanwaltschaft (§ 69 Abs. 3 OWiG). Die Beteiligung der BauAB am gerichtlichen Verfahren regelt § 76 OWiG im Einzelnen. Das Gericht darf von der im Bußgeldbescheid getroffenen Entscheidung, abgesehen vom schriftlichen Verfahren (§ 72 Abs. 3 S. 2 OWiG), auch zum Nachteil des Betroffenen abweichen. Gegen die Entscheidung des Amtsgerichts steht der BauAB kein Rechtsmittel zu, wohl aber nach Maßgabe der §§, 46 Abs. 1 OWiG iVm § 296 Abs. 1 StPO dem Betroffenen und der Staatsanwaltschaft.

39 Für die **Vollstreckung** des rechtskräftigen Bußgeldbescheids der BauAB gilt Landesrecht (§ 90 OWiG) und zwar das NVwVG. Die Vollstreckung gerichtlicher Bußgeldbescheide ist in § 91 OWiG geregelt. Die **Verfolgungsverjährung** von Ordnungswidrigkeiten ist nach § 31 Abs. 2 OWiG vom Bußgeldrahmen abhängig. Die Ordnungswidrigkeiten nach § 80 verjähren wegen der hohen Bußgeldandrohung des Abs. 5 in 3 Jahren (vgl. § 31 Abs. 2 Nr. 1 OWiG), unabhängig davon, ob sie vorsätzlich oder fahrlässig begangen worden sind.

§ 81 Baulasten, Baulastenverzeichnis

(1) [1]Durch Erklärung gegenüber der Bauaufsichtsbehörde können Grundstückseigentümer öffentlich-rechtliche Verpflichtungen zu einem ihre Grundstücke betreffendes Tun, Dulden oder Unterlassen übernehmen, die sich nicht schon aus dem öffentlichen Baurecht ergeben (Baulasten). [2]Baulasten werden mit der Eintragung in das Baulastenverzeichnis wirksam und wirken auch gegenüber den Rechtsnachfolgern.

(2) Die Erklärung nach Absatz 1 bedarf der Schriftform; die Unterschrift muss öffentlich, von einer Gemeinde oder von einer Vermessungsstelle nach § 6 Abs. 1, 2 oder 3 des Niedersächsischen Gesetzes über das amtliche Vermessungswesen beglaubigt sein, wenn sie nicht vor der Bauaufsichtsbehörde geleistet oder vor ihr anerkannt wird.

(3) [1]Die Bauaufsichtsbehörde kann die Baulast löschen, wenn ein öffentliches und privates Interesse an der Baulast nicht mehr besteht. [2]Auf Antrag des Eigentümers eines begünstigten oder des belasteten Grundstücks hat die Bauaufsichtsbehörde die Baulast zu löschen, wenn die Voraussetzungen nach Satz 1 erfüllt sind. [3]Vor der Löschung sind die Eigentümer der begünstigten Grundstücke zu hören; die Frist zur Äußerung beträgt zwei Wochen. [4]Die Löschung wird mit ihrer Eintragung im Baulastenverzeichnis wirksam. [5]Von der Löschung sind die Eigentümer des belasteten Grundstücks und der begünstigten Grundstücke zu benachrichtigen.

(4) [1]Das Baulastenverzeichnis wird von der Bauaufsichtsbehörde geführt. [2]In das Baulastenverzeichnis können auch eingetragen werden, soweit ein öffentliches Interesse an der Eintragung besteht,

1. **Verpflichtungen des Eigentümers zu einem sein Grundstück betreffendes Tun, Dulden oder Unterlassen, die sich aus öffentlichem Baurecht ergeben, und**
2. **Bedingungen, Befristungen und Widerrufsvorbehalte.**

(5) Wer ein berechtigtes Interesse darlegt, kann das Baulastenverzeichnis einsehen und sich Auszüge erteilen lassen.

Übersicht

A. Allgemeines

Eine Baumaßnahme darf nur durchgeführt werden, wenn sie dem öffentlichen Baurecht 1 entspricht. Das setzt **grundsätzlich** voraus, dass **allen Anforderungen des öffentlichen Baurechts auf dem Grundstück des Bauherrn** genügt wird: Ein Bauwerk muss beispielsweise so errichtet werden, dass es die erforderlichen Grenzabstände einhält und außerdem die für die notwendigen Einstellplätze erforderliche Freifläche bleibt. Ist das Grundstück zu klein oder ungünstig geschnitten, genügt es zur Erfüllung der Anforderungen des öffentlichen Baurechts nicht, dass der Nachbar dem Bauherrn gestattet, den Grenzabstand zu unterschreiten oder seinen Pkw auf dem Grundstück des Nachbarn abzustellen. Zum einen muss eine derartige Inanspruchnahme des Nachbargrundstücks auf Dauer gesichert sein, zum anderen muss auch gewährleistet sein, dass die Bebauung des Nachbargrundstücks entsprechend eingeschränkt wird, weil eine doppelte Inanspruchnahme einer Fläche etwa für den Grenzabstand dem öffentlichen Baurecht widerspräche. Diesem Zweck dient die Baulast, mit der der Grundstückseigentümer in bestimmtem Umfang idR zugunsten eines Nachbarn auf die Ausübung seiner Befugnisse verzichtet.

Das Rechtsinstitut der Baulast, das über die MBauO in allen Ländern außer Bayern eingeführt worden ist, entstammt dem sächsischen Rechtsbereich. Die mit seiner normativen Festlegung in zahlreichen Ortsgesetzen und dann in §2 des Sächs. Allgemeinen Baugesetzes vom 1.7.1900 (GVBl. S.381; abgedr. bei Schwarz Baulasten Rn.383) eingeleitete Entwicklung (dazu Rumpelt, Sächs. Baugesetz, 4.Aufl. 1911, §2 Anm.1) setzte sich in Bremen, Baden und Württemberg fort (vgl. Krawietz DVBl 1973, 605; Schwarz Rn.7ff.). Im preußischen Rechtsbereich sind verschiedene Anläufe, das Rechtsinstitut einzuführen, gescheitert (Baltz-Fischer PreußBaupolizeiS. 166; Schwarz Rn.386ff.). 2

Die **kompetenzrechtlichen Bedenken**, die Messer (NJW 1978, 1406 (1409f.)) im An- 3 schluss an den Beschluss des BVerfG zum Hamburger EnteignungsG (10.5.1977 – 1 BvR 514/68, BVerfGE 45, 297) unter Hinweis auf den numerus clausus der im BGB normierten Sachenrechte gegen die landesrechtliche Regelung der Baulast erhoben hat, greifen nicht durch. Art. 111 EGBGB lässt nämlich landesrechtliche Regelungen zu, die – wie Baulastverpflichtungen – im öffentlichen Interesse das Eigentum in Ansehung tatsächlicher Verfügungen beschränken (BVerwG 27.9.1990 – 4 B 34.90, NJW 1991, 713).

4 Die Regierungsvorlage der **NBauO 1973** hatte noch davon abgesehen, das Rechtsinstitut der Baulast, das bereits in der MBauO 1959 vorgesehen war, für das Baurecht nutzbar zu machen. Ausschlaggebend dafür war einerseits die Erwägung, dass Pfandgläubiger sich nicht gegen die Entwertung ihres Haftungsobjekts durch Baulasten wehren können und Baulasten nicht aus dem Grundbuch ersichtlich sind. Andererseits sah man im Einklang mit der Rechtsprechung (BGH 1.3.1964 – V ZR 78/62, BGHZ 41, 209) in Dienstbarkeiten zugunsten des Trägers der BauAB ausreichende Möglichkeiten zur Sicherung der Belange der Bauaufsicht (BegrRegE NBauO 1973, S. 58). Da das Ausweichen auf Dienstbarkeiten als privatrechtliche dingliche Belastungen zur Wahrnehmung ausschließlich öffentlicher Interessen wenig überzeugend erschien, ist die Baulast im Gesetzgebungsverfahren dann doch eingefügt worden.

5 Seit der **NBauO 1986 entsteht die Baulast** nicht mehr – wie nach der NBauO 1973 – allein durch Erklärung gegenüber der BauAB, sondern **durch die Erklärung und die Eintragung** in das Baulastenverzeichnis (vgl. § 81 Abs. 1 S. 2). Näheres regelt aktuell der Gemeinsame Runderlass des MS und des MI v. 30.9.2016 – 505-24000/1-81 (Nds. MBl. 2016 Nr. 39, S. 989), der mit Ablauf des 31.12.2022 außer Kraft treten wird. Während nach § 92 Abs. 2 NBauO 1973 die Baulasterklärung noch der notariellen Beurkundung bedurfte, reicht seit 1986 die Schriftform. Die Unterschrift des Baulastübernehmers muss öffentlich beglaubigt oder vor der BauAB geleistet oder vor ihr anerkannt werden. § 92 Abs. 3 NBauO 1986 sah einen Verzicht auf die Baulast durch die BauAB zwingend vor, wenn ein Beteiligter es beantragt und ein öffentliches Interesse an der Baulast nicht mehr bestand. Abs. 3 Satz 3 NBauO 1986 regelte insofern, dass der Verzicht mit der Löschung im Baulastenverzeichnis wirksam wurde. Die **NBauO 1995** hat zusätzlich in Abs. 3 klargestellt, dass die BauAB auch von Amts wegen auf die Baulast verzichten konnte, und den Wegfall auch des privaten Interesses an der Baulast als Voraussetzung für den Verzicht eingeführt. Demgegenüber wird seit der **NBauO 2012** in Abs. 3 nicht mehr auf den Verzicht als solchen, sondern allein auf die **Löschung der Baulast** abgestellt. Dem lag der Gedanke zugrunde, dass der Verzicht eine rechtsgeschäftliche Erklärung des Rechtsinhabers beinhalte, was sich im Hinblick auf die BauAB als problematisch erwies. Denn der BauAB sollte durch die Möglichkeit des Verzichts lediglich die Befugnis eingeräumt werden, nicht mehr erforderlicher Baulasten aus der Welt zu schaffen (BegrRegE NBauO 2012, LT-Drs. 16/3195, 108). Dazu wurde aber die Rechtsfigur des Verzichts als nicht geeignet und die ohnehin im Anschluss durchzuführende Löschung als vollkommen ausreichend angesehen.

6 **Vermessungsstellen** iSd § 6 Abs. 1–3 NVermG, insbesondere die öffentlich bestellten Vermessungsingenieure, sind seit dem ÄndG 2002 zur Beglaubigung der Unterschrift ermächtigt. Das ModKG v. 8.12.2005 (Nds. GVBl. S. 386) erlaubte zunächst den **Gemeinden** in den Landkreisen Cuxhaven, Emsland und Osnabrück befristet die öffentliche Beglaubigung der Unterschrift nach § 81 Abs. 2. Das Änderungsgesetz zum ModKG v. 10.12.2008 (Nds. GVBl. S. 381) erweiterte die in § 81 Abs. 2 vorgesehene Möglichkeit der gemeindlichen Beglaubigung nunmehr allgemein auf alle Gemeinden. Durch das Gesetz zur **landesweiten Umsetzung** der mit dem ModKG erprobten Erweiterung kommunaler Handlungsspielräume v. 28.10.2009 (Nds. GVBl. S. 366) wurde darüber hinaus ein neuer Abs. 3 S. 3 eingeführt, der in dem Verfahren der Löschung der Baulasten eine Anhörung der begünstigten Eigentümer vorsieht und die Einhaltung einer zweiwöchigen Frist vorschreibt.

7 Die **konstitutive Wirkung der Eintragung der Baulast in das Baulastenverzeichnis** verbessert die Rechtssicherheit, weil der Erwerber eines Grundstücks darauf vertrauen kann, dass außer den eingetragenen Baulasten keine weiteren bestehen. Allerdings kann der Baulastübernehmer in der Zeit zwischen dem Zugang seiner Erklärung bei

der BauAB und der Eintragung in das Baulastenverzeichnis über sein Grundstück verfügen mit der Folge, dass seine Erklärung mindestens gegenüber dem Erwerber unwirksam ist (vgl. → Rn. 32 f.). Unter diesem Gesichtspunkt wäre eine Eintragung der Baulast im **Grundbuch**, die nach § 54 GBO vorgesehen werden könnte, wünschenswert, weil sich dann der Antrag auf Eintragung der Baulast in die privatrechtlichen Eintragungsanträge einreihen würde. Außerdem müsste der Rechtsverkehr dann auch nur auf ein Register achten. Diese Argumente sind auch im Gesetzgebungsverfahren diskutiert worden (AusschBer NBauO 1986, S. 28), haben sich aber nicht durchgesetzt, weil Verzögerungen durch eine Grundbucheintragung befürchtet wurden und die Grundbuchbeamten auch nicht beurteilen könnten, ob eine Baulast den Erfordernissen des öffentlichen Baurechts entspreche. Eine entsprechende Grundbuchlösung verfolgt indes § 65 Abs. 1 bbg. BauO; danach ist eine beschränkte persönliche Dienstbarkeit zu Gunsten der Gebietskörperschaft, die die Aufgaben der Bauaufsichtsbehörde wahrnimmt, ins Grundbuch einzutragen.

B. Inhalt der Baulast

Das Gesetz definiert die Baulast als öffentlich-rechtliche Verpflichtung eines Grundstückseigentümers zu einem sein Grundstück betreffenden Tun, Dulden oder Unterlassen, die sich nicht schon aus öffentlich-rechtlichen Vorschriften ergibt. Durch dieses Tun, Dulden oder Unterlassen soll den Anforderungen des öffentlichen Baurechts in bestimmten Beziehungen Rechnung getragen werden, so dass die Baugenehmigung für ein bestimmtes Vorhaben erteilt werden kann. Die **Baulast** bewirkt keine Änderung der tatsächlichen Verhältnisse, sondern sie **räumt rechtliche Hindernisse einer Bebauung** dadurch **aus dem Weg**, dass ein Grundstückseigentümer – der Bauherr oder ein Nachbar – für die Ausübung seiner Eigentümerbefugnisse gewisse Bindungen eingeht. Der Bauherr darf beispielsweise ein Nachbargrundstück für den erforderlichen Grenzabstand seines Hauses in Anspruch nehmen, wenn der Nachbar einen entsprechend größeren Abstand von der Grenze hält (§ 6 Abs. 2). Die sehr weite Umschreibung des Inhalts der Verpflichtung „Tun, Dulden oder Unterlassen" wird nur durch den öffentlich-rechtlichen Charakter der Verpflichtung, die Grundstücksbezogenheit der Baulast, ihre baurechtliche Relevanz und durch die Subsidiarität der Baulast eingegrenzt. 8

Ein **Überblick** über die in der NBauO angesprochenen **Baulastarten** lässt die vielseitigen Einsatzmöglichkeiten der Baulast erkennen: 9

- § 2 Abs. 12: Baulast zur Sicherung der Zusammengehörigkeit mehrerer Buchgrundstücke als ein Baugrundstück;
- § 4 Abs. 2: Baulast zur Sicherung der Benutzbarkeit einer privaten Verkehrsfläche;
- § 5 Abs. 5: Baulast zur Sicherung einer entsprechenden Grenzbebauung auf dem Nachbargrundstück;
- § 6 Abs. 2: Baulast zur Sicherung der Übernahme eines Grenzabstandes auf ein Nachbargrundstück;
- § 47 Abs. 4: Baulast zur Sicherung der Benutzung eines Grundstücksteils als Einstellplatz;
- § 48 Abs. 1 S. 3: Baulast zur Sicherung der Benutzung eines Grundstücksteils für Fahrradabstellanlagen.

Damit sind die im Bauordnungsrecht zulässigen Baulasten aber nicht abschließend aufgezählt (vgl. OVG Berlin 29.10.1993 – 2 B 35.92, NJW 1994, 2971: Verpflichtung zur Beheizung des Nachbargrundstücks; VGH Mannheim 30.3.1990 – 1 619/87, NVwZ-RR 1990, 502: Sicherung des Durchleitungsrechts für eine Wasserleitung; weitere Beispiele bei Riedel NZBau 2006, 565 f.). Diese aufgeführten Beispiele zeigen, dass die Baulast auf das Grundstück des Bauherrn oder zugunsten des Bauherrn auf ein Nachbargrundstück übernommen werden kann. Im Folgenden wird dem Baulastübernehmer der Bauherr des durch die Baulast begünstigten Grundstücks gegenübergestellt. Beide können allerdings identisch sein (vgl. § 2 Abs. 12), was vor allem der Fall ist, wenn bauplanungsrechtliche Genehmigungshindernisse durch eine Baulast ausgeräumt werden sollen (Otto in FOO § 6 Rn. 19 ff.; Will, Öff. Baurecht, 2019, Rn. 795).

Formulierungsvorschläge für die Baulasten, die in der NBauO vorgesehen sind, finden sich in der Kommentierung der jeweiligen Vorschrift.

a) Öffentlich-rechtliche Verpflichtung

10 Voraussetzung für die Übernahme einer Verpflichtung durch eine Baulast ist, dass die Verpflichtung öffentlich-rechtlichen Charakter hat. Es geht dabei freilich nicht um Verpflichtungen, die sich bereits aus dem öffentlichen Recht ergeben, sondern um Verpflichtungen, mit denen der Grundstückseigentümer gezielt Einfluss auf die Zulässigkeit der baulichen Nutzung seines Grundstücks bzw. des Grundstücks eines Nachbarn nimmt. Die Verpflichtungen, deren baulastmäßige Sicherung in Betracht kommt, sind meist ambivalent, je nachdem, ob man das Verhältnis zwischen dem Grundstückseigentümer und seinem Nachbarn betrachtet oder das Verhältnis zwischen dem Grundstückseigentümer und der BauAB. Die Verpflichtung eines Grundstückseigentümers gegenüber seinem Nachbarn, gewisse Einwirkungen von dessen Grundstück über § 906 BGB hinaus entschädigungslos hinzunehmen, wäre eine privatrechtliche Verpflichtung, die wohl durch eine Grunddienstbarkeit, nicht aber durch eine Baulast gesichert werden kann. Eine Verpflichtung, gewisse schädliche Umwelteinwirkungen über § 22 BImSchG hinaus zu dulden, wäre zwar dem öffentlichen Recht zuzuordnen, wäre aber nur vordergründig grundstücksbezogen (dazu → Rn. 11). Die **Zielrichtung der Verpflichtung**, öffentlich-rechtliche Hindernisse einer Bebauung auszuräumen (dazu → Rn. 14 ff.) schließt regelmäßig den öffentlich-rechtlichen Charakter der Verpflichtung ein: Die Verpflichtung eines Grundstückseigentümers gegenüber seinem Nachbarn, dass dieser sein Kraftfahrzeug auf dem Grundstück abstellen darf, kann als privat-rechtliche Verpflichtung durch Dienstbarkeit gesichert werden. Die Verpflichtung gegenüber der BauAB, den Nachbarn einen Teil des Grundstücks als Einstellplatz nutzen zu lassen, ist zulässiger Inhalt einer Baulast. Als Kriterium für den zulässigen Inhalt einer Baulast tritt die öffentlich-rechtliche Natur der Verpflichtung demgemäß deutlich hinter die baurechtliche Relevanz zurück. Gleichwohl erscheint es nicht sachgerecht, sie als Voraussetzung ganz zu eliminieren und zur Rechtsfolge der Baulast zu machen (so Schwarz Baulasten Rn. 138).

b) Grundstücksbezogenheit

11 Die durch Baulast zu sichernde Verpflichtung muss sich auf ein Grundstück des Verpflichteten beziehen. Die Verpflichtung muss, ähnlich wie die Grunddienstbarkeit nach § 1018 BGB, den **Grundstückseigentümer** gerade **in seiner Stellung als Eigentümer** einschränken. Das ergibt sich aus dem Gegenstand der Baulastverpflichtung „zu einem ihre (sc. der Grundstückseigentümer) Grundstücke betreffenden Tun, Dulden oder Unterlassen". Außerdem ist schwer vorstellbar, dass andere als Grundstücke betreffende Verpflichtungen öffentlich-rechtliche Hindernisse einer Bebauung ausräumen können, weil das Baurecht jedenfalls grundsätzlich auf die objektiven Gegebenheiten des Baugrundstücks und seiner Nachbargrundstücke abstellt (→ § 70 Rn. 26). Sicherlich ist die Grenze zwischen den zulässigen, das Grundstück betreffenden Verpflichtungen und solchen, die die Person des Eigentümers betreffen, schwer auszumachen. Für „Wohnquartiere ohne Auto" (→ § 47 Rn. 12) erscheint eine Baulastverpflichtung, als Grundstückseigentümer keinen PKW zu halten, erwägenswert, wenn eine Befreiung von der Verpflichtung des § 47, Einstellplätze zur Verfügung zu halten, zugelassen wird und die Bauleitplanung entsprechend ausgerichtet ist. Das Problem solcher Baulasten liegt daher eher in den Schwierigkeiten ihrer Durchsetzung.

12 Baulastfähige Verpflichtungen im **Bereich des Immissionsschutzrechts** sind nur in engen Grenzen zulässig. Die Verpflichtung, schädliche Umwelteinwirkungen über § 22 BImSchG hinaus zu dulden, kann so allgemein durch Baulast schon deshalb nicht ge-

sichert werden, weil das Immissionsschutzrecht nicht auf den Schutz des Grundstückseigentümers beschränkt ist und daher die Verpflichtung des Grundstückseigentümers allein wirkungslos ist: Eine solche Verpflichtung beträfe in Wahrheit nicht ein grundstücksbezogenes Verhalten, sondern die Gesundheit der Bewohner (vgl. Ortloff in FOO S. 79f.; Dageförde in HdBBauOR, Kap. 17, Rn. 47; vgl. auch BVerwG 28.4.1978 – 4 C 53.76, DVBl 1979, 622). Auch mit einer Sicherung des Verzichts auf nachbarliche Abwehrrechte (so OVG Saarlouis 18.6.2002 – 2 R 2/01, BRS 65 Nr. 188) würde keine Konfliktlösung erreicht, weil der Verzicht des Grundstückseigentümers die Abwehrrechte der Bewohner gegen Immissionen unberührt lässt (VGH Mannheim 25.7.1995 – 3 S 2123/93, BRS 57 Nr. 74). Selbst wenn man diese Bedenken vernachlässigt, wäre die Verpflichtung, schädliche Umwelteinwirkungen zu dulden, nur bis zur Grenze einer Gesundheitsgefährdung hinzunehmen. Soweit es um Belästigungen geht, könnte eine Baulast freilich die Grenze der Duldungspflicht verschieben (OVG Saarlouis aaO). Eine Verpflichtung des Grundstückseigentümers, bestimmte Emissionen mit Rücksicht auf den Nachbarn zu unterlassen, ist dagegen baulastfähig (vgl. auch BVerwG 12.11.1987 – 4 B 216.87, Buchholz, 406.17 Nr. 24). In engem Zusammenhang mit der Grundstücksbezogenheit steht die **Wirksamkeit gegenüber Rechtsnachfolgern** (vgl. → Rn. 53).

Ein **wesentlicher Unterschied zu den Grunddienstbarkeiten** besteht darin, dass die 13
Baulastverpflichtung nicht nur auf ein das Grundstück betreffende **Dulden oder Unterlassen** gerichtet sein darf, sondern auch auf ein **Tun.** Darüber hinaus können auch die Einschränkungen des § 1018 BGB, die sich daraus ergeben, dass § 1018 BGB auf die tatsächliche Benutzung abstellt, nicht auf Baulasten übertragen werden. Schwarz Baulasten Rn. 143, weist zutreffend darauf hin, dass nach der Begründung der MBauO 1960 „die Baulast auch einen Inhalt haben kann, für den entsprechende privatrechtliche Rechtsformen auch nicht annähernd zur Verfügung stehen". Die Sicherung der Zusammengehörigkeit mehrerer Grundstücke als ein Baugrundstück nach § 2 Abs. 12 (Vereinigungsbaulast) ist ein gesetzlich geregeltes Beispiel einer Baulast, für das es keine privatrechtliche Parallele gibt. Der Ausschluss der freien Veräußerlichkeit des vom Hofgrundstück getrennten Grundstücks für das Altenteilerhaus oder das vom Betriebsgrundstück getrennte Grundstück für das Betriebsleiterwohnhaus sind weitere Beispiele von Baulasten, die sich einem Vergleich mit Dienstbarkeiten entziehen.

c) Baurechtliche Relevanz

Dass die Verpflichtung baurechtlichen Zwecken dienen muss, ergibt sich bereits aus 14
dem Namen „Baulast" und der Regelung in der NBauO. Die in der NBauO erwähnten Beispiele von Baulasten lassen als Zweck der Baulast erkennen, die Voraussetzungen für die Genehmigungsfähigkeit eines Vorhabens durch eine dingliche Verpflichtung eines Grundstückseigentümers zu schaffen: Der Bauherr darf beispielsweise ein Nachbargrundstück für den erforderlichen Grenzabstand seines Hauses in Anspruch nehmen, wenn der Nachbar einen entsprechend größeren Abstand von der Grenze hält (§ 6 Abs. 2). IdR schafft oder sichert die Baulast die tatsächlichen Verhältnisse, an die das öffentliche Recht die Zulässigkeit von Vorhaben knüpft (§ 4 Abs. 2: Benutzbarkeit einer privaten Fläche für die Zugänglichkeit; § 5 Abs. 5: Anbauverpflichtung; § 47 Abs. 4: Nutzung eines anderen Grundstücks zum Abstellen von Kraftfahrzeugen; vgl. auch Ortloff in FOO II S. 74f.). Die **Baulast erleichtert oder erweitert die Bebauungsmöglichkeiten**, etwa indem ein Nachbar die im Regelfall dem Bauherrn obliegende Verpflichtung übernimmt oder der Bauherr eine baurechtliche Pflicht auf einem anderen (eigenen oder fremden) Grundstück erfüllt. Die Baulastverpflichtung muss daher nach ihrem Gegenstand geeignet sein, bei der Genehmigung eines Vorhabens ein Hindernis aus dem öffentlichen Baurecht zu beseitigen. Ist die Bebauung eines Grundstücks aus Gründen des Planungsrechts unzulässig, besteht kein Anlass zur Ausräumung sonstiger Hindernisse, so dass in solchen Fällen die Eintragung einer Baulast mangels baurechtlicher Relevanz abgelehnt werden darf (vgl. BVerwG 4.10.1994 – 4 B 175.94, NVwZ 1995, 377).

15 Die bauaufsichtliche Bedeutung einer Baulast darf aber nicht zu eng gesehen werden. So kommt einer Baulast bauaufsichtliche Bedeutung auch dann zu, wenn zwar die Voraussetzungen einer Baugenehmigung auch ohne Baulast vorliegen, aber die Gefahr besteht, dass das Vorhaben ohne Baulast nicht auf Dauer im Einklang mit der Baugenehmigung genutzt wird. So schreibt § 35 Abs. 5 BauGB eine **Sicherstellung der genehmigten Nutzung** vor (dazu auch → Rn. 24). Aber auch ohne ausdrückliche gesetzliche Regelung kann ein Bedürfnis für derartige Baulasten jedenfalls dann bestehen, wenn die Genehmigungsfähigkeit mit gewissen Zweifeln behaftet ist (vgl. OVG Lüneburg 12.12. 1986 – 1 A 172/86, BRS 46 Nr. 164: Verpflichtung, kein Wohnungs- bzw. Teileigentum an Ferienhäusern zu begründen, für ein Grundstück, das der Bebauungsplan als „Sondergebiet – gewerblicher Fremdenverkehr" festsetzt). Die Baulastverpflichtung kann auch dazu dienen, Bedenken der Gemeinde oder der Nachbarn auszuräumen und die Bebaubarkeit eines Grundstücks über das gesetzlich Zulässige hinaus einzuschränken. Allerdings kann der Baulastverpflichtete an einer solchen Baulast nicht mehr festgehalten werden, wenn sich die Voraussetzungen der Bebaubarkeit des Grundstücks grundlegend geändert haben (OVG Lüneburg 31.3.1995 – 1 L 4063/93, BRS 57 Nr. 92).

16 Die NBauO beschränkt den Einsatz der Baulast nicht auf bestimmte Rechtsmaterien (→ Rn. 57 ff.), wohl aber auf den **Aufgabenbereich der BauAB**. Diese aus der Stellung der Regelung in der NBauO abzuleitende Schranke gewinnt Bedeutung, wenn neben der Baugenehmigung noch andere Genehmigungen oder Erlaubnisse erforderlich sind (vgl. → § 70 Rn. 51 ff.). Für die Aufgaben anderer Behörden kann die Baulast nicht eingesetzt werden (vgl. Schwarz Baulasten Rn. 182). Dagegen bestehen keine Bedenken, Baulasten in Verfahren einzusetzen, die die Baugenehmigung einschließen (→ § 59 Rn. 19 ff.), weil insoweit nur ein gesondertes Baugenehmigungsverfahren entfällt, die materiellen Vorschriften, die im Baugenehmigungsverfahren zu prüfen sind, aber auch in dem anderen Genehmigungsverfahren zu beachten sind. Jedoch ist die Baulast nur im Zuständigkeitsbereich der BauAB einsetzbar. Im immissionsschutzrechtlichen Genehmigungsverfahren nach § 13 BImSchG kann daher zB eine Stellplatzbaulast berücksichtigt werden, dagegen kann auf die spezifisch immissionsschutzrechtlichen Belange nicht über Baulasten eingewirkt werden.

17 Zum Aufgabenbereich der BauAB, in dem die Baulast ohne Begrenzung auf bestimmte Rechtsmaterien eingesetzt werden kann, gehören auch die Bereiche, in denen die BauAB auf eine **Mitwirkung von Fachbehörden** angewiesen ist (→ § 69 Rn. 12 ff.), denn die Mitwirkungsrechte stellen die Sachentscheidungskompetenz der BauAB nicht in Frage. Besondere Bedeutung könnte insoweit die Sicherung von Ausgleichs- und Ersatzmaßnahmen im Naturschutzrecht erlangen (vgl. Gaentzsch NuR 1990, 1 (7)). Entsprechendes gilt auch, wenn die Baugenehmigung andere Genehmigungen einschließt. So kann im Zusammenhang mit einer Baugenehmigung, die eine denkmalrechtliche Genehmigung nach § 10 Abs. 4 NDSchG einschließt, eine Baulast übernommen werden, die eine bestimmte Benutzung des Baudenkmals sicherstellt.

18 In diesen Zusammenhang gehört auch die Frage, ob die **Gemeinde** als Eigentümerin eines Grundstücks an einer Straße dem Hinterlieger zum Zwecke der Begründung einer Erschließungs- oder Ausbaubeitragspflicht **eine Zufahrtsbaulast „aufdrängen"** darf. Der VGH Mannheim (20.6.1985 – 2 S 1029/84, VBlBW 1986, 225) hat es als zulässig angesehen, dass eine Gemeinde auf einem ihr gehörenden Grundstück, das das Hinterliegergrundstück von der Straße trennt, gegen den Willen des Hinterliegers eine Zufahrtsbaulast eintragen lässt, um den Hinterlieger zu einem Erschließungsbeitrag heranziehen zu können. Allerdings wies der entschiedene Fall die Besonderheit auf, dass der B-Plan das Hinterliegergrundstück durch die Festsetzung eines Geh-, Fahr- und Leitungsrechts auf dem Vorderliegergrundstück der Erschließungsstraße zuordnete. Für diesen Fall wird man die baurechtliche Relevanz der Baulast bejahen können. Stellt die aufgedrängte Zufahrtsbaulast eine im B-Plan nicht vorgezeichnete Zweiterschließung dar, wird man die baurechtliche Relevanz verneinen müssen (OVG Koblenz 25.6.1985 – 6 A 54/84, OVGE 19, 420).

Eine Baulast kann auch gleichsam „auf Vorrat" (vgl. David, Die Baulast als bauaufsichtliches Instrument, 1970, S. 75) übernommen werden. Voraussetzung ist jedoch, dass nicht ausgeschlossen sein darf, dass die Baulast in naher Zukunft baurechtliche Bedeutung gewinnt (VGH Mannheim 1.10.2004 – 3 S 1743/03, BRS 67 Nr. 150; enger OVG Münster 10.10.1997 – 7 B 1974/97, BRS 59 Nr. 228). Das kann sachgemäß sein, wenn der Bebauung eines Grundstücks längere, auch wechselhaft verlaufende Planungsphasen vorausgehen, in denen bereits das Bedürfnis besteht, sich Optionen offen zu halten, welche die Nachbargrundstücke berühren (OVG Lüneburg, 16.1.2012 – 1 LB 219/09, BeckRS 2012, 46210). In solchen Fällen besteht durchaus ein anzuerkennendes Interesse, **unabhängig von einem bereits konkretisierten Genehmigungsverfahren** für ein Vorhaben des Baulastbegünstigten eine **Baulast begründen** zu können. Ähnlich der Eigentümergrunddienstbarkeit kann es etwa auch wirtschaftlich sinnvoll sein, vor der Veräußerung eines Teilgrundstücks dieses mit einer Baulast – zB zur Sicherung der Zufahrt – zu belasten, für die bei einer Bebauung des Restgrundstücks ein Bedürfnis besteht (OVG Münster 30.11.1989 – 7 A 772/88, BRS 49 Nr. 130; zur Eigentümerbaulast vgl. OVG Lüneburg 27.10.1983 – 6 A 72/82, BRS 40 Nr. 112). Aber auch die wechselseitige Übernahme von Baulasten durch Nachbarn aus Anlass eines Baues kommt hier in Betracht (OVG Bautzen 30.1.1999 – 408 I S 1908, Jahrb. 13, 208). Es ist auch denkbar, in einer Baulast alternative Verpflichtungen nach Wahl des Bauherrn zu übernehmen (OVG Lüneburg 14.8.1986 – 6 A 194/84). **Nicht zulässig** ist aber eine langfristige, **von konkreten Bauwünschen losgelöste Vorratshaltung** an Baulasten im Sinne einer vorsorglichen „Blankoverpflichtung", die noch alles offen lässt und den Inhalt der Belastung nicht erkennen lässt. Will sich ein Bauherr in diesem Sinne langfristig Bebauungsoptionen für sein eigenes Grundstück auf Kosten eines Nachbargrundstücks sichern, stehen ihm hierfür die zivilrechtlichen Mittel zu Gebote (vgl. OVG Lüneburg, 16.1.2012 – 1 LB 219/09, BeckRS 2012, 46210). 19

Für die **Tragweite der Baulastverpflichtung** macht es einen Unterschied, ob die Baulast für ein bestimmtes Vorhaben übernommen (**vorhabenbezogene Baulast**) oder ob die **Baulast unabhängig von einem konkreten Vorhaben** übernommen wird. Es entspricht idR der Interessenlage benachbarter Grundstückseigentümer, dass eine Baulast nicht ohne Kenntnis des beabsichtigten Bauvorhabens erklärt wird. Wenn dem Übernehmer der Baulast ein konkretes Vorhaben zur Kenntnis gebracht wird, spricht dies für einen Bezug der Baulast zu diesem Vorhaben (OVG Hamburg 24.4.2002 – 2 Bf. 701/98, BRS 66 Nr. 140; aA VGH Mannheim 27.10.2000 – 8 S 1445/00, BRS 63 Nr. 184). Wird auf diese Weise eine Baulast im Rahmen eines Baugenehmigungsverfahrens für die Erschließung eines konkreten zur Genehmigung stehenden Vorhabens übernommen, um dessen Genehmigungsfähigkeit herzustellen, ist sie regelhaft dahin auszulegen, dass sie auch nur dieses konkrete Bauvorhaben sichern soll, jedenfalls aber nur den Verkehr zu sichern bestimmt ist, der durch die typische Nutzung des genehmigten Vorhabens entsteht (OVG Lüneburg, 16.1.2012 – 1 LB 219/09, BeckRS 2012, 46210; OVG Münster 21.11.2017 – 2 A 1393/16, NVwZ-RR 2018, 422 (424)). Stellt der Eigentümer seinem Nachbarn einen Grundstücksstreifen für die Bemessung des Grenzabstands zur Verfügung, wird er idR wissen wollen, ob sein Nachbar zu seiner Seite einen Abstand von 0,5 H einhält. Da die Abstandsbaulast die Zustimmung zu dem Vorhaben einschließt (OVG Hamburg 24.4.2002 – 2 Bf. 701/98, BRS 66 Nr. 140; OVG Lüneburg 27.9.2001 – 1 LB 1137/01, BRS 64 Nr. 130), sind nachträglichen Änderungen des Vorhabens Grenzen gesetzt. Der Baulastübernehmer kann nur Änderungen nicht widersprechen, die weder seine Rechte noch seine Interessen berühren. Wird eine Baulast unabhängig von einem konkreten Bauvorhaben übernommen, muss der Übernehmer etwaige Einschränkungen deutlich formulieren. So kann er die Abstandsbaulast nach § 6 Abs. 2 ausschließlich für eine Bebauung mit einem Grenzabstand von 0,5 H übernehmen, oder bestimmte vortretende Bauteile (§ 5 Abs. 3) ausschließen. 20

Die Baulastverpflichtung kann nur dann bauaufsichtliche Bedeutung erlangen, wenn sie auf ein **tatsächlich mögliches und rechtlich zulässiges Verhalten gerichtet ist**. So 21 darf zB eine Grundstückszufahrt nicht als Stellplatz zur Verfügung gestellt werden. Die Baulast darf von der BauAB nicht als Druckmittel verwendet werden, um – etwa anstelle einer Bauleitplanung (VGH Mannheim 25.4.1974 – III 1343/72, BRS 28 Nr. 123) – die Bebauung eines Grundstücks einzuschränken (vgl. → Rn. 36). Macht die BauAB die Erteilung einer Baugenehmigung, auf die ein Rechtsanspruch besteht, von einem Verzicht auf weitere gesetzmäßige Baumaßnahmen abhängig, ist dieser Verzicht unverbindlich (OVG Lüneburg 3.11.1977 – I A 28/76, DVBl 1978, 179) und kann auch durch Baulast nicht gesichert werden. Entfällt später das Hindernis, dessentwegen die Baulast übernommen worden ist, etwa durch eine Änderung der Sach- oder Rechtslage, kann die BauAB den Baulastübernehmer auch an seiner Verpflichtung nicht mehr festhalten (OVG Lüneburg 31.3.1995 – 1 L 4063/93, BRS 57 Nr. 92), sondern muss ggf. die Baulast löschen (→ Rn. 64 f.).

d) Subsidiarität

22 Die Anwendbarkeit der Baulast ist schließlich nach § 81 Abs. 1 S. 1 dadurch eingeschränkt, dass sich die **Verpflichtung, die Inhalt der Baulast werden soll, nicht schon aus dem öffentlichen Recht ergibt**. Wie weit diese Einschränkung des Anwendungsbereichs der Baulast reicht, ist umstritten (Schwarz Baulasten Rn. 195 ff. mN). Dabei geht es einerseits um die Frage, ob die Baulast als Sicherungsmittel nur dann ausscheidet, wenn sich die Verpflichtung unmittelbar aus gesetzlichen Vorschriften ergibt, oder auch dann, wenn die Verpflichtung auf Grund einer gesetzlichen Ermächtigung im Wege einer Auflage oder einer bauaufsichtlichen Anordnung konkretisiert werden kann. Andererseits stellt sich die Frage, wie eindeutig die gesetzliche Regelung die Pflicht umschreiben muss, damit eine Baulast aus Gründen der Subsidiarität ausscheidet.

23 Die Änderung des § 9 Abs. 2 (heute § 6 Abs. 2) durch die **NBauO 1986** hat das **Gewicht der Subsidiarität** als Tatbestandsmerkmal der Baulast entscheidend **reduziert.** Zuvor konnten benachbarte Grundstücke für die Bemessung des Grenzabstands dem Baugrundstück zugerechnet werden, wenn durch Baulast oder geeignete Festsetzungen in einem B-Plan gesichert war, dass auch bauliche Anlagen auf dem benachbarten Grundstück den vorgeschriebenen Abstand von dieser Grenze halten. Seit der NBauO 1986 reichen Festsetzungen eines B-Planes nicht mehr aus, vielmehr ist in jedem Fall eine Baulast erforderlich (vgl. → § 6 Rn. 34 f.). Selbst wenn die Festsetzungen eines B-Planes wegen der vergleichsweise leichten Änderungsmöglichkeiten die Gewähr der Dauerhaftigkeit nicht in gleicher Weise bieten sollten wie das sonstige öffentliche Baurecht, erscheint es doch bemerkenswert, dass der Gesetzgeber sich mit § 6 Abs. 2 über die Subsidiarität der Baulast hinweggesetzt hat. Das legt es nahe, der Subsidiarität der Baulast als Tatbestandsmerkmal der Baulast geringeres Gewicht beizumessen und ein Bedürfnis dafür anzuerkennen, den Rechtsbeziehungen durch eine Baulast eine klare und sichere Grundlage zu geben.

24 Die Bedeutung dieses Tatbestandsmerkmals lässt sich am besten an **Beispielen** verdeutlichen: § 35 Abs. 4 Nr. 2 BauGB lässt einen **Ersatzbau** nur für den Eigenbedarf des Grundstückseigentümers zu, diese Nutzung soll nach § 35 Abs. 5 BauGB in geeigneter Weise sichergestellt werden. Ergibt sich die Pflicht zur Eigennutzung damit unmittelbar aus dem Gesetz, erscheint die Baulast wegen ihrer Subsidiarität zur Sicherung der Eigennutzung nach § 35 Abs. 5 BauGB ungeeignet (vgl. Rieger in Schrödter BauGB § 35 Rn. 163). Die Praktikabilitätserwägungen, die Schwarz (Rn. 122 ff.) gegen dieses Ergebnis ins Feld führt, messen dem Wortlaut des § 81 Abs. 1 S. 2 keine Bedeutung mehr bei. Anders liegt es bei der Sicherung des Altenteilerhauses für den landwirtschaftlichen Betrieb nach § 35 Abs. 1 Nr. 1 BauGB. Nach § 35 Abs. 1 Nr. 1 BauGB dient ein **Altenteilerhaus** einem landwirtschaftlichen Betrieb nur, wenn es dem Betrieb auf Dauer für den Generationenwechsel zur Verfügung steht. (OVG Lüneburg 2.3.2012 – 1 LA 13/12, KommJur 2012, 275 (276)) Wenn das Altenteilerhaus auf einem vom Hofgrundstück getrennten Baugrundstück errichtet werden soll, muss daher gewährleistet

werden, dass die Fläche, auf der das Altenteilerhaus errichtet werden soll, mit dem Hofgrundstück verbunden bleibt. Die Verpflichtung, dass das Altenteilergrundstück nicht ohne Hofgrundstück veräußert wird, kann durch Baulast gesichert werden, weil sich diese Verpflichtung nicht unmittelbar aus dem Gesetz ergibt, auch wenn sie sich auf das Tatbestandsmerkmal „einem landwirtschaftlichen Betrieb dienen" zurückführen lässt (vgl. auch → Rn. 59).

Das letzte Beispiel weist auch den Weg zur Beantwortung der Frage, ob zwischen **Baulast und bauaufsichtlicher Auflage** oder bauaufsichtlicher Anordnung eine Wahlmöglichkeit besteht oder ob auch insoweit die Baulast subsidiär ist. Allein die Tatsache, dass eine Auflage „durch Rechtsvorschrift zugelassen ist" (§36 Abs. 1 VwVfG) macht sie noch nicht zum Bestandteil des öffentlichen Baurechts (vgl. BHS BauO NRW §83 Rn. 46). Darüber hinaus ergibt sich die Auflage in ihrer konkreten Ausgestaltung nicht im Wege einer mathematischen Operation, sondern im Zuge konkretisierender Rechtsanwendung. Eine Verpflichtung, die sich nicht unmittelbar aus dem Gesetz ergibt, kann als Baulast übernommen werden, solange sie noch nicht als Auflage angeordnet worden ist. **25**

e) Öffentliches Interesse an der Baulast

Nach §81 Abs. 3 ist Voraussetzung für die Löschung der Baulast, dass an ihr kein öffentliches Interesse mehr besteht. Daraus wird im Umkehrschluss gefolgert (Krawietz DVBl 1973, 605 (612 f.); Ziegler BauR 1988, 18), dass auch das Entstehen einer Baulast ein öffentliches Interesse voraussetze, weil sonst sofort die Baulast gelöscht werden müsse. Der Wegfall des öffentlichen Interesses an der Baulast als Voraussetzung ihrer Löschung erfüllt aber eine andere Funktion und kann nicht im Umkehrschluss ein öffentliches Interesse an der Baulast als deren Tatbestandsmerkmal begründen. Entsprechend dem Zweck der Baulast, durch eine dingliche Verpflichtung des Grundstückseigentümers die Voraussetzungen der Genehmigungsfähigkeit eines Vorhabens zu schaffen, **entsteht erst mit der Baugenehmigung**, bei genehmigungsfreien Vorhaben mit ihrer Errichtung, auf der Grundlage der Baulast **ein öffentliches Interesse** daran, dass die Baulastverpflichtung fortbesteht, weil sonst nachträglich die Vereinbarkeit mit dem öffentlichen Baurecht entfallen würde. Dieser Zusammenhang erklärt, warum die Entstehung der Baulast von den privaten Interessen der/des Grundstückseigentümer(s) abhängt und erst die Erteilung der Baugenehmigung die Baulast der Dispositionsbefugnis der beteiligten Grundstückseigentümer entzieht, denn erst mit der Baugenehmigung entsteht ein öffentliches Interesse an der dauerhaften Sicherung der durch die Baulastverpflichtung modifizierten öffentlichen Belange (Schwarz Baulasten Rn. 186). Das öffentliche Interesse an der Baulast kann nach der Erteilung der Baugenehmigung bzw. der Errichtung des genehmigungsfreien Vorhabens erst dann entfallen, wenn die Baulastverpflichtung aus tatsächlichen oder rechtlichen Gründen bedeutungslos geworden ist (vgl. → Rn. 62 ff.). **26**

C. Entstehung der Baulast

a) Konstitutive Wirkung der Eintragung

Nach §81 Abs. 1 S. 2 wird die Baulast mit der Eintragung in das Baulastenverzeichnis wirksam. Im Gegensatz zum bis zur NBauO 1986 geltenden Recht entsteht die Baulast also nicht mehr allein durch die der BauAB gegenüber abgegebene Verpflichtungserklärung des Grundstückseigentümers, vielmehr kommt der **Eintragung der Baulast** in das Verzeichnis **rechtsbegründende Wirkung** zu. Der Gesetzgeber wollte damit den Schwierigkeiten begegnen, die sich nach §92 NBauO 1973 aus fehlerhaften Baulasterklärungen ergaben (OVG Bremen 21.10.1997 – 1 BA 23/97, BRS 57 Nr. 92), und das Vertrauen auf die Vollständigkeit des Baulastverzeichnisses schützen (BegrRegE NBauO 1986 S. 86). Der Schutz des Vertrauens auf die Vollständigkeit des Baulasten- **27** verzeichnisses ist ein beachtliches Argument für eine konstitutive Wirkung der Eintragung der Baulast in das Verzeichnis. Dagegen führten fehlerhafte Baulasterklärungen nach § 92 NBauO 1973 nicht zu beachtlichen Schwierigkeiten, weil Erklärungen keine Baulast zur Entstehung bringen konnten, die keinen baulastfähigen Inhalt hatten, nicht vom Grundstückseigentümer oder nicht in der vorgeschriebenen Form abgegeben worden waren. Die konstitutive Eintragung wirft neue Fragen auf, insbesondere welche Fehler der Baulasterklärung die Bestandskraft der Eintragung unbeachtlich werden lassen (vgl. → Rn. 32).

28 Die Schwierigkeiten, die sich aus **Verfügungen des Grundstückseigentümers nach Abgabe der Baulasterklärung** ergeben können (vgl. → Rn. 35), spitzen sich dadurch zu, dass die Baulast nach § 81 Abs. 1 S. 2 nicht mit Zugang der Baulasterklärung bei der BauAB entsteht, sondern erst mit der Eintragung in das Verzeichnis. Zum einen wird der Zeitraum für Verfügungen des Grundstückseigentümers, die die Wirksamkeit der Baulasterklärung in Frage stellen können, länger, zum anderen darf die BauAB die Eintragung nicht verzögern, will sie nicht Gefahr laufen, mit Schadensersatzansprüchen überzogen zu werden. Erscheint die Eintragungsfähigkeit einer Baulasterklärung zweifelhaft, wird die BauAB im Hinblick auf einen bevorstehenden Eigentumswechsel in Erwägung ziehen müssen, ob sie im Hinblick auf drohende Schadensersatzansprüche zunächst die Eintragung vornimmt.

29 Die **BauAB** darf die **Eintragung der Baulast nur ablehnen**, wenn die Baulasterklärung keinen baulastfähigen Inhalt hat (vgl. → Rn. 8–25), nicht bestimmt genug ist (→ Rn. 43), nicht in der § 81 Abs. 2 entsprechenden Form abgegeben ist (vgl. → Rn. 44 f.), nicht vom Grundstückseigentümer stammt bzw. dinglich Nutzungsberechtigte nicht zugestimmt haben oder Verfügungsbeschränkungen nicht beachtet worden sind (vgl. → Rn. 32–36).

30 Die **Eintragung der Baulast** in das Baulastenverzeichnis **ist ein VA** (OVG Lüneburg 26.5.1989 – 6 A 147/87, OVGE 41, 406; BHS BauO NRW § 83 Rn. 65; zur Rechtslage nach der NBauO 1973 OVG Lüneburg 2.7.1991 – 6 L 132/89, BRS 52 Nr. 164: VA trotz deklaratorischen Charakters; Kluth/Neuhäuser NVwZ 1996, 738 (741): verwaltungsrechtliche Willenserklärung), weil der Gesetzgeber (BergRegE NBauO 1984, S. 86) die Wirksamkeit der Baulast an die konstitutive Eintragung im Baulastenverzeichnis gebunden hat, um den Schwierigkeiten zu begegnen, die aus fehlerhaften Baulasterklärungen bei nur deklaratorischer Bedeutung der Eintragung entstanden seien. Mit der Baulast wird die Bebauungsmöglichkeit eines Grundstücks idR zu Lasten eines anderen erweitert. Die Rechtsstellung des Bauherrn, dessen Nachbar eine Baulast nach § 6 Abs. 2 übernommen hat, wird erst durch die Entstehung der Baulast verbessert. Auch wenn der Baulastübernehmer durch seine Erklärung die Einschränkung der Bebaubarkeit seines Grundstücks selbst veranlasst hat, wird diese Einschränkung doch erst mit Entstehen der Baulast dauerhaft wirksam. Der **durch die Baulast Begünstigte hat einen Anspruch auf Eintragung einer wirksamen Baulasterklärung**, weil die Baulast gerade seine Rechtsstellung verbessern soll (OVG Lüneburg 26.5.1989 – 6 A 147/87, OVGE 41, 406; Kluth/Neuhäuser NVwZ 1996, 738 (743); aA – kein subj. Recht: OVG Münster – 2 B 1476/13, NVwZ-RR 2014, 412 (413); OVG Münster 21.11.2017 – 2 A 1393/16, NVwZ-RR 2018, 422 (427); Kamp in Schönenbroicher/Kamp, BauO NRW, § 83 Rn. 64). Dagegen dürfte der Übernehmer einer fremdnützigen Baulast keinen Anspruch auf die Eintragung haben, weil sie ihn allein belastet (aA Schwarz Baulasten Rn. 57; BHS BauO NRW § 83 Rn. 66 f., die dem Eigentümer des belasteten Grundstücks einen Anspruch auf Eintragung einräumen, dem Eigentümer des begünstigten Grundstücks aber versagen).

31 Abweichend von dem allgemeinen Grundsatz, dass VAe mit der Bekanntgabe an den Betroffenen wirksam werden (§ 43 VwVfG), bedarf die Eintragung zu ihrer Wirksamkeit keiner Bekanntgabe, denn die Entstehung der Baulast mit der Eintragung soll diese auf einen bestimmten Zeitpunkt unabhängig von der Bekanntgabe an die verschiedenen Beteiligten festlegen. Allerdings sollte die BauAB die beteiligten Grundstückseigentümer auf jeden Fall mit Rechtsbehelfsbelehrung von der Eintragung der Baulast unter-

richten, damit die Eintragung Bestandskraft erlangen kann (zu den Rechtsschutzfragen → Rn. 72 ff.). Ist die Eintragung der Baulast als VA zu charakterisieren, kommt der **Bestandskraft der Eintragung** insofern Bedeutung zu, als nicht mehr jeder Fehler der Baulasterklärung zur Unwirksamkeit der Baulast führt (OVG Lüneburg 26.5.1989 – 6 A 147/87, OVGE 41, 406). Ein Verstoß gegen die Subsidiarität der Baulast (vgl. → Rn. 22) oder eine fehlende Beglaubigung der Unterschrift berühren die Wirksamkeit der Baulast nicht. Zweifelhaft ist, ob die Erklärung der Baulast durch jemanden, der nicht Grundstückseigentümer ist, zur Nichtigkeit der Baulast nach § 44 Abs. 1 VwVfG führt. Weil ein VA nur nichtig ist, wenn er an besonders schwerwiegenden Fehlern leidet, dh tragenden Verfassungsprinzipien oder den der Rechtsordnung immanenten Wertvorstellungen widerspricht (BVerwG 22.2.1985 – 8 C 107.83, NJW 1985, 2658), wird man auch die Eintragung der Baulast, der die Erklärung eines Nichtberechtigten zugrunde liegt, nur als anfechtbar und nicht als nichtig ansehen können (Schwarz Baulasten Rn. 256).

b) Erklärung des Grundstückseigentümers

Die Baulast muss vom **Grundstückseigentümer** übernommen werden. Eine Vertretung **32** ist nach allgemeinen Grundsätzen (§§ 164 ff. BGB) zulässig. Entscheidend ist, dass derjenige, der die Baulast übernommen hat, im Zeitpunkt der Eintragung in das Baulastenverzeichnis als Eigentümer im Grundbuch eingetragen ist (OVG Berlin 8.9.1995 – 2 B 4.94, BRS 57 Nr. 203). Besteht ein **Erbbaurecht** an dem Grundstück, müssen der Grundstückseigentümer und der Erbbauberechtigte eine Verpflichtungserklärung abgeben (OVG Lüneburg 26.5.1989 – 6 A 147/87, OVGE 41, 406; Kern BauR 1978, 113). Der Erbbauberechtigte kann Baulasten allenfalls für die Laufzeit des Erbbaurechts erklären, die nur eine entsprechend befristete Baugenehmigung ermöglichen (vgl. → Rn. 39). Bei **Miteigentum** am Grundstück muss die Verpflichtungserklärung von allen Miteigentümern abgegeben werden, sofern Gemeinschaftseigentum mit einer Baulast belastet werden soll. Die Bestellung einer Baulast geht in allen Fällen über eine Verwaltungsmaßnahme hinaus und enthält eine Verfügung über den gemeinschaftlichen Gegenstand, sodass ein Mehrheitsbeschluss der Miteigentümer nicht genügt (§§ 745 Abs. 3, 747 S. 2, 2038, 2040 BGB, §§ 10, 22 WEG; vgl. auch BGH 26.10.1990 – V ZR 105/89, JZ 1991, 252). Betrifft die Baulast nur das **Sondereigentum** eines Miteigentümers (zB Einstellplätze einer Tiefgarage), bedarf es nicht der Mitwirkung der übrigen Miteigentümer. Ist Eigentümer des Grundstücks eine **juristische Person**, müssen die nach dem Gesetz bzw. dem Gesellschaftsvertrag oder der Satzung Vertretungsberechtigten die Baulasterklärung abgeben.

Die Wirksamkeit der Willenserklärung setzt Handlungsfähigkeit des Erklärenden nach **33** § 12 VwVfG voraus. **Verfügungsbeschränkungen** des Grundstückseigentümers – zB die Genehmigungsbedürftigkeit nach §§ 1643, 1821 Abs. 1 Nr. 1, 2113 BGB (vgl. VGH Mannheim 27.2.1989 – 5 S 3256/88, NJW 1990, 268; OVG Münster 9.5.1995 – 11 A 4010/92, NJW 1996, 275) – sind zu beachten. Durch die Eröffnung des **Insolvenzverfahrens** geht das Recht des Schuldners, über das zur Insolvenzmasse gehörende Grundstück zu verfügen, auf den Insolvenzverwalter über (§ 80 Abs. 1 InsO). Verfügungen des Schuldners nach Eröffnung des Insolvenzverfahrens sind nach § 81 Abs. 1 S. 1 InsO unwirksam, sie werden erst mit Genehmigung des Insolvenzverwalters wirksam. Der Eigentümer eines im Zwangsversteigerungsverfahren beschlagnahmten Grundstücks ist auf die Zustimmung des die Beschlagnahme betreibenden Gläubigers angewiesen (VGH Kassel 19.6.1981 – IV OE 70/80, BRS 38 Nr. 135; OVG Münster 18.7.1995 – 11 A 11/94, BRS 57 Nr. 205). Unberührt bleibt der Gutglaubensschutz der §§ 892 f. BGB. Verpflichtungserklärungen, die eine relative oder absolute Verfügungsbeschränkung missachten, sind (ggf. relativ) unwirksam; die BauAB muss eine solche Baulasterklärung zurückweisen.

Nach verbreiteter Ansicht ist für die Baulastübernahme das **Einverständnis dinglich Berechtigter** nicht erforderlich (Dageförde in Reichel/Schulte BauordnungsR-HdB, Kap. 17 **34**

Rn. 54; David, Die Baulast als bauaufsichtliches Instrument, 1970, S. 95 ff.; differenzierend Schwarz Baulasten Rn. 294 ff.; ders. BauR 1998, 446 (449)). Dem wird man für die Grundpfandgläubiger uneingeschränkt zustimmen müssen: Sie sind auf ihre Rechte aus den §§ 1133 ff. BGB beschränkt (OVG Münster 18.7.1995 – 11 A 11/94, BRS 57 Nr. 205). Die Grundpfandgläubiger können sich gegen die Entwertung ihres Haftungsobjektes durch eine Baulast ebenso wenig zur Wehr setzen wie gegen eine das Grundstück entwertende – weil rechtswidrig beeinträchtigende – Bebauung des Nachbargrundstücks. Anders verhält es sich beim **Nießbraucher** oder **Grunddienstbarkeitsberechtigten**: Diese dinglichen Rechte am Grundstück beschränken den Eigentümer in einzelnen Beziehungen in der Benutzung des Grundstücks und der Ausübung seiner Rechte und verleihen andererseits den dinglich Berechtigten eine – ggf. beschränkte – eigentumsähnliche Stellung. Soweit die baulastmäßige Verpflichtung diese Rechte berührt, kommt man an einer Zustimmung dieser Berechtigten nicht vorbei (Schwarz Baulasten Rn. 296; aA BHS BauO NRW § 83 Rn. 53, weil die Baulast nach § 83 Abs. 1 S. 3 BauO NRW unbeschadet privater Rechte Dritter entsteht). Das mag folgendes Beispiel verdeutlichen: Der Eigentümer eines Grundstücks, an dem ein Nießbrauch besteht, übernimmt zugunsten eines Nachbarn eine Stellplatz- oder eine Zufahrtsbaulast. Da der Nießbrauch dem Eigentümer das Nutzungsrecht entzieht, kann dieser auch nicht durch Baulast das ihm entzogene Nutzungsrecht einschränken. Der Nießbraucher kann sich gegen die Beeinträchtigung seiner Rechte wie ein Eigentümer zur Wehr setzen.

35 Während die Stellung des **Vorkaufsberechtigten** gerade im Hinblick auf Verschlechterungen des Grundstücks nicht so stark ist, dass seine Zustimmung zur Übernahme der Baulast erforderlich erscheint, ist dies bei dem Käufer zweifelhaft, zu dessen Gunsten eine **Auflassungsvormerkung** eingetragen ist. Da die Baulast die Rechte des Eigentümers ändert bzw. einschränkt, ist die Bestellung der Baulast durch den noch im Grundbuch eingetragenen Eigentümer gegenüber dem Vormerkungsberechtigten nach § 883 Abs. 2 BGB unwirksam (OVG Bautzen 9.9.1994 – 1 S 259/94, BRS 56 Nr. 115; aA Berghäuser/Berg DÖV 2002, 512). Voraussetzung ist allerdings, dass die Vormerkung zum Zeitpunkt der Eintragung der Baulast im Grundbuch eingetragen ist, eine spätere Berichtigung des Grundbuchs reicht nicht aus (OVG Lüneburg 12.9.1997 – 1 L 5585/96, NJW 1998, 1168). Die Frage, ob die Baulast ohne die Zustimmung des Vormerkungsberechtigten wirksam begründet werden kann (so VGH Mannheim 13.7.1992 – 8 S 588/92, NJW 1993, 678) und nur dem Vormerkungsberechtigten gegenüber unwirksam ist, oder ob die Übernahme der Baulast zu ihrer Wirksamkeit der Zustimmung des Vormerkungsberechtigten bedarf, ist für die BauAB ohne Belang, weil sie auf die dauerhafte Sicherung der Verpflichtung gegenüber jedermann abstellen muss. Sie muss daher eine solche Baulast zurückweisen (ebenso Schwarz Rn. 292 f.). Eine Baugenehmigung unter Berücksichtigung der Baulast darf die BauAB keinesfalls ohne Zustimmung des Vormerkungsberechtigten erteilen.

36 Um sicherzugehen, dass die Baulast **vom Grundstückseigentümer erklärt** worden ist und die Inhaber dinglicher Nutzungsrechte, soweit erforderlich, zugestimmt haben, muss die BauAB unmittelbar vor der Eintragung der Baulast in das Baulastenverzeichnis das **Grundbuch einsehen**. Da der Grundstückseigentümer nach Abgabe der Baulasterklärung und vor deren Eintragung durch die BauAB weitere Verfügungen über das Grundstück treffen kann, die zur relativen Unwirksamkeit der Baulast führen können, genügt die Vorlage eines Grundbuchauszugs nicht. Die BauAB muss sich vielmehr unmittelbar vor der Eintragung durch telefonische Rückfrage beim Grundbuchamt von der Verfügungsbefugnis des Baulastübernehmers vergewissern.

c) Öffentlich-rechtliche Willenserklärung

37 Die Baulasterklärung stellt eine empfangsbedürftige, öffentlich-rechtliche Willenserklärung dar, die im Belieben des Grundstückseigentümers liegt (Kluth/Neuhäuser NVwZ 1996, 738 (740); Schwarz BauR 1998, 446 (450)). Die BauAB kann die Übernahme

einer Baulast nicht verlangen. Die **Freiwilligkeit der Baulastübernahme** wird nicht dadurch in Frage gestellt, dass die Behörde tatsächlich bestehende Bedenken gegen die Erteilung einer Baugenehmigung ohne Baulastübernahme äußert, oder statt die Genehmigung zu versagen, von einer Baulast abhängig macht (OVG Lüneburg 12.12.1986 – 1 A 172/86, BRS 46 Nr. 164). Die Grenze zur unzulässigen Beeinflussung des Willens des mit dem Bauherrn identischen Baulastübernehmers durch Drohung wird überschritten, wenn die Behörde zur Baulastübernahme mit dem Hinweis veranlasst, ohne Baulast werde der Bauantrag nicht weiter bearbeitet, obgleich das Vorhaben genehmigungsfähig ist.

Ein **Dritter** kann die Übernahme einer **Baulast nur verlangen**, wenn sich der Grundstückseigentümer ihm gegenüber vertraglich dazu verpflichtet hat. So kann aus einem Kaufvertrag über ein Teilgrundstück die Pflicht des Verkäufers zur Bestellung von Baulasten ggf. im Wege ergänzender Vertragsauslegung hergeleitet werden (BGH 18.3.1994 – V ZR 159/92, NJW 1994, 2757). Eine solche Verpflichtung kann sich aber auch aus dem **durch eine Grunddienstbarkeit begründeten gesetzlichen Schuldverhältnis** ergeben (BGH 6.10.1989 – V ZR 127/88, NVwZ 1990, 192; 3.2.1989 – V ZR 224/87, BGHZ 106, 348; 3.7.1992 – V ZR 218/91, NJW 1992, 2885; Schwarz BauR 1998, 446 (450) mwN; aA Grziwotz BauR 1990, 20). Gegenstand eines solchen Schuldverhältnisses sind zwar vor allem das Nutzungsrecht begleitende Pflichten des aus der Grunddienstbarkeit Berechtigten, können aber auch Pflichten des belasteten Grundstückseigentümers sein. Wenn die Grunddienstbarkeit bestellt worden ist, um die Bebaubarkeit eines anderen Grundstücks oder eine günstigere bauliche Ausnutzung zu ermöglichen, kann der Eigentümer des belasteten Grundstücks verpflichtet sein, eine baurechtlich erforderliche deckungsgleiche Baulast zu übernehmen. Zwar bewirkt die Baulast im Vergleich zur Grunddienstbarkeit eine zusätzliche Belastung, weil sie ein öffentlich-rechtliches Verhältnis zur BauAB begründet und der privaten Disposition entzogen ist, doch wird dem Eigentümer des belasteten Grundstücks die Bestellung einer Baulast insbesondere in den Fällen zuzumuten sein, in denen die Baulast zur Zeit der Bestellung der Grunddienstbarkeit im Landesbaurecht noch nicht vorgesehen war. Dagegen wird sich aus dem Notwegerecht idR keine Verpflichtung zur Übernahme einer Baulast herleiten lassen (VGH Mannheim 25.3.1981 – 3 S 2346/80, BRS 38 Nr. 160). Für den **Miteigentümer** kann sich aus den Vorschriften der §§ 743 Abs. 2, 745 Abs. 2 BGB ein Anspruch auf Bewilligung einer Baulast ergeben (BGH 3.12.1990 – II ZR 107/90, BauR 1991, 227). 38

Eine Baulastübernahme unter **Bedingungen** dürfte im Hinblick auf den Zweck der Baulast, ein Genehmigungshindernis für ein konkretes Bauvorhaben auszuräumen, nur in ganz engem Rahmen zulässig sein, der diese Funktion nicht in Frage stellt (VGH Mannheim 29.5.1979 – III 353/79, BRS 35 Nr. 164). Bei der Teilung eines Grundstücks, auf dem Gebäude mit unzureichenden Abständen stehen, kann die Gefahr, dass ein Ersatzbau nach einer Teilung nicht den vorher gebotenen Gebäudeabstand (§ 7) einhält, durch eine Baulast nach § 2 Abs. 12 S. 2 ausgeräumt werden, die unter der aufschiebenden Bedingung der Genehmigung der Teilung erklärt werden darf (OVG Lüneburg 27.10.1983 – 1 A 72/82, BRS 40 Nr. 112). Denkbar ist eine Bedingung, die die Wechselseitigkeit zweier Baulasten sicherstellt (dazu OVG Bautzen 30.1.1999 – 408 I S 1908, Jahrb. 13, 208). Bedingung und ebenso **Befristung** einer Baulast haben Konsequenzen für die Baugenehmigung: Da die Baulast die Einhaltung des öffentlichen Baurechts gewährleistet, entstehen mit ihrem Wegfall durch Fristablauf oder Eintritt der Bedingung baurechtswidrige Zustände. Daher muss die Baugenehmigung idR mit der gleichen Bedingung oder Befristung erteilt werden, die der Baulast beigefügt ist. 39

Die Baulasterklärung, die der Grundstückseigentümer nach § 81 gegenüber der BauAB abgibt, wird entsprechend § 130 BGB wirksam, wenn sie der BauAB zugeht, es sei denn, der BauAB geht vorher oder gleichzeitig ein Widerruf zu. Solange die Baulast noch nicht in das Verzeichnis eingetragen und damit noch nicht entstanden ist, wird man die **Rücknahme des Eintragungsantrags**, der konkludent mit der Baulasterklärung verbunden ist, für zulässig ansehen müssen, unabhängig davon, ob der Baulastübernehmer sich 40 damit dem Begünstigten gegenüber schadensersatzpflichtig macht. Aber auch nach der Eintragung der Baulast wird man bis zur Bestandskraft der Eintragung eine Rücknahme zulassen müssen, solange noch keine Baugenehmigung unter Berücksichtigung der Baulast erteilt worden ist, weil nach allgemeinen Grundsätzen der Antrag, der das Verfahren einleitet, bis zur Unanfechtbarkeit zurück genommen werden kann (Kopp/Ramsauer VwVfG § 22 Rn. 85). Auch eine Anfechtung wegen Willensmängeln ist bis zur Unanfechtbarkeit der Eintragung bzw. der Erteilung einer Baugenehmigung möglich.

41 Mit Rücksicht auf den öffentlich-rechtlichen Sicherungszweck der Baulast **scheidet eine Rücknahme des Eintragungsantrags** und eine **Anfechtung wegen Willensmängeln** aus, wenn die Behörde unter Berücksichtigung der Baulast die **Baugenehmigung erteilt** hat oder bei genehmigungsfreien Bauten mit dem Bau begonnen worden ist (OVG Lüneburg 21.1.1999 – 1 L 5580/96, NVwZ 1999, 1364; 26.3.1999 – 1 L 215/97, NVwZ 1999, 1013). Eine Anfechtung wegen Täuschung oder Drohung erscheint auch später denkbar, weil die BauAB sowohl die Eintragung der Baulast als auch eine Baugenehmigung auf der Grundlage einer unredlich erwirkten Baulast idR zurücknehmen darf, und der Bauherr in solchen Fällen keinen Vertrauensschutz verdient (vgl. § 48 Abs. 2 S. 3 VwVfG). Gleichwohl macht eine Täuschung eines Dritten nach § 123 Abs. 2 S. 1 BGB eine Erklärung gegenüber einem anderen nur dann anfechtbar, wenn der andere die Täuschung kannte oder kennen musste (OVG Münster 9.4.1987 – 7 A 2686/86, NJW 1988, 1043). Diese Voraussetzung wird regelmäßig nicht vorliegen, weil Täuschung oder Drohung idR das Verhältnis Baulastbegünstigter/Baulastübernehmer berühren werden, ohne dass die BauAB davon Kenntnis erhält. Soweit der Baulastbegünstigte aus der Baulast eine Verbesserung seiner Rechtsposition herleitet, ist § 123 Abs. 2 S. 2 BGB entsprechend anzuwenden. Entgegen der Ansicht des OVG Münster (9.4.1987 – 7 A 2686/86, NJW 1988, 1043) verleiht die Baulast, die ein öffentlich-rechtliches Hindernis für die Bebaubarkeit des Grundstücks ausräumt, dem begünstigten Grundstückseigentümer unmittelbar einen Anspruch auf Erteilung der Baugenehmigung (vgl. → Rn. 48), so dass er iSd § 123 Abs. 2 S. 2 BGB „aus der Erklärung unmittelbar ein Recht erworben hat“.

42 Die **Baulast ist unabhängig vom Rechtsverhältnis zwischen dem Baulastübernehmer und dem Bauherrn** (VGH Mannheim 4.6.1975 – III 82/84, BRS 29 Nr. 94). Mängel dieser Rechtsbeziehungen schlagen nicht auf die Baulastübernahme durch (Fußlein DVBl 1965, 272; Schwarz BauR 1998, 446 (454)). Hat der durch die Zuwegungs- oder Stellplatzbaulast Begünstigte eine dingliche Sicherung der Nutzbarkeit des fremden Grundstücks versäumt oder erweist sich die dingliche Sicherung als unwirksam oder kündigt der Baulastnehmer etwaige schuldrechtliche Vereinbarungen, berührt das nicht die Wirksamkeit der Baulast (vgl. auch BGH 7.10.1994 – V ZR 4/94, NJW 95, 53). Ebenso wenig hindert das Erlöschen der Grunddienstbarkeit in der Zwangsversteigerung die Durchsetzung der Baulast (OVG Lüneburg 8.12.1995 – 1 M 7201/95, NJW 1996, 1363). Zum Verhältnis der beteiligten Grundstückseigentümer vgl. → Rn. 50.

d) Bestimmtheit der Baulasterklärung

43 Die Verpflichtungserklärung muss klar und eindeutig sein, damit die BauAB die Baulast ggf. durch bauaufsichtliche Verfügung durchsetzen kann (OVG Münster 15.5.1991 – 11 A 890/91, NJW 1993, 1284; VGH Kassel 1.12.2015 – 3 A 55/15.Z, BeckRS 413331, LS 1; Schwarz Rn. 318 f.). Eine Baulast genügt dem Bestimmtheitsprinzip, wenn sich unter Zuhilfenahme der angegebenen Unterlagen der Bereich ergibt, auf den sich die Baulast erstreckt (OVG Lüneburg 8.7.2004 – 1 LB 48/04, NVwZ-RR 2005, 791 (793 f.)). Die Beschreibung der in Anspruch genommenen Flächen eines anderen Grundstücks wird durch einen Lageplan erleichtert (vgl. → Rn. 45). Indessen ist die Baulasterklärung als öffentlich-rechtliche Willenserklärung auslegungsfähig (OVG Lüneburg 21.1.1999 – 1 L 5580/96, NVwZ 1999, 1364; OVG Münster 21.11.2017 – 2 A 1393/16, NVwZ-RR 2018, 422 (424)) und vom Horizont eines objektivierten, aktenkundigen, aber mit mündlichen

Vorgängen zum Zeitpunkt der Bestellung unvertrauten Vertreters der BauAB her auszulegen (OVG Lüneburg 29.6.2017 – 1 LA 151/16, BauR 2017, 1673 (1673 f.)). Es gilt also der objektive Empfängerhorizont (VGH Mannheim, 4.2.2016 – 5 S 1140/14, BeckRS 2016, 44916; OVG Münster 21.11.2017 – 2 A 1393/16, NVwZ-RR 2018, 422 (424)). Wird das „begünstigte" Bauvorhaben in der Baulast erwähnt, kann dies uU der Konkretisierung der Verpflichtung dienen. Der Wortlaut der Erklärung setzt der Auslegung allerdings ebenso Grenzen wie beigefügte Lagepläne oder Skizzen. Soweit die Baulast zu einem Handeln oder Dulden verpflichtet, muss dies idR genauer umschrieben werden als ein Unterlassen (OVG Münster 15.5.1991 – 11 A 890/91, NJW 1993, 1284). Eine Stellplatzbaulast, die Lage und Größe der Stellplätze auf dem Grundstück nicht festlegt, ist wegen fehlender Bestimmtheit unwirksam. Das Gleiche gilt für eine Zufahrtsbaulast, die sich wegen falscher Pläne nicht lokalisieren lässt, oder eine Abstandsbaulast, deren Reichweite weder durch eine Beschreibung des Vorhabens, noch durch genaue Maße bestimmt werden kann. Eine Baulast nach § 7 Abs. 5 S. 2 muss das Vorhaben, das im Grenzbereich verwirklicht werden soll, nach Höhe und Länge rahmenmäßig festlegen (OVG Lüneburg 27.9.2001 – 1 LB 1137/01, BRS 64 Nr. 130).

e) Form der Verpflichtungserklärung

Wegen der rechtlichen Tragweite der Baulast forderte § 92 Abs. 2 NBauO 1973 eine notarielle Beurkundung. Seit der NBauO 1986 lässt das Gesetz die **Schriftform und öffentliche Beglaubigung der Unterschrift** bzw. Unterschriftsleistung vor der BauAB genügen. Die BegrRegE NBauO 1986 (S. 86) erläuterte die Rechtsänderung damit, dass die notarielle Beurkundung das Verfahren erschwert und verzögert habe, zumal die BauAB die Baulasterklärungen häufig vorformuliert habe. Außerdem habe kein anderes Bundesland die notarielle Beurkundung vorgesehen. Andererseits war die notarielle Beurkundung wegen der rechtlichen Tragweite der Baulast nicht unangemessen, zumal sie nicht den Vorwurf gegenüber der BauAB aufkommen ließ, sie habe auf den Baulastübernehmer Druck ausgeübt. Das ÄndG 2002 hat die Beglaubigung der Unterschrift durch Vermessungsstellen nach § 1 NVermKatG (jetzt § 6 Abs. 1, 2 oder 3 NVermG) zugelassen, also insbesondere durch öffentlich bestellte Vermessungsingenieure (§ 6 Abs. 2 NVermG). Das ModKG ermächtigte befristet auch die Gemeinden in den Landkreisen Cuxhaven, Emsland und Osnabrück zur Beglaubigung der Unterschrift des Baulastübernehmers. Seit dem Änderungsgesetz zum ModKG v. 10.12.2008 (Nds. GVBl. S. 381) kann die **öffentliche Beglaubigung von allen Gemeinden** vorgenommen werden (vgl. auch → Rn. 46). 44

Die Verpflichtungserklärung bedarf gem. Abs. 2 S. 1 der **Schriftform** (§ 126 BGB). 45
Dieses Formerfordernis lässt sich auf die weitreichende Bedeutung der Baulast zurückführen sowie auf die Gründe der Rechtsklarheit und Rechtssicherheit. Die Verpflichtungserklärung darf auf einen **Lageplan** Bezug nehmen, was die Beschreibung der durch Baulast in Anspruch genommenen Flächen erleichtert (vgl. auch § 9 Abs. 1 S. 3 BeurkG für die Verwendung von Karten im Zusammenhang mit der Beurkundung). Die **Schriftform setzt grundsätzlich eine einheitliche Urkunde voraus**. Nach der Rspr. des BGH (24.9.1997 – XII ZR 234/95, NJW 1998, 58; 21.1.1999 – VII ZR 93/97, NJW 1999, 1104; 30.6.1999 – XII ZR 55/97, NJW 1999, 2591) erfordert die Einheit der Urkunde nicht, dass sie aus einem einzigen Schriftstück besteht oder die verschiedenen Blätter körperlich oder durch wechselseitige Bezugnahme verbunden sowie von den Vertragspartnern unterschrieben sind. Es reicht vielmehr aus, dass sich die Einheit der schriftlichen Erklärung durch Paginierung, fortlaufende Paragraphenzählung, Paraphierung der einzelnen Blätter oder durch den inhaltlichen Zusammenhang des Textes zweifelsfrei ergibt (OVG Lüneburg 26.3.1999 – 1 L 215/97, NVwZ 1999, 1013). Ist die Urkundeneinheit zwischen Baulasterklärung und Lageplan nicht gewahrt, weil eine körperliche Verbindung oder eindeutige Bezugnahme fehlt, führt das aber nicht zwingend zur Formunwirksamkeit der Baulasterklärung, vielmehr ist zu prüfen, ob nicht die Baulasterklärung auch ohne den Lageplan oder sonstige Anlagen aus sich heraus ver-

ständlich und vollständig ist (OVG Lüneburg 21.1.1999 – 1 L 5580/96, NVwZ 1999, 1364).

46 Die **Unterschrift des Baulastübernehmers** muss gem. Abs. 2 S. 1 öffentlich (§ 129 BGB), von einer Gemeinde oder von einer Vermessungsstelle iSd § 6 Abs. 1–3 NVermG **beglaubigt** sein. Alternativ reicht auch, dass sie vor der BauAB geleistet oder vor ihr anerkannt wird. Eine öffentliche Beglaubigung erfordert nach § 129 Abs. 1 BGB die Beglaubigung der Unterschrift durch einen Notar. Die Beglaubigung wird nach § 129 Abs. 2 BGB durch eine notarielle Beurkundung der Erklärung ersetzt. Ein ordnungsgemäß protokollierter gerichtlicher Vergleich ersetzt nach § 127a BGB die öffentliche Beglaubigung. Da Beglaubigungen nach § 34 VwVfG die öffentliche Beglaubigung nicht ersetzen können, haben das ÄndG 2002 und das ModKG für die Vermessungsstellen und die Modellkommunen Sonderregelungen geschaffen. Da sich diese Regelungen bei der Erprobung des ModKG bewährt haben, wurden sie durch das Änderungsgesetz zum ModKG v. 10.12.2008 (Nds. GVBl. S. 381) landesweit und dauerhaft eingeführt, so dass die Beglaubigung der Baulastenerklärung nunmehr von jeder Gemeinde vorgenommen werden kann. Dies soll der Verfahrenserleichterung der Bürgerinnen und Bürger dienen (BegrRegE BauO 2012, LT-Drs. 16/605, 5). Die Anerkennung der Unterschrift vor der BauAB soll sicherstellen, dass die Unterschrift unter der Verpflichtungserklärung vom Baulastübernehmer stammt. Bei Erklärungen durch Bevollmächtigte kann die BauAB aus Gründen der Beweiserleichterung eine beglaubigte Vollmacht verlangen (vgl. aber § 167 Abs. 2 BGB). Baulasterklärungen einer Behörde als Grundstückseigentümer bedürfen im Hinblick auf § 417 ZPO (Beweiskraft öffentlicher Urkunden) keiner Beglaubigung.

f) Entstehung durch Hoheitsakt

47 Im Umlegungsverfahren kann der Umlegungsausschuss anstelle des Eigentümers nach § 61 Abs. 1 S. 3 BauGB durch den Umlegungsplan im Einvernehmen mit der BauAB Baulasten aufheben, ändern oder neu begründen. Mit der Bekanntmachung der Unanfechtbarkeit des Umlegungsplanes wird der bisherige Rechtszustand durch den im **Umlegungsplan** vorgesehenen ersetzt (§ 72 BauGB). In diesem Sonderfall wird die Baulast nicht mit der Eintragung im Baulastenverzeichnis wirksam. Die Umlegungsstelle muss daher die BauAB vom Umlegungsplan unterrichten, damit das Baulastenverzeichnis berichtigt werden kann.

D. Wirkungen der Baulast

a) Verhältnis Bauherr – BauAB

48 Die **Baulast erweitert unmittelbar die Rechtsstellung des Bauherrn gegenüber der BauAB**, soweit durch die Baulast öffentlich-rechtliche Hindernisse für eine Bebauung ausgeräumt werden und dem Baulastbegünstigten damit ein **Anspruch auf die Baugenehmigung erwächst** (OVG Lüneburg 2.7.1991 – 6 L 132/89, BRS 52 Nr. 67; aA David Die Baulast als bauaufsichtliches Instrument, 1970, S. 49 f.). Beantragt der Bauherr die Baugenehmigung für ein Haus mit unzureichendem Grenzabstand, muss ihm die Baugenehmigung versagt werden; übernimmt der Nachbar den fehlenden Abstand durch Baulast nach § 6 Abs. 2, hat der Bauherr einen Anspruch auf die Baugenehmigung. Entsprechendes gilt in Fällen, in denen erst die Baulast eine Ermessensentscheidung eröffnet, etwa die Voraussetzungen einer Ausnahme oder Befreiung sichert. Deshalb vermittelt die Baulast dem Eigentümer des begünstigten Grundstücks **nicht nur eine faktische Begünstigung** oder einen Rechtsreflex (so VGH Kassel 4.6.1992 – 4 TG 2815/91, NVwZ-RR 1993, 236; OVG Münster 14.1.2014 – 2 B 1476/13, NVwZ-RR 2014, 412 (413); OVG Münster 21.11.2017 – 2 A 1393/16, NVwZ-RR 2018, 422 (427)), sondern § 6 Abs. 2 und die anderen Vorschriften über fremdnützige Baulasten bezwe-

cken vielmehr, den Betroffenen zu begünstigen: Die Baulast räumt ihm einen Anspruch auf die Erteilung einer Baugenehmigung ein (OVG Lüneburg 2.7.1991 – 6 L 132/89, BRS 52 Nr. 67; Schwarz Baulasten Rn. 42 ff.; Kluth/Neuhäuser NVwZ 1996, 738 (742)). Das bestätigt auch § 81 Abs. 3 S. 1, der die Löschung der Baulast ua davon abhängig macht, dass kein privates Interesse mehr an der Baulast besteht sowie § 81 Abs. 3 S. 3, der die Anhörung der Eigentümer der begünstigten Grundstücke vor der Löschung der Baulast vorschreibt. Dieser Rechtsansicht entspricht es, dass der BGH (7.10.1994 – V ZR 4/94, NJW 1995, 53) die im öffentlichen Baurecht begründete Begünstigung des Bauherrn durch eine Stellplatzbaulast als vermögenswerten Vorteil angesehen hat, auf den nach Wegfall des Mietvertrages als rechtlichem Grund der Bereicherungsanspruch des Baulastübernehmers gerichtet ist. Entgegen der Ansicht des OVG Münster (17.11.1986 – 7 A 2169/85, BRS 47 Nr. 149) macht das öffentliche Baurecht den Anspruch auf Erteilung der Baugenehmigung nicht davon abhängig, dass dem Bauherrn entsprechende zivilrechtliche Rechtspositionen durch den Eigentümer des belasteten Grundstücks eingeräumt werden, sondern allein von der Baulast. Die Einräumung eines Anhörungsrechtes beim Verzicht auf die Baulast spricht nicht gegen eine Rechtsposition des Begünstigten (so aber VGH Kassel 4.6.1992 – 4 TG 2815/91, NVwZ-RR 1993, 236), sondern bekräftigt die Annahme, dass die Baulast dem Begünstigten ein subjektives öffentliches Recht verleiht, denn § 28 VwVfG sieht eine Anhörung vor, „bevor ein VA erlassen wird, der in Rechte eines Beteiligten eingreift".

Soweit die Baulast geeignet ist, öffentlich-rechtliche Hindernisse der Bebauung auszu- 49
räumen, wie das bei fremdnützigen Baulasten nach §§ 4 Abs. 2, 6 Abs. 2, 7 Abs. 5, 47 Abs. 4 die Regel sein dürfte, kann die Baulast dem Begünstigten auch **Abwehrrechte gegen eine Baugenehmigung** verleihen, die der Baulast widerspricht (differenzierend Lorenz NJW 1996, 2612 (2613)). Übernimmt der Nachbar den fehlenden Abstand durch Baulast nach § 6 Abs. 2, kann der Baulastbegünstigte eine dem Nachbarn erteilte Baugenehmigung mit Erfolg anfechten, die nicht den erforderlichen Abstand von der „Baulastgrenze" beachtet, sondern nur den Abstand von der tatsächlichen Grenze (VGH Mannheim 9.12.1997 – 5 S 2568/97, NVwZ 1998, 535 f.). Ebenso kann der durch eine Zufahrtsbaulast Begünstigte die Baugenehmigung mit Erfolg anfechten, die auf der Zufahrtsfläche eine Bebauung zulässt. Allerdings setzt ein nachbarliches Abwehrrecht voraus, dass die Baulast eingetragen ist, allein die Verpflichtung des Bauherrn, dem Nachbarn eine Baulast einzuräumen, reicht noch nicht aus (OVG Lüneburg 29.11.1995 – 1 M 7198/95, NVwZ 1996, 1237).

b) Verhältnis der beteiligten Grundstückseigentümer

Das Rechtsverhältnis zwischen dem Baulastverpflichteten und dem Begünstigten be- 50
stimmt sich **ausschließlich nach Privatrecht**. Die von einem Grundstückseigentümer zu Gunsten eines anderen Grundstücks übernommene **Baulast bewirkt nur eine öffentlich-rechtliche Verpflichtung**, die weder dem Eigentümer des begünstigten Grundstücks einen privatrechtlichen Nutzungsanspruch gewährt, noch grundsätzlich den Baulastübernehmer verpflichtet, die Nutzung zu dulden (BGH 8.7.1983 – V ZR 204/82, BGHZ 88, 97; 19.4.1985 – V ZR 152/83, BGHZ 94, 160; Lorenz NJW 1996, 2612; aA Schwarz Rn. 78 m. Nachw.; teilweise aA Prahl ZfBR 1997, 12: quasinegatorischer Rechtsschutz). Eine Einstellplatzbaulast nach § 47 Abs. 4 gibt dem Baulastbegünstigten daher keinen privatrechtlichen Nutzungsanspruch gegenüber dem Baulastübernehmer. Dem Baulast-übernehmer steht ein Bereicherungsanspruch gegenüber dem Baulastbegünstigten zu, der das Grundstück baulastgemäß, aber ohne zivilrechtlichen Rechtsgrund nutzt (BGH 19.4.1985 – V ZR 152/83, BGHZ 94, 160). Aber auch wenn dem Baulastbegünstigten wegen fehlender vertraglicher Abreden die baulastmäßige Nutzung verwehrt ist, kann ein Bereicherungsanspruch des Baulastverpflichteten bestehen (BGH 7.10.1994 – V ZR 4/94, NJW 1995, 53). Der vermögenswerte Vorteil einer Stellplatzbaulast ohne tatsächliche Nutzung liegt darin, dass damit der zur baurechtlichen Zulässigkeit des Bauvorhabens erforderliche Stellplatznachweis erbracht werden kann. Es spricht

aber einiges dafür, dass der Baulastverpflichtete – jedenfalls gegenüber der BauAB (vgl. OVG Lüneburg 2.9.1983 – 1 A 72/82, NJW 1984, 380) – gehalten ist, dem Begünstigten eine angemessene vertragliche Regelung anzubieten (vgl. auch BGH 9.1.1981 – V ZR 58/79, NJW 1981, 980; Lorenz NJW 1996, 2612). Den beteiligten Grundstückseigentümern ist daher dringend zu empfehlen, neben der Baulast eine entsprechende **vertragliche Regelung** zu treffen und durch **Grunddienstbarkeit** dinglich zu sichern, um den Nutzungsanspruch auch gegenüber dem Rechtsnachfolger des Baulastübernehmers durchsetzen zu können. Die Bestellung einer Grunddienstbarkeit ermöglicht dem Begünstigten nach §§ 1027, 1004 BGB auch die Abwehr von Beeinträchtigungen Dritter. Zur Durchsetzung einer Zuwegungsbaulast nach Erlöschen der parallelen Grunddienstbarkeit in der Zwangsversteigerung vgl. OVG Lüneburg 8.12.1995 – 1 M 7201/95, NJW 1996, 1363).

c) Wirkung gegenüber dem Baulastverpflichteten

51 Die öffentlich-rechtliche Verpflichtung zu einem grundstücksbezogenen Tun, Dulden oder Unterlassen muss sich bewähren, wenn der Baulastübernehmer gegen die Baulast verstößt. Als Instrument der Bauaufsicht kann die Baulast ihren Zweck, Genehmigungshindernisse auszuräumen, nur dann erfüllen, wenn die BauAB sie ebenso wie eine Verpflichtung, die sich aus öffentlich-rechtlichen Vorschriften ergibt, durchsetzen kann, ohne dass es im Einzelfall des Nachweises bedarf, ob der Verstoß gegen die Baulast eine konkrete Gefahr darstellt (OVG Lüneburg 2.9.1983 – 1 A 72/82, NJW 1984, 380; BVerwG 27.9.1990 – 4 B 34.90, BRS 50 Nr. 109; David, Die Baulast als bauaufsichtliches Instrument, 1970, S. 45 ff.; Krawietz DVBl 1973, 605 (615); Schwarz Baulasten Rn. 24 ff.; Roellecke FS Blümel, 1999, 481 (486 f.) aA Di Fabio BauR 1990, 25). Dass die Baulast nur auf der Erklärung eines Grundstückseigentümers beruht, steht der **hoheitlichen Durchsetzung** der Baulast nicht entgegen. Abgesehen davon, dass sich der Partner eines öffentlich-rechtlichen Vertrages der sofortigen Vollstreckung unterwerfen kann (§ 61 VwVfG), ist die Baulastverpflichtung des Grundstückseigentümers vom Gesetz besonders zugelassen worden.

52 Verstößt der Baulastübernehmer gegen die Baulast, werden die Genehmigungsvoraussetzungen des Vorhabens gefährdet, für das die Baulast bestellt worden ist. Dies berechtigt die BauAB zum **Einschreiten nach § 79**. Soweit Baulastverpflichteter und Baulastbegünstigter nicht identisch sind, darf die BauAB aber idR nicht **ohne Rücksicht auf das privatrechtliche Verhältnis der beteiligten Grundstückseigentümer** einschreiten. Zivilrechtlichen Auseinandersetzungen zwischen Baulastverpflichtetem und Baulastbegünstigtem sollte die BauAB nur vorgreifen, wenn der Verstoß gegen die Baulastverpflichtung zu wesentlichen Unzuträglichkeiten führt, die unverzüglich ausgeräumt werden müssen. Die BauAB muss im Rahmen ihrer Ermessensentscheidung die Auswirkungen ihres Einschreitens auf den zivilrechtlichen Streit in Rechnung stellen (vgl. OVG Lüneburg 4.3.2010 – 1 ME 13/10, NVwZ-RR 2010, 510 (511)).

53 Der Zweck der Baulast, gewisse bauaufsichtliche Belange auf Dauer zu sichern, kann nur durch ihre „Verdinglichung“ erreicht werden. Daher kann die **Wirkung der Baulast gegenüber Rechtsnachfolgern** nach § 81 Abs. 1 S. 2 nicht entsprechend dem bürgerlich-rechtlichen Verständnis dieses Begriffs auf den rechtsgeschäftlichen Erwerb und die Gesamtrechtsnachfolge beschränkt werden, vielmehr schließt der Begriff des Rechtsnachfolgers iSd § 81 Abs. 1 S. 2 auch den Erwerb in der Zwangsversteigerung ein (BVerwG 29.10.1992 – 4 B 218.92, NJW 1993, 480; vgl. auch → Rn. 55). Rechtsnachfolger sind aber nur diejenigen, die nach der Eintragung der Baulast das Grundstück oder ein Recht am Grundstück erwerben. Die Übernahme einer Baulast nach Eintragung des Zwangsversteigerungsvermerks im Grundbuch ist gegenüber dem späteren Ersteigerer des Grundstücks nicht wirksam (OVG Münster 18.7.1995 – 11 A 11/94, BRS 57 Nr. 205). Das Enteignungsverfahren lässt die Baulast unberührt (Breuer in Schrödter BauGB § 86 Rn. 6).

Beim **Grundstückskauf** stellt die verschwiegene Belastung eines Grundstücks mit einer Baulast zugunsten eines anderen Grundstücks einen **Sachmangel** iSd §434 BGB dar und keinen Rechtsmangel iSd §435 BGB (BGH 10.3.1978 – V ZR 69/76, NJW 1978, 1429; s. auch Masloh NJW 1995, 1993 (1996)). Zur Belehrungspflicht des Notars über Baulasten bei der Beurkundung von Grundstücksverträgen vgl. auch Sachse NJW 1979, 195. 54

Umstritten ist das **Schicksal der Baulast in der Zwangsversteigerung** (vgl. Drischler Rpfl. 1986, 289; Sachse NJW 1979, 195). Zunächst stellt sich die Frage, ob die Baulast auch ohne Anmeldung (§§37 Nr. 4, 45 ZVG) und Aufnahme in das geringste Gebot (§52 ZVG) erhalten bleibt (vernein. Böttcher, ZVG, 5. Aufl. 2010, §56 Rn. 7; Stöber, ZVG, 20. Aufl. 2012, §66 Rn. 6.5; Drischler RPfl. 1986, 269, aber ohne Berücksichtigung der konstitutiven Wirkung der Eintragung). Unterschiedlich wird aber auch die Rechtsstellung des Gläubigers beurteilt, der die Zwangsversteigerung aus einem vor der Eintragung der Baulast begründeten Recht betreibt (Blumenbach/Groschupf NBauO §92 Rn. 19; Drischler RPfl. 1986, 269). Die Tatsache, dass die Baulast – anders als die Dienstbarkeit – **kein Recht an einem Grundstück** darstellt, sondern eine **öffentlich-rechtliche Baubeschränkung**, und die Entstehung der Baulast durch die Eintragung in das Baulastenverzeichnis als VA (→ Rn. 30), bekräftigen den Unterschied zur Dienstbarkeit. Daraus folgt, dass die Baulast keiner Anmeldung bedarf und außerhalb des geringsten Gebotes bestehen bleibt (OVG Hamburg 12.11.1992 – II 29/91, BRS 54 Nr. 160; BVerwG 29.10.1992 – 4 B 218.92, NJW 1993, 480). Daraus ergibt sich aber auch, dass Gläubiger, die die Zwangsversteigerung aus einem vor der Eintragung der Baulast begründeten Recht betreiben, keine Sonderstellung genießen, soweit diesen Gläubigern gegenüber die Baulast wirksam ist (vgl. → Rn. 34 f.). Insbesondere Grundpfandgläubiger sind auf ihre Rechte aus §§1133 f. BGB beschränkt. 55

d) Wirkung gegenüber Dritten

Der VGH Mannheim (19.6.1968 – III 402/67, BRS 20 Nr. 98; ebenso Dageförde in Reichel/Schulte, BauordnungsR-HdB Kap. 17 Rn. 78) hat die Ansicht vertreten, die durch Baulast gesicherte öffentlich-rechtliche Verpflichtung könne nicht nur gegenüber dem Baulastverpflichteten, sondern auch **gegenüber Dritten durchgesetzt werden** (ebenso Schwarz Baulasten Rn. 26). In dem vom VGH Mannheim entschiedenen Fall hatte sich die Eigentümerin eines Grundstücks durch Baulast verpflichtet, das Dachgeschoss ihres Hauses nicht zu einer selbständigen Wohnung auszubauen; die BauAB ordnete gegenüber dem Ehemann der Eigentümerin als Vermieter der Räume im Dachgeschoss die Beseitigung des Spültisches sowie des Wasser- und Abwasseranschlusses an. Der Verstoß gegen die Baulast wird dem Verstoß gegen eine baurechtliche Norm gleichgestellt. Das Ergebnis wäre durchaus wünschenswert, aber der Vergleich der Baulast mit der Grunddienstbarkeit, den der VGH Mannheim zur Begründung heranzieht, lässt sich nicht halten. Soweit der Dritte – wie in dem vom VGH Mannheim entschiedenen Fall – allerdings sein (durch die Baulast eingeschränktes) Recht von dem Baulastverpflichteten ableitet, kann ihm gegenüber die Baulast als dem Rechtsnachfolger durchgesetzt werden (OVG Lüneburg 27.2.1984 – 6 B 15/84, n.v.). 56

E. Anwendungsbereich außerhalb der NBauO

Die NBauO beschränkt den Anwendungsbereich der Baulast nicht auf das Bauordnungsrecht. Mit der öffentlich-rechtlichen Verpflichtung zu einem Tun, Dulden oder Unterlassen nimmt §81 Abs. 1 nicht die speziell von der NBauO genannten Anwendungsfälle der Baulast auf, sondern definiert das Institut der Baulast allgemein. Soweit eine vertragliche Festlegung, wie etwa im Bauleitplanverfahren, ausgeschlossen ist, ist auch eine Verpflichtung durch Baulast unzulässig: Die Gemeinde darf nicht mit Baulasten ihre planerische Gestaltungsfreiheit beschneiden (OVG Münster 6.6.2005 – 10 D 148/04.NE, 57

BauR 2005, 1577). Im Aufgabenbereich der BauAB ist die Baulast durchgängig anwendbar. Gleichwohl unterscheidet sich der Anwendungsbereich der Baulast im Landes- und Bundesrecht dadurch, dass die Baulast im Landesrecht zur **Veränderung der bauordnungsrechtlichen Voraussetzungen** der Genehmigungsfähigkeit eines Vorhabens eingesetzt werden kann, während die bundesrechtlichen Voraussetzungen der Genehmigungsfähigkeit durch Baulast nur gesichert, aber nicht modifiziert werden können (BVerwG 14.2.1991 – 4 C 51.87, NJW 1991, 2783). § 6 Abs. 2 lässt es zu, dass ein benachbartes Grundstück dem Baugrundstück für die Bemessung des Grenzabstands zugerechnet wird und erlaubt damit insoweit eine Abweichung von § 2 Abs. 12 bzw. § 5. Der bauplanungsrechtliche Grundstücksbegriff kann dagegen durch Baulast nicht verändert werden, so dass die Überschreitung der Ausnutzungsziffern auf einem Grundstück nicht durch die Unterschreitung auf dem Nachbargrundstück durch eine Vereinigungsbaulast kompensiert werden kann (BVerwG 14.2.1991 – 4 C 51.87, NJW 1991, 2783). Allerdings können Baulasten in tatsächlicher Hinsicht dem Schutzzweck planungsrechtlicher Vorschriften Rechnung tragen und damit eine Befreiung nach § 31 BauGB ermöglichen: Die Vereinigungsbaulast kann die Voraussetzungen für eine Befreiung schaffen, wenn die Überschreitung der Ausnutzungsziffern auf einem Grundstück durch die Unterschreitung auf dem Nachbargrundstück ausgeglichen werden soll (BVerwG 14.2.1991 – 4 C 51.87, NJW 1991, 2783 (2785 f.)). Allerdings setzt eine Befreiung weiter voraus, dass die Voraussetzungen des § 31 Abs. 2 BauGB vorliegen. Insbesondere begründet die Bestellung der Vereinigungsbaulast noch keinen atypischen Sachverhalt, der Voraussetzung einer Befreiung ist (Rieger in Schrödter BauGB § 31 Rn. 26 mN).

58 **Beispiele für die Anwendung der Baulast im Planungsrecht** bieten die §§ 32 f. BauGB. Nach § 32 BauGB dürfen wertsteigernde Vorhaben auf künftigen Gemeinbedarfs-, Verkehrs-, Versorgungs- und Grünflächen nur zugelassen werden, wenn der Eigentümer für sich und seine Rechtsnachfolger auf Ersatz der Werterhöhung für den Fall der Durchführung des Planes verzichtet. Diese Verpflichtung ist nach allgemeiner Meinung baulastfähig (Rieger in Schrödter BauGB § 32 Rn. 7: in Abhängigkeit von den landesrechtlichen Voraussetzungen). Entsprechendes gilt für die Anerkennung der Festsetzungen des künftigen Bebauungsplanes als Voraussetzung für die Zulässigkeit eines Vorhabens während der Planaufstellung nach § 33 BauGB (Rieger in Schrödter BauGB § 33 Rn. 12). Die Sicherung der vorgesehenen Nutzung bestimmter Außenbereichsvorhaben nach § 35 Abs. 6 BauGB durch Baulasten begegnet dagegen mit Blick auf § 81 Abs. 1 S. 1 Bedenken, soweit sich diese Verpflichtungen bereits aus dem öffentlichen Baurecht ergeben (Rieger in Schrödter BauGB § 35 Rn. 215). Da § 35 Abs. 6 BauGB aber die Sicherung der Genehmigungsvoraussetzungen ausdrücklich vorsieht, wird man diese Bedenken wohl außer Acht lassen können.

59 Der vom BVerwG (5.2.1971 – IV C 1/68, DÖV 1972, 166) als Voraussetzung einer Privilegierung eines **Altenteilerhauses** auf einem vom Hofgrundstück abgetrennten Grundstück geforderte **Ausschluss der freien Veräußerlichkeit** kann zwar durch Baulast gesichert werden. Die Einhaltung der Verpflichtung kann aber nicht mehr überwacht werden, weil die Genehmigungspflicht von Auflassungen im Außenbereich mit der BBauG-Novelle 1979 entfallen ist und die BauAB von dem Vollzug der Auflassung bzw. von der Veräußerung nicht unterrichtet wird (vgl. auch Stollmann DÖV 1993, 706). Eine Baulast, mit der sich der Landwirt dazu verpflichtet, das Altenteilerhaus für die Dauer des Betriebes dem ständigen Generationswechsel zur Verfügung zu stellen, begegnet im Hinblick auf die Subsidiarität der Baulast Bedenken. Im Übrigen könnte eine solche Baulast zwar einem Bauantrag für ein weiteres Altenteilerhaus auch nach der Veräußerung des ersten entgegengehalten werden, die Durchsetzung der Nutzung als Altenteilerhaus nach einer Veräußerung ist aber mit Schwierigkeiten verbunden. Es bleibt dann nur ein Einschreiten gegen die Entprivilegierung, die in der Veräußerung des Altenteilerhauses an Dritte liegt (vgl. dazu BVerwG 29.10.1982 – 4 C 6.78, BeckRS 1982, 31321311). Eine Baulast nach § 2 Abs. 12 S. 2 könnte wohl die baurechtliche Zusammengehörigkeit des Altenteilerhauses und des Hofgrundstücks sichern, würde aber eine Veräußerung an Dritte nicht

hindern. Immerhin kann ein aufmerksamer Erwerber durch die Vereinigungsbaulast vom Erwerb „abgeschreckt" werden.

Entsprechendes gilt für **Wohnhäuser für Aufsichtspersonal und Betriebsleiter im Gewerbe- und Industriegebiet**: Die Verpflichtung, dass das Grundstück nur zu Wohnzwecken der genannten Personen dienen darf, ergibt sich unmittelbar aus §§8, 9 BauNVO und ist einer Sicherung durch Baulast daher nicht zugänglich (aA BHS BauO NRW §83 Rn. 31). Da die Art der Nutzung die Grundzüge der Planung mitbestimmt und jede Genehmigung im Plangebiet eine Änderung des Bebauungsplanes aus Gründen der Abwägung erschwert, ist die Möglichkeit der Planänderung in diesen Fällen kein Argument gegen die Subsidiarität der Baulast. Dagegen kann die Zusammengehörigkeit des Wohnhauses mit dem Betriebsgrundstück bzw. der Ausschluss der freien Veräußerlichkeit des Wohnhauses durch Baulast wohl gesichert werden. Immerhin kann die Vereinigungsbaulast eine gewisse Sperrwirkung entfalten, weil nach der Veräußerung des Grundstücks mit dem Betriebsleiterwohnhaus ein zusätzliches Wohnhaus auf dem Betriebsgrundstück nicht mehr genehmigt werden darf (OVG Lüneburg 22.10.1992 – 1 L 176/91, BRS 54 Nr. 159). 60

Ähnlich wie die Grenzabstandsbaulast nach §6 Abs. 2 uU erst eine wirtschaftliche Nutzung eines Handtuchgrundstücks ermöglicht, kann es für eine optimale Ausnutzung zweckmäßig sein, **Teile eines Nachbargrundstücks in die Berechnung der zulässigen Grund- und Geschossfläche einzubeziehen**. Gegen die Zulässigkeit einer derartigen Baulast spricht, dass einerseits §19 Abs. 3 BauNVO für die Ermittlung der zulässigen Grund- oder Geschossfläche auf die Fläche des Baugrundstücks abstellt und eine Veränderung des bauplanungsrechtlichen Grundstücksbegriffs durch Baulast ausgeschlossen ist (BVerwG 14.2.1991 – 4 L 51.87, NJW 1991, 2783 (2784) = BVerwGE 88, 24). Eine Befreiung im Hinblick darauf, dass die Baulast die durch die GRZ und GFZ bestimmte Dichte der Bebauung gewährleistet, kommt nicht in Betracht, weil das Festhalten an den Nutzungsziffern (bezogen auf das Baugrundstück) idR keine Befreiung rechtfertigt. Voraussetzung für eine Befreiung sowohl nach §31 Abs. 2 Nr. 2 als auch nach Nr. 3 BauGB ist ein atypischer Sachverhalt (Rieger in Schrödter BauGB §31 Rn. 26), der nach Ansicht des BVerwG (14.2.1991 – 4 L 51.87, NJW 1991, 2783 (2785) = BVerwGE 88, 24) nicht allein durch eine Vereinigungsbaulast begründet werden kann, weil damit die Festsetzungen für nahezu alle Grundstücke im Plangebiet modifiziert werden könnten. Die Zurechnung von Teilen eines Nachbargrundstücks bzw. die rechnerische Übernahme eines Teiles der Grund- und Geschossfläche auf das Nachbargrundstück würde auch zu einer „Atomisierung" des Begriffs des Baugrundstücks führen. Mit Rücksicht auf den bauplanungsrechtlichen Grundstücksbegriff kommt bei der Teilung einer von einem Baulastträger auf einem Grundstück errichteten Reihenhauszeile eine Befreiung nach §31 Abs. 2 BauGB von der Einhaltung der GRZ und GFZ für die Mittelhäuser nicht bereits dann in Betracht, wenn der Verzicht auf die entsprechende Ausnutzung der GRZ und GFZ auf den Reihenendhausgrundstücken durch Baulast gesichert wird, sondern nur, wenn außerdem grundstücksbezogene Besonderheiten vorliegen, die eine Befreiung rechtfertigen (vgl. auch → §2 Rn. 152). Die Praxis hilft sich in diesen Fällen mit der Begründung von Wohnungseigentum. 61

F. Löschung der Baulast

Nach §81 Abs. 3 S. 1 kann die BauAB die Baulast löschen, **wenn ein öffentliches und privates Interesse** an der Baulast **nicht mehr besteht**. Unter den gleichen Voraussetzungen muss die BauAB gem. Satz 2 die Baulast löschen, wenn der Eigentümer eines begünstigten oder des belasteten Grundstücks dies beantragt. Nach alter Rechtslage hatte §92 Abs. 3 S. 1 NBauO 2003 die Löschung von einem Verzicht seitens der BauAB abhängig gemacht. Die **NBauO 2012** hat diese **Verzichtserklärung** allerdings **entfallen** lassen. Mit der Möglichkeit des Verzichts sollte der BauAB lediglich die Möglichkeit 62 eingeräumt werden, nicht mehr erforderliche Baulasten aus der Welt zu schaffen (BegrRegE NBauO 2012, LT-Drs. 16/3195, S. 108). Dafür erschien ein Verzicht in Form einer rechtsgeschäftlichen Erklärung aber weder erforderlich noch geeignet, zumal sowohl dieser als auch die Löschung im Baulastenverzeichnis gleichermaßen von der BauAB vorzunehmen war. Während vor der NBauO 1995 der Verzicht und die nachfolgende Löschung einzig davon abhängig waren, dass ein öffentliches Interesse an der Baulast nicht mehr besteht, ist seitdem Voraussetzung, dass auch kein privates Interesse an der Baulast mehr besteht. Mit dieser von der MBauO 2002 und den anderen LBauOen abweichenden Voraussetzung hat der Gesetzgeber das Interesse des Baulastbegünstigten an der Baulast weiter aufgewertet und schon im Gesetzestext deutlich gemacht, dass die Baulast dem Eigentümer des begünstigten Grundstücks ein subjektiv-öffentliches Recht verleiht (vgl. auch → Rn. 48, 75).

63 Weil die Baulast eine je nach ihrem Zweck unterschiedliche Verpflichtung des Grundstückseigentümers auf Dauer sichern soll, die idR eine sonst nicht zulässige Bebauung dieses oder des Nachbargrundstücks erst ermöglicht, kann das öffentliche Interesse an der Baulast nur verneint werden, wenn die **Baulastverpflichtung aus tatsächlichen oder rechtlichen Gründen bedeutungslos** geworden ist und damit die durch die Baulast gesicherten bauaufsichtlichen Belange keiner Sicherung mehr bedürfen (OVG Lüneburg 28.2.1983 – 6 A 39/82, BRS 40 Nr. 179). Nur in diesen Fällen kann die Baulast gelöscht werden, ohne dass die Gefahr baurechtswidriger Zustände entsteht und nur in diesen Fällen ist eine Durchsetzung der Baulastverpflichtung mit hoheitlichen Mitteln ausgeschlossen.

64 Die rechtliche Sicherung der bauaufsichtlichen Belange durch eine Baulast kann aus tatsächlichen oder rechtlichen Gründen überflüssig werden. Führt der Bauherr sein Vorhaben in einer Weise aus, dass er die vorsorglich vom Nachbarn übernommene Baulast nicht in Anspruch zu nehmen braucht, oder baut er endgültig nicht, erlangt die Baulast **aus tatsächlichen Gründen** keine bauaufsichtliche Bedeutung (OVG Hamburg 3.6. 1982 – Bf II 8/81, BRS 39 Nr. 100). Eine Änderung der Sachlage kann aber auch zur Zulässigkeit des Vorhabens ohne Baulast führen: Die Grenzabstandsbaulast nach § 6 Abs. 2 erübrigt sich etwa, wenn die beiden Grundstücke zusammengeschrieben werden. Entsprechend lassen die Auflösung des landwirtschaftlichen Betriebes und der Abbruch der Hofstelle eine Baulast, die die Trennung des Altenteilerhauses vom Hofgrundstück ausschließen soll, ins Leere gehen (vgl. OVG Lüneburg 28.2.1983 – 6 A 39/82, BRS 40 Nr. 179).

65 Die Baulastverpflichtung kann aber auch deshalb ihre Bedeutung verlieren, weil sie sich durch eine **Änderung der Rechtslage** bereits – ohne Baulast – aus dem öffentlichen Baurecht ergibt. Wird der Privatweg, über den ein Baugrundstück allein zu erreichen ist, dem öffentlichen Verkehr gewidmet, entfällt ein Bedürfnis für die Zuwegungs-Baulast nach § 4 Abs. 2. Ist die Zuwegung eines Einfamilienhauses durch Grunddienstbarkeit und Baulast gesichert, entfällt mit der Änderung des § 4 Abs. 2 S. 1 das Bedürfnis für die Baulast (OVG Lüneburg 11.2.1999 – 1 L 3908/98, n.v.). Eine Abstandsbaulast für eine 9 m lange Grenzgarage unter der Geltung des § 12 NBauO 1973, der nur 7 m lange Grenzgaragen zuließ, hat mit § 12 NBauO 1986 (heute: § 5 Abs. 8 NBauO 2012), der die zulässige Länge auf 9 m erweiterte, ihre bauaufsichtliche Relevanz verloren (vgl. aber → Rn. 66).

66 Weitere Voraussetzung für die Löschung der Baulast ist, dass auch ein **privates Interesse an der Baulast nicht mehr besteht.** Da der Baulastverpflichtete in aller Regel kein Interesse am Fortbestand einer Baulast hat, die ihn in der Nutzung seines Grundstücks einschränkt, konzentriert sich das weggefallene private Interesse auf die Belange des Baulastbegünstigten. Die BegrE NBauO 1995 (S. 69) erwähnte als privates Interesse, das einem damals noch vorausgesetzten Verzicht auf die Baulast entgegenstand, das Interesse des begünstigten Grundstückseigentümers am Fortbestand einer Abstandsbaulast, wenn ein Gebäude abgebrannt ist, aber wieder aufgebaut werden soll. Ein privates Interesse besteht ebenfalls, wenn der Begünstigte die Baulast zur Rettung

der Nutzungsmöglichkeit eines Gebäudes benötigt (OVG Lüneburg 8.7.2004 – 1 LB 48/04, NVwZ-RR 2005, 791 (792)). Auch bei Rechtsänderungen kann das private Interesse an der Baulast fortbestehen: Wenn die Abstandsbaulast für eine 9 m lange Grenzgarage seit Inkrafttreten des § 12 NBauO 1986 ihre baurechtliche Relevanz verloren hat, weil eine 9 m lange Grenzgarage nunmehr zulässig ist (→ Rn. 65), kann der Bauherr sein Interesse am Fortbestand der Baulast mit dem Hinweis geltend machen, dass er eine weitere Grenzgarage nach § 12 Abs. 1 aF nur errichten darf, wenn die Baulast bestehen bleibt. Da die Baulast dem Bauherrn bereits nach § 12 Abs. 1 NBauO 1973 die Möglichkeit eröffnete, eine zweite Grenzgarage (wenn auch nur mit 7 m Länge) zu errichten, wird man ein Fortbestehen des Interesses des Bauherrn an der Baulast bejahen müssen. Das Interesse des durch die Baulast begünstigten Bauherrn hat sich durch die Rechtsänderung nicht in einer Weise gewandelt, die das Festhalten der BauAB an der Baulast gegenüber dem Baulastverpflichteten als unangemessen erscheinen lässt. Ist die Bebaubarkeit eines Grundstücks durch eine Baulast eingeschränkt worden, um Bedenken der Gemeinde oder eines Nachbarn auszuräumen (→ Rn. 15), wird man ein Interesse der Gemeinde oder des Nachbarn am Fortbestand dieser Einschränkung auch dann bejahen müssen, wenn sich – zB durch die spätere Entwicklung der Rechtsprechung – herausstellt, dass die Bedenken der Gemeinde bzw. des Nachbarn nicht stichhaltig waren.

Die Formulierung in § 81 Abs. 3 S. 1, dass die BauAB die Baulast löschen kann, wenn 67
ein öffentliches und privates Interesse an der Baulast **nicht mehr** bestehen, legt die Annahme nahe, dass eine Löschung nur in Betracht kommt, **wenn öffentliche und private Interessen nach der Eintragung weggefallen** sind. Auch wenn es die Regel sein wird, dass das öffentliche und private Interesse nach der Eintragung der Baulast entfallen, stellt sich die Frage, wie mit einer Baulast zu verfahren ist, die wegen fehlender bauaufsichtlicher Relevanz eigentlich nicht hätte eingetragen werden dürfen. Die im Gesetz geregelte Löschung einer Baulast kommt wegen des rechtsbegründenden Charakters der Baulasteintragung als Verwaltungsakt nur bei rechtzeitiger Anfechtung der Eintragung und nach Eintritt der Bestandskraft nur im Falle der Nichtigkeit der Baulasteintragung in Betracht (OVG Lüneburg 8.7.2004 – 1 LB 48/04, NVwZ-RR 2005, 791 (794)). In solchen Fällen aber wird man dem „nicht mehr" bestehenden öffentlichen und privaten Interesse an der Baulast als Voraussetzung der Löschung keine besondere Bedeutung beimessen können, weil ein Bedürfnis daran besteht, den Rechtsschein von Baulasten, an denen von Anfang an kein öffentliches und privates Interesse bestand, zu tilgen (Schwarz Baulasten Rn. 351). Sonst müsste die Rücknahme der Baulasteintragung erwogen werden.

Die **Löschung von Amts wegen (Abs. 3 S. 1)** steht im **Ermessen** der BauAB. Bei der 68
Ermessensentscheidung wird die BauAB idR das Interesse an der Löschung unnötiger Eintragungen im Baulastenverzeichnis berücksichtigen. Wenn sich die an der Baulast beteiligten Grundstückseigentümer zerstritten haben, darf die BauAB von einer Löschung absehen, um nicht den nächsten Streit vom Zaun zu brechen. Auf Antrag des Eigentümers eines begünstigten oder des belasteten Grundstücks **(Abs. 3 S. 2)**, ist die BauAB zur Löschung der Baulast **verpflichtet**. Dem korrespondiert ein Anspruch des Eigentümers des belasteten Grundstücks (vgl. OVG Münster 21.11.2017 – 2 A 1393/16, NVwZ-RR 2018, 422 (423) zur Rechtslage in NRW).

Gemäß **§ 81 Abs. 3 S. 2** hat die BauAB vor der Löschung die **Eigentümer der begüns-** 69
tigten Grundstücke zu hören. Da die Löschung die Rechtsstellung des begünstigten Grundstückseigentümers berühren kann, ergibt sich das Anhörungserfordernis bereits aus § 28 VwVfG. Die Betonung der privaten Interessen an der Baulast legt es nahe, auch den mit dem Grundstückseigentümer nicht identischen Bauherrn anzuhören. Nach dem durch das Gesetz v. 28.10.2009 (Nds. GVBl. S. 366) bereits in den damaligen § 92 Abs. 3 NBauO 2003 eingefügten S. 3 beträgt die **Frist zur Äußerung zwei Wochen**. Diese Fristenregelung wird nur in den Fällen in Betracht kommen, in denen der begünstigte Eigentümer die Löschung der Baulast nicht selbst beantragt hat, diese also von

Amts wegen erfolgt. Sie soll nach der Gesetzesbegründung (LT-Drs. 16/1497, S. 18) zu einer Verkürzung der Verfahrensdauer führen.

70 Der **Löschung der Baulast** kommt ebenso wie der Eintragung rechtsbegründende Wirkung zu. Es handelt sich hierbei um einen **Verwaltungsakt** (OVG Saarlouis 18. 6. 2002 – 2 R 2/01, NJW 2003, 768 (768); OVG Münster 21.11.2017 – 2 A 1393/16, NVwZ-RR 2018, 422 (423); a.A. VGH Mannheim 4.2.2016 – 5 S 1140/14, BauR 2016, 1141 für das dortige Landesrecht). Ob sich die Verwaltungsaktqualität bereits aus dem actus-contrarius Gedanken zu der ebenfalls als Verwaltungsakt behandelnden Eintragung (→ Rn. 30) ergibt (OVG Saarlouis 18.6.2002 – 2 R 2/01, NJW 2003, 768; s. für den Fall der nur deklaratorischen Eintragung ebenso OVG Lüneburg 12.12.1986 – 1 A 172/86, BRS 46 Nr. 164 – zum Verzicht nach alter Rechtslage)), kann dahinstehen. Denn jedenfalls begründet die Löschung die einem Verwaltungsakt eigene Rechtswirkung, weil ein entsprechender Vermerk im Baulastenregister einzutragen ist, der den Rechtsschein einer bestehenden Baulast beseitigt (OVG Münster 18.7.1995 – 11 A 11/94, NJW 1996, 1362). Die Löschung im Baulastenverzeichnis bedeutet daher ähnlich wie im Grundbuchrecht keinesfalls die Vernichtung des Baulastenblattes oder das Unkenntlichmachen der Eintragung, sondern die Eintragung eines Löschungsvermerks und die Rötung der Eintragung (vgl. Nr. 6.4 der zu § 92 NBauO 1973 erlassenen Richtlinien, die durch RdErl. d. MI v. 17.10.2001 – Nds. MBl. 2002 S. 2 aufgehoben worden sind). Die Löschung soll kenntlich machen, dass die Baulast nicht mehr besteht, aber die „Geschichte" der Baulast nicht verdunkeln. Die **Benachrichtigung der Beteiligten** von der Löschung gem. Abs. 3 S. 5 ist für den Lauf der Rechtsbehelfsfristen von Bedeutung.

71 Von der Löschung aufgrund fehlendem öffentlichen oder privaten Interesse zu unterscheiden ist die **Löschung einer unwirksamen Baulast** iS einer Berichtigung des Verzeichnisses. Weil die Baulast erst mit der Eintragung in das Baulastenverzeichnis wirksam wird (Abs. 3 S. 4) und diese Eintragung einen der Bestandskraft fähigen VA darstellt (→ Rn. 70), kommt die Löschung einer fehlerhaften Baulast nur in Betracht, wenn sie auf eine rechtzeitige Anfechtung aufgehoben worden ist oder wenn sie nichtig ist (OVG Bremen 21.10.1997 – 1 BA 23/97, BRS 60 Nr. 120). Als Aufhebungsgründe kommen alle Fehler einer Baulast in Betracht (→ Rn. 29). Zur Nichtigkeit führen Fehler – von den nur selten eingreifenden Nichtigkeitsgründen des § 44 Abs. 2 VwVfG abgesehen – nur, wenn sie „mit tragenden Verfassungsprinzipien oder der Rechtsordnung immanenten wesentlichen Wertvorstellungen unvereinbar" sind (BVerwG 22.2.1985 – 8 C 107.85, NJW 1985, 2658 (2659)). Davon wird man nicht sprechen können, wenn der Grundstückseigentümer bei der Bestellung der Baulast eine Verfügungsbeschränkung missachtet hat (→ Rn. 33), ja selbst dann nicht, wenn die Baulast nicht vom wahren Grundstückseigentümer übernommen worden ist (→ Rn. 32). Diese Fehler führen zwar zur Rechtswidrigkeit der Baulast, können aber nur innerhalb der Rechtsbehelfsfristen geltend gemacht werden. Freilich läuft die Rechtsbehelfsfrist – auch die Jahresfrist des § 58 VwGO – nur, wenn die Baulast dem wahren Grundstückseigentümer oder sonst Anfechtungsberechtigten eröffnet worden ist. Diesen Gesichtspunkt haben das OVG Münster (9.5.1995 – 11 A 4010/92, NJW 1996, 275) und ihm folgend Weisemann (NJW 1997, 2857 (2859) offensichtlich übersehen, wenn sie sich ua auf eine Entscheidung des OVG Münster (29.9.1978 – XI A 112/78, BRS 33 Nr. 156) zu § 99 BauO NW aF berufen, wonach die Eintragung der Baulast nur deklaratorischen Charakter hat.

G. Rechtsschutz

72 Da der Baulast eine öffentlich-rechtliche Verpflichtung des Baulastübernehmers zugrunde liegt, gehören Streitigkeiten im Zusammenhang mit ihr vor die **Verwaltungsgerichte**. Zivilrechtlich dagegen sind Streitigkeiten zwischen Baulastübernehmer und Bauherr aus dem Grundverhältnis zwischen ihnen (→ Rn. 50).

Für das gerichtliche Verfahren ist zu beachten, dass Verwaltungsakte im Zusammenhang mit Baulasten, bei denen Baulastübernehmer und Bauherr nicht identisch sind, Verwaltungsakte mit Doppelwirkung sind und eine **notwendige Beiladung** (§ 65 Abs. 2 VwGO) erforderlich machen.

Die Eintragung der Baulast in das Baulastenverzeichnis stellt einen VA dar (vgl. → Rn. 30). Der Grundstückseigentümer, der durch die Baulast begünstigt wird, kann **gegen die Ablehnung der Eintragung** mit der **Verpflichtungsklage** vorgehen, weil die Baulast die Rechtsstellung des Grundstückseigentümers unmittelbar erweitert (OVG Lüneburg 2.7.1991 – 6 L 132/89, BeckRS 2004, 27444). Für diese Klage kann das Rechtsschutzbedürfnis auch nicht etwa deshalb verneint werden, weil der Bauherr die Wirksamkeit der Baulast im Zusammenhang mit der Genehmigungsfähigkeit seines Vorhabens gerichtlich überprüfen lassen kann. Die Wirksamkeit der Baulast betrifft nur einen Teilaspekt der Genehmigungsfähigkeit und kann zeitlich früher geklärt werden. Für eine Feststellungsklage zur Klärung der Wirksamkeit der Baulast wird daneben nur in seltenen Fällen ein berechtigtes Interesse bestehen. 73

Der Eigentümer, dessen Grundstück durch eine zu Unrecht eingetragene Baulast belastet ist, kann die **Eintragung der Baulast anfechten**. Die Frist für seinen Widerspruch beginnt nach § 70 VwGO mit der Bekanntgabe der Baulasteintragung gegenüber dem Grundstückseigentümer. Hat die BauAB die Baulasterklärung eines Nichtberechtigten eingetragen, wird sie den ihr nicht bekannten Grundstückseigentümer auch nicht benachrichtigen, so dass die Anfechtungsfrist nicht zu laufen beginnt. Entsprechendes gilt für diejenigen, zu deren Gunsten eine übergangene Verfügungsbeschränkung (vgl. → Rn. 33) oder eine Auflassungsvormerkung (vgl. → Rn. 35) besteht. Die Aufhebung der eingetragenen Baulast wird durch ihre Löschung vollzogen (vgl. → Rn. 71). Erhebt der Eigentümer des belasteten Grundstücks gegen die Eintragung einer Baulast nicht rechtzeitig Widerspruch, hat er wegen der konstitutiven Wirkungen der Eintragung nur unter den Voraussetzungen des § 81 Abs. 3 NBauO oder im Falle ihrer Nichtigkeit einen Anspruch auf ihre Löschung (OVG Lüneburg 8.7.2004 – 1 LB 48/04, NVwZ-RR 2005, 791). Die Nichtigkeit der Baulast kann unabhängig von der Bestandskraft der Eintragung geltend gemacht werden. 74

Die Löschung der Baulast knüpft an den Wegfall auch des privaten Interesses an der Baulast an und macht damit deutlich, dass die Baulast nicht allein öffentlichen Interessen dient, sondern auch den Interessen des durch die Baulast Begünstigten. Weil die Baulast in aller Regel die Rechtsstellung des **Eigentümers des begünstigten Grundstücks** unmittelbar verbessert, indem sie die Voraussetzungen für die Genehmigungsfähigkeit eines Vorhabens schafft, muss ihm auch ein **Anfechtungsrecht gegen die Löschung der Baulast** durch die BauAB zustehen (OVG Lüneburg 2.7.1991 – 6 L 132/89, BeckRS 2004, 27444; OVG Hamburg 3.6.1982 – II 8/81, BRS 39 Nr. 100; zu einem Anfechtungsrecht gegen den Verzicht nach alter Rechtslage; aA OVG Münster 17.1. 1986 – 7 A 2169/85, NJW 1988, 278; VGH Kassel 4.6.1992 – 4 TG 2815/91, BRS 54 Nr. 161). Zwar ist es richtig, dass die Baulast dem begünstigten Grundstückseigentümer noch keinen Nutzungsanspruch gegenüber dem Eigentümer des belasteten Grundstücks einräumt (BGH 8.7.1983 – V ZR 204/82, BGHZ 88, 97), doch verleiht die Baulast dem begünstigten Grundstückseigentümer einen Anspruch auf Genehmigung, den er ohne die Baulast nicht besitzt. Der Grundstückseigentümer, der den erforderlichen Grenzabstand mit einem Gebäude unterschreiten will, hat nach §§ 5 ff. keinen Anspruch auf die Baugenehmigung; räumt ihm der Nachbar eine Baulast nach § 6 Abs. 2 ein, kraft der das Nachbargrundstück für die Bemessung des Grenzabstandes dem Baugrundstück in bestimmtem Umfang zugerechnet wird, verschafft ihm die Baulast des Nachbarn einen Anspruch auf Genehmigung seines Vorhabens. Damit verleiht § 6 Abs. 2 iVm der Baulast dem begünstigten Grundstückseigentümer ein subjektiv-öffentliches Recht: Die objektivrechtliche Bestimmung des § 6 Abs. 2 dient der Begünstigung des Eigentümers des Grundstücks, dem das Nachbargrundstück durch die Baulast für die Bemessung des Abstands zugerechnet werden soll, und soll ihm die Berufung auf diese Begünstigung ge- 75 genüber der BauAB ermöglichen. Außerdem kann aber auch die gesetzliche Regelung der Löschung für ein Anfechtungsrecht des Eigentümers des begünstigten Grundstücks angeführt werden: Abs. 3 S. 2 spricht von dem Eigentümer eines begünstigten Grundstücks und legt damit die Annahme eines subjektiven-öffentlichen Rechts nahe. Auch die Anhörung der Eigentümer begünstigter Grundstücke gem. Abs. 3 S. 3 lässt vor dem Hintergrund des § 28 VwVfG („bevor ein VA erlassen wird, der in Rechte eines Beteiligten eingreift, …") nur diese Deutung zu. Schließlich kann aber auch die Interessenlage des Eigentümers des begünstigten Grundstücks nicht völlig außer Acht gelassen werden. IdR wird der Grundstückseigentümer, der für die Bemessung des Grenzabstandes auf die Zurechnung eines Grundstücksstreifens seines Nachbarn nach § 6 Abs. 2 angewiesen ist, die Baulast nur für eine angemessene Gegenleistung erhalten. Warum soll er die von § 6 Abs. 2 gebilligte, von ihm „erkaufte" Rechtsposition nicht gegen ihre rechtswidrige Vernichtung durch die BauAB verteidigen dürfen?

76 Der **Eigentümer des durch die Baulast belasteten Grundstücks** hat einen **Anspruch darauf, dass die BauAB die Baulast löscht**, wenn ein öffentliches und privates Interesse an der Baulast nicht mehr besteht. Das ergibt sich unmittelbar aus der gebundenen Verwaltungsentscheidung gemäß Abs. 3 S. 2. Diesen Anspruch kann der Baulastübernehmer durch eine **Verpflichtungsklage** geltend machen, weil auch die Löschung ein VA ist (vgl. → Rn. 70).

77 Bei Baulasten mit Bezug zum Nachbargrundstück kann der begünstigte Grundstückseigentümer auch einen Anspruch auf Einschreiten der Behörde gegen „Störer" der Baulast haben. Als Störer kommt nur der Baulastverpflichtete und seine Rechtsnachfolger, nicht aber Dritte in Betracht (→ Rn. 51, 56). Zum Anspruch auf bauaufsichtliches Einschreiten → § 68 Rn. 137; → § 79 Rn. 70 ff.

H. Baulastenverzeichnis (Abs. 4)

78 Das Baulastenverzeichnis dient der Publizität der baulastmäßig übernommenen Verpflichtungen. Jeder Käufer eines Grundstücks wird daher neben dem Grundbuch das Baulastenverzeichnis einsehen müssen, will er böse Überraschungen vermeiden. Da die **Eintragung** im Baulastenverzeichnis **rechtsbegründende Wirkung** hat, kann sich der Erwerber darauf verlassen, dass nur die im Baulastenverzeichnis eingetragenen Baulasten bestehen. Da das Baulastenverzeichnis im Gegensatz zum Grundbuch keinen öffentlichen Glauben genießt (OVG Greifswald 26.10.2005 – 3 L 156/01, BRS 69 Nr. 131), kann sich ein Erwerber eines begünstigten Grundstücks allerdings nicht darauf verlassen, dass eine eingetragene Baulast wirksam ist. Dieser Mangel wird jedenfalls teilweise durch die **Bestandskraft der Eintragung** als VA ausgeglichen: Fehler, die nicht besonders schwerwiegend und offenkundig sind (§ 44 VwVfG), machen die Baulast nicht unwirksam (vgl. → Rn. 31, 71).

79 Baulasten, die vor dem 1.5.1986 bestellt wurden, sind nach Art. II Abs. 4 des 5. ÄndGNBauO erloschen, wenn sie nicht bis zum 30.6.1986 in das Baulastenverzeichnis eingetragen wurden.

80 Die BauAB darf die **Eintragung** im Baulastenverzeichnis **nur ablehnen**, wenn die Baulasterklärung keinen baulastfähigen Inhalt hat, nicht bestimmt genug ist, nicht vom Grundstückseigentümer stammt bzw. Verfügungsbeschränkungen missachtet, ohne Zustimmung dinglich Nutzungsberechtigter abgegeben ist oder die Form der Erklärung nicht § 81 Abs. 2 entspricht (vgl. → Rn. 29).

81 Die Eintragung im Baulastenverzeichnis ist eine **gebührenpflichtige Amtshandlung**. Kostenschuldner ist nach § 5 Abs. 1 VwKostG derjenige, der den Antrag auf Eintragung stellt. Soweit die Löschung auf einen Antrag hin vorgenommen wird, ist der jeweilige Antragsteller Kostenschuldner. Dagegen wird die BauAB bei einer Löschung von Amts wegen (→ Rn. 62, 68) den Baulastübernehmer nicht als Veranlasser heranziehen können.

Die NBauO eröffnet durch § 81 Abs. 4 die Möglichkeit, das Baulastenverzeichnis zu einem **„allgemeinen Bauregister"** (Scheerbarth AllgBauordnungsR § 162) auszubauen, in dem Auflagen, Bedingungen, Befristungen und Widerrufsvorbehalte eingetragen werden. Der Zweck eines solchen Registers, die individuellen baurechtlichen „Belastungen" eines Grundstückes offen zu legen, wird in der Praxis allerdings nicht erreicht werden, weil diese Eintragungen im Ermessen der Behörde liegen und davon abhängen, dass ein öffentliches Interesse an der Eintragung besteht. Bei den Verpflichtungen des Eigentümers nach § 81 Abs. 4 Nr. 1 wird es sich in aller Regel um Auflagen handeln, in Betracht kommt aber auch die Eintragung des Verzichts auf Ersatz der Werterhöhung nach § 32 BauGB, der Anerkennung der Festsetzungen eines künftigen B-Plans nach § 33 BauGB oder der Denkmalseigenschaft eines Bauwerks mit den Folgen nach §§ 6 ff. NDSchG. Ein öffentliches Interesse an einer Eintragung besteht zB nicht bei einer aufschiebenden Bedingung, weil auf die Offenlegung dieser Nebenbestimmung nach Errichtung des Bauwerks verzichtet werden kann. 82

Einsicht in das Baulastenverzeichnis kann jeder nehmen, der ein berechtigtes Interesse darlegt. Der Begriff des berechtigten Interesses ist weiter als der des rechtlichen Interesses, er umfasst jedes schutzwürdige Interesse rechtlicher, wirtschaftlicher oder auch ideeller Natur (vgl. dazu die Nachweise bei Kopp/Schenke VwGO § 43 Rn. 23). 83

Der **Erlass über die Führung des Baulastenverzeichnisses** vom 18.2.2009 (Nds. MBl. S. 313), geänd. d. Erlass vom 28.9.2012 (Nds. MBl. S. 751) regelt weitere Einzelheiten in Ergänzung des § 81 Abs. 4, zum Beispiel den Inhalt der Baulastenblätter oder die Notwendigkeit des Abgleichs mit dem Liegenschaftskataster. Frühere Erlasse – vom 7.12.1973 (Nds. MBl. 1974 S. 7), vom 19.12.1983 (Nds. MBl. 1984 S. 42) oder vom 17.10.2001 (Nds. MBl. 2002 S. 2) sind überholt, enthalten zum Teil jedoch verständnisbildende detailliertere Regelungen. 84

Zwölfter Teil
Ausführungsvorschriften, Übergangs- und Schlussvorschriften

§ 82 Verordnungen

(1) Zur Verwirklichung der in §§ 3, 16a Abs. 1 und § 16b Abs. 1 bezeichneten Anforderungen kann die oberste Bauaufsichtsbehörde durch Verordnung

1. die allgemeinen Anforderungen nach den §§ 4 bis 50 näher bestimmen,
2. weitere Anforderungen an Feuerungsanlagen und an sonstige Anlagen zur Energieerzeugung, an Brennstoffversorgungsanlagen und an die Brennstofflagerung (§ 40) sowie die Anwendung solcher Anforderungen auf bestehende Feuerungsanlagen, sonstige Anlagen zur Energieerzeugung, Brennstoffversorgungsanlagen und Brennstofflagerungen regeln,
3. weitere Anforderungen an Garagen und Stellplätze sowie die Anwendung solcher Anforderungen auf bestehende Garagen und Stellplätze regeln,
4. die nach § 51 zulässigen besonderen Anforderungen und Erleichterungen allgemein festsetzen sowie die Anwendung solcher Anforderungen und Erleichterungen auf bestehende Sonderbauten regeln,
5. eine regelmäßige Überprüfung von baulichen Anlagen oder von Teilen baulicher Anlagen durch die Bauaufsichtsbehörde oder durch Sachkundige oder Sachverständige allgemein vorschreiben, Art, Umfang, Häufigkeit und Nachweis der Überprüfung näher regeln und die Einbeziehung bestehender baulicher Anlagen in regelmäßige Überprüfungen regeln.

(2) Die oberste Bauaufsichtsbehörde kann durch Verordnung

1. einzelne Aufgaben der unteren Bauaufsichtsbehörden, wie die Prüfung von Bauvorlagen, die Bauüberwachung und die Bauabnahmen sowie die regelmäßige Überprüfung auf Personen oder Stellen übertragen, die nach ihrer Ausbildung, Fachkenntnis, persönlichen Zuverlässigkeit und ihren Leistungen die Gewähr dafür bieten, dass die Aufgaben dem öffentlichen Baurecht entsprechend wahrgenommen werden,
2. die Ermächtigung nach Nummer 1 auf die unteren Bauaufsichtsbehörden übertragen,
3. die Zuständigkeit für die vorhabenbezogene Bauartgenehmigung nach § 16a Abs. 2 Satz 1 Nr. 2 und den Verzicht darauf im Einzelfall nach § 16a Abs. 4 sowie die Zustimmung und den Verzicht auf Zustimmung im Einzelfall (§ 20) auf eine Behörde, auch eines anderen Landes, oder eine andere Stelle oder Person übertragen, die Gewähr dafür bietet, dass die Aufgaben dem öffentlichen Baurecht entsprechend wahrgenommen werden, und die der Aufsicht der obersten Bauaufsichtsbehörde untersteht oder an deren Willensbildung die oberste Bauaufsichtsbehörde mitwirkt,
4. die Voraussetzungen festlegen, die Sachkundige, Sachverständige, Einrichtungen und Stellen, die nach diesem Gesetz oder nach Vorschriften aufgrund dieses Gesetzes tätig werden können, zu erfüllen haben, wobei insbesondere Mindestanforderungen an die Ausbildung, die Fachkenntnisse und die Berufserfahrung gestellt sowie der Nachweis der persönlichen Zuverlässigkeit gefordert werden können,
5. für Sachkundige, Sachverständige, Einrichtungen und Stellen, die nach diesem Gesetz oder nach Vorschriften aufgrund dieses Gesetzes tätig werden können

und dafür einer Anerkennung bedürfen, und für natürliche und juristische Personen, Stellen und Behörden im Sinne des §24 das Anerkennungsverfahren, die Voraussetzungen für die Anerkennung, deren Widerruf, Rücknahme und Erlöschen regeln, insbesondere auch Altersgrenzen festlegen, sowie eine ausreichende Haftpflichtversicherung fordern,

6. die Fachaufsicht in den Fällen der Übertragung nach den Nummern 1 und 2 und für die in Nummer 3 genannten Personen, Einrichtungen und Stellen regeln,
7. die Anwesenheit fachkundiger Personen beim Betrieb von Bühnenbetrieben, technisch schwierigen fliegenden Bauten und anderen technisch schwierigen baulichen Anlagen vorschreiben und entsprechend Nummer 3 Anforderungen an die fachkundigen Personen stellen und hierüber einen Nachweis verlangen,
8. Umfang, Inhalt und Form des Bauantrags und anderer Anträge sowie der Bauvorlagen, Anzeigen, Nachweise, Bescheinigungen und Bestätigungen regeln,
9. das Verfahren zur Erteilung von Genehmigungen, Ausnahmen, Befreiungen und Zustimmungen sowie zur Zulassung von Abweichungen im Einzelnen regeln,
10. die Einrichtung des Baulastenverzeichnisses und das Eintragungsverfahren regeln,
11. das Ü-Zeichen festlegen und zu diesem Zeichen zusätzliche Angaben verlangen.

(3) Die oberste Bauaufsichtsbehörde kann durch Verordnung für bestimmte bauliche Anlagen die erforderliche Anzahl der Einstellplätze abweichend von §47 Abs. 1 Satz 1 festlegen, soweit Benutzerinnen, Benutzer, Besucherinnen und Besucher der Anlage nicht auf Kraftfahrzeuge angewiesen sind, weil öffentliche Verkehrsmittel ausreichend zur Verfügung stehen oder die Benutzung von Kraftfahrzeugen aus anderen Gründen nicht erforderlich ist.

(4) [1]Die oberste Bauaufsichtsbehörde kann durch Verordnung bestimmen, dass die Anforderungen der aufgrund

1. der §§18 und 19 des Arbeitsschutzgesetzes vom 7. August 1996 (BGBl. I S. 1246), zuletzt geändert durch Artikel 427 der Verordnung vom 31. August 2015 (BGBl. I S. 1474),
2. des §19 des Chemikaliengesetzes in der Fassung vom 28. August 2013 (BGBl. I S. 3498, 3991), zuletzt geändert durch Artikel 2 des Gesetzes vom 18. Juli 2017 (BGBl. I S. 2774),
3. des §34 des Produktsicherheitsgesetzes vom 8. November 2011 (BGBl. I S. 2178; 2012 I S. 131), geändert durch Artikel 435 der Verordnung vom 31. August 2015 (BGBl. I S. 1474), und
4. des §49 Abs. 4 des Energiewirtschaftsgesetzes vom 7. Juli 2005 (BGBl. I S. 1970, 3621), zuletzt geändert durch Artikel 2 Abs. 6 des Gesetzes vom 20. Juli 2017 (BGBl. I S. 2808; 2018 I S. 472),

erlassenen Verordnungen entsprechend für Anlagen gelten, die weder gewerblichen noch wirtschaftlichen Zwecken dienen und in deren Gefahrenbereich Arbeitnehmerinnen und Arbeitnehmer nicht beschäftigt werden. [2]Sie kann die Verfahrensvorschriften dieser Verordnungen für anwendbar erklären oder selbst das Verfahren bestimmen sowie Zuständigkeiten auf Behörden übertragen, die nicht Bauaufsichtsbehörden sind.

(5) Die oberste Bauaufsichtsbehörde kann durch Verordnung bestimmen, dass für bestimmte Bauprodukte und Bauarten, soweit sie Anforderungen nach anderen Rechtsvorschriften unterliegen, hinsichtlich dieser Anforderungen §16a Abs. 2 und 3 sowie die §§17 bis 25 ganz oder teilweise anwendbar sind, wenn die anderen Rechtsvorschriften dies verlangen oder zulassen.

Verordnung über die bautechnische Prüfung von Baumaßnahmen (Bautechnische Prüfungsverordnung – BauPrüfVO)

Vom 24.7.1987 (Nds. GVBl. S. 129) (Nds. GVBl. S. 239)),*
zuletzt geändert durch Verordnung vom 16.9.2013

(jetzt gestützt auf § 82 Abs. 2 Nrn. 1-5 NBauO)

**) Diese Verordnung dient auch der Umsetzung der Richtlinie 2006/123/EG des Europäischen Parlaments und des Rates vom 12. Dezember 2006 über Dienstleistungen im Binnenmarkt (ABl. EU Nr. L 376 S. 36).*

§ 1 Bautechnische Prüfungen

(1) [1] Die Bauaufsichtsbehörde kann für statisch-konstruktiv schwierige Baumaßnahmen

1. die Prüfung der Standsicherheit,

2. die Prüfung der Feuerwiderstandsfähigkeit der Bauteile,

3. die Prüfung des Schall- und Wärmeschutzes,

4. die Bauüberwachung nach § 76 NBauO,

5. die angeordneten Bauabnahmen nach § 77 Abs. 1 Nr. 1 NBauO

einem Prüfingenieur für Baustatik (Prüfingenieur) übertragen. [2] Die oberste Bauaufsichtsbehörde kann anordnen, daß bautechnische Prüfungen nach Satz 1 für bestimmte bauliche Anlagen nur von bestimmten Prüfingenieuren ausgeführt werden dürfen.

(2) [1]Für

1. Typenprüfungen nach § 65 Abs. 8 NBauO,

2. die Prüfung der Standsicherheit fliegender Bauten

sind nur Prüfämter für Baustatik (Prüfämter) zuständig. [2]Die Standsicherheit fliegender Bauten darf auch von einer nach § 9 anerkannten Prüfstelle für Baustatik (Prüfstelle) geprüft werden.

§ 2 Prüfämter

(1) [1]Die oberste Bauaufsichtsbehörde kann einer Bauaufsichtsbehörde die Aufgaben eines Prüfamtes für den Bereich des gesamten Landes übertragen. [2]Das Prüfamt muß mit geeigneten Ingenieuren besetzt sein.

(2) Bescheide von Prüfämtern anderer Länder über die Prüfung der Standsicherheit fliegender Bauten gelten auch in Niedersachsen.

§ 3 Anerkennung als Prüfingenieur

(1) [1]Prüfingenieure bedürfen der Anerkennung durch die oberste Bauaufsichtsbehörde. [2]Durch die Anerkennung wird das Recht verliehen, die Bezeichnung „Prüfingenieur für Baustatik" zu führen.

(2) [1]Die Anerkennung kann für folgende Fachrichtungen erteilt werden:

1. Massivbau (Stein-, Beton- und Stahlbetonbau),

2. Stahlbau,

3. Holzbau.

[2]Sie kann für mehrere Fachrichtungen erteilt werden. [3]Die Anerkennung darf nicht über den Zeitpunkt hinaus erteilt werden, zu dem der Prüfingenieur das 68. Lebensjahr vollendet hat.

(3) [1]Als Prüfingenieur kann auf Antrag anerkannt werden, wer nachweist, daß er

1. *das 35. Lebensjahr vollendet und das 60. Lebensjahr zur Zeit der Antragstellung noch nicht überschritten hat,*
2. *berechtigt ist, im Lande Niedersachsen die Berufsbezeichnung „Ingenieur" in der Fachrichtung Bauingenieurwesen zu führen,*
3. *mindestens zehn Jahre mit der Anfertigung von Standsicherheitsnachweisen, der bautechnischen Prüfung von Baumaßnahmen und den Aufgaben eines Bauleiters bei Ingenieurbauten betraut war; davon müssen mindestens ein Jahr auf die Tätigkeit als Bauleiter, zwei Jahre auf bautechnische Prüfungen und fünf Jahre auf die Anfertigung von Standsicherheitsnachweisen entfallen; die Standsicherheitsnachweise müssen in erheblicher Anzahl und für eine ausreichende Vielfalt von Bauarten auch für statisch-konstruktiv schwierige Baumaßnahmen angefertigt worden sein,*
4. *die erforderlichen Kenntnisse auf dem Gebiet der Baustatik und Baukonstruktion, der Bodenmechanik, der Technologie der Baustoffe, des Schall- und Wärmeschutzes, einschließlich der Technischen Baubestimmungen sowie der bauaufsichtlichen Vorschriften besitzt,*
5. *die Gewähr dafür bietet, dass er die Aufgaben eines Prüfingenieurs gewissenhaft und unparteiisch erfüllen wird,*
6. *für den Fall der Anerkennung eine Haftpflichtversicherung mit einer Mindestdeckungssumme von 500 000 Euro für Personenschäden, 250 000 Euro für Sachschäden und 50 000 Euro für Vermögensschäden abgeschlossen hat.*

[2]Die oberste Bauaufsichtsbehörde kann im Einzelfall Ausnahmen von Voraussetzungen nach Satz 1 Nrn. 2 und 3 zulassen.

(4) Die Anerkennung ist zu versagen, wenn der Antragsteller

1. *die Fähigkeit zur Bekleidung öffentlicher Ämter verloren hat,*
2. *als Unternehmer auf dem Gebiet der Bauwirtschaft tätig ist,*
3. *in einem beruflichen, finanziellen oder sonstigen Abhängigkeitsverhältnis, insbesondere zu Unternehmen auf dem Gebiet der Bauwirtschaft, steht, das die unparteiische Erfüllung der Aufgaben eines Prüfingenieurs beeinflussen kann,*
4. *durch gerichtliche Anordnung in der Verfügung über sein Vermögen beschränkt ist.*

(5) In anderen Ländern anerkannte Prüfingenieure sind auch in Niedersachsen anerkannt.

§ 4 Anerkennungsverfahren

(1) [1]Im Antrag auf Anerkennung muss angegeben sein,

1. *für welche Fachrichtungen die Anerkennung beantragt wird und*
2. *ob und wie oft die antragstellende Person bereits erfolglos in einem anderen Land in der jeweiligen Fachrichtung eine entsprechende Anerkennung beantragt hat.*

[2]Dem Antrag auf Anerkennung sind beizufügen

1. *ein Lebenslauf mit lückenloser Angabe des fachlichen Werdeganges,*
2. *je eine Kopie der Abschluss- und Beschäftigungszeugnisse,*
3. *eine Erklärung, dass bei der Meldebehörde ein Führungszeugnis nach § 30 Abs. 5 des Bundeszentralregistergesetzes zur Vorlage bei der obersten Bauaufsichtsbehörde beantragt worden ist, oder ein dem Führungszeugnis gleichwertiges Dokument eines anderen Staates, das nicht älter als drei Monate sein soll,*
4. *eine Erklärung über die jeweilige Anschrift der Niederlassungen,*
5. *Angaben über eine Beteiligung an einer Gesellschaft, deren Zweck die Planung oder Durchführung von Bauvorhaben ist, und*

6. Nachweise über die Erfüllung der Voraussetzungen nach § 3 Abs. 3 Satz 1 Nrn. 3 und 4.

[3]Die oberste Bauaufsichtsbehörde kann, soweit erforderlich, weitere Unterlagen anfordern sowie Angaben und Erklärungen verlangen.

(2) [1]Über den Antrag auf Anerkennung ist innerhalb von drei Monaten nach Eingang der vollständigen Unterlagen, Angaben und Erklärungen zu entscheiden. [2]Zu den Unterlagen gehört auch das schriftliche Gutachten nach § 5 Abs. 1. [3]Die Anerkennung gilt als erteilt, wenn über den Antrag nicht innerhalb der Frist nach Satz 1 entschieden worden ist. [4]Im Übrigen findet § 42a des Verwaltungsverfahrensgesetzes Anwendung. [5]Das Verfahren kann über eine einheitliche Stelle nach den Vorschriften des Verwaltungsverfahrensgesetzes abgewickelt werden. [6]Wer eine Anerkennung als Prüfingenieur für Baustatik erhalten hat und die Voraussetzungen für die Anerkennung nicht mehr erfüllt, hat dies der obersten Bauaufsichtsbehörde oder einer einheitlichen Stelle mitzuteilen.

§ 5 Beirat

(1) Vor der Entscheidung über die Anerkennung holt die oberste Bauaufsichtsbehörde das schriftliche Gutachten eines bei ihr gebildeten Beirats über die fachliche Eignung des Antragstellers ein.

(2) [1]Der Beirat besteht aus dem Vorsitzenden, dem stellvertretenden Vorsitzenden und vier Beisitzern. [2]Prüfingenieure als Mitglied im Beirat müssen von der Vereinigung der Prüfingenieure für Baustatik in Niedersachsen e. V. vorgeschlagen sein. [3]Die Mitglieder des Beirats werden von der obersten Bauaufsichtsbehörde auf die Dauer von höchstens fünf Jahren berufen. [4]Sie sind ehrenamtlich tätig und an Weisungen nicht gebunden. [5]Der obersten Bauaufsichtsbehörde obliegt die Geschäftsführung für den Beirat.

(3) Die antragstellende Person hat ihre Kenntnisse dem Beirat in einem Fachgespräch nachzuweisen.

§ 6 Allgemeine Pflichten des Prüfingenieurs

(1) [1]Die Errichtung einer weiteren beruflichen Niederlassung als Prüfingenieur bedarf der Genehmigung durch die oberste Bauaufsichtsbehörde. [2]Die Genehmigung ist zu erteilen, wenn die ordnungsgemäße Aufgabenerledigung in Niedersachsen sichergestellt ist. [3]Die Genehmigung ist zu versagen, wenn wegen der Zahl der Mitarbeiter, die bei der Prüftätigkeit mitwirken, der Entfernung zwischen den Niederlassungen oder aus anderen Gründen Bedenken gegen die ordnungsgemäße Aufgabenerledigung bestehen. [4]Im Antrag auf Genehmigung müssen Angaben darüber enthalten sein, wie die ordnungsgemäße Aufgabenerledigung in Niedersachsen sichergestellt wird. [5]Liegt die weitere berufliche Niederlassung in einem anderen Land, so stimmt sich die oberste Bauaufsichtsbehörde mit der Genehmigungsbehörde des anderen Landes ab.

(2) Der Prüfingenieur darf als Prüfingenieur für Baustatik nur tätig werden zur Erfüllung von Aufträgen, die ihm eine Bauaufsichtsbehörde nach § 1 erteilt hat.

(3) [1]Der Prüfingenieur hat seine Prüftätigkeit unparteiisch und gewissenhaft nach den bauaufsichtlichen Vorschriften und den Technischen Baubestimmungen auszuüben [2]Er ist für die Richtigkeit und Vollständigkeit der bautechnischen Prüfungen allein verantwortlich.

(4) [1]Der Prüfingenieur darf sich bei der Erfüllung seiner Aufgaben der Mithilfe befähigter und zuverlässiger Mitarbeiter bedienen; ihre Zahl muss so begrenzt sein, dass er ihre Tätigkeit voll überwachen kann. [2]Er kann sich nur durch einen anderen Prüfingenieur vertreten lassen.

(5) Der Prüfingenieur hat die Pflicht, sich angemessen fortzubilden.

§ 7 Prüfaufträge

(1) [1]Der Prüfingenieur darf Prüfaufträge nur aus den Fachrichtungen übernehmen, für die er anerkannt ist [2]Erfordert die Erfüllung eines Prüfauftrages auch bautechnische Prüfungen aus anderen Fachrichtungen, so darf er diese Prüfungen nicht vornehmen, wenn sie Kenntnisse voraussetzen, die über die allgemeinen Grundkenntnisse eines jeden Prüfingenieurs hinausgehen; in diesem Fall hat der Prüfingenieur den Auftrag zurückzugeben oder die Bauaufsichtsbehörde zu veranlassen, Prüfingenieure anderer Fachrichtungen hinzuzuziehen. [3]Prüfingenieure dürfen Prüfaufträge nur annehmen, wenn sie unter Berücksichtigung des Umfangs ihrer Prüftätigkeit und der Zeit, die sie benötigen, um auf der Baustelle anwesend zu sein, die Ordnungsmäßigkeit der Bauüberwachung nach § 76 NBauO sicherstellen können.

(2) Der Prüfingenieur darf einen Prüfauftrag nicht übernehmen, wenn er oder einer seiner Mitarbeiter den Entwurf oder die Berechnung aufgestellt oder dabei mitgewirkt hat oder aus einem sonstigen Grunde befangen ist.

(3) Erledigt der Prüfingenieur einen Auftrag trotz Fristsetzung nicht rechtzeitig, so kann die Bauaufsichtsbehörde den Auftrag widerrufen und die Unterlagen zurückfordern.

(4) [1]Der Prüfingenieur kann fehlende Berechnungen und Zeichnungen unmittelbar beim Entwurfsverfasser oder beim Ersteller der Berechnung anfordern; der Bauherr ist zu verständigen. [2]Der Prüfingenieur hat dem Bauherrn, Entwurfsverfasser oder Ersteller der Berechnung Gelegenheit zu geben, etwaige Beanstandungen auszuräumen.

§ 8 Aufsicht, Prüfverzeichnis

(1) Der Prüfingenieur untersteht der Fachaufsicht der obersten Bauaufsichtsbehörde.

(2) [1]Der Prüfingenieur hat ein Verzeichnis über alle Prüfaufträge zu führen. [2]Er hat bis zum 31. Januar eines jeden Jahres das Verzeichnis für das vorangegangene Jahr der obersten Bauaufsichtsbehörde vorzulegen.

§ 9 Erlöschen und Widerruf der Anerkennung als Prüfingenieur

(1) Die Anerkennung erlischt, wenn der Prüfingenieur schriftlich gegenüber der obersten Bauaufsichtsbehörde auf die Anerkennung verzichtet.

(2) Die Anerkennung ist zu widerrufen, wenn

1. *nachträglich Gründe nach § 3 Abs. 3 oder Abs. 4 bekannt werden oder eintreten, die eine Versagung der Anerkennung gerechtfertigt hätten,*
2. *der Prüfingenieur infolge geistiger oder körperlicher Gebrechen nicht mehr in der Lage ist, seine Aufgaben zu erfüllen,*
3. *der Prüfingenieur gegen die ihm obliegenden Pflichten wiederholt oder gröblich verstoßen hat.*

(3) Die Anerkennung kann widerrufen werden, wenn der Prüfingenieur

1. *seine Prüftätigkeit länger als zwei Jahre nicht oder nur in einem geringen Umfang ausgeübt hat oder*
2. *ohne die nach § 6 Abs. 1 erforderliche Genehmigung eine weitere berufliche Niederlassung errichtet.*

§ 10 Personen aus anderen Staaten

(1) Staatsangehörige eines Mitgliedsstaates der Europäischen Union, eines anderen Vertragsstaates des Abkommens über den Europäischen Wirtschaftsraum oder eines Staates, gegenüber dem die Mitgliedstaaten der Europäischen Union vertragsrechtlich zur Gleichbehandlung ihrer Staatsangehörigen verpflichtet sind, sind in Niedersachsen als Prüfingenieure anerkannt, wenn sie

1. zur Wahrnehmung von Aufgaben im Sinne des § 1 Abs. 1 Satz 1 in einem der genannten Staaten rechtmäßig niedergelassen sind,

2. für die Wahrnehmung von Aufgaben im Sinne des § 1 Abs. 1 Satz 1 dort Anforderungen erfüllen mussten, die den Anforderungen für die Anerkennung nach § 3 Abs. 3 gleichwertig sind, und

3. die deutsche Sprache in Wort und Schrift so weit beherrschen, wie es für die Ausübung der Tätigkeit erforderlich ist.

(2) [1]Personen nach Absatz 1, die erstmalig eine Aufgabe nach § 1 Abs. 1 Satz 1 übernehmen wollen, haben dies der obersten Bauaufsichtsbehörde vorher zu melden. [2]Mit der Meldung sind vorzulegen

1. eine Bescheinigung darüber, dass die Person in einem in Absatz 1 genannten Staat rechtmäßig zur Wahrnehmung von Aufgaben im Sinne des § 1 Abs. 1 Satz 1 niedergelassen ist und ihr die Wahrnehmung dieser Aufgaben nicht, auch nicht vorübergehend, untersagt ist, und

2. ein Nachweis darüber, dass die Person im Staat ihrer Niederlassung für die Wahrnehmung der Aufgaben die Anforderungen nach Absatz 1 Nr. 2 erfüllen musste.

(3) [1]Die oberste Bauaufsichtsbehörde bestätigt auf Verlangen die Erfüllung der Voraussetzungen nach Absatz 1 und den Eingang der Meldung nach Absatz 2. [2]Ergibt die Prüfung der Unterlagen, dass die Person die Voraussetzung nach Absatz 1 nicht erfüllt, so teilt die oberste Bauaufsichtsbehörde dies der Person mit.

(4) [1]Wer zur Wahrnehmung von Aufgaben im Sinne des § 1 Abs. 1 Satz 1 in einem in Absatz 1 genannten Staat niedergelassen ist, ohne die Anforderungen nach Absatz 1 Nr. 2 zu erfüllen, ist als Prüfingenieur anerkannt, wenn ihm die oberste Bauaufsichtsbehörde auf Antrag bescheinigt, dass er die Anerkennungsvoraussetzungen, nach § 3 Abs. 3 erfüllt. [2]Dem Antrag sind die zur Beurteilung erforderlichen Unterlagen beizufügen. [3]§ 4 Abs. 2 gilt entsprechend.

(5) [1]Eine Meldung nach Absatz 2 Satz 1 ist nicht erforderlich, wenn bereits in einem anderen Land eine entsprechende Meldung gemacht worden ist. [2]Eine Bescheinigung nach Absatz 4 Satz 1 ist nicht erforderlich, wenn bereits in einem anderen Land eine entsprechende Bescheinigung erteilt worden ist. [3]Verfahren nach den Absätzen 1 bis 4 können über eine einheitliche Stelle nach den Vorschriften des Verwaltungsverfahrensgesetzes abgewickelt werden.

§ 11 Anerkennung als Prüfstelle

(1) Die oberste Bauaufsichtsbehörde kann technische Überwachungsorganisationen, die auf Grund anderer Rechtsvorschriften bereits Aufgaben der amtlichen Prüfung oder Überwachung wahrnehmen, als Prüfstelle anerkennen, wenn diesen geeignete Ingenieure angehören.

(2) [1]Hinsichtlich des Anerkennungsverfahrens gilt § 5 entsprechend.[2]Im Übrigen sind für die Prüfstellen § 3 Abs. 5, § 6 Abs. 3 sowie die §§ 8 und 9 entsprechend anzuwenden.

§ 12 Ordnungswidrigkeiten

Ordnungswidrig handelt nach § 80 Abs. 3 NBauO, wer entgegen § 3 Abs. 1 Satz 2 die Bezeichnung „Prüfingenieur für Baustatik“ führt, ohne als solcher von der obersten Bauaufsichtsbehörde anerkannt zu sein.

§ 13 Inkrafttreten

(Die Verordnung gilt in der vorstehenden Fassung seit dem 1.10.2013.)

Verordnung über anerkannte Sachverständige für die Prüfung technischer Anlagen nach Bauordnungsrecht
(Bauordnungsrechtliche Sachverständigenverordnung – BauSVO)

Vom 4.9.1989 (Nds. GVBl. S. 325),
zuletzt geändert durch Art. 9 der Verordnung vom 13.11.2012 (Nds. GVBl. S. 438)

(jetzt gestützt auf § 82 Abs. 2 Nrn. 3-5 NBauO 2012)

§ 1 Anerkannte Sachverständige

(1) Anerkannte Sachverständige, die das Bauordnungsrecht für die Prüfung bestimmter technischer Anlagen vorschreibt, sind

1. die nach § 2 anerkannten Sachverständigen,

2. die vor dem 1. Oktober 1989 nach Bauordnungsrecht anerkannten Sachverständigen für die Dauer ihrer Anerkennung,

3. die von anderen Ländern nach Bauordnungsrecht anerkannten Sachverständigen.

(2) Als anerkannte Sachverständige im Sinne des Absatzes 1 gelten bis zur Vollendung des 68. Lebensjahres

1. die von einer Anstalt oder Körperschaft des öffentlichen Rechts als Sachverständige für die Prüfung technischer Anlagen nach Bauordnungsrecht innerhalb ihres Zuständigkeitsbereichs bestellten Bediensteten,

2. die Sachverständigen, die am 1. Oktober 1989 beim Technischen Überwachungs-Verein Hannover e.V. oder beim Technischen Überwachungs-Verein Norddeutschland e.V. mit der Prüfung bestimmter technischer Anlagen oder Einrichtungen nach Bauordnungsrecht betraut waren und für diesen Prüfumfang auf Antrag der Technischen Überwachungs-Vereine in eine bei der obersten Bauaufsichtsbehörde zu führende Liste eingetragen sind. Der Antrag kann nur bis zum 31. Oktober 1989 gestellt werden.

§ 2 Anerkennung als Sachverständiger

(1) Als Sachverständiger nach § 1 Abs. 1 Nr. 1 wird auf Antrag von der obersten Bauaufsichtsbehörde anerkannt, wer

1. seinen Geschäftssitz in Niedersachsen hat,

2. berechtigt ist, im Lande Niedersachsen die Berufsbezeichnung „Ingenieur" zu führen,

3. als Ingenieur eine mindestens fünfjährige Berufserfahrung in der Fachrichtung hat, in der die Prüftätigkeit ausgeübt werden soll,

4. die erforderlichen Kenntnisse besitzt und einen Nachweis darüber durch ein Gutachten einer von der obersten Bauaufsichtsbehörde bestimmten Stelle erbracht hat sowie

5. die Gewähr dafür bietet, daß er die Aufgaben eines Sachverständigen gewissenhaft und unparteiisch erfüllen wird.

(2) Die Anerkennung darf nicht über den Zeitpunkt hinaus erteilt werden, zu dem der Sachverständige das 68. Lebensjahr vollendet hat.

(3) Die Anerkennung ist zu versagen, wenn der Antragsteller

1. die Fähigkeit zur Bekleidung öffentlicher Ämter verloren hat,

2. durch gerichtliche Anordnung in der Verfügung über sein Vermögen beschränkt ist.

§ 3 Anerkennungsverfahren

(1) [1]Im Antrag auf Anerkennung muss angegeben sein, für welche technischen Anlagen (§ 30 Abs. 2 der Allgemeinen Durchführungsverordnung zur Niedersächsischen Bauordnung) die Anerkennung beantragt wird. [2]Dem Antrag sind beizufügen

1. ein Lebenslauf mit lückenloser Angabe des fachlichen Werdeganges,
2. je eine Kopie der Abschluss- und Beschäftigungszeugnisse,
3. eine Erklärung, dass bei der Meldebehörde ein Führungszeugnis nach § 30 Abs. 5 des Bundeszentralregistergesetzes zur Vorlage bei der obersten Bauaufsichtsbehörde beantragt worden ist, oder ein dem Führungszeugnis gleichwertiges Dokument eines anderen Staates, das nicht älter als drei Monate sein soll, und
4. Nachweise über die Erfüllung der Voraussetzungen nach § 2 Abs. 1 Nrn. 2 und 3.

[3]Die oberste Bauaufsichtsbehörde kann, soweit erforderlich, weitere Unterlagen anfordern sowie Erklärungen verlangen.

(2) [1]Über den Antrag auf Anerkennung ist innerhalb von drei Monaten nach Eingang der vollständigen Unterlagen und Erklärungen zu entscheiden. [2]Zu den Unterlagen gehört auch das Gutachten nach § 2 Abs. 1 Nr. 4. [3]Die Anerkennung gilt als erteilt, wenn über den Antrag nicht innerhalb der Frist nach Satz 1 entschieden worden ist. [4]Im Übrigen findet § 42a des Verwaltungsverfahrensgesetzes Anwendung. [5]Das Verfahren kann über eine einheitliche Stelle nach den Vorschriften des Verwaltungsverfahrensgesetzes abgewickelt werden. [6]Wer eine Anerkennung als Sachverständiger erhalten hat und die Voraussetzungen für die Anerkennung nicht mehr erfüllt, hat dies der obersten Bauaufsichtsbehörde oder einer einheitlichen Stelle mitzuteilen.

§ 4 Pflichten des anerkannten Sachverständigen

(1) [1]Der Sachverständige hat die ordnungsgemäße Beschaffenheit und Betriebssicherheit der technischen Anlagen zu prüfen. [2]Er hat über jede Prüfung einen Prüfbericht für den Auftraggeber anzufertigen. [3]Eine Durchschrift des Prüfberichtes hat er der zuständigen Bauaufsichtsbehörde zuzuleiten. [4]Werden bei Prüfungen festgestellte Mängel nicht in angemessener Frist beseitigt, so hat der Sachverständige die zuständige Bauaufsichtsbehörde hierüber zu unterrichten. [5]Die Sätze 3 und 4 gelten nicht für Sachverständige nach § 1 Abs. 2 Nr. 1.

(2) [1]Der Sachverständige hat seine Prüftätigkeit unparteiisch und gewissenhaft auszuüben. [2]Er darf einen Prüfauftrag nicht übernehmen, wenn er oder einer seiner Mitarbeiter bei der Planung oder Errichtung der technischen Anlage oder Einrichtung mitgewirkt hat oder aus einem sonstigen Grunde befangen ist.

(3) Der Sachverständige hat die Prüfungen selbst durchzuführen; zu seiner Hilfe darf er befähigte und zuverlässige Personen hinzuziehen.

(4) Der Sachverständige hat der obersten Bauaufsichtsbehörde auf Verlangen Auskunft über Art und Umfang seiner Prüftätigkeit zu erteilen.

(5) Der Sachverständige hat die Pflicht, sich angemessen fortzubilden.

§ 5 Personen aus anderen Staaten

(1) Staatsangehörige eines Mitgliedsstaates der Europäischen Union, eines anderen Vertragsstaates des Abkommens über den Europäischen Wirtschaftsraum oder eines Staates, gegenüber dem die Mitgliedstaaten der Europäischen Union vertragsrechtlich zur Gleichbehandlung ihrer Staatsangehörigen verpflichtet sind, sind in Niedersachsen als Sachverständige anerkannt, wenn sie

1. zur Wahrnehmung von Aufgaben eines Sachverständigen im Sinne des § 1 Abs. 1 in einem der genannten Staaten rechtmäßig niedergelassen sind,
2. für die Tätigkeit eines Sachverständigen dort Anforderungen erfüllen mussten, die den Anforderungen für die Anerkennung nach § 2 Abs. 1 Nrn. 2 bis 5 und der Voraussetzung für den Nachweis der Kenntnisse nach § 2 Abs. 1 Nr. 4 gleichwertig sind, und
3. die deutsche Sprache in Wort und Schrift so weit beherrschen, wie es für die Ausübung der Tätigkeit erforderlich ist.

(2) [1]Wer erstmalig als Sachverständiger tätig werden will, hat dies der obersten Bauaufsichtsbehörde vorher schriftlich zu melden. [2]Mit der Meldung hat der Sachverständige vorzulegen

1. eine Bescheinigung darüber, dass er in einem in Absatz 1 genannten Staat rechtmäßig zur Ausübung der Tätigkeit eines Sachverständigen im Sinne des § 1 Abs. 1 niedergelassen ist und ihm die Ausübung dieser Tätigkeit nicht, auch nicht vorübergehend, untersagt ist, und

2. ein Nachweis darüber, dass er im Staat seiner Niederlassung für die Ausübung der Tätigkeit eines Sachverständigen die Anforderungen nach Absatz 1 Nr. 2 erfüllen musste.

(3) [1]Die oberste Bauaufsichtsbehörde bestätigt auf Verlangen den Eingang der Meldung nach Absatz 2 Satz 1. [2]Sie soll das Tätigwerden als Sachverständiger untersagen, wenn die Voraussetzungen nach Absatz 1 Satz 1 nicht erfüllt sind.

(4) [1]Wer zur Wahrnehmung von Aufgaben eines Sachverständigen im Sinne des § 1 Abs. 1 rechtmäßig in einem in Absatz 1 genannten Staat niedergelassen ist, ohne die Anforderungen nach Absatz 1 Nr. 2 zu erfüllen, ist als Sachverständiger anerkannt, wenn ihm die oberste Bauaufsichtsbehörde auf Antrag bescheinigt, dass er die Anerkennungsvoraussetzungen nach § 2 Abs. 1 Nrn. 2, 3 und 5 erfüllt und die erforderlichen Kenntnisse besitzt. [2]Dem Antrag sind die zur Beurteilung erforderlichen Unterlagen beizufügen. [3]§ 3 Abs. 2 gilt entsprechend.

(5) [1]Eine Meldung nach Absatz 2 Satz 1 ist nicht erforderlich, wenn bereits in einem anderen Land eine entsprechende Meldung gemacht worden ist. [2]Eine Bescheinigung nach Absatz 4 Satz 1 ist nicht erforderlich, wenn bereits in einem anderen Land eine entsprechende Bescheinigung erteilt worden ist. [3]Verfahren nach den Absätzen 1 bis 4 können über eine einheitliche Stelle nach den Vorschriften des Verwaltungsverfahrensgesetzes abgewickelt werden.

§ 6 Erlöschen und Widerruf der Anerkennung

(1) Die Anerkennung erlischt, wenn der Sachverständige schriftlich gegenüber der obersten Bauaufsichtsbehörde auf die Anerkennung verzichtet.

(2) Die Anerkennung ist zu widerrufen, wenn

1. nachträglich Gründe nach § 2 Abs. 1 oder 3 eintreten, die eine Versagung der Anerkennung gerechtfertigt hätten,

2. der Sachverständige infolge geistiger oder körperlicher Gebrechen nicht mehr in der Lage ist, seine Aufgaben zu erfüllen,

3. der Sachverständige gegen die ihm obliegenden Pflichten wiederholt oder gröblich verstoßen hat.

(3) Die Anerkennung kann widerrufen werden, wenn der Sachverständige seine Tätigkeit länger als zwei Jahre nicht oder nur in einem geringen Umfang ausgeübt hat.

§ 7 Änderung von Vorschriften

…

§ 8 Inkrafttreten

(Die Verordnung gilt in der vorstehenden Fassung seit dem 20.11.2012.)

Übersicht

A. Allgemeines

1 § 82 fasst **nahezu alle Bestimmungen** der NBauO, in denen das Fachministerium als oberste Bauaufsichtsbehörde (§ 57 Abs. 1 S. 2) **zum Erlass von Rechtsverordnungen** gemäß Art. 43 NV ermächtigt wird, **in einem umfangreichen Paragrafen** zusammen. Weitergehende Regelungen zum Inhalt möglicher Rechtsverordnungen finden sich lediglich in § 16a Abs. 6 und 7 (Bauarten) und in § 25 Abs. 1 und 2 (besondere Sachkunde- und Sorgfaltsanforderungen bei Bauprodukten). Vor dem 1.1.2012 war ein Teil der Regelungen in § 95 NBauO 2003 zu finden; ein anderer Teil auf verschiedene Normen der NBauO verteilt. Soweit **Rechtsverordnungen nach altem Recht** erlassen worden sind, gelten diese fort. Das gilt nicht nur, soweit die Ermächtigungsgrundlage ihren Standort geändert hat, sondern auch dann, wenn sie heute anders formuliert oder sogar weggefallen ist. Denn auch für Rechtsverordnungen gilt der Grundsatz, dass sie solange in Kraft bleiben, bis sie explizit außer Kraft gesetzt werden. Besteht ein Widerspruch zwischen einer – älteren – Rechtsverordnung und einem neueren Gesetz, ist der Gesetzgeber jedoch zur Anpassung verpflichtet (vgl. *Remmert* in Maunz/Dürig GG Art. 80 Rn. 51 f. Stand der Bearbeitung: Dezember 2013). Die Vorschriften der §§ 54 ff. Nds. SOG über den Erlass von Verordnungen zur Abwehr abstrakter Gefahren haben für Verordnungen aufgrund der NBauO keine Geltung. Mit der Unterbringung aller Verordnungsermächtigungen in einem Paragrafen am Schluss des Gesetzes folgt die NBauO der MBauO 2002.

2 Mit der umfassenden **Verordnungsermächtigung** macht der Landesgesetzgeber von der **nach Art. 43 NV** bestehenden Möglichkeit Gebrauch, eine Behörde zu ermächtigen, materielle Gesetze im Sinne des Art. 41 NV als Verordnungen zu erlassen. Dabei muss er gemäß Art. 43 Abs. 1 S. 2 NV **Inhalt, Zweck und Ausmaß der Ermächtigung** in hinreichend konkreter Weise selbst bestimmen. Welche Anforderungen den Gesetzgeber insoweit treffen, beschreibt das Bundesverfassungsgericht zu der Parallelvorschrift des Art. 80 Abs. 1 S. 2 GG in ständiger Rechtsprechung wie folgt (vgl. BVerfG 21.9.2016 – 2 BvL 1/15, NJW 2016, 3648 (3652) mwN): „Welche Anforderungen an das Maß der erforderlichen Bestimmtheit im Einzelnen zu stellen sind, lässt sich somit nicht allgemein festlegen. Zum einen kommt es auf die Intensität der Auswirkungen der Regelung für die Betroffenen an. So muss die Bestimmtheit der Ermächtigungsnorm der Grundrechtsrelevanz der Regelung entsprechen, zu der ermächtigt wird. Greift die Regelung erheblich in die Rechtsstellung des Betroffenen ein, sind höhere Anforderungen an den Grad der Bestimmtheit der Ermächtigung zu stellen, als wenn es sich um einen Regelungsbereich handelt, der die Grundrechtsausübung weniger tangiert. (…) Zum anderen hängen die Anforderungen an Inhalt, Zweck und Ausmaß der gesetzlichen Determinierung von der Eigenart des zu regelnden Sachverhalts ab, insbesondere davon, in welchem Umfang der zu regelnde Sachbereich einer genaueren begrifflichen Umschreibung überhaupt zugänglich ist (…). Dies kann es auch nahelegen, von einer detaillierten gesetzlichen Regelung abzusehen und die nähere Ausgestaltung des zu regelnden Sachbereichs dem Verordnungsgeber zu überlassen, der die Regelungen rascher und einfacher auf dem neuesten Stand zu halten vermag als der Gesetzgeber (…). Ein Bedürfnis, staatliche Regelungen rasch und allgemeinverbindlich und damit gerade durch Rechtsverordnung zu erlassen, kann insbesondere auch aus der Pflicht zur Umsetzung, Durchführung und

Ergänzung inter- oder supranationaler Vorgaben resultieren (…).“ Diesen Anforderungen entspricht §82. Die Vorschrift gestattet zwar Rechtssetzung in durchaus grundrechtsrelevanten Bereichen wie der Anerkennung von Sachverständigen (Art. 12 Abs. 1 GG) oder den Anforderungen an die Zulässigkeit baulicher Anlagen (Art. 14 GG). Sie setzt der exekutiven Rechtssetzung aber zugleich in hinreichend bestimmter Weise rechtliche Grenzen. Zudem betreffen die Ermächtigungen in §82 vielfach Sachbereiche, in denen die Regelungen vom Stand der bautechnisch-naturwissenschaftlichen Erkenntnis abhängen. Gerade in solchen Bereichen sind Rechtsverordnungen aufgrund ihrer einfacheren Aktualisierbarkeit das Mittel der Wahl.

An das konkrete Handeln des Verordnungsgebers stellt Art. 43 Abs. 2 NV weitere Anforderungen. In jeder Verordnung ist gemäß Art. 43 Abs. 2 S. 1 NV die Rechtsgrundlage anzugeben. Das **Zitiergebot** verpflichtet den Verordnungsgeber, in jeder Verordnung auf die Norm hinzuweisen, die zum Erlass der Rechtsverordnung ermächtigt. Die Vorschrift soll den Verordnungsgeber zwingen, sich die gesetzlichen Grundlagen und ihre Grenzen vor Augen zu führen, und es Normadressaten ermöglichen, die Rechtmäßigkeit der Verordnung nachzuvollziehen (vgl. zu Art. 80 Abs. 1 S. 3 GG BVerfG 6.7.1999 – 2 BvF 3/90, NJW 1999, 3253 (3256); 1.4.2014 – 2 BvF 1/12, NVwZ 2014, 1219 (1225)). Daraus folgt, dass der Hinweis hinreichend konkret sein muss. Er darf sich nicht auf die Nennung des Gesetzeswerks, in dem sich die Ermächtigungsgrundlage findet, beschränken, sondern er muss die ermächtigende gesetzliche Einzelvorschrift nennen. Ob die Norm, die die Ermächtigungsgrundlage enthält, außer mit dem konkreten Paragrafen auch mit Absatz, Satz und Nummer zu bezeichnen ist, lässt sich dem Wortlaut von Art. 43 Abs. 2 S. 1 NV nicht entnehmen (unklar *Steinbach* in Epping u.a. Hannoverscher Kommentar zur Niedersächsischen Verfassung Art. 43 Rn. 20; vgl. auch Lüneburg 18.6.2019 – 1 KN 64/15, BeckRS 2019, 12681). In Bezug auf Art. 80 Abs. 1 S. 3 GG sind die Auffassungen geteilt (vgl. *Remmert* in Maunz/Dürig GG Art. 80 Rn. 125 Stand der Bearbeitung: Dezember 2013; *Mann* in Sachs GG Art. 80 Rn. 31 mwN). Zutreffend dürfte es sein, danach zu differenzieren, ob eine Norm eine einheitliche oder mehrere verschiedene Ermächtigungsgrundlagen enthält (zutreffend *Remmert* in Maunz/Dürig GG Art. 80 Rn. 125 Stand der Bearbeitung: Dezember 2013). Handelt es sich um eine einheitliche Ermächtigungsgrundlage, genügt es, wenn diese als Ganze angegeben wird, ohne dass nach Absätzen, Sätzen und Nummern differenziert werden muss. Für §82, der eine Vielzahl verschiedener Ermächtigungen enthält, gilt, dass grundsätzlich genau unter Angabe von Absatz und Nummer zu zitieren ist. Eine Verordnung, die auf mehreren Ermächtigungsgrundlagen beruht, muss diese vollständig zitieren und bei inhaltlicher Überschneidung mehrerer Ermächtigungsgrundlagen diese gemeinsam angeben. Dabei ist es nicht erforderlich, jeder Verordnungsregelung die jeweilige Rechtsgrundlage ausdrücklich zuzuweisen, sondern es reicht aus, die Rechtsgrundlagen am Beginn der Verordnung gebündelt anzuführen. Wird versehentlich eine Bestimmung zu viel zitiert, ist das unschädlich (BVerfG 1.4.2014 – 2 BvF 1/12, NVwZ 2014, 1219 (1225)). 3

Art. 43 Abs. 2 S. 2 NV bestimmt ferner, dass die Ermächtigung zum Erlass einer Verordnung nur dann, wenn das Gesetz dies zulässt, und nur durch Verordnung weiter übertragen werden darf. Die **Subdelegation der Verordnungsbefugnis** steht also ihrerseits unter Gesetzesvorbehalt. Eine Subdelegation kommt nur auf nachgeordnete Behörden in Betracht, keinesfalls aber auf nichtstaatliche Stellen (vgl. *Steinbach* in Epping u.a. Hannoverscher Kommentar zur Niedersächsischen Verfassung Art. 43 Rn. 19). **Ausfertigung und Verkündung** richten sich nach Art. 45 Abs. 1 und 3 NV. Im Rechtssetzungsverfahren wird zudem regelmäßig die Anhörung der kommunalen Spitzenverbände gemäß Art. 57 Abs. 6 NV geboten sein. 4

B. Abs. 1 Nr. 1-5

5 **Allgemein zu Abs. 1:** Abs. 1 mit den Nr. 1-5 ermächtigt zum Erlass von Verordnungen mit dem Zweck, die grundsätzlichen Anforderungen in §§ 3, 16a Abs. 1 und § 16b Abs. 1 zu verwirklichen, d.h. sie durch ins Einzelne gehende Anforderungen näher auszuführen. Denselben Zweck haben schon die Gesetzesbestimmungen der §§ 4-50 mit ihren materiell-rechtlichen Anforderungen an bauliche Anlagen und Grundstücke. Von diesen Vorschriften sind aber viele so allgemein gehalten, dass ihre Anforderungen, um das Bauen praktisch wirksam lenken zu können, noch näher bestimmt werden müssen. Die mit der Novelle 2018 neu aufgenommene ausdrückliche Nennung der §§ 16a, 16b (Bauarten, Bauprodukte) hat lediglich redaktionelle Gründe (LT-Drs. 18/1136, S. 46).

6 Zu Verordnungen zur näheren Bestimmung der in den **§§ 4-50 geregelten materiellen Anforderungen** an bauliche Anlagen ermächtigt **Abs. 1 Nr. 1**. Die Einzelheiten nicht durch Gesetz, sondern durch Verordnung zu regeln, empfiehlt sich vielfach, weil Verordnungen leichter und schneller an veränderte Bedürfnisse angepasst werden können. Die Allgemeine Durchführungsverordnung (**DVO-NBauO** vom 26.9.2012, Nds. GVBl. S. 382, zuletzt geändert durch Art. 10 der Verordnung vom 13.11.2012, Nds. GVBl. S. 438, weitere Änderung in Vorbereitung) macht mit den meisten ihrer Vorschriften von der Ermächtigung in Nr. 1 Gebrauch. Sie ist im Anhang zu diesem Kommentar abgedruckt.

7 **Abs. 1 Nr. 2** betrifft **Feuerungsanlagen** und sonstige Anlagen zur Energieerzeugung sowie zur Brennstoffversorgung und -lagerung. An diese Anlagen stellt § 40 NBauO Abs. 1-5 allgemein gehaltene materiell-rechtliche Sicherheitsanforderungen. Diese werden durch die Feuerungsverordnung (**FeuVO** vom 27.3.2008, Nds. GVBl. S. 96, geändert durch Verordnung vom 13.11.2012, Nds. GVBl. S. 438) konkretisiert; insoweit kann die Verordnung bereits auf Abs. 1 Nr. 1 gestützt werden. Aufgrund der Nr. 2 können durch Verordnung, über § 40 und Abs. 1 Nr. 1 hinausgehend, „weitere" Anforderungen an die genannten Anlagen gestellt werden. Soweit die FeuVO in der gegenwärtigen Fassung oder nach künftigen Änderungen mit Anforderungen im Sinne des § 3 Abs. 1-4 über § 40 hinausgehen sollte, wird sie durch Nr. 2 gedeckt. Die Novelle 2018 hat die Vorschrift um einen weiteren Halbsatz ergänzt. Dieser ermöglicht es, **weitere Anforderungen auch an bestehende Anlagen** durch Verordnung zu regeln. Wie in den Nrn. 3 bis 5 wird damit auch für diese Fälle eine Durchbrechung des Bestandsschutzes abweichend von der für derartige Fälle an sich allgemein geltenden Regelung in § 85 ermöglicht. Gesetzgeberischer Hintergrund der Erweiterung der Verordnungsermächtigung ist insbesondere das Erfordernis, nachträglich zusätzliche Sicherungsanforderungen an Holzpelletlager stellen zu können. Dabei geht es um die Belüftung der Lager, um der Vergiftungsgefahr beim Betreten des Lagers durch das im Lager entstehende Kohlenmonoxid vorzubeugen (LT-Drs. 18/1136, S. 46). Bei derartigen nachträglichen Anforderungen, die über den Rahmen des § 85 hinausgehen, die also insbesondere nicht auf Gefahren für die in § 3 Abs. 1 genannten Rechtsgüter reagieren, ist allerdings der Grundsatz der Verhältnismäßigkeit zu beachten. In der Praxis wird es regelmäßig um vorbeugende Anforderungen zur Minimierung von Risiken im Vorfeld einer konkreten Gefahr gehen (→ § 85 Rn. 18 f.).

8 Zu **Abs. 1 Nr. 3:** § 46 NBauO stellt – die Grundanforderungen in § 3 konkretisierend – gesetzliche Sicherheitsanforderungen an **Garagen** (einschließlich Parkhäuser) und **Stellplätze**. Nr. 3 ermächtigt ähnlich der vorausgehenden Nr. 2 zu Verordnungen, die an Garagen und Stellplätze „weitere" Anforderungen stellen. Es geht mithin um Vorschriften, die ebenfalls die Grundsätze in § 3 wahren, jedoch über die Anforderungen des § 46 hinausgehen. Vorschriften, die der Sicherheit von Garagen und Stellplätzen dienen, enthält die Verordnung über den Bau und Betrieb von Garagen und Stellplätzen (**GaStplVO**) vom 4.9.1989 (Nds. GVBl. S. 263), geändert durch Verordnung vom 11.10. 2012 (Nds. GVBl. S. 401). Sie kann sich, soweit ihre Anforderungen über den Rahmen des § 46 hinausgehen sollten, zusätzlich zu Nr. 1 auf Nr. 3 stützen.

Nr. 3 ermächtigt ebenso wie nunmehr die Nr. 2 ausdrücklich dazu, die Anwendung der in 9
der Verordnung gestellten Anforderungen auf **bestehende Garagen und Stellplätze** zu regeln. Nach § 85 gelten neue, verschärfende bauordnungsrechtliche Vorschriften für bestehende Bauten grundsätzlich nur unter den dort geregelten Voraussetzungen, insbesondere kann die Bauaufsichtsbehörde sie bei konkreter Gefahr heranziehen (§ 85 Abs. 2; → § 85 Rn. 18 f.). Nach Nr. 3 kann nunmehr die Verordnung bei Garagen und Stellplätzen den Bestandsschutz, den § 85 gewährt, durchbrechen und auch ohne Vorliegen der Voraussetzungen des § 85 eine **„Nachrüstung"** bestehender Anlagen zur Anpassung an neue sicherheitstechnische Forderungen verlangen. Allerdings muss auch die Nachrüstung erforderlich sein, um die Grundsätze in § 3 zu wahren, und sie darf nicht unverhältnismäßig sein. Dabei darf die Bauaufsichtsbehörde aber schon im Gefahrenvorfeld eine Minimierung von Risiken betreiben.

Zu **Abs. 1 Nr. 4:** Nach § 51 kann die untere Bauaufsichtsbehörde im Einzelfall an die in 10
§ 2 Abs. 5 aufgeführten **Sonderbauten** besondere Anforderungen stellen, die über die Anforderungen der §§ 4-50 hinausgehen. um sicherzustellen, dass der Sonderbau die Anforderungen des § 3 erfüllt. Sie kann die Anforderungen der §§ 4-50 zudem, soweit die Grundanforderungen in § 3 dennoch gewahrt bleiben, erleichtern. Diese Regelung wird durch Nr. 4 dahin ergänzt, dass die oberste Bauaufsichtsbehörde solche Anforderungen und Erleichterungen auch allgemein durch Verordnung regeln kann. Wie dem Nachsatz der Nr. 4 zu entnehmen ist, kann durch Verordnung auch hier eine Anpassung bestehender Bauten an neue Anforderungen („Nachrüstung") vorgeschrieben werden, ohne dass die Voraussetzungen des § 85 vorliegen müssen. Wiederum ist hier der Verhältnismäßigkeitsgrundsatz zu beachten.

Aufgrund der Vorgängervorschrift der Nr. 4 – § 95 Abs. 2 NBauO a.F. – ergingen **vier Ver-** 11
ordnungen mit bautechnischen Anforderungen, die über die der §§ 4-50 hinausgehen, und zwar

- die Verkaufsstättenverordnung (**VKVO**) vom 17.1.1997 (Nds. GVBl. S. 31), zuletzt geändert durch Art. 2 der Verordnung vom 13.11.2012 (Nds. GVBl. S. 438),
- die Nds. Versammlungsstättenverordnung (**NVStättVO**) vom 8.11.2004 (Nds. GVBl. S. 426), zuletzt geändert durch Art. 3 der Verordnung vom 13.11.2012 (Nds. GVBl. S. 438)
- die Verordnung über Campingplätze, Wochenendplätze und Wochenendhäuser (**CPl-Woch-VO**) vom 12.4.1984 (Nds. GVBl. S. 109), zuletzt geändert durch Art. 5 der Verordnung vom 13.11.2012 (Nds. GVBl. S. 438),
- die Verordnung über den Bau von Betriebsräumen für elektrische Anlagen (**Elt-BauVO**) vom 25.1.2011 (Nds. GVBl. S. 19).

Die Verordnungen finden ihre Rechtsgrundlage jetzt in § 82 Abs. 1 Nr. 4, denn sie regeln Sonderbauten im Sinne von § 2 Abs. 5 Nr. 4, 7, 16 und 20.

Zu **Abs. 1 Nr. 5:** § 78 gestattet der Bauaufsichtsbehörde, eine **regelmäßige Überprü-** 12
fung von baulichen Anlagen oder von Teilen baulicher Anlagen vorzuschreiben und deren Art, Umfang, Häufigkeit und Nachweis der Überprüfung näher zu regeln, soweit das erforderlich ist, um die Erfüllung der Anforderungen nach § 3 zu sichern. Diese für den Einzelfall geltende Ermächtigung steht unter dem Vorbehalt einer abweichenden Regelung durch Verordnung nach § 82 Abs. 1 Nr. 5. Die Vorschrift gestattet es dem Verordnungsgeber daher, generell – bezogen auf bestimmte Arten baulicher Anlagen oder auch allgemein – eine regelmäßige Überprüfung vorzuschreiben und deren Art, Umfang, Häufigkeit und Nachweis näher zu regeln. Entsprechend den vorausgehenden Nrn. 2 bis 4 kann die Verordnung die regelmäßige Überprüfung auch für schon bestehende Bauten vorschreiben, ohne dass die in § 85 Abs. 2 vorausgesetzte konkrete Gefahr vorliegen muss.

Sowohl nach § 78 wie nach § 84 Abs. 1 Nr. 5 kann eine Überprüfung durch die Bauauf- 13
sichtsbehörde selbst oder durch „Sachkundige" oder „Sachverständige" verlangt werden. **Sachkundige** können Personen sein, die für Unternehmen, die Bauteile liefern und/oder

einbauen oder ganze bauliche Anlagen errichten, Wartungs- oder Kundendienste ausführen. **Sachverständige** sind nach allgemeinem Sprachgebrauch Personen, die auf einem bestimmten Gebiet besondere Kenntnisse und Erfahrungen haben und diese besondere Sachkunde jedermann unparteiisch, unabhängig und objektiv zur Verfügung stellen. Sachkundige und Sachverständige beraten und unterstützen mit Hilfe ihrer Fachkenntnis die Bauaufsichtsbehörde und liefern ihr Unterlagen für die anstehenden Entscheidungen. Diese trifft jedoch die Bauaufsichtsbehörde. Wie sich aus Nr. 3 und 4 des folgenden Abs. 2 ergibt, kann die Verordnung Anforderungen an die Qualifikation der Sachkundigen und Sachverständigen regeln sowie ihr Tätigwerden von einer Anerkennung abhängig machen und diese regeln. Die Verordnung kann auch bestimmen, dass diese als Beliehene (→ Rn. 14) tätig werden.

C. Abs. 2 Nr. 1-9

14 **Abs. 2 Nr. 1** ermächtigt die oberste Bauaufsichtsbehörde, durch Verordnung einzelne Aufgaben, die nach § 58 Abs. 2 grundsätzlich den unteren Bauaufsichtsbehörden obliegen, auf **„Personen"** oder **„Stellen"** zu übertragen, die bestimmte Voraussetzungen erfüllen. „Personen" im Sinne dieser Vorschrift sind natürliche Personen. „Stellen" können sowohl Behörden (= Organe juristischer Personen des öffentlichen Rechts) sein, z.B. eine als „Prüfamt" landesweit tätige untere Bauaufsichtsbehörde, aber auch private Organisationen, insbesondere juristische Personen des Privatrechts. Übertragen werden können nach Abs. 2 Nr. 1 hoheitliche Verwaltungsaufgaben und -befugnisse. Die „Personen" und die „Stellen", die keine Behörden sind, werden dabei als sog. **Beliehene** tätig. Sie nehmen den Bauaufsichtsbehörden Feststellungen und Beurteilungen ab, die sonst diesen oblägen. Die Personen und Stellen sind für ihre Prüfungen allein verantwortlich und handeln mit Außenwirkung im eigenen Namen. Die Bauaufsichtsbehörden haben das Prüfungsergebnis grundsätzlich ohne nochmalige eigene Überprüfung in ihre Entscheidungen zu übernehmen.

15 Als bauordnungsbehördliche Aufgaben, die auf Personen oder Stellen übertragen werden dürfen, nennt Nr. 1 – nicht abschließend – die Prüfung von Bauvorlagen, die Bauüberwachung, die Bauabnahmen und die regelmäßige Überprüfung. Auf diese Vorschrift stützt sich heute die (aufgrund von § 66 Abs. 1 NBauO a.F. erlassene) Verordnung über die bautechnische Prüfung von Baumaßnahmen (**BauPrüfVO**) vom 24.7.1987 (Nds. GVBl. S. 129), zuletzt geändert durch Verordnung vom 16.9.2013 (Nds. GVBl. S. 239), in der die bauaufsichtliche Tätigkeit von Prüfämtern und Prüfingenieuren für Baustatik geregelt wird. Sie ist oben abgedruckt. Bauaufsichtliche Aufgaben, die aufgrund eines Gesetzes von anderen Stellen als den Bauaufsichtsbehörden wahrgenommen werden, sind auch die Tätigkeiten der Prüf-, Zertifizierungs- und Überwachungsstellen nach § 19 Abs. 2, § 22 Abs. 2, § 23 Abs. 2 und § 24. Allerdings handeln diese nur zum Teil hoheitlich.

16 **Verfassungsrechtlich** stellt sich bei einer Verlagerung von Aufgaben der öffentlichen Verwaltung auf Stellen außerhalb der unmittelbaren und mittelbaren Landesverwaltung die Frage, ob dies mit **Art. 56 Abs. 1 NV** und dem Prinzip der parlamentarischen Regierungsverantwortung vereinbar ist. Die Vorschrift bestimmt, dass das Land seine Verwaltung durch die Landesregierung und die ihr nachgeordneten Behörden ausübt. Eine Aufgabenübertragung an Dritte bzw. Beleihung ist damit aber nicht grundsätzlich ausgeschlossen, soweit die Grenzen des Art. 60 S. 1 NV – Wahrnehmung hoheitlicher Aufgaben grundsätzlich durch Beamte – gewahrt sind (vgl. *Waechter* in Hannoverscher Kommentar zur Niedersächsischen Verfassung Art. 56 Rn. 17). Insofern dürften keine Bedenken bestehen: Die übertragenen Kompetenzen sind klar und eng begrenzt. Die Entscheidungen beruhen im Wesentlichen auf der Anwendung von Fachwissen und sind, wenn auch über die Hinnahme von „Restrisiken" zu befinden ist, ohne größere politische Bedeutung. Außerdem bleibt die Verantwortung der Landesregierung über die Fachaufsicht weitgehend erhalten.

17 Zu **Abs. 2 Nr. 2:** Nach Abs. 2 Nr. 1 können Aufgaben der unteren Bauaufsichtsbehörden auf entsprechend qualifizierte Personen und Stellen unmittelbar durch Verordnung der obersten Bauaufsichtsbehörde übertragen werden. Nach Nr. 2 kann die Verordnung auch vorsehen, dass die **untere Bauaufsichtsbehörde**, die betreffende **Aufgabe überträgt**. Es handelt sich insofern um eine Subdelegationsermächtigung nach Art. 43 Abs. 2 S. 2, soweit die Verordnung vorsieht, dass die untere Bauaufsichtsbehörde ihrerseits durch Verordnung handeln muss. Die Verordnung nach Abs. 2 Nr. 2 kann aber auch vorsehen, dass die untere Bauaufsichtsbehörde eine konkrete Person oder Stelle im Einzelfall mit der Wahrnehmung einer Aufgabe, z.B. der technischen Prüfung eines Bauvorhabens, beauftragen kann (so in § 1 Abs. 1 S. 1 BauPrüfVO vorgesehen). Auch diese Möglichkeit wird von Abs. 2 Nr. 2 trotz des insofern nicht ganz eindeutigen Wortlauts nach dem Sinn und Zweck der Vorschrift gedeckt.

18 **Abs. 2 Nr. 3**, der mit der Novelle 2018 neu eingefügt worden ist, ermöglicht es, die **Zuständigkeit für die vorhabenbezogene Bauartgenehmigung** nach § 16a Abs. 2 S. 1 Nr. 2 und den Verzicht darauf im Einzelfall nach § 16a Abs. 4 **sowie die Zustimmung zur Verwendbarkeit von Bauprodukten im Einzelfall** und den Verzicht auf die Zustimmung im Einzelfall (§ 20) auf eine Behörde, auch eines anderen Landes, oder eine andere Stelle oder Person übertragen. Die Behörde, Stelle oder Person muss die Gewähr dafür bieten, dass die Aufgaben dem öffentlichen Baurecht entsprechend wahrgenommen werden. Außerdem muss sie der Aufsicht der obersten Bauaufsichtsbehörde unterstehen bzw. die oberste Bauaufsichtsbehörde muss an deren Willensbildung mitwirken. Mit diesen besonderen Anforderungen an die Qualifikation – siehe dazu auch Abs. 2 Nr. 4 – und die Zuverlässigkeit sowie die Aufsicht begegnet die Norm keinen durchgreifenden Bedenken, obwohl hier eine Übertragung hoheitlicher Befugnisse von einigem Gewicht ermöglicht wird.

19 **Abs. 2 Nr. 4** – bislang Nr. 3 – ermächtigt die oberste Bauaufsichtsbehörde, durch Verordnung **Anforderungen an die Qualifikation** der Sachkundigen und Sachverständigen zu regeln, die aufgrund einer Verordnung nach Abs. 1 Nr. 5 und in anderen Fällen die Bauaufsichtsbehörde unterstützen, sowie der Personen und Stellen, die im Sinne von Abs. 2 Nr. 1 bis 3 selbst Aufgaben der unteren Bauaufsichtsbehörde wahrnehmen. Mit den hier und in Nr. 5 angesprochenen „Einrichtungen" sind Prüfämter gemeint (vgl. LT-Drs. 16/4621, S. 37); diese sind aber schon als „Stellen" erfasst. Die Verordnung muss in jedem Fall das Maß an Fachkunde und persönlicher Zuverlässigkeit fordern, das nötig ist, um eine ordnungsgemäße Aufgabenerfüllung gewährleisten. Bei Privaten ist besonders darauf zu achten, dass sie von denjenigen, gegenüber denen sie öffentliche Aufgaben wahrnehmen, wirtschaftlich genügend unabhängig sind.

20 **Abs. 2 Nr. 5** - bislang Nr. 4 – sieht vor, dass die oberste Bauaufsichtsbehörde durch Verordnung für Sachkundige, Sachverständige, Einrichtungen und Stellen, die nach diesem Gesetz oder nach Vorschriften aufgrund dieses Gesetzes tätig werden können und dafür einer Anerkennung bedürfen, und für natürliche und juristische Personen, Stellen und Behörden im Sinne des § 24 das Anerkennungsverfahren, die Voraussetzungen für die Anerkennung, deren Widerruf, Rücknahme und Erlöschen regeln, insbesondere auch Altersgrenzen festlegen, sowie eine ausreichende Haftpflichtversicherung fordern kann. Die Vorschrift ergänzt Nr. 4, die zur Bestimmung der erforderlichen Qualifikation ermächtigt, und ermöglicht sowohl verfahrensrechtliche als auch ergänzende materiell-rechtliche Anforderungen. Für die Anerkennung als Leiter einer Überwachungs- oder Zertifizierungsstelle kann beispielsweise der Abschluss eines geeigneten technischen oder naturwissenschaftlichen Studiums an einer Hochschule verlangt werden (OVG Lüneburg 8.8.2002 – 1 LA 3471/01, BeckRS 2002, 23403 Rn. 7 ff.).

21 Ausdrücklich bestimmt Nr. 5, dass die Verordnung eine **Altersgrenze** festlegen darf. Das OVG Lüneburg hatte zur LBauO SchlH entschieden, dass die Ermächtigung, „die Voraussetzungen für die Anerkennung zu regeln", nicht die Festsetzung einer Altersgrenze decke (OVG Lüneburg 20.2.1974 – I A 200/73, OVGE 30, 417); die neue Vorschrift lässt nun keine Zweifel mehr bestehen. Eine Altersgrenze ist sachlich geboten und mit Art. 3

Abs. 1 GG, Art. 12 Abs. 1 GG, Art. 21 Abs. 1 der EU-Grundrechtecharta sowie mit den Vorschriften des Allgemeinen Gleichbehandlungsgesetzes (AGG) und der RL 2000/78/EG zur Festlegung eines allgemeinen Rahmens für die Verwirklichung der Gleichbehandlung in Beschäftigung und Beruf vereinbar (vgl. zu Altersgrenzen für Prüfsachverständige von 79 bzw. 68 Jahren BVerwG 21.1.2015 – 10 CN 1.14, NVwZ 2015, 1294 (1295 f.); 11.5.2016 – 10 C 2.15, NVwZ-RR 2016, 865 (866 ff.)). Belange der öffentlichen Sicherheit rechtfertigen die damit verbundene Rechtsbeeinträchtigung jedenfalls für den Personenkreis, dem sicherheitsrelevante Aufgaben übertragen werden sollen. Der Sachverständige muss den neuesten Stand der Technik kennen. Ihm darf kein Fehler unterlaufen. Dies setzt eine physische und psychische Leistungsfähigkeit voraus, die im Alter abnimmt. Das geschieht zwar bei dem einen früher, dem anderen später. Dennoch ist eine einheitliche, am Durchschnitt orientierte Altersgrenze sachgerecht. Die alternativ mögliche individuelle Überprüfung der Leistungsfähigkeit wäre demgegenüber nicht gleichermaßen wie eine Höchstaltersgrenze geeignet, zur Bausicherheit beizutragen, weil sie zu spät käme. Eine altersbedingt nicht mehr ausreichende Leistungsfähigkeit würde erst festgestellt werden, wenn sie bereits eingeschränkt ist. Die Anerkennung als Prüfsachverständiger bestünde fort, bis bei der nächsten Überprüfung etwaige Mängel offenbar würden (vgl. BVerwG 26.1.2011 – 8 C 46.09, NVwZ 2011, 569 (571 f.)). Ausdrücklich verlangt wird zudem eine **Haftpflichtversicherung** als Voraussetzung der Anerkennung.

22 Nach **Abs. 2 Nr. 6** – bislang Nr. 5 – kann die oberste Bauaufsichtsbehörde die **Fachaufsicht** über die Personen und Stellen regeln, die statt der unteren Bauaufsichtsbehörde bauaufsichtliche Aufgaben wahrnehmen. Sie kann also insbesondere die Fachaufsichtsbehörde bestimmen. Von der Fachaufsicht freistellen kann sie nicht; diese muss stets vorhanden sein (→ Rn. 16).

23 Vorschriften, die aufgrund der bisherigen NBauO erlassen wurden und sich heute auf die Ermächtigungen in Abs. 2 Nr. 3-5 stützen, enthalten die oben abgedruckte **BauPrüfVO**, die Verordnung über anerkannte Sachverständige für die Prüfung technischer Anlagen nach Bauordnungsrecht (Bauordnungsrechtliche Sachverständigenverordnung - **BauSVO**) vom 4.9.1989 (Nds. GVBl. S. 325), zuletzt geändert durch Art. 9 der Verordnung vom 13.11.2012 (Nds. GVBl. S. 438), ebenfalls oben abgedruckt, und die Verordnung über die Anerkennung als Prüf-, Überwachungs- oder Zertifizierungsstelle nach Bauordnungsrecht (**PÜZAV**) vom 14.2.1997 (Nds. GVBl. S. 58), zuletzt geändert durch Art. 6 Verordnung vom 13.11.2012 (Nds. GVBl. S. 438).

24 **Abs. 2 Nr. 7** – bislang Nr. 6 – ermächtigt zu einer Verordnung mit dem Inhalt, dass **beim Betrieb** bestimmter technisch schwieriger baulicher Anlagen (z.B. bei Bühnenbetrieben) **fachkundige Personen anwesend** sein müssen. Ferner können die Qualifikation dieser Personen und deren Nachweis geregelt werden. Auf diese Ermächtigung stützen sich die Vorschriften der §§ 39 f. NVStättVO (vgl. → Rn. 11) über Verantwortliche für Veranstaltungstechnik.

25 In **Abs. 2 Nr. 8** – bislang Nr. 7 – findet sich die wichtige Ermächtigung, Umfang, Inhalt und Form des Bauantrags und anderer Anträge sowie der Bauvorlagen, Anzeigen, Nachweise, Bescheinigungen und Bestätigungen zu regeln. Diese Vorschrift ist die Rechtsgrundlage für die „Verordnung über Bauvorlagen und die Einrichtung von automatisierten Abrufverfahren für Aufgaben der Bauaufsichtsbehörden" (Bauvorlagenverordnung – **BauVorlVO**) vom 7.11.2012 (Nds. GVBl. S. 419). Diese führt § 67 NBauO näher aus.

26 Nach **Abs. 2 Nr. 9** – bislang Nr. 8 – kann durch Verordnung das Verfahren zur Erteilung von Genehmigungen (auch bei anderen als Baugenehmigungen), bei Ausnahmen und Befreiungen (deren Zulässigkeit regelt § 31 BauGB), bei Zustimmungen (vgl. §§ 20 f., 74) und bei der Zulassung von Abweichungen (§ 66) im Einzelnen geregelt werden.

27 **Abs. 2 Nr. 10** – bislang Nr. 9 – enthält die Ermächtigung, über die Regelung in § 81 hinaus die Einrichtung des **Baulastenverzeichnisses** und das Eintragungsverfahren zu regeln. Eine darauf gestützte Verordnung erging bisher nicht.

Der mit der Novelle 2018 neu aufgenommene **Abs. 2 Nr. 11** ermächtigt – wie bisher §22 Abs. 7 NBauO 2012 – dazu, das Ü-Zeichen festlegen und zu diesem Zeichen zusätzliche Angaben verlangen. Mit dem Ü-Zeichen (Übereinstimmungszeichen) bestätigt der Hersteller eines Bauproduktes die Übereinstimmung mit den Technischen Baubestimmungen und anderen Regelungen. Das Ü-Zeichen ist auf dem Bauprodukt, auf einem Beipackzettel oder auf seiner Verpackung oder, wenn dies Schwierigkeiten bereitet, auf dem Lieferschein oder auf einer Anlage zum Lieferschein anzubringen. Die maßgeblichen Regelungen dazu sind in §21 zu finden. Auf der Verordnungsermächtigung beruht die Verordnung über das Übereinstimmungszeichen (**ÜZVO**) vom 12.9.2002 (Nds. GVBl. S. 392), zuletzt geändert durch Art. 7 der Verordnung vom 13.11.2012 (Nds. GVBl. S. 438). 28

D. Abs. 3

Nach §82 Abs. 3 kann die oberste Bauaufsichtsbehörde durch Verordnung für bestimmte bauliche Anlagen die erforderliche Anzahl der Einstellplätze abweichend von §47 Abs. 1 S. 1 festlegen. Das gilt immer dann, wenn die Benutzer und Besucher der Anlage nicht auf Kraftfahrzeuge angewiesen sind, weil öffentliche Verkehrsmittel ausreichend zur Verfügung stehen oder die Benutzung von Kraftfahrzeugen aus anderen Gründen nicht erforderlich ist. Diese Verordnungsermächtigung war durch das Änderungsgesetz von 1986 in §47 NBauO a.F. eingefügt worden. Der Sache nach geht es um eine **geringere als die nach §47 Abs.** 1 **S.** 1 eigentlich **erforderliche Zahl von Einstellplätzen**. Nach der Gesetzesbegründung (LT-Drs. 10/3480, 62) ist hierbei an Läden, Geschäftshäuser und Gaststätten, besonders auch an Hochschulen und Schulen, gedacht. Die Regelung ist aufgrund der Erkenntnis, dass Stellplätze stets auch Verkehr anziehen, umwelt- und verkehrspolitisch sinnvoll, sodass eine Nutzung in weiterem Umfang denkbar erscheint. Auch aus städtebaulichen Gründen ist die Überlegung, für jeden Nutzer und Besucher müsse ein Stellplatz zur Verfügung stehen, schon seit längerem nicht mehr zeitgemäß. Auf der Ermächtigung beruht die **Verordnung über Einstellplätze für Hochschulen** vom 12.11.1987 (Nds. GVBl. S. 208). Nach deren §1 brauchen nach dem 1.12.1987 genehmigte bauliche Anlagen von Hochschulen des Landes, ausgenommen Kliniken, Schwesternwohnheime sowie wissenschaftliche Bibliotheken mit überörtlichem Einzugsbereich nur mit einem Einstellplatz je sechs „flächenbezogene Studienplätze" ausgestattet zu sein. Wegen weiterer Einzelheiten dieser Regelung sei auf den Text der Verordnung verwiesen. 29

E. Abs. 4

Verschiedene **bundesrechtliche Vorschriften über die technische Sicherheit von Anlagen** gelten wegen der insoweit begrenzten Gesetzgebungskompetenz des Bundes nur für Anlagen, die gewerblichen oder wirtschaftlichen Zwecken dienen oder die Beschäftigte gefährden können. Es kann zweckmäßig sein, dass solche Sicherheitsvorschriften für alle Anlagen derselben Art gleichermaßen gelten, also **auch für Anlagen**, die **im privaten Bereich**, etwa in Wohngebäuden verwendet werden, weil die sicherheitstechnischen Probleme überall dieselben sein können. Abs. 4 soll dies ermöglichen. Zu diesem Zweck ermächtigt Abs. 4 S. 1 die oberste Bauaufsichtsbehörde, durch Verordnung zu bestimmen, dass die Anforderungen bundesrechtlicher Verordnungen aufgrund der §§ 18, 19 des Arbeitsschutzgesetzes (ArbSchG), des § 19 des Chemikaliengesetzes (ChemG), des §34 des Produktsicherheitsgesetzes (ProdSG) und des §49 Abs. 4 des Energiewirtschaftsgesetzes (EnWG) entsprechend für Anlagen auch außerhalb des gewerbe- und arbeitsschutzrechtlichen Bereichs gelten. 30

§ 18 ArbSchG ermächtigt die Bundesregierung vorzuschreiben, welche Maßnahmen der Arbeitgeber und die sonstigen verantwortlichen Personen zu treffen haben und wie sich 31 die Beschäftigten zu verhalten haben, um ihre gesetzlichen Pflichten zu erfüllen. In Rechtsverordnungen kann insbesondere bestimmt werden,

- dass und wie zur Abwehr bestimmter Gefahren Dauer oder Lage der Beschäftigung oder die Zahl der Beschäftigten begrenzt werden muss,
- dass der Einsatz bestimmter Arbeitsmittel oder -verfahren mit besonderen Gefahren für die Beschäftigten verboten ist oder der zuständigen Behörde angezeigt oder von ihr erlaubt sein muss oder besonders gefährdete Personen dabei nicht beschäftigt werden dürfen und
- dass bestimmte besonders gefährliche Betriebsanlagen einschließlich der Arbeits- und Fertigungsverfahren vor Inbetriebnahme, in regelmäßigen Abständen oder auf behördliche Anordnung fachkundig geprüft werden müssen.

32 **§ 19 ArbSchG** ergänzt, dass die Verordnungsermächtigung auch zur Durchführung von Rechtsakten des Rates oder der Kommission der Europäischen Gemeinschaften oder von Beschlüssen internationaler Organisationen oder von zwischenstaatlichen Vereinbarungen genutzt werden kann. Praktisch bedeutsam ist insbesondere die auf die §§ 18, 19 ArbSchG und § 19 ChemG gestützte **Gefahrstoffverordnung**, die beispielsweise Regelungen zum Explosionsschutz enthält, die nicht bloß im gewerblichen Bereich von Bedeutung sind (vgl. LT-Drs. 18/1136, S. 46). **§ 19 ChemG** ermächtigt die Bundesregierung vorzuschreiben, welche Maßnahmen zum Schutz von Beschäftigten bei Umgang mit Gefahrstoffen erforderlich sind. Die Regelungen sind zwar auf den gewerblichen Bereich zugeschnitten; sie können aber auch beim privaten Umgang mit Gefahrstoffen als Richtlinie dienen, um eine Gefährdung von Leben und Gesundheit zu verhindern. Auch hier hatte der Landesgesetzgeber insbesondere die Gefahrstoffverordnung vor Augen.

33 **§ 34 ProdSG** betrifft die sog. **überwachungsbedürftigen Anlagen** wie Druckbehälter oder Aufzüge, deren Errichtung und Betrieb im Wesentlichen in der Betriebssicherheitsverordnung (BetrSichV) geregelt sind. **§ 49 Abs. 4 EnWG** enthält eine Verordnungsermächtigung zum Erlass von Rechtsverordnungen zur Gewährleistung der technischen Sicherheit und der technischen und betrieblichen Flexibilität von Energieanlagen sowie der Interoperabilität von Ladepunkten für Elektromobile. Auf dieser Vorschrift beruhen Teile der Betriebssicherheitsverordnung (BetrSichV), der Gashochdruckleitungsverordnung (GasHDrLtgV), der Ladesäulenverordnung (LSV) und der Systemstabilitätsverordnung (SysStabV).

34 Nach § 82 Abs. 4 S. 2 NBauO kann die Verordnung der obersten Bauaufsichtsbehörde sowohl die **Verfahrensvorschriften** der bundesrechtlichen Verordnungen für anwendbar erklären als auch selbst das Verfahren regeln und die Zuständigkeit auf andere als Bauaufsichtsbehörden übertragen. Auf die Ermächtigung in § 82 Abs. 4 stützen sich die Regelungen der Allgemeinen Durchführungsverordnung zur Niedersächsischen Bauordnung (DVO-NBauO) zu Aufzügen (§ 21 Abs. 5) und Druckbehälteranlagen für Flüssigkeit (§ 31).

F. Abs. 5

35 Gemäß § 82 Abs. 5 kann die oberste Bauaufsichtsbehörde durch Verordnung bestimmen, dass für bestimmte **Bauprodukte und Bauarten**, soweit sie **Anforderungen nach anderen Rechtsvorschriften** unterliegen, hinsichtlich dieser Anforderungen § 16a Abs. 2 und 3 sowie die §§ 17 bis 25 ganz oder teilweise anwendbar sind, wenn die anderen Rechtsvorschriften dies verlangen oder zulassen. In erweiterter Form wird damit die bislang in § 17 Abs. 4 enthaltene und nur für Bauprodukte geltende Regelung in § 82 überführt. Die Regelung gilt nunmehr auch für Bauarten. Hintergrund der Regelung ist, dass neben dem Bauordnungsrecht auch andere Vorschriften zur Wahrung bestimmter Belange eine bestimmte Beschaffenheit von Bauprodukten und Bauarten fordern. Wenn ein Bedürfnis besteht, die Einhaltung auch dieser Anforderungen durch

das in den genannten Vorschriften vorgesehene Kontrollsystem sicherzustellen, kann es zweckmäßig sein, dass die bauordnungsrechtliche Kontrolle von Bauprodukten diese Aufgabe miterfüllt. Die Vorschrift ermöglicht es daher, im Rahmen von bauaufsichtlichen Nachweisen auch Anforderungen anderer Rechtsvorschriften nachzuweisen, die dies ausdrücklich vorsehen. Wenn die Anforderungen anderer Vorschriften in die bauordnungsrechtliche Kontrolle einbezogen werden sollen, bedarf es nach Abs. 5 einer Verordnung der obersten Bauaufsichtsbehörde. So erhält diese Gelegenheit, selbst darüber zu befinden, ob eine Prüfung im bauordnungsrechtlichen Kontrollsystem zweckmäßig ist. Vorausgesetzt wird in Abs. 5 außerdem, dass „die anderen Rechtsvorschriften diese Nachweise verlangen oder (anstelle eines in der anderen Vorschrift geregelten Kontrollverfahrens) zulassen".

§83 Technische Baubestimmungen

(1) [1]Die Anforderungen nach §3 können durch Technische Baubestimmungen konkretisiert werden. [2]Die Technischen Baubestimmungen sind einzuhalten. [3]Von den in den Technischen Baubestimmungen enthaltenen Planungs-, Bemessungs- und Ausführungsregelungen darf abgewichen werden, wenn mit einer anderen Lösung in gleichem Maße die Anforderungen erfüllt werden und in der Technischen Baubestimmung eine Abweichung nicht ausgeschlossen ist; §16a Abs. 2 und 3, §17 Abs. 1 und §66 Abs. 1 bleiben unberührt.

(2) Die Konkretisierungen können durch Bezugnahme auf technische Regeln und deren Fundstellen oder auf andere Weise erfolgen, insbesondere in Bezug auf

1. **bestimmte bauliche Anlagen oder ihre Teile,**
2. **die Planung, Bemessung und Ausführung baulicher Anlagen und ihrer Teile,**
3. **die Leistung von Bauprodukten in bestimmten baulichen Anlagen oder ihren Teilen, insbesondere**
   a) **Planung, Bemessung und Ausführung baulicher Anlagen bei Einbau eines Bauprodukts,**
   b) **Merkmale von Bauprodukten, die sich für einen Verwendungszweck auf die Erfüllung der Anforderungen nach §3 auswirken,**
   c) **Verfahren für die Feststellung der Leistung eines Bauprodukts im Hinblick auf Merkmale, die sich für einen Verwendungszweck auf die Erfüllung der Anforderungen nach §3 auswirken,**
   d) **zulässige oder unzulässige besondere Verwendungszwecke,**
   e) **die Festlegung von Klassen und Stufen in Bezug auf bestimmte Verwendungszwecke,**
   f) **die für einen bestimmten Verwendungszweck anzugebende oder erforderliche und anzugebende Leistung in Bezug auf ein Merkmal, das sich für einen Verwendungszweck auf die Erfüllung der Anforderungen nach §3 auswirkt, soweit vorgesehen in Klassen und Stufen,**
4. **die Bauarten und die Bauprodukte, die nur eines allgemeinen bauaufsichtlichen Prüfzeugnisses nach §16a Abs. 3 oder §19 Abs. 1 bedürfen,**
5. **Voraussetzungen zur Abgabe der Übereinstimmungserklärung für ein Bauprodukt nach §22,**
6. **die Art, den Inhalt und die Form technischer Dokumentation.**

(3) Die Technischen Baubestimmungen sollen nach den Grundanforderungen gemäß Anhang I der Verordnung (EU) Nr. 305/2011 gegliedert sein.

(4) Die Technischen Baubestimmungen enthalten die in §17 Abs. 3 genannte Liste.

(5) [1]Die oberste Bauaufsichtsbehörde macht die Technischen Baubestimmungen auf Grundlage der vom Deutschen Institut für Bautechnik nach Anhörung der beteiligten Kreise im Einvernehmen mit den obersten Bauaufsichtsbehörden der Länder veröffentlichten „Muster-Verwaltungsvorschriften Technische Baubestimmungen" als Verwaltungsvorschriften im Niedersächsischen Ministerialblatt bekannt. [2]Dabei kann auf die Teile C und D der „Muster-Verwaltungsvorschriften Technische Baubestimmungen" verwiesen werden.

Übersicht

A. Allgemeines

1 Die Vorschrift dient dem bei der Anpassung des Bauordnungsrechts an das Urteil des Europäischen Gerichtshofs (EuGH) vom 16.10.2014 in der Rechtssache C-100/13 – *Kommission ./. Deutschland* – verfolgten Konzept. Produktunmittelbare Anforderungen sollen zugunsten von bauwerksbezogenen Anforderungen reduziert werden. Dementsprechend sieht die Vorschrift vor, dass anstelle der alten Bauregellisten und der Liste der Technischen Baubestimmungen eine einheitliche Verwaltungsvorschrift Technische Baubestimmungen (VV TB) erlassen wird. (Vgl. LT-Drucks. 18/1136, S. 17, 35 und 47 ff.)

2 § 83 bildet nunmehr die **Ermächtigungsgrundlage** für den Erlass dieser Technischen Baubestimmungen in der Form einer **Verwaltungsvorschrift**. Dieser soll nach der gesetzgeberischen Konzeption eine **normkonkretisierende Funktion** zukommen (LT-Drucks. 18/1136, S. 47).

3 Nach der Rechtsprechung des Bundesverwaltungsgerichts soll Verwaltungsvorschriften unter bestimmten Voraussetzungen auch im verwaltungsgerichtlichen Verfahren ausnahmsweise eine gewisse Bindungswirkung bei der Konkretisierung gesetzlicher Vorgaben zukommen. Das bedeutet, dass diese Verwaltungsvorschriften insoweit nicht (nur) Gegenstand, sondern (auch) Maßstab der gerichtlichen Kontrolle sind. Erforderlich für diese normkonkretisierende Wirkung ist, dass die Verwaltung höherrangigen Geboten und dem für deren Konkretisierung wesentlichen Erkenntnis- und Erfahrungsstand Rechnung getragen hat bzw. die vom Gesetz getroffenen Wertungen beachtet werden. Die Verwaltungsvorschrift verliert daher auch ihre normkonkretisierende Wirkung, soweit sie durch **Erkenntnisfortschritte in Wissenschaft und Technik** überholt ist. (Siehe insb. BVerwG, Urt. v. 28.10.1998 – Az.: 8 C 16/96, Juris-Rn. 16 f. m.w.N.)

4 Da eine normkonkretisierende Verwaltungsvorschrift ihren Geltungsanspruch aus der Ausschöpfung vorhandener Erfahrungen und den Stand der wissenschaftlichen Erkenntnis ableitet, ist die Durchführung eines umfangreichen **Beteiligungsverfahrens** Wirksamkeitsvoraussetzung (vgl. insb. BVerwG, Urt. v. 28.10.1998 – Az.: 8 C 16/96, Juris-Rn. 17. m.w.N.). Das Beteiligungsverfahren ist in Abs. 5 nur rudimentär ausgestaltet. Weitere Orientierung können hier die Vorgaben zum Erlass der immissionsschutzrechtlichen Verwaltungsvorschriften (z.B. TA Luft und TA Lärm) nach §§ 48, 51 BImSchG bieten.

5 Abs. 1 Satz 3 ist hierbei aus § 83 Abs. 2 Satz 2 NBauO a.F. mit der Konkretisierung übernommen worden, dass eine zulässige Abweichung sich auf die enthaltenen Planungs-, Bemessungs- und Ausführungsregelungen beziehen muss. Umfangreich um Vorgaben zum Verfahren erweitert ist der ehemalige Abs. 1 der heutige Abs. 5.

B. Verwaltungsvorschrift Technische Baubestimmungen (VV TB NRW)

Gemäß § 83 Abs. 5 Satz 1 wurde die niedersächsische Verwaltungsvorschrift Technische Baubestimmungen (VV TB, Fassung Januar 2019) durch Runderlass des Ministeriums für Umwelt, Energie, Bauen und Klimaschutz vom 21.02.2019 (Az.: 63/65-24 012/6-1; Nds. MBl. Nr. 3/2019, S. 169-217; VORIS 21072) zum 28.1.2019 in Kraft gesetzt. Sie entspricht in Ihrer Anlage im Wesentlichen der vom DIBt bekannt gemachten Muster-Verwaltungsvorschrift Technische Baubestimmungen (MVV TB, Ausgabe 2017/1), die dieses gemäß § 83 Abs. 5 Satz 1 nach Anhörung der beteiligten Kreise im Einvernehmen mit den obersten Bauaufsichtsbehörden der Länder veröffentlicht hat. Die VV TB macht von der Ermächtigung in § 83 Abs. 5 Satz 2 Gebrauch, hinsichtlich ihrer Teile C und D auf die MVV TB zu verweisen. Gleichzeitig sind die Anhänge der VV TB nicht gesondert abgedruckt. Für den Zeitraum vom Inkrafttreten der Anpassungen der Vorschriften der NBauO zu Bauprodukten und Bauarten zum 01.01.2019 bis zum Inkrafttreten der VV TB hatte das Ministerium als Zwischenlösung die bisherigen Bauregellisten und die Liste der Technischen Baubestimmungen zur VV TB erklärt (Nds. MBl. Nr. 42/2018, S. 1491). 6

Zum Jahreswechsel 2018/2019 hat das DIBt die Anhörung für die neue Ausgabe 2019/1 der MVV TB durchgeführt. Hierbei erfolgte zunächst die Aufteilung in ein Kenntnisgabe- und ein Anhörungsdokument. Das Kenntnisgabedokument enthielt hierbei Anpassungen aufgrund der vorhergegangenen Anhörungen 2016 und 2017. Aus Klarstellungsgründen wurde die Anhörung jedoch sodann hierauf erstreckt und die Stellungnahmefrist entsprechend verlängert. Die **Neufassung** wurde in den zuständigen Gremien der Konferenz der obersten Bauaufsichtsbehörden der Länder (Bauministerkonferenz) abgestimmt und am 24.06.2019 gegenüber der Europäischen Kommission nach der Richtlinie (EU) 2015/1535 über ein Informationsverfahren auf dem Gebiet der technischen Vorschriften und der Vorschriften für die Dienste der Informationsgesellschaft notifiziert (Notifizierungsnummer 2019/306/D). 7

Teil A der Anlage zur VV TB ist entsprechend § 83 Abs. 3 in Anlehnung an die Grundanforderungen an Bauwerke gemäß Anhang I der (Bauprodukten-)Verordnung (EU) Nr. 305/2011 nach Abschnitten gegliedert und jeweils mit Hinweisen auf die jeweiligen Paragrafen der NBauO versehen, deren Anforderungen konkretisiert werden sollen: 8

- A 1: Mechanische Festigkeit und Standsicherheit;
- A 2: Brandschutz;
- A 3: Hygiene, Gesundheit und Umweltschutz;
- A 4: Sicherheit und Barrierefreiheit bei der Nutzung;
- A 5: Schallschutz;
- A 6: Wärmeschutz.

Es werden jeweils für bestimmte Verwendungszwecke im Bauwerk erforderliche Produktleistungen in **Klassen oder Leistungsstufen** bzw. entsprechende Merkmale festgelegt. Darüber hinaus benennt Teil A einzelne **technische Regeln** und knüpft insoweit an die bisherige (Muster-)Liste der Technischen Baubestimmungen an. 9

Teil B enthält technische Regeln für **Sonderkonstruktionen**. Insbesondere finden sich in Abschnitt B 2 Sonderkonstruktionen und Bauteile (z.B. Fliegende Bauten, Wände, Dächer, Decken, Abdichtung, Grundstücksentwässerung). 10

Abschnitt B 3 trifft sodann Festlegungen für Bauprodukte mit **CE-Kennzeichnung nach anderen Vorschriften** als der (Bauprodukten-)Verordnung (EU) Nr. 305/2011, z.B. der (Maschinen-)Richtlinie 2006/42/EG. Betroffen sind insbesondere Technische Gebäudeausrüstungen, Teile von Anlagen zum Lagern, Abfüllen und Umschlagen von wassergefährdenden Stoffen (sog. LAU-Anlagen) sowie Zubehörteile für den Brandschutz. Es wird jeweils aufgeführt, welche Anforderungen von diesen anderen Harmonisierungsrechtsakten nicht abgedeckt sein sollen und welche Nachweise für erforderlich gehalten 11 werden. Dieser Abschnitt knüpft damit der Sache nach an die alte Bauregelliste B Teil 2 an. (Siehe zur Vereinbarkeit mit den entsprechenden Marktbehinderungsverboten die Ausführungen zu § 16c.)

12 Abschnitt B 4 stellt technische Anforderungen an Anlagen zum Lagern, Abfüllen und Umschlagen wassergefährdender Stoffe, sog. **LAU-Anlagen, und Abwasserbehandlungsanlagen** auf. Die Regelung knüpft insoweit an die Verordnung zur Feststellung der wasserrechtlichen Eignung von Bauprodukten und Bauarten durch Nachweise nach der Niedersächsischen Bauordnung (WasBauPVO) an. (Siehe Vorbemerkung vor §§ 16b–25 Rn. 11.)

13 Technische Baubestimmungen, die die unmittelbare Abgabe einer **Übereinstimmungserklärung** für ein Bauprodukt gemäß § 21 Abs. 2 **ohne gesonderten Verwendbarkeitsnachweis** (vgl. § 17) ermöglichen, finden sich entsprechend § 83 Abs. 2 Nr. 5 in Abschnitt C 2 der in Bezug genommenen MVV TB. Hierbei handelt es sich um die ehemalige Bauregelliste A Teil 1.

14 Für Bauprodukte und Bauarten, die nach allgemein anerkannten Prüfverfahren beurteilt werden können, enthalten die Abschnitte C 3 und C 4 der in Bezug genommenen MVV TB entsprechend § 83 Abs. 2 Nr. 4 die anzuwendenden Prüfverfahren, auf deren Grundlage **allgemeine bauaufsichtliche Prüfzeugnisse** für Bauprodukte bzw. Bauarten erteilt werden können (vgl. die Kommentierungen zu § 16a und § 19). Die Abschnitte C 3 und C 4 der MVV TB entsprechen den bisherigen Teilen 2 und 3 der Bauregelliste A.

15 Abschnitt D 2 der in Bezug genommenen MVV TB enthält nach § 83 Abs. 4 die von § 17 Abs. 3 vorgesehene, **nicht abschließende Liste** derjenigen Bauprodukte, die keines Verwendbarkeitsnachweises bedürfen, weil sie entweder **nach allgemein anerkannten Regeln der Technik** beurteilt werden **oder von untergeordneter Bedeutung** für die Einhaltung der gesetzlichen Anforderungen sind (vgl. die Kommentierung zu § 17). Die letztgenannte Gruppe fand sich früher in der sog. Liste C.

16 In Abschnitt D 3 der MVV TB soll Vorgaben zur **technischen Dokumentation** im Sinne von § 83 Abs. 2 Nr. 6 machen. Inhaltlich wird hier zunächst in Anlehnung an Art. 8 Abs. 3 UAbs. 1 der (Bauprodukten-)Verordnung (EU) Nr. 305/2011 klargestellt, dass in Bezug auf die Wesentlichen Merkmale eines Bauprodukts, die von der der CE-Kennzeichnung zugrundeliegenden harmonisierten technischen Spezifikation erfasst sind, die CE-Kennzeichnung die einzige Kennzeichnung. Darüber hinaus sollen weitere **„freiwillige Angaben"** möglich sein.

17 Die Korrektheit solcher freiwilliger Angaben soll in einer **technischen Dokumentation** dargelegt werden. Hierzu soll es je nach Produkt, Einbausituation und Verwendungszweck erforderlich sein können, in der Technischen Dokumentation anzugeben, welche **technische Regel** der Prüfung zugrunde gelegt wurde sowie ob und welche **unabhängigen Stellen** eingeschaltet wurden. Zum Beispiel soll es insbesondere sinnvoll sein können, eine Technische Bewertungsstelle im Sinne von Art. 30 der Verordnung (EU) Nr. 305/2011 (in Deutschland das DIBt) einzuschalten, sofern es keine anwendbare, anerkannte technische Regel gibt. Sofern lediglich eine unabhängige Drittprüfung anhand einer anwendbaren technischen Regel durchgeführt werden soll, könne auch eine entsprechend Art. 43 Verordnung (EU) Nr. 305/2011 qualifizierte Stelle (Notifizierte Stelle) beteiligt werden.

18 Hier besteht ein gewisses Spannungsverhältnis zum Verbot aus Art. 8 Abs. 4 Verordnung (EU) Nr. 305/2011, das Inverkehrbringen und die Verwendung CE-gekennzeichneter Bauprodukte zu verbieten oder zu behindern. Die Regelung kann daher nur Wesentliche Merkmale betreffen, die von einer harmonisierten Norm bzw. einer Europäischen Technischen Bewertung tatsächlich nicht erfasst sind (vgl. Art. 8 Abs. 3 UAbs. 1 der Verordnung (EU) Nr. 305/2011). Wann ein **Wesentliches Merkmal nicht erfasst** ist, ist indes umstritten. Das DIBt geht hierbei teilweise davon aus, dass hierfür bereits fehlende Verfahren und Kriterien zur Leistungsbewertung ausreichen, obwohl das Merkmal beispielsweise in einer harmonisierten Norm ausdrücklich genannt ist. Vermittelnd spre-

chen gute Argumente dafür, dass ein Merkmal jedenfalls dann nicht erfasst ist, wenn die harmonisierte Norm dies ausdrücklich klarstellt. Diese Frage wird aktuell in mehreren Normenkontrollverfahren aufgeworfen, die sich gegen die in Anhang 8 der MVV TB bzw. der jeweiligen landesrechtlichen Regelungen befindlichen „Anforderungen an bauliche Anlagen bezüglich des Gesundheitsschutzes (ABG)" richten (vgl. OVG Bautzen, Beschluss v. 11.2. 2019, Az.: 1 B 454/18; VGH Mannheim, Beschlüsse v. 10.7.2019, Az.: 8 S 2962/18 und 8 S 3008/18). Jedenfalls aber gilt dies dann, wenn die Europäische Kommission bei der Veröffentlichung der Fundstelle der harmonisierten Norm im Amtsblatt der EU einen entsprechenden Vorbehalt anbringt. Zulässigkeit und Wirkung solcher Vorbehalte sind aktuell auch Gegenstand der von der Bundesrepublik angestrengten sog. Formalen Einwände und der entsprechenden Verfahren vor den europäischen Gerichten. (Siehe die Kommentierung zu § 16c.)

C. Abweichungen von Technischen Baubestimmungen

Nach der nunmehr ausdrücklich erfolgten Klarstellung in Abs. 1 Satz 2 sind die Techni- **19**
schen Baubestimmungen zu beachten. Abweichungen von in den Technischen Baubestimmungen enthaltenen Planungs-, Bemessungs- und Ausführungsregelungen sind nach Satz 3 grundsätzlich möglich, wenn dies **nicht ausdrücklich ausgeschlossen** ist **und** mit einer anderen Lösung **in gleichem Maße die Anforderungen erfüllt** werden.

Unberührt bleiben nach Abs. 1 Satz 3, letzter Halbsatz, die Vorschriften über die Erforder- **20**
lichkeit von Anwendbarkeitsnachweisen für Bauarten und Verwendbarkeitsnachweisen für Bauprodukte sowie über die Zulassung von Abweichungen. Hierbei ist zu beachten, dass eine wesentliche Abweichung eines zu verwendenden Produkts oder einer anzuwendenden Bauart von einer Technischen Baubestimmung (z.B. wegen eines anderen Verwendungszwecks des Produkts oder einer alternativen technischen Lösung) dazu führt, dass ein **Verwendbarkeits- bzw. Anwendbarkeitsnachweis** erforderlich ist, sofern keine allgemein anerkannte Regel der Technik existiert. Für deren Erteilung ist – anders als bei der bloßen Abweichung i.S.v. § 66 Abs. 1 – nicht die untere Bauaufsicht zuständig. Eine solche „Abweichung" für Bauprodukte und Bauarten kann daher auch **nicht im Rahmen des Baugenehmigungsverfahrens** erteilt werden. (Vgl. zu den Voraussetzungen und Verfahren im Einzelnen die Kommentierungen zu § 16a und §§ 17 ff.)

§ 84 Örtliche Bauvorschriften

(1) Die Gemeinden können örtliche Bauvorschriften erlassen über

1. **die Lage, Größe, Beschaffenheit, Ausstattung und Unterhaltung von Spielplätzen im Sinne des § 9 Abs. 3,**
2. **die Anzahl der notwendigen Einstellplätze, ausgenommen die Einstellplätze nach § 49, einschließlich des Mehrbedarfs bei Nutzungsänderungen (§ 47 Abs. 1 Satz 2) und**
3. **die Fahrradabstellanlagen nach § 48 Abs. 1 Satz 1.**

(2) Zur Verwirklichung bestimmter verkehrlicher oder sonstiger städtebaulicher Absichten können die Gemeinden durch örtliche Bauvorschrift in bestimmten Teilen des Gemeindegebietes oder für bestimmte Nutzungen in bestimmten Teilen des Gemeindegebietes die Herstellung von Garagen und Stellplätzen untersagen oder einschränken.

(3) Um bestimmte städtebauliche, baugestalterische oder ökologische Absichten zu verwirklichen oder um die Eigenart oder den Eindruck von Baudenkmalen zu erhalten oder hervorzuheben, können die Gemeinden, auch über die Anforderungen des § 9 Abs. 1, 2 und 4 sowie der §§ 10 und 50 hinausgehend, durch örtliche Bauvorschrift für bestimmte Teile des Gemeindegebietes

1. besondere Anforderungen an die Gestaltung von Gebäuden stellen, insbesondere für die Gebäude- und Geschosshöhe, für die Auswahl der Baustoffe und der Farben der von außen sichtbaren Bauteile sowie für die Neigung der Dächer einen Rahmen setzen,

2. besondere Anforderungen an die Art, Gestaltung oder Einordnung von Werbeanlagen und Warenautomaten stellen, sie insbesondere auf bestimmte Gebäudeteile, auf bestimmte Arten, Größen, Formen und Farben beschränken oder in bestimmten Gebieten oder an bestimmten baulichen Anlagen ausschließen,

3. die Gestaltung, Art und Höhe von Einfriedungen wie Mauern, Zäunen und Hecken bestimmen sowie die Einfriedung von Vorgärten vorschreiben oder ausschließen,

4. die Verwendung von Einzelantennen sowie von Freileitungen, soweit diese nicht nach § 1 Abs. 2 Nr. 3 vom Geltungsbereich dieses Gesetzes ausgeschlossen sind, beschränken oder ausschließen, die Verwendung von Freileitungen jedoch nur, soweit sie unter wirtschaftlich zumutbarem Aufwand durch andere Anlagen ersetzt werden können,

5. besondere Anforderungen an die Gestaltung sonstiger baulicher Anlagen, insbesondere der in § 2 Abs. 1 Satz 2 Nrn. 5 und 8 bis 10 genannten Anlagen stellen,

6. die Gestaltung der nicht überbauten Flächen der bebauten Grundstücke regeln, insbesondere das Anlegen von Vorgärten vorschreiben,

7. die Begrünung baulicher Anlagen vorschreiben,

8. die Versickerung, Verregnung oder Verrieselung von Niederschlagswasser auf dem Baugrundstück vorschreiben.

(4) [1]Örtliche Bauvorschriften nach den Absätzen 1 und 2 werden als Satzung im eigenen Wirkungskreis erlassen. [2]Örtliche Bauvorschriften nach Absatz 3 werden als Satzung im übertragenen Wirkungskreis erlassen. [3]Die Vorschriften für das Verfahren bei der Aufstellung von Bebauungsplänen gelten einschließlich der Vorschriften über die Veränderungssperre, die Zurückstellung von Baugesuchen und die Folgen von Verfahrensmängeln für die in Satz 2 genannten örtlichen Bauvorschriften entsprechend; § 10 Abs. 2 Satz 2 des Baugesetzbuchs (BauGB) gilt mit der Maßgabe entsprechend, dass § 6 Abs. 2 BauGB nicht anzuwenden ist. [4]Anforderungen in örtlichen Bauvorschriften können auch in zeichnerischer Form gestellt werden.

(5) Ist anstelle einer Gemeinde eine nach dem Recht der kommunalen Zusammenarbeit gebildete juristische Person des öffentlichen Rechts oder eine andere Körperschaft für die Aufstellung von Bebauungsplänen zuständig, so gilt dies auch für den Erlass örtlicher Bauvorschriften.

(6) Örtliche Bauvorschriften können in Bebauungspläne und in Satzungen nach § 34 Abs. 4 Satz 1 Nrn. 2 und 3 BauGB als Festsetzungen aufgenommen werden.

Übersicht

A. Allgemeines zu örtlichen Bauvorschriften

Überblick über die örtlichen Bauvorschriften, bisheriges Recht: Die Durchführung 1 der NBauO obliegt grundsätzlich der dafür eingerichteten Fachverwaltung, die aus dem zuständigen Ministerium als oberster Bauaufsichtsbehörde und aus den auf kommunaler Ebene tätigen unteren Bauaufsichtsbehörden besteht (§§ 57 f.). Zentrale Vollzugsaufgaben sind auch auf das Deutsche Institut für Bautechnik übertragen. Daneben überlässt die NBauO es den Gemeinden, einige bauliche Angelegenheiten von örtlicher Bedeutung durch Satzungen ihrer Vertretungen zu regeln. Solche gemeindlichen Satzungen sind vor allem die örtlichen Baubestimmungen, mit denen sich § 84 befasst. Unter diesen sind die örtlichen Bauvorschriften über die Gestaltung von Bauwerken (jetzt § 84 Abs. 3 Nr. 1-6) von Anfang an in der NBauO vorgesehen gewesen (§ 56 a.F.). In ihrer ursprünglichen Fassung von 1973 ermächtigte die Vorschrift die Gemeinden auch zu örtlichen Bauvorschriften über größere Grenz- und Gebäudeabstände, über zulässige Heizungsarten und Brennstoffe und über die Ausstattung von Altbauten mit Einstellplätzen; diese Ermächtigungen hob das Änderungsgesetz vom 11.4.1986 auf. Die Novelle vom 15.6.1995 erweiterte die Regelungsgegenstände örtlicher Bauvorschriften wieder und fügte die Ermächtigungen ein, die heute in § 84 Abs. 2 (Untersagung oder Einschränkung von Garagen und Stellplätzen) und Abs. 3 Nr. 7 und 8 (über die Begrünung baulicher Anlagen und die Beseitigung von Niederschlagswasser auf dem Baugrundstück) enthalten sind. Mit der NBauO von 2012 hinzugekommen sind die drei Ermächtigungen in § 84 Abs. 1 zum Erlass örtlicher Bauvorschriften über Spielplätze (Nr. 1), über die Anzahl der notwendigen Einstellplätze für Kraftfahrzeuge (Nr. 2) und über Fahrradabstellanlagen (Nr. 3). Mit § 84 fasst die NBauO seit dem Jahr 2012, abweichend von der bisherigen NBauO, jedoch der MBauO 2002 folgend, alle Ermächtigungen zum Erlass örtlicher Bauvorschriften an einer Stelle des Gesetzes zusammen – dies um den Preis, dass nun sachlich eng zusammengehörige Regelungen auseinandergerissen werden. Die Novelle im Jahr 2018 hatte nur eine redaktionelle Anpassung zur Folge.

Neben „örtlichen Bauvorschriften" kennt die NBauO auch gemeindliche **Satzungen**, die 2 sie nicht als örtliche Bauvorschriften bezeichnet, so die Satzungen nach § 47 Abs. 5 S. 1 über die Ablösung der Herstellung von Kfz-Einstellplätzen und nach § 47 Abs. 6 S. 2 über die Höhe des Ablösungsbetrages.

Örtliche Bauvorschriften im eigenen und im übertragenen Wirkungskreis: § 84 3 Abs. 4 S. 1 erklärt die örtlichen Bauvorschriften nach Abs. 1 und Abs. 2 zu Satzungen im eigenen Wirkungskreis. Die Gemeinden sind also beim Erlass dieser Vorschriften nur an Gesetz und Recht gebunden und unterstehen allein der Rechtsaufsicht durch die Kommunalaufsichtsbehörden (§ 5 Abs. 2, §§ 170 ff. NKomVG). Dagegen ergehen gemäß **§ 84 Abs. 4 S. 2** die Satzungen aufgrund des Abs. 3 als „Satzungen im übertragenen Wirkungskreis“ (vgl. § 6 NKomVG). Demgemäß haben die Gemeinden bei der Ausübung dieser Satzungsgewalt auch fachliche Weisungen durch die Fachaufsichtsbehörden einzuhalten. Welche Behörde diese Fachaufsicht ausübt, ergibt sich, da die NBauO darüber nichts bestimmt, aus der Auffangregelung in § 171 Abs. 5 NKomVG. Die Einordnung der örtlichen Bauvorschriften nach § 84 Abs. 3 in den übertragenen Wirkungskreis mag darauf zurückzuführen sein, dass die Bauaufsicht an sich Staatsaufgabe ist und, soweit Kommunen sie wahrnehmen, grundsätzlich zum übertragenen Wirkungskreis gehört. Im Verhältnis zur Gewichtigkeit der Bauleitplanung, die den Gemeinden in eigener Verantwortung obliegt, erscheint diese Regelung aber wenig angemessen (*Schmaltz* FS Faber S. 233 ff.). Es überzeugt jedenfalls nicht, dass die weitaus gewichtigere Bauleitplanung den Gemeinden allein obliegt, während sie bei der Festsetzung gestalterischer Anforderungen der Fachaufsicht unterliegen. Der Gesetzgeber ist hier aufgefordert, die Regelung zu überdenken. Als Vorbild können insofern Nordrhein-Westfalen, Bayern, Baden-Württemberg und Sachsen-Anhalt dienen, denn hier ergehen örtliche Gestaltungsvorschriften im eigenen Wirkungskreis.

4 Die Zuordnung der örtlichen Bauvorschriften nach § 84 Abs. 3 zum übertragenen Wirkungskreis hat eine in ihren praktischen Wirkungen befremdliche Konsequenz: Die **Gemeinde**, die nicht zugleich Bauaufsichtsbehörde ist, **kann die in einer örtlichen Bauvorschrift getroffenen Regelungen nicht verteidigen** (OVG Lüneburg 28.1.2014 – 1 ME 176/13, NVwZ-RR 2014, 430 (431 f.) = BRS 82 Nr. 157). Setzt sich die Bauaufsichtsbehörde über die in der Bauvorschrift enthaltene Regelung hinweg, indem sie eine abweichende Genehmigung erlässt oder ein Einschreiten gegen eine Zuwiderhandlung auf der Grundlage von § 79 verweigert, kommt der im übertragenen Wirkungskreis handelnden Gemeinde keine eigene Rechtsposition zu. Wie sich auch aus § 6 Abs. 2 S. 1 NKomVG ergibt, liegt die Kompetenz zur fachlichen Letztbeurteilung bei der Fachaufsichtsbehörde. Das gilt ungeachtet der Tatsache, dass gestalterische Vorgaben eine sachliche Nähe zu den nach § 9 Abs. 1 BauGB möglichen Planinhalten aufweisen können, und auch dann, wenn die gestalterischen Vorgaben nach § 9 Abs. 4 BauGB in Verbindung mit § 84 Abs. 6 als Festsetzungen in den Bebauungsplan aufgenommen werden (→ Rn. 117 ff.); dies ändert an der Rechtsnatur der örtlichen Bauvorschrift nichts. Im gerichtlichen Verfahren fehlt der Gemeinde daher die Klagebefugnis bzw. die rechtliche Beschwer (OVG Lüneburg 28.1.2014 – 1 ME 176/13, NVwZ-RR 2014, 430 (431 f.) = BRS 82 Nr. 157).

5 Für das **Zustandekommen aller örtlichen Bauvorschriften** aufgrund von § 84 Abs. 1 bis 3 gilt gemeinsam Folgendes: Örtliche Bauvorschriften einer Gemeinde müssen wie jede Satzung von ihrem Rat (§ 58 Abs. 1 Nr. 5 NKomVG) nach den einschlägigen kommunalrechtlichen Verfahrensvorschriften beschlossen werden. *Nachdem* der Rat die örtliche Bauvorschrift beschlossen hat, muss der Hauptverwaltungsbeamte, also der (Ober)Bürgermeister, sie gemäß § 11 Abs. 1 S. 1 NKomVG unterschreiben (nicht nur abzeichnen). Mit seiner Unterschrift fertigt er die Satzung aus. Erforderlich ist weiter, dass auf der Satzung das Ausfertigungsdatum vermerkt wird; dies zu dem Zweck, den rechtlich erheblichen Ausfertigungszeitpunkt (nach dem Satzungsbeschluss, vor der Bekanntmachung) zu bestimmen. Das kann sowohl hand- als auch maschinenschriftlich geschehen (OVG Lüneburg 9.9.2014 – 1 KN 215/12, BRS 82 Nr. 88). Die **Ausfertigung** bescheinigt, dass der Rat den unterzeichneten Satzungstext an einem bestimmten Tag beschlossen hat. Durch die Ausfertigung soll sichergestellt werden, daß der Inhalt des als Satzung beschlossenen Bebauungsplans mit dem Willen des gemeindlichen Beschlussorgans übereinstimmt (BVerwG 9.5.1996 – 4 B 60.96, NVwZ-RR 1996, 630 = BRS 58 Nr. 41). *Nach* der Ausfertigung ist die Satzung zu „verkünden“, das heißt öffentlich bekannt zu machen. Es ist nicht erforderlich, dass der Bürgermeister die Verkündung einer Satzung jeweils selbst anordnet; dies stellt § 11 Abs. 1 S. 2 NKomVG klar (vgl. LT-Drs. 16/4000, S. 26). Die umgekehrte Reihenfolge – erst Verkündung, dann Ausfertigung – führt zur Fehlerhaftigkeit der Satzung (vgl. OVG Lüneburg 25.2.2014 – 1 MN

245/13, NVwZ-RR 2014, 463 (464) = BRS 82 Nr. 46). Das Erfordernis der **Verkündung** folgt aus dem Rechtsstaatsprinzip. Verkündung meint, dass die Rechtsnorm der Öffentlichkeit so zugänglich gemacht wird, dass die Betroffenen sich verlässlich Kenntnis von ihrem Inhalt verschaffen können. Die Verkündung richtet sich in den Fällen des §84 Abs. 1 und 2 nach § 11 NKomVG; in den Fällen des §84 Abs. 3 nach § 10 Abs. 3 BauGB (§84 Abs. 4 S. 3; → Rn. 107). Zur Verkündung der in Bebauungspläne aufgenommenen örtlichen Bauvorschriften → Rn. 122. Die beschriebenen Maßgaben gelten auch, wenn eine Satzung geändert wird (vgl. OVG Lüneburg 21.4.1998 – 1 K 1087/96, BRS 60 Nr. 40).

Eine (schriftliche) **Begründung** braucht den örtlichen Bauvorschriften nicht grundsätzlich beigegeben zu werden. Anderes gilt jedoch für die örtlichen Bauvorschriften aufgrund des §84 Abs. 3, auf deren Erlass gemäß §84 Abs. 4 S. 3 die Vorschriften des BauGB über die Aufstellung von Bebauungsplänen entsprechend anzuwenden sind (→ Rn. 99). **6**

Örtliche Bauvorschriften brauchen in der **Überschrift** nicht ausdrücklich „Satzungen" genannt zu werden. Es genügt, wenn sie als „örtliche Bauvorschrift" bezeichnet werden. Ergehen sie im eigenen Wirkungskreis (Abs. 1 und 2), sind sie nicht an das strenge **Zitiergebot** des Art. 43 Abs. 2 S. 1 NV gebunden und brauchen als Rechtsgrundlage nur die allgemeine Ermächtigung des § 10 NKomVG anzugeben (OVG Lüneburg 18.6. 2019 – 1 KN 64/15, BeckRS 2019, 12681). Trotzdem empfiehlt es sich zur Klarstellung, auch die einschlägige Ermächtigung in §84 Abs. 1 oder 2 NBauO zu zitieren. Örtliche Bauvorschriften nach § 84 Abs. 3 müssen als Satzungen im übertragenen Wirkungskreis dagegen die besondere gesetzliche Ermächtigung (beispielsweise „§ 84 Abs. 3 Nr. 1 der Niedersächsischen Bauordnung"; näher zu den Anforderungen des Zitiergebots → Rn. 108 und → § 82 Rn. 3) angeben. Das Niedersächsische Oberverwaltungsgericht geht davon aus, dass es sich bei örtlichen Bauvorschriften im übertragenen Wirkungskreis um „Rechtsverordnungen im Satzungsform" handelt (OVG Lüneburg 21.8.1992 – 6 L 119/90, NVwZ 1993, 1216 = BRS 54 Nr. 88; 12.4.2000 – 1 K 5694/98, BRS 63 Nr. 39; 23.6.2004 – 1 KN 296/03, NdsVBl 2004, 261 (262); 18.6.2019 – 1 KN 64/15, BeckRS 2019, 12681). Das ist allerdings umstritten (ablehnend etwa OVG Koblenz 1.10.2008 – 1 A 10362/08, BRS 73 Nr. 139; 16.2.2017 – 6 A 10137/14, BeckRS 2017, 107923 Rn. 36, beide mwN). **7**

In allen örtlichen Bauvorschriften können nach **§84 Abs. 4 Anforderungen in Worten** wie **in zeichnerischer Form** gestellt werden. Möglich ist auch eine Kombination von Text und Zeichnung beispielsweise in der Form, dass der Inhalt der Anforderungen im Text und ihr Geltungsbereich durch Zeichnung bestimmt wird. **8**

Verbindlichkeit örtlicher Bauvorschriften: Örtliche Bauvorschriften sind öffentliches Baurecht im Sinne von §2 Abs. 17. Alle Verantwortlichen (§§ 52 ff.) und die Bauaufsichtsbehörde haben sie zu beachten. Da aber sehr viele Baumaßnahmen vom Baugenehmigungsvorbehalt freigestellt sind (§§ 60-62) und auch im vereinfachten Baugenehmigungsverfahren nach §63 die aufgrund der NBauO erlassenen Vorschriften nicht Prüfungskriterium sind, wird die Einhaltung der örtlichen Bauvorschriften von der Bauaufsichtsbehörde kaum mehr kontrolliert (→ § 63 Rn. 7). Der wirksamste Kontrolleur ist häufig der aufmerksame Nachbar. Deshalb sollte die Gemeinde eine **Bußgeldandrohung** in die örtliche Bauvorschrift aufnehmen (vgl. § 80 Abs. 3), um Verstöße gegen Anforderungen der örtlichen Bauvorschrift ahnden zu können. Das gilt entgegen der in der Vorauflage vertretenen Ansicht auch für die örtlichen Bauvorschriften, die nach Abs. 1 Nr. 2 oder Nr. 3 die Anzahl der notwendigen Einstellplätze oder die Größe der vorgeschriebenen Fahrradabstellanlagen festlegen. Diese konkretisieren die für sich genommen nicht bußgeldbewehrten gesetzlichen Anforderungen in §47 Abs. 1 S. 1 Hs. 1 und §48 Abs. 1 und führen so die notwendige Bestimmtheit herbei, die Grundlage für die Ahndung von Verstößen als Ordnungswidrigkeit ist. Die konkrete Rechtspflicht ergibt sich in diesem Fall also aus §47 bzw. 48 NBauO in Verbindung mit der örtlichen Bauvorschrift; ein Verstoß dagegen kann mit einem Bußgeld belegt werden. Unabhängig von **9**

einer Verfolgung als Ordnungswidrigkeit kann die Bauaufsichtsbehörde eine **Bauordnungsverfügung nach § 79** erlassen, wenn örtliche Bauvorschriften nicht eingehalten werden. Ein Einschreiten kann die Gemeinde allerdings nur bezüglich derjenigen örtlichen Bauvorschriften einfordern, die sie im eigenen Wirkungskreis erlassen hat (→ Rn. 3 f.).

10 Von Ge- und Verboten in örtlichen Bauvorschriften kann die Bauaufsichtsbehörde nach Maßgabe des § 66 **Abweichungen** zulassen. Nach § 66 Abs. 5 bedürfen Abweichungen von örtlichen Bauvorschriften auf der Grundlage von § 84 Abs. 1 und 2 des Einvernehmens der Gemeinde. Dies gilt jedoch nicht für die gestalterischen und ökologischen Vorschriften nach § 84 Abs. 3, die der Gesetzgeber dem übertragenen Wirkungskreis zugeschlagen hat (vgl. auch OVG Lüneburg 28.1.2014 – 1 ME 176/13, NvWZ-RR 2014, 430 (431) = BRS 82 Nr. 157; → Rn. 3 f.). Jedoch sollte eine mit der Gemeinde nicht identische Bauaufsichtsbehörde (Landkreis, Region Hannover) die Gemeinde anhören, bevor sie eine Abweichung von einer solchen Vorschrift zulässt, auch wenn das rechtlich nicht geboten ist. § 31 BauGB ist auch dann nicht anwendbar, wenn eine örtliche Bauvorschrift in einen Bebauungsplan aufgenommen wurde, weil § 84 Abs. 4 S. 3 auf diese Vorschrift nicht verweist (→ Rn. 128).

11 Soweit örtliche Bauvorschriften nicht durch eine der Ermächtigungen in § 84 gedeckt sind oder an anderen inhaltlichen Fehlern leiden, sind sie ungültig und auf einen zulässigen Normenkontrollantrag nach § 47 Abs. 1 Nr. 2 VwGO in Verbindung mit § 75 NJG für **unwirksam** zu erklären. Das gilt auch, wenn sie den Anforderungen an die Beschlussfassung, die Ausfertigung, die Verkündung und – soweit erforderlich – die Angabe der Ermächtigungsgrundlage nicht genügen (→ Rn. 5 ff. und zu den örtlichen Bauvorschriften nach § 84 Abs. 3 Rn. 84 ff.). Über die Folgen von Fehlern beim Erlass örtlicher Bauvorschriften nach Abs. 3 → Rn. 113.

12 Nach der Rechtsprechung des BVerwG können Bebauungspläne **„funktionslos"** werden und damit außer Kraft treten, wenn sich die tatsächlichen Verhältnisse so entwickelt haben, dass die Verwirklichung des Planes auf unabsehbare Zeit ausgeschlossen ist, und wenn dies so offenkundig ist, dass ein Vertrauen in die Einhaltung der Festsetzung nicht mehr schutzwürdig ist (grundlegend BVerwG 29.4.1977 – 4 C 39.75, NJW 1977, 2325 (2326); 18.11.2004 – 4 CN 11.03, NVwZ 2005, 442 (444) = BRS 67 Nr. 218). Das gilt auch für örtliche Bauvorschriften (vgl. OVG Lüneburg 23.6.2004 – 1 KN 296/03, NdsVBl 2004, 261 (263); 12.7.2011 – 1 KN 197/09, NdsVBl 2012, 21 (23)). Diese können funktionslos werden, wenn das verfolgte städtebauliche Anliegen nicht mehr zu verwirklichen ist. Es gilt jedoch ein **strenger Maßstab**: Funktionslosigkeit kann bei der Überplanung bestehender Gebiete nicht schon dann angenommen werden, wenn ein Gebiet Gestaltungsformen aufweist, die nach der Gestaltungssatzung nicht mehr zulässig sind. Denn es gibt kaum städtebaulich reine Bereiche. Vielmehr sind regelmäßig Einbrüche festzustellen, ohne dass deswegen eine planende Stadt gehindert wäre, noch Schützenswertes durch örtliche Bauvorschriften abzusichern (vgl. OVG Lüneburg 9.5.2000 – 1 M 1565/00, BeckRS 2000, 17359 Rn. 6). Einbrüche sind vielmehr gerade Anlass, das Gros des Erhaltenswerten zu schützen. Die Gestaltungssatzung gibt erst für zukünftige, also nach Inkrafttreten der Satzung durchgeführte Maßnahmen die Art der Bauausführung näher vor. Auch die Tatsache, dass eine Rechtsvorschrift zu Unrecht langjährig nicht angewendet wurde, führt nicht zu ihrer Funktionslosigkeit (OVG Lüneburg 10.9.2015 – 1 LA 90/15, NVwZ-RR 2016, 328 (330)). Die Funktionslosigkeit einer örtlichen Bauvorschrift kann mit einem Normenkontrollantrag nach § 47 Abs. 1 Nr. 2 VwGO in Verbindung mit § 75 NJG geltend gemacht werden, wobei die Jahresfrist des § 47 Abs. 2 S. 1 VwGO derartigen Anträgen in der Praxis zumeist entgegenstehen dürfte (vgl. BVerwG 29.6. 2015 – 4 BN 31.14, NVwZ 2015, 1542 ff.; 6.4.2016 – 4 CN 3.15, NVwZ 2016, 1481 ff. = BRS 84 Nr. 194).

B. Örtliche Bauvorschriften nach Abs. 1

a) Örtliche Bauvorschriften über Spielplätze (Abs. 1 Nr. 1)

Vorgaben zum Bau von Spielplätzen sowie zu deren Lage, Größe und Beschaffenheit waren ursprünglich im Niedersächsischen Gesetz über Spielplätze vom 6. 2.1973 (NdsSpielPlG, Nds. GVBl. S. 29) enthalten. Im Zuge der so genannten Entbürokratisierung wurde dieses mit dem Gesetz zur Änderung des Modellkommunen-Gesetzes und anderer Gesetze vom 10.12.2008 (Nds. GVBl. S. 381) aufgehoben. Auch hier erwies sich die Aufhebung von Rechtsvorschriften allein mit dem Ziel der Reduzierung der Normierungsdichte als kontraproduktiv. Mit **§ 9 Abs. 3** hat die **NBauO 2012** wieder eine Pflicht des Bauherrn bzw. Grundstückseigentümers eingeführt, Spielplätze für Kleinkinder zu schaffen, allerdings nur noch für Gebäude mit fünf oder mehr Wohnungen (vgl. LT-Drs. 16/3195, S. 74 f.). Für Lage, Größe und Beschaffenheit der Spielplätze trifft § 9 Abs. 3 nur eine rudimentäre Regelung. Sie müssen auf dem Baugrundstück oder in unmittelbarer Nähe liegen und ausreichend groß sein Jedoch übernimmt **§ 3 DVO-NBauO** die Anforderungen des früheren NdsSpielPlG an die Beschaffenheit und Größe der Spielplätze und fordert ab dem vierten Aufenthaltsraum einer Wohnung sogar weitere 2 m² Spielplatzfläche je Aufenthaltsraum. Im Übrigen überlässt der Gesetzgeber es mit der vorstehenden Ermächtigung in Abs. 1 Nr. 1 den Gemeinden, das Erforderliche durch örtliche Bauvorschrift zu regeln, obwohl sich die Bedürfnisse von Kleinkindern kaum von Gemeinde zu Gemeinde unterscheiden dürften. 13

Inhalt und Umfang der Regelung durch örtliche Bauvorschrift: Die Gemeinden können nach § 84 Abs. 1 Nr. 1 örtliche Bauvorschriften über **Spielplätze „im Sinne des § 9 Abs. 3“** erlassen, das heißt nur über Spielplätze für Kinder im Alter bis zu sechs Jahren, die § 9 Abs. 3 zur Ausstattung von Gebäuden ab fünf Wohnungen verlangt. Örtliche Bauvorschriften können also keine Spielplätze für Gebäude mit nur fünf oder weniger Wohnungen und für andere als Kleinkinder fordern. Gegenstand der gemeindlichen Regelung können nur **Lage, Größe, Beschaffenheit, Ausstattung und Unterhaltung der in § 9 Abs. 3 geforderten Spielplätze** sein. Die Gemeinden *„können“* die in Abs. 1 vorgesehenen örtlichen Bauvorschriften erlassen; es steht also in ihrem **Ermessen**, ob sie es bei der Regelung in § 9 Abs. 3 und § 3 DVO-NBauO belassen oder ob sie für Lage, Größe, Beschaffenheit, Ausstattung und Unterhaltung einzelne oder umfassende eigene Regelungen treffen wollen. Zu einer Abweichung von den gesetzlichen Mindestvorgaben in § 9 Abs. 3 und in § 3 DVO-NBauO ist die Gemeinde indes nicht berechtigt; sie muss sich bei ihren Regelungen im Rahmen der gesetzlichen Bestimmungen halten. 14

Auf der Suche nach der richtigen **Mindestgröße des einzelnen Spielplatzes** und dem richtigen Flächenangebot im Verhältnis zu Zahl und Größe der versorgten Wohnungen wird man in § 3 DVO-NBauO, welcher das jahrzehntelang praktizierte Maß des NdsSpielplG a.F. übernimmt und bei größeren Wohnungen nun eine zusätzliche Fläche fordert, im Hinblick auf den zwingend erforderlichen Mindeststandard einen erträglichen Kompromiss sehen können, der zwischen den Bemühungen, den Bedürfnissen der Kinder und Familien gerecht zu werden, und dem Interesse, die Flächen anders zu nutzen, vermittelt. Aufgrund des seit einigen Jahren zu beobachteten Trends, dass junge Familien zunehmend wieder in die Städte, und zwar auch in die zentralen Lagen, ziehen, geraten die Bedürfnisse von Kindern wieder vermehrt in den Blick der Planer. Man wird in § 3 DVO-NBauO daher nur einen Mindeststandard sehen dürfen, den Bauherren, die auf Qualität achten, durchaus überschreiten werden. Vor diesem Hintergrund fordert die (nicht als Technische Baubestimmung bekannt gemachte) DIN 18034 (September 2012) für Kinder bis zu sechs Jahren sogar eine Mindestfläche von 500 m², die zu schaffen aber wohl nur Bauherren von Großwohnanlagen abverlangt werden könnte. Die Norm äußert sich nicht zu dem Verhältnis der Spielfläche zur Zahl und Größe der versorgten Wohnungen. 15

b) Örtliche Bauvorschriften über die Anzahl der notwendigen Einstellplätze (Abs. 1 Nr. 2)

16 **Allgemeines:** § 47 Abs. 1 S. 1 sieht vor, dass für bauliche Anlagen, die einen Zu- und Abgangsverkehr mit Kraftfahrzeugen erwarten lassen, Einstellplätze in solcher Anzahl und Größe zur Verfügung stehen müssen, dass sie die vorhandenen oder zu erwartenden Kraftfahrzeuge der ständigen Benutzerinnen und Benutzer und der Besucherinnen und Besucher der Anlagen aufnehmen können. Sie verpflichtet den Grundstückseigentümer, der durch die bauliche oder sonstige Nutzung seines Grundstücks einen Zu- und Abgangsverkehr mit Kraftfahrzeugen verursacht, diese Fahrzeuge durch **Bereitstellung der notwendigen Einstellplätze außerhalb des öffentlichen Straßenraums** unterzubringen, damit sie nicht, solange sie stehen, das Straßennetz verstopfen und den fließenden Verkehr behindern. Die NBauO übernimmt also nicht die offener gefasste Regelung der MBauO 2002 (§ 49, § 86 Abs. 1 Nr. 4), die mit einer größeren Gestaltungsfreiheit der Gemeinden einhergeht. Mit der vorstehenden Regelung in Abs. 1 Nr. 2 und dem zweiten Halbsatz in § 47 Abs. 1 S. 1 wählt jedoch auch die NBauO einen Ansatz, der die Gestaltungsfreiheit der Gemeinden stärkt und Raum für eine stadtverträgliche Verkehrspolitik mit dem Ziel der Reduzierung des motorisierten Individualverkehrs schafft. Gerade mit Blick darauf, dass die Städte als Wohnquartiere eine Renaissance erfahren haben und sich das Leben zugleich vermehrt im öffentlichen Raum abspielt, ist jedenfalls im kernstädtischen Bereich die Vorgabe stets ausreichender Einstellplätze ein Anachronismus.

17 In welcher **Zahl** eine bauliche Anlage mit Einstellplätzen für Kraftfahrzeugen auszustatten ist, ergibt sich grundsätzlich aus § 47 Abs. 1 S. 1. Es müssen Einstellplätze in solcher Zahl bereitstehen, dass sie die vorhandenen und zu erwartenden Kraftfahrzeuge der ständigen Benutzer und der Besucher der jeweiligen baulichen Anlage aufnehmen können. Wie viele dies sind, ist aufgrund der einschlägigen Erfahrungen zu ermitteln. Auf solchen in Niedersachsen und darüber hinaus gemachten Erfahrungen beruhen die **Richtzahlen für den Einstellplatzbedarf** (Ausführungsbestimmungen zu § 47 NBauO, RdErl. d. MS v. 6.7.2016 – 503-24 156/3-1 -, Nds. MBl. S. 714, geändert durch Verwaltungsvorschrift v. 28.7.2016, Nds. MBl. S. 806).

18 **Zulässiger Inhalt der örtlichen Bauvorschriften:** Aufgrund der Ermächtigung in § 84 Abs. 1 Nr. 2 dürfen die Gemeinden für das ganze Gemeindegebiet oder für Gemeindeteile die Zahl der Einstellplätze, mit denen die baulichen Anlagen je nach ihrer Art und Größe auszustatten sind, abweichend von der grundsätzlichen Regelung in § 47 Abs. 1 S. 1 festsetzen. Dass sie dazu befugt sind, stellt der zweite Halbsatz in § 47 Abs. 1 S. 1 ausdrücklich klar. Abweichen dürfen die Gemeinden von der Grundsatzregelung dahingehend, dass die von ihnen festgesetzten Einstellplatzzahlen den Bedarf nicht vollständig decken, dass also die Kraftfahrzeuge, die den Benutzern und Bewohnern der betreffenden baulichen Anlage gehören bzw. mit denen die bauliche Anlage aufgesucht wird, dort nicht sämtlich untergebracht werden können. Die örtliche Bauvorschrift darf aber (unrichtig die Entwurfsbegründung LT-Drs. 16/3195, S. 110) keine über den Bedarf hinausgehende Zahl von Einstellplätzen festsetzen. Damit würde sie die Grundstückseigentümer dem Übermaßverbot zuwider belasten. Freilich darf sie über die durch den Ministerialerlass über Richtzahlen für den Einstellplatzbedarf (→ Rn. 17) festgelegten Werte hinausgehen, soweit sie festgestellt hat, dass diese im Geltungsbereich der örtlichen Bauvorschrift unter dem wirklichen Bedarf liegen.

19 **Ausgenommen** von der Ermächtigung in Abs. 1 Nr. 2 sind die **Einstellplätze für Menschen mit Behinderungen** nach § 49 Abs. 2 S. 2. Die in § 49 Abs. 2 S. 1 aufgeführten baulichen Anlagen müssen barrierefrei und nach § 49 Abs. 2 S. 2 mit der dem Bedarf entsprechenden Zahl von Kfz-Einstellplätzen für Menschen mit Behinderungen ausgestattet sein. Eine örtliche Bauvorschrift nach § 84 Abs. 1 Nr. 2 darf daran nichts ändern.

Örtliche Bauvorschriften dürfen ferner den **Mehrbedarf an Einstellplätzen bei Nutzungsänderungen** (§47 Abs. 1 S. 2) festsetzen. Nach §47 Abs. 1 S. 2 braucht dann, wenn die Nutzung einer baulichen Anlage geändert wird, nur der durch die Nutzungsänderung verursachte Mehrbedarf an Einstellplätzen gedeckt zu werden. Die vorher schon fehlenden Einstellplätze werden so betrachtet, als wären sie vorhanden („fiktive Einstellplätze"). Wenn es eine örtliche Bauvorschrift genügen lässt, dass die Zahl der Einstellplätze den Bedarf nicht deckt, so wird im Falle einer Nutzungsänderung wie folgt zu rechnen sein: Es ist zunächst zu ermitteln, mit wie vielen Einstellplätzen die bauliche Anlage in der veränderten Nutzung nach der örtlichen Bauvorschrift ausgestattet sein müsste. Davon ist die Zahl der Einstellplätze abzuziehen, die die bauliche Anlage in der bisherigen Nutzung hätte haben müssen, und zwar nicht gemäß §47 Abs. 1 S. 1 dem wirklichen Bedarf entsprechend, sondern nach den Festsetzungen der örtlichen Bauvorschrift. So mindert sich also auch die Zahl der „fiktiven" Einstellplätze. 20

Ob die Gemeinden eine örtliche Bauvorschrift nach Abs. 1 Nr. 2 erlassen und inwieweit die von ihnen festgesetzten Zahlen hinter dem wirklichen Einstellplatzbedarf zurückbleiben, steht in ihrem **Ermessen**. Dieses wird ihnen zu dem Zweck eingeräumt, durch eine Einschränkung des Angebots an Parkflächen einer Überlastung ihres Straßennetzes und schädlichen Auswirkungen des Straßenverkehrs entgegenzuwirken. Mit anderen Worten können sie die Vorschrift nutzen, um eigene verkehrspolitische Vorstellungen zu realisieren. Das gilt insbesondere auch mit Blick auf §84 Abs. 2. Die Gemeinden können in örtlichen Bauvorschriften nach Abs. 1 Nr. 2 für verschiedene Gemeinde- bzw. Stadtteile **unterschiedliche Einstellplatzzahlen** festsetzen, um unterschiedlichen Verkehrsverhältnissen und Bedürfnissen Rechnung zu tragen. 21

c) Örtliche Bauvorschriften über Fahrradabstellanlagen (Abs. 1 Nr. 3)

Abs. 1 Nr. 3 ermächtigt die Gemeinden zu örtlichen Bauvorschriften über die Fahrradabstellanlagen nach §48 Abs. 1 S. 1. Wie der Begründung des Regierungsentwurfs (LT-Drs. 16/3195, S. 110) zu entnehmen ist, hat der Gesetzgeber dabei an örtliche Vorschriften über die Größe und Beschaffenheit der Anlagen gedacht. Die Gemeinden können also nicht nur nach Abs. 1 Nr. 2 die Anzahl notwendiger Kfz-Einstellplätze, sondern nach Abs. 1 Nr. 3 auch die Größe der geforderten Fahrradabstellanlagen so festsetzen, dass die Grundstückseigentümer den wirklichen Bedarf nicht zu decken brauchen. Es fällt auf, dass ein Zusatz, wie ihn §47 Abs. 1 S. 1 als zweiten Halbsatz enthält, in §48 fehlt. Jedoch dürften sich daraus keine Zweifel daran ergeben, dass die Gemeinden die Größe der Fahrradabstellanlagen abweichend von der Größenregelung in §48 Abs. 1 S. 1 festlegen dürfen. Andernfalls wäre die Ermächtigung in §84 Abs. 1 Nr. 3 insoweit sinnlos. 22

C. Örtliche Bauvorschriften über den Ausschluss von Garagen und Stellplätzen (Abs. 2)

Allgemeines, Zweck der Regelung: §84 Abs. 2 ermächtigt die Gemeinden, zur Verwirklichung bestimmter verkehrlicher oder sonstiger städtebaulicher Absichten durch örtliche Bauvorschrift in bestimmten Teilen des Gemeindegebietes oder für bestimmte Nutzungen in bestimmten Teilen des Gemeindegebietes die Herstellung von Garagen und Stellplätzen zu untersagen. Hintergrund für diese Regelung ist die Erkenntnis, dass der motorisierte Individualverkehr in den Innenstädten sowie in den dicht bebauten Stadtteilen zu erheblichen Problemen insbesondere städtebaulicher und ökologischer Art führt und die für Kraftfahrzeuge vorgesehenen Flächen vielfach weitaus sinnvoller genutzt werden können. §84 Abs. 2 stellt daher ebenso wie Abs. 1 Nr. 2 ein Instrument für eine auf die Reduzierung des motorisierten Individualverkehrs gerichtete kommunale Verkehrspolitik dar (vgl. LT-Drs. 12/5590, S. 54). 23

24 **Konkurrenz mit Planungsrecht:** § 84 Abs. 2 tritt neben die bauplanungsrechtliche Vorschrift des **§ 12 Abs. 6 BauNVO**. Danach kann im Bebauungsplan festgesetzt werden, dass in Baugebieten oder bestimmten Teilen von Baugebieten Stellplätze und Garagen unzulässig oder nur in beschränktem Umfang zulässig sind, soweit landesrechtliche Vorschriften nicht entgegenstehen. Die Vorschriften unterscheiden sich durch ihre **Regelungszwecke**: Während § 12 Abs. 6 BauNVO eine bodenrechtliche Vorschrift darstellt, die die Nutzung von Grund und Boden zum Gegenstand hat, ermächtigt § 84 Abs. 2 zu einer baupolizeilichen Steuerung der Herstellung von Garagen und Stellplätzen. Die Vorschrift dient mithin der Gefahrenabwehr im weitesten Sinne, und zwar auch in Bezug auf verkehrs- und umweltpolitische Erwägungen sowie zur Wahrung ästhetischer Belange im Sinne einer positiven Gestaltungspflege (vgl. BVerwG 10.7.1997 – 4 NB 15.97, NVwZ-RR 1998, 486 (487) = BRS 59 Nr. 19). In der Sache beschränkt sich der Anwendungsbereich des § 12 Abs. 6 BauNVO auf Baugebiete bzw. Teile von Baugebieten. Die Vorschrift nimmt damit Bezug auf § 1 Abs. 2 und 3 BauNVO und setzt das Bestehen eines Bebauungsplans mit Festsetzungen zur Art der baulichen Nutzung voraus. Außerhalb eines Plangebiets ist der Gemeinde die Anwendung von § 12 Abs. 6 BauNVO versperrt, sodass allein § 84 Abs. 2 in Betracht kommt. In Bezug auf das **Verfahren** sind örtliche Bauvorschriften nach § 84 Abs. 2 leichter zu realisieren als ein Bebauungsplan. Gemäß § 84 Abs. 4 S. 3 müssen örtliche Bauvorschriften nach § 84 Abs. 1 und 2 nicht das Verfahren zu durchlaufen, das für die Aufstellung von Bebauungsplänen erforderlich ist. Es gelten die allgemeinen Regelungen der §§ 10, 11 NKomVG sowie die weiteren Vorschriften des Kommunalverfassungsrechts.

25 Kompetenziellen Bedenken begegnet die Ermächtigung in § 84 Abs. 2 nicht. Die Regelung setzt **kein Bodenrecht** im Sinne des Art. 74 Abs. 1 Nr. 18 GG, für das der Bund aufgrund der abschließenden Regelungen im BauGB die alleinige Zuständigkeit hat (Art. 72 Abs. 1 GG). Die Vorschrift **bedarf aber der einschränkenden Auslegung**, weil die Zweckvorgabe „zur Verwirklichung bestimmter verkehrlicher oder sonstiger städtebaulicher Absichten" sehr weit gefasst ist. Die Gemeinden dürfen auf landesrechtlicher Grundlage zwar über die äußere Gestaltung einzelner baulicher Anlagen auf das örtliche Gesamterscheinungsbild Einfluss zu nehmen. Hierzu gehören Vorschriften, die dazu bestimmt sind, das Orts- oder Straßenbild je nach ihren gestalterischen Vorstellungen zu erhalten oder umzugestalten (BVerwG 10.7.1997 – 4 NB 15.97, NVwZ-RR 1998, 486 (487) = BRS 59 Nr. 19; vgl. auch OVG Koblenz 7.3.2013 – 1 A 11109/12, BRS 81 Nr. 147). Gestalterische Ziele darf die Gemeinde aber nicht mit Regelungen zur konkreten Bodennutzung verfolgen. Das gilt insbesondere für Regelungen zur überbaubaren Grundstücksfläche; diese können nicht auf § 84 Abs. 2 gestützt werden. Daher ist es beispielsweise nicht zulässig, durch örtliche Bauvorschrift aus städtebaulichen Gründen Stellplätze im Vorgartenbereich zu verbieten (BVerwG 31.5.2005 – 4 B 14.05, ZfBR 2005, 559 = BRS 69 Nr. 148). Hierfür besteht vielmehr eine Festsetzungsmöglichkeit in einem Bebauungsplan nach § 9 Abs. 1 Nr. 2 BauGB in Verbindung mit § 23 BauNVO.

26 Die in § 84 Abs. 2 geregelte Beschränkung auf die Verwirklichung bestimmter verkehrlicher oder sonstiger städtebaulicher Absichten ist daher so zu lesen, dass sich der **Zweck der örtlichen Bauvorschrift** auf die **Gefahrenabwehr einschließlich der positiven Baugestaltung und des Schutzes des Straßen-, Orts- oder Landschaftsbildes** beschränken muss. Im Ergebnis muss es der Gemeinde darum gehen zu verhüten, dass der von baulichen Anlagen verursachte Ziel- und Quellverkehr Sicherheit und Leichtigkeit des Straßenverkehrs, Leben und Gesundheit von Menschen oder ästhetische bzw. ökologische Zielsetzungen gefährdet. In diesem Fall handelt es sich um eine baupolizeiliche Regelung der Gefahrenabwehr, für die das Land und auf der Grundlage von § 84 Abs. 2 die Gemeinden zuständig sind. Die örtliche Bauvorschrift muss daher der Verwirklichung einer bestimmten verkehrlichen oder sonstigen städtebaulichen Absicht in dem Sinne dienen, dass korrigierend statt „städtebaulich" hinzuzusetzen ist: „im Sinne von § 3 Abs. 1 bis 3 NBauO".

Zulässiger Inhalt örtlicher Bauvorschriften nach Abs. 2: Eine örtliche Bauvorschrift über den Ausschluss von Stellplätzen und Garagen darf jeweils nur für einen **bestimmten Teil des Gemeindegebiets** erlassen werden. Die Satzung kann in dem Gebietsteil alle Einstellplätze untersagen, aber auch anordnen, dass nur **für bestimmte Nutzungen** wie beispielsweise Wohnungen oder Büros keine Stellplätze und Garagen bereitstehen dürfen. Anstatt eines vollständigen Verbots von Einstellplätzen kann die Satzung auch deren Zahl beschränken oder unter Berücksichtigung des Verbots bodenrechtlicher Regelungen (→ Rn. 25 f.) anderweitige Einschränkungen vornehmen. 27

D. Örtliche Bauvorschriften mit gestalterischen oder ökologischen Anforderungen (Abs. 3)

a) Zielsetzung und verfassungsrechtlicher Rahmen

§ 84 Abs. 3 übernimmt den **Inhalt des § 56 Abs. 1 NBauO a.F.** und ermächtigt die Gemeinden, die Gestaltung ihres Ortsbildes durch örtliche Bauvorschriften näher zu regeln. Ähnliche Ermächtigungen enthielten schon die §§ 2 ff. des Preußischen Verunstaltungsgesetzes von 1907 und § 2 der BaugestaltungsVO von 1936. Die MBauO (§ 112 MBauO 1959, § 86 MBauO 2002) und die Bauordnungen der anderen Länder sehen entsprechendes vor. Die Ermächtigung gibt Gemeinden, die aufgeschlossen und verantwortungsbewusst um die Pflege ihres Ortsbildes bemüht sind, hierfür ein wirksames Hilfsmittel an die Hand. 28

In **Gebieten mit historischer Bebauung** können örtliche Vorschriften mit gestalterischen Anforderungen an Neubauten und Änderungen vorhandener Gebäude den Schutz wertvoller alter Stadtviertel und Dörfer wesentlich verstärken. Soweit sich dieser nur auf die allgemeinen Vorschriften der §§ 10 und 50 und der §§ 6 und 8 NDSchG stützt, hängt er stets von der Anwendung unbestimmter Rechtsbegriffe ab, die in der Praxis vielfach Schwierigkeiten bereiten. Demgegenüber können örtliche Bauvorschriften konkretere und der Sachlage genauer angepasste Anforderungen stellen, mit denen die Bauaufsicht leichter arbeiten kann und die auch für Bauherren und Entwurfsverfasser den Vorteil größerer Rechtsklarheit haben. Außerdem können örtliche Bauvorschriften eingesetzt werden, um ein schon gestörtes Ortsbild nach und nach, jeweils aus Anlass einzelner Baumaßnahmen, wieder zu verbessern. 29

Auch in **Neubaugebieten** haben die Gemeinden die Chance, durch örtliche Bauvorschriften als Ergänzung einer Bauleitplanung, die über die Befriedigung der funktionalen Bedürfnisse, wirtschaftlichen Interessen und Wohnwünsche hinaus ihre Mittel bewusst auch zur Ortsgestaltung einsetzt, „Städtebilder von bleibendem Wert" (*Kretschmer* DVBl 1970, 55) zu schaffen. Wenn sie hiermit einen gestalterischen Rahmen setzen und eine Mehrzahl von Bauherren und Entwurfsverfassern diesen Rahmen mit eigenständiger, kreativer Architektur ausfüllt, können sie das entstehen lassen, was für die Schönheit und Wohnlichkeit alter Städte wesentlich ist, nämlich eine Vielfalt individuell gestalteter Einzelbauten, die sich jedoch so in eine übergreifende Ordnung einfügen und so viel Gemeinsames aufweisen, dass sie eine harmonische Einheit bilden. Gewiss können Gestaltungsvorschriften keine gute (Einzelhaus-)Architektur „verordnen"; das ist aber auch nicht ihr Zweck. Sie sind Mittel einer übergreifenden städtebaulichen Gestaltung, als „Instrument von Stadtbaukunst" (*Schneider* BauR 2009, 1680) von Wert. 30

Näheres über theoretische Grundlagen und praktische Maßnahmen der Ortsgestaltung: *Lynch*, Das Bild der Stadt, 1965; *Trieb*, Stadtgestaltung, 1974; *Wildeman*, Landkreis 75, 295; *Burger/Gutschow/Krause*, Bebauungspläne und Ortssatzungen Instrumente zur gestalterischen Erneuerung historischer Stadtgebiete, 1978; *Trieb/Grammel/Schmidt*, Stadtgestaltungspolitik, 1979; *Kaiser/Böttcher/Morgenstern*, Untersuchung von Gestaltungsmöglichkeiten von Einfamilienhausgebieten, Gutachten für das Planungsamt der Stadt Braunschweig, 1982; *Trieb/Schmidt/Paetow/Buch/Strobel*, Erhal- 31 tung und Gestaltung des Ortsbildes, 2. Aufl. 1988; *M. Klein*, Kommunale Baugestaltungssatzungen, 1992, unter Auswertung vieler erlassener Satzungen; teilweise kritisch über den Nutzen von Gestaltungsvorschriften *Jaeger* DASt 1979, 297; *Flagge* (Hrsg.), Gestaltung und Satzung – Baufreiheit oder verordnete Baugestaltung, 1982.

32 Nach § 2 der BaugestaltungsVO konnten örtliche Gestaltungsvorschriften „zur Verwirklichung der Ziele dieser Verordnung" erlassen werden (ähnlich § 112 MBauO 1959). Diese Ziele, die sich aus § 1 der VO ergaben, waren nach der Rechtsprechung des BVerwG im Wesentlichen auf eine Abwehr von Verunstaltungen beschränkt. Daraus ergab sich ein entsprechend enger Rahmen auch für örtliche Vorschriften aufgrund der BaugestaltungsVO (BVerwG 26.3.1962 - I C 149.59, VerwRspr 1963, 47 f.; OVG Lüneburg 19.11.1964 - I A 288/62, OVGE 20, 444; vgl. auch *Fehrmann* BauR 1971, 153). Hiervon weicht § 84 Abs. 3 ausdrücklich ab und gestattet örtliche Bauvorschriften, die über das Verunstaltungsverbot in § 9 Abs. 1, §§ 10 und 50 hinausgehen. Die Gemeinden sollen demnach nicht auf die Verhütung von Hässlichem oder Deprimierendem beschränkt sein, nicht einmal auf die Abwehr bloß unschöner, ästhetisch unerwünschter Erscheinungen (anders *Fehrmann* BauR 1971, 153 (155)). Aus der Zielsetzung am Eingang der Vorschrift geht vielmehr hervor, dass die Gemeinden zu „**positiver Baupflege**" befugt sind (so auch OVG Lüneburg 9.1.1987 – 6 A 148/84, BRS 47 Nr. 122). Sie haben einen Spielraum für schöpferische Stadtgestaltung und dürfen auch eine von mehreren gleich guten Gestaltungsmöglichkeiten auswählen und vorschreiben. Festsetzungen aufgrund des § 84 Abs. 3 enthalten also nicht die Aussage, dass eine andere als die vorgeschriebene Gestaltung unschön oder hässlich ist. Richtig verstanden ist „positive Baupflege" daher keine „ästhetische Bevormundung" oder „Geschmacksdiktatur". Es trifft auch nicht zu, dass örtliche Gestaltungsvorschriften nur zu Einheitlichkeit oder gar Uniformität des Stadtbildes führen müssen; mit ihrer Hilfe können die Gemeinden im Gegenteil gerade für Abwechslung und Vielfalt sorgen.

33 Die positive Baupflege im Rahmen des § 84 Abs. 3 verletzt nicht die **Eigentumsgrundrecht des Art. 14 GG**. Örtliche Bauvorschriften stellen Inhalts- und Schrankenbestimmungen des Eigentums dar, zu denen Art. 14 Abs. 1 S. 2 GG ausdrücklich ermächtigt. Der Bayerische Verwaltungsgerichtshof führt dazu in ständiger Rechtsprechung aus, bei baulichen Anlagen sei der soziale Bezug des Eigentums besonders ausgeprägt. Sie seien Bestandteil der städtebaulichen Ordnung, an der alle teilhaben, und sie beeinflussten die Nutzung und Nutzbarkeit der benachbarten Grundstücke. Das durch sie geprägte Straßen-, Orts- und Landschaftsbild bestimme Atmosphäre und Lebensqualität der Umgebung. Dies rechtfertige es, Inhalt und Schranken der Eigentümerbefugnisse detailliert und weitgehend festzulegen. Regelungen über die Baugestaltung seien deshalb grundsätzlich mit der Institutsgarantie des Eigentums vereinbar (VGH München 22.2.2000 – 2 B 94.2587, BeckRS 2000, 24698 Rn. 29 f.; der Sache nach auch schon BVerwG 22.2.1980 – IV C 44.76, NJW 1980, 2091 f. = BRS 36 Nr. 149). Diese Erwägungen treffen zu. Freilich gilt der Grundsatz der Verhältnismäßigkeit. Baugestalterische Vorgaben sind dem Eigentümer zumutbar, wenn insbesondere die in → Rn. 49 ff. dargestellten Grenzen eingehalten werden.

34 Baugestalterische Vorgaben verstoßen auch nicht gegen die **Kunstfreiheitsgarantie des Art. 5 Abs. 3 S. 1 GG**. Die gestalterischen Anforderungen an Bauwerke werden in erster Linie mit Nutzerinteressen und dem Wunsch nach Kostenersparnis kollidieren und nur ganz selten der Verwirklichung baukünstlerischer Absichten entgegenstehen. Sollte dies einmal geschehen, dürften Gestaltungsvorschriften dann, wenn sie sich in den Grenzen des § 84 Abs. 3 halten, das Grundrecht unangetastet lassen (vgl. *Schneider* Die Freiheit der Baukunst S. 175 ff., 236 f.). Dann wird der Künstler in der Verwirklichung seiner Vorstellungen nur in dem engen räumlichen Geltungsbereich der örtlichen Bauvorschrift (→ Rn. 43 f.) beschränkt. Einen Anspruch, ein Kunstwerk an einem ganz bestimmten Ort ohne Rücksicht auf den dort vorzufindenden allgemeinen Rechtsrahmen zu realisieren, wird man Art. 5 Abs. 3 S. 1 GG jedoch nicht entnehmen können (vgl. *Lenz* Vorbehaltlose Freiheitsrechte S. 242 ff. mwN). Hinzu kommt:

Wenn die Vorschrift nur einen Rahmen setzt (→ Rn. 51), macht sie dem Architekten auch nur Vorgaben für die Verwendung einzelner Architekturelemente, lässt ihm aber im Übrigen Gestaltungsfreiheit. Wenn eine Satzung die Fülle aller denkbaren Gestaltvarianten so eingrenzt, wirkt dies auf die Kreativität eines guten Architekten eher stimulierend. Anders als im Fall der Verunstaltung (§ 10) bedeutet die Unvereinbarkeit mit der örtlichen Bauvorschrift auch kein Unwerturteil über das geplante Kunstwerk; sie besagt nur, dass es dem ortsgestalterischen Konzept, das der Bauvorschrift zugrunde liegt (→ Rn. 28 ff.), widerspricht. Eine vom Bundesverfassungsgericht zu Recht abgelehnte staatliche Stil-, Niveau- und Inhaltskontrolle oder eine Beurteilung der Wirkungen des Kunstwerks findet nicht statt (vgl. BVerfG 27.11.1990 – 1 BvR 402/87, NJW 1991, 1471).

Die Ermächtigung in § 84 Abs. 3 verstößt nicht gegen das **Rechtsstaatsprinzip** (Art. 20 Abs. 3 GG). Sie ist nach Inhalt, Zweck und Ausmaß begrenzt, wie das Verfassungsrecht (Art. 43 Abs. 1 S. 2 NV, Art. 80 Abs. 1 S. 2 GG) dies für Verordnungsermächtigungen verlangt (vgl. BVerwG 22.2.1980 – IV C 44.76, NJW 1980, 2091 = BRS 36 Nr. 149). Das entspricht der Feststellung des Niedersächsischen Oberverwaltungsgerichts, dass es sich bei örtlichen Bauvorschriften nach § 84 Abs. 3 um „Rechtsverordnungen im Satzungsform" handelt (OVG Lüneburg 21.8.1992 – 6 L 119/90, NVwZ 1993, 1216 = BRS 54 Nr. 88; 12.4.2000 – 1 K 5694/98, BRS 63 Nr. 39; 23.6.2004 – 1 KN 296/03, NdsVBl 2004, 261 (262); 18.6.2019 – 1 KN 64/15, BeckRS 2019, 12681 → Rn. 7). 35

Mit der Ermächtigung, örtliche Bauvorschriften mit Anforderungen an die Gestaltung von Bauwerken zur Verwirklichung städtebaulicher, baugestalterischer oder ökologischer Absichten zu erlassen, überschreitet § 84 Abs. 3 nicht die **Gesetzgebungskompetenz des Landes**. Diese ist hier nicht gemäß Art. 72 Abs. 1 GG dadurch entfallen, dass der Bund mit dem Bauplanungsrecht seine konkurrierende Gesetzgebungskompetenz gemäß Art. 74 Abs. 1 Nr. 18 GG abschließend ausgenutzt hat (ebenso im Ergebnis *Manssen*, Stadtgestaltung durch örtliche Bauvorschriften S. 91; *Mick* DÖV 1991, 623 (628)). Nach Art. 74 Abs. 1 Nr. 18 GG hat der Bund die Gesetzgebungskompetenz für das Bodenrecht, aber nicht für den Städtebau schlechthin in allen seinen Aspekten. Allerdings dürfen auf Landesrecht gestützte örtliche Bauvorschriften nicht die vom Bundesgesetzgeber erfassten Gegenstände des Bodenrechts – Art und Maß der Bodennutzung, die überbaubaren Grundstücksflächen sowie die Stellung der baulichen Anlagen – zum Zweck einer optimalen Verteilung und Koordinierung der Bodennutzungen regeln. Sie dürfen nicht, wie es das BVerwG formuliert hat, „im Gewande bauordnungsrechtlicher Gestaltungsvorschriften bodenrechtliche Regelungen" treffen (BVerwG 10.7.1997 – 4 NB 15.97, NVwZ-RR 1998, 486 (487) = BRS 59 Nr. 19). Örtliche Bauvorschriften können dagegen zur **Wahrung ästhetischer Belange** nutzbar gemacht werden. Dies schließt neben der Abwehr von Verunstaltungen eine positive Gestaltungspflege ein. Den Gemeinden ist es auf landesrechtlicher Grundlage unbenommen, über die äußere Gestaltung einzelner baulicher Anlagen auf das örtliche Gesamterscheinungsbild Einfluss zu nehmen. Hierzu gehören Vorschriften, die dazu bestimmt sind, das Orts- oder Straßenbild je nach ihren gestalterischen Vorstellungen zu erhalten oder umzugestalten (BVerwG 10.7.1997 – 4 NB 15.97, NVwZ-RR 1998, 486 (487) = BRS 59 Nr. 19). Wenn die Gemeinde dagegen bodenrechtliche Regelungen treffen will, hat sie sich des hierfür zur Verfügung stehenden rechtlichen Instrumentariums des BauGB zu bedienen. Sie kann nicht wegen einer damit verfolgten gestalterischen Zielsetzung eine Kompetenz zum Erlass örtlicher Bauvorschriften in Anspruch nehmen (BVerwG 31.5.2005 – 4 B 14.05, ZfBR 2005, 559 = BRS 69 Nr. 148). Darauf ist bei den Regelungsgegenständen in Abs. 1 Nr. 1 (Gebäudehöhe; → Rn. 60) und Abs. 1 Nr. 6 (Vorgärten; → Rn. 78) zurückzukommen. 36

Die örtlichen Bauvorschriften über Gestaltung dienen grundsätzlich allein dem öffentlichen Interesse an einwandfreier Einfügung des Bauwerks in seine Umgebung und nicht dem Schutz bestimmter benachbarter Grundstückseigentümer oder dem nachbarlichen Interessenausgleich. **Nachbarschutz** entfalten sie daher grundsätzlich nicht (OVG 37

Lüneburg 18.12.1998 – 1 M 5489/98, BeckRS 2005, 20388; 18.7.2003 – 1 ME 170/03, BeckRS 2003, 22811 Rn. 10; VG Göttingen 25.11.2009 – 2 B 174/09, BeckRS 2011, 51321). Anders mag dies zu beurteilen sein, wenn die Satzung gerade das Bild regeln will, das bauliche Anlagen gegenüber der Nachbarschaft darbieten, wie etwa eine Vorschrift über die Höhe seitlicher Grundstückseinfriedungen (VGH München 11.8.1988 – 2 B 87.02300, BRS 48 Nr. 421). Im Hinblick darauf, dass sich die Gesetzgebungskompetenz des Landes aber gerade nicht auf das Bodenrecht bezieht, sondern auf gefahrenabwehrrechtliche und baugestalterische Aspekte beschränkt ist, ist hier Zurückhaltung geboten. Nachbarschutz kommt nur dann in Betracht, wenn der Nachbar gerade mit Blick auf die vorgenannten Aspekte geschützt werden soll. Das kann insbesondere bei Baudenkmälern eine Rolle spielen. Wird eine örtliche Bauvorschrift, die dem Schutz eines Baudenkmals dient, missachtet, so wird seinem Eigentümer Rechtsschutz ebenso wie gegenüber einer Verletzung des § 8 NDSchG zu gewähren sein (vgl. OVG Lüneburg 23.8.2012 – 12 LB 170/11, ZfBR 2013, 173 = BRS 79 Nr. 212; 16.2.2017 – 12 LC 54/15, BeckRS 2017, 107687 Rn. 74 = BRS 85 Nr. 158). Die **Gemeinde** kann eine Baugenehmigung nicht mit der Begründung anfechten, sie verletze ihre örtliche Gestaltungsvorschrift, da örtliche Bauvorschriften in Niedersachsen aufgrund von § 84 Abs. 3 im übertragenen Wirkungskreis ergehen (OVG Lüneburg 28.1.2014 – 1 ME 176/13, NVwZ-RR 2014, 430 (431 f.); → Rn. 3 f.).

38 Gelangt die Gemeinde zu der Auffassung, dass andere öffentliche Interessen (beispielsweise an der Schaffung von Wohnraum) das bisher verfolgte ortsgestalterische Interesse überwiegen, kann sie **örtliche Bauvorschriften ändern oder aufheben**. Dass dies im Einzelfall Wertverluste bezüglich einzelner Grundstücke nach sich ziehen kann, ist grundsätzlich hinzunehmen (vgl. OVG Lüneburg 15.6.1992 – 6 K 20/90, NVwZ 1993, 86 = BRS 54 Nr. 87).

b) Zulässige Zwecke

39 Zweck einer örtlichen Bauvorschrift kann es sein, bestimmte **städtebauliche oder baugestalterische Absichten** zu verwirklichen. Zwischen baugestalterischen und städtebaulichen Absichten im Sinne des § 84 Abs. 3 kann kaum unterschieden werden. Als baugestalterische Absicht kann hier nur die Absicht gemeint sein, einen bestimmten Teil des Gemeindegebietes zu gestalten. Eine solche Absicht ist zugleich städtebaulich. Der Gemeinde bleibt es unbenommen, die Ortsgestaltung als Mittel für weitere Ziele legitimer Kommunalpolitik einzusetzen, etwa um ihre Attraktivität als Wohnort, für den Fremdenverkehr oder für die Ansiedlung von Unternehmen zu steigern. Ein legitimes städtebauliches Ziel ist es beispielsweise, die vorhandenen **Strukturen eines einheitlichen Ortsbilds mit städtebaulichem Wert zu erhalten** (vgl. OVG Lüneburg 23.6.2004 – 1 KN 296/03, NdsVBl 2004, 261 (263) (betreffend Spiekeroog); 12.7.2011 – 1 KN 197/09, NdsVBl 2012, 21 (22) (betreffend den Lüneburger Kreideberg); 18.9.2014 – 1 KN 123/12, ZfBR 2014, 767 (773) = BRS 82 Nr. 21 (betreffend Borkum)). Das gilt für einen historischen Ortskern, aber auch für andere charakteristische Stadtviertel. Ausreichend ist ein städtebaulicher Wert, der beispielsweise auch bei einem geschlossenen Siedlungsgebiet angenommen werden kann, das eine zeittypische Klinkerbebauung der 1960er und frühen 1970er Jahre zeigt und architektonisch nicht besonders wertvoll und deshalb nicht auf jedermann besonders ansprechend wirken mag. Der städtebauliche Wert der Bebauung im Plangebiet folgt in einem solchen Fall nicht aus architektonisch und baulich anspruchsvollen Einzelgebäuden, sondern aus der Gesamtschau der Bauten (OVG Lüneburg 12.7.2011 – 1 KN 197/09, NdsVBl 2012, 21 (22) (betreffend den Lüneburger Kreideberg)). Das städtebauliche oder baugestalterische Ziel kann auch darin liegen, ein gestalterisch wertvolles Neubaugebiet zu schaffen, das beispielsweise einzelne Architekturelemente eines benachbarten Gebietes aufgreift und sich damit an das Vorhandene anpasst (vgl. OVG Lüneburg 9.5.2000 – 1 M 1565/00, BeckRS 2000, 17359 Rn. 5) oder aber eine radikal neue Architektur begründet. Das Ziel kann aber auch begrenzterer Art sein. Ein legitimes Ziel kann sich beispielsweise

unmittelbar aus den topografischen Gegebenheiten ergeben. Die Eigenart der Hanglage lässt beispielsweise die Bestimmung flacher Dächer als eine Bestimmung zur Verwirklichung städtebaulicher Absichten erscheinen, weil damit die freie Sicht in das Tal für alle Häuser am Südhang gewährleistet wird (vgl. OVG Lüneburg 13.3.2002 – 1 KN 1310/01, ZfBR 2003, 54 (55)). Keinem baugestalterischen oder städtebaulichen Ziel dient es demgegenüber, wenn eine Vorschrift von vornherein nur wirtschaftliche, soziale oder sicherheitstechnische Zwecke verfolgt (vgl. OVG Lüneburg 22.10.2008 – 1 KN 215/07, BRS 73 Nr. 18), etwa Flachdächer nur deshalb verbietet, weil diese leicht undicht werden können. Zulässig ist es jedoch, aus einem solchen Grund eine gestalterische Anforderung zu mildern, beispielsweise eine Satzung, die Flachdächer vorschreibt, dahin zu ändern, dass (neben Flachdächern) auch flach geneigte Satteldächer erlaubt sind. Das ergibt sich daraus, dass die Gemeinde bei der Entscheidung über gestalterische Anforderungen auch wirtschaftliche und technische Gesichtspunkte in die gebotene Interessenabwägung (→ Rn. 49 f.) einzubeziehen hat (OVG Lüneburg 15.6.1992 – 6 K 20/90, NVwZ 1993, 86 = BRS 54 Nr. 87). Eine baugestalterische Absicht kann auch darin bestehen, in einem Gemeindeteil den Charakter einer durch bestimmte Bauformen geprägten **Kulturlandschaft** (vgl. OVG Münster 26.3.2003 – 7 A 1002/01, BeckRS 2003, 21914 Rn. 31 = BRS 66 Nr. 147) oder bestimmte **Naturschönheiten** möglichst zu bewahren.

Als weiteren Zweck sieht § 84 Abs. 3 vor, dass die Gemeinde **ökologische Absichten** 40
verfolgen darf. Deutlich zum Ausdruck kommt dies in den Nrn. 7 und 8, wonach eine örtliche Bauvorschrift die Begrünung baulicher Anlagen sowie die Versickerung, Verregnung oder Verrieselung von Niederschlagswasser auf dem Baugrundstück vorschreiben darf. Die ökologische Zielsetzung wird hier unmittelbar deutlich. Mit Blick auf diese Bestimmungen hat der Gesetzgeber die Verfolgung ökologischer Absichten auch als zulässiges Ziel in die NBauO aufgenommen (vgl. LT-Drs. 13/550, S. 59). Ökologische Absichten können aber nach dem eindeutigen Gesetzeswortlaut nicht bloß nach den Nrn. 7 und 8 verfolgt werden. Vielmehr können alle Ermächtigungen des § 84 Abs. 3 zur Verfolgung ökologischer Ziele genutzt werden. Deutlich wird dies beispielsweise bei Nr. 3 und Nr. 6. Beide weisen einen deutlichen ökologischen Bezug auf, wenn es darum geht, die Gestaltung, Art und Höhe von Einfriedungen wie Mauern, Zäunen und Hecken zu bestimmen sowie die Einfriedung von Vorgärten vorzuschreiben oder auszuschließen bzw. die Gestaltung der nicht überbauten Flächen der bebauten Grundstücke zu regeln und insbesondere das Anlegen von Vorgärten vorzuschreiben. Möglich ist es danach beispielsweise vorzugeben, dass eine Einfriedung einen Durchlass für Kleintiere bieten muss oder dass bestimmte ökologisch wertvolle Sträucher und Bäume anstelle ökologisch weniger wertvoller Arten gepflanzt werden müssen. Die örtliche Bauvorschrift kann beispielsweise Hecken aus heimischen Pflanzen wie Hainbuchen oder Weißdorn anstelle von Kirschlorbeer (Lorbeerkirsche) oder Thuja (Lebensbaum) vorschreiben. Der Begriff der „Gestaltung“ ist dabei nicht zu eng zu verstehen. Er erfasst **nicht allein die optische Gestaltung** im Hinblick auf das Aussehen, sondern auch eine ökologische Gestaltung mit dem Ziel der Förderung der biologischen Vielfalt, der Leistungs- und Funktionsfähigkeit des Naturhaushalts und der Vielfalt, Eigenart und Schönheit sowie des Erholungswertes von Natur und Landschaft (vgl. § 1 Abs. 1 BNatSchG). Andernfalls wäre die Vorschrift neben der Ermächtigung zur Verfolgung städtebaulicher und baugestalterischer Zwecke überflüssig. Kompetenzielle Bedenken bestehen im Grundsatz nicht. Eine Kollision mit den Regelungen des Bundesnaturschutzrechts oder des Niedersächsischen Ausführungsgesetzes zum Bundesnaturschutzgesetz ist nicht ersichtlich. Grenzen zieht allerdings § 9 Abs. 1 BauGB. Soweit § 9 Abs. 1 Nr. 20 und Nr. 25 BauGB vorsehen, dass mit dem Bebauungsplan die Flächen oder Maßnahmen zum Schutz, zur Pflege und zur Entwicklung von Boden, Natur und Landschaft bzw. das Anpflanzen von Bäumen, Sträuchern und sonstigen Bepflanzungen sowie die Bindungen für Bepflanzungen und für die Erhaltung von Bäumen, Sträuchern und sonstigen Bepflanzungen sowie von Gewässern festgesetzt werden können, geht es hier explizit um bestimmte Formen der konkreten

Bodennutzung. Derartige bodennutzungsbezogene Bestimmungen dürfen nicht in örtlichen Bauvorschriften getroffen werden.

41 Eine örtliche Bauvorschrift kann schließlich bezwecken, **die Eigenart oder den Eindruck von Baudenkmalen zu erhalten oder hervorzuheben:** Diese Ziele sind den „städtebaulichen oder baugestalterischen Absichten" zuzuordnen (→ Rn. 39). Wichtig ist, dass die Gemeinden nicht darauf beschränkt sind, benachbarte Baudenkmale vor Beeinträchtigung zu schützen; vielmehr können sie – über § 8 NDSchG hinaus – auch eine Gestaltung vorschreiben, die das Denkmal besonders zur Geltung kommen lässt. Möglich ist es beispielsweise, eine besonders zurückhaltende oder in den Farben und Formen besonders abgestimmte Gestaltung oder auch für Gebäude in der Nachbarschaft von Baudenkmalen die Verwendung materialgerechter Baustoffe vorzuschreiben. Es kann daher zulässig sein, wenn eine Stadt mit einer weitgehend erhaltenen und intakten Dachlandschaft durch ihre Gestaltungssatzung für alle Gebäude die Eindeckung mit Tonziegeln vorschreibt (vgl. OVG Lüneburg 12.5.1993 - 1 K 67/91, NVwZ-RR 1994, 136 (137 f.) = BRS 55 Nr. 129 (betreffend Duderstadt)). Möglich sind auch ein Ausschluss und eine Begrenzung von Werbeanlagen im Umfeld von Baudenkmalen (vgl. BVerwG 16.3.1995 – 4 C 3.94, NVwZ 1995, 899 (901) = BRS 57 Nr. 175).

c) Grenzen

aa) Beschränkung auf bestimmte Teile des Gemeindegebietes und Erfordernis eines städtebaulichen Konzeptes

42 Örtliche Bauvorschriften ergehen gemäß § 84 Abs. 3 für **bestimmte Teile des Gemeindegebietes**. Diese Einschränkung hat eine dreifache Funktion.

43 **Erstens** darf sich die örtliche Bauvorschrift nur auf einen Teil des Gemeindegebietes beziehen. Der **räumliche Geltungsbereich der Satzung** muss folglich **kleiner** sein **als das gesamte Gemeindegebiet**. Maßgeblich ist der formelle Geltungsbereich der Satzung (OVG Lüneburg 18.9.2014 – 1 KN 123/12, ZfBR 2014, 767 (773) = BRS 82 Nr. 21). Verwendet die Gemeinde verschiedene (nahezu) gleichlautende Satzungen für das gesamte Gemeindegebiet, wirft das hinsichtlich der Beschränkung des Geltungsbereichs keine Probleme auf. Besonders kritisch zu hinterfragen ist in derartigen Fällen allerdings, ob mit der örtlichen Bauvorschrift noch ein legitimes Ziel der positiven Baupflege verfolgt wird (OVG Lüneburg 18.9.2014 – 1 KN 123/12, ZfBR 2014, 767 (773) = BRS 82 Nr. 21). Bezugspunkt ist jedenfalls dann, wenn die Gemeinde städtebauliche oder baugestalterische Ziele verfolgt, grundsätzlich das **gesamte bebaute bzw. bebaubare Gemeindegebiet**. Verfügt eine Gemeinde beispielsweise über umfangreiche Außenbereichsflächen, darf sie gleichwohl grundsätzlich keine örtliche Bauvorschrift erlassen, die das gesamte bebaute Gebiet erfasst. Das gilt auch dann nicht, wenn das bebaute Gebiet der Fläche nach gegenüber dem gemeindlichen Außenbereich deutlich in den Hintergrund tritt. Gestaltungsvorschriften für das gesamte bebaute bzw. bebaubare Gemeindegebiet sind grundsätzlich unzulässig. In Einzelfällen kann es jedoch erforderlich werden, das gesamte Gemeindegebiet mitsamt den unbebauten Flächen in die Betrachtung einzubeziehen. In Betracht kommt das insbesondere dann, wenn die Gemeinde ökologische Ziele verfolgt. Derartige Ziele können auch im Außenbereich von Relevanz sein. Aber auch dann, wenn ausnahmsweise städtebauliche Zielsetzungen im Außenbereich wirksam werden, ist dieser in die Betrachtung einzubeziehen.

44 Von dem Grundsatz, dass sich die örtliche Bauvorschrift nur auf einen Teil des Gemeindegebiets beziehen darf, lässt die Rechtsprechung richtigerweise **zwei Ausnahmen** zu: Die erste Ausnahme betrifft den Fall, dass ein **bestimmtes gestalterisches Ziel für das gesamte Gemeindegebiet** gilt. In derartigen Fällen wäre es eine bloße Förmelei, die Gemeinde zum Erlass mehrerer gleichlautender örtlicher Bauvorschriften zu zwingen. § 84 Abs. 3 zielt daher lediglich auf den Regelfall ab, dass ein bestimmtes gestalterisches Ziel nur auf einen bestimmten, genau abgegrenzten bebauten oder unbebauten Teil eines Gemeindegebietes zutrifft. Sofern aber ein gestalterisches Ziel auf das ge-

samte Gemeindegebiet passt, kann sich eine Gestaltungssatzung auch auf das gesamte Gemeindegebiet erstrecken (OVG Schleswig 9.5.1995 – 1 L 165/94, juris Rn. 42 (betreffend Keitum/Sylt); OVG Lüneburg 23.6.2004 – 1 KN 296/03, NdsVBl 2004, 261 (263) (betreffend Spiekeroog)). Von dieser Ausnahme sollte die planende Gemeinde grundsätzlich sparsam Gebrauch machen. Das verfolgte Ziel muss tatsächlich für (nahezu) das gesamte Gemeindegebiet passend sein. Das dürfte eher bei kleineren und homogen strukturierten Gemeinden sowie dann in Betracht zu ziehen sein, wenn sich die örtliche Bauvorschrift auf einige wenige zentrale Vorgaben beschränkt. Insbesondere dann, wenn ein detailliertes Gestaltungskonzept verfolgt wird, dürften die Grenzen des Zulässigen schnell überschritten sein. Die zweite Ausnahme greift dann ein, wenn es sich um eine **flächenmäßig kleine Gemeinde** handelt, deren bebauter Ortsbereich relativ kompakt und fußläufig erreichbar ist (vgl. OVG Lüneburg 23.6.2004 – 1 KN 296/03, NdsVBl 2004, 261 (263) (bejaht für die Inselgemeinde Spiekeroog)). Auch in derartigen Fällen wäre es eine unnötige Förmelei, wenn man die Gemeinde zum Erlass verschiedener örtlicher Bauvorschriften zwingen würde. Dennoch ist auch eine kleine Gemeinde gehalten zu prüfen, ob das verfolgte Ziel wirklich auf das gesamte Gemeindegebiet zutrifft.

Zweitens ist der betreffende **Teil des Gemeindegebiets eindeutig zu bestimmen**. Der 45
betroffene Ortsteil ist in der örtlichen Bauvorschrift daher durch Text oder Zeichnung genau und eindeutig zu umgrenzen. Beispiele für textliche Eingrenzung: „das von den Straßen ... umschlossene Gebiet", „die Grundstücke beiderseits der ... -straße", „das Gebiet des Bebauungsplans Nr. ...". Praktisch sinnvoll ist es, der örtlichen Bauvorschrift eine Karte beizufügen, die den Geltungsbereich festlegt. Dabei ist darauf zu achten, dass die Karte einen Maßstab aufweist, der eine eindeutige Abgrenzung ermöglicht. Das gilt insbesondere für die Frage, ob beide oder nur eine Straßenseite einbezogen werden soll. Auf hinreichende Genauigkeit ist auch dann besonders zu achten, wenn sich der Geltungsbereich der örtlichen Bauvorschrift nicht an den Flurstücksgrenzen orientiert. Rechtlich geboten ist die Beifügung einer Karte allerdings nicht (OVG Schleswig 9.5.1995 – 1 L 165/94, juris Rn. 36). Eine dynamische Verweisung auf andere Gebietsfestlegungen, etwa auf einen Flächennutzungsplan oder einen Bebauungsplan in der jeweils geltenden Fassung, die zur Folge hätte, dass sich mit einer Erweiterung der anderweitigen Festlegung automatisch auch der Geltungsbereich der Gestaltungsvorschrift erweiterte, ist unzulässig (OVG Lüneburg 27.6.1988 – 1 A 228/86, BRS 48 Nr. 113; anders für eine Baumschutzsatzung BVerwG 16.6.1994 – 4 C 2.94, NVwZ 1994, 1099 (1100 f.)). Eine gegenteilige Regelung, nach der sich der Geltungsbereich der Satzung „dynamisch" verkleinern kann, soll dagegen zulässig sein (OVG Schleswig 9.5.1995 – 1 L 165/94, juris Rn. 36). Unbedenklich ist diese Auffassung nicht. Denn auch in diesem Fall ist der örtlichen Bauvorschrift in Verbindung mit den zum Zeitpunkt ihres Inkrafttretens geltenden Gebietsfestlegungen nicht zu entnehmen, in welchen Teilen des Gemeindegebietes sie Geltung beansprucht. Von dynamischen Verweisungen ist daher Abstand zu nehmen. Eine statische Verweisung auf eine anderweitige Gebietsfestlegung ist dagegen zulässig, soweit diese ihrerseits eindeutig bestimmt ist.

Drittens muss die Gemeinde ein **Konzept oder eine Idee eigens für die Ausgestal-** 46
tung des konkreten, überschaubaren Ortsteils bzw. des Straßenzugs entwickeln und die örtliche Bauvorschrift daraus folgerichtig ableiten. Die städtebauliche Gestaltungsabsicht muss an die Besonderheiten des zu schützenden Gebiets anknüpfen und eine Entsprechung in seiner charakteristischen Prägung finden (vgl. OVG Lüneburg 29.4.1986 – 6 A 147/84, BRS 46 Nr. 120; 23.6.2004 – 1 KN 296/03, NdsVBl 2004, 261 (263)). Bei Neubaugebieten bedarf es eines eigenständigen gestalterischen Konzepts, das beispielsweise an die vorhandene benachbarte Bebauung, eine bestimmte Topografie oder ein bestimmtes Landschaftsbild anknüpft (vgl. OVG Lüneburg 23.6.2004 – 1 KN 296/03, NdsVBl 2004, 261 (264)) oder auf einer eigenständigen Gestaltungsidee beruhen kann. Je detaillierter die gestalterischen Vorgaben in der örtlichen Bauvorschrift ausfallen, umso höhere Anforderungen sind an die Überzeugungskraft und den örtlichen Bezug des zugrundeliegenden Konzepts zu stellen. Eine

örtliche Bauvorschrift, die den Bauherren die Gestaltungsfreiheit weitgehend nimmt, muss daher auf einem (nahezu) lückenlosen Konzept beruhen. Beschränkt sich die planende Gemeinde umgekehrt auf wenige grundlegende Vorgaben, sinken die Anforderungen an das gemeindliche Konzept entsprechend (vgl. OVG Lüneburg 23.6.2004 – 1 KN 296/03, NdsVBl 2004, 261 (264)). In derartigen Fällen kann es ausreichen, dass die Gemeinde lediglich begründet, warum ihr bestimmte Gestaltungselemente in Bezug auf das konkrete Gebiet wichtig sind. Dabei muss sich das Konzept nicht zwangsläufig aus der örtlichen Bauvorschrift selbst ergeben. Ähnlich wie dies § 1 Abs. 6 Nr. 11 BauGB für die Bauleitplanung vorsieht, ist die Inbezugnahme einer von der Gemeinde anderweitig beschlossenen Gestaltungsplanung zulässig und ausreichend, wenn sich dieser die Gestaltungsidee der Gemeinde für das in Rede stehende Gebiet hinreichend zuverlässig entnehmen lässt (OVG Lüneburg 18.9.2014 – 1 KN 123/12, ZfBR 2014, 767 (773) = BRS 82 Nr. 21).

47 Ein praktisch häufiges gemeindliches **Konzept** besteht darin, **die vorhandene Prägung eines Gebiets durch eine bestimmte historische Bauart, bestimmte Materialien oder Gestaltungselemente zu erhalten und so ein bestimmtes Erscheinungsbild eines Gebiets zu bewahren**. Ein solches Konzept ist zulässig, wenn die zu schützenden Merkmale in dem betreffenden Gebiet tatsächlich noch in relevantem Umfang vorhanden sind. Typische Vorgaben betreffen in einem solchen Fall die Außenwände der Hauptgebäude, die Dachformen sowie die Dacheindeckung, das Erscheinungsbild von Fenstern und Veranden sowie Einfriedungen, und zwar jeweils hinsichtlich der Gestaltung wie auch der Farbwahl. Dass ein Gebiet Vorschäden aufweist, ist unerheblich (OVG Lüneburg 12.7.2011 – 1 KN 197/09, NdsVBl 2012, 21 (23)). Eine örtliche Bauvorschrift kann auch darauf gerichtet sein, einen bereits als unbefriedigend verstandenen Zustand allmählich wieder dem gewünschten Bild anzunähern. § 84 Abs. 3 verlangt daher nicht, dass örtliche Bauvorschriften auf städtebaulich vollkommen einheitliche Bereiche beschränkt werden. Nicht geboten ist auch, dass das hinter der örtlichen Bauvorschrift stehende städtebauliche Konzept lückenlos und umfassend auf jeden von der Gestaltungssatzung erfassten Bereich bis in das letzte Detail passen muss (vgl. OVG Lüneburg 12.5.1993 – 1 K 67/91, NVwZ-RR 1994, 136 (137) = BRS 55 Nr. 129; 18.9.2014 – 1 KN 123/12, ZfBR 2014, 767 (773) = BRS 82 Nr. 21). Dabei ist allerdings eine wichtige Grenze zu beachten: Sind in einem Gebiet schützenswerte bzw. ortsprägende Gebäude nur in geringfügigem Umfang vorhanden und haben die meisten Gebäude „Allerweltscharakter", darf die Gemeinde nicht mittels einer rigiden und detaillierten örtlichen Bauvorschrift ein vermeintlich historisches Erscheinungsbild erzwingen, sondern sie muss sich bei den Vorgaben zur Baugestaltung auf wenige klassische Stilelemente sowie auf grundlegende Anforderungen an die Art der zu verwendenden Materialien und an die Bauausführung beschränken (vgl. OVG Lüneburg 23.6.2004 – 1 KN 296/03, NdsVBl 2004, 261 (263)).

48 Das **Ziel, eine einheitliche Bebauung zu erreichen**, stellt in der Regel kein taugliches gestalterisches Konzept dar. Das gilt jedenfalls dann, wenn dieses Ziel nicht auf eine historisch überlieferte Bausubstanz aufbauen kann, die ihrerseits den Rahmen vorgibt und deren einheitliches Bild als solches einen städtebaulichen Wert darstellt (OVG Lüneburg 12.7.2011 – 1 KN 197/09, NdsVBl 2012, 21 (22)). Einheitlichkeit als solche birgt die Gefahr, in öde Gleichförmigkeit herabzusinken (vgl. OVG Lüneburg 13.3.2003 – 1 KN 1310/01, ZfBR 2003, 54 (55); 23.6.2004 – 1 KN 296/03, NdsVBl 2004, 261 (264)). Es genügt auch nicht, dass die Gemeinde gewisse Bauformen oder Materialien für unschön und daher unerwünscht hält oder im Gegenteil eine bestimmte Materialwahl aus rein geschmacklichen Erwägungen bevorzugt. Auch schlagwortartige Zielsetzungen wie der Satz „Ausfallstraßen sind die Visitenkarten einer Stadt" sind kein taugliches Konzept (OVG Lüneburg 29.4.1986 – 6 A 147/84, BRS 46 Nr. 120). Will die Gemeinde über örtliche Bauvorschriften in die Baufreiheit eingreifen, muss sie eine echte Gestaltungsidee entwickeln.

bb) Ermessen, Verhältnismäßigkeit

§ 84 Abs. 3 ist eine „Kann-Vorschrift“. Ob die Gemeinde eine örtliche Bauvorschrift erlassen und welche gestalterischen Anforderungen sie darin stellen will, steht, wenn im Übrigen die dargelegten Voraussetzungen des § 84 Abs. 3 vorliegen, in ihrem pflichtgemäßen **Ermessen**. Dieses Ermessen ähnelt dem Planungsermessen nach § 1 Abs. 7 BauGB: Die Gemeinde hat das öffentliche Interesse an der Verwirklichung ihres ortsgestalterischen Konzepts und die entgegenstehenden öffentlichen und privaten Interessen abzuwägen. Die Regelung des § 1 Abs. 7 BauGB findet auf örtliche Bauvorschriften zwar keine unmittelbare Anwendung, da § 84 Abs. 4 S. 3 nur für das Verfahren zum Erlass dieser Vorschriften auf das BauGB verweist und es sich bei § 1 Abs. 7 BauGB nicht um eine verfahrensrechtliche, sondern um eine materiell-rechtliche Regelung handelt (→ Rn. 89). Die Verpflichtung der Gemeinde zu einer **Abwägung der öffentlichen und privaten Belange** ergibt sich jedoch neben der Herleitung aus dem in § 84 Abs. 3 eingeräumten Ermessen aus dem Umstand, dass die örtlichen Bauvorschriften Inhalt und Schranken des Eigentums bestimmen und hierbei die Interessen der Allgemeinheit an der Gestaltung sowie die privaten Interessen des Einzelnen in ein so ausgewogenes Verhältnis gebracht werden müssen, dass die Einbußen des Privaten durch konkurrierende gestalterische Absichten der Gemeinde (noch) zureichend aufgewogen werden (OVG Lüneburg 12.7.2011 – 1 KN 197/09, NdsVBl 2012, 21 (23)). 49

Die Gemeinde hat zu beachten, dass gestalterische Anforderungen Grundrechte, insbesondere regelmäßig das **Eigentumsgrundrecht (Art. 14 Abs. 1 GG) und die allgemeine Handlungsfreiheit (Art. 2 Abs. 1 GG)**, berühren. Örtliche Bauvorschriften stellen Inhalts- und Schrankenbestimmungen im Sinne von Art. 14 Abs. 1 S. 2 GG dar, die das Eigentum und die daraus erwachsenden Rechte und Pflichten in abstrakt-genereller Weise ausgestalten. Da örtliche Bauvorschriften stets vorhandenes Eigentum berühren, müssen sie dem **Verhältnismäßigkeitsgrundsatz** entsprechen (vgl. zu den verfassungsrechtlichen Anforderungen des Verhältnismäßigkeitsgrundsatzes im Einzelnen *Epping* Grundrechte Rn. 479 ff.). Erschwernisse, Mehrkosten und Einschränkungen, die sich aus der Gestaltungsvorschrift für Bauherren und Eigentümer – bei Werbebeschränkungen für die an der Werbung interessierte Wirtschaft – ergeben, müssen erforderlich sein, um den Zweck der Satzung zu verwirklichen, und in einem vernünftigen, abgewogenen Verhältnis zu der erstrebten Verbesserung des Ortsbildes stehen (vgl. OVG Lüneburg 12.7.2011 – 1 KN 197/09, NdsVBl 2012, 21 (23)). Eine gewisse Zurückhaltung ist deshalb geboten, wenn die örtliche Bauvorschrift die Verwendung bestimmter besonders teurer oder pflegeintensiver Baumaterialien wie Tonziegel oder Holzfenster verlangt. Derartige Baumaterialien stellen zwar häufig einen erheblichen optischen Gewinn dar; für den Bauherrn sind sie allerdings mit erheblichen Kosten verbunden. Ohne Verstoß gegen den Verhältnismäßigkeitsgrundsatz können derartige Materialien daher vorrangig dann gefordert werden, wenn eine Anpassung an eine tatsächlich vorhandene und schutzwürdige historische Bebauung in der Umgebung das Ziel ist (vgl. OVG Lüneburg 12.5.1993 – 1 K 67/91, NVwZ-RR 1994, 136 (137) = BRS 55 Nr. 129). Für ein Neubaugebiet liegen die Hürden dagegen höher (vgl. VGH München 12.9.1988 – 1 N 84 A.94, BayVBl 1989, 210). Zudem darf beispielsweise die Verwendung ausschließlich eines bestimmten Materials grundsätzlich nicht verlangt werden, wenn ein neues preisgünstigeres oder zweckmäßigeres Material zur Verfügung steht, das – auch über längere Zeit – völlig gleich aussieht und nicht denkmalpflegerische Gesichtspunkte – hier ist allerdings der Grundsatz der Materialgerechtigkeit (dazu OVG Lüneburg 24.10.2018 – 1 LB 79/17, BauR 2019, 489 ff. mwN) zu beachten – dagegensprechen. Zu beachten ist schließlich der **allgemeine Gleichheitssatz des Art. 3 Abs. 1 GG**. Die Gemeinde muss wesentlich gleiche Sachverhalte grundsätzlich gleich regeln. Ungleichbehandlungen bedürfen stets eines sachlichen Grundes, der die Ungleichbehandlung rechtfertigen kann (vgl. *Epping* Grundrechte Rn. 794 ff.). 50

51 Gestaltungsvorschriften dürfen grundsätzlich **nur einen Rahmen setzen**. Sie müssen also dem Bauherrn und dem Entwurfsverfasser einen nennenswerten Spielraum für eigene, individuelle Gestaltung überlassen. Das gilt nicht bloß im Anwendungsbereich des § 84 Abs. 3 Nr. 1, der ausdrücklich davon spricht, dass örtliche Bauvorschriften für bestimmte Gestaltungsmerkmale einen Rahmen setzen können, sondern für den gesamten § 84 Abs. 3. In örtlichen Bauvorschriften, die ein denkmalwürdiges oder anderweitig schützenswertes Stadtbild erhalten sollen, wird der Rahmen allerdings umso enger sein dürfen, je wertvoller und empfindlicher die vorhandene Bausubstanz ist. Maßgeblich sind die Umstände des Einzelfalls sowie das gestalterische Konzept der Gemeinde.

52 § 84 Abs. 3 ermächtigt die Gemeinden nur zu **materiellrechtlichen Anforderungen**, nicht dagegen zu Verfahrensvorschriften. Insbesondere können die Gemeinden aufgrund des § 84 Abs. 3 keinen neuen Genehmigungsvorbehalt einführen oder die Baugenehmigungspflicht nach den §§ 63, 64 erweitern. Eine solche Ermächtigung in § 82 Abs. 2 MBauO 1996 ist nicht in die MBauO 2002 übernommen worden.

53 Selbstverständlich dürfen örtliche Bauvorschriften dem Bauherrn **nichts** tatsächlich oder rechtlich **Unmögliches** abverlangen. Dagegen wird aber nicht schon dann verstoßen, wenn für Doppelhäuser verlangt wird, dass bestimmte Architekturelemente (Dachneigung, Fassadenfarbe usw.) einheitlich gestaltet oder aufeinander abgestimmt werden, auch wenn hiermit verbunden ist, dass sich die Bauherren auf die Gestaltung einigen müssen oder der später Bauende sein Haus an das schon bestehende Nachbarhaus angleichen muss (VGH Mannheim 4.5.1998 – 8 S 159/98, BauR 1998, 1229 = BRS 60 Nr. 128).

54 Anforderungen an die Gestaltung greifen nicht nur aus Anlass von Baumaßnahmen ein. Sie verlangen, wie grundsätzlich alle materiellrechtlichen Vorschriften des niedersächsischen Bauordnungsrechts, einen bestimmten (andauernden) Zustand baulicher Anlagen. Sie gelten daher im Prinzip auch für bestehende Bauten. Jedoch genießen Bauwerke aus der Zeit vor Inkrafttreten der örtlichen Bauvorschriften Bestandsschutz nach § 85 (siehe dessen Abs. 5). Die **Anpassung bestehender Bauten** an eine Gestaltungsvorschrift (beispielsweise die Beseitigung einer älteren, jetzt von der Gestaltungsvorschrift verbotenen Verkleidung vor Fachwerk) kann nur unter den Voraussetzungen des § 85 Abs. 3 verlangt werden (→ § 85 Rn. 23 ff.). Zu weitergehenden Anpassungsverpflichtungen ermächtigt § 84 Abs. 3 nicht.

cc) Formelle Anforderungen

55 Örtliche Bauvorschriften müssen **hinreichend bestimmt und widerspruchsfrei** sein. Das ergibt sich nicht nur aus dem Rechtsstaatsprinzip, sondern auch aus dem Zweck der gesetzlichen Ermächtigung. Allgemeine generalklauselartige Anforderungen, die nicht wesentlich über eine Wiederholung der ohnehin geltenden gesetzlichen Vorgaben hinausgehen, verfehlen diesen Zweck. Zulässig ist es allerdings, wenn eine örtliche Bauvorschrift einleitend allgemeine Anforderungen an bauliche und sonstige Anlagen formuliert, die ihrerseits den Maßstab für nachfolgende konkrete Gestaltungsregelungen bilden. Derartige Programmsätze haben Leitbildcharakter. Ihr Bedeutungsgehalt muss durch die Detailregelungen in den nachfolgenden Vorschriften näher konkretisiert werden (vgl. das Beispiel in OVG Koblenz 15.6.2011 – 8 C 10364/11, NVwZ-RR 2011, 928 (930) = BRS 78 Nr. 147). Auch sonst dürfen die Anforderungen an die Bestimmtheit der Gestaltungsvorschriften nicht überspannt werden. Ein Verstoß gegen das Bestimmtheitsgebot liegt bei Verwendung unbestimmter Rechtsbegriffe nur dann vor, wenn es wegen der Unbestimmtheit nicht mehr möglich ist, objektive Kriterien zu gewinnen, die eine willkürliche Handhabung durch die Behörden und die Gerichte ausschließen. Aus dem Inhalt der Rechtsvorschrift muss sich daher im Wege der Auslegung ermitteln lassen, was von den pflichtigen Personen verlangt wird. Die Auslegungsbedürftigkeit einer Vorschrift lässt noch nicht die rechtsstaatlich gebotene Bestimmtheit entfallen. Das Maß der geforderten Bestimmtheit lässt sich nicht allgemein festlegen. In erster Linie ist die

Eigenart des zu regelnden Sachgebiets maßgebend. Der Normgeber ist zwar gehalten, seine Vorschriften so bestimmt zu fassen, wie dies nach der Eigenart des zu ordnenden Lebenssachverhalts mit Rücksicht auf den Normzweck möglich ist. Er verfügt aber, wenn er vor der Frage steht, ob er in einer Vorschrift **unbestimmte Rechtsbegriffe** verwendet oder sie ins Einzelne gehend fasst, über einen Gestaltungsspielraum, wobei nicht zuletzt auch Erwägungen der praktischen Handhabung seine Entscheidung beeinflussen dürfen (zutreffend VGH München 10.11.2014 – 2 ZB 13.2429, NVwZ-RR 2015, 195 mwN). Vor diesem Hintergrund ist es unschädlich, dass sich die Verwendung unbestimmter Begriffe nicht immer vermeiden lässt. So wird es ausreichen, wenn für bestimmte Bauteile wie beispielsweise Lüftungsgitter oder Blechabdeckungen an Dachkehlen nur vorgeschrieben wird, dass sie sich im Farbton der Fassade bzw. der Dachfläche „anzupassen", „harmonisch zu integrieren" oder „unauffällig einzufügen" haben. Abzustellen ist bei der Verwendung derartiger Begriffe auf das Empfinden des für ästhetische Eindrücke aufgeschlossenen Durchschnittsbetrachters; dieser muss den erreichten Zustand als ausgewogen wahrnehmen (VGH München 10.11.2014 – 2 ZB 13.2429, NVwZ-RR 2015, 195). Die Grenze des Zulässigen ist allerdings erreicht, wenn der Inhalt einer Regelung nach objektiven Maßstäben nicht mehr erschlossen werden kann. Hilfreich kann es insoweit sein, wenn die Gemeinde von der in § 84 Abs. 4 S. 4 vorgesehenen Möglichkeit Gebrauch macht, **Anforderungen – jedenfalls ergänzend – in zeichnerischer Form** zu stellen. Macht sie von dieser Möglichkeit Gebrauch, ist auf die Widerspruchsfreiheit von Text und Zeichnung besonders zu achten.

Besondere Schwierigkeiten werfen **Vorgaben zur farblichen Gestaltung** auf. Um- **56**
gangssprachliche Begriffe wie „rot" oder „rotbraun" (vgl. OVG Münster 9.2.2000 – 7 A 2386/98, NVwZ-RR 2001, 14 (15 f.) = BRS 63 Nr. 166) oder die Angabe eines Spektrums wie „rot bis rotbraun" können ausreichen, setzen aber einen relativ weiten Rahmen (vgl. VG Hannover 1.10.2013 – 4 A 6569/12, BeckRS 2016, 56069; zu „rot bis rotbraun" kritisch aber OVG Lüneburg 25.6.2001 – 1 L 4874/99, BRS 64 Nr. 144). Bei den angegebenen Farbtönen handelt es sich um unbestimmte Rechtsbegriffe, die der Auslegung bedürfen und die zugleich der Auslegung zugänglich sind. Dass in Grenzbereichen die Feststellung schwierig sein kann, ob ein Farbton noch diesem Spektrum entspricht, führt nicht zur Unbestimmtheit (OVG Lüneburg 12.7.2011 – 1 KN 197/09, NdsVBl 2012, 21 (24)). Die Grenze zur Unbestimmtheit kann aber überschritten sein, wenn eine örtliche Bauvorschrift Farbtöne bezeichnet, bei denen eine Bestimmung nach objektiven Gesichtspunkten von vornherein misslingen muss (die Bestimmtheit für den Farbton „hellgrau" daher verneinend VG Hannover 29.10.2013 – 4 A 3611/12, BeckRS 2013, 58227; für das Attribut „grell" hingegen bejahend VGH München 20.8.2009 – 15 ZB 08.2745, BeckRS 2009, 43598 Rn. 5). Will die planende Gemeinde sichergehen, kann sie die zulässigen Farbtöne anhand des Farbregisters RAL 840 HR festsetzen (vgl. OVG Lüneburg 18.9.2014 – 1 KN 123/12, ZfBR 2014, 767 (772 f.) = BRS 82 Nr. 21). Soweit Ziegelmauerwerk und -dacheindeckungen genau umrissene Farbtöne aufgrund ihrer natürlichen Oberflächenstruktur nicht exakt treffen, können Bestimmungssysteme für Farben wie das RAL-Farbregister immerhin eine grundlegende Orientierung bieten. In einem solchen Fall kann die planende Gemeinde die zulässigen Farben durch Verweis auf einzelne Farbtöne nach dem RAL-Farbregister umschreiben und zugleich deutlich machen, dass die verwendeten Farben den RAL-Farbtönen lediglich „entsprechen" müssen, also ausdrücklich keine vollständige Übereinstimmung verlangen (OVG Lüneburg 18.9.2014 – 1 KN 123/12, ZfBR 2014, 767 (773) = BRS 82 Nr. 21). Eine solche Beschränkung auf eine bloße „Entsprechung" kann der örtlichen Bauvorschrift auch durch Auslegung zu entnehmen sein, soweit sich diese auf Ziegelmauerwerk und -dacheindeckungen bezieht, weil für jedermann klar sein dürfte, dass mit derartigen Materialien die RAL-Farbtöne nicht exakt getroffen werden können.

Die städtebaulichen, baugestalterischen oder ökologischen Absichten sowie die wesent- **57**
lichen Ermessenserwägungen müssen aus der – für Niedersachsen über das Bundesrecht hinaus (vgl. BVerwG 16.3.1995 – 4 C 3.94, NVwZ 1995, 899 (900) = BRS 57

Nr. 175) in § 84 Abs. 4 S. 3 in Verbindung mit § 9 Abs. 8 BauGB vorgeschriebenen – **Begründung** zur örtlichen Bauvorschrift (zum Entwurf wie zum Satzungsbeschluss) hervorgehen (→ Rn. 92, 99). Die Begründung muss angeben, welche Werte bewahrt werden sollen und, wenn sich dies nicht von selbst versteht, warum die gestalterischen Forderungen zu deren Erhaltung beitragen. Das gemeindliche Konzept muss in der Begründung zum Ausdruck kommen. Die Begründung muss sich außerdem mit gewichtigen Gegeninteressen (beispielsweise Belastung durch erhebliche Mehrkosten), die offensichtlich bestehen oder in der Anhörung vorgebracht werden, auseinandersetzen und erkennen lassen, aus welchen Gründen sich die Gemeinde für ihr gestalterisches Ziel und gegen plausible Gegenargumente entschieden hat. Es muss jedenfalls in Grundzügen deutlich werden, wie die Gemeinde ihr Ermessen betätigt und wie sie die verschiedenen Gesichtspunkte abgewogen hat. Allerdings dürfen an die Begründung keine zu hohen Anforderungen gestellt werden. Insbesondere dann, wenn für einen Bebauungsplan eine städtebauliche Struktur mit ästhetischem Anspruch entworfen und diese durch bestimmte gestalterische Vorgaben für die Gebäude ergänzt wird, also schon ein Werk der Stadtbaukunst entsteht, lässt es sich kaum in Worten begründen, warum das Ganze so und nicht anders gestaltet worden ist. Insoweit muss das Werk sich selbst begründen. Gegebenenfalls kann eine perspektivische Darstellung das Beabsichtigte verdeutlichen. Auch die ergänzende Inbezugnahme einer von der Gemeinde anderweitig beschlossenen Gestaltungsplanung ist zulässig (OVG Lüneburg 18.9.2014 – 1 KN 123/12, ZfBR 2014, 767 (773) = BRS 82 Nr. 21).

d) Gegenstände der örtlichen Bauvorschriften mit gestalterischen Anforderungen (Abs. 3 Nr. 1-6)

58 Die Nrn. 1-6 nennen **abschließend** die einzelnen Gegenstände, die durch örtliche Gestaltungsvorschriften geregelt werden dürfen. In jedem Fall müssen sich die Anforderungen selbstverständlich in dem oben behandelten Rahmen halten (→ Rn. 39 ff.).

59 Nach **Nr. 1** können die Gemeinden besondere Anforderungen an die Gestaltung von **Gebäuden** (zum Begriff vgl. § 2 Abs. 2) stellen. **Anforderungen an die Gestaltung** legen fest, dass die äußere Erscheinung von Bauwerken oder Bauteilen bestimmte Gestaltmerkmale (Maße, Proportionen, Oberflächenstrukturen, Materialien, Farben usw.) haben oder nicht haben soll. Etwas anders sind **Erhaltungsgebote:** Zu Vorschriften, nach denen vorhandene Bausubstanz (ganze Gebäude oder Gebäudeteile wie beispielsweise geschnitzte Torbalken) im Original zu erhalten ist, ermächtigt § 84 Abs. 3 nicht. Derartiges kann die Bauaufsichtsbehörde (zugleich als Denkmalschutzbehörde) im konkreten Fall verlangen, wenn es sich um ein Baudenkmal handelt. Die Gemeinde kann allerdings durch Satzungsvorschriften nach § 10 Abs. 1 S. 1 NKomVG in Verbindung mit § 2 Abs. 1 S. 2 NDSchG Zuwendungen an Hauseigentümer unter der Voraussetzung vorsehen, dass sie sich (durch Baulast) zur Erhaltung wertvoller Gebäudeteile verpflichten. Der mit „insbesondere" eingeleitete Nachsatz der Nr. 1 führt – nicht abschließend – wichtige Beispiele für Anforderungen an die Gestaltung von Gebäuden auf:

60 Als ersten Regelungsgegenstand örtlicher Bauvorschriften nach Nr. 1 nennt § 84 Abs. 3 die – für das Ortsbild besonders wichtige – **Höhe der Gebäude und Geschosse**. Von dieser Regelung muss die Gemeinde mit Blick darauf, dass § 16 BauNVO Höhenfestsetzungen als bodenrechtliche Festsetzungen des Maßes der baulichen Nutzung ausdrücklich vorsieht und sie nicht „im Gewande bauordnungsrechtlicher Gestaltungsvorschriften bodenrechtliche Regelungen" treffen darf (BVerwG 10.7.1997 – 4 NB 15.97, NVwZ-RR 1998, 486 (487) = BRS 59 Nr. 19), mit Sorgfalt Gebrauch machen und sich auf die Wahrung ästhetischer Belange beschränken (→ Rn. 36). Begrenzt auf die Zielsetzung, über Anforderungen an die äußere Gestaltung einzelner baulicher Anlagen auf das örtliche Gesamterscheinungsbild Einfluss zu nehmen, bestehen gegen Regelungen der Gebäude- und Geschosshöhe keine Bedenken (vgl. VGH München 18.3.2003 – 15 N 98.2262, BRS 66 Nr. 33). Die örtliche Bauvorschrift darf allerdings nicht darauf ab-

zielen, über die Höhenbegrenzung Einfluss auf die Siedlungsdichte, also auf ein unmittelbar bodenrechtliches Merkmal, zu nehmen. Die Abgrenzung ist nicht immer ganz einfach (vgl. OVG Lüneburg 12.7.2011 – 1 KN 197/09, NdsVBl 2012, 21 (24 f.)). Möglich ist es beispielsweise, dass eine örtliche Bauvorschrift für Gebäude mit Steildach die Höhe von **Traufe** oder **First** und bei Flachdachbauten die vom Straßenraum aus sichtbare **Oberkante** (Attika) bestimmt (vgl. VG Göttingen 22.11.2018 – 2 A 129/16, unveröff.). Nur durch örtliche Bauvorschrift kann die Dachform festgelegt werden, von der abhängt, welche der bauordnungsrechtlichen Festsetzungsmöglichkeiten Traufhöhe („TH"), Firsthöhe („FH") oder Oberkante („OK") Sinn ergibt. In der Praxis können Gemeinden rechtliche Risiken dadurch vermeiden, dass sie die Festsetzung von Höhen zugleich auf § 16 BauNVO und § 84 Abs. 3 stützen. Hingewiesen sei noch darauf, dass sie (nur) in örtlichen Bauvorschriften weiter verfeinerte Höhenregelungen treffen können, beispielsweise für Gesimse, Gauben, Zwerchhäuser und -giebel, andere **Dachaufbauten**, und **Höhenversprünge** zwischen Gebäudeteilen oder aufeinander folgenden Fassaden.

Durch örtliche Bauvorschrift kann die **Breite** der Fassaden geregelt werden. Das kommt insbesondere in Betracht, wenn Kleinteiligkeit und Formenvielfalt im Ortsbild erhalten oder erreicht werden sollen. Das Planungsrecht bietet hier kaum geeignete Festsetzungsmöglichkeiten: Seitliche Baugrenzen und -linien sind meist zu starr. Sonst lässt sich die Gebäudebreite allenfalls noch mittelbar über die Festsetzung von Grundflächen in m^2 sowie vorderen und rückwärtigen Baulinien beeinflussen (vgl. Boeddinghaus ZfBR 1980, 13). Die in § 9 Abs. 1 Nr. 3 BauGB vorgesehene Festsetzung von Höchstmaßen für Wohnbaugrundstücke ist nur „aus Gründen des sparsamen und schonenden Umgangs mit Grund und Boden" zulässig. Eine örtliche Bauvorschrift kann zur Schonung des Landschaftsbildes auch den **Rotordurchmesser von Windkraftanlagen** begrenzen (so tendenziell OVG Lüneburg 21.12.2010 – 12 KN 71/08, BRS 76 Nr. 49; OVG Münster 14.4.2011 – 8 A 320/09, NuR 2012, 146). Die örtliche Bauvorschrift kann (zu dem genannten Zweck) auch fordern, dass **benachbarte Fassaden unterschiedlich gestaltet** werden (also nicht mehrfach derselbe Entwurf verwendet wird) oder unterschiedlich breit sind. 61

Um den besonderen Charakter eines alten Straßenzuges zu erhalten oder um ein Straßenbild lebendiger wirken zu lassen, kann es auch erwünscht sein, dass **Fassaden** nicht in einer Linie mit den Fassaden der Nachbarhäuser stehen, sondern **vor- oder zurückspringen**. Auch dieses lässt sich mit den Mitteln des Planungsrechts (Baulinien und Baugrenzen nach § 23 BauNVO) nur erreichen, wenn schon die seitlichen Grundstücksgrenzen feststehen. Ob es durch örtliche Bauvorschrift angeordnet werden darf, ist sehr fraglich, da § 84 Abs. 3 nur dazu ermächtigt, die „Gestaltung", aber nicht die „Anordnung" von Gebäuden zu regeln. Eine erweiternde Auslegung kommt angesichts des eindeutigen Wortlauts der Vorschrift auch mit Blick auf den Sinn und Zweck des § 84 Abs. 3 Nr. 1 nicht in Betracht. 62

Für historische Städtebilder können **geringere** seitliche **Gebäudeabstände**, als sie in § 5 gefordert werden, insbesondere sog. **Traufgassen** zwischen giebelständigen Häusern, charakteristisch sein. Diese können ebenfalls nicht aufgrund von § 84 Abs. 3 vorgeschrieben werden, da es sich wiederum nur um die „Anordnung" der Gebäude handeln würde. In anderen Ländern treffen die Landesbauordnungen entsprechende Regelungen (vgl. § 111 Abs. 1 Nr. 7 LBO BW, dazu VGH Mannheim 12.2.2019 – 5 S 2487/18, BeckRS 2019, 2682 Rn. 18 ff.), deren Übertragung auf Niedersachsen der Landesgesetzgeber erwägen sollte. Geringere Grenzabstände können aber gemäß § 9 Abs. 1 Nr. 2a BauGB festgesetzt werden. Danach können im Bebauungsplan aus städtebaulichen Gründen vom Bauordnungsrecht abweichende Maße der Tiefe der Abstandsflächen bestimmt werden; dies schließt geringere Tiefen ein (vgl. OVG Lüneburg 22.12.2014 – 1 MN 118/14, ZfBR 2015, 274 (276 ff.) = BRS 82 Nr. 40). Zudem kann gemäß § 22 Abs. 4 BauNVO eine abweichende Bauweise mit reduzierten oder in Teilen ganz aufgehobenen Grenzabständen festgesetzt werden (vgl. VGH Mannheim 13.5.2002 – 3 S 2259/01, BeckRS 2002, 23681; vgl. auch *Blechschmidt* in Ernst/Zinkahn/Bielenberg/Krautzberger BauGB 63

§ 22 BauNVO, Rn. 44 (Stand der Bearbeitung: Januar 2013); *Ziegler* in Brügelmann BauGB § 22 BauNVO, Rn. 102 ff. (Stand der Bearbeitung: Juli 2000)). Zu einem Konflikt mit Bauordnungsrecht führt das nicht, denn § 5 Abs. 5 öffnet sich für abweichende bauplanungsrechtliche Regelungen des Grenzabstands. Im Übrigen wäre Bundesrecht ohnehin vorrangig (OVG Lüneburg 22.12.2014 – 1 MN 118/14, ZfBR 2015, 274 (277 f.) = BRS 82 Nr. 40)

64 Sodann können die **Auswahl der Baustoffe und der Farben** geregelt werden. Das schließt Regelungen zur **Gliederung und näheren Gestaltung der Fassaden** ein. Prägen Fachwerkbauten das Bild einer Altstadtstraße, kann eine örtliche Bauvorschrift auch für Neubauten in dieser Straße Fachwerkfassaden vorschreiben und deren Gestaltung (Holzabmessungen, Größe der Gefache, Farben usw.) näher regeln. Verbreitet werden auch entweder Putz- oder Klinkerfassaden in bestimmten Farbtönen festgeschrieben (vgl. OVG Lüneburg 12.7.2011 – 1 KN 197/09, NdsVBl 2012, 21 (23 f.)). Als Elemente der Fassadengliederung können auch Höhe und Zahl der Geschosse festgelegt werden. Die Zahl der Vollgeschosse (= "Nutzungsebenen" im Inneren des Hauses) kann dagegen nur der Bebauungsplan gemäß § 16 BauNVO regeln. Außerdem können gestalterische Anforderungen an **Einzelheiten der Fassaden** (Türen, Fenster, Markisen, Vordächer, Sockel, Treppenvorbauten usw.) gestellt werden. Unter anderem können, wo dies aus städtebaulichen oder denkmalpflegerischen Gründen gerechtfertigt ist, auch Sprossenfenster verlangt werden (vgl. OVG Lüneburg 23.6.2004 – 1 KN 296/03, NdsVBl 2004, 261 (264), dort für die Gebiete außerhalb des historischen Kerns der Inselgemeinde Spiekeroog allerdings verneint). Auch ein Verbot von Vorbaurollläden, die sich regelmäßig sehr unvorteilhaft auf das Erscheinungsbild der Fassade auswirken, ist unter Umständen möglich (vgl. OVG Lüneburg 11.6.2019 – 1 KN 187/17, unveröff. einerseits; OVG Lüneburg 18.6.2019 – 1 KN 64/15, BeckRS 2019, 12681 andererseits).

65 Durch örtliche Bauvorschrift kann auch eine **Außendämmung** an straßenseitigen Fassaden bestehender Gebäude, die architektonische Gliederung, Dekor oder Fachwerk überdeckt, untersagt werden (vgl. VG Arnsberg 30.8.2010 – 14 K 1931/09, BeckRS 2014, 57389). Aufgrund ihrer hohen Eingriffsintensität und der Beeinträchtigung gewichtiger energie- und umweltpolitischer Zielsetzungen muss sich eine solche Regelung allerdings auf erhaltenswerte Gebäude beschränken. Um diese bestimmt genug zu bezeichnen, muss die Satzung die betreffenden Gebäudetypen, gegebenenfalls konkrete Gebäude mit Straße und Hausnummer nennen oder in einem Plan markieren.

66 Von wesentlichem Einfluss auf das Ortsbild sind vielfach die **Dächer**. Örtliche Bauvorschriften können die **Form der Dächer** regeln, etwa Sattel-, Walm- oder Flachdächer fordern (dazu und zur Abgrenzung VGH Mannheim 11.3.2009 – 3 S 1953/07, BRS 74 Nr. 151). Durch örtliche Bauvorschriften können außerdem **Einzelheiten der Dachgestaltung** geregelt werden wie Farbe (→ Rn. 56), Material (vgl. OVG Lüneburg 12.5.1993 – 1 K 67/91, NVwZ-RR 1994, 136 (137 f.) = BRS 55 Nr. 129), Neigung und die Zulässigkeit von Dachaufbauten und Dachflächenfenstern (vgl. OVG Lüneburg 12.7.2011 – 1 KN 197/09, NdsVBl 2012, 21 (24)). Möglich sind auch Regelungen, die dem Aufbau von Solaranlagen Grenzen setzen. In Betracht kommt es beispielsweise, ein Aufständern derartiger Anlagen zu verhindern (VGH München 11.9.2014 – 1 B 14.169, NVwZ-RR 2015, 193 (194)) oder sichtbare Anlagen ganz zu untersagen bzw. einen Präferenzstandort zu bestimmen (vgl. VG Weimar 19.2.2013 – 1 K 1084/12 We, BeckRS 2013, 49493; OVG Koblenz 15.6.2011 – 8 C 10364/11, NVwZ-RR 2011, 928 (931) = BRS 78 Nr. 147; → Rn. 76).

67 Örtliche Bauvorschriften können die **Firstrichtung** der Dächer bestimmen, indem sie beispielsweise fordern, dass die Häuser **trauf- oder giebelständig** zur Straße ausgerichtet sind (vgl. OVG Schleswig 21.4.2016 – 1 LB 9/14, BeckRS 2016, 50095 Rn. 43). Wie bei der Regelung der Bauhöhen (→ Rn. 60) ergibt sich eine Überschneidung mit dem Bauplanungsrecht. Nach § 9 Abs. 1 Nr. 2 BauGB kann der Bebauungsplan die „Stellung der baulichen Anlagen" festsetzen. Gemeint ist damit die Ausrichtung der Längsachse des Gebäudes (*Söfker* in Ernst/Zinkahn/Bielenberg/Krautzberger BauGB

§ 9 Rn. 41 (Stand der Bearbeitung: Mai 2016)), also beispielsweise parallel oder in bestimmten Winkeln zur Erschließungsstraße oder nach bestimmten Himmelsrichtungen. Bei Gebäuden mit einem Satteldach ist die Längsachse in der Regel mit der Firstrichtung identisch; bei Gebäuden mit anderen Dächern, vor allem Flach- oder Pultdächern, bestimmt sich die Längsachse aus dem Verhältnis der Seiten zueinander. Dennoch ist eine Bestimmung der Firstrichtung nicht allein der Festsetzung in einem Bebauungsplan vorbehalten.

Nr. 2 erlaubt besondere Anforderungen an die Art, Gestaltung und Einordnung von **Werbeanlagen** und **Warenautomaten**. Werbeanlagen sind gemäß § 50 Abs. 1 S. 1 alle örtlich gebundenen Einrichtungen, die der Ankündigung oder Anpreisung oder als Hinweis auf Gewerbe oder Beruf dienen und von allgemein zugänglichen Verkehrs- oder Grünflächen aus sichtbar sind. Hierzu zählen insbesondere Schilder, Beschriftungen, Bemalungen, Lichtwerbungen, Schaukästen sowie für Zettel- und Bogenanschläge oder Lichtwerbung bestimmte Säulen, Tafeln und Flächen (§ 50 Abs. 1 S. 2). Warenautomaten im Sinne des § 84 Abs. 3 Nr. 2 sind nur solche, die zugleich bauliche Anlagen im Sinne von § 2 Abs. 1 S. 2 Nr. 3 sind, also von allgemein zugänglichen Verkehrs- oder Grünflächen aus sichtbar sind. Die Gemeinden erhalten, wie die „insbesondere" aufgeführten Beispiele klarstellen, weitgehende Möglichkeiten, auf Werbeanlagen einzuwirken. § 84 Abs. 3 Nr. 2 nennt die Möglichkeit, Werbeanlagen und Warenautomaten insbesondere auf bestimmte Gebäudeteile, auf bestimmte Arten, Größen, Formen und Farben zu beschränken oder in bestimmten Gebieten oder an bestimmten baulichen Anlagen auszuschließen. Die Gemeinden können etwa in Straßen, die wertvolle Gebäude aufweisen oder einen ruhigen Charakter erhalten sollen, insbesondere auch in Altstadtstraßen, vorschreiben, dass Werbeanlagen bestimmte Breiten und Höhen nicht überschreiten dürfen, dass sie zur Grundstücksgrenze oder zu anderen Werbeanlagen an derselben Fassade bestimmte Abstände einhalten müssen, dass sie nur aus Einzelbuchstaben oder einzelnen Zeichen bestehen dürfen, dass sie nur an bestimmten Fassadenteilen, beispielsweise nur unterhalb der Brüstung des ersten Obergeschosses, zulässig sind (OVG Lüneburg 11.3.1983 - 6 A 47/81, NVwZ 1984, 252 (253) = BRS 40 Nr. 151; 9.1.1987 – 6 A 148/84, BRS 57 Nr. 122). Die Gemeinden können auch untersagen, dass Schaufenster und andere Fenster von außen oder innen (über einen bestimmten Anteil der Glasfläche hinausgehend) mit Werbeplakaten verklebt werden. Ferner können sie die Farbe, die Betriebs- und Beleuchtungsweise von Werbeanlagen und die Zulässigkeit freistehender Werbeanlagen oder Warenautomaten in Vorgärten regeln. 68

Örtliche Bauvorschriften können bestimmte Arten von **Werbeanlagen für konkrete Bereiche**, in denen sie nach § 50 an sich zulässig wären, gänzlich **ausschließen**. Das kann in besonders empfindlichen Altstadtbereichen, auch in Kurgebieten nach § 11 Abs. 2 BauNVO, beispielsweise für Leuchtreklame in Betracht kommen (vgl. BVerwG 22.2.1980 – IV C 44.76, NJW 1980, 2091 f. = BRS 36 Nr. 149). Die Gemeinde kann in einem begrenzten Bereich mit ansprechender Bebauung auch Großtafelwerbung selbst dann ausschließen, wenn dieser Bereich Kern- oder Mischgebietscharakter hat. Das setzt allerdings voraus, dass das Gebiet in bedeutsamer Weise städtebaulich geprägt und daher besonders schutzwürdig ist. Der Ausschluss muss dem Schutz bestimmter Bauten, Straßen, Plätze oder Ortsteile von geschichtlicher, künstlerischer oder städtebaulicher Bedeutung sowie von Bau- oder Naturdenkmälern dienen (BVerwG 16.3. 1995 – 4 C 3.94, NVwZ 1995, 899 (901) = BRS 57 Nr. 175; → Rn. 36). In einem „normalen" Kern- oder Mischgebiet ohne eine besonders schützenswerte Struktur ist ein generelles Verbot von Werbeanlagen, und zwar auch von großflächiger Fremdwerbung, unzulässig (vgl. zu den Maßstäben instruktiv VerfGH München 23.1.2012 – Vf. 18-VII-09, NVwZ-RR 2012, 297 (302) = BRS 79 Nr. 143). Der Wunsch, gewerbliche Nutzungen in einem gemischt genutzten Gebiet zurückzudrängen, rechtfertigt eine Beschränkung von Werbeanlagen nicht (OVG Lüneburg 15.12.2016 – 1 KN 185/15, BeckRS 2016, 115001 Rn. 57 = BRS 84 Nr. 14 betreffend Braunschweig-Thune). Auch reicht es zum Ausschluss von Fremdwerbeanlagen nicht aus, dass sich in einem in einem Bebauungsplan 69 festgesetzten Mischgebiet eine überwiegende Wohnnutzung etabliert hat (VG Hannover 18.8.2016 – 4 A 6300/14, BeckRS 2016, 56068; VG Göttingen 2.6.2004 – 2 A 31/03, BeckRS 2004, 23036). Mit dem Ausschluss von Werbeanlagen greifen die örtlichen Bauvorschriften ebenso wenig wie die gesetzlichen Werbeverbote des § 50 in die Materie des Bodenrechts ein.

70 Nach **Nr. 3** können die Gemeinden auf die Gestaltung von **Einfriedungen** (Mauern, Zäunen usw., auch von lebenden Hecken, obwohl diese keine baulichen Anlagen sind) einwirken, beispielsweise Material, Höhe oder Länge bestimmen (vgl. OVG Lüneburg 12.2.1982 – 1 A 231/80 –, NJW 1982, 2012 = BRS 39 Nr. 132) oder die Umpflanzung von Drahtzäunen verlangen. Dies wird sich häufiger anbieten, da gerade Einfriedungen das Straßenbild stark beeinflussen. Die Gemeinden können nach Nr. 3 auch vorschreiben, dass eine Einfriedung von Vorgärten (→ Rn. 78) überhaupt vorhanden sein muss oder dass sie unzulässig ist. Die Unzulässigkeit können sie aber nicht für andere Einfriedungen (beispielsweise die seitliche oder rückwärtige Einfriedung von Wohngärten) vorschreiben; insoweit können sie nur Art und Weise der Einfriedung regeln.

71 **Nr. 4** ermächtigt die Gemeinden, die Verwendung von **Einzelantennen** zu beschränken oder auszuschließen. Gemeint sind nicht die im Zimmer oder im Dachraum installierten, sondern nur die von außen sichtbaren Antennen. Einzelantennen sind solche, die nur einzelnen Nutzern (Haushalten) zur Verfügung stehen. Den Gegensatz bilden Gemeinschaftsantennen, an die sich alle Bewohner eines Hauses mit mehreren Wohnungen oder mehrerer Häuser anschließen können. Diese Antennen können nicht nach Nr. 4 beschränkt oder ausgeschlossen werden. Vorschriften nach Nr. 4 können angebracht sein, weil eine Vielzahl von Antennen auf den Dächern und an den Außenwänden der Häuser ein Ortsbild von besonderer Qualität, vor allem das einer Altstadt, stark beeinträchtigen kann. Die herkömmlichen Mastenantennen sind mit zunehmender Verkabelung seltener geworden. Erheblich stören können heute aber die schüsselförmigen Parabolantennen, mit denen in- und ausländische Hörfunk- und Fernsehsendungen über Satelliten empfangen werden.

72 Eine Regelung, die Außenantennen einschränkt, berührt das **Grundrecht der Informationsfreiheit** nach Art. 5 Abs. 1 S. 1 GG. Das Grundrecht gewährleistet, sich aus allgemein zugänglichen Quellen ungehindert zu informieren. Zu diesen Quellen gehören Rundfunk- und Fernsehprogramme, und zwar insbesondere auch solche, die aus anderen Staaten stammen. Der Grundrechtsschutz erstreckt sich auch auf die Beschaffung und Nutzung der erforderlichen technischen Hilfsmittel, dazu zählen Antennen und Satellitenschüsseln. Rechtsnormen, die die technischen Möglichkeiten zum Informationsempfang einschränken, sind an Art. 5 Abs. 1 S. 1 GG zu messen (BVerfG 9.2.1994 – 1 BvR 1687/92, NJW 1994, 1147 f.). Das Grundrecht ist allerdings nicht schrankenlos gewährleistet, sondern wird durch die allgemeinen Gesetze im Sinne von Art. 5 Abs. 2 GG beschränkt. Die Gemeinde ist deshalb grundsätzlich nicht gehindert, aus städtebaulichen Gründen und zum Schutz oder zur Gestaltung des Ortsbildes die Anzahl der zulässigen Antennen je Haus auf eine bestimmte Höchstgrenze zu beschränken, wenn die Beschränkung die verfassungsrechtlichen Vorgaben beachtet und auch den wertsetzenden Gehalt der Informationsfreiheit in verhältnismäßiger Weise berücksichtigt. Diese Grenze ist in Niedersachsen gewahrt, weil § 84 Abs. 3 Nr. 4 nur Einzelantennen betrifft und ein ungehinderter Empfang von Rundfunk- und Fernsehprogrammen grundsätzlich auch über eine einzige (Gemeinschafts-)Antenne je Haus gewährleistet ist (vgl. VGH München 9.8.2007 – 25 B 05.1337, BeckRS 2009, 39991 Rn. 29 f.).

73 Beschränkt die Gemeinde die Verwendung von Einzelantennen, gibt sie damit zugleich die **Verwendung einer Gemeinschaftsantenne** vor. Die Gemeinde wird auch verlangen können, dass eine Gemeinschaftsantenne zugleich mehrere Häuser versorgt, wenn sichergestellt ist, dass alle Bewohner des Versorgungsbereichs auf Wunsch einen Anschluss erhalten (ggf. Sicherung der Kabelverbindung durch Baulast). In Fällen, in denen ein besonders gewichtiges Interesse an einer Einzelantenne besteht, kann durch Zulassung einer Abweichung geholfen werden (→ Rn. 10). Ferner kann für An-

tennen eine (auf dem Markt erhältliche) kleine und unauffällige Ausführung gefordert werden sowie eine Anbringung an einer Stelle des Daches oder an einer Außenwand, an der sie vom öffentlichen Straßenraum möglichst wenig sichtbar ist. Solche Anforderungen an Gestaltung und Anbringungsort können nach Nr. 1 auch für Gemeinschaftsantennen gestellt werden.

Nr. 4 ermächtigt die Gemeinden außerdem, die Verwendung von **Freileitungen** zu beschränken, das heißt deren Verkabelung zu verlangen. Das gilt jedoch nach dem ausdrücklichen Vorbehalt in Nr. 4 nicht für die Leitungen, die die NBauO aus ihrem Geltungsbereich ausgenommen hat. Dies sind die in §1 Abs. 2 Nr. 3 aufgeführten Leitungen, also solche Leitungen, die dem Ferntransport von Stoffen, der öffentlichen Versorgung mit Wasser, Gas, Elektrizität oder Wärme, der öffentlichen Abwasserbeseitigung, der Telekommunikation oder dem Rundfunk dienen. Demnach kann eine örtliche Bauvorschrift beispielsweise keine Freileitungen untersagen, mit denen Gebäude an das Strom- und Fernmeldenetz oder an eine Fernwärmeversorgung angeschlossen werden. Jedoch kann eine Gemeinde auf der Grundlage von §9 Abs. 1 Nr. 13 BauGB durch Bebauungsplan eine unterirdische Führung von Versorgungsleitungen festsetzen (vgl. *Söfker* in Ernst/Zinkahn/Bielenberg/Krautzberger BauGB §9 Rn. 114 (Stand der Bearbeitung: Mai 2016)). Nach Maßgabe des Naturschutzrechts können insbesondere Verordnungen über Landschaftsschutzgebiete (§26 BNatSchG, §19 NAGBNatSchG) das Verlegen von Freileitungen untersagen. **74**

Nr. 5 ermächtigt die Gemeinden, gestalterische Anforderungen auch an **andere**, unter Nr. 1-4 nicht aufgeführte **bauliche Anlagen** zu stellen, beispielsweise die Befestigung oder Bepflanzung von Stellplätzen oder die Anordnung oder Gestaltung von Mülltonnenschränken zu regeln (vgl. zu Gestaltungsvorschriften für **Mobilfunkantennen** *Kukk* BauR 2003, 1505). Exemplarisch nimmt §84 Abs. 3 Nr. 5 die in §2 Abs. 1 S. 2 Nr. 5 und 8 bis 10 genannten baulichen Anlagen in Bezug. Dabei handelt es sich um Anlagen, die auf ortsfesten Bahnen begrenzt beweglich sind oder die dazu bestimmt sind, vorwiegend ortsfest benutzt zu werden (Nr. 5), Lagerplätze, Abstell- und Ausstellungsplätze (Nr. 8), Stellplätze (Nr. 9) und Camping- und Wochenendplätze (Nr. 10), **75**

Solaranlagen für Stromerzeugung oder Warmwasserbereitung an oder auf Dächern sind als solche nur Teile baulicher Anlagen; jedoch verändern sie die Gestalt des Gebäudes, auf dem sie montiert werden. Mithin bietet §84 Abs. 3 Nr. 1 eine Rechtsgrundlage für örtliche Bauvorschriften, die – insbesondere zur Erhaltung eines wertvollen Orts- oder Landschaftsbildes – das Anbringen von Solaranlagen auf Gebäuden regeln, einschränken oder sogar ganz untersagen (→ Rn. 66). Selbstständige Solaranlagen können dagegen nur nach §84 Abs. 3 Nr. 5 beschränkt werden. Jedoch muss die Interessenabwägung, die einer solchen Regelung vorauszugehen hat, das öffentliche Interesse an der Erschließung erneuerbarer Energiequellen und das wirtschaftliche Interesse des Bauherrn berücksichtigen. Eine Regelung, die Hauseigentümern die Nutzung von Sonnenenergie gänzlich verwehrt, wird wohl nur in besonders schutzwürdiger Umgebung in Betracht kommen (vgl. OVG Koblenz 15.6.2011 – 8 C 10364/11, NVwZ-RR 2011, 928 (931) = BRS 78 Nr. 147; VGH München 11.9.2014 – 1 B 14.169, NVwZ-RR 2015, 193 (194)). **76**

Nr. 6 betrifft die **nicht überbauten Flächen** der bebauten Grundstücke. Diese Flächen müssen stets den Anforderungen des §9 genügen. Danach sind die nicht überbauten Flächen von Baugrundstücken so herzurichten und zu unterhalten, dass sie nicht verunstaltet wirken und auch ihre Umgebung nicht verunstalten (§9 Abs. 1 S. 1). Die nicht überbauten Flächen der Baugrundstücke müssen Grünflächen sein, soweit sie nicht für eine andere zulässige Nutzung erforderlich sind (§9 Abs. 2). Zudem können die Gemeinden nach Nr. 6 eine bestimmte Gestaltung dieser Flächen festsetzen, beispielsweise die Art der Bepflanzung und die Wahl der Gehölze (aber → Rn. 40) sowie das Anlegen von Wegen, Stützmauern und Böschungen regeln oder fordern, dass Werks- oder Lagergebäude und dergleichen auf bestimmte Weise in Grünpflanzungen eingebettet werden. **77**

78 Das Gesetz erwähnt ausdrücklich, dass die Gemeinden auch **„Vorgärten"** vorschreiben können. Dies betrifft den unüberbauten Grundstücksstreifen, der zwischen der öffentlichen Verkehrsfläche und der Vorderfront des Gebäudes liegt (bei offener Bauweise ist die Linie der Vorderfront bis zu den seitlichen Grundstücksgrenzen zu verlängern). Hier ist wiederum zu beachten, dass örtliche Bauvorschriften kein „Bodenrecht im Gewande des Bauordnungsrechts" erlassen dürfen (→ Rn. 36). Das geschieht aber, wenn die Gemeinde zu städtebaulichen Zwecken für diesen Geländestreifen bestimmte Arten der Nutzung vorschreiben oder ausschließen will. Für solche Regelungen dürfen sie also keine örtliche Bauvorschrift nach § 84 Abs. 3 vorsehen, sondern sie müssen diese durch Bebauungsplan treffen und dafür auf die Festsetzungsmöglichkeiten nach § 9 BauGB zurückgreifen (vgl. BVerwG 31.5.2005 – 4 B 14.05, ZfBR 2005, 559 = BRS 69 Nr. 148). Das gilt beispielsweise, wenn sie wünschen, dass der Streifen durchgehend (von den Zuwegungen abgesehen) als Grünfläche und nicht als Kfz-Einstellplatz, Carport, Abstellplatz oder dergleichen genutzt wird. Durch örtliche Bauvorschrift können sie nur die Ausgestaltung der (nicht anderweitig genutzten) Vorgartenfläche, beispielsweise die Anordnung, Größe und Form von Hecken und ähnliche Einzelheiten, regeln.

e) Gegenstände der örtlichen Bauvorschriften mit ökologischen Anforderungen (Abs. 3 Nr. 7-8)

79 Nr. 7 und 8 ermächtigen die Gemeinden zu örtlichen Bauvorschriften, die ökologische Zwecke verfolgen. Der zulässige **Zweck und die Grenzen** örtlicher Bauvorschriften nach Nr. 7 und 8 ergeben sich, wie die der Gestaltungsvorschriften, zunächst aus dem Vorspann des Abs. 3: Mit den Vorschriften muss die Gemeinde „bestimmte" ökologische Absichten verfolgen. Die Formulierung des Vorspanns lässt zu, dass eine örtliche Bauvorschrift nach Nr. 7 (für Vorschriften nach Nr. 8 kommt dies nicht in Betracht) neben ökologischen Zielen zugleich gestalterische Ziele verfolgt. Die Gemeinde darf die Vorschriften nur für bestimmte Teile des Gemeindegebiets erlassen. Das bedeutet wie im Fall der Gestaltungsvorschriften nach Nr. 1-6 (→ Rn. 46 ff.), dass die Gemeinden ein bestimmtes konkretes Konzept für einen Gemeindeteil entwickeln müssen, das die Grundlage für die Vorschrift bildet. Das Konzept kann seinen Anlass in besonderen örtlichen Verhältnissen eines Gemeindeteils haben. Es kann aber auch darin bestehen, dass eine neue besonders umweltgerechte Siedlung mit Modellcharakter entwickelt werden soll. Dagegen reicht die allgemeine Überzeugung, dass etwa bauliche Anlagen bestimmter Art begrünt sein sollten, nicht aus. Wie die übrigen Gestaltungsvorschriften müssen auch die ökologischen Vorschriften Ergebnis einer sorgfältigen Interessenabwägung sein und das Gebot des geringstmöglichen Eingriffs und das Verhältnismäßigkeitsprinzip einhalten (→ Rn. 50). Wie die Gestaltungsvorschriften können sie nur materiellrechtlichen Inhalt haben (→ Rn. 52).

80 Für die Frage, ob die ökologischen Anforderungen auch an **bestehende Bauten** gestellt werden können, gilt ebenfalls dasselbe wie für die übrigen Gestaltungsvorschriften (→ Rn. 54). Wegen des Bestandsschutzes, den bestehende Bauten nach § 85 Abs. 5 gegenüber örtlichen Bauvorschriften genießen, kann grundsätzlich nicht verlangt werden, dass zur Anpassung an eine von der Gemeinde erlassene örtliche Bauvorschrift nach Nr. 7 oder 8 etwa die nachträgliche Begrünung eines bei Inkrafttreten der Bauvorschrift schon vorhandenen Gebäudes oder nachträglich die Versickerung des von einem bestehenden Gebäude abfließenden und bisher in die Regenwasserkanalisation geleiteten Niederschlagswassers erfolgt. Anderes gilt nur in den Fällen des § 85 Abs. 3 (Anpassung aus Anlass einer sonstigen Änderung; → § 85 Rn. 23 ff.). § 85 Abs. 2 (Anpassung wegen konkreter Gefahr) dürfte hier nicht einschlägig sein.

81 Nach **Nr. 7** kann die Gemeinde die **Begrünung baulicher Anlagen** verlangen. Auch gegen diese Ermächtigung kann eingewandt werden, sie lasse „Bodenrecht im Gewande des Bauordnungsrechts" entstehen (→ Rn. 36), denn nach § 9 Abs. 1 Nr. 25 BauGB können die Gemeinden durch Bebauungsplan die Bepflanzung einzelner Flächen sowie von

Teilen baulicher Anlagen festsetzen. Jedoch wird hier, ohne dass damit irgendeine Festlegung der Gebäude- oder Bodennutzung verbunden ist, nur verlangt, dass Wände oder Dächer mit einer „grünen Haut" überzogen werden. Eine solche Regelung gehört nicht eindeutig nur dem Bodenrecht an, so dass eine Regelung durch Landesrecht noch möglich ist (aA *Haaß* NVwZ 2008, 252 (255)). § 84 Abs. 3 Nr. 7 gilt für bauliche Anlagen aller Art, nicht nur für Gebäude. In erster Linie dürfte eine Begrünung von Flachdächern in Betracht kommen, ferner eine Bekleidung von Einfriedungs- und Stützmauern mit Kletterpflanzen, vielleicht auch noch von Gebäudeaußenwänden. Dabei ist allerdings in die Abwägung einzustellen, dass Kletterpflanzen einen hohen Pflegeaufwand bedeuten können, wenn das Eindringen in den Dachbereich oder in Fensteröffnungen verhindert werden muss. Die örtliche Bauvorschrift kann die Pflanzenarten, die zur Begrünung verwendet werden sollen, festlegen. Dabei sind die Vor- und Nachteile der gewählten Art abzuwägen. Ökologisch wertvolle Pflanzen wie beispielsweise Efeu haben häufig zugleich erhebliche Nachteile. Bestimmt die örtliche Bauvorschrift dazu nichts, ist der Bauherr in der Wahl frei.

Mit einer Vorschrift nach **Nr. 8** über die **Versickerung, Verregnung und Verrieselung** 82
von Niederschlagswasser auf dem Baugrundstück (zum Begriff siehe § 2 Abs. 12) soll der Gemeinde ermöglicht werden, die Grundwasserneubildung zu fördern (LT-Drs. 13/550, S. 59; zu Rechtsfragen der Wasserversickerung ausführlich *Gruber* NuR 1997, 521 ff.). Die Regelung tritt neben § 9 Abs. 1 Nr. 14 BauGB, wonach die Gemeinden durch Bebauungsplan „die Flächen für die … Versickerung von Niederschlagswasser" festsetzen können. Soweit die örtliche Bauvorschrift nur fordert, dass überhaupt das Regenwasser versickert wird, und nicht zugleich bestimmte Flächen dafür reserviert, dürfte die Regelung nicht in das Bodenrecht eingreifen. Eine derartige Vorgabe steht auch im Einklang mit den **Grundsätzen der Abwasserbeseitigung** nach § 54 Abs. 1 S. 1 Nr. 2 in Verbindung mit § 55 Abs. 2 WHG und § 96 Abs. 3 Nr. 1 1. Var., § 86 Abs. 1 NWG. Niederschlagswasser soll danach ortsnah versickert, verrieselt oder direkt oder über eine Kanalisation ohne Vermischung mit Schmutzwasser in ein Gewässer eingeleitet werden, soweit dem weder wasserrechtliche noch sonstige öffentlich-rechtliche Vorschriften noch wasserwirtschaftliche Belange entgegenstehen. Die Verantwortlichkeit trifft den Grundeigentümer, wobei er grundsätzlich ein Wahlrecht zwischen den in § 55 Abs. 2 WHG genannten Möglichkeiten hat. Dieses Wahlrecht kann die Gemeinde mit einer Satzungsbestimmung nach § 84 Abs. 3 Nr. 8 einschränken. Bundesrechtlich ist das unbedenklich, weil § 55 Abs. 2 WHG die Möglichkeit abweichender Vorschriften ausdrücklich vorsieht. Eine Satzungsbestimmung nach § 84 Abs. 3 Nr. 8 kommt allerdings nicht in Frage, soweit die Gemeinde gemäß § 96 Abs. 3 Nr. 1 2. Var. NWG den Anschluss an eine öffentliche Abwasseranlage und deren Benutzung vorschreibt oder ein gesammeltes Fortleiten erforderlich ist, um eine Beeinträchtigung des Wohls der Allgemeinheit zu verhüten. In diesem Fall ist der Grundeigentümer nicht selbst beseitigungspflichtig und auch nicht beseitigungsberechtigt.

Will die Gemeinde die örtliche Bauvorschrift nach Nr. 8 erlassen, muss sie nach § 84 83
Abs. 4 S. 3 (→ Rn. 84 ff.) in Verbindung mit § 4 BauGB die **untere Wasserbehörde beteiligen**. Wenn der Grundeigentümer das Niederschlagswasser von seinem Bauwerk nicht nur einfach auf die umliegenden Bodenflächen fließen lässt, sondern es mit besonderen Vorkehrungen oder Anlagen zur Verrieselung, Verregnung oder Versickerung (Mulden, Rigolen, Sickerschächte) gezielt in das Grundwasser gelangen lässt, liegt eine **Gewässerbenutzung** im Sinne von § 9 Abs. 1 Nr. 4 WHG vor, die nach § 8 WHG grundsätzlich der Erlaubnis durch die untere Wasserbehörde (vgl. §§ 127 ff. NWG) bedarf. Nach § 86 Abs. 1 S. 1 NWG in Verbindung mit § 46 Abs. 3 WHG ist die Erlaubnis jedoch bei Niederschlagswasser auf Dach- Hof- und Wegeflächen von Wohngrundstücken nicht erforderlich; Wasser von Hofflächen darf aber erlaubnisfrei nur über die „belebte Bodenzone" versickert werden.

E. Verfahren beim Erlass örtlicher Bauvorschriften nach Abs. 3 (Abs. 4 S. 3)

84 **Verweisung auf das BauGB:** Nach § 84 Abs. 4 S. 3 gelten für die auf § 84 Abs. 3 gestützten örtlichen Bauvorschriften mit gestalterischen und ökologischen Forderungen die Vorschriften für das Verfahren bei der Aufstellung von Bebauungsplänen entsprechend, während für die örtlichen Bauvorschriften nach § 84 Abs. 1 und 2 die allgemeinen Regelungen der §§ 10 f. NKomVG zur Anwendung gelangen. Wenn Gemeinden beim Erlass örtlicher Bauvorschriften nach § 84 Abs. 1 oder 2 freiwillig nach den §§ 2a, 3, 4, 4a, 4 b und § 9 Abs. 7 und 8 BauGB verfahren, bestehen dagegen aber keine Bedenken. Für die Verwendung des Bebauungsplanverfahrens auch beim Erlass örtlicher Bauvorschriften spricht, dass diese mit Festsetzungen in Bebauungsplänen oft sachlich zusammenhängen und die Gemeinden in der Handhabung dieses Verfahrens geübt sind. Hinzu kommt, dass das Verfahren über die Aufstellung eines Bebauungsplans mit seinen vielfältigen Regelungen zur Sachverhaltsermittlung, zur Bürgerbeteiligung und zur Abwägung auf die bestmögliche Weise für die Berücksichtigung aller berührten Interessen sorgt. Das Verfahren ist allerdings insbesondere aufgrund der vielfältigen umweltbezogenen Anforderungen an die Planaufstellung schwerfällig und – mit Blick auf die typischerweise eng begrenzten Auswirkungen örtlicher Bauvorschriften – überdimensioniert. Der Gesetzgeber sollte daher erwägen, das Aufstellungsverfahren dadurch zu straffen, dass er seinen Verweis auf einzelne Vorschriften über das Planaufstellungsverfahren beschränkt.

85 Die Bezugnahme auf die Vorschriften über das Verfahren bei der Aufstellung von Bebauungsplänen verweist auf die jeweils geltende Fassung des BauGB, bedeutet also eine **dynamische Verweisung** von Landesrecht auf Bundesrecht. Dagegen bestehen **keine Bedenken**, und zwar weder im Hinblick darauf, dass auf eine Regelung eines anderen Normgebers verwiesen wird, noch im Hinblick darauf, dass die Verweisung dynamisch angelegt ist. Das Bundesverwaltungsgericht hat zu einer vergleichbaren Regelungstechnik im Beamtenrecht ausgeführt, es sei geklärt, dass ein Normgeber unter engen Voraussetzungen nicht nur auf eigene, sondern auch auf Regelungen anderer Normgeber verweisen darf. Dies darf allerdings nicht in einer Weise geschehen, die dazu führt, dass der Bürger schrankenlos einer Normsetzungsgewalt ausgeliefert ist, die ihm gegenüber weder staatlich noch mitgliedschaftlich legitimiert ist. Das widerspräche sowohl dem Rechtsstaatsprinzip, wonach Einschränkungen der Freiheit des Bürgers, soweit sie überhaupt zulässig sind, nur durch oder aufgrund staatlicher Gesetze erfolgen dürfen, als auch dem Demokratieprinzip, wonach die Ordnung eines nach dem Grundgesetz staatlicher Regelung offenstehenden Lebensbereichs auf eine Willensentschließung der vom Volk bestellten Gesetzgebungsorgane zurückgeführt werden muss. Nur soweit der Inhalt der von einem anderen Normgeber erlassenen Regelungen im Wesentlichen feststeht, genügt die verweisende Norm den Anforderungen, die sich aus Art. 2 Abs. 1 GG in Verbindung mit dem Rechtsstaats- und dem Demokratieprinzip ergeben. Für die Beantwortung der Frage, ob diese einer dynamischen Verweisung von Verfassungs wegen gezogenen rechtlichen Grenzen eingehalten wurden, kommt es neben dem Sachbereich und der damit verbundenen Grundrechtsrelevanz wesentlich auf den Umfang der Verweisung an. Dynamische Verweisungen sind daher grundsätzlich zulässig, wenn der Verweisungsumfang eng bemessen ist. Bei einer begrenzten Bandbreite der zur Überprüfung stehenden Verweisung kann davon ausgegangen werden, dass der verweisende Verordnungsgeber die in Bezug genommenen Regelungen im Blick behält, so dass er auf den vorgegebenen Rahmen sprengende oder von ihm nicht gewünschte Änderungen umgehend reagieren kann (BVerwG 14.12.2017 – 5 C 17.16, NVwZ-RR 2018, 270 (273) mwN). Legt man das zugrunde, ist die dynamische Verweisung gerechtfertigt. Sie ist auf das Verfahrensrecht und damit auf einen klar definierten Bereich begrenzt. Zudem sprechen überzeugende sachliche Gründe für einen durch eine dynamische Verweisung zu realisierenden Gleichlauf der Verfahrensbestim-

mungen nach Landes- und Bundesrecht. **Das in Bezug genommene Bundesrecht wird mit der dynamischen Verweisung zu Landesrecht** (vgl. BVerfG 1.3.1978 – 1 BvR 786/70, NJW 1978, 1475 (1476)).

Zu den einzelnen Vorschriften des BauGB über die Aufstellung von Bebauungsplänen und ihre Anwendbarkeit auf örtliche Bauvorschriften nach § 84 Abs. 3 ist Folgendes anzumerken: 86

§ 2 Abs. 1 S. 2 BauGB: Ein Aufstellungsbeschluss und seine ortsübliche Bekanntmachung sind nicht in jedem Fall zwingende Verfahrensschritte. Der Aufstellungsbeschluss ist jedoch erforderlich, wenn die Gemeinde zur Sicherung einer beabsichtigten Planung eine Veränderungssperre erlassen oder ein Baugesuch zurückstellen will (§ 84 Abs. 4 S. 3 in Verbindung mit § 14 Abs. 1, § 15 Abs. 1 BauGB; → Rn. 111 f.). Will die Gemeinde davon Gebrauch machen, muss sie einen Aufstellungsbeschluss für eine örtliche Bauvorschrift fassen. 87

§ 2 Abs. 2 BauGB: Eine Abstimmung mit benachbarten Gemeinden wird bei örtlichen Bauvorschriften in der Regel entbehrlich sein. 88

Nach **§ 2 Abs. 3 BauGB** sind bei der Aufstellung der Bauleitpläne die Belange, die für die Abwägung von Bedeutung sind (Abwägungsmaterial) zu ermitteln und zu bewerten. Mit dieser durch das EAG-Bau von 2004 eingefügten Klausel erklärt das BauGB Ermittlung und Bewertung, also gedankliche Schritte, die zur seit jeher zur planerischen Interessenabwägung gehören (vgl. BVerwG 9.4.2008 – 4 CN 1.07, NVwZ 2008, 899 (901)), zu Teilen des Planaufstellungsverfahrens. Dies hat zur Folge, dass Fehler bei der Ermittlung und Bewertung der wesentlichen Belange nur unter den Voraussetzungen des § 214 Abs. 1 S. 1 Nr. 1 BauGB beachtlich und sonstige Mängel im Abwägungsvorgang nach § 214 Abs. 3 S. 2 Hs. 2 BauGB von Bedeutung sind. Für die örtlichen Bauvorschriften muss der Anwendungsbereich des § 2 Abs. 3 BauGB bzw. des § 214 Abs. 1 S. 1 Nr. 1 BauGB genau bestimmt werden, weil § 84 Abs. 4 S. 3 nur die Vorschriften des BauGB über die Folgen von Verfahrensmängeln für entsprechend anwendbar erklärt. Dem Verfahren nach § 2 Abs. 3 sind insofern die Ermittlung der abwägungsbeachtlichen Belange, also das Zusammentragen der erheblichen Tatsachen, und die Bewertung ihrer jeweiligen Bedeutung zuzuordnen. Die weiteren Elemente des Abwägungsgebots sind dagegen weiterhin dem auf örtliche Bauvorschriften nicht anwendbaren § 1 Abs. 7 zugeordnet, wie insbesondere die Vornahme einer Abwägung überhaupt, die dem Verhältnismäßigkeitsgrundsatz entsprechende Gewichtung und der gerechte Ausgleich der konkurrierenden Belange (*Söfker* in Ernst/Zinkahn/Bielenberg/Krautzberger BauGB § 2 Rn. 141 (Stand der Bearbeitung: August 2018); → Rn. 49). 89

Umweltprüfung und Umweltbericht nach **§ 2 Abs. 4, § 2a S. 2 Nr. 2 und S. 3 BauGB** und der Anlage 1 zum BauGB sind für örtliche Bauvorschriften nicht erforderlich, da diese keine beeinträchtigenden Auswirkungen auf die Umwelt haben. Die Pflicht der Gemeinde, dem Entwurf des Bebauungsplans eine **Begründung nach § 2a S. 1 BauGB** beizufügen, die entsprechend dem Stand des Verfahrens fortgeschrieben wird, gilt hingegen auch für örtliche Bauvorschriften nach § 84 Abs. 3. Die Begründung des Entwurfs darf sich nicht in einer beschreibenden Wiederholung textlicher oder zeichnerischer Festsetzungen erschöpfen, sondern muss nach § 2a S. 2 Nr. 1 BauGB Ziele, Zwecke und wesentliche Auswirkungen der örtlichen Bauvorschrift darlegen. 90

§ 3 Abs. 1 BauGB: Die Vorschriften über die **vorgezogene Öffentlichkeitsbeteiligung** nach § 3 Abs. 1 BauGB gelten auch für örtliche Bauvorschriften nach § 84 Abs. 3. Die Gemeinde soll das Gespräch mit den Bürgern suchen, bevor sich die Überlegungen zu einem auslegungsfähigen Entwurf verfestigt haben. Eine so frühe Beteiligung kann eher Interesse für Stadtbildpflege wecken als eine oktroyierte Gestaltungsvorschrift. Für örtliche Bauvorschriften dürfte allerdings ein Verzicht auf die vorgezogene Bürgerbeteiligung nach § 3 Abs. 1 S. 1 Nr. 2 BauGB häufiger in Betracht kommen als für Bebauungspläne. Eine örtliche Bauvorschrift wirkt sich auf ihren Geltungsbereich und die Nachbargebiete häufig nur unwesentlich aus, wenn sie nur den vorhandenen Zustand aufrechterhalten will. 91

92 Die Gemeinde hat gemäß **§ 3 Abs. 2 BauGB** den Entwurf der örtlichen Bauvorschrift nach § 84 Abs. 3 mit der Begründung für die Dauer eines Monats, mindestens jedoch für die Dauer von 30 Tagen, oder bei Vorliegen eines wichtigen Grundes für die Dauer einer angemessenen längeren Frist **öffentlich auszulegen** und Ort und Dauer der Auslegung mindestens eine Woche vorher ortsüblich bekannt zu machen; dabei ist darauf hinzuweisen, dass Stellungnahmen während der Auslegungsfrist abgegeben werden können und dass nicht fristgerecht abgegebene Stellungnahmen bei der Beschlussfassung unberücksichtigt bleiben können. Die Bekanntmachung der Auslegung des Entwurfs richtet sich nach der Hauptsatzung (§ 12 NKomVG; vgl. zur Ortsüblichkeit allgemein OVG Lüneburg 29.11.2013 – 1 MN 157/13, BRS 81 Nr. 57). Wird durch Aushang bekannt gemacht, muss die Bekanntmachung der Auslegung des Entwurfs der örtlichen Bauvorschrift nach § 3 Abs. 2 BauGB mindestens eine Woche – unbeschadet längerer Fristen nach dem einschlägigen Ortsrecht – vor Beginn der Auslegung ausgehängt worden sein. Auch eine Bekanntmachung im Internet dürfte mittlerweile genügen (vgl. OVG Lüneburg 29.5.2018 – 1 KN 53/17, ZfBR 2018, 687 (688); kritisch noch OVG Lüneburg 4.5.2012 – 1 MN 218/11, ZfBR 2012, 470 (471 ff.) = BRS 79 Nr. 55). Der Inhalt der ortsüblichen Bekanntmachung nach § 3 Abs. 2 S. 2 BauGB und die nach § 3 Abs. 2 S. 1 BauGB auszulegenden Unterlagen sind gemäß § 4a Abs. 4 S. 1 BauGB jedenfalls zusätzlich in das Internet einzustellen und über ein zentrales Internetportal des Landes zugänglich zu machen. Wichtig ist, dass die Bekanntmachung den Geltungsbereich der künftigen örtlichen Bauvorschrift so bezeichnet, dass der Außenstehende erkennen kann, für welchen Bereich die örtliche Bauvorschrift aufgestellt werden soll. Zur Änderung des Entwurfs nach der Auslegung oder der Beteiligung der Behörden vgl. § 4a Abs. 3 und § 13 BauGB.

93 In der Sache muss die **Auslegungsbekanntmachung hinreichende Anstoßwirkung** entfalten. Der Begriff der Anstoßwirkung kennzeichnet schlagwortartig die Anforderungen, die an die in § 3 Abs. 2 S. 2 Hs. 1 BauGB vorgeschriebene ortsübliche Bekanntmachung der Entwürfe der Bauleitpläne zu stellen sind. Die Bekanntmachung muss in einer Weise geschehen, die geeignet ist, dem an der beabsichtigten Bauleitplanung interessierten Bürger sein Interesse an Information und Beteiligung durch Abgabe einer Stellungnahme bewusst zu machen und dadurch eine gemeindliche Öffentlichkeit herzustellen (BVerwG 6.7.1984 – 4 C 22.80, NJW 1985, 1570). Sie soll interessierte Bürger dazu ermuntern, sich am Ort der Auslegung des Planentwurfs zu den angegebenen Zeiten über die gemeindlichen Planungsabsichten zu informieren und gegebenenfalls mit Anregungen und Bedenken zur Planung beizutragen. Ihre Aufgabe ist es nicht, über den Inhalt der angelaufenen Planung selbst so detailliert Auskunft zu geben, dass die Einsichtnahme in die Planunterlagen am Ort der Auslegung entbehrlich wird (vgl. OVG Lüneburg 13.10.2015 – 1 KN 66/14, NVwZ 2016, 783 = BRS 83 Nr. 26 mwN).

94 **§ 4 BauGB:** Die **Behörden** und sonstigen **Träger öffentlicher Belange** sollen möglichst frühzeitig beteiligt werden. Sie haben ihrerseits die Gemeinde über beabsichtigte oder eingeleitete Planungen oder Maßnahmen zu unterrichten, die für die örtliche Bauvorschrift bedeutungsvoll sein können. Die Träger öffentlicher Belange haben ihre Stellungnahme innerhalb eines Monats abzugeben, wobei jedoch die Frist zur Abgabe von Stellungnahmen 30 Tage nicht unterschreiten darf; die Gemeinde soll diese Frist bei Vorliegen eines wichtigen Grundes angemessen verlängern. Die Stellungnahmen der Behörden und sonstigen Träger öffentlicher Belange können durch Mitteilung von Ort und Dauer der öffentlichen Auslegung nach § 3 Abs. 2 BauGB und der Internetadresse, unter der der Inhalt der Bekanntmachung und die Unterlagen nach § 4a Abs. 4 S. 1 BauGB im Internet eingesehen werden können, eingeholt werden; die Mitteilung kann elektronisch übermittelt werden; auf Verlangen ist allerdings ein Exemplar in Papierform bereitzustellen (§ 4a Abs. 4 S. 2 und 3 BauGB). In den Stellungnahmen sollen sich die Behörden und sonstigen Träger öffentlicher Belange auf ihren Aufgabenbereich beschränken; sie haben auch Aufschluss über von ihnen beabsichtigte oder bereits eingeleitete Planungen und sonstige Maßnahmen sowie deren zeitliche Abwicklung zu geben, die für die städte-

bauliche Entwicklung und Ordnung des Gebiets bedeutsam sein können. Verfügen sie über Informationen, die für die Ermittlung und Bewertung des Abwägungsmaterials zweckdienlich sind, haben sie diese Informationen der Gemeinde zur Verfügung zu stellen. Belange, die von den Trägern öffentlicher Belange nicht fristgemäß vorgetragen worden sind, können nach § 4a Abs. 6 BauGB in der Abwägung unberücksichtigt bleiben, sofern die Gemeinde deren Inhalt nicht kannte und nicht hätte kennen müssen und deren Inhalt für die Rechtmäßigkeit der örtlichen Bauvorschrift nicht von Bedeutung ist.

Soll durch örtliche Bauvorschrift nach § 84 Abs. 3 Nr. 8 die Versickerung von Nieder- **95** schlagswasser auf dem Baugrundstück vorgeschrieben werden, ist die **Beteiligung der unteren Wasserbehörde** unabdingbar (→ Rn. 83). Bei örtlichen Bauvorschriften über Gestaltung, die Eigenart oder Eindruck von Baudenkmalen erhalten oder hervorheben sollen, ist die untere **Denkmalschutzbehörde** zu beteiligen. Nach § 19 NDSchG ist dies die Gemeinde selbst, wenn ihr die Aufgaben der unteren Bauaufsichtsbehörde obliegen, sonst der Landkreis bzw. die Region Hannover.

Die Einschaltung **eines Dritten nach § 4b BauGB** ist auch für örtliche Bauvorschriften **96** möglich.

Die **Überwachung von erheblichen Umweltauswirkungen** gemäß **§ 4c BauGB** ist bei **97** örtlichen Bauvorschriften mangels entsprechender Umweltrelevanz nicht erforderlich.

§ 9 Abs. 7 BauGB: Örtliche Bauvorschriften nach § 84 Abs. 3 müssen wie Bebauungs- **98** pläne die **Grenzen ihres räumlichen Geltungsbereichs** festsetzen. Dies ergibt sich schon aus der Ermächtigungsvorschrift des § 84 Abs. 3. Die Grenze kann durch Text oder Zeichnung, beispielsweise auch durch Bezugnahme auf einen deckungsgleichen Bebauungsplan, bestimmt werden (→ Rn. 45). Besteht ein Widerspruch zwischen der zeichnerischen Darstellung und der textlichen Beschreibung, ist er unbeachtlich, wenn er sich durch Auslegung auflösen lässt; denn örtliche Bauvorschriften sind – wie andere Normen auch – einer ein Redaktionsversehen berichtigenden Auslegung zugänglich (vgl. BVerwG 7.5.2014 – 4 CN 5.13, NVwZ 2014, 1170 (1172) = BRS 82 Nr. 50).

§ 9 Abs. 8 BauGB: Der örtlichen Bauvorschrift nach § 84 Abs. 3 ist, wie einem Be- **99** bauungsplan, eine **Begründung** beizufügen (OVG Lüneburg 9.5.2000 – 1 M 1565/00, BeckRS 2000, 17359 Rn. 5). Die Begründung braucht nicht zu allen Regelungen Ausführungen zu enthalten, sondern nur zu den zentralen Punkten (BVerwG 20.1.1995 – 4 NB 43.93, NVwZ 1995, 692 = BRS 57 Nr. 22). Sie hat beispielsweise die städtebaulichen oder baugestalterischen Absichten im Sinne des § 84 Abs. 3 anzugeben (→ Rn. 57), muss aber ggf. auch auf gewichtige Bedenken und Anregungen eingehen, die im Verfahren nach § 3 Abs. 2 BauGB vorgetragen worden sind (→ Rn. 92). Jedenfalls der Zweck der örtlichen Bauvorschrift muss der Begründung zu entnehmen sein (vgl. OVG Lüneburg 9.5.2000 – 1 M 1565/00, BeckRS 2000, 17359 Rn. 5).

§ 10 Abs. 1 BauGB: Die örtliche Bauvorschrift nach § 84 Abs. 3 ist ebenso wie ein Be- **100** bauungsplan von der Gemeinde als Satzung zu beschließen. Dies folgt unmittelbar aus **§ 84 Abs. 4 S. 2**. Zu den (auch für andere örtliche Bauvorschriften geltenden) kommunalrechtlichen Vorschriften über Satzungen → Rn. 1 ff.

§ 10 Abs. 2 BauGB: Gemäß § 10 Abs. 2 S. 1 BauGB bedürfen bestimmte Bebauungs- **101** pläne der **Genehmigung der höheren Verwaltungsbehörde**. Das betrifft diejenigen Bebauungspläne, die abweichend von § 8 Abs. 2 S. 1 BauGB nicht aus einem bestehenden Flächennutzungsplan entwickelt werden, nämlich den selbstständigen Bebauungsplan (§ 8 Abs. 2 S. 2 BauGB), den im Parallelverfahren mit dem Flächennutzungsplan aufgestellten Bebauungsplan (§ 8 Abs. 3 S. 2 BauGB) und den vorzeitigen Bebauungsplan (§ 8 Abs. 4 BauGB). Da die Planung in diesen Fällen nicht auf einem gemäß § 6 BauGB genehmigten Flächennutzungsplan aufbaut und daher auf diesem Weg keine Kontrolle der gemeindlichen Planung erfolgt, ist der Bebauungsplan seinerseits ausnahmsweise genehmigungspflichtig.

Legt man diesen Sinn und Zweck zugrunde, ist für eine entsprechende Anwendung des **102** § 10 Abs. 2 BauGB auf den ersten Blick kein Raum. Dieses Ergebnis ist jedoch mit dem eindeutigen Gesetzeswortlaut des **§ 84 Abs. 3 S. 3** nicht vereinbar. Die Vorschrift ordnet in ihrem zweiten Halbsatz ausdrücklich an, dass § 10 Abs. 2 S. 2 BauGB mit der Maßgabe entsprechend gilt, dass § 6 Abs. 2 BauGB nicht anzuwenden ist, und geht mithin von einer **Anwendbarkeit des § 10 Abs. 2 BauGB** aus, sodass örtliche Bauvorschriften, die in einem Bebauungsplan enthalten sind, der nicht aus einem seinerseits bereits genehmigten Flächennutzungsplan entwickelt wurde, ebenso wie der Bebauungsplan selbst dem Genehmigungserfordernis unterliegen. Ist die örtliche Bauvorschrift hingegen – wie im Regelfall – in einem Bebauungsplan enthalten, der gemäß § 8 Abs. 2 S. 1 BauGB aus dem Flächennutzungsplan entwickelt wurde, besteht kein Genehmigungserfordernis (ebenso OVG Lüneburg 18.9.2014 – 1 KN 123/12, ZfBR 2014, 767 (772) = BRS 82 Nr. 21). Das entspricht wohl dem Willen des Gesetzgebers, der sich offenbar einen Gleichlauf der Genehmigungserfordernisse für Bebauungspläne und örtliche Bauvorschriften vorstellte (vgl. LT-Drs. 14/3330, S. 24, Begründung zu § 97 a.F.). Sinnvoll ist dieses Ergebnis nicht, weil es die Genehmigungsbedürftigkeit der örtlichen Bauvorschrift davon abhängig macht, ob diese „zufällig" in einem der in § 10 Abs. 2 S. 1 BauGB bezeichneten Bebauungspläne enthalten ist. Ein und dieselbe örtliche Bauvorschrift kann daher in einem Plan genehmigungsbedürftig und in einem anderen Plan genehmigungsfrei sein. Zu rechtfertigen ist diese willkürlich anmutende Differenzierung allenfalls damit, dass aus Gründen der Verfahrensvereinfachung für den Bebauungsplan und die örtliche Bauvorschrift ein einheitliches Genehmigungsregime gelten soll. Die damit implizierte Unterstellung, die höhere Verwaltungsbehörde sei mit einer differenzierten Betrachtung überfordert, ist indes fernliegend. Der Gesetzgeber sollte daher den zweiten Halbsatz des § 84 Abs. 3 S. 3 streichen und die örtlichen Bauvorschriften ausdrücklich von jeglichem Genehmigungserfordernis freistellen.

103 In den seltenen Fällen, in denen nach Vorstehendem eine auf § 84 Abs. 3 gestützte örtliche Bauvorschrift genehmigungspflichtig ist, gilt Folgendes: Die **Zuständigkeit für die Genehmigung** richtet sich nach § 1 Abs. 1 und § 1a DVO-BauGB in der Fassung vom 24.5.2005 (Nds. GVBl. S. 183, zuletzt geändert durch Gesetz v. 12.11.2015, Nds. GVBl. S. 311). Nach § 1 Abs. 1 DVO-BauGB nehmen die Landkreise hinsichtlich der kreisangehörigen Gemeinden, die nicht die Rechtsstellung einer großen selbstständigen Stadt besitzen, die Aufgaben der höheren Verwaltungsbehörde nach dem BauGB wahr. Im Übrigen, also hinsichtlich der kreisfreien und der großen selbstständigen Städte, werden die Aufgaben der höheren Verwaltungsbehörde nach dem BauGB gemäß § 1a S. 1 DVO-BauGB von den Ämtern für regionale Landesentwicklung wahrgenommen. Eine abweichende Regelung gilt in der Region Hannover. § 161 Nr. 2 NKomVG bestimmt, dass die Region die Aufgaben der höheren Verwaltungsbehörde nach dem BauGB wahrnimmt.

104 Über die Genehmigung ist nach § 10 Abs. 2 S. 2 in Verbindung mit § 6 Abs. 4 BauGB **binnen drei Monaten zu entscheiden** (vgl. zu der Fristenregelung des § 6 Abs. 4 BauGB *Gierke/Lenz* in Brügelmann BauGB § 6 Rn. 119 ff. (Stand der Bearbeitung: November 2016)). Aus wichtigen Gründen kann die Frist auf Antrag der Genehmigungsbehörde von der übergeordneten Behörde verlängert werden (§ 6 Abs. 4 S. 2 BauGB). Die Gemeinde ist von der Fristverlängerung in Kenntnis zu setzen (§ 6 Abs. 4 S. 3 BauGB). Die Genehmigung gilt als erteilt, wenn sie nicht innerhalb der Frist unter Angabe von Gründen abgelehnt wird (§ 6 Abs. 4 S. 4 BauGB). Die fingierte Genehmigung ist rechtlich wie eine ausdrücklich erteilte Genehmigung zu behandeln; sie steht ihr in ihren Rechtswirkungen gleich (*Gierke/Lenz* in Brügelmann BauGB § 6 Rn. 187 (Stand der Bearbeitung: November 2016); vgl. zur fingierten Genehmigung allgemein *Guckelberger* DÖV 2010, 109). Auch sie ist gegenüber der Gemeinde ein Verwaltungsakt, der jedoch nach außen hin nicht gesondert in Erscheinung tritt. Sie wird mit Ablauf der Genehmigungsfrist wirksam. Die für die ausdrücklich erteilte Genehmigung geltenden Beschränkungen für einen Widerruf oder eine Rücknahme nach den §§ 48, 49 VwVfG gelten auch für die fingierte Genehmigung (VGH Mannheim 20.7.1983 – 3 S 2177/81, BRS 40 Nr. 21). § 6 Abs. 4 S. 4 BauGB geht der allgemeinen Regelung in § 1 Abs. 1 Nds. VwVfG in Verbindung mit § 42a VwVfG vor.

Bei der **Entscheidung über die Genehmigung** bewegt sich die Genehmigungsbehörde im Rahmen des § 170 Abs. 1 S. 2 NKomVG. Die Genehmigung darf nicht nur aus rechtlichen, sondern auch **aus Zweckmäßigkeitsgründen versagt** werden, weil der zweite Halbsatz in § 84 Abs. 4 S. 3 die Anwendung von § 6 Abs. 2 BauGB mit seiner Begrenzung auf eine bloße Rechtmäßigkeitskontrolle ausschließt. In dieser Regelung kommt zum Ausdruck, dass die Gemeinde bei dem Erlass örtlicher Bauvorschriften nach § 84 Abs. 3 im übertragenen Wirkungskreis tätig wird und damit gemäß § 6 Abs. 2 S. 1 NKomVG neben der Rechtsaufsicht auch der Fachaufsicht unterliegt (→ Rn. 3 f.). Im Übrigen gelten die allgemeinen Regeln für Satzungsgenehmigungen, die im Ermessen der Aufsichtsbehörde stehen. Die Behörde kann nach pflichtgemäßem Ermessen auch **Auflagen** beifügen oder die örtliche Bauvorschrift mit **Maßgaben** genehmigen. Die Maßgabe enthält einen Vorschlag für die Änderung der örtlichen Bauvorschrift und die Genehmigung im Voraus für den Fall, dass der Rat die Änderung beschließt. Da örtliche Bauvorschriften nach § 84 Abs. 3 Satzungen im übertragenen Wirkungskreis sind, kann die Gemeinde die **Versagung der Genehmigung nicht anfechten** (→ Rn. 4.). 105

Auch unabhängig davon, ob eine gestalterische oder ökologische örtliche Bauvorschrift aufgrund des § 84 Abs. 3 nach § 10 Abs. 2 BauGB genehmigungsbedürftig ist oder nicht, kann die **Fachaufsichtsbehörde** (→ Rn. 3) vor und nach Erlass solcher Vorschriften mit **Weisungen** eingreifen. Dabei ist sie an § 170 Abs. 1 NKomVG gebunden. 106

§ 10 Abs. 3 BauGB gilt auch für örtliche Bauvorschriften nach § 84 Abs. 3; die Vorschrift geht den allgemeinen Vorschriften zur Verkündung von Satzungsrecht in § 11 NKomVG vor. Der Beschluss der örtlichen Bauvorschrift oder, wenn sie genehmigungsbedürftig ist, die Erteilung der Genehmigung ist **ortsüblich bekannt zu machen (§ 10 Abs. 3 S. 1 BauGB)**. Es gilt mithin das System der Ersatzverkündung (vgl. OVG Lüneburg 13.3.2002 – 1 KN 1310/01, ZfBR 2003, 54), und zwar auch dann, wenn die örtliche Bauvorschrift nicht aus Plänen bzw. Zeichnungen, sondern nur aus Text besteht. Ortsüblich ist diejenige Form, die nach Landes- oder Gemeinderecht für die Bekanntmachung bestimmt ist (vgl. OVG Lüneburg 29.11.2013 – 1 MN 157/13, BRS 81 Nr. 57; 15.1.2015 – 1 KN 10/14, BeckRS 2015, 41948). Die Bekanntmachung richtet sich daher nach § 11 Abs. 1-4 NKomVG in Verbindung mit der jeweiligen Hauptsatzung der Gemeinde. Ausreichend dürfte es heute sein, die Satzung gemäß § 11 Abs. 1 S. 2 in Verbindung mit Abs. 3 NKomVG im Internet zu veröffentlichen, wenn das dem ortsüblichen Vorgehen entspricht. Das Niedersächsische Oberverwaltungsgericht hat anfängliche Zweifel (vgl. OVG Lüneburg 4.5.2012 – 1 MN 218/11, ZfBR 2012, 470 (471 ff.) = BRS 79 Nr. 55; 29.11.2013 – 1 MN 157/13, BRS 81 Nr. 57) mittlerweile zurückgestellt (vgl. OVG Lüneburg 29.5.2018 – 1 KN 53/17, ZfBR 2018, 687 (688)). Der Bekanntmachung vorausgehen muss die Ausfertigung, das heißt, der Hauptverwaltungsbeamte muss die Satzung unter Angabe des Datums unterzeichnen (→ Rn. 5). Die örtliche Bauvorschrift ist nach § 10 Abs. 3 S. 2 BauGB mit ihrer Begründung und der zusammenfassenden Erklärung nach § 10a Abs. 1 zu jedermanns Einsicht bereitzuhalten; über den Inhalt ist auf Verlangen Auskunft zu geben. In der Bekanntmachung ist darauf hinzuweisen, wo die örtliche Bauvorschrift eingesehen werden kann. Dabei ist in der Bekanntmachung der Geltungsbereich der örtlichen Bauvorschrift wenigstens schlagwortartig zu beschreiben (BVerwG 10.8.2000 – 4 CN 2.99, NVwZ 2001, 203 (204) = BRS 63 Nr. 42). Wird die örtliche Bauvorschrift zusätzlich mit vollem Text im Verkündungsblatt abgedruckt, ist das unschädlich, aber nicht erforderlich. Bei der Bekanntmachung der Genehmigung ist auf Voraussetzungen und Rechtsfolgen der §§ 214 f. BauGB hinzuweisen (§ 215 Abs. 2 BauGB). 107

Bei der Abfassung ist darauf zu achten, dass die Rechtsprechung des Niedersächsischen Oberverwaltungsgerichts davon ausgeht, dass es sich bei einer örtlichen Bauvorschrift im übertragenen Wirkungskreis gemäß § 84 Abs. 3 um eine „Rechtsverordnung im Satzungsform" handelt (OVG Lüneburg 21.8.1992 – 6 L 119/90, NVwZ 1993, 1216 = BRS 54 Nr. 88; 12.4.2000- 1 K 5694/98, BRS 63 Nr. 39; 23.6.2004 – 1 KN 296/03, NdsVBl 2004, 261 (262); 18.6.2019 – 1 KN 64/15, BeckRS 2019, 12681 → Rn. 7). Das führt dazu, dass das **Zitiergebot des Art. 43 Abs. 2 S. 1 NV** Anwendung findet. Dessen 108

Anforderungen sind noch nicht abschließend geklärt (→ § 82 Rn. 3). Insbesondere ist unklar, ob es genügt, dass die jeweilige Einzelvorschrift (etwa § 84 Abs. 3) genannt wird, oder ob ein Vollzitat mit genauer Angabe der Nummer (etwa § 84 Abs. 3 Nr. 1 und 2) erforderlich ist. Differenziert man danach, ob eine Norm eine einheitliche oder mehrere verschiedene Ermächtigungsgrundlagen enthält (zutreffend *Remmert* in Maunz/Dürig GG Art. 80 Rn. 125 (Stand der Bearbeitung: Dezember 2013)), ist es zwar zwingend, § 84 Abs. 3 und nicht bloß § 84 zu zitieren, weil § 84 Abs. 3 gegenüber den vorangehenden Absätzen eine eigenständige Ermächtigungsgrundlage enthält (so auch OVG Lüneburg 18.6.2019 – 1 KN 64/15, BeckRS 2019, 12681). Eine weitergehende Differenzierung bei der Zitierung ist aber möglicherweise nicht erforderlich. Denn § 84 Abs. 3 ermöglicht es der Gemeinde, durch Satzung städtebauliche, baugestalterische oder ökologische Absichten zu verwirklichen oder die Eigenart oder den Eindruck von Baudenkmalen zu erhalten oder hervorzuheben und zu diesem Zweck bestimmte Festsetzungen zu treffen. Das deutet auf eine einheitliche Regelung hin (so VG Göttingen 22.11.2018 – 2 A 129/16, unveröff.); (offen gelassen in OVG Lüneburg 18.6.2019 – 1 KN 64/15, BeckRS 2019, 12681). Gegen diese Annahme könnte allerdings sprechen, dass die einzelnen Nummern nicht bloß Regelbeispiele darstellen, sondern ihrerseits die Reichweite der Ermächtigungsgrundlage abschließend bestimmen (→ Rn. 58 ff.). Vor diesem Hintergrund ist jeder Gemeinde dringend zu empfehlen, eine genaue, die einzelnen Nummern in Bezug nehmende Zitierweise zu wählen. Dabei ist es nicht erforderlich, jeder Verordnungsregelung die jeweilige Rechtsgrundlage ausdrücklich zuzuweisen, sondern es reicht aus, die Rechtsgrundlagen am Beginn der Satzung gebündelt anzuführen. Wird versehentlich eine Bestimmung zu viel zitiert, ist das unschädlich (BVerfG 1.4.2014 – 2 BvF 1/12, NVwZ 2014, 1219 (1225)).

109 **§ 10a BauGB:** Eine **zusammenfassende Erklärung gemäß § 10a Abs. 1 BauGB** ist auch einer örtlichen Bauvorschrift nach § 84 Abs. 3 beizufügen. Dabei genügt es, die Berücksichtigung der Ergebnisse der Öffentlichkeits- und Behördenbeteiligung und die maßgeblichen Abwägungsgesichtspunkte schlagwortartig und kurz zusammengefasst wiederzugeben (vgl. *Lenz* in Brügelmann BauGB § 6a Rn. 5 f. (Stand der Bearbeitung: April 2018)) Die in Kraft getretene örtliche Bauvorschrift soll mit der Begründung und der zusammenfassenden Erklärung **ergänzend auch in das Internet** eingestellt und über ein zentrales Internetportal des Landes zugänglich gemacht werden (**§ 10a Abs. 2 BauGB**; vgl. dazu *Lenz* in Brügelmann BauGB § 10a Rn. 1 und § 6a Rn. 13 ff. (Stand der Bearbeitungen: April 2018)). Diese sehr sinnvolle Sollvorschrift verbessert die Zugänglichkeit der örtlichen Bauvorschriften für den Bürger erheblich, sodass jede Gemeinde der Anordnung im Eigeninteresse nachkommen sollte. Unterbleibt die ergänzende Veröffentlichung, hat das auf die Wirksamkeit der örtlichen Bauvorschrift keinen Einfluss (vgl. *Lenz* in Brügelmann BauGB § 6a Rn.23 (Stand der Bearbeitung: April 2018)).

110 **§ 13 BauGB** mit seinen Regelungen über das vereinfachte Änderungsverfahren ist ebenfalls auf örtliche Bauvorschriften anwendbar (vgl. OVG Lüneburg 14.9.1990 – 1 C 12/88, BRS 50 Nr. 11). Wenn die Gemeinde eine örtliche Bauvorschrift nach § 84 Abs. 3 nur soweit ändert, dass diese in ihren Grundzügen noch dieselbe bleibt, kann sie daher die Verfahrenserleichterungen in § 13 Abs. 2 BauGB nutzen. Keine Anwendung finden die **§§ 13a, 13b BauGB**, deren Regelungsgehalt keinen Bezug zu örtlichen Bauvorschriften aufweist.

111 **§§ 14-18 BauGB:** Gemäß § 84 Abs. 4 S. 3 gelten die **Vorschriften über die Veränderungssperre und die Zurückstellung von Baugesuchen** entsprechend. Diese Mittel, die das BauGB zur Sicherung der Bauleitplanung bereitstellt, können auch die praktische Wirksamkeit von örtlichen Bauvorschriften über die Gestaltung von Bauwerken und im Einzelfall möglicherweise auch für ökologisch motivierte Bauvorschriften sichern. Sie können verhindern, dass eine Gestaltungsvorschrift, die sich noch in der Vorbereitung oder im Aufstellungsverfahren befindet, unterlaufen wird, indem vor ihrem Inkrafttreten Baumaßnahmen (noch) rechtmäßig ausgeführt werden oder genehmigt werden (müssen), die ihr widersprechen. Diese würden nämlich ihr gegenüber Bestandsschutz

nach § 85 Abs. 5 in Verbindung mit Abs. 1 genießen (→ Rn. 54). Der Gemeinde stehen insofern zwei Möglichkeiten zur Wahl. § 14 BauGB sieht vor, dass die Gemeinde mit einer Veränderungssperre, einer eigenständigen Satzung, jegliches Bauvorhaben verhindern kann. Die Veränderungssperre steht der Genehmigung insgesamt entgegen. § 15 BauGB versetzt die Gemeinde in die Lage, bei der Baugenehmigungsbehörde die Zurückstellung eines bestimmten Baugesuchs für die Dauer von bis zu zwölf Monaten zu beantragen, wenn zu befürchten ist, dass die Realisierung der mit der örtlichen Bauvorschrift verfolgten Zielsetzung durch das Vorhaben unmöglich gemacht oder wesentlich erschwert werden würde. Soweit es keines Bauantrags bedarf, weil das Vorhaben gemäß §§ 60 bis 62 verfahrens- oder genehmigungsfrei ist, kann gemäß § 15 Abs. 1 S. 2 BauGB eine **vorläufige Untersagung** ausgesprochen werden; diese steht der Zurückstellung gleich (§ 15 Abs. 1 S. 3 BauGB).

Veränderungssperre und Zurückstellung greifen erheblich in die Rechtsposition des Bauherrn ein. Daher muss die Maßnahme **zur Sicherung** der mit der geplanten örtlichen Bauvorschrift verfolgten Zielsetzung **erforderlich** sein. Das setzt in Orientierung an der Rechtsprechung des Niedersächsischen Oberverwaltungsgerichts zum direkten Anwendungsbereich des § 14 BauGB voraus, dass die Planung der Gemeinde zum Zeitpunkt der Beschlussfassung über die Veränderungssperre bereits ein Mindestmaß dessen erkennen lässt, was Inhalt der zu erwartenden örtlichen Bauvorschrift sein soll (OVG Lüneburg 15.1.2015 – 1 KN 61/14, ZfBR 2015, 492 (493) = BRS 83 Nr. 62). Nur wenn die Gemeinde bereits hinreichende positive Vorstellungen über deren Inhalt entwickelt hat, ist sie in der Lage, sachgerecht über eine gemäß § 14 Abs. 2 S. 1 BauGB mögliche Ausnahme zu entscheiden. Jedenfalls die grundlegende Gestaltungsidee muss die Gemeinde bereits benennen können. Dabei dürfen die Anforderungen mit Blick darauf, dass die Veränderungssperre bereits zum Planungsbeginn ergehen darf, nicht überssteigert werden. Die gemeindlichen Vorstellungen müssen sich zudem nicht allein aus der Niederschrift der Ratssitzung ergeben. Zulässig ist darüber hinaus der Rückgriff auf alle anderen erkennbaren Unterlagen und Umstände (OVG Lüneburg 15.1.2015 – 1 KN 61/14, ZfBR 2015, 492 (493) = BRS 83 Nr. 62). Für die Zurückstellung eines Baugesuchs gilt Entsprechendes. 112

§ 84 Abs. 4 S. 3 erstreckt auch die **Folgen von Verfahrensmängeln im Bauleitplanverfahren** auf die gestalterischen und ökologischen örtlichen Bauvorschriften nach § 84 Abs. 3. Nach **§§ 214 f. BauGB** sind bestimmte Verfahrensfehler von vornherein unbeachtlich (§ 214 BauGB), während andere unbeachtlich werden, wenn sie nicht innerhalb eines Jahres seit der Bekanntmachung der Bauvorschrift gegenüber der Gemeinde schriftlich geltend gemacht worden sind (§ 215 BauGB). Nach § 214 Abs. 1 Nr. 2 bleiben beispielsweise Verstöße gegen § 3 Abs. 1 BauGB (vorgezogene Bürgerbeteiligung) und § 4 Abs. 1 BauGB (frühzeitige Behördenbeteiligung) ebenso folgenlos wie unter bestimmten Voraussetzungen das Übergehen einzelner Personen, Behörden oder sonstiger Träger öffentlicher Belange. Nur auf eine rechtzeitige Rüge führen Verstöße gegen das Verfahren nach § 3 Abs. 2 BauGB (Bürgerbeteiligung), § 2a, und § 9 Abs. 8 BauGB (Fehlen der Begründung) zur Unwirksamkeit der örtlichen Bauvorschrift nach § 215 Abs. 1 Nr. 1 BauGB. Fehler des Genehmigungsverfahrens und der Schlussbekanntmachung sind beachtlich und werden auch durch rügelosen Zeitablauf nicht unbeachtlich (vgl. § 215 Abs. 1 Nr. 1 BauGB). Bei der Abwägung ist zu unterscheiden: Mängel der (verfahrensrechtlichen) Ermittlung und Bewertung der relevanten Belange nach § 2 Abs. 3 BauGB sind nach Maßgabe des § 214 Abs. 1 Nr. 1 BauGB beachtlich und führen auf Rüge innerhalb eines Jahres nach Bekanntmachung der örtlichen Bauvorschrift zu ihrer Unwirksamkeit. Für Mängel der materiellen Abwägung der örtlichen Bauvorschriften gilt der Rügeverlust nicht. Soweit solche Mängel, insbesondere ungerechte Abwägungsergebnisse, nicht schon nach Planungsrecht auf Dauer beachtlich sind, trifft dies jedenfalls auf örtliche Bauvorschriften nach § 84 Abs. 3 zu, weil die Verweisung in § 84 Abs. 4 S. 3 sich nicht auf inhaltliche Mängel und ihre Folgen bezieht. Unabhängig von einer Rüge sind auch alle Bestimmungen einer gestalterischen oder ökologischen örtlichen Bauvor- 113 schrift ungültig, deren Inhalt nicht durch eine entsprechende gesetzliche Ermächtigung in § 84 Abs. 3 gedeckt ist. Auch bei örtlichen Bauvorschriften nach § 84 Abs. 3 können beachtliche Fehler durch ein **ergänzendes Verfahren gemäß § 214 Abs. 4 BauGB** rückwirkend behoben werden (vgl. zum weiten Anwendungsbereich der Vorschrift OVG Lüneburg 13.8.2013 – 1 KN 69/11, ZfBR 2013, 795 (796) = BRS 81 Nr. 133).

F. Zuständigkeit kommunaler Zusammenschlüsse (Abs. 5)

114 **§ 84 Abs. 5** betrifft den Fall, dass nicht die Gemeinde, sondern eine andere juristische Person des öffentlichen Rechts für die Aufstellung von Bebauungsplänen zuständig ist. Wegen des engen Zusammenhangs zwischen örtlichen Bauvorschriften und Bebauungsplänen soll der andere Träger der Bauleitplanung auch die örtlichen Bauvorschriften anstelle der Gemeinde erlassen. Diese Verlagerung der Zuständigkeit gilt für alle örtlichen Bauvorschriften nach den Absätzen 1-3.

115 Für den Erlass örtlicher Bauvorschriften anstelle der Gemeinden zuständig sind zunächst die juristischen Personen des öffentlichen Rechts, die nach dem Recht der kommunalen Zusammenarbeit gebildet worden und für die Aufstellung von Bebauungsplänen zuständig sind. Nach dem niedersächsischen Gesetz über die kommunale Zusammenarbeit (NKomZG) können als juristische Personen des öffentlichen Rechts **gemeinsame kommunale Anstalten** (§ 1 Abs. 1 Nr. 1 und 2, §§ 3 f.) und **Zweckverbände** (§ 1 Abs. 1 Nr. 4 und 5, §§ 7 ff.) gebildet werden. Gemeinden können die Aufstellung von Bebauungsplänen auf gemeinsame kommunale Anstalten gemäß § 3 Abs. 2 NKomZG in Verbindung mit § 143 Abs. 1 S. 1 und 3 NKomVG und auf Zweckverbände gemäß § 7 Abs. 1 NKomZG übertragen. Das BauGB lässt dies in § 203 Abs. 2 ausdrücklich zu. Außerdem sieht § 205 BauGB vor, dass Gemeinden sich zu einem **Planungsverband** zusammenschließen oder zusammengeschlossen werden.

116 Auch eine **Samtgemeinde**, der die Mitgliedsgemeinden nach § 98 Abs. 1 S. 2 und 3 NKomVG die Aufstellung der Bebauungspläne übertragen haben, ist zum Erlass örtlicher Bauvorschriften zuständig. Für örtliche Bauvorschriften nach § 84 Abs. 3 ist sie aber nicht schon deshalb zuständig, weil sie nach § 98 Abs. 2 NKomVG die Aufgaben des übertragenen Wirkungskreises der Mitgliedsgemeinden erfüllt. Zwar sind die örtlichen Bauvorschriften nach § 84 Abs. 3 Satzungen im übertragenen Wirkungskreis. Jedoch bleiben nach § 98 Abs. 3 NKomVG Rechtsvorschriften unberührt, die die gemeinsame Erfüllung von Aufgaben ausschließen. Eine derartige Rechtsvorschrift ist § 84 Abs. 5. Denn dort wird bestimmt, dass eine andere Stelle als die Gemeinde nur dann örtliche Bauvorschriften erlassen soll, wenn die andere Stelle auch für Bebauungspläne zuständig ist, sonst aber nicht. Im Übrigen hat § 98 Abs. 2 NKomVG nur den Zweck, die eigentlichen Verwaltungsaufgaben des übertragenen Wirkungskreises auf den leistungsfähigeren Apparat der Samtgemeinde zu verlagern; dazu gehören die örtlichen Bauvorschriften nicht. Auch das zeigt noch einmal, dass örtliche Bauvorschriften de lege ferenda dem eigenen Wirkungskreis zugewiesen werden sollten (→ Rn. 3 f.).

G. Aufnahme örtlicher Bauvorschriften in Bebauungspläne (Abs. 6)

117 § 84 Abs. 6 bestimmt, dass örtliche Bauvorschriften in Bebauungspläne und in Satzungen nach § 34 Abs. 4 S. 1 Nrn. 2 und 3 BauGB als Festsetzungen aufgenommen werden können. Der Landesgesetzgeber macht damit von der in **§ 9 Abs. 4 BauGB** enthaltenen Ermächtigung Gebrauch. Danach können die Länder durch Rechtsvorschriften bestimmen, dass auf Landesrecht beruhende Regelungen in den Bebauungsplan als Festsetzungen aufgenommen werden können und inwieweit auf diese Festsetzungen die Vorschriften des BauGB Anwendung finden. § 84 Abs. 6 gilt für alle örtlichen Bau-

vorschriften nach §84 Abs. 1 bis 3. Diese können in den Bebauungsplan aufgenommen werden, müssen es aber nicht. Die Gemeinde kann sie auch getrennt von einem Bebauungsplan als isolierte Bauvorschriften erlassen, wenn sie das für zweckmäßiger hält.

Zweck der Regelung: Will eine Gemeinde ein Neubaugebiet entwickeln oder ein schon bebautes Gebiet ordnen und will sie zusätzlich zu dem Bebauungsplan, der für dieses Gebiet Art und Maß der baulichen Nutzung und die übrigen Gegenstände des Planungsrechts festsetzt, auch Regelungen nach §84 Abs. 1-3 treffen, so wird es sich für sie meist empfehlen, den Bebauungsplan und die örtlichen Bauvorschriften gleichzeitig in einem gemeinsamen Verfahrensgang aufzustellen und ihre Regelungen schließlich in einer einzigen Urkunde zusammenzufassen. Die Verbindung der Aufstellungsverfahren spart im Vergleich zu einer getrennten Durchführung Verwaltungsaufwand und trägt dazu bei, dass die bauplanungs- und die bauordnungsrechtlichen Festsetzungen inhaltlich gut aufeinander abgestimmt sind. Ihre Zusammenfassung in einer Planurkunde erleichtert auch den Vollzug. So können Bauherren und Entwurfsverfasser auf einen Blick erfassen, was sie an baurechtlichen Vorgaben der Gemeinde zu beachten haben. 118

§9 Abs. 4 BauGB und §84 Abs. 6 NBauO erlauben, dass örtliche Bauvorschriften in Bebauungspläne **„als Festsetzungen aufgenommen"**. Was damit gemeint ist, macht ein Vergleich mit §9 Abs. 6 BauGB deutlich. Dort wird der Fall geregelt, dass „nach anderen gesetzlichen Vorschriften getroffene Festsetzungen" in den Bebauungsplan „nachrichtlich übernommen werden". Während die „nachrichtlich übernommenen" Festsetzungen außerhalb des Bebauungsplans rechtswirksam geworden sind, werden die „als Festsetzungen aufgenommenen" Regelungen dadurch rechtswirksam, dass sie zusammen mit den bodenrechtlichen Festsetzungen in eine Urkunde aufgenommen und zusammen ausgefertigt sowie gemäß §10 Abs. 3 BauGB verkündet werden. §9 Abs. 4 BauGB verwendet den Begriff der Festsetzung daher in einem rechtstechnischen Sinne. Ziel der Vorschrift ist es, landesgesetzlich als Rechtsvorschrift vorgesehene Bestimmungen in das Verfahren der Bauleitplanung zu integrieren. Der Landesgesetzgeber soll damit die Möglichkeit erhalten, den bundesgesetzlich abschließenden Katalog des §9 Abs. 1 BauGB zu erweitern (BVerwG 12.3.1991 – 4 NB 6.91, NVwZ 1991, 874 (875) = BRS 52 Nr. 4). Liegen bei Aufstellung des Bebauungsplans bereits verbindliche örtliche Bauvorschriften vor, kommt eine **nachrichtliche Übernahme** nach §9 Abs. 6 BauGB in Betracht. Die nachrichtliche Übernahme soll erfolgen, soweit die Regelungen zum Verständnis des Bebauungsplans oder für die städtebauliche Beurteilung von Baugesuchen notwendig oder zweckmäßig sind. Das wird häufig, wenn nicht sogar regelmäßig der Fall sein. 119

Rechtswirkungen einer Aufnahme: Die örtlichen Bauvorschriften werden mit ihrer Aufnahme in den Bebauungsplan nur äußerlich dessen Bestandteil. Die Aufnahme lässt daher den landesrechtlichen Charakter der örtlichen Bauvorschriften als Normen des Bauordnungsrechts unberührt (BVerwG 12.3.1991 – 4 NB 6.91, NVwZ 1991, 874 (875) = BRS 52 Nr. 4; 16.12.1993 – 4 C 22.92, NVwZ 1994, 1010 (1011); 16.3.1995 – 4 C 3.94, NVwZ 1995, 899 (900) = BRS 57 Nr. 175; ebenso OVG Lüneburg 28.1.2014 – 1 ME 176/13, NVwZ-RR 2014, 430 (432) = BRS 82 Nr. 157). Materiell-rechtliche Rechtsgrundlage für die Aufnahme örtlicher Bauvorschriften in den Bebauungsplan auf der Grundlage von §9 Abs. 4 BauGB bleibt allein das Landesrecht, namentlich §84. Demzufolge finden die beispielsweise die §§31, 36 BauGB keine Anwendung, weil §84 Abs. 4 S. 3 nicht auf diese Bestimmungen verweist. Jenseits des in §84 Abs. 4 S. 3 enthaltenen Verweises gilt ausschließlich Landesrecht (zutreffend *Gierke* in Brügelmann BauGB §9 Rn. 593 (Stand der Bearbeitung: Februar 2005)). 120

Darüber hinaus ist **umstritten**, ob die Aufnahme der örtlichen Bauvorschrift als Festsetzung eine **Verschmelzung mit dem Bebauungsplan** zur Folge hat, sodass die örtlichen Bauvorschriften selbst planungsrechtlichen Charakter annehmen (so OVG Greifswald 14.6.2016 – 3 L 102/13 –, juris Rn. 56 ff. unter Verweis auf VGH Mannheim 22.4.2002 – 8 S 177/02, BRS 65 Nr. 145) und die Unwirksamkeit der bauplanungsrechtlichen Festsetzungen zugleich die Unwirksamkeit der Baugestaltungssatzung nach sich zieht (so OVG 121

Lüneburg 14.9.1990 – 1 C 12/88, BRS 50 Nr. 11; jedoch ausdrücklich offen gelassen in 28.1.2014 – 1 ME 176/13, NVwZ-RR 2014, 430 (432) = BRS 82 Nr. 157). Richtigerweise ist diese Frage **zu verneinen** (überzeugend *Gierke* in Brügelmann BauGB § 9 Rn. 593 f. mwN (Stand der Bearbeitung: Februar 2005)). Auch wenn Bebauungsplan und enthaltene örtliche Bauvorschrift in der Regel auf einem einheitlichen planerischen Konzept beruhen und in einem einheitlichen Verfahren aufgestellt wurden, handelt sich um eigenständige rechtliche Regelungen auf unterschiedlicher Rechtsgrundlage. Daher sind örtliche Bauvorschrift und Bebauungsplan trotz ihrer Aufnahme in eine einheitliche Urkunde grundsätzlich getrennt zu behandeln (vgl. OVG Lüneburg 18.9.2014 – 1 KN 123/12, BRS 82 Nr. 21: gespaltene Revisionszulassung nur in Bezug auf den Bebauungsplan unter Ausklammerung der örtlichen Bauvorschrift). Faktisch können Bebauungsplan und enthaltene örtliche Bauvorschrift allerdings ein gemeinsames Schicksal teilen, sei es, weil ein Verfahrensfehler beide Vorschriften erfasst oder die örtliche Bauvorschrift bei Unwirksamkeit des Bebauungsplans ihren Bezugspunkt verliert und damit ins Leere geht.

122 Das **Verfahren, in dem in Bebauungspläne aufgenommene örtliche Bauvorschriften zustande kommen**, richtet sich grundsätzlich nach Landesrecht. Die §§ 2 ff. BauGB sind auf die gestalterischen und ökologischen Bauvorschriften nach § 84 Abs. 3, die in Bebauungspläne aufgenommen werden, deshalb (entsprechend) anzuwenden, weil § 84 Abs. 4 S. 3 dies anordnet. Will die Gemeinde eine örtliche Bauvorschrift nach § 84 Abs. 1 oder 2 in einen Bebauungsplan aufnehmen, muss sie nach den §§ 2 ff. BauGB zwar bei der Aufstellung des Bebauungsplans, aber nicht beim Erlass dieser örtlichen Bauvorschrift verfahren (zur freiwilligen Anwendung → Rn. 84). Sie muss die Bauvorschrift allerdings zusammen mit dem Bebauungsplan nach § 10 Abs. 3 BauGB verkünden. Das Vorstehende gilt nicht nur, wenn die Gemeinde die örtliche Bauvorschrift gleichzeitig mit der Aufstellung eines Bebauungsplans vorbereiten und erlassen will, sondern auch, wenn sie die örtliche Bauvorschrift nachträglich in einen schon bestehenden Bebauungsplan aufnimmt oder die aufgenommene örtliche Bauvorschrift nachträglich **ändert**, ohne zugleich den Bebauungsplan zu ändern (insoweit zutreffend OVG Lüneburg 14.9.1990 – 1 C 12/88, BRS 50 Nr. 11).

123 **Einzelne Verfahrensfragen bei der Aufnahme örtlicher Bauvorschriften in Bebauungspläne:** Stellt die Gemeinde einen Bebauungsplan auf und will sie in diesen gleichzeitig eine gestalterische oder ökologische örtliche Bauvorschrift nach § 84 Abs. 3 aufnehmen, muss in der **Bekanntmachung der öffentlichen Auslegung** des Entwurfs gemäß § 84 Abs. 4 S. 3 in Verbindung mit § 3 Abs. 2 BauGB neben dem Bebauungsplan auch die beabsichtigte örtliche Bauvorschrift ausdrücklich erwähnt werden (OVG Lüneburg 21.8.1992 – 6 L 119/90, NVwZ 1993, 1216 (1216 f.) = BRS 54 Nr. 88; ablehnend aber VGH Mannheim 22.4.2002 – 8 S 177/02, BRS 65 Nr. 145; *Söfker* in Ernst/Zinkahn/Bielenberg/Krautzberger BauGB § 9 Rn. 259 (Stand der Bearbeitung: Mai 2016)). Das geschieht beispielsweise dadurch, dass der Bezeichnung des Bebauungsplans der Zusatz „mit örtlicher Bauvorschrift" beigegeben wird. Den betroffenen oder sonst interessierten Bürgern, die sich im Auslegungsverfahren nach § 3 Abs. 2 BauGB oder im vereinfachten Verfahren nach § 13 BauGB über die beabsichtigten Regelungen informieren wollen, und dem Rat, der über Bebauungsplan und örtliche Bauvorschrift berät und abstimmt, muss klar sein, dass er außer einem Bebauungsplan eine auf Landesrecht gestützte örtliche Bauvorschrift beschließt (OVG Lüneburg 21.8.1992 – 6 L 119/90, NVwZ 1993, 1216 (1216 f.) = BRS 54 Nr. 88). Es genügt aber, wenn der Rat am Schluss seiner Beratung über Bebauungsplan und örtliche Bauvorschrift zusammen nur einmal abstimmt.

124 Der **Satzungsbeschluss**, mit dem der Rat den Bebauungsplan beschließt, und seine **Bekanntmachung** müssen neben dem Bebauungsplan ausdrücklich auch die örtliche Bauvorschrift nennen. Die Planurkunde muss neben den bodenrechtlichen Festsetzungen die örtliche Bauvorschrift mit Text und gegebenenfalls Zeichnungen vollständig wiedergeben und diese als solche kennzeichnen (vgl. OVG Lüneburg 21.8.1992 – 6 L 119/90, NVwZ 1993, 1216 (1216 f.) = BRS 54 Nr. 88).

Auch bei einer in den Bebauungsplan aufgenommenen örtlichen Bauvorschrift muss die **gesetzliche Ermächtigung**, auf der sie beruht, präzise angegeben werden (→ Rn. 7, 108; vgl. OVG Lüneburg 21.8.1992 – 6 L 119/90, NVwZ 1993, 1216 = BRS 54 Nr. 88). Die gesetzliche Ermächtigung wird am besten in einem Vorspann vor dem Text der Bauvorschrift angegeben. Es genügt aber auch, wenn die Ermächtigung in der Begründung angegeben wird, da diese Teil der örtlichen Bauvorschrift ist. Wird in einen Bebauungsplan eine örtliche Bauvorschrift nach § 84 Abs. 3 aufgenommen, muss die **Begründung** zum **Entwurf** und zum **Satzungsbeschluss** nicht nur die bodenrechtlichen Festsetzungen behandeln, sondern auch darlegen, warum die örtliche Bauvorschrift erlassen wird, insbesondere die städtebaulichen, baugestalterischen, denkmalpflegerischen oder ökologischen Ziele gemäß § 84 Abs. 3 angeben. 125

Die Frage, welchen **Inhalt** örtliche Bauvorschriften haben dürfen, richtet sich sowohl für aufgenommene als auch für „isolierte" örtliche Bauvorschriften allein nach Bauordnungsrecht. Auch in Bebauungspläne aufgenommene örtliche Bauvorschriften sind also nur rechtmäßig und gültig, wenn sie alle Voraussetzungen einer der Ermächtigungen in § 84 Abs. 1-3 erfüllen. Dass örtliche Bauvorschriften, insbesondere solche nach § 84 Abs. 2 oder 3, wie planungsrechtliche Festsetzungen unter anderem das Abwägungsgebot einhalten müssen, ergibt sich für sie nicht aus § 1 Abs. 7 BauGB, sondern aus § 84 Abs. 2 oder 3 in Verbindung mit dem Eigentumsgrundrecht und dem Verhältnismäßigkeitsgebot (BVerwG 16.3.1995 – 4 C 3.94, NVwZ 1995, 899 (900) = BRS 57 Nr. 175; → Rn. 49, 89). Eine weitere inhaltliche Begrenzung folgt aus dem Zusammenhang mit den Aufgaben des Bebauungsplans. Die landesrechtlichen Festsetzungen müssen in einem sachlich/fachlichen Zusammenhang mit Funktion und Inhalt des Bebauungsplans stehen (*Söfker* in Ernst/Zinkahn/Bielenberg/Krautzberger BauGB § 9 Rn. 258 (Stand der Bearbeitung: Mai 2016)). 126

Örtliche Bauvorschriften bedürfen grundsätzlich keiner **Genehmigung** oder Anzeige. Anderes gilt nur dann, wenn eine örtliche Bauvorschrift nach § 84 Abs. 3 in einen gemäß § 10 Abs. 2 BauGB genehmigungsbedürftigen Bebauungsplan aufgenommen wird (→ Rn. 101 ff.). 127

Von örtlichen Bauvorschriften die in Bebauungspläne aufgenommen worden sind, können **keine Ausnahmen oder Befreiungen** nach § 31 BauGB gewährt werden, da die NBauO auf diese Vorschrift nicht verweist. Anwendbar ist jedoch § 66 über die Zulassung von Abweichungen (→ Rn. 10). 128

§ 84 erlaubt von Seiten des Landesrechts auch, örtliche Bauvorschriften in die sog. **Innenbereichssatzungen** nach § 34 Abs. 4 S. 1 Nr. 2 (sog. Entwicklungssatzung) und Nr. 3 (sog. Ergänzungssatzung) aufzunehmen. Das Bundesrecht gestattet dies in § 34 Abs. 5 S. 2 BauGB mit der Einschränkung, dass es sich dabei nur um „einzelne Festsetzungen" handeln darf (vgl. BVerwG 13.3.2003 – 4 BN 20.03, BeckRS 2003, 23109). Bei Aufnahme von örtlichen Bauvorschriften nach § 84 Abs. 3 in die genannten Satzungen gilt für das Verfahren zunächst einmal § 84 Abs. 4 S. 3 mit seiner Verweisung auf die Vorschriften über Bebauungspläne. Da diese Satzungen aber wie Bebauungspläne im vereinfachten Verfahren nach § 13 BauGB zustande kommen und wie Bebauungspläne nach § 10 Abs. 3 BauGB zu verkünden sind (§ 34 Abs. 6 BauGB), ergeben sich für örtliche Bauvorschriften, die in solche Satzungen aufgenommen werden, insoweit keine Abweichungen von dem Fall der Aufnahme in Bebauungspläne. Eine örtliche Bauvorschrift nach § 84 Abs. 3 ist allerdings immer besonders zu begründen, auch wenn sie in eine „Entwicklungssatzung" nach § 34 Abs. 4 S. 1 Nr. 2 BauGB aufgenommen wird, die für sich keiner Begründung bedarf (§ 34 Abs. 5 S. 4 BauGB). 129

Sind in einem Bebauungsplan, in den eine örtliche Bauvorschrift aufgenommen wurde, die planungsrechtlichen **Festsetzungen** rechtswidrig und **ungültig**, beispielsweise weil sie das Abwägungsgebot verletzen, so ist in der Regel auch die damit verbundene örtliche Bauvorschrift nicht wirksam, es sei denn, sie ist nicht nur als Ergänzung der gescheiterten Festsetzungen, sondern auch für sich allein eine sinnvolle Regelung. Entsprechendes gilt für die Innenbereichssatzungen (vgl. *Gierke* in Brügelmann BauGB § 9 Rn. 594 (Stand der Bearbeitung: Februar 2005); → Rn. 121). 130

§ 85 Anforderungen an bestehende und genehmigte bauliche Anlagen

(1) Bauliche Anlagen, die vor dem 1. November 2012 rechtmäßig errichtet oder begonnen wurden oder am 1. November 2012 aufgrund einer Baugenehmigung oder Bauanzeige errichtet werden dürfen, brauchen an Vorschriften dieses Gesetzes, die vom bisherigen Recht abweichen, nur in den Fällen der Absätze 2 bis 4 angepasst zu werden.

(2) Die Bauaufsichtsbehörde kann eine Anpassung verlangen, wenn dies zur Erfüllung der Anforderungen des § 3 Abs. 1 erforderlich ist.

(3) Wird eine bauliche Anlage geändert, so kann die Bauaufsichtsbehörde verlangen, dass auch von der Änderung nicht betroffene Teile der baulichen Anlage angepasst werden, wenn sich die Kosten der Änderung dadurch um nicht mehr als 20 vom Hundert erhöhen.

(4) [1]Soweit bauliche Anlagen an die Vorschriften dieses Gesetzes anzupassen sind, können nach bisherigem Recht erteilte Baugenehmigungen ohne Entschädigung widerrufen werden. [2]Dies gilt sinngemäß für Bauvorbescheide und Bauanzeigen.

(5) Die Absätze 1 bis 4 gelten entsprechend für die Anpassung baulicher Anlagen an Vorschriften, die aufgrund dieses Gesetzes ergehen.

Übersicht

A. Allgemeines

1 § 85 NBauO, der mit der Novelle im Jahr 2012 im Wesentlichen unverändert an die Stelle des § 99 NBauO 2003 getreten ist, trifft Regelungen zu der Frage, in welchen Fällen und in welchem Umfang rechtmäßig errichtete bauliche Anlagen an veränderte rechtliche Anforderungen angepasst werden müssen. Dabei legt die im Zuge der Änderungen im Jahr 2018 unverändert gebliebene Vorschrift richtigerweise zugrunde, dass die NBauO in ihrer jeweils geltenden Fassung grundsätzlich alle baulichen Anlagen erfasst, also eine **umfassende zeitliche Geltung** entfaltet. § 85 schränkt diese Geltung dahingehend ein, dass eine rechtmäßig, also im Einklang mit formellem und materiellem Baurecht errichtete bauliche Anlage bei späteren Rechtsänderungen grundsätzlich keiner Anpassung bedarf. Bauliche Anlagen, die formell und materiell rechtmäßig errichtet wurden und genutzt werden, können daher mit dem genehmigten Inhalt weiterbestehen und genutzt werden. Spätere Änderungen der Sach- oder Rechtslage haben hierauf keinen Einfluss. Das in **§ 85 Abs. 1** zum Ausdruck kommende **Rechtsinstitut des passiven Bestandsschutzes** bewahrt den Eigentümer und Nutzer vor behördlichen Eingriffen. Dieses Rechtsinstitut gibt ihm also das Recht, eine früher rechtmäßig aufgenommene

Nutzung auch bei Änderungen der materiellen Rechtslage oder der tatsächlichen Situation, also beispielsweise einer Neufassung des Bebauungsplans, neuen bauordnungsrechtlichen Anforderungen oder einer veränderten Nachbarschaft, unverändert und unbehelligt von behördlichen Eingriffen fortzusetzen (vgl. zum Begriff *Rosin* DVBl. 2019, 86 (86 f.)). Dieses Abwehrrecht folgt bei genehmigten baulichen Anlagen allerdings im Umfang der Genehmigung schon aus dem Wesen der Baugenehmigung als einem begünstigenden Verwaltungsakt. Denn die Feststellungswirkung (Legalisierungswirkung) der Baugenehmigung verleiht der baulichen Anlage Bestandsschutz im Umfang der genehmigten Nutzung (BVerwG 30.1.1997 – 4 B 172.96, NVwZ-RR 1997, 519 (520) = BRS 59 Nr. 81). Dies wird auch mit dem Begriff des formellen Bestandsschutzes umschrieben. Vom passiven Bestandsschutz abzugrenzen ist der so genannte aktive Bestandsschutz. Aktiver Bestandsschutz meint – begrifflich ein wenig irreführend – das Recht, eine bauliche Anlage auch dann zu ändern (Änderung, Nutzungsänderung, Erweiterung, Neuaufbau nach Zerstörung), wenn die einfachrechtlichen Voraussetzungen nach geltendem Recht nicht mehr vorliegen. **Aktiver Bestandsschutz** ist **nicht Gegenstand der Regelung des § 85**.

Der Grundsatz, nach dem eine legal errichtete bauliche Anlage ohne Anpassungsnotwendigkeiten an neue Anforderungen und veränderte tatsächliche Umstände weiter genutzt werden darf, kann jedoch nicht unbeschränkt gelten. Denn bauliche Anlagen werden regelmäßig über sehr lange Zeiträume genutzt, sodass zum Zeitpunkt der Errichtung kaum absehbar ist, welche Fragen sich in der Zukunft stellen. Veränderte gesellschaftliche Rahmenbedingungen, technischer Fortschritt und bessere Erkenntnisse führen dazu, dass sich die Anforderungen an bauliche Anlagen ändern. Insofern ist auch die Schutzwürdigkeit des Eigentümers eingeschränkt. Er darf nicht darauf vertrauen, dass eine einmal errichtete bauliche Anlage für alle Zeiten von nachträglichen Anforderungen verschont bleibt. Mit § 85 bestimmt der Landesgesetzgeber daher, in welchen Fällen und in welchem Umfang auf rechtliche und tatsächliche Veränderungen mit einer Anpassung der baulichen Anlage zu reagieren ist, und schränkt damit den Bestandsschutz des Eigentümers bzw. Nutzers ein. Diese **Einschränkungen des Bestandsschutzes in § 85 Abs. 2 bis 4** sind Inhalts- und Schrankenbestimmungen des Eigentums im Sinne von Art. 14 Abs. 1 S. 2 GG. Einschränkungen gelten zum Schutz der öffentlichen Sicherheit (Abs. 2) und bei der Änderung baulicher Anlagen (Abs. 3); insofern dürfen erteilte Genehmigungen entschädigungslos widerrufen werden (Abs. 4). Entsprechendes gilt für die Anpassung baulicher Anlagen an Vorschriften, die aufgrund der NBauO ergangen sind, also für die Anpassung an Rechtsverordnungen und Satzungen (Abs. 5). 2

B. Grundlagen des passiven Bestandsschutzes

Der passive Bestandsschutz geht auf eine **langjährige Rechtsprechung des BVerwG** zurück, die jedoch in der Vergangenheit infolge von Präzisierungen der Eigentumsdogmatik in der Rechtsprechung des BVerfG einen grundlegenden Wandel erfahren hat. **Ursprünglich** leitete das BVerwG den passiven Bestandsschutz unmittelbar aus der Eigentumsgarantie des Art. 14 Abs. 1 S. 1 GG her. Dieser Bestandsschutz deckte den vorhandenen Bestand baulicher Anlagen, und zwar grundsätzlich in seiner bisherigen Funktion (vgl. BVerwG 25.11.1970 – IV C 119.68 –, BRS 23 Nr. 149). Für ein Bauwerk, das seinerzeit im Einklang mit dem damals geltenden Baurecht errichtet worden, nach dem inzwischen zur Geltung gelangten Baurecht aber nicht mehr zulässig sei, sei das Recht gewährleistet, das Bauwerk weiter so zu unterhalten und zu nutzen, wie es seinerzeit errichtet worden sei (BVerwG 18.10.1974 – IV C 75.71, BRS 28 Nr. 114). Voraussetzung sei, dass die bauliche Anlage entweder (bestandskräftig) genehmigt, also formell legal sei oder aber trotz fehlender Baugenehmigung und daraus folgender formeller Illegalität im Einklang mit dem materiellen Baurecht errichtet worden sei oder dem materiellen Baurecht zu einem späteren Zeitpunkt entsprochen habe (vgl. BVerwG 8.6.1979 – IV C 23.77, BRS 35 Nr. 82; ausführlich dazu *Dürr* in Brügelmann BauGB 3

§ 35 Rn. 117b ff. (Stand der Bearbeitung: Mai 2012)). Lägen diese Voraussetzungen vor, schütze Art. 14 Abs. 1 GG den Eigentümer grundsätzlich vor einem nachträglichen Anpassungsverlangen.

4 Diese Rechtsprechung hat das BVerwG zwischenzeitlich erheblich modifiziert. Diese Modifikationen gehen auf ein neues Verständnis des Art. 14 Abs. 1 GG infolge des so genannten **Nassauskiesungsbeschlusses des BVerfG** zurück. In dem Beschluss betont das BVerfG, es sei gemäß Art. 14 Abs. 1 S. 2 GG Aufgabe des Gesetzgebers, mittels des einfachen Rechts Inhalt und Schranken des Eigentums festzulegen. Welche Befugnisse einem Eigentümer in einem bestimmten Zeitpunkt konkret zustehen, ergebe sich nicht aus Art. 14 GG, sondern aus der Zusammenschau aller in diesem Zeitpunkt geltenden, die Eigentümerstellung regelnden gesetzlichen Vorschriften. Ergebe sich hierbei, dass der Eigentümer eine bestimmte Befugnis nicht habe, so gehöre diese nicht zu seinem Eigentumsrecht. Aus der Gesamtheit der verfassungsmäßigen Gesetze, die den Inhalt des Eigentums bestimmen, ergeben sich somit Gegenstand und Umfang des durch Art. 14 Abs. 1 S. 1 GG gewährleisteten Bestandsschutzes (vgl. BVerfG 15.7.1981 – 1 BvL 77/78, NJW 1982, 745 (749) = BRS 45, Nr. 142; zur Dogmatik des Art. 14 GG näher *Epping* Grundrechte Rn. 429 ff.).

5 Das **BVerwG** hat sich dieser Rechtsprechung des BVerfG angeschlossen und seine **eigene Rechtsprechung zu unmittelbaren Ansprüchen aus Art. 14 Abs. 1 GG ausdrücklich aufgegeben**. Dem unmittelbaren Rückgriff auf Art. 14 Abs. 1 S. 1 GG seien enge Grenzen gesetzt. Der Gesetzgeber – sowohl des Bundes als auch des Landes – habe nach Art. 14 Abs. 1 S. 2 GG die verfassungsrechtliche Aufgabe, Inhalt und Schranken des Eigentums zu bestimmen. Ihm obliege es, einen Ausgleich zwischen dem durch Art. 14 Abs. 1 S. 1 GG gewährleisteten Privateigentum, das in seinem rechtlichen Gehalt vor allem durch die grundsätzliche Verfügungsbefugnis und das Merkmal der Privatnützigkeit gekennzeichnet sei, und dem aus Art. 14 Abs. 2 GG ersichtlichen Gebot zu schaffen, dass der Gebrauch des Eigentums zugleich dem Wohl der Allgemeinheit dienen solle. Demgemäß stehe die Rechtsstellungsgarantie, die Art. 14 Abs. 1 S. 1 GG grundrechtlich vermittele, nach Art. 14 Abs. 1 S. 2 GG unter dem Vorbehalt einer gesetzlichen Regelung über Inhalt und Schranken der als Eigentum verstandenen Rechtsposition. Verstehe man mithin die durch eine Baugenehmigung begründete formelle und die durch eine Bestimmung der Bauordnung eingeräumte materielle Rechtsposition als Eigentum im verfassungsrechtlichen Sinne, so unterliege diese Rechtsstellung dem Regelungsvorbehalt des Art. 14 Abs. 1 S. 2 GG (BVerwG 7.11.1997 – 4 C 7.97, NVwZ 1998, 735 (736) = BRS 59 Nr. 109). **Art. 14 Abs. 1 S. 1 GG fungiere ausschließlich als verfassungsrechtlicher Prüfungsmaßstab, an dem das einfache Recht zu messen sei, nicht aber als eigenständige Anspruchsgrundlage**, die sich als Mittel dafür benutzen lasse, die Inhalts- und Schrankenbestimmung des Gesetzgebers fachgerichtlich anzureichern (BVerwG 12.3.1998 – 4 C 10.97, NVwZ 1998, 842 (844) = BRS 60 Nr. 98).

6 **Wie weit der passive Bestandsschutz reicht, unterliegt der Bestimmungsmacht des einfachen (Landes)Gesetzgebers**. Er muss festlegen, welchen Schutz eine einmal erteilte Baugenehmigung bzw. die formell legale Errichtung einer baulichen Anlage bietet, ob und gegebenenfalls inwieweit bereits die materielle Rechtmäßigkeit trotz formeller Illegalität der baulichen Anlage Schutz vor Eingriffen bietet und in welchen Fällen ein Anpassungsverlangen zulässig ist. Dieser Aufgabe ist der Landesgesetzgeber mit § 85 in verfassungsrechtlich nicht zu beanstandender, allerdings nicht ganz vollständiger (→ Rn. 12 f.) Weise nachgekommen. Die Norm beruht auf zwei Grundsätzen: Erstens setzt passiver Bestandsschutz eine formell rechtmäßige Errichtung der baulichen Anlage voraus. Die bloße materielle Rechtmäßigkeit zum Errichtungszeitpunkt oder zu einem späteren Zeitpunkt ist nicht ausreichend, um Schutz vor einem Anpassungsverlangen zu bieten. Zweitens kommt die Anpassung grundsätzlich nur zur Gefahrenabwehr oder im Fall einer ohnehin vorgesehenen Änderung der baulichen Anlage in Betracht. Der passive Bestandsschutz wird damit in weitreichender Weise gewährleistet. Bedenken gegen diese Bestimmung von Inhalt und Schranken des Grundeigentums im

Sinne von Art. 14 Abs. 1 S. 2 GG bestehen nicht. Insbesondere Regelungen, die Gefahren für die öffentliche Sicherheit und Ordnung oder Verunstaltungen der Umgebung durch bauliche Anlagen abwehren sollen, sind mit der Institutsgarantie des Eigentums vereinbar. Für den ordnungsgemäßen Zustand eines Gebäudes ist der Eigentümer grundsätzlich ohne Rücksicht auf seine wirtschaftliche Leistungsfähigkeit verantwortlich (vgl. BVerwG 11.4.1989 – 4 B 65.89, NJW 1989, 2638 = BRS 49 Nr. 143).

C. Erfasste bauliche Anlagen (Abs. 1)

§ 85 Abs. 1 bezeichnet diejenigen baulichen **Anlagen, die von einer Anpassungspflicht grundsätzlich ausgenommen sind**. Dies sind Anlagen, die vor dem 1.11.2012 rechtmäßig errichtet oder begonnen wurden oder am 1.11.2012 aufgrund einer Baugenehmigung oder Bauanzeige errichtet werden durften. 7

Erfasst werden damit erstens diejenigen baulichen Anlagen, die auf der Grundlage einer **Baugenehmigung** errichtet bzw. begonnen wurden oder errichtet werden durften und die daher von der Legalisierungswirkung einer bestandskräftigen Baugenehmigung erfasst werden. § 85 Abs. 1 hat insofern nur deklaratorische Bedeutung (vgl. OVG Lüneburg 29.7.2008 – 1 ME 98/08, BRS 73 Nr. 188; → Rn. 1). Die Vorschrift erfasst ihrem eindeutigen Wortlaut zufolge auch **bauliche Anlagen, die im vereinfachten Baugenehmigungsverfahren** nach § 75a NBauO 2003 bzw. den Vorläufern dieser Bestimmung (→ § 63 Rn. 3 f.) mit einem reduzierten Prüfprogramm genehmigt wurden, und differenziert hinsichtlich seiner Schutzwirkungen nicht danach, wie weit die Legalisierungswirkung der im vereinfachten Baugenehmigungsverfahren erteilten Genehmigung reicht (→ § 63 Rn. 8 und Rn. 13 ff.). 8

Erfasst werden zweitens **bauliche Anlagen, die keiner Genehmigungspflicht unterlagen**. Das Vertrauen auf die rechtmäßige Errichtung des baulichen Bestands rechtfertigt es, verfahrens- bzw. genehmigungsfreie Baumaßnahmen nach den §§ 60 bis 62 (§§ 69-70 NBauO 2003), die im Einklang mit dem materiellen Recht errichtet oder begonnen wurden, zu dem Kreis der Anlagen zu rechnen, die nur unter den Voraussetzungen des § 85 anpassungspflichtig sind. Die Verfahrens- bzw. Genehmigungsfreiheit mindert nicht die Schutzwürdigkeit des Bauherrn. Gleiches gilt für die Fälle, in denen eine Bauanzeige vor dem Inkrafttreten der NBauO 2012 zum 1.11.2012 nach altem Recht erfolgt war. Auch diese Anzeige begründet nach Auffassung des Gesetzgebers ein schutzwürdiges Vertrauen des Bauherrn. 9

§ 85 Abs. 1 beschränkt den Anwendungsbereich der Vorschrift auf **rechtmäßig errichtete bauliche Anlagen**. Rechtmäßig meint, dass die bauliche Anlage mit dem zum Errichtungszeitpunkt geltenden Recht formell und materiell übereinstimmt. Einen weitergehenden Bestandsschutz sieht die Vorschrift nicht vor; ein solcher ist auch bundesverfassungsrechtlich nicht geboten (→ Rn. 6). Nicht übertragbar ist insbesondere die auf Bestandsschutzgesichtspunkte gestützte Rechtsprechung des BVerwG zur zulässigen Errichtung eines Wohngebäudes nach § 35 Abs. 4 S. 1 Nr. 5 lit. a BauGB. Zulässig errichtet im Sinne dieser Vorschrift ist ein Wohngebäude nämlich schon dann, wenn es in Übereinstimmung mit dem materiellen Bebauungsrecht errichtet wurde oder wenn – trotz materieller Illegalität – eine Baugenehmigung erteilt worden ist (vgl. BVerwG 3.8.2016 – 4 C 3.15, NVwZ 2016, 1477 (1478) = BRS 84 Nr. 87 mwN). Die bloß materielle Rechtmäßigkeit reicht mithin aus, und zwar auch dann, wenn eine erforderliche Baugenehmigung niemals erteilt wurde (BVerwG 5.6.2007 – 4 B 20.07, ZfBR 2007, 696 = BRS 71 Nr. 113). Im Anwendungsbereich des § 85 gilt das nicht. Der eindeutige Wortlaut des § 85 Abs. 1 verlangt die formelle und materielle Rechtmäßigkeit, was mit Blick auf die Bedeutung des Genehmigungsverfahrens und die damit geschützten hochrangigen Rechtsgüter verfassungsrechtlich nicht zu beanstanden ist. **Anlagen, die formell rechtswidrig errichtet wurden, sind demgegenüber nach § 79 zu beurteilen** und unterliegen einem Anpassungsverlangen nach dieser Vorschrift. Auf Be- 10 standsschutz kann sich der Eigentümer nach Maßgabe des geltenden Landesrechts nicht berufen.

11 Bestandsschutz nach § 85 Abs. 1 setzt weiter voraus, dass die **bauliche Anlage in der genehmigten Weise errichtet und genutzt** wird und die **Baugenehmigung fort gilt**. Der Bestandsschutz erlischt, wenn anstelle der genehmigten Nutzung eine andersartige Nutzung aufgenommen wird. Von einer den Bestandsschutz vernichtenden Nutzungsänderung ist auszugehen, sobald die jeder Nutzung eigene tatsächliche Variationsbreite überschritten wird und der neuen Nutzung unter städtebaulichen Gesichtspunkten eine andere Qualität zukommt (OVG Lüneburg 26.3.1998 – 1 L 1796/97, BRS 60 Nr. 149; ebenso BVerwG 18.5.1995 – 4 C 20.94, NVwZ 1996, 379 = BRS 57 Nr. 67). In einem derartigen Fall erlischt eine erteilte Baugenehmigung, wenn die Nutzungsänderung nach der Verkehrsanschauung als dauerhafte Nutzungsaufgabe und damit als Verzicht auf die ursprünglich erteilte Baugenehmigung anzusehen ist. Gleiches gilt für den Fall der bloßen Aufgabe der Nutzung, wobei hier allerdings zumindest dann, wenn die bauliche Anlage weiterhin funktionstüchtig ist, Zurückhaltung geboten ist (vgl. OVG Lüneburg 3.1.2011 – 1 ME 209/10, BRS 78 Nr. 159; ebenso VGH Kassel 12.4.2016 – 4 A 1438/15.Z, NVwZ-RR 2017, 177 (178 f.) = BRS 84 Nr. 110; ausführlich dazu *Rosin* DVBl. 2019, 86 (92 ff.)).

12 **Bauliche Anlagen**, die unter Geltung der NBauO 2012 **seit dem 1.11.2012 genehmigt bzw. begonnen** wurden, werden vom Regelungsgehalt des § 85 nicht erfasst (vgl. zur Vorgängerbestimmung des § 99 NBauO 2003 OVG Lüneburg 29.7.2008 – 1 ME 98/08, BRS 73 Nr. 188). Das bedeutet, dass bauliche Anlagen, die von der **Legalisierungswirkung einer Baugenehmigung** erfasst werden, nur insoweit keinen Anpassungspflichten unterliegen, als das Prüfprogramm im Baugenehmigungsverfahren und damit die Legalisierungswirkung der Baugenehmigung reicht. Eine Anpassungspflicht kann nur mittels eines nur unter sehr engen Voraussetzungen zulässigen und in der Regel entschädigungspflichtigen Widerrufs der Baugenehmigung gemäß § 1 Abs. 1 Nds. VwVfG in Verbindung mit § 49 Abs. 2 S. 1 Nr. 3 bis 5 VwVfG begründet werden. Das wird nur in seltenen Ausnahmefällen zu erwägen sein, wenn ohne eine Anpassung eine schwerwiegende Gefahr für die öffentliche Sicherheit begründet wäre. Ist eine bauliche Anlage zwar genehmigt, dies allerdings im vereinfachten Verfahren gemäß § 63 mit seinem eingeschränkten Prüfprogramm, ist auch die Legalisierungswirkung entsprechend eingeschränkt (→ § 63 Rn. 8 und Rn. 13 ff.). Soweit die bauliche Anlage bei ihrer Errichtung materiell legal war, gelten jenseits der Legalisierungswirkungen die im Folgenden dargestellten Erwägungen (→ Rn. 13) sinngemäß.

13 Für **bauliche Anlagen, die seit dem 1.11.2012 gemäß § 60 bis 62 verfahrens- bzw. genehmigungsfrei waren** und im Einklang mit dem materiellen Baurecht errichtet oder begonnen wurden, gilt im Ergebnis nichts anderes. Auch hier ist das Vertrauen des Bauherrn auf einen unveränderten Fortbestand seiner baulichen Anlage in der gegenwärtigen Nutzung schutzwürdig. Ein Anpassungsverlangen kann hier zwar dem Wortlaut nach auf § 79 gestützt werden, wenn die bauliche Anlage aufgrund veränderter Bestimmungen materiell rechtswidrig geworden ist. Im Rahmen des in § 79 eingeräumten Ermessens sind aber Verhältnismäßigkeits- und namentlich Vertrauensschutzgesichtspunkte mit sehr hohem Gewicht zu berücksichtigen. Diese Gesichtspunkte führen dazu, dass ein Anpassungsverlangen keinesfalls darüber hinausgehen darf, was § 85 Abs. 2 und 3 bei genehmigten Anlagen zulässt. Zu berücksichtigen ist außerdem, dass seit der Errichtung ab dem 1.11.2012 eine verhältnismäßig geringe Zeitspanne verstrichen ist und der Bauherr deshalb erst recht nicht mit nachträglichen Anforderungen rechnen musste. Auch hier gilt daher, dass ein Anpassungsverlangen nur bei schwerwiegenden Gefahren für die öffentliche Sicherheit in Betracht kommt. Eine Rechtsgrundlage für eine Entschädigung gibt es dann allerdings nicht; die Gewährung einer Entschädigung ohne eine solche Grundlage ist unzulässig (vgl. *Epping* Grundrechte Rn. 488).

D. Anpassungspflicht (Abs. 2 und 3)

a) Sinn und Zweck der Anpassungspflicht

Sinn und Zweck des Anpassungsverlangens ist es, rechtmäßig errichtete bauliche Anlagen an strengere Anforderungen der NBauO oder von Vorschriften aufgrund der NBauO (§85 Abs. 5) anzupassen. Da die Baugenehmigung mit ihrer Feststellung, dass das genehmigte Vorhaben im Umfang des Prüfprogramms und der daraus abgeleiteten Legalisierungswirkung mit dem geltenden öffentlichen Baurecht vereinbar ist, Anordnungen nach §79 ausschließt, muss mit dem Anpassungsverlangen die Baugenehmigung (in der Regel teilweise) widerrufen und eine Anordnung zur Verwirklichung des neuen Rechts getroffen werden. Eine Anpassung von baulichen Anlagen – nur diese betrifft §85 im Unterschied zu §79 („Grundstücke") – an das neue Recht kann die Bauaufsichtsbehörde in den in §85 Abs. 1 genannten Fällen (→ Rn. 7 ff.) nur verlangen 14

- aus Gründen der Gefahrenabwehr (Abs. 2; → Rn. 18 ff.) oder
- aus Anlass der Änderung einer baulichen Anlage im Rahmen der Zumutbarkeit (Abs. 3; → Rn. 23 ff.).

Anpassungsverlangen nach §85 und bauaufsichtliches **Einschreiten nach §79** dienen unterschiedlichen Zwecken. Im Rahmen des §79 stehen Maßnahmen gegen bauliche Anlagen im Vordergrund, die ungenehmigt sind, bzw. deren Genehmigung ausgelaufen ist. Im Übrigen sind nach §79 nur Maßnahmen zulässig, die – wie die Anordnung von Unterhaltungsarbeiten (vgl. OVG Lüneburg 29.7.2008 – 1 ME 98/08, BRS 73 Nr. 188) oder Maßnahmen, die jenseits des Prüfprogramms des Baugenehmigungsverfahrens ergehen – die Baugenehmigung unberührt lassen. §85 gestattet es der Bauaufsichtsbehörde demgegenüber, Änderungen baulicher Anlagen zu verlangen, die genehmigt sind, aber von den Anforderungen des inzwischen geänderten Rechts abweichen. Voraussetzung ist weiter, dass die Abweichung des neuen vom früher geltenden Recht einen gewissen Grad erreicht (Abs. 2) oder mit nur begrenztem Aufwand behoben werden kann (Abs. 3). 15

Im **Verhältnis zu den städtebaulichen Geboten** der §§175 ff. BauGB sind Überschneidungen mit dem Modernisierungsgebot möglich. Die durch Modernisierung zu beseitigenden Missstände (§177 BauGB) stellen insbesondere Abweichungen von den bauordnungsrechtlichen Anforderungen dar, die der Wahrung gesunder Wohn- und Arbeitsverhältnisse dienen. Das Modernisierungsgebot nach §177 BauGB setzt – ebenso wie §85 Abs. 3, aber anders als §85 Abs. 2 – keine konkrete Gefahr voraus, andererseits muss die Modernisierung – anders als die Anpassung nach §85 – aus städtebaulichen Gründen erforderlich sein (§175 Abs. 2 BauGB). 16

b) Rechtsänderung als allgemeine Voraussetzung

Eine Anpassung genehmigter baulicher Anlagen nach §85 setzt voraus, dass das für die Genehmigung maßgebliche **„alte Recht" aus der Zeit vor dem 1.11.2012 von der geltenden NBauO abweicht**. Es muss also eine Rechtsänderung eingetreten sein. Wann die Rechtsänderung eingetreten ist, ist nicht entscheidend. „Bisheriges Recht" ist nicht bloß die NBauO 2003 als unmittelbare Vorgängerin, sondern sind auch die zeitlich vorangegangenen Fassungen der NBauO und ihrer Vorläufer. Ein Anpassungsverlangen kann daher auch darauf gestützt werden, dass nach der NBauO 2012 ein Vorhaben anders zu beurteilen ist als nach der NBauO 1973. Soweit das Oberverwaltungsgericht für das Land Nordrhein-Westfalen für das dortige Landesrecht früher eine engere Auffassung vertreten hat, hat es diese mittlerweile aufgegeben (OVG Münster 28.8.2001 – 10 A 3051/99, BRS 64 Nr. 201; 10.7.2002 – 7 B 508/01, NVwZ-RR 2003, 722 (723)). Nicht ausreichend sind veränderte tatsächliche Umstände oder eine veränderte tatsächliche Beurteilung der Lage. Nicht ausreichend ist es auch, wenn eine bauliche Anlage seinerzeit rechtswidrig genehmigt wurde. In diesen Fällen gelten die allgemeinen Vorschriften, 17 die im Fall der Erteilung einer Baugenehmigung deren Widerruf nach § 1 Abs. 1 Nds. VwVfG in Verbindung mit § 49 Abs. 2 S. 1 Nr. 3 und 5 VwVfG bzw. deren Rücknahme nach § 1 Abs. 1 Nds. VwVfG in Verbindung mit § 48 VwVfG – regelmäßig unter Zahlung einer Entschädigung gemäß § 48 Abs. 3, § 49 Abs. 6 VwVfG – voraussetzen. Ist keine Baugenehmigung erteilt, gilt § 79, wobei Vertrauensschutzgesichtspunkte im Rahmen der Ermessensbestätigung hohes Gewicht beanspruchen und ein Einschreiten an besonders strenge Voraussetzungen binden (→ Rn. 13).

c) Anpassung zur Beseitigung konkreter Gefahren (Abs. 2)

18 § 85 Abs. 2 sieht vor, dass die Bauaufsichtsbehörde eine Anpassung verlangen kann, wenn dies zur Erfüllung der Anforderungen des § 3 Abs. 1 erforderlich ist. § 3 Abs. 1 stellt allgemeine Anforderungen an die Beschaffenheit baulicher Anlagen. Bauliche Anlagen müssen nach § 3 Abs. 1 S. 1 so angeordnet, beschaffen und für ihre Benutzung geeignet sein, dass die öffentliche Sicherheit, insbesondere Leben und Gesundheit, sowie die natürlichen Lebensgrundlagen und die Tiere nicht gefährdet werden. Unzumutbare Belästigungen oder unzumutbare Verkehrsbehinderungen dürfen nach § 3 Abs. 1 S. 2 nicht entstehen. Das Anpassungsverlangen nach § 85 Abs. 2 setzt insofern voraus, dass durch die Abweichung des Bauwerks von den gegenüber dem alten Recht gesteigerten Anforderungen der NBauO die öffentliche Sicherheit gefährdet erscheint (OVG Lüneburg 23.9.1976 – I A 94/74, BRS 30 Nr. 163). Die Abweichung einer baulichen Anlage von den der Gefahrenabwehr dienenden Vorschriften der NBauO begründet zunächst nur eine abstrakte Gefahr. Die erforderliche **konkrete Gefahr** liegt vor, wenn in dem zu beurteilenden Einzelfall die hinreichende Wahrscheinlichkeit besteht, dass in absehbarer Zeit ein Schaden für die öffentliche Sicherheit und Ordnung eintreten wird, wobei der Eintritt des Schadens weder gewiss zu sein braucht, noch unmittelbar bevorstehen muss (OVG Lüneburg 17.1.1986 – 6 B 1/86, BRS 46, Nr. 166). Die nachträgliche Forderung etwa von Maßnahmen des Brandschutzes kann zwar nicht davon abhängig gemacht werden, dass eine konkrete Gefahr im Sinne der herkömmlichen allgemeinen polizeirechtlichen Definition vorhanden ist, denn das wäre für die Abwehr einer aus dem Mangel resultierenden Lebens- oder Gesundheitsgefahr zu spät. Vielmehr sind brandschutzrechtliche Vorschriften vorsorgliche Schutzbestimmungen für Leben und Gesundheit. Gleichwohl verlangt § 85 Abs. 2 über das Vorliegen einer rein abstrakten Gefahr hinaus die fachkundige Feststellung, dass nach den örtlichen Gegebenheiten der Eintritt eines erheblichen Schadens nicht ganz unwahrscheinlich ist. Das ist mit dem Begriff der konkreten Gefahr gemeint, wie ihn auch das Niedersächsische Oberverwaltungsgericht zur Umschreibung der tatbestandlichen Voraussetzungen des § 85 Abs. 2 verwendet (vgl. OVG Lüneburg 20.10.1986 – 6 B 75/86, BRS 46 Nr. 179). Ein weitergehendes Anpassungsverlangen kommt nur auf der Grundlage einer Rechtsverordnung gemäß § 82 Abs. 1 Nr. 2-5 in Betracht (→ § 82 Rn. 7 ff.).

19 **Abstrakte und konkrete Gefahr decken sich**, wenn die einzelne Anlage in ihrer Gefahrenträchtigkeit nicht von dem typischen Zustand abweicht, den der Normgeber mit sicherheitsrechtlichen Anforderungen in den Griff zu bekommen suchte (OVG Lüneburg 17.1.1986 – 6 B 1/86, BRS 46, Nr. 166: nachträglicher Einbau einer Rauchabzugsöffnung in einem Hochhaus; VG Braunschweig 11.6.2008 – 2 A 331/07, juris Rn. 19 ff.). Eine Einzelmaßnahme zur Gefahrenabwehr erfordert daher keinen höheren Grad an Wahrscheinlichkeit des Schadenseintritts als die Rechtsvorschrift, sodass im Regelfall schon aus der der Gefahrenabwehr dienenden (abstrakten) gesetzlichen Bestimmung auf das Vorliegen einer konkreten Gefahr geschlossen werden kann (vgl. BVerwG 12.7.1973 – 1 C 23.72, DVBl. 1973, 857). Das gilt insbesondere für den Brandschutz. Mit der Entstehung eines Brandes muss praktisch jederzeit gerechnet werden. Der Umstand, dass in vielen Gebäuden jahrzehntelang kein Brand ausgebrochen ist, beweist nicht, dass insofern keine Gefahr besteht, sondern stellt für die Betroffenen lediglich einen Glücksfall dar, mit dessen Ende jederzeit gerechnet werden muss (OVG Münster 22.2.2010 – 7 A 1235/08, BRS 76 Nr. 131; 25.8.2010 – 7 A 749/09, NVwZ-RR 2011, 47

(49)). Werden die geltenden Brandschutzbestimmungen nicht eingehalten, indiziert dies das Bestehen einer Gefahr für Leib und Leben, sodass ein Anpassungsverlangen grundsätzlich gerechtfertigt ist. Anderes gilt nur dann, wenn der Eintritt eines Schadens wegen besonderer Umstände des Einzelfalles unwahrscheinlich ist (vgl. OVG Lüneburg 3.7.1989 – 6 OVG A 118/86, unveröff.).

20 Ein **Anpassungsverlangen kommt grundsätzlich nicht in Betracht, wenn** die ehedem rechtmäßig errichtete bauliche Anlage der NBauO widerspricht, die **konkrete Gefährdung** der öffentlichen Sicherheit aber nicht durch sie allein, sondern erst **durch weitere Umstände ausgelöst** wird. Zwar trägt auch die Abweichung der baulichen Anlage von den Vorschriften der NBauO zu dem Gefahrenzustand bei, aber im Sinne einer unmittelbaren Gefahrverursachung liegt die „eigentliche" Gefahr nicht in dem baurechtswidrigen Zustand. Daher ist auf den unmittelbaren Gefahrenverursacher zurückzugreifen. Nur wenn dies nicht in Betracht kommt, kann eine Anwendung des §85 Abs. 2 in Betracht zu ziehen sein.

21 Die Gefahr für die Sicherheit, die von dem nach altem Recht rechtmäßigen Bauwerk ausgeht, kann sehr unterschiedlicher Art sein. **Regelmäßig** aber wird eine der **Anforderungen der §§12ff.** verletzt sein. Typischerweise geht es um Fragen des Brandschutzes, also beispielsweise um die Feuerwiderstandsfähigkeit bestimmter Bauteile oder die Errichtung und Beschaffenheit eines weiteren Rettungswegs oder einer Feuerwehrzufahrt (vgl. OVG Münster 3.9.2018 – 11 A 2511/16, BeckRS 2018, 21750 Rn. 31; 25.8.2010 – 7 A 749/09, NVwZ-RR 2011, 47ff.). Gerade im Bereich des Brandschutzes haben sich die Anforderungen seit dem Inkrafttreten der ersten NBauO erheblich verschärft. In Betracht kommen aber auch nachträgliche Anforderungen an den Immissionsschutz, soweit sich beispielsweise die Lärmschutzanforderungen verschärft haben und ohne ihre Einhaltung Gesundheitsgefahren drohen (vgl. VGH Kassel 6.8.2007 – 4 TG 1133/07, NVwZ-RR 2008, 83 = BRS 71 Nr. 195). Gefahren kommen aber auch in Betracht, soweit die bauliche Anlage auf ihre Umgebung einwirkt. Beispielsweise kann der Fall eintreten, dass die bauliche Anlage durch die Art bzw. Intensität der Nutzung zu einer Gefährdung des Straßenverkehrs führt, weil Stellplätze oder eine sichere Zufahrt fehlen. In einem derartigen Fall ist allerdings zu bedenken, dass nur eine Rechtsänderung zu nachträglichen Anforderungen berechtigt; eine Änderung der Sachlage reicht nicht aus.

22 Die Bauaufsichtsbehörde muss in jedem Fall das **Ausmaß der Gefahr** sorgfältig ermitteln, denn diese ist **nicht nur Anlass für das Anpassungsverlangen, sondern bestimmt Umfang und Grenzen der Anpassung** der baulichen Anlage an die Vorschriften der NBauO, also der Maßnahmen, die zur Herstellung rechtmäßiger Zustände erforderlich sind. Da die Anpassung der baulichen Anlage nur ein Mittel ist, um die Anforderungen des §3 Abs. 1 zu erfüllen, kommt es wesentlich darauf an, dass das durch die Gefahr berührte Schutzgut gewahrt wird. Unter Umständen reicht auch eine „zweitbeste Lösung" aus, um die konkrete Gefahr zu bannen. Besteht eine konkrete Gefahr, weil ein Gebäude verschiedene Brandschutzbestimmungen nicht einhält, kann die Anpassung des Gebäudes an die dem Schutz vor der Ausbreitung von Feuer dienenden Grenzabstände der DVNBauO nicht verlangt werden, wenn dem Brandschutz durch weniger einschneidende Maßnahmen (Brandmauer) ebenso wirksam Rechnung getragen werden kann. Die Bauaufsichtsbehörde muss bei ihrem Anpassungsverlangen die allgemeinen Schranken eines ordnungsbehördlichen Einschreitens, insbesondere den Verhältnismäßigkeitsgrundsatz und den Grundsatz der zutreffenden Auswahl des Verantwortlichen beachten. In Anspruch zu nehmen ist grundsätzlich der Eigentümer (vgl. §56). Bei mehreren Eigentümern kann die Maßnahme einem Eigentümer aufgegeben werden und können die übrigen Eigentümer zur Duldung verpflichtet werden (VG Braunschweig 11.6.2008 – 2 A 331/07, juris Rn. 23).

23 Das **Anpassungsverlangen** steht – wie Widerruf (§49 VwVfG) und Einschreiten der Bauaufsichtsbehörde (§79) – **im Ermessen der Bauaufsichtsbehörde**. Die Abwägung wird maßgeblich von der Schwere der Gefahr für die öffentliche Sicherheit bestimmt, die die Bauaufsichtsbehörde daher sorgfältig ermitteln muss (vgl. OVG Münster 28.12.1994

– 7 B 2890/94, BRS 57 Nr. 245). Bei Gefahren für Leben und Gesundheit ist der Entscheidungsspielraum der Bauaufsichtsbehörde geringer als bei unzumutbaren Belästigungen (OVG Lüneburg 17.1.1986 – 6 B 1/86, BRS 46, Nr. 166). Da das Anpassungsverlangen einen Widerruf der Baugenehmigung gemäß § 85 Abs. 4 erfordert (→ Rn. 31), muss im Rahmen des Ermessens erwogen werden, ob das Vertrauen des Betroffenen auf den Bestand der Baugenehmigung schutzwürdig ist. Das hängt – neben dem Anlass der Anpassung – auch von dem Zeitraum ab, der seit der Erteilung der Baugenehmigung verstrichen ist. Das Vertrauen in eine Baugenehmigung kann angesichts des Wandels der Maßstäbe dafür, was im Bauaufsichtsrecht aus Gründen der öffentlichen Sicherheit zu fordern ist, nicht ewig schutzwürdig bleiben. Schließlich sind auch die Folgen des Anpassungsverlangens und die ungefähren Kosten für den Betroffenen zu beachten (OVG Bremen 28.6.2004 – 1 B 130/04, NVwZ-RR 2005, 314 = BRS 67 Nr. 153). Bauliche Änderungen kann die Bauaufsichtsbehörde eher verlangen als die vollständige Beseitigung einer baulichen Anlage. Besteht die Gefahr gerade in einem besonders schwerwiegenden Verstoß gegen nachbarschützende Bestimmungen, muss die Bauaufsichtsbehörde auch die Interessen des Nachbarn berücksichtigen. Gegebenenfalls kann das Ermessen der Bauaufsichtsbehörde so schrumpfen, dass der Nachbar einen Anspruch auf Anpassung hat. Soweit ein Verstoß gegen nachbarschützende Vorschriften vorliegt, kommt der Norm mithin nachbarschützende Wirkung zu. Die Ermessensentscheidung ist stets zu begründen (§ 1 Abs. 1 Nds. VwVfG in Verbindung mit § 39 Abs. 1 VwVfG).

d) Anpassung bei Änderung einer baulichen Anlage (Abs. 3)

24 § 85 Abs. 3 NBauO sieht vor, dass die Bauaufsichtsbehörde bei Änderung einer baulichen Anlage verlangen kann, dass auch von der Änderung nicht betroffene Teile der baulichen Anlage an das geltende Recht angepasst werden, wenn sich die Kosten der Änderung dadurch um nicht mehr als 20 vom Hundert erhöhen. In der Vorschrift kommt zum Ausdruck, dass **bei der Änderung einer baulichen Anlage der Prüfungsgegenstand im Baugenehmigungsverfahren auf die Änderung begrenzt** ist. § 85 Abs. 3 NBauO geht davon aus, dass die Anforderungen der geltenden NBauO grundsätzlich nicht für die Teile der bereits bestehenden baulichen Anlage gelten, die von der Änderung nicht berührt werden (OVG Lüneburg 28.9.1999 – 1 M 3416/99, BeckRS 2005, 20427; 5.9.2002 – 1 ME 183/02, BRS 65 Nr. 117). Ändert der Bauherr die bauliche Anlage daher nur in einem Umfang, der die Baugenehmigung unberührt lässt, oder betrifft die Änderung nur Teile der baulichen Anlage, wäre ein Anpassungsverlangen hinsichtlich der von der Änderung nicht betroffenen Teile wegen der Legalisierungswirkung der Baugenehmigung ausgeschlossen.

25 Der Gesetzgeber mutet dem Bauherrn mit § 85 Abs. 3 dennoch zu, aus Anlass einer Änderung einer baulichen Anlage auch gewisse Missstände zu beheben. Eine Änderung rechtfertigt ein **Anpassungsverlangen, wenn sich die Kosten der Änderung dadurch um nicht mehr als 20 % erhöhen**. Allerdings kann auch nach § 85 Abs. 3 eine Anpassung nur verlangt werden, soweit die geltende NBauO von dem alten Recht abweicht, das für die Genehmigung der anzupassenden Anlage seinerzeit galt, nicht aber wenn altes Recht und NBauO übereinstimmen und nur die bauliche Anlage rechtswidrig genehmigt worden ist (→ Rn. 17). Nach § 85 Abs. 5 kann die Bauaufsichtsbehörde auch eine Anpassung an örtliche Bauvorschriften über Gestaltung verlangen.

26 Mit dem Begriff der **Änderung baulicher Anlagen** nimmt § 85 Abs. 3 auf die Begriffsdefinition des § 2 Abs. 13 Bezug. Unter Änderung in diesem Sinne sind der Umbau, die Erweiterung, der Teilrückbau, der Anbau sowie jede Änderung des äußeren Erscheinungsbilds der baulichen Anlage zu verstehen. Abzugrenzen ist die Änderung von der Instandhaltung, die lediglich dem Erhalt der Anlage in der bisherigen Gestalt unter Wahrung des bisherigen Aussehens dient. Die Grenzen sind nicht ganz einfach zu bestimmen. Als Maßnahmen der Instandhaltung sind solche nicht mehr anzusehen, welche den vorhan-

denen Bestand erweitern. Wird etwas angefügt, also das äußere Erscheinungsbild verändert, oder eine Maßnahme durchgeführt, welche nicht mehr auf die Ersetzung nachteilig veränderter Bausubstanz gerichtet ist, kann dies nicht mehr als Maßnahme der Instandhaltung angesehen werden (vgl. OVG Lüneburg 29.7.2008 – 1 ME 98/08, BRS 73 Nr. 188). **Keine Änderung** im Sinne des § 85 Abs. 3 stellt die bloße **Nutzungsänderung** dar, und zwar unabhängig davon, ob diese gemäß § 60 Abs. 2 Nr. 1 verfahrensfrei ist. § 2 Abs. 13 stellt Änderung und Nutzungsänderung als verschiedene Baumaßnahmen nebeneinander. Der eindeutige Wortlaut des § 85 Abs. 3 und die Systematik der NBauO lassen es daher nicht zu, auch eine Nutzungsänderung als Änderung im Sinne des § 85 Abs. 3 anzusehen. Unter den Begriff der Änderung fallen **nicht nur genehmigungspflichtige Baumaßnahmen**. Nach dem Wortlaut des § 85 Abs. 3 kommt es nicht darauf an, ob die Änderung genehmigungspflichtig ist oder nicht. Da die Bauaufsichtsbehörde häufig von genehmigungsfreien Baumaßnahmen nichts erfährt, dürfte dem Anpassungsverlangen in diesen Fällen allerdings kaum praktische Bedeutung zukommen.

Das Anpassungsverlangen nach § 85 Abs. 3 ist nicht auf Bauteile beschränkt, die in konstruktivem Zusammenhang mit den von der Änderung betroffenen Bauteilen stehen. Es erstreckt sich auf alle **von der Änderung nicht betroffenen Teile der baulichen Anlage**. Das Anpassungsverlangen kann auch Bauteile betreffen, die in der baulichen Anlage bisher nicht vorhanden sind, ohne die jedoch nach der NBauO die bauliche Anlage rechtswidrig ist: Deshalb können auch aus Anlass einer Änderung einer baulichen Anlage Einstellplätze verlangt werden. Weil für bauliche Anlagen, die einen Kfz-Verkehr auslösen, Einstellplätze zur Verfügung stehen müssen, wird man entweder diese als (Bestand-)Teile der baulichen Anlage bezeichnen oder die mit Einstellplätzen „unterversorgten" Teile als anzupassende Teile der baulichen Anlage ansehen müssen. Können die nach der NBauO erforderlichen Einstellplätze auf dem Baugrundstück oder in dessen Nähe nicht geschaffen werden, kann die Bauaufsichtsbehörde auch die Zahlung des Ablösebetrages an die Gemeinde verlangen. Freilich setzt auch das Anpassungsverlangen nach § 85 Abs. 3 voraus, dass das für die Genehmigung des Bauwerks maßgebliche „alte Recht" von der NBauO abweicht (vgl. → Rn. 17). 27

Das Anpassungsverlangen findet seine Grenze in den dem Bauherrn **zumutbaren Mehrkosten**, die der Gesetzgeber auf maximal 20 % festgelegt hat. Für die starre Regelung spricht ihre Klarheit. Die Kosten der Anpassung sind dabei ebenso wie die Kosten der Änderung durch Kostenvoranschlag zu ermitteln. Da mit dem Prozentsatz nur das objektive Verhältnis zwischen den Kosten der Anpassung und den Kosten der beabsichtigten Änderung berücksichtigt wird, ist es nicht ausgeschlossen, dass die persönlichen Verhältnisse des Bauherrn ein Anpassungsverlangen als unzumutbar erscheinen lassen. Der Zumutbarkeit der mit der Anpassung verbundenen Mehrkosten kommt im Hinblick auf Art. 14 GG erhebliche Bedeutung zu. Das **der Bauaufsichtsbehörde in § 85 Abs. 3 eingeräumte Ermessen** ermöglicht es, auch solchen subjektiven Gesichtspunkten in Grenzen Rechnung zu tragen. Selbstverständlich ist daneben auch zu beachten, welche Auswirkungen die bestehende Abweichung von den Anforderungen der NBauO hat. 28

Das **Anpassungsverlangen** ist **an den Bauherrn des Änderungsvorhabens zu richten**, weil dieses das Anpassungsverlangen auslöst und kostenmäßig begrenzt (OVG Hamburg 16.6.2004 – 2 Bf 182/02, BeckRS 2004, 23795 Rn. 36 = BRS 67 Nr. 154). Den Grundstückseigentümer trifft eine Duldungspflicht, die ebenfalls gemäß § 85 Abs. 3 verfügt werden kann. Das **Anpassungsverlangen** kann **als Auflage oder Bedingung** der Baugenehmigung für die Änderung beigefügt werden. Allerdings wird es meist nötig sein, auch für die Anpassung einen Bauantrag mit Bauvorlagen zu stellen. Dann empfiehlt es sich, dem Bauherrn die Bauvorlage zur Einarbeitung des Anpassungsverlangens zurückzugeben. Weigert sich der Bauherr, dies zu tun, kann der Bauantrag für die Änderung unter Berufung auf das Anpassungsverlangen abgelehnt werden. Die ursprüngliche Baugenehmigung ist im erforderlichen Umfang zu widerrufen (→ Rn. 31). 29

Ein zeitlicher Zusammenhang zwischen der Änderung der baulichen Anlage und dem Anpassungsverlangen genügt nicht, vielmehr muss die **Anpassung vor der Änderung** 30 der baulichen Anlage **verlangt** werden (OVG Hamburg 16.6.2004 – 2 Bf 182/02, BeckRS 2004, 23795 Rn. 43 = BRS 67 Nr. 154). Spätestens dann, wenn von der Baugenehmigung für die Änderung Gebrauch gemacht wurde, kann nicht mehr auf § 85 Abs. 3 zurückgegriffen werden. Dafür spricht nicht nur der Wortlaut des Abs. 3, sondern auch der Sinnzusammenhang. Da die Änderung der baulichen Anlage Anlass für die Anpassung ist, muss dem Bauherrn offenbleiben, ob er wegen des Anpassungsverlangens von einer Änderung absieht. Nach Ausnutzung der Baugenehmigung kann er Nachforderungen hingegen nicht mehr durch den Verzicht auf die Ausnutzung der Baugenehmigung ausweichen.

E. Bauordnungsverfügung und Widerruf einer Baugenehmigung (Abs. 4)

31 Will die Bauaufsichtsbehörde ein Anpassungsverlangen stellen, bedarf es in jedem Fall einer **Bauordnungsverfügung**, die einen belastenden Verwaltungsakt darstellt. **Rechtsgrundlage** für diese Verfügung ist **§ 85 Abs. 2 und 3** (vgl. OVG Lüneburg 29.7. 2008 – 1 ME 98/08, BRS 73 Nr. 188). Die bis zur Vorauflage vertretene Ansicht, Rechtsgrundlage sei § 79, wird mit Blick auf den Gesetzeswortlaut des § 85 Abs. 2 und 3 und die gänzlich unterschiedlichen Zielsetzungen des § 79 einerseits und des § 85 andererseits (→ Rn. 15) ausdrücklich aufgegeben. Wird durch die mit dem Anpassungsverlangen gestellte Anforderung nach § 85 Abs. 2 oder 3 die Beseitigung, Änderung oder Errichtung einer baulichen Anlage angeordnet, die einer **Baugenehmigung** bedarf, ist diese in der Bauordnungsverfügung zumindest **konkludent enthalten** (VGH Kassel 6.8.2007 – 4 TG 1133/07, NVwZ-RR 2008, 83 = BRS 71 Nr. 195). Zur Vorbereitung der Bauordnungsverfügung ist ein **Verwaltungsverfahren** gemäß § 1 Abs. 1 Nds. VwVfG in Verbindung mit den §§ 9 ff. VwVfG durchzuführen, wobei es insbesondere einer Anhörung gemäß § 28 VwVfG bedarf. Die Bauaufsichtsbehörde muss zudem eine Ermessensentscheidung gemäß § 40 VwVfG treffen. Sie muss erwägen, ob das Vertrauen des Betroffenen auf den Bestand der Baugenehmigung bzw. die materielle Rechtslage (ohne Genehmigung) schutzwürdig ist. Das Anpassungsverlangen muss zudem hinreichend bestimmt sein (§ 37 Abs. 1 VwVfG) und bedarf gemäß § 39 Abs. 1 VwVfG besonders sorgfältiger Begründung insbesondere mit Blick auf den Verhältnismäßigkeitsgrundsatz, weil die Ermessensentscheidung nicht wie bei § 79 im Regelfall vorgezeichnet ist. Die Begründung muss die Berücksichtigung der wechselseitigen Interessen erkennen lassen und darf sich nicht auf formelhafte Feststellungen beschränken.

32 Soweit eine Baugenehmigung vorliegt, die das bestehende Vorhaben legalisiert, bedarf es zudem des **Widerrufs der Baugenehmigung** in dem Umfang, in dem die Genehmigung dem Anpassungsverlangen entgegensteht. Die notwendige Rechtsgrundlage für den Widerruf ergibt sich aus **§ 1 Abs. 1 Nds. VwVfG in Verbindung mit § 49 Abs. 2 S. 1 Nr. 1 VwVfG und § 85 Abs. 4**. § 49 Abs. 2 S. 1 Nr. 1 VwVfG gestattet den entschädigungslosen (vgl. § 49 Abs. 6 S. 1 VwVfG) Widerruf, wenn dieser durch Rechtsvorschrift zugelassen ist. Eine solche Rechtsvorschrift stellt § 85 Abs. 4 dar. Soweit danach bauliche Anlagen an die Vorschriften der geltenden NBauO anzupassen sind, können nach bisherigem Recht erteilte Baugenehmigungen ohne Entschädigung widerrufen werden. Das gilt sinngemäß für Bauvorbescheide und Bauanzeigen. Der Widerruf sollte in der Bauordnungsverfügung explizit ausgesprochen werden, wobei es zulässig und auch zweckmäßig ist, in einem ersten Verfügungspunkt den Umfang der durchzuführenden Anpassungen zu verfügen und in einem weiteren Punkt den Widerruf der Baugenehmigung „im Umfang des Anpassungsverlangens" ohne weitere Konkretisierung auszusprechen. Denn die Reichweite des Widerrufs kann in der Regel nur durch die nach § 85 Abs. 2 oder 3 angeordneten Maßnahmen präzise bestimmt werden. Unterbleibt ein ausdrücklicher Widerruf, kann dieser abhängig von den Umständen des Einzelfalls konkludent in dem Anpassungsverlangen enthalten sein. Ein ausdrücklicher Widerruf der be-

stehenden Baugenehmigung empfiehlt sich aber schon deshalb, damit der Bauaufsichtsbehörde die Tragweite des Anpassungsverlangens bewusst wird, zumal die bei der Ermessensausübung nach § 85 zu beachtenden Gesichtspunkte denen beim Widerruf wegen geänderter Rechtsvorschriften entsprechen. Der Ausschluss einer Entschädigung verstärkt die Notwendigkeit einer sorgfältigen Ermessensentscheidung. Diese kann und sollte für das Anpassungsverlangen und den Widerruf einheitlich ergehen.

F. Anpassung baulicher Anlagen an Vorschriften aufgrund der NBauO (Abs. 5)

§ 85 Abs. 5 ordnet die entsprechende Geltung des § 85 Abs. 1 bis 4 in Bezug auf die Anpassung baulicher Anlagen an Vorschriften, die aufgrund der NBauO ergehen, an. Das betrifft insbesondere die auf der Grundlage des § 82 ergehenden **Rechtsverordnungen** sowie die als **Satzungen** ergehenden örtlichen Bauvorschriften (§ 84). Im Anwendungsbereich des § 85 Abs. 5 gelten die gleichen Restriktionen, die auch im unmittelbaren Anwendungsbereich des § 85 Abs. 1 bis 4 Geltung beanspruchen (→ Rn. 14 ff.). 33

§ 86 Übergangsvorschriften

(1) [1]Für die vor dem 1. November 2012 eingeleiteten Verfahren ist weiterhin die Niedersächsische Bauordnung in der Fassung vom 10. Februar 2003 (Nds. GVBl. S. 89), zuletzt geändert durch § 13 des Gesetzes vom 10. November 2011 (Nds. GVBl. S. 415), anzuwenden. [2]Dies gilt nicht für die Anforderungen nach den §§ 5 bis 7, § 9 Abs. 3 und § 44 Abs. 5 Sätze 1 und 2.

(2) Für die ab dem 1. November 2012 und vor dem 1. Januar 2019 eingeleiteten Verfahren ist dieses Gesetz weiterhin in der am 31. Dezember 2018 geltenden Fassung anzuwenden; Absatz 4 Satz 2 bleibt unberührt.

(3) Bis zum 1. Januar 2019 für Bauarten erteilte allgemeine bauaufsichtliche Zulassungen oder Zustimmungen im Einzelfall gelten als Bauartgenehmigung fort.

(4) [1]Bestehende Anerkennungen als Prüf-, Überwachungs- und Zertifizierungsstellen bleiben in dem bis zum 1. Januar 2019 bestimmten Umfang wirksam. [2]Vor dem 1. Januar 2019 gestellte Anträge gelten als Anträge nach diesem Gesetz.

(5) Nachweise im Sinne des § 65 Abs. 4 und 6 dürfen auch von Personen erstellt werden, die eine Bestätigung nach § 1 Abs. 2 Satz 4 der Prüfeinschränkungs-Verordnung vom 15. Mai 1986 (Nds. GVBl. S. 153), geändert durch Verordnung vom 15. Oktober 1986 (Nds. GVBl. S. 340), haben.

(6) Wer seit dem 1. Januar 1971 in Ausübung seines Berufes ständig andere als die in § 53 Abs. 9 Nr. 1 genannten Entwürfe verfasst hat, darf weiterhin bis zum 31. Dezember 2020 entsprechende Entwürfe verfassen, wenn diese Befugnis durch die seinerzeit zuständige obere Bauaufsichtsbehörde nach § 100 der Niedersächsischen Bauordnung in der bis zum 30. Juni 1995 geltenden Fassung vom 6. Juni 1986 (Nds. GVBl. S. 157), zuletzt geändert durch Artikel II des Gesetzes vom 7. November 1991 (Nds. GVBl. S. 295), erteilt worden ist.

§ 86 enthält verschiedene **Übergangsvorschriften**, die verschiedenen Gesetzesänderungen Rechnung tragen und die Anwendung von altem Recht für vor dem Inkrafttreten neuen Rechts bereits eingeleitete Verfahren vorsehen oder die Fortgeltung alter Berechtigungen zur Erstellung bautechnischer Nachweise (§ 65) bzw. zur Verfassung von Entwürfen (§ 53) anordnen. Die Vorschrift begegnet dem Grundsatz, dass neues Recht mit dem Inkrafttreten vorbehaltlich einer besonderen Regelung auch für alle noch nicht abgeschlossenen Verfahren gilt. Das soll mit Blick auf den verfassungsrechtlich gebotenen **Vertrauensschutz** einerseits und den Gedanken der **Verwaltungsvereinfachung** an- 1 dererseits verhindert werden. Vertrauensschutzgesichtspunkte gebieten es, eine einmal erlangte Rechtsposition nach Möglichkeit unberührt zu lassen. Das gilt insbesondere für eine einmal erworbene Befugnis zur Vornahme bestimmter Tätigkeiten, mit Einschränkungen aber auch für die mit der Stellung eines Bauantrags erlangte verfahrensrechtliche Position. Zugleich entspricht es dem Grundsatz einer effektiven Verwaltung, wenn neues Recht nicht ohne besondere Rechtfertigung auf ein bereits laufendes Verfahren angewandt wird, soweit das zur Folge hätte, dass ein nennenswerter Teil des Verfahrens zu wiederholen bzw. das Vorhaben insgesamt neu zu bewerten wäre.

2 **Abs. 1** trägt der Neufassung der NBauO zum 1.11.2012 Rechnung. Die Vorschriften der NBauO 2012 und der DVO-NBauO 2012 gelten grundsätzlich für alle Baumaßnahmen im Sinne des § 2 Abs. 13 (Errichtung, bauliche Änderung, Abbruch oder Beseitigung, Nutzungsänderung und Instandhaltungsmaßnahmen), die nach dem jeweiligen Inkrafttreten der Vorschriften (1.11. bzw. 13.4.2012, vgl. § 88) begonnen wurden. Abweichend davon bestimmt § 86 Abs. 1 für **die vor dem 1.11.2012 eingeleiteten Verfahren,** dass weiterhin die NBauO in der Fassung vom 10.2.2003 (Nds. GVBl. S. 89), zuletzt geändert durch § 13 des Gesetzes vom 10.11.2011 (Nds. GVBl. S. 415) gilt. Der Begriff des Verfahrens ist mit dem Begriff des Verwaltungsverfahrens im Sinne von § 9 VwVfG gleichzusetzen (OVG Lüneburg 18.6.2019 – 1 KN 64/15, BeckRS 2019, 12681). Erfasst werden in erster Linie Baugenehmigungsverfahren, wenn der Bauantrag vor dem 1.11.2012 gestellt wurde. Dann ist das **Baugenehmigungsverfahren**, wenn es an diesem Tag noch nicht durch eine Entscheidung über den Bauantrag (ggf. nach Widerspruch oder Klage) abgeschlossen ist, weiterhin nach den §§ 71 ff. der bisherigen NBauO abzuwickeln. Das gilt insbesondere im Hinblick auf das Genehmigungserfordernis (vgl. § 69a NBauO 2003) und die Verfahrensart (vereinfachtes oder „normales" Baugenehmigungsverfahren, vgl. § 75a NBauO 2003). Wünscht der Bauherr einer Baumaßnahme die Anwendung der NBauO 2012, weil nach den neuen Verfahrensvorschriften diese Baumaßnahme nur noch im vereinfachten Genehmigungsverfahren (§ 63) geprüft wird oder genehmigungsfrei ist (§ 62), so kann er dies erreichen, indem er seinen alten Bauantrag zurücknimmt und einen neuen Bauantrag stellt bzw. die Mitteilung nach § 62 Abs. 3 einreicht. **Kein Verfahren** im Sinne von § 86 Abs. 1 S. 1 ist dagegen das **Verfahren zur Aufstellung einer örtlichen Bauvorschrift**, weil es sich insoweit nicht um ein Verwaltungsverfahren handelt. Hinzu kommt, dass eine andere Auslegung mit dem in § 86 Abs. 1 S. 2 angeordneten Inkrafttreten des § 84 unmittelbar nach Verkündung nicht in Einklang stünde (OVG Lüneburg 18.6.2019 – 1 KN 64/15, BeckRS 2019, 12681).

3 § 86 Abs. 1 S. 1 scheint auf den ersten Blick nur ein Weitergelten der alten Verfahrensvorschriften anzuordnen. Wie jedoch aus der Ausnahmevorschrift des Satzes 2 hervorgeht, soll für Baumaßnahmen, für die vor dem 1.11.2012 eine Baugenehmigung beantragt bzw. der Entwurf eingereicht worden ist, auch **das bisherige materiellrechtliche Bauordnungsrecht** grundsätzlich **fortgelten**. Das bis zum 12.4. bzw. 31.10.2012 geltende materielle Bauordnungsrecht der NBauO ist also für die noch ausstehende Entscheidung über den Bauantrag (ggf. über den eingelegten Widerspruch oder die Klage) maßgeblich.

4 Hiervon **abweichend** bestimmt **Satz 2** jedoch, dass bestimmte Anforderungen der neuen NBauO auch schon die unter Satz 1 fallenden Baumaßnahmen erfassen. Das gilt zunächst – zu Gunsten des Bauherrn und zum Nachteil betroffener Nachbarn – für die **Abstandsregelungen** nach den §§ 5-7. Der Bau braucht also nur noch die reduzierten Abstände einzuhalten. Hatte beispielsweise ein Nachbar einen Widerspruch gegen die Baugenehmigung darauf gestützt, dass der (zuvor in § 7 NBauO 2003 vorgeschriebene) Normalanstand von 1 H nicht eingehalten werde, so hat dieser Widerspruch nun keinen Erfolg mehr. Weiter gilt § 9 Abs. 3 mit der Forderung nach **Kleinkinderspielplätzen** für Wohngebäude mit mehr als fünf Wohnungen auch für Baumaßnahmen, die unter Satz 1 fallen, und zwar einschließlich § 3 DVO-NBauO, der die Forderung nach Spielplätzen näher ausgestaltet. Schließlich ist § 44 Abs. 5 S. 1 und 2 über Rauchmelder in Wohnungen schon auf die im Verfahren begriffenen Baumaßnahmen anzuwenden.

Die **Änderung der NBauO im Jahr 2018** hat § 86 Abs. 1 unverändert gelassen. Die Relevanz der Vorschrift dürfte mittlerweile gering sein. Allenfalls im Einvernehmen ruhend gestellte Baugenehmigungsverfahren sowie gegebenenfalls einzelne Verfahren, in denen der Rechtsweg beschritten wurde, dürften auf einen Bauantrag aus dem Jahr 2012 zurückgehen. Dennoch hat sich der Gesetzgeber zur Beibehaltung der Regelung entschlossen, was darauf hindeutet, dass er mit derart alten Baugenehmigungsverfahren rechnet. **5**

Abs. 2 wurde mit der Änderung der NBauO im Jahr 2018 neu eingefügt. Die Vorschrift gilt für alle **Verfahren**, die ab dem 1.11.2012 und vor dem Tag des Inkrafttretens der im Jahr 2018 beschlossenen Änderungen, also **vor dem 1.1.2019**, **eingeleitet** wurde. Für diese Verfahren gilt weiterhin das bis zum 31.12.2018 geltende Recht. Davon unberührt bleiben nach § 86 Abs. 2 Hs. 2 vor dem 1.1.2019 eingeleitete Verfahren auf Anerkennung als Prüf-, Überwachungs- und Zertifizierungsstelle gemäß § 24. Verfahren, die aufgrund eines Antrags vor Inkrafttreten der Neuregelungen eingeleitet wurden, werden nach § 86 Abs. 4 S. 2 nach neuem Recht zu Ende geführt. Halbsatz 2 hat nur klarstellenden Charakter; sein Regelungsgehalt folgt bereits unmittelbar aus § 86 Abs. 4 S. 2. **6**

Abs. 3 sieht vor, dass bis zum 1.1.2019 für Bauarten erteilte allgemeine bauaufsichtliche Zulassungen oder Zustimmungen im Einzelfall als **Bauartgenehmigung** fortgelten. Die Vorschrift trägt der Tatsache Rechnung, dass das neue Recht an die Stelle der nach altem Recht für Bauarten erteilten Verwendbarkeitsnachweise gemäß § 21 NBauO 2012 das Instrument der Bauartgenehmigung gemäß § 16a setzt. Da dies die bisher erteilten Zulassungen und Zustimmungen nicht entwertet, gelten diese ohne erneute Prüfung als Bauartgenehmigungen fort. Der bisherige Abs. 3, der vorsah, dass Personen, Stellen, Überwachungsgemeinschaften und Behörden, die am 30.6.1995 zu Prüfstellen bestimmt oder als Überwachungsstellen anerkannt waren, weiterhin als Prüf- oder Überwachungsstellen galten, ist mit der Änderung im Jahr 2018 ersatzlos entfallen. Der Gesetzgeber ging davon aus, dass der Anwendungsbereich der Bestimmung zwischenzeitlich entfallen ist (LT-Drs. 18/1136, S. 50). **7**

§ 86 **Abs. 4 S. 1** ordnet an, dass bestehende **Anerkennungen als Prüf-, Überwachungs- und Zertifizierungsstellen** in dem bis zum 1.1.2019 bestimmten Umfang wirksam bleiben. Die Vorschrift begegnet dem Umstand, dass sich die Rechtsgrundlagen für die Anerkennung von Prüf-, Überwachungs- und Zertifizierungsstellen (§ 17 Abs. 5 und 6 sowie § 24 NBauO 2012) geändert haben. Die Prüfstelle nach § 17 Abs. 5 NBauO 2012 sowie die Überwachungsstelle nach § 17 Abs. 6 NBauO 2012 sind nunmehr in § 16a Abs. 6 und 7 für Bauarten sowie in § 24 für Bauprodukte geregelt. Die Anerkennung von allgemeinen bauaufsichtlichen Prüfstellen bestimmen nunmehr § 16a Abs. 3 für Bauarten sowie § 24 Nr. 2 für Bauprodukte. In § 24 werden zudem die weiteren Stellen im Verfahren der Übereinstimmungsbestätigung geregelt. Lediglich aus Vereinfachungsgründen sind in § 24 auch weiterhin die im Zusammenhang mit Bauarten stehenden Stellen eingeschlossen. Materiellrechtliche Änderungen sind mit der Gesetzesänderung nicht beabsichtigt. In § 25 Abs. 2 ist allerdings eine europarechtlich bedingte Einschränkung eingefügt worden. Diese Einschränkung ergibt sich jedoch auch bereits aus unmittelbar geltendem Harmonisierungsrecht, sodass konsequenterweise die bisher bestehenden Anerkennungen fortgelten. Die Übergangsregelung in Abs. 4 dient aus Sicht des Gesetzgebers der Klarstellung (LT-Drs. 18/1136, S. 50). **8**

Der Zusatz „in dem bis zum 1.1.2019 bestimmten Umfang" dient aus Sicht des Gesetzgebers ebenfalls der Klarstellung (LT-Drs. 18/1136, S. 50). In der Gesetzesbegründung heißt es dazu: „Denn sollte es im Zuge der **Umstellung der Bauregelliste A** (auf die in den Anerkennungsbescheiden zur Produktbestimmung Bezug genommen wird) auf die neue Verwaltungsvorschrift nach § 83 unter Umständen auch zu Anpassungen bei den Produkten kommen, sollen die damit einhergehenden Rechtsunsicherheiten von Beginn an ausgeschlossen werden. Es soll zudem vermieden werden, dass insbesondere allgemeine bauaufsichtliche Prüfungen auf der Grundlage von Anerkennungsbescheiden weiter erteilt werden, die nicht mehr im Einklang mit den aktuellen Technischen Bau- **9** bestimmungen nach § 83 Abs. 2 Nrn. 4 und 5 stehen und gegebenenfalls über diese hinausreichen. Sobald die Verwaltungsvorschrift nach § 83 erstmals bekannt gemacht ist, sollen die Anerkennungsbescheide von Amts wegen nach Anhörung der betroffenen Stellen an die neue Rechtslage angepasst werden."

10 § 86 **Abs. 4 S. 2** ordnet abweichend von § 86 Abs. 2 S. 1 an, dass **vor dem 1.1.2019 nach altem Recht gestellte Anträge als Anträge nach neuem Recht** fortgelten. Die Vorschrift bezweckt, dass neu erteilte Anerkennungsbescheide stets das geltende Recht und die aktuellen Verwaltungsvorschriften berücksichtigen, um eine etwaige nachträglich Anpassungsnotwendigkeit von vornherein zu vermeiden (→ Rn. 9).

11 **Abs. 5** übernimmt den bisherigen Abs. 2, der wiederum auf der Besitzstandsklausel in § 100 Abs. 2 NBauO 2003 beruht, mit nur redaktionell angepasstem, aber ansonsten unverändertem Inhalt. Die **PrüfeVO** von 1986, auf die sich Abs. 5 bezieht, sah in ihrem § 1 Abs. 1 erstmals vor, dass bei bestimmten Arten von Gebäuden mit geringerem Gefahrenpotential die Prüfung von Standsicherheit, Schall- und Wärmeschutz entfiel, wenn sie von Ingenieuren mit mindestens zweijähriger Berufserfahrung aufgestellt wurden. § 1 Abs. 2 dieser Verordnung bestimmte dies auch zugunsten anderer Personen. wenn diese seit dem 1.9.1981 Standsicherheitsnachweise für bestimmte Arten von Bauten mit einem Gesamtvolumen von mindestens acht Millionen DM ohne wesentliche Beanstandungen aufgestellt hatten. Das Vorliegen dieser Voraussetzung musste von der obersten Bauaufsichtsbehörde bestätigt worden sein. Die Bestätigung konnte nur bis zum 1.9.1987 beantragt werden. Die Inhaber dieser Bestätigung sollen auch weiterhin berechtigt bleiben, von der Prüfung befreite technische Nachweise aufzustellen. Dies wird dadurch bewirkt, dass Abs. 5 sie den in § 65 Abs. 4 (Standsicherheit) und Abs. 6 (Schall- und Wärmeschutz) genannten Personen gleichstellt.

12 **Abs. 6 übernimmt den bisherigen Abs. 4** in unveränderter Form. Die NBauO in ihrer ursprünglichen Fassung von 1973 bestimmte in § 58 a.F. erstmals, dass als Entwurfsverfasser genehmigungsbedürftiger Baumaßnahmen nur Architekten oder Ingenieure tätig werden durften (Abs. 3). Bei bestimmten Baumaßnahmen durften auch Handwerksmeister oder handwerksrechtlich Gleichgestellte Entwurfsverfasser sein (Abs. 4). Keine solchen formellen Voraussetzungen galten für Entwürfe, die üblicherweise von anderen Fachkräften verfasst werden (etwa Werbeanlagen), und für Entwürfe einfacher Art, wenn kein Standsicherheitsnachweis erforderlich ist (Abs. 5). Dazu enthielt die damalige NBauO eine Übergangsregelung in § 100 Abs. 3 a.F. zugunsten von Personen ohne die formelle Qualifikation eines Architekten oder Ingenieurs, die in Ausübung ihres Berufs seit dem 1.1.1971 ständig andere als die in § 58 Abs. 4 und 5 erwähnten (also diese Qualifikation voraussetzenden) Entwürfe verfasst hatten. Diesen Personen konnte die damalige obere Bauaufsichtsbehörde auf Antrag die Befugnis erteilen, weiterhin solche Entwürfe zu verfassen; den Antrag konnten sie nur bis zum 31.12.1974 stellen. Diese Besitzstandsregelung blieb auch nach der 5. NBauO-Novelle von 11.4.1986, mit der auch § 58 umgestaltet wurde, unverändert bestehen. Durch die 7. NBauO-Novelle vom 15.6.1995 wurde die Vorschrift in dieses ÄnderungsG als Art. II Abs. 7 verlagert. Sie erhielt dabei einen anderen Wortlaut; ihr Inhalt blieb jedoch unverändert. Die Novelle vom 24.6.2005 fügte sie als § 100 Abs. 5 wieder in die NBauO ein, jetzt verbunden mit der Bestimmung, dass die erteilte Befugnis mit dem 31.12.2020 endet. In dieser Gestalt ist die Besitzstandsregelung in § 86 Abs. 6 der aktuell geltenden NBauO übernommen worden. Ob noch Personen aufgrund dieser Regelung als Entwurfsverfasser tätig sind, ist unbekannt; die Gesetzesbegründung macht dazu keine Ausführungen.

§ 87 Änderung von Rechtsvorschriften

(1) In § 7a Abs. 1 des Niedersächsischen Architektengesetzes in der Fassung vom 26. März 2003 (Nds. GVBl. S. 177), zuletzt geändert durch Artikel 1 des Gesetzes vom 11. Oktober 2010 (Nds. GVBl. S. 475), wird die Angabe „§ 58 Abs. 3 Nr. 2“ durch die Angabe „§ 53 Abs. 3 Satz 2 Nr. 2“ ersetzt.

(2) In § 15 Abs. 4 Nr. 3 des Niedersächsischen Ingenieurgesetzes vom 12. Juli 2007 (Nds. GVBl. S. 324, 434), zuletzt geändert durch Artikel 15 des Gesetzes vom 7. Oktober 2010 (Nds. GVBl. S. 462) und durch Artikel 2 des Gesetzes vom 11. Oktober 2010 (Nds. GVBl. S. 475), werden die Angabe „§ 58“ durch die Angabe „§ 53“ und die Abkürzung „NBauO“ durch die Worte „der Niedersächsischen Bauordnung“ ersetzt.

(3) In § 96 Abs. 6 Satz 2 des Niedersächsischen Wassergesetzes vom 19. Februar 2010 (Nds. GVBl. S. 64), zuletzt geändert durch Verordnung vom 20. Dezember 2011 (Nds. GVBl. S. 507), wird die Angabe „§ 25“ durch die Angabe „§ 18“ ersetzt.

(4) § 164 des Niedersächsischen Kommunalverfassungsgesetzes vom 17. Dezember 2010 (Nds. GVBl. S. 576), zuletzt geändert durch Artikel 10 des Gesetzes vom 17. November 2011 (Nds. GVBl. S. 422), wird wie folgt geändert:

1. **In Absatz 2 Sätze 1 und 3 wird jeweils die Angabe „§ 63“ durch die Angabe „§ 57“ ersetzt.**
2. **In Absatz 6 werden nach der Angabe „§ 63a Abs. 1 NBauO“ die Worte „in der Fassung vom 10. Februar 2003 (Nds. GVBl. S. 89), zuletzt geändert durch § 13 des Gesetzes vom 10. November 2011 (Nds. GVBl. S. 415),“ eingefügt.**

(5) In § 11 Abs. 2 Nr. 3 des Niedersächsischen Nachbarrechtsgesetzes vom 31. März 1967 (Nds. GVBl. S. 91), zuletzt geändert durch Artikel 1 des Gesetzes vom 23. Februar 2006 (Nds. GVBl. S. 88), wird die Angabe „§ 69a Abs. 5 Satz 1“ durch die Angabe „§ 62 Abs. 2 Nr. 3“ ersetzt.

Die Regelung entstammt der Neufassung der NBauO im Jahr 2012. Die in Abs. 1-5 genannten anderen Gesetze beziehen sich an einigen Stellen auf Vorschriften der vor der Neufassung im Jahr 2012 geltenden NBauO, die in die NBauO 2012 übernommen wurden, jedoch **andere Paragrafennummern erhalten** haben. Demgemäß ersetzt § 87 in den betreffenden Gesetzen die alten durch die neuen Nummern. **1**

Anders verhält es sich nur bei **Abs. 4 Nr. 2**. Nach dem hier genannten § 63a der NBauO 2003 konnte einer Gemeinde oder Samtgemeinde eine auf bestimmte Arten von Bauwerken beschränkte „kleine“ Bauaufsicht übertragen werden. Die NBauO 2012 hat diese Möglichkeit abgeschafft, lässt aber die vor dem 1.11.2012 ausgesprochenen Übertragungen bestehen (§ 57 Abs. 2 S. 2). Daher zitiert § 164 Abs. 6 NKomVG weiterhin § 63a NBauO 2003, und der durch Abs. 4 Nr. 2 eingefügte Zusatz stellt nur klar, dass diese Fassung der NBauO gemeint ist. In der Region Hannover, mit der sich § 164 NKomVG befasst, hat allerdings bis zum 1.11.2012 keine Gemeinde die „kleine“ Bauaufsicht übertragen erhalten. **2**

Die Regelung ist seit der Übernahme der Änderungen in die genannten Gesetze **gegenstandslos**. **3**

§ 88 Inkrafttreten

(1) [1]Dieses Gesetz tritt am 1. November 2012 in Kraft. [2]Abweichend von Satz 1 treten die §§ 5 bis 7, § 9 Abs. 3, § 17 Abs. 8, § 44 Abs. 5 Sätze 1 und 2 und die §§ 82 und 84 am Tag nach der Verkündung in Kraft.

(2) [1]Die Niedersächsische Bauordnung in der Fassung vom 10. Februar 2003 (Nds. GVBl. S. 89), zuletzt geändert durch § 13 des Gesetzes vom 10. November 2011 (Nds. GVBl. S. 415), tritt mit Ablauf des 31. Oktober 2012 außer Kraft. [2]Abweichend von Satz 1 treten die §§ 7 bis 13 und 16 der Niedersächsischen Bauordnung in der in Satz 1 genannten Fassung zu dem in Absatz 1 Satz 2 genannten Zeitpunkt außer Kraft.

1 Die Vorschrift entstammt der Neufassung der NBauO im Jahr 2012. Danach sind die NBauO 2012 und die neue DVO-NBauO am **1.11.2012** in Kraft getreten. Einige Vorschriften der NBauO waren schon vorher, am Tag nach Verkündung der NBauO 2012 am **13.4.2012**, in Kraft getreten. Dies waren die §§ 5-7 mit der veränderten Regelung der Grenz- und Gebäudeabstände, § 9 Abs. 3 über Spielplätze für Kleinkinder, § 17 Abs. 8 betreffend die Zuständigkeit für die Marktüberwachung von Bauprodukten, § 44 Abs. 5 S. 1 und 2 über Rauchwarnmelder in Wohnungen, und die §§ 82 und 84, die zum Erlass von Verordnungen und örtlichen Bauvorschriften ermächtigen.

2 Die **Neuregelungen im Jahr 2018** sind **zum 1.1.2019 in Kraft getreten** (Art. 2 des Gesetzes zur Änderung der NBauO vom 12.9.2018, Nds. GVBl. S. 190, 253). Eine Änderung des § 29 DVO-NBauO ist am 2. Oktober 2019 (GVBl. S. 277) in Kraft getreten.

Anhang

Allgemeine Durchführungsverordnung zur Niedersächsischen Bauordnung (DVO-NBauO)[1]

Vom 26. September 2012
(Nds. GVBl. S. 382)
VORIS 21072

zuletzt geändert durch Art. 1 VO zur Änd. der Allgemeinen DurchführungsVO zur Nds. BauO vom 19.9.2019 (Nds. GVBl. S. 277)

Aufgrund des § 82 Abs. 1 Nrn. 1, 3, 4 und 5, Abs. 2 Nr. 7 und Abs. 4 der Niedersächsischen Bauordnung (NBauO) vom 3. April 2012 (Nds. GVBl. S. 46) wird verordnet:

Inhaltsübersicht

---

[1] **Amtl. Anm.:** Die Verpflichtungen aus der Richtlinie 98/34/EG des Europäischen Parlaments und des Rates vom 22. Juni 1998 über ein Informationsverfahren auf dem Gebiet der Normen und technischen Vorschriften und der Vorschriften für die Dienste der Informationsgesellschaft (ABl. EG Nr. L 204 S. 37), zuletzt geändert durch die Richtlinie 2006/96/EG des Europäischen Parlaments und des Rates vom 20. November 2006 (ABl. EU Nr. L 363 S. 81), sind beachtet worden.

[gültig ab 1.11.2012]

§ 1 Zuwegung (zu den §§ 4, 14 und 33 NBauO)

(1) [1]Zu einem Gebäude muss von einer öffentlichen Verkehrsfläche ein mindestens 1,25 m breiter Zu- oder Durchgang vorhanden sein. [2]Für ein Gebäude, aus dem ein Rettungsweg über eine mit Rettungsgeräten der Feuerwehr erreichbare Stelle des Gebäudes führt, muss ein Zu- oder Durchgang im Sinne des Satzes 1 auch zu den zum Anleitern bestimmten Stellen auf dem Baugrundstück vorhanden sein.

(2) [1]Für ein Gebäude, dessen Wandöffnungen oder sonstige Stellen, die zum Anleitern bestimmt sind, mehr als 8 m über der Geländeoberfläche liegen, muss anstelle eines Zu- oder Durchgangs nach Absatz 1 eine Zu- oder Durchfahrt zum Gebäude und zu den zum Anleitern bestimmten Stellen vorhanden sein. [2]Für ein Gebäude, das mehr als 50 m von öffentlichen Verkehrsflächen entfernt liegt, muss eine Zu- oder Durchfahrt auch zu den vor und hinter dem Gebäude liegenden Grundstücksflächen vorhanden sein, wenn sie für Feuerwehreinsätze erforderlich ist.

(3) [1]Zu- und Durchfahrten dürfen nicht versperrt und durch Einbauten nicht eingeengt sein. [2]Zu- und Durchfahrten nach Absatz 2 müssen als solche gekennzeichnet und für Feuerwehrfahrzeuge ausreichend befestigt und tragfähig sein. [3]Die Kennzeichnung muss von der öffentlichen Verkehrsfläche aus sichtbar sein.

§ 2 Aufstell- und Bewegungsflächen für die Feuerwehr (zu den §§ 4 und 14 NBauO)

[1]An den zum Anleitern bestimmten Stellen auf dem Grundstück für Gebäude nach § 1 Abs. 2 Satz 1 und, soweit es für Feuerwehreinsätze erforderlich ist, auf den Grundstücksflächen nach § 1 Abs. 2 Satz 2 müssen Aufstell- und Bewegungsflächen für die Feuerwehr vorhanden sein. [2]Ist das Gebäude so beschaffen, dass für die Personenrettung der Einsatz von Hubrettungsfahrzeugen erforderlich ist, so müssen die dafür erforderlichen Aufstell- und Bewegungsflächen vorhanden und über Zu- oder Durchfahrten erreichbar sein. [3]Für die Aufstell- und Bewegungsflächen und die Zu- oder Durchfahrten gilt § 1 Abs. 3 Sätze 1 und 2 entsprechend.

§ 3 Kinderspielplätze (zu § 9 NBauO)

[1]Die nutzbare Fläche eines Spielplatzes nach § 9 Abs. 3 NBauO muss mindestens 3 m^2 je Wohnung, für die der Spielplatz bestimmt ist, betragen. [2]Hat eine Wohnung mehr als drei Aufenthaltsräume, so erhöht sich die erforderliche Fläche des Spielplatzes ab dem vierten Aufenthaltsraum der Wohnung um 2 m^2 je Aufenthaltsraum. [3]Die nutzbare Fläche eines Spielplatzes darf nicht kleiner als 30 m^2 sein. [4]Die Beschaffenheit eines Spielplatzes richtet sich nach den Spiel- und Bewegungsbedürfnissen der Kinder. [5]Werden an die Größe oder die Beschaffenheit des Spielplatzes Anforderungen in einer örtlichen Bauvorschrift gestellt, so sind diese Anforderungen maßgebend.

§ 4 Umwehrungen (zu § 16 NBauO)

(1) Zum Schutz gegen Absturzgefahren müssen umwehrt sein:

1. zum Begehen bestimmte Flächen baulicher Anlagen, Treppen und Verkehrsflächen auf dem Baugrundstück, wenn die Flächen, Treppen und Verkehrsflächen mehr als 1 m tiefer liegenden Flächen benachbart sind und die Umwehrung dem Zweck der Flächen nicht widerspricht,
2. Öffnungen, nicht begehbare Oberlichte und Glasabdeckungen an oder in zum Begehen bestimmten Flächen baulicher Anlagen, Oberlichte und Glasabdeckungen jedoch nur, wenn ihre Ränder weniger als 0,50 m über diese Flächen hinausragen,
3. Schächte, wie insbesondere Kellerlichtschächte und Betriebsschächte, die an oder in Verkehrsflächen auf dem Baugrundstück oder an öffentlichen Verkehrsflächen liegen und nicht verkehrssicher abgedeckt sind.

(2) [1]Umwehrungen nach Absatz 1 müssen bei einer Absturzhöhe bis zu 12 m mindestens 0,90 m, im Übrigen mindestens 1,10 m hoch sein. [2]Brüstungen von Fahrtreppen müssen stets nur 0,90 m hoch sein.

(3) [1]Fensterbrüstungen müssen bei einer Absturzhöhe von 1 m bis 12 m mindestens 0,80 m, bei einer Absturzhöhe von mehr als 12 m mindestens 0,90 m hoch sein. [2]Eine Fensterbrüstung braucht die Anforderungen des Satzes 1 nicht zu erfüllen, wenn

1. ein Schutz gegen Absturzgefahren durch eine andere Umwehrung sichergestellt ist, die den Anforderungen nach Absatz 2 Satz 1 entspricht, oder
2. dem Fenster in demselben Geschoss eine Fläche, wie zum Beispiel ein Balkon oder eine Terrasse, vorgelagert ist, die nach Absatz 2 Satz 1 umwehrt ist.

(4) [1]Umwehrungen von Flächen, auf denen sich üblicherweise auch Kinder aufhalten, müssen so ausgebildet sein, dass ein Überklettern der Umwehrungen nicht erleichtert wird. [2]Öffnungen in diesen Umwehrungen dürfen bei einer Breite von mehr als 12 cm nicht höher als 12 cm und bei einer Höhe von mehr als 12 cm nicht breiter als 12 cm sein. [3]Der seitliche Abstand zwischen den Umwehrungen und den zu sichernden Flächen darf nicht größer als 6 cm sein. [4]Die Sätze 1 bis 3 gelten nicht für Umwehrungen von Treppen von Wohngebäuden der Gebäudeklassen 1 und 2 und von Treppen in Wohnungen.

§ 5 Tragende Wände und aussteifende Wände (zu § 27 NBauO)

(1) [1]Tragende Wände und aussteifende Wände müssen, ausgenommen in Kellergeschossen,

1. in Gebäuden der Gebäudeklasse 5 feuerbeständig,
2. in Gebäuden der Gebäudeklasse 4 mindestens hochfeuerhemmend und
3. in Gebäuden der Gebäudeklassen 2 und 3 mindestens feuerhemmend

sein. [2]Gebäude werden nicht der Gebäudeklasse 2 wegen angebauter Gebäude zugeordnet, wenn die angebauten Gebäude insgesamt nicht mehr als 30 m^2 Grundfläche und weder Aufenthaltsräume noch Feuerstätten haben oder Kleingaragen sind.

(2) Absatz 1 gilt nicht für tragende Wände und aussteifende Wände

1. in obersten Geschossen in Dachräumen,
2. von Balkonen, ausgenommen Balkone, über die Rettungswege führen, und
3. von eingeschossigen Gebäuden ohne Aufenthaltsräume und Feuerstätten.

(3) [1]In Kellergeschossen müssen tragende Wände und aussteifende Wände

1. in Gebäuden der Gebäudeklassen 3, 4 und 5 feuerbeständig sowie
2. in Gebäuden der Gebäudeklassen 1 und 2 mindestens feuerhemmend

sein. [2]Satz 1 Nr. 2 gilt nicht für Wände von freistehenden land- oder forstwirtschaftlich genutzten Gebäuden ohne Aufenthaltsräume.

§ 6 Außenwände (zu § 28 NBauO)

(1) Nichttragende Außenwände und nichttragende Teile tragender Außenwände müssen

1. aus nichtbrennbaren Baustoffen bestehen, wobei Dämmstoffe in nichtbrennbaren geschlossenen Profilen von Außenwandkonstruktionen sowie Fugendichtungen unberücksichtigt bleiben, oder
2. als raumabschließende Bauteile feuerhemmend sein.

(2) [1]Außenseitige Oberflächen und Bekleidungen von Außenwänden einschließlich der Dämmstoffe und Unterkonstruktionen müssen schwerentflammbar sein. [2]Unterkonstruktionen außenseitiger Bekleidungen dürfen aus normalentflammbaren Baustoffen bestehen, wenn die Brandausbreitung auf und in den Außenwänden ausreichend lang begrenzt ist. [3]Bekleidungen von Balkonen müssen, soweit sie über die erforderliche Umwehrungshöhe hinausreichen, schwerentflammbar sein. [4]Großflächige Bauteile wie Vorsatz- und Lichtblenden sowie Beschichtungen und Folien an Außenwänden gelten als Bekleidungen, soweit nichts anderes bestimmt ist. [5]Baustoffe, die im Brandfall brennend abtropfen oder brennend abfallen können, dürfen in Bauteilen im Sinne der Sätze 1 bis 4 nicht verwendet werden.

(3) [1]Solarenergieanlagen an Außenwänden müssen schwerentflammbar sein, wenn sie sich über mehr als zwei Geschosse erstrecken; Absatz 2 Sätze 2 und 5 gilt entsprechend. [2]Sie dürfen Öffnungen in Außenwänden nicht überdecken.

(4) [1]Außenwandkonstruktionen mit geschossübergreifenden Hohl- oder Lufträumen, wie zum Beispiel hinterlüftete Außenwandbekleidungen, sind nur zulässig, wenn gegen eine Brandausbreitung in den Hohl- oder Lufträumen Vorkehrungen getroffen sind. [2]Für geschossübergreifende Doppelfassaden gilt Satz 1 entsprechend.

(5) Die Absätze 1 bis 4 Satz 1 gelten nicht in Bezug auf Gebäude der Gebäudeklassen 1, 2 und 3 sowie Terrassenvorbauten und Windfänge; Absatz 4 Satz 1 in Verbindung mit Absatz 4 Satz 2 gilt nicht in Bezug auf Gebäude der Gebäudeklassen 1 und 2.

§ 7 Trennwände (zu § 29 NBauO)

(1) [1]Trennwände müssen als raumabschließende Bauteile vorhanden sein

1. zwischen Nutzungseinheiten sowie zwischen einer Nutzungseinheit und anders genutzten Räumen, ausgenommen notwendige Flure,
2. in Kellergeschossen zwischen einem Aufenthaltsraum und anders genutzten Räumen,
3. in Gebäuden der Gebäudeklassen 4 und 5 zwischen einem Aufenthaltsraum im Dachraum einschließlich seiner Zugänge und dem nicht ausgebauten Teil des Dachraumes, wenn dieser Teil so groß ist, dass darin ein Aufenthaltsraum mit der erforderlichen lichten Höhe möglich ist, sowie
4. zwischen einem Raum mit Explosions- oder erhöhter Brandgefahr und anderen Räumen.

[2]Eine Trennwand nach Satz 1 Nr. 1 oder 2 muss entsprechend der Feuerwiderstandsfähigkeit der tragenden Bauteile des Geschosses, in dem sie sich befindet, feuerwiderstandsfähig, jedoch mindestens feuerhemmend sein. [3]Eine Trennwand nach Satz 1 Nr. 3 muss mindestens feuerhemmend, eine Trennwand nach Satz 1 Nr. 4 muss feuerbeständig sein.

(2) [1]Eine Trennwand nach Absatz 1 muss an die Rohdecke oder an die Dachhaut anschließen. [2]Eine Rohdecke im Dachraum, an die eine Trennwand anschließt, muss als raumabschließendes Bauteil einschließlich der sie tragenden und aussteifenden Bauteile mindestens feuerhemmend sein.

(3) Trennwände nach Absatz 1 dürfen Öffnungen haben, die auf die für die Nutzung des Gebäudes oder der Räume erforderliche Zahl und Größe beschränkt sind; die Öffnungen müssen dichtschließende, selbstschließende und mindestens feuerhemmende Abschlüsse haben.

(4) Absatz 1 Satz 1 Nrn. 1, 2 und 4 gilt nicht in Bezug auf Wohngebäude der Gebäudeklassen 1 und 2.

§ 8 Brandwände (zu § 30 NBauO)

(1) [1]Eine Brandwand muss vorhanden sein

1. zum Abschluss eines Gebäudes (Gebäudeabschlusswand), soweit der Abstand der Abschlusswand zu den Grenzen des Baugrundstücks weniger als 2,50 m beträgt und die Abschlusswand diesen Grenzen in einem Winkel von weniger als 45° zugekehrt ist,
2. in Abständen von nicht mehr als 40 m
   a) als Gebäudeabschlusswand bei aneinandergebauten Gebäuden auf demselben Baugrundstück und
   b) innerhalb eines ausgedehnten Gebäudes zu dessen Unterteilung (innere Brandwände),
3. als Gebäudeabschlusswand im Bereich der aneinandergebauten Wände eines Wohngebäudes und eines land- oder forstwirtschaftlich genutzten Gebäudes auf demselben Baugrundstück,
4. als innere Brandwand zwischen einem dem Wohnen dienenden Teil und dem land- oder forstwirtschaftlich genutzten Teil eines Gebäudes,
5. abweichend von Nummer 2 Buchst. b als innere Brandwand zur Unterteilung eines land- oder forstwirtschaftlich genutzten Gebäudes in Gebäudeabschnitte von nicht mehr als 10 000 m^3 Brutto-Rauminhalt, bei einem eingeschossigen Stall jedoch von nicht mehr als 5 000 m^2 Grundfläche, wobei Geschosse zur ausschließlichen Lagerung von Jauche oder Gülle jeweils unberücksichtigt bleiben.

[2]Satz 1 Nr. 1 gilt nicht für Gebäudeabschlusswände von eingeschossigen Gebäuden mit nicht mehr als 30 m^2 Grundfläche, die weder Aufenthaltsräume noch Feuerstätten haben, und von Terrassenvorbauten, Windfängen, Dachgauben und ähnlichen Dachaufbauten. [3]Besteht ein Baugrundstück gemäß § 2 Abs. 12 Satz 2 NBauO aus mehreren aneinander grenzenden Grundstücken, so müssen die Anforderungen des Satzes 1 Nr. 1 gegenüber den Grenzen jedes dieser Grundstücke eingehalten sein. [4]Für die Bemessung des Abstandes nach Satz 1 Nr. 1 dürfen benachbarte Grundstücke in entsprechender Anwendung des § 6 NBauO hinzugerechnet werden. [5]In Fällen nach Satz 1 Nr. 5 müssen bei Ställen die durch die Abweichung von Satz 1 Nr. 2 bedingten Erschwernisse für die Rettung der Tiere im Brandfall unter Berücksichtigung der Art der Tierhaltung ausgeglichen werden.

(2) [1]Brandwände müssen auch unter zusätzlicher mechanischer Beanspruchung feuerbeständig sein und aus nichtbrennbaren Baustoffen bestehen. [2]In den Fällen nach Absatz 1 Satz 1 Nrn. 1, 2 und 5 genügen anstelle von Brandwänden

1. für Gebäude der Gebäudeklasse 4 Wände, die auch unter zusätzlicher mechanischer Beanspruchung hochfeuerhemmend sind,
2. für Gebäude der Gebäudeklassen 1, 2 und 3 hochfeuerhemmende Wände,
3. für Gebäude der Gebäudeklassen 1, 2 und 3 in Bezug auf Gebäudeabschlusswände Wände, die von innen nach außen entsprechend der Feuerwiderstandsfähigkeit der tragenden und der aussteifenden Bauteile des Gebäudes feuerwiderstandsfähig, mindestens jedoch feuerhemmend, und von außen nach innen feuerbeständig sind.

[3]In den Fällen nach Absatz 1 Satz 1 Nrn. 3 und 4 genügen anstelle von Brandwänden feuerbeständige Wände, wenn die land- oder forstwirtschaftlich genutzten Gebäude oder Gebäudeteile nicht mehr als 2 000 m^3 Brutto-Rauminhalt haben. [4]Für Wände, die nach den Sätzen 2 und 3 anstelle von Brandwänden genügen, gelten die Absätze 3 und 5 bis 8 entsprechend. [5]Gemeinsame Wände von Gebäuden (§ 12 Abs. 2 NBauO) müssen Brandwände sein; in den Fällen nach Satz 2 Nrn. 2 und 3 genügen feuerbeständige Wände.

(3) [1]Eine Brandwand muss durchgehend bis zur Bedachung reichen und in allen Geschossen ohne Versatz angeordnet sein. [2]Abweichend von Satz 1 dürfen anstelle einer inneren Brandwand Wände in den Geschossen versetzt angeordnet sein, wenn

1. die Wände im Übrigen den Anforderungen nach Absatz 2 Satz 1 entsprechen,
2. Decken, soweit sie mit den Wänden verbunden sind, feuerbeständig sind, aus nichtbrennbaren Baustoffen bestehen und ohne Öffnungen sind,
3. die Bauteile, die die Wände oder die Decken im Sinne der Nummer 2 tragen oder aussteifen, feuerbeständig sind und aus nichtbrennbaren Baustoffen bestehen,
4. die Außenwände im Bereich des Versatzes und in seiner Breite in dem Geschoss oberhalb oder unterhalb des Versatzes feuerbeständig sind und
5. Öffnungen in den Außenwänden im Bereich des Versatzes so angeordnet oder andere Vorkehrungen so getroffen sind, dass eine Brandübertragung in andere Brandabschnitte nicht zu befürchten ist.

(4) [1]Bilden zwei Außenwände oder zwei Abschnitte einer Außenwand in einem Abstand von bis zu 5 m vom Schnittpunkt der Außenwände oder der Abschnitte der Außenwand

1. mit einer Brandwand oder
2. mit einer Wand nach Absatz 2 Satz 2 oder 3

einen Winkel von weniger als 120°, so muss in einem Abstand von 5 m zu diesem Schnittpunkt mindestens eine der Außenwände oder einer der Abschnitte der Außenwand ohne Öffnungen, feuerbeständig und aus nichtbrennbaren Baustoffen sein. [2]In den Fällen nach Satz 1 Nr. 2 genügt es, wenn eine der Außenwände oder einer der Abschnitte der Außenwand in dem Abstand von 5 m zum Schnittpunkt mit der Wand nach Absatz 2 Satz 2 oder 3 entsprechend der jeweiligen Feuerwiderstandsfähigkeit dieser Wand feuerwiderstandsfähig ist.

(5) [1]Brandwände dürfen keine Öffnungen haben. [2]Abweichend von Satz 1 dürfen innere Brandwände Öffnungen haben, wenn die Öffnungen auf die für die Nutzung des Gebäudes erforderliche Zahl und Größe beschränkt sind und dichtschließende, selbstschließende und feuerbeständige Abschlüsse haben.

(6) [1]Brandwände müssen mindestens 0,30 m über die Dachhaut reichen oder in Höhe der Dachhaut mit einer beiderseits mindestens 0,50 m auskragenden feuerbeständigen Platte aus nichtbrennbaren Baustoffen abgeschlossen sein; darüber dürfen brennbare Teile des Daches nicht vorhanden sein. [2]Abweichend von Satz 1 genügt es bei Gebäuden der Gebäudeklassen 1, 2 und 3 mit harter Bedachung (§ 11 Abs. 1), wenn die Brandwände ohne Hohlräume an die Dachhaut anschließen. [3]Brandwände von Gebäuden mit einer nicht harten Bedachung müssen mindestens 0,50 m über die Dachhaut reichen.

(7) [1]Bauteile aus brennbaren Baustoffen dürfen durch Brandwände nicht hindurchgeführt sein und Brandwände nicht überbrücken. [2]Außenwandkonstruktionen, die eine seitliche Brandausbreitung begünstigen, wie Doppelfassaden und hinterlüftete Außenwandbekleidungen, dürfen über Brandwände nur hinweggeführt sein, wenn Vorkehrungen gegen die Brandausbreitung in der Außenwandkonstruktion getroffen sind. [3]Bauteile wie Leitungen und Schornsteine sowie Leitungsschlitze dürfen die Feuerwiderstandsfähigkeit von Brandwänden nicht beeinträchtigen; Stahlträger und Stahlstützen müssen eine der Feuerwiderstandsfähigkeit der Brandwand entsprechend feuerwiderstandsfähige Ummantelung haben. [4]Außenseitige Oberflächen und Bekleidungen von Gebäudeabschlusswänden nach Absatz 1 Satz 1 Nr. 1 einschließlich der Unterkonstruktionen und der Dämmstoffe müssen nichtbrennbar sein.

(8) In inneren Brandwänden dürfen Teilflächen aus lichtdurchlässigen, nichtbrennbaren Baustoffen bestehen, wenn diese Flächen feuerbeständig und auf die für die Nutzung des Gebäudes erforderliche Zahl und Größe beschränkt sind.

§ 9 Stützen (zu den §§ 27, 29 und 30 NBauO)

Für Stützen gelten die §§ 5, 7 und 8 sinngemäß.

§ 10 Decken (zu § 31 NBauO)

(1) [1]Decken müssen, ausgenommen in Kellergeschossen,

1. in Gebäuden der Gebäudeklasse 5 feuerbeständig,
2. in Gebäuden der Gebäudeklasse 4 mindestens hochfeuerhemmend und
3. in Gebäuden der Gebäudeklassen 2 und 3 sowie als oberste Decken, über denen Aufenthaltsräume nicht liegen, abweichend von den Nummern 1 und 2 mindestens feuerhemmend

sein. [2]Satz 1 gilt nicht für oberste Decken in Gebäuden ohne Aufenthaltsräume und für Balkone, die nicht als Rettungsweg dienen; § 7 Abs. 2 Satz 2 bleibt unberührt. [3]§ 5 Abs. 1 Satz 2 gilt entsprechend.

(2) [1]In Kellergeschossen müssen Decken

1. in Gebäuden der Gebäudeklassen 3, 4 und 5 feuerbeständig sowie
2. in Gebäuden der Gebäudeklasse 1 und 2 mindestens feuerhemmend

sein. [2]Satz 1 Nr. 2 gilt nicht für Decken von freistehenden land- oder forstwirtschaftlich genutzten Gebäuden ohne Aufenthaltsräume.

(3) Decken

1. unter und über Räumen mit Explosions- oder erhöhter Brandgefahr, ausgenommen in Wohngebäuden der Gebäudeklassen 1 und 2, sowie
2. zwischen dem Wohnteil und dem land- oder forstwirtschaftlich genutzten Teil eines Gebäudes

müssen abweichend von den Absätzen 1 und 2 feuerbeständig sein.

(4) [1]Decken nach Absatz 3 dürfen Öffnungen nicht haben. [2]Decken, die nach Absatz 1 oder 2 feuerwiderstandsfähig sein müssen, dürfen Öffnungen nur haben

1. für notwendige Treppen und für Aufzüge sowie für Schächte, an die in der Niedersächsischen Bauordnung oder in Vorschriften aufgrund der Niedersächsischen Bauordnung Anforderungen bezüglich des Brandschutzes gestellt werden, und
2. für andere Zwecke, wenn die Öffnungen auf die für die Nutzung des Gebäudes erforderliche Zahl und Größe beschränkt sind sowie dichtschließende und selbstschließende Abschlüsse haben, die entsprechend der Feuerwiderstandsfähigkeit der Decken feuerwiderstandsfähig sind.

[3]Der Anschluss der Decken an Außenwände muss die Anforderungen nach § 31 Abs. 3 Satz 2 NBauO erfüllen. [4]Die Einschränkungen nach Satz 2 gelten nicht für Decken in Gebäuden der Gebäudeklassen 1 und 2, in Nutzungseinheiten mit nicht mehr als 400 m^2 Grundfläche und nicht mehr als zwei Geschossen sowie in Wohnungen.

§ 11 Dächer (zu § 32 NBauO)

(1) Bedachungen, die gegen Flugfeuer und strahlende Wärme von außen ausreichend lang widerstandsfähig sind (harte Bedachung), sind nur erforderlich, soweit in den Absätzen 2 bis 4 nichts Abweichendes geregelt ist.

(2) [1]Bedachungen freistehender Gebäude der Gebäudeklassen 1 und 3 brauchen die Anforderungen an eine harte Bedachung nicht zu erfüllen, soweit der Abstand der Bedachung

1. von den Grenzen des Baugrundstücks mindestens 12 m, bei einem Wohngebäude mindestens 6 m,
2. von Gebäuden auf demselben Baugrundstück mit harter Bedachung mindestens 15 m, bei einem Wohngebäude mindestens 9 m,

3. von Gebäuden auf demselben Baugrundstück mit einer Bedachung, die nicht die Anforderungen an eine harte Bedachung erfüllt, mindestens 24 m, bei einem Wohngebäude mindestens 12 m und
4. von nur Nebenzwecken dienenden Gebäuden auf demselben Baugrundstück, die nicht mehr als 60 m^2 Grundfläche und nicht mehr als zwei Geschosse haben sowie ohne Aufenthaltsräume und Feuerstätten sind, mindestens 5 m

beträgt. [2]In Bezug auf Satz 1 Nr. 1 gilt § 6 NBauO sinngemäß.

(3) Die Anforderungen an eine harte Bedachung brauchen nicht zu erfüllen

1. Bedachungen von Gebäuden mit nicht mehr als 50 m^3 Brutto-Rauminhalt, die weder Aufenthaltsräume noch Feuerstätten haben,
2. Dachflächenfenster, Lichtkuppeln und Oberlichte von Wohngebäuden,
3. Vordächer und lichtdurchlässige Bedachungen
   a) aus nichtbrennbaren Baustoffen,
   b) mit brennbaren Dämmstoffen in nichtbrennbaren geschlossenen Profilen und im Übrigen aus nichtbrennbaren Baustoffen und
   c) mit brennbaren Baustoffen in Verbundgläsern und Fugendichtungen und im Übrigen aus nichtbrennbaren Baustoffen, sowie
4. Eingangsüberdachungen und Gewächshäuser.

(4) Bedachungen dürfen begrünt sein und Teilflächen aus brennbaren Baustoffen haben, wenn eine Brandentstehung durch Flugfeuer oder strahlende Wärme von außen nicht zu befürchten ist oder Vorkehrungen gegen eine Brandentstehung getroffen sind.

(5) [1]Dächer von traufseitig aneinandergebauten Gebäuden müssen als raumabschließende Bauteile einschließlich der sie tragenden und aussteifenden Bauteile von innen nach außen feuerhemmend sein, wenn zum Abschluss der Gebäude voneinander Brandwände oder Wände nach § 8 Abs. 2 Satz 2 oder 3 vorhanden sein müssen. [2]Bilden Dächer mit Wänden, die Brandwände oder Wände nach § 8 Abs. 2 Satz 2 oder 3 sein müssen, einen Winkel von mehr als 110°, so müssen Öffnungen in den Dächern, waagerecht gemessen, mindestens 2 m von diesen Wänden entfernt sein.

(6) Von einer Brandwand und einer Wand nach § 8 Abs. 2 Satz 2 oder 3 müssen mindestens 1,25 m entfernt sein

1. Dachflächenfenster, Lichtkuppeln, Oberlichte und Öffnungen im Dach, wenn die Brandwand oder die Wand nach § 8 Abs. 2 Satz 2 oder 3 nicht mindestens 30 cm über die Bedachung reicht,
2. Solarenergieanlagen und Sonnenkollektoren in oder auf einem Dach, Dachgauben und ähnliche Dachaufbauten, wenn sie aus brennbaren Baustoffen bestehen und nicht durch die Brandwand oder die Wand nach § 8 Abs. 2 Satz 2 oder 3 gegen Brandübertragung geschützt sind.

(7) [1]Dächer, die an Außenwände ohne Feuerwiderstandsfähigkeit oder an Außenwände mit Öffnungen oberhalb des Daches angebaut sind, müssen innerhalb eines Abstandes von 5 m von diesen Außenwänden als raumabschließende Bauteile einschließlich der sie tragenden und aussteifenden Bauteile von innen nach außen der Feuerwiderstandsfähigkeit der Decken des Gebäudeteils, an den sie angebaut sind, entsprechend feuerwiderstandsfähig sein. [2]Dies gilt nicht für Dächer, die an Außenwände von Wohngebäuden der Gebäudeklassen 1, 2 und 3 angebaut sind.

§ 12 Ställe (zu § 14 NBauO)

[1]Für Räume, in denen Tiere gehalten werden, in Ställen müssen Ausgänge ins Freie in solcher Anzahl, Höhe und Breite vorhanden sein und sich so öffnen lassen, dass die Tiere bei Gefahr ohne Schwierigkeiten ins Freie gelangen können. [2]Von jeder Stelle des Raumes muss mindestens ein Ausgang ins Freie in einer Entfernung von nicht mehr als 35 m erreichbar sein.

§ 13 Rettungswege (zu § 33 NBauO)

(1) Gebäude, für die ein Rettungsweg über Rettungsgeräte der Feuerwehr führt, dürfen nur errichtet werden, wenn die Feuerwehr über die erforderlichen Rettungsgeräte verfügt.

(2) [1]In einer Entfernung von nicht mehr als 35 m muss in demselben Geschoss

1. von jeder Stelle jedes Aufenthaltsraumes mindestens ein Ausgang ins Freie oder ein notwendiger Treppenraum (§ 35 Abs. 1 NBauO) oder, wenn ein Treppenraum nach § 35 Abs. 2 NBauO nicht erforderlich ist, mindestens eine notwendige Treppe und
2. von jeder Stelle jedes Kellergeschosses mindestens ein Ausgang ins Freie oder ein notwendiger Treppenraum

erreichbar sein. [2]Übereinander liegende Kellergeschosse müssen mindestens je zwei Ausgänge im Sinne des Satzes 1 Nr. 2 haben.

(3) Die Entfernung von in notwendigen Fluren angeordneten Türen von Aufenthaltsräumen zu offenen Gängen oder Vorräumen zu Sicherheitstreppenräumen (§ 16) darf nicht mehr als 15 m betragen.

§ 14 Treppen (zu § 34 NBauO)

(1) [1]Notwendige Treppen müssen in einem Zuge zu allen angeschlossenen Geschossen führen. [2]Dies gilt nicht

1. für notwendige Treppen in Gebäuden der Gebäudeklassen 1, 2 und 3,
2. für notwendige Treppen, die nach § 35 Abs. 2 NBauO ohne eigenen Treppenraum zulässig sind,
3. für notwendige Treppen, soweit sie zu einem Geschoss im Dachraum ohne Aufenthaltsräume führen, und
4. für notwendige Treppen, soweit sie zu einem obersten Geschoss im Dachraum mit Aufenthaltsräumen führen, wenn diese notwendigen Treppen mit den übrigen notwendigen Treppen unmittelbar verbunden sind.

(2) [1]Tragende Teile notwendiger Treppen müssen

1. in Gebäuden der Gebäudeklasse 5 mindestens feuerhemmend sein und aus nichtbrennbaren Baustoffen bestehen,
2. in Gebäuden der Gebäudeklasse 4 aus nichtbrennbaren Baustoffen bestehen und
3. in Gebäuden der Gebäudeklasse 3 mindestens feuerhemmend sein oder aus nichtbrennbaren Baustoffen bestehen.

[2]Tragende Teile notwendiger Treppen als Außentreppen von Gebäuden der Gebäudeklassen 3, 4 und 5, die nach § 35 Abs. 2 Nr. 3 NBauO zulässig sind, müssen aus nichtbrennbaren Baustoffen bestehen. [3]Satz 2 gilt entsprechend für Umwehrungen notwendiger Treppen in Gebäuden der Gebäudeklassen 4 und 5, nicht jedoch für Handläufe.

(3) Vor einer Treppe, die hinter einer Tür beginnt, welche in Richtung der Treppe aufschlägt, ist ein Treppenabsatz erforderlich, dessen Länge mindestens der Breite der Tür entsprechen muss.

(4) Statt notwendiger Treppen dürfen Rampen mit einer Neigung von nicht mehr als 10 Prozent vorhanden sein.

§ 15 Notwendige Treppenräume (zu § 35 NBauO)

(1) [1]Wände von notwendigen Treppenräumen müssen als raumabschließende Bauteile

1. in Gebäuden der Gebäudeklasse 5 die Anforderungen an Brandwände erfüllen, dürfen jedoch Öffnungen haben,
2. in Gebäuden der Gebäudeklasse 4 auch unter zusätzlicher mechanischer Beanspruchung mindestens hochfeuerhemmend sein, und
3. in Gebäuden der Gebäudeklassen 1, 2 und 3 mindestens feuerhemmend sein.

[2]Abweichend von Satz 1 Nrn. 2 und 3 müssen Wände im Sinne des Satzes 1 in Kellergeschossen von Gebäuden der Gebäudeklassen 3 und 4 feuerbeständig sein. [3]Die Sätze 1 und 2 gelten nicht, soweit die Wände Außenwände sind und aus nichtbrennbaren Baustoffen bestehen und der notwendige Treppenraum als Rettungsweg durch andere an diese Außenwände anschließende Gebäudeteile im Brandfall nicht gefährdet werden kann. [4]Führt ein mittelbarer Ausgang im Sinne des § 35 Abs. 3 Satz 3 NBauO über einen Windfang, so genügt es, wenn die Wand zwischen dem notwendigen Treppenraum und dem Windfang aus nichtbrennbaren Baustoffen besteht.

(2) [1]Notwendige Treppenräume müssen

1. in jedem über dem zu ebener Erde gelegenen Geschoss mindestens ein Fenster zum Freien, das geöffnet werden kann und einen freien Querschnitt von mindestens 0,5 m^2 hat, oder
2. an ihrer obersten Stelle mindestens eine Öffnung zur Rauchableitung

haben. [2]In Gebäuden der Gebäudeklasse 5 müssen notwendige Treppenräume mindestens die Anforderung nach Satz 1 Nr. 2 erfüllen. [3]In Gebäuden der Gebäudeklassen 4 und 5 müssen für notwendige Treppenräume, die die Anforderung nach Satz 1 Nr. 1 nicht erfüllen, zusätzlich zu der Anforderung nach Satz 1 Nr. 2 Vorkehrungen zur Rauchableitung getroffen sein, wenn dies für den Einsatz der Feuerwehr erforderlich ist. [4]Die Öffnungen zur Rauchableitung müssen einen freien Querschnitt von insgesamt mindestens 1 m^2 haben und im Treppenraum vom Erdgeschoss und vom obersten Treppenabsatz aus geöffnet werden können. [5]An den Stellen, von denen aus die Öffnungen zur Rauchableitung bedient werden können, muss der Hinweis „Rauchabzug" angebracht und es muss erkennbar sein, ob die Öffnung zur Rauchableitung offen oder geschlossen ist.

(3) [1]Der obere Abschluss von notwendigen Treppenräumen muss als raumabschließendes Bauteil entsprechend der Feuerwiderstandsfähigkeit der Decken des Gebäudes feuerwiderstandsfähig sein. [2]Dies gilt nicht, wenn der obere Abschluss das Dach des Gebäudes ist und die Wände des Treppenraums ohne Hohlräume an die Dachhaut einer harten Bedachung anschließen.

(4) [1]In den Wänden von notwendigen Treppenräumen müssen

1. Öffnungen zu Werkstätten, Läden, Lagerräumen und ähnlich genutzten Räumen, zu sonstigen Räumen und Nutzungseinheiten mit einer Fläche von mehr als 200 m^2 Grundfläche, ausgenommen Wohnungen, sowie zu Kellergeschossen und zum Dachraum ohne Aufenthaltsräume rauchdichte, selbstschließende und mindestens feuerhemmende Abschlüsse,
2. Öffnungen zu notwendigen Fluren rauchdichte und selbstschließende Abschlüsse und
3. Öffnungen zu sonstigen Räumen und Nutzungseinheiten mindestens dichtschließende und selbstschließende Abschlüsse

haben. [2]Die Abschlüsse dürfen lichtdurchlässige Seitenteile und Oberlichte nur haben, wenn sie insgesamt nicht breiter als 2,50 m sind.

(5) [1]In notwendigen Treppenräumen und in Räumen nach § 35 Abs. 3 Satz 3 NBauO müssen

1. Putze, Bekleidungen, Unterdecken, Dämmstoffe und Einbauten aus nichtbrennbaren Baustoffen bestehen,
2. Wände und Decken aus brennbaren Baustoffen eine Bekleidung aus nichtbrennbaren Baustoffen in ausreichender Dicke haben und
3. Bodenbeläge, ausgenommen Gleitschutzprofile, aus schwerentflammbaren Baustoffen bestehen.

[2]In Bezug auf Satz 1 Nr. 1 ist § 6 Abs. 2 Satz 4 entsprechend anzuwenden.

(6) Notwendige Treppenräume in Gebäuden mit einer Höhe im Sinne des § 2 Abs. 3 Satz 3 NBauO von mehr als 13 m müssen eine Sicherheitsbeleuchtung haben.

§ 16 Sicherheitstreppenräume (zu den §§ 33 und 35 NBauO)

(1) Treppenräume sind im Sinne des § 33 Abs. 2 Satz 4 NBauO sicher erreichbar und durch besondere Vorkehrungen gegen Feuer und Rauch geschützt, wenn sie

1. an einer Außenwand liegen oder von dem Gebäude abgesetzt sind und in jedem Geschoss über einen unmittelbar davor liegenden offenen Gang erreichbar sind (außenliegende Sicherheitstreppenräume) oder
2. eine Druckbelüftungsanlage haben, die auch die Vorräume versorgt, und in jedem Geschoss über einen Vorraum erreichbar sind (innenliegende Sicherheitstreppenräume)

und im Übrigen die Anforderungen der Absätze 2 bis 6 erfüllen.

(2) [1]Die Wände von Sicherheitstreppenräumen müssen die Anforderungen nach § 15 Abs. 1 Satz 1 Nr. 1 erfüllen. [2]Öffnungen in den Wänden dürfen

1. bei außenliegenden Sicherheitstreppenräumen nur zu offenen Gängen oder ins Freie und
2. bei innenliegenden Sicherheitstreppenräumen nur zu Vorräumen oder ins Freie

vorhanden sein.

(3) [1]Die Türen außenliegender Sicherheitstreppenräume zu offenen Gängen müssen dichtschließend und selbstschließend sein und aus nichtbrennbaren Baustoffen bestehen. [2]Sie müssen in Fluchtrichtung aufschlagen. [3]Verglasungen in den Türen müssen mindestens 30 Minuten widerstandsfähig gegen Feuer sein. [4]Die Türen müssen bei dreiseitig offenen Gängen mindestens 1,50 m, bei offenen Gängen mit weniger als drei offenen Seiten mindestens 3 m von der Tür des offenen Ganges zum notwendigen Flur entfernt sein. [5]Der seitliche Abstand zwischen den Türen außenliegender Sicherheitstreppenräume und den Öffnungen von anderen als den in den Sätzen 1 und 4 genannten Räumen muss mindestens 1,50 m betragen. [6]Die Türen innenliegender Sicherheitstreppenräume zu Vorräumen müssen rauchdicht und selbstschließend sein; sie müssen in Fluchtrichtung aufschlagen.

(4) Die Fenster von Sicherheitstreppenräumen dürfen nur mit Steckschlüssel zu öffnen sein; Absatz 3 Satz 3 gilt entsprechend.

(5) [1]Außenliegende Sicherheitstreppenräume müssen Öffnungen zur Rauchableitung haben; § 15 Abs. 2 gilt entsprechend. [2]Innenliegende Sicherheitstreppenräume müssen gegen Raucheintritt im Brandfall durch die Druckbelüftungsanlage nach Absatz 1 Nr. 2 so geschützt werden, dass die Luft auch bei geöffneten Türen zu dem vom Brand betroffenen Geschoss unter allen Witterungsbedingungen entgegen der Fluchtrichtung strömt.

(6) Sicherheitstreppenräume müssen eine Sicherheitsbeleuchtung haben.

(7) Soweit in den Absätzen 1 bis 6 nichts anderes bestimmt ist, gilt § 15 entsprechend.

§ 17 Notwendige Flure (zu § 36 NBauO)

(1) Notwendige Flure sind nicht erforderlich

1. in Wohngebäuden der Gebäudeklassen 1 und 2,
2. in sonstigen Gebäuden der Gebäudeklassen 1 und 2, ausgenommen in Kellergeschossen,
3. innerhalb von Nutzungseinheiten mit nicht mehr als 200 m^2 Grundfläche und innerhalb von Wohnungen sowie
4. innerhalb von Nutzungseinheiten mit nicht mehr als 400 m^2 Grundfläche, die einer Büro- oder Verwaltungsnutzung dienen, wobei dies auch für Teile größerer Nutzungseinheiten mit dieser Nutzung gilt, wenn diese Teile nicht mehr als 400 m^2 Grundfläche, Trennwände nach § 7 Abs. 1 Satz 1 Nr. 1 und von anderen Teilen der Nutzungseinheit unabhängige Rettungswege nach § 33 NBauO und § 13 Abs. 2 haben.

(2) [1]Notwendige Flure müssen mindestens 1,25 m breit sein. [2]Eine Folge von weniger als drei Stufen darf in einem notwendigen Flur nicht vorhanden sein.

(3) [1]Wände von notwendigen Fluren müssen als raumabschließende Bauteile mindestens feuerhemmend, jedoch in Kellergeschossen, deren tragende Bauteile feuerbeständig sein müssen, feuerbeständig sein. [2]Die Wände müssen an die Rohdecke oder an die Dachhaut anschließen; sie müssen nur bis an eine Unterdecke des notwendigen Flurs reichen, wenn die Unterdecke feuerhemmend ist und ein der Anforderung nach Satz 1 gleichwertiger Raumabschluss vorhanden ist. [3]Türen in den Wänden von notwendigen Fluren müssen dichtschließend sein; Öffnungen in den Wänden von notwendigen Fluren zu Lagerräumen in Kellergeschossen müssen dichtschließende, selbstschließende und mindestens feuerhemmende Abschlüsse haben. [4]Soweit in Wänden notwendiger Flure, die nur feuerhemmend sein müssen, Verglasungen einen Abstand von mindestens 1,80 m vom Fußboden einhalten, brauchen die Verglasungen nur 30 Minuten widerstandsfähig gegen Feuer zu sein. [5]Die Sätze 1 bis 4 gelten nicht, soweit die Wände notwendiger Flure Außenwände sind und aus nichtbrennbaren Baustoffen bestehen und der notwendige Flur als Rettungsweg durch Wandöffnungen im Brandfall nicht gefährdet werden kann.

(4) [1]Notwendige Flure, die länger als 30 m sind, müssen in Rauchabschnitte unterteilt sein. [2]Ein Rauchabschnitt darf nicht länger als 30 m sein. [3]Die Abschlüsse zwischen den Rauchabschnitten müssen aus nichtbrennbaren Baustoffen bestehen und an die Rohdecke anschließen; sie müssen nur an eine Unterdecke des notwendigen Flurs anschließen, wenn die Unterdecke feuerhemmend ist. [4]Türen zwischen den Rauchabschnitten müssen nichtabschließbar, rauchdicht und selbstschließend sein. [5]Die Sätze 1 bis 4 gelten nicht für offene Gänge.

(5) Notwendige Flure, die in einen notwendigen Treppenraum oder unmittelbar ins Freie führen, dürfen nicht durch andere Räume unterbrochen sein.

(6) [1]In notwendigen Fluren müssen

1. Putze, Bekleidungen, Unterdecken und Dämmstoffe aus nichtbrennbaren Baustoffen bestehen und
2. Wände und Decken aus brennbaren Baustoffen eine Bekleidung aus nichtbrennbaren Baustoffen in ausreichender Dicke haben.

[2]In Bezug auf Satz 1 Nr. 1 ist § 6 Abs. 2 Satz 4 entsprechend anzuwenden.

(7) [1]Zum Betreten bestimmte Bauteile von offenen Gängen müssen einschließlich ihrer Unterstützungen entsprechend der Feuerwiderstandsfähigkeit der tragenden Bauteile des Gebäudes feuerwiderstandsfähig sein. [2]Offene Gänge sind vor den Außenwänden angeordnete notwendige Flure, die mindestens an einer Längsseite offen sind. [3]Umwehrungen von offenen Gängen dürfen Öffnungen nicht haben und müssen aus nichtbrennbaren Baustoffen bestehen. [4]Verglasungen in den Umwehrungen müssen mindestens 30 Minuten widerstandsfähig gegen Feuer sein. [5]Für Wände und Umwehrungen an offenen Gängen mit nur einer Fluchtrichtung gilt Absatz 3 Sätze 1 bis 3 entsprechend. [6]Fenster dürfen in den Wänden im Sinne des Satzes 5 unterhalb einer Brüstungshöhe von 0,90 m nicht vorhanden sein. [7]Absatz 6 gilt entsprechend; § 18 Abs. 5 und 6 bleibt unberührt.

§ 18 Offene Gänge zu außenliegenden Sicherheitstreppenräumen (zu § 36 NBauO)

(1) Offene Gänge zu außenliegenden Sicherheitstreppenräumen müssen die Anforderungen nach den Absätzen 2 bis 7 erfüllen.

(2) Offene Gänge müssen so im Windstrom angeordnet sein, dass im Brandfall Rauch aus notwendigen Fluren, ohne in den Sicherheitstreppenraum zu gelangen, ungehindert ins Freie entweichen kann.

(3) [1]Offene Gänge dürfen an ihren offenen Seiten durch einen Sturz nur eingeschränkt sein, wenn dessen Unterkante nicht mehr als 20 cm unter der Unterkante der Decke und

mindestens 30 cm über der Oberkante der Tür zum Sicherheitstreppenraum liegt. [2]Das Abziehen von Rauch darf durch Wetterschutzvorrichtungen nicht behindert werden.

(4) Offene Gänge müssen mindestens so breit wie die Laufbreite der Treppe im Sicherheitstreppenraum und mindestens doppelt so lang wie breit sein.

(5) [1]Wände, die an offenen Gängen liegen, müssen als raumabschließende Bauteile entsprechend der Feuerwiderstandsfähigkeit der tragenden Bauteile des Gebäudes feuerwiderstandsfähig sein und aus nichtbrennbaren Baustoffen bestehen. [2]Die Wände dürfen nur Öffnungen haben, die zu notwendigen Fluren oder zum Sicherheitstreppenraum führen oder zur ausreichenden Beleuchtung der notwendigen Flure oder des Sicherheitstreppenraumes erforderlich sind. [3]Der seitliche Abstand zwischen Türen von notwendigen Fluren zu offenen Gängen und Öffnungen sonstiger Räume, außer von Sicherheitstreppenräumen, muss mindestens 1,50 m betragen. [4]Für die Türen gilt § 16 Abs. 3 Sätze 1 bis 3 entsprechend.

(6) [1]Die zum Betreten bestimmten Bauteile offener Gänge müssen aus nichtbrennbaren Baustoffen bestehen. [2]Umwehrungen offener Gänge müssen entsprechend der Feuerwiderstandsfähigkeit der tragenden Bauteile des Gebäudes feuerwiderstandsfähig sein; sie dürfen außer zur Entwässerung keine Öffnungen haben. [3]Die Umwehrungen müssen mindestens 1,10 m hoch sein.

(7) Offene Gänge müssen eine Sicherheitsbeleuchtung haben.

(8) Soweit in den Absätzen 2 bis 7 nichts anderes bestimmt ist, gilt § 17 Abs. 2 und 5 bis 7 Sätze 1 bis 3 entsprechend.

§ 19 Vorräume vor innenliegenden Sicherheitstreppenräumen (zu § 36 NBauO)

(1) Vorräume vor innenliegenden Sicherheitstreppenräumen müssen die Anforderungen nach den Absätzen 2 bis 4 erfüllen.

(2) [1]Vorräume müssen mindestens so breit wie die Laufbreite der Treppen im Sicherheitstreppenraum sein. [2]Der Abstand zwischen der Tür eines Vorraums zum innenliegenden Sicherheitstreppenraum und den Türen des Vorraums zu notwendigen Fluren muss mindestens 3 m betragen.

(3) [1]Die Wände der Vorräume müssen als raumabschließende Bauteile entsprechend der Feuerwiderstandsfähigkeit der tragenden Bauteile des Gebäudes feuerwiderstandsfähig sein. [2]Sie dürfen nur Öffnungen zum Sicherheitstreppenraum und zu notwendigen Fluren haben. [3]Türen zu notwendigen Fluren müssen dichtschließend, selbstschließend und mindestens feuerhemmend sein und in Fluchtrichtung aufschlagen.

(4) [1]Soweit in den Absätzen 1 bis 3 nichts anderes bestimmt ist, gilt § 15 Abs. 5 entsprechend. [2]§ 16 Abs. 5 Satz 2 und Abs. 6 gilt entsprechend.

§ 20 Fenster und Türen (zu den §§ 37 und 43 NBauO)

(1) [1]In Aufenthaltsräumen muss die Größe der Öffnungen für notwendige Fenster im Rohbaumaß insgesamt mindestens ein Achtel der Netto-Grundfläche des Raumes zuzüglich der Netto-Grundfläche vor den Fenstern liegender Loggien und Vorbauten betragen. [2]Raumteile mit einer lichten Höhe bis 1,50 m bleiben außer Betracht.

(2) [1]Fenster, die als Rettungswege dienen, müssen im Lichten mindestens 0,90 m breit und 1,20 m hoch sein. [2]Die Höhe ihrer Brüstungen darf nicht mehr als 1,20 m betragen. [3]Geneigte Fenster und Fenster in Dachschrägen oder Dachaufbauten dürfen als Rettungswege nur vorgesehen sein, wenn sie so angeordnet sind, dass bei Gefahr Personen sich bemerkbar machen und von der Feuerwehr gerettet werden können. [4]Liegen Fenster nach Satz 3 oberhalb der Traufkante, so darf die Unterkante der Fenster oder ein davor liegender Austritt von der Traufkante waagerecht gemessen nicht mehr als 1 m entfernt sein.

(3) Eingangstüren von Wohnungen, von denen Aufzüge nach § 38 Abs. 3 NBauO erreichbar sein müssen, müssen eine lichte Durchgangsbreite von mindestens 0,90 m haben.

(4) [1]Glastüren und andere Glasflächen, die an allgemein zugänglichen Flächen vorhanden sind, müssen so ausgebildet oder gekennzeichnet sein, dass sie leicht erkennbar sind. [2]Sie müssen, soweit erforderlich, gesichert sein.

§ 21 Aufzüge (zu § 38 NBauO)

(1) [1]Aufzüge ohne Fahrschacht dürfen

1. innerhalb eines notwendigen Treppenraumes, ausgenommen in Hochhäusern,
2. innerhalb eines Raumes, der kein notwendiger Treppenraum ist,
3. zur Verbindung von Geschossen, die nach § 10 Abs. 4 Satz 2 durch Deckenöffnungen miteinander in Verbindung stehen dürfen, und
4. in Wohngebäuden der Gebäudeklassen 1 und 2

vorhanden sein. [2]Sie müssen verkehrssicher umkleidet sein. [3]In einem Fahrschacht dürfen bis zu drei Aufzüge eingebaut sein.

(2) [1]Die Fahrschachtwände und Fahrschachtdecken müssen als raumabschließende Bauteile

1. in Gebäuden der Gebäudeklasse 5 feuerbeständig und aus nicht brennbaren Baustoffen,
2. in Gebäuden der Gebäudeklasse 4 mindestens hochfeuerhemmend und
3. in Gebäuden der Gebäudeklasse 3 mindestens feuerhemmend

sein. [2]Fahrschachtwände aus brennbaren Baustoffen müssen schachtseitig eine Bekleidung aus nichtbrennbaren Baustoffen in ausreichender Dicke haben. [3]Fahrschachttüren und Abschlüsse anderer Öffnungen in Fahrschachtwänden, die feuerwiderstandsfähig sein müssen, müssen so beschaffen sein, dass eine Brandausbreitung in andere Geschosse ausreichend lang behindert wird.

(3) [1]Fahrschächte müssen gelüftet werden können und an ihrer obersten Stelle eine ins Freie führende Öffnung zur Rauchableitung haben, deren freier Querschnitt mindestens 2,5 Prozent der Grundfläche des Fahrschachts, mindestens jedoch 0,10 m^2 betragen muss. [2]Die Öffnung muss so angeordnet sein, dass der Rauchaustritt durch Windeinfluss nicht beeinträchtigt wird; sie darf einen Abschluss haben, wenn dieser sich bei Raucheintritt in den Fahrschacht selbsttätig öffnet und von außen von Hand geöffnet werden kann.

(4) [1]Bei Aufzügen, die nach § 38 Abs. 2 NBauO erforderlich sind, muss für je 20 ständige Benutzerinnen und Benutzer dieser Aufzüge ein Fahrkorbplatz zur Verfügung stehen. [2]Bei Aufzügen nach § 38 Abs. 3 NBauO muss die Fahrkorbgrundfläche mindestens 1,10 m × 1,40 m betragen, wenn Rollstühle aufzunehmen sind; die Fahrkorbgrundfläche muss mindestens 1,10 m × 2,00 m betragen, wenn Krankentragen aufzunehmen sind. [3]In einem Aufzug für Rollstühle und Krankentragen darf der Teil der Fahrkorbgrundfläche, der nur für Krankentragen erforderlich ist, von der übrigen Fahrkorbfläche durch eine verschließbare Tür abgetrennt sein.

(5) Für Aufzugsanlagen im Sinne der Betriebssicherheitsverordnung einschließlich der für ihren sicheren Betrieb erforderlichen Einrichtungen, die weder gewerblichen noch wirtschaftlichen Zwecken dienen und durch die Beschäftigte nicht gefährdet werden können, gelten die Vorschriften der Betriebssicherheitsverordnung entsprechend; zuständige Behörde ist die untere Bauaufsichtsbehörde.

[1] § 21 Abs. 1 Satz 1 Nr. 3 geänd. mWv 20. 11. 2012 durch VO v. 13.11.2012 (Nds. GVBl. S. 438).

§ 22 Zelte (zu den §§ 13 und 27 bis 32 NBauO)

Zelte einschließlich ihrer Tragkonstruktion brauchen abweichend von den §§ 6, 7 und 8 Abs. 1 Satz 1 Nr. 2 und den §§ 9 bis 11 nur aus normalentflammbaren Baustoffen zu bestehen; § 20 findet keine Anwendung.

§ 23 Lüftungsanlagen, Leitungsanlagen, Installationsschächte und -kanäle (zu § 39 NBauO)

(1) [1]Lüftungsanlagen dürfen nicht an Abgasanlagen angeschlossen sein. [2]Lüftungsleitungen dürfen sowohl der Lüftung als auch der Ableitung von Abgasen von Feuerstätten dienen, wenn wegen der Betriebs- und Brandsicherheit Bedenken nicht bestehen. [3]Die Abluft ist ins Freie zu führen.

(2) Lüftungsleitungen dürfen durch raumabschließende Bauteile, die feuerwiderstandsfähig sein müssen, nur hindurchgeführt sein und diese nur überbrücken, wenn eine Brandausbreitung ausreichend lang nicht zu erwarten ist oder wenn Vorkehrungen gegen eine Brandausbreitung getroffen sind.

(3) Lüftungsleitungen sowie deren Bekleidungen und Dämmschichten müssen aus nichtbrennbaren Baustoffen bestehen; sie dürfen aus brennbaren Baustoffen bestehen, wenn nicht zu befürchten ist, dass die Lüftungsleitung zur Brandentstehung oder Brandweiterleitung beiträgt, oder Vorkehrungen dagegen getroffen sind.

(4) In Lüftungsleitungen dürfen nicht zu Lüftungsanlagen gehörende Einrichtungen nicht vorhanden sein.

(5) Die Absätze 2 und 3 gelten nicht für Lüftungsanlagen in Gebäuden der Gebäudeklassen 1 und 2 und für Lüftungsanlagen, die innerhalb einer Nutzungseinheit mit nicht mehr als 400 m² Grundfläche in nicht mehr als zwei Geschossen oder innerhalb einer Wohnung eingebaut sind.

(6) Für Leitungen von raumlufttechnischen Anlagen und Warmluftheizungen sowie für deren Bekleidungen und Dämmschichten gelten die Absätze 1 bis 5 sinngemäß.

(7) Für Leitungsanlagen, die nicht Lüftungsanlagen sind, gelten die Absätze 2 und 5 entsprechend.

(8) Für Installationsschächte und -kanäle gelten die Absätze 2, 3 und 5 entsprechend.

§ 24 Wasserversorgungsanlagen, Anlagen für Abwässer, Dungstätten (zu § 41 NBauO)

(1) [1]Brunnen zur Trinkwasserversorgung müssen von Anlagen zur Lagerung oder Beseitigung von Abwässern oder festen Abfallstoffen, wie Kleinkläranlagen, Sammelgruben und Dungstätten, sowie von Gärfutterbehältern einen Abstand von mindestens 25 m einhalten. [2]Ein größerer Abstand muss eingehalten sein, wenn dies in der Umgebung von Verrieselungsanlagen oder wegen ungünstiger Untergrundverhältnisse erforderlich ist.

(2) [1]Kleinkläranlagen und Sammelgruben müssen wasserdicht und ausreichend groß sein; sie müssen dichte und sichere Abdeckungen sowie Öffnungen zum Reinigen und Entleeren haben. [2]Öffnungen zum Reinigen und Entleeren dürfen nur vom Freien aus zugänglich sein. [3]Zuleitungen zu Abwasserbeseitigungsanlagen müssen geschlossen, dicht und, soweit erforderlich, zum Reinigen geeignet sein.

(3) Dungstätten müssen, waagerecht gemessen, von Öffnungen zu Aufenthaltsräumen mindestens 5 m und von den Grenzen des Baugrundstücks mindestens 2 m entfernt sein.

§ 25 Aufbewahrung fester Abfallstoffe in Gebäuden (zu § 41 NBauO)

(1) [1]In Gebäuden der Gebäudeklassen 3, 4 und 5 mit Aufenthaltsräumen müssen Räume zur Aufbewahrung fester Abfallstoffe Trennwände und Decken haben, die als raumabschließende Bauteile entsprechend der Feuerwiderstandsfähigkeit der tragen-

den Bauteile des Gebäudes feuerwiderstandsfähig sind; sie dürfen Öffnungen zu Aufenthaltsräumen nicht haben. [2]Öffnungen zu anderen Räumen müssen dichtschließende, selbstschließende und mindestens feuerhemmende Abschlüsse haben. [3]Die Räume müssen von außen zugänglich sein und entleert werden können sowie eine ständig wirksame Lüftung und eine Fußbodenentwässerung mit Geruchverschluss haben.

(2) Anlagen und Einrichtungen zur Aufbewahrung fester Abfallstoffe sowie Abfallschächte und ihre Einfüllöffnungen dürfen nicht in Aufenthaltsräumen und nicht an den Wänden von Wohn- und Schlafräumen angebracht sein.

§ 26 Abstellraum (zu § 44 NBauO)

Jede Wohnung muss Abstellraum mit einer Grundfläche von insgesamt mindestens 6 m^2 haben.

§ 27 Toiletten (zu § 45 NBauO)

Toiletten, die nicht zu Wohnungen gehören und für mehr als 20 Personen verschiedenen Geschlechts benötigt werden, müssen auf für Frauen und Männer getrennte Räume verteilt sein.

§ 28 Aufenthaltsräume (zu § 43 NBauO)

(1) [1]Aufenthaltsräume, ausgenommen Küchen, müssen eine Grundfläche von mindestens 6 m^2 haben. [2]Grundflächen von Raumteilen mit einer lichten Höhe von weniger als 2,20 m bleiben außer Betracht.

(2) [1]Räume in Kellergeschossen, die dem Wohnen dienen, dürfen nur als Aufenthaltsräume genutzt werden, wenn das Gelände vor den notwendigen Fenstern dieser Räume in einer Entfernung von mindestens 2 m und in einer Breite, die mindestens der Breite der notwendigen Fenster entspricht, nicht mehr als 70 cm über dem Fußboden dieser Räume liegt. [2]Ein an dieses Gelände anschließendes höherliegendes Gelände muss nach allen Seiten in einem Winkel von mindestens 45° zurücktreten.

§ 29 Barrierefreie bauliche Anlagen (zu § 49 NBauO)

In Bezug auf Geschosse, die barrierefrei sein müssen, in baulichen Anlagen nach § 49 Abs. 2 NBauO gelten, wenn die Geschosse nur mit einem Aufzug stufenlos erreichbar sind, die Anforderungen des § 38 Abs. 3 Satz 1 NBauO entsprechend.

§ 30 Regelmäßige Überprüfung technischer Anlagen (Zu § 78 NBauO)

(1) Technische Anlagen in

1. Verkaufsstätten nach § 1 der Verkaufsstättenverordnung,
2. Versammlungsstätten nach § 1 Abs. 1 in Verbindung mit Abs. 3 der Niedersächsischen Versammlungsstättenverordnung,
3. Krankenhäusern,
4. Gebäuden zur Pflege, Betreuung oder Unterbringung von Personen,
5. Hochhäusern,
6. Beherbergungsstätten mit mehr als 12 Betten,
7. allgemein bildenden Schulen und berufsbildenden Schulen,
8. Mittelgaragen nach § 1 Abs. 1 Nr. 2 der Garagen- und Stellplatzverordnung (GaStpl VO), Großgaragen nach § 1 Abs. 1 Nr. 3 GaStplVO sowie automatische Garagen nach § 1 Abs. 6 GaStplVO und
9. Gebäuden mit Sicherheitstreppenräumen

müssen, wenn sie der Erfüllung bauordnungsrechtlicher Anforderungen dienen, durch Sachverständige im Sinne des § 1 der Bauordnungsrechtlichen Sachverständigenverordnung (BauSVO) oder des § 5 Abs. 1 oder 4 BauSVO auf ihre Wirksamkeit und Betriebssicherheit einschließlich des bestimmungsgemäßen Zusammenwirkens untereinander und mit anderen Anlagen überprüft werden.

(2) Technische Anlagen im Sinne des Absatzes 1 sind

1. Lüftungsanlagen, ausgenommen solche, die einzelne Räume in demselben Geschoss unmittelbar vom Freien belüften oder ins Freie entlüften,
2. CO-Warnanlagen,
3. Rauchabzugsanlagen,
4. Druckbelüftungsanlagen,
5. Feuerlöschanlagen, ausgenommen nicht selbsttätige Feuerlöschanlagen mit trockenen Steigleitungen ohne Druckerhöhungsanlagen,
6. Alarmierungsanlagen,
7. Brandmeldeanlagen einschließlich der Brandfallsteuerung von Aufzügen sowie
8. Sicherheitsstromversorgungsanlagen einschließlich der Sicherheitsbeleuchtung.

(3) Der Bauherr oder der Betreiber der baulichen Anlage hat die Überprüfung nach Absatz 1

1. vor der erstmaligen Nutzung der baulichen Anlage,
2. unverzüglich nach einer wesentlichen Änderung der technischen Anlage,
3. nach einer Überprüfung nach Nummer 1 oder 2 in Abständen von nicht mehr als drei Jahren

durchführen zu lassen.

(4) Der Bauherr oder der Betreiber der baulichen Anlage hat die Prüfberichte (§ 4 Abs. 1 Satz 2 BauSVO) fünf Jahre lang aufzubewahren.

(5) [1]Für am 1. November 2012 bereits bestehende technische Anlagen in baulichen Anlagen nach Absatz 1 Nrn. 4, 6, 7 oder 9 oder in automatischen Garagen beginnt die Frist zur Überprüfung nach Absatz 3 Nr. 3 mit dem Abschluss der letzten Überprüfung; endet die Frist vor dem 1. November 2013, so verlängert sie sich bis zu diesem Datum. [2]Ist für technische Anlagen nach Satz 1 eine Überprüfung vor dem 1. November 2012 nicht vorgenommen worden, so ist die erste Überprüfung bis zum 1. November 2013 durchzuführen.

(6) Die Fristbestimmungen für technische Anlagen in den Absätzen 3 und 5 haben Vorrang vor den vor dem 1. November 2012 rechtswirksam gewordenen Einzelfallregelungen, nach denen eine spätere Überprüfung genügen würde.

[1] § 30 Abs. 1 Nr. 8 neu gef. mWv 20.11.2012 durch VO v. 13.11.2012 (Nds. GVBl. S. 438).

§ 31 Druckbehälteranlagen für Flüssiggas

Für Druckbehälteranlagen für Flüssiggas im Sinne der Betriebssicherheitsverordnung einschließlich der für ihren sicheren Betrieb erforderlichen Einrichtungen, die weder gewerblichen noch wirtschaftlichen Zwecken dienen und durch die Beschäftigte nicht gefährdet werden können, gelten die Vorschriften der Betriebssicherheitsverordnung entsprechend; zuständige Behörde ist die untere Bauaufsichtsbehörde.

§ 32 Ordnungswidrigkeiten

Ordnungswidrig im Sinne des § 80 Abs. 3 NBauO handelt, wer vorsätzlich oder fahrlässig

1. entgegen § 1 Abs. 3 Satz 1, auch in Verbindung mit § 2 Satz 3, eine Zu- oder Durchfahrt versperrt oder durch Einbauten einengt,
2. entgegen § 1 Abs. 3 Satz 1 in Verbindung mit § 2 Satz 3 eine Aufstell- und Bewegungsfläche für die Feuerwehr versperrt oder durch Einbauten einengt,
3. eine Überprüfung entgegen § 30 Abs. 3 oder 5 nicht oder nicht rechtzeitig durchführen lässt.

§ 33 Übergangsvorschriften

Für die vor dem 1. November 2012 eingeleiteten Verfahren ist weiterhin die Allgemeine Durchführungsverordnung zur Niedersächsischen Bauordnung vom 11. März 1987 (Nds. GVBl. S. 29), zuletzt geändert durch Artikel 1 der Verordnung vom 22. Juli 2004 (Nds. GVBl. S. 263), anzuwenden.

§ 34 Inkrafttreten

(1) Diese Verordnung tritt am 1. November 2012 in Kraft.

(2) Gleichzeitig tritt die Allgemeine Durchführungsverordnung zur Niedersächsischen Bauordnung vom 11. März 1987 (Nds. GVBl. S. 29), zuletzt geändert durch Artikel 1 der Verordnung vom 22. Juli 2004 (Nds. GVBl. S. 263), außer Kraft.

Stichwortverzeichnis

Die fettgedruckten Zahlen verweisen auf die Nummer des Paragraphen der NBauO. Die nachfolgend schwach gedruckte Zahl bezeichnet die jeweilige Randnummer in der Kommentierung.

Beispiel: **50**, 3 = § 50 NBauO Rn. 3

Eingeklammerte Zahlen zB mit dem Zusatz DVO oder BauVorlVO verweisen auf die bei dem bezeichneten Paragraphen der NBauO nach dem Gesetzestext abgedruckten Paragraphen der jeweils einschlägigen Verordnung.

Beispiel: **30**, (8 DVO) = § 8 DVO-NBauO zu § 30 NBauO
67, (7 BauVorlVO) = § 7 BauVorlVO zu § 67 NBauO

Stichwortverzeichnis

Stichwortverzeichnis

Stichwortverzeichnis